平生敎育의 哲學

生의 癒

한준상 저

학지사

머리말

내가 묻는다

이 땅에서 영원히 머무는 건 아니네

옥으로 만들어도

금으로 만들어도

깨지고 부서지는 법

께찰의 깃털도 찢어지고 떨어지는 법

나, 네싸우왈꼬요틀 묻노니

인간들이여

나무처럼 돌처럼 영영 땅에서 뿌릴 내릴 순 없는가?[1]

이 책은 평생교육의 현상과 사상을 삶의 관점, 치유의 관점에서 다룬다. 생(生)의 가(痂), 생(生)의 과(過)에 잇댄 세 번째 책이다. 이 책 역시 한국연구재단이 지원해 준 학술연구비(과제명: 배움소에 대한 연구: 평생학습의 관점에서, 2009년도 인문저술 지원사업)로 결실을 보게 되었다. 연세대학교 명예교수가 된 후 여러 다른 대학에서 대학원생들을 가르치며 만끽한 자유로움을 이 책에서는 있는 그대로 드러냈다. 이 책에서는 치유의 문제를 본격적으로 다루는데, 그것은 그 누구든 100세 평생학습시대를 온전하게 만끽하려면 자신을 위한 치유의 길로 들어서야 하기 때문이다.

치유문제를 평생교육과 배움의 관점으로 집약해서 말한다면 그것은 '몸(mom)'에 관한 의미를 어떻게 만들어 가느냐와 직결된다. 몸과 마음에 대한 각자 나름대로의 '본실적(本實的, substential)'인 의미를 만들어 낼 수 있으면 된다. 치유의 방편도 이내 떠오르게 될 것이다. 본실적이라는 말은 본질과 실존은 늘 동행한다는 뜻에서 본질(substance)과 실존(existential)을 합성한 내 나름대로의 조어(造語)다. 본실에서의 치유는 어느 누구든 조급해하기를 멈출 그때부터 시작되는 조금 신비롭게 그지없는 현상이며, 힘이다.

치유란 자신에게 무엇이 정말로 자유인지를 절감하는 일이기도 하다. 일본영화의 한 장면을 보면서 인상 깊게 기억해 둔 것인데,[2] 치유는 자신에게 바로 자유(自由)가 어떤 것인지를 낚아챘을 때 비로소 일렁거리게 되는 정신적 힘이다. 아무리 생각해도 멋진 생각이다. "길을 똑바로 걸어라, 깊은 바다에는 다가가지 말아라 따위의 그런 당신 말은 팽개치고 왔다. 달빛은 어느 길에나 쏟아진다. 어둠 속을 헤엄치는 물고기는 보석과 같다. 우연히 인간이라 불리며 이곳에 있는 나, 무엇을 두려워하고 있는가? 무엇과 싸워 왔는가? 더 이상 버티지 못하고 짐을 내려놓을 즈음, 좀 더 힘을, 좀 더 부드러워질 수 있는 힘을 …… 나는 무엇이 자유인지 알고 있다. 무엇이 자유인지 알고 있다." 이 자유가 바로 치유의 싹 틔움이다.

그 누구의 삶이든 그 자유는 마치 조개껍질과 같은 그 속에서 만들어진다. 자신을 지키기 위해 자신의 껍질을 단단하게 만들어 가는 조개를 닮은 것이 한사람의 삶이다. 그 껍질을 별안간 깨 버리고 벌거숭이가 되라고 요구하는 것은 무례하다. 더 이상 살지 말고 죽으라는 말이나 마찬가지로 들리기 때문이다. 생명, 그 살아있음을 위해서는 그래야 될 이유가 없다. 지금, 현재 살아 있다는 것은 그 누구에든 기적이며 자기 역사의 현주소다. 생명의 기쁨을 느끼기 위해서는, 윤리적인 것들은 살짝 덮어보고 본다면, 그동안 어떻게 살아 왔느냐 하는 것을 묻는 것은 불필요하다. 어떻게 살아냈느냐에 관계없이, 자신이 누리고 있는 현재의 생명에는 하등 부끄러울 것도, 그렇게 부끄러워야 할 것은 있을 수 없다. 이 땅에서 바로 지금 숨 쉬며, 현재하고 있다는 그 자체가 축복이다. 그것이 생의 묘이기 때문이다.

생명 이후의 훗날이 어떻게 벌어질지를 그 누구 적당하게 기약해 줄 수는 없는 노릇이다. 영성운동가였던 데이빗 윌커슨(David Wilkerson) 목사는 모든 이들을 위한 천당은 결코 휴게소일 수가 없다고 잘라 말한다. 죽음이나 주검들이 모인다고 이야기되는 천당은 결코 생명 이후 주검들이 휴식하는 '리타이어먼트 센터가 아니(Heaven is not a retirement center)'라는 것이다. 마치 천당이 생명 이후의 죽음휴게소인 듯이 외치는 목회자는 회개(悔改)부터 하라고 당부했던 윌커슨 목사였다. 그는 신의 소리를 듣고 싶다면 목회용 텔레비전 선전홍보부터 끄라고 다그친다. 신의 소리에 차분하게 자신들의 의식을 모아 보라고 충고한다. 살아 있는 사람만이 신이 보내는 소리, 신의 영(靈)에 집중할 수 있으며 신과 소통할 수 있기 때문에 그렇다는 것이다. 신의 소리가 아닌 모든 소리는 소음이며 잡소리이기에 목회자라면 그 소음부터 먼저 차단해야만 한다는 것이다. 살아 있는 사람, 그 사람만이 지금, 바로 현재 그 목소리를 들을 수 있는 절대적으로 귀한 생명일 뿐이다. 그 소리를 들을 때, 그들과 의식을 소통할 때 바로 치유가 시작된다. 치유가 시작되어야 사람들은 비로서 조개껍질같은 그 단단한 삶의 켜로부터 벗어날 수가 있다.

사람들은 각자가 살 수 있는 그만큼만의 자유와 더불어 한평생을 살아가기 마련이다. 자유를 아는 사람들은 가수 '장기하와 얼굴들'이 부른 노래처럼, 별일없이 사는 사람들이다. 말하자면, 들으면 네가 깜짝 놀랄만한 이야기, 불쾌할 수도 있는 이야기인 "나는 별일 없이 산다. 뭐 별다른 걱정 없다. 이렇다 할 고민 없이." 살아갈 수 있는 "그런 사람들."이다. 그런 한평생의 자유라고 하더라도, 사람들은 그 자유 속에서 이렇게 저렇게 본의로, 혹은 본의 아니게 여러 가지 상처들로 채워놓기 마련이다. 삶에서 생긴 상처들은 살아 가는 동안 그 어떻게든 아물어 간다. 상처들이 기억 속에서 추억으로 변하기 시작하면 상처들이 그만큼 아물었다는 뜻이기도 하다. 상처들이 아물면 그 언제 자신에게 허물이 있었느냐는 식으로 사람들은 또 다른 상처를 주고받기 시작한다.

상처가 나고 상처가 아무는 과정에는 어김없이 상대방이 개입되어 있게 마련이다. 자신마저도 자신 때문에 괴로워하기 마련이다. 설령 내가 나에게 주는 상처마저도 상대방이 있기에 생기는 것이다. 나에게는 나라는 상대가 있기에 나에게 내가 주는 상처의 흔적이 있게 마련이다. 남으로부터 받는 것 못지않게, 내가 남에게 주는 상처 역시 자신에게는 깊고, 무겁기는 마찬가지다.

사람이 산다는 것은 상처를 입고 오고, 간다는 그런 뜻이다. 삶에서 생기는 상처들을 온전히 알아채며 살아가는 사람은 없다. 그래서 몽테뉴는 『나는 무엇을 아는가?』라는 글에서 삶과 앎에 대해 이렇게 탄식하곤 했다고 한다. "그대는 한 인간이 건전하기를 원하는가? 누가 견고하고 확실한 자세로 있기를 원하는가? 암흑과 둔중함을 갖추게 하라. 우리를 현명하게 만들려면 짐승으로 만들어야 하고, 우리를 지도하려면 눈이 부셔서 앞을 볼 수 없을 정도로 만들어야 한다."[3]

비록 그의 말이 현학적이며 역설적이기는 해도, 우리에게 건네주려고 하는 뜻이 있었을 것이다. 세상은 어차피 혼돈과 불안 덩어리들인데, 그 속에서 날뛰어보아도 불안과 고통의 벽을 넘기는 불가능하니, 칠흑의 어둠 속에서도 먹이를 놓치지 않고 쫓아가는 그 냉혹함과 신중함을 버리지 말라는 경계와 교훈이었을 것이다. 한발을 움직일 때마다, 그 발걸음은 마치 악기 중에서는 콘트라베이스나 비올라가 내는 소리처럼 선이 굵고 묵직하게 둔중(鈍重)해야 한다. 날이 밝아 앞으로 나아갈 적에는 그 누구도 넘볼 수 없는 예지(叡智)의 힘으로 자신을 단련하라는 뜻이다. 그렇게 하기 위해서는, 자신의 '몸'부터 단단하게 연단하는 수밖에 없다. 연단은 배움이라는 말이 풍기는 것처럼, 바른 행동, 바른 습관을 자신의 몸과 마음에 스며들어 배도록 하는 일이다. 자기 스스로 자신을 끊임없이 연단(鍊鍛)하는 것이 바로 자신을 치유(治癒)하는 걸음이기 때문이다.

사람들은 자기 스스로 자신의 존재를 너무나 가볍게 취급한다. 마치 자신이 건강하다는 사실을 가벼운 감기만큼도 존중하지 않는 것처럼 자기 스스로 자신을 하찮게 여긴다. 감기라도 들면 자기 몸의 소중함을 별안간 깨닫고 약방을 찾고, 의사를 찾지만, 건강할 적에는 자기 자신을 홀대하고, 혹사한다. 자기 스스로 자신을 비하하는 것이 우리네의 일상적인 관행이다. 우리가 자신에 대해 제아무리 아는 척 하지만, 실제로 자기 자신에 대해 알고 있는 것은 거의 없는 것이나 마찬가지일 뿐이기에 그러는 것이다.

그래서 우리는 자신에 대해 정말로 무지하다. "인식되는 모든 것은 보다 더 완전하게 인식될 수 있기 때문에, 인식될 수 있는 것만큼 그대로 인식되는 것은 아무것도 없다." '아는 것'은 끝내 '모르는 것'이라는 말의 또 다른 표현이다. 안다고 우기는 것이야말로 바로 모르는 것임을 드러내는 것이라는 것을 일컬어 사람들은 그것을 '박학한 무지'라고도 불렀다.[4]

인간이 앎을 추구하다 보면 끝내 어느 지점에 도달하게 되겠지만, 끝내 도달하고 마는 지점은 아무 곳도 아니다. 아무 곳도, 아무것도 알지 못한다는 그런 지점에 이를 뿐이다. 알려고 하면 할수록, 더욱더 모르는 것이 더 많아지기 마련이다. 그런 앎의 과정이 깊어 가다 보면, 앎이 궁극적으로 도달하는 곳은 무지(無知)가 아니다. 차라리 미지(未知)다. 앞으로도 알려질 것이 더 남아 있다는 것을 알아가고 있다는 것을 자신도 모르게 깨닫는 국면에 이르게 된다. 더 알아야 될 것이 무한히 더 남아 있게 되는 그런 국면, 알아봐도 더 알아볼 것이 무한히 나오는 그런 미지의 상태에 이르게 된다. 미지란 결국 무지, 그 자체일 뿐이다. 인간이 도달할 수 있는 궁극의 '앎(知)'이란 결국 '무지(無知)'다. 인간에게 있어서 최대의 앎이란 그 언제나 최소의 앎에 지나지 않을 뿐이다.

그 누구든 나라는 존재는 그 언제든 나의 몸과 마음이 함께 가고 있는 살아 있는 생명일 뿐이다. 몸과 마음이 동행할 때 나는 비로소 사람이 되는 것이다. 동행이라는 말은 실천과 행동을 중시한다. 동행에는 어김없이 투게더(together), 즉 함께 가기가 있기 때문이다. 사람들이 사회를 이뤄 산다는 뜻에서의 '투게더'는 사회를 완성하는 작동원리이기도 하다. '함께'가 사회와 개인을 이어주며, 접목하며, 하나로 만들어 놓

기 때문이다.[5]

　투게더, 함께, 그리고 동행은 개인적으로는 나라는 몸의 생존을 위해서도 필수적이다. 내 몸이 살아가기 위해서는, 나라는 존재를 물질적으로 구성하고 있는 신체의 각 부분들끼리도 어김없이 '투게더'해야 한다. 사회는 함께 움직이고 함께 이어간다. 사회를 움직이는 '함께'에는 공감이나 감정이입의 소통이 개입한다. 이때의 함께는 '나는 네가 느끼는 고통에 관심을 쏟으며, 너와 나의 구분을 전제하면서도 서로에게 참여할 수 있는 길을 연다'는 뜻이다. 나의 몸을 움직이는 작동원리로서의 '함께'는 나의 몸이 하나의 목적을 위해 일을 한다는 뜻의 조화와 협력의 뜻을 담고 있다. 함께, 즉 투게더가 없으면 나의 몸은 물론, 사회도 생존할 수 없듯이, 함께 가기로서의 동행이 결핍되면 그곳에는 어김없이 공감이나 소통이 결여되고, 소거되기 마련이다.

　인도의 혼(魂)으로 추앙되는 간디(Mohandas Karamchand Gandhi)는 우리에게 아름다운 일화 하나를 남겨놓은 바 있다. 간디가 인도 전역을 돌며 민중의 여린 마음을 보듬을 그 옛날, 어느 때였다. 인도 전역을 걸어 나갔던 그에게 굳이 여행이라고 할 것도 없었다. 그 역시 헐벗은 군중이 타고 가는 기차를 함께 타야 될 때가 있었다. 막 떠나려는 기차에 그가 올라탔을 때였다. 그가 신고 있는 신발 한 짝이 벗기어져 플랫폼으로 떨어져 버렸다. 기차는 이미 한발, 두발 서서히 움직이기 시작했다. 떨어진 신발 한쪽을 주울 수 없었던 간디였다. 그는 별안간 이상한 행동을 했다. 신고 있던 신발 한쪽을 벗어, 떨어져 나간 한쪽 신발 쪽으로 던져버렸기 때문이다. 떨어진 신발을 미쳐 줍지 못했던 수행원은 간디에게 무척 미안해 했다. 간디는 그런 수행원을 달래며 말했다. "신발 한 짝은 누구에게든 쓸모가 없지만, 두 짝이 되면 그 누구든 신고 다닐 수 있기에 내가 벗어 던진 것입니다. 우리네처럼 가난한 사람에게는 더욱더 그렇겠지요." 우리의 몸은 간디가 벗어 던진 신발처럼, 한쪽이 아니라, 늘 한 짝이 되어야 한다. 그래야 그 어느 누구에게 소용있는 생명이 될 것이기 때문이다.

　사람이 살아가는 동안, 용서 받지 못할 죄가 하나 있는데, 이승에서뿐만 아니라 저승에서도 용서 받지 못할 그런 죄를 일컬어 라틴어로 '페카툼 모르탈레(peccatum mortale)'라고 부른다. 페카툼 모르탈레, 원래 이 말은 베네치아 공화국을 이끄는 공직자들을 가차없이 처단하고 단죄하기 위해 쓰였던 말이었다. 저들에게 있어서 결코 용서받지 못할 죄는 국가자본, 국민세금을 비효율적으로 쓰는 일이었다. 세금 낭비야말로, 국민을 속이는 일의 상징이었기 때문이다. 만약, 페카툼 모르탈레라는 말이 사람들의 개인적인 삶에도 적용된다면, 그것은 개인 스스로 자기 자신을 제대로 관리하지 못하는 것을 단죄하는 말이 될 것이다. 자기 자신을 속이는 일, 자기 자신을 제대로 다스리지 못하는 그 행위가 바로 페카툼 모르탈레의 전부가 될 것이다.

세상살이는 고통과 희열의 반복으로 가득가득 채워진다. 영원한 고통도 있을 수 없고, 무궁한 희열도 불가능하다. 고통을 하소연하는 사람들이 많기는 해도, 그 고통을 이겨내는 사람들이 더 많다고 갈파한 사람은 헬렌 켈러(Helen Keller)였다. 앞을 보지 못하고 살아가던 그녀의 삶은 고통 덩어리였을 것이지만, 그녀는 희망으로 고통을 이겨낸 장본인이었다. 세상을 살아가려면 그 누구에게든 고통은 생겨나기 마련이다. 다만 그 고통 때문에 괴로워할 것인지, 평생 가슴을 치며 통곡 속에서 살아갈 것인지, 아니면 고통을 활용할 것인지 어떤지는 자신에 달렸다. 자신이 고통을 선택하면 고통이 따라 붙을 것이고, 희망을 받아들이면 희망으로 살아가게 될 것이다. 삶의 선택은 자신의 몫이다. 베토벤의 교향곡 가운데 불후의 명곡들은 그의 삶이 우울하다고 여겨졌을 때 작곡된 것들이다. 베토벤 스스로 청력 상실 때문에 아무 소리도 들을 수 없었던 역경의 시기에 작곡된 곡들이다. 역경 속에서도 분노를 선택하지 않았던 사람들일수록 한가지 뚜렷한 특징을 보이고 있다. 모두가 자신이 갖고 있는 역경으로 자신을 굳건하게 살려냈다는 특징이 그것이다. 자기 자신을 속이지 않고 살아간 사람들만이 자신을 행복하게 만들어 내는 사람들이었다. 치유(治癒), 이 말은 자기 스스로 자신의 몸과 마음을 속이지 않겠다는 의지를 달리 일컫고 있는 말일 것이다.

세상을 살아가면서 어떤 일을 하던, "나는 10번 시도하면 거의 9번은 실패했다. 그래서 10번씩 시도할 수밖에는 없었다." 극작가인 버나드 쇼(George Bernard Shaw)가 동료에게 전한 말이다. 재기가 뛰어난 극작가 중의 한 사람이었던 그였지만, 자기의 눈으로 자신의 얼굴을 볼 수는 없었다. 자신의 모습을 자기가 보려면 자신의 모습을 비추는 거울이 필요하다. 자신이 제아무리 뛰어난 사람이라고 하더라도 자신의 지혜나 슬기가 어느 정도인지는 알 수 없다. 그런 자신의 지혜로 남의 슬기에 대해 이리저리 이야기하는 것이 세상살이다. 아무리 자신의 지혜로 타인을 평가한다고 해도, 자신의 슬기가 어느 수준인지는 알 수 없는 노릇이다. 자신의 지혜를 가늠질하기 위해서는 자신이 지니고 있다는 지식이나 지혜를 볼 수 있는 수단이 필요하다. 성현의 도(道)와 저들의 말씀이 바로 자신의 과실을 헤아려 볼 수 있는 거울같은 것이다. 성현들이 비추이는 그 거울 때문에 자신의 못남이나 추함, 그리고 허물들이 드러날 수 있다. 설령 허물들이 들어났다고 해서, 성현들의 슬기를 탓할 수는 없는 노릇이다. 자신의 허물부터 털어내고, 소제하며, 정돈해 둘 일이다. 자신의 지혜 짧음부터 먼저 바로 곧추세워야 한다. 한평생을 살아가면서, 치유에 대한 배움의 끈을 한시도 놓을 수가 없는 까닭이다.

이 책, 생의 유(癒)는 성격상 이전 출간된 생의 가(痂)와 생의 과(過)에 잇대어 배움학의 사상적 토대를 더 진전시키고 있다. 생의 유는 평생교육의 사상적 정지작업(整地作業)이라는 점에서, 에루디소피(Erudisophy)를 다루고 있는 책이라고 볼 수도 있다. '에루디소피'는 에루디션(Erudition: 배움)과 필로소피(Philosophy: 철학)를 합성해서 만든 '배움철학', 혹은 배움의 사상이라는 조어다. 에루디소피는 삶에서 자신을 세우는 이유들을 제공하는 논리다. 에루디소피는 삶이 배움 위에서 서 있게 만드는 논리다. 모든 물체는, 각(角)이 있던 원(圓)형이던 간에 관계없이, 다른 물체 위에 반듯하게 세워질 수 있다. 세우려는 끈질긴 노력만 있다면 그것은 늘 가능하다. 예를 들어, 벽돌 위에 호미 끝을 모서리 삼아 반듯하게 세울 수도 있고, 모서리진 바위 조각을 다른 바위 조각 위에 균형을 잡아 세워 놓을 수도 있다. 서로의 각이 만나 직각, 90도를 이루면 한 물체는 다른 물체 위에 반듯하게 설 수 있다는 물리의 원리가 그것을 입증한다. 한 물체가 다른 물체 위에 정확하게 중심을 잡게 되면 한쪽은 다른 쪽 위에 반듯하게 서 있게 된다. 바라보기가 위태위태해서 그렇지, 두 물체가 서로 직각이 되어, 중심을 잡고 반듯하게 서 있다는 것은 하나의 예술이다. 이런 설치예술을 사람들은 돌세우기 예술이라고도 부른다. 돌세우기 설치예술에서 백미는 설치예술가들의 집중력에 있다. 돌중심의 위치를 찾아 다른 돌을 얹어 세우는 일은 집중과 인내의 결정판이기 때문이다. 실패에 실패를 거듭하면서 이것과 저것의 중심을 잡아야 한다. 실패의 연속을 통해 인내를 익히고, 자신과의 대화를 하게 되며, 자기도 모르게 긍정의 힘을 기르게 되기 때문이다.

삶살이 역시 돌세우기 설치예술 작업과 별반 다르지 않다. 한 사람의 삶은 다른 사람의 삶 위에, 혹은 삶을 지배하는 절대적인 것에 중심을 잡고 서 있는 것이나 마찬가지이기 때문이다. 중심이 제대로 잡히는 한, 중심을 확실히 잡고 있는 한 사람의 삶은 다른 사람들의 삶 위에 반듯하게 서 있을 수 있다. 중심을 잡지 못하면, 중심이 무너지면 이내 두 사람의 관계는 무너진다. 나와 절대자와의 관계 역시 이내 와해(瓦解)되어 버릴 뿐이다. 그렇게 무너지면 그것은 삶의 마지막이며 죽음의 시작일뿐이다. 그러니 삶이란 스스로 다른 이의 삶에 중심을 세워 그들의 삶에, 혹은 절대자의 삶에 반듯하게 세워 가는 일이다. 내 삶의 중심을 잡게 만드는 힘이, 내 삶이 다른 이의 삶에 직각을 이루게 만들어 주는 방편이 바로 나에 대한, 나를 위한 치유다. 치유는 삶을 건져 내는 모든 기술 중에서도 최상의 방편에 속한다. 요즘 말로 말하면 치유는 삶을 위한 스펙(spec) 중의 스펙인 셈이다.

그 치유가 자신을 금강석으로 만들어 간다. 금강석, 즉 다이아몬드는 사람들이 한 번쯤은 갖고 싶어하는 보석이다. 다이아몬드의 원소는 탄소(Carbon)로서 단단한 물질이다. 천연광물 중 가장 굳기가 우수하며, 광채가 뛰어난 보석이 다이아몬드이다. 숯의 원소 역시 탄소다. 연필심으로 쓰이는 흑연의 원소도 탄소다. 반도체로서 각광을 받고 있는 탄소나노튜브(CNT: Corbon nanotube)도 탄소로 구성되어 있다. 탄소나노튜브는 육각형 모양의 탄소원자들이 결합해 원통 모양을 이루고 있는 물질이다. 모두가 탄소원자들로 이뤄졌지만, 네 가지 물질의 구조는 모두 다르다. 쓰임새도 각기 다르다.

동일한 원소들이 서로 다른 형태의 물질로 바뀌게 만들어 준 비법은 바로 근기(根基)에 있다. 땅속 130km 지점에서 총 80만Kg에 이르는 압력과 섭씨 2,700도에 이르는 뜨거운 열기를 받아내는 그 근기의 결정체가 다이아몬드다. 이것이 금강석(金剛石)이라고 불리는 이유다. 같은 원소 탄소라도 근기에 따라 하나는 숯으로 다른 하나는 다이아몬드로 변해 버린 것이다. 그러니까 단순하게 연필심을 땅속에 몇 년간 심어 놨다고 다이아몬드가 될 수 있는 것이 아니다. 상상을 초월하는 자연에 대한 근기와 연단, 그리고 개조가 요구될 뿐이다. 숯과 다이아몬드를 구성하는 탄소의 변화, 탄소의 꿈을 삶살이에 대입하면 답은 하나다. 숯처럼 부서지기 쉬운 존재도 될 수 있고, 단단하며 광채를 내는 다이아몬드로도 바뀔 수도 있다. 그렇게 만들어 주는 삶의 근기는 바로 연단과 치유다. 그 어떤 상처, 그 어떤 압력에도 견디게 만드는 힘이 연단이며, 그 어떤 압력, 그 어떤 상처도 아물도록 도닥여 주는 방편이 바로 치유다.

나는 일본의 젓가락 포장지를 아직도 지갑에 넣고 다닌다. 한 25년 전쯤 경험했던 일이다. 도쿄의 생애교육학술대회에 참석했던 때였다. 일행과 함께 저녁 요기를 위해 우동집을 찾았다. 내 눈은 주인이 내민 젓가락 포장지에 그냥 머물고 말았다. 포장지에는 건강(健康), 안심(安心), 소안(笑顔)이라는 세 마디 글자가 쓰여 있었다. 그 어떤 철학자의 언설보다도 내 삶을 위한 있는 그대로의 교훈과 같았다. 그 어떤 목회자의 설교보다도, 그 어떤 생활철학자의 언설보다도 내 마음을 깊게 사로잡았다. 마음의 여백을 넓혀 줄 수 있는 신(信)과 앙(仰) 같은 것이었다. 그 어떤 명의(名醫)가 내렸던 처방보다도 내겐 치유적이었다. 튼실한 몸, 편안한 마음 그리고 얼굴 가득한 웃음, 살면서 이 세 가지 말고 더 바랄 것이 없을성 싶었다. 건강, 안심 그리고 웃음이 하나 되면 사람됨인 '몸'은 저절로 다듬어 갈 것이기 때문이다.

사람은 살다보면 북어와는 다르게[6] 두 개의 이름을 얻게 된다. 태어날 때 얻은 이름과 죽을 때 얻는 이름이 그것이다. 첫 번째 이름은 명(名)이라고 부르고, 두 번째 이름은 성(聲)이라고 부를 수 있다. 죽을 때까지 불리는 명은 태어난 후 부모가 지어 준 이름이고, 죽은 후 얻게 되는 이름은 남들이 붙여 주는 성이다. 사람들의 기억 속에서

영원히 회자되는 이름이다. 명과 성은 흔히 묘비명에서 극에 달한다. 식자깨나 되는
사람, 재산깨나 있는 사람, 권력깨나 있었던 사람들은 꽤나 묘비에 집착한다. 자신이
사는 동안 누렸던 집약된 삶살이의 표본이라고 믿고 싶은 마음 때문이다.

　영국의 작가 버나드 쇼(George Bernard Shaw)는 자신의 묘비명을 미리 써놓고 죽
었던 사람이다. "내 우물쭈물하다 이렇게 될 줄 알았지."가 바로 그가 남긴 유명한 묘
비명이었다. 재치가 넘치는 묘비명이었지만 허탈하기 이를 데 없다. 그냥 헛된 글 재
주 같았기 때문이다. 삶에 대한 그 무엇마저 스며드는 것 같기도 하지만, 끝내 헛된
것이었다. 아차하는 순간, 한 호흡만 늦어도 그만인 것이 바로 삶이기 때문이다. 그
모두가 헛되고 삿된 일이지만, 사람들은 그래도 뭔가를 남기려고 한다. 묘비명에 매
달리는 일이란 끝내 허상에 자신의 명을 거는 일이다. 자신의 묘비를 눈여겨봐 줄 사
람이 실제로는 그리 많은 것도 아니다. 그를 위해 써놓은 묘비 앞에 사람들이 오갈 수
는 있지만, 죽은 그를 의미있게 기억할 사람은 기껏 해 봐야 서너 명에 지나지 않는
다. 가족이라고 하더라도 손자 이하를 채 넘지 못한다. 죽은 후에까지 허세를 부리겠
다는 것은 욕심의 극치다. 욕심은 그렇게 빛이 바래 나갈 뿐이다. 멋진 묘비명을 남기
려고 할 일이 아니라, 오히려 오늘 한순간이라도 제대로 살아 낼 일이다.

　프랑스 문학비평계의 거두인 롤랑 바르트(Roland Barthes) 교수가 인간의 본질에 대
해 한마디 거든 적이 있었다. "인간은 …… 되어 감의 절대적 흐름을 감지할 만큼 정교
하지 못하다. 영원한 것은 사물들을 평범한 계획 아래 공유된 가설들로 변화시켜 이끌
어 가는 우리의 조잡한 기관들 때문에 존재하며, 그 반면 아무것도 진정한 형식으로
존재하는 것은 없다. 나무는 매 순간 새로운 것이고 우리는 절대적 순간의 정교함을
잡아내지 못하기 때문에 우리는 그 형식을 긍정한다."라고 말했다. 그가 말하고자 하
는 것은 사람의 중요성이 아니라, 그 사람이 남기는 텍스트에 대한 중요성이었다.

　사람은 살다보면 나름대로 자신만의 텍스트를 남기는데, 사람들이 만나는 텍스트
는 두 가지로 구별된다. 텍스트 가운데 하나는 읽혀지는 텍스트이고, 다른 하나는 쓰
이는 텍스트다. 읽히는 텍스트는 소비되는 글이다. 단순히 보아 버리는 글이다. 읽힌

다기보다는 눈으로 보면 족한 것이다. 즉석 교본이라고 보면 된다. 그 즉석 교본이 무슨 유별난 충격을 줄 리 없다. 오락거리 텍스트일 뿐이기 때문이다. 보는 순간 그냥 없어지게 되는 글이기 때문이다. 보여지는 텍스트로 소비될 뿐이다. 보는 순간 이내 없어지고 마는 그런 텍스트를 일반적으로 작품이라고 부른다.[7] 보임으로써의 작품은 이내 사라지는 습작물일 뿐이다.

텍스트는 사람들에게 쓰일 때만 비로소 남아 있을 수 있다. 독자들이 만들어 내는 텍스트만이 살아 남을 수 있다. 유행과는 무관하다. 단 한 사람의 독자에게라도 귀하게 남으면 그 텍스트는 목적을 이룬 것이다. 쓰이는 텍스트는 너의 텍스트와 나의 텍스트가 서로 만나 새로운 상황인 컨텍스트(context)로 만들어진 텍스트다. 읽혀지는 동안 새롭게 쓰이는 텍스트는 충격과 반추를 주고받는다. 반성을 거치면서 독자가 읽어가던 글은 자신의 텍스트로 재생산된다. 그러니까 나를 읽어가면서 저들이 새롭게 써내는 텍스트에 의해 내가 저들의 묘비명이 되는 셈이다.

다른 이의 생각이 자신의 생각으로 접목되는 과정에서 오독(誤讀)은 피하기 어렵다. 굳이 오독이라고 말할 이유가 없다는 뜻이다. 세상은 어차피 오독으로 만들어지며, 그렇게 다듬어지기 마련이기 때문이다. 오독이라고 지칭하는 것이 오히려 잘못된 진술일 수 있다. 오독이라는 말, 그 자체가 허구투성이일 뿐이다. 세상에서 오독 그런 것은 있을 수 없다. 오독의 정당성을 고집하는 것은 마치 피카소(Picasso)의 작품 '게르니카(Guernica)'를 관람하면서 그것을 오관(誤觀)했다고 말하는 것과 별다른 차이가 없는 말이다. 잘못 보는 것은 없다. 그런 일은 처음부터 있을 수 없는 일일 뿐이다. 그러니 실제로 잘못 본 것도 없기는 마찬가지다. 다르게 보고 다르게 이해하고, 다르게 새로이 만들어 낸 것이 있을 뿐이다. 잘못 보았다는 것은 바로 보고 그 무엇인가를 둘러대는 것일 뿐이다.

오독보다는 다른 해석, 새로운 재해석만이 있을 뿐이다. 작가의 체험과 다르면 다른 이해가 성립되기 때문이다. 그런 차별적 이해의 과정에서 발전적인 해석과 해체는 피할 길이 없다. 새로운 예지적 일탈도 불가피하다. 얼마든지 새로운, 대안적인 창설이 가능하다. 독자 자신의 체험이 우선하기 때문이다. 독자에 의한 새로운 텍스트로 재구성될 뿐이다. 텍스트는 정의될 수 없다. 읽기에는 정형이 있을 수 없다. 새로운 의미들이 새롭게 만들어질 수 있을 뿐이다.

작가는 작품을 만들어 내지만 독자는 텍스트를 만들어 낸다. 작가들의 작품이 독자의 마음속에서 새롭게 해석되기 때문이다. 그 과정 속에서 새로운 의미의 생성은 불가피하다. 새로 만들어진 의미들이 독자 자신의 삶을 다시 창조해 낸다. 만들어진 텍스트에서는 작가는 어김없이 죽음을 당한다. 작가가 텍스트의 주체가 될 수 없는 이유다. 읽어 내는 이가 독자이며 그가 주체다. 도예가가 만든 백자 항아리라고 하더라도, 어떤 이에게는 오줌 항아리로 되쓰일 수 있을 뿐이다. 독자는 다시 만들어 내는 사람이기에 그 어떤 텍스트든지 그 속으로 자유롭게 들어갔다 나왔다 할 수 있는 사람이다. 그 일이 바로 독자만의 특권이다. 책을 읽는다는 것은 독자가 저자의 생각을 따라 읽는 일을 말하는 것은 아니다. 책을 읽는 일은 독자 스스로 자신과 자신 안에 있는 자기와 끊임없이 대화를 하며 의미를 만들어 내는 일이다.

치유는 자기 신앙이다. 지금까지 지켜온 자기의 신앙 안에서도 제가 믿고 싶은 것을 믿고 따라가도 치유는 가능하다. 명상이 마음에 들고 동양 종교가 좋은 기독교 신자라면, 일상에서 동양 종교가 가르친 대로 실천해도 치유가 가능하다는 뜻이다. 굳이 유대인이 되겠다고 자기 몸에 맞지도 않는 할례를 할 이유가 없다. 불교 신자이면서 기독교적인 수행이 얼마든지 가능한 것처럼, 기독교 신자이면서도 불교적인 수행 역시 일상적으로 어색할 리 없다. 굳이 어색하거나 궁색하다면 도중에 그만두면 되는 일이다. "마음 하나 다스리지 못하는데, 개종은 무슨 얼어 죽을 개종이냐."라고 달라이 라마(Dalai Lama)가 호통을 친 적이 있다. 달라이 라마는 이미 현대인의 다중 종교성을 꿰뚫어보고 있었던 것이다. 그는 '기독교적 불교' 신앙, '불교적 기독교' 신앙, '기독교적 회교' 신앙, '회교적 기독교' 혹은 '회교적 불교'의 신앙 같은 변혁이 불가피할 것을 예지적으로 '미리슬기(feedfowarding)'해 버린 것이다.

관용만 하면 체면 같은 것이 더는 문제될 것 없다. 똘레랑스는 사람이 살아가는데 필요한 색다른 선택이 아니다. 똘레랑스는 사람됨으로서 그의 인격을 드러내는 필연적인 덕목이며 의무이기 때문이다. 교리가 다르다고, 신앙이 다르다고, 나 천당 가고, 너 지옥 간다며 아옹다옹하는 짓이 가식이고 허위라는 것이다. 그런 일 모두가 모두 지옥 같은 짓이라는 것이 그의 훈계이기도 하다.[8] 똘레랑스야말로 종교를 갖고 있는 사람, 제대로 된 신앙을 지닐 수 있는 가장 아름다운 마음일 뿐이다.

체면치레는 치유능력이 낮은 사람이 자기를 내세우기 위해 흔히 의지하는 짓이다. 자신을 제대로 추스르지 못하면 얼굴색부터 먼저 바뀌기 때문이다. 남의 눈을 먼저 살피려고 낯빛을 먼저 바꾸게 된다. 집단에서 자신의 향방을 가늠하지 못하기 때문에 남의 눈을 먼저 의식하게 된다. 남의 눈을 의식하면서 자신의 발길을 가늠하면 낯빛이 먼저 바뀌기 마련이다. 그것을 삶에 급하게 활용함으로써 만들어진 것이 체면치레다. 큰 지식에게는 차려야 될 체면은 이미 없다. 체면이 없으니 치레가 있을 리도 없다. 그것이 바로 붓다에게서, 소크라테스에게서, 예수에게서 체면과 치레의 흔적을 찾아내지 못하는 이유다. 저들에게 예(禮)가 없었다는 것이 아니라, 무슨 척하는 것 같은 치레가 있을 수 없었다.

혹여 내게도 기회가 생긴다면 한번 찾아가서 음식을 먹어 보고 싶은 식당이 있다. 체면치레가 부질없는 음식점으로 알려져 있기 때문이다. '엘불리'라는 음식점이 바로 그곳이다. 스페인 북부 로사스 근처에 있다. 소박하지만 세계 최고의 레스토랑으로 평가받고 있다.[9] 그곳을 찾는 사람들은 요리사의 얼굴을 보고 음식 맛을 평하지 않는다고 한다. 사람들은 저들의 요리를 이리 보고, 저리 맛 볼 뿐이다. 얼굴 살리기에 넋을 잃고 삿된 소리를 해 대야 직성이 풀리는 우리네 한국인과는 다르다. 체면 코드로 살아가는 한국인과는 달리 요리 맛, 그것에 치중한다. 체면과 부끄러움의 정도가 그의 삶도 타인의 삶도 지치게 만들어 놓는다. 체면은 잘났다는 것을 인정받고 싶어하는 욕망의 표현이다. 체면은 집단 심리에서는 자신을 보호할 수 있는 기제로 이해된다. "한국인에게 '잘난'이라는 개념은 '집단에서 다른 사람보다 인정받고, 다른 사람과 뚜렷이 구분된다'는 것을 말한다. 잘난 사람은 주변 사람이나 집단의 존재를 전제로 한다. 이런 측면에서 보면 개인주의처럼 보이는 속성은 무엇보다 우리 마음 속에 기본적으로 집단주의적 사고의 틀을 가지고 있다는 사실을 가정해야 한다."[10]

엘불리는 마치 손님에게는 유머를 주는 식당으로 알려져 있다. 주방장이 유머리스트(humorist)처럼 조리에 임하기 때문이다. 유머가 있는 사람이 유머리스트다. 웃음으로 연기하는 사람을 가리키는 말이 바로 유머리스트이기 때문이다. 유머리스트는 유머리스트를 대본 삼아 유머의 연기를 보여 주는 사람이다. 유머리스트는 연기자이다. 유머를 훈련받고 그렇게 훈련된 유머를 연기해 내는 연기자가 유머리스트다. 유머리스트는 재미를 파는 사람이 아니다. 재미를 만들어 내는 연기자다. 그런 뜻에서 엘불리 레스토랑은 음식을 재미로 만들어 내는 곳이다.

이 점은 코미디언 채플린(Charles Chaplin)과 선승 성철 스님, 성자 김수환 추기경이 각기 다르게 보여 주었던 저들의 유머에서도 분명하게 드러난다. 채플린은 유머리스트로서의 연기자였다. 그를 보고 사람들이 웃는다. 그것은 채플린을 보고 웃음과 감탄을 보내는 것이 아니라, 그의 연기에 감탄을 보내는 것일 뿐이다. 그가 보여 주는 연기, 사람들의 분노를 무장해제 시키는 그 연기 때문에, 사람들에게 웃음이라는 파열음이 터져 나오는 것이다. 그가 재미있는 사람이기에 관객이 그를 보고 웃는 것이 아니다. 반대로 성철 스님의 행적을 보고도 사람들은 빙그레 웃음을 짓는다. 사람들은 성철 스님의 행적을 보고 마음으로 웃곤 한다. 김수환 추기경 역시 예외가 아니었다. 성철 스님이나 김 추기경이 연기를 했기에 사람의 마음에서 웃음이 터져 나왔던 것이 아니다. 성철 스님이나 김 추기경이 드러낸 깊은 마음을 이해했기에, 사람들의 마음에서 짙은 경탄의 웃음이 흘러나온 것이다. 성철 추기경이라고 했어도, 김수환 스님이라고 했어도 저들에 대한 공감은 마찬가지였을 것이다. 그들의 인간적인 품격에 역겨움이 생겨나지 않고, 저들을 보는 우리의 마음이 편안해졌기 때문에 환한 미소가 솟구쳤던 것이다. 성철 스님은 결코 채플린처럼 연기자가 아니다. 쇼의 주인공도 아니다. 채플린이 보여 주는 몸 동작을 보고 웃는 것과 성철 스님과 김 추기경의 동작을 보고 터져 나오는 웃음은 질이 서로 다르다.

한쪽의 웃음은 해학(諧謔)이지만, 다른 한쪽은 성찰(省察)의 웃음이기 때문이다. 물론 서로가 다를 수밖에 없다. 채플린의 연기에 깨달음이 터지지는 않는 이유다. 그가 보여 주는 것은 이상한 몸동작으로서의 제스처이거나 연기일 뿐이다. 다른 쪽은 바로 삶, 그 자체다. 한쪽은 연기의 핵심을 보여 주지만, 다른 쪽은 배움의 핵심이 무엇인지를 보여 준다. 성찰하게 해주는 배움이, 배움을 주는 사람이 모든 이를 위한 스승이다. 내가 채플린을 스승이라고 하거나, 사숙이라고 하지 않는다. 그의 연기가 보는이에게 배움에 대한 깊은 성찰을 주지 않는 까닭이다.

치유하겠다고 그 모두가 유머리스트가 될 이유는 없다. 어떤 사람도 태어나면서부터 유머리스트로는 태어나지는 않기 때문이다. 태어나는 순간 산부인과 의사에게 진한 농(弄)을 걸었다는 아이를 아직까지 본 적이 없다. 탯줄을 자르려고 할 때 "이봐요, 선생? 왜 내 밥줄을 끊어 놓는 거야?"라고 말하는 아기는 없었기 때문이다. 울음으로 자기의 삶을 시작할 수는 있지만, 그 울음을 해학으로 받아들이는 부모는 없다. 그 아이의 울음은 갈 길이 멀구나와 같은 허전함의 표현이라고 해석하는 사람도 없다. 설령 어떤 얄량한 사람이 철학적으로 아기의 울음을 해석했다손 치더라도, 그 아이의 첫 번째 옹알이가 유머로 시작한 것이 아니라는 점만큼은 분명하다. 삶의 본질이 유머가 아니듯이 이 세상에 태어나는 일이 일종의 연기(演技)일 수가 없기 때문이다.

유머는 익살이며, 해학이다. 반사행동을 유발시켜주는 분노의 소거가 유머다. 타인에게 웃음이라는 반사행동을 유발시키는 것이 유머다. 유머는 의사소통을 위한 연기다. 복잡한 정신적 자극으로 타인의 마음에 긴장을 소거하는 일종의 치유다. 단순한 문화권에 사는 사람일수록 무자비한 유머를 즐긴다는 것이 문화인류학자들의 현장보고인데, 그런 공동체의 부족민들은 서로 악의적인 신체적 놀이나 장난으로 서로 즐긴다고 한다. 상대방의 상처를 보면서도 서로 동정을 표하기보다는 서로 웃는다. 상처 입은 동물의 고통을 보면서도 즐거워한다. 상처난 곳에 더 상처를 주기도 한다. 고통을 만끽하는 일이야말로 정말 해학이 된다는 식의 익살스런 표정을 짓기까지 한다. 그것의 현재적 변형도 한두 가지가 아니다. 요즘 사회에서 보는 닭싸움이나, 소싸움 같은 것들이다. 현대판 격투기도 유머놀이의 한 변형일 뿐이다. 심지어 도박 역시 일종의 패배를 희화시키는 극단적인 유머의 한 유형일 뿐이다.

인류 문명이 발달하면서, 신체 가학적인 유머는 자연스레 사라지기 시작했다. 그 대신 그 자리에 언어적 진술을 통한 유머가 들어섰다. 개그의 진화가 그것을 보여 준다. 모든 놀이에는 공격성과 두려움의 요소가 들어 있기 마련이다. 공격적인 감정을 사회적으로 해소시키는 장치로 발전한 것이 현대판 개그다. 순간적인 웃음의 해소를 통해 지나친 긴장 상태를 완화시켜 주는 장치로 작용하는 셈이다. 유머는 그 순간을 극대화 시켜 주는 연기다. 삶은 어차피 개그로 끝나지는 않기 때문이다.

이 책을 쓰면서 나는 때때로 개그적인 요소도 거르지 않고 이곳 저곳에 집어 넣었다. 개그를 역전시키기 위해 때로는 『논어』와 도교(道敎)에서 짚이는 이 구절, 저 구절도 필요한 만큼 활용했다. 그 옛날 동양사회에서는 도가(道家)만큼 묵가, 법가, 불교, 선가(仙家)의 생각과 방편을 두루두루 꿰뚫어 보며 섭렵하려고 노력한 학문도 없었던 것 같았기 때문이다. 저들로부터 배울 것이 너무 많았다. 겁 없이, 어줍지 않게 필요한대로 선현들의 말씀을 인용함으로써 개그 같은 삶의 초라함을 다스려 보려고 노력했었다.[11] 저들의 가르침대로 살아 보겠다는 흉내만 내도, 무엇인가 가슴 뿌듯하게 행복한 느낌이 찾아들곤 했기 때문이다. 『논어』를 또다시 새롭게 읽어가는 동안, 탁했던 정신이 맑아진 것도 사실이다. 『논어』 읽기에 침윤되는 동안은, 개그적인 언사로 말하면, 내게도 '멘탈 붕괴'가 어김없이 일어났다. 내 마음의 속내가 순간 조금씩 달라졌던 것을 숨길 수 없다. 게다가 유가(儒家)의 현자들이 전하는 말씀 못지 않게, 묵자(墨子)의 말씀에도 귀를 기울였다. 묵자에 대한 강한 끌림이 옛날부터 내 가슴에 간직되어 있었기 때문이다. 묵자의 깊은 사유에 대해 나름대로의 얼치기식 이해이기는 했어도 그의 실천대로 겸애(兼愛)는 불변의 진리였을 뿐이다. 생명에 대해 서로 경외하고 사랑하면서 살아가기만 하면 사회가 훨씬 더 연대감의 사회로 성숙할 수 있을 것 같았기 때문이다.[12]

묵자는 공생의 공동체를 꿈꾸었다. 공생을 위해 말보다는 몸으로 실천하려는 저들의 모습이 한층 더 지혜로웠다. 공생의 삶과 실천을 몸에 담았던 묵자의 동행들은 이상하게도 역사에서 흔적없이 사라져 버렸다. 왕권 유지에 크게 도움이 되지 않았기 때문에 왕권들이 철저하게 묵가들을 소거시켰기 때문일 것이다. 묵가는 앎을 둘러싼 권력투쟁에서 졌지만, 저들의 논변마저 제거된 것은 아니었다. 묵가가 보여 준 이론과 실천은 오늘날 우리가 필요로 하는 행복 사회, 공생애의 사회를 위해 되새길 필요가 있다. 그 사유의 싸움에서 악착같이 살아남은 식자들이 유가(儒家)이기는 해도 저들이 필요로 하는 것은 묵자의 말씀이었다.

유가(儒家)의 말씀들을 인용하고 차용하는 나의 이해방식은 잡가적(雜家的)일 수밖에 없다.[13] 잡가적이라는 말은 다른 뜻이 아니다. 살아감의 처세와 논리를 세우기 위해 필요한 이것 저것을 조합해서 삶에 응용할 필요가 있다는 뜻이다. 말하자면, 나는 살아오면서 잭 웰치(John Frances Welch)의 말에도 공감했고, 예수의 말에도 공감했으며, 붓다의 말에도 어김없이 경탄했다. 마찬가지로 묵자에 이르면 무릎을 칠 정도로 공감했고, 귀를 기울였던 것도 부인하지 못한다.

묵자 경설(經說)편에서 읽었던 "내가 나를 부리지 못하면 남이 나를 물들여 부린다(我使我 我不使亦使我)."는 말이나 "앎은 모르는 것이 있음을 아는 것(知其所以不知)."이라는 말은 서양의 그 어떤 철학자의 논설에 비해서도 손색없는 귀한 말이었다.[14] 앎에 관한 묵자의 언명은 소크라테스의 언명을 뛰어넘는다고 해도 무리는 아니다. '아사아 아불사역사아'의 논리는 기업가들의 대부(代父)격인 잭 웰치가 말한 '컨트롤 유어 데스티니, 오아 섬원 엘스 윌(Control your destiny or someone else will)', 그 말의 원형에 더 가깝다. "네 운명을 네가 관리하지 않으면, 남이 네 삶을 요리할 것이다."라는 그 말은 바로 묵자의 그것을 차용한 것과 거의 다름 없었기 때문이다.[15]

삶의 지혜를 배우는 방법은 어차피 비빔밥식으로 비벼대고, 비비고일 수밖에 없다. 삶은 어차피 잡가적인 지혜로 살아가도록 되어 있다. 잡가적인 것이라고 해서 무원칙스러운 것만은 아니다. 어느 신부 이야기대로 자신의 허락 없이는 그 어떤 것도 나를 불행하게 하거나, 행복하게 할 수 없는 노릇이기 때문이다.[16] 살아가면서 삶을 위한 쓰임새들은 단 하나의 논리나 이념으로 포괄되거나, 포섭될 수 있는 것이 아니다. 생명의 의미를 만들어 내는 방식이 한가지일 수는 없다. 그것이 유일한 방식이라고 우길 수는 없다. 삶, 그리고 생과 명에 대한 제대로 된 의미를 갖게 해 주는 일이라면, 파이어아벤트(Feyerabend)의 말도 귀한 처방이 된다. 생과 명을 위해서라면 그어떤 방법이라도 무방하기 때문이다.[17] 생명에 대한 의미 찾기와 의미 만들어 가기는 생명 그 자체가 잡가적일 수밖에 없음을 보여 주는 것이 바로 파이어아벤트가 말한 애니씽 고스(Anything goes)의 방법론이다. 삶은 과학만으로 이해되는 것이 아니다. 삶이 과학, 예술과 기예, 그 어느 하나로만 표현될 수 있는 것도 아니다.

삶이 무엇인지를 화사하게 그려 낼 수는 있겠지만, 그것 하나만으로 삶의 모든 것이라고 정리할 수는 없는 노릇이다. 과학자가 과학적인 삶이 어떤 것인지를 제아무리 주장하더라도, 그것은 하나의 시스템으로 인간의 삶을 고집하는 일에 지나지 않을 뿐이다. 과학이라는 것은 원래 여러 가지 현상들의 파편적인 콜라주를 모아 놓은 것의 잡화상이다. 그 콜라주를 편의상 과학이라는 이름으로 포장한 것일 뿐이다. 삶이 있는 한, 목과 숨은 버텨야 한다. 버틸 수 있을 때까지 버텨내야 삶이 된다. 산다는 것은 각자에게 하나의 유일한 목적이다. 살아야 하는 이유가 바로 살아야 됨에 있기 때문이다. 삶을 실천해 나가는 방편으로 아무리 고결한 것을 바란다고 해도, 모든 것은 끝내 잡다한 것들의 조합일 뿐이다.

자유로운 사람은 죽음을 먼저 생각하지 않는다. 그의 지혜는 죽음을 겨냥하는 것이 아니라 삶의 숙고를 바라보고 있기 때문이다. 스피노자(Baruch de Spinoza)가 말한 이 한 마디에 나는 깊은 밤, 잠을 설친 채 절규했던 것이 한두 번 아니었다. "나는 일상생활에서 흔히 부딪치는 매사가 덧없고 허망하다는 것을 경험을 통해 배웠으며, 또 공포의 원인이나 대상이었던 모든 것이 그 자체로는 선도 악도 아니고, 다만 그것에 의해 마음이 동요되는 한에서만 선(善)도 되고 악(惡)도 된다는 사실을 깨달았을 때, 나는 마침내 이렇게 결심했다. 곧 인간이 관여할 수 있는 유일한 선으로서 일체의 다른 것을 버리고 오직 그것에만 마음이 감동할 수 있는 어떤 것이 존재하는가, 아니 오

히려 한 번 그것을 발견하고 획득하면 끊임없이 최고의 기쁨을 영원히 향유할 수 있
는 어떤 것이 존재하는가, 그것을 탐구하기로 마침내 결심했다고 말할 수 있다. 왜냐
하면 얼핏 보기에는 현재 불확실한 것을 위해 확실한 것을 포기하는 것은 경솔하다고
생각되기 때문이다." [18] 스피노자가 토해 낸 피 끓는 절규였다.

　스피노자의 범신론적 사상은 당시 신정(神政)국가를 신봉하는 집단에게는 일종의
위협이었다. 저들에게는 지성의 폭탄이나 마찬가지였을 것이다. 스피노자는 당시 신
정주의자들이 지닌 종교적 인식과는 달리, 신을 '우주와 자연의 영속적인 법칙'으로
정의했었기 때문이다. [19] 신은 결코 공포의 인격체도 아니며, 인간을 위협하거나 만복
의 근원 같은 게 아니라는 것이 스피노자의 생각이었다. 그의 생각은 당시에는 폭탄
과 같은 선언이었다. 스피노자는 종교의 바탕이 인간의 무지와 불안의 소산인데, 신
은 그것을 빙자해서 인간 위에 군림하는 공포가 아니라는 것이 스피노자의 생각이었
다. 신은 도대체 그런 인격체일 수 없다는 것이 그의 생각이었다. 그래서 헤겔(Hegel)
같은 철학자는 모든 근대 철학자를 향해, "철학한다는 그대는 스피노자주의자거나,
아니면 아예 철학자가 아니라고 말해야 한다."라고 선언할 정도로 스피노자의 철학
정신을 극찬했다. [20] 스피노자는 철학을 한다는 사람에게 이르고 또 이른다. 철학을
한다면 당연히 모든 것을 의심해야 하고, 모든 것을 자신의 지력과 지성으로 검토해
야 한다고 말한다. 그렇게 하지 않고 말한다면, 그것은 제대로 아는 것이 아니며, 실
제로 무엇을 안다고 이야기해서도 곤란하다고 말한다.

　스피노자는 자신이 탐구한 철학을 위해, 자신의 생각, 자신의 품과 격을 종교라는
쓰레기와 거래하지 않기 위해 모든 것을 아낌없이 버린다. 자기 스스로 얻을 수 있었
던 명예, 부, 그리고 삶의 안정과 맞바꾸어 버린다. 자신의 생명까지 걸었던 싸움이었
다. 자신의 모든 것인 슬기와 밝음을 물질적 안정에 팔아 넘길 수 없었기 때문이다.
스피노자가 소망한 것은 오로지 인간의 자유였다. 생각의 자유, 사색의 자유가 인간
이 쟁취해야 될 진리의 길이라고 믿었기 때문이었다. 그가 남긴 재산은 정말로 아무
것도 없었다. 그가 갖고 있었던 모든 것을 처분했지만, 그를 위한 장례를 위한 비용도

채 되지 않을 정도였다. 그는 검소와 무소유의 철학자였다. 생명을 자유하기 위해 에라스무스(Erasmus)가 행한 것처럼 스피노자 역시 편협한 신정주의자들과 저들의 종교가 쓰고 있던 가면과 늑대의 탈을 벗겼다.[21)]

스피노자의 생명을 갉아 먹었던 자유의 포승줄이 내게는 바로 배움의 길이었다. 숨이 있는 한 희망은 있다는 그의 소신이 내게는 배움줄이었다. '스페로 스페라(Spero spera)! 숨이 있는 한 배움을 통해 사람 됨을 깨닫는다.'는 그 말은 내게는 결코 유별나지 않다. 사람에게는 각자마다 이미 내재된 배움의 본체와 배움의 본능이 있기에, 그것을 깨달아 자신의 삶에 드러내는 일만 남아 있기 때문이다. 거창하게 말하면, 각자에게 내재된 배움의 본성을 깨닫는다는 것은 배움의 도(道)를 알고 행한다는 것이나 마찬가지다.

그 점에 있어서는 조선의 선비들도 마찬가지였다. 그중에서도 연암(燕巖) 박지원 선생은 상당히 돋보이는 배움꾼이었다. 감히 흉내 낼 엄두가 나지 못하지만, 선비로서의 연암 선생이 보여 준 용기에는 기가 죽고만다. 죽음이 임박한 날쯤 되어, 연암(燕巖) 박지원 선생은 자신의 글로 자신을 말한다. "냄새 나는 똥주머니로 예순아홉 해를 산 조선의 삼류 선비"라고 자신을 하대(下待)하며 시작한다. 선비로서의 용기로 보여 줄 수 있었던 최고의 품과 격을 읽어 내는 순간이기도 했다. "……나는 쇠똥구리로서 쇠똥을 사랑할 뿐, 여룡(검은 용)의 구슬은 관심이 없다. 조선(朝鮮)이 내 삶의 시작이요 끝이며, 조선이 내 글쓰기의 원인이요 종결이라는 뜻이다."[22)]라는 그의 내언(內言)은 선비의 삶이 어떤 삶이어야 했는지를 극명하게 보여 준다.

도(道)라는 말은 예부터 사람 스스로 본성에 따라 본성에 어긋나지 않게 살아가는 데 도움이 되는 방편이라는 말이기도 하다. 도는 만물의 근원, 본체, 근본을 설명해 보려는 오래된 비유이다.[23)] 배움의 도(道)가 무엇인지를 우주의 이치, 세상에 대한 물리의 원칙을 밝히려고 노력하는 수리물리학자인 로저 펜로즈(Roger Penrose) 교수가 취하는 설명방식대로 차용해서 서술한다면,[24)] 아주 단순하기 이를 데 없다. 배움이란 인간이라는 실체에 이르는 길, 그 이상이 될 이유가 없기 때문이다. 인간의 실체를 찾는 일이라는 말은 신(神)이 인간에게 준 수명을 지켜 내는 일이라는 뜻이기도 하다. 인간에게 침윤(浸潤)되어 있는 신의 형상(形狀)을 되찾는 일이라는 뜻이기도 하다. 그러니, 배움은 인간이 지닌 신의 형상을 발휘하는 일인 셈이다.

『헨젤과 그레텔』의 우화로 유명한 19세기 독일, 그림 형제(Brüder Grimm)가 쓴 우화집에 나오는 이 우화에 따르면,[25] 인간은 생명에 대한 욕심이 많은 동물이다. 하늘님은 생명들을 만들기 시작할 때, 우선 급한 대로 당나귀, 개, 원숭이, 인간을 만들었다. 각각의 생명을 달리 할 이유가 없어 각각에게 30년 정도씩 살다가, 때가 되면 자신에게 되돌아오라고 했다. 당나귀, 개, 원숭이가 하늘님에게 거세게 항의했다. 자기들에게 30년씩이나 살라고 하는 것은 옳지 않다는 항변이었다. 그렇게 오래 사는 것은 저들에게는 참을 수 없는 모욕이라는 것이었다. 저들은 마침내 하늘님에게 수명을 줄여 달라고 간청했다. 저들의 어여쁜 처지를 고려해, 하늘님은 당나귀에게는 12년, 개에게는 18년, 원숭이에게는 20년만을 살게 했다. 매우 흡족해하는 저들을 보고, 내심 기쁜 마음이 들었던 인간은 오히려 하늘님에게 매달렸다. 자기에게 준 30년의 수명은 너무 짧다고 이야기하고 수명을 더 늘려 달라고 졸랐다. 다른 동물들도 별다른 반대를 하지 않자, 하늘님은 당나귀, 개, 원숭이에게 주고 남았던 생명의 모든 시간을 인간에게 몰아줬다. 30년 동안만 살다가 죽을 뻔했던 인간은 당나귀, 개, 그리고 원숭이 덕분에 70세, 그 이상까지도 더 '생명'할 수 있게 되었다.

우화의 핵심은 인간이 겪어야 할 삶의 긴 여정과 고통에 대한 감내하기에 있다. 인간의 삶에는 어김없이 당나귀, 개, 그리고 원숭이의 여정이 들어가 있다. 인간은 태어난 후 처음 30년 동안은 하늘님이 원래 명한 것처럼 인간처럼 살지만, 이후 수명은 다르다. 덤으로 더 얻은 것이기에 18년 동안은 당나귀처럼 살아야 한다. 직장에서 뼈 빠지게 노동해야 한다. 다음 12년은 개처럼 살아야 한다. 사회와 가정에 충성하다가 마지막 10년은 원숭이처럼 자식이나 사회의 눈치나 보고 재롱부리다가 죽어가는 존재이다. 인간 스스로 노동의 아픔, 부양에 대한 괴로움, 노후의 허망함을 부인하거나 저만 더 행복해야 하겠다고 더 억지를 부리지 말라는 뜻이기도 하다.

인간의 수명에 관한 그림 형제의 우화에 대한 지금까지의 해석은 잘못된 것이 틀림 없다. 인간의 기대수명이 더 늘어났기 때문이 아니다. 인간에 대한 이해가 잘못되었기 때문이다. 인간은 죽는 순간까지 수동적인 존재가 아니라, 능동적인 존재이다. 자신이 자신을 새롭게 만들어 내며, 개조해 나가는 존재가 인간이기 때문이다. 그것은 신이 처음부터 자신의 형상에 따라 인간에게 부여했던 배움의 본능을 발휘함으로써 가능하다. 삶의 원력(原力)인 배움을 인간의 여생에 회복, 제대로 응용하기만 하면, 새로운 인간상이 만들어진다. 인간은 인간의 발달단계와 사회화의 적응과정에서 18년 동안은 당나귀처럼 가정과 학교에서 열심히 익히고, 12년 동안은 개처럼 직장과 일터에서 충직하게 일하며 자신의 능력을 발휘하고, 10년은 직장의 상사나 리더로서 원숭이처럼 가정과 사회에 봉사하면서 나머지 30년 이후는 인간으로서 신처럼 초월적인 존재의 형상으로 살아갈 수 있는 여력과 궤적이 만들어지기 때문이다.

삶이니, 깨달음이니, 인간이니 하는 거창한 주제를 다루는 책들은 대개 시중에서 외면받기 마련이다. 하루의 삶에 매달려야 하는 저들에게는 모두 부질없고, 소용이 없는 소리로 가득 찬 것처럼 느껴지기 때문이다. 읽어 보지 않아도 이미 알고 있는 것 같은 그런 것이기 때문이다. 그런 현학적인 이야기보다는 돈을 어떻게 쉽게 벌 수 있는지, 많이 먹고도 탈나지 않는 살 빼기 같은 것은 없는지, 연애를 쉽게 하는 법은 없는지와 같은 질문에 명답을 주는 그런 것이 읽기에 편하다. 그런 이야기들처럼 쉽게 그리고 더 야하게 다루는 책을 써내야 시선을 끄는 판매대에 진열되기 마련이다. 사람들의 시선과 주목을 받으려면 그렇게 해야 한다. 잡스런 이야기들을 가능한 은밀하고 예사롭지 않게 다뤄야만 한다. 사람들이 쉽게 알아차릴 수 없게 끝내야 한다. 가능한 모두에게 이해되지 않도록 다뤄야 한다. 일반론을 정직하게 다루면 그것은 작가로서 크게 실수하고 있는 것이다. 그럴바에는 차라리 아무것도 쓰지 않는 편이 훨씬 더 나을 수도 있다. 소크라테스는 단 한편의 글도 없다. 예수 역시 단 한 줄의 글을 써 남긴 적이 없다. 그랬어도 저들은 인류의 현자로 남았다. 저들에게는 정년이 없었기에 한 줄의 글도 남기지 않았는지 모른다.

"겸허함이여 항구에 돌아오는 배, 오만함이여 항구를 떠나는 배." 시인 고은(高銀)이 영탄한 노래이다. "흠 없는 평범함보다는 흠이 있는 숭고함이 더 낫다."는 고대 아테네 수사학자 롱기누스(Longinus)의 말 역시 가슴에 와 닿는다. 숭고한 글쓰기라는 것도 마찬가지일 것이다. 저들의 말대로 숭고한 글을 쓰고 싶었다. '완전히 흠 없는 정확성이란 진부함으로 추락할 위험이 있기 때문에 그렇게 하라고 이르는 롱기누스의 충언이나 수없이 되뇌었을 뿐이다. 숭고미를 갖추려면 대담한 방식으로 시시콜콜한 어떤 것은 가슴에 담지 말고 무시해야 한다는 그의 말에 감탄한다. "위대한 능력이란 바로 그 위대성의 이유로 위험에 항상 노출되어 있기 때문에 그렇다."고 말하는 대목에 이르면 나의 배움은 아직도 멀기만 하다. 숭고미는 '지식의 안정성과 균형감'을 통해서도 충분히 전달될 수 있다고 보는 롱기누스는 숭고미의 글쓰기를 위해서는 먼저 영혼을 키우라고 처방하기에, 나를 다스리는 일이 더 급하기만 하다.

영혼의 크기는 신의 위대함을 받아들이려는 마음의 여백과 비례한다. 신의 위대함을 받아들일 때, 인간 스스로 그를 신으로 만들어 낼 수 있다. 롱기누스는 숭고미스런 글을 쓰기 위해서는 파토스가 넘쳐나야 한다고 알려 준다. 인간적인 고뇌, 정열, 감동이 묻어 나와야 하는데, 그것을 보았을 때 비로소 신이 그것을 알아채고 크게 감동하기 때문이라는 것이다. 파토스는 신을 인간으로 만들어 내는 일이기 때문에, 신을 감동시킬 수 있을 정도로 삶에 강렬해야 한다는 뜻이다.[26]

삶을 살아가려면 많이 그리고 거침없이 울어야 한다. 태어날 그때 처음 울었던 그때처럼 살아가면서도 울 수 있다면 나름대로 거침없이 울어 젖혀야 한다. 태어날 그때의 첫 울음은 자신의 생명됨을 모두에게 알리는 고함이었지만, 나중의 울음들은 자신의 거듭남을 드러내 보이는 성찰과 반추의 고백이기 때문이다. 제대로 울고 나기만 하면 새 삶의 속살이 드러나 보이기 마련이다. 소리냄 모두가 끝내 부질없는 일이라고도 하지만, 새로운 삶을 맞이하고 또 맞이하려면 자신의 존재됨을 울음으로 드러내며, 지난 것들을 씻어 내야 한다. 정년을 맞기 전부터 이 책을 쓰면서 나는 이런 생각, 저런 생각을 다스리며 울고 또 울었다. 생각을 제대로만 할 수 있어도 참살이로 진입한 것이나 마찬가지였기 때문이었다.

　사람들은 자기의 생각에 여러 종류와 각기 다른 이해와 실천의 수준을 담아내기 위해 사상염려(思想念慮)하게 된다. 무엇 하나를 만들기 위해 오만가지의 서로 다른 생각을 하기 마련이다. 이때의 '사(思)'는 뇌로 곰곰이 따져 하는 생각을 말하며, '상(想)' 이미지로 떠오른 생각을 칭한다. '염(念)'은 머리에 들어와 박혀 떠나지 않는 생각을, 마지막으로 '려(慮)'는 마치 호랑이 등에 올라타고 달리는 것처럼 무엇인가 불안하고 다급하게 짓누르고 있는 그런 긴장의 생각을 말한다. 모두가 마음(心)과 의식을 단속하는 개념이지만, 각기는 여러 유형의 사유 양태를 드러내 보여 주고 있다.

　곰곰이 따져보는 사유(思惟)의 생각, 이미지로 그려보는 상상(想像)의 생각, 마음에 박혀 떠나지 않는 염원(念願)의 생각, 마음을 짓누르는 우려(憂慮)의 생각을 나열하는 것이 사상염려이다.[27] 염원과 우려의 생각에 빠져 있으면 마음이 타들어 가게 마련이다. 사상염려가 빈번함에도 불구하고, 경중을 가리며 처신하는 사람이 생각을 제대로 관리하며 참살이를 하는 사람이다. 깊고, 깊은 생각에 이르러 마음이 트이고 실천에 이르게 되기만 하면, 선(禪)이니, 경(經)이니, 송(頌)이니 모두가 거추장스러운 장식일 뿐이기 때문이다.[28]

　나는 지난번 출간했던 『생의 과(過)』의 1장을 제외한 각장에서도 그랬지만, 지금 이 책 『생의 유(癒)』에서도 마찬가지로 용기를 냈다. 각 장의 내용을 나름대로 포섭하며 이끌어 간다고 생각되는 인용구들을 달았다. 나의 생각을 드러내는 표지판 같은 것이었다. 각 인용구는 구약의 전도서(傳道書, The Book of Ecclesiastes)에 나오는 구절들이었다. 전도서의 각 구절은 내게 잠언(箴言)과 다르지 않았다. 인간의 불만과 욕망 모두 덧없는 일이며, 일 없는 일이라고 일러 주고 또 일러 주기 때문이다. '헛되고 헛되다 모든 것이 헛되다(Vanitas Vanitatum et Omnia Vanitas)'로 시작하는 전도서의 경구들은 삶이 무엇인지를 아는 사람에게는 소름을 돋게 만든다. 아무리 발버둥쳐 봐도 살아가는 것은 뻔한 일이라는 뜻만은 아니다. 부질하지 말고 마음을 하나로 모아 절대자인 신을 위해 기도하라고도 일러 준다. 경건한 기도 이외에는 그 어떤 답도 있을 수 없다는 선지자들의 고뇌가 드러나는 대목들이다. 미리슬기와 예지일탈(叡智逸脫)의 교훈으로 그득하다.

생과 명을 관장하는 신에의 귀의(歸意)로 이끌어가는 전도서는[29] 처음부터 끝까지 가르치는 자, 설교하는 자, 권력 가진 자, 포만스러운 자, 비통스러워하는 자, 모두에게 말한다. "모든 것이 헛되고 헛되다." 세상은 그렇게 시작하고, 그렇게 끝을 맺게 마련이다. 세상을 두루 익혀 냈던 지혜자의 영탄이다. 마음을 하나로 모아 자기를 다스리라는 말이다. 일빙(Ill-being)을 버리고 웰빙(Well-being)하라는 요청이다. 고집(苦集)은 열심으로 덜어내며, 지극으로 멸도(滅道)하라는 당부이다.

아무리 육신의 기관들과 기계부품을 연결해 기계 인간을 만들어 낼 수 있다고 해도, 그런 기계 인간은 자궁에서 창조되고 창생된 인간 피조물은 아니다. 컴퓨터 같은 기계뇌에게는 인간에 대한 열등감이 영원할 뿐이다. 그것들의 궁극적이고도 원초적인 목적은 인간을 닮아가는 것뿐이다. 인간보다 더 인간적인 모습을 갖추는 것이 기계가 영원히 소망하는 이상일 뿐이다. 그런 일이 현실로 나타났던 때가 1989년경이었다. 인간과 기계 간의 대결을 보이는 지능 게임이 열렸던 때였다. 체스 대결이 시작되었지만, 처음의 대결에서는 기계가 완패당했다. 인간을 이길 것이라던 컴퓨터가 인간에게 무릎을 꿇었다. 그로부터 약 7년이 지났다. 1996년 인간은 컴퓨터 기계뇌에게 굴복한다. 최초의 일패를 당하는 순간이었다. 인간의 능력은 무디어지기 시작한다. 1997년 IBM사가 만들어 낸 슈퍼컴퓨터 '딥 블루'는 인간의 능력을 단숨에 뛰어넘었다. 당시 세계 랭킹 1위인 '개리 카스파로프'를 4:2로 누를 정도로 컴퓨터의 뇌는 고도로 성장했다. 체스 세계컴퓨터는 드디어 인간보다 우월한 뇌를 가졌다고 자부한다. 인간적인 것과 기계적인 것 간에 지력의 경계가 하나씩 허물어져 갔다. 기계뇌의 우월성이 인간보다 절대적인 우위를 차지했기 때문이었다.

컴퓨터는 이제 인간보다 더 낫게 생각하는 기계가 되었다. 인간의 어려운 현실 문제 풀이도 단숨에 해치운다. 인간적인 것과 기계적인 것의 경계가 없어지기 시작했다. 기계가 인간의 일을 대신해 줌으로써 그들 간의 간극은 점점 더 벌어졌다. 인간에게 깊은 우려가 생겨났다. 기계가 인간을 지배할 것이라는 깊은 우려였지만 그런 우려는 기우(杞憂)였다. 인간을 닮아 가는 한 기계는 결코 인간을 이길 수 없기 때문이었다. 인간이 기계의 통제자였기 때문이다. 기계가 갖는 숙명은 어쩔 수 없는 노릇이었다. 기계의 숙명은 기계라는 데에 있었다. 문제는 정반대 방향에서 제기되기 시작했다. 인간의 기계화가 오히려 문제로 인식되기 시작했기 때문이다. 인간이 점점 기계화되어 가고 있다는 의구심이 불현듯 사람을 불안하게 만들기 시작했다. 인간을 누르고 승리하는 기계가 인간을 닮아가려고 하기보다는, 오히려 인간이 점점 더 기계를 닮아 가려고 안간힘을 쓰고 부조리 때문에 인간은 더 괴로울 수밖에 없었기 때문이다.[30]

　　인간이 컴퓨터의 뇌를 닮아가려고 노력하면서 부각되기 시작한 것은, 인간성의 상실이었다. 인간적인 인간다움의 각자성이 무너지기 시작했기 때문이다. 무너진 그 자리를 기계뇌가 대신 들어서려고 하면서부터 인간은 이제 기계를 두려워하기 시작했다. 일상생활 현장에서 인간답게 살기보다는 인간 스스로 인간됨을 포기하고 기계를 닮아가려고 했기 때문에 생긴 불안감이었다. 인간 스스로 인간의 회복을 위한 몸부림은 치지만, 어떻게 다시 인간적으로 살아가야 할지를 모르고 있다. 그저 기계의 환영(幻影) 속에서 자기도 모르게 더욱더 기계의 부속품처럼 살아가고만 있다.

　　그렇다고 해답이 없는 것은 아니었다. 기계뇌는 살아 있는 어머니 자궁에서 태어난 세포로 된 몸의 인간이 아니라는 사실 속에 해답이 담겨 있기 때문이다. 로봇 싸피엔스와 같은 트랜스 휴먼(trans human)은 아무리 인간을 닮아간다고 해도 기계일 뿐이다. 컴퓨터를 다루는 전산학과 인간의 생체를 다루는 생물학은 사람에 대한 이해와 속성부터가 다르다. 컴퓨터는 기본적으로 비트와 가역적(可逆的) 과정으로 인간의 일들을 처리하는 금속덩어리일 뿐이다.[31] 생물은 물질과 불가역적(不可逆的)으로 인간의 일들을 처리한다. 컴퓨터는 1과 0으로 된 2진수, 즉 비트를 이용하여 모든 문제에 대한 해답을 계산해 낸다. 컴퓨터는 연산과정을 되돌릴 수 있는 능력이 있는데 반해, 인간 같은 몸의 생물체들은 원자 혹은 분자로 이뤄진 물질의 변이(變異)만을 다룰 수 있을 뿐이다. 세포를 변이된 그 이전과정으로 되돌아가게 할 수는 없다. 세포전이의 이전 상태를 마음대로 조작할 수 없는 것이 생물체가 지닌 약점이자 강점이기도 하다. 세포라는 물질은 시간에 따라 변화되고 노화되면 그것으로 종결되어 버릴 뿐이다. 컴퓨터로는 백 년 전에 일어난 것도 마음대로 가역(可逆)시켜 재생할 수 있지만, 생물은 다르다. 이미 100년이나 늙은 세포를 그 어떤 경우라도 한 살로 되돌릴 수는 없기 때문이다. 생과 명을 가역적으로 조작할 수는 없는 것이 인간 같은 생물체가 지닌 어쩔 수 없는 숙명이다.

물론 그런 생물학적인 한계를 극복해 보려는 노력이 없었던 것은 아니다. 인간의 몸, 세포라는 물질을 생물학이 가역적으로 조작하려는 노력이 의공학적 첨단 기술로 가시화되기 시작했기 때문이다. 유전자 치료, 이식의 의학 등을 포함하는 첨단 재생의학(再生醫學, Regenerative Medicine)의 기술들이 세포의 가역성을 가능하게 만들고 있다. 손상된 조직의 세포를 다시 살려내거나 건강한 세포로 대체하여 세포 본래의 기능을 다시 발휘하게 하면 노화된 세포가 회복될 수 있기 때문이다. 회복된 세포의 기능은 손상 이전의 세포처럼 100% 정상적인 기능을 발휘한다고는 장담할 수는 없어도, 손상되었던 세포의 기능이 어느 정도 회복되고, 보강되는 것이 사실이다.

세포의 본질적인 한계는 어쩔 수 없지만, 인간은 그래도 그 한계에 도전하고 초월하려는 힘과 기술을 개발해 왔다. 그런 도전과 초월의 의지를 담아 내는 것이 바로 인간의 정신이고 영혼의 영성됨이라고 믿어지기 때문이었다. 그래서 인간의 영혼은 '불가불가역적(不可不可逆的)'이다. 마음은 방점을 어느 곳에 찍느냐에 따라, 마음의 여백이 달라지고, 그 의미도 달라지기 마련이다. 인간의 마음은 마치 대중가사의 그것처럼[32] 조변석개(朝變夕改)스럽다. 자기도 모르게 변색되는 마음을 조절하기 위해서는 마음을 삿되게 만들지 않는 일이 필요하다. 중심을 잡는 일이 쉽지 않기에 자신의 거듭남이 필요하다. 그것을 개조라고 부른다. 마음을 삿되게 하는 일, 마음을 부패하지 않도록 만드는 방부제가 배움이다. 언제나 초심으로 되돌리며 자신을 개조하는 데 도움을 주는 방편이 배움이다.

우리 사회도 이제 150세 시대를 맞이할 작업들을 거론하고 있다. 장수(長壽)를 약속하는 현대판 테크놀로지의 끊임없는 발전이 그것을 부추긴다. 현대기계공학의 총화인 나노기술, 생명공학 그리고 인지공학이 세상살이를 바꿔 놓는 중이다. 모두가 인간의 장수에 기여할 것이지만, 인간에게 장수만이 능사는 아니다. 사람이 한평생 가득 100세를 넘어 산다고 하더라도, 미래는 인간에게 늘 불완전할 뿐이기 때문이다.[33)] 한국인의 기대 수명이 가파르게 연장되고, 현실에서 성경의 그 말처럼(고전 15:26) 맨 나중에는 멸망받을 원수인 사망과 죽음을 물리칠 수도 있을 것 같기도 하다. 의생공학적인 융합기술이 의술 현장에서 현실성을 드러내고 있기 때문이다.

그러나 장수, 즉 오래 사는 것만이 능사는 아닌 것 같다. 장수가 삶의 질을 보장하는 것은 아니다. 건강하게 그리고 의미있게, 오래 살 수 있어야 삶이 지니는 의미와 삶의 진정성을 찾을 수 있기 때문이다. 우스갯소리이지만, 귀에 솔깃하게 들어오는 소리가 '9988234'의 삶이 장수의 삶이라는 말이다. '8899234'의 삶, 말하자면 88세까지 구질구질하게 사는 삶은 건강한 삶이 아니기 때문이다. 기대수명이 아무리 늘어나 봤자 건강하지 못한 오래 삶, 의미 없는 장수(長壽)는 사람 하나 하나, 각자 각자에게 부질없는 짓이나 마찬가지라는 뜻이다. 세상이 아무리 기술의 진보로 인해 변해도 인간의 마음만큼은 그 누구에게도 늘 불안정한 마음으로 남아 있을 뿐이기 때문이다. 기술의 진보와 마음의 진화 간에는 의식의 지체(consciousness lag) 현상이 어쩔 수 없이 걸려 있기 때문이다.

의식의 지체는 인간의 삶살이에 걸림돌이 되기도 하고, 자유의 근거가 되기도 한다. 마음은 마음으로 작동할 뿐이기에 마음에 기쁨의 빛이 비추지 못하면 모든 것이 어둡게 보일 뿐이다. 마음에 무슨 잘못이 있을 리 없다. 마음이란 원래 잘못된 것이 아니다. 마음은 본디 고요하고, 깨끗하며 정갈하기만 하다. 마음이 산란하다면, 그렇게 되는 이유는 하나로부터 기인한다. 자신의 마음이 감(感)과 정(情)을 따라 먼저 나섰기 때문일 것이다. 마음에서는 언제나 밝은 빛이 나온다. 그 빛을 만나려면 삿된 감정을 끄고 조용히 내 모습부터 차분하게 되돌아봐야 한다.

배움은 '몸'을 달구는 일이다. 몸을 의미화시키는 일이다. 자신을 자기처럼 다스리는 방편인 그런 배움을 가능한 짧게 설명하기 위해 이 책에서는 배움의 공식을 배움=의미 × '몸', 말하자면 $E=mc^2$으로 정리했다.[34] 배움의 공식을 더 집약하면, 배움은 삶의 주체인 몸을 위해 의미 만들어 내기와 의미 만들어 가기라고 말할 수 있다. 배움은 바로 삶의 치유이며, 삶의 품격, 삶의 디그니티(dignity)를 약속한다. 세상을 살아간다는 것은 의미를 만들어 낸다는 뜻이다. 의미를 만들어 내지 못하면 그 모든 것이 나와는 무관하게 될 뿐이다. 의미를 만들어 낸다는 것은 마음을 '낸다'는 뜻이기도 하다. 작정해야 할 마음, 사랑해야 할 마음, 살아야 할 마음, 관계를 이어가는 마음처럼, 마음을 내는 일에 의미를 만들어 내는 일이다. 그것이 삶에 대한 의미화이다. 마음을 내지 못하면, 의미를 만들어 내지 못하는 일이 되고, 그로부터 삶은 살아갈 방향을 잃어버리고 만다. 이 책을 읽는 것도, 책에 대한 마음을 내는 것이고, 읽기에 대한 의미를 만들어 냈기 때문에 글자 하나가 눈에 들어오고 마음에 새겨지게 되는 것이다. 삶이란 길이가 아니라 의미로 재야 제대로 살아갈 수 있기 때문이다.

삶을 길이로 잰다면 그 기준은 몇 살을 먹었느냐가 될 수 있을성 싶다. 나이로 삶의 이것 저것을 따져보는 일이 삶의 전부가 될 것이기 때문이다. 그에 비해 삶을 의미로 재면, 그의 하루가 평생을 좌우할 수도 있고, 평생이 하루만도 못할 수 있다.[35] 백 살을 넘기는 식으로 장수(長壽)했다고 해도, 그의 삶에 별다른 의미가 만들어진 적이 없었다면, 그의 삶은 끝내 알맹이 없는 껍데기, 단 1초의 헛살이가 될 수도 있을 뿐이다. 삶이 아니라 삶에 지나치게 삶아져 버린 빈 껍데기나 마찬가지다. 단 한 시간, 단 하루를 살았다고 해도 그의 삶에 의미가 담기고, 나름대로의 의미가 만들어진 삶이었다면, 그의 삶은 귀한, 장엄한 삶이라고 볼 수 있다. 24시간이라는 하루는 자신의 삶을 무엇으로 재느냐에 따라, 영원으로 통하기도 하고 아니면 암흑으로 직결되기도 한다. 삶이라는 자신의 인생 그릇에 무엇을 담느냐에 따라 그의 삶은 거름통이 되기도 하고, 반대로 보석함이 되기도 한다. 자신의 삶은 자신이 만들어 내는 의미에 따라 달라질 뿐이기 때문이다.

배움은 삶에 대한 의미 만들어 내기, 몸과 마음의 쓰임새와 '몸'의 가치를 최적화시키며, 의미화시키는 일이다. 자신의 삶을 위해 몸을 다스리고 몸을 개조하는 일이 배움의 핵심이다. 삶의 의미를 만들어 가는 일이 배움이다. 의미가 만들어지려면 깨달음이 뒤따르게 마련이다. 깨달음에 대한 어떤 감이 들어오기 시작해야 제 스스로 조심(操心)하고, 또 조신(操身)할 수 있는 여력이 생긴다. 조심하기만 하면 흩어지는 마음을 붙잡아 올 수도, 되찾아 올 수도 있다. 조심하고 조신하는 일이 삶살이에서 얼마나 중요한지를 성현들이 그토록 일러 주고 가르쳐 주었던 한 마디 말이 있다. '구방심(求放心)'이라는 말이다. 맹자(孟子)가 다시 일러 주었다. 배우는 일이란 다른 것이 아니라 제 스스로 읽어 버리고 놓아 버린 마음을 되찾는 일(學問之道 無他 求其放心而已矣)이라고 또 다시 말했다. 초발심으로 돌아가기 시작하면 구방심의 시작이 된다. 심하게 흐트러지고, 세파 속에서 이리저리 일그러진 자신의 마음을 추스르고, 다시 불러 모으는 조심과 조신의 길이 구방심의 길이다.[36] 조심하기 시작하면 몸에 대한 진지함과 깨달음이 함께 오기 시작한다. 조신해야 깨달음을 맛본다. 강건함이 금가면 강인함은 이내 무너진다.

배움이 무엇인지를 알고 전도서(傳道書)를 다시 읽다 보면, 한 구절, 다른 또 한 구절에 자신도 모르게 온몸이 빨려 들어가 버린다. 자본주의의 시작과 끝을 알려주는 고대판 지침서 같기도 한 전도서는 삶의 양태는 본질적으로 엇박자임을 극명하게 보여 준다. 살아생전 사람으로서 좋다는 것, 해 보고 싶은 것 모두 체험해 본 사람이 전도서의 저자이다. 솔로몬이라고 알려졌는데, 그는 제왕 중의 제왕이었던 사람이다. 온갖 못된 짓, 온갖 영화로운 일, 온갖 희열과 기쁨거리를 독차지했었을 그가 인간으로서 넌지시 후대에게 일러 주는 인생담의 교훈이 바로 전도서에 가득하다. 슬기와 지혜의 두루마리이며 살아가야 할 삶을 위한 지침으로서의 '미리슬기와 예지(feedforwarding)'가 가득하다.

전도서에는 늘 우리에게 세상을 살아가려면 조심하고 조신하면서 '구방심'하라고 일러 주는 묘미로 가득하다. '몸'을 제대로 만들어 보라는 말이다. 몸과 맘은 자음과 모음처럼 조합하며 의미를 만들어 간다. 문장을 구성하려면, 뜻을 실어 나르면 자음과 모음이 제대로 조합되고 배합되어야 하듯이, 전도서는 조신과 조심을 위한 맘과 몸의 제대로 된 조합을 끝없이 역설한다. 인간에게 있어 '몸'을 다듬는 것은 죽을 때까지 설익어 있을 뿐이다. 몸나와 얼나를 가꾸는 일은 죽기 마지막 순간까지 이어지고, 이뤄져야 될 자신의 업(業)으로서의 구방심일 뿐이다.

그 누구의 삶이든 삶은 언제나 '책'을 넘어서는 배움으로 가득하기 마련이다. 어떤 책인지 알 수는 없지만, 낙서도 있고, 시도 있으며, 소설도 있고, 성경도 있고, 불경도 있을 수 있다. 그 누구의 삶이든 그것은 항상 배움의 책일 것이다. 각자의 책은, 재미로서의 책을 넘어서는 배움의 책, 말하자면 에루디션 비욘드 북(Erudition beyond Book)일 것이다. 그 배움의 책이 바로 나와 너의 삶을 약속한다. 책이 무엇을 보장해 주지는 못하지만, 제 갈 길을 알려 주기는 한다. 자기의 책이 아니라 남의 책 이곳 저곳에서 뽑아 낸 구절을 외우며 유식한 척하면서 살아가기보다는 차라리 자기의 삶을 위한 흙 한 덩어리라도 제대로 밟으며 정직하게 살아가는 것이 더 바람직한 일이다.

"정직과 성실을 그대의 벗으로 삼으라. 아무리 누가 그대와 친하다 하더라도 그대의 몸에서 나온 정직과 성실만큼 그대를 돕지는 못하리라. 남의 믿음을 잃었을 때 사람은 가장 비참해진다. 백 권의 책을 읽는 것보다 하나의 성실한 마음이 사람을 움직이는 힘이 더 크기 때문이다." 미국 헌법의 기초를 만든 정치가로서, 피뢰침을 발명한 과학자이기도 한 벤자민 프랭클린(Benjamin Franklin)이 한 말이다. 그러니 "책을 읽으면, 불행 끝~" 그런 말은 처음부터 가증스러운 말일 수밖에 없다. 인간은 10분에 세 번 이상 거짓말을 하고 있으니, 그래도 참아 줄 만하다. 사람들이 하는 이야기들과 책에는 늘 자기기만(自己欺瞞)성이 농후하기 마련이다.

나 역시 교수생활을 해오면서 자기 기만의 현실성과 허구성을 깊게 추스려야 할 경험이 없었다고는 말할 수 없다. 하나는 미국의 웨스트 버지니아 주 산림 속에 소재한 트윈 옥스(Twin Oaks)에서 한 달여 동안 체험했던 이국인들과의 공동생활이었다. 다른 하나는 스페인의 북부를 가로질러 1,000km를 걸어가는 산티아고(Santiago) 순례길에서의 체험이었다. 트윈 옥스라고 부르는 생태 공동체에서의 생활이 인간의 자유 의지에 대한 부정을 경험한 것이었다면, 산티아고를 향한 순례길은 자유의지에 대한 확인을 실감한 체험이었다. 삶에서 상반된 두 가지 서로 다른 체험은 모두 배움학의 전개를 위한 학구적인 경험의 근저였다.

트윈 옥스의 공동체 경험이 나에게 가르쳐 준 것이 있었다.[37] 사랑이니, 자유이니, 인간의 존엄이니 하는 것은 실제로는 모두 허상이라는 점이었다. 행동주의 심리학자인 스키너(Skinner) 교수가 가르쳤던 논리대로, 사랑이란 원래 실체가 없는 '그것'에 지나지 않는다는 것도 순식간에 깨칠 수 있었다. 사랑이란 끝내 긍정적 강화의 사용을 다른 말로 표현해 놓은 것일 뿐이었다. 강화가 미약해지면 사랑은 이내 붕괴되고 만다. 지키고 강화하는 동안 친밀도가 붙을 뿐이다. '자유'라는 말 역시 마찬가지였을 것이다. 자유란 '하고 싶은 것'을 하는 것인데, 그것 역시 긍정적인 강화의 결과물일 뿐이었기 때문이다.[38] 사랑, 그런 것은 없는 것이다. 자유 그런 것 역시 실체가 없는 것일 뿐이다.

트윈 옥스 공동체에서의 생활 체험이 10여 년 쯤 흘러 버린 후 산티아고 순례길을 밟았었다. 스페인의 산티아고 순례길은 트윈 옥스 공동체의 경험과는 전혀 딴판이었다. 내 삶에서 걷는 것은 신기하지 않았으나, 이번의 산티아고 순례길에서는 달랐다. 어김없이 언어를 넘어서는 체험이 잇달았기 때문이다. 산티아고를 향한 순례는 나라는 인간존재에 대한 처절한 체험으로 이어진 구방심의 길이었다. 살아 내는 일을 더욱더 단순하게 만들어 놓은 길이기도 했다. 마치 일본 교토에서 긴카쿠지(銀閣寺)를 방문한 첫 순간에 내 마음에 깃든 '와비사비(わびさび, 侘寂)'의 감, 말하자면 궁색하지 않은 채 웅장히 절제된 여유의 정조(情調)같은 것이었다.[39]

산티아고 순례길에서 인간존재가 된다는 것은 오로지 자유함에서만 가능하다는 것을 확인할 수 있었다. 마치 간디가 그토록 갈구했던 '신을 마주봄'으로서의 자기실현, 자기 체험 같은 것이었다. 자신의 생명함이 바로 최상의 자아(自我)임을 알아차리게 만든 체험이었다. 최상의 자아는 자기 기만을 넘어설 때 드러나기 마련이다. 자기 기만으로 자신만이 지니고 있을 수 있는 각자적인 과거와 불행을 나름대로 요리해 낼 수 있다. 자기 기만은 끝내 자신의 삶을 상하게 만들어 놓는 기만일 뿐이다.[40]

내 자신에는 다른 이들은 결코 알 수 없는 자기 혼자만의 어떤 구석과 음지 같은 것을 지니기 마련이다. 어쩌면 자기 자신도 미처 알지 못하고 있는 그런 그림자가 어딘가에 도사리고 있다. 그것을 자신만은 잘 알고 있다. 그 구석을 메우거나 채우거나 아니면 다시는 그 덫에 걸리지 않으려고 노력하는 것도 바로 자신이다. 사람은 저들의 그런 짓에 기꺼이 속아 준다. 그 속임수를 반기기도 한다. 자발적 공모의 심리를 갖는 근거이다. 그러나 끝내 그것을 두려워하는 것이 인간이다. 수많은 자기 기만의 반복 속에서 자기 기만에 대한 자정(自淨)이 조금씩 일어나면 거듭나게 된다. 어두웠던 과거보다는 더 나아진 미래, 밝아진 사람으로 살아가게 도와주는 반추의 능력이 발동되기 때문이다. 자기 기만을 넘어서려면 자기 자정, 자기 성찰이 먼저 앞서야 한다. 자기 자정, 자기 성찰이라는 멘탈 디톡스(mental detoxic)를 이끌어 가는 선도(善道)에 바로 자기 배움이 있게 마련이다.

큰 지식(大智識), 말하자면 큰 어른들이 옛부터 어김없이 우리에게 일러 준 것이 있다. 그것은 "생각은 하늘보다 높게 하되, 행동만큼은 밀가루보다 더 곱게 하라."는 말씀이다.[41] 그렇게 하려면 자기 자신에 대한 "질문을 멈추지 않는 것이 가장 중요하다." "대상을 보다 단순화하는 것만으로도 충분하지 않다. 대상을 '최대한' 그리고 더 단순화시켜야만 한다."라는 아인슈타인의 충고를 놓치면 내 마음은 이내 저멀리 달아나고 만다.[42]

이 책의 마지막 구절에 마침표를 찍는 순간에 이르기까지, 그리고 삶의 마지막에 이르기까지 가슴에 새길 다른 말도 있다. "결승점에 이르기까지 티끌만큼의 후회도 남지 않는다면, 그것이 바로 진정한 승리이다."라는 말이다.[43] 결승점, 끝까지 내달리기 위해서는 부디 이전의 일, 옛일은 기억하지도 그리고 사로잡히지도 말아야 한다.[44] 인도의 시성(詩聖)인 라빈드라나트 타고르(Rabindranath Tagore)가 신께 바치는 송가(頌歌), 『기탄잘리(Gitanjali)』에서 매일같이 노래했던 그대로, 죽음이 내 문을 두드리는 날이면 내 생명이 가득 찬 잔을 그 님에게 올릴 수 있도록 준비해야 한다.[45] 모든 앎을 즐긴 사람이 할 수 있는 노래이다. 배우는 데 전력을 다하고도 그 배움에 결코 만족하지 못하는 사람이라면, 그를 가리켜 배움의 '철학자'라고 불러야 하는데,[46] 그렇게 되려면 물 위에 길을 내겠다는 각오로 배우고, 그렇게 배우기를 게을리하지 말아야 한다. 배움이 진리케 하고야 말 것이라는 것을 강조하고 싶어 머리말을 길게 쓰고 말았다.

미주

1) 누구에게나 마찬가지겠지만, 피붙이들의 죽음에는 짙은 슬픔이 따라 나서게 마련이다. 어머니의 죽음에는 더욱 더 그럴 수밖에 없다. 나 역시 예외가 아니었다. 정년퇴직을 한 지 7개월이 채 지나기도 전에, 어머님이 세상을 떠나셨다. 이제 내가 할 일 하나라도 더 줄여주시겠다고 작정하셨던 모양이었다. 2014년 1월 20일 밤 9시 23분, 어머니의 마지막 체온임을 알아챘던 시각이다. 내 온몸의 신경으로 파고들었던 어머니의 마지막 온기를 기억하는 그 순간 칠흑같은 절망감과 끝을 알 수 없는 상실감들이 밀려들었다. 또 다른 중환자들의 아픔도 잊어버린 채 한참을 울었다. 그 오열 속에서 나도 모르게 하나의 생각이 스물거리며 기어올랐다. 그 어떤 치유적인 질문같은 것이었다. 마치 고대 멕시코 왕국의 현제(賢帝) 네싸우왈꼬요틀(Nezahualcoyotl, 1403~1473)이 질문했던 그 미리슬기였다. 「내가 묻는다」라는 시(詩: 구광렬 시인의 번역)에서, 네싸우왈꼬요틀은 어머니의 마지막 체온을 지워내지 못하는 나에게 이렇게 되물었다. "인간들이여, 한번의 생명은 또 한번의 죽음일 뿐인데, 나무처럼, 돌처럼 영영 땅에서 뿌릴 내릴 순 없겠는가?" 하고 물었다.
네싸우왈꼬요틀은 고대 아즈데카 왕국을 통치했던 왕이었다. 그는 시인이며 철학자이기도 했다. 지금의 멕시코 시, 말하자면 멕시코 중동부에 위치한 해발 2,240m에 위치한 떼스꼬꼬(Texcoco: Aztec 왕국의 옛 도시)왕국의 전성기를 마련했었던 고대 멕시코왕국의 왕이었다. 네싸우왈꼬요틀은 떼스꼬꼬를 라틴 왕국의 고대 그리스의 아테네처럼 정신문명의 본고장으로 만들어 놓았었던 현제(賢帝)였다. 네싸우왈꼬요틀은 미약했던 독일을 유럽에서 초대강국으로 끌어올린 프레드릭 대제(Fredrick the Great)와 고대 로마의 16대 황제로서 스토아 철학자이자 현제의 상징이 된 마르쿠스 아우렐리우스에 비견된다. 유럽에서 종교의 자유를 인정하기 시작함으로서, 생명있는 이라면 그 누구나 나름대로 각자의 길로 천국을 향해 나아가야 한다는 신앙의 지유을 터놓은 프레드릭 대제처럼 네싸우왈꼬요틀 대왕 역시 인간의 운명에는 나름대로 지켜나가야 될 각자성과 본실성(本實性)이 있다는 것을 끊임없이 가르쳐 주었다. 스토아 사상과 에피쿠로스의 정신적 자세로 전장(戰場)을 누비면서 자신의 마음을 비워냈던 마르쿠스 아우렐리우스처럼, 네싸우왈꼬요틀 그 역시 죽음이란 인간에게 있어서 원자들의 흩어짐과 합쳐짐의 이합집산(離合集散), 그것일 뿐이니 삶에 대한 필요이상의 욕망을 내려놓으라는 배움을 주었다. 그는 나에게 마음 편하게 나무처럼, 돌처럼 땅에 뿌리를 내리려는 자세로 어머니의 죽음을 받아들이며, 어여 내 삶을 곧추세우며 치유하라고 일러 준 것이다.

내 어머니도 네싸우왈꼬요틀의 나무처럼, 돌처럼 영영 자신의 대지에 자신의 뿌리를 내리신 것일 뿐이다. 돌이 되고 뿌리가 되는 날은 바로 성경의 전도서에 일러주듯이, 범사에 기한이 있으며 천하 만사에 다 때가 있음을 그 누구든 온 '몸'으로 받아들이는 날이다. 전도서(전도서 3:1-8)는 끊임없이, 세상 그 모든 것에는 '날 때가 있고 죽을 때가 있으며 심을 때가 있고 심은 것을 뽑을 때가 있으며 죽일 때가 있고 치료할 때가 있으며 헐 때가 있고 세울 때가 있으며 울 때가 있고 웃을 때가 있으며 슬퍼할 때가 있고 춤출 때가 있으며 돌을 던져 버릴 때가 있고 돌을 거둘 때가 있으며 안을 때가 있고 안는 일을 멀리 할 때가 있으며 찾을 때가 있고 잃을 때가 있으며 지킬 때가 있고 버릴 때가 있으며 찢을 때가 있고 꿰맬 때가 있으며 잠잠할 때가 있고 말할 때가 있으며 사랑할 때가 있고 미워할 때가 있으며 전쟁할 때가 있고 평화할 때가 있느니라'라고 이르고 있는데, 나 역시 이것을 온 '몸'으로 받아들여만 한 날을 맞을 것이니, 어머니 잃음을 마냥 슬픔으로 토해내야만 할 일이 아닐 것이다. 이제는 오히려 어머니의 죽음을 마주보며 내 몸이 더 성숙해져야 할 일이다. 어머니는 이 그리고 저 어딘가에서 하나의 빛으로 이 세상에 왔었고 이제 그 빛이 다해 이 세상 한곳에 나무처럼, 돌처럼 뿌리를 내리신 것이다. 그 언젠가 어김없이 나무처럼, 돌처럼 뿌리 내릴 나에게 위로와 치유의 길에 동행했던 한상길 교수, 이관춘 교수, 김종표 교수, 최운실 교수, 김송석 교수, 신태진 교수, 조해경 교수, 김성학 교수, 임형훈 교수, 김선희 교수, 장원섭 교수, 김민 교수, 최항석 교수, 김성길 교수, 박대권 교수, 한진상 교수, 이로미 교수, 민원표 교수, 박우서 선배, 이정균 대표, 김재성 대표, 이한익 국장, 박사과정생들인 강형구 선생, 김효선, 조수진, 백혜진, 박진희, 김유지양, 그리고 백일우 교수를 비롯한 연세대 교육학부 교수님들, 대교의 강영중 회장, 학지사의 김진환 대표에게 깊은 고마움을 전한다. '내가 묻는다'라는 네싸우왈꼬요틀의 시에서 언급된 께찰(Quetzal)은 여러 중남미 나라에서는 영적 수호의 상징으로 통하는 새로서 깃털이 매우 아름답기로 유명하다.

2) 일본의 여류감독인 오기가미 나오꼬(Naoko Ogigami)가 감독한 영화 메가네(ぬガね, 안경)에서 한 등장인물이 외치는 소리이다. 원래는 영화 프로듀서인 오타의 일본어 시였지만, 영화에서는 그 시를 독일어로 번역해 들려주고 있다.

3) 참고: 몽테뉴(2005). 나는 무엇을 아는가?(역). 서울: 동서문화사.

4) 원래 이 말은 신의 존재를 증명하기 위한 논리구축의 과정에서 니콜라우스 쿠자누스(Nicolaus Cusanus)가 한 말로 알려지고 있다. 독일의 위대한 영성가 중의 한 사람으로 꼽히는 니콜라우스 쿠자누스는 중세 말기의 로마 가톨릭 교회와 종교개혁자들 사이의 사상적 괴리를 잇는 교량적 역할을 한 인물이기도 하다. 르네상스 철학의 상징이라고도 일컬어지는 쿠자누스는 우리에게 무지(無知)의 지(知)가 어떤 것인지를 보여주기 위해 기하학적으로 작은 원(圓)에서 출발해 점점 커지는 원의 이미지를 상상해 보라고 권한다.

원(圓)이 점점 커지기 시작하면, 작은 원의 둘레는 큰 원의 둘레에 한 부분을 이루게 된다. 커질수록 작은 원의 둘레는 더욱더 직선에 가까운 모양으로 보이게 된다. 원이 최대로 커졌을 때, 즉 원으로 시작해서 무한대로 커져버린 원은 마침내 원의 성질과는 완전히 다른 직선의 모양으로 나타난다. 원이라는 자기 안에 직선을 포함시킨다. 원이 직선이 된다는 것은 무엇인가 모순의 상태가 되는데, 쿠자누스는 바로 커진 원의 예를 들어 가며 '박학한 무지(docta ignorantia)'를 설명한다. 그가 무지의 지가 어떤 것인지를 보여 주기 위해 우리에게 던지는 메시지는 강력하다. 진리는 인간의 제한된 정신이나 사유로서는 완벽하게 포섭할 수 없다는 메시지이기 때문이다. 인간이 알 수 있는, 그리고 인간들이 이를 수 있는 진리라는 것은 '알 수 없다'는 사실을 아는 것에 지나지 않을 뿐이라는 것이 그가 우리에게 던진 철학적 화두였다. 쿠자누스가 말하는 무지의 지의 논리를 신의 존재증명에 대입하면 그가 이야기하려고 하는 것은 아주 분명하다. 신의 존재를 증명하면 할수록, 신의 존재증명은 미지의 수준에 머물게 되는데, 그것은 신은 무한히 초월적이면서 동시에 모든 사물 안에 내재하고 있다는 결론에 이르기 때문이다[참고: 니콜라우스 쿠자누스(2011). **박학한 무지**(역). 서울: 지식을 만드는 지식].

5) 참고: 리처드 세넷(2013). **투게더**(역). 서울: 현암사.

6) 나는 〈명태(明太)〉라는 노래를 흥얼거리기 좋아한다. 한 번도 끝까지 제대로 부르지는 못하지만, 아~ 이 한 구절에 이르면 전율에 떤다. …… '짜악, 짝' 찢어지어 내 몸은 없어질지라도, 내 이름만은 남아 있으리라. 마법에 취한 소년처럼 나도 모르게 온몸이 떨리곤 한다. 제아무리 폼 잡는, 생과 명이라고 하더라도 자연의 품 안에서는 어차피 '짜악, 짝' 흩어지게 될 것이라는 감이 잡히기 때문일게다. '며엉~태' 그런 이름이라도 영원히 남아 있었으면 하는 안쓰러운 마음에 이르면 아예 혼미해지는 정도이다.

원래 이 노래는 '무슨 가곡이 그 따위야?'라는 식의 숱한 비아냥을 들었던 가곡이다. 6·25 전쟁통, 부산 한 구석 무대에서 선을 보였던 노래가 '명태'이다. 시인 양명문 선생이 노랫말을 지었다. 곡은 연희전문대학생일 때 이미 작곡에 재주를 보였던 정치외교학과 출신 변훈 선생이 붙였다. 바리톤 오현명 선생이 노래해 많은 사람들의 심금을 울렸던 한국의 가곡 명태였다. "검푸른 바다, 바다 밑에서 줄지어 떼지어 찬물을 호흡하고 길이나 대구리가 클대로 컸을 때 내 사랑하는 짝들과 노상 꼬리치고 춤추며 밀려 다니다가 어떤 어진 어부의 그물에 걸리어 살기 좋다는 원산 구경이나 한 후 에지푸트의 왕처럼 미이라가 됐을 때 어떤 외롭고 가난한 시인이 밤 늦게 시를 쓰다가 쐬주를 마실 때 그의 안주가 되어도 좋다. 그의 시가 되어도 좋다. 짜악짝 찢어지어 내 몸은 없어질지라도 내 이름만은 남아 있으리라. 명태(으하하), 명태(으하하)라고 이 세상에 남아 있으리라."

북어는 호적상에는 생태(生太)로 등재된다. 생태가 본명이다. 얼리거나 말리지 않은 잡은 그 상태 그대로의 물고기가 생태이다. 생태는 사람의 입맛을 돋우기 위해 필요할 때마다 여러 가지 이름을 갖는다. 얼어 버리면 동태(凍太)로 변명(變名)한다. 황태(黃太)는 겨울 눈바람에 때로는 얼다가, 때로는 그렇게 녹다가 제 스스로 노랗게 변색되었을 때 붙인 이름이다. 내장을 빼낸 생태는 명태(明太)라고 불린다. 한 코에 대 여섯 마리를 꿰어 마를 듯 굳을 듯 그렇게 꾸덕꾸덕해진 것을 코다리라고 한다. 바람에 인정사정 없이 지칠대로 지치게 빠싹, 빳빳, 그리고 뻣뻣하게 물 한 점 없이 오래 말린 생태의 변장을 보고 사람들은 비로소 북어라고 부른다. 명태로서 제격을 갖추지 못하고 변색이 된 것을 먹태라고 부른다. 황태를 만들다 날이 풀려 속은 노릇하고 껍질이 거무스름해져서 볼품이 없다고 해서 먹태라고 붙여진 이름이다. 명태든 먹태든 말라빠진 저들을 향해 뭐라 부른들 어떻겠는가, 생태의 아이덴티티를 찾았든 말았든 간에 그것이 뭐 그리 대수이겠는가. 사람들에게 이렇게 저렇게 사랑을 받으며 생태처럼 살다 북어처럼 짜악, 짝 찢어지며 살아지면 되는 일이지……

7) 참고: 롤랑 바르트(1990). **텍스트의 즐거움**(역). 서울: 연세대학교 출판부.

8) 참고: 달라이 라마(2010). **관용**(역). 서울: 아테네.

9) 미식가들에게 최고의 평점을 받은 세계 최고의 레스토랑이 스페인의 '엘불리'라는 식당이다. 소박한 레스토랑이다. 연간 예약자는 50만 명에 이른다. 예약 대기는 최소 1년이다. 손님들의 평균 식사 시간은 5시간이나 된다. 특별한 메뉴가 있는 것이 아니다. 식당이 '주는 대로' 먹어야 하는데도, 영국의 음식 전문 매거진 『레스토랑』이 뽑은 '세계 최고 레스토랑' 타이틀을 5번이나 거머쥔 곳이다. 세계 식도락가들은 엘불리에서 식사하는 것을 열망한다. 엘불리는 1년에 6개월만 영업을 하고 나머지 6개월은 요리 연구를 위해 문을 닫는다. 이곳을 더 열망하는 사람들은 손님이 아니다. 이곳에서 실습하길 원하는 야심찬 젊은 요리사들이다. 사무실에는 6개월이라는 짧은 시간에 실습생으로 일할 기회를 얻기 위해 지원서를 낸 이들의 이력서가 해마다 3,000장이 넘는다. 한 시즌에 30명만 실습생으로 뽑는다. 엘불리의 실습생이 되면 요리사로서는 특권을 얻는 것이다. 그래도 특권은 없다. 6개월 간의 무보수이다. 매일 14시간의 중노동을 해야 한다. 세계에서 제아무리 유명한 호텔에서 일했다는 주방장도 여기에 오면 계급장을 떼어야 한다. 시키는 대로 당근만 손질해야 한다. 당근을 몇 일이고 반복적으로 깎다 보면, 당근을 깎는 것이 아니라, 자신의 때를 씻어 내고 있다는 것을 알아차린다. 자기 수련, 자기 치유의 일로서 당근을 깎아 내고 있는 것이다. 경력 같은 것은 무용지물이다. 레시피 몇 개 얻으려고 엘불리에 온 것이 아니기 때문이다. 엘불리의 요리정신을 익히고, 혼으로 담기 위해서이다. 기존의 세계 최고 요리들과 목숨을 걸어가며 불화(不和)하며 새로운 것을 만들어 내기 위해서이다. 모방하는 요리는 더 이상 필요하지 않다. 새로운 요리를 역사해 내는 일만이 필요하다[참고: 리사 아벤드(2012). **180일의 엘불리**(역). 서울: 시공사]. 엘불리에서는 요리사들이 음식 맛을 평가받기 위해 음식을 팔지 않는다. 저들은 요리라는 작품을 만들어 손님에게 대접한다. 저들은 요리를 문학가의 시처럼 작품으로 만들어 낸다. 요리라는 조각, 요리라는 소설을 만들어 저들을 찾는 고객들에게 제공한다고 자부하는 곳이 엘불리이다. 요리라는 혼을 만들어 손님을 기쁘게 한다. 엘불리 요리사들에게 요리는 자기에 대한 예술로서의 음식이다.

10) 통계청에 따르면, 40대 이전의 한국인들을 가장 격렬하게 좌절시키는 첫 번째 원인이 자살이다. 자살의 이유는 정체성의 문제를 스스로 해결하지 못했기 때문이라는 것이 심리학자들의 견해인데, 이 진단이 어느 정도로 설득력을 지니는지는 확실하지 않다. 황상민 교수는 한국인에게 "미성숙한 자아 정체성이나 정체성의 혼미, 유실의 문제가 다양한 방식으로 나타나기에 다른 나라 국민에 비해 자살에의 충동이 강하다고 본다. 높은 자살률은 낮은 출산율, 낮은 행복감, 높은 불안감, 경쟁 스트레스 등과 깊은 상관성이 있다는 것이 그의 논리다."[참고: 황상민(2011). **한국인의 심리코드**. 서울: 추수밭] 그리고 보

면, 저들은 자살하고 있는 것이 아니라 자기가 자신의 몸을 강제로 죽여 버리고 있는 셈이다. 엄밀한 의미에서의 자기 몸만을 죽이는 일은 타살에 속하고, 진정한 자살은 자신의 몸과 마음, 즉 '몸'을 통째로 거부하는 일을 말하는 것이어야 한다.

11) 참고: 잔스촹(2006). 도교문화(역). 서울: 알마.

12) 사회의 혼란은 모두 서로 사랑하지 않기 때문에 생기는 것이라고 본 묵자(墨子)는 "천하의 사람들 모두가 서로 사랑하지 않으면 강자는 반드시 약자를 누르고, 부자는 반드시 가난한 자를 업신여기고, 귀한 자는 반드시 천한 자에게 교만하며, 꾀부리는 자는 반드시 우매한 자를 속일 것이다(天下之亂物 皆起不相愛, 必執弱 富必侮貧 貴必傲賤 詐必欺愚 凡天下禍纂怨恨 其所以起者 以不相愛生也)."라고 말했다.

13) 중국인의 마음에 삶의 지혜에 대한 커다란 획을 그은 지혜의 역사를 총괄적으로 개관한 사람이 있다. 그가 펑우란 교수였다. 그는 중국인의 지혜를 퓨전처럼 묶어 내는 잡가(雜家)의 특성을 사마담(司馬談)이 역대전(易大傳)에서 언급한 대로 전한다. "세상에는 하나의 목적이 있지만 그 견해는 수백 가지이고, 목적지는 같지만 그 길은 다르다. 무릇 음양가(陰陽家), 유가(儒家), 묵가(墨家), 명가(名家), 법가(法家), 도덕가(道德家) 등은 모두 태평성대의 추구에 힘 썼는데, 다만 추종하는 학설의 노선이 상이했고 장점도 있었고, 단점도 있었다[참고: 펑우란(1999). 중국철학사(역). 서울: 까치]." 그래도 현자들이 우리에게 보여 주는 자기 수양의 공부법은 너무 평범하기 조차하다. 사기(史記)에 등장하는 역사적 인물들, 말하자면 공자(孔子)와 같은 인물이 보여 준 공부하는 방법은 대체로 여덟 가지 정도로 집약된다. 말하자면, '언제 어디서든 책을 손에서 놓지 않는다.' '어릴 때부터 죽는 날까지 독서하는 습관을 지킨다.' '책을 아끼고 좋은 책은 몇 번이고 읽으며 평생 소장한다.' '보고 싶은 책은 빌려서 찾아서 구해서 베껴서 사서 반드시 본다.' '눈으로 읽고 손으로 쓰고 입으로 소리내어 읽는다.' '옛 책과 새로운 책을 같은 값어치로 중시한다.' '사색을 강조하고 늘 문제를 제기한다.' 마지막으로, 그들은 모두 '여행과 현장학습을 중시한다' [참고: 김영수(2011). 현자들의 평생공부법. 서울: 역사의 아침].

14) 내가 나를 부리지 못하면 남이 나를 부린다는 말을 명심하라는 듯이, 묵자(墨子)는 수신(修身)편에서 자신이 자신을 부릴 수 있도록 매일같이 실행과 실천하라고 이른다. 말로만 하지 말고 실천하는 것이 제대로 된 사람이라고 말하는 묵자는 "…… 참된 군자는 힘써 일하며 날마다 분발하고 이상(理想)을 향하여 날마다 정진하며 정중하고 공경한 품행을 날마다 닦아 나간다. 군자의 도는 가난할 때는 청렴을 보여 주고 부할 때는 의로움을 보여 주고 살았을 때는 사랑을 보여 주고 죽었을 때는 슬픔을 보여 주는 것이다. 이 네 가지 행실은 헛된 거짓으로 되는 것이 아니며 자기 자신을 먼저 반성해야 한다. 마음에 두는 것만으로는 사랑을 다할 수 없으며 몸을 움직이는 것만으로는 공경을 다할 수 없으며 입으로 얘기하는 것만으로 가르침을 다할 수 없는 것이니 팔다리에 사무치고 살갗에 스치며 머리가 희어 빠질 때까지 버리지 않아야 성인(聖人)이라 할 수 있다. 품은 뜻이 굳건하지 못하면 지혜를 통달할 수 없으며 말이 진실하지 못하면 행실이 과감할 수 없다. …… 자기 자신을 반성해야 한다. 말만 힘쓰고 행함이 게으르면 아무리 말을 잘해도 들어주지 않을 것이며 …… 행실도 몸에 밴 것이 아니면 굳건할 수 없다. 명성

은 쉽게 이루어지는 것이 아니며 명예는 꾀로써 이룰 수 있는 것이 아니다. 군자란 몸소 행하기를 힘쓰는 사람이다. 자기 이익만을 생각하고 명예 잊기를 소홀히 하면서 천하에 선비(士)가 된 사람은 일찍이 없었다."라고 말하고 있다. 묵자는 선비, 성인, 현자란 '침묵할 때는 생각하고 말을 하면 가르쳐 인도하며 움직이면 의로워야 하는 사람'으로서, 침묵과 생각, 언행과 지도, 정의와 실천이라는 세 가지 일만을 늘 행하는 사람이 바로 성인이라고 귀의(貴義)편에 정리해 놓고 있다[참고: 기세춘(2009). **묵자**(역/저). 서울: 바이북스].

15) 참고: Tichy, N. M. & Sherman, S. (1993). *Control your destiny or someone else will*. NY: Harper Business.

16) 참고: 차동엽(2012). **무지개 원리**. 서울: 국일미디어.

17) 참고: 파울 파이어아벤트(2009). **킬링 타임-파울 파이어아벤트의 철학적 자서전**(역). 서울: 한겨레출판사.

18) 서구 사회에서 탈(脫)기독교화의 큰 뿌리를 내리게 만들어 준 근대 철학자의 대열에는 당연히 스피노자(Baruch de Spinoza)가 들어간다. 그는 학문의 목적이 인간의 행복에 있다고 믿고 있었던 합리주의자였다. 그는 행복, 말하자면 '선(善)'이란 정신과 자연의 관계를 명확히 그리고 그것을 제대로 파악하고 있는 상태라고 말한다. 스피노자는 그 행복을 모든 이를 위해서, 모든 이들과 나누어 갖는 것이 '최고의 선'이라고 정리한다. 유대랍비들에게 파문선고를 당한 뒤, 아버지가 남긴 모든 유산을 포기했다. 누이에게 모두 넘겼다. 그는 렌즈를 가는 일을 호구지책으로 삼는다. 스피노자의 일상적인 하루의 삶에서 렌즈를 가는 것은 인내와 훈련, 그리고 사색과 조용함을 요구하는 일이었다. 그의 호구책이기는 했지만, 그의 기질에 어울리는 자기 명상의 길이기도 했다[참고: 스티븐 내들러(2011). **스피노자**(역). 서울: 텍스].

스피노자는 자기를 핍박했던 사람들을 향해 이렇게 말했다고 한다. "내일 지구가 멸망하더라도 오늘 한 그루 사과나무를 심겠다." 아마, 종말의 세상, 거룩한 세상의 도래를 떠벌리며 자신의 치부책(致富冊)을 들쳐 보던 랍비들을 향해, 당신들부터 조심하고 조신하며 신의 은총을 되갚는 일을 오늘 당장이라도 실천하라고 질타한 소리였을 수도 있다. 그는 렌즈를 갈아가며 살아가는 어려운 생활 속에서도 결코 글쓰기를 포기하지 않는다. 그는 지성개선론(知性改善論, Tractatus de Intellectus Emendatione)을 써낸다.

그가 써내려 간 글의 첫 문장은 사뭇 비장하기만 하다. "나는 일상생활에서 흔히 부딪치는 매사가 덧없고 허망하다는 것을 경험을 통해 배웠으며, 또 공포의 원인이나……."라고 써 내려갔다. 잇대어 그는 "나도 곧 명예나 부가 여러 가지 이익을 얻게 한다는 사실도 알고 있었으며, 또한 내가 다른 새로운 것을 위해 열심히 노력한다면 명예나 부를 가능케 하는 이익을 추구하는 데서 필연적으로 멀어져야 한다는 것을 알고 있었다. 따라서 이 경우, 만일 최고의 행복이 이러한 이익에 내포되어 있다면 나는 그러한 행복을 잃게 되는 것이 분명하다. 그러나 만일 사실은 이러한 것에 포함되어 있지 않는데도 오직 이것만을 위해서 노력했다면 나는 역시 최고의 행복을 잃게 된다. 그러므로 나는 나의 생활의 질서와 일상의 방식을 변경하지 않고 새로운 계획을 실현할 수 있는가, 혹은 적어도 이에 대해 확실한 전망을 하는 것이 가능한가를 마음속으로 조용히 생각해 왔다. 그러나 여러 번의 시도에도 불구하고 헛된 노력이 되고 말았다. 이 세상에서 가장 많이 볼 수 있는 사람들이 최고의 선이라고 평가하고 있는 그들의 행동으로 보아 추측할 수 있는 것을 우리는 다음 세 가지, 곧 부와 명예와 쾌락으로 환원시킬 수 있는데, 이 세 가지로부터 우리의 정신은 다른 선에 대해서는 조금도 생각할 수 없는 정도로 방해를 받는다. ……위에서 말한 바를 정신적으로는 명료하게 알고 있으면서도 이러한 인식으로 말미암아 나는 소유욕 · 관능욕 · 명예욕으로부터 전적으로 벗어날 수는 없었기 때문이다."라고 말하고 있다.

19) 매튜 스튜어트(Matthew Stewart) 교수는 스피노자의 범신론, 말하자면 자연이 바로 신이라고 보는 관점이 주는 의미에 초점을 맞춘다. "스피노자의 자연이 지닌 가장 중요한 특성이자, 어떤 의미에서 그의 철학의 요체라고도 할 수 있는 한 측면은 그러한 자연이 원리상 지성에 의해 파악될 수 있다는 점이다. 다시 말해, 우리는 자연을 이해할 수 있다. 좀 더 깊은 차원에서 보면 그의 철학은 세계 안에 궁극적으로 불가사의한 것은 아무것도 없다는 확신에 찬 선언이었다. 마음먹은 대로 결정을 내리는 불가해한 신 같은 것은 존재하지 않는다. 이성적인 탐구에 무릎을 꿇지 않을 신비로운 현상 같은 것도 전혀 없다. 물론 그러한 탐구에 본래 끝이 없을지는 모를 일이다. 간단히 말하자면, 이 세상에 알려질 수 없는 것은 아무것도 없다. 우리가 반드시 모든 것을 아는 것은 아니지만 말이다[참고: 매튜 스튜어트(2011). 스피노자는 왜 라이프니츠를 몰래 만났나(역). 서울: 교양인]. 어찌보면, 스피노자는 범심론(panpsychism, 汎心論)에서도 그리 멀리 떨어져 있지 않다. 모든 물질이 살아 있다고 주장하는 물활론(物活論)자처럼 우주만물에는 정신이 있다고 하는 생각을 지지하고 있기 때문이다.

20) 역사적 사실에 바탕을 둔 하나의 철학계에 묻어둔 흥미진진한 에피소드가 있는데, 그것은 스피노자와 라이프니츠의 비밀면담이라는 에피소드이다. 대중에게는 크게 알려지지 않았던 철학계 안의 에피소드이다. 스피노자에게 일종의 학문적인 질투감을 느꼈던 당대의 철학자가 바로 라이프니츠였다. 그는 스피노자와는 달리 신정국가, 말하자면 교황에 대한 절대 권위와 신의 통치를 열렬하게 신봉했던 학자였다. 신정국가 안에서만이 평화와 질서가 이상적으로 추구될 수 있다고 믿었던 사상가가 라이프니츠였다. 라이프니츠는 귀족 가계 출신이었으며, 당대의 권력가 집안의 후손이기도 했다. 그는 미적분의 고안자이기도 했다. 수학적인 통찰력과 분석력이 뛰어난 사상가였다. 라이프니츠는 마인츠의 전직 추밀고문관이며, 얼마 전 하노버 공작의 신임 사서로 임명된 공직자이기도 했다. 서른 살의 야심만만한 만능 철학자로서의 명성을 갖고 있던 라이프니츠는 세상 모든 것에 관심을 품은 '옴니마니아 (omnimania)'이기도 했다. 그는 늘 "인간의 마음은 쉴 수가 없다."는 생각을 피력했으며, 그래서 그는 모든 것에 개입하려고 했다. 그는 당연히 출세의 욕망이 가득한 청년이기도 했다. 라이프니츠는 모든 사상의 중재자가 되겠다는 거대한 야심을 품었던 청년이기도 했다. 서구 철학사에서 다재다능한 인물로 꼽히는 라이프니츠는 철학, 수학, 물리학, 기계 기술, 지리학, 법학, 어학에 두루 능통했다. 그는 유럽의 평화를 위해 프랑스 루이 14세에게 제2의 십자군 원정을 제안하기도 했다. 무너져 가는 기독교 세

계를 재통합하는 '기독교 국가' 건설을 꿈꾸었다. 그런 그는 신정국가를 모독하면서도 당대의 철학자로 명성이 자자했던 스피노자에게 일종의 두려움과 시기심 같은 것이 끓어 올랐다.

도저히 참을 수 없었던 라이프니츠는 1676년 11월 찬바람이 불던 어느 가을날, 헤이그에 도착한다. 스피노자를 만나기 위해서였다. 그는 스피노자가 기거하는 운하 옆 작은 벽돌집 2층 다락방으로 올라갔다. 진한 향수 냄새를 풍기는 도회풍의 젊은 남자는 자기보다 선배인 수수한 옷차림의 한 중년 남자와 마주 앉았다. 아무것도 가진 것 없지만 눈빛만은 한없이 투명하고 깊어서 세상의 비밀을 다 꿰뚫어보는 듯한 남자가 바로 스피노자였다. 스피노자는 전형적으로 한 가지 일에 몰두하는 사람이었다. 마흔네 살의 불온한 은둔자이기도 했던 그는 당대의 신정주의자들에게는 가장 위험한 두뇌로 낙인찍혔었다. 그렇지만 그는 저들의 낙인에 아랑곳하지 않았다. 그 역시 자유가 진리케한다고 신봉했던 당대의 사상가였다. 유럽 지식 세계에서는 권력에 빌붙어 호구지책에 연연하던 얼치기 철학자나 사상가들을 전율에 떨도록 만든 탁월한 지성인이었기 때문이다.

라이프니츠가 스피노자를 만나는 일은 그 자체만으로도 그의 전도유망한 삶을 끝장낼 수 있는 위험천만한 모험이었다. 두 철학자는 머리를 맞대고 은밀한 이야기를 나눴다. 야심만만했던 라이프니츠, 스피노자를 설득하려고 그에게 다가왔던 그의 야심은 스피노자의 철학을 만나 격하게 흔들리고 만다. 스피노자는 라이프니츠에게 말한다. 기독교의 하느님으로 대표되는 초월적인 인격신은 이제 인간을 위해 그만 인류에게서 떠나야 한다고 말한다. 라이프니츠는 흥분해서 날뛰는 일반 광신자들이나 스피노자를 저주하던 랍비들과는 달랐다. 스피노자와 견줄 수 있는 지성의 소유자 라이프니츠만이 깨달을 수 있는 그 무엇을 얻었다. 스피노자의 논증 속에서 라이프니츠는 근대 이성의 종착점이 어디가 될 것인지, 또 그러한 결말이 어떤 파괴력을 발휘할지 절절히 인식할 수 있었기 때문이다[참고: 매튜 스튜어트 (2011). 스피노자는 왜 라이프니츠를 몰래 만났나(역). 서울: 교양인].

21) 사람은 자신에게도 타인에게도 신(神)의 모습과 양태를 드러낼 수 있어야 한다. 그것이 배운 사람의 모습이다. 호모 호미니 루푸스(Homo homini lupus), 인간은 인간에게 늑대일 뿐이다. 극자가 당대의 로마인을 향해 던진 플라우투스(Plautus)의 풍자적인 이야기였다. 배운 사람만이 그것을 넘어설 수 있다. 호모 호미니 아우트 데우스 아우트 루푸스(Homo homini aut deus aut lupus), 인간은 인간에게 신이 되거나 아니면 늑대가 될 수 있다. 인간의 선택과 의지의 문제이다. 스피노자가 태어나기 160년 전에 네덜란드에서 태어나 중세 암흑기를 인간의 의지와 이성으로 훤하게 밝혔던 인문학자 에라스무스(Erasmus)가 교황을 향해 던졌던 화두이다.

생동적인 서민풍의 희극을 많이 남긴 플라우투스(Plautus, T. M), 그리스의 희극들을 자유롭게 각색해 라틴어로 된 참된 로마극을 확립시켰던 장본인 플라우투스는 인간에 대한 늑대가 바로 인간 자신이라고 풍자했다. 플라우투스보다 한 발 더 나아가, 네덜란드 출신의 사제이자, 당대 최고 기독교 인문학자로서 명망이 높았던 에라스무스(Desiderius Erasmus)는 인간이야말로 인간에게 늑대도 될 수 있고, 반대로 신도 될 수 있다라고 일갈했다. "예수는 바보다."라고 말한 에라스무스는 당시 종교를 빙자해서 치부를 하고 권력을 농락하는 교회지도자들에게 네 스스로 예수를 팔아가며 늑대가 될 것인지 아니면 신의 길을 따라나설 것인지를 결정하라고 강하게 질타했다. 인간 본연의 순수한 어리석음을 상징하기 위해 에라스무스는 풍자적인 어투로『우신예찬(愚神禮讚, Moriae encomium)』아래 예수가 바로 바보라고 이야기한다. 불경스런 이야기지만 어느 누구 하나 에라스무스의『우신예찬』에 맞서지를 못한다. 그만큼 교계가 부패했기 때문이다.

그는 토마스 모어의 이름을 따서 만든 우신(愚神)인 모리아(Moria)의 입을 빌어 교황과 그의 사제들을 마음껏 조롱한다. 교황의 도포 자락의 그늘에서 기생하면서 믿는 이들 위에 군림하는 사제들의 비행들을 지적하며, 저들이야말로 정말로 못난이고 멍청이들이라고 조롱한다. "그리스도를 대신하는 교황이 만약 그리스도의 청빈과 노동, 그의 지혜와 수난 그리고 현세에 대한 욕망을 버리는 태도를 닮고자 노력한다면, 그리고 '아버지'를 의미하는 교황이라는 칭호와 자신에게 주어진 '지극히 성스러운' 자격에 대해 진지하게 생각해 보았다면, 그들은 인간들 가운데 가장 불행하지 않았을까? 오늘날 교황은 힘든 일은 거의 성 베드로와 사도 바울에게 맡기고, 자신은 즐거운 일만을 담당한다. 교황은 전쟁을 주된 일로 여긴다. 이 늙어빠진 노인네들 중에는 전쟁을 하느라 청춘의 열정을 바치고, 돈을 쏟아 붓고, 피곤함을 무릅쓰고, 그 무엇 앞에서도 후퇴하지 않았기에 결국에는 법률, 종교, 평화 그리고 전 인류를 뒤죽박죽 엉망진창으로 만들어 버렸다."라고 마음껏 교황과 그의 패거리들을 비웃었다.

교회의 부패, 성직자들의 부패에 대한 에라스무스의 호된 비판들은 루터에게 종교개혁의 불씨를 심어 놓았다. 그는 종교개혁에 동참하라는 루터의 요구에는 결코 응하지 않고 결별한다. 그는 당대의 학자로서 삶을 마감하고 싶었기 때문이다. 그는 루터에게 말했다. "나는 의견의 대립이 내 천성과 예수의 가르침을 거스르는 것이기 때문에 싫어한다. 나는 엄청난 손실 없이 이 대립이 진정될 수 있을지 의심스럽다." 그렇기 때문에 에라스무스는 루터의 개인적인 욕심에 깊은 우려를 자아냈다. 마침내 에라스무스가 루터를 비판할 수밖에 없었던 것은 에라스무스가 무엇보다도 인간의 자유의지를 굳게 믿고 있었기 때문이다. 에라스무스는 '자유의지론'을 증거하기 위해 루터를 비판한다. 루터는 인간에게 자유의지가 없다고 강조하며 오히려, 신의 의지로 자신의 욕망을 가리고 있다고 에라스무스를 신랄하게 비판했다. 에라스무스의 자유의지론에 대해 루터는 '노예의지론'으로 맞선다. 루터는 노예의지론을 통해 에라스무스는 기독교도가 아니라고까지 야유하며 에라스무스를 궁지로 몰아세운다. 서로 간에 물러서고, 물러서야 될 정신적 공간은 이미 없어진지 오래되어 서로는 자신의 목숨을 위해 비판하고 공격했다.

루터의 야유에도 아랑곳하지 않고 에라스무스는 인문학자로서 신에 대한 자신의 소신을 밝힌다. 그는 이미『우신예찬』, 말하자면『바보 여신의 바보 예찬』에서 말한 것처럼[참고: 데시리우스 에라스무스 (2011). 바보 여신의 바보 예찬(역). 서울: 필맥], "속는 것은 불행한 일이라고 사람들은 말합니다. 그러나 그렇지 않습니다. 속지 않는 것이 가장 불행한 일입니다. 인간의 행복이 객관적 사실에서 비롯된다고 생각한다면 그것은 크게 잘못 생각하는 겁니다. 행복은 의견에 달려 있어요. 왜냐하면 인간사는 너무나 다양하고 애매해서 아무것도 확실하게 알 수 없기 때문이에요."라고 말하며, 루터의 영악함을 비유적으로 힐난한다.

22) 연암(燕巖), 박지원의 삶에 대해 여러 각도로 되새김질하고 있다[참고: 간호윤(2012). 당신, 연암. 서울:

푸른역사). 연암 전문가인 문학자 간호윤 교수는 박사학위를 딴 후 한때나마 교수로 취직하기 위해 수십 번이나 이력서를 냈던 적이 있다. 늘 들러리로서 거절당했지만 혹시나 하는 생각으로 포기할 수 없었다. 학위를 받은 대학이 변변하지 못한 곳이라서 그랬던 것 같다고 생각이 든 그는 실력을 보여 주기 위해 이력서에 담아낼 논문 편수를 늘리려고 논문을 열심히 썼었다. 학술지에 제출했었지만, 그의 논문에 대해 심사위원들이 기껏 한다는 말은, "당신 논문은 학문 발전에 0.001%도 도움이 되지 않는다."는 비야냥거림의 뒷소리뿐이었다. 혐구와 수모에도 아랑곳하지 않고 그는 글쓰기를 멈추지 않고 있다. 이제 그는 작정했다. "평생 책을 낼 겁니다. 권세가들에게 문둥이란 비난을 듣고도 '그래 난 문둥이다.'라고 당당했던 연암 박지원"처럼 그런 글을 계속 쓰고 책을 내겠다고 했다.

23) 은유(隱喩, metaphor) 중의 하나인 길 혹은 도(道)라는 말은 어떻게 설명하든 간에 관계없이 결코 도를 떠날 수 없어 그 뜻이 풍기는 것은 늘 신비하기조차 하다. 나, 개인적으로는 중용(中庸)에서 자사(子思)가 말하는 바의 도(道)에 대한 설명이 마음에 든다. 공자의 후손인 그는 말한다. 사람이 타고난 천품을 성(性)이라고 하고, 본성에 따라 일을 처리하는 것을 도(道)라고 하며, 도의 원칙에 따라 자신을 닦아 내는 수양에 나서는 것을 교(敎)라고 불렀다. 도를 닦는다는 것은 바로 덕을 쌓고 덕을 편다는 말이며, 본성이 객관적으로 나타난 것이 도이다. 주자의 해석에 따르면[참고: 주희(2011). 대학 중용(역). 서울: 홍익출판사], 도를 닦는다는 것은 본성의 길을 따라가며 본성을 깨치는 일이고, 이에 대한 도리(道理)를 깨치는 일이 교이다. 중용(中庸)에 따르면, 선하지도 않고 악하지도 않은 인간의 본성이 그 임계점으로부터 위로 향해서 사리를 판단하면 도(道)가 되는 것이고, 아래로 향해 일을 처리하면 삿된 것이 되어 도가 아닌 악이 된다. 그러니 일을 처리하는 데 있어서 자기와 생각이 다른 극단적인 의견까지 넓게 포함해서, 나름대로의 의견들을 때에 맞게 판단하고 이해할 줄 아는 게 중용이 가르치려는 핵심이다. 그래서 김용옥 선생 같은 이는 중용 사상은 일상을 대하는 자신의 태도와 삶의 자세에서 인간의 길이 보이고, 인간의 힘이 나오며, 인간의 맛이 느껴지기 때문에, 사람에게 있어서 중용의 함양은 '인간의 매력'을 키우는 일[참고: 김용옥(2011). 중용 인간의 맛. 서울: 통나무]이라고 새롭게 해석하고 있다. 이런 새로운 해석도 중용의 관점에서 보면 결코 지나치다고는 볼 수 없다.

24) 『실체에 이르는 길(Road to reality)』, 수리물리학자인 로저 펜로즈(Roger Penrose) 교수가 현대물리학의 기원과 발전사를 수학이라는 언어로 서술한 책이다. 1,700쪽이 넘도록 물리학사의 모든 것을 훑어 내리는 이 방대한 책을 읽다 보면 자신도 모르게 입이 쩍 벌어진다. 물리학에 대한 그의 박식함보다는 우주의 법칙에 천착하는 그의 학문적인 의지에 놀랄 수밖에 없기 때문이다. 그는 만물의 물리적 거동과 수학이론 사이의 아름답고도 심오한 관계를 알아내는 일이 실체(Reality)에 이르는 길(Road)이라고 본다[참고: 로저 펜로즈(2010). 실체에 이르는 길(역). 서울: 승산]. 그 길이 우주의 법칙으로 인도하는 길이다. 그는 책을 마감하면서 후학들이 귀담아 들어야 할 한마디를 더 남긴다. "아마 21세기에는 20세기에 이룩한 것보다 훨씬 많은 지식을 획득해 과학논리로 많은 미스테리를 설명할 수 있게 될 것이다. 그러나 이런 진보는 시간만 흐른다고 이루어지는 것이 아니다. 연구의 진행 방향을 크게 바꿔 놓은 참신하고 대담한 아이디어가 있어야 한다. 자연을 바라보는 관점에 미묘한 변화가 필요할지도 모른다.

정말로 중요한 무언가를 우리가 놓치고 있는 것은 아닐까……?" '과학계에서 흘러다니는 유행'만을 좇지 말고 '더 진보된 이론'에 관심을 기울이라는 따끔한 주장이다.

25) 그림(Grimm) 형제 중 형은 야콥 그림(Jacob Grimm), 동생은 빌헬름 그림(Wilhelm Grimm)이다. 그림 형제는 집안 형편이 넉넉하지 못했지만, 우애가 깊은 형제로 자라나 같이 법률 공부를 했다. 그림 형제는 평소에 문학과 어학에 관심을 가졌다. 형제는 평생을 독일의 설화와 민담을 수집하는 데 바쳤다. 그들이 쓴『독일 설화집』은 세계적으로 널리 읽히고 있다[참고: 그림 형제(1993). **그림 형제 우화집** (역). 서울: 도솔].

26) 고대 그리스의 문헌학자·수사학자인 디오니시우스 카시우스 롱기누스는 웅변의 덕목을 설득이라고만 보지 않는다. 설득보다 더 중요한, 설득을 능가하는 덕목이 있는데, 그것이 숭고미다. 숭고미는 말로 형언할 수 없이, 온몸을 전율케 만드는 순간적인 그리고 미적인 감동의 분출이며 힘이다. 숭고미란 사람들을 압도시키는 감동적 표현이나 특유의 독특함을 지닌다. 숭고미란 "내적인 힘이 작용함으로서 우리의 영혼이 위로 들어 올려져, 우리는 의기양양한 고양과 자랑스러운 기쁨의 의미로 충만하게 되고, 우리가 들었던 것들을 마치 우리 자신이 그들을 만들어 냈던 것과 같이 생각하게 만드는 힘[참고: 롱기누스(2002). **숭고미 이론**(역). 서울: 연세대학교출판부]으로 인간의 삶에 작동한다.

27) 참고: 정민(2012). **일침**. 서울: 김영사.

28) 보통 사람들뿐만 아니라, 도(道)깨나 이루어 보겠다는 사람들 역시 도거(掉擧)와 혼침(昏沈)의 일상에 놓이곤 한다. 마음에 감정의 파도가 올라가는 상태가 도거이고, 감정의 파도가 내려간 상태가 혼침의 상태이다. 도거는 들뜬 마음 상태를, 혼침은 침울한 마음 상태를 말하는 것이다. 생각, 마음, 이치, 도(道)란 이런저런 것이다라고 이치를 따지며 한 걸음도 더 나아가지 못하며 그곳에 집착하거나, 감정에 빠져 있는 경우가 도거의 상태이다. 반대로 텅 비어 있어 아무것도 붙잡지 못한 채, 오로지 놓아 버리자는 생각에만 골몰하게 빠져 있는 것이 혼침(昏沈)의 상태이다[참고: 김태완(2011). **간화선 창시자의 선** (대혜의 깨달음과 가르침). 서울: 침묵의향기].
선사(禪師)라고 일컫는 김태완은 보통 사람의 마음과 붓다의 마음이 따로 없고, 수행하여 나아갈 곳이 따로 없는 것이기에, 사람살이에서 어떤 유별난 수행이 있을 수 없다고 잘라 말한다. 보통 사람의 마음이나 붓다의 마음이나 하나의 마음인데, 보통 사람은 붓다와는 달리 스스로 일으킨 분별에 속고 있을 뿐이다. 그래서 밤낮 미망에서 허덕이고 있게 된다. 도가 텄다는 사람이나 천당에 다녀왔다는 사람이나 믿으라는 사람들의 감언이설에 속게 될 뿐이라는 것이다. 미망에 더 이상 빠져 있지 않으려면, 제 스스로 분별에 갇혀 있지 말아야 한다. 그저 선지식(善知識), 즉 지식(智識)이 일깨우는 한마디 말이라도 제대로 듣고서 마음을 고쳐 먹으면 된다. 제 스스로 망상의 꿈에서 깨어나면 그뿐일 뿐이다. 굳이 안 되겠으면, 분별심이 손을 쓸 수 없는 궁지로 그를 몰아넣어 분별심이 멈추게 만들면 도움이 된다. 분별심이 송두리째 말라 죽어 버리면 그의 진짜 제 모습이 드러날 수밖에 없기 때문이다. 그렇게 만들어 주는 데 도움이 되는 방편을 제 스스로 찾아내는 일이 선(禪)으로 나아가는 길이다.

29) 참고: 해럴드 블룸(2008). 지혜를 어디서 찾을 것인가(역). 서울: 루비박스.

30) 2009년 뢰브너 프라이즈에 '공모자(confederate)'로 참가, '가장 인간적인 인간(Most Human Human)' 상을 받았던 브라이언 크리스챤(Brian Christian)은 컴퓨터과학과 철학을 공부하고, 시작(詩作)으로 문학 석사 학위를 받은 인공뇌의 전문가이다. 컴퓨터 기술과 사회, 문화, 인공지능 및 심리 분야에서 가장 주목할 만한 저술가로 명성이 자자한 그는 말한다. "우리는 우리를 닮은 물체를 닮은 존재가 되어 버렸다. 이제 우리는 우리의 모방자를 모방하고 있다. 인간의 고유한 특성에 대한 오래된 전설에서처럼, 이제 인간의 운명은 이상야릇한 역전을 경험하고 있다. 그렇다면 과연 우리의 자아를 지키기 위한 요새는 어디에 있을까? 어찌 보면 21세기의 역사는 인간과 컴퓨터의 경계선을 긋고 또 긋는 역사가 될 것이다. 어찌 보면 그것은 짐승과 기계의 양면 공격 속에서, 살코기와 수학 사이에 옴짝달싹못하게 끼인 채 흔들거리는 토대 위에 깃발을 세우려고 애쓰는 호모 사피엔스의 역사가 될 것이다. 그러나 모든 맞수는 공생관계에 있다. 그들은 서로를 필요로 한다. 그들은 서로를 솔직하게 만들고 서로를 더 훌륭하게 만든다. 기술 진보의 역사가 반드시 인간을 비인간화하는 절망의 역사일 이유는 없다. 앞으로 보게 되겠지만, 오히려 진실은 정반대에 더 가깝다[참고: 브라이언 크리스챤(2012). 가장 인간적인 인간(역). 서울: 책읽는 수요일]."

31) 일반 컴퓨터가 지니고 있는 비트(bit)의 연산과정과 능력은 결코 가역적(可逆的)인 것이 아니다. 가역적인 연산을 할 수 있는 것은 양자 컴퓨터만이다. 양자 컴퓨터는 큐빗(cubit)이라고 하는 연산자를 통해 계산을 하기 때문이다. 다시 말해서 일반 컴퓨터는 1+1=2를 계산하면서 한 방향으로 2라는 값만을 계산해내도록 되어 있다. 1+1의 계산, 그 과정 자체는 삭제된다. 1+1=2라는 연산은 가능하지만, 2에서 처음 상태인 1+1로 되돌아가는 연산은 불가능하다. 그래서 연산과정이 비가역적이다라는 뜻이다. 양자 컴퓨터는 스핀을 이용하여 모든 정보를 1+1=2, 반대로 2=1+1식으로 연산과정을 그대로 유지, 기억해낸다. 가역적 연산이 늘 가능하다는 뜻이다.

32) "내 마음 나도 모르게 꿈 같은 구름타고 천사가 미소를 짓는 지평선을 나네. 구만리 사랑 길을 찾아 헤매는 그대는 아는가. 나의 넋을 나는 짝 잃은 원앙새. 나는 슬픔에 잠긴다."라는 대중가요 〈애모〉는 황규철이 작사하고, 안길운이 작곡한 노래이다. 인간의 마음이 지니는 삿된 속성을 맛깔나게 드러내고 있다.

33) 참고: 데이비드 D. 프리드먼(2012). 불완전한 미래(역). 서울: 생각의 나무.

34) 나는 『학습학(學習學)』이라는 책에서, 배움의 공식을 의미(意味)와 의의(意義)의 자승이라고 정리했던 적이 있었다[참고: 한준상(2001). 학습학. 서울: 학지사]. 당시 『학습학』에서 지칭했던 '의의'란 개념은 사람이 한평생 살아가야 하는 절대적인 존재 이유를 뜻하는 것이었다. 모든 생명체에게 그들이 살아가는 이유는 바로 생명을 지켜가면서 삶의 의미를 만들어 내는 일이기 때문이다. 살아야 한다는 당위성과 생명에 대한 의미가 먼저 정립되어야 비로소 왜 살아야 하는지에 대한 의미가 생긴다. 삶에 대한 의미가 없어지면, 삶에 대한 의미를 만들어 내지 못하면 살아야 될 의의를 지니지 못한다. 삶에 대한 의미와 의의의 문제를 심각하게 고려할 수 없었던 것은 배움(erudition)이란 개념에 대한 동양적인 깊은 사고

(思考)가 결여되어 있었기 때문이다. 그런 조건에서 나는 서양의 교육심리학에서 가르쳐 준대로, 서양식의 학습(learning)이라는 개념으로 학습의 법칙을 구상했었기에 당시 책의 제목마저도 배움학이라고 하지 못하고 '학습학'이라고 정했었다. 학습심리학이 지배적이던 상황 속에서 당시 내가 생각할 수 있었던 배움에 대한 최상의 공식은 L=ms²이었다(L=learning, m=meaning, s=significance).

그러나 이제는 우리의 문화와 의식 깊숙하게 자리 잡고 있는 배움의 사상적 근원과 배움에 대한 문화인류학적인 뿌리를 알 수 있었기에, 학습이라는 개념 대신 배움이라는 개념을 학습에 선행시키며 배움의 공식을 수정, 보완할 수밖에 없었다. 배움은 마음과 육체의 자승, 어쩌면 영육으로 삶의 의미 만들기이기에 그 배움의 법칙을 E=mc²로 수정한다(E=Erudition, m=meaning, c=mind as the corporal inside, c=body as the corporal outside). 배움이라는 동양적인 개념에 근접한 서양식의 개념이 에루디션이기에, 배움을 에루디션(erudition)으로 번역한다. 배움은 축약해서 말하면, 몸의 의미 만들기이다. 이때 말하는 '몸'은 인간의 존재됨, 인간의 생명됨, 그리고 인간의 삶을 상징하기 위해 '몸'과 '마음'을 합성한 조어(造語)이다.

나는 지금도 마찬가지이지만 배움의 공식을 만들면서, 몸과 마음과 관계에 대한 메를로 퐁티(Maurice Meleau-Ponty)의 논리로부터 큰 지적인 도움을 받았다. 메를로 퐁티는 단호하게 몸이 바로 인간존재라고 말한 바 있다[참고: 성광수 외(2003). **몸과 몸짓의 리얼리티**. 서울: 소명출판]. 세상은 감각으로 만들어진 세계이기에 감각할 수 있는 것이 바로 세상이라는 것이 그의 소신이었다. 감각한다는 것은 우리가 몸을 갖고 있기 때문이다. 세상은 몸을 중심으로 성립하고, 몸을 중심으로 의미들이 만들어진다. 의미를 만들어 내는 것은 움직이는 몸이다. 몸은 움직일 때 몸짓을 보이게 되고, 몸짓을 보일 때 의미들이 만들어진다. 움직이는 몸은 살아 있는 몸이며, 그렇게 살아 있는 몸이 의미를 키워낼 때 비로소 몸은 이 세상에 의미를 만들어 가며 존재한다. 그는 몸 중에서도 감각 기능을 대변하는 눈에 대해 이렇게 지적한다. "눈은 영혼에게 영혼이 아닌 것으로 들어가는 문을 열어 주는 기적을 행한다. 눈을 통해 영혼은 사물들의 행복한 영역에 그리고 사물의 신 곧 태양에 다가갈 수 있다."[참고: 모리스 메를로 퐁티(2008). **눈과 마음**(역). 서울: 마음산책] 눈이라는 단어 대신, 몸이라는 단어를 그 문장에 대치하면 몸은 바로 의미를 만들어 내는 영혼이라는 말이 되고 만다.

어떤 사람이든 육체적 목숨이 끊어지면 눈의 작동은 정지한다. 삶도 자연스럽게 정지되고 만다. 자연의 이치이다. 목숨은 어떤 생물체에게든 절대적인 것이다. 목숨은 육체의 전부이다. 몸의 살아 있음이 바로 목숨의 상징이다. 살아간다는 것을 기능적으로만 표현한다면 그것은 목숨의 유지이다. 이때 '육체적' 혹은 단순하게 살로서의 몸(body)이라고만 하지 않고 '육체(the corporal)'라는 형용사적인 말을 마치 더 와이즈(The wise, 賢者)처럼 명사형으로 의도적으로 고쳐 쓴 이유가 있다. 그것은 '육체 혹은 육체의'라는 말을 통해 몸(body)을 구성하는 살(flesh)과 숨(breath)의 신비함을 상징적으로 합성하고 있다는 그 뜻을 드러내고 싶었기 때문이다. 그러니까 더 코퍼럴(the corporal)은 육체(the corporality), 살아 움직이는 몸체, 그 자체를 상징하는 단어로 쓰인 것이다. 몸은 바로 '자기 바깥으로서의 존재'이기에, 자신의 모든 겉모습이기도 하다. 몸은 아무런 본질을 지니지 않은 채 다만 바깥을 향해 있는 실존이기도 하다. 몸은 끊임없이 외부에 열려 있는 존재이기에, 몸은 늘 자기 자신의 바깥에 존재한다. 몸은 자신의 모든 것을 바깥으로 드러내는 상징이기에 몸을 본다는 것은 그의 상징 전부를 살피게 만들어 준다[참고: 장 뤽 낭시(2012). **코르푸스**(역). 서울: 문학과 지성사].

인간이란 단순히 그의 육체를 구성하는 살로서의 몸(body)만을 유지하는 것이 아니다. 살로 구성되는 몸을 하나의 생명으로 보존하게 만드는 연이어지는 숨을 통해 그 누구든 살아가기 마련이다. 몸과 숨의 결합인 육체의(the corporal) 생명 유지를 통해 사람들은 다양한 의미화(meaning), 즉 살아가는 의미를 생존해야 되는 의미를 매일같이 만들어 낸다. 그것이 삶의 본체이며, 살아감의 의도이다. 사람들이 자신을 위해 어떤 의미를 만들었느냐에 따라 그의 삶이 지니는 결이 달라지고, 그가 영위할 생과 명도 달라진다. 그의 영성(靈性)마저 달라진다. 삶의 의미는 몸을 통해 마음(mind)이 만들어 내는 변형(transforming)의 마술이기 때문이다. 의미는 삶의 경로를 바꾸게 만드는 신기루이며 생명을 가동시키는 결정적인 동력이다. 의미가 만들어지지 않으면, 삶에 아무런 가치도 만들어지지도, 갖지도 못하게 된다. 한 생명의 삶은 몸과 숨으로 표현되는 육체와 마음의 그 모든 총체를 다스리는 일이 배움으로 귀결되기 때문에, 배움의 공식을 $E=mc^2$, 즉 배움= '몸의 의미화'라는 공식으로 표현한 것이다.

35) 언론인 김태관은 장자(莊子)를 읽고 우리에게 삶에 대한 한마디를 거들어 준다. '지자일사(知者一死), 우자만사(愚者萬死)'라는 말이 그것이다. 지혜로운 사람은 한 번 죽지만, 어리석은 사람은 죽어도 여러 번, 수도 없이 죽어 나간다는 뜻이다. 죽음은 누구에게나 똑같은 것이 아니기에, 곡을 위한 삶을 살 것인지, 죽음을 넘는 삶을 살 것인지, 삶의 의미를 만들어 내라고 당부한다. "만약 그대의 삶이 춤이라면, 죽음도 춤추듯 넘어설 수 있을 것이기" 때문이라는 것이다[참고: 김태관(2012). **보이는 것만이 인생의 전부는 아니다.** 서울: 홍익출판사].

36) 맹자(孟子)는 배우는 일의 정수(精髓)로서 구방심(求放心)의 작업을 우선적으로 꼽고 있다. 고자(告者)편에서 맹자는 요즘 사람들은 강아지를 잃어 버려도 찾느라고 안달이지만, 잃어버린 자기 마음은 돌아볼 생각도 하지 않는다고 넌지시 꾸짖고 있는 장면을 소개한다. 놓아 버린 마음, 잃어버린 마음을 다시 구하고 찾는 일이 바로 '구방심'이다. 매일같이 구방심하면, 삶살이가 새로워질 것이라고 일러 주는 맹자의 훈계는 이이(李珥)의 『석담일기(石潭日記)』에서도 어김없이 등장하고 있다[참고: 이이(1998). 석담일기(역). 서울: 민족문화추진회]. 『석담일기』는 율곡 선생이 30세 때인 명종 20년 관계(官界)에 진출하여 선조대에 이르기까지 17년간의 정국을 적어 놓은 일기 형식의 평론서이다. 당대의 여러 인물과 직접 보고 들은 조정 안팎의 일, 백관의 진퇴, 경연에서의 문답, 당파의 시발, 여러 인물들에 대한 평가가 진솔하게 그려져 있다.

당대의 정치·경제·사회·윤리 사상을 엿볼 수 있게 만드는 이 책에서 율곡은 조광조를 비롯한 신진 사림파의 정치적 실패의 원인을 조목조목, 적나라하게 파헤치고 있다. 율곡은 조광조를 구방심을 제대로 하지 못한 정치가 중의 한 사람으로 그리고 있다. 조광조는 어질고 밝은 자질과 나라를 다스릴 재주를 타고 난 것은 사실이지만, 아직 자신의 학문이 제대로 영글기도 전에 정치 일선에 진출했기에 의도와는 달리 왕의 잘못을 시정하지 못했을 뿐만 아니라, 저항세력인 훈구세력의 비방도 제대로 막아 내지 못했다고 지적한 것이 바로 그것이다. 조광조는 흩어진 자기 자신의 마음을 구하지 못한 채, 왕도를 구하려고 노력하다가 끝내 좌초당한 불운한 정치가로 평가한 것이다.

37) 트윈 옥스(Twin Oaks) 공동체는 1967년에 세워진 생태 공동체이다. 행동주의 심리학자인 스키너(B. F. Skinner)의 소설 『월든 투』를 시나리오로 삼아, 일군의 이상주의자들이 실천하기 시작한 공동체이다[참고: 비 에프 스키너(2006). **월든 투(심리학적 이상사회)**(역). 서울: 현대문화센터]. 킨케이드와 같은 일군의 이상주의자들은 '정치는 이상향과는 거리가 먼 위선과 가식 덩어리'라는 생각에 이른다. 세상을 살아갈 만한 곳으로 변화시키려면 정치를 믿을 것이 아니라 자신의 힘을 믿어야 한다는 생각도 함께 한다. 답은 자급 자족적인 공동체 건설이었다. 이들은 유토피아의 꿈을 찾아 웨스트 버지니아 주 루이자(Louisa)의 숲에 원시인처럼 정착한다. 두 그루의 참나무가 서 있는 곳에서 트윈 옥스라는 공동체 마을을 건설하기 시작한다. 이 마을이 바로 생태 마을(Eco-village)인 트윈 옥스이다[참고: Kinkade, K.(1994). *Is it Utopia yet?* Ann Arbor, Mi: Cushing-Malloy]. 지금은 1백여 명의 사람들이 공동체 구성원이지만, 처음에는 10명 남짓 시작한 공동체가 트윈 옥스이다. 이곳에서 공동체 살림을 위해 사람들은 그물 침대인 해먹(hammock), 두부를 만들어 팔거나 책 색인을 하는 일로 수입을 잡는다. 이곳에서 만들어진 두부나 흔들이 그네인 해먹은 말 그대로 유기농 생산품이다. 인근 주민들 자타가 공인하는 품질 좋은 상등급 물품들이다. 인근 지역인 리치몬드 주민들은 이들의 제품을 100% 신뢰한다. 공동체 구성원 모두에게는 경제 활동과 밭일이 모두 평등하게 분담되고 있다.

트윈 옥스는 사회적 · 정치적으로 평등주의 공동체(Egalitarian Community)이다. 하나의 특정 종교를 공유하지 않는다. 기독교에 대해 부정하는 사람도 있고 긍정하는 구성원도 있다. 기독교는 대부분 무교회주의자 혹은 퀘커교도들이다. 상대가 다른 종교나 신념을 갖고 있다고 해서 배척하지도 않는다. 인종적인 차이나 문화적 차이로도 서로 가르지 않는다. 트윈 옥스 공동체에서는 마치 스키너의 소설 『월든 2』에서처럼, 누구나 하루에 정해진 노동 점수를 얻어야 한다. 보통 한 시간의 노동은 1점의 가치를 갖는다. 식당에서 한 시간 동안 설거지를 하는 것이나, 같은 시간 동안 자전거를 고치거나, 빨래를 하는 일에 노동력을 투입해도 모두 가치는 동일하다. 물론, 노동의 강도나 노동력이 더 많이 드는 힘든 일을 하면, 그들에게는 2점이 가산된다. 반면, 정원 정리와 같은 쉬운 일은 시간당 0.5점밖에 받지 못한다. 쉬운 일을 택하면 노동 시간이 그만큼 더 길어진다. 트윈 옥스 사람들은 결코 쉬운 일만 할 수 없다. 그들이 해내는 노동의 강도에 따라 정해진 점수가 다르기 때문이다.

38) 행동주의 심리학자 스키너(Skinner B. F.) 교수는 인간존재의 자유의지를 인정하지 않는다. 인간은 자기의 행위에 대해 책임을 질 수 있는 존재가 아니라는 것이다. 인간의 자유의지에 대한 믿음은 과학적으로 받아들여질 수 없는 허튼 소리의 지적 전통일 뿐이다라고 말하는 그는 '자율적 인간'은 처음부터 가능하지 않다고 주장한 바 있다. 자율적인 인간을 만드는 것은 그가 살고 있는 환경일 뿐이며, 인간의 행동은 배양할 수 있다고 믿고 있는 스키너는 인간의 이성을 부정한다. 인간에게는 이성이나, 자유의지, 자율성 같은 것은 처음부터 존재하지 않기에 인간이 원래부터 목적적이고 자율적이라는 전통적 인간관은 허튼소리에 불과하다는 것이 그의 일관된 논리다[참고: B. F. 스키너(2009). **자유와 존엄을 넘어서**(역). 서울: 부글북스].

39) 일본인의 전통적인 미의식으로 알려지고 있는 와비사비(わびさび, 侘寂)의 정서는 여백의 미, 선(禪)의 세계를 말하기도 한다. 와비사비는 긍정과 부정의 조화를 말하는데, '와비(侘)'는 부족함에서도 더 큰 정신적 충족을 끌어내는 것이며 '사비(寂)'는 한적함에서도 풍성함을 깨닫는 일을 말하기에, 일본인이 지니고 있는 전형적인 고독의 '비장미(悲壯美)'를 드러낸다. 예를 들어, 일본 교토를 방문하는 사람들이 은각사(銀閣寺)를 보는 순간 어김없이 은각사가 풍기는 소박하고 검소함과 오래된 깊은 그리고 절제된 연륜을 느끼게 된다. 소박하고 검소함에서 아름다움을 느끼는 것은 와비라고 하고, 오래됨과 연륜에서 얻어지는 아름다움을 사비라고 하겠기에, 와비사비는 궁색하지 않은 절제된 여유를 상징하기도 한다. 일상적으로는 와비사비는 일본인이 중요시하는 간결하면서도 고요한 마음의 상태, 단순명료한 극적인 상태를 뜻한다.

40) 펠드먼(Feldman, R.) 교수는 인간이 거짓말을 하는 이유를 워비곤호수효과(Lake Wobegon Effect)라고 비유한다. 워비곤호수효과는 자신은 보통 이상의 능력을 갖고 있다고 믿는, 그래서 다른 사람들보다 평균을 넘어서 있다고 믿어 버리는 오류를 말한다. 워비곤호수라는 말은 인디언이 '당신을 위해 빗속에서 하루 종일 기다린 장소'라는 뜻을 새롭게 미국인에게 되새김질시키기 위해 작가인 게리슨 케일러가 꾸며낸 이야기이다. 그는 매주 토요일 오후 미네소타 공영방송을 통해 '대초원 고향동무(A Prairie Home Companion)'라는 프로그램에서 워비곤호수를 신비롭게 꾸며냈다.

미국 미네소타 주에 있다고 설정된 가상의 마을 '워비곤호수'는 무릉도원(武陵桃源)과 같은 이상향으로 비추어진 호수이다. 워비곤호숫가에 사는 사람들은 남녀노소 어른, 아이 모두가 평균 이상의 능력을 지닌 지상낙원으로 그려졌다. 청중들은 그 신비로움을 늘 동경했다. 자기 기만이 또 다시 자기 기만을 전염시키는 데 성공했다. 실제로 그런 곳은 세상 어디에도 있을 수 없다. 그렇게 사람들이 자기를 기만하면서 그런 가상적인 것에 편안해할 뿐이다. 워비곤이라는 말은 미국인이 평상시 쓰는 말, 즉 워(woe), 비곤(be gone), '근심이(Woe) 사라진(be gone)'이라는 구어(口語)를 상징하기에 말만 들어도 편안해진다[참고: 로버트 펠드먼(2010). 우리는 10분에 세 번 거짓말을 한다(역). 서울: 예담].

41) 8세기경, 인도 서북부 한 왕국의 왕자 자리도 버리고 티베트 최고의 밀교종파인 닝마파의 개조(開祖)로 활동한 전설적인 인도의 불교 신비주의자인 파드마삼바바(Padmasambhava)가 전했다는 말이다. 그는 대승이든 소승이든 관계없이 모든 종파가 내거는 인위적인 모든 행위를 그치고, 자신의 지적인 이해력을 통해 있는 그대로를 봄으로써 그 자리에서 절대 자유의 경지에 이르라고 가르쳤다고 전해진다[참고: 백이제(2003). 파드마 삼바바. 서울: 민음사].

이 책의 제목을 나는 『평생교육의 철학: 생(生)의 유(癒)』라고 정했다. 고심 끝에 그렇게 한 것이다. 사람이 자기의 삶에서 병을 고치고 거듭나며 자신을 치유해 가는 일은 결코 일회적인 일일 수 없기 때문이었다. 그것은 끊임없는 덜어 냄(反)과 닦아 냄(滌)의 연속적인 일일 수밖에 없기 때문이다. 태어나서 숨을 거둘 때까지 이어가는 평생교육은 한 인간에게 바로 거듭남으로써의 유(癒), 바로 그것이다. 평생교육, 그러니까 일본교육학자들이 즐겨 쓰는 용어인 생애학습의 요체는 덜어 냄과 닦아 냄으로써의 나아짐을 위한 것이다. 그 상징성을 보여 주기 위해 『평생교육의 철학: 생의 유』라고 정한 것이었다. 삶의 때를 씻어 내며 빈번히 헹구어 내지 않으면 한번 나아졌다고 해도 이내 병들어 버리게 된다는 것을 상징하기 위한 방편으로 '유(癒)'자가 지닌 이중구속의 의미에 주목하게 마련이다.

더 나아질 유(癒)자는 원래 유(愈)자 앞에 병들어 기댈 역(疒)가 담과 벽처럼 둘러쳐 있다. 즉, 병자가 병 때문에 움직이지 못하고 침상에 기대고 있는 모습을 보여주는 병들어 기댈 역자가 나아질 유(愈)자를 막아서고 있다. 유(愈)자는 마음(心)이 잘 통하며(兪), 마음이 '점점 나아져 기뻐지는 모습'을 뜻한다. 결국, 유(愈)자는 마음 심(心)과 통과할 유(兪)가 합쳐진 글자로 마음(心)이 '점점 나아지고 마음이 잘 통한다. 그리고 뜻을 이룬다'는 말이다. 점점 더 잘 통하는 뜻의 유(愈)자의 뜻을 실어 나르는 핵심어는 옳을 유(兪)자이다. '점점 유(愈)'자의 본의를 담고 있는 유(兪)자는 원래 옳은 말, 옳은 뜻을 상징하는 글자이다.

옳을 유(兪)자는 원래 배(舟)와 배가 물을 가르고 앞으로 나아가는 모습을 말한다. 배들이 강에 들어와(入), 물살을 가르며(川) 앞으로 나아가는 모습에서 보여 주듯이 위험이나 시험 따위를 무사히 통과하거나 어려운 일을 넘긴 기쁜 모습을 나타낸다. 유(癒)자는 전반적으로 병상에서 환자가 자기를 가두고 있던 병에서 일어나 마음을 털어 내고 원래의 기쁜 마음, 제대로 된 몸가짐으로 되돌아가 병에서 벗어난 치유된 모습을 상징적으로 보여 준다. 반면에 유(癒)자는 조심해야 할 글자이기도 하다. 병들어 기댈 역이 있는 한자 모두가 질병(疾病)과 관계가 있듯이 다시 병이 도지고, 병이 더 들어가는 양태도 담고 있기 때문이다. 예를 들어, 유착(癒着)이라는 단어가 보여 주듯이, 유착은 병이 낮은 것이 아니라, 오히려 병이 더 착 달라붙어 더 고약하게 안으로 곪아가는 모습을 보여 준다. 게으름, 오만함과 유착하지 말아야 할 일이다.

42) 아인슈타인은 동료들에게는 물론 자기 자신에게도 끊임없이 되뇌이며, 또한 자신에게 최면을 걸려고 할 때 늘 흥얼거리던 말이 있었다고 한다. 그 말은, "단 한 번도 실수하지 않은 사람은 결코 새로운 일을 시도하지 않는다."는 말이었다. "질문을 멈추지 않는 것이 가장 중요하다. 호기심은 그 나름의 존재 이유가 있다. 인간은 진리와 인생 그리고 불가사의한 현실의 구조를 직시할 때, 아무런 해답도 얻지 못한 채 오히려 두려움에 빠지곤 한다. 그저 매일 이 불가사의한 세계에 대해 아주 조금이라도 이해하려고 노력하는 걸로 족하다. 신성한 호기심을 잃어서는 결코 안 된다. …… 하나의 목적에 자신의 온 힘과 정신을 다해 몰두하는 사람만이 진정 탁월한 사람이다. 이런 까닭에 탁월해지는 데는 그 사람의 모든 것이 요구된다."[참고: 데이비드 보더니스(2005). E=mc²(역). 서울: 생각의 나무]

세상에서 빛을 보는 '창조'는 99퍼센트 에러디어(errordea)와 1퍼센트 아이디어로 만들어진다는 것을 절감하게 만드는 아인슈타인의 탐구정신이었던 셈이다. 에러디어라는 말은 실수라는 뜻의 에러와 생각이라는 뜻의 아이디어의 합성어이다. 에러디어라는 말은 단순하게 잘못, 실수, 틀림, 오류, 착오로서의 에러(error)만을 지칭하지 않는 신조어이다. 에러와 아이디어가 결합되어 실수 속의 새로운 통찰력을 놓치지 않고 활용하면, 그것이 새로운 창조의 끈이 된다는 의미에서 에러디어는 창조적 아이디어를 만들어 내는 토대가 됨을 말한다[참고: 배상문(2011). 아이디어 에러디어. 서울: 북포스].

43) 한국인들에게는 "오, 노(Oh, No~)."라는 말로 악명이 높았던 일본계 미국인 쇼트트랙 선수인 안톤 오

노(Anton Ohno)가 던진 말이다. 쇼트트랙 링크에서 한국인 관중들에게 보여 준 행동만큼은 비신사적
이기에 비난받아 마땅하지만, 그 어떤 경기든 경기에 최선을 다해 임하려는 그의 투혼정신을 표현했던
그 말만큼은 허툴지 않다. 운동선수로서가 아니라 그 누구라도 그렇게 최선을 다해 자신의 삶에 임해야
하기 때문이다.

삶의 마지막 결승점까지 후회 없이 이르고 싶은 마음에, 나는 가끔 공상 같은 꿈속에서 헤매곤 한다. 태
평양을 가르는 고래처럼 하루하루를 보내고 싶은 꿈이다. 해양학자들의 실험과 관찰에 의하면, 성숙한
고래는 하루 종일 눈뜬 채 잠들고, 잠들었으면서도 유유자적하게 바다의 거친 물살을 가르고 나아간다.
좌뇌, 우뇌를 번갈아 교대하면서 그렇게 한다는 것이다. 한쪽 뇌로는 뇌로 호흡하면서 수영을 하지만,
그러는 동안에도 다른 한쪽 뇌로는 잠을 충분히 잔다는 것이다. 자면서 뇌의 피로를 충분히 풀어내는
수면시간 동안에도 끊임없이 움직이고 제 할 일을 다 한다는 것이다. 제대로 큰 고래는 그렇게 하루 5시
간 이상의 수면을 취하며 다른 한편으로는 사냥도 하면서 그렇게 살아간다. 해양학 전문가인 제롬 시걸
(Jerome Siegel) 교수의 오랜 관찰결과이기에 믿어 볼 수밖에는 없다[참고: Tennesen, M.(2007).
Bedtime Stories. *National Wildlife*, August/September 2007].

인간도 부분적이나 고래처럼 행하며 살아갈 수 있다. 일반적으로 깨어 있는 데도 피곤을 크게 느끼면
뇌의 일부분이 잠들어 있거나 쉬고 있다는 뜻인데, 이것 역시 한쪽으로는 졸면서 다른 쪽으로는 눈을
뜨고 있는 것을 보이는 일이다. 내공(內工)이 부족한 사람들에게는 피곤하게 만들 것이기에, 어느 정도
의 내공을 쌓아 한쪽으로는 사물에 집중하면서도 다른 한쪽으로 잊어버린 채 다른 것에 몰입하는 노력
이 필요하다. 내 자신을 상대로 한 반복적인 자기 실험 속에서 그것이 가능하다는 확신이 들었다고는
해도, 아직도 모든 것에 더 진득하게 조심(操心)하며, 조신(操身)하고, 조리(調理)해야 무언가 얻을
성 싶다. 그런 후에 스위스의 사상가로서 세상의 존경을 받았던 힐티(Hilty, C.)가 죽기 전에 남겼다는
그 말처럼 자신이 살았다고 한다면, 그것은 바로 삶의 결승전에서 티끌만큼의 후회도 남지 않는 삶이
될 것이다. 힐티는 말한다. "인생의 마지막 숨을 내쉴 때까지 정신적으로 활발하게 활동하고, 신의 완
전한 도구로서 작업을 하다 죽는 것이 질서 있는 노년의 생활방식이며, 인생의 이상적인 종결이다."

44) 참고: 이사야 43: 18.

45) 인도가 배출해 낸 세계적인 시성(詩聖) 라빈드라나트 타고르(Rabindranath Tagore)가 신께 바치는
송가(頌歌)라는 뜻『기탄잘리(Gitanjali)』에서 매일같이 노래했던 그대로, 나 역시 그렇게 기도하며
살아가고 싶을 뿐이다. "당신은 나를 영원하게 하셨으니, 그것이 당신의 기쁨입니다. 이 연약한 배를
당신은 끊임없이 비우시고 신선한 생명으로 영원히 채우고 있습니다. 이 가냘픈 갈대의 피리를 당신은
언덕과 골짜기 너머로 지니고 다니셨으며, 이 피리로 영원히 새로운 노래를 부르고 있습니다. 당신의
영원히 사라지지 않는 손길에 나의 작은 가슴은 즐거움에 젖어 들어서 말로 표현할 수 없는 소리를 외
칩니다. 그칠 줄 모르는 당신의 선물을, 나는 이처럼 작은 두 손으로 받아 들고 있습니다. 오랜 세월은
지나가도 당신은 여전히 채우고 있습니다. 그러나 아직도 채울 수 있는 자리는 나에게 남아 있습니다."
…… "죽음이 내 문을 두드리는 날이면 그 님에게 무엇을 내놓을 수 있겠습니까. 오오, 나는 내 생명이

가득찬 잔을 그 님에게 올리겠습니다. 결코 님이 빈손으로 돌아가게 하지 않게 하겠습니다. 내 모든 가을날과 여름밤의 향기로운 포도 수확을, 또 바쁜 내 일생 동안 벌어들인 모든 수확과 주운 것을 죽음이 내 문을 두드려 내 인생이 끝나는 날에 나는 죽음 앞에 서슴지 않고 내놓으려 합니다."[참고: 라빈드라나트 타고르(2010). 기탄잘리(역). 서울: 열린책들.]

46) 고대 아테네의 철학자인 플라톤(Platon)은 『국가론(The republic)』에서 철학한다는 것과 배운다는 것의 관여성을 국가적인 사업이라고 이야기한 적이 있었다. 나라가 강해지려면 '배움의 철학자'들이 나라를 다스려야 한다는 그의 철학이 그것을 웅변한다. 그는 배움의 철학자들이 어떤 사람인지를 정리하기 위해 이렇게 말했다. "But the man who is ready to taste every form of knowledge, is glad to learn and never satisfied-he's the man who deserves to be called a philosopher, isn't he?" 여기에서 그가 말하는 당시 고대 아테네인들의 배움은 이 책의 문맥에 맞도록, 저들이 상용하는 러닝(학습, learning)이라는 단어를 우리식으로 에루디션(배움, erudition)으로 바꿨을 때 주는 그 의미와 다름없다.

차 ㅣ 례

生의 癒

1. 무소의 뿔 | Rhino's Horn,
무울무통 | 無鬱無痛

1. 지혜자도 우매자와 함께 영원하도록 기억함을 얻지 못하나니 후일에는 모두 다 잊어버린지 오랠 것임이라 오호라 지혜자의 죽음이 우매자의 죽음과 일반이로다. ……그러므로 나는 사람이 자기 일에 즐거워하는 것보다 더 나은 것이 없음을 보았나니 이는 그것이 그의 몫이기 때문이라 아 그 뒤에 일어날 일이 무엇인지를 보게 하려고 그를 도로 데리고 올 자가 누구이랴. - 전도서(2:16, 3:22)

지금 우리가 사는 이 사회는 캐치-22의 사회다. 불가불가(不可不可)의 사회다. 캐치-22, 혹은 불가불가의 사회는 고사(古事)에서 일컫는 '당랑포선 황작재후(螳螂捕蟬 黃雀在後)'의 사회다. 말하자면 사마귀가 매미를 잡으려 하고 있으나, 정작 그 뒤에는 사마귀도 모르는 것이 있고, 사마귀를 잡기 위해 참새가 노리고 있는 먹고, 먹히고, 잡고, 잡히는 사회와 같다. 세상에서 저 혼자 살아 남을 수는 없다. 모든 것이 먹이사슬의 굴레 속에서 숨쉬고 있기 때문이다. 약육강식, 원하지 않는 욕망이지만 피할 수 없는 현실이다. 눈 앞의 이익에 눈이 먼 사람들끼리 서로 살겠다고 서로 속이고 속는 사회가 바로 당랑포선 황작재후의 사회다. 눈을 떴지만, 눈먼 자들의 사회라고 불러도 무방하다. 면전에서 벌어지는 이익을 얻으려다가 자기 자신의 목숨을 대신 내주어야 하는 사회다. 마음을 울적하게 만드는 사회다. 불가불가(不可不可), 점 하나 잘못 찍으면 상황이 엉뚱하게 달라지는 불확정스런 사회다.

마음이 울적한 일상을 살다 보면, 사람들은 그것에 취한 채 자신에게 다가오는 삶의 방향감각마저 상실하게 된다. "마음이 울적하고 답답할 땐 산으로 올라가 소릴 한 번 질러봐. 나처럼 이렇게 가슴을 펴고 꿍따리 샤바라 빠빠빠빠. 누구나 세상을 살다 보면은 마음먹은 대로 되지 않을 때가 있어. 그럴 땐 나처럼 노래를 불러봐. 꿍따리 샤바라 빠빠빠빠." 대중가요 〈꿍따리 샤바라〉의 첫 대목이다.[1] 마음에 맺힌 화를 시원하게 풀어내라는 대중가요다. 웨저(Weisure) 사회라는 이 사회에서 누구나 한 번쯤은 질러댈 만한 노래다. '웨저'란 '일'과 여가를 뜻하는 '레저'를 합성한 말이다. 새로운 노동 문화의 추세다. 웨저 사회는 놀이의 중요성을 놓치지 않는다. 놀이는 그저 노는 일이다. 주체인 자기 자신을 놀리는 일이다. 사람 스스로 자기를 새로운 사람으로 바꾸는 데는 단 하루도 걸리지 않는다. 운명과 성공 모두가 자신의 손 안에 놓여 있기 때문이다.[2] 웨저 사회에서는 놀이가 중요하다. 치유적 기능이 요구되기 때문이다. 놀이의 본질은 치유적이다. 격한 자극과 함께 어우러져 마음을 달래 주는 것이 치유다. 치유가 웨저 사회의 핵심 기능으로 자리 잡는 이유다.[3] 치유는 화를 잡아 내는 명약이다. 제 마음 제가 다스려야지, 누구에게 맡긴다고 될 일이 아니기 때문이다.

화가 맺혀 만들어진 병을 정신과 의사들은 '울화(鬱火)'라고 부른다.[4] 울화는 한국 문화 특유의 심리적 질환과 증후군으로 소개된 병이다. 국제의학계에서 공인된 공식 명칭이 울화다. 마음속이 답답하여 일어나는 화가 울화다. 서양 사람에게는 발병되지 않는 병이 울화병이다. 그들에게는 제대로 드러나지 않는 화가 우리 마음에는 확고하게 자리 잡고 있다. 어쩌면 우리 한국인이 서구인에 비해 보다 더 인간적일 수 있다는 증표로도 읽힐 수 있는 대목이다. 한국인은 '화병' 때문에 정신적으로 시달리기만 하는 것은 아니다. 요즘 한국인은 각양의 중독증에도 어김없이 희생양이 되고 있다. 한국인 8명 가운데 1명이 각양각색의 중독증 증세를 보이고 있기 때문이다. 알코올 중독자는 155만 명, 도박 중독자는 220만 명, 인터넷 중독자는 233만 명, 마약 중독자는 10만 명 등 총 618만 명인데, 이들은 전체 인구의 15%를 상회하는 인구 수다.[5]

인간은 불완전하기 때문에 누구나 아픈 곳이 하나쯤은 있게 마련이다. 마음이 아프든 몸이 아프든, 아픔은 언제든 생기기 마련이다. 건강한 삶은 결코 평생 아프지 않게 사는 것이 아니다. 건강한 삶이란 병 속에서도 튼튼하게 살아가는 삶을 말한다. 병은 삶에서 우리에게 적(敵)으로만 지내는 것이 아니라, 친구가 되기도 하기 때문이다.[6] 살아가면서 맺힌 것을 풀어내려면 마음을 풀어내는 굿 장단의 유희 놀이가 필요하다. 〈꿍따리 샤바라〉 혹은 싸이식의 〈강남 스타일〉 가락이 사람들의 울화를 풀어 내 줄 수 있는 놀잇거리가 될 수도 있다. 사람들이 그런 가락에 매료되는 이유다. 설령 저들의 가락이 우화하지 않은 장단거리였다고 하더라도, 그런 흥겨운 가락에 맡기어 긴장 때문에 경직된 맘을 제대로 추스르는 일은 그 언제나 필요하다.

몸을 풀어내든 아니면 화를 풀어내든 간에 관계없이, 무엇인가 풀어내려면 자신의 '맘'부터 먼저 무울(無鬱)의 길로 들어서게 해야 한다. 무울이라는 소리는 '물'을 소리 내어 읽었을 때 들리는 소리와 엇비슷하다. 바로 그 '무울~'의 소리를 다시 표의문자로 재현해 놓으면 무울이 된다. 물을 '무울'로 소리 내 보고, 그 소리를 한자(漢字)로 취음하면 이내 무울(無鬱)로 쓰일 수 있다. 이 책에서 말하는 무울은 그렇게 만들어졌으며, 그런 흐름의 뜻으로 쓰이고 있다. 취음된 무울이라는 한자는 막힘이 없거나 너무 빡빡하지 않다는 뜻을 지닌다. 무울에서 '울'자를 강조하면 비워 냄은 사라지고, 대신 막힘은 커지게 된다. 성난 파도처럼 속을 알아 볼 길이 없게 되는 이치다. 무울에서 '무'자의 뜻인 비워 냄만을 강조하다 보면, 앞이 휑하게 드러나기에 모든 것이 '맥'없어 보이기까지 한다. 마치 가뭄에 찌들어 거북이 등처럼 갈라진 땅바닥 같은 형상이 드러나기만 한다. 무울에서 비워 냄과 울창함은 앞뒤 서로가 균형을 잡아야 보기도 좋다는 뜻이다. 조화되어야 걱정 근심 없이 무엇이든 제대로 흘러갈 수 있는 법이다.

물은 어떤 것도, 그 무엇도 꺼리지 않는다. 마다하는 그런 법은 없다. 자연의 모든 것을 기꺼이 받아들인다. 무서울 것도, 피할 것도 없다. 모든 것과 같이 가려고 할 뿐이다. 기꺼이 모든 것과 동행한다. 물은 그래서 상선(上善)인 것이다. 물을 인생살이에 접목하면, 물은 인생의 선지식(善知識)이며 큰지식(大智識, Knowledger)과 같다. 물은 삶의 현인(賢人, Andragogues)처럼 모든 이의 앞을 치고 나간다. 물은 누구에게나 선근(善根)이 되며, 멘토가 된다. 물은 모든 것을 따라 나서도 끝내 앞서나가는 것과 다름이 없다. 물의 앞은 뒤이고, 뒤는 앞일 뿐이다. 앞뒤, 전후 모두가 하나일 뿐이다. 그 어떤 것과도 어울린다. 그 어느 것도 사양하지 않으며 주는 대로 취한다. 물은 시간과도 함께 하고 공간과도 함께 한다. 제 몸이 따로 있을 리 없고, 제 정신을 고집할 리도 없다. 그래서 물처럼 걷고, 물처럼 하고, 물처럼 쉬며, 물처럼 명상하라고 옛

사람들이 일러 주었던 것이다. 물처럼 내달리며, 물처럼 기다리며, 물처럼 감싸 안으며, 물처럼 호흡하면, 세상만사가 편해진다. 물은 무울(無鬱)에로의 방편이며, 바로 그것이 모든 것을 거듭나게 만들어 주는 묘약이며, 명약이다.[7]

물은 유연하고 유약하다. 그 어떤 것도 부정하지 않는다. 독과 합치면 이내 독물이 되고, 약과 합치면 약물이 된다. 생명의 구원수, 생명수가 되지만, 모든 것을 죽이는 독극물이 되기도 한다. 어떤 그릇에 담아도 물은 그것에 대해 불평하지 않는다. 대꾸할 리가 없다. 가득 채워지려는 욕망, 그것이 욕이라면 욕일 수 있다. 형태대로 섞이는 것이 욕이 되기도 하고 화로 변하기도 한다. 채워짐이 기쁨이 되기도 한다. 어디에 채워지든 물은 이내 제 모습을 그릇대로 바꾸어 버린다. 안개로도 변하고, 이슬로도 변한다. 비로도 변하고, 얼음으로 굳어져 버린다. 실개천도 되고, 강과 바다도 된다. 폭포도 되고 샘물도 된다.

물은 역류(逆流)할 줄도 알지만, 그 역류성은 물의 본성이 아니다. 일단 채워지면 넘치기는 하지만 처음부터 역류하려고 하는 적은 없다. 가득 채워지기 전까지 역류(逆流)는 불가하기 때문이다. 역류라기보다는 흘림이고 흘림의 역류 역시 일시적일 뿐이다. 가득 채우고도 남아날 때 생기는 고집이며, 화풀이일 뿐이다. 물은 자연의 순리를 따른다. 물은 형이하학적이다. 물리적일 뿐이다. 물은 언제나 위에서 아래로 흐를 뿐이다. 물의 흐름에는 잔꾀가 없다. 굽어지고, 돌아갈 줄 안다. 쉴 줄도 알고, 쉬지 않을 줄도 안다. 피할 줄 알고, 적실 줄도 안다. 거부하지 않는다. 흘러가면 그뿐이다. 되돌리려고 하지 않는다. 물은 제 모습을 제가 먼저 안다. 물이 살아가는 법이 자연의 이치다. 물의 용모가 삶의 법(法)이 되었던 이치다. 옛사람들이 물이 흘러가는 모습을 그래서 법(法)자로 그려 냈었던 것이다. 즉, '물 수(水)'자에 '갈 거(去)'를 합하여 물 흘러가는 대로 그 순리를 따르는 것이 법의 본질인 셈이다.

물 그 자체에는 본성적으로 냄새가 없다. 냄새가 난다면 냄새 나는 무엇인가가 섞인 것이다. 물은 그렇다고 섞인 냄새를 피하지는 않는다. 사람이 보기에 더럽다고 하더라도, 그런 것에 아예 개의치도 않는다. 그러니 똥이 물에 섞이면 물은 이내 똥물이 되고 말아 버린다. 오물이라도 피하지 않는다. 원망하는 법을 익히지 않은 탓이다. 똥물은 똥보다도 더 심하다. 더 독한 냄새를 풍기기 때문이다. 그래도 똥물은 요란을 떨지 않는다. 생긴 대로 부르는 대로 자기 모양을 바꿀 뿐이다. 흥분하기도 하지만 이내분을 삭인다. 시간이 약이다. 시간이 지나면 물은 다시 청정을 되찾는다. 가라앉을 것은 가라앉고 뜰 것은 뜨게 한다. 청정에로의 복귀가 생명의 원천이다. 자기 스트레스를 즐길 줄 안다. 물은 자기 스트레스를 자가 치유한다. 물의 삶이 삶을 달관하게 도와준다.[8]

물에게는 좋고 나쁨 같은 갈라냄과 차별도 없다. 물에 딜레마가 있을리 없다. 흐르지 않으면 고이고, 고이면 스며들 뿐이다. 채워지지 않고서는 결코 넘쳐나는 법도 없다. 때가 되면, 스러지고 날아 갈 뿐이다. 물은 자유롭다. 물은 모든 것을 긍정한다. 그 어떤 난관도 스미며, 지나간다. 물 스스로의 앎과 삶에 유용한 에너지로 만들어 쓴다. 물은 앎의 틀을 고집하지 않는다. 물은 앎이라는 하나의 틀을 고집하지도, 그 안에서 허우적거리지도 않는다. 일단 무엇인가를 알면 알았다는 것에 사로잡혀 그 앎에서 쉽게 빠져나오지 못하는 것이 인식론적 딜레마다. 인식론적 딜레마로부터 빠져나오는 일은 의외로 단순하다. 물처럼 배우면 되는 일이다. 물은 옳다든가 절대적이라는 그런 류의 틀에서 자유롭다. '인식 프레임'에서 자유롭다.

물은 경쟁하기는 하지만 구속하기 위해서가 아니다. 자유하기 위해 경쟁한다. 물도 운동한다. 마치 골프 운동과 같기도 하고 혹은 다르기도 하다. 친구들끼리 즐기는 골프 운동을 하다보면 물의 속성을 자주 느끼곤 한다. 골프는 자기 윤리를 강조하는 게임이다. 상대방의 공치기를 고의로 방해하지 않는다. 한 사람이 공을 칠 때, 다른 사람들은 방해하지도, 방해하려고 하지도 않는다. 소음도 경계한다. 친한 사람들끼리는 흔히 농담을 주고받기는 하지만, 그런 잡담이 때때로 상대방의 마음을 교란시킨다. 흔한 농담으로, 공을 치려는 사람에게 저 앞에 해저드가 있네 혹은 왼쪽이 오비야라는 말을 슬쩍 흘려 놓으면 게임은 기대 이상으로 양상이 달라진다.

초보자들은 그런 잡담들에 의해 마음이 여지없이 흔들린다. 자기 스스로 자기를 무너트린다. 공을 치려는 사람에게 오비(OB)를 조심하고, 해저드를 피하라는 조심의 말이었건만, 결과는 정반대로 나타난다. 단지 오비로 공을 보내지 말아야 한다는 그 생각이 공을 치는 순간에 작용했기 때문이다. 오비를 벗어나야 한다는 자기의 인식의 프레임 때문이다. 그 인식의 앎에서 벗어나지 못하면 그의 동작은 오비를 향해 움직인다. 결과는 오비다. 인식론적 딜레마에서 빠져나오지 못했기 때문이다. 몸 동작이 인식론적 딜레마에 갇혀 버렸기 때문에 공을 잘못된 방향으로 쳐보내 버리게 된다.[9]

물결은 물의 숨소리다. 삶에서 숨결이 거칠면 삶이 고되다는 뜻이다. 거친 호흡은 모든 것을 거칠게 만든다. 물은 삶에게 늘 타이른다. 그렇게 하지 말라고 타이른다. 물은 공자(孔子) 스스로 자신의 삶에서 지켜갔듯이 무의(毋意), 무필(毋必), 무고(毋固), 무아(毋我)하라고 이른다.[10] 물은 어떤 경우든 무애(無碍)하라고도 당부한다.[11] 어디를 가든 막히지 말고 무애(無碍)하고, 어느 하나라도 꺼리거나 머뭇거리지 말고 무애(無碍)하라고 이른다. 매사에 어리석은 것 같이 보이기만 하라는 뜻이다. 사는 것은 그렇게 어리석지 말라고 이른다.

태평양은 결코 태평한 바다가 아니다. 파도와 너울이 가득한 바다다. 다만 그 모습이 태평하기에 붙여 준 이름일 뿐이다. 바다에는 모든 분노, 근심, 욕망만 그득하다. 다만 말이 없을 뿐이다. 삼키면 그만이기 때문이다. 어떤 것이든 일순간에 물어 뜯고, 삼켜 버린다. 그래도 태평양은 태평한 바다다. 바로 그것이 태평한 자세다. 일렁이는 파도 그 밑의 심연은 고요하다. 침묵이 가득하다. 흔들리지 않는다. 흥분하지도 않는다. 위도 없고, 아래도 없다. 모두가 하나일 뿐이다. 물에는 첫째가 없고 꼴찌도 없다. 물은 끝이나 마지막이나 하나가 될 뿐이다. 물은 의젓하다. 물은 아름답다. 그저 '～하면 되고 ～될 뿐'이라고도 이른다. 걸치지 말고, 스며들라고 이른다.

물은 완애(玩愛)하라고 타이르기도 한다. 가능한 한 무뚝뚝하게 어리석으라는 가르침이다. 물은 성자의 모습도 지녔지만, 악마의 모습도 지녔다. 물은 모든 것을 감싼다. 물은 정화한다. 제 스스로 씻어 낼 줄을 안다. 물은 현인처럼 앞서 나가고, 성자처럼 너그럽다. 물은 양성적이다. 언제나 양성적이다. 남성적이며 여성스럽다. 여성적이며 남성스럽다. 물은 모든 것을 창생(創生)할 줄 안다.[12] 물은 언제나 어머니같은 마음을 지녔다. 새 생명을 잉태한다. 창생의 힘으로 가득하다. 어머니 마음처럼 포근하다. 모정(慕情)으로 그득하다. 물은 생명을 틔우게 한다. 생물들에게 너그럽기만 하다. 물은 생물이 있는 곳에서는 생겨나게 마련이다. 그 무엇이든 성장하게 만들어 준다. 탄생과 사랑, 무의식적인 사랑으로 그 무엇이든 생성케 한다.

물은 천사를 닮았다. 물은 악마도 거부하지 않는다. 물은 물불을 가리지 않는다. 물은 화를 낼 줄 안다. 난리도 칠 줄 안다. 물에 저항하면 끝이다. 생명을 내놓도록 요절낼 줄 알기 때문이다. 물은 폭력적이다. 물은 힘이 세다. 모든 것을 휩쓸어 놓는다. 물은 생명이다. 물은 파괴적이다. 생명에 연연하지 않는다. 물은 그 무엇으로도 바꾼다. 물은 남의 힘을 빌릴 줄 안다. 물은 독재이며 평화다. 물은 모든 것을 표백(漂白)한다.[13] 물은 언제나 평정을 이룬다. 수평(水平)을 이룬다. 물은 종잡을 수 없다. 물은 깜박 기억을 놓기도 하기 때문이다. 누구와 동행했는지를 깜박 잊어버리기를 잘한다. 물은 수행(隨行)하기를 좋아한다. 물은 집중할 줄 안다. 물은 자기 수행(修行)의 표본과 같다. 물은 정진할 줄도 알고 인내할 줄도 안다. 물은 언제나 물의 참된 모습을 궁구(窮究)한다. 그래서 물은 언제나 겸손하다. 물은 가장 낮은 곳으로만 흐르기 때문이다.

물은 생명을 만들어 내는 힘이 있다. 생명이 시작하는 곳에는 어김없이 물이 있다. 물은 만들어 내는 힘, 조형(造形)의 힘이 세다. 물은 언제나 평정을 이룬다. 물은 어떤 곳에서든 평정한다. 물은 모든 것을 씻어 준다. 물은 언제나 굴곡도 만들어 낸다. 물은 어떤 굴곡에서도 수평의 자세를 유지한다.[14] 수평은 언제나 모든 것에 중심에 선다. 그래서 물을 보고 수행하던 붓다가 말했다. "제자들이여, 저 갠지스 강의 물결을 보라. 저기 소용돌이가 일고 있다. 그러나 잘 보라. 소용돌이란 없는 것이다. 그것은 끊임없이 변하는 강물의 순간적 모습에 지나지 않는 것이다."

붓다는 삶도 물처럼 되어야 한다고 가르친다. 물은 불생불멸 불구부정 부증불감(不生不滅 不垢不淨 不增不減)일 뿐이기 때문이다.[15] 본디 생기는 것도 없고 사라지는 것도 없고, 더러워지는 것도 없고 깨끗해지는 것도 없고, 늘어나는 것도 없고 줄어드는 것도 없다는 것이다. 물에게는 본체도 객체도 없다. 아무것도 없으나 그 어떤 것도 있고 그 모두가 있는 것이나 마찬가지다. 물처럼 내가 마음이며, 내가 본성이다. 내가 흐름이며, 내가 삶이며, 내가 죽음이며, 내가 바로 내 마음이다. 물은 어디든 넘나든다. 내가 중심에 있기에 그 어떤 것도 두렵지 않다. 무엇이든 극복할 수 있다.

물은 있는 그대로 살라고 한다. 물은 험한 모래밭이나 사막에 떨어져도 외로워하거나 괴로워하지 않는다. 불길에 떨어져도 두려워하지 않는다. 사막에 던져지면 증기가 되면 그뿐이다. 그저 날아가면 되는 일이다. 불길 위에 떨어지면 불꽃과 산화하면 된다. 바다에 떨어지면 더불어 흐르면 되는 일이다. 북극에 도달하면 얼어붙으면 되고, 하늘이 싫으면 구름에 붙어 다니면 된다. 길을 잃었다고 두려워하지 않고, 길이 떠졌다고 즐거워하지 않는다. 물의 길은 언제나 만들어질 뿐이다. 흐르는 곳이 길이기 때문이다.

사막을 가려면 샛길 생각을 버려야 한다. 사막에서 샛길로 들어서면 죽음이 부른다. 샛길은 사막에서 제 길이 아니기 때문이다. 가난이라는 사막의 길을 걸었던 윤용하 시인은 「보리밭」에서 노래한다. "보리밭 '사잇길'로 걸어가면/뉘 부르는 소리 있어 나를 멈춘다/옛 생각이 외로워 휘파람 불면/고운 노래 귓가에 들려온다/돌아보면 아무도 보이지 않고/저녁놀 빈 하늘만 눈에 차누나." '사잇길'은 표준말이 아니라 북한에서 쓰는 사투리다. 표준말로는 샛길이 옳다. 옳다는 것은 바뀐다. 샛길은 일반적으로 간도(間道)를 말한다. 정도(正道)에서 벗어난 경우다. 큰길 사이로 난 작은 길이다. 그래서 노자(老子)가 일찍이 이르기를, "샛길은 호젓하나 구렁텅이로 빠져드는 길이다."라고 말했다.[16]

사막에는 샛길이 있을 수 없다.[17] 모두가 바른 길이며, 모두가 옳은 길이기 때문이다. 모래 사이의 모두가 바른 길들이다. 그 길을 건너려면 쉬는 법을 알아야 한다. 사막을 가다가 오아시스를 만나면 반드시 쉬어라. 아무리 갈 길이 바빠도 쉬어야 할 곳에서 쉬지 않으면 사막을 건널 수 없다. 사막에 아스팔트 길이란 부질없는 일이기에,

그 옛날 사막을 걷던 중동의 대상들이 말했다. 그러니 모래에 갇히면 타이어에서 바람을 빼라. 반드시 혼자서, 하지만 함께 여행을 해야 한다. 허상의 국경에서 멈추지 말라. 사막을 건너려면 나침반을 믿으라고 말한다. 인생의 길은 사막 길을 닮았다. 삶이 나아가는 길을 미리 그려 놓지는 않으며, 그 길을 알려 주는 지도 역시 없기 때문이다.

지도는 버리고 나침반을 따라가라. 인생의 길을 걷는 법 가운데 하나다. 사막에서 쓸모없는 것이 바로 지도다. 그려질 것이 없는 땅이기 때문이다. 삶살이에도 미리 그려질 것은 없다. 사막에서는 모두가 모래 길이다. 인생의 나아감 역시 모래 길을 걸어야 하듯 고뇌와 느낌의 길이다. 사막에서 방향을 잡아 주는 것은 나침반이다. 삶에서도 무엇인가 나를 가늠하도록 도와주는 삶의 나침반이 필요하다. 그것은 삶에 대한 원칙이다. 향방의 원칙을 세우면 되는 일이기 때문이다. 내딛고, 걷고, 또 걸어야 할 향방으로 이끌어 내는 삶의 원칙이 필요하다. 유행이나 유혹은 나침반이 아니다. 사막에 샛길이 없듯이 인생에서도 샛길은 없다. 샛길은 신기루로 안내할 뿐이다.

사막을 무사하게 항해하려면 그저 무울~ 하라. 노자(老子)도 그리 당부했고, 무슬림 수피교 현자(賢者)도 그렇게 되뇌었다. "어떤 강물이 있었다. 이 강물은 깊은 산 속에서 발원하여 험준한 산골짜기를 지나고 폭포를 거쳐 산자락을 돌아서 들녘으로 나온다. 세상의 여기저기를 기웃거리면서 흘러 다니다가 어느 날 모래와 자갈로 된 사막을 만나게 된다. 사막 너머에는 강물의 종착지인 바다가 출렁이고 있었지만, 어떻게 해야 그 바다에 이를지 강물은 당황한다. 바다로 합류하려면 기필코 그 사막을 건너야만 한다. 강물은 마음을 가다듬고 사막을 향해 힘껏 돌진해 간다. 그러나 사막과 마주치는 순간 강물은 소리 없이 모래에 빨려 들어가고 만다. 물은 정신이 번쩍 든다. 어떻게 하면 이 사막을 무난히 건널 수 있을까? 골똘히 생각에 잠긴다. 이때 사막 한가운데서 이런 목소리가 들려온다. 네 자신을 증발시켜 바람에 네 몸을 맡겨라. 바람은 사막 저편에서 너를 비로 뿌려 줄 것이다. 그렇게 되면 너는 다시 강물이 되어 바다에 들어갈 수 있을 것이다." [18]

물은 그 어떤 것에도 유연하고 우연하다. 속삭이며 그 언제나 파고들며, 스며든다. 흘러 흘러서 간다. 수행자들의 유연함 같은 것이다. 수행자들의 속삭임을 닮았다. 경행수행(經行修行)에 몰입하는 사람들은 자기의 걸음걸이를 세분화한다. '발뒤꿈치 듦' '들어 올림' '앞으로 내밈' '내려 놓음' '발바닥 닿음' 등으로 세분한다. 무심코 지나쳐온 것에 반추다. 수행하고 있다는 그 체험을 알아차리라 한다. 망상에 휩쓸리지 않으면서 끊임없이 세밀하게 이어가라고 한다. 물의 지혜로 자신을 알아채라고 이른다.[19] 물은 공기처럼 유연하고, 고무처럼 탄력적이다. 유연한 물은 무엇보다도 먼저 마음을 거듭나게 도와준다. 그래서 예수는 "진실로 진실로 네게 이르노니 사람이 물과 성령으로 나지 아니하면, 참의 나라를 볼 수 없다."고 말했을 것이다.[20]

물은 우리에게 '알 이즈 웰'을 삶의 주문(呪文)으로 삼으라고 말한다. 알 이즈 웰이라는 말은 인도의 코미디 영화인 〈세 얼간이〉(2009년 작)에서 주인공들이 안심하기 위해 외쳤던 주문이다. 알 이즈 웰이라는 주문은 마음을 어떻게 다스려야 하는지를 알려 준다. 세 얼간이의 주인공들은 삶을 경주로 가르치는 인도 최고 공과대학생들이지만, 자신이 원하는 것은 따로 있었다. 그것 때문에 늘 갈등과 긴장 속에서 대학 생활을 하고 있는 중이다. 이들 세 골칫덩어리들은 어려운 일을 당할 때나 힘든 일을 결정할 때마다, '알 이즈 웰'이라고 주문한다. '모든 것이 괜찮아.'라는 영어식 표현인 '올 이즈 웰(All is well)'의 인도식 발음인데, 이 주문은 자기가 자신을 위로하는 일종의 자기 치유책이기도 하다.[21]

알 이즈 웰, 하잘 것 없어 보이는 주문이기는 하지만 그것의 효력은 놀랍다. 인간의 긴장과 같은 감각적 흥분은 때가 되면 빠른 속도로 떠올랐다가 이내 저 멀리 사라지기 때문이다. 감각의 소용돌이가 들어오고 나가는 과정에서 자신이 변화하고 있다는 것을 직감한다. 감각은 변한다. 그것을 알아차리는 일이 중요하다. 모든 것은 무상(無常)하다. 일시적이며, 찰나적이며, 순간적이지만 영원하다. 영원한 것일수록 통제할 수 없기 마련이다. 영원한 것에 집착하면, 어김없이 괴로움이 먼저 생긴다. 고(苦)가 생긴다. 고를 쌓아 가는 일이 삶에서는 바로 '일빙(Ill being)'이 된다. 일빙, 삶의 쓴

맛이 생겨나기 시작한다는 뜻이다. 세상살이에서 고(苦) 하지 않은 것, 통(痛)스럽지 않은 것은 없으니 집착해야 될 것도 있을 리 없다는 것이다. 이 세상에 '내 것', 네 것'이라고 우길 것도 없다. '나'라는 것도, 알고 보면 변화하는 것의 한 내용이며 그것의 조합일 뿐이다. 자아(自我)가 있다는 고집된 생각이 일빙이다. 내게 몸이 있다는 생각마저도 곰곰이 따져보면 그 역시 삿되기는 마찬가지다.

생각 없이 걷기만 하면 그것은 일빙일 수도 있다. 생각마저도 곰곰이 씹고, 또 씹어야 한다. 웰빙의 길은 그런 생각의 길이다. 붓다의 삶이 그랬다. 바로 씹고, 곱씹어 자기와 하나가 되는 경행수행(經行修行)의 본보기였다. 발걸음을 옮길 때 오직 들어 올림, 내딛음, 닿음이 있지만, 그는 그 모든 것에서 나와 너, 나와 흙, 나와 공기, 나와 삶, 나와 죽음이 하나로 농축되어 있음을 깨달았다. 일빙을 내려 놓고, 웰빙을 들어 올릴 수 있었던 붓다 자신은 한 발, 한 발 내딛으며 자기에게 줄기차게 말했다. '내가 있다.'는 생각, '내가 존재한다.'는 생각, '나의 몸이 있다'는 생각마저 내려 놓으라고 말했다. 사람들은 주저하며 되묻는다. '나를 놓으면 어찌 사나?' '존재가 없으면 뭐가 남나?' '몸이 없으면 뭐로 사나?'라고 되물으면, 바로 일빙에 빠진다. 근심과 걱정이 앞서면 고통이 앞장을 서기 때문이다. 주먹을 세게 쥐면 쥘수록 손을 펴기가 힘든 것과 같은 이치다. 삶에 집착하면 내려 놓기도 힘이 든다. 깨달음을 이루려던 수행마저도 이내 고통으로 변한다. 이제, 밥 먹고 숨 쉬는 것마저도 기쁨은 커녕 고통이 된다.[22]

고통부터 먼저 즐기라. 고통을 거듭남의 불쏘시개로 받으라. 고통이 제풀에 스러지도록 하라. 고통에 동참하라. 물처럼 깨어 있으라. 물처럼 창생하게 하라. 그리 배우라. 물처럼 성숙하라. 물처럼 설레라. 물처럼 가라. 설렘이 소거된 놀이는 중노동이다. 설렘이 결여된 노동은 고역일 뿐이다. 붓다의 제자들도 그렇게 깨달았다.[23]

무울~을 그리 두려워하지 마라. 그렇다고 즐거움으로도 가득 채우지 마라. 저 홀로 유일한 채, 무울하지 않으면 어느새 불안이 다가온다. 무울~해 보는 것이 안전망을 둘러치는 일이다. 안전망이 결여되면 불안이 저 모르게 밀려온다. 마음을 욕망으로 꽉 채우지 마라. 숨 쉬기 어렵게 조이지도 마라. 조심(操心)하지 않고 들뜸으로 울(鬱)하면 나가는 길조차 잃게 된다. 서로 살피라. 내 옆에 네가 있는지를 살피라. 네 옆에 있던 그가 있는지도 살펴보라. 서로 살피지 않으면 아무도 모르게 조난당한다. 불안과 공포가 밀려오면 사회 한구석으로 격리된다. 우울한 상황을 사회적 조난이라고 부른다. 조난자들에게 소외감은 어차피 다가온다. 소외는 조난의 원인이 아니다. 조난이 길어지면 소외감은 절망으로 이어질 뿐이다.[24]

온몸으로 어릿광대를 연기했던 찰리 채플린(Charlie Chaplin)을 보라. 그는 자기 나름대로 '무울~'의 안전핀을 움켜쥐고 웃음을 줬던 연기자였다. 히틀러는 유대인에게 통곡을 주었지만, 채플린은 반대로 저들에게 웃음을 주었다. 당시 유럽 사회를 떠돌던 조난자들인 유대인을 대상으로 삼아 찰리 채플린은 〈위대한 독재자〉라는 유성영화를 만든다. 제2차 세계대전이 벌어지기 전이었다. 자신의 목소리를 담은 첫 번째 영화였다. 채플린은 히틀러를 풍자한다. 그는 힌켈이라는 유대인 이발사로 분장한다. 절대 권력자인 히틀러로 희화시킨 유대인 이발사 힌켈이다. 힌켈은 민주주의와 자유의 가치를 역설한다. 명연설은 이렇게 시작한다.

"죄송합니다 …… 저는 황제가 되고 싶지 않습니다. 그건 제 관심사가 아닙니다. 전 지배하거나 누굴 정복하기 싫습니다. 전 가능한 한 모든 사람들을 돕고 싶습니다. 유대인, 이방인, 흑인, 백인……. 우리 모두는 다른 사람을 돕고 싶어 합니다. 인간이란 건 그런 것입니다. 우리는 다른 사람들의 행복과 함께 살고 싶어합니다. 다른 사람들의 불행과 함께 사는 것이 아닙니다. 우린 누군가를 증오하거나 경멸하고 싶어 하지 않습니다. 이 세계는 모든 사람의 공간입니다. 풍요로운 우리의 지구는 모든 사람들을 먹여 살릴 수 있습니다. 그런 삶 또한 정말 자유롭고 아름다울 것입니다. ……병사들이여, 민주주의의 이름으로 모두 단결합시다!"[25]

힌켈 아니 채플린은 세상의 독재자들을 빗대 힐난한 것이다. 저들에게 인류 평화에 평화를 기대하는 것이 헛것이 아니기를 기대하며, 그의 연설이 끝난다. 군중은 열광한다. 그 열광 속에서 유대인 소녀가 등장한다. 가족을 잃은 유대인 소녀 앞에도 찬란한 햇살이 비친다. 그래도 그것은 끝내 꿈이었다. 채플린은 유대인들에게 엄습하고 있는 홀로코스트를 미리 알지 못했다. 영화가 방영된 후 독일나치들은 마침내 유대인들을 홀로코스트를 자행했다.

　자유는 쉽게 찾아오지 않는다. 언제 그것이 내게 찾아올 것인지는 바람만이 안다. 어떻게 내게 찾아올지 바람만이 아는 대답일 뿐이다. 60년대 반전(反戰) 가수 밥 딜런(Bob Dylan)은 '바람만이 아는 대답(Blowing in the Wind)'을 노래했다. "얼마나 먼 길을 헤매야 아이들은 어른 되나. 얼마나 먼 바다 건너야 하얀 새는 쉴 수 있나. 얼마나 긴 세월 동안 전쟁을 해야 사람들은 영원한 자유 얻나. 오, 내 친구야 묻지를 마라. 바람만이 아는 대답을. 얼마나 긴 세월 흘러야 저 산들은 바다 되나. 얼마나 많은 세월이 흘러야 사람들이 자유를 찾나? 얼마나 많은 사람이 머리를 돌려야 거짓을 볼 수 없을까? 오, 내 친구야 묻지를 마라. 바람만이 아는 대답을. 얼마나 여러 번 올려봐야 푸른 하늘을 볼 수 있나. 얼마나 큰소리로 외쳐야 사람들의 고통을 들을 수 있나? 얼마나 많은 사람들이 죽어야 죽음의 뜻을 아나? 오, 내 친구야 묻지를 마라. 바람만이 아는 대답을. 오, 내 친구야 묻지를 마라. 바람만이 아는 대답을."

　딜런은 방랑가수였다. 그가 '꿈의 도시' 뉴욕 땅을 밟았을 때는 매서운 추위가 몰아닥친 겨울이었다. 뉴욕에서 그를 알아주는 사람은 한 사람도 없었다. 다른 무명 가수들은 자신의 존재를 알리기 위해 노래했다. 딜런은 달랐다. 자신의 노래를 사람들에게 이해시키는 것이 더 중요했다. 삶이 실린 노래를 원했다. "내가 원하는 것은 돈도, 사랑도 아니었다."는 생각에 노래다운 노래를 부르고 싶었다. 삶이 무엇인지에 대해 질문하고 싶었다.[26] 그는 매서운 맨해튼을 떠도는 바람에게 물었다. 바람이 그에게 답할 리 없었다. 그래도 바람에게 물었다. 어떻게 사는 것이 바람처럼 사는 일이냐고 묻고 물었다.

　삶을 찾아 나서는 일은 구도의 길과 같다. 앞서 간 성현들은 말한다. 아름다움은 삶과 앎에 있다고 말한다. 그것이 인간이 찾아 나설 일이다. 그들은 그 길로 인도해 주는 세 가지 열쇠가 있다고도 했다. 이치(理致)가 첫 번째 열쇠이고, 두 번째 열쇠는 재수(財數)라고 했다. 마지막 열쇠는 이치와 재수를 합쳐 만든 치수(致數)라고 했다. 이치와 행운으로 빈틈을 보이지 말고 그렇다고, 너무 생각만 하지도 말고, 삶을 꾸려나가는 일이 치수의 삶이다.

삶의 열쇠들이 인간의 삶에서 어떻게 응용되는지를 알려 준 주인공이 알폰소 10세(Alfonso X) 같은 이였다. 그는 당시 스페인 카스티야를 다스리던 왕이었다. 『다양한 놀이들』이라는 책을 펴낸 그는 인도에 살았던 한 임금의 이야기를 소개한다.[27] 인도의 왕은 자신의 일을 처리하기 전에 현인들을 불러 상의했다. 그들의 지혜를 빌려 국사를 처리해 나갔다. 백성들 사이에 칭송이 자자했다. 현자들이 말하는 사물의 원인과 결과에 대해 배우기를 게을리 하지 않았던 임금이었다. 그는 조급증이 났다. 현인들이 어떻게 일을 처리하는지, 일을 처리하는 요령이 무엇인지가 궁금했다. 그 비결을 현인들에게 물었다. 그들은 각기 다르게 임금에게 조언했다. 세 부류로 나뉘어 현인의 길을 가르쳐 주었다.

제일 먼저 나선 현인은 인간의 이성을 중요시 여겼다. 이성을 다스리는 것 이외에는 다 쓸 데 없다고 조언하였다. 이성적인 사람은 일들을 제대로 정리정돈할 줄 안다는 것이었다. 논리에 따라 일을 처리하려면 이성적이어야 한다고 충언했다. 두 번째로 나선 현인은 운수를 현인에 이르는 길이라고 충언했다. 운수가 대통해야 모든 일이 풀린다고 말했다. 오는 운을 잡으면 될 일이라는 것이었다. 세상 일이 이성대로 설명되는 것이 아니었다. 자빠지면 머리가 깨져야 하는 것이 우리네 상식이다. 세상일은 꼭 그렇지가 않았다. 코가 깨지는 일도 허다했다. 운이 엉켰기 때문이다. 세상만사는 이성으로만 설명되는 것이 아니었다. 설명되지 않는 것이 더 많았다. 허황된 일이 아니었다. 왕은 운수를 중요시하는 현인들을 결코 멀리할 수 없었다.

왕이 자주 만나는 세 번째 현인들의 말 역시 꽤나 옳았다. 이성이나 감성을 중요시하는 현인들과는 삶이 달랐기 때문이다. 세상일은 이성과 운수 모두를 적절하게 활용해야만 풀렸기 때문이다. 이성으로 기울어지면 일들을 자로 잰 듯이 처리해야 했다. 걱정이 더 많아질 뿐이었다. 운수에게만 맡기다 보면 오랜 세월이 흐르고 만다. 그렇다고 운을 멀리 할 수도 없다. 이성으로 처리할 일은 이성에 따르지만, 이성이 운수에 눌리면 운도 함께 잘 활용해야 했다. 살아가는 지혜였다. 삶의 지혜를 활용해서 현인이 되었다는 저들의 말도 옳았다.

왕은 이리 저리 혼란스럽기만 했다. 왕은 이제 확신이 필요했다. 증거도 필요했다. 현인들에게 증거물을 가져오라고 명했다. 정해진 기한이 되어 현인들은 고뇌 끝에 왕 앞에 각각의 증거물을 내놓았다. 이성이 삶의 길이라고 일러 주었던 현자는 왕에게 장기판을 내놓았다. 가장 치밀하고, 똑똑하며, 주의 깊은 자만이 이길 수 있는 논리를 보여 주었다. 왕은 그 장기판에 대해 흡족했다.

운이야말로 삶의 길이라고 말했던 현인들은 왕에게 주사위를 내놓았다. 노름판은 이치로 움직이지 않았다. 던져지는 주사위의 모습, 던져지는 상황에 따라 달라졌기 때문이다. 이성이 무기력하다는 것을 왕은 즉각 깨달았다. 왕은 주사위 놀음에도 대단히 만족했다. 이성과 운수를 함께 활용할 줄 알아야 한다고 진언했던 마지막 현자는 왕에게 백가몬(Backgammon) 말판을 내놓았다. 주사위와 말들을 조합한 말판이었다.[28] 말판은 두 가지 일을 제대로 하는 사람이 승자가 되게 만드는 게임의 방편이었다.

운이 주사위에 내맡겨진다고 해도 그것들을 정돈할 줄 아는 능력이 필요했다. 놀이의 여러 상황을 이성적으로 판단하고 선택하는 능력을 갖고 있는 사람이 승리를 할 수 있었다. 왕은 이내 말판의 논리에도 탄복하고 말았다. 왕은 장기, 주사위, 그리고 말판을 모두 거머쥐었다. 세상에 두려울 것이 없었다. 모든 일에 흡족하던 왕은 또다시 불안에 휩싸이게 되었다. 장기, 주사위, 그리고 말판을 어떻게 활용해야 하는지를 결정할 수 없었기 때문이었다. 불안이 심해지자 그 어느 것도 제대로 즐길 수 없었다. 그런 고뇌와 고뇌들 때문에 그 왕은 끝내 현인이 되지는 못했다.

사람이 한평생 살아가는 것은 설명한다고 설명이 되는 일이 아니다. 산다는 건 어차피 가슴에 못을 박고, 빼는 일이기 때문이다. 상처를 받으며, 그 상처 딱지가 굳어지기를 염원하는 기다림이나 마찬가지다.[29] "오늘도 성당에서 아내와 함께 고백성사를 하였습니다. 못 자국이 유난히 많은 남편의 가슴을 아내는 못 본 체하였습니다. 나는 더욱 부끄러웠습니다. 아직도 뽑아내지 않은 못 하나가, 정말 어쩔 수 없이 숨겨 둔 못 하나가 쓰윽 고개를 내밀었기 때문입니다." 끝내 숨겨져 버리는 것이 삶이다.

산다는 것은, 나이가 든다는 말의 또다른 표현이기도 하다. 나이가 들기 위해서는 연령, 나이라는 말을 이어 주는 동사들에 주목해야 한다. '~든다.'나 '~먹는다.'는 것들이 바로 접미어적인 동사형이다. 나이는 제대로 들고 다녀야 나이가 제대로 드는 것이 되기 때문이다. 음식은 제대로 먹어야, 배탈이 나지 않는다. 나이도 마찬가지다. 나이가 들고, 나이를 먹는다는 것은 누군가와 부단히 동행했다는 뜻이기도 하다. 동행은 그냥 타인과 더불어 간다는 그런 말만은 아니다. 부단히 동시수행(同視隨行)해야 한다는 뜻이다. 서로 견주며, 차별없이 서로 보며, 때때로 그들에게 어깨를 내주며 따라가야 한다는 뜻이다.

동시수행은 동시수행(同時修行)을 뜻하기도 한다. 정신의 정화나 신적(神的) 존재와의 합일을 얻으려는 노력이라는 뜻에서 쓰인 말이 동시수행이다. 자기 평안에 대한 갈구와 자기 치유에 대한 몰입이라는 뜻이기도 하다. 동시수행은 타인과 동행(同行)할 수 있는 능력이기도 하다. 나이 듦에 대한 자기 책임을 묻는 일이기도 하다. 남의 가슴에 박힌 못을 빼 주는 일이기도 하다. 시인의 영혼을 닮는 일이기도 하다.

동시수행(同視隨行)은 '영감을 받는 자'가 아니라 '영감을 주는 자'로 거듭나는 일이기도 하다. 초현실주의파 시인인 폴 엘뤼아르(Paul Eluard)처럼 거듭나야 한다. 그는 세상을 제대로 살려면, 정말로 나이 드는 길을 택하라고 노래한다.[30] 나이 드는 길이 바로 시인의 길이기 때문이라는 것이다. 세상을 시인의 눈으로 보면 모든 것이 시가되고, 노래가 된다. 세상에는 혁명가를 위한 길만 있는 것도 아니다. 세상에 묻혀 사는 낙천가의 길만 놓여 있는 것이 아니다. 인생도, 그리고 세상도 함께 바꿀 수 있는 삶의 길도 있다. 그것이 바로 시인의 길이며, 나이 드는 길이다. 나이 드는 일은 인생과 세상을 함께 노래할 줄 아는 상상력을 가졌다는 뜻이다.

나이 드는 일은, 또 다르게는 자유를 부릴 줄도 안다는 뜻이기도 하다. 누군가의 친구가 될 줄도 안다는 뜻이기도 하다.[31] 엘뤼아르는 자유에 대한 타는 목마름을 이렇게 노래한 바 있다. "국민학교 시절 노트 위에 나의 책상과 나무 위에 모래 위에 눈 위에 나는 너의 이름을 쓴다. 내가 읽은 모든 페이지 위에 모든 백지 위에 돌과 피와 종이와 재 위에 나는 너의 이름을 쓴다. 황금빛 조상 위에 병사들의 총칼 위에 제왕들의 왕관 위에 나는 너의 이름을 쓴다. 밀림과 사막 위에 새 둥지 위에 금작화 나무 위에 내 어린 시절 메아리 위에 나는 너의 이름을 쓴다. 밤의 경이로움 위에 일상의 흰 빵 위에 결합된 계절 위에 나는 너의 이름을 쓴다. 누더기가 된 하늘의 옷자락 위에 태양이 곰팡 슬은 연못 위에 달빛이 싱싱한 호수 위에 나는 너의 이름을 쓴다. 들판 위에 지평선 위에 새들의 날개 위에, 그리고 그늘진 방앗간 위에 나는 너의 이름을 쓴다. 새벽의 입김 위에 바다 위에 배 위에 미친 듯한 산 위에 나는 너의 이름을 쓴다. 구름의 거품 위에 폭풍의 땀방울 위에 굵고 무미한 빗방울 위에 나는 너의 이름을 쓴다. 반짝이는 모든 것 위에 여러 빛깔의 종들 위에 구체적인 진실 위에 나는 너의 이름을 쓴다. 깨어난 오솔길 위에 뻗은 큰 길 위에 넘치는 광장 위에 나는 너의 이름을 쓴다. 불 켜진 램프 위에 불 꺼진 램프 위에 모여 있는 내 가족들 위에 나는 너의 이름을 쓴다. 둘로 쪼갠 과일 위에 거울과 내 방 위에 빈 조개껍질 내 침대 위에 나는 너의 이름을 쓴다. 게걸스럽고 귀여운 우리집 강아지 위에 그 곤두선 양쪽 귀 위에 그 뒤뚱거리는 발걸음 위에 나는 너의 이름을 쓴다. 내 문의 발판 위에 낯익은 물건 위에 축복받은 불의 흐름 위에 나는 너의 이름을 쓴다. 화합한 모든 육체 위에 내 친구들의 이마 위에 건네는 모든 손길 위에 나는 너의 이름을 쓴다. 놀라운 소식이 담긴 창가에 긴장된 입술 위에 침묵을 넘어선 곳에 나는 너의 이름을 쓴다. 파괴된 내 안식처 위에 무너진 내 등댓불 위에 내 권태의 벽 위에 나는 너의 이름을 쓴다. 욕망 없는 부재 위에 벌거벗은 고독 위에 죽음의 계단 위에 나는 너의 이름을 쓴다. 되찾은 건강 위에 사라진 위험 위에 회상 없는 희망 위에 나는 너의 이름을 쓴다. 그 한마디 말의 힘으로 나는 내 삶을 다시 시작한다. 나는 태어났다. 너를 알기 위해서 너의 이름을 부르기 위해서 자유여."

　　사람들로 살려는 사람들은 그 누구든 살아온 기적보다 살아갈 기적에 더 몰두하기 마련이다. 살아온 것도 기적이지만, 살아갈 일은 더욱더 기적이기 때문이다. 살아갈 기적에 경탄하면 지켜 낼 도리가 생긴다. 살아갈 기적이 어떤 것인지 불꽃처럼 보여 준 사람이 장영희 교수 같은 인물이다. 그녀는 자신을 점지해 준 신을 다시 만날 그때까지 매몰차게 자신을 벼랑으로 몰아갔던 여인이었다. 그녀는 생후 1년 만에 두 다리를 쓰지 못하고 만다. 소아마비 1급 장애인으로 평생을 살아야 할 처지였다. 그녀가 세상에 불편했던 것이 아니라, 세상이 그녀에게 불편하기만 했다. 그녀는 그 불편함을 딛고 일어선다. 그녀는 영미문학자로서 교수의 길을 걸었다. 2001년에는 유방암 선고를 받는다. 자신이 어떻게 살아야 하는지를 잘 알고 있던 그녀였다. 수술 끝에 완치되는가 싶었다. 척추에서 다시 암이 발견된다. 이제는 아예 그 암세포가 간까지 들러붙는다. 그녀는 병마를 다독거린다. 삶을 다시 배운다.

　　이제 그녀는 그녀를 태초에 만들어 준 그 힘을 만날 때가 되었다는 생각에 이르고 만다. 그녀는 마침내 되돌아오지 않을 먼 여행길로 떠난다. 그녀의 유고집이 만들어졌다. 『살아온 기적 살아갈 기적』이 그것이었다. 살아 있을 때 미리 적어 놓은 그녀의 책 이름이었다. 삶을 이렇게 툭하고 밀어 넣은 그녀였다. "……생각해 보니 나는 지금 더도 말고, 덜도 말고 기적을 원한다. 암에 걸리면 죽을 확률이 더 크고, 확률에 위배되는 것은 기적이기 때문이다. 삶의 기적을 나누고 싶다. 우리가 살아가는 하루하루가 기적이고, 나는 지금 내 생활에서 그것이 진정 기적이라는 것을 잘 안다. …… 맞다. 지난 3년간 내가 살아온 나날은 어쩌면 기적인지도 모른다. 힘들어서, 아파서, 너무 짐이 무거워서 어떻게 살까 늘 노심초사했고 고통의 나날이 끝나지 않을 것 같았는데, 결국은 하루하루를 성실하게, 열심히 살며 잘 이겨 냈다. 이제 그런 내공의 힘으로 더욱 아름다운 기적을 만들어 갈 것이다. 내 옆을 지켜 주는 사랑하는 사람들, 그리고 다시 만난 독자들과 같은 배를 타고 삶의 그 많은 기쁨을 누리기 위하여……." "아무리 운명이 뒤통수를 쳐서 살을 다 깎아 먹고 뼈만 남는다 해도 울지 마라. 기본만 있으면 다시 일어날 수 있다. 살이 아프다고 징징거리는 시간에 차라리

뼈나 제대로 추러라. 그게 살 길이다. 그것은 삶에 대한 의연함과 용기, 당당함과 인내의 힘이자 바로 희망의 힘이다. 그것이 바로 이제껏 질곡의 삶을 꿋꿋하고 아름답게 살아오신 어머니의 힘인 것이다. 어쩌면 어머니가 무언으로 일생 동안 내게 하신 말씀이었고, 내가 성실하게 배운, 은연중에 '내게 힘이 된 한마디 말'이었을 것이다. 지난번보다 훨씬 강도 높은 항암제를 처음 맞는 날, 난 무서웠다. '아드레마이신'이라는 정식 이름보다 '빨간약'이라는 이름으로 더 잘 알려진 항암제. …… 순간 나는 침대가 흔들린다고 느꼈다. 악착같이 침대 난간을 꼭 붙잡았다. 마치 누군가 이 지구에서 나를 밀어내듯, 어디 흔들어 보라지. 내가 떨어지나. 난 완강하게 버텼다. 이 세상에서 나는 그다지 잘나지도 못나지도 않은 평균적인 삶을 살았으니 무슨 일이 있어도 그다지 길지도 짧지도 않은 평균수명은 채우고 가리라. 종족 보존의 의무도 못 지켜 닮은 꼴 자식 하나도 남겨 두지 못했는데, 악착같이 장영희의 흔적을 더 남기고 가리라. '나중에 돈 많이 벌면 그때……' 생각하고 좋은 일 하나 못했는데 손톱만큼이라도 장영희가 기억될 수 있는 좋은 흔적을 만들리라. 나는 대답했다. 아니, 비참하지 않다고. 밑져야 본전이라고. 희망의 노래를 부르든 안 부르든 어차피 물은 차오를 것이고, 그럴 바엔 노래를 부르는 게 낫다고. 갑자기 물때가 바뀌어 물이 빠질 수도 있고 소녀 머리 위로 지나가던 헬리콥터가 소녀를 구해 줄 수도 있다고. 희망의 힘이 생명을 연장시킬 수 있듯이 분명 희망은 운명도 뒤바꿀 수 있을 만큼 위대한 힘이라고. 그 말은 어쩌면 그 학생보다는 나를 향해 한 말인지도 모른다. 그래서 난 여전히 그 위대한 힘을 믿고 누가 뭐래도 희망을 크게 말하며 새봄을 기다린다."[32]

그녀는 마침내 신이 정한 날짜대로 자신이 지닌 삶의 여정을 다시 짠다. 사람과는 마지막 만남인 아쉬움은 지워지고, 그 대신 자유가 자리잡는 순간이었다. 세상, 사물, 사람 관계를 바라보는 눈을 고쳐먹는 순간이었다. 삶의 양태, 사물을 바라보는 감각들은 인생의 발달 단계에 따라 변한다. 삶이란 그런 것이다. 인생은 바로 네 모양 바로 그것을 말할 뿐이다. 경험의 폭이 넓다는 것은 별 것이 아니다. 사회의 이곳저곳에 빚을 졌다는 뜻이다. 살면서 피치 못하게 여러 허물들을 떨어트린 적이 많다는 뜻이기도 하다. 나이가 들면 사물에 대한 감각이 달라진다. 사람들과 현상에 대한 마음가짐이 달라진다.

부자가 되면, 마음이 조금씩 달라진다고 한다. 자기 자신보다는 타인의 손길에 더 민감하게 반응할 수 있기 때문이다. 사람들은 자기가 번 돈을 제대로 쓰지도 못하고 죽으면서도, 목숨을 걸고 돈벌기에 더 집착하기만 한다고 비판하는 사람도 있다. 미국의 부자 왕국을 연구했던 사람이 미국 코넬 대학교의 로버트 프랭크(Robert H. Frank) 교수였다. "당신이 만약 상류 리치스탄에 속하게 된다면, 돈에 대한 철학 자체가 바뀔 것이다. 평생 동안 당신이 가진 전체 자산, 심지어 재산의 일부마저도 다 쓸 수 없다는 사실을 알게 된다." 라는 어느 부자의 말을 인용하는 프랭크 교수는 부자들의 일상사를 소개하기 위해 '리치스탄(richstan)'이라는 신조어를 만들어 냈다.[33] 리치스탄은 부자를 의미하는 리치(rich)에 나라 이름 뒤에 자주 붙는 장소나 혹은 공간, 왕국을 상징하는 어미인 스탄(stan)을 붙여 만든 단어다. 미국 중심부에 부자들이 밀집해 살고 있는 공간을 지칭해 부자들의 새로운 국가로 명명한 곳이다. 저들은 나이가 들수록 자신의 부에 집착하기보다는 타인의 궁핍에 더 민감하게 반응한다고 한다. 리치스탄의 연민(憐憫)을 그는 성과적 박애주의적인 감성이라고 불렀다.

삶을 살다 보면, 20대 때에 느꼈던 그것과 50대 때 느끼는 그것은 다르기 마련이다. 어느 가정주부의 이야기다. 그녀는 인생의 길이에 따라 달라져가는 남성의 심리를 그려낸다. 그녀는 남편 지갑 속에 들어 있는 여성 사진의 변화로 남성의 속내를 읽어 낸다. 결혼 당시에는 예뻤던 자기 사진이 그의 지갑에 들어있었다. 이제 60을 넘은 남편, 그의 지갑 안에는 돌아가신 자기 어머니의 사진이 그 자리를 대신한다. 그것을 보며 눈시울이 뜨거워졌다. 그녀는 남편의 손을 오랫동안 잡고 울었다. 자기 아들을 생각한 것이었다. 아쉬움이 아니라 삶에 대한 새로운 깨달음이었다.[34] 살아간다는 것, 아니 살아 준다는 것은 본디 다 그런 것이다. 물같이 흘러가는 것, 그것에 아쉬워할 일이 아니라는 것이다.

삶에 여정의 수를 늘린다고 해서 인생이 그만큼 더 아름다워지지는 않는다. 삶의 여정에 쉬어 가는 주막 수를 늘린다고 더디 가는 것도 아니다. 마음의 눈이 맑아져야 삶에 여유도, 아름다움도 생긴다. 인생이 아름다워진다. 눈의 마음을 새롭게 고쳐먹어야 세상이 아름답게 보이게 된다. 느낌은 그렇게 소리 없이 다가온다. 영혼이 경이로워야 경이롭게 받아들여진다. 어두웠던 눈을 맑게 닦아 내야 한다. 자연을 경이롭게 느낄 때 삶도 새롭게 시작된다. 그것이 예술가의 마음이다. 예술가는 자연에서 느끼는 경이로움에 형태를 부여하는 사람이다. 세상과 자연에 가장 먼저 홀려 버려야만 예술가의 감성이 가능하다. 경이로움에 홀려 버리려면 눈이 맑아야 한다. 보는 행위가 경이로움에 빠져 버려야 한다. 마음의 창이 해맑아야 보이는 것도 맑게 보인다.[35]

인간의 의식은 보는 것에서 시작된다. 시각을 통해 세상과 만난다. 시각은 청각보다 우선한다. 머릿속에 갈무리되지 않은 언어의 개념은 무용하다. 보는 것 그 자체는 불완전하다. 불완전한 시각적 정보로 모든 사건과 사물들이 해석된다. 그 해석으로 세상에 대한 하나의 구조가 만들어진다. 앎을 짜내는 일의 시작이 보는 일이다. 예술은 '봄'에서부터 시작하여 상상의 날개를 펴는 일이다.

마르셀 프루스트는 말했다. "예술가에게 있어서 진정한 발견의 여정은 새로운 풍경을 찾아다니는 것이 아니라, 그들의 눈을 새롭게 하는 일이다." 깨달음과 각성이 필요하다면 새로운 풍경을 쫓아다닐 일이 아니다. 대신 눈을 새롭게 떠야 한다. 본다는 것은 눈만으로 보는 것이 아니다. 하나의 마음으로 보는 것도 보는 것이다. 놀라운 것이 새롭게 만들어지는 것이기 때문이다. 왜곡 없이 사물을 보려면 용기가 필요하다. 모든 대상을 처음 보듯 대하는 마음의 용기가 필요하다. "어린아이와 똑같은 눈으로 삶을 바라볼 때, 자연이 예술가에게 마음을 열어 보인다." 야수파 화가 마티스(Matisse)의 말이다.

삶도 어린아이의 눈으로 바라보아야 한다. 그래야 삶이 마음을 마음껏 열어 보인다. 어차피 "우리가 보는 세계는 사라지게 되어 있다."[36] 사라지는 것에 연연하지 않는 것이 어린아이 마음이다. 모든 것은 소멸한다. 의식의 농도가 높을수록 소멸의 강도도 높기 마련이다. 소멸하는 것은 아름답다. 삶은 소멸된다. 삶은 그래서 아름답다. 소멸되는 삶은 빛의 속도 이전을 생각하게 만든다. 출발하기도 전에 목적지에 도착해 있음을 직시하게 만든다. 보는 것은 사라지는 것이니 여운을 남기는 일은 의미 없는 일이다.

소멸은 속도의 궤적을 말하기도 한다. 시간과 공간의 사라짐이 소멸이다. 시야에 남는 것이 없으면 소멸이지만, 되살아날 소멸이다. 소멸하기 위해서는 질주해야 한다. 질주는 빛의 속도에 가속이 생겨야 한다. 소멸하면서 질주과정 전체를 볼 수는 없다. 질주하는 것은 사라진다. 소멸은 저 홀로만의 시간이다. 저 홀로의 시간이 저만의 궤적을 남긴다. 소멸되는 것은 그래서 아름답다.

이승에 생겨난 것들은 소멸되기 위해 존재할 뿐이다. 생존하면 흔적이나 궤적을 남긴다. 기록이 없어도 흔적은 남는다. 있던 것은 있었던 것일 뿐이다. 여운이 삶에 배어 버린 것이다. 소멸되어도 없어졌다고 말할 수 없다. 흔적 자체가 없어지는 것은 아니다. 존재의 소멸이라는 말은 있었던 것에 대한 의도적인 지우기다. 내가 생존하기 위한 의도적인 지우기다. 목적을 달성하기 위한 지우기다. 여러 의식 중에서 어떤 것은 취하고, 어떤 것은 버리는 일이다. 의식을 합리적으로 설계하기 위한 짜맞춤이다. 소멸은 의식의 짜맞춤인 것이다. 짜맞춤은 삶에서 언제나 곡선적일 뿐이다.

삶살이는 그 누구의 것이든 근거리에서 보면 직선이지만, 먼 거리에서 보면 어김없이 곡선일 뿐이다. 깊이 생각해 보면 그것은 결국 직선처럼 굽어 있고, 곡선처럼 뻗어 있게 될 뿐이다. 삶살이는 그래서 다난(多難)하기만 하다. 수많은 굴곡과 굽어짐에서 생이 돋아난다. 명은 곡선과 직선 그 어느 지점까지 닮아간다. 인간이 삶이 그렇다. 솔로몬의 지혜가 담긴 성경의 전도서의 여러 경구들이 말한다. 누구의 생이든 그가 걸어가야 하는 삶의 여정에는 많은 경우의 수가 복병처럼 숨어 있다.

2. "옳은 것 옳다 하고 그른 것 그르다 함이 꼭 옳진 않고, 그른 것 옳다 하고 옳은 것 그르다 해도 옳지 않은 건 아닐세. 그른 것 옳다 하고 옳은 것 그르다 함, 이것이 그른 것은 아니고, 옳은 것 옳다 하고 그른 것 그르다 함, 이것이 시비일세." - 김삿갓[37]

"명예는 밖으로 나타난 양심이며, 양심은 내부에 깃든 명예다." - 쇼펜하우어

"나 죽으면 그만이오. ······ 화장을 해도 좋고, 수장을 해도 좋고, 매장을 해도 좋고, 들판에 내던져도 좋고 ······ 그저 그때 형편대로 하면 그만 아니오?" - 열자(列子)[38]

"흙은 인간의 비통 같은 것은 거들떠보지도 않는다. 그에게 오는 사람은 그 누구라도 반길 뿐이다." - 한준상

이곳 저곳 걷다 보니 흙들이 내게 건네준 슬기였다. 흙으로 들어가는 길은 누구에게라도 공평하다. 누구에게도 열려 있다. 제아무리 큰 묘비를 내걸어 놨어도 그를 감싸고 있는 흙은 눈 하나 깜짝이지 않는다. 오는 사람 말리지 않는 것이 흙이다. 흙으로 묻히기 전의 삶은 누구의 것이든 관계없이 현미경으로 보면 비극으로 보이고, 멀리서 보면 희극으로 보였을 뿐이다. 일단 흙에 안기면 비극도 없고 희극도 없다. 모두가 흙가루가 될 뿐이기 때문이다. 그러니 흙에 묻히기 전까지는, 채플린의 말대로 웃음부터 잃을 일은 아니다. 웃음을 잃기 싫거든, 자신의 삶을 망원경으로 바라보라. 그러면, 세상이 달리 보일 것이기 때문이다.

제아무리 아름다운 옥(玉)이라고 할지라도, 그것을 현미경으로 본다면 잡티 투성이의 돌멩이 조각에 지나지 않는다. 그 누구의 삶도 마찬가지다. 멀리서 그의 삶을 바라보면 누구의 삶이든 추한 삶, 불행한 삶은 있게 마련이다. 모든 것은 삶으로 보일 뿐이기 때문이다. 불행한 삶이라는 표현은 타인이 만들어 내는 무책임한 비아냥일 뿐이다. 그도 여자의 몸에서 나온 몸이며, 나도 여인의 몸에서 만들어진 몸일 뿐이다. 몸만 생각하고 주위의 어떤 것도 생각하지 않으면, 모든 몸은 위대할 뿐이다. 누구의 삶이든 멀리 보면 하나의 아름다운 풍경화일 뿐이다. 그 누구의 삶이라도 모두가 스

펙터클(spectacle)의 장엄함이 어디 한 부분은 있을 법하다. 당신에게 창녀, 창부라고 돌을 던질 수 있는 사람은 이 세상에 그 누구도 있을 수 없다. 창녀의 삶 역시, 성직자의 몸과 다르지 않기 때문이다. 그녀의 삶 역시 삶 나름대로 하나의 장관(壯觀)이 있을 뿐이다. 네가 말하는 잡놈이 나라면, 내 곁에 있는 너 역시 도둑놈에 지나지 않는다. 아주 오래전에 예수가 죽기 전에 사람처럼 살아보라고 네게 넌지시 일러 준 교훈의 하나였을 뿐이다.

어떤 이들은 자신만이 직선(直線)의 곧은 삶을 산다고 말하곤 한다. 세상살이에서 직선의 삶, 그런 것은 없다. 그럴 리도 없다. 어림 반푼어치도 없는 빈 소리일 뿐이다. 자신 스스로 자신의 삶을 곰곰이 되돌아 볼 여유를 갖게만 되면, 제일 먼저 놀랄 사람은 자기 자신이기 때문이다. 그 누구의 삶이든 삶을 살아 걸어온 길은 곡선의 궤적일 뿐이다. 삶의 길은 돌고 돌아오고 가는 길이다.[39] "산 넘어 넘어 돌고 돌아 그 뫼에 오르려니 그 뫼는 어드메뇨 내 발만 돌고 도네 강 건너 건너 흘러 흘러 그 물에 적시려니 그 물은 어드메뇨 내 몸만 흘러 흘러 발만 돌아 발 밑에는 동그라미 수북하고 몸 흘러도 이내 몸은 그 안에서 흘렀네 동그라미 돌더라도 아니가면 어이해 그 물 좋고 그 뫼 좋아 어이해도 가야겠네 산 넘어 넘어 넘어 돌고 돌아 가는 길에 뱅글 뱅글 돌더라도 어이 아니 돌을 소냐 흘러 흘러 세월가듯 내 푸름도 한때인 걸 돌더라도 가야겠네 내 꿈 찾아 가야겠네."

제아무리 동그라미를 도는 일이라도, 소멸될 수밖에 없는 일이 우리네 삶의 길이다. 넓은 땅을 차지하려면 가능한 넓게 원을 그려야 한다는 시인의 읊조림은 옳기만 하다. 그 길을 원망하려면 제대로 살고서나 해 볼 일이다. 돌아서 가야 하는 길은 언제나 곡선이다. 가까운 곳에서 보면 직선은 없다. 10미터 앞에서 보면 직선이라고 우겼던 것 역시 곡선의 길일 뿐이다. 10킬로미터에서 바라보면 곡선의 길도 어김없이 직선이다. 100킬로미터의 거리에서 보면 점이 아니라 모두가 같다. 달에서 보면 같다거나, 다르다고 할 수도 없다. 타인의 삶을 볼 때는 그렇게 보라. 그것이 타인에 대한 예의이고 생명에 대한 경외다. 자신의 삶만큼은 현미경으로 자세히 보라. 그래야 내가 제대로 보이기 마련이다. 휘돌아가야만 하는 구성진 길이 인생의 길이지만, 그렇게 무울로 관조하라. 그것이 무통의 길이며 웰버잉의 삶이다.

인간은 역설과 속임수로 오랜 기간 동안 진화해 온 동물이다. 번식과 진화가 생존을 위한 역설과 속임수이기 때문이다. 어떤 동물이든 진화의 핵심은 번식이다. 번식하려면 어떻게든 생존해야 한다. 생존하기 위해서는 무엇보다 세 가지 일이 필요하다. 첫째로 먹이를 제대로 채집해야 한다. 둘째는 포식자를 가능한 회피해야 한다. 마지막으로 짝을 제대로 찾아야만 한다. 짝을 찾는 일은, 성적 희열을 추구하는 일과는 별도로, 번식하기 위해 결정적인 일이다. 짝을 거느리기 위해 수컷은 대개의 경우 암컷을 속이는 방식을 진화시켜 왔다. 반면 암컷은 사기꾼과 진정한 구애자를 구분하는 대응 전략을 진화시켜 왔다. 유성생식을 하는 수컷과 암컷 대부분은 영원한 진화적 무기 경쟁을 벌여 왔던 셈이다.

짝짓기 게임에서 우위를 차지하기 위해 수컷, 암컷 서로는 기만적인 신호를 사용하곤 한다. 상대방을 유혹하는 방법은 그 본질에 있어서 기만적일 수밖에 없다. 예를 들어, 공작이 화려한 꼬리를 흔든다면, 남자는 여자에게 페라리와 같은 고급 자동차를 자랑한다. 공작의 꼬리는 수컷의 유전적 자질을 드러내는 표현이고, 페라리는 남성의 재산과 사회적 지위를 드러낸다. 여성 역시 아름답게 보이기 위해 성형을 하거나, 명품으로 치장한다. 남성을 속이기 위한 여성의 성적 신호다. 성형, 명품, 페라리와 같은 모든 것은 고가의 광고다. 암컷, 수컷은 그 광고를 소비함으로써 서로가 짝이 되어 번식 활동에 참여한다.[40]

번식의 결과로 또 한 생명은 태어난다. 모두가 살려고 태어났지만, 삶의 목적지는 어김없이 모두에게 죽음이다. 역설적이기는 하지만, 죽으려고 산다는 것이 바로 삶의 묘미다. 인간 각자는 어느 순간이든 끝내 생명의 현장에서 사라지고야 만다. 삶의 현장에서 소거되는 마술이 아니다. 생명체의 운명일 뿐이다. 마술은 사람의 눈을 속이지만, 운명은 삶살이를 속이고 만다. 다른 세계를 보게 만드는 것이 마술이다. '다른' 눈으로 감탄하게 만드는 기술이 마술이다. 운명은 자기 세계를 보게 만든다. 운명을 마술로 바꾸려면 다른 눈이 필요하다. 그것은 마술의 눈이다. '소멸의 사고'를 갖게 되면 마술의 시각을 갖게 된다. 시간을 비틀어 버리면 마술의 시각이 열리기 때문이다. 시간을 비틀어 버리면 시간이 충돌하기 시작하며 마침내 시간사고(時間事故, the accident of time)가 발생한다. 시간끼리 열차 칸처럼 서로 충돌하여 시간의 궤도를 벗어나면서, 그 시간이라는 것은 마침내 정지된다. 시간의 망실이 생긴다. 시간끼리 서로 충돌하면 운명이 변한다. 현재가 미래와 충돌하고, 미래가 과거와 충돌하면 서로 간의 용서는 결코 화해하기도, 만나기도 힘들어진다.

　물 역시 시간과 전혀 다르다. 수없이 말했지만 물에게는 충돌이라는 것이 있을 수 없다. 충돌이 있다면 그것은 서로가 하나로 섞이는 것이고 화합하는 것일 뿐이다. 물은 무엇이든 용서한다. 산 자도 용서하고, 죽은 자도 용서한다. 더불어 살아갈 줄 안다. 물의 속성은 그래서 본실적(本實的, substential)이다.[41] 본실적이라는 말은 열심히 살 줄 안다라는 것을 현학적으로 표현하기 위한 내 나름대로의 조어다. 사는 것은 내가 사는 것이기에 본질적이다. 그렇게 살고 있는 것이 가장 중요한 내 생명이니, 그 누구도 훼손할 수 없기에 나라는 존재는 '지금 바로'로서의 실존적이다. 그래서 삶은 본실적이다. 사막에 비가 내리면 사막에 물 몇 방울이 떨어진 것이고, 어쩌면 조리개로 물 한 바가지를 모래밭에 부은 것이나 마찬가지일 뿐이다. 모래의 건조함을 일순간에 바꿀 수는 없다. 사막에 떨어진 물은 장렬하게 산화될 뿐이다. 기화되기 시작하면 다시 살아난 것이다. 열심히 살았다는 징표다. 사막에서 떨어진 물 몇 방울은 무의미하기에 사막에서 산화된 물을 보고 멋있게 살았다고 우길 수는 없다. 원래 사막 자체가 물보다 더 멋있는 곳이기에 물은 결코 모래사막보다 우선할 수가 없다. 북극에 비가 내리면 물이 눈으로 떨어진 것일 뿐이다. 그깟 물 몇 방울로 빙산을 녹일 수 있는 것이 아니다. 얼음으로 존재하면 되는 일이기에 사막도, 빙하도 모두 본실적이다. 본실적이라는 말은 그렇게 원래에 충실하게 살아간다는 뜻일 뿐이다.

　인간의 본실성은 두 가지 의미를 드러낸다. 첫째는 인간은 생명의 존재로서 그의 목숨은 무엇보다 중요하다. 목과 숨이 없는 존재는 생명이라고 할 수 없다. 생명이 아닌 것은 있었던 것일 뿐이다. 둘째로, 인간은 저답기 위해서 저 홀로 선택하고 결단해야 한다. 본실은 본질에 실존이라는 개념을 조합한 것이다. 다시 말하지만, 존재의 본질인 실체(substance)와 인간의 실존(existential)을 하나로 묶어 낸 조어(造語) 개념이 본실이다. 인간은 본실적이다. 인간의 실체는 시간적으로는 인간의 실존보다 선행한다. 생명없는 실체는 있을 수 없기에 공허하다. 인간의 실체는 공간적으로는 인간의 선택과 결단, 그리고 책임에 따라 드러난다. 인간의 생명적 가치와 의미를 회복하기 위해서는 실존해야 한다. 인간은 본질은 실존이라는 개념과 병행한다.

인간의 삶은 우주를 감싸고 있는 거대한 보자기 같은 존재인 완전자에게 회귀하는 과정이다. 이 과정은 민둥산에 나무를 심어가는 과정과 흡사하다. 먼 미래에 대한 외로운 나그네의 꿈과 흡사하다. 나무를 심는 사람들은 미래를 맞이하는 사람이다. 숲은 지금이 아니라 미래에 만들어지는 것이기 때문이다. 프랑스 작가인 장 지오노(Jean Giono)는 『나무를 심는 사람』이라는 작품에서, 민둥산에 나무를 심는 일이야말로 신앙하는 것과 흡사하다고 묘사한다. 작가는 양치기 늙은 노인, 엘제아르 부피에를 그 예의 장본인으로 내세운다.[42]

늙은 양치기 노인은 황량한 프로방스 고원에 도토리나무 한 그루를 심는다. 누가 봐도 소용없는 짓이었다. 지나가는 사람들은 그의 행동을 늙은이의 부질없는 짓으로 조롱한다. 도토리나무 한 그루로 민둥산이 푸르러질 것이 아니기 때문이다. 그는 아랑곳하지 않는다. 그다음 날에도 또 한 그루의 도토리나무를 심는다. 시간은 그렇게 흘러간다. 어느새 벌거숭이 민둥산에는 도토리나무들이 숲을 이룬다. 푸른 초원이 눈앞에 들어선다. 꿈을 꾼 것이 아니라 현실을 만들어 낸 것이다. 늙은 양치기 노인이 도토리나무 한 그루를 심는 것은 그의 인격을 심는 것이었다.

그래서 작가는 말한다. "한 인간이 참으로 보기 드문 인격을 갖고 있는가를 발견해 내기 위해서는 여러 해 동안 그의 행동을 관찰할 수 있는 행운을 가져야만 한다. 그의 행동이 온갖 이기주의에서 벗어나 있고, 그 행동을 이끌어 나가는 생각이 더없이 고결하며, 어떠한 보상도 바라지 않고, 그런데도 이 세상에 뚜렷한 흔적을 남긴 것이 분명하다면, 우리는 틀림없이 잊을 수 없는 인격과 마주하는 셈이 된다."라고 말한다.

본실적인 존재는 자기 생명의 중요성 못지않게 실존의 중요성을 동시에 실천한다. 인간은 완전자인 신(神) 앞에서 뻗대고 그들을 흔들어 봐도, 신 앞에서는 언제나 죽음을 약속해야 한다. 인간은 살아 있는 동안에는 어쩔 수 없는 나그네일 뿐이다.[43] 이점은 가브리엘 마르셀(Gabriel-Honor Marcel)에 의해 깔끔하게 설명된다. 그는 사르트르(Jean Paul Sartre)와는 다른 길을 택한 유신론적 실존주의자다.[44] 그는 인간의 본성을 나그네의 유랑성으로 서술한다. 인간은 '호모 비아토르(Homo viator)'이기 때문이다. 인간을 나그네로 파악한 것이다. 인간의 삶은 한시성, 그 자체나 다를 것이 없었기 때문이다.

마르셀은 파리 대학에서 학위를 받는다. 모교와 몽펠리에서 교수 생활을 하다가 강단을 떠난다. 생명의 약동을 기저로 삼는 삶의 철학자인 베르그송에게 사상적 영향을 받았던 그는 강단 철학과 결별을 하고 천주교 신자로 개종한다. 신앙의 길로 깊게 들어서버린 마르셀은 인간관계의 중심에 늘 신이 개입한다고 주장한다. 타인과의 관계를 신이 개입하는 관계로 살아갈 때 사람들은 타인과 늘 자유로운 관계를 유지할 수 있다고 본다.

마르셀은 본질이 실존보다 우위에 있다는 논리를 결코 받아들이지 않는다. 마르셀은 개별적 존재의 우선성을 믿었기 때문이다. 개별적인 존재 중 가장 중요한 존재가 인간 자신이라는 것이다. 실존이 인간이다. 실존이 바로 자기 자신이다. 그렇기는 하지만 그것만으로는 무엇인가 부족하다. 인간이라는 존재 스스로가 허전할 뿐이다. 그 허전함을 채우기 위해 마르셀은 신앙이라는 미스터리를 삶에 개입시킨다. 인간의 실존성은 신앙이라는 미스터리에 의해 그 존재 의의가 더 드러난다고 본다.

사회 문제에 대답을 주는 것은 과학의 몫이다. 삶의 미스터리를 다루는 것은 철학이다. 과학은 삶의 미스터리를 제대로 해석할 수 없다. 인간이라는 존재는 문제가 아니라 미스테리다. 인간이란 존재가 무엇인지는 과학으로 풀어낼 수 있는 문제가 아니라 설명해 내야 할 사상적 신비함일 뿐이다.

미스터리는 신화(神話, myth)로서의 꾸며진 이야기를 말하는 것이 아니다. 신비함과 신화는 성격이 다른 두 개의 이질적인 현상을 말한다. 그 어떤 것을 상징하기 위해 필요에 따라 각색하거나 꾸며 낸 신화의 이야기들은 신비함과는 본질적으로 다르다. 신비함은 하나의 해답으로 만족되지 않는 영원한 수수께끼다. 신비함에 대한 설명은 한 가지 방식만으로는 부족하다. 여러 갈래의 설명들이 필요하다. 해법도 다양하다. 난제로 남아 있을 뿐이다. 신비함에 접근할 수 있는 길은 객관화된 공식이 아니다. 성실성이나 사랑과 같은 신앙의 이해심으로 가능하다.

타인의 존재는 나라는 주체에게 늘 미스터리로 다가오기 마련이다. 타인은 객관화된 공식으로 처분될 수 있는 존재가 아니기 때문이다. 타인이라는 생명은 내 앞에 현존(presence)할 뿐이다. 타인은 결코 나와 유리되어 있는 존재가 아니다. 타인은 바로 나의 일이기도 하기 때문이다. 나의 똘레랑스를 시험하는 존재가 바로 타인이다. 나의 배려를 필요로 하는 현존일 뿐이다. 타인이라는 현존을 맞이할 때마다 나는 불안하다. 지속적으로 배려로 선택해야 하고 똘레랑스로 결단해야 하기 때문이다. 결단을 완성시키는 길은 한 가지다. 그에 대한 신앙이며 그에 대한 영적 교류의 길이 있을 뿐이다.

마르셀은 구원의 문제를 실존주의로 감싸 묶어 새롭게 해석해낸다. 구원은 지금이어야 하고, 그것은 살아가는 이 세계에 연결되어야만 살아 있게 된다는 뜻이다. 세상 속에서 부대끼며 사는 인간의 고통과 연계되어야 구원이 제 의미를 지닌다는 뜻이다. 인간은 살아가는 존재이고 고통받는 존재로서, 그에게는 고통이 필연적으로 따라다니기에 그것을 극복해야 한다. 고통을 극복하려면 고통을 받아들이며 그것을 떨구어 내는 희망을 선택해야 한다. 소망으로 결단해야만 한다. 희망은 절망과 부딪치게 마련이다. 절망과의 부대낌 속에서 희망을 결단하는 사람들은 한 가지 사실을 확인한다. 희망 안에서 바라보는 나라는 존재와 나라는 존재 안에서 기대하는 희망은 서로 같은 것이다. 삶은 그렇게 결단해야 한다. 나라는 존재를 찾을 수 있다는 것은 희망을 버리지 않기 때문이다. 고통과 절망 속에서도 희망의 문을 열어 놓아야 한다. 마르셀은 희망을 삶이라는 신비함이 지니는 또 다른 힘이라고 간주한다. 삶의 신비함은 언제든 사랑, 신앙, 성실, 친교를 통해 이해된다.

거절은 절망을 불러들인다. 희망하기 위해서는 거절에서 기원으로 나가야 한다. 기원의 길이 인간적인 길이다. 사람들 간의 '사랑' '성실' '인내'와 '친교'처럼 인간적 냄새가 가득 밴 길이다. 사랑, 성실 그리고 친교는 삶의 요소들이다. 인간적 체험을 통해서 뿌리가 내리는 길이다. 그 길은 관념이 아니라 실천과 체험의 길이다. 시련은 인간의 유한성으로는 극복되지 않는다. 시련은 늘 신에게 다가서게 만든다. 희망이 신앙의 동기다.

사람이 사람을 구원하는 일은 그리 어려운 일이 아니다. 다만 실천이 어려울 뿐이다. 구원의 방법은 단순하다. '나는 당신 안에서 희망한다.'가 그 답이다. '신 안에서 꿈꾸는 희망이 구원에 이르는 길이다.' [45]라고 확신하고 있으면 구원의 가능성이 보이기 때문이다. 희망이란 원래 '신비' 그 자체다. 신비를 풀어낼 수 있는 것은 살아 있는 생명력이다. 희망에 대한 갈구와 희망이 '신앙'이다. 신앙은 '존재'에 대한 충실함을 다르게 표현한 것이다. 희망만이 긍정을 만들어 낸다. 희망은 희망 밖에서 일어나지 않는다. '희망'에 의해 '존재'들이 창조의 영역으로 들어선다. 희망적 표현은 간단하다. '나는 우리를 위하여 그대 안에서 희망한다.'라면 족하다. 그대 안에서 바라는 희망은 언제나 겸손하다. 오만하지도 요란하지도 않다. 희망은 겸허하며 수줍기 마련이다.

호모 비아토르라는 말은 여러 가지 뜻을 지닌 인간을 가리킨다. '여행하는 인간' '여정의 동물' '길 위의 동물'로, 편하게는 '떠도는 인간' '유랑인' 등 그런 복합적인 뜻이 담긴 인간이라는 뜻이다. 호모 비아토르에게 가장 두드러진 기질이 바로 나그네의 유랑성이다. 유랑성이라는 말을 방랑성이라고 바꿔도 무방하다. 나그네는 절망하지 않는다. 절망하기 위해 나그네가 된 것이 아니기 때문이다. 늘 희망을 확신하는 사람이 호모 비아토르다. 희망하는 사람은 자신에게 조심하며 조신한다. 자기 선택과 자기 결단, 자기 책임을 통감한다. 삶을 순례하려는 사람들의 깊은 의지는 그런 조심과 조신으로 다져진다.

삶의 본질은 여정이다. 삶의 가치는 '길 위에서 얻어진다'는 뜻이다. 호모 비아토르는 삶의 가치를 흐름에서 찾는다. 바람의 흐름, 물의 흐름, 유랑의 흐름 같은 여정에서 삶의 진솔함을 발견한다. 호모 비아토르는 '호모 노마드(Homo nomad)'와는 속성이 다르다. 유목하는 인간과 유랑하는 인간은 목적이 다르다. 호모 노마드는 집단성을 드러낸다. 호모 비아토르는 각자성을 드러낸다. 목적이 있는 유랑성이다. 그냥 떠돌이가 아니다. 나그네의 삶이나 여정은 흔히 길거리에서 볼 수 있는 관광객의 속성 같은 것이 아니기 때문이다. 관광을 구걸하는 것이 아니라 삶을 관찰하고 관조하는 사람이 나그네이기 때문이다.

관광객은 되돌아갈 곳이 정해져 있는 곳을 유람하는 사람이다. 나그네는 출구를 정해 놓지 않는다. 머무는 곳이 귀착지나 마찬가지이기 때문이다. 방랑성이 투철한 사람들이 나그네다. 나그네는 부랑자가 아니다. 부랑자 무리이거나 집 없는 노숙자가 아니다. 무위도식으로 하루를 연명하는 사람들이 아니다. 맥을 놓고 있는 한가한 사람도 아니다. 나그네는 야생적 유랑성이 강한 사람이다. 자기 존중에 대한 의지가 강하다. 되돌아갈 곳이 없는 것이 아니다. 안주해야 할 곳을 미리 확정해 두지 않은 사람이다. 자유인의 기질이 강한 사람이 호모 비아토르다.

나그네는 우리네 설화 속에 등장하는 주인공인 꺽정이와 칠두령처럼 군집적 탈주자들이 아니다.[46] 나그네는 획일적인 군집의 틀에 묶이기를 거부하는 사람들이다. 나그네의 탈주 정신은 체화되지 않은 일탈 욕구가 아니다. 나그네는 집단적 명령에 움직이는 떠돌이가 아니다. 나그네는 나무늘보처럼 느릿느릿 방랑하는 호모 비아토르다. 그들은 삶을 순례하는 유랑자다. 한 곳에 마침표를 찍으면 또 떠날 준비를 하는 사람들이다. 인생의 의미를 찾고 삶의 의미를 결단하기 위해서 정착하지 못하는 사람이다.

나그네라는 존재는, 시인 타고르(Rabindranath Tagore)가 영탄하는 것처럼 '자기의 집에 당도하기까지 모든 낯선 문을 두드려야만 하는' 사람일 뿐이다. 그에게는 희망이 있지만, 그 희망은 아직 결단되지 않은 희망일 뿐이다. 고통으로, 고통과 더불어 희망을 가지려고 하는 사람들이다. 자유의지에 결단력이 강한 호모 비아토르가 나그네다. 나그네는 삶을 타고 떠도는 인간적인 기질을 마지막까지 간직하는 사람들이다.

호모 비아토르는 청록파 시인들이 삶을 읊조렸던 바로 그 나그네들이기도 하다.[47] 박목월은 "강(江)나루 건너서 밀밭 길을 구름에 달 가듯이 가는 나그네 길은 외줄기 남도(南道) 삼백리(三百里) 술 익은 마을마다 타는 저녁놀 구름에 달 가듯이 가는 나그네"를 노래했는데, 그 나그네가 바로 호모 비아토르를 지칭한다. 나그네는 어느 곳에 정착하려고 하는 사람이 아니다. 그들은 한곳에 오래 머무르지도, 머물러야 할 이유도 갖고 있지 않다. 어느 한곳에 머물러 있어야 할 필요성이 없기 때문이다. 달이 구름 속을 지나가거나 별들 사이에서 별똥별이 스러지듯 저들도 이런 삶 저런 삶을 지나간다. 어쩌면 느리게, 어쩌면 급하게, 그렇지만 모두가 자연스럽게 지나간다.

나그네는 물처럼 바람처럼 삶의 길을 헤쳐 나간다. 그가 스칠 곳은 강나루나 밀밭 길만이 아니다. 어떤 곳이든 스치며, 지나간다. 느낌이나 의식은 있겠지만 연민하지 않는다. 부대끼는 것이 없으니 연민도 생길 리 없다. 그저 구름에 달 가듯이 달에 구름 가듯이 가는 나그네일 뿐이다. 외길을 내달아 가는 사람이다. 외로운 길이지만, 한 줄기 외길을 그대로 가는 사람이다. 외길, 삶의 길을 걷는 나그네이지만 두 가지 서로 다른 마음가짐이 그들을 사로잡는다. 막신 그린(Maxine Greene) 교수가 말했듯이 한 편으로는 한없는 부드러움(tender mindedness)과 다른 한편으로는 피 한 방울 나지 않을 강직함(tough mindedness)의 마음가짐이다.

나그네들은 저 홀로만을 추스르지 않는다. 동행이 있다면 서로에게 동행이기 때문이다. 나그네는 두루 깨어 있는 사람이다.[48] 달려오기만 했던 온 사방을 용의주도하게 둘러볼 줄 아는 사람이다. 호모 비아토르로서의 나그네는 외유내강(外柔內剛)하다. 물처럼 꽉 차지도 덜 차지도 않는다. 모든 것들과 친화하지만 갈 길은 가고야 만다. 스치는 사람들에게 마음을 내주지만, 자신의 행동을 실천하는 일은 신앙처럼 받아들인다. 구도하는 사람의 모습대로 자신을 추스른다.

호모 비아토르는 부랑자나 파산당한 자가 아니다. 한 끼를 때우기 위해 이집 저집 문 앞을 기웃거리는 사람이 아니다. 걸식으로 기생하려는 사람도 아니다. 수행으로 배움을 채우는 사람이다. 니체가 말하는 방식으로 정리하면,[49] 나그네는 자기의 여정을 통해 자기 내면으로 겪은 바를 남김없이 행동하며 살아가는 실천가다. 그들은 삶의 여정에서 자기 내면으로 체험한 것을 그냥 관념으로 치부하지 않는다. 살아 움직이는 실천과 행동을 반추해 내며 매일같이 '본실하는' 사람이다.

그린 교수가 말했지만, 나그네에게는 두 가지 서로 다른 생각이 작동한다. 저들은 어쩌면 상반된 의식으로 하루를 삶의 마지막처럼 살아가곤 한다. 하나는 모든 이에게 천사 같은 연약함으로 드러난다. 동료애의 의식 발현이 그것이다. 다른 하나는 세상의 불의를 감내하지 못하는 저돌적이고도 강직함의 의식이다. 그 옛날 소크라테스가 그랬다. 그를 따르던 제자 안티스테네스(Antisthenēs)에게서도 어김없이 나타난 강직함이다.[50] 그의 제자인 디오게네스(Diogenes)에 이르러서는 그 강직함이 절정을 이루었던[51] 나그네의 유랑성이다. 그들 모두가 옳지 않은 것에 저항했다. 말이 아닌 것들로부터는 몸을 피했고, 욕심에는 태연하게 무심히(apatheia) 대처했던 호모 비아토르의 원형들이었다.[52]

나그네들은 시간을 비틀어 자기 삶에 활용한다. 소멸의 사유로부터 자유로워지려고 그렇게 한다. 시간의 충돌로 생기는 소멸의 아름다움을 '피크노렙시(picnolepsie)'라고 부른다. 빈번하다는 '피크노스(picnos)'와 의식 부재를 의미하는 '렙시스(lepsis)'가 합성된 용어가 피크노렙시이다. 시간이 서로 충돌하여 생긴 의식 부재를 말한다. 의학적으로는 깜박거리는 기억 부재증이나 신경 발작 등을 일컫는 병질로도 이해된다. 피크노렙시는 사회학적으로는 사라짐, 부재, 중단의 깜박이 현상으로 나타난다. 시간들이 서로 충돌하여 시간에 대한 의식 결여가 두드러진다. 그것의 결정이 망각이다. 미래가 과거와 충돌을 일으키면 현재는 비틀어지기 마련이다.

우리 주위에서도 이런 일이 흔히 일어난다. 예를 들어, 마시던 물이 든 잔이 자기 앞에 놓여 있다는 것을 자기도 모르게 '깜빡'하는 순간이 있다. '완전히' 그 잔의 존재를 잊어버린다. 앞에 놓여 있던 물 잔을 손으로 치고 만다. 자기도 모르게 물을 엎지르는 실수를 하지만 사람들은 그것에 개의치 않는다. 사람들 간의 인간관계도 그렇게 망실된다. 그런 사회적 상황을 사회적 피크노렙시라고 부른다. "잔이 있었다는 것을 '깜빡' 했네."라고 말했을 때, 순간적 기억이 정말로 망실되었기에 그렇게 한 것이다. 옆에 사람을 두고도 그 사람이 옆에 존재하지 않는 것처럼 행동할 수 있다. 타인의 존재를 정말로 깜빡했을 수 있다. '깜빡'의 순간에 일어난 피크노렙시를 마음의 블랙아웃(Blackout)이라고 부른다.

피크노렙시는 세상을 무울하게 관조하는 병적인 조짐이기도 하며 방편이기도 하다. 삶에는 의식의 연속이 있을 수 없기 때문에 그런 망각이 가능하다. 의식의 연속성을 느낀다면 그것은 다른 이야기다. 단편적인 의식들을 어떤 이야기 줄거리에 맞추어 편집해 놓은 것이기 때문이다. 단편적인 기억들의 편집을 의식의 이어짐이라고 이야기 하는 것이다. 영화의 여러 장면들을 줄거리에 맞추어 편집한 하나의 이야기 같은 경우다.

사람들도 자기 이야기에 관한 한 자기 최면을 좋아한다. 의식을 편집해서 일관된 줄거리가 있었던 것처럼 최면하기를 좋아한다. 경우에 따라서는 자기 기만일 수 있다. 자기 속임이 자기를 편하게 만들 수 있다. 인간은 자기를 위해 시간사고(時間事故)를 만들어 낸다. 시간을 뒤틀어 놓을 수도 있다. 마치 영화 편집 기교처럼 삶의 이야기도 몽타주(montage)와 데쿠파주(decoupage)에 의지한다. 몽타주는 떼어 붙이기이고, 데쿠파주는 오려 내기다. 삶이라는 시간은 몽타주나 데쿠파주에 의해 뒤틀어지기도, 이어지기도 하는 식으로 붙일 수 있다.

몽타주와 데쿠파주를 활용하는 피크노렙시는 영상용 편집 기법들이다. 영화는 연극과 속성이 다르다. 연극은 시간적 연속성에 따라 배우들이 연기를 펼쳐가야만 한다. 영화는 컷과 컷을 연결하거나 연이어 붙여 나간다. 처음 장면부터 끝 장면까지 잇대는 것이 아니다. 순차적으로 연속적으로 모든 컷을 잇대는 것이 아니다. 서울에서 일본으로 출장가는 이야기 만들기는 아주 쉽다. 인천공항에서 비행기를 타는 주인공의 모습을 찍고 나중에 필요한 장면을 붙이면 된다. 일본의 나리타 공항에서 버스를 타는 장면을 인천공항을 떠나는 장면 뒤에 슬쩍 잇대어 붙이면 이내 서울-동경 간의 출장 이야기가 완성된다.

영화에서는 시간의 흐름을 편집자 마음대로 바꾸어 붙일 수 있다. 의식을 편한 대로 붙일 수 있고, 떼어 놓을 수도 있다. 영화에서는 편집 기술이 중요하다. 시간의 흐름을 자유자재로 조절할 수 있어야 하기 때문이다. 의식의 부재를 편하게 편집할 수 있다. 의식을 절단했다가 붙여 가면서 이야기를 만들어 갈 수 있다. 영화의 생명은 이야기 구성에 있다. 장면의 연속적 이어짐에 대한 집착이나 연속성은 영화의 생명이 아니다. 영화는 시간의 흐름을 의도적으로 왜곡할 수 있다. 의식도 변이시킬 수 있다. 몽타주 기법이 그것을 돕는다. 줄거리는 시계열의 순서에 따라 만들어 지는 것이 아니기 때문이다. 촬영지의 공간적 위치에 따라 영화 감독의 분류대로 편집된다. 데쿠파즈를 활용하여 영화의 줄거리도 자유롭게 피크노렙시한다.

피크노렙시는 인간의 정신적 블랙아웃에서 절정을 이룬다. 정전 사태가 블랙아웃이다. 정신적 블랙아웃은 모든 것이 눈앞에서 사라지는 동안 느끼는 심리적 이질감을 말한다. 블랙아웃의 피크노렙시는 영화 〈나비 효과〉에서도 어김없이 드러나고 있다. 블랙아웃 순간과 그다음 블랙아웃 사이에 일어난 일들을 시간 차이에 관계없이 몽타주되거나 데쿠파주되어 만들어지는 피크노렙시적인 의식을 보여 준다. 주인공인 에반의 과거는 기억하기 싫을 정도로 비참하다. 끔찍하기만 했다. 끔찍함을 견디기 위해 그는 결정적인 순간마다 기억의 끈을 놓아 버린다. 기억의 끈을 놓아 버리면 과거로부터 도피할 수 있기 때문이다. 과거의 시공간에서 분리된 채 현재에 안착하려고 노력한다. 그런 노력은 오히려 잃어버린 과거에 대해 집착하게 만든다. 호기심이 일어나면 기억이 복원되지만, 그것은 이내 불행으로 되돌아가 버린다.[53]

에반을 치료하는 의사는 에반이 경험하는 블랙아웃을 심리적 방어기제로 설명한다. 현실에서 받은 자극이 너무 강하면 인간은 그에 상응하게 대처한다는 것이다. 그것이 블랙아웃이라는 것이다. 기억 차단으로 자신을 방어한다는 것이다. 자신을 현재의 시공간으로부터 천문학적인 순간으로 격리시키는 것이 블랙아웃이다. 현실적인 과잉 자극에서 자신을 보호하기 위한 극적인 노력이다.

어린 아이들은 자기의 이야기를 피크노렙시로 즐기기까지 한다. 연속이 아닌 단편들의 이야기가 서로 뒤바뀌어져 이어지면서 새롭게 만들어진다. 아이들은 이런 단편적인 의식의 이어감과 편집으로 다시 태어난다. 새로 편집된 의식이 지금에 이를 때까지 연속된 이야기로 대체된다. 새로운 양태의 자의식을 만들어 낸다. 의식의 연속성이란 거의 불가능하다. 의식의 연속은 자연적인 것이 아니다. 인위적으로 만들어진 것이다. 의식은 구성되는 것이다. 삶의 이야기들이 구성된다는 말이다.

인생을 산다는 것은 의식을 구성한다는 말이기도 하다. 나이가 지긋한 사람들의 인생사는 의식의 피크노렙시를 보여 준다. 역사적 감각이 자기의 여정과 이어지면서 새로운 이야기들이 각색되는 것이 흔하게 나타난다. 말하자면, 6·25 전쟁 때 피난가던 자신의 경험이 나온다. 그다음 이야기에서는 해방되던 날 어느 시점의 이야기가 나온다. 인천항으로 쫓기어 가는 기모노 차림의 일본인 군상의 고난이 그려진다. 6·25 전쟁과 해방의 사건이 교차되고 이어지면서, 새로운 이야기들이 자신의 의식을 고정시킨다. 시간적으로는 해방이 먼저 일어난 일이다. 6·25가 먼저 일어날 수 없다. 첫 장면은 전쟁의 참혹함과 피난 이야기가 우선해야 하기 때문이다. 그 참담함이 해방 후의 장면에 연결된다. 쫓겨 가는 일본인들의 행렬을 바라본 그의 경험 뒤에 따라 붙는다. 시간적으로 관련 없는 정황들이 전쟁 기간에 일어난 사건들 뒤에 연속적인 장면처럼 이어진다. 거침없이 하나의 새로운 인생 체험의 이야기가 만들어진다. 이처럼, 의식 역시 편집된다. 필요에 따라 재편집되기도 한다. 인간의 의식이 사회적으로 구성되는 것이다. 사람들은 사회적으로 재구성된 의식 속에서 자기 이야기를 한다.

삶을 살아내기 위해서도 의식의 피크노렙시들이 활용된다. 사라짐과 소멸을 떼어 붙이고, 그리고 오려내기 함으로써 하나의 삶이 새롭게 펼쳐진다. 피크노렙시를 활용하는 사람은 때로는 정신적으로 건강할 수 있다. 어차피 삶의 이것, 그리고 저것들은 의식의 장면들을 한 컷에 잇대어 붙인 것들이기 때문이다. 엄밀한 삶의 과정은 없다. 그저 서로 잇대어 붙였거나 불확실하게 연속적인 삶의 장면들이 있을 뿐이다.

블랙아웃이 일어나는 동안에 겪는 의식의 상실은 어김없이 찰나적이다. 순간적인 눈속임일 수도 있다. 블랙아웃에도 시간적 이동이 있을 수 있다. 시간의 이동은 흔적도 없이 사라진다. 속도만 있고 이동의 흔적은 보이지 않는다. 깜박한다는 그 자체가 단편적이며 절대적인 시간으로 남는다. 깜박이라는 블랙아웃은 그간의 여정을 이어 놓을 수 없는 시간이다. 깜박거림에는 오로지 벡터만이 남는다. 크기와 방향을 가진 하나의 좌표만이 남는다.

깜박이라는 블랙아웃은 어떤 것도 구속하지 않는다. 깜박은 존재하지만 아무것도 기억하지 못한다. 깜박이 남기는 의식은 환영(幻影)이다. 바라보는 세계와 일상적인 삶 사이에 나타나는 환영 같은 것이다. 일상생활은 시간과 공간 사이를 끊임없이 움직이는 환영들이다. 의식의 피크노렙시적인 연속이 일상생활이다. 깜박거림의 속도는 모든 것에 작동한다. 깜박이의 의식이 만들어 놓는 것들은 찰나적이다. 눈가림 같은 것이다. 사람들은 찰나를 붙잡으려고 한다. 모든 것은 피크노렙시적인 환영의 속도감을 지닌다.

현대사회의 모든 것들이 피크노렙시적인 속도감으로 작동된다. 정치가 바로 피크노렙시적인 '속도의 권력'이다. 소비 과잉도 피크노렙시적인 속도의 경제 부산물이다. 과잉교육 역시 피크노렙시적인 속도 시험의 부산물이다. 사랑도 삶도 모두가 피크노렙시적인 감각으로 뒤엉켜 있다. 사랑하던 연인 간의 뜨거운 사랑도 속도로 판가름 난다. 애정의 농도가 그들이 유지하고 있는 피크노렙시적인 거리와 속도에 의해 모양을 달리한다. 그들 사이에 기억 상실, 기억의 소멸이 없다면, 애정은 처음부터 가능하지 않다.

삶살이는 삶에 대한 강도(强度)와 밀도 간의 시간적 경과를 여러 가지 양태로 각색해 놓은 것이나 마찬가지다.[54] 사람이 느끼는 시간은 물리학적으로 빛에너지의 순환을 말하는 것뿐이다. 빛이 우주 공간에서 지구까지 광속도로 달려와 만들어 놓은 현실 효과가 우리의 세상이다. 잠깐의 현재 효과가 삶이다. 속도가 빨라지면 속도감에 대한 인간의 지각은 점점 무뎌지게 된다. 시간과 공간은 각각 관찰자에 따라 정의되기 때문이다. 아인슈타인의 특수상대성이론에서처럼 우주 어디에도 관찰자가 생각하는 '공간'과 '시간'만이 존재하기 때문이다.

시간, 그런 것이 있다면 그것에 대한 느낌은 상대적이다. 시간은 심리적이기도 하다. 심리적인 것들은 본질적으로 상대적이다. 개인의 생리 조건에 따라 달라진다. 경험의 질도 상대적이다. 인간의 경험이 주관적 시간이기 때문이다. 동일한 물리적 시간이라고 하더라도 발달 단계에 따라 다르게 지각된다. 유년기 때 감지하는 것과 장년기 때 느끼는 시간 감각은 상대적이다. 인간의 생리적 변화가 그렇게 만들어 놓는다. 나이를 먹으면 세월의 흐름은 상대적으로 빠르게 느껴진다. 자신의 경험에 따라 시간에 대한 감각이 달라진다.

인간의 경험은 욕망에 따라 달라진다. 욕망 역시 상대적이다. 욕망이 상대적이기에 "그 어떤 위대한 힘도 우리를 절대적으로 구속할 수 없을 것이다."라는 스피노자(Spinoza)의 주장은 옳다. 욕망에서 자유로워지라고 이야기하기 때문이다. 시간적 상대성에서 자유로워지라고 말하기 때문이다. 자유는 결코 피크노렙시적인 환영이 아니라는 것이다. 스피노자는 인간의 의지, 삶에 대한 자유의지를 강렬하게 욕구한다. 그는 다시 말한다. "자유인은 결코 죽음을 생각하지 않으며, 그의 지혜는 죽음이 아니라 삶에 대한 성찰일 뿐이다." [55)

인간은 항공을 질러나가기 위해 로켓을 발명했다. 인간이 솟아오를 수 있다는 것을 현실화하기 위한 상징적인 창설이었다. 솟는 것은 추락하고 만다는 것도 저들이 잊었을 리가 없다. 땅으로 돌아오려면 추락해야만 하기 때문이다. 로켓은 솟아오름과 추락을 함께 보여 주어야 하는 인간스런 발명품이다. 안전한 추락은 생명을 약속하지만, 안전하지 않은 추락은 죽음으로 이어진다. 지구 주위를 영원히 돌 수만은 없다. 도는 것은 위험한 일이다. 돈다고 생명을 보장하는 것이 아니기 때문이다.

생명의 창조도 마찬가지다. 남녀 간의 성적 교섭은 창생이지만 동시에 생멸이기 때문이다. 태어날 인간의 죽음을 위한 안전한 예행 연습이 창생에 포함된다. 출생이라는 생산은 죽음의 생산이다. 섹스는 죽음의 진혼이다. 존재하는 것은 소멸하기 때문이다. 살아간다는 것은 소멸할 가치를 갖고 있다. 소멸은 속도 게임이지만 궤적은 남긴다. 살아간다는 것은 삶의 궤적을 남기는 일이다. 존재는 속도의 관점에서 보면 피크노렙시적인 흔적이다. 소멸되기에 삶은 남길 수 있어야 한다.

피크노렙시는 인간의 고통에 관해 말하지 않는다. 고통보다는 오히려 '안락주의'에 대해 경계한다. 안락주의 때문에 인간은 고통에 휩쓸려 버린다. 사람들은 고통을 견디지 못한다. 고통을 일소하고 싶어 한다. 그래서 강박감이 생긴다. 삶살이에서 불쾌감을 원천적으로 제거하려고 한다. 그것은 근거를 상실하는 욕심이다. 어떻든 나름대로의 해소 기제를 마련한다. 그 해소 기제들이 무통 문명을 만들어 내는 데 일조한다. 무통 문명은 다른 것이 아니다. 중환자실에서 편안하게 잠들고 있는 환자들의 감각 같은 것을 말한다. 현대사회가 바로 중환자를 위한 무통의 침대라는 것이다. 인간은 그 침대 속에서 잠들고 있는 군상들이다.

무통 문명의 상황 속에서 사람들이 의식하는 것은 단순하다. 나에게 위로를 주는 것을 의시하면 내가 불편해진다는 의식이 지배적이기 때문이다. 지금 이 상태가 가장 편한 나만의 기쁜 시간이라는 것이다. 편안함에 대한 착시가 계속된다. 나는 그 편안함에 편하게 쉬고 싶을 뿐이다. 편안한 것 같은 착시 속에서 사람들은 '무통의 격류'를 원한다. 편하고, 쉽고, 웃을 수 있으면 된다. 불편한 것과의 대면을 피하고 싶어서다. 한때 공영방송의 한 시류가 되었던 7080의 향수가 무통의 격류였다. 〈나는 가수다〉와 같은 프로그램이 바로 무통 조류를 만들어 냈다. 나를 저들의 문화적 대열에 손쉽게 흡입해 주기 때문이다. 무통 문화의 정신적 처방전으로 충분한 가치가 있었다.

무통 문화는 결국 자기 학대적인 소일거리들이다. 가라오케 같은 것이 대표적인 무통 문화의 수단이었다. 자기 기만, 자기 만족으로 끝나는 소일거리였다. 무통의 문화를 즐길 수 있다는 것은 소비주의 문화에 대한 착각에서 비롯된다. 소비에 관한 한 '스스로 나는 다르다'는 나의 착시 때문에 생긴 고집이다. '기쁨'의 감정을 얻어 내는 대신 기쁨 그 자체를 잃어간다. 삶살이에서 대가 없이 따라오는 무통의 문화는 없다. 노력없이 그냥 얻어지는 기쁨도 없다. 인내, 평정 그리고 자기 극복에서 기쁨이 얻어진다. '충실'을 되찾으면 기쁨이 찾아온다. 무통과의 싸움은 충실을 찾는 것만으로는 끝이 나지 않는다.

무통 문명은 싸우려는 적의 안이함을 뚫고 들어가면서 강해진다. 상처를 입을수록 더 완고해지는 것이 무통의 강요다. 유연하게 겉모습을 바꾸며 싸우려는 자의 눈을 속이는 것이 무통 문화다. 치고 빠지며, 도주하고 유혹하는 쾌락이 무통의 문명이다. 절실하게 원하는 것을 의심하도록 만드는 것 역시 무통 문명이다.

무통 문명은 사회 시스템이 만들어 내는 유혹이 아니다. 무통 문명의 시스템의 운영에 무의식적으로 동조하는 '나'의 의식 문제다. 무통 문화에 대한 나의 의식이 문제가 된다. 나를 가장 깊은 곳에서 속박하고 칭칭 얽어매는 장본인, 아무도 모르지만 이것이야말로 진짜 나라고 생각하는 나에 대한 나의 소비가 문제가 된다. "나는 유행에 휩쓸리기 싫다."라고 실토하기보다는 나는 프로페셔널을 좇는 생활 아티스트라고 둘러댄다. 나의 위로가 나를 기만할 뿐이다. 내 자신 내부에 속삭이는 무통 문화의 욕망들이 나를 지탱해 준다. 나를 뿌리 깊숙한 곳에서 살아남도록 속박한다. 숨 막히는 상황 속에서 나라는 존재는 끝내 문제다. 나로부터 생명력을 빼앗는 장본인은 바로 나이기 때문이다.

무통 문명의 유혹에서 해방되려면 나의 욕망부터 먼저 해체해야 한다. "내 인생은 당신을 위해 있는 것이 아니다. 당신에게 책임을 떠넘기면서 유지해 온 인생은 내가 정말 살고 싶어 했던 인생이 아니다. 내 인생은 나를 위해 살아가는 것이다. 나는 당신도 당신 자신에게 충실한 인생을 살기 바란다. 그렇기 때문에 서로가 자신의 인생을 후회하지 않고 살아가기 위해서, 서로에게 해 왔던 뒤틀린 관여를 직접 자신의 손으로 해체할 필요가 있다. '당신 때문에'라는 변명이 통하지 않는 형태로 관계를 해체시켜 각각의 인생길을 자신이 가장 납득이 되는 형태로 살아간다. 공범 관계의 자기 해체는 이렇게 시작된다."[56]

무통 문화는 '안심'과 즐김을 예찬한다. 무통 문화는 삶의 아름다움으로 몸을 유혹한다. 아름다움이 무통의 문화가 갖는 고유 속성이라고 마음을 유혹한다. 그것은 일종의 환상이다. 무통 문명에 대한 싸움은 일과적일 수 없다. 싸움의 '결과'가 치유가 아니기 때문이다. 무통 문화는 싸워야 할 싸움의 목적이어야 한다. 나를 위한 투쟁의 목표가 무통 문화가 되어야 한다. 나에 대한 치유는 그때부터 비롯된다. 스스로 치유하는 문명과 싸우기 위한 공식은 없다. 있을 수도 없고 있어서도 곤란하다. 싸우는 사람 한 사람, 한 사람이 시행착오를 거듭해야 한다. 그때마다 싸움의 방식이 새로워야 한다. 무통 문명과 싸우려는 사람은 고독하게 자신과 먼저 싸워야 한다. 자신을 관통하는 것과도 싸워야 한다. 추상이나 선언으로서는 아무것도 이뤄낼 수 없다. 구체적인 삶에 반영되는 싸움이어야 한다. 무통 문화와의 싸움은 끝이 없다. 끝없이 나에게 편안함으로 유혹하기 때문이다. 무통 문명을 이기지 않으면 지리멸렬해진다. 전사들이 이기는 일이 없으면 그것은 패전이다. 무통 문화와의 싸움에서 패전을 반복하면 '싸움의 구도'가 붕괴된다. 그렇게 되면 나는 사회적으로 소멸되는 것이나 마찬가지다.

싸움은 몸으로 뛰는 구도로 치열해야 한다. 정신으로 극복해야 하는 구도이어야 한다. 땀을 흘리며 사유해야 하는 싸움의 구도이어야 한다. 삶의 아름다움, 말하자면 삶의 미학은 몸과 마음의 하나됨에서 드러나기 때문이다. 그것이 무통 문명과의 유혹을 이겨내는 대결 구도가 된다. 무통 문화가 나를 짓밟게 놔두면 나는 소멸된다. 내가 무통 문화의 속도를 조절할 수 있어야 한다. 무통의 조류는 일시적이며 유행적일 뿐이다. 무통 문화를 일과적인 것으로 만들어 놓기 위해서는 무통 문화에 무관심해야 한다. 그 무관심 때문에 오히려 삶 자체의 아름다움이 겉으로 드러나기 때문이다.

무통 문명의 유혹에 적극적으로 대응하려면 무관심해야 한다. 관심을 꺼야만 한다. 무관심만이 삶의 아름다움을 드러낸다. 무관심이 미학의 기준이라고 가르쳐 준 사상가는 칸트(Kant)였다. 그에게 있어서 아름다움이란 일상생활을 떠나 드러나는 그 무엇을 말하는 것이었다. 아름다움을 드러내게 만드는 기준이 절제된 무관심이었다. 사물의 아름다움이란 무관심 상태에서 나타나는 것이다. 관심을 완전히 배제한 상태에서 얻어지는 쾌감은 사물의 아름다움에 대한 감정이다. 사물에 대한 절대적인 무관심을 보이기 위해서는 사물에 대한 완전무결한 절대적 관찰이 중요하다. 비판받기 충분한 논리다. 쾌감은 사물이나 대상에 대한 관심과 분리되어 느낄 수 없기 때문이다. 감정은 사물과 개별적으로 존재할 수 없기 때문이다.

무관심성은 정념이 개입되지 않는 상태를 뜻하는 것이 아니다. 느낌이 없는 상태는 있을 수 없기 때문이다. '무관심의 관심' 같은 것이 중요하다는 것을 역설하는 것이다. 형식적인 관심이 아니라 의미론적인 관심을 강조하고 있다. 사물에 대한 느낌을 제대로 추스리라는 역설적 표현이다. 현상에 대한 비본질적인 관심들을 가능한 배제하라는 요청이다. 주어진 대상과 원초적으로 만나고자 하는 절대적인 관심을 잊지 말라는 요청이다. 아름다움을 규정하는 과정에서 이해관계를 배제하라는 요청이었다.

삶에서의 아름다움은 이해관계를 극복할 때 찾아든다. 이해관계가 배제된 아름다움은 삶과 무관한 것일 수 없다. 삶과 무관한 것은 인간의 배움과도 무관할 뿐이다. 왕멍 선생[57]은 이 점을 분명하게 보여 준다. 그는 중국의 문화혁명과 공산주의 개혁의 소용돌이에서 살다가 스러졌던 중국 지식인이다. 삶에서 아름다움을 찾아내는 그의 배움론은 노자(老子)의 도를 닮았다.[58] 그가 말하는 삶에서 발견되는 배움의 아름다움은 아무리 읽어도 질리지 않는다. "내게 배움은 가장 명랑한 것이며, 가장 홀가분하고 상쾌한 것이다. 또한 가장 즐거운 것이며, 가장 건강한 것이다. 가장 티 없이 깨끗하고 떳떳한 것이며, 가장 진실한 것이다. 특히 아무 일도 할 수 없는 역경에 처했을 때, 배움은 내가 파도에 휩쓸리지 않도록 매달릴 수 있는 유일한 구명 부표였다. 배움은 내가 의지할 수 있는 유일한 의탁처이자 암흑 속의 횃불과 같았고, 나의 양식이자 병을 막아 주는 백신과 같았다. 배움이 있었기에 비관하지 않을 수 있었고, 절망하지 않을 수 있었으며, 미치거나 의기소침해지거나 타락하지 않을 수 있었다. 배움을 지속함으로써 나는 하늘을 원망하며 눈물을 흘리거나 무위도식하며 세월을 허송하지 않을 수 있었다. 나에게 배움은 타인에 의해 결코 박탈당하지 않는 유일한 권리였다."

왕멍 선생은 배움과 삶의 관계를 미학적으로 생각하게 만들어 준다. 미학은 아름

다움에 대한 느낌의 이론을 말한다. 예술적 아름다움에 관한 논리가 미학이다. 아름
다움이라는 추상에 대한 물음에 답하는 것이 미학의 본질이다. 아름다움은 여러 사태
와 상황에서 표출된다. 하늘의 별이 보여 주는 우주의 광활함에서도 아름다움이 나타
난다. 존재에 대한 두려움과 근엄함에서도 아름다움은 나타난다. 인간의 삶에서도
아름다움은 나타난다. 그런 아름다움을 담론으로 이론화하는 것이 미학의 주제다.

쇼펜하우어(Arthur Schopenhauer)는 사물의 아름다움을 알려면 그것을 '초연한'
태도로 받아들이라고 강조한다. 사물의 진정한 모습을 경험하려면 이해관계의 집착
부터 중지해야 한다는 것이다. 모든 욕구로부터 자유로워야 한다. 미학적인 대상에
대한 단순한 관찰을 의미하는 것이 아니다. 인간의 인식 속에서 드러내는 관찰 대상
에 대한 의미 부여가 중요하다. 우리 의식이 의지로 가득 차 있는 한, 우리가 의지의
변함없는 희망과 근심이 담긴 수많은 욕망들에 몰두하는 한, 그리고 우리가 의지의 주
관인 한, 우리는 결코 지속적인 행복이나 평화에 도달하지 못한다. 의지의 주관은 한
없이 돌아가는 익시온(Ixion)의 수레 위에 놓여 있고, 끊임없이 다나이스(Danais)의 밑
빠진 독에 물이나 반복적으로 채우며 영원히 목마름에 시달리는 탄탈로스(Tantalos)
가 된다.[59] 하나를 보기 좋게 만들어 내려면 그 누구든 기다리고, 생각하고, 또 반추
하는 수밖에는 없기 때문이다.

저들 모두 영성의 치유자들이었다. 인간 속에 내재하고 있는 영성을 일깨우려면
조급하지 말라고 일렀던 사람들이었기 때문이다. 쇼펜하우어, 왕멍 선생 같은 사람
모두가 영성의 치유자들이었다. 인간은 늘 그렇지만 몸에 상처가 나면 누구나 서둘
러 상처가 아물기를 바란다. 상처가 낫기를 기다리기보다는 낫기를 재촉할 뿐이다.
상처의 딱지인 가(痂)가 빨리 떨어져 나가야 상처가 나은 것이기 때문이다. 마음의 상
처에 대해서도 마찬가지의 고집이 생기기는 마찬가지이지만, 영성의 치유자들은 그
렇게 하지 말라고 이르곤 한다. 뉴욕 유니온 신학대학원에서 영성치유자로 일하는
율라노프(Ulanov) 교수는 말한다. 상처를 아무런 의미도 없이 봉합해 버리면 치유되
는 것이 아니라, 또 다른 문제를 야기시킬 수 있다고 경고한다. 그래서 그녀는 상처

에 대해 너무 이른 해석, 자기만의 해석에 빠지지 말라고 당부한다. 상처를 서둘러 봉합하기보다는 그냥 기다리는 것이 더 좋다고 제안한다. 상처의 쓰라림이 주는 고통, 말하자면 벌거벗기고, 수치를 당하는 고통의 자리에 서서 곰곰이 자신을 제대로 반추할 때 비로소 치유의 불꽃이 튀어나오기 때문에 그렇게 하라는 것이다.[60]

아름다움이란 관조하는 데서 생기는 삶의 안정제적인 미를 상징한다. 관조의 아름다움을 몸으로 받아들이는 것이 바로 치유다. 영성의 영글어감이란 바로 관조의 능력을 의미한다는 것이 쇼펜하우어의 생각이었다. 그는 인간을 삶의 존재이며 생명의 존재로 받아들인다. 그저 번식을 원하는 성적인 존재, 무엇이든 직접적으로 탐하는 존재가 인간이지만, 그런 인간도 아름다움을 끝없이 추구한다. 사물의 아름다움을 만끽하기 위해서는 억지나 강제 혹은 조급함 같은 인위적인 것에서 떨어져 관조할 수 있는 어느 정도의 거리감과 여백이 필요하다. 자연이 인간의 이성적인 판단이나 해석으로 인해 더럽혀지는 것을 막아야 한다. 자연 그대로 자연이 말하게 놔두어야 한다. 감정적인 삶은 이성적인 삶보다 자연에 가까운 삶이기 때문이다.

生 3. "성철의 목을 한 칼에 쳐서 마당 밖에 던졌습니다. 그 죄가 몇 근이나 되겠습니까?" "백골연산(白骨連山)이다." "예? 뭐라고요?" "시끄럽다 앉아라! 저 노무 자슥, 열아홉 살 행자 때부터 알았네, 몰랐네 하고 다니더니 아직도 저러나, 사기꾼 같은 놈!" - 명진[61]

"뇌는 난로가 열을 내듯이 의식을 만들어 내지 않는다. 차라리 악기에 비교하는 것이 더 나을 것이다. 악기는 혼자서 음악을 만들거나 소리를 내지 않는다. 사람들이 음악을 만들거나 소리를 내도록 해 줄 뿐이다. 당신은 당신의 뇌라는 크릭의 생각, 더 기본적으로 말해 소화가 위의 현상이듯이 의식이 뇌의 현상이라는 생각은 저절로 연주되는 오케스트라와 같은 환상일 뿐이다." - 알바 노에[62]

삶을 관조한다고 해서 없던 도(道)가 저절로 튀어나오지는 않는다. 삶의 도를 키우

기 위해 관조만이 유일한 것이 아니라는 뜻이다. 삶은 관조하는 것이 아니라 살아가
는 일일 뿐이다. 삶은 비유적으로 말하면, 자신을 '삶는' 일이다. 산다는 것은 죽음을
피해 요리조리 달아나는 것이 아니다. 생존한다는 것은 살아가야 한다는 것을 의미한
다. 인생은 마르셀 프루스트(Marcel Proust)가 은유했듯이 삶의 여정에 숨겨진 수많은
여행, 사랑, 계획 그리고 갖가지 희망을 찾아내는 보물찾기와 흡사하다. 살기 위해서
는 삶에 힘을 실어야 한다. 삶에서 즐거움을 찾아낼 수 있어야 한다. 삶에서 아름다움
을 관조해 내는 일은 그런 일이다.

　삶에서 아름다움의 가치를 얻기 위해서는 삶에 대한 의지가 필요하다. 삶의 의지
는 스스로의 배우기로부터 생긴다. 스스로의 배우기는 인간은 어느 누구에게도 의지
할 수 없다는 사실에 대한 확인과 결단, 자기 각성과 자기 실천을 말한다.[63] 자기 자
신의 생존 가치가 자신이 추구할 수 있는 유일한 미적 가치의 기준이기 때문이다. 생
존 가치는 누구에게나 마찬가지로 아름다움 그 자체다. 아름다움이란 삶에게 유용하
며 유익하다. 아름다움은 삶을 상승시키는 것이어야 한다. 아름다움이라는 것은 인
간의 생물학적 가치의 보편적 범주를 벗어날 수 없다. 미적 가치를 삶과 생활에서 도
외시할 수 없다.

　해체의 사상가인 니체(Nietzsche)는 삶에서 아름다움을 찾겠다면, 자신의 신체에
서 먼저 찾아보라고 일러 준다. 정신적 측면으로부터 반대편 측인 몸의 느낌에서 아
름다움을 추구하라는 것이다. 인간의 삶 자체는 생존을 위한 것이다. 사회 현실에 대
한 저항과 재구성을 요구하는 것이 인간의 삶이다. 인간에게는 현실을 반영하는 새로
운 현실로서의 가상적 현실이 필요하다. 미적인 가치를 추구하기 위해 가상적 현실이
요구된다. 가상적 현실이 설정되면 새로운 가치 역시 만들어진다. 사물의 모든 관계
는 활동으로 만들어지기 때문이다. 사물에 대한 느낌은 인간적인 이해를 위해 인간에
의해 만들어질 뿐이다. 표상의 허구성을 파헤치려면 그것을 해체해야 한다. 해체하
기 시작하면 모든 것은 주관이 만들어 낸 형식이라는 논리로 환원될 뿐이다.[64]

　세상 모든 것은 주관의 형식으로 정리 정돈될 뿐이다. 표상으로서의 세계만이 유

일하게 보이기 때문이다. 표상의 세계는 해석을 기다리는 세계이다. 해석에 따라 표상의 아름다움이 드러난다. 표상을 해석할 수 있는 사람은 자신 스스로 힘의 의지를 갖고 있는 사람이다. 표상을 해석하는 사람은 아름다움을 경험하는 사람이다. 힘에의 의지를 결여한 사람은 언제나 남의 해석, 타인의 길을 따라야 한다. 타인이 결정해 놓은 권력의 길에 동참해야 한다. 의지란 개인을 주인으로 받드는 하인이다. 욕망의 방향과 기준을 지시해 주는 지표가 인간의 의지다. 힘의 의지란 무엇인가를 가능하게 만든다는 점에서 세상을 재구성하는 아름다움이기도 하다.

사람이기에 '힘에의 의지'가 더 필요하다. 마치 사냥감을 쫓는 맹수들이 자신의 속도에 운명을 걸듯이 그런 힘에의 의지가 필요하다. 자신의 삶과 행위를 통해 나를 먼저 바꾸려는 의지가 힘에의 의지다. 세상을 변화시키려는 가능성을 실현시키는 것도 힘에의 의지다. 바꾸는 힘, 바꿀 수 있는 가능성을 현실로 만들어 내는 존재가 인간이다. 힘에의 의지는 '가능성을 향한 의지'라고도 부른다.[65] 힘에의 의지는 인간적인 자아 구성의 힘과 행위다. 자아는 자기 가능성의 발현과정에서 세상과 대결한다. 대결과 적응과정에서 내가 정련되고 성취된다. 인간의 자아로 거듭난다.

힘에의 의지는 자기 자신 안에 자리 잡고 있는 나약함, 그것에 대해 저항하는 힘이다. 세상과의 타협에 대한 해체의 시도이기도 하다. 힘에의 의지는 세상에 대한 새로운 해석을 요구한다. 자기를 구성하는 힘은 새로운 '해석'을 통해 길러진다. 사회 변화도 해석의 역량에 달려 있다. 세상에 대한 해석은 자기 이해에 대한 새로운 형식을 요구한다. 세상에 대한 긍정적인 해석, 긍정주의가 때때로 도움이 된다. 긍정주의적 해석이 세상을 밝게 살아가도록 도움을 주기도 한다. 그러나 강요하는 긍정은 의미를 만들어 내는 긍정이 될 수 없다. 요즘의 자기계발서들은 한결같이 '긍정적으로 생각하고, 밝은 면만 보고, 너 자신의 행복을 위해 노력하라.'고 강조하는 편이다. 이런 긍정주의의 메시지는 사회의 한 면만을 강조하고 말아 버린다. 사회 현실, 어두운 현실 그 자체를 계면쩍게 외면하고 저마다 자신의 쳇바퀴에만 열중하게 하기 때문이다.

긍정이 나쁘다는 것이 아니다. 아무리 멋있는 긍정이라고 하더라도 강요되어 현혹당하는 긍정이 아니어야 한다는 뜻이다. 긍정보다 앞서야 하는 것이 바로 나의 마음가짐이다. 내가 나 자신을 위해 최면을 걸어야 한다. 남에 의해 억지로 걸린 최면에는 강요와 자백만이 있게 될 뿐이다. 우리나라 농산물 대표 상표인 '총각네 야채 가게'를 만들어 '맨주먹 성공신화'를 일으킨 주인공의 사례가 이해에 도움이 된다. 그 역시 자기 자신이 자기에 걸 수 있는 긍정주의를 체험한 사람이다.[66] 이영석은 "야채 장사를 할 수밖에 없었지만, 삶과 자신에 대해 늘 절실했고, 그래서 열망할 수밖에 없었다. 똥개로 태어났어도 진돗개처럼 살아야 하기에, 성공하고 싶다면 먼저 삶을 배워야 되는 대가부터 치르라."는 것이 그의 생활철학이다. 똥개에게는 스승이 없다는 것이 그의 좌우명이었다. 주문을 외우고, 그것이 현실이 되기를 기다리기보다는 그는 한 마리 똥개처럼 현실을 찾아 돌아다녔다. 그렇게 배웠으며, 그렇게 행동해서 얻어 냈다. 배울 때는 무엇이든 스펀지처럼 흡수했었던 그였다. 그는 다시 말한다. 물려받은 재산이 없어서, 학벌이 딸려서, 세상이 불공평해서, 운이 없어서……가 아니라는 것이다. 성공을 하지 못하는 이유는 사람마다 다양하겠지만 성공에 필요한 것은 이런 이유가 아니라 본인의 마인드, 본인의 마음가짐, 본인의 의지라는 것이다.

긍정에 대한 자신의 마음가짐, 긍정에 대한 자기 의지, 그리고 긍정에 대한 실천을 결여한 채 되뇌이는 식의 말로만 알고 말아 버리는 일은 불필요한다. 그런 식의 긍정적 사고는, 분노와 공포라는 실체적 감정을 부정한 채 겉만 그럴듯하게 쾌활함으로 분칠하고 묻어 두도록 요구할 뿐이다. 불평보다는 짝퉁의 쾌활함이나 가짜의 유쾌한 표정이 보기에는 좋을 수 있다. 끝내 그것들은 자신의 내면을 기만하거나, 자신의 영혼을 허탈하게 만들어 놓기 십상이다. 의지와 실천이 결여된 긍정주의는 끝내 자신을 배신하고, 자신의 발등을 찍고 만다.[67]

세상에 대한 긍정적인 해석이든 부정적인 해석이든 간에 관계없이 해석은 언어와 떨어진 채 일어날 수 없다. 언어는 문화를 떠날 수 없기 때문이다. 해석은 인간의 행위와 무관할 수 없다. 해석은 한 문화의 의식을 떠날 수 없다. 해석은 결국은 권력의 방편이 된다. 해석은 문화의 권력에서 초연할 수 없다. 자연적으로 만들어진 문화는 없기 때문이다. 문화는 권력으로 만들어진다. 문화에 대한 권력의 오염은 불가피하다. 오염을 걸러 낼 수 있는 '의지'가 필요하다. 힘에의 의지는 끝내 권력을 해체하기 위한 의지다. 해석을 해체해야 권력이 해체될 수 있다. 권력은 저절로 변화되지 않는다. 자기 반성적 해석이 필요하다. 자기 반성의 해석이 해체와 연결될 때 변화가 일어난다. 권력에의 의지는 권력의 조건들을 유념한다. 권력에의 의지는 인간에게 긴장을 약속한다. 긴장은 고뇌에 대한 약속이다.

니체는 『선악의 저편』에서 다급하게 절규한다. "그대들은 될 수 있다면 고뇌를 없애 버리고 싶어 한다. 그런데 우리는 오히려 고뇌를 기다리고 있다. 나는 고뇌가 지금까지 우리를 괴롭혔던 것 이상으로 더욱 절박해지기를 간절히 원한다! 그대들이 고대하는 안락은 우리의 목표가 아니다. 그것은 오히려 하나의 종말일 뿐이다. 안락은 인간을 조소거리와 경멸의 대상으로 전락시킨다. 고난이 우리를 얼마나 굳세게 만들 수 있는지 그대들은 정녕 모르는 것인가! 오직 이 단련만이 인간을 향상시킬 수 있다는 사실을 모르는 것인가. 영원한 생명을 위해 굳센 의지를 기다리는 영혼의 긴장, 위대한 파멸을 목격할 때의 전율, 불행을 이겨내고 불행의 의미를 외치고 마침내 행복을 체감하는 우리의 용기, 영혼이 간직하고 있는 비밀의 가면, 정신 교활의 위대함, 이모든 것이 오직 고난을 통해 발견될 수 있다는 사실을 모르는 것인가."[68]

아름다움에 대한 표현은 감성적이다. 자연스럽다. 이성적인 것에서 일단은 자유로워지기 때문이다. 아름다움을 즐길 수 있는 것이 감성이기에 즐기려면 힘에의 의지가 필요하다. 즐기려는 의지가 필요하다. 아름다움을 즐기려는 힘은 삶을 위한 자극제인 동시에 안정제다. 아름다움을 구현하는 힘에의 의지가 삶의 자안제(刺安劑)다. 아름다운 것은 어차피 그 모든 것으로부터 자유롭기 때문이다.

아름답기 위해서라면 의지 속에서 자유로워야 한다. 아름답기 위해서는 즐거워야 한다. 자유를 위한 즐김이 바로 관조이기 때문이다. 아름다움은 즐길 수 있어야 가능하다. 관조적이어야 아름답다. 즐길 수 없으면 아름다움도 없다.[69] 아름다운 것은 그 언제나 행하기 쉽다. 아름다운 것은 일상적이기 때문이다. 밥 먹기도 쉽고, 섹스하기도 쉽다. 손잡는 것도 쉽고, 숨 쉬는 것도 쉽다. 쉬운 것은 아름답다. 쉬운 것들은 심오하다. 알아듣기 쉬운 것일수록 관성적(慣性的)이다. 쉽다고 여기는 것일수록 지식의 저주 틀에 갇히기 쉽다.

지식의 저주는 소통의 장애를 일으킨다. 지식의 저주는 사람들이 서로 다른 수준의 정보와 앎으로 살고 있다는 것을 착각하기 때문에 발생한다. 예를 들어, 교육학자들은 모든 사람이 교육학자인 것처럼 그들에게 전문적인 이야기를 한다. 목사가 모든 사람이 기독교인인 것처럼 설교하는 것과 같다. 내 앞에 있는 사람이 나와는 다른 정보 속에서 생활하고 있다는 것을 착각했기 때문이다. 착각으로부터 대화의 오차가 발생한다. 목사가 불교 신자에게 예수를 이야기할 때 발생하는 소통의 장애같은 것이다. 그 착각이 지식의 저주다. 자기의 이야기, 자기의 논리가 다른 이들에게 있는 그대로 통과될 것이라고 믿어 버리는 소통 장애가 지식의 저주다.[70]

지식의 저주를 마치 소통 가능했던 것처럼 행동하는 것도 기만이다. 자기 착시다. 마치 붓다의 수행을 아는 것처럼 받아들이며 대화에 동참한 목사가 끝내 허탈해지는 경우처럼 지식의 저주를 무시하는 것이 자기 착시다. 지식의 저주는 무지가 아니라 자기 위선이다. 지식의 저주를 방치하는 것은 자기 기만이다. 자기 속임과 사기는 지식의 저주를 만들어 내기 때문이다.

지식의 적은 무지가 아니다. 지식의 적은 기만이다. 자기를 기만하면 지식의 저주라는 함정에 빠지게 된다. 일상적으로 사람들은 습관적으로 지식의 저주라는 늪에 빠져 산다. 과학이라는 이름으로 그렇게 산다. 전문가라는 이름 아래 그렇게 행동한다.[71] 전문가들이 대중과 이야기할 때 흔히 지식의 저주라는 덫에 걸리는 이유는 상대방보다 흔히 3단계 이상을 뛰어넘는 수준의 정보나 상황을 설정하고 이야기하기 때문이다. 상대방은 전문가들이 말하고 있는 그 상황을 이해하지 못한다. 그의 수준에 있는 정보를 갖고 있지 못하기 때문이다. 전문가는 전문가대로, 상대방은 상대방의 이야기대로 각기 다른 길을 간다.

소통의 장애는 불통 상황이다. 지식의 저주에서 벗어나려면 단순하게 시작해야 한다. 화두를 꺼내는 사람은 상대방이 아무것도 모른다는 전제에서 시작해야 한다. 상대방을 무시하라는 말이 아니다. 상대방이 알아들을 수 있도록 상대방의 눈높이에서 말하라는 뜻이다. 단어도 개념도, 정보도 눈높이에 맞추어져야 한다. 단순한 것이 아름답기 때문이다. 구체적인 것이 웃음을 준다. 메시지를 상대방의 눈높이에 맞추려면 현실적인 조형이 불가피하다. 소통은 조형(造形)의 마술이다. 지식의 저주에서 벗어나게 하는 꾸밈의 여유가 소통이다. 서로의 이야기를 주고받을 수 있을 때 사람들은 즐긴다. 서로가 서로를 즐길 수도, 서로에게 웃음을 보낼 수도 있다. 웃을 수 있어야 서로가 아름답다. 서로가 자유로워져야 한다. 서로가 서로에게 동행이 될 수 있다.

인간만이 웃을 수 있다. 인간만이 어려운 경우에서 미소를 잃지 않을 수 있다. 인간만이 웃음을 즐길 수 있다. 웃음은 남을 위한 것이다. 웃음은 남을 위로한다. 웃음은 분노를 무장해제시킨다. 인간만이 죽음의 순간에서도 미소를 지을 수 있는 이유다. 인간만이 자신을 초연하게 바라볼 수 있기 때문에, 죽음도 기쁘게 맞이할 수 있다.

인간만이 자기 이탈적이다. 자기 생에 나름의 의미화가 가능하기 때문이다. 무리를 떠나는 것도 무리를 짓는 것도 그런 이유다. 의미는 인간에게 삶이다. 의미가 인간의 의지이기 때문이다. 인간에게는 의미에의 의지가 있다. 의미에의 의지가 인간의 생명 가치다. 의미에의 의지가 존중되면 상처가 치유된다. 이런 치유법을 의미요법, 즉 로고테라피(logotherapy)라고 부른다. 로고테라피는 의미에의 의지를 존중하는 정신 분석이다. 인간은 의미로서 자기의 삶을 창조한다. 인간만이 인간의 의미를 만들어 가는 존재이기 때문이다.[72]

인간은 창조적 행위를 통해서 의미를 만들어 간다. 인간은 자기의 경험에 대해 가치를 부여함으로써 의미를 만들어 간다. 인간은 자기 운명에 대한 마음가짐으로 의미를 만들어 간다. 자신의 존재 가치에 대한 절대적인 의미가 설 때 의미가 만들어진다. 삶에 대한 절대적인 무의미를 견뎌낼 때 의미가 세워진다. 자기 삶에 대한 기대는 문제되지 않는다. 중요한 것은 따로 있다. 삶이 인간에게 걸고 있는 기대가 중요하다. 인간에 대한 삶의 기대는 합리적인 설명을 넘나든다. '논리'를 넘어설 뿐이다. 인간의 생과 명은 늘 논리를 넘어서기 마련이다. 이유를 따져서 될 일이 아니다. 삶은 늘 그렇게 불가사의(不可思議)하기만 하다.

인간만이 자기가 자신에 대해 맞설 수 있다. 인간은 자기를 반추할 수 있다. 인간만이 자신에 대한 주된 심판자이기 때문이다. 인간은 자기 자신을 자기에게서 떼어 놓을 수도 있다. 인간만이 자의식을 지니고 있기 때문이다. 공영방송에서 웃음을 전해 주던 행복전도사가 있었다. 그는 사람들에게 늘 자살을 경계했다. 자살이라는 말을 뒤로 읽으면 살자가 된다고 역설했다. 공감이 높았던 논리였다. 그러던 그가 어느 날 자살했다. 말 못할 사연이 있을 수 있었다. 자신의 자의식을 넘어설 수가 없었던 것이다.

자살이라는 말에서 발음나는 대로의 자살이라는 말을 '살자'로 바꾸려면, 아는 것만으로는 부족하다. 자살을 살자로 바꿀 수 있는 동력과 의지가 필요하기 때문이다. 삶의 의지가 삶의 동력이다. 의미에의 의지가 삶의 동력이다. 자신에 대한 배려가 우선해야 한다. 내 삶대로 사는 것이 나이기 때문이다. 욕먹는다고 죽지는 않는다. 죽지 말아야 욕을 먹지 않을 수 있다. 자신에 대해 먼저 유머러스하여야 한다. 자기 조롱은 금물이다. 자기 예찬이 우선한다. 내가 살기 위해 이 세상이 존재하는 것이다. 결코, 나라는 존재는 세상을 위한 장신구가 아니다.

유머는 자기 이탈의 거리에서 자신을 바라볼 때 가능하다. 자기 위로의 유머로 자신의 곤경을 초월할 수 있다. 유머는 인간만의 생존방법이다. 웃을 수 있는 의미, 살아야 하는 의미를 주기 때문이다. 동물은 자신을 보고 웃지 않는다. 인간은 스스로에게 웃을 수 있다. 웃지 않는 인간은 위험하다. 사냥감을 탐하는 야수의 속내를 감추고 있기 때문이다. 독재자들은 웃지 않는다. 그들은 관조하지도 않는다. 그들은 고통받지도 않는다. 그들은 그저 탐욕한다. 그들은 인간 특유의 위험한 동물 인자로 무장하고 있다. 웃지 않는 사람은 자기 안에 독재자를 숨기고 있다.

유머는 탐욕을 멍청하게 만들어 놓는다. 유머는 탐욕도 무장해제시킨다. 웃음은 물처럼 탐욕도 제거한다. 웃으면서 서로의 가슴에 총질을 할 수는 없다. 유머는 인간의 생리에 맞지 않는 표백 행위다. 생물학적으로 인간은 원래 욕심 가득한 존재이기 때문이다. 더불어 가는 존재들을 가차 없이 탐욕한다.[73] 동물들은 생존을 위해 자신의 영역을 확보한다. 생존을 위한 원초적인 행동에 따른다. 인간은 그렇지 않다. 탐욕을 위해 파괴를 변형하며 확장한다. 먹이가 필요할 때마다 사냥감을 추격하면 그것은 여우일 뿐이다. 인간은 여우가 아니다. 인간은 여우를 잡기 위해 도구를 만든다. 울타리도 치고 그것들을 가둬 기른다. 인간만이 자기 환경에 극한의 충격을 가한다. 여우의 가죽을 벗겨 옷으로 만드는 것은 인간이다. 무울무통의 여유를 갖기 위해서다. 그 극한 충격으로 인간은 서로가 고통하고 만다. 서로에게 웃음을 소거한다.

인간에게 유머가 필요한 것은 인간의 내면이 마치 사막으로 비유될 수 있기 때문이다. 인간의 마음은 사막의 모래벌판처럼 황량하기만 하다. 인간의 내면을 찾아볼 수 없는 이유다. 마음을 본다는 그것은 상상이며 직관의 영상일 뿐이다. 살갗 속이 인간의 내면이 아니다. 마음이나 정신을 말한다고 할 때라도, 그것은 인간이 만들어 낸 이미지일 뿐이다. 그 이미지를 따라가면 인간의 내면이라는 것의 겉보기는 황량하다. 없는 것을 있는 것으로 그려 내야만 하기 때문이다. 인간의 내면은 깊다. 깊은 심연과 같다. 무한한 잠재력과 가능성을 지니고 있는 사막과 견주어 볼 만하다. 사막을 옥토로 만들겠다는 강력한 믿음 같은 것이 인간의 내면을 경작하는 데에도 필요하다. 사막을 하나의 현실로 이뤄 낸 사람은 그렇지 않은 사람과는 다르다. 그들 간의 차이는 단지 생각의 차이일 뿐이다. 생각의 차이는 강철의 차이와 같다. 강철 같은 의지가 중요하다. 인간이라면 그 누구든 자기의 삶을 후회하지 않기 위해서 반드시 채워야 할 2%가 있다고 강조한다. 자기 삶에 대해 완전무결한 사람은 없다. 완전무결을 바랄 뿐이다. 그 바람을 위해 자신에게 늘 부족하다고 여겨지는 어떤 2%를 찾아내야 한다.

부족한 2%를 찾아내려고 하는 사람은 자기 삶에 충족하려고 노력하는 사람이다. 자기 만족이 무엇인지를 아는 사람이기도 하다. 행복에 다가서려고 자기 의지를 단련하는 사람이다. 자기에게 부족한 2%는 다른 것이 아니다. 그것은 자신과의 처절한 대화다. 사람들은 자신과의 대화에 결핍되어 있다. 자기는 자기를 모른다. 자기와의 대화가 있어야 자기에게 부족한 2%의 정체를 알아챌 수 있다. 자기 대화는 모험이다. 위험이 아니다. 자기를 모험하는 사람만이 사막에서 오아시스를 찾아낸다.[74]

성공하는 사람은 성공하는 이유를 갖고 있는 사람이다. 무엇이 달라도 다른 사람이다. 그중에서도 가장 중심에 서 있는 것은 다른 성공 요소들을 하나로 모아 주는 힘이다. 그 힘이 바로 강철 같은 인간의 의지력이다. 의지력은 끈기를 말한다. 그것이 해낼 수 있는 질김이다. 질김을 감당할 수 있는 것은 오로지 질김뿐이다. 인간의 의지력인 강철 의지는 인류 문명에서 결코 변한 적이 없다. 자기 삶을 살아가려는 사람들에게는 100년 전이나 지금이나 똑같은 것이었기 때문이다.

자기의 모든 정신 에너지를 한 곳에 집중하는 힘이 의지력이다. 강철 같은 의지력이 없는 사람은 기회에 희생된다. 기회를 위한 놀림감이 될 뿐이다. 환경의 꼭두각시에 머물 뿐이다. 상황의 노예가 될 뿐이다. "뭔가 해 보기도 전에 자기의 능력을 의심하는 것만큼 성공의 무서운 적이 또 어디 있겠는가."라고 자문하는 사람이 자기 의지력이 있는 사람이다. 자기가 자기에게 말을 건넬줄 아는 사람이다. 자기의 삶에 자기 자신의 대화를 열어 갈 줄 아는 사람이다.

자기의 삶은 강철 같은 의지에 의해 만들어질 뿐이다. "가능성이 있든 없든 성공하고 싶다는 생각이 절실하다면, 앞날에 성공의 길이 넓게 뚫려 있다는 믿음을 굳게 간직해야 한다. 어떤 고초가 닥쳐도 성공할 것이라는 확신을 버리지 말아야 한다. 인생이라는 전쟁터에서 승리할 힘이 있다는 생각을 추호도 의심해서는 안 된다. 실패한 삶을 살게 될 것이라는 악의 섞인 말, 성공의 주인은 따로 있을 거라는 비아냥거림에 귀를 기울이지 마라. 집에 들어온 도둑을 사정없이 내쫓듯 성공에 대한 부정적인 생각을 과감하게 지워 버려야 한다."[75] 강철 의지론을 주장하는 마든(Orison Swett Marden) 박사가 주는 충고다.

인간 스스로 자기 의미를 충족시키면 자기 자신이 실현되기 시작함을 알게 된다.

자기 실현은 유별난 것이 아니다. 어려운 것도 아니다. 의미에의 의지가 인간의 실존
이다. 삶에서 의미를 상실하면 자신에게 자신이 문제가 된다. 의미에의 의지는 쾌락
이 아니다. 쾌락은 삶의 근원이다. 쾌락은 자기 실현의 결과가 아니다. 쾌락이 이미
자기 안에 내재하기 때문이다. 쾌락을 얻으려고 하면 자기 패배도 뒤따른다. 자기 상
실감이 수반되기도 한다.

쾌락은 성취물이 아니다. 태어나는 것이 쾌락의 원형이다. 태어난 그대로 살아가
는 것이 쾌락이다. 쾌락에 연연하면 자기 패배가 뒤따른다. 사람들이 쾌락하기 위해
자기의 삶을 사는 것이 아니다. 삶이란 그렇게 살다 보면 쾌락도 뒤따르게 마련이다.
살아감, 그 삶이 바로 쾌락이기 때문이다. 쾌락과 쾌감은 본질적으로 다른 이야기다.
인간에게 있어서 쾌락은 본연적이지만, 쾌감은 작위적일 뿐이다. 쾌락이 있기에 쾌
감이 따라 붙을 뿐이다. 쾌감이 삶의 목표가 될 때, 그 삶은 서서히 손상되어 버린다.
쾌감은 의미 실현의 결과이기 때문이다. 쾌감이 삶의 목적일 수가 없다.[76]

쾌락의 정서가 쾌감이다. 쾌감은 만남과 접촉에서 나온다. 타인과의 만남이 쾌감
의 절정이다. 쾌감이 없는 타인과의 만남은 무의미하다. 삶의 의미가 결여되기 때문
이다. 쾌감은 주체와 객체가 어울릴 때 발생한다. 타인이 주체가 들어오는 순간이 쾌
감의 순간이다. 타인은 나로부터 독립적이다. 각자적인 존재가 타인이다. 아무리 사
랑을 한다고 해도 연인은 각자적이다. 부모와 자식도 독립된 각자다. 각자로 이해하
는 것이 상대를 배려하는 것이다. 각자는 유일하다. 이 세상에 나라는 존재는 다시는
태어나지 않는다. 타인도 유일한 존재다. 각자의 생과 명은 어차피 각자적이다. 아무
도 그 생과 명을 대신할 수 없다. 나도 나의 삶을 반복할 수는 없다. 생과 명의 각자성
은 나에 대한 책임을 묻는다. 나는 자신의 생과 명에 대한 책임이 있다. 쾌락은 책임
이다. 나처럼 살아 줄 책임의 실현이 쾌락이다. 쾌락은 정서가 아니라 자기를 세우는
책임성의 윤리다. 책임성이 나의 삶을 안내하는 지도다. 삶의 지도는 자신에 대한 물
음과 대답으로 만들어진다.

생과 명에 의존하기에 인간은 유한하다. 누구에게나 생명의 한도가 있다. 인간은

진화론적으로 스스로를 만들어 가는 존재다. 만들어 가는 과정을 결코 멈추지 않는 존재가 인간이다.[77] 진화론적으로 인간이라는 종이 진화의 마지막 단계도 아니다. 인간 다음의 새로운 종의 출현이 불가능한 것도 아니다. 로봇이 인간보다 더 진화된 종(種)이라는 뜻은 아니다.

로봇이 인간과 같은 생과 명으로 연결된 탯줄에 의해 진화되어지는 것인지 어떤지는 알 수 없다. 로봇이 생명체인지 어떤지도 불확실하다. 로봇에게 유전자가 있는지도 불확실하다. 자연선택은 개체에 작용하는 것이 아니기 때문이다. 유전자에게만 자연선택이 작용한다. 새로운 복제자 밈(meme)의 자기 복제와 경쟁, 그리고 진화에 의해 자연 선택되는 종의 행동이 결정된다. 유전자의 독재에 항거할 수 있는 존재는 인간만이 현재로서는 유일할 뿐이다.[78]

로봇이라는 기계를 인간으로 만들어 놓겠다는 욕심도 가능하다. 로봇이 인간이 되려면 로봇은 생물이 지니는 유전자를 지녀야 한다. 인간의 원초적인 본성들을 실어 나르는 유전자를 지녀야 한다. 로봇에게 이것은 무리한 요구다. 로봇은 처음부터 기계이기 때문이다. 기계에게는 생과 명의 세포가 없다. 금속의 원소만이 있을 뿐이다. 기계는 작동하려면 완전해야 한다. 시스템적으로 완전해야 한다. 인간은 몸을 구성하는 세포들이 온전해야 한다. 로봇은 이 점에서 인간과 같은 세포를 지닐 수 없다. 기계를 인간과 결별하게 만드는 별리의 기준이 바로 완전성의 문제다. 인간적인 특성은 불완전성에 있다. 인간은 생존을 위해서는 세포적으로 온전하지만, 실존적으로는 불완전할 뿐이다.

불완전한 로봇은 작동할 수 없다. 기계들이, 부품들이 시스템적으로 불완전하게 연결되어 있으면 작동이 불가능하기 때문이다. 기계의 오작동은 정지일 뿐이다. 지체 장애적인 로봇은 인간이 원하는 기계가 아니다. 로봇은 인간처럼 인간다운 불완전성을 지닐 수는 없다. 로봇은 신이 만든 것이 아니라 인간이 만드는 것이기 때문이다. 신은 불완전한 것도 인간에게 생으로서 예찬하라고 이른다. 인간은 완전한 것에만 경탄해 왔기 때문이다. 인간이 만드는 것은 소비를 위한 것일 뿐이다. 불완전한 로봇은 원초적으로 결국 불가능하다. 로봇 부품의 연결을 불완전하게 할 수는 없기 때문이다.

　인간은 불완전하다. 수없이 반복적으로 선택하는 존재인 이유다. 동물은 완전하기에 자연의 섭리에 순응하기만 한다. 인간은 불완전하기에 자연에 거스르며 실존한다. 동물은 완전하기에 존재한다. 인간은 불완전하기에 인간에게는 실존이 존재보다 우선한다. 인간은 자기 과오로 자기 운명을 선택한다. 동물에게 자기 과오는 죽음뿐이다. 동물에게는 결단이 있을 수 없다. 인간은 자기 삶을 결단하는 존재다. 결단은 연속적인 선택의 과정이다. 자기의 삶을 결단해내면서 자기 과오에서 벗어날 수 있다. 자기 과오는 새로운 삶의 단서가 된다.

　인간은 실수하기도 한다. 뇌가 오작동하기 때문이 아니라, 의식이 오작동하기 때문이다. 뇌라고 너무 믿을 만한 것은 아니다. 뇌는 때때로 감정에 휩싸여 제 기능을 놓치곤 하기 때문이다. 생명은 뇌가 가르쳐 준 대로 사는 것이 아니라 온몸이 필요한 대로 살아간다. 독버섯을 보고 뇌는 먹으면 위험하다고 경고하더라도, 사흘 굶은 인간의 몸은 독버섯도 산삼으로 보이게 마련이다. 환각이 아니라 생명의 의지 때문에 생기는 일이다. 산삼으로 보이면 먹지 않고는 견디지 못한다. 뇌의 경고는 생존 앞에서 무기력하기 때문이다. 마음과 의식이 무기력하다는 뜻이기도 하다. 그것이 삶의 경로다. 인간은 과오를 범할 수밖에 없다. 그것이 삶을 모험으로 만들기도 한다. 감정을 억누를 수는 있지만 느끼지 않을 수는 없다. 인간은 자기의 감정을 통제할 수 있는 것처럼 보인다. 마치 영화 〈이퀼리브리엄(Equilibrium)〉에서 보는 것처럼[79] 무엇이든 통제할 수 있는 것 같지만 그 욕심들은 끝내 실패로 끝난다. 인간은 느끼는 존재이기에 그런 꿈꾸는 과오가 마음을 이끌어 가기 때문이다. 예이츠(W.B. Yeats)가 노래하는 것처럼 "나는 가난하여 가진 것이 오직 꿈뿐이라 내 꿈을 그대 발 밑에 깔았습니다. 사뿐히 밟으소서. 그대 밟는 것 내 꿈이니……." 인간은 본래적인 과오감 때문에 자기 책무적인 존재일 수밖에 없다.

　마음은 뇌 속에 없다. 뇌가 생각의 과정에서 중요한 역할을 하지만, 뇌 그 자체가 마음은 아니기 때문이다. 의식 그 자체도 아니다. 뇌와 신경은 인지 작용의 근거이기 때문에 세상을 읽게 만들어 준다. 그렇다고 뇌 신경이라는 물질 그 자체가 마음 그 자체는 아니다. 뇌 신경은 손톱처럼 몸을 만드는 물질일 뿐이다. 마음은 물질이 아니다. 마음은 단지 사람, 본인 스스로가 포착해내는 내적 경험의 총화를 지칭할 뿐이다. 내적 경험을 철학자들은 현상적 의식이라고 부르고, 타인에 의해 포착된 나의 내적 경험은 접근적 의식이라고 부른다.[80]

접근적 의식으로서의 마음은 남들이 그 무엇으로든 이야기할 수 있고 분석할 수 있는 힘이 있다. 현상적 의식으로서의 내적인 경험은 고유 경험에 속하기에 타인이 뭐라고 단언할 수 없다. 접근적 의식은 정보나 지식이 될 수 있지만, 현상적 의식은 지식이나 정보로 대체할 수 없다. 현상적 의식은 현상적 의식으로서만 기술할 수 있고, 이해할 수 있다. 마음에 대한 이해는 마음으로서만 할 수 있을 뿐이다. 그것은 인간의 성대가 노래가 아닌 것과 같다. 근육은 축구가 아니다. 기침은 폐가 아니다. 마찬가지로 뇌가 의식이 아닌 이유다.

접근적 의식을 표층의식(表層意識)으로, 현상적 의식은 이층의식(裏層意識)으로 달리 구별해 부를 수도 있다. 의식의 겉과 속은 속성이 다르다. 표리부동(表裏不同)하기만 하다. 예를 들어, 바다의 겉모습인 파도와 바다의 속 모습인 심연은 다르다. 일렁거리는 파도를 보고 바다의 심연이 지니고 있는 내면적 현상을 단정할 수 없다. 파도를 보고 바닷속을 겨냥해서 확실하게 서술할 수 없는 이치다. 의식의 표층을 완벽하게 서술할 수 없다. 의식의 이층이 드러내는 양태에 대한 서술은 언제나 명료하지 않기 때문이다. 변하지 않으면서 늘 변하는 것이 이층의식이다. 마치 오랜 연단을 거친 선승(禪僧)이나 현자(賢者)들이 죽어 가는 모습에서 읽어 내듯이 겉으로는 통증을 느끼지만 안으로는 희열로 받아들일 수 있는 것은 인간의 의식이며 마음이 표층과 이층으로 서로 다르게 자리 잡고 있기 때문이다.

사람들은 나의 행동을 보고 내가 왜 그러는지 나의 마음을 읽어 낼 수 있다. 나의 몸짓, 행동거지가 그것을 드러내 보이기 때문이다. 마치 조폭의 행동을 보고 조폭의 마음을 설명할 수 있는 것과 비슷하다. 그렇지만 저들이 내 마음을 직접 보더라도 그것이 어떤 마음인지 알아 낼 수는 없다. 추측만 가능할 뿐이다. 내 마음을 볼 수 없기 때문이다. 내 마음은 끊임없이 바뀌기 때문에 내 마음을 나도 모르는 경우가 생긴다. 마치, 대중가요 〈애모(愛慕)〉의 노래처럼 내 마음 나도 모르게 꿈에서처럼 구름타고 천사가 미소를 짓는 지평선을 얼마든지 남의 눈에 포착되지 않게 날아다닐 수 있다. 나의 공상, 나의 백일몽을 남들은 이해할 수 없다.

어떤 마음이든 그것을 드러내 주는 것은 몸이다. 의식이 표출되기 위해서는 몸이 결정적이다. 몸을 구성하는 세포가 그래서 마음을 결정하기 마련이다. 예를 들어, 사람이 나이를 먹으면 몸이 노화된다. 노화되면 세포의 노화에 따른 통증이 뒤따라온다. 통증이 심해지면 마음이 아프게 된다. 아픈 마음은 몸의 변화 때문에 자연적으로 생긴 것이다. 몸이 변화되면 마음도 함께 변화된다.

달콤한 아이스크림을 먹었는데 두통이 생긴다. 두통이 생겨나기 시작하면, 마음도 덩달아 아프고 만다. 아이스크림을 먹은 후 두통이 일어나는 이유는 간단하다. 아이스크림을 먹는 사람의 입천장에 차가운 음식이 닿으면 뇌의 대동맥 중 하나인 전대뇌동맥(anterior cerebral artery)에 혈류가 급속하게 증가하기 때문이다. 혈류가 증가하면 두통이 일어난다. 마음에 이상이 생기는 것은 몸에 이상이 생겼기 때문이다.

삶은 과오와 깨달음을 번갈아 오고 가려고 하는 의지의 모험이기도 하다. 제대로 걸어가고 있는 것 같은 착시 속에서, 제대로 한 발 한 발 걸어가는 모험이다. 한 발 한 발은 각기 제 방향 제대로 있지만, 걷다 보면 다른 방향, 다른 경로이기가 부지기수다. 처음부터 도둑으로 태어나는 사람은 없다. 삶에 대한 착각을 깨닫기 시작하면 자신에 대한 반추가 시작되는 것이다. 자기 반추가 삶의 항해를 위한 등대이며 나침반이다. 자기 반추는 자기 개조의 출발이다. 의미를 만들어 내려는 의지가 생명력을 갖게 되는 순간이다. 괴테의 교훈대로 곡선적인 삶이라고 해도 직선을 마음에 둬야 한다. "항상 정곡을 겨누어야 한다. 반드시 그것을 맞추지는 못하리라는 것을 알지라도, 절대적 최선에 이르도록 노력해야 한다. 그렇지 않으면 상대적 선에도 이를 수 없기 때문이다."

아름다움은 쓰임새가 있어야 한다. 쓰임새 있는 것은 아름답다. 쓰임새 있는 것에는 생과 명이 있기 마련이다. 인간의 아름다움은 쓰임새에 있다. 인간의 아름다움은 생과 명의 아름다움이다. 존재의 아름다움이 인간의 쓰임새다. 쓰임새의 아름다움은 삶에 대한 자극제이며 위안제다. 미셸 푸코(Michel Foucault)는 죽기 전에 두 권의 책을 남겼다. 『쾌락의 활용』과 『자기의 배려』라는 저서였다. 그는 '존재의 기술'에 대해 언급한 적이 있다. 존재의 기술은 단순한 처세술이 아니라는 것이 그의 결론이었다. 자신의 삶을 하나의 작품으로 끌어올리는 방법이 존재의 기술이다. 존재의 기술은 자기 규칙의 기술이다. 행동의 규칙을 받아들이고 베끼는 것이 아니라, 자기 스스로 규칙을 만들어 나가는 기술이 존재의 기술이라는 것이다. 존재의 기술은 삶의 방편이다. 존재의 아름다움을 찾는 것이 존재의 기술이다. 푸코는 그것을 '존재의 미학'이라고 했다.[81]

조선조의 방랑시인 김삿갓, 김병연이 보여 준 삶의 해학이 존재의 미학을 드러내는 한 단면일 수 있다. 세기의 광대인 찰리 채플린도 그 반열에 서 있지만, 작가 박경리 역시 그들과 그리 멀리 서 있지 않았다. 유고작인 그녀의 시집[82]에서 그녀는 '산다는 것'을 이렇게 노래했다. "체하면 바늘로 손톱 밑 찔러서 피 내고 감기 들면 바쁜 듯이 뜰 안을 왔다 갔다 상처 나면 소독하고 밴드 하나 붙이고 정말 병원에는 가기 싫었다. 약도 죽어라고 안 먹었다. 인명재천(人命在天). 나를 달래는 데 그보다 생광스런 말이 또 있었을까. 팔십이 가까워지고 어느 날부터 아침마다 나는 혈압약을 꼬박꼬박 먹게 되었다. 어쩐지 민망하고 부끄러웠다. 허리를 다쳐서 입원했을 때 발견이 된 고혈압인데 모르고 지냈으면 그럭저럭 세월이 갔을까. 눈도 한쪽은 백내장이라 수술했고 다른 한쪽은 치유가 안 된다는 황반 뭐라는 병 때문에 초점이 맞지 않아서 곧잘 비틀거린다. 하지만 억울할 것 하나도 없다. 남보다 더 살았으니 당연하지. 속박과 가난의 세월 그렇게도 많은 눈물 흘렸건만 청춘은 너무나 짧고 아름다웠다. 잔잔해진 눈으로 뒤돌아보는 청춘은 너무나 짧고 아름다웠다. 젊은 날에는 왜 그것이 보이지 않았을까."

자신의 삶을 하나의 작품으로 끌어올릴 때 존재의 아름다움이 발견된다. 삶 그 자체가 아름답게 사출(寫出)할 때 비로소 존재의 미학이 성립된다. 삶은 원초적으로 아름답다. 우리가 그것을 외면하고 있었을 뿐이다. 인간의 세계는 끝내 외부로 연결된다. 인간으로 살아가는 동안 그 끈을 놓지 않아야 한다. 숨과 삶이 연결되지 않으면 생도 어렵고 명도 어렵다. 삶이 이루어지려면 헤아릴 수 없는 것들의 도움이 필요하다. 여러 사물들을 연결하고 이어가야 한다. 연결하고 불러 모으는 결합이 세상이다. 삶은 생의 기록이다. 그것은 예술이다. 삶에 대한 사출이다.

사출은 '~에서 나오다.'라는 뜻이다. 더듬고 더듬는 한순간에 확하고 쏟아지는 행위 같은 것이다. 순간적인 표출이 사출이다. 초현실적 행동주의 표현작가 잭슨 폴락(Jackson Pollock)은 그림 하나를 시작하기 위해 빈 캔버스를 6개월 동안 응시한다. 아무것도 그려 내지 못한다. 사유하며 몽상한다. 별안간 페인트를 부어 내린다. 그 어떤 영감 때문에 그 무엇이 분출한다. 거대한 벽화가 완성된다. 우연한 방식이 선물한 필연이다. 사출은 그런 우연적 필연의 창조를 만들어 낸다. "사출은 우연한 방식으로 주어지는 필연이라는 말은 어쩌면 예술가를 모두 장님으로 만들겠다는 말처럼 들릴 수 있습니다. 하지만 사람들이 저마다 자기 곁을 스치는 세계의 한 자락을 건드릴 뿐이라면 적어도 똑같은 작품의 반복은 없을 것입니다. 이것은 어쩌면 창조가 아니라 이미 거기에 있는 것을 찾아내는 일일지도 모릅니다. 혹은 오랫동안 묻혀 있던 것의 의미를 밝혀 내는 재해석에 불과할지도 모릅니다. 하지만 그것이 세상에 나타나게 된 것은 오직 그 사람이 있었기 때문이므로 우리는 그것을 기꺼이 창조라고 부를 것입니다. 따라서 개성의 깊은 비밀은 여기에 있을 듯합니다. 그곳은 바로 작가의 자발적 압력과 필연의 사출이 만나는 경계입니다."[83]

사출은 예술 작품을 통해서만 나타나는 것이 아니다. 삶의 과정 이곳, 저곳들도 사출의 힘을 지닌다. 삶의 웃음에서도 사출은 가능하다. 삶의 처절함에서도 사출은 가능하다. 삶의 분노에서도 그 힘은 여전하다. 사출은 웃음에서도 강렬하게 분출된다. 세기의 광대인 찰리 채플린은 연출가이자 배우였다.[84] 그는 절대적 권력들을 해학(諧

謔)으로 해체시킨 광대였다. 그의 해학에서는 자본주의도 무릎을 꿇었다. 부자도 독재자도 어쩔 수 없이 그의 희극에 항복했다. 그는 매일같이 마주치기는 하지만 서로 거리가 먼 것들을 유사한 관계로 만들어 감으로써 웃음을 사출했다.

그는 보통을 살아가는 사람들의 삶이 보여 주는 장면과 장면을 부조화시켜 버렸다. 그런 부조리와 부조화에서 사람들이 너털웃음을 사출시키고 만다. 난처하고 우스꽝스러운 상황을 슬그머니 웃음으로 넘어갔다. 절대적인 것은 한 번 비틀고, 일상적인 것은 격상시킬 때 폭소는 어김없이 사출되었다. 그 앞에서는 황제도 강아지가 되어 버리고, 걸인도 임금처럼 행차할 수밖에 없다. 격한 감동은 진한 웃음을 유발한다. 채플린은 비극을 희화시키는 희극을 완성했다. 그 어떤 슬픔도 용납하지 않았다. 모든 슬픔은 삶을 위한 웃음이었다. 인간의 웃음을 집을 짓듯이 축조해냈다.

채플린은 삶이란 곡선으로 이뤄지는 직선임을 온몸으로 연기해낸다. 채플린의 눈에는 세상 그 모든 것들 모두가 굽음과 곡선의 아름다움을 지녔었다. 그는 곡선적인 삶의 아름다움을 표현하기 위해 몇가지 소품을 애용하곤 했다. 초라한 서민의 누더기와 닳아빠진 구두, 다 떨어진 중산모가 바로 그것들이었다. 그것만으로도 그는 세상이 절대적 직선적일 수가 없음을 드러내곤 했다. 어중간하게 단장한 그는 세상 그 스스로를 해학으로 바꾸어 버렸다.

아름다움을 알고 싶다면, 그저 즐기며 교감하면 될 일이다.[85] 가장 가까운 곳에서 교감하면 되는 일이다. 맘먹은 일부터 시작하는 것이 교감의 시작이다. 자기 일을 자기가 할 수 있다는 것은 놀라운 기쁨이다. 그 기쁨을 만끽하는 것이 즐기는 것이다. 삶은 매일같이 행복의 기술을 알려 준다. 접하는 우리가 그것을 받아들일 줄을 모른다. 즐길 줄을 모르기 때문이다. 즐길 줄 알면 이내 내가 바로 예술가임을 알게 된다. 내가 스님이고, 내가 목사다. 내가 재벌이고, 내가 거지다.

자신이 바로 자신의 삶에 대한 이야기의 문학가다. 자신이 쓰는 모든 문장이 각각의 운율이고 리듬이 되고 만다. 내가 짓는 시가 삶에 대한 물음이자 찬가다. 시와 그림, 글로써 삶의 사랑을 내 안에서 키우면 될 일이다. 노력들은 불발(不發)로 끝날지도 모른다. 현실의 무자비함을 넘어서지 못할 수 있다. 명성은 어차피 스치는 바람 쪼가리일 뿐이다. 붙잡자고 몸부림칠 일이 아니다. 모든 표현은 어차피 실상(實相)에 대한 완곡한 서술일 뿐이다. 삶은 아름다움과 끔찍함이 몇 번 어울리다 보면 한 번의 진혼곡으로 끝나게 되어 있다.

아름다움을 알려면 추함에 대한 이해가 필요하다. 추함을 숨기면 아름다움이 드러나지 않는다. 미(美)와 추(醜)는 동전의 앞뒷면처럼 서로 붙어 있기 때문이다. 미와 추는 어차피 교감하여 서로가 서로를 알게 되도록 되어 있다. 삶은 물처럼 미와 추를 돌며 곡선으로 이어진다. 법정 스님은 곡선이 삶의 묘(妙)라고 본다. 곡선이 있기에 삶이 가능하다는 것이다. 그가 쓴 『살아 있는 것은 다 행복하라』는 잠언에서, 그는[86] 행복은 직선이 아니라 곡선이기에 행복을 알려면 그것을 즐기라고 말한다. 행복을 직선의 길로 알고 그것을 위해 내달음치지 말라고 이른다. 행복을 찾아 직선처럼 치달아 가면, 마치 바닷물로 기갈을 달래듯이 행복에 이르는 길은 오히려 불행에 이르게 된다. 직선은 내달으면 끝이 보일 수도 있지만, 곡선은 돌고 돌아가도 끝은 보이지 않는다. 끝이 어디 있는지를 보려면 우선 여유로워야 한다.

굽어짐을 즐길 줄 아는 삶이야말로 배려할 줄 아는 삶이다. 그것이 인내이고, 관용이며 똘레랑스다. 똘레랑스가 바로 삶이다. 나눌 것이 없다고 생각될 때에도 나누려고 노력하는 삶이 관용의 삶이다. 아무리 가난해도 나누려는 마음이 있는 한, 나눌 것은 있게 마련이다. 마음을 나누면 무엇이든지 나눠 쓸 게 있게 마련이다. 마음이 있으면 물질적인 것은 뒤따라온다. 내 자신이 더 풍요로워질 수 있다. 나누지 않으면 서로가 나누어지는 것이 세상 이치다. 너와 내가 떨어져 있는 것은 서로 나누지 않았기 때문일 뿐이다.

그래서 법정 스님은 말한다. "세속적인 계산법으로는 나눠 가질수록 잔고가 줄어들 것 같지만, 출세간적인 입장에서는 나눌수록 더 풍요로워진다. 행복의 비결은 필요한 것을 얼마나 갖고 있는가가 아니라 불필요한 것에서 얼마나 자유로운가에 있다. 위에 견주면 모자라고 아래에 견주면 남는다는 말이 있듯, 행복을 찾는 오묘한 방법은 내 안에 있다. 인간을 제한하는 소유물에 사로잡히면 소유의 비좁은 골방에 갇혀 정신의 문이 열리지 않는다. 작은 것과 적은 것에 만족할 줄 알아야 한다."라고 말한다.

삶은 아름다움과 추함의 합성체다. 삶의 그 어디를 봐도 아름답다. 그만큼 삶은 그 어디를 봐도 추함이 가득하다. 아름다운 꽃사슴의 뿔 아래 위장 밑에는 오물이 그득한 이치와 같다. 삶에 있어서 아름다움이 곡선이라면 추함은 직선일 수 있다. 그 반대의 경우도 마찬가지다.

삶을 알려면 삶에 대한 앎이 있어야 한다. 앎이 생기려면 삶이 먼저 있어야 한다. 삶과 앎에 눈을 뜨면 삶을 즐길 수 있다. 길은 하나이기 때문이다. 곡선이나 직선의 삶도 하나를 향한 길이기 때문이다. 삶과 앎이 진행되는 동안 삶의 아름다움도 추함도 모두 삶살이들을 엮어낸다. 추한 것보다는 아름다움을 쫓지만, 그 어떤 것도 영원하지 않다. 마치 우리가 먹는 음식물의 소화과정과 엇비슷한 것이 삶이다. 모두 맛있는 것만 먹기를 원한다. 영양가 있는 것만을 원한다. 영양가 덩어리도 맛있는 것도 모두 변이 되고 만다.

변(便)은 더러운 것이고 고기는 아름다운 것으로 생각되지만, 모두가 아름다울 뿐이다. 변과 고기는 몸을 위한 원인이고 결과일 뿐이다. 밥을 먹는 그 순간부터 우리는 소화나 영양만을 생각한다. 대장에 모일 음식의 소화물에는 무심하다. 소화와 영양을 생각하려면 변을 생각해야 한다. 소화와 영양, 그리고 변을 생각하려면 건강을 생각해야 한다. 건강을 즐길 수 있어야 영양이 의미가 있게 된다. 사람은 영양실조로만 죽는 것이 아니다. 대장암으로도 죽는다. 아름다움과 추함은 거리와 감각의 문제일 뿐이다. 서로 다른 차원의 문제가 아니다.

아름다운 것 역시 추하지만, 추한 것 역시 아름답다. 잘생긴 것은 아름답지만, 못생긴 것도 아름답다. 추의 반대가 미라고 할 때, 추는 못생김을 말하는 것이고, 미는 잘생긴 것을 말한다. 추는 미운 것이고, 미는 미더운 것을 말한다. 미더운 것, 잘 생긴 것, 아름다움은 자신 내에서 그렇게 머문다. 다른 것과 연관 없이도, 다른 배경 없이

도 그 아름다움은 재생산될 수 있다. 추함은 상황이 다르다. 못생긴 것, 미덥지 않은 것은 심미적으로 미와 똑같은 자율성을 가질 수 없기 때문이다. 추 역시 홀로 나타날 수 있기는 하지만 추함만으로는 자기를 드러내기가 쉽지 않다. 추를 추로써 확고하게 서게 하는 것이 심미적으로 허락되지 않기 때문이다. 추는 자신이 존재하기 위해서는 미에 자신을 비추어 보아야 한다. 미가 추함의 기준이 되기 때문이다.[87]

삶은 바로 미더움과 미덥지 못함이 엮어 내는 화음이며 직물이다. 〈더 리더(The Reader)〉라는 영화가 사회를 뜨겁게 달군 적이 있었다. 열다섯 소년 미하엘과 성(性)적으로 완숙한 서른여섯 살의 여인 한나 사이의 사랑 이야기였다. 비판이 없을 리가 없었다. 성적 포르노라는 비판이 거셌다. 소년과 여인 간의 비정상적인 성거래(性去來)라는 식의 윤리적 비판도 함께 터져 나왔다. 가장 격렬한 비판은 미국인에게서 제기되었다. 영화 장면마다 보기 역겨운 장면이 없었던 것도 아니었기에, 충분히 그럴 법 했었다. 법대 교수이자 판사였던 『더 리더』의 작가 베른하르트 슐링크(Bernhard Schlink)는 바로 독자의 그 점을 겨냥하며 되받아쳤다. 저들의 비판이 인간적인 위선의 정형일 뿐이라고 오히려 저들에게 손가락질을 되돌려 보냈다.

작가는 한마디로 정리했다. 『더 리더』를 읽다 보니, 자기의 눈에는 오로지 아름다운 사랑만이 보였다고 말했다. 도덕군자인양 하는 비판자들의 뇌에는 오로지 자신의 불만족스런 섹스만이 클로즈업되고 있었기에, 그런 포르노들만 보였을 것이라고 비판했다. 꿈틀대는 성적 뒤틀림과 불만족이 가득한 자신의 속내부터 되돌아보라고 비판한 것이다. 뭐의 눈에는 뭐만 보인다고 저들을 단숨에 성토했다. 혹독한 대응이었다. 사랑을 오로지 나이라는 잣대로 비판하는 것 역시, 도덕군자 연연하면서 더러운 짓은 모조리 해대는 미국인적인 특유의 고질병이라며 비판을 일축했다. 자기들이 제 아무리 청교도 운운해도, 에로틱한 욕망이 가슴 그득 꿈틀거리기는 마찬가지라는 응대였다. 포르노와 저들 침실 간의 행위에는 아무런 차이가 없음을 엿보겠다는 법조가로서의 질타였다.

매일같이 저들의 침상에서 벌어지고 있는 일들 역시 포르노와 버금가기는 마찬가지라는 것이었다. 비디오로 찍고 오디오로 그 장면, 장면에 음을 입히면 그것 역시 지상 최대의 포르노에 다르지 않을 것이라고 응수해 버린 것이다. 그는 유럽의 독자에게서는 미국식 성적 증후를 한 번도 경험하지 못했다는 토(討)까지 달았다. 성인 군자처럼 청교도적인 체하며 위선 떨지 말라는 대꾸였다. 유럽 문화에 대한 미국인의 문화적이고도 성적인 열등감을 예리하게 꼬집는 순간이었다. 그는 잇따라 열다섯 살의 미하엘과 서른여섯 살의 한나가 보여 주는 정신적인 관계를 말했다. 소위 유럽의 '68세대'라고 불리는 신진 세대와 구세대 간의 메타포적 관계가 바로 미하엘과 한나 사이에서 벌어진 사랑 관계라고 한 수 높은 사회비평까지 곁들였다.[88]

이 소설의 주인공인 소년과 여인 간의 사랑 이야기가 미더운 것만은 아니다. 소설의 줄거리는 모두에게 한결같이 곡선적인 해석을 하게 만든다. 미를 즐기려는 사람이나 추함을 들추어내려는 사람들 앞에 한 소년이 등장한다. 열다섯 살짜리 소년이다. 그는 서른여섯 살의 여인에게 삶의 철학들을 읽어 준다. 레싱의 『에밀리아 갈로티』[89] 같은 것들을 읽어 준다. 쉴러의 『간계와 사랑』[90]도, 그가 이해하지도 못했지만 그것에 구애됨이 없이 그녀를 위해 읽어 준다. 그녀가 읽어 달라고 해서 그냥 읽어 주는 것이다. 소년이 읽어 주는 그 책들에 의해 그녀는 더욱더 성숙해진다. 소년 역시 성장한다. 소년에게 책을 읽어 달라던 그녀는 유대인 색출과 처치에 앞장 서는 나치 병정의 끄나풀이 된다. 전쟁이 끝난 후 나치주의자였던 그녀는 감옥에 갇힌다. 우여곡절 끝에 그녀를 위한 법정 심리가 이뤄진다. 그녀에게 기회가 생긴다. 사면되던 날 법학자가 되는 그 소년을 만나는 그녀는 기쁨을 누리려고 하기보다는 이내 자살을 택한다. 그녀는 목을 매달아 생과 명을 마감한다. 이제 성숙해진 소년은 그녀의 유품을 챙기며, 그녀가 그에게 보여 준 지고한 사랑에 대해 한없이 눈물을 흘린다.

행복한 삶을 살려면 누구든 성숙한 사람으로 거듭나야 한다. 새사람으로 거듭나면 자기 치유력(治癒力)이 생긴다. 자기만의 영혼을 가꾸는 힘과 여백을 갖게 된다. 자기를 다스릴 수 있다는 것은 자기가 자신을 위한 영적 치유력을 갖는다는 뜻이다. 영적 치유력의 회복은 낙원에 이르는 길이다. 랍비 해롤드 쿠시너(Harold Kushner)

의 이야기다.[91] "행복은 한 마리의 나비와 같다. 쫓아갈수록 더 멀리 날아가 숨어 버리기 때문이다. 하지만 쫓아가기를 멈추고, 자기가 하던 일을 열심히 하면 날아가 버린 행복이라는 나비가 살며시 자기의 어깨 위에 앉게 마련이다."

자기 치유력은 자기 혼자 유일하지만, 절대적일 수 없다. 자기 치유력이 높은 사람은 영혼을 달래는 힘이 있다. 그 힘이 그 어딘가에 있음을 아는 능력을 지닌 사람이 치유력이 있는 사람이다. '유 레이즈 미 업(You raise me up)'의 뜻을 이해하는 힘을 가진 사람이 치유력이 있는 사람이다.[92] "내 영혼이 힘들고 지칠 때 괴로움이 밀려와 나의 마음을 무겁게 할 때 당신이 내 옆에 와 앉으실 때까지 나는 여기에서 고요히 당신을 기다립니다. 당신이 나를 일으켜 주시기에, 나는 산에 우뚝 서 있을 수 있고 당신이 나를 일으켜 주시기에, 나는 폭풍의 바다도 건널 수 있습니다……." 유 레이즈 미 업은 지친 내 몸과 마음을 하나의 '몸'으로 만들어, 앞으로 밀고 나아가게 도와준다. 자기 치유력을 더욱 굳건하게 만드는 추동력이 된다.

엉터리 전도사라고 스스로를 위안하는 건국대학교 류태영 명예교수가 어느 날 우리에게 "우선 삶부터 배우자."라는 글을 써 보냈다. 자기 치유력을 드러내는 또 다른 상징적인 글이었다. "배우는 마음은 언제나 겸손한 마음, 그리고 늘 비어 있는 마음입니다. 무엇이든 채워 넣으려고 애쓰는 마음입니다. 배움에 몰두하는 시절은 언제나 희망에 차고 싱싱하기만 합니다. 그런데 배움을 박차 버린 시간부터 초조와 불안과 적막이 앞을 가로막는 것이었습니다. 글을 배운다고 그것이 인생을 배우는 것은 아니며, 학문을 안다고 그것이 인생을 안다고 단정할 수는 없습니다. 그러므로 배움의 소재라는 것은 학교에서 배우는 교과서에 있거나 도서관에 쌓인 책 속에만 있는 것은 아닙니다. 정말 그렇습니다. 내가 인생에 눈을 뜨고 인생의 온갖 속 내용을 알게 된 것은 이 고된 인생길을 걸으면서였습니다. 보려고만 애쓰는 어리석음을 가졌던 나의 지난 날이 몹시 후회됩니다. 인생을 배워 끝없이 깊은 인생을 알아도 언제나 모자라는 것인데 우리는 묵묵히 머리를 숙이고 배우는 인생을 살아 보아야 하겠습니다. 배우는 마음은 주체가 확립된 마음이어야 합니다. 즉, 자기 인생을 올바르게 세우고 사는 마음입니다. 설 자리에 아직도 서지 못하고, 자기 위치를 바로 정하지 못하고선 사실 배운다는 것처럼 위태한 일은 없습니다. 익은 곡식은 고개를 숙이는 법입니다. 정말 인생을 바로 배우는 사람은 머리를 숙이고 겸손과 자기 심화에서 참된 자기를 키우고 사는 사람입니다. 한평생 배우고, 바로 배우며, 내 인생을 키워 가자고 이렇게 홀로 다짐해 봅니다."[93]

그 어떤 위대한 학자가 갖고 있는 생각보다도 삶에 관한 지혜가 가득한 채 권면하는 그의 글이었다. 그에게 있어서 삶에 대한 배움은 그렇게 유별나거나 화려하거나 유창한 것이 아니라는 뜻이었다. 하루를 즐겁게 노래하고, 그 하루 때문에 자신이 살아 있음을 매일같이 느끼라는 권면이었다. 쇼펜하우어는 삶이란 죽음으로부터 받은 대출이며, 그 대출의 하루 이자로 인간은 날마다 잠을 편히 잘 수 있다라고 말했다. 삶이란 언제고 부도가 날 수 있기에, 부도나기 전까지는 현금처럼 유통되어야 하기 때문이다.

좌절에 찌들어 있는 일본의 젊은이들의 영혼에게 감동을 주고 있는 이가 있다. 코이케 류노스케(Koike Lyunoske) 스님이다. 그는 자신의 혁명을 강력하게 주문한다. 자신을 통제하는 것을 혁파하라고 말한다. 그것이 자아 혁명의 첫길이라고 말한다. 인간에게 자유란 없다. 그래서 인간은 갈등한다. 없는 자유를 느끼며 살아가도록 조정당하고 있기 때문이다. 그것을 알고 사는 것과 그것을 모르는 채 자신은 처음부터 자유롭다고 맹신하며 사는 것은 전혀 다른 일이다. 삶 자체는 영원히 풀리지 않는 뫼비우스의 띠와 같은데도 그것을 감쪽같이 감춘다. 그 위장에 대한 경험 여부가 삶의 자세를 결정한다.[94] 코이케 류노스케가 내린 삶을 위한 처방은 그리 난해하지도, 어렵지도 않다. 뫼비우스 띠와 같은 삶을 벗어 나기만 하면 된다고 일러 주고 있기 때문이다. 그래, 뫼비우스 띠를 잘라 버리면 된다. '단샤리(斷捨離)'하면 된다. 문제는 단샤리 해내기가 어렵다는 데 있기는 하지만….

단샤리란 집착을 버리라는 말이다. 마음의 평온을 유지하라는 말이다. 명상 활동, 특히 요가에서는 단샤리를 중요시 여긴다. 단샤리, 말로는 꽤나 쉬운 뜻이지만 행하기는 백두산을 서울로 옮기는 그런 일이다. 엄두가 나지 않는 일이다. 그래서 더 해 볼만한 일이다. 자본주의 소비사회에서 물건은 홍수처럼 생산된다. 필요 없는 것을 생활로부터 차단(斷行)해야 한다. 쓰지도 않으면서 쌓아 두고 있는 것도 단샤리해야 한다. 잡동사니들을 과감히 정리(捨行)해야 한다. 물건에 대한 소유나 집착에서 한 발 떨어져야 한다. 자신의 여유와 여백의 모습을 재발견(離行)해야 한다. 청소와 정리정돈은 일회성 행동이지만, '단샤리'는 치움으로써 자신을 되돌아보는 일이다. 나아가 사물과 나의 관계를 되짚어보게 하는 연속적인 반추와 성찰의 과정이다.[95]

生 **4.** "사람들의 일에는 조수가 있다. 밀물을 받아들일 때 행운이 찾아온다. 밀물을 흘려 버리면 인생의 모든 항해는 얕은 물에 묶이고 비참해진다. 우리는 지금 충만한 바다 위에 떠있다. 조류가 흐를 때 이를 받아들여야 한다. 그렇지 않으면 모험에서 질 것이다." - 셰익스피어[96]

"누우면 끝장이다. 앓는 짐승이 필사적으로 서 있는 하루 오늘도 이 세상의 그런 하루였단다, 숙아." - 고은[97]

"소나기 30분이라는 속담이 있습니다. 인생의 소나기 먹구름 뒤에는 언제나 변함없는 태양이 기다리고 있습니다. 우리는 항상 그런 믿음으로 살아야 합니다." - 채규철[98]

배우는 일이 무엇인지 말을 하기는 쉽지만, 배움을 그대로 실천하며 삶에 옮기기는 그리 쉽지 않았는지, 성현 공자(孔子)마저도 일찍이 『논어(論語)』의 이인(里仁) 편에서, 배우는 일의 어려움을 열거해 놓은바 있다. "열 가구가 사는 작은 동네에도 나와 같이 충성되고 신의(信義)가 있는 사람이 반드시 있을 것이다. 그래도 나처럼 배움을 좋아하는 사람은 없을 것이다." 공자는 배움의 달인으로서 동네가 알아 주고, 나라가 인정하는 배움꾼이었다. 말로만 배움을 앞세운 것이 아니라 그대로 실천했기 때문이다.

사람들은 배우는 일이 어렵다고 한다. 나름대로 평계를 댈 줄을 안다. 그럴 평계를 델 시간에 하나라도 더 배우면 되는데 그렇게 하지 않는다. 배움을 수행하는 일에 마냥 게으르기만 하다. 공자는 옹야(雍也) 편에서 제자 염구를 질책한다. 염구는 지금으로 말하면 술수에 능한 사람이었다. 뻐기기는 좋아하고 행하는 데에는 꽤나 졸렬했던 인물이었던 염구가 대꾸했다. "학문을 좋아하지 않는 것이 아닙니다. 단지 저의 힘이 부족할 뿐입니다." 공자께서 단숨에 꾸짖었다. "힘이 부족한 사람은 열심히 하다가 중간에서 그치는 법이지만, 네놈은 지금 아예 단념하고 있지 않은가 말이다!"

배운다는 것은 물을 거슬러 저어가는 배 노젓는 일과 엇비슷하다. 앞으로 나아가지 않으면 점점 뒤로 밀려날 뿐이니(學如逆水), 말하기는 쉬워도 행하기는 어려운 일이라는 뜻이다. 아무것도 하지 않는 놈일수록 핑계만이 더 요란하다. 남 이야기는 그만하고 너부터 실천할 일이다. 그래서 "남에게 충고를 하고 싶다는 강한 욕망을 느낄 때 우리는 상대방에게 결함이 있는 것으로 생각하지만, 사실은 결함을 가진 것은 자신이라고 생각하는 것이 더 좋다."라는 영국의 찰스 칼렙 콜튼(Charles Caleb Colton) 목사의 옛 충고는 아직까지 유효하다.[99] 남이 고쳐야 할 것을 먼저 끄집어 내기 전에, 자신부터 먼저 되돌아 볼 일이라고 말한 콜튼 목사는 잇대어 다시 주옥 같은 이야기를 전하고 있다. "행복과 지혜 사이에는 다음과 같은 차이가 있는데, 자기 자신을 이 세상에서 가장 행복한 사람이라고 생각하면 정말 그대로 되지만 자신을 이 세상에서 가장 지혜로운 사람으로 본다면 가장 큰 바보가 되고 만다." "거만한 사람은 타인과 거리를 둔다. 그런 거리에서 보면 타인이 자신에게는 작게 보이기 때문이다. 그러나 결국 자기 자신도 그들에게 작은 크기로 비춰진다는 것을 잊고 있다."

배움은 너부터 먼저 자신을 바꾸려는 일로 시작된다. 배움은 슬기로운 사람으로 자처하기 위한 장식이 아니기에, 공자처럼 배움을 삶으로 삼고 있는 사람을 현인(賢人)이라고 부를 수 있다. 선지식(善知識)이 현인이기 때문이다. 배움이 삶이고, 삶이 배움인 사람을 현인 혹은 선지식이라고 부른다. 현인, 선지식은 그 옛날 그리스문화로 보면 안드라고구스(Andragogues)에 해당된다.[100] 현인들은 그를 따르는 이들에게 자기를 따를 일이 아니고, 사람처럼 제대로 살 일이라고 타이를 뿐이다. 호모 라피엔스(Homo Rapiens)[101]적인 근성, 말하자면 약탈적인 근성부터 당장에 버리라고 말하는 사람들이다. 약탈 근성을 숨긴 채, 무슨 성인군자처럼 타인을 대하는 화상(畫像)들은 사람 노릇을 제대로 할 사람이 이미 아니기 때문이다. 약탈적인 근성으로 자기의 삶을 꾸리는 것은 차마 인간으로서는 못할 짓이다. 약탈적인 근성은 삶에 있어서 여러 가지로 나타난다. 사기 근성도 그렇고, 부정직, 충실하지 못함 역시 약탈적 근성의 잔가지들이다. 약탈적 근성을 내려놓기 위해서는 현인이 하는 일들을 흉내내면 된다. 물만 보고 살아도 약탈 근성은 씻겨져 버리게 된다.

성철 스님을 시봉하던 제자들이 한결같이 그를 잊지 못하는 것은 다름 아니다. 그가 욕쟁이 스님이었기 때문이 아니다. 툭하면 욕으로 제자들을 다스렸지만 어느 누구하나 그의 가르침을 욕으로 생각한 적이 없었다. 욕이 아니라 계율의 본보기였기 때문이다. 그를 따르는 수행자들에게 야박하게도 혹독했다. 불호령으로 꾸짖던 일이 더 빈번했다. "수도를 열심히 하려 해도 공부가 안 된다."는 제자들에게는 더욱더 쌍욕을 해댔다.

"공부는 안 하니까 안 되는 것이지, 하는 데 안 될 리가 없다. 이 불쌍놈아!"라고도 했다. 필요하면 육두문자도 불사했다. 성철 스님은 "수도오계를 지키고도 공부가 안 된다면 아예 내 목을 베어 가거라. 알았나!"라고도 가르쳤다. 성철에게 배우는 제자들은 몸부터 단련해야 했다. 불탑을 돌며 일천 배를 해야 했다. 그가 내린 수행자들의 공부 요령은 다섯 가지였다. 제자들은 그것을 5가지계라고 불렀다. 첫째, 4시간 이상 자지 않는다. 둘째, 벙어리 같이 지낸다. 셋째, 문맹처럼 일체 다른 문자는 보지 않는다. 넷째, 포식하거나 간식하지 않는다. 마지막으로 매일같이 '일'을 한다였다.[102]

이런 5가지계도 지키지 못하는 주제에 중이 된다고 나서는 것은 꼴 같지 않은 일이었다. 중이 되기가 처음부터 글렀기 때문이다. 중 짓을 아주 우습게 본 것에 대한 호된 질책이었다. 성철 스님은 배움과 수행의 본질을 꿰뚫어 본 것이다. 배우는 일은 말 대로 쉽지 않다. 배움이 본능인데도 그렇다. 본능이기에 그것을 발현하려면 치열한 노력이 필요하다. 공자 역시 훨씬 이전에 그것을 간파했다. 배우는 일은 아무나 하지 못한다고까지 지적했었다. 『논어』 제16과의 이야기가 그것을 반증한다.

공자는 배우는 사람들의 능력에도 등급이 있다고 보았다. 사람의 능력을 4등급으로 갈랐다. 생지자(生知者), 학지자(學知者), 곤학자(困學者), 그리고 곤이불학자(困而不學者)가 그것이었다. 생이지지자(生而知之者)는 태어날 때부터 모든 것을 알아챈 사람이라는 말이다. 성인(聖人)급 인물이 바로 생이지지자다. 차상급의 인간은 學而知之者 次也(학이지지자 차야), 困而學之 又其次也(곤이학지 우기차야), 그리고 마지막으로 困而不學 民斯爲下矣(곤이불학 민사위하의)이다. 말하자면 태어나면서부터 아는 사람, 훈련받아서 아는 사람, 어려움을 당한 후에야 아는 사람, 어려움을 당하고도 알지 못하는 사람이 있다는 것이다. 이런 4등급자 중에서 문제는 생이지지자에 대한 이해와 오해에서 생긴다.

인간능력에 대한 공자의 4등급화는 고대 그리스의 플라톤(Platon)이 나눈 인간의 등급과는 속성이 다르다. 플라톤은 인간을 현인, 무사, 노동자로 나눈다. 인간의 품격이 태어날 때부터 등급별로 구별된다는 것이었다. 공자는 인간의 등급을 나눈 것이 아니라 일을 처리하는 배움의 방식으로 인간의 능력을 등급화한 것이다. 인간이 보여줄 수 있는 그의 능력 발휘의 여러 단계를 나눠본 것이다.

사람들은 흔히 공자를 생이지지자로 칭송하지만, 공자 스스로는 자기를 생이지지자라고 받아들인 적이 없다. 자기는 오히려 생이지지자가 아니라고 말하고 있다. 인간의 등급은 배움의 등급으로 나눠지는 것이 아니라는 생각 때문이다. 배움의 방법상 나타나는 차이가 인간의 등급일 수가 없다는 것이다. 공자는 스스로, "나는 나면서부터 안 자가 아니라, 옛것을 좋아하여 부지런히 그것을 구한 사람이다."라고 말하고 있다. 배움의 완성은 자질만으로 되는 것이 아니라는 뜻이다. 부지런히 익히고, 접하고, 즐기고, 깨침으로써 인간이 지닌 배움의 본성이 겉으로 드러난다.

공자가 염두에 둔 인간의 능력에 대한 진면목은 『중용』(20장)에서 잘 드러난다. 인간의 등급을 가르기보다는 배움의 중요성과 배움의 결과를 이야기하고 있기 때문이다. 생이지지, 학이지지, 곤이지지의 의미를 더 확장시키는 글귀가 나온다. "태어나면서부터 이것(道)을 알고, 혹은 배워서 이것을 알고, 혹은 곤궁하여 이것을 아는데, 그 앎이라는 것에 미쳐서는 똑같다."는 표현이 그것이다. "편안히 이것을 행하고 혹은 이롭게 여겨 이것을 행하고, 혹은 억지로 힘써 이것을 행하지만, 성공하는 데 미쳐서는 똑같다."라는 표현 역시 마찬가지다. 배움의 결과는 어떤 경로를 거치든 똑같은 효력을 갖는다는 것이다. 그러니 포기하지 말고 끊임없이 하라는 뜻이다.

배움에서 중요한 것은 누가 먼저 아느냐에 있지 않다. 왜 알아야 하는지와 아는 것이 나와 무슨 연관성을 갖는지를 숙고하며, 그것을 실천하는 것이 더 중요하다. 생이지지나 학이지지나 곤이지지나 배우면 모두가 똑같아지기 때문이다. 곤지(困知) 역시 배움의 방법이다. 어려움을 겪어가며 아는 곤지도 궁극적으로 아는 것의 한 방편이다. 삶은 어쩌면 곤학의 덩어리일 수도 있다. 삶은 전인격적인 체험이다. 삶에는 아름다움과 숭엄함이 있지만, 반대로 추함과 험난함도 있다. 모든 경험이 곤함을 구성한다. 인간의 삶살이에서는 곤지가 보다 더 일반적인 현상이다. 모든 일은 노력하고 몰입하고 참아 낸 끝에 이루어지기 때문이다. 사람들이 태어난 후 살아가면서 경험한다. 알려고 애쓰는 과정에서의 시행착오도 삶을 도와준다.

삶은 곤이득지(困而得之)의 결과라는 표현이 더 적절할 수 있다. 생이지지(生而知之)라는 말은 현인으로 태어나는 사람은 미리 하늘이 정한 사람이라는 뜻이 아니어야 한다. 현인으로 태어나는 사람이 따로 있다는 말도 아니다. 무지렁이라는 신분도 마찬가지다. 무지렁이로 세상에 태어나는 인간은 따로 있다라는 말 역시 부당하기는 마찬가지일 뿐이다. 생지(生知)는 하늘이 정한다고 규정하거나 해석할 일이 아니다. 신분은 오로지 운일 뿐이다. 부자로 정해진 채, 세상에 태어나는 것이 아니다. 부자 부모를 두었기에 부잣집에 태어나 부자가 되었을 뿐이다. 부잣집에 태어났다고 부자로 생을 마감하는 것도 아니다. 거렁뱅이로 죽는 부잣집 후손들도 허다하다. 마찬가지 맥락에서 생지(生知)는 태어나니 지자(知者)였다는 말이 아니다. 태어난 후 그가 보여주는 인간적인 배움의 완성도를 말한다.

생지는 세상에서는 있을 수 없는 인간상이다. 생지는 없으니 신경 쓸 이유가 없다.

생지를 굳이 그려 본다면, 그것은 우리가 그려 낼 수 있는 이상적인 인간형일 뿐이다. 머릿속으로 그려 볼 수 있는 이상형의 인간상, 바라고 바랄뿐인 인간상일 것이다. 공자가 그려 본 인간의 능력별 등급은 현실적으로 두 인간형의 능력일 뿐이다. 익히면서 앎을 넓혀가는 학지(學知)형의 인간과, 문제상황에 빠져서야 알아가는 곤학(困學)형의 인간이 보여 주는 능력이다. 학지형의 인간은 익힘을 중요시한다. 훈련을 통한 체계적인 익힘을 중요시한다. 익힘은 배움의 한 기능인 학습을 말하는 것이다. 미리 알아야 할 것은 익힌다는 점에서 절차적 학습형의 인간이 학지형의 인간이다. 곤학형 인간은 시행착오를 통해 자신의 경험을 넓히는 인간형이다. 예기치 않은 경험을 통해 수많은 교정이 불가피하다. 교정하고, 보완함으로써 문제해결의 답을 알아가는 사람이 곤학형 인간형이다. 학지형이든 곤학형이든 분명한 것은 한가지이다. 인간의 능력은 길러진다는 사실이다.

한평생 살아간다는 것은 인간 나름대로 앎의 지평을 넓혀간다는 뜻이다. 공자가 말하는 도(道)에 이르는 길도 그것과 다르지 않다. 열심히 그리고 꾸준히 익히며 살아가는 길이 도에 이르는 방편이다. 어떤 길을 걷든, 걷는 길의 차이는 결정적인 것이 아니다. 방법의 우열은 효율성의 차이일 뿐이다. 결과는 언제나 같게 되어 있다. 속도가 배움의 우열을 가를 수는 없다. 학습의 속도를 효율적으로 관리하는 공간은 학교 같은 교육기관이다.

삶에서의 배움은 속도에 의해 그 질이 결정되지 않는다. 속도가 내용을 결정하지 못하기 때문이다. 배움은 삶을 다지는 일이며 방편이다. 삶에는 정답 답안지가 없다. 배움은 시험지를 채점하는 일이 아니다. 배움의 농도가 점수로 판단되는 것도 아니다. 100점짜리 배움이 없듯이 0점짜리 배움도 있을 수 없다. 100점짜리 삶도 불가능하고, 0점짜리 삶도 불가능하기 때문이다. 붓다의 삶도 100점짜리라고 볼 수 없다. 예수나 공자의 삶도 그러하기는 마찬가지다. 소크라테스의 삶이 0점짜리라고 평할 수 없다.

익히는 일의 속도 차이로 배움의 질을 가늠할 수 없다. 어떤 경우의 배움도 삶을 위한 것이라면 모두 같은 값어치를 갖고 있을 뿐이다. 교이학지(敎而學之)든, 사이학지(使而學之)든, 아니면 곤이학지(困而學之)든 모두가 같은 값일 뿐이다. 학교 같은 곳에서 가르쳐서 배우게 하는 것도 배움이고, 억지로 배우게 하는 것도 배움이다. 제 스스로 역경 속에서 몸으로 익히며 배우는 것도 배움이다. 모두가 큰 길에 이르기 위해 크게 배우면 모두가 배움으로서 족할 뿐이다.

그 어떤 곳에서, 그 어떤 경우를 통해 배우던 배움의 효율성은 있게 마련이다. 공자는 문자(文子)라고 일컬어지는 또 다른 현자의 입을 빌려 배움의 높낮이를 달리 서술하고 있다. "높은 배움은 정신으로 듣고, 중간의 배움은 마음으로 듣고, 낮은 배움은 귀로 듣는다."라고 가르고 있다. 잇대어 그는 "귀로 듣는 배움은 피부에 있고, 마음으로 듣는 배움은 살과 근육에 있으며, 정신으로 듣는 학문은 골수에 있다."고 말했다.[103]

배우려는 사람들에게는 배움을 기피하는 사람들과 다른 그 무엇이 있게 마련이다. 그것은 자신의 지조다. 배우려는 영혼을 맑게 지켜내는 지조의 차이가 있을 뿐이다. 배우는 일에 있어서 누구를 겁낼 일도 아니고, 누구를 탓할 일도 아니다. 내가 먼저 배우고, 내가 먼저 수행하면 될 일이다. 이 지점에 이르면 성철 스님의 결단이 다른 이들에 비해 크게 돋보인다. 그는 수행에 게으름 피는 수행자를 호되게 꾸짖었다. 잿밥에 욕심이 생기거든 절을 떠나라고 호령했다. 중이 되려고 작정하고 집을 나왔으면 중노릇이나 제대로 해 보라고 호통을 쳤다. 나름대로 정진하라는 말이었다. 정진하면 말은 사라지고 수행만 열릴 것이기 때문이었다.[104] 정진은 폼을 잡는 일이 아니라 꾸준히 하던 것을 우직하게 행하는 일을 말한다. 수행하면서 말세니 뭐니 하고 지껄이는 소리들은[105] 부질없는 소리들이다. 모두 다 게으름을 피해 보려는 방자함이다. 정진하지 않고 있는 자기 태만의 증거다. 핑계하려는 영혼의 타락이며, 게으름의 징표일 뿐이다.

스님도, 교수도 마찬가지고, 목회자도 마찬가지다. 필부도 그렇고 고관대작도 마찬가지다. 누구든 자기 삶에서 자기를 지켜야 할 도리와 일이 있다. 그 일을 우직하게 성심으로 해나가는 삶의 자세를 지조(志操)라고 부른다. 원칙과 신념을 굽히지 아니하고 끝까지 지켜 나가는 꿋꿋한 의지와 그런 기개가 지조다. 사람으로 산다는 것은 지조를 지킨다는 뜻이기도 하다. 지조가 무엇인지를 보여 준 한 사람이 시인 조지훈 선생이다. 이 땅의 마지막 선비 중의 한 사람으로 평가받는 조지훈(趙芝薰, 1920~1968) 교수의 「낙화」는 가슴을 설레게 만든다. "꽃이 지기로서니 바람을 탓하랴. 주렴 밖에 성긴 별이 하나둘 스러지고 귀촉도 울음 뒤에 머언 산이 다가서다 촛불을 꺼야 하리. 꽃이 지는데 꽃 지는 그림자 뜰에 어리어 하이얀 미닫이가 우런 붉어라. 묻혀서 사는 이의 고운 마음을 아는 이 있을까 저어하노니 꽃이 지는 아침은 울고 싶어라." 106)

지조는 한 인간이 지닌 그 나름대로 삶의 결, 깔, 그리고 꼴을 보여 준다. 물처럼 그 모든 것을 일순간에 보여 준다. 지조를 보면 사람의 됨됨이를 단박에 알게 된다. 정신적인 폭력 앞에도 굴복하지 않고, 오직 한 갈래 길로만 우직하게 나아가는 삶의 자세가 지조의 핵심이기 때문이다. 지조는 결코 오기(傲氣)가 아니다. 치기(稚氣)에서 나오는 사사로운 감정도 아니다. 지조는 하나의 옳은 신념 체계에서 나온다. 자신이 추구하는 올바른 삶과 일치시키는 전인적인 삶의 태도가 섰을 때 지조가 드러난다. 지조를 지키려면 생명까지도 걸어야 하는 것은 그런 이유다.

지조는 결정적인 선택의 순간에 극적인 모습을 드러낸다. 어떻게 살아야 하는지가 분명할 때 지조가 분명해진다. 삶에 대한 정조가 분명하지 않으면 지조를 지키는 것은 가당치 않다. 삶에 대한 배움이 결연하지 않고서 지조는 불가능하다. 지조는 자신의 삶에 대한 결단과 선택의 결실이다. 개인이 닦아온 앎과 삶의 겹과 결을 총체적으로 보여 주는 배움의 나이테가 지조다. 『채근담(菜根譚)』에서는 지조의 결을 말한다. "지조는 담백으로 다듬어지고, 호사로 인해 잃는다."는 말이 바로 그 느낌이다. 107)

학승(學僧)의 표본으로 불리우는 지관 스님 역시 스님 나름대로 지녀야 할 지조를 열거한다. 말세니 뭐니 하는 소리는 모두 다 잡소리이며, 영혼이 타락했다는 소리에 지나지 않는다는 것이 그의 지론이다. 게으름의 대명사라고 일침을 가하는 지관 스님은 「나는 왜 공부를 하는가」라는 글에서 지조를 세우려면 배움에 게으르지 말라고 말한다.[108] "……꿈속에도 함께 하는 공부를 '오매일여(寤寐一如)', 생사를 들어 하는 공부를 '생사일여(生死一如)'이 모두 절집 공부 행로에 푯말이다. 고산지원법사(孤山智圓法師)께서는 '오호라 배움을 어찌 가히 잠깐이라도 게을리하며 도 또한 어찌 가히 잠시도 멀리하겠는가. 도는 배움을 말미암아 열리고 성현의 자리 또한 도로 인해 이를 수 있거늘 도 가히 잠시도 여읠 수 없는 것이다. 나아가 저 성인도 또 현사도 반드시 배움에 있거늘 성현 그 아닌 이들이 어찌 배우지 않고 사람이 되려 하는가. 배움은 음식 의복과 같아서 성현 그리고 중생이 비록 다르지만 배고프면 밥 먹고 목마르면 마시며 추우면 옷 입음이 다르지 않듯이 배움 또한 그와 같다.' 하였다."

배움은 삶에 대한 의미를 만들어 가는 은유 덩어리들이다. 시인들이 은유(metaphor)를 활용하며 시를 쓰듯이, 배움의 양태 역시 은유로 드러난다. 은유는 저들에게 시적 상상력을 이끌어 내는 수사적 도구다. 사물에 대한 이미지를 떠올리게 하고 현상에 대한 연상이 쉽기 때문이다. 그래서 저들 시인들은 은유를 활용한다. 하나의 추상적인 대상을 익히 알고 있는 경험적·문화적 개념을 통해 이해하려고 할 때 은유를 활용한다.[109] 배움이 은유 덩어리라는 것은 바로 배움을 생각하면 연상되는 것이 많다는 뜻이다. 배움에 대한 이미지는 제각각이다. 배움이라는 말을 천만 번 들어도 질리지 않는 이유다. 배움에 대한 연상이 제각각이기 때문이다. 배움은 아름다운 말이다. 배움이라는 말이 지닌 운명이다. 운명치고는 치명적이다. 해도 되고 하지 않아도 되기 때문이다. 말하기는 쉬워도 행하기는 어려운 것이 배움이다. 배움은 의지이고 실천이다. 배움은 끊어지지 않는 이어짐이다. 흐르는 물은 끊어지지 않는 이치다. 흐름이 끊어진 물은 고인다. 고인 물은 썩는다. 썩은 물은 생명을 다한 물이다.

배움은 대신 해 줄 수 있는 것이 아니다. 자신이 해야 하는 일일 뿐이다. 배움은 생과 명처럼 살아 있기 때문이다. 배움은 살아 있는 동안에만 유효하다. 삶이란 죽음을 향한 짧은 여정일 뿐이다. 여정에서 자신의 행로를 점검하게 만들어 주는 이정표가 바로 병(病)이고 배움이다. 남에게 단 1초도 빌려 줄 수 없는 것이 배움이다. 배움은 진솔하다. 자기 안의 자신이 배움이다. 타인을 속일 수는 있어도 자신까지 속일 수는 없다. 책을 읽는 행위가 진지하다고 배움에도 진솔한 것은 아니다. 배움의 깊이는 낱낱할 뿐이다.

배움은 불완전하다. 배움 역시 진화한다. 배움의 끈을 놓으면 삶의 끈을 놓는 것이나 마찬가지다. 매일 배워야 한다. 몰아치기 배움은 쉽지 않다. 배움은 소젖 짜듯 매일같이 해야 한다. "옛날 어떤 사람이 한 달 뒤에 베풀 잔치를 위해 소젖을 모으기로 했다. 소젖을 한 달 동안 보관하는 일이 어려워 고심하지 않을 수 없었다. 기발한 생각을 해냈다. 그는 한 달 동안 소젖을 짜지 않기로 했다. 소에게서 새끼를 떼어내 젖을 먹지 못하게도 했다. 소젖을 짜지 않고 그대로 두었다가 잔치 당일에 한꺼번에 짤 요량이었다. 잔치 당일이 되었다. 동네 사람들이 집으로 모여들었다. 소를 끌고 와 즉석에서 젖을 짜 사람들에게 따끈한 젖을 나누어 주려 했다. 어찌된 일인지 소에게서는 단 한 방울의 젖도 나오지 않았다. 날마다 젖을 짜지 않고 새끼에게 먹이지도 않아 젖이 완전히 말라 버렸기 때문이다."[110] 배움 역시 시간적이다. '시간은 돈이다'라고 말할 때의 그 시간적이라는 뜻이 숨어 있다. 사람들은 시간을 쓰고(spend), 시간을 투자하고(invest), 시간을 절약하고(save), 시간을 낭비하고(waste), 시간을 빌리고(borrow), 시간을 잃어버리고(lose), 시간 예산을 세우고(budget), 시간을 내준다(give). 전화 통화 단위, 시간제 임금, 호텔 객실료, 연간 예산, 대출금 이자 등등 생활 속에서 시간과 돈은 밀접하다. 시간의 중요성을 은유화한 것이다. 시간과 돈은 서로 다른 것이지만 시간을 돈이라고 생각하는 것이 은유적 표현이다.

배운다는 것은 삶을 은유화하는 힘을 키우는 일이다. 여러 가지 뜻이 있다는 은유적인 표현이다. 개념들을 논리에 맞도록 정렬시킬 수 있음을 의미한다. 신체적 활동처럼 매일같이 반복할 수 있다. 추상적인 생각들을 확장하여 언어적 진술로 표현할 줄 안다. 의사소통을 할 수 있음을 의미한다. 주관과 객관의 중간에 설 수 있다는 등등의 여러 뜻을 담고 있다.

삶 자체가 은유이듯이 배움도 은유적이다. 은유적인 삶에 친숙하지 않으면 의사소통이 끊기게 된다. 배움과 삶의 관계는 건물과 생활과의 관계와 같다. 생활을 위해 방도 만들고 주방도 만든다. 생활 공간에서 불편해지면 생활이 불편해진다. 삶이 정해진 공간 속에서 불편해지면 소통의 장애가 일어난다. 사람에게 편한 건축은 쉽지 않다. 건축은 도면에 따라 세워질 뿐이기 때문이다. 건축 설계와 도면은 건물의 뼈대와 개요일 뿐이다. 건축물을 둘러싼 모든 맥락을 말하는 것은 아니다. 어떠한 건축물도 맥락을 떠나서 존재할 수 없다. 건물은 한 공간과 마주치는 하나의 인간적인 사건이다.

생활이 있어야 건물에 친해지듯이 삶이 있어야 배움에 친해진다. 생활을 편하게 해 주는 건물이 인간 친화적인 공간이다. 편한 것에는 익숙해진다. 건물을 통해 타자들이 서로 마주친다. 공간이 의사소통의 한 형태다. 공간 활용에 관한 규칙 없이도 소통은 일어난다. 타자가 규칙들을 따르는 것만은 않는다. 사람들은 건축가의 의도와도 어긋난다. 사람들은 건축가들의 설계 의도에 겉돌 수 있다. 건물에 의지가 있는 것은 아니다. 사람에게 의지가 있다. 사람은 건물이 지닌 개념적 틀 바깥에 위치한다. 건물의 바깥에 있으면서 동시에 그 안에 있을 수는 없다. 건물에 의지가 실릴 때 사람은 소외된다.[111] 사람에게 의지가 실릴 때 건물은 사람에게 편해진다.

괴짜를 '아웃라이어(outlier)'라고 칭한다. 아웃라이어라는 말은 원래 '본체에서 분리되거나 따로 분류돼 있는 물건'이나 사람을 지칭하는 말이다. '표본 중 다른 대상들과 확연히 구분되는 관측치'가 아웃라이어다. 그것을 사람에게 적용하면 '보통 사람의 범주를 뛰어넘은 사람'이 아웃라이어다. 특출한 사람, 천재, 달인과 같은 뜻으로 대용하고 있다. 아웃라이어들은 자기 분야에서 성공을 거둔 달인들이다.

한 영역의 삶에서 일가견을 갖고 그것을 자신의 삶의 일로 만들어 가는 사람들을 달인이라고도 부른다. 아웃라이어에게는 배움 정신이 강하다. 자기의 일에 대한 자신 나름의 일가견과 노하우(know-how)도 지니고 있기에, 치열한 배움의 사회적 응용정신이 강한 사람들을 '달인'이라고 하기도 하고 '아웃라이어'라고 부르기도 한다. 아웃라이어들은 자기 기회를 최대한 자기 것으로 만든다.[112] 아웃라이어들을 위한 성공의 요인들은 한 둘이 아니다. 크게 보면, '특별한 기회'와 '문화적 유산'들이 그들을 키워 낸다. 아웃라이어들 모두가 자기와의 소통에도 능하다. 자기 배움에도 능하다. 실패와 역경을 이겨 나가는 자기 실험 정신도 강하다. 아웃라이어들은 성공한 사람들은 아니다. 아웃라이어들의 성공 비결은 여러 가지다. 개인의 능력도 중요하다. 사회적 지원도 중요하다.

아웃라이어들은 남들에 비해 뭐가 달라도 다른 인물들이다. 빌 게이츠(William H. Gates)가 그런 아웃라이어에 속한다. 빌 게이츠는 부유한 부모를 두었다. 시애틀의 사립학교 레이크사이드에 다녔다. 레이크사이드 학교의 어머니회 회장이 그의 어머니였다. 1968년이었다. 그녀는 3,000달러라는 거금을 모금한다. 학교에 컴퓨터를 설치한다. 빌 게이츠는 컴퓨터 클럽 회원이었다. 그때 프로그래밍을 배우기 시작했다. 그 시대, 처음 경험이다. 프로그래밍의 경험을 한 젊은이는 그 당시 전 세계에 몇 명 되지 않았다. 컴퓨터 프로그래밍에 앞선 이유다. 끝내 그는 하버드 대학교를 다니다가 중퇴해 버린다. 대학에 불만족해서가 아니다. 자신에 대해 불만족했었기 때문이다.

1960년대의 비틀즈(The Beatles) 역시 아웃라이어였다. 경우가 조금 달랐을 뿐이다. 그들은 생계를 위해 노래를 불렀다. 그저 열심히 밤무대를 뛰는 록 밴드였다. 그들에게 우연치 않은 기회가 온다. 독일 함부르크의 한 클럽으로부터 연락이 온다. 먹고 살기 위한 좋은 기회였다. 그들은 기회를 놓치지 않았다. 1년 반 동안 매일 연주했다. 매일 8시간씩 연주했다. 노예 계약 같은 것이었다. 불만이 없을 수 없었다. 그래도 해야만 했다. 비틀즈는 많은 곡을 만들어야 했다. 억지춘향이었지만 그들은 어떻게든 그 일을 해냈다. 새로운 연주방법도 모색했다. 궁여지책으로 이렇게 저렇게 연주했다. 늘어난 것은 연주 실력이었다. 고객들이 열광했다. 어느새 비틀즈는 창공을 날아다니는 독수리가 되었다.

아웃라이어는 서양에만 있는 것이 아니다. 우리에게도 흔하다. 가야금 달인 황병기 교수같은 이도 아웃라이어에 속한다. 이봉주 마라토너도 아웃라이어에 속한다.

박지성도 아웃라이어다. 「포브스」는 아웃라이어들을 망라했었는데 그들이 선정한 인류 역사상 가장 부유한 부자들이 모두 아웃라이어들의 기질을 드러냈다. 75인의 아웃라이어들의 면면이 모두 특이했다. 노예 해방의 주인공인 미국의 링컨 대통령 역시 전형적인 아웃라이어다. 아웃라이어들은 괴짜이기도 하지만, 삶을 제대로 살아가려고 발버둥치는 삶의 리더들이었다.

삶을 긍정적으로 사는 지도자들이 지니고 있는 공통점 한 가지는 권력이나 재력이 아니다. 사람들과 이야기할 적에는 거의 유머 중심의 대화를 한다는 점이 다르다.[113] 솔직한 저들의 답변들이 오히려 솔직함을 넘어 상대방을 즐겁게 만들곤 한다. 미국의 링컨 대통령은 그를 비난하는 정적들에게 유머 화법으로 이야기하곤 했다. 링컨이 하원 의원으로 출마했을 때였다. 합동 연설회장에서였다. 그를 어떻게든 낙선시키려는 상대방 후보는 링컨의 약점인 종교적 신앙심을 물고 늘어졌다. 그것을 집중적으로 공격하면 링컨을 낙마시킬 것 같았기 때문이다. 링컨의 종교적 신앙심에 대한 그의 의심과 비판이 청중들의 마음이 움직이는 듯했다.

상대방들은 링컨을 궁지에 몰기 위한 기회를 최대한 활용하기 시작했다. 그중 한 명은 연설회장에 모인 청중을 향해 링컨에게 결정적인 질문을 던졌다. "여러분 중에 천당에 가고 싶은 분들은 손을 들어 보세요." 청중 모두가 두 손을 번쩍 들었지만, 링컨은 기대에 어긋나지 않게 손을 들지 않은 채 앉아 있었다. 옳다 싶어, 상대 당 후보는 링컨을 쳐다보며 소리쳤다. "링컨 후보, 그러면 당신은 끝내 지옥으로 가고 싶다는 말이죠?"라고 그의 신앙심을 건드리며 외쳤다. 그 말에 링컨은 일어서며 답했다. 군중을 향해 크게 외쳤다. "지옥엘 가고 싶다니요? 천만의 말씀입니다. 저는 지금 천당도 지옥도 가고 싶지 않습니다. 저는 오로지 국회의사당으로 가고 싶을 뿐입니다." 링컨의 그 소리에 긴장했던 군중은 큰 웃음을 터트렸다. 링컨이 던진 유머 한마디로 모든 정치적 토론 상황은 종결되고 말았다.

아웃라이어의 성공에는 훈련과 단련이 한몫한다. 저들은 어김없이 1만 시간의 훈련법칙에 충실한 사람들이다. 1만 시간 정도가 그들을 키워 내는 훈련 비결이었다.

밥 먹고, 잠자고 하는 이런 저런 것 빼면 한 분야에서 한 10년 정도는 집중적으로 훈련받아야 한다는 뜻이다. 1만 시간은 하루에 3시간, 일주일에 20시간씩, 10년 간 노력한 것에 지나지 않지만, 그 말은 훈련 없이 성공 없다는 뜻이다. 연주자에 대한 심리학자 에릭슨(Erik Erikson) 교수의 연구가 그것을 증거한다. 아웃라이어 바이올리니스트와 평범한 연주자들의 차이는 결국 연습 시간의 차이였다. 아웃라이어 연주자들의 경우 1만 시간의 법칙대로 연습에 연습을 거듭했다. 20세가 됐을 무렵 이들이 연습한 시간은 모두 1만 시간을 넘었다. 보통 연주자는 그저 보통대로 연습했다. 연습 시간은 4,000시간 정도였다. 훈련의 차이가 실력의 차이였다. 그 단련 시간이 아웃라이어의 초기 값이었다.

모차르트 역시 연습벌레였다. 화가 다빈치도 미친 듯이 그려댔다. 발명왕 에디슨은 그야말로 실험광이며, 아웃라이어의 모델이었다. 모차르트는 6세부터 작곡했다. 처음에 만들어 낸 것들은 엉성하기 그지 없었다. 그러던 그가 21세가 되었다. 작곡가로서의 절대적인 가치가 드러나기 시작했다. 이미 모차르트는 작곡에 1만 시간 이상을 투자한 후였다. 1만 시간이 중요한 것이 아니다. 무엇인가 되겠다는 의지가 중요하다. 1만 시간 이상 노력한다고 해도 문제될 리가 없다.

강수진은 슈투트가르트 발레단의 프리마돈나로 활동했던 한국인이다. 그녀는 환상적인 아름다움을 만들어 내는 발을 갖고 있다. 그 발이 발레리나로서 세계적인 명성을 누리게 만들어 주었다. 그녀의 발은 무척 아름답다. 자태가 아름답다는 말이 아니다. 발만을 보면 그녀의 발은 이미 여자가 지닌 고운 발은 아니다. 정상적인 사람의 발이라고 볼 수도 없다. 뼈가 튀어나오고 발톱은 뭉개졌다. 살은 찢어지고 갈라져 상처 투성인 발이다. 그런 못생긴 발은 그녀의 남편 말처럼 야수파적이다. "아내의 발이 점점 피카소의 그림을 닮아간다."고 그녀의 남편은 고백한다.

발레리나들은 바로 발로, 발의 율동으로 아름다움을 만들어 내는 예술가다. 머리부터 발끝까지 몸을 하나의 일직선으로 만들어야 한다. 토슈즈 안에 덧댄 나무 조각의 도움을 받고 발끝을 세워야 하기에 발은 이미 발로써의 용도를 다한 셈이다. 발레리나가 가볍게 날아올랐다가 내려앉는 동작을 하려면 별 수 없는 노릇이다. 그렇게 하는 동안 발레리나의 두 발은 고문을 당한다. 나무 조각에 발가락들이 짓이겨지는 고문이다. 그녀는 일 년에 250켤레의 토슈즈를 닳게 만든다. 하루 평균 10시간 이상을 연습한다고 했다. 그것은 그리 유별난 일이 아니다. 슬퍼도, 발가락이 갈라져도 그녀는 그 신을 신고 연습한다. 울고 싶어도 그녀는 토슈즈를 신고 울었다. 지금은 어엿한 프리마돈나이지만, 처음 슈투트가르트에 입단하고 1년이 지날때까지는 군무(群舞)에도 끼이지 못했던 초라했던 그녀였다. 울고 싶을수록, 울음이 나올수록 그녀는 오로지 연습으로 그것을 극복해 냈다. 연습에만 들어가면 슬픔이 가셨다. 고통도 사라졌다. 모든 것이 일순간에 평온해졌다. 삶을 그었던 상처들은 그렇게 치유되곤 했다.

달인은 자기가 해야 할 일들에 충실하다. 사람들을 그르치고 어려움에 몰아넣는 것은 사소한 일들이다. 그 사소함을 가볍게 보면 큰일이 닥친다. 달인들은 사소한 일, 우연적인 일을 결코 우연하게 보지 않았다. 일상적으로 하는 일이란 유별난 일이 아니다. 망원경으로 보면 모두가 사소하다. 현미경으로 보면 모두가 큰 일들이다.

숨 쉬는 것처럼 사소한 일일 것 같은 일들이 사람을 만들어 간다. 대변 보는 일 역시 사소한 일인 것 같지만 그 일이 그의 삶을 만들어 낸다. 숨 쉬고 마음을 놓은 일들, 모두가 큰 일이다. 숨을 쉬지 못하면 죽기 때문이다. 대변을 보고 마음이 놓이지 않으면 큰 일이 생긴 것이다. 사소한 것들이 바로 자신을 우뚝, 그리고 바르게 서 있게 만든다. 사소한 것들이 삶의 에너지를 발생한다. 삶의 쓰임새를 결정짓는 일일수록 사소한 일들이다. 붓다라고 해도 대소변 잘 보는 일을 거부할 수 없었다. 소크라테스 역시 별 수 없었다. 공자는 물론이고, 예수 역시 마찬가지였다. 저들의 생과 명이 있는 동안 숨 쉬고, 마시고, 배설하는 사소한 일을 거를 수는 없었다.

숨 쉬지 못하고, 제대로 섭생하지 못하면 저들도 별 수 없는 노릇이다. 저들에게 죽는 일만 남아 있기 때문이다. 사소한 일은 엄청난 일을 초대하는 서곡일 뿐이다. 사소한 것일수록 생명을 뒤흔들 결정적인 사건들로 이어진다. 나사 못을 0.1mm만 덜 조여도, 창공을 향하던 로켓은 화염에 쌓여 폭발하게 된다. 임금도, 대통령도 저들처럼 숨 쉬고, 밥 먹고, 화장실 다니고, 두 발로 제대로 걸어 다녀야 살아있는 사람이다.

인류의 역사는 말한다. 역사란 사소한 사건들이 발단이 되어 다시 쓰이곤 이야기들의 편집일 뿐이다. 우연적인 것과 사소한 것들이 삶을 새롭게 만들었고, 역사를 새롭게 만들었다. 역사는 '우연'의 편집사이고, 사소한 것의 이어짐들이었다는 뜻이다.[114] '우연'을 하찮은 것들로 혹은 절대적인 것들로 여기지 말라는 뜻이기도 하다. 그것이 역사를 다시 쓰게 만들어 놓기도 하기 때문이다. 우연을 삶의 유연제로 삼으라는 뜻이다. 우연과 사소함을 삶의 멘토로 삼으면 삶이 새롭게 만들어진다는 것이다. 사소함과 우연함이 세상을 바꾸고, 학문의 패러다임을 바꾼다. 뉴턴은 사과가 나무에서 떨어지는 것을 보고 중력의 법칙을 생각해냈다. 프랑스군이 이집트를 침공하게 했던 것도 사소하고도 우연한 일 때문이었다. 군인 중의 한 병사가 담을 허물다가 이상한 비석을 발견한다. 그 비석이 이집트의 문명사를 새로 쓰게 만든 로제타석이었다.

알렉산더 플레밍(Alexander Fleming)은 인류를 질병에서 구한 페니실린을 발명한다. 박테리아가 든 페트리샬레를 깜빡 잊고 책상 위에 둔 채 퇴근했었기에 그것이 가능했다. 우연함이 필연을 가져왔다. 무엇인가를 발견하기 위해서는 눈을 열어야 한다. 귀를 열어야 한다. 마음을 열어야 한다. 열린 눈으로 세상을 응시해야 사소함이 말한다. 우연함이 고개를 든다. 세상에 널려 있는 사소함에 눈길을 보내라는 뜻이다. 사소한 것에 지혜와 통찰력을 동원하면 새로운 해석이 가능해진다. 모든 것은 있는 그대로 있지 않고, 꼬이고 덮치는 크로싱(crossing)으로 다시 만들어진다.[115] 마치 그 무엇이든 물이 섞이기 시작하면 새로운 것이 돋아나는 것과 같아진다.

한가지 일에 통달한 달인은 자기 치유의 달인이기도 하다. 물처럼 모든 것은 자기 스스로 달래는 여유를 갖는 사람들이다. 자기 치유의 달인들은 '긍정적인 사고'로 무장하고 있다. 긍정적인 사고가 삶을 바꾼다. 긍정하는 것만큼 좋아진다. 믿는 만큼 이뤄진다. 그렇다고 긍정이 만병통치약은 아니다. 긍정이 모든 문제를 해결해 주는 마스터 키(Master key)는 아니다. 제아무리 긍정해도 죽지 않는 사람은 없다. 죽은 자가 무덤에서 살아나는 경우도 없다. 긍정을 수긍하자는 말은 삶에는 절망보다 희망이 더 쓰임새 있다는 뜻이다.

노먼 빈센트 필(Norman Vincent Peale) 박사는 말한다. 희망을 갖는다는 것은 자기 마음을 추스릴 여유를 갖는 것이라고 말한다.[116] 긍정적인 단어들을 갖게 되는 기회이다. 긍정은 긍정을 실어 나른다. 긍정적인 말에는 호감이 간다. 믿음이 생긴다. 믿음을 주는 말은 마음을 달랜다. 마음을 추스리게 만든다. 긍정적인 말은 '아니요'를 거부한다. 터무니 없이 긍정하자는 뜻이 아니다. 터무니 없이 바라기만 하는 것이 아니다. 터무니 없음은 자기 기만에 지나지 않는다. 자기 기만은 준비 없는 긍정에서 나온다. 마치 육식으로 포식하면서 약으로 살을 빼겠다는 것이 자기 기만의 긍정이다.

긍정은 그런 것이 아니다. 긍정에 대한 기대는 자기 연단을 전제로 한다. 신뢰로운 긍정은 준비된 긍정이다. '아니요'를 단박에 부정하는 연습된 긍정이다. 준비 없는 노(No)는 실패로 이끈다. 무턱된 노는 끝내 패배에 이른다. 문이 닫힌 모습, 앞으로 나아갈 수 없는 모습이 준비 없는 부정이다.

노(No)를 그대로 두지 않으려면 긍정을 미리 준비해야 한다. 준비된 긍정만이 아니요를 바꾼다. 단련된 긍정이 아니요를 거꾸로 쓰게 만든다. 아니요를 부정하면 긍정으로 시동이 걸린다. 노(No)가 온(On)이 된다. 아니요를 부정하기 위해 마음을 준비하면 희망이 새로 솟아난다. 목표를 향해 나아가게 하는 약진, 돌진, 성공이 마음속에 그려진다.

영어에 팀(Teem)이란 단어가 있다. 삶을 어려움의 투성이로 만들어 가는 단어가 '팀'이다. 어려움 투성이, 후회 투성이, 무력함 투성이, 난감함 투성이처럼 어려움을 상징하는 접미어가 팀이다. 어려움을 상징하는 팀(Teem)이란 단어를 거꾸로 돌려놓으면 신비로운 일이 벌어진다. 서로 만나고, 서로 경청하며, 서로 풀어내는 미트(Meet)라는 말로 변하기 때문이다. 어려움 투성이들이 순식간에 해결의 실마리로 바뀐다. 사람들이 만나서 서로 간의 의견 차이를 좁혀가게 된다. 자기들이 당면한 문제를 풀어갈 수 있는 가능성이 생기게 된다. 상처를 아물게 만드는 치유의 여백이 생긴다.

실수 투성이에서 성공 투성이로 바뀐 사람들 중에는 아웃라이어들이 많다. 자기의 일에 있어서 거듭난 달인, 지혜의 사람이라고 부를 수 있는 사람이 아웃라이어들이기 때문이다. 아웃라이어들은 자신이 누구인지를 나름대로 정리해 놓은 사람이다. 철학자 칸트(Kant)는 '나는 누구인가'를 규정할 수 있는 사람이야말로 철든 사람이라고 말한 바 있다. 내가 누구인가를 알기 위해서는 세 가지 뒤따라 나오는 질문에 답해야 한다. 나는 무엇을 알 수 있는가, 나는 무엇을 행해야 하는가, 나는 무엇을 바랄 수 있는가에 답해야 한다. 세 가지 질문에 대한 대답을 보면, 그가 무엇을 알려고 하는지, 그가 무엇을 행하려고 하는지, 그리고 무엇을 욕망하는지를 알 수 있다는 뜻이다. 욕망, 앎, 그리고 행동이 하나로 어우러질 때 지혜라고 말한다. 달인들은 나름대로 칸트의 인간학적인 질문에 답할 수 있는 지혜를 지닌 사람이다.

지혜라는 말은 '사물의 이치를 빨리 깨닫고 사물을 정확하게 처리하는 정신적 능력'을 말한다. 문맥과 상황에 따라 지혜는 훈계(instruction), 슬기(prudence), 명철(understanding)이라는 말과 같은 뜻으로 풀이된다. 이런 지혜를 성경은 생명의 샘이라고까지 비유한다. 솔로몬의 지혜가 가득한 잠언(Proverb)은 지혜를 생명의 근원으로 파악한다. 잠언은 지혜를 신적인 능력이며 생명의 나무에 비유한다.[117]

지혜는 인간적이다. 인간만이 지혜를 발휘한다. 지혜는 삶을 위한 것이며 생존을 위한 것이다. 지혜는 시각으로부터 가동한다. 인간을 둘러싼 환경 모두가 문제 상황이다. 문제를 포착하기 위해서는 환경에 관한 정보를 포착해야 한다. 인간이 양안 동물인 이유다. 다른 동물에 비해 양안의 시각적 기능은 제한적이다. 인간이 시력을 키우려고 노력한 이유다.

그리스 신화에 따르면, 인간은 키클롭스(Cyclops)의 시각을 원했다. 키클롭스는 한 눈박이 거인이다. 바다의 신 포세이돈의 후예가 키클롭스다. 거인인 이들은 어떻게 살아야 하는지를 고뇌하지 않는다. 그날 먹을 양식은 그날 잡아먹으면 되었기 때문이다. 그들이 살고 있는 곳은 원래 낙원이었다. 저들은 부끄러움 없이 천진난만하다. 서로에게 거침없이 행동한다. 있는 그대로 야생적인 삶을 살아가는 낙천적인 인물들이 키클롭스들이었다. 키클롭스들은 삶이 무엇인지에 대한 지혜를 지녔고, 그들이 살고 있는 섬은 에덴동산과 같이 아름다운 곳이었다. 그곳에서 자유인처럼 살아가는 존재가 키클롭스다.

양안 동물인 인간은 한눈박이 지혜인들이 누리는 낙천적인 것을 원망(願望)했다. 두눈박이 인간이 살고 있는 곳은 결코 에덴동산이 될 수 없기 때문이다. 아무리 에덴동산을 그리워하지만 그들은 언제나 에덴의 동쪽으로 밀려날 뿐이다. 키클롭스는 양안 동물에 비해 뛰어난 시력을 가지는 상징적인 지혜의 존재였다. 결코 외눈박이 괴인이 아니었다. 한눈박이 지혜인이었다. 양안에서 눈 하나를 상실한 애꾸눈이 아니라 처음부터 한 눈으로 태어난 한눈박이다. 양안을 활용해야만 생존할 수 있는 두눈박이 인간에서 훨씬 진화한 인간이 한눈박이 키클롭스이었다.

인간은 눈 하나를 잃으면 애꾸눈이 된다. 외눈박이가 된다. 외눈박이는 한눈박이가 아니다. 한눈박이는 태생적으로 눈 하나로 태어난다. 모든 것을 순간적으로 처리하도록 점지된 정상적인 존재로 태어난다. 외눈박이는 눈 하나를 상실한 안구장애자다. 외눈박이와는 달리 키클롭스처럼 한눈박이는 모든 것이 정상적인 일안자(一眼者)다.

한눈박이 키클롭스가 지닌 정상적인 시력은 뛰어난 지력의 토대였다. 키클롭스 시각은 뛰어난 종합적 시력과 지력을 상징한다. 두 눈이 할 수 있는 것은 한 눈으로 처리하는 지력과 지혜를 상징한다. 키클롭스는 사물의 입체적 형태까지도 정확하게 판별해내는 시력과 지력을 겸비하고 있다. 양안의 인간은 생물학적으로 키클롭스의 시각을 능가하지 못한다. 한 눈으로 존재하기 어려운 것을 알고 신은 인간에게 두 눈을 선사했다. 두눈박이 동물의 비애는 두 눈에 있다. 한쪽 눈에 들어온 흔적과 반대쪽 눈에 들어오는 대응물을 정확하게 매치시켜야만 생존 가능하다는 것이 양눈박이가 지닌 원초적 비극이다.

양안의 동물들은 살아남기 위해 고도의 위장술을 발달시켜 왔다. 포식자들을 성공적으로 피하기 위해서였다. 위장술을 단 한순간에 무력화시켜 버리는 것이 키클롭스의 시각이다. 한눈으로는 빛과 소리, 움직임과 변색을 종합적으로 파악할 수 있기 때문이다. 양안의 동물과는 달리 한눈박이 키클롭스의 시각은 먹이사슬계에 있는 하등동물들의 위장술을 단숨에 파악하는 능력을 지녔다. 위장과 변신의 차이를 정확하게 판별한다. 어느 것이 나뭇잎이며 어느 것이 먹이인지를 정확하게 판별한다. 원하는 먹이를 정확하게 찾아낸다. 키클롭스의 생존력이다. 물체의 형태를 완전하게 파악해내는 선진적 시력과 그에 더한 지력이 키클롭스 시력이었기 때문이다.

양안의 인간은 키클롭스의 한눈박이 시력을 당해내지 못한다. 위장술로서는 그에게 역부족이다. 인간은 한눈박이 키클롭스의 위장술보다 한 수 위인 생존술이 필요했다. 그것이 꾀였다. 잔재주였다. 인간이 간지(奸智)의 존재인 이유다. 인간은 마침내 꾀를 써서 한눈박이 거인 키클롭스를 살해한다. 이때 꾀는 단순한 기지만이 아니다. 기지에 체험, 생존을 위한 욕망, 그리고 의지가 담긴 생활의 지혜를 말한다. 인간적인 꾀를 낯부끄러운 간지라고 말한 이유가 있다. 그것은 절대자인 신의 시각으로 봤을 때 인간의 생존술은 잔재주에 지나지 않기 때문이다.

아웃라이어들 역시 간지적 존재의 범주를 벗어날 수는 없다. 달인이라고 해서 삶의 원초적 굴레를 벗어난 것은 아니기 때문이다. 그들은 키클롭스의 시각을 갖지 못한다. 그들이 무엇에 앞서고, 무엇을 확신한다 하는 등의 체험 역시 우연과 사소함을 벗어나지 못하기 때문이다.[118] 현대인이 불가불가의 세상에서 허덕이는 이유는 다름 아니다. 양안 중 어느 한 눈을 상실한 외눈박이의 시각으로 살고 있기 때문이다. 한눈박이가 아니라 애꾸눈을 갖고 그 한 눈으로 세상 전부를 해석하고 있기 때문이다. 애꾸눈은 결코 한눈박이가 지닌 삶의 지혜를 지닐 수도 없다. 양안의 세계에서는 한눈박이들은 시각장애인일 뿐이다. 모든 기준이 두눈박이 중심으로 만들어지고 편집되어 있기 때문이다.

양눈박이가 외눈박이가 되면 한눈박이의 키클롭스가 지닌 혜안과 지력에서는 멀어지기 마련이다. 외눈박이들은 한눈박이의 생각을 상상하기 어렵기 때문이다. 한눈박이의 삶을 이해하려고 하기보다는 이기려고만 한다. 잔재주를 최대한 활용한다. 잔재주들이 효과를 발휘하면 외눈박이들은 탈주에 성공한다. 잔재주를 생각해내느라고 외눈박이들은 혼란스러워진다.

　외눈박이들은 무엇이든 먼저 알아야 한다. 그것이 한눈박이들을 이기는 비결이기 때문이다. 안다는 것은 뇌를 쓴다는 말이다. 뇌를 쓰려면 뇌 안에 의식의 대기역(待機域)으로 불리는 이른바 '숨겨진 층'을 닦달해야 한다. 닦달하면 의식의 대기역인 숨겨진 층에는 신경망들이 결집한다. 신경망들은 각자의 기억에 따라 위험과 보상을 용의주도하게 계산한다. 의식의 대기역은 자기 마음대로는 손 볼 수 없는 일종의 불수의적(不隨意的)인 조작 공간이다. 통제할 수 없는 마음의 공간이다. 이곳에서 감각들이 만들어진다.

　마음에서 만들어지는 감각들이야 말로 인간적이다. 감각은 뉴런 사이의 연결이 만들어 내는 새로운 조작능력이다. 예를 들어, 골프채를 휘두를 때 흔히 잘못된 동작이 나온다. 그래도 자기는 확신한다. 자기의 스윙만은 절대로 옳았다고 확신한다. 그 확신을 의식적으로 제거해야 하지만, 실제로는 제거되지 않는다. 대신 다른 것을 비난한다. 골프채를 흠잡거나, 지형을 흡잡거나 분위기를 탓한다. 바른 스윙에 번번이 실패해도 자신에 대한 반추와 성찰만큼은 더디다. 잘못된 습관은 그렇게 만들어지고 굳어진다. 잘못된 습관은 마음의 공간에서 자리를 잡는다. 잘못된 습관은 잠재적 오만과 편승한다.

　잘못된 습관과 잠재적 오만을 끊임없이 성찰하며 바르게 다스리는 것이 배움이다. 잠재적 오만을 다스리는 배움을 뇌신경학적으로 말하면 '진화적으로 내면화된 뇌신경세포의 움직임'이라고 부른다.[119] 새로운 신경세포들의 시냅스로 인해 다른 차원의 신경세포가 출현하여 운동하는 것을 사고 작용이라고 부르기도 한다. 사고 작용은 뇌신경세포의 대칭과 대칭이 서로 붕괴를 일으키며 움직여 나가는 작용이다. 생각한다는 것은 신경세포들 사이에 대칭과 대칭의 붕괴가 일어난다는 것을 의미한다.

　새로운 사고작용이 가능하려면 의식의 대기역에서 임계치를 넘어서게 만드는 자극이 있어야 한다. 임계치를 넘어서기 시작하면 생각의 양은 폭증한다. 증폭된 생각의 양은 생각의 질을 바꾼다. 마치 물의 기화 현상과 엇비슷하다. 물은 100도가 되기 전까지는 끓지 않는다. 단 1도라도 올라가면 물에는 변화가 일어난다. 물리적이며 화학적 변화가 동시에 물에 나타난다. 신경세포도 마찬가지다. 신경세포의 작용이 학습을 가동시키는 임계치에 이르는 양상은 다양하다. 개인차가 있기 마련이다. 학습의 개인차는 불가피하다. 학습의 개인차는 그의 배움에 총제적으로 작동한다. 말하자면 생명에 대한 예찬의 차이도 다르고, 새로운 정보를 받아들이는 능력의 차이도 만들어 낸다. 동시에 그것으로 인해 일어나는 자기 치유의 차이도 불가피하다. 배움의 임계치가 서로 다르기 때문이다.

말하자면, 자기 관리, 자기계발, 자기 치유에 관한 임계치가 개인별로 다르다는 뜻이다. 인간의 배움에 관한 일반적인 임계치가 있다. 그것은 예를 들어, 몸관리 333의 원리 같은 것이지만, 너무나 일상적인 일이라 개의치 않고 있는 그 어떤 기준선이다. 몸관리 333의 원리란 첫째로 자신의 몸과 마음을 건강하게 유지하기 위해 매일같이 신체를 단련하기 위해 정해놓은 원칙이다. 매일같이 300Kcal 정도를 태워 낼 정도로 움직이면 되는 일이 300의 원리다. 매일 2시간 정도 걸어서 태우는 열량일 뿐이다. 둘째로 하루에 문서화된 책을 최소 30쪽 이상을 읽어 내야 하는 30의 원리도 필요하다. 30쪽 정도를 읽어낼 때 비로소 새로운 정보가 신경세포를 자극하고 새로운 사유를 위한 시냅스 활동이 활성화되기 때문이다.

마지막으로 매일 자기의 생각과 관점을 3쪽 정도로 써내려 가야 한다. 3의 원칙이다. 자기의 생각을 정리한다는 것은 자기의 삶을 반추한다는 것과 같다. 자기 삶을 반추하면 그다음 일어난 일에 대한 미리먹임, 미리슬기(Feedforward)하는 일이다. 몸을 333의 원리대로 관리하기 위해서는 우선 사람처럼 제대로 먹어야 한다. 사람으로서 먹어야 할 음식을 사람처럼 먹어야 한다. 그저 동물로서 매일같이 먹이를 먹지는 말아야 한다. 인간의 품과 격이 드러나도록 먹는 일이 음식을 즐기는 일이다. 더불어 먹을 줄 알아야 한다. 동물들은 서로 경계하며 으르렁거리며 먹는다. 같이 먹으면서도 경계하며 다투며 먼저 삼킨다. 사람은 음식을 즐기는 한 두 부류로 나눠지기 마련이다. 한 부류는 '먹이를 먹는' 동물로 만족하지만, 다른 이들은 '식사를 즐기는 일'로 자기됨에 만족한다. 인간이 매일 접하는 음식과 식사는 생물학적인 행동일 뿐 아니라 문화적인 행동이기에, 그것을 보면 그들의 품과 격도 함께 살피게 된다. 식사를 통해 사람은 사람이 누릴 건강과 행복을 되찾아야 하는데, 그것이 인간다움이고 행복이다.[120]

몸 관리의 원리는 자신부터 먼저 다듬는 무울무통의 길로 나아가는 일을 보여 준다. 자기를 바르게 길들이는 것이 몸 관리다. 몸 관리는 삶의 버릇, 살아가는 습관을 제대로 만드는 일이다. 그것을 고대 그리스 아테네 사람들은 헥시스(hexis)라고 불렀다. 몸 관리의 습관이 만들어지면 물처럼 자기를 다스릴 수 있게 된다. 스며드는 물처럼 타인의 감정에 삼투할 줄 알게 된다. 자기 파괴로 치닫던 자기 부정의 버릇을 단호하게 거부하게 된다. 자기 부정을 거부하고 자기 긍정으로 거듭나게 된다. 자기 생명에 대한 자기 예찬을 할 줄 알게 된다. 자기 느낌의 오류들을 교정하게 된다.

자기 자신을 제대로 알고 실행하는 일이 자기 관리다. 안다는 것은 그것을 헤아릴 수 있다는 것으로 생각하는 것만을 의미하지 않는다. 안다는 것은 아는 대로 행할 줄 안다는 것을 넘어선다. 실제로 실천하며 드러내 보이는 것이 안다는 것의 핵심이다. 삶의 게임은 아는 것에서 시작하는 것이 아니다. 해냄으로써 그것이 시작된다.

해냄의 의지가 사람과 기계가 구별되는 지점이다. 기계에는 의지가 있을 수 없다. 누군가의 지시에 의해 작동될 뿐이기 때문이다. 기계에는 해냄은 있지만, 그것을 가동하는 시작의 의지는 없다. 해냄의 규칙을 의식화 시킬 수 없기 때문이다. 기계는 시스템이지만, 인간은 이해이며 의지다. 의지가 없는 기계는 생명으로 태어나지도, 새로운 생명으로 거듭날 수도 없다. 기계는 부품의 조립으로 만들어질 뿐이다. 기계에는 혼이나 넋이 들어설 수 없다. 기계는 달인이 될 수 없다. 기계에는 아웃라이어가 없다. 그저 표준화만이 있을 뿐이다. 기계에는 여백이 있을 수 없다. 여백이 없기에 무엇을 넉넉히 더 담아낼 수도 없다. 기계는 배울 수 없다. 기계에는 입력만이 가능하다. 기계는 프로그래밍에 의해 작동할 뿐이다.

기계는 자기 비판하지 못한다. 인간은 자기 비판이 가능하다. 자기 비판이 향상의 길이다. 자기 비판이 거듭남이다. 기계는 시행착오를 할 수 없다. 기계는 작동이거나 오작동 둘 중 하나다. 전문적인 기계는 가능해도, 전문가적인 기계는 불가능하다. 전문가라는 말은 반복적으로 시행착오 끝에 성공에 이른 사람을 말한다. 전문 지식은 뇌세포에 의한 반복적인 실수 끝에 종합된 지혜를 말한다.

지혜로운 사람은 가능해도 지혜로운 기계는 불가능하다. 지혜의 존재라는 말은 자신의 심신을 통합하는 최적의 방법들을 익힌 인간이라는 뜻이다.[121] 지혜의 존재는 직감능력이 뛰어난 존재를 말한다. 실수를 통해 자기 교정으로 자신을 개조해 나가는 존재를 말한다. 생산력이 높은 기계는 가능해도 지혜로운 기계는 불가능하다. 기계는 개조되거나 거듭날 수 없기 때문이다. 기계는 개량되고, 교환될 수 있을 뿐이다.

삶의 달인들은 무울처럼 자기로 거듭나며, 자신됨을 향해 내닫는 존재다. 자기 먼저 깨닫는 존재다. 물은 자기 자신이 어떤 존재인지를 자기가 잘 알고 있기 때문이다. 물은 고대 아테네의 철인 탈레스(Thales)처럼 사물을 밝게 알아보는 철학의 이치대로 사물을 따져가며 살아간다. 만물의 근원을 물로 보았던 탈레스는 땅도 알고 보면 물 위에 떠 있는 것일 뿐이라고 주장했다.[122] 물이 모든 생명을 자신 안에 갖고 있기 때문에 그렇다고 본 것이다. 물이 사물의 생명이며 원초적인 질료이기에, 물은 사물을 살리는 창생의 힘을 지닌다. 물은 스스로 다양한 형상을 취할 수 있기에 바로 신의 모습을 닮게 마련이다.

탈레스는 물처럼 '너 자신을 알라'고 우리에게 일렀다. 물처럼 너 자신을 깨달으면 삶이 새로워진다는 뜻이다. 사람처럼 살려면 남의 행동을 꾸짖는 바로 그런 행동을 스스로 하지 말아야 한다고 역설하기도 했다. 물은 타인을 꾸짖지 않는다는 뜻이기도 하다. 그는 행복한 사람이란 몸과 마음이 건강하고 자비로운 성품을 가진 사람이라고 보았다. 행복의 원천은 건강, 부동심 그리고 교양이라는 것이었다.[123] 재산, 권력, 그리고 명성이 행복의 요소가 아니라는 것이다. 물이 바로 건강함의 상징이며, 부동심의 징표이며, 폭넓음의 상징이라는 뜻이기도 하다. 물은 자연의 그 모든 것들과 교호하며 의식을 소통(inter-consciousness)한다는 점에서 공의식적(共意識) 이기도 하다.[124]

물은 '원만한 깨달음'의 원형이며 원각(圓覺)의 본체로써 모아지며, 흩어진다.[125] 물은 어느 것과도 걸림이 없는 화합과 깨침의 원형이라는 뜻이다. 배움의 속성도 물의 흐름을 닮았다. 그 어떤 것을 거스르지도 않는 것이 물인 것처럼 배움도 누구 하나를 거스르지 않는다. 모든 것은 자귀적(自歸的)이다. 자기 성찰로 먼저 되돌아오기 때문이다. 물은 어떤 것도 그냥 적당하게 넘어가지 않는다. 삼투하거나 흐르거나 아니면 과감하게 기화(氣化)될 뿐이다. 그래서 배움은 물처럼 무울기만 하다.[126]

삶다운 삶을 살려고 한다면, 그가 택할 길은 여럿이 아니라 하나를 택하는 일이 남아 있을 뿐이다. 마음이 부자인 사람의 길을 택하면 되는 일이다. 마음이 부자인 사람은 남을 배려하고 남에게 먼저 공감할 줄 안다. 그의 마음에는 늘 타인의 모습이 보이기 때문이다. 다른 사람의 모습들이 자기 자신의 모습이기도 하기 때문이다. 그의 마음은 유리창을 닮았다. 타인의 마음이 자신의 유리창 마음으로 지나치고, 들어오고 하기 때문이다. 이런 사람, 저런 사람들의 속내들을 자신이 지닌 유리창 마음으로 역지사지(易地思之)하기 때문이다. 다른 이의 마음으로 자신을 되돌아 보게 만들기 때문이다.

마음이 가난한 사람은 타인을 거울 같은 마음으로 바라본다. 뒤가 막힌 거울 같은 마음으로 타인을 바라보는 사람이 마음이 가난한 사람이다. 거울로 다른 사람을 보려고 하면, 보이는 것은 타인이 아니라 자신의 모습뿐이다. 자신에게 되돌아 보여 주는 사람은 타인이 아니라, 오로지 자기 자신의 앞 모습뿐이다. 제아무리 거울의 마음으로 타인을 보려고 해도 언제나 자신에게 보여 주는 사람은 오로지 자기 자신일 뿐이다. 그가 보려는 타인은 끝내 자신으로 되돌아 보일 뿐이다. 그의 마음에는 자기 자신 이외에, 그 어떤 이도 들어올 틈이 없다.

현자(賢者)들은 『숫타니파타』[127]에서 일찍이 일러 주었던 그대로 남에게 공감하며, 배려하기 위해 저 혼자의 길로 나아가는 사람들이다. 삶의 달인이며, 아웃라이어들이다. 삶의 여정을 마치 가방 하나 달랑 짊어지고 먼길을 나서는 순례자처럼 삶을 '와 일드(wild)'하게 순례하는 사람들이다. '와일드하다'는 말은 거칠다는 말이 아니라 있는 그대로 자연과 자신의 삶을 순직(順直)하게 걸어 나간다는 뜻이다.[128] 순직하다 는 말은 무울무통의 또 다른 표현이다. 무울무통하려는 현인이 지니는 삶의 품과 격 이다. 무울무통하는 사람들은 순직하게 살아가기 위해서라도 타인을, 자신을 둘러싸 고 있는 자연과 환경마저도 역지사지(易地思之)하는 사람이다. 순직하게 삶을 살아가 려면 자신 스스로 유리창 마음처럼 투명해야 한다.

돈이 세상살이에서 정답이라고 가르치는 사회에서, 유리창 같은 마음을 지니려면 현자의 배움과 가르침처럼 유아독존(唯我獨尊)으로 무울무통하는 수밖에 없다. "무소 의 뿔처럼 혼자서 가라. 서로 사귄 사람에게는 사랑과 그리움이 생긴다. 사랑과 그리 움에는 괴로움이 따르는 법. 연정에서 근심 걱정이 생기는 줄 알고 무소의 뿔처럼 혼 자서 가라. 숲 속에 묶여 있지 않은 사슴이 먹이를 찾아 여기 저기 다니듯이 지혜로운 이는 독립과 자유를 찾아 무소의 뿔처럼 혼자서 가라(go alone like a rhino's horn). 욕 망은 실로 그 빛깔이 곱고 감미로우며 우리를 즐겁게 한다. 그러나 한편 여러 가지 모 양으로 우리의 마음을 산산이 흩트려 놓는다. 욕망의 대상에는 이러한 근심 걱정이 있는 줄 알고 무소의 뿔처럼 혼자서 가라. 서로 다투는 철학적 견해를 초월하고 깨달 음에 이르는 길에 도달하여 도를 얻은 사람은 나는 지혜를 얻었으니 이제는 남의 지도 를 받을 필요가 없다고 알아 무소의 뿔처럼 혼자서 가라……."

미주

1) 1996년 작곡가 김창환이 작사하고 2인조 댄스 그룹인 클론이 불러 대성공을 거둔 유행가사다. 〈꿍따리 샤바라〉라는 말은 아프리카 의성어 같지만, 사실은 아무런 뜻도 없는 말이다. 그저 흥을 불러 일으키기 위해 작사자가 임의로 붙인 말이다. 가사는 이렇게 이어진다. "기쁨과 슬픔이 엇갈리고 좌절과 용기가 교차하고 만남과 이별을 나누면서 그렇게 우리는 살아가고 뜻대로 되지 않을 때도 있어 마음먹은 대로

될 때도 있어 다 그런 거야 누구나 세상은 그렇게 돌아가니까 다 그렇게 사는 거야 희비가 엇갈리는 세상 속에서 내일이 다시 찾아오기에 우리는 희망을 안고 사는 거야 마음대로 일이 되지 않을 때 하던 일을 멈추고 여행을 떠나 봐 바다를 찾아가 소릴 질러봐 꿍따리 샤바라 빠빠빠빠빠 꿍따리 샤바라 빠빠빠빠 빠빠빠빠 빠빠빠빠빠 꿍따리 샤바라 빠빠빠빠 빠빠빠빠 빠빠빠빠빠." 꿍따리 샤바라 하고 한번 노래를 질러 보면 이상하게도 속이 시원해지는 것도 부인하기 어렵다.

2) 돌턴 콘리 뉴욕 대학교 사회학과 교수는 『미국 어디에서나』라는 책에서 '웨저'라는 개념으로 이 시대 노동문화 여가문화의 변화를 간결하게 그려낸 바 있다. 선진국들은 일과 여가의 균형을 맞춰 삶의 질을 개선하자는 '워크 라이프 밸런스' 캠페인을 추진하고 있는데, 그 중심에 바로 웨저라는 개념이 자리 잡고 있다는 것이었다. 웨저 시대는 매일 오전 9시부터 오후 5시까지 사무실 등으로 출근해 일하는 현대인의 업무와 생활 방식의 획기적 변화를 의미한다. 무선 기술의 발달 때문에, 반드시 재택근무가 꼭 필요한 것도 아니기 때문이다. 스마트폰, 노트북 PC를 활용해 집과 사무실은 물론 백화점에서 쇼핑하거나 바다에서 요트를 즐기다가도 어디에서든 곧바로 일할 수 있다. 재택근무라는 개념도 이미 한 세대 지난 구시대의 유물일 뿐이다.

웨저 사회에선 하루 24시간 여가와 일을 동시에 처리할 수 있다. 일과 휴식의 경계가 모호해져 업무 효율이 떨어질 것이라는 우려가 있기는 하지만, 그것은 기우일 뿐이다. 인터넷 등 첨단 기술은 업무에 불필요한 시간을 줄이고 일의 처리량을 늘리는 한편 시간과 장소의 제약이 없어서 업무 효율의 저하를 우려할 필요가 없기 때문이다.

자본주의 사회에서는 공적인 업무와 사생활을 확실히 구분 짓는 직업 윤리를 강조하게 마련이다. 웨저의 자본주의 사회에서는 일과 여가가 하나로 묶이는 새로운 시대이기에, 일과 여가, 그리고 생산성이라는 3가지를 조화롭게 다루는 능력이 돋보이게 된다. 사람 간의 네트워크에도 변화는 불가피해진다. 가족과 여행을 하면서 직장 동료와 휴대전화 인터넷 채팅으로 얼마든지 회의를 할 수도 있다. 페이스북 등 친목 사이트나 온라인 게임을 통해 사귄 인터넷 친구가 비즈니스 상대나 업무를 함께 처리하는 동료가 될 수도 있다. 경제가 발전할수록 직장인의 업무 시간은 점차 길어져 왔던 것을 웨저는 일과 여가를 동시에 처리해 시간을 아끼게 도와줄 수 있다[참고: Conley, D.(2010). *Elsewhere, USA.* NY: Vintage Books].

3) 치료는 고통을 이기려는 의료상의 처치 활동이다. 치료(治療)는 치유(治癒)와는 그 뜻을 달리한다. 치료는 병을 낫게 한다는 뜻이기도 하지만, 또 다시 병으로 앓게 된다는 뜻도 지니고 있다. '병 고칠 료(療)'라는 한자는 그런 뜻이다. 병이 낫다는 뜻도 있지만, 병으로 앓다라는 말이 더 맥이 잘 통하기 때문이다. 유(癒)자는 그저, 저절로 나아지는 마음의 상태만을 지칭하기에, '병 나을 유'로 부른다. 치유의 과정은 마음의 고통과 더불어 간다. 고통을 즐기기도 한다. 고통과 같이 가며, 같이 놀고, 같이 성장하려고 하는 마음가짐이 중요하기 때문이다. 고통과 언젠가는 서로 다른 길을 갈 것임을 이미 알고 동반하는 일이 치유다.

4) 마음을 산란하게 하는 심화(心火)를 의학계에서는 '울화'로 부른다. 울화 때문에 여러 가지 신경성 질환

들이 생긴다. 그런 만성피로를 총칭해서 울화통(鬱火痛)이라고 부른다. 울화는 한국적 병명이다. 한국인 중에서 중년 이후의 여성에게서 흔하게 발견되는 병을 울화통이라고 총칭한다. 일반적으로 모든 사람은 일종의 울병(鬱病)에 시달리며 그것을 호소하는 사람은 인구의 10%를 차지한다. 쉽게 이겨내지 못하는 피곤함, 시도 때도 없이 울려대는 이명, 실체도 없이 들려서 괴로운 환청, 자신의 몸이 뜻대로 움직여지지 않는 자율신경실조증 같은 것을 동반한다[참고: 탕원(2009). 한의학을 말하다(역). 서울: 청홍]. 신체 증상을 동반하는 우울감, 식욕 저하, 불면 등의 우울 증상도 수반한다. 호흡곤란, 몸 전체에 이유 없이 나타나는 통증, 명치에 뭔가 걸려 있는 느낌 등의 신체 증상이 동반되어 나타나는 것이 화병의 일반적 증상이다. 환자가 자신의 우울과 분노를 억누르고, 그 억압된 분노가 신체 증상으로 흔히 나타난다[참고: 민성길(2009). **화병 연구**. 서울: 엠엠커뮤니케이션].

5) 정신건강 관련 전문가 100여 명으로 구성된 국내 최대 중독 연구 단체의 중독 포럼에 따르면, 국민 가운데 최소한 600만 명이 4대 중독 증세를 가진 셈이다. 4대 중독 때문에 발생하는 사회적 비용이 국가 예산의 30%에 육박하고 있다. 말하자면 의료비나 범죄, 직장 내 생산성 저하 등으로 발생하는 손실은 국가 예산인 약 300조 원의 3분의 1에 해당하는 109조 5000억 원에 이르는 것으로 추계되는 실정이다[참고: 김성모(2012). 술·도박·인터넷·마약…… 8명 중 1명이 중독, 조선일보. 2012년 12월 12일자].

6) 참고: 김태진(2012). **명랑인생 건강교본**. 서울: 북드라망.

7) 물의 속성을 무소불위의 양태로 이야기했다고 해서, 그것을 그리스의 고대 철학자 탈레스가 논한 사료의 질료를 물이라고 본 그런 관점과 같은 것은 아니다. 아리스토텔레스는 그의 저서 『형이상학』에서 "최초로 철학을 한 사람 중 대부분 사료의 질료적 근원만이 존재한다고 믿었다. …… 그런데 그러한 근원자의 수와 양태에 관해서는 모두가 같은 의견을 가진 것은 아니었다. 탈레스는 그 근원자를 물이라고 보았다."라고 사물의 질료적 근원에 관한 탈레스의 관점을 기록해 놓았다[참고: 아리스토텔레스(2007). **형이상학**(역). 서울: 이제이북스].

내가 이 책에서 논하는 물의 속성에 관한 이야기는 탈레스가 말하는 논점과는 무관하다. 아리스토텔레스로부터 '철학의 아버지'라는 칭함을 얻었던 탈레스는 밀레토스 학파의 창시자로 여겨진다. 그가 세상의 근원을 설명할 때 신화에 의존하지 않고 물질적 근원을 고찰했기 때문이다. 그런 일을 한 것은 탈레스가 처음이었고, 그 때문에 아리스토텔레스는 그를 으뜸 철학자, 으뜸 지혜자로 받아들인 것이다. 물체에 신이 가득하다고 믿었던 그리스인의 생활 세계에서 벗어난 것은 아니지만, 자연 법칙에 대한 해석을 초자연적인 설명에서 벗어나 자연에 근거한 설명으로 바꾸었다는 점에서 탈레스는 철학의 아버지로 여겨진다. 자연과 사물에 대한 탈레스의 방법이 과학적 방법론의 초석이라고 평가되는 이유이다[참고: 루치아노 데 크레셴초(1998). **그리스 철학사 1**(역). 서울: 리브로].

8) 골프의 천재인 닉 팔도와 같은 최정상급 스포츠스타들의 멘탈 트레이너(mental trainer)로 활약해 온 심리학자가 제임스 로어 같은 이다. 그는 한마디로 말한다. 스트레스가 사람의 적이라는 관념을 버리라고 충고한다[참고: 제임스 E. 로어(2007). **유쾌한 스트레스 활용법 7**(역). 서울: 21세기북스]. 스트레스를

긍정적 에너지로 쓸 수 있는 선택을 제대로 하는 일이 더 중요하다고 강조하는 그는 스포츠스타들에 도움이 되었던 스트레스 관리 기술들이 비즈니스맨들에게도 적용된다고 강조한다.

그가 말하는 스트레스의 긍정적 에너지 활용방법은 다음과 같다. ① 감정을 제어하라. 감정이 삶의 무대를 지배하기에 성공을 위해서는 상황에 맞는 적절한 감정으로 반응하라. ② 스트레스에 대비하는 습관을 만들라. 스트레스 상황을 대비하는 다양한 습관을 만들어 두라. 술이나 담배, 과식, 약으로 스트레스를 풀려고 하기보다는 수면, 운동, 영양 섭취, 전화, 대인관계 등에서 긍정적인 습관을 만들어 두라. ③ 상황이 요구하는 감정을 만들라. 분노하거나 방어적인 태도를 보이기보다는 연기력을 발휘하라. 세계적인 스타들이 현장에서 자신감을 연기하듯이, 연기하는 자아와 실제 자아 간의 틈을 줄이면서 진짜 감정을 만들어 내야 한다. ④ 정신을 단련하라. 자기 암시를 통해 부정적인 생각을 제어하고, 공포감을 둔화시켜라. 글쓰기와 같은 일에 정신을 집중하는 식으로 감정을 교체하라. 긍정적인 생각으로 자신을 무장하면서 스트레스를 조절할 수 있는 정신력을 기르라. ⑤ 휴식의 기술을 연마하라. 어떤 경우에서도 휴식이 필요하기에 적절한 휴식을 취하면서 회복 시간을 비축해 두라. 회복을 동반하지 않는 스트레스는 정신건강에 치명적이기에, 충분한 수면, 제대로 된 영양 섭취, 운동, 유머, 음악 즐기기, 휴식 취하기 기술을 연마하라. ⑥ 생활의 리듬을 효율화시키라. 업무와 휴식의 비율을 3:1 정도로 만들어 두라. 1시간 정도의 스트레스였다면 반드시 휴식은 20분 정도로 취하라. 휴식 시간에는 카페인, 피로회복제, 각성제, 알코올처럼 인위적으로 리듬을 상승시키는 음료는 가능한 피하라. ⑦ 처음부터 끝까지 스트레스를 긍정 에너지로 변화시키는 일에만 집중하라. 스트레스를 조절한다는 것은 에너지를 만들어 내는 일이다. 무엇보다도 먼저 자신의 에너지 상태를 점검해야만 한다.

9) 참고: 김헌(2012). 골프도 독학이 된다. 서울: 양문.

10) 『논어(論語)』의 자한(子罕)편에는 여기서 내가 말하고자 하는 무의, 무필, 무고, 무아를 논하는 공자의 절사(絶四)에 대한 뜻풀이가 나온다. 절사는 읽는 사람마다 여러 가지 의미로 쓰였다. 그중에서도 주자(朱子)의 해석이 맛깔난다. 그에 따르면 의(意)는 어떤 사람이 어떤 물건을 취하고자 뜻을 품은 것을 말한다. 필(必)은 반드시 그것을 얻고자 결심하는 것, 고(固)는 기필코 얻으려는 마음을 굳히는 것을 칭한다는 것이다. 마지막으로 아(我)는 뜻하고, 결심하고, 굳힌 그것을 얻어서 사사롭게 사용하는 것이라는 것이 주자의 해석이었다. 주자의 해석에 따르면 공자는 결국 그 무엇을 품고, 억척을 떨어가며, 그것을 취하려고 고집을 부리지 않았으며, 그것을 자기 것으로 만들어야겠다는 그런 억지나 심보를 갖지 않겠다는 마음가짐과 행동을 실천한 현인이 된다[참고: 전통문화연구회(2002). 심경부주(心經附註)(역). 서울: 전통문화연구회].

11) 원효는 마음을 맑게 비우면 걸림이 없고 걸림이 없으면 무애자재(無碍自在)가 된다는 것을 타락한 신라의 귀족들에게 강조했다. 무애사상이 무엇인지, 그것이 어떤 것인지를 실천하기 위해 원효는 무애무(無碍舞), 무애가(歌)를 부른 것으로 알려졌다. 무애라는 말은 문자 그대로 막히거나 거치는 것이 없다는 뜻이다. 공평하여 사사로움이 없는 마음을 말한다. 아무리 깨달았다고 해도 그 깨달음을 서로에게 나누지 않으면 헛것에 지나지 않는다는 것이 원효의 지론이었다. 깨달음을 혼자 갖고 있기만 하면 그것

은 팔만대장경이라고 하더라도 불쏘시개에 지나지 않는다고 강조했던 원효는 길거리, 저잣거리에서 사람들에게 무애무(無碍舞)의 춤을 추고 무애가의 노래를 불렀다고 전해진다.

길거리에서 원효가 불렀다는 무애가와 무애무는[참고: 이홍구·손경순(2009). 무애무 아박무 무고. 서울: 보고사] 대략 다음과 같다. "산하대지와 사생 고락이 내 마음의 조작이라 콩 심어 콩이 되고 팥 뿌려 팥 거두니, 인과응보가 내 뒤따르는 양 몸 가는데 그림자요 소리에 울림이라 업보에 끄는 힘이 황소 두고 더 세어라 눈 깜박하는 결에 마음에 이는 생각 아뿔싸 천만 겁에 사생 고락 씨가 되니 어허 두려운지고 인과응보 두려워라 그러나 인과 일래 범부도 성인 되네 천지가 넓다 해도 선(善)을 위해 있사오매 터럭같이 작은 선도 잃어짐이 없을러라 방울방울 물이 모여 큰 바다를 이루듯이 날마다 작은 공덕 쌓아 큰 공덕 되니 하잘 것 없는 몸이 무상보리 이루는 법 여덟 가지 바른 길을 밟아 적선함이로다 어허 고마운지고 인과응보 고마워라. 서가여래 아니시면 이 좋은 법 어이 알리 삼천 대천세계 바늘 끝만 한 빈 데 없이 목숨을 버리시며 겪으신 난행 고행 나를 위하심일세 악도에 떨어질 몸 무궁락을 얻는 법을 정녕히 설하시니 팔만 사천법문이라. 문 따라 들어가면 백무 일실하게 도피 안 하오리다 어허 무량할 손 부처님의 은혜셔라 팔만대장경이 모두 다 불법이라 경중이 있을쏘냐 어느 경 하나라도 수지독송 하는 중생 반드시 악취(惡趣) 떠나 불지(佛地)에 들어가리 일념수회(一念隨喜)한 공덕도 만겁 적악 깨드리고 사구게(四句偈)를 믿는 신심(信心) 삼계에 대법사라 경권(經卷)이 있는 곳이 부처님 계신 데요 경을 읽는 중생 부처님의 사자(使者)로다 어허 중생들아 경을 받아 읽었으라 절이 없을진대 불법 어디 머무르며 남녀승 아니런들 뉘 있어 법 전하리. 그러므로 절을 짓고 성중(聖衆) 공양하였으라. 헐벗고 배고픈 이, 옷과 밥을 주었으라 앓는 이 구안하고 약한 이 도와주니 모두 보시행이로다 재물이 없다 한들 몸조차 없을 건가 이 몸 타고나기 도 닦자는 본원(本願)이니 도 위해 쓰고 버림 진정소원 아닌가 제불인위시(諸佛因爲時)에 국성처자(國成妻子) 보시하니 이 몸의 두목신체(頭目身體) 보시 않고 어이하리 신명(身明)을 바칠진대 더 큰 보시 있을쏘냐 물살도음(勿殺盜淫) 하는 일을 지계(持戒)라 일러 있고 남 미워 아니함을 인욕(忍辱)이라 불렀으며 정업정명(定業正命) 근행함을 정진(精進)이라 하시옵고 마음 굳게 잡아 잡념망상 다 떼이고 가을 하늘 맑은 듯이 무애삼매(無碍三昧) 닦는 법을 선정(禪定)이라 하거니와 모두가 마하반야바라밀의 길이로다 만행(萬行) 어느 것이 육도 아님 있으리라 제 힘에 믿는 행을 힘 다하여 닦았으라 신심(信心) 굳게 가는 중생 구경성불 하오리다 어버이 크신 은혜 모르는 이 있으리만 스승의 고마우심 아는 이 그 뉘런고 부처님이 본사시고 보살님네 대사로다 한 가지를 배워서도 스승 공경 하였으라 나라님 아니시면 어느 땅에 발 붙이리 효도인들 어이하며 불법인들 닦을쏘냐 그러매도 군사부(君師父)는 일체라고 일렀도다 임금께 충성 할제 목숨을 아낄쏘냐 효도를 하는 길에 도 닦음 으뜸이라 아들딸이 쌓은 공덕 다생 부모 제도 하네 먹고 입고 쓰는 것이 모두 중생 수고로다 입에 드는 밥 한 알을 절하고 먹으라 사중은(四重恩) 못 갚으면 극락을 바랄쏘냐 군·사·부 중생은 수유나 잊을세라 한 숨 두 숨 쉬는 숨이 은혜 갚는 맹세로다 성인은 그 누구며 범부는 그 누구냐 유정(有情) 무정(無情)이 개유불성(皆有佛性)이라 한마음으로 나툰 중생 불(佛)아닌 이 어디 있나 미(迷) 할제 범부러니 깨달으니 불이로다 지옥 천당이 내 마음이 지은 배라 삼독(三毒) 오욕(五欲) 벗어나서 무상 보리 닦을진대 생사 윤회 끊었거니 악도를 두릴쏘냐 세상에 박복한 이 이름인가 불법을 못 듣는 이 그를 두고 이름이라 다생 악업장(惡業障)이 이 목을 가리우니 불법 속에 살면서도 못 보고 못 듣는다 업장을 떼는 법이 예불 참회 고작이라 섭률의(攝律儀) 섭선법(攝善法)이 업장을 녹이더라 철통 같은 묵은 업장 일조에 터지는 날 광명일월 넓은 법계 자유자재 내리구나 불도를 닦는 사람 무엇을 알아내도 얼굴에 빛이 나고 몸에서 향내 나네 마디마디 기쁨 주고 걸음걸음 꽃 피어라 자비심을 품었으니 노여움 미움 있을 쏘냐 청정 행을 닦았으니 거짓을 끊었어라 오욕번뇌 멸한 사람 제천(諸天)이 공경커든 요만한 악귀 무리 거들떠나 볼 것이냐 송경 염불하는 중생 선신이 옹호하니 물에 들어 안 빠지고 불에도 아니 탄다 한 중생 초발심(初發心)에 법계가 진동하고 은밀한 작은 행도 하늘에 적히도다 불법을 닦는 집이 그 모양이 어떠한고 큰 소리 성난 모양 꿈엔들 보일 건가 신명이 도우시고 불보살이 지키시니 자손 창성하고 부귀공명 하오리다 불법을 닦는 나라 그 모양이 어떠한고 백성은 다 충신이요 아들딸은 효자로다 악귀가 물러나고 선신이 모여드니 우순 풍조하고 국태 민안하다 선업 닦는 중생들이 이 나라에 원생(願生)하니 제상선인(諸上善人)이 구회일처(俱會一處)라 산 모양 들 모양도 얼굴을 변하고 날짐승 길버러지 악심을 떼었으니 현세 즉 극락(現世 卽 極樂)이라 이 아니 보국(報國)이냐 어허 기쁜지고 지화자 좋을시고 법고 둥둥 울려 한바탕 춤을 추자 니누나누 닐리리 나무아미타불."

12) 참고: 가스통 바슐라르(역). 물과 꿈(역). 서울: 문예출판사.

13) 표백제에도 여러 종류가 있다. 표백제의 화학기호는 NaClO이다. NaClO는 NaCl(소금)과 O(산소)의 결합물인데, 소금과 산소의 결합물을 차아염소산나트륨(차아염소산소다, NaClO: Sodium Hypochlorite)이라고 부른다. 표백제로 쓰이기 위해서는 차아염소산나트륨에 적정량의 물을 섞어야 한다. 소금은 화학적으로는 나트륨(Na)과 염소(Cl)의 결합물이다. 옛날부터 신성한 물질로 분류되었던 소금은 방부제와 조미료의 성질뿐만 아니라 청정(淸淨)과 신성의 상징으로 여겨져 왔다. 초자연적인 힘을 가진다고 생각되어, 고대 이집트인들은 미라를 만드는 데 소금물을 활용했다. 시체를 소금물에 담가 놓으면 시신의 부패가 예방되기 때문이다.

한국인도 악귀나 나쁜 것을 쫓는 데 소금을 뿌리곤 했었다. 그런 관행은 바로 소금이 액땜을 해 주는 것으로 인식했기 때문이다. 소금에 산소가 결합하면 표백제의 일종인 차아염소산나트륨으로 변한다. 차아염소산나트륨을 물에 용해하면 산소원자(O)가 튀어나온다. 이 산소원자를 활성산소라고 부른다. 활성산소는 유해산소이다. 산소는 인간의 생명 유지에 절대적이다. 이 산소와는 달리 활성산소는 호흡용 산소와는 속성이 아주 다르다. 활성산소는 늘 불안정한 상태에 있기 때문이다. 인체에서는 환경오염과 화학물질, 자외선, 혈액순환장애, 스트레스 등으로 활성산소가 과잉생산된다.

활성산소는 묘한 속성을 가진다. 불안정스런 활성산소(O)는 산소분자(O_2)와 달리, 외톨이 산소라 주위에 다른 분자와 빨리 결합하려고 하기 때문이다. 모든 물질은 분자로 이루어지고, 분자는 원자로 구성되기 때문이다. 원자핵 주위에는 궤도를 따라 전자가 돌고 있는데, 원자와 분자는 외곽의 전자가 쌍을 이루어야 안정된다. 전자쌍을 이루지 못한 원자나 분자는 매우 불안정하기에, 안정을 위해 어디서든 전자 한 개를 취해 와야 한다. 전자 한 개를 탈취해와야만 안정을 유지할 수 있기에, 그 전자를 잃은 다른 전자는 그것 때문에 다시 불안정해기 마련이다. 그런 빼앗기고, 빼앗는 연쇄과정을 거치는 동안

전자 짝 한 개는 계속 부족하게 된다. 이처럼 외톨이 전자를 보유한 채, 짝이 없어 몹시 불안정한 상태를 자유기라고 한다. 이 자유기의 상태가 바로 활성산소다.

산소분자(O)와 달리 외톨이 산소이기 때문에, 주위에 있는 다른 분자와 빨리 결합해야 한다. 표백제인 차아염소산나트륨의 활성산소는 다른 전자 하나를 빼앗아 안정적인 상태에 이르려는 과정에서 색소나 검댕같이 불완전 연소 상태인 분자를 태워 하얗게 만들어 놓는다. 이것이 바로 활성산소의 표백 효과이다. 동시에, 냄새분자는 완전 연소하여 분해된다. 이것이 탈취 효과다. 마지막으로 세균이나 미생물들도 죽어 버리기에 표백제는 살균효과를 가진다.

14) 참고: 권명대(2010). 수행. 서울: 동문선.

15) 『반야심경(般若心經)』에 나오는 말이다. 『반야심경(般若心經)』은 '마하반야바라밀다심경'이라는 긴 이름을 갖고 있지만 불교의 모든 경전 가운데 262자로 된 가장 짧은 경전이기도 하다. 보통 『심경』이라고 줄여서 부른다. '마하반야바라밀다심경'이라는 말에서, 마하는 범어로 '크다', 바라밀다는 '완성', 심은 '핵심'을 뜻한다. 『반야심경』은 큰 지혜의 완성에 대한 핵심을 설한 경전이라는 뜻이다.

불교의 의식에서 반드시 독송되는 반야심경의 중심 내용은 공(空) 사상으로 이뤄졌다. 공 사상은 난해하지만 그 핵심은 모든 것은 변한다는 생각의 집약이다. 현상은 무수한 원인과 조건에 의해 시시각각으로 변화한다. 변하지 않는 실체는 존재하지 않는다. 모든 것이 공(空), 즉 변한다는 것을 철저하게 터득하는 것이 정각(正覺)이다. 모든 것이 변하면 붙잡아야 할 것이 있을 수 없다. 『반야심경』에서는 오온(五蘊), 십이처(十二處), 십팔계(十八界), 십이연기(十二緣起), 사제(四諦) 같은 것을 철저하게 부정하며, 깡그리 파쇄시켜 놓고 있다. 이런 파쇄의 부정은 단순한 수사학적인 거부가 아니다. 깨달음을 얻기 위한 방편에 집착하는 것이 부질없는 짓임을 철저하게 알리고, 그 위험을 경계하기 위해서다. 부정을 뛰어 넘어 대긍정의 슬기를 펼치고 있는 『반야심경(般若心經)』은 한마디로 색즉시공(色卽是空), 공즉시색(空卽是色)의 경연이다.

16) 한 곳에서 다른 곳까지의 떨어짐을 말하는 것이 사이다. 이름씨이기는 하지만, 움직임을 말하는 동사로도 쓰일 수 있다. 한 물체에서 다른 물체까지의 거리나 공간이 사이이지만, 그렇게 떨어짐과 분리할 수 있기 때문이다. 사이는 하나와 다른 하나를 이어 주기도 하지만, 갈라 놓기도 한다. 이어짐과 떨어짐이 반복하는 것이 사이다. 여기서 말하는 샛길은 사잇길이 아니라, 잘못된 길, 의도적으로 만들어진 틈새길을 말한다. 예를 들어, "샛길로 질러가면 훨씬 빠르다."처럼 쓰인다. 혹은 "샛길로 빠질 때 인생은 즐겁다." "샛길은 호젓하나 구렁텅이로 빠져드는 길이다."와 같은 경우가 그런 뜻으로 쓰인 것이다."[참고: 엄광용(2002). 샛길은 호젓하나 구렁텅이로 빠져드는 길이다. 서울: 다리미디어]

17) 참고: 스티브 도나휴(2005). 사막을 건너는 6가지 방법(역). 서울: 김영사.

18) 참고: 법정(2006). 오두막 편지. 서울: 이레.

19) 위파사나 수행은 삶에서 요구되는 일들을 무심히 지나쳐 온 것에 대해 반추하며, 그것을 새삼 관찰의

대상으로 삼는 수행법이다. 예를 들어, 숨 쉬기, 걷기, 먹기와 같은 일상적 동작을 극도로 천천히 만들어 놓음으로써 신체의 일거수 일투족을 지각하며 자각하는 '알아차림'을 통해 저 스스로 자기를 돌아보면서 또 다른 나를 찾아 나서는 일이 위파사나 수행이다. 몸〔身〕의 움직임에서부터 느낌〔受〕, 마음〔心〕, 생각의 대상〔法〕 등과 같은 사념처(四念處)가 나에게 어떻게 작용하며, 어떻게 영향을 주는지를 통찰함으로써 마침내 깨달음에 이르는 수행법이다. 자기에 대한 미세한 움직임을 놓치지 않고 관찰하면, 실제 움직이는 것은 나라는 신체와는 다른 무엇이라는 새로운 느낌을 갖게 된다. '무아(無我)'라는 상태를 말로만 가르치는 것이 아니라, 본인 스스로 실제로 체험해 보게 함으로써 깨달음에 이르게 도와주는 수행법이 위파사나 수행이다(참고: 장현갑 · 배재홍 · 정애자 · 권석만(2008). 마음챙김 명상 108가지 물음. 서울: 학지사).

위파사나의 수행은 행(行), 주(住), 좌(座), 와(臥) 4가지로 나눈다. 행은 걸으며, 주는 서서, 좌는 앉아서, 와는 누워서 행하는 수행이다. 경행 수행법은 말 그대로 걷고 있는 자신의 행위를 상세하고 꼼꼼히 하나하나 알아차리면서 행하는 수행법이다. 경행 수행에서 권장되는 유의 사항은 다음과 같다. ① 우선 선 채로, 손은 뒤나 앞으로 서로 살며시 잡고 '걷는다'고 알아차린다. ② 걸으려는 다리의 움직임에 의식을 두어 '들어올림, 나아감, 내려놓음'이라고 명칭을 붙여서 걷는 다리의 감각을 하나하나 확인해 간다. ③ 처음에는 반드시 명칭을 붙여서 확인하는 일이 중요하다. 이것은 망상과 혼란을 피해 집중하기 위한 수단이다. ④ 한 걸음의 거리는 그다지 크지 않게 자연스러운 걸음이면 된다. ⑤ 한쪽 발바닥이 확실히 지면에 닿은 것을 확인하고 나서 다른 쪽 다리를 들어 올린다.

경행의 방법 역시 만만치 않은 수행 요령을 갖고 있다. ① 처음에는 발을 들고 내릴 때 '들어 올림' '내려 놓음'이라고 2단계로 나누어 알아차림을 한다. ② 마음이 가라앉으면 '들어 올림' '나아감' '내려 놓음'의 3단계로 알아차린다. ③ 집중이 한층 깊어져 다리의 움직임을 확연하게 알아차리게 되면 6단계로 나눈다. '뒤꿈치 들어 올림, 앞 꿈치 들어 올림, 나아감, 내려 놓음, 닿음, 누름'으로 더욱 세밀하게 알아차려 간다. ④ 더욱 마음이 집중되어 예리해지면 발을 들어 올릴 때는 '들어 올림, 발바닥 떨어짐, 올라감', 발을 옮길 때는 '나아감, 나아감, 나아감', 발을 내릴 때는 '내려 놓음, 닿음, 누름'의 9단계로 나누어 알아차리도록 한다. ⑤ 멈추어 서 있을 때는 '서 있음, 서 있음'하며 서 있는 상태를 확인하고, 호흡의 '일어남, 사라짐'을 알아차린 후 다시 '서 있음, 서 있음'하며 서 있는 상태를 확인하도록 한다. ⑥ 돌아서고자 할 때는 '좌 또는 우로 90도 돌고자 함'하고 알아차린 후 돌고, 또 이와 같이 90도 돈 후 멈춰 선 채 앞의 ⑤와 같이 한다.

경행 수행에서 모든 수행의 행위들을 세분화하고 그것에 유념하라고 이르는 이유가 있다. 그것은 살아오면서 무심코 지나쳐 온 것에 대한 새로운 각성과 감사함을 느끼라는 뜻이다. 경행 수행자들은 자신의 모든 동작을 자세하게 관찰해야 한다. 동작을 세분화하며 이름 짓기부터 시작해야 한다. 예를 들어, 좌선하면서 호흡할 때는 서양 사람들이 하듯이, '라이징(rising), 폴링(falling)'하며 숨을 내쉰다. 호흡할 때는 배가 부름하며 숨을 들이쉬고 숨을 내쉴 때는 배가 꺼짐하며 숨을 내쉰다. 이런 수행이 진전되어 들숨과 날숨, 날숨과 들숨이 바뀌면 정지해 있음이라는 뜻으로 '시팅(sitting)'이라는 이름을 붙인다. 걸을 때도 마찬가지이며, 심지어 변(便)을 볼 때에도, 사랑을 할 때에도 마찬가지다. 경행 수행과 마찬가지로 그 행위를 스스로 관찰, 여러 단계를 세분화해야 한다. 이런 구분은 수행이 진전될수록 더욱 구체화되지만 일정한 경지에 도달하면 자연스럽게 잊히게 된다. 동작은 더욱더 천천히, 그리고 느려지게 되며, 깨달음의 경지에 이르게 된다.

20) 참고: 요한복음. 3:5-7.

21) '알 이즈 웰(all is well)'의 신비함에 대해 '세 얼간이'의 주인공인 '란초'는 다음과 같은 사연이 있음을 알려 준다. "어느 한 마을에 경비가 있었는데 야간 순찰을 할 때마다 "알 이즈 웰~."을 외쳤어. 그래서 마을 사람들은 마음 놓고 잘 수 있었지. 근데 하루는 도둑이 들었던 거야. 나중에 알고 보니 그 경비는 야맹증 환자였어. "알 이즈 웰~."이라고 외쳤을 뿐인데 마을 사람들은 안전하다고 생각한 거야. 그날 온 마을 사람들은 깨달았어. 사람의 마음은 쉽게 겁을 먹는다는 걸. 그래서 속여 줄 필요가 있는 거지. 큰 문제에 부딪히면 가슴에 손을 얹고 얘기하는 거야. "알 이즈 웰~ 알 이즈 웰~." 그래서 그게 문제를 해결해 줬냐고? 아니, 문제를 해결해 나갈 용기를 얻는 거지. 기억해 둬. 우리 삶에 꼭 필요할 때가 있을 거야."

22) 이것을 흔히 사념처(四念處) 수행이라고 한다. 알아차림을 네 가지 대상, 말하자면 몸, 느낌, 마음, 법에서 이뤄 내는 깨달음의 수행은 붓다가 몸으로 보여 준 수행이기도 하다. 사념처 수행이다. 이 네 가지를 한문으로 사념처라고 한다. 사념처 수행에 매료된 수행자인 한 사람으로서 이종숙은 있는 그대로 사념처 수행에 대해 말한다. "수행자가 마음을 알아차리는 수행을 하면 주로 자신의 탐욕과 성냄과 어리석음을 많이 보게 됩니다. 이것은 아주 좋은 일입니다. 평소에는 그런 마음이 있는지도 모르고 살았는데, 수행을 해서 탐욕, 성냄, 어리석음이 많다는 것을 안 것입니다. 이것은 자신을 있는 그대로 보는 힘이 생겼다는 것이고, 탐욕, 성냄, 어리석음을 알아차린 만큼 그런 마음에서 벗어나고 있다는 것입니다. 또한 자신의 탐욕, 성냄, 어리석음을 많이 알아차린 사람은 다른 사람의 탐욕, 성냄, 어리석음에 대해서도 너그러워집니다. 누구나 탐욕, 성냄, 어리석음이 있기 마련이라는 것을 자신의 경험을 통해 알기 때문입니다."[참고: 이종숙(2012). 사념처 수행(위빠사나 명상의 길잡이). 서울: 행복한 숲]

23) 참고: 사토 도미오(2009). 배우고 익히면 즐겁지 아니한가—시작하는 것만으로도 설레는 인생이 펼쳐 진다(역). 서울: 위즈덤하우스.

24) 조난의 최악 상황을 극적으로 보여 주는 영화가 〈오픈 워터(Open water)〉다. 바하마의 해양 관광지를 찾은 미국인 부부 다니엘과 수잔은 평소에도 즐기던 스쿠버 다이빙을 위해 바다로 나간다. 스쿠버 애호가들을 실은 유람선이 항구를 떠난다. 스쿠버들이 일정 시간 동안 바다에서 산호초나 물고기를 즐긴다. 다니엘과 수잔은 일행과는 달리 조금 더 바닷속 이곳저곳을 즐긴다. 배에 되돌아갈 시간이 물시계에 포착되자 그들은 관광선을 찾아 물 위로 올라온다.
그러나 그들 부부를 기다려야 할 배는 보이지 않는다. 항구로 되돌아가 버린 지 이미 오래되었다. 이들 부부가 다른 스쿠버들보다 늦게 온 것은 결코 아니었다. 무엇인가 관광선과 이들 간에 오해가 있었다. 의사소통이 잘못된 것이다. 이들 부부가 배로 돌아오기 전에, 관광객들로 붐비던 배는 많은 스쿠버들이

정해진 시간 이전에 배로 돌아오기 시작하자 모두가 온 것으로 착각했던 것이다. 돌아올 인원을 제대로 점검한 것이 바로 그 모양이었다. 전원이 되돌아왔다고 점검되었기에 스쿠버 관광선은 이내 항구로 되돌아 가버린 것이다. 항구에 도착한 후에는 다니엘 부부가 먼저 하선한 것으로 간주했다.

모든 일을 깔끔하게 마감했지만, 모두가 즐거움에서 비롯된 착각이었다. 스쿠버를 즐기다 일어난 완전한 착각, 착각의 완전함 때문에 벌어진 조난이었다. 그 누구도 의심하지 않은 조난이었다. 다니엘 부부는 망망대해에 남겨진다. 그들은 그래도 희망의 끈을 놓지 않는다. 희망이 서서히 절망에게 자리를 양보하기 시작했다. 다니엘과 수잔은 서서히 거친 바다가 온몸을 감싸고 갇혀있음을 알게 된다. 즐김의 놀잇감이었던 바다와 일렁이는 파도들이 서서히 죽음을 알려 주는 신호로 변하기 시작한다. 파도에 밀려 뒤로 밀리기 시작한다. 부부에게 파도는 넘실거린다. 그들의 숨과 명을 엿보며 갉아먹기 시작한다. 자신의 몸이 자신의 정신으로부터 버림받기 시작한다. 바다 역시 이들에게 말이 없다. 그저 그렇게 냉담할 뿐이다. 지나가는 배도, 비행기 소리도 이들에게는 소용없는 짓거리일 뿐이다.

언제부터인지 이들 부부 주위로 상어들이 다가오기 시작한다. 절망이다. 상어 떼가 그들을 공격한다. 그들은 흔적도 없이 사라진다. 시간이 지났다. 낚싯줄에 상어가 걸린다. 그들의 뱃속에서 남녀 커플의 물안경만이 발견된다. 조난은 자연과의 관계에서만 벌어지는 것이 아니다. 산에서, 바다에서 사투를 벌이는 것만이 조난일 수가 없다. 조난은 개인적으로뿐만 아니라, 사회, 세상의 문젯거리이기도 하기 때문이다. 바다에서 물에게 버림받는 것을 바다에서의 조난이라고 한다면, 땅위에서 공기에게 버림 받는 것도 조난 상황에 속한다.

사회적 조난이라는 개념은 사회생활에서 일상적인 개념들이다. 사회적 조난의 상황 역시 〈오픈 워터〉라는 영화의 주인공 부부가 바다와 파도에서 겪어 내는 그런 상황과 크게 다르지 않다. 사회는 조직으로 구성된다. 어떤 조직에서든지 조난자들이 생기기 마련이다. 그렇게 생기는 사회적 조난자들은 결코 사회의 낙오자들이 아니다. 일본인 감독 히로키 이와부치는 〈조난백수(遭難フリ―タ―)〉라는 기록 영화에서 일명 프리터족인 감독이 자신을 밀어내는 구조와 자신의 삶이 보여 주는 사회적 조난 사건들에 대해 기록하고 있다.

프리터는 'free'와 'arbeit'의 일본식 조어로, 프리터족은 일정한 직업을 정하지 않고 2~3개의 겹치기 아르바이트로 생활하는 젊은 사람을 말한다. 이 시대 일본인이 겪고 있는 사회적 문제를 예민하게 노출하고 있는 이 기록 영화는 파트 타임 인생을 사회에서 조난당하고 있는 자들의 슬픔으로 그려내고 있다. 그는 캐논 공장에서 비정규직 노동자로 일하고 있다. 주중에는 하루 종일 잉크 카트리지를 모으고, 주말이면 도쿄로 나가 다른 일용직을 찾아 나선다. 생존하기 위한, 구원을 기다리는 사회적 조난자의 절규 같은 것이다. 자신에게는 언제쯤이나 파트 타임 인생이 끝날 수 있을지 끊임없이 회의하며 질문을 던지고 있던 그는 우연하게 어느 날 비정규 노동자들의 거리 집회에 끼이게 된다. 정말로 기대하지 않은 우연한 일로 인해 그는 TV에도 출연한다.

억지 춘향이처럼 TV에 나오게 된 그는 사회에서 소외된 많은 사람 중 한 명으로 분류된 채 설명된다. 프리터족인 그에게는 자신이 사회적으로나 심리적으로 소외당한 사람과 동일시되는 것은 부당한 일이었다. 그는 심리적인 공항 상태에서 사회를 비난하거나 사회로부터 격리되려고 하기보다는 오히려 사회로부터의 적극적인 구조를 기다리는 중이다. 그는 그저 언제쯤이나 이렇게 지루하게, 끝나지 않는 사회적 굴레와 조난 상태에서 구조될 수 있는지를 기다리고 또 기다리고 있다. 단지 끝내 사회적 구원의 손길이 닿지 않아 사회 이곳저곳에 표류하고 있는 사람이다. 그렇게 살고 싶어 발버둥 치며 무엇인가의 구제들을 갈구하지만, 사회적 무관심으로 기피당하고 있거나 무시당하고 있는 사람들을 가리켜 사회적 조난자라고 부를 수 있다.

세계 정치사에서 한 획을 긋고 있는 테러리즘(terrorism)의 문제도 그 근원에는 조난의 개념이 뿌리 잡고 있는 세상의 개념에 지나지 않는다. 약소국, 피지배국가의 국민은 그들을 지배하는 다른 권력국가에 어떻게든 저항을 하게 마련이다. 저항의 양태는 저항을 부당성을 지적하는 초등학생의 편지에서부터 열사, 의사의 명칭으로 추앙되는 민족 지도자의 무력 저항에 이르기까지 다양할 수 있다.

우리의 역사도 그것을 증명한다. 예를 들어, 안중근 의사가 일본 제국주의의 이론가이며 정치인인 이토 히로부미를 저격한 것이 바로 그 사건이다. 안중근이라는 개인 인물은 우리에게 영웅이지만, 일본인들에게는 비열한 테러리스트 중의 한명일 뿐이다. 조선 말기를 살아가던 우리에게 안중근은 지도자였지만, 저들에게는 범죄자였을 뿐이다. 그 당시 극동아시아권에서 조선은 그저 열강의 세력 싸움에서 표류하던 조난 국가였을 뿐이었다. 그 어떤 나라로부터도 구원의 손길을 받아보지 못한 그런 조난의 국가였다. 조난의 민족들이 내는 목소리들은 언제나 저항이었고 테러의 한 종류로 여겨졌다.

테러는 권력을 가진 자들이 약한 자들의 목소리를 억누르기 위한 낙인과 죄목이었다. 힘 없는 자들이 요구하는 절대 자유와 평화는 힘 있는 자들의 입장에서는 그야말로 헛소리로 들리기 때문이다. 이런 점에서 보면, 9·11 참사의 주역이었다는 탈레반과 그들의 명분(televangelism)은 강대국에게는 테러리즘의 논리 그 이상이 될 수 없다. 탈레반을 따르는 그들이 현대판 중동의 조난자들이라면, 유대인들은 근현세사에 있어서 유럽 문명의 조난자들이나 마찬가지였다.

25) 영화 〈위대한 독재자〉에서 코미디언 채플린이 마지막으로 연설한다. 관람자들을 숙연해진다. 격렬한 위안이 뒤따른다. 이 세상에 존재했던 그 어떤 독재자가 해 본 적이 없었던 말이었기 때문이다. "죄송합니다. …… 전 황제가 되고 싶지 않습니다. 그건 제 관심사가 아닙니다. 전 지배하거나 누굴 정복하기 싫습니다. 전 가능한 모든 사람을 돕고 싶습니다. 유대인, 이방인, 흑인, 백인……. 우리는 모두 다른 사람을 돕고 싶어 합니다. 인간이란 건 그런 것입니다. 우리는 다른 사람들의 행복과 함께 살고 싶어 합니다. 다른 사람들의 불행과 함께 사는 것이 아닙니다. 우린 누군가를 증오하거나 경멸하고 싶어 하지 않습니다. 이 세계는 모든 사람들의 공간입니다. 풍요로운 우리의 지구는 모든 사람들을 먹여 살릴 수 있습니다. 그런 삶 또한 정말 자유롭고 아름다울 것입니다.

하지만 우리는 길을 잃은 것입니다. 탐욕이 사람의 영혼을 가두고, 이 세상에 증오의 벽을 쌓게 만들며, 우리를 정말 끔찍한 상황으로 몰아넣고 있습니다. 우리는 빠르게 발전했지만, 그것은 우리 자신을 가두는 꼴이 되어 버렸습니다. 기계 문명은 우리를 정신적인 빈곤에 빠지게 만들었고, 우리의 지식은 우리를 냉담하게 만들었으며, 우리의 영리함은 우리를 쌀쌀맞고 인정없이 만들었습니다. 우리는 많은 생각을 하지만, 느끼는 것은 너무나 적습니다. 우린 기계보다 인간성이 필요합니다. 우린 영리함보다 친절함과 상냥함이 필요합니다. 이러한 자질 없이는 우리의 인생은 폭력적이 될 것이며, 우리 모두 헛되이 살아가게 될 것입니다. 비행기와 라디오는 우리를 더 가깝게 만들어 주었습니다.

지금 이 발명품들은 인간의 선량함에 호소합니다. 전 세계의 형제들에게 호소합니다. 우리 모두 단결합시다! 지금 이 순간, 저의 목소리가 전 세계 사람들에게 들릴 것입니다. 수많은 절망하고 있는 남자들, 여자들, 그리고 어린이들, 고문당하는 조직 체제의 희생자들, 죄 없이 감옥에 들어간 사람들, 그들 모두에게 전합니다. 제 목소리가 들린다면, 절망하지 마십시오. 고통이 우리를 지배한다 해도, 우리는 잠시 욕망을 지나치는 것뿐입니다. 인류 진보의 길을 두려워하는 인간의 쓰라림일 뿐입니다. 인간의 증오는 지나갈 것이고, 독재자들은 죽을 것입니다. 그들이 사람들에게서 빼앗은 권리는 다시 사람들에게로 돌아갈 것입니다. 인류가 멸망할 때까지, 오래도록 자유는 멸망치 않을 것입니다.

병사들이여, 저런 짐승들을 따르지 마십시오! 저들은 당신들을 경멸하며, 노예처럼 부립니다. 당신의 삶을 통제하고, 자신의 행동과 생각과 느낌을 가르쳐서 당신을 세뇌하고, 당신을 소처럼 다루며, 허수아비처럼 이용합니다. 이런 사람들을 따르지 마십시오! 기계적인 생각과 기계적인 마음을 가진 기계 인간을 따르지 마십시오! 그대들은 기계가 아닙니다. 그대들은 짐승이 아닙니다. 그대들은 인간입니다! 우리의 마음에는 인간애가 있습니다. 미워하지 마십시오. 사랑받지 못한 미움일 뿐이고, 자연스럽지 못한 증오일 뿐입니다.

병사들이여, 노예로서 싸우지 마십시오. 자유를 위해 싸우십시오! 누가복음 17장을 보십시오. '하느님의 나라는 너희 안에 있다.' 한 사람이 아닌, 한 집단이 아닌, 당신들 모든 이에게 있습니다. 여러분은 힘을 갖고 있습니다. 기계를 만들 수 있는 힘이 있습니다. 행복을 만들 수 있는 힘이 있습니다. 여러분에겐 삶을 자유롭고 아름답게 만들 힘이 있습니다. 여러분의 인생을 진귀한 모험이 되게 할 수 있는 힘이 있습니다!

민주주의의 힘으로 그 힘을 사용합시다! 우리 모두 뭉쳐서, 새로운 세계를 위해 싸웁시다. 멋진 세계를 위해서 말입니다! 사람들이 일할 수 있는 세계, 청년들에게 미래를 주는 세계, 노인에게 안전을 보장하는 세계. 이것들을 약속하고서 그 짐승들은 권력을 얻었습니다. 하지만 그들은 거짓말을 하였습니다. 그들은 약속을 지키지 않았습니다. 그들은 절대로 약속을 지키지 않을 것입니다. 독재자만이 자유롭고, 그 국민들을 노예처럼 부립니다. 이제 그 약속을 이루기 위해 싸울 때입니다. 세상을 자유롭게 하기 위해 싸웁시다! 국경을 없애기 위해 싸웁시다! 증오와 편협의 욕망을 없애기 위해 싸웁시다! 이성이 살아 있는 세상을 위해 싸웁시다! 과학과 진보가 모든 이의 행복을 이끌어주는 그런 세상을 위해 말입니다. 병사들이여, 민주주의의 이름으로 모두 단결합시다!"

26) 참고: 밥 딜런 (2005). 자서전(역). 서울: 문학세계사.

27) 참고: 진중권(2008). 놀이와 예술 그리고 상상력. 서울: 휴머니스트.

28) 백가몬은 한국의 윷놀이와 유사하다. 2명 혹은 두 집단으로 나뉜 선수들이 흑백의 말로 나누고 2개의 주사위를 던져서 나오는 수만큼의 말을 움직이는 게임이다. 최종적으로 상대방보다 일찍 자기의 말을 말판에서 빼내면 이긴다.

29) 참고: 김종철 (2009). **못과 삶과 꿈**. 서울: 시월.

30) 시인 엘뤼아르(Paul Éluard)는 자유하려면 "인생을 바꿔야 한다."고 말한다. 자기 생각의 틀부터 바꾸
려면 상상력에 매달려보라고 가르친다. 상상력만 제대로 가동한다면 인간은 누구나 다 자유롭게 꿈꾸
며 그 기쁨을 만끽할 수 있다고 강조한다. 상상력에 묻어 다니는 광기로 하여금 이성을 감찍할 수만 있
으면 세상도 인생도 조금은 더 편해질 수 있다는 것이다. 그것만 있으면, 어떤 편집증으로부터도 자유
로워질 수 있다는 것이다[참고: 이승하(2006). **세계를 매혹시킨 불멸의 시인들**(역). 서울: 문학사상사].
「정의」라는 시에서 엘뤼아르는 인간이 살아가는 법칙을 몇 개로 갈라서 노래한다. "포도로 포도주를
만들고 숯으로 불을 피우고 입맞춤으로 인간을 만드는 것 이것이 인간의 뜨거운 법칙이다. 전쟁과 비참
에도 죽음의 위험에도 본연의 자태를 그대로 간직하는 것 이것이 인간의 가혹한 법칙이다. 물을 빛으로
꿈을 현실로 적을 형제로 변하게 하는 것 이것이 인간의 부드러운 법칙이다. 어린애의 마음속 깊은 곳
에서부터 최고 이성에 이르기까지 계속 자체를 완성해 가는 낡고도 새로운 법칙이다."

31) 인터넷상에 「좋은 친구가 필요할 때가 있다」는 글이 떠돌고 있다. 그 글을 따라 읽어가면, 사람은 나이
가 들어갈수록 사랑하는 사람보다는 좋은 친구가 필요할 때가 있음을 직감한다. "만나기 전부터 벌써
가슴이 뛰고 바라보는 것에 만족해야 하는 그런 사람보다는 곁에 있다는 사실만으로 편안하게 느껴지
는 그런 사람이 더 그리울 때가 있습니다. 길을 걸을 때 옷깃 스칠 것이 염려되어 일정한 간격을 두고
걸어야 하는 사람보다는 어깨에 손 하나 아무렇지 않게 걸치고 걸을 수 있는 사람이 더 간절할 때가 있
습니다. 너무 커서 너무 소중하게 느껴져서 자신을 한없이 작고 초라하게 만드는 사람보다는 자신과
비록 어울리지 않지만 부드러운 미소를 주고받을 수 있는 사람이 더 간절할 때가 있습니다. 말할 수 없
는 사랑 때문에 가슴이 답답해지고 하고 싶은 말이 너무 많아도 상처받으며 아파할까 봐 차라리 혼자
삼키며 말없이 웃음만 건네 주어야 하는 사람보다는 허물없이 농담을 주고받을 수 있는 사람이 더 절
실할 때가 있습니다. 아무리 배가 고파도 차마 입을 벌린다는 것이 흉이 될까 봐 염려되어 식사는커녕
물 한 방울 맘껏 마실 수 없는 그런 사람보다는 괴로울 때 술잔을 부딪칠 수 있는 사람, 밤새껏 주정을
해도 다음 날 웃으며 편하게 다시 만날 수 있는 사람, 이런 사람이 더 의미 있을 수 있습니다. 어쩜 나
이 들수록 비위 맞추고 사는 게 버거워 내 속내를 맘 편히 털어놓고 받아 주는 친구 하나 있었으면 하
는 바람입니다."

32) 참고: 장영희 (2009). **살아온 기적 살아갈 기적**. 서울: 샘터.

33) 이곳, 리치스탄에 사는 사람들은 모두 백만장자들이다. 말하자면 네스케이프 창업주 짐 클라크, 미용
사출신 억만장자 시델 밀러 같은 이들이 이곳에 거주한다. 『리치스탄』이란 책에 실린 일화다. 억만장자
부자가 반바지에 슬리퍼 차림으로 아들과 산책하러 나간다. 고급 자동차 판매장에 전시된 차에 매료되
어 그 차를 사기 위해 매장에 들른다. 자동차 판매원은 매정하게 이들을 박대한다. 허름한 옷차림이 못
마땅했고, 처음부터 고급차를 살 만한 사람으로 보이지도 않았기 때문이다. 문전박대당한 슈퍼리치는
자동차 매장을 나오면서 아들에게 말한다. "양복은 부자들에게 고용된 사람들이나 입는 것"이라고 말

한다. 억만장자, 백만장자가 아니더라도 어느 정도의 부를 축적한 부자들은 자신이 번 돈을 평생 다 쓰고 죽기도 못한다는 것을 프랭크 교수는 또 다른 부자의 말로 인용한다. "정말 돈이 얼마 정도 있어야 충분할까요? 전 10년 전에는 500만 달러가 있으면 걱정 없이 살 수 있을 거로 생각했죠. 지금은 그보다 더 많아졌지만, 아직도 부족하다고 느껴요. 정말 어느 정도가 있어야 할까요? 천만 달러? 5천만 달러?" 타이거 회원 중 하나인 미디어 임원은 웃으며 이렇게 말했다. "이건 정말 상류 사회의 고민이군요."[참고: 로버트 프랭크(2008). 리치스탄: 새로운 백만장자의 탄생과 부의 비밀(역). 서울: 더난]

34) 노매드 미디어 & 트래블 대표인 윤용인 대표는 제주도에서 작은 팬션을 운영하는 늦깎이 작가 김희경 (60) 씨가 이야기한 삶의 한 토막을 이렇게 전한다. "김희경 주부는 아무리 가까운 남편이지만 지갑만큼은 마치 최후의 성역처럼 함부로 열어보려 하지 않았다. "남자 지갑 만지면 운수가 없다."고 늘 외워대던 친정 어머니의 잔소리도 한몫했다. 그러나 살다 보면 어디 그런가? 남편이 뭔가 의심스러울 때는 살짝살짝 지갑을 열어 봤다고 한다. 연애할 때 남편의 지갑에는 용모 단정한 남편의 증명사진이 들어 있었다. 결혼 후에는 태종대에서 찍은 두 사람의 연애 사진으로 바뀌었다. 예쁜 면사포 쓴 결혼사진이 더 좋다고 말하고 싶었지만, 지갑 열어본 것이 들통날까 봐 그 말은 하지 못했다. 세월이 흐르면서 남편의 지갑을 까맣게 잊고 살았다.

살림하고 아이 키우느라 남편의 지갑에 여배우가 들어 있든, 다방 마담이 들어 있든 신경 쓸 여유도, 질투심도 없어졌다. 나이 오십을 넘기고 어느 날 문득 열어 본 남편의 지갑에는 시집간 두 딸의 사진이 들어 있었다. 그것도 장성한 모습이 아닌 대학 시절 딸들의 모습으로. "남편은 어느 순간 성장을 멈춘 딸들이 보고 싶었나 봐. 결혼식장에서는 사위에게 딸을 넘겨줬지만 지갑 사진 속 시절만은 넘겨줄 수 없다는 남편의 심통도 전해지더라니까. 호호." 그리고 얼마 전 다시 남편의 지갑을 열어봤다. 손녀들을 너무 예뻐하니 그 애들 사진 정도가 들어 있으리라고 생각했다.

그런데 거기에는 미처 생각지도 못한 사진이 들어 있었다. 이십 년 전에 돌아가신 남편의 어머니 사진. 한복을 입고 쪽머리를 올린 구식 시어머니 사진이 이제는 그만큼 늙어 버린 남편의 지갑 속에 들어 있었다. "차라리 농염 짙은 도색 사진이라도 나왔다면 분하면서도 아직은 치열한 남자라고 안도했을 거야. 그런데 젊은 날의 열정에서 멀어져 모성으로 돌아가고 있는 남편이 어쩌나 안쓰러운지 한참동안 명치 끝이 아팠어." 그날 밤 잠든 남편의 여윈 손을 꼭 잡아 주며 희경 씨는 오랫동안 잠을 이루지 못했다고 했다. 그런데 갑자기 궁금하지 않으신가? 당신 남편 지갑에는 어떤 사진이 들어 있을지?"[참고: 윤용인(2009). 나의 지갑 속에는 사진이 없다, …… 누구를 기릴 것인가? 조선일보. 2009년 9월 9일자]

35) 참고: 줄리언 스팰딩(2007). 미술, 세상에 홀리다(역). 서울: 세미콜론.

36) 비릴리오(Paul Virilio)는 『소멸의 미학』에서 '흘러가고 있는 현실' '사라지는 현실'이라는 말로써 사라짐 미학을 논한다. 그가 말하는 사라짐이라는 말은 있던 것이 완전히 형체도 없이 사라지거나 있었던 이전의 상태로 복원될 것이라는 기대감을 지칭하는 것이 아니다. 그가 말하는 사라짐이란 광학적으로 풀이하면, 한 대상을 근거리에서 강렬하게 집중하거나 그런 초점 맞추기 과정에서 나타나는 시각의 변형이다. 무엇이든지 그 실체를 알아 보기 어려울 정도의 먼 거리에서 관찰하면, 그 대상의 양태는 달라

진다는 점에서, 사라짐은 하나의 실체나 현상을 바라보는 것의 변형 상태를 지칭하는 것이다[참고: 폴 비릴리오(2004). 소멸의 미학(역). 서울: 연세대학교출판부].

37) 김삿갓의 본명은 김병연(金炳淵)이다. 그는 세도가 집안의 자손이다. 다섯 살 때 홍경래의 난이 일어난다. 순조 11년(1811년) 신미년의 일이었다. 홍경래는 서북인(西北人)을 관직에 등용하지 않는 조정의 정책에 대한 반감과 탐관오리들의 행각에 분개가 폭발하여 평안도 용강에서 반란을 일으켰다. 당시 선천 방어사로 있던 조부 김익순이 반군에 투항함으로써 젖먹이 김병연의 운명은 바뀌게 된다. 역적의 집안으로 전락하여 멸족을 우려한 부친이 형과 함께 그를 곡산으로 보내 노비의 집에서 숨어 살게 한다. 여덟 살에 조정의 사면으로 집으로 돌아와서 여주, 가평, 평창을 거쳐 영월에 정착한다. 집안을 다시 일으켜보려는 모친의 후원에 힘입어 어려운 살림살이에도 글공부에 힘쓴다.

김병연이 스무 살이 되던 1826년(순조 32년), 영월 읍내의 동헌 뜰에서의 백일장 대회 시제(詩題)는 '논정가산 충절사 탄김익순 죄통우천(論鄭嘉山 忠節死 嘆金益淳 罪通于天)', 즉 '가산군수 정시의 충성을 찬양하고 역적 김익순의 죄를 한탄하라.'였다. 정의감에 불타는 그의 젊은 피는 충절의 죽음에 대한 동정과 찬양을 아끼지 않았다. 김익순의 불충의 죄에 대하여는 망군(忘君), 망친(忘親)의 벌로 만 번 죽어도 마땅하다고 탄핵했다.

그러나 그가 지은 '논정가산 충절사 탄김익순 죄통우천'의 시는 이렇게 자기의 할아버지를 크게 욕보이는 글이었다. 당시 그는 김익순과 자기와의 관계를 알지 못했기 때문에 그런 글을 지었던 것이다. "대대로 임금을 섬겨온 김익순은 듣거라. 정공(鄭公)은 경대부에 불과했으나 농서의 장군 이능처럼 항복하지 않아 충신, 열사들 가운데 공과 이름이 서열 중에 으뜸이로다. 시인도 이에 대하여 비분강개하노니 칼을 어루만지며 이 가을날 강가에서 슬픈 노래를 부르노라. 선천은 예로부터 대장이 맡아보던 고을이라 가산 땅에 비하면 먼저 충의로써 지킬 땅이로되 청명한 조정에 모두 한 임금의 신하로서 죽을 때는 어찌 두 마음을 품는단 말인가. 태평세월이던 신미년에 관서 지방에 비바람 몰아치니 이 무슨 변고인가. 주(周)나라를 받드는 데는 노중련 같은 충신이 없었고 한(漢)나라를 보좌하는 데는 제갈량 같은 자 많았노라. 우리 조정에도 또한 정충신(鄭忠臣)이 있어서 맨손으로 병란 막아 절개 지키고 죽었도다. 늙은 관리로서 구국의 기치를 든 가산 군수의 명성은 맑은 가을 하늘에 빛나는 태양 같았노라. 혼은 남쪽 밭이랑으로 돌아가 악비와 벗하고 뼈는 서산에 묻혔어도 백이의 곁이라. 서쪽에는 매우 슬픈 소식이 들려오니 묻노니 너는 누구의 녹을 먹는 신하이더냐? 가문은 으뜸가는 장동(壯洞) 김씨요 이름은 장안에서도 떨치는 순(淳)자 항렬이구나. 너희 가문이 이처럼 성은을 두터이 입었으니 백만 대군 앞이라도 의를 저버려선 안 되리라. 청천강 맑은 물에 병마를 씻고 철옹산 나무로 만든 활을 메고서는 임금의 어전에 나아가 무릎 꿇듯이 서쪽의 흉악한 도적에게 무릎 꿇었구나. 너의 혼은 죽어서 저승에도 못 갈 것이니 지하에도 선왕들께서 계시기 때문이라. 이제 임금의 은혜를 저버리고 육친을 버렸으니 한 번 죽음은 가볍고 만 번 죽어야 마땅하리. 춘추필법을 너는 아느냐? 너의 일은 역사에 기록하여 천추만대에 전하리라."[참고: 권영한 (2000). **방랑시인 김삿갓 시집**. 서울: 전원문화사]

김병연은 이 백일장에서 장원을 한다. 그날 어머니가 그동안 숨겨왔던 집안의 내력을 들려 준다. 반란

군의 괴수 홍경래에게 비겁하게 항복한 사람이 할아버지 김익순임을 알게 된 그는 탄식한다. 조부를 팔아 입신양명하려고 한 자신에 부끄러움을 느껴 글공부를 포기한다. 농사를 지으며 은둔생활을 한다. 끝내 신분 상승의 미련을 버리지 못한 그는 과거를 보기 위해 서울로 올라가지만 부패한 과거 제도에 실망하고 어느 세도가의 집에서 식객으로 지내게 된다.

그의 출신 성분이 끝내 주위에 알려지면서 제도권 진입을 포기한다. 그는 스물다섯에 기나긴 방랑의 길에 들어선다. 방랑하면서 그가 지은 시 중에 하나가 「시시비비(是是非非)」이다. "옳은 것 옳다 하고 그른 것 그르다 함이 꼭 옳진 않고, 그른 것 옳다 하고 옳은 것 그르다 해도 옳지 않은 건 아닐세. 그른 것 옳다 하고 옳은 것 그르다 함, 이것이 그른 것은 아니고, 옳은 것 옳다 하고 그른 것 그르다 함, 이것이 시비일세(是是非非非是是 是非非是非非是 是非非是是非非 是是非非是是非)."

38) 열자(列子)는 "공자도 집안은 잘 다스리지 못했다." "사람들이 근심하는 것 중에서 죽음보다 더 절실한 것은 없고 자기가 소중히 여기는 것 중에서 삶보다 더한 것은 없다." "진리를 깨달은 사람도 말이 없지만 앎을 다한 사람 역시 말이 없다." 등의 말을 했다고 전해지는 중국 전국시대의 사상가이다. 도가(道家)의 사상을 확립시킨 3명 중의 한 사람으로 일컬어지는 현인이다. 중국의 『사기(史記)』에는 그에 관한 전기가 보이지 않는다. 장자(莊子)의 글에 단편적으로 그의 됨됨이가 소개되고 있는 전설과 같은 인물이다.

39) 노사연 씨가 대학가요제에서 우승한 노래인 〈돌고 돌아 오는 길〉처럼 삶의 길은 돌고 도는 길이다. 같은 맥락의 노래가 〈Bump Of Chicken〉이다. 일본인에게는 열광적인 감탄을 자아내는 노래다. 우리네에게 친숙한 돌고 돌아오는 길과는 분위기가 조금 다르지만 돌아가는 정조감만큼은 엇비슷하다. "미친 척하는 자기 방위가 너무도 잘 어울려 아주 박수감이야 고독주의 그거 유행하는 건가? 웅석쟁이 사이에서 큰 인기인가 봐 별다른 의미는 없어-라며 얼버무리지마 땀 투성이로 잘도 말야 발끝까지 이론으로 무장해서 무엇과 맞서고 누구와 싸우려 하는 건가 누군가 중얼거렸어 더러워져 버렸다고 그 어깨를 두드렸던 손까지도 더러워졌지 주어진 먹이의 맛을 잘 알지도 못하지만 우선 비평해 맛있고 없고의 기준은 숨어서 읽던 주간지와 같아 특이한 척 하던 걸 들켜 버리고선 늘어놓는 예술적인 변명 분별력 있는 어른의 얼굴을 하고선 지켜야 할 것이라도 있었어? 아님 이미 질려 버렸던 건지 누군가 중얼거렸지 '잊어버렸다.'고 그 목소리가 들렸던 것조차 잊었나보네 냉정한 척 하고 싶다면 좀 더 빈틈없이 해 지금 와서 뭐가 무서워 거짓을 거짓이라고 생각 못하고 사람을 사람이라고 생각지 못하는데 캔버스에 온통 칠해 놓은 흔적 거기에 무얼 그렸었니 태어난 걸 원망하려면 제대로 살고서나 해 누군가 중얼거렸지 "다 알아버렸어."라고 당황해 몰래 도망쳤어 그것도 들켜 버렸지 현실이라 이름 붙여 본 망상 속에서 빌려온 물건들의 경주 달리다 지친 너와 새삼 이야기가 하고 싶어 진심으로 얘기해 보고 싶어."

40) 참고: 개드 사드(2012). 소비 본능(역). 서울: 더난출판.

41) 본실적이라는 조어(造語)는 데리다처럼 자기의 생각을 드러내기 위해 즐기는 방편으로 만들어 낸 조어다. 데리다가 디페랑스(differance), 즉 '차연(Differance)'이라는 신조어를 만들어 냈던 방식을 차용

하여 본실적이라는 단어를 만들어 냈다. 차연이라는 개념은 차이(differ)와 연기(defer)의 뜻을 동시에 표현해내기 위해 각 단어의 첫 글자를 빌려와 만든 개념이다. 차연은 언어가 말을 전달하지 못하고 계속 지연시키는 상태에 있다는 것을 지칭한다. 의미는 차이로 인해 획득되지만, 그 의미는 '결정적이지 않고' 계속 미뤄진다는 것을 뜻한다.

인간이 상용하는 어떤 단어나 문장이란 확정적이나 고정적인 의미 맥락을 담지 못한다. 그러면서도 그 단어나 문장이 지니고 있는 뜻을 끊임없이 유예시키는 현상이 차연 현상이다. 데리다가 말하는 차연이라는 개념은 철학이나 사회과학자들의 언어가 지니는 모호성을 비판하는 데 활용된다. 사회과학자들이 입버릇으로 뇌이고 있는 논리적 확실성과 객관성이 은유와 비유, 혹은 이미지, 그리고 현란한 수사(修辭)들이 말장난에 지나지 않음을 꼬집는다. 동시에 형이상학자들의 현학적 오만함과 무지를 함께 드러내 보여 주고 있다. 데리다가 말하는 차연은 형이상학 등 어떤 종류의 철학이든 그 철학의 극본적인 목적과 양식 자체가 문제투성이일 수밖에 없음을 드러내고 있다. 철학자들이 상용하고 있는 개념들이 확정된 의미를 상실하고 늘 지연되고 연기되어 의미의 유예 상태로 놓이게 되면, 철학자들의 이야기는 모호한 텍스트로 남아 있게 된다. 그러면 그들이 말하는 의미 심장성 자체가 허접해짐으로써 그들의 철학이나 사상적 논리 체계가 불가능해질 수밖에 없다. 즉, 개념들이 지니고 있다고 말하는 절대적인 의미는 확정되기보다는 끝없이 미결정, 미확보 상태로 떠돈다. 그렇기 때문에 그들의 문장이나 개념은 분명한 의미와 뜻을 확정받는 그런 개념으로 해독되거나 인정되지 못한다. 단순한 비유 같은 것으로 남을 뿐이다.

데리다가 디페랑스라는 개념으로 기존 형이상학계의 이론적 한계를 돌파하려고 했던 것처럼 나는 본질이라는 단어에서 섭(sub)이라는 접두어를, 실존이라는 단어에서 턴셜(tential; [tenʃəl])이라는 단어를 떼어 내고 다시 합성해서 섭스턴셜(substential)이라는 새로운 단어를 만들어 냈다. 섭스 '턴' 셜 (substential)이라는 조어는 본질 혹은 실체(Substance)의 형용사인 섭스 '텐' 셜(Substantial; [səbstǽnʃəl])과 같은 발음이다. 뜻은 전혀 다르다. 본질 혹은 실체라고 번역되는 '섭스탠스(sub-stance)'라는 단어는 원래 아래라는 의미의 접두어 'Sub'에 서다라는 뜻의 라틴어 '스타레(stare)'에서 파생된 '스탠스(stance)'가 결합된 단어다. 사물의 밑바탕, 재질, 구성 물질, 토대라는 뜻을 지니고 있다. 이 단어의 형용사가 바로 섭스 '텐' 셜(substantial)이다. 실체적, 구체적, 근본적, 상당한이라는 뜻을 담고 있다.

42) 작가 장 지오노(Jean Giono)는, 인간이라는 존재는 파괴가 아닌 다른 분야에서 하느님처럼 유능할 수 있다는 것을 깨달곤 한다고 적고 있다. 『나무를 심는 사람』이라는 작품에서, 그는 나무를 심은 한 늙은 양치기인 엘제아르 부피에의 손과 땀에서 그런 신이 보이는 숭고한 노력을 적어 내고 있다. 남 프랑스 프로방스 지방의 어느 고원지대, 그 옛날 이곳은 숲이 무성했고 사람들이 모여 살던 고장이었지만, 탐욕에 사로잡힌 무지한 사람들이 나무를 마구 베어 황량한 바람만 부는 폐허의 땅으로 변해 버렸다. 나무가 없어 버림받은 땅이 되었다는 것을 깨달은 한 양치기 노인은 이 고산지대에 들어와 나무 심는 일을 시작했다. 그렇게 끊임없이 나무를 심은 지 40여 년, 마침내 기적 같은 일이 일어났다. 그 황무지가

아름다운 거대한 숲으로 뒤덮인 것이다. 메말랐던 땅에 물이 다시 흐르고, 수많은 꽃이 다투어 피었으며, 새들이 돌아와 지저귀었다. 무엇보다도 많은 사람들이 이곳을 찾아와 밝은 웃음 소리를 들려주며 사랑의 기쁨을 노래하는 생명의 땅이 되었다[참고: 장 지오노(2005). 나무를 심은 사람(역). 서울: 두레]. 평화롭고 규칙적인 일, 고산지대의 살아 있는 공기, 소박한 음식, 그리고 무엇보다도 영혼의 평화가 이 노인에게 거의 장엄하리만큼 훌륭한 건강을 주었다. 그는 하느님의 운동 선수였다. 나는 그가 아직도 얼마나 많은 땅을 나무로 덮을 것인지를 생각해 보았다.

양치기 노인이 한 일은 일상적으로 단순한 일이었을 뿐이다. 그는 그가 가는 곳마다 땅에 쇠막대기를 박기 시작했다. 파진 구멍 안에 도토리를 넣고 다시 흙을 덮었다. 그는 떡갈나무를 심고 있었다. 그곳이 그의 땅인지 나는 물었다. 그는 아니라고 대답했다. 그러면 그 땅이 누구의 것인지 알고 있는 것일까? 그는 모르고 있었다. 그저 그곳이 공유지이거나 아니면 그런 문제에 대해서는 생각지도 않는 사람들의 것이 아니겠느냐고 추측하고 있었다. 그는 그것이 누구의 것인지 알아 볼 생각이 없었다. 그는 아주 정성스럽게 백 개의 도토리를 심었다. 3년 전부터 그는 이런 식으로 고독하게 나무를 심어왔다고 했다. 그래서 그는 십만 그루의 도토리를 심었다. 십만 개의 씨에서 2만 그루의 싹이 나왔다. 그러나 산짐승들이 나무를 갉아 먹거나 예측할 수 없는 신의 섭리에 속한 일들이 일어날 경우, 이 2만 그루 가운데 또 절반 가량이 죽어 버릴 것이라고 그는 예상했다. 그렇게 되면 예전에는 아무것도 없었던 이 땅에 1만 그루의 떡갈나무가 살아남아 자라게 될 것이다. 그제야 나는 그의 나이가 궁금했다. 그는 분명히 50세가 넘어 보였다. 55세라고 했다. 이름은 엘제아르 부피에, 그는 양치기 노인이었을 뿐이었다.

장 지오노는 1895년 프랑스 남부 오트-프로방스의 소도시 마노스크에서 태어났다. 그의 아버지는 조그만 구두 수선점을 하는 사람이었는데, 그런 상황은 거의 빈곤과 가난의 그것이었다. 장 지오노가 제대로 교육다운 교육을 받을 수 있는 처지가 아니었다. 그는 16세 때부터 은행에 들어가 18년 동안 그곳에서 일했다. 17세 때는 1차 세계대전에 참가해 5년 동안 전쟁터에서 싸웠지만, 그런 사이에도 그는 독학으로 많은 고전을 읽고 습작을 하면서 마침내 작가가 되었다. 호모 에루디티오의 참모습이 드러나는 사람 중 하나였다.

43) 성경에서 빈도수가 상대적으로 높은 단어가 바로 '나그네'라는 단어나 그런 뜻들을 실어 나르는 단어들이다. 예를 들어, "주 앞에서는 우리가 우리 열조와 다름없이 나그네와 우거한 자라 세상에 있는 날이 그림자 같아서 머무름이 없나이다."(역대상 29:15)라든가, "사랑하는 자들아, 나그네와 행인 같은 너희를 권하노니 영혼을 거스려 싸우는 육체의 정욕을 제어하라."(베드로전서 2:11)라든가 "너희는 나그네요, 우거하는 자로서 나와 함께 있느니라."(레위기 25:23)가 대표적이다. 그런 직설적인 표현 이외에도 "내일 일을 너희가 알지 못하는도다 너희 생명이 무엇이뇨 너희는 잠깐 보이다가 없어지는 안개니라."(야고보서 4:14), "이러므로 저희는 아침 구름 같으며 쉽게 사라지는 이슬 같으며 타작 마당에서 광풍에 날리는 쭉정이 같으며 굴뚝에서 나가는 연기 같으리라."(호세아 13:3), "우리는 아무것도 세상에 가지고 온 것이 없으매, 아무것도 가지고 갈 수 없습니다."(디모데전서 6:7)와 같은 구절도 모두 인간의 삶이 나그네의 그것과 다르지 않음을 말하는 것이다.

나그네 같은 인간의 삶이나 그들의 길은 유한할 수밖에 없는 자연에 속한 하나의 점이기에, 그렇게 아옹다옹 욕심낼 일이 아니라는 것을 성경은 끊임없이 강조하고 있다. 우스갯소리지만, 지금까지 죽어 버린 그 어떤 황제, 그 어떤 대통령, 그 어떤 재벌, 그 어떤 교황, 그 어떤 종정, 그 어떤 도사, 그 어떤 나그네도 칫솔 하나 챙겼다는 소리가 들리지 않는다. 삶은 어차피 욕심낼 것이 아니다.

신약 성경 마태복음(6장)에서 보여 주듯이, 예수는 "무엇을 먹을까 무엇을 마실까 무엇을 입을까 하지 말라. 이는 다 이방인들이 구하는 것이라 너희 하늘 아버지께서 이 모든 것이 너희에게 있어야 할 줄을 아시느니라. 그런즉 너희는 먼저 그의 나라와 그의 의를 구하라 그리하면 이 모든 것을 너희에게 더하시리라. 그러므로 내일 일을 위하여 염려하지 말라 내일 일은 내일이 염려할 것이요 한날의 괴로움은 그날로 족하니라."라고 이르고 또 이르고 있다. 예수를 믿는다고 하면서, 예수의 말에 귀를 열지 않는다고 키르케고르는 지적한다.

그는 기독교인의 내면에 자리 잡고 있는 믿음이라는 것의 실체는 바로 예수 불신이라고 꼬집는다. 그것을 그는 기독인의 타락이라고 명명한다. 기독교인의 이방인스러움이 이제는 극에 달했다는 것이 그 옛날 그의 지적이었다. 키르케고어는『이방인의 염려』에서 그리스도인이 되기 위해 평생의 과제로 삼아 추구했던 자신의 삶을 고백한다. 자신의 삶에서 일어나는 체험을 고백한『이방인의 염려』에서 그는 기독교인 예수의 가르침과는 어긋나게 늘 가난, 부유, 비천, 고귀, 불손, 자학, 우유부단을 염려하며 그 속에서 헤어 나오지 못하고 전전긍긍한다고 말한다[참고: 쇠얀 키르케고르(2005). 이방인의 염려(역). 서울: 프리칭아카데미].

44) 실존주의는 원래가 우연적이고 유한한 자기 자신의 특수 상황을 성찰함으로써 논의가 가능한 논리이다. 실존주의적 상황에서는 어떤 보편성이나 필연성이 있을 수 없다. 유신론적 실존주의자나 장 폴 사르트르와 같은 무신론적 실존주의자 모두가 실존주의의 우연성을 강조하기는 마찬가지다. 유신론적 입장에 서 있는 키르케고르는 실존은 객관성이 아닌 주체성, 외면성이 아닌 내면성, 그리고 보편자가 아닌 단독자, 그리고 영원한 필연성이 아닌 시간적 우연성을 강조한다. 그는 다만 시간적 우연성인 실존을 하나의 틀이 아니라 3단계 속에서 초월되는 식으로 전개된다고 이해함으로써 신의 개입을 허락한다. 그에 따르면, 실존의 단계는 첫 단계인 향락 속에서 자기를 찾는 미적 실존 단계, 둘째로, 양심에 의해 자기를 지키는 윤리적 실존 단계, 마지막으로 신앙에 의해 본래적 자기를 찾으려는 종교적 실존의 단계로 갈라진다.

실존의 양태는 낮은 단계의 실존에서 상위 단계로의 도약으로 나아간다. 도약은 절망을 통해서, 그리고 그런 절망을 극복하려는 방편으로 일어난다. 도약을 거치면서 변화되는 실존의 변증법을 역설변증법이라고 부르기도 한다. 같은 유신론적 실존주의자이지만, 야스퍼스는 실존의 한계 상황을 설정하면서 유신론적 실존주의를 드러낸다. 그는 사람이 살아가고 있는 현실을 이상적으로 보기보다는 긴장과 갈등의 연속으로 이해한다. 말하자면 고뇌, 긴장, 갈등, 죄, 죽음의 과정으로 바라본다. 죽음—고민—싸움—죄라는 네 가지 한계 상황에서 인간 스스로는 각자에게 짊어진 운명이 있기 마련이다. 인간이 나름의 한계 상황에 직면할 때, 그는 실존적인 자각의 계기를 맞는다. 한계 상황을 맞을 때마다 인간은 어김없이 좌절하게 마련이다. 좌절 속에서 인간은 사랑, 신앙, 그리고 환상을 통하여 절대자인 신에게로 초월, 회심(回心)할 수 있게 된다. 초월과 회심은 마치 암호 해독과 같은 것이다. 구원의 상징이며, 거듭남의 상징을 보이는 암호 같은 것이라는 것이 야스퍼스의 논리이다[참고: 한국야스퍼스학회(2008). 칼 야스퍼스: 비극적 실존의 치유자. 서울: 철학과 현실사].

45) 참고: 홍승식(2002). Gabriel Marcel의 희망의 철학- 'Homo Viator'를 중심으로. 서울: 가톨릭출판사.

46) 우리의 민간설화에 등장하는 꺽정이와 칠두령의 삶살이는 우리에게 과장된 편이다. 꺽정이와 칠두령의 집단이 의적은 아니었기 때문이다. 그들은 의식화된 다중(Multitude)이 아니었다. 그저 호구지책을 위한 하나의 무리이며 도적 떼였다. 하루를 연명하기 위해 약탈을 서슴지 않았던 굶주린 무리였을 뿐이다. 늑대가 떼를 지어 다니다가 굶주림에서 벗어나기 위해 공격할 만한 것을 가차 없이 공격해 버리는 것과 같았다. 그들은 목숨을 연명하기 위해 모여들고 흩어지곤 했던 하나의 무리였다.

그들은 의적이 될 생각조차 품지 않았다. 그들은 억압받는 백성과 계급적으로 연대하려고 한 흔적도 없고, 그럴 이유도 갖고 있지 않았다. 이들은 농사를 짓자니 땅이 없고, 장사를 하자니 밑천도 없었기에 모두 백수나 마찬가지였다. 그렇다고 해서 모두가 먹는 데 어려움을 겪지도 않았다. 모두가 그럭저럭 먹고들 있기에 살기에 불편함도 없었다. 놀면서도 당당하고, 당당하면서도 심심치 않게 서로 다투는 법들을 익혀 놨기 때문이었다. 싸우는 일에 써먹을 수 있는 것들은 하나라도 놓칠세라 모조리 배우며, 그 배움을 바탕으로 나름대로 달인이 된 무리였다. 그들은 놀면서도 당당했다. 때가 되면 도망칠 줄도 알고, 때가 오면 관군을 야멸차게 몰아칠 줄도 알았기 때문이었다.

꺽정이와 칠두령은 걱정이 없는 호모 루덴스(homo ludens), 즉 '유희하는 인간'들의 무리였다. 이들 무리의 남녀들도 그저 그랬다. 복잡하게 눈 흘기며 애정을 구애할 필요 없이 서로가 눈 맞으면 그대로 서로 맞추었다. 말 통하면 그대로 형님 아우로서 서로서로 책임지려고 했다. 그러다가 잡히면 죽는 것이고, 죽지 않으면 달릴 뿐이었다. 짐이라고는 그것 하나 달고 다니면 족한 것이었다. 그래서 그들은 나그네처럼 탈주에 익숙한 무리였다. 계급과 관습, 그리고 억압에서 탈주하고, 고정되고 경직된 것에서 도주했다. 어느 한곳에 붙박여 사는 것으로부터 끊임없이 줄행랑치면서, 그 어느 한곳에 오래 머물지 않고 그냥 떠돌기만 하는 유랑 무리였다[참고: 고미숙(2009). 임꺽정. 길 위에서 펼쳐지는 마이너리그의 향연. 서울: 사계절].

47) 참고: 박목월(1946). 청록집. 서울: 을유문화사.

48) 참고: Greene, M.(1973). Teacher as stranger. Belmont, CA.: Wadsworth.

49) 니체는 여행자들의 등급을 논한 바 있다. "사람들은 여행자를 다섯 등급으로 구분한다. 우선 최하급 여행자는 여행할 때 관찰되는 그런 자들이다. 그들은 실제로는 여행의 대상이며 이를테면 장님인 셈이다. 그다음 여행자는 실제로 자신이 세상을 보고 다니는 사람들이다. 세 번째 여행자는 관찰 결과에서 무엇인가를 체험하는 자들이다. 네 번째 여행자들은 체험한 바를 체득하여 몸에 지니고 다닌다. 마지막으로

최고의 능력을 지닌 사람들이 있는데, 그들은 관찰한 것을 모두 체험하고 체득한 다음 돌아오자마자 그것을 다시금 그리고 반드시 행위나 작업 속에서 발휘하는 자들이다. 일반적으로 삶의 전 여로(旅路)를 지나는 모든 인간도 이 다섯 종류의 여행자들처럼 분류된다. 최하급에 속하는 사람들은 순전히 수동적인 인간이며, 최상급에 속하는 자들은 내면에서 겪은 바를 남김없이 발휘하며 살아가는 행동가이다[참고: 프리드리히 니체(2000). 인간적인 너무나도 인간적인(역). 서울: 삼성출판사.].

50) 안티스테네스나 디오게네스의 이야기를 경청하다 보면, 크로산 교수가 지적한 것처럼, 예수와 그의 제자들 역시 이들 견유학파의 영향과 무관하지 않은 삶을 살았던 것 같다. 예수는 실제로 저들의 삶을 경청하라고 제자들에게 일렀던 것 같다. 예를 들어, 예수는 제자들에게 이르기를, "너희는 전대에 금이나 은이나 동이나 가지지 말고 여행을 위하여 주머니나 두 벌 옷이나 신이나 지팡이를 가지지 말라 이는 일군이 저 먹을 것 받는 것이 마땅함이니라." (마태복음 10:9-10) "그러므로 내가 너희에게 이르노니 목숨을 위하여 무엇을 먹을까 무엇을 마실까 몸을 위하여 무엇을 입을까 염려하지 말라 목숨이 음식보다 중하지 아니하며 몸이 의복보다 중하지 아니하냐. 공중의 새를 보라 심지도 않고 거두지도 않고 창고에 모아들이지도 아니하되 너희 천부께서 기르시나니 너희는 이것들보다 귀하지 아니하냐 너희 중에 누가 염려함으로 그 키를 한 자나 더할 수 있느냐 또 너희가 어찌 의복을 위하여 염려하느냐 들의 백합화가 어떻게 자라는가 생각하여 보라 수고도 아니하고 길쌈도 아니 하느니라 그러나 내가 너희에게 말하노니 솔로몬의 모든 영광으로도 입은 것이 이 꽃 하나만 같지 못하였느니라 오늘 있다가 내일 아궁이에 던지우는 들풀도 하느님이 이렇게 입히시거든 하물며 너희일까 보냐 믿음이 적은 자들아 그러므로 염려하여 이르기를 무엇을 먹을까 무엇을 마실까 무엇을 입을까 하지 말라 이는 다 이방인들이 구하는 것이라 너희 천부께서 이 모든 것이 너희에게 있어야 할 줄을 아시느니라 너희는 먼저 그의 나라와 그의 의를 구하라 그리하면 이 모든 것을 너희에게 더하시리라 그러므로 내일 일을 위하여 염려하지 말라 내일 일은 내일 염려할 것이요 한날 괴로움은 그날에 족하니라." (마태복음 6:25-34).
  "나는 비천하게 살 줄도 알고, 풍족하게 살 줄도 안다. 배부르거나, 굶주리거나, 풍족하거나, 궁핍하거나 그 어떤 경우에도 적응할 수 있는 비결을 배웠다. 나에게 능력을 주시는 분 안에서, 나는 모든 것을 할 수 있다." (빌립보서 4:12-13)라고 고백하고 있는 바울 역시 견유학파들이 강조했던 일상의 생각과 그리 멀리 떨어져 있지 않아 보인다.

51) 디오게네스에 관한 이야기들은 후대에서 꾸며낸 것이 더 많다. 있는 그대로의 사실을 이야깃거리로 만들기 위해 필요 이상으로 과장시킨 것도 많다. 그중 하나의 일화가 그런 것이다. "어느 날, 그 동네의 졸부가 디오게네스의 명성을 듣고, 그를 자신의 집으로 초대했다. 그에게서 인정을 받으면 제대로 된 부자로 인정을 받은 것이기 때문이다. 졸부의 집은 대문 입구에서부터 온통 값비싼 대리석으로 호화찬란했다. 걷기가 민망할 정도로 화려했다. 졸부는 흥분한 채 디오게네스에게 말할 기회조차 주지 않으며 집 자랑과 치부를 늘어놓았다. 그의 이야기를 듣고 있던 디오게네스는 주위를 두리번거리기 시작했다. 그리고서는 별안간 졸부의 얼굴에 침을 뱉었다. 당황스러워 어쩔 줄 모르는 졸부에게 그가 말했다. "그대의 집과 정원은 정말로 훌륭하네. 이렇게 아름답고 깨끗한 집에서 내가 침을 뱉을 곳이란 자네 얼굴

밖에 없었네. 자네의 얼굴이 이집에서는 바로 곧 쓰레기통이니까." 이런 이야기는 사실과는 달리 디오
게네스의 사례를 중심으로 자기의 이야깃거리를 풀어 내기 위한 과장법의 표현이었다는 것이 그를 연
구하는 학자들의 중론이다.

디오게네스가 권력자나 부자들에게 드러낸 시니시즘은 단순한 의미에서의 비꼼이나 냉소가 아니다.
그것은 가진자들의 으스댐이나 권위에 대한 저항이다. 자유인으로서 당연히 보일 수 있는 저들과의 거
리감, 간격을 말한다. 디오게네스는 저들과는 다른 자유 정신을 보이기 위해 형식과 정형을 벗어난 것
이다. 그가 거지로 살았던 것도 저들과의 대립각을 세우기 위한 일상적인 자유 정신이었다. 크게 깨달
으면, 큰 빛, 삶의 참을 깨친 사람은 일상적인 것, 저들이 보기에 색다르다는 것들은 무의미한 것이거
나, 부질없는 것들로 간주한다. 그런 점에서 깨달은 현자 디오게네스의 냉소적 행동은 참과 깨달음을
드러내는 삶의 철저함 그 이상도 그 이하도 아니었던 셈이다.

푸코가 지적한 것처럼 디오게네스는 진실을 말하려고 노력했던 파레시안(parresian)이었다. '파레시
안'이란 모든 것(Pan)과 말하다(Rein)라는 그리스 단어를 합친 것으로써 권력이나 외부의 간섭에 굴하
지 않고 모든 것에 대해 자기가 믿는 바를 그대로 다 말할 수 있는 행위를 말한다. 단순히 말하기가 아
니라 '진실을 말할 수 있는 용기'를 지닌 파레시안으로서의 디오게네스는 그의 스승의 스승이었던 소
크라테스와는 달리 더 거칠고 공격적인 방식으로 참을 내뱉었던 것일 뿐이다[참고: 디오게네스 라에르
티오스(2008). 그리스 철학자 열전(역). 서울: 동서문화사].

52) 소크라테스, 그의 제자 안티스테네스, 또 그의 제자 디오게네스는 서로 닮은 점이 많은 철학자였다. 모
두가 참을 있는 그대로 이야기해야 직성이 풀리는 파레시안들이었다. 이들 세 사람은 모두 지혜의 시작
이 자기 자신을 제대로 아는 것이 중요하다고 가르쳤다. 소크라테스는 스스로 아테네의 양심이 되기 위
해 쓴소리를 마다하지 않는 쇠파리가 되었다. 소크라테스는 안이한 생각과 지적 자만에 빠진 아테네 사
람들을 성가시게 하여 아테네 사람들이 진정으로 거듭나게 하여 주는 성가신 쇠파리가 되는 일을 자부
했다.

그의 제자인 안티스테네스 역시 참을 외쳤던 자유인이었다. 귀족 출신으로서 그를 가르쳤던 스승 소크
라테스의 생각에서 몇 발자국을 더 나아가는 식으로 아테네 시민들에게 참을 이야기하면서 저들의 심
기를 건드린 사람이 안티스테네스였다. 그의 제자인 디오게네스는 그를 가르쳤던 스승 안티스테네스
보다 더 극단적으로 몇 발자국을 더 나아가며 권력자들에게 참을 가르치려고 했다.

소크라테스는 '너 자신을 알라'는 말로 당대의 무지몽매한 지식인의 허위의식을 비판하며 그들의 양심
에 상처를 내곤 했다. 그의 제자들도 마찬가지였다. 스승인 소크라테스로부터 무지가 무엇인지를 꿰뚫
은 제자 안티스테네스는 '너 자신의 주인이 되라'며 당대의 아테네 시민들에게 불의한 권력에 복종하
지 말고 저항하라고 당부했다. 그의 제자인 디오게네스는 아예 아테네 시민을 향해 '네가 세상이다'라
고 가르쳤다. 네가 세상이니 너무 나서지 말고, 자랑하지 말고, 겸손하며 그냥 자족하라고 지금 우리에
게도 넌지시 이르고 있는 것이다. 안티스테네스나 디오게네스 역시 소크라테스 못지않게 사회의 어리
석은 모습과 불의에 대해 조금도 양보하지 않았기에, 아테네 사람들은 그들을 향해 견유(Cynic, 그리

스어로 '개'라는 뜻) 학파라고 불렸던 모양이다. 안티스테네스와 디오게네스는 인간의 어리석음을 무척이나 싫어했다. 인간이라면 모름지기 지혜를 통해서만이 제대로 살아볼 만한 공동체를 꾸려낼 수 있고, 그런 길을 만들어 나아갈 때 서로가 행복을 찾을 수 있다고 보았기 때문이었다.

디오게네스에게 지혜는 현학적이어야 하거나 그리 어려워야 하는 것이 아니었다. 그저 마음이 편안하고 자유로우며, 단순하고, 직설적으로 무지를 밝혀 주는 것이었을 뿐이었다. 그는 말했다. "미리 준비하는 자만이 날카롭게 몰아치는 운명의 소용돌이 속을 가볍게 지나갈 수 있다." 이 말에서 그가 뜻하고자 한 것은, 삶에서 적게 기대할수록 실망도 적어진다는 당연한 법칙이었다. 그는 또 이렇게 말했다. "나는 아무것도 가진 것이 없다는 풍요로움을 누리고 있다. 진정한 마음의 평안은 많이 소유하는 것에서 얻어지지 않는다. 적게 가진 것만으로도 만족하는 데에서 얻어진다. 적게 구하라, 그러면 너는 얻을 것이요 만족할 것이다. 많이 구하라, 그러면 너의 갈망은 영원히 멈추지 않을 것이다."

디오게네스는 물욕에 집착이 심하면 인간은 약해질 수밖에 없다고 본 것이다. 그는 말한다. "물욕에 집착하여 약해진 사람일수록 스스로 결박을 하는 사람이다. 그는 결코 자유인이 될 수 없다. 물욕 때문에 죽을 준비가 되어 있지 않기 때문이다. 언제든지 죽을 준비가 되어 있는 사람만이 참된 자유인이다. …… 죽음의 유혹에서 벗어난 사람은 아무도 그를 노예로 할 수 없고 그 무엇도 그를 결박하지 못한다." [참고: 디오게네스 라에르티오스(2008). 그리스 철학자 열전(역). 서울: 동서문화사; 한국브리태니커온라인, 안티스테네스/디오게네스/견유학파]

53) 〈나비 효과〉는 주인공 에반의 인생 이야기를 담은 것이다. 상처로 가득한 어린 시절, 에반은 이미 7살 때부터 여러 차례에 걸친 '블랙아웃'을 경험한다. 첫 번째 블랙아웃은 유치원에서 경험했다. 그는 자신의 미래를 그림으로 그렸다. 에반은 피를 흘리며 쓰러진 두 사람 옆에 칼을 들고 서 있는 모습으로 자신을 표현했다. 왜 그런 그림을 그렸냐는 교사의 말에 에반은 자기가 그런 그림을 그린 적이 없다고 대답한다. 두 번째 블랙아웃은 집에서 벌어진다. 어머니 안드레아는 부엌에서 식칼을 들고 멍하니 서 있는 에반을 발견한다. "지금 뭐하는 거냐?"고 묻는 어머니 말에 에반은 "기억이 안 난다."고 유치원에서처럼 대답한다. 세 번째 블랙아웃은 여자 친구 켈리네 집의 지하실에서 일어난다. 켈리의 아버지는 영화를 찍는다는 이름 아래 제 딸과 에반의 옷을 벗기고 포르노를 찍는다. 켈리는 울고 있다. 그렇지만, 에반은 방금 전에 무슨 일이 있었는지를 기억할 수가 없다. 아들의 이상한 행동을 관찰한 어머니는 병원을 찾아간다. 의사의 권유대로 에반을 정신병원에 갇혀 있는 아버지에게로 데려간다. 에반에게 이야기를 하던 아버지가 갑자기 에반에게 달려든다. 순간 에반은 네 번째 블랙아웃을 경험한다. 아무것도 기억되는 것이 없어져 버린다[참고: 진중권(2007). 인과를 파괴하는 시공간의 모험. Cine 21. 2007. 11. 9.].

54) 참고: 질 들뢰즈(1999). 스피노자의 철학(역). 서울: 민음사.

55) 삶과 참에 대한 강한 의지를 갖고 있는 사람이 바로 자유인이다. 삶에 대한 집착이 인간적 욕망의 본체이기도 하다. 삶과 참에 대한 의지를 강조하는 스피노자는 "자유인이란 오로지 죽음을 생각할 뿐이지만, 그의 슬기는 죽음을 생각하는 것이 아니라 삶을 생각하기 때문이다."라고 밝히고 있다[참고:

Spinoza (1993). *Ethics and treatise on the correction of intellect*(trans). London: Everyman].

56) 참고: 모리오카 마사히로(2006). **무통문명**(역). 서울: 모멘토.

57) 참고: 왕멍(2004). **나는 학생이다**(역). 서울: 들녘.

58) 배움의 본체를 규명하려는 것은 도(道)의 정체를 따지는 것과 엇비슷하다. 배움의 본체는 마치 노자(老子)의 『도덕경(道德經)』(14장)이 말하는 것처럼 따질 수 없게 어슴푸레 하고, 어렴풋하며, 두루뭉술하여 형상이 없는 것이나 마찬가지라고 보면 된다. 노자는 도를 이야기하면서 "보아도 보이지 않는 것을 '이(夷)'라고 이름하고, 들어도 들리지 않는 것을 '희(希)'라고 이름하고, 잡으려 해도 잡히지 않는 것을 '미(微)'라고 한다. 이 세 가지는 궁구하여 밝힐 수 없으니 혼연히 하나가 된다. 그 위는 밝지 아니하고 그 아래는 어둡지 아니하여, 끝없이 이어져 있어 이름을 달 수 없으니, 형상 없음으로 돌아간다. 이를 모습 없는 모습이라 하고 아무것도 없는 모습이라 하며 이를 황홀이라고 이른다. 맞이하되 그 머리를 볼 수가 없으며, 쫓아가되 그 꼬리를 볼 수가 없다."라고 일렀다[참고: 김홍경(2003). 노자(역). 서울: 들녘].
배움의 본체를 언어적인 진술로 명확히 하지 못한다고 해서 배움이 어떤 것인지를 모른다고 이야기할 수는 없다. 인간에게 배움은 본능이다. 제아무리 그것을 분석하고 조각을 내봐도 그 본체가 드러나지는 않는다. 마치 프로이트가 말하는 리비도의 정체와 엇비슷하다. 배움의 본체는 총체적으로 파악되지도 않을 뿐만 아니라 완전하게 소거되지도 않는다. 인간으로 살아가는 이상, 어떤 사람도 그의 목과 숨 가운데 어느 한 가지라도 제거하면 살아남을 수 없다. 목이 없는데 숨이 있을 리 없다. 목은 있는데 숨 없는 인간도 불가능하기 때문이다. 목숨은 그가 사람됨 전체를 보여 주는 증표다. 배움 역시 목숨처럼 인간에게는 생명줄일 뿐이다.

59) 그리스 로마 신화에 따르면[참고: 에디스 해밀턴(2010). **그리스 로마 신화**(역). 서울: 문예출판사], '익시온(Ixiōn)'은 신음하는 자, 영겁의 죄를 지은 자를 일컫는 말로 통용된다. 그리스 신화에 나오는 플레기아스(또는 아레스)와 펠리멜레의 아들로서, 테살리아의 라피타이족(族)의 왕이 익시온이다. 그는 에이오네우스의 딸 디아를 아내로 맞았으나 에이오네우스에게 결혼 지참금을 내는 것이 아까워 에이오네우스를 죽였다. 그런 그에게 큰 형벌이 떨어지는 것이 안 되었다고 느낀 제우스는 익시온을 불쌍히 여겨 하늘로 데리고 가서 친족 살인죄를 씻어 주었다. 은혜를 받았는데도 익시온은 배은망덕하게도 제우스의 아내 헤라를 범하려 하였다. 그것을 알아챈 제우스가 구름으로 만든 헤라의 환영(幻影)을 만들어 익시온을 속였다. 그런 줄도 모르고 헤라의 환영과 관계를 맺었기에 익시온에게는 반인반수(半人半獸)의 괴물 켄타우로스가 태어나게 되었다. 그의 배은망덕한 행위에 격노한 제우스는 익시온에게 형벌을 내렸다. 불수레에 묶어 지옥의 밑바닥 타르타로스에 가두어 둔 채 영원히 돌고 도는 형벌을 내렸다. 그런 익시온의 죄를 신음하는 자의 상징으로서 '영겁(永劫)의 죄'라고 부른다.
다나이스(Danaïs)는 그리스 신화에 나오는 다나오스가 낳은 50명의 딸 중 하나다. 그들은 지옥의 불구덩이에서 평생 동안 구멍 뚫린 항아리에 물을 길어다 붓는 형벌을 받는다. 이집트를 만든 아이기프토스에게는 50명의 아들이 있었는데, 그는 자기 아들들을 다나오스의 딸 50명과 결혼시키려고 했다. 제의를 받은 그녀들의 아버지 다나오스는 그 제의를 자신의 왕국을 빼앗기 위한 계략으로 생각했다. 겁에 질린 그는 50명의 딸들과 함께 아르고스로 피신하였다. 당시 아르고스는 물 부족에 시달리고 있었다. 포세이돈의 노여움 때문이었다. 다나이데스의 하나인 아미모네가 포세이돈과 사랑을 하게 되어 아르고스에게 샘을 솟게 해 주었다. 그렇지만 아이기프토스의 50명의 아들들은 다나이스를 잊지 못해 아르고스까지 찾아와 다나이데스와의 결혼을 강요하였다. 목숨의 위협을 느낀 다나오스는 그의 청혼을 수락한다. 그 후 그의 딸들에게 단단히 일러두었다. 결혼식을 치른 첫날밤에 각각의 딸들이 남편의 목을 베도록 일러두었다. 다나이데스 중 49명은 아버지의 명령을 따랐다. 다만 막딸 히페름네스트는 아버지의 명을 따르지 않았다. 자신의 처녀성을 존중해 준 남편 린케우스가 고마웠기 때문이다. 위기에서 유일하게 목숨을 구한 린케우스는 기회를 엿보다가 다나오스를 죽인다. 라르고스의 왕위에 오른 뒤 히페름네스트를 제외한 49명의 다나이데스에게 지옥에 떨어져 평생 구멍 뚫린 항아리에 영원히 물을 채우게 하는 형벌을 내렸다.

탄탈로스는 영원한 기갈과 기근의 죄를 상징하는 존재를 말한다. 그리스 신화에 나오는 탄탈로스 일족의 조상인 탄탈로스(Tantalos)는 제우스의 아들로서 부유한 왕이었으나 신들 몰래 하늘에서 신들의 음식물을 훔쳐서 인간에게 준다. 그 벌로 인해 탄탈로스는 지옥에 떨어져 영원한 굶주림에 허덕이게 되는 벌을 받는다. 늪 속에 깊이 잠겨 있는 그의 머리 위에는 익은 과일이 열려 있는 나뭇가지가 늘어져 있으나, 그 과일을 따려고 하면 나뭇가지는 위로 올라가고, 반대로 물을 마시려고 하면 물이 입 아래로 내려가 아무것도 마시지도 먹지도 못하는 그런 영원한 굶주림과 갈증으로 고통을 받는 벌을 받는다.

60) 율라노프(Ann Ulanov) 교수는 상처에 대해 생각하며 반추할 때 치유를 위한 상상력이 발동하기 마련인데[참고: 앤 배리 율라노프(2005). **영성과 심리치료**(역). 서울: 한국심리치료연구소], 그 상상력이야말로 무엇보다도 상처를 제대로 아물게 하면서 상처받은 온 몸을 치유하는 동력이 된다고 말한다. 상상력이 없이는 영혼의 삶도 없다고 지적하는 그녀는 "상상력은 우리 각자를 우리 안에 이미 현존하는 존재의 강물에, 우리의 무의식적 삶 안에서 우리를 통하여 그리고 우리 사이에서 흐르는 강물에 연결할 수 있는 아주 튼튼한 교량을 세움으로써 치유한다. 상상력은 우리가 태어난 후 오래지 않아 처음으로 놀이를 시작할 때 그토록 쉽게 들어갈 수 있었던 그 공간으로 우리를 되돌아가게 한다. 많은 종교인에게 있어서 숨 쉬기 놀이는 명상이 되며, 이때 명상은 그토록 편안한 분위기를 제공해 준다. 우리가 어렸을 때 발가락과 손가락을 또는 거울이 비친 우리의 모습을 보며 놀았던 놀이는 성인이 되어 연인들 사이에서 서로 만지고 몸과 영혼을 교환하는 놀이가 되며, 우리의 내면적인 삶에 있어서 신체적이고 영적인 하느님의 현존을 바라보는 신비스런 행위가 된다. 상상력은 땅을 일구고 물을 줌으로써 우리에게 주어진 것을 자라게 한다. 그리하여 거룩한 영이 우리의 평범한 육체 안에서 거주하게 된다."고 정리하고 있다[참고: 앤 배리 율라노프(2005). **치유의 상상력**(역). 서울: 한국심리치료연구소].

61) 성철 스님의 답은 '죽음이 이어질 정도로 큰 죄'라는 뜻이었다. 심한 경상도 말씨에 말이 빨라 못 알아들은 그가 두려움을 느끼는 순간이었다. 끝내, 예, 뭐라고요. 하며 버벅거린다. 그 순간 그만 성철 스님

한테 단칼에 물러선다. 바로 그 순간 큰 깨달음이 있었다. 그 찰나를 그는 이렇게 기억해낸 것이다. 참선은 신비스럽거나 어려운 것이 아니라는 것이다. 사람들은 괜스레 어려운 척, 신비한 척한다. 생쑈를 한다는 것이다. 참선을 마냥 신비하게 만든다는 것이다[참고: 명진(2011). 스님은 사춘기. 서울: 이솔].

참선이란 다른 것이 아니다. 그저, 늘, 언제 어디서나 '나는 누구인가?' '삶은 무엇이고 죽음은 무엇인가?' '과연 어떻게 사는게 잘 사는 것인가?' 하고 물으면 그것이 바로 참선이고 수행이 되는 것이다. 잘 먹고, 잘 자고, 잘 부비고, 잘 분비하는 것들 모두가 수행이다. 명진 스님은 그 한 가지 예를 성철 스님과의 대면에서 일어난 사건을 통해 말한다. 깨닫는 것이 세수하다가 코 만지는 것보다 쉽다는 것을 알게 되었다고 자백한다. 자꾸만 애써서 무엇을 구하려고 해서 아무것도 되지 않는다는 것이다. 깨달으려고 하기 때문에, 구하려는 욕심 때문에 본성을 못 보게 된다는 것이다. 일체 구하는 마음부터 다 내려놓아야 한다고 강조한다.

그는 여러 소리 하지 말고 그저 마음을 내려놓거나 마음에서 힘을 빼면 되는 일이라고 말한다. 마음에서 힘을 빼라는 것은 마음을 비우라는 뜻이다. 마음속에 있는 모든 고정관념, 오랫동안 익혀 온 지식과 정보, 길들여져 있던 습관, 이 모든 것을 내려놓으라는 것이다. 마음에서 힘을 빼는 가장 좋은 방법이 바로 '나는 누구인가'를 묻는 것인데, 내가 누구인지 묻고 또 묻다 보면 내가 '안다'는 생각이 모두 비워지며, 그쯤되면 정말 '모른다'는 생각만이 오롯이 남게 된다. 그렇게 모든 앎이 끊어지고 완전히 힘이 빠진 자리, 그 완벽한 비어짐의 자리에서 우리는 무한한 지혜와 자유를 얻게 된다는 것이 참선에 대한 그의 지론이다.

62) 신경과학자로 출발했으나 마침내 인지철학자로 학문적인 틀 바꿈을 한 알바 노에(Alva Noe) 교수는 뇌에 관한 현대 과학이 지니고 있는 가정의 결함과 철학적 오류를 집요하게 지적하는 인지과학자다. 그는 의식-마음-자아 연구의 새로운 지평을 열기 위해 단도직입적으로 말한다. "현재의 뇌 과학으로는 인간에 대한 어떤 비밀도 밝혀낼 수 없다. 우리가 우리의 뇌라는 생각은 과학자들이 알게 된 무언가가 아니라, 과학자들의 선입견이다. 그것은 우리가 무엇이며 우리가 어떤 원리로 움직이는지를 이해하고자 할 때 우리를 구속하는 편견이다. 우리 인간은 우리의 모든 삶을 체화된 상태로, 환경적 상황에 둘러싸인 상태로 타인들과 함께 보낸다. 우리는 단순히 외부의 영향을 받아들이는 존재가 아니다. 우리는 자신이 행하는 것의 영향을 받도록 지어진 동물이다. 우리는 세계와 역동적으로 결합되어 있다. 세계와 따로따로가 아니다. 우리 삶의 너무도 많은 측면에서 이 사실이 분명해지고 있다. 신경 과학은 틀림없이 이 사실과 맞붙게 될 것이다."[참고: 알바 노에(2009). 뇌 과학의 함정: 인간에 관한 가장 위험한 착각에 대하여(역). 서울: 갤리온]

뇌는 단지 뇌 단독으로 존재하는 것이 아니며, 다른 많은 감각 및 육체를 바탕으로 기능하기에, 마음은 결코 뇌의 단독 공연이 될 수 없다는 것이 그의 주된 주장이다. 마음은 살아 있는 몸이 세계라는 파트너와 함께 추는 춤이나 마찬가지로써 인간의 마음은 자기라는 나와 환경 사이에 놓일 뿐이다. 인간의 마음은 오솔길처럼 만들어진다. 뇌만 있다고 생각이 자동화되지는 않는다. 몸은 주변 환경과 피드백을 주고받는 삶의 과정을 만들고, 그 삶의 과정 속에서 마음이 만들어진다.

63) 스스로 배우기와 자기 결단하기가 바로 삶에의 의지임을 크리슈나무르티(Jiddy Krishnamurti)는 끊임 없이 강조한다. "신이나 진리와 같은 것이 과연 존재하는가 아니면 존재하지 않은가 하는 문제에 대한 해답은 책이나 성직자, 또는 철학자나 구세주라는 사람도 결코 주지 못합니다. 여러분이 그 문제의 이름을 어떻게 붙이든 그건 중요하지 않습니다. 여러분 자신 말고는 그 누구도, 그 무엇도 여러분에게 해답을 줄 수 없습니다. 그러므로 여러분은 스스로를 알아야 합니다. …… 따라서 여러분은 어느 누구에게도 의지할 수 없습니다. 안내자도 없고, 스승도 없고, 권위자도 없습니다. 오직 여러분이 있을 뿐입니다. 여러분이 타인과 맺고 있는 관계, 여러분이 이 세상과 맺고 있는 관계만이 존재합니다. 그 이외에는 아무것도 존재하지 않습니다. 이점을 깨닫게 되면, 여러분에게는 거대한 절망과 자포자기와 냉소하는 마음이 생기거나, 스스로의 모습과 생각과 행동과 느낌에 자기 자신이 전적으로 책임이 있다는 사실을 깨닫고 모든 자기 연민이 사라지는, 둘 중 한 가지 일이 일어날 것입니다."[참고: 지두 크리슈나무르티 (1996). 아는 것으로부터의 자유(역). 서울: 물병자리]

64) 참고: 강영계(2000). 니체와 예술. 서울: 한길사.

65) 니체의 철학에서 핵심이 되는 개념이 힘에의 의지(Wille zur Macht)다. '힘에의 의지'라는 번역은 완전히 오역이라는 주장도 있다. 그것은 니체가 힘에의 의지라는 것을 강조하기 위해 'Wille zur Macht'라는 말을 쓰지 않았다는 주장에서 비롯된다. 니체의『선악의 저편』에서 36절 후반부를 번역한 김정현 교수의 글을 보면 다음과 같다[참고: 니체(2002). 선악의 저편. "도덕의" 계보(역). 서울: 책세상]. "'의지'는 물론 '의지'에 대해서만 작용할 수 있다. '물질'에는 작용할 수 없다. (예를 들자면 '신경'에는 작용할 수 없다.) 과감하게 '작용'이 인정되는 곳에서는 어디에서나 의지가 의지에 대해 작용하고 있는 것이 아닌가.―그리하여 마침내 우리의 총체적인 충동의 생을 한 의지의 근본 형태가―즉, 나의 명제에 따르면 힘에의 의지가―형성되고 분화된 것으로 설명한다면, 또 우리가 유기적 기능을 모두 이러한 힘에의 의지로 환원할 수 있고, 그 힘에의 의지 안에서 생식과 영양 섭취 문제를 해결하는 방안도― 이것은 하나의 문제이다―찾아낸다면, 작용하는 모든 힘을 명백하게 힘에의 의지로 규정할 수 있는 권리를 얻을 수 있을 것이다."

이 문장에서 보면, 니체는 작용하는 모든 힘을 명백하게도 '힘에의 의지로 규정'이라고 말하고 있는데 이것이 '작용하는 모든 힘'이 결국 '힘에의 의지'가 되는 셈이라는 것임을 알 수 있다. 엄밀히 말하면, 모든 힘은 그것이 작용하는 한, 그 어떤 결과를 하나의 효과나 효력으로서 생겨나게 하는 한, 그것을 'Wille zur Macht'라고 이야기할 수 있다는 뜻이 된다. 그렇게 이해한다면 'Wille zur Macht'는 '힘에의 의지'라고 번역하기보다는 '의지는 의지에만 작용한다'는 니체의 생각에 근접하도록 '가능성을 향한 의지'라는 말이 더 타당할 수 있다. 즉, '지향성과 무관한 의지'라는 뜻에서 '모든 것에 작용하는 힘'이 'Wille zur Macht'라는 것이다.

독일어에서 'Macht'는 권력이라기보다 '가능성'을 의미하기에 그렇게 해야 한다는 것이다. 그 가능성은 자기 자신에 대한 표현 가능성이나, 외부로부터 독립적임을 보여 주는 존재의 가능성을 말하는 것일 수 있다. 니체가 'Wille zur Macht'에서 말하려는 것은 모든 힘은 그것이 작용하는 한, 어떤 결과를 효력으로써 생겨나게 하는 한 Wille zur Macht가 될 수 있다는 것이다.

결국, 니체가 이야기한 'Wille zur Macht'에 대한 '아주 정확한 번역'은 어떻게든 실패, 반쯤의 성공으로 끝날 수 있을 뿐이다. 그저 우리가 일상적으로 번역해 온 관행이 우리의 의식을 사로잡고 있기 때문에, 다시 힘에의 의지라는 단어로 되돌아가 버릴 수밖에 없는 꼴이 된 셈이다.

66) 참고: 이영석(2012). 인생에 변명하지 마라. 서울: 쌤앤파커스.

67) 에런라이크(Barbara Ehrenreich) 교수는 긍정적 사고가 미국의 기업이나 교회, 그 어디에든지 손을 뻗쳐 왔는데, 그것들은 다 그렇게 하는 이유가 있다고 비판한다. 기업인, 고용주의 손에 의해 강조된 긍정주의는 철학자들이 긍정주의를 주창한 이래 보통 사람들은 짐작도 하지 못했을 그 용도가 바뀌었다. 그것은 부하 직원들에게 떨치고 일어나 앞으로 나아가라는 자기 개발을 위한 긍정의 권고가 아니라, 오히려 직장에서 부하 직원들의 통제를 위한 정신적인 수단으로 악용되었다. 말하자면 더 높은 실적, 더 높은 생산성을 주문하는 자극제로 변형되었을 뿐이다. 삶에서의 긍정성을 자랑스레 내세우기를 좋아하는 미국인임에도 저들은 경제가 한창 활황일 때조차 행복한 축에 끼어본 적이 없었던 시민이었을 뿐이다. 미국의 초대형 교회들은 한결같이 '번영 신학(prosperity gospel)'과 긍정 신학으로써 고난과 구원에 관한 참담한 이야기나 심판 이야기는 접어둔 채, 현생에서 재빠른 치부와 성공, 그리고 건강을 약속하곤 한다. 그럼에도 불구하고, 각 국민의 행복도에 관한 자료들에 따르면, 미국인의 행복지수는 상위를 차지하지 못하는 실정이다. 네덜란드인과 덴마크인, 말레이시아인, 바하마인, 오스트리아인, 핀란드인 보다도 순위가 낮은 형편이다. 미국인의 행복도는 23위 정도로써 세계 우울증 치료제의 3분의 2를 소비하고 있는 실정이다[참고: 바버라 에런라이크(2011). 긍정의 배신(긍정적 사고는 어떻게 우리의 발등을 찍는가)(역). 서울: 부키].

68) 니체는 아름다움을 추구하는 미적 체험이 힘에의 의지를 확인하는 계기라고 간주한다. 미적 가치의 추구는 인간에게 힘의 증대를 가져온다는 것이 니체의 판단이다. 니체는 예술을 현존에 대한 긍정인 동시에 신격화라고 주장한다. 의지의 쇠퇴는 추함을 만들어 낼 수 있을 뿐이다. 그 예술들을 만들어 내는 예술가는 모든 대상을 보다 풍부하게, 보다 단순하게, 보다 강하게 표현할 수 있어야 한다고 강조한다. 이 점에서 니체는 예술가로 하여금 그 누구보다 형식에 대한 사랑을 강조하고 있다.

니체에게 형식은 아름다움이고, 그 아름다움은 바로 존재자 자체를 의미한다. 형식이라는 개념은 니체에게 있어서 단순한 테두리 같은 것을 의미하는 것이 아니다. 완벽한 형식은 존재자 그 자체를 의미한다. 예술은 존재자의 내재화, 모든 것에 본질적으로 내재하고 있는 어떤 본원적인 힘을 말한다. 모든 예술은 바로 존재자이며, 존재자는 모든 예술 작품 속에 깃들어 있게 마련이다. 예술 작품은 존재자의 내재화라는 점에서 모든 예술은 가상이 되는 것이며, 모든 가상은 아름다움을 겉으로 드러내 줄 수 있는 힘에의 의지를 위한 가장 현실적인 방편일 뿐이다[참고: 볼프강 벨슈(2005). 미학의 경계를 넘어(역). 서울: 향연].

69) 참고: 마르시아 뮐더 이턴(1998). 미학의 핵심(역). 서울: 동문선.

70) 지식의 저주는 사람들이 특정 분야에서 전문가가 되고 나면 자기 분야에 대해 모르는 상태를 상상하거나 단정하기 어려워 오히려, 실제로는 그 분야에서 다른 사람들과 소통하기 어려워지거나, 다른 사람들도 자기가 말하는 것을 다 알고 있다는 지레짐작으로 소통이 피상적으로 흘러 버리기 쉽다는 것을 극명하게 알려 준다. 현실적으로 특정 분야의 엔지니어들은 새로운 기능을 계속 개발하면서 사용자들이 새로운 기능을 다 알고 있다는 전제 아래 리모컨의 버튼 수만 늘리는 경우가 바로 지식의 저주에서 비롯되는 일이다. 이렇게 되면 소비자들은 엔지니어들의 기대와는 달리 버튼의 홍수 속에서 엔지니어들이 생각하고 있는 것과는 달리 실제로 그 물건을 제대로 활용하고 있지 못하게 된다.

예를 들어, 스탠포드 대학에서 박사 학위 논문을 쓰기 위해 엘리자베스 뉴턴은 지식의 저주 현상에 관한 실험을 한 적이 있었다. 1990년도였다. 그녀는 실험 집단의 한 사람에게는 악보를 주고 오직 손가락으로 책상을 두드리게 하고, 반대로 다른 사람은 오로지 상대방의 손가락 두드림의 소리만을 듣고 그 가락이 무슨 노래인지 알아맞히도록 했다. 실험 전 두드리는 사람은 상대방이 자기가 두드리는 노래를 정확하게 알아맞힐 확률이 50% 정도로 쉬울 것이라고 예측했었다.

그러나 손가락으로 두드리는 사람의 예측과는 달리 실제로 자기의 노래 제목을 알아맞힌 비율은 기껏해야 2.5%를 넘기 못했다. 두드리는 사람들의 노랫가락을 듣는 것으로는 아무것도 알아맞힐 수 없었다는 것을 알게 되었다. 이 실험에서 본 것처럼 두드리는 사람은 자기의 두드림이 정확할 뿐만 아니라, 그것이 무슨 노래인지를 이미 상대방도 잘 알고 있을 것이라는 전제 아래 자기의 생각을 믿어 버리고 일들을 진행하는 소통 불능의 상황이 바로 지식의 저주가 개입된 상황이라고 규정한 것이다.

지식의 저주는 특정 분야의 전문가가 되고 나면 '그 분야에 대해 모르는 상태'를 상상하기 어려울 뿐만 아니라 상대방 역시 자기처럼 그 분야의 모든 것을 이미 자기처럼 알고 있다고 믿어 버리기에 자기와 다른 사람 간의 소통이 어려워지는 현상을 바로 지식의 저주 상황이라고 말한다. 지식의 저주에 빠진 전문가들일수록 자기의 전문 분야에 대해 다른 사람들과 대화할 적에 상대방도 자기의 전문적 지식을 갖고 있다는 전제 아래 이야기하기 때문에 전문 용어를 남발하지만 상대방은 전혀 그 사람의 이야기를 이해하지 못한 채 고개만 끄덕이고 말게 된다.

지식의 저주는 새로운 일을 착수하거나 혁신을 하려고 할 때에도 혁신의 과정에 방해되기 마련이다. 모든 사람이 모두 다 혁신의 과정을 알고 있을 것이라고 믿고 있지만, 실제로 혁신을 추진하는 사람만 그 혁신 상황을 알고 있고 나머지 사람들은 전혀 그 혁신 상황을 알고 있지 못하기 때문에 혁신은 끝내 일어나지 못한다[참고: 칩 히스·댄 히스(2009). 스틱-1초 만에 착 달라붙는 메시지 그 안에 숨은 6가지 법칙(역). 서울: 웅진윙스].

71) 전문가들이 하는 이야기들은 알아듣기 어렵다고들 한다. 전문가라고 자처하는 사람들의 이야기는 즐길 수도 없다고 한다. 그들이 상대하는 대화의 상대방이 따라갈 수 없는 혹은 이해하지 못하는 상황에서 수많은 정보를 갖고 일방적으로 상대방에게 자기의 의사를 전달하려고 하기 때문이다. 저들 전문가가 과학적 정보라는 것으로 일상을 설명할 때는 더더욱 그런 경우가 많아지기 마련이다.

예를 들어, 사람들이 매일같이 접하는 식료품인데도, 그것의 내용을 알려 주는 과학적 정보라는 것에 혼란을 겪는 경우가 비일비재하다. 흔하게 '비천연원료 1%가 들어가다'라고 쓰인 제품보다는 '천연원료 99% 사용'이라고 적힌 식료품에 소비자의 눈길과 손길이 더 가게 되는 경우가 그 경우다. 똑같이 천연 원료 99%에 비천연 원료 1%가 혼합되었다는 내용인데도 숫자를 표현하는 방식이 달라지면 그것에 대한 사람들의 과학적 믿음이 달라지게 마련이기 때문이다. 세상에는 이렇게 과학이라는 이름 아래 거짓말이 넘쳐난다고 지적하는 과학 저술가 시세일러(Sherry Seethaler) 박사는 과학적 정보라는 것에 주의하고 또 조심하라고 일러 준다.

과학적 정보는 과학이라는 이름 아래 사람들에게 필요한 정보를 제 마음대로 요리하고 있기 때문이라는 것이다. 언론 매체를 통해 쏟아지는 메시지의 대부분이 기술·환경·경제·보건 분야의 쟁점에 대해 한 가지 관점만 주입하려고 주도면밀하게 선택된 것이기에 과학이라는 이름으로 사람들은 매일같이 '과학적'으로 죽어가고 있다는 것이다. 세상은 다채로운 다색상의 그림인데도 과학이라는 것들은 진리를 내세워 세상을 흑백 논리로 바라보게 만들기 때문이다.

과학을 내건 숫자에는 종종 함정이 있게 마련이다. 예를 들어, 미국의 언론들은 국립암연구소의 저널에 실린 논문을 인용하며, '암 발생률 2년 연속 감소: 신약 공급이 큰 희망을 던지다'를 소개하는 기사를 며칠 간격으로 보도했다. 이 기사를 보면 앞으로 암 환자 수가 두 배로 줄어들 것으로 예측하기에 충분하지만, 현실은 결코 그렇지 않음을 교묘하게 숫자를 통해 위장하고 있는 것이나 마찬가지다. 비밀은 '암 발생률'과 '암 환자 수'라는 용어 차이에 있기 때문이다. 암 발생률은 10만명 중, 암 진단을 받은 사람의 비율로 나타내도록 되어 있지만, 암 환자의 수는 전체 집단의 크기와는 아무런 상관도 없다. 집단의 크기가 커진다면 암 발생률이 지금과 같은 정도로 유지되거나, 설령 감소하더라도 암 환자 수만큼은 지속적으로 증가할 수 있기 때문이다[참고: 셰리 시세일러(2010). 거짓말, 새빨간 거짓말, 그리고 과학(역). 서울: 부키].

72) 참고: 빅토르 E. 프랭클(2002). **실존분석과 로고데라피**(역). 서울: 한글.

73) 인간이 다른 동물들과 여러 가지가 엇비슷하지만, 그중에서도 남다르게 같은 속성 하나로 번식, 즉 짝짓기에 관한 일들이 가장 많이 보고되고 있는 형편이다[참고: 한나 홈스(2010). **인간생태보고서**(역). 서울: 웅진지식하우스]. 인간이 인간의 암수 간에 일어나는 사랑의 행위를 표현해도 그것은 교미이며, 핵심은 번식에 있을 뿐이다. 성공적인 번식을 위해서 서로가 서로의 다른 기관을 빌려 하는 행위가 교미인 것이다. 사랑이라고 표현한다고 교미의 본질이 바뀌는 것은 아니다. 동물에게 교미는 번식을 위한 과정일 뿐이다.

교미 횟수의 차이가 있을 뿐이다. 예를 들어, 어떤 곤충은 교미를 평생 딱 한 번만 한다. 대개의 포유동물들은 암컷의 발정기에만 교미를 한다. 조류는 암컷이 알을 낳는 1~2주 동안 집중적으로 하루에 수차례씩 교미를 한다. 나머지 기간에는 연중 내내 교미가 일어나지 않는다. 인간이라는 동물은 번식을 위해서만 교미하지는 않는다.

여성의 수태 능력은 매달 며칠 동안만 최대치가 되지만 그렇다고 그 기간만 교미하지는 않는다. 연중 아무때나 교미한다. 동물의 입장에서 보면 이런 것은 비효율적인 행각이다. 인간에게 비효율적인 교미

행각이 벌어지는 이유가 있다. 그중 하나는 여성의 배란이 비밀스럽게 진행되기 때문이다. 직립보행을 하면서 여성의 생식기는 감춰졌다. 맨눈으로 배란기를 확인할 수 없게 된 것이다. 난처해진 것은 수컷 인간이다. 다급해진 수컷은 자손을 번식시키기 위해 시도 때도 없이 암컷에게 다가가 교미한다는 것이다. 또 다른 해석도 있다. 암수 간에 일어나는 적절한 교미는 암수 관계를 돈독하게 만들어 주기 때문에 그렇게 한다는 것이다. 암수의 강한 유대는 자식을 건강하게 양육하여 번식률을 높인다. 높은 번식률을 위해 암수 간에 일어나는 교미는 쾌감 있는 행위로 진화되었다는 논리다. 마치 음식이나 술이 그렇듯이 교미가 인간에게 쾌락을 주기 때문에, 인간은 서로의 쾌락을 위해 시도 때도 없이 교미한다는 것이다.

74) 참고: 오리슨 스웨트 마든(2010). 내 인생에 꼭 필요한 2%(역). 서울: 홍익출판사.

75) 참고: 오리슨 스웨트 마든(2010). 강철의지-강철 같은 의지의 힘이 이루어낸 성공의 법칙(역). 서울: 오늘의 책.

76) 참고: 빅터 프랭클(1979). 심리요법과 현대인(역). 서울: 분도출판사.

77) 참고: 파스칼 피크·장 디디에 뱅상·미셸 세르(2010). 인간이란 무엇인가(역). 서울: 알마.

78) 참고: 리저드 도킨스(2004). 눈먼 시계공(역). 서울: 사이언스북스.

79) 공상과학 영화인 〈이퀼리브리엄(Equilibrium)〉은 완전한 이상 사회를 그린 영화다. 21세기 첫해에 제3차 대전이 일어난다. 그 전쟁에서 겨우 살아남은 자들은 '리브리아'라는 나라에서 목숨을 부지한다. 리브리아의 지도자들은 앞으로 4차 세계대전이 일어나면 인간은 더는 살아남을 수 없다는 것을 뼈저리게 안다. 최선의 방책은 전쟁이 없는 그런 사회를 만들어 내는 일이다. 그 일을 위해 엄격한 통제가 가해진다. 그 통제는 감정을 억누르는 통제다. 책과 예술 그리고 음악과 같은 감정 유발 문화는 금지된다. 감정을 갖는 사람은 사형을 자초하는 범죄자로 체포된다.
리브리아 국민들은 '프로지움'이라는 감정 통제약을 주입해야 한다. 사람들은 이제부터 감정을 느끼지 못하게 된다. 어떤 국민들은 그런 정책에 반발한다. 감정을 억제하는 세뇌약 프로지움의 복용을 거부하거나 그 옛날처럼 감정을 불러일으키는 책이나 예술품, 음악에 탐닉한다. 이런 일은 리브리아 국민들을 오염시키는 일이다. 성직자들이 그런 위험을 감지한다. 성직자들은 법을 수호할 새로운 무기인 클레릭을 만든다.
클레릭은 리브리아 국가 시스템을 유지하기 위해 고도의 훈련을 받은 특별 경찰들이다. 클레릭들은 감정을 느끼거나, 감정을 느끼는 국민들을 색출하여 처단하는 살인 기계들이다. 클레릭 가운데 하나가 감정이 충만한 여성을 붙잡아 심문한다. 그녀를 조사하는 과정에서 그녀는 굴복하지 않고 클레릭에게 대담하게 질문한다. 사는 이유가 무엇이냐고 질문한다.
그 질문에 클레릭은 답한다. 국가에 충성하기 위해 존재한다고 말한다. 그녀는 반문한다. 산다는 것은 자신의 존속만을 위한 것인데, 자기가 없는 삶은 삶이 아니라고 말한다. 쉼 없이 돌아가는 시계는 삶을 사는 것이 아니라 작동하는 것이라고 내뱉는다. 그녀에게 취조관인 클레릭이 다시 반문한다. 그녀 자신이 살아가는 이유가 무엇이냐고 되묻는다. 그에게, 그녀는 답한다. 느끼기 위해 살아간다고 말한다. 사람은 느끼는 존재라고 말한다.

클레릭은 그런 그녀의 대답에 잠시나마 고뇌한다. 그는 또 다른 감정 탐닉자들을 색출하기 시작한다. 그런 과정에서 베토벤의 음악을 듣는 인간을 찾아내고, 그 과정에서 듣게된 음악에 묘한 느낌이 들게 된다. 그런 그를 자신의 파트너였던 또 다른 클레릭이 감지한다. 감정을 느끼기 시작한 그 클레릭을 보고는 파트너가 사살한다. 파트너의 총을 맞으며 숨을 넘기기 전, 그는 그에게 읽어 주었던 예이츠의 시 (W. B. Yeats, 「He Wishes for the Cloths of Heaven」) 구절을 읽어 준다. 동료를 죽인 클레릭은 죽어가며 자신에게 읽어 준 싯귀가 반복적으로 되살아나 이제는 그의 감정을 부추기기만 한다. "나는 가난하여, 가진 것이 오직 꿈뿐이라. 내 꿈을 그대 발 밑에 깔았습니다. 사뿐히 밟으소서. 그대 밟는 것, 내 꿈이니⋯⋯." 마침내, 성직자들이 꿈꾸던 그 이상은 허물어지기 시작한다.

80) 참고: Ned Block(2011). The Higher Order Approach to Consciousness is Defunct, *Analysis*, *71*(3), July 2011.

81) 참고: 이지훈(2008). 존재의 미학. 서울: 이학사.

82) 박경리는 1927년 경상남도 통영에서 태어났다. 1969년 6월부터 집필을 시작하여 1995년에 5부로 완성된 대하소설 『토지(土地)』는 한국 근·현대사의 전 과정에 걸쳐 여러 계층의 인간의 다른 운명과 역사의 상관성을 깊이 있게 다룬 작품으로 영어·일본어·프랑스어로 번역되어 호평을 받았다. 박경리의 문학은 전반적으로 인간의 존엄과 소외 문제, 낭만적 사랑에서 생명 사상으로의 흐름이 그 기저를 이루고 있다. 그 생명 사상이 종합적으로 드러난 작품이 바로 『토지』다. 박경리에 의하면 존엄성은 바로 자기 스스로 자신의 가장 숭고한 것을 지키는 것이었다. 그의 작품에서 이 존엄성을 지키는 것이 생명 본능 이상으로 중요한 것임을 시사하고 있다[참고: 박경리(2008). 버리고 갈 것만 남아서 참 홀가분하다. 서울: 마로니에북스].

83) 참고: 이지훈(2008). 존재의 미학. 서울: 이학사.

84) 채플린은 유대인이었다. 그의 삶은 우울 그 자체였다. 그의 가족이 영국에서 겪었던 생활은 집시와 같은 곡선적인 삶이었다. 그의 가족은 영국적 유대인의 떠돌이였다. 그의 삶 자체가 울음을 삼키고 있는 웃음이었다. 채플린의 성장기는 우울하기 그지없었다. 술주정뱅이 아버지와 정신질환자 어머니의 찌든 삶들이 엮어낸 삶 속에서 그는 성장했다. 알코올 중독으로 사망한 아버지에 이어 정신병으로 시달린 어머니를 보는 일이 바로 그랬다. 그의 장년기 역시 순탄하지 않았다.

미국인의 혼을 흔들어 놓은 그의 코믹한 연기와 영화 제작은 그에게 부와 영예를 주었지만, 여인 한 명에 만족하지 못한 그였다. 여성 편력은 그를 늘 괴롭혔다. 그가 생각해 보지도 못한 정치적 이데올로기에 대한 언론들의 설익은 공세와 비판도 계속 그를 괴롭혔다. 그는 단 일 분이라도 편안해 본 적이 없었다고 토로했다. 자신의 영화에 대한 신념과 웃음이 이 세상을 구한다는 인간의 희극적 본능을 단 한 번도 잊지 않았던 그는 희극을 건축학적 형식으로 이해했던 희극의 건축가였다.

채플린이 극도로 희화시켜 놓았던 히틀러는 채플린과 엇갈리게 서로 닮았다고도 볼 수 있다. 한 사람은 세상에 공포가 무엇인지를 알게 해 주었고, 다른 한 사람은 웃음이 무엇인지를 가르쳐 주었다. 두 사람 모두 1889년 4월생이며 콧수염을 길렀는데, 콧수염의 모양이 같았다. 히틀러가 채플린의 콧수염을 모방했다는 이야기도 있다. 히틀러가 채플린의 인기를 자신의 권력에 활용하기 위해서라는 것이었지만, 확실한 이야기는 아니다.

어쨌거나 서로는 삶이 무엇인지를 극명하게 대조적으로 보여 주었다. 채플린은 〈살인광 시대〉라는 영화에서 관객을 향해 연설하듯 카메라 렌즈를 똑바로 쳐다보며 하나의 메시지를 전한다. '독재에 맞서 용기를 잃지 말고 싸우라'고 말한다. 〈살인광 시대〉에서 '베르도'로 연기한 채플린은 '살인이라는 범죄는 범죄가 아니라, 시대의 어줍지 않은 희극'이라고 재해석해 버린다. 베르도는 일 열심히 하는 착한 은행원이지만, 그가 시간 날 때 하는 짓은 엄청난 범법이었다. 말하자면 사회를 구원한다는 명분 아래 행한 살인 행위였다. 그는 이 사회에서 없어질 인물로 유한마담을 선택한다. 유한마담들은 신사를 위해 필요한 존재들이지만 가정을 위해서는 없어져야만 할 인물이라는 것이 베르도의 생각이었다.

그는 유한마담들에게 우아하게 접근한다. 그의 행동은 여성들에게 넋을 잃게 할 정도로 신사적이다. 유한마담들에 대한 증오는 더 커진다. 사회의 기생충인 그녀들을 죽여 버릴 생각에 골몰한다. 마침내 유한마담들을 살인하기 시작한다. 이 사회에서 '살 가치가 없는 사회의 기생충'을 청소할 때마다 사회를 구원하며, 가정을 구원하는 구세주 같은 희망으로 들떠 버린다. 그런 생각에 몸부림치는 베르도는 성실하기 그지없는 은행원이다. 베르도는 유한마담을 사무적으로 살인하기 시작한다. 사회를 구하기 위한 인종 청소이기에, 살인의 유형을 굳이 따질 일도 아니라는 생각 때문이다. 살인마 베르도는 마침내 법정에 끌려나온다. 세상을 향해 거침없이 말한다. "세계는 대량 살인을 장려하고 있습니다. 대량 살인을 위해 병기를 대량 생산하며, 죄 없는 여인들을 실로 과학적으로 죽이고 있습니다. 대량 살인에서 보자면, 나는 아마추어입니다. 한 명을 죽이면 악당이지만 100만 명을 죽이면 영웅입니다. 그 수치가 살인을 신성화합니다."

히틀러가 세계를 향해 외쳤던 것을 채플린은 역설적으로 세상을 향해 외친다. 채플린은 그런 살인이 개인적인 문제가 아니라는 것을 보기 위해 희극을 이용한 것이다. 권력자들은 권력을 위해 살인을 서슴지 않고 독재자의 길로 들어서며, 사업가들은 자신의 부를 위해 수많은 사람들을 착취하는 흡혈귀의 길로 들어서고 있다고 비판하기 위해 베르도를 전면에 내세운 것이다. 사회 비판에 다가섰던 것은 이번이 처음이 아니었다. 이미 그가 다루는 소재와 그가 만들어 낸 찌그러질 대로 일그러진 어릿광대의 자화상이 바로 비극을 통해 웃음을 솟구치게 하여 준 사회 비판의 상징물 그 자체였다.

황금 사냥에 나선 사람들의 정신 이상적 행동을 극화함으로써 삶은 희극과 비극 그 어딘가에 위치하고 있음을 채플린 스스로 보여 준 것도 바로 그것을 겨냥한 것이었다. 1925년도 작품, 〈황금광 시대〉에서 채플린은 헌 구두 한 짝으로 저녁 식사를 때우는 가난과 기아에 찌든 인물로 등장한다. 그가 만들어 낸 '떠돌이' 캐릭터가 바로 그것이다. 그저 먹고 입고 자는 본능적 존재이며 떠돌이인 그는 정성들여 요리한 구두를 식탁에 내놓는다. 갈비나 구운 생선이라도 먹는 듯이 구두끈을 음미한다. 구두 밑창을 접시

에 올려놓은 후, 생선 가시를 살에서 발라가듯 신발을 지탱하기 위해 박아 놓은 못을 모조리 먹어치운
다. 상상하기 어려운 장면을 상상할 수 있는 일상적인 장면으로 바꿔 놓았다. 빈곤의 마지막 장면까지
파고 들어가고 있는 그의 노력을 읽고 있으면, 눈시울이 뜨거워짐을 알 수 있다[참고: 브리지트 라베 ·
미셸 퓌에크(2008). 찰리 채플린 (역). 서울: 다섯수레; 데이비드 로빈슨(2006). 채플린－거장의 생애와
예술 (역). 서울: 한길아트].

85) 참고: 문광훈(2007). 교감－천천히 사유하는 즐거움. 서울: 생각의 나무.

86) 참고: 류시화(2006). 살아 있는 것은 다 행복하라(편). 서울: 조화로운 삶.

87) 추(醜)의 미학은 19세기 중엽에 나타난 '추한' 사회 현상과 밀접히 연관되어 있다. 당시 사회가 직면하
고 있던 여러 문제들은 도시화와 빈곤화를 통해 드러나기 시작했다. 이와 같은 사회적 문제들은 예술에
도, 철학으로도, 그리고 미학적으로도 인간의 삶에 직결되고 있다. 그런 표출이 바로 추의 아름다움이
다. 못생김의 미학, 욕의 미학을 논의하기 전까지는 미의 아름다움을 이야기하기 위해서 추의 아름다움
도 함께 진지하게 논의해야 한다는 생각에 별다른 진전이 없었다.
미학은 진과 선과의 관계 속에서 미를 우선 대상으로 삼았을 뿐이기 때문이다. 미학에서 추를 배제하는
것은 당연한 것이었다. 그것은 미학이란 학문 분야를 최초로 개척한 바움가르텐이 '미학의 목적은 감
각적 인식 자체의 완전성'이라고 한 것을 모두가 추종했기 때문이다. 로젠크란츠는 『추의 미학』을 통해
아름다움을 이야기하기만 하는 당시 미학자들의 미학적 흐름에 제동을 건다. 아름다움이 중심 범주가
되고 있는 미학에, 추를 미학의 필수 불가결한 일부로 포함시켜야 미학이 완성된다는 것을 주장했다.
로젠크란츠가 말하는 추의 미학에서 추 그 자체는 독립적이고 자율적인 심미적 범주가 되지는 못한다.
추는 미의 부정성을 드러내야만 추라고 하는 자신의 현존을 부각시킬 수 있는 상대적 개념에 불과하기
때문이다.
추(醜)가 바로 향수의 역할이라는 논리에서 보듯이, 추를 통해 아름다움이 드러난다. 하지만 로젠크란
츠가 이야기했듯이 "미라는 이념의 현상을 총체적으로 묘사하는 한, 예술은 추의 형상화를 피해갈 수
없다." 단순히 미에만 국한시키려 한다면 그것은 그 이념에 대한 피상적 견해일 뿐이다. 그러나 이 결론
으로부터 추가 미와 심미적으로 동등한 단계에 있다는 내용이 도출되는 것은 아니다. 여기에서도 추의
부차적 탄생이 차별성을 만들어 준다[참고: 카를 로젠크란츠(2008). 추의 미학(역). 서울: 나남].

88) "나이 열다섯이던 해에 나는 간염에 걸렸다."로 시작하는 이 소설은 "그녀의 무덤 앞에 선 것은 그것이
처음이자 마지막이었다."로 끝난다. 열다섯 살 소년 미하엘은 길을 가던 중 간염 때문에 심한 구토를 일
으킨다. 우연히 그것을 지켜본 한나는 미하엘에게 도움을 준다. 그녀는 그때 36세의 원숙한 여인이었
다. 미하엘은 감사하다는 인사를 하기 위해 그녀를 다시 찾는다. 그때부터 그렇게 두 사람은 서로에게
강하게 끌린다. 끝내 비밀스러운 연인 관계로 빠져 버린다.
미하엘과 육체적인 관계를 가지기 전에, 한나는 늘 그에게 "꼬마야, 꼬마야, 내 꼬마야. 책 좀 읽어 줘."
라는 말을 잊지 않는다. "그녀는 진지했다. 나는 그녀가 나를 샤워실과 침대로 이끌기 전 반 시간가량

그녀에게 『에밀리아 갈로티』를 읽어 주어야 했다. 이제는 나도 샤워를 좋아하게 되었다. 내가 그녀의 집에 올 때 함께 가져온 욕망은 책을 읽어 주다 보면 사라지고 말았다. 여러 등장인물의 성격이 어느 정도 뚜렷이 드러나고 또 그들에게서 생동감이 느껴지도록 작품을 읽으려면 집중력이 꽤 필요했기 때문이다. 샤워를 하면서 욕망은 다시 살아났다. 책 읽어 주기, 샤워, 사랑 행위 그러고 나서 잠시 같이 누워 있기. 이것이 우리의 만남의 의식이 되었다."

미하엘은 그녀에게 『오디세이』, 레싱의 『에밀리아 갈로티』, 쉴러의 『간계와 사랑』 등을 만날 때마다 읽어 준다. 미하엘이 한나에게 읽어 주는 책의 수는 늘어간다. 사랑이 깊어갈수록 한나의 알 수 없는 불안감은 커져만 간다. 그러던 어느 날, 한나는 흔적도 없이 사라진다. 남겨진 소년 미하엘은 한나에 대한 자신의 사랑이 진정이었는지, 반대로 자신에 대한 한나의 사랑 역시 진정이었는지에 대한 지울 수 없는 마음의 불신을 갖게 된다.

8년 후 법학을 전공하는 대학생이 된 미하엘은 법관이 된다. 그는 법정에서 나치 전범으로 재판을 받고 있는 한나와 우연히 만나게 된다. 그녀에게 기소된 죄는 나치를 위해 여성 감시원으로 일했다는 것이다. 미하엘은 한나가 나치의 유대인 학살에 가담했다는 것을 알게 되면서 혼란에 빠진다. 그것은 나치 제2세대로서 느끼는 혼란이자 사랑과 죄의식 사이에서 오는 혼란이었다. 미하엘은 한나가 여성 감시원이었다는 것을 알기 전에 자신의 부모 세대가 먼저 유죄 판결을 받아야 한다고 생각했다. 비록 그들의 부모가 유대인 학살에 가담하진 않았지만 학살을 방관했기에 그들을 유죄라고 생각한 것이다.

재판은 한나에게 불리하게 돌아간다. 재판이 진행되면서 미하엘은 한나가 필사적으로 숨겨온 충격적인 비밀을 알게 된다. 한나는 누구에게도 밝히고 싶지 않은 비밀 때문에 나치 수용소의 감시원으로서 살인을 저지르고, 게다가 자신이 저지르지 않은 죄까지 뒤집어쓴다. 한나는 문맹이었다. 그녀는 어찌 보면 전쟁에 이용당하고 유린당한 한 개인에 지나지 않는다. 자신이 문맹이라는 것을 절대 드러내고 싶지 않은 그녀는 불리한 재판 결과를 그대로 받아들인다. 미하엘은 그녀의 비밀을 이야기하면 한나의 죄가 경감될 것임을 알면서도, 세상을 향해 진실을 말하지 않는다. 끝내 한나는 종신형을 선고받는다. 법학자로 살아가며 무기력증에 시달리던 미하엘은 한나를 지켜주지 못한 괴로운 마음을 달래기 위해 밤마다 카세트테이프에 책을 녹음하기 시작한다. 종신형을 받은 한나에게 미하엘이 『오디세이』를 녹음해서 감옥으로 보냈을 때, 그는 어떤 사적인 내용도 담지 않았다. 그는 제목과 작가의 이름과 내용만을 읽어서 녹음했을 뿐이었다.

그 테이프를 들은 한나는 그임을 직감했다. "꼬마야, 지난번 이야기는 정말 멋졌어. 고마워.-한나가." 라는 내용의 편지가 그에게 날아들었다. 그의 목소리가 한나에게는 숙명이며 본능이었다면, 미하엘에게는 그녀의 냄새가 바로 삶에 대한 직감이었으며 즐김이었다. "나는 예전에 그녀의 냄새를 특히 좋아했었다. 그녀는 늘 신선한 냄새를 풍겼다. 몸을 갓 씻고 났을 때의 냄새 또는 갓 세탁한 빨래 냄새 또는 신선한 땀 냄새 또는 막 사랑 행위를 하고 난 냄새 등. 그녀는 가끔 향수를 사용했다. 나는 그 향수가 어떤 것이었는지 모른다. 하지만 그 향수 냄새 역시 다른 어떤 향수보다 신선한 냄새를 풍겼다. 이러한 냄새들 사이에 무겁고, 어둡고, 떫은 또 다른 냄새가 끼어 있었다. 나는 종종 호기심에 찬 짐승처럼 킁킁대며 그녀의 냄새를 맡곤 했었기 때문이다."

그렇게 미하엘의 카세트테이프는 감옥에 있는 한나에게 전달된다. 이런 새로운 의식은 한나가 사면될 때까지 계속된다. 그녀가 사면되던 날 아침 한나는 스스로 목을 매달아 죽은 채로 발견된다. 미하엘은 그녀가 남긴 유품들을 정리한다. 그녀가 남긴 유품에서 미하엘은 자신의 고등학교 졸업 사진이 실린 신문 기사를 발견하고 눈물을 삼킨다. 한나는 그와의 첫 만남 후로 한 번도 그에 대한 사랑을 가슴에서 내쫓지도, 손에서 놓지도 않았던 것이었다[참고: 베른하르트 슐링크(2009). 더 리더: 책 읽어 주는 남자 (역). 서울: 이레].

89) 18세기 독일 문학 가운데 가장 많은 논란을 불러온 작품이 바로 『에밀리아 갈로티(Emilia Galotti)』이다. 계몽주의 시대 독일의 위대한 극작가인 레싱(Gotthold Lessing)이 기원전 5세기 로마에서 일어난 사건을 다룬 이 작품은 르네상스 시대 이탈리아의 작은 공국 구아스탈라의 영주가 에밀리아를 수중에 넣기 위해 음모를 꾸미고 부당한 권력을 휘두르자, 그녀의 아버지가 딸의 순결을 지키기 위해 딸을 칼로 찔러 죽인다는 내용을 바탕으로 하고 있다.

치욕을 당하기보다는 딸을 죽이려는 아버지에게 딸인 에밀리아가 절규하는 장면은 독자의 심금을 울리고 있다. "폭력! 누군들 폭력에 저항하지 못하겠습니까? 폭력이라고 하는 건 아무것도 아네요. 유혹이야말로 진짜 폭력입니다. 제 몸에도 피가 흘러요, 아버지. 어느 누구 못지않게 젊고 뜨거운 피가요. 저도 관능이 있답니다. 저는 아무것도 장담할 수 없어요. 아무것도 보장할 수 없어요."[참고: 고트홀트 에프라임 레싱(2009). 에밀리아 갈로티(역). 서울: 지만지]라는 딸의 절규는 사랑의 힘을 극적으로 묘사한다.

90) 구성과 사건의 극적 전개가 치밀하게 짜여 있어서 희곡 작법의 교본이라 불리는 프리드리히 실러 (Friedrich von Schiller)의 희곡 『간계와 사랑(Kabale und Liebe)』은 연인의 비극적 사랑 이야기를 다루고 있다. 실러가 25세 때 쓴 그의 세 번째 희곡인 『간계와 사랑』은 복잡한 궁중의 음모에 맞서는 청순한 연인들의 투쟁을 그리고 있다. 이들은 현실적으로는 귀족들에게 패배하지만 정신적으로는 승리한다는 식의 이분법 아래 정직과 순결 등 당대의 시민적 가치와 성적 타락과 부정직함으로 대변되는 귀족 사회의 대립을 그린 '시민 비극'이다. 주인공의 독백이 간계와 사랑에서 극적인 장면을 연출하고 있다. "나는 두렵지 않습니다. 그 어떤 것도 두렵지 않습니다. 고통은 커질수록 사랑도 깊어갑니다. 위험이 내 사랑을 키우며 내 사랑을 깨어 있게 하고 더욱 향기롭게 만들 것입니다. 나는 당신의 소중한 천사가 될 것입니다. 당신은 이전보다 더 아름다운 삶을 살 것이며 생을 마감하는 날 당신은 이렇게 말할 것입니다. 그대의 영혼을 완벽하게 만드는 것은 바로 사랑입니다[참고: 프리드리히 실러(2008). 간계와 사랑(역). 서울: 지만지].

91) 참고: 해롤드 쿠시너(2006). 당신은 어떤 사람으로 살고 싶은가(역). 서울: 한국심리상담연구소.

92) 한국의 음악계에서는 〈날 세우시네(You raise me up)〉라는 제목으로 더 알려진 곡이 〈유 레이즈 미업〉이다. 시크릿 가든(secret garden)의 롤프 뢰블란(Rolf Løvland)이 편곡을 하고, 브렌던 그레이엄 (Brendan Graham)이 가사를 쓴 노래다. 시크릿 가든은 1995년 노르웨이 출신 작곡가이자 피아니스

트인 롤프 뢰블란과 아일랜드 태생의 바이올리니스트 피오뉼라 쉐리(Fionnuala Sherry)가 주축이 되어 결성된 그룹이다. 결성된 그 해에 유로비전 송 콘테스트에서 〈야상곡(nocturne)〉으로 우승하면서 세계적인 명성을 얻었다. 〈유 레이즈 미 업〉은 뢰블란이 아일랜드 소설가인 브렌던 그레이엄의 소설을 읽은 후 감명을 받고 그에게 자신의 곡에 노랫말을 붙여달라고 청하여 만들어진 노래다. 원래 아일랜드의 가수 브라이언 케네디(Brian Kennedy)가 부른 이 노래는 한국어로도 여러 가지로 번역, 소개된 바 있다.

번역된 내용은 노래마다 조금씩 다르기는 하지만 원곡의 의미는 그대로 살아 있다. 〈날 세우시네〉라는 노래가 뉴에이지 색채가 상당히 짙기는 하지만, 우리나라에서는 기독교의 성가로 받아들여지고 있다. 노래의 가사는 이렇게 시작한다. "내 영혼이 힘들고 지칠 때 괴로움이 밀려와 나의 마음을 무겁게 할 때 당신이 내 옆에 와 앉으실 때까지 나는 여기에서 고요히 당신을 기다립니다. 당신이 나를 일으켜 주시기에, 나는 산에 우뚝 서 있을 수 있고 당신이 나를 일으켜 주시기에, 나는 폭풍의 바다도 건널 수 있습니다. 당신이 나를 떠받쳐 줄 때 나는 강인해집니다. 당신은 나를 일으켜, 나보다 더 큰 내가 되게 합니다. 당신이 나를 일으켜 주시기에, 나는 산에 우뚝 서 있을 수 있고 당신이 나를 일으켜 주시기에, 나는 폭풍의 바다도 건널 수 있습니다. 당신이 나를 떠받쳐 줄 때 나는 강인해집니다. 당신은 나를 일으켜, 나보다 더 큰 내가 되게 합니다. 당신이 나를 일으켜 주시기에, 나는 산에 우뚝 서 있을 수 있고 당신이 나를 일으켜 주시기에, 나는 폭풍의 바다도 건널 수 있습니다. 당신이 나를 떠받쳐 줄 때 나는 강인해집니다. 당신은 나를 일으켜, 나보다 더 큰 내가 되게 합니다. 당신이 나를 일으켜 주시기에, 나는 산에 우뚝 서 있을 수 있고 당신이 나를 일으켜 주시기에, 나는 폭풍의 바다도 건널 수 있습니다. 당신이 나를 떠받쳐 줄 때 나는 강인해집니다. 당신은 나를 일으켜, 나보다 더 큰 내가 되게 합니다."

93) 참고: 류태영 교수가 보내는 아침 쪽지 글, 2010. 08. 06.

94) 참고: 코이케 류노스케(2010). 생각 버리기 연습 (역). 서울: 21세기북스.

95) 히데코는 우리에게 묻는다. 살 빠지면 입겠다고 모셔둔 바지, 언젠가 읽으리라 쌓아둔 먼지 뽀얀 책들로 한 공간을 전부 차지하고도 질식할 것 같은 생활에서 벗어나는 것을 바라느냐고 묻는다. 온갖 잡동사니를 끌어안고 보관인지 방치인지 분간조차 어려운 삶을 사는 사람은 크게 대체로, 현실 도피형, 과거 집착형, 아니면 미래 불안형인데 그런 인간은 어느 형태의 단샤리도 불가능하다는 것이다. 바쁘다는 핑계로 집 안을 정리하지 못하고, 어수선한 집에 들어가기 싫어 집을 더욱 필요 없는 물건으로 채우는 '현실 도피형', 과거의 추억에 얽매여 과감해지지 못하는 '과거 집착형', 언제 무슨 일이 일어날지 몰라 모든 것을 보관하고 있어야 직성이 풀리는 '미래 불안형'의 인간들은 언제나 자기를 다스리기보다는 타인을, 환경을 탓하는 일에 더 능숙할 뿐이다[참고: 야마시타 히데코(2010). 斷捨離. 동경: 매거진 하우스].

96) 시저의 암살이라는 사건을 극화한 『줄리어스 시저』에서, 셰익스피어는 다양한 인간성과 권력, 그리고 현실과 이상에 대한 괴리와 성찰을 보여 준다. 시저의 총애를 받았던 두 주인공이 등장한다. 서로는 적

이 되어 서로 다른 권력의 양면을 보여 준다. 그 사람이 비로 시저를 죽인 '부루투스(Marcus Brutus)'이고, 부루투스를 죽이려는 '안토니우스'다. 3막 2장에 나오는 부루투스의 연설이 웅변이다.

줄리어스 시저를 살해한 부루투스가 동요하는 시민을 무마하기 위해 군중 앞에서 시저 살해의 정당성을 설파하는 대목은 장관이다. "끝까지 진정해 주시오, 로마인이여, 동포여, 사랑하는 친구들이여. 나의 이야기를 들어 주시오. 그리고 내 말이 들리도록 조용히 해 주시오. 내 명예를 걸고 나를 믿어 주시오. 그리고 내 말을 믿을 수 있도록 내 명예를 존중해 주시오. 여러분의 지혜로써 나를 판단해 주시오. 그리고 더 좋은 판단을 할 수 있도록 여러분의 분별력을 일깨워 주시오. 만약 여기 모인 사람들 가운데 시저의 절친한 친구가 있다면 나는 그에게 말하겠소. 시저에 대한 부루투스의 사랑은 그이 못지않았다고. 만약 그이가 왜 부루투스가 시저에 대항해 일어났는가를 묻는다면 나는 이렇게 대답하겠소. 시저를 덜 사랑해서가 아니라 로마를 더 사랑했기 때문이라고. 시저가 죽어서 모두가 자유롭게 사는 것보다 시저가 살고서 모두가 노예로 살기를 원합니까? 시저가 나를 사랑했기에 나는 눈물을 흘리지 않을 수 없소. 그가 운이 있었기에 나는 그것을 기뻐하고 그가 용감했기에 나는 그를 존경합니다. 그러나 그는 야심이 컸기에 나는 그를 죽일 수밖에 없었소. 그의 사랑에 눈물을 흘리고 그의 행운을 기뻐하고, 그의 용감성을 존경하지만 그의 야심에는 죽음을 준 것입니다. 여기에 누가 노예가 될 만큼 비굴한 사람이 있습니까? 있다면 말해 보시오. 나는 그에게 죄를 저질렀습니다. 여기에 누구든 로마인이 되기를 원하지 않을 만큼 야만적인 사람이 있습니까? 있다면 말해 보시오, 나는 그에게 죄를 저질렀습니다. 여기에 누가 자기 나라를 사랑하지 않을 만큼 비열한 사람이 있습니까? 있다면 말해보시오. 나는 그에게 죄를 저질렀습니다. 잠시 멈추고 대답을 기다리겠소. [시민들: 없소, 부루투스, 없어요.] 그렇다면 나는 아무에게도 죄를 저지르지 않았습니다."

부루투스의 정적이지만 똑같이 시저의 총애를 받았던 안토니우스가 등장, 부루투스의 이야기를 괴변으로 몰아가는 명연설이 나온다. "……친애하는 로마 시민, 그리고 동포 여러분, 내 말에 귀를 기울여 주십시오. 나는 카이사르를 찬양하기 위해서가 아니라 그의 시신을 장사지내기 위해 이 자리에 왔습니다. 사람들이 저지르는 죄악은 그들이 떠난 뒤에도 살아남아 있지만, 선행은 백골과 함께 묻혀 버리는 경우가 많습니다. 카이사르! 그 또한 마찬가지라고 해도 과언은 아닐 것입니다. 고귀하신 부루투스는 방금 카이사르가 야심을 품었다고 말했습니다. 정말로 그렇다면 그것은 한탄스러운 잘못이었고, 그런 잘못 때문에 비참하게 최후를 마친 카이사르 역시 인과응보였다고 말할 수밖에 없을 것입니다. 여기 현명하신 부루투스와 역시 현명한 사람들인 그 일파의 허락을 받아 나는 카이사르의 장례식에 나왔습니다. 그는 나의 친구였고, 나에게 성실하고도 공정했습니다. 그러나 부루투스는 그가 야심가였다고 말하고 있습니다. 카이사르가 과연 어떠했습니까? 카이사르는 외적을 토벌할 때마다 수많은 포로를 로마로 데려왔고, 그들의 몸값을 받아 이 나라의 국고를 가득 채웠습니다. 그 과정에서 한푼도 자기 것으로 챙기지 않았습니다. 이것이 야심에서 우러난 행동입니까? …… 나는 부루투스의 연설을 반박하려는 게 아닙니다. 그저 내가 알고 있는 바를 말하고자 할 뿐입니다. 여러분은 한때 카이사르를 사랑했고, 그럴 만한 이유도 있었습니다. 그렇다면 무슨 이유로 여러분은 그를 위해 애도하지 못하게 되었습니까? 아, 정의의 신이여. 당신은 흉포한 야수에게로 도망쳐 버렸고, 사람들은 이성을 잃고 말았습니다.

용서하십시오. 내 심장이 저기 저 관 속에 있는 카이사르에게 가 버렸으니, 나에게 다시 돌아올 때까지는 나는 말을 이을 수가 없습니다……. 여기 카이사르의 도장이 찍힌 문장이 있습니다. 그의 밀실에서 찾아냈는데, 이것은 그의 유서입니다. 이 유언은 평민들만 들어 주십시오……. 아니, 죄송합니다. 읽지 않겠습니다. 그들은 숨진 카이사르를 찾아가 그의 상처에 입맞추려고 했고, 그의 거룩한 피를 손수건에 문혔습니다. 그렇습니다. 그들은 기념으로 그의 머리카락 한 올을 달라고 간청했습니다. 세상을 떠날 때 자신의 유서에 그 사실을 언급하고 후손에게까지 귀중한 유산으로 물려주겠노라고 말입니다……. 참으십시오, 여러분. 이 유서를 읽어서는 안 됩니다. 카이사르가 여러분을 얼마나 사랑했던가를 알게 되면, 좋을 리가 없습니다. 여러분은 나무나 돌이 아니라 사람입니다. 그리고 사람인 까닭에 카이사르의 유언을 들으면, 여러분은 감정이 폭발하여 광란하게 될 것입니다. 여러분이 그의 상속자라는 사실을 알게 되면, 좋을 리가 없습니다. 여러분이 그것을 알게 되면, 어떤 사태가 벌어질지 두렵습니다……. 여러분, 좀 참아 주시겠습니까? 잠시만 기다려 주십시오. 여러분에게 유서 이야기를 한 것은 실수였습니다. 나는 비수로 카이사르를 찌른 저 현명하신 분들에게 폐를 끼치게 될까 두렵습니다 …… 여러분, 카이사르가 여러분의 사랑을 받을 만한 일이 무엇이었다고 생각하십니까? 아아, 여러분은 모르고 있습니다. 그러니 내가 말해 드리지요. 여러분은 카이사르의 유서를 잊어버렸습니다. 여기 카이사르의 도장이 찍힌 유서가 있습니다. 그는 모든 로마 시민 한 사람 한 사람에게 75드라크마를 남겼습니다. 거기다 그분은 테베레 강 이쪽에 있는 자기의 산책로, 개인의 정자와 새로 심은 과수원을 모두 여러분에게 남겨 주었습니다. 여러분에게 그리고 여러분의 후손들에게 영원히 남겨 주었습니다. 여러분이 밖으로 나가 산책을 하며 휴식할 수 있고, 또 그것은 여러분 모두의 기쁨이 될 것입니다. 여기 한 사람의 카이사르가 있었습니다. 언제 또 그러한 사람이 나오겠습니까?"

97) 시인 고은(高銀)은 중학교에 다닐 때 우연히 길에서 주운 한하운 시인의 시집을 밤새 읽는다. 그 후 그는 입산한다. 일초(一超)라는 법명을 받고 불교의 승려가 되었지만 승려의 일에 끝내 만족하지 못한다. 그만 둔다. 이후 10년간 참선과 방랑을 거듭하며 시를 쓰기 시작하였다. 노벨문학상 후보에 해마다 오르지만, 번번이 변죽만 당하고 만다[참고: 고은(2001). **순간의 꽃**. 서울: 문학동네].

98) 채규철은 두밀리 자연 학교를 운영하던 교장으로 더 알려져 있다. 그는 천성이 농촌운동가다. 장기려 박사와 함께 의료보험의 바탕이 된 '청십자의료조합'을 만들고, 간질병을 앓는 사람들을 돕는 '장미회'를 만든 사회봉사자였다. 그는 사회봉사의 큰 꿈을 꿔 오다 교통사고로 온몸에 화상을 입는다. 온몸이 불에 타는 교통사고로 인해 30여 차례 수술을 받은 이후 기적적으로 살아 남는다. 그후부터 흉측한 모습 때문에 'E.T.'라는 별명을 얻게 되었다. 보통 사람 같으면 용기를 낼 수 없는 외모지만 그는 그를 찾는 아이들이나 장애자들에게 자기는 이미 타 버린 사람이라고 소개하면서 아이들에게 다가가서 아이들에게 자연에서 배우는 것의 소중함을 일깨워 주었다[참고: 조한서(2007). **채규철**. 서울: 작은씨앗].

99) 참고: Charles Caleb Colton(2010). *Lacon: Or, many things in few words: Addressed to those who think*. Charleston, S.C.: Nabu Press.

100) 선지식(善知識)이란 말은 바르게 알고, 바르게 보는 사람을 의미하는 불가의 개념이다. 『아함경』에서 처음으로 표현된 용어인데 그 옛날 혜능 대사가 중생을 그냥 선지식이라 불렀던 것에서 시작한다. 혜능 대사의 눈에는 중생 모두가 선근이었다. 바른 행위를 할 근성과 좋은 인연을 가지고 있다고 보였기 때문이었다. 세상 모든 것이 우리에게 선지식이 되는 것이기에 선지식을 가르거나, 달리 부를 이유가 없다는 뜻이었다. 선지식이 바로 우리의 앞길을 제시해 주는 옳은 지식이며, 그 지식이야말로 삶의 나침반이나 마찬가지라는 뜻이었다.

후대에 이르러 선지식은 외호(外護)선지식, 동행(同行)선지식, 교수(教授)선지식으로 분류되기 시작했다. 외호선지식은 중생이 두려움을 갖지 않고 수행하도록 돕는 사람, 같은 길을 가면서 얻은 바를 전하는 사람은 동행선지식, 신성한 가르침을 주는 사람을 교수선지식이라고 갈라 부르기 시작했다. 혜능은, 다른 사람의 수행을 돕는 사람을 대선지식이라고 칭했다. 최고의 진리와 정확한 수행의 글을 보여주는 사람을 대선지식이라고 말했지만, 중생을 구제하는 것은 중생 그 스스로이어야 한다는 점에서 선지식이나 선지식이 아닌 사람을 가르는 일은 그리 중요하지 않다. 깨달음 그것에 이르기 위해서는 붓다와 같은 대선지식도 끝내 나에게는 무용지물이 될 수도 있었기 때문이다[참고: 혜능(2009). 육조단경(역). 서울: 일빛].

101) 호모 라피엔스는 '약탈하는 자'라는 뜻으로써 인간이라는 좋은 우연하게 지구상에 출현하게 되었지만 생존을 위해 고도로 약탈적이며 파괴적인 일을 일삼는 동물임을 상징하기 위한 단어다[참고: 존 그레이(2010). 하찮은 인간 호모 라피엔스(역). 서울: 이후].

102) 참고: 문일석(1994). 성철 스님 세상살이. 서울: 신라원.

103) 본문은 '上學以神聽 中學以心聽 下學以耳聽以耳聽者學在皮膚 以心聽者學在肌肉 以神聽者學在骨髓'으로 되어 있다.

104) 불교계뿐만 아니라 하루를 살아가는 보통 사람에게도 성철 스님의 이야기는 수많은 교훈을 남겨놓고 있다. 성철 스님만큼 자기 자신을 자기가 철저하게 관리 감독하라고 일러 준 사람도 그리 많지 않기 때문이다. 그의 삶에 따라붙어 다니는 일화는 수도 없이 많은데, 그중 몇 가지를 그저 편하게 이책, 저책, 이 소리 저 소리에서 발췌해 들어가면 다음과 같다. "……어떤 신도가 천제굴에서 기도를 했더니, 자기 아들이 무슨 시험에 합격하였다고 당시 최고급 시계를 갖다 준 일이 있었다. 신도가 가버리자 스님께서는 시계를 꺼내들고 이렇게 말씀하셨다 한다. "이게, 라도(Rado) 시계라는 거다. 사람들이 너도 나도 갖고 싶어 하는 시계라는 것을 나도 알지." 이때도 스님은 이 행자 앞에서 나무토막 위에 시계를 올려놓고 돌로 쳐 산산 조각이 나게 부숴 버렸다. 산 속에서 중질 하는 놈들에게 시간은 그 무슨 놈의 시간이고, 시계는 그 무슨 놈의 시계인가 하는 타이름을 보이기 위해 시계가 가당치도 않다는 것을 보여 준 것이었다[참고: 월서(2009). 행복하려면 놓아라. 서울: Human & Books].

또 다른 이야기도 있다. "어떤 거사님이 백련암에서 삼천 배를 힘들어하고 성철 스님을 친견하게 되었다. 성철 스님은 당신을 친견하는 사람들에겐 불명, 화두, 원상(圓相)과 함께 일과(日課)를 주셨다.

삼천 배 한 번으로 끝내지 말고 꾸준히 몸과 마음을 닦으라는 뜻에서 날마다 일정한 절과 능엄주 독송을 권하신 것이다. 그것을 일과라 한다. 그런데 집에 돌아온 그 거사님은 생활이 바쁜 핑계로 일과를 지키지 못하였다. 그러다가 시간이 흘러 다시 백련암을 찾아 큰스님을 다시 뵙게 되었다. 거사님을 알아보신 스님께서 물으셨다. "그래, 거사는 일과하나?" 그간 일과를 하지 못했던 거사님은 난감해졌다. 하지 않은 일과를 했다고 거짓말은 못하겠고, 그렇다고 안했다고 말씀드리자니 죄송스럽고 해서 딴에는 궁리해서 다음과 같이 대답했다. "마음으로는 했습니다." 그러자 스님께선 바로 되물으셨다. "거사는 마음으로 밥도 먹나?"

성철 스님이 말없이 보여 준 또 다른 일화가 삼만 복배다. "성철 스님이 강릉의 한 암자에서 일심으로 수행하고 있을 때 일이다. 축구 선수로 각종 대회에 상을 휩쓸다시피 한 우수한 중학생이 있었다. 하지만 그는 슬럼프인지 운동을 게을리 했는지 모르지만 점점 성적이 떨어지고 있었다. 잘나가던 학생이 각종 대회에 나가기만 하면 예선전에 떨어지는 불운을 겪어야 했다. 그렇게 3년이란 세월이 지나고 막상 졸업을 하니 스카웃 제의하는 학교가 없어 하는 수 없이 운동을 포기하고 일반고 학교에 진학시험을 치루었다. 운동 때문에 공부를 소홀히 할 수밖에 없는 그로서는 당연히 학교에 떨어져 서울의 유명 학원에 등록하여 재수하고 있었다. 그 해 할머니마저 돌아가셔서 성철 스님이 기거하는 사찰에 가족과 함께 49재를 치르러 갔다. 그렇게 며칠 부지런히 다니다 어느 날 성철 스님이 보고 얼굴이 수심이 가득한 학생을 보고 대뜸 하시는 말씀이, "고등학교에도 떨어지는 실력으로 사회에 나와서 무엇을 할 것인가. 불효한 자식이 49재는 무엇하려 지내려 하느냐. 참회하는 마음으로 내일부터 하루에 3000배, 10일 동안 3만배를 일심으로 하거라." 하고는 호통을 치면 몰아붙였다.

스님의 호통에 겁이 난 학생은 다음날부터 3000배를 시작하였으나 자기 체력으로 도저히 무리였다. 이대로 계속하다 죽을 것 같았다. 포기하고 집으로 갈까 하여 하산한다는 말씀을 드리려고 스님이 정진하는 암자로 향했다. 문 앞에서 스님을 불렀으나 대답이 없자 창문을 뚫어 스님의 모습을 보니 스님은 캄캄한 어둠 속에 좌선하여 잠도 자지 않고 염불을 외우고 계시는 것이었다. 겁이 더럭 난 학생은 말도 꺼내지 못하고 돌아왔다. 다시 용기를 내어 3000배를 계속하니 평소 운동하던 그였던지라 끈기와 요령, 완력 등이 생겨 2만 배를 채우고 더욱 정진하여 3만 배를 채우고 스님에게 고하고 집으로 내려 왔다. 그리하여 서울에 상경하여 학원과 독서실을 전진하며 일념으로 공부에 전념한 결과, 그가 원하던 사학 명문인 경복고에 입학하고 거기서 더욱 열심히 공부하여 서울대 및 대학원, 미국 유학까지 거치고 대학 교수로 복직하여 열심히 후진 양성에 힘쓰고 있다 한다." 자기가 가는 길에서의 지조란 그런 것이라고 보여 준 사람 중의 한 사람이 바로 성철 스님이다.

105) 그 어느 시대에도 말세론은 언제나 등장하고 있다. 성경에서도 말세에서 일어날 여러 가지 증후들을 전례 없는 전쟁(마태복음 24:7; 요한계시록 6:4), 기근(마태복음 24:7; 요한계시록 6:5, 6, 8), 역병(누가복음 21:11; 요한계시록 6:8), 불법의 증가(마태복음 24:12), 지진(마태복음 24:7; 누가복음 21:11), 돈에 대한 지나친 사랑(디모데후서 3:2), 부모에 대한 불순종(디모데 후서 3:2), 자제의 결핍(디모데 후서 3:3) 등으로 기술하고 있지만, 불교에서도 예외가 아니다. 불교에서 말세(末世)는 말법

(末法), 말운(末運) 같은 뜻으로 표현된다.

불교에서 말하는 말법(末法)은 정법(正法)이 끊어져 사라진다는 뜻으로 쓰였는데, 불법이 쇠약해지는 시대를 정, 상, 말(正·像·末) 세 시대로 구분한다. 말법 시대는 사람들이 교법에 몰두하고 있지만, 수행과 증과가 불가능하다는 이론이다. 말법의 시대가 오면 다섯 가지 어지러운 일이 생기는데, 그 첫째가 출가 비구가 속복을 입은 사람에게 불법을 배우며, 둘째는 속복을 입은 사람이 윗자리에 앉고 승복을 입은 비구는 아랫자리에 앉으며, 셋째는 비구의 설법을 듣지 않고 속복을 입은 사람의 설법을 높이 받들고, 넷째는 마구니 비구가 나와서 세간에 진리라고 편 까닭에, 불법의 바른 경전은 불분명해지고 사(詐)된 것이 믿음으로 되며, 마지막으로는 비구가 처자와 종을 데리고 살며 서로 다툼을 일삼아서 불법을 잇지 못하는 어지러운 세상이 된다는 것이다.

106) 조지훈은 말한다. "지조란 것은 순일(純一)한 정신을 지키기 위한 불타는 신념이요, 눈물겨운 정성이며, 냉철한 확집(確執)이요, 고귀한 투쟁이기까지 하다. ……지조는 선비의 것이요, 교양인의 것이다. 장사꾼에게 지조를 바라거나 창녀에게 지조를 바란다는 것은 옛날에도 없었던 일이지만, 선비와 교양인과 지도자에게 지조가 없다면 그가 인격적으로 장사꾼과 창녀와 가릴 바가 무엇이 있겠는가. 식견(識見)은 기술자와 장사꾼에게도 있을 수 있지 않은가 말이다. ……지조를 지키기란 참으로 어려운 일이다. 자기의 신념에 어긋날 때면 목숨을 걸어 항거하여 타협하지 않고 부정과 불의의 권력 앞에는 최저의 생활, 최악의 곤욕(困辱)을 무릅쓸 각오가 없으면 섣불리 지조를 입에 담아서는 안 된다. 정신의 자존(自尊) 자시(自恃)를 위해서는 자학(自虐)과도 같은 생활을 견디는 힘이 없이는 지조는 지켜지지 않는다. 그러므로 지조의 매운 향기를 지닌 분들은 심한 고집과 기벽(奇癖)까지도 지녔던 것이다. ……우리는 일찍이 어떤 선비도 변절하여 권력에 영합해서 들어갔다가 더러운 물을 뒤집어쓰지 않고 깨끗이 물러나온 예를 역사상에서 보지 못했다. 연산주(燕山主)의 황음(荒淫)에 어떤 고관의 부인이 궁중에 불리어 갈 때 온몸을 명주로 동여매고 들어가면서, 만일 욕을 보면 살아서 돌아오지 않겠다고 하고는 밀실에 들어가자 그 황홀한 장치와 향기에 취하여 제 손으로 명주를 풀고 눕더라는 야담이 있다. 어떤 강간(强姦)도 나중에는 화간(和姦)이 된다는 이치와 같지 않은가. ……우리가 지조를 생각하는 사람에게 주고 싶은 말은 다음의 한 구절이다. '기녀(妓女)라도 그늘막에 남편을 좇으면 한평생 분냄새가 거리낌 없을 것이요, 정부(貞婦)라도 머리털 센 다음에 정조(貞操)를 잃고 보면 반생의 깨끗한 고절(苦節)이 아랑곳없으리라' 속담에 말하기를 '사람을 보려면 다만 그 후반을 보라' 하였으니 참으로 명언이다. ……양가(良家)의 부녀가 놀아나고 학자 문인까지 지조를 헌신짝같이 아는 사람이 생기게 되었으니 변절하는 정치가들은 우리쯤이야 괜찮다고 자위할지 모른다. 그러나 역시 지조는 어느 때나 선비의, 교양인의, 지도자의 생명이다. 이러한 사람들이 지조를 잃고 변절한다는 것은 스스로 그 자임(自任)하는 바를 포기하는 것이다."[참고: 조지훈(1996). 지조론. 서울: 나남]

107) 『채근담(菜根譚)』에서(11장 참고), "얼음처럼 맑고 옥같이 깨끗한 사람은 명아주 먹는 입이나 비름 먹는 창자를 가졌지만 비단옷 입고 쌀밥 먹는 사람일수록 종노릇 시늉을 달게 여긴다고 말하고 있는데, 이 말은 사람이 먹은 뜻이란 담백함으로써 밝아지고, 절개는 기름지고 달콤한 맛 때문에 잃기 때

문이다는 뜻이다(藜□莧腸者 多氷淸玉潔 袞衣玉食者 甘婢膝奴顔 蓋志以澹泊明 而節徒肥甘喪也. 여구 현장자 다빙청옥결 곤의옥식자 감비슬노안 개지이담박명 이절도비감상야). 『채근담』은 명나라 말기 에 홍자성(洪自誠)이 유교를 중심으로 불교와 도교의 생각들을 가미하여 일종의 처세법으로 가르치 기 위해 350개의 경구적(警句的)인 단문을 모아 만든 하나의 어록집이다.

108) 참고: 배우한(2005). 나는 왜 공부를 하는가(17) 지관 스님. 한국일보. 2005년 7월 11일자.

109) 참고: G. 레이코프 · M. 존슨(2006). **삶으로서의 은유(수정판)**(역). 서울: 박이정.

110) 『백유경(百喩經)』에 나오는 말라 버린 소젖이라는 글이다. '백구비유경(百句譬喩經)'이라고 하는 『백 유경』은 촌철살인의 기지가 드러나는 이야기들로 가득차 있다. 5세기경 인도의 승 상가세나(Sangha-sena)가 지었다는 『백유경』은 백 가지의 교훈적인 비유를 모은 경전이다[참고: 가사나(2009). **백유경** (역). 서울: 지만지].

111) 고진 교수는 『은유로서의 건축』에서 서양의 형이상학의 문제점을 은유로서의 건축과 실제 건축의 차 이로 설명한다. 그는 서양 형이상학에는 타인을 향한 소통의 원동력이 결여되어 있다고 비판한다. 서 구 형이상학의 사상적 원동력은 마치 '건축에의 의지'와 같다는 것이다. 건축에의 의지는 타자를 배제 하기 마련이다. 서양 형이상학의 이론화 작업은 늘 망각되어 버리는 '타자'에 대한 가상적 건물에 지 나지 않는다고 비판한다. 인간의 의지에 의해 체계적으로 구축되는 구성물이 아닌 가상적 건물을 짓 고, 부수는 일을 연속하는 것이 저들의 형이상학이라고 비판한다[참고: 가라타니 고진(1998). **은유로 서의 건축**(역). 서울: 한나래출판사].

112) 참고: 말콤 글래드웰(2009). **아웃라이어**(역). 서울: 김영사.

113) 참고: 임붕영(2012). 링컨에게 배우는 유머화법의 진수. 조선일보. 2012년 9월 20일자.

114) 참고: 구트룬 슈리(2008). **세계사를 뒤흔든 16가지 발견**(역). 서울: 다산초당.

115) 세계 미술사의 한 획을 그었던 거장들 역시 일상사적인 사소함을 놓치지 않은 융복합형의 달인들이었 다. 지적 호기심과 실험 정신이 강했다. 새로운 경험에 대해 개방적이었다. 생각은 유연하기 그지없었 다. 호기심도 강했다.

　　고갱(Paul Gauguin)은 미술계의 유랑인으로 불렸다. 그는 당시 화가들이 지녔던 원시성에 대한 금기 를 깬다. 그는 그것을 파리의 탈출에서 보여 줬다. 당시 예술인들에게는 우상의 상징이었던 파리의 문 화에 대한 도전이었다. 당시 예술인들은 파리 이외의 문화와 예술을 하찮게 취급했다. 파리 이외의 문 화를 원시적이라고 경멸했었는데, 고갱은 바로 저들이 깔보던 원시성을 위대한 예술로 승화시켰다. 파리 한구석에 살던 당시 고갱은 정신적으로나 경제적으로나 참담했다. 피어날 가망이 없을 정도로 어려웠다. 그는 화가를 장사꾼으로 전락시키는 미술 시장에 환멸을 느꼈다. 집안을 건사해야 한다는 가장이라는 무거운 짐을 매일같이 얻는 가족도 잊고 싶었던 그였다.

　　그는 아웃사이더였다. 고갱은 냉정한 현실을 인식했다. 고갱은 파리를 탈출한다. 누구도 생각해 보지 못한 타히티로 불현듯 떠난다. 그곳에서 서양 미술과 천대받던 원시 예술을 융합한다. 서양 미술에 타히티의 사소한 일상들을 접목했다. 그는 미술 비평가인 모리스에게 편지를 한 통 보낸다. "자네는 내가 야만인으로 살아가는 방식을 못마땅하게 여기지만 나는 당당하네. 그래, 나는 야만인이네. 내가 야만인이라는 사실을 빼고 나면 내 그림에서 전혀 놀라움이나 새로운 점을 발견할 수 없거든. 다른 화가들이 모방할 수 없는 독창성은 야만에서 나오네."[참고: 이명옥(2011). 크로싱. 서울: 21세기북스]

116) 그는 한 장애인의 예를 들어 말한다. 필 목사는 언젠가 일본 도쿄를 여행했다. 우연히 펜실베이니아 출신의 미국인을 만난다. 그는 소아마비 때문에 한쪽 다리를 저는 장애자였다. 그는 휠체어로 세계를 여행 중이었다. 각국의 풍물을 즐겼다. 좌절한 적이 없었냐고 물었다. 그는 필 박사에게 응수했다. "마비가 된 건 제 몸뿐입니다. 제 마음은 절대 마비된 적이 없어요."라고 답했다.

마음이 마비되면 세상도 마비된다. 절대 긍정이 희망을 불러온다. 긍정하려면 사소함을 무심하게 놔두지 말아야 한다. 자기 계발의 토대는 마음을 다스리는 사소함이다. 자기 계발의 사례로 떠오르는 인물이 나폴레옹 힐이다. 그는 어린 시절부터 작가가 되고 싶었다. 힐은 어렸을 때 푼돈을 모았다. 내용이 충실한 사전을 장만하기 위해서였다. 자기가 알고 싶어 하던 모든 단어가 사전 안에 있었다. 단어들을 마스터하면 자기가 원하는 단어를 전부 익히는 것이다.

불가능을 가능으로 바꾸고 싶었던 필 목사였다. 사전을 한 권 샀다. 그는 가능성을 향해 자기가 하려던 것을 실행에 옮긴다. 먼저 사전에서 '불가능'이라는 단어를 찾는다. 불가능이 쓰인 페이지를 모조리 오린다. 찢어 버린다. 불가능을 지워 버리기 위해서였다. 불가능이란 단어가 있으면 불가능이 남아있기 때문이었다. 부정적인 단어들을 모조리 삭제했다. 사전에서 부정적인 단어들이 송두리째 없어졌다. 이제 사전에는 가능이라는 단어만이 남았다. 어떤 페이지를 봐도 불가능이라는 단어는 보이지 않게 되었다. 가능성을 향해 자신의 마음과 몸이 하나로 뭉쳤다. 그는 긍정을 찾기 위해 부정을 원초적으로 제거하려고 했다. 마음을 그렇게 먹으니 모든 일이 가능할 것 같았다[참고: 노먼 빈센트 필(2006). 믿는 만큼 이루어진다(역). 서울: 21세기북스].

117) 참고: 드니스 글렌(2006). 지혜(역). 서울: 디모데.

118) 참고: 로버트 버튼(2010). 생각의 한계-당신이 뭘 아는지 당신은 어떻게 아는가(역). 서울: 북스토리.

119) 참고: 박문호(2008). 뇌 생각의 출현. 서울: 휴머니스트.

120) 사람들이 음식을 즐길 때, 요즘처럼 건강이라는 단어에 집중하기만 하면 건강을 파괴하기 십상이다. 사람으로서 먹어야 할 것은 식용 제품이 아니라 음식이어야 한다. 요즘 시장을 지배하는 대부분 먹거리는 음식이 아니라 식용 제품이기 때문이다. 건강 정보 표기가 있는 식품은 대부분이 음식이 아니고 식용 제품이기에 가능한 피하라고 조언하는 마이클 폴란(Michael Pollan)은 증조 할머니가 음식이라고 생각하지 않았을 음식 같은 것은 아예 입에 대지도 말고 먹지도 말라고 조언한다. 자연에서 나오는 채소, 사과나 배추 같은 것에는 아무런 영양 표시도 없는 음식 그 자체이기 때문이다. 건강 표기는 가공한 제품에만 소개되어 있는 요란한 광고이자 소비를 꼬드기는 미끼일 뿐이다. 사람처럼 살려면,

"음식을 먹어라, 과식하지 마라, 주로 채식을 하라!"면 족할 뿐이다[참고: 마이클 폴란(2012). 행복한 밥상(역). 서울: 다른세상].

121) 이렇게 얻어지는 것들을 소위 세로토닌(Serotonin) 효과라고도 부른다. 의식 수준이나 건강 상태 등을 관장하는 세로토닌 신경은 수만 개에 이른다. 뇌줄기(brainstem) 가운데 솔기핵(raphe nucleus)이라는 곳에 세로토닌 신경들이 위치한다. 세로토닌 신경은 뇌 전체 신경세포(약 150억 개)에 비해 아주 적은 수다. 그 영향력은 수와 비교하면 상당히 크다. 뇌 전체에 광범위한 영향을 미치기 때문이다. 세로토닌 신경 하나가 수많은 신경을 상대로 전개하는 활동과 기능은 마치 오케스트라의 지휘자가 지휘봉을 휘두르며 곡 전체 분위기를 형성하는 것과 비슷하다. 세로토닌 신경세포를 자극하여 마음과 몸을 다스리는데 도움을 준다고 소개되는 여러 가지 방법, 말하자면 햇빛을 받으며 걷기, 사랑하기, 숙면하기, 책읽기, 명상하기 같은 것들은 실제로 효과들이 입증되어 삶의 장면마다 하나의 방편으로 활용되고 있다[참고: 캐롤 하트(2010). 세로토닌의 비밀(역). 서울: 미다스북스].

실제로, 미국 오리건 대학과 중국 다렌(大連) 이공대학의 연구진은 호흡 테크닉과 마음으로 그려내는 심상통합명상법이 심신통합에 어떤 효과를 내는지를 연구한 바 있다. 결론은 심신을 하나로 통합하는 명상법이 뇌(腦)의 감정과 행동 조절을 돕는다는 것이었다. 이들 연구진은 1990년대 중국 전통의학에서 채택된 심신통합트레이닝(IBMT)의 효과들을 실험(IBMT 적용) 그룹과 통제 그룹으로 나눠 추적 분석한 결과 IBMT와 전두대피질(감정·행동을 조절하는 뇌 부분) 간의 연계성이 상당했음을 알아냈다. 연구자들은 전두대피질의 활성화 부족이 주의력결핍증, 치매, 우울증, 정신분열증 및 다른 질병과 연관이 있었으며 실험 그룹이 IBMT를 받지 않은 통제 그룹에 비해 근심과 우울, 분노와 피로의 수준이 낮았다고 보고했다.

IBMT는 깊은 휴식 속에 활짝 깨어 있는 상태(restful alertness)에 도달할 수 있다는 점을 강조하고 있는데, 이번 연구에서는 IBMT를 받은 지 11시간도 채 안 되어 실험 효과가 나타난 것으로 밝혀졌다. 연구 논문의 대표 저자인 마이클 포스너는 "이번 발견은 자기 조절과 관련된 뇌 조직(연결망)의 구조적 변화 능력과 연관돼 있다."고 말했다. 중국 연구팀을 이끈 탕 이위안은 "일반인뿐 아니라 교육, 건강과 신경과학 분야에서도 관심을 끌고 있다."고 덧붙였다. 과학자들은 이 같은 변화들이 신경전달물질인 미엘린의 증가나 뇌 백질의 경로 재구성과 관련이 있을 것으로 추정했다.

122) 탈레스(Thales)의 행적에 대한 것들은 기원전 30년경에 활동했던 전기 작가로 알려진 디오게네스 라에르티우스(Diogenes Laertius)가 쓴 『저명한 철학가들의 생애와 사상』이라는 글에서 상대적으로 자세하게 나온다. 탈레스는 인간의 삶에 대한 철학에 집착했지만, 작가는 탈레스가 자연의 이치를 밝히는 일에 더 골몰했던 자연철학자로 묘사하고 있다. 탈레스는 인류역사상 처음으로 만물의 기원과 원인에 대해 과학적으로 접근했던 것으로 유명하다[참고: Diogenes Laertius(1925). *Lives of eminent philosophers*, Volume II(No.185). Books 6-10(Trans). NY: Loeb Classical Library]. 탈레스가 했다는 유명한 말이 전해온다. "이 세상에 존재하는 모든 것 중 가장 오래된 것은 신인데, 그것은 태어나지 않기 때문이다. 가장 아름다운 것은 우주인데, 그것은 신이 창조한 것이기 때문이다. 가

장 거대한 것은 공간인데, 그것은 모든 것을 포함하기 때문이다. 가장 빠른 것은 지성인데, 모든 것을 관통하여 내달리기 때문이다. 가장 강한 것은 필연인데, 모든 것을 지배하기 때문이다. 가장 현명한 것은 시간인데, 모든 것을 끝내 명백하게 밝혀 놓기 때문이다."

123) 참고: 콘스탄틴 J. 밤바카스(2008). **철학의 탄생**(역). 서울: 알마.

124) 공의식이라는 말은 한글로는 '공의식' 이렇게 하나로 쓰이나, 한자로는 여러 가지 표현이 가능하다. 拱意識, 公意識, 空意識 共意識과 같은 표현이 그것들이다. 심리학자들은 인간의 이중인격을 설명하면서 보통 때의 의식에서 분리되어 독립적으로 존재하는 제2의 의식을 공의식(拱意識, dual personality)이라고 부른다. 사회학자들은 공공의 의식을 공의식(公意識)이라고 부른다. 저들과 달리 불교학자들은 통찰의 한 형식으로 공의식(空意識)이라는 개념을 활용한다. 모두 다 뜻이 다른 개념들이다.
이 책에서 말하는 공의식은 '共意識' 이다. 이때의 공의식(共意識)이라는 개념은 불가의 공의식(空意識; sunya), 사회학자들의 공의식(公意識)이나 심리학자들이 말하는 이중의식(二重意識, double consciousness)으로서의 공의식(拱意識)과는 전혀 다른 개념이다. 공의식(共意識)은 의식소통의 결과로서 서로 간의 관계를 이어 주는 소통의 공통분모를 말하기 때문이다. 소통의 장(場)이나 소통의 공간, 여백들이 교차하는 공통의 상황을 가르켜 공의식(共意識)이라고 지칭한다.

125) 깨달음의 원형이 무엇인지를 설명해 주는 경전으로 불가에서는 『원각경』을 들곤 한다. 『원각경』은 붓다의 깨달음을 가르치는 완전한 경전이라는 의미를 담고 있다. 『원각경(圓覺經)』의 원래 이름은 대방광원각수다라요의경(大方廣圓覺修多羅了義經)으로서 알려져 왔다. 『원각경』은 시공을 초월한 붓다의 깨달음이 어떤 것이며 어떻게 그것에 도달할 수 있는지를 묘사한다. 『원각경』은 붓다의 12제자가 나눈 문답 형식의 내용을 12장으로 묶었다. 사람에게 밝은 지혜가 없다는 것, 말하자면 무명(無明)은 사람이 원래 그렇게 태어난 것이 아니라 어리석은 사람이 방향을 잘못 들어서고도 바른 길로 왔다고 우기듯이 자기를 그릇되게 알고 있기 때문에 생긴 우둔함 때문에 그렇게 된 것이다. 그것은 마치 눈병이 난 사람이 자기 눈병 때문에 공중에서 꽃을 보거나 둘째 달을 보는 것 같은 착각을 마치 사실이라고 우기는 것과 같다. 이런 잘못된 집착으로 삶을 헤매고 있는 것을 바로 무명(無明)이라고 한다. 무명은 그 실체가 있는 것이 아니라 환상 같은 것일 뿐이다. 이환즉각(離幻卽覺), 즉 환을 여의면 곧 깨침이 될 터인데, 그런 무명에서 벗어나 원만한 깨달음을 구하기 위해서는 먼저 망상을 쉬고 마음을 한곳에 집중하며 자기를 닦고 계율을 지키며 생각하라고 붓다는 제자에게 이른다[참고: 한정섭(2007). **원각경 강의**. 서울: 불교통신교육원].

126) 공자의 제자인 자공(子貢)은 스승에게 "군자(君子)가 물을 보고서 느껴야 할 점이 무엇입니까?"라고 묻는다. 물과 군자 간의 비유에 대해 공자는 '기만절야필동 사지(其萬折也必東 似志)'라고 답한다. 물은 "만번 굽이쳐 흘러도 반드시 동쪽으로 향하는 의지(意志)가 있다."라는 뜻이다. 만절필동이란 말은 중국 땅덩어리에서 '황하(黃河)는 수없이 꺾이고 꺾이며, 흐르고 흘러가도 종국에는 동쪽으로 흘러가고야 만다.'는 뜻으로 모든 것은 본뜻대로 되고 만다는 것을 이르는 말이다. 물의 속성을 군자가 지

녀야 할 품과 격으로 본다면, 배운 사람이 그렇지 않은 사람과 구분되는 것은 물과 같은 무울의 품성일 수 있다(참고: 한준상 외(2009). **배움학, 취각의 향연**. 서울: 학지사].

127) 붓다의 가르침을 모아 팔리어로 엮은 경전이 『숫타 니파타(Sutta-nipata)』다. 남방 상좌부의 5부(니카야아) 중 소부(소부, khuddakanikaya)에 포함되어 있는 팔리 경전이 『숫타 니파타』다. '숫타(sutta)' 는 '말'이라는 뜻이고, '니파타(nipata)'는 '모음'이란 뜻이다. '말의 모음집'이란 뜻의 『숫타 니파타』 는 역사적 인물로서의 붓다가 살아 있는 동안 사람들에게 무엇을 행했는지, 무엇을 가르치려고 했는 지를 보여 주는 자료다.

『숫타 니파타』는 사람이 살아가면서 지녀야 할 것들을 시적으로 웅변한다. "탐내지 말고 속이지 말며 갈망하지 말고 남의 덕을 가리지 말고 혼탁과 미혹을 버리고 세상의 모든 애착에서 벗어나 무소의 뿔 처럼 혼자서 가라. 세상의 유희나 오락 혹은 쾌락에 젖지 말고 관심도 가지지 말라. 꾸밈없이 진실을 말하면서 무소의 뿔처럼 혼자서 가라. 물 속의 물고기가 그물을 찢듯이 한번 불타 버린 곳에는 다시 불이 붙지 않듯이 모든 번뇌의 매듭을 끊어 버리고 무소의 뿔처럼 혼자서 가라. 마음속의 다섯 가지 덮개를 벗기고 온갖 번뇌를 제거하여 의지하지 않으며 애욕의 허물을 끊어 버리고 무소의 뿔처럼 혼 자서 가라. 최고의 목적에 도달하기 위하여 노력 정진하고 마음의 안일을 물리치고 수행에 게으르지 않으며 용맹 정진하여 몸의 힘과 지혜의 힘을 갖추고 무소의 뿔처럼 혼자서 가라. 애착을 없애는 일에 게으르지 말며 벙어리도 되지 말라. 학문을 닦고 마음을 안정시켜 이치를 분명히 알며 자제하고 노력 해서 무소의 뿔처럼 혼자서 가라. 자비와 고요와 동정과 해탈의 기쁨을 적당한 때를 따라 익히고 모든 세상의 저버림 없이 무소의 뿔처럼 혼자서 가라. 탐욕과 혐오의 헤맴을 버리고 속박을 끊어 목숨을 잃 어도 두려워하지 말고 무소의 뿔처럼 혼자서 가라. 소리에 놀라지 않는 사자와 같이 그물에 걸리지 않 은 바람과 같이 흙탕물에 더럽히지 않는 연꽃과 같이 무소의 뿔처럼 혼자서 가라."고 이르고 있다. 무 릇 그 무슨 일을 하겠다고 몸소 실천하는 수행자는 무소처럼 집착의 삶과 불필요한 인간관계로부터 멀리 떠나라는 뜻이다.

사람들에게 살아 움직이는 가르침을 전하려던 붓다 자신은 어떤 종교의 창시자라는 의식 같은 것은 아예 갖고 있지 않았다. 그는 바리때 하나만을 들고 추위를 막을 수 있는 누더기를 걸친 채 밥을 빌어 먹으며 다녔다. 숲 속의 나무 그늘이나 바위 위, 동굴 속에 앉아 명상하는 마음가짐은 결코 포기될 수 있는 것이 아니었다. 그 과정에서 진리를 찾기 위해 노력하고, 자신이 깨달은 바를 이웃들에게 가르 쳐 주었다. 그를 따르는 무리가 찾아와 진정 옳은 것을 물으면, 그는 이해하기 쉬운 말로 낱낱이 대답 해 주었다. 그가 생전에 그를 따르는 무리에게 설한 가르침을 담은 책이 바로 『숫타 니파타』다.

『숫타 니파타』에는 붓다 자신이 살아생전에 보여 준 생활, 가르침, 당시의 생활상을 짐작하게 만드는 경구들로 충만하다. 붓다가 죽은 후 제자들이 스승인 붓다의 가르침을 외우기 쉽게 운문시의 형식으로 간추려 만든 『숫타 니파타』는 원시 불교 경전 가운데에서는 가장 오래된 것이다. 『숫타 니파타』는 불교 성립을 파악하게 만들어 주는 2가지 점을 확실하게 보여 준다. 『숫타 니파타』에는 첫째로 '선 정'의 길이 제시되어 있는데, 이것이 바로 초기 원시 경전의 '중심 사상'임을 알게 만든다. 선정의 수행방법으로『숫타 니파타』는 '사무색정'을 다루고 있다. 소유하지 않음(無所有)은 곧 '공(空)'인데, 공은 '선정'에 이르기 위한 방편임을 읽게 만든다는 것이다. 둘째로『숫타 니파타』는 이 세상에 존재하는 모든 사물은 갖가지 인연이 이루어진 것으로, 항상 변화한다는 점을 분명히 알려 준다.

모든 것은 머무르지 않는다고 강조하는『숫타 니파타』에는 '무상(無想)'의 관점을 이야기하는 노래가 가득하다. 모든 것은 변하고 변할 뿐이다. 인간의 존재는 무상할 뿐이다. 인간이 만들어 내는 '행'이란 결국 '지어진 것'이다. 이것을 알고 나면 세상에서 유별나게 탐할 것이 없어질 것이다. 무엇인가를 '내 것'이라고 한다거나 '내가 소유한다.'는 등의 관념 자체가 소멸되기 마련이다. 자기에게 영원히 속해 있는 것은 있을 수 없기 때문이다. 그것을 깨달으면, 그때부터 진각(眞覺) 혹은 대각(大覺)의 삶이 시작된다[참고: 법정(2005). 숫타 니파타. 서울: 이레].

128) 순직하게 자신을 되돌아보며, 순직하게 삶을 걸어 나가는 예를 하나 든다면 암(癌) 선고를 받은 26세의 셰릴 스트레이드(Cheryl Strayed)가 보여 준 4,000km에 달하는 퍼시픽 크레스트 트레일(PCT: Pacific Crest Trail) 완주기가 있다. 그녀는 사랑하는 어머니가 별안간 죽어서, 사랑하는 남자와의 사랑에 좌절해서, 자신을 학대하며 산 나머지 이제는 처참하게 망가진 자신의 모습이 역겨워서 4,285km에 달하는 트레킹을 나선 것은 아니었다. 사랑이 천 가지에 다시 천 가지를 더한 만큼 수없이 많은 이름을 갖은 신묘한 것이기에 그것을 말하기마저도 두렵기만 하다는 노자의『도덕경』을 되뇌이면서, 삶이란 마치 천 가지에 다시 천 가지가 곱해지는 그런 것을 알아 내기 위해 암 선고를 받은 26세의 그녀는 퍼시픽 크레스트 트레일(PCT: Pacific Crest Trail)의 4,285Km를 저 홀로 타박타박 걸어 나선다. 퍼시픽 크레스트 트레일은 멕시코 국경에서부터 캐나다 국경에 이르기까지의 도보 여행 코스다. 퍼시픽 크레스트 트레일을 거쳐가려면 9개의 산맥과 사막과 강과 협곡, 황무지, 소위 그 옛날 아메리칸 인디언 부족들의 땅을 거쳐야 한다. 트레킹 코스에는 사계절이 공존한다. 폭염과 폭설, 아름다운 들판, 사막, 무성한 숲, 풀 한 포기 없는 황무지, 게다가 방울뱀과 곰, 퓨마마저 출몰하는 곳이다. 시련과 모험, 도전의 용기가 없으면 헤쳐나가기 어려운 험난한 트레킹이다. 배낭여행자들이라면 일생에 한 번은 꼭 걷고 싶어 하는 꿈의 트레킹 코스를 가녀린 여자가 자신보다 더 큰 배낭을 메고 3개월에 걸쳐 도전했다. 난생 처음 나선 트레킹이다. 그녀의 등산 가방에는 겨드랑이 방취제에 일회용 면도칼, 콘돔 뭉치까지 우겨져 들어가 있었다. 자기 몸무게의 절반 가까이나 무게가 나가는 배낭은 처음엔 일어설 수 없을 정도였다. 하루 평균 20km 넘게 걸어야 예정한 기간인 3개월 만에 주파할 수 있었다. 처음에는 하루 10km 남짓 걷는 게 고작이었다. 발은 부르트고 몸은 '깨진 유리잔'처럼 느껴지기만 했었다. 여정 동안 그녀의 발에서는 6개의 발톱이 빠져 나갔다. 그녀의 도전은 거친 여정에 대한 도전이 아니라, 삶에 대한 초월적인 어떤 것을 던져 주는 여정이었다. 굶주림과 갈증, 피로와 권태, 상실감과 악천후, 그리고 야생동물들은 그녀에게 장애가 아니었다. 그녀 스스로가 바로 도전이었다. 그녀는 자기를 극복해냄으로써 새로운 영적인 체험에 이른다. 세상의 평온함이 무엇인지를 알게 되었고, 행복이라는 것이 자신에게 어떤 것인지를 마침내 발견하고 환한 웃음을 짓는다[참고: 셰릴 스트레이드(2012). 와일드: 4285km 이것은 누구나의 삶이자 희망의 기록이다(역). 서울: 나무의 철학].

生의 癒

2. 유사열반 | 類似涅槃,
인간삼매 | 人間三昧

生 **1.** 누가 지혜자와 같으며 누가 사물의 이치를 아는 자이냐 사람의 지혜는 그의 얼굴에 광채가 나게 하나니 그의 얼굴의 사나운 것이 변하느니라. ……사람이 장래 일을 알지 못하나니 장래 일을 가르칠 자가 누구이랴. — 전도서(8 : 1,7)

인간은 누구든 자기 자신을 위한 보물섬의 지도를 한 장씩 갖고 태어난다. 평생 자신을 평화롭게 살 수 있게 만드는 보물이 가득 차 있는 보물섬의 지도다. 그 보물섬을 찾아가야 한다. 문제는 내가 지금 어느 지점에 있는지를 모른다는 점이다. 자기가 위치한 곳을 모르니 어디로 향해야 하는지를 알 수 없다. 보물섬은 영원한 보물지도 속의 바람이 될 뿐이다. 자신을 찾으려면 자신을 바르게 바라봐야 한다. 자신을 끊임없이 의시(疑視)하고, 의심(疑心)하면, 자기를 의식(意識)하게 된다.

의식이 무엇을 말하는지 명확하게 서술하기 쉽지 않기에 그것이 무엇인지를 설명하기 위해 수많은 비유적인 표현들이 동원된다. 결과는 역시 모호할 뿐이다. 인간의 의식을 사람을 바라보게 만드는 광대한 공간에 비유하기도 한다. 자기를 관찰할 수 있는 수많은 수단이 셀 수 없이 쌓여 있는 창고로 비유하기도 한다. 모두 의식이 무엇인지를 알게 도와주는 어렴풋한 비유적 묘사들이다. 현대 철학자들이라고 해서 예외가 되지는 않는다. 그들 역시 의식의 본질을 더욱더 추상화시켜 설명해 왔기 때문에, 의식의 정체는 의식되지 않고 있을 뿐이다.[1]

최근에는 인간의 의식을 인간의 생명, 인간의 소리에 비유하는 학자들이 늘어나고 있다. 생명이 있는 것에는 자기를 표현해내는 나름대로의 증표가 있다. 의식은 살아 움직이는 언어나 소리로 나타나는 자기됨의 확인 증표라는 것이다. 생명이 진화할수록 의식 역시 진화한다는 이치다. 의식은 생명 있는 것이 드러내 보이는 의지의 발현 상태를 말한다. 그래서 정신물리학자들은 의식을 가르켜 생명체들의 반응 상태라고 말하기도 한다. 의식은 의지의 드러남이 되는 셈이다. 의식은 살아 있는 인간의 생명이 유지하는 한 드러나게 마련이라는 뜻이다.

인간의 의식을 신의 행위와 짐승적인 행위 간의 혼합 상태라고 이해하는 학자들도 있다. 이런 학자들을 양원적(兩院的, Bicamaral) 의식론자라고 부른다.[2] 인간 존재에 대한 양원적 의식론자가 이해하는 인간에 대한 관점은 의외로 간단하다. 저들에 의하면, 인간은 태초부터 언어를 관장하는 좌뇌와 신(神)과의 소통을 관장하는 우뇌적 기능을 통합적으로 사용해 왔던 유별난 동물이다. 우뇌는 원래 신과의 소통을 위한 것이었고, 좌뇌는 인간끼리의 소통을 위한 것이었다. 뇌의 양원적 기능은 어느 순간부터 인간에게서 약화되기 시작했다. 우뇌 기능의 급격한 퇴화가 일어나면서 양원적 의식도 쇠퇴하였다. 마침내 인간과 신과의 소통도 단절되어 버렸다.

인간에게 양원적인 뇌 기능이 활성화되어 있을 때는 모든 것이 순조로웠다. 모든 물체들과의 교통이나 소통이 가능했기 때문이다. 위기를 극복해야 할 때마다 인간은 인간의 능력을 벗어나는 우뇌 기능을 최적화시켰다. 인간이 지닌 신적 기능을 최대한 발휘했다. 신의 의식에 따라 인간은 나아갈 바와 거두어들일 것을 명확하게 판단했다. 신의 의지가 작동하는 것처럼 인간의 행동을 최적화했다. 인간이 처리해야 할 단순한 일들은 좌뇌를 활용했다. 인간의 이성적 판단을 최대한 활용했다. 인간의 양원적 행동이 가능했었다는 뜻이다. 이런 사례들은 고대의 그리스 신화에서도 수없이 발견된다.

어느 시기에 이르자 인간은 양원적 기능을 상실하기 시작했다. 양원적 권능이 인간에게서 퇴화되기 시작했다. 그 후부터 인간의 행위는 짐승의 행위를 더 닮아가기 시작했다. 짐승의 자세로서 인간은 신처럼 욕망하기 시작했다. 인간은 신에게 복종하지 않을 목소리들을 간직하게 되었다. 자신에 대한 책임 있는 자아를 갈구했다. 자신의 내부에서 격한 논쟁을 벌이기 시작했다. 자신에게 지시하고 명령하기 시작했다. 자아의 창조가 일어난 것이다.

의식이 있기에 인간은 인과적 믿음을 가질 수 있게 되었지만, 인간이 지닌 그 의식은 한편으로는 허약하기 그지없는 것이었다. 예를 들어, 아프리카의 아잔데 부족은 의식에 관한 사회 현상을 손쉽게 설명한다. 상식으로 설명이 부족하면 주술을 쓰면 된다고 믿는다. 주술을 쓰면 모든 것이 설명된다는 믿음이 그들의 관습이다. 인과적 믿음이란 별다른 것이 아니다. 주술이 모든 것의 원인이라고 보는 것이다. 모르는 것은 모르게 되어 있다고 믿으면 된다. 이미 모든 어려움이 설명된 것이기 때문이다. 믿으면 설명된다는 말은 이미 기원 전에 인간의 삶 속에서 회자된 보통 이야기이기도 하다. 기원전 190년경, 로마의 극작가였던 테렌스(Dublius Terentius Afer)가 그렇게 말한 바 있다. 테렌스의 말은 아직도 유효하다. 현대를 살아가는 지금의 이곳, 저곳에도 효험 있는 논리이기 때문이다. 빨간 알약을 먹고 나았다고 생각하는 환자에게, 그 약 때문에 나아진 것이 아니라고 말하면 그 환자는 결코 그 말을 믿지 않는다. 인과적 믿음이란 늘 그렇게 마술적일 뿐이다.

사람들에게 작동하는 인과적 믿음은 두 가지로 갈라진다. 두 가지 믿음은 속성이 조금씩 다르다.[3] 그 하나는 흄(David Hume)이 말하는 것처럼, 한 사건과 다른 사건의 연관성을 기반으로 한 믿음이다. 전등의 스위치를 올리면 불이 켜지고 내리면 불이 꺼지는 것 같은 믿음이다. 임의적인 믿음이라고 부른다. 임의적인 믿음은 동물의 학습에서도 흔히 발견된다. 연상학습이 그것이다. 사건들을 서로 짝짓는 훈련을 반복하면 동물들도 사건 간의 연관성을 쉽게 터득한다.

다른 하나는 인과성에 대한 믿음이다. 일반 동물과는 달리 인간만이 지니고 있는 믿음에 속한다. 인과적인 믿음을 갖고 있기 때문에 인간은 사물에 대한 인식능력을 진화시킬 수 있었다. 인과적 믿음은 신생아 때부터 발견된다. 인과적 믿음은 인간의 논리적 특성이기도 하다. 일반 동물에서는 거의 발견하기 어렵다. 인과적 믿음은 인간의 언어능력과 밀접한 관련을 갖는다. 인간과 유전자가 흡사한 침팬지에게도 인과적인 믿음은 발견되지 않는다. 언어능력이 결여되어 있기 때문이다. 인과능력이 상대적으로 결여되기 마련이다.

물론 인과적인 믿음이 모든 것을 설명해 주지는 못한다. 예를 들어, "내가 아는 나는 정말 나인가."라는 질문에는 인과적인 상관성에 민감한 사람들마저도 당황하게 마련이다. 스스로 자신이 누구인지 모르기 때문에 대답하기가 어려운 것만은 아니다.

나라는 존재에 대한 감(感)이 제대로 잡히지 않기 때문에 더 어렵다. '나라는 사람은 누구의 남편이고 어느 직장에 다니며, 이름이 무엇이다.'라고 이야기해 봐도 나라는 존재에 대한 감은 떠오르지 않는다. 내가 알고 있는 자아는 정말로 내가 아는 '나'가 아니다. 나는 단지 타인에 의해 만들어진 '나'일 뿐이기 때문이다.

나라고 하는 존재는 남에게 의존하게 되어 있다. 그때부터 불안이 시작된다. 이 시대의 불안은 타인에게 의존하기 때문에 생기기 시작한다. 전문가라는 사람들에게 나의 존재감마저 맡겨 버리기 때문이다. 스스로 할 수 있는 것이 별로 없다. 나를 괴롭히는 마음의 바이러스다. 마음의 상처까지 남에게 맡겨 버리고 만다. 타인이 자신의 마음을 치유해 줄 것이라고 기대한다. 치유는 자기 몫인 것을 익히 알고 있지만 그렇게 한다.

상실된 존재감을 되돌리기 위해 사람들은 마음을 가공하고, 조작하기도 한다. 존재감의 공백을 채워 보려는 노력이다. 음악에 의존하고, 영상물에도 매달려 본다. 차 한 잔도 의미 있게 마신다. 삶을 어떻게든 음미해 보려는 노력이다. 아무리 발버둥쳐 봐도 때때로 밀쳐오는 부자연스러움은 거부하기 어렵다. 일상화되지 않은 행동들이라 아무래도 어색하기 때문이다. 자기마저도 깜짝 놀라곤 하는 일이다. 녹음된 웃음소리와 스타들의 거짓된 감정 표현을 자기의 모습에서 발견하곤 한다. 영상물에서 보는 애정의 무드처럼 모두가 가식적이기 때문이다. 맡은 배역, 해야 할 역할 때문에 그렇게 하고들 있는 것이다. 모든 것은 돈이다. 이해 관계다. 유희로써 자기의 생활을 소비하고 있는 중이다. 삶이지만 삶이 아니다. 없는 삶, 말하자면 알맹이 빠진 '노 라이프(no life)'의 연속일 뿐이다. 삶이 아닌 빈 삶이라는 뜻이다.[4] 한때 유행했던 식의 〈강남 스타일〉, 그런 삶일 뿐이다.

정답이라고는 할 수 없지만, 빈 삶에서 벗어나려면 한 가지는 확실해야 한다. 마음에 없는 일에 매달리는 것을 중단해야 한다는 것만큼은 확실하다. 자신에 대해 무엇인가의 감을 잡는 것이 자기 존재감을 확실히 만드는 일의 시작이다. 자기의 마음은 늘 거기에 놓여 있어야 한다. 마음을 보듬고 다스리는 것이 언제나 젊은 것만은 아니다. 필요하다면 화를 내도 괜찮다. 울어도 괜찮다. 삶에서는 모든 것이 다 괜찮기 때문이다. 자기 마음은 늘 배경음악처럼 존재할 뿐이다. 쿨(Cool)한 척해 봐야 끝내 별 것도 아니기 때문이다.

무엇인가 넘기 어렵다는 것에 대해 도전해 봐야 한다.[5] 내면을 찾는 일도 나쁘지는 않다. 신앙을 되찾기 위해 절로 가거나, 교회로 가도 무방하다. 긴 여행을 해도 좋고, 순례의 길을 택해도 좋다. 모두가 자기 성찰과 깨달음을 위한 길이라면 나무랄 이유가 없다. 깨달음이란 생각 속의 깊은 생각이기 때문이다.

생각하고 또 생각해 봐야 할 일이다. 잡스런 것들을 소거해 내고, 맑은 영혼을 건지기 위해서다. 생각의 생각 끝에 얻는 것이 깨달음이 되기 때문이다.[6] 그래서 크리슈나무르티(Jiddu Krishnamurti)는 스스로 묻고 답한다. "인간으로서, 개인으로서 나는 내 생각의 방식이 어떤지 알아 낼 수 있을까요? 그게 자유로운지, 기계적인지 말입니다. 내 속에서 그게 그렇게 작동하고 있다는 것을 알고 있는 것일까요? 생각을 끝내기 위해서는 우선 생각이라는 체계의 구조를 파고들어야 합니다. 사고 작용을 완벽하게, 내 내면을 깊이 이해해야 한다는 말입니다. 모든 생각을 모두 검토해야 하며, 충분히 이해하지 못한 생각은 하나라도 흘려버리지 말아야 합니다. 그리하여 두뇌가, 마음이, 내 존재 전체가 매우 주의 깊게 되어야 하는 것입니다. 내가 모든 생각을 뿌리까지 추적하게 되면, 그때는 생각 자체가 저절로 그치게 된다는 것을 알게 될 것입니다. 내가 그 어떤 행위를 할 필요는 없습니다. 왜냐하면 생각은 기억이기 때문입니다. 기억이란 경험의 흔적인데, 그것은 경험이 충분하고도 완전하게 전체적으로 이해되지 않으면 그렇게 흔적을 남기게 됩니다. 내가 완벽하게 경험해 버리면, 그때 경험은 흔적을 남기지 않는다는 말입니다."

성공한다는 말은 경쟁에서 이긴다는 뜻, 이겼다는 뜻으로 쓰이곤 한다. 속도를 따라 잡으면 성공한 사람으로 인정받는다. 삶의 속도감을 높여야 한다는 것을 의미한다. 삶의 속도도 자동차의 속도와 같다. 속도를 높이기 시작하면 시야가 굽어지기 시작한다. 주위 환경이 시야로부터 굴절되며 변화한다. 시속 10km로 달리면 모든 것이 눈에 들어온다. 시속 140km의 주행 속에서는 모든 것이 굴절된다.[7] 200km로 달리는 사람에게 모든 것은 지나침일 뿐이다. 속도는 권력의 상징이기도 하다. 권력이 재력에서 나오든, 정치력에서 나오든 간에 상관없다. 권력을 지닌 자는 속도감이 있다. 남을 자기가 원하는 속도로 부릴 수 있기 때문이다. 권력 관계에 집착하는 사람들은 타인에게 신경질적으로 반응하기 마련이다.[8]

속도감의 정도에 따라 사람들에겐 신경질(神經質, nervousness)의 농도가 달라지기 마련이다. 신경질이란 주변 환경에 대한 일종의 적응 이상 현상을 말한다. 환경 질환이 신경질로 표현되는 셈이다. 외상 후에 경험하게 되는 스트레스 장애로부터 기인되는 정신 질환이다. 환경에 대한 필요 이상의 조바심 역시 신경 질환의 일종이다. '쿨'한 태도 역시 환경에 대한 비(非)정상적인 집착일 수 있다. 환경에 대한 적절하지 않은 이런 이상 반응들을 묶어 일본 의학계에서는 '싱케이시쓰'라고 부른다.[9]

신경질을 내지 않으려면 우선 주변 환경에 적절하게 반응해야 한다. 정신을 건강하게 만드는 지름길이기도 하다. 정신이 건강하려면 스스로가 자기를 다스리는 구도자가 되어야 한다. 자기 나름의 치유에 대한 처방전이 있어야 한다. 자기만큼 자기에 대해 잘 알고 있는 사람은 없기에 처방은 자기 처방이어야 한다. 자기 몸으로 삐져나오는 질병 역시 마찬가지다. 자기 병에 관한 한, 자기 자신이 먼저 의사다. 그리고 자신의 병에 대한 약사가 되어야 한다. 의사가 되고 약사가 된다고 해도 필요 이상의 확신은 금물이다. 몸을 갉아먹은 병원균은 확신으로 소거되는 것이 아니기 때문이다. 자기에 대한 지나친 의존이나 맹신 역시 금물이다. 자기를 치유하기 위한 최적의 조건은 자신이 준비해야 하지만, 필요하다면 기꺼이 의사의 도움을 받아야 한다.

설령 의사의 도움이 절실하다고 하더라도, 의사가 내 목숨을 대신해 주지는 않는다. 내 몸에 대한 책임은 내 자신이 져야 한다. 자신에 대한 확신이 선결 조건이다. 자기를 먼저 진단해야 되는 것은 바로 자기다. 자기가 자신을 되돌아 볼 수 있어야한다. 자신을 제대로 되짚어 볼 수 있어야 한다. 자기의 마음을 살리기 위해서 마음 다스리기가 필요하다. 마음 다스리기의 원초가 초발심이다. 초발심으로 돌아가기 위한 마음다짐이 필요하다.[10] 초발심이 말처럼 그대로 쉽게 될 리가 없다. 현재 자신의 이해 가득한 생각을 쉽게 비워 낼 수가 없기 때문이다. 마음을 비운다는 것은 자기의 생과 명이 흙이 되기 전까지는 어림없는 노릇이다. 생각을 비우라는 말은 자기를 다스리라는 말이다. 자신의 얼굴 모습을 자신이 책임지라는 뜻이기도 하다.[11]

인간의 마음이란 생각 덩어리로 만들어진다. 마음이 물질인 셈이다. 생각의 농축장이 인간의 마음이다. 생각이 실체를 드러내 보이기 위해서는 자신의 생각을 정돈해야 한다. 생각의 정돈은 생각의 생각으로 만들어진다. 생각과 생각 사이에는 간격이 생긴다. 생각과 생각 사이를 좁혀도 틈은 있게 마련이다. 그 틈새가 자신의 현재 모습이다. 생각 사이의 간격을 정확하게 알아차리고, 그것을 깨닫는 일이 수행이다. 생각과 생각 사이의 그 간격을 다스리며 메워 가는 일이 마음을 다스리는 일이다. 생각과 생각 사이의 틈이 바로 현재, 지금을 말한다.

현재에 집중하려면 지나간 것으로 되돌아가야 할 이유가 없다. 억지로 앞으로 나아가려는 욕심도 삼가해야 한다. 미래에 필요 이상으로 집착할 이유가 사라진다. 생각과 생각 사이에 생기는 간격에 집중하면 다른 그 어떤 것에도 연연하지 않는 현재의 여백이 넓어진다. 잡다한 것이 부재하는 기간이 연장된다. 이것은 일종의 경이로움이다. 경이는 맑은 영혼의 드러남이다. 깨닫는다는 것은 맑은 영혼을 지니는 일이다. 도(道)라는 것은 다른 말로 말하면, 마음의 길잡는 일이다. 생각과 생각 사이의 간격을 좁히기 위한 자기 집중이 도인 셈이다.

생각을 비우려는 것은, 생각을 하지 않는다는 말이 아니다. 생명체가 생각을 멈출 수는 없기 때문이다. 생각이 의식이다. 생각은 사람됨을 증거하는 일인데, 인간의 형체를 한 이상 그 생각을 중단하는 것은 불가능하다. 인간의 뇌가 하는 일은 생각보다는 생각을 증폭시키는 것이다. 뇌가 작동을 중지하면 그것은 다른 것과의 의식교류를 포기하는 것이다. 숨 쉬는 것처럼 뇌 역시 생명 따라 쉬지 않고 작동할 뿐이다. 생각은 저절로 일어나기 마련이다. 『법구경(法句經)』에서도 일러 주고 있는 것처럼 생각을 비운다는 것은 수행으로 그 무엇에 몰입한다는 비유일 뿐이다.[12] 수행을 한다는 것은 마음의 길을 바로 잡는 일이라는 뜻이다. 마음의 길을 닦아 가면서 자신에 대한 존재론적 사유를 찾아가는 것이다. 그 길을 걷도록 자기 성찰의 길을 예비한다는 말이기도 하다.[13]

　　장자(莊子)는 자기 성찰로 들어가는 길을 두 가지, 말하자면 좌망(坐忘)과 심재(心齋)로 표현했었다.[14] 조용히 앉아 자신을 구속하는 일체를 잊어버리는 일을 좌망이라 말한다. 마음을 비워서 깨끗이 만드는 일은 심재에 속한다. 좌망과 심재하면, '자연과 나는 하나'라는 물아일체가 나타난다. 물아일체가 되면, 저것은 이것에서 나왔으며, 이것 또한 저것에서 나왔음을 알게 된다. '이것이 또한 저것이오 저것 역시 이것이다.'라는 이치를 알게 된다.[15] 마치 도마복음에서[16] 예수가 가르쳤다는 그 깨침의 묘를 터득하는 것이나 마찬가지가 된다.[17] 그쯤되면, 도사가 된 것이다. 누구든 능히 히틀러의 얼굴에서 붓다의 불성을 읽어 낼 수 있는 사람이 된 것이다. 진시왕의 폭정에서 예수의 사랑도 읽어 낼 수 있게 된다. 선과 악, 미와 추, 나와 너를 칼날처럼 갈라내는 그 자체가 무의미하며, 무색해진다. 네 놈이 그 놈과 저 놈하면서 고함치는 놈들 모두가 한통속이기 때문이다. 똥이 더럽다고 피할 일이 아니다라는 뜻이다. 내가 방금 먹은 그것이 바로 똥이기 때문이다. 밥과 똥, 그것이 있어야 오곡이 자라나기 때문이다. 모두가 의미 있다면, 모두가 무의미한 것일 수 있고, 모든 것이 무의미하다면, 모든 것이 의미 덩어리가 될 뿐이다.

　　"세상 만물 모두가 신성을 지니고 있다."라고 말한 스피노자(Barch de Spinoza)의 말과 그 생각은 옳기만 하다. 인간은 저들과 의식을 주고 받는 존재 중에서는 조금 고등하게 진화한 생물일 뿐이다. 그런 인간은 신학과 정치의 통치 대상이 아니라 자유로운 창조적 주체라고 역설하는 그의 말은 올곧은 말이다. 파문(破門)은 저들 랍비들이 내렸지만, 자신의 영혼을 파쇄당한 것은 스피노자가 아니라 오히려 저들이었을 뿐이다. 누구 하나 저들의 이름이나 얼굴을 기억해 내려하지 않지만, 스피노자의 이름은 영원불멸하게 전해진다. 저들을 걱정했던 스피노자의 영혼이 더없이 빛나는 대목이다.[18] 인간이 인간됨을 갖기 위해서는 영혼부터 맑아야 한다. 사람을 떠난 종교는 더 이상 종교일 수가 없다. 종교는 인간의 영혼을 위한 의자가 되어야 한다는 뜻이다.

인간의 영혼을 묶어 놓는 교수대이며 처형대가 종교일 수 없다. 훌륭한 종교적 가르침은 늘 믿는 이들에게 고뇌하게 만든다. 편안한 사람에게는 혼란을 주기 때문이다. 혼란한 사람에게는 편안을 준다. 종교는 정신적인 가혹행위가 아니다. 정신적인 폭력일 수는 없다. 종교는 정치적 이해 관계의 선봉장도 아니다. 종교는 안전 지역에서의 편안한 삶을 보장하지 않는다. 그런 종교는 허위이며 기만술일 뿐이다. 맑은 영혼을 기르기 위해서는 무해한 사기에 지나지 않는다. 종교는 영혼과 하나가 되는 사람을 축복하는 일이다. 맑은 영성을 기리는 일이 종교의 '빛'이다.[19]

한국의 종교들은 묘하게 자랐다. 한국인의 종교에 대해 많은 관찰을 했던 서명원 신부는 말한다. 믿는 일에도, 신앙에도 거쳐야 할 여러 단계가 있다고 말한다. 기독교를 들어 말하면, 신앙의 초보적인 단계의 사람들은 예수를 붙들려고 안간힘을 쓰는 사람들이다. 예수에 대한 믿음이 깊어지면 사정이 달라진다. 잡으려던 예수에 대해 깊어지면, 그 예수를 거침없이 놓아야 하기 때문이다. 예수는 기꺼이 떠나간다. 그렇게 자기 곁을 떠나는 이가 바로 신의 아들 예수다. 그를 그냥 포로로 붙잡고 있으면, 더 이상 예수와는 깊은 관계를 맺지 못한다. 기독교 신앙의 핵심은 예수를 붙드는 것이 아니라, 예수에게 붙들리는 데 있다. 한국의 기독교인들이 거꾸로 된 신앙을 가지고 있다는 것이 서명원 신부의 진단이다. 예수에게는 사로잡히지 않고, 반대로 예수를 사로잡아 저들의 포로로 학대하고 있다는 것이다. 예수를 그저 저들의 오감으로 믿고 있기 때문에 그렇게 된다는 것이다. 예수를 붙잡아 놓고 예수를 때마다 떠벌리며, 예수를 혹사하는 것은 기독교 신앙에 대한 오독이며 착오라는 것이 그의 진단이다. 예수를 잡기 위해 줄줄이 읽어대는 성경의 모든 구절들은 예수를 포박하는 포승줄이거나 그물망이 될 뿐이다.[20]

어느 종교이든 진리를 찾으라고 말한다. 그것을 포기하면 종교가 아니다. 진리는 덮어놓고 저를 위한 길흉화복만을 주문하는 종교는 고급의 종교일 수 없다. 종교가 말하는 진리는 구절이나 외우라고 써놓은 것이 아니다. 진리는 내용이 아니라 형식일 뿐이다. 진리는 모든 것에 개입하는 권력이다. 진리는 가르쳐서 얻게 되는 그런 물건이 아니다. 바른 종교는 진리를 드러나게 만들어 줄 뿐이다. "종교적 실존은 가르쳐서 되는 것도 아니다. 가르쳐서 된다면 그것은 관념적 생이지 순수 직관이 아니다. 순수 직관은 누구의 도움으로 되는 것이 아니다. 종교적 실존은 꽃이 피듯이 저절로 된다. 이것은 모든 관념적 자아가 무너지는 하나의 위대한 사건이다. 마치 하늘에서 불이 떨어져 소돔과 고모라가 없어지듯이 관념적 자아가 없어지고 만다. 생의 욕구도 행복의 추구도 남과의 투쟁도 다 없어지고 만다. 진리는 지식과는 전혀 다른 것이다." [21)

예수가 말하는 진리에 눈을 뜨려면, 오히려 불교에서 하는 것처럼 해야 한다. 다석 선생의 제자인 김흥호 목사의 지론이다. 그는 불가에서 말하는 선(禪)수행을 제대로 한 뒤, 성경을 다시 읽으면 기독교와 불교 사이의 신앙적 유사성에 더 놀라게 된다고 말한다. [22) 자기 연단이 바른 종교, 곧은 신앙에 이르는 길이었기 때문이다. 자기 연단에 이르게 돼 자기가 향하려고 하는 종교에도 눈이 떠진 것 같아 보이는 순간이 온다. 사실 어느 누구도 눈을 뜨지 않는 사람은 없다. 누구나 눈을 뜨고 있기 때문이다. 눈을 떠야 한다는 것은 상징적인 표현이다. 눈을 뜨려면 진리에 대해 영혼의 눈을 먼저 떠야 하기 때문이다.

모든 종교들은 마찬가지다. 진리에 눈을 뜨게 만드는 일이 종교의 핵심이기 때문이다. 어느 종교에게나 다 같다. 기독교라고 예외일 수가 없다. 한국 기독교 역사에서 어진 이, 슬기로운 사람으로 칭해지는 류영모 선생은 말한다. 기독교의 진수는 기원(祈願)에 있지 않다고 말한다. 기독교는 무당의 종교일 수가 없다. 개인의 길흉화복을 비는 종교가 아니라는 뜻이다. 기독교는 말로 비는 신앙이 아니라 행동과 실천하는 신앙이다. 그저 "주여, 주여." 하며 입으로 예수를 부르고 복을 구하는 종교가 아니라고 말한다. 불교도 예외가 아니다. 염불한다고 모든 것이 끝나거나 완전해지는 것이 아니다. 붓다가 보여 준 그대로, 예수가 행한 그대로, 가르쳐 준 그 진리대로 실천하기를 요구하는 종교만이 고등 종교다.

올곧은 종교가 가르쳐 준 그 진리로 세상 모든 것과 의식을 교류할 수 있는 사람만이 시간을 제단(時間際斷)할 수 있는 사람이다. 말하자면, '시간의 끊어짐'을 체험하고, 새롭게 거듭나 신앙을 현실로 실현해 내는 종교를 갖고 있는 사람만이 시간을 극복할 수 있다. 깨닫는다는 것은 나 스스로 지금이라는 잡다한 시간과 끊어지는 일이다. 시간이 나와 끊어져야만 시간과 공간이 서로 곱해질 수 있다. 인간 모두는 영특한 존재이기에, 시간과 공간 속에서 자신을 가다듬는다. 인간은 어쩔 수 없이, 4차원의 세계에 살고 있다. 인간이 사는 경험의 세계는 길이, 넓이, 높이, 그리고 시간의 4차원의 공간이다. 사람들은 그것을 일상적으로 깨닫지 못한다. 죄의식으로 인해 그냥 가로, 세로, 높이 혹은 점, 선, 면이라는 3차원의 공간에 갇혀 지내고 있을 뿐이다. 우리가 시간의 세계에 살고 있다는 것을 깨닫지 못한다. 마치 매일 숨을 쉬면서 숨의 중요성에 대해 깨닫지 못하는 것과 마찬가지다. 깨달음이란 시간을 허물고 공간을 허무는 일이다. 시간을 깨고 나와야 제 사람으로 거듭날 수 있다.[23]

시간을 깨고 거듭나면, 둘이 하나가 되고, 하나가 둘로 보이게 된다. 시간이 끊어지면 세상이 제대로 보이기 때문이다. 서로 다르다고 우기던 종교적 교리들이 하나의 논리로 바뀌어 버리기 때문이다. 서로 다른 교리들이 하나의 틀 속에서 새롭게 융합된다. 마치 큰지식(大智識)인 나가르주나(Nagarjuna, 龍樹)가 가르친 대로 회쟁론(廻諍論)의 그것이 드러난다. 나가르주나의 회쟁론은 중관 사상이다. 그는 말한다. "비움도 비워 내는 '끝장 사유'가 핵심이다." 깨달음 역시 깨달을 필요가 없음을 깨닫는 사유, 원인과 결과라는 인과 개념의 경계가 허물어지는 사유, 부처는 처음부터 없으니 부처라는 거짓 이름에 속지 않는 사유를 보여 주었기 때문이다.

회쟁론은 공(空)의 논리다. 붓다의 모습이 그것을 드러낸다. 붓다는 모든 다툼에서 벗어난 이를 상징하기 때문이다. 붓다의 모습만 제대로 간직해도 회쟁의 출발이 시작된다는 뜻이다. 공이라는 것은 이해하기가 어렵게 느껴지지만, 알고 보면 쉽기만 하다. 그것은 마치 때를 닦아내는 비누의 기능과 같기 때문이다. 더러운 옷감을 비누로 세탁하고 나도, 원하던 깨끗함은 그것으로 얻어지지 않는다. 옷감에 남아 있는 비누 기마저 빼내야 하기 때문이다. 그렇게 하기 위해서는 비누로 빨았던 옷을 다시 헹궈야 하는 것처럼 공의 논리도 그렇다. 공에 의해 분별이 갈라지고, 세척되고 나면 그것으로 끝나 버리는 것이 결코 아니다. 그렇게 세척해 준 공(空)마저도 끝내 버려야만 공에 이른다. 공을 잊어버려야 공이 비로소 제 모습을 드러낸다는 뜻이다. 공이 있어야 공이 잊어진다는 논리를 철저히 반복하는 것이다.[24)]

통일신라 시대의 큰지식인 원효(元曉)가 가르친 화쟁론(和諍論)도 나가르주나의 회쟁론에서 나온 것이다.[25)] 원효(元曉)가 말하는 화쟁(和諍)의 사상적 뿌리는 일심 사상에 있다.[26)] 일심은 동일성에서 나온다. 일심은 통일을 말하기는 하지만, 무조건적인 통일은 아니다. 예를 들어, 다투는 두 사람은 서로 다투면서 모두 남남으로 행세한다. 설사 그렇게 갈라진 듯 드러나는 남남도 결국은 나와 본질적으로 다른 남은 아니다. 나와 동떨어진 남이 될 수 없기 때문이다. 남이 아니기에 나와 다툴 수 있을 뿐이다. 나와 무관한 화성인과는 다툴 수 없다. 죽어 버린 사람과도 다툴 수 없다. 현재 생명을 지니고 나와 이해관계가 있기 때문에 다투는 것이다. 우리 모두는 남이 아니라 님일 뿐이다. '님'이라는 글자에 점 하나를 붙이려고 아옹다옹하는 것일 뿐이다. 내가 먼저니 뭐니 하면서 다투고 자시고 할 일이 아니라는 여유가 원효의 화쟁론 안에 숨겨져 있다.

남이라고 하더라도 그때의 남은 나와 아무 관계도 없는 남을 말하는 것은 아니다. 내가 없이는 남이 있을 수 없다. 남이 없이는 나라는 존재도 있을 수 없다. 남과 나는 다르지만, 근본에 있어서는 서로가 서로를 있게 만드는 같음만이 있을 뿐이다. 동근원적(同根源的)이라는 뜻이다. 남과 그런 내가 다른 의견을 갖는다. 다른 생각이 있음은 당연한 일이다. 다른 주장과 의견들을 하나로 모을 수 있으면 소통할 수 있다. 화쟁은 하나의 마음, 하나의 소통, 하나의 생각 모음을 강조하는 논리다.

화쟁은 한마음을 말한다. 화쟁한다면, 그것은 불교에서 말하는 열반의 상태로 들어간다는 뜻이다. 화쟁을 하기 시작하면, 이내 큰 깨달음에 이르게 되기 마련이다. 마음들이 하나가 되기 때문이다. 각각의 다름은 각각의 옳은 이치를 갖는 것처럼 다른 것에도 고유함이 있기 마련이다. 고유함이 온전히 살아나고, 드러나야 다른 것이 된다. 부분적으로 보는 것을 경계해야 전체가 드러난다. 한정짓는 것을 경계해야 무한정에 이른다. 불가에서는 이를 보고 광대심심(廣大甚深)해야 한다, 심원무한(深遠無限)해야 한다고 말한다. 어느 하나를 버릴 일이 아니라는 것이다. 어느 하나만을 선택할 일도 아니다. 화쟁은 둘 다 받아들이는 것이기도 하며, 동시에 둘 다 모두를 버리는 것이기도 하다. 깨달음의 길이란 원래부터 넓다. 크고, 깊다. 끝이 없다. 말 하나, 단어 하나에 그 뜻을 모두 담아 낼 수 없다. 깨달음은 항상 이중적이다. 깨달음에는 길이 없으면서도 길 아닌 것도 없다. 머무름이 없으면서 머물지 않는 것도 없다. 모든 것에 응하며 응하는 것도 없다. 모든 것이 고요하다. 모든 것이 처음부터 하나였다. 깨달음은 외적으로는 고요한 적이 없다. 내적으로는 고요하지 않은 적이 없다.

화쟁은 상관적 차이(相關的 差異)를 인정한다. '차이이지만 서로가 상관적이다.'라는 뜻이다. 상관적이지만 차이가 없을 수 없다는 뜻이기도 하다. 만물의 존재 법칙이며 연기(緣起) 법칙이기에 서로는 서로를 살리는 생명줄일 뿐이다. 상관적 차이는 죽음과 삶이라는 두 개의 현실이 결코 서로 다른 것이 아님을 보여 준다. 죽은 것은 산 것이 아니다. 산 것은 죽은 것도 아니다. 그렇다고 산 것은 죽지 않은 것도 아니며, 죽은 것은 살지 않은 것도 아니다. 생명하는 한, 뻐길 일도 아니며, 내세울 일도 아니고, 기(氣) 죽을 일도 아니다. 공존은 늘 가능태일 뿐이다. 불가능한 관계로 있는 것은 하나도 없다. 둘은 서로 다르지만 서로 같을 뿐이기 때문이다. 붙어 다니며 떨어져 있다. 영원한 하나의 짝이지만 결코 영원하지 않은 각자다.

각자는 다르지만 하나로 가는 양태다. 화쟁론은 쟁론을 지양해야만 한다는 논리가 아니다. 억지로 하나로 화합해야 한다는 강론이 아니다. 억지로 통일되어야 한다는 당위적 명령도 아니다. 상관적이기에 차이적일 뿐이다. 흩어짐도 하나의 묶음이다.

하나의 묶음도 흩어짐이다. 자연적 무위가 존재의 법칙이다. 존재하는 모든 것은 불일이불이(不一而不二)다.

　마음 닦기는 유별난 사람만이 행할 수 있는 특권이 아니다. 저들의 전유물도 아니다. 도가 텄다는 저들이 허튼 사람이다. 선이나 명상은 숨 쉬기와 같다. 유별나게 숨 쉬는 사람은 없다. 그저 숨 쉴 뿐이다. 숨을 쉬다 보면 살아 있음을 문득 알게 된다. 숨을 끊으면 생이 끊기는 것이다. 선도 마찬가지다. 공간이 문제가 되지 않는다. 상황이 방해되지 않는다. 그 어디에서도 가능하다.

　좌망(坐忘)과 심재(心齋), 말하자면 자기 성찰로 그득해지면 어디서든지 깨달음이 가능한 일이다. 삶살이가 바로 좌망이며 심재를 요구하는 일이기 때문이다. 매일 필요한 일상적인 활동이 바로 좌망과 심재의 자기 반추다. 화장실에서 일어나는 일만 제대로 기억해도 깨달음은 일어나게 된다. 어제 먹은 고기 덩어리가 장(腸)을 거치면서 몸을 위한 활력소가 된다. 활력소가 된다는 것은 어제 먹은 고기 덩어리가 썩어졌다는 뜻이다. 소화 현상을 말한다. 고기를 먹은 내 몸 역시 언젠가는 소가 뜯어먹을 풀이 되고 말 것이다. 살아 움직이는 것은 언젠가는 부패하여 거름이 되고 말 것이기 때문이다. 먹은 것은 끝내 배설된다. 배설되는 그 순간에 모든 것의 연기, 모든 것이 하나로 연결되어 있다는 것을 깨달으면, 그것이 바로 삼매(三昧)하는 것이다.

　미녀의 아름다운 얼굴만 쳐다볼 일이 아니다. 그녀가 맛있게 먹은 음식 덩어리가 소화되는 장면도 함께 그려 볼 줄 알아야 한다. 그녀의 대장(大腸)에 쌓여 가는 오물 덩어리들도 함께 들여다 볼 일이다. 아무리 미녀라고 하더라도 그녀의 장 속에도 변이 그득할 것이기 때문이다. 오물에는 신경이 쓰이지 않고, 그녀의 아름다운 몸매와 얼굴만 떠오른다면 그녀를 사랑하는 것이 아니다. 무지하면 겉에만 끌리게 마련이다. 겉에만 끌리는 일은 자기가 자신을 멸시하는 일과 같다.

　삼매는 자기 사랑의 시작이다. 자기가 자신을 사랑할 줄 아는 것이 삼매이고, 몰입이다. 내 몸의 오물이 내 영혼의 일부라는 것을 깨닫는 일이 삼매다. 내 삶의 일부, 내 속에 내재한 신(神)의 거룩한 움직임이 삼매다. 그 삼매가 나를 움직이면 도(道)가 튼

것이라고 말할 수도 있다. 마음을 다스린다는 것이 무엇인지를 알았다는 뜻이기 때문이다. 오늘을 살아가면, 자신의 삶살이에서 삼매 아닌 일상은 없게 마련이다. 무엇이든 간에 좌망(坐忘)하면 삼매가 일어날 수 있기 때문이다. 어디에서든 잡념(雜念)을 떠나 자기 일에 무아(無我)의 경지(境地)로 들어가기만 하면 일상삼매(日常三昧)가 가능하기 때문이다. 일상삼매는 자기 다스림을 다르게 부르는 말일 뿐이다. 일상삼매가 바로 인간삼매(人間三昧), 자기 삼매다. 자기 모습에서 붓다의 깨달음, 자기의 모습에서 십자가 위에 매달려 죽어 간 예수의 뜻을 읽어 내는 것이 자기 삼매다. 내 얼굴, 내 마음에서 가시지 않고 있는 '삼업삼독(三業三毒)'의 고뇌들, 말하자면 철저하게 인간적이지만 가장 비인간적인 고뇌들을 정확히 파악하면서 자기를 다스리는 일이 자기 삼매다.[27]

삼업삼독을 다스리며 벗어나기 위한 자기 몰입과 도(道)가 자신을 구원하는 방편이 된다. 자기 삼매에 집중하려면 자신에 대한 배려와 관리가 필요하다. 살아 있다는 것에 대한 아련한 느낌도 중요하다. 마음을 집중하면 마음을 내려 놓게 된다. 마음을 내려 놓으면 불필요한 긴장감이 사라진다. 몰아의 공간과 시간이 넓혀지기 때문이다. 마음을 집중하라는 말은 신경을 쓰라는 말이 아니다. 그 반대다. 신경을 쓰면 긴장한다. 신경을 쓰면 신경의 질이 망가진다. 가부좌가 중요한 것이 아니며, 폼이 중요한 것이 아니다. 모양이 제아무리 고고하게 보여도 마음이 엉망이면 신경의 질을 다치기 때문이다. 몰입하라는 말은 오히려 사특한 마음을 경계하라는 말이다. 마음을 비집고 들어오는 사특함을 멀리하라는 뜻이다. 밥을 먹기 시작하면 밥을 열심히 먹어야 한다. 밥을 먹으면서 마음을 바로 잡는 일이 밥 먹는 일이다. 변을 볼 때는 변 보는 일에 집중하면 될 일이다. 생활 속의 선이기 때문이다. 우주의 원리가 마음껏 들어오는 순간이 화장실에서 '큰 일'에 몰입하는 순간이다.

참선이 무슨 묘약이나 되는 줄 알고 강권하는 것은 허위의 도(道)다. 명상과 참선에 앞선 이들이 한결같이 경고하는 이야기다. 천당, 지옥하고 외치는 것도 모두가 허위라고도 말한다. 모두가 경멸받을 짓거리라는 것이다.[28] 문화 기업이니 참선 기업이니 하는 것들이 모두 '짜가'라는 것이 저들의 생각이다. 저들의 잇속 가득 찬 농간에 속지 말고, 저들의 현란한 말장난에 휘둘리지 않는 것이 참선의 시작이라고 그들이 충고한다. 참선하지 말고 참회하는 것이 마음을 달래는 지름길이니, '잘못했네' 하고 마음을 도닥거리기만 해도 세상은 밝게 자기에게 다가온다고 가르친다. 참선, 명상 같은 것을 만병통치약으로 칭송하는 것이 바로 무지에 이르는 병이다. 신경의 질을 흔들어 버리는 바보짓일 뿐이다. 참선은 없고, 참선 중독증이나 그 무슨 방편병에 걸린 것이다.[29] 그 어떤 짓을 해도 자기만은 편하기 그지없는 치매 환자와 다를 바 없다. 일상에서 깨어난다는 것은 다른 일이 아니다. 종교에서 오는 병, 그리고 철학에서 오는 현학과 현명에서 분연히 벗어나는 일이다. 특정 종교적 교리를 벗어나더라도 영성만큼은 포기하지 않는 일이어야 한다.

　참선이라는 그 이름에 현혹되면, 사람들은 눈앞의 허깨비에 가려져 그것을 맹신하기 시작한다. 자신에게는 고질병인 그것을 고쳐 주겠다는 데 거부할 사람은 없다. 돈 벌게 해 주겠다는 데 마다할 사람도 없다. 신이니 혹은 선이니 하면서 들먹이는 사람들은 제 잇속을 챙기려고 부단없이 장난질을 하는 사람이다. 믿으면 복 받는다고 어르고 뺨치며 부적을 파는 도사에 지나지 않는다. 약장수 식 철학자들의 감언이설과도 그리 크게 어긋나지 않는다. 그것들에 휘둘리지 않고 자신을 포기하지 않는 일이 깨달음이다. 머리는 의시하고, 눈은 의심해 보라고 신이 만들어 준 은혜이니, 그 은혜를 저버리지 않는 일이 깨달음이다.

　선이라고 하며 잘난 체하고 나서기 좋아하는 스타급 스님들이라는 사람들에게 오물 한 바가지를 끼얹는 스님 한 사람이 마침내 나섰다. 현몽 스님이라고 칭했다. 되지도 않는 화두병에서 깨어나라고 그는 격노한다. '삼베 서근' '달마가 서쪽에서 오신다는 뜻은?' '판때기 이빨의 털' '마른 똥 막대기' 하면서 귀신 씻나락 까기 바쁘니, 중생들은 더욱더 우매해질 뿐이라고 격노한다. 그렇게 되면, 보통 사람들에게 참선은 치유가 되기는커녕 쓸데없는 요령이 될 뿐이다. 참선이니 명상이니 하는 일에 시간을 쏟는 것보다는 차라리 쓰레기 더미를 뒤지는 것이 삶을 위해 효험이 빠른 처방전이라는 것이다.

그는 되묻는다. 몰라서 되묻는 것이 아니다. 저들의 속내가 빤하기 때문에, 저들의 흉물스런 장삿속을 들여다 보았기 때문에 그렇게 되묻는다. "어째서 부처가 마른 똥 막대기인가?" "오매불망 의심하면 이판사판 깜깜할 때 무엇인가 뻥 터진다는 것인데, 도대체 그것이 무엇이란 말인가?" 제대로 된 이야기를 못하는 것을 보면, 저들이 쏟아낸 뽕짝들은 말도 안 되는 요상한 행위일 뿐이라는 것이다. "불타는 제비 집에 사슴이 알을 품었구나." "……날라리 닐리리 갑을병정이로구나, 할!……." 그야말로 염병할 짓일 뿐이라고 호통치는 현몽 스님이다. 저들의 입에서 나오는 것들은 그저 정신병동의 만담거리만도 못하다고 야단하며, 법석한다. 되지 않지만 튀기 위해 유별난 행과 동을 어떻게든 이용해 만들어 내는 것들은 깨달음도 아니고 화두도 아니라는 것이다. 그렇게 삶에 묘하게 '초치는' 현상이 깨달음이라면, 그딴 거야 마리화나 두어 개비만 진하게 말아 피워도 당장 경험할 수 있다고 선을 현혹하는 자들을 향해 불호령도 내린다.

그가 세상을 주유하면서 얻은 결론은 간단명료하다. 선녀와 창녀를 가를 일이 아니라는 것이다. 어쩌면 그렇게 삶살이에서 비난받고 구별받고 있는 창녀들이야말로 세상을 다르게 살아보려는 또 다른 현인(賢人)일 수 있기 때문이다. 혼을 파는 남자는 창남(娼男)이기도 하지만, 오히려 현자일 가능성도 크다. 남들이 하지 못하는 일을 하는 사람이기 때문이다. 모두가 삶을 향해 택하는 명상의 방식들이 다르기에, 모두가 도인이다. 깨달음의 완성도가 조금씩 각자 다를 뿐이다. 저들이 살아 움직이는 도인들이다. 생과 명에 제대로 집중하기만 하면, 저들이야 말로 살아 있는 붓다고 예수이다. 붓다고, 도둑놈이고 유별나게 가를 일이 아니라는 뜻이다. 삶 자체가 깨달음이기 때문이다. 밥 먹을 때 밥 잘 먹고, 소변 볼 때 소변 잘 보고, 코 골 때 코 잘 골며 자면 되는 일이다. '도인(道人)'도 다 그렇게 밥 먹고, 서로 부둥켜 안고, 각자 나름대로 변(便) 보며 살아간다. 붓다도 사람처럼 그렇게 살다 죽었다. 인간이었던 예수 역시 사람처럼 그렇게 살아가다가 종교 권력에 의해 희생되었을 뿐이다.

바른 행위는 자신에 대한 바른 깨달음에서 나온다. 바른 것을 찾는 것이 자기 반추와 성찰의 길이다. 그것을 실천하는 것이 참선이고 명상이다. 이상한 언어로 요상한 구절을 찾아내는 능력은 오히려 기계가 인간보다 더 월등하다. 참선했다고 자랑하는 것은 복근(腹筋)을 자랑하는 허세처럼 쓰잘데없는 짓거리다. 식스팩, 복근이 건강을 상징하지는 않는다. 근육이 안에서 터지고, 상처나고 또 그렇게 나서 생겨진 것이 복근일 뿐이다. 상처 투성이 근육의 표피가 복근이다. 복근을 만들어 가는 과정이 건강한 과정일 뿐이다.

도사입네 혹은 선에 눈이 텃네 하는 식으로 자랑하는 것은 마음의 복근을 내세우며 우쭐대려는 짓이다. 건강하려면 복근이 중요한 것이 아니라, 복근을 만들어 가는 과정이 있어야 한다. 정신건강도 마찬가지다. 마음의 쇠심줄(心筋)을 과시한다고 정신마저 건강한 것은 아니다. 심력을 키워가는 과정이 건강한 것이다. 화두를 갖는 일은 몸을 추스리기 위해 먹을 거리를 찾는 것처럼 마음 끼니를 갖는 것과 같다. 마음거리, 말하자면 맘 끼니가 있어야 마음에게 걱정을 덜어 줄 수 있다. 화두를 가지면 하루의 마음을 도닥거리는 데 도움이 되기 때문이다.

마음은 노래방 기계처럼 작동하지 않는다. 마음은 시키는 대로 노래를 뱉어 내는 노래방 기계가 아니다. 마음이 터서 신령 끼가 생기지는 않는다. 그런 것은 일종의 사기일 수 있다. 영(靈)이 임재했다고 지껄여 대는 것 역시 가짜다. 요설, 요행은 영혼을 해치는 일이다. 꾸며대도 허위는 허위이고, 사기는 사기로 남을 뿐이다. 모두가 깨달음과 같은 것들과는 무관한 잡설잡행(雜說雜行)에 속한 일이다. 잡설잡행은 인간삼매와는 무관하다. 돈벌이, 제 잇속을 위장한 요설의 하나일 뿐이기 때문이다.

붓다가 일상을 사는 사람들에게 보여 준 지(止, samatha)와 관(觀, vipasyana)이 중요하지 않다는 것이 아니다. 안으로는 마음의 평정이, 밖으로는 세간의 진실에 대한 바른 파악이 언제나 필요하다. 붓다가 지(止)하고, 관(觀)한 것은 이유가 있었다. 당시 현학적인 체하는 사람들이 무엇을 그르치고 있는지를 알려 주려고 붓다 자신의 의지였기 때문이다. 붓다는 저들에게 명상이니 선만이 능사가 아니라고 일러 준 것이다. 사는 동안이라도 죄 하나 덜 지으라고 넌지시 일러 준 것이다.

　마음을 다스린다고 몸까지 덩달아 다스려지는 것이 아니다.[30] 마음을 다스리려고 출가한 스님들에게도 직업병이 있기는 마찬가지이기 때문이다. 목사들도 육신의 몸병으로 죽음에 이르기는 마찬가지다. 병균이 목회자라고 해서 겁먹은 채 도망가지는 않는다. 참선에 달관했어도 죽기는 마찬가지다. 신령의 강림을 제아무리 소리쳐도 몸의 세포는 분화하고, 노화하기 마련이다. 노화도 세포 분화의 한 종류다. 노화도 병의 일종이다. 죽음에 이르는 젊잖은 인간적인 과정이다. 몸은 어차피 죽어 간다. 세포의 노화는 누구에게나 어쩔 수 없는 노릇이기 때문이다. 스님에게 오는 병은 수녀나 신부에게도 오기 마련이다. 일상을 사는 저들 독신자들의 행동을 보면, 저들에게 어떤 육체적인 질병도 없을 성싶다. 절제된 생활과 적은 음식, 자연을 벗 삼아 살아가는 저들이기 때문이다. 그런데 저들 역시 예외가 아니다. 모두가 직업병을 앓는다. 기업인이나 다를 것이 하나도 없다. 저들도 아프고 살찌며, 감기가 들면 머리가 아프기 마련이다.[31]

　명상이나 선에서 형식을 무시해야만 한다는 뜻은 아니다. 그것도 필요하다면 중요하다. 수행의 조건이나 환경도 중요하다. 집중만이 몰아에 근접하게 만드는 지름길이지만, 선이 일상 생활과 떨어져 있어야 할 이유가 없다. 집중하려면 정성을 드려야 한다. 정성스런 집중이 필요하다. 일상생활과도 불가분한 관계다. 사람이 사는 곳곳에 붓다가 있다. 예수도 어느 곳에나 편재한다. 곳곳에서 참선이 가능하다. 싸울 때에는 싸우는 일에 정성스럽게 집중해야 한다. 사랑할 때는 사랑에만 정성껏 집중해야 한다. 정성스럽게 집중하는 일이 몰아와 이완을 가져오기 때문이다.

　싸움과 명상이 같은 일이라는 말이 아니다. 서로가 다르다고 가를 일도 아니라는 뜻이다. 정성을 들이며 집중하는 일이 자신과 타인에게 긍정적인 의미를 주는 것이기만 하면 된다. 참선은 자기와의 싸움이기에 정치꾼의 그것과 다르다. 정치꾼들의 싸움은 타인과의 싸움이다. 의미가 다르기에, 기울이는 정성이 다르면 집중이 달라진다. 자기를 다스리는 일은 자기와의 치열한 싸움이어야 한다. 정성스런 싸움이어야 한다. 참선의 결과는 긍정적이다. 자기 파괴와는 무관하다. 자신에게 끝내 너그러운 행위다. 타자를 파괴하는 것도 무관한 일이다.

　참선을 한다고 해서 괴력(怪力)이 생겨나는 것이 아니다. 기적도 아니고 행운도 일어날 수 없다. 온다면 깨달음이 올 수 있을 뿐이다. 자기도 죽는다는 궁극적인 깨달음을 조금 먼저 알아채게 될 뿐이다. 선의 결과를 단박에 알아채야만 할 이유는 없다. 교리적이거나 종교적인 것도 아니기 때문이다. 그렇다고 굳이 종교를 벗어나거나 종교적 행위를 벗어날 이유도 없다. 불교를 믿으려고 노력하다가, 믿어지지 않으면 그뿐이다. "불자가 안 되면 어때요. 상관없어요. 그냥 불교의 수행법이 사람을 자유롭고 행복하게 하니까 함께하는 거죠. 불교를 믿다가 기독교인이 되면 또 어때요. 인연 따라가는 거죠." 바로 그 마음가짐이 선과 함께 하는 태도일 뿐이다.[32]

　모든 것은 인간에게 고통의 연속이나 될 일이다. 삶의 시작과 끝도 통(痛)의 온전한 느낌일 뿐이다. 선 역시 그 통의 경계를 벗어나지는 못한다. 그 안에 자리 잡고 있는 삶을 위한 하나의 방편일 뿐이다. 무심(無心)하면 되는 일인데, 그것이 쉽게 올 리가 없다. 무심을 깨닫는 데 시간이 조금 더 걸린다는 뜻이다. 선이라는 무심을 조금 앞당기는 방편일 뿐이다. 죽으면 무심하다. 무심이란 별 것이 아니다. 직심(直心)이기 때문이다. 무심은 집착하는 마음이 없다는 뜻이다. 유심(有心)의 반대다. 생각하는 마음의 반대다. 유심의 생각은 삿된 마음을 말한다. 분별이 있고 물듦이 있는 마음을 말한다. 유심은 직(直)이 아니다. 유심은 '곡(曲)'이라 숨기 편하다. 직심(直心)하려면 초발심이어야 한다. 초발심이 평상심(平常心)이기 때문이다. 마음 편하려면 그것을 갖는 수밖에 없다.[33]

　일상적인 삶에서 자비심의 알아차림이 있으면 그것이 일상삼매의 시작이다. 자기 치유의 시작이기도 하다. 붓다가 우리에게 보여 준 것은 어려운 몸짓이 아니었다. 붓다의 수행이 마술이었을 리가 없다. 그래야 할 이유도 없었을 것이다. 붓다는 위파사나 수행의 대가였던 것이 분명하다. 위파사나가 제아무리 어려웠어도 샤카모니라는 한 인간이 보여 준 인간적인 체험이었을 뿐이다. 그저 보통 인간의 체험을 넘어서는 극히 인간적인 행위였었다.

참 나를 찾게 하는 그 길은 세상사를 등지는 일이 아니다. 스님이나 수녀나 신부처럼 '출가'하는 일이 수행의 전부가 아니다. 동행도 아니다. '참다운 수행'은 일상생활 속에서 실천해 나가는 것이다. 수행의 결과인 '참 나'를 얻었는데 그것이 현실과 동떨어진 어떤 것이라면 무의미한 일이다. '참 나'를 찾는 수행은 삶살이에 붙어 다니는 일이다. 사는 것도 수행이다. 죽어 가는 것 역시 수행이다. 배 고프면 밥을 먹고, 졸리면 제대로 잘 줄 알아야 한다. 그렇게 사는 사람이라면 수행하고 있는 중이다.

"일상생활, 세간이 다 참선이지요. 밥을 먹거나, 잠을 자거나, 목욕을 하거나 항상 화두(話頭) 하나를 갖고 정진하면, 즉 '나는 누구인가?'라는 의심을 놓지 않으면 밝은 지혜를 얻을 수 있습니다."라고 말한 진제 스님처럼 도(道)를 찾아 나서거나 제 길을 찾아 나서는 일이 그리 어려울 리가 없다. 보따리 들고 집 나서기 시작하면 도를 찾기 시작하는 것이다. 길 찾아 도(道) 찾아 나서는 것이나 마찬가지다.[34] 수행하다가도 다만 취하고 버리는 마음을 놓을 줄 안다면 된다. '심무취사(心無取捨)'할 줄 알면, 그것이 수행하는 것이라고 보면 된다.

다석 류영모 선생은 심무취사가 무엇인지 그의 일상에서 어김없이 드러내 보여 준 바 있다. 그에게는 기도나 밥 먹는 일이나 변 보는 일 그 모두가 도(道)를 찾아 나서는 같은 일이었다. "기도 시간이라고 이제 여기 나온 건데 기도를 안 하고 요가 체조를 했어요. 그렇지만 지금 요가 운동 한 번 이렇게 한 게 기도를 한 번 한 것입니다. 그런데 사실은 요가 운동이 기도입니다. 이때까지 이야기한 것이 기도입니다. 기도에 무슨 형식이 있는 것이 아닙니다. 뜻입니다. 참 뜻, 바른 뜻, 아버지 뜻, 그것이 속에 있으면 거룩한 생각이 일어나는 것입니다. 요가 운동뿐 아니라 먹는 것, 쓰는 것, 글을 보는 것, 생각하는 것 그게 죄다 기도요, 죄다 찬송이요, 죄다 배우는 것이요, 죄다 외는 것입니다. 모두 하나입니다. 다 하나가 돼야 합니다."[35]

生 2. "철학하는 것이 어떻게 죽어야 하는가를 배우는 것이라면 또 어떻게 죽어야 하는가를 아는 것이야말로 곧 올바르게 사는 것의 조건이다. 삶을 배우는 것과 어떻게 죽어야 하는가를 아는 것은 같은 일이다." – 칼 야스퍼스[36]

"홀로 있는 법을 배우라. 으뜸가는 수행은 홀로 있는 것이다. 홀로 있어야만 진정으로 즐거울 수 있다." – 숫타니파타

"종교의 핵심은 죽음이다. 죽는 연습이 철학이요, 죽음을 없이 하자는 것이 종교다. 죽는 연습은 영원한 생각을 기르기 위해서다. 단식(斷食), 단색(斷色)이 죽는 연습이다. 그리하여 몸은 죽어도 죽지 않는 영원한 얼나로 솟난다. 몸나가 사는 것은 사는 것이 아니고, 죽는 것도 죽는 것이 아니다." – 다석 류영모

　'참 나'를 찾아 나서는 수행은 일상을 사는 사람들에게는 꽤나 재미 없는 일이다. '몰자미(沒滋味)'한 일 가운데의 하나가 바로 수행같은 일이다. 수행이라는 그 일 자체에는 아무 맛도, 별다른 재미가 없다는 뜻이다. 삶의 지혜를 얻는 일은 무슨 재미를 찾는 일이 아니다. 마음의 간사함에서 생기는 의미를 소제하는 일이다. '수행'이란 흔히 일상에서 멀어지는 곳에서 행하는 일로 치부된다. 수행은 산 속, 고요한 곳, 떨어진 곳, 후미진 곳에서만 하는 일이 아니다. 머리 깎고 먹물 옷 입은 수행자들에게만 수행이 가능한 것도 아니다. 요란한 문구나 명상 기업 프로그램을 통해서만 얻어지는 것도 아니다. 어느 누구든지 목마르고 배고픈 줄을 제대로 알기만 하면 그때가 바로 수행의 출발이다. 배고파 보면 타인의 배고픔을 알게 되기 때문이다. 피곤한 줄 알면 지친 줄 알게 된다. 삶이 힘든 줄 알면 그때부터 삶이 무엇인지 제대로 배우는 것이다. 오늘, 이 시간, 바로 지금 하고 있는 일부터 정신 차리는 것이 수행이다.

　수행, 그저 쉽게 받아들이면 되는 일이다. 어리석었다는 생각이 들 때는 '내가 어리석구나' 하고 받아들이면 된다. 어리석음이 사라졌을 때는 '어리석음이 사라졌구나' 하고 알아차리면 된다. 일어난 욕정이나 분노는 한순간 일어났던 일일 뿐이기 때

문이다. 어리석음이 다시 마음속에서 일지 않게 만들면 되는 일이다. 모든 것이 있는 그대로 알아차림으로 정리되는 일이다. 제 마음은 제가 다스리는 것이 수행이고, 그것이 치유다. 치료는 불안정하다. 근심 뿌리의 소멸을 말한다는 점에서 완벽한 치료는 세상에 존재할 수가 없다. 치료의 궁극적인 목표는 죽음을 죽이는 일인데, 죽음을 죽이는 일은 영원히 불가능한 일일 뿐이기 때문이다.

자기의 마음을 달랠 줄만 알면 충분하다. 그것이 치유이기도 하다. 상처가 나지 않게 하기보다는 상처가 다시 재발하거나 도지지 않도록 하면 되는 일이 치유다. 이 세상에 태어난다는 그 자체가 삶의 상처이기 때문이다. 마음이든, 육체이든 어느 것이든 상처가 재발하지 않게 하는 일이 치유이기에 도지지 않도록 하면 되는 일이다. 완벽한 치료는 있을 수 없기에 완벽한 치료에 집착하면 신경의 질은 꼬이고 만다. 신경의 질이 꼬이면, 새로운 업(業)이 또다시 만들어지는 것이다. 그리되면 삼업삼독(三業三毒)의 굴레에서 영원히 벗어날 길이 없게 될 뿐이다.

어떤 것은 처음부터 놓아 버려야 한다. 마치 고무줄을 당기고 있으면 신경이 긴장하는 것 같은 것을 처음부터 말아야 한다. 긴장은 병의 시발점이다. 긴장이 상처를 도지게 만들어 놓는다. 놓아 버리면 된다. 긴장을 푼다는 말은 긴장을 놓아 버린다는 뜻이다. 놓아 버린다는 것을 알아차리면 치유로 나아가게 된다. 치료의 도(道)가 바로 치유다. 치유 없이는 어떤 치료도 가능하지 않다. 다스림이 치료로 나아가는 힘이다. 마음이 아플 때 치료는 가당치 않다. '내 마음이 아프구나, 하는 그 알아차림이 바로 나에게 약이 된다.' '몸이 아플 때는 몸이, 마음이 아플 때는 마음이 아프구나.'를 알아차리고, 달래면 된다. 더 이상 집착하거나 바둥거릴 일은 아니다. 아프다는 것을 안 것은 쉬어야 할 때를 알아차린 것이기 때문이다.

제때에 쉴 수 있기 위해서는 사람마다 자신의 셀프 핸디케이핑(self-handicapping)을 거부해야 한다. 셀프 핸디케이핑은 자기 기만의 시작이다. 어떻게든 단서가 따라붙는 행위를 계속해 나감으로써 자신의 체면이나 자신의 입장을 유리하게 만들어 가는 행위가 핸디케이핑이다. 변명 구실이 바로 셀프 핸디케이핑이다. 어떤 일을 하다

보면 좋은 결과를 받을 수 있을지 없을지가 불확실한 경우가 흔히 생긴다. 사람은 누구나 성공하고 싶어 하지만, 성공할 수도 있고 그렇지 않을 수도 있다. 이런 경우, 실패를 대비해 빠져나갈 수 있는 최소한의 구실을 만들어 놓고 싶은 욕심이 생긴다. 수행의 경우, 그것이 제대로 되지 않을 수밖에 없는 조건들을 여러 사람에게 미리 알려 놓으면 수행에 실패해도 마음이 편해지게 마련이다. 실패해도, 이미 말한 조건 때문에 일이 그렇게 된 것으로 핑계를 대고 빠져나가면 되기 때문이다. 경쟁에서 질 수 있는 두려움을 벗어나기 위해 만들어 놓는 장치가 바로 셀프 핸디케이핑이다.

실패라는 것에 대한 두려움을 나름대로 피해 나가기 위한 심리적 처방전처럼 보이는 것이 셀프 핸디케이핑이다. 그렇게하면 마음을 편하게 해 줄 것 같지만 실제로는 정반대의 효과를 야기한다. 무엇이든 있는 그대로 즐기게 하기보다는, 오히려 사람들의 마음을 필요 이상으로 염려하도록 만들어 놓곤 한다. 일에서의 자유로움보다는 성공해야 한다는 강박감으로 자신을 움츠리게 만들기 때문이다. 경쟁이 치열할수록 셀프 핸디케이핑도 많아진다. 셀프 핸디케이핑은 일상생활에서 면피적(面避的) 구실을 하기보다는 기만적인 역할을 하기 마련이다. 마음을 제대로 추켜세우기 위해서는 셀프 핸디케이핑에 안주하기보다는 그것을 벗어나야만 한다.[37]

열심히 일상을 살다 보면 말할 수 없는 것에는 오히려 침묵하는 편이 나을 때가 많다. 구질구질한 셀프 핸디케이핑보다는 묵언이 훨씬 더 많은 것을 자신에게 가르쳐 줄 수 있다. 침묵할 줄 안다는 그 자체가 바로 수행의 한 단면이기 때문이다. 묵언은 대단한 깨닫기의 한 방편이다. 언어 철학자인 루트비히 비트겐슈타인(Ludwig Josef Johann Wittgenstein)이 말했다. "언어는 세계의 사실을 그려낼 때만 비로소 의미를 갖게 된다." 철학적 물음이나 주장은 언어적 사실이나 서술의 밖에 서있곤 하기에 사실과 무관한 비의미적 명제들에게는 명료한 해답이 불가능하다. '언어가 지니는 숙명적인 한계일 수 밖에 없다. 언어로 모든 것에 답하기보다는 오히려 침묵이 묘답이다. 묵언이 살아 있는 슬기이며 사유의 추동력이 된다. 참선, 수행이 무엇인지를 알고 싶다면 차라리 침묵하는 것이 더 현명하다.'

인생을 '고통의 바다〔苦海〕'라고들 비유한다. 어떤 이들은 '불이 붙은 집〔火宅〕'이라고도 서술한다. 바다에 빠져서도 살아남기 위해서는 죽는 그순간까지 할 일이 있다. 구조선이 올 때까지 목을 내놓고 수영을 해야 한다. 그것은 불이 붙어 있는 집 안에서도 마찬가지일 뿐이다. 제아무리 살려 달라고 소리만 질러 봐야 도와줄 사람이 당장 없으면 모두가 소용없는 일이다. 아무리 소리를 질러 봐도 들을 사람 없는 소리는 공허할 뿐이다. 불길에서 살아나려면 일단 뛰쳐나와야 한다. 뛰쳐나오지는 않으면서 소리나 지르면 모두 소용없는 일이다. 자기 옷에 불길이 더 다가올 뿐이다. 불이 붙은 채 허둥거리면 죽음만이 좋아한다. 소리를 지르기보다는 나갈 곳, 불타지 않는 안전한 곳이 어딘지를 먼저 살펴야 한다. 살기 위해 내달아야 한다. 불이 붙은 곳에서 밖으로 뛰어나와야 구원의 소리도 더 지를 수 있기 때문이다.[38]

자기를 다스리는 수행은 바로 자기 변명을 이기는 방편이다. 자기 면피인 셀프 핸디케이핑에서 벗어나는 일이다. 열린 의식으로 사물의 본질을 지각하려면 자기 면피를 벗어나야 한다. 그것이 사물의 본질을 파악하기 위해 개념에 의존하지 않는 힘을 주기 때문이다. 그것은 열린 의식을 통하여 사물이 있는 그대로의 자신을 드러내도록 할 수 있는 힘이다.[39] 선시인(禪詩人)인 바쇼(Basho)가 말한 것처럼 소나무에게서 소나무를 배우고, 대나무에게서 대나무를 배우는 것이 바로 참선이고, 자기 수행의 진면목이다. 선승(禪僧) 도겐(Dogen) 역시 강에 흘러가는 물 하나를 볼 적에도 자신을 바라보며 자신을 치유하라고 이른다. "인간의 관점에서 물을 바라보는 식으로 자신을 제한하지 마라. 물이 물을 보는 식으로 물을 보라."고 노래한다. 물이 물을 보는 식으로 물을 보라는 것이다. 그가 참선의 또 다른 진면목으로 보여 준 것이다. 자신을 치유하기 위해서는 자신만의 경험, 고집에서 한 걸음 물러나야 한다. 고정관념이나 정해진 개념으로부터 자유로워야 사물의 진면목이 자기에게 드러나게 된다. 사물을 그 자체로 순수하게 의식하는 것이 바로 수행으로써의 참선이 지니는 진면목이다.

순수한 의식은 어떤 것이든 그것이 일어나는 것에 대해 유별난 감정의 반응을 자제한 상태다. '존재를 있는 그대로 허용하는' 궁극적인 깨달음이 순수한 의식의 본질이다. 그래서 불가에서는 깨달음을 '마하무드라(mahamudra)', 즉 '자유로움'이라고 부른다. "마음이 모든 기준에서 자유로울 때 그것이 마하무드라, 자유로움이다. 경험을 해석하는 일에 의존하지 않는 일이 마하무드라다. 자신이 누구인지를 평가하는 어떤 기준에 의존하지 않는 일이 마하무드라다. 존재의 '핵심' 안에, '안으로도, 밖으로도 향하지 않고 혼란스러운 세상 속 고요한 자리에' 머무는 것이 마하무드라다. 어떤 생각, 감정, 지각, 감각이 일어나든 그 한가운데서 온전하게 머무는 일이 선(禪)이며, 수행이며, 연단이다. 깨어 있는 법을 배우고 그것에 감사하는 일이 수행이고, 연단이다. 기계적으로, 환원론적으로 말하면, 뇌를 다스리는 일이 바로 선(禪)이고 수행의 요체다."[40]

뇌를 제대로 다스리려는 인류의 노력들은 끈질기게 이어져 왔다. 요가나 명상, 참선의 보급보다 더 오래된 일이 뇌를 다스리는 일이었다. 가장 편한 것은 약물로 뇌를 다스리는 것이다. 약물만큼 뇌를 다스리는 데 효력이 빠른 것도 없지만,[41] 문제는 약물에 대한 중독이다. 약물 중독은 마음 다스리기보다는 마음을 옥죄어 버린다. 약물 중독은 뇌를 다스리는 데 끝내 부정적이다. 중독이어야 한다면 그것은 긍정적인 중독이어야만 한다. 긍정적인 중독을 끌어내는 방편들은 수없이 많다. 말하자면, 음악, 그림, 독서, 운동, 시조창(時調唱) 등 일상적으로 활용할 수 있는 것들이 수없이 많다. 다만, 그것들은 앎이 아니라 실천이어야 한다. 단 한 번으로 되는 것은 없다. 다스려야 한다. 다스리는 것은 인내다. 다스린다는 것 그 자체가 이상이기에 인내가 필요하다. '제대로' 마음을 다스리려면 집중해야만 한다. 집중은 관리다. 집중은 실천일 뿐이다. 아는 것, 보는 것만으로는 소용없는 일이다. 집중하고, 연습하고, 실천하는 일만이 유일하다. 실천하지 않으면 그 어떤 것도 무의미할 뿐이다.

현대인들을 이 사회에서 더욱더 빨리 앓도록 병들도록 이끌어 가는 것은 병균이라기보다는 습관이다. 잘못된 습관이 병을 더 빨리 만들어 낸다. 소위 문명병이다. 과잉열량 섭취와 운동 부족, 높은 스트레스 같은 것이 습관병의 원인이다. 그런 문명병을 다스릴 수 있는 예방책들은 많다. 가장 손쉬운 처방이 운동으로써의 걷기나 절하기 같은 것이다.⁴²⁾ 예를 들어, 절하기의 운동 효과는 놀랍게도 엄청나다. 108배의 경우, 시간당 500kcal 이상을 소비하게 만든다. 108배는 달리기 못지않은 체중 조절 효과도 있다. 108배는 운동으로써도 유산소 운동과 근력 운동의 요소가 풍부하다. 체지방 감소 효과와 근력 강화를 배가시킬 수 있는 생활 운동이다. 1시간 동안 절을 하면 등산이나 수영을 1시간 한 것과 비슷하다. 에어로빅이나 자전거 타기, 배드민턴을 하는 것보다 운동량이 더 많다. 직장인의 경우, 일주일 권장 에너지 소비량은 1,000kcal 정도다. 108배를 아침저녁으로 빠짐없이 규칙적으로 수행하면 일주일 동안 소비하는 에너지의 양은 권장 에너지 소비량인 1,000kcal를 넘는다. 108배 수행만 열심히 해도 비만 걱정 없이 건강을 유지하게 할 수 있지만, 사람들은 108배의 운동 효과를 업신여긴다.⁴³⁾

　뇌를 다스리려면 몸에서 자생적으로 분출되는 신경전달물질부터 다스려야 한다. 그중 하나가 도파민의 분비를 다스리는 일이다.⁴⁴⁾ 신경전달물질성 약물로 처치하는 이런 방법 이외에도 인간의 뇌를 통제하는 의술적 처치방법은 다양하다. 그런 치료방법 중 하나가 전기 충격요법이다. 머리에 충격을 주면 뇌가 정상으로 돌아온다는 생각에서 나온 치료책이다. 다리나 팔보다는 머리에 전기 충격을 주면 제정신으로 돌아온다는 생각 자체가 흥미롭다. 몸과 뇌는 같은 신체이지만 속성이 다른 신체라는 전제에서 이뤄진 일이다. 설명은 간단하다. 뇌에는 어떤 생각의 흐름이 있는데, 생각의 흐름이 꼬이면 문제가 야기된다. 흩어진 생각 다발을 하나로 묶어야 한다. 묶기 위해 충격을 주면 생각들이 하나로 정렬될 것이라고 믿어지기 때문이다.

　전기 충격의 방법의 타당성은 이론적으로 단순하다. 머리에 70~130볼트의 전류를 0.1~0.5초간 흐르게 한다. 충격이 가해지면 즉시 뇌가 경련을 일으키게 되어 있다. 인간의 몸 전체가 경련을 일으킨다. 경련이 일어나면 몸과 뇌가 정상을 되찾을 수 있다. 전기 충격요법이 어느 정도의 효과를 본 것도 사실이다. 예를 들어, 우울증, 조증, 정신분열병 등에 주로 활용된 후, 효과가 있다고 회자되기도 했지만, 뇌치료법이 개선되어 지금은 병원에서 충격요법이 거의 실행되지 않고 있다.

전기 충격 이외에 정신 외과 수술법도 가능하다. 두뇌 수술도 뇌를 다스리는 방법으로 의학계에서 활용되어 왔기 때문이다. 의학자들은 정신 질환이 의외로 심각할 때 뇌를 절제하는 것을 권장해 왔다. 뇌에서 이상 징후를 야기한다고 여겨지는 특정 부위를 절제하는 방법이다. 뇌의 특정 부위를 정확하게 절단했을 때 환자들은 상당한 치료 효과를 보았다. 뇌 의공학적 절개 기술이 개발되면서부터 뇌 수술 기법들은 더욱 주목을 받았다. 만성정신질환, 난치성 우울증, 강박장애 환자 등에게 시술되었다. 최근에는 광(光)치료도 의학적 방법으로 활용된다. 1,500∼10,000룩스 정도의 강한 빛에 뇌를 1∼2시간 노출시키는 치료방법이다. 계절성 행동장애, 수면장애, 야간 교대근무 후유증, 시차 적응을 위해 활용된다.

모두의 방편들은 뇌 다스리기에 그 나름의 기능이 있었지만, 그것들의 효과는 기대와는 달리 제한적이었을 뿐이다. 사람은 각각 제 몸, 각자화된 제 몸을 갖고 있었기 때문이다. 남의 몸으로 살아가고 있는 것이 아니다. 사람은 지각이 아니라 집착을 통해서 자기를 벗어나려고 하는 존재다. 마음이 집착하고 있다는 것을 제 스스로 먼저 아는 일이 필요하다. 그것을 알면 마음의 집착에서 벗어날 수 있다. 물웅덩이에 빠진 사람은 그 곳에서 벗어나려고 노력하게 된다. 문제는 자기가 물에 빠져 허덕인다는 것을 모르고 있다는 점이다. 그 어느 것에도 빠지지 않았다는 생각으로, 문제가 없다는 자기 기만으로 자신의 현실에 집착하고 있다. 그것이 자신을 편하게 만들기 때문이다. 빠져 있다는 그것을 사실로 받아들이기만 하면 그것에서 빠져나오는 일은 쉽지 않다. 그렇게 하지를 않는다.

치유란 가린 것 없이 자기를 보거나 드러내는 일이다. 그렇게 스스럼없이 드러내는 것이 자기 몸에 대한 자신의 자유다. 자기를 자신 스스로 들여다봄으로써 얻는 자연스러운 상태가 자유인데, 그 자유가 쉽지 않다. 내 마음이란 본디 그런 것이다.[45] 정신 신경증이 없다는 것은 건강하다는 지표다. 진정한 인생이 아닐 수도 있다. 사람답지 않은 상태일 수 있다. 그래서 그 옛 성현들처럼 붓다로 사는 일이 쉬운 일이 아니다. 예수처럼 사는 일 역시 인간에게는 신나는 일이 아니다. 의사들이 제아무리 최고의 치료를 한다고 하더라도 결과는 마찬가지다. 끝내 완치도 가능하지 않고, 어린 아이 그 상태로 되돌리는 것도 어렵다. 기껏해야 '일반적인 불행'의 상태로 되돌리는 일로 끝날 뿐이기 때문이다.[46) 그 불행을 미리 아는 사람이 적을 뿐이다.

작은 바람이 불어도 호수에는 파문이 인다. 마음은 호수와 같다. 작은 자극으로 마음이 동요되기 때문이다. 바람을 잠재우면 물결은 이내 고요해진다. 인간의 마음도 마찬가지다. 바람을 잠재우는 방편이 명상이나 선(禪) 같은 활동들이다. 명상을 중요시 여기는 힌두교에서는 명상의 핵심을 '마음의 정지'로 파악한다. 인간에게 있어서 가장 무서운 감옥이 있는데, 생각의 감옥이다. 넘기 어려운 벽이 있다면 그것은 관념의 벽이다. 사람처럼 살려면 그 벽을 넘어야 하며 그 감옥에서 벗어나야 한다. 수행은 생각의 감옥과 관념의 벽을 넘어가는 데 도움을 주는 수단이다.[47)

명상은 잡스러운 생각을 다스리기에 있어서 중요하다. 절대자인 자연이나 신(神)과 소통에 방해하는 요소가 잡생각이다. 잡념은 마음을 삿되게 한다. 감정은 직관적 체험을 차단하게 만든다. 직관적 체험이 차단되면 자기만의 환영이 만들어진다. 환영은 그것의 환영을 더 키워 간다. 집착하게 만든다. 자아와 절대자 간의 관계를 틀어지게 만든다. 절대자와의 관계가 회복되려면 단순해야 한다. 깊은 존재의 진실이 있는 그대로 떠올라야 한다. 갈망의 감옥에 갇혀 있는 에너지를 해방시켜야 한다. 사념의 소용돌이를 가라앉혀야 한다. 모든 것에 감사해야 한다. 깊은 환희가 발견되어야 한다. 명상은 가시적인 행위를 멀리한다. 마음을 통하여 자신을 신의 존재와 맞닿게 만든다. 인도(印度)인은 그런 일을 요가(yoga)로 해낼 수 있다고 보았다.[48)

요가는 저들에게 있어서 신에 대한 다가섬과 같은 것이다. 마음을 바르게 잡는 일을 오로지 요가에만 맡길 수도 없다. 요가라는 하나의 방법만 있는 것도 아니다.[49) 수행에 도움이 된다면, 수행으로 응용만 한다면 일상생활에서는 그 어떤 일도 수행으로 부족할 수 없다. 생활 선(禪)이 가능하다는 뜻이다. 생활 선은 생활 하나하나를 모두 선으로 응용하는 일이다. 삶살이를 명상의 방편으로 받아들이는 일이다. 삶이 선이 되는 것이다. 시, 시조, 하이쿠 짓기,[50) 그림 그리기, 노래하기나 듣기, 운동하기, 책

읽기, 정담 나누기 등 모두가 생활선을 위한 방편이 된다.

일상에서 멀어졌다고 명상이나 참선이 저절로 이뤄지는 것도 아니다. 소음을 피한다고 선이 되는 것도 아니다. 현실 세계를 떠난다고 자기 관찰이 더 명료해지는 것도 아니다. 일정한 공간적인 간격을 둔다고 해도 마찬가지다. 무엇 하나에라도 제대로 미쳐 봐야 한다. 자기 관찰을 위해 더 유용할 것이기 때문이다. 생활의 선은 그렇게 시작한다. 그렇게 막을 내린다. 매일같이 반복된다. 사람의 품(品)과 격(格)은 그가 경험하는 매일의 생활 선으로 달라질 수 있다.

예를 들어, 가수 김장훈 씨가 보여 줬던 일상 역시 생활선을 행하는 사람들의 그것과 마찬가지일 수 있다. 공연 준비에 열을 올리고 있는 그에게 기자가 물었다. "왜 이렇게 힘들게 사나요?" 김장훈 씨는 1초의 망설임도 없이 답했다. "제가 봐도 발악 같고 변태 같아요. 낄낄." 그랬던 그가 공연을 통해 벌어들인 수입 중 상당액을 타인을 위해 기부한다. 시간이 나면 자원봉사에도 나선다. 쇼의 연장이 아니라 진정성이 보이는 자선 활동이다. 수백 명의 자원봉사자를 모아 어려운 이웃을 위해 돕는다. 개인의 인기 관리가 아니다. 봉사의 즐거움 그 자체를 위해 헌신하고 있기 때문이다.[51] 그는 무대에서 모든 힘을 쏟아 낸다. 모든 것을 영(0)으로 만들고 다시 채운다. 또다시 없는 것으로 만든다. 그렇게 채우고 다시 비울 때마다 그는 행복감에 겨워한다. 몰입하는 그것이 그에게는 행복 그 자체이기 때문이다.

일상적인 행동들은 아무리 사소한 것이라 할지라도 깨우침의 근원이 될 수 있다. 하루 일과가 일상적으로 판에 박힌 듯 보여도 그렇게 우습게 흘러가 버리는 것이 아니다. 우리가 우습게 흘려 보낼 뿐이다. 일상에 집중하기만 하면 일상생활의 세밀한 구석구석이 모두 참선의 근거가 된다. 평범해 보였던 하루가 특별한 날이 된다. 바람을 보지는 못한다. 깃발의 흔들림은 바람을 보여 준다. 영혼을 꿰뚫는 진리 역시 마찬가지다. 눈으로는 확인할 수 없는 것이라고 존재하지 않는 것이 아니다.

스스로 깨어나면 모든 것이 드러나 보이게 마련이다. 수행으로써의 참선은 그런 것을 도와주는 방편이다. 선을 통해 세상을 바르게 바라보면, 삶의 매 순간마다 보다 쉽게 결단할 수 있다. 마음을 다스릴 수 있기 때문이다. 자신의 내면을 바라보면 모든 것이 거듭난다. 짜증나는 운전이라도 어느새 깨달음의 공연으로 바뀔 수 있다. 설거지와 청소가 자아를 실현하는 동작으로 바뀐다. 양치질을 하는 것도 생활선에 속할 수 있다. 술병의 뚜껑을 따는 일조차 깨우침의 근원이 된다. 제대로 하기만 하면 그렇게 나를 다스리는 수행의 방편이 될 수 있다. 수행으로써의 명상이라는 것이 결코 그리 유별난 일일 수 없기 때문이다.

명상이란 정신적 이미지의 조작을 통해 자신의 이미지 상태를 변화시키는 일이다. 이미지를 변화시키면 몸의 상태가 변하게 된다. 통증을 완화시키거나, 뇌의 산소 소모량이 급격하게 감소하기 마련이다. 주의 집중력이 강화됨으로써 그전까지의 일상적인 삶의 상태와는 다른 이완된 삶의 느낌을 갖게 된다. 신경세포의 동원능력과 활용능력이 보통 사람의 뇌 활동에 비해 현저하게 좋아진다. 명상 상태에 돌입했을 때 보여 주는 여러 가지 심리적 이완 상태가 명상이 아닌 다른 행동에 의해서도 유발된다. 말하자면 바이오피드백(biofeedback)이 생긴다. 생활의 달인들이 보여 주는 몰입 같은 것에 의해서도 얼마든지 그런 명상 효과가 일어나기에 심리적 이완을 위해 가부좌만 틀어줄 일이 아니라는 뜻이다.[52]

명상(mederi)이라는 단어는 원래 '치유하다'라는 말에서 파생된 단어다. 하루 24시간 1주일 내내 몰입하는 시간을 늘리기만 하면 일주일 내내 깨달음의 시간을 갖는 것이다. 삶의 일방적인 진행이 죽임이다. 그 죽임의 마지막 국면이 죽음일 뿐이다. 그 죽음을 맞이할 때까지 모든 시간이 명상의 시간이다. 그것을 수수방관할 이유가 없다. 깨달음은 기다린다고 오는 것이 아니기 때문이다. 기다림은 죽임일 뿐이다. 선이란 묵혔다가 쓸수록 효과가 있는 것도 아니다.

당장 깨달아야 깨달은 것이다. 깨닫는 것은 지금 당장이어야 하지 미뤄 둘 일이 아니다.[53] 깨닫는다는 것은 마음을 작정하는 일이며, 회심하는 일이다. '~할(일) 뿐'이라는 것을 자기 것으로 만드는 일이 깨닫다. 예를 들어, 지금 나는 글을 쓰고 있기에 글을 쓸 뿐이어야 한다. 밥을 먹을 때는 밥을 먹을 뿐이다. 싸움을 할 때는 그렇게 싸울 뿐이다. 화를 낼 적에는 화를 낼 뿐이다. 욕을 할 때는 욕을 할 뿐이다. 모든 것이 '~할 뿐이다.'라는 것을 자기 것으로 행동하면 그 삶은 살아 있는 삶이 된다. 삶이 될 뿐이기 때문이다.[54] 예를 들어, 전위 음악가인 존 케이지(John Milton Cage Jr.)는 그의 노래를, 그렇게 결단하는 식으로 노래했을 뿐이다. 그는 동양의 선을 작곡에 응용했다. 자기 깨달음, 자기 다스림에서 얻은 것들을 작곡했다. 깨달음, 자기 다스림을 작곡에 십분 응용했다. 자기 다스림의 요체는 침묵(沈默), 묵언이었다. 침묵만큼 아름다운 음악은 그에게 있을 수 없었기 때문이다. 그는 마침내 음악에 침묵의 아름다움을 도입했다. 묵언의 음표들이 그의 오선지에서 요동쳤다.

묵언을 주제로 만든 그의 작품명은 '4분 33초'다. 4분 33초 동안 그 어떤 가락 소리도 들리지 않는다. 흔해 빠진 피아노 소리도 단 한 번 들리지 않았다. 관객들도 덩달아 묵언에 귀를 기울였다. 묵언이 감상이었다. 기침 소리, 심장의 박동 소리, 휴지가 구겨지는 소리도 들리지 않았다. 청중들이 감동했다. 케이지 음악의 전부였다. 관중들은 놀랐다. 화음 덩어리는 없었다. 저들은 화음을 들은 것이 아니라 묵언을 들었을 뿐이다. 음에 대한 불협화음이었다. 불협화음이 바로 완벽한 화음을 이룬 것이었다. 불협화음 때문에 관객들은 저들의 영혼을 다스렸다.

존 케이지는 음악인이 아니라 도인(道人)으로서 예술정신을 말한다. "선에는 좋다거나 나쁘다는 그런 것이 없다. 또한 추하다거나 아름다운 것도 존재하지 않는다. ……예술을 삶과 구분해야 할 이유가 없다. 삶 속에는 오직 행위만이 있을 뿐이다. 우연한 사건으로 가득 차고 다양하며 무질서하고, 단지 순간적인 아름다움만이 존재할 뿐이다." 불가에서는 참선 대신 경(經)을 소리 내어 읽는다. 독경이 참선을 대신한다고 믿는다. 독경이 힘들면 사경(寫經)도 무방하다. 경을 그대로 베껴 쓰는 일이 사경이다. 그것으로도 수행이 된다. 집중이 그렇게 만든다. 자기 자신을 어느 정도로 치열하게 정진시키느냐가 관건일 뿐이다.[55]

일본인에게 친숙한 '하이쿠', 즉 단가(短歌)를 짓거나 음미하는 방법 역시 도움이 된다. 절제된 아름다움을 음미하는 방법이기 때문이다. 하이쿠의 한 구절에도 마음은 동(動)하며, 정(靜)해질 수 있다. 주의 집중은 언제든지, 어디에서든지 극적으로 이뤄질 수 있다.[56] "오래된 연못, 개구리 한 마리가 뛰어든다. 풍덩!" 하이쿠의 달인인 바쇼의 깨달음의 읊조림이다. 어느 뜨거운 여름날인가 보다. 연못가에서 개구리 한 마리가 논다. 이내 풍덩하고 연못으로 뛰어든다. 무엇인가에 놀란 모양이다. 풍덩하는 그 소리만 영상화할 수 있어도 마음은 고요해진다. 마음은 원래 그런 것이다. 편안함을 심상(心想)하면 편안해지기 마련이다. 참선이나 명상은 마음을 그냥 비운다는 뜻이 아니다. 무엇인가를 치열하게 그려 낸다는 뜻이다. 상상력에 미칠 수 있는 그만큼 집중하고 몰입한다는 비유적 표현이다.[57]

우리 인간은 생각한다. 몇 초 사이에도 천당과 지옥을 서너 번씩 다녀올 수 있다. 그런 존재가 바로 인간이다. 인간은 환상과 상상력의 존재다. 시공간을 넘어서는 여행이 얼마든지 가능한 존재가 인간이다. 심리적 치유법은 인간을 이용하는 방법이다. 인간의 뇌에서 일정한 이미지를 지각하게 만든다. 그려진 이미지를 하나의 사실처럼 받아들이게 만든다. 상상하면 이완된다. 상상하기 시작하면 새로운 세상이 보인다. 상상하면 시공을 자유롭게 넘나들 수 있다. 자기가 겪는 긴장과 갈등을 순식간에 놓아 버린다.

롤러코스터를 타고 있는 그 순간과 흡사하다. 모든 신경이 자기의 안정과 안전에 몰리게 된다. 상상하는 동안에는 상상 그 자체에만 몰입한다. 눈을 감고 일단 자기가 가고 싶은 곳을 상상한다. 꿈꾸고 싶은 곳을 날아다닌다. 태평양 바다, 섬, 산, 호수, 혹은 왕과 같은 것을 상상해 보면서 그것과 더불어 즐긴다. 왕도 되고 왕비도 된다. 알피니스트도 되고, 부자도 된다. 모세도 되고 이순신도 된다. 자유와 평화를 깰 이유가 없다. 마음껏 누릴 일이다. 모든 것은 이완된다. 잡념은 사라진다. 상상이 가능한 삶은 여백을 넓히는 삶이다. 이런 일들은 '자연영상 안정기법(tranquil natural scenes technique)'으로도 가능하다. 자연영상 안정기법, 뜻은 모호해도 거의 비용이 들지 않는 생활 선, 그 자체다.

'카르페 디엠, 쿠암 미니뭄 크레둘라 포스테로(Carpe Diem, Quam Minimum Credula

Postero)' 오늘을 잡아라. 내일을 최소 한 번 믿으며……. 그런 뜻을 전하는 말인데 옛 로마 당대의 예술가이자 시인이었던 호라티우스가 우리를 타이르기 위해 했다고 한다. 그 역시 당시의 파당 정치에 비껴 있을 수 없었다. 그랬어도 시저를 시해한 브루투스 편에 섰다. 그것이 화근이 되어 정치적으로 곤욕을 당한다. 그는 내일 일은 더 이상 걱정하지 말라고 말한다. 내일은 내일 생각하면 되기 때문이었다. 오늘을 음미하지 못하면 내일은 결코 없기에 그렇게 당부했었다.

오늘을 살려면 오늘에 대해 부정하지 말아야 한다. 부정적 심리를 제거해야 한다. 마음에 끼치는 부정적 영향을 최소화해야 한다. 웃음 만들기, 생활 습관 고치기 같은 것이 오늘을 제대로 살게 만드는 연금술이다. 인간관계를 개선하는 것도 오늘을 즐겁게 보내는 방편이다. 관계가 개선되지 않으면 오늘이 즐거울 수가 없다. 마음을 열려면 관계부터 개선해야 한다. 인간관계를 개선하는 데 도움을 주는 연금술이 있다. 'H2H(heart to heart)', 즉 에이치투에이치라는 방법은 나의 마음과 너의 마음을 잇대는 방법이다.[58] 마음과 마음을 잇대어야 너와 나의 마음이 열리기 때문이다.

마음 열기는 다른 것이 아니다. 조금 나약해지거나 비겁해지면 마음이 열리기 마련이다. 마음을 먼저 열려면 조금은 비겁해질 수 있어야 한다. 나약한 것처럼 보여도 결코 위축된 것은 아니다. 무엇보다도 자기를 낮출 수 있어야 비겁해질 수 있다. 자기를 생각 앞에, 말 앞에 내세우면 비겁해질 수 없다. 비겁해지려면, 우선 그의 이야기에 먼저 귀를 내서 경청해야 한다. 진정성이 깃들면 정말로 비겁해지는 것이다. 나를 다스리는 가장 웅장한 순간이 오고 만다. 비겁해지는 일은 타인을 향해 '그렇게 말하다니! 넌 바보야!'라는 식의 퉁명스런 대꾸가 아니다. 자기의 감정을 표현하는 것이 아니라 자제하는 일일 뿐이다. "내게 그렇게 말하다니! 난 속상하고 화가 나! 그렇지만, 뭐 어때. 해는 내일 또 뜰텐데." 하는 식으로 자기의 감정을 안으로 토해 보는 일이다. 그쯤되면, 제아무리 화가 나도 어느새 숨어 있던 그 화는 슬그머니 자취를 감추어 버리고 만다.

사랑하는 사람이나 연인을 포옹하는 것도 효과 있는 마음챙김의 방편이다. 가슴으로 한껏 상대방을 포옹하면 화는 녹도록 되어 있다. 포옹은 사랑하는 일이어야 한다. 사랑의 온도는 늘 뜨겁고 높을 뿐이다. 뜨거움 앞에 차가운 것은 존재감을 상실한다. 모든 것은 슬그머니 사라진다. 갑자기 그런 것이 없어진다. 인간은 원초적으로 그렇다. 만지며 더듬도록 되어 있는 동물이기 때문이다. 포옹하는 순간 마음이 마음과 만져지면, 서로의 가슴에 남아 있던 악한 감정은 녹아 버리기 마련이다. 누군가를 만지는 것이 손일 필요는 없다. 말로도, 눈빛으로도 가능하다. 그것에 배려가 스며 있는 것이라면 그 어떤 것도 단순한 행동은 없다.

터칭(touching)은 고독과 소외감을 떨구어 내는 일이다. 타인을 만질 수 있으려면 서로가 먼저 건강해야 한다. 나의 마음부터 열어야 한다. 맑은 공기를 마음껏 들이마실 수 있어야 한다. 친밀감의 길로 들어서야 한다. 쉽지 않은 일이다. 쉽지 않은 길이다. 길은 걷기 시작해야 만들어진다. 마음챙김이 바로 수행의 핵심이다. 불가에서는 마음챙김을 '유사 열반(pseudo nirvana)'이라고까지 부른다. 유사 열반의 경험은 바로 마음챙김의 감정이다.[59] 에로스의 감정이 유사 열반에서는 결정적이다. 오르가슴의 절정에서 저절로 일어나는 그런 감정이 유사 열반의 감정이기 때문이다. 형태와 모양만 다르지 성질은 모두 한결같다. 유사 열반의 상태에서는 높은 수준의 알아차림이 일어난다. 최고의 행복이 깃든다. 밝은 빛의 시야가 드러난다. 환희에 찬 헌신적인 느낌을 억제하지 못한다. 깊은 고요함과 마음의 평화가 일시에 일어난다. 편안함과 평온함, 그 모두가 동시에 가능하다.

깊은 고요함에 이르려면 지혜가 필요하다. 슬기는 취하는 것이 아니다. 터득해야 얻어지는 것이다. 에스키모인은 극한 상황에서도 견디어 낸다. 몸이 강건해서만 그러는 것이 아니다. 슬기가 있기 때문이다. 예를 들어, 지혜가 많은 종족으로 불리우는 그들 중에서도 이그쥬가르쥬크 족은 영성(靈性)이 높기로 유명한 에스키모 종족이다. 그들은 캐나다의 북부 카리브에 살고 있는 샤먼의 후예들로서 구도자의 길을 걸어 왔던 영성의 에스키모들이었다. 저들은 일상적으로 말한다. 지혜라는 것은 겉으로 드러나는 것이 아니기에, 슬기로우려면 속으로 들어가라고 말한다.

슬기는 사람들에게서 아득히 떨어진 채 절대 고독 속에 은거한다. 겉으로 쉽게 드러날리가 없다. 지혜는 고통을 인내하는 사람에게만 그 모습을 드러낸다. 지혜를 얻으려면 움직이며 생각해야 한다. 연단 없이는 슬기란 돋아날 길이 없다. 삶은 움직거리는 일의 총화다. 지혜도 움직거려야 솟아난다. 삶에서 조급함은 금물이다. 슬기는 고통스러움과 짝을 짓는다. 고통을 견디지 못하면 슬기는 드러나지 않는다. 세상으로 통하는 마음의 문은 그렇게 열린다. 서두르면 슬기부터 빠져나간다. 마음의 평온은 조급함과는 서로 대척점에 있을 뿐이다.[60]

마음을 챙기는 사람이 슬기로운 사람이다. 슬기로운 사람들은 다양한 감각을 지닌다. 다양한 감각의 소유자는 '오감만을 지닌 감각적인 인간'과는 다르다. 보이는 것만을 믿지 않는 사람들이다. '다양한 감각의 인간'이란 오감을 넘어서서 더 큰 세계의 존재함을 느끼는 사람이다. 물질적인 것보다 정신적인 것을 찾는 일에 우위를 두는 사람을 말한다. 그런 모습들은 인간을 한없이 약한 존재로 보이게 만든다. 삶이란 환상과 욕망의 반복으로 점철된다. 환상과 욕망은 나 혼자라는 고독감을 키운다. 마음이 열리지 않으면 보이는 것만 볼 수 있을 뿐이다.

오감에 의지하는 사람은 눈에 보이는 것에만 가치를 둔다. 오감적 관찰의 능력이 세상을 살아가게 만드는 힘이라고 믿는다. 그들에게 영혼 같은 것은 불필요할 뿐이다. 영혼 같은 것은 처음부터 있을 수 없기 때문이다. 다양한 감각을 지닌 인간은 보이지 않는 것을 본다. 생명에 대한 가치를 존중한다. 믿음은 자신을 쉽게 만들어 주는 의지처다. 믿음이 부족한 사람은 다른 사람의 말을 들으려고 하지 않는다. 오해부터 시작한다.[61]

마음챙김은 언제나 가능하다. 장소와 시간을 가리지 않는다. 장소와 때도 가리지 않는다. 책을 읽고 글을 쓰면서도, 마음만 먹으면 마음챙김이 가능하다. 그림을 그리거나 노래를 부르면서도 가능하다. 요리를 하면서도 마음챙김의 희열이 가능하다. 자세가 중요하다. 마음 먹기(mindset)가 관건이다. 마음챙김의 물리적 활동을 어떤 이들은 치료라는 단어로 대신하기도 한다. 말하자면, 운동 치료, 독서 치료, 그림 치료, 음악 치료, 요리 치료, 일기 치료, 쓰기 치료, 이야기 치료 등과 같은 용어들로 마음챙김이라는 말을 대체한다.[62] 동화 읽기도 그 중 하나다. 어른들에게도 동화 이야기가 인기를 얻고 있는 이유다. 어른들을 위한 동화들이 서점가에서 잘 팔린다. 그중에서도 백설공주가 인기리에 팔린다. 동화 이야기의 심리 요법이 효염이 있기 때문이다. 동화는 때때로 어린이의 심성을 통해 어른의 자아가 지니는 문제를 적나라하게 드러낸다.

동화는 사람들이 겪을 수 있는 현실을 원시적인 형태로 다룬다. 저들의 문제 상황으로 우리의 현재 상황에 빗댄다. 저들의 이야기를 읽으면서 미처 깨닫지 못한 것들이 가슴 현실로 들어온다. 동화가 삶에서 부대끼는 것들의 딜레마를 다룬다. 가족의 병리 현상도 드러낸다. 선과 악의 문제도 갈라 준다. 성 역할의 갈등도 보여 준다. 일상생활에서 겪는 삶의 딜레마들이 이야기 형식을 빌려 상징과 은유로써 드러난다. 동화를 읽는 어른들은 아이들의 경험을 통해 대리만족하게 된다.[63] 다른 이의 경험을 통해 자기의 경험을 대리충족하게 된다. 나름대로 치유의 효험이 깃들기 마련이다.

동화 작가들은 다양한 인간관계를 다룬다. 부모와 자식, 남편과 아내, 연인 등 가장 가까운 사이의 사람들끼리 주고 받는 관계를 다룬다. 사랑이라는 이름으로 서로에게 주고 있는 상처들을 비유적으로 이야기한다. 가깝기 때문에 상처를 가장 많이 주는 것이 가까운 사람들의 특권임을 간접적으로 드러낸다. 가깝기 때문에 괴로움에 빠지는 것이 인간 세계다. 멀어지면 남의 일이 되어 나와 무관하게 될 뿐이다.

동화에서는 그런 것을 환상적으로 비유한다. 예를 들어, 사람의 손가락을 열쇠로 만들어 놓기도 한다. 나무가 말을 하기도 한다. 환상 세계를 얼마든지 활용한다. 환상 속에 빠지면서 사람들은 자기도 모르는 사이에 새가 되기도 한다. 왕자가 되기도 한다. 그들의 역할을 대신한다. 억눌린 마음이 해방된다. 새로운 가능성이 드러난다. 마음이 후련해진다. 스스로의 새로운 모습에 놀라고 만다. 경탄과 자성이 연이어 나타난다. 동화를 통해 자아를 드러낸다. 원시적인 형태로 자기들이 겪고 있는 문제들을 드러낸다. 문제들이 드러나는 순간 미처 깨닫지 못한 것들이 이해되기 시작한다.

평범해 보이는 일상 속의 질투와 욕망이 겉으로 드러난다. 소유와 애증 같은 감정들의 깊은 뿌리들과 근원들이 환상적인 이야기를 통해 드러난다. 어른들이 어른이 되기 위해 애써 감추어 온 삶의 생채기들이 하나둘씩 드러난다. 아름답게 포장된 자신의 이야기들이 허구임을 알아챈다. 포장된 이야기들은 결코 위안이 아니라 고통이 되어 왔을 뿐이다. 내면에서 곪아 있는 상처를 끄집어내는 일이 필요하다. 무의식에 머물던 것들을 의식의 차원으로 끌어올려야 한다. 그것을 자기 스스로 해냈을 때 사람들은 후련한 마음을 갖게 된다.

글 읽기처럼 글쓰기도 마찬가지다. 역시 마음을 돌보고, 마음을 치유해 줄 수 있는 일상적인 방편이 글쓰기이기 때문이다. 명상이나 참선처럼 감정의 정화제의 역할을 한다. 글쓰기는 자신의 마음을 어루만져 준다. 인생의 위기를 되돌아 보게 만든다. 인생을 새롭게 구상하게끔 도와준다. 새로운 삶의 '인큐베이터'가 되기도 한다.[64] 인류사의 한 페이지를 장식한 대부분의 사상가는 자아 치유의 대가들이었다. 그들은 끊임없이 자신의 글쓰기에 도가 튼 사람들이었다. 자기의 고뇌들을 글로 표현해냈다. 존재와 인식, 도덕, 삶과 신의 관계에 이르기까지 삶의 고뇌를 풀어 내려고 글을 쓴 사람들이었다. 자신을 치유해 가면서 또 다른 문제 풀기에 깊숙이 들어간 사람들이었다. 마치 위대한 미술가들이 자신의 영혼을 한 폭의 그림으로 그려내면서 자신을 치유한 것과 마찬가지다. 글쓰기는 단순한 문자 기록 활동을 넘어선다. 영혼을 글로 풀어내며 자신을 도닥거린 치유의 대가들이었다.[65]

저널 요법(journal therapy) 역시 글쓰기 치유로서 효과적인 방편이다. 글을 쓰는 사람들은 이미 자신을 치유하기 시작하는 것이나 마찬가지다. 정신적 · 육체적 · 정서적 · 영적으로 반성적인 노력들이 글쓰기 안에 녹아들기 때문이다. 자기가 겪는 개인적인 쟁점이나 염려, 관심사, 갈등 들이 드러난다. 그 속에 나대로의 해법이 제시된다. 문제를 드러내면서, 한편으로는 그것을 풀어간다. 다른 한편으로 꼬임의 꼬임에 대한 이유가 명료화된다. 나름대로의 마음 추스르기가 가능해진다.[66]

사람들을 정말로 괴롭히는 것은 하고 싶은 말을 억압하는 일이다. 억압하면 고통이

인다. 그중에서도 비밀 간직하기는 큰 고통을 준다. 비밀로 간직하려는 그 마음가짐과 억압이 정신적인 부담이 된다. 정신과 육체적 질병의 원인이 된 그 비밀을 겉으로 드러내면 고통이 사라진다. 일기쓰기는 바로 그 고통을 풀어 주는 방법이다. 대단한 문학 작품을 만들어 내는 것이 아니다. 그런 글쓰기가 치유법의 핵심은 아니다. 무엇인가 숨기고 싶은 것을 드러내는 일이 글쓰기다. 말 못할 이야기는 없다. 숨기고 싶은 비밀만 있을 뿐이다. 비밀을 풀어내면 마음의 독소를 막을 수 있다. 자신에게 독이 되는 것을 더 이상 방치하지 않을 수 있기에 일기가 그것을 도와준다. 편지가 그것을 도와준다. 일기가 고해성사의 대신이 될 수 있다. 자신만의 속내를 긍정적으로 바라보게 만드는 것이 일기쓰기다. 마음이 열리면 영혼을 챙길 수 있기 때문이다.[67]

　예를 들어, 영화감독인 줄리아 카메론(Julia Cameron)도 글쓰기로 자신의 영혼을 달랬던 이다. 그는 자기의 체험을 중심으로 아침 시간의 글쓰기를 권한다. 아침에 일어나자마자 글부터 쓰라는 것이다. 아침에 글을 쓰는 것이 심신 회복에 도움이 된다. 조용하게 차분하게 자기 고백을 곁들이는 시간이 도움이 된다는 것이다. 잃어버린 자아를 회복하는 데 아침이 좋은 이유는 자기 점검의 시작 시간이 아침이기 때문이다. 오늘을 맞이하는 시간이 되기 때문이다. 자신을 긍정하며 진정한 나를 만나야 오늘을 내달릴 수 있기 때문이다. 모닝페이퍼 쓰기는 편지지 3장 분량이면 된다. 그의 자전적 글쓰기 경험이 말해 주는 분량이다. 글쓰기에 들어가면 무질서하던 감정들에게 배수구가 만들어진다. 감정들이 시원하게 빠져버리기 시작한다.[68]

　마음을 챙기려면, 무엇이든 제대로 즐길 수 있으면 된다. 즐길 수 있는 것 대부분은 마음을 다스리는 치유의 효력을 갖고 있다. 무엇이든 즐기려면, 고대 그리스의 철학자 디오게네스(Diogenes)가 보여 준 것처럼 자신의 삶에 자신이 있으면 된다. 자신을 잊을 정도로 자기의 일을 즐기게 되면, 그것은 정말로 즐거운 일임에 틀림없다. 즐기는 일이 자기 마음을 다스리는 치유의 시작이고 마지막이다. 사실, 디오게네스가 매일 아침마다 한 일은 그리 어려운 일이 아니었다. 등불을 들고 거리를 거닐었던 일이었다. 당시에는 뉴욕의 맨해튼 같았으며, 서울의 강남 같았던 아테네 거리를 배회하며, 오가는 시민들의 얼굴을 쳐다보곤 했다. 저들에게 한결같이 똑같은 질문을 했다. "선생은 정말로 정직한 분이십니까?" 하고 물었다. 저들이 답을 하든 하지 않든 관계 없이 그는 물었다. 자신에 대한 질문이기도 했다. 디오게네스는 자기의 몰골을 잊을 정도로 질문에 골몰했다. 질문 받는 사람마다 당황할 수밖에 없었지만, 사람마다 제 가슴에 품는 대답이 달랐다. 깨달음 역시 서로 달랐다. 디오게네스가 바로 그의 스승 의 스승인 소크라테스가 가르쳐 준 당대의 쇠파리였다.

　디오게네스의 질문은 이 시대에도 어김없이 요구되는 질문이다. 새로운 형식으로 우리에게 다시 질문해 볼 수 있다. "정직한 분이십니까?"라는 질문 대신, "당신은 행복 한 사람입니까?"라고 되물어 볼 수 있다. 혹은 "당신은 즐기는 사람입니까?"라고 물어 볼 수도 있다. 이 질문을 우리의 삶과 일터에서 다르게 응용해 볼 수도 있다. "선생은 제대로 노시는 분이십니까?" 아예 더 좁혀 오늘 당장 즐기고 있는 운동 경기에 응용해 볼 수도 있다. "당신은 행복한 골퍼입니까?"라고 질문할 수 있다. "물론이지요. 난 행 복한 골퍼입니다."라고 말할 수 있는 골퍼가 되어야 한다. 그렇게 되려면 먼저 해야 할 일이 있다. 골프 그 자체를 즐기기보다는 골프하는 자신부터 즐겨야 한다.

　生 3. "변하고 싶으니 그 방법을 알려달라고 말하는 사람은 매우 성실하고 진지해 보이지만, 실제 로는 그렇지 않습니다. 그는 자기의 마음속에 질서를 가져다 줄 어떤 권위자를 희망하고 있 을 뿐입니다. 하지만 권위가 어떻게 내면의 질서를 가져올 수 있겠습니까? 강요된 질서는 언제나 혼란을 낳고야 맙니다. 여러분 중에는 이것을 머리로 아는 사람들도 있습니다. 그러 나 마음은 결코 그 어떤 권위의 영향도 받지 않은 채, 제 나름대로 움직일 수 있어야 합니 다. 책의 권위, 스승의 권위, 아내나 남편의 권위, 부모의 권위, 친구의 권위, 사회의 권위 그 어떤 권위의 영향에서도 벗어나야 하는 것입니다." - 지두 크리슈나무르티[69]

자신의 마음부터 즐길 수 있어야 자기를 다스릴 수 있다. 행복한 골퍼가 되려면 마음부터 챙기고 필드에 들어서야 한다. 골프는 인생을 다시 하고 싶은 사람들에게 도움이 될 수도 있다. 자기 다스리기에 커다란 짝이 되는 운동이 골프이기 때문이다.[70] 골프는 흔히 정직한 사람을 거짓말쟁이로 만드는 운동일 수도 있다. 골프는 자기 정직을 묻고, 되묻는 자기 마음을 다스리는 운동이다. 자신을 성찰하려는 사람들에게 골프가 유용하다. 골프는 매 홀마다 처음과 끝이 분명하다. 성공과 실패도 아주 극명하다. 그렇지만 그 어떤 운동이든 성공과 실패는 무의미하다. 운동에 그런 것은 없기 때문이다. 어떤 운동이든 즐기면 되는 일이다. 골프의 매 홀처럼 삶에도 처음과 마지막은 한 번뿐이다. 출생과 죽음 역시 삶에서는 단 한 번씩일 뿐이다. 골프의 마력은 유별나다. 시작과 끝을 매 홀마다 반복하기 때문이다. 다시 시작할 그때마다 새로운 마음이 다져진다. 18홀을 도는 동안 여러 번의 기회와 각오를 반복한다. 한번쯤 해낼 수 있다는 각오를 다지게 만들어 준다. 결코 그렇게 된다는 법이 없다. 골프만이 지니는 매력은 바로 인생의 매력을 닮았기 때문이다.

조지 버나드 쇼는 말했다. "어떤 일이 재밌을 때 그것을 샅샅이 살펴보면 그것에는 예외 없이 진리가 숨어 있다." 무엇인가를 마음껏 즐기는 사람에게는 한 가지 사실이 발견된다. 몰입, 빠지기, 미치기와 같은 삼매의 경지가 개입된다. 삼매가 자각, 조화 그리고 통합으로 사람의 마음 다스리기에 하나의 구조를 이루고 있다. 무엇인가를 깨닫고, 그 깨달음에 따라 하나가 된다. 그것을 자기의 삶에 보태어 그것을 즐기고 있는 사람들은 그들이 일하고 있는 영역이 어디이든 간에 관계없이 모두 비슷하다.

세계적인 골퍼들은 삶에서도 깨달음이 대단한 내공의 소유자들이다. 잭 니클라우스, 애니카 소렌스탐, 타이거 우즈, 최경주, 양영은, 박세리 같은 세계적인 골퍼들은 골프 코스에서 '깨달음'을 얻은 운동선수들이라고 볼 수 있다. 필드에서 삶을 깨달았다는 점에서, 골프계의 석가모니라고까지 이야기한다. 골프를 해 본 주말 골퍼들은 한 가지를 알고 있다. 연습장에서는 샷이 잘 맞는다. 막상 코스에 나오면 그렇게 잘 맞던 공이 제대로 맞지 않는다. 모든 것에는 이유가 있다. 주범은 기술이 아니다. 기술이 중요한 것은 사실이지만, 마음이 더 문제다. 마음이 운동을 그르친다. 삶이나 마찬가지다.

즐기려면 마음부터 다스려야 한다. 마음을 다스리지 않으면 결코 즐길 수 없다. 골프를 즐기려면 마음이 우선해야 한다. 좋은 샷을 날리기 위해서는 마음을 다스려야 한다. 스윙을 천천히, 유연하게, 자연스럽게 해야 한다. 클럽헤드의 궤적을 연상하면서, 그것을 느끼면서 스윙을 해야 한다. 원리는 원리일 뿐이다. 그렇게 할 수 없어도 즐길 수 있으면 되는 일이다. 운동에 임하면 늘 그렇게 한다고 생각하지만 실제로는 그렇게 되지 않기 때문이다. 골프 코스에 들어가기만 하면 모든 것들이 부자연스럽기만 하다. 세계적인 골퍼들은 그것을 이뤄낸 사람이다. 그들의 마음가짐은 '주말 골퍼'와는 다르다. 도를 텄다는 스님에게도 골프는 어려운 운동이다. 골프를 즐기려면, 골프를 치는 과정에서 예기치 않은 일이 벌어지더라도 즐겨야 한다. 즐길 줄 알아야 골프에 대한 자각과, 조화 그리고 통합이 가능해지기 때문이다.

골프 코스에 나갔을 때는 별 희한한 일이 벌어지곤 한다. 그때마다 그것을 책망하고, 한탄하고, 눈을 흘기면 운동을 즐길 수 없다. 골프는 비난하는 운동 경기가 아니기 때문이다. 격려하고 잘되기를 바라는 운동이다. 그럴려면 나도 즐기고 동반자들도 마음껏 즐길 수 있어야 한다. "그것이 마치 물리적인 문제인 양 분석하려고 하지 마십시오. 생각은 당신을 가득 차게 하고, 웃음은 당신을 비워 줍니다. 거울 같은 사람이 되십시오. 저장하지 말고, 비추십시오. 골프 코스에 대해 유머감각을 갖게 되기만 하면 상처받지 않을 수 있습니다. 다시 그렇게 하려고 해도 할 수 없을 것이기 때문입니다. …… 티를 너무 높게 꽂은 탓에 드라이버가 볼 아래쪽을 때리고, 공은 공중으로 솟구쳐 오르더니 당신 발 밑으로 떨어집니다. 슬라이스가 나서 공이 러프로 날아갑니다. 트랙터에 앉아 있는 잔디 관리인이 얼른 몸을 숙였다가 흰 수건을 흔들기 시작합니다. 당신의 샷이 틀어져서 클럽하우스를 스치고 날아갑니다. 부딪치는 소리를 들은 클럽의 프로가 누구 소행인지 보러 나오고, 당신은 누가 그랬냐는 듯이 두리번거립니다. 그린 위에 마크를 하고 공을 집으려고 구부리는데 바지가 터집니다. 새로 산 좋은 공이 연못에 빠져서 꺼내려고 애를 쓰다가 균형을 잃어 연못 속에 빠집니다. 당신이 친 공이 두 그루의 나무에 맞고 튕겨 당신 '뒤'에 떨어집니다. 솔직히 말해 보십시오. 웃기지 않습니까? 웃을 수 있는 능력, 특히 자신을 보고 웃을 수 있는 능력은 위대한 선물입니다. 자신을 보고 웃을 수 없다면, 골프의 풍요로움을 즐길 수 없을 것입니다. 인생에 대해 웃는다는 것은 인생의 모습 그대로를 이해한다는 뜻입니다. 그것은 내면의 목소리가 당신 자신의 중요성에 대해 의구심을 갖는다는 의미이며, 당신에게 일어나는 일들에 정직하게 맞설 수 있다는 뜻입니다. 그리고 예기치 못한 일이 벌어지는 것을 즐기고, 마음을 비워 골프의 신비로움을 수용할 수 있다는 의미입니다." [71]

명상이나 수행에 일가견이 있다고 자부하는 인도인에게 마음 다스리기가 그리 유별난 일은 아니다. 저들의 삶에서 드러나는 명상의 양태는 다양하기 때문이다.[72] 명상 그 자체가 저들에게는 유별난 해탈 행위가 될 수도 없다. 마음 다스리기의 하나일 뿐이다. 명상은 그들의 삶에 있어서 그저 셈법처럼 하나의 논리적인 도구일 뿐이다. 명상이 그 무슨 열반에 이끌어가게 만드는 절대적인 방법이 될 일도 아니다. 인도인에게 있어서, 명상은 흐트러진 저들의 논리를 바로 가다듬는 데 도움을 주는 하나의 방편에 지나지 않을 뿐이다. 논리를 가다듬기 위해서는 마음의 평정부터 취해야 하기 때문이다. 마음의 평정을 가다듬는 논리를 마련해 주는 것이 바로 저들에게 명상일 뿐이다. 요가는 그런 명상 방편 가운데의 하나일 뿐이다. 자기가 직면한 문제가 무엇인지 먼저 정리되어야, 문제해결의 가능한 수단을 찾을 수 있겠기 때문이다. 자기 주장의 논거를 분명히 만들기 위한 사전 조치로 저들은 요가를 택한다. 문제해결에 임하기 전에 먼저 호흡부터 가다듬고 한 발 더 나아갈 수 있게 만드는 힘을 부축하는 조처로써 요가를 활용하는 것이다.[73]

명상이나 선에 대한 인도인의 생각들은 종교적인 관습에서 나온 것이다. 그들의 땅에서 모든 것이 함께 갈등하며 함께 자라왔을 뿐이다. 힌두교, 불교를 비롯해 시크교, 자인교, 이슬람교 등 모든 종교가 그렇게 명맥을 유지해 왔다. 때로는 서로 치열하게 갈등하고 때로는 엄청나게 친화하면서 함께 자라왔다. 여러 다양한 종교가 함께 성장하기 위해서는 서로 다른 어떤 논리를 배제할 수 없다. 서로 다른 논리도 함께 섞여 가능해야 하기 때문이다. 공존하거나 생존할 수 있기 위해서는 그 어떤 유일한 논리만이 옳을 수 없다. 서로 공존할 수 있는 마음의 여백이 늘어나야 하는 이유다. 여백은 마음을 다스리는 일이 서로 공존하는 데 없어서는 안 되는 일이었을 뿐이다.

생존하기 위한 방법들은 인간의 종족 수만큼 다양할 수밖에 없다. 서로 존재하기 위해서는 서로의 존재에 대한 합리화가 필요하다. 의식 깊은 곳에서 뿌리가 뻗어 나오는 것이어야 한다. 인도 독립운동의 아버지로 칭송받는 간디(Mahatma Gandhi)의 삶이 바로 그것이 무엇인지를 보여 준 바 있다. 그는 힌두교인이었다. 힌두교인이라고 하지만, 인도에서의 힌두교에 대한 이해 역시 힌두인 수만큼 다양하고 다기하다. 일을 위한 변호사 공부는 기독교의 나라에서 했다. 영국에서 인도인이라는 유색인종이 겪는 인종적 편견을 경험한 그였다. 그에게는 해답보다는 문제가 더 많았다. 문제에 직면했을 때마다 그가 먼저 취한 것은 명상이었다. 일상생활에서 명상으로 자신의 마음을 다스릴 수밖에 없었다. 그의 삶이 명상이었고, 그 명상이 그의 사유였으며 문제를 풀어내는 해답이었다. 그의 명상은 종교적 신념에 뿌리를 두고 있었다. 그는 정치적 어려움이 있을 때마다 명상에 먼저 의지하고, 답을 구했다.

간디는 종교적 갈등 때문에 자기의 목숨을 내놓은 삶을 살았다. 그의 종교적 신념과 정치적 신념은 그의 목숨을 앗아갔다. 그를 이어 인도의 독립을 쟁취한 사람이 네루(Jawaharlal Nehru)였다. 네루는 간디의 정치적 신념을 이어받은 충직한 정치적 제자였다. 정치인 네루는 종교인이자 명상인인 간디와는 입장이 달랐다. 네루는 인도의 통합을 위해 종교적 기반을 혐오하기까지 했던 정치인이었다. 종교가 인도 발전에 해악이라고까지 끌고갔던 사람이었다. 인도인이 종교의 굴레 때문에 더욱더 가난해진다고 보았다. 종교의 갈등이 인도인의 창의성을 해친다고도 보았다. 네루는 특정 종교적 기반을 기피했다. 그랬던 그였지만, 네루는 그의 논리를 명상으로 세워 나갔

던 명상의 정치인이었다.[74]

명상이나 참선은 정서를 가다듬는 일이라고 단순하게 말할 수 없다. 자기 스스로의 괴롭힘에서 벗어나기 위한 자기 해방의 노력이기도 하기 때문이다. 자기 학대를 벗어나기 위한 참선의 노력은 인간다움을 위한 이성 갖추기와도 그 맥이 닿는다. 참선의 목표가 인간의 의지력 회복과 무관하지 않기 때문이다. 참선의 과정은 그래서 논리적이며, 동시에 이성적이다. 이성이 없는 인간은 충동적으로 살아가기 십상이기 때문이다. 하루에 온 운명을 걸고 달리는 하루살이처럼 살아갈런지도 모르기 때문이다. 영혼을 빼앗긴 노예로 하루를 살아갈 가능성이 높을 뿐이다.[75]

인간에게는 인간의 영혼을 지켜내는 이성(理性)이 있다. 인간이 인간다움을 보여주는 인간성의 회복과 그 방편이 바로 이성이다. 인간은 이성을 활용해서 자기가 당면한 복잡한 문제를 풀어 가며, 문제 상황을 헤쳐 나간다. 매일같이 그 일을 수행한다. 이성은 인간의 행동을 억제하는 그런 내면 제동장치이기도 하다. 복잡한 내면을 정화해 주는 내면의 장치가 이성이다. 과오를 풀어내는 해독제이기도 하다. 해독제를 제대로 사용하면 정상으로, 그리고 행복의 감을 갖게 된다. 행복을 갉아먹고 있는 거짓된 행위들에 대항하는 힘을 기를 수 있기 때문이다. 인간의 무절제함을 순화시켜 주는 해독제가 이성인 셈이다. 이성적인 존재들은 그 스스로 자기의 행위에 대해 옳고 그름을 판단할 줄 안다. 이성적인 인간 역시 화를 낼 수 있다. 화내는 일은 비이성적인 일이지만, 화가 날 적에는 나름의 원인이 있다. 이성적인 사람은 그 원인을 안다. 원인에 대한 원초적인 책임도 아는 사람이 이성적인 사람이다.

이성을 잃고 있는 사람일수록 자기의 행동을 자신이 만들어 낸 불완전한 행위 규칙에 의지하기 마련이다. 완전하지 않은 규칙으로 자기의 감정과 행동을 만들어 가는 사람이 이성을 잃은 사람이다. 불합리한 생각의 꼬리를 차단해야 이성으로 되돌아올 수 있다. 잘못된 추론으로 제 스스로를 좌절시키지 않으려면 불완전한 행위들을 바로 잡아야 한다. 분노, 걱정, 우울 등과 같은 것들이 튀어나오지 않도록 해야 한다. 불합리한 규칙이나 편견들이 더 이상 판을 만들어 가게 하지 않도록 해야 한다. 필요 이상의 통제되지 않은 감성을 정화해야 한다.

자신을 산란하게 만드는 감성을 통제하려면 우선은 이성적이어야 한다. 이성은 감성과 전혀 별도로 작동되는 것은 아니다. 감성과 이성은 인간 행동의 양면이기 때문이다. 이성이 없는 감성이 별도로 작동할 수는 없다. 감성이 결여된 이성도 있을 수 없다. 이성의 오류들이 감성을 잘못 이끌어 간다. 그 반대도 마찬가지다. 잘못된 감성이 불합리한 규칙을 이성으로 만들기 때문이다. 감성적인 오류들을 이성적으로 살펴야 한다. 오류들은 또 다른 오류들에 더해질 뿐이다. 잘못된 이성들 때문에 잘못된 감성이 생긴다.

인간 활동 모두는 원래 마음을 수련하는 일과 무관하지 않다. 마음을 달래는 일이 인간의 일상적인 활동이다. 인간의 활동이 마음을 벗어나는 것은 이성이 마음을 제어하지 못하기 때문이다. 인간 활동은 어느 시점이라고 하더라도 이성을 떠날 수는 없기에, 일상생활에서 마음의 위치를 바로잡는 일이 더 중요하다. 마음을 어디에 위치시키느냐가 자신을 결정하기 때문이다. 마음 다스리기가 자신의 인품이기에 자신의 인품은 이성이 만들어 놓는 것이다.[76] 인간의 됨됨이는 일상생활 가운데 마음을 위치하는 일에서 그 모습을 드러낸다. 예를 들어, 정치를 하면서 뇌물을 생각하면 부정부패의 정치인이 될 가능성이 크다. 쓰레기를 주우면서도 헐벗은 이웃을 생각하면 그는 이미 성자의 마음을 가진 것이다. 인간의 내면에는 신도, 악마도 함께 존재하기 때문이다. 신이 존재하는 사람은 마음의 평화를 얻은 사람들이다.[77]

마음챙김에 앞서 있는 사람들의 몸은 보통 사람의 그것과는 조금 다르다. 연단의 효과다. 예를 들어, 승려나 신부, 수녀들의 뇌 구조는 보통 사람과는 다르게 작동하는 것으로 나타난다. 저들의 삶을 움직이는 것은 마음 다스리기 여부다.[78] 저들은 나름대로의 일상생활을 수행이나 명상 친화적으로 가다듬는 일에 일가견이 있는 사람들이다. 저들은 '독존(kaivalya, 獨存)'의 상태를 즐기는 사람들이라고 볼 수도 있다. 독존의 상태란 '내가 지금 명상하고 있다'는 생각조차 일어날 틈이 없을 정도로 치열하게 몰입된 상태를 말한다. 명상이나 참선을 하는 사람들의 이성이나 감성은 다르다.

감각 기관을 통해 사물을 보려는 애착에서 벗어나기 때문이다. 오감에 매인 감정을 차분하게 정화시켜 보려는 사람들이 저들이다. 명상은 저들에게 자아의 욕망인 집착을 종식시킨다. 마음으로 빛 없는 빛을 보게 만든다. 소리 없는 소리마저 듣게 만들어 놓는다. 자기 자신에게 고요한 평온이 다가간다. 절대적인 고요 상태를 즐긴다. 고요가 바로 참 자아의 상태로 진입시킨다. 그것을 불가에서는 형상 없는 참나인 진아(眞我)의 상태라고도 말한다.[79)]

독존의 감을 갖는 일은 명상에서 무엇보다 중요하다. 삼매(samādhi, 三昧)에 이르면 독존의 상태에 이른다.[80)] 요가나 명상이 삼매 그 자체를 말하는 것이 아니다. 설령 요가라는 방편이 삼매를 이루기 위한 효과적인 방편이라고 해도 그것이 성공적인 일상생활을 약속하지는 못한다. 삼매만으로는 개인이 매일같이 겪는 문제에 성공적으로 대처할 수 없기 때문이다.[81)]

삼매의 환희를 경험했던 사람이라고 하더라도 일상생활 속에서는 끝내 '자기'라는 관념을 없앨 수 없다. 심신에 괴로움이 찾아오면 모든 것은 다시 원점으로 돌아간다. 긴장과 문제해결을 위해 다시 심한 동요가 일어난다. 모든 사물에 본디 자기가 없다는 사실을 명확히 아는 것과 실천하는 것은 다르기 때문이다. 삼매로 열반에 이르렀다면 일상생활을 포기해야만 한다. 굳이 일상생활이 필요할 까닭이 없다고 생각한다. 이것은 오해다. 열반에 이르겠다고 출가한 사람들도 끝내 수행을 포기하고 다시 가출에 이르는 현실을 보면 더욱 그렇기만 하다. 삶에서 괴로움은 삼매보다 보편적이다. 고통이 없는 삶은 삶이 아니다. 삶이 바로 고통이기에 고통을 이기는 삼매는 있을 수 없다.

일상을 살아가는 사람들에게 삼매는 순간적인 쾌락처럼 느낄 수도 있다. 평온과 행복감의 일순간적인 표현일 수 있기 때문이다. 무인도에서는 삼매 같은 일이 필요하지 않다. 무인도에서 살아남으려면 자기가 자기를 구조해야 한다. 가부좌를 틀고 앉기보다는 불을 피워 구조의 신호부터 보낼 일이다. 아니면 당장 저녁의 요기를 위해 고기부터 잡아야 한다. 삼매가 절실한 곳은 일상적인 삶, 고통의 삶이 열리는 현장일 뿐이다. 득도하기 위해 무인도로 떠난 사람을 본 적도 없다. 무인도에서 그것이 가능하다면 저들이 가장 먼저 무인도로 떠났을 것이다. 저들도 사람 근처를 벗어날 수 없기 때문이다.

삼매를 둘러싸고 있는 현실은 늘 고뇌와 고통의 현재다. 현재 때문에 괴로운 것이지 미래 때문에 미리 괴로운 것은 아니다. 그 현재 안에 내가 독존한다. 독존은 굶어죽는 일을 말하는 것이 아니다. 독존은 자기 혼자 사는 일을 말하는 것도 아니다. 독존의 절실함은 아수라장의 삶터에서는 더욱더 돋보이게 마련이다. 자기 혼자 살아남아야 할 이유들이 설명될 필요 없이 요구되는 일상의 난장판에서 삼매의 의미가 돋보인다. 사람이 어느 하나에만 집중할 수 없을 때 생기는 절박함이 삼매를 요구한다. 무인도 같은 곳에서 참선은 필요 없다. 무인도 그 자체가 명상이나 마찬가지이기 때문이다. 생존의 절박함은 생물학적인 이유 하나로 족한 것이 아니다. 산다는 그 자체 하나만이 유일한 것이라면 인간의 삶이 그렇게 복잡할 리가 없다. 남극이나 북극 등과 같은 극한 상황에서 오랫 동안 근무하는 사람들의 행동을 보면 저들의 삶이 어떤 삶이었는지 이내 알게 된다. 극한 상황에서 근무하는 사람들의 대부분이 '극성 질환(polar madness)'에 시달린다. 환경에 따른 정신 질환의 한 종류가 극성 질환이다. 극한 상황에서는 모두가 환경에서 오는 정신 질환자들이 되었다는 것을 보면, 삶은 단순히 생물학적 생명만을 유지하는 것이 아니다.[82]

삼매나 몰입이 접근하기 어려운 것일 수는 없다. 접근하기 어려운 것이라면 애초부터 사람들이 그것에 목을 맬 일이 아니었기 때문이다.[83] 실천하기가 힘든 것이라면 하루를 사는 보통 사람들에게 절박한 것은 아니다. 삼매가 명상가들만의 전유물이라면 저들만 홀로 하면 될 일이다. 일상의 선남선녀는 스님처럼 신부, 수녀처럼 살아야 할 이유도 없다. 발버둥을 쳐야 얻을 수 있는 것이라면 삼매는 오히려 삶에 방해가 된다. 일상인들이 명상이니 참선이니, 삼매 같은 것을 염(念)하는 것은 조금이라도 의미 있는 삶을 살겠다는 뜻이다. 자기 나름대로 주인의식을 갖겠다는 자기 약속의 표현이다.

삼매나 몰입은 사람이 살아가는 과정에서 필요한 것이기에 양생(養生)의 과제 그 이상을 넘어갈 수가 없다. 양생은 얼마나 오래 살아야 하는지 그 문제를 말하는 것이 아니다. 양생은 자기 나름대로의 삶에 대한 진솔성을 말한다. 정직하게, 진솔하게 자기 일에 나름대로 달인의 모습으로 살아가는 일이 양생이다. 장자(莊子)는 일찍이 일상적인 삶을 살아가는 사람들에게 요구되는 양생의 과제를 '포정해우(庖丁解牛)'의 일화로 풀이했다.[84]

장자는 소를 잡는 백정인 포정의 삶을 소개하고 있다. 그가 보여 주는 기술은 마치 칼과 그의 손이 하나가 되는 경지, 그 자체였다. 백정인 포정이 하는 일은 소잡는 일이었지만 그것은 하나의 예술이었다. 몰입 그 자체였다. 음악이나 춤처럼 리듬을 만들어 내는 일이 무아지경 그것이었다. 그의 솜씨는 가히 달인의 경지에 이르렀다. 하나의 예술적 경지였다. 소 잡는 기술이 뛰어났기 때문만이 아니었다. 소 잡는 일을 통해 하나의 도(道)에 이르렀기 때문에 달인의 경지에 이르렀던 것이다.

장자는 백정인 포정이 보여 준 그 일을 도통위일(道通爲一)의 경지라고 말한다. 도가 서로 통하여 하나가 되었다는 것이다. 백정인 포정이 소와 하나가 되어 누가 소인지 누가 백정인지 구별이 되지 않았다. 포정 자신의 몸과 마음에 흐르고 있는 에너지가 하나의 리듬이 되었다. 그는 마침내 자신에 몰입했다. 소를 잡는 일에서 하나의 도를 터득한 것이다. 도가 통했기에 모든 동작이 하나같이 리듬을 이뤄 나갔다. 리듬이 하나가 되었다. 서로 다른 것들의 자연스런 하나됨이었다. 이질적인 대상들이 서로 다르게 만나 찰나적으로 하나가 되었다. 하나의 흐름이 되어 서로 간에 같은 패턴을 이어 나가는 조화였다.[85] 몰입이 되지 않으면 서로 간의 만남은 불협화음이다. 소음일 뿐이다.

삼매에 이르는 방편의 차이에 관계없이 삼매는 모두가 유사 열반을 말한다. 유사 열반은 자기를 밝히고 새로운 것을 잉태하기 위한 자기 의식이다. 주인 의식을 찾기 위한 노력이라는 점에서 자기 배움 지향적이다. '배움'은 어원상으로 유사 열반의 의미를 담고 있다. 배움의 어원은 '배우다'에서 찾을 수 있는데, '배우다'라는 말의 핵심은 '배'에 있다. 배는 일이 우선한다. 배는 일은 유사 열반을 거쳐야 한다. '우'라는 말은 사역형 어미다. 배라는 말의 의미를 돋보이기 위한 첨가 요소일 뿐이다.[86)

　인간 같은 포유류 고등동물에게 무엇인가를 배는 행위에는 예외 없이 고통이 따른다. 고통 후에는 희열이 뒤따른다. 고통과 희열은 상반된 두 가지 경험이다. 배는 일은 고통과 희열이라는 상반된 것을 함께 요구한다. 배는 일은 헌신과 몰입의 창조적인 행위다. 새로운 것은 창생해 내는 일이다. 생명을 잉태하기 위해서는 고통이 요구된다. 고통의 정도에 따른 희열과 기쁨도 함께 수반한다. 배는 일은 유사 열반을 통한 생명 창조적인 행위다.

　어머니가 자식을 배는 일은 행복한 일이다. 배는 일은 생명에 정성을 쏟는 일이다. 몰입은 행복에 이르는 길이다. 몰입의 체험이 많을수록 행복감을 갖는다. 몰입의 체험을 늘리기만 하더라도 그는 행복의 경험을 체험하게 된다. 몰입은 행복에 이르는 길이다. '몰입은 행복의 원인이 아니라 행복의 결과'다. 행복이 가능하려면 그 과정에 몰입이 개입한다. "행복을 가져다주는 것은, 자기 스스로 삶에 대한 긍정적인 자세를 가질 때 가능하며, 그로 인해 행복해진 사람은 생산성도 높고 면역 체계도 더 튼튼해지게 마련이다. 그것이 건강이고 그것이 생산성이다."[87)

　하루 아침에 이루어지는 행복한 삶은 없다. 배움도 하루 아침에 이뤄지지 않는다. 행복에 이르는 일은 초등학교 산수 문제의 답을 구하는 일이 아니다. 삶의 문제에 대한 해답이 한순간에 풀리지 않는다. 삶은 살아감의 축적이다. 하루가 하루에 쌓여야 삶이 된다.[88) 배우는 일도 몰입을 쌓는 일이다. 매일같이 몰입하는 일이지, 단 한 번만, 단 하루에만 집중하는 일이 아니다. 배움이 바로 선(禪)의 원리이고 명상의 토대이며, 몰입의 근거가 되는 이유다. 배움은 선과 같이 가기도 하지만 그것과 결별하기도 한다. 배움에 의해 여러 가지 새로운 학습이 가능하다. 배움으로 일깨워진 하나의 학습은 기존의 학습 효과를 위해 서로 강화한다. 서로 합쳐 시너지 효과를 내기도 한다. 반대로 그것으로부터 떨어진다. 새로운 학습을 만들어 내기 위해 기존의 학습과 이반(離反)한다.

배움은 본질적으로 속박에서 벗어나기 위한 자유의 방편이다. 배움은 새로운 모험의 근거다. 새로운 창조를 위한 있는 자유에로의 의지가 바로 배움이었다. 참선이든 명상이든 그것은 삶에 있어서 한 가지 방편일 뿐이다. 삶을 결정하는 모든 것은 아니다. 그것들이 삶의 모든 것을 좌지우지한다면 삶은 그것에 쥐어 있는 꼴이다. 그 권세에서 벗어날 수가 없다. 명상이나 참선이 삶에게 명령할 수는 없는 노릇이다. 참선이나 명상이 삶을 조정하면, 사람들은 참선에 의해 학습된 무기력을 익히게 된다. 중독, 부정적인 중독 현상에 갇히게 된다. 형식과 틀이 사람을 지배해 버리면 새로운 배움은 소거된다. 학습된 무기력이 사람을 엄습하며, 지배하기 시작하면 자유가 삭탈된다.

학습된 무기력은 '될 대로 되라.'는 식의 심리적 공황 상태를 말한다. 중독이 사람에게 학습된 무기력을 키운다. 담배 중독, 알코올 중독, 섹스 중독, 약물 중독처럼 학습된 무기력 역시 부정적인 삶살이에 대한 중독에 속한다. 중독의 효과가 나타나면 위험하다. 위안을 받기 시작하면 일시적 평안이 가능하다. 이어지는 정신적 속박을 벗어날 수 없게 된다. 중독된 효과로써 나름대로의 위안을 받는다. 중독으로 누리는 자유는 부정적인 자유다. 속박된 자유일 뿐이다. 평온하기 위해서는 기피해야 할 그 마약을 다시 입에 대야 한다. 다시 담배를 피워 물어야 한다. 다시 섹스에 빠져야만 비로소 일시적인 자유를 얻게 된다. 잠정적인 해방감을 얻어 내는 대가는 영혼의 파멸이다. 참선이나 명상도 예외일 수가 없지만 선이나 명상이 약물 중독과는 방향이 다르다. 긍정적인 중독의 효과를 가져오기 때문이다. 중독으로부터 인간 스스로 자유로워지지 못하면 긍정은 사라지고 부정이 대체한다. 종속은 부자유스럽다. 종속은 부정적이다. 무기력을 학습하게 하는 것은 부정적일 뿐이다.

학습된 무기력을 통해 얻는 것은 오로지 자신됨을 거부하는 부정적 자유다. 부정적 구속감이다. 부정적인 자유라고 할 수 있다. 부정적 구속감을 극복하게 만드는 것이 '긍정적 자유'다. 긍정적 자유는 부정적 구속감을 해체시킨다. 자기 의지로 부정적 자유인 중독과 별리(別離)할 수 있는 자유가 긍정적인 자유다. 부정적 자유는 제약에서 벗어날 수는 있으나 다시 구속되는 억압으로써의 자유다. 벗어나더라도 끝내 다시 얽매이게 만드는 구속이다. 자유라고 할 수 없는 자유다. 예속으로서의 자유다. 예속적 자유를 편의상 '벗어나고자 하는 자유(freedom from)'라고 명명한다. 긍정적 자유는 자의지적 자유다. '할 수 있는 자유(freedom to)'다. 새로운 의미를 만들어 낼 수 있는 의지의 자유다. '벗어나고자' 하는 자유에 매달리면 '행할 수 있는' 자유는 줄어든다. '해체할 수 있는 자유'는 상대적으로 박탈된다.

벗어나는 자유와 하고자 하는 자유는 서로 같은 자유가 아니다. 실제의 삶 속에서 두 자유는 늘 긴장하고 갈등한다.[89] 구체적인 사례를 '종교 중독' 같은 것에서도 찾아낼 수 있다. 종교 중독이라는 말은 리처드 도킨스(Cliton Richard Dawkins)같은 무신론적 진화론자들이 즐겨 쓰는 말이다. 도킨스 교수는 '어느 한두 사람이 망상에 시달리면 정신 이상이라고 부르지만, 그 망상에 다중이 시달리면 그것은 바로 종교가 된다'고 잘라 말한다. 『눈먼 시계공(The Blind Watchmaker)』에서 그가 물고 늘어지는 종교의 허구성에 대한 냉혹한 비판이다.[90]

사람들은 무기력을 벗어나려고 편한 마음으로 종교를 선택한다. 어쩌면 종교를 택하기 위해 무기력해지는 것인지도 모른다. 선택한 종교의 힘은 나름대로 그에게 무기력에서 벗어나려는 자유를 허락한다. 그 후부터 문제가 더 악화된다. 그는 구원받은 그 종교 때문에, 종교적으로 예속당하기 때문이다. 그때부터 그 종교로부터 다시는 벗어나지 못한다. 종교의 교리는 교화다. 교화가 없는 종교는 종교일 수가 없다. 무속을 신앙이라고 부르지 종교라고 지칭하지 않는 이치다. 교리를 성립시키기 위해서는, 필요하다면 사실, 허구, 진리, 그 모든 것도 주입시킬 수 있다. 교리는 원래 그런 교화용 장치들의 잡동사니다. 종교는 인간에게 선택과 벗어남의 의지를 구속한다. 자유를 사유하게 도와주는 심리적 여백을 좁혀 놓는다. 사람을 무기력하게 만들지 못하면 종교는 성공할 수 없다. 니체가 종교적 교리를 학습된 무기력으로 본 이유가 바로 그것 때문이었다.

배움은 학습된 무기력에서 벗어나도록 도와주는 해방과 자유다. 죽음을 극복할 수는 없지만, 죽음을 달랠 수 있게 해 주는 자유를 길러 준다. 자신의 생명이 어떤 것인지를 알게 만들어 주는 힘이 배움이다. 죽음은 더 이상 배울 수 없어서 일어나는 일은 아니다. 죽음은 더 배우기를 포기하기 때문에 일어난다. 생명은 배움이다. 삶에 대한 헌신과 몰입이 배움이다. 인간은 죽는 마지막 순간까지 생명에 대한 집착을 버리지 못한다. 생명의 흐름은 배움의 흐름이다. 배움의 흐름 속에서 삶을 개조하기 위한 고통과 몰입을 포기한다면 생명을 포기한 것이다. 살아 있다고 해도 살아 있는 생명은 아니다.

인간은 곤충과는 다른 삶을 산다. 곤충의 삶은 각인의 삶이다. 생존을 위한 각인, 그렇게 각인된 방어기제들의 지시에 따라 저들은 산다. 생존 방어능력들은 필사적이다. 보호색, 경계색, 의태들로 생존을 방어한다. 적들의 시야에서 피하는 방법이 가장 흔하다. 생존 방어능력이 힘을 발휘하면 생존에 성공한다. 생존을 위해 상대방을 냉혹하게 공격하기도 한다. 생존을 위해 공격하기보다는 먹이를 취하기 위해 강력한 공격을 가한다. 맹수들이 취하는 방식이다. 저들과 달리, 약한 동물들은 태생적인 방어방법으로 생존에 유리하도록 자신을 변형한다.

인간의 생존법은 맹수와도 다르고 곤충과도 다르다. 인간은 생존을 위해서 타인을 공격하기도 하지만, 대개는 상대방의 위협이나 상대방에 대한 혐오감을 피하기 위해 상대방을 공격한다. 상대방을 죽이거나 살해하는 일들도 불사한다. 위협으로부터의 도피방법이 때때로 쾌락으로 변질되기도 한다. 다른 샘플들에 비해 인간의 생존방법은 변태적이다. 나를 괴롭히는 것들은 모두 적일 뿐이라고 생각하기까지 한다. 고통을 주는 저들은 생존하지 말아야 될 물건 같은 것으로 인식하는 동물이 인간이다.

배움은 동물적인 공격적 본능을 순화시키는 힘이기도 하다. 적을 친구로, 동행으로 만들어 주는 힘이기도 하다. 배움으로 무장하면, 나를 괴롭히는 적들은 더 이상 적이 될 수 없다. 그들이 바로 나의 동행이고 친구가 되기 때문이다. 그들 모두가 안녕하고, 행복해야 한다. 그들이 평화로워야 한다. 저들이 평온하면 저들은 더 이상 적일 수 없다. 생활선의 요체가 바로 적을 친구로 받아들이는 일이다.[91]

　　삶을 지혜로 만들어 가는 일이 쉽지도 않지만, 그렇게 어려운 일도 아니다. 생각만 제대로 고쳐 먹으면 되는 일이기 때문이다. 코를 푸는 동안에도 알아차림의 상태에 이를 수 있는 동물이 인간이기 때문이다. 불이 붙고 있는 집 한가운데에서도 마음만 차리면 깨달을 수 있다. 화가 치미는 와중에도 커다란 깨달음이 올 수 있다. 신체적이거나 정신적 고통에서 문제는 고통 그 자체가 아니라 고통에 대한 알아차림이다. 참선이나 명상 같은 것은 깨달음으로 나아가기 위한 방편일 뿐이다. 명상은 신령한 일이 아니다. 자기 자신의 삶에 맞으면 되는 일이다. 선의 방법은 누구에게나 용이하다. 활용하는 사람마다 쓰임새가 커야 한다. 각자 조건과 품격에 적절하면 되는 일이다. 생활의 범주 안에서 가능하기만 하면 되는 일이다. 모든 것은 삶과 생활을 떠나 있으면 소용없다. 모든 것은 끝내 생활선(生活禪)이어야 한다. 생활의 명상이어야 한다. 일상적인 삶을 위한 기쁨과 평온함을 실천하는 일상생활의 선이어야 한다.

　　수행은 내 마음의 재미를 곧추세우는 일이다. 깨달음은 고행이 아니다. 즐겁기만 한 일이다. 깨침에만 마음을 둔 채 심각하게 인상을 찌푸리고 앉아 있다고 깨달음이 오는 것이 아니다. 그렇게 하면 다가오던 깨달음도 달아나 버릴 수도 있다. 그 옛날 붓다가 그랬다. 그가 한 것처럼 그대로의 방법대로 하면 족한 일이다. 그는 언제나 고요히 앉아 마음을 닦고 실천하는 것을 즐겨했다.[92]

　　붓다가 보여 준 수행과 고행의 원칙을 훼손함이 없이 수행의 즐거움을 생각하면 되는 일이다. 지금 여기서 밝고 즐겁게 수행할 때 밝고 즐거운 깨달음이 훨씬 가까이 다가올 것이기 때문이다. "몸과 마음은 아날로그식으로 꾸준히 닦아야 하지만, 성품은 디지털식으로 단박에 손을 보아야 한다."고 월호 스님은 말한다.[93] "앞으로는 인간이 근본이 되는 인본주의, 모든 생명의 근본이 되는 생본(生本)주의, 더 나아가 본마음 참나가 주인이 되는 심본(心本)주의 시대가 도래할 것입니다." 심본주의의 삶을 즐기기 위해서는 유쾌한 마음 공부가 필요하다. 즐거운 선의 요체는 일상적인 생활선의 실천이기 때문이다.

　　배운다는 것도 따지고 보면 별 것 아니다. 참선하는 것도, 알아 차린다는 것도 모두 마찬가지다. 몰입한다는 것도 따지고 보면 별일일 수가 없다. 마음이 과도하게 활달하면 조금 줄이고 보면 되는 일이다. 활동의 성질과 정도를 있는 그대로 관찰하면 되는 일이다. 과도한 활달함은 내면에서 지나쳐 가는 과잉 에너지의 일부이기 때문이다.

명상가에게 쓸모없는 시간이란 있을 수 없다. 하루 중의 소소한 모든 시간이 명상의 시간이 될 수 있기 때문이다. 자투리 순간이라도 모두가 명상을 위한 시간이다. 병원에서도 마찬가지다. 죽을 때는 죽으면 되는 것이다. 떨고 있다고 늦게 죽는 것이 아니다. 병상에서 불안해하며 앉아 있더라도 마찬가지다. 자신의 불안에 대해 명상하면 된다. 짜증스럽게 은행에서 기다리는 중이라면 짜증에 대해 명상하면 된다. 버스 정류장에서 손가락을 비비 꼬는 중이라도 마찬가지다. 초조해야 할 일이 아니다. 지루함이나 초조함에 대해 명상하면 족하다.

방심하지 말고 제 스스로 자기를 제대로 관찰하는 일이 명상이다. 자각 상태를 유지한다면 명상한 것이다. 이 순간 일어나고 있는 일을 제대로 관찰하는 것이 명상이다. 지루하고 따분한 일이란 없다. 고역 역시 있을 수 없다. 일어나고 있는 일 그대로를 깨달아야 한다. 혼자 있는 순간을 제대로 활용하는 일은 명상을 예비하는 것이다. 반복적인 활동이라고 하더라도 단순을 제대로 활용하면 된다. 자투리 순간을 생명의 순간으로 알아차리면 된다. 활용할 수 있는 대로 활용하면 된다. 모든 순간을 삶을 위해 명상에 활용하면 된다.[94] 그렇게 하면 적들은 사라지고 동행들만 나타난다.

선을 수행하고 명상을 수행하면 자기를 제대로 배우게 된다. 자기 치유가 가능해지고 행복해진다. 그렇다고 행복감이 영원히 지속하지도 않는다. 스쳐 지나갈 뿐이다. 명상하면 몸이 변화한다. 마음도 따라 변하는 그것만 지니면 된다. 두뇌와 면역계, 그리고 감정이 하나로 엮여 건강한 자아를 만들어 간다는 그것 하나만 알고 있으면 된다.[95]

자아를 바르게 만들어 가는 것이 명상이 지니는 치유 기능이다. 명상의 치유 기능을 인문학자들은 몸의 지혜라고 부른다. 몸의 지혜를 믿는 사람들은 인간에게 두 개의 자아가 있다고 말한다. 그 하나는 겉으로 드러난 몸이다. 그것이 겉자아이다. 다른 하나는 몸 안에 숨겨져서 끊임없이 몸을 움직이도록 만드는 자아다. 그것 역시 나를 구성하는 속자아다. 자아는 겉과 안의 몸으로 구성된다. 숨겨진 자아, 속자아의 중요한 기능은 면역력이다. 핵심은 면역계다. 인간의 몸은 표면적인 자아로만 움직이지는 못한다. 물질적인 자아가 개입하지 않아도 몸은 자신의 기능을 발휘한다. 몸은 자기 스스로를 통제한다. 자기 통제에서 중요한 것이 면역계의 기능이다. 면역계라는 숨겨진 자아가 기능을 발휘하지 못하면 몸에 이상이 생긴다. 표면적인 자아가 병에 걸린다. 면역력이 약화되면 병에서 빠르게 회복되기 쉽지 않다.

숨겨진 자아와 몸의 기능을 현실적으로 감당하는 표면적 자아 사이를 연계하는 것이 면역계다. 몸과 마음이라는 동전의 양면 가운데에서 작동하는 것이 면역계다. 면역계가 인간의 속자아를 이루는 이유다. 면역계가 제 기능을 발휘하지 못하면 몸 자체가 무너진다. 면역계가 몸과 마음의 건강을 지킨다. 면역계가 몸과 마음의 윤리강령을 세운다. '몸의 법'과 마음의 법을 만들어 사람을 다스린다. 명상이나 선은 몸의 내면적 자아를 다스리는 데 도움을 준다.

명상이 자기의 심근(心筋), 멘탈 머슬을 단련시키는 일인 이유다. 심근이 키워지면 무기력으로부터 벗어날 수 있는 가능성이 그만큼 높아진다. 심근이 커지면 자기 자신이 누구인지 쉽게 배울 수 있다. 명상은 자기를 배우는 일이다. 자기를 배우면 자기도 모르게 학습된 무기력에서 쉽게 벗어날 수 있다. 오염된 자기 주도성으로부터 벗어나기가 용이하기 때문이다. 자신을 자기 스스로 치유하는 방법을 갖게 되기 때문이다.

명상은 자아 주도를 위한 자신의 내부 시각을 확장시키는 일이다. 내부 시각의 활동이 바로 배움소다. 내부 시각이 확장되어야 배움이 확장된다. 배움소가 튀어야, 배움도 튀어 나온다. 자율성이나 자기 주도성이라는 것은 모두 배움소들의 변형이다. 인간의 힘은 환경적 조건에 따라 결정된다. 환경적인 조건이 인간의 위력을 결정한다. 인간의 정신적 위력도 상황에 따라 달라진다. 명상으로 자신을 알고, 배우면 환경

제어력이 늘어난다. 학습된 무기력에서 쉽사리 빠져나올 수 있다. 자신을 알지 못하고, 자신을 배우지 못하면, 무기력은 더욱더 강화되기 마련이다. 주변에 대한 대처 상황력이 떨어지기 때문이다.[96)]

학습된 무기력에서 벗어나게 도와주는 하나의 방편이 명상이다. 명상의 치유의 근거가 되는 이유다. 이때 말하는 치유란 삶에서 깨어나기를 지칭한다. 현대를 살아가는 사람은 그 누구든 치유가 필요하다. 치유가 필요하지 않은 현대인은 없다. 삶 자체가 상처이기 때문이다. 김수환 추기경은 '삶이 무엇이냐'는 젊은이의 질문에 한마디로 '삶은 계란'이라고 회화적으로 답했다. 삶은 계란이 삶이다라는 직설적인 답이 아니었다. 해명이 필요하다. 계란을 부화시키려면 오래 놔둘 수 없다. 오래 놔두면 곪아 버린다. 계란은 떨어트려도 곤란하다. 깨지기 때문이다. 삶으면 계란의 삶은 끝난다. 익어 버리기 때문이다. 부화시키려면 조심해서 품어야 한다. 기다려야 한다. 품고 기다리는 과정 그 자체가 상처다. 모두에게 상처를 낫게 만드는 치유가 필요하다.

현대인일수록 기계적 · 기술적 물질주의(technological materialism)에 시달린다. 과잉 정보에 시달리고 있기 때문이다. 얻고, 찾아내고, 끌어안고 가는 정보들이 그저 쓰레기더미일 뿐이다. 그 쓰레기더미에 치이고 있는 사람들이 현대인이다. 그들에게는 정보는 많지만, 삶은 계란에 대한 지혜가 부족하다. 정보가 지혜라고 믿는다. 정보는 지혜가 아니다. 지혜는 정보를 밝게 쓰는 힘이다. 저들은 지혜의 길을 버리고 정보의 길로 들어서기를 좋아할 뿐이다.

지혜가 삶이다. 지혜가 치유다. 우화를 보면 이해가 된다. 어느 왕국의 커다란 물독에 물이 가득 담겨져 있다. 워낙 가뭄이 심해 식수로 쓸 귀중한 물을 가득 담아 놨었다. 그 물독에 아기 왕자가 장난을 하다가 빠졌다. 아기 왕자는 익사 일보 직전이었다. 사람들이 독에 빠진 아기 왕자를 보면서 그저 허둥대기만 했다. 물독이 크고 높고 또 소중한 식수가 가득 담겨 있기 때문에 그랬던 것이다. 소중한 식수를 버리지 않고, 아기 왕자도 함께 구하고 싶어서 발만 구르고 있었다. 그때 어떤 사람이 망치를 들었다. 그는 물독을 깨버렸다. 물이 새 나갔다. 아기 왕자의 목숨을 구했다.

망치를 든 사람이 바로 지혜를 지닌 현자(賢者)였다. 사람들은 그 현자를 비난했다. 소중한 식수를 없애 버렸기 때문이었지만, 이때 사람을 구하기 위해 독을 부숴 버리는 그 사람이 현자다. 물을 구하고 사람을 죽이는 사람은 슬기에 더딘 사람이다. 사람이 죽으면 독의 물은 그대로 고여 있을 뿐이다. 고인 물은 썩으면 벌레가 생긴다. 아무도 마시지 못하는 물이 될 뿐이다. 사람을 살리려면 귀한 것을 포기부터 해야 한다. 포기하는 것은 고통이다. 아픔이다. 상처다. 상처를 주면 상처의 흔적이 남지만 그 상처를 낫게 하는 것이 지혜다. 삶의 물독을 깨는 것이 지혜이며, 슬기다. 독을 깨는 망치가 바로 '명상'이다. 명상이 작동해야 슬기가 생긴다. 망치로 독을 깨지 않으면 소용없는 일이다. 독 따로 홀로, 망치 따로 저 홀로 있기만 하면 아무것도 아니다.

명상은 영성의 성장과 치유를 위해서 필요한 행동이다. 명상을 위해서 명상을 하는 것이 아니다. 서로 살기 위해 명상을 하며 지혜를 얻는 것이다. 삶을 바다에 비유하면 삶은 파도일 뿐이다. 인간은 물고기다. "바다의 표면에서 노니는 물고기는 폭풍과 파도에 언제나 휩쓸리기 마련이지만, 바다 깊은 곳에서 노니는 물고기일수록 폭풍과 파도에 영향을 받지 않는다. 오히려 고요와 평화를 즐긴다. 명상을 하는 이는 깊은 바다의 물고기와 같다."97)

명상은 영적 상처를 치유하는 방편이다. 명상은 화(火)와 집착에서 벗어날 수 있게 해 준다. 온갖 상처를 치유해 주며 진정한 행복에 이르는 방편이 명상이기에, 명상은 자신을 객관적으로 바라보게 만드는 현미경 같은 것이다. 관점(觀點)을 바꾸게 만드는 방편이며 자신을 세워주는 방편이 명상이다. 자신을 세울 수 있으면 자신의 삶도 관조할 수 있다. 명상의 종류는 다양하다. 명상이 일상적이라는 뜻이다. 말하자면 차(茶) 명상, 음악 명상, 산책 명상, 걷기 명상, 우주 에너지 명상, 웃음 명상, 죽음 명상…… 등 헤아릴 수 없이 많다. 무엇을 어떻게 자신의 성찰과 연관시키느냐에 따라 명상은 언제나 가능하다. 어머니, 아버지, 형제와 같은 가족도 내게 결정적인 수행의 방편이 될 수 있다.

예를 들어, 김동현은 치매를 앓는 어머니를 모시면서 이렇게 말한다. "내게 어머니는 자식의 일방적 그리움의 대상이 아니라 자기 각성의 거울이었다. 함부로 어머니를 그리워하거나 어머니를 위해 기도하지 말고 내 삶을 먼저 되돌아 보자. 그래야 지속적인 쌍방의 교감이 가능하다. 나를 제대로 보지 못하면서 어떻게 어머니를 볼 수 있겠는가." 치매 어머니를 통해 자신을 성찰하며, 자신을 담금질하고 있는 목 메이는 장면이다. 김동현은 그저 보통 사람이다. 회사원으로 때 되면 밥 먹고, 시간 되면 회사 나가고, 필요하면 어김없이 볼일 보며 후련한 마음에 감사하는 보통 사람일 뿐이다. 보통 사람인 그는 감히 일반 사람들은 엄두도 내지 않고 있는 일을 하고 있다. 사람으로서 사람답게 살아가는 일을 하고 있다. 어머니에게 마지막 효(孝)를 하면서 오히려 자신을 연단한다. 자신을 배워 나간다. 그가 바로 일상적인 현자의 삶, 수행하는 명상의 현자의 삶을 살고 있는 것이다.[98] 그래서, 누구나 다 성자가 될 수 있다. 다만, 그렇게 하고 있지 않을 뿐이다. 성자와 아닌이 간의 차이라고는 바로 그 작은 차이뿐이다.

사람들이 일상적으로 행할 수 있는 명상 중에서도 가장 어렵다는 명상이 합일 명상이다. 절대자와의 합일(合一)을 위한 명상으로 택하는 것이 바로 자아 합일 명상이다. 깊은 신심의 경지에 들어가려고 하는 것이 합일 명상이라고들 말한다. 깊은 내면의 정적 속에서 시간과 공간의 경계를 초월하는 일이기도 하다. 절대적 고독 속에서 절대자를 느껴 보는 방법이 절대자와 하나가 되려는 수행이다. 합일 명상을 통해 사람들은 자기 내면에 있는 신(神)의 이미지를 깨닫는다. 거룩하고 자비롭고 생명 지향적인 본성인 영성(靈性)을 되찾을 수 있다.

합일 명상의 한 유형이 바로 죽음 명상이다. 죽음의 감정으로 죽음의 두려움을 극복하려는 영원불멸의 수행방편이 죽음 명상이다. 죽음 명상은 죽음, 그것으로 끝나버리는 수행이 아니다. 죽은 후에 얻을 수 있는 그 어떤 슬기를 찾아내려는 수행이 아니다. 인간에게는 마지막 관문인 죽음, 그것의 관점을 자기 삶에 체화시켜 생의 희열, 삶의 슬기를 얻어 내겠다는 직심(直心)과 작심(作心)의 수행이다. 죽음 명상은 개념 명상이 아니다. 개념 수행일 수가 없는 것이 죽음 명상이다. 죽음 그 자체는 죽음이라는 개념만으로도 사람을 얼어붙게 만든다. 죽음 명상은 붓다가 가르쳐 준 명상 중에서도 백미(白眉)에 속하는 수행 방편이다. 일상 삼매의 최고봉이 죽음 명상이다. 삶을 알기 위해서는 '죽어 봐야' 하고, 그 죽음을 통해 신의 목소리, 신의 빛을 볼 수 있어야 하기 때문이다.[99]

김수환 추기경의 생각을 따르는 윤종모 주교는 죽음 명상이 명상 중에서도 최고봉이라고 말한다. 그는 죽음 명상교육 체험에서 삶이 무엇인지를 단박에 깨달았다. 그가 한 번은 캐나다에서 죽음 명상과 비슷한 집단 상담에 참석했다. 진행자는 참석자들에게 깊은 심호흡을 시켰다. 내면의 세계로 빠져들게 했다. 참석자들은 사라 브라이트만의 노래를 불렀다. 〈이제 안녕이라고 말할 때(Time to say good-bye)〉라는 노래였다. 강사가 참석자들에게 당부했다. "여러분이 지금 죽음을 맞이하고 있다고 상상해 보세요. 여러분에게 남아 있는 시간은 단 5분뿐입니다. 머릿속에 누가 떠오릅니까? 그들에게 이제는 안녕이라고 말할 때라고 생각해 보세요. 어떤 느낌이 듭니까? 죽음을 맞이하는 순간을 상상하면서 새롭게 뭔가 깨달은 것이 있습니까?" 그 한마디에, 모든 이들의 호흡이 정지하는 듯 했다. 윤 주교는 그 순간에 '삶은 계란'임을 '아하' 하고 단박에 깨달았다.[100]

삶이라는 것은 일시적으로 생겨난 것들의 춤판이나 다를 것이 없다. 춤판 그 이상도 그 이하도 아닐 뿐이다. 붓다가 단숨에 깨달았던 그 실체가 바로 죽음 명상을 통해 윤 주교의 가슴 속에 들어왔다. 죽음은 붓다라고 지나치지 않았다. 그에게 그것이 다가왔을 때 붓다가 말했다. "모든 발자국 가운데 코끼리의 발자국이 최고이고 마음을 다스리는 명상 가운데 죽음에 대한 명상이 최상이노라. 우리가 균형을 잃을 때마다 또는 게으름에 떨어질 적마다 죽음과 덧없음에 대해 성찰하면 자신을 일깨워 진리로 돌아갈 수 있다. 태어난 것은 죽게 되고 모인 것은 흩어지고 축적한 것은 소모되고 쌓아 올린 것은 무너지고 높이 올라간 것은 아래로 떨어진다." 라고 끝맺었다.

삶의 춤판을 정리하면 모든 것이 이내 깔끔해진다는 뜻이었다.[101] 죽지 않고는 결코 살아남을 수가 없다. 역설적인 표현이다. 놓아 버려야 한다. 다른 것을 잡으려면 놓아야 한다. 방하착(放下着), 내려놓음 없이는 다시 쥠도 없다. 과학자들은 우주 전체가 생기고 사라지는 변환의 과정이라고 말한다. 변화과정의 흐름이 우주라는 것이다. 모든 소립자의 상호작용은 생성과 소멸의 과정이기 때문이다. 원래 있는 소립자의 소멸과 새로운 소립자의 생성으로 이루어질 뿐이다. 소립자의 세계에는 끊임없는 생성과 소멸의 춤판만이 있을 뿐이다. 질량이 에너지로 변하고 에너지가 질량으로 변하는 식으로 끊임없이 사라지곤 한다.[102] 그것이 우주이며, 인간이 우주의 법칙을 거스를 수 없다.

사람에게는 매일이 바로 죽음이나 마찬가지다. 그것에 몰입하는 죽음 명상은 종교적이다. 죽음 명상이 죽음에 관한 종교적 처방일 수는 없다. 한 가지 방편일 뿐이다. 그것을 따르는 자들에게 죽음에의 감을 견뎌낼 수 있게 도와주는 방편이다. 생과 명줄을 이어 준다는 뜻이 아니다. 생과 명줄에 대해 깨닫도록 해 준다는 뜻이다. 사람들에게 필요한 종교는 죽음의 철학이다. 다석 류영모 선생의 말이 옳다. 종교는 명상의 하나다. 사람들에게 죽음을 맞이하게 하는 알맞이의 노력일 뿐이다. 그것이 없으면 종교라 말할 수 없다. 기독교는 그런 종교 중에서도 알맞이를 위한 핵심 종교라는 것이 다석 선생의 말이었다. 그것을 잃어버렸으니 기독교가 길거리에서 헤매고 있다는 뜻이었다. 알맞이는 알과 얼 모두를 아우른다. 엘이나 알라를 일컫는 하느님과 연결된 말이다. 알맞이는 바로 하느님, 신을 알게 하는 일이다. 알맞이 종교인 기독교는 신을 받아들이는 그 죽음을 제대로 가르쳐 주어야 한다.

단맛이 어떤 성질인지를 알게 된 사람은 쓴맛에 대해서도 더 잘 안다. 한 성질의 반대를 경험하면 자기가 알고 싶어 하는 것의 속성을 상대적으로 쉽게 알 수 있기 때문이다. 흰색의 반대는 검정이다. 찬 것의 반대는 더운 것이다. 그러면, 삶의 반대는 무엇인가에 대해 나름대로의 만족스런 대답을 내려야 한다. 삶의 반대가 죽음이다. 사람들은 그렇게 이해하며 죽음을 떠올리지만 사실 삶의 반대는 죽음이 아니다. 삶의 반대 역시 삶이기 때문이다. 역설의 우스갯소리로, 삶은 계란의 반대어가 날 계란이 아닌 것과 마찬가지다. 계란의 반대는 계란일 뿐이다. 마찬가지로 죽음의 반대 역시 죽음일 뿐이다.

삶의 반대가 삶이기에 삶은 절대적이다. 삶의 앞뒤, 아니 그 속과 안을 뒤집어 봐도 마찬가지다. 삶은 언제나 삶이 될 뿐이다. 삶은 살아 주는 수밖에 다른 수가 없다. 삶은 일회용이다. 삶은 뒤로 돌아선다고 해서 '안' 살아지는 것도 아니다. 살아 줄 수 없는 것은 죽음일 뿐이다. 삶은 과정일 뿐이다. 죽음은 과정이 아니다. 삶이 죽음의 반대가 아닌 분명한 이유다.

삶은 처음부터 끝까지 온통 삶일 뿐이다. 삶에서 삶을 거부할 수는 없다. 삶을 부정할 길이 없다. 그 어떤 삶도 살아가야만 삶이 된다. 삶은 누구에게나 하나다. 삶은 위대하다. 태어남 그 자체가 위대한 것이다. 절대적이며 존귀한 것이 삶이다. 내가 살기 위해서 살아가야만 한다. 삶의 반대가 삶이기에 삶이 가능하기 위해서는 삶의 줏대가 높이 서야 한다. 삶의 주체를 세워야 한다. 자기 삶을 다시 세워야 한다.

자기 삶을 세우는 일은 자신의 감정을 정제하는 노력에서 비롯된다. 감정을 정하는 일은 주변을 살피는 일이다. 주변을 살핀다는 것을 중화(中和)한다는 말로 다시 쓸 수 있다. 중화는 인간으로서 겪는 희노애락의 감정을 타인에게 격하게 표출하지 않으면서(中), 사리에 맞도록 조절하는 상태(和)를 말한다. 중화할 줄 아는 사람은 자기 삶을 다시 세우려고 노력하는 사람이다. 감정 표현을 적절히 하는 사람이며, 자신을 아름답게 만들어 가는 사람이다. 예를 들어, 중국인을 가르켜 중화인이라고 부르기를 좋아한다. 중국의 현실은 크게 다르지만, 중화하려는 저들의 뜻만큼은 높이 살 만하다. 중국의 자금성에는 중화전(中和殿)이 있다. 실제로 그렇게 되지 않기에, 중국인이 늘 염원하는 속내의 단면이기도 하다. 중국 황제는 중화(中和)를 제왕의 덕목으로 삼았기에 중화전을 세웠고, 그것을 중국인에게 요구했던 것이다. 자신의 감정을 조절할 줄 아는 사람들이 모여 정치를 하고 싶었던 것이다.

4. "자신을 사랑할 때 모든 고통이 생기고, 남을 사랑할 때 진정한 행복이 온다." – 샨티데바[103]

"최상의 묘(妙)는 너 자신의 마음을 조복(調伏)받는데 있다." – 아티샤[104]

"카르페디엠, 이 세상이 끝나는 날 신이 우리(너와 나)를 위해 과연 무엇을 준비해 두었는지 물으려 하지 말아라…… 그대가 현명하다면 포도주는 오늘 체로 걸러라. 짧기만 한 이 인생에서 먼 희망은 접어야 한다. 우리가 이렇게 말을 하고 있는 동안에도 시간은 우리를 시샘하여 멀리 흘러가 버리니, 내일이면 늦으리니, 카르페디엠!" – 퀸투스 호라티우스 플라쿠스

"좁은 문으로 들어가라. 멸망으로 인도하는 문은 크고 그 길이 넓어 그리로 들어가는 자가 많고 생명으로 인도하는 문을 좁고 길이 협착하여 찾는 자가 적음이라." – 마태복음 (7 : 13-14)

삶은 죽음의 반대가 아니기에 오로지 자기 연단으로 다듬어진다. 자기 연단의 완성이 자기 삼매다. 쉬운 일이 아니다. 삶은 단풍과 같기 때문이다. 버틴다고 잎새가 변하지 않는 것도 아니고, 떨어지지 않는 것도 아니기 때문이다. 버틸 일이 아니라, 인내할 일이다. 미리 알고 처신해야 할 일이다. 무거운 것을 내려 놓으면 편해지는 이치다. 미리 알고 내려 놓는 묘미가 방하착(放下着)의 묘미다. 잎은 떨어지기 위해 단풍으로 물드는 것이다. 삶도 그러하다. 방하착, 삶도 떨어지기 위해 그렇게들 안간힘을 쓰지만, 모두가 부질없는 노릇이다. 그것을 터득하기만 하면 삶의 절반은 된 것이나 마찬가지다.

세상살이는 놀랍다. 모든 것을 반대로 가르치기만 하기 때문이다. 세상살이는 방하착이 바보의 길이라고 가르치기만 한다.[105] 그러니 움켜잡을 만큼 움켜잡으라고 가르친다. 모두가 원숭이처럼 한 움큼 먹이를 잡으려다가 포수에게 끝내 잡히고 말아 버리는 그 순간은 안중에 없다. 새롭게 살아나기 위해서 죽을 수 있어야 한다. 매일같이 죽어야 거듭날 수 있다. 매일 새로운 삶을 살려면 매일같이 죽고, 새로 태어나는 마음으로 거듭나야 한다는 뜻이다. 내가 만나는 사람이 나에게는 현인들이다.

나를 죽이는 데 도움을 주는 사람들이기 때문이다. 저들에게서 나를 죽이는 영묘한 힘이 나온다. 죽어야 거듭날 수 있기에 저들의 힘을 내 안으로 받아들여야 한다. 저들의 새로운 에너지를 얻어 내가 거듭나야 한다. 저들을 만날 때마다 내가 거듭날 수 있기 때문이다. 무인도에서는 죽을 수 없다. 무인도에서는 죽을 수 있는 것이 아니라, 죽어 주기만 할 따름이다. 무인도에서 발버둥쳐도 그에게 찾아 오는 사람은 없기 때문이다.

만남이 있어야 거듭날 수 있다. 나는 네가 있어야 나로 거듭날 수 있다. 네가 나를 위한 거울이다. 거듭남을 재촉하는 힘은 너와의 관계에서 비롯된다. 삶의 에너지를 얻어 내는 일이기도 하다. 매일같이 사람을 만나기 때문에 사람으로 살아갈 수 있다. 만남은 헤어짐이다. 헤어짐은 새사람으로 거듭남의 계기다. 새사람으로 거듭나려면 이내 죽어야 한다. 만나는 사람들로부터 저들의 죽음을 읽을 수 있어야 내가 거듭날 수 있다. 죽음을 건너야 거듭남이 가능하기 때문이다.

명상은 여러 가지 의미를 실어 나른다. 세상 일을 잠시 뒤로 미뤄두고 자연에 안기면서 자연과 접연(接然)하게 도와주는 것이 명상이기 때문이다. 기도로써 자신이 바라고 바라는 것을 원하기 위해 절대자와 접영(接靈)한다는 뜻을 지니기도 한다. 아니면 자기의 마음 공부를 통해 타인과 접신(接身)하는 행위를 지칭할 수도 있다. 이들 모두는 어떻거나 자연을 통해서, 영묘함을 통해서, 자기 마음을 통해서 영적 체험을 하려는 노력과 연결된다. 일상적인 명상은 일상생활에서 매일같이 만나고 헤어지는 사람들과의 관계에서 일어난다. 일상생활은 사람을 만나는 일이다. 사람들에 내재된 신성(神性)과 접속하는 일이다. 사람을 만나 관계를 맺는 일은 자연 명상, 마음 명상, 신령 명상처럼 사람 명상에 속한다.

사람 명상은 관계의 명상을 말한다. 너와 이야기하면서 나를 볼 수 있기 때문에 네가 내게 마음의 약이 된다. 너를 통해 나를 제대로 관찰하면 내가 거듭날 수 있다. 너와 나의 관계는 삶의 인연을 이어가는 것이기 때문이다. 내가 좋아하는 사람도 있고, 내가 싫어하는 사람도 있다. 사는 것은 좋은 것만 취하는 것이 아니다. 대도시에서 나 혼자만 좋은 공기를 마실 수는 없는 것이나 마찬가지다. 더불어 마실 뿐이다. 일상적으로 상대하기 어려운 사람도 나에게는 새 삶의 약속이다. 감내하기 힘든 사람은 나를 되돌아보게 만든다. 좋지 않은 관계 속에 있는 사람을 통해서도 나의 마음을 곧추세울 수 있다. 여백은 만들어야 생긴다. 여백이 없으면 더 집어넣을 것도 없다. 나로부터 찾아내게 도와주는 것이 사람 명상이다.

편한 것은 불편한 것의 또 다른 진실을 드러낸다. 불편하면 이내 나의 바른 모습이 드러나 보이기 마련이다. 그를 만나면 나 스스로 나를 관찰할 수 있다. 인터넷 공간에는 이리저리 노니는 글들이 눈에 많이 띄인다. 그중에서 '아름다운 삶의 인연이 되고 싶습니다'라는 글은 참 읽기가 예쁘다. 누구의 글인지 알 수 없지만, 그래도 나를 곧추세우려는 사람들에게 위로가 되기 충분한 글이다. "서로 마음과 마음이 통하여 웃음과 행복이 넘쳐나는 아름다운 삶의 인연이 되고 싶습니다. 모두 함께 같이하는 좋은 인연으로 새벽 이슬방울처럼 맑고 투명한 마음처럼 서로 신뢰하며 배려하고 생각하는 아름다운 삶의 인연이 되고 싶습니다. 늘 서로 함께할 수는 없지만 가슴 깊이 맺어진 정으로 서로 눈빛만 봐도 느낌만으로도 희로애락을 함께할 수 있는 아름다운 삶의 인연이 되고 싶습니다. 아름다운 꽃 한 송이를 품고 그 꽃이 시들지 않도록 또 누군가의 맑은 눈동자 미소를 짓는 그리운 얼굴 따뜻한 말 한마디를 가슴에 안고 살아갈 수 있다면 아름다운 삶의 인연이 되고 싶습니다. 서로 서로에게 함께하는 마음으로 가슴속 깊이 남긴 정으로 늘 맑고 투명한 푸른 호수같이 오래 기억되는 아름다운 삶의 인연이 되고 싶습니다."

다른 사람들과 좋은 인연을 만들어 가는 관계의 수행이 바로 사람 명상이다. 사람 명상에서 중요한 것은 소통이다. 그 소통들 중에서도 의식의 소통(Inter-experience)이 사람 명상의 중핵이다. 그저 알고 있기만 하는 관계라도 사람 명상을 위해서는 괜찮다. 의식의 소통 여부는 나중 이야기가 될 일이기 때문이다. 요즘 같은 세상에서는 언어교통이라도 제대로 되기만 해도 다행이다. 사람 명상 중에서 가장 일품은 이미 이야기했지만 죽음 명상이다. 죽으면 모든 고뇌는 그날로 소거되기 때문이다. 사람 명상 중에서 명품은 결혼 생활이다. 남녀 간의 만남으로 이뤄지는 결혼 생활이 수행의 진품에 속한다. 성생활은 그저 수행의 짝퉁일 뿐이다. 결혼과 생활이 사람 명상의 정점에 있기 때문이다. 완벽한 결혼과 생활의 하나됨이 명상 중에서도 본보기다. 부부란 바로 소통, 그 자체이기 때문이다. 몸의 소통뿐만 아니라 마음의 소통의 결정판이다. 명상, 참선, 수행의 절정에 이르렀음을 보여 주는 것이 결혼 생활이다.[106)

사람들은 소통의 중요성을 늘 이야기한다. 소통하겠다고 하면서 실제로 저들은 서로의 마음을 강압한다. 언어소통에 대한 욕망들을 강압으로 풀어 갈 뿐이다. 명확한 언어소통에 대한 욕망 때문에 야기되는 서로 간의 고통 역시 불가피하다. 인간관계에서 명확한 의사소통은 원천적으로 불가능하다. 명확한 의사소통은 어쩌면 불필요할 수도 있다. 명확한 것이 무엇인지에 대해서조차 명확하지 않기 때문이다. 사람들 간의 소통은 그저 언저리 소통일 뿐이다.

명확한 소통이 어려운 것은 언어가 갖는 원천적 모호성에 기인하기도 한다. 사람들의 욕망이 언어에 의해 제대로 표현되기는 불가능하다. 언어는 어떤 경우든 한 가지 의미만으로 규정되지는 않기 때문이다. 언어의 의미는 상황 부가적일 뿐이다. 상황이 언어의 의미를 규정하기 때문이다.

사람과 사람 사이의 관계에서 일어나는 사람 명상에서 필요한 것은 명확한 소통이 아니다. 소통 그 자체가 중요하다. 서로는 서로의 마음을 드러낼 수 있는 소통이면 족하다. 의식의 소통이 일어난다면 더 좋다. 상대방을 받아들일 수 있는 여백을 만들어 줄 수 있는 소통이어야 하기 때문이다. 사람 명상에서의 의식소통은 은밀하다. 신과의 은밀한 기도처럼 의식소통은 개인적으로 내면적이다.

사람을 사람이 명상한다는 것은 인간관계를 단순하게 즐긴다는 뜻이 아니다. 사람을 통해 그 사람이 지니고 있는 신성(神性)과 접촉한다는 뜻이다. 내 속에 쌓여 있는 영적인 고통을 덜어 낼 수 있는 힘을 얻는다는 뜻이다. 너를 통해 치유할 수 있는 힘을 갖게 된다는 뜻이기도 하다. 그러니까 명상 중에서도 사람 명상이, 참선 중에서도 사람 참선이 마음 치유 방편으로써는 으뜸이 된다. 사람 명상은 인간이라는 신(神)이

타자 안의 조물주를 만나는 일이다. 신이 신성과 연접하는 일이 사람 명상이며, 사람 참선이기 때문이다.

인성과 인성의 흐름과 호흡이 신과 신성의 만남이다. 신과 인간이 원래 뿌리가 하나임을 명심하라고 이른 헤시오도스(Hesiodos)[107]의 말이 옳음을 확인하는 행위가 사람 명상이다. 조물주의 형상들이 매일같이 교류하는 일이 사람 명상이다. 인간이 바로 영물이며 절대자다. 몸이 없으면 마음도 사라진다. 내가 없으면 너를 만나지 못한다. 유령이 떠돌아다니는 곳은 귀신 세상이다. 귀신 세상이 인간 세상은 아니다. 인간 세상은 신의 형상대로 만들어진 몸이 만나고 헤어지는 세상이다.

사람은 사람과 만나야 한다. 사람끼리 접촉하며, 익히고, 즐겨야 한다. 사람이 서로 성장해야 한다. 사람들끼리 부대끼며 서로 깨닫는 일이 사람에 의한 '사람 배움'이다. 사람 배움이 바로 사람 명상인 이유다. 사람 명상은 초(超)과학적이다. 과학적 논쟁도 인간이 살아 있어야 가능하기 때문이다. 인간은 신의 형상대로 창조되었다. 성경의 창세기(1:27)에서 그렇게 강조하는 말이다. 인간은 절대자의 형상대로 생명을 받았다. 절대자인 신이 지니고 있는 그것들을 그대로 본받아 만들어졌다. 인간은 그들처럼 신령한 존재다. 절대자는 영적이다. 사람 역시 영적이다. 몸과 맘을 지니고 있기에 인간은 귀신을 넘어 인격적이어야 한다.[108]

사회생활은 신의 형상대로 만들어진 인간과 인간의 인격적 관계가 만나고 흩어짐일 뿐이다. 짐승들 간의 관계가 사회생활이 아니다. 귀신들 사이의 교류도 아니다. 신의 관계를 인격적으로 펼치는 장이 사회생활이다. 오늘 만나는 사람은 여우가 아니다. 늑대도 아니다. 짐승의 욕구를 만나는 것이 아니다. 사람 몸으로 거듭난 신을 만나는 일이다. 신의 목소리를 듣는 일이다. 신의 의지를 캐는 일이 관계이고 만남이다. 서로 대화를 한다는 것은 신의 도덕, 신의 인격을 호흡하는 것이다. 신으로부터의 소리로 자기를 깨우치는 일이 다른 사람과의 만남이다.

사람 명상에서 어려운 것은, 내가 신의 마음을 열어 내는 일이다. 다른 사람에게 그가 지닌 신의 마음을 먼저 열라고 강권하는 일이 아니기 때문이다. 내 속에 있는 신의 모습을 먼저 드러내는 일이 어렵다. 나의 마음을 먼저 열어야 타인의 마음도 그렇게 열린다. 마음의 문을 열어 보일 때 소통의 싹이 튼다. 소통의 가능성도 함께 열린다. "사람과 사람 사이에는 자신을 숨기고 감추는 작은 집이 있습니다. 그 집의 문은 항상 잠구어 두고 함부로 열면 자신이 큰 손해를 보는 줄로 믿고 착각하며 살고 있습니다. 타인이 들어올 수 없게 굳게 잠그고 우리는 살아가고 있습니다. 커다란 열쇠를 채워 두고 사람을 대한다면 상대방도 더욱 굳게 닫아 두고 경계하며 채워 두고, 또 채워 두게 됩니다. 자신의 집 문이 잠긴 것은 생각하지 못하고 남의 집에 들어가려 한다면 많은 부작용이 생겨 좋지 못한 일이 생길 것입니다. 대화의 중요성은 먼저 나부터 문을 열어 놓아야 타인도 문을 조심스럽게 열어 간다는 것입니다. 먼저 자신의 문을 열어 보세요. 바로 앞에 있는 그 사람의 마음이 들어올 수 있도록 활짝 열어 두세요. 분명히 누군가가 필요할 때 당신을 찾아갈 것입니다. 곧은 길 끊어져 없다고 주저앉지 마십시오. 돌아서지 마십시오. 삶은 가는 것입니다. 그래도 가는 것입니다. 우리가 살아 있다는 건 아직도 가야할 길이 있다는 것, 곧은 길만이 길이 아닙니다. 빛나는 길만이 길이 아닙니다. 굽이 돌아가는 길이 멀고 쓰라릴지라도 그래서 더 깊어지면 환해져 오는 길, 서둘지 말고 가는 것입니다."[109]

　　사람들 사이에서 소통이 가능할 수 있으면, 그것은 행복한 일이다. 행복에도 여러 종류의 구별이 가능하다. '감각의 행복'과 '의식의 행복' 간의 구별이 우선적으로 가능하다. 감각의 행복은 오감과 경험의 느낌을 중시한다. 오감으로부터 체득되는 어떤 좋은 감정 상태가 감각의 행복이다. 부담 없이 농담을 주고받을 때 오감의 행복감을 느낀다. 자신을 위한 운동을 하거나 사랑하는 사람과 격렬하게 사랑할 때에도 오감의 행복은 가득하게 된다. 오감은 인간을 다스리는 오근(五根)의 또 다른 표현이다. 오감의 행복은 마음의 행복이다. 오감이 모시는 주인이 바로 인간의 마음이다. 오감을 제대로 다스려 오욕(五慾), 말하자면 부귀공명, 그리고 나태함에 빠지지 않게 하는 일이 중요했기에 붓다가 당부했다. 그가 숨을 거두면서 제자들에게 끝까지 당부하고 당부한 마지막 유언이 오욕을 다스리라는 말이었다.[110]

행복은 인간의 의식에서도 찾을 수 있다. 감각으로 느끼는 행복감과는 달리 의식을 통해 얻어지는 행복감은 늘 가치 지향적이다. 가치 지향적인 행복은 삶을 전환할 때 묻어 나온다. 지금까지의 삶과는 다른 삶으로 전환시키는 일은 쉽지 않다. 그것을 해내면 새로운 행복의 느낌을 갖게 된다. 개조의 기쁨이 바로 의식의 행복이다. 거듭나는 사람들의 삶이 그래서 의식의 행복감이라고 말하는 이유다. 가치 지향적인 행복의 경로들은 다양하다. 예를 들어, 천천히 사는 즐거움을 위해 농촌으로 이사를 가는 다운시프터(downshifter)들의 이동도 그런 의식 행복을 갖게 해 준다.[111] 다운시프트 하기 위해 중요한 것은 계획이 아니라 의지다. 의식된 행동과 실천이 중요하다. 꼼꼼하고 치밀한 계획은 나중이다. 행복, 단순함, 방하착(放下着)이 먼저다. 놓아 버리겠다는 그 믿음(faith)인 방하착이 먼저 일어나야 한다. 믿음이 없으면 확신을 갖지 못한다. 믿음의 의식이 행복을 약속하기 때문이다.

더 실감나는 예가 있다. 프랑스에서 살인죄로 사형선고를 받은 죄수가 있었다. 그가 교도소에서 할 일은 사형집행 당하는 날을 기다리는 일이었다. 죽는 날을 마냥 기다리는 것이 지겨웠다. 그는 사형을 당할 그때까지라도 자신에게 의미 있는 일을 하고 싶었다. 그것의 한 방편으로 대학원 과정을 밟았다. 사형선고는 쉽게 내려지지 않았다. 사형수는 사형집행 날짜를 기다릴 이유가 없었다. 설령 사형이 내일 집행된다고 해도 그만이었다. 그것에 관계 없이 대학원 규정대로 박사 학위 청구논문을 썼다. 논문을 완성한 그는 프랑스 중세사에 관한 학위 논문을 대학원에 제출하였다. 훌륭한 논문이었다. 박사 학위를 취득했다. 삶에서 그것만큼 사형수를 행복하게 해 준 일은 없었다. 내일 죽는다고 해도 들어오는 행복을 어쩔 수 없었다. 그리고 그는 때가 되어 교수형을 당했다. 입가에는 행복의 미소가 넘쳤다. 자신 있게 받아들인 자기 죽임이었다.

행복은 처음부터 끝까지 자신의 존재됨을 확인시키는 가치 지향적이다. 행복은 박사 학위 소지자 사형수의 그 행동처럼 의식적이며 목표 지향적인 것이다. 행복은 그냥 날아들어 오지 않는다. 만들어 가야 하는 것이 행복이다. 교도소는 행복한 장소가 아니다. 그곳에서 맞는 오감의 행복은 있을 수 없다. 그곳은 오감의 행복감을 거부하는 곳이다. 교도소가 거부한 것이 아니라, 살인 그 자체가 그에게 행복을 거부했었던 것이었다. 교도소에서 그가 자기 자신을 위해 추구한 것은 의식의 변환이었다. 그로부터 새로운 목표가 설정되었다. 그는 큰 목적을 완수함으로써 행복을 얻어 냈다. 자신을 개조했기에 얻을 수 있었던 의지의 행복이었다. 인류 역사에는 의식의 행복을 실현한 사람이 한둘이 아님을 보여 준다. 모두가 성인(聖人), 위인(偉人), 현인(賢人)의 대열에 들어선 사람들이었기 때문이다.

성 어거스틴(St. Augustine)도 바로 그런 사람이었다. 쾌락에 탐닉하는 전형적인 방탕아였었던 그였다. 오감의 행복을 최대한으로 추구하던 그였다. 오감으로 오욕의 늪에서 헤어나오지 못했던 그였다. 그는 생래적으로 성인일 수가 없었던 사람이었다. 그러던 그가 그 어느 때, 예수의 가르침을 온몸으로 받아들였다. 신앙과 포교라는 가치를 새로운 삶의 이정표로 세웠다. 자신의 오감을 제대로 다스렸던 것이다. 오욕의 늪에서 벗어났다. 얄팍한 행복이 주는 쾌락은 사라졌다. 신앙인으로서 해야 할 걱정과 근심은 증가했다. 그런데도 행복감은 더 충만해졌다. 믿음이 바로 의식의 행복이었다. 그는 개조된 사람이었다.

오감의 행복은 인생살이에서 수확 체감적(遞減)으로 감소된다. 나이듦은 나름대로의 지혜이고 슬기이기에, 의식의 행복은 수확 체증적(遞增)으로 누적된다. 남녀 간의 육체적인 사랑도 한계적이다. 마약 중독, 담배 중독도 끝이 보인다. 감각적 행복은 중독될수록 자극에 대한 반응은 더욱더 감소되기 때문이다. 중독은 중독을 강화한다. 더 강력한 것에 대한 탐닉을 갈망한다. 끝은 비극적이다. 오감을 자극하는 욕망은 끝을 모른다. 충족되면 더 강한 충족을 요구하며, 되풀이된다. 되풀이는 파괴다.

의식의 행복은 자신의 거듭남을 향한다. 행복하기 위해서는 강건함이 요구된다. 타인을 배려하도록 요구된다. 타인을 배려하려면 나 자신부터 배려해야 한다. 나 자신을 배려하기 위해 나 자신에게 엄격해야 한다. 자기 개조가 우선해야 한다는 뜻이다. 타인을 위해 나 자신부터 더 강건해야 한다. 그것이 행복의 시작이다. 행복하기 위해 긍정의 동력을 쌓아 놓는 일이 행복이다. 자기 변환이 수확 체증적으로 인간에게 행복감을 준다. 가치를 기초로 하는 행복은 인생을 편안하게 만들고 있는지 어떤지를 알게 만드는 평형의 장치처럼 작동한다. 부자든 가난뱅이든, 똑똑하든 모자라든, 잘생겼든 못 생겼든, 신분이 행복을 결정하지 못한다. 삶에 대한 가치가 행복을 결정한다. 가치를 삶의 목표로 두는 일이 자기 삼매다. 자기 삼매로 자기의 삶을 꾸려 나갈 때 사람들은 행복하다.

행복은 스스로의 가치를 실현해 나가는 일이다. 행복은 결과가 아니라 과정이기 때문이다. 끊임없이 자신을 되돌아보게 만드는 과정이 행복에 이르는 과정이다. 행복의 과정에는 인간의 정신력이 개입된다. 인간의 정신력은 그가 정한 가치를 실현하기 위한 의식의 행복으로 향한다. 인간답게 사는 일은 삶이 무엇인지에 대한 의미를 추구하는 일이다. 깊은 강에 빠진 사람은 온몸에 집중한다. 살아남기 위해서다. 일초의 낭비도 없이 살아남에 집중한다. 가치를 추구하는 일도 그렇게 절대적이다. 자기 개조에서 얼렁뚱땅은 있을 수 없다. 일상을 넘어서려는 사람들은 일상을 넘기 위해 정신을 집중한다. 집중력은 몸과 마음 모두를 아우르는 일이다. 깨어 있는, 살아 움직이고 있다는 지표다. 살아 있다는 행위 표시다. 물에 빠진 이가 온몸에 집중하지 못하면 가라앉는다. 인간의 집중력은 그가 어떤 의미를 만들어 내려고 할 때 더 강렬하다.

인간은 의미를 추구한다. 그 무엇이든 의미를 추구하기 위해 그의 '몸'에 집중해야 한다. 그에게 의미가 없으면 집중할 이유가 없어지고 만다. 의미를 만들어 내지 못하는 삶은 의지를 실종한 삶일 뿐이다. 의미 집중의 핵심은 생존이다. 생존에 대한 의미 추구가 삶이다. 인간에게 있어서 의미 추구는 유별나다. 다른 동물에 비해 남다르기 때문이다. 다양한 방법이 활용된다. 문화권마다 서로 다르다. 예를 들어, 파푸아뉴기니 숲 속 깊은 곳에 사는 '나무족'의 의미 만들기는 저들에게 독특하다. 나무족은 저들이 살아갈 집을 짓는데 흔한 철사, 못 하나를 쓰지 않는다. 든든하지 않은 집일수도 있다. 그런데도 저들은 불안하지 않다. 반대로 삶과 생활, 주거의 의미를 마음껏 느낀다. 못 하나 쓰지 않고 집을 지어도 집에 대한 의미가 만들어진다. 도시의 건축가들은 못과 시멘트로 집을 짓는다. 나무족과 대도시 건축가 간의 차이는 문화적 차이가 아니다. 주거에 대한 삶의 의미 만들기의 차이가 클 뿐이다. 다른 동물들도 생존 그 자체를 중시한다. 저들은 그렇지만 생존의 의미를 만들지는 못한다. 생존 그 자체에 대해서만 강한 애착을 가질 뿐이다.

일반 생물에게 있어서 생존의 본능은 유전자를 통해 유전된다. 인간에게도 마찬가지다. 몸의 유지는 유전자를 통해 일어난다. 생물적인 생존의 본능은 생물학적인 유전자를 통해 짜여진다. 몸의 모든 것이 유전된다. 의식까지 유전되지는 않는다. 의식은 삶의 조건에 따라 다르게 결정되기 때문이다. 인간의 의식과 사회적 생존 가치들은 전통을 통해 전수된다. 생활 가치가 유전된다는 것을 비유적으로 설명하기 위해 사회생물학자들은 그것을 문화적 '밈(meme)'이라고 부른다. 밈의 개념을 받아들인다고 해도 그 밈은 사람들에게 의미를 줄 때에만 쓰임새를 지닌다. 쓰임새가 있어야 다른 사람과 다른 문화에 전이될 수도 있다.

의미는 유전되는 것이 아니다. 이성의 총체적 생존 증거가 바로 의미이기에, 의미는 만들어져야 한다. 의미 만들기가 행복을 결정하는 이유다. 예를 들어, 어떤 여성에게는 그녀에게 의미 있는 다이아몬드 반지가 그 어떤 이에게는 돌멩이만한 가치도 없다. 행복에 대한 가치가 유전되지 않는 이유다. 의식에 대한 의미까지도 유전시킬 수는 없는 이유가 의미 만들기다. 동물들에게 새끼를 배는 일은 본능적인 행위다. 그것은 유전인자를 통해 유전된다.

인간에게도 자식을 얻는 일은 유전인자를 통해 유전된다. 예를 들어, 고대 그리스의 스파르타인은 공동체를 지키기 위해 여성을 도구화했다. 자식을 만드는 생산 기계처럼 활용했다. 저들은 자식들을 공동체가 만들어 놓은 의미 만들기 틀에 따라 기르며, 구별했다. 처분 기준은 강, 약에 있었다. 병약한 아이들은 죽여 버렸다. 저들이 아무리 생존을 의식했어도, 병약한 자식을 낳지 않을 수는 없었다. 모두 건강한 자식만을 낳는 유전자만을 유전시킬 수는 없었다. 인간의 의식은 의미 만들기의 상황에 따라 서로 다르게 변형될 뿐이다.

인간에게 있어서 의미 만들기는 독특하고 유일하다. 의미 만들기가 각자적인 이유다. 사람마다 각각 다르다. 의미는 개인적인 발견에 달려 있다. 스스로 의미들을 구하고 찾아내고, 만들어야 한다. 자기 스스로 의미 만들기에 따라 삶의 태도들이 달라진다는 뜻이다. 개인의 일상적 상황은 각자적이다. 설령 개인이 공통의 상황에 직면한다 해도 의미 만들기는 각자적이다. 각자가 찾아내야 하는 의미대로 살아야 한다. 통제되는 틀이 있다면 그 틀 속에서 의미 만들기를 변용해야 한다. '상황에 대응해 뭔가를 할 가능성'은 각자적으로 유일할 뿐이다.

의미 찾기, 의미 만들기가 인간의 자기 존격을 위한 프로그램인 이유다. 로고테라피스트인 프랑클(Victor E. Frankl) 교수는 말한다. 인간의 생존은 자기 자신에 대한 의미 만들기라고 말한다. 인간의 의미 찾기에 따라 '카이로스(kairos)'의 특성이 달라진다. 시간에 대한 인간의 의미는 두 종류로 나타난다. 하나는 일반적으로 그냥 흘러가는 시간인 '크로노스(chronos)'적인 의미다. 크로노스적인 시간관에는 의미 만들기가 상대적으로 결여된다. 생물의 생과 사를 연결하는 일반적인 시간관이기 때문이다. 태어나는 모든 것들은 소멸된다. 일정한 시간이 흐른 후에는 끝내 죽는다. 크로노스적인 시간관은 운명적이다. 크로노스는 자기 자신의 자식을 잡아먹는 신인 크로노스(Cronos)를 닮았다.

크로노스와는 달리 인간에게는 '의미의 시간'인 '카이로스'라는 시간관도 작동한다. 카이로스적인 시간관에서는 끊임없이 의미가 만들어져야 한다. 인간의 삶은 크로노스 시간 아래에서는 늘 제한적이다. 죽음을 기다리는 수밖에 없기 때문이다. 크로노스를 받아들이는 그 순간 인간은 죽어 간다. 인간은 크로노스 시간을 거부할 수도 있다. 죽음에 대한 의미 만들기가 확실해지면 그것이 가능하다. 인간은 카이로스적인 시간관으로 크로노스적인 시간관에 반기를 들 수 있다. 크로노스적인 시간관을 거부하려면 삶에 대한 새로운 변환이 필요하다. 다시 거듭남의 삶이 필요하다. 거듭나기 위해 카이로스적인 시간이 필요하다.

카이로스의 시간관이 인간의 의미 만들기에 있어서 요체다. 한 상황마다 개인은 그 상황에서 자기 존재 이유의 의미를 찾아내야 한다. 의미를 만들어 내지 못하면 의미 추구의 가능성은 영원히 사라져 버린다. 의미 만들기는 매순간마다 카이로스적이다. 크로노스적인 시간의 흐름은 인간에게 있어서 일방적일 뿐이다. 일방적인 것들에 대한 고려는 하나마나다. 어차피 흘러간 물은 다시 되돌아오지 않기 때문이다. 마지막 숨을 거두는 그 순간이 시간의 마지막 흐름일 뿐이다. 그 시간에 이르기까지 그가 누리는 삶은 다른 이의 삶이 아니라 자기 자신만의 삶이다. 그 삶은 그에게 절대적인 의미를 지닌다. 인간에게 신격(神格), 신품(神品)이 드러나는 순간들이기도 하다.

인간은 '호모 사피엔스'다. 지혜 있는 인간이다. 이성적인 인간이다. 인간은 그런 조건을 지니고 세상에 등장했다. 이미 태초에 배움이 있었기에 인간은 배움이다. 인간에게 신령이 내선화되어 있었던 것처럼 배움도 배선화되어 있다는 뜻이다. 기술을 습득하는 존재가 인간이다. 무엇인가 만들어 낼 줄 아는 인간이 호모 사피엔스다. 그는 성공과 실패의 양극단 사이를 움직이게 되어 있다. 모든 순간이 그에게는 의미 만들기의 시간이다. 호모 사피엔스가 '호모 파티엔스(homo patience)'로 귀결되는 이유다. 배려하는 인간, 인내하는 인간이 호모 파티엔스다. 배려하려면 자기부터 다스려야 하며, 자기 자신부터 의미화시켜야 한다. 인간은 원초적으로 자기를 다스리는 속성을 지녔기에 그것이 가능하다.

배려하는 인간은 타인들의 고통에 민감하기 마련이다. 자기 자신에게 나타나는 시련의 의미에도 민감하다. 호모 파티엔스는 모든 고통과 시련을 자기 완성의 동기로 삼는다. 자신에게 닥쳐오는 고통은 자기 완성을 위한 동기일 뿐이다. 시련이나 고통이 자신의 인간적 성취 방편이다. 모든 것은 남의 책임이 아니다. 자신의 책임이다. 저들의 고통이나 시련은 자신의 책임을 다시 알려 주는 동기이며 계기다. 자기 자신을 되돌아보며 성찰하게 만드는 의미들이다.

호모 파티엔스로서 배려의 인간상과 호모 사피엔스로서 이성적 인간상은 때로 갈등하고 긴장한다. 서로가 다른 차원에서 움직이는 동력이기 때문이다. 호모 파티엔스적 속성과 호모 사피엔스적인 속성을 비교할 수도 있다. 각각의 행동들을 사회적 차원의 성공과 실패, 그리고 정신적 축의 충족과 절망이라는 두 축을 중심으로 비교하면 두 인간상은 항상 직각을 이룬 축에서 움직인다. 성공에도 불구하고 절망감에 사로잡혀 있는 사람이 있을 수도 있다. 반대로 실패에도 불구하고 시련 속에서 어떤 의미를 찾아 충족감과 행복감에 도달할 수도 있다.

　교도소에 갇혀 있는 죄수들이 취하는 행동에서는 흔히 이런 극단적인 모습들이 나타난다. 그들이 처한 상황에서 어떤 의미를 찾아내느냐에 따라 저들의 삶이 달라진다. 교도소에서 박사 학위 취득을 한 사형수의 경우처럼 삶의 가치가 달라진다. 〈쇼생크 탈출〉이나 〈빠삐용〉이라는 영화에서 보여 주는 것들도 비슷한 사례들이다. …… 미국 형무소에 수감 중인 죄수번호 020640번 프랭크는 한 언론사에 이런 글을 보냈다. '이곳에서도 내 존재에 대한 진정한 의미를 찾았습니다. 그리고 남은 형기는 더 나은 것을 많이 할 수 있는 기회를 갖기 전에 아주 잠시 기다리는 것이지요.' [112]

　어떤 생활에서든 그것에 정성을 드린 집중이 있다면 생활 명상이 시작된 것이다. 명상은 이 세상, 이 순간을 제대로 사는 일이기 때문이다. 오쇼 라즈니쉬(Osho Bhagwan Shree Rajneesh)도 명상에 관해 비슷한 입장을 취한다. 명상 속으로 깊이 들어갈수록 시계가 가르치는 그 시간감은 이내 사라진다. 크로노스적인 시간은 무의미해지기 때문이다. 자기 스스로 자기가 좋아하는 일에 정성스럽게 집중하면 자기 삶의 의미가 만들어지기 때문이다. 그런 일은 신비가들만이 체험할 수 있는 것이 아니다. 유별난 체험이 아니다. 정성을 들여 집중하면 된다. 마음이 사라지기 시작한다. 시간도 사라진다. 마음과 시간은 동전의 양면일 뿐이다.

　선(禪)에 빠진다는 것은 시간의 축지법을 활용했다는 뜻이다. 마음을 비운다는 것은 있을 수 없다. 논리적으로는 말이 되지 않는다는 뜻이다. 죽은 자는 말이 없다는 이야기에 지나지 않는다. 뇌 과학이 아무리 발전해도 마음은 비워지지 않는다. 마음이 정지된다면 숨이 끊긴 것이다. 죽으면 뇌 활동은 중지된다. 삼매를 경험하는 것은 상징적이다. 유사 열반에 빠진다는 것도 상징적이다. 매순간 유사 죽음과 비슷한 '아하'의 경험을 한다는 것을 비유적으로 하는 말일 뿐이다. 짧은 삼매의 순간에 어떤 사람은 붓다도, 예수도, 공자도 알현한다. 천당도 다녀오고 지옥도 방문한다. 홀인원도 여러 번 하고 사랑하는 이와 데이트도 할 수 있다. 자기 자신조차 잃어 버리고 귀신이 되는 경우도 있다. 시간을 제 마음대로 쓰면 몰입도 제 마음대로 된다는 것을 상징적으로 표현한 것일 뿐이다.[113]

　생물학적인 생존이란 시간 없이는 존재할 수 없다. 몸과 육체가 시간 제약적이기 때문이다. 이때의 시간은 크로노스적인 달력의 시간을 말한다. 시간 역시 몸 없이 존재할 수 없다. 내 몸이 없는데 시간이 있어야 할 이유가 없다. 일상적으로 말하는 달력의 시간은 마음의 교도소다. 탈출하려면 마음의 시간인 카이로스를 붙들어야 한다.

　카이로스의 시간은 크로노스의 달력 시간과는 다르게 말한다. 이 순간을 살라고 말한다. 이 순간을 사는 것은 온전히 지금 이 순간에 머무는 것이다. 이 시간에 정성스럽게 몰입하는 것이 카이로스적인 삶이다. 단지 지금 이 순간을 '정성스럽게 집중하여' 사는 사람들은 명상적인 삶, 카이로스적인 삶을 사는 것이다. 어떤 소음에도 아랑곳하지 않을 수 있다. 고요하게 내면을 지킬 수 있다. 정성스럽게 집중하면 된다. 부부가 사랑하는 것처럼 사는 것은 삶에 대한 정성스런 집중이다. 시간이 사라지고 세상이 멈춘다면 카이로스의 삶, 참선의 삶이 성립한 것이다. 명상의 미학은 정성스런 집중, 정성스런 몰입이다.[114] 명상하는 자들이 눈을 감는 이유가 있다. 별것 아니다. 눈을 감으면 자신의 내부 시각이 활발하게 활성화된다. 일단 바깥을 접하는 일이 차단되기 때문이다. 외부의 것이 아닌 자기의 내부를 접하는 일이 용이하기 때문이다. 눈뜨고도 명상은 얼마든지 가능하다. 생활의 달인이 명상의 또 다른 것이라면, 저들은 눈뜨고 집중한다. 생산성을 높이기 위해서만도 아니다. 자기 몸을 보호하기 위한 최선의 방책이 집중이기 때문이다. 절단기 앞에서 집중하지 않으면 손가락이 잘릴 수 있는 위험이 더 높아질 뿐이다.

　선이라는 말은 원래 산스크리트어 '드야나(dhyana)'에서 나온 말이다. 치유한다는 뜻이다. 라틴어의 '메디레(medire)'라는 말도 마찬가지다. 바로 명상을 지칭하는 말이다. 명상은 사유하면서 닦아간다는 뜻이다. 사유수(思惟修)라고 번역되기도 한다. '사유한다'는 말을 명확하게 해석하기 시작하면 그것은 이내 화근이 되어 되돌아 온다. '사유'는 곧바로 이성적인 생각이기 때문이다. 이성적인 생각은 시비를 따지고 들어가는 행위다. 시비를 따지는 일을 하다 보면 때때로 영리해지기도 한다. 간교해진 사유는 선이 될 수 없고 바른 수행도 될 수 없다. 드야나를 '사유'라고 번역했을 때 사유라는 말은 간교함을 말하는 것이 아니어야 한다. 사유는 이성적인 생각만으로 마음 밭을 잘 다스리는 일을 지칭하기 때문이다.[115]

마음 밭을 가지런히 다스린다는 의미에서 사유는 어느 한 대상에 깊이 집중해 들어가는 마음의 의식적인 작용을 말한다. 몸과 마음을 하나로 기울여 대상에 몰입하다 보면, 생각의 작용은 단연코 어느 지점에서 그치고 만다. 고요한 상태가 나타난다. 안과 밖이 하나가 된다. 어떤 소리나 형태의 움직임에도 동요되지 않는다. 삼매(三昧)라는 상태에 이른다. '사맛디', 정(定)의 상태가 된다.

생각이 완전히 그쳐 버린 것은 물론 아니다. 목과 숨이 붙어 있는 한 그런 일은 불가능하다. 생각이 그친 것이 아니다. 생각 그 자체에 대한 정리, 정돈된 상태가 달라진 것일 뿐이다. 사유가 이성적일 수밖에 없는 이유다. 현실이라는 실재를 부정할 수는 없는 노릇이다. 현실, 그 리얼리티(reality)를 있는 그대로 받아들이며 보듬는 일이 사유다. 리얼리티를 실현하는 것이 사유다. 리얼리티의 체현(體現)이 사유이고, 그 체현이 바로 깨달음이기 때문이다.[116]

리얼리티의 체현, 말하자면 일순간 현실 체현을 하겠다고 달려드는 것은 붓다의 오장육부를 단숨에 보려고 하는 일이다. 예수의 욕망을 일순간에 깨닫겠다고 욕심내는 일이기도 하다. 결코 쉬운 일이 아니다. 사람들이 생리적 배출을 위해 화장실에 갔을 때 그 누구든 변을 보려고 한다. 그 점은 대통령도 예외가 아니다. 추기경도 목사도 예외가 아니다. 내가 보는 대소변 역시 역겹다. 오래 보고 감상할 일이 아니다. 냄새도 나게 마련이다. 모양도 흉하다. 모두가 나의 마음을 따라 나타난 모습들이다. 그것은 없는 듯이 있다가도 때만 되면 있게 되는 것이다. 붓다의 대변이라고 향수냄새가 나지는 않는다. 향수 냄새가 난다면, 내 마음이 그를 향수로 의미화시켰기 때문이다. 바르게 체득하기만 하면, 미녀의 몸에서도 변 냄새가 진동함을 알게 된다. 내가 바로 살인자의 모습을 감추고 다니는 멀쩡한 교수일 뿐이다.

냄새나는 이곳, 이 마음을 개조하는 첫 단계가 마음챙김, 의미화의 시작이다. 더러운 곳을 보배로 된 연못으로 만드는 일이 마음챙김이다. 모든 이들의 안식처가 되도록 만드는 일이 더 급하다. 마음을 고쳐먹는 일이 의미를 만들어 내는 일이다. 마음을 챙기고, 다스리고, 거듭나는 일로 정진하는 일이 수행이며, 명상이며, 참선이며, 의미화다. 사람이 한평생 살아가면서 자주 겪는 괴로움을 가라앉히기가 결코 쉬운 일은 아니다. 마음을 가라앉혀야 한다고 해서, 별안간 마음이 진정되는 것이 아니다. '마음먹기에 따라서 상황은 달라져.'와 같은 혼잣말을 되뇐다고 저절로 마음이 가라앉는 것도 아니다. 그렇다고 그것을 포기할 수는 없는 노릇이다. 안 되어도 되도록 정성 들여 정진할 일이다. '마음을 챙긴다.'는 말은 그런 뜻일 뿐이다.[117]

마음챙김을 통해 자신의 마음이 처한 상황을 알아차리면 된다. 모든 불안과 질투, 걱정을 놓아 버리려고 노력하면 마음이 편해진다. 방하착의 묘미가 저절로 들어 오며, 의미화된다. 현실을 부정하거나 제거하려고 해서 제거되는 것이 아니다. 현실은 어떤 경우도 소거되지 않는다. 현실을 소거하려는 것은 자기 몸 안에 대변이든 소변이든 그 오물이 싫어 굶어 죽겠다는 것이나 마찬가지다. 평안하고 행복한 마음 상태는 현실에 대한 알아차림과 챙김에서 온다.

마음의 챙김은 '화(火)'를 내 마음에 남겨 두지 않는 방법이다. 분노를 집어던지는 일이 마음을 챙기는 일이 자신의 의미를 만들어 가는 일이다. 화를 풀어낸다고들 말한다. 화를 내면 문제가 되고, 풀면 삶의 의미가 바뀐다는 뜻이다. 화는 내는 것이 아니라, 풀어 가야 한다는 뜻이기도 하다. 마음의 평온을 유지하는 마음 근육을 단련하는 일이 화를 푸는 일이다. 심근(心筋)을 단련하는 일이 화를 풀어 가는 일이다. 마음의 심줄을 키우는 일이기도 하다. 화를 풀려면 수많은 방법이 있다. 유일한 한 가지 방법은 아니다.[118] 웃는 것도, 우는 것도 방편이다. 화를 풀기 위해 자살하는 사람은 없다. 차라리 걷는 것이 더 좋다. 땅에 대고 소리를 지르며 화를 풀어 내면 나던 화도 저절로 풀린다. 수많은 살아 있는 예가 증거한다. 갑상선 이상으로 죽음의 문턱까지 갔던 작가가 있었다. 세실 가테프(Cecile Gateff)라는 작가였다. "걷기가 내 생명을 구했다."라고 증거하는 그였다. 그는 자기 자신에 대한 최악의 화를 걷기로 풀어 낸 작가였다. 생명이 뿜어내는 독기와 화를 걷기로 달랜 것이다.[119]

화를 풀려면 생활 습관을 고치면 도움이 된다. 생활 습관을 고치는 일 역시 질환 예방에 도움이 된다. 습관은 한두 번의 교정 노력으로 고쳐지는 것이 아니다. 한 가지 새로운 습관을 들이거나 옛 습관을 고치는데는 시간이 걸린다고 한다. 최소한 21일간에 걸친 반복된 훈련이 필요하다고들 한다. 21일간, 말하자면 한 달 정도에 이르도록 한 가지 행동을 계속해야 옛 행동이 고쳐진다. 지속해야 생체 시계가 바뀐다는 뜻이다. 반복은 집중력을 요구한다. 반복이 선의 토대가 된다.

참선이나 명상은 몸 자체가 생체 시계라는 점을 활용하여 마음을 개조하는 노력이다.[120] 인간의 몸은 오묘하며, 총체적이다. 모든 것은 모든 것에 연결되어 있다. 신체를 구성하는 것이 세포다. 몸은 100조 개의 세포로 구성된다. 각각엔 생체 시계가 들어 있다. 인간의 몸은 24시간 5분~24시간 30분 주기로 하루를 감지한다. 그렇게 설계되어 있다. 이 주기는 영원히 지속된다. 평생 살아도 불과 몇 분밖에 바뀌지 않는다. 타고난 것이기에 생체 주기를 억지로 바꾸려는 노력은 부질없는 짓이다. 자신의 신체 시계를 거역하지 않는 일이 순리적이다. 몸이 시키는 대로 시간을 쓰는 일이 몸을 보호하는 일이다. 생체 리듬을 맞추어 사는 일이 인간적인 일이다. 마음이 불편하거나 놀랐을 때, 시간은 길게 느껴진다. 예기치 않은 놀람이 뇌를 흥분시키기 때문이다. 많은 정보를 받아들이도록 하기 위해서다. 뇌 속에 정보가 많아지면 신경세포가 더 빨리 작동한다. 시간이 오래 흐른 것처럼 느껴지는 이유다. 원래 빠른 시간이나 늦은 시간은 있을 수 없기 때문이다. 긴장하면 그 상황이 빨리 끝나기를 바란다. 시간을 더 의식하게 된다. 시간이 길게 느껴지는 이유다.

즐거울 때는 마음의 흐름과 사정이 달라진다. 즐거운 경험에 정신을 뺏긴다. 젊은 남녀 사이에서 볼 수 있는 사랑이 그런 것의 전형이다.[121] 사랑을 나누는 그 시간 동안에는 다른 일에는 무심해진다. 시간이 빨리 지나가는 것처럼 느껴진다. 낯선 곳을 찾아갈 때는 시간이 오래 걸리는 것 같다. 돌아올 때는 시간이 빨리 흐르는 것 같다. 바뀐 것은 없는데도 그렇게 느낀다. 어떤 사람들에게는 시간이 늘 부족한 것 같아 보인다. 부족한 것은 시간이 아니라 마음이다. 시계 바늘이 어느 시각에 가까워지는 것을 두려워하는 것이 아니다. 과제를 끝내지 못했을 때 찾아올 결과를 두려워하기 때문이다. 시간 부족이 아니다. 결과의 공포 때문에 마음이 부족해지는 것이다.[122]

인간삼매는 자기가 자기의 뇌를 다스리는 일이다. 마음이 곧 뇌의 작용이기 때문이다. 환원론적인 설명이다. 그렇게 간단한 일이 아니지만 뇌 과학을 피하기는 어렵다. 뇌 챙김이 인간삼매의 환원론적인 이해인데, 원래 뇌 챙김이란 없다. 뇌는 그대로 머리 위에 놓여 있을 뿐이다. 비유적인 표현일 뿐이다. 잡다한 뇌 가지를 쳐내면 자기가 자기를 만난다. 타인도 들어와 자리 잡는다. 인간삼매가 시작한다. 인간에게 뇌의 궁극적인 목표는 역시 자기 생존이다. 자기 몸을 살리기 위한 자기 뇌의 일이다.

몸이 죽으면 뇌도 죽는다. 저 살기 위해 다른 것도 함께 살려야 되는 이유다. 인간의 뇌에 있어서 자기 유전자 보존과 증식은 영순위다. 인간이 자기 유전자를 남길 수 있는 생물학적인 방법은 아직도 결혼 한 가지다. 생리적 방법은 앞으로도 아날로그적이다. 디지털 스킨십, 가능하기는 하지만 덜 보편적인 방법일 것이다. 스킨십 그 말 자체가 생리적이다. 인간삼매의 극적인 방편은 늘 생리적이다. 인간삼매가 인간 명상인 이유다. 남녀 간의 스킨십이 인간삼매의 꼭대기에 위치하는 까닭이다. 스킨십이 인간 명상의 표본이 될 수밖에 없는 이유다. 결혼이 인간 명상의 극치다. 인간삼매의 극치가 생리적인 이유다. 스킨십이 일상적으로 질리지 않도록 설계되어 있는 이유이기도 하다. 그 자체가 행복한 일이어야 하겠기 때문이다. 언제나 욕망할 수 있는 쾌감이 가미되도록 설계되어야 한다. 인간삼매의 명상을 이루는 근본이 바로 섹스처럼 의미있는 쾌감으로써의 행복감을 불러 일으키는 이유이기도 하다.

재미없는 스킨십은 인간에게 존재할 이유가 없다. 인간삼매가 결여된 스킨십은 성

(性)장난일 뿐이다. 욕정이며 쏟아냄일 뿐이다. 창조와 창생이 그 안에 결핍되었기 때문이다. 열반이 인간삼매로써의 스킨십에 위치하는 이유다. 생명을 잉태하는 것이 거세된 것은 성(性) 유희다. 남녀 간에 벌어지는 오감의 매매일 뿐이다. 삼매의 쾌락이 결여된 스킨십은 인간에게 불가능하도록 설계되었다. 인간에게 뇌 신경학적으로 불쾌한 스킨십은 있을 수 없다.[123] 쾌락은 성기만이 감당하는 전유물이 아니다. 뇌 신경학적으로 보아도, 인간의 온몸은 성감대다. 뇌가 바로 스킨십을 위한 쾌락의 도구들이다. 인간에게 어떤 행위라도 섹스적인 이유다. 어떤 섹스도 인간의 뇌에게는 즐거운 행위다. 『섹스의 진화』를 저술한 제러드 다이아몬드(Jared Mason Diamond) 교수는 잘라 말한다. "인간의 몸에서 가장 큰 성기는 뇌다."[124]라고 말한다. 그렇게 보면 인간은 각자 인간삼매 그 자체의 도구를 갖고 있는 셈이다. 그것을 방치하는 사람은 자기삼매에 이를 수 없는 노릇이다.

인간의 구석들은 뇌라는 몸이 관장한다. 인지과학적으로 말하면, 스킨십도 뇌가 하는 일이다. 쾌감은 뇌가 느끼는 것이다. 명상도 뇌가 하는 것이다. 몸 전체가 성감대이며 몸이 삼매 촉발점인 이유다. 다이아몬드 교수는 말한다. 헬스클럽에서 몸매를 가꾸는 일이나 성형을 하는 이유다. 모두가 섹스 어필이 목적이라고 말한다. 섹스의 욕망을 자극하기 위한 성적 전략이 섹스 어필이라는 것이다. 여성들은 뇌로 자신의 몸을 가꾸는 것이다.[125] 모든 동물은 이성에게 자신을 드러낸다. 유혹하기 위한 총체적인 신호를 몸으로 만들어 낸다. 몸이 아름다운 이유다.

유혹의 신호가 통해야 암수가 하나의 짝이 될 가능성이 커진다. 남녀의 눈이 맞아야 스킨십이 가능해지기 때문이다. 수사슴의 우람한 뿔이 암사슴을 유혹하듯 남성의 우람함이 여성을 자극한다. 여성의 이곳 저곳이 남성을 유혹한다. 여성의 육체적 곡선미가 남성의 우뇌를 자극한다. 모두가 유혹을 위해 명상적이다. 우뇌는 바로 신(神)의 영역이다. 신의 영역을 자극해서 그녀에게 취하도록 만들어 놓는 것이 유혹이다. 수사슴은 우람한 뿔을 드러낸다. 여성의 풍만한 가슴도 드러낸다. 모두가 삼매의 상징성을 드러내는 방편이다. 성숙할 대로 성숙했으며, 유혹할 만큼 유혹할 수 있다는 증거다. 사회적으로도 육체적으로도 지배적인 위치에 있음을 알린다. 후손을 잉태할 수 있을 정도로 영양 상태가 좋다는 것을 읽게 해 준다. 암사슴은 수사슴의 용모를 보고 그의 접근을 허락한다. 남성 역시 여성의 그런 모습에 이끌려 구애한다. 남성의 근육질이나 총명함도 섹스 어필의 신호다. 다른 수컷들을 물리치게 해 주는 강력한 수단이다. 그것들은 여성에게 사랑의 신호로 입력된다. 미모 역시 성적 신호다.

여성의 지방(脂肪)은 성(性) 유혹을 위한 것이다. 남성에게 여성다움을 강력하게 호소하기 때문이다. 여성의 지방은 임신과 수유에 필수적이다. 후손에 대한 배려를 위한 생물학적 조치다. 여성에게 지방이 너무 적으면 아이에게 젖을 먹일 수 있는, 수유에 실패할 가능성이 높다. 후손을 얻기 힘들어진다는 생각을 품게 만든다. 반대의 경우도 생긴다. 지방이 여성에게 지나치게 많으면 문제가 생길 수 있다. 여성이나 암컷은 걷기에 불편하다. 먹을 것을 구하는 활동이나 일상적인 활동에 어려움이 많을 수 있다. 좋은 징조는 아니다. 남성으로부터의 구애나 선택에 불리하게 된다. 남성이 여성에게 지방이 온몸에 고루 퍼져 있다는 걸 쉽게 한눈에 확인하기가 어렵다. 강제로 확인할 수도 없는 일이다. 보조 장치가 없을 리 없다. 남성의 눈에 잘 보이는 부위에 지방이 집중하도록 진화하게 한 것이 그것이다. 여성의 가슴과 엉덩이 부분에 지방이 몰리는 것이 그 징표다. 남성들이 여성의 그런 부위에 눈을 고정시키는 이유다. 여성의 육감을 엿보도록 신이 허락한 일이다. 인간 명상이 가능하도록 한 이유다. 서로 다른 성(性) 간의 인간삼매는 그렇게 시작하도록 되어 있다. 조물주의 뜻이며 절대명령이다.

살아가면서 건강하게 앓기를 즐기는 일도 인간 명상에 속한다. 살아가면서 병이 드는 것은 어쩔 수 없는 노릇이다. 병이 들더라도 건강하게 병이 들어야 한다. 그것으로 최적의 삶을 사는 일이 가능하다면, 그거이 바로 명상의 효과다. 인간에게 평균 수명이 길어진 것은 병에 걸려 죽음을 향한 고통의 시간을 늘리라는 뜻이 아니다. 그렇게 되면 그것은 불행의 연장일 뿐이기 때문이다. 병으로 이어지는 장수는 인간에게 재앙일 뿐이다. 건강 수명이 늘어나는 것이 아니다. 연명 수명이 길어지는 것일 뿐이다. 늙음은 재앙이 되는 셈이다. 병이 들어 늙었음을 비참하게 인지하는 것은 불행이다. 불행을 한탄하며 살아가는 일은 삼매에 어긋나는 일이다. 병은 노화의 결과이기에 노화는 병과 관계가 없어야 한다. 노화가 삶의 한 과정이면 병 역시 삶의 한 과정이다. 이것을 받아들일 수 있는 삶이 건강한 삶이다. 건강 수명의 에너지는 사람 명상, 말하자면 병과의 싸움, 그 싸움에서 얻어지는 인간관계 같은 사람 명상에서 나온다.

세계 최고의 장수촌으로 코카서스 산맥의 주요 능선에 자리 잡은 조그만 나라가 있다. 압하지야 공화국이라고 불린다. 세계에서 유명한 장수 국가다.[126] 그곳 주민이 건강하게 장수하는 비결은 별것이 아니다. 이들은 가파른 지형이라는 공간에 산다. 자연히 주민들의 운동량이 많을 수밖에 없다. 평지에 사는 사람에 비해 산소 소모량도 많다. 산소가 훨씬 적은 험준한 지형 덕분에 운동량이 자연스럽게 많기 때문이다. 이들에게 은퇴라는 개념은 없다. 은퇴 자체를 모르며 일한다. 나이가 들어도 장작을 팬다. 물을 길어 온다. 노인 부부들이 모두 건강하게 일한다.

저들은 하루를 서둘러 일하지 않는다. 집에 화급한 일이 생기면 물론 예외다. 그렇지 않은 일상의 경우에는 늘 정중동(靜中動)이다. 갈등이나 싸움이 없는 것도 아니다. 긴장이 있어도 그것을 풀어내는 사람들의 관계들이 아름답다. 분쟁 속에서도 동중정의 경지가 저들이 원하는 삶이라고 보아야 한다. 경이로울 정도로 평온하게 살아가는 저들에게 모든 것이 여유롭다. 마음의 여백이 크다. 생체리듬을 거스르며 살지 않는다. 젊음에도 집착하지 않는다. 나이가 드는 일은 슬기로워지는 일이다. 나이든 사람은 존중받는다. 늙는다는 것은 삶에서 아름다운 일이다. 모두가 그렇게 받아들인다. 노인에 대한 유별난 존경이랄 것도 없다. 인간에 대한 존경일 뿐이다.

이들에게는 '노인'을 뜻하는 유별난 이름씨들도 없다. 100세가 넘은 사람들은 그저 '오래 사는 사람'으로 불릴 뿐이다. 노인과 아이 간의 생물적인 차이를 가리지 않는다. 서로 도울 뿐이다. 아이들은 어른에게 배운다. 인간에 대한 믿음의 망이 돈독하다. 신망(信網)이 두텁고 신뢰가 굳건하다는 뜻이다. 사랑과 존경이 이들의 삶이다. 서로가 서로에게 삼매한다. 사람에게 사람다움의 관계가 있다는 뜻이다. 서로가 서로에게 현자적(賢者的)이다. 그저 서로에게 배려하고 삼매하기에 행복할 따름이다.

사람 명상이라는 말은 저들에게 더 이상 명사(名詞)가 아니라 동사일 뿐이다. 동사는 실천하고, 실행할 때 제 기능을 다한다. 예를 들어, 토끼는 동물의 명칭이다. 이름씨일 뿐이다. 토끼라는 명사가 동사로 쓰일 수 있다. '토낀다'라는 말이 그것인데, 원래 토낀다는 말은 빨리, 재빠르게 움직인다는 동사의 뜻이다. 토끼처럼 도망가고 숨는 일에 익숙하다는 뜻이다. 명상이라는 단어나 삼매라는 단어 역시 저들 압하지야 주민들에게 마찬가지다. 삼매는 저들에게 굳어 있는 이름씨가 아니다. 움직씨다. 저들의 삶에서 사람 명상은 매일 일어난다. 명상과 삼매의 일상적 삶이 저들을 건강하게 움직이도록 만들어 준다.

미주

1) "우리는 같은 물에 두 번 들어갈 수 없다."라는 말 때문에, 그리스의 붓다라고까지 추앙받고 있는 헤라크레이토스(Herakleitos)는 인간의 의식(意識)을 가리켜 광대한 공간과 같은 것이라고 말했다. "아무리 길을 걸어도 경계를 발견할 수 없는 광대한 공간과 같다."고 했다. 영원한 것은 오직 변화뿐이라고 그가 말했다. 변화가 진리라고 말했던 그의 언명은 현대 철학의 이정표와도 같았다[참고: 한스 요하임 슈퇴리히 (2008). 세계 철학사(역). 서울: 이룸].

2) 인간의 의식을 양원론적으로 파악하는 학자 중의 한 사람인 제인스(Julian Janes) 교수는 초기에는 동물 심리학에 초점을 두고 연구했다. 후에는 인간의 의식 문제에 집중하여 『의식의 기원(The Origin of Consciousness in the Breakdown of the Bicameral Mind)』을 집필하기에 이른다. 의식의 기원으로 그는 1978년 미국도서상(National Book Award)을 받는다.
제인스 교수는 인간의 의식이 물질의 속성이라거나 원형질의 속성이라거나 혹은 경험·학습·추론·판단을 다르게 묘사한 것들이라는 견해들 모두를 기각한다. 인간의 양원적 의식은 인간의 뇌 기능 발달이나 진화와 무관하지 않다고 본다. 그런 사례가 성경에서도 흔하게 발견된다고 말하는 제인스 교수는 『일리아드』에 나오는 용맹한 전사들의 이야기를 예로 들고 나온다. 구전되는 이야기들이기는 하지만, 전사들의 생각과 행동이 양원적으로 다스려졌음을 알 수 있다는 것이다. 성서에 나오는 신화적인 인물인 모세 같은 선지자가 보여 준 수많은 이야기들도 그가 신들과 그렇게 양원적으로 소통했음을 보여 주는 증좌라는 것이다. 그런 양원적인 소통의 힘을 갖고 있던 인간이 어느 때부터인지는 모르지만 그런 능력을 상실하기 시작했다. 그때가 바로 인간 스스로 우뇌의 기능을 발휘하면서부터였다는 것이다. 우뇌의 기능을 발휘하면서부터 신과의 소통 기능도 급속히 상실하기 시작했다는 것이다. 우뇌의 기능이 활성화되면서부터는 인간 스스로 더 이상 신과의 소통이 불가능하도록 되어 버렸다는 것이다. 우뇌가 바로 신의 기능을 대체한 장본인이라는 것이다.

인간의 양원적 의식에 대한 각색과 구안에 열을 올리는 제인스 교수는, 인간 스스로 퇴화된 신과의 소통 능력을 되찾기 위해 스스로 우뇌의 기능을 활성화했는데, 그 우뇌적인 활동이 바로 '의식'이라는 것이다. 우뇌 기능의 전환, 신과의 소통 기능을 대체한 것이 바로 '의식'이라고 간주한다. 신과의 소통 기능 상실에 대한 근원, 그리고 그 기능의 새로운 가능성과 전개 현상이 바로 인간 의식이라고 본다. 인간은 그래서 그들이 살아 있는 한 언제나 의식이 존재하는 것이며, 의식이 존재하는 한 그것의 원형은 신과의 소통과 같은 일이기에, 인간의 의식은 신적이기조차 하다는 것이다. 이렇게 보면, 역사적으로 장구한 인류 역사에 있어서 옛 인류는 의식을 갖지 않은 채 신과의 소통을 통해 그들의 삶을 영위했던 것이라고 볼 수도 있다. 그 신과의 소통 기능이 상실하기 시작한 그 이후부터 새로운 인간은 의식을 갖고 신처럼 자기 소통으로 살아가는 사람들이나 마찬가지다. 인간에게 있어서 의식은 본질적·후천적으로 인간의 생존을 위해 발명된 것이기 때문이다.

인간의 의식은 인간에게 있어서 언어로 생성되고 언어로 접근된다. 제인스 교수에 따르면 의식은 언어에 근거를 두고 있다. 이때 그에게 중요한 것은 언어의 은유 기능이다. 예를 들어, "그게 무엇이냐."는 질문에 우리는 그 경험이 독특한 것이어서 선뜻 대답하기가 쉽지 않을 때 "그것은 ~같은 거야."라고 답하게 된다. 바로 그 순간에 새로운 어휘가 생성된다고 보는 것이 제인스 교수가 의식과 관련시킨 언어관이다. 인류의 전개 초기에 있어서 인간들은 지금 인간들이 침팬지에게 그들의 언어로 훈련시키는 방식처럼 모두가 서로 잘 알고 있는 머리, 손, 가슴 등 자신의 신체를 은유체로 사용하며 이러한 작업을 수행해 왔다는 것이다. 이런 작업은 신체 감각으로 관찰될 수 없는 추상적 개념으로 확장된다. 추상적 개념을 이해하려면 일단 인간의 마음속에서 '볼' 수 있지 않으면 안 된다. 마음의 '눈'으로 이들을 '보는' 것 자체가 은유일 수밖에 없지만, 사람들의 신체적 기능은 다채롭다는 점에서 마음의 눈이 꼭 은유적인 것만은 아니다. 언어는 목과 혀와 같은 감각기관만이 독점할 수 있는 것이 아니기 때문이다.

인간의 의식은 바로 이러한 감각기관들의 '언어' 발달과정, 말하자면 은유적 혹은 대체적 기능으로 만들어진 마음의 형상이나 양태를 말한다. 인간 스스로 한 사물을 이해한다는 것이 그 사물을 더 친숙하게 하는 것이라면, 인간 스스로 그 인간의 의식을 이해한다는 것에는 늘 어려움이 따른다. 인간의 직접적 경험을 표시하는 의식에는 그 경험과 같은 것은 어떤 것도 없으며 또 있을 수도 없기 때문이다. 인간은 그가 의식할 수 있는 사물을 이해하는 방식으로는 의식이 무엇인지를 결코 제대로 이해할 수 없다[참고: 줄리언 제인스(2005). 의식의 기원(역). 서울: 한길사].

3) 미국 캘리포니아 대학교 데이비드 프리맥 교수는 침팬지는 언어가 아닌 다른 방법으로 사람과의 의사소통이 가능하다고 본다. 그렇기는 하지만 그 소통이 인간들이 서로 주고받는 식의 대화의 한 종류이거나, 의사소통이 가능한 정도의 언어적 표현이라고 여기기에는 역부족이라고 말한다. 프리맥 교수는 '새라'

라고 명명된 암컷 침팬지에게 플라스틱 딱지를 사용해 기호로 의사소통을 할 수 있도록 훈련시켰다. 예를 들어, '갈색을 띤 초콜릿'이라는 어구의 단어들을 각각 딱지로 만들어 순서대로 수직으로 나열하고 실제 갈색 초콜렛을 보여 줬다. 이를 치우고 '갈색을 가져와라'라는 문장의 단어들을 역시 각각 딱지로 만들어 수직으로 나열했었다. 새라는 그것을 보고 갈색을 띠는 물건을 가져왔다. 새라는 진짜 사과와 그 사과를 지칭하기 위해 임의로 지정해 놓은 하늘색 삼각형 모양의 딱지도 연결할 수 있었다.

프리맥 교수는 이런 결과들을 놓고 새라가 단어와 문장을 이해한다고 주장했지만 그것이 침팬지들이 인간의 언어 수준과 같은 언어를 습득, 활용할 수 있다는 것을 의미하는 것은 아니었다. 프리맥 교수와는 달리, 조지아 주립 대학의 듀에인 럼보 박사는 '리나'라는 침팬지에게 도형 문자를 습득시키는 훈련을 강행했다. 럼보는 침팬지와 소리 소통하기 위해 컴퓨터를 도입했다. 그는 컴퓨터 키보드에 도형 문자를 그려 두고, 리나에게 키를 두들기는 방법으로 의사를 전달하게 만들었다. 1978년, 일본 교토 대학교 영장류 연구소는 '아이 프로젝트'를 시작했다. 교토 대학교는 럼보 박사의 도형 문자를 더욱 발전시킨 방법을 채택했다. 침팬지를 터치 스크린과 마주하게 만들어 화면에 나타나 있는 사각과 둥근 도형을 복수로 조합하여 물건과 사람의 이름을 표현하게 했다. 이 방법을 사용하면 실험자는 실험실 밖에서 컴퓨터를 제어하면서 실험할 수 있기에, 실험자에 따른 연구 결과의 격차가 생기지 않아 객관적인 데이터를 더 얻을 수 있다. 이 프로젝트는 침팬지들이 연구소의 계획과 훈련에 따라 학습할 수 있는 학습능력이 있다는 사실을 확인해 준 것은 사실이지만, 그것이 인간에게서 발견되는 듯한 인과적 믿음에 관한 동물의 능력을 확신하게 만드는 그런 것은 아니었다[참고: Pramack, D.(2002). Does the chimpanzee have a theory of mind?. *The Behavioral and Brain Sciences, 3*, 615-636].

4) 정신분석학자인 앙드레(Christophe Andre) 교수는 자신이 알고 있는 자아는 나의 잠재의식 속에 감추어져 있기에 그것이 드러나도록 해야 한다고 강조한다. 나의 잠재의식 속에 나의 진정한 전인격이 숨어 있게 마련인데, 그것을 제대로 자각할 때 나 스스로 나에 대한 자아감을 확인하고 그로부터 진정한 행복의 길로 나아갈 수 있기 때문이다. 그런 길로 나아간다는 것이 그리 쉬운 일이 아니다. 나는 언제나 명품, 학위, 지위, 권력, 돈 따위로 자신을 거짓 치장하고, 진정한 관계를 맺는 것이 두려운 나머지 '쿨한 척'하면서 매일을 살아가기 때문이다. 이런 상황에서 '진정한 나'를 찾는 데 도움이 될 만한 약이 있을 수 없다. 자기를 찾는 데 필요한 구체적인 안내라든가, 구체적인 해결책은 만들어진 것이 아니라 자기 스스로 만들어 내야 하는 것이다. 상품 설명서나 약 처방전에 길들여진 현대인의 사고방식으로는 결코 자기를 위한 치유의 길로 나아갈 수 없다. 그 길은 약 처방전을 손에 들기 원하는 환자의 길이 아니라, 자기 반성이나 자기 스스로 자기의 내면을 파고들어야 하는 구도자의 길이기 때문이다[참고: 크리스토프 앙드레 (2011). 화내도 괜찮아 울어도 괜찮아 모두 다 괜찮아(역). 서울: 다른세상].

5) 1972년 어느 가을 날, 스물아홉 살 난 청년이 정신분석학자 에리히 프롬(Erich Fromme)의 방문을 두드렸다. 그 청년의 이름은 라이너 풍크(Rainer Funk)였다. 윤리학 분야에서 박사 논문을 쓰고 있던 그는 당시 72세였던 프롬에게 일대 도전을 할 참이었다. 유대인 학살이라는 참혹한 역사를 공부한 풍크는 신(神)에 대한 믿음 없이는 인간의 윤리란 존재할 수 없다고 굳게 믿고 있었다. 유대계 독일인인 프롬은 무신론

자였다. 그는 인간만이 인간답고, 인간다움만이 윤리적일 수 있다고 믿고 있었다. 풍크는 프롬 교수의 그런 생각에 반감을 갖고 있었다. 풍크는 프롬에게 무신론을 걸고, 인간을 신에 예속시키라고 말했다. 에리히 프롬은 그의 말에 단호하게 대처했다. 삶이란 문제의 연속이기에, 문제 앞에 서기를 두려워한다면 아무것도 해결하지 못한다고 강조했다. 고통을 피하고 숨으려는 패배자 의식으로는 결코 두려움을 벗어나지 못한다고 강조한다. 그것을 풀어 낼 수 있는 것이 바로 인간의 자유다. 프롬은 인간은 바로 자유라고 주장하기에 이른다. 인간은 정신적으로 건강하게 사회생활을 유지해야 하는 자유인이어야 한다는 것이다. "자유라는 것은 말할 필요도 없이 어떤 목적을 달성시키려는 행위를 하기 위한 자유다. 따라서 행위의 자유가 적극적으로 성립되기 위해서는 행위하는 자가 그 목적을 실현시킬 수 있는 수단을 갖고 있지 않으면 안 된다." 자유인에 대한 갈망, 그것이 프롬이 해석하는 인간론이다.

프롬에게 도전하려고 했던 풍크는 프롬과 '영혼을 두드리는' 대화를 하고 난 후 그 스스로 인생의 항로를 바꿨다. 그의 수제자가 된다. 풍크는 프롬이 80년 세상을 떠날 때까지 그의 곁을 지켰다. 풍크는 '에리히 프롬 전문가'로서 입지를 굳혔다. 프롬의 학문을 모두 모으고 정리하고, 집대성하여, 『내가 에리히 프롬에게 배운 것들』이라는 제목의 책을 내놓았다. 그 책은 정신분석학계의 학문적 이정표가 되었다[참고: 라이너 풍크(2008). 내가 에리히 프롬에게 배운 것들(역). 서울: 갤리온].

6) 참고: 크리슈나무르티(2007). 교육에 대하여(역). 서울: 고요아침.

7) 자본주의 서구 사회에서 성공했다는 사람들을 재는 기준은 주로 재력이나 권력 같은 것이다. 재력이나 권력 쟁취의 삶살이에서 명성을 얻은 사람일수록 자동차 속도로 말하면, 최고 속도 범위 내에서 자신을 달리게 한 사람일 경우가 흔하다. 위험천만의 경계에 서 있는 사람일 경우가 흔하다. 루크 존슨(Luke Johnson)이 바로 그런 이야기를 제공하고 있다. 그는 영국 방송사 '채널 4'의 회장이자 사모펀드 '리스크캐피털파트너스'의 최고경영자인데, 그가 성공한 남성의 섹스(Sex) 문제를 글로 들고 나왔다[참고: 김지형(2009). 회장님들이 섹스 스캔들에 빠지는 이유는. 매일경제. 2009년 7월 3일자].

그는 칼럼에서, "성공한 기업의 CEO와 젊은 여성 사이의 섹스 스캔들은 피할 수 없는 위험의 하나"라고 주장했다. "CEO들은 야망이 큰 사람인데, 그런 사람들일수록 테스토스테론(남성호르몬)의 분비도 왕성해 자신의 업무에서뿐 아니라 스포츠와 성생활 면에서도 적극적으로 활동하고 상황을 지배하려는 욕망이 강하다."고 분석했다. 일부 CEO들은 제품을 팔아 부를 쌓는 데 몰입하기보다는 자신이 '스타'가 되는 데 더욱 만족감을 느끼기도 한다는 것이다. 그들은 열성적인 지지자들을 원한다는 것이다. 자신의 존재를 확인하려는 욕구를 충족시키기 위해서라는 것이다. 자신감이 결여된 일부 CEO들은 왜곡된 성의식을 가질 수 있다는 것이다.

일찍 결혼한 CEO일수록 젊은 시절 오직 성공을 위해 정신 없이 달려왔기 때문에, 중년기에 정서적으로 혼란에 빠지면서 가족애, 성욕, 애정 등이 결핍될 수 있다. 그 틈새에 여성이 등장한다는 것이다. 이들이 CEO라는 최고의 자리에 올랐을 때 돈과 권력을 나누려는 매력적인 여성들의 유혹을 피하기 어렵다는 것이다. 게다가 CEO에게는 이전에 생각지도 못한 은폐막도 생겨난다. 자신의 이중 생활을 충분히 감출 수 있는 다양한 장소와 시간적 지배력을 갖기 시작하기 때문이다. 사회를 속일 수 있는 알리바이들을 만들어 낼 수 있는 여유를 갖게 된다.

8) 참고: 박상우(2008). 혼자일 때 그곳에 간다. 서울: 시작.

9) '싱케이시쓰'는 신경증의 일종으로써, 신경쇠약과 비슷한 증후군(症候群)으로 분류된다. 체질성 신경쇠약이라고도 부르는 싱케이시쓰 질환자들은 겉으로 보면 우선 안색이 창백하고, 근육에 탄력성이 부족한 무력성 체형인 사람에게서 비교적 많이 발견된다. 보통 사람이면 아무렇지도 않은 사소한 자극에 대해서도 민감하게 반응하여 감정적으로 되기 때문에 피로성도 높다.

싱케이시쓰를 치료하기 위해 모리타 박사는 '자연 요법'을 주장했다. 그는 신경질의 발생기전을 일단은 '불문'에 붙여 두고, 증상이 '있는 그대로(아루가 마마)'의 상태에서 마음의 평온을 찾는 생활을 터득하게 하는 것을 치료 목표로 하고 있다. '증상이 있는 자기 자신'을 그대로 시인하게 한다면, 신경증은 질병이 아닐 수도 있다는 것이다. 환자의 증상이나 고통은 말로 설명하고 이해시켜서 치료되는 것이 아니기 때문에, 설득이나 행동 교정 작업과 같은 인위적인 치료로는 치료하기 힘들다. 그것보다는 오히려 개인 스스로의 건강한 자연적 체험을 통하여 스스로 터득케 함으로써 자신을 치유하게 해야 한다는 것이 모리타 박사의 임상 진단이다.

신경질환자들에 필요한 것은 결코 이론이나 철학으로 무장된 정신 수양이 아니라는 것이다. 동시에 이상주의로 치유되는 것도 아니기에, 좌선 같은 것이 신경질환자들에게 어느 정도의 도움을 주기는 한다. 그렇다고 해서 그런 기법이 싱케이시쓰를 고칠 수 있는 유일한 방법은 아니라고 말한다. 모리타 박사가 말하는 싱케이시쓰의 자연 요법은 개인 스스로 외부와 내부를 수용할 수 있는 정신적 여백을 늘림으로써 '신경의 질'을 튼튼하게 만드는 요법이라고 볼 수 있다. 유도 심상법 같은 것을 활용하여, 눈을 감고 언젠가 보았던 번개 치는 광야, 개구리가 풍덩 뛰어드는 연못처럼 자신을 기분 좋게 만들어 줬던 자연적인 것을 상상하며 마음의 여백을 넓히는 일 같은 것을 반복하면 '신경의 질'이 신경질을 안 낼 정도로 좋아진다는 것이다[참고: 모리타 쇼마(2002). 신경질의 본태와 요법(역). 서울: 하나의학사].

10) 무여(無如) 스님은 출가 후 40년을 올곧은 참선 수행의 길로 매진해 온 사람이다. 그는 말한다. 선승(禪僧)이라고 해서 모두 마음 다스리기에 성공한 사람들은 아니라고 잘라 말한다. 마음을 다스리려면 출가 당시의 초발심(初發心)을 영원히 되새기는 일이 절대적이기 때문이다. 초발심을 되찾는 일이 바로 수행이라는 것이 그의 지론이다.

무여 스님에게 "참선 수행을 40년간이나 해올 정도로 그렇게 좋으신가요?"라고 물었던 신문 기자에게 되돌아 온 대답은 간단했다. "그렇다." 바로 그것이었다. "저는 온실의 화초처럼 자랐습니다. 중학생 때까지 제 손으로 사탕 하나 사 본 적 없고, 남의 집에서 밥도 먹어 보지 않았습니다. 대학에선 경제학을 공부했는데 졸업하고 군대 다녀오고 직장에 다녔지만 '어떻게 살아야 하나'라는 고민이 끊이질 않았습니다. 그럴 즈음, 해인사로 여행을 가다가 경북 고령의 한 암자에서 한 달 정도 지낸 것이 출가의 계기가 됐습니다. …… 길을 지나는데 캄캄한 밤중에 작은 불빛이 보여요. 가보니 작은 암자에 노장 한 분이 계시는데 고향 같고, 내 집 같아서 눌러앉았지요. 그런데 사흘째 아침 공양(식사)하다 말고, 노장이 제게 '자넨 누군가?'라고 물으셨어요. 턱 막혀서 대답을 못하니 윽박지르듯이 거푸 물으셨어요. 그 질문에 그대로 빠져서 '이 뭣고?'가 자연스레 지금까지 화두(話頭)가 됐고 결국 송광사를 거쳐 상원사로 출가했습니다. …… 저는 수행을 제대로 못한 사람입니다. 다만 젊었을 때는 열심히 수행하려고 한 적은 있지요. 오대산 북대(北臺)에서 혼자 살 때는 이태 동안 눕지 않고 세수도 삭발도 목욕도 하지 않고 옷도 빨지 않고 그대로 참선 수행만 했어요. 방 안에 올가미를 3개 만들어서 천장에 매달아 놓았지요. 방바닥에 앉아서, 의자에 앉아서 또는 서서 참선하다가 졸면 올가미가 목에 걸리게 한 것이지요. 겨울엔 몹시 추운 곳이었는데 매일 밥하는 것도 번거롭고 부끄러워 한 번에 보름에서 20일치를 해서 얼려놓고 시장하면 조금씩 칼로 잘라서 데워 먹었어요. 거지도 상거지 같았지만 그때는 수행 이외의 것은 모두 사치라고 생각했죠. …… 그럼요. 이렇게 좋은 공부가 없어요. 가장 좋은 점은 마음을 쉬게 해 준다는 것입니다. 참선 수행은 분주하고 번잡한 마음을 쉬게 하고, 우리 모두가 가진 본성을 발굴하게 해줍니다. 현대인은 무엇보다 마음을 쉬어야 합니다. 그러면 흙탕물에서 진흙이 가라앉고 원래의 맑은 물로 변하게 됩니다. 삼매(三昧)가 되고 보면 어렵고 고통스럽고 괴롭던 일이 일시에 봄눈 녹듯 사라지면서 뿌듯한 자부심과 긍지가 생깁니다. 이 공부는 해도 되고, 안 해도 되는 것이 아니라 꼭 해야 하는 공부입니다. 하루 1시간만이라도 수행을 한다면 내 삶이 달라지고 나아가 세상이 달라질 겁니다."[참고: 김한수(2008). 마음이 바로 서면 좁은 아파트도 불국정토. 조선일보. 2008년 5월 12일자]

11) 참고: 원철(2008). 아름다운 인생은 얼굴에 남는다. 서울: 뜰.

12) 사람으로 태어난 이상, 어떤 사람이든 자기 나름대로 행할 수 있다. 마음을 그리 먹으면 된다. 마음에 대한 수행 없이는 사람으로 살아가기가 어렵다. 수행이 마음 잡기, 사특한 마음하지 않기와 같이 마음을 단단하게 자기의 중심에 매어 놓는 이유가 있다. 그것은 마음을 단단히 바로잡지 않고서는 모두가 소유와 그것을 탐하는 욕심, 그리고 집착의 습관으로 미끄러진다는 것을 경계하려고 하기 때문이다. 마음은 형체도 없지만, 모든 것을 꾸물꾸물 만들어 내는 요물과 같다고 보는 것이 불가에서 말하는 마음에 대한 총체적 이해 방식이다. 심의품은 마음에서 일어나는 모든 정신 작용이 원래 아무것도 없이 비어 있으며, 형체가 없는 것이지만 이 형상 없는 것이 세상의 모든 것을 만들어 내는 밑바탕이니 사람처럼 살고 싶으면 그것을 제대로 준비해야 한다고 말한다. 『법구경』의 심의품(心意品)에서 이야기하는 마음에 관한 긍정적인 면과 부정적인 두 면이다.

마음에 관해 『법구경』은 이렇게 정리한다. "마음은 가벼워 흔들리기 쉽고 지키기도 어렵고 억제하기도 어렵다. 지혜로운 사람이 마음을 다루는 것은 활 만드는 장인이 화살을 곧게 다루듯 한다. 마음은 흔들리고 불안하여 억제하기 어렵다. 그러나 현자는 마음을 곧게 갖는다. 마치 활 만드는 사람이 화살을 곧게 만들듯이 물고기가 메마른 땅 위에 잡혀 나와 연못과 떨어져 괴로워하듯 악마의 무리가 날뛰는 속에서 우리 마음은 두려워 떨고 있다. 물 밖에 던져진 물고기처럼, 이 마음은 악마의 꾐에서 벗어나려고 파닥거린다. 마음은 가벼워 지키기 어려우니 오직 욕심을 따라 흐른다. 마음을 억제함은 훌륭한 일이니 스스로 다스리면 편안하게 된다. 자제하기 어렵고 가벼워서 마음대로 헤매는 마음을 억제하는 일은 훌륭하다. 억제된 마음은 행복의 보금자리이니라. 생각은 미세하니 보기 어려워 욕심을 따라 움직이게 된다. 지혜로 항상 스스로를 보호하고 마음을 잘 지키면 편안하게 된다. 눈으로 보기 어렵고 또 아주 섬세하고, 마음대로 헤매는 마음을 현명한 이는 잘 지켜라. 잘 지켜진 마음은 행복의 보금자리이니라. 먼 길을 홀로 가는, 숨어 있어 형체도 없는 마음을 잘 잡아 도를 따르면 악마의 속박이 저절로 풀린다. 먼 길을 홀로 가며, 모양도 없는 마음을 억제하는 사람은 죽음의 굴레에서 벗어나리라. 마음은 머물러 쉴 줄 모르고 또한 참다운 법을 알지 못하며, 세상일에 함부로 들떠 헤매면 바른 지혜를 이룰 수 없다. 마음이 안정되어 있지 않고, 진리를 알지 못하고, 마음의 고요가 깨진 사람에게 지혜는 완성되지 않는다. 마음은 고요히 머물지 않고 끝없이 변화해 끝이 없나니, 이 이치 깨달은 현명한 사람은 악을 돌이켜 복을 만든다. 마음에 걱정이 없고, 마음이 흔들리지 않고, 또 선악이라는 생각을 버리고 깨어 있는 사람에게 두려움은 없다. 몸을 깨지기 쉬운 빈 병과 같이 보고 마음을 성벽처럼 든든히 있게 하여 지혜를 무기로써 악마와 싸우면 승리하여 잃는 것이 없다. 이 몸이 물병처럼 깨지기 쉬운 줄 알고, 이 마음을 성곽처럼 굳건히 하고서, 지혜의 무기를 가지고 악마를 공격하라. 그리고 정복한 것은 지키고 있으라. 몸은 오래도록 유지될 수 없어 언젠가 흙으로 돌아가느니 정신이 한 번 몸을 떠나면 뼈만이 땅 위에 남게 된다. 아아, 이 몸은 곧 땅 위에 눕는다. 의식이 없는 시체는 내버려진다. 타버린 나무토막처럼 쓸모도 없이 원수들이 내게 어찌한다 해도 적들이 내게 어찌한다 해도 거짓으로 행하는 내 마음이 내게 짓는 해악보다는 못하다. 적이 적을 향하여 주는 해악보다도, 또 원수가 원수에게 주는 해악보다도, 잘못 인도된 마음이 우리에게 주는 해악이 더욱 크니라. 부모가 내게 주는 그 무엇도 친척들이 내게 주는 그 무엇도 정직으로 향하는 내 마음이 내게 주는 행복보다는 못한 것이다. 어머니나 아버지나 어느 친척이 주는 이익보다도 잘 인도된 마음이 우리에게 주는 이익이 더욱 크니라."[참고: 경전연구모임(1991). **법구경/사십이장경**(역). 서울: 불교시대사]

13) 수행의 진면목은 서양 철학의 관점, 특별히 하이데거(Martin Heidegger)의 사유론으로 설명하면 더 잘 알 수 있다는 학자가 김형효 교수다. 그는 철학 독해를 하려면 철학소(哲學素)가 필요하다고 주장하는 학자다. 그가 말하는 철학소는 '해체적 사유와 존재론적 사유'다. 해체적 사유와 존재론적 사유를 이해하기 위해서는 각각 '해체적 사유와 구성적 사유', 그리고 '소유론적 사유와 존재론적 사유'를 대비시켜 보아야 한다는 것이 그의 주장이다. 모든 철학을 제대로 독해하기 위해서는 해체론적 사유와 존재론적 사유라는 두 축의 읽기가 절대적이라는 것이다. 그의 퇴임을 기리기 위해 한국학중앙연구원측이 마련한 퇴임기념강연회(2006년 8월 26일)에서, 그는 '색즉시공 공즉시색(色卽是空 空卽是色)'에 대해 하이데거의 논법으로 풀어나갔다.

하이데거는 사유를 '베베궁(bewegung)', 즉 마음으로 풀어낸다. 베베궁이라는 개념은 소위 불가에서 말하는 '마음의 닦기' 혹은 연단과도 맥을 같이 한다. '마음(길) 닦기'는 의식의 개념으로써의 철학을 이미 떠나 버린다는 것이다. 마음 닦기는 '사유 장소'의 변화와 실행을 의미하기 때문이다. 의식의 개념을 떠났기에 그 사유는 자아가 사유하는 것이 아니라, 자성이 사유하는 것이 된다는 것이다. 자성이라는 것은 하이데거에 있어서 '그것'을 지칭하는 것과 같다. 그 자성은 자아처럼 일인칭의 인격을 말하는 것이 아니다. 그것은 단순히 삼인칭의 우주적 일심(一心)을 서양의 관점으로 표현한 것일 뿐이다. 바로 선(禪)이 그것이다[참고: 奈良康明(2008). 禪の世界. 東京: 東京書籍]. 무아의 공성은 허무가 아니

다. 그곳에는 언제든지 그것의 본성인 자성이 안주한 채, 사유하고, 노래하고, 말하며 손짓하는 힘이
다. 자아의 소유론적 사유와는 근본적으로 다른 존재론적 사유다.

14) 중국 전국시대 말의 사상가인 장자(莊子) 역시 지금처럼 복잡하게 살아가는 사람들을 위해 선견을 보
여 준 바 있다. 그는 세상만물은 변하고 변하는 유동화의 물이며, 그런 유동적인 변화를 도(道)라고 부
르며, 그 도에 따라 사는 것이 참살이라고 보았다. 만물일원론(萬物一元論)과 물아일체(物我一體)의 경
지를 보이는 도에 이르려면 일체를 잊고 마음을 비울 때 절대 평등의 경지를 유지해야 하는데, 그렇게
하기 위해서는 똥이나 오줌에도 도(道)가 있다는 것을 깨달을 수 있어야 한다는 것이 그의 생각이었다.
도(道)는 유별난 것이 아니라, 길가의 똥 그리고 화장실의 오줌에도 있게 마련이다. 도(道)는 이것과
저것의 대립이 사라져 버린 것을 말하는 것이며, 그것은 천지 생성의 원인이며 이끌어 가는 원리, 현
상 세계의 유한성과 모순 대립을 초월한 절대적 진리이기 때문에 그렇다는 것이다. 이 세상에 존재하
는 것치고 잘나고, 못난 그런 식으로 갈라지는 것이 어디 있겠느냐고 넌지시 말하는 장자는 정신적 자
유를 추구하는 방법으로 좌망(坐忘)과 심재(心齋)를 가르쳐 주고 있다. 그런 점에서 다석 류영모 선생
은 도(道)는 얼, 넋, 혼을 지칭하는 것이라고 잘라 말한 바 있다[참고: 박영호(2001). 다석 류영모. 서
울: 두레].

15) 이것은 '彼出於是, 是亦因彼. 是亦彼也, 彼亦是也'를 우리말, 우리 뜻으로 풀어낸 것이다.

16) 콥트어로 쓰인 도마복음(Gospel of Thomas)은 1945년 12월 이집트 북부 나일강 기슭의 나그함마디
마을 근처에서 발견되었다. 이것은 살아 있는 예수께서 했던 비밀의 말씀이며, 그것을 디두모스 유다
도마가 기록한 것이라고 쓰여 있었다. "누구든지 이 말들의 뜻을 밝히는 자는 죽음을 맛보지 않을 것이
다."라고 시작되는 고대 파피루스 문서였다. 이 문서들 속에는 성경에 포함되지 않은 예수의 가르침이
담겨 있었다. 신약성서와는 달리 외경의 하나로써, 서문에서 예수의 열두 사도 중 한 명인 디두모스 유
다 도마가 썼다고 주장되는 이 문서는 영지주의 기독교 문서로 이해하고 있다.
도마복음서는 예수의 가르침만을 담고 있는 '어록복음서'인데, 이 도마복음서에는 영지주의적인 어귀
가 풍부하게 들어 있다. 예를 들어, "예수께서 말씀하시니라. 만약 너희 인도자들이 너희에게 말하길,
'보라 아버지의 나라가 하늘에 있노라'고 한다면 공중의 새들이 너희를 앞설 것이요, 만일 그들이 너희
에게 말하길, '아버지의 나라가 바다에 있노라'고 한다면 물고기들이 너희를 앞설 것이라. 차라리 그
나라는 너희 안에 있으며 또 너희 바깥에 있느니라. 너희가 자신을 안즉 알려진 바 될 것이요 너희가 살
아계신 아버지의 자녀임을 깨달으리라. 그러나 만약 너희가 자신을 모른다면 빈곤 가운데 사는 것이며
또 너희는 빈곤이니라."와 같은 표현이 그것이다.
신학자들은 이 표현을 내부로부터의 자각을 주장하는 영지주의적인 구절로 해석하지만, 이런 류의 표
현은 누가복음서 17:20-25와 유사하기도 하다. 즉, "바리새파 사람들이 하느님의 나라가 언제 오느
냐."고 물으니, 예수께서 그들에게 대답을 하셨다. "하느님의 나라는 눈으로 볼 수 있는 모습으로 오지
않는다. 또 '보아라, 여기에 있다' 또는 '저기에 있다' 하고 말할 수도 없다. 보아라, 하느님의 나라는
너희 가운데에 있다." 그리고 제자들에게 말씀하셨다. "너희가 인자의 날들 가운데서 단 하루라도 보고

싶어 할 때가 오겠으나 보지 못할 것이다. 사람들이 너희더러 말하기를 '보아라, 저기에 계신다' 또는 '보아라, 여기에 계신다' 할 것이다. 그러나 너희는 따라나서지도 말고, 찾아다니지도 말아라. 마치 번개가 하늘 이 끝에서 번쩍하여 하늘 저 끝까지 비치는 것처럼 인자도 자기의 날에 그러할 것이다. 그러나 그는 먼저 많은 고난을 겪어야 하고, 이 세대에게 버림을 받아야 한다(누가복음: 17:20-25)."

이런 내용들이 가득 차 있는 도마복음을 인도 철학자인 축복받은 스승으로 불리는 오쇼 라즈니쉬 (Osho Bhagwan Shree Rajneesh)는 신화와 신앙으로 채색된 예수의 잃어버린 가르침으로 재해석한다[참고: 오쇼 라즈니쉬(2008). 도마복음 강의-예수의 잃어버린 가르침을 찾아서(역). 서울: 청아출판사]. 그는 예수가 매일 우리에게 오고 있지만, 우리는 그를 알아보지 못하고 그냥 지나쳐버리기 마련이라고 말하면서, 그것을 알아듣기 쉽게 하나의 이야기로 비유한다. …… 예수가 온다. 그러나 그를 알아보지 못한다. 붓다가 온다. 그러나 그를 알아보지 못한다. 왜 이런 일이 일어나는가? 그러면서도 수세기에 걸쳐 그대는 예수와 붓다에 대해 생각해 왔다. 그래서 종교가 세워지고 이곳에 있을 때는 알아 주지도 않던 그를 위해 거대한 조직이 세워진다. 그대는 왜 살아 있는 그리스도를 알아보지 못하는가? 이것에 대해 이해해야만 한다. 그것은 마음에, 마음의 그 본성에 깊은 뿌리를 내리고 있는 것이기 때문이다. 개인적인 실수가 아니다. 이 사람이나 저 사람에 의해 저질러지는 잘못이 아니다. 수천 년 동안 인간의 마음에 의해 저질러져 온 것이다.

그 마음을 꿰뚫어보고 이해해야 한다. 첫째는 마음에게는 현재가 없다는 점을 깨닫는 일이다. 마음은 과거나 미래를 갖고 있을 뿐이다. 현재는 너무 좁기 때문에 마음은 그것을 붙잡을 수 없다. 마음이 그것을 붙잡는 순간 그것은 이미 과거가 되어 버린다. 그래서 마음은 과거를 기억할 수 있고 미래를 욕망할 수는 있지만 현재를 바라볼 수는 없다.

과거는 거대하다. 미래 역시 광활하다. 그러나 현재는 너무나 작고 미묘하기 때문에 그것을 느끼는 순간에 그것은 이미 가버린다. 그리고 그대는 그만큼 깨어 있지 않다. 매우 강렬하게 깨어 있는 의식이 필요하며, 오직 그때만 현재를 볼 수 있다. 충분히 깨어 있어야 한다. 충분히 깨어 있지 않으면 현재는 보이지 않을 것이다. 그대는 이미 과거와 미래에 취해 있게 되기 때문이다. 하나의 살아 있는 사례가 있다. 며칠 전 물라 나스루딘이 나를 찾아오기 위해 택시를 잡아타고는 말했다. "운전사 양반, 오쇼 아쉬람으로 갑시다." 그 말을 들은 택시 운전사는 매우 화를 내면서 택시에서 내렸다. 왜냐하면 그 택시는 코레가온 파크 17번지(뭄바이 근처 뿌나 시에 있는 오쇼 아쉬람의 주소)에 서 있었기 때문이다. 운전사는 차 문을 벌컥 열고는 나스루딘에게 말했다. "이봐요, 아쉬람에 도착했으니까 나오시오." 나스루딘이 말했다. "좋아요. 그러나 다음번에는 이렇게 빨리 운전하지 마시오."

17) 『예수는 없다』라는 글을 써서 근본주의 기독교인들이라는 사람들을 자극했던 비교 신학자인 오강남 교수는 뒤늦게 발견된 도마복음을 새롭게 해석한다. 예수를 기존의 성경 통독자들과는 다르게 '도마복음'의 내용을 조명함으로써 예수의 심성보다는 인간성을 살갑게 파악하고 있다. 도마복음에 나오는 이야기들은 신약성경에 나오는 공관복음인 '마태복음' '마가복음' '누가복음'의 내용들과 합쳐지는 부분이 많다. 도마복음의 내용 중 약 50% 정도가 공관복음에 나오는 말들과 평행을 이루는 말들이지만, 실

제로 도마복음이 우리에게 전하려는 것은 공관복음의 그것과는 성격이 전혀 다르다는 것이다. 공관복음에서 많이 언급되고 있는 기적, 예언의 성취, 재림, 종말, 부활, 최후 심판, 대속 등에 대한 언급이 도마복음에서는 거의 나타나지 않는다. 그런 거룩하지만 속되기 그지없는 개인적인 욕심 대신, 도마복음은 사람의 가슴마다 빛으로 계시는 하느님을 아는 것, 이것을 깨닫는 '깨달음'을 통해 내가 새 사람이 되고 죽음을 극복할 수 있다는 것을 계속해서 강조한다.

오강남 교수는 도마복음을 '하느님 나라'를 강조하면서 예수를 따르는 자들이 어떻게 살 것인지를 다루는 현실 복음이라고 정리한다. 영지주의의 영향을 받았다고 판단하여 지금까지 외경으로 치부되었던 도마복음을 새로운 시각으로 해석한 오쇼처럼, 오강남 교수는 도마복음이야말로 예수를 믿는 사람들에게 믿음을 넘어 깨달음(gnosis)을 추구한 진정한 예수를 만나게 해 준다고 해석한다. 오강남 교수는 선불교에서 사용하는 '화두(話頭)'니, '공안(公案)' 같은 것들은 인간이 갖고 있고 매달리고 있는 상식적인 의식에 교묘하게 혼란을 주기 위한 방편일 수밖에 없다고 말한다. 혼란을 극복하고 성경도 읽고, 불경도 읽어 내면, 그들이 말하는 말씀의 깊은 뜻을 깨닫게 되고, 이어 놀라게 된다는 것이다. 그쯤 되어야 완전히 새로운 세계가 읽는 그들에게 열릴 수 있고, 이전에는 볼 수 없던 것이 보이기 시작하게 된다. 그것이 그야말로 '놀라운 은혜'라는 것이다.

도마복음을 성경책의 문자대로 오역하며 신화를 곡해하며 그것을 기독교의 본질이라고 호도하고 있는 목회자들과 상당할 정도로 괴리있게 읽어 내는 오 교수는 도마복음의 말씀은, 바울이 말하는 "나는 날마다 죽노라."의 경험이라고 해석하고 있다. 도마복음에서 강조하는 깨달음은 출판된 성경의 자귀에 매달리는 어떤 이들에게는 평생에 단 한 번 오는 일생일대의 대사건일 수도 있겠지만, 복음의 소리를 생활로 삼는 사람들에게는 일상적인 경험이라는 것이다. 도마복음에서 강조하는 깨달음은 일회적으로 그치기보다는 매일, 매순간 깨달음의 연속을 맛보며 신나게 사는 삶, 매사에서 죽음과 부활의 연속을 체험하며 사는 삶을 만들어 내는 사건이라는 것이다. 옛 편견을 벗고 새로운 빛으로 들어서는 것, 산을 올라가며 점점 널리 전개되는 풍광을 내려다보며 계속적으로 외치는 '아하! 경험, 모두 깨침의 경험'이며, 그것이야말로 '훌륭한 종교적 가르침'이라고 말한다. 그는 잇대어 "언제나 안전 지역에서의 편안한 삶, 모든 것을 당연한 것으로 여기는 삶만을 보장하는 종교는 우선 편할지 모르지만 우리의 성장과 발돋움에 도움이 되지 않는다. 선불교에서 사용하는 '화두(話頭)'나 '공안(公案)'도 우리의 상식적인 의식에 혼란을 주기 위한 것이라 하지 않는가. 이런 초기의 혼란을 극복하고 말씀의 더욱 깊은 뜻을 깨닫게 되면 놀랄 수밖에 없다. 완전히 새로운 세계가 열리는 듯하다. 전에는 볼 수 없던 것이 보이기 시작한다. 그야말로 '놀라운 은혜'이다."

예를 들어, 도마복음서 26절과 공관복음서(마태복음과 누가복음) 모두 "다른 사람의 티는 잘 보면서, 자기 안의 들보는 못 본다."는 예수의 말씀이 있다. 예수께서 말씀하셨다. "형제의 눈 속에 있는 티는 보고 여러분 눈 속의 들보는 깨닫지 못합니까? 먼저 여러분 눈 속에 있는 들보를 빼면, 그 후에는 밝히 보고 여러분 형제의 눈 속에서 티를 뺄 수 있을 것입니다(도마복음 26절)." 마태복음(마태복음: 7:3-5)은 '위선자'라는 단어를 추가하여, 예수의 가르침을 강조하고 있다. "어찌하여 너는 남의 눈 속에 있는 티는 보면서, 네 눈 속에 있는 들보는 깨닫지 못하느냐? 네 눈 속에는 들보가 있는데, 어떻게 남에게

'네 눈에서 티를 빼내 줄 테니 가만히 있거라' 하고 말할 수 있겠느냐? 위선자야, 먼저 네 눈에서 들보를 빼내어라. 그래야 그때에 눈이 잘 보여서, 남의 눈에서 티를 빼 줄 수 있을 것이다."[참고: 오강남 (2009). 또 다른 예수. 서울: 예담]

18) 참고: 안토니오 네그리(1997). 야만적 별종-스피노자에 있어서 권력과 역능에 관한 연구(역). 서울: 푸른숲.

19) 자연과학이 밝히고자 하는 우주의 실상과 영성론이 파악하고 있는 존재의 실상은 다른 것 같지만, 같은 것이라고 대답하는 주커브(Gary Zukav) 박사는 그동안 윌리엄 제임스, 칼 융, 벤저민 워프, 닐스 보어, 앨버트 아인슈타인 같은 이들이 그런 사실을 알았음에도 불구하고, 학자로서 그것을 가슴에 담은 채 겉으로 드러내지는 않았을 뿐이라고 주장한다. 주커브는 에너지가 물질로 바뀌는 양자역학의 원리 그대로, 육신을 가진 인간은 영혼(soul)이 물질로 바뀌어 있는 상태라고 말한다. 영혼이 물질, 즉 인간의 모습으로 출현하게 되는 것은 카르마라고 하는 업에 자신의 선택이 끊임없이 반복됨으로써 보다 높은 영적 수준으로 상승하기 위한 준비이기에 그렇다는 것이다[참고: 게리 주커브(2000). 영혼의 의자(역). 서울: 나라원].

20) 서명원 신부의 본명은 베르나르 세네칼, 프랑스인이다. 1984년 예수회 한국 지구로 파견돼 한국에 첫발을 내디뎠고 사제품을 받기 위해 프랑스로 돌아간 몇 해만 제외하곤 꼬박 19년을 한국에서 보냈다. 그는 2005년부터 서강대 종교학과에서 불교를 가르치고 있다. 자신의 법명인 '천달(天達)'은 스승인 법경거사가 지어준 법명이다. 한국 불교와 성철 스님의 말씀에 매료돼 한국 불교에 대한 석·박사 논문을 썼다. "어떤 분들은 성철 스님으로 한국 불교를 배우는 것을 두고 첫 단추를 잘못 끼웠다고 말하기도 하지만, 성철 스님은 제가 그리스도의 경전을 새롭게 조명할 수 있는 빛을 제공해 주었다."고 단언하는 그는 그리스도교와 불교가 여러모로 상당히 가깝다는 것을 느끼는 신부다. 말하자면, 그는 개인적으로 간화선(看話禪) 수행을 하면서 유일신에 대한 이해가 더 깊어졌는데, 그것은 최후의 만찬을 마친 후에 예수님은 제자들에게 이렇게 말씀하신 것을 보아도 그것은 간화선의 한 장면이라는 것이다. 즉, 요한복음 16장 7절에 나오는 "내가 떠나는 것이 그대들에게 이롭습니다."는 구절은 어느 선사의 간화선 그 이상의 화두라는 것이다[참고: 이지선, 최희진(2009). 선입견 버리고 이웃 종교에 귀 기울일 때 화해는 싹틉니다. 경향신문. 2009년 3월 12일자].

기독교의 핵심은 예수를 붙드는 것이 아니라 예수에게 붙들리는 것이라고 강조하는 서명원 신부는, 신약성서에 돈오돈수(頓悟頓修)와 돈오점수(頓吾漸修)가 모두 포괄돼 있는 것으로 해석한다. 그는 그의 박사 학위 논문에 단박에 깨쳐서 깨달음이 이뤄지는 돈오돈수는 그리스도에 해당하고, 점진적 수행을 거쳐 깨달음에 이르는 돈오점수는 예수의 제자에게 나타난다고 기술했다. 신부인 그는 불교를 통해서 새로운 개념을 얻었다고 강조한다. 개념은 마치 열쇠와 같은데, 열쇠가 있어야 잠긴 문을 열 수 있다는 것이다. 불교를 통해 찾아낸 그 열쇠로 그리스도교의 경전을 해석해 들어가니, 그동안 이해가 되지 않던 성경의 내용들이 새롭게 이해되기 시작했었다는 것이다.

기독교에서 말하는 하느님의 세계는 말로써는 표현할 길이 끊어진 바로 언어도단(言語道斷)의 현실일 뿐이기에, 그것은 인간의 말로써는 이해하기가 불가능한 세계일 뿐이다. 말로써는 한계가 있기 마련인 예수의 본체와 본질을 어찌 알고 사람들이 예수를 포로로 만들어 버리려고 하는지 그는 알 수 없다고도 했다. 기독교인들의 주위를 살펴보면 이내 나타나는 것이 있다. 그것은 믿는다는 자마다 하나씩 붙잡았다는 예수는, 예수 그 본체가 아니라 각자가 자기 편하게 만들어 놓은 우상들이라는 점이다.

예수를 제대로 알기 위한 기독교인일수록 예수에게 붙잡히는 기독교인으로 거듭나야 하는데, 그렇게 하기 위해서는 더욱더 예수에 대한 모든 상(相)으로부터 벗어나야 한다는 것이 그의 기독교관이다. 그렇게 벗어나는 길을 '부정의 길'로 나아가는 방법이라고 하는데, 그것은 이미 불교에서도 강조하는 일체의 상(相)에서 벗어나는 길과 같은 것이다. 붓다를 깨닫기 위해서는 필요하다면 붓다도 죽이고, 조사도 죽여 버려야 하는 그런 길로 나아가는 방편이 기독교에도 응용되어야 비로소 기독교인들이 원하는 예수가 바로 보이게 되고, 그때부터 예수에게 붙잡히게 된다는 것이다.

성경을 읽으면서 궁금하던 구절 중의 하나는 고린도전서 15:45의 구절 같은 것이다. 즉, "그러므로 성경에 기록된 대로 첫 사람 아담은 산 혼이 되었지만, 마지막 아담은 생명 주는 영(靈)이 되었다(So also it has been written, "The first man, Adam, became a living soul." The last Adam became a life-giving spirit)."는 구절이었다. 이 구절을 통해 사도 바울에게 정말로 무엇이 화두였는지가 늘 궁금했었다. 고린도전서 15:45 구절에 대한 여러 신학자들의 해석에 대한 종결은 언제나 하나로 모아지게 마련이었기에 더욱더 그랬었다.

저들이 지니고 있는 종교적 신앙심은 늘 그들을 자발적으로 구속하기 때문에 하나를 향한 해석상의 무리함이나 모호함, 그리고 결정론적 해석으로 이끌어가기 위한 서두름이 있기 마련이다. 그런 조바심은 같은 성경구절을 읽을 때에도 하나의 강박감처럼 그들의 해석을 몰아가게 만들어 놓곤 한다. 고린도전서 15:45에 대한 문자적 서술 역시 새로 번역되는 성경마다 조금씩 달랐던 것도 모두 그런 연유에 기인하는 것 같아 보이기조차 했었다. 예를 들자면, So it is written. "The first man Adam became a living being."; the last Adam, a life-giving spirit.(New International Version, 1984); So also it is written, "The first man, Adam, became a living soul." The last Adam became a life-giving spirit.(New American Standard Bible, 1995); This, indeed, is what is written. "The first man, Adam, became a living being." The last Adam became a life-giving spirit.(International Standard Version, 2008); This is what scripture says. "The first man, Adam, became a living being." The last Adam became a life-giving spirit.(God's Word Translation, 1995); And so it is written, The first man Adam was made a living soul; the last Adam was made a quickening spirit. (King James Bible); And so it is written, The first man Adam was made a living soul; the last Adam was made a quickening spirit.(American King James Version); So also it is written, The first man Adam became a living soul. The last Adam became a life-giving spirit.(American Standard Version); And so it is said, The first man Adam was a living soul. The last Adam is a life-giving spirit.(Bible in Basic English); The first man Adam was made into a living soul; the last Adam into a quickening spirit.(Douay-Rheims Bible); Thus also it is written, The first man

Adam became a living soul; the last Adam a quickening spirit.(Darby Bible Translation); So also it is written, The first man Adam became a living soul. The last Adam became a life-giving spirit.(English Revised Version); And so it is written, The first man Adam was made a living soul, the last Adam was made a vivifying spirit.(Webster's Bible Translation); So also it is written, "The first man, Adam, became a living soul." The last Adam became a life-giving spirit.(World English Bible)에 이르기까지, 다르지만 서로 비슷했고, 비슷했지만 서로 조금씩 달랐다. 이들 성경과는 달리 Weymouth New Testament는 "첫 사람 아담은 살아 움직이는 짐승이 되었지만, 마지막 아담은 생명 주는 영이 되었다(In the same way also it is written, "The first man Adam became a living animal; the last Adam is a life-giving Spirit.")."라고 번역해 놓았다. Young's Literal Translation 역시 "첫 사람 아담은 살아 있는 생물이 되었지만, 마지막 아담은 생명을 보장하는 영이 되었다(so also it hath been written, 'The first man Adam became a living creature' the last Adam is for a life-giving spirit)."라고 번역함으로써 서로 다른 두 아담의 모습에 대한 의미를 극적으로 대비시켜 놓았다. 이런 해석들은 한 가지 결론에 이르기 마련이다. 말하자면 크리스토는 신이 지배하는 영이고, 아담은 그 크리스토가 내재하여 그것으로 그를 살아 있게 만드는 영이라는 뜻으로 모아지지만(Christ is called a spirit, by reason of that most excellent nature, that is to say, God who dwells in him bodily, as Adam is called a living soul, by reason of the soul which is the best part in him), 그런 뜻은 모두가 한 가지 점을 강조하기 위한 것으로 보인다. 즉, 아담은 바로 신이며 동시에 인간이라는 것을 암시하기에 충분하다.

몸을 갖고 태어난 아담이라는 존재는 무한한 영의 존재인 동시에 유한한 축생이라는 두 가지 양태를 분명하게 지시하는 것이 고린도전서 15:45라면, 인간의 운명은 자기 하기 나름이라는 것을 사도 바울은 알려 주려고 했던 것이 아니었는가 하고 생각하기에 이르게 된다. 서명원 신부는 예수 그리스도께서 명상 생활을 얼마나 열심히 행했는지, 명상의 생활이 예수와 어느 정도로 밀착되었는지를 재확인해야 한다고 증언한다. 예수가 요한에게서 세례를 받을 때 '홀연히 하늘이 열리고 하느님의 성령이 비둘기 모양으로 당신 위에 내렸다(마태복음 3:16)'고 한 구절에서 읽을 수 있는 것처럼 '비둘기 모양'은 비유적 표현인데 예수는 비로소 그 순간 완전히 마음이 열리기 시작했다는 것이다. 기독교인이 불교와 같은 종교를 통해서 재발견할 수 있는 것이 있다면, 기독교는 깨달음의 종교로써의 그리스도교이어야 한다고 강조하는 서명원 신부는 기독교에서도 교리가 먼저가 아니라 체험이 먼저여야 한다고 강조한다. 그 체험이 우선했을 때 비로소 기독교인은 성령 안에서 살아가기 시작할 수 있다는 것이다. 신학을 아무리 많이 알아도, 독일이나 로마에서 박사 과정을 마쳤다 해도 성령 안에서 살지 못하면 소용이 없을 뿐이며, 그저 그것은 말로만 신앙하는 장난일 뿐이라는 것이다. 교리를 모조리 암기한다고 해도, 예수에게 붙잡히는 체험이 없는 것들은 기독교와는 거리가 먼 것들일 뿐이라는 것이다.

21) 서명원 신부의 생각을 넘어서는 이야기를 했던 기독교 목사들도 한국에는 이미 한둘이 아니다. 그런 분 중의 한 사람이 바로 다석 류영모의 제자인 김흥호 목사 같은 분이다. 구순의 기독교 영성가인 김흥오

목사는 유불선의 깊은 이해 위에서 성경을 이해할 때, 예수의 진정한 모습을 읽어 낼 수 있다고 강조한다. 기독교에서 말하는 그리스도라는 것은 바로 '눈을 뜬 사람'이라고 해석하는 김 목사는 그리스도가 눈을 뜬 사람이고, 그리스도가 일어선 사람이고, 그리스도가 걸어간 사람이라고 말한다. 진리와 나와의 관계에 있어서 눈을 뜨는 게 통일, 일어서는 게 독립, 걸어가는 게 자유인데, 그리스도는 바로 그 통일과 독립, 자유를 보여 주는 성인의 특성을 모두 지니고 있다는 것이다.

"성인(聖人)은 모두 눈을 뜬 사람이다. 예수도, 공자도, 석가도 다 눈 뜬 사람이다. 눈 감고 사람을 인도하는 건 없다. 나는 석가를 사랑한다. 불교도가 석가를 사랑하는 것보다 조금 더 사랑한다." 그래서 김홍오 목사는 불교도 배우고, 유교도 배우고, 도교도 배워야 한다는 것이다. 법화경, 화엄경이 무엇인지, 그것이 무엇을 가르치고 있는지를 기독교인도 알아야 하는데, 그것은 불교를 깊이 알면 기독교에 대한 이해도 쉬워지기 때문이라고 김홍오 목사는 말하곤 한다.

김홍오 목사는 노자(老子)가 말하는 무위자연의 속성을 '나알 알나'라고 풀이한다. 즉, 나를 알면 앓다가 낫는다로 바꾸어 그것의 의미를 풀어내고 있다. 무위자연이라는 것이 바로 나를 알게 하고, 그 앎을 거치는 동안 나를 치유하게 만드는 원리이기에, 삶의 그 모든 것과 연관되어 있다는 것이다. '나'를 안다는 것, 그것이 바로 철학이며, 앓다가 나았다는 것, 그것이 바로 도덕이기에 철학에서 도덕이 나오게 마련이다. 그 철학과 도덕을 합치면 '종교'가 된다. 종교가 그렇게 지행합일이 돼야만 하는 이유는 건강한 정신과 건강한 육체를 가질 수 있기 때문이라는 것이다[참고: 김홍오(1982). 사랑보다 아름다운 것. 서울: 까치].

22) 선(禪)은 여기서 마음 치유의 원형을 말한다. 단순히 이윤 극대화의 목적으로 행하는 정신 수련이나 마음수련과는 달리 받아들여야 한다. 문화 기업이라고 했을 때 그 문화 기업은 기업의 상품과 철학을 문화 예술의 발전이나 문화 복지 향상에 연결시키는 문화 마케팅을 지칭하지만[참고: 남정숙(2008). 문화기업의 비밀: 컬처노믹스 시대의 문화마케팅. 서울: 한국메세나협의회], 그것이 기업의 마케팅 전략을 벗어나면 우리 일상생활에서 늘 접하게 되는 명상이나 마음 다스리기 같은 것을 상품화시켜 이윤 극대화에 걸어 놓는 기업 같은 것을 지칭한다. 혹은 종교 단체 성격을 갖고 사람들의 마음을 혹세무민하고 있는 정신/마음/수련원이 내세우는 치료법과도 무관하다. 대중 매체들은[참고: 신재우(2009). 엽기적 행각 수련원 회원 무더기 입건. 연합뉴스. 2009년 12월 17일자], 광주의 한 정신 수련원 원생들이 원장 살해를 기도하고 원생들끼리 성관계를 강요하면서 일종의 마약을 투약한 혐의 등으로 경찰에 무더기로 입건했다는 보도를 한 바 있는데, 우리가 말하는 마음과 몸의 조화를 위한 '몸' 다스리기는 이런 마음 다스리기를 최대한 활용하는 기업의 이윤 추구적인 비리 행위와도 무관하다. 동아일보의 한상진 기자는 정신이나 마음 혹은 뇌 훈련 같은 것을 상품화시켜 전세계적으로 성공하였지만, 반대로 사회 문제 역시 성공 그것만큼 따라붙어 다닌다고 본 한 문화 기업의 예로 단월드를 들고 있다. 단월드를 문화 기업[참고: 한상진(2010). 대해부 단월드. 신동아. 2010년 1월 1일자]이라고 부르는 한상진 기자는 문화 기업인 단월드의 속사정, 말하자면 문화 기업 단월드의 창업자인 이승헌 씨를 중심으로 연관된 수많은 인간적인 문제와 문화 기업 단월드의 기업으로서의 문제를 파헤치고 있다. 그의 책 『힐링 소사이어티』

에서 스스로 21일 동안 산 위에 살면서 안 자고 안 먹고 물 없이 살았다는 말을 전하는 단월드의 창업자인 이승헌 씨는 그에게 나타났던 날카로운 두통이 마침내 깨달음으로 무너졌는데, 그때의 마음인 천지마음이 바로 자기의 마음이었고, 천지 기운은 자기의 기운이었다고 말한 바 있다. "내 몸은 내가 아니고 내 것이다. 내 마음은 내가 아니라 내 것이다."라고 이야기 한[참고: 이승헌(2008). 힐링 소사이어티. 서울: 한문화; Shepard Maggie(2006). Dahn Yoga stretches into controversy. Tribure Reporter. March 15, 2006] 이승헌 씨는 단월드에 소속한 제자들에게는 영적인 부모이자 천지 기운의 실체이며 삼보(三寶)의 중심으로 절대화된다. 이승헌 씨가 내세우는 문화 기업의 학문적 논리는 뇌 호흡이다. 무한한 뇌의 가능성을 열어가는 방법인 뇌 호흡은 뇌의 에너지 순환을 원활하게 함으로써 뇌에 충분한 혈액과 산소가 공급되게 하는 방법이라는 것이다. 예를 들어, 가만히 앉아 외부의 자극을 차단하고 자신의 머릿속의 뇌에 집중한다. 그리고 상상을 한다. 내 두 손에 나의 뇌를 받쳐 들고 깨끗한 물이 쏟아지는 폭포 아래로 간다. 떨어지는 폭포물에 나의 뇌를 구석구석 잘 씻어 준다. 뇌에 붙어 있는 모든 나쁜 찌꺼기들을 시원하게 모두 없애 준다. 충분히 높은 압력의 폭포수 세척이 끝나면 깨끗하고 새로운 나의 뇌를 내 머리에 다시 넣는다. 나쁜 생각이나 감정이 생길 때 그것이 자신을 지배하도록 내버려 두지 말고 이렇게 씻어서 흘려보내는 연습을 자꾸 하다 보면 자신의 감정을 스스로 조절할 수 있게 만드는 방법이 뇌 호흡이라는 것이다. 그러나 이런 뇌 호흡방법은 방송위원회로부터 '의학적·과학적 근거가 없는' 것이라고 결정해, 뇌 호흡에 관한 일련의 광고는 공공장소인 지하철에서 철거하게 되었다. 뇌 호흡이라는 명칭을 쓰지 않는다고 하더라도, 사람의 몸과 마음을 자기 스스로 치유하는 데 도움을 주는 삶살이 방법들이 있음을 정신과학자들이 증거하고 있다.

그것은 초기 뇌 과학과는 달리 현대화된 신경과학의 연구의 결과, 말하자면 '신경의 지속적 형성성'에 기초한다. 인간의 뇌신경세포들을 지속적으로 발달과정을 거치면 성장, 발달한다는 것이다. '신경 형성성(neuroplasticity)'의 개념을 받아들이면서 뇌 발달이 전 생애에 걸쳐 가능함을 알게 되고, 그것을 활용하여 사람들이 일상적으로 겪는 신경성질환을 치유하는 방법들이 개발된 것이 사실이다. 신경 형성성을 활용하는 명상이나 참선과 같은 방법들은 의학적으로도 현대인이 흔히 겪는 외상 후 스트레스장애(post-traumatic stress disorder)에 치료력이 높은 처방으로 채택되고 있는 실정이지만, 그것은 뇌의 천지 개벽적 발달이나 성장을 유도하는 일종의 뇌 발달론과는 그 성격이 다르다.

일반적으로 삶의 일상에서 나타나는 외상 후 스트레스 장애는 신체적인 손상과 생명의 위협을 받은 사고에서 사람들이 정신적으로 충격을 받은 뒤에 흔하게 나타나는 신경질환이다. 말하자면, 천재지변, 화재, 전쟁, 신체적 폭행, 강간, 자동차·비행기·기차 등에 의한 사고, 소아 학대와 같은 일상생활에서 흔하게 경험할 수 없는 사건들을 겪고 나면, 외상성 스트레스 증상이 나타나는 시기는 개인에 따라 서로 다르게 된다. 그 증상들은 충격 후 즉시 시작될 수도 있고 수일, 수주, 수개월 또는 수년이 지나고 나서도 나타날 수 있다. 증상이 1개월 이상 지속되어야만 외상 후 스트레스 장애라고 하기도 하지만, 그 증상이 한 달 안에 일어난 후 지속 기간이 3개월 미만일 경우에는 정신의학적으로 급성 스트레스 장애로 분류한다.

23) 김홍오 목사는 나와 하느님 사이의 담벼락을 허무는 시간 제단을 체험할 때 비로소 4차원으로 회귀할 수 있게 된다고 주장한다. '하느님'과 '나' 사이의 담벼락을 깨야 한다. 그 담벼락이 뭔가. 바로 '죄'다. 탐욕과 식욕, 성욕 같은 욕망이 모두 담벼락이다. '하느님'과 '나'를 막고 있는 담벼락이다. 그걸 치워 버려야 '하느님'과 '나'는 하나가 된다. 그게 바로 율곡(栗谷) 철학의 핵심이기도 하다. 둘이 하나가 되고, 하나가 둘이 되는 것이다[참고: 김홍오(1982). **사랑보다 아름다운 것**. 서울: 까치].

24) 화쟁론은 종교의 관점에서 보면, 공설(空說)에 대한 외도의 비판을 배격하여 일체의 법이 공이고 무체(無體), 즉 무자성(無自性)임을 논함으로써 부처의 진면목을 드러내는 사유다. 붓다가 일렀던 것은 붓다 자신과 붓다가 행한 설법 내용을 포함한 일체가 무상(無常)하고 무아(無我)인 것들이며, 연기(緣起)하는 것들임을 강조하는 것이었다. 붓다가 그것을 그렇게 이야기한 것은, 자기가 말한 연기법 등을 통하여 어느 한쪽으로 치우치지 않는 비고비락(非苦非樂)의 중도(中道)로서 정각(正覺), 열반에 이를 수 있다는 것을 아주 간단명료하게 일러 주기 위한 것이었다.

나가르주나는 붓다의 가르침대로 나〔我〕와 너〔非我〕, 물질과 정신, 육체와 영혼, 실체와 과정, 단일과 다수, 긍정과 부정, 동일과 차별, 삶과 죽음처럼 독단적이고 배타적인 이원론을 피하고 붓다의 참된 정신인 중도를 따르기 위해 회쟁을 사유한 것이다. 영원불변하며 단일한 실체는 개념이나 말을 실체화한 것에 지나지 않는 하나의 허구에 불과하다는 것을 알고, 실행하는 것이 바로 붓다의 길, 열반의 길, 정각의 길이라는 것을 보여 주려고 한 것이다. 그것을 위해 모든 존재는 원인과 조건에 의하여 생겨났기 때문에, 다른 것에 의존하는 복합적인 존재일 뿐이라는 것이다. 그런 의존적이고 복합적인 존재는 존재론적으로 무상(無常)한 것이기에, 영원불변한 실체는 있을 수 없다. 결국, 모든 존재는 실체가 없으며 공(空)한 것일 뿐이다. 공(空)이라는 용어는 텅 빈 상태, 공한 상태를 가리키는 것으로써 초기 경전에서 무상과 무아의 결과로 얻어지는 삼매의 상태를 표현하는 개념으로 사용되었던 것인데, 이때 말하는 공이라는 개념은 마치 장작더미에 불을 붙이기 위해, 그중 한 장작을 불쏘시개로 삼아 뒤적거리면서 태운(空) 후, 마지막에는 불쏘시개로 쓴 그 장작마저도 불길에 던져 버려야(空空) 장작불이 소진되는 상황을 묘사하는 개념이다. 이때 불쏘시개로 쓴 장작에 해당되는 것이 바로 공이다. 공이 있으면 항상 또 다른 공이 따라붙기에, 공(空)은 공공(空空)의 관계로 나열되게 마련이다.

이런 표현들은 붓다의 말씀을 훼손해서 붓다의 진의를 실현한다라는 논리를 극명하게 보여 주고 있을 뿐이다. 분별적 사고를 소멸시킴으로써 열반의 논리를 드러내며 실현하게 하는 반논리의 논리가 무엇인지를 보여 주고 있다. 용수의 회쟁론은 이 세상에 존재하는 사물, 사태, 언어와 같은 존재 그 자체를 부정하는 것이 아니다. 단지 그것들에 대한 태도를 수정하고, 시정하려고 하는 것이다. 그래서 '공'마저 '공'하다고 선언하기에 이른다. 어떤 것도 실체화할 수 없다는 것이며, 어떤 것에도 정해진 것이 있을 수 없으며, 모든 것은 연기적(緣起的) 조건에 따라 이렇게 저렇게 달라질 뿐이다. 모든 실체적인 것, 불변이라고 여겨지던 것이 사라짐으로써 모든 것은 가변적인 상태에 있을 뿐이다. 변화를 만드는 행동이나 사유가 의미를 갖게 되는 것은 바로 그때이지만, 그것 역시 공할 뿐이다[참고: 용수(1999). **회쟁론** (역). 서울: 경서원].

말하자면 나가르주나가 논하는 회쟁론에서 보면, 원인과 결과라는 개념 자체도 성립할 수 없다. 원인과 결과가 다르다면 이미 원인은 더 이상 원인이 아니며, 결과 역시 원인과 같다면 결과는 더 이상 결과가 아니며, 오로지 그것은 원인 그 자체일 뿐이다. 있음과 없음은 물론이고 생성과 괴멸, 시간, 감각, 행동과 주체 등이 공해지기만 한다. 모든 것은 있다고 할 수도 없고, 없다고도 할 수 없는 것이기에 무엇을 딱 짚어 말할 수 없음을 뜻한다. 붓다가 늘 비유로 들었듯이, 강물은 한 번 지나가면 이미 흘러간 것이기에 그 출발이 있을 수 없다. 지나간 것은 지나간 것이기 때문에 그렇다. 그렇다고 아직 지나가지 않은 것에도 출발은 있을 수 없다. 아직 오지도 않은 것이기에 그 출발이 어디이며 어떤 출발이 있다고 이야기할 수도 없기 때문이다. 지나가고 있는 것에도 그 출발은 없는 것이다. 그것, 지나가는 것 마저 이미 지나가고 있기 때문이다. 출발하지 않은 것이 무엇을 지나갈 수는 없는 노릇이기 때문에 어떤 것도 지나가지 않는 것이다.

나가르주나의 회쟁론에서 발견되는 논리는 상대방의 주장이나 가정을 옳다고 가정한 뒤, 그 가정에 따라 추론해서 원래의 주장을 반박하는 새로운 결론을 끄집어 내는 방식을 취한다. 회쟁론적 논리는 논리학에서의 '귀류법'과도 다르다. 논리학에서의 귀류법은 옳다고 가정한 것이 모순된 결론에 도달함을 보여 주기 때문에, 그 반대의 가정을 쉽게 취하게 된다. 말하자면, 어떤 명제가 참임을 직접 증명하는 대신 그 부정명제가 참이라는 가정 아래서 결국 그것이 모순에 귀결한다는 것을 지적하여 간접적으로 원명제가 참이 아니면 안 된다는 것을 주장한다.

그 귀류법과는 조금 다르게, 나가르주나는 귀류법에서 취하는 반대의 가정도 아예 취할 수 없게 만들어 버린다는 점에서 아주 다르다. 이다/아니다, 있다/없다, 그 어느 것도 취할 수 없는 극단의, 그리고 난감한 상태로 몰아가 버린다. 수학적 귀류법은 확실한 것은 확실하게 드러내는 논리를 취하지만, 용수는 그동안 확실하다고 믿었던 것마저도, 아예 모든 것을 부인해 버리고, 해체해 버린다. 결국, 자기가 수립한 것 역시 다시 모조리 부정해 버림으로써 절대적인 것을 절대적인 것으로 실현하도록 만들어 간다. 그동안 어느 하나가 옳다고 이야기하거나 그렇게 믿었던 것에 대한 극적인 전환을 가져오게 만드는 계기를 만들어 놓는다.

25) 원효에게는 이렇다 할 특이한 스승도 없었지만, 사실 그에게 스승이 아닌 사람도 없었다. 모두가 그에게는 스승이었기 때문이다. 원효는 불교 내에서도 어느 한 분야만을 고집하거나 매달린 사람도 아니었다[참고: 김원명(2008). **원효: 한국불교철학의 선구적 사상가**. 서울: 살림]. 무애의 자유인이 되기 위해서는 원효의 원음(圓音)론이 도움이 된다. 원효가 말하는 원음을 이해하기 위해 바닷물을 생각해 볼 수 있다. 바닷물은 원음(原音)이라고 보면, 바닷물의 짠 속성은 원음(圓音)이라고 부른다. 즉, 바닷물의 짠맛은 짠맛의 근거인 바닷물이라는 원음(原音)의 원음(圓音)이라고 부른다. 바닷물은 어느 곳에서 가져오던, 바닷물의 맛은 늘 짜다. 바닷물은 바다에 속할 뿐이다. 바닷물이 전체는 아니다. 그 바닷물을 담고 있는 바다 역시 바다에서는 전체이지만, 그 어떤 바다도 이 세상의 전체가 될 수는 없다. 그 바다는 또 다른 큰 것, 말하자면 자연의 한 부분일 뿐이다. 그렇게 되면, 원음(原音)이라고 불렸던 지금까지의 짠맛을 내게 만든 바닷물은 원음(原音)이 아니라, 바닷물의 짠맛과 같았던 원음(圓音)이었음이 이내

드러난다. 즉, 바닷물을 지배하는 자연이 원음(原音)이기에, 그것을 구성하는 바다는 하나의 원음(圓音)이 될 뿐이다.

자연이라는 큰 열반 속에서 바다라는 원음(圓音), 바위라는 원음(圓音), 인간이라는 원음(圓音), 대학원생이라는 원음(圓音)들이 즐비하게 널려있게 될 뿐이다. 본래의 소리 원음(原音)을 간직한다면, 무엇이든 그 하나를 잃지 않으며 자유롭게 펼쳐지게 된다. 그렇게 펼쳐질 때마다 새롭고 자유로워질 수 있다. 또 그때마다 오래된 소리가 늘 새롭게 울려 나오게 된다. 이것이 바로 오래된 새로움의 소리, 새롭지만 오래된 소리다. 이렇게 오래된 새로운 소리, 새롭지만 오래된 소리로 삶을 살아가는 사람이 바로 무애의 자유인으로서 살아갈 수 있는 자질을 갖춘 사람이 될 수 있는 것이다.

26) 화쟁론의 성격을 정치적으로 파악하면, 그 옛날 신라인이 서로의 생각을 모았던 정치 결정 방식인 화백회의의 원리였다는 점에서, 서로 다른 정치적 긴장과 갈등의 화합을 위한 정치 제도임을 알게 만든다. 원래 신라에서 화백회의는 원시집회소였다. 이것이 후대에는 하나의 국가 체제의 성립에 따라 발달된 의사결정 방식이 되었다. 처음에는 6촌(村) 사람들이 모여 나라의 일을 의논하기 시작한 촌장회의가 나중에는 진골(眞骨) 이상의 귀족이나 벼슬아치의 모임으로 변하였다. 군신(君臣) 합동회의, 귀족회의, 또는 백관(百官)회의의 성격을 띠게 된 화백회의에 대한 흔적은 수서(隋書) 신라전(전문: 其有大事, 則聚群臣, 詳議而定之) 그리고, 당서(唐書) 신라전(전문: 事必與衆議, 號和白, 一人異則罷)에 기록되어있기도 하다. 화백회의는 국가에 중대 사건이 있어야 개최되고, 회의의 참석자는 군관(群官: 百官)인데 회의에서 1명의 반대자가 있어도 의안(議案)이 통과되지 않는 전원 일치 회의 체제가 화백회의였다.

전원 합의 체제인 화백회의의 의사결정은 고루함, 두루함, 어울림, 하나됨의 4원리를 따른다. 첫째로 참여자들의 의견을 골고루 반영하는 고루함의 속성, 둘째로 두루함의 속성, 말하자면 서로 다른 주장 간의 극단적인 대립을 피하기, 셋째로 타협과 양보를 해나감으로써 서로 어울리도록 하는 어울림의 원리, 마지막으로 발언이 어느 한 사람에 의해 독점되지 않는 하나됨의 원리를 근간으로 평등 참여를 실현한다. 화백회의에서 도달하는 만장일치는 무조건 하나의 의견으로 모으는 것이 아니라, 참여자들의 모든 의견을 충분히 듣고 그것 중에서 좋은 생각을 하나로 아우르는 합의 정신을 강조한다. 그런 합의 정신은 신성한 마음을 의미하는 것이고, 그 신성한 마음이 바로 한마음이 된다. 서로 다른 의견들, 말하자면 참여자들의 모든 의견은 모두가 다르게 보여도 서로에게는 마땅함을 지니고 있는 한마음의 조각들일 뿐이다. 모든 의견이 겉으로는 서로 모순되는 것처럼 비출 수는 있어도, 그렇게 다르게 보이는 의견들은 모두가 하나의 큰 뜻에 어울리도록 나온 신성한 것들이다. 굳이 허락되고, 허락되지 않는 것이라고는 없다. 모두가 통하게 되어 있다. 모두가 합치되도록 되어 있다. 모두가 조화되고 통일되도록 되어 있을 뿐이다. 그런 것을 화백회의에서는 만장일치라고 했다. 만장일치가 바로 원효의 화쟁사상의 주류다. 주장이 있고, 그에 따른 서로 다른 생각이 나오고, 그 후 다툼과 갈등이 있게 될 때는 어김없이 한 가지 사실이 보인다. 상대방이 내세우는 주장이 의미가 있다는 사실과 함께, 그 의미 있음에는 반드시 한계도 있게 마련이다는 것을 알 수 있다. 이 모두에 깨어 있기만 하면, 화쟁(和諍)은 따라 나오게 되어 있다.

화쟁의 이중성은 정치적으로는 일원성도 이원성도 아니다. 그것은 '하나도 아니고 둘도 아닌, 불일이
불이(不一而不二)' 관계를 말함으로써 서로가 하나됨을 설득한다. 원효에 따르면, '같음(同)은 다름
(異)에 의해서 같음을 분별한 것이고, 다름은 같음에 의해서 다름을 해명한 것이므로, 같음에서 다름을
해명하는 것은 같음을 나누어서 다름이 되는 것이 아니고, 다름에서 같음을 분별하는 것은 다름을 녹여
서 같음이 되는 것이 아니다.' 같음을 쪼개서 다름이 되는 것이 아니고, 다름을 녹여서 같음이 되는 것
이 아니기에, 같음과 다름은 서로 다른 차이 속에서 한 쌍으로 같이 동거하는 사이일 뿐이다. 같음과 다
름은 결코 변증법적으로 모순 관계가 아니다. 그것은 오로지 세상의 근원적 사실이 상생과 상극의 이중
성처럼 동근일 뿐이다. 도척의 본성이 바로 부처의 본성이며, 부처의 자비가 살인자의 자비일 뿐이다.
화쟁에서 말하는 화(和)는 합한다거나 통일된다거나 하는 것을 보는 것이 아니다. '동(同)과 이(異)'의
하나됨, 말하자면 동/이(同/異)의 하나됨이라는 양면적 일극성과 일면적 양극성을 꿰뚫어보려는 뜻을
담고 있다.

27) 삼업삼독(三業三毒)의 인간적인 고뇌만 정화하면 크게 깨친 사람으로 살아갈 수 있다. 세상에서 그 어
떤 죄악과 근심 걱정으로부터 벗어난 삶을 살 수 있기 때문이다. 완전한 고집멸도의 길을 걸어갈 수 있
는 삶이 삼업삼독을 다스리는 삶이다. 성현으로 거듭날 수 있는 이상(理想)을 실현할 수 있다. 이상주
의자가 되기 위해서 인내는 어쩔 수 없는 일이라고 폴란드 출신으로 영국의 대문호가 된 조세프 콘라드
(J. Conrad)가 『로드 짐(Lord Jim)』이라는 소설에서 한 말이다.
여기에서 말하는 삼업삼독은 신구의업(身口意業)과 탐진치(貪瞋痴)를 합쳐 줄인 말이다. 여기에서 삼
업삼독은 9가지 고뇌의 형태로 나타난다. 말하자면, 신탐(身貪), 구탐(口貪), 의탐(意貪), 신진(身瞋),
구진(口瞋), 의진(意瞋), 신치(身痴), 구치(口痴), 의치(意痴)의 형태다. 인간이 저지를 수 있는 9가지
삼업삼독을 이해하기 위해서는 먼저 탐진치와 신구의업에 대한 개념적 이해가 필요하다.
탐진치(貪瞋痴)를 불가에서는 세 가지의 번뇌, 삼독(三毒)이라고 부른다. 탐(貪)이란 탐욕(貪慾), 사물
을 지나치게 탐하는 욕심, 진(瞋)은 노여움이란 뜻으로써 모든 것을 감정적으로 처리하여 바른 판단을
하지 못하는 짓거리를 말한다. 치(痴)는 말 그대로 어리석다는 말이다. 자기 멋대로 짧은 생각, 제한된
지식으로 매사를 판단하고, 취하는 일을 말한다. 세 가지 번뇌를 극복하면 제대로 된 사람이 된다는 뜻
에서 삼도(三道)라고도 부른다.
탐진치는 동물의 근성이기도 하다. 동물의 근성은 삼독 말 그대로 행하게 하는 본성이다. 말하자면, 먹
고(feeding, 貪), 싸우며(fighting, 瞋), 취하며(sex, 痴)라고 하는 것이 그것이다. 삼독(三毒)은 동물들
에게는 생존의 조건이기에 놀랍게도 삼덕(三德)이 된다. 먹고, 싸우며, 취하는 탐·진·치 없는 생명
유지가 불가능하기 때문이다. 생명 있는 그 어떤 동물도 번식하며 생존하려면 먹고, 싸우며, 취해야 하
기 때문이다. 인간으로서는 동물의 삶을 벗어나려면 이상적으로는 삼독을 벗어나야 하지만, 생존을 위
해 현실적으로는 생존의 원리이기에 삼독을 그대로 놔둬야 한다. 삼독으로 인간이 생명을 받았고, 세
상에 나왔으며, 먹고 자라는 살림 밑천이기 때문이다. 삼독은 인간에게 있어서는 모순의 삶을 살게 만
든다. 그것은 인간에게는 완전히 "모순인데 그대로 두어야 한다."고 다석 류영모 선생은 『다석일지』에

서 토로한다[참고: 류영모(2001). **다석일지**. 서울: 솔]. 그 어떤 인간에게도 삼독은 모순이기에, 그 모순을 없앨 수는 없다. 그래서 삼독을 제대로 다스려야 한다는 뜻이다. 삼업은 일반적으로 불교의 기본 교리로서, 몸과 말과 생각으로 짓는 세 가지 잘못된 행위, 악업(惡業)을 가리키는 말이다. 말하자면, 몸으로 짓는 신업(身業), 말로 짓는 구업(口業), 그리고 의업(意業)은 생각으로 짓는 행위를 말한다. 불교는 삼업을 올바르게 단속하는 것을 기본으로 가르친다. 더 구체적으로 불가에서는 살생, 도둑질, 음욕의 신업(身業)을 다스리고, 말로 짓는 거짓말, 남을 이간질시키는 말, 남에게 퍼붓는 욕설과 험담, 그리고 이치에 어긋나는 괴변 등과 관련된 구업(口業)을 다스리며, 마지막으로 탐욕, 분노 그리고 어리석은 생각에 빠지는 의업(意業)을 다스리라고 말한다[참고: 김동화(1980). **불교학개론**. 서울: 보련각].

28) '도(道) 텄네' 하는 말로 자기의 내공을 내세우는 사람이 많은 세상이다. 도통한 사람들이라고 나서는 이들 모두가 짝퉁이라고 몰아붙이는 이가 현몽 스님이다. 그는 술에 찌든 '땡초' 지산 스님을 만나 진정한 깨달음의 길로 가는 여정을 그린 작가 김성동의 소설 『만다라』와 그것을 각색한 영화 〈만다라〉의 실제 모델이다. 현몽 스님은 영화 상영 이후, 세계를 떠돌며 구도하다 돌아와 최근 불교 공(空)사상의 기본 경전인 『금강경』 해설서를 펴냈다. 그는 인도, 네팔, 히말라야, 멕시코 등을 휘돌아다니며 밑바닥 삶을 경험했다고 했다. "…… 미국 샌프란시스코에서는 히피들과 어울렸어. 카트에 담은 한 줌 짐이 세간의 전부인 그들이 마리화나를 피우며 내뱉은 인생, 우주, 영감(靈感)에 대한 솔직한 이야기를 들었지. 이게 진솔한 깨달음, 무소유구나 느꼈어. 나도 그렇게 살았지." 그런 주유를 끝낸 그는 한국으로 돌아와 마음을 비우고 집착하지 말라고 가르쳐 주는 것을 집약한 『금강경』을 3년 간 열두 번이나 고쳐 썼다. 무화(無化) 사상, 말하자면 '네 안에 부처가 있으니 집착하지 말라'는 생각을 일러 주는 『금강경』이 어려운 한문, 불교 용어 때문에 잘 읽히지 않는 것이 안타까워 모두가 쉽게 읽을 수 있게 쉽게 풀어 쓰려고 노력했다[참고: 윤완준(2008). **삶 자체가 깨달음…… 즐기고 비우면 돼**. 동아일보. 2008년 5월 9일자; 현몽(2008). **한 나무 아래 사흘을 머물지 않는다**. 서울: 이가서].

29) 지인들과의 모임 자리에서 들은 이야기다. 어느 병원에서 정기적으로 강의하는 치매예방프로그램에 참여하는 지인이 있었다. 치매예방 방편을 숙지하고 온 지인은 우리에게 진인사대천명(盡人事待天命)하는 것이 최선이라고 당부했다. 진인사대천명이라는 말은 우리 귀에 익은 고사성어(故事成語)다. 사람이 할 수 있는 일을 다 하고서 하늘의 뜻을 기다린다는 말이다. 이 말은 원래 중국의 『삼국지(三國志)』에서 촉국의 재상인 제갈량(諸葛亮)이 자신의 명을 어기면서까지 조조(曹操)를 살려 준 관우를 끝내 벌하지 못하고, 조조가 아직은 죽을 운이 아닌가 보다라고 탄식하면서 말한 '수인사대천명(修人事待天命)'에서 유래한 말이다. 그 진인사대천명이란 말을 응용해서 어떤 의사는 노인에게 치매의 예방 방편으로 '진인사대천명해요'라고 외우며, 실천하라고 일러 주었단다. 즉, '진땀나게 매일같이 운동하고, 인정사정 없이 금연하고, 사회활동에 적극적으로 나서고, 대뇌 운동이 되도록 늘 읽고, 천박하게 술이나 도박하지 말고, 명을 연장하는 식사와 일주일에 한 번씩 사랑해요'라고 가르친다고 한다. 돈이 드는 것은 아니어서 귀에 솔깃하게 들어온 것도 사실이다. 그렇게 진인사대천명하면 치매를 예방하고 9988234(99세까지 팔팔하게 살다가 2~3일 아프다 죽는 것) 할 수 있다면 군이 거부할 일도 아닐성 싶다.

30) 참고: 田上太秀 外(2008). 禪の 思想 辭典. 東京: 東京書籍.

31) 제한적인 자료이기는 하지만, 한국의 사찰에서 일하는 스님들의 건강 상태를 점검한 의료팀들의 보고에 따르면 대부분 스님들의 건강에 이미 적신호가 켜져 있는 상태다. 스님들에게 보이고 있는 건강 문제는 수도 생활에서 빼놓을 수 없는 참선 또는 참배를 무리하게 하며, 채식과 생식 위주의 소식으로 영양 불균형 문제이기도 하다. 하지만 무엇보다도 사찰과 절이라는 조직과 그 속에서 생활하는 스님들이 겪는 스트레스와 무관하다고 볼 수는 없다. 스님들 역시 사찰이라는 기관의 구성원으로 일하면서 일정하게 짜인 역할들을 추진하는 한, 그들이 매일같이 행하는 수행이라고 할지라도 그것이 일종의 직업적 스트레스의 원인이 될 수 있음을 경고하는 것이다. 절이라고 하는 조직에서 겪어야 하는 긴장과 갈등, 말하자면 기업 조직에서 관찰되는 직업병적인 질환이 스님들과 무관하지 않다는 것이다. 조직이 있고, 그 조직에서 일하는 한 어떤 사람도 조직의 스트레스로부터 자유로울 수 없다는 점이 스님들의 절 생활에서도 그대로 드러난다. 마음이 편해야 마음을 제대로 다스릴 수 있는 것임을 알 수 있게 만드는 대목이다.

　　경희의료원 한방병원 김덕곤 교수팀은 스님 175명을 대상으로 무료 진료를 실시했다. 그 결과 스님들에게 가장 높은 비율을 차지하는 질환은 발목 관절, 무릎 관절, 요통, 어깨 통증 등의 근골격계 질환으로 전체 45%에 해당하는 79명이며, 소화불량 등의 소화기계 질환에 해당하는 스님이 40명(23%)으로 나타났다. 그 외에 신경계 질환이 12명(7%), 허약 8명(5%), 호흡기계 7명(4%), 비뇨기계 6명(3%), 기타 4명(2%)으로 보였다. 음식을 적게 먹고 있음에도 불구하고 소화불량이 생기는 이유는 거친 채식, 특히 생식이 주원인인 것으로 판단된다. 중앙대학교 식품영양학과 이복희 교수는 "특정 식품을 한 가지 치우쳐서 먹는 습관은 영양분이 골고루 섭취되지 않을 수 있다."며 "최근 건강상 채식 위주의 식단이 웰빙 열풍과 함께 가정에서도 많이 이뤄지고 있으나 지속적으로 장기간 먹으면 영양상의 불균형이 발생할 수 있다."고 전했다. 이는 채식을 지속적으로 하게 되면 동물성에 많이 포함돼 있는 비타민 B-12와 식물에 있으나 구조 자체가 동물성에 있는 것보다 흡수가 많이 떨어지는 철분이 부족할 수 있어 빈혈, 조혈 등의 문제도 생길 수 있다고 경고한다[참고: 김길원(2006). 스님도 직업병. 관절질환, 소화불량 많아. 연합뉴스. 2006년 4월 25일자].

32) "불자가 안 되면 어때요. 상관없어요. 그냥 불교의 수행법이 사람을 자유롭고 행복하게 하니까 함께하는 거죠. 기독교인이면 또 어때요. 인연 따라가는 거죠[참고: 백성호(2007). 칼로 생각 쳐버리는 한국 선불교에 쇼크 받았죠. 중앙일보. 2007년 12월 6일자]." 이렇게 이야기하는 무진 스님의 국적은 영국과 캐나다다. 깨달음이 어느 수준에 이르면 모든 것이 하나로 통하는 모양이다. 무진 스님은 어릴 적부터 한 가지 의문을 갖고 있었다. 그것은 사람이 '왜 사는가' 하는 의문이었다. 그런 의문 속에서 싱가포르를 방문하다가 처음 불교를 접했다. 그 후 스위스 제네바 대학에서 교육심리학을 전공하고 유치원에서 아이들을 가르치면서 근처의 절에서 불교를 배우기 시작했다. 불교는 '자유인'이 되는 길임을 비로소 알게 되었다.

　　그 다음에는 아예 스리랑카로 건너갔다. 출가한 것이다. 27세 때의 일이었다. 스리랑카와 인도의 수도 사원을 오가며 사마타와 위빠사나 등 남방불교의 수행법을 따라 10년을 보내다가 성철 스님의 제자인 원명 스님을 만나게 된다. 무진 스님이 그에게 "한국 불교는 무엇입니까?"라고 물었다. 원명 스님이 영어로 "Everything is perfect(모든 것이 완전하다)."라고 응대했다. 그 말에 무진 스님은 큰 깨달음을 얻었다. 그동안 무진 스님이 되뇌였던 것은 '모든 것은 고통이다(Everything is suffering)'이었다. 남방불교 특유의 교리이기에 무진 스님은 위빠사나로 자기를 깨닫는 중이었다.

그러다가 그것을 훌쩍 뛰어넘는 한국의 선불교(禪佛敎)를 접하면서 무진 스님은 선불교에 빠지게 되었다. 논리를 단칼에 베는 선불교에 무릎을 꿇어 버린 무진 스님은 35세가 되는 해에 한국으로 건너와 성철 스님을 찾아갔다. 성철 스님에게서 '마삼근(摩三斤)'이라는 화두를 얻었다. 그것은 중국 동산선사가 부처가 무엇이냐는 물음을 받고 내 삼베옷 무게가 세 근이라고 답한 데서 유래한 화두다. 오랜 세월을 선으로 다진 무진 스님은 이제는 조금 여유로운 편이다.

33) 이미 오래전에 이 모든 것을 단박에 깨닫도록 이야기해 준 사람이 바로 조사선(祖師禪) 혜능 스님이다. 일상삼매(一相三昧)는 이 세상 모두가 다 하나의 실상, 우주 전체가 하나의 생명의 실상(實相)이기에 둘이 있고, 셋이 있는 것이 아니니 그 하나에 마음을 두고서 마음을 흐트러지게 하지 않게 매진하는 것이다. 일상삼매는 사람이 어디를 가거나 머물거나 앉거나 눕거나 관계 없이 항상 곧은 마음(直心)을 행하는 것을 말한다. 곧은 마음 직심(直心)이란 평온한 마음을 말한다. 모든 것에 대해 분별과 집착하지 않음으로써 바로 무념(無念), 무상(無想), 무주(無主)의 마음을 갖는 것을 말한다. 혜능 스님에게 있어서 수행방편으로 말하면, 일행삼매가 바로 무수(無修)를 말하는 것이다. 혜능은 '직심이 도량(直心是道場)' '직심이 정토(直心是淨)'라고 하곤 했는데, 도량은 마음을 닦고 도를 다하여 어지러움이 없는 경계를 말하는 것이다. 도량은 마음이 주(主)가 되어, 모든 행동이 장(場)이 되고, 방촌(方寸)을 벗어나지 않아 도(道)를 스스로 닦는 일이다. 그것이 바로 내 몸에 있는데 멀리 갈 필요가 없다는 것이다. 즉, 직심(直心)은 내심(內心)의 참이 되어 곧음(直)이고, 밖으로 헛되고 거짓이 없음을 말하기에 내 몸의 내심을 꼭 잡아야 한다는 것이다.

혜능이 말하는 직심(直心)은 바로 평상심(平常心)인 것이다. 평상심은 언제 어느 때나 어떤 상황에서나 어떤 문제에서나 일관되는 그러한 상태, 일상적이지만 부동한 것, 춤추지 않는 것, 동요가 없는 부동심(不動心)을 말한다. 이 부동심은 나의 삶에서, 일상적인 삶에서 있는 그대로 붙잡고 행한다면 그것이 바로 일상삼매(日常三昧)가 될 것이다. 일상삼매는 바로 일생생활에서 평상심을 갖는 것이라고 볼 적에, 그 일상삼매는 바로 우주의 것은 바로 하나라는 것을 알고 그것을 초지일관하게 찾아가는 일상삼매(一相三昧)이며, 동시에 일행삼매(一行三昧)가 될 것이다. 그 모든 것이 지금 바로 남의 삶, 나의 생활에서 가능하다고 조사선 혜능 스님은 일깨워 주고 있다. 한 번은 그에게 유원율사(有源律師)가 짓궂게 물었다. "화상(즉, 혜능)은 수도(修道)하는데도, 또한 노력도 하십니까?"라고 물었다. 선사는 그저 담담하게 "열심히 노력한다."라고 대꾸했다. "어떻게 열심히 하십니까?"라고 다시 묻자, 혜능 선사는 이렇게 답했다. "배고프면 먹고, 졸리면 잔다."고 하였다. "모든 사람이 그러한데, 선사와 노력하는 것이 같습니까, 아니면 같지 않습니까?"라고 다시 물었다. 그 질문에 대해 이번에는 혜능은 "같지 않다."

고 했다. 다시 유원사가 되물었다. "무슨 까닭으로 같지 않습니까?"라고 되묻자, 선사는 "그들은 밥 먹을 때, 그저 먹지 않고 온갖 구실을 찾으며, 잠을 잘 때 그저 잠자지 않고 수없이 헤아리고 비교한다. 그래서 같지 않다."라고 대답하였다. 밥을 먹고 잠을 자는 것은 같은 것이고, 다만 그것 사이에는 무심(無心)과 유심(有心)의 차별이 있을 뿐이라는 것이었음을 알려 주기 위해 조산선 혜능은 그리 대답한 것이다. 무심(無心)이란 바로 혜능 선사가 말한 바 있는 직심(直心)을 말하는 것이었다. 그것은 어떠한 집착하는 마음도 없는 것을 말하는 것인데 반해 유심(有心)은 사색이 있기 때문에 분별이 있고 물듦이 있는 것으로 그것은 바로 직(直)이 아니라 '곡(曲)'이라는 것이다.

밥이 아니라 그 무엇을 하더라도 곡(曲)이 있으면 직(直)이 아니라는 것이 혜능 스님의 말이었다. 혜능 스님은 일행삼매, 일상삼매의 중요성을 이야기하면서도, 마음으로는 아첨하고 굽은 채 무엇을 행하면서 입으로만 법(法)의 곧음을 행하거나 말하지 말라는 것이다. 입으로 일행삼매(一行三昧)를 말하고 직심(直心)을 행하지 않으면 그것은 아무것도 아니라고 이렇게 호통을 친다. '첨(諂)'은 아첨하고 비위를 잘 맞춘다는 뜻이다. 아첨한다는 것은 무엇을 말하는가? 마음의 해탈을 얻기 위하여 가서 아첨하는 것은 바로 점수법문이다. 이것은 구함이 있는 것으로 직심(直心)이 아니라 곡심(曲心)이다. 법리(法理)에서 말한다면, 그들도 마땅히 직심을 행해야 한다는 것을 알고 있으나, 다만 실제로 행하기가 어려운 것이다. 입으로는 옳고 마음은 그릇되며, 입으로는 말하나 실행하지 못하므로 이것은 정혜등(定慧等)이 아니다. 정혜등의 원칙에 비추어 보면, 입으로 바른 말을 했으면 마음도 곧은, 입과 마음이 하나여야 한다. 이것도 일종의 도덕 비평이다. 혜능은 직심(直心)을 행하지 못하면 해탈할 수 없다고 보았다[참고: 동천(2000). 祖師禪(역). 서울: 운주사].

34) "설사 이번 생에 '참나'를 찾지 못한다 할지라도, 일상생활 속에서 꾸준히 마음 닦는 '수행'을 실천해 나간다면 남들보다 앞서는 지혜를 갖추게 되어 원하는 대로 복된 삶을 누리게 된다." 진제 스님의 말이다. 경허-혜월-운봉-향곡 선사로 전해 내려온 정통법맥을 이어왔다고 평가받는 이가 진제 스님이다. 그는 붓다가 이르는 대로 사념처부터 생각해 보기 시작하면 참선에 이를 수 있을 것이라고 말한다. 이른바 4가지 곳을 생각함[四念處], 즉 몸[身], 느낌[受], 마음[心], 그리고 법[法]을 제대로 살피어 생각하면서 깨어 있는 마음을 갖는 것이 선의 일상적인 양태, 그 이상이 아닐 법하다. 내 마음에 욕정(欲精)이 일어날 때, '내 마음속에 욕정이 일어나는구나' 하고 알아차리고, 욕정이 일어나지 않을 때에도 그저 '내 마음속에 욕정이 일어나지 않는구나' 하고 알아차리면 된다. 마음속에 화가 일어날 때에는 '분노가 마음속에 있구나' 하고 알아차리고, 분노가 생기지 않은 때에도 '내 마음속에 분노가 없구나' 하고 알아차리면 된다[참고: 진제(2010). **석인은 물을 긷고 목녀는 꽃을 따네**. 서울: 매일경제신문사].

35) 참고: 류영모(2010). **다석 마지막 강의**. 서울: 교양인.

36) 칼 야스퍼스(Karl Jaspers)는 『철학입문』에서 인간이 추구해야 할 철학적 생활 태도에 대해 간결하게 말한다. "실제로 부여받은 일이나 매일의 요구에 따르는 것은 인간의 현존재에게 과연 확실히 가장 중요한 일이다. 그러나 그것만으로는 만족하지 않고, 어떤 일이나 여러 가지 목적에 몰두하는 것은 벌써 자기 망각의 길이며, 동시에 태만이고 죄라는 것을 경험하는 것이 철학적인 생활 태도의 의지다." 자신

에 대해서 매일같이 성찰하기 위해 항상 이성의 눈으로 끝까지 자기의 본질적인 것에 이르려는 요구이다[참고: 정영도(2001). 인생, 예술, 그리고 철학. 서울: 동문사; 쿠르트 잘라문(2011). 카를 야스퍼스(역). 서울: 지식을 만드는 지식].

37) 셀프 핸디케이핑의 사례들은 골프 운동 때 자주 드러난다. 운동에서 처음 보는 사람들이 있을 경우 셀프 핸디케이핑이 흔하다. 만나자마자 타령이 시작된다. 어제는 이러 저러한 일로 인해 잠을 설쳤다는 이유부터 열거한다. 골프 운동의 성적이 좋지 않았을 경우 빠져나갈 구석이 생겼기 때문이다. 골프 실력이 좋지 않은 것을 설친 잠으로 대신해 놓았기 때문에 체면을 구기지 않을 것이라고 미리 생각한다. 방패막이가 있다고 해도 모든 것을 막아 주지는 못한다. 나름대로 자신을 위로할 수 있는 이유가 생겨나 마음이 상당히 편할 것 같지만, 셀프 핸디케이핑 때문에 반대로 자신의 실력을 더 발휘하지 못하게 만들기도 하기 때문이다. 반대의 경우도 마찬가지다. 의외로 좋은 성적을 거둔다면 몸의 상태도 좋지 않았다는 핑계에도 불구하고 거둔 좋은 성적이기에 자신의 마음은 편할 것 같지만 실제로는 거북살 스럽게 될 뿐이다[참고: 이철우(2007). 인간관계가 행복해지는 나를 위한 심리학. 서울: 더난출판사].

38) 불난 집에서 허둥대면 타죽기 십상이라는 것을 삶의 현장 이야기로 들려주는 고승들의 이야기가 있다. 조계종의 종정과 총림(叢林, 선원과 율원, 강원을 갖춘 사찰)의 방장(方丈), 선원의 조실(祖室) 등을 지낸 스님들은 고해와 화택에서 벗어나는 길을 안내한다[참고: 불교신문사(2007). 쥐가 고양이 밥을 먹다. 서울: 불교신문사]. 고승들은 공통적으로 하는 말이 있다. 마음 공부에 대한 권면이다. 염불을 강조한 '염불선'으로 유명한 청화 스님은 일상생활 전체에서 조금도 흐트러뜨리지 않고 하는 심상(尋常) 공부와 시간을 정하고 하는 별시(別時) 공부를 권하면서 이것이 어려우면 "임종에 이르러서 오직 일념으로 부처님을 생각하면 좋은 세상으로 간다."라며 '임종 공부'를 강조한다. "쥐는 고양이 밥이니, 쥐가 고양이 밥을 먹는다는 말은 제가 저를 먹어 버렸다는 뜻이다. 일체의 번뇌 망상을 일으키는 내 마음을 내가 먹어 버렸으니 무엇이 남아 있겠는가. 아무것도 없다. 내가 공(空)했으니 모든 경계도 공했다. 공만 하나 남았으니 그 공도 떼어 버리자. 여지없이 깨달아야지, 그냥 알면 안 되는 일이다." 당대의 도인으로 불렸던 전강 스님이 1972년 수원 용주사 중앙선원 조실 때 했던 법문이다. 탄허 스님은 "집에서 기르던 개 한 마리를 잃어버리면 온 식구가 찾아 나서지만, 자기 마음이 바깥 경계에 부딪쳐 잃어버렸을 때는 아무도 찾아 나서는 사람이 없다."라고 안타까워한다. 청담 스님은 "인간의 일생은 죽음이라는 큰 구렁이한테 뒷다리를 물려 들어가는 개구리의 운명"이라고 말한다. 이 고해에서 벗어나기 위해서는 탐심과 성냄, 어리석음과 재물, 색(色), 음식, 장수(長壽), 명예에 대한 욕심에서 벗어나야 한다고 넌지시 건넨다. 벽안 스님은 "혹자는 시간만 지나면 대도(大道)가 이루어지는 줄 알고, 스님이 된 후의 나이인 법랍(法臘)을 자랑스레 이야기하지만, 수행이란 끝이 없는 것으로 수행 기간이 길고 짧음에 차별을 두지 말고 오직 자기의 허물을 부끄러이 여겨야 한다."라고 일갈한다. 탄허 스님도 "수천 길 벼랑에서 떨어지다가 어쩌하여 진리의 나뭇가지를 붙잡는 데서 그쳐서는 안 된다."라며 "그 손을 놓고 참된 진리 자리로 떨어져 죽을 용기가 있어야 한다. 그때 비로소 다시 사는 것"이라고 강조한 바 있다.

39) 참선의 대가인 타르탕 툴쿠(Tarthang Tulku)는 생각, 지각 혹은 강한 감정의 한가운데에서 현존을 유

지하며 머물 수 있을 때, 매 순간 모든 행위 안에 스며들어 있는 의식의 본질을 발견하며 삶 자체가 바로 참선의 삶이며 그것이 차선을 위한 수행이라고 간주한다. 그는 참선의 행로를 "(말 사이의 공간, 생각들 사이의 생각)생각 안에 머물러 있는 행위"라고 정리한다.

그는 말한다. "그저 거기에 있으라. 당신이 생각의 중심이 되어야 하지만, 진정한 중심이란 없다. 중심은 균형이 된다. 존재나 주체/객체 관계도 없다. 그러한 것은 애초에 존재하지 않는다. 그저 완전히 열려 있음, 그것이 존재할 뿐이다. 그래서 우리는 호두를 깨듯 각각의 생각을 깬다. 이렇게 할 수 있다면 생각은 명상이 된다. 차를 운전하든, 앉아 있든, 일하고 이야기하든, 어떤 활동을 하든, 그 어디에 있든 혹은 감정적으로 혼란스러운 상태에 있든, 매우 화가 나 있든, 우울하든 간에 구애받음이 없이 온전히 그 안으로 들어가 그와 함께 현존한다면 거기에는 아무것도 남지 않을 것이다. 어떤 감정이 올라오든 그것은 당신의 명상이 된다. 극도로 긴장해 있다고 하더라도 생각 속으로 들어가 의식이 깨어난다면 그 순간은 어떤 명상의 순간보다 더 강력할 것이다." 어떠한 대책도 필요 없다. 어떠한 개념적 이해도, 반성도, 물러섬도, 초연함도, 바라봄도 필요 없다. 생각, 감정, 혼란 속에서 완전히 현존할 때 스스로 평화를 되찾고 투명해져서 더 큰 의식으로 돌아간다. 물결은 가라앉아 대양으로 돌아간다. 구름은 하늘로 녹아든다. 똬리를 틀었던 뱀은 스스로 똬리를 푼다. 이는 모두 자기 해방을 다른 말로 표현한 것이다. 자기 해방이란 대화의 과정이 아니라 존재―공의 '정연한 가슴'으로 얻어지는 깨달음이다. 이것은 실재를 친숙한 것으로 만든다[참고: 존 웰우드(2008). 깨달음의 심리학(역). 서울: 학지사].

40) 참고: 쵸감 트룽파(2007). 행복해지는 연습(티베트불교의 영적 스승 나로파의 삶과 깨달음)(역). 서울: 솔바람.

41) 약물 처치를 최대한 활용하고 있는 의학자들은 뇌를 단순 탐구의 대상을 넘어선 상태, 말하자면 약물에 의한 통제 가능 대상으로 바꾸어 놓고 있다. 그들은 뇌를 조종할 수 있는 신약을 개발해서 뇌를 통제하려고 노력한다. 그것은 의학자들이 뇌를 이루고 있는 약 1,000억 개의 신경세포들이 만들어 낸 이상 징후들을 약물로 조정할 수 있는 확신이 섰다는 것을 의미한다. 신경세포들 간의 신호 전달의 문제, 말하자면 '시냅스(synapse)'라는 좁은 간격을 통해 옮겨 다니는 신경전달물질의 비정상적인 분비에 의해 야기되는 신경의학적인 징후들을 약물로 통제할 수 있다는 생각이다.

필요하다면, 참선이나 명상에 의해 촉진된다는 신경전달물질의 분비를 약으로 조절하여 명상의 효과를 내게 만드는 방법도 의학자들의 약물 처치에 의해 가능한 것 같다. 신경전달물질은 특성상 빠른 시간 안에 확산되어 수용체에 작용한 후 곧바로 분해되는 속성을 갖는다. 따라서 신경전달물질을 하나의 약으로 썼을 때, 그 물질의 대사는 너무 빠르고 작용 기간이 아주 짧게 되기 때문에 뇌 기능 조절에는 별다른 효과를 보기 어렵다. 인간의 몸에는 이런 신경전달물질을 전달, 조절하고 그것의 작동을 도와주는 대사(metabolism)의 체계와 과정이 있다. 즉, 생물체 내에서 일어나는 물질의 분해나 합성과 같은 모든 물질적 변화 촉진과정이 작동하는 것이다. 모든 생물은 주위 환경으로부터 자신에게 필요한 물질을 흡수한다. 흡수한 물질들을 이용해 자신에게 필요한 물질을 합성하기도 하고, 또는 물질을 분해하면서 그로부터 생명 활동에 필요한 에너지를 얻기도 한다. 그 과정에서 생긴 부산물이나 노폐물을 배출한다. 이렇게 생물체가 자신의 생명 유지를 위해 진행하는 모든 과정을 물질대사라 부른다.

신경전달물질이 유용하기는 해도, 신경전달물질의 속성상 그것을 수십 번씩, 필요한 순간마다 투여할 수는 없다. 그래서 의학자들은, 신경전달물질과 유사한 약물들을 개발한다. 즉, 대사가 늦게 일어나는 약물, 혹은 신약을 개발하여 뇌신경 질환에 이용하려고 노력하는 것이다[참고: 오세관(2005). **신경전달물질과 뇌 질환**. 서울: 일신상사].

신경전달물질처럼 작동하거나 신경전달물질의 작용을 억제, 지연, 방해하는 신약들을 개발하려는 것은 뇌를 타깃으로 삼아 뇌를 효율적으로 통제하려는 노력이다. 예를 들어, 이미 시판 중인 금연치료제 '챔픽스'는 니코틴처럼 행동하는 물질이다. 흡연자가 담배를 피우면 니코틴이 대뇌로 이동, 니코틴 수용체에 결합하면서 '도파민'이라는 신경전달물질을 분비하게 된다. 도파민은 뇌의 쾌감 중추를 자극해 기쁨, 불안 완화 등의 현상을 짧은 시간 내 나타낸다. 흡연자가 금연을 하게 되면 도파민의 분비가 감소해 우울, 짜증, 불면증, 집중력 저하와 같은 금단 증상을 일으키게 된다. 챔픽스는 니코틴 수용체에 달라붙어 도파민을 분비하게끔 해 불안한 증세를 없애 줄 수 있다는 것이다. 또 니코틴이 수용체에 결합하는 것을 방해해 환자가 다시 흡연할 때의 즐거움을 느낄 수 없도록 한다. 의학자들은 "껌이나 패치 등과 같은 니코틴 대체제의 금연 성공률이 15~20% 수준인 데 비해 챔픽스는 12주 복용에 성공률이 60%에 달한다."라고 주장한다. 니코틴을 원하고 있는 뇌에 니코틴과 유사한 물질을 집어넣어 뇌를 통제하는 방식이 가능해진 것이다[참고: 심재우(2007). 뇌를 속이는 약물들. **중앙일보**. 2007년 7월 18일자].

그동안 뇌를 비롯하여 체내의 신경세포에서 방출되어 인접해 있는 신경세포 등에 정보를 전달하는 일련의 물질들은 200여 종류를 넘는 것으로 알려져 왔다. 이것들은 크게 아미노산류(아세틸콜린, 글리신, 아스파라긴산), 아민류(도파민, 아드레날린(에피네프린), 노르아드레날린), 펩티드류(바소프레신), 지방산류(히스타민, 세로토닌) 등 4가지로 분류된다. 이러한 화학물질이 신경의 시냅스에서 분비되어 신경세포 간의 정보 전달에 관여한다. 이 중에서 인간의 기억이나 앎의 행위에 관련되는 중요한 신경전달물질 중의 하나가 아세틸콜린(Acetycholine: ACh)이다. 아세틸콜린은 중추신경계에서든 말초신경계에서든 매우 중요한 역할을 하는 신경전달물질이다. 아세틸콜린의 수용체는 니코틴성과 무스카린성으로 분류된다. 아세틸콜린은 알츠하이머병 등의 질환과 관련되어 있다.

42) 한국인은 사람들에게 절을 많이 하는 좋은 관습을 갖고 있다. 사람들 사이에서 오가는 절은 서로 간의 인사다. 사찰에서 하는 절은 붓다에 대한 인사가 아니라 사찰에서 요구하는 의식이다. 그 절은 몸의 운동일 뿐 아니라 만물에 대한 감사하는 마음의 표시라고 강조하는 혜인 스님은 절에 대해 윤리적인 의미를 설명한다[참고: 구본일(2008). 나를 깨우는 108배. 서울: 김영사]. "나를 낮추면서 상대의 행복을 빌면서 하는 것이 절입니다. 우리 육체 중에서 값으로 따져 가장 가치 있고 중요한 부분이 머리입니다. 머리는 보물창고지요. 이 머리의 상단이 이마입니다. 이 소중한 이마를 사람들이 밟고 다니는 마룻바닥이나 땅에 대는 것이 절입니다. 절의 자세를 이렇게 하라고 정해진 것은 없습니다. 부처님과 보살을 바로 볼 줄 아는 마음이 싹터야 바른 자세가 나옵니다. 보살은 자비의 상징이고 덕화의 상징입니다. 우리에게 이익을 주고 도움을 주는 것이면 무엇이든 보살인 것입니다. 문수와 보현만 보살이 아니고 지금 여

기 놓인 책상과 책도 보살이고, 물을 끓이는 전기 주전자도 보살이고, 눈을 즐겁게 하는 텔레비전도 보살입니다. 이와 같이 우리에게 고마움을 주고 도움을 주는 것이 보살이니 참회하는 사람은 감사할 줄 알아야 합니다. 그것이 참회의 근본이고, 참회의 마지막 순간까지 가 본 사람만이 진짜 절을 할 수 있는 것입니다."

43) 백팔배(108)는 심리적 안정에도 효과가 크다. 운동으로써의 108배는 1평의 좁은 공간 안에서도 누구든지 가능한 운동이며 마음 추스르기를 위한 현실적인 방편이다. 절을 하다 보면, 쌓였던 분노가 눈 녹듯이 사라진다. 108배는 스트레스 해소를 도와준다는 점에서 마음 다스리기에도 효과적이다. 그것은 사람들이 108배를 하는 동안 머리의 온도는 내려가고 발의 온도는 올라가게 되어 '전중혈'의 온도가 내려가기 때문이다. 그것은 스트레스를 많이 받거나 화병이 있는 사람들에게 화를 다스리는 효과가 있다. 실제로 사람들에게 화기가 많이 쌓이면 어깨 뭉침이라든지 두통, 잡념이 많이 생기는데 108배의 동작들은 분노와 화기를 다스리는 데 도움을 준다[참고: 조현주(2008). 기적의 108배 건강법. 서울: 사람과 책].

44) 신경전달물질인 도파민은 보기에 따라서는 인간 정신 그 자체로 간주할 수도 있다. 그것은 도파민이라는 신경전달물질이 인류 문화 창조를 위한 정신 기능과 창조 기능, 인간의 본능, 감정과 정서, 그리고 운동 조절 기능을 담당해 주고 있기 때문이다. 인간의 정신 기능과 창조성을 발휘하도록 하는 신경전달물질 중에서 가장 대표적인 것이 바로 도파민이다.

인간의 몸 속에는 20종류의 아미노산이 있는데, 그중에서는 '페닐알라닌'이라는 벤젠고리를 가지고 있는 아미노산이 있다. 그것에 '하이드록실 레디칼(OH기)'이 붙으면 '티로신 아미노산'이 된다. OH기는 하이드록실 레디칼을 말하는 것으로써 이것은 과산화수소가 금속 이온이나 방사선, 농약, 항암제, 다이신 등과 반응할 때 발생하는 강력한 활성산소의 하나다. 이 하이드록실 레디칼이 바로 발암 촉진인자, 노화 촉진인자, 각종 성인병 촉진인자로 작용한다. 자율신경계 교감신경의 신경전달물질인 아드레날린, 노르 아드레날린, 도파민 등은 하이드록실 레디칼(OH기)을 발생시킨다. 인간의 세포에서 모든 원자는 가운데에 핵을 갖고 있으며, 이 핵 주위에는 쌍으로 된 전자(-)에 의해 둘러싸여 있다.

만일 핵을 둘러싼 전자가 하나 없어져서 쌍을 형성하지 못하면, 그 원자는 불안정한 상태가 되어 주위로부터 전자를 빼앗기 위해 활성이 증가하는데, 이러한 활성물질을 유리기라고 부른다. 몸에서 생성되는 유리기는 불안정한 상태를 안정된 상태로 유지하기 위해, 주위에 있는 세포막이나 유전자로부터 전자를 빼앗는다. 전자를 잃은 분자는 산화의 손상을 겪게 되어 그 자체가 전자를 잃은 유리기가 된다. 다시 다른 분자를 공격하는 폭포 현상을 야기한다. 몸에서 폭포 현상이 차단되지 않으면, 인체는 엄청난 손상을 입는다. 몸에서 생성되는 유리기의 약 90%는 미토콘트리아에서 에너지를 얻는 과정에서 발생된다. 이를 위해 호흡하는데 흡입하는 산소의 약 2%가 활성산소로 변한다. 성인이 하루 약 1만 리터의 공기를 흡입하면 그중 약 21%가 산소이기 때문에 하루에 산소 흡수량은 2,100리터 정도가 되고, 약 2%가 활성산소가 되기 때문에 하루에 활성산소 발생량은 약 40리터가 된다. 공해나 화학물질, 식품 첨가물, 자외선, 농약, 정신적 스트레스, 과로, 담배, 알코올 등의 영향으로 몸의 밸런스가 무너지면 활성산소는 지나치게 생성된다. 생선된 활성산소는 인체 조직의 세포를 손상시키고, 과산화지질을 만들어 질병을 유발한다.

이런 점 때문에 육식을 하고 몸집에 비해 동작이 빠른 동물일수록 산소를 많이 소비하며, 수명을 짧게 만든다. 산소를 많이 소비하는 동물이 단명한다는 것은 운동량이 많을수록 에너지를 많이 소비하기 때문에 활성산소를 그만큼 많이 발생시킨다는 뜻이다. 활성산소는 인체에 발생하는 질병의 90%와 관련이 있다. 활성산소는 다른 물질과 쉽게 작용하여 산화하는 특성 때문에 온몸 구석구석을 돌아다니면서 우리의 인체를 손상시킨다. 그중에서도 지방의 산화가 문제 덩어리다. 지방은 산소 분자가 매우 적기 때문에 활성산소에 의한 산화력이 강하다. 세포는 세포막이 불포화지방산으로 되어 있기 때문에 활성산소에 의해 공격을 받기가 쉽다.

세포가 공격을 받으면 과산화지질로 변하여 혈액 중의 콜레스테롤을 공격하여 과산화지질의 폭포 현상이 급격하게 퍼지게 된다. 과산화지질은 혈관 벽에 부착되어 고혈압, 동맥경화, 심장병, 뇌졸중, 아토피, 류머티스, 당뇨, 암 등 여러 가지 질병을 유발시킨다. 활성산소 그 자체가 문제가 되는 것은 아니지만, 그로부터 과산화지질이 문제를 일으키기에 활성산소가 문제가 된다. 비만이 성인병의 원인이 된다는 말은 지방이 문제가 되기 때문에 그런 것이다. 유리기에는 슈페록사이드, 과산화수소, 하이드록실 레디칼, 일중항 산소 등 4가지가 있는데, 슈페록사이드와 과산화수소는 매일 먹는 음식으로부터 몸 안에서 일어나는 현상이다. 하이드록실 레디칼은 방사선이나 농약의 제초제 등에서 발생되는 유리기다. 인간이 스트레스를 받으면 방사선이나 농약에서 발생되는 것 같은 맹독성 하이드록실 레디칼, 즉 활성산소가 만들어진다[참고: www.cafe.naver.com/oxylife.cafe].

바로 이 티로신 아미노산이 인간 정신 및 감정의 조절물질인 도파민, 노르에피네프린, 에피네프린과 같은 3가지 카테콜아민을 만들어 낸다. 벤젠고리에 두 가지 레디칼(OH)기를 가지고 있는 물질을 카테콜이라 부르고 있다. 이들은 공통으로 이런 카테콜 구조를 가지고 있기 때문에 '카테콜아민'이라고 명명되기도 한다. 호흡중추, 혈압중추, 체온중추 등의 생명중추가 위치하고 있는 뇌간에는 신경세포들의 집단이 세 줄로 나열되어 있다. 편의상 위에서 아래로 가장 바깥에 나열되어 있는 신경핵군을 'A 신경계', 가장 안쪽에 나열되어 있는 것을 'B 신경계', 사이에 있는 신경계를 'C 신경계'라 부르고 있다. A와 C는 카테콜아민 신경계, B는 세로토닌 신경계에 해당한다.

도파민은 10번째 신경핵인 A10 신경세포에 가장 많이 집중되어 있다. 이 A10 신경세포들은 중뇌에 있다. 여기에서 수많은 신경가지들이 있고 이것에 도파민이 퍼진다. 도파민이라는 신경전달물질은 4가지 뇌 부위로 곧 퍼진다. 첫 번째 뇌의 부위는 시상하부인데, 이 시상하부는 원시적인 욕망의 뇌이며, 호르몬을 조절한다. 이곳 시상하부에서 도파민 전달에 이상이 생겨 과다하거나 과소하게 도파민이 퍼지면, 인간의 몸에는 호르몬 분비에 이상이 생기게 된다. 도파민이 전달되는 둘째 부위는 변연계인데, 이 변연계가 인간의 '본능'을 다스린다. 변연계는 분노, 공포와 같은 감정과 기억, 새로운 자극을 받아들이는 학습 활동과 직접적인 관계를 갖는다. 이 변연계에 도파민 과다 현상이 나타나면서 도파민계에 이상이 생기면 인간에게는 곧바로 정서장애, 기억장애가 야기된다.

도파민이라는 신경전달물질이 전달되는 세 번째 뇌의 부위는 운동을 조절하는 선조체다. 도파민은 미세한 운동을 조절하는 기능이 있다. 이것을 전달받는 선조체의 기능이 제대로 작동되지 않으면 문제가 발생된다. 도파민이 선조체에서 이상 징후를 드러내면 그 사람은 말을 제대로 할 수 없고 운동도 제대로 할 수가 없다. 이런 도파민 이상 징후의 병증을 파킨슨병이라고 부른다. 도파민이 전달되는 넷째 뇌 부위는 인간의 정신과 지식, 앎을 총괄하는 대뇌피질이다. 도파민은 인간을 인간답게 만들어 내는 역할을 감당하는 대뇌피질 중에서도 뇌의 가장 앞쪽에 위치하고 있는 전두연합령에 강한 영향을 준다. 전두연합령은 인간이 창조의 기능과 지식 창출 능력을 발휘하게 하는 부분이다. 이곳에 도파민 이상이 생겨 도파민 신경계의 활동이 과다 혹은 과소하게 나타나면, 사람의 사고와 창조력은 제 기능을 발휘하지 못한다. 그 대신 시간과 장소와 상황과 어긋나는 이상 징후적인 사고, 병적인 사고와 언행, 때때로 환각을 수반하는 정신분열병 같은 증상을 드러낸다.

45) 사람들은 마음을 각양각색의 용어로 부르고 있는 것이다. 참자아, 무아(無我), 지혜, 슬기, 불성(佛性), 도(道), 마하무드라(大印), 초점, 진리 혹은 평상심이라고 부르는데, 모두가 경우에 따라 쓰임새만 다르지 다 하나일 뿐이다.

46) 참고: 제인 호프(2002). 영혼의 비밀(역). 서울: 문학동네.

47) 생각의 감옥과 관념의 벽에 막혀 있는 것을 '생활 습관병'이라고 부른다. 심장혈관 질환 같은 것이 몸에 쌓이는 것은 치명적이다[참고: 안인기(2006). 내 몸은 내가 고친다. 서울: 북인]. 생활 습관병을 예방하려면 식이요법과 운동 못지 않게 스트레스나 공포, 적대감, 걱정 등 심리적 요인을 다스리는 것이 중요하다. 미국의 경우, 1994년 캘리포니아 주 노스리지 지진이 발생한 후 로스앤젤레스 카운티의 사망자 검시 결과에 따르면 지진 당일 심장혈관 질환으로 숨진 사람이 51명으로, 당시 평균이던 하루 15.6명보다 크게 높았다. 이들은 대부분 관상동맥 질환을 앓은 적이 있거나 고혈압 등 고위험 요인을 안고 있었지만 구조 활동에 참여하거나 스스로 잔해 더미에서 빠져나오려는 노력도 하지 않았던 것으로 드러났다. 이는 감정적인 스트레스가 심장 질환 소인이 있는 사람들의 심장 질환을 재촉할 수 있기 때문인데, 그들은 죽을 정도로 겁을 먹었다는 것이다. 이 결과는 감정과 심장혈관 시스템의 심오한 상관성을 연구하는 이른바 '정신 심장학' 연구에 힘을 실어 주고 있다. 심장 전문가들은 심장이 정신적 요인에 의해 치명적으로 탈이 날 수 있다는 가설을 오랫동안 거부해 왔지만, 일상생활에서는 스트레스나 걱정, 적대감, 우울증 등 만성적인 감정 상태가 지진 같은 돌발적 쇼크보다 훨씬 무서운 사망 원인이라는 증거들을 쏟아내고 있다.

실제로, 듀크 대학교 정신 의학 및 인간 행동 전공 부교수인 에드워드 슈아레스에 의하면, "심장 발작을 일으킨 사람의 50% 는 콜레스테롤 수치가 높지 않았다. 그것보다는 오히려 심리적, 사회적 요인의 위험이 더 컸다. 말하자면 비만이나 흡연, 고혈압 등이 심장 질환을 일으킨다. 부정적 사고방식이 심장 병환자를 더 위험으로 몰아가고 있다는 증거다." 켄터키 대학교의 심장 질환 의사인 모세 교수는 심장 질환이던 50대 남자가 2~3일이면 퇴원할 수 있는데도 엿새나 입원했던 사례를 소개하면서, 이 환자는 "모든 것에 집착했고 자신의 병세에 너무 예민해 허혈 현상과 흉통이 재발할 것이라고 우려한 나머지, 실제로 1년 안에 또 다시 심장발작을 일으켜 사망했다."라고 보고한 바 있다. 모세 교수는 지난해 미국

심장학회 모임에서 보고한 심장발작 환자 536명에 대한 분석 결과 심리 테스트에서 걱정 수치가 가장 높았던 환자군이 가장 낮았던 환자군보다 2차 발작이 일어날 확률이 4배나 높았다고 보고했다. 우울증이 건강한 사람의 심장발작 확률을 최소 2배 높인다는 사실은 듀크 대학교 의대의 조사 결과, 즉 적대감도 심장질환 사망률을 29%까지 높이는 것과도 부합되고 있다. 의학 전문지 「랜싯」이 52개국 심장발작 환자 1만1천여 명을 조사한 결과 이들은 심장발작이 나던 해에 직장이나 가정 불화, 금전적 고통, 우울증 등을 겪었던 것으로 나타났다. 부정적 심리는 신체에도 직접적인 영향을 미쳐 스트레스를 받으면 몸이 코티솔이나 에피네프린 등 스트레스 호르몬을 방출하고 이에 대항하기 위해 혈압과 혈당 수치가 올라가며 이것이 장기화되면 만성 고혈압 등이 된다[참고: 조채희(2005). 마음을 다스려야 심장이 건강하다. 연합뉴스. 2005년 10월 13일자]. 문명병을 예방하는 108배 수련처럼 요가 역시 마음의 자발적인 움직임을 정지시키는 활동 가운데 하나다. 사람은 타고난 기질에 따라 사고력과 감성과 활동성에 차이가 있다[참고: 대비드 브래지어(2007). 선치료(역). 서울: 학지사].

48) 참고: 제인 호프(2002). 영혼의 비밀(역). 서울: 문학동네.

49) 요가 역시 사람마다 타고난 기질에 따라 서로 다르게 응용할 수 있다. 말하자면, 이성적인 사고능력이 뛰어난 사람에게는 지혜의 길(즈냐나 요가)이, 감성이 풍부한 사람에게는 헌신의 길(바크티 요가)이, 그리고 활동성이 강한 사람에게는 행위의 길(카르마 요가)이 적절하게 응용될 수 있는 요가의 길이다. 물론, 어느 하나만을 유일한 길이라고 말할 수 없고 강약의 차이가 있지만, 사람의 기질에 따라 달리 적용할 수 있다. 모든 사람은 사고력과 감성과 활동성을 나름대로 가지고 있기에, 영원한 신성이 이르는 세 길이 항상 함께 갈 수 있는 것도 사실이다. 지고자의 노래라는 '바가바드기타'는 이 세 길이 하나의 목표에 이르는 길이며, 함께 가야 하는 길임을 강조하고 있다.

약칭하여 '기타'라고도 불리우는 '바가바드기타'는 '지고자(至高者: 神)의 노래'라는 뜻이다. 고대 인도의 대서사시(大敍事詩) 『마하바라타』 가운데 제6권 비스마파르바의 제23~40장(章)에 있는 철학적・종교적인 700구(句)의 시를 말한다. 기타에 따르면, 신에 대한 깨달음은 머리에서가 아니라 존재 전체에서 완성된다. 존재 전체가 변형되려면 생각을 바꿀 수 있는 형이상학적인 체계와 그 체계를 뒷받침하는 훈련이 필요하기에, 바가바드기타는 형이상학적인 체계와 함께 요가라는 훈련방법도 제시한다. 요가는 '육체와 정신 또는 신과 인간이 결합하여 하나가 되는 것'을 가리키기도 하고, '마음과 정신의 힘을 집중하여 에고를 넘어서서 초월적인 자아에 이르는 것'을 가리키기도 한다. 바가바드기타는 훈련을 통해 브라흐만과 하나된 상태를 요가라고 부른다. 요가에는 바그티 요가, 카르마 요가, 그리고 즈냐나 요가가 있다. 즈냐나 요가는 지혜의 연마를 통해 신과 진리를 추구하는 것이다. 모든 고통과 슬픔은 실재가 아닌 것을 실재로 착각하는 환상에서 비롯된다. 냉철한 지혜를 통해 실재가 아닌 것을 하나하나 떼어 내다 보면 마지막에는 더 이상 부정할 수 없는 실재와 만난다. 그러면 모든 고통과 슬픔에서 벗어난다. 바크티 요가는 헌신을 통한 신과의 합일을 추구하는 수행이다. 헌신의 길은 누구나 마음만 먹으면 갈 수 있는 길이다. 헌신은 욕망과 집착에서 벗어나 자유롭게 되는 가장 안전한 길이다. 카르마 요가는 결과를 기대하지 않는 행위를 훈련하는 것이다. 육체를 가지고 있는 인간이 모든 행위를 포기하고 아무런 행위도 하지 않는다는 것은 불가능하다. 그러나 행위에는 어떤 행위이든 그 행위로 인한 여파가 뒤따른다. 행위의 여파는 다음 행위를 일으키는 원인이 된다. 행위는 이런 식으로 끝없이 이어지기 때문에 행위의 굴레에서 벗어날 길이 없다. 즈나나 요가, 바크티 요가, 그리고 카르마 요가는 동일한 목표를 향하고 있다[참고: 간디(2001). 바가바드기타(역). 서울: 당대].

초기 기독교에서도 명상의 중요성을 강조했다. 성 프란시스에 의하면, 명상의 목적은 소박한 마음으로 '신성한 것들에 계속해서 주의를 기울이는 그런 사랑'을 이루는 것에 있다. 이 전통을 따랐던 신비가들은 하느님과 함께 살기보다 하느님의 존재 안에 사는 것을 목표로 삼았다. 성 요한 역시 혼이 휴식과 정적 속에 머물 때, 그 속에서 어떠한 의식적 행위도 없는 꾸준한 마음을 통하여 신의 존재를 발견하게 된다고 말했다. 신비가들은 혼의 자유를 위하여 '관념과 사고의 방해 및 작업으로부터 해방될 것'을 역설하곤 했다. 요가의 본원지로 알려진 인도에서 일상적으로 활용되는 어떤 요가 활동에도 명상(dhyana)은 기본이다. 명상은 일상생활에 얽힌 복잡하고 혼란스런 마음을 고독한 정적의 상태로 되돌리는 데 도움을 주기 때문이다. 명상은 바삐 돌아가는 세상 속에서도 정지해 있는 지점을 어떻게든 찾아내려는 노력인데, 그것을 어떻게 수행하느냐에 따라 즈나나, 바크티 요가 등 여러 갈래로 갈라져 왔다. 어느 한 가지만이 유일한 명상의 방법이 아니라는 것이다.

50) 내 경우, 걷기와 하이쿠 짓기를 생활선의 하나로 활용하고 있다. 여행길에는 어김없이 하이쿠를 한두 편 짓는다. 여행길이 아니더라도, 일상적인 일에서 느끼는 것들을 하나의 단가로 만들고 음미하면, 줄어들었던 마음의 여백이 넓어지곤 한다. 하이쿠는 5, 7, 5의 글자로 세상만사를 표현할 수 있는데, 하이쿠는 때나 사물을 드러내는 시어(時語), 무엇인가에 대한 생각을 극적으로 끊어 내는 절어(切語), 그리고 끊임없는 아련한 느낌의 감어(感語)를 활용하여 그 무엇인가에 대한 깨달음의 읊조림(覺音)이기에 [참고: 마츠오 바쇼(2008). 바쇼의 하이쿠 기행(역). 서울: 바다출판사], 자연과 나 자신 간에 일어나는 느낌의 관계를 간결하게 표현해낼 수 있다. 예를 들어, 내가 어렸을 적 어머니와 함께 배나무 아래에서 찍었던 빛바랜 사진을 보는 순간, 한 가락의 하이쿠가 머리를 스쳤다. "고왔던 엄니, 배꽃에 비겼을텐가, 어느새 구순(九旬)." 이 하이쿠를 뇌일 때마다, 나는 어머니에 대한 아련한 생각 때문에, 스스로를 어지간히 달래곤 한다.

51) 2년 동안 300회의 소극장 투어 '김장훈 원맨쑈'를 펼친 김장훈은 정말로 사회를 위해 무엇인가를 해 놓으려고 열심히 사는 사람이다. 그가 공연에 목을 매는 이유라는 것도 별다른 것이 아니다. "2002년 와이어를 달고 공연장을 날다가 추락해 어깨에 철심을 박았는데 그리고서 33일간 공연했어요. 어깨가 아파서 잠도 못 잤고 발성도 안 돼 금세 지쳤는데 열흘이 지나니까 무아지경이 되더라고요. 1998년 사랑하는 어린 가족을 하늘로 떠나보냈을 때도 노래했어요. 그때 '아, 무대는 다른 세상이구나'라고 느꼈죠." 이때 그는 가수는 아프면 아픈 대로, 행복하면 행복한 대로, 슬프면 슬픈 대로 노래하는 직업이란 걸 깨달았다. 보통 사람처럼 겪기 힘든 일에는 부서지기도 하지만, 그것을 이내 이겨내기도 한다.

나는 개인적으로 김장훈의 팬이다. 그와 한 번도 대면한 적도 없고, 그의 공연을 관람해 본 적도 없다. 그의 노래를 알지도 못하지만 그의 팬이 된 지가 이미 오래되었다. 그의 공연을 따라 다니고 싶은 생각이 있는 것도 사실이지만, 이미 공연에 열광할 나이가 훨씬 지났다는 생각 때문에 그렇게 하지는 못한다. 어쨌든 나는 그를 좋아한다. 그의 심성이 어느 성직자나 어느 위인보다도 더 나를 끌리게 만들기 때문이다. 나는 그의 말을 들으면, 그가 그렇게 공연에 미쳐 있는 것이 바로 생활선(禪)을 실천하기 위한 노력으로 생각된다.

그를 관찰한 기자는 잇대어 그의 이야기를 써내려 가고 있다. 유독 김장훈은 무대 연출에 엄청난 자본과 기술을 투입하는데, 관객에게 즐거움을 주는 것 이상의 의미가 있다. 무대는 그에게 어린 시절 상상의 나래를 현실에서 발현하는 실험과 도전의 장이다. 일곱 살에서 열 살 사이 기관지 천식과 악성 빈혈로 병원에서 살며 하늘을 날고 싶었기에 와이어를 달고 공연장을 날았고, 어린 시절 자전거를 타고 꽃길을 달리고 싶어 떨어진 두 무대를 자전거로 이동했다. 현실화를 위한 기술적인 방법도 그가 직접 찾았다. 카이스트 기계공학과의 오준호 교수는 "김장훈 씨는 진짜 과학자다. 엔지니어."라고 칭찬하기도 했다. 김장훈은 "나의 연출은 어린 날의 꿈의 실현"이라며 "공연을 준비할 때면 어린 날을 세 번씩 정리하는 것 같다. 단순한 이벤트가 아니라 삶이 묻어 있다. 언젠가 내가 다리를 연결해 2층 객석으로 뛰어들었는데 어린 시절 외톨이여서 사람들에게 섞이고 싶었기 때문이다. 어린 시절 웃는 사진이 단 한 장도 없을 정도"라며 웃었다. 또 "어린 시절 기계를 분해했다가 조립하거나, 배로 변하는 차를 노트에 그리곤 했다. 배가 될 때 어떤 부분이 돛이 되고 바퀴는 어떻게 변신할지 고민했다."

"난 가수지만 공연 준비를 할 때는 과학자라고 생각한다. '공연 과학자'로 불리고 싶다."라고 말하는 그가 평소 즐겨보는 공연 DVD는 마돈나, 브리트니 스피어스가 아니라 이벤트보다 뮤지션의 가창과 연주, 춤이 자연스레 연출이 되는 오지 오스본, 쿨&더 갱의 무대. "1천 석 안팎의 소극장 공연을 좋아하는 것도 저의 표정과 순발력, 관객의 반응까지 자연스럽기 때문이죠. 엄청난 이벤트를 원하는 사람은 차라리 유명 서커스를 보러 가겠죠. 만약 인간 김장훈을 알고 싶다면 제 장점이 가장 잘 표출될 소극장이 제격입니다."

김장훈은 "왜 그렇게 힘들게 사느냐?"는 첫 질문에 대한 답을 마지막에 내려줬다. 어느 날 눈을 감았는데 공황장애 때문에 너무 답답했다고 한다. '만약 지금 죽었고 육신은 떠났는데 정신이 남아서 떠다니면 어떡하나'란 생각에 이틀을 연이어 밤을 새웠다. 살다가 마지막 순간에 후회하지 않겠다는 생각으로 벽돌을 쌓다 보니 공연, 기부 등 다양한 방법으로 벽돌이 올라갔다. 지금도 그 여정이다. "찰리 채플린이 '인생은 가까이서 보면 비극이지만 멀리서 보면 희극(Life is a tragedy when seen in close-up, but a comedy in long-shot)'이라고 했어요. 전 힘이 들 때 어제, 오늘, 내일 3단계 이론을 펼칩니다. 어제 힘든 일은 내일이 되면 웃을 수 있으니 오늘 미리 웃자는 거죠. 과거 여자 친구와 헤어질 때는 숨을 못 쉴 정도로 아팠지만 이제는 잊혀지는 게 슬플 정도잖아요." 그는 "무대에 못 올라갈 때 음악 활동을 다 접을 것"이라며 "난 무대에서 관객을 보며 그 순간에 올인하는 철저한 대중가수다. 자꾸만 히트곡을 갖고 싶은 것도 모바일 판매 수익이 아니라 어떤 현장에서든 사람들과 함께 하고 싶기 때문"이라고 강조했다[참고: 이은정(2008). 김장훈, 기부 천사보다 공연 과학자가 좋다. 연합뉴스. 2008년 3월 14일자].

52) 참고: 서울불교대학원대학교 불교와 심리연구원(2011). 불교수행과 뇌, 그 치료적 의미. 제2회 불교와 심리 심포지엄.

53) 참고: 필립 토시오 수도(2008). 내 영혼의 멘토 젠(역). 서울: 대경북스.

54) 깨달음의 방편, 즉 깨달았다고 했을 때의 핵심 가치로써 표현되는 '~할 뿐'이라는 말은 영어로는 'Nothing but'에 해당될 수 있다. 물론 Nothing but의 의미를 강조하는 의미로써의 오로지(only)만으로 제한되지는 않는다. 여기서 말하는 깨달음의 방편으로써 ~할 뿐이라는 말은 시간적으로나, 공간적으로 그리고 정신적으로 현재, 지금을 내 삶의 마지막으로 간주하며 그것에 모든 것을 걸었기에 그 이상의 다른 의도는 없다는 뜻을 지닌다.

55) 성법 스님은 『화엄경』으로 수행하며 거듭나는 방편을 알려 주고 있다. "저는 7~8년 전쯤에 『화엄경』만을 꼬박 3년 독경한 경험이 있습니다. 특별한 동기가 있었던 것은 아니고 그간의 제 수행법은 독경과 사경(경을 그대로 베껴 씀)이었습니다. 원래 병약한 약골인지라 참선이나 장기간의 기도 등은 엄두를 내지 못할 형편이었습니다. 그 병약함은 지금도 마찬가지이기는 합니다. 그래서 스스로 생각한 수행방법이 독경과 사경인데, 이 방법은 건강이 허락하는 대로 틈틈이, 또 법당이 아닌 방이나 책상에서도 할 수 있는 수행법이기 때문이었습니다. 그렇게 한 20년을 하다 보니 남은 경전이라고는 『화엄경』밖에 없을 정도가 되었습니다. 마침 그때 오른쪽 눈에 백내장 수술을 하였는데, 늙어 눈이 나빠지면 염불이나 참선은 할 수 있어도 경전은 볼 수 없다는 걱정이 더 신심을 내게 하였습니다.

이렇게 해서 『화엄경』을 손에 잡게 되었는데, 처음에는 『화엄경』이라는 이름에 압도당하여 기도로써 독경만 할 뿐이지 그 뜻을 이해하려는 마음은 꾸지 못했습니다. 더군다나 다른 경전을 읽을 때 그랬듯이 목탁을 치며 읽는다면 아무리 빨리 한다 하더라도 진도가 나가지 않고 더욱 손목이 아파 한 번도 다 읽기 어렵다는 판단이 섰습니다. 당장 목탁을 버리고 법당에서 소리 내어 아주 빠르게 읽기를 하였습니다. 조석 예불 시간에도 '계향, 정향……' 예불문은 커녕, 『신중단』에 『반야심경』 독송도 생략해 버렸습니다. 내가 부처님의 깨달음 그 자체인 『화엄경』을 독경하는데, 예불문과 『반야심경』이 무슨 의미가 있겠느냐는 당돌함에 차 있었기 때문입니다[참고: 성법(2004). 이판사판 화엄경. 서울: 정신세계원 출판국]."

56) 참고: 마크 앱스틴(2006). 붓다의 심리학(역). 서울: 학지사.

57) 공황장애의 치료에 이용되어 효과를 인정받고 있는 '유도심상법(guided imagery)' 혹은 '심상법(mental imagery)'은 극단적인 양태를 최대한 활용하는 것일 수 있다. 마음속으로 아주 편안한 상황을 상정하고 그것을 즐기는 상상력을 가동하면 그 상상력만으로도 심신을 이완시켜 주는 치유방법이 유도심상법이다. 명상이나 참선은 바로 그렇게 인간 스스로 편안함에 대한 극한적인 유도심상법으로 상상의 채움을 이야기하는 것일 수도 있다[참고: 이형득(2003). 본성실현상담. 서울: 학지사]. 산이나 호수 같이 자기가 욕망하는 것을 상상함으로써 자신의 공황이나 불유쾌한 감정을 치유하게 도와주는 그저 조용한 장소에서 안락하고 편안한 자세로 눈을 감고 가장 편안했던 또는 가장 평화스러웠던 때 자연의

그 감정을 상상하기만 하면 된다.

마음이 가는 대로, 상상이 허락하는 대로 자신을 맡겨 두면 된다. 처음의 상상은 자기에게 친숙한 정경, 특히 시각적인 것으로 기억해 둔 그런 영상으로 시작한다. 말하자면 바닷가를 상상할 때 처음에는 해변 가처럼 자기의 친숙한 경험으로 시작하는 것이다. 그것이 숙달되면 그 영상과 잇대어 나올 수 있는 또 다른 상상력의 산물인 새로운 파도 소리, 비릿한 바다 냄새, 촉촉한 공기, 피부에 내리쬐는 햇살 등, 오감을 이용해서 자연을 상상해냄으로써 청각, 후각, 촉각, 미각 등으로 확대될 수 있다. 심상법은 언제, 어디서나, 어떻게나 모두 가능하다. 전철에서도 가능하고, 화장실에서도 가능하다. 면접 대기 시간에도, 시험보기 직전에도, 시합하기 전에도, 병원에서 의사를 기다릴 때에도, 참기 힘든 회의 중에서도 가능한 것이다. 눈만 잠시 감을 수 있다면, 번개 같이 짧은 시간 동안 자기 치유를 위해 언제든지 심상법을 활용할 수 있다. 자기 심상법에 대한 훈련만 되어 있으면, 스트레스를 받고 있는 도중, 부부 싸움 중에도 시원한 천국을 영상화할 수 있다.

58) 참고: 딘 오니시(2000). 약 안 쓰고 수술 않고 심장병 고치는 법(역). 서울: 석필; 딘 오니시(2003). 요가와 명상건강법(역). 서울: 석필; 딘 오니시(2004). 관계의 연금술(역). 서울: 북하우스.

59) 마음의 평화, 그것은 뇌 과학적으로 말하면, 유사 열반에 이르는 단계다. 그것은 동시에 뇌의 신경전달 물질을 최대한 조절하여 뇌를 아무런 의식 없이 통제하는 데 성공했다는 말일 수도 있다. 유사 열반은 마음챙김이 거듭되는 삶의 장면에 적절하게 적용된 뒤에 자연스럽게 따라오는 기쁨과 즐거움의 결과들이다. 명상가들은 이런 상태를 깨달음의 상태라고 믿기 때문에, 그들은 그들의 깨달음의 경지를 에로스적인 경험과 흡사한 유사 열반이라고 부른다. 집중 상태에 이르면 몸이 우선 사라지고, 거칠고 혼란을 주는 정서도 이내 사라진다. 마음챙김의 꾸준한 적용으로부터 나타나는 상태, 말하자면 주관적인 알아차림과 감정의 밀물과 같이 밀려드는 기쁨과 희열은 자기 치유의 결정판이기도 하다. 높은 단계의 명상을 경험한다는 것은 결국 자기로 하여금 점점 더 근본적인 자기 망실과 함께 한다는 것을 드러내게 하고, 마침내 '아, 이것이 진정한 나구나' 하는 감정을 있는 그대로 받아들이는 상태를 말한다.

60) 참고: 조셉 캠벨·빌 모이어스(1992). 신화의 힘(역). 서울: 고려원.

61) 주커브 박사는 하나의 사례를 들어 설명한다. 휴일인데도 급한 일로 회사에 나가야 하는 아내가 있다고 해 보자. 아내는 남편에게 함께 있고 싶지만 어쩔 수 없이 나가야 한다고 말하고는 회사로 갔다. 남편이 그 말을 믿지 못한다면, 남편은 아내가 자신을 거부하고 있다고 생각하거나 남편보다도 일이 중요하다는 뜻으로 받아들일지도 모른다. 남편의 이런 오해가 계속 이어진다면 아내의 내면에서도 놀라움, 슬픔, 좌절, 분노, 원망 등의 감정이 생길 것이다. 결국에는 남편에 대한 거부감뿐만 아니라 거리감마저 느끼게 될 것이다. 남편은 믿지 못함으로 인해 자신이 가장 두려워하던 결과를 스스로 만들어 내고 말아 버린다[참고: 게리 주커브(2000). 영혼의 의자(역). 서울: 나라원].

62) 치료의 효과적인 방편으로 쓰일 수 있는 것들이 무제한적이다. 명상 치료, 운동 치료, 음악 치료, 그림 치료, 독서 치료, 저널 치료, 요리 치료 따위에 이르기까지 치료라는 단어만 붙이면 그 모든 것이 치료

에 속한다. 병원과는 다르지만 병원이 하는 일과 유사한 치료적인 활동들이 하나의 기업처럼 번지고 있다. 병의 일차적인 근원들이 잘못된 생활 습관에서 만들어지기 때문에, 그것을 바로잡는 것을 일차적인 치유 활동의 한 영역으로 한 다양한 치유법들이 소개되고 있다. 이런 다양한 기법 모두는 자연과학적 의술이 치료의 그 모든 것으로 세상을 지배하던 것에 대한 대안적 방편으로 등장한 것들이기도 하다.

요리 치료사로 자부하는 권명숙은 요리 치료는 자연과 더불어 살아가는 법을 배우는 치유의 효과적인 한 방편이라고 주장한다. 그녀는 요리 치료법에 대해 이렇게 진술한다. "…… 현재 시행 중인 많은 치료방법 중에 특히 요리 테라피는 자연스러움을 닮아 자연과 더불어 살아가기를 추구하며 스스로 내면적인 치유를 이끌어 내는 프로그램이라고 단정할 수 있다. 요리는 오감을 자극하고 자연을 이용할 수 있는 최고의 매체이며, 풍요한 재료를 손쉽게 구할 수 있다는 장점을 부각시키면서 재활과 치료라는 의미에서 삶의 질을 향상시키며 우리 곁에 오래 머물러 있는 것이다. 그럼 요리 치료의 장점으론 어떤 것이 있을까?

첫째, 자연에서 얻는 재료를 이용한 수업에 아이들은 거부감이 없다. 특히 치료사는 흔히 구할 수 있는 재료들로 누구에게나 쉽게 다가갈 수 있으며, 미리 준비하고 계획하지 않아도 적절하게 표현할 수 있도록 유도하며, 어렵고 번거로운 요리과정보다도 책상 위 재료들을 탐색하고 맘껏 활용할 수 있도록 해 친근함으로 이끌어 낼 수 있다. 둘째, 치료사와 대상자가 억지로 해야 한다는 강압이 사라진다는 것. 대상자, 특히 장애아동의 경우는 대부분이 수업 시간에 안정적으로 자리에 앉지 못한다. 그러나 일주일에 한 번 이뤄지는 수업을 아이들이 손꼽아 기다릴 정도로 다른 재료들보다 아이들의 호기심과 흥미로움을 더하고 있다. 셋째, 구조화되고 형식에 얽매여 있지 않으며, 작품의 완성도를 높이는 데 목표를 두는 것이 아니라 과정을 즐기고 자신의 내면을 표현함에 중점을 둔다는 것이다. 아이에서부터 어른에 이르기까지 자연이 주는 혜택은 무궁무진하다. 가정에서 활용할 수 있는 간단한 프로그램도 많다. 가족이 함께 작은 화단이나 텃밭(화분도 가능)에 씨앗을 뿌리는 작업을 비롯해 모종을 심어 자라는 모습을 관찰하고 그림(요리로 하는 미술 치료)을 그리거나 글로 표현(요리로 하는 글쓰기 치료)토록 한다. 채소와 열매를 수확하고 맛보는 등으로 노동의 즐거움에서 에너지를 얻는다는 것은 기쁜 일이다. 파릇파릇 돋아나는 새싹과 꽃들을 만져보며(요리로 하는 감각 치료), 분류와 비교(요리로 하는 학습 치료)를 배우고, 느낌을 알게 하는 다양한 방법들도 있다. 이렇듯 요리 테라피는 완성된 요리만을 연상하는 것이 아니라 재료와 재료의 특성들을 고려, 전문가가 상황과 특성에 맞는 지식과 방법을 터득해 가는 것이 중요하다. 아이들이 거부하지 않는 먹을 거리와 자연이 훌륭한 도구인 것이다."[참고: 권명숙(2008). 권명숙의 요리 테라피, 자연과 더불어 살아가는 법을 배우는 게 치료. 매일신문. 2008년 4월 4일자]

63) 동화는 아이들뿐만 아니라 어른에게도 꼭 필요하다고 슬레이터(Lauren Slater) 교수는 말한다. 어른들도 자신의 마음을 다스리기 위해서는 아이와 마찬가지로 두려움과 맞서고, 욕망과 싸우고, 도덕적인 문제와 대면할 기회가 필요하다고 말한다. 소설이나 에세이 같은 수준 높은 문학 작품도 그러한 주제들을 섬세하게 다루고 있기는 하다. 동화 속 등장인물들이 보여 주는 극단적인 대립 구도는 보다 더 단순하게 인간 내면의 깊은 곳에서 무엇인가를 끌어올리는 놀라운 힘을 발휘한다. 동화를 읽으면서 어린 시절

을 떠올려 보고, 자신의 문제가 시작되는 시점으로 돌아감으로써 마음을 치유해 주기 때문에, 동화를 읽거나 써 보는 경험은 마음속에서 불꽃 튀는 화학 변화를 경험해 보는 것이나 다름없다[참고: 로렌 슬레이터(2006). 루비레드(역). 서울: 에코의 서재].

64) 참고: 루츠 폰 베르더 외(2004). 즐거운 글쓰기(역). 서울: 들녘.

65) 참고: 스테파노 추피(2005). 천년의 그림여행(역). 서울: 예경.

66) 디살보(DeSalvo) 교수는 글쓰기를 아예 마음 다스리기의 중요한 방편이라고 주장한다[참고: DeSalvo, L. (1999). *Writing as a way of healing: How telling our stories transforms our lives*. Boston: Beacon Press]. 디살보 교수가 글쓰기의 효과를 입증하기 위해 페니베이커(Pennebaker)와 비올(Beal)의 글쓰기 치료 실험을 새롭게 해석한다. 그들이 행한 실험에 의하면, 자신에게 상처가 되었던 과거의 사건이 있는 사람인 경우, 그 당시 상황을 자세히 묘사하고 그때 느꼈던 감정과 그때 사건을 현재의 느낌으로 쓰게 했을 때, 상처를 갖고 있던 사람들 스스로 자기의 마음 다스리기에 탁월한 치료의 효과가 있었다.

그런 연구 결과에 기초해서, 연구자들은 자신의 학생들 중 각기 과거의 부정적인 개인적 체험을 기억하는 학생들을 일단 피실험자 집단으로 선정했다. 그들을 각각 세 그룹으로 편성하여 각 그룹에게 4일 동안 하루에 15분 정도 글을 쓰도록 하였다. 첫째 그룹은 단지 감정을 표출하는 글을 쓰게 했다. 둘째 그룹은 단지 어떤 일이 벌어졌는지를 쓰게 했고, 마지막 셋째 그룹에게는 사건과 그 사건에 연결된 감정을 함께 쓰도록 했다. 이 실험에 의해 나타난 결과는 간단했다. 첫째 그룹과 둘째 그룹에서는 유별난 치료적 행동이나 정서들이 관찰되지 않았다. 그들에 비해 셋째 그룹에서는 놀라운 치료의 증좌들을 관찰할 수 있었다. 6개월 후 이들의 건강 히스토리를 살펴본 결과 세 번째 그룹에 속했던 학생들이 보건소나 병원을 찾는 비율이 훨씬 낮았으며, 자기 자신의 감정 다스리기에 상당한 자신감을 갖고 있었다.

67) 페니베이커 교수는 취향에 따라 글쓰기의 시간을 자유롭게 선택하라고 권한다. 글의 종류를 가릴 것이 없다. 소설과 시, 미술 등 다양한 장르 모두가 가능하다. 치유를 위한 것이라고 미리 이야기해야 할 이유도 없다. 글쓰기이면 된다. 글쓰기가 치료적 효과를 갖기 위해서는 하루에 약 20분 정도면 충분하다. 백지를 앞에 놓고 앉아 진솔하게 자신의 이야기를 써내려가면 된다. 당사자들에게 감정의 지배에 지속적으로 시달리게 하기보다는 오히려 자기 스스로 감정을 다스릴 수 있게 도와주어야 글쓰기의 효과가 크다. 글을 쓰기 때문에 과거 경험에 대한 감정 자체가 사라지는 것이 아니다. 과거의 정체를 새롭게 규명하고 자기 감정에 합당하도록 다스릴 수 있는 상태가 되어야 치유가 가능해진다. 이러한 활동은 그로 하여금 그 옛날 겪었던 감정에 끌려 다니지 않도록 도와준다. 새로운 감정으로 그때의 감정을 다스릴 수 있기 때문이다[참고: 제임스 W. 페니베이커(2007). **글쓰기 치료**(역). 서울: 학지사].

68) 참고: 줄리아 카메론(2007). 스트웨이(역). 서울: 경당.

69) 참고: 지두 크리슈나무르티(1996). 아는 것으로부터의 자유(역). 서울: 한국 크리슈나무르티센터.

70) 참고: Colarusso, C. A. (2011). 정신분석적 발달이론(역). 서울: 학지사.

71) 사람들이 골프채로 스윙을 할 때는 반(反)직관적으로 해야 한다는 프로 골퍼들의 전문적인 조언은 중
요하다. 이것은 스윙을 생각과 정반대로 하면, 거의 완벽한 스윙을 할 수 있다는 말이기 때문이다. 처음
부터 끝까지 마음을 비우고 공을 치라는 말이나 마찬가지다. 골프를 즐기는 사람 모두가 익히 알고 있
는 말이지만, 코스에 나가기만 하면 그것을 실제로 해내는 일이 매우 힘들다는 것을 이내, 매번 깨닫곤
한다. 그런 생각을 할 겨를조차 갖지 못한 채, 사람들은 공 치기에 매달린다. 잘못 친 공에 이내 안색이
달라진다. 누가 그렇게 제대로 치지 말라고 시킨 것이 아니다. 방해한 것도 아니다. 그저 자기가 잘못
쳤을 뿐이다. 잘못 친 공에 대해 여러 가지 이유를 대봐야 소용없다. 골프를 즐기지 못하면 그런 일이
일어나곤 한다. 그냥 골프에 매달려 끌려다니기 때문에 골프 스윙, 비거리에 집착하기만 하면 그런 우
울한 일이 반복되고 만다.
라고넷(James L. Ragonnet) 교수는 타이거 우즈를 골퍼라기보다는 차라리 깨달은 자라고 부르는 편
이 더 낫다고 주장한다. 골프 코스에서 클럽헤드와 자기를 자연스럽게 하나로 만드는 사람은 이미 마음
의 평정을 유지하고 욕심을 버린 후 자기와 공, 그리고 골프채가 하나가 되어 무념의 상태로 몰입한 사
람이기 때문이다. 공과 연장, 그리고 자연이 서로 자연스럽게 하나로 어울려 하나의 스윙을 만들어 내
는 것은 자기에 대한 자각, 조화, 그리고 통합을 이룬 때이기 때문이다. 우즈가 스캔들에 시달린 이후
그의 골프 성적은 형편없었다. 그것은 타이거 우즈가 마음 다스리기에 실패했기 때문이다. 골프를 즐
기기보다는 승리에 목표를 두었기 때문에 일어나는 마음 동작이 그를 실패하는 골퍼로 만들어 가고 있
었다. 라고넷 교수는 운동이든 뭐든 즐기지 않으면 운동의 효과는 기대하기 어렵다고 말한다[참고: 제
임스 라고넷(2008). 당신은 행복한 골퍼입니까?: 골프 코스에서 나를 이기는 법(역). 서울: 가람북].

72) 티베트인, 인도인, 혹은 네팔인이 취하는 명상의 양태는 다양하다. 명상의 형태는 3가지다. 명상의 첫 번
째 방법은 '무드라(mudra)'다. 무드라는 손을 가지고 일정한 형태를 자아내며, 몸을 의식하는 방식의
명상이다. 두 번째 방식의 명상은 '만트라(mantra)'인데, 만트라는 경을 입으로 반복하는 행위다. 그 소
리는 마치 영적인 소리나 진언(眞言)같이 들리기도 한다. 마지막 방법이 바로 '만다라(mandala)'인데,
이 만다라는 수행자 스스로 정신을 집중하여 진리의 형태를 상상해내는 방식이다. 그렇다고 이런 3가
지 양태들이 명상의 모두를 체험하거나 명상 전체라고 말할 수는 없다.

73) 인도 델리 대학교 동아시아학과에서 가르치고 있는 김도영 교수는 인도를 필요 이상으로 오해하거나
이해하지 말라고 타이른다. "우리나라 사람들은 인도하면 명상, 구도, 가난 등을 먼저 떠올리지만 그것
이 전부는 아니며, 오히려 그러한 선입견이 인도를 제대로 아는 데 걸림돌이 되고 있는 것은 아닌지 돌
아볼 필요가 있다."라고 강조했다. "인도를 신비적으로 소개하고 문학적으로 접근하면서 피상적으로
인도를 우리 사회에 띄운 것이 결과적으로 환상을 심어 준 꼴이 됐다."라는 것이 그의 조심스러운 진단
이다. 그는 인도인의 특징을 ▲종교적이지만 물질적이고 ▲말을 잘하며 ▲화를 내지 않고, 감사하거
나 미안해하지도 않으며 ▲거짓말도 개의치 않고 ▲남을 잘 돕지만 권력 앞에서 무너지며 ▲미신적이
고 ▲관대하면서 ▲자부심이 강하다고 말한다[참고: 김도영(2006). 내가 만난 인도인. 서울: 산지니].

74) 참고: Luce, E.(2007). *In spite of the gods: The strange rise of modern india.* NY: Random House.

75) 참고: 엘리엇 D. 코헨(2007). 미친 시대를 이성적으로 사는 법(역). 서울: 21세기북스.

76) 참고: 우명(2006). 살아서 하늘나라 가는 길. 서울: 참출판사.

77) 참고: 바바하리 다스(1999). 성자가 된 청소부(역). 서울: 정신세계사.

78) 신경의학자들은 장기간 명상을 한 스님들의 뇌 활동을 면밀히 검토한 바 있다. 선승(禪僧)들이 명상에 빠져 있는 동안 보여 주는 그들의 뇌에서 일어나는 뇌신경 활동을 촬영하기 위해, 연구자들은 선승들의 뇌 세포에 신속히 흡수되어 카메라상에서 신경들의 움직임을 보여 주는 방사성 물질을 주사하였다. 그들이 찍어낸 영상들에 따르면, 보통 사람들의 뇌와 스님들의 뇌가 작동하는 방식 간에는 확실하게 차이가 있었다. 선승들이 명상의 상태로 들어갔을 때 그들의 뇌 활동에서는 독특한 변화가 나타나기 시작했다. 뇌 공간상에서 전전두피질의 기능이 강화되기 시작했다. 일반인의 경우, 전전두피질에 문제가 있으면 몇 가지 징후들이 나타난다. 말하자면 주의집중 감소, 주의 산만, 단기기억 손상, 정신속도 저하, 무관심, 언어 표현 저하, 충동 조절 부족, 분노 조절 문제, 사회성 감소 및 전반적인 행동 조절에서 문제가 나타나는 것이다. 전전두피질에 문제가 생기면, 시공간의 안배가 어려워지며, 양심과 같은 조절에도 문제가 생긴다. 선승들의 경우는 전전두피질의 약화로 생길 수 있는 그런 문제 행동을 극복할 수 있는 능력이 뛰어남을 보여 주었다.

일반적으로, 전전두피질의 기능이 활성화된 사람들은 달려오는 자동차를 보고 빠르게 비켜설 수 있을 정도로 행동이 민첩하며, 다가오는 상황을 미리 예측하는 능력이 뛰어나다. 전전두피질의 기능이 우수하지 못하면, 미래를 예측하고 계획하는 능력이 부족하게 된다. 전전두피질의 활동이 적절해야만 자신의 삶에서 진정 중요한 것에 끝까지 주의집중할 수 있다. 전전두피질이 제대로 기능하지 않는다면, 필요 이상으로 상황을 악화시키는 언행을 내키는 대로 할 수도 있다. 전전두피질은 문제를 해결하고 상황을 예견하며 최선의 대안을 택하게 해 준다.

전전두피질 덕분에 사람들은 실수를 통해 신속하게 새로운 상황 대처 능력을 배우게 된다. 전전두피질의 기능이 원활하다는 말은 실수하지 않게 해 준다는 것을 의미하는 것이 아니다. 단지 과거의 경험으로부터 배워서 똑같은 실수를 반복하지 않도록 조력한다는 뜻이다. 예를 들어, 전전두피질의 기능이 우수한 남자는 자신이 술을 마시면 당황하거나 경솔하거나 조급해진다는 것을 알고 술을 끊는다. 하지만 전전두피질의 기능이 떨어진 사람은 과거의 경험으로부터 아무것도 배우지 못한 채 늘 행하던 대로 다시 술에 빠진다. 음주가 자기 삶에서 많은 문제를 야기하는데도 계속해서 술을 마시면서 알코올 중독자로 변해간다. 그들은 과거의 경험을 자기 삶의 개조에 활용하지 못한 채, 옛 그대로 자신의 충동적인 욕구를 만족시키기 위해 반응한다[참고: 아멘(2006). **영혼의 하드웨어인 뇌 치유하기**(역). 서울: 학지사].

79) 인도의 성(聖)공동체인 '아난다 마르가'의 수행자 출신 인도인 바수 무클도 그런 비판가 중의 한 사람

이다. 그는 "현재 한국에 널리 퍼진 요가는 인도의 정통 요가와는 거리가 먼 일종의 사이비."라고 정리한다. 요가 같은 명상의 방편들이 기대 이상으로 신비화된 것은, 요가라는 수련법이 인도에서 곧바로 건너오지 않고 미국이나 일본을 통해 간접적으로 수입되면서 변형되었기 때문이라는 것이다. 미국이나 일본식으로 변형된 요가는 한편으로는 신비한 것으로 비유되기도 하지만, 다른 편으로는 아예 체조 같은 스트레칭의 방법으로 소개되고 있다. 그는 신비한 것이든 체조 같은 것이든 모두 원래의 인도식 요가와는 다른 변종의 요가라고 주장한다.

요가를 제대로 하려면 우선 인간의 체위부터 제대로 배워야 한다. 바수 무클에 따르면, 미국이나 일본식 요가는 체위에 담긴 의미와 인체에 미치는 영향을 정확하게 가르치고 있지 않을 뿐만 아니라 요가로서의 체계성을 결여하고 있다. 따라서 "제대로 되지 않은 요가를 배우는 것보다 차라리 걷는 것이 좋다." 요가는 긴장과 이완을 반복해서 교감신경과 부교감신경을 단련시키는 것인데, 걷는 요가는 우선 배우기 쉽고 효과도 만점이기 때문이다. 그의 말은 요가의 정신에 어긋나는 요가는 짝퉁 요가이기에, 그런 짝퉁 요가에 매몰되는 것보다는 일상적인 체조를 하는 것이 더 바람직하다는 지적과 같다[참고: 김상진(2007). 날씨 좋은 한국, 걸으면서 요가하기 최고. 중앙일보. 2007년 8월 10일자].

80) 삼매는 산스크리트 사마디의 음역이다. 삼마지(三摩地)·삼마제(三摩提)·삼매지(三昧地) 등으로도 표현된다. 불가에서는 삼매의 종류를 여러 유형으로 가르기도 한다. 말하자면, 일체의 사물이 공(空)임을 깨닫는 공삼매(空三昧), 모든 것이 공이기에 사물에는 어떤 차별이나 그런 속성이 있을 수 없다는 것을 강조하는 무상삼매(無相三昧)가 있다.

무원삼매(無願三昧) 혹은 해탈도 있는데, 이것은 모든 것이 무상하기에 사람이 원해서 구할 것도 없다는 것을 관찰하는 행위다. 정신통일, 몸과 마음의 일체를 관찰하는 삼매를 이루기 위해 필요한 것은 마음의 집중을 의미하는 지(止), 그리고 그것을 꿰뚫어 보는 관(觀)이 필요하다. 마음의 집중이 가능했을 때에 비로소 관찰이 실현될 수 있기 때문이다. 불가에서는 궁극적으로 관불삼매(觀佛三昧) 혹은 불입삼매(佛立三昧)를 염두에 둔다. 그것은 붓다를 마음에 떠올리며 삼매에 이르면 수행자 앞에 붓다가 현전(現前)하게 만드는 수행방법을 말한다. 이 관불삼매는 불상이 존재하지 않았던 시절 불탑 앞에서 행해진 불탑예불의 수행방법이기도 했다. 삼매에 다가가는 길만이 아니라면, 그것은 보통 사람들의 삶을 위해 활용 가능성이 평이해야 할 것이다. 생활 명상, 생활의 선이 보통 인간들에게 필요할 것이고, 그런 생활선이 서로의 배움을 위해 도움을 줄 것이다.

81) 딘 오니시(Dean Ornish)는 『삼매왕경』의 구절을 인용하면서, 삶살이의 문제에 대처하기 위해 명상만이 유일한 방법이라고 주장하는 사람들을 경계해야 한다고 주장한다[참고: 딘 오니시(2003). 요가와 명상건강법(역). 서울: 석필].

82) 캐나다 브리티시컬럼비아 대학 스웨디 필드 박사팀은 남극기지에 근무하는 사람들의 삶에 대해 연구한 적이 있다. 이들은 한 번 남북극기지로 나가면 1년 정도 그곳에서 근무하게 된다. 남북극 탐험가들과의 인터뷰 자료, 그곳 기지의 연구 스테이션을 운영하는 국가정보 및 일기 분석 자료에 근거해 조사된 연구에 의하면 한 가지 사실이 분명해진다. 그것은 극지방 탐험자들이 자신의 일에 대해 느끼는 성취감이

크기는 하지만, 그들 중 40~60% 가량은 언제나 우울증, 수면 장애, 분노, 흥분 및 동료 간의 다툼과 같은 정신건강 질환에 시달리고 있었다. 그들 중 5% 정도는 증상의 정도가 심각해 약물 치료나 상담 요법까지 받아야 할 상황이었다.

이들 정신 이상 징후자들이 보여 준 극성 질환의 양상도 다양했다. 밤낮의 사이클 변화에 신체적 적응이 힘든 경우 가장 먼저 겪는 것은 수면 장애였다. 대부분의 피험자들은 숙면이 어려운 나머지 수면 장애를 심하게 겪었었다. 1880년대 북극 탐험의 경우 탐험에 참여한 대원 25명 중 생존자는 6명 뿐이었다. 나머지 사람들은 폭동, 정신착란, 자살 등에 의해 죽었거나 죽임을 당했다. 바로 그런 류의 사회정신적 질환이 극성 질환의 후유증이다. 현재 남극에는 20개국에서 설치한 47개 연구 기지가 운영되고 있으며 수백 명이 몇 달 이상 거주하고 있다. 북극의 경우도 미국, 캐나다, 러시아, 아일랜드, 스웨덴과 노르웨이가 기지를 운영하고 있다. 그런데 최근 이들 극지방에서 일하는 연구원들이 망치나 파이프로 팀원을 공격한 사례가 있었다. 연구팀은 현지 관찰 연구 결과를 토대로, 그같은 사람들에서 기억장애, 불안, 주의력 상실, 두통, 지루함, 피곤, 개인 위생 문제, 과식 증상 등이 심각하다고 보고했다[참고: 오윤정(2007). 남극–북극에 오래 있으면 정신병 생긴다?. 메디컬투데이. 2007년 7월 27일자].

83) '선방 문고리만 잡아도 삼악을 면한다'는 말을 들을 정도로 선방은 일반인들에게 출입이 금지된 곳이다. 산사에 위치한 그런 주요 선원들을 찾아 선방 풍경과 선사들의 가르침을 서술한 서화동[참고: 서화동(2006). 선방에서 길을 물었더니. 서울: 고즈윈은 스님들의 치열한 정진 양태들을 보여 주고 있다. '번뇌와 망상을 부처로 만들어라.' '구도의 뜨거운 눈물로 무릎을 적셔라.' '상사병 난 것처럼 절박하게 구하라.' '어떻게 그 마음을 항복받을 것인가.' 깨침을 다짐하며 손가락을 태워 부처님 전에 공양한 어느 스님은 '번뇌 망상이 곧 보리'라고 달래고, 지리산 자락에 4평짜리 토굴을 짓고 사는 어느 스님은 '남에게 물 한 잔 잘 떠 주는 것, 낯선 사람에게 길을 가르쳐 주는 것이 곧 잘사는 길'이라고 가르치고 있음을 보여 주고 있다. 무엇인가를 깨달으려고 출가한 그들조차도 그것을 이루기 어렵다는 것만 봐도, 불가에서 이야기하거나 명상의 신비가들이 이야기하는 명상이니 선이니 하는 것은 일반인에게 그리 쉽게 다가올 수 있는 것이 아님을 알 수 있다.

84) 장자(莊子), 양생주(養生主)편에 소개되는 포정해우(庖丁解牛)의 이야기는 대충 이렇다. "포정(庖丁)이 문혜군(文惠君)을 위하여 소를 여러 고기 조작으로 가르기 시작했다. 손을 갖다 대고 어깨를 기울이고 발로 밟고 무릎으로 누르는 데 따라 (소의 가죽과 뼈가 서로 떨어져 나가면서) 획획하고 울렸으며, 칼을 휙휙 움직이면 음률에 맞지 않음이 없었다. 상림(桑林)의 춤에 부합하고, 경수(經首)의 음절에 들어맞았다. 문혜군이 말하였다. '아아, 훌륭하도다! 기술(技)이 이런 경지에까지 이를 수 있단 말인가!' 그러자 포정이 칼을 내려놓고 대답했다. '제가 좋아하는 것은 도(道)입니다. 그것은 기술(技)에서 더 나아간 것입니다. 처음에 제가 소를 해체할 때에는 보이는 것이 온전한 소(全牛)가 아닌 게 없었습니다. 그러나 3년이 지나자 온전한 소는 보이지 않게 되었습니다. 이제 저는 신(神)으로써 소와 만나지, 눈으로써 소를 보지 않습니다. 감각기관의 지각 작용이 멈추고 신(神)이 하고자 하는 대로 움직입니다. 소의 자연적 결(天理)을 따라 큰 틈새를 치고 큰 구멍에서 칼을 움직이니, 소의 본래 모습(固然)을 따른

것입니다. 경락이 서로 이어진 곳, 뼈와 살과 힘줄이 엉킨 곳에서도 아무런 장애를 느끼지 않거늘, 하물 며 큰 뼈에 있어서는 어떻겠습니까? 좋은 요리사는 해마다 칼을 바꾸니, 자르기(割) 때문입니다. 보통 의 요리사는 달마다 칼을 바꾸니, 쪼개기(折) 때문입니다. 지금 제 칼은 19년이나 되었고 이 칼로 해체 한 소가 수천 마리가 되는데도 칼날은 숫돌에서 막 새로 갈아낸 듯합니다. 소의 마디에는 틈새가 있고, 칼날에는 두께가 없습니다. 두께가 없는 것을 틈 사이로 집어넣으니, 널찍널찍하여 칼을 놀리는 데 반 드시 여유 공간이 있는 것입니다. 이 때문에 19년이나 되었는데도 칼날이 숫돌에서 막 새로 갈아낸 듯 합니다. 그렇지만 매번 근육과 뼈가 뒤얽혀 있는 곳에 이를 때면 저는 다루기 어려움을 알고 두려운 듯 이 조심합니다. 시선이 정지되고 행동이 느려지며 칼을 놀리는 것이 매우 미세해지면, 마치 흙이 땅에 떨어지는 것처럼 툭하고 해체됩니다. 그제야 저는 칼을 들고 일어서서 사방을 돌아보고, 잠시 머뭇거 리다 만족스러운 마음으로 칼을 잘 닦아서 넣습니다.' 문혜군이 말했다. '훌륭하도다! 나는 포정의 말 을 듣고, 양생(養生)에 대해 터득하였노라!'"

85) 삼매나 몰입의 일상적인 양태를 성적인 오르가슴의 상태로 비유하기도 한다. 유사 열반의 한 양태라는 것이다. 마치 주인의식으로 들어가 주인의식을 망실한 후 다시 주인의식을 되찾는 과정의 반복과 같은 일이 삼매나 몰입, 혹은 오르가슴이라는 것이다. 유사열반으로써의 삼매는 표현되는 양태에 따라 다르 지만, 그것은 뇌 생물학적으로 말하면, 오르가슴을 되풀이하는 과정이나 마찬가지다. 적나라한 감정으 로 오르가슴의 양태를 표현해내는 어느 영화배우의 말처럼, 오르가슴은 "높은 공간에 떠 있는 기분이 되어 내 몸이 산산이 부서지면서 별처럼 흩어지는 것 같고, 내가 없어지는 듯한 느낌 같은 것이다." "슬 픔도 기쁨, 욕망도 없는 상태라고 할까? 존재가 있다 없다가 아닌 없는 상태 …… 두 사람 모두 현재의 이 자리가 아닌 다른 어느 곳에 가 있는 기분이었다. 내 몸은 먼 우주 진공 속에 떠다니는 미세한 입자 의 상태인 것 같기도 하고 우주 그 자체인 것 같기도 했다."는 감정의 한 장면이 바로 유사 열반의 한 장 면이 된다. 한때 장안에서 거침 없이 사적인 성생활을 이야기하면서, 장안의 화제와 빈축의 대상이 되 었던 서갑숙 씨가 그려낸 멀티오르가슴에 대한 느낌은 유사 열반과 매우 흡사하다. 완전히 같다고 말하 기는 어렵겠지만, 그것을 피하기도 어려운 것이 사실이다[참고: 서갑숙(2003). **서갑숙의 추파**. 서울: 디 어북].

오르가슴이란 남녀가 성관계를 가질 때 느끼게 되는 절정감을 말한다. 성행위가 절정에 달했을 때, 팽 창된 근육과 신경이 폭발하는 순간에 나타나는 압도적인 쾌감 같은 것이다. 오르가슴이라는 것은 '신 이 인간에게 생명을 이어가도록 유인하기 위해 마련해 준 놀라운 선물'이라는 뜻에서의 절정감을 의미 한다. 신의 경지에 돌입하면 미움도, 격정도, 사랑도 일순간에 살아지는 경험을 하게 되는데, 명상이나 선에서 얻어내는 삼매는 육체의 결합이 배제된 오르가슴의 한 양태로서 그것 역시 자기를 이어가도록 신이 인간에게 마련한 놀라운 선물과 같다는 것이다[참고: 한지엽(2005). '마법의 지팡이' 수리 뚝딱. 주간동아. 2005년 3월 22일자].

86) '배우다'는 원래 우리의 옛 말(古語)인 '빛호다'에서 나온 말이다. '빛'이라는 어근은 복부(腹部), 배를 지칭하는 명사다. '배움'이라는 말에서 '움'이라는 소리는 이집트에서는 인간의 시작, 태초의 소리, 말

하자면 '옴(om-)'에 가깝다. 옴이나 움은 집중의 시작이며, 명상의 시작을 포함한 긴 여음을 말한다. 배움이라는 말을 기호학적으로 풀어쓰면 배움이라는 단어가 복합적인 뜻을 갖는다는 사실에 주목할 수 있다.

우선, 배움이라는 명사가 동사로 쓰이면 '배다'로 전환된다. 혹은 옷에 냄새가 배다, 새끼를 배다의 명사형은 다시 '배움'이라는 말로 전환된다. 배움이라는 행위는 본원적으로 생물의 생산이나 번식을 내포하는 일을 의미한다. 생물에게 있어서 생식 본능을 드러내는 행위가 '배다'이기에 그 출발은 생물에게 번식을 약속하는 생존의 약속이기도 하다. 배움은 모든 살아 움직이는 생물에게 자연스럽게 배어들고 스며들도록 기다릴 줄 아는 것, 무엇인가 몸에 침윤되도록, 배어 다시 퍼지도록 상대와 자기에게 헌신하고 몰입하는 행위, 그래서 새로운 무엇인가를 드러내며, 잉태해내는 창조적 행위와 끈질긴 침윤의 정신을 의미한다.

87) 행복에 이르려면 행복에 이르는 연습이 필요하다고 주장하는 미국 리버사이드 캘리포니아 대학교 심리학 교수인 소냐 류모머스키(Sonja Lyubomirsky)는 행복은 결과가 아니라 과정이라고 이야기하고 있다. 그는 2005년 미국심리학회가 27만 5000명을 대상으로 실시한 심리학 실험 연구 225건을 분석한후, 그런 결론을 얻었다. "행복한 사람들의 긍정적 심리는 유전적인 요소, 개인적인 요소, 환경적 요소로 구성되는데, 유전적 요소는 50%, 환경적 요인은 10%, 나머지 40%는 행복을 향한 개인의 의지와 그것을 실천할 수 있는 과정과 기술"에 의해 좌우된다는 것이다. 행복은 자기가 노력하는 대가이며, 그대가 여하에 따라 행복을 증대시킬 가능성이 40%나 높아질 수 있다는 것이다. 제 스스로 행복해지지 않으면 절대로 행복해질 수 없다는 사실을 말하고 있는 것이다.

행복에 도달하기 위한 40%의 잠재 가능성을 현실로 구현하기 위해 필요한 행복에 이르는 연습 과제는 그리 어려운 것들이 아니다. 일상적으로 늘 하던 것일 뿐이다. 말하자면 '목표를 세우고 그것에 헌신하라. 몰입하고 몰입의 감정과 체험을 늘려라. 범사에 감사하라. 사회적 비교를 가능한 피하라. 늘 친절해라. 사회 변화에 늘 대응하라.' 등과 같은 일상적인 것들이지, 유별난 참선이나 명상의 과제 같은 것이 아니다. 이런 연습 과제는 27만 5,000명을 대상으로 한 실험 연구 결과 빈도가 가장 높았던 것을 간추린 것들이다. 행복해지려면 일상적으로 누구나 실천이 가능한 방법들이다. 그런 과정에서 몰입의 체험은 자연스럽게 일어난다는 것이다. 몰입은 몰입을 위한 몰입이 아니라, 어느 한 과정에 참여할 때 자연스럽게 생기는 것으로 몰입하는 과정 그 자체가 즐겁고 보람을 주는 것이며, 그것 자체가 보상이 되는 경험이다. 배움에 처절하게 되고 몰입하면, 그렇게 배우는 행위에는 몰입이 자연스럽게 따라붙게 된다[참고: 소냐 류보머스키(2007). how to be happy(역). 서울: 지식노마드].

88) 참고: 전우익(2005). 혼자만 잘 살면 무슨 재민겨. 서울: 현암사.

89) 참고: Berlin, I. (1969). *Four essays on liberty*. London: Oxford University Press.

90) 사회생물학자인 도킨스(Clinton Richard Dawkins)는 직선적으로 신의 존재를 주장하는 기독교인들을 비판한다. 우주와 생명을 설계한 절대적인 그런 설계자는 존재할 수가 없다고 비판한다. 그런 것이

존재한다면 그것은 눈먼 설계자일 뿐이라는 것이다. 도킨스 교수는 무신론자는 도덕적이며 지적으로 우수하다는 전제 아래, 진화론은 하느님이 존재한다는 '신 가설(God hypothesis)', 말하자면 신은 존재한다고 전제하는 어떤 논리보다 생명과 우주에 대한 설명력이 뛰어나다고 했다. 생물 환경은 공진화하므로 물리적 환경 변화보다 더 중요할 수 있다. 진화는 거슬러 올라가지 않는다. 뒤로 거슬러 올라가는 진화는 있을 수 없다. 진화는 어떤 것에도 뒤처지지 않기 위해서 최선을 다하는 생존과정이다. 우주를 만들거나, 생명을 창조했다는 그런 설계자가 있다면 그 자는 눈먼 설계자라는 것이다[참고: 리처드 도킨스(2004). 눈먼 시계공(역). 서울: 사이언스북스].

91) 구나라타나 스님은 "삶의 문제와 고통과 괴로움, 불행, 신경증, 정신증, 편집증, 두려움, 긴장, 근심 따위, 그리고 육체적인 고통을 대적하며 그것을 나의 적들이라고 생각했던 것들에서 자유로워지기만 한다면, 그들은 더 이상 당신의 적이 아니다."라고 말한다. "적에 대한 당신의 실제적인 해결책은 그들이 자기 문제를 극복하도록 도와주는 것인데, 그래야 당신도 평화롭고 행복하게 살 수 있다. 사실 할 수만 있다면 당신은 적들의 마음을 자비심으로 채워 주고 그들 모두에게 평온의 참된 의미를 깨우쳐줘야 한다. 그래야 당신도 평화롭고 행복하게 살 수 있을 테니 말이다. 그들이 신경증, 두려움, 긴장, 근심 따위에 더 많이 사로잡혀 있을수록 그들은 더 많은 문제와 고통과 괴로움을 세상에 불러일으킨다. 만일 타락하고 사악스러운 사람을 경건하고 자비로운 사람으로 바꿔줄 수 있다면, 당신은 기적을 일으킨 셈이다. 그러니 사악한 마음을 성스러운 마음으로 바꿀 수 있도록 우리 내면의 지혜와 자비심을 연마하라."라는 것이 구나라타나 스님이 말하는 평화롭고 행복하게 살 수 있는 방법이다[참고: 헤네폴라 구나라타나(2007). 위빠사나 명상(역). 서울: 아름드리미디어].

92) 붓다 스스로 보여 준 수행과정에서의 고행은 10가지 원칙에 따른 것이었다. 첫째는 한가한 곳, 둘째는 탁발 생활이 편리한 곳을 택했으며, 셋째는 항상 한 곳에 머물러, 넷째는 하루 한 끼만 먹으며, 다섯째는 걸식을 하되 빈부를 가리지 말고 주는 음식을 받았으며, 여섯째는 옷 세 벌과 발우만을 갖추었으며, 일곱째는 항상 나무 밑에서 생각했으며, 여덟째는 언제든지 자기가 택한 한 곳에 고요히 앉았는데, 아홉째로 그렇게 하기 위해 그는 낡은 옷을 입었으며, 마지막으로 무덤 사이에서만 거주한 채 자기의 마음을 닦았다. 명상의 수행을 그가 하던 바로 그 모습대로 할 수는 없지만, 고요히 앉아 마음을 삿되지 않게 하면 족하다[참고: 이종익(1986). 수행과 고행. 서울: 보림사].

93) 붓다의 그 옛날 수제자들이 보여 준 정진방법에 대해 비판하거나 훼손하려는 것이 아니다. 붓다의 수제자인 마하카사파(摩訶迦葉)는 스승 붓다에게서 배운대로 원리 원칙대로 수행과 고행, 고행을 통한 수행을 즐겼던 것으로 유명하다. 그는 붓다의 가르침을 처음으로 집대성한 붓다의 제자로서 부모의 강요로 결혼은 했지만 부인과 결코 동침하지 않았다. 그들 부부는 끝내 붓다를 따랐던 제자로서 첫째가는 제자다. 『잡아함』(41권, 1142경 납의중경)에 따르면, 붓다가 사밧티의 기원정사에 있던 어느 날 제자들에게 설법을 하고 있는데 마하카사파가 찾아왔다. 그의 행색은 초라했다. 오랫동안 작은 암자에서 혼자 수행을 하느라고 수염과 머리를 제대로 깎지 못했기 때문이다. 게다가 옷은 낡고 헤져서 누더기였다. 이를 본 다른 제자들은 그에게 자리를 비켜 줄 생각은 하지 않았다. 그를 오히려 업신여기며, '저 사

람은 누구기에 저리도 행색이 초라하고 위의도 갖추지 않는가?' 하고 힐난했다.

그런 처지를 알아차린 붓다는 넌지시 마하카사파에게 청했다. "어서 오너라, 카사파여. 이리로 와서 나와 함께 자리를 나누어 앉자."라고 청했다. 마하카사파는 사양하다가 스승이 권함을 거부하지 못하고 좁은 자리를 반으로 나누어 앉았다. 붓다는 제자들에게 일렀다. "나는 모든 나쁜 법을 떠나 밤이나 낮이나 완전한 선정에 머무른다. 마하카사파도 또한 그러하다. 나는 사랑하는 마음(慈), 불쌍히 여기는 마음(悲), 기뻐하는 마음(喜), 일체에 집착하지 않고 버리는 마음(捨)을 성취했으며 완전한 지혜를 갖추었다. 마하카사파도 또한 그러하여 나와 자리를 나누어 앉는 것이다."라고 말했다. 붓다의 가르침을 들은 제자들은 그제야 자기들의 잘못을 뉘우치며 기뻐하는 마음으로 마하카사파를 반겼다[참고: 월호 (2008). 당신이 주인공입니다. 서울: 불광출판사].

94) 참고: 헤네폴라 구나라타나(2007). 위빠사나 명상(역). 서울: 아름드리미디어.

95) 이런 견해는 뇌 과학자들에 의해 쉽게 받아들여지지는 않는다. 우선 인간의 뇌 기능을 넘어서 발휘되는 독자적인 마음의 존재와 치료의 기능과 그것의 독자성은 의학적으로 있을 수 없다고 보기 때문이다. 참선이나 명상의 기능을 의학적으로 이야기하면, 비과학적이라고 비판당한다. 서구의 의학자들이 일반적으로 받아들이고 있는 명상이나 선의 기능에 관한 폄하 견해에 대해, 불교학자들은 오랫동안 그들과는 다른 입장을 견지해 왔다. 불교학자들은, 선이나 명상이 인간의 마음을 치유하는 데 도움을 준다고 믿고 있다. 의학자들이 몸에 대한 의학적 치료를 실천해 온 만큼, 불가를 따르는 학자들이 마음에 대한 현상학적 치유를 실천해 왔던 역사가 그것을 말해 주고 있다. 그런 치유적 현상과 그런 기능을 인정하기 시작한 일부 과학자들은 불교를 마음의 현상학이라고 부르면서, 명상을 사람의 면역력을 강화시키는 현상적 기제로 받아들이고 있다. 이런 주장들은 여러 의학적 임상 실험에서 받아들일 만한 증거와 함께 과학적으로 입증되고 있다.

그 예로 미국 듀크 대학교 메디컬센터는 명상과 치료 간의 연관성을 연구한 바 있다. 노인 4,000명을 대상으로 6년간 조사한 연구 결과에 따르면, 한 달에 한 번 이상 기도나 명상을 한 노인들은 그러지 않은 노인들에 비해, 사망 확률이 50%나 낮았다. UCLA 의대 연구진이 밝힌 연구 결과 역시 비슷했다. 동맥경화증 환자들의 치료 결과를 관찰한 결과, 하루 한두 차례씩 명상을 한 환자들의 경우, 그들의 동맥 속에 혈전이 뚜렷하게 줄어들었다는 것이다. 물론 이와 유사한 의학적 조치 결과들은 다양하게 보고되고 있다. 말하자면, 사람들이 적절한 운동을 하면 기분을 좋게 만드는 도파민이 생성되고, 그것이 지나치게 분비되어 스트레스를 주면 그것을 완화시킬 모르핀과 비슷한 천연물질인 엔도르핀도 자동적으로 생성된다. 이 엔도르핀이 뇌에 가득 차면 행복감을 느끼게 되는 자연스런 이치에 해당되는 것이다.

1991년 여름, '마음과 생명의 과학'이라고 불리는 분야에 몸담고 있는 서구의 저명한 학자들이 인도 다람살라의 달라이 라마 접견실에서 머리를 맞댔다. 철학, 심리학, 생리학, 인지과학, 신경과학, 행동의학 전문가들이 그들이 행한 핵심적인 연구의 성과를 발표하고, 그것을 토대로 달라이 라마와 토론을 벌였다. 이때 벌어진 영적인 수행과 첨단과학, 고대의 지혜와 현대적 탐구 간에 유례없는 논쟁들을 정리한 대니얼 골먼(Daniel Goleman)은 달라이 라마가 마음의 현상학인 불교에 대한 이해와 통찰, 그리고 시종일관 명민한 과학적 사고를 통해 현대 과학의 경계를 확장시키는 깊이와 넓이를 보여 주었다고 평가한 바 있다. 이 모임에서 달라이 라마는 사후 체험과 명상을 예로 들며 의식의 어떤 미묘한 요소는 두뇌 활동이나 몸에 한정되지 않는다면서 만물에 존재하는 '불성(佛性)'은 몸이나 두뇌에 기반을 두지 않는다고 주장했다. 그리고 영적 수행의 기능이나 전생(前生)과 같은 초현실적인 현상에 관한 사실들을 서구 과학의 패러다임을 바꿀 수 있는 현상들로 간주하고 그것이야말로 과학의 변경 너머에 존재한다고 이야기했다. 그러나 전생(前生)의 기억 같은 초현실적인 현상들이 티베트 불교를 떠받드는 바탕이기는 하지만, 그런 초현실적인 현상들은 서구에서는 아직까지 하나의 객관적인 사실로 받아들여지고 있지는 않다. 전생과 같은 초현실적인 현상을 주장하거나 그것에 과도하게 매달려 있는 사람들은 연구실보다는 정신병원으로 입원시키는 것이 서구의 현실이다. 신비적, 초현실적인 관점으로 고양되고 각성되었다고 과도하게 주장하는 사람들은 의학적으로 정신분열증 환자로 낙인찍히는 현실이기 때문이다. 한 문화권에서는 존경과 믿음의 증거로 받아들여지는 것이 다른 문화권에서는 정신적 질환의 징후로 받아들여진다는 점에서 명상이나 선의 의학적 가치에 관한 동의를 받아내는 일이 그리 쉽지는 않은 일이다[참고: 대니얼 골먼(2006). 마음이란 무엇인가?(편역). 서울: 씨앗을 뿌리는 사람].

96) 심리학자 마틴 셀리그먼(Martin Seligman)과 그의 동료들이 행한 1960년대 연구의 결과는 무기력이 학습된다는 것이 무엇인지를 잘 보여 주고 있다. 셀리그먼과 그의 동료들은 3개 집단의 동물들에게 실험을 했다. 그들로 하여금 실험자가 가하는 전기 충격을 피할 수 있게 하기 위해, 상자의 한 쪽에서 다른 쪽으로 넘어가게 했고 그 도중에 작은 장애물을 뛰어넘도록 실험 장치를 만들어 놓았다. 첫 번째 집단은 한 번도 그런 훈련을 받아본 적이 없었던 동물 집단이었다. 두 번째 집단은 이미 다른 상황에서 전기 충격을 다른 방식으로 피하는 방법을 훈련받은 적이 있었던 동물 집단이었다.

셀리그먼과 그의 동료들이 예상했던 대로 두 번째 집단이 첫 번째 집단에 비해 약간 더 빨리 장애물을 넘었다. 두 번째 집단은 이미 전에 배운 것을, 이번 전기 충격 실험에서도 일부 응용했다. 실험에 투입된 세 번째 집단의 동물들은 이들 두 집단과는 조금 달랐다. 이 세 번째 집단의 동물들은 이미 어떤 전기 충격에도 당하기만 하도록 환경을 통제받았던 실험 집단이었다. 이들 집단은 무기력을 학습받은 동물 집단으로 전기 충격을 주면 그저 주는 대로 받아들여야 했던 집단이었다. 어떤 상황에서도, 어떤 방법으로도 전기 충격을 피할 수는 없다는 것을 학습하여 전기 충격에 체념화된 세 번째 집단의 동물들은 전기 충격 그 자체를 인지하지 못했다.

이들은 처음부터 전기 충격에 수동적이어야 했다. 전기 충격이 가해질 때마다 이들은 바닥에 납작 엎드린 채 연구자들이 실험을 어서 빨리 끝내 주는 자비를 기다리는 자세로 전기 충격을 받아들였다. 이 세 번째 집단의 동물들은 그들 스스로 피할 수 없는 충격에 노출됨으로써 그들이 행하는 어떤 시도도 전기 충격을 피하는 데 소용이 없다는 것을 아주 확실하게 학습받은 무기력의 집단이었다. 이들은 자신들이 운명을 통제하는 데 본원적으로 무기력하다는 것을 확실하게 받아들였다. 이번 실험에서 실험자들은 이들 세 번째 집단의 동물에게 두 번째 집단의 동물들처럼 장애물 뛰어넘기 상황에 적용시켰다. 이들은 두 번째 집단의 동물과는 달리 그 이전의 전기 충격 상황에서 보여 주었던 것처럼 '학습된 무력감'으로 바닥에 납작 엎드려 있었을 뿐이었다[참고: Seligman, M. E. P.(1975). *Helplessness: On deression, development, and death.* San Francisco: W. H. Freeman; Peterson, C.·Maier·S. F. & Seligman, M. E. P. (1993). *Learned helplessness: A theory for the age of personal control.* N.Y.: Oxford University Press; Schwartz, B. (2005). 선택의 심리학(역). 서울: 웅진지식하우스].

97) 참고: 윤종모(2009). **치유명상.** 서울: 정신세계사.

98) 김동현은 어머니를 간병 대상으로만 여기지 않는다. 삶의 물음을 끊임없이 던져 주시는 어머니를 인생의 전범이자 도달해야 할 공부 목표로 보는 그는 말한다[참고: 이동현(2012). 어머니 공부. 서울: 필로소픽]. "나는 어머니를 감성의 대상으로만 전형화할 뿐 반성과 성찰을 통해 이해하려 하지 않는 경향에 대해서 찬성하지 않는다. 그래서 나는 어머니를 쉽사리 그리워하는 정서에 동조하지 못하겠다. ……내 생각대로 어머니를 모시기보다 어머니에게 맞춰 가는 것이 가장 좋은 봉양 방식이라는 것을 알게 되었다. 늙어가는 어머니에게 가장 필요한 것은 사물이 아니라 말벗이라는 것도 깨달았다. …… 나는 어머니가 마음을 비우고 기억을 잃어가자 시간관이 바뀌었다. 무엇을 성취해야겠다는 강박관념이 없어졌다. 어머니와 함께하는 시간은 천만금을 주고도 살 수 없는 보배라서 내일은 무의미하기 때문이다. ……흥미로운 일은 내 시간을 완전히 포기했는데 오히려 내 시간이 전보다 늘어났다는 점이다. 어머니 상태가 호전되면서 짬짬이 그러모은 내 개인 시간은 이전보다 증가해 선순환 구조를 이루게 됐다."

99) 죽음 문제는 인간에게는 절박한 문제일 수밖에 없다. 당장 죽는다면, 아니 5분이 남았다면, 5분이 너무 급박하다고 하자. 그래 넉넉하게 한 일주일 남았다 하자. 당신의 삶이 일주일만 남았다면…… 당신이 죽음을 앞에 뒀다면 무슨 일을 하고 싶은가? SBS는 '당신이 궁금한 그 이야기'라는 보도에서(2009년 12월 11일 오후 8시 50분) 말기 암 환자들과 일반인들을 상대로 '버킷 리스트(죽기 전에 꼭 하고 싶은 일)'를 조사해 공개했다.
비소세포암 환자인 황송 씨(68)는 호흡이 가쁠 정도로 병이 악화된 상태로 대화조차 불가능하다. 그는 암 선고를 받은 초기에 남편에게 이렇게 말했다. "사랑하는 손자, 손녀들과 캠핑을 다녀오고 싶네요." 폐암말기 환자인 이용준 씨(73)는 "병이 나기 전으로 돌아간다면 집 앞 강가로 달려가 낚싯대를 잡고 싶다. 젊을 때는 먹고사느라 정신이 없었지만 이젠 낚싯대만 드리우고 여생을 보내고 싶다."고 말했다. 자궁경부암 환자 김정례 씨(51)는 "어린 시절 무용을 하며 체중 조절을 하느라 음식을 마음껏 먹지 못했다. 과일을 먹고 싶다."고 밝히기도 했다. 이어 SBS는 여론조사 회사인 메트릭스에 의뢰해 20대 이상 일반 남녀 629명의 '버킷 리스트'를 받았지만, 이들의 소망도 소박했다. '살아갈 인생이 얼마 남지 않았다면 그동안 가장 후회되는 일은 무엇인가'라는 질문에 '가족이나 사랑하는 사람에게 사랑을 더 표현하지 못한 것(48.2%)'이 1위를 차지했다. '여행, 휴식 등 자유 시간을 충분히 즐기지 못한 것 (26.2%)' '공부나 일을 충분히 하지 못한 것(19.4%)' '나눔, 기부를 충분히 하지 못한 것(5.1%)' 순이었다. '삶이 일주일 남았다면 무엇을 하고 싶은가'라는 질문에도 '사랑'(40.1%)이란 답변이 가장 많았고, '여행(32.8%)' '주변 정리(21%)' 순이었다. 연출 최삼호 PD는 "사람들은 죽음을 앞둔 순간에 사랑을 더 표현하지 못한 것을 아쉽게 생각했다."며 "연말을 맞아 주변 사람들의 소중함을 깨닫는 계기가 됐으면 한다."고 말했다[참고: 황인찬(2009). 당신의 삶이 일주일만 남았다면. 동아일보. 2009년 12월 10일자].

100) 참고: 윤종모(2009). 치유명상. 서울: 정신세계사.

101) 참고: 소걀 린포체(1993). 티베트의 지혜(역). 서울: 민음사.

102) 참고: 게리 주커브(2007). 춤추는 물리(역). 서울: 범양사.

103) "이 세상의 모든 행복 어디에서 오는가. 그것은 남을 위한데서 온다. 이 세상의 모든 불행 어디에서 오는가. 그것은 나를 위한데서 온다. 많이 말해 무엇하랴. 지혜로운 자, 어리석은 자 간의 차이는 여기서 드러난다." 샨티테바(Shantideva)는 서인도국의 왕자로 태어났지만, 왕위를 포기하고 출가한 선승이다. 출가하여 그는 수행을 하면서도 수행을 하는 듯, 마는 듯했기에 동료들에게는 늘 게으른 거지로 놀림받았다. 동료들에게 그래서 부숙(busuk)이라는 별호를 얻게 되었다. 부숙이란 말은 먹고, 잠자고, 변(便) 보는 것과 같은 세 가지 일 밖에는 하지 못하는 사람을 뜻한다.

그런데 탄트라에서 실제로 쓰이는 부숙이라는 의미는 모든 조건에서 완전히 자유로운 요가 탄트라의 행위를 가리킨다. 샨티테바는 바로 타나트라에서 일컫는 부숙, 즉 남들이 눈치챌 수 없을 정도로 뛰어난 요기(妖氣)였던 것이다. 남이 볼세라 자기 정진에 앞서 있었던 인물이었기에, 동료들은 그의 행동을 알아채지 못하고 그를 멍청이라고 놀렸지만, 샨티테바는 그런 놀림에 아랑곳하지 않고, 정진에 정진을 보탰을 뿐이다.

샨티테바는 약 7세기경 『입보리행론(入菩提行論)』을 지었다. 말뜻은 '보살행에 들어가다'라는 말이다[참고: 샨티테바(2011). 입보리행론(역). 서울: 하얀연꽃]. 보살행에 들어간다는 것은 보리심을 얻는 길로 들어간다는 것이다. '나와 남을 평등하게 바꾸기'를 실천하는 것이 보리심(菩提心)에 이르는 길인데 그 깨달음의 지혜를 얻고자 하는 실천의 마음이 보리심이다.

샨티테바의 입보리행을 현대인이 보다 더 알아듣기 쉽게 달라이 라마는 주석을 달고 있다. 달라이 라마는 샨티테바가 말했던 보리심과 자비심을 실제로 삶에서 실행하지는 못하더라도, 그것에 대한 진정한 열망을 갖기만 해도, 생각만 해도 일상적인 삶에 변화가 오기 시작하고, 그로부터 행복한 감정, 행복으로 나아갈 수 있다고 말한다[참고: 달라이 라마(2005). 깨달음에 이르는 길(역). 서울: 하얀연꽃]. "스스로 생각하는 것이 바르지 않으면 아무리 주변 환경이 좋고 평화로워도 마음은 혼란합니다. 반면 스스로 생각하는 것이 바르면 아무리 장애물이 많고 마음에 맞지 않는 것에 둘러싸여 있어도 마음의 평화를 지킬 수 있습니다. 중요한 것은 마음가짐입니다……. 마음의 문제는 본인 스스로가 바르게 생각하여 문제를 없애야 합니다. 분노를 치료하려면 자애와 자비를 수행해야 합니다. 자애와 자비의 힘을 키워나가면 분노는 저절로 줄어듭니다."

104) "도(道)에 관한 최상의 가르침은 어떤 것입니까?"라는 물음에 대한 선승(禪僧) 아티샤는 자기 자신의 몸과 마음을 고르게 하여 악행하지 말라고 일렀던 것이다. 그렇게 하는 일이 도, 말하자면 얼을 지키

는 지름길이라는 뜻이었다. 아티샤(Atisa Dipankara)는 동인도 사호르 왕국의 왕자였으나 왕위를 포기하고 출가했던 중관학파의 고승이다. 그는 티베트로 건너가 티베트불교(라마교)를 쇄신했다. 그가 쓴 『명상요결』은 『수심요결(修心要訣)』으로 불린다. 몸과 마음을 고르게 하는 방편들을 저들은 로종(bLo sByong, lojong, 修心)이라고 부른다. 로(lo)라는 말은 마음을, 종(jong)이라는 말은 닦기, 바꾸기, 연마하기를 뜻한다. 로종은 마음을 닦는 방편, 생각을 바꾸고 마음을 다스리는 수행이나 마음가짐의 훈련을 말한다[앨런 월리스(2007). 아티샤의 명상요결(역). 서울: 청년사]. 티베트 명상에서 중시하는 것은 마음 수련의 방편이다. 로종은 깨달음에 방해가 되는 2가지 요소, 말하자면 자기 집착과 자기 애를 제거하고 자비와 사랑, 지혜를 채우는 마음의 변화를 강조한다.

105) 시인 도종환은 삶이 어떤 것인지를 알려 주기 위해 「단풍드는 날」이라고 노래하고 있다. "버려야 할 것이 무엇인지를 아는 순간부터 나무는 가장 아름답게 불탄다. 제 삶의 이유였던 것, 제 몸의 전부였던 것 아낌없이 버리기로 결심하면서 나무는 생의 절정에 선다. 방하착(放下着) 제가 키워 온, 그러나 이제는 무거워진 제 몸 하나씩 내려놓으면서 가장 황홀한 빛깔로 우리도 물이 드는 날."

106) 참고: 법륜(2010). 스님의 주례사. 서울: 휴.

107) 신통기(神統記), 즉 신들의 계보를 썼다는 헤시오도스(Hesiodos)는 기원전 7세기경 활동한 서사 시인이다. 그는 전설적 시인 오르페우스의 후손으로 알려져 있다. 정확한 가계는 불확실하다. 그는 부유한 농가의 아들로 태어나 목동으로 성장했다. 그후 방랑 음유시인으로 활동했다고 전해진다. 그보다는 연장자인 호메로스와 함께 그리스 문학을 이해하는 데 중요한 인물이 되고 있다. 그가 쓴 프로메테우스와 판도라의 이야기는 서구 문명의 무의식을 이해하는 데 결정적인 도움을 주고 있다.

108) 참고: 한준상(1999). 호모 에루디티오. 서울: 학지사; 한준상(2009). 생의 가. 서울: 학지사; 한준상 · 최항석 · 김성길(2012). 배움의 장점과 경향. 서울: 공동체.

109) 류태영 명예교수(명상의 편지, 2009년 12월 31일)가 정기적으로 보내 준 아름다운 글.

110) 참고: 진수정원(2011). 유교경 연구: 불유교경론소절요에 나타난 부처님의 마지막 가르침(역). 서울: 불광출판사.

111) 참고: Ghazi, P. · Jones, J. (1977). *Downshifting: The guide to happier, simple living*. NY: Coronet Books.

112) 참고: 빅터 프랭클(2005). 의미를 향한 소리없는 절규. 서울: 청아출판사.

113) 참고: 슈테판 클라인(2007). 시간의 놀라운 발견(역). 서울: 웅진지식하우스.

114) 참고: 오쇼 라즈니쉬(2002). 틈(역). 서울: 큰나무.

115) 선(禪)을 사유수(思惟修)라고 달리 말할 때, 그 말이 단순히 이성적인 것만을 말하는 것이 아니다. 깨달음의 길이 딱히 선이라고 이야기할 수는 없지만, 궁극적으로는 그 모두는 하나를 위해 서로 다른 방

편을 취하고 있을 뿐이다. 불가에서 선의 시작은 붓다의 마하가섭으로 비롯되었다. 그런 선의 발달은 중국에서 꽃을 피웠다. 중국에서 선종의 시작은 달마대사가 서역에서 동쪽으로 발걸음을 옮긴 때부터다. 달마(達磨, bodhidharma)는 중국 선종(禪宗)의 창시자인데, 범어(梵語)로는 보디다르마다. 보리달마(菩提達磨)로 음사(音寫)하는데, 달마는 그 약칭이다. 남인도(일설에는 페르시아) 향지국의 셋째 왕자로, 후에 대승불교의 승려가 되어 선(禪)에 통달하였다. 520년경 중국에 들어와 북위(北魏)의 낙양에 이르러 동쪽의 숭산 소림사에서 9년간 면벽좌선하고 나서, 사람의 마음은 본래 청정하다는 이치를 깨달아야 한다고 주장하고, 이 선법을 제자 혜가(慧可)에게 전수하였다.

그의 전기는 분명하지 않으나, 돈황에서 출토된 자료에 따르면, 그의 근본 사상인 '이입사행(二入四行)'을 설교한 사실이 밝혀졌다. 달마는 이입(二入)과 사행(四行)의 가르침을 설파하여 당시의 강설불교(講說佛敎)와는 정반대인 좌선을 통하여 그 사상을 실천하는 새로운 불교를 강조한 사람이다. 이입은 말 그대로 원리와 이치를 배워 그것을 통해 깨닫는 것, 말하자면 원리오서 도에 들어가는 이입(理入)의 경지이고 사행은 실천의 4가지 방법을 통해 깨닫는 것을 말한다. 그런 4가지 사행의 실천적인 방법에는 첫째, 억울함을 참고, 둘째, 인연을 받아들이며, 셋째, 아무것도 구하지 않고, 넷째, 다르마(dharma)를 따라, 즉 만물의 순수한 본성을 따라 살아가는 것이다. 한 가지 예로, 달마는 마음의 평화를 얻는 방법을 배우고 싶다는 후학들의 간청에, 그러면 그것을 가르쳐 줄 터이니 마음을 가져오라고 분부한다.

마음을 꺼내올 수 없다고 저들이 말하자 그는 이미 마음의 평화를 얻는 방법을 가르쳐 주었다고 대답한다[참고: 야나기다 세이잔(1991). 달마(역). 서울: 민족사]. 선종이 중국에서 쉽게 뿌리 내린 배경에는 천태종의 사상과 수행법의 체계화가 한몫했다. 선종의 사상과 수행방법을 이해하기 위해서 천태수행법에 대한 이해가 필수적인데 이를 이해하기 위해서는 『대승지관법문』을 읽어야 한다. 원경 스님이 번역해 새롭게 출간한 『대승지관법문』[참고: 남악혜사(2006). 대승지관법문(大乘止觀法門). 서울: 불광출판사]은 천태수행법을 일목요연하게 파악할 수 있는 지침서인 동시에 체계적인 수행법을 원하는 이들의 참고서다. 대승불교의 이론과 실천이 어우러진 것으로 '지(止)' 수행문에서 '관(觀)' 수행문으로, 다시 관 수행에서 지 수행으로 깨달아가는 과정을 설명하고 있는 『대승지관법문』은 중국 천태종의 2조인 혜문 스님의 제자인 남악혜사 스님이 저술한 것으로 지관법은 초기 불교의 사마타, 위파사나 수행법까지도 폭넓게 수용한 것이다.

지관법은 묵조선과 조사선에 큰 영향을 미쳤다. 이어 혜능선사 같은 이에 의해 선은 더욱더 번창하게 된다. 혜능선사는 육조단경에서 선은 결코 현실생활과 유리된 것이 아님을 보여 준다. 선은 간소한 생활 속에 있기 때문에 인간의 본성을 있는 그대로 보는 것이 바로 선의 핵심이다. 그렇기 때문에 중생 모두가 부처라는 논리가 혜능선사의 선에서 가능해졌다. 선(禪)은 특수한 성격을 지닌다. 선문답에서는 알지 못한다는 뜻이 중요하다. 알지 못하는 것은 '불립문자 교외별전'이기 때문이다. 불립문자이기에 교리를 설법해 봤자 별로 소용 있는 일이 아니다. 선승의 어록들은 그렇기 때문에 쉽게 이해되지도 않는다. 이심전심으로 스승이 제자에게 전해지거나 혹은 수행자 스스로 목숨 걸고 수행하는 가운데서 그 스스로 고개를 끄덕이는 것으로 전해질 뿐이다. 의식소통으로 그것의 향기가 전해진다고 보면 된다.

선(禪)은 언어를 피하면서도 진리를 드러내 보이지만, 유식(唯識, consciousness)은 언어를 통하여 마음의 진리를 이해한다. 선과 유식은 같은 불교이지만 그 성격은 다르다. 석가의 몸이 어떤 것인지를 묻는 질문에 스승은 말라붙은 똥이라고 응대해도 그것을 불립문자가 되는 것처럼 선은 독특하다. 유식에서는 불(佛)을 법으로써의 자성신(自性身), 지혜로써의 수용신(受用身), 영상으로써의 변화신(變化身)의 삼신으로 해석한다. 선은 바로 단박에 깨닫는 돈오를 중시하지만, 유식에서는 오랜 수행을 강조한다. 수행자가 초발심에서 부처가 되기까지 삼아승지겁의 오랜 수행을 강조한다. 이처럼 선과 유식은 대조적이고 서로 용납되지 않는 것 같이 보이지만 궁극에는 자기를 밝힌다고 하는 점에서는 모두 하나로 수렴된다[참고: 세친 · 현장 · 원조각성(2009). **유식론 강의**(역). 서울: 현음사].

소승불교에서 말하는 식으로써의 위파사나 수행, 말하자면 여래선(如來禪)은 백조의 본모습을 지닌 지금의 오리 모습에서 허구로서의 오리의 눈 · 코 · 입 · 머리 · 날개 · 깃털 · 다리 · 물갈퀴 · 발톱까지 마디마디 분석해서 끝내 내게는 '오리가 없다.'는 걸 확인해 가는 일이나 마찬가지다. 대승불교에서 말하는 돈오의 간화선(看話禪)은 '오리가 통째로 없다.'는 걸 단박에 알아채려는 방법이다. 위파사나는 지나칠 정도로 자세하고, 간화선은 지나칠 정도로 간결하기에 위파사나와 간화선은 서로가 서로에게 '좋은 긴장감'을 준다. 인간이 행복해지기 위해서 어떤 것이 수행이 요구된다면, 어떤 것 하나만을 고집해야 할 일이 아니다. 고우 스님이 제대로 짚은 것처럼, 하나의 산을 오를 적에 간화선은 동쪽에서 오르고, 위파사나는 서쪽에서 오르기에, 산에 오르는 길은 서로 달라도 결국은 한 곳, 같은 곳에서 만나기는 다 마찬가지이기 때문이다. 다만 동쪽으로 오르는 간화선의 길은 짧고 가파른 데 비해, 서쪽으로 오르는 여래선의 길은 완만하지만 무척이나 길다는 그 차이 뿐이다. 동쪽 길의 간화선은 손을 잡고 발을 디딜 곳도 없는 절벽을 올라가야 하나, 서쪽으로 오르는 여래선의 위파사나는 "눈에 보이는 물질과 정신에 사로잡히지 말고, 궁극적인 물질과 궁극적인 정신을 찾아 나서는 긴 여정이다[참고: 백성호(2011). 간화선과 위파사나. **중앙일보**. 2011년 4월 21일자]

116) 참고: 조계종 포교연구실(2007). 선의 의미와 목적. **불교신문**. 2007년 1월 17일자.

117) 콘필드(Jack Kornfield)는 태국, 미얀마, 인도에서 불교 승려로서 수행한 후에 1974년부터는 세계 곳곳에 명상 수행을 떠나 이것저곳에서 일반 수행자들을 지도했다. 상좌부불교 수행을 서구에 소개한 핵심 지도법사 중 한 명이며, 임상 심리학 박사로서 통찰명상수행원(Insight Meditation Society)과 스피릿록 명상센터(Spirit Rock Center)의 설립자이다[참고: 잭 콘필드(2006). **마음의 숲을 거닐다**(역). 서울: 한언].

118) 심리치료사 비벌리 엔젤(Beverly Engel)은 틱낫한 스님의 화에 대한 화두를 『화의 심리학』으로 다시 풀어 낸다. 엔젤은 "어떤 사람은 화를 지혜롭게 다뤄 인생을 술술 풀어가는 반면, 어떤 사람은 화를 어리석게 다뤄 자신과 주변에 상처를 남기고 자신도 화를 입는다."라고 진단했다. 따라서 화를 제대로 표현하고 전달하고 행동으로 옮기며, 그것을 통해 행복하고 성공적인 삶을 살아갈 수 있는 처방전을 제시한다. 그는 "화가 나면 화나게 한 상대에게 직접적으로 자신의 고통을 표현하되, 상대를 비난하

지 않고 빈정거리거나 깔보기로 감정적인 학대를 하지 않으며 비난의 말을 되풀이하지 말라.”고 조언한다.

묵은 화를 풀기 위해서는 우선 그동안 당신에게 원한을 산 사람들의 이름을 종이 위에 하나하나 적어보면 된다. 그 후에 그 원한들이 얼마나 묵은 것인지도 함께 적으면 본인 스스로도 놀라게 될 것이다. 짧게는 하루이틀된 원한도 있을 것이다. 길게는 몇 달에서 몇 년에 걸친 긴 원한도 있을 것이다. 그런 화를 울고 있는 아기라고 생각하면 생각이 달라진다. 보채고 있는 아기는 보듬고 달래야 울음을 그치기 때문이다. 화가 났을 때는 남을 탓하거나 스스로 자책하기보다는 자신의 마음을 다스리는 것이 시급하다는 것이 틱낫한 스님의 충고다. 그것은 화와 그 뒤에 숨은 모든 감정이 우리의 스승이자 안내자이기 때문이다. 자신의 감정이 하는 말, 자신의 몸이 하는 말에 귀를 기울이면 삶의 여정을 인도하는 나침반을 얻게 될 것이다.

심리치료사이자 선(禪) 수행자인 브렌다 쇼샤나(Brenda Shoshanna) 역시 ‘마음의 불부터 끄라고 조언한다. 분노는 우리의 행복감과 만족감을 허물어뜨리는 주범’이라며 “분노는 미묘하게 작용하여 우울증을 일으키고, 타인에게 투사되어 인간관계를 망치고, 결국에는 극악한 범죄와 자살 · 전쟁의 원동력이 되기 때문이다. 모든 폭력적인 행위의 이면에는 화가 자리 잡고 있게 마련이다. 직장 상사의 분노, 배우자의 분노, 자기 자신의 분노는 모습만 다를 뿐, 그 근원은 한 나무에서 뻗은 가지다.”[참고: 브렌다 쇼샤나(2006). 마음의 불을 꺼라(역). 서울: 정신세계사, 비벌리 엔젤(2006). 화의 심리학(역). 서울: 용오름]

119) 세실 가테프(Cecile Gateff), 그녀에게 있어서 걷는다는 것은 생명이었다. ‘숨 쉬고, 바라보고, 명상하고, 발견하고, 나누고 그리고 성숙한다는 것, 마음을 도닥거리는 일’이었다. 걷는다는 것은 면역학적으로 저항력을 키우는 일이다. 체내의 독소를 제거하는 데 도움을 주는 치료적인 행위이기도 하다. 걷기가 삶을 풍요롭게 만들어 준다. 걷기는 3백만 년 전부터 누구나가 해 온 자연스러운 인간적인 동작이다. 장애우들을 제외하면, 그 어떤 신체조건을 가진 인간에게도 적용 가능한 운동이 걷기다.

인간에게 걷기는 태어난 후 약 10~12개월 사이부터 시작된다. 걷기의 첫 단계에서 필요한 것은 머리를 제어하는 능력이다. 목 근육의 힘을 필요로 한다. 다음에 등을 세우기 위해 척추의 축을 따라 근육이 발달한다. 균형 유지와 운동신경의 조절, 중앙신경계와 말초신경을 왕래하는 신경계가 완성된다. 일어선 후 약 2~4개월 후면 혼자 걸어 다닐 수 있고 ‘완벽한 걷기’는 네다섯 살쯤이 되면 가능해진다. 그 후부터 인간에게 걷기는 ‘마음의 준비만 돼 있다면’, 10분이든 1시간이든 일상생활에서 쉽게 실천할 수 있는 운동이다. 걷기 위해서는 머리, 등, 근육, 발, 다리 등 몸 전체를 사용해야 한다. 심지어 청각과 후각, 시각도 사용한다. 걷기는 심장, 혈액순환, 호흡, 뼈, 노화 방지, 정신 기능 향진에 탁월한 운동이다. 걷기는 ‘멈출 줄 안다는 것, 바라본다는 것, 평소의 시간 개념과는 전혀 다른 시간의 흐름 속에서 여유를 찾는 것’이라는 의미에서 신체적으로뿐 아니라 세상과 타인을 발견하는 수단이기도 하다[참고: 틱낫한(2005). 미소짓는 발걸음(역). 서울: 열림원; 세실 가테프(2006). 걷기의 기적(역). 서울: 기파랑].

120) 명상에서 활용하는 집중력은 이제 상품화되고 있다. 그것을 가장 상업적으로 활용하고 있는 교육계 시장을 들라면 독서력 증진이나 공부법 시장을 들 수 있다. 예를 들면, 혜거 스님은[참고: 혜거 (2007). 15분 집중 공부법: 전국 성적 1%로 만드는 공부습관. 서울: 파라주니어] 우등생의 조건은 집중력, 기억력, 의욕과 인내력, 마음에 근심, 걱정 없는 상태, 건강인데, 그 중에서도 가장 중요한 것이 집중력이라는 것이다. 그는 "상위권 학생은 집중력이 높지만 하위권 학생들은 매사에 산만하다는 공통점이 있다."라고 지적한다. "성인도 힘들어 하는 참선을 학생들에게 가르치는 것은 무리"라며 "21일 동안 하루 15분씩 써서 집중력을 높일 수 있는 방법을 학생들에게 적용해 본 결과 효과가 좋아 공부 잘하는 습관법을 개발했다."고 주장한다.

자신이 직접 수행하면서 체득했거나 제자들을 가르친 참선법을 학생들에게 맞게 적용한 것으로 효과가 좋다는 것이다. 혜거 스님과는 다르지만 공부 증진 업종에 종사하는 사람들은 집중력이 바탕이 되지 않은 독서와 학습은 무의미하게 시간을 낭비하는 것으로 간주한다. 그들이 개발한 고속 독해 훈련은 고도의 집중력을 유지한 상태에서만 그 효과를 볼 수 있는 훈련이기에, 집중력이 고속 독해 훈련을 통해 자연스럽게 길러질 수 있다고 주장한다. 스피드북 고속 독해 훈련 프로그램은 명상, 집중호흡 등의 과정을 통해 두뇌의 뇌파를 알파파 상태로 유도해 집중력을 향상시켜 주며, 두뇌 전체를 정보 입력이 가장 활발하게 이루어지는 인지 활성화 상태로 변화시킨다. 알파파란, 안정 상태에서 기록되는 뇌파로 8~12CPS(CPS: Cycle Per Second의 약자. 1CPS는 1초당 한 번의 주기를 가지는 1HZ와 동일) 가량의 비교적 규칙적인 파장으로 집중의 상태를 나타내며, 정신적인 세계, 즉 내부 의식 상태를 의미한다. 보통 사람들이 한눈에 읽을 수 있는 글자 수가 평균 3.2자에 머물러 있는 것은 안구의 생리적 구조 및 기능과 관련이 있다. 인간의 눈에는 명시점이라는 것이 존재하는데, 이곳을 통해 입력된 글이나 사물은 선명도가 100%인 형상을 이루고, 문자의 식별과 판독이 가능해져 책을 읽을 수 있다. 대개의 경우 이 범위를 조금만 벗어나도 시력이 약화되어 선명도가 50% 이하로 떨어진다. 때문에 문자의 대략적인 형태만 파악될 뿐 정확한 의미를 아는 것이 어려워진다. 인간은 글을 읽을 때 추상체라는 시세포를 통해서 글자를 판명하는데, 훈련을 받지 않은 대부분의 사람들은 명시점에 존재하는 추상체(약 30~50만 개)로만 글을 읽었기 때문에 황반부 주변에 있는 추상세포들은 거의 사용하지 않은 미개발 상태로 남아있다. 고속 독해 훈련을 통해 안구 트레이닝을 하면서 시세포를 자극하면, 미개발된 추상세포들이 개발되어 시 지각능력이 향상되므로 보다 빠르고 정확하게 글자를 판명할 수 있게 된다는 것이 그들의 주장이다.

121) 참선이나 명상의 묘미를 사람들은 남녀 간의 육체적 사랑에서 느끼는 그런 절정감을 맛보는 행위와 엇비슷한 활동의 연장선상에서 해석하기도 한다. 그 정도로 참선이나 마음 수련 역시 일상적이며 쾌락 내재적이라는 뜻인 모양인데, 그렇게 본다면 참선은 사이버 섹스와 엇비슷할 수도 있다. 사이버 섹스는 일상적인 스킨십 중심의 흥분이나 행위가 배제되어 있지만 그것 이상의 쾌락을 느끼는 자기애, 혹은 타인에 대한 애정 표현의 수단이다. 그런 점에서 본다면, 이 세상에서 어떤 성적인 어려움을 갖고 있는 사람이라고 하더라도 나름대로의 성애를 즐기지 못할 사람은 하나도 없게 된다. 예를 들어,

독신자 신분을 제도적으로 지켜야 할 스님, 신부, 수녀, 고행자들도 그 나름대로의 수준에 합당한 섹스를 실제로 즐길 수 있게 된다. 역사상 정치적인 목적으로 성기를 거세당한 고자들 역시, 지금과는 다른 방식으로 그들의 성애를 즐겼을 것이 분명하다. 물론 그들이 남들에게 드러내 놓고 성기를 활용하는 섹스를 즐길 수는 없었을 것이다. 그러나 제한된 성기 활용적 섹스 방식을 넘어서는 유형의 섹스를 즐기는 것이 현실적으로 가능했었을 것이기 때문이다.

모든 동물에게 있어서 성기를 이용한 성적 접촉이 섹스의 전형으로 간주되지만, 그것은 섹스의 한 방편일 뿐이다. 모든 동물들은 성기를 활용한 섹스를 하도록 되어 있으며, 그것은 종족을 보전하기 위한 토대이기에 그렇게 되어 있을 뿐이다. 스킨십 성애는 모든 동물에게 변하지 않는 종족 보존의 성애이다. 하지만 인간은 섹스를 종족 보존의 방편으로만 국한시키지 않는다. 인간에게 섹스는 종족 보존의 수단인 동시에, 자기 즐거움, 자기 유희의 방편이기도 하다. 사람들은 아기를 낳기 위해서만 섹스를 하는 것이 아니라는 것이다.

그런 점에서 보면, 인간은 일반 동물이 보여 주는 성적 본능을 역행하는 유일한 생물체다. 인간은 스킨십을 하지 않아도, 성애를 즐길 수 있는 동물이다. 예를 들어, 다른 사람들의 스킨십 성애를 상상하거나 그런 종류의 행위를 담은 영상물만 보더라도 흥분하고 쾌감을 얻는다. 디지털 섹스, 사이버 섹스 같은 것이 바로 그런 비(非) 스킨십 섹스, 혹은 탈(脫) 스킨십 섹스의 한 유형임을 보여 준다. 성애의 느낌, 말하자면 오르가슴의 경험 정도는 디지털 섹스에 대한 각자의 훈련 정도에 따라 달라질 것이다. 그것의 정도는 보지 않아도 생각해 볼 수 있는 수준이 될 것이다. 그렇게 본다면 독신자, 스님, 신부, 수녀 모두가 섹스를 즐기고 있다고 보는 것이 이상하기만 한 주장은 아니다. 그것은 두뇌적이고 본능적인 것이기에, 성애도 그런 방식으로 즐기도록 되어 있기 때문이다.

사이버 섹스란 남녀들이 컴퓨터를 이용한 가상 공간 속에서 육체적인 접촉 없이 성관계를 맺는 행위를 말한다. 1993년에 선을 보였던 영화 〈데몰리션 맨〉이 그 가능성을 처음 보여 주었다. 주인공인 실베스터 스탤론과 산드라 블록이 헤드기어를 착용한 채, 사이버 섹스를 즐기는 장면이 나오는 것이다. 그 영화에서는 지금 인간이 하는 것과 같은 스킨십 섹스를 혐오한다. 체액을 교환하는 섹스를 비위생적인 것으로 규정하고, 그런 스킨십 섹스를 법으로 금지했기 때문이다. 주인공들은 사이버 섹스를 즐긴다. 그들은 사이버 섹스를 하기 위해 헤드기어를 착용한다. 그들이 착용한 헤드기어에서는 알파(α)파가 증대된다. 알파파의 증대는 남녀 간의 성(性)에너지를 디지털화해서 전달하기 위한 수단이다. 스킨십 섹스 상태에서 남녀들이 갖게 되는 그런 류의 뇌파를 비슷한 농도로 유지해 주기 위해서다. 사람들은 기분이 좋을 때 뇌파의 파장이 달라진다. 안정된 상태에 있는 사람들의 뇌파는 알파파다. 긴장, 불필요한 흥분 상태에서는 베타(β)파가 유지된다.

〈데몰리션 맨〉에서는 남녀가 스킨십 섹스에서 유지하는 그런 뇌파를 헤드기어를 통해 공급하였다. 사이버 섹스는 남녀 간의 스킨십이나 애무 동작을 거세시킨 과학적인 섹스 행위다. 이런 사이버 섹스, 가상 섹스의 가능성은 1960년대 미국 정부의 주도 아래 일본 도쿄 대학에서 '인터섹스(Intersex) 프로젝트'라는 이름 아래 실험된 바 있다. 인터섹스 프로젝트는 해외 주둔 미군들에게 성병의 위험 없이 시뮬레이션된 섹스를 즐길 수 있는 시스템을 개발하려는 데 초점을 맞춘 것이었다. 이 당시 인터섹스 프로젝트에는 여성 지원자들의 반응이 최대한 활용되었다. 즉 남자 실험자를 더욱더 성적으로 자극하기 위해, 여성들의 성적 반응을 비디오-오디오 테이프로 녹화, 녹음시켜 남성 대상자용 시청각 자극의 도구로 사용했다. 따라서 〈데몰리션 맨〉에서 헤드기어를 이용한 알파파의 증가, 성에너지의 증가, 성에너지의 디지털화 방법들은 상당한 수준의 사이버 섹스의 형태라고 볼 수 있다[참고: 권수미 (2003). **사이버 섹스**. 서울: 과학기술].

사이버 섹스는 그것에 대한 도덕적인 판단은 별개의 문제로 보더라도 스킨십 섹스의 어려움을 갖고 있는 사람들에게는 현실에서 부딪치는 성적인 외로움의 문제를 해결해 줄 수 있는 대안이 된다. 결혼 생활의 불만, 외모에 대한 불만, 성에 대한 제도적 금기로 인한 성적인 따분함, 우울 등을 망각하는 수단으로 사이버 섹스가 사용될 수 있다. 사이버 섹스는 남성이든 여성이든 간에 관계없이, 그들에게 돈, 성병, 성적 왜소함이나 용모의 열등감, 제도적 금기, 윤리적 비난이나 사회적 감시를 최대한 벗어날 수 있는 대안적인 섹스 행위로써 활용될 가치도 갖고 있다. 사이버 섹스를 음란이라는 단어로, 혹은 남녀 간의 스킨십이 주는 흥분이나 재미라는 단어 같은 것으로 단죄할 수는 없다. 그것은 좋은 것, 가능한 것, 허락된 섹스의 기준을 넘나드는 형식의 사이버 참선이기도 하기 때문이다.

122) 슈테판 클라인(Stefan Klein) 교수는, "시간을 빈틈 없이 쪼개 잘 투자하라."라는 말은 애초부터 인간 본성에 맞지 않는 말이라고 주장한다. 상황에 끌려다니지 말고 상황을 주도하며 시간을 즐기는 것이 오히려 본성에 맞다는 것이다. 사람들은 밀린 일을 처리할 여유를 고대하면서도, 막상 한가해지면 일 하지 않고 빈둥거린다. 그렇게 시간과 여유를 활용하는 것이 사람의 본성이다. 미리미리 준비를 해도, 일은 끝나야 할 때 겨우 끝나게 되어 있다. 시간은 결코 부족하지 않으니 적당히 빈둥거리고 벼락치기를 해도 좋다고 말했을 때, 그것은 빈둥대라는 말이 아니다. 오히려 시간의 중요성을 깨닫고 자기 몸을 그것에 준비해 두라는 역설적인 메시지를 담고 있다. 그러니 '아침형 인간', '저녁형 인간'은 노력으로 되는 게 아니라고 말한다[참고: 슈테판 클라인(2007). **시간의 놀라운 발견**(역). 서울: 웅진지식하우스].

123) 인도인은 몸의 엑시터시에 이르는 방법으로 탄트라를 가르친다. 탄트라는 난잡하지 않으며 조화의 미학으로써 성은 인간에게 신성한 것이라고 간주한다. 성은 금기와 억압의 대상이 아니다. 성의 부정은 생명의 위축을 가져온다고 간주한다[참고: 폴커 초츠(2009). **카마수트라 인생에 답하다**(역). 서울: 라이프맵]. 성을 통해 경험하는 유사 열반을 붓다의 오르가슴으로도 이해한다. 탄트라에서는 섹스의 절정에는 시간이 멈추며 섹스의 절정에는 공간마저 사라지며 죽음과 같은 무아를 체험한다. 섹스의 오르가슴 속에서 자신이 육체가 아님을, 자신이 사고가 아님을, 오직 순수함만을 발견하게 된다. 섹스를 통해 인간은 신성으로의 자각을 일깨우게 된다[참고: 오쇼 라즈니쉬(2000). **탄트라 비전**(역). 서울: 태일출판사].

124) 남녀가 육체적 교섭을 하는 동안 서로의 뇌는 활성화된다. 과도하게 활성화된다. 원숭이를 대상으로 한 실험에서도 극명하게 드러난다. 동물의 뇌 신경을 연구하는 사람들이 수긍하는 것은 뇌의 시상, 시상하부, 대상속 등 변연계의 여러 부분을 자극하면 성적 흥분이 나타난다는 점이다. 포유류인 인간 역

시 마찬가지다. 성적 쾌락은 주로 변연계의 신경세포가 폭발적으로 흥분되는 과정에서 발생한다. 그런데 이것을 도맡아 하는 변연계는 흥분할 때 변연계와 연결된 다른 대뇌 피질의 여러 곳도 함께 자극한다. 스킨십이나 사이버 섹스로 사람들이 오르가슴을 느낄 때, 신체의 다른 부위들이 함께 경련을 느끼거나 몸 속에서 파동을 경험하는 것은 변연계가 촉각 등 다른 감각중추를 활성화시켰기 때문이다[참고: 제러드 다이아몬드(2005). 섹스의 진화(역). 서울: 사이언스북스].

섹스는 말초적인 신경을 자극해 변연계가 활성화되는 행위에 지나지 않기 때문에 그런 말이 가능한 것이다. 변연계를 자극한 결과 생기는 뇌파가 섹스 당시 경험하는 정도의 뇌파라면, 그것을 발생시키는 행위도 섹스 행위와 질적으로 같은 것이라고 볼 수 있다. 뇌 신경학적으로는 타당한 이야기다. 그런 점에서 참선이나 어떤 각성 행위를 통해 감지되는 뇌파가 섹스 때 느끼는 뇌파와 파장수가 비슷하다면 그것 역시 섹스와 다를 것이 없을 것이다. 환원론적으로 본다면, 참선은 위장된, 간접적이고도 직접적인 성 교섭 행위일 수 있다.

변연계를 자극하고 그것을 활성화시키는 다른 통로도 있다. 그것 중 대표적인 것이 바로 시각이며 촉각이다. 사람들은 시각적으로, 촉각적으로 사랑을 느끼는데, 그것은 변연계가 작동하고 있다는 것을 의미한다. 사람 눈에 매력적인 상대방이 띄면 그것은 시각중추로 들어가 편도체를 자극하고 변연계를 활성화시킨다. 그것은 다시 대뇌피질로 이어진다. 사랑의 욕망, 섹스의 욕망과 그로부터 얻어지는 임사체험으로써의 오르가슴은 그렇게 현실화된다. 사람들은 바로 그런 섹스의 욕망을 자극하기 위해 섹스 어필을 강력하게 드러내려고 한다.

125) 살아 있는 인간들, 남녀가 결혼하여 제도적으로 허용되는 성적인 기쁨과 행복은 오로지 잠시 죽음으로써 그 절정감에 이르게 된다. 정신분석학자들이나 성의학자들은 오르가슴이라는 임사체험은 바로 신이 인간에게 준 천연적인 기능이라고 말한다. 그것은 인간이 다른 동물과는 달리 인간만이 허용받은, 인간이 추구할 수 있는 유일한 행복과 위안이며 인간은 그 잠깐 동안의 죽음을 통해, 마음 놓고 행복해질 수 있다는 것이다. 이 세상은 사람들이 즐길 수 있는 잠시 죽음이라는 오르가슴의 상실 때문에 심각한 사회적 문제에 직면하게 되었다는 것이 빌헬름 라이히(Wilhelm Reich) 교수의 인류에 대한 성의학적인 진단이었는데, 그것의 회복은 오르가슴에 대한 배움으로 되찾을 수 있다[참고: 빌헬름 라이히(2010). 성혁명(역). 서울: 중원문화]. "만일 어떤 사회질서가 결정적인 질문들을 제기하는 것, 관례적이지 않은 답을 찾는 것, 그리고 그런 질문들과 대답들에 대해 논쟁하는 것을 두려워한다면, 그 사회질서는 민주주의라고 불릴 수 없다. 그런 경우 그 사회질서는 독재의 후보자들이 제도에 가하는 아주 작은 공격에도 파괴"되는 것이기에 배움만이 그것을 되돌려 놓을 수 있기 때문이라는 것이 그의 지론이다.

고통받는 사람들에게 "사랑, 노동, 지식은 우리 생활의 원천이며, 이것들이 우리의 생활을 지배해야 하기에[참고: 빌헬름 라이히(2005). 오르가즘의 기능(역). 서울: 그린비]," 사람답게 살아가기 위해서는 잠시, 잠시 죽어 주기가 어떤 것인지에 대한 담화와 행위를 일상화하라고 권하는 빌헬름 라이히 교수의 요지는 오르가슴의 생명성에 있다. 이성 간에 전이되는 성에너지의 변화와 승화로써의 오르가슴을 이야기하면서, 그는 오르가슴과 일반 동물 사회에서 관찰되는 동물들의 자위 행위와는 구별해서 이해해야 한다고 주장한다. 오르가슴 현상이 일반 동물에게도 흔하게 발견되고 있다는 객관적인 보고들은 아직 흔하지 않지만, 그와는 반대로 동물들의 수컷들에게 나타나는 자위 행위들, 말하자면 인간의 자위 행위와 비슷한 성적 행위들은 흔하게 발견된다는 동물학자들의 보고들은 상당히 체계화되어 있다[참고: Sharon Begley(2010). 자위의 힘. 뉴스위크(한국어 판). 2010년 11월 23일자].

말하자면, 원숭이 볼기 치기(spanking the monkey), 뱀홀리기(charming the snake), 고래 풀어주기(freeing willy) 같은 것들이다. 이런 것들은 동물들이 보여 주는 자위의 행태들이다. 동물학자들은 일반 동물들이 보여 주는 자위 행위들은 막연한 행동들이 아니라, 동물들이 적자 생존 전쟁에서 승리하기 위해, 존재하기 위해 취하는 계획적인 행동이라고 보고 있다. 자위 기능을 동물학자들은 4가지 경우 수를 들어 설명하는데, 그 첫째 설명은 노쇠하고 병든 정자를 생식기관에서 제거하기 위한 행동이 자위 행위라는 논리다. 수컷의 자위는 건강하고 빠른 정자의 비율이 높아져 남성이 아빠가 될 확률을 높인다는 것이다. 인간의 경우, 자위는 여성 생식기관 내의 정자 수에 영향을 주지 않고 정자의 질을 높여 준다. 자위를 하면 다음번 그 수컷이 암컷과 교접할 때 파트너에게 전달하는 정자 수는 줄어들지만 암컷의 몸에 남는 정자 수는 줄지 않는다. 결과적으로 자위는 정자의 활동성을 높이려는 수컷의 전략이라고 보는 성의학적 연구에 의하면, 자위를 하면 정자의 운동성이 크게 증가해, 건강한 아기가 더 많이 나올 가능성이 커진다는 것이다. 자위의 기능에 관한 두 번째 설명은 자위가 암컷에게 수컷의 성적 힘과 가능성을 보여 주는 일종의 광고라는 논리다. 수컷은 자신의 정자가 많으며 어느 정도는 버려도 괜찮다는 신호를 보내며 자신의 왕성한 정력을 광고하는 것이기에, 결과적으로 짝짓기를 더 하고 아기를 더 낳아 가족이 더 많아진다는 것이다. 이런 논리가 인간에게도 적용되는지는 확인되지 않고 있다.

자위에 관한 세 번째 이론은 승리를 자축하는 일종의 '세레모니'라는 논리다. 짝짓기 후 자위를 하는 동물들이 보여 주는 행위가 바로 그것이다. 이런 자위는 그룹의 다른 구성원들이 짝짓기를 이미 알고 있는 상황 속에서의 자위는 그 행위를 하는 수컷이 다른 암컷에게 선택을 받은 파트너였음을 자랑하며 다른 암컷에게도 자신의 성적 건강성을 드러내며 유혹의 가능성을 높이는 행위라는 것이다. 마지막으로 자위는 위생 기능을 강화하는 기능이 있다는 논리다. 수컷은 자위를 함으로써 생식기관을 깨끗이 만드는데, 이것은 최근 다른 파트너와 관계한 뒤 자신과 짝짓기를 한 암컷으로부터 옮을 성병의 가능성이나 확률을 줄여 주는 위생적인 행위라는 것이다. 성병 감염이 줄고 성생활 위생이 개선되어 건강한 짝짓기와 왕성한 아기 생산이 가능하게 된다는 것이다.

인도인에게는 비법으로 오르가슴의 명상 방편을 소개한다. 옴-아-훔(om-ah-hum) 명상법이다. 옴은 인간의 머리에 해당되는 것이다. 영성(Spirit)을 받아들이는 일이 오~옴이다. 이는 인간의 정신을 목과 가슴에 집중하는 일이다. 아~ 하면서 온몸의 정기를 가슴에 심는다. 마지막으로 훔은 인간의 정기를 인간의 중심인 성기에 모으는 일이다. 훔~ 하면서 기운을 한곳, 중심에 모은다. '오옴~-아암-흐훔' 명상을 매일같이 해야 한다. 성적 영기를 모으기 위해서다. 숨을 들이마신 후 정지 상태에서 잠시 쉬며 옴-아-훔을 되뇌이고 숨을 내쉰다. 이렇게 3번을 한다. 옴-아-훔 명상을 이렇게 내면

화한다. 매일 10분 동안 옴-아-훔 명상을 하면서 자신의 기운이 몸과 마음으로 퍼지는 것을 관찰한
다. 이때 숨은 마시고 정지한 후 옴아훔하면서 항문의 괄약근을 조이라고 인도의 탄트라 명상은 가르
치고 있다[참고: Sunyata, S. et al(1995). *Jewels in the lotus*. NM: Sunstar].

126) 참고: 존 로빈스(2011). 100세 혁명(역). 서울: 시공사.

生의 癒

3. 마음트임 | 內觀之眼,
의식소통 | 意識疏通

1. 심중(心中)에라도 왕을 저주하지 말며 침실에서라도 부자를 저주하지 말라. 공중의 새가 그 소리를 전하고 날짐승이 그 일을 전파할 것임이니라. - 전도서(10 : 20)

누구든지 처음 먹은 마음이 있게 마련이다. 그 마음을 떠올리면 이상하게 마음부터 먼저 설렌다. 그런 설렘이 있으니까 삶이다. 처음 먹었던 마음이 살아가게 만드는 이정표다. 이정표를 놓치지 않는 사람은 처음 시작할 때 먹었던 마음가짐을 버리지 않으려고 노력한다. 초발심으로 자기의 갈 길을 기꺼이 걸어가고 있기 때문이다. 삶의 비전을 갖고 있는 사람들이 보이는 일반적인 양태들이다. 비전이 있기에 사람들은 자신에게 손해가 되더라도 기꺼이 그것을 감내한다. 그 비전을 위해 자신을 드러내려는 노력이 그의 됨됨이에서 나타난다.[1]

삶을 살아가다 보면, 자신을 설레게 만들었던 것을 과감하게 내려놓아야 할 때가 있다. 설레는 것들은 제대로 관리되지 않으면 끝내 사람을 지치게 만들기 때문이다. 설렘은 그 어떤 것이든, 마치 늘어난 고무줄처럼 늘 제자리로 돌아가기 위한 긴장감을 팽팽하게 담고 있기 때문이다.

사람은 세포들 간의 단순한 연결체로써만 존재하는 것이 아니다. 단순한 시간의 연결망이 인간의 삶일 수는 없다. 사람은 공간과 시간을 자신의 삶을 위해 요리해 나가는 생명체다. 자신의 욕망을 자기가 속한 시공간 속에서 풀어 내, 자기를 편하게 살아가도록 노력하는 존재다. 사람은 그래서 공간과 공간 사이를 이어 놓기만 한 그런 물건이나 물체가 아니다. 시간과 시간 사이에 멋쩍게 그냥 자리 잡고 있는 단순한 사건이나 사태일 수도 없다. 사람은 사람과 사람 사이를 이어 주는 관계의 매개물이다. 사람은 관계라는 징검다리가 있어야 자신에게 닥친 어려움을 해결할 수 있다. 사람과 사람 사이를 채우는 시멘트가 바로 인간의 관계다. 무엇이든 굳어지기 전까지는 유연하기 마련이다. 사람에 대한 설렘도 굳어지기 전까지만 유연할 뿐이다. 그 어떤 관계도 굳어지면 설렘은 사라진다. 그것은 더 이상의 설렘이 아니라 설침에 지나지 않으며, 오히려 성가심이나 될 뿐이다. 설렘이 원망과 자기 비하로 굳어지게 마련이다.

사람의 마음이 굳어지면, 다른이와의 관계 역시 시멘트처럼 굳어진다. 굳어진 것을 바꾸려면 파쇄(破碎)해야 한다. 파쇄는 굳어진 것을 파괴하는 것이지 유연하게 만드는 것은 아니다. 인간은 사람 간의 관계에서, 유연한 그때까지만 다른 이에게 사람다움의 의미를 지니게 된다. 인간은 자기의 생명이 가능한 공간에서 숨 쉬며 존재할 때 유연하게 된다. 시간이 허락할 그때까지 인간의 삶이 유연하다. 인간은 그래서 공간과 시간을 끝내 벗어날 수 없다. 사람은 공간에서 만들어지고, 시간 속에서 소멸될 뿐이기 때문이다.

공간과 시간에 소멸되는 그와 나를 지켜보는 이는 늘 타인이다. 자신은 자신의 일에 대해 늘 치매 환자와 같다. 자신이 한 일에 대해서는 관용하기 때문이다. 그를 너그럽기에 기억해야 할 이유는 없다. 타인의 눈은 나에 관해 아무것도 놓치지 않는다. 내가 만들어 내놓고 내가 소멸시키는 일이 나의 삶이며, 그것을 지켜보는 타인은 늘 관찰자다. 내가 소거될 그때까지 저들은 나에게는 늘 타인일 뿐이다. 타인의 눈이 무서운 이유다.

사람들 사이의 틈을 메꾸는 인간의 활동이 삶이다. 모든 직업은 그 틈을 메꾸는 수단들이다. 예를 들어, 학자는 배우는 일에서 벌어지는 틈과 간격을 메꾸는 삶을 지키는 사람이다. 교사는 학생과 학생 사이를 메꾸는 삶일 수밖에 없다. 그 누구든 세상이라는 공간을 점유하다가는 소멸되어야 할 존재이기에 인간의 세상살이에 이상향은 영원한 향수일 뿐이다. 이상향은 인간에게 늘 비상향적, 즉 헤테로토피아(非想鄕, heterotopia)적일 뿐이다.[2] 인간은 세상에 던져진 존재이기 때문이다. 자연을 구성하는 한 분자로 소거되는 것도 인간이 감내해야 할 운명이다. 인간의 몸, 세포는 자연의 물질이기 때문이다. 인간이 살아가는 세상이 그래서 그의 생명을 영원히 지켜낼 수 있는 이상향일 수 없다. 세상은 신의 선물이 아니라, 인간이 원하는 대로 만들어지는 시공간일 뿐이다. 그런 점에서 인간이 원하는 세상은 언제나 인간에게 그저 비상형(非想鄕)으로 남아 있을 뿐이다. 인간은 언제든 타인에게 타물적(他物)인 존재다. 비상향적인 존재들은 서로에게 징검다리가 되기는 하지만, 그것은 영원한 미완성일 뿐이다. 타인과 타인들로서의 인간이 겪어내야 할 운명이다.

그래도 사람과 사람 사이의 틈을 메꿀 수 있는 존재는 오로지 사람 밖에는 없다. 인간이라는 말뜻이 바로 그것을 드러낸다. 인간은 사람과 사람 사이의 틈일 뿐이다. 틈이란 내가 아닌 타인이 오로지 내게 원하는 욕망이다. 사람은 다른 사람의 감각에 대응하면서 자기의 위치를 정리한다. 다른 사람의 감정을 메꾸어 가면서 자기의 위치를 파악하는 존재다. 사람들 사이를 헤집고 들어서기는 하지만 이내 시간과 공간 저 너머로 소거되고 마는 존재다. 인간은 틈을 메꾸는 존재다. 틈을 메꾸어 가는 사람을 인간이라고 부른다. 메꾸지 않은 채로 남아 있으면 끝내 먼지로, 가루로 날려 버린다. 관계에서 소통은 그렇게 먼지로 날리기도 하지만, 틈을 메꾸는 시멘트로도 기능한다.

생긴 틈을 어떻게든지 메꾸려고 노력하는 존재가 인간이다. 일반 동물에게는 발견하기 어려운 현상이다. 욕망과 기대, 꿈을 그릴수록 사람들에게는 메꾸어야 할 틈이 더 많아지게 마련이다. 꿈을 실현하는 일은 허구일 수도 있고 현실로 작동할 수도 있다. 나름대로 욕망의 공간에서 그런 꿈을 꾼다. 천국, 지옥, 무릉도원 같은 상상 속의 공간을 공상하다가 현실로 되돌아오는 것이 인생이다. 욕망으로 그려지는 이상향이란 인간에게 끝내 비상형일 뿐이다. 사람들 사이의 틈과 공간은 바로 욕망과 소멸, 이상과 망각에 대한 서사(敍事)에 지나기 않기 때문이다. 틈의 공간은 미셸 푸코(Michel Foucault)가 말한 그것처럼[3] 한 인간이 겪어 내는 불안의 공간일 뿐이다. 그 불안은 의심할 여지없이 사람에 대한 불안으로 축적된다. 사람은 시간보다는 공간에 보다 밀착하는 존재다. 그의 이야기가 한 공간에서 사라지면 그가 차지하던 그의 시간도 함께 소거된다. 그가 메꾸고 있던 사람들 사이의 틈도 여지없이 파쇄되기 마련이다. 소통도 함께 제거된다.

관계는 오로지 인간에게만 주어진 특권이 아니다. 일반 동물에게도 저들의 관계는 유감없이 발휘된다. 예를 들어, 우리나라 동해 감포 정자 앞바다에서 실제로 일어난 일이 그것을 보여 준다. 바닷가 사람들로서는 믿기 힘든 물고기들의 소통 장면을 볼 수 있었다. 일군의 돌고래들의 관계와 소통 장면이 목격되었다. 죽어 가는 돌고래 한 마리를 다른 돌고래들이 마지막 순간까지 배려하는 모습이 사람들의 눈시울을 뜨겁게 달궜다. 숨을 거두려는 참돌고래 한 마리가 가라앉기 일보 직전이었다. 그것을 지켜보던 다른 참돌고래들이 나섰다. 죽어 가는 동료에게 힘을 북돋우기 시작했다. 가라앉는 돌고래를 수면 위로 밀어 올리기를 수없이 반복했다. 그에게 마지막 힘과 용기를 북돋우기 위해서였다. 수면 밑으로 내려가는 동료 돌고래에게 보내는 배려의 응원이었다. 참돌고래들의 장엄한 장례 의식이기도 했다.[4] 일반 동물 사회에서는 쉽게 관찰되지 않았던 서로가 서로를 배려하는 장엄한 장례 의식의 장면이었다. 돌고래들이 서로 주고받은 소통의 한 형식이었다. 굳이 인간적인 언어로 말하자면, 의식소통의 한 장면이었다고 볼 수 있다.

의식소통이라는 말은 흔히 우리가 이야기하는 의사소통보다는 더 깊고, 높은 차원의 소통 방식을 말한다. 정신물리학적으로 말하면, 무생물과 영성계의 외계인(ET)에 이르기까지 서로의 귀기울임과 귀트임, 에너지의 교환을 의식소통이라고 부른다. 예를 들어, 사람과 물고기가 서로의 감을 주고 받을 수 있다. 사람과 외계인이 서로의 감을 주고 받을 수 있으며, 사람이 자연과 교류할 수 있다. 인간에게 신의 심성이 있기 때문에 소통이 가능하다. 사람과 사람 간의 관계를 메꾸어 주는 사랑의 전달같은 것이 의식소통의 모범이 된다. 의식소통은 다석 류영모 선생이 말한 것처럼 사람들 간의 영성적인 거래와 영성적인 관통과 교환이기도 하다.[5] 그는 그것을 우리 고유의 언어인 '가온 찍기'라고 불렀다. 우리네 토박이 말로써 서로 말없이도 통하는 것을 일컫는 말이다.

가온 찍기는 너와 나 사이의 얼나를 함께 공유하는 일이다. 서로가 얼나를 가질 때 몸은 둘이어도 마음은 하나가 된다. 너와 나 사이의 '가온 찍기'가 의식을 소통하는 다리다. 인간이 사는 세상이란 피상적인 관계다. 피상적인 관계를 거부하는 것이 가온 찍기다. "몸은 만나나 맘은 영원히 만나지 못하는 고독한 세상이기도 하지만, 서로가 깊이 생각하고, 생각하기만 하면 서로 맘속에 깊이 통한 곳에서 얼나의 한 점에서 만나게 된다." 그것은 나와 너가 다른 것이 아니기 때문에 서로 얼나에서 만나게 된다. 그래서 소통은 신(神), 조물주가 너와 나 사이에 개입하고 매개할 때 가능하다는 뜻이기도 하다.

마음과 마음이 한 점에서 서로 교류하는 것은 사랑과 소망의 결합이다. 그것을 다석 선생은 '가온 찍기'라고 불렀다. 나라는 얼나와 너라는 얼나 사이의 연결을 가온 찍기라고 불렀다. 가온 찍기는 바로 의식소통의 방편이다. 류영모는 다시 말한다. 인간 모두는 다 한 나무에 핀 꽃이다. 그 사람의 긋(얼)을 알면 모든 것을 안 것이다. 타자의 긋을 보면 모든 것을 본 것이니 그만이다. 그 사람의 인격과 그 사람의 정신을 안 것이기 때문이다. 그 사람의 생을 알면 그 사람의 모든 것을 안 것이다. 그의 말 속에서 또 나를 보고 내 몸을 알 수 있기 때문이다.

나라는 말은 내가 나왔다고 해서 나라고 부른다. 나를 내놓아야 비로소 내가 된다. 너라는 말은 진리를 넣어 주기에 너라고 부른다. 나와 너가 되어 서로 나뉘면 너가 되어 버린다. '나너 너나'라고 하면서, 나 속에 너인 얼나를 넣으면 너가 나아지고 너 속에 나인 얼을 넣으면 너가 나아진다. 너가 나고 나가 너가 되기 위해서는 누구나 다 몸나에서 맘나로 옮겨야 한다. 다시 맘나에서 얼나로 옮겨야 한다. 류영모 선생은 다시 말한다. "어머니의 배에서 나올 때는 살덩이에 지나지 않는다. 몸이 자라면서 맘이 자라난다. 맘이 자라나서 얼나를 깨닫게 된다." 몸, 맘 그리고 얼이 조화되어야 한다는 것이다. 다시 말해서, '뫔'이 일어나지 않으면 사람으로서 된 것은 하나도 없는 것이나 마찬가지다. '뫔'을 이뤄 낸다는 것은 어쩌면 불가에서 말하는 마음챙김, 마음트임의 완성을 말하는 것일 수도 있다.[6]

신이 개입할 때 가능한 의식소통은 연결의 힘이며, 가능한 서로 간의 관통이며 주파수의 맞춤이기도 하다.[7] 요즘 경영학자들이 즐겨쓰는 말로 한다면, '하트스토밍 (heart storming)'이 의식소통의 한 장면이다.[8] 하트스토밍은 머리로, 이성적으로만 아이디어를 짜내거나 이야기하기보다는 마음으로 먼저 서로의 정서와 생각을 나누는 일 같은 것을 말한다. 각기 다른 몸, 맘, 그리고 얼을 서로 관(貫)하고, 통(通)하면 하나로 만들어지는데, 그렇게 맘, 얼을 하나로 만드는 일이 소통의 시작이다. 건강을 지키는 것 역시 내가 내 몸, 내 장기들과 주고받는 의식소통의 한 장면이다. 의식소통은 자연과의 조화, 사람과의 조화에 대한 또다른 표현이다. 자기가 우선 자기에게 소통을 할 수 있어야 한다. 남들과 소통하기 위한 토대다. 다른 사람과 관계를 먼저 트고 연결하려면 자기와 자신 간의 관계부터 터야 한다. 자기 소통이 우선해야 한다. 나라는 존재는 나와 내가 소통할 수 있는 가능성의 존재다. 그것이 부정되는 한 다른 사람들과의 소통은 어렵다. 자기 소통은 몸의 철학이 아니라 마음의 철학이다. 멀쩡한 사지와 눈을 갖고 그 눈으로 보거나, 말로 해야만 하는 것이 아니다. 사람들의 신체 조건이 서로 달라도 마음이 곧으면 자기 소통은 언제나 가능하다. 장애인, 관절 장애, 척추 장애, 무안구증을 지닌 장애인 헨리 휴스(Patrick Henry Hughes)의 사례가 그것을 보여 준다.[9]

　장애인 헨리는 세상에 감동과 희망의 메시지를 전하는 음악인이다. 그는 한 가지 점을 보여 준다. 사람들이 소통에 어려워하는 것은 신체적 장애 때문이 아니라는 것을 보여 준다. 소통의 어려움 때문에 소통하지 못한다. 마음의 장애가 소통을 막기 때문이다. 휴스는 태어날 때부터 전신 장애자였다. 팔을 제대로 뻗지도, 걷지도, 보지도 못하는 장애인이었다. 그가 점자를 익힌다. 당당하게 루이빌 대학에 합격한다. 입학과 동시에 마칭 밴드에 입단한다. 트럼펫 연주자로 활약한다. 친구들과 말과 마음으로 소통할 수 있기 때문이다. 헨리의 부모도, 동료들도 그를 포기하지 않았다. 이제 그는 그의 아버지와 200여 명의 동료 단원들과 함께 나란히 행진한다.

　불통 역시 소통의 또 다른 형식이다. 어쩌면 불통은 극적인 의식소통의 한 장면을 제공할 수 있다. 어느 소설에서 나오는 한 장면은 바로 소통 속의 불통이 어떤 것인지를 보여 준다. "음, 이제 다 왔네." 그가 말했다. "다 왔어." 그녀가 말했다. "그렇지?" "다 온 거네." 그도 따라 말했다. 남녀가 서로를 탐내지만, 좀처럼 하나가 되지 못하는 장면을 그려낸 것이다. 욕망을 향한 불행한 우연의 일치가 드러내는 소통과 불통을 예리하게 그려내는 여류 작가 도로시 파커(Dorothy Parker)의 글솜씨였다.[10] 주인공들

간에 치열한 대화가 오간다. 너를 탐하고, 나를 열어 보려는 소통이다. 그런데 교감은 전혀 없다. 불통만 끝없이 소통의 주변을 맴돌고 있을 뿐이다. 고통이다. 불통이 빚어 내는 고통이다. 불통의 관계는 두 사람 사이를 이유 없이 벌려 놓는다. 정말로 통한 것은 아무것도 없다. 서로가 치열하게 소통하고 있지만, 소통과는 영원히 무관하다.

의식소통은 서로 간의 차이를 알고 사이를 좁히는 일이다. 의식소통이 되려면, 소통하는 사람들에게 일종의 통역을 해주는 매개물이 있어야 한다.[11] 소통은 의미로서 서로를 매개시키는 과정이기 때문이다. 의미는 말을 통해 서로 다른 이야기들의 교차하는 순간에 생긴다. 서로 주고받는 말은 사물 그 자체가 아니라 사물을 가리키는 기호일 뿐이다. 예를 들어, 상대방에게 돈을 건넨다면 돈이라는 물질을 상대방에게 직접 건넨 것이다. 돈을 말로 표현해서 건넨다면, 돈에 대한 말의 의미는 소리일 뿐이지 돈이라는 물질은 아니다. 나와 전혀 다른 조건에 놓여 있는 상대방이 돈에 대한 의미를 어떻게 만들어 가느냐가 중요하다. 그것의 농도에 따라 소통의 사정은 크게 달라진다. 내 말을 건네받는 상대방의 입장이 중요하다. 내 말의 의미가 전혀 다르게 만들어지기 때문이다. 그와 나 간의 사이가 넓어져 있는 사이라면 그 어떤 소통도 무의미하다. 반대로 그와 나 사이가 좁혀진 사이라면 그와 나 사이의 의미 차이 역시 좁혀진다.

의식소통은 마치 서로의 마음속에 그려 낸 서로 간의 갑골문자(甲骨文字)를 해석하고, 이해하는 과정과 비슷하다. 이렇게 오해하고, 저렇게 고깝게 만들어지는 것이 세상일이기 때문이다. 서로 다른 해석이 가능할 수 있는 마음의 골과 마음속의 상형문자를 해독하는 과정이 의식소통이다. 의식소통, 다시 말해서 가온 찍기는 사람 사이에 일어나는 언어적 교환 관계 그 너머의 일을 상정한다. 속살의 짙은 관계를 만들어 내는 일이 의식소통이기 때문이다. 의식소통은 얼의 궁합과도 같다. 얼의 궁합은 언어적 교환으로는 제대로 읽을 수 없다. 영성의 교환이기 때문이다. 언어적 교환은 그언제나 겉이 훤하게 비추는 '의례적(phatic) 관계'일 뿐이다.

의례적인 관계는 단순 교감적이다. 사람들이 단순히 저들의 사회적 관계를 유지하기 위해 구사하는 의례화된 관계다. 아침 인사들과 같은 것이다. '안녕하세요, 좋은 아침이에요.'라고 주고받는 인사말은 허식과 가식 그 이상을 넘어서는 법이 없다. 그저 서로의 기분이 좋으면 되는 일로 족하기 때문이다. 사회적 교류에 따른 교감의 격식이다. 소통하지만 소통이 차단되는 관계가 의례적 관계다. 의미 없는 관계의 무의미한 연장이 의례적 관계다. 사람들이 형편상 말을 이어 나가는 관계는 허례적이다. 의례적인 교감의 언어를 주고받을 때의 대화는 언어의 교환일 뿐이다. 공허하기에 너와 나 사이에 가온 찍기는 결코 만들어지지 못한다.

의식소통은 소통의 과정에 있는 존재들이 영적으로 동행할 때 돋아나기 시작한다. 동행은 의례적 관계를 벗어나는 길이다. 몸과 맘, 얼이 녹아 있는 관계의 만남이 동행의 시작이다. 동행은 꼭 내밀한 관계만을 말하지는 않는다. 내밀해도 문제될 것은 없지만, 필요 이상으로 친밀함을 강제하지 않는다는 뜻일 뿐이다. 동행은 언제나 친구 관계인 것만은 아니다. 동행의 길에서는 어차피 소통이 개입한다. 간단히 줄여 식통(識通)의 관계로 서로가 서로에게 의존해야 하기 때문이다. 식통하는 관계들의 형태는 다양하다. 예를 들어, 부부 관계와 부모 자식 간의 관계는 다르다. 상사의 관계와 적군과 아군의 관계 역시 다르다. 스승과 제자의 관계 역시 다르다. 모두가 동행의 순박자 혹은 엇박자 관계들이지만 소통만큼은 모든 관계에 관여한다. 완벽한 소통은 처음부터 불가능하다. 이들의 관계는 피의 관계는 아니기 때문이다.

피의 관계가 보여 주는 의식소통의 극적인 사례를 뇌성마비 환자인 아들 '릭'에게 동행인 아버지 딕의 인간적인 관계에서 찾을 수 있다. 아버지인 딕이 아들을 위해 해 줄 것이라고는 한 가지다. 그의 요청을 들어 주는 일 뿐이다. 아들은 여행을 원한다. 저 홀로 할 수 없는 일이기 때문이다. 아버지는 나선다. 아들을 자전거에 태운다. 아들이 철인 경주를 원했다. 아버지는 아들과 철인 경주에 동행한다.[12] 보통 인간 사이에 일어나는 관계는 닉과 딕의 관계 같은 것은 아니다. 이해가 얽히고설키는 그런 관계들이다. 이해 관계에만 집착하면, 소통은 불가능하다. 서로에게 배움을 트게 해 주는 일이 동행이며 소통이기 때문이다.

동행은 사람끼리 서로 좋아하는 일이다. 소통도 사람이 제가 좋아해야 가능하다. 동행은 더불어 움직이는 과정 전체다. 동행은 의식을 소통시킨다. 이런 동행으로서의 의식소통 장면은 역사적으로도 흔하게 발견된다. 예를 들어, 조선 시대 성리학의 거봉인 퇴계 선생은 고봉(高峰) 기대승(奇大升)과 만난다. 모두가 성리학의 대가들이다. 퇴계는 고봉에 비해 한 세대 위 사람이다. 당시 10년의 연배는 스승과 제자 간의 연배 차이다. 서로가 아끼고 모시는 사람들이 달랐기에, 정치적 성향도 달랐다. 게다가 스승 제자 간의 연배 차이가 있었어도 학파가 달라 서로를 스승과 제자라고 부를 수는 없었다.

퇴계는 한세대 어린 고봉과 사단칠정(四端七情)에 대해 토론한다.[13] 서로 다른 관점 아래 사단칠정에 대한 이해의 차이와 서로의 생각에 대한 비판도 오간다. 오해와 새로운 해석들이 없을리 없지만, 서로는 한 번도 서로에게 불경스럽지 않았다. 서로를 경(敬)으로 대한다. 자기가 지닌 생각에 대해 같이 갈 수 없는 길이었지만, 서로는 여전히 더불어 나간다. 서로에게 서로가 통했기 때문에 그렇게 나아갈 수 있었다. 의식이 관점을 넘었다. 소통이 마침내 열렸다. 생각은 달랐지만 의식은 함께 더불어 나아갔다.[14] 서로가 서로에게 말은 많았지만 서로는 하나로 통했다.

동행은 더불어 걸으며 함께 나아가는 일이다. 동행은 원형은 걷기에서 찾을 수 있다. 걷는 일들은 소통으로 시작한다. 걷는 일에 동참해 본 경험이 있는 사람들은 이내 알게 된다. 행군도 그렇고, 순례길에 나선 동행에서도 그렇다. 모두가 참아내기 어려운 여정들이지만, 그 길로 서로가 나선다. 이내 피로가 온몸으로 파고 든다. 쉴 곳을 찾지 못하면 졸면서도 걸어야 된다. 더 이상 걷기가 어렵다는 생각이 들더라도 걷는다. 자기 옆에 동행들이 있으면 걸을 수 있다. 동행이 북극성처럼 나의 길을 인도하기 때문이다. 내 옆에 저들이 있다. 나와 보폭은 다르지만 저들이 내 곁에 걷고 있다. 그것만으로도 족하다. 피곤과 피로는 그다음 문제다. 그런 것에 아랑곳하지 않을 수 있다.

동행이 옆에 나란히 가면, 서로의 걷기가 일어나기 시작한다. 심리적으로도 동행의 같이 감이 솟아난다. 혼자 걷는 길은 어떤 길이라도 지루하고, 힘들다. 동행이 있으면 용기가 솟는다. 의지력이 솟는다. 서로에게 공의식(共意識)이 생긴다. 의식소통이 가동되기 시작한다. 말이 꼭 필요한 것은 아니다. 의식이 서로에게 통하고 있으면 되는 일이다. 함께 걷고 있다는 그 사실 하나만으로도 족하다. 새로운 활동 에너지가 어딘가에서 나온다. 자기 몸 안에서 일어나는 일이다. 통한다는 것은 그런 힘을 불어 넣어 주는 일이다.

동행은 서로에게 소통을 필요로 하는 사이이며, 동반의 관계다. 서로의 목적이 같다. 서로가 서로에게 격려의 관계가 된다. 동행은 프레너미(frenemy)와는 속성이 다르다. 프레너미는 친구이지만 적인 관계다. 우정을 나누기도 하지만 어쩔 수 없는 경쟁 관계다. 프레너미들도 서로에게 동행이 될 수 있다. 관계가 소통을 방해하지 않으면 그들도 동행이 된다. 프레너미는 끝내 동행과 그 성격을 달리한다. 프레너미는 처음에는 서로가 가까운 사이인 것 같이 접근된다. 동행의 여정에서 서로의 이해 관계가 극을 이룬다. 때때로 그들 서로가 친구(friend)인지 적(enemy)인지 구별이 되지 않게 된다. 서로는 서로에게 상대적 관계일 뿐이다. 친구처럼 지내며 함께 다닐 수도 있고, 커피나 차도 같이 마실 수 있다. 이해 관계에 대해 생각하는 마음만큼은 서로 다르다. 서로의 이해 관계를 위해 서로 공존하며 동행하기도 하지만, 서로는 적이다. 서로가 서로에게 피하기 어려운 경쟁 관계에 서 있음을 서로가 잘 알고 있기 때문이다. 질투하는 마음도 일어나지만, 그 질투의 원인까지도 서로는 잘 알고 있다. 그렇게 때로는 같이, 때로는 저 홀로 가야 할 목표가 다르기에 끝내 같은 배를 탈 수 없는 관계가 프레너미의 관계다.

프레너미의 관계는 일시적인 동행 관계를 유지할 수는 있지만, 끝까지 같은 길을 걷거나 동반하는 관계는 소거된다. 프레너미의 관계는 서로가 같은 길을 걷는 관계가 아니다. 같은 길을 걷는 척하는 관계다. 필요하다면 언제라도 샛길로 빠져나가는 곁다리 관계다. 곁눈질과 사시, 그리고 의시의 관계가 프레너미 사이의 소통 관계다.

프레너미들의 관계는 현대사회에서 만들어지는 부산물이다. 프레너미는 친구 같은 우정을 보이기도 한다. 이해 관계가 충족될 그때까지만 유효하다. 시작은 우정이지만, 결과는 피치 못할 적의 감정으로 끝난다. 우정의 초기 값이 시작할 그때부터 이미 달라지기 시작했기 때문이다. 서로의 성장이 서로에게 경쟁으로 바뀐다. 상대방의 성장이 나에게는 초라함으로 비유된다. 처음 시작할 때 지녔던 우정의 초기 값이 벌어지면 수습하기 어려워진다. 어쩔 수 없는 이상한 관계, 참을 수 없는 관계로 바뀐다.[15]

프레너미의 관계를 보여 주는 사례들은 역사적으로 수없이 등장한다. 성경에서도 예외는 아니다. 사도 바울과 바나바의 관계 역시 그런 프레너미 관계였다. 바나바는 바울을 교계에 소개했다. 좋은 시작, 우정의 출발이었다. 바울은 바나바와 함께 사역의 길에 동행한다. 바나바는 바울에게 은인이었기에, 바나바와 바울의 우정은 그렇게 출발한다. 두 사람은 안디옥 교회도 같이 한다. 목회하는 동안 서로에게 서로는 신뢰의 관계였다. 제1차 선교 여행도 끝난다. 조금 시간이 지났다. 서로의 생각을 정리하기 시작했다.

제2차 선교 여행이 시작될 즈음이었다. 두 사람은 여행 길에서 마침내 결별한다. 2차 선교 여행의 목표에 관해서 두 사람에게는 각기 서로 다른 이해 관계가 있었다. 선교의 목표가 달랐기에 마가, 요한을 대동하는 문제가 그들의 이해 관계에 들어왔다. 심각한 의견 충돌이 있었다. 그 간의 협력 관계가 깨어진다. 서로가 서로의 결단을 내리고 갈라선다. 바나바는 마가, 요한을 데리고 구브로로 떠난다. 바울은 실라를 대동하고 수리아와 길리기아로 가 버린다. 문제의 발단은 마가, 요한의 미숙한 처신이었으나, 문제의 핵은 아니었다. 문제는 바나바와 바울, 그 두 사람의 의식소통 방법에 있었다. 두 사람의 관계 속에 처음부터 프레너미의 요소가 작동했기 때문이다.

마가, 요한은 바나바와 바울이 각기 자신의 마음을 드러내게 만든 매개였을 뿐이다. 어깃장 나고 있는 그들의 프레너미적인 동반 관계를 확실하게 드러내게 만든 촉매였다. 두 사람의 틈새를 확실하게 쪼개버린 쐐기였다. 마가, 요한은 저들의 희생물이었다. 처음부터 저들은 불통하고 있었다. 마가, 요한은 저들의 불통이 어떤 것인지를 드러나게 하였을 뿐이다. 마가, 요한은 프레너미의 희생양이었다. 바나바와 바울

의 프레너미 관계는 예수가 말한 동행의 관계가 아니었다.[16)

동서양의 제국 왕조사 역시 프레너미의 관계사로 점철되고 있다. 권력은 모든 것을 프레너미로 만들어 놓는다. 조선의 역사에서 끊임없이 반복되는 왕조사 역시 프레너미의 관계사다. 조선의 시작인 태조 이성계를 잇는 그의 아들들인 왕자들이 서로에게 서로의 칼날을 들이댄 왕자의 난이 바로 그것의 전형이다. 왕족들 사이에서 보여 주는 피의 역사는 한 가지 사실을 말해 준다. 권력은 동행의 관계일 수 없음을 보여 준다.

일본사의 중심은 3인의 위인전으로 묘사되곤 한다. 도쿠가와 이에야스, 도요토미 히데요시, 그리고 오다 노부나가 사이에 전개된 프레너미 관계들이 그것이다. 오다 노부나가는 히데요시나 이에야스보다 한 수 위에 있는 대장부 인물이었다. 막강한 권력을 갖고 있던 권력자이기도 했다. 그는 다혈질이었다. 자기에게 역겨운 것을 보면 참아내지를 못하는 인물이었다. 그는 제가 낸 화 때문에 저들 중에서는 제일 먼저 희생되고 만다. 세 사람은 프레너미로서 서로 다른 지략의 소유자들이었다. 예를 들어, 꾀꼬리가 있으면 노부나가는 꾀꼬리 목을 비틀어서라도 꾀꼬리가 노래하도록 만드는 성격의 소유자였지만 히데요시는 꾀꼬리가 노래하도록 살살 꾀꼬리를 유인하는 인물이었다. 모든 꾀를 활용하여 꾀꼬리가 노래를 하고야 말도록 달래고 어르는 인물이 히데요시였지만, 이에야스는 저들과는 또 다른 성격의 소유자였다. 그는 그저 기다린다. 꾀꼬리가 노래할 때까지 기다리고 또 기다리고 만다. 버티던 꾀꼬리가 마침내 지쳐 노래하고 말도록 만들어 버리는 사람이었다. 저들의 기질을 관찰해서 만들어 낸 이야기이지만, 저들의 행동거지에는 사람들 마음에 집히는 무엇이 있다. 저들은 권력을 위해 서로가 프레너미의 관계 속에서 자신의 처신을 만들어 가며 일본을 만들어 낸 인물들이었기 때문이다.[17)

의식불통의 상황에서 어쩔 수 없이 드러나게 되는 상호관계가 바로 프레너미의 관계다. 정신분석학계의 대부였던 프로이트와 그의 제자 융이 보여 주었던 학문적인 이질 관계 역시 전형적인 프레너미 관계였다. 프로이트는 강경하게 그의 제자인 융에게 학문적인 순종을 요구했다. 인간의 마음에 대해 어느 하나를 택일하라고 윽박질렀다. 그에 대해, 융의 생각은 달랐다. 인간이라는 존재는 넋의 존재로서 인간의 넋은 그 어느 하나만은 아니다. 이것이기도 하고, 저것이기도 한 것이라고 생각했기 때문이다. 인간에 대한 제자 융의 융통성을 프로이트는 받아들일 수 없었다. 인간 이해에 대한 프로이트의 생각은 그 폭과 넓이가 작았다. 그가 관찰했던 사람들로부터 확신했던 인간관이었다. 그 체험에 대한 강한 확신 때문에 프로이트는 융과의 동행 가능성에 제동을 걸어 버리고 말았다.[18]

프레너미의 상황은 인간관계를 절연시킨다. 프레너미들의 관계는 웃음으로 서로를 맞는 것 같아도, 서로의 내밀한 관계는 철저하게 피상적일 뿐이기 때문이다. 그래도 이익을 위해 서로는 어느 정도까지 동반자의 관계를 유지한다. 동반자의 관계는 이미 어긋났지만 서로가 같은 길을 가야 되는 불통의 관계를 지속한다. 그 지속의 관계는 정신병리적인 과정일 뿐이다. 내 마음에 프레너미가 만들어지면 상대방은 눈엣가시로 남는다. 불편함을 넘나든다. 마침내 내 삶과 저 삶에 이물감이 생긴다. 더 이상의 소통은 모조리 거세된 상태다.

프레너미들 사이에서 서로 주고받는 언어적 교통은 처절하게 가식적이다. 불통으로 가장된 소통이기 때문이다. 먼 산 바라보며 서로가 다르게 헛기침하는 식이다. 속내들이 다르다. 실제로 서로가 대결하기 원치 않기 때문이다. 서로의 이해관계로 가득 차 있기 때문이다. 의식소통은 언어 소통을 기반으로 하지만, 그것이 꼭 언어적이어야만 하는 것은 아니다. 한 사람이 다른 사람에게 언어를 먹이기 위한 노력이 의식소통은 아니기 때문이다. 의식소통은 마음과 마음 간에 주고받는 미소 같은 것이다. 붓다와 그의 제자 가섭 사이에 오갔던 말없는 마음의 교감과 같은 것이다. 언어가 부재한 침묵의 동의가 그런 것이다. 의식소통은 자기 성찰의 한 단면이기도 하다. 성철 스님을 시봉했던 수많은 제자들은 그를 모시면서 수천 번 그를 물리치고 싶었다고 고백한다. 성철 스님의 거친 행동에 화도 났고 증오도 했다. 그와의 관계는 불통 그 자체였기 때문이다. 그래도 모든 것은 끝내 그를 모시는 자기 자신의 성찰로 되돌아왔었다. 의식으로 소통되었기 때문이다.

의식소통이 기업 현장에서 전혀 불가능한 것도 아니다. 의식소통은 마케팅 커뮤니케이션 같은 양태를 취할 수도 있기 때문이다. 의식소통은 말과 말의 교환을 의미하지는 않는다. 신뢰와 고객 충성도가 의식소통의 잣대가 되기도 한다.[19] 의식소통은 상대방에 대한 유혹이나 꼬드김도 아니다. 상대방과 자기 자신에 대한 배려가 의식소통의 기반이다. 의식소통의 낮은 차원은 눈치의 커뮤니케이션으로 표현될 수도 있다. 의식소통의 패러독스를 극적으로 보여 주는 옛말이 있다. '시어머니에 대한 며느리의 심사는 시어머니 삼베 고쟁이에 며느리가 보여 주는 풀 먹임을 보면 알게 된다.'는 말이 그것이다. 삼베 고쟁이에 풀이 날카롭게 서 있다면 며느리의 심사가 독한 것을 드러내는 것이다. 시어머니에 대한 며느리의 감정이 편치 않은 것이다.

이제 그 며느리에 대해 시어머니가 그다음 어떻게 대응하느냐가 중요하다. 눈치로 눈치를 파악하는 소통의 한 단면이 드러나기 마련이다. 사실 눈치는 상대방에 대한 마음속을 헤아리는 것은 아니다. 자기 방어적 행동 요령이 눈치의 핵심이다.[20] 눈치로 상대방의 의중을 알아 낼 수는 있다. 상대방의 깊은 속내까지 파악한 것은 아니다. 통찰력이 눈치가 아니다. 눈치는 얕은 분별력일 뿐이다. 의식소통은 사람의 마음을 아는 것에 그치는 것이 아니다. 마음을 얻는 것이 의식소통이다. 동행의 의지 표명이다.

사람들 사이에 전개되는 소통이 요구하는 것은 어느 장면에서나 동일하다. 신뢰를 요구하기 때문이다. 신뢰로 커 가는 것이 소통이다. 신뢰가 소거되면 진실은 묻혀 버린다. 소통은 소생할 수가 없다. 의식소통 역시 마찬가지다. 신뢰로 시작되고 신뢰로 결실을 맺기 때문이다. 신뢰에는 진정성이 깃들어야 한다. 소통하려면 진정성부터 선행되어야 하는 이유다. 진정성이 드러나려면, 의사 표현이 잘못되었을 때 즉시 사과해야 한다. 진정성은 바로 자기가 자신의 정직함을 보여 주는 장면이다.[21] 자기만큼 자기가 한 짓을 정확히 알고 있는 사람은 없기 때문이다. 진정성의 여부가 가장 현격하게 드러나는 장면이 바로 사과(謝過)다. 상대방의 마음을 달래는 '사과'가 '사과'답지 못하면 썩은 사과거나 독이 든 사과일 뿐이다. 상처 난, 흠집 난, 사악한 의

도가 담긴 사과로써는 진정성이 드러날 수 없다. 진정성이 소거되면 그 어떤 소통도 이미 끝난 것이다. 그로부터 관계 회복이나 행복감을 갖는 것도 물건너 간 것이나 다름없다.

　행복하려면 행복이라는 말에 집착하지 말고, 서로가 관계하며 소통할 줄 알아야 한다. 소통은 사람들에게 긍정적인 감정을 갖게 만들어 주기 때문이다. 미국 하버드 대학교에서 평생 동안 행복의 조건을 연구해 온 베일런트(Teorge Vaillant) 박사는 『행복의 완성』이라는 책에서 행복에 대한 결론을 내린다. 행복에 대해 새롭게 밝혀진 결정적인 사실은 행복 자체가 잘못된 단어라는 점이다. 베일런트 교수는 "행복이라는 단어 그 자체보다는 감성 지능, 관계, 즐거움, 연줄이 닿는 사람, 회복력, 소통 같은 단어와 긍정적인 감성들이 행복에 더 걸맞은 표현"이라고 말한다. 사랑, 용서, 희망, 기쁨, 연민, 믿음, 경외, 그리고 소통과 같은 긍정적 감정이 마음에 깃들기 시작하면 사람은 저절로 행복감에 쌓이게 된다. 무의미한 삶을 살던 사람에게 삶의 생기를 되찾게 만드는 것도 행복이라는 단어가 아니라, 행복에 젖어들게 만드는 긍정적인 감정이었기 때문이다. 구제 불능으로 보이기만 하던 사람이 성숙한 인간으로 거듭나게 만드는 것도 행복이라는 낱말이 아니라, 행복감을 자아나게 만드는 긍정적인 감정이었다. 긍정적인 감정을 갖게 되면 삶에서 기적이 일어나게 되고, 그 기적들을 바로 행복이라고 부르는 것이다. 그래서 그는 말한다. 행복해지려면, 행복을 완성하려면 '어떻게 행복해 지는가'라고 물으며 그것을 찾느라고 시간을 허비할 것이 아니라고 말한다. 대신 '무엇이 행복을 만드는가'를 묻고 되물으며 사람들과 소통할 수 있는 행복한 감정에 감싸여야 한다고 주장한다.[22]

　그와 같은 대학교, 다른 연구실에서 행복의 특권을 연구한 손 아처(Shawn Archor) 교수 역시 비슷한 결론에 도달한다. 그는 상담 심리실에서 대학생들이 겪는 일상적인 어려움에 귀를 기울이면서 행복하면 사람들은 무엇을 얻을 수 있는지를 알아냈다. 일반론이기는 해도, 사람들이 아무리 노력해도 자신이 처한 환경을 마음대로 바꾸거나 처분하기는 쉽지 않다. 그렇다고 환경을 대하는 자신의 태도마저 바꿀 수 없는 것은 아니다. 환경적인 요인을 좌지우지할 수는 없어도, 세상에 대한 자신의 인식이나 태도를 바꿀 수 있다. 태도의 변화는 환경 인식에 대한 제대로 된 선택으로 가능하기 때문이라는 것이다. 자기가 처한 환경에 대해 고통, 부정성, 스트레스, 불안과 같은 부정적인 형태로 자신의 태도를 끌짓거나, 그렇게 부정적인 인식으로 자신의 감정 에너지를 소모하지 말라는 것이다. 그 대신 감사, 희망, 유연성, 낙관, 의미 만들어 내기와 같은 긍정적인 형태, 긍정적인 자세로 자신이 처한 환경을 재해석하라는 것이다. 환경에 대한 긍정적인 에너지 방출이 바로 행복을 만들어 내기 때문이다. 행복이란 외부에서 강요하는 고난과 어려움을 요리조리 회피해 나갈 때 생기는 희열이나 노력이 아니다. 행복은 자기가 처한 주변이나 문제해결에 있어서 자신의 긍정적인 에너지를 방출하고 자신의 태도를 긍정적으로 변화시켜 나감으로써 주변 환경을 조금씩 변화시켜 나가는 과정에서 얻게 되는 긍정적인 느낌일 뿐이기 때문이다.

자신이 처한 환경을 긍정적으로 대하거나 변화시키는 일에 집중하면, 일반적으로 세 가지 결과물이 생겨남을 알 수 있다. 그 첫째는 안정됨으로서의 편안함, 둘째는 감사하는 마음, 마지막으로 낙관주의를 얻어 낸다. 이런 세 가지 선물을 우리는 '행복'이라고 말할 수 있다. 행복해지면 사람들은 더 좋은 기분을 느끼게 되고, 자신감을 얻게 되며, 하는 일에 성취감과 경쟁력까지 얻게 된다. 다른 사람들과의 소통의 여백과 소통의 능력이 높아진다.

행복한 감정에 쌓여 소통의 여백이 넓은 사람일수록 자기 자신에 대한 내적 제어력도 높게 마련이다. 내적 통제능력이 강한 사람일수록 행복한 감정을 더 자주 경험한다. 일상생활이나 업무 수행에서 더 나은 성과, 더 높은 직업 만족감을 올리기 때문이다. 강력한 자기 제어능력은 사람들에게 일터에서 스트레스 지수와 이직률을 낮추는 대신 소속에 대한 열정과 강력한 귀속감을 높여 준다. 바람직한 인간관계를 이끌어 가는 사람일수록 자기에 대한 내적 제어능력이 뛰어난 사람들이다. 좋은 내적 통제가 강한 사람들은 인간관계도 잘 이끌어 나간다.[23]

의식소통은 말로만 가능한 것이 아니다. 몸, 육체, 느낌으로도 가능하다. 사람들 사이의 살갗 소통은 그 어느 소통보다도 격정적이며 행복한 감정에 빠져들게 만들어 준다.[24] 소위 살갗 소통에는 격한 호흡이 따라붙기 때문이다. 스킨십 같은 것이 바로 그런 것의 대표적인 사례다. 예술계에서 일하는 사람들에게 흔하게 발견되는 의식소통의 방식이다. 예들 들어, 실존주의 사상가인 사르트르(Jean Paul Sartre)와 여류 문학자 보부아르(Simone de Beauvoir) 사이에 일어났던 의식소통의 관계가 바로 살갗을 전복함으로써 만들어 낸 소통의 관계다. 살갗이 서로에게 닿는 한 불통은 제거되지만, 그것만으로 소통의 완성을 말하는 것은 아니다. 보부아르는 사르트르에게 영원한 지성적 동반자였다. "(그와) 나 사이에는 항상 말이 있었어요." 서로가 말은 주고 받았지만, 불통이 연속되기도 했다는 속내였다.

그들 사이에는 친절하고 자상한 언어가 있었기에 서로가 통할 수 있었던 것만은 아니었다. 들어 주기에 그들은 서로가 되었다. 보부아르는 사르트르의 이야기를 들어 주는 사람이었다. 보부아르의 귀는 늘 사르트르의 동행이었다. 서로가 연인이었다. 서로가 상대방의 귀와 입을 믿고 있었다. 그들은 영원한 동무였다. 그들의 마음은 부차적이었다. 몸이 우선했다. 들어 줄 믿을 만한 귀와 말해 줄 입이 있었다. 그들은 소통했다.

의식소통은 일상적인 언어 관계를 초월한다. 동무 관계에서 풍기는 그런 의미가 가득하기 마련이다. 동무의 관계는 스승과, 친구, 그리고 연인의 관계로 번지기도 한다. 함께 걸어가야 할 동행의 관계는 동무 관계를 포섭한다. 스승, 친구, 연인, 동무 모두는 서로에게 말이 통하는 관계다. 말이 실어 나르는 사상성의 강도는 그리 중요하지 않다. 동무들은 시시한 말도 개의치 않는다. 의미심장한 말만 나누는 것이 아니기 때문이다. 통하기만 하면 되는 일이다. '말이 통하는 지적 반려의 관계'가 동무의 관계다. 연인들은 말로만 소통하지 않는다. 거리에 따라 소통이 달라지는 것도 아니다. 거리에 관계 없이 소통은 일어난다.

연인과 동무는 멀리서 그리워하다가 하나로 겹쳐지는 관계다. 서로 다른 마음도 그렇게 하나의 원으로 겹쳐질 수 있다. 실존 철학자 사르트르를 바라보며 그저 듣기만 해도 좋았던 여류 사상가 보부아르에게 그런 일이 있었다. 그녀는 담담하게 "연인의 살이 고기(肉)로 느껴질 때에도, 그 고기를 다시 살로 되돌리는 법은 오직 말 밖에 없다."고 말했다. 소통의 아름다움은 소통하려는 그 의지에서 나타난다. 소통 그 자체는 그리 주요하지 않을 수 있다. 보부아르도 나이를 먹었다. 사르트르의 몸도 여지없이 세월 따라 늙어 갔다. 더 이상의 살은 무의미했다.

두 사람은 일반적으로 말하는 그런 속된 살갗의 연인 관계는 아니었기에, 서로는 언젠가 서로의 관계를 결별하기로 한다. 그들은 기꺼이 동의한다. '말이 통하는 지적 반려 관계'가 바로 그들의 관계였기에 저들은 기꺼이 함께 할 수도 있고, 떨어질 수 있음에 대해 동의한다. 동무 관계는 그렇게 의식을 주고, 그리고 받는 소통의 관계다. 보부아르는 여인의 살을 탐하는 사르트르를 한편으로 용납한다. 용납할 수 없는 것이 있었다. 그의 곁에서 '지적 반려자'의 지위는 결코 내놓지 않았다. 사르트르가 그녀에게는 입이었기 때문이다. 보부아르는 그에게 성실한 귀로, 소통의 반려자로 남고 싶었을 뿐이다.

사르트르와 보부아르 간의 이성 동무 이야기는 이미 고대 사회에서도 어김없이 일어났던 일이었다. 예를 들어, 히파티아(Hypatia)[25]는 고대 이집트에서는 당대의 수학자였다. 학문적·정신적 공동체를 이끌며 금욕과 순결을 실천했던 여류학자였다. 그녀에게 한 제자가 사랑에 빠졌다. 그가 그녀에게 다가갔다. 견딜 수 없어 사랑을 고백했다. 그녀는 제자에게 자신의 생리대를 보여 주었다. 담백하게 말했다. "자네가 진정 사랑하는 것이 바로 이것이라네."라고 말해 줌으로써 그를 단박에 일깨워 줬다. 히피아는 그 제자와 영원한 동무로 남았었다.

동무가 아닌 것, 아니면 '동무일 수 없는 것'은 아무것도 없다. 서로가 어떻게 가벼워질 수 있는가를 마음먹으면 된다. 의식소통은 어느 하나에 치우지지 않는 것이다. 중용적이라고 볼 수 있다. 이때 말하는 중용(中庸)은 단순히 어느 한쪽으로 치우치거나 편파적인 것을 거부하는 일만을 상징하지 않는다. 다석 류영모 선생의 용어로 말하면 줄곧 뚫린 상태가 중용의 관계를 말한다.[26] 중용하면 편벽하지 않게 되는 것이다. 줄곧 터 있어야, 뚫려 있어야 이을 수 있고, 이를 수 있어야 길이 보인다. 그 길이 바로 도(道)인데, 이때의 도는 바로 얼을 말한다. 얼을 제대로 닦게 하는 일이 교(教)다. 교라는 것은 가르친다기보다는 수행하며 깨우친다는 뜻이다.

의식소통은 어느 한쪽에 기울지 않으며 자신의 중심축을 바로 잡고 상대방에 경청하는 일이다. 중심 잡고 경청하는 일이 의식소통이다. 자신의 허물을 닦아 내며 타인에게 나의 마음을 읽도록 만드는 일이다. 독일 당대의 여류학자인 한나 아렌트(Hannah Arendt)가 보여 준 하이데거(Martin Heidegger)에 대한 사랑 역시 바로 의식소통의 징표였다. 아렌트는 하이데거에게는 영원한 의식소통의 동무였다. 하이데거는 독일 당대의 지성인이었다. 그는 권력에 기울어져, '히틀러의 손'을 멋진 손으로까지 예찬했던 당대의 사상가였다. 일상을 살아가는 삶들에게 그의 이상한 정치적 행동이 무엇을 의미하는지는 알 수 없는 노릇이었다. 그를 사랑했던 아렌트에게도 그는 그랬던 남자였다. 그녀는 히틀러를 치열하게 비판했다. '전체주의'를 싸잡아 비난했다. 하이데거는 자신의 지적 여정에서 상극의 존재였을 뿐이었지만 그를 잊지 못했다. 그를 그녀의 의식 속에서 청산하지 않았다. 그녀에게 하이데거는 영원한 '지적 반려자'였기 때문이다.

크레이스너(Lee Krasner)는 뛰어난 화가는 아니었다. 유명하지 않은 작품에 비해 그녀는 널리 알려진 미인이었다. 그런 그녀는 우연히 팸플릿에서 잭슨 폴락의 그림을 보고, 이내 그의 작품에 빠져 버린다. 단박에 그를 찾아간다. 마음이 앞섰기에 무작정이었다. 그녀는 그의 화실에서 잭슨 폴락(Paul Jackson Pollock)에게 숨어 있던 천재성을 찾아낸다. 크레이스너는 폴락이 안정적으로 그림을 그릴 수 있도록 조력한다. 재력으로나 정신적으로 그가 알코올 중독에서 벗어나게도 만든다. 그녀는 그의 그림을 미술계에 소개한다. 쉬운 일이 아니었지만, 마침내 그녀는 미술계에서 막강한 영향력을 행사하고 있던 페기 구겐하임(P. Guggenheim)을 만난다. 폴락의 그림이 세계적으로 소개되는 순간이었다. 잭슨 폴락은 크레이스너와 차분하게 이야기를 주고, 그리고 받을 수 있는 그런 화가이자 남자는 아니었다. 그는 그녀의 몸만 탐했지만, 두 사람 사이의 긴 소통의 이야기만큼은 아름다운 열정으로 남았다.

공부 기계로 자랐던 영국의 자유사상가 밀(John Stuart Mills)도 마찬가지였다. 그는 심한 우울증에 시달린 적이 한두 번이 아니었다. 스스로 구제불능의 인간이라고까지 생각한 적이 있을 정도였다. 그랬던 그를 온전한 사랑으로 감싸 주었던 사람은 테일러(Taylor) 부인이었다. 자신의 재기와 모성애로 그의 상처를 감싸 주었다. 당대의 문필력을 자랑했던 볼테르(Voltaire) 역시 예외가 아니었다. 그의 지성에 불을 지르며 화들짝 놀라게 만든 여인은 샤틀레(Emilie du Chatelet) 부인이었다. 그녀의 지성적 수월성은 볼테르를 단숨에 사로잡았다. 서로에게 더 이상의 긴 말은 필요 없었다. 저들의 관계는 그렇고 그런 일상적인 인간관계가 아니었기 때문이다. 모두가 삶을 위한 동무의 길이었다. 동무로서 사상적 한길로 동행했었던 의식소통의 반려자들이었다.

전복적 사유의 달인으로 알려진 발터 벤야민(Walter Benjamin)도 예외가 아니었다. 그는 '유격전으로서의 글쓰기'에도 달인이었으며, 글쓰기의 표본과 같은 사상가였다. 그의 곁에는 늘 아름다운 여인 라시스(Asja Lacis)가 있었다. 라시스는 벤야민을 매몰차게 몰아붙이곤 했다. 그녀는 그에게 책만 파지 말라고도 다그쳤다. 혁명의 구체적 실천에 뛰어들어야만 비로소 사유가 완성된다고 닦아세웠던 그녀였다. 그녀는 연인이었던 벤야민에게 키스 한 번을 허락하지 않았던 동무였다. 벤야민이 사랑하는 일에 서툴렀기 때문만은 아니었다. 소통의 방식이 남달랐던 것이다. 라시스에게 벤야민은 자기의 사상을 의식소통으로 키워 나가고 싶었던 사유의 동무였기 때문이다.

동무들 사이의 사연은 유행가의 가사 속 그 사연을 닮는 경우가 더 흔하다.[27] 인간이 바라는 욕망의 양태가 한 종류일 수도 없다. 욕망은 중독성이 강하다. 중독은 모두가 엇비슷하다. 음악에 빠지거나 약물에 빠지거나 술에 취했을 때도 마찬가지다. 인간의 뇌가 보여 주는 양태는 모두가 엇비슷하기 때문이다. 물론 중독의 경로는 다르다. 중독의 농도도 같지 않다. 바흐의 음악에 빠졌을 때와 알코올에 빠졌을 때 얻는 주관적 체험은 다르다. 약물 중독이 과하면 죽음에 이른다. 약물 중독으로 얻어 내는 쾌감은 언제나 일탈적이며 변칙적이기 때문이다. 쾌락이 인간에게 던지는 경고인 셈이다.

음악에 중독되었다고 죽음으로 이어지지는 않는다. 음악에의 중독은 긍정적인 중

독일 뿐이다. 효과의 관점에서 본다면, 음악 중독은 중독이라고 말할 수 없다. 약물 중독이 음악이나 운동 중독 같은 것 보다 부정적이다. 약물 중독은 즉각적이다. 그 효과가 약물 투여 직후 즉각 나타나기 때문이다. 피하주사 효과와 엇비슷하다. 효력도 효과도 즉시적이다. 경제적 효용이 상당이 높은 셈이다. 독서나 음악에 중독되었다면 사정은 달라진다. 중독의 효과가 결코 즉각적일 수 없기 때문이다. 중독을 위한 투자와 나타나는 중독의 효과 간에 상관성이 적다. 경제적 효용성이 높지 않다. 중독이라는 용어는 같지만 음악 중독과 약물 중독은 속성이 서로 다르다. 음악 중독자들은 알코올 중독자처럼 자신의 몸을 흐느적거릴 느슨함을 갖지 못한다. 눈동자가 풀리지도 않는다. 기분도 약물 중독과는 다르다. 편안하다. 여유도 생긴다. 쾌감이 다르다.

　음악에 취하면 마음에 취한다. 마음이 가라앉기 위해서는 쾌락에 이르기 위해 우회한다. 쾌락이 우회적인 것은 아니다. 쾌락에 이르는 과정이 우회적일 뿐이다. 쾌락과 즐거움, 마음의 여백은 예찬의 힘을 지닌다. 생명에 대한 예찬의 감각이 뛰어나게 된다. 새로운 것은 창조하게 한다. 문화와 예술은 그런 경로를 거쳐 만들어진 것이다. 인간은 쾌락을 얻기 위해 고통을 먼저 배우도록 되어 있다. 쾌락을 얻기 위해 치러야 될 대가도 만만치 않다. 즉각적인 쾌락을 얻으려고 할수록 대가는 엄청났다. 방법 역시 극단적이다. 사냥이 그랬고, 전쟁도 그렇다. 전쟁은 원시인의 사냥 관습이 발전한 모습이다. 전쟁을 통해 인간은 우선적으로 쾌락을 취한다. 사냥도 그렇고, 전쟁도 그렇지만 그 속에 소통은 없다. 소통 대신 고통이 자리를 잡는다. 한 사람의 고통이 상대방에게는 쾌락이 되었을 뿐이다.

　잘못된 욕망에서 벗어나는 일은 자기 실현을 위한 첫걸음이다. 내게 있는 욕망은 타인에게도 마찬가지다. 인간의 욕망이 서로 만나면 윤리의 문제가 대두된다. 잘못된 욕망의 마찰을 중재할 잣대가 윤리다. 인간은 타인과의 관계를 의식한다. 관계를 조절하기 위해 자신의 욕망을 적절하게 조절한다. 관계가 욕망의 조절이기에, 욕망은 끝내 '어떻게 살아야 하는가'라는 윤리의 문제로 판가름난다. 나의 욕망은 타자의 욕망과 긴장한다. 긴장 관계가 바로 너와 나의 지금 관계다. 긴장 관계는 내 마음대로 조절할 수 있는 것이 아니다. 나를 향한 타자의 욕망이 그와 나의 관계이기 때문이다.

　내 욕망만을 먼저 취하지 않는 자제된 행동을 윤리적인 행동이라고 부른다. 필요에 따라 욕망을 억제하고 조절하는 일이 윤리적이라는 말이다. 윤리의 시작은 배움이다. 자기가 욕망할 수 있는 범위를 제 스스로 알아차리는 일이 윤리다. 타인의 욕망을 존중하는 일이 윤리다. 의식소통은 욕망의 조절과 불가분의 관계에 서 있다. 의식소통은 '욕망의 윤리학' 안에서 작동한다. 일방적인 욕망은 소통을 저해한다. 타자의 욕망과 부딪치면서 자신의 욕망을 억제하는 일이 소통이다. 욕망의 좌절이 소통을 방해하기도 한다. 욕망의 허점은 조종할 수 없는 타인과 대면할 때 여지없이 드러난다. 욕망할 수 없는 것을 욕망해야 하기 때문이다. 자기의 욕망과 타인의 욕망 사이에서 갈등하는 경험이 없으면 인생의 지혜도 탐하기 어렵다.

　의식소통은 공자가 말한 종심소욕 불유거(從心所欲 不踰矩)의 그것의 심리적인 효과와 일맥상통한다. 마음이 하고자 하는 대로 쫓아도 윤리적인 규범에서 벗어나지 않는 것이 바로 소통에 대한 규범이다. 절제된 욕망 안에서 이탈하지 않기 때문에 윤리가 성립한다. 원하는 대로 살아도 규범을 어기지 않으면, 내 삶의 승리다. 타인이 더 이상 내게 문제될 이유가 없기 때문이다. 자기와 타자에 대한 파괴적인 감정이 생길 리도 없다. 필요 이상의 충동이 일어날 이유가 없다.

　종심소욕 불유거를 내세웠던 공자(孔子) 역시 인간이었다. 감정을 갖고 살던 사람이었을 뿐이다. '완성된 성인'으로 태어났던 것이 아니라 인간으로 태어난 사람이었을 뿐이다. 그 역시 그의 마음이 하고자 하는 대로 따랐던 사람이었던 그가 성인으로 추앙받고 있다. 욕망에 굴복하지 않았었기 때문이다. 부정적인 충동이나 욕망에 쉽사리 마음을 내어 주지 않았던 그는 욕망을 자기 마음 안으로 집어넣었다. 욕망을 긍정적으로 다스렸다. 다스림이 그에게는 윤리였기 때문이다. 다스림의 배움이 그에게 윤리의 틀을 만들어 준 것이다.

　소통은 타인과의 관계에 개입되는 욕망의 다스림이기도 하다. 다스릴 줄 알면 종심소욕 불유거의 틀도 생기기 때문이다. 윤리적인 규범에서 벗어나지 않게 자유롭게 행동하는 것이 타인에 대한 배려다. 의식이 서로 소통한다는 것은 서로에게 서로가 배려된다는 뜻이다. 공자가 말한 종심소욕 불유거는 평상심에 대한 배움을 강조한다. 평상심을 되찾는 것이 의식소통의 시작이다.

의식소통의 시작이 바로 평상심에서 비롯된다는 점을 모기 겐이치로 교수는 뇌 신경학적으로 설명한다.[28] 그는 말한다. 부정적인 충동이나 욕망에 쉽게 굴복하지 않게끔 뇌를 훈련하는 것이야말로 욕망이 폭주하는 사회에서 벗어나는 지름길이라고 말한다. 욕망을 제어하는 배움으로 인간의 뇌가 변하게 해야 한다는 것이 그의 주장이다.

인간이 아무리 잘난 척해도 소용없는 노릇이다. 그가 어떤 인간인지 금방 알려지기 때문이다. 누구든 인간은 의식을 갖는다. 의식이 있는 한 타인이 하는 일에 마음을 먼저 두기 마련이다. '나'의 마음과 '타자'의 마음은 서로 거울로 비친다. 그가 내 모습을 반영하는 거울이고, 내가 그의 모습을 비추는 거울이다. 인간은 타자와의 관계를 통해 자아를 발달시킨다. 그렇게 발달된 자아를 인격이라고 부른다. 인격 형성에서 자기와 타자의 욕망들이 유기적으로 얽힌다. 삶은 관계망의 관계들이다. 태어나자마자 모자 관계에서 시작되는 나의 관계망은 연인 관계로 이어지고 상사와도 이어진다.

모든 관계는 내가 중심이 되는 관계다. '모든 관계에는 나의 뇌가 지배한다. 뇌의 욕망이 관계의 역학을 만들어 낸다. 이것을 차단하는 종심소욕 불유거는 다양한 관계 욕망에 대한 다스림을 말한다. 결코 쉬운 일이 아니다. 뇌 과학의 관점에서 말하면, 종심소욕 불유거라는 말은 삼매 상태에서 가능한 경지다. 적절한 자극이 뇌에 가해져 신경전달물질인 도파민이나 세로토닌이 최대로 방출되어 있는 상태를 말하기 때문이다. 뇌에 세로토닌이나 도파민이 최대한 방출되면 이기심은 줄어든다. 이기적인 욕망은 사라진 후 배려가 솟아오른다.

인간의 뇌가 움직이기 위해서는 뇌를 움직이도록 동기를 부여하는 강력한 자극이 필요하다. 뇌를 움직이는 힘을 살리지 않고서는 타인에 대한 배려가 가능하지 않게 된다. 종심소욕 불유거는 인간의 뇌를 스스로 강력하게 다스렸다는 말이 된다. 타인에 대한 배려, 말하자면 타인을 위한 윤리에는 정답이 없다. 객관식 시험처럼 한 가지 정해진 정답은 없기 때문이다. 해답이 없는 것이 아니라 정답이 없을 뿐이다. 해답을 얻는 길은 생각해 내야 한다. 타인에 대해 끊임없이 나 홀로 생각해야 한다. 뇌를 훈련해야 한다. 뇌를 다스릴 수 있어야 그것이 가능하다.

　욕망 앞에서 인간은 나약하다. 욕망의 헛됨을 깨달으면 내가 먼저 자각한다. 자각이 앞서면 욕망과 진지하게 만날 수 있다. 욕망을 다스리면 남의 말에 귀를 기울이게 된다. 공자의 고뇌는 바로 욕망을 다스리는 일에 있었다. 귀를 기울이는 것이 자기 다스림의 시작이기 때문이었다. 귀를 기울이는 것이 윤리의 핵심이라는 점이었다. 의식이 소통하는 것은 귀를 기울이고 귀를 여는 문제다. 소통하면 욕망의 질곡에서 벗어날 수 있다. 욕망을 실어 나르는 수단인 뇌도 추스를 수 있다. 의식소통은 욕망에 대한 자기 다스림과 무관하지 않기 때문이다.

　2. "장례식은 참 아름답고 사람의 마음을 편안하게 해 줍니다. 게다가 장례식에 오면 제가 지금 여기서 당신을 만난 것처럼 새로운 망자들을 만날 수 있어요. 고인이 되신 분들은 거의 대부분 자신의 장례식에 참석합니다. 물론 시신으로뿐 아니라 혼령의 모습으로 말입니다. 인간은 누구나 이기적인 존재라서 자기와 관련된 행사에 빠지는 걸 좋아하지 않습니다. 뭐, 충분히 이해할 만한 당연한 일 아닙니까?" – 아르토 파실린나[29]

　"아무리 멀리 떨어져 있어도 같은 생각을 하고 있다면 그건 같이 있는 것이나 다름없는 거야." – 영화 '해피 투게더'에서 주인공들의 대화[30]

　"사람을 꿈꾸게 하는 것은 기쁨이 아니라 아픔이다. 아름다움의 원래 모습은 바로 아픔이다." – 이철환.[31]

　소통이란 단어에서 소(疏)와 통(通)은 분리되어 있지만, 서로 떨어져 있는 각각의 단어가 하나가 될 때 그 힘은 막강해지기 마련이다. 소(疏)라는 말은 트임을 지칭하고, 통(通)이라는 말도 트임을 의미한다. 소와 통 두 단어는 처음부터 별개로 출발해서 하나가 된다. 두 개가 같이 출발해도, 소는 되고 통이 되지 않을 수도 있다. 소 없이 통이 가능한 경우도 있지만, 모두 트이려면, 소와 통은 동행해야 한다. 소하고 통해야 소통이 된다. 소통에서 중요한 것은 소와 통의 효율성이다. 소와 통의 온전성이나 완전성은 처음부터 가능하지 않다. 언어교통도 마찬가지다. 소통에 대한 온전성은 처음부터 가능하지 않다. 소통의 완전성은 어떤 경우이든 거의 불능하다.

　소통에 대해 많은 기대를 거는 것은 소통이 지닌 여백 때문이다. 마음의 여백이 커지면, 미움이나 오해도 줄어든다. 마음의 여백이 큰 사람은 보자기 같은 사람이기 때문이다. 보자기는 모든 물건에 맞추어 자신의 용도를 조절한다. 가방은 자기 모양에 맞추어 물건을 담아내지만, 보자기는 상대의 모양에 맞추어 자신의 양태를 바꾼다. 보자기 같은 사람은 성현(聖賢) 중의 한 사람인 맹자(孟子)가 일상생활에서 보여준 것처럼 자기 자신을 달래기 위해 가슴에 '군자 유종신지우 무일조지환(君子 有終身之憂 無一朝之患)'이라는 말을 담고 살기 마련이다. 『맹자』의 이루하(離婁下) 편을 읽어보면, 사람이 된 사람으로서의 군자는 하나의 의문을 갖고 그 의문을 풀기 위해 평생을 살아가는 사람이다. 되먹지 못한 사람은 그저 하루짜리 걱정, 불만, 근심으로 전전긍긍하면서 한평생을 살아가곤 한다. 그의 가르침에 탄복하는 이유다. 사람으로 살아가는 것보다는 어떤 인격으로 살아가야 하는지를 가르쳐 주는 대목이기 때문이다.

　소통 부재, 불통으로 뒤덮여 버린 지금과 같은 이 세상에서 한평생 지녀야 할 큰 의문을 꼽으라고 한다면, 나는 사람에 대한 미움 문제를 꼽게 된다. 한 사람에게 미움을 갖지 않기란 그리 쉽지 않다. 매일을 사는 것이 바로 사람들 사이의 부대낌이나 마찬가지이기 때문이다. 서로 의식을 소통하기만 한다면, 서로에 대한 미움도 줄어들 것이다.[32] 그가 혹은 그녀가 내게 그렇게 했던 것은, 바로 그래서 그랬었구나 하는 여유와 배려가 동시에 이뤄질 것이기 때문이다.

　소통은 살다보면 생기는 난맥적인(亂脈) 상황을 극복하는 일이기도 하다. 예를 들어, 자전거로 아프리카 모잠비크를 일주 여행한 한국인 여행 칼럼니스트는 소통의 난맥성을 드러낸다. 그는 수백 킬로미터의 사막을 자전거로 건넜다. 있는 힘을 다해 사막을 건넜다. 지칠 대로 지쳤다. 배고픔이 엄습했다. 그는 어느 마을의 조그만 가게에 도달한다. 급한 김에 과자 한 봉지를 들었다. 갖고 있던 지폐는 저들이 쉽게 구경할 수 없었던 큰 액수의 돈뿐이었다. 그저 150원짜리 과자 한 봉지를 들었다. 주인에게 만 원을 내밀었다. 급한 김에 과자를 꺼내 한두 개 먹었다. 그러면서 거스름돈을 기다렸다. 가게 주인은 소식이 없었다. 거스름돈을 줄 생각을 하지 않는 것 같아 보였다. 무슨 영문인지를 알 수 없었다. 그는 잔돈을 떼이는 것 같은 기분이 들었다. 가게 주인을 의심한다. 그러기엔 너무 상황이 맞지 않았다. 처음 시선을 마주했을 때 보였던 선한 가게 주인의 표정 때문이었다. 그는 궁금해 안을 들여다본다. 당황스러운 장면이 눈에 다가온다. 가게 주인은 이미 마음의 평정을 잃고 있었기 때문이다. 아뿔싸! 그 가게 주인은 아직도 잔돈을 계산하고 있는 중이었다.

그가 나중에 안 일이었다. 마을의 이장이 말했다. "이 문제의 발단이 당신 때문이라는 생각은 해 본 적 없나요? 우린 금전 부분에서 문제없이 아주 잘 지내왔고, 지금도 그래요. 그런데 별안간 당신이 나타나서 떡하니 계산이 어려운 큰돈을 주었네요. 보세요. 저 남자는 아까부터 지금까지 고민에 휩싸였군요. 평화를 깨뜨린 원인이 있다면 바로 당신에게서부터 찾아야겠지요……." 그가 내민 큰돈은 정말로 큰돈이었다. 소박하고 고요한 마을에서는 그런 큰돈을 써 본 적도, 거슬러 줘 본 적도 없었다. 그 큰돈이 마음의 평화를 깨트렸다.[33]

소(疎)와 통(通)은 쉽게 하나로 뚫리지 않는다. 뚫어 내는 일도, 합치는 일도 소통에서 의미 있는 일이다. 뚫어 내려면 상황에 대한 관찰과 이해가 먼저 들어차야 한다. 인내와 배려가 스며들어야 한다. 통하기 위한 윤곽을 잡아 내야 하기 때문이다. 서로의 몸과 마음도 소와 통의 결과물이다. 몸끼리 통하지 않으면 불편하다. 그것이 병의 시작이다. 감정도 마찬가지다. 감정들은 서로가 부대껴야 한다. 모난 것이 마모되고 변형되면서 소통의 모습이 드러난다.

소통은 서로 사이에 쌓여진 담을 허물어 버리는 방편이다. 소통은 동행이고, 소통은 담을 허무는 일이다.[34] 소통은 때로는 편파적이기 조차하다. 모든 이를 위한 완벽한 소통은 처음부터 불가능하기 때문이다. 공개적인 소통 역시 쉽지 않다. 디지털을 활용한 소통도 마찬가지다. 끝내 편파적일 뿐이다. 편하기는 하지만 디지털 중심의 소통은 서로 마음에 맞는 사람들 사이의 연결로 끝나곤 한다. 편식되는 소통은 결과적으로 사회 의식의 양극화도 무관하지 않다. 사람이 산다는 것은 그렇게 대단한 일이 아니다. 서로의 부족함을 모으며 알아가는 것이 삶이다. 전보다는 나아질 것이라는 기대를 갖고 사는 것도 삶이다. 사랑을 조금 나누기 시작하면, 삶은 조금 더 나아진다. 동행하기만 하면, 삶은 전보다 한결 아름다워진다. 동행이 어려운 것은 너와 나 사이에 담이 놓여 있기 때문이다. 누가 쌓은 담인지를 따지는 것은 어리석다. 시간이 그렇게 여유롭지 않다. 담은 하루 사이에 만들어지는 것도 아니다. 담을 허무는 것도 쉽지 않다. 모두가 시간이 걸린다. 담이 쌓아지는 데에는 이유가 있다. 담은 제아무리 낮아도 서로를 가로막고 있는 장벽일 뿐이다. 그래도 담은 헐리기 위해 쌓인 것일 뿐이다.

소와 통을 가로막고 있는 담은 사람들 사이에만 쌓이지는 않는다. 내 안에 내가 쌓아 놓은 담도 있다. 나를 더 절망케 만든다. 내가 나와 동행할 수 없게 만들기 때문이다. 소통하려면, 내가 나의 절반(半)을 그리고 그가 그의 절반(半)을 내려놓아야 한다. 절반을 내려놓는 일은 상대방을 그리고 나를 배려하는 일이다. 마치 산타클로스와 루돌프의 관계처럼 한쪽은 썰매를 끌고 다른 쪽은 썰매를 타고 다니는 일만 고집하는 일을 절반만 바꾸는 일이다. 한번쯤은 산타가 썰매를 끌어 보고, 사슴이 썰매를 타 보는 일이다. 그렇게 되면, 서로가 서로의 어려움과 기쁨을 잘 알게 된다. 소통하려면 자기 스스로 자기 자신과 소통부터 할 줄 알아야 한다. 그래야 자신의 절반을 내려놓을 수도, 자기의 절반을 타인에 떼어 줄 수도 있다.

소통에 관해 살아 움직이는 사례가 하나 있다. 1981년에 일어난 일이다. 스티븐 캘러핸(Steven Callahan)이라는 해양 모험가가 있었다. 그는 모든 재산을 들여 소형 범선인 나폴레옹 솔로호를 건조했다. 어린 시절부터 꿈꿔온 대서양 1인 횡단에 나서기 위해서였다. 마침내 항해에 나섰다. 항해 6일째 되던 밤에 고래와 충돌했다. 배가 산산조각이 났다. 난파된 배에서 그는 최소한의 물품만을 챙겼다. 고무보트를 타고 표류하기 시작한다.[35)]

그는 대서양을 네 번이나 횡단했던 전문 항해자였지만, 이번에는 도리가 없었다. 그는 해양 모험가였기도 했지만, 그가 익혔던 기술들이 무용지물이 되었기 때문이다. 선박 설계, 연구, 컨설팅 및 해양 안전을 전문으로 하는 사람이었지만 난파에는 별 수 없었다. 이리저리 표류하는 수밖에는 없었다. 구조되리라는 기대마저 점점 희미해졌다. 무려 76일이나 대서양을 표류하고 있었다. 굶주림과 갈증에 시달렸다. 일초가 바로 그에게는 생명을 건 사투나 마찬가지였다.

사는 것만이 그에게는 유일한 목표였다. 그는 먹이를 찾았다. 수면을 떠다니는 통나무를 따라 무리지어 이동하는 물고기가 보였다. 1.5미터의 몸길이를 갖고 있는 거대한 만새기였다. 그것을 잡아, 날것으로 뜯어먹었다. 그렇게 버텼지만 타들어 가는 목은 어쩔 수 없었다. 태양열 증류기를 이용했다. 바닷물에서 담수를 얻으며 별과 태양의 위치를 가늠했다. 표류는 표류였을 뿐이다. 그래도 그는 생명을 놓지 않았다. 언젠가는 구조될 것이라고 믿었다. 절망의 담이 쌓였지만, 그 절망과 싸웠다. 선박과 비행기가 오갈 항로를 향해 나갔다. 그 길이 맞는 길인지는 몰랐다. 그렇게 믿었을 뿐이다.

구원은 오지 않았다. 구조에 대한 절망감은 더 커졌다. 의지하던 구명선마저 찢어졌다. 바다에 떠 있어야 했다. 생의 희망만큼은 놓지는 않았다. 누군가가 그처럼 표류하고 있을 것이라는 희망이 그를 두드렸다. 그를 구해야 할 사명 같은 것이 생겼다. 또 그렇게 표류했다. 물과 동행하는 수밖에 없었다. 별과 동행하고, 희망과도 동행했다. 자기를 달래며 그는 자기와 끊임없이 소통했다.

표류하면서 그는 이상하게 희열하기 시작했다. 희망하고 있다는 것에 희열을 느꼈다. 삶은 포기할 것을 포기할 줄 아는 일이라는 생각에 이르렀다. 포기를 포기해야 삶이 비로소 살아난다는 것을 그는 마침내 알았다. 포기하니 희망만이 기대였다. 기대는 운과 함께 올 뿐이었다. 기대는 기다림이며, 인내였다. 절망은 희망부터 낚아채기 마련이다. 자기 소통만이 희망에 이르는 길이었다. 구조의 기적이 찾아들었다. 지나가던 어선들이 그를 발견했다. 희망은 끈이었다. 삶에 연결된 끈이 알 수 없는 희망의 끈이었다. 끊어지고 이어지는 끈이었다. 희망은 자기를 구원하는 자기만의 소통이었다. 자기가 우선해야 소통이 시작된다. 표류하던 캘러핸은 자기 소통으로 자신을 구원해 냈던 것이다.

소통방식은 원래 사람마다 제각각 다르기 마련이다. 그래서 사람 간의 소통이라는 것은 처음부터 피상적일 수밖에 없다. 소통하기 위해 지나친 해석은 오히려 금기에 속한다. 100% 가능한 소통은 처음부터 있을 수 없기 때문이다. 사람들은 서로가 해치지 않는 범위 안에서 교통할 뿐이다. 서로의 언어들을 편하게 타고 다니기에, 서로 충돌 없이, 사고 없이 교통만 하면 되는 일이기 때문이다. 마찰이나 사고만 일어나지 않으면 되는 일이다. 각각의 여정에 어려움이 없으면 되는 일이다.

소통의 어려움은 말의 막힘, 대화의 막힘으로 시작된다. 누군가의 간섭은 그것을 더 악화시킨다. 끼어들기는 대화를 어렵게 만들어 놓는다. 자동차들이 별안간 끼어들기 시작하면 운전에 짜증이 나고 마는 그런 이치다. 끼어들기가 소통을 방해한다. 끼어들기는 자기 중심성 때문에 빈번하게 된다. 운전자가 자동차를 몰고 가듯이 자기를 모는 것은 자기다. 자기가 자기 운전자일 뿐이다. 자기 중심성은 모든 사물에 대한 판단이 자기다. 자기가 세상이면 타인은 자기를 돌고 있는 행성일 뿐이다. 그래서 자기 중심성은 자신을 지켜낼 수 있는 일이기도 하다.

사람들이 지닌 전문성은 사람들에게 사실 중심의 직접적인 대화를 요구한다. 소통에서 전문성은 설득하는 사람의 말이 얼마나 사실에 근거하는지에 대한 지표다. 혹은 그의 진술이 어느 정도로 정확한지를 나타내 주기도 한다. 신뢰성은, 설득하는 사람이 믿을 만한 사람인지에 따라 달리 평가된다. 진심으로 자기를 배려해 주는 사람인지를 판단하게 만드는 것이 신뢰성이기 때문이다. 신뢰성은 친밀감과 유사성에 기반을 두고 있다. 사람의 진정성이 드러나는 매개물이기도 하다. 사람들은 타인과의 만남이나 상호작용에서 자기와의 유사성을 더 선호한다. 신뢰와 설득은 유사성—매력(similarity-attraction)의 효과이기도 하다. 성격이 비슷한 사람들을 만나면 자신의 본모습에 더 충실하게 상호 교류하면 되고, 성격이 다른 사람과 만나면 상대방의 성격에 맞춰서 점차적으로 말하고 행동하면 소통이 훨씬 쉬워진다. 대인 관계와 소통은 그렇게 복잡하지 않다. 유사성과 친밀감에 터한 신뢰성이 전문성보다 더 설득력을 갖기 때문이다.[36)]

자기 중심성은 항상 자기편이기에 자기 자신부터 위로하고 감싸게 마련이다. 타인이 자기의 의도를 자기가 아는 그만큼 이해하고 있다고 미리 생각하게 만든다. 상대방이 자기가 원하는 것을 알아챘다고 믿게 만든다. 타인이 자기의 의도대로 따라 줄 것이라고 간주한다. 상대방이 동의하지 않으면 상대방에 대한 오해부터 생긴다. 오해는 이내 분노로 바뀐다. 상대방은 나의 의도까지 알아채야 할 이유가 없다. 내 의지를 그가 따라 주어야 될 이유도 없다. 그것이 삶인데, 자기 중심적인 나는 그것을 늘 생략한다. 나는 언제나 내 편이기 때문이다.

자기 중심성이 만들어 내는 오해에 관한 연구 보고들은 수없이 많다. 미국 예일 대학교에서 심리학을 가르치는 스턴버그(Robert J. Sternberg) 교수가 행했던 자기 중심성 실험은 그중에서도 대표적이다. 그는 실험자들을 두 집단으로 나눴다. 한 집단에게는 손가락으로 책상을 두드리게 했다. 막연한 두드림이 아니라, 당시 유행하는 노래를 손가락으로 두드리면서 하는 연주였다. 다른 집단은 손가락 두드림의 연주를 듣게 했다. 손가락 두드림을 듣고 그 노래의 제목을 알아맞히게 했다.

한쪽 학생들은 최선을 다해 책상을 두드리면서 연주에 몰입했다. 손가락 노래에 몰입했기에 노래 연주에 자신이 있었다. 그들은 자기의 연주를 듣는 학생들이 그 노래가 무슨 노래인지 쉽게 알아 낼 것으로 생각했다. 최소한 90%는 능히 알아 낼 수 있을 것 같았다. 결과는 기대와는 달리 절망적이었다. 자신의 손가락 노래를 듣고 노래 제목을 알아맞힌 사람은 소수였다. 기대했던 90%는 거짓이었다. 9%도 채 되지 못했기 때문이다. 정확하게 노래 제목을 알아맞힌 실험자는 겨우 2.5%에 지나지 않았다. 이유는 간단했다. 손가락 노래에 심취했던 실험자들의 자기 중심성이 화근이었다. 손가락 리듬으로 노래를 한 학생은 자신만만했다. 자기의 노래를 듣는 사람들은 쉽게 답할 수 있다고 지레 짐작했기 때문이다. 자기들 멋대로 생각하고, 자기들 마음대로 추측한 결과였다. 자기 중심성의 문제는 자기 오해에 있음을 알려 주는 대목이다.

사람들은 자기가 의도하고 있는 의도들이 상대방에게 정확하게 전달될 것이라고 생각하곤 한다. 그렇게 생각하는 것은 저들 스스로에게 먼저 편함을 주기 때문이다. 현실은 전혀 그렇지 않다. 자신이 전달하려는 것은 오로지 자기 자신이라는 점에서만 자명할 뿐이다. 다른 사람들은 그렇지 않다. 타인은 내가 아니라 타인이기 때문이다. 저들의 관점은 나의 관점과는 다르기 때문이다. 내가 전하려는 의도는 그 언제나 애매하다. 불확실하다. 그리고 모호할 뿐이다. 전달은 늘 불완전할 뿐이다. 모든 것은 미완으로, 불완전하게 건네질 뿐이다. 소통은 결국 불통인 것이다. 불통이라도 서로가 편하게 소통이라고 긍정할 뿐이다. 자기 중심성은 타인 중심성과 늘 대치한다. 타인에 대한 배려가 소거되면 자기 중심성이 전면에 나서게 된다. 삶은 늘 미완의 소통 속에 놓이게 된다.

자기 중심성은 사람 스스로를 어리석게 만들기도 한다. 인간을 인간 그 이상으로 돌변하게 만드는 것도 자기 중심성이다. 인류 역사를 바꾼 사람들의 대부분이 자기 중심성이 강한 인물들이었다. 자기 중심성이 있기에 모두가 어리석어지기도 한다. 자기 중심성만큼 위대하거나 허망하기도 하다. 자기 중심성이 없다면 사람들의 대화는 무의미할 수도 있다. 자기 중심성이 소통을 방해하기도 하지만, 그것이 바로 소통의 진면목이다. 통하는 것은 원래부터 없기 때문이다. 자기 중심성은 인간관계에서 부정적이다. 자기 중심성이 결여된 현실은 존재하지 않기 때문이다. 자기 중심성은 현실을 만들어 가는 소통의 끈이다. 모두는 그 끈을 잡고 컴컴한 동굴을 벗어나려고 안간힘을 쓰게 마련이다.[37]

　자기 중심성에서 벗어나기를 원한다면 자신에게 먼저 솔직해야 한다. 동시에 소통하려는 상대방을 배려하는 마음이 깃들어 있어야 한다. 자신에게 어떤 유별난 이해관계의 개입도 자제해야 한다. 현실은 그렇게 녹록하지 않기에, 자신에게 솔직하거나 상대방을 배려하는 의사소통은 쉽지 않다. 의도적으로 타인을 속인다는 뜻이 아니다. 정직하다거나 솔직하다는 말은 모두 형용사일 뿐이기 때문이다. 솔직한 대화는 솔직하지 않다. 대화 그 자체가 현재 진행형이기에 미리부터 솔직한 것은 기만이다.

　그래서 사람들과 이야기를 나눌 때, 사람의 면전에 바로 들이대는 직구식의 화법은 위험하다. 조금 둘러서, 너무 명료한 것보다는 조금 머뭇거리는 커브식 화법이 훨씬 상대방을 위하는 일이다. 마치 야구에서 투수가 직구만을 고집하다가 홈런을 맞는 것보다는, 경우에 따라 커브로 타자를 속이듯이 말이다. 한 점과 다른 한 점을 잇는 거리가 가장 짧은 직선만을 고집할 이유가 없다. 직구 대신 커브를 던지는 식의 대화가 바로 상대방에 대한 배려와 정감이 담긴 소통법이다.[38] 커브볼을 던짐으로써 상대방과 정면 대결을 피하듯이 대화에도 에둘러 말하기는 상대방 스스로 나름대로 숨 쉬며, 생각할 여백을 넓혀 주는 배려에 가깝다. 말하는 자기 자신 역시 자신만의 생각을 고집하지 않고, 잠시 성찰해 보는 여유가 바로 커브볼 던지기식의 에둘러 이야기하기에 해당된다. 상대방에게 에둘러 말하는 것은 내 마음의 둥그런 여백과 그 궤적으로 그에게 보여 줌으로써 상대방에게 숨 쉬며 성찰할 수 있는 여유를 마련해 주는 일이다.

　사람 간에 있는 그대로의 정직한 소통, 솔직하거나 직접적인 소통이란 것이 이뤄지기란 그리 쉽지 않다. 소통에는 정직성 같은 단어는 처음부터 불필요하기 때문이다. 설령 그런 것이 있다고 해도 정직한 상황은 오지 않을 수 있다. 상대방의 부족함이나 어리석음을 있는 그대로 지적하면서 통하기가 쉽지 않기 때문이다. 솔직함을 위장한 소통은 비일비재하다. 정직을 가장하는 것 역시 자기 중심성을 보여 주는 일에 지나지 않는다. 100%의 소통은 가능하지 않는 이유는, 자기 중심성이 소통의 과정에 개입하기 때문이다. 자기 중심성에서 보면 통하거나, 통하지 않거나 하는 것은 커다란 의미를 갖지 못한다. 사람들은 자신의 이익을 위해 상대방을 배려해 주는 척하며 살아갈 뿐이기 때문이다.

사람들이 더불어 살아가는 현실은 모순적인 상황의 연속이다. 모순 상황은 다양하다. 열려진 가능성으로 미래를 맞이하게 만든다. 문제 상황에 대한 사회적 인지와 정의가 문제의 성격을 결정한다. 문제 상황의 의미는 문제에 대한 사회적 정의가 만들어 낸다. 문제가 지니고 있는 의미 작용은 결코 중립적일 수 없다. 그런 문제 상황 속에서 서로가 소통한다는 것도 결코 중립적일 수 없다. 완벽한 소통은 거의 불가능하다는 뜻이다.

소통의 정도가 서로 간의 진실성을 알려 주곤 하는데, 그것은 진실하다는 것 그 자체가 정신적인 숙성을 말하는 것이기 때문이다. 소통은 정신적인 숙성의 농도에 따라 달라진다. 정신적으로 성숙해지면 물질적인 욕심을 자제할 수 있다. 명예에 대한 탐도 어느 정도 조절 가능하게 된다. 물질적인 것에는 자제가 가능하다. 물질적인 것에 비해 심리적인 조절은 상대적으로 쉽지 않다. 분노나 화가 그 경우다. 분노와 화는 그렇게 쉽게 통제되지 않는다.

분노하는 것은 자기 통제가 자기 안에서 실패하고 있다는 뜻이다. 화나 분노, 격한 언사는 타인을 구속하기 위한 필사적인 노력이다. 타인에게 자신의 뜻대로 따를 것을 요구하지만 그것은 쉽지 않다. 소통의 노력이 처음부터 피상적이었기 때문이다. 타인에 대한 통제가 어려워지게 되면, 이내 자신의 무기력으로 이어진다. 사람들은 그것을 복구하려고 한다. 완벽한 복구 역시 가능하지 않기에, 사람들은 복구를 위장하려고 한다. 자기 조절의 어려움을 말이나 심한 반응으로 전달하려고 하니, 말이 절제되지 못한다. 내뱉는 소리들이 하나를 이루지 못한다. 소음으로 이어질 뿐이다. 상대방에게 그 어떤 식으로든 자신의 우월성을 드러내려고 한다. 그런 모습만 보여도 성공한 것이지만, 그것은 쉽게 이루어지지 않는다. 분노나 화 혹은 질시는 그렇게 표출된다. 그것 역시 소통이지만, 소통의 불통일 뿐이다.

사람들이 상대방에게 분노할 때, 서로는 신실성(信實性)부터 잃게 된다. 신실성은 옳은 믿음을 지칭하기 때문이다. 서로에게 옳은 것을 보여 주며 익힌 그대로 실천하는 상태가 신실한 상태다. 상대방에게 분노를 표출하는 것은 존중의 상실이다. 상대 방에 대한 존경을 거두는 일이다. 분노를 제대로 다스리는 사람은 말을 자제할 줄 아는 사람이다. 행동을 올곧게 하는 사람이 신실한 사람이다. 신실한 사람들의 사표가 될 만한 사람들은 종교의 역사에 자주 등장한다. 종교사가 신실한 사람들의 순교사이 지만, 김수환 추기경을 기리는 것도 그런 이유다. 이태석 신부를 가슴에 담고 있는 것도 이 신부가 보여 준 인간에 대한 신실성 때문이다.

소통에서 신실성을 드러내는 방법에는 두 가지가 있다. 그 하나는 이신득의(以信得義)의 방법이고, 다른 하나는 이실득의(以實得義)의 방법이다. 이신득의로 소통했던 하나의 역사적인 예로 기독교에서 중요한 인물인 바울과 야고보 간의 의식소통과 의식불통의 사건들을 들 수 있다. 바울은 사람들에게 믿음으로써 뜻을 이루는 소통을 하라고 일렀다. 그는 그를 따르는 무리들에게 말하곤 했다. "사람이 되어서 어찌 화한 번 내지 않겠는가? 분을 삭이지 못하고 화를 낸다고 하더라도 결코 그것으로 죄를 짓지는 말아야 하며, 그 분노는 절대로 하루를 넘기지 말고 그날로 풀어 버려라."고 일렀다. 낸 화를 풀어 버리는 모습이 그 사람의 됨됨이를 보여 준다.

바울은 사람들에게 자신의 언사부터 조심하라고도 일렀다. 상황의 극에 달하는 말은 가능한 삼가고 조심하라고 당부했다. 말로 모든 것을 이루는 것도 아니고 말로 모든 것을 풀어 내는 것도 아니기 때문이다. 소통을 위한 욕심은 끝내 불통으로 끝나기 때문이다. 소통은 처음부터 가능하지 않은 것인데, 극한의 언사로 불통의 골만 더 깊게 만들기 때문이다. "무릇 더러운 말은 너희 입 밖에도 내지 말고 오직 덕을 세우는 데 소용되는 대로 선한 말을 하여 듣는 자들에게 은혜를 끼치라." [39]

덕을 쌓는 데 도움이 되는 언사는 집을 짓는 데 없어서는 안 되는 초석이나 마찬가지다. 예를 들어, 사도 바울은 선교가 '덕을 세우는 일'과 같다고 했다. 그때 덕을 세운다는 말은 영어로 '네세서리 에디피케이션(necessary edification)'을 지칭한다. 영어로 '에디피케이션'이라는 말은 원래 '건물 혹은 집짓기' 같은 것을 의미한다. 그러니까, 덕을 세운다고 말했을 때, 그 덕이라는 말은 집을 짓듯 쌓아가야만 이뤄질 수 있다는 뜻이 된다. 다른 사람을 위해 쌓는 덕은 마치 하나의 건물을 짓듯 초석이 되는 것이어야 한다. 사람이 타인에게 전하는 말도 그렇게 덕이 되는 말이어야 한다는 뜻이다.

사람들이 자신을 위해 짓는 집은 그의 욕망과 무관하게 자기의 살림살이의 규모에 따라 달라진다. 목수는 집을 짓기 원하는 사람의 요구에 따라 짓지만, 집주인의 욕구는 집의 설계도에 반영된다. 집주인의 필요에 따라 집의 규모나 용도가 달라지게 된다. 집주인이 오두막을 원하면, 설계도는 오두막이 된다. 대궐을 지을 수도 있다. 대궐이 오두막보다 덩치는 큰 집이다. 그렇다고 대궐이 오두막보다 더 편한 것만은 아니다. 어떤 건물이든 건물은 그곳에 사는 사람의 살림살이를 위해 편해야 한다. 제대로 쓸 수 있도록 튼튼하고 단단하며 효율적인 집이어야 한다. 소용 닿는 것들이 제대로 배치되게 지은 집이 살림살이에 알맞는 집이다. 다른 이와의 관계에서 쌓는 덕도 그렇게 쌓아 가야 한다. 그런 덕을 쌓아 가는 일이 사람들의 관계를 위해 도움이 된다는 것이 바로 바울의 조언이었다.

바울은 사람과 사람 간의 관계를 그저 편하게 말, 언사의 관계라고 보았다. 사람 간의 관계가 유지되려면, 말을 제대로 구사해야 한다. 말 조심의 관계가 인간 사이에 개입되는 인간관계다. 언사를 조심하는 일이 다른 사람에게 덕을 쌓는 일이다. 인간 예수의 이복동생인 야고보는 이 점에서 바울과는 생각이 상당히 달랐다. 야고보는 바울과는 달리, 실천하고 행함으로써 의(義)를 이루라고 끊임없이 일렀다. 야고보는 이실득의(以實得義)의 소통을 강조했다.[40] 그를 따르는 사람들에게 야고보는 강하게 먼저 실천부터 하라고 일렀다. "내 사랑하는 형제들아 너희가 알거니와 사람마다 듣기는 속히 하고 말하기는 더디며 성내기도 더디하라. 사람이 성내는 것이 하느님의 의를 이루지 못함이라."

야고보는 "우리가 다 실수가 많으니 만일 말에 실수가 없는 자라면 곧 온전한 사람이라 능히 온몸도 굴레 씌우리라. 우리가 말들에 재갈 물리는 것은 우리에게 순종하게 하려고 그 온몸을 제어하는 것이다." "인내를 온전히 이루라 이는 너희로 온전하고 완전하게 하여 조금도 부족함이 없게 하려 함이라.”고도 하였다. 철저하게 불필요하고 거친 말을 조심하고, 옳지 못한 말을 제어함으로써 상대방에게 분노를 일으키지 않도록 하라는 뜻이었다.

사람이 살아가면서 언사를 조절함으로써 의를 이루기는 쉬운 일이 아니다. 학문의 세계에서도 그것은 마찬가지다. 제아무리 동일한 언어와 용어를 사용한다고 하더라도 상황에 따라 언어의 의미가 달라지곤 하기 때문이다. 용어들이 ‘차이와 반복의 체제’ 안에서 주고받기 때문에 어쩔 수 없이 달라져 버리는 상황 탓이다. 같은 단어라고 하더라도 상황에 따라 그 의미가 달라진다. 듣는 경우와 말하는 상황에 따라 서로 다른 의미를 지닌다. 모든 의미는 함축적이다. ‘의미’가 고정되는 상황은 없다. 의미는 상응하기보다는 상충된다. 상충되는 의미 작용 때문에 서로의 위치가 달라진다. 새로운 상황이 설정된다. 의미는 사물에 대한 투명한 반영이 아니다. 모든 의미는 만들어지는 것일 뿐이다. 만들어지는 의미에는 이해 관계가 개입한다. 의미는 세계를 분류한다. 의미는 지칭하는 사물에 대한 용어, 범주, 준거에 따라 서로 달라진다.

소통의 과정은 전문적으로는 사람들 간의 약호화 과정이라고 일컬어진다. 약호화는 기호화(encoding)와 기호 해독(decoding)을 말한다. 소통 이론에서 중요하게 관찰하는 것이 사람들이 주고받는 언사에 대한 기호화와 기호 해독이다. 대화의 과정에서 한 사람은 다른 사람과 소통하는 과정에서 소통의 매체를 갖는다. 말이 바로 그 매체다. 매체가 나와 그 사이의 소통에 개입한다. 매체의 개입이 없는 소통은 없다. 불통의 과정에서도 말이라는 매체는 개입하게 마련이다. 매체를 메시지(message)라고 말하는 이유다. 전언(傳言)이 메시지다.

전언의 방편들과 양태들은 다양하다. 글, 말, 소리, 몸짓, 표현 그 어떤 것도 매체로 쓰일 수 있다. 기호나 숫자, 그림, 소리 역시 전언의 한 형태다. 전언들은 그들 사이에서 일상적으로 이해되는 것들이어야 한다. 서로가 받아들이며 수긍하는 것들이어야 한다. 전언은 약호다. 사람들이 ‘이런 경우에는 이렇게 이해한다.’는 식의 약속이다. 그 약속은 상호 이해가 가능한 것으로 서로가 받아들인 것이다. 예를 들어, 철수가 영이에게 사랑한다는 말을 했다. 더구나 영어(I love you)로 했다. 그 말을 듣는 그녀는 영어를 모른다. 상대방인 철수가 무엇을 말했는지는 안다. 그래도 무엇을 의미하는지는 모른다. 전언을 주고받았음에도 불구하고 서로 간에 소통된 것은 아무것도 없다.

이번에는 철수가 영이에게 수학적인 기호, 즉 2진법을 활용해서 자기의 마음을 표현했다. '1001, 1101, 1101, 1110, 1100, 1111'라고 전했다. 마음에 관한 그 모두가 수학적 기호였다. 영이는 반색하며 다시 철수에게 기호를 보냈다. 철수는 영이의 문자를 읽고 이내 달려 나갔다. 철수의 어머니는 철수와 영이가 무엇을 주고받았는지 알 수 없다. 두 사람은 무언가 주고받았다. 철수 어머니는 저들이 주고받은 이야기를 알 수 없다. 철수와 영이는 서로 소통했기에 어머니가 몰라도 개의치 않는다. 그들은 서로가 알고 있는 어떤 약속을 이해했기에 서로 소통한 것이다. 약속 아래 그들은 서로가 통하는 사이일 뿐이다.

전언에는 서로 지켜야 할 약속을 담는다. 그것을 약호(code)라고 부른다. 기호로 전언을 택했을 때 이 약속은 분명하게 드러난다. 영이가 철수의 전언을 보고 좋아했다. 철수가 보낸 전언을 영이는 국제적인 약속(ASCII Code)에 따라 해석할 수 있었기 때문이다. 약호에 따라 영이는 철수의 전언을 해석했다. 영이에게 철수가 '나는 너를 사랑해(I love you).'라고 말한 것이다. 철수는 2진법이라는 약호를 사용해서 사랑한다는 전언의 기호를 영이에게 약호화(encode)한 것이다. 전언을 받은 영이 역시 약속된 코드에 따라 철수의 전언을 해독(decode)한 것이다.

소통이라는 것은 환원론적으로 말하면 깔끔하게 뚫리는 일을 말한다. 전언의 해독이 100% 완성되는 그 순간이 소통인 셈이다. 발신자는 수신자도 알고 있는 약호에 따라 그의 전언을 약호화한다. 그것을 받는 수신자는 그 전언을 약호에 따라 해독한다. 그 약호와 해독의 과정이 소통이다. 이 약호화와 해독의 과정은 단순하지 않다. 약호화의 과정에 그 어떤 의도가 개입될 수 있다. 사랑이라는 말을 구사했지만, 속으로는 철저하게 싫어한다는 말을 위장해 놓은 것일 수도 있다. 해독의 과정에서도 마찬가지다. 의심 없이 사랑한다고 해석할 수도 있다. 반대로, 미련없다는 말로 다시 꼬아 생각해 볼 수도 있다.

의사소통의 과정은 의미 해석의 과정이다. 이해와 곡해가 난무할 수 있다. 효과적인 소통을 위해서는 서로가 따르는 서로 간의 약속 코드인 약호가 중요하다. 한쪽이 약호를 모르면 소통은 불능에 빠진다. 약호를 일방적으로 무시해도 마찬가지다. 상대방이 원하는 의도를 제대로 이해할 수 없게 된다. 전언의 전달 과정에서 잡음이 빈번하게 개입한다. 메시지의 정확성과 유효성을 감소시키는 요소가 잡음, 즉 노이즈다. 잡음은 이야기 상황에 따라 차이와 반복에 의해 만들어진다.

커뮤니케이션 과정에서 약호화와 해독이 늘 일치하는 법은 없다. 약호화와 기호 해독의 단계를 거치는 동안 그 어떤 의미가 '선호'될 수는 있다. 선호된 의미가 언제나 그대로 받아들일 수는 없다. 기호 해독은 나름대로의 조건을 갖는다. 약호화와 기호 해독 양자 간의 일치는 자동적이 아니다. 그냥 주어지는 것이 아니라 화자들이 만들어 내는 것이다. 의미가 만들어진다는 뜻이다. 해독은 자연적인 것이 아니라 약호화와 해독으로 구분되는 두 계기가 하나로 접합함으로써 생긴 산물이다.

약호화와 기호 해독 간에는 언제나 불일치가 나타난다. 일치되는 것은 화자와 청자 간의 소통 정도가 결정한다. 의식의 소통 정도가 일치의 수준을 결정한다. 의미결정의 수준도 결정한다. 의식이 통하는 사이라면 일치, 불일치는 부차적이다. 불통의 사이에도 그것은 마찬가지의 농도로 나타난다. 약호화와 해독화가 하나의 의미를 만들어 낼 때는 화자와 청자가 소통하고 있을 경우뿐이다. 소통의 과정에서 결정적인 것은 전언이 아니다. 전언은 그 무엇을 의미한다고 해도, 그 무엇도 의미하지 않을 수도 있기 때문이다.

약호화와 기호 해독이 결합하는 정도가 의식소통의 수준을 결정한다. 약호화와 해독이 서로 결합할 수 있는 방식은 다양하다.[41) 청자와 화자 중 그 어느 한쪽이 복종하는 방식이 가능하다. 지배적 의미 규칙으로써의 의사소통이라고 한다. 서로가 타협하는 방식도 가능한데, 그것을 타협적 의미 규칙으로써의 의사소통이라고 부를 수 있다. 강력하게 어느 한쪽이 거부하는 방식도 가능하다. 대항적 의미 규칙으로써의 의사소통이라고 부른다.

그 어느 경우도 소통의 경우이지만, 그 어느 경우 역시 불통의 진면목을 보여 주는 장면이기도 하다. 완벽한 소통은 가능하지 않다는 뜻이다. 소통은 약호화와 기호 해독 간의 합치만을 의미하지 않기 때문이다. 의사소통의 목적에 부합한다는 것은 복종, 타협, 저항 가운데 어느 한 가지를 지칭할 뿐이다. 약호화와 기호 해독의 과정은 의미를 만들어 내는 과정이다. 의미를 만들어 내는 과정은 긴장의 과정이다. 고속도로에서 모든 자동차는 앞으로만 가야 한다. 사고를 내지 않기 위해서다. 사고를 내지 않으려고 노력하는 과정은 긴장의 과정일 뿐이다. 소통의 과정은 자기 긴장 완화의 과정이다. 소통은 자기 조절, 자기 치유의 과정이다.

사람들 사이에 정확한, 그리고 제대로 된 소통이란 처음부터 불가능할 수도 있다. 정확하다는 말이 사실은 확정되거나 정확한 의미를 갖고 있는 것이 아니기 때문이다. 정확하게 전달해야 한다는 당위를 정확한 것으로 받아들일 뿐이다. 정확한 소통이 가능하지 않다는 것은 자연 발생적인 일이다. 소통이 지니고 있는 구조적 한계 때문에 생기는 것이다. 영희가 철수와 사랑에 대해 이야기를 주고받는다고 하자. 사랑에 대한 감정들과 상황들은 여러 가지로 표현된다. 다양한 경로를 통해 전달된다.

철수의 사랑에 대한 확인은 가장 먼저 영희의 뇌 속에서 일어난다. 뇌 속에서 사랑에 관한 것들을 정리해 줘야 한다. 사랑에 관련된 자극들이 신경세포들 사이에서 빈번하게 작용해야 한다. 사랑에 관한 자극들이 전기적 충동으로 전달된다. 사랑과 관련된 전기적 자극이 일어난다. 그것은 아직 미완의 것이다. 사랑에 관한 뇌의 반응이 언어적 진술로 표현되어야 한다. 비언어적인 행동으로 표현되어도 무방하다. 사랑에 대한 강도 역시 서로 다르다.

영희가 철수에게 사랑에 관한 그 어떤 진술을 하지 않아도 상황은 마찬가지다. 침묵도 그 무엇인가를 전달하고 있기 때문이다. 표현이 거세된 사랑이 감정이 없는 것은 아니다. 사랑의 표현이 완벽하다고 해도 영희가 철수로부터 사랑의 감정을 읽어 내지 못할 수 있다. 영희의 머릿속에서 일어나고 있는 모든 과정이 철수의 뇌에서 일 어나고 있는 것과 완벽하게 같은 것이 아니기 때문이다. 사랑에 관한 전기적 자극이 그대로 철수의 뇌에 복원될 수 있는 것도 아니다.

예를 들어, 영희가 느끼고 있는 사랑의 전기적 자극을 L(a+b+c······)로 표시할 수 있다면, 영희의 그 사랑은 철수의 머릿속에 있는 그대로 L(a+b+c······)로 이식될 수는 없다. 영희가 철수에 대해 L(a+b+c)로 사랑을 생각했어도, 사랑에 대한 그녀의 실제 적 표현은 위장될 수 있다. 그냥 사랑의 또 다른 형식인 L(a)로 나타날 수도 있다. 혹 은 L(a+b+c-d)로 더 위장될 수도 있다. 영희의 생각이 100% 온전하게 철수의 뇌에 전기적 자극으로 이식될 수 없다. 철수는 자기 나름대로 영희의 사랑 L(a+b+c)을 선 별적으로 수용한다. 해석 역시 자유롭다. 철수는 영희가 원한 100%의 사랑을 80%로 받아들일 수도 있다. 두 사람 사이에 필요하지 않은 오해와 이해의 간극이 벌어질 수 있다.

영희가 철수에게 전하고 있는 사랑의 감정은 상황적이다. 사랑을 표현하는 조건이 다를 수 있기 때문이다. 소통과정에서 상황이 소거되거나 각색되면 의미는 변형된다. 소통의 완벽성은 언제나 느슨하게 된다. 소통의 과정 자체가 느슨하다. 느슨한 과정 에서 '정확성'을 찾는 것은 무리가 따른다. 정확한 소통을 기대하는 것은 욕심이다. 소통은 완벽해야 한다고 확신을 버리기는 쉽지 않다. 대신 사람들은 소통의 부작용을 최소화하려고 한다. 부작용을 최소화하려고 사람들은 상황을 적절하게 비튼다. 완벽 한 소통을 모면할 수 있는 상황 전략들을 구사한다. 거짓말도 그 방법 중의 하나다. 둘러대기, 얼버무리기, 복잡하게 말하기, 흘려보내기 혹은 화내기와 같은 방법들을 경우에 따라 응용한다. 이것을 흔히 소통 완화 방법이라고 부른다.

소통 완화를 위한 방법들을 '마스킹 이모션(masking emotion)' 전략이라고도 부른 다. 감정 처리 방식인 마스킹 이모션은 소통의 내용과 전언을 복잡하게 둘러대는 감 정 처리 방식을 말한다. 전언의 실체를 이리 저리 가리면 소통이 방해를 받는다. 소통 이 방해받으면 전언은 비틀어진다. 진실이 제대로 드러나지 않으면 원하던 불통의 상황에 빠진다. '마스킹 이모션'은 전언에 감정부터 개입시킴으로써 전언을 비틀어 놓는 전략이다. 상대방의 말에 고개를 끄덕이는 경우, 그 의미는 여러 가지다. 알았다는 뜻일 수 있다. 몰라도 좋다는 뜻일 수도 있다. 알아야 할 이유가 없다는 뜻일 수도 있다.

귀로 들은 언어로 상대방을 읽어 내는 일은 언제나 어렵다. 전언을 실어 나르는 전략들이 다양하고, 정교하기 때문이다. 완벽한 소통은 불필요하다. 정확한 언어교통도 기대하기 어렵다. 그런 소통은 처음부터 있을 수 없기 때문이다. 상대방의 의중을 읽어 낼 수 있으면 족하다. 소통의 정도는 전언의 진실성보다는 의중의 진실성에 의해 결정된다. 의중의 진실성에 의존하는 것이 의식소통이다. 의식소통은 완벽한 소통의 구조적 불가능을 전제로 한다. 그런 소통이 있다 하더라도 그것은 가식적일 뿐이다. 소통에서는 정교성이나 정확성은 없기 때문이다. 소통과정을 의도적으로 왜곡시키지 않으면 되는 일이다.

의식소통은 말의 트임을 넘어서는 '마음 트임'이기도 하다. 마음의 트임이 가능하기 위해 상대방의 이야기에 대해 먼저 배려하는 태도가 의식소통이다. 배려하면 받아들일 마음가짐이 작동된다. 서로 간에 동의들이 숙성된다. 의식소통은 메타언어적인 서로 간의 통함이기에 마음 트임이 결정적이다. 그저 서로 통(通)했노라, 하는 식으로 시작되는 것이 마음 트임의 시작이다. 그런 트임에서는 트임의 내용이 추상적이어도 무리가 없다. 그 어떤 통함에서도 말을 하는 사람의 입에서 말이 발화되어 나오는 그 순간 그 말은 이미 의미를 왜곡했거나 상실하고 말아 버리기 때문이다. 의미가 없다는 뜻이 아니라, 의미는 상황에 따라 분산되고, 새롭게 만들어진다는 뜻이다. 내가 아무리 절실하게 나의 사랑을 말로 표현했어도, 상황에 따라 그것은 증오의 의미를 실어 나를 수도 있다. 오해는 이해의 반대가 아니라 앞뒷면일 뿐이기 때문이다. 이런 경우, 의도와 비의도를 가리거나, 가리려고 하는 것은 소통에서 그리 유용하지 못하다. 내가 원해, 내 입으로 던진 말은 삽시간에 상황을 타고 상대방에게는 메타언어로 분산되어 들리게 때문이다.

사람들은 자기가 원하는 뜻을 분명하게 만들기 위해 말을 정확히 하려고 한다. 아무리 그래도 내 입에서 떠난 말은 발화 즉시 여러 공정을 거치게 마련이다. 내가 던진 언어가 상대방에게 메타언어로 분산되어 입력된다. 그렇게 입력된 것을 해석하여 그가 내게 던지는 반응을 나는 다시 메타언어로 수용한다. 그와 내가 주고받는 전언들은 제아무리 노력하더라도 '메타언어의 메타언어의 메타언어의 메타언어의 메타언어……'로 분산되는 해석의 공정을 거치게 된다. 이 속에서 정확성, 진실성, 정교함은 사라진다. 모든 뜻은 삽시간에 이리 저리 산종되어 버리게 마련이다. 언어들은 소통의 과정에서 끝도 없이 반복되고 분산되기에, 대화의 정확성을 염려하기보다는 대화의 관심성에 집중해야 한다. 소통은 정확성이 아니라 관심의 집중성일 뿐이다.

메타언어의 확산이 서로 간의 소통을 보다 더 강력하게 촉진시키지는 못한다. 메타언어의 분산과 확산은 소통을 위해 결코 효과적이라고 보기 어렵다. 메타언어(meta-language)란 일상언어에 비해 한층 높이 올라가 있는 비유적인 언어기 때문이다.[42] 대상언어(對象言語, object language)와는 차원이 다른 원리 언어가 메타언어다. 대상언어를 분석하기 위해 사용하는 언어를 메타언어라고 부른다. 지혜의 언어, 원리의 언어가 메타언어에 속한다. 다른 언어에 관한 또 다른 언어가 메타언어다. 메타언어는 지혜와 지혜를 서로 매개하는 언어다. 전언의 상황, 전후 상황 간의 관계, 감정과 의지 등을 표시하는 매개 언어다.

예를 들어, 동양권의 학생들은 영어를 배우면서 가장 먼저 하는 것이 영어 문법 익히기다. 영어를 모르는 학생에게 영어로 쓰인 영어 문법은 무용지물이기에, 영어 문법을 읽기 위해서, 영어의 번역이 필요하다. 한국어로 번역된 영어 문법을 한국어로 이해한 학생들은 어떻든 간에 영어 문법을 익히게 된다. 이때 영어 문법을 설명한 한국어는 메타언어가 된다. 메타(meta)라는 말은 원래 그 뜻이 더불어(with) 간다거나 혹은 뒤에(after) 간다는 것을 뜻한다. 메타언어란 하나의 언어를 설명해 주는 새로운 언어를 말한다. 영어 문법을 설명하는 한국어처럼 하나의 언어를 가진 또 다른 상위 언어 같은 것이 메타언어다. 메타언어는 차원 높은 언어이며 일상 언어가 지닌 뜻이나 시야를 한층 넓혀 주는 역할을 감당하는 언어다. 메타언어는 해소의 언어다. 사람들이 이야기를 주고받을 때 서로 간에 소통을 제대로 하기 위해서는 언표적 행위나 비언표적 행위, 말하자면 제스처나 표정, 몸의 동작 등을 수반하기도 한다. 소통을 돕기 위해 활용하는 비구두적인 표시들도 일종의 언표적 표시다. 메타언어의 일종이다.

예를 들어, "강아지에게도 불성이 있나요?"라는 질문에 "무~."라고 한 대답 역시 메타언어 수준의 언어적 표현이다. 메타언어는 문법 형태의 수준과 난이도에 따라 제시되는 양도 달라진다. 수준과 난이도가 높을수록 활용되는 메타언어의 양이 많아진다. 메타언어는 하나의 현실, 현상을 전문적인 용어를 가지고 기술하거나 설명해 주는 언어다.

소통은 결국 메타언어적인 의미 만들기의 완성을 의미하게 된다. 메타언어를 해석하는 내가 꼬여있으면, 내게 전달되는 전문도 꼬여 들리어, 소통은 불통으로 이어지기 때문이다. 소통은, 현실적으로 내가 원하는 것을 항상 조절해 가는 일이다. 경영자들은 단숨에 설득되는 소통을 원하지만, 말 한마디로 단숨에 설득되는 소통은 있을 수 없다. 설득하기 위해서는 상대방에게 전달하려는 내용보다는 "당신만의 고유한 목소리로 말하는 법이 더 중요한 세상이 되었기 때문이다."[43] 소통이 결코 쉽지 않다는 뜻이다.

학문의 세계에서는 소통이 더욱더 어렵다. 예를 들어, 언어학자는 구조주의가 무엇인지를 기술하기 위해 구조주의 이론에서 절대적인 개념인 시그니피앙, 시그니피에라는 단어를 동원하기 마련이다. 언급된 시그니피앙, 시그니피에라는 말은 구조주의를 설명하기 위해 활용한 메타언어다. 시그니피앙, 시그니피에라는 언어를 구사하면서 구조주의를 제아무리 깔끔하게 설명한다고 해도, 그것을 듣고 있는 사람의 마음속에는 오만가지 상상이 만들어지게 마련이다. 메타언어를 썼기 때문에 메타 언어적인 이해가 만들어지기 때문이다. 메타언어에서는 정확한 의미 전달보다는 상호이해의 범주가 중요하다. 짐작과 수용, 그리고 의도된 의미들이 메타언어의 이해를 위한 범주를 결정한다.

소통은 기본적으로 '메타언어화'의 구조에서 불완전한 모습으로 만들어진다. 메타언어의 주고받음 속에서 자신의 위치를 확정하고 타인의 위치를 대충 알아차리는 것이 소통의 형식이다. 모든 소통은 피상적이면서도 구체적이다. 소통은 피상적이며 모순적이다. 소통했다고 하지만 무엇을 소통했는지 점검할 수 없는 것이 소통의 속성이다. 소통은 우스꽝스러우면서도 진지하다. 말의 뜻을 분명하게, 말의 의미를 제대로 전달하기 위한 말의 릴레이가 그렇다. 의도했던 것과는 달리 메타언어의 상황으로 전복되곤 한다. 구체적인 언어적 진술을 메타언어적으로 밝히는 과정에서 어쩔 수 없이 불거지는 일들이다. 의사소통의 명증성은 늘 불안전하다. 불확정된 소통만이 명증적이기 때문이다.

의식소통은 상징 간의 교통을 그리 중요시 여기지 않는다. 언어적 교통은 어차피 피상적이기 때문이다. 의식소통은 마음의 엉킴을 풀어내는 일이다. 마음이 거기 있음을 지레짐작하는 일이다. 주고받은 말이 언제나 이해되어야만 하는 것도 아니기 때문이다. 말은 상징일 뿐이다. 말이라는 약호(code)는 내용을 실어 나르는 도구다. 상황이 달라지면 조건도 달라진다. 조건이 달라지면 전달되는 말의 의미가 달라진다. 말은 도구 그 이상, 그 이하도 아니다. 말은 믿을 것이 되지 못한다. 말을 믿기보다는 마음을 믿어야 한다. 마음은 드러나지 않는다. 말만 드러난다. 의식소통은 마음을 트여, 마음을 믿는 일이기도 한 이유다.

서로 말을 주고받을 때 말을 그저 주고받으면 되는 일이다. 상대방이 존재한다는 그 자체가 소통이다. 의식소통은 말과 마음을 하나로 만든다. 말이고 마음은 마음이며, 말은 마음이 아니지만, 그것을 하나로 만드는 일이 의식소통이다. 의식소통은 아기를 감싸 안은 엄마의 믿음이다. 아기와 엄마 사이의 소통은 한 사람이 다른 사람에게 꼭 완벽하게 이해되어야 하는 관계가 아니다. 더불어 있다는 그 자체가 의식소통의 시작이기 때문이다. 의식의 소통은 여백이 넉넉해야 가능하다. 소통은 알아 내고 밝혀 내는 일만은 아니다. 소통은 받아들이는 것이다.

소통의 핵심은 제대로 된 채널링을 맞추는 일이다. 청취할 수 있는 주파수대를 정확하게 맞추어야 서로에게 들리기 때문이다. 텔레비전에서 주파수를 정확히 맞추어야 자기가 원하는 방송을 들을 수 있는 것과 같은 이치다. 주파수를 제대로 맞추었다고 하더라도, 그 방송에 귀를 기울이는지 어떤지는 별개의 문제다. 의식소통은 그런 정확한 주파수 맞추기와 귀기울임을 때로는 쉽게 초월해 낸다. 사람들의 마음과 마음의 이어짐이 의식소통에서는 핵심이기 때문이다. 마음으로 마음을 읽는 것이 의식소통이다. 의식소통에서는 상대방의 마음을 읽는 방식이 다르다. '읽는다'라는 말은 원래 많은 뜻을 담고 있는 말이다. 글을 보고 그 음대로 소리 내어 말로써 나타내는 일이 읽는 것이다. 사전적인 정의이기는 하지만,[44] 의식소통에서 읽는다는 것은 우리 조상들이 읽는다를 '니르다'라고 표현했던 그 의미와 맥을 같이 한다.[45]

니르다는 말이 '밝게 깨쳐가다'와 같은 뜻을 담고 있듯이, 읽다라는 말은 인간의 시각적 작용만을 지칭하지는 않는다. 읽는 행위는 눈 이외의 다른 감각 기관에서도 가능하다. 읽는 것은 눈만으로 하는 것이 아니다. 귀로 읽다, 코로 읽다, 혀로 읽다, 입으로 읽다, 뇌로도 읽는 것이 가능하다. 마음으로 읽다와 몸으로 읽다라는 표현 역시 가능하다. 눈으로 읽으면 독서라고 부른다. 마음으로 읽으면 사랑이라고 하고 몸으로 읽으면 섹스라고 부를 수도 있다. 귀로 읽으면 음악, 코로 읽으면 향기, 입으로 읽으면 시, 뇌로 읽으면 생각이라고 할 수도 있다.

生 3. "인간이 60억 명이면 60억의 개체성이 있고 60억 개의 길이 있습니다. 자기의 길을 가면 되는 것인데 남이 갔던 길을 가려고 하니까 재미가 없죠. 내 것을 드러내면 새로울 수밖에 없는데도 말입니다. 문제는 자기만의 세계를 어떻게 드러낼 수 있느냐에 있지만……." – 김아타[46]

"죽느냐, 미치광이가 되느냐, 아니면 종교를 얻느냐. 내 앞엔 이 세 가지 밖에 없네." …… "하지만 아무래도 종교를 얻지는 못할 것 같네. 죽는 것도 미련이 남을 것 같아. 그렇다면 미치광이로군. 그런데 자네, 미래의 나는 차치하고라도 현재의 나는 제정신일까……." – 나쓰메 소세키[47]

현재의 나는 나의 표현이기는 해도 엄밀히 말해 내가 아닐 수도 있다. 내가 아니면 그와의 관계는 끊어지게 마련이다. 내가 그런 상황을 만들어가 놓고서, 내 스스로 소통이 안 된다고 너무 우길 일이 아니다. 정호승 시인의 노래처럼 사람은 그렇게 외로우니까, 소통이 안 되는 것이다.[48] "울지 마라 외로우니까 사람이다. 살아간다는 것은 외로움을 견디는 일이다. 공연히 오지 않는 전화를 기다리지 마라. 눈이 오면 눈길을 걸어가고 비가 오면 빗길을 걸어가라. 갈대 숲에서 가슴 검은 도요새도 너를 보고 있다. 가끔은 하느님도 외로워서 눈물을 흘리신다. 공연히 오지 않는 전화를 기다리지 마라. 산 그림자도 외로움에 겨워 한 번씩은 마을로 향하며, 새들이 나뭇가지에 앉아서 우는 것도 그대가 물가에 앉아 있는 것도. 그대 울지 마라. 외로우니까 사람이다. 살아간다는 것은 외로움을 견디는 일. 공연히 오지 않는 전화를 기다리지 마라. 그대 울지 마라."

소통하면 닫힌 마음부터 파쇄된다. 불통을 조각내어 하나로 꿰뚫어 내는 일이 소통이기 때문이다. 서로가 서로의 마음을 깨쳐가면 소통이 된다. 마음을 살피는 그런 것만을 강조하지 않는다. 모든 것은 읽음의 세계 안에 속한다. 읽기는 조심하는 일이다. 읽기는 타인을 배제하는 일이기도 하기 때문이다. 타인을 지배하기 위한 행위이기도 하기 때문이다. 타인의 마음을 읽기만 하면 타인을 지배하겠다는 의지를 드러내는 것일 수 있다. 내 마음도 타인이 읽을 수 있도록 해야 한다. 그가 내 마음속에 들어올 수 있어야 한다. 서로가 지배하기 위해 서로를 읽을 수 있어야 한다. 서로는 마침내 깨우침에 이르게 된다. 지배는 더 이상 무의미하게 된다.

지금의 사회는 시각이 지배하는 사회이지만, 인류의 조상이 살아가던 원시시대는 본디 청각 중심의 사회였었다. 성경의 창세기에 따르면 인간은 태초의 말씀을 들어야 하는 존재로 규정되어 있다. 시각의 중요성보다는 청각의 중요성을 알리는 메시지인 셈이다. 저들은 말하기보다는 듣기를 더 중요하게 여겼다는 증거다. 사람들은 입말을 중요시 여겼다. 역사적으로도 이 말은 틀리지 않은 말이었다. 실제로 기원전 5세기 로마인들은 입말을 공식적인 읽기로 사용했었기 때문이다.[49] 산업화 과정을 거치면서 청각이나 후각의 중요성은 하나둘씩 배제되어 왔다. 산업화와 더불어 인쇄물의 등장은 마침내 사람들의 시각이 청각과 후각을 우선하게 만들어 버렸다.

　일반적으로 언어교통은 시각의 중요성을 드러낸다. 그에 반해 의식소통은 바로 시각의 읽기 중심성이니 그것의 절대성을 거부한다. 마음으로 읽어 내는 일을 더 중요하게 여기기 때문이다. 인간에게는 상대방을 꿰뚫어 볼 수 있는 초능력을 갖고 있다. 인간의 두 눈이 앞을 향해 있도록 진화해 온 것도 이유가 있다. 인간의 초능력이 필요했기에 인간에게는 두 눈이 앞을 향하도록 진화한 것이다. 오늘날 도시의 막힌 공간에 살고 있는 인간에게는 어떤 초능력도 기대하기 어렵다. 사방을 두리번거리며, 이것 저것을 조심스럽게 살펴야만 비로소 생존에서 유리하기 때문이다. 대신 앞을 내다보는 투시력은 약화될 수밖에 없었다. 마치 집의 마룻바닥 지하에서 웅크리며 모이를 찾는 생쥐 신세로 전락했기 때문이다. 초능력이 더 이상 필요하지 않게 되었을 뿐이다. 인간은 이제 앞을 내다볼 시간적 여유를 상실했다. 그런 마음의 여백을 넓혀야 하기 보다는 오히려 당장의 먹이를 포착하기 위해 옆을 살펴야 하는 상황 포착능력이 더 필요해졌다.

　인간은 점점 더 도시라는 숲에 둘러싸여 사는 길들여지는 동물로 사육되고 있다. 이로 인해 인간 스스로 자신이 지니고 있었던 영성이나 초능력을 망실한지 이미 오래되었다. 인간에게 초능력은 진화론적 결과물일 뿐이다. 그것은 인간의 두 눈이 앞을 향해 돌출되어 있는 이유로도 확실히 알아볼 수 있다. 미국 신경생물학자인 마크 챈기지(Mark Changizi) 교수는 인간의 투시능력은 앞을 향해 있는 두 눈 때문이라고 실험 결과로 증명한다. 실제로 양쪽 손가락을 부채처럼 쫙 펴서 들어보면 눈앞에 창살처럼 장애물이 생긴다. 이어 한쪽 눈을 감으면 손가락 때문에 시야도 함께 가려지며 보이지 않은 부분이 생긴다. 양쪽 두 눈을 뜨면 손가락에 가려졌던 풍경이 이내 남김 없이 들어온다. 이것은 인간의 왼쪽 눈과 오른쪽 눈이 인식하는 각각의 범위가 서로 놓치는 부분을 상호보완해 주기 때문에 모든 풍경이 들어오게 되는 이치다. 인간의 전방 시야는 장애물 너머에 숨어 있는 목표물을 찾기에 적합하도록 진화되면서 완성됐지만 일반 동물의 눈은 양쪽을 향해 달려 있다. 양쪽 방향에 달린 눈으로 온 주위를 살피며 생존에 대비해야 하기 때문이다. 그렇게 숲 속으로 달아나는 동물을 인간이 찾아내는 것은 앞을 향해 있는 인간의 두 눈 때문이다. 두 눈으로 풀 사이를 투시하며, 숲 속에 숨어 있는 표적을 찾아내도록 되어 있기 때문이다.

사람이 다른 사람의 마음을 읽어 내는 것은 그들이 지닌 영성의 힘 때문이다. 인간의 초능력이 인간에게 역지사지의 능력을 키워 냈다. 인간은 신의 형상대로 만들어졌기에, 인간에게는 신기(神氣)가 있게 마련이다. 돌, 구름, 바람소리까지 읽어 내는 신기(神氣)가 있다는 뜻이다. 마음으로 사람의 마음을 읽어 내려가려면, 신의 능력인 역지사지(易地思之)의 감각이 필수적이다. 상대방의 입장으로 받아들이고, 상대방의 입장으로 해독하는 배려의 여백이 필요하다. 똘레랑스적인 여백과 살핌이 역지사지의 감각을 위해 중요하다. 마음을 읽는 일은 타자를 배제하거나 제거하기 위한 노력이 아니다. 타자를 수용하는 일이다. 타자라는 인간을 배려하는 일이다. 타인을 포용하려는 의식소통의 행위다. 영성을 지닌 일상적인 행동들은 사람들의 일상을 행복하게 만들어 준다. 그런 점에서 세계에서 일상적으로 행복하다고 느끼는 사람들로 중남미 국가의 국민이 지적되는 것도 무리가 아니다.[50] 저들은 자족의 만족감을 체질화시키며 매일을 살아가고 있기 때문이다. 중남미인의 일상을 행복하게 만들어 주는 큰 요소는 자족의 태도와 원만한 인간관계, 그리고 의식소통적인 배려다. 저들의 이웃 간 관계들은 경제적 부국인 '선진 사회'보다 훨씬 더 개방적이며, 가족 간 유대 역시 영성적이다. 가톨릭이라는 종교 문화적 영향 때문에 다른 나라 국민에 비해 물질적인 욕구도 상대적으로 덜한 편인 것도 사실이다.

국민 1인당 국민소득이 세계 90위인 파나마 국민은 매일같이 가장 행복한 기분 속에서 살아가지만, 그와는 반대로 세계에서 국민소득이 5번째로 많은 싱가포르인들은 그리 행복한 나날을 보내지 않는다. 싱가포르 국민 가운데 46%만이 매일이 즐겁고 행복하다고 반응함으로써 갤럽이 전 세계 148개국 국민을 대상으로 조사한 일일 행복도 조사에서 가장 낮은 반응율을 보였다. 싱가포르의 국민 못지않게, 한국인의 하루 행복도 역시 상당히 낮은 것으로 나타났다. 한국인은 148개국 국민 가운데에서 중하위권인 97위를 기록했다. 매일 불행한 감정으로 살고 있다고 반응한 한국의 시민(63%)들처럼 97위를 기록한 나라는 그리스·몽골·카자흐스탄·체코 등이었다.[51]

사람들이 매일같이 행하는 의사소통 과정에서는 서로 간에 합의된 언표들이 필요하다. 서로 활용하고 있는 말에 대한 지표나 이해들이 비교적 분명해야 한다. 전언의 코드에 대한 합의가 약속되어 있어야 한다. 합의된 것이 없으면 서로에게 통할 수 없기 때문이다. 불통되면, 그것은 언어 교통사고가 일어난 것이다. 이런 최악의 경우에도 역지사지는 가능한데, 그것이 가능하려면 의식소통이 일어나야 한다. 예를 들어, 두 사람이 다른 언어를 쓰는 나라에서 태어났다고 하자. 서로 다른 언어로 성장한다. 두 사람이 아무런 조건 없이 사막 한가운데에서 만난다. 서로는 목이 타들어 가는 갈증에 시달린다. 저들에게 필요한 것은 마실 물이다. 서로는 각기의 욕구에 따라 각각의 언어, 서로 이해할 수 없는 자기 문화권의 언어로 물을 표현한다. 이제 저들에게는 당장 필요한 물보다 짜증이 나고 있다. 서로 사이에 언어 교통사고가 일어나고 있기 때문이다. 한국인을 만난 아프리카 어느 지역의 상점 원주민은 언어소통의 어려움을 겪는다. 영어를 익히지 않는 한국인이 미국에서 미국인을 만났을 때도 마찬가지다. 서로에게 통하는 공통의 언어소통 수단이 없기 때문에 생기는 자연스런 불통이다. 아무리 자신의 어려움을 호소해도 언어적인 소통은 불가하다. 소통을 틔울 공통의 소통 수단이 없기 때문에 일어나는 불통이다. 공생의 언어가 없으면 서로가 욕망하는 이야기들은 서로에게 공허할 뿐이다. 같은 언어를 사용한다고 해도, 그런 언어교통의 사고는 빈번하다. 믿음의 코드가 다르기 때문에 벌어지는 자연적인 현상이다. 신앙이 다른 사람 간에도 어김없이 불통이 발생한다. 트이지 못한 기독교 신자와 트이지 못하는 불교 신자가 서로 만나 신앙이나 절대자에 대한 이야기를 나눌 수 없는 이치다. 서로 간의 언어적 교통은 서로의 의식을 물과 기름처럼 겉돌게 만들 뿐이다.

물과 기름처럼 서로가 전하려는 내용들이 겉돌고 있는 상황을 불통이라고 부른다. 불통과 달리 의식소통은 언어교통의 세계를 넘어설 때 가능하다. 말만 서로 잘 주고

받는 것은 언어교통에 속한다. 언어들 간에 충돌 사고만 나지 않으면 언어교통은 성
공이다. 내가 그의 말에 동의만 해 주면 표면적인 충돌은 피하게 된다. 충돌 예방은
의식소통을 위해 필요하기는 하지만 충분조건은 아니다. 의식소통에서는 약호화와
해독과정은 때때로 유명무실하기 때문이다. 소통의 과정을 하나하나 충실하게 밟아
가야 할 이유도 없다. 의식소통에서는 일반적인 소통의 단계를 생략하는 경우가 더
흔하다. 어떤 형태로든 주고받는 내용에 대한 약호화와 해독의 흔적은 있다. 그것을
중요하게 여기지는 않는다는 뜻이다. 필요하다면 약호화와 해독과정은 단숨에 뛰어
넘는다. 염화시중(拈花示衆), 이심전심(以心傳心)이라는 말이 의식소통의 결정적인 장
면을 보여 준다.[52]

　의식소통의 묘미는 소통의 절차 지키기에서 드러나는 것이 아니라 의미 만들기 과
정에서 드러난다. 깊은 설명은 자연스럽게 생략되고, 깊은 이해와 영탄만이 슬그머
니 일어나기 때문이다. 그렇게 되면 이미 서로가 서로에게 통(通)한 것이다. 의식소통
은 상대방의 말에 의심하고, 주목하고 또 의시하는 행위가 아니기 때문이다. 상대방
을 파악하면 이해도 함께 따라붙게 되는 일이다. 상대방의 의중을 알아 내면 되는 일
이다. 대답으로 말만이 필요한 것은 아니다. 말이 아니라도 족하다. 서로 간의 침묵도
전언이기 때문이다.

　짐승과 인간 사이의 의식소통 관계를 아름답게 보여 주는 영화가 있었다. 〈워낭소
리〉라는 다큐멘터리 영화가 그런 영화였다.[53] 노인과 늙은 소와의 관계에서 사람과
사람들의 관계보다 더 아름다움을 보여 준 영화다. 노인은 말하고 늙은 소는 침묵으
로 답한다. 소에게 인간이 생각하는 그런 의식(意識)이 있을 리 없지만, 소가 노인의
마음을 알아 준다는 뜻에서 소와 노인은 일종의 의식소통을 하고 있다고 볼 수 있다.
의식소통은 감정의 주파수를 읽어 내는 일이기에 노인은 소의 마음을 읽고, 소는 노
인의 마음을 읽어낸다. 그 아름다움을 다른 사람은 모를 뿐이다. 〈워낭소리〉는 인간
에게는 절대적이라는 언어가 그 무슨 소용이 있겠는가, 혹은 말이 뭐 그리 대수겠는
가라는 감탄사가 절로 나오게 만든 영화였다. 헤밍웨이(Ernest Heminsway)의 소설

『노인과 바다』 역시 가슴을 적시기 충분한 소설이다. 노인은 물고기와 삶을 건다. 사람의 삶과 물고기 간의 삶이 서로 당기며 풀어내는 소통의 이야기다. 마지막, 그리고 끝까지 놓치지 않고 있는 단어가 있었다. 그것은 '서로 통하였느니라' 그것 하나였다. 의식소통은 어쩌면 서로를 배려하는 똘레랑스의 길이기도 하다. 믿음의 통로가 바로 똘레랑스기 때문이다.

'소통 불통'은 보이기는 하지만 통하지 않는 상황을 말한다. 서로가 서로를 빤히 보고는 있지만, 두꺼운 페어 글라스로 너와 나를 가로 막고 있는 상태가 바로 불통의 상태다. 유리창을 사이에 둔 두 사람이 무엇인가 이야기한다. 서로 열심히 이야기하지만 모두 부질없는 짓이다. 무엇을 호소하고 있는지는 서로 모른다. 한쪽만 애가 타는 상황이다. 모두가 상대방에게 드러나 보이지만 소리는 들리지 않는다. 모든 것이 다 보이기는 하지만 아무것도 읽을 수 없다. 서로에게 아무리 투명하더라도 마찬가지다. 소통 불가는 소통의 왜곡된 상태다. 소통 불능 상황이다.

의식소통은 서로가 서로에게 인내하고 배려하고 있다는 이행의 상황을 다르게 표현한 것일 뿐이다. 마음 사이에 쳐놓은 두꺼운 페어 글라스를 인내하며 쳐다 보는 일이 소통이기 때문이다. 의식소통은 소리 들림의 관계를 말하는 것만은 아니다. 소리침과 마주함의 관계가 아니다. 서로에게 정진하며, 서로에게 배려하는 모습이 의식소통이다. 의식소통은 구원의 통로를 마련하는 일이다. 동행은 서로가 서로를 구해 줄 수 있기에 의식의 동행이다. 구원의 통로가 말없이 준비된 상태다. 척하면 척하는 그렇게 통하는 관계다.

동양의 한 우화에는 눈먼 장님과 걷지 못하는 앉은뱅이의 이야기가 있는데 동행과 의식소통의 진면목을 드러내는 이야기다. 장님은 앞을 보지 못하지만, 건강한 두 다리를 갖고 있다. 그는 나갈 수 있는 힘이 있다. 가고 싶은 곳을 알려 주기만 하면, 그 어디든지 나아갈 수 있다. 그에게는 불행하게도 앞을 알려 주는 사람이 없어, 아무 곳도 마음대로 갈 수가 없다. 제자리에서 빙빙 돌아다닐 뿐이다. 별다른 소망이 없는 삶을 살아갈 뿐이다. 그 맹인과는 사정이 다른 이도 그의 곁에 앉아 있다. 앉은뱅이다.

그는 멀리 쳐다볼 수 있는 건강한 두 눈이 있어 그 무엇이든 보고 듣는다. 주위에서 일어나는 일에 민감하게 대처한다. 사정이 그렇지만 그는 서너발 자국 이상은 나아갈 수 없다. 제대로 걸을 수가 없기 때문이다. 그 자리에서 동동거리다 주저앉을 뿐이다. 두 사람은 각자의 어려운 처지를 잘 알고 있다. 다만 서로에게 다가가기가 어려울 뿐이다. 심정적으로 두 사람 모두 장애인이기에 불편한 채로 살아간다. 서로가 서로를 병신이라고 밀쳐 내고 있었을 뿐이다.

어느 날이었다. 맹인과 앉은뱅이 중 그 어느 한 사람이 용기를 냈다. 상대방에게 말을 걸었다. 산불이 자주 나는 여름철이 오면 모두에게 위험한 계절이다. 일이 터지면 둘 다 꼼짝 못하고 불에 타 죽어야 할 일이다. 그런 처지가 서로에게 통했다. 말은 없었지만, 서로에게 도움이 되어보자고 제안했다. 누구라고 먼저 이야기할 일이 아니었다. 장님은 앉은뱅이에게 다리를 빌려 주면 되는 일이었기 때문이다. 앉은뱅이는 장님에게 두 눈을 빌려 주기로 약조했다. 서로가 그렇게 동행이 되기로 했다. 불안했던 근심이 한순간에 사라져 버렸다.

멀쩡한 이들은 저들을 향해 수군거렸다. 두 눈, 두 다리가 멀쩡했던 사람들은 맹인과 앉은뱅이가 서로 맺고 있는 약속을 야유했다. 병신이 꼴값한다는 식의 빈정댐이었다. 그들은 한 번도 저들에게 동행이 되어 준 적은 없었다. 오로지 조롱했을 뿐이었다. 멀쩡한 저들에게 앉은뱅이와 장님은 짐이었기 때문이었다. 멀쩡한 이들이 깊은 잠에 빠졌다. 별안간 산불이 났다. 불이 온 동네로 번져들기 시작했다. 삽시간에 번지는 불길을 앉은뱅이가 알아차렸다. 장님을 깨웠다. 그의 등에 업혔다. 앉은뱅이는 맑은 두 눈으로 불길을 피하며 장님에게 길을 안내했다. 장님은 다리가 되었고 앉은뱅이는 눈이 되었다.[54]

의식소통은 서로가 지닌 장점의 반쪽을 타인을 위해 타인의 것으로 경험해 보도록 하는 일이다. 의식소통이 있기에 사람이 다른 사람에게 금수(禽獸)됨을 거부할 수 있다. 그런 점에서 보면, 종교는 의식소통의 훌륭한 수단이 된다. 인간 역시 동물의 근성을 지녔기에, 타인에게는 언제든 짐승처럼 행동할 수 있다. 말이 없다고, 드러내지 않고 있다고 상대방에게 으르렁거리지 않는 것이 아니다. 인간 역시 서로를 잡아먹지 못해 안달하는 짐승의 한 종일 뿐이다. 먹을 수만 있다면 모조리 먹어 치우려는 식충이들이 바로 인간이다. 금수가 인간으로 탈피하기를 원한다면 그 길은 하나다. 의식을 소통하는 열린 마음, 열어젖히는 사회로 나아가는 일, 그 일 하나뿐이다. "내가 틀리고 당신이 옳을지도 모른다. 나와 당신이 함께 공동의 노력으로 무엇이 옳은가를 찾아보려고 하는 그것이다." 칼 포퍼의 이야기다.

논리실증주의자의 한 사람인 칼 포퍼(Karl Raimund Popper)에 따르면, 사람들에게 필요한 것은 오로지 한 가지, 그것은 열린 의사소통뿐이라고 말한다. 그것이 불가능하기에 저토록 긴장하며, 갈등하고 있다는 것이다.[55] 열린 의사소통의 정제된 형식이 바로 의식소통으로 이어질 수 있다.

의식소통의 전 단계인 의사소통, 다시 말해서 언어교통이 무엇인지를 설명해 주는 이론적인 틀은 수없이 많다. 그 정도로 소통에 관해 하나의 논리를 세우는 것이 어렵다는 뜻이다. 하버마스(Jurgen Habermas) 역시 의사소통의 논리를 세우는 데 많은 시간을 허비한 학자다. 그가 끝까지 초점을 맞추려고 했던 부분은 한 가지였다. 의사소통에서 나타날 수 있는 혼선을 가능한 해소하려는 노력이었다. 그에게 있어서 의사소통은 말을 주고받는 사람 간에 정확하고도 명료한 내용 전달이었다. 서로 간의 이해가 필수적이라는 뜻이었다. 이해가 결여된 것은 소통의 범주로 간주될 수 없다는 논리였다. 확실하게 이야기하고 확실하게 이해하는 일이 중요했다. 제대로 된 의사소통은 확실한 이야기의 주고받음이라고 보았다. 이성적인 그리고 논리실증적인 이해가 의사 불통의 해결책이었다. 이성적 의사소통은 잡음을 줄이는 일이었다.

언어교통, 말하자면 의사소통의 논리에 대해 오스틴(John Austin) 교수는 하버마스(Jurgen Habermas)의 관점과는 다른 입장을 취한다. 일상 언어학파인 그에게 하버마스가 기대하는 식의 완전무결한 의사소통 같은 것은 허구로 비쳐졌기 때문이다. 일상생활에서 100%의 소통은 일어날 수 있는 일이 아니다. 합리적인 그리고 이성적인 의사소통은 처음부터 가당치 않은 것일 뿐이다.[56] 이성적인 소통을 바라기보다는 소통의 과정에서 일어나는 문제를 효과적으로 해결하는 일이 오히려 중요할 뿐이다. 소통은 이성적인 의사소통이 아니라 불통 해소를 말하는 것이기 때문이다.

오스틴 교수에게 있어서 삶에서의 소통은 '언표수반적인 행위(illocutionary act)'를 말하는 것이 아니다. 그와는 달리 하버마스는 소통이 언표수반적인 행위라고 강조한다. 전언의 약호화와 전언의 해독 사이의 완전 합치가 의사소통이라고 보는 것이 하버마스의 관점인데, 오스틴 교수는 이것을 거부한다. 언표수반적인 소통은 마치 학교 교실에서 일어나는 교사와 학생 간의 정보 교환과 다르지 않다. 가르치는 위치에 있는 교수 같은 화자가 그의 말을 받아들이는 학생인 청자의 모습과 흡사하다. 교수는 자기의 이야기를 말로 나타낸다. 학생들은 교사가 이야기한 것은 복사하고 해독한다. 예를 들어, 1+1은 2라고 교사가 이야기했으면, 학생들은 1+1=2라는 교사의 셈법을 그대로 받아들인다. 아무리 변형해도 1+1=2이다. 그 어떤 변형도 있을 수 없다. "1+1은 얼마?"라고 질문했을 때 학생들은 어김없이 2라고 답한다. 교사의 전언을 학생들이 정확하게 해독했기에 나올 수 있는 답이다. 학생과 교사가 주고받는 식의 학습 형태 소통이 바로 언표수반적인 소통 방식이다. 화자와 청자 사이에는 일반적으로 허용될 수 있는 이해와 오해의 오차가 허용되지 않는다.[57]

이제 다른 예를 들어 보자. 일선 교사가 교실에서 학생들에게 질문했다. 사자성어(四字成語)를 알아맞히는 문제를 냈다. '눈 위의 서리'라는 뜻으로, 불행이 거듭 생겨남을 표현한 사자성어가 무엇이냐고 교사가 물었다. 편하게 교사는 칠판에 '설(　)가(　)'이라고 쓰고, (　) 안에 맞는 답을 하라고 물었다. 이 경우 정답은 설(상)가(상), 즉 설상가상(雪上加霜)이다. 많은 수의 학생은 그렇게 답할 것이 분명하다. 다른 정답이 있을 리 없기 때문이다. 이렇게 정답을 내고, 그것을 칭찬하는 언어의 단선적인 교환이 바로 언표수반적인 소통이다.

언표수반적인 소통과는 달리, 언표효과적인 소통은 방식이 전혀 다르다. 교사가 똑같이 설상가상에 관한 사자성어 알아맞히기 질문을 던졌을 때, 어떤 학생이 이번에는 다르게 '설(사)가(또)'라고 답했을 수도 있다. 그 답에 교사도 웃고, 다른 학생들도 따라 웃었다. 정답은 아니었지만, 그 답이 정답이 아니라고 말할 수도 없는 상황이었다. 이 역시 소통 상황이었기 때문이다. 정답은 아니었지만, 자신의 경험으로 대단히 합당한 답이었기에 그들은 그렇게 웃었다. 소통이었다. 여러 가지 정황을 설명해 주는 소통이었다. 이 경우가 바로 언표효과적인 소통의 장면이다. 언표효과적인 소통을 드러내는 표현 중의 가장 무거운 방법은 침묵(沈默), 혹은 묵언(默言)의 경우다.

오스틴 교수는 언표수반적인 소통만이 바른 소통이라는 견해를 거부한다. 언표수반적인 소통이 바른 의사소통이라고 말하는 하버마스의 이성적 소통론을 거부한다. 이성적인 소통은 왜곡되지 않는 소통을 말한다. 그런 하버마스의 언표수반적인 소통론을 거부하는 오스틴은 그 대신 언표효과적인 소통(perlocutionary act)의 중요성을 더 강조한다. 사람들의 삶살이는 이성적인 것만으로 채워지지 않기 때문이다. 사람들은 감성적이며, 상황적이다. 사람들은 마치 시장에서 물건을 파는 사람과 사는 사람이 서로의 계산 아래 두서없이, 어쩌면 냉혹하게 현실을 담아내는 대화를 하고 산다. 그들의 일상적인 소통법은 언표효과적인 소통법일 뿐이다. 언표효과적인 소통법은 사람들이 주고받는 대화들이 늘 오해와 이해 중간 사이에 놓이게 된다. 일상생활의 대화들은 아무리 정확하게 하더라도 늘 오류 친화적일 수밖에 없다. 의도적으로 오해를 불러일으키도록 만든다는 뜻이 아니라, 아무리 정확하게 이성적으로 이야기한다고 하더라도 이해의 오차가 생길 수밖에 없다는 뜻이다. 사람들이 주고받는 일상생활이 오류투성이이며 그것을 표현하는 전언 역시 오류 투성이라는 뜻이다.[58]

사람들은 이야기하면서 그런 오해를 언제나 정확하게 인지하고 있지는 못한다. 그들의 이야기에 오해가 있는지 어떤지를 확인하는 것도 아니다. 사람들은 그가 이야기하고 싶어하는 것을 바르게 전달하려고만 하는 것은 아니다. 자기가 지니고 있던 의도가 언제나 정확하게 타자에게 전달되는 것도 아니다. 아무리 정확하게 전달하려고 해도 타자가 그것을 조금만 비틀어 놓아도 모든 소통의 가능성은 한순간에 물거품으로 변해 버린다. 오해, 이해, 부분적인 곡해 같은 것들이 일상적인 삶에서는 늘 그득하다. 소통은 그런 것들을 실어 나르기에, 소통은 언표수반적인 것이 아니라 언표효과적일 뿐이라는 것이다.

일상적인 소통 행위 그 자체가 이성적인 양태라고 해도 약호와의 독해 과정은 변하지 않는다. 방법이 제대로 되었다고 해서 전달되는 내용마저도 이성적일 수는 없다. 화자의 전언이 논리실증적으로 확인될 수 있는 것도 아니다. 전언의 독해과정 역시 늘 이성적인 것만은 아니다. 조건에 따라 비이성적이거나 탈이성적인 독해 방식도 흔하기 마련이다. 화자에 의해 의도된 곡해가 청자에 의해 한번 더 뒤틀려 버리기도 한다. 소통의 과정은 혼돈, 바로 그 상태일 뿐이다.

일상적인 삶에서 그 누구든 100% 이해나 소통이 가능한 것은 아니다. 100%의 오해 역시 있을 수 없다. 완전한 소통도 없기는 마찬가지다. 시장통에서 일어나는 장삿속 소통들은 이해 관계의 소통들이기에, 어차피 완벽하기는 처음부터 틀린 일이다. 완벽에 대한 기대 그 자체가 오해다. 100% 완벽한 이해에 대한 기대가 소통을 저해할 뿐이다. 서로가 허용될 수 있는 범위 안에서의 소통이 현실적이다. 그런 오해 가능한 소통을 이해라고 부른다. 오해 가능한 소통이라고 하더라도, 그것이 서로 간의 불통을 해소시켜 주는 범위 안에 있기만 하면 소통의 한 방식이 될 수 있다. 언어가 서로 무한 질주하는 교통 상황에서는, 사고가 일어나지 않는 범위에서 무엇인가 전달하면 족하기 때문이다. 오스틴 교수는 이런 언표효과적인 소통을 해소 가능한 의사소통의 담화로 이해한다.

예를 들어, 한 남자가 한 여자에게 사랑한다고 말했을 때, 그가 말한 사랑이라는 말이 무엇을 의미하는지를 일순간에 알아채기는 어렵다. 그 남녀가 사랑 때문에 몸이 달아 있는 연인들이라면 사랑이라는 말의 진위를 저들의 '몸의 동작'에서 이내 알아차릴 수 있다. 저들과 달리 원수 관계에 있는 사람들 가운데 한 사람이 상대방에게 사랑이라는 말을 했을 때는 경우가 달라진다. 사랑이라는 말이 복잡한 의미를 실어 나르기 때문이다. 서로는 서로의 눈치를 살필 것이다. 서로가 그 무엇에 의지하며 해독하려고 할 것이다. 사랑이라는 언표 때문에 더 많은 어려움을 겪을 것이다. 타자는 화자가 던진 사랑이라는 언표를 해석할 것이다. 자신의 이해 가능한 범위 안에서 언표가 주는 의미를 해소하려고 할 것이다.

언표효과적인 소통은 언표수반적인 소통과는 달리 소통의 어려움을 허용 가능한 범위 안에 해소하는 데 도움을 준다. 언표에서 생길 수 있는 오해를 메타언어를 활용함으로써 해소하는 데 도움을 준다. 언표효과적인 해독과 소통이 줄 수 있는 장점이다. 메타언어의 활용은 소통과정에서 야기될 수 있는 언어교통의 한계 상황을 극복하게 만들어 준다. 화자와 청자 간의 심리적 어려움을 해소하도록 도와준다.

척진 마음을 벗어내는 식의 해소 중심적인 소통을 의식소통이라고 부를 수 있다. 의식소통에서는 메타언어의 역할이 증대된다. 메타언어는 사람 간의 소통에서 해소제의 역할을 감당한다. 메타언어는 일상적인 언어에 비해 차원이 높은 포섭의 언어이다. 높은 봉우리에 올라가면 그것보다 아래에 있는 봉우리가 보이는 것처럼, 높은 봉우리 언어가 메타언어다. A라는 개념이 있을 때, 그 개념 A를 기술하거나 설명해 주는 새로운 개념 B가 있다고 가정하자. 새로운 개념 B는 개념 A에 대해 설명해 준다는 의미에서 설명 개념인 B가 메타 개념이라고 할 수 있다. 이것은 한 개념이 다른 개념 그 자체에 대해 설명하는 기능을 갖고 있다는 점에서, 개념의 메타언어적 기능이라고 볼 수 있다.

타르스키(A. Tarski) 교수는 아무리 수학적 언어라고 하더라도, 그 언어 안에서는 언어의 진리를 정의할 수 없다고 주장한다. 언어의 진리는 메타언어로 정의되어야 한다는 타르스키 교수는 그것을 증거하기 위해 '거짓말쟁이 역설'을 이용한다. 종이 한 장에 앞면에는 "이 뒤에 있는 말은 거짓말이다."라고 써 보자. 뒷면에는 "이 뒤에 있는 말은 참말이다."라고 써 보자. 이렇게 되면 묘한 역설이 일어난다. 종이 앞에 써 있는 언명에 따르면, 뒷면의 말은 거짓말이다. 뒷면에서는 앞면의 말이 참말이라고 했기에, 앞면의 이야기대로 따르면 앞면의 말이 참이라는 것은 거짓일 뿐이다. 묘한 역설이 양립하는 순간이다.

하늘에서 내리는 눈이 흰 눈일 경우, 그때 '눈이 희다.'고 말하면 그 말은 흰 눈을 서술하는 설명의 전략이다. 눈이 흴 때, 누군가가 '눈이 희다.'고 인식하고 판단한다. 그가 그것을 '희다.'라고 말하면 눈이 희다라는 언표가 된다. 의심할 여지없이 참일 뿐이다. 눈이 희기 때문에 눈은 흰 것이다. 그럴 수밖에 없다. 있는 것을 있다고 말하는 것은 참이다. 참을 드러내는 근거가 '합치'되면 그것은 참이다.

여기에서 문제가 생긴다. 참에 대한 '합치'를 어떻게, 무슨 수로 확인할 수 있는가는 문제로 남는다. 눈이 희다는 것을 어떻게 확인할 수 있는가가 문제가 되기 때문이다. 흰 눈을 인식하고 "눈이 희다."라고 이야기했을 때 '눈이 희다.'는 인식이 실재와 합치하는가를 먼저 확인해야 한다. 그것을 확인하려면 잇대어 해야 할 것이 있다. '눈은 실제로 흰가' 하는 것을 먼저 따져야만 한다. 이런 상황은 마치 "신은 존재한다."고 어느 철학자가 이야기했을 때의 경우가 된다. 신이 존재한다는 언표가 사실과 부합하는가를 확인해야 한다. 확인을 위해 한 가지 사실이 반드시 필요하다. 신이 실제로 존재한다는 것을 먼저 알고 있어야만 한다. 존재한다는 사실을 갖고 있어야 한다. 신이 존재한다는 언표가 사실과 부합하는지의 여부는 인식을 전제로 할 뿐이다.

하나의 사실에 대한 인식이 주장되면 그것이 사실인지에 대한 인식이 뒷받침되어야만 한다. 하나의 사실에 대한 확인이 연속적으로 필요하다. 확인에 대한 확인의 필요성이 무한적으로 소급되어야 한다면 끝내 확인도 문제 상황에 빠진다. 확인이 무한대로 소급되어야만 하는 확인의 '악순환'이 발생하기 때문이다. 악순환이 무한대가 되면 신이 존재한다고 말한 그 철학자는 난처해진다. 신의 존재에 대한 인식의 악순환에 빠지게 되기 때문이다.

이런 인식의 악순환의 고리를 끊어 놓기 위해 타르스키는 메타언어를 활용해야 한다고 주장한다. 하늘에서 내리는 눈을 보고 눈이 희다고 이야기한다면, '눈이 희다.'는 그때의 인식은 눈이 흴 오직 그때에만 '참'이어야 한다는 것이다. 어느 사실에 대한 참을 말하려면 그것을 드러내 보일 수 있는 상위 개념을 활용해야 한다. '신이 존재한다.'라는 것을 정리하기 위해 성령을 말한다면 성령이 메타언어다. 신의 존재는 성령이 은사로 확인된다고 말했을 때 성령이라는 말은 메타언어의 기능을 발휘하고 있다. 사실에 대한 고차원적인 인식을 허용하기 위해서는 메타언어의 활용이 불가피하다. 메타언어는 절대적인 '객관성'을 유지하는 언어이기 때문이다. 메타언어는 대상 언어의 문장과 그 문장이 가리키는 사실을 함께 확실하게 드러내 줄 수 있다.

랑시에르(Jacques Ranciere) 교수는 『무지한 스승』에서 스승의 의미를 메타언어로 풀어낸다. 그는 메타언어로 스승에 대한 이해를 높이며 독자들과 소통하려고 한다. 스승과 배움의 문제를 소통의 측면에서 새롭게 풀어낸다. 단순하게 이해하면, 랑시에르에게 있어서 스승의 역할은 해방에 있다. 스승이 바로 해방의 방편이라는 뜻이다. 교육을 논하는 자리에서 빠질 수 없는 자원이 교사이며, 그들이 바로 스승으로 자리 잡는데, 스승이 감당하는 일은 익히는 사람들에게 지성적으로 해방하도록 도와주는 일이라는 것이다. 지력의 해방은 그에게 지성의 평등화일 뿐이다. 지력의 해방은 인간의 평등으로 향하는 방편이기에, 교사는, 스승은 바로 지력의 해방 그 자체가 되어야 한다는 뜻이다.

교육에 의해 인간이 바보가 된다면 그것은 오히려 교육이 인간을 불행으로 떨어트리는 일이 되어 버린다. 교육이 깨달음이나 해방이 아니라, 예속의 도구로 군림하기 때문이다. 바보되기를 막아 주는 사람이 스승이다. 스승은 지력의 예속에서 벗어나게 조력하는 사람이다. 인간으로 태어난 이상 그 어떤 사람도 지력이 결여된 사람은 없다. 열등한 교육, 무식한 교사, 차별적인 학습방법만이 있을 뿐이다. 사람들의 지력을 차별하는 것은 교육일 수 없다. 지능의 차이를 능력의 차이로 간주하는 사람은 스승의 참 모습일 수 없다. 열등한 인간이 있다는 말은 사실을 말하는 것이 아니라 비유일 뿐이다. 능력의 차이를 말하는 것이 아니라 사회적 차별을 말하는 것이다. 편견일 뿐이다. 열등한 인간이라는 표현은 언표수반적으로 소통될 수 있는 것이 아니다.

스승은 지력의 해방을 촉진해 주는 사람을 말한다.[59] 지능의 해방은 두 가지 점을 지향한다. 그 한 가지는 지력의 평등이다. 인간이라는 존재는 각자적이다. 지력도 생존도 모두 독립적이다. 다른 이들과 똑같이 숨 쉬고, 밥 먹고, 웃고 우는 인간이다. 모든 인간은 숨 쉬고 있는 존재다. 모두의 존재성은 똑같다. 숨 쉬는 것에 사회적 신분의 차이가 있을 리 없다. 사회적 계급에 따라 숨 쉬기의 양태가 달라질 수 있는 것이 아니기 때문이다. 자연에는 어떤 지배의 원칙도 결코 자연적일 수 없다. 지배는 오로지 인위적이며 사회적이다. 인간은 모두 인간이라는 점에서 각자적이며 평등하다. 자연에는 인간의 평등성을 허용하는 지배의 원리가 존재하지 않는다.

다른 하나는 모든 인간은 배우는 동물이라는 것에 대한 확신을 드러낸다. "나는 배운다. 따라서 존재한다."가 모든 이들에게 해당되는 명제라고 믿고 행하는 이들이 바로 배운 이들이다. 지능의 평등을 위한 이론적 토대다. 인간으로 존재하는 나는 배우기에 인간이 된다. 그래서 배움이 지능의 평등을 현실화시켜 준다고 랑시에르 교수는 단순하게 말한다. "나는 신이 인간 혼자서 교사 없이도 스스로를 지도할 수 있는 영혼을 창조했다고 믿는다."고 잘라 말한다. 인간은 신의 형상을 닮았기에 신처럼 배우고 신처럼 해방하는 존재라는 뜻이다.

스승에 관한 랑시에르의 관점은 배움은 인간이 지니고 있는 신(神)의 기질이라는 말과 크게 다르지 않다. 배움으로 사람들은 신성(神性)을 회복한다. 배움이 사람의 영혼을 달래 주는 방편이기 때문이다. 배울 수 있기에 인간이다. 배움의 본능을 실현할 수 있기에 인간이다. 배울 수 있기에 인간은 소통하게 된다. 배울 수 있기에 인간에게는 지능의 해방이 가능하다. 지능의 해방이 가능하기에 인간들은 서로 소통한다.

인간에게 소통을 틔워 줄 수 있는 사람이 스승이다. 랑시에르 교수는 소통을 틔워 주며 지력을 해방시켜 주는 사람을 무지한 스승의 속성이라고 역설적으로 설명한다. 무지한 스승이라는 표현은 메타언어적인 언표이기에 단박에 이해되지 않는다. 무지한 스승은 무식한 교사를 말하는 것이 결코 아니기 때문이다. 타인의 지력을 해방시켜 주는 일에 주력하는 사람을 역설적으로 일컬어 무지한 스승으로 불렀기 때문이다. 잡스러운 지식이나 방법에 개의치 않으며 타인과의 소통에 주력하는 사람이 무지한 스승이다. 인간의 배움이 있어 모든 인간들 스스로 신성을 지녔다고 믿는 이가 무지한 스승이다. 무지한 스승은 자기 해방적인 사람이기에, 무지한 스승에게 이성은 의지와 동의어일 뿐이다. 평등과 지력 역시 모두 동의어다. 배움은 언표가 아니라 행동이며 실천이기 때문이다.

　자기 해방적인 사람이 무지한 스승의 본이 되어 왔음을 인류의 인물사가 보여 준다. 예를 들어, 난봉꾼으로 소문났던 장자크 루소(Rousseau)도 의외로 그런 무지한 스승에 속한다. 자기 해방이 그의 삶이었기 때문에 그는 무척이나 사색을 중요시 여겼다. 그는 말한다. 자기 해방을 위해 걷지 않으면 사유할 수가 없고, 걸음을 멈추면 생각하고, 또 생각했다고 말한다. 자기 해방을 위해 그렇게 했다고 한다. 자기의 모든 것을 있는 그대로 고백한 사람 중의 한 사람이었다. 꽤나 고독한 사람이었다. 루소는 자기가 쓴 고백록을 들고, 신을 향해 "단 한 사람이라도 당신을 향해 '나는 이 사람보다 훌륭합니다'라고 말하는 사람이 있으면 말해 주십시오."라고 외친 사람이기도 하다.[60] 꽤나 오만한 표현이었지만, 자기 해방에 대한 절규였을 뿐이다. 그는 자기 배움에도 앞장 선 사람이다.

　자기 배움에 앞장 서는 사람이 바로 무지한 스승된다는 것은 역설적인 표현이다. 자기가 자신에게 소통하는 사람이 무지한 사람이다. 자신을 가장 잘 아는 사람이 바로 자기이기 때문이다. 자기를 자기가 속이는 사람은 영혼이 병든 사람이다. 학생들에게 가장 필요한 것이 무엇인지를 고뇌하는 사람이 무지한 스승이다. 그것을 정확하게 알지 못하기에 자기 먼저 자기 지력의 연단에 앞장 서는 사람이다. 지력의 해방과 자기 배움에 치열한 사람이 무지한 스승이다. 배우려는 사람들과 더불어 끊임없이 의식소통하려는 사람이 무지한 스승이다. 자기 안에 포장되어 있는 지적 교만을 경계하는 사람이 무지한 스승이다. 학생들과 더불어 끊임없이 질문하며 자기 해방에 앞장 서는 사람이 무지한 스승이다.

　배움은 공기처럼 자연 친화적이다. 그 어디에서든 그 누구에게든 배움이 가능하다. 공론(公論)의 장(場)에서 뿐만 아니라 사론(私論)의 장(場)에서도 배움은 어김없이 일어난다.[61] 공론의 장은 제도화된 배움터로 상징된다. 고대 그리스 아테네에 위치했던 아고라(Agora) 같은 곳이 공론의 장으로서의 대표적인 평생 배움터였다. 공론의 장이 공식적인 의사소통의 장이다. 제도적으로 그 어떤 것도 쟁송의 대상으로 삼았던 공론의 장이다. 공론의 장은 제도적으로 공론이 가능한 곳이다. 사람들의 일상적인 삶이 드러나는 시장터와는 소통의 성격이나 방법이 다르다.

공론의 장에서 일어나는 소통은 언어교통의 대표적인 사례이기도 하다. 하버마스가 생각해 냈던 의사소통의 전형적인 모습을 보여 준다. 공론의 장은 공공성이 개입되는 소통의 장이다. 일반인의 삶에서 전개되는 사적인 담화와는 확연히 구별된다. 사적인 소통의 변형이 금지되고 통제되는 담론의 장이 공론의 장이다. 공론의 장에서는 공공성이 우선 개입되기 때문이다. 공론의 장은 학교에서 강조하는 것 같은 사회화의 공간이다. 문화적 재생산, 사회 통합을 조정하고 조절하는 장이 이 공론의 장이다. 공론의 장에서는 정치적이거나 사회적인 교화를 '생활'이라고 부르곤 한다.

사람들은 공론의 장에서 그들의 사회적 행위를 조절한다. 일상적인 언어적 진술과 소통을 통해 서로 간의 행위를 점검한다. 이런 공론의 장을 '제도'라고 분류한다. 권력이나 행정, 법과 같은 비언어적 매체를 통해 사람들의 행위를 조정하려고 하기 때문이다. 공론의 장 가운데에서 가장 대표적인 곳이 학교 같은 공간이다. 교실이 소통을 위한 공론의 장으로써는 가장 표본적인 곳이다. 학교는 학생들과 학생들이 서로 자기들을 보여 주는 공간이다. 교육적 목표 달성을 위해 교육법과 교육행정의 권력이 학생들의 삶에 개입하는 공간이 교실이기 때문이다.

학교교육 제도는 근대화를 거치면서 더욱더 공론의 장으로 부각되어 왔다. 학교교육 제도는 그 어떤 것보다 앞서서 발전해 왔다. 학교교육의 제도는 일상적인 삶이나 생활에서 빠르게 분리되어 왔다. 학교교실에서 보여 주는 교사와 학생 간의 학습 활동은 합리적 의사소통의 전형을 보여 준다. 이성적인 소통이 가능하지 않으면 학습은 일어나지 않는다. 교사가 학생들과 주고받는 소통은 약화와 해독의 과정이 완벽한 언표적 소통 과정을 거친다.

학교에서 다루는 정보와 지식 그 자체가 이성적으로 다듬어진 것이다. 필요 이상의 왜곡과 새로운 해석의 여지가 작은 것들을 다루는 곳이 학교교실이다. 생활에서 분리되는 정보들은 더욱더 합리적으로 다듬어진 것들이다. 언표수반적인 소통이 가능한 것들이다. 사회가 복잡해지면서부터 더욱더 합리적인 정보 제공이 중요하다. 그런 정보들을 다루는 것을 교수–학습이라고 부르고, 교육과정이라고 불렀다. 학교 교육과정에서 일상적인 정보들은 의도적으로 배제된다. 일상적인 의사소통으로써는 학교가 의도하는 정보를 학생들에게 전달하기가 어렵다.

학교의 교육과정이 삶이나 일상생활로부터 자연스럽게 분리되는 계기들이 만들어졌다. 정보와 지식의 객관적인 전달 때문에 생긴 교육의 제도화였으며, 기관화였다. 그것이 학교라는 기관을 만들어 냈다. 삶과 생활의 문제는 일상적인 언어와 언표효과적인 소통에 의지한다. 학교 현장에서 다루는 정보는 언표수반적인 소통으로 처리된다. 일상적인 언어에 의지하면 교사와 학생 간에는 소통의 부담이 커지기 때문이다. 제대로 된 교수–학습 활동도 어려워지기 때문이다. 예를 들어, 수학 공식을 가르치는 데에는 한 가지 방법이면 족하지만, 시민교육을 가르치기 위해서는 유일한 한 가지 방법 그 자체를 추시해야 한다. 교사는 일상적인 삶에서 요구되는 언표효과적인 소통보다는 언표수반적인 소통의 달인이 되어야 한다.

일상적인 삶의 현장 속에서 사람들이 나누는 소통은 학교 교실에서 학생과 교사와의 그것과는 질적으로 다르기 마련이다. 결코 교사와 학생이 주고받는 식으로 소통하지는 않기 때문이다. 그런 언표수반적인 소통은 처음부터 불가능하다. 대화의 참여자들은 서로가 이상적인 언어 공동체를 형성하기 위해 따라야 할 규칙 체계를 따르지는 않기 때문이다.[62] 사람들에게는 의사소통을 가능하게 하는 상호 주관적인 조건들이 있게 마련이다. 그런 상호 주관적인 것에 따라 서로 간에 소통이 진행된다. 기대했던 소통의 규칙을 따르지 않으면, 의사소통과정에서 왜곡이 일어난다. 소통의 왜곡은 오해로 이어진다. 불통의 연속으로 이어질 뿐이다.

하버마스는 소통의 본질은 소통의 왜곡을 예방하는 데 있다고 말한다. 사람들이 의사소통의 규칙을 따라 소통하면, 소통의 왜곡이 일어날 수가 없다는 것이다. 첫째, 서로가 알아들을 수 있게 표현하고, 둘째, 제대로 된 내용을 만들어야 하며, 셋째, 내용을 사실적으로 전달하고, 마지막으로는 그것을 올바르게 해독하면 소통에 왜곡이 있을 수 없다는 것이다. 소통에 관한 한, 그의 지적은 공자님의 말씀 같은 훈계였다. 공자님이 하시는 말씀 같은 것들은 사회 현장에서는 통하지 않는 것이 현실이다. 동일한 사건을 보고서도 사람들은 서로 다른 해석을 내리기 때문이다. 저들의 개인적 잘못이 아니다. 객관성이라는 것은 항상 의심스러울 뿐이기 때문이다. 객관적이라는 말은 한 사건이 지닌 사실이 진실스러운가 하는 정도와 양태에 따라 달라진다. 진실스러움이란 말은 논리적으로 동시에 절대적으로 옳다는 그 자체를 의미하는 것이 아니다. 진실스러움이라는 말은 한 사건이 지닌 사실에 맞는 것 같기 때문에 믿기로 한 사람들의 합의 태도를 의미할 뿐이다.

사람들은 머리가 아닌 마음에 따라 진실을 선택할 뿐이다. 진실의 잣대로 쓰이는 것은 이성이나 논리가 아니다. 감성이나 사람들의 합의 정도로 진실스러움을 판단한다. 한 사건을 둘러싼 정보들이 폭주함으로써 그 사건에 대한 철저한 논리적 분석이 거의 어렵기 때문에 그렇게 하는 것이다. 사람들은 사건에 대한 판단을 사실 그 자체보다는 마음의 소리에 귀를 먼저 기울이기 마련이다. 어느 정도 진실한가에 따라 자신의 마음을 결정하기 마련이다.

한 사건이 풍기는 진실스러움은 대중의 직관력을 증가시켜 놓는다. 진실스러움을 보여 주는 어떤 생각이나 감정이 한 집단에서 확산되어 지배적인 위치를 점하면 그것이 대중의 직관력으로 연결된다. 집단의 생각은 마치 하나의 바이러스처럼 다른 집단에 손쉽게 번지기 때문이다.[63] 소통의 진실은 항상 상대방의 마음에 달려 있게 마련이다. 소통은 그래서 반쪽짜리 이해로 시작할 뿐이다.

사람들은 흔히 말한다. 소(疏)하고 통(通)하기 위해 언어의 논리를 먼저 익혀야 한다고 말한다. 언어의 논리대로 언어를 활용하기 위해서 언어의 논리를 먼저 익혀야 한다는 논리다. 소통의 목적을 달성하기 위해 서로가 진실되게 상호작용하는 것도 필요하다. 그런 소통의 과정을 거치기에 왜곡이 일어날 수가 없다. 사람들은 소통의 절차에 따라 알아듣고, 알아들은 대로 해독하고 그에 따라 반응하면 되는 일이다. 이런 조건들은 대화 상황을 만들어 주는 정상적인 담론의 규칙들이다. 소통의 규칙들이 활용되기만 하면 사람들은 정당화된 합의에 도달할 수 있다.

하버마스가 말하는 소통의 규칙은 일반 사회 행위 이론과 정면으로 대치된다. 인간은 기본적으로 소통하는 존재이기에 소통하는 한 그 어떤 왜곡도 가능하지 않다. 인간은 합리적인 존재라는 하버마스의 믿음이다.[64] 의사소통의 행위에 대한 하버마스의 이해는 사회 행위에 관한 다른 학자들과 궤적을 달리한다. 사회 행위론에 의하면, 사람들의 상호작용은 언어를 조작하는 행위다. 언어를 조작하며 서로의 이해 관계를 거래하는 것이 사회 행위다. 언어 조작의 전략적 행위는 언어의 일반 논리보다 항상 우위에 서 있게 된다. 사회 행위 속에 소통이 개입되기 때문이다. 언어 조작의 상호작용들이 만들어 가야 될 사회를 만들어 놓는다. 행위의 원형이라고 주장하는 것과 대척점에 서 있게 만들기 충분하다.

의사소통 행위란 상황에 대한 서로 간의 공통적인 해석과 합의를 요구한다. 상호 합의 아래 서로의 의도를 조정하는 상호작용이 의사소통 행위다. 언어는 행위 조정의 필수불가결한 수단이다. 언어를 활용하는 한 언어적 상호 이해가 위력을 갖는다. 소통자들이 어떤 상호작용의 유형을 택할지는 그들의 전략적 행위다. 전략적 행위의 차이에 따라 상대방에게 미치는 영향이 달라진다.

모두가 소통 속에서의 정직함을 기대하지만 세상은 그렇게 움직이지 않는다. 누구에게 물어봐도, 세상 일 중에서 가장 어려운 것은 정직하게 살기다. 정직하게 살려면 정직하게 소통할 수 있어야 한다. 그것은 결코 쉬운 일이 아니다. 의도적으로 속이지 않는다고 해도 결과는 마찬가지다. 사람들은 정직한 것 이외의 일들에는 적당하게 얼버무리며 넘어간다. 정직은 정직함 그 자체이기에 얼버무릴 수가 없다. 타인에게 정직하게 이야기하기가 쉽지 않다는 뜻이다. 정직한 소통은 자기의 목숨을 내놓는 일에 버금갈 정도로 어렵다. 정직하게 서로에게 소통한다면 세상살이는 지금보다는 훨씬 더 행복해질 수 있기에 더욱더 그럴 수 있다.[65]

언어를 효과적으로 구사하기 위해서는 말과 같은 수단인 구두적인 언어가 동원된다. 경우에 따라 비구두적인 언어들의 활용이 활용될 때가 더 많다. 언어들은 서로에게 수많은 서로 다른 의미들을 실어 나른다. 그렇게 만들어지는 의미에 따라 소통 자체가 성사되기도 하고, 반대로 거부되기도 한다. 언어들이 실어 나르는 의미들은 상호작용을 결정짓는 수단들이기에, 비트겐슈타인(Wittgenstein) 같은 언어철학자는 누구보다도 언어들이 실어 나르는 의미에 주목했다. 언어는 인간이 살아가는 데 있어서 삶의 여러 방식과 불가분의 관계를 지닌다. 그것은 언어의 의미가 사용되는 개별적이고 구체적인 맥락에 따라 변형되기 때문이다. 누구든 직접 실행되고 있는 그 언어 게임에 참여해야만 전체 국면이 이해된다. 언어의 의미가 상황과 조건에 따라 조절되기 때문이다. 언어는 마치 게임처럼 소통에 참가하고 사람들에게 작용한다.

언어 게임의 상황을 파악하고 나면 소통 과정에서 어떤 언어를 사용할지를 제대로 알게 된다. 언어 게임의 규칙은 언어 그 자체에 있는 것이 아니다. 상황과 조건 안에서 게임의 규칙이 정해진다. 사람들 간의 일상적인 상호작용에서 언어의 게임 규칙이 살아 움직인다. 비트겐슈타인이 말하는 언어의 규칙은 하버마스가 말하는 언어 규칙과는 원리적으로 다른 종류의 것이다. 비트겐슈타인은 단호하게 말한다. 소통하는 상호작용 과정에 왜곡이 개입되면 언어 규칙은 자동적으로 틀어진다고 말한다. 왜곡이 일어날 수밖에 없다. 하나의 똑같은 언어를 활용한다고 해도 상황에 따라 의미가 달라진다. 언어의 게임 규칙이 달라졌기 때문이다. 언어의 게임 규칙이 달라지면, 사람들 간의 소통은 그것이 어떤 종류든 간에 관계없이 왜곡되기 마련이다.[66]

왜곡이 일어나는 것은 언어의 책임이 아니다. 사람의 마음이, 의도가 책임질 일이다. 언어가 인간에게 주어지기 전부터 생긴 것이 왜곡이다. 인간의 삶이 살아 움직이기 때문에 왜곡은 자연스럽기만 하다. 언어는 언어가 지칭하는 그 지표를 말하는 것만은 아니다. 언어는 마음의 '사용'에 따라 의미가 달라질 뿐이다. 언어의 본질은 지시가 아니라, 언어의 사용에 따라 언어의 본질이 달라진다는 뜻이다. 같은 언어를 사용한다는 것은 삶의 형식을 공유한다는 말이 되지만, 같은 언어를 쓴다고 해서 저들의 삶이나 저들이 누리는 삶의 형식이 같은 것도 아니다. 삶의 과정에는 의식의 왜곡이 여지없이 개입되곤 한다. 의식의 왜곡이 삶의 현장에서 불거지는 것은, 언어 의미 규칙이 상황에 따라 다양한 양식으로 변형되곤 하기 때문이다. 소통 과정에서는 어김없이 타협, 헤게모니 혹은 저항의 의미 규칙들이 만들어지고, 그것들이 소통에 개입한다.

소통의 원리는 그것이 언어교통이든 의식소통이든 간에 관계없이 서로 간의 상호이해를 조정하는 원리와 다르지 않다. 교실교육 현장에서도 그것은 마찬가지다. 교실에서 벌어지는 학생과 교사 간의 담론들은 소통의 원리를 반영한다. 일반적인 소통의 원리와 행위들을 따르기 때문이다. 교실의 소통은 교육적 성취를 위한 전략적 의사소통 행위가 주종을 이룬다. 소통의 내용들이 제한적이다. 정해진 수업 시간 동안 교사와 학생은 한담을 나누지는 않는다. 저들은 교육 목표에 도달하기 위한 전략적인 의사소통을 구사한다. 전언들은 객관화된다. 전언을 전달하기 위한 소통의 방법도 단순하다. 단순하며 직설적일 수밖에 없다.

일상적인 삶에서 활용되는 소통이나 소통의 방식들은 학교 교실에서 활용되는 그것과는 상당히 다르다. 교실에서의 언어 규칙들은 상당히 자위적이며 주관적이기 때문이다. 일상적인 삶이 그렇게 짜여 있다. 소통은 의도와 관계없이 왜곡되고 틀어질 가능성이 높다. 의사소통이라는 어귀가 그것을 상징적으로 보여 준다. '의(意)'라는 말은 다른 사람의 소리를 나의 가슴 속에 담아 두는 행위다. 자신의 의도와 어긋나면 언제든지 마음 밖으로 뛰쳐나갈 개연성이 높다. 사람들은 상대방의 소리를 알아듣지 못해 소통하지 못하는 것이 아니다. 마음이 동(動)하지 않기 때문에 통할 수가 없기 때문이다.

소통(communication)이라는 말은 원래부터 혼선과 혼돈의 뜻을 지니고 있었다. 혼선을 지닌다는 의미 때문에 소통은 '관계를 가진다.'는 뜻으로 쓰였던 것이다. '공통분모를 가지다.'라는 뜻의 라틴어인 '코뮤니카레(communicare)'에서 파생된 단어가 교통이다. 서로가 마음의 공통분모를 갖게 되면 서로가 그것을 나눌 수 있다. 서로를 향해 여유를 가질 수 있다.[67] 코뮤니카레는 원래 신(神)이 자신의 덕을 인간에게 나누어 주는 일을 상징하기 때문이다. 한 물질에 내장된 열이 다른 물체로 전해지는 행위가 코뮤니카레다. 전도, 전위 혹은 나눔을 상징하는 단어가 코뮤니카레다.

사람이란 다른 사람들과 나누며 서로 통하는 일에는 상대적으로 서툴기만 하다. 자기의 약점이나 자기의 이익에 반하는 것에서는 더욱더 그렇다. 나누는 일에는 익숙하지 못한 것이 인간이기 때문이다. 세상일은 우리의 생각과는 다르다. 다른 이들과 나누면 사람들은 심리적 안정을 느끼게 되기 때문이다. 나누기 위해 사람들은 자기 마음을 염탐한다. 자신의 길과 다르다고 느끼기 시작하면 나누는 일이 거북살스럽다. 동의보다는 거부가 우선한다. 자기의 생각이나 모양이 저들과 다르다는 것보다는 저들이 자기의 생각과 다르다고 생각한다. 다름을 인내하지 못한다. 차이를 받아들이지 못한다. 차이는 차별이며 거부다. 다른 이와 같다는 것은 자신의 포기라고 생각한다.

가족 구성원들 사이에서도 예외가 아니다. 가족들 사이에서도 불통이 빈번하다. 가까운 사이가 소통을 오히려 방해한다.[68] 가족 구성원들 간에 오해와 편견이 더 많기 때문이다. 가족 구성원들의 가족이라는 이유가 무엇이든 다 설명하는 것은 아니다. 가족 구성원이라고 서로를 더 잘 알고 있는 것도 아니다. 그들 간에 일상적인 언어교통은 빈번하다. 때로는 사고도 있고 충돌도 하지만 나름대로 언어교통은 순조롭다. 언어교통이 원만하다고 의식소통이 되는 것은 아니다. 의식소통은 의외로 곡해된 채 풀리지 않는 경우가 더 흔하다.

가족 구성원 간의 의식소통을 방해하는 것들은 주로 두 가지다. 한 가지는 가족 간에 있어야 할 친밀감의 실종이다. 다른 한 가지는 가족들이 너무 사적으로 서로의 이해 관계에 개입하기에 객관적인 살핌이 결여된다. 가족은 피로 연결된 가까운 관계의 사람들이다. 서로 간에 나름대로의 친밀한 연계를 지닌다. 책임감과 부담도 함께 지닌다. 가족들은 그런 관계와 책임을 서로 어긋나게 생각한다. 상대방에게 과도한 기대를 한다. 요구와 간섭이 가능하다고 생각한다. 상대방에 대한 욕심이 생긴다. 욕심이 커지면 기대가 커진다. 서로 간의 소통이 방해받는다. 의식에 상처들이 생긴다. 가족 구성원 간에 상처가 더 빈번하게 생기는 이유다. 친한 사이라고 믿는 가까운 거리에 있는 사람들이 서로에게 더 자주, 더 많은 상처를 주는 이유다. 받은 상처에는 더 많은 아픔이 실린다.

사람들은 나누는 일에도, 공감하는 일에도 친숙하지 못하다. 소통하는 일에 대해서도 익숙한 편은 아니다. 개인의 생존이 우선하기 때문에 그런 일은 부차적일 뿐이다. 일상생활에는 편견이 가득 차 있기 때문일 수 있다. 사람들은 편견에 의지하면서 일을 처리하기를 좋아한다. 심리적으로 편안하기 때문이다. 심리적인 편안감 때문에 자신의 편견 덩어리 생각에서 쉽게 뛰쳐나오지 못한다. 편견에 대한 심각성을 느끼지 못한다.

편견의 정당성을 만들어 내거나 그것의 구실을 만들어 간다. 사람들은 편견을 둘러 말한다. 예를 들어, 여자에 대해 편견이 있다고 말하는 대신 "나는 말수가 적은 여자가 좋다."라고 말한다. 여성에 대해 심한 편견이 있다는 표현이다. "병신 꼴값 한다."라는 말도 자주 쓴다. 상대방의 특정 상태를 폄하한다는 뜻이다. 여자에 대한 편견과 장애인들에 대한 자신의 편견을 드러낸 것이다.[69]

긍정적으로 표현한다고 해도 편견이 저절로 제거되는 것은 아니다. '여자는 암기 능력이 뛰어나다' '부자일수록 구두쇠다' 등의 표현이나 언급 역시 마찬가지다. 듣기에는 긍정적인 내용이다. 그 내용을 감싸고 있는 의식은 편견 덩어리다. 편견이 많아지면, 편견으로 사람들을 대하면 서로 간의 소통은 쉽지 않다. 편견은 언어에서 쉽게 노출된다. 행동으로도 편견이 드러난다. 편견이 겉으로 표출되면 서로가 나눌 수 있는 공통분모는 작아진다. 소통의 여백이 줄어든다. 불통의 공간이 넓어진다.[70]

사회현상학자들은 타인과 나와의 소통 관계가 어떤 관계인지를 이론적으로 밝히는 이론가들이다. 타인과 나와의 소통 관계를 다루는 학문이 마음의 현상학이다. 사회현상학은 마음의 현상을 다룬다. 다른 이들의 행동에 대해 나의 경험이 어떤 식으로 작용하는지를 소통의 관점에서 이론화한다. 사회현상학의 핵심 과제는 나와 타자 간의 경험적 소통 문제다. 나와 타자 간의 경험적 소통을 다른 말로 의식소통(inter experience)이라고 부를 수 있다. 마음의 현상학은 결국 의식소통을 이론화하는 논리의 학문인 셈이다.

나라는 주체는 다른 이들의 행동에 대해 판단하기를 좋아한다. 쉽게 판단하고 쉽게 오해한다. 세상은 자기 편한대로 돌아가는 것은 아니다. 나의 판단과는 달리 타자들의 행동은 복잡하고 미묘하다. 개별적인 행동은 언제나 각자적이다. 타자의 행동이 구체적으로 어떤 조건에서 일어난 것인지에 대해서도 무지하기는 마찬가지다. 나에 대한 타인의 행동은 때때로 내가 그에게 보여 준 것에 대한 반응일 수도 있다. 그런 순간적인 각성이 생기기도 한다. 나의 행동이 다른 이에 대한 직접적인 반응일 경우도 있다. 서로에게 그런 일이 있을 수 있다는 상호 공감의 순간적인 깨달음이 의식소통의 순간이다. 의식소통은 상대방을, 그것이 사람이든 자연이든, 그것에 대한 별안간 터지는 순간적인 상호 공감의 결과다.

生 **4.** "우주가 당신을 세상에서 거두어가기로 결정하지 않는 한, 당신 삶에 마침표를 찍을 수는 없다. 모든 것을 내던지고 포기해서도 곤란하다. 그 대신 당신 내면에 웅크리고 있는 능력에 귀를 기울여라…… 우리는 슬퍼하기를 꺼린다. 눈물을 흘릴 줄 모른다. 힘들 때는 울어야 한다. 우는 것은 당신이 나약하기 때문이 아니다. 우는 행위 자체가 치유력을 갖고 있으므로 눈물을 흘려야만 한다. 울고 나면, 우리는 다시 태어난다. 그리고 거기서부터 얼마든지 다시 시작할 수 있다." – 대프니 로즈 킹마[71]

"청춘은 인생의 어느 특정 시기가 아니라 마음가짐을 뜻한다." – 사무엘 울만[72]

소통은 단순히 사람들 간의 단순한 맞장구나 조잘거림 같은 것을 말하는 것이 아니다. 조잘거림이 때로는 필요하지만, 그것으로 모든 것이 해결되는 것도 아니다. 가식적인 맞장구 때문에 오히려 상심하는 사람이 더 많다. 마주한 상대방이 언제나 진실만을 보여 주는 것은 아니다. 관심이 없으면서도 나에게 귀를 기울이는 척하기는 식은 죽 먹기일 수 있다. 허위와 가식의 경우를 감지했을 때 우리는 상처를 받는다. 타자는 소통하는 척하면서도 나와 통하는 것은 아무것도 없게 된다. 소통하는 척하지만 거짓으로 소통하고 있는 것이다.

의식소통은 타자의 무의식에 대한 공감능력과 밀접하다. 소통하는 태도에 따라 소통의 정도가 달라지기 때문이다. 무의식의 영향에 따라 소통의 성격이 달라진다. 소통 속의 거짓 소통 흔한 이유다. 거짓 소통이 불통의 한 유형이기는 하지만, 소통의 한 형태다. 거짓 소통 상황의 실체를 알아 내려는 실험이 있었다. 사람들이 의식소통 과정에서 숨기는 것의 실체를 밝히려는 실험이었다. 그것을 알아 보기 위해 사람의 몸에서 나타나는 '시그널(signal)'을 분석했다.

그 신호, 그 시그널이 바로 소통의 필터에서 나온다. 소통의 필터는 소통과 불통을 순식간에 갈라 버리는 여과 장치다. 사람마다 각각 나름대로의 세상을 간파하는 소통의 필터를 지닌다. 사람마다 경험의 폭과 질이 다른 이유다. 체험했으면 체험한 대로, 익혔으면 익힌 대로 사물을 여과시키는 필터를 작동시킨다. 소통의 여과장치는 항상 자기편이다. 자기가 우선 옳다고 본다. 소통의 필터는 우기는 힘이 세다. 내가 전부, 나만이 옳다는 필터가 상대방의 면전에 나오면 일단 불통을 예고하는 것이나 마찬가지다. 통행금지의 팻말이나 마찬가지다. 불통은 거래의 중지, 관계의 절연을 예고한다. 상대방도 내가 보는 식으로 세상을 봐야 한다고 믿는 그때부터 상대방의 존재감이나 상대방의 세계를 파괴한 것이다. 옳기만 한 나를 상대방이 몰라 준다고 우기면, 상대방 역시 그렇게 내게 다가온다. 상대방의 필터를 먼저 인정해야, 그 사람의 됨됨이와 유형을 알게 되고, 그때부터 나름대로 소통의 틈과 여백이 넓어진다.[73]

소통은 언어를 통해서만 일어나는 것이 아니다. 몸을 통해 소통이 진행되기도 한다. 여과 장치는 여러 가지 형식으로 소통과 불통의 조짐을 보여 주는 시그널이다. 몸의 시그널은 영장류들이 서로에게 신호를 보내는 메커니즘에서 진화된 강력한 생물학적 기호다. 시그널은 '정직한 신호(honest signals)' 그 자체를 말한다. 다른 것보다도 그가 원하는 진정한 의미를 실어 나르는 것이 시그널이다. 몸의 시그널은 몸의 각

기관들이 서로가 어떤 식으로 의식을 소통하는지 그 소통의 정체를 드러낸다.[74]

의식소통은 사람들 사이에서 일어나는 무의식적 관여와 귀 기울임 모두를 포함한다. 의식소통이 예술적 행위에 속하는 이유다. 사람들의 소통에서 모든 것이 분명한 것은 아니다. 때로는 알고도 모르는 척 하는 것도 소통의 한 방편이 된다. 서로의 삶을 위해서 바람직할 때도 많다. 내일의 관계를 펼치기 위해 오늘을 양보하는 경우일 수도 있다. 서로 간의 이해관계는 이해관계이기 때문이다. 서로 합치되는 것보다는 서로 어긋나는 경우가 더 많기 때문이다. 어긋남들이 때로는 서로에게 상처를 주는 것만은 아니다. 쓰임새는 나의 마음에 달려 있다. 나를 먼저 반추하면 긍정적인 인간관계의 힘으로 활용할 수도 있다. 그것을 보여 주는 사자성어가 바로 '절영지회(絶纓之會)'라는 말이다.[75] '갓끈을 끊고 놀아 보는 큰 잔치'라는 말이 절영지회라는 옛말인데, 갓끈을 끊고 노는 잔치는, 사람들의 관계가 '말'로만 만들어지는 관계가 아니라는 의미를 담고 있다. 내게 전달되는 모든 전언의 의미를 '모두 알아 내는 것'만이 의식소통에서는 능사가 아니라는 것을 극적으로 보여 주는 사자성어가 절영지회라는 고어(古語)다.

의식소통은 정신적인 협동 행위이기도 하다. 화자와 청자들이 주고받는 말의 발화 그 이상을 넘어서기 때문이다. 의식소통이 언어교통과 질적으로 다른 점이다. 언어교통은 개인적인 차원에서의 해석이나 의미 전달 과정에 속한다. 화자(話者)와 청자(聽者) 간의 언어 사용은 기본적으로 '협동 행위'다. 사람들이 대화한다는 것은 서로가 의미의 앙상블(ensemble)을 시도하는 행위다. 서로가 의도하는 바를 긴밀하게 조율하는 합체적인 행위다. 합체가 되기 위해서는 서로의 언어 사용이 언어 교환으로 끝나서는 곤란하다. 화자와 청자의 단순한 만남과 언어 교환 그 이상의 행위여야 한다.

화자와 청자 사이의 합체는 서로의 일에 서로가 참여하는 일이다.[76] 참여는 간섭이 아니라 속내 깊은 관여다. 청자와 화자들이 각각의 언어가 쓰이는 맥락에서 서로 간의 믿음을 하나로 만들어 가는 마음가짐이 합체다. 언어에 의한 합체적 행동과 언어의 참여 행동은 같은 것이다. 합체 속에서 서로의 참여가 부작용이 없을 때 그 어떤 것도 트고 꿰뚫게 된다. 소(疏)와 통(通)이 이뤄진다. 소와 통이 이뤄지는 것은 언어에 의한 표현만으로 가능한 것은 아니다.

언어교통으로써의 의사소통이 지니는 형식은 단순하다. 그저 '말'들을 건네고 받는 것이기 때문이다. 서로의 편의를 위해 말을 주고받는 일이다. 이해 관계의 상충을 가능한 피하면서 자기의 이익을 취하는 행위로 끝난다. 자기의 생각을 언어라는 수단에 태워 바삐 나르며 거래하며 이해 관계를 조정하려는 노력이다. 언어교통은 서로가 아무런 만남도 없이 대형 버스에 탄 여행객들과 같다. 각자의 목적지만을 생각하며 서로에게 눈길 하나 주지 않아도 무방하다. 운전기사의 안내 방송만을 듣고 자기의 목적지에 도착하면 된다.

한 차에 타고 간다는 뜻에서 합승의 교류는 하되 교류가 없는 닫힌 역설적 교류의 상황이다. 옆에 승객이 '이 차가 부산행이 맞느냐?'고 질문했을 때, '그렇다'고 응답하지만, 그 후부터 깊은 침묵이 온다. 대답 후 눈감고 부산까지 아무 말 없이 내려간다. 승객들 간의 침묵은 영원하다. 이런 류의 언어 교환상황이 언어교통이다. 언어교통은 정신분석학자 랭(Ronald David Laing) 교수가 지칭한 것처럼 "내가 너를 보는 동안 너는 나를 보고 있으며, 내가 너를 경험하는 동안 너는 나를 경험하는 것이며, 내가 너의 행동을 보는 동안 너는 나의 행동을 보게 된" 것일 뿐이다.

경우 경우마다 소통의 왜곡이 불거질 수 있다. 설령 내가 그와 몇 마디 말을 더 건넨다고 해도 마찬가지다. 나에 대한 그의 경험이 그 안에 자리 잡고 있는 것이 아니기 때문이다. 그에게 나는 영원한 타인일 뿐이다. 그에 대한 내 경험 역시 내 안에 자리 잡을 여백은 없다. 나에 대한 타인의 경험은 결코 나와 아무런 상관도 없다. 마찬가지로 너에 대한 나의 경험 역시 그에게는 보이지 않는다. 서로 간에 아무런 마음의 관여가 없다. 서로는 비관여적일 뿐이다.

그와 나는 서로에게 필요한 말들을 서로 주고받는 것 같아 보일 뿐이다. 마음들이 서로 만나지는 않는다. 만나려고 하지도 않는다. 만나야 할 이유가 없기 때문이다. 서로는 평행선을 그리고 나아갈 뿐이다. 평행선은 멀리 보면 하나의 지점에서 만난다. 만나는 것처럼 보인다. 착시이며 착각일 뿐이다. 두 개는 영원한 평행선일 뿐이다. 다가가면 다가갈수록 평행선은 더욱더 선명하다. 마치 대학입시를 앞둔 고등학생들의 우정 같은 것들이다. 내신 일등급을 위해 어느 누구는 왕따가 되고, 어느 누구는 왕따를 시켜야 한다. 서로는 친구이지만, 서로는 친구일 수가 없다. 서로는 점수의 먹이사슬에 갇혀 나오지 못한다. 그래도 서로는 친구라는 현란한 언어교통을 하고 있어야만 한다.[77]

　의식소통의 관계는 언어교통의 '상호 경험 부재 현상'을 뛰어 넘는다. 상호 경험 부재 현상이란 너에 대한 나의 경험은 내 '안에' 있어야 할 이유가 없는 상황을 말한다. 네가 죽더라도 나와는 무관한 관계이기 때문이다. 서로 친하다고 말은 하더라도 두 사람의 관계는 피상적일 뿐이다. 각자의 경험은 각자만의 것으로 어느 누구에게도 관여하지 못한다. 서로는 영원한 타자들이다. 영원한 남과 남일 뿐이다. 서로에게 지옥이며, 서로를 건너게 해 주는 그런 다리가 없는 폭넓은 하나의 강이다. 소가 닭 쳐다보는 경우와 마찬가지다. 어색하지도 어눌하지도 않다. 그저 늘 우리 사이에 일어나고 있는 의식의 부재일 뿐이다. 개그맨의 우스갯소리에 고소(苦笑)를 짓지만 이내 잊어버리는 관계다. 멍청하게 웃고 있는 자신에 대해 혐오하고 마는 상황과 같다.

　의식소통은 상대방에 대한 존중이 내재된 공감의 결과다. 자기가 자기를 온전하게 사랑하는 그 마음으로 상대를 사랑하는 기술이 의식소통의 현관이기 때문이다.[78] 의식소통과 그것을 가능하게 도와주는 상대방에 대한 존중 연습은 들뢰즈(Gilles Deleuze)와 가타리가 말하는 것처럼 리좀(rhizome)적으로 성장한다. 리좀식 성장이란 뿌리줄기의 성장을 말한다. 수목형 성장은 나무가 자라서 가지를 뻗는 성장을 말한다. 뿌리줄기 성장은 줄기가 땅속에서 서로 엉키며 뻗어 나가는 성장을 말한다. 들뢰즈와 정신분석학자 가타리는 『천개의 고원』에서 리좀이 무엇인지를 설명한다. 대나무의 뿌리줄기와 같이 줄기가 변해서 생긴 땅속의 뿌리줄기가 리좀(rhizome)이다. 리좀은 중심도 없고 시작도 끝도 없다. 땅속줄기이며 땅속의 생명가지다. 뿌리줄기

는 중심축이 없다. 뿌리줄기에 비해 수목형의 줄기는 성장 양태가 다르다. 항상 어딘
가에 중심을 두고 가지 형태로 줄기를 뻗어 나가기 때문이다.

리좀은 비중심적이고 탈중심적이다. 우발적이고 자유로운 과정에 놓인 양태가 리
좀이다. 항상 사물의 중간이나 존재의 사이를 점유하며 그 중간을 대변한다. 리좀은
우발적이고 자유로운 발현과정이다. 리좀은 출발점이나 끝을 말하는 것이 아니다.
리좀은 언제나 중간에 있다. 리좀은 얽히고설키지만 질서를 지키는 연결망이다. 사
물들 사이에 있는 간(間) 존재가 리좀이다. 리좀은 마치 간주곡과 같다.[79] '뿌리줄기'
식 사유를 리좀식 사유라고 말한다.

리좀적인 사유는 단순하다. 양태가 단순하다. 중간을 통해 지각하며, 중간에서 사
유하기 때문이다. 수목형 나무처럼 위에서 아래로 지각하지 않는다. 왼쪽에서 오른
쪽으로 혹은 그 반대로도 지각하지 않는다. 오로지 중간을 통해 지각하는 것이 리좀
적 사유다. 사유의 형식이 다르다. 얽히고설키는 식으로 변한다. 리좀적 사유는 중간
적 사유다. 평균적 사유가 아니다. 어쩌면 중심을 잃지 않는다. 그 점에서 리좀적 사
유는 중용적 사유이기조차 하다.

리좀적 사유는 속도가 사물을 취하는 것이 아니라 사물들이 속도를 취한다. 사물
들 사이란 장소나 공간을 말하는 것이 아니다. 하나에서 다른 하나로 상호 이동할 수
있는 국지적 공간을 말하는 것이 아니다. 리좀적 사유는 하나와 다른 하나를 얽히고
설킨 채 포섭하는 횡단적인 운동적 사유다. 시작도 끝도 없는 사유다. 두터운 둑을 무
너뜨리며 속도를 취하는 개울물과 같다.

의식소통은 소통하려는 사람들에게는 본질적으로 리좀적으로 연결된다. 뿌리처럼
증식하고 뻗어 나간다. 얽히고설키는 모습은 서로의 눈에 드러나지 않는다. 다른 것
과의 관계를 얽히는 양태기에 서로가 동행적이기도 하다. 언제나 접속적이고 이질적
이기까지 하다. 비약적이라는 점에서 의식소통은 리좀적이다. 그리고 서로가 동행적
이다. 줄기들의 모든 점이 열려 있어서 다른 줄기가 접속될 수 있는 것처럼 의식소통
도 그렇게 접속된다. 다른 줄기의 어디든 달라붙어 접속할 수도 있듯이 의식소통도

그렇게 뿌리에서 곁가지를 튼다. 다른 줄기의 어디든 달라붙어 접속할 수 있듯이 소통도 그렇게 달라붙는다. 접속한 줄기들이 어느 한 점으로 귀결되지 않듯이, 의식소통 역시 하나에 의해 좌우되지 않는다.

한국인은 정보기술(IT)의 홍수 속에서도 의외로 관계의 외로움에 시달릴 뿐이라고 호소한다. 소셜네트워크서비스(SNS)가 첨단을 달리는 한국 사회지만 '진정한 소통'은 결핍되어 있다는 뜻이다. 트위터, 페이스북에도 가입해 불특정 다수와 시시콜콜한 잡담을 주고받지만 사람들 간에는 불통이 여전하다. 얼굴을 서로 보며 고민을 터놓는 관계가 빈약하다. 서로가 정보 기술의 수단에 의해 '인터랙티브(interactive) 불통, 인터렉티브한 고독'에 빠져 있다는 것이다. 저들의 관계가 피상적이라는 뜻이다. 정보기술 지향적인 한국 사회가 인간관계의 '풍요 속 빈곤'에 직면하고 있기 때문이다. 경제협력개발기구(OECD)의 충격적인 보고다. OECD는 사회 구성원 간의 관계를 사회적 자산으로 인정하고 있다. 공동의 가치와 기준, 이해 등을 함께 공유하며 서로 간의 협력을 증진시키기 때문이다.[80]

소통은 사람과 사람 사이를 잇게 만든다는 점에서 관계의 연장을 말한다. 소통은 익스텐션(extension)적이다. 전기를 이곳저곳으로 이어 주는 멀티탭과 같은 전기꽂이 기구처럼 익스텐션적이다. 서로를 서로에게 연결하며, 서로에게 통하도록 만들어 주기 때문이다. 전기가 흐르고 통하면 힘이 생긴다. 새로운 일을 할 수 있는 동력이 생긴다. 사람들 사이에는 일을 만들어 줄 수 있는 일련의 질서나 규칙이 생긴다. 동력이 통하는 한 일들이 만들어진다.

소통은 동시에 서로 간의 연결을 맺고 있는 인간관계의 매트릭스이기도 하다. 우리가 보고 있는 사회 현실은 진실과 아무런 상관성이 없는 것일 수도 있다. 사회 현실이라는 것은 진실, 그 자체와는 거리가 먼 것일 뿐이다. 진실의 반영물일 수는 있지만, 그것 자체는 아니다. 사회 현실은 가짜, 허위, 짝퉁으로 구성된다. 역사도 만들어지고, 진실도 만들어지며, 이야기도 만들어질 뿐이다. 환상과 환영(幻影)들끼리 이어지는 허위적인 이야기 덩어리에게 질서를 부여한 것이 진리이고, 역사이며, 이야기다. 어제까지만 해도 서로가 서로에게는 소통 그 자체였지만, 상황이 바뀌면 모든 것은 일시에 도치되고, 바뀐다. 이 점은 황제나 왕(王)의 일상적인 삶에서나[81] 평민의 하루살이에서나 모두 마찬가지다. 사람들 간의 관계가 겉보기에는 허위적이며 피상적이기는 하지만 그래도 서로가 소통하고 있는 한, 서로는 서로에게 관여적(關與的)이기에 서로는 서로에게 나름대로 의지하게 된다.

세상을 지배하는 유일하고도 절대적인 진리는 존재할 수가 없다. 세상에는 일상적인 것들을 설명해 주는 작은 진실들은 즐비하지만, 그것을 하나로 통째로 꿰뚫고 있는 절대적인 진리는 없다. 그런 것이 있는 것처럼 보이기는 해도, 실제로 그런 절대적인 진리는 없다. 사회는 진실이 거세된 허상들의 진열대다. 보드리야르(Jean Baudrillard)가 이야기하는 것처럼 모든 것은 시뮬라크르(simulacr)다. 실재하지 않으면서도 실재하는 것처럼 다가오는 이미지, 순간적으로 생성되었다가 사라지는 자기 동일성이 없는 복제들이다. 그런 가상현실 속에서 정상이니 비정상이니 하는 식으로 사람에게 꼬리표를 붙이는 일이 무의미한 일이다. 누가 누구를 향해 정상, 비정상의 낙인을 할 수 있는 것이 아니기 때문이다.

모든 것은 존재하려면 소통적이어야 한다. 서로가 관여하기에 시뮬라크르도 만들어지기 때문이다. 시뮬라크르를 지배하는 것은 정신분열증적이다. 정신분열증이라는 말 자체가 시뮬라크르적이다. 의사들이 만들어 낸 작명이며, 한 사람에 대한 사회적 낙인일 뿐이다.[82] 정신분열은 정치적인 사건이며 의학적 사기술이다. 그와 나를 의학적으로 차별화하기 위한 사회의학적인 작명일 뿐이다.

소통은 사람들에게 어떤 문제해결을 위한 답은 아니다. 수학 공식처럼 답을 제공하는 수단도 아니다. 소통은 그물망처럼 짜여진 조직이 아니기 때문이다. 소통은 사람들이 서로 어떻게 관여할 것인지에 대한 나름대로의 자기 태도를 결정하게 도와준다. 삶에 대한 상호 배움의 철학적 기반이나 토대를 마련하는 것이 소통이다. 소통은 서로가 서로를 익히고 배우게 만드는 배움의 통로다. 소통은 서로의 학습을 마련해 주는 학습 조직과 같다.[83] 학습 조직은 조직의 구성원들이 서로 배우고 서로 즐기며 서로 성장함으로써 생산성을 증진시키기 위한 조직 내 집단 학습을 말한다. 학습 조직은 소통과 배움을 위한 조직 문화를 말한다.[84] 배움은 교실에서 일어나는 앎의 과제만으로 제한될 수 없다. 사람들이 서로 관여하는 곳에서는 어떻게든 일어나는 앎의 통로이기 때문이다. 앎의 통로가 사람들에게는 살아가는 일이며 살아 있는 학습이다.

앎의 통로가 만들어지면 동행은 만들어진다. 동행이 시작되면 모둠들이 만들어진다. 집단에는 수많은 인격이 모인다. 집단은 소통의 무대다. 인격은 내적인 성숙의 중요성을 대변한다. 개인의 성숙한 깊은 차원의 영혼과 수양의 지표들이 인격이다. 소통은 인격과 인격의 만남이다. 소통의 부재는 그래서 인격들 사이의 불통을 말한다. 인격을 도외시하는 소통의 논리는 언어들을 교통하고, 정리하는 일에 지나지 않는다.

정신분석학자인 랭(Laing)은 그래서 소통을 손쉽게 이야기하는 정신분석가들을 얄팍한 전문가로 간주하곤 했다. 그는 인간의 의식에 대한 자연과학자들의 무지에 대해 통탄한 적이 있다.[85] 자연과학은 오로지 사물에 대한 관찰자의 경험을 중시한다. 저들은 사람들의 관계에 대해 무지하다. 사물이 인간을 경험한다는 역설을 신봉하고 있기 때문이다. 저들은 사람에 대한 이해의 여백을 지니지 못한다. 자연과학은 인간의 행동과 경험에 관한 한 공허한 논리에 지나지 않는다는 것이다. 자연과학적인 정보로는 의식소통과 같은 마음의 현상학을 다룰 수 없다고 잘라 말한다. 마음에 대한 성찰은 자연과학자들에게는 불가사의한 과제일 뿐이다. 저들은 그것을 거부하고, 과학이 인간의 행동과 경험을 잴 수 있다고 주장한다. 무지를 자인하면 문제는 쉽게 풀린다. 상호 이해의 접점이 만들어질 수 있기 때문이다.

랭은 말한다. 나라는 존재는 각자적인 존재이며, 독특한 존재다. 유일한 존재는 아니다. 내가 이 세상에서 유일한 존재라고 말한다면 그것은 의미 없는 말이다. 나라고 말하는 그것 자체가 타인을 전제로 한 말이기 때문이다. 내가 유일한 상황에서 '나'라고 말하는 그 자체가 성립될 수 없다. 이것은 고립도 아니다. 고독도 아니다. 나만이 유일하다고 말하면서 고독을 받아들이면 그때의 사정은 달라진다.

어느 종교에서든, 저들에게 신(神)이라는 것은 유일하다. '신'이라고 불리는 그 자체가 유일한 상징이다. 유일한 신이 인간 앞에 나서서 스스로가 유일한 신이라고 우기는 것은 무의미하다. 유일하지 않다는 것의 반증이기 때문이다. 인간이 있기에 그런 유일하다는 전제가 가능한 것이다. 자신만이 유일한데 자기 스스로 '나'라고 내세우는 것 역시 무의미하다. 탈의미적이다. 공허하다는 말이 아니다. 필요없다는 말일 뿐이다.

'나'라고 말하게 되는 그때는 이미 다른 사람들을 의식한 것이다. 다른 사람이 갖고 있는 독자성을 수긍한다는 뜻이다. 나와는 구별되는 존재들의 형태는 다양하다. 수많은 존재들 가운데의 하나인 나는 그 나름대로 존재한다. 그것은 명백하다. 그것이 나를 그로부터 구별하는 일의 시작이다. 나는 너와 혹은 그와 어떤 형식으로든 갈등한다. 긴장한다. 긴장한다는 것은 소통한다는 것이다. 사람이 살아간다는 것이다. 나는 유일하지만 수많은 것 중의 하나일 뿐이다. 절대적인 진리는 없다. 모든 것은 부분적이며 국지적이다. 서로가 서로를 배척할 수 없는 일이다. 서로는 서로를 필요로 한다. 소통이 그것을 이어 주는 가교다.

나와 그가 갈등하는 사이에는 틈새가 있다. 그 틈새에서 하나의 현실이 모습을 드러낸다. 그것이 바로 사회적 실재다. 사회적 실재에 대해 나는 무지하다. 네가 생각하는 것도 무지하다. 네가 아는 것보다 아주 작다. 너와 나라는 존재들이 알고 있는 것은 항상 부분적이다. 부분을 넓히기 위해 소통한다.

의식소통에서는 서로 간의 '상호 관여적'인 개입과 체험이 중요하다. 타인의 경험은 겉으로 나에게 보이지 않기 때문이다. 의식소통으로 그것의 윤곽을 감지해 낼 수 있을 뿐이다. 의식소통은 맛볼 수도 없다. 만질 수도, 맡을 수도, 들을 수도 없다. 경험해야만 그것이 무엇인지 어렴풋하게나마 느낄 수 있다. 나는 타인을 어떻게든 경험한다. 그 경험의 상태로 다시 경험한다. 나 스스로 타인의 경험을 이해하려고 노력해야 한다. 노력으로 타인의 경험을 제대로 경험하는 것도 아니다. 나는 타인을 경험하고 있다고 믿고 있게 될 뿐이다. 타인을 경험할 수 있는 빠른 길은 한 가지다. 내가 타인에 의해 경험됨으로써 나 스스로를 경험하도록 해야 한다. 타인에 대한 나의 경험과 나에 대한 타인의 경험 사이의 관여가 의식소통의 지름길이다. 나의 경험이 타인과 그들에게 감지되지 않으면서도 자연스럽게 감지된다. 타인의 경험 역시 마찬가지다. 내게 보이지 않는 그때부터 이미 내게 보이고 있기 때문이다.

누구든 남의 마음을 완벽하게 읽지는 못한다. 신은 인간에게 그런 능력까지 주지는 않았다. 의식소통은 기법이나 기술만으로 완성되는 것도 아니다. 의식소통을 촉진하는 기술이나 방편이 필요하지 않다는 뜻은 아니다. 의식소통의 능력을 일깨우는 행동이나 방편이 더 필요하다. 의식소통을 하기 위한 여백 만들기가 가능해야 한다. 의식이 그것을 받아들여야 한다. 소통하는 사람들의 경험적 양태에 주목하기 시작해야 한다. 그런 일은 다양하며 일상적이다. 우선 서로가 자주 칭찬하고 서로에게 믿음의 어깨를 빌려 줄 수 있어야 한다.

믿음의 어깨를 빌려 주려면 서로가 서로를 수긍하는 '내관(內觀)'의 눈길을 보내야 한다. 믿음은 그에 대한 나의 의심을 치유하는 방편이다. 내가 나 자신을 돌보는 일이 상대방에 대한 믿음이다. 믿음은 치료를 넘어서는 치유다. 치료는 원래의 상태, 그 자체가 지니고 있는 기능을 현재 상태로 회복하는 것이지만, 치유는 현재를 넘어서 미래에까지 뻗어 나가는 나의 품격에 대한 나의 소망이다. 의사가 보여 주는 식의 치료는 상대방으로부터 받은 불신을 적절한 수준에서 서로가 해소함으로써 서로의 인격을 지키는 예절 행동 같은 것이지만, 치유는 자기 반추, 자기 반성, 그리고 자기의 거듭남이다.

치료로써의 언어소통은 서로에게 친구의 의식을 만들어 내지만, 치유로써의 의식소통은 그가 나의 삶에, 내가 그의 삶에 관여할 수 있는 마음의 여백을 넓혀 놓는다. 의사가 치료에서 보여 주는 예절은 의사가 지켜야 할 것으로 인정되는 것을 바르게 지키는 전문적인 기술이다. 의료 기술은 기술이지 참여가 아니다. 부모는 의사로서의 예절이 아니라 사랑의 이름으로 내게 관여한다. 치유가 담긴 관여로 참여한다. 관여는 예절과는 달리, 함께하는 사람들을 편안하게 해 주기 위한 배려다. 배려와 존경의 방법들이 관여와 내관의 핵심이다. 존경(Respect)이라는 말은 다시 살핀다는 뜻을 담고 있다. 상대방의 감정을 미리 미리 살피기 위해서는 상대방의 상황을 내관으로 관여해야 한다. 존경으로 만들어지는 앎의 여백은 사람 간의 상호 관여 관계가 가능한 소통의 장이 된다. 존경이 서로를 위한 배려의 여백을 넓혀 놓기 때문이다.

여백과 내관은 공감의 공간을 넓혀 놓기 마련이다. 사회심리학자인 이케스(William Ickes)[86] 교수는 인간관계를 공감의 관점에서 이해하라고 말한다. 그는 서로 잘 알지 못하는 두 참가자가 참여하는 실험을 실시했다. 그들이 보여 주는 자연스러운 행동을 일단 영상으로 녹화했다. 각자에게 녹화된 자신들에 관한 테이프를 보여 주었다. 자신이 어떤 생각을 하거나 감정을 느꼈던 순간마다 비디오의 각 장면을 정지했다. 그리고 그 내용이 무엇인지 서술하거나 설명하게 했다. 그다음에는 같은 방식으로 상대의 생각과 감정을 추측하여 적게 했다. 그렇게 얻은 실제 생각과 감정, 서로가 추측한 생각과 감정의 유사성을 수치화했다. 그 결과를 컴퓨터 프로그램을 통해 조합 및 합산했다. 백분율로 기록될 정확도를 점수로 환산했다. 그 사람의 '공감 정확도 점수'를 알기 위한 계산이었다.

감정 추측에 관한 갖가지 실험 결과는 충격적이었다. 서로 오래 살아온 부부일수록 서로에게 크게 공감하는 것이 결코 아니었기 때문이었다. 오래된 부부는 공감하는 사람들이라는 사회적 통념을 뒤집어놓는 결과였다. 오랜 사귐이 공감의 실체가 아니라는 결론이었다. 통념은 흔히 편견임을 알리는 신호이기도 했다.

부부 생활에 대한 30년 간의 실험 끝에 그가 내린 결론은 간단했다. 결혼 생활이 오래된 부부일수록, 오래되지 않은 부부에 비해 공감 정확도가 떨어진다는 사실이었다. 부부 생활을 오래할수록 배우자의 독특한 행동을 서로 알게 된다. 서로의 정서 성향을 인식하고, 그에 대해 늘 그렇게 적응한다. 그것이 하나의 습관으로 서로에게 굳어진다. 습관이 굳어지면 서로는 오히려 상대방에게 공감하지 않게 된다. 오래된 부부일수록 상대방의 욕구를 공감하는 것이 아니라, 고정된 방식으로 상대방에 반응한다. 편견과 습관이 만들어 낸 결과다. 그래서 기대되던 서로 간의 공감성은 오히려 상대적으로 더 떨어지기 마련이다.

서로에게 공감적인 생활을 하려면 평생 서로는 나그네처럼 살아야 할지 모른다. 서로가 서로에게 나그네와 같은 오래된 행동을 하는 부부나 혹은 오래된 부부 같은 나그네로서 그렇게 서로 사는 길이 서로의 공감을 극대화시키는 길이라는 것이 그의 결론이었다. 이들은 서로의 마음속에 잘 드는 가위, 잘 붙는 풀 하나씩을 가지고 살아가기 마련이다. 요즘 인터넷 공감 차트 일위를 차지하고 있는 삶의 지혜를 노래하는 글이 바로 「가위와 풀」이다. "근심 생기면 근심을 끊고, 슬픔 생기면 슬픔을 끊고, 걱정 생기면 걱정을 끊고, 절망 생기면 절망을 끊고, 미움 생기면 미움을 끊고, 욕심 생기면 욕심을 끊고, 만용 생기면 만용을 끊고, 두려움 생기면 두려움을 끊고 살게, 그리고 믿음 떨어지면 믿음을 붙이고, 정이 떨어지면 정을 붙이고, 열정 떨어지면 열정을 붙이고, 긍정 떨어지면 긍정을 붙이고, 용기 떨어지면 용기를 붙이고, 배려 떨어지면 배려를 붙이고, 웃음 떨어지면 웃음을 붙이고, 희망 떨어지면 희망을 붙이고, 사랑 떨어지면 사랑을 붙이고 살겠다." 잘 드는 가위로 끊을 것 생기면 명확하게 끊고, 잘 붙는 풀로 붙일 것 떨어지면 확실하게 붙이고 살기만 하면 자신의 삶과 서로의 삶에 상호 공감과 행복이 저절로 깃들기 마련이기 때문이다.

의식소통의 원형은 공감 증진으로 맞장구를 치는 일 같은 것과는 무관하다. 오래 동행하기만 하면 의식소통은 저절로 뒤따라오기 때문이다. 동행은 마음의 여백을 넓혀 준다. 서로에게 여백이 넓은 부부, 오랫동안 같이 생활해 온 부부는 마치 영국의 낭만주의 시인이었던 윌리엄 워즈워즈(William Worthwords)와 콜리지(Samuel Taylor Coleridge) 같은 친구 사이가 되고 만다. 서로는 당대 최고의 명성을 누렸던 서정 시인들이었다. 워즈워즈나 콜리지는 늘 호숫가를 거닐며, '생활은 소박하게, 하지만 생각은 드높게'를 되뇌이며 서로가 다른 시상을 다듬었다. 워즈워즈를 마음속으로 끝없이 동경했던 콜리지는 말한다. 최상의 결혼 생활을 누리려거든 마치 귀머거리 남자와 앞 못 보는 맹인 여자가 부부의 연을 맺어 함께 해로하라고 충고한다.

　타인을 이해한다는 것은 처음부터 쉬운 일이 아니다. 무엇인가 한마디만 비틀어 말하기만 해도 타인의 마음은 이내 틀어져 버리기 때문이다. 하나의 표정은 수백만 가지의 서로 다른 의미를 실어 나르기 마련이다. 물론 한마디의 말만 들어도, 상대방이 무엇을 원하는지 그 사람의 됨됨이가 어떤지를 알 수도 있다. 말 한마디로 사람의 됨됨이를 알아차릴 수 있다는 말은 그것이 그럴 수 있다는 추론적인 말일 뿐이다. 경험으로 그렇게 옳은 말은 아니다. 상대방의 마음 읽기가 바로 이해이기 때문에 그런 어려움이 생기게 된다. 마음 읽기는 의식소통의 핵심은 아니지만, 의식소통에서는 생략할 수 없는 부분이다. 의식소통은 소통의 성패 그 자체에 좌우되는 것이 아니기 때문이다. 의식소통은 남의 마음을 훔쳐보는 그런 것도 아니다. 불가에서 흔히 말하는 것처럼, 의식소통은 '신통력'을 발휘하는 일이 아니기 때문이다. 의식소통은 마음 훔쳐보기 같은 것이 아니다. 그것보다는 마음 내주기, 마음 버리기가 의식소통의 핵심이다. 배려와 똘레랑스 같은 것이 의식소통에서 중요하다. 똘레랑스가 일어나기 시작하면 다른이의 자극에 귀기울이는 일이 가능하며, 그렇게 되면 의식소통도 가능하다는 뜻이다. 똘레랑스로서의 의식소통이 소통에서 핵심이다. 이런 의식소통은 자비나 이웃 사랑에서 극명하게 드러난다.[87] 의식소통은 불가에서 말하는 여섯 번째 신통력에 버금가는 돈오돈수의 성찰과 깨달음과도 엇비슷하게 견줄 수 있다.[88]

　신통력에 이르는 여러 과정에서 성찰은 필수적이지만, 그것은 결코 이루기 쉬운 일이 아니다. 보통 사람에게는 영원한 구도자의 길을 걷게 만드는 고답적인 처방일 뿐이다. 인간이라는 존재는 자기 나름대로의 성격을 갖고 살아간다. 성격은 여러 층으로 만들어진다. 양파 껍질처럼 만들어진다. 껍질을 벗길 때마다 속살이 겉으로 드러난다. 표피는 결코 영원한 것이 아니다. 그것은 다시 전체를 덮는 각피가 된다. 표피가 아니라 치장일 뿐이다. 인간은 매일같이 자기 나름의 성격이라는 층을 만들어 간다. 인간은 사회적 존재이기에 불가피하다. 인간이 되기 위한 인간의 조건이 바로 관계의 조건이다. 관계가 없는 사람은 관계없는 사람일 뿐이다. 관계들 때문에 나의 성격이 만들어진다. 너와 나만 사는 곳이 이 세상이 아니다.

나와 너의 둘만의 관계는 그와의 관계로 확장된다. 우리에 대한 의식화가 생기기 시작한다. 타인에 대한 배려들이 시작된다. 관계들은 순간적이다. 순간이 사람을 만든다. 순간에 대한 반응이 서로 간의 관여를 배열한다. 예를 들어, 학생들은 특정 교사를 비난하기 위한 '안티 교사 카페'를 만들어 놓고 서로가 서로를 즐긴다.[89] 피해자인 교사가 생기게 마련이다. 가해자인 학생들은 교실에서의 교사와 학습 이전에 인간적인 순간들을 맞이한다. 결정적인 순간은 결정적인 장면이다. 사형대에 오른 사형수가 겪는 결정적인 순간과는 다르다. 물리적으로는 그렇다. 심리적으로는 그렇지 않다. 학생들과 해당 교사들의 관계는 사형수의 느낌으로 관여하게 되기 때문이다. 서로 간의 눈빛 하나가 한마디의 독화살이 된다. 모두의 운명을 좌우한다.

결정적인 순간이란 이해관계가 첨예하게 다른 상황이다. 감정에 휘둘리기 쉬운 상황이다. 서로가 대척하는 지점이다. 대응방법은 수없이 많다. 침묵이나 묵언도 방법이다. 폭언과 폭력도 방법이다. 한순간이 모든 상황으로 번질 수 있는 순간이다. 이 순간을 성공적으로 관여하는 일이 중요하다. 대화 기술의 문제가 아니다. 인품의 문제다. 소통은 기술로 풀리는 것이 아니라 세상을 바꾸는 일이다. '지속적이고 의미 있는 변화'를 끌어 내는 일이다.

삶의 긴장은 매일같이 진행된다. 갈등과 긴장, 분열과 통합은 현재 진행형이다. 모든 관계는 그렇게 긴장 내재적이다. 사귀던 사람에게 헤어지자고 말하는 순간이 필요할 때가 있다. 말로 할 수 없을 수도 있다. 몸짓으로 그것을 드러낼 수도 있다. 평소 자신에게 공격적이던 직장 동료와 대화해야 할 순간도 있다. 직장 상사의 잘못된 행동을 지적해야 하는 순간이 있을 수도 있다. 모두가 손에 땀이 나는 '결정적 순간'들이다. 우리의 일상사는 바로 이런 결정적인 순간들로 포진되어 있다. 관계의 그물 속에서 살아가는 인간에게는 어쩔 수 없는 노릇이다. 결정적인 순간들은 대부분 나와 타인의 '관계'에 둥지를 틀게 마련이다. 이때마다 사람들은 당황한다. 그 누구든 '소통'의 어려움을 절감하게 된다.[90]

의식소통이 통째로 완성되는 것은 아니다. 의식불통의 경험이 더 많기 때문이다.

의식불통에 대한 예방법들이 있을 수 있다. '결정적 대화'의 기술이 그런 처방이다. 결정적인 대화에서 결정적인 것은 '의견 공유'다. 의견 공유의 말문을 터야 한다. 논쟁적 수위가 높고 감정이 개입하기 쉬운 대화일수록 그렇다. 대화와 관련된 모든 정보를 공개적으로 끄집어 놓고 대화해야 한다. 그것이 의견 공유다. 적합한 결론은 중요한 것이 아니다. 적합한 관여가 중요하다.

결정적인 순간에서 의견 공유를 하려면 스스로 먼저 자신부터 돌아봐야 한다. 안티 교사 카페의 경우, 당한 교사는 당황한다. 냉정을 잃지 말아야 한다. 문제의 내용과 대면의 위험을 생각해야 한다. 대면하지 않았을 때의 위험도 생각해야 한다. 문제의 근원을 꼼꼼히 따지면서 문제를 제기한 학생들과 대화에 임해야 한다. 결투가 아니라 소통이다. 서로의 경험에 관여하는 일이다. 교사 스스로 편안하게 대면해야 한다. 평정심을 잃으면 결정적인 순간은 결정적 사이로 몰고 간다. 평정심을 잃지 않기 위해서 먼저 돌볼 일이 있다. 부족한 부분을 자기 성찰하는 일이다. 동기 부여의 문제인지 능력의 문제인지를 따져야 한다. 교사로서의 권위나 힘을 이용할 마음을 버려야 한다. 교사는 그런 결정적인 순간을 해결할 행동을 실천해 내야 한다. 누가, 무엇을, 언제까지 끝낼지 결정하고 중간 점검을 하면서 그 결정적인 순간을 해결해야 한다.

서로가 서로에게 통하려면 서로 간의 차이에 대해 살펴야 한다. 학생들에게도 그들 나름대로 자기들끼리 소통 코드들이 있다. 소통 코드를 무시하면 소통에로의 장애가 일어난다. 학생과 교사는 서로가 외계인 같은 존재들이다.

저들 교사와 학생 사이에 존경도 소통도 개입하지 않기 때문이다. 소통은 상호 존경이다. 소통은 서로에게 관여적(關與的)이다. 내가 너에게 관여함으로써 네가 존재하고, 네가 내게 관여함으로써 내가 비로소 존재한다.[91]

의식소통은 '마더리스(motherese)'의 그것을 닮았다. 어머니가 아기에게 하는 말은 일상적으로 쓰는 말과 다른데, 그것을 마더리스(어머니 말투)라고 부른다. '베이비 토크'를 말하는 것이다. 어머니 말투라고 통용되는 마더리스는 어머니가 아기에게 의도적으로 언어를 가르치는 방법이 아니다. 아기와 마음으로 소통하기 위한 방편일 뿐이다. 아기에게 눈높이를 맞춰 아기의 관심을 먼저 끌어 내는 일이다. 아기가 편하도록 도와주는 무의식적인 행동이다. 서로가 공명감을 갖게 만드는 소통이다.[92] 마더리스는 공감의 관점에서 상대방에게 주의를 주고 있다는 것을 알리는 일이다. 상대방에게 좋은 감정을 갖고 있음을 보여 주는 일이다. 서로가 조화롭게 하나의 일체감을 갖는다는 것을 드러내는 일이다.

마더리스는 세상은 당신 마음속에 있다고 속삭이는 것이나 마찬가지다. 당신이 웃으면 세상도 웃을 것이다. 당신이 화를 내면 세상도 화를 낼 것이다. 당신이 생각하는 세상이 당신이 살고 있는 세상이다. 당신이 만들어 낸 세상 이외에 다른 세상은 없다. 거울을 바라보면, 거울이 먼저 웃는 법은 없다. 내가 먼저 웃어야 그도 따라 웃을 뿐이다.

의식소통이라고 해도 너무 말 그 자체에 매달릴 이유가 없다. 어차피 정직한 소통, 솔직한 인간관계는 피상적이기 때문이다. 인간관계에서 정직함이나 솔직함이라는 말은 거의 치장에 가까운 것이다. 유행가 가사처럼 "솔직함이란 외로운 낱말이에요. 사람들은 진실하지 못해요. 솔직하다는 말은 듣기가 어렵죠. 그리고 그것이 바로 내가 당신으로부터 필요한 것이죠."[93] 의식소통은 솔직함을 향해 서로에게 몰입하는 노력일 뿐이다.

의식소통을 가능하게 도와주는 방법이 있는데, 논리적으로 세 가지 정도다. 첫째, 접촉의 방법이 그것을 도와준다. 둘째, 접속의 방법, 마지막으로 접합의 방법으로 의식소통을 촉진시킬 수도 있다. 접촉, 접속 그리고 접합의 방법은 동행을 가능하게 만들고 서로가 서로에게 지식이 되는 데 도움을 줄 수 있는 방편들이다.

접촉은 말하자면 언어교통적인 출발점이다. 접촉은 일단 언어교통의 긍정적인 면을 최대한 고려하는 만남의 시작이다. 언어교통의 시작은 만남이고 대면이다. 자동차들이 서로 사고를 내지 않고 목적지까지 내달아 가야 한다. 안전한 운전은 필수적이다. 사람 간의 언어교통에도 그런 안전한 대화법이 필요하다. 서로 사고를 내지 않는 대화법에 관한 글이나 처방은 수없이 많다. 사고 나지 않는 대화가 어렵기도 하지만 그만큼 일상적으로 필요한 것이기도 하기 때문이다.

접촉적 대화는 아무래도 연령이나 사회적 경험이 풍부한 사람들에게 편하다. 삶에 원숙미가 넘치는 사람에게서 보다 더 잘 드러난다. 그들이 말하는 성공적인 대화법 혹은 인생을 바꾸는 대화법의 바탕에는 한 가지 큰 원칙이 버티고 있다. 그것은 모든 것은 다 내 탓이라는 분위기 아래 남의 말부터 경청 하라는 원칙이다.[94] 조건 없이 서로에게 다가서야 한다. 교실교육 상황에서는 아무래도 교사가 그 다가섬의 주체다. 다가섬은 상대방에게 말을 건네는 일로 시작한다. 의문이나 질책으로 시작하기보다는 칭찬 혹은 도와달라는 요청으로 시작하는 것이 좋을 것이다. 언어교통은 저항과 마찰을 최소화시키기 위한 단초와 시작이다.

접촉의 소통 과정이 항상 순조로운 것만은 아니다. 필요에 따라 저항과 마찰은 불가피하다. 접촉이라는 말은 말 그대로 하나의 물체와 다른 물체가 서로 대칭하고 있는 중간 면을 말하기 때문이다. 그 중간 면은 중립 지대이기도 하지만, 저항이 일어나는 충돌의 시작 면이기도 하다. 저항은 서로에게 도움이 되기도 하지만, 방해가 되기도 한다. 그런 저항과 마찰이 없으면, 종이에 연필로 글쓰기도 불가능해진다. 하늘에서 내려오는 비를 맞을 때는 바위가 머리 위로 떨어지는 것이나 마찬가지다. 위기감을 피하기 어렵다.

예를 들어, 종이 위에 연필로 글을 쓴다고 할 때, 글이라는 현상은 접촉에서 피하기 어려운 종이와 연필 간의 마찰이다. 마찰이 창조한다. 종이와 흑연 간의 대칭이라는 중간 면에서 일어나는 접촉 현상이 바로 글의 써짐이다. 글의 써짐은 대결의 결과이며 긴장의 결과물이다. 종의 위에 만들어지는 흑연의 결집이 마찰이며 글이다. 종이와 흑연이라는 서로 다른 성질의 두 가지 물성은 팽팽한 긴장감을 이루며 만들어 낸 결과다. 종이와 흑연 사이에 마찰력이 없으면 그런 긴장은 일어나지 않는다. 마찰력이라는 말은 물리적으로 말해서 물체가 다른 물체의 표면에 접하여 움직이려고 할 때, 또는 움직이고 있을 때 그 운동을 저지하려는 힘이 접촉 면을 따라 작용한 상태를 말한다. 쉽게 말하면 하나의 물체에 대한 다른 물체의 저항력을 마찰력이라고 부르는 것이다.

하늘에서 내리는 비 역시 공기의 마찰을 받기 때문에 비로서 존재한다. 공기의 마찰은 비를 맞는 사람에게 위협을 극소화시킨다. 운동하고 있는 물체의 역학적 에너지는 마찰이나 공기의 저항이 없다면 언제나 일정하게 보존된다. 이 역학적 에너지의 보존법칙에 따라 공기의 저항이 없으면 비 맞는 사람은 뇌진탕을 일으켜 죽을 수도 있다. 공기의 저항이 있기 때문에 떨어지는 비는 중력과 평행을 이룬다. 그런 중력과의 평행 때문에 떨어지는 비는 그리 큰 위험 요소가 아니다.

떨어지는 빗방울에 공기가 저항하지 않는다면, 그것은 폭탄이 될 수도 있다. 물체가 자유낙하하는 현상 바로 그것이 되기 때문이다. 물체가 자유낙하할 때 일반적으로 중력 가속도가 $9.8m/s^2$이다. 그래서 물체의 속도는 매초 약 $9.8m/s$씩 증가한다. 하늘에서 떨어지기 시작한 비는 그런 식으로 가속된다. 빗방울이 비를 맞는 사람의 머리 위에 도달할 때, 그 빗방울은 매우 빠른 속력으로 낙하하는 물체나 마찬가지다. 그런 빗방울을 맞으면 비를 맞는 사람은 엄청난 충격을 받을 것이 분명하다.[95]

둘째로 접속(interact)이라는 단어의 사전적 의미는 '서로 맞대어 이음'을 말한다. '서로 연결하는 일'이 접속이다. 서로 접속한다는 것은 언어교통을 넘어선다. 서로의 위치에 서서 서로를 이해하는 일이다. 접속이 배려의 시작이다. 초·중등학교 교실에서 교사에 대한 학생들의 배려를 바란다는 것은 쉽지 않다. 접속에서의 주도적 역할은 윗사람의 몫이다. 교사는 학생들의 성취를 위해 그들의 감정과 학업 성취를 섬세하게 다뤄야만 하는 사람이다. 학생 개인에 대한 섬세함이 결여된 교실 현장에서 학생들과 교사 간의 접속은 쉽게 이뤄질 수 없다. 교사는 학생의 감정에 섬세해야 하고, 그것을 위해 가장 평온한 마음을 지녀야 하는 사람이다. 그래야 학생들과의 접속이 용이해질 수 있기 때문이다.

배려는 상대방에 대한 이해로부터 시작한다. 상대방을 이해하기 위해서는 섬세의 정신을 요구한다. 접속은 파스칼이 이야기하는 섬세의 정신(纖細精神, esprit de finesse)을 요구한다. 웹페이지에 접속하기 위해서는 상대방의 도메인에 대한 섬세한 기록이 필요하다. 사람과의 접속에서도 그런 섬세함이 요구된다. 간혹 'I'자를 i의 대문자인 'I'로 혼동하여 입력하면 그 웹페이지가 열리지 않는 것이나 마찬가지다. 섬세의 정신은 다수의 작은 원리를 한꺼번에 파악하는 '유연한' 정신, '좋은 눈'을 말한다. 파스칼에 따르면, 교양 있는 사교인(社交人)의 세계에서 요구되는 것은 섬세함의 정신이다. 사교의 모임은 바로 섬세함과 섬세함의 접속으로 이뤄진다.

섬세함은 '연결됨'의 또 다른 장을 설명해 줄 수 있는 개념이다. '연결됨'이라는 말은 섬(纖)과 세(細) 모두가 실(糸)과 관련된 단어라는 것을 상기하면 그 의미를 손쉽게 발견할 수 있다. 작은 개체들이 모여 실을 만들어 내는 것과 같다. 세상을 구성하는 작은 개체인 원자 자체도 동떨어져 있는 것으로 보인다. 끊임없이 다른 개체와 상호작용을 하며 연결되어 있게 마련이다. 섬세함은 나와 세상이 연결되어 있음을 느끼고 작은 반응들을 놓치지 않으면서 큰 눈으로 바라볼 수 있게 하는 능력이다. 타인을 배려하는 마음과 자신의 인생을 관조하며 내면을 성찰하는 눈을 갖고 있음을 말한다. 섬세함은 작은 것을 중요시하면서 그것에 대한 배려의 실천을 의미한다. 섬세와 엇비슷하게 쓰이는 민감이라는 단어는 '작은 것에도 날카롭고 빠르게 반응한다.'는 의미일 뿐이다. '섬세'는 반응에만 그치는 것이 아니라 반응에 따른 강력한 실천을 요구하기 마련이다.[96]

섬세함이 바로 타인에 대한 배려이며 연결의 시작이다. 섬김의 예다. 섬세의 정신은 기업의 생산력과도 직결된다. 예를 들어, 도요타, BMW와 같은 자동차는 어떤 기업보다도 섬세함의 중요성을 강조한다. '마른 수건을 짜듯이 개선을 한다.'는 도요타의 카이젠 정신은 섬세함의 극치다. 그 섬세함이 도요타를 세계 자동차 시장의 정상에 서게 만들었다. 낭비를 줄이기 위해 도요타는 작업자의 동선을 섬세하게 조직한다. 센티미터 단위로 쪼개어 볼 정도로 세밀한 생산 방식은 '섬세한 눈길'에서 나온다. 도요타가 그 어느 날 섬세함을 잃었다. 고객이 도요타에게 등을 돌리기 시작했다. 도요타가 고객과 소통을 거부했던 것이다. 결과는 비참했다.

BMW 역시 고객의 눈으로 느껴지지 않는 부분까지 완벽하게 자동차를 만들어 낸다. 심지어 냄새를 전공하는 디자이너도 자동차 디자인 공정과정에 투입된다. 저들의 보고에 의하면, 4명의 냄새 디자이너와 16명의 도어 소리 전문가가 자동차 생산 공정에 참여하고 있다. 이처럼 성공한 사람과 기업은 남다른 '섬세함'을 가지고 있다. 작은 차이에서 큰 의미를 발견하는 섬세함, 작은 것에까지 최선을 다하는 성실함, 작은 것에서도 큰 울림을 느끼는 섬세한 감수성, 다른 존재에게 아주 작은 것까지도 배려하는 마음이 바로 섬세함이다.

섬세함은 기업에게 있어서 '인테그리티(integrity)'를 상징하는 단어이기도 하다. 말하자면 기업이 고객을 위해 내건 서비스에 대한 언행일치가 인테그리티다. 인테그리티는 '통합하다'라는 뜻을 지닌다. '나'의 존재 요소가 분열되어 있지 않고 하나로 유지되고 있는 상태가 인테그리티다. 나라는 존재를 가능하게 만들어 주는 영성과 영혼이 마음과 몸과 잘 통합된 상태다. 내 영혼의 목소리대로 내 마음이 움직이고, 또 그에 따라 말과 행동이 일치된 상태가 바로 최고의 '인테그리티'다. 기업의 경우, 기업이 약속한 서비스 정신을 지키기 위한 서비스에 대한 영혼과 말, 행동이 섬세하게 일치된 상태를 보여 주는 것이 바로 기업의 섬세함이며 기업의 인테그리티다.

마지막으로 의식소통의 가장 높은 수준의 방편은 접합의 방편이다. 접합은 자기 치유의 방편이기도 하다. 접합은 마치 동물 세계에서 흔히 보이는 교접을 말하는 것이 아니다. 그런 교접으로써의 접합(接合, conjugation)과는 속성이 다르다. 접합은 내가 나를 평화롭게 만들어 주는 마음 다스림이기 때문이다.

접합은 자기에 대한 자기의 용서에서 시작한다. 접합은 신에 기대는, 신의 소리를 듣는 일이다. 자연의 소리에 기대는 일이기도 하다. 자신을 용서할 줄 모르는 사람은 타인을 용서하기가 어렵다. 자기 용서는 자기 성찰로서 비롯된다. 자기 성찰은 자기의 거듭남이다. 교육용 영화인 〈죽은 시인의 사회〉에서 주인공인 키팅 선생이 입시 위주의 교육에 주눅든 학생들을 격려한다. 자신의 몸짓으로 세상을 살아보라고 용기를 북돋운다. 그는 말한다. "더 월드 이즈 유어 오이스터(The world is your oyster)." 키팅 선생이 학생들에게 보여 주는 아주 인상적인 내관의 눈이 드러나는 장면이다.

'세상은 너희의 생굴이다.'라고 직역하면 모든 뜻은 망가지고 부서지고 만다. 키팅 선생이 던진 이 화두는 "그래, 너희는 조개 굴처럼 살아라."라는 그런 말이 결코 아니다. 전혀 반대의 뜻을 지닌 말이다. 학생 모두가 각각 진주라는 보석을 만들어 내는 자기만의 삶을 살라는 말이다. 지금 당장, 무엇이든 될 수 있기에 그렇게 용감하게 살아 달라는 진한 격려의 말이다. 무엇이든 마음먹은 대로 될 수 있기에 용기를 가지라는 격려의 말이다.

키팅 선생이 말한 의미를 제대로 이해하지 못한 학생들이 있을 수 있다. 교사의 말을 그대로 직역했다면 그렇게 된다. 어느 한 학생이 손을 들고, "선생님, 그것은 그런 뜻이 아닌데요."라고 반문할 수 있다. 교실에서 일어날 수 있는 장면은 가지각색으로 나타날 수 있다. 제일 먼저 우리의 머릿속에서 떠올릴 수 있는 장면이 떠오른다. 일그러지는 선생님의 얼굴일 수도 있다. 교사는 화가 날 수 있다. "나이도 어린 놈이 교사인 나를 조롱하다니. 아니 이 세상을 저희들 맘대로 살려고 하다니!" 하고 마음속으로 흥분할 수도 있다.

만약 교사에게 그런 감정이 들었다면 소통은 이미 틀렸다. 학생들과 접합하려는 자세를 잃었기 때문이다. 그는 자신을 치유하기 거부하는 교사일 뿐이기 때문이다. 학생들에게 자신을 치유할 공간을 주지도 않는 '유식'한 교사이기 때문이다. 질책으로는 그 어떤 자기 치유도 불가능하다. 자기 치유력이 돋아나게 하기 위해서는 공감부터 해야 한다.

사람들이 서로가 서로에게 공감하려고 하거나 그렇게 하는 일은 그리 쉬운 일이 아니다. 공감(共感, sympathy)은 타인의 사고(思考)나 감정을 자기의 내부로 옮겨 넣는 일이다. 타인의 체험과 동질(同質)의 심리적 과정을 만드는 일이 공감이다. 공감을 굳이 우리 정서의 감으로 말하면 '측은지심'에 해당된다.[97] 자기 치유, 공감, 정신건강으로써의 접합은 인간관계의 재구성이나 재구축을 의미한다. 동행하는 사람들 간에 벌어지는 관계는 내관(內觀)의 관계다.

내관의 관계는 공감의 관계다. 우리가 세상에 의해 지탱되고 있는 구체적이고 특유한 방식에 대해 서로 깊이 감사하는 마음이다. 내관은 자신에 대한 반성과 감사를 동시에 수반한다. 소통에서 접합의 방편은 선(禪)치료의 그것과도 유사하다. 일본의 정토진종에 달관했다는 평을 받고 있는 요시모토(Yoshimoto) 선사는 내관법을 자기 치유법이라고 정리한다.[98] 내관법은 선생과 내담자가 서로 역할이나 입장을 바꾸는 일이다. 서로에게 던질 질문을 곰곰이 생각하고 질문하고 답하게 한다. 서로의 내면을 깊숙이 어루만지게 만든다. 자기 병은 자기가 치유할 수 있다는 논리다.

바흐친(Mikhail Bakhtin)에 따르면, 인간의 의식은 언어가 내재되어 있는 정신 상태다. 의식의 대화에는 내언의 대화가 중요하다. 내언(內言)은 사회적 교류를 통해 자기 안에서 만들어진다. 내언은 언어로써의 속 말이다. 신의 목소리, 신의 명령이기도 하다. 내언은 내 안에 의미를 확산시킨다. 일상적인 삶은 의미 만들기의 삶이다. 의식의 삶이다. 아무것도 의미하지 않는 의식은 있을 수 없다. 소통하는 사람은 서로다운 주체의 의식을 갖는다. 소통에서 타자의 역할은 불가피하다. 타인이 존재하지 않는 의식은 불가능하기 때문이다. 타인이 배제된 대화는 있을 수 없다. 대화 속의 타인은 그저 단순히 말을 주고받는 기계가 아니다. 기계 간의 교신은 대화가 아니다. 기계는 주체가 아니다. 타인은 살아 움직이는 삶이다. 삶은 유령이나 망령이 아니다.

소통에서 타인이라고 지칭할 때 타인은 늘 화자다. 나의 말에 주입되거나 나에게 일방적으로 동화되는 그런 일체가 아니다. 나와 똑같은 것을 화자로서 되풀이한다면 그것은 기계다. 녹음기와 같은 것이다. 타인은 나를 불편하게 만든다. 그래서 타인이 될 뿐이다. 불편은 편함으로 나아가는 길이다. 타인은 그래서 동행이다.

접합의 의식소통에서는 '감정 이입'을 넘어선다. 강요된 공감을 넘어선다. 합의가 꼭 필요한 것도 아니다. 의식소통은 서로의 생성이기 때문이다. 서로의 성장이며, 서로의 배움이다. 서로의 치유다. 서로의 주체성을 지니고 서로에게 어깨를 내주는 일이 공감이다. 서로에게 당당하게 존재할 수 있음을 보이는 일이 공감이다. 공감이 삶의 장이며 배움의 장이다. 서로 다른 차이가 있게 마련이다. 수천 개의 서로 다른 의식들이 나름대로의 자리를 잡기 마련이다.

서로가 서로에게 배치되는 과정도 흔하다. 학교의 교실이 바로 그런 공간이다. 교사와 학생들 각자는 각자의 성장을 위해 자아 탈주의 지점을 만든다. 학교는 그 공간을 만들어 주는 지점이다. 차이가 만들어질수록 학습은 소통의 길로 들어선다. 차이를 만들고, 차이를 인정하고 차이의 공간에서 대치하게 만들어 주는 사람이 스승이다. 스승이란 학생들의 탈주를 돕는 사람이다. 자기와 더불어 배움을 해 나간 학생 모두가 성공적인 탈주자가 되도록 마지막 순간까지 방조하거나 동조하는 사람이다.

배우는 사람들은 자기 스스로 자기를 성장시키는 사람이다. 자아 실현을 위한 탈주를 꿈꾸는 사람이다. 스승은 그들에게 탈주 보조 장치를 주는 사람이다. 탈주 보조 장치는 그리 거창한 것을 말하지 않는다. '제대로 된' 칭찬과 '의미 있는' 격려가 바로 저들에게 탈주 보조 장치다. 저들이 그들에게 삶의 모델이 되면 되는 일이다. 스승은 그를 따르는 사람들에게 '쓰임새' 있는 공감에 익숙하게 도와주는 사람이기 때문이다.[99] 학생들의 정신건강문제를 다룰 수 있는 사람이 스승이다. 저들의 탈주는 언제든 칭찬과 격려로 시작하게 마련이다. 스승이 저들 앞에서 반듯하게 걸으면, 저들은 반듯하게 뛰게 마련이다.

스승은 정신분석가나 상담가가 되어야 할 필요는 없다. 인간적인 원숙미를 갖춘 사람이면 족하다. 자기 마음을 토닥거릴 줄 아는 성숙한 사람이면 족하다. 연령이나 성별, 직급에 관계없는 일이다. 어머니 같은 베이비 토크, 즉 옹얼거림, 조잘거림에 익숙하면 되는 일이다. 공감의 공간을 다룰 줄 알면 된다. 표면적 공감과 내면적 공감의 공간을 다룰 줄 알면 된다. 학생들의 행동처럼 밖으로 드러난 기분이나 감정을 제때에 제대로 알아 주고 이해하는 것이 표면적 공감이다. 내면적 공감은 사람들이 일상적으로 표현하는 그 밑을 떠도는 감정을 건드리는 일이다. 심연 밑에서 꿈틀거리는 내밀한 감정이나 기분을 돋우는 일이다. 섬세하게 그들의 마음 거리를 파악하는 일이다.

공감적인 소통은 동행하는 힘을 길러 준다. 공감은 힘과 힘의 격돌을 피하는 일이 아니다. 세상은 피상적이지만, 관계들은 피상적인 구체성을 요구한다. 구체성을 갖지 못하면 모든 것은 피상적인 공간일 뿐이며, 시간적으로는 임시변통적일 뿐이다. 구체적인 공감이 결여된 모든 관계는 임시변통적이다. 임시변통이 되기 전까지는 서로 지닌 사정들은 구체적이지만, 임시변통의 상황이 오면 모든 것은 이내 피상적인 것으로 와해되고 만다. 서로 간의 상황들이 구체적이기에 사람들 간의 관계가 굳이 힘의 각축장이어야 할 이유가 없다. 사람들은 의도 없이도 서로 교통할 수 있다. 분명한 목적을 갖고 있지 않아도, 서로는 상황에 따라 서로 교호하고 서로 작용한다. 공동체는 교통의 장이며 소통의 장이기 때문이다. 사람들은 타인과 교통하거나 소통한다. 피상적인 수준에 있든, 아니면 상당히 친밀한 수준에 있든 마찬가지다. 서로가 서로에게 인사를 하는 것도 그런 교통 중의 하나다. 이해 관계가 개입되지 않았음에도 불구하고 남에게 도움을 주는 행위도 그렇다. 상대방에게 힘의 의지를 드러내 보이기 위한 약탈적인 행위는 아니다. 일상적인 교류와 소통이 빈번하면 관계는 소통이 된다. 서로가 말을 주고받는다는 것은 마음이 있다는 뜻이다. 사람은 타인의 거울이다. 내가 웃어야 따라 웃는 그런 관계다.

타인이 내게 지옥으로 머물고 있는 한, 그와의 동행은 거의 불가능하다.[100] 지옥의 장막 걷어내야 비로소 타인도 내게 동행적인 사람으로 다가오게 된다. 삶은 원래 동행이라, 지옥은 필요없다. 동행은 인간의 본성이라는 것이 레비나스(Emmanuel Levinas)의 생각이다. 그의 생각은 인본주의적이기에, 인간에게는 본성 같은 것은 없다고 간주한 흄이나 타인을 하나의 지옥이라고 보고 있는 니체, 그리고 그를 잇는 사르트르와는 대조를 이룬다.[101] 니체 못지않게 사르트르 역시 타인을 나의 계획에 대한 방해자, 경쟁자 혹은 나의 계획을 가로막는 잠재적 위험 세력으로 간주했다.

사르트르, 그에게 있어서 자기를 지키는 길은 자기 하나, 오로지 그것 한 가지였다. 지옥으로써의 타인은 늘 위험천만한 사람일 뿐이었기 때문이었다. 안전하기 위해서는 그런 위험 세력과 가능한 멀리하는 것이 현명하다. 나의 힘, 나의 의지를 드러내는 최선의 일은 타인을 피하는 일이다. 니체나 사르트르가 이해한 타인처럼 타인은 그 누구에게든 방해자이며, 불통자일 수 있다. 그는 위험 세력일 수 있고, 지옥이다. 타인의 모습은 하나의 모습일 수만은 없다. 타인의 얼굴은 나에게는 언제나 수수께끼로 나타나기 때문이다. 타인이 나와 어떤 관계를 갖느냐에 따라 나의 모습은 달라질 수 있지만, 그가 지옥으로 다가오는 한 나는 그와 불통적일 수밖에 없다.

타인은 그냥 타인 그자체로 놔두어야 한다. 내게 있어서 타인은 언제나 독립적이며 상황적이기 때문이다. 레비나스는 타인을 지옥으로 바라보는 사르트르의 관점을 거부한다. '타인을 거부하는 한 우리는 자유다.'라는 사르트르의 명제를 단호하게 거부한다.[102] 인간은 자유의 자의성을 깨닫는 데서 오는 부끄러움을 안다. 우리가 자유롭다는 것은 방종할 수 있다는 권리가 아니다. 그것은 오히려 부끄러움이다. 우리는 훈장을 수여받은 장군처럼 타인을 호령하거나 소유할 수 있는 것은 아니다. 그 누구도 우리를 위한 전리품은 아니다. 우리가 자유롭기 때문에 우리에게 손을 내미는 사람들이 결코 타인일 수 없다. 고아, 과부, 빈자, 이방인, 즉 다른 타자들의 벌거벗음과 연약함을 보호하는 과제를 부여받게 된다. 그래서 저들이 결코 타인일 수가 없다는 것이 레비나스의 논리다.[103]

레비나스에게 타인의 얼굴은 결코 내게 위협이 아니다. 니체에게는 타인의 독립성과 상황성이 위험의 징표다. 타인이 지니고 있는 독립성이나 상황성이 내게 위협이 될 수 없다. 나라는 존재와 타인이라는 존재의 질과 모습을 바꾸는 기회가 될 뿐이다.[104] 나의 삶살이에 대한 행로는 나의 독단적인 계획으로만 결정되지 않는다. 수수께끼의 모습을 갖고 있는 타인도 나의 삶을 바꾸는 데 개입한다. 나의 삶과 타인의 삶은 그렇게 관여적이다. 서로 사이에서 일어나는 관여적인 삶은 세속적인 윤리성을 지닌다.

의식소통은 그래서 윤리적이다. 서로가 서로에게 갈 길을 알려 주기 때문이다. 지옥과 같은 타인들이 물론 존재한다. 삶은 지옥과 천당 사이의 여행이다. 여행을 하려면 지옥과 같은 타인과의 대화마저도 어쩔 수 없는 일이다. 삶에 있어서 천당은 오히려 배경으로 등장할 뿐이다. 모두의 삶에서 엇박자는 불가피하다. 엇박자도 화음이다. 피할 길 없는 박자다. 인간은 타인과의 관여적인 관계라는 맥락 밖에서는 사유할 수 없게 되어 있다. 인간은 어떻든 간에 대화를 하게 된다. 자신의 존재를 타인과의 관계 속에 규정하게 된다. 타인과의 관계 속에서 나라는 존재가 규정된다.

　의식소통은 관여적이어야 한다는 말의 뜻을 극적으로 드러내는 사례가 하나 있다. 환갑을 훨씬 넘긴 아들을 불러 놓고 어머니가 매몰차게 다그치는 장면이 그것이다. 어머니는 지금 중증치매 환자로 요양원에 입원 중이다. 그런 어머니가 아들을 불러 놓고 다그친다. 그녀가 당대의 여성계를 호령하던 학자이자 지성인이었기 때문만은 아니다. 그녀는 아들을 편하게 해 주기 위해 의식소통을 강하게 원할 뿐이기 때문이다. "이제 너희가 다 컸으니, 나는 이제 점잖고 엄숙한 시늉을 그만두고 편안하게 살련다. 행여 지금까지와 다른 내 모습을 본다 해서 놀라지 말거라. 변하는 것이 아니라 본색을 드러내는 것 뿐일 테니."105) 말은 한마디도 안 하셨지만, 그녀가 보내는 의식의 신호음을 자식들은 마음으로 읽어 냈다.

　나라는 존재는 '나'라고 말하기 이전에 이미 '타인'이 되어 버리고 만다. 그것이 삶이고 인생이다. 내가 나를 향해 규정하는 나보다 지옥과 같은 타인이 내게 더 중요하게 된다. 매일 살아가는 행동은 타인의 요청과 부름에 대한 반응이다. 타인의 요청과 부름은 언어로만 일어나지 않는다. 지하철에서 노인에게 자리를 양보하는 일도 타인에 대한 나의 관여이며 치유이며, 소통이다. 타인에게 도움이 되는 필요 자체가 나를 향한 부름이며 의식의 소통이다. 타인에 대한 나의 개방성이 타인에 대한 나의 의식소통이다. 타인에 대한 배려가 의식소통의 시작이다.

　의식소통은 동행이라면 더불어 일어나야 한다. 동행을 요구하는 소통은 마치 유행가 가사를 닮기 마련이다. "누가 나와 같이 함께 따뜻한 동행이 될까. 사랑하고 싶어요. 빈 가슴 채울 때까지. 사랑하고 싶어요. 사랑 있는 날까지……." 그렇게 애틋함을 간직한 채, 길을 같이 간다는 동행(同行),106) 그 너머의 그 무엇을 그리워하는 것을 남기는 것이 의식소통이다.107) 의식소통에는 긴 침묵(沈默)이 있게 마련이며, 소통의 방법 역시 달라야 한다. 꽃들과 소통한다면, 침묵부터 해야하는 이치다. 침묵은 들릴 때까지의 기다림이기에, 저들과 사이와 사이에서 관여적으로 소통해야 한다. 마음이

정해지지 않은 서로 간의 바람과 희망으로써 서로 같이 나아가려는 관여에 대한 호소
가 의식소통이기 때문이다. 의식소통이 의심과 듣기와 인내와 결단을 하나로 녹여 내
는 치유(治癒)가 되는 이유다.

미 주

1) 나에게도 내 삶의 희망이자, 이정표가 있었다. 학자로 살고 싶었던 꿈이 그것이었다. 교수로 대학에 입
직한 그날부터 지금에 이르기까지 교수라는 직업, 말하자면 월급쟁이로서 월마다 주는 급료받는 일 그
자체에 안주하고 싶은 생각은 없었다. 교수라는 직업인으로서 정년을 맞이하겠다는 생각 역시 없었다.
직업인이라는 말은 교수직을 수행하는 일, 그 자체에 의미를 두고 있는 사람을 말한다. 나는 지력이 허
락하는 한 학자로서 삶을 끝내고 싶었다. 학자가 되기 위해 교수가 된 것이지, 교수직을 수행하기 위해
학자가 된 것이 아니라는 나의 소신 때문이었다. 학자는 그 어느 곳에 있든, 그저 책을 읽으며 생각하고
또 생각하는 일을 즐기는 사람이면 되는 일이었다. 사유하는 사람이 학자였다. 사유를 포기하거나 폐기
한 사람은 결코 학자가 아니라는 생각을 정리해 놓은 것이었다. 내게 있어서, 학자는 남들이 보고 듣기
에, 되는 소리든 아니면 되지 않는 소리든 관계없이 자신의 사유를 글로 풀어내는 사람이었다. 그의 운
명을 사유와 글로 대결하는 사람이 학자였다. 쓰기를 즐길 수 있는 사람이 학자라고 한다면, 나는 학자
로서 정년을 맞겠다고 처음부터 다짐했었다. 그 생각을 굳힌 곳이 바로 학관 4층 다락방이었다. 지금은
학교 본관으로 쓰이고 있지만, 당시에는 문과대학 건물이었고, 내가 어린 시절 은사님들로부터 '교육
학' 개론들을 익혔던 곳이었다.

2) 헤테로토피아는 원래 문자 그대로 '다른 장소'를 의미하는 개념이다. 헤테로토피아는 그 말 속에 유토피
아적인 잔혼을 지워낼 수 없는 그런 개념이다. 유토피아는 여기에는 없는, 어딘가 다른 장소를 의미한
다. 그것에 비해 헤테로토피아는 비일상적인, 주변적인, 혹은 잘못된 공간을 말한다는 점에서 유토피아
적이기는 하지만 결코 유토피아적이 아닌 공간을 지칭한다. 헤테로토피아는 타물적인 공간, 말하자면
지속적으로 물질적이며 정신적인 것으로 드러나지만 여기도 아니고 저기도 아닌 역설적인 공간으로 남
는다. 헤테로토피아가 무엇을 드러내는지를 이해시키는 데 도움을 주는 극단적인 예로 거울의 공간을
들 수 있다. 내 자신을 거울에 비추어 보면, 그 즉시 거울에 나타나는 그 순간적인 공간이 나타난다. 내
몸을 비칠 적에는 보이지만 그곳으로 떨어져 나가면 즉각적으로 내 몸 전체의 배제가 일어나는 공간이
헤테로토피아적이다. 혹은 누군가에게 내가 휴대전화를 걸 적에 그와 나 사이에 만들어지는 일시적인
공간으로써의 공간감각 같은 것도 헤테로토피아적이다. 인간이란 바로 그런 사람들 사이의 틈, 그런 공
간 감각 사이에 위치하고 있는 상상적이며 가변적인 생물체들이다.

3) 참고: Foucault, M.(1986). Of other spaces. *Diacritics 16*, Spring, 22-27.

4) 국립수산과학원 고래연구소는 2008년 6월 27일 시험조사선 탐구 12호를 타고 울산~포항 사이의 해역을 조사하고 있었다. 고래연구소는 시험조사선을 타고 수백 마리의 참돌고래 떼를 추적하던 중 무리에서 떨어져 나온 3~5마리의 참돌고래가 숨을 거두기 직전인 동료를 수면 위로 밀어 올리는 것을 2시간 동안 촬영했다. 참돌고래들의 눈물겨운 노력에도 불구하고, 마침내 숨을 거둔 참돌고래 1마리가 물 속으로 가라앉으면서 참돌고래의 '장례 의식'은 막을 내렸다. 이들 참돌고래의 의식적 행동은 고래연구소에 의해 발견하기 전부터 이뤄지고 있었던 것으로 추정됐다. 고래연구소는 숨을 거둔 참돌고래가 어미에 해당하며 외상이 전혀 없는 점으로 미뤄 자연사한 것으로 추정했다. 참돌고래의 수명은 30년 정도로 알려져 있다. 군집 생활을 하는 돌고래류에서는 다친 어미나 죽어 가는 새끼의 호흡을 돕기 위해 수면 위로 밀어 올려 주거나, 사망하는 개체를 다른 개체들이 수면으로 밀어 올리는 행위가 발견됐다. 학계는 이를 이타적 행위로 규정하고 있다. 현재까지 돌고래류의 이타적 행위가 보고된 것은 돌고래 사육 수조에서 관찰된 것이 대부분이며 야생에서는 숨을 거둔 새끼 돌고래를 어미가 2~5일 정도 수면으로 밀어 올리는 행동을 관찰한 것이 전부였다. 특히 참돌고래의 이타적 행위가 발견된 것은 이번이 세계에서 처음이다. 김장근 고래연구소장은 "돌고래류는 사회성을 갖고 있으나 가족끼리 무리를 지어 다니지 않고 나이나 크기, 성별끼리 그룹을 지어 행동한다."면서 "사망한 개체를 다른 개체들이 밀어 올리거나 부축하는 행위는 인간으로 치면 장례의식과 같은 의미로 보면 된다."고 말했다[참고: 조정호(2008). 동해서 참돌고래 장례의식 장면 발견. **동아일보**. 2008년 9월 10일자].

5) 다석 류영모 선생은 얼나의 만남을 가온 찍기라고 말한다. 가온 찍기는, 사도 바울이 로마서(12장 14-21)에서 말하고 있는 사랑과 소망의 결합을 말하는 것이기도 하다. 사도 바울이 이르고 있듯이, "너희를 핍박하는 자를 축복하라 축복하고 저주하지 마라. 즐거워하는 자들로 함께 즐거워하고 우는 자들로 함께 울라. 서로 마음을 같이 하며 높은 데 마음을 두지 말고 도리어 낮은 데 처하며 스스로 지혜 있는 체 말라. 아무에게도 악으로 악을 갚지 말고 모든 사람 앞에서 선한 일을 도모하라. 할 수 있거든 너희로서는 모든 사람으로 더불어 평화하라. 내 사랑하는 자들아 너희가 친히 원수를 갚지 말고 진노하심에 맡기라 기록되었으되 원수 갚는 것이 내게 있으니 내가 갚으리라고 주께서 말씀하시니라. 네 원수가 주리거든 먹이고 목마르거든 마시우라. 그리함으로 내가 숯불을 그 머리에 쌓아 놓으리라. 악에게 지지 말고 선으로 악을 이기라." 라는 말과 다름이 없는 것이다. 바울은 이웃에게, 삶의 길에 동행하는 자들에게 필요한 것은 사랑 이외에 아무것도 없다고 가르치고 있다. "피차 사랑의 빚 외에는 아무에게든지 아무 빚도 지지 말라. 남을 사랑하는 자는 율법을 다 이루었느니라. 간음하지 말라, 살인하지 말라, 도둑질하지 말라, 탐내지 말라 한 것과 그 외에 다른 계명이 있을지라도 네 이웃을 네 자신과 같이 사랑하라 하신 그 말씀 가운데 다 들었느니라. 사랑은 이웃에게 악을 행하지 아니하나니 그러므로 사랑은 율법의 완성이니라[참고: 로마서 13장 8-10]." "네가 어찌하여 네 형제를 판단하느뇨. 어찌하여 네 형제를 업신여기느뇨. 우리가 다 하느님의 심판대 앞에 서리라."[참고: 로마서 14장 10; 류영모(2004). **얼의 노래**. 서울: 두레]

6) 마음챙김 명상은 자신의 몸이 위치한 '현재(now)' 그리고 '여기(here)'에 대한 자기 알아차림이다. 얼의 회복이고, 넋의 회복이며, 굿의 알아차림과 같은 것이다. 자신에 대한 알아차림은 과거와 미래에 대한 생각을 걷어내 버리고 '의도적으로 이 순간에 어떤 판단도 하지 않고 주의를 기울이는 일'이기 때문이다. 마음챙김의 명상은 깊고 높은 곳에서 행하는 어떤 고상하고도 현학적인 것이 아니라 지금 여기에서의 내 발 밑, 내 코, 내 눈 앞에서 벌어지는 일들에 집중하면서 지금의 나, 여기의 나를 알아차리는 일이다. 매일같이 벌어지는 일상적인 것들에 대한 자신의 현재, 여기의 자신을 알아차리고 보면 자신도 모르게 이완된 자신이 드러나게 된다. 마음챙김을 위해 필요한 것은 일곱 가지 요소다. 말하자면 ▲비판단 혹은 판단 중지(non-judging), ▲인내(patient), ▲초심(beginner's mind), ▲신뢰(trust), ▲애쓰지 않음(non striving), ▲받아들임(acceptance), ▲내려놓기(letting go)이다[참고: 존 카밧진(2012). 처음 만나는 마음챙김 명상(역). 서울: 불광출판사].

7) 고대 그리스 철학자인 플라톤의 『향연(symposion)』을 소통의 관점에서 재해석하고 있는 이명준 박사는, 플라톤의 『향연』에서 나타난 것은, 배움은 사랑의 힘으로 가능하고, 사랑이 가능할 때 사람들 간의 의식소통이 가능했다는 것이다. 결국, 서로 간의 배움이 사랑을 실어 나를 때, 그 과정에서는 사람들 간에는 '말없이 말의 전달'이라는 의식소통이 가능했다고 보았다. 『향연』에 등장하는 사람들은 연장자인 소크라테스와 심지어 20~30대의 젊은 사람들(예: 아폴로도로스, 아리스토데모스, 파이드로스, 파우사니아스, 아리스토파네스, 에뤽시마코스, 아가톤, 알키비아데스, 소크라테스, 소크라테스가 임의적으로 설정한 여성인 티오티마)이 그날의 주제인 사랑에 대해 서로의 생각을 토로하고 있다. 난삽할 수 있는 토론의 주제이긴 하지만, 그런 흐트러짐이 없이 사랑이 무엇이어야 하는지에 대해 토론하고 있다. 서로 간의 신분이나, 나이의 차이에 관계없이 서로 간의 생각과 말을 통해 말없는 말의 전달을 통해 서로 간에 의식소통이 가능함을 보여 주고 있다. 서로 간의 의식소통이 가능했던 것은 저들 스스로 배움을 견지했고, 그것으로 서로를 이해하고 사랑했기 때문이다[참고: 이명준(2012). 배움을 통한 의식소통과 자아의 확장: 플라톤의 심포지움을 중심으로. 2012년도 배움학회 향연. 2012. 8. 25.].

8) 세계에서 가장 큰 미래 문제 연구 집단인 코펜하겐 미래학 연구소장인 롤프 옌센(Rolf jensen)은 정보사회는 오래 지속되지 않을 것이다라고 전망한다. 정보에는 사실은 있지만, 이야기가 없기 때문이다. 앞으로는 감성에 바탕을 둔, 꿈을 대상으로 하는 시장이 정보를 기반으로 하는 시장보다 점점 더 커질 것이기에, 미래의 시장을 지배하려면 이야기꾼이 되어야 한다. 이야기가 가장 중요하기 때문이다. 그 예로 그는 운동화 시장의 선도기업인 나이키 사는 브라질 국가대표 축구팀을 후원하는 권리를 얻는 데 4억 달러를 지불했다. 그 이유는 나이키가 운동화, 그 자체보다는 이야기를 덧붙이는 능숙한 기술을 갖고 있기 때문이다. 나이키에서 중요한 것이 운동화가 아니라 젊음, 성공과 명성, 승리에 대한 이야기이다. 마음과 마음을 통하는 의식소통을 통해 소비자들에게 "나이키를 신어라. 그러면 당신도 '이유 있는 반항아'가 될 것이다."라고 속삭이고 있다[참고: 롤프 옌센(2005). 드림 소사이어티(역). 서울: 리드출판].

9) 패트릭 헨리(Patrick Henry Hughes)는 1988년 극히 희귀한 장애들을 한 몸에 안고 태어났다. 곧게 펼

수 없는 팔, 걸을 수 없는 다리, 두 눈의 안구가 없어 영원히 빛을 볼 수 없는 '무안구증' 장애우였다. 사지가 제대로 펴지지 않는 관절장애와 척추장애, 그것도 부족해서 무안구증을 안고 태어난 기형아 중의 기형아였다. 어쩌면 신에게도 버림받은 기형아 같았다. '정상'이라는 단어에는 근처에도 기댈 수 없는 아이, 중복장애인으로 평생을 어둠 속에서 살아야 할 것 같았다. 그 아기 헨리가 어느 날 '기적'을 만들어 냈다. 생후 9개월된 헨리가 자연스럽게 피아노 건반을 두드리기 시작한 것이다. 그날, 그 건반 두드림이 그에게는 새로운 가능성을 보여 줬다. 그는 척추 수술을 비롯해 고통스런 치료와 수술을 연이어 받았지만 기형이 정상으로 되돌아올 수 있는 것은 아니었다. '무안구증' 장애우로 태어난 패트릭 헨리는 롤러코스터에 탑승할 수 있는 최소 신장인 120cm의 키를 가진 것만으로도, 그는 자신이 세상에서 가장 행복한 거인처럼 느껴진다고 했다. 그는 아직도 여전히 걸을 수 없다. 눈 대신 폴리에틸렌 재질의 구슬이 그의 눈자리에 들어가 있다. 아무것도 볼 수 없는 눈에 불과하지만, 그는 다른 이들이 보지 못하는 아주 중요한 것을 볼 수 있다. 눈이 없는 그에게는 성적도, 인종도, 성별도, 외모도 중요하지 않다. 그에게는 혜안이 있다. 그는 손을 뻗어 누군가의 뺨을 만지고 손을 잡으며 그들의 목소리를 듣는다. 그는 그들에게 그의 음악을 들려 주며 마음으로 저들과 세상과 하나가 되어 교감한다. 세상은 그를 '기적'이라 부르지만, 그는 가능성이었다고 말한다. 처음부터 그는 하나의 반짝이는 가능성이었을 뿐이었다. 그래서 그는 세상에게 말한다. 마음을 닫고 사는 우리에게 말한다. "매일 쳇바퀴 돌듯 반복되는 일상 속에서 꿈도, 열정도, 흔적 없이 사라졌음을 느낄 때, 저를 따라 외쳐 보세요! '나는 가능성이다(I Am Potential)'라고 말이에요! 삶은, 여러분이 어떻게 하느냐에 따라 좋을 수도 나쁠 수도 있습니다. 많은 사람이 이 사실을 믿지 않는데, 그래서 귀중한 인생을 허비하며 그저 불현듯 운 좋은 일들이 터지기만 바라고 있는 거예요. 하지만 삶은 그 자체로 좋은 것이고, 그렇게 믿는다면 모든 일은 좋아질 것입니다." 헨리는 그 어느 정상인들보다도 그의 몸, 그의 맘, 그의 얼을 하나로 조화롭게 묶어 하나의 인간적인 가능성을 들어내 보인 자기 소통의 완성자일 수 있다. 우리는 사지가 멀쩡하다고 우쭐대고 있는지는 모르지만, 헨리의 처지에 비한다면 우리는 한낱 마음 장애인에 지나지 않는다. 저들과 그들과 소통을 닫고 있는 것에 우쭐대고 있는 중일 것이다[참고: 패트릭 헨리 휴스(2009). 나는 가능성이다(역). 서울: 문학동네]. 그는 운동 선수가 아닌 사람으로는 최초로 2006년 '디즈니 세계 스포츠 정신상'을 수상하게 된다.

10) 도로시 파커(Dorothy Parker)는 미국의 단편 소설가이자 시인이다. 위트에 가득 찬 시와 소설로 명성을 얻었던 그녀는 잡지사 베니티 페어(vanity fair)에서 드라마 비평가로 활약하다가 편집장에게 한 독설 때문에 해고를 당한 후에는 그냥 자유기고가로서 활동했다. 1926년에 위트와 냉소가 넘치는 경쾌한 시들로 채운 첫 시집 『Enough Rope』를 내어 베스트셀러를 만들었고, 1929년에 단편소설 『빅 블론드(Big Blonde)』로 오 헨리 상을 받았던 파커는 정치적으로는 제2차 세계대전 뒤 할리우드를 휩쓴 반공주의인, 매카시즘에 대항하기도 한 좌파 운동가이기도 했다. 그녀의 독설은 『불행한 우연의 일치(Unfortunate Coincidence)』라는 시에서도 극명하게 드러난다. "저는 그의 것이에요라고 맹세하며 당신의 몸이 떨리고 한숨이 나올 때 그리고 그 역시 당신을 향한 무한한, 영원한 열정을 맹세한다면— 아가씨, 이걸 알아둬. 당신들 중의 하나는 거짓말을 하고 있어."[참고: Allison, A.W. (1983). *The norton*

anthology of poetry. NY: W.W. Norton Company]

11) 인간은 끊임없이 소통하려 하지만 끝내 불발에 그친다. 완벽한 소통이 불가능한 이유다. 완벽한 소통은 언제나 피상적일 뿐이다. 솔직한 사람들이라면, "네 말을 이해해."라기보다는 오히려 "네 말을 오해해."라고 고백해야 할 것이다. 상대방의 말을 이해하려고 하기보다는 가능한 오해하지 않으려고 노력하는 것이 소통의 기본일 수 있다. 상대방의 말을 가능한 오해하지 않기 위해서는, 비록 불완전하더라도 "원(原) 발언자가 갖는 이미지와 같은 이미지를 상대방이 갖게 해 주거나, 적어도 그 이미지에 가장 가깝게 전달하려고 노력하는 통역사의 자세가 필요하다. 통역사들은 완전한 이해보다는 완전한 오해를 피하기 위해 노력하며, 가능한 다른 사람, 다른 문화, 다른 나라에 대한 관심과 배려를 잃지 않는 상황에서 모두가 동시에 웃고 함께 감동할 수 있게 노력하는 사람이기 때문이다. 서로 대화하는 사람들 사이의 사이가 좁혀진 경우라면, 우스운 장면에서는 같이 웃고, 슬픈 대목에서는 같이 눈물을 흘리게 마련이다. 사람이 느끼는 마음의 진동은 다른 사람의 진동과 공명하면 더 깊고 커지기 때문이다."[참고: 요네하라 마리(2011). 차이와 사이(역). 서울: 마음산책]

12) 릭과 딕 부자가 보여 주었던 의식소통의 아름다운 동행의 모습들이 저들의 관계에서도 있는 그대로 나타나고 있다고 볼 수는 없다. 릭과 딕의 관계는 의식소통의 아름다움, 동행이 무엇인지를 알려 주는 살아 있는 아름답고 이상적인 상징으로써의 가치가 충분할 뿐이다[참고: 샘닐(2006). 세상에서 가장 아름다운 동행(역). 서울: 코리아 무비 테크].

13) 사단(四端)은 『맹자(孟子)』의 「공손추(公孫丑)」 상편에 나오는 말로 인간의 본성을 말한다. 다른 이들을 불쌍히 여기는 마음인 네 가지 도덕적 감정을 말한다. 측은지심(惻隱之心: 남을 불쌍하게 여기는 타고난 착한 마음을 이르는 말), 수오지심(羞惡之心: 자기의 옳지 못함을 부끄러워하고, 남의 옳지 못함을 미워하는 마음), 사양지심(辭讓之心: 겸손하여 남에게 사양할 줄 아는 마음), 시비지심(是非之心: 옳음과 그름을 가릴 줄 아는 마음)을 말한다. 칠정은 『예기(禮記)』의 「예운(禮運)」에 나오는 말로, 기쁨(喜), 노여움(怒), 슬픔(哀), 두려움(懼), 사랑(愛), 미움(惡), 욕망(欲)인 인간의 일곱가지 자연적 감정을 말한다. 칠정은 인간의 일반적인 정서와 감정을 말하는 것임에 비해, 4단은 인간의 도덕적인 감정을 지칭한다[참고: 이상호(2011). 사단칠정 자세히 읽기. 서울: 글항아리].

14) 퇴계와 고봉은 서간(書簡)을 통해 오랫동안 사단칠정(四端七情)의 요소로 인간의 본심을 논하는 논쟁을 전개한다. 얼굴을 맞대고 하는 논쟁이 아니라, 서로 간의 편지에 예와 격식을 담아 서로 간의 논리가 다르다는 것을 보여 준 논쟁이었다. 이는 조선조 명종 때(1559) 일어난 일로 무려 8년 간 이어진다. 이황은 주자의 생각을 있는 그대로 받아들여, '4단은 이(理), 즉 우주만물의 근원이 되는 이치인 이가 발현한 것이고, 7정은 기(氣), 즉 만물을 구성하는 재료이자 사물의 발생 수단인 기가 발현한 것이다(四端理之發, 七情氣之發)'라는 전제 아래, 마음의 작용인 사단은 이(理)가 그리고 감정의 총칭인 칠정은 기(氣)가 각각 발현한 것이라고 구분했다. 그것을 이기호발설(理氣互發說)이라고 하는데, 이기호발설을 주장하는 퇴계 선생은 이(理)가 기(氣)보다 우선한다는 '이기이원론(理氣二元論)'을 내세웠다.

퇴계의 이기이원론에 이의를 제기하는 젊은 선비가 바로 고봉이었다. 그는 퇴계보다 스물여섯 살이나 어리며, 겪어온 세상살이가 엄청나게 달랐다. 고봉은 자기의 관점에 서서 이황에게 편지를 보낸다. 인간의 감정이 일어남에 있어서 이(理)와 기(氣)는 그렇게 구별되는 것이 아니고, 이와 기는 항상 함께 작용하여 하나로 일어난다고 주장한 것이다. 사단칠정에 있어서 칠정이라는 기본적인 인간의 감정들이 4단을 걸어 들이고 있기 때문이라는 것이다. 이렇게 이와 기의 동시 발현을 '이기공발설(理氣共發說)'이라고 부르는 고봉의 논변은 나중에는 퇴계의 입장을 지지하는 우계 성혼과 그에 반대하는 율곡 이이 사이의 논변으로 전개된다. 그 후 '이기호발(理氣互發)'을 주장하는 퇴계 계열의 '주리파'와 '기발일도(氣發一途)'를 주장하는 율곡 계열의 '주기파'의 논쟁으로 확대되었다[참고: 김영두(2003). 퇴계와 고봉, 편지를 쓰다. 서울: 소나무; 한자경(2009). 한국 철학의 맥. 서울: 이화여자대학교출판부]. 퇴계는 젊은 선비인 고봉의 논변을 대하면서 늘 자성하고 연구하는 진면목을 보여 준다. 그가 세상을 떠나기 한 달포 전쯤 고봉에게 마지막 서간을 띄운다. 병상에서 기대승에게 보낸 격물치지(格物致知)에 대한 편지에서 퇴계는 그가 이미 해 온 이기호발에 대한 해석을 고쳐 써 보내기에 이른다. 즉, '사단은 이가 발한 것이요, 칠정은 기가 발한 것이다'는 생각을 '사단은 이가 발함에 기가 따르는 것이요, 칠정은 기가 발함에 이가 타는 것이다'로 수정하기에 이른다.

사단칠정의 논쟁 당사자였던 퇴계와 고봉은 서로 예의를 갖추어 나이와 신분 차이를 넘어서서 정중하게 대하였다. 배우는 학인으로서 서로가 묻고 배우는 입장을 게을리 하지 않았다. 퇴계는 고봉을 철부지나 치기가 넘치는 제자로서 대하기보다는 자신을 되돌아보게 만드는 지식(知識), 동행(同行)으로 대하였다. 고봉은 퇴계를 적대자로 보기보다는 스승으로 그리고, 지식으로 모든 예를 다했다. 그러던 중, 고봉은 서간으로만 논쟁을 벌여왔던 퇴계를 직접 만나게 된다. 말 못하는 기쁨과 헤어짐을 동시에 맛보게 된 고봉은, 학자의 길로 다시 돌아가기 위해 안동으로 향하는 퇴계를 광나루까지 전송하며 시를 읊는다. 이 시는 아직까지 공부하는 사람들의 동행과 선지식들의 의식소통을 엿보게 만들어 준다. "한강은 도도히 쉼 없이 흐르는데 선생의 가심을 어찌 말리랴. 모래가 머뭇거리며 돛 당기는 곳에서 이별의 슬픔 헤아릴 수도 없네." 그 후, 고봉 역시 성균관 대사성에 오르는 계기가 있었는데, 그는 직을 사하고 귀향한다. 그곳에서 '낙암(樂庵)'이라는 조그만 배움터를 짓고 후진 양성에 몰두한다.

15) 프레너미 현상을 현대 사회에서 목도한 바라쉬[참고: Barash, S. S.(2009). *Toxic friends*. NY: Barnes & Nobles]는 각자의 삶과 생활에서 '독이 되는 친구', 즉 프레너미의 몇 가지 속성과 유형을 아홉 가지로 지적하고 있다. 말하자면, ① 지나치게 질투하는 친구("네가 가진 걸 나도 갖고 싶구나."라는 식의 부러움을 넘어서서 "네가 가진 걸 바로 내가 누려야 하는데. 네가 사라져 버렸으면 좋겠어."라는 식의 질투에 사로잡힌 친구), ② 무조건 찬성하는 친구(항상 '응, 그래.'라고 말해 주기만 하지만, 서로 다른 의견을 나누고 함께 발전해 갈 여지를 주지 않는 친구), ③ 내가 어려울 때 보이지 않는 친구(정말 도움이 필요한 어려운 순간에는 발을 빼는 친구), ④ 한쪽 방향으로만 흐르는 사이(항상 자신의 감정과 삶에 대해 많은 이야기를 털어놓지만, 정작 상대방의 삶에 대해서는 알지 못하게 아무것도 공유하지 않는 친구, 자신의 마음은 털어놓지 않는 친구), ⑤ 서로 다른 점을 존중하지 않는 사이(서로 다른

세계관이나 관점으로 상대방의 사고를 넓혀 줄 생각을 하지 않는 친구), ⑥ 실리적으로 이용만 하려는 친구(상대방을 '도구'나 '방법'으로 여기기만 하는 친구), ⑦ 투자를 모르는 짠돌이 친구(항상 받기만 하고 자신의 지갑은 열지 않는 친구, 자기 실리만을 고려하는 친구), ⑧ 불법 행위, 불량한 행동을 부추기는 친구(도덕적·사회적으로 그릇된 행동을 하고 심지어 함께할 것을 부추기는 친구), ⑨ 부담스런 비밀을 공유하려는 친구(필요 이상으로 상대방의 비밀을 알고 싶어 캐고 또 캐는 친구). 이런 프레너미들에게 소통은 불가능하다. 그들이 주고받는 소통은 언제나 피상적이고 음해적이며, 절연적일 뿐이다.

16) 예수가 말하는 동행은 모두가 모두에게 수평적인 관계를 말한다. 모두가 형제자매의 관계를 유지하는 상황의 유지가 동행이다. 모두가 서로에게 겸손한 사람들의 관계가 동행의 관계라는 뜻이다. 마태는 예수가 제자에게 늘 서로가 동행이며 형제인 것을 가르쳤다고 진술한다. "너희는 스승 소리를 듣지 말아라. 너희 스승은 하나요, 너희는 모두 다 형제들이다. 너희 가운데에서 가장 높은 사람은 너희를 섬기는 사람이 되어야 한다. 누구든지 자신을 높이는 이는 낮아지고, 자신을 낮추는 이는 높아질 것이다."[참고: 마태복음 23:8-12]

17) 이에야스가 보인 인간 경영능력은 일본 기업의 모범 사례가 되고 있다. 이에야스는 자기에게 대적하는 적들에게 상당할 정도로 인내했다. 끝까지 참으며 적을 동지로 만들어 가는 인간관계의 달인으로 평가받고 있다[참고: 도몬 후유지(2000). 도쿠가와 이에야스 인간경영 (역). 서울: 경영정신].

18) 정신분석학계에는 두 석학들이 있는데, 프로이트(Sigmund Frued)와 융(Carl Gustav Jung)이다. 융은 프로이트의 수제자였다. 스승으로서의 프로이트나 제자로서의 융은 모두 인간의 무의식을 인정한다. 무의식은 접근 불가능한 마음의 영역으로써 잠재의식이다. 갇혀 있는 개인의 의식이다. 프로이트는 인간 무의식의 문제를 성적 리비도, 즉 선천적인 성적 에너지의 꼬임과 비틀어짐이 만들어 내는 문제로 해석한다. 융은 프로이트의 성적 리비도 이론에 반기를 든다. 리비도 이론은 신경증 환자를 이해하는 데에는 도움이 되지만 모든 정신부적응 환자의 모든 사례에 적용할 수는 없다는 것이 융의 견해였다. 게다가 프로이트의 이론은 처방이나 해결책을 갖고 있지 않았다는 것이 융의 반발이었다. 이런 융을 프로이트는 동행으로 거부하기 시작한다.
융의 학문적 성취와 그에 따른 새로운 관점의 정립은 프로이트와 프레너미 관계로 발전한 것이다. 프로이트는 융의 새로운 학설을 받아들이지 못한다. 프로이트와 융은 학문적으로 상호 구원을 위해 어쩔 수 없이 결별의 동반 관계에 들어간다. 서로는 서로를 구원할 수 없는 관계로 들어가 버린다. 인내는 없다. 오로지 긴장과 대결만이 그들 앞에 서 있다. 동학에서 생긴 비극이었다. 학문적인 프레너미의 관계의 극한 모습이었다. 서로가 학문적으로 성장하기 위한 인간적인 수순이었다. 결별만이 저들의 프레너미를 극복하는 길이었다. 프로이트와 융은 끝내 프레너미 그 이상의 회귀적인 모습을 되돌아 오지 못했다.
프로이트의 학문적인 틀을 떠난 후 융은 더 고뇌한다. 동양의 학문적 정취와 인간에 대한 동양의 이해 방식을 그의 학문에 접목한다. 마침내 융은 인간존재를 혼(魂, psyche)의 존재로 해석한다. 인간의 사이키, 즉 넋은 인간의 성장과 균형을 촉진하고 지향하는 원동력이다. 넋의 목적은 인간으로 하여금 그의 완전성을 추구해 주는 일이다. 인간 넋에는 후퇴나 방황은 없다. 다만, 인간의 소울(soul), 넋이 제대로 작동이 되지 않으면 무의식의 이상 징후가 포착된다. 그 이상 징후 현상이 바로 인간에게 나타나는 정신병리 증세라고 이해한다[참고: 카를 융(2008). 기억 꿈 사상(역). 파주: 김영사]. 넋이 나간 사람, 얼 빠진 사람, 혼이 나간 사람은 무엇인가 자기 실현의 감각이 빠져나간 사람이나 마찬가지이기 때문이다. 융의 말대로, 얼빠진 사람은 자기 실현이 되지 않는 사람이다. 자기 실현은 자기가 되는 일인데, 자기는 의식, 무의식을 통틀어 전체 중심을 잡은 사람이기 때문이다[참고: 이부영(2002). 자기와 자기실현. 서울: 한길사].

19) 판매기법의 달인이라는 호건[참고: 캐빈 호건 · 윌리엄 호튼(2004). 왜 그에게 고객이 몰릴까(역). 서울: 북스넛.]은 판매는 무의식 커뮤니케이션으로부터 시작한다고 본다. 고객과 세일즈맨 쌍방 모두가 승리하는 거래를 이루기 위해서, 기업은 고객에게 세일즈 프레젠테이션이나 구매 권유를 할 때 다음의 핵심 사항을 기억하라고 추천하고 있다. ① 공감대를 형성하고 유지하라. ② 상대방의 관심사를 파악하라. ③ 페이싱(pacing), 즉 상대방과 보조를 맞추라. ④ 목소리 톤을 맞추라, 말하자면 고객의 목소리가 날카로우면 자신의 목소리도 날카롭게 만들어라. 고객이 화난 목소리면 자신도 화난 목소리를 내라. 오늘 자신을 화나게 만든 일을 간단히 언급하는 것도 괜찮은 방법이다. ⑤ 같은 페이스로 호흡하라. ⑥ 행동과 자세만을 모방하라. ⑦ 고객을 리딩(leading)하라. ⑧ 목소리의 톤이나 속도를 맞추어 가며 고객을 변화시켜라. ⑨ 행동, 자세, 몸짓으로 리딩하라. ⑩ 세상에 공짜는 없기에 기브 앤드 테이크하라. ⑪ 고객을 배려하고 고객에게 도움을 주어라. ⑫ 공통의 적을 비난하라. ⑬ 다른 고객의 성공적인 예를 들어라. ⑭ 고객에게 늘 경의를 표하라. ⑮ 강력하게 출발해 강력하게 끝맺는 것처럼 기선을 제압하라. ⑯ 약속한 것보다 더 많이 제공하라. ⑰ 제품에 대해 낮춰 말하라. ⑱ 정보를 더하고, 추가시켜라. ⑲ 다른 이들이 제공하는 것보다 더 좋고, 더 저렴한 것을 제공하라. ⑳ 고객의 말 한마디 한마디에 촉각을 곤두세워라. ㉑ 고객과 장기적이고 진실한 인간관계를 맺으라.

20) 참고: 시뷰야 쇼조(2006). 눈치코치 심리학(역). 서울: 바이북스.

21) 대표적인 영국 BBC 앵커인 빌 맥퍼런(Bill McFarlan)은, 진정성이 묻어나는 '사과'를 하기 위해서는 세 가지 원칙이 필요하다고 일러 준다. 첫째는 진심으로 반성(regret)해야 하고, 둘째는 이성적으로 깊이 생각하며 (reason), 마지막으로는 해결책(remedy)을 찾아 내라고 말한다[참고: 빌 맥파런(2012). 굿바이, 분홍코끼리(역). 서울: 이마고]. 맥파런은 상대방에게 자기의 메시지를 효과적으로 전달하기 위해 55, 38, 7%의 법칙을 준수하라고 일러 준다. 즉, 말은 7%, 어조는 38%, 표정과 몸짓은 55%의 비율로 전달하는 것이 가장 효과적이라고 말한다.

22) 조지 베일런트(George Eman Vaillant) 박사가 행복에 관해 주목한 피실험자들 가운데 한 사람이 바로 톰 머튼이라는 사람이었다. 그는 황폐한 유년기와 우울한 성년기를 보냈던 불운한 사람이었다. 젊었을 때 머튼은 성인 발달 연구에 참여한 대학생 268명 가운데에서도 절망적인 사람으로 판명난 사람이었다. 성격의 안정성을 점검하는 테스트에서 최하위를 차지한 8인 중의 한 사람이었기 때문이다. 머튼

이 겪었던 유년기는 나머지 7명의 유년기보다 훨씬 더 황폐했었기에 행복에 대한 기대감과는 거리가 멀어 보였었다. 연구가 진행되는 동안 불우한 유년기를 보냈던 다른 7명은 어른이 되어서도 계속 저들의 인생에서 불우한 채, 실패의 연속으로 살았다. 게다가 그들 중 2명을 제외한 나머지 사람들은 75세 이전에 모두 사망했다. 나머지 두 사람마저도 신체 장애자로 살아만 했다. 톰 머튼은 예측 가능성을 뛰어넘어 저들과는 달리 80세까지 활기찬 삶을 즐기며 살고 있다. 행복에 겨운 삶을 즐기면서 운동량과 경쟁이 치열한 운동이기에 노년기에는 피하는 구기(球技)인 스쿼시를 즐기기까지 했다. 연구자들을 놀라게 만든 톰 머튼의 비결은 유별난 어떤 사람이나 세력에 의해 구원된 것이 아니었다. 사랑, 용서, 희망, 기쁨, 연민, 믿음, 경외 같은 긍정적인 감정으로 자신을 다스리며 자기의 삶을 행복한 상태로 몰입시키고 있었다. 그는 그런 긍정적인 감정의 상태 속에서 인간적으로 성공적인 성숙과 인간 발달을 경험하고 있었다. 성공적인 인간 발달은 사랑을 흡수하고 다음으로 사랑을 서로 도움을 줄 수 있도록 공유하고, 사랑을 이타적으로 전해 주기 때문에 그는 행복한 감정과는 떨어져 살 수 없었다. 긍정적인 감정을 지니고 있었기에 그가 믿는 종교, 그 친구들과 가족들, 그의 유전자, 그리고 그의 뇌에서 발산되는 화학 작용은 다 함께 어우러져 그를 행복의 길로 인도했던 것이다. 게다가 그는 노년기에 걸맞게 그에게는 부당했던 세계와 화해하기까지 했다. 그는, 노년에 들자 세상이 그에게 제아무리 불공평했다고 해도 그 세계와 화해해야 한다는 것을 잘 알고, 그렇게 실천했다. 세상에 대해 능히 보복할 수 있다 하더라도 그는 이내 그것을 포기할 수 있었다. 용서할 줄 알았기에 그에게 기적 같은 변화, 행복에 이르는 변화가 일어난 것이다[참고: 조지 베일런트(2011). 행복의 완성(역). 서울: 흐름출판].

23) 참고: 숀 아처(2012). 행복의 특권(역). 서울: 청림출판.

24) 참고: 김영민(2008). 동무와 연인. 서울: 한겨레출판.

25) 브리태니커 사전에 따르면, 이집트의 신플라톤주의 철학자인 히파티아(Hypatia)는 여성 수학자로는 주목할 만한 첫 인물이다. 수학자인 동시에 철학자인 테온의 딸로서 알렉산드리아에서 신플라톤주의 학파의 지도자로 인정받았으며 뛰어난 지적 재능과 달변·품위·미모를 두루 갖추어 따르는 제자들이 많았다. 그녀는 학습과 과학을 기호화했는데, 당시 초기 그리스도교도들은 이것을 이교 신앙과 같은 것으로 여겼다. 그녀는 알렉산드리아를 여러 차례 휩쓴 그리스도교인과 비그리스도교도 사이에 벌어진 긴장과 폭동의 초점이 되었다. 412년 키릴이 알렉산드리아의 수장이 된 뒤 히파티아는 니트리아 수도사들과 키릴을 따르는 광신적인 그리스도교도들에게 처참하게 살해되었다. 히파티아는 알렉산드리아의 디오판토스의 수론(數論), 페르가의 아폴로니우스의 기하(幾何), 프톨레마이오스의 천문학설에 대한 해설서를 썼다. 그녀는 알렉산드리아에서 신플라톤주의를 구현하려고 노력했다.

26) 다석 류영모 선생은 중용이라는 글자에서 중(中)자는 뺑뚫림을, 용(庸)은 쓰임새를 말하기에, 중용은 쓰임새를 위해 뺑뚫림이라고 정리하고 있다. 동시에 도(道)라는 것은 얼, 넋, 혼을 일컫는 말이라고 풀어 내고 있다[참고: 박영호(2001). 다석 류영모. 서울: 두레].

27) 대중가요인 〈연인〉이라는 노래는 연인 간의 소통 관계가 어떤 것인지를 보여 준다. "우리는 빛이 없

는 어둠 속에서도 찾을 수 있는 우리는, 아주 작은 몸짓 하나라도 느낄 수 있는 우리는 우리는, 소리 없는 침묵으로도 말할 수 있는 우리는, 마주치는 눈빛 하나로 모두 알 수 있는 우리는 우리는 연인. 기나긴 세월을 기다리어 우리는 만났다. 천둥치는 운명처럼 우리는 만났다. 오 바로 이 순간 우리는 하나다. 이렇게 이렇게 이렇게 우리는 연인. 우리는 바람 부는 벌판에서도 외롭지 않은 우리는, 마주잡은 손끝 하나로 너무 충분한 우리는 우리는, 기나긴 겨울밤에도 춥지 않은 우리는 타오르는 가슴 하나로 너무 충분한 우리는 우리는 연인. 수없이 많은 날들을 우리는 함께 지냈다. 생명처럼 소중한 빛을 함께 지냈다."

28) 참고: 모기 겐이치로(2009). 욕망의 연금술사 뇌(역). 서울: 사계절.

29) 핀란드의 컬트 작가 아르토 파실린나(Arto Tapio Paasilinna)의 작품은 죽음에 관해 글을 쓰는 다른 작가들과는 사뭇 다른 관점을 지니고 있다. 그는 죽음은 사람들이 생각하는 것처럼 그렇게 비참한 것이 아니라 오히려 새로운 가능성과 활력소를 주는 새로운 삶이라고 역설적으로 이야기한다. 죽음 이후의 삶을 재치 있고, 기이하고, 고집스럽게, 그리고 역설적으로 시종일관되게 그려냄으로써 죽음 이후를 잘 보낼 수 있는 살아 있는 삶을 살아 가는 삶만이 행복한 삶일 수 있다는 것을 보여 준다. 죽음 다음의 세계는 흔히 천당이나 지옥 같은 공간이라고 말들 하지만, 실제로 그런 공간은 존재하지 않으며, 죽으면 망자는 영혼이 되어 인간 세상에 그대로 머문다고 설정한다. 그렇지만, 살아 생전에 얼마나 강한 정신력을 지녔느냐에 따라 사후에도 영혼으로써 수일에서 수천 년까지도 살아남을 수 있기에 살아서 알찬 삶을 살아야 사후 세계에서도 건강한 영혼으로 견딜 수 있다고 말하는 그는 저승에서 더 나은 (죽은) 인간으로 살 수 있다는 결심을 할 수 있는 정도의 알찬 삶을 사는 것이야말로 행복한 삶일 수 있다며 죽음을 통한 삶의 열정에 대한 감동의 시추에이션을 그려낸다. 그는 북극의 신화인 산타의 신비함과 산타가 산다고 꾸며진 산타마을인 라플란드 출신 작가다.

핀란드 북부의 라플란드 키틸래에서 태어난 아르토 파실린나는 어려서부터 벌목일이나 농사를 포함해 여러 직업을 전전하면서 자연의 순백함에 매료당하며 자신을 추스른 컬트 작가다. 1963년 라플란드 성인 대학을 졸업한 이후 그는 여러 신문사와 문학 잡지사에서 편집인으로 활동하다 작가가 되었다. 1989년 에어 인터상(Air Inter Prize), 1994년 주세페 아체르비상(Giuseppe Acerbi Prize), 2004년 유럽의 작가상(European Writer of the Year)을 수상했던 그는 "나의 죽음은 정말이지 아주 갑자기 찾아왔다."라는 서두로 어느 신문기자인 주인공의 죽음 이야기를 하나의 소설로 써내려가기 시작한다. 결혼과 회사에 염증을 느끼고 있던 남자 주인공은 여느 때처럼 어느 날 거리에서 앞서 가던 늘씬한 여자의 다리를 흘낏거리다가 차에 치어 죽음을 맞이한다.

잠시 앞이 깜깜해졌다가 다시 눈앞이 환해졌을 때, 영혼으로 자신의 몸 앞에 서 있는 주인공은 자신이 시시하게 죽은 것에는 화가 났지만 가만히 생각해 보니 지루한 직장과 재미없는 결혼에서 해방된 것에 한없는 기쁨을 맛본다. 자신의 아내가 자신의 사망 소식에 어떻게 반응할지 궁금했던 그는 그의 아내를 찾아간다. 아내 역시 예상대로 슬퍼하는 기색은 없다. 그저 슬픈 미망인 흉내를 억지로 내고 있었다. 이어 망자는 자신의 신문에 실린 자기의 부고를 보러 간다. 영혼인 망자가 직접 신문을 볼 수는 없는 노릇이어서 일단 도서관으로 날아간다. 신문을 읽는 사람들 뒤에 서서 자기의 부고기사를 보기로 한다. 도서관에 들어가자 그는 놀라고 만다. 자기에 관한 부고기사보다는 이상하게도 여러 시대의, 다양한 나라의 옷을 걸친 사람들이 돌아다니고 있는 것이 눈에 들어왔기 때문이다. 혼란에 빠져 있던 그에게 누군가의 영혼이 다가와 이 모든 사태가 무엇인지를 간결하게 일러 준다. 여기 와 있는 모든 이들이 다 영혼이라는 것이다. 이들은 생전에 얼마나 강한 정신력을 지녔느냐에 따라 사후에도 영혼으로써 수일에서 수천 년까지도 살아남을 수 있기에 여기를 돌아다닌다는 것이었다. 그런 영혼이라고 하더라도 정신의 힘이 쇠해지면, 모조리 분해되어 공기처럼 없어져 버린다고도 했다.

살아생전 그가 생각했던 저승의 모습과는 무척 다른 것에 당황하지만 이내 그 저승의 조건에 적응한다. 그것이 그 영혼의 정신건강을 위해 좋은 일이기 때문이었고, 동시에 그가 영혼으로써의 삶을 맞이하는 것은 오히려 살아생전 해 보지 못하던 것을 이뤄 주는 계기가 되었기 때문이다. '죽음은 마치 내가 가고 싶은 곳 아무데나 자유롭게 갈 수 있게 해 주는 끝없이 긴 휴가로써 자기처럼 살아생전 일에 지쳐 살던 사람에게는 죽음이야말로 편안한 휴식을 맛볼 수 있는 좋은 경험'이기에 이제부터 본격적으로 시작되는 '두번째 삶'을 적극적으로 즐기기로 작정한다. '이제부터는 양심에 찔리거나 누군가의 잔소리 듣지 않고 내 마음대로 빈둥거릴 수 있다.'는 생각에 이르자 그는 자유롭게 이곳저곳을 여행하며 다양한 영혼들을 만난다. 여행 중에 그는 또 다양한 영혼들, 말하자면 생전에 사기를 치고 죽어서도 쫓겨 다니는 인물, 핀란드에서 여자 누드를 보길 원하는 전직 교황, 죽을지 모르고 자살해서 죽은 인물, 달에서 만난 정치적인 할머니, 러시안 룰렛으로 머리에 총알 구멍을 만들고 죽은 군인 등을 만난다.

그는 마침내 예수도 만난다. "예수는 죽은 자들의 의무에 관해 이야기했다. 그러면서 자발적 참회의 중요성을 강조했다. 그런 다음 우리가 현재 처해 있는 저승에서의 삶을 무의미함과 지루함으로 허비하지 말라고 경고하고, 새로 죽은 사람들이 저승에서 그들의 첫걸음을 뗄 때 도움이 되어 줄 것을 권했다. 특히 아무런 준비 없이 저승 세계에 발을 들여놓는 어린아이들에게 친절하라고 했다. 또한 추하게 생겼다고 해서, 또 머리가 나쁘거나 다른 부족한 부분이 있다고 해서 그런 혼령들을 멀리하고 배척해서는 안된다고, 우리 모두에게 주어진 시간을 그런 혼령들을 위해 조금씩 내 주는 데 인색해서는 안 된다고 했다."[참고: 아르토 파실린나(2011). 저승에서 살아남기(역). 서울: 소담출판사]

30) 홍콩영화 〈해피 투게더(Happy together)〉에서 아휘(양조위)가 몸을 다쳐 고통과 신음으로 괴로워하고 있는 보영(장국영)에게 친구로서 건네는 우정 어린 대화이며 의식소통을 개시하는 첫 말이다. 장국영 추모 영화제에서 상영되었던 〈해피 투게더〉의 내용은 그저 그런 내용이지만, 사람이 사람으로 산다는 것이 무엇인지, 신뢰가 무엇인지, 믿음이 무엇인지를 보여 주는 영화다. 중국적인 어려운 상황을 빠져나와 거의 막차 타는 셈으로 홍콩인인 두 남자 보영과 아휘는 새로운 삶을 시작하기로 작정하고 홍콩을 빠져나온다. 홍콩의 반대편인 아르헨티나로 날아간 그들은 그저 우연하게 등을 하나 사게 된다. 그 등 속에 그려진 폭포의 광경에 매료된 두 사람은 내친 김에 그 이과수 폭포를 찾아 나선다. 초행길이라 서로 우왕좌왕한다. 그렇게 폭포를 찾던 중 두 사람은 말도 되지 않는 이야기로 다툰다. 결국 보영은 "나중에 기회가 있으면 다시 시작하자."는 말을 남긴 채 아휘를 떠난다. 아휘는 마음의 상처를 입었지

만 참는다. 집으로 돌아갈 여비라도 벌기 위해 아휘는 부에노스아이레스의 한 탱고 바에서 이런 저런 일을 한다. 호객 일이다. 아휘는 우연히 보영과 마주친다. 보영은 아휘를 찾아간다. 그리고 그는 아휘에게 다시 시작하자고 말한다. 그러나 또 다시 상처받는 게 두려웠기 때문에 아휘는 보영의 다급한 그 말을 거절한다. 그렇지만 아휘는 보영의 다친 손을 보면서 애처로움을 가슴속 깊이 느낀다. 아휘는 마음을 열기 시작한다. 손 다친 보영을 집으로 데려와 그를 돌봐 준다. 그러면서 아휘는 보영에게 말한다. "아무리 멀리 떨어져 있어도 같은 생각을 하고 있다면 그건 같이 있는 것이나 다름없는 거야." 아무리 멀리 떨어져 있어도, 진정한 사랑이라는 것은 변하는 것이 아니다. 마음을 다해서 사랑했다면, 그리고 서로에게 신실된 믿음이 사라져 버리지 않았다면 언젠가는 꼭 만나는 법이다. 〈냉정과 열정 사이〉라는 영화 주인공들은 인연이란 잠시 멀리 떨어져도 긴 시간 동안 먼 길을 돌고 돌아 결국 그 사람 앞에 서게 된다는 대화를 반복한다. 이러한 어울림들이 바로 의식소통의 한 단면을 보여 준다[참고: 한준상(2010). 다문화시대의 배움. 한국성인교육학회 기조 강연. 한국체육대학교. 2010. 5. 29.].

31) 작가 이철환이 어떤 작가인지를 모르기는 지금도 마찬가지인 나는 언제인가 그가 쓴 『연탄길』이라는 책을 사서 읽으면서 많은 감동을 받았기에, 학생들에게 『연탄길』을 읽으라고 추천한 적은 있었지만, 이내 그의 이름은 내 기억에서 사라졌다. 그러다가 2012년 가을날 우연히 KBS 〈아침마당〉이라는 프로그램에서 그가 하는 말에 매료되어 그 시간 내내 그에 빠진 적이 있었다. 그 후 이내 내 머릿속에서 지워졌다. 작가이거니 하는 생각과 그 역시 돈에 찌든 말의 기교파겠지 하는 나의 일그러진 편견 때문이었다. 그렇게 시간이 흐르다가, 정말로 우연하게 동영상 한 편을 그저 보게 되었다. '축의금 만 삼천원'이라는 정말 짧은 이야기 속에 녹아 있는 배려하는 그의 깊은 삶과 뇌성마비 친구 형주의 사람다움 짙은 삶에 대해 그냥 울어 버리고 말았다. 단단하게 이것저것으로 무장되어 있던 내 삶이 삽시간에 해제되어 버린 순간이었다.

32) 조성기 교수는 사람에 대한 미움을 극복하는 일이 자신을 극복하는 지름길이라는 전제 아래, "한 사람에 대해 미움의 말을 뱉기 시작하면 연이어 미움의 말을 뱉을 수밖에 없는 상황들을 만나게 된다. 그렇게 되면 내 마음이 점점 비뚤어질 대로 비뚤어지고 상대방과의 관계도 뒤틀리고 만다. 더 나아가 상대방과 관련된 여러 사람과의 관계도 뒤틀려 버린다. 처음부터 한 사람에 대해 마음이 비뚤어져 미움의 말을 시작하지 않도록 주의할 일이다."라고 말하고 있다[참고: 조성기(2012). 미움 극복. 서울: 중앙북스].

33) 참고: 문종성(2011). 산 속 평화를 깨는 철없는 여행자. 가이드 포스트, 2월호.

34) 작가 글로리아 에반즈(Gloria Evans)는 나와 당신을 위한 이야기인 『담』이라는 글에서, 사람들이 간섭하고 귀찮게 하는 것이 싫어서 조금씩 담을 쌓아가는 주인공을 등장시킨다. 그녀의 사연을 통해 우리가 쌓아 놓은 담이 얼마나 허망한 것인지 알려 준다. 그녀는 처음에는 그저 대수롭지 않게 남들을 경계하기 위해 담을 쌓는다. 쌓아봤다고 해도 그 담은 그리 높지 않다. 조금만 일어나 보면 예전처럼 그가 보이고 내가 보인다. 여전히 그전처럼 그저 불안하기만 하다. 그녀에게 하나둘 거슬리는 사람들이 늘어난

다. 조금씩 그 담을 더 높이 쌓아 간다. 담의 높이가 높아질수록 그녀는 언제부터인지 담 아래서 평온함을 느끼게 된다. 자신이 쌓은 담 높이에 이제는 만족하기 시작한다. 그 만족감을 사람들에게 자랑하고 싶어지기조차 한다. 그것을 느꼈을 때 사람들은 이미 그녀에게 무관심해진 지 오래였다. 그녀는 그런 사람들의 무관심이 이제는 고깝기마저 하다. 그들이 미워진다. 이제 그녀는 자기 스스로 정성스레 쌓았던 담에 저 혼자만 남아 버렸다. 외롭고 적막하다. 그 담을 허물고 싶었지만, 높아진 담은 그녀 혼자 허물어 내기에는 벅찰 뿐이다. 그때였다. 담 너머의 누군가가 그녀의 담을 조금씩 뚫고 담 안으로 빛을 들여보내 주기 시작했다. 바로 '그'였다. 빛이 들어오는 틈으로 담 너머 아름답고 넓은 세상이 보이기 시작한다. 불안과 두려움도 조금씩 녹아들기 시작한다. 그가 보이고 그녀가 보이기 시작한다. 그녀는 변한다. 그의 말을 따른다. 이제는 그녀 스스로 자기만의 이기심, 분노, 교만으로 담을 쌓고 살아가는 사람들의 담을 허물어 주는 일에 가담한다. 그녀가 쌓은 담을 그녀 스스로 말끔하게 치워낸 후에야 그것이 가능했다[참고: 글로리아 에반즈(2008). 담: 나와 당신을 위한 이야기(역). 서울: 해피니언].

35) 참고: 스티븐 캘러핸(2008). 표류: 바다가 내게 가르쳐 준 것들(역). 서울: 황금부엉이.

36) 참고: 클리포드 나스 · 코리나 옌(2012). 관계의 본심(역). 서울: 푸른숲.

37) 정신분석자들은 자기 치유를 위해 자기 중심성이 그리 나쁜 것이 아니라고 처방하기도 한다. 건강한 자기 중심성을 갖는 일이 자기 상처를 위한 자기 치유의 처방이 된다는 것이다. 마흔 고개에 이른 한 여류소설가가 정신분석을 받은 끝에 집까지 팔아서 세계 여행을 떠난다. 혼자 몸으로 내키는 대로 로마, 피렌체, 밀라노, 파리, 니스, 베이징, 적도 아래의 뉴칼레도니아 등을 구경한다. 수많은 도시와 항구를 돌아다니면서 우리와 별반 다를 게 없는 아름다운 것, 추악한 것들을 확인한다. 그런 여행 도중 자신의 왜곡된 심리와 억압과 상처와 어둠까지도 선입관 없이 직시하며 스스로를 치유한다는 것이 무엇인지를 알게 되고, 인간과 세상을 바라보는 패러다임도 바뀌게 되었다[참고: 김형경(2006). **사람풍경**. 서울: 예담].

그녀는 "사랑을 나에게 구걸하는 대신 비로소 자기 자신을 사랑하게 되었고, 타인을 돌보는 것으로 나의 가치를 삼는 이타주의 방어기제를 포기했다. 외부의 인정과 지지를 구하는 대신 자기가 자신을 인정하고 격려하는 훈련을 했다. 남의 말이나 시선에도 신경 쓰지 않게 되었다. 타인의 어떤 말이나 행동은 전적으로 그들 내면에 있는 것이며, 무엇보다 인간은 타인의 언행에 의해 훼손되지 않는 존엄성을 타고난 존재라 믿게 되었다."라고 자기 치유를 보고하고 있다.

38) 박완호 시인은 「커브」라는 시에서 이렇게 커브의 묘미를 노래한다. "그냥 변화구를 던져 줘라는 말보다 내게 커브를, 이란 말이 훨씬 매력적이란 걸. 곧장 당신에게 달려왔어요라고 바로 들이대는 것보다는 어딜 좀 들러 오느라……, 하는 머뭇거리는 얼굴이 내 맘 더 깊이 파고든다는 걸. 커브, 하고 말할 때면 어딘가 살짝 비어 있는 것 같으면서도 자꾸 빙빙 도는, 가파른 계단을 오르다 지쳐 잠시 쪼그리고 앉아 쉬는 네 혼들리는 숨결들 커, 커브라고, 내게 커브를 던져 줘, 라고 말할 때 네 혀 끝에 걸려 있던 바람이 어느 순간 나를 향해 밀려오듯 그렇게 내게로 와 줘, 어디로 꺾일지 모르는 마음의 둥근 궤적을 따

라 커브로, 커브처럼, 그렇게."[참고: 박완호(2012). 물의 낯에 지문을 새기다. 서울: 서정시학]

39) 참고: 에베소서 4:26, 4:29.

40) 참고: 야고보서 1:4, 1:19-20, 3:2-3.

41) 홀(Stuart Hall) 교수는 소통의 세 가지 서로 다른 양태를 제시한다. 첫 번째가 헤게모니적(hege-monic) 의미 규칙의 양태다. 예를 들어, 한 사건에 대한 텔레비전 보도를 통해 전달되는 의미를 완전히 그대로 받아들이고, 메시지 기호화의 준거 틀이 된 정해진 의미 규칙에 따라 그 메시지를 해독한다면, 그 시청자는 지배적인 의미 규칙 내에서 자기의 의미를 만들어 내는 것이다. 타인과의 의사소통에서도 이런 양태를 헤게모니적인 소통이라고 부를 수 있는데, 그것은 의미 전달의 일방성 때문에 그런 것이다. 헤게모니적인 정의라는 말은 지배적 의미 규칙들이 모든 상황과 사건의 내막을 정의해 놓고 있다. 또한 그것에 대한 정당성과 그렇게 정의된 사회 질서를 '불가피한 것', '당연한 것'으로 받아들이도록 강요한다.

두 번째 의사소통의 양태는 타협적 의미 규칙(negotiated)이다. 이 타협적 의미 규칙에서 만들어지는 기호 해독과정에는 순응적 요소와 저항적 요소들이 혼합적으로 개입된다. 예를 들어, 광우병 시국 사건과 같은 뉴스를 접하는 사람들은 정부에 의해 전달되는 헤게모니적인 메시지에 대한 기호 해독을 권위 있고 정의 수준이 높은 차원에서의 의미로 받아들이는 것이 정당하다고 인정하는 것이 상례다. 그에 비해 한정된 일상적인 상황의 수준에서는 상황이 규정해 주는 나름대로의 기본 원칙에 따라 변화한다. 의미 규칙에 예외가 인정된다. 이런 타협된-조합주의적 해독은 수용자들이 미디어 메시지에 대해 보이는 순응적 측면과 저항적 요소를 동시에 개념화한다. 이런 의미 규칙은 미디어의 헤게모니적 정의가 일반적 차원에서는 정당함을 인정하면서도 보다 한정되고 국지적인 상황에서는 규칙에 예외를 인정하려고 한다. 이러한 의미 규칙의 예외가 성립되는 해석은 지배적인 정의에게 특권적 위치를 부여하면서도, '국지적인 다양한 상황'에서는 실생활에 타협된 적용들을 만들어 준다. 이런 타협의 장에서 의미 작용이 다양, 다변하게 된다.

홀 교수가 제시한 세 번째 유형의 의사소통 양태는 대항적 의미 규칙(oppositional code)의 소통 양태다. 예를 들어, 광우병 사태와 관련 뉴스를 접하는 시청자는 광우병에 관한 담론이 주는 외연적 의미와 함축적 의미 변화를 완전히 이해하면서도, 실제 행동에서는 메시지를 완전히 반대로 해독할 수 있다. 이런 시청자는 자기가 미리 생각해 둔 대안적인 준거 틀 속에서 그들이 방송으로부터 받은 메시지의 의미를 새롭게 재구성한다. 그러기 위해 자기들에 의해 선호되는 의미 규칙에 따라 방송으로부터 받아들인 메시지를 완전히 해체해 버린다. 이것이 대항적 의미 규칙이다. 의미 작용의 정치, 의사소통의 역풍과 투쟁의 정치는 이런 대항적 의미 규칙에서 치열하게 전개된다. 미디어가 전하는 지배적 정의를 완전히 거부하고 그 메시지를 대항적 의미 규칙에 따라 반대로 해석해 버렸기 때문이다[참고: Stuart Hall(1980). 'Encoding/decoding', in S. Hall et al. (Eds.), *culture, media, language: Working paper in cultural studies*, 1972-1979. London: Hutchinson/CCCS].

42) 메타(meta-)라는 말은 그리스어로 더불어(with) 또는 뒤에(after)라는 뜻을 갖는다. 메타언어란 하나의 언어를 가진 언어, 또는 하나의 언어 다음에 나오는 언어를 가리킨다. 원리적인 언어가 메타언어다. 지혜의 언어가 메타언어다. 일반 언어를 지배하고 설명해 주는 언어가 메타언어다. 이것은 메타피직스(metaphysics)라는 말에서 보는 것과 같다. 메타피직스는 물리의 법칙을 총체적으로 조망하는 개념이다. 메타피직스는 지혜, 철학, 형이상학을 지칭한다. 형이상학은 물리의 존재 법칙을 설명하는 통 큰 개념으로써 일반 물리 현상을 한 발짝 떨어진 곳에서, 한층 높은 차원에서 전체적으로 조망하는 지혜를 말한다.

43) 참고: 테리 L. 쇼딘(2012). 스몰 메세지 빅 임팩트(역). 서울: Seedpaper.

44) '읽다'에 관한 사전적인 정의들은 한두 가지가 아니다. 말하자면, 글을 보고 거기에 담긴 뜻을 헤아려 알다. 경전 따위를 소리 내어 외다. 작가의 작품을 보다. 그림이나 소리 따위가 전하는 내용이나 뜻을 헤아려 알다. 글자의 음대로 말할 줄 아는 능력을 가지다. 어떤 대상이 갖는 성격을 이해하다. 어떤 상황이나 사태가 갖는 특징을 이해하다. 사람의 표정이나 행위 따위를 보고 뜻이나 마음을 알아차리다. 바둑이나 장기에서 수를 생각하거나 상대편의 수를 헤아려 짐작하다 등의 뜻을 지닌다.

45) 그것과는 달리 우리네 조상들은 사람 스스로 무엇을 깨닫거나, 밝게 만들거나, 깨우쳐 나갈 때를 읽는다는 말로 표현해냈다. 그것이 바로 우리의 옛말인 '니르다'에서 드러나고 있다. 훈민정음에 나오는 단어인 '니르다'가 바로 그렇게 쓰인 것이다. 훈민정음에 보면, "이런 젼차로 어린 百姓이 니르고져 홇 배이셔도."라는 말이 나온다[참고: 세종 외(1447)(1973인쇄). 訓民正音: 解例諺解. 서울: 大提閣]. 잇대어 『석보상절』에서도[참고: 세종 외(1447)(1985인쇄). 釋譜詳節. 서울: 大提閣], '닐어도'라는 구절이 나온다. 이때 역시 '니르다'는 말은 '깨치다, 깨우치다, 밝히다'의 의미로 쓰인 것이다. 모음으로 시작하는 어미 앞에서는 '닐-'로 나타나는 니르다는 말은 바로 '알아 내다, 밝히다'처럼 '밝게 이르켜 깨쳐 가다'라는 뜻을 지니고 있음을 알 수 있다[참고: 강상원(2002). 한글 고어사전 실담어 주석. 서울: 한국세종한림원출판부].

46) 그는 사진작가이지만, 움직이는 한 점을 사냥(shooting)하기 전에 그 한 점을 사냥하기 위한 구도의 자세를 갖추는 일이 중요하다고 가르친다. 사진 찍기 이전에 사진 찍기를 위한 심상 훈련이 먼저라는 것이다. '이미지 훈련'을 위해 그는 풀이라든가 꽃이라든가 한 대상을 정한 후, 그것에 가까이 자리잡고 앉아서 그것과 하루종일 대화하도록 한다. 그렇게 하면 아무리 상상력이 풍부해도 한 세 시간 정도 지나면 더 이상 대화할 게 없어지고 그 후부터 일종의 금단 현상이 나타나지만, 그것에도 못이긴 척 하고 그것과 대화를 계속하면 그때부터는 이전에 경험하지 못했던 아주 새로운 것이 떠오른다. 그렇게 떠오르는 내용을 노트에 적는다. 그렇게 적은 것들은 경우에 따라 노트 한 권이 되기도 한다. 심상 훈련 후 떠오른 것들을 발표하게 하면 상상을 초월하는 이야기들이 나온다. 일종의 성령 체험 같은 것인데…… 그 단계를 지나고 하루종일 눈을 가리고 있다. 처음엔 두렵기도 하고 일종의 오한과 식은 땀이 나기도 하지만 그 어느 순간부터 잊었던 것들이, 그 이전까지는 전혀 듣지 못했던 소리가 들린다. 한 컷을

찍기 위해 이론이 아니라 몸으로 알아 내게 하는 그는 세계적으로 유명한 사진작가다. 미국 뉴욕의 맨해튼 번화가를 8시간 동안 찍은 작품으로 유명해진 그는 8시간 이상의 노출 작업으로 뉴욕에서 바쁘게 움직이는 사람과 자동차 등을 사라지게 만들었다. 수많은 자동차와 사람들이 지나다녔지만 사진 속에는 움직이지 않는 건물만 남아 있게 되었다. 시간 앞에서 덧없는 '움직이는 것들'의 현실, 시간 앞에서는 부질없는 존재의 본질을 표현한 이 작품을 통해 '존재하는 모든 것은 사라진다' 보이지 않을 뿐 사라지는 것은 아니라는 철학을 담아 냈다.

존재하는 모든 것은 결국 사라진다는 것을 찍어내 보이기 위해 '온에어(on air) 프로젝트' 방송 중이라는 작품을 전개하는 김아타는 이미지를 재현하고 기록하는 사진의 속성과 '존재하는 것은 모두 사라지는' 자연의 법칙을 대비시켜 사실성이 사라지고 난 후의 추상에서 존재의 실체를 탐구해 가고 있다. '사라짐'의 작업 프로세스가 바로 장노출이다. '장노출'은 셔터 스피드를 몇 초 이상으로 길게 맞추어 촬영하는 장시간 노출 테크닉인데, 이런 장노출로 피사체를 촬영하면, 사물은 움직이는 속도만큼 사라져 가게 된다. 말하자면 날아가는 새는 빨리 사라지고, 천천히 움직이는 물체는 천천히 사라지게 된다. 이런 작업을 통해 김아타는 우주의 섭리와 세상살이를 생각한다. 말하자면, 사라지지 않고 남아 있는 사물들이라고 영원한 것은 아니라는 사유에 도달하게 된다. 그러고 보면, 사진작가 김아타는 사진을 잘 찍는 사람이기 전에, 사물의 질서를 볼 줄 아는 사람이다. "보여야 비로소 볼까말까 한다."는 말이 있다. 사진이 그런 경우다. 사진도 볼 수 있는 눈이 있을 때 제대로 찍을 수 있다. 보인다고 찍히는 게 아닌 것이다. 볼 수 있는 눈은 사물의 관계를 안다. 사물은 저마다 존재감이 있다. 그러나 쉬이 드러나지 않는다. 자국만 있는 존재감을 롤랑 바르트(Roland Barthes)는 '상처'라고 했다. 자국을 본다는 것은 존재했음을 보는 것이다. 존재들이 남긴 상처를 보는 것이다. 그것이 사진이 상처인 이유다. 누군가의, 무언가의 자국이기 때문이다[참고: 진동선(2008). 한 장의 사진미학. 서울: 예담].

사진작가를 넘어 삶의 구도에 들어선 김아타는 마침내, 인도의 이곳 저곳을 찍어대다가 빛의 도(道)에 이른다. "보이지 않던 것들은 빛이 모자랄 때 자신을 드러낸다. 그것들은 부족함에 이미 익숙해서 그렇다."라는 것을 알게 된다[참고: 김아타(2008). 김아타, 인디아 스케치. 서울: 위즈덤하우스].

47) '나를 제외한 모든 사람은 나에게는 모두 타인이며 나그네일 뿐이다.' 일본의 국민작가로 추앙받고 있는 나쓰메 소세키가 그의 소설 『행인(行人)』에서 절규하는 소리다. 나쓰메 소세키는 근대 일본의 소외된 지식인들의 의식과 마음을 명료하게 그려낸 일본 최초의 소설가였다. 그는 신경 증세로 시달리면서 일본 지식인들의 방황하는 자아를 세밀하게 그려냈다. 천성적으로 악인은 없다는 것이 나쓰메 소세키의 생각인데, 『행인(行人)』이라는 작품에서도 마찬가지다. 이 소설의 주인공인 이치로는 학식 높은 학자다. 겉모습일 뿐이다. 속으로는 늘 불안한 지식인이다. 자아의 벽 속에 사는 이기주의자이기도 하다. 대신에 사회적 감각은 무디기만 하다. 무관심, 그 자체다. 그는 오로지 인간 사이의 관계를 두려워한다. 피한다고 피해질 관계가 아니지만, 그 관계를 가능한 피하려고 한다. 이유가 있다. 관계란 끝내 자기 자신을 훼손시키는 요소라고 생각하기 때문이다. 그는 결혼은 했지만 관계를 두려워하는 나머지, 친동생 지로와 자신의 아내인 나오 사이의 관계를 의심한다.

이치로가 의심한 사람은 사실 동생도 아니고 아내도 아니다. 그는 자기 마음을 의심하였을 뿐이다. 상상 속에 갇힌 나머지 생긴 자신의 무력감이며 자괴감이다. 그 자괴감을 동생과 아내에게 투영시킨 것이다. 결국 그는 자기 안에서 일어난 자기만의 불통을 견디지 못한다. 그에게는 마음 밖에 없다. 그 마음을 열었을 때가 두렵다. 마음을 열었을 때 생길 수 있는 것이 부조리이기 때문이다. 부조리란 소통한다고 하면서 소통의 미수에 그치는 일이다. 소통이라고 하면서 불통하기 때문에 생기는 부조리를 견딜 수 없었기 때문이다. 차라리 서로 불통이 되거나 먹통이 좋다. 그렇게 되어 버리면 서로가 편하기 때문이다. 그에겐 모두가 행인, 나그네가 되어야 편하다. 부조리가 있을 수 없기 때문이다. 그는 '소통의 부조리'에 지레 겁부터 낸 것이다.

마침내 그는 동생 지로를 시켜 아내의 정조를 떠보기에 이른다. 이치로가 동생인 지로에게 결백을 증명할 수 있도록 부인 나오와 함께 나들이를 다녀오라고 요구한다. 나들이에서 형수의 마음을 알아오라고 한다. 동생과 그 사이에 정신적 싸움이 벌어진다. "형수의 정조를 시험하다니, 관두는 게 좋겠습니다." "어째서?" "어째서라뇨, 너무 바보 같지 않습니까?" "바보 같다니, 뭐가?" "바보 같지 않을진 몰라도, 그럴 필요가 없지 않습니까?" "필요가 있으니까 부탁하는 거다." 나는 잠시 침묵했다. 넓은 경내에는 참배하는 사람들도 보이지 않아, 의외로 사방이 고요했다. 나는 주변을 둘러보고 마지막으로 우리 두 사람의 쓸쓸한 모습을 한 귀퉁이에서 발견했을 때, 어쩐지 불쾌한 느낌이 들었다. "시험하다니, 어떻게 해야 시험당하는 겁니까?" "너와 나오, 두 사람이 와카야마로 가서 하룻밤 묵기만 하면 돼." "말도 안 돼."하고 나는 한마디로 뿌리쳤다. 그러자 이번엔 형이 침묵했다. 물론 나도 말이 없었다. 바다로 내리꽂히는 석양빛이 점차 엷어짐에 따라 얼마 남지 않은 열을 불그레 먼 저편으로 한층 길게 늘어뜨렸다. "싫으냐?"하고 형이 물었다. "예, 다른 일이라면 모를까, 그것만은 싫습니다." 하고 나는 분명히 단언했다. "그렇다면 부탁하지 않겠다. 대신, 난 평생 널 의심하겠다."[참고: 나쓰메 소세키(2001). 행인(역). 문학과 지성사.]

마음과 마음 사이에 소통, 완전한 소통, 그런 것은 처음부터 있을 수 없는 것이다. 모두가 모두에게 행인들이기 때문이다. 불가능하기마저 하다. 희구 사항일 뿐이다. 누구든 자신이 생각하는 것을 그려 볼 수는 있지만, 타인이 생각하는 것 까지 그려 낼 수는 없기 때문이다. 그려 낸다는 것은 어차피 피상적일 뿐이다. 자신의 마음을 입 밖에 내는 그 순간 이미 마음에 대한 왜곡이 일어 난다. 자신의 마음을 타인에게 확실하게 드러내지 못했다는 어떤 두려움이 생긴다. 자신을 다른 이에게 이해시킬 수 없다는 두려움이 일어난다. 자신 역시 다른 이의 마음을 제대로 이해할 수 없다는 두려움이다. 이 두려움들의 파열음이 부조리다. 부조리의 극복은 의식소통에 의해서만 가능하다. 의식소통은 이해가 아니라 끄덕임과 동의이기 때문이다. 의식소통은 침묵의 통함이기 때문이다. 이치로는 동생의 의식과 아내의 의식과 소통할 수가 없었던 것이다. 자신을 침묵시킬 수 없었기 때문이다.

48) 참고: 정호승(2011). 외로우니까 사람이다. 서울: 열림원.

49) 10세기경, 잉글랜드 사람에게도 글보다는 말이 더 중요했었다. 11세기만하더라도 영국에서는 유언을 말로 남겼으며 유럽에서 모든 법적 선언은 입을 통해 발표될 정도로 입으로 읽기가 중요한 사회 활동이

었다. '현대에 이르면서 서구인은 시각을 옹호하기 위해, 즉 시각의 읽기를 강조하면서 후각의 읽기를 약화시키는 데' 성공했다. 예를 들어, 계몽주의 이전 유럽인에게는 장미라는 꽃은 후각적인 의미가 컸기에 장미의 의미를 코로 읽어 냈지만, 계몽주의 시대에 이르러서는 장미를 눈으로 읽어 내는 방법에 더 무게를 두었다. 계몽주의 시대를 살아가던 남자들은 시각, 진리, 지성, 지식에 눈을 돌렸다. 이에 비해 여성들은 후각적인 읽기를 그대로 간직하고 있었다[참고: 마크 스미스(2010). 감각의 역사(역). 서울: SUBOOK].

50) 참고: 리하르트 다비트 프레히트(2010). 나는 누구인가(역). 서울: 21세기북스.

51) 미국 여론조사기관 갤럽이 2011년도에 148개국의 15세 이상 1,000명씩을 대상으로 일상생활에서 느끼는 긍정적인 기분을 조사한 결과다. 조사 대상자들에게 갤럽은 "어제 편하게 쉬었다고 느끼는가." "어제 하루 의미 있는 일을 했다고 느끼는가." "많이 웃거나 미소를 지었는가." "재밌는 일을 하거나 배웠는가." 마지막으로 "어제 하루 즐겁다는 감정을 많이 느꼈는가."의 5가지 질문을 던졌다. 그 질문에 '그렇다'고 답한 비율에 따라 순위를 매겼더니, 가장 높은 비율로 긍정적인 답변을 한 국민은 파나마와 파라과이 국민이었다. 저들의 긍정적인 반응은 각각 85%를 기록했다. 잇대어, 엘살바도르와 베네수엘라(84%), 트리니다드토바고와 태국 국민의 반응(83%)이 뒤를 이었다. 중남미 국가가 아니면서 10위 안에 든 나라는 태국과 필리핀이었을(82%)뿐이었다. 갤럽은 결론적으로 이번 조사 결과가 전통적인 경제 지표에만 집중해 온 학자들과 각국 지도자들을 놀라게 할 것이라며 높은 소득이 행복과 직결되는 것이 아님을 보여 준다는 결론을 내렸다[참고: 조선일보 편집국(2012). '행복감 지수' 우리나라 97위…… 1위는 파나마·파라과이. 조선일보. 2012년 12월 24일자]. 이런 결과는 영국의 신경제재단(New Economics Foundation)에서 발표하는 국가별행복지수와도 그리 차이가 나지 않는 조사 보고였다. 3년마다 국가별 행복지수를 발표하는 영국의 신경제재단의 발표에 의하면, 매번 10위 안에는 코스타리카를 비롯한 중남미 국가들이 대부분이다. 못사는 나라라서 순위가 높은 것은 아니라는 점은 아프리카 나라들이 대부분 하위에 머문다는 점에서 분명해진다. 2012년에 한국은 63위, 미국은 105위를 기록했다. 한국인이나 미국인은 자족의 경험이나 자기 삶에서의 영성이 낮은 것으로 나타나고 있을 뿐이다.

52) 염화시중(拈華示衆)이란 서로 통했노라를 보여 주는 말이다. 붓다가 인도의 영취산에서 많은 대중을 모아 놓고 설법을 하던 중에 '깨달음의 실체'를 보여 주기 위해 문득 연꽃 한 송이를 들어 보였다. 제자 중 마하가섭이 그것을 보고 미소를 지었다. 서로가 서로에게 통했다는 뜻이다. 말이 필요없다. 묵언, 침묵이면 되는 일이다. 붓다가 보여 준 연꽃은 붓다가 제자에게 무엇인가를 전달하기 위한 전언이었다. 붓다 스스로 깨달음에 이른 진리를 말로는 설명할 수 없어 연꽃을 들어 보인 것이다. 이때 제자 중 오직 마하가섭만이 이를 알아보았다. 그 역시 깨달음을 말로 대답할 수 없어 살며시 미소를 지었다.

이렇게 저렇게 구차하게 설명하지 않아도, 서로 간의 침묵을 통해서도 서로의 마음과 마음으로 통하는 것이 의식소통의 사례. '이심전심'은 의식소통을 말하는 사자성어가 될 수도 있다. 의식소통에서 약화나 해독의 과정이 슬그머니 자취를 감추게 되는 것은 전언을 주고받는 사람들 간을 이어 주는 이해의 끈이며 상호 소통의 약속인 서로 간의 코드, 약호가 단단하게 소통의 토대를 마련해 주고 있기 때문이다. 흔히 행복한 부부는 서로가 닮아간다거나 스승과 제자의 문체가 닮는다고 말한다. 부부나 스승과 제자가 서로 간의 단단한 일상적인 약호에 충실하기 때문이다. 군이 약호화와 해독의 엄밀한 과정을 거치지 않아도 서로가 소통하고 있음을 알려 준다.

53) 워낭은 마소의 목에 다는 방울인데, 이것을 소재로 이충렬 감독이 만들어 낸 다큐멘터리 중심의 독립 영화가 〈워낭 소리〉다. 경북 봉화 하늘마을에 팔순 노인과 마흔 살 소의 아름다운 30년 동행과 가슴 뭉클한 이별 이야기가 〈워낭 소리〉의 주제다. 평생 땅을 지키며 살아 온 팔순의 농부 최 노인에게는 30년간 부려온 늙은 소 한 마리가 있다. 나이가 무려 마흔 살이다.

소의 수명은 보통 15년이다. 소의 나이는 무려 마흔 살이다. 살아 있다는 게 믿기지 않는다. 이 소는 최 노인의 베스트 프렌드다. 최고의 농기구다. 유일한 자가용이다. 노쇠해 금방이라도 쓰러질 것 같은 이 늙은 소를 대하는 최 노인의 태도는 뭔가 남다르다. 귀가 잘 안 들리지만 소에 매단 워낭 소리에는 거짓말처럼 고개를 돌리는 최 노인이다. 온종일 소만 챙긴다고 타박하는 늙은 아내의 소리에도 그의 마음은 온통 소에게만 쏠려 있다. 한쪽 다리가 불편한 최 노인이지만, 소 먹일 풀을 베기 위해 매일 산을 오른다. 심지어 소에게 해가 갈까 논에 농약을 치지 않는 고집쟁이다. 소 역시 제대로 서지도 못하면서, 최 노인이 고삐를 잡으면 산 같은 나뭇짐도 마다 않고 나른다. 무뚝뚝한 노인과 무덤덤한 소.

노인과 소, 그 둘은 환상의 친구이며 동행이다. 폭우로 지붕이 무너져도 할아버지 깰까 조용히 장맛비를 견뎌 내는 소다. 젊은 소에게 몰려 풀도 못 먹고 쫄쫄 굶어도 불평도 하지 않는다. 울컥한 할아버지가 우시장에 끌고 가 팔아 버리려 해도 묵묵히 따라나선다. 마누라보다, 아들보다 속 깊은 사랑과 주인에 대한 믿음을 가졌다. 그러던 어느 봄, 최 노인은 수의사에게 소가 올해를 넘길 수 없을 거라는 선고를 듣는다. 10년쯤 같이 살 줄 알았던 소와 30년을 산 것도 기적이란 걸 알지만 소가 그를 떠난다는 걸 믿을 수가 없다.

늙은 소가 제대로 서지도 못하고 비틀거리자 팔아 버리겠다며 우시장에 끌고 가는데도 소는 따라나서며 그냥 웃는다. "웃어!" 기가 찰 일이다. 늙은 소는 최 노인의 마음을 그대로 읽는다. 그날따라 풍성히 쑤어준 소죽이나 여물마저 먹지 않는다.

그저 눈물을 흘린다. 팔아 버리겠다는 최 노인을 따라나설 뿐이다. 워낭 소리를 찍어 내면서 이충렬 감독은 이렇게 말한다. "할아버지는 소와 자신의 모든 것을 동일시한다. 소가 없으면 자기도 없다고 생각한다. 우시장에서 사람들이 이 소는 고기도 못 먹는다느니 60만 원도 못 받는다느니 말할 때, 노인이 500만 원을 부른 건 자기 자존심이었다. 소달구지를 타고 우시장에 갔다는 것도 할머니와 자식들에게 보내는 일종의 반항 제스처 아니었을까. 할아버지한테 물으면 늘 그런다. "참 불쌍한 소야." 더 이상 얘기가 진전되지 않는다. 어쩌다 한마디 더 하면 "이 소가 차를 피해요." 이거다. 수의사를 봐도, 마을에 가도 늘 저 말씀만 하신다. 내가 할아버지 그 마음을 어찌 알겠나."

그깟 것, 어차피 죽을 놈의 소, 더 병들어 팔리기도 전에 한 푼이라도 챙기는 것이 똑똑한 짓이지 하는 지금과 같은 기능주의적인 세태 속에서, 삶에도 영혼이 있으며 맑은 영혼이라는 것은 바로 이런 것인지를 보여 주는 영화다. 말하자면 한 인간과 한 동물 간의 믿음인 의식소통의 장면들을 읽게 만들기 충분한 영화가 바로 〈워낭 소리〉라고 말할 수 있다.

54) 의식소통의 실제적인 예로, 시각장애인이지만 세계적으로 알려진 저술가였으며 사회봉사자였던 헬렌 켈러(Helen Adams Keller)와 그녀의 평생 동행이었던 앤 설리번(Ann Sullivan)을 이야기할 수 있다. 그들의 소통 관계에서도 같은 농도로 읽어 낼 수 있다. 앤 설리번 역시 헬렌과 비슷한 시각장애를 갖고 있었다. 그녀는 그것을 극복하고 스승으로 거듭나서 헬렌의 삶도 거듭나게 만든 동행이며 지식이었다. 헬렌 켈러는 태어난 지 19개월 만에 성홍열병으로 시각, 청각, 언어 장애인이 된다. 그녀는 앤 설리번을 스승으로 만나 이 세상을 가슴으로, 마음으로 보며 읽는 법을 배운다. 물이라는 개념 하나를 깨치는 데 7년이나 걸리지만, 스승은 헬렌을 포기하지 않는다. 그런 서로 간의 소통으로 헬렌은 새로운 삶으로 거듭나기 시작한다. 그러던 어느 날 헬렌은 숲 속을 다녀 온 친구와 이야기를 하다가 문득 하나의 생각에 이른다. 헬렌과는 달리 모든 것을 볼 수 있고, 들을 수 있는 친구에게 헬렌은 숲 속에서 무엇을 보았으며 무엇을 느꼈는지를 묻는다. 친구는 헬렌에게 특별한 것이 없었다고 그냥 그대로 말한다. 그렇게 말하는 친구의 말을 이해할 수 없었던 헬렌은 '두 눈 뜨고도 두 귀 열고도 별로 특별히 본 것도, 들은 것도 없고, 할 말 조차 없다니…….' 하는 슬픈 생각이 든다.

친구의 말에 일종의 실망감을 느낀 헬렌은 자신이 단 사흘만이라도 이 세상을 볼 수 있다면, 어떤 것을 보고 느껴야 할 것인지를 생각하고 계획을 세우기 시작한다. 그 계획을 글로 써 놓은 것이, 물이라는 단어 하나를 익히는데 무려 7년이나 걸렸던 그녀의 유명한 『내가 사흘만 볼 수 있다면(Three days to see)』이란 제목의 수필이었다. 헬렌의 글은 월간 「애틀랜틱」(1933, 1월호)에 발표되었으나 세인의 주목을 크게 받지 못한다. 그 글이 다시 「리더스 다이제스트」에 실리자, 헬렌의 수필은 '20세기 최고의 수필'로 선정될 정도로 세인의 주목을 받게 된다.

헬렌 켈러는 그 수필에서 3일만 볼 수 있다면, "첫째 날 나는 친절과 겸손과 우정으로 내 삶을 가치 있게 해 준 설리번 선생님을 찾아가, 이제껏 손끝으로 만져서만 알던 그녀의 얼굴을 몇 시간이고 물끄러미 바라보면서 그 모습을 내 마음속에 깊이 간직해 두겠습니다. 그러고는 밖으로 나가 바람에 나풀거리는 아름다운 나뭇잎과 들꽃들 그리고 석양에 빛나는 노을을 바라보고 싶습니다. 둘째 날 먼동이 트며 밤이 낮으로 바뀌는 웅장한 기적을 보고 나서, 서둘러 메트로폴리탄에 있는 박물관을 찾아가 하루 종일 인간이 진화해 온 궤적을 눈으로 확인해 볼 것입니다. 그리고 저녁에는 보석 같은 밤하늘의 별들을 바라보면서 하루를 마무리하겠습니다. 마지막 셋째 날 사람들이 일하며 살아가는 모습을 보기 위해 아침 일찍 큰 길에 나가 출근하는 사람들의 얼굴 표정을 볼 것입니다. 그러고 나서 오페라하우스와 극장에 가 공연과 영화들을 보고 싶습니다. 그리고 어느덧 저녁이 되면 네온사인이 반짝거리는 쇼윈도에 진열돼 있는 아름다운 물건들을 보면서 집으로 돌아와 나를 이 사흘 동안만이라도 볼 수 있게 해 주신 하느님께 감사의 기도를 드리고 다시 영원한 암흑의 세계로 돌아가겠습니다."

55) 학교, 그리고 교실에서 교사와 학생이 주고받는 그 모든 것이 의사소통이다. 칼 포퍼(Karl Popper)가 이야기한 대로 학교만큼 열린 의사소통, 대화의 중요성을 강조하는 곳도 드물다. 그것은 교육의 당위

다. 하지만 현실은 그것과는 다른 궤적을 그리며 나아가고 있다. 합리적 의사소통은 가능하지 않다. 교육 현장에서 발견되는 합리적이며 이성적인 의사소통은 끝내 의사소통에 의한 권위의 집약이라고 요약한다. 합리적인 의사소통이라는 것이 권위적인 의사소통에 입각한 교수법이 되며, 그것은 교실에서 학생들에게 끊임없는 권위에 대한 재생산만을 강요받게 만든다는 것이다. 그렇게 되면 학생들에게서 창의력은 없어지고 그 대신 획일화가 만연된다고 했다. 이런 획일화를 교사들이 원한다는 것이다. 교사의 권위가 자본주의 체제 아래서 자본주의를 유지하게 만드는 원동력이라는 것이다. 이를 극복하기 위해서는 담화를 통한 토론이 생성되고 여기서 나온 비판이 확대되어 새로운 패러다임으로 등장해야 된다.

교실에서는 오로지 권위의 의사소통이 주효하기에 그런 소통의 패러다임이 생성되기 어렵다는 것이다. 자본주의 체제를 수정하거나 뒤엎은 그런 교실 상황을 만들어야 새로운 패러다임이 가능하다. 현실적으로 하버마스(Jürgen Habermas)가 이야기하는 합리적인 의사소통이 핵심 의사소통론이 된다. 그런 합리적인 의사소통론이 '열린 생각'의 토대라고 이야기한다. 하지만 실제로 열린 생각과 열린 의사소통은 무엇보다도 내 것과는 다른 온갖 견해와 관점을 수용할 수 있어야 가능하다. 그래서 합리적인 의사소통은 일상적으로 합리적인 의사소통이라는 이름 아래 왜곡되기만 한다[참고: 로버트 영 (2003). 하버마스의 비판이론과 담론 교실(역). 서울: 우리교육; 한기철(2008). 하버마스와 교육. 서울: 학지사].

56) 참고: 오스틴, J. L. (1992). 말과 행위(역). 서울: 서광사.

57) 하버마스는 이런 언표수반적인 소통을 '의사소통적 행위'라고 정리했다. 그는 의사소통에 있어서 언표수반적인 소통 이외의 경우를 모두 전략적인 언어교통 행위로 간주한다. 화자와 청자 간에 주고받는 언표수반적인 소통은 서로에게 아무것도 전달된 것도 없다. 그래서 서로 간의 의사소통 문제를 제대로 해결해 주고 있지 못하다. 그들이 주고받는 언표들은 이성적인 것들이 아니다. 그래서 서로는 그저 서로에게 소리라는 이야기로 무엇인가를 전달했다는 식의 의사를 드러낼 뿐이다. 이것은 전략적인 언어교통의 한 유형일 뿐이다. 하버마스가 내세운 이성적 의사소통론은 논리실증주의와 궤적을 같이 하는 논리다. 일반적으로 우리의 일상적인 언어적 표현은 논리적 구문(構文)을 있는 그대로 정확하게 따르지 않는다. 구문을 이탈하기도 하고 구문을 변형하기도 한다. 때문에 의사소통에는 명확하게 파악되지 않은 '문제'들이 늘 내재되어 있기 마련이다.

이것을 비판하는 논리 실증주의자들은 일상 언어의 한계를 바로 잡아야 한다고 주장한다. 바로 그런 교정의 방법이 논리적인 구문에 합치되며 검증 가능한 언어 표현을 해야 한다는 주장이다. 그런 검증 가능한 언어적 표현은 사람들의 일상적인 대화에서는 거의 불가능하다. 인공 언어의 체계를 만들어 언어의 의미적 표현을 도와야 한다고 주장하는 논리가 하버마스의 소통 논리다. 그런 인공 언어의 체계 구축에 반대하는 학자들은 일상 언어의 모든 표현의 정당성을 인정한다. 나아가 그 표현이 진실로 의미하는 바를 언어 사용에 관한 분석을 통해 명확하게 하는 것이 필요하다고 주장한다. 인공 언어를 부정하고 일상 언어를 주장하는 학자들은 비트겐슈타인의 생각, 특히 그의 후기 사상을 따른다.

비트겐슈타인은 그의 유작인 『철학적 탐구』에서, 언어의 의미를 제대로 이해하기보다는 오히려 언어가 어떻게 쓰이고 있는지를 이해하는 것이 소통에서 더 중요하다고 주장한 바 있다. 언어가 실재와 엄밀히 대응한다는 논리를 거부하기에, 그는 언어의 의미보다는 언어 사용의 상황이나 양태에 대한 이해에 보다 더 초점을 둔 것이다.

58) 일상생활에서 우리는 흔히 서로 다른 두 가지 명제에 접하곤 한다. 첫 번째 명제에 따르면, "사람들은 서로 유전적으로 다르고 각자 능력과 재능을 다르게 타고나기 때문에 각자 다른 대접을 받아야 한다."라는 명제다. 또 다른 명제는, "모든 사람은 동등하게 대접받아야 하기 때문에 사람들 간에 타고난 유전적 차이점이란 있을 수 없다."라는 명제다. 첫 번째 명제는 20세기 초 영국 철학자 조지 에드워드 무어(George Edward Moore)가 창안한 개념이다. 이 명제를 자연주의적 오류(naturalistic fallacy)의 명제라고 한다. 두 번째 명제는 1970년대 하버드 대학 미생물학 교수였던 버나드 데이비스(Bernard Davis)가 창안한 명제다.

이 명제를 도덕주의적 오류(moralistic fallacy)의 명제라고 한다. 정치적 보수성이 강한 사람들은 인간의 능력과 복지에 대해 자연주의적 오류에 빠져들 가능성이 크고, 진보주의자들은 도덕주의적 오류에 빠질 가능성이 크다. 자연주의적 오류는, 존재로부터 당위는 도출되지 않는데도, 존재로부터 당위를 도출시킬 때 생기는 오류다. 존재라는 사실은 가치를 함축하지 않는다. 존재에서 당위를 끄집어 낼 수가 없다는 뜻이다. 즉, "사람들은 서로 유전적으로 다르고 각자 능력과 재능을 다르게 타고나기 때문에 각자 다른 대접을 받아야 한다."는 문장에서 사람들의 능력이 유전적으로 다른 것은 다른 것일 뿐이다. 유전적 속성이 다르다는 것은 존재적 사실일 뿐이다. 재능이 다르기 때문에 서로 다른 만큼 서로 다른 대우를 받아야만 한다는 것은 가치적인 표현이고 당위적인 표현이다. 결국 유전적 차이라는 존재에서 서로 다른 대우라는 가치를 끄집어 낼 수 없다. 그럼에도 그것을 당연한 것으로 여기는 것이 바로 자연주의적 오류라는 것이다. 다시 말해서, '사람은 사람다워야 한다.'는 표현이나 '여자는 여자다워야 한다.'는 표현은 우리의 삶에서 늘 들을 수 있는 일상 생활적이며 당연한 표현이다.

엄밀하게 말하면 이런 표현들은 사람, 여자와 같은 존재적인 표현에 '~다워야 한다.'는 것을 끼워 넣어 그것을 당연한 것처럼 주장하는 것이다. 이런 문장이나 말은 바로 자연주의적 오류에 해당된다. 결국 자연주의의 오류라는 것은 가치 판단적인 술어를 자연 술어, 즉 사실 판단적인 술어로 정의하는 데서 생기게 되는 윤리적인 오류를 말한다[참고: 앨런 밀러 · 가나자와 사토시(2008). 처음 읽는 진화심리학(역). 서울: 웅진지식하우스]. 김태길 교수는 자연주의적 오류를 사회생활의 일상적인 장에서 발견될 수 있는 다른 예를 통해 증명했다. 그는 존 설의 논증에 따라 몇 가지 문장을 열거했다. 즉, ① Jones는 Smith에게 "나는 돈 5달러를 네게 줄 것을 이에 약속한다."고 말했다는 문장은 이어, ② Jones는 Smith에게 5달러를 줄 것을 약속했다. ③ Jones는 Smith에게 5달러를 지불할 의무(obligation)를 지게 된다. ④ Jones는 Smith에게 5달러를 지불할 의무가 있다. ⑤ Jones는 Smith에게 5달러를 지불해야 한다(ought to pay)는 문장으로 이행됨을 보인다. 이런 이행은 '약속하는 행위'가 어떻게 사실적 판단에서 규범적 판단으로 변형됨을 보여 준다. 이것이 바로 자연주의적 오류의 예다. 약속하는 행위가 당위가 될 수 있다는 논리가 바로 자연주의적 오류가 된다는 것이다[참고: 김태길(1998). 윤리학. 서울: 박영사].

자연주의적인 오류가 있음에도 불구하고, 이 논증에서 제시된 약속은 '언표수반적(illocutionary)' 발화의 사례다. 문장이 자연주의적 오류에 빠져 있다고 해서 일상적으로 일어나는 약속에 대한 이행이 파기되는 것은 아니기 때문이다. 오스틴에 따르면, 언표수반적인 발화란 우리의 언어 행위에서 관습적으로 이루어지는 사과/약속/선언 등과 같은 행위다. 그래서 그 발화가 이루어지기만 하면 화자의 의도가 청자에게 전달된다. 반드시 성공하는 발화라 할 수 있다. 하지만 이것이 가능하기 위해서는 약속이나 의무라는 개념이 메타언어적인 기능을 발휘해야 한다. 이것은 마치 타르스키가 말하는 진리 이론의 기능과 같다. 메타언어가 제 기능을 발휘하기 위해서는 사람 간의 의식소통이 가능해야 한다. 일상생활에서 일어나는 것들은 언표수반적인 행위로 수용되거나 거부되는 것만이 아니기 때문이다. 일상생활의 장에서는 언표수반적인 것보다는 오히려 언표효과적인 의식소통이 일상적인 삶을 꾸려 나가게 만드는 수단으로 활용된다. 일상생활의 장에서는 언표효과적인 것을 포함한 그 모든 것들을 수렴해 낼 수 있기 때문이다.

59) 지력의 해방, 지력의 평등화에서 말하는 지력은 단순히 기존의 교육학자나 교사 혹은 국가가 말하는 점수, 성적, 혹은 학력 같은 것을 의미하지 않는다. 교육학자나 교사들은 점수나 성적을 철수가 영희보다 몇 점 앞섰다거나 똑똑하다는 것을 알려 주는 지표로 활용한다. 철수가 영희보다 똑똑하다는 판단을 하기 위해서는 그것을 이론적으로 설명할 수 있어야 한다. 그런 설명의 틀이 바로 학습 이론이나 교육 이론을 지칭하는 것이다. 교육학자나 교사는 그런 설명의 이론 틀을 알고 있기에 이미 유식한 자들이며, 이미 학습이 무엇인지를 알고 있는 사람들이다. 그들이 실력 있는 자라는 것을 알려 주는 비밀이나 지표는 현란한 그들의 설명이나 능수능란한 가르침의 표정, 혹은 이미 그런 것을 체계적으로 학습했다는 것을 증명서나 자격증으로 손쉽게 드러낼 뿐이다.

랑시에르(Jacques Rancière)에 따르면, 반복적으로 강조하지만, 그런 교육학자나 교사들은 결코 무지한 스승이 될 수 없다. 교사들은 무엇인가 설명할 수 있고, 무엇인가 가르쳐 줄 수 있는 정보를 갖고 있다고 자만하기에, 그들은 결코 무지한 스승으로 거듭나기 어렵다. 그들은 무엇인가 많이 알고 있는 사람들이기에 남을 가르칠 수는 있지만, 자기 스스로 배울 수는 없는 사람일 뿐이다. 랑시에르는 무엇인가를 모른다는 역설의 확신을 가진 사람만이 자기를 가르칠 수 있고 자기 스스로 배울 수 있으며, 자기 스스로 배울 수 있기에 남에게도 스스로 배울 수 있게 도움을 줄 수 있다고 본다.

배움의 진리는 고독하게 자기를 의식하는 사람에게만 말을 건넨다. 이미 알고 있거나 설명할 수 있거나, 박학함의 비밀을 갖고 있는 사람은 결코 무지한 사람들이 아니다. 자기 스스로 배우지도 않고, 남에게 배우도록 도와줄 수도 없고, 오로지 남을 가르치기만 하는 사람들이다. 무지함과는 거리가 먼 이들이 해방을 지능의 평등으로 간주할 수 없는 이유는, 평등을 인간이 도달해야 할 목표로 간주하고 있기 때문이다. 무지한 스승, 무지한 교사는 해방을 지능의 평등으로 간주한다. 그때 평등은 인간이 도달해야 할 목표가 아니라 인간의 출발점이며 인간의 시작점이라고 본다. 무지한 스승은 다그치고 비교하며 박식함을 내세우면서, 잡다한 정보들을 일방적으로 학생에게 쏟아 붓는 그런 일방적인 언어교통의 사람이 아니다.

60) 프랑스 파리에서 한 40리 정도 떨어져 있는 에르미따즈에서 산책이 무엇인지, 걷는다는 것이 얼마나 사유에 결정적인지를 절감하며 『고백론』을 집필해 온 루소(Jean-Jacques Rousseau)는 그가 탈고한 『참회록』[참고: 루소, J. J. (2007). 참회록(역). 서울: 동서문화사]에서 자기가 쓴 참회록이 얼마나 자기 삶에 대한 정직한 고백인가를 이렇게 외치고 있다. "최후 심판의 나팔이 어느 때 울려도 좋다. 나는 이 책을 손에 들고 지극히 높으신 심판자 앞에 나아가 큰 소리로 외치려 한다. 이것이 내가 한 일입니다. 생각한 일입니다. 지나온 날의 모습입니다. 착한 것도 악한 것도 똑같이 솔직히 말했습니다. 나쁜 것이라 해서 무엇 하나 감추지 않았고, 좋은 것이라 해서 무엇 하나 보태지 않았습니다. 가끔 무엇인가 적당히 꾸민 것이 있다면 그것은 기억을 잃은 데서 온, 비어 있는 곳을 채우기 위한 것에 지나지 않습니다. 참인줄 알고 참이라고 한 일은 있어도 거짓인줄 알면서 참이라고 한 일은 없습니다. 내가 일찍이 가졌던 모습을 그대로 보였습니다. 비열하고 천한 인간이었을 때도 그대로, 착하고 너그럽게 품위 있는 인간이었을 때 또한 그대로, 영원한 존재이신 신이시여, 나는 당신이 보신 그대로 내 속을 드러내 보였습니다. 내 주위에 나와 같은 무수한 인간들을 불러모으셔서 내 고백을 들려 주시고 나의 비열함을 탄식케 하시고 나의 무참함에 얼굴을 붉히게 하여 주십시오. 그리하여 이번에는 그들 한 사람 한 사람에게 당신의 옥좌 아래서, 나와 꼭 같은 성실함으로 그 마음을 고백하도록 해 주십시오. 그리고 단 한 사람이라도 당신을 향해 '나는 이 사람보다 훌륭합니다'라고 말하는 사람이 있으면 말해 주십시오."

61) 공론(公論)의 장에서 계획적으로 추진하고 있는 것을 경쟁 학습이라고 한다면, 사론의 장에서 일상적으로 발생하는 앎의 활동을 공부라고 정리할 수도 있다. 배움을 위한 공론의 장인 학교 같은 곳은 사적인 배움의 장과는 성격을 달리하는 곳이다. 말하자면 학교를 공론의 장에 비유한다면, 학원이나 가정은 사론의 장에 해당된다고 볼 수 있다. 공론의 장은 개인적 은밀함이나 개인적인 것에 대립되는 공동성 및 공공성이 개입되는 장을 의미한다. 공론의 장은 사적인 것에 대립되는 연대성을 뜻하기도 하고, 부분이나 특수에 대립되는 전체성을 대변하기도 한다. 공론의 장은 공중성 또는 공개성(公開性), 공표(公表)들이 적용되는 장을 뜻한다. 공론의 장은 문제와 사안에 따라 이상적으로 무한히 지속되는 쟁론과정 속에서 일반적 기준이 되는 인식적 진리성과 윤리적 규범 구속성 및 공정성을 밝히고 갱신하고 전수할 수 있는 내재적 힘을 발휘한다.

62) 하버마스(Jurgen Habermas)는 제도의 이성적인 힘과 그것의 가능성을 크게 평가한다. 그는 학교 같은 제도가 삶에서 독립되어 자립화되면, 제도는 삶이나 생활에 비해 더 제대로 된 기능적 역량을 크게 발휘하게 된다고 보았다. 제도가 합리적으로 분화됨으로써 사람들의 일상적인 생활 역시 인간다운 언어적 의사소통의 논리를 충실히 따르게 되어, 의사소통의 왜곡을 예방할 수 있다고 믿었다. 이렇게 제도가 생활에서 분리될 때 어떤 영역의 제도를 삶에서 어느 정도까지 분리시켜, 그 제도 스스로 자신의 논리에 의지하도록 하는지에 대한 논의가 필요할 수도 있다.

하버마스는 이러한 논의는 제도와 생활이 감당해야 할 몫이라고 말했다. 제도가 삶이나 생활에서 분리되었기는 하지만, 사람들의 삶과 생활은 제도의 모습과 기능 및 역할에 대해 일종의 지침을 내리는 틀이기 때문에 그래야 한다는 것이다. 그래서 제도는 결코 삶이나 생활에서 분리되기만 하는 것이 아니라, 생활 안에 무게 중심을 두고 그것을 이탈하지 말아야 한다. 하버마스는 그래야 제도의 기능이나 역할이 왜곡되지 않는다고 생각했다. 체계와 생활 세계가 분리되면서도 동시에 체계가 생활 세계에 닻을 내릴 수 있으려면, 체계와도 연결될 수 있고 생활 세계와도 연결될 수 있는 연결고리가 필요하다. 하버마스는 그것을 바로 법률이라고 주장했다. 교육법이나 그로부터 연유한 교육 행정의 권력 같은 것은 제도가 갖고 있는 행정적 제재력으로 학생들의 행위를 조정한다는 것이 하버마스의 논리다.

법률이라는 비언어적인 힘, 동시에 이성적인 조치라고 믿어지는 합리성에 의해 조정하는 형식적 규제들이 되었다는 것이다. 교사 역시 제도의 파생적 집합으로써 제도의 힘을 대신하는 비언어적 매체와 권력의 일종이 된다. 하버마스는 그런 법이나 규범은 자신의 힘을 제대로 행사하기 위해서라도 삶과 생활의 장에서 인준되는 정당화 과정을 거쳐야 한다고 강력하게 주장했다. 이 점은 그 언제나 학교와 같은 공론의 장에서 간과되기만 한다. 그래서 교실 교육이라는 공론의 장은 학생들이나 교사들 간의 생활과 삶을 언제나 왜곡시키게 마련이다. 이런 의사소통의 왜곡은, 이미 푸코가 거버멘탈리티(governmentality)의 개념, 즉 통치성의 개념으로 설명한 바 있다. 하지만 국가의 정책 집행을 위한 하나의 통치 기술에 의해 의도적으로 만들어지는 것일 수도 있다[참고: 위르겐 하버마스(2006). **의사소통행위이론 1**(역). 서울: 나남].

63) 참고: 피하드 만주(2012). 이기적 진실(객관성이 춤추는 시대의 보고서)(역). 서울: 비즈앤 비즈; 존 L. 캐스티(2012). 대중의 직관(역). 서울: 반비.

64) 참고: 위르겐 하버마스(2006). **의사소통행위이론 2**(역). 서울: 나남.

65) 정직하게 사는 일이 행복에 이르는 지름길이라고 말하는 신문기자인 「에스콰이어」지의 제이콥스(A. J. Jacobs)는 인간으로 살기 위해 여러 가지 자기 실험에 들어간다. 15년 동안 자기를 위한 자기 실험에 들어간다. 남들이 보기에는 가장 무모한 짓만을 골라서 해 보기로 한다. 추락하는 지성을 회복하고 세상 모든 것을 알아 보려는 욕심 때문이었다. 그는 온라인에서 아름다운 여성인 척하기, 모든 것을 아웃소싱하기, 획기적인 정직 실천하기, 스타로 살아 보기, 일상에서 모든 편견과 오류 몰아내기, 누드모델 되기, 조지 워싱턴의 원칙대로 살기, 한 번에 한 가지 일만 하기, 한 달 동안 아내로 살기 등 나름대로 남들이 쉽게 할 수 없는 기발한 실험을 해 본다. 그런 시험을 해가는 동안 그는 남들은 쉽게 하지 않는 일들도 해나간다. 말하자면 1년 동안 브리태니커 백과사전을 처음부터 끝까지 읽는가 하면, 성경의 계명을 1년여에 걸쳐 따라 행해보기도 한다. 그렇게 한 이유가 있었다. 그것은 극단적인 방식으로 타인의 삶을 살아보면, 타인의 눈으로 세상을 바라보면, 비로소 인간을 이해하는 새로운 문이 열릴 것으로 생각했기 때문이다[참고: 제이콥스 A. J. (2011). **나는 궁금해 미치겠다**(역). 서울: 살림]. 어쨌거나 그가 해 본 일 중에서 가장 어려운 일이 하나 있었다. 그것은 타인에게 반드시 정직하기였다. 그는 행복의 원리가 '획기적인 정직'에 있다고 확신한다.

거짓말을 하지 않으면 모든 사람들이 지금보다 행복해질 수 있음을 알았기 때문이다. 언제나 진실만을 말하면 행복해지는 것을 수없이 경험했기 때문이다. 정직이 행복의 근거가 된다는 것을 획기적인 정직 운동을 전개하고 있는 블랜튼 박사를 통해 알게 되었다. 그는 직접 행복의 전도사인 블랜튼(Brad Blanton) 박사를 만나 절대적 정직이 무엇인지를 알아보려고 면담한다. 서로 이야기를 나눈다. "저기요, 전 이미 1분 전부터 안 듣고 있었거든요." 박사가 말했다. "말해 줘서 고맙소." 그가 말했다. "제 상사는 박사님이 허풍쟁이 같다고 하더군요."

블랜튼 박사가 응답했다. "그 상사에게 가서 그도 허풍쟁이라고 전하세요." 첫 대면에서 그들은 입에 발린 인터뷰를 거부하고 정직한 인터뷰를 했다. 필요한 경우 비난과 무시, 그리고 직설적인 화법으로 서로 간에 흉허물 없이 대화했다. 인터뷰를 하는 동안 서로 자유와 환희를 느끼기까지 했다. 획기적인 정직 운동의 지침대로 그는 자기 실험에 들어갔다.

그의 생일날이었다. 장모님이 생일 선물로 그에게 상품권을 줬다. 그는 장모에게 말했다. 선물을 받기 싫다고 말했다. 장모는 그의 과감한 말에 그저 "음……."이라고만 답했다. 그는 여성 편집자들과의 회의를 했다. 회의를 끝냈다. 그는 그녀에게 성적 매력을 느꼈다고 말했다. 심지어 그녀의 셔츠를 내려다보려고 했다고까지 고백했다. 여성 편집자는 그의 고백에 미소를 지었을 뿐이었다. 그리고는 몸을 좀 더 뒤로 밀치고 자세를 고쳐 잡았다. 그는 그의 메일에 답장을 하지 않는 상사에게 경고 메일을 보냈다. 상사는 그의 경고 메일에 내일까지 답장을 주겠다며 사과에 가까운 메일을 보냈다. 모든 것은 우려했던 것에 비해 그리 나쁘지 않았다. 획기적으로 정직한 그의 이야기에 상대방도 획기적으로 정직한 대답을 해 주었기 때문이다. 인간관계는 생각보다 많은 진실을 감당할 수 있었던 것 같았기 때문이다.

66) 『논리철학 논고』에서 비트겐슈타인(Ludwig Wittgenstein)은 언어의 한계에 대한 그의 생각을 명쾌하게 정리해 준 바 있다[참고: 루트비히 비트겐슈타인(2008). 논리철학논고/철학탐구/반철학적 단장(역). 서울: 동서문화동판주식회사]. 그는 그것을 그림 언어로 이야기한다. 즉, 명제적 그림은 그것이 표상하는 상황과 정확하게 똑같은 수의 요소를 포함해야 하기에, 모든 그림들과 세계 내의 가능한 모든 상황은 똑같은 논리적 형식을 가져야 한다는 것이다. 이 논리적 형식은 '표상의 형식'인 동시에 '실재의 형식'이다. 그러나 언어와 실재에 있어서 공통적인 이 형식 자체가 표상될 수 없다. 왜냐하면, "명제는 실재 전체를 표상할 수는 있지만, 실재를 표상할 수 있기 위해 실재와 공유해야만 하는 것"을 표상할 수 없기 때문이다. 즉, 실재와 논리적 형식 간에는 괴리가 있기에, '말해질 수 있는 것'은 오직 명제를 통해서만 말해질 수 있기 때문에, '모든' 명제를 이해하는 데 필요한 어떤 것도 말해질 수 없다는 것이 비트겐슈타인이 『논리철학 논고』에서 주장하는 일관된 관점이다.

비트겐슈타인에 따르면, 언어 사용에 무한히 다양한 종류가 있다는 생각은 잘못이기에 언어 사용의 다양성 밑에는 통일적 본질이 있을 수밖에 없다는 것이다. 그러나 비트겐슈타인은 『철학적 탐구』에서는 『논리철학 논고』에서 주장했던 그런 언어의 규칙에 대한 믿음이 환상이라고 자기의 이전 주장을 뒤집어버린다. 언어 사용의 다양성 속에 숨어 있는 통일성이란 없다고 주장했기 때문이다. 비트겐슈타인은 『철학적 탐구』에서 개념이 어떻게 행위와 그에 대한 반응과 연결되는가에 관한 일상적인 언어 활용에 대해 논의한다. 즉, 인간의 삶에서 개념이 어떻게 표현되는가에 관심을 두고 있다. 낱말들의 형식이 지니는 의미에 대해 우리가 당혹감을 갖는 경우가 허다하다. 말하자면 장례식장이나 결혼식장에서 사람들을 만나서 인사를 건넬 때, 어떤 경우에, 어떤 목적으로 사람들이 서로 인사를 나누는지, 어떤 장면에서는 왜 그런 낱말들이 사용되는지 등이 달라질 수밖에 없다.

예를 들어, 속으로 싫어 하지만 부득이한 경우에 상주에게 문상을 할 적에 상주와 조문객이 나누는 인사가 바로 그런 것을 잘 드러낸다. 이런 경우를 조망하면서 비트겐슈타인은 개념들의 기능과 유의미성은 사람들의 정신 영역에서 나오는 것이 아니라, 그 개념들이 끼어들어 있는 인간 삶의 형식, 상황 조건에서 생겨난다는 점을 보여 주고 있다. 『논리철학 논고』에서 비트겐슈타인은 일상 언어를 중요하게 여기면서 초기에 주장하던 자신의 주장, 말하자면 그림 이론을 포함한 기존에 있었던 사물과 언어가 일치한다는 주장을 포기한다. 언어에는 하나의 공통된 본질이 있는 것이 아니라 그 쓰임에서 나타나는 여러 유사성이 있다. 비트겐슈타인은 이것을 가족끼리 서로 비슷한 것처럼, 언어의 가족 유사성이라고 보았다.

67) 인간의 마음이라는 것이 그리 유별난 것이 아니다. 마음이 무엇인지를 쉽게 정리해 보려는 욕심에서 정신과 의사들은 마음을 알기 쉽도록 아주 간단하게 정리한다. 그들은 마음을 신경전달물질 간의 조합이라고 정의한다. 저들이 정의하는 환원론적 논리에 따르면, 인간의 뇌 속에는 50여 종류의 신경전달물질이 작동하는데, 그런 50여 종의 신경전달물질 가운데에서도 세 가지 신경전달물질이 바로 마음의 원소라고 주장한다. 노르아드레날린(Nor-Adrenalin), 도파민(Dopamine), 그리고 세로토닌(Serotonin)이 마음의 원소라고 말한다. 이들 도파민, 노르아드레날린, 그리고 세로토닌 사이에서 일어나는 조화와 부조화의 상태들이 바로 마음의 상태라고 정리한다.

신경전달물질은 화학구조식도 서로가 엇비슷하다. 각성제로서의 작용 역시 모두 뛰어나지만, 그중에서도 위기 관리 기능이 뛰어난 노드아드레날린, 학습 관리 기능이 강력한 도파민, 그리고 조절관리 기능이 탁월한 세로토닌은 사람의 마음을 하루아침에도 수십번 씩 바꾸게 한다. 술 중독자들을 예로 들어 세로토닌, 도파민, 그리고 노르아드레날린의 영향으로 기술한다면, 포도주를 한두 잔 마셔 기분 좋은 그때 그 상태의 마음은 세로토닌이 작동하는 상태라고 볼 수 있다. 이 좋은 기분의 유혹에 더 빠져들기 위해 양주 반 병을 마시면 객기가 나오고, 실언도 하게 되고, 그와 이야기를 나누는 모두가 미인도 되고 미남으로 보이기 시작하는 이때는 도파민이 과도하게 방출된 상태다. 이 취기 상태를 넘어, 마침내 회사의 사장도 부하로 보이고, 호랑이도 맨손으로 대적할 수 있고, 옆에 있는 가로등이 자기 친구로 보이는 때, 술이 없으면 견딜 수 없어 밥보다는 술을 먼저 찾게 만드는 알코올중독 상태가 되면 이때는 바로 노르아드레날린이 과도하게 작동하고 있는 상태이다[참고: 이시형(2010). **세로토닌하라**. 서울: 중앙 Books]. 노르아드레날린, 도파민, 세로토닌의 조합이나 변형에 따라, 매일같이 여러가지 '맘'의 상태가 만들어지는 셈이다. 환원론적으로 말하면, 신경전달물질 간의 교통이 어떻게 일어나느냐에 따라 인간의 모습이나 그들이 다른 사람들과 어떤 관계를 지니느냐가 결정되는 셈이다.

68) 참고: 니 험프리스(2006). 가족의 심리학(역). 서울: 다산초당.

69) 참고: 엔스 퓌르스터(2008). 바보들의 심리학(역). 서울: 웅진지식하우스.

70) 남과 소통하기 위해서는 말부터 잘하라고 사람들은 이르고 또 이른다. 사람은 태어나서 죽을 때까지 계속 말을 하는데, 어떤 학자의 연구에 따르면 한 사람이 평생 동안 5백만 마디의 말을 한다는 것이다. 말 한마디로 천 냥 빚을 갚는다는 말을 돈으로 계산하면(금 한 냥 곱하기 1,000) 말 한마디가 6억 원이 되고 이것을 다시 5백만으로 곱하면 3천조 원이란 천문학적인 계산이 나온다.

원석도 갈고 다듬으면 보석이 되듯 말도 갈고 닦고 다듬으면 보석처럼 빛나는 예술이 된다. 말도 다듬고 다듬어 이야기하면 그것은 상대방과 나를 개조시키는 치유소가 되기 마련이다. 인터넷에 떠돌아다니는 일상에 관한 이런저런 이야기 중에서도 말을 잘해야 된다는 것을 알려 주는 처방은 무려 50여 가지나 된다. 그것들을 간추려보면 다음과 같다. 1. 같은 말이라도 때와 장소를 가려서 해라. 그곳에서는 히트곡이 여기서는 쓰레기가 된다. 2. 이왕이면 다홍치마다. 말에도 온도가 있으니 썰렁한 말 대신 화끈한 말을 써라. 3. 내가 하고 싶은 말에 열 올리지 말고 그가 듣고 싶어 하는 말을 하라. 4. 입에서 나오는 대로 말하지 말라. 체로 거르듯 곱게 말해도 불량률은 생기게 마련이다. 5. 상대방을 보며 말하라. 눈이 맞아야 마음도 맞게 된다. 6. 풍부한 예화를 들어 가며 말하라. 예화는 말의 맛을 내는 훌륭한 천연 조미료다. 7. 한 번 한 말을 두 번 다시 하지 말라. 듣는 사람을 지겹게 하려면 그렇게 하라. 8. 일관성 있게 말하라. 믿음을 잃으면 진실도 거짓이 되어 버린다. 9. 말을 독점 말고 상대방에게도 기회를 주어라. 대화는 일방통행이 아니라 쌍방 교류다. 10. 상대방의 말을 끝까지 들어줘라. 말을 자꾸 가로채면 돈 빼앗긴 것보다 더 기분 나쁘다. 11. 내 생각만 옳다고 생각하면 큰 오산이다. 상대방의 의견도 옳다고 받아들여라. 12. 죽는 소리를 하지 말라. 죽는 소리를 하면 천하장사도 살아남지 못한다. 13. 상대방이 말할 때는 열심히 경청하라. 지방 방송은 자신의 무식함을 나타내는 신호다. 14. 불평불만을 입에서 꺼내지 말라. 불평불만은 불운의 동업자다. 15. 재판관이 아니라면 시시비비를 가리려 말라. 옳고 그름은 시간이 판결한다. 16. 눈은 입보다 더 많은 말을 한다. 입으로만 말하지 말고 표정으로도 말을 하라. 17. 조리 있게 말하라. 전개가 잘못되면 동쪽이 서쪽 된다. 18. 결코 남을 비판하지 마라. 남을 감싸 주는 것이 덕망 있는 사람의 태도다. 19. 편집하며 말하라. 분위기에 맞게 넣고 빼면 차원 높은 예술이 된다. 20. 미운 사람에게는 각별히 대하여라. 각별하게 대해 주면 적군도 아군이 된다. 21. 남을 비판하지 말라. 남을 향해 쏘아올린 화살이 자신의 가슴에 명중된다. 22. 재미있게 말하라. 사람들이 돈 내고 극장가는 것도 재미가 있기 때문이다. 23. 누구에게나 선한 말로 기분 좋게 해 주어라. 그래야 좋은 기의 파장이 주위를 둘러싼다. 24. 상대방이 싫어하는 말을 하지 말라. 듣고 싶어 하는 얘기하기에도 바쁜 세상이다. 25. 말에도 맛이 있다. 입맛 떨어지는 말을 하지 말고 감칠맛 나는 말을 하라. 26. 또박또박 알아듣도록 말하라. 속으로 웅얼거리면 염불하는지 욕하는지 남들은 모른다. 27. 뒤에서 험담하는 사람과는 가까이 마라. 모진 놈 옆에 있다가 벼락 맞는다. 28. 올바른 생각을 많이 하라. 올바른 생각을 많이 하면 올바른 말이 나오게 된다. 29. 부정적인 말은 하지도 듣지도 전하지도 마라. 부정적인 말은 부정 타는 말이다. 30. 모르면 이해될 때까지 열 번이라도 물어라. 묻는 것은 결례가 아니다. 31. 밝은 음색을 만들어 말하라. 듣기 좋은 소리는 음악처럼 아름답게 느껴진다. 32. 상대방을 높여서 말하라. 말의 예절은 몸으로 하는 예절보다 윗자리에 있다. 33. 칭찬, 감사, 사랑의 말을 많이 사용하라. 그렇게 하면 사람이 따른다. 34. 공통 화제를 선택하라. 화제가 잘못되면 남의 다리를 긁는 셈이 된다. 35. 입에서 나오는 대로 말하는 사람은 경솔한 사람이다. 가슴에서 우러나오는 말을 하라. 36. 대상에 맞는 말을 하라. 사람마다 좋아하는 음식이 다르듯 좋아하는 말도 다르게 마련이다. 37. 말로 입은 상처는 평생 간다. 말에는 지우개가 없으니 조심해서 말하라. 39. 품위 있는 말을 사용하라. 자신이 하는 말은 자신의 인격을 나타낸다. 40. 자만, 교만, 거만은 적을 만드는 언어다. 자신을 낮춰 겸손하게 말하라. 41. 기어 들어가는 소리로 말하지 마라. 그것은 임종할 때 쓰는 말이다. 42. 표정을 지으며 온몸으로 말하라. 드라마 이상의 효과가 나타난다. 43. 활기 있게 말하라. 생동감은 상대방을 감동시키는 원동력이다. 44. 솔직하게 말하고 진실하게 행하라. 그것이 승리자의 길이다. 45. 말에는 언제나 책임이 따른다. 책임질 수 없는 말은 하지 마라. 46. 실언이 나쁜 것이 아니라 변명이 나쁘다. 실언을 했을 때는 곧바로 사과하라. 47. 말에는 메아리의 효과가 있다. 자신이 한 말이 자신에게 가장 큰 영향을 미친다. 48. 말이 씨가 된다. 어떤 씨앗을 뿌리고 있는가를 먼저 생각하라. 49. 말하는 방법을 전문가에게 배워라. 스스로가 잘하는지 못하는지를 전문가에게 평가를 부탁하라. 그래야 제대로 평가된다. 50. 적게 말하고 많이 들어라. 그래야 넉넉한 사람이 된다.

71) 사랑 치료사(Love doctor)로 불리는 대프니 로즈 킹마(Daphne Rose Kingma)는 인간관계 전문가로서 20년 넘게 수많은 사람이 타인과의 관계를 개선하고 사랑이 넘치는 삶을 살 수 있도록 도와준 인생 코치다. 보통 인간으로서 보통 인간의 고뇌와 상처를 치유해 나가는 데 필요한 조언을 주는 그는 삶을 포기하기 전에 마음껏 울어보기부터 하라고 조언한다[참고: 대프니 로즈 킹마(2010). 인생이 우리를 위해 준비해 놓은 것들-죽고 싶도록 힘들 때 반드시 해야 할 10가지(역). 서울: 비지니스북스]. 울어 보는 것도 끈기의 하나이기 때문이다.

끈기는 근성이며, 끝까지 포기하지 않는 집념이며 강인한 의지다. 원하는 결과를 얻을 때까지 해 보고, 해 보고, 또 해 보겠다는 의지다. '어떤 일이 있어도 포기하지 않겠다.'는 다짐이기는 하지만, 그 다짐과 관계 없이 일이 어렵게 번져나갈 때, 아니면 모든 것이 더 편해져서 어쩐지 마냥 나태해지고 싶어질 때 그것을 사전에 예방하기 위해 그는 자기를 되돌아보게 만들어 줄 수 있는 초발심, 그러니까 요즘 말로 하면, 디폴트(default)하라고도 충고한다. 컴퓨터 프로그램의 세팅이 여러 번 바뀌면서 내부 충돌이 발생하거나 멈춰 섰을 때, 컴퓨터는 작동을 중지한다. 그것을 풀기 위한 방법이 바로 디폴트다. 복잡한 세팅을 모두 지워 버리고 처음 시작했던 때로 돌아가는 그 상태로 디폴트가 되면 고장 나고 긴장하고 서로 충돌했던 그것들은 다시 초깃값으로 시작하기 시작한다.

삶도 마찬가지다. 긴장하고, 꼬여 있던 삶에 초깃값을 부여하면, 그 디폴트를 인식하는 순간부터 삶의 비뚤어진 궤도는 천천히 수정되기 시작한다. 그래서 디폴트, 어쩌면 초발심으로 되돌아가면 그것은 당신 삶과 행동 방식에 존재하는 크고 작은 사각지대를 들여다보는 일이며, 당신이 미처 모르는 사이에 조용히 당신 삶을 조종해 온 괴물을 인식하는 일이나 마찬가지라고 일러주는 대프니 로즈 킹마는, 아주 춥고 견디기 어려운 상황을 벗어나기 위해서는 제대로된 동행 하나쯤은 만들어 두라고 충고한다. 즉, "당신에게 벽난로 같은 무언가가 없다면 하나쯤 만들어야 한다. 찾아가면 언제나 마음이 편안해지는 곳, 혼자가 아니라는 사실을 깨달을 수 있는 곳, 그런 공간이 당신만의 벽난로가 될 수 있다."

72) 시인 사무엘 울만(Samuel Ullman)은 유대계 부모를 따라 미국 미시시피의 작은 도시에 정착한 이민자였다. 44세이던 해에 그는 가족을 데리고 신생도시인 앨라배마의 버밍햄으로 이주했다. 은퇴 후에는 주로 시를 쓰며 1924년에 84세로 세상을 떠날 때까지 40년 동안 버밍햄의 교육과 약자를 위해 지역사회의 발전에 기여한 시인이다.

그가 78세에 이르러 노구의 몸으로 쓴 「청춘 (Youth)」이라는 시는 삶이 무엇이어야 하는지를 보여 주는 지상 최고의 노래다. "청춘이란 인생의 어떤 기간이 아니라 마음가짐을 말한다. 장미의 용모, 붉은 입술, 나긋나긋한 손발이 아니라 씩씩한 의지, 풍부한 상상력, 불타오르는 정열을 가리킨다. 청춘이란 인생의 깊은 샘의 청신함을 말한다. 청춘이란 두려움을 물리치는 용기, 안이함을 선호하는 마음을 뿌리치는 모험심을 의미한다.

때로는 20세 청년보다도 70세 인간에게 청춘이 있다. 나이를 더해가는 것만으로 사람은 늙지 않는다. 이상을 잃어버릴 때 비로소 늙는다. 세월은 피부에 주름살을 늘려가지만 열정을 잃으면 마음이 시든다. 고뇌, 공포, 실망에 의해서 기력은 땅을 기고 정신은 먼지가 된다. 70세든 16세든 인간의 가슴에는 경의에 이끌리는 마음, 어린애와 같은 미지에 대한 탐구심, 인생에 대한 흥미와 환희가 있다. 그대에게도 나에게도 눈에 보이지 않는 마음의 우체국이 있다. 인간으로부터, 또 하느님으로부터 아름다움, 희망, 기쁨, 용기, 힘의 영감을 받는 한 그대는 젊다. 영감이 끊기고, 정신이 아이러니의 눈에 덮이고, 비탄의 얼음에 갇힐 때 20세라도 인간은 늙는다. 머리를 높이 치켜들고 희망의 물결을 붙잡는 한 80세라도 인간은 청춘으로 남는다[참고: 사무엘 울만(2000). 청춘(역). 서울: 오늘]."

73) 참고: 베버리 플랙싱턴(2012). 이봐요, 내 말 듣고 있어요?(역). 서울: 다른세상.

74) 몸의 시그널을 알아보기 위해 실험자들은 소시오미터(sociometer), 핸드폰과 많은 센서가 장치된 전자 배지를 활용한다. 말이나 단어들은 거짓되어도 몸의 표현은 정직하다. 그가 원하는 사회적 관계와 욕망을 숨기지 못한다. 몸에서 보여 주는 시그널(signal)은 사람의 속내를 읽게 만든다[참고: 알렉스 펜트랜드(2009). 어니스트 시그널(역). 서울: 비즈니스맵].

75) '절영지회(絶纓之會)'라는 말은 중국의 교훈적인 설화집인 『설원(說苑)』에 나오는 고사다. 전한(前漢) 말에 유향(劉向)이 편집한 『설원』은 고대의 제후나 선현들의 행적이나 일화·우화 등을 수록한 것으로, 당시 제왕의 본보기를 보여 줌으로써 그들을 설득하기 위한 훈계 독본으로 이용되었다. 절영지회는 초(楚)나라 장왕(莊王)과 무신인 장군 장웅이 보여 준 의식소통의 한 단면을 보여 준다. 초나라가 전투에 이겨 궁중에서 성대한 연회를 베풀었다. 문무백관이 모였다. 주연이 늦게까지 계속되었다. 그때 바람이 불더니 불이 꺼졌다. 별안간 왕의 애첩이 비명을 질렀다. 왕의 애첩을 누군가가 순식간에 농락한 것이었다. 그녀의 가슴을 더듬으며 희롱했던 것이다. 놀란 왕의 애첩은 그녀의 가슴을 더듬은 사나이의 갓끈을 잡아 뜯었다. 장왕에게 울며 호소했다. 아무도 나가게 하지 마시고, 등불을 켠 후에 갓끈이 끊어져 있는 자를 잡아 달라고 호소했다. 이제 불이 켜지면 갓끈이 끊긴 자가 바로 왕의 애희(愛姬)를 희롱한 자임이 드러나게 되어 있었다. 술에 만취했지만 왕은 내관들에게 불호령을 내렸다. 자기의 명이 있기 전까지 절대로 불을 키지 말라고 명했다. 문무백관들에게는 누구든 모두 갓 양쪽의 끈을 당장에 떼

어내어 마룻바닥 저 멀리 집어 던지라고 명했다. 이윽고 불이 켜졌다. 그 자리에 모인 모든 문무백관들이 모두 양쪽의 갓끈을 뗀 후였다. 애첩을 희롱한 자가 누구인지 알 리가 없었다.

다시 연회는 계속되고 흥겹게 끝났다. 그 후 3년이 지났다. 초나라는 진(秦)나라와 다시 전쟁을 벌였지만 진군에 몰려 장왕이 위급에 빠지게 되었다. 분초를 다투는 위기의 순간에 목숨을 내던지며 분전하여 왕을 구하며, 그의 용기로 인해 대승을 거두게 한 장수가 있었다. 왕이 평소에 그리 아끼던 장군은 아니었다. 왕은 그에게 후한 상을 내리려고 그를 불렀다. 그는 장웅(蔣雄)이란 장수였는데, 왕의 후한 상에 응하기를 주저했다. 장왕이 이상하게 생각하여 그를 조용히 불러 연유를 물었다. "나는 평소에 그대를 특별히 우대한 것도 아닌데 어째서 그토록 죽기를 무릅쓰고 싸웠는가?" 하는 질문에, 장웅은 엎드려 말했다. "저는 이미 죽은 목숨이었습니다. 3년 전에 연회에서 갓끈을 뜯겼던 것은 바로 저였습니다. 그때 폐하의 온정으로 살아날 수 있었으니 그 뒤로는 목숨을 바쳐 폐하의 은혜에 보답하려 했을 뿐입니다."라고 말했다. 죽음을 간청했다. 장왕은 덕으로 장군들을 다루었다. 장군들은 그를 위해 목숨을 내놓았다. 장왕은 진과의 싸움에서 연승하여 국가를 반석 위에 놓았다.

76) 참고: 허어벗 허브 클락(2009). 언어사용 밑바닥에 깔린 원리(역). 서울: 경진.

77) 예를 들어, 작가 허은순은 자기의 글에서 구덕천의 이야기로 언어교통의 문제를 지적하고 있다. 구덕천이란 작가가 의도적으로 '천덕꾸러기'를 역순으로 읽어 놓은 이름이다. 학교 시절을 돌이켜보면 어느 반이든 있는지 없는지 존재감이 희미했던 친구들이 있다. 말도 없고 활달하지 않아서 친구도 별로 없는 아이들이 있다. 작가는 어느 반이든 천덕꾸러기인 구덕천들이 급우들과 교사들에 의해 언어적으로 희생당하게 마련이라고 이야기한다. 그런 희생자들, 말하자면 그들 간의 언어교통에서 생기는 불상사는 마치 고속도로에서 서로 질주하는 자동차들과 같다. 서로가 앞서거니 뒤서거니 하면서 질주하다가 끝내 서로 충돌하는 그런 장면과 크게 다르지 않음을 보여 준다. 일반적으로 학교에서 이들 구덕천은, 같은 반 급우들에게 별로 말이 없다는 이유 때문에 왕따의 희생양이 되곤 한다.

교실에서 인위적으로 만들어지고 있는 왕따 아이들을 괴롭히는 범생이들에게 작가는 이렇게 말한다. "꼭 주먹으로 때려야만 폭력이 아니야. 말과 눈빛으로도 얼마든지 주먹보다 더 사람을 아프게 때릴 수 있지. 무책임하게 내뱉은 너희의 말과 행동은 끝내 한 아이를 벼랑으로 몰고 있는 거야. 그걸…… 모르겠니?" 말은 언어로만 전달되는 것이 아니다. 말은 몸으로도, 생각으로도, 아니 마음속의 저주로도 전달되기 마련이다. 무엇을 전하느냐보다는 어떻게 전하느냐에 따라 말은 돌멩이가 되기도 하고, 아이스크림이 되기도 한다. 사람들은 그럴듯한 모양과 자세로 말들을 서로 주고받는 언어교통의 관계로 살아간다. 그것을 의미 있는 관계라고 서술하기도 한다. 이런 일반적인 의사소통의 삶, 즉 언어교통의 삶과 앎은 서로 간에 공허함을 줄 뿐이다[참고: 허은순(2008). 6학년 1반 구덕천. 서울: 현암사].

78) 참고: 르네 보르보누스(2011). 존중력 연습(역). 서울: 더난출판.

79) 들뢰즈(Gilles Deleuze)와 가타리(Félix Guarrari)가 리좀의 비유로 새로운 사고의 지평을 넓히려는 이유는 이제까지의 서양의 사유가 지니고 있는 고착성 때문이다. 그들은 서양의 사유가 일종의 서양장

기(chess) 게임의 규칙을 따르는 것과 비슷한 것이었다고 비판한다. 장기에서 각각의 개체는 특정한 이름이 부여되어 '주체'가 된다. 이들 주체는 실제로는 가는 길과 역할이 고정되어 있다. 하나는 다른 것을 위한 노예로 배치된다. 장기의 모든 게임은 왕을 지키는 것이다. 이러한 왕 지키기의 서양식 게임의 논리를 들뢰즈는 '나무형 사유'라고도 부른다. 들뢰즈는 서양에서 발전한 학문의 사유 방식이나 그것에 기초한 활동들이 뿌리와 줄기와 가지와 잎이 일직선으로 연결되어 있는 집합적 중심형 사유 모델에 기초하고 있다고 생각한다. 저들이 발전시켜 온 교육이나 학습 활동도 바로 그런 수목형 논리를 복제하고 있는 정보 추구, 정보 전달 활동에 지나지 않는다. 서구의 학교교육 활동이나 학습 활동 역시 항상 기호학적 법칙을 중심으로 하는, 위계적이고 중심적이며 천상적인 성격을 벗어날 수가 없다는 대목을 보여 준다.

그들은 말한다. 서구식 사유가 기호학적 위계와 질서를 강조하는 반면, 동양의 사유 방식은 선형적이며 유목적이라고 말한다. 서양의 체스 게임이 왕이나 신하들과 같은 역할 중심의 놀이라면, 그것에 필적하는 동양의 놀이인 바둑은 모든 돌이 주체다. 돌 하나하나가 모두 평등하며, 서로가 얽히고설키면서 하나의 세력과 기능을 발휘하는 놀이다. 그래서 동양의 사고는 왕도, 신하도, 주체도, 객체도 또 이미 정해져 있는 길도 없는 유목적 사유의 전형을 보여 준다는 것이 들뢰즈의 생각이다.

동양에도 서양의 체스와 같은 장기가 있다. 들뢰즈 스스로 동양식 사고를 바둑과 같은 사유만 있다고 간주하는 것에는 나름대로의 한계와 무리가 있을 수 있다. 하지만 서양에는 동양인이 즐기는 바둑과 같은 놀이를 발견할 수 없다. 그래서 들뢰즈가 말한 동양인의 유목적 사유에 대한 주목은 참고할 만한 자료가 된다. 바둑이라는 게임에서는 돌 하나하나가 같은 값어치를 갖고 있는 하나의 명백한 주체다. 서로 다른 연결과 교통망을 통해 놓인 돌들은 지속적으로 새로운 사유를 가능하게 만든다. 새로운 사고가 동행적으로 함께 만들어진다. 그 동행의 결과는 동고동락의 즐거움이다. 바둑과 같은 사유는 핵심이나 주체, 중심, 위계를 인위적으로 강조하지 않는 사유의 전형을 보여 준다. 바둑을 즐기는 동양인들의 사유는 비질서 혹은 탈질서 속에서의 또 다른 일관된 하나의 흐름과 질서, 봉쇄와 차단, 그리고 연결과 또 다른 접속을 중심으로 맺어가는 연결과 동행의 창발적 사유의 한 사례이기도 하다.

들뢰즈와 가타리의 사유 속에서 발견되는 리좀식의 연결 개념, 다시 말해 동행의 개념은 사람과 사람들이 만들어 가는 사회 체제의 기능과 형성, 그리고 그것의 양태에 대해 새로운 해석을 요구한다. 위계적이고 질서 중심적인 사고에서는 만들어진 질서가 제 기능을 제대로 가능하게 하기 위해 만들어 놓은 규약이나 체제의 중요성을 부각시킨다. 하지만 리좀식의 사고나 동행의 사고에서는 체제나 규약보다는 동행에 참여하는 사람과의 연결과 연결의 중요성을 강조한다. 동행은 사람들을 서로 트게 하고, 서로 연결하게 한다[참고: 질 들뢰즈(2001). 천개의 고원(역). 서울: 새물결].

80) OECD는 '삶의 질' 지표의 국가 간 비교 연구에서 친구와 가족 등과의 직접적인 대면(對面) 접촉과 의존도를 뜻하는 '사회 연결망(social connections)' 부문에서 한국이 당면한 문제를 지록한 것이다. 2011년 10월 17일 OECD의 '삶은 어떠한가: 웰빙의 측정(How's life: Measuring of well-being)' 보고서에 따르면 사회 연결망 지표에서 한국은 '바닥 수준'을 기록했다. 곤란할 때 언제든지 도움을 요청

할 수 있는 친구나 친척이 있는가를 물었을 때 OECD 평균은 91.1%였다. 그에 비해 한국은 79.8%였다. 40개국 중에서 36위를 기록했다. 꼴찌에서 4번째를 기록한 것이다. 일본은 89.7%, 미국은 92.3%였다. '자발적으로 친구 등을 만나는 시간' 부문에서 한국은 '하루 평균 1분'에 불과했다. 비교 대상 28개국 중 밑에서 3위를 기록했다. 일본은 하루 4분이었고, 미국은 8분이었으며 OECD 평균은 4분이었다. '다른 사람들에 대한 믿음 수준' 부문에서 한국은 25.6%로 비교 대상 36개국 중 중간 수준을 유지했지만, 이 역시 OECD 평균인 33%보다는 크게 낮은 비율이었다[참고: 음성원, 박정경(2011). '아는 사람' 많지만 '말할 사람'이 없다. **문화일보**. 2011년 10월 17일자].

예를 들어, 『조선왕조실록(實錄)』을 탐닉하던 이한우 선생은 왕조실록이 지녔다는 역사성이나 진실성의 허구에 놀라고 만다. 진리나 사실은 역사를 근거로 만들어지는 것이 아니라는 것이 확실해졌기 때문이다. 왕들에 관한 일상적인 몇 가지 정보 쪼가리들만 있으면 그의 인품이나 치적, 역사성에 대한 그럴 듯한 이야기들로 둔갑했기 때문이다. 예를 들어, 조선의 왕 중에서도 가장 무참하게 왕위를 내놓아야 했던 임금이 연산군 이융이다. 이융은 실록이 허구 덩어리라고 폄하한다. 그의 말은 역사에 대한 진위를 밝혀 주기 때문에 중요하기보다는 역사가 만들어지는 분위기가 어떤 것인지를 알려 주는 단초가 되기에 경청해 볼 만하다. 그는 "나는 당한 것이 아니라 자초한 것이다. 내가 지존에 대한 꿈과 기대를 접은 지는 오래되었다. 그날도 술 한 잔을 들고서 잠이 들었는데 3경 무렵(밤 11~1시) 승지들이 황급히 나를 깨웠다. 윤장, 조계형, 이우 세 사람이었다." 훗날 실록은 그 순간 나의 모습을 이렇게 적었다. "왕이 놀라 뛰어나와 승지의 손을 잡고 턱이 떨려 말을 못했다." 웃기는 소리다. 내가 정말 권좌에 미련을 갖고 있었다면 군사부터 불러들였을 것이다. 그저 올 것이 왔구나 하는 느낌뿐이었다. 실록을 보니 세 승지의 모습은 잘 나와 있었다. "이우 등 세 사람은 바깥 동정을 살핀다는 핑계를 대고 하나씩 흩어져 모두 수챗구멍으로 달아났는데, 더러는 실족해 뒷간에 빠진 자도 있었다."라고 말하고 있다. 어저께까지만 하더라도 서로는 가장 소통이 잘되는 사이였던 저들이었다. 그러니까 자기 목숨에 급급하여 몸을 숨기고 목숨을 부지하기 위해 철저하게 위증하고 있는 저들의 증언으로 왕조사가 쓰였으니, 연산 이융의 입장으로써는 실록(實錄)이란 것은 결국 허록(虛錄)이라고 말하고 싶었을 것이다. 그러나 이미 왕위를 뺏긴 그의 항변은 개 짖는 소리만큼도 울림이 없는 헛된 일이었을 뿐이다[참고: 이한우(2012). **왕의 하루(실록과 사관이 미처 쓰지 못한 비밀의 역사)**. 서울: 김영사].

82) 인류 역사는 그런 낙인들이 성공해 왔다는 낙인의 성공 사례를 풍족하게 보여 준다. 공산주의자니, 자본주의자니, 독재자니, 마녀니, 간첩이니, 성인이니, 게이니, 레즈비언이니, 386세대니, 오륙도니, 정상인이니 하는 용어들과 그것에 따른 사회적 대가를 치르게 만든 사건들은 모두가 사회적 낙인의 찌꺼기였다. 기존의 사회 제도, 기존의 권력 기득권자들이 자신의 세력과 권력을 보호하고 장악하기 위해 만들어낸 용어와 사회적 현상일 뿐이었다. 미친 것은 개인이 아니다. 바로 사회가 미쳤기에 그것에 동조하지 않는 개인을 미친 자로 몰아간 것이라는 생각이 랭의 판단이다. 미쳐 있는 사회가 개인을 희생자로 만들어 갈 뿐이다. 왜냐하면 제 정신, 말하자면 자기를 알고 있는 사람은 소위 항상 남들이 정상이라고 말하는 자아를 거부할 수 있는 사람이다.

이런 제정신의 사람이야말로 현실을 살아가면서 현실의 가치를 솔직하게, 그리고 대범하게 부정할 수 있는 사람이다. 그런 사람이 바로 정상인이다. 결국, 사람 간의 의식소통 문제는 나와 사회 관계 간의 문제가 아니다. 나와 너 간의 감성적인 관계에서 출발한다. 그것은 너와 나 간의 경험을 공유하는 것에서 시작한다. 랭은 소위 정상적인 자아를 거부할 수 있는 너와 나 사이의 그런 관계가 직접적인 경험의 관계는 아니라고 말한다. 말하자면 나는 당신의 경험을 경험할 수 없고, 당신은 나의 경험을 경험할 수 없다는 것은 경험으로 보아 타당하기만 하다는 것이다. 우리의 감정은 서로에게는 보이지 않는다. 경험은 영혼으로 불리곤 한다. 나의 영혼이 타인에게 경험될 리가 없다. 경험은 서로에게 보이지 않으면서도 어떤 것보다 분명하게 다른 사람에게 와 닿는다.

83) 센게(Peter Senge) 교수는 학습 조직을 만들어 나가기 위한 구체적인 과정으로 다섯 가지 훈련 방법을 제시한다. 그중 핵심은 '시스템 사고(system thinking)'다. 시스템 사고는 기존의 단선적이고 평면적인 문제해결 방식 대신 조직을 전체적인 유기체로 파악해 종합적으로 대처하려는 구성원 개개인의 사고방식을 말한다. 두 번째 방법은 명확한 비전과 집중력을 바탕으로 현실을 객관적으로 파악하고자 하는 '개인적 숙련(personal mastery)'을 실천해 나가는 것이다. 개인적 숙련은 조직 전체가 학습 조직으로 발전하기 위해 요구되는 토대다. 개인적 숙련은 그것을 가능하게 도와 주는 지원 시스템이 필요하다. 그것이 갖추어져 있지 않은 조직에서는 조직 구성원은 그저 단순 노동자로 전락한다.
세 번째 학습 조직의 토대는 사회 현상과 사물에 대한 종합적 인식을 요구하는 '정신모델(mental model)'의 확립이다. 정신 모델은 개인이 사물과 현상을 제대로 이해하는 데 필요한 여러 전제나 가정(assumptions)을 가능하게 만들어 주는 가치 체계를 의미한다. 이 세상에서 중요한 것은 객관적인 실체 그 자체보다는 그것을 개인이 어떻게 이해하느냐에 관한 인식 방법이다. 앞서가는 사람들의 역할은 그와 함께 동행하는 사람들이 사물을 긍정적이고 본질적인 관점에서 볼 수 있도록 초점을 맞추어 주는 카메라의 렌즈와 같은 기능을 발휘해야 한다. 네 번째 학습 조직의 토대는 조직의 목표와 가치에 대한 인식을 공유하는 '비전의 공유(shared vision)'다. 공유된 비전의 여부는 조직의 문화와 직결된다. 조직의 문화가 공유된 비전으로 무장되어 있지 않은 조직은 개인의 리더십에 의해 운명을 결정하는 우울한 조직이다.
마지막으로 '팀 학습(team learning)'의 실천이 학습 조직 구성의 토대다. 팀 학습은 대화의 학습이며 소통의 학습이다. 통제와 효율로 구성원들의 창의적 잠재력을 옥박지르거나 평가하는 조직에서는 팀 학습의 분위기를 살릴 수 없다. 팀 학습은 모든 가정과 편견도 수용되어야 하지만, 그런 모든 것도 과감하게 제거한 상태로 변할 수 있는 조직이다. 그런 조직에서는 모두가 다함께 준비된 자세로 대화해 나갈 수 있다[참고: 피터 센게(1996). 제5의 수련(역). 서울: 21세기북스].
인적 자원 개발의 중요성을 이야기하는 사람들일수록 학습 조직의 가능성에 대해 다양한 방식으로 논의하기를 좋아한다. 실제로 생산 활동이 바로 학습 조직의 근간이라는 생각 역시 오래전부터 존재해 왔기 때문이다. 그것을 근로 현장에서 체계적으로 이론화시킨 사람이 아지리스(Argyris)와 숀(Schon) 같은 교수들이었다[참고: Argyris, C. · Schön, D.(1978). *Organizational learning: A theory of action*

perspective. Reading, Mass: Addison Wesley]. 그들은 『조직 학습(Organizational Learning)』이란 책에서 조직 학습론을 가장 먼저 조직 변화 이론의 한 방법론으로 도입했다. 학습 조직을 생산성 향상과 연관되어 기업 경영을 위한 학문적 체계로 이론화시키려는 초기의 노력이었다.

그들이 학습 조직에 대한 선진적 제안을 한 이래, 학습 조직론이 나아가야 할 이론적 성격은 여러 가지 방식으로 전개되어 왔다. 모든 구성원들의 학습을 촉진하고 계속적으로 자신을 변혁시켜 나가는 조직으로 설명되기도 했고[참고: Pedler, M., Burgoyne, J. & Boydell, T.(1991). *The learning company: A strategy for sustainable development*. NY: McGraw-Hill Book Company.], 혹은 지식을 창조하고 획득하고 이전하는 데 능숙하며 또한 새로운 지식과 통찰을 반영하여 자신의 행동을 변화시키는 데 능숙한 조직으로 설명되기도 했다[참고: David A. G.(2003). *Learning in action: A guide to putting the learning organization to work*. MA: Harvard Business School Press].

학습 조직에 대한 개념 파악은 학자마다 조금씩 다른 감각으로 서술해 왔다. 저들의 개념 파악에서 공통적으로 드러나는 것은, 조직을 구성하고 있는 구성원 각각의 자아 실현과 조직의 목표 달성의 중요성에 대한 강조다. 그것을 위해 학습 조직은 구성원들이 서로 필요한 정보를 교환하면서 현장에 응용하며, 조직의 목표 달성을 위해 필요한 구체적인 기술이나 방법을 단련한다. 그런 상호 학습 문화를 개인 및 조직의 행동 양식과 비전으로 체질화시키기도 한다. 그로부터 조직 변화를 학습 문화로 이끌어가기 위해 조직원들이 주도적으로 학습 활동에 참여하는 배움의 기틀이 바로 학습 조직임을 알리고 있다.

센게 교수는 일찍이 학습 조직을 '구성원들이 진정으로 원하는 결과를 창조하기 위한 능력을 계속적으로 확장하고, 새롭고 확장적인 시소 체계가 성숙되며 집단적인 열망이 자유롭게 표출되고, 구성원이 함께 학습하는 방법을 계속적으로 배우는 조직'으로 정의한 바 있기 때문이다. 그의 학습 조직론은 그동안 서구식 경영에서 전범이 되어 왔던 혁신 기법에 대한 의문에서 출발한다. 그는 『제5훈련(The Fifth Discipline)』이란 저서에서 '리스트럭처링'이나, 감원 해고를 강조하는 '다운사이징' 같은 기존의 경영혁신 전략을 단기적인 처방에 지나지 않는다고 비판한다. 기존의 경영 혁신 기법들은 변화에 대해 역동적으로 대처하는 것처럼 보이기는 한다. 그러나 그런 기법을 채택하는 기업은 끝내 조직원의 상호작용을 구조적으로 경시한다. 결국 조직에게는 언제나 막대한 출혈을 강요한다는 것이다.

시장을 그동안 지배해 왔던 경영 혁신 기법들의 문제를 단적으로 비판한다면, 개인의 중요성에 대한 과다한 강조와 '차가운 머리'의 역할을 과다하게 강조하는 패러다임이었다는 것이 그의 주장이다. 센게 교수는 그런 경영 혁신은 조직의 발전을 위해 더 이상 유용하지 않다고 보았다. 그는 마치 동양의 사고와 엇비슷한 '우리'의 개념과 '열린 마음'의 패러다임을 요구한다. 그것이 '미래의 장(the field of the future)'이라는 것이다. 미래의 장에서는 개인이라는 분자가 우리라는 전체로 통합된다. 잘게 쪼개고 분리시키기만 하던 분석은 사물과 현상을 전체적으로 조명하는 직관적인 통찰이 된다. 하나둘씩의 파편적인 정보들은 가슴과 마음으로 내려와 지혜가 된다. 응용과 행동, 그리고 그것의 작동으로 연결되지 않은 앎과 연구는 실천과 평가의 깨달음으로 전환되어야 한다. 한마디로 말하면, 분석에서 통찰로, 정보에서 지혜로, 그리고 앎에서 깨달음으로 패러다임을 바꾸어야 조직이나 시스템도 제대로 작동한다는 것이 센게 교수의 견해다[참고: 피터 센게·베티 수 플라워·조셉 자보르스키(2006). 미래, 살아 있는 시스템(역). 서울: 지식노마드].

84) 학교교육과 교실교육은 프로젝트나 워크숍의 학습 조직 장이어야 하며, 그들의 수업은 워크숍이나 프로젝트 형식으로 서로 간의 배움을 촉진시킬 수 있는 활동으로 변해야 한다. 학습 조직의 관점에서 보면, 학교나 교실은 바로 학습 조직의 원형이며, 학교 조직의 변화를 원초적으로 가능하게 만들어 주는 신경세포 조직이기 때문에, 학생들과 교사 간의 대화와 통합으로 그들의 신경세포를 자극해야 한다[참고: 김현진(2007). IQ 130 사람들이 모였는데 조직 전체수준이 60이라면……. 조선일보. 2007년 8월 24일자].

학교에서 정보나 지식을 공유하고, 그것에 기초해서 새로운 지식을 만들어 내는 일에 주력한다고 해도, 그들이 다루는 지식의 수준이나 농도는 그들이 활용하는 지적 능력을 넘어설 수는 없다. 그들이 각자적으로 혹은 집단적으로 행사할 수 있는 지력 역시 학교와 교실, 그리고 교과서처럼 그들에게 주어진 교육 환경 속에서 그들이 갖고 있는 정보나 기능 혹은 자료들을 그들의 학습에 유용하도록 만드는 능력으로 제한될 뿐이다. 그들이 다루는 자료가 제아무리 객관화되고 고급의 정보라고 하더라도, 그들의 눈높이에서 다룰 수 있는 객관적인 사실을 포함하고 있는 숫자, 글, 그림, 소리 및 각종 감각적 정보 등일 뿐이다. 교실이라는 학습 조직에서 교사와 학생들은 환경으로부터 얻은 정보를 이용하여 새로운 지식과 지혜를 창출하고, 이를 정보 인프라를 통해 모든 학생들이 공유하게 만들어 줄 때, 학습 조직의 기능성은 더욱더 현실화된다. 그런 점에서 본다면, 정보 획득의 수준과 정도로 학생들의 우열을 가르거나 경쟁을 고착화시켜 학생들의 지적 능력을 차별화하거나 서열화하는 것은 바로 학습 조직을 와해시키고 붕괴시키는 동력으로 작용한다. 그런 곳에서는 통합보다는 막힘이 더 현실적으로 위력을 발휘한다. 열린 마음보다는 닫힌 마음이 더욱더 현실적으로 그들의 마음을 사로잡게 된다.

85) 참고: Raing, R. D.(1967). *The politics of experience*. London: Routledge & Kegan Paul.

86) 참고: 윌리엄 이케스(2008). 마음읽기(역). 서울: 푸른숲.

87) 참고: 카렌 암스트롱(2012). 자비를 말하다(역). 서울: 돌을새김.

88) 불가(佛家)에서는 마음 읽기에서 보통 5신통과 6신통을 구분한다. 5신통까지는 보통 사람들도 할 수 있지만 6신통은 거의 불가능하다고 본다. 5신통력은 힘이 세거나 말을 잘하거나 운동을 잘하거나 노래를 잘하거나 공부를 잘하거나 하는 것에 버금가는 행위다. 누구나 노력만 하면 그런 5신통력을 갖게 된다. 5신통력은 흔히 천안통, 천이통, 신족통, 타심통, 숙명통 같은 행위들로 서로 잘게 다시 갈라진다. 그런 5신통력은 일반적인 수행으로 능히 얻어낼 수 있다. 의식이 맑아지고 집중력이 좋아지면 누구나 그런 5신통의 경계를 넘나들 수 있게 되기 때문이다. 다섯 가지 신통력의 한계를 극복하고 새롭게 들어서는 마음 꿰뚫어보기의 자리가 6신통인 누진통이다. 누진통(漏盡通)은 말 그대로 모든 번뇌를 끊어서 걸림 없이 아는 지혜의 수준이며, 성불, 성자의 길이다.

보통 사람으로서는 6신통력에 도달하기가 그리 쉽지 않다. 이것은 불가뿐 아니라 성경에서도 있는 그대로 표현된다. "어미의 태로부터 된 고자도 있고 사람이 만든 고자도 있고 천국을 위하여 스스로 된

고자도 있도다. 이 말을 받을 만한 자는 받을지어다(마태복음 19:12)." 예수의 고자(鼓子)론이 그것이다. 예수는 자기 수행을 위해서는 자기가 겪어야 할 절체절명의 신체적 고통까지도 참아 내는 것이 필요하다는 뜻으로 '고자'라는 비유를 썼다. 누진통이란 마음의 번뇌가 더 이상 없다는 뜻이 되지만, 성과 명(性命)을 동시에 수행하는 도교적 의미로써는 정(情)과 성(性)을 누설하지 않는 것을 말하는 것이다. 그것은 성경에서 표현된 예수의 고자론과 같은 맥락을 지닌다. 고자라는 인간 극기의 끝을 거치며 참아내는 성자의 길은 성불의 길, 생이 다한 자리, 진여의 자리, 깨달음의 자리로써 붓다라는 말에서 의미하는 것과 같다. 이미 배운 자, 이미 깨친 자의 몫이기 때문이다[참고: 백금남(2007). 소설 탄허. 서울: 동쪽나라].

89) 한국교원단체총연합회는 논란이 되고 있는 '안티 교사 카페'에 대해 교원 735명을 대상으로 실시하고, 설문 조사 결과를 발표한 적이 있었다. 한국교총이 교육 현안에 대한 신속한 현장 여론 수렴을 위해 전국 유·초·중등 교사, 교감, 교장 1,348명의 '교육 나침반' 설문조사인단을 대상으로, 5월 19일부터 22일까지 온라인을 통해 실시한 것이다. 응답률은 54.5%, 표본오차는 95% 신뢰 수준에서 최대 허용 표본오차 ±3.61%point다. '안티 교사 카페' 논란에 대한 교원 설문조사 결과에 따르면, 응답자들인 교사들은 '안티 교사 블로그'를 만든 것을 알고 있다(46.3%), '안티 카페' '안티 블로그'를 본 적 있다(28.7%), 인터넷상 자신 또는 아는 교사를 비방하는 글을 직접 본 적 있다(24.3%), 휴대전화로 학생들이 보낸 것으로 추정되는 악성 문자메시지를 받아본 적 있다(8.3%), '안티 교사 카페' 논란으로 교직 생활에 회의가 든 적 있다(53.6%)고 답하고 있다.

안티 교사 카페는 '안티 카페'란 것이 생길 무렵부터 있어 왔지만, 발각될 경우 학교 측으로부터 처벌을 받거나 해당 교사에게 불이익을 당할 것이 두려워 대부분 비밀 조직으로 숨겨져 있어 눈에 띄지 않을 뿐이었다. 안티 교사 카페의 이름도 다양하다. 담싫모(담탱이를 싫어하는 사람들의 모임), 담저모(담탱이를 저주하는 사람들의 모임), 담죽모(담탱이를 죽이고 싶어 하는 모임) 등 장난이라기엔 도를 넘어서는 이름이 대부분이다. 이곳에서 학생들은 교사에 대한 불만을 털어 놓고 공감대를 형성해 선생님을 헐뜯는다. 불만을 토로하는 방식에도 교사에 대한 존경심이나 웃어른에 대한 배려는 조금도 찾아볼 수 없다. 서슴없이 교사의 이름을 불러 대며 원색적인 비난과 욕을 쓰면서 교사를 조롱하기도 한다. 또 교사의 외모를 희화화시키거나 습관이나 버릇 등을 들먹이며 모멸감을 주기도 한다. 일부는 교사의 가족사진까지 올리며 갖가지 악플을 늘어놓기도 한다. 심한 경우엔 마치 연예인처럼 떠도는 헛소문을 사실처럼 부풀려 괴담을 만들어 내기도 한다. 이 같은 안티 카페에 당사자든 당사자가 아니든 많은 교사들은 큰 상처를 입고 있다[참고: 한국교원단체총연합회(2008). 교총, '안티교사카페' 논란 관련 교원 설문결과 발표. 한교총보도자료. 2008년 10월 10일자].

90) 사람들의 이목을 집중시켰던 그런 대형 사건이나 사고들은 결정적인 순간을 바로잡지 못한 결과들이다. 예를 들어, 1982년 미국에서 74명의 목숨을 앗아간 여객기 추락 사고, 1986년 공중에서 폭발한 채 우주인 7명을 숨지게 만든 챌린저호 사고, 그리고 귀가 아파 입원했는데 느닷없이 정관 수술을 받은 어느 중년 남성, 병상에 누워 있는 두 환자를 서로 바꿔 장기이식을 잘못해 주거나, 화장장에서 시신을 바

뭐 화장하는 것 같은 끔찍하고도 어이없는 사건들의 배경에는 공통점이 있다는 것이 조셉 그레니 (Joseph Grenny)의 견해다.

그는 설명한다. 여객기에 타고 있던 기장이 이륙을 오랫동안 지연하는 바람에 비행기 엔진과 날개 부위에 결빙이 생겼다. 함께 있던 부기장은 상황의 심각성을 깨닫고도 기장의 권위에 눌려 그를 제때에 제대로 추궁하지 못했다. 미국 항공우주국(NASA) 엔지니어들은 챌린저호 폭발 사고의 원인인 연료밸브 부품 오링(O-ring)의 결함을 알았으면서도, 출세에 지장이 생길까 봐 상부에 보고하지 못했다. 수술대에 누워 있던 환자는 정관 수술 준비를 위해 사타구니의 체모를 제거할 때 의식이 말짱했지만 아무말도 하지 않았다. 그는 의사의 권위에 의문을 제기하는 방법을 몰랐다. 이 사건들에는 사태가 위기로 흘러가는 걸 막을 수 있었던 '결정적 순간'이 있었다. 그러나 부기장, 엔지니어, 환자, 간호사, 의사 모두 이 '결정적 순간'에 상대방의 책임을 따질 용기가 없었고 방법도 몰랐기 때문에 그런 불상사들이 일어났다는 것이다.

이런 상황을 돌파하기 위해 그레니와 그의 동료들은 몇 가지 대화의 기술을 가르쳐 주고 있다. 결정적인 순간을 돌파하는 데 필요한 대화법과 기술들로 일곱 가지 원칙을 제시한다. 말하자면, ① 가슴으로 시작하라. 대화를 통해 진정 얻고자 하는 것은 무엇이고 이 관계를 어떻게 가져가길 원하는가를 끊임없이 되묻는다. ② 대화의 전체 상황을 파악하라. 나와 상대방이 침묵하거나 공격적으로 대화에 임하고 있는지를 잘 살피면서 평범한 대화에서 결정적 순간의 대화로 바뀌는 순간을 포착한다. ③ 불안감을 없애라. 적절한 때를 골라 사과하고 자신의 의도를 분명히 밝히고 공통의 목적을 찾아 공감대를 형성한다. ④ 감정을 통제하라. 있는 그대로의 사실과 감정적 판단을 구별하고 변명을 피한다. ⑤ 대화를 이끄는 다섯 가지 기법을 명심하라. 있는 그대로의 사실을 말하고, 자신의 의도를 설명하고 상대방의 생각을 물어보되 지나치게 단정적인 어투를 사용해선 안 되며 상대방이 반대 의견을 내도록 해야 한다. ⑥ 상대방의 생각을 알아 내라. 직접 물어보거나 상대의 얘기를 자신이 반복해서 다시 들려 주거나 자극을 주라는 것이다. ⑦ 결론을 실행으로 옮겨라. 그저 대화에 그치지 않고 대화의 결론을 구체적인 결과물로 이끌어 내라 등이었다[참고: 조지프 그레니 외(2008). 결정적 순간의 대면(역). 파주: 김영사].

91) 참고: 피터 센게(1996). 학습조직의 5가지 수련(역). 서울: 21세기북스.

92) 참고: 다니엘 골먼(2006). SQ 사회적 지능(역). 서울: 웅진지식하우스.

93) 빌리 조엘(Billy Joel)은 싱어 송 라이터와 피아니스트다. 그는 순회 공연가다. 새로운 것을 찾는 자세로 개성 있는 음악을 창조하는 빌리 조엘은 1978년 제21회 그래미 어워드에서 〈Just The Way You Are〉로 최우수 레코드상을 수상케 된다. 같은 해 발표된 〈Honesty〉로 그는 제22회 그래미 어워드의 최우수 앨범상과 최우수 팝 남성 보컬상을 동시에 수상한다. 〈Honesty〉는 시간이 지나면서 비욘세 같은 가수에 의해 재편집되어 공전의 인기를 모으기도 했다.

〈Honesty〉는 이렇게 시작한다. "만약 당신이 부드러움을 찾는다면 그건 어렵지 않아요. 당신이 사는 데 필요한 사랑을 얻을 수 있죠. 하지만 당신이 진실함을 찾는다면 당신은 마치 눈먼 사람처럼 아무것도 찾을 수가 없어요. 진실함을 베풀기란 항상 어려운 것 같아요. 솔직함이란 외로운 낱말이에요. 사람들은 진실하지 못해요. 솔직하다는 말은 듣기가 어렵죠. 그리고 그것이 바로 내가 당신으로부터 필요한 것이죠. 내 감정을 솔직히 나타내면 날 동정한다고 말하는 사람들을 찾을 수가 있어요. 하지만 난 보기 좋은 얼굴로 듣기 좋은 말을 하는걸 원치 않아요. 내가 원하는 건 믿을 수 있는 사람이에요. 솔직함이란 외로운 낱말이에요. 사람들은 진실하지 못해요. 솔직하다는 말은 듣기가 어렵죠. 그리고 그것이 바로 내가 당신으로부터 필요한 것이죠. 죽는 그날까지 난 사랑도 친구도 그리고 안전함도 얻을 수 있죠. 누구라도 내게 다시 약속하며 날 위로해 줄 수 있다는 걸 난 알고 있어요. 내가 깊은 사색에 잠겨 있을 때 너무 걱정하지 말아요. 내가 떠나 있을 때 아무것도 원하지 않겠어요. 하지만 내가 진실함을 갈구할 땐 어디에 의지해야 할지 말해 주세요. 왜냐하면 당신은 내가 의지할 수 있는 단 한 사람이기 때문이죠. 솔직함이란 외로운 낱말이에요. 사람들은 진실하지 못해요. 솔직하다는 말은 듣기가 어렵죠. 그리고 그것이 바로 내가 당신으로부터 필요한 것이죠."

94) 농촌 · 청소년미래재단의 류태영 박사는 자기 삶에서 우러나온 체험에서 대화하는 사람들이 서로가 삶을 바꾸려면 인생이 바뀌는 대화를 하라고 일러 준다. 그는 2008년 11월 8일 쪽지글「인생이 바뀌는 대화법」에서 성공적인 대화법을 처방했다. 즉, "내 말 한마디에 누군가의 인생이 바뀌기도 한다."는 것부터 인식하고 대화에 임하라는 것이다. 말에는 자기 최면 효과가 있기 때문에 그렇다.

그는 말을 계속한다. "상대편은 내가 아니므로 나처럼 되라고 말하지 말라. 내가 이 말을 듣는다고 미리 생각해 보고 말하라. 정성껏 들으면 마음의 소리가 들린다. 지루함을 참고 들어 주면 감동을 얻는다. 한쪽 만만 듣고 말을 옮기면 바보되기 쉽다. 자존심을 내세워 말하면 자존심을 상하게 된다. 남의 명예를 깎아 내리면 내 명예는 땅으로 곤두박질치게 된다. 잘못을 진심으로 뉘우치면 진실성을 인정받는다. 말의 내용과 행동을 통일시켜라. 모르는 것은 모른다고 말해야 인정받는다. 무시당하는 말은 바보도 알아듣는다. 말은 입을 떠나면 책임이라는 추가 기다린다. 대화의 질서는 새치기 때문에 깨진다. 침묵이 대화보다 강한 메시지를 전한다. 첫 한마디에 정성이 실려야 한다. 다양한 문화를 인정하면 대화는 저절로 잘된다. 내 마음이 고약하면 남의 말이 고약하게 들린다. 지적은 간단하게 칭찬은 길게 하라. 말투는 내용을 담은 그릇이다. 따져서 이길 수는 없다. 사랑이라는 이름으로도 잔소리는 용서가 안 된다. 좋은 말만 한다고 해서 좋은 사람이라고 평가받는 것은 아니다. 유머에 목숨 걸지 마라. 반드시 답변을 들어야 한다고 생각하면 화를 자초한다. 설명이 부족한 것 같을 때쯤 해서 말을 멈춰라. 앞에서 할 수 없는 말은 뒤에서도 하지 마라. 농담이라고 해서 다 용서되는 것은 아니다. 표정의 파워를 놓치지 마라. 적당할 때 말을 끊으면 다 잃지는 않는다. 사소한 변화에 찬사를 보내면 큰 것을 얻는다. 말은 하기 쉽게 하지 말고 알아듣기 쉽게 하라. 입(말) 서비스의 가치는 대단히 크다. 당당하게 말해야 믿는다. 흥분한 목소리보다 낮은 목소리가 위력 있다. 눈으로 말하면 사랑을 얻는다. 덕담은 많이 할 수록 좋다. 공치사하면 누구나 역겨워한다. 잘난 척하면 적만 많이 생긴다. 두고두고 꽤씸한 느낌이 드는 말은 위험하다. 상대에 따라 다른 언어를 구사하라. 과거를 묻지 마라. 일과 사람을 분리하라. 애교는 여자의 전유물이 아니다. 대화의 시작은 호칭부터다. 말을 독점하면 적이 많아진다. 작은 실수는 덮어 주고 큰 실수는 단호하게 꾸짖어라. 지나친 아첨은 누구에게나 역겨움을 준다. 무덤까지 가져가기로 한 비밀을 털어놓는 것은 무덤을 파는 일이다. 악수는 또 하나의 언어다. 쓴소리는 단맛으로 포장하라. 낯선 사람도 내가 먼저 말을 걸면 십년지기가 된다. 목적부터 드러내면 대화가 막힌다. 보이는 것만으로 판단해서 말하면 큰 낭패를 당하기 쉽다. 말을 잘한다고 대화가 유쾌한 것은 아니다. 타협이란 완승, 완패가 아니라 둘 다 승이다. 험담에는 발이 달렸다. 단어 하나 차이가 남극과 북극 차이가 된다. 진짜 비밀을 차라리 개에게 털어 놓아라. 가르치려고 하면 피하려고 한다. 비난하기 전에 원인부터 알아내라. 눈치가 빨라야 대화가 쉽다. 불평하는 것보다 부탁하는 것이 실용적이다. 말도 연습을 해야 나온다. 허세에는 한 번 속지 두 번은 속지 않는다. 내가 먼저 털어 놓아야 남도 털어놓는다. 약점은 농담으로라도 들추어서는 안 된다. 지나친 겸손과 사양은 부담만 준다. 말은 가슴에 대고 해라. 넘겨짚으면 듣는 사람 마음의 빗장이 잠긴다. 때로는 알면서도 속아 주어라. 남에게 책임을 전가하지 말라. 모든 것은 내 탓이다."

95) 마찰 현상이 생활 속에서 도움이 되는 경우는 여러 가지에서 발견된다. 자동차가 움직이는 것은 바퀴와 땅 사이에 마찰력이 작용하기 때문이며, 멈추는 것 역시 마찰력 때문이다. 바퀴와 땅 사이의 접촉면에서 마찰력이 없다면 자동차는 헛바퀴만 돌 것이다. 또 다른 예로써 손에 비누칠을 하면 물건이 미끄러워 잘 잡을 수 없는 현상을 들 수 있다. 비누의 알칼리 성분에 의해 물체와의 마찰력이 작아지기 때문에 그런 것이다. 반대로 생활 속에서 마찰이 방해되는 경우도 허다하다. 자동차의 바퀴와 땅의 마찰력은 구르기 위해 필요한 마찰이지만, 그것과는 달리 공기와 자동차의 마찰은 속도를 높이는 데 방해되는 경우다. 자동차의 형태를 유선형으로 만드는 것은 공기와의 마찰을 최대한 줄이기 위해서다. 공기와의 마찰이 전혀 없다면, 자동차의 속도는 엄청나게 빠르겠지만, 그것은 거의 불가능하다. 증기차도 그랬고 자동차 엔진도 그렇지만, 이들의 엔진을 구성하는 주요 부분이 피스톤이 작동하는 실린더다. 실린더와 피스톤이 서로 마찰하면 접촉면이 마모되기 마련이다. 그렇게 되면 연소 가스가 새어 나가고, 그로부터 기계의 성능은 떨어진다. 그런 마찰을 최소화하기 위해, 마찰을 최대한 줄이기 위해 윤활유를 넣어 주는 것이다[참고: 박경수(2001). 노빈손 에버랜드에 가다. 서울: 뜨인돌].

96) "마음이 아주 편해요." 타이거 우즈(Tiger Woods)가 경기 전에 이런 말을 하면 항상 대형 사고를 치며 우승했다고 한다. 그의 경쟁자들이 가장 무서워하는 말이 바로 이 말인데 타이거 우즈는 이에 대해 "제 자신이 균형과 조화를 이루고 있다는 의미입니다."라고 말한다. '마음이 아주 편해요.' 이것은 내면의 느낌이 한 방향으로 잘 정렬되어 평온해졌을 때 나타나는 느낌이다. 화살이 정확히 과녁에 맞을 때의 느낌, 공이 스윗 스팟에 정확히 적중될 때와 마찬가지로 내면의 초점이 정확히 일치되었을 때의 느낌이다. 이 말은 타이거 우즈가 섬세한 눈으로 골프공과 클럽, 그리고 자기의 동작을 연결시키고 있음을 의미한다. 세상은 모든 것이 섬세한 것처럼 보이기는 하지만, 실제로는 그렇지 않기 마련이다. 아주 매끈해 보이는 어떤 물체의 표면도 배율이 좋은 현미경으로 바라보면 무수히 많은 구멍과 틈새가 있기 마련이다. 거친 눈으로 바라보면 모든 것이 꽉 짜인 정교한 시계처럼 빈틈없이 돌아가는 것으로 보이고, 거기에 내가 끼어들 틈새란 없는 것처럼 보인다. 그러나 섬세한 눈으로 바라보면 처음에 매끈해 보이던 표면에 무수히 많은 구멍과 틈새가 있다는 것을 알게 된다. 그래서 흔히 사람들이 지적하듯이 중요한 것은 눈에 보이지 않는 것이다. 그것을 섬세하게 살펴야 하는 것은 바로 자기 자신의 몫일 뿐이다[참고:

김범(2008). 섬세. 서울: 갤리온].

97) 측은지심이란, 말 그대로 남을 불쌍하게 여기는 타고난 착한 마음을 말한다. 맹자(孟子)는 『사단설(四端說)』에서 측은지심의 핵심을 이렇게 정리한다. "불쌍히 여기는 마음이 없는 것은 사람이 아니고, 부끄러운 마음이 없으면 사람이 아니며, 사양하는 마음이 없으면 사람이 아니며, 옳고 그름을 아는 마음이 없으면 사람이 아니다. '불쌍히 여기는 마음'은 어짊의 극치고, '부끄러움을 아는 마음'은 옳음의 극치고, '사양하는 마음'은 예절의 극치고, '옳고 그름을 아는 마음'은 지혜의 극치다." 이런 마음으로 다른 사람을 대하는 일이 바로 측은지심이고 공감이다. 그것이 바로 사람과 사람 간에 일어나는 접합의 속내다. 측은지심으로서의 공감은 주위 사람들인 공감 대상과 공감자인 자기 사이에 차별이 존재하는 것을 인식하면서도 대상과 자기의 심리적인 동일성을 경험하는 것을 말한다. 그런 점에서 접합은 마음의 재구성과 연결된다. 마음의 재구성이 가능할 때 자기 치유가 발아된다.
예를 들어, 〈죽은 시인의 사회〉에서 보여 주듯이, 교사로서 그가 겪을 수 있는 일들은 무궁무진할 수 있다. 그런 상황에 대처하는 교사들의 적응이 그가 어린 시절 동안 부모의 연금술에 의한 작품 그대로 면, 그가 새롭게 접하는 학생들에게는 별다른 도움이 되지 못한다. 교사, 남 앞에 서는 스승들은 그 스스로 제 2의 연금술로 자기의 삶을 새롭게 펼쳐 보여야 한다. 자기가 어린 시절 자라나는 동안 부모에게서 무의식적으로 배웠거나 단련된 방식이 우선할 수는 없다. 교사는 자기의 성장 배경과는 전혀 다른 타인의 아동이라는 인격을 인간적으로 다루는 연금술사와 같은 사람이기 때문이다. 자기의 마음을 모르니 자기의 욕망도 모르고, 자기가 무엇이 되고 싶은지도 모르고 생의 밑그림을 어떻게 그려야 할지도 알지 못하는 사람이 남을 가르치는 일에 앞장 설 수는 없는 노릇이다. 그것은 마치 맹인이 다른 맹인의 손을 잡고 강을 건너겠다는 것과 다르지 않다[참고: 김형경(2006). **천개의 공감.** 서울: 한겨레출판].

98) 내관법이 무엇인지를 이해하기 위해 『사유경(蛇喩經)』에서 붓다가 제자를 꾸짖는 장면을 상기하면 족하다. 붓다는 제자인 아리타(Arittha)가 잘못된 견해에 집착하였다고 꾸짖기 위해 뗏목의 비유를 든 바 있다. 가르침이란 단지 임시 방편인 뗏목과 같은 수단에 불과한 것이라고 이르기 위한 것이었다. 가르친다는 것은 사람들이 어리석음의 강을 건너게 하는 수단이 되기는 하지만, 뗏목 그 자체가 목적이 될 수는 없다. 사람들이 가르침으로 무지의 강을 다 건넜을 때에는 그 뗏목을 계속 붙들고 있어야 할 필요가 없다는 뜻이었다. 모두가 건너기를 원하는 강을 건넜으면 그 후에는 당연히 서로의 길을 위해 헤어짐이 있어야 한다. 부처가 일러 준 이 유명한 뗏목의 비유는 대부분의 경우 강을 건너려는 용맹심이나 간절한 발원도 없는 사람, 그저 남을 가르치겠다는 욕심에 불타는 사람들에게는 더욱더 의미심장하게 적용할 수 있다.
『법구경(法句經)』의 표현을 빌리자면 그러한 사람들은 교사 혹은 교수라는 이름 아래 무지의 강을 건너고 싶은 마음만 가진 채 강 이쪽 언덕 위에서 아래위로 뛰어다니고 있을 뿐이다. 사람들은 다양한 목적을 위하여 뗏목을 사용하고 있다. 그들은 뗏목을 장식하고 뗏목을 숭배하며, 뗏목에 대해 논쟁하고 뗏목을 비교하기만 할 뿐이다. 실제로 강을 건너기 위해 뗏목을 쓴다는 사실을 망각한 채 다른 헛것에 빠져 허우적거리고 있을 뿐이다.

내관법의 방편을 브래지어(David Brazier) 교수는 이렇게 진술하고 있다. "내관하는 두 사람은 서로에게 절을 하고 선생은 내관자에게 더 깊은 질문으로 내관을 계속하라고 당부한다. 선생의 역할을 해 보는 것은 때때로 자신의 내관 수행을 통해 얻을 수 있는 것만큼이나 치료 효과가 있다. 왜냐하면 다른 사람에게서 그들 자신의 마음 깊은 곳에 있는 문제에 대한 설명과 고백을 듣기 때문이다. ……처음에는 이 수행에 들어가는 것이 쉽지 않지만, 내면에서 올라오는 질문을 좀 더 깊이 파고들고 자신의 모습을 진실로 정직하게 직시해 나간다면 종종 감정의 정화 작용이 일어나기도 한다. …… 내관 수행에서 깊이 생각하도록 제시되는 질문은 상당히 표준화된 형식을 따른다. 일반적으로 면접 시간당 생각해야 할 질문은 세 가지며, 이들은 모두 자신의 삶의 특정 기간 동안 특정한 사람과의 관계에 관련된 것이다.

세 가지 질문은 다음과 같다. '이 사람이 나를 위해 무엇을 했는가?' '그에 대한 보답으로 나는 무엇을 했는가?' '나는 그에게 어떤 어려움과 걱정을 끼쳤는가?' 내관자는 이 중 마지막 질문에 대부분의 시간을 쓰도록 한다. ……수행 기간 중에는 대개 이러한 질문을 생각할 시간을 갖도록 하기도 한다. '삶의 특정 기간 중에 무엇을 훔치고 속이는 일에 빠진 적은 없었는가?' 많은 사람은 처음에는 제시되는 질문에 강하게 반응한다. 예를 들어, 주어진 질문을 전부 거부하기도 하고, 질문에 대해 추상적이거나 심리학적으로 설명하는 방식으로 대처하기도 하고, 또는 자기를 합리화하면서 모든 시간을 소비하기도 하는 것이다. 선생은 더 단도직입적으로 질문을 대하라고 지적할 것이다. 그러면 내관자는 그 사람이 나를 위해 실제로 무엇을 해 주었는지를 구체적으로 생각하게 된다. 예를 들어, 어머니는 나에게 젖을 먹이고, 옷을 입히고, 내가 아프면 걱정했다는 것 등을 생각하게 될 것이다. 무슨 동기에서 상대방이 그렇게 했는가는 상관이 없다. 중요한 것은 우리가 진 빚에 대해 깊이 생각해 보는 것이다. 누군가가 우리를 돌봐 주었다. 만약 그렇지 않았다면 우리는 이렇게 살아 있지 못할 것이다. 내관하는 첫 장면에서 서로 다른 신분과 위치에 있음에도 불구하고 선생이 내담자와 서로 같은 위치에 있는 사람인 것처럼 맞절을 공손히 하는 것은 다 이유가 있게 마련이다." 동양인의 맞절을 보고 많은 것을 느낀 브래지어 교수는 맞절에 대해 이렇게 진술하고 있다. "절을 하는 것은 대게 우리 자신보다 더 존경할 가치가 있는 어떤 것에 대하여 우리의 존경심을 표시하는 것을 의미한다. 그러나 …… 당신의 한마음 속에 모든 것이 있으면, 둘로 나누는 관계는 모두 사라져 버린다. 하늘과 땅, 남자와 여자, 교사와 학생 등의 사이에는 아무런 구분도 없다……. 제자에게 절을 할 수 없는 스승은 부처님에게도 절을 할 수 없다. 스승과 제자가 함께 부처님에게 절을 할 때도 있고, 우리가 고양이와 개에게 절을 할 때도 있을 것이다……. 절하는 것은 매우 진지한 수행이다. 죽음을 앞둔 마지막 순간에도 절을 할 수 있는 준비가 되어 있어야 한다. 절하는 것 이외에 아무것도 할 수 없을 때, 그냥 절을 하라. 이러한 확신이 필요하다. 이러한 정신으로 모든 계율을 내면에 지니고 절을 하라. 그러면 모든 진리의 가르침을 얻게 될 것이고, 당신의 한마음 속에 일체를 소유하게 될 것이다."[참고: Reynolds, D.(1989). *Flowing bridges, quiet water; Japanese psychotherapies, morita and naikan*. NY: Mcmillan; 대버드 브래지어(2008). 선치료(역). 서울: 학지사]

99) 교수학습에 관한 각종 연구물들이 공통적으로 밝혀낸 동행의 교사, 공감의 교사, 자기 마음 다스리기에

지치지 않는 교사, 학생들과 마음의 여백을 만들어 가는 교사들이 되기 위해 요구되는 자질들은 네 가지 정도로 정리, 집약할 수 있다[참고: Zientek, L. R.(2007). Preparing high-quality teachers: Views from the classroom. *American Educational Research Journal*, 44, 959-1001; Zimmerman, B. J. (2008). Investigating self-regulation and motivation: Historical background, methodological developments, and future prospects. *American Educational Research Journal*, 45, 166-183].

이런 네 가지 요소 중에서도 가장 먼저 언급되는 첫째 요소는 교사로서 자기의 비전을 확실히 설정해야 한다는 것(expand your vision)들과 관련된 것들이다. 교직에 대한 비전이 교사 자신에게 어느 정도인지를 확인하기 위해서는 교직에 입직하던 그 당시 자기 자신에게 묻고 답하던 초심(初心)으로 돌아가려고 노력하면 된다는 것이다. 둘째 요소는 지속적인 자기주도학습에 매진해야 한다는 것에 관련된 것들이다. 교사는 평생학습의 모범이며 전거다. 학생들에게 교사가 보여 줄 수 있는 가장 대표적인 것이 바로 지속적인 평생학습력이다. 그 평생학습의 삶의 변화에서 결정적인 요소를 보여 주기 위한 직업이 바로 교직이다. 남을 가르치는 사람은 어떤 사람이든 자기 먼저 배워야 한다는 명제를 지키는 사람이 바로 교사다. 셋째 요소는 자기의 전문 분야에서는 최고, 혹은 앞서 나가는 전문가가 되어야 한다는 점을 실천하는 것들에 관한 것이다. 교사는 자기 영역에서 학습하는 모습만으로는 부족하다. 개념적인 이해나 정보 습득만으로는 역부족이다. 교사는 검증된 것만을 가르치거나 전달하는 사람이 아니라, 아직 밝혀지지 않은 것, 남들이 실패한 것까지도 다시 새로운 방법으로 구상하고 실험하면서 그것을 가능하게 만들어 가는 사람이다.

그 점에서 교사는 자기 전문 영역에서는 선도자여야 한다. 마지막으로 자기 효과성이 뛰어난 교사들에게 요구되는 것들은 협력과 협동 학습의 원동력을 부추기는 요소들과 관련된 것들이어야 한다는 점이다. 교사가 나 홀로 학습한다는 것도 한계가 있기 마련이다. 더 새로운 것을 익히기 위해서는 때때로 나 홀로, 때때로 더불어 익히고 배우는 노력이 필요하다. 동료 교사와의 협력, 전문 직능 단체가 주최하는 워크숍이나 연수에의 참여를 통해 자기 개발은 물론 교직 개발을 위한 상생과 공생의 문화를 가꾸는 데 주역이 되어야 한다.

100) 참고: 엠마누엘 레비나스(1999). 시간과 타자(역). 서울: 문예출판사.

101) 흄(David Hume)은 인간에게는 타인과 더불어 동행하려는 감성이라는 것이 내재되어 있다고 간주한다. 사람이 타인과 사귀거나 그와 더불어 가는 것은 타인에 대한 계산된 이해관계나 그런 것에 터한 이성의 판단 결과로 나타난 결과일 수가 없다는 것이다. 타인과 더불어 가려는 것은 타인과 더불어 나아감으로써 서로가 행복해지려는 인간의 감성적 작용이라는 것이다. 그래서 흄은 인간의 이성이 인간의 본성이라는 생각에 대해 상당히 회의적인 입장을 취한다. 동시에 흄은 인간에게 본성이 내재되어 있다는 견해에 대해서도 회의적인 입장을 취한다. 본성이라는 것은 결코 경험될 수 없다. 그것의 실체를 인정할 수 없기 때문이었다. 설령 인간에 그 어떤 보편적인 실재, 말하자면 인간의 본성이란 것이 있을 수 있다고 하더라도 그 본성이라는 것이 인간의 삶에 무슨 소용이 있으며, 그것이 어떻게 삶의 행로에 도움이 될 수 있는지에 대해 의문스럽기만 했기 때문이다.

그는 인간의 본성에 대한 의문뿐만 아니라, 인간 이성의 작용에 대해서도 별다른 중요성을 부과하지 않았다. 흄은 이성이 인간의 감성을 통제한다는 논리에도 문제를 제기했다. 이성이 인간의 요구를 조절해 바른 행동으로 이끌어 가는 기능이 있다는 생각에 의문을 가졌다. 그것은 이성이라는 것도 감성이나 욕구처럼 사람이 논리적으로 생각하게 만들어 주는 능력일 뿐이지, 결코 감성을 통제하는 동력일 수가 없다고 생각했기 때문이다. 그의 입장에서는 감성이나 이성이나 모두가 같은 기능이다. 이성이 인간의 감성 위에 군림하면서 이성 스스로 어떤 규범이나 명령을 내릴 수는 없다고 보았다. 이것은 마치 인간 신체의 장기들을 놓고 심장이 대장보다 우선하는 주체라고 이야기할 수 없는 것과 마찬가지라는 논리였다. 따라서 이성이 감성을 통제하거나 감시하고 검열해야 할 이유가 있을 리 없다는 것이 흄의 입장이었다.

이성이 감성보다 우위에 선다는 입장을 거부한 흄에게는 오히려 감성과 감정이 이성보다 우선했다. 인간이 무엇인가 원하는 마음, 다시 말해서 무엇인가 하고 싶다는 감성이 일어날 때 이성은 그 감성을 충족시키기 위한 역할을 수행해야 하기 때문이었다. 사람이 도덕적으로, 윤리적으로 살아간다는 것은 사람 스스로 감성의 기능을 제대로 발휘하기 때문이라는 것이 흄의 생각이었다. 이런 감성은 사람 스스로 타인을 배려하게 하는 마음이 생기게 만들고 타인을 위한 이타적인 행동도 하게 만들어 준다. 흄은 그런 타인을 위한 행동의 동기나 이타적인 행동의 근저에는 이성이 있는 것이 아니라 감성이 있다고 봤다. 왜냐하면 인간은 행동하고 싶을 때 그렇게 행동하고 싶은 감성의 마음이 동해야 하기 때문이다.

흄은 도덕적 구별의 원천과 행위의 동인은 이성이 아니라 정념과 같은 감성의 영역에 있음을 역설하였다. 그는 윤리적 이성주의나 관념론적 윤리설을 과감하게 비판하고, "도덕성은 판단된다기보다 느껴진다고 말하는 것이 더욱 정확할 것이다."라고 선언했다[참고: 전영갑(2004). 흄의 도덕 인식론: 이성과 감정의 도덕적 역할과 관계. 대동철학, 제24집, 411-437]. 흄은 사람들이 만나고 헤어지고, 또 합치게 되는 것의 윤리적 동기를 이성의 힘이라기보다는 동정심, 동료감 같은 감성으로 보았다. 다른 사람에게 좋고 나쁜 것을 자신의 것처럼 경험할 수 있는 능력에서 윤리성의 근거를 찾았다. 도덕감은 그 성격상 실천적 의미를 갖고 있어서 행동으로 이어지며, 유용하고 적절한 행동이면 긍정적으로 평가된다. 이때 느껴지는 주관적 감정은 자기애와 호감에 좌우되는 것이다. 사람은 자기 만족만이 아니라 동시에 다른 사람의 감정과 관심도 중요하게 생각되기 때문이다. 따라서 흄은 도덕의 기본은 감정과 호감이라고 생각한다. 사람들은 누구나 남의 맘에 들고 싶어 하기 때문이다. 이 점에서 흄은 한 사람의 감정이 다른 사람에게 전해지는 상호 주관성이 곧 도덕적 가치를 만들어 낸다고 보는 것이다.

우리 인간이 갖는 도덕감과 가치는 나 자신에 대한 애정과 남에 대한 배려에서 출발한다는 것이 흄의 입장이다. 타인에 대한 도덕적인 감성은 타인에 대한 공감에서 비롯된다는 것이다. 타인을 해치고 싶지 않은 것은 그들이 편하고 행복해야, 나 스스로도 편하고 행복한 감정이 들기 때문이다. 타인을 불행하게 만들어 놓으면 내 마음도 불행해지기 때문에 타인을 해치고 싶지 않은 마음이 우선하기 때문이다. 흄은 감정을 우리 삶의 중심에 두었다. 인간은 타인에 대한 자비심을 갖고 살아가는 감성적으로 이타적인 존재다. 그런 의미에서 인간 사회에서 말하는 덕이라든가 도덕이라든가 하는 것은 이성적인 것이 아니라 철저하게 세속적이고도 감성적인 현상이 된다. 사람들에게 중요하고 동행하는 데 필요한 것은 이성이나 규칙을 따르는 게 아니다. 서로 간의 공감, 자비심, 타인과의 조화, 동의, 믿음 같은 것이 필요하다.

니체 역시 흄처럼 인간의 이성이 감성보다 우위에 있다는 생각을 거부한다. 그렇다고 니체가 흄처럼 감성의 기능이나 역할을 중요하게 받아들이는 것은 결코 아니다. 니체는 이전까지의 철학자들의 견해를 회의적인 입장으로 정리해 버리기 때문이다. 그동안 철학자들이 강조해 온 이전까지의 견해들은 형이상학적 실재 혹은 보편적인 원칙이나 어떤 보이지 않는 질서가 존재한다고 본다. 이는 무질서해 보이는 인간의 삶에 어떤 의미를 부여하면서 하나의 질서를 만들어 보기 위한 눈물겨운 시도였을 뿐이었다는 것이다. 니체는 그들의 견해나 이론들은 결코 사회 속의 여러 현상을 사실적으로 설명해 낼 수 없다고 반론했다.

저들의 생각을 벗어나기 위해 니체가 중요하게 여긴 것은, 인간의 감성이나 이성이 아니라 인간의 의지였다. 인간의 의지는 어쩌면 인간의 감성이나 이성, 어느 하나로는 설명이 불가능한 복합체일 수도 있다. 니체는 그런 인간 스스로의 힘에 대한 의지가 행동을 이끌어 가는 중요한 에너지라고 보았다. 인간의 의지론에 서 있는 니체에게 인간과 인간들의 동행에 대해 감성적인 해석과 그에 터한 인간에 대한 흄의 낙관론은 무의미하기만 할 뿐이다. 인간이 서로 동행하는 것은 동행하고 싶은 감성 때문에 동행하는 것이 아니라는 생각이었다. 니체는 사람마다 각자의 행동이 자신의 존재를 규정한다고 보았다.

니체가 말하는 힘의 의지를 따르면, 인간의 감성이니 이성이니 하는 것은 별다른 의미를 주지 못한다. 그런 것들은 현실적으로 그 어떤 존재 의미를 가질 수도 없다. 인간을 움직이게 하는 것은 감성이나 이성 같은 것이 아니라 힘의 의지일 뿐이다. 인간은 타인에게 자비롭지도, 자비로울 수도 없게 된다. 인간은 힘의 의지에 의해 움직인다. 그것을 보여 주기 위해 남보다 먼저 자기 주장을 할 수밖에 없으며, 남들에게 질 수 없도록 경쟁할 뿐이다. 니체의 생각을 받아들인다면, 사람들이 서로 동행할 수 있는 것은 사람 스스로 자기 자신을 알고 잠재력을 발휘할 수 있기 때문이다. 힘에 대한 의지를 발현시킬 수 있기에 서로가 동행할 수 있을 뿐이다. 니체는 그런 힘의 의지를 기초로 한 삶을 도덕적인 삶이라 부른다.

힘의 의지를 기초로 동행하는 사람들은 주인 도덕을 지닌 사람들이며, 자기 계획을 갖고 있는 사람들이다. 니체에 따르면, 사람들이 합의하고 있는 도덕은 '주인 도덕'과 '노예 도덕'으로 갈라질 수 있다. 주인 도덕을 가진 사람은 힘에 대한 인간의 의지를 발휘하여 스스로를 단련해 갈 수 있는 사람이다. 그에 비해 노예 도덕을 가진 사람은 무능력하다. 게다가 강자를 두려워하며 강자 앞에서 비굴함을 드러내며 살아가는 것에 대해 별다른 느낌을 갖지 않는 사람이다.

니체는 단순히 주인 도덕을 노예 도덕에 비교해 보는 일이나, 그것 간의 우위를 논하는 것에 만족하지는 않았다. 그는 주인 도덕이나 노예 도덕보다 더 높은 격으로 초인간적인 인간상을 그린다. 이런 초인간적인 인격만이 자유로운 영혼을 갖고 있으며, 그런 인격들이 힘에 대한 의지를 동력으로 활용할 줄 아는 인격이다. 이런 초인간적인 인격들은 타인도 오로지 그들이 가지는 가치만큼만 존중하는 인격들이다. 그들은 힘에 대한 의지를 스스로에게까지 적용하여 그 삶 자체를 예술로 만들어 내는 사람들이다. 이들은 삶을 있는 그대로 받아들일 줄 아는 사람들로서 내세의 안녕이나 자기만의 유일한 행복 같은 것을 갈구하지 않는다. 현실을 있는 그대로 받아들이며 그것에 강하게 맞서며 살아가는 존재들이다. 고통과 질시, 반목, 긴장과 갈등, 고뇌로 가득 찬 삶을 있는 그대로 인정하고 그것을 용기 있게 맞선다. 이런 인간이 바로 니체가 그리는 덕 있는 존재이며, 초인간적인 인격이다. 니체에게 동행은 그런 초인간적인 인격체에 의해 만들어지는 삶의 여정이다. 그렇게 힘의 의지가 작동되도록 살아가는 희열 같은 것이었다.

102) "인간은 자유롭도록 단죄받았다(Mam is condemned to be free)."라고 말하는 사르트르는, 인간의 운명은 우리 스스로 만들어야 한다는 것을 강조한다. 인간은 요청해서 스스로 태어나는 것이 아니다. 실존은 그런 것이 아니다. 인간이 자유롭다고 하는 것은 인간이 세상 속에 던져지게 되었다는 뜻이다. 세상에 던져진 이상 인간은 자기 자신, 자기의 행위에 무한한 우선 책임이 있기 마련이다. 인간을 도와줄 본질은 없다. 인간만이 인간의 청사진이며 구세주다. 인간은 자신을 만들어 가야하며, 그것이 바로 인간의 거듭남이다[참고: 장 폴 사르트르(2009). 존재와 무(역). 서울: 동서문화사].

103) 참고: 김연숙(2001). 타자 윤리학. 서울: 인간사랑.

104) 중국 작가인 장쓰안이 조사한 바에 따르면, 중국의 영웅인 마오쩌둥의 13권의 저서에는 총 305명의 인물이 등장한다. 이들 가운데 가장 많이 언급된 사람은 누구일까 하는 것이 국민적 관심사인데, 사람들은 마오쩌둥의 절친한 친구였던 저우언라이가 가장 많이 나올 것이라고 생각한다. 아니면 부인이었던 양카 이후의(楊開慧)와 장칭(江靑) 등이라 대답할 것 같지만, 정답은 뜻밖에도 장제스(蔣介石)라고 한다. 장제스는 마오쩌둥의 책들에서 무려 1,044번이나 등장한다. 이는 마르크스와 레닌, 절친한 친구보다도 훨씬 많은 숫자다. 한 사람의 기억 속에서 지워지지 않고 계속 떠오르는 사람은 십중팔구가 라이벌이다. 두 사람의 실력이 엇비슷하고 오랜 시간 동안 경쟁을 할수록 더 많이 기억을 지배하게 된다[참고: 장쓰안(2008). 평상심(역). 서울: 샘터사].

105) 노부모를 모시고 있는 사람은, 이남덕(법명 영주) 전 이화여대 교수가 그녀의 마지막 삶을 요양원에서 보내면서 겪고 있는 이야기를 읽고 있으면 가슴이 시려오는 것은 어쩔 수 없는 일이다. 그녀는 지금 90을 넘긴 나이로 치매 때문에 요양원에서 가료 중이다. 그녀 자신의 삶은 의외로 기구하다. 그녀는 국어학자로 명성이 높았던 여류 국문학자였다. 당대의 국어학자였지만 그녀에게도 가슴 아픈 사연들이 온몸에 그득하다. 그녀도 가정 세파 속에서 울고 웃었던 하나의 인간이었을 뿐이다.

해방 전 경성제대 조선어문학과 출신인 그녀는 경성제대 출신 역사학자 김성칠과 결혼을 한다. 자신도 아이들을 낳지만 모두 남편의 전처 아들로 호적에 이름을 올릴 수밖에 없었던 딱한 처지였다. 그녀의 남편인 김성칠(金聖七)은 대구고보 재학 중 독서회사건으로 검거되어 1년간 복역했다. 그는 1937년 경성법학전문학교를 졸업 후, 다시 경성제국 대학 법문학부 사학과에 입학한다. 10년 후에는 서울대학교 사학과 전임강사로 부임한다. 교수로서 일하다가 39세가 되던 1951년이었다. 그는 뜻하지 않게 영천 고향집에서 괴한의 저격으로 피살된다.

그녀는 결혼생활 7년 만에 남편과의 사별로 인해 과부가 된다. 삶의 깊은 어둠을 체감한 어머니로서 자녀를 키우기 위해 노력한다. 김성칠 사이에서 자식을 넷이나 낳은 이남덕(李男德)은 억척스럽게 살아간다. 우선 이화여전 문과를 거쳐 경성제국 대학 법문학부(조선어문 전공)를 졸업한다. 나중에는 이화여대 대학원에서 박사학위까지 받는다. 이화여대 국문과에서 후학을 가르치기 시작한다. 때가 차자 그녀도 정년을 맞는다. 정년 후에는 서울살이 모든 것을 집어치우고 대자연과 벗하며 구도와 기원으로 정진한다. 정진 중에 쓰러진다. 이제는 치매요양원에 입원 가료하기 시작한다.

교수로서 그리고 학자로서 삶을 살아온 그녀는 억척스러운 여자였지만, 세상 사람들에게는 노(老) 불교 수행자로 알려졌었다. 세인의 감탄을 자아내게 만든 그녀는, 삶의 황혼기를 맞으면서 매년 안거를 거르지 않았다는 사실에서도 드러난다. 그녀는 "내가 수행을 하는 것은 중도를 얻기 위함입니다. 우리가 어려움을 겪는 이유는 시비와 중애의 극과 극에 떨어져서 중도를 잃었기 때문입니다. 옳다 그르다는 흑백의 논리로 상대방을 몰아붙이는 사고의 유치성은 이제 그만두어야 합니다."라고 말하곤 했다. "고통은 우리 삶에 따라 붙는 필수적인 것이지만 그것조차도 긍정하고 받아들이는 참 생각을 가질 때 깨달음을 얻는다고 생각합니다. 진리를 갈망하는 구도심이 강렬하면 강렬할수록 어떤 고난에도 꺾이지 않는다는 것이 제 수행 이념 중 하나입니다." "수행은 끝이 없고 나이와도 상관이 없다고 생각합니다. 욕심 부리지 않고 숨이 끊어지는 그날까지 열심히 정진하는 것이 참다운 수행자겠지요." "이 세상에서 제일 기쁘고 환희심이 날 때는 바로 수행을 하는 시간입니다. 수행을 하면 근심 걱정이 없어지고 마음이 평온해지고 조바심이 없어집니다."라고 늘 말했던 그녀는 이제 지난 추억 모두를 뒤로 밀쳐내 버리고 있다.

치매가 사람을 그렇게 만들었다. 방문객들이 무엇인가를 묻거나 이야기하면, 그것에 세상 편하게 답한다. 당신 편한 대로, 당신 내키는 대로 노래로 답한다. 그녀의 노래와 노래의 화답이 하루를 건너 뛰고 또 건너 뛰게 만드는 삶의 놀이다. 이제 그녀는 천진난만한 '할머니 아이'다. 그녀가 악착같이 정신의 끈을 잡은채 매달리고 있는 것이 노랫가락 화법이다. 동문서답의 화법이지만, 다른 사람과의 대답을 피하기 위해 의도적으로 그러는 것이 아니다. 그래도 듣는 사람은 속이 터질 일이다. 자기도 모르게 얼렁뚱땅하는 데 쓰이는 화법임을 이내 알아 채고는 있지만, 그래도 속이 터지는 일이다.

근엄한 인간, 고운 심성을 잊지 않은 착하기만 한 치매 어머니인 이남덕 할머니는 방문한 아들과 오늘도 선문답(禪問答)을 한다. 노래로 서로가 선문답을 주고 받는다. 어머니의 노래 화법을 가만히 뜯어보면 그것은 자신의 믿음이 가득 실린 '인생 찬가'이기도 하다. 그녀의 곁에서 그 선문답을 듣고 있는 아들에게 어머니 마음은 그렇게 전달된다[참고: 김기협(2011). 아흔 개의 봄. 서울: 서해문집].

106) 이런 것 중의 하나가 바로 2000년대 한국사회에서 한동안 유행했던 〈동행〉이라는 노랫말이다. "아직도 내게 슬픔이 우두커니 남아있어요. 그날을 생각하자니 어느새 흐려진 안개. 빈 밤을 오가는 날은 어디로 가야만 하나. 어둠의 갈 곳 모르고 외로워 헤매는 미로. 누가 나와 같이 함께 울어줄 사람 있나요. 누가 나와 같이 함께 따뜻한 동행이 될까. 사랑하고 싶어요. 빈 가슴 채울 때까지. 사랑하고 싶어

요. 사랑 있는 날까지……."

107) 소설가 전상국 씨가 1963년 「조선일보」 신춘문예에 응모, 단편소설 부문에서 당선했던 작품의 제목은 『동행』이었는데, 그가 말하는 동행이 바로 치유 그 자체였다. 동행은 배려와 용서, 바로 의식의 소통이어야 했기 때문이다.

그가 쓴 단편소설 『동행』의 줄거리를 따르면, 1960년대의 어느 해 정월이었다. 눈 덮인 강원도 산골의 밤길을 두 남자가 같이 걷게 되었다. 아무도 걷지 않는 하얀 눈길을 걸으며 두 사내는 이런 저런 이야기를 주고받는다. 서로의 신분을 밝힐 필요도 없이 두 사내는 그저 외로운 밤길을 걷게 되었기에 너무 자연스러운 일이었다. 그들이 향하는 곳은 우연하게도 외야리라는 산골 마을이다. 같이 걷는 한 남자는 키가 크다. 다른 사내는 체구가 작다. 억구라고 했다. 그는 키는 작아도 다부진 몸매를 갖고 있다. 눈 쌓인 밤길을 걸으면서 두 사람은 어제 일어난 춘천 근화동 살인 사건 이야기에 이른다. 득칠이라는 사람이 무참하게 피살된 사건이었다. 키 큰 사내도 그 이야기에 관심이 많았다. 그는 살인 사건의 범인을 잡기 위해 외야리를 찾아가는 형사였기 때문이었다.

키 작은 억구는 놀랍게도 근화동에서 득칠이를 살해하고 자기 아버지의 무덤을 찾아 외야리로 귀향하는 중이었다.

서로가 그 무슨 새로운 소식을 접할 수 있을까 해서 내심 속을 감춘 채 이야기를 주고받았다. 그러면서 두 사내는 유년 시절에 대해서도 이런저런 이야기를 하기 시작하게 된다. 억구는 가난하기만 했던 어린 시절의 한 가지 이야기를 신세 타령으로 이야기하기 시작한다. 그는 자신을 업신여기던 득수라는 아이의 손을 물어뜯은 일로 계모로부터 호되게 혼이 났다고 한다. 그 일로 인해 그는 계모로부터 어둡고 추운 광 속에 오래 갇히는 벌을 받는다. 그 기억 때문에 그는 추위와 어둠의 공포를 견디어 내지 못하게 되었다. 그 후 그는 득수한테 늘 당하기만 하면서 따돌림 끝에 외톨이로 살아가야만 했다.

외야리에도 6·25가 닥쳐온다. 억구는 빨갱이 편에 선다. 득수에게 복수를 하기 위해서다. 득수를 죽음으로 몰고 가 버린다. 억구는 마침내 지난날 자기가 겪었던 것을 분풀이 한 셈이다. 다시 국군이 외야리에 들어오고 빨갱이들은 물러간다. 국군 편에 선 득수의 동생인 득칠이는 억구의 아버지를 무참하게 살해한다. 그 틈에서 억구는 필사적으로 도망치는 데 성공한다. 숨어서 살며 서른여섯 해의 목숨을 이어온 억구는 득칠이에게 복수할 기회만을 엿본다. 그는 마침내 근화동에서 아버지를 죽인 득칠이를 살해하게 된다. 아버지의 복수를 끝낸 자신도 이제는 죽기로 작정한다. 아버지의 무덤에서 죽으려고 작정했기에, 고향이자 아버지의 무덤이 있는 외야리 구듬치 고개를 올라가는 중이었다. 억구의 기구한 삶에 관한 이야기를 다 듣고 난 키 큰 사내 형사도 소년 시절의 자기가 겪었던 한 사건을 떠올린다. 토끼 사냥을 따라 갔다가 겪었던 지워지지 않는 사건이었다. 새끼 토끼를 잃은 어미 토끼의 공포에 질린 눈빛과 살기가 오른 그 눈빛에서 그는 모성의 본능을 처절하게 읽었기 때문이다. 아무리 지우려고 해도 지울 수 없는 체험이기에 가슴에 영원이 각인되어 있을 뿐이었다.

그 후 그는 학교의 생물 시간에 해부될 운명에 처한 새끼 토끼에 대해 애틋한 정을 느끼게 된다. 새끼를 몰래 풀어 주려고 굳게 마음을 먹었지만, 끝내 그는 생물 선생님 집의 얕은 담을 넘지 못한다. '나쁜 일은 나쁜 일'이라는 도덕적 규범을 어길 수 없었기 때문이다. 키 큰 사내가 짧은 시간 동안, 자기가 겪었던 것을 회상하면서 두 사내는 가파른 고개를 이미 넘어 버린다. 살인범 억구는 자기 부친의 무덤이 있는 산에 이르자, 키 큰 형사에게 자신이 득칠을 죽였다고 실토해 버린다. 어차피 아버지 무덤 앞에서 죽겠다고 작정한 목숨이니까 그렇게 있는 그대로 실토해 버린다. 동행하는 동안 억구가 범인임을 알게 된, 억구를 놓칠까 봐 마음 졸이고 경계했던 키 큰 사내였다. 그는 억구의 살아온 기구한 이야기를 듣는 동안 억구의 눈물 나는 비극적 인생을 가슴으로 받아 들이며 이내 억구의 삶에 깊게 관여하고야 만다. 억구를 체포하지 않기로 내심 크게 마음 먹는다. 키 큰 사내는 억구에게 수갑을 채우려고 하는 대신, 주머니 속에서 담뱃갑을 꺼내 억구에게 그냥 건넨다. 별로 할 말이 없는 양, 그는 제 갈길을 가는 척 돌아서려고 하면서 한마디를 꺼낸다. 불쑥 억구에게 내뱉은 말은, 그저 하루에 한 개비씩만 피우라는 말이었다. 그렇게 씩 웃어 보이며 그는 억구에게서 몸을 돌려 눈 내리는 산 속 길을 그냥 묵묵히 걸어간다. 그 키 큰 사내의 정체가 누구인지를 전혀 모르는 억구는 그에게 되묻는다. "담배를 하루에 꼭 한 개씩 피우라고요?"라고 되묻는다. 울음 같은 되물음이었다.

生의 癒 의

4. 바로잡기 | Ho'oponopono,
고집멸도 | 苦集滅道

1. 내가 다시 해 아래에서 보니 빠른 경주자들이라고 선착하는 것도 아니며 용사들이라고 전쟁에 승리하는 것이 아니며 지혜자들이라고 음식물을 얻는 것도 아니며 명철자들이라고 재물을 얻는 것도 아니며 지식인들이라고 은총을 입는 것도 아니니 이는 시기와 기회는 그들 모두에게 임함이니라 분명히 사람은 자기의 시기도 알지 못하나니 물고기들이 재난의 그물에 걸리고 새들이 올무에 걸림같이 인생들도 재앙의 날이 그들에게 홀연히 임하면 거기에 걸리느니라. - 전도서(9:11-12)

　자연에는 나름대로 인간에게 요구하는 질서들이 깃들어 있다. 그래서 우리에게 자연이며 자연일 수밖에 없다. 존재하는 모든 것에 신성도 깃들어 있게 마련인데, 저들의 인내에 비하면 인간은 우매하기 이를 데 없다. 우주의 나이에 빗대 보면, 인간의 존재는 갓 태어난 어린애의 나이에 비길 수조차 없다. 인간의 존재는 우주의 품으로 보면 티끌만큼도 더 크지 않다. 그런데도 사람은 자신의 일생을 영악하게 대처한다. 영악과 우매를 치열하게 가르지만, 끝내 인간은 그 사이를 왔다 갔다 하다가 숨을 거둘 뿐이다. 그것이 인생인데도 사람들은 다이아몬드를 최고의 보석으로 떠받들며, 그것 때문에 살인도 서슴지 않는다. 다이아몬드, 그것은 사자나 악어 같은 동물들에게는 조그만 토끼만도 못하고, 생쥐만한 가치도 없다. 저들이 원하는 것은 살아 움직이는 먹잇감이지, 죽어 빛을 내는 유리 조각이 아니다.

　인간은 그의 일생을 생존의 기회로 만들어 가며 그것을 연장하려고 노력한다. 기회가 인간에게 소망을 준다고 믿고 있기 때문이다. 그 소망은 때때로 절망이 되어 자신을 해치기도 한다. 기회가 없으면 희망이 있을 리 없기 때문에 그렇게 한다. 기회마저도 스쳐가는 바람처럼 대할 수 있는 존재가 바로 인간이다. 인간은 절망 속에서도 희망을 걸고 산다. 희망 속에서도 절망하며 사는 삶이 인생이다. '희망은 절대로 당신을 버리지 않는다. 다만 당신이 희망을 버릴 뿐이지…….' 소설가인 리처드 브리크너(Richard Brickner)의 자전적 소설인 『망가진 날들』에서 절규하는 말이다.[1] 자기 스스로 절망하지 않기 위해서는 희망만큼은 건사할 줄 알아야 한다. 어떤 절망 속에서라도 희망을 갈구해야 한다. 희망하기 위해서는 두 가지에 주목해야 한다. 첫째는 "5분만 참으면 기적이 일어난다. 그 5분에 절망하지 말라." 그리고 둘째는 "사람과의 관계는 끝나는 것이 아니라 변하는 것일 뿐이다." 라는 것을 가슴에 담아두는 일이다.[2]

모든 것이 단숨에 바뀔 것 같아도, 세상은 결코 그렇게 다가오지는 않는다. 삶은 인간에게 항상 그런 여유를 가르쳐 줄 뿐이다. 자신의 구태를 되돌아봐야 하는 여유, 마치 뱀처럼 한 번씩은 탈피해야 되는 각오를 가지라고 경종을 울려줄 뿐이다. 인생이라는 작품은 일상생활에서 경험하는 작은 법칙들과 현상들로 구성된다.

일상을 살아가려면 가짜 전화벨 법칙에 따라 살아갈 수도 있다. 가짜 전화벨 법칙은 외로운 사람의 행동을 설명하는 데 어쩌면 안성맞춤이기도 하다. 외로운 사람일수록 주머니 속 휴대전화의 진동을 느끼려고 한다. 실제로는 아무 전화도 오지 않았다. 걸려온 것으로 착각하고 싶은 것이다. 휴대전화를 이리저리 만지작거린다. 하루 종일 그렇게 전화기를 꺼내고, 집어넣는다. 허위 전화를 반복적으로 해도 지겹지는 않으나 허망한 것은 숨길 수 없다. 무작정 기다리며, 자기를 찾아 주는 사람이 있을 것이라는 자기 허위 속에서 사는 일은 허망하다. 그것이 웨저(weisure) 사회 속의 인간 삶이기는 하지만, 그것을 벗어나려면 하루의 시작을 그 무엇에 대한 기도로 시작해야 한다. 종교인이 아니라고 해도 자신의 하루를 자기를 위한 기도로 시작하는 것도 나쁠 것은 없다.

강원도 예수원에서 시무하던 대천덕(Reuben Archer Torrey 3세) 신부가 하루를 시작하는 방편처럼, 자신의 여백을 넓히는 일도 내 것으로 만들어 볼 만 하다. 그는 그를 찾는 이들에게 하루를 시작하는 '오늘 맞음'의 습관을 알려 주곤 했다. 그것은 매일 아침 기도를 마친 후 그날 해야 할 일들을 깊이 살펴 오전, 오후, 저녁으로 구분하여 일의 내용과 순서를 반드시 정한 후, 하루 동안 도중에 끼어드는 일은 하지 않는 일이었다. 기도한 대로 하루를 살아가며 자신을 매만지는 일상의 방편인 셈이다.

이해는 쉽지만 그처럼 자기 몸에 오늘 맞음의 삶을 자기 것으로 만들어 가기는 결코 쉬운 일이 아니다. 사람들이 서로에게 경쟁하는 것만은 아니다. 사랑도 하지만, 삶에는 증오도 함께한다. 사랑에 대한 이치를 익혀야만 사랑할 수 있는 것도 아니다. 늘 들었던, 닳아 버린 시시한 이야기들이 하루를 시작한다. 시시하기만한 이야기들이 삶을 복원시킨다. 듣기에 지겨운 이야기들도 하루의 삶에는 도움이 된다. 삶은 어차피 일상으로 이어지기 때문이다. 아주 작은 일상의 법칙으로 이어지는 것이 삶이다. 인생의 작은 법칙들 때문에 삶이 즐거워지기도 한다. 조금만 노력하면 모든 것이 즐거워지기 때문이다. 일상의 삶에서 행복해지려면, 두서너 가지 자신을 즐겁게 해 주는 일만 해도 충분할 뿐이다.[3]

행복해지려면 스스로 즐거워 할 줄 알아야 한다. 즐거움으로 생활해야 한다. 행복하게 살아가려면 그래야 한다. 다른 한 가지도 도움을 준다. 자신의 가치를 찾는 일이다. 가치를 부여하는 일이다. 자기만이 자기 삶이기 때문이다. 나름대로 보람을 주면 된다. 의미있게 만들면 된다. 사람들과 웃음만 주고받아도 행복해지는 것이 삶이다. 의미있는 생활을 하면 생이 즐겁다. 생이 즐거우면 행복을 느끼기 마련이다. 즐거운 삶을 위해 경제적 소득 수준이 아주 무관한 것은 아니다. 그것 하나만은 아니다. 소득 수준이 높아질수록 물질주의적 가치는 높아진다. 그것과 함께 행복의 가치마저 높아지는 것은 아니다. 일상적인 삶 속에서 탈물질적 가치가 중시된다는 뜻이다.

나름대로 살아 낼 줄 아는 것이 행복한 하루에 다가서는 슬기다. 나름대로 잘살아 내려면 물질적 욕심에 너무 몰입해서는 곤란하다. 로널드 잉글하트(Ronald Inglehart) 교수가 밝히는 행복에 대한 처방이다. 그는 20여 년 동안 세계 각국의 '행복지수'를 조사한 후, 문화권에 따른 행복의 의미를 파악했던 행복의 학자였다. 1인당 국내 총생산과 삶의 만족감의 관계를 살폈고, 경제적인 부와 삶의 질 사이의 관계를 조사했다. 행복에서는 개인당 소득수준이 중요했다. 그 기준점이 미국 돈으로 치면 1만 5천 달러 정도였다. 2,000년대 우리 돈으로 환산하면, 한 일천오백만 원대의 소득 지점이었다. 그 소득 지점을 넘어서기 시작하면, 사람들의 삶에는 엉성한 일들이 끊임없이 벌어지기 시작했다. 놀랍게도 행복에 대한 '수확 체감' 현상이 나타나기 시작했기 때문이다. 삶도, 인생도, 행복도 모두 이상하게 시들시들해지기 시작했다.

일천오백만 원대의 소득을 넘어서기 시작하면, 사람들은 행복에 대한 나름의 감각이 떨어지기 시작했다. 경제적으로 부유한 선진국의 국민이 예외없이 겪어야 하는 행복통(幸福痛) 같은 것이었다. 일천오백만 원대의 수입을 올리려고 사람들은 악착같이 일한다. 또 일한다. 행복찾기에 매달린다. 미친 듯이 질주하는 삶을 산다. 행복해지기 위해서다. 소득, 그것만으로는 무엇인가 부족할 뿐이다. 소득은 어쩌면 부차적인 일이다. 소득이 증가하면 행복지수도 덩달아 증가하지만, 일정 수준 이상으로 소득이 올라가면 사정은 크게 변한다. 이상하게도 행복감은 떨어지기 시작한다. 소득 수준과 행복 간에는 극적인 상관성도 더 이상 나타나지 않는다. 행복감 상승과 소득 간에는 기대했던 긍정적인 상관성이 없게 된다.

그래서 일천오백만 원대 소득 수준을 행복의 결별점(decoupling point)라고까지 부르는 형편이다.[4] 소득 수준은 해를 거칠수록 올라가기에 빛바랜 논리이기는 하지만 나름의 의미를 지닌다. 한 가지 분명한 것이있다. 경제적 부, 돈, 물질적 풍요가 행복의 모든 것이 아니라는 사실이다. 한국인도 예외가 아닐 수밖에 없다. 정신분석학자들은 한발 더 나아가 말한다. 한국인은 10만 불의 소득을 올려도 행복하다고 할 사람들이 아니라고 단언한다. 한국인만큼 부에 집착하는 국민이 없다는 뜻이기도 하다. 자기 버릇을 쉽게 버릴 한국인들이 아니라는 뜻이기도 하다. 한국인 특유의 못된 근성이 있다는 지적일 수도 있다.

경제적으로 선진국형 사회에 가까워질수록 사람들을 행복하게 만들어 주는 데 물질적 풍요로움은 결정적인 요인이 아니다. 정신적 행복이 더 중요하다. 삶에 대한 여유 있는 자세, 태도, 마음가짐이 행복한 감정에 이르는 길이기 때문이다. 사람들이 그 정신적 행복을 위해 자신의 태도를 바꾸지 않으면 행복은 늘 그를 피해 다닐 뿐이다. 사람들은 자신이 겪는 삶의 질을 회복하기 원하고, 행복을 위한 조용한 혁명, 정신적 혁명을 원하지만, 욕심만큼은 돈을 향할 뿐이다. 더 나은 소득은 '생존을 위한 빈곤의 수준'을 넘어서면 되는 일이라고 말하지만, 실제 행동은 더 많은 돈을 향한다. 돈,

그것만으로는 행복을 일궈 내지 못한다는 깨달음이 저절로 생겨나야 행복이 다가오게 마련이다. 정신적인 안정과 평화가 더 그리워지면 마음을 다스리는 일이 우선해야 한다. 방편이 없는 것이 아니다. 좋은 친구와 더불어 보내기, 의미 있는 동행 만들기, 가족 생활에 충실하기, 자신만의 여가 혹은 개인적으로 평온찾기, 명상, 요가 그런 것들이 마음을 다스리도록 도와주지만 어느 하나 제대로 해내는 것이 없다. 그래서 우울하기만 하다.

원하는 것이 웃음이라면 일단 웃고 봐야 한다. 웃고 넘어가는 것이 필요하다. 일과 여가가 조화를 이룬 웨저(weisure)의 사회에서 더 그렇다. 웨저사회란 웃음 가득한 사회를 말하기에 웃을 줄 알아야 한다. 모두가 웃음을, 모두가 행복감에 싸이기 원한다. 웃음이나 행복은 일상의 작은 법칙 안에 기거한다. 그것을 찾아내지 못해 사람들은 짜증을 낸다. 행복하려면 일상에서 비틀거리지 말아야 한다. 일상의 법칙을 벗어나 있는 그런 행복은 거의 없다. 그런 것이 행복이라면 그것은 생뚱맞거나, 우리의 삶과는 거리가 먼 것일 뿐이다. 그 어떤 권력도 작은 행복, 말하자면 웃음이 가득한 행복 앞에서는 무릎을 꿇고야 만다.

철인의 황제 마르쿠스 아우렐리우스(Marcus Aurelius)가 전쟁터에서도 잊지 않고 기억하며 자신을 도닥였던 내언(內言)이 있다. "인생에서 육체는 아직 견디는데 영혼이 비틀거린다면, 그것은 부끄러운 일이다."[5]라는 말이었다. 일상을 벗어나서 행복이 유별나게 찾아올 리가 없다고 그가 자신을 도닥였던 말이었다.

이 세상에서 그 누구보다도 더 행복하다고 느끼고 살아가려면 해야 할 일이 있다. 매일같이 그 날, 그 날을 금요일로 만들어 가며, 그리고 웃음으로 살아가야 한다. 조엘 오스틴(Joel Osteen) 목사가 추천하는 오늘을 살아가는 행복의 처방이다.[6] 주말이 다가오면 사람들은 특별한 일이 없이도 기뻐지고 즐거워진다. 토, 일요일 2일을 쉴 수 있기 때문에 무엇인가 자신을 위한 일을 할 수 있을 것이라는 기대감 때문만은 아니다. 생각할 수 있는 여백이 넓어졌기 때문이다. 반대로 월요일을 미리 생각하면 짜증부터 난다. 회사에서 해야 할 일들이 마음의 여백을 조여오기 때문이다. 사람들이 금요일보다 월요일에 더 많이 심장마비 증상을 경험하는 이유다. 그러니 금요일로 다가올수록 사람들은 기쁜 것을 생각하고, 행복한 것을 더 생각하게 된다. 금요일에는 행복이 10퍼센트 커진다는 연구 결과가 거짓 보고가 아닌 이유기도 하다.

웃음도, 행복도 결국은 자기가 선택하는 것이고, 자기가 만들어 쓰는 것이다. 인생에서 고수(高手)가 되는 길은 자기 선택에 달렸다. 그 말이 허사가 아닌 셈이다. 현명한 선택을 잘 할수록 잦은 행복에 이르게 된다. 그 어떤 행복도 태어나서 죽을 때까지 이어지는 행복은 없다. 행복은 웃음처럼 작게, 적게, 짧게, 자주 와서 이슬처럼 이루고는 이내 사라진다. 무엇을 선택하느냐에 따라 삶의 행로가 달라진다. 삶에도 고수(高手)가 있고 내공이 있기 마련이다. 삶에 내공이 있는 고수일수록 자신의 지혜를 시험받는 갈림길에서는 어김없이 황제가 지닌 삶의 여유로움을 선택한다. 삶에 대해 제 스스로 많은 것을 갖고 있어도 그것을 드러내지 않는다. 고수일수록 절제하고 절제한다. 절제하는 길은 보이는 길이 아니다. 선택하고 만들어 가는 길이다.

어떤 이는 다른 길을 택한다. 졸부의 삶을 택한다. 그 삶은 자기에게 편한 삶이기 때문이다. 마인드리스(mindless)의 삶, 맥빠진 삶이란 바로 그런 한심한 삶이다. 얼빠진 삶이기도 하다. 과시적인 '마인드리스'의 삶이 있는가 하면,[7] 다른 한편에는 마르쿠스 아우렐리우스가 보여 주었던 초연한 '홈리스(homeless)'의 삶도 있다. 아우렐리우스는 그 누가 넘볼 수 없는 당대의 권력자인 로마의 황제였다. 그의 삶은 바보의 삶이나 마찬가지였다. 멍청이 같은 삶을 제 스스로 택했던 황제였다. 역대 황제의 행동거지로 보면 황제의 격과 품을 떨어트린 삶이었다. 그의 권력으로는 무엇이든 마음대로 할 수 있었지만 절제하고 자제했다. 마음을 내려놓았다. 자족의 도를 선택했다. 마음을 내려놓으면 그때부터 바보가 되어야 한다는 것을 잘 알고 있었던 그였다. 황궁에서 살았지만, 그에게는 노숙인의 그것과 다를 것이 하나도 없었다.

아우렐리우스 황제에게는 절제의 미덕이 있었다. 그는 하루 한 끼로 검소한 삶을 즐겼다. 지금말로 말하면, 설렁탕 한 그릇 정도로 배를 채웠다. 개기름 흐르는 삶에서 벗어남을 원했기 때문이다. 그의 이름이 인류의 가슴에 영원히 기억되는 이유다.

그는 슬기로운 황제의 삶을 그렸다. 그는 슬기의 철인(哲人)이었고, 큰 스승(大智識)
이었으며, 삶의 멘토이며 안드라고구스였다. 중국인은 그래서 그 황제의 이름을 아
예 '안돈(安敦)'이라고 불렀다. 편안함을 추구하는 큰 사람이라는 뜻이었을 것이다.
황제 안돈에게 삶은 자신을 되돌아보는 반추에 대한 깊은 사유(思惟), 그 자체였다.
절제가 그의 삶이었다. 매일같이 맑은 영혼을 지니는 것이 그가 바라던 행복의 요체
였다.

　행복은 고뇌를 통해서만 체험되는 것이 아니다. 철학자들이 쏟아내는 행복에 대한
글귀를 되뇌며 음미한다고 행복감이 저절로 깃드는 것도 아니다. 그 어떤 것이든 일
상적으로 삶에 깃들어 있어야 한다. 속이 편하려면 일상적이어야 한다. 놀잇거리에
서도 행복은 가능하다. 화투 놀이라고 업신여길 일이 아니다. 웃음을 만들어 낼 수 있
다. 화투 놀이는 나에게 언제나 웃음, 쓴웃음을 동시에 준다. 멍청이처럼 행복하게 만
든다. 가끔 함박꽃 같은 웃음을 자아내게 만든다. 화투장에는 비풍초와 같은 화투패
가 있다. 초보자에게는 쓸모없는 화투패일 뿐이다. 타짜, 고수에게는 보배들이다. 쓰
기에 따라 그 어디에선가, 그 어느 국면에서도 제대로 쓰일 수 있는 것이 비풍초다.
비풍초를 어떻게 쓰느냐가 고수와 초보를 갈라 낸다. 고수들은 '비/풍/초/똥/팔/삼'
을 소중하게 다룰 줄 안다.[8] 초보는 아무렇게나 다룬다. 그래서 초짜다. 연전연패일
뿐이다. 당하고도 또 당한다. 초보의 속성이다. 초보의 법칙은 삶에서도 어김없이 드
러난다.

　얼간이의 삶이란 얼이 빠진 삶이다. 결심은 하지만 그 결심을 이내 가차 없이 깨 버
리는 삶을 말한다. 황제처럼 세상을 향해 자신의 결심을 하지만, 그 결심을 깰 때는
조폭처럼 거드름을 피우면서 단박에 자신의 영혼에 박살을 낸다. 자신에게 늘 불법과
무법으로 자신에 대한 자기의 신의를 자해해 버린다. 자기를 마음으로 해친다. 자해
심(自害心)으로 다른이까지 어이없게 만드는 이가 얼간이들이다. 됨됨이가 변변하지
못하고 덜된 이유다. 지능이 낮지는 않지만 얼이 빠져 있는 이유다. 누구에게든 결심
은 나무가 맺는 열매와 같은 것이다. 참을 만큼 기다려야 된다. 태양과 비와 바람이

할 일은 그에게 맡기면 된다. 모든 것은 그대로 익기 마련이다. 익어 떨어지기 전에 추수해야 한다. 결단해야 한다. 너무 익게 놔두면 썩어 떨어지게 마련이다. 익지 않은 것을 따도 소용없기는 마찬가지다. 결심은 익혀야만 써 먹을 수 있다.

행복(幸福)은 충분하고도 흐뭇함을 만들어 내는 양식이다. 편안함을 느끼게 되는 만족이 행복의 상태다. 기쁨의 상태가 행복의 상태다. 행복한 사람들은 자아를 다스릴 줄 안다. 과잉 폭발되지 않은 상태로 살아갈 줄 안다. "행복은 완전히 만족한 의식 상태이기 때문이다." [9] 만족한 의식 상태를 벗어나면 불안해지는 것이 인간이다. 누가 시켜서 그렇게 되는 일이 아니다. 조용히, 가만히 앉아 생각할 수 없게 되면 불안해진다. [10] 삶에는 일정량의 불안과 불행이 따른다. 제 스스로 불만을 만들어 내기 때문이다. 익숙한 것, 재빨리 취할 수 있는 것들을 찾기 시작하면 불안해진다. 익지 않은 것을 따려는 욕망이 그를 불안케 만든다.

자연의 모든 종(種)들을 서로 비교하며, 인간도 저들과 다를 것이 없다고 말했던 찰스 다윈(Charls Darwin)의 예언이 맞았다. 사람은 자기에게 익숙한 것만 보려고 한다. 제 스스로 불안에 떨게 되는 이유다. [11] 자기에게 익숙한 것에 탐닉하면서 행복만큼은 포기하지 않는다. 익숙한 것은 자기를 느슨하게 만들어 간다. 인간은 자기 몸에 조그만 상처가 생겨도 통증을 호소한다. 통증을 느끼면 행복감도 이내 줄어든다. 행복감이 깨어지면 비참하다. 불행감의 시작이라고 말할 수 있다. 불행감은 몸만의 문제가 아니다. 마음의 상처는 더 크다. 영혼에 금이 가면 행복은 이내 사라져 버린 후, 그때뿐이다.

일상을 다스리는 기술을 보면 누가 행복에 겨운 사람인지 아닌지를 이내 알게 된다. 일상의 삶을 제대로 사는 사람이 행복한 사람이다. 영혼이 충만한 사람이 행복한 사람이다. 니코스 카잔차키스(Nikos Kazantzakis)의 관찰이었다. 그는 영혼이 충만한 사람은 일상을 제대로 사는 사람이라고 경탄한 적이 있다. "인간의 영혼이란 기후, 침묵, 고독, 함께 있는 사람에 따라 눈부시게 달라질 수 있는 것이네." 그가 쓴 『오 아름다운 크레타의 영혼』 중에 나오는 글귀다. 맑은 영혼을 지니는 일이 행복이라는 뜻이다.

맑은 영혼을 길들이려면, 몸만 길들이려고 할 것이 아니라 마음부터 제대로 길들이라는 말이다. 잘못된 미의식이 몸을 망쳐놓기 때문이다. 에스(S)라인, 초콜릿 복근, 모두가 보기 좋아하는 남과 여의 모습이지만 모두가 헛된 일이다. 몸은 내가 존재하는 둥지 같은 곳이기에 둥지가 망가지면 몸은 살 곳을 잃어버리게 된다. 몸은 있는 그대로가 아름답다. 필요한 것은 성형된 아름다움이 아니라, 자신만의 개성과 가치다. 몸은 달성해야 할 열망이 아니다. 몸은 영혼이 모여 사는 장소여야 한다. 맑은 영혼은 가꾼 몸에서 사는 것이 아니라 다듬어진 마음에서 살 수 있을 뿐이다.[12]

인간은 의외로 단순하게 살아가는 존재다. 인간의 영혼 역시 마찬가지다. 자기 마음 먹는대로 살아가기 때문이다. 쉽지는 않지만 그렇게 살아간다. 인간은 감동을 주는 짧은 글을 읽고도 자신의 마음을 바꾼다. 사람의 마음은 그렇게 달라질 수 있다. 눈이 부시도록 달라질 수 있고, 사악할 정도로 돌변하기도 한다. 문제는 마음가짐이다. 마음은 있는데, 마음가짐의 그 가짐이 도대체 자리를 어떻게 잡느냐가 중요할 뿐이다. 마음을 화투패처럼 집어던질 수 있지만, 마음에는 비풍초똥팔삼 같은 패들이 없을 뿐이다. 던져 버릴 마음이 없는 셈이다. 던져 버린다고 버려지는 마음도 아니다. 모두의 마음은 광(光) 같을 뿐이다. 내려놓기 어려운 이유다. 착시이지만 어쩔 수 없는 노릇이다. 일상과 어울리지 못하는 광은 비풍초똥팔삼만도 못할 뿐이다.

자신의 삶에 대한 한국인의 마음가짐이나 습관은 어쩌면 비풍초똥팔삼의 삶만도 못할 수가 있다. 한국인을 마치 '쥐정신'의 소유자로 비유하기도 한다. 한국인에게 깜박깜박 잊어버리는 정신이 배어 있다는 뜻이다. 그리고 작심삼일의 정신 상태로 매일을 번다하게 살아간다는 뜻이기도 하다. 한국인의 정신건강을 습관과 뇌의 오작동으로 풀어 설명하는 정신과 의사이며 정신건강 치료사이기도 한 이시형 박사는 한국인을 위협하는 가장 큰 사망 원인은 잘못된 생활 습관이라고 한다. 잘못된 습관이 사망 원인의 50%를 차지한다는 것이다. 정신건강이 병들어 있다는 말이기도 하다. 사망의 그다음 요인 중의 25%가 생활 환경이고 유전적, 체질적 요인은 20%도 채 되지 않기에 건강 장수의 80% 이상은 본인의 관리 책임이라는 것이다. 그렇게 죽어 가는 것에 대해 누구를 탓하며 원망할 것도 없다.

설령 건강의 이상이 환경 탓이라고 하더라도, 그것은 끝내 자기 선택이었기 때문이다. 생활 습관을 탓한다고 하더라도 그것은 끝내 자신의 뇌가 문제라는 말과 다름이 없다. 자신의 모든 행동을 통제하는 지령은 자신의 뇌에서 출발한다. 오래 굳어져 온 습관을 한순간에, 억지로 바꾸고 싶어도 그것이 생각대로 쉽게 되지 않는다. 뇌가 자신의 습관을 거부하지도 않을 뿐만 아니라, 몸과 마음이 그렇게 작동하지를 않기 때문이다. 뇌는 오히려 자기의 습관을 바꾸지 말아야 할 이유를 만들어 내놓을 뿐이다. 예를 들어, 금연(禁煙)을 해야 하는 이유는 건강이라는 단 한 가지인데, 금연을 거부하는 흡연자들은 금연할 수 없는 이유를 오만 가지를 늘어 놓곤 한다. 그는 자신의 뇌가 시키는 대로 그렇게 자신을 최면하고 있을 뿐이다. 그의 머리가, 그의 뇌가 그렇게 시키기 때문에 그렇게 할 뿐이다. 습관을 바꾸려는 작업, 즉 잘못된 습관의 트리밍은 마치 조각하듯 정성스레 내 몸을 다듬어야 한다는 이시형 박사의 충고다.[13]

습관을 바꾸는 일은 자신의 뇌 기능을 바꾸는 일이며, 생활 전반에 걸친 정리 작업이기 때문이다. 물론 잘못된 습관을 트리밍하기 위해서는 단호한 각오와 결단의 자세가 우선해야 한다. 자신에게 결단하고 각오하는 행동을 하기 위해서는 하루의 삶이 모두에게 잠언(箴言)이 되어야 한다. 하루에서 깨닫지 못하면 내일도 어제가 될 뿐이기 때문이다. 미래는 없고 관점도 있을 수 없게 되기 때문이다. 깨닫지 못하면 생각하지 못하기 때문이다. 생각하지 않으면 사는 대로 생각할 뿐이기 때문이다. 조폭처럼 살면 조폭처럼 생각한다. 황제처럼 생각하면 황제처럼 살 수 있다. 매일같이 만나는 보통 사람이 잠언이다. 현학적인 철학자는 필요 없다. 삶에는 도사가 없다. 모두가 도인(道人)들처럼 하루를 요리하기 때문이다. 그 누구의 삶이든 잠언을 전하지만 흘려보낼 뿐이다.

인터넷에서 내 마음을 후벼 놓은 글이었다. 누가 쓴 것인지는 몰라도, 불경(佛經)의 그 어떤 구절보다도 그 뜻들이 귀하게 생각되었던 글이었다. 성경 구절 못지않게 잠언의 귀한 글이었다. "먹이가 있는 곳엔 틀림없이 적이 있으며 영광이 있는 곳엔 틀림없이 상처가 있습니다. 행복의 모습은 불행한 사람의 눈에만 보이고, 죽음의 모습은 병든 사람의 눈에만 보입니다. 웃음소리가 나는 집엔 행복이 와서 들여다보고, 고함 소리가 나는 집엔 불행이 와서 들여다본다고 합니다. 받는 기쁨은 짧고, 주는 기쁨은 깁니다. 늘 기쁘게 사는 사람은 주는 기쁨을 가진 사람입니다. 넘어지지 않고 달리는 사람에게 사람들은 박수를 보내지 않습니다. 넘어졌다 일어나 다시 달리는 사람에게 사람들은 박수를 보냅니다. 비뚤어진 마음을 바로잡는 이는 똑똑한 사람이고 비뚤어진 마음을 그대로 간직하고 있는 이는 어리석은 사람입니다. 돈으로 결혼하는 사람은 낮이 즐겁고 육체로 결혼한 사람은 밤이 즐겁습니다. 마음으로 결혼한 사람은 밤낮이 모두 즐겁습니다. 황금의 빛이 마음에 어두운 그림자를 만들고 애욕의 불이 마음에 검은 그을음을 만듭니다. 남편의 사랑이 클수록 아내의 소망은 작아지고 아내의 사랑이 클수록 남편의 번뇌는 작아집니다. 남자는 여자의 생일을 기억하되 나이는 기억하지 말고 여자는 남자의 용기는 기억하되 실수는 기억하지 말아야 하는 것입니다."

상처 난 사람일수록 고통을 참지 못한다. 어쩌면 당연하다. 아파오니 조바심 낸다. 통증과 함께 엄습하는 불안과 공포를 참아 내지 못할 뿐이다. 단숨에 치료할 수 있는 손쉬운 방편들을 찾는다. 상처 난 몸을 복구하기 위해 도움이 되는 약을 찾는 이치다. 어긋난 마음을 가다듬기 위해 의사를 찾는 이치다. 오염된 영혼을 맑게 하기 위해 목회자를 찾을 수 있다. 약은 몸의 고통을 완화해 줄 수 있다. 종교는 영혼의 고통을, 상담가들은 마음의 고통을 치료해 줄 수 있다. 약발이 있어야 한다. 아픈 몸은 치료되고, 상처 난 영혼은 일상처럼 되돌아올 수 있다. 갈 길 잃은 마음 역시 제 가던 길 되찾을 수 있다. 상처 났던 것들이 원래의 길로 되돌아오게 도와주는 것이 치료(治療)라고 이해된다. 치료는 병이나 상처 따위를 처음처럼 복구한다는 뜻에서 낫는다는 말로 대신한다. 원래의 상태로 되돌린다는 뜻이다. 나름대로의 상처들이 생기기 전과 같은 상태로 되돌린다는 뜻이다.[14]

치료의 근본은 원인의 제거에 있었지만 인간의 몸에서 그런 근본 원인이 있을 수 없다. 태어남이 원인이기 때문이다. 결과가 원인으로 되돌아가기 때문이다. 원인 제거는 있을 수 없다. 세포의 원상태로 되돌리라는 것은 없다고 봐야 한다. 예를 들어, 암환자를 치료하기 위해 의사들은 흔히 암세포를 제거한다. 암세포 역시 내 몸에서 자란 세포다. 병적으로 자라난 정상 세포의 변형일 뿐이다. 암세포를 제거하는 수술을 현대 의학에서는 치료라고 말한다. 엄밀히 말하면 수술은 암에 대한 치료가 아니다. 암의 원인을 없애고 정상 세포로 되돌리는 일만이 암세포에 대한 원론적인 치료이기 때문이다. 암세포를 수술로 제거하는 일은 현상을 제거한 것일 뿐이다. 원인이 없도록 복원시킨 것은 아니다. 원인을 세포 본래 상태대로 무효화시킨 것이 아니다. 극렬하게 표현한다면 그런 것은 없다. 몸은 태어나면 죽도록 되어있을 뿐이다. 현대적 치료 기법으로 말하면, 마음이 아프면 아픈 의식을 수술해 내면 된다. 죽는 일이 최선의 치료지만, 죽으라고 할 수는 없다. 아픈 마음을 제거하면 아픈 의식이 치료된다. 현대 의술은 극한적인 치료를 예시할 뿐이다. 목을 쳐내면 될 일이라고 현대적 치료법은 암암리에 가르쳐 주고 있기 때문이다.

몸이 호소하는 고통은 약이 완화시켜 줄 수 있다. 마음의 고통은 정신치료사들이 도와줄 수 있다. 영혼의 고통은 종교가 처리해 줄 수 있다. 모두가 그랬으면 좋을 것이지만 모두가 미완성일 뿐이다. 마음을 다루는 학문이 정신분석학이다. 이들에게는 인간의 무의식을 의식으로 변환시키는 작업이 중요하다. 무의식이 의식으로 전환되어야 고통이 소거된다고 믿기 때문이다. 고통의 소거가 치료는 아니다. 무의식을 의식으로 바꾸는 치료는 불가능하다. 의식을 여러 층으로 갈라놨다고 해서 의식이 실제로 여러 층으로 갈라져 있는 것은 아니다.

의술은 몸에 대한 권력이다. 권력이기에 현실적이다. 권력이기에 관념적이다. 권력을 더욱더 행사하기 위해 필요한 조치는 더욱더 관념적이어야 한다. 세련되고 이해 불가능한 관념, 승복할 수밖에 없는 위급한 관념으로 치료체계를 만들어 놓아야 한다. 서양의학이 동양의학에 비해 몸에 관한 보다 더 세련된 관념을 만들어 낸 이유다. 동양의학을 지배할 수 있는 토대가 만들어진 것이다. 사실 모든 의술은 동양이든 서양이든 치료의 관념에 매달려 있다.[15] 현실적으로 그 관념을 대신할 새로운 관념이 나타나지 않았기 때문이다. 인간의 몸은 아무리 고쳐 봐도 어차피 죽기 마련이다. 영생은 불가능하다. 영생의 의술은 사기다. 영생이 있다면 살아야 할 근거도 잃게 된다.

사람의 일상을 지배하는 것 중 의술이 만들어 내는 관념만큼 절대적인 것도 없다. 의술의 권력을 이겨 낼 그 어떤 장사는 없다. 의사 앞에서는 그 어떤 권력자도 그의 병에 관한한 초췌해진다. 몸과 마음에 관한 앎과 지식(知識)을 완전하게 장악하고 있기 때문이다. 눈에 선뜻 보이지 않는 것을 장악하는 사람은 섬뜩하다. 인간의 마음을 조정하기 때문이다. 무의식을 장악하는 사람은 타인의 삶을 조절하는 권력자로 등장한다.

무의식은 정신분석학자들이 만들어 놓은 권력의 내용물이다. 반쯤 성공한 관념의 상징물이다. 정신분석자 랭(Ronald David Laing) 교수의 말처럼 의사들의 진단(診斷)도 권력이고 정치의 한 장(場)일 뿐이다. 정신병동은 모든 권력이 한곳으로 모여 있는 의회(議會) 같은 곳이다. 그곳에서는 정상인이 광인이고, 의사만이 정상인이 된다. 인간으로 태어나 15세쯤 되면 세상이 보이기 마련이다. 저들은 곧 반쯤 미쳐 버리기 마련이다. 사회는 그렇게 미쳐 버리고 마는 저들을 정상적이라고 반긴다. 반쯤 미쳐 버린 저들을 정상인이라고 여긴다. 미치지 않은 이들은 없다. 의사 역시 미쳐 있기에, 광인(狂人)들이라고 부를만하다. 광인이라고 낙인을 받지만, 저들은 즉시 쓰레기로 그들은 치료자로 분류된다. 정교한 의학적 진단이 붙어 하나의 화물처럼 저들은 사회 밖으로 실려 나갈 뿐이다.[16]

무의식에 완치가 있을 리 없다. 무의식이라는 것 그 자체에 실체가 없는데, 상처도 있을 리가 없다. 상처가 없으니, 치료라는 것도 있을 수 없다. 완치라는 단어 그 자체가 성립되지 않는다. 정신적 질환이라는 것은 별것이 아니다. 자신에 대한 자신의 변신이다. 변신 여행에 나서는 나그네에 사회가 붙이는 낙인일 뿐이다.[17] 정신과 의사들은 자기를 찾아온 사람들의 행동에만 집중한다. 행동 관찰이 병력으로 기록될 뿐이다. 그가 처했던 경험은 아랑곳하지 않는다. 질환이 없는 데 완치가 있을 리 없다.

몸의 완치는 처음부터 가당치 않은 말이다. 몸이 사는 동안 완치는 없다. 그렇게 믿으며 자신을 속일 뿐이며, 처치와 완치에 매달리게 된다. 속이지 못하면 단 하루도 살기 힘들기 때문에 어쩔 수 없을런지도 모른다. 어떤 치료든 치료는 흔적을 남긴다. 흔적은 몸의 역사이며 새로움의 예표다. 화근의 씨앗이 숨겨 있다는 뜻이다. 피부 겉에 생긴 상처는 보기에 쉽다. 처치하면 모습이 보이기 때문이다. 그 부위를 어떻게 감싸고 행동해야 되는지를 그래도 알 수 있다. 오장육부의 상처도 나름대로 판독이 가능하다. 마음에 생긴 상처는 쉽지 않다. 상처 자체를 알 수 없다. 어떤지도 확실하지 않다. 치료되었다 손치더라도 상처의 흔적도 알 길이 없다. 보이지 않기 때문이다. 읽히지도 않기 때문이다. 그저 상상할 따름이다. 그저 그려 낼 뿐이다. 허구이며 허위다. 치료는 상상력이 만들어 놓은 처치일 뿐이다.

완치, 100% 치료라는 말은 의학적으로 용납될 수 있는 객관적인 용어가 아니다. 의학에서도 그런 단어를 의학적인 용어라고 쓰지는 않는다. 완치는 처음부터 불가능한 일이기 때문이다. 치료로써의 완치는 있을 수 없다. 그렇게들 완치를 바라기만 할 뿐이다. 완치나 치료의 확률을 조금 더 늘릴 수는 있지만 완치는 없다. 치료가 되려면 먼저 치유(治癒)부터 되어야 한다. 치유가 치료보다 우선한다. 치료되었기에 치유되는 것이 아니다. 치유되면 치료된다. 치유 역시 고친다는 말을 부정하지 않는다. 고친다는 말이라기보다는 다스린다는 뜻이다. 치유는 죽기 전까지 제 몸을 제대로 다스린다는 뜻이 강하다. 나의 심장, 나의 마음을 내가 제대로 붙들고 있다는 말이다. 어떤 상처든 내 마음으로 다스리고 통하게 해야 치유된다.[18]

마음을 달래는 일이 치유다. 마음의 여백을 넓히면 치유의 폭과 장이 넓어진다. 한자 유(癒)자에 유념해 볼 일이다. 마음이 넉넉하게 해야 한다(裕). 부드럽게 해야 한다(柔). 용서해야 한다(宥). 깨우쳐야 한다(喩). 그것이 나로 말미암아야 한다(由). 이런 말 모두가 '유'를 내포하는 말들에 해당되기 때문이다. 치유의 수단과 방편은 바로 '나'라는 마음과 '나'라는 몸, 나라는 '몸' 그 외에는 없다. 남이 해 줄 수 있는 일이 아니라, 나만이 나를 치유할 수 있다. 치유하려면 마음이 유치(幼稚)해야 할지도 모른다. 자기 자신에게 자기 스스로 모자라야 한다. 수준이 낮아야 하거나 미숙해야 한다. 진솔하게 자기 마음을 달랠 수 있어야 한다. 어린 아이 마음처럼 천연해야 치유가 시작될 수 있기 때문이다. 그래서 정신과 의사들은 '몸' 치료의 한 방편으로 원초적 치료 혹은 절규치료(primal therapy)를 추천하기도 한다.[19]

호흡만 제대로 할 줄 알아도 치유는 시작된다. 호흡만 제대로 해도 자기 안에 자리 잡고 있는 치유능력이 가동되기 때문이다. 치유가 시작되면 자신이 자기 삶의 주인이 될 수 있다. 『동의보감』의 허준(許浚)이 우리에게 일러 준 비법이 바로 그것이다.[20] 사람에게 호흡은 이성이고 치유는 감성이다. 감성적이기 위해서는 이성적이어야 한다. 그 반대도 마찬가지다. 생명은 숨이다. 숨은 호흡이다. 의식하지 않아도 호흡은 이성적으로 움직인다. 이때 이성은 살아야 한다는 생명의 논리를 말한다. 자신을 다스릴 수 있는 사람은 호흡부터가 다르다. 인간의 몸은 이성적으로 정교하기 때문이다. 우리가 무엇을 원하는지를 가장 바르게 알고 있는 곳이 우리의 몸이기 때문이다.[21]

몸은 몸, 그 자체로 움직일 뿐이다. 몸은 세포로 구성된다. 몸의 세포는 이성으로 다듬어지는 것이 아니다. 세포의 상호작용으로 마음이 만들어진다. 마음에서 욕망이 만들어진다. 예부터 사람들은 욕망을 이성(理性)으로 다스릴 수 있다고 생각해 왔다. 가능하기도 하고 그렇지 않기도 하다. 하나로 이야기하는 것은 망상일 뿐이다. 기원전 세상을 살다간 현자들도 욕망을 다스리는 문제로 꽤나 고생을 했었다. 그런 고생을 한 사람 중의 한 현인이 고대 그리스 섹스투스 엠피리쿠스였다. 그는 결론을 얻었다. 유유히 숲 속으로 사라졌다. "이성으로 욕망을 통제하고자 하는 사람은 인간 중에서도 가장 불행한 사람이다." 이것이 그의 치유책이었다.

욕망 그 자체는 문제가 아니다. 욕망을 문제라고 고집하는 그 자체가 더 문제다. 그 생각 때문에 사람들은 더 괴로워한다. 인간의 몸은 늘 욕망한다. 생존을 위한 노력이다. 생명을 도외시하는 욕망은 있을 수 없다. 몸이 욕망의 근원이다. 몸이 바로 욕망이다. 욕망이 바로 몸이라는 생각을 사람들은 꽤나 천시해 왔다. 그 몸을 벗어날 길은 없다. 몸을 사랑하는 수밖에 없다. 몸의 아름다움에 매혹되기 마련이다. 그래도 몸에 집착하는 것은 어딘가 속물스럽다. 욕망을 단죄하는 수밖에 없었다. 인간의 정신사는 욕망에 대한 단죄와 욕망에 대한 욕구의 갈등사이기도 하다.

인간의 동물적인 양태를 거부하겠다는 의도 자체가 과도할 뿐이다. 갈등할 이유가 없는데도, 갈등에 빠진 그 자체가 인간의 문제였다. 동물 가운데 인간만큼 자신을 자학하는 종도 없다. 동물로 살아가면 자학할 이유가 없다. 처음부터 자신의 싸움 주제가 잘못 선정되었다. 허깨비와 한판 승부를 하겠다는 것이나 마찬가지였기 때문이다. 허접한 욕망이었다. 인간은 욕망과의 전투에서 번번이 졌기 때문이다. 자신을 괴롭히는 적은 욕망 자체가 아니었다. 욕망을 인간의 문제로 간주해야겠다는 의도가 불순했기 때문이다. 욕망은 몸에 있었던 것이 아니다. 욕망은 인간의 마음에 있었다.

몸과 마음을 서로 대척점에 놓고 한판 싸움을 하게 만드는 것은 부질없는 일이다. 차라리 몸과 마음을 하나로 모으는 일이 욕망을 잠재우는 일이다. 몸의 흐름에 집중하면 마음이 고요해진다. 몸의 소리에 집중하면 욕구의 불만이 소거된다. 몸을 도외시한 마음은 있을 수 없다. 삶의 기쁨은 몸에서 나온다. 몸은 마음을 키운다. 마음은 몸을 다스린다. 몸과 마음의 모듬이 생명이다. 맘과 몸의 꼭짓점에 바로 숨과 쉼이 있다.

'맘'은 생명이 정돈된 양태를 말한다. 호흡을 가지런히 모아 놓은 양태가 생명이 정돈된 상태다. 호흡이 고를 때가 바로 맘과 몸이 하나로 정돈된 때다. 몸에 대한 감각이 열리면 마음에 대한 다스림도 가능하다. 몸과 마음의 일치가 일어날 때 몸의 완성이 드러난다. 무용을 오래한 사람들은 몸과 마음의 일치가 호흡에 의해 정리된다는 것은 이내 안다. 누구든 '맘'이 있지만 '맘'을 제대로 가누기는 쉽지 않다.

자기를 다스린다는 것은 자기 안의 소리, 말하자면 내언(內言)으로 자기를 다스린다는 뜻이다. 내언의 기도이며, 치유다. 친숙해진 것, 익숙해진 것에 대한 자기 반추가 내언으로 자기를 다스리는 일이다. 『거짓말하는 착한 사람들』의 저자인 댄 애리얼리(Dan Ariely) 교수는 말한다. "사람들은 누구나 자기 합리화에 익숙해질수록 올바른 길에서 벗어난다. 그러므로 그럴 때는 한 걸음 뒤로 물러나 현재의 행동 방식에서 벗어나 처음부터 다시 시작하라고 권한다."[22] 자기 안에서 흩어지고, 잃어버린 마음을 되찾는 소리를 들으라는 충고다. 그 옛날 도교(道敎)를 신봉했던 선인(仙人)들이 가장 먼저 마음과 몸을 달래는 방편들로 소리를 다스리는 일을 강조했던 것도 그런 연유였다. 저들의 일상생활에서 늘 도인(導引), 행기(行氣), 소법(嘯法) 혹은 존상(存想)과 같은 것들을 실천하려고 노력했다. 방법들 간에는 조금씩 차이가 있지만, 모두가 자신의 내면 그 소리를 다스리는 방편들이다. 소리를 다스리기 위한 여러 방편은 모두 흩어지기 마련이다. 잃어버린 마음을 다시 곧추세우는 데 필요한 것이 내언이다. 내언을 다스리는 일이 바로 구방심(求放心)의 노력이었다.[23]

자기를 치유하려면 자신의 귀에 들려오는 소리부터 즐길 수 있어야 한다. 모든 소리를 음율의 소리, 가락의 소리, 화음의 소리로 바꿀 수 있는 사람이 자기를 치유할 수 있는 사람이다. 싸움 소리, 욕 소리, 비난 소리, 모함 소리, 잡소리 모두는 마음을 산란하게 만드는 소음이다. 이 소음들을 마음 편하게 만들어 주는 화음과 가락으로 바꾸는 사람이 자신을 즐기며 치유할 줄 아는 사람이다. 불협화음을 화음의 소리, 음악으로 만들어 낸 것이기 때문이다. 소리 치유가 마음 치유의 방편이 된다.[24] 모든 소리를 자연의 소리로 받아들일 수 있기 때문이다. 지나가는 구름 소리, 흩어지는 바람 소리, 내리 쬐는 햇빛 소리, 출렁거리는 파도 소리에 화를 내는 사람은 없다. 소리를 다스릴 줄 알면, 선승(禪僧) 틱낫한(Thich Nhat Hanh)이 일러 주듯이, 화(火)와 화해하며, 화를 포용하며, 화에게 자유를 주는 것이기 때문이다.

욕 소리를 듣기 좋은 음율로, 비난 소리를 마음 편하게 만드는 가락으로 만들 수 있으면 된다. 마음 산란한 스트레스를 흥겨운 곡조로 바꾸어 들으면 자연의 소리를 즐기는 것이나 마찬가지다. 상투 끝까지 차오르게 만드는 분노의 소리도 듣는 순간에는 신경을 자극하는 비트 박자의 메탈 가락이지만 이내 화음으로 바뀌게 된다. 처음 듣는 순간에는 선뜻 소화하기 어려운 메탈 음악 가락처럼 들리지만, 쇠소리 가락도 다스릴 줄 알면 이내 가슴 친숙한 화음과 조화의 음률(音律)로 바뀌게 마련이다.

외부의 소음을 내면의 화음으로 바꿔 내는 자기 다스림, 치유의 힘이 작동하기 때문이다.

소리를 들을 줄 아는 사람은 제대로 된 호흡도 할 줄 알게 된다. 호흡이 제대로 되는 사람이 살아 있는 사람이다. 자기의 몸에 대한 조화의 감각이 열린 사람이다. 조화의 감각이 일어나면 몸과 마음의 일치가 생긴다. 몸의 욕망에 대하여 필요 이상으로 죄악감이 일어나지 않기 때문이다. 이성의 중요성을 필요 이상으로 들먹이지 않아도 되기 때문이다. 호흡의 안정은 인간이 몸의 흐름을 마음의 흐름에 맡겼을 때 일어난다. 몸의 소리에 집중하면 마음도 몸의 소리에 집중한다. 호흡을 제대로 하면 '자기 엿듣기'에 익숙해진다. 자기 엿듣기는 자기 변화를 유도하는 빠른 방편이다. 셰익스피어(William Shakespeare)가 설정했던 주인공 햄릿은 자기 엿듣기의 주인공이었다. 그 스스로 자기의 말을 엿들었을 때마다 그는 새롭게 변신했다. 자기 엿듣기는 자기 독백, 자기 성찰의 시작이기 때문이었다. 자기 엿듣기에 충실하면 스스로 자기의 마음을 어떻게 달랠 수 있는지를 알게 되기 때문이다.

자기 엿듣기에 충실한 사람은 자기를 사랑할 줄 안다. 그 무엇이든, 그 누구든 열심히 사랑할 줄 알게 된다. 타인을 사랑하는 사람이야말로 행복한 사람이다. 매일을 열심히 살아가는 사람은 자기 엿듣기에 충직한 사람들이다. 미래 때문에 골머리를 썩히지 않는 사람들일 수 있다. 자기 엿듣기에 성실한 사람들이 일상의 현자들이다. 소크라테스도 자기 엿듣기에 충직했던 현자였다. 굳이 현자로 살아가야만 한다고 우길 이유가 없는 사람들이다. 10초 후의 삶에 충직하면 10분의 삶을 위해 행복하다. 한 시간의 자기 엿듣기가 앞으로 지속할 10시간 후의 삶을 진지하게 도와준다. 50년 후나 100년 후에 일어날 수 있는 일은 나의 일이 아니다. 저들과 그들의 일일 뿐이다. 현재의 나에 대해 엿듣기가 나를 결정하기 때문이다.

삶을 살아가면서 내딛는 길들은 무수하다. 갈림길도 있고 외길도 있다. 인생의 갈림길은 수도 없다. 많고 그리고 더 많다. 선택과 결정이 필요하다. 마음가짐이 필요하다. 자신의 엿듣기에 충직해야 한다. 자신의 엿듣기를 위해 어떤 이는 10-10-10의 방법을 권한다.[25] 텐, 텐 그리고 텐(10-10-10)의 방법이란 세 가지 시간대를 동시에 고려하는 일이다. 10분 후, 10개월 후, 10년 후를 동시에 고려하는 일이다. 사는 것은 문제를 풀어 가는 것이다. 눈을 뜨고 잠에 드는 그 순간까지 문제, 문제, 그리고 문제의 연속이다. 직장을 그만두어야 할까? 이 사람을 계속 만나야 할까?와 같은 일상적인 경우도 있다. 적절한 예측이 늘 맞아 들어가는 것도 아니다. 최선을 다해 예견하고 선택해 볼 뿐이다.

10분 후, 10개월 후, 10년 후의 결과를 그려 보면 나름대로의 답이 보인다. 10분/10개월/10년이라는 세 가지 시간대는 미래의 일들에 속한다. 예측대로 일들이 진행될 것인지, 그렇지 않을 것인지는 약속된 것은 아무것도 없다. 모두가 그저 예측일 뿐이다. 예측은 그래도 해 볼 만한 일이다. 즐거움을 줄 수 있는 일이다. 예측하다 보면 자신이 누구인지를 알게 된다. 삶의 오묘함 때문이다. 자신이 원하는 것이 무엇인지 깨닫게 된다. 가능한 선택의 길이 보이게 된다. 그것이면 족한 일이다. 자기의 삶에 유용한 좋은 선택이 있을 수 있다. 자신이 내린 선택이 그것이다. 그 결정이 자기의 선택이다. 후회는 필요 없다. 죄책감도 불필요하다. 10분 후, 10개월 후, 10년 후에 무슨 일이 일어날지는 아무도 모른다. 세 시간대에서 각기 가능하다고 생각하여 내린 결정이 자기 엿듣기를 도와주었으면 되는 일이다.

각 시간대의 선택과 결정은 막연했던 것을 조금 더 가시권으로 이끌어 낸다. 무의식적으로 괴롭히던 명분과 욕망을 겉으로 드러나게 한다. 필요와 두려움이 제 모습을 드러내면서 자신이 누구인지를 알게 된다. 자신의 한계, 자신의 약점이 드러난다. 자신을 지탱하게 만드는 핵심 가치가 무엇이었는지를 자연스럽게 깨닫게 된다.

진주를 얻으려면 바다 깊은 곳까지 잠수해야 한다. 진주는 바다 위로 떠다니지 않는다. 진주는 쓰레기더미가 아니다. 바다 깊은 곳으로 들어가지 않으면 진주 근처에도 가지 못한다. 바닷가에서 기다리고 있다고 진주알들이 저절로 자기 주머니에 들어오지는 않는다. 빈 조개껍질뿐이다. 진주를 찾으러 물속으로 들어가서 진주를 구했다손 치더라도 문제는 계속 이어진다. 진주를 얻고 나서부터가 더 복잡해진다. 진주를 잃을 수도 있다. 강도에게 뺏길 수도 있다. 모든 두려움이 앞서기 때문이다. 진주가 없었더라면, 생기지 않았을 공포들이다.

현자와 범인(凡人)은 두려움을 처리하는 방식이 서로 다르다. 두려움에 자신을 마냥 맡겨 버리면 결코 현자에는 이르지 못한다. 현자가 진주를 찾았다면, 그는 그냥 그것을 찾았을 뿐이지 유별나게 새로운 것이 더 생길 리 없다. 청소부로 살다가 성자가 된 사람도 그 점에서는 마찬가지였다. 감자 농사를 짓다가 해탈한 사람이라고 해도 그가 걷는 길은 마찬가지의 마음가짐이었다. 저들 모두는 자기 내면에 신이 존재했기에 두려움에 연연하지 않았다. 현인은 자기 속의 신성을 지키고 있는 사람이기 때문이다. 그 누구든 성자로 거듭날 수 있는 것은 자기 속의 신성을 되찾았기 때문이다. 나라는 신성을 제대로 붙들고 있으면 성자가 된다. 자신 속의 신성이 바로 자신을 이끌어 가는 생의 스승이기 때문이다. '나의 진정한 스승은 내 안에' 있는데도 사람들은 그것에 되돌아볼 줄을 모를 뿐이다.[26]

히말라야의 성자(聖者)라고 불리는 바바 하리 다스(Baba Hari Dass)가 말한다. 삶이 사람에게 짐이 되어서는 곤란하다고 말한다. 사람이 오히려 삶에 짐이 될 뿐이기 때문이다. 사람들이 삶을 짐으로 만드는 이유가 있다. 자기 내면에 혼란이 끊임없이 일어나고 있기 때문이다. 그 혼란은 언제든 자기 자신에게 짐이 될 뿐이다. 그 혼란 때문에 사람은 '지금'이라는 이 시간은 잊어버리고 오로지 과거에만 매달린 채 회상에 젖곤 한다. 아니면, 오지도 않은 먼 미래에 그냥 빨려 들어가 버린다. 현재의 자기 엿듣기에 충실하지 않으면 삶은 짐이 된다. 삶이 짐이 되면 일생을 안절하고, 부절하며 짐이 된 그 삶을 지고 가게 된다. 매일같이 제풀에 스스로 절망하게 된다.

세상이 어떻게 만들어졌는지를 알기 시작하면, 삶은 결코 짐이 되지 않는다. 삶이라는 말과 사람이라는 말은 재미있는 구조를 갖고 있다. 사람이라는 단어에서 'ㅏ'를 공통분모로 하여 소인수 분해하면, 삶이라는 말이 생긴다. 사람은 '아!' 하는 깨달음으로 삶을 살아야 한다. 깨달음이 있으면 삶이 짐이 될 이유가 없다. 세상은 마음에 의해서 창조되고, 다시 창조되는 것이다. 마음을 챙기는 일은 세상을 챙기는 일이다.

"우리들 자신의 마음에 의해서 세상은 커져가고, 우리 자신의 마음에 의해서 세상의 실체가 존재한다. 모든 사람의 세계는 그 사람 자신의 마음이다. 어느 누구도 다른 사람의 꿈을 대신 꿀 수는 없듯이 아무도 남의 세계는 볼 수 없다. 하지만 우리는 모두 서로 상대의 세계 속에 존재한다. 마음에 의해 받아들인 것만이 존재할 수 있고 마음이 거부한 것은 그 존재성이 사라진다. 세상은 꿈과 같은 것이어서 마음에 의해 창조되었으며 잠에서 깨어나기 전까지는 그대는 그것을 현실로 착각한다." [27]

세상의 이치가 그러하다. 영생, 영생하고 소리 낸다고 영원히 살 수 있는 것이 아니라는 뜻이다. 술 취한 사람처럼 정신줄을 놓아 버리지 말라는 뜻이다. 생명은 그 누구에게든 절대적이다. 모두가 바라는 것이 영생이다. 모두를 맞이하는 것은 끝내 죽음뿐이다. 죽음일 뿐이니 죽기 전까지 영생해야 한다. 죽음은 삶이 보여 주는 형태의 변화일 뿐이다. 삶이 쉼으로 변화되는 일이다. 부정하고 싶어 해도 부정할 수 없다. 자연은 간교로 뒤집어지지 않는다. 인간이나 동물, 식물 그 모든 것이 마찬가지다. 형태를 바꾸어 태어나고, 자라고, 썩어 가며, 죽고, 그리고 다시 태어날 것이기 때문이다.

몸이 바뀌는 형태 변화는 자연적이며 신비하기까지 하다. 몸을 구성하는 세포들은 신비하다. 마음도 신비하다. 신비가 몸이며 마음 그 자체다. 삶 역시 절대적인 신비다. 삶을 논리로 접근한다고 풀리는 것이 아니다. 인간과 생명 그리고 사물에 다가서는 자세를 바꿔야 한다. 태도와 마음가짐이 모든 것이다. 우주 창조에 관한 수수께끼는 각자의 마음속에 자리 잡고 있다. 마음의 신성에 무지한 것이 삶이다. 무지로부터 해방되는 출구는 하나다. 몸 안 깊숙한 곳에 자리를 틀어쥐고 있는 신성(神性), 신의 기운을 일깨우는 일이다.

맥없는 것들을 잡고, 그것이 영생에 이르는 진리라고 맹신하지도, 강요하지도 말아야 한다. 맥없는 것들은 영원히 맥이 빠진 것들일 뿐이다. 영원히 살고 싶은 욕망은 소망이 될 수 없다. 영원한 좌절일 뿐이기 때문이다. 욕망은 현실 가능성이 있는 것들이다. 천당에 자기 혼자 들어가려는 것도 욕망을 벗어난다. 영원히 산다는 그것은 오로지 거짓이며, 사기이며, 허망함의 시뮬라크르(Simulacre)다. 매달릴 일이 아니다. 자기 옆에 있는 사람부터 사랑하는 일이 필요하다. 바바 하리 다스의 교훈이다. "사랑할 수 있는 한 가장 크고 아름답게 사랑하십시오. 사랑에 인색하지 마십시오. 우리가 사랑받기를 원하면서도 사랑하기를 주저하기에 세상은 점점 각박해지고 비참해져 가는 것입니다. 마음이 활짝 꽃피게 하려면 스스로에게는 물론 남에게도 미움을 갖지 말아야 합니다." 성자로 거듭나는 길이다. 성자가 되려고 해서 성자가 되는 일이 아니다.

모든 이들에게 현자(賢者)의 씨앗이 숨겨져 있다. 그 싹을 밖으로 틔워 내고 마는 사람은 현자가 된다. 현자는 현자의 길을 걸어가기 때문에 현자가 되는 것이라고 말하는 법전 스님은 『누가 없는가』에서 '절대 행복'이 무엇인지를 노래한다. 자기가 자신됨을 볼 줄 아는 것이 행복의 출발이라고 그는 노래한다. "누구보다 더 잘나고 싶고 누구보다 더 아름답고 싶고 누구보다 더 잘살고 싶고 누구보다 더 행복하고 싶은 마음들, 우리 마음은 끊임없이 상대를 세워 놓고 상대와 비교하며 살아갑니다. 비교 우위를 마치 성공인 양, 행복인 양 비교 열등을 마치 실패인 양, 불행인 양 그러고 살아가지만, 비교 속에서 행복해지려는 마음은 그런 상대적 행복은 참된 행복이라 할 수 없어 무언가 내 밖에 다른 대상이 있어야만 행복할 수 있기 때문입니다. 나 혼자서 행복할 수 있어야 합니다. 그저 나 자신만을 가지고 충분히 평화로울 수 있어야 합니다. 나 혼자서 행복할 수 있다는 것은 상대 행복이 아닌 절대 행복이라 할 수 있을 것입니다. 무엇이 없어도 누구보다 잘나지 않아도 그런 내 밖의 비교 대상을 세우지 않고 내 마음의 평화에는 아무런 문제가 없어야 합니다. 나는 그냥 나 자신이면 됩니다. 누구를 닮을 필요도 없고 누구와 같이 되려고 애쓸 것도 없으며 누구처럼 되지 못했다고 부러워할 것도 없습니다. 우린 누구나 지금 이 모습 이대로의 나 자신이 될 수 있어야 합니다."

2. "늘 행복한 사람은 없다." - 에우리피데스

"당신이 사는 서양에서는 가장 높이 올라가는 사람을 존경하지요? 여기서는 제일 많이 버리는 사람을 존경해요." - 하인리히 하러[28]

"마음을 기르려면 욕심을 적게 하는 것이 좋다. 사람됨이 욕심이 적으면 자신을 보존하지 못하는 경우가 있기는 해도 그런 경우가 매우 드물다. 사람됨이 욕심이 많으면 보존하는 경우가 있기는 해도 그런 경우가 매우 드물다." - 맹자[29]

"사람은 그냥 죽기만 해서는 안 되며, 알맞게 죽어야 한다. ……인간들이여, 가볍게 스쳐가라, 힘껏 부딪치지 말아라." - 사르트르[30]

　행복한 사람은 행복한 감정에 묻혀 사는 사람이다. 시인 프로스트(Robert Lee Frost)의 말이었다.[31] 자기를 에워싸고 있는 이것저것에 귀를 기울이는 사람이 행복한 사람이다. 주위에 널려 있는 모든 것의 소리를 들을 수 있는 사람이 행복한 사람이다. 그것이 삶의 소리이기 때문이다. 사경을 헤매는 환자의 신음소리가 약이 되고, 휘몰아치는 바람 소리가 교훈이 된다. 그들의 소리가 바로 기도다. 그 소리가 바로 설교며, 그 소리가 바로 찬양이다. 나 자신이 되는 사람들은 솟아오르는 꽃봉오리 하나도 놓치지 않는다. 떨어지는 낙엽 하나에도 마음을 열 줄 안다. 흐르는 시냇물 한 줄기, 밟고 가는 자갈 하나에도 경탄이 흘러나오는 법이다. 흩어져 있는 모래 하나는 생명의 기도가 된다. 자연의 소리는 자연 바로 그것일 뿐이다. 나무에도 혀가 있고, 시냇물에도 눈이 있다. 바위들의 설교는 그야말로 하늘의 설교다. 내 마음에 묻은 부끄러움을 실토하게 만드는 웅장한 교훈이다. 바위처럼 살아가라고 말한다. 모래알 같은 내 삶일 뿐이다.

　통증이 오면, 몸은 그 통증에 맞추어 떨리게 마련이다. 온몸은 신경세포들로 연결되어 하나가 되어 있다. 통증도 몸도 그 어느 것도 거짓말을 할 줄 모른다. 모두가 조물주의 형상대로 정교하게 만들어졌기 때문이다. '몸'은 삶의 척도다. 몸이 병들면,

마음도 따라 병든다. '몸'은 '몸'대로 움직이기 쉽지 않다. 마음이 무거워도 마찬가지다. 살아 움직이는 것은 마음이 건강하기 때문이다. 움직인다는 것은 느끼는 마음이 있다는 뜻이기도 하다. 마음이 있으니까 살아 있는 것이며, 전하고 싶은 사랑이 있으니까 살아 있는 것이다. 받아들이고 싶은 마음이 있으면 살아 움직이는 것이다.[32] 마음이 교란되면 앞뒤가 분간되지 않는다. 정신과 의사가 그리워진다. 행복이 멀리 떠나가는 것 같기 때문이다. 통증이 일어나면 마음이 함께 아파진다. 마음이 몸에 기대고 있기 때문이다. 몸이 아프지 않으면 약은 눈앞에서 사라진다. 약은 독의 반대말이다. 영혼이 괴로울 땐 기도한다. 기도에 매달린다. 맑아지면 사라진다. 나 몰라라 한다. 그것이 삶이다. 목회자가 귀찮아진다. 스님이 번다하게 느껴진다. 마음이 평온하면 상담가들은 불필요하다. 친구도 아니고 동행도 아니기 때문이다. 그들이 없어도 모두가 행복하기 때문이다. 저들 모두가 일회용 반창고다. 저들은 나를 위한 도구이고 수단이다. 나 역시 저들의 도시락이며 요깃감이었을 뿐이다.

　서로가 일회용 반창고용으로만 쓰인다. 몸에 상처가 났으면 그 상처 위에 붙이면 된다. 마음에 상처가 났으면 상처난 곳을 덮어 버리면 된다. 영혼에 상처가 났으면 영혼의 흠집에 일회용 반창고를 붙여 놓으면 영혼이 치유될 것이라고 고집한다. 1cm짜리 생채기에는 1.5cm짜리 반창고를 붙이라고 하면 되는 일이다. 마음에 난 10mg 짜리 불편함을 가리기 위해서는 20mg짜리 정신과 의사를 붙여 주면 충분하다. 오염된 100cc만큼 오염된 영혼을 가라앉히기 위해서는 200cc 용량 크기의 스님을 대여하기만 하면 충분하다. 목사, 신부, 무당들이 어느 누구를 족집게처럼 가려 이야기할 일이 아니다. 스피노자처럼 필요하면 불러 내 삶살이의 영혼을 위해 적절하게 활용하면 되는 일이다. 새 삶살이, 새 마음이, 새 영혼이 돋아날 그때까지 쓰고 나면 될 일이다. 진정성이 끝까지 문제가 될 뿐이다. 자연의 모든 이치가 무당이 벌이는 푸닥거리, 굿거리의 연장일 뿐이다. 정신의 끈을 놓으면 모든 것이 삽시간에 죽음에 이른다.

　고(苦)가 삶을 인도하는 원죄이며, 동시에 아름다움의 근원이다. 삶에서 거부할 수 없는 것은 누구든 안고 살아야 하는 것이 현실이다. 원고(元苦)는 생명이 끝내 치러야 할 대가일 뿐이다. 고(苦)는 통(痛)을 말한다. 그것의 상징이 삶이다. 고통(苦痛)이 삶의 현상이다. 삶의 통증은 치료될 수 있는 것이 아니다. 반창고로 가릴 수 있는 상처의 부속물이 아니다. 일회성 원인이 아니다. 영원한 원인이기 때문이다. 뭠, 그러니까 몸과 맘은 늘 아프게 마련이다. 아프지 않은 것은 몸이 아니다. 세포는 매일같이 죽어간다. 마음도 늘 혼란스럽다. 영혼이 늘 갈 길을 찾지 못하기 때문이다. 고는 삶에서 절대적이다. 태어날 때부터 짜여 있는 것이다. 온몸에 온 삶을 직조해 내는 것이 '고'다. 고(苦)는 기독교에서 말하는 원죄와 다르지 않다. 삶은 원고(原苦)다. 고통의 원인인 원고가 삶 그 자체다.

괴로움(苦)은 없앤다고 없앨 수 있는 것이 아니다. 삶에서 고(苦)가 완전히 소거되는 날이 있기는 있다. 죽는 날이 그날이다. 몸이 지는 날이 마음이 떠나는 날이다. 몸이 마음이다. 몸이 없어지면 맘(마음)도 없어진다. 몸이 고, 바로 그 자체인 것은 맘이 몸이기 때문이다. 몸을 구성하는 세포는 고(苦)를 싣고 다닌다. 세포에 맘이 실려 있기 때문이다. 암(癌)이 나를 죽인다고 탓할 일이 결코 아니다. 세포 속의 맘이 나를 죽여갈 뿐이다. 암으로 죽든, 멀쩡한 몸으로 죽든 죽음은 맘을 지우는 일이다. 죽음은 삶에서 단 한 번 일어날 획기적인 사건일 뿐이다. 먼저 죽으면 나중 죽는 이에 비해 시간이 조금 먼저일 뿐이다. 물론 멋있는 죽음, 기분 좋을 죽음은 없다. 죽음은 죽음일 뿐이다. 피할 길이 없는 노릇이다. 죽음과 대적하는 그 자체가 무의미하다. 삶이 죽음과 대적하는 것은 갈증을 이기기 위해 바닷물을 마시는 일일 뿐이다. 목마른 사람이 정신없이 받아 마신 바닷물은 또 다른 심한 갈증일 뿐이다. 죽음은 생에 생긴 암이다. 이것을 빠져나갈 수 있는 인간은 없다. 인간이라는 단어 그 자체가 고를 상징한다. 태어남이 바로 고생(苦生)의 출발이다. 죽음은 고생의 지불일 뿐이다. 삶은 어렵고 고된 일의 직조물이다.

고생을 직조하지 않으려면 해야 할 일이 있다. 고집은 내려놓고 멸도는 끝까지 행해야 한다(苦集滅道). 모든 욕망이 부질없는 짓이기에 당장, 순간의 마음을 고쳐먹으라는 뜻이다. 어떤 인간이든 살면 죽기 마련이기 때문이다. '고'는 괴로움이다. '집'

은 '고'의 원인이다. 번뇌가 모이면 집이 된다. 삶에 짐이 된다. '멸'은 번뇌를 없앤 깨달음이다. '도'는 깨달음의 경지에 도달하는 수행이다. 모든 것을 하나로 이르는 생각이 고집멸도다. 고집멸도한 사람은 없다. 관(觀)이며 념(念)이기 때문이다. 인간은 관념을 만들어 내고, 그 관념 때문에 죽을 뿐이다. 그 누구도 관념에 발목을 잡힌다. 고집멸도하려고 노력한 사람은 많다. 나름대로 터득한 사람을 현자라고 부를 뿐이다. 멸도는 하지 못하고 고집만 하다가 죽음에 이르는 것이 삶이다.

삶살이 자체가 고통이다. 고가 지금 나의 현재다. 고통에 집착하면 내언(內言)은 사라진다. 집착하면 통에서 벗어나지 못한다. 집착이 원천이 되기 때문이다. 삶에는 고통을 벗어날 수 있게 도와줄 방편들이 있다. 멸(滅)이라는 방편이 살아가는 데 삶을 보여 줄 지표가 될 수 있다. 그 멸의 방편이 나라는 존재다. 내가 도다. 내가 주체다. 방편을 위해 내가 사는 것이 아니다. 방편이 나를 위해 있는 것일 뿐이다. 살아 있는 내 존재만이 나 자신을 구제한다. 바로 내가 겪는 지금의 이 고통에서 내가 벗어나야 벗어나는 것일 뿐이다. 내가 나를 위한 가장 적합한 방법을 찾아낼 수 있다. 나만이 그 방법을 나를 위해 활용할 수 있다. 고통에서 벗어날 사람은 나일 뿐이다. 내가 멸도하면 그것이 바로 참살이인 웰빙(well being)이다. 통증에 시달릴수록 고집에 매달리는 법이다. 욕(慾)에 자신을 가두어 놓는 것이 헛살이다.

하루살이로 끝나면, 고집살이로 끝나는 것이다. 탐과 진, 그리고 치의 응집이기 때문이다. 탐(貪)하고, 화내고(瞋), 멍청하기 이를 데 없는 일(痴)만 저지르면 헛사는 것이다. 탐진치(貪瞋痴)를 벗어날 길이 없는 그런 삶이 되기 때문이다. 눈만 뜨면 탐진치의 시작이다. 출가했거나 가출한 스님들에게도 마찬가지다. 밥 먹고, 변 보는 일부터가 탐과 진, 그리고 치의 시작이기 때문이다. 삶이 즐거운 이치다. 모두가 '고집'을 꺾을 수 없어 그 고집에 갇히고 말아 버린다. 나이가 든다는 것은 고집에서 벗어날 줄 알아야 한다는 뜻이다. 셰익스피어가 말했다. 삶을 마감하는 이에게 말했다. "마지막으로 네가 할 일은 네 마음이나 지켜 내는 일이다." 삶을 조바심하는 중늙은이들이 가슴에 새길 말이다.[33]

사람들은 한평생 고집멸도의 근처에서 변죽이나 올리다 죽고 만다. 저들에게 죽는 것이 고집멸도의 완성이 되는 셈이다. 마음을 비우라든가, 버리라든가, 뽑으라든가 하는 말 모두가 부질없다. 말로 하면 부질없다. 고집을 멸하기보다는 고집으로 위안을 삼으라는 말을 달리 한 것에 지나지 않는다. 고와 함께 가라고 하는 편이 보다 더 현실적이다. 화나고 고할 적에는 차라리 격투기를 보고 화를 진정해 보라고 타이르는 것이 보다 더 현실적이다.

고집멸도(苦集滅道)에 대한 요구는 사람으로 태어나기 전에는 있을 수 없는 일이다. 태어나면 따라붙는 것이 고집이다. 고를 쌓아 놓는 일이 먼저 생긴다. 쌓아 놓지 않으면 되는 일인데 쌓아 놓게 된다. 쌓아 놓지 않으면 되는 일이기에, 고집멸도는 누구나 할 수 있는 일이다. 하려고 들지 않기에 모두가 흉내 내다가 썩혀 버릴 뿐이다.[34] 모두가 붓다가 된다면 세상은 붓다 세상이 될 터다. 스님도 필요 없고, 절도 필요 없을 터다. 세상이 현자 세상이 될 것이다. 그런 일은 처음부터 없을 것이라는 것을 누구든 알고 있다. 인간의 삶에서 일순간에 가능한 것은 오로지 비극일 뿐이다. 그것에 이르는 가장 극적인 상태는 어차피 죽음이다. 다른 방도는 없다. 죽음을 피하는 손쉬운 방도는 있을 수 없다.

사람들은 죽으면 모두가 열반에 든다. 염불하는 이들에게만 일어나는 것이 아니다. 모두가 죽으면 천당을 들락, 그리고 날락거린다는 뜻이다. 연옥과 지옥에 드는 사람도 있다지만 모두가 관념이 만든 덫일 뿐이다. 관념의 불평등도 인간이 만들어 놓은 것이다. 부정할 이유가 없다. 그렇다고 수긍할 이유도 없다. 그 관념을 부정해 보기 위해 죽어 볼 수는 없는 노릇이다. 조물주는 인간에게 단 하나의 일회성 여행 차표를 발행했을 뿐이다. 어느 누구도 그 목숨으로 이승과 저승을 왔다 갔다 할 수는 없다. 왕복용 인생 티켓을 받은 사람은 없다. 환생은 거짓이다. 다시 태어남은 심리이지 실체가 아니다. 신화는 이야기일 뿐이지 살아 움직이는 삶은 아니다.

싸움질은 그만 멈출 일이다. 몸을 지치게 하고 맘을 흔들어 놓기 때문이다. 마음의 분탕질을 멈추면 그것이 열반의 시작이 된다. 죽으면 영원한 즐거움의 길인 열반에 이르게 되기 때문이다. '니르바나'가 바로 지금 내 옆에서 내 편이 되려고 안간힘을 쓰고 있다. 죽으면 당장에 따라붙는 것이 바로 열반이다. 죽음을 수긍하면서 막 되게 살라는 뜻이 아니다. 괜스레 열반을 우기면서 남들에게 상처를 주지 말라는 뜻이다. 니코스 카잔차키스의 절규가 옳다. "매일 죽으라. 매일 태어나라." 그의 말이 옳다. 매일 당신이 가지고 있는 모든 것을 부정하라. 내려놓아야 새롭게 쥘 수 있기 때문이다. 우월한 덕성은 자유롭게 되는 것이 아니다. 자유를 위해 싸울 때 다시 찾아오기 마련이다. 싸움은 투쟁이 아니다. 싸움은 동행이다.

살아간다는 것은 상처를 내는 괴로움과 나란히 가겠다는 약속이다. 고(苦)가 삶에서 떨어져 나가면 그때는 죽음이다. 삶의 길에서 고를 멸한다는 것은 생의 부정이다. 태어나지 않은 것이 더 낫게 되는 경우다. 삶을 거부하겠다는 것이나 마찬가지일 뿐이다. 고가 삶의 동반자다. 고가 삶의 이정표다. 고(苦)를 겪지 않으면 삶은 없다. 삶의 여정에서 단 한 발자국도 내딛지 못하게 된다.

고(苦)는 그 누구의 삶이든 그가 걷는 삶의 여정을 따라 나선다. 그때부터 '고'는 하나둘씩 어디에선가 만들어질 뿐이다. 삶은 고를 담는 주머니다. 주머니가 고우면 담기는 고 역시 잘 담길 뿐이다. 고가 수북이 쌓인 무덤이 바로 집(集)이다. 집은 내가 만들어 내는 아집(我執)의 결과다. 네 집도 너의 삶이 담아 놓은 주머니 속 고(苦)다. 고는 어느 집에든 쌓이고 만다. 절 '집'에도 쌓인다. 교회 '집'에도 고는 가득 쌓인다. 신부와 수녀 역시 고(苦)의 집(集)일 뿐이다. 성당도 집(集)이다. 화장 '터'도 집(集)터다.

사람으로 태어나서 고집(苦集)을 쌓아 놓으며 사는 것을 삶이라고 말한다. 고집을 거부한다고, 고집이 꺾이는 것이 아니다. 사람의 삶은 고집의 길이기 때문이다. 사람을 일컫는 옛말이 '삶앎'인 까닭이다. 삶앎의 여생은 그저 고집하는 과정이다. 교수도, 학생도, 사제도, 스님도 모두 고집(苦集)의 가루 속에서 하루를 살아갈 뿐이다. 산란스런 생각이나 삿된 감정을 한 곳으로 집중시켜 내려 놓으며 순간순간 깨어나 미소 짓는 일이 멸도다.[35] "이런 멍청한 사람들아! 공동묘지에서 사제, 승녀 그리고 목사를

본 사람이 있던가?" 모세오경 미드라쉬에서 그토록 일렀던 말의 핵심이다.[36]

니코스 카잔차키스가 그래서 절규한다. "나는 아무것도 원하지 않는다. 나는 아무것도 두려워하지 않는다. 나는 자유기 때문이다."[37] 자신의 욕망에게 명령할 수 없는 사람은 자유인이 아니다. 욕망의 성격에 따라 자유인의 성격도 달라진다. 살인 행위를 자신에게 명하는 사람은 자유인이 아니다. 자유와 선택에 가치 판단이 있다는 뜻이다. 자유와 선택은 인문학적 힘의 높낮이를 판단하게 도와준다. 인문학은 '자유가 진리'하도록 만든다는 역설을 담는다. 인문학을 '휴머니티스(humanities)'라고 부른다. 어원은 '후마니타스(humanitas)'다.

후마니타스는 철학책을 읽으라는 뜻이 아니다. 자기를 다시 돌보라는 뜻이다. 후마니타스는 '인간다움'을 말하기에, 사람처럼 살려면 사람으로 돌아가라는 뜻을 담고 있다. 사람과 사람이 어울릴 때 드러나는 제 모습에 대한 논의들이 후마니타스다. 사람들과 사람들이 어울릴 줄을 아는 것을 지혜라고 부른다. 그때 요구되는 슬기가 인문학을 구성하는 철학적 토대다. 말 그대로 지혜를 사랑하는 학문을 일컬어 '필로소피(philosophy)'라고 하는 것도 바로 그 이유다. 옛사람들이 철학을 '영혼의 의술'이라 부른 것도 그런 연유였다. 지혜를 사랑한다는 것은 서로 어울릴 줄 알고 그것을 즐긴다는 말이기도 하다. 서로 어울릴 줄 알게 도와주는 설명들이 철학의 논리를 구성하기에 삶을 철학한다는 것은 인간다움을 회복시킨다는 것을 뜻한다. 철학하고자 하는 이유가 바로 자기 치유에 있음을 알 수 있다. 철학이 바로 삶의 상담이 되어야 하는 이유다. 삶에 도움을 주지 못하는 철학은 이미 철학의 성격을 상실한 것이다.

철학적 치유는 깊은 사유와 슬기를 통해 인생의 항해를 제대로 하도록 도와주는 일이다.[38] 치유라는 말 앞에 군이 철학이라는 접미어가 필요하지 않은 이유다. 치유 그 자체가 바로 슬기이며 철학을 상징하기 때문이다. 치유는 '치료에 대한 치료'라는 뜻을 지닌다. 삶의 건강을 지키는 일은 그 누구에게도 필요하다. 자기만이 자기에 대한 무한책임이 있다. 인간의 삶이 거치는 항해는 험난하기 마련이다. 험난한 삶의 여정에서 그를 행복하게 살아가도록 만드는 것은 화학 약품이 아니다. 화학적으로 만들어진 약(藥)이 삶의 건강을 보장하는 것이 아니다. 예를 들어, 항우울제인 프로작(prozac)이 삶의 방향을 이끌어 가지는 못한다. 그것보다는 삶에 대한 슬기와 지혜가 삶을 이끌어 갈 뿐이다.

슬기와 지혜로 건강하지 않으면 삶의 길을 오래 걸어갈 수 없다. 철학적 치유가 절대적인 이유다. 치유 그 자체가 삶을 위한 신의 처방이다. 예를 들어, 행복에 이르는 방편을 알고 싶어 하는 사람이 있다고 하자. 그는 우연히 '다섯 가지 행복에 이르는 길'이라는 글을 읽게 된다. 말하자면, 첫째로 먹고 입고 살고 싶은 수준에서 조금 부족한 듯한 재산, 둘째로 모든 사람이 칭찬하기에 약간 부족한 용모, 셋째로 사람들이 절반 정도밖에 알아 주지 않는 명예, 넷째로 겨루어서 한 사람에게 이기고 두 사람에게 질 정도의 체, 마지막으로 자기의 말을 들은 청중의 절반은 손뼉을 치지 않을 정도의 말솜씨를 갖는 것이 행복에 이르는 길이라는 글을 읽었다 치자. 이 글을 읽고 마음을 고쳐먹었다면, 그는 이미 치유에 들어선 것이라고 이야기할 수 있다.

누구든 행복에 이르려면 그렇게 치유하라고 했다는 플라톤(Platon)의 조언이었다. 플라톤이 생각했던 행복은 탐욕의 행복을 말한 것은 아니다. 완벽하고 만족할 만한 조건을 다 갖춘 상태가 행복이 아니라는 뜻이다. 무엇인가 조금은 부족하고 조금은 모자라고, 약간은 허한 상태의 행복이다. 무엇이든 꽉 차버리면 그때부터가 오히려 갈등과 긴장의 시작이 된다. 행복은 적당히 모자란 상태, 그 조건 속에서 자신을 가다듬어 가기 위해 노력할 때 찾아든다는 뜻이었다.

선조들의 슬기와 지혜가 내 삶을 위해서 정신적인 질책의 지표가 되어야 한다. 난파된 바다에서 일종의 구명보트와 같은 것이어야 한다. 그것에 올라타면 나의 생명에게 구원의 가능성이 생긴다. 철학적 슬기에 몸을 기댄 채 삶을 항해하면 삶에 대해 징징거림을 멎게 된다. 사소한 것에 목숨을 걸지 않는 법을 익히기 때문이다. 자기를 괴롭힌다고 생각되는 자질구레한 원인을 찾는 일에 골몰하기보다는 그런 원인들을 잊는 것이 현명하다. 치유는 원인을 찾는 것이기보다는 원인을 잃어버리거나, 잊어버릴 때부터 효력이 나타난다. 원인을 잊어버리면 원인은 달아나 버리기 때문이다.

　원인에 집착하면 몸과 마음이 같이 아프게 된다. '몸'이 하나로 아프게 된다는 뜻이다. 흔히 병의 시작이 된다. 병은 몸에 상처를 남긴다. 삶은 마음의 생채기들이 이어지는 경로다. 살면서 겪는 모든 경험은 모두가 삶의 상처다. 누구든 좋지 않은 기억을 머릿속에서 지워 버리고 싶어 한다. 그 덕에 기억을 삭제하는 연구들이 한창이다. 외상후 스트레스 장애(PTSD) 환자의 치료법 개발이 그중에서도 주목받고 있다. 약학도 함께 진전하고 있다. 감정적 각성을 일으키는 스트레스 호르몬 효과를 억제하는 약물들이 개발되었다. 정상인도 실연의 아픔을 잊기 위해 이 약을 찾으려 한다. 두뇌세탁을 하기 원하기 때문이다.

　두뇌 세탁은 아직까지는 어렵다. 뇌과학 기술로도 이뤄내기 쉬운 일이 아니다. 두뇌 세탁이 가능하다고 해도 그것이 인간에게 좋은 결과만을 주지는 않는다. 정신적 내용들이 상호 연결되어 있기 때문이다. 실제로 특정 기억을 삽입하거나 삭제함으로써 기억을 근본적으로 변화시키기가 쉽지 않다. 기억은 자기 인식이나 타인과의 관계 속에서 인간의 정체성을 구성하는 핵심 요소다. 타인과의 관계 속에서 인간이 겪는 사건 대부분은 무대 뒤에서 이루어진다. 주위 사람뿐만 아니라 사건 당사자들도 무대 가장자리는 직접 볼 수 없다. 사실과 실체가 정말로 무엇인지, 어디에 있는지, 그 상황이 명확하게 잡히지 않기 때문이다. 사건을 만들어 내는 사실이 정말로 무엇인지 아무도 모른다. 우리 모두는 겸손한 마음을 갖게 되거나, 적어도 가져야만 한다. 기억의 변경과 삭제에서 발생하는 문제의 위험성은 예상보다 훨씬 심각할 수 있기 때문이다.[39]

　마음의 마음을 일컬어 무의식이라고 한다. 일단 무의식이 있다고 받아들이고 이야기하자. 무의식이라는 개념은 정신분석학자의 지탱을 위해서도 포기할 수 없는 소중한 핵심 개념이다. 인간의 무의식은 그들이 말하는 리비도와 불가분의 관계에 놓여있기 때문이다.[40] 무의식의 증상들을 의식으로 변환시키는 일이 정신분석의 핵심이다. 뒤틀려진 마음을 바로 잡아 가는 것이 정신분석가들의 일이다. 무의식이 의식으로 전환되어야 제 스스로 고통을 잠재울 수가 있다. 뒤틀린 무의식을 의식으로 변환시키는 일이 무엇보다 필요한 이유다.

사실 무의식이라는 것이 실제로 무엇인지는 알 길이 없다. 리비도가 마음의 문제를 일으킨다고 하는데, 그것이 정말로 무엇을 의미하는지는 불투명하다. 리비도가 문제라고 한다면 문제를 일으키는 마음의 여러 층을 명증적으로 확인해 내야 한다. 말하자면 무의식이 무엇인지 그 실체부터 알아야 한다. 그것의 실체는 겉으로 드러난 적이 없다. 모두가 관념의 소산일 뿐이기 때문이다.

우화가 하나 있다. 그 옛날 중국에 도통한 선사가 있었다.[41] 그가 깨달은 도가 있었다. 그는 그것을 '만병통치의 도(道)'라고 불렀다. 어느 청년이 그 도사에게 찾아왔다. 한 여인을 사랑하기는 하지만 그녀와 맺어질 수 없기에 마음이 너무 아파서 견딜 수 없어 죽음을 각오했다고 했다. 도사에게 묘방을 원했다. 도사가 총각에게 약 처방을 단숨에 내릴 수 있으니 걱정하지 말라고 일렀다. 도사가 총각 환자를 이리저리 살핀 후 아픈 마음부터 자기에게 드러내 놓으라고 했다. 어느 부분이 아픈지를 알아야 그것을 고쳐 줄 수 있다고 했다. 그러니, 그렇게 아파한다는 그 마음부터 먼저 내놓아 보라고 일갈했다. 그 소리를 듣고 총각은 단박에 나아 버렸다. 지금까지 아프기만 했던 그 마음을 훌훌 털어 버렸기 때문이다.

요즘의 정신분석자들은 도사들과는 처방하는 방법이 다르지만, 저들이 직면하는 환자들의 내면은 총각의 경우와 다를 리가 없다. 전문가라고 해도 마찬가지다. 무의식에 난 상처가 무엇인지를 확신시키기 위해 전문가는 우선 무의식의 본체를 갈라야만 한다. 환자가 겉으로 드러내기도 힘든데, 없는 무의식을 갈라내기는 더욱더 힘들다. 예나 지금이나 마찬가지다. 무의식의 본체를 드러내라는 주문은 처음부터 가능하지 않다. 소화불량 환자의 배 위에 옥도정기를 바르고 체증이 가실 것이라고 말해야겠기 때문이다.

이런 비유는 억지 비유가 아니다. 마음이 아프다는 환자에게 네 마음부터 드러내 보이라고 일갈한 선사의 태도에 빗대어 정신분석학자들의 노력을 학문적으로 조소하려고 했던 것이 아니다. 때로는 선사가 보여 줬던 직관적인 일갈이 보다 더 효과적이기 때문이다. 그의 일갈은 무의식을 의식으로 변환시키려는 정신분석학자들의 의식화에 대한 간결한 화법이 될 수 있다. 알약 하나 활용하지 않는 극적인 자연적 처방일 수가 있다. 보이지 않는 마음을 먼저 보이라는 주문이 때로는 효과적일 수 있다. 환자 스스로 자기 정신을 점검하는 계기가 되기 때문이다.

사람으로 살아가는 이상 의미를 향한 의지를 갖기 마련이다. 빅토르 프랑클(Viltor Emil Frankle) 교수가 집요하게 이야기하는 것처럼[42] 사람은 살아야만 하는 의미를 찾을 뿐만 아니라 그것 때문에 앓게 마련인 존재다. 살아야 할 의미를 갖기 위해 사람들은 아픈 것이다. 환자들은 자기 스스로 자기 정신을 갖고 있기에 정신적으로 앓아버리기에 그것을 제 스스로 점검하게 도와주어야 한다. 보일 리 없는 무의식을 억지로라도 겉으로 드러내 보이려고 노력하는 과정에서 환자는 자기 자신을 점검할 계기를 맞는다. 마음 앓이를 하고 있는 당사자들 스스로 자기는 바보가 아님을 직감한다. 볼 수도 없는, 있지도 않은 무의식에 대롱대롱 매달려 있는 스스로가 '바보'임을 알아차릴 수 있다. "정신차려, 이 바보야!"라고 일갈한 선사의 호통에 정신이 번뜩 들기만 하면 된다. 이미 그 환자에게는 번쩍 드는 그 정신 상태가 치유의 시작이나 마찬가지가 되기 때문이다. 제 마음은 제가 알아야 할 일이다. 남이 대신 알 수 있는 것이 아니다. 그것을 먼저 깨달은 사람은 자기 치유의 길로 들어선다.

서양 정신의학은 무의식이나 리비도 같은 개념을 과도하게 내세워 인간의 마음을 치료하려고 한다. 동양의 정신의학에는 리비도 개념이 없다. 자기 마음은 자기가 다스릴 수 있을 뿐이라고 믿기 때문이다. 정신병자는 없다. 있다손 치더라도 다른 생각에 깊게 골몰하는 사람 세상을 다르게 살아가는 사람으로 간주할 뿐이다. 동양의 정신의학적 가치를 간파한 사람이 카를 융(Carl Gustav Jung)이었다. 그는 티베트인들이 죽음과 영혼의 윤회 문제를 다루는 방식에 깊은 감명을 받았다. 『티벳 사자의 서(書)』를 읽으면서 그는 서양 정신분석학이나 유대인적인 윤회사상의 이론적 한계를 알게 되었다.[43]

『티벳 사자의 서』에 따르면, 프로이트(Sigmund firued)가 말하는 방식의 리비도에 대한 집착 때문에 생긴다고 보는 증상은 일종의 허구와 비슷하다. 오이디푸스니, 엘렉트라 콤플렉스와 같은 증상들은 인간의 삶과 죽음의 과정에서 문제가 되지 않기 때문이다. 동양인은 인간의 부활을 믿지 않는다. 부활은 없다. 대신 그것을 환생이라고 이야기한다. 인간이 죽은 뒤 다시 사람으로 환생하는 과정에서 죽은 영혼은 인간사의 내밀한 모든 것들을 알게 된다. 어머니와 아버지 간의 격렬한 사랑의 과정을 지켜본다. 그 일로부터 비로소 나의, 그리고 너의 환생이 비롯되기 때문이다.

환생될 유영(遊靈)은 인간의 모든 상황을 '이미' 이해하고 있다는 말이 된다. 남자와 여자 사이의 성적 행위에 의해 사람의 씨앗들이 결합한다. 그 씨앗은 생물학적으로 그리고 의식적으로 역사성과 연대성을 지닌다. 그 종자보다 이전 웃대의 환생 종자적인 뿌리가 의식적으로 서로에게 연결되고 이어지고 있다고 믿기 때문이다. 환생은 떠돌아다니던 망자(亡者)의 영혼이 저들의 자식으로 태어나겠다고 결단한 결실이다. 환생은 그들의 아들이거나 딸이라는 인간 분신들의 과정일 뿐이다. 죽어 떠돌던 망자의 영혼은 남녀 사이의 그 모든 것을 지켜보고 결단한다. 아들이나 딸로 환생한다. 어머나 아버지에 대한 태내적인 불안이 있을 수 없다. 성적인 그리움이나 원망(願望)이 있을 수도 없다. 리비도적인 긴장이나 갈등이 원초적으로 제거되었기 때문이다.

프로이트식의 정신분석 이론과 리비도 이론은 동양의 선학이나 정신학에 비하면 하수다. 저들은 리비도에 관한 동양적이며 원초적인 깊은 이해가 결여되고 있기 때문이다. 프로이트는 서양인의 종교적 혹은 윤리적 관점으로만 리비도의 문제를 제한했다. 어머니와 아들, 아버지와 딸들 간의 인간적인 애정 관계를 필요 이상으로 잘못 해석했다. 무리하게 추론했을 뿐이다. 서양의 리비도 이론은 경험측으로 동양인의 정신 세계에 더 이상 적용될 수 없다는 뜻이기도 하다. 티베트인이 보여 주는 정신의학적으로 세상을 진단하면 오이디푸스 콤플렉스는 허구에 지나지 않는다.

인간에게 오이디푸스 콤플렉스 같은 것은 처음부터 있을 수 없다. 인간들이 살아가면서 겪을 수 있는 리비도에 대한 집착이나 고착 역시 있을 수 없다. 인간으로 환생되기 위해 이미 자궁에서 세상의 이치, 생명의 이치에 관한 모든 것을 경험했기 때문이다. 임신되기 이전에 사람으로 환생될 종자로서의 유영(遊靈)이 그 스스로 성(性)적 리비도의 작동들이 어떤 것인지를 어머니와 아버지의 교섭을 통해 치열하게 경험했기 때문이다. 그로부터 자기에 대한 성적 에너지의 해소를 통한 자기 치유가 끝난 것이기에 리비도의 원초적인 긴장이나 갈등이 있을 수 없다. 서양정신분석학에서 소중하게 다루는 개념들은 단박에 무용지물이 된다. '타고난 마음이 곧 부처(自心卽佛)'임을 외쳤던 마조도일(馬祖道一) 선사의 이야기에 비하면,[44] 프로이트의 리비도 이론은 그야말로 관념성이 한참 뒤떨어진 논리일 뿐이다.

삶의 본질을 찾겠다는 것은 바람의 정체를 찾는 것과 같다. 허망하다기보다는 직관적이어야 하기 때문이다. 공허함이라기보다는 신비함 그 자체이기도 하다. 바람만이 아는 비밀을 스쳐 지내는 일이 바로 삶이기 때문이다. 〈바람만이 아는 대답〉이라는 노래가 한 때 온 세상을 휩쓸어 버린 적이 있다. 그 가수는 밥 딜런(Bob Dylan)이었다. "얼마나 먼 길을 헤매야 아이들은 어른이 되나, 얼마나 먼 바다 건너야 하얀 새는 쉴 수 있나, 얼마나 긴 세월 동안 전쟁을 해야 사람들은 영원한 자유를 얻나, 오 내 친구야 묻지를 마라. 바람만이 아는 대답을. 얼마나 긴 세월 흘러야 저 산들은 바다되나, 얼마나 많은 세월이 흘러야 사람들이 자유를 찾나? 얼마나 많은 사람이 머리를 돌려야 거짓을 볼 수 없을까? 오 내 친구야, 묻지를 마라. 바람만이 아는 대답을. 얼마나 여러번 올려봐야 푸른 하늘을 볼 수 있나, 얼마나 큰소리로 외쳐야 사람들의 고통을 들을 수 있나? 얼마나 많은 사람이 죽어야 죽음의 뜻을 아나? 오 내 친구야, 묻지를 마라. 바람만이 아는 대답을. 오 내 친구야, 묻지를 마라. 바람만이 아는 대답을."[45] 바람만이 아는 답을 굳이 알려고 하는 것이 바로 사람이다.

그래도 바람은 친구처럼 내게 말한다. 가까울수록 바람처럼 동행하라고 이른다. 배울거리를 궁리하라고도 이른다. 먹기 위해서는 먹거리를 걱정하는 것이 사람이다. 마음을 달래기 위해서는 맘거리에 골똘해야 한다. 살기 위해서는 살거리에 골몰해야 한다. 그것이 사람이 해낼 일이다. 살거리를 배울 때 숙였던 삶의 고개를 쳐들며 나를 위로한다. "태초부터 사람들은 행복하기 위해 세상을 바꾸고, 사람들을 바꾸어 보려고 노력했지만, 이런 시도는 한 번도 성공한 적이 없습니다. 문제에 거꾸로 접근하기 때문입니다. 우리가 배워야 할 것은, 투사된 대상이 아니라 투사기(마음)를 바꾸는 방법이어야 합니다. 현실로 나타나는 것들은 영사기 렌즈에 보풀이 있는 거친 헝겊을 대고 있는 것과 같습니다. 우리는 화면에 흠집이 있다고 생각하고서, 흠집이 있는 것으로 보이는 사람을 모조리 바꾸려고 애씁니다. 하지만 그렇게 투사된 모습들을 바꾸려 애쓰는 것은 헛될 뿐입니다. 거친 헝겊이 어디에 있는지 올바로 깨닫는다면, 영사기의 렌즈를 깨끗이 할 수 있습니다. 그러면 고통이 끝나고 천국의 기쁨이 시작됩니다. 나는 지금 있는 현실을 사랑합니다. 내가 영적인 사람이어서가 아니라, 현실과 다투면 나 자신이 괴롭기 때문입니다. 우리는 현실이 지금 있는 그대로 좋다는 것을 알 수 있습니다. 현실과 다투면 긴장하고 좌절하기 때문입니다. ……내가 아는 것은 오직 당신의 마음을 아프게 하는 게 있다면 그것을 조사해 보라는 것입니다. 깨달음은 관념일 뿐입니다. 결코 오지 않는 미래에 얻으려고 애쓰는 또 하나의 어떤 것에 불과합니다. 심지어 지고한 진리라 해도 그 역시 또 하나의 관념입니다. 내게는 경험이 모든 것이며, 탐구가 드러내는 것이 그것입니다." 한 평범한 주부가 고통에서 벗어날 수 있었던 계기를 적어 놓은 처방과 치유에 대한 글이다.[46]

고통의 원인은 별다른 것이 아니다. 진실하지 않은 생각에 자기 마음을 빼앗기는 것이 고통의 원인이 된다. 고통은 고약한 성질을 갖고 있게 마련이다. 도대체 참지를 못한다. 숨기지도 않는다. 고개를 쳐들고 어려움을 호소한다. 네 자신에 진실되지 않았기에 내가 태어났다고 고(苦)가 말한다. 마음을 다스리지 못하면 고(苦)와 동행할 수밖에는 없다. 고에 머무는 것 그것이 괴로움이라고 알려 준다. 고는 삶에게 때때로 친절하기도 하다. 그것은 늘 말한다. 흐르라. 물처럼 흘러 버려라. 흐르면 흩어지고, 흩어지면 풀리게 된다고 말한다. 붓다는 그렇게 자신을 즐겼다. 하지만 모두가 아직은 붓다가 아니다. 그것부터 깨달음의 시작이다. 흘러갈 것은 흘렀을 뿐이다. 나는 여기 있을 뿐이다. 큰 깨달음이다.

흘러감과 흩어짐에 연연하지 않기 위해 불가에서는 수행을 강조한다. 그중에서도 위파사나 수행(vipassana) 방법이 눈에 띈다. 자기 행동에 대한 관찰과 분석을 강조하는 것이 위파사나 수행법이다. 한 대상에 마음을 집중하여 고요한 상태(止, samatha)를 얻으라고 이른다. 고요해지기 시작하면 무엇인가 끊임없이 변화하는 것을 느끼게 된다는 것이다. 잇대어 생성하며 소멸하는 대상을 있는 그대로 관찰할 수 있게 된다. 관찰하면 자연스런 흐름을 따르게 된다. 흐름을 따라 흘러가면서 모든 것은 스스로 풀리게 된다. 흐름이 막히면 문제가 된다. 흐름이 자연스러우면 자기 변신이 일어난다. 자기 변신이 관찰에서 요구되는 과제다. 불교에서 강조하는 참선이든, 기독교에서 말하는 명상이든, 도교에서 말하는 존상(存想)이든 그 어떤 것이든 관계없이 이들은 한결같이 흩어지고, 나자빠져 버린 그런 마음을 다시 찾는 일이다. 한마디로 말해 모두가 맹자(孟子)가 말한 구방심(求放心)의 방편들이다.[47)]

위파사나라는 말은 원래 '보다'라는 말인 관(觀), 그 본체를 뜻한다. 세간의 진실한 모습을 빤히 들여다보며 흐른다는 것이 관이 풍기는 진정성이다. 분석적으로 본다는 뜻도 있지만, 분석은 덜 직관적인 단어다. 흐른다는 말이 더 결이 고우며, 제격이다. 분석하는 것도 흐르기 위해서다. 결코 막히기 위해서가 아니기 때문이다. 분석적이라는 말의 의미는 편견을 개입시키지 않고 현상을 현상 자체로 본다는 뜻이다. 궁극적 목표는 엉킨 실타래를 풀어내는 일이다. 빤히 나를 쳐다보는 것은 오늘을, 바로 오늘을 처음 사는 것처럼 다시 시작하기 위해서다.

삶이라는 엉킨 실타래를 풀어내기 위해서는 나름대로의 기준이 있어야 한다. 엉킨 실타래의 처음 실마리를 찾아낼 수 있어야 하기 때문이다. 그 실마리가 바로 행복이다. 행복의 실마리를 제대로 잡아야 삶의 실타래를 제대로 풀어갈 수 있다. 행복이라는 느낌이 결여되어 있으면 실타래 그 자체가 다 부질없는 짓이다. 버리면 되는 일이기 때문이다. 실타래를 풀어야 할 이유가 없어지기 때문이다.

삶에서 원하지 않는 것이 있다면, 그런 것과 별하고 리(離)해야 하다. 중지하면 된다. 멈추면 된다. 내려 놓으면 되는 일이다. 지나쳐 버리면 된다. 담담하기만 하면 된다. 행복은 늘 그렇다. 아무도 모르게 깃들기 때문이다. 원하지 않는 것으로부터 도망가라는 말이 아니다. 도망갈 이유가 없다. 도망이 나를 피해 버리도록 해야 한다. 도망을 무시하면 도망이 나를 피해 갈 것이다. 원하지 않는 상황과 억지로 싸울 일이 아니다. 통제한다고 통제되는 것이 아니다. 마음부터 차분하게 들여다봐야 한다. 단순해지면 된다. 어린아이처럼 단순하면 된다. 바위 같았던 삶이 마치 먼지처럼 가벼워질 수 있다. 단순함이 해방으로 나아가는 방편이기 때문이다.

단순성에 자신을 내맡기는 일은 억지로 변화시키는 것이 아니다. 자신으로 되돌아가면 되는 일이다. 자신 안의 아이 모습을 되찾으면 된다. 아이들은 싸우면서도 잘 논다. 속상해하지 않는다. 내세우려는 것이 작기 때문이다. 자신을 억지로 변화시키려면 자신과 싸워야 한다. 그것은 단순해지기 어렵다는 것을 드러내는 일이다. 자신이 허위 속에서 나오지 못하겠다는 뜻이다. 내세울 것이 많다는 것인데, 허위이다. 단순해지려면 조바심에서 벗어나야 한다. 자기 스스로 늘 즐거워야 자기의 세상이 창조된다. 아이들이 매일같이 자기의 새로운 세상을 만들어 가는 이치를 배워야 한다.

행복은 자기가 만들어 가는 것이지, 남이 만들어 주는 것이 아니다. 다른 사람이 아니라 바로 자기만이 자기의 행복을 만든다. 자기를 자기가 지켜내야 한다. 행복하려면 별 수 없다. 자신만의 일이다. 행복의 에너지는 자기가 발전해 내야 한다. 타인이 필요할 때도 있다. 자신이 다른 자신과 함께 만들어 내는 에너지가 동행의 에너지다. 동행이 행복하면 행복의 에너지들이 거대한 흐름을 만들어 낸다. 행복의 에너지들은 행복을 흐르게 한다. 행복의 흐름은 행복의 펜듈럼을 만든다. 행복의 펜듈럼이 움직이면 행복의 진폭이 함께 작동하기 마련이다. 진폭이 커지거나 작아지게 마련이다. 서로에게 좋은 동행이 되기 위해서는 서로의 행복을 정화(淨化)시키는 추(錘)가 움직여야 한다.

스스로를 괴롭히며 고통하게 만드는 불신과 불만의 잡음들을 제거해야 한다. 그 작업이 정화다. 정화하려면 실천이 따라야 한다. 사람이라면 그 누구든 좋지 않았던 슬픔이 있다. 상처받은 기억이 있게 마련이다. 그것을 지워내야 한다. 내가 먼저 그 기억들을 내 의식에서 비워 내야 한다. 기억의 소거가 없으면 치유는 일어나지 않는다. 기억이 기억을 복잡하게 만들어 간다. 문제를 일으키는 원인은 의식을 사로잡는 기억과 기억의 가지들이다. 기억들을 백지 상태로 만들어 가는 것이 하와이 원주민들이 상용하는 '호오포노포노(ho'o ponopono)'라는 말이다.[48] 호(오)는 하와이 원주민의 말로써 '원인'이라는 뜻이며, 포노포노는 '완벽함'을 뜻하기에, 호오포노포노는 바로잡다, '오류를 정정하다'라는 뜻으로 쓰인다.

   어떤 일이나 사건이든 모든 사건의 주역과 주인공은 '나'라는 인물임을 먼저 받아들이는 일이다. 책임은 그것이 무엇이든 간에, 내가 먼저 통감하며 받아들여야 한다. 수정거리를 내가 스스로 먼저 만들어야 한다. 자기 때문이다. 오류를 수정하는 일이 정화(淨化)다. 깨끗하고 단호해야 한다. 자기 스스로에게 우선 긍정적이어야 한다. 자기 안에서 발견과 깨침이 있어야 한다. 지나쳤거나 모르고 있던 것에 대한 발견이어야 한다. 새로운 정보를 갖는 것만으로는 부족하다. 안다는 관념적인 것만으로 역부족이다. 아리스토텔레스가 비극(悲劇)에서 말하는 식으로 이야기하면, 아나그노리시스(anagnorisis)와 페리페테이아(peripeteia)가 수반되어야 한다. 깨침과 역전(逆轉)이 함께 일어나야 한다는 뜻이다. 삶이 바뀌는 계기를 주는 깨우침과 반전이 일어나야 한다. 문학 작품에서는 갑자기 어떤 사실을 깨달아 무지에서 앎의 상태로 바뀌는 것을 아나그노리시스라고 말한다.

   아나그노리시스의 개념은 인간의 삶 전반에 응용될 수 있다. 인간의 삶이 고(苦)라는 것은 인간 스스로 비극적 존재임을 '인정'하는 것이기 때문이다. 자신이 비극적 존재임을 발견하고, 깨닫는 것이다. 비극적 존재임을 어떤 계기로 인해 격정적으로 깨닫는 것이 아나그노리시스다. 그 비극적 인식과 발견은 역전, 바로 페리페테이아를 만들어 내기 위한 모티브다. 자신의 힘으로는 어쩌지 못한 채 만들어진 운명, 어쩌면 섭리와 '비열함' 그리고 숙명의 무자비함에 대항하여 인간 자신의 존재 의미를 정당화시키는 역설적인 방법과 힘이 아나그노리시스와 페리페테이아다.[49] 한평생 살아간다는 것은 인간에게 있어서 자기 자신의 힘에 대한 연속적인 아나그노리시스와 끊임없는 페리페테이아의 반복 과정일 뿐이다. 아나그노리시스와 페리테테이아 사이를 매개하는 일이 바로 정화다.

3. "병을 치료하려면 무엇보다 마음에 괴로움을 만들지 말아야 합니다. 세상을 살아가다 보면 여러 가지 많은 일들을 겪게 되지요. 곤궁함, 출세, 이득, 상실, 명예, 치욕, 이익, 손해 등 모든 것을 너무 깊이 마음에 담아 두지 마세요. 이처럼 담아두지 않는 마음을 지니게 되면, 병통의 절반 이상은 이미 나은 바와 다름없습니다. 사람들과 어울리며 활동하는 시간을 줄여 보세요. 취미나 욕망을 좇는 생활을 절제하고 마음을 비워 한가하고 담백한 생활 속에서 즐거움을 찾아내세요. 그림이나 꽃을 감상하거나 시냇물과 산, 물고기와 새를 구경하며 기쁨을 찾는 일도 좋을 것입니다. 정서적으로 조화롭고 편안한 상태에 머물러 있도록 하세요. 마음을 거스르거나 어지럽히지 말며, 노여움이나 원망을 물리치는 것도 치유의 방법이 될 것입니다." - 퇴계(退溪)[50]

삶이 어려움이라는 삶의 원고(元苦)에 대한 깨침이 생기면, 삶의 역전을 위한 정화에 대한 욕구는 어김없이 일어나는 법이다. 그것의 시작을 '거듭나기'라고 말한다. 거듭나기 위해서는 제 안에 마음부터 돌봐야 한다. 이 점에서 동·서양의 종교적 차이가 없다. 미세한 언어적인 다름만이 있을 뿐이다. 선승(禪僧) 못지않게 수도사(修道士)들도 잠언(箴言)이 가르치는 대로, "모든 지킬 만한 것 중에 더욱더 네 마음을 지키라. 생명의 근원이 이에서 남이라."를 매일같이 실천하고 있기 때문이다.[51] 모두가 각성이 들어서야 한다는 것에 공감하는 것이다. 각자적 자성이 자기 마음을 다스려야 한다는 뜻이다.

자기 정화(自己淨化)를 위해 선승들은 선생이 필요하면 선생을 죽이고, 스승이 필요하면 스승을 죽여야 하며, 부처가 필요하면 부처를 죽이라고 했다. 상징적인 표현이기는 했지만, 거듭나려면 자기를 죽이는 결단이 필요하다는 단단한 뜻이다. "이 세상에 사는 사람들은 그 누구든 '누구나(anybody)'이고 '모두(everybody)'인 동시에 '누군가(somebody)'가 될 수도 있고 '아무도(nobody)'가 될 수도 있습니다. 꼭 해야 할 중요한 일이 있다고 칩시다. 그 일은 누구나(anybody) 가능한 것이기 때문에 누군가(somebody)가 할 것이라는 생각이 들어도 아무도(nobody) 하지 않습니다. 모두(everybody) 누군가가 해 줄 것이라고 생각했기 때문이죠. 그렇게 누구나 가능한 일을 아무도 하지 않은 결과, 모두가 남을 탓하기만 하다가 끝나 버리고 맙니다. 이처럼 모두 자신의 문제라고 생각하지 않고 그대로 내버려 둡니다. 하지만 어떤 문제에 대하여 백 퍼센트 자신의 책임이라고 생각하는 사람이 없으면 그 문제는 결코 해결되지 않기 때문에, 오류를 지워 내지 않고는 그 어떤 치유도 가능하지 않을 뿐입니다." [52]

내게 일어나는 모든 것에는 내게 책임이 있다는 것을 받아들이며 자신의 영혼을 정화하는 방법이 이미 말한 바 있는 하와이 원주민들의 호오포노포노의 방법이다. 찌들대로 찌들은 기억이나 정보들로 가득 차 버린 의식들을 정리하고 내다 버리는 일이 호오포노포노다. 자기 다스림을 시작하는 말은 단순해야한다. 그저 '사랑합니다.' '미안합니다.' '감사합니다.'면 족하기에 자신이 먼저 자신의 영혼에게 말을 걸어야 한다. 첫마디는 '미안해요.'로 시작해서 '용서해줘요.' '고마워요.' 그리고 끝마디는 '사랑해요.'이면 족하다. 네 마디 말을 하기가 힘들다면 한마디 말이라도 족할 뿐이다. '사랑해.'를 계속 말하기만 해도 된다. 자신을 사랑한다는 그 말은 억눌려 있던 의식의 저 아래 깊은 곳까지 투영하고야 만다. 자신을 치유하는 동력으로 쓰이기 때문이다.

내게 진실하지 않은 생각은 버려야만 한다. 타인에게도 진실할 수 없기 때문이다. 인간은 나이가 들어 갈수록, 무엇이든 쌓아 놓는 일에 친숙하다. 버리는 일에는 친숙하지 않기에 삶에 게걸스럽게 집착하기 마련이다. 젊어서도 그랬고, 나이를 먹어가면 더 그렇다. 노탐(老貪) 혹은 노욕(老慾)으로 바뀌기 때문이다. 그래서 루실 볼(Lucille Ball)이라는 미국의 유명한 여류 코미디언은 노탐과 노욕이 가득하면 늙음을 즐길 수 없는 노탐(老耽)이 될 뿐이라고 지적하곤 했다.[53] 그녀는 죽기 전에 말했다. 늙었어도 젊게 살려면, 무엇보다도 먼저 솔직해지기, 무엇이든 천천히 먹기, 그리고 나이를 가능한 잊고 살아야 한다고 말했었다. 즐기려면 먼저 지난 일, 화려했던 과거를 버려야 하겠기에 자기의 삶에 솔직해야 한다. 어느 누구 하나 그 옛날에 공주 아닌 이가 없었고, 왕자 아닌 이가 없었기 때문이다. 자기에게 멋있지 않은 과거란 있을 수 없기 때문이다. 과거로부터 벗어나려면 자신에 대한 정화가 불가피하다. 현재가 즐거울 수 있기 위해서는 과거의 감옥에서 벗어나야 하기 때문이다.[54]

누구든 자기 나름대로 자기의 삶이 편안함을 느끼게 되는 삶의 버퍼 지대를 갖고 있기 마련이다. 자기만이 안심할 수 있는 완충지대가 있다. 사람들은 자기 안의 그것을 작동할 줄 모를 뿐이다. 살아가는 프로그램에서 삶의 버퍼를 제대로 활용하면 행복을 가까이 접하게 된다. 버퍼는 삶의 여백이다.[55] 삶의 여백들은 삶살이에 상처를 낼 수 있는 경우를 대비한다. 삶의 여백은 삶의 반창고 같은 것이다. 경우마다 필요하다. 피치 못하게 일어날 경제적 어려움을 대비해 은행의 마이너스 통장을 활용하는 것도 버퍼다. 건강을 대비해 적절하게 운동을 하는 것도 버퍼다. 필요한 다이어트를 하는 것 역시 건강을 위한 버퍼다. 심리적으로 이완하기 위해 좋아하는 음악을 듣는 것도 버퍼다. 즐기는 차로 숨을 돌리는 일 역시 삶의 여백이다. 동행할 수 있는 큰지식〔大智識〕, 큰 어른들을 옆에 두는 것 역시 벅찬 삶살이에서 한숨 돌리게 만드는 버퍼가 된다.

살아가다 보면 준비했던 버퍼, 말하자면 삶의 완충 장치들이 부식하는 경우도 있다. 여백들이 잠식당하는 일도 빈번하다. 나이를 먹어간다는 것은 삶의 여백인 동시에 여백의 축소일 수도 있다. 건강하게 장수한다는 것은 삶을 위한 버퍼가 마련되었다는 뜻이다. 반대의 뜻도 담고 있다. 삶의 버퍼를 상당할 정도로 소진했다는 반증이기도 하다. 예를 들어, 자기가 그토록 의지했던 사람이 먼저 죽는 경우가 있다. 사랑하는 사람들이 병으로 고통에 시달릴 수 있다. 자기 힘으로는 어찌 해 볼 수 없는 경우다. 저들은 더 이상 내게 삶의 여백이 되지 못한다. 내가 저들의 삶의 버퍼가 되어 주어야 한다. 사람 속에서 사람을 만나지 못하며 사는 경우가 비일비재하다. 삶의 무인도에 유배당한 삶을 살기도 한다. 노무현 대통령의 자살, 어쩌면 자살하기 전 그에게는 로빈손 크루소의 모습이 더 행복하게 보였을지도 모른다.

자기 파멸의 경우수들은 늘 쓰나미처럼 갑자기 밀려온다. 몰려올 적에는 한꺼번에 단번에 몰려온다. 선택의 여지는 없다. 선택을 생각하는 순간 이미 늦은 것이다. 선택하려면 미리 준비했어야 할 일이었다. 쓰나미에 견딜 방파제가 필요하다. 그럴려면 미리 준비하는 수밖에 없다. 미리 대비하는 삶이 필요하다. 자신이 의지할 삶의 여백이 단단해야 한다. 자기를 감쌀 수 있는 버퍼를 찾아내야 한다. 삶, 최후의 마지막 버퍼를 간직해야 한다. 바로 자신이 자기를 지켜낼 버퍼다. 자기 자신이라는 마지막 버퍼를 스스로 내심에서 끌어내야 한다. 자기는 자신을 결코 배반하지 않는다. 자기는 위선적으로 자신 편일 뿐이다. 자기라는 버퍼는 자신을 배반하도록 훈련받은 적이 없기 때문이다. 죽는 그 순간까지 자기는 자신의 편이다. 자신을 믿지 못하면 자기는 자신으로부터 이탈한다. 자신의 여백이 완전히 와해된다. 자기는 늘 자신을 위해 이기적이며 자기를 위해 이타적이다. 자기 안에서 와르르 무너져 내리는 것은 없다. 삶의 어떤 고통도 자신만이 이겨낸다. 자기는 자신에게 마지막 보루다. 영원한 동행이며 영원한 칼야나미트라, 소위 좋은 지식(智識)일 뿐이다. 자신이 자기를 버리면, 자기는 자기 속에서만 머물 수 없는 노릇이다.

행복한 사람이란 버려야 할 신분, 어깨를 짓누르는 헛된 지위를 아낌없이 버릴 줄 아는 사람이다. 행복해질 줄 아는 사람은 신분을 버퍼로 삼지 않는다. 신분은 자신을 무시하고 천대하며 내팽개치길 좋아하는데, 그것은 껍데기가 내용을 기만하기 때문이다. 대통령이라고 고상하게 죽는 것은 아니다. 고통으로 죽을 뿐이다. 혼자 죽을 뿐이다. 따라 죽어 줄 사람은 아무도 없다. 자기 곁에서 숨을 같이 거둘 이는 자신일 뿐이다. 자신이라는 버퍼와 화해하는 사람이 그래서 행복한 사람이다. 죽음에도 아름다운 죽음이 있고, 추한 죽음이 따로 있는 것이 아니다. 톨스토이(Leo Tolstoy)가 말했다. "미련을 버리지 못한 죽음이야말로 추한 죽음이다. 추한 죽음은 지금까지 잘 살아온 자신의 삶에 상처를 낼 뿐이지만, 사람은 죽기마련이라는 것에 대한 깨달음을 얻어 결단하는 죽음은 의연한 죽음이다. 그 죽음이야 말로 이전의 나쁜 삶을 보상해 준다."

죽음은 운명이 발행하는 삶의 초대장이다. 살아감이라는 연극이 막을 올리면 그 언젠가 막은 내리게 마련이다. 그 누구든 알고 있다. 사람들은 죽지 않기 위해 살고만 있다. 죽지 않기 위해 살려면 삶을 거세해야 한다. 살아 있는 죽음이 늘어나고만 있다. 불안정하고 불안한 일이다. 불안에서도 되돌아오려면 죽기 위해 살아야 한다. 제대로 죽는 연습이 필요하다. 인격을 간직하는 죽음이 필요하다. 몸에게 죽음은 구속이고 속박이지만, 영혼에게 죽음은 구원이고 해방이다. 신이 인간에게 던지는 메시지다. 신은 인간에게 말한다. "언제나 기억하거라. 나는 너에게 천사 말고는 아무도 보내지 않는다." 삶의 순간순간 무슨 일을 만날 때마다 그것이 기쁨을 주든, 슬픔을 주든 관계없이 그것 모두가 신이 자기에게 보내 준 천사일 뿐이다.[56]

눈이라는 인체 기관의 고유한 기능은 보는 일이다. 눈은 몸의 가장 높은 위치에 있는 머리 부분에 달려 있다. 이마 아래에 눈썹이 있다. 그 밑에 두 눈이 달려 있다. 얼굴의 정면, 높은 위치에 눈이 달려 있는 이유는 분분하다. 가까운 것과 멀리 있는 것을 잘 보게 하기 위한 조물주의 설계와 뜻이 있었던 것은 분명하다. 통속적인 설명이지만 그 이상의 설명이 필요한 것은 아니다.

눈의 기능은 중요하다. 몸이 갖고 있는 감각 수용기의 70퍼센트 정도가 눈에 집중되어 있다. 눈을 통해 받아들인 정보는 다른 감각 기관의 정보 수용 능력을 압도한다. 우리가 아는 세계에 대한 정보의 대부분은 눈을 통해 접수한 것이다. 시각으로 접수한 정보는 뇌의 전두엽으로 보내진다. 전두엽에서 그 정보가 걸러지는 과정을 통해 60퍼센트만 인지된다. 사물들의 정보는 눈에 의해 입력되지만 뇌가 그것을 인지하지 못하면 정보로 남지 못한다. 처음부터 보지 못한 것이나 마찬가지가 된다. 눈은 정보를 받아들이는 중요 기관이지만 정보 손실도 많이 하는 기관이다. 많은 양의 정보를 받아들이고 그것을 나름대로 분류하는 과정에서 상당량의 정보 손실이 생기기 때문이다. 본다는 것은 그렇게 허술한 것이기도 하다.

눈이 무엇을 보았을 때 그것 모두는 빛 속에 있는 것들이다. 눈으로 인지하지 못하는 것은 어둠 속에 있게 된다. 보이지 않는 것은 빛이 쏘이지 않은 것이다. 눈은 빛에 반응한다. 빛에 반응하는 것은 알려진다. 빛을 보는 사람은 알게 되는 사람이다. 눈은 그래서 상징성을 지닌다. 눈이 밝은 사람, 빛을 아는 사람을 옛날에는 지혜로운 사람이라고도 불렀다. 빛을 보지 못하면 알지 못하기 때문이다. 어둠의 함정을 피할 길이 쉽지 않기 때문이다.

부끄러운 일을 한 사람은 눈부터 가린다. 눈을 아래로 깔게 마련이다. 수치스러움을 덜어내기 위해 사람들은 자기 눈을 비난하고 응징했었다. 예를 들어, 오이디푸스가 자신의 두 눈을 찔러 수치를 가리려고 했던 것도 바로 그 이유다. 근친상간으로 딸을 낳았다는 사실에 전율하며 제 눈을 찌르는 오이디푸스처럼 빛을 볼 수 없는 사람은 자신의 능력을 거세당한 사람으로 비유된다.[57] 생식능력을 상실하면 생물로서는 죽은 것이나 마찬가지다. 눈을 잃는다는 것은 빛을 잃는다는 뜻이다. 예수가 그것을 비유로 이른 바 있다. "…… 소경이 소경을 인도할 수 있느냐. 둘이 다 구덩이에 빠지지 아니하겠느냐."

시각을 완전히 상실한 인물은 저 홀로 위대한 일을 해내기가 쉽지 않다. 어떤 일을 해내기 위해서는 다른 이들이 지닌 시각의 도움이 필요하다. 시각은 본다는 단순한 기능 그 이상의 것들을 만들어 낸다. 본다는 것은 사물을 접촉하는 것만을 의미하지 않는다. 보는 일이 만들어 내는 일이기 때문이다. 보는 일이 생각의 원초가 된다. 인간에게는 그것을 위해 두 개의 눈이 있다. 옛사람들은 인간의 눈은 넓은 바다에서 생겨났다고 생각했다. 넓은 것을 생각하는 것이 눈이라는 뜻이었다. 그 눈은 늘 소금기 가득한 눈물로 덮여 있기 마련이다.[58] 두 개의 눈을 제대로 활용하면 수만 개의 시력이 드러낼 능력이 생기게 된다.

인간의 두 눈에는 시력의 한계가 있다. 인간의 시각적 기능들은 그 능력이 제한적이다. 오른쪽 눈은 그 눈의 기능대로, 왼쪽 눈은 왼쪽 눈대로 각각 2차원의 영상만 인식한다. 제한된 기능은 부정확한 인식을 유도한다. 제한된 기능을 가진 두 눈에서 받아들인 영상들이 두뇌에서 복잡하게 종합되면 엄청난 일이 전개된다. 두 눈으로는 생각해 보지 못했던 힘이 발휘된다. 폭발적인 힘이다. 2차원을 넘어서는 새로운 세상이 만들어진다. 3차원이라는 질적으로 다른 공간적 비전이 만들어진다. 3차원이라는 질적으로 다른 세상으로의 비전(vision)이 생겨난다. 새로운 지식, 새로운 기술의 토대와 연결고리가 만들어진다. 눈의 위력이다. 비전은 익히기로 진화된다. 배움의 한 기능인 학습은 보는 것으로부터 분화된다.

인간은 자신의 두 눈으로 사물이라는 현상을 감지한다. 두 눈에 의해 감지된 갖가지 자극들은 뇌의 각 부분에서 조합된다. 하나의 개념이 잇대어 만들어진다. 만들어진 개념들은 다시 뇌 속에서 여러 공정을 거친다. 분류되고, 조합되고, 재분류되면서 하나의 관점을 만들어 간다. 관점이 만들어지는 과정에서 관점이 생활에서 활용될 수 있는 수단들이 떠오른다. 예를 들어, 사람들은 먼 곳으로 이동하기 위해 동물들을 활용했다. 말이나 코끼리, 낙타 같은 동물들이 운송 수단으로 활용되었다. 운송 수단에 속도감의 욕구가 가미되기 시작하면서 인간은 자동차를 만들어 냈다. 자동차가 만들어지기 이전에는 동물의 속도에 집착한 것은 인간의 두 눈이다. 두 눈이 속도를 내기 위해 자동차를 만들게 했다.[59] 시각이 그 속도감의 유용성을 포착한 것이다.

말(馬)이 인간에게 분명하게 보여 준 것은 달리기 능력이었다. 인간의 두 눈에 말의 빨리 달리기가 포착되었다. 속도라는 개념이 만들어졌다. 속도의 유용성이 삶을 바꾸기 시작했다. 말의 속도가 사람에게 인지된 것이다. 사물이나 현상의 속성을 알아채는 그것이 바로 식(識)이다. 식이 생기면 그것에 따라 관념이 만들어진다. 말과 거북이 간의 달리기에 대한 알아챔이 속도에 대한 분별을 가능하게 했다. 분별이 생기면 집착도 따라붙는다. 집착이 생기면 방편이 만들어진다. 말의 속도감을 인간은 도구로 활용하기 시작했다. 인간의 재주인 기술(術)이 가미되었다. 자동차가 만들어졌다.

자동차가 만들어진 후 인간은 속도라는 개념과 일상적으로 부대끼게 되었다. 부대낌에서 위험한 속도, 편안한 속도 같은 것들이 갈라지기 시작했다. 가능한 안전한 속도, 삶에 도움이 되는 속도를 구분하기 위해 지혜와 슬기들이 생겨났다. 속도에 대한 마음의 날카로움이 생긴 것이다. 속도에 대한 지혜(慧)는 안전이라는 관점을 만들어 냈다. 자연 현상이나 사물의 속성들은 예외 없이 두 눈의 정보 감지능력에서 생겨난 것이다. 보는 것은 알아챔의 시작이다. 알아챔이 개념으로 정리되고, 그 개념은 재주에 의해 방편이 된다. 재주들은 관점으로 분화되고, 슬기로 정련되기 마련이다.

배움의 시간이 산술급수적으로 늘어나면, 효과는 기하급수적으로 성숙한다. 배움에는 '수확체증(increasing returns of scale)의 법칙'이 적용된다. 배움의 수확체증력은 지수함수적이다.[60] 배움의 양태는 생물학적 발달 단계에 따라 서로 다를 수 있지만, 그것의 정점은 깨우침과 개조다. 삶살이의 역전이 불가피하다. 배움의 법칙이 바로 삶살이의 역전을 일으킨다. 물론 20대에 발견되던 배움의 효과는 50대에 발견되는 배움의 효과와 다르다. 20대에는 익히기를 배움의 전체로 이해하기 마련이다. 중년이 넘으면 배움은 그들의 삶에서 역전이며 반전의 계기가 된다.

20대의 익힘은 분석적이다. 중년 이후의 배움은 통합적이다. 통합이 있으려면 부대낌이 있어야 한다. 나이가 든다는 것은 부대낌이다. 부대낌들이 여러 색깔로 조화된다는 뜻이기도 하다. 검은색처럼 하나의 색깔로 덮어질 수는 있지만 나머지 색들이 소거되는 것은 아니다. 부대낌으로 만들어지는 삶의 작품이 나이듦이다. 그 어떤 예술 작품보다도 아름다운 작품이다. 나이듦이 삶의 재창조다. 살아간다는 것은 마치 연주회에서 정식 밴드 멤버가 아닌 세션들과 함께 연주하고 부대끼는 재밍(jamming)의 과정이다. 재밍의 과정이 삶과 융합되면 삶에서 새로운 가능성이 나온다. 자기 개조가 비로소 만들어진다.[61]

본다는 시각적인 행위들은 권력의 표시이기도 하다. 시각은 한 시대의 지배적인 이데올로기와 내밀한 관계이기도 하다. 세상을 보는 방식에 따라 운명이 달라진다. 보는 방식은 항상 역사적으로 형성된다. 시각은 사회적으로 공유되고 학습된다. 사회적 권력 관계는 사회를 보는 방식이다. 세상을 얻으려면 보는 방식이 달라야 하기 때문이다. 푸코(Paul Michel foucault)가 말한 것처럼 한 시대를 보는 방식은 지배 권력 관계에 대한 해석 방식을 말한다.

해석 방식의 차이에 따라 사회 변혁의 속도나 사회 변화의 긴장 양태가 달라진다. 사회를 자본주의 방식으로 보는 것과 사회주의 방식으로 보는 것은 서로 다르다. 사회를 보는 방식의 차이에 따라 노동 운동이나 정치 권력의 양태가 달라진다. 본다는 말이 사회심리적으로 쓰일 때는 타인들과의 거리를 말하기 마련이다. 내가 그 사람을 지켜본다라고 말했을 때 그것은 거리감의 유지다. 나라는 주체가 그 사람이라는 타인과 일정한 거리를 둔다는 뜻이다. 나라는 주체를 형성하는 한 시점이 만들어졌다는 뜻이기도 하다.

상상하기 위해서는 보인 것이 있어야 한다. 보는 것이나 보이는 것에 대한 어떤 이해나 해석이 요구되기 때문이다. 상상해 내려면 생각해야 한다. 생각하려면 어떻든 간에 시각의 원초적 보조가 불가피하다. 공상도 상상도 시각적이다. 시각적 작용 없이는 그 어떤 상상도 불능에 빠져 버린다. 불확실한 것에서 확실한 것이 그려질 수 있기 위해서도 시각의 개입은 불가피하다. 호모 크레아토(Homo creator), 자기 창조, 자기 치유의 존재인 인간은 늘 불확실한 상황에서 자기의 삶을 시작한다. 일종의 부조리에서 가능한 확실성으로 나아갈 수밖에 없는 존재가 호모 크레아토다.

확실한 것을 상상해 내려면 불확실한 시각의 기능이라도 작용해야 한다. 호모 크레아토의 운명이다. 호모 크레아토는 죽을 때까지 시각과 내부 시각을 활용한다. 무엇인가를 끊임없이 만들어 내기 위해서는 피할 수 없다. 호모 크레아토는 보는 것의 작용인 시각과 상상하는 힘인 내부 시각을 조합하는 존재다. 그 조합을 통해 거대한 하나의 이야기를 꾸며 나가며 창조하는 이가 호모 크레아토다.

호모 크레아토인 인간은 삶을 시각화하는 미학적 존재들이다.[62] 인간만이 그들의 힘으로 그들을 만들어 낼 수 있다. 인간만이 고통을 쾌락으로 만들어 낼 수 있다. 인간만이 고통을 놀이로 즐길 수 있다. 인간만이 자신을 치유해 낼 수 있다. 인간만이 자신을 속일 수 있다. 인간만이 자기를 구원해 낼 수 있다. 인간만이 자기도 믿을 수 있다. 타인도 믿을 수 있고, 자연도 믿을 수 있다. 인간만이 믿음이라는 위대한 착각을 만들어 낼 수 있다. 인간은 빛을 아는 존재다. 빛으로 자신을 속이기도 한다. 인간은 빛으로 종교를 만들어 간다. 빛과 시각은 종교에서 핵심 주제들이다. 빛과 시각을 벗어나는 종교는 신통력을 상실하기 마련이다. 빛 내림의 이야기들이 소거된 종교는 사람들에게 신통력을 주지 못한다.[63]

인간이 빛을 보는 순간 그 무엇도 함께 상상해 낸다. 빛이 없으면, 그것을 보는 시각이 없으면 종교는 성립되지 않는다. 인간은 '태생적'으로 빛을 꾸며 내며 만들어 가는 존재다. 인간은 빛을 꾸며 내는 이야기와 관념의 명수들이다. 그리스 신화에는 '정의의 여신'으로 디케(Dike)가 등장한다. 디케는 늘 두 눈을 가리고 있다. 진실을 찾기 위해서 최선을 다하는 고뇌의 극적인 표현이다.[64] 디케는 그리스어로 '정의' 또는 '정도(正道)'를 뜻한다. 그녀는 제우스와 율법의 여신 테미스 사이에서 태어난 딸이다. '질서'를 뜻하는 에우노미아와 '평화'를 뜻하는 에이레네의 자매기도 하다.[65] 그녀가 눈을 가리고 있기에 질서는 늘 기우뚱거리며 정의는 늘 불안정하다. 보는 힘을 가렸기 때문이다.[66]

인간의 시각 시스템은 불완전하다. 시각은 믿음직스럽지 못하다. 두 사람이 마주 보고 있을 때 3m 이내에서는 거의 완전하다. 3m로 벌어지기 시작하면 눈에 보이는 상이 이미 불투명하게 된다. 상대방의 속눈썹이 보이지 않는 거리가 3m부터 시작한다. 60m 정도로 떨어진 거리쯤 되면 더욱더 불완전하다. 상대방의 얼굴조차 확실하게 볼 수 없게 된다. 150m 정도 떨어지면 보지 못한 것이나 마찬가지다. 상대방의 얼굴은 물론 그 사람의 머리조차도 뿌연 덩어리 정도로 보일 뿐이기 때문이다. 빈약하기 그지없는 시각으로 무엇의 사실을 증거한다는 것은 위험스런 일이다.[67]

시력의 차이가 있으면 세상에 대한 인지나 세상을 바라보는 관점도 달라진다. 시력이 각각인 사람들은 세상을 이해하는 관점도 제각각이다. 제 눈에 안경이기 때문이다. '보다'라는 단어에는 '알다'라는 의미도 들어 있다. 보이는 것만큼 알게 된다는 뜻이다. 보는 것이 아는 것에 도움을 준다. 본다는 것은 정보를 인지하는 능력이다. 시각과 시력은 정보 선택과 정보 처리의 방식과 밀접한 관계를 갖는다. 보는 방식은 보는 힘을 분산시킨다. 보는 방식에 따라 세상에 대한 이야기 방식이 다르게된다.

디케의 여신은 정의의 여신으로 여겨진다. 사실과 관계없이 말이 그렇다는 이야기다. 디케가 언제나 일을 공명하게 처리하는 것은 아니다. 공명이라는 말 자체가 상대적이기 때문이다. 그녀는 때때로 저울과 칼을 엇바꿔 가며 공명을 판가름한다. 정의는 부정의라는 말의 뒷면이기도 하고 앞면이기도 하다. 디케는 옳게 하라고 말하지만세상은 그렇게 되어 있지 않다. 판사니, 검사니, 변호사니 모두가 하나의 제도이며 기관이기 때문이다. 디케를 빙자한 불명예스런 일들은 어김없이 인류 재판사에 기록되기 마련이다. 사회 정의라는 이름 아래 부정의를 만들어 내는 것이 법이다. 법학자 해리스(Brian Harris) 박사의 증거다.

그는 인류 역사 속에서 여신 디케가 저질러놓은 오명의 공정성을 열거한 바 있다. 오판 중에서도 악명이 높은 13가지 사례가 그것이다. 기원전 4세기 아테네 시민들이 소크라테스를 단죄한 그것부터가 디케의 망령이라고 지적한다. 잇대어 그는 링컨 암살자들부터 원폭 기밀 간첩 로젠버그 부부에 이르기까지 저질러졌던 '부당한 재판'의 내용들을 조밀하게 분석했다. 사람들의 뇌리에서 그냥 스쳐간 사건, 그러나 사법의 오명을 영원히 보여 주는 재판 사건이 존 빙(John Byng) 제독 처형이다. 그는 군사재판에서 가차없이 희생되었다. 이유를 댈 시간도 주지 않았다. 국가의 희생양이면 족한 일이었을 뿐이다.

존 빙 제독은 지중해의 미노르카 섬을 지키라는 명을 받았다. 영국 함대를 지휘하고 있었던 지휘관이었기에 정부로부터 명을 받는다. 프랑스 함대와 일전을 치르라는명령도 있었다. 그는 정력과 전황을 분석했다. 자신이 갖고 있는 전력으로는 프랑스함대를 막아낼 수가 없었다. 군인 한 명이 1,000명을 상대해야 할 판이었기 때문이다. 모든 부관도 동의했으며, 함대원 모두가 그 사실을 현실로 받아들였다. 빙 제독

은 결정할 수밖에 없었다. 정부의 명령을 어기는 일이 부대원의 목숨을 건지는 일이
었다. 작전상 후퇴를 명했다. 영국 정부는 빙 제독을 명령불복종죄로 체포했다. 군사
재판에 넘겼다. 반역죄로 기소되었다.

영국 정부는 존 빙 제독을 처형하기 위해 증거 자료를 모았다. 그를 단죄하기 위해
과학적이며 객관적인 자료들이 필요했다. 명령불복종죄와 근무태만죄를 적용해야
만 했다. 근거 없는 보고서와 자료들을 모아 기소장을 꾸몄다. 영국 정부는 빙 제독
을 기소하기 위해 여론을 선동했다. 빙 제독을 옹호하는 사람들이 정부의 조작에 참
을 리 없었다. 심지어 빙 제독과 대적했던 프랑스 함대의 사령관까지 나섰다. 빙 제독
의 무고함을 증거하기 위해 영국 사법부에 서신을 보냈다. 영국 정부는 그 서신을 탈
취했다. 영국 정부는 이미 결정했다. 여론을 잠재우기 위해 희생양으로 빙 제독을 정
치적인 제물로 삼기로 결정했었다. 정부와 사법부가 야합하여 정치적으로 하나가 되
었다.

빙 제독에 대한 사법 절차는 신속하게 이뤄지고, 법 절차에 따라 빙 제독을 재빠르
게 처형했다. 처형을 합리화시키는 과정에는 디케를 방패로 삼은 갖가지 오류와 부정
들이 동원되었다. 심리과정에서의 법률적 오류와 절차상의 착오는 문제가 되지 않았
다. 범죄의 정도에 관계없이 사형이 언도되었다. 영국 정부가 주도적으로 군인 한명
을 죽였다. 이후에 모든 사실이 밝혀지기 시작했다. 국민은 경악한다. 모두 소용없는
일이었다. 빙 제독은 이미 백골이 된 지 오래된 후였다. 빙 제독이 철수를 결심했던
미노르카 섬은 이미 영국 정부가 오래전에 전략적으로 포기한 섬이었다. 국민의 여론
이 두려웠던 영국 정부는 빙 제독을 희생시키는 각본을 만들었다. 죽은 자는 말이 없
었다. 교수대(絞首臺)만이 영국 정부를 쳐다보고 있었다.[68]

법복을 입은 사람들이 불의에 빠지는 이유는 간단하다. 저들 역시 밥먹고 변내고,
사랑하고 시기할 줄 아는 인간이기 때문이다. 저들이 일하고 있는 곳이 바로 사회기
관이며 사회제도다. 사건 자체들이 모두 정무적(政務)인 판단을 필요로 하기에 그 어
떤 판결도 절대로 옳은 것은 있을 수 없기 마련이다. 도덕적으로는 문제가 없어 보여

도 범죄의 법률적 구성의 기초들은 모두가 정치적이며, 모호할 뿐이다. 모호한 상태에서 단죄하려고 덤벼들면 어김없이 '불의'가 개입된다. 존재하는 범죄를 왜곡하여 해석할 때에도 '불의'는 개입한다. 범법 혐의를 부정확한 용어로 둘러대거나 표현하며 정확성을 가장할 때에도 '불의'는 개입한다. 범죄에 비해 터무니없이 가혹한 처벌을 받은 로젠버그 부부 사건이 바로 그런 사례다.[69] 처벌 행위 그 자체가 적절치 않은 경우에도 '불의'는 틈새에 끼어 부정의를 대신한다. '불의'를 만들어 내는 것이 '권력'이다. 권력은 여신 디케의 눈을 멀게 한다. 눈을 감게 한다. 한 눈 뜨고 한 눈 감으며 자신을 속인다. 디케는 자유의 여신이 아니라 악령의 단두대가 된다. 부정의가 판치는 사회에서 디케는 오늘도 눈을 가린 채 정의를 저울로 달고, 칼로 내리쳐 정의의 피를 마시기 마련이다.

미국에서는 사법부를 판단하는 우스갯소리가 있다. 법조인들에 대한 초등학교 학생들의 놀림 이야기들이다. 로이어(lawyer), 즉 변호사가 무엇을 하는 사람인지, 누구인지를 물어본다면, 아이들은 어김없이 답한다. '로이어 이스 라이어(Lawyer is lier).'라고 답한다. 변호사는 거짓말쟁이라는 것이다. 아이들의 입에서 나오는 말이 바로 그 사회를 반영한다. 법조인들을 야유하며 저들의 일그러진 모습을 풍자한 미국발 세태지만, 한국이라고 예외는 아니다. 변호사가 세계에서 제일 많은 미국의 사법 현실이다. 변호사만을 이야기하는 것이 아니라, 판사, 검사 등 모든 법조인들을 향한 욕먹어 싼, 사회적 비난의 쓴소리다.

사법부에 대한 불신과 이러저런 우화들은 미국에서만 일어나는 것들이 아니다. 우리나라에서도 흔히 발견되는 사례다. 저들은 법전에 기록된 대로 행동하지만은 않는다. 그들에게 디케는 신화의 상징일 뿐이다. 법조인 자신도 살아남아야 되는 현실이 있다. 법조인들을 향해 '허가받은 도둑' '칼만 안 들었지 날강도'라는 비난이 자주 언론에 등장한다. 빈말이 되어야 하지만 현실은 있는 그대로다. 가장 조심해야 할 인물은 법조인이라는 세간의 말이 무고한 말이 아니라는 세태가 우리 법조계 세태다.[70]

　　시각이 삶에 어떤 영향을 주는지, 그 오류들이 무엇인지를 보여 주는 법률적인 사건 하나가 우리에게도 있다. 김명호 교수의 석궁사건이 바로 그런 사례다.[71] 이 사건은 조그만 일로부터 불거졌다. 그는 한 사립대학교의 수학과에 재직했다. 대학이 실시한 본고사의 수학 문제에서 그는 오류를 발견한다. 그 오류를 학교 본부에 건의했지만, 오류에 대한 학교 측의 대응이 석연치 않았다. 김 교수는 정의감에 발끈한 나머지 학교 당국을 곤욕스럽게 만들었다. 동료교수들이나 대학측의 미진한 대응은 여전했다. 어정쩡하게 시간이 흘렀다. 교수 재임용에 대한 심사가 있었다. 김 교수가 해당되는 일이었다. 김 교수는 재임용에서 탈락된다. 김 교수는 반발한다. 학교의 부당한 교수 지위 박탈 처사라고 항의한다. 법원에 소송을 제기한다.

　　소송을 위해 그는 변호사를 고용하지 않는다. 돈이 없었기 때문보다는 법관의 양심과 윤리를 믿고 있었기 때문이다. 잘못 출제된 시험 문제를 바로잡은 일이 잘못된 일이 될 수는 없기 때문이다. 사회정의의 차원에서 옳기만 한, 전문가로서 해야 할 일이었기 때문이다. 게다가 그는 변호사, 그 자체에 대해 깊은 신뢰도 갖고 있지 않았다. 저들의 양심을 믿는 것보다는 교수 자신의 양심을 믿는 편이 경제적이라는 확신이 섰다. 그것이 그를 더 어렵게 만든 오판이었다. 소비주의 사회 속에서 작동되는 법논리의 속성을 몰랐던 탓이다. 법의식 부재로 범벅된 법조인들의 양심과 저들의 현실 적용법을 제대로 읽지 못한 탓이다. 나 홀로 법적으로 투쟁하겠다는 것이 사법 현실에 대한 그의 실착이었다. 사법 현실에 대한 오판이었다. 사법 정신을 상징하는 디케 여신에 너무 기댄 것이었다. 사회정의를 지킨다는 사법부에 대한 믿음을 수학적으로 계산하고 믿었던 그의 잘못이었다.

　　김 교수는 수학자였다. 모든 것을 수학적인 단일한 답으로 구해야 직성이 풀리는 수학자였다. 입시 문제에서 수학 문제의 오류를 지적한 것은 학문적으로도 옳은 일이었다. 대학에 비겁한 댓가로 학자가 불이익을 받는다는 것은 말이 될 수 없는 일이었다. 국민의 권익을 위해서도 정당하기만 한 일이었다. 법조인들에게도 그 정도의 양심은 있는 줄 알았다. 법조인들이 수학은 몰라도 사회정의에는 누구보다도 앞서 있기 때문이었다. 사법부가 수학 문제의 오류 때문에 국민이 당하는 피해를 충분히 이해할 정도의 능력은 있을 것이라고 보았다. 그의 첫 번째 잘못이었다. 올곧은 성품의 김 교수였다.

그가 사법부를 오해한 두 번째 실수는 사법부의 양심을 그래도 기대해 본 것이었다. 사법부에 대한 기대와 법관의 양심에 대한 신뢰가 김 교수를 더 곤경에 처하게 만들었다. 대학 재단은 학교 측 고문 변호사들이 있었다. 저들은 학교의 이익을 위해 적절한 법적 조치와 방법들을 갖고 있었다. 저들에게는 하수인들이 있었다. 주는 대로 받아먹고 주인을 지키는 일을 하면 되는 법조인들이 지키고 있었다. 김 교수가 그들과 한판 붙은 것이었다. 공정과는 거리가 먼 힘겨운 쟁송이었다. 김 교수가 벌린 겁없는 싸움이었다.

재판이 진행되는 동안 놀라운 사실이 드러났다. 학교 측 변호인과 판사는 같은 대학교 선후배였다. 불순한 의도는 없을 수도 있었다. 그렇다고 맑을 수만도 없었다. 그런 것들을 기대하기 어려운 분위기였다. 모두가 함께 감지되었다. 수학 입시 문제의 오류는 그저 오류일 뿐이었다. 법률적인 기술싸움에 약한 김 교수는 당연히 패소한다. 사법부의 결정은 단순하고 명료했다. 김 교수가 제기한 법률적 이의에 대한 사법적인 판단을 보류한다는 것이었다. 나중에 판사의 재판부 전원이 김 교수에게 승소 판결을 내리려 했으면서도 절차상의 하자를 들어,[72] 모든 것을 다시 학교의 재량에 맡긴다는 판결을 내린다. 일반인으로서는 이해하기 쉽지 않은 절묘한 법률적인 결정이었다.

사법부를 신뢰했던 김 교수는 단단히 화가 났다. 재판에 대해 불신이 머리끝까지 차 올랐다. 법관을 믿었던 것에 대한 처절한 낙담이었다. 사법부에 대한 불신이 깊어지기 시작한다. 김 교수는 법원 앞에서 1인 시위도 불사한다. 법원의 부당한 법 적용과 해석에 관련된 문제점을 사회에 호소하기 위해서였다. 항소심에서도 김 교수는 어김없이 패소한다. 사회정의에 대한 깊은 의구심이 생긴 그는 끓어오른 분기를 참지 못한다. 마침내 일을 낸다. 담당 판사를 찾아간다. 하소연하려고 찾아간 것이라고 하지만, 서로 언성을 높이어 다투기 시작한다. 상황에 맞지 않게 김 교수는 그 판사에게 석궁(石弓)을 들이댄다. 김 교수는 돌발적인 일이라고 했다. 담당 판사는 생명에 위협을 받았다고 했다.[73] 서로가 다르게 생각할 만한 상황이다. 한 사람은 부정의를 보았고, 다른 한 사람은 생명의 위험을 느꼈을 정도로 일들은 꼬여 있었다.

　보는 것을 관장하는 기관이 눈이다. 눈이 본 것을 뇌가 받아들이면 생각이 나온다. 인간의 눈은 감각기관일 뿐이다. 얼굴에서 평균적으로 7.5cm 떨어진 두 가지 관찰점으로 이루어진 곳에 위치한다. 눈은 다른 척추동물에게도 중요하다. 그들이 갖고 있는 어떤 신체기관들 중 가장 탁월한 기관이다. 눈은 사진기와는 다르다. 사물에 대한 초점 맞추기가 완벽하다. 눈의 지각권에 들어오는 것에 대해 완벽하게 초점을 맞춘다. 카메라는 그렇게 하지 못한다. 인간의 눈은 신이 만들어 놓은 위대한 작품이다. 인간의 눈은 그래도 무척추동물의 눈이 보여 주는 기능에 비하면 빈약하다.

　무척추 연체동물은 오징어, 문어, 낙지와 같은 것들이 속한다. 이들의 눈은 인간의 눈과 구조가 비슷하다. 시력은 인간의 눈에 비해 상당히 탁월하다. 인간의 눈은 무척추 연체동물의 눈에 비해 구조가 엉성한 편이다. 오징어의 눈을 해부하면 이내 드러난다. 눈의 구조는 인간의 눈과 흡사하다. 인간의 진화는 오징어의 진화와는 그 궤적을 달리한다. 오징어의 눈이나 인간의 눈은 구조상 비슷하다. 놀라운 일이다. 인간과 오징어는 수렴 진화를 했기 때문이다.

　발생학적인 궤적은 다르지만, 기능과 구조가 엇비슷한 현상을 '수렴 진화(convergent evolution)'라고 부른다. 예를 들어, 오징어의 눈과 인간의 눈은 여러 가지 점에서 다르다. 결정적인 차이는 시신경의 배열에서 나타난다. 오징어의 경우 시(視)신경과 실핏줄이 망막의 뒷면에 붙어 있다.[74] 인간의 눈에 있는 시신경과 실핏줄은 망막에 구멍을 뚫고 동공 안으로 들어와 망막의 내벽에 달라붙어 있다. 인간의 눈은 구조상 상당히 구조가 엉성하다. 깨끗한 상이 맺혀야 하는 스크린의 앞면에 시신경과 실핏줄이 여러 가닥으로 붙었기 때문이다. 상당히 복잡한 구조다. 체계성이 떨어진다. 오징어의 눈에 비해 상당히 엉성하기만 하다. 오징어만도 못한 비합리적인 구조의 눈으로 인간은 세계를 지배한다. 세상만사를 보고, 세상을 해석하며, 삶과 오만을 떨고 있다. 보는 것의 개입으로 취사선택되는 앎은 언제나 불안하기 마련이다.

엉성한 눈의 구조로 인해 인간은 언제나 시각적 맹점을 갖는다. 역망막 현상을 갖고 있다. 시신경 다발을 눈 속으로 끌어들이기 위해서였다. 망막 안에 뚫어 놓은 구멍에는 간상세포와 원추세포들이 존재할 수 없다. 원초적으로 인간의 눈이 지닌 약점이었다. 시각의 범위가 일정한 각도를 벗어나면 자연적으로 보이지 않는 그런 현상이 시각적 맹점이다. 예를 들어, 검지 손가락 끝을 눈 높이에 들고 오른쪽 눈을 감고 왼쪽 눈으로만 그 손가락 끝에 초점을 맞추어 보라. 그렇게 한 후 눈의 방향을 고정시킨 채 손가락을 서서히 왼쪽으로 한 20도 정도 움직이면 놀라운 현상이 일어난다. 그 지점에서는 검지 손가락 끝이 자연스럽게 보이지 않기 때문이다. 이것이 시각적 맹점이다. 망막 위에 분포하는 혈관들도 그들의 그림자 때문에 여러 작은 맹점들을 만든다. 역망막 현상은 심각한 시각장애를 일으킨다. 단순한 시각 감손이나 조그만 출혈만으로도 망막에 커다란 그림자가 만들어지기 때문이다.

인간의 시각(視覺)은 불완전하다. 시각은 생리적으로 눈을 통해 인지하는 감각들을 일컫는 눈 점을 말한다. 시각의 불완전성은 인간의 눈이 갖고 있는 생리적인 시력(視力)의 한계를 지적하는 것만이 아니다. 시력에 또 다른 생각이 가미되면 시각이 기대 이상의 현상을 초래시킨다.

시력은 시각과는 다른 개념이다. 시력이란 사물을 볼 수 있는 능력을 말한다. 시력의 완성은 여러 단계를 거친다. 외부의 사물에 대한 자극이 망막에 선명한 상으로 맺혀야 한다. 상의 맺힘에 따라 망막의 시세포가 자극된다. 자극된 시세포는 신경섬유로 연결된다. 자극은 시신경을 통해 대뇌로 전달된다. 대뇌로 전달된 사물이 구체적으로 인식되는 정도가 바로 시력이다. 시력은 뇌의 시각 정보 처리 능력과 밀접하게 관련되어 있다. 뇌의 기능이 제대로 작동하지 못하면 시각에도 문제가 나타난다.

눈으로 인지하는 감각에는 사물의 크기, 모양, 색, 멀고 가까움 같은 것이 포함된다. 눈을 통해 들어온 정보는 망막과 연결된 시신경을 통해 뇌에 전달된다. 뇌에는 시각과 깊은 관련이 있는 특정 부위가 있다. 눈에서 전달된 정보를 처리하는 부위다. 눈으로 본 것은 그대로 놔두면 못본 것이 된다. 의도적으로 보지 않은 것이나 마찬가지가 된다. 본 것은 이해되어야 한다. 해석되어야 한다. 해석하기 위해서 뇌의 시신경이 개입한다. 대뇌시각피질이 정보의 해석을 위해 관여한다. 대뇌시각피질은 대뇌에서 시각에 관여하는 피질 부위를 말한다. 대뇌시각피질이 손상되면 시각에 이상이 생긴다. 눈의 기능에는 아무런 이상이 없지만 눈으로 본 물체는 보이지 않는다. 혹은 그 현상이 이상하게 보인다. 눈으로 본 물체를 인식하는 정도가 바로 시력이다. 시력은 문화적으로나 환경적으로 결정되기도 한다. 초원에서 생활하는 초목민이 도시에 사는 사람들과 서로 다른 시력 차이를 지니는 이유다.[75]

인간의 눈이 지니는 기능은 광학적으로도 불완전하다. 해상도와 해상능력이 기대 이하다. 인간의 시각적 버퍼(buffer) 기능 역시 미약하다. 버퍼는 컴퓨팅에서 데이터를 한 곳에서 다른 한 곳으로 전송하는 동안 일시적으로 그 데이터를 보관하는 메모리의 영역을 말한다. 눈은 명도와 채도를 분별할 수는 있다. 명도와 채도를 명확하게 분간해내는 계조(階調, gray scale)능력은 미약하다. 백색과 흑색 그리고 그 중간조의 회색으로 이루어지는 농담(濃淡)의 정도를 구별하는 능력이 부족하다. 시(視) 감각에서 밝기의 단계로 대비하며 파악하는 능력이 미약하다. 백색과 흑색 간의 대비를 넘어선 상태도 제대로 구별해내지 못한다. 말하자면 '백색~백색에 가까운 회색~회색~흑색에 가까운 회색~흑색' 간의 구별은 엉망에 가깝다. 색조상의 짙음과 옅음의 정도를 파악하는 능력이 미약하다. 연접해 있는 관찰 대상의 차이와 상이점을 갈라 낼 수는 있다. 떨어져 있는 두 곳에 대한 명도와 채도를 정확하게 분별하는 해상력은 미약하다. 인간의 시각은 사물을 구별하는 데 역부족이다.[76]

인간은 인간이 원초적으로 지닌 시력의 한계를 보완하려고 노력해 왔다. 보완하는 수단으로 뇌의 인지와 기억의 기능을 활용해 왔다. 시신경 자체가 갖고 있는 불완전성과 구조적 한계를 뇌의 인지 기능으로 보완해 왔다. 인간의 뇌는 두 눈으로 본 것뿐만 아니라, 시신경으로는 관찰하지 않은 것까지 본 것으로 만들어 낸다. 시력의 불완전성을 보충하기 위한 노력이었다. 인간의 시각은 자동적이며 기계적이다. 시각을 통해 뇌에 들어온 정보는 뇌 안에서 적절하게 처리되어야 한다. 그렇지 않으면 눈을 통해 들어온 정보는 무용지물이 된다. 인간이 지닌 시각적 정보 처리 능력의 처리 방식은 개구리 같은 동물의 그것과는 본질적으로 다르다.[77]

인간의 시력, 인간이 본다는 그 말은 눈이라는 기관만으로 보는 것, 그것만을 지칭하지 않는다. 눈으로 미처 볼 수 없었던 것도 두 눈으로 본 것이다. 눈으로 보지는 않았지만 상상한 것도 본 것의 범주 안에 속한다. 인간은 눈으로 보지도 않은 것을 본 것으로 기억해 두기에 착각이 생길 수 있다. 허구를 사실로 만들어 내기도 한다. 필요에 따라 본 것, 보인 것의 사실에 적절하게 활용하여 이야기 하나를 완성한다. 본 것을 기초로 새로운 이야기를 만들어 내는 것이 시각이 해내는 일이다. 인간은 보는 존재가 아니다. 인간은 끝내 상상하는 존재라는 뜻이다. 그 상상에서 의미를 만들어 가며 살아가는 것이 인간이라는 존재다.

본다는 것은 늘 불완전하다. 불확정스러운 일일 뿐이다. 물리학적인 세계, 특별히 원자, 양자의 세계로 들어가면 본다는 것의 의미가 확실하게 확정된다. 본다는 것은 원초적으로 불완전한 행위다. 하이젠베르크(Werner Karl Heisenberg)의 불확정성 원리가 그것을 대변한다. 전자처럼 매우 작고 가벼우며 빠르게 움직이는 물체는 운동에너지와 위치에너지를 동시에 그리고 정확하게 측정할 수 없다는 물리학적 원리가 불확정성 원리다. 운동에너지와 위치에너지 가운데 어느 하나를 측정하면 나머지는 확률로만 나타낼 수 있을 뿐이다. 동시에 두 개의 위치를 확정할 수 없다. 빛 알갱이가 전자를 때려 그곳에 전자가 있음을 알게 되는 바로 그 순간 전자는 다른 곳으로 이동하기 때문이다. 우리가 본 것은 결국 실제 전자를 본 것이 아니다. 빛 알갱이가 전자(電子, electron)를 본 것에 지나지 않기 때문이다. 전자는 원자핵의 주위를 돌아다니는 소립자 중의 하나로서 음전하를 가지는 질량인 아주 작은 입자를 말한다. 다시 말해서 모든 물질의 구성 요소인 전자를 때리기 이전 시점의 전자를 본 것일 뿐이기 때문이다. 눈으로 보는 것은 보기 전과 다른 것을 보는 것일 뿐이다. '정확하게' 그리고 '확실하게' 본다는 그 활동과 논리 자체가 확정되지 않는 것이다.

生 4. "지금부터 100년 후, 이 세상은 모두 새 사람으로 들어찰 것입니다." – 리차드 칼슨[78]

"고행은 진리를 찾아 헤매는 일 …… 고행에는 정도가 없다 …… 단 한 가지 지켜야 할 원칙. 자신의 밥그릇에 담을 수 있는 것에만 의지해야 한다는 것" – 김중민과 그의 동료[79]

"적게 보고 적게 듣고 필요한 말만 하면서 단순하고 간소하게 사는 것이야말로 행복해지는 길입니다." – 법정 스님[80]

"살면서 누리는 최고의 기쁨은 몸을 쭉 뻗고 누워 있을 때 맛 볼 수 있어." – 피에르 쌍소[81]

"그냥 부지런하고 부지런하고 부지런하라……. 나도 부지런히 노력해서 이를 얻었느니라. 너도 이렇게 하거라." – 다산 정약용[82]

"갈망하라, 우직하게 나아가라. 굶주려 있어라. 바보로 남아 있으라." – 스티브 잡스

물리학에서 말하는 불확정성 원리는 인간적인 한계를 지칭하려는 의도에서 나온 논리가 아니다. 그냥 인간이 본다, 안다라는 것들이 근본적으로 지니고 있는 물리적인 한계를 지적하기 위한 이론이다. 불확정성 원리는 인간을 둘러싸고 있는 모든 물리적 현상에 적용되는 논리다. 인간이 관찰하는 물리계의 상태는 근본적으로 불확정성 원리 아래 움직이고 있기 때문이다. 그런 물리적인 제한 속에서 인간은 무엇인가를 '정확히' 혹은 '객관적으로' 안다든가 본다라고 우기고 있는 것이다. 완전하거나 정확한 것처럼 이야기하지만, 그것은 그냥 필요에 따라 이야기하고 있는 것이나 마찬가지일 뿐이다.

세상의 물리적 현상을 파악할 때 사람들은 불확정성 원리에 위배하지 않고 원자들이나 사물의 현상에 대해 말할 수는 없다. 불확정성 원리에 위배하지 않고 말했다면, 그것은 관찰자가 원래 원했던 정보의 일부만을 기술한 것에 지나지 않는다. 사회 현

상을 확실하게 이해하기 위해서는 현상 구성 요소에 대해 사실대로 알아야 한다. 어떤 정보가 포함되고 어떤 정보가 생략되었는지 그 이유가 무엇인지부터 알아야 한다. 놀랍게도 그 이유들을 알 길은 없다. 모든 것은 인간에 의해 만들어질 뿐이다. 사실이라는 것은 늘 불완전하고 위험하다. 본다는 것 그것 자체가 생리적인 한계를 지니고 있기 때문이다.

관찰할 때마다 변화는 동시적으로 일어난다. 본다는 것은 끝내 관찰자가 관찰하는 것을 창조해 내는 것이다. 그것을 보는 것, 본 것이라고 꾸미는 것이다. 관찰자의 뜻대로 관찰 대상을 만들어 낸다는 것은 아니다. 관찰자의 의도대로 보는 것의 그 무엇을 선택한다는 뜻이다. 보는 것은 포함되지만 보지 않으려는 것은 빠지게 된다는 뜻이다. 사실의 절반은 그렇게 빠지며, 포함될 뿐이다. 관찰 행위 그 자체가 불완전한 구조를 갖고 있기에 관찰의 결과는 사실이나 진실과는 거리가 멀 수밖에 없다.

인간의 일상적인 삶은 물리학적인 미시 세계의 그것과 같은 구조는 아니다. 일상적 경험의 세계는 원자나 전자를 관찰하는 세계와는 외관부터 다르다. 사회생활에서 관찰되는 대상들은 덩치가 크다. 학생들을 제아무리 미세하게 관찰한다고 해도 책을 읽고 있는 학생이라는 사물의 양태가 달라지지는 않는다. 인간의 덩치가 크기 때문이다. 그를 쳐다보든, 다른 학생이 그를 관찰하든 하지 않든 간에 관계없이 그 학생은 책을 읽고 있는 학생이다. 그렇게 존재한다. 사회적 현상이다.

학생의 질량이 전자의 질량에 비해 엄청나게 크기 때문에 그렇게 보이는 것이다. 학생의 질량이 전자처럼 작아 미시 세계에 속한다면 사정은 달라진다. 물리학적으로 말하면 상황은 달라진다. 한 시간 전의 그 학생은 결코 지금의 그 학생이 아니다. 빛이 그 학생을 쪼일 때마다 그 학생은 어디론가 움직여 버리기 때문이다. 모양이 바뀔 것이 분명하다. 교사가 그 학생을 관찰할 때 학생은 어디론가 움직이게 된다. 움직이면 학생의 양태가 바뀐다. 학생은 결코 객관적인 실재로 관찰될 수 없는 노릇이다.

우리가 무심코 바라보는 산(山)이나 강(江)의 모습도 마찬가지다. 그 산과 강이 어느 날부터 무의미한 산과 강으로 보인다면, 그것은 산과 강이 변해서가 아니다. 그것들이 더 이상 우리의 관심을 끌지 못하도록 어떤 쓰레기와 공해 덩어리로 변했기 때문도 아니다. 산과 강이 별안간 전자(電子)와 같은 소립자로 변했기에 그런 것도 아니다. 산이나 강의 질량은 전자의 질량에 비해 결코 줄어들거나 작아지지 않는다. 산과 강이 그렇게 비추어진 것은 내가 변했기 때문이다. 내가 어제의 산과 강을 오늘 그렇게 바라보기 때문이다. 일종의 변계 소집성(遍計所執性, the imputed nature) 때문에 산과 강이 그렇게 내게 만들어지는 것일 뿐이다. 변계 소집은 착각의 힘, 착각의 동력을 말한다. 인간이 지니고 있는 착각의 함정이 변계 소집이다.

불가(佛家)에서 말하는 식으로 말하면, 없음에도 실재한다는 '허망한 분별' '잘못된 분별'이 바로 변계 소집이다. 번뇌 망상이 변계 소집의 다른 표현이다. 어두운 밤거리에서 그런 착각이 빈번하게 일어난다. 산길을 걷다가 온몸에 전율이 솟는다. 떨어진 노끈을 보고 뱀이라고 착각했기 때문이다. 몸을 움츠리며 경계하다가 그것이 끈이라는 것을 알면 이내 공포로부터 풀려난다. 자라보고 놀란 사람이 솥뚜껑을 보고도 놀라는 이치다. 허환(虛幻)이란 말은 바로 변계 소집성을 일컫는 말이다.

사람들이 허환에 사로잡히는 현상을 일체유심조(一切唯心造)의 한 장면으로 풀어 볼 수도 있다. 삼라만상은 자연 그대로이기도 하고 인간이 조작해 낸 것이기도 하다. 사람들은 매일같이 삼라만상의 감옥에 갇히고 만다. 자기가 자기를 속여 놓고 그것에 대해 자기 스스로 원망한다. 모든 것은 자기가 만들어 놓은 것이다. 자기가 선택하고 자기가 결정한 것이다. 홀림에 빠진 것도 자기다. 그것이 바로 인간이다. 정직을 가장하고 나를 속인 타인이 있을 수 있다. 그가 나쁘다. 그의 꾐에 당한 것은 나다. 나의 이익을 위해 그의 꼬임에 빠진 것이다. 나 먼저 단죄해야 하지만, 그것이 쉽지 않다. 남을 단죄하기가 더 편하다. 현실에 지긋하게 눈을 감은 채 남의 옷에 붙어 있는 검불을 잔인하게 단죄하기가 편하기 때문이다.

있는 것과 없는 것 간의 구별은 인간이 한다. 분별을 거치면서도 끝내 착각한다. 그 착각으로 몸을 움츠리고 마음을 움츠린다. 모든 것이 번뇌와 망상의 변계 소집에서 기인하고 있을 뿐이다. 변계 소집은 사람들을 편견에서 벗어나기 어렵게 만든다.

마음을 스스로 달랠 수 있어야 하는데 그것이 쉽지 않다. 사람들은 베이컨(Francis Bacon)이 말한 바 있는 네 가지 우상에서 자유롭지 못하다.[83] 변계 소집이 되면 그 어떤 우상이라도 만들어 낸다. 편견에서 자유로울 리가 없기 때문이다. 아는 것이 힘이지만, 아는 것은 독이 되기도 한다. 적당히 알면 적당히 속게 될 뿐이다. 식자우환(識字憂患)이라는 말이 바로 적당히 아는 것의 위험을 경고하고 있다. 아는 것이 도움이 되려면 앎의 성격이 달라야 한다. 단순한 정보 수집을 넘어서는 행위가 되어야 하기 때문이다. 부단한 성찰과 반추 속에서 자신을 달래고 연단하는 것으로써의 앎이 되어야 한다.[84]

변계 소집이 개인의 마음에 자리를 틀어 잡기 시작하면, 어느 사이에 내가 보는 것, 내가 아는 것이 집착으로 변해 버린다. 집착이 이어지면 욕망의 늪이 된다. 늪에 빠지면 헤어나지 못하게 된다. 변계 소집성의 부정적 효과와는 달리 그것이 개인적인 이해 관계를 넘어서면 사정은 달라진다. 맑은 영혼과 연관되어 자아를 넘어서게 된다. 사회를 바꾸는 엄청난 변화의 힘을 발휘하게 된다. 슈바이처(Albert Schweitzer) 박사나 이태석 신부를 사로잡았던 것도 변계 소집성 같은 것이다. 그들은 생명이 무엇인지를 알고 있었다. 저들은 생명에 대해 경탄했다. 생명은 타인을 위한 희생물이 될 수 없었다. 모든 생명은 나름대로 고귀하고도 유일한 것일 뿐이었다. 그들은 남들이 생각하는 생명에 대한 오해를 넘어섰다. 생명에 대한 집착에 대한 저들의 변계 소집성이 생명에 대한 경외로 표현되었다.

생물은 각자 자기 생성력을 지니고 있다. 인간의 자기 생성력도 강인하다. 영원히 살 것처럼 덤비는 동물이 바로 인간이다. 생명에 대해 인간만큼 잔인하게 욕망하는 동물은 없다. 생물이 각자 지니고 있는 삶의 원동력을 오토포이에시스(autopoiesis)라고 부른다. 베르그송(Henri Bergson)이 말하는 생의 약동, 말하자면 엘랑비탈(Elen Vital)과 대비되는 개념이다. 생의 약동에 대한 생물학적 표현이 오토포이에시스인 셈이다. 오토포이에시스는 생명과 우주가 자기 스스로를 조직하는 논리다.

모든 생명에게는 자신을 조직하는 원초적인 동력이 있다. 생물들은 어떤 것이든 자기 생성의 역동성을 바탕으로 생존한다. 생존을 위해 나름대로 자기 환경을 산출한다. 자기 생존을 위한 자기 조직이 오토포이에시스다. 오토포이에시스는 생물의 생물학적 인지 활동의 본질이기도 하다. 생물은 나름대로 강렬한 삶에의 의지를 지닌다. 그 정점에 인간이 자리잡고 있다. 오토포이에시스는 신경생물학적으로 인간의 '생물학적 조건'이 인간의 생존 근거가 된다는 것을 알려 준다. 생물이 지닌 자기 생성개체의 존재성을 부각시키는 것이 오토포이에시스다. 생물들의 행위는 자기 생성 조직을 위해 늘 통합된다. 자기 생성 조직은 살아 있음을 증거한다. 생물들의 행위는 살아 있음만을 겨냥한다. 살아 있음이 소거되면 오토포이에시스는 생물 개체를 떠난 것이다. 생물들은 살려고 한다. 환경과 끊임없이 접속한다. 생물의 존재 영역의 인식 활동이며 생명 활동이다. 생명 활동이란 생물 존재를 위한 효과적인 행위다. 생존을 위한 치열한 앎의 행위기도 하다. 생명은 삶이며, 삶은 앎이며, 그 앎은 다시 삶을 만들어 낸다.

인간은 인간이라는 개별적인 인식 활동을 벌인다. 인간 스스로 인간에게 편한 세계를 만들어 낸다. 인간은 세상이 벌여 놓는 순수한 '공간'을 보는 것이 아니다. 인간은 늘 자신에게 편한 세상을 볼 뿐이다. 보이는 시야의 범위를 체험할 뿐이다. 세계를 보는 것이 아니라 세상을 보는 것이다. 세계는 자연적이지만 세상은 인간의 범위 안에서 만들어진 것일 뿐이다. 세계의 '자연'을 보는 것이 아니라 만들어진 '색깔'을 보는 것이다. 색깔은 인간의 시야에서 인지할 수 있는 정도의 색채 공간에서 체감될 뿐이다.

인간의 인지가 갖고 있는 구조적이며 생물학적인 경계 속에서 세상의 색깔이 만들어진다. 사물에 대한 인식에서 비롯된다. 사람들과의 관계가 설정된다. 모든 관계는 인간의 시야 범위 안에서 결정된다. 세상은 만들어진다. 색깔도 만들어진다. 세상이 구성적이다. 대물(對物)이나 대인(對人) 관계 모두가 사회적으로 만들어진다. 인간의 앎이 본질적으로 구성주의적이기 때문이다.

사람들은 그들의 관찰 결과들을 체험이라고 말하고, 그 체험을 앎이라고 정리한다. 인간은 체험적 앎을 자랑한다. 체험적 앎으로 다른 생명의 존재 가치를 결정한다. 체험적 앎 때문에 인간의 인식이 구속당하기 시작한다. 무엇인가를 안다고 한다면 인간의 행동은 그 무엇인가에 대한 인식을 제약한다. 타인 앞에서 그것에 대해 모르는 것처럼 행동할 수 없게 만든다. 허위적인 인식일 수 있다. 허위적인 인식이 인간의 새로운 이해를 방해한다. 허위적인 인식은 참과 거짓 간의 구별을 어렵게 만들어 간다. 변계 소집성의 한 단면이다.

변계 소집성에서 벗어나려면 앎에 대한 앎이 요구된다. 앎의 앎은 다른 말로 말하면 깨달음이다. 세상을 살아가려면 앎에 대한 앎이 필요함을 마뚜라나(Humberto Maturana) 교수는 역설한다. 앎의 앎은 확실성의 유혹에 대해 늘 깨어 있도록 얽어 내는 인간의 조건이기 때문이다.[85] "우리가 가진 확실성이 진리의 증거가 아님을, 누구나 다 아는 이 세계는 오직 한 세계가 아니라 우리가 타인과 함께 산출한 어느 한 세계임을 깨닫도록 우리를 얽어맨다. 그것은 우리가 다르게 살 때만 이 세계가 변할 것이라는 것을 알도록 우리를 얽어맨다는 것이다." 무엇을 보거나 맛보거나 고르거나 물리치거나 말하거나 하는 모두가 타인과 공존하면서(우리가 기술한 기제를 통해) 한 세계를 산출하는 일임을 인정할 수밖에 없을 것이다. 우리가 가진 세계란 오직 타인과 함께 산출하는 세계뿐이다.

세상은 사람들이 만들어 낸 인식으로 움직인다. 사람은 만들어지는 그 세상 속에서 더불어 산다. 사람들이 더불어 산다는 것은 무엇에 관한 문제가 아니다. 내가 그에게 무엇을 전달하느냐가 중요하지 않다. 주고받는 그 무엇들로 인해 서로 간의 삶이 결정되는 것이 아니다. 그것보다 더 중요한 것이 있다. 나로부터 무엇인가를 전달받는 상대방에게 무엇이 일어나고 있는지가 중요하다. 그것이 나와 그의 삶과 살아감의 모습을 결정하기 때문이다. 내가 그를 속이면 그는 속는다. 그리고 속은 것이다. 그도 저를 속일 것이다. 언젠가는 저가 나를 되돌아 속이게 될 것이다. 세상은 그렇게 만들어지기 때문이다. 수신자에게 무슨 일이 일어나고 있는지에 대한 배려가 필요하다.

수신자에게 무슨 일이 일어나는지를 염두에 두는 일이 배려다. 의사소통이 중요한 것이 아니다. 배려와 소통이 중요하다. 사람들이 기호나 말, 신호를 주고받는 식의 언어교통은 언제나 일방적이다. 그리고 기만적이다. 피상적이다. 이해 관계가 일방적이다. 상대방에게 유해할 뿐이다. 내가 상대방에게 거짓을 전달하면, 전달되는 것은 거짓만이 아니다. 소통의 과정 자체가 거짓이 된다. 거짓의 소통은 불통이다. 배려는 원초적으로 거세된 것이다. 배려소통은 사물과 나, 나와 너 간의 의사소통을 넘어선다. 나와 너 간의 소리 교환을 넘어선다. 의도와 관계없이 너의 조건이 달라지게 만드는 것이 배려 소통이다. 너라는 수신자에게 어떤 일이 일어나고 있는지를 통해 나도 변화한다.

소통을 통해 전달되는 내용들은 결국 화자인 나에게 되돌려야만 한다. 소통의 의미가 다시 해석되어야 하기 때문이다. 배려와 소통은 결국 화자인 나에게 되돌려지는 인간적인 반향들의 집약이다. 예를 들어, 거울을 보는 순간 내가 집착하는 것은 거울이 아니다. 내가 응시하는 것은 거울에 비친 내 모습이다. 그 모습에 대한 반추가 나를 다시 세우게 만든다. 배려소통의 이치는 거울에 비친 내 모습에 대해 내가 나를 다시 다듬는 일이나 마찬가지다. 배려소통으로 나라는 인간은 타인들과 함께 살아가게 된다.

거울에 반사된 순간이란 다른 방식으로는 볼 수 없는 자신의 일부를 제대로 보는 순간이다. 자신의 전체 모습을 깨닫는 순간이다. 자신의 겉모습이 드러나는 순간일 수도 있다. 어울리지 않는 모습들이 드러나는 순간이다. 상처가 드러나는 순간이다. 반사나 성찰이란 자기가 어떻게 인식하는지를 인식하는 과정이다. 자기 자신을 되돌아보는 행위다. 눈 먼 자신을 깨닫는 순간이다. 다른 사람들의 비난과 지적이 결코 진실하지 않다는 것을 알게 되는 순간이다. 비로소 나와 나 간의 소통이 절대적임을 알게 되는 순간이기도 하다.

나를 자연에 반사하면 자연 속에 내가 보인다. 치유는 자연과 무관하지 않다. 인간의 삶 자체가 자연의 일부이기 때문이다. 자연이 삶의 거울이다. 아침저녁으로 먹고 있는 먹거리는 사람들과 자연 간의 소통 관계다. 서로가 서로의 생명을 위해 소통한다는 뜻이다. 채식주의자는 식물과 생명을 교감하는 사람이다. 육식주의자는 고기와 생명을 교감하는 자다. 생물과의 소통이 가능해지기 시작하면 세상이 달리 보인다. 생명에 대한 경외 문제가 대두되기 때문이다. 생명에 대한 경외는 바로 인간의 생존 근거가 되기 때문이다.

생명의 경외를 윤리를 넘어선 치유의 핵심으로 받아들이도록 한 사람이 슈바이처 박사였다. 그는 대학 교수, 의사 그 모든 직분을 뒤로 둔 채 아프리카로 건너갔다. 아프리카가 그를 부른 것이 아니라, 그가 인류의 동행이 되기로 한 결심 탓이다. 그는 이 시대의 위대한 성자(聖者)였다. 슈바이처 박사는 살아 움직이는 예수였다. 고통에 시달리는 원시림 속의 흑인들의 구세주였고 동행이었다. 그 당시의 흑인들은 백인 같은 인간이 아니었다. 흑인은 인종이라는 죄목으로 백인의 종이었다. 성경 속에 등장하는 거지꼴 인물이었던 '라자로'와 같은 인물들이었다. 백인은 '배부른 부자', 배 터지는 돼지들이었다. 슈바이처는 돼지 우리를 벗어난 것이었다. 그는 사람 곁으로 다가갔다.

생명의 경외, 슈바이처가 흑인들과 동행하면서 얻은 귀한 체험이었다. 개인적으로도 나는 생명에 대한 경외라는 단어를 고등학교 졸업 이후 잊어본 적이 없었다. 고교 3학년 때 우연히 슈바이처가 쓴『생명에 대한 경외』라는 영어 문고판 책을 고물 서적상에서 한 권 구했다. 대학에 입학하자마자 그것을 번역하기 시작했다. 초보적인 수준의 번역이었다. 번역이라기보다는 나를 위한 공부였다. 뜻이 어려워 생명의 경외를 제대로 이해하지도, 지켜내지도 못했다. 그래도 '생명에 대한 경외(reverance for life)'라는 단어만큼은 내 삶에서 결코 잊어버린 적이 없었다. 뇌리에서 언제나 떠올리는 단어가 생명의 경외였다. 그것을 번역하는 동안, 슈바이처 박사에게 경탄했던 부분이 있었다. 슈바이처는 의사로서 죽어 가는 흑인을 구하기 위해 수술을 하고, 약을 쓸 수밖에 없었다. 그렇게 하려면 당연히 흑인의 몸에 기생하던 병원균을 죽여야만 했다. 그것에 대한 인간적인 고뇌때문에 그는 말했다. 그런 순간이라고 하더라도 하나의 생명을 죽인다는 것에 대해 나름대로의 경건함을 가지고 그런 생각을 한다고 말

했다. 나는 슈바이처의 고백을 지금도 잊지 못한다.[86]

　슈바이처는 말한다. 생명 경외는 인간에만 국한시켜 생각해야 되는 것이 아니라고 말한다. 세계 속 모든 생명체가 생명 경외의 대상이라고 말한다. 생명에의 경외가 가능하려면 책임의 윤리가 함께 수반해야 한다. 인간에게 윤리적이라는 것은 절대적인 신의 명령 같은 것이다. 모든 생명은 인간이 누리는 생명과 동일한 생명을 지닌다. 모든 생명체에 대한 무한한 책임감이 인간에게 있다. 인간은 생명체에 대한 무한한 책임이 있다. 인간이나 자연의 생명체 모두는 서로가 서로에 대한 경외를 통해 서로를 지켜내고 있기 때문이다. 자연의 생명체가 없으면 약을 구할 수가 없다. 약을 구할 수가 없으면 인간이라는 생명체도 구하기 어렵다.

　생명은 무엇이든 함께 동행한다. 질병과 건강도 한 짝의 동행이다. 삶도 죽음과 한 짝이다. 서로가 동행하면서 끊임없이 대화하며 타협한다. 치료하고 치유한다. 살아가는 동안 사람들은 자기에게 편한 것만 본다. 본 것, 편한 것만을 그린다. 본다는 것이 원초적으로 불완전하기 때문에 어쩔 수 없다. 생명에 대한 경외감은 사시(斜視)적이거나 단견을 거부한다. 정력을 우선하는 인간들의 눈에는 해구신만 보이고, 집안의 요란한 장식물을 생각하는 사람에게는 코끼리의 상아만이 눈에 들어오기 때문이다. 생명에 대한 경외는 생(生)과 명(命)의 동행일 뿐이다. 그 이상도 그 이하도 아닌 것이다. 사람들은 살아가면서 생보다는 목숨인 명에 더 방점을 찍어 놓을 뿐이다. 그래서 자연은 인간에게 훼손당하기만 한다. 자연이 치유력을 상실하면 인간에게는 재앙만 되돌아온다.

　남자와 여자는 혼기가 차면 결혼한다. 남과 여로서 부부의 연을 맺는다. 연을 맺는 일은 생과 명을 붙여 놓는 일이다. 생명에 대한 경외를 축복하는 날이다. 결혼하는 사람에게 축복의 말을 전하고, 행복을 바란다. 서로가 부부가 된다는 것은 좋은 벗, 동행이 된다는 뜻이다. 동행이 된다는 것은 한 길을 간다는 뜻이다. 선택을 했다는 뜻이다. 선택으로 길을 만들어 간다는 말이 연을 맺는다는 말이다. 유행 가사 그 이상도, 그 이하도 아닌 뜻이다. 비 오는 날에는 서로가 우산이 되고, 추운 날에는 외투가 된다는 약속이다. 서로가 서로에게 치유가 되라는 뜻이다. 북아메리카 인디언들의 결혼식 축사가 인상적이다. "이제 두 사람은 비를 맞지 않으리라. 서로가 서로에게 지붕이 되어 줄 테니까. 이제 두 사람은 춥지 않으리라. 서로에게 따뜻함이 될 테니까. 이제 두 사람은 더 이상 외롭지 않으리라. 서로의 동행이 될 테니까. 이제 두 사람은 두 개의 몸이지만 두 사람 앞에는 오직 하나의 인생만이 있으리라. 이제 그대들의 집으로 들어가라. 함께 있을 날들 속으로 들어가라. 이 대지 위에서 그대들은 오랫동안 행복하리라."

부부로 살아가는 것은 서로에게 치유가 되는 것이며 치료가 되어야 한다는 뜻이다. 결혼은 치유방법이다. 길을 함께 가는 것은 치유의 방법을 공유하는 것이기 때문이다. 길을 오래 걷다 보면 실수가 반복된다. 서로에게 마음 놓고 실수할 수도 있다는 동의가 허락된다. 동행들은 서로에게 어머니 마음으로 대하는 사람들일 수 있다.[87] 실수해도 실수를 녹여 주는 그 마음, 상대방의 노한 마음을 눈처럼 녹아 버리게 만들어 준다. 오랜 기간의 동행은 그것이 부부 관계이든 순례자의 관계이든 치유적이다. 유아기, 유소년기 때의 깊은 상처를 치유해내는 프라이멀 테라피(primal therapy)의 효과가 있게 마련이다.[88]

결혼이 오래가지 못하는 것은 치유법이 제대로 작동하지 못했기 때문일 수 있다. 서로 간의 실수를 받아들이지 못했기 때문일 수 있다. 실수라는 것은 어찌 보면 마음 훈련의 기회다. 마음의 여백을 넓히기 위한 또 다른 기회에 지나지 않는다. 용서되지 못하면 서로가 새로운 길, 다른 길로 나가야 한다. 동행에서 동과 행은 서로 다른 선택을 하면 가치가 달라진다. 그야말로 님이라는 글자에 점 하나 찍으면 영원히 남, 타인이 되는 것이다. 북아메리카 인디언들은 말한다. 인간이라면 누구나 실수하게 마련이다. 용서받지 못할 실수는 없다. 용서받을 수 있기에 그들은 사람이라는 것이다.

타인을 경외하지 않으면, 자기에 대한 용서마저도 가능하지 않다. 생명에 대한 경외는 용서로 성장한다. 아메리카 인디언들은 아직도 그들의 조상이 그들에게 전한 기도로 하루를 시작한다. "떠오르는 태양을 바라보며 기도하라. 그리고 혼자서 자주 기도하라. 그대가 무엇을 말하건 위대한 신령은 귀를 기울이시니라. 자신의 길을 잃은 사람들을 만나거든 관대하게 대하라. 길 잃은 영혼에게서 나오는 것은 무지와 자만, 노여움과 질투, 욕망뿐이니, 그들이 제 길로 갈 수 있도록 그들을 위해서 기도하라. 이 땅에 존재하는 모든 만물에 감사와 경의를 표하라. 인간이건 동식물이건 그 모든 것에…… 다른 사람들의 생각과 소망과 말에 경의를 표하라. 비록 그대의 생각과 같지 않더라도 간섭하거나 비난하거나 비웃지 말라. 인간은 실수하게 마련이다. 용서받지 못할 실수는 없다. 아이들은 우리의 미래를 위한 씨앗이다. 그들의 비어 있는 순수한 가슴을 사랑으로 채워 길러라. 삶의 학습과 체험의 지혜라는 물을 뿌려 주어라. 먼저 그대 자신에게 진실하라. 자신의 성장과 자신에게 필요한 것들을 하고 난 연후에 비로소 다른 사람들의 성장을 위해 노력하라. 자신의 본분을 잊은 상태에서 하는 봉사는 진정한 것이 아니니라."

자신을 치유하는 사람들은 지금과 교류하고 순간과 감전한다. 자기를 둘러싸고 있는 주위의 그 모든 것들을 끊임없이 관찰하고 영탄한다. 그것들에 대한 나의 알아차림이 바로 자연의 마음인 무한과의 연결임을 이내 알아차린다. 치유하는 마음이 바로 양자 마음(量子心, quantum mind)이다. 양자 마음은 마법의 유리 구두와 같다. 내가 그토록 소망하는 기도와 바람에 대한 응답으로 받아들이려는 열린 마음이 양자 마음이다. 무한을 바로 보는 것은 그리 먼 곳에 있는 것이 아니다. 유별난 것들에 의해서만 매개될 수 있는 것도 아니다. 바로 지금, 여기, 나에게 있는 현재의 경험을 통해서 서로 주고받는 교환을 중시한다. 그 교환을 알아차리고 그저 받아들이면 된다. 하늘, 저 먼 곳에 있는 것은 없다. 그것은 허깨비거나 바람뿐이다. 우리를 감싸는 완전자는 그렇게 까마득하게 먼 곳에 있는 그 어떤 것이 아니다. 내 가까이, 내 숨결에 실려 다닐 뿐이다. 그 숨결을 알아차리며 받아들이는 마음이 양자 마음이다.

치유의 마음은 양자 마음과 엇비슷하다. 치유의 마음이란 비일상적, 비국소적, 비시간적, 자의식적 경험을 자기 것으로 체화시키는 마음이다. 무한과 나의 관계를 이렇게 편안하게 알아차리는 마음이다. 사람들은 마침내 신의 생각을 알아차리게 되면서 그로부터 치유된다. 신의 생각을 알아차리게 되면 그 나머지는 모두 다 사소하게 된다. 이미 배웠기 때문에 치유된 것이다.

빛이나 소리, 전자기장 등을 파동이 아닌 하나하나의 '입자'로 보는 입자 이론을 설명하는 양자물리학자들에 따르면 사람마저도 입자일 뿐이다. 사람은 육체와 마음의 이중 구조로 되어 있다고 보기 때문이다.[89] 인간의 몸이 육과 심으로 나뉜다는 생각 그 자체가 인간을 하나의 파동이나 입자로 볼 수 있는 근거를 제공한다. 몸은 인간의 눈에 보이는 부분도 있지만, 그렇지 않은 부분도 있다는 것이 저들의 생각이다. 육체는 눈에는 보이지 않는 원자, 파동, 에너지장 등으로도 구성된다. 마음이나 의식 역시 소립자, 파동, 에너지장 등의 다층 구조로 구성된다. 모두가 에너지와 같은 성질을 갖고 있을 뿐이라는 것이다. 육체와 마음 모두는 결국 눈에 보이지 않는 소립자, 파동, 에너지장을 갖추고 있기 때문에, 몸과 마음은 하나가 된다. 서로 긴밀하게 연결되어 있을 수밖에 없기 때문이다. 육체의 분자, 세포, 조직, 장기라는 근육질에도 각기 마음의 에너지장이 세밀하게 퍼져 있다.[90] 몸과 맘이 불이(不二)이라는 논리다.

몸은 체내 화학물질의 역동적인 정보망으로 구성된다. 마음과 몸이 연결된다는 것은 뇌와 몸이 분리되지 않은 하나의 네트워크라는 뜻이다. 네트워크, 그것들의 작동이 감정을 만들어 낸다. 감정을 이해하지 못하면 네크워크에서 생긴 오작동을 이해할 수 없다. 오작동이 바로 병이라고 부를 수 있다. 그 네트워크가 제대로 작동하지 않는 이유를 알지 못하면 치료는 이뤄질 수 없다. 마치 치질 때문에 통증이 일어났는데, 머리를 쥐어박는 식으로는 치질에 대한 치료가 처음부터 가능하지 않다는 뜻이다.

몸의 체내 화학물질의 이상 현상과 몸과 마음 간의 네트워크가 오작동하는 불균형을 극복하는 대안이 '심신의학'이다.[91] 심신의학은 몸과 맘의 조화, '몸'을 다스리는 일에 집중한다. 필요 이상으로 과장되면 믿을 이유는 없지만 저들의 논리는 설득력을 갖는다. 인간의 몸에서 분비되는 '생화학 전령'들은 서로가 서로에게 정보를 주고 받는다. 서로가 의식적인 활동을 매순간 지배한다. 몸과 마음은 늘 통합된다. 하나의 '몸맘'을 이룬다. 몸맘이 하나가 된 통합 시스템이 지적한 대로 바로 '맘(mind-body)'이다.

몸을 이해해야 몸에 대한 치유가 가능하다. 몸과 마음은 분리된 각각의 실체가 아니다. 몸과 마음은 통합되어 있기에 몸과 맘의 통합 구조를 이해해야 한다. 몸의 관점에서 인간의 삶을 이해해야 한다. 몸이 아프면 마음도 덩달아 아파온다. 마음이 아파도 몸이 아프도록 되어 있다. 몸과 마음의 통합적 감정을 이해할 때 치유가 시작된다. 사람들이 치료를 위해 약이나 수술을 받은 것도 몸을 다스릴 수 있다고 믿기 때문에 그렇게 하는 것이다. 약을 먼저 먹고, 지체 없이 수술부터 해야 할 일은 아닐 성싶다. 건강을 잃기 전에 이미 몸을 다스리는 일이 우선했어야 하기 때문이다. 몸에게 무엇을 어떻게 먹고, 어떻게 잠을 자야 하는지부터 먼저 길들였어야 할 일이다.

마음과 몸이 하나가 되기 위해서 연결 고리가 필요하다. 링커(linker)가 필요하다. 자율신경계가 그 연결고리이며 몸과 마음의 링커다. 자율신경계는 몸과 마음의 중간 영역에 위치한다. 마음을 몸의 각 세포 조직의 말단 지점까지 도달시키게 도와준다. 내분비계와 함께 생명 활동도 조절한다. 인체의 항상성을 유지시킨다. 자율신경계가 오작동하면 몸과 마음의 링커를 잃어버리게 된다. 몸이 따로 놀고 마음이 따로 놀면, 몸은 휘청거리기 마련이다. 불균형이 시작된다. 그것이 병이다. 스트레스가 자율신경계에 전달되면 교감신경이 이내 작동한다. 대뇌를 흥분시킨다. 대뇌의 신경세포가 균형을 유지하기 위해 작동하기 시작한다. 대뇌의 흥분에 따라 내분비계의 신경전달물질인 아드레날린이 분비된다. 분비의 양이 조절된다. 심장이 뛴다. 땀이 난다. 세포들이 긴장한다. 세포들이 공격당한 쪽을 향해 몰두한다. 한쪽에 정신이 팔리는 동안 세포와 내분비계의 다른 활동들은 잠시 보류된다.

부정적인 스트레스는 몸을 그렇게 공격한다. 빚쟁이에게 시달리면 어떤 사람이든 면역계의 임파구 활동 능력과 기능이 약화되기 마련이다. 몸이 다시 몸과 마음으로 떨어져 나가 제 기능을 상실한다는 뜻이다. 스트레스가 몸에게 승리하는 순간이다. 스트레스가 몸에 대해 병을 선물하는 순간이다.

부정적 스트레스와는 달리 긍정적 스트레스는 몸을 긍정적으로 자극한다. 자신이 좋아하거나 사랑하는 감정은 부교감신경을 자극한다. 부교감신경은 내분비계의 신경전달물질인 엔도르핀의 분비를 촉진시킨다. 근육의 긴장을 풀게 한다. 임파구의 활동을 왕성하게 만든다. 임파구의 활동이 왕성하면서 인체의 면역 기능이 높아진다. 예를 들어, 책을 너무 읽었기 때문에 병에 시달리는 사람을 보기 어려운 이유다. 긍정적인 생각은 뇌의 왼쪽 전두피질을 자극하여 몸을 활성화시키기 때문이다.

인간이 생명을 갖고 있는 한, 몸 없이 산다는 것은 불가능하다. 생 없이 명을 부지하기는 어렵다. 명이 있으면 몸이 있게 마련이다. 몸이 있으면 죽기 마련이다.[92] 의술(醫術)과 약술(藥術)이 아무리 발달해도 사정은 바뀐 적이 없다. 죽지 않고 영원히 살 수 없는 노릇이기 때문이다. 누구든 죽어 가도록 되어 있다. 자연의 섭리다. 인간에게는 축복이다. 의학은 결코 영생 치유의 절대적인 방편이 아니다. 병이 유도하는 통증을 달래 줄 수 있는 방편이기는 해도, 사망 불가는 있을 수 없기 때문이다. 생명에 있어서 완치라는 말은 불가능하다.

인간에게 있어서 치료보다는 치유의 중요성을 내세우는 영성의 신부로 알려진 이가 그륀(Anselm Grün) 신부다. 그 역시 삶에는 파괴적인 세 가지가 있다고 말한다. 화, 탐욕, 그리고 자만(自慢)이 그것이라는 것이다. 화, 탐욕, 자만이 불러다 주는 재앙은 앞으로도 영원할 것이다. 삶을 가진 그 누구에게나 똑같이 유효할 것이다. 화, 탐욕, 자만은 삶을 파괴한다. 무차별적이다. 화, 탐욕, 자만은 불가식으로 탐, 진, 치를 말하는 것이다. 조금 풀어 수도승 작가인 에바그리우스 폰티쿠스(Evagrius Ponticus)가 말하는 방식으로 말하면 아홉 가지 인간의 악습을 말하는 것이다. 먼저 탐욕은 음식, 섹스, 소유를 경계하라는 것이다. 화는 지루함, 권태, 나태를 경계하라는 말이며, 마지막으로 자만은 명예욕, 질투심, 오만함을 경계하라는 말이나 마찬가지기 때문이다.[93] 사람이 화, 탐욕, 자만을 버리는 것은 자신의 영혼을 가볍게 만드는 일이다. 자신의 품을 무겁게 만드는 일이다. 자신의 품이 무거워지면 그의 삶은 반드시 가벼워지도록 되어 있다. 사람의 격(格)이 달라지기 때문이다. 종류와 내용이 어떤 것이든 가벼운 삶을 살기 위해 품을 무겁게 만들라는 것이다. 비우면 무거워지고, 무거워지면 가벼워지기 때문이다.

　그뢴 신부는 말한다. 사람처럼 살려면 영성으로 살라고 당부한다. 영성이란 영적인 힘으로 사는 것을 의미한다. 기독교인이라면 성령을 말할 것이고, 비기독교인이라면 넋이나 정신이라고 말할 것이다. 성령 안에서, 넋 안에서 살기 위해서는 자신부터 만나야 한다. 정신이나 영성은 누구에게나 존재한다. 넋을 놓고 살 수는 있지만 넋 없이 존재할 수 있는 인간은 없다. 자기 자신과의 관계를 단절한 사람은 사람이 아닐 것이다. 넋 없이는 조물주가 있을 리 없고, 타인 역시 보일 리 없기 때문이다.

　영성을 회복하는 길은 삶의 주도권을 되찾는 일이다. 그뢴 신부는 영성을 되찾는 일, 넋을 단련시키는 생활 처방부터 말해 준다. 우선 아침에 일찍 일어나기부터 하라고 가르친다. 제때에 아침 밥을 먹으라는 것이다. 규칙적인 삶에서 넋이 흔들리지 않는다는 것이다. 자기 자신에 대한 주도권은 규칙적인 생활에서 찾을 수 있다는 것이다. 두 번째는 자기 자신을 바로 아는 일이 중요하다. 자기 자신이 중심을 잡으라는 뜻이다. 자신을 놓치지 말아야 제 몸에 넋이 깃든다는 말이다. 자신에 대한 두려움은 자기 중심을 잃을 때 생기기 마련이다. 사람들이 두렵다는 것을 느끼기 시작하면 영혼이 옳은 길을 찾고 싶다는 마음의 소리로 받아들이고 기도하라고 이른다. 마음을 다스리라는 뜻이다. 마음이 맑아져야 넋도 맑아진다는 뜻이다. 두려움을 두려워하면 넋이 나간다. 두려움에 대해 고마워하면 넋을 잡아야 한다.

　치유를 위해서는 자기 내면의 세계와 만나고, 자기 내면과 내언(內言)을 자기 것으로 만들어야 한다. 일상생활에서 할 수 있는 것은 그리 어렵지 않다. 마음을 매일같이 세정하면 되는 노릇이기 때문이다. 말은 필요 없다. 그저 단 1분이라도 자기 것으로 실천해야만 한다. 명상이든, 참선이든, 그 무엇이든 간에 관계없이, 좋은 삶을 위한 최선의 방편으로 그 어떤 것을 소개받았다 하더라도, 실제로 자기 것으로 만들어 가지 않으면 무용지물일 뿐이다. 그런 것들은 자신의 배움을 위해서는 아무런 상관도 없는 그저 공허한 말장난으로 끝나고 말아 버리기 때문이다. 곱게 한 세상을 살아가는 이해인 수녀는 그것을 있는 그대로 우리에게 마음 아프게 드러내 보여 준다.

웰 다잉 칼럼니스트인 최절주 씨가 암투병으로 심신이 지칠대로 지쳐 있는 이해인 수녀를 만났다. 병마는, 그것이 그 어떤 것이라고 하더라도 그 누구에게든지 어김없이 때가 되면 그의 육신을 낚아채기 마련이다. 그것을 그대로 받아들이고 있는 이해인 수녀였다. "요즘 세간에서는 '비움'이나 '힐링'이라는 말이 과용되거나 남용되고 있습니다."라는 그의 질문에 그녀가 나지막이 대답했다. 암 투병으로 인해 숨 쉬는 자체도 힘이 든다는 그녀는, "글쎄요. 우리는 비움이나 힐링뿐 아니라 온갖 좋은 말을 다하지만 그 단어의 뜻대로 살지는 못하는 것 같아요. 글로벌이란 말도 너무 많이 하지만 우리 자신은 아직도 협소하고 근시안적인 삶의 태도를 버리지 못하는 걸 자주 발견하게 되던데요. 말부터 할 것이 아니라 그냥 겸손하고 성실한 자세로 그날그날 자기 자리에서 최선을 다하면 되는 게 아닌가 싶습니다만…… 남에게 바라기 전에 내가 먼저 솔선수범하는 삶의 자세가 필요합니다. 가정에선 부모가 먼저 본이 되고 학교에선 교사가 본이 되고 나라에선 다스리는 사람들이 본이 되는 그런 모습이……." 라고 말을 맺었다. [94]

자신을 놓치지 않기 위해서는 먼저 조용한 가운데 자신을 찾는 시간을 가질 필요가 있다. 자기 자신을 있는 그대로 받아들이기 위해서다. 자기 자신을 돌아보는 시각 그 자체가 묵상의 시간이다. 묵상의 시간이 자신의 넋을 다스리는 능력이다. 말은 그만 놓고, 우선 혼자 눈을 감으라. 조용히 묵상하라. 지금 자기 앞에 앉아 있는 자기 자신이 이 세상에서는 가장 유일하다. 유아독존적인 존재다. 더 이상의 존재는 없다. 소중한 존재다. 생과 명의 존재다. 귀한 존재다. 단 한 번 태어난 존재임을 알아채야 한다. 귀한 자기 자신과 이야기하면서 귀한 사람이 되어야 한다. 자기의 넋을 다스리는 나홀로 치유방법이다.

자신이 불사조처럼 건강하다고 하더라도 자기는 몸을 가진 생명체다. 자기의 몸 없이 자기를 수행할 수 없다. 생명 없이는 어떤 명상도 가능하지 않다. 다스릴 자기가 없는데 다스릴 수는 없다. 자기 연단에 몰입하는 것도 생과 명의 몸일 뿐이다. 몸은 나의 틀이며 토대다. 자기 몸을 비하할 일이 아니다. 몸에 대한 자학적 훼손이 다스리기의 표본이라는 말은 몸에 대한 편견일 뿐이다. 육체적 조건은 수행에 방해가 아니다. 육체적 조건은 몸의 균형을 위한 필요하고도 충분한 조건일 뿐이다.

몸에 대한 훼손이 수행의 전제라는 생각은 옳지 않다. 몸의 훼손을 전제로 한 참선의 실천은 몸에 대한 본질을 잘못 이해한 결과다. 인간은 몸이라는 생물학적이고도 생리학적인 조건을 갖고 있어야 한다. 자기 수행은 몸의 전제로 가능할 뿐이다. 인간에게 몸이 없다면 명상도 필요 없다. 몸이 필요 없다면 자기 수행은 불가하다. 명상이 필요할 이유가 없다. 수행을 실천해야 할 육체적 근거가 소거되기 때문이다. 몸이 없는 생명체는 생물학적으로 가능하지 않다. 몸을 몸답게 제대로 아는 것이 바로 지혜의 시작이다. 마음 공부나 마음 다스리기의 기반일 뿐이다.⁹⁵⁾

수행에 있어서 몸 가운데에서 몸이 우선하는지, 마음이 우선하는지는 분명하지 않다. 몸 공부가 마음 공부보다 우선해야 하는지를 논할 근거도 불확실하기는 마찬가지다. 어느 것이 우선해야 하는지를 따질 일도 아니다. 마음 공부를 하는 것 자체가 삶의 치유라고 이야기한다면, 몸 공부를 하는 것 역시 자기 삶을 위한 하나의 치유 방법일 뿐이다. 몸을 제대로 가꾸는 것이 마음 수행이다. 마음 치유가 몸 다스리기다. 몸과 마음은 몸일 뿐이다. 뇌를 떠난 교설이 가능하지 않고, 설교하지 않는 몸은 있을 수 없기 때문이다. 몸이 설교이며 맘이 근육의 탄력성을 말할 뿐이다. 근력(筋力)이 강하면 심력(心力)도 강하고, 마음의 근육이 있으면 몸의 심기도 함께 있기 마련이다.

마음 공부에 일가견을 이룬 사람들은 몸을 수행의 본으로 삼는다. 초기 불가의 문헌에서 자주 언급하는 대목이다. 붓다나, 공자(孔子) 역시 '몸'을 건사하는 일에 일가견을 지녔었다. 그들 역시 매일같이 몸 다스리기를 실천했던 장본인이었다.⁹⁶⁾ 선승일수록 몸 다스리기의 성취를 침묵으로 말하곤 하는데 침묵은 몸의 작용이기 때문이다. 공부의 깊이는 몸의 반응으로 나타나기 마련이다. 몸과 마음이 하나되는 것이 바로 '몸'이기에, 몸이 바로 돈오(頓悟)가 된다. 돈오의 바탕은 마음과 몸의 하나됨이다. 하나됨은 몸이라는 실체로 만질 수 있는 것도 아니다. 드러내 보일 수 있는 것도 아니다. 몸 하나로 나타나는 창의적 실체와 의식의 상태가 돈오다. 돈오는 깨어 거듭난다는 뜻이다. 그것은 바로 몸의 상태로 나타난다. '몸' 하나로 버텨 주기 때문에 돈오가 가능할 뿐이다.

몸의 극치는 타인에 대한 사랑과 관여로써의 겸애(兼愛)로 드러난다. 묵자가 가르친 그 겸애다. 자기의 몸이든 타인의 몸이든 구별하지 않고 자기 몸처럼 타인의 몸도 사랑하는 그 실천이 바로 겸애다. 공자가 말하는 수신론이 강조하는 것도 마음과 몸의 하나됨이었다. 인도인이 이야기하는 '맘 긍정/몸 부정론'도 몸의 발현일 뿐이다. 조선 말기의 실학자들이 유념했던 유의(儒醫)적 치료술에서 강조하는 것도 몸과 마음의 하나됨이었다.[97] 모두에게 인간의 연단(鍊鍛)이나 일련의 모든 수행들은 몸과 마음의 조화와 화음이었다. 표현들은 조금씩 달랐지만 겸애의 실천이었다.

몸은 몸과 마음의 통합된 양태로서, 시간/공간/세포가 하나로 통합되고 융합된 모습을 말한다. 몸과 마음이 하나의 우주(宇宙)됨을 상징한다. 몸에는 언제나 틈새가 있을 수도 있다. 떨어져 있는 빈 틈새를 메꾸면 몸과 마음 사이의 거리는 더욱더 가까워진다. 몸과 마음 사이에 있을 수 있는 빈틈을 메꾸는 일이 배움이고, 그것을 가동시키는 것들이 배움소다. 생명에 대한 예찬, 모르는 것에 대한 밝힘과 채움으로써의 학습, 자기 자신을 다스리며 거듭나는 모든 것들이 바로 몸과 마음 사이의 가능한 틈새를 이어 주는 요소다. 몸과 마음의 하나됨이 몸이다. 몸의 완성은 배움소(素)로 가능해진다. 배움소는 몸과 맘을 연결하는 이음매며 세멘팅 작용을 한다. 몸은 언제든 자기를 모시는 하나일 뿐이다. 자기의 마음도 언제까지나 자기의 마음일 뿐이다. 자기 마음과 몸에 간격이 생기면 몸은 몸대로, 마음은 마음대로 벌어져 살아가게 된다. 몸과 마음의 불균형이 병이며 상처다.

몸과 마음의 틈새를 이어 주면 몸이 된다. 몸과 맘은 모음과 자음이다. 글은 자음만으로는 불가능하다. 모음만으로도 불가하다. 모음과 자음이 조화롭게 배합되어야 한다. 몸도 그렇다. 몸과 맘을 조화롭게 배합되도록 작동시키는 요소들이 배움소다. 몸이 되어야 몸은 내 몸의 안을 읽게 된다. 몸이 되어야 몸은 비로소 몸 안과 몸 바깥을 하나로 매개한다. 몸은 몸과 맘을 하나로 표현하기 위해 만들어 낸 신조어다. 뫔의 초기 형태는 '맒'으로 시작한다. 맒은 원래 몸과 마음을 하나로 묶어 '놂'의 여백을 넓혀가는 활동을 지칭하는 개념으로 만들어진 것이다.[98] 뫔을 단단히 하려면, 몸과 마음 사이에 벌어진 틈을 메꾸거나 이어 주려는 배움소의 끈기가 강력해야 한다. 접착제가 강력해야 한다는 뜻이다. 접착제의 강도는 배움소의 보고인 내부 시각에서 만들어진다. 내부 시각은 원래 오감으로부터 들어오는 오만가지 자극들의 여가장이다. 서로가 혼돈된 상태로 노니는 곳이다. 자극의 오락장이며 여가터가 내부 시각이다.

뫔은 마음과 몸의 틈새는 붙이라고 말한다. 반대로 놀이의 여백을 늘리라고 말한다. 그런것에 도움이 되는 것이라면 무엇이든 받아들인다. 뫔의 여백을 긍정적으로 늘리는 일이라면 어느 것이든지 좋다. 선이나 명상도 뫔의 여백을 늘리는 놀이다.[99] 뫔의 여백을 늘리기 위해 일상을 떠나야 하는 것도 아니다. 일상이 여백이기 때문이다. 몸과 마음의 틈을 이어주는 활동들은 오히려 일상적이어야 한다. 그런 것 중에서 대표적인 것이 노래와 춤이다. 옛 선비들이 즐겼던 가곡(歌曲)이나 시조창(時調唱)도 그 반열에 든다. 모두 뫔노래와 뫔춤의 원형이 된다. 뫔춤과 뫔노래들이 배움소의 실타래를 풀어 내게 만든다. 뫔춤을 영어로 멘탈(mental), 웜(womb) 그리고 엑서사이즈(exercize)의 합성 조어인 '뫔 어사이즈(mwomercize)'로 형식화한다고 해도 뫔어사이즈에 춤사위다운 춤사위가 있는 것은 아니다. 그저 평안하고 행복하면 되는 춤사위다. 행복한 만큼 자기 몸과 마음을 가누면 되는 몸의 이완 활동이 있을 뿐이다. 춤사위랄 것도 없다. 그냥 움직거림일 뿐이기 때문이다. 몸의 이완을 극도로 추스르는 동작과 운동일 뿐이기 때문이다.

우리에게 친숙한 탈춤이 형식화되기 이전쯤의 춤사위들이 어쩌면 뫔어사이즈가 될 것이다. 뫔노래와 뫔춤의 원시적 원형으로 탈춤을 이야기할 때 어김없이 등장하는 것이 탈이다. 탈을 만들고 있는 탈 제작 기능 보유자들의 증언에 따르면, 탈춤은 사람들이 일상적으로 겪고 있는 몸의 탈들을 '탈탈' 털어 내기 위한 방편에서 시작된 자연스런 움직임이었다. 예를 들어, 사람들이 가사와 노동에서 흔하게 걸리는 통증을 달래기 위한 방편으로 탈춤에서 통용되는 몸동작을 했다는 것이다. 허리가 아프고, 어깨가 결릴 적에 그것을 탈탈 털어 내야 하는 작동과 양태가 탈춤에 배어 있다는 것이다. 결린 것, 아픈 것들을 일시적으로 '탈탈' 털어 내는 데 도움이 된다는 뜻에서의 '탈'춤이 보여 주는 여러 가지 동작이 몸 체조의 원형을 보여 준다. 탈춤이 우리네에게는 몸을 조련하는 데 요긴했던 몸 체조의 한 형식인 것이다.[100]

몸 노래와 몸춤의 현실적인 적용은 원효 대사의 무애무(無碍舞)에서 드러났던 바 있다. 무애무는 원효가 진귀한 모양의 조롱박을 가지고 굴레가 없고 매인 것이 자유로우리라는 것을 보여 주는 일종의 치유 방편이었다. 무애무를 현대적으로 개작한 것이 몸춤이다. 몸춤에서 요구되는 동작들은 참선, 요가처럼 심신의 이완을 위한 일련의 유연한 동작들이다. 특별한 음률이나 동작 체계가 요구되는 정형적인 운동이나 춤을 강조하지 않는다.[101] 몸춤은 마치 모든 인간의 시작을 상징하듯이 춤사위가 시작된다. 엄마의 양분을 가지고 엄마의 자궁이라는 완벽한 유영장에서 움직이는 태아의 본능적인 움직임이나 동작과 흡사하다. 몸춤의 배움소들이 갈라지려는, 틈을 내려는 마음과 몸을 하나로 이어 주어 몸을 편안하게 만들어 준다.

몸춤의 가장 담백하고 소박한 실천은 바로 걷기에 있다. 마음 다스리기로써의 걷기가 가능해지면 몸이 편안해지는 이유다. 몸과 맘이 하나로 통합되어 안정적인 상태에 도달했기 때문에 몸이 다스려지는 것이다. 걷기는 몸과 맘의 관계를 더욱더 '신바이오틱(synbiotic)'한 관계로 만들어 낸다. 활생 효과를 촉진시킨다는 뜻이다. 걷기로 몸이 편안하게 되면 마음도 따라 편안해진다. 마찬가지로 마음이 이완되면 몸도 따라 이완된다. 몸춤으로써의 걷기가 제대로 되면, 자기가 만족할 정도로 이뤄지면 몸은 더욱더 안정된다. 걷기는 원초적 생명력을 확인하는 몸의 춤사위이기 때문이다.

몸 속의 뇌가 맘과 몸을 그렇게 작동시키며 안정에 들게 만든다. 뇌는 몸이다. 뇌는 마음이다. 뇌는 계속해서 변한다. 몸과 마음이 계속 변한다. 몸에는 기쁨과 즐거움, 환호를 위한 회로들이 설치되어 있다. 몸은 고통마저도 기쁨으로 받아들이는 회로들을 지니고 있다. 인간의 몸에는 행복을 느낄 수 있는 장치들이 배선화되어 있다.

이런 장치와 시스템들이 바로 오감을 통제하는 외부 시각이다. 행복은 '마음'이 아닌 '머리'로 느끼게 된다. 머리는 그것을 표현하는 데 익숙하지 않다. 머리는 몸을 통해서 그것을 표현해 낸다. 머리가 단련되어야 하는 이유다.

행복은 마음이나 정신 하나만으로 이뤄지는 것이 아니다. 행복의 느낌은 몸에서 정신으로, 그리고 정신에서 몸으로 전이되면서 발생한다. 몸과 마음이 하나의 몸이 되면서 행복의 느낌이 전달된다. 행복의 발화는 몸의 공간, 공간마다 조화롭게 이뤄진다. 팔과 다리, 심장과 피부, 팔, 다리, 엉덩이, 입술 등에서 행복의 감이 느껴진다. 각자적으로 그리고 통일된 상태로 행복의 느낌이 만들어진다. 몸의 여백 전체에서 행복의 느낌이 결실을 맺는다. '행복해지자.'라고 우긴다고 해서 행복의 느낌이 자동적으로 일어나지는 않는다. '행복하라.'고 마음먹는다고 자동적으로 행복해지는 것도 아니다. 행복의 느낌은 근육과 같은 비자율신경계의 영역에서 가동된다. 심장 박동처럼 의식적으로 제어할 수 없는 자율신경계의 일처럼 행복이 일어나지 않는다. 감정이 없으면 판단력이 생길 리가 없다. 감정이 오지 않는데 머리가 먼저 무엇을 결정할 이유가 없다. 머리는 해야 할 이유와 하지 말아야 할 이유를 길게 나열하고 따질 뿐이다. 그렇게 옳고 그름을 따지는 동안 가슴은 그것이 행복한 일인지, 불행한 일인지를 결정해 놓는다. 그 결정에 따라 몸의 여백이 늘어나기도 하고, 반대로 줄어들기도 한다.[102]

몸과 마음이 하나가 되면, 하쿠나 마타타(hakuna matata)할 수 있는 여백도 늘어난다. 타인에 대해 감탄할 수 있는 여백이 넓어진다는 뜻이다. 아프리카 지역 주민들이 쓰는 스와힐리어인 '하쿠나 마타타'라는 말은 '너무 걱정하지 마, 모든 것이 다 잘 될 거야.'라는 말이다. 스와힐리족들은 어려운 처지에 닥친 사람에게 늘 위로하는 인사말로 "하쿠나 마타타."라고 한다.[103] 누구나 삶을 살아가면서 어려움을 겪는다. 아무리 재주가 있어도 어렵고 힘겨운 상황을 모조리 피해갈 수만은 없다. 그렇다고 발만 동동거리며 한숨만 쉴 수도 없다. 극복하지 못하면 차라리 즐기라는 말이 있는 이유다. 어려운 상황을 있는 그대로 받아들이면 된다. 어려움을 당장 헤쳐 나갈 힘이 없다면 할 수 없는 노릇이다. 의연하게 즐기려고 해야 할 일이다. 그런 여백, 여유 마음의 양태를 지니라고 권하고 싶을 때 "친구, 알았지. 하쿠나 마타타." 하면 된다. 자기의 앞 길에 서 있는 것은 모두 자기를 해하는 걸림돌이라고 고집부릴 일이 아니다. 고집 부리지 말고 차라리 그것을 디딤돌로 삼으라는 말이 하쿠나 마타타다. 조금 시간이 지나면, 어느 사이에 자기 치유의 여력과 여백을 얻게 되는 존재가 바로 인간이기 때문이다.

하쿠나 마타타, 그것은 자기 치유의 힘을 부추기는 만트라(mantra)이며, 독경(讀經)이다. 읽을수록, 되뇌일수록 힘이 생기며 여유가 생기게 만드는 진언(眞言)이다. 어떤 경우에도 자기를 치유할 수 있는 여백을 잃지 말라는 말이기 때문이다. 한숨 돌리고 마음을 달래라는 말이다. 자기 치유의 여백으로, 한 발 더 내딛으며 발길마다 배움에 게으르지 말라는 말이기도 하다. 새로운 삶을 생각하는 사람이라면, 하쿠나 마타타를 마다해야 할 이유가 없다. '하쿠나 마타타.' 하면, 뫔의 여백이 그만큼 늘어난다.[104] 하루의 삶은 하쿠나 마타타를 몇 번 되뇌이는지에 따라 달라지게 마련이다.

뫔춤이나 하쿠나 마타타의 주문 모두가 뫔을 자라게 하고 자기를 미리 다스리게 만들어 준다. 한의사들에게 중요시 여겨지는 것이 치미병(治未病)이다. 병이 난 후 그것에 매달리는 치병(治病)보다는 치미병(治未病) 위주의, 말하자면 예방의학을 중요시한다. 하쿠나 마타타, 그것은 바로 울화 터지게 만들어 놓기보다는 그 이전에 자기 자신을 다스리게 만드는 생활선(生活禪)의 한 방편이나 마찬가지다.[105] 일상적 삶을 잡아 가는데 도움을 주는 배움의 소도구들인 셈이다. 치미병의 방편들을 활용하면, 일상적으로 뫔을 건강하게 지키도록 만들어 준다. 뫔춤도, 하쿠나 마타타도 모두 나름대로 자기를 다스리는 데 각자적인 효용이 있게 마련이다. 몸이 아프면 여러사람에 둘러싸여 있어도 아픈 이 그는 혼자가 되고 만다. 마음이 아파도 마찬가지다. 끝내 아픈 사람, 고통스러운 사람은 혼자일 뿐이다. 그러니 뫔을 치유해내는 방편들 역시 자기 나름대로 취할 수밖에는 없다. 효과가 있으려면 자기 자신에게 맞춤이어야 한다.

허리 둘레가 32인치인 사람은 크기가 32인치쯤 되는 옷을 입어야 제게 맞는 이치다. 아무리 명품이라고 해도 40인치짜리 옷을 입고 다니면, 제 격과 품에 어울리지 않을 뿐이다.

몸을 다스리는 방편도 짚신인 짝도 짝을 맞추어야 제격이다. 제각기 살아온 방식이나 습관이 다르더라도 사람으로서 갖추어야 할 격은 있기 때문이다. 각자 자기만의 삶을 다룬 자서전이 있게 마련이다. 격이 있다는 말은 " 남의 책은 덮어 두고 자기 자신의 책을 읽어야 한다."는 말이기도 하다. 법정 스님이 그를 따르던 사람에게 남긴 말이다. 사람 각자마다 한 권의 경전이 있다. 종이나 활자로 된 게 아니니 펼쳐 보일 수는 없다. 한 글자, 한 글자씩 짚어 낼 수는 없지만, 항상 남에게 읽히는 책이 바로 자신의 얼굴이며 자신의 몸이다. 몸은 바로 자기의 품과 격을 드러내는 자기 자서전이다. 자기 책에 적혀 있는 대로,[106] 자기 치유를 위한 자기 나름의 탐, 진, 치에 대한 각자적 치유법, 맞춤형 치유 방편들로 자기를 치유해 내야 한다.

답이 빤히 보이는 확실한 상황에서도 전혀 말도 안 되는 결정을 내리고 마는 존재가 인간이다. 사람이란 존재는 완전하며, 불완전하고, 비합리적이며 합리적인 존재다. 이해하기 힘든 존재라는 뜻이다. 이해하려고 하지 말라는 당부기도 하다. 이런 논리를 거부하는 경제학자도 있다. 인간에게는 세계를 바라보며 정보를 처리하는 일정한 유형의 내재된 방식이 있기 때문에 실수한다는 것이다. 정보처리 방식 때문에 인간은 같은 실수를 빈번하게 반복한다.

세상일에는 언제든 실수가 반복될 가능성이 큰 체계적인 요소가 들어 있기 마련이다. 인간은 그 요소를 지나치는 버릇이 있다. 결과는 비합리적인 판단이나 결정에 이른다. 그런 이유 때문에 인간의 행동을 예측할 수 있다는 것이다. 인간은 비합리적인 존재인 것은 틀림없다. 다만, 그 비합리성이 놀랍게도 일관적이다. 그것이 인간의 비합리적 행동을 예측 가능하게 만들어 준다. 인간은 예측 가능하게 비합리적이기에 인간 스스로 비합리성을 예측하기만 하면 새로운 가능성을 건져 낼 수 있다. 비합리성을 보완하기 위해서는 나름대로의 긍정적인 생각을 만들어 내야 한다. 한 번에 끝나는 일이 아니다. 점검하고 또 점검해야 할 일이다. 자기 것으로 만들기 위해서다. 생각하고 또 생각하면 비합리적인 것들이 씻겨 나간다. 자기 경비를 최소화시킬 수 있다.[107] 인간은 생각하기는 하지만, 또 생각하고 또 생각하기를 좋아하지는 않는다. 실수를 연발하는 까닭이다.

　세상은 늘 예측 불가능하다. 끊임없이 변화하기 때문이다. 세상은 게다가 아무 때나 흘러내릴 수 있는 모래탑과 같다. 세상은 모래탑의 에너지처럼 작동한다. 자연의 힘은 기존의 셈법이나 논리를 벗어난다. 기존의 수리적 해법으로는 자연의 비규칙성을 이해하기에는 역부족이다. 기존의 해법이 필요하다. 자연의 자기 조직화 논리, 임계성 원리를 이해하는 것이 선결 조건이다. 자연은 모래탑 가설 속에서 움직이며 변화한다. 모래탑 가설의 셈법이 매시업(mashup)의 틀이다. 예측 불가능의 복잡한 세상을 이해하려면 자기부터 매시업해야 한다.[108]

　매시업의 사고는 여러 현상을 예측 불가능한 방법으로 뒤섞어 완전히 새로운 사물이나 상황을 창조하는 생각이다. 매시업이라는 단어는 일탈적인 성격이 강하다. 원래 나이트클럽과 같은 야간업소에서 디제이(DJ)가 2가지 이상의 곡을 믹스하는 기법이 매시업이었기 때문이다. 여러 가수의 히트곡 여러 개에서 일정 구절을 따서 이를 섞어 만들어 낸 새로운 느낌의 노래의 음악을 말하기도 한다. 세상살이가 늘 사람들을 매시업한다. 세상은 늘 영원하고 유일하게 매시업한다. 절대적인 것은 하나도 없다. 그저 매시업이다. 잡탕이거나 비빔밥적인 것을 말하는 것이 아니다. 모든 것이 매시업된 것이라는 뜻이다. 어느 순간 아주 사라지는 것은 없다. 매시업들로 리바이벌된다. 새로운 조합으로 매시업되어 새것처럼 세상에 등장할 뿐이다. 매시업은 에너지다. 매시업을 수용하지 않으면 미래에 대한 이해는 새로울 수 없다. 매시업은 '탄력성'을 중시한다.

　탄력성은 사람들을 격려한다. 삶에서 상상도 못할 정도로 훌륭한 일을 할 수 있다고 격려한다. 참선도 명상도 모두 사람에게 탄력성을 갖게 만드는 일이다. 탄력성은 마치 마른 스펀지(sponge)나 걸레처럼 작동한다. 흘러넘치고 흔들려 넘친 물을 남김없이 흡수한다. 탄력성은 삶의 흡수능력을 말한다. 흡수능력은 흡인력과도 흡사하다. 흡수력과 흡인력, 그리고 흡착력이 강한 스펀지가 기능상 좋은 스펀지다. 행복한 삶은 자기 삶의 그릇에 넘치는 오해를, 남는 상처를, 이해를 강하게 빨아들일 수 있는 스펀지 같은 것이다. 삶은 이것 저것들을 매시업할 수 있는 능력으로 결정된다. 정화할 수 있는 살아감의 스펀지 능력에 따라 삶의 모습이 달라진다.

개인의 삶살이에서 나타나는 흡수력과 탄력성이 타인과의 동행을 자유롭게 도와준다. 자신을 치유하는 힘이 되기 때문이다. 예를 들어, 걸레는 배움력이 뛰어난 방편이다. 남에게는 더러움을 감춘다. 자기 자신 스스로 더러움에 노출된다. 깨끗함과 더러움 모두를 빨아들이며 흡인한다. 걸레는 자기 자신에게 상처를 낸다. 욕이 되는 그런 것을 스스럼없이 포용한다. 더러움을 닦아 내기 위해 자기부터 닳기 시작한다. 거죽에 흠집을 낸다. 더러움 앞에 자신의 영혼을 굽힌다. 꺼릴 일도 아니고 꺼릴 이유도 없기 때문이다. 걸레가 하는 일은 그런 일이다. 다른 것을 깨끗하게 해 주기 위해서 자의적으로 더럽혀진다.[109]

사람은 자신마다 자기를 닦아 낼 걸레 하나씩은 담고 있어야 한다. 자기 안에 걸레용 스펀지를 담고 있는 사람이 탄력성이 높은 사람이다. 더러워지면 다시 빨면 되는 일이다. 모든 것은 매시업된다. 식물이 성장하려면 비료가 있어야 한다. 비료는 오물로 만들어진다. 더러움이 따로 있고, 깨끗함이 따로 있는 것이 아니다. 삶 자체가 오물과 더러움, 청결함의 매시업일 뿐이다. 더러움을 정화하기 위해 마음의 걸레들이 필요하다. 걸레가 배움이다. 배움이 있으면 걸레가 되고야 만다. 언제든 다시 빨아 자신의 가슴에 넣어 둘 걸레가 마련된다. 자신도 모르게 쌓인 탐진치(貪瞋痴)를 닦아 내며, 몰아 내고, 빨아 내는 일에 써야 할 방편이기 때문이다.

한국으로 귀화한 천주교 신부가 말했다. "부처는 내게 의사(醫師)다. 집착을 없애 주는 의사 중의 의사다." …… 나도 오랫동안 하늘나라를 멀리서 찾았다. 멀리서 하늘나라를 찾는 것과 가까이서 하늘나라를 찾는 건 서로 통한다. 나는 그걸 '생수불이(生修不二)'라고 부른다. 생활과 수행이 둘이 아니란 얘기다.[110] 물리학자인 아인슈타인이 먼저 말했다.[111] "나는 신이 세상을 어떻게 만들었는지 알고 싶다. 이러저러한 현상이나, 이러저러한 원소의 스펙트럼에는 관심이 없다. 다만, 신의 생각을 알고 싶다. 나머지는 세부적인 것에 불과하다. (정말로 그것을 알고 싶으면……) 첫째로 주위를 둘러보며, 바로 이 순간에도 신호하며 서로 주고받고 있는 것을 알아차리고, 둘째로 지금 옆에 신성한 존재가 있다는 것을 느끼며 거역할 수 없는 그 어떤 것으로 이름하며, 마지막으로 무엇인가 서로 신호하고 교류했던 것만을 기억하며 음미하라."[112]라고 처방했다. 세상을 제대로 살려는 사람들에게 필요한 처방이었다.

　세상을 제대로 살고 싶다면, 네가 먼저 정신을 차리고 고집(苦集)은 버리고, 멸도(滅道)는 취해야 한다. 어쩌면 냉혹하기만 한 주문이다. 탐진치를 비우고, 도(道)를 취한다고 할 때, 그 도는 사람의 본성을 따라 그대로 사는 그것이어야 한다는 뜻이다. 그것이 쉬울 리 없다. 인간의 본성을 따르라는 말은 인간으로서는 거역할 수 없는 도(道)일 수 밖에 없다. 도(道)는 태초의 '말씀(word), 하느님, 그리고 하늘님과 신의 말' 처럼 절대적이다.[113] 그 도를 닦아야 할 이는 바로 나이며 너다. 나와 너는 배움의 본성을 지녔기에 그것이 가능하다. 그 본성대로 고집은 가능한 멀리, 멸도는 내 옆에 두도록 자신을 가꾸어 가는 일이 멸도에 이르는 배움의 길이다.

미주

1) 소설가인 브리크너(Richard Brickner)는 교통사고를 당한 한 젊은이를 통해 희망이 어떤 것인지를 묘사한다. 교통사고를 당한 젊은이는 이제 몸을 쓰지 못한다. 온몸이 엉망이 된 채 모든 몸은 쇠로 이어져 있다. 거동이라고는 휠체어에 의지하는 것이 전부인 젊은이다. 그는 다시 제2의 유아기(the 2nd infancy) 속에서 버둥거린다. 절망의 나날이던 어느 날 그는 "내게 미래가 있을까요?" 절망 속에서 간병인에게 묻는다. 아무것도 모를 것 같던 간병인이 대답한다. "그럼요, 무한대의 희망이 있죠. 희망은 당신을 버리지 않아요. 다만 당신이 희망을 버리지 않는다면……." 절망 상황에서 그 스스로 새로운 희망을 바라보게 된 순간이다. 그때 자신의 몸에서 일어나고 있는 고통과 사지의 마비가 새로운 기운을 솟게 만든다[참고: Brickner, R. (1976). *My second twenty years: An unexpected life*. NY: Basic Books].

2) 참고: 주얼 D. 테일러(2001). 나를 바꾸는 데는 단 하루도 걸리지 않는다(역). 서울: 도솔.

3) 참고: 피터 피츠사이몬스(2009). 인생의 작은 법칙들(역). 서울: 프리윌.

4) 참고: Inglehart, R.(1990). *Cultural shift in advanced industrial society*. NJ: Princeton University Press.

5) 참고: 마르쿠스 아우렐리우스(2007). 인생의 법칙(역). 서울: 원앤원북스.

6) 참고: 조엘 오스틴(2012). 행복의 힘(역). 서울: 생각연구소.

7) 노무현 대통령 시절 권력의 실세들에게 거액의 정치자금을 건넨 혐의로 기소되어, 끝내 정치의 쓴맛을 경험했던 어느 기업가가 있었다. 그는 현실 정치에 끼여 권력을 맛보고 싶었다. 결단한다. 정치권에게 로비라는 것을 했다. 정치 권력자를 만나기 시작했다. 로비라는 것의 시작이었다. 권력자들을 저녁에 초대했다. 한끼 식사 값이 300여만 원이나 되었다. 정치 권력자와 그를 위한 단 두사람의 식사였다. 밀실이었다. 최고급 술에 최고급 안주가 들어왔다. 230여만 원 상당의 고급 양주였다. 로열 살루트 38년산이라고 했다. '운명의 돌(stone of destiny)'이란 애칭을 가진 귀한 술이었다. 운명의 돌 옆에는 전복스테이크가 곁들였다. 전복스테이크 가격은 25만 원이라고 했다. 그것이 그날 저녁 한 끼를 위한 요리였다. 권력과 부를 낚아 채기 위해 저들 권력자에게 미끼를 던졌지만, 척박한 정치 현실은 실세와 정치적 끈이 떨어지자 그를 곧장 감옥으로 가둬 버렸다[참고: 매일경제신문 편집국(2009). 박연차가 좋아한 로열 살루트 38년산. 매일경제신문. 2009년 7월 9일자]. 그는 식사를 한 것이 아니라, 메뉴를 먹은 것이며, 독배를 매일같이 마셨던 것이나 다름없었다.

8) 화투를 한다는 지인들에게 걸리면 나는 어김없이 저들의 간식거리가 된다. 놀림감이 되는 것도 피할 수 없다. 나의 멍청함을 즐기면서도 저들은 말하곤 한다. 화투 놀이의 규칙, 그들은 그 놀음에서도 권위가 있고 지켜야 될 예법이 있어 배울 것은 배워 둬야 한다고 말하곤 한다. 일종의 윽박지름이다. 이상 야릇한 논리를 따라야 하거나, 그것을 내 삶의 조건으로 배우고 싶은 마음은 조금도 없다. 그렇지만 저들이 열성을 갖고 벌이는 판에 어찌하지 못하고 끼인 채 한참 동안 주리를 틀다 보면 화투판에서 누가 고수인지, 누가 초보자인지가 이내 내 머릿속에 들어온다.

투전판에서 말하는 고수와 달인이 하는 짓들이 금방 눈에 들어오는데, 고수일수록 내가 원초적으로 싫어하는 화투패들을 잘 다루는 사람들이다. 말하자면, 비, 풍, 초, 똥, 팔, 삼 같은 패들을 자유자재로 다루는 모습을 보면 고수와 초짜를 이내 구별하게 된다. 나에게 이들 비, 풍, 초, 똥, 팔, 삼의 화투패들은 별로 소용이 없어 보이는데, 저들 고수의 머리나 손맛은 나와는 전혀 다르다. 손놀림부터 작심하는 태도부터가 다르다. 고수들은 나에게는 걱정과 근심, 화근 덩어리처럼 여겨지는 그런 패들을 적절하게, 그리고 유용하게 활용한다. 다 죽어가던 판을 뒤집어 나에게 바가지를 씌우곤 한다. 나는 고하지만, 저들은 스톱한다. 별로 끝발 없는 화투패들을 활용해서 어려운 국면을 반전시키는 화투꾼들을 보면, 그들은 삶에 서도 달인처럼 행동할 것 같이 보이기조차 한다. 삶의 장면들이 화투 놀이와는 다르지만, 화투 놀이를 벌이는 순간만이라도 비, 풍, 초, 똥, 팔, 삼을 적절하게 이리저리 활용하는 고수들의 머리 놀림은 고집멸도를 깨친 사람들 같아 보인다.

어떤 이들은 화투 놀이가 바로 손쉬운 노장자 철학의 원리를 담고 있다고까지 말한다. 예를 들어, 비, 풍, 초, 똥, 팔, 삼의 규칙은 삶살이에서 무엇인가를 포기해야 할 때, 우선 순위를 가르침으로써 위기 상황을 극복해 가는 순서이며 과정을 가르치는 삶살이의 원칙이다. '낙장불입'의 규칙은 인생에서 한 번 실수가 얼마나 크나큰 결과를 초래하는지 인과응보를 깨우치게 하는 원리가 되기 충분하다. 또, '밤일낮장'은 인생에서는 밤에 해야 할 일과 낮에 할 일이 정해져 있으므로 모든 일은 때에 맞추어 해야 함을 가르치며, '광박'은 인생은 결국 힘 있는 자가 이긴다는 분명한 사실을 가르친다. 최소한 광 하나는 가지고 있어야 인생에서 실패하지 않음을 알게 만든다. '피박'은 사소한 것이라도 결코 소홀히 보지 않게끔 만들어 준다. 고스톱에서 진수이며 고스톱의 묘미를 알게 만드는 쇼당의 원칙은 인생에서 양자택일의 기로에 섰을 때, 늘 현명한 판단이 필요하다는 것을 깨우치게 만들어 준다. '독박'의 규칙은 무모한 짓을 삼가게 만들어 준다. '고'와 '스톱'의 규칙은 인생이란 끝내 승부이기에 경우에 따라서는 배짱을, 동시에 미래의 위험을 내다보며 냉철하게 앞을 예측하게 만들어 주기 충분하다. 마지막으로 '나가리'의 규칙은 인생은 곧 '나가리'라고 하는 허무를 깨닫게 만들어, 그 어렵기로 유별난 '노장(老莊)의 사상'을 단박에 깨치게 해 준다.

이런 이야기, 저런 것을 삶의 이런저런 장면에 잘 응용하여 사람들에게 재미와 웃음을 자아내게 만들어 주는 일이 바로 유머스트레칭이라고 말하는 임붕영 교수는 유머스트레칭이 유별난 것이 아니라고 말한다. 운동 전에 사람들이 하는 '스트레칭'처럼 사람들의 감정과 기분, 그리고 느껴지는 분위기를 좀 더 밝고, 활발하게 해 주기 위한 일종의 '유머 워밍업'이라는 것이다. 준비운동을 통해 몸을 풀어 주듯, 회의 전 또는 비즈니스 전에 딱딱한 분위기와 긴장감을 풀어 주는 것이 유머스트레칭이라는 것이다. 자칫 경직될 수 있는 회의나 모임에서 서로 공통의 관심거리나 웃음을 공유하여 '자유스러움과 활발한 기운'을 주는 활력 불어넣기가 유머스트레칭이라는 것이다[참고: 임붕영(2007). 사람의 기를 살리는 고품격 유머스트레칭. 서울: 다산북스].

9) 참고: 크리스토프 앙드레(2005). 행복의 단상(역). 서울: 동문선.

10) 두뇌가 과도하게 발달한 현대인들은 과도하게 발달한 자아 때문에 타락하기 시작했다고 주장하는 테일러(Steve Taylor) 교수에 의하면, 두뇌의 폭발적 팽창 때문에 초래된 인간 정신 내부의 극적인 변화 때문에 현대인은 안정감을 상실하게 되었다는 것이다. 인간의 두뇌는 그 어느 기점을 지나자 급작스럽게 진화하기 시작했다. 인간의 두뇌는 지난 50만 년 동안에 3분의 1이 커졌다. 기대하지 않은 급작스런 변화였다. 사람들의 자아 폭발이 일어나고, 모두가 그것을 경험했다. 자아 폭발된 현대인은 끊임없이 성공, 권력, 명성을 쫓아가기 시작했다.

현대인들은 파스칼의 말대로, 자기 방에서 조용히 머무르는 법을 모르게 되었다. 인간의 불행이 닥쳐오기 시작했다. 세상에는 과잉 자아 폭발된 현대인의 삶과는 다른 삶을 살아가고 있는 사람들이 아직도 있다. 피그미족이나 남아프리카 타우리족, 에스키모, 북미 인디언 후예들의 삶이다. 그들의 삶을 면밀히 관찰하면 공통적으로 발견되는 한 가지가 있다. 그들의 삶은 경제적 어려움과 관계없이, 기쁨과 행복으로 충만하다. 저들에게는 근심과 걱정이 없다. 평정심과 만족감이 가득하다. 그들은 자연 환경과의 조화, 각 집단 간에 조화를 이루는 정신을 충만하게 가지고 있기 때문이다. 정서적으로 안정된 삶이 따라나선다. 그들에게는 '과도하게 발달된 자아'가 없다. 현대인들처럼 막연한 불안감과 강박관념에 시달리지 않는다. 시간을 끄는 기다림조차 평온하게 받아들인다[참고: 스티브 테일러(2011). **자아폭발: 타락**(역). 서울: 다른 세상].

11) 참고: 라이너 췌흐네(2005). **행복 앞에 선 자의 불안**(역). 서울: 매일경제신문사.

12) 참고: 수지 오바크(2011). **몸에 갇힌 사람들**(역). 서울: 창비.

13) 참고: 이시형(2012). **이시형처럼 살아라**. 서울: 비타북스.

14) 참고: Leifer, R. (1997). *The happiness project*. NY: Snow Lion.

15) 서양 의학과 한의학은 서로 '과학성'이라는 잣대를 놓고 아직도 해묵은 감정에서 벗어나지 못하고 있다. 서양 의학이 너무 기술에 치중하고 있다면, 동양 의학은 너무 관념에 치중하고 있다고 야단이다. 이런 모습에 실증을 느끼는 의사들은 서양 의학은 '카드'라면 동양 의학은 '적금'이라는 비유로 서로의 상부상조를 강조하기도 한다. 예를 들어, 당장 기침으로 콜록거리는데 한약을 고집하거나, 알레르기를 고치기 위해 몸에 부담이 가는 항히스타민제나 주사제나 고집하는 것은 서로가 몸에 못할 짓을 하는 것이나 마찬가지다. 당장 돈이 없을 때 적금에 드는 것이나 내일을 생각하지 않고 카드를 긁는 것과 같다는 것이다[참고: 이상곤(2011). **낮은 한의학**. 서울: 사이언스북스].

16) 1960년대 비트와 히피세대를 연결하는 반 문화주의 작가 켄 키지(Ken Kesey)는 이 세상 자체가 정신병동이라고 간주한다. 그는 『뻐꾸기 둥지 위로 날아간 새』라는 작품에서 세상이나 정신병동이나 교도소가 모두 하나임을 보여 준다. 줄거리는 단순하다. 세상을 빈둥거리며 살아가는 건달이 있었다. 편한 생활을 원했다. 머리를 썼다. 일부러 미친 척 하면서 정신병동에 들어가면 편할 줄 알았다. 마침내 정신병동에 수용된다. 그가 경험하는 정신병동은 정말로 멀쩡한 그를 미치게 만드는 곳이었다. 그가 경험했던 교도소보다 하는 짓들이 더 간교했다. 권력이 난무하는 정치판이었다. 의사가 왕이고 간호사가 여왕이었다.

정신병동에서 그는 마침내 한 가지를 깨닫는다. "이 세계는…… 힘센 자들의 것이에요. 친구! 이 세계는 약한 자들을 잡아먹을수록 점점 강해지는 힘센 자들을 중심으로 돌아가지요. 우리는 이것을 직시해야 합니다. 세상이 이런 식으로 돌아가는 건 당연해요. 우리는 이것을 자연 세계의 법칙으로 받아들여야 해요. 토끼는 자연 세계의 법칙이 정해 놓은 자기의 역할을 받아들이고 늑대를 강한 자로 인정합니다. 그리고 자기 몸을 지키기 위해 교활해지고, 수세에 몰리면 겁을 먹고 도망을 칩니다. 그래서 늑대가 주위에 나타나면 구멍을 파서 거기에 숨지요. 토끼는 그런 식으로 버티며 목숨을 부지해 갑니다. 자기 분수를 아는 거지요. 그래서 늑대와 싸우려 대드는 일이 거의 없어요. 그런데 현명한 걸까요? 그럴까요?"[참고: 켄 키지(2009). **뻐꾸기 둥지 위로 날아간 새**(역). 서울: 민음사]

17) 참고: Mullan, B. (1995). *Mad to be normal: Conversations with R. D. Laing.* London: Free Association Books.

18) 병(病) 나을 유(癒)는 병을 낫게 해 준다는 뜻이다. 유(癒)자에 대한 뜻풀이는 낫는다는 것이 어떤 상태의 것인지를 보여 준다. 병 나을 유자는 병질엄(疒: 병상에 드러누운 모양) 부(部)와 음(音)을 나타내는 兪(유)가 합하여 이루어진 한자인데, 점점을 강조하는 유(兪)자는 배가 물살을 헤치고 앞으로 '나아가는' 모습을 그린 것이다. 그래서 유(兪)자는 이로부터 '변화'와 '긍정'의 의미를 담고 있다. 나을 '愈(유)자'는 '心(마음 심)'과 '兪'로 구성되어 있다. 유(愈)자도 즐거울 '유(愉)'처럼 마음이 평상적인 상태를 넘어선 상태다. '愈'는 즐거울 '유(愉)'자와는 향하는 바가 다르다. 즐거움을 넘어 '낫다, 일정한 대상보다 더 뛰어나다'라는 뜻을 갖기 때문이다. 병 나을 '癒(유)'자는 愈(나을 유)자와 愉(즐거울 유)자에 心(마음 심)을 더한 것인데, 이 모두는 마음 다스리기, 처치의 중요성을 강조한 것이다. 병에서 빠져 나오기 위해서는 나을 '愈'에 사람의 마음이 더해야만 비로소 '낫는다'는 뜻을 갖는다. '愉'에는 '기뻐하다'라는 뜻이 있지만, 반대로 '게으르다, 부드러워지다, 구차하다'라는 뜻도 함께 갖고 있다. 즐거울 '愉'에 다양한 의미가 있는 것은 '愉'자가 '심(마음 심)'과 '兪(유)'로 구성되어 있기 때문이다. '兪'는 '넘다'라는 뜻이기에, 즐거울 '愉'는 마음이 평상을 넘어서는 어떤 여러 가지 상태, 말하자면 기뻐하는 나머지 '게으르거나, 부드러워지거나, 심지어 구차해지는' 의미까지 생겨난 것이다[참고: 허성도(2006). 한자 이야기. 동아일보. 2006년 4월 14일자].

19) 인간 감정의 초기 단계인 유아기의 고통을 다시 경험하게 함으로써 내면의 상처를 치유하는 치료 방법이 프라이멀 치료(primal therapy)다. 원래의 나답게 사는 길로 안내하는 정신치료방법으로 각광을 받는 것이 울음치료나 절규치료 같은 것이다. 인간은 태어날 때부터 운다. 감정을, 눈물을 통해서 표현하는 것이 어린아이 같지만, 성장해 가면서 그런 일은 억압된다. '눈물' 대신 인내와 억압을 자신에게 가함으로써 마음의 병이 쌓여 간다. 그것을 벗어나는 길은 어린아이처럼 자신의 욕구를 마음껏 표현하는 것이다. 마치 어린아이처럼 자신의 욕구를 위해 울거나 절규함으로써 자신의 모든 것을 겉으로 드러내는 방법이다. 예를 들어, 울고 싶을 때 마음껏 울음으로써 마음과 몸의 병을 치유하는 '울음 요법'에는 놀랍게도 의학의 치료법이 내재되어 있다. 울음에는 카테콜라민의 비밀이 숨어 있다. 기쁘거나, 슬플 때 흘리는 감정이 섞인 눈물의 성분에는 카테콜라민이 다량 들어 있다. 카테콜라민은 인간이 스트레스를 받을 때 몸속에 대량 생성되는 호르몬이다. 카테콜라민이 다량으로 반복적으로 분비되어 몸에 쌓이면 혈중 콜레스테롤 수치를 높인다. 관상동맥 협착의 원인이 되어 심근경색, 동맥경화 같은 것을 일으킨다. 만성위염 등의 소화기 질환이 되는 이유다. 이 카테콜라민을 인체 외부로 유출시켜 주는 방어기제가 바로 인간의 눈물이다. 사람들은 '눈물'을 흘리면 속이 후련해지는 감정을 갖는다. 그것은 사람들이 '눈물'을 흘리는 순간 인간의 스트레스가 극도에 달하다가 눈물을 흘린 직후 평상심의 상태로 돌아가기 때문이다[참고: Janov, A.(1991). *New primal scream: Primal therapy 20 years later.* NY: Trafalgar Square].

20) 참고: 고미숙(2011). 동의보감, 몸과 우주 그리고 삶의 비전을 찾아서. 서울: 그린비.

21) 참고: 키머러 라모스(2009). 몸 욕망을 말하다(역). 서울: 생각의 날개.

22) 그 옛날 선비들은 자신을 제어하기 위해 늘 자기 가슴에, '인수상가비 사속불가의(人瘦尚可肥 士俗不可醫)'라는 말을 달고 살았다. 이 말은 "사람이 여윈 것은 살을 찌울 수 있지만, 선비가 속되면 고칠 수가 없다."라는 말이다. 무릇 선비라고 하면 자기를 엄히 다스리는 일, 자기 내면을 돌보는 일이 정성을 모아야 한다는 뜻이다. 당송팔대가의 한 사람인 동파(東坡) 소식(蘇軾)이 인간의 한도 끝도 없는 욕망을 「녹균헌」(綠筠軒)이란 시에서 노래한 한 구절이다.

사람들은 늘 다른 사람에게 꽤나 정직한 사람으로 비추어지기를 바란다. 그럴수록 스스로가 나쁜 사람으로 보이는 것에 저항감을 느끼고, 그런 사람들은 도덕적으로 넘치는 것과 모자라는 것을 적당히 조절해 가면서 자기 자신을 전반적으로 긍정적인 인물로 유지하려 노력하게 마련이다. 이런 노력이 바로 '인지적 유연성(cognitive flexibility)'이다. 사소한 부정 행위는 어느 정도 허용해 가면서도 스스로는 정직한 사람으로 평가받고 싶은 머릿속 구조다. 결국, 인간의 행위는 '경제적인 동기'보다 '도덕성'에 더 크게 좌우되기 마련인데, 사람들 각각 도덕적인 삶을 유지하는 것은 다이어트를 하는 것과 엇비슷할 뿐이다. 다이어트를 얼치기로 하는 사람들은 아침, 점심을 잘 조절했기에 저녁에 과자 한두 조각을 먹는 것도 다이어트에 어긋나지 않는다고 자기 자신에게 꽤나 관대하기 마련이다. 마찬가지로 사람들은 자신의 전반적인 삶을 봤을 때, 스스로 큰 과오(過誤)가 없으면 괜찮은 사람이라는 생각이 들게 되고, 그런 자기 평가가 가능해지면 사소한 부정 행위에 너그러워지고 만다. 자신이 정한 기준이 한 번 깨지면 자기 이상 행동을 더 이상 구태여 통제하려 들지 않게 된다. 소위 이미 버린 몸인데, 혹은 나같이 괜찮은 사람은 이쯤이야 하는 자기 합리화가 만들어진다. 그때부터 부정 행위에 대한 유혹과 넘어감은 이전보다 훨씬 많아진다. 착한 사람들이 끝까지 도덕적인 사람으로 살아가기 위해서는 자기 내면의 소리로 자신을 제어해야 한다는 것이 애리얼리(Dan Ariely) 교수의 충고다[참고: 댄 애리얼리(2012). 거짓말하는 착한 사람들(역). 서울: 청림출판].

23) 도교(道敎)에서 강조하는 첫째 방편이 도인(導引)인데, 도인은 신체 단련과 질병 극복을 위한 일종의 체련법을 말한다. 도교는 도인을 양생(養生)과 수련의 방법으로 삼아왔다. '도'는 심호흡, '인'은 신체를 움직이고 팔다리를 펴고 접는 체조를 말한다. 둘째로 행기란 기운을 차려 몸을 제대로 움직이기 위해 음양 중의 변화에 의해 생기는 오행(五行)으로 인간의 생노병사(生老病死)의 장기인 육장육부의 대사를 조화롭게 하는 방법을 말한다. 셋째로 도교에서 활용하는 방편이 휘파람 불기, 즉 소법(嘯法)이다. 소법은 수행에서 내공과 깊은 내단의 공력에 의해 가능한 휘파람 같은 소리를 냄으로써 도(道)의 경지에 이른 선인(仙人)들이 즐길 수 있는 일종의 구악(口樂)이다. 소(嘯)는 성정(性情)과 심신(心神)에 조화가 이뤄진 연후에 가능하다.

끝으로 존상(存想)은 마음과 눈이 몸에서 떠나지 않고 자신의 정신을 손상치 않은 상태를 말한다. 존상은 자신의 생각이 함부로 흩어지지 않도록, 그리고 자신의 사심이 날뛰지 못하게 붙들어 두고 정신을 가다듬는 일이다. 허튼 생각으로 멍청하게 시간을 허투루 쓰는 것이 아니라, 분명하게 하나의 지향점을 갖고 그것에 정신을 붙들어 매는 일이 바로 존상이다. 맹자가 말하는 구방심(救放心)이 존상이기도

하다[참고: 잔스창(2006). 도교문화(역). 서울: 알마; 쿠보 노리타다(2007). 도교와 신선의 세계(역). 서울: 법인문화사].

청나라 때 학자인 진성서(陳星瑞)는 그의 책 『집고우록(集古偶錄)』에서 존상(存想)이 무엇인지를 이렇게 정리해 준 바 있다. "사람의 눈은 종일 바깥 사물을 보므로 마음도 덩달아 밖으로 내달린다. 사람의 마음은 종일 바깥일과 접하므로 눈도 따라서 바깥을 내다본다. 눈을 감으면 자신의 눈이 보이고, 마음을 거두면 자신의 마음이 보인다. 마음과 눈이 모두 내 몸에서 떠나지 않고 내 정신을 손상치 않음을 일러 '존상(存想)'이라고 한다[참고: 정민(2007). 스승의 옥편. 서울: 마음산책]."

24) 소리치유의 응용으로써 발전한 음악 치료학은 음악이 갖는 음률의 치료 효과를 강조할 뿐이다. 신경과학자일 뿐 아니라 레코드 프로듀서, 작곡가이며 작가이기도 한 캐나다 맥길 대학교 레비틴(Daniel J. Levitin) 교수는 선사 시대부터 최근에 이르기까지 인간이라는 종이 즐겨 불렀던 수많은 노래를 분석한 후 몇 가지 결론을 내린다[참고: 대니얼 J. 레비틴(2009). 호모 무지쿠스: 문명의 사운드트랙을 찾아서. 서울: 사마티]. 첫째로 음악은 원래 인간에게 즐거움을 위한 것이 아니었다는 것이다. 음악은 예술의 형식이라기보다는 소통 수단에 가까웠다. 음악은 단순한 유희나 오락, 여흥 거리가 아니라 인간 종이 생존하는 데 요긴했던 생존의 방편이며, 도구였다. 예를 들어, 브라질 아마존의 메크라노티족은 노래를 일종의 종족 방어 전략으로 활용한다. 타 부족으로부터 공격 받을 낌새가 있으면 남자들은 새벽 4시 반부터 깨어나 노래를 부른다. 노래를 적에 대한 경계나 위협도 되고, 내부 결속과 집단의 신뢰감을 형성시키는 수단으로 활용한 것이다. 둘째로 음악은 사회를 지탱하는 기반이었다는 것이다. 집단 유지를 위해 음악이 치료의 한 방편으로 활용된 이유다. 예를 들어, 알츠하이머병, 퇴행성 뇌 질환으로 기억을 잃은 사람들을 치료하기 위해 음악이 활용된다. 신경질환 환자들에게는 치료 효과가 큰 것으로 보고 되고 있다. 기억력이 낮아진 사람들이 즐겨 들었던 음악을 들으면 상당한 집중력을 발휘한다. 발을 구르거나 가사를 기억해내 따라 흉내 내는 이유다. 노래는 옥시토신 같은 호르몬을 분비시킴으로써 긴장감을 완화시킨다. 자신의 감정 상태를 이완시킨다.

사람들이 음악을 귀로만 듣는 것이 아니라 온몸으로 듣기에 치료의 효과가 상승한다는 것이다. 니체의 말대로, 인간은 근육으로 음악을 듣는다는 것이다. 운동 근육과 음악이 밀접한 관계를 갖는다는 것은 자기 마음을 사로잡는 음악을 듣는 순간 사람들은 자기도 모르게 음악의 박자를 맞추는 이유다. 의식적인 작용이 아니라 무의식적 작용이다. 음악을 들을 때는 음악의 곡조 속에 들어 있는 '이야기, 그리고 자기의 기억이나 생각, 일련의 감정'이 반영되기 때문이다[참고: 올리버 색스(2010). 뮤지코필리아(역). 서울: 알마].

25) 참고: 수지 웰치(2009). 10 10 10: 인생이 달라지는 선택의 법칙(역). 서울: 북하우스.

26) 바바 하리 다스(Baba Hari Dass)는 인도 히말라야 산중 작은 지방에서 태어나 열두 살 때부터 엄격한 고행과 수도 생활을 시작했다. 그는 허리춤에 작은 칠판을 차고 돌아 다니며, 수많은 사람에게 신과 진리의 세계를 가르친다. 그는 완벽한 침묵을 가르치는데, 침묵이 신의 소리를 전하기 때문이다[참고: 바바 하리 다스(1998). 성자가 된 청소부(역). 서울: 정신세계사].

27) 참고: 바바 하리 다스(2002). **지혜의 칠판**(역). 서울: 아름다운 날.

28) 순진무구한 모습을 지닌 티베트의 여인이 티베트의 오지에 숨어든 오스트리아 등산가인 하인리히 하러(Heinrich Harrer)에게 건넨 말이다. 등산 탐험가인 하인리히 하러는 오스트리아 태생으로, 인도, 네팔 등 오지의 민속, 습관을 연구하면서 히말라야 주변을 탐사하던 청년이었다. 그는 낭가파르바트 정찰 도중 제2차 세계대전이 일어나자 나치주의자로 인식되어 영국군의 포로가 된다. 그는 1944년 인도의 포로 수용소를 탈출하여 티베트로 들어간다. 1951년까지 약 7년 동안 그곳에서 거처한다. 남루하기 짝이 없는 그를 자비로 맞아 준 티베트인들에 대한 깊은 애정을 느끼면서 그는 당시 소년이었던 달라이 라마의 개인 교사가 된다. 7년 동안 금단의 도시 티베트 라사에 머물면서 그가 당시까지 알려지지 않았던 풍습, 서양인에게는 생소한 라마교와 정치, 지형 등을 관찰하여 한 권의 책으로 엮은 것이 『티베트에서의 7년』이라는 기행문이었다[참고: 하인리히 하러(1997). **티베트에서의 7년**(역). 서울: 황금가지].

29) 진심하(盡心下) 35장: 孟子曰 養心 莫善於寡欲 其爲人也寡欲 雖有不存焉者 寡矣 其爲人也多欲 雖有存焉者 寡矣[참고: 맹자(1994). **맹자**(역). 서울: 범우사].

30) 참고: 장 폴 사르트르(1964). **말**(역). 서울: 민음사.

31) 프로스트(Robert Lee Frost)는 낙엽을 밟으며 이렇게 삶을 행복하게 가꿔 보라고 노래하는 시인이었다. "온종일 낙엽 밟고 다니느라 그만 가을에 지치고 말았네. 밟으며 짓이겨놓은 일, 누가 그 색깔과 형체를 모두 알랴. 너무 많은 힘을 들이며 사납게 쏘다닌 것도 두려움 때문인가. 다시 한 해의 가랑잎을 발로 밟고야 안심하네. 여름 내내 머리 위에서 고자세였던 잎들, 이제는 묻힐 자리 찾느라 나를 스쳐 지났는가. 여름 내내 숨결 살랑이며 위협하는 소리 들리더니 이제는 땅에 떨어져 나마저 죽음으로 데리고 가지는 건가. 잎은 저희끼리 말하듯 내 마음속의 도망자에게 말을 걸었고 눈꺼풀을 때리고 입술을 건드리며 슬픔으로 초대했네. 하지만 잎이 떨어진다고 나마저 져야 하나. 이제 일어나 또 한 해의 눈이나 밟고 다녀야겠네[참고: 천승걸(1987). **프로스트의 명시**. 서울: 한림출판사]."

32) 참고: 가모리 우라코(2002). **참으로 마음이 따뜻해지는 책**(역). 서울: 주변인의 길.

33) 셰익스피어가 전했다는 말이 옳은지, 어떤지의 진위를 따질 일이 아니다. 진위에 관계없이, 셰익스피어는 오늘을 살아가는 중년과 노년들의 정신건강을 위해 도움이 될 만한 여러 가지를 훈계했던 것 같다. "싸움은 하지 않도록 해라. 일단 하게 되면, 상대방이 너를 조심스레 여기도록 철저히 하라. 누구의 말에나 귀를 기울이되, 네 의견은 말하지 말아라. 남의 의견은 들어주되 판단은 삼가라. 옷차림에는 지갑이 허락하는 데까지 돈을 써도 좋지만, 요란스럽게 치장하지는 말아라. 옷은 인품을 나타내는 것이니까. 돈은 빌리지도 말고, 빌려 주지도 말아라. 빌려 주면 돈과 사람을 잃고, 빌리면 절약하는 마음이 무디어진다. 무엇보다도 네 자신에게 성실하여라. 그러면 자연히 밤이 낮을 따르듯 남에게 성실한 사람이 된다." 『햄릿』 제1막 3장에서 폴로니어스가 아들인 레어티즈와 딸인 오필리어를 가르치는 말이다.

34) 정신건강을 지키는 일, 마음을 다스리는 일이 삶에서 중요하다는 충고 역시 면밀히 뜯어보면, 오늘의 삶

에서 지키기가 그리 만만하지 않은 것들임을 알 수 있다. 이런 일을 지키는 일이 보통 사람들에게는 언제나 어렵기 마련이다. 실제로 삶을 다시 정리해야겠다고 출가한 스님네들, 신부님들도 그것을 단박에 하지 못하는데, 탐진치의 분진(粉塵) 덩어리인 집안과 회사 안과 밖에서 뒹굴고 있는 사람들, 인생의 고비를 다 넘긴 사람들에게는 그것은 영원히 신비한 언어도단(言語-道斷)이나 마찬가지일 수 있다.

종교적으로 그런 고집멸도의 길에 앞서 있는 사람이라고 하더라도 그 고집(苦集)의 고집(固執)을 단숨에 꺾어 버리기 쉽지 않을 뿐이다. 그 옛날 선사(禪師)들이 주고받은 화두를 보면 그것이 얼마나 어려운 일인지를 단숨에 알아차리게 된다. 우화에 따르면, 당나라 시절 청빈한 삶을 살기로 유명한 조주(趙州) 스님에게 어떤 젊은 스님이 물었다. "뜰 앞의 잣나무도 불성이 있습니까?" "있지." "그럼 언제 부처가 되겠습니까?" "허공이 땅에 떨어져야 한다." "그러면 허공이 언제 땅에 떨어집니까?" "잣나무가 부처 될 때에야 그렇게 되지……."[참고: 고목(1997). 조주록 탐구. 서울: 삼영] 한마디로 말해, 어림없는 일이니 깨달음 같은 것은 아예 입에 꺼내지 말고, 오늘 볼 변(便)이나 제대로 보라는 훈계일 뿐이다.

35) 참고: 존 카밧진(2005). 마음챙김 명상과 자기 치유(역). 서울: 학지사.

36) 이 세상에서 유대의 랍비만큼 성경의 모든 구절에 대해 통달하고 있는 사람도 없을 성싶다. 그들은 성경을 거의 통째로 외우고 있어야 되는 직업인이다. 그들의 지혜를 모아 놓은, 『모세오경 미드라쉬의 랍비들의 설교』는 그래서 삶에 대한 해설서이며 삶에 대한 지침서로 불린다. "인간은 그가 사제든, 평신도든, 황제이든 일단 죽기만 하면 모두가 다 같다는 뜻이기도 하고, 죽은 자 가운데에는 성자가 있을리 없다라는 말이기도 하고, 또는 사람들은 살아가는 동안 그들의 사회적 지위에 따라 모든 것을 해석하고, 관계하려는 집단 자폐증 환자에 지나지 않는다는 것을 상징적으로 드러내는 유대교 랍비들의 삶, 그 단면을 보여 주는 것이기도 하다. 이 점에서는 스님이나 목사님이나 신부님이나 무당님이나 점쟁이나 교수님도 예외일 리가 없다. 예외라고 우긴다면 그들 모두는 이승의 삶과 앎을 살아가는 사람으로서 하는 소리는 아닐 성싶다. 모세가, 소크라테스가, 붓다가, 공자가, 예수가 고집의 분진이 무엇인지를 이미 보여 주었기 때문이다. 그것으로도 부족하여, 고집의 분진을 뒤집어 쓰고 있는 중이다. 그래서 인간은 태생적으로 삶에 대한 기억을 할 수 없는 무지의 존재임에 틀림없다[참고: 마이클 카츠(2008). 모세오경(역). 서울: 한국기독교연구소]." [참고: 마이클 카츠 · 게르숀 슈바르츠(2008). 모세오경 미드라쉬의 랍비들의 설교(역). 서울: 한국기독교연구소.]

37) 니코스 카잔차키스가 절규한 말이다. 그는 니체와 베르그송, 붓다 그리고 예수를 떠나서 생각하기 어려운 삶을 살아간 문학자다. 그에게 있어서 니체는 새로운 고뇌로 나를 살찌게 했다. 불운과 괴로움과 불확실성을 자부심으로 바꾸도록 가르쳤던 위인이다. 카잔차키스에게는 영원의 동지였던 조르바가 있었다. 조르바라는 인물은 삶을 사랑하고 죽음을 두려워하지 말라고 가르쳤던 일상의 우상이었다. 조르바는 그가 오랫동안 찾아 다녔으나 만날 수 없었던 바로 그 사람이었다. 그는 살아 있는 가슴과 커다랗고 푸짐한 언어를 쏟아 내는 입과 위대한 야성의 영혼을 가진 사나이, 아직 모태(母胎)인 대지에서 탯줄이 떨어지지 않은 사나이였다[참고: 니코스 카잔차키스(2006). 영혼의 일기(역). 서울: 거송미디어].

카잔차키스에게 있어서 예수는 그가 짊어지고 가야 할 영혼의 구원자였다. 그런 영혼의 구원자는 수많은 위선자들에 의해 찢기고 부서져 버리고 있었다. 그것을 참아내지 못한 카잔차키스는 『예수 다시 십자가에 못 박히다』라는 소설에서 위선의 성직자의 전형으로써 '그리고리스'라는 인물을 설정한다.

그를 통해 성직자가 저지르는 비행을 야멸차게 고발한다. "그는(목회자라는 인물들은) 약방을 벌여 놓고는 그것을 교회라고 부르면서 무게에 따라 그리스도를 분배한다. 그는 돌팔이 의사처럼 무슨 병이든 다 고친다."고 말한다. "당신은 무엇이 탈났습니까?" "나는 거짓말을 했어요." "좋아요 그리스도 3그램을 쓰십시오." "나는 도적질을 했는데요." "4그램의 그리스도를 사용하십시오. 그만한 돈은 있겠지요?" "오 이 가엾은 당신은 중병이오. 오늘 저녁 당신은 잠자리에 들기 전에 최소한 15그램의 그리스도를 복용해야 하오. 좀 비싸긴 하지만." "조금 깎을 수 없을까요, 사제님?" "안 됩니다. 그것은 당신의 죗값에 당연한 값이오. 정가대로 지불해야만 하오. 그렇지 않으면 당신은 곧 지옥 아랫목으로 가게 될거요."

카잔차키스는 안쓰러움으로 포티스 사제라는 인물의 입을 통해 무고한 한 청년 마놀리오스의 죽음을 슬퍼하며 예수를 향해 탄식한다. "헛되군요, 나의 예수님. 이천 년이 지났는데도 인간들은 여전히 당신을 십자가에 못 박고 있지 않습니까? 도대체 언제쯤이면 당신은 다시 태어나 이번만큼은 십자가에 못 박히지 않고 우리 가운데서 영원히 사실 겁니까?" 카잔차키스가 뻔히 알고 있기나 한듯이, 이천 년 전 인간에게 죽임을 당한 예수를 향해 당신의 죽음은 헛된 희생이었을 뿐이라는 듯이 말하고 있다.

그때 이후로 지금까지도 인간들은, 그들이 신도이든 목회자이든, 임금이든 졸병이든 할 것 없이, 당신을 수없이 십자가에 못 박고 있기에 인간에 대한 당신의 소망은 영원히 이루어지지 않을 것이라고 속삭이고 있다.

그는 칼 마르크스가 했던 그 이야기를 다시 꺼내, 제 스스로 예수처럼 성스럽다고 뻐기고 있는 목회자들을 향해 귀 있으면 다시 새겨들으라고 외친다. "역사상 그리스도는 오직 한 사람이었다. 그런데 그는 십자가에서 죽었다."고 말했다[참고: 니코스 카잔차키스(2003). 예수 다시 십자가에 못 박히다(역). 서울: 고려원].

38) 독일의 게르트 아헨바흐(Gerd Achenbach)는 1982년 철학 상담, 철학치료를 내세웠다. 철학 상담과 철학치료에 관한 아헨바흐의 활동은 국제철학상담학회 설립으로 이어졌다. 철학치료의 전제는 단순하다. 나쁜 마음을 가지면, 그것이 불과 몇 분이나 몇 시간에 지나지 않는다고 하더라도 우리는 우리 자신과 사이좋게 지내지 못하고 불편함을 겪게 된다. 반대로 누군가의 도움을 받아 기분을 돋우거나 자기 자신을 잊거나 주의를 딴 데로 돌리거나 웃을 수가 있다. 그러니 단 일 분만이라도 불편함을 잊을 수 있다면, 우리는 그 시간 동안 온갖 종류의 편안함을 만끽할 수 있다. 불행을 잊지 못해 이것에 계속 집착한다면 행복이 들어올 수 있는 입구들이 모두 봉쇄되고 만다. 집착에서 벗어나게 도와주는 것이 철학치료의 요지이다[참고: 루 매리노프(2006). 철학 상담소(역). 서울: 북로드].

39) 참고: 닐 레비(2011). 신경윤리학이란 무엇인가(역). 서울: 바다출판사.

40) 칼 융(Carl Gustav Jung)이나 지그문트 프로이트(Sigmund Freud)의 정신분석학을 지탱하는 리비도 (Libido)는 성충동을 의미한다. 리비도는 정신분석학에서는 개인이 개인적 발달이나 개성화 과정에서 겪는 자생적인 정신적 에너지 모두를 지칭한다. 지그문트 프로이트는 리비도를 정신의 거대한 무의식

적 구조인 이드(id)에 포함된 본능적인 에너지나 힘으로 정의했다. 프로이트는 이러한 리비도의 충동이 초자아(superego)로 대표되는 정신 내부의 문명화된 행동의 관습과 갈등을 일으킬 수 있다고 지적했다[참고: 지그문트 프로이트(1996). 새로운 정신분석 강의(역). 서울: 열린책들]. 초자아는 사회에 순응하기 위해 리비도를 억제하며, 이는 개인에게 긴장과 불안으로 이어져 채워지지 않은 무의식적인 정신적 에너지를 다른 형태로 분산시키는 자기 방어가 나타나게 된다. 지나친 자기 방어는 신경증(노이로제)을 유발할 수 있다. 정신분석의 1차적인 목표는 이드의 충동을 의식의 영역으로 가져오는 것으로 그 둘을 융합시켜 환자가 자기 방어에 덜 의지하게 하는 것이다.

리비도는 본능의 집중 부위를 말하는 것이기에, 자신이 리비도의 대상이 될 경우, 그것을, 자기애(自己愛)라고 말한다. 여자 아이가 부친을 리비도의 대상으로 삼으면, 즉 아버지에 대하여 성적 애착을 가지며 모친에 대하여 증오심을 가지는 성향을 엘렉트라 콤플렉스(elektra complex)라고 하고, 반대로 남아가 어머니를 리비도의 대상으로 삼고 아버지를 증오심을 갖게 되면 그것을 오이디푸스 콤플렉스(oedipus complex)라고 진단한다. 오이디푸스 콤플렉스라는 말은 프로이트가 그리스 신화 오이디푸스에서 따온 말이다. 오이디푸스는 테베의 왕 라이오스와 이오카스테의 아들인데, 숙명적으로 아버지를 살해하고 스핑크스의 수수께끼를 풀어 테베의 왕이 되었다. 어머니인 줄 모르고 결혼한 그들은 그 사실을 알자 이오카스테는 자살하고 오이디푸스는 자기 눈을 빼 버리고, 평생 속죄의 대가로 방황하기 시작한다. 오이디푸스의 이야기에서 나타난 것처럼, 남아가 어머니를 성적으로 선호하는 현상을 오이디푸스 콤플렉스라고 명명한 프로이트는, 오이디푸스 콤플렉스 현상은 남아가 어머니를 리비도의 대상으로 삼는 경향을 남근기(男根期, 3~5세)의 일반적인 경향이라고 진단한 바 있다. 남근기에서 어머니에 대한 남아의 성적 집착은 분명하게 나타나지만, 잠재기를 거치면서 그것이 억압되기에 그것이 문제의 시발점이 된다고 보는 것이다. '아버지처럼 자유롭게 어머니를 사랑하고 싶다'는 원망(願望)은 '아버지와 같이 되고 싶다'는 원망으로 변하여 부친과의 동일시(同一視)가 이루어지며 여기에서 초자아(超自我)가 형성된다는 것이 프로이트의 진단이었다. 유아는 이 오이디푸스 콤플렉스를 극복하고서야 비로소 성인(成人)의 정상적인 성애가 발전하지만, 이를 이상적으로 극복한다는 것은 매우 힘든 일인데 신경증 환자는 오이디푸스 콤플렉스의 극복에 실패한 사람이라고 본 것이 바로 프로이트였다. 오이디푸스 콤플렉스는 때와 장소를 가리지 않고 보편적으로 존재하는 생물학적인 것이라고 생각한 프로이트의 관점을 이어받은 신프로이트파의 학자들은 이 콤플렉스가 사회적 원인과 가족 내의 대인관계로부터 생기게 되는 것이라고 오이디푸스 콤플렉스를 확장, 해석한다. 예를 들어, 에리히 프롬(Erich Princhas Fromm) 교수 같은 경우 그는 부친의 권위가 강하지 않은 사회에서는 이러한 콤플렉스는 나타나지 않는다고 주장하고 있다.

오이디푸스 콤플렉스는 정신분석학자들의 과도한 이론화과정에서 만들어진 하나의 개념적인 구안일 뿐이다. 이 개념은 인간의 성적 애착에서 나타나는 문제들을 조명할 수 있는 결정적인 개념으로써의 가치가 떨어진다. 오이디푸스 콤플렉스 같은 현상이 인간에게 보편적인 심리적인 현상인지에 대해서도 불분명할 뿐만 아니라, 그런 현상을 인지했다고 해도 그것이 마음 달래기에 결정적인 영향을 줄 수 있는 것인지도 불분명하기는 마찬가지다. 그것은 무엇보다도 객관성이 결여된 그렇지만 필요 이상으로 대중화에 성공한 일반적인 이야기에 지나지 않기 때문이다. 이 점을 문화인류학자인 말리노프스키 (Bronislaw Malinowski)는 꼼꼼하게 지적한 바 있다. 그는 1929년 오이디푸스 콤플렉스와 같은 성적 리비도와 관련된 정신 질환 현상 같은 것은 결코 인류보편적인 사실이 아니라고 잘라 말한 바 있다. 그는 말했다. 오이디푸스 콤플렉스는 서구 문화적인 증상, 말하자면 로마법과 그리스도교인에게는 보편화된 도덕과 윤리, 그리고 부르주아의 경제 조건에 의해 강화된 아리안족의 부계제 가족 제도, 즉 아버지 중심 사회에서만 볼 수 있는 일부 징후이거나 사례라는 것이라는 것이었다. 그러니까 아리안족들이 보여 주고 있는 몇몇 오이디푸스 콤플렉스 증후군의 사례에서 발견된 내용들을 프로이트는 필요 이상으로 인류 보편적인 정신적이고도 생리적인 현상으로 과대, 과도하게 확대한 셈이다.

41) 이런 사례의 원조가 바로 혜가(慧可) 스님이다. 혜가는 수나라의 선승으로서 선종(禪宗)의 제2대조이다. 그는 젊었을 때에는 노장(老莊)의 전적과 불전을 공부했다. 520년 숭산 소림사를 찾아 선종의 제1대조인 보리달마의 제자가 되었다. 달마를 찾았을 때 그는 쉽사리 입실을 허락받지 못했다. 무릎이 빠질 만큼 쌓인 눈 속에 서서 밤을 새웠지만 그래도 허락이 떨어지지 않자 그는 끝내 자기의 팔을 잘라 냈다. 구도를 위한 자기 정진의 신명을 보임으로써 스승인 달마의 마음을 움직였다. 마침내 그의 허락을 받은 혜가가 정진하던 중 하루는 달마 대사를 찾아갔다. "저의 마음이 아직 불안하니 저의 마음을 편안케 해 주십시오." 달마 대사가 말했다. "그렇다면 그 불안한 마음을 가져 오너라. 내가 단박에 편안하게 해 줄 테니." 하고 응했다. "아무리 찾아도 마음을 찾을 수가 없습니다."라고 말하는 혜가에게 달마는 "그렇지, 찾아지면 그것이 어찌 너의 마음이겠느냐! 벌써 너의 마음은 편안해지지 않았느냐." 이렇게 달마 대사가 말하자, 이 말에 혜가는 큰 깨달음을 얻었다.

혜가는 즉시 절을 하며 스승에게 답했다. "오늘에야 모든 법이 본래부터 공적(空寂)하고, 그 지혜가 멀리 있지 않다는 것을 알았습니다." "옳은 말이다." "스승이시여, 이 법을 문자로 기록할 수 있습니까?"라고 묻자, 달마 대사는 "나의 법은 마음으로써 마음을 전하니 문자를 세우지 않느니라."라고 말했다. 이 말은 후세 선종(禪宗)의 종지(宗旨)가 되었다. 문자를 세우지 않고(不立文字), 언어 밖의 마음과 마음을 전하여(敎外別傳), 바로 사람의 마음을 직관해서(直指人心), 부처를 이루는(見性成佛) 종지가 된 것이다[참고: 동군(2010). **조사선**(역). 서울: 운주사].

42) 정신분석의 태조인 프로이트가 '쾌락에 의한 의지'라는 전제 아래 정신분석을 이론화시켰다면, 아들러 (Alfred Adler)는 '권력에 의한 의지'를 강조하면서 그의 정신분석 이론을 집대성 했다. 그들에 비해 프랭클(Victor Emil Frankl) 교수는 '의미를 향한 의지'를 기초로 하여 그의 정신분석치료의 체계를 세웠다[참고: 빅터 프랭클(2005). **삶의 의미를 찾아서**(역). 서울: 청아출판사].

43) 서양인의 윤회사상에 영향을 준 유대신비주의 카발라에서도 윤회 사상에 대한 흔적이 발견된다. 유대 신비주의자들은 윤회를 '길굴(gilgul, 回歸)'과 '이부르(ibbur, 回生)'로 갈라 생각해 왔다. 죽은 인간의 영혼이 피를 흘리고 물속으로 들어가서 이리저리 떠돌아 다니면서 겪는 고통은 극에 달하는데, 이것이 바로 길굴이며, 반대로 이부르는 조상이나 스승의 영혼이 후손의 영혼에 스며들어가 그를 훈련시키고 기를 불어 넣는다. 길굴과 이브르는 『티벳 사자의 서』에서 이야기하고 있는 치카이 바르도와 초에니

바르도, 즉 죽음의 순간에 맞이하는 사후 세계에 일어나는 치카이 바르도와 존재의 근원을 체험하는 사후 세계인 초에니 바르도[참고: 파드마 삼바바(1997). 티벳 사자의 서(역). 서울: 정신세계사]에 버금가는 관점이기는 하지만, 동양에서 말하는 윤회에 대한 완벽한 종결에 비하면 아직도 멀었다.

44) 마조 도일 스님은 그의 스승인 남악 회양과 벽돌로 인연을 맺은 사람이다. 마조는 부처가 되겠다고 좌선에 몰입한다. 그런 마조 앞에서 스승인 남악은 혀를 끌끌 차며 벽돌을 갈았다. 아무리 돌을 갈아 봐야 거울이 될 수 없듯이, 네놈 마조도 좌선이 성불을 보장해 주진 않는 것을 알려 주기 위해서였다. 그에게 '꿀밤'을 때렸다. 그제야 정신을 차린 마조는 회심한다. 그는 그 후 일체의 망상과 구속을 털어 버린다. '그냥 살기'에 들어간다.

마조는 어느덧, 즉심즉불(卽心卽佛), 평상심시도(平常心是道)를 깨우친다. 너도 부처님처럼 울고 웃을 줄 아니까 네가 바로 부처님이라는 뜻이다. 지금 네가 밥 먹고 잠자고 똥 누는 일 모두가 보살행이라는 것이다. 모든 일상이 수행이고, 깨달음이라는 뜻이었다. 이제 마조가 대찰 개원사의 주지에 이를 정도로 성장했다. 스승 남악은 마조가 30년 전 상좌의 '굴욕'을 기억하고는 있는지를 다시 시험했다. 그를 찾아간 스승 남악은 마조가 융숭한 대접을 할 것인지 어떤지를 알아보기 위해 제자 마조의 인간적인 됨됨이를 떠 봤다. 스승인 남악은 마조에게 인편을 보낸다.

제자인 마조는 스승에게 답한다. "그럭저럭 지낸 세월이 어언 30년, 이제 소금과 된장 걱정은 겨우 덜었다." 주지인 마조가 어깨에 잔뜩 힘을 줄 법도 하지만, 그의 대답은 소박하기만 하다. 소금과 된장, 음식의 기본인데, 그저 간신히 사람 구실이나 한다는 겸손의 답변일 뿐이다. 스승인 남악에게 부처를 죽일 만한 기상천외한 깨달음을 보였던 마조였지만, 그의 깨달음에 비해 스승에 대한 자기의 위치는 작기만 하다는 것을 보인 겸손과 겸양의 본보기였다. 스승을 모시는 정법을 마조가 보여 준 것이다[참고: 장영섭(2007). 마조도일 상당법어. 불교신문(2303호). 2007년 2월 17일자].

45) 딜런은 삶에게 아홉 가지 질문을 던지고 있다. 〈바람만이 아는 대답(Blowing in the Wind)〉이라는 노래가 그것이다. 1960년대를 상징하는 반전 노래이면서도 평화와 자유를 갈구하는 서정적인 가사가 눈에 띈다. 밥 딜런은 뉴욕에 진출, 맨해튼에서 무명가수로 고생하던 시절의 일화와 느낌을 저항의 노래로 표현했다. 당시 대부분의 다른 무명 가수들이 자신의 존재를 알리기 위해 노력했지만, 딜런은 자신의 노래를 이해시키는 것이 더 중요했다. 단, 그것은 삶이 실린 것이어야 했다. 딜런이 '꿈의 도시' 뉴욕 땅을 밟았을 때는 매서운 추위가 몰아닥친 겨울철이었다. 그는 아는 사람 하나 없는 맨해튼에 도착, 원하는 것은 돈도, 사랑도 아니었기에, 그는 노래다운 노래를 부를 수 있었으며 삶이 무엇인지에 대해 질문을 할 수 있었다. 딜런은 삶에 아홉 가지 질문을 던지고 있다. 그렇게 뉴욕을 떠도는 그에게는 흔해 빠진 친구 하나가 없었다. 외롭기 그지없었다. 그는 맨해튼을 떠도는 매서운 바람을 친구 삼아 그들에게 묻고, 또 물었다. 답은 누가 해 주는 것이 아니라 자기가 갖는 것이었다[참고: 밥 딜런(2005). 자서전(역). 서울: 문학세계사].

46) 바이런 케이티(Byron Katie)는 미국 캘리포니아 남부 사막지대인 바스토우에서, 세 자녀를 둔 어머니이자 부동산 중개인으로 평범하게 살다가 별안간 큰 고통에 휩싸이게 된다. 케이티는 남편과의 불화로

이혼한다. 이혼을 계기로 점점 우울증이 심해지기 시작했다. 심한 분노와 격한 좌절감에 빠져들기 시작했다. 급기야 죽고 싶은 충동에 사로잡힌 그녀는 결국 1986년에 요양원에 들어갔다. 그 뒤 보름쯤 지난 어느 날 아침, 요양원 다락방에서 홀로 방바닥에 누워 자던 그녀는 이상한 경험을 한다. 고통이 없는 절대 기쁨의 상태로 깨어났다. 그녀 스스로 자신을 치유할 수 있는 생각을 배웠기 때문이다.

케이티는 한때 평범한 주부였었다. 이제는 세간에서 주목받는 영적 교사로서, 자기 자신과 삶에 대한 관점을 혁명적으로 바꾸는 방법인 배울거리(the work)를 만들어 냈다. 그녀가 제시하는 배울거리는 네 가지 질문과 뒤바꾸기로 이루어진 생각 탐구방법이다. 그녀가 사람들과 대화하며 네 가지 질문을 이용하여 자신의 치유능력을 키워 나가는 일을 도와준다[참고: 바이런 케이티(2003). 사랑에 대한 네 가지 질문(역). 서울: 침묵의 향기].

케이티는 스트레스를 받을 때 그 스트레스를 일으킨 생각을 찾아보고, 그 생각에 대해 다음과 같은 네 가지 질문을 해 보라고 권한다. "그 생각이 진실인가요? 그 생각이 진실한지 확실히 알 수 있나요? 그 생각을 믿을 때 어떻게 반응하나요? 그 생각이 없다면 당신은 어떠할까요?" 고통의 원인은 생각을 믿기 때문이라는 점이 이해된다면, 이 질문법은 살면서 만나게 되는 어떤 문제에 대해서도 동일하게 적용할 수 있다. 어느 문제에서든 생각에 대한 믿음이라는, 고통의 원인은 동일하기 때문이다. 동시에 행복해지는 해법은 간단해진다. 자신이 믿고 있는 생각이 무엇인지 발견하고, 그 생각이 진실하지 않음을 이해하고 더 이상 믿지만 않으면 되는 것이다.

그녀는 단호히 말한다. "우리가 믿지만 않으면 생각은 해롭지 않습니다. 고통을 일으키는 것은 생각이 아니라, 생각에 대한 집착입니다. 생각에 집착한다는 것은 그 생각을 진실하다고 믿고서 제대로 조사하지 않는 것입니다." 우리는 남들의 사랑과 인정이 필요한 것이 아니라, 우리 자신이 먼저 필요한데, 그것은 우리 자신이 바로 사랑이기 때문이다. 우리는 사랑으로 존재하고, 어디에도 매이지 않고 자유롭게 사랑하게 되며, 누구와도 평화롭게 관계할 수 있다. 우리가 바로 사랑이기에 우리가 만나는 사람들은 사랑으로 전염된다. 모두가 하나같이 우리를 돕고 사랑하며 성장시키는 존재였기 때문에 사랑으로 전염되기는 그 무엇에 비해서도 쉬울 뿐이다. 자신의 삶을 소중하고 감사하게 여길 줄 아는 마음을 찾을 수 있을 때가 바로 행복이라고 보는 것은[참고: 윌서(2009). 행복하려면 놓아라(역). 서울: Human & Books] 동서양 어디를 가도 엇비슷하기만 하다.

47) 명상이나 참선의 목적은 개인의 다스림과 변신에 있다. 참선의 체험 속으로 들어갈 때의 마음과 그 체험에서 나왔을 때의 마음가짐이 서로 다르게 되는 것이 변신이다. 개인의 변신을 위한 수행방법들은 한두 가지가 아니다. 그저 편하게 이야기하며 누워서 잘 때는 와선(臥禪), 서서 다닐 때는 입선(立禪), 일을 할 때는 행선(行禪), 앉아서 있을 때는 좌선(坐禪)이라고 할 수 있다. 어떤 선(禪)이든 선을 하는 것은 삿된 마음을 버리고 마음을 챙기기 위한 것이다. 그것이 바로 선정이다. 선에 대한 이런 식의 대국적인 해석과는 달리 남방의 위빠사나에서는 수행을 협의적으로 설명한다.

말하자면, 좌선, 행선, 일상선 같은 구분이 그것이다. 좌선은 앉아서 하는 수행이고 행선은 걸으면서 행하는 수행을 말한다. 일상선은 일상에서 하는 수행을 말한다. 위파사나에서는 좌선을 하고 나면 그것에 비례하는 시간의 행선을 권한다. 좌선을 1시간 동안 하면 좌선에 걸맞는 시간의 행선을 하도록 권장한다. 좌선의 부작용을 행선으로 풀어내기 위해서다. 위파사나에서는 좌선-행선-좌선-행선의 도식을 따른다[참고: 청안(2006). **꽃과 별**. 서울: 김영사; 헤네폴라 구나라타나(2007). **위파사나 명상** (역). 서울: 아름드리미디어].

48) 휴렌 교수는 자기 정화를 위한 동력이 모든 인간에게 내재되어 있다고 본다. 그것은 인간은 자기 안에 '신성'을 지니고 있기 때문이다. 자기 정화는 자기의 중심을 달래는 일이다. 자기 중심을 달래는 힘이 자기 안의 신성이다. 휴렌 교수는 개인의 신성, 말하자면 개인의 영혼 같은 것을 종교적인 입장에서 이야기하는 신이나 하느님과는 대비해서 쓰고 있다. 그가 말하는 신성이란 사람들이 자기를 달래기 위해서나 혹은 어떤 심리적인 치료의 목적으로 자기 스스로 자기 편으로 만들어 놓고 그저 그것에 목매달고 있는 어떤 종교적 허상이나 우상 같은 것이 아니라, 각자적인 절대적 각성을 의미한다. 그런 절대적 각성을 불교에서는 자성이라고 부른다. 말하자면 옛 선사들이 참된 수행을 위해 떠올리는 화두의 핵심, 혹은 숭산 스님이 미국인들을 깜짝 놀라게 만들었던 화두의 핵심이 바로 각성이다.
각자적 자성으로써 신성을 달래는 방편은 문화권마다 다를 수 있는데, 하와이 원주민은 그런 생활의 방편으로 '호오포노포노'를 활용했다고 전해진다. 호오포노포노란 옛 하와이 원주민들이 즐겨쓰는 말이었다[참고: 조 바이텔(2008). **호오포노포노의 비밀**(역). 서울: 눈과 마음]. 그 옛날 하와이인은 오류는 과거의 고통스러운 기억들로 얼룩진 생각에서 비롯된다고 보았다. 그런 얼룩진 생각들을 지워 내지 않으면 서로가 얼굴을 맞대고 살아가기 어렵기에 그것을 방출하는 수단이 필요했다. 호오포노포노는 다름 아닌 그런 오류의 에너지를 방출하는 데 쓰였던 방법이다. 정화에 의해 기억으로 가로막혀 있던 각자의 영혼과 신성의 지혜가 자신에게 하나의 치유 에너지로 작용한다[참고: 이하레아카라 휴 렌·사쿠라바 마사후미(2009). **호오포노포노의 지혜**(역). 서울: 눈과 마음].
오류는 모든 것을 타인의 책임으로 돌리는 일에서 비롯된다. 타인의 잘못된 행동으로 인해서 내가 그에게서 불쾌한 무엇인가를 감지했다면, 나의 내면 안에 이미 그것이 자리 잡고 있을 뿐이다. 내 마음에 들지 않는 모든 일들 역시 그것들에 대한 치유의 책임이 나에게 있다는 말이 된다. 그렇게 편하지 않았던 것들은 내 안의 투영된 형태로 머물러 있기 때문에, 모든 문제와 책임은 그들에게 있는 것이 아니다. 바로 내게 있는 것이 된다. 그것들을 긍정적으로 변화시키기 위해서는, 나부터 먼저 정화해야 한다. 내 안에 자리 잡고 있는 나의 영혼, 나의 신성에게 '호오포노포노(잘못을 사과)'하며, 잇대어 "사랑합니다. 모든 것은 나의 잘못입니다. 용서해 주세요. 감사합니다."를 반복할 수밖에 없다. 이것이 정화며 거듭남의 시작이다.

49) 비극은 인간의 시발점이 아니라 행동과 인생, 행복과 불행의 시작점이라고 말한 사람이 아리스토텔레스(Aristoteles)다. 그는 비극에서 가장 감동적인 구성 요소는 두 가지인데, 그것이 바로 아나그노리시스와 페리페테이아라고 보고 있다[참고: 아리스토텔레스(2002). **시학**(역). 서울: 문예출판사]. 깨우침과 역전이라는 그 두 가지 요소는 비극에서만 주요한 것이 아니다. 희극이나 서사시의 구성 요소에서도 극적인 묘미를 불러일으키는 요소가 깨침과 역전이기 때문이다. 깨침, 발견은 모르고 있던 사실의 극적

인 표출과 인지로부터 일어난다. 주인공도 청중도 이야기가 풀려 가는 과정에서 전혀 인지 못한 상태에서 마침내 주인공의 삶을 뒤바꿔 놓을 비밀이나 신비의 사실이 드러나고, 그 발견을 통해 마침내 이야기 전체의 전개가 극적으로 바뀌는 것을 말한다.

예를 들어, 소포클레스의 오이디푸스 왕(Oedipus)이 그것을 보여 준다. 한 사자(使者)에 의해 왕이 된 오이디푸스의 출생 비밀이 알려진다. 오이디푸스에게는 아내와 딸이 있다. 자신의 아내(이오카스테)가 사실은 자신의 친어머니다. 자신이 시장 거리에서 살해한 사람은 바로 자신의 아버지다. 자신이 낳은 딸은 딸이기는 하지만 여동생격이 된다. 오이디푸스 자신은 테베에 불행을 가져온 잔혹한 죄인이다. 오이디푸스의 깨침, 운명에 대한 그의 발견과 비극적 인식은 그가 왕이 되었던 행운을 끝내 악운으로 바꾼다. 비극적인 결말에로의 역전인 페리페테이아가 일어난다. 오이디푸스의 아나그노리시스와 페리페테이아는 비극적이며 부정적인 것이었다. 아리스토텔레스가 『시학』에서 아나그노리시스를 논한 진의는 단순했다. 페리페테이아가 의도하는 정반대의 행동을 보여 주는 인간의 맹목성을 지적하려는 것이었다. 아나그노리시스가 일어나면 사람의 눈이 열리고 진상이 명백해진다는 것을 보여 주려고 했었다. 아나그노리시스가 빨리 일어나면 행복한 종말을 향한 페리페테이아를 가져온다. 때가 늦으면 비극적이며 파국으로 치닫는 페리페테이아를 깊게 만든다는 것을 보여 주려고 했다.

50) 이 글은 퇴계(退溪) 이황(李滉) 선생이 명종 13년, 무오년(1588년), 시보(時甫) 남언경(南彦經)에게 보낸 편지글이다[참고: 신창호(2010). 함양과 체찰. 서울: 미다스북스]. 서경덕의 제자였던 남언경은 스승의 의견을 따라, 퇴계의 논리와는 다르게 우주의 본질과 현상을 모두 기(氣)로써 설명한다. 시보는, 기(氣)는 유한하고 이(理)는 무한하다는 퇴계의 생각과는 달리, 이(理)는 기(氣)를 초월할 수 없을 뿐만 아니라, 초월의 힘이 있거나 그런 초월의 실재성이 있을 수 없다고 주장한다. 이황의 주장을 '이기이원론(理氣二元論)'이라고 부르는데 비해, 서경덕과 남언경의 주장은 '이기일원론(理氣一元論)'이라고 부르기에 그들 간의 상호 학문적 논쟁은 당연한 일이다. 퇴계 선생이 남시보에게 깍듯하게 예를 차리며 보낸 답신이 바로 이 글이다.

퇴계가 쓴 『자성록(自省錄)』이 바로 그 글더미다. 자성록은 퇴계 선생의 저술이 아니라 편지의 묶음이다. 1558년 어느 날 퇴계는 그동안 자기와 반대의 생각을 갖고 있거나, 그렇지 않았던 간에 관계없이 모든 편지를 정리한다. 그동안 교류했던 백여 명의 문인, 학자들과 나눈 천여 통의 편지들 중에서 자성(自省)의 자료가 될 만한 편지들만을 가려 뽑아 놓는다. 그렇게 선별한 서간들을 다시 읽으며 퇴계는 그것을 자신의 '자성(自省)의 거울'로 삼았다.

그는 인격적으로 당대 선비들의 사표가 되었다. 당시 사람들의 일반적인 연령대로 가늠하면 죽음에 대해 깊게 생각해 볼 수 있는 58세 때 그는 자신을 다시 되돌아보기로 작정한다. 인생의 재고 조사가 아니라, 말년을 대비한 큰 역사를 시작한 것이다. 당시 교류했던 사람들의 서간을 읽으며 스스로 자성의 끈을 놓지 않았던 것이다. 그가 모았던 『자성록』의 서문(序文)은 후에 발견된다. 퇴계는 서문에 자기 태만에 대해 깊은 자괴감을 토로한다. "옛사람들이 말을 함부로 하지 않는 것은 실천이 따르지 못함을 부끄러워 했던 것이니, 지금 친구들과 학문을 강구하느라 서신을 서로 나누면서 말을 하게 된 것은 부득이한 측면이 있지만 이미 그 부끄러움을 스스로 이기지 못하였다. 하물며 이미 말한 뒤에 상대방은 잊지 않았는데 나는 잊어버린 것이 있는가 하면, 상대방과 나 모두 잊어버린 것이 있음에랴. 이것은 부끄러운 일일 뿐 아니라 거의 기탄이 없는 것이니 두렵기 그지없다. 근간에 옛 상자를 뒤져 보존되어 있는 편지들을 찾아서 책상에 두고 때때로 펼쳐보면서 반성하기를 그치지 않노니, (이렇게 하노라면) 원고가 없어져 기록하지 못한 것들도 그 안에 있을 테지만, 그렇게 하지 않으면 비록 모든 글을 기록하여 책을 만든다 한들 무슨 보탬이 되겠는가.”

51) 신약 성경에서는 잇대어 말한다. “구부러진 말은 네 입에서 버리며 삐뚤어진 말은 네 입술에서 멀리하라. 네 눈은 바로 네 눈꺼풀은 네 앞을 곧게 살펴 네 발이 행할 길을 평탄하게 하며 네 모든 길을 든든히 하라. 좌로나 우로나 치우치지 말고 네 발을 악에서 떠나게 하라(잠언4:23-27).”

52) 호오포노포노에 관한 수련회를 끝낸 휴렌 교수는 자기의 세미나에 참석했던 사람들에게 신성을 죽이고 집에 도착하라고 이른바 있다. 그의 말을 문자 그대로 받아들임으로써 그의 말에 강력하게 반발했던 참가자들의 이해를 위해 그는 기자와의 면담에서 신성의 정체를 다시 정리해 준다.

다카오카: 『제로 리미트(호오포노포노의 비밀)』라는 책 중에서 휴렌 선생님께서 “고향으로 돌아가기 위해서는 신성을 죽여야 한다.”는 말씀을 하셨다고 들었습니다. “신성을 어떻게 죽입니까?”라고 묻자 “정화를 계속하는 것입니다.”라고 답하셨는데요. 이 부분에서 선생님이 말씀하신 ‘신성을 죽인다’란 어떤 의미입니까?

휴렌: 신에게 의지하려고 하면 자신에게 하나의 종교가 태어납니다. ‘신성을 죽인다.’는 표현에서 내가 말하고 싶었던 건 “자신의 생각으로 그려왔던 신에 대한 단정과 한정을 놓아 버리자는 것이었습니다. …… 전쟁은 무엇이 맞고 틀리다는 생각에서 시작됩니다. 자신을 정당화하는 일이 전쟁을 일으키는 원인입니다. 그런 것을 설명하기 위해서 나는 ‘신성을 죽인다’는 표현을 사용한 것입니다. 이 이야기는 콜로라도의 세미나 클래스에서 질문이 나왔을 때 내가 한 대답입니다. 질문한 여성이 화가 나서 정화를 하지 않고 돌아가 버렸지요. 그래서 나는 정화를 한 후 세미나를 마쳤습니다. 이후에 질문한 여성이 주위 사람들에게 내 발언에 대해 비판을 했다고 들었지만 내가 내 책임으로 받아들이고 정화를 하니 그 여성도 더 이상 비판을 하지 않았습니다. 그 질문은 내 세미나에서 나온 것이기 때문에 모두 나의 책임입니다. 그 여성이 질문한 것에 대해 내가 정화를 하지 않았다면 그 여성의 증손자 중에서 지능이 떨어지는 자손이 태어났을지도 모릅니다. 만약 내가 정화를 하지 않아 증손자 중에 그런 아이가 태어났더라면 내가 그 책임을 져야 했을 겁니다. 모두가 ‘신이 시련을 준다.’고 생각하고 있습니다만, 사실은 신이 그런 일을 하고 있는 것이 아니라 모두 자신이 해야 할 일을 하지 않음으로 인해서 반복적인 일이 일어나는 것입니다. 이에 대해 인도에서는 ‘카르마’, 일본에서는 ‘업’이라고 하지요[참고: 이하레아카라 휴렌·사쿠라바 마사후미(2009). 호오포노포노의 지혜(역). 서울: 눈과 마음].”

53) 루실 볼(Lucille Desiree Ball)은 미국인에게 가장 사랑받는 여류 코미디언이었다. 그녀는 주위 사람들에게 늘 말했다. “나는 행운에 대해 아무것도 모른다. 나는 행운에 의지한 적이 없었고 행운에 의지하는 사람들이 걱정된다. 내게 행운은 다른 것이다. 그것은 노력이다. 무엇이 기회이고 무엇이 기회가 아

닌지 깨닫는 것이다. 내가 어렵게 배운 것 가운데 하나는 용기를 잊어서는 안 된다는 것이었다. 계속 바쁘게 움직이며 낙관적인 삶의 태도를 가질 때 자신에 대한 믿음을 회복할 수 있다."

54) 잡지 기자였던 이정옥은 살아 움직이는 체험담으로 인간에게 삶이 무엇인지를 그려 낸다. 그는 잡지 기자로 20여 년간을 일한다. 기자 생활을 청산한 이정옥은 은퇴 후 65세에서 99세 사이 노인 69명이 살고 있는 실버 양로원과 요양 시설에서 다시 저들을 위해 봉사한다. 그렇게 10년을 지냈다. 어떻게 하면 마음의 평화를 얻고, 어떻게 하면 한 마리 학(鶴)처럼 아름답게 늙고, 어떻게 하면 생의 마지막 이별을 아름답게 할 수 있는지를 자문자답하기에 이른다. 그는 노년에 이르면 적막해지기 시작하는 것은 남의 탓이 아니라는 것임을 알게 된다. 노년을 괴롭히는 것이 외로움과 고독 같은 것 같지만, 실제로 그것은 다른 것임을 깨닫는다. "외로움은 사람을 그리워하는 것인 반면, 고독은 자신을 즐기는 것이 바로 삶이기 때문에" 서로 같은 개념이 아니라는 것이다. 노년의 삶은 외롭게 마련이기에, 외로움을 떨쳐내기 위해 고독할 줄 알아야 하고, 고독을 즐길 수 있기 위해서는 무엇보다도 자신을 즐기는 방법을 기꺼이 찾아야 한다는 것, 그 하나를 찾아낸다[참고: 이정옥(2009). 반만 버려도 행복하다-아름다운 노년 품위 있는 죽음을 위하여. 서울: 동아일보사].

그녀는 늘 불평만 해대는 렐리아 할머니를 또 하나의 예로 들고 있다. 렐리아 할머니는 늘 과거를 되뇌인다. 그녀는 팔리지도 않는 외로움을 내다 팔려고 한다. 할머니는 어김없이 오늘도 마음의 좌판을 거리에 내놓고 사람을 기다린다. "난, 아들 집에 갈 거야. 내가 왜 이곳에 있어. 아들이 다섯이나 되는데……" 며느리가 다섯이나 있다지만, 할머니를 감당하겠노라 나서는 며느리는 하나도 없었다. 지금 당장 그 며느리들은 시어머니가 되어 본 적이 없다. 시어머니의 외로움을 알 리가 없었다. 맏아들이 다른 요양 시설에 자리를 마련한 다음에야 그 할머니를 모셔갔다. 그런 줄도 모르고 떠나던 날 할머니의 기세는 하늘을 찌를 듯했다. 외로움을 드디어 큰 아들이 사갔기 때문이다. 할머니는 신이 났다. "오늘 아들이 날 데려가요. 이제 아들집에서 살아요. 아들이 다섯이에요." 그 후 바람타고 소식 하나가 날아들었다. 곁에서 벗어난 할머니는 먼저 있던 곳보다 더 열악한 시설에서 돌아가셨다는 소식이었다. 소식이랄 것도 없는 소식이었다.

55) 컴퓨팅이나 씨디(CD)나 디비디(DVD)를 만드는 프로그램에는 어김없이 버퍼(buffer)가 있다. CD나 DVD 제작 과정에서 충분한 데이터를 끊김 없이 전달할 수 있도록 하는 완충 지대가 필요한데, 그것을 대비하는 것이 바로 버퍼다. 버퍼는 CD나 DVD 제작 과정에서 요구되는 데이터를 충분히 저장해 놓을 수 있는 공간이나 여백을 말한다. 컴퓨팅에서 비축해 놓고 있는 이런 버퍼는 가뭄을 대비해서 농촌마다 저수지를 만들고 물을 충분히 담아 놓는 것이나 마찬가지다. 가뭄이라는 최악의 상황에 대비하려는 생활의 지혜이기 때문이다. 가뭄에는 농작물을 위해 필요한 만큼의 물을 보내 줄 수 있는 것이 저수지인 것처럼 컴퓨팅에서의 버퍼는 정보저장의 기능을 발휘한다. 버퍼가 충분치 않으면 과도한 멀티 태스킹 등식으로 인해 데이터 전달에 문제가 일어날 수밖에 없다. 그렇게 되면 미디어에 이상이 생기거나 구조적으로 오작동이 야기된다.

56) 닐 도날드 월쉬(Neale Donald Walsch)라는 사람은 살아가면서 이혼을 5번이나 했다. 노숙자로 전락

하기도 했는데, 그것은 9명이나 되는 아이들을 기르느라 늘 삶에 허덕이다가 내린 결정이었다. 그는 한때 미국의 지역 라디오 토크쇼 진행자로 일했지만, 어느 날 직장에서 해고당한다. 그때가 그의 나이 49세였다. 인생의 쓴맛을 모조리 맛본 월쉬는 마침내 삶을 작심하고 그를 만들었다는 신에게 항의의 편지를 쓴다. 그가 쓴 편지에 대해 어느 날 월쉬는 대답을 받게 된다. 신이 그에게 대답한 것이다. 그가 신과 채널링(channeling)하게 된 것이다. 신이 그에게 전하는 말을 찬찬히 받아 적어 낸 시간이 무려 3여 년이나 되었다. 그는 신과 기다란 채널링의 대화를 이어간 또 다른 고귀한 영혼이 된 것이다[참고: 닐 도날드 월쉬(2000). 신과 나눈 이야기(역). 서울: 아름드리미디어].

채널링은 문자 그대로 라디오나 TV 채널을 돌리어 주파수를 맞추듯 영적 주파수를 맞추어 영(靈)과 교신을 하는 현상을 말한다. 채널링을 통하여 깨달은 영들을 만남으로써 사람은 깨달은 영들과의 대화를 통하여 깨달음의 경지를 나누어 받으며 윤회의 과정을 단축한다고도 한다. 채널링이 이런 저런 우주인의 창조 예지를 나누어 받는 탁월한 방법이라고 믿고 있는 신흥 영성 운동가들은 채널링이 영혼 구원의 방편이라고 말하고 있다. 이런 채널링에 성공한 월쉬는 인간이라는 존재는 '특별한' 존재라는 것을 신에게 듣고야 만다. 그것을 그는 한 작은 영혼이 하느님과 대화를 나누는 형식의 우화로 이야기한다. 아주 오래된 오늘, 한 작은 영혼이 자신이 빛임을 알게 된다. 자신이 이 우주를 밝히는 어마어마하게 밝은 빛의 일부라는 것을 알게 된다. 하지만 작은 영혼은 자기가 빛이라는 것을 아는 데 만족하지 않고 몸소 빛이 무엇인지 겪고 느끼며 살고 싶어한다. 신이 말씀하셨다. "네가 너로 되고 싶다는 말이냐?" 작은 영혼이 대답했다. "내가 누군지를 아는 것과 실제로 내가 되는 것은 다르다는 말입니다. 나는 빛이 되는 게 어떤 건지 그걸 알고 싶어요." 신이 말씀하셨다. "여기엔 빛 말고는 아무것도 없거든. 너 아닌 게 어디에도 없으니 네가 누군지를 스스로 알아 보기가 쉬운 일이 아니구나."

그리고, 신은 그에게 한 말씀을 더 보태어 또 가르쳐 주셨다. "'특별하다'는 것이 '더 낫다'는 뜻은 아니라는 것을 잊지 말아라. 모두 제 방식으로 특별하니까. 그런데 그런 사실을 잊어버린 영혼이 많더구나. 그들도 네가 특별한 것을 보고서 자기네도 특별하다는 것을 알게 될 게다." 이 세상엔 똑같은 것이 하나도 없으며 특히 사람은 더욱 그렇다. 모두가 다 특별하다. 자기가 특별한 만큼 남도 특별하게 대해야 한다는 것을 가르쳐 주신다. 사람들은 남이 나와 다르다는 것을 인정하지 못하고 나와 같아야 한다고 강요하여 갈등을 일으킨다. 다양성을 인정하지 못하고 획일성을 강요하는 경우가 얼마나 많은가? 작은 영혼은 자기가 '용서'라는 특별한 빛임을 체험하기 위해 모험을 시작한다. 우리가 지구라고 부르는 이 별 위에서 아마도 우리 모두가 함께 나눌 수 있는 그런 체험 말이다.

57) '보다'라는 말을 일상생활에서 그리고 언어학적으로 한국 사람처럼 입에 달고 다니는 사람들도 지구상에는 드물 성싶다. '본다'는 말은 우리의 어법에서 꽤나 번다하게 활용되는 단어이기 때문이다. 눈으로 무엇을 본다와 같은 것에서 시작해서, 맛을 본다, 마음으로 본다, 손으로 본다. 혹은 이게 더 빠른가 보다, 올해도 이렇게 가는가 보다, 그만 돌아갈까 보다, 죽을까 보다, 비가 오나 보다 등에 이르기까지 본다는 말은 우리의 의식에서 한시도 떼어 놓을 수 없는 단어 중의 하나다. 보는 일은 우리의 삶 구석구석에서 작동한다. '살아 본다'라는 말에서부터 '죽어 본다'라는 말에 이르기까지 우리의 삶은 본다라는

말의 부축을 받고 있다.

보다라는 말에 관련된 속담도 부지기수다. 예를 들어, 보고 못 먹는 것은 그림의 떡, 보기 싫은 반찬이 끼마다 오른다, 보기 싫은 처도 빈방보다 낫다, 보기 좋은 떡이 먹기도 좋다, 보는 바가 크면 이루는 바도 크다, 보자 보자 하니까 얻어 온 장 한 번 더 뜬다, 보지 못하는 소 멍에가 아홉, 보지 못한 도적질은 못한다. 게다가 먹어 보다라는 말처럼 동사 뒤에서 '-어 보다' 구성으로 쓰여 어떤 행동을 시험 삼아 함을 나타내거나, 그런 책은 읽어 본 적이 없다에서처럼, 동사 뒤에서 '-어 보다' 구성으로 쓰여 이전에 어떤 일을 경험했음을 나타내거나, 동사 뒤에서 '-고 보니', '-고 보면' 구성으로 쓰여 앞말이 뜻하는 행동을 하고 난 후에 뒷말이 뜻하는 사실을 새로 깨닫게 되거나, 뒷말이 뜻하는 상태로 됨을 나타내거나(예: 마구 때리고 보니 아무리 악인이지만 너무했다는 생각이 들었다.) 혹은 동사 뒤에서 뒤에서 '-다(가) 보니', '-다(가) 보면' 구성으로 쓰여, 오래 살다 보니 이런 좋은 일도 있네에서처럼 앞말이 뜻하는 행동을 하는 과정에서 뒷말이 뜻하는 사실을 새로 깨닫게 되거나, 뒷말이 뜻하는 상태로 됨을 나타내기도 한다. 보다라는 말이 보조 형용사로 쓰일 때도 그것은 여러 가지 뜻을 담고 있다. 즉, 동사나 형용사 '이다' 뒤에서 '-은가/는가/나 보다' 구성으로 쓰여, 앞말이 뜻하는 행동이나 상태를 추측하거나 어렴풋이 인식하고 있음을 나타낸다(예: 식구들이 모두 집에 돌아왔나 보다). 두 번째는, '외국으로 떠나 버릴까 보다.'라는 말에서 보듯이 동사 뒤에서 '-을까 보다' 구성으로 쓰여, 앞말이 뜻하는 행동을 할 의도를 가지고 있음을 나타내기도 한다. '추울까 봐서 하루 종일 집 안에만 있었다'라는 말에서 읽을 수 있는 것처럼, 보다라는 말이 보조 형용사로 쓰일 때는 동사나 형용사, '이다' 뒤에서 '-을까 봐', '-을까 봐서' 구성으로 쓰여, 앞말이 뜻하는 상황이 될 것 같이 걱정거나 두려워함을 나타낸다. 마지막으로, 형용사나 '이다' 뒤에서 '-다 보니', '-고 보니' 구성으로 쓰여, 앞말이 뜻하는 상태가 뒷말의 이유나 원인이 됨을 나타내는 말로도 '보다'라는 보조 형용사는 활용된다. '결혼 문제는 중요한 일이다 보니 거듭 생각할 수밖에 없다.'라는 말이 바로 그렇게 쓰인 예다.

보다라는 말의 용례가 이렇게 다양한 것은, 보다가 문법화될 정도로 우리의 삶에 직결되어 다양한 의미를 주고 있기 때문이다. 보다라는 단어의 주요 기능은 문법적으로는 동사에 속하는 기능을 발휘하는 단어다. 보다라는 단어처럼 다양하고 풍부한 의미를 가지고 있는 단어일수록 국문학에서 말하는 문법화가 되는 경향이 크고 강하다. 말하자면, 일정한 의미로 쓰이던 실질 형태소가 다른 형태소의 뒤에 연결되어 선행하는 형태소의 영향 아래 들어가게 될 때 그로 인하여 본래의 어휘 의미가 약화되거나 소실되어 의존 형태소로 변하는 경우가 흔하기 마련이다. 단어의 문법화는 사람들이 살아오는 동안 여러 가지 이유로 인해, 시간이나 공간적 요구에 따라 쓰임의 변화를 거치게 되어 본래의 뜻을 상당히 상실하거나 아니면 그런 본래의 뜻을 내부적으로는 담고 있지만 겉으로는 드러내지 않은 채 다른 언어와 결합되면서 본래의 뜻을 감추거나 삭제당하게 되는 경우를 말한다. 단어의 문법화의 양태에서 보는 것처럼, 보다라는 단어의 쓰임새도 그렇게 진화되고, 퇴화되어 가면서 새로운 역할과 기능을 담당해 왔다고 볼 수 있다.

보다라는 단어가 어떻게 다양하게 문법화되어 있던 간에 본다 혹은 보다라는 말은 본질적으로 그 용법이 인간의 눈(目)에서 나왔다는 점을 부인할 수 없다. 본다는 말은 인간의 눈이라는 신체기관과 그것의 작용인 시각이라는 변수를 벗어날 수 없다. 눈의 주요 기능이 바로 보다이기 때문이다. 눈이라는 말은 보다의 어원이며 원형이다. 눈이라는 명사에 '-다'를 붙이면 동사나 형용사가 되기에, '눈(目)다.'라는 말이 후에 보다라는 동사가 변형된 것이다. 이것은 달리다라는 말이 다리(脚)에서 나온 것과 같은 이치다. 그래서 본다라는 말은 다리+다〉다리다가 달리다로 변한 것이나, 품+다〉품다(懷)로, 풀(草)+(으)+다〉푸르다로 된 것처럼, 눈(目)+다는 말 역시 '보다'에서 '보'가 명사 형태이며, 그것은 본질적으로 눈을 지칭하고 있는 말이다. 이런 용례는 일상적으로도 흔히 발견되는데, 눈을 '부릅뜨다' 혹은 '눈을 부라리다'할 때, '불+읍', '불+아'에서 공통적으로 '불'이 나오는 것과 같다. '불' 혹은 '볼'은 그것에서 ㄹ이 떨어진 형태인 '보'자를 지칭할 뿐이다. 그렇게 보면, 자연의 사계를 일컫는 봄(Spring)이라는 말 역시 '보다'에서 나온 것임을 알 수 있다. '얼은 땅에도 새싹이 보이기 시작하고 꽃이 보이기 시작하니 날씨는 쌀쌀해도 봄이다'라는 말에서 읽을 수 있듯이, 봄은 보에 'ㅁ'이 가미된 것이다.

선비라는 말 역시 보는 것과 깊은 연관이 있는 말로 알려지고 있다. 선비는 일반적으로 '학식은 있으나 벼슬하지 않은 사람을 이르는 말'이지만, 그 말의 어원에 대한 해석들은 학자마다 다르다. 단재 신채호 선생이 정의한 것을 따라 거슬러 올라가면, 선비는 '선(仙)의 무리〔仙人·仙輩〕'라고 보아 소도(蘇塗)를 지키는 무사 집단에서 유래되었다. 언어학자 김선기 선생의 주장에 따르면, 선비는 어질고 박식한 사람을 뜻하는 몽고어와 만주어의 합성어다. 선비는 순수한 우리말로써 '선잡이', 즉 '앞잡이'에서 그 어원을 찾기도 하지만 그때 말하는 '선'은 몽고어의 '어질다'는 말로써 '지식 있는 사람'에서 유래한다. 몽고어에서 '어질다'는 뜻으로 쓰이는 사이트(sait)가 변형되어 사인(sain)이 되었고 그 사인이 선으로 불리게 된 후, 그 선이 몽고어와 만주어에서 흔히 '지식이 있는 사람'을 뜻하는 '박시'의 변형인 'ㅂ', 'ㅣ', 즉 비라는 말과 합쳐졌다는 것이 그 논리다. 이 논리는 『삼국사기』에 근거한 것이다. 『삼국사기』에 따르면 당시 굿을 맡아 하던 사람은 '쉰물'이나 '뷘물'이라고 불렀다. 쉰물은 솟은 (뛰어난) 사람이라는 뜻을 가지고 있고, 뷘물은 기도하는 사람이라는 뜻을 가지고 있었다. 고구려인은 쉰물이나 뷘물을 '자신의 본성을 닦아가는 수도자'로 우대하였다. 고구려말과 뿌리가 같은 고몽고어나 고만주어 등의 알타이어 계통에서도 확인되듯이, 쉰은 쇠다의 형용사형이고, 뷘은 뷔다의 형용사다. 쉰과 뜻이 통하는 고몽고어가 쇠다(sait)의 형용사형인 쉰(sain)이고, 뷘과 뜻이 통하는 고몽고어가 베다(bait)의 형용사형인 뷘(bain)이라는 말이다. 뜻으로 볼 때 쉰은 뛰어난(어진, 높은, 밝은)것을 가리키며, 뷘은 이끄는 (사람다운, 지혜로운, 힘 있는)것을 가리킨다. 그런 뜻의 쉰이나 뷘은 고조선 때에도 이미 있었던 말이며, 그 발음이 한자에 그대로 옮겨져 禪(참선)이나 仙(신선)이나 善(착함)이나 明(밝음)이나 先(앞 섬) 등이 그 소리를 받아가졌을 것으로 추론되는데, 그런 뜻의 선비는 '자신의 본성을 닦는 수도자임과 아울러 뛰어난 지도자요 어질고 지혜로운 공동체의 어른'을 말하는 것이었다는 것이다. 또, 어떤 사람들은 선이라는 말이 조선비려의 약칭으로 조선비가 되고, 또 조선비의 약칭이 선비이기에, 선비의 어원이 조선비려에 있다고 하기도 한다[참고: 이규만(2006). 잃어버린 천도문명. 서울: 청어]. 선비라는 말은 그래서 고유 우리말에서 비롯된 것인데, 그 흔적은 우리말에서 '눈에 선하다', 혹은 '선을 보다'할 때처럼 선이라는 말은 형체가 있는 무엇을 가리키는 것이거나 그런 존재에 대한 지식으로 쓰이고 있음을 알 수 있다는 것이다. 선이라는 말이 사람에 대한 용어로 쓰일 때는 그 사람의 최상의 실체나 좋은 것의 됨됨이에 대한 앎을 전제로 삼아 일상적으로 쓰인다는 것이다. 이런 선이라는 말에, 사물의 보는 눈이 밝음을 뜻하는 '비'라는 말이 합쳐짐으로써 김동욱 교수가 이야기한 것처럼, '선밝은 이'라는 말이 '선배'로, 그리고 선배가 다시 '선비'로 불렸다고 풀이한다. 결국 '선비'는 세상에 대해 "보다 나은 것을 생각하며 그것에 대해 밝혀 볼 줄 아는 이"를 말하며, 이런 선비를 높여 부르는 말이 바로 '그린비'다. 한솔 최현배 선생은 그린비라는 말이 그리운 선비의 준말이며, 남자를 가장 높여 부르는 말이라고 풀이한 바 있다.

그린비 역시 불안정하고, 불완전한 시각을 갖고 있다. 그렇게 불완전한 시각이라도 활용하여 새로운 정보나 새로운 기술을 만들어 내는데 결정적인 역할을 감당하는 사람이라는 점에서 그린비들이야말로 지식 경제의 앞단에 서있는 사람들이다. 시대가 다르고, 문화가 달라져서 그런 것이 아니고, 그린비 역시 사물에 대한 밝은 이치를 깨닫기도 하고 그것을 활용해서 새로운 것을 만들어 낸다는 점에서 그린비가 식자임에 틀림없다는 뜻이다.

58) 인체의 감각 수용기의 60~70퍼센트는 눈에 모여 있지만, 이들은 늘 소금물에 젖어 있다. 젖어 있는 눈은 눈이 지니고 있는 본연의 모습으로부터 그리 멀리 떨어져 있지 않은 인간의 모습이다. 사람들은 젖어 있는 눈으로 인간은 세계를 보고, 세계를 평가하고 이해한다. 연인들이 키스할 때 눈을 감는 것은, 그렇게 하지 않으면 젖어 있는 눈을 방해하는 것들 때문에 사랑하는 느낌을 억제당할 수 있기 때문이다. 시각적 방해물, 말하자면 갑자기 클로즈업된 연인의 속눈썹과 머리카락, 벽지, 시계, 햇빛 속에 떠 있는 먼지 등이 사랑의 감정을 차단할 수 있기 때문이다. 연인들은 방해받지 않고 몸을 맞대기를 원한다. 두 눈을 방에서 쫓아내듯 지그시 감고 새로운 감정을 느끼게 되는 것이다. 그토록 인간의 눈은 기능적으로 새로운 것을 좋아한다. 끔찍한 광경을 포함한 거의 어떤 장면에도 익숙해질 수 있기 때문에 생활의 많은 부분이 시선의 희미한 배경 속으로 흘러 들어가서 녹아 버리곤 한다.

소금물에 젖어 있는 눈이 하는 일은 너무 제한되어 있다. 그저 빛을 모으는 것뿐이기 때문이다. 보는 것은 눈에서 일어나는 일이 아니라, 뇌에서 이루어진다. 생생하고 자세하게 보는 일에는 어쩌면 눈이 필요하지 않을 수 있다. 며칠 전, 심지어 몇 년 전의 광경을 기억하기도 하고, 전적으로 상상 속의 일을 눈 앞에 그려볼 수도 있다. 꿈을 꿀 때도 놀랍도록 자세하게 본다. 황홀한 풍경을 보았을 때나 자연에서 격렬한 기쁨을 느꼈을 때, 밤에 누워서 눈을 감으면 낮에 본 것이 감은 눈 속으로 줄지어 들어오는 것을 보기도 한다.

모든 생물에게 본다는 것은 아주 단순하게 시작되었을 뿐이다. 고대의 바다에서 생명체의 피부에는 빛에 민감한 부분이 있었다. 이 부위는 빛과 어둠을 구별할 수 있었고, 빛의 방향을 알 수 있었다. 이러한 기능은 아주 유용했고 눈이 발달하면서 물체의 움직임과 형태, 마침내는 세세한 모습과 색채까지 판단할 수 있게 되었다. 그래서 식물학자들은 식물에도 눈이 있다고 주장한다. 예를 들어, 진균류인 필로볼로스에는 포자낭을 제어하는 빛에 민감한 부위가 있는데, 이 부위는 가능한 밝은 곳을 향한다는 것이다 [참고: 다이언 애커먼(2004). **감각의 박물학**(역). 서울: 작가정신].

눈은 빛을 쫓는다. 태어날 때부터 앞을 못보는 사람도 빛의 영향을 많이 받는데, 그것은 보기 위해서뿐만 아니라 다른 방식으로도 빛의 영향을 받기 때문이다. 빛은 기분을 변화시키고, 호르몬 분비를 자극하고, 생체 리듬을 활성화한다. 북구에 어둠의 계절이 오면 자살률이 치솟고, 정신병이 생겨나고 알코올 중독이 증가한다. 구루병 등 일부 질병은 어린 시절 햇빛을 너무 적게 쐬어서 생긴다. 어린이들은 활발한 동물이고, 건강하게 살기 위해서는 빛이 만들어 내는 비타민 D가 필요하다. 겨울철이면 결핍과 우울을 느끼는 계절성 우울증 같은 질환은 매일 아침, 약 30분 정도 아주 밝은 빛(실내 조명의 20배 밝기)을 쐬어 주어도 몸은 정상을 찾게 된다. 경미한 우울증은 환자의 수면 시간을 계절에 따른 밤낮의 길이와 비슷하게 바꿔 주면 치료할 수 있다.

눈과 빛은 분리가 불가능하다. 보는 방식이 표현하는 방식이다. 표현하는 방식은 보는 방식의 결과물이라는 것을 역사적으로 드러내고 있는 것이 바로 서로 다른 예술 사조를 반영하고 있는 미술 작품들이다. 이것은 예술가들 스스로가 자연을 보는 방식이 시대적으로 달랐으며 동시에 인간관계를 보는 방식마저 시대마다 서로 달랐다는 것을 보여 준다. 말하자면 사실주의니, 야수파니, 초현실주의파니 하는 예술 사조들은 생각하는 방식과 본 방식이 다르면 표현하는 방식도 다르다는 것을 보여 주는 것이고, 그런 예술 감각으로 사물을 보면 그것에서 배태되는 예술 사조의 상상력도 서로 다르기 마련이다. 역사상 등장하고 있는 수많은 서로 다른 예술 사조는 바로 사물을 보는 방식의 차이가 예술가들 사이에서 극명하게 달랐다는 것과 사물에 대한 서로 다른 해석과 이야기들이 가능하다는 것을 알려 준다[참고: 존 버거(2000). 이미지: 시각과 미디어(역). 서울: 동문선].

59) 자동차는 기계로 만든 운송 수단이다. 말의 속도감을 개념화하면서 만들어 낸 기계 기술의 응용이었다. 속도라는 개념이 삶에서 중요해지자, 잇달아 안전이라는 관점이 나오게 되었다. 안전이라는 관점은 자동차라고 하는 수단의 방편과 경우에 따라 갈등한다. 기능들이 공존하기도 하지만 어긋나기도 한다. 관점과 만들어진 수단들이 목적상 갈등을 일으키는 것이다. 서로 간의 간극은 때때로는 적대적일 수 있다. 물건을 자르기 위해 만들어진 칼이 사람을 해치는 용도로 쓰이기도 하기 때문이다. 자동차라는 운송 수단은 인간에게 순기능을 하는 범위 안에서 공존한다. 안전과 자동차는 서로가 순기능을 발휘할 때 공존하며 동행한다. 자동차로 인해 생기는 부작용이 심각해지면 공존은 더 이상 무의미하게 된다. 공해, 자원 고갈, 사고 등으로 인한 부작용이 커지면 인간이 바라던 안전에 대한 관점은 속도감이라는 개념과 갈등한다. 목적과 방편은 서로가 견제된다. 목적과 수단은 끊임없이 서로 간의 긴장을 해소하면서 인간의 삶 속에 자리 잡는다.

60) 지수함수(exponential growth form)를 다른 말로 말하면 기하급수라고도 하는데, 이러한 증가 양상을 제이(J)형 생장형이라고 부른다. 왜냐하면 지수함수는 일정하게 증가하는 것처럼 보이다가 갑자기 변하기 때문이다. 여기서 사용된 급수라는 말은 수학에서 수열의 합을 뜻하는데, 산술급수(算術級數)는 1, 3, 5, 7, 9, ……와 같은 등차수열의 합 $1+3+5+7+9+……$를 말하며, 기하급수(幾何級數)는 1, 2, 2^2, 2^2, 2^2, ……과 같은 등비수열의 합 $1+2+2^2+2^2+2^4+……$를 말한다. '산술급수적으로 증가 또는 감소한다'는 말은 두 변수가 일정하게 증가 또는 감소하는 함수 관계임을 뜻하고, 기하급수는 등

비수열의 합으로써 엑스(x)값이 커질 때 와이(y)값이 급격하게 변하는, 그래서 도표로 보면 제이형(J) 관계로 드러난다.

이것은 지식 경제 사회라고 하더라도 예외가 아니다. 일반적으로 네트워크 혁명의 특성을 나타내는 설명으로서 무어(Moore)의 법칙, 메트칼피(Metcalfe)의 법칙, 그리고 카오(Kao)의 법칙 같은 것이 있는데, 이들의 법칙은 절대적인 원리라기보다는 지식 경제의 발전을 이해하게 도와주는 하나의 상징이며 비유들이다[참고: Simeonov, S. (2006). Long tail, metcalfe's law, polaris venture partners, The long tail, web 2.0, network effect, social networking trackback. High Contrast, July 26. 2006]. 이런 원리들은 인간의 생물학적 발달과정과 무관하게 전개된다는 점에서 그 원리의 효용성을 찾을 수 있다. 무어의 법칙은 컴퓨터의 파워는 18개월마다 두 배씩 증가한다는 설명으로써 인텔의 공동 설립자 고든 무어가 말함으로써 일반화된 것이고, 메트칼피의 법칙은 네트워크의 가치는 사용자 수의 제곱에 비례한다는 법칙으로써 근거리 통신망 인터넷의 창시자인 메트칼피가 이론화시킨 것이다. 카오의 법칙은 창조성이라는 것은 네트워크에 접속되어 있는 다양성에 지수함수로 비례한다는 논리인데[참고: Kao, J.(1996). *Jamming: The art and discipline of business creativity.* NY: Harper Collins], 이것은 네트워크를 통해 다양한 생각과 관심이 만나면 그 속에서 새로운 아이디어가 나오고 창의성이 발현될 수 있다는 것이다. 서로 다른 생각이 만나는 것이 창의성의 출발점이라는 것을 강조한다.

61) 홍성욱 교수는 이런 것을 과학적 잡종(hybrid)의 창의성이라고 부른다. 지금의 이 세상은 모두가 네트워크를 통해서 연결되어 있는데, 모든 사람이 한 가지, 같은 생각만 한다면, 그 네트워크는 무용지물이나 마찬가지다. 그것을 통해 얻어지는 생각도 하나밖에 없을 것이기 때문이다. 서로 다른 생각의 소유자들이 서로 다른 방식의 생각들을 하나의 네트워크로 연결한다면, 서로 다른 생각들이 부대끼고 엮어져 새로운 아이디어를 낳는다는 점에서 서로 다른 생각이 만나는 네트워크는 새로운 생각, 새로운 관점, 새로운 창의성의 출발점이다.

역사적으로 창의적이었던 인물들은 바로 이런 서로 다른 생각들을 하나의 네트워크로 묶었거나, 그것을 활용할 줄 알았던 사람들, 다른 전문 분야를 넘나들면서 서로 다른 학문적 성과와 방법을 사용했던 사람들이다. 과학의 역사, 새로운 생각의 탄생의 역사는 '잡종적'인 연관, 잡종적인 네트워크의 발현사라고 보는 홍 교수는 카오 교수 법칙이 ① 학생 혹은 젊은 시절에 다른 학풍을 접함, ② 한 전공 분야에서 다른 전공 분야로 옮김, ③ 지역의 이주 혹은 지역의 중첩, ④ 서로 다른 분야의 전공자의 공동 연구, ⑤ 간학문 연구(interdisciplinary research)에도 적용된다고 보고 있다[참고: 홍성욱(2008). 과학 에세이 과학, 인간과 사회를 말하다. 서울: 동아시아].

62) 참고: 정혜진(2007). 호모 크레아토. 서울: 학지사.

63) 모세오경의 첫 경인 창세기 첫 구절(창세기 1:1-31)에도 빛이 등장한다. 하느님 당신이 해놓은 일에 대해 자평하는 구절이 나온다. 그 구절이 바로 '보시기에 좋았더라'인데, 하느님은 이 세상을 만들 때 가장 먼저 한 일이 세상에 빛을 있게 한 일이었다. 빛을 있게 하니, 이때 처음 비춘 빛은 밝음과 어둠이 함께 모여진 신비한 빛이다. 그러니까 그 빛은 밝음도 아니고 어둠도 아닌, 어둠과 밝음이 함께 뒤섞인

그런 몽롱한 상태였던 것 같다. 일단 그런 몽롱한 상태의 빛에 대해 만족한 하느님은 그것을 어둠과 밝음으로 갈랐다. 밝음을 낮으로 어둠을 밤으로 칭했는데 바로 그것이 이 세상 창조의 첫날이 된 것이다. 모세오경의 저자는 그것을 이렇게 오묘하게 표현했다. "태초에 하느님이 천지를 창조하시니라 땅이 혼돈하고 공허하며 흑암이 깊음 위에 있고 하느님의 신은 수면에 운행하시니라 하느님이 가라사대 빛이 있으라 하시매 빛이 있었고 그 빛이 하느님의 보시기에 좋았더라 하느님이 빛과 어두움을 나누사 빛을 낮이라 칭하시고 어두움을 밤이라 칭하시니라 저녁이 되며 아침이 되니 이는 첫째 날이니……." 창세기에 처음 등장한 단어인 '보시더니'의 '본다'라는 말은 신약에도 자주 등장하는 단어다. 그저 편하게 본다라는 것과 연관되는 몇 개의 구절을 마태복음에서 뽑아 보면, "너희는 세상의 소금이니 소금이 만일 그 맛을 잃으면 무엇으로 짜게 하리요. 후에는 아무 쓸 데 없어 다만 밖에 버리어 사람에게 밟힐 뿐이니라(마태복음 5:13)." "좁은 문으로 들어가라 멸망으로 인도하는 문은 크고 그 길이 넓어 그리로 들어가는 자가 많고 생명으로 인도하는 문은 좁고 길이 협착하여 찾는 이가 적음이라(마태복음 7:13-14)." "내가 비유로 말함은 저희가 보아도 보지 못하며 들어도 듣지 못하며 깨닫지 못함이니라. 너희가 듣기는 들어도 깨닫지 못할 것이요, 보기는 보아도 알지 못하리라(마태복음 13:13,14)." "그냥 두어라 저희는 소경이 되어 소경을 인도하는 자로다 만일 소경이 소경을 인도하면 둘 다 모두 구덩이에 빠지리라(마태복음 15:14)."라는 구절이 눈에 들어오고, 잇대어 요한복음의 저자는 아주 강력하게 예수의 말을 전하면서 보는 것의 밝은 면과 어두운 면을 힘 있게 드러내고 있다. "예수께서 가라사대 내가 심판하러 이 세상에 왔으니 보지 못하는 자들은 보게 하고 보는 자들은 소경이 되게 하려 함이로라(요한복음 9:39)." "예수께서 가라사대 너희가 소경되었다면 죄가 없으려니와 본다고 하니 너희 죄가 그저 있느니라(요한복음 9:41)."

64) "디케(Dike)는 과연 무슨 이유로 눈을 가리고 있을까. 그리고 두건 뒤에 숨어 있는 눈은 어떤 모습을 하고 있을까. 파사현정(破邪顯正)의 사명감에 불타는 날카롭고 광채를 띤 눈일까. 각자에게 정당한 몫을 나누어 주기 위해서 저울 눈금을 주시하는 냉정하고 빈틈 없는 혹은 약자를 위해서 눈물을 흘리는, 연민이 가득한 눈일까. 그보다는 오히려 찾기 어려운 진실 앞에서 끝없이 같은 질문을 되묻고 다시 생각해보는 고뇌에 찬 눈이 아닐까."라고 두 눈 감은 디케 여신의 고뇌를 감지하려고 노력하는 법관들도 있다. 예를 들어, 금태섭 변호사는 두 눈 감은 디케 여신의 공명정대함을 증거하는 한 사례를 들고 있다. "이튿날 검찰청에 나온 피해자의 반응은 실망스러웠다. 잘 모르겠다는 것이었다. 사흘을 같이 지냈으면 범인인지 아닌지 분명히 알 것 같은데 뜻밖이었다. 자신을 강간한 범인과 비슷하기는 한데 몸이 더 마른 것 같고 키도 더 작은 것 같다는 말이었다. 1년이 지나서 기억도 흐릿하다고 했다. 혹시 겁을 먹고 제대로 말하지 못할 수도 있겠다는 생각이 들어서 조사실 옆에 붙은 다른 사무실로 피해자를 데리고 갔을 때였다. 피해자가 기억을 잘 못한다는 걸 알아챈 피의자가 큰소리로 욕하면서 소리를 지르기 시작했다. 피해자 때문에 억울하게 잡혀 와서 고생을 하게 되었으니 나가기만 하면 가만두지 않겠다는 말이었다. 바로 그때, 여태 태연하던 피해자가 소스라치게 놀라면서 떨기 시작했다. 피의자가 욕을 하는 목소리가 범인이 협박하던 목소리와 똑같다는 것이었다. 그러면서 분명히 기억이 난다고 말했

다. 피해자의 얼굴에 순간적으로 떠오른 두려움은 절대 꾸며낸 것이 아니었다[참고: 금태섭(2008). 디케의 눈. 서울: 궁리]." 이런 류의 사건을 담당하는 법집행 관계자들에게는 눈이라는 시각이 요구하는 것, 말하자면 시각적 증거에 기초한 법률적 판단 그 이상의 판단이 필요하다. 그것을 위해서는 차라리 눈을 뜨고 판단하거나 유추하기보다는 두 눈을 감고 깊은 사고에 의지하는 편이, 말하자면 두 눈을 가린 디케 여신의 고뇌가 훨씬 더 의미로울 수 있지만, 모든 사건이 그렇게 풀리는 것만도 아니다.

65) 디케, 에우노미아, 그리고 에이레네는 세 자매를 계절의 여신 호라이라고 하며, 이들은 계절과 자연의 질서를 상징한다. 세 자매 중에서도 디케는 정의의 여신으로 추앙되었다. 로마 시대에는 디케가 유스티티아(Justitia)로 대체되었지만, 그 기원은 다 같을 뿐이다. 정의를 뜻하는 '저스티스(justice)'라는 단어는 바로 유스티티아에서 유래한 것이다. 디케는 흔히 칼을 들고 있는 모습으로 그려졌고, 유스티티아는 형평을 지킨다는 의미에서 저울로 상징된다. 디케의 여신을 묘사하는 일반적인 형상들은 법정이나 심판과 관련될 때, 눈은 가리개로 가린 채, 오른손에는 칼과 왼손에는 저울을 들고 있는 형상으로 묘사되곤 한다. 이때, 그녀가 들고 있는 저울은 공평무사, 공명정대함을 그리고 칼은 법 집행의 준엄함을 의미한다.

그녀의 눈을 가린 안대는 법 집행에 있어서의 공평한 판단을 상징하는 것으로 해석되곤 한다. 인간에게 생각과 판단의 단초를 제공하는 토대기관의 기능을 의도적으로 억제시키고 생각을 공평하게 한다는 것이 실제로 가능한 것인지에 대해서 여러 생각을 하게 만들기 충분하다. 사법부의 법 집행 과정이 공정해야 한다는 당위론과 그것과 어긋나는 판례들은 사법부에 대한 믿음 그 이상으로 불신에 가득 차게 만들어 놓는 일도 비일비재하기 때문이다. 유전무죄(有錢無罪), 무전유죄(無錢有罪)를 벗어나지 못하는 정치 현실이나 사법 현실이 가미되는 사건에는 여지없이 그런 협잡 이상의 농간이 개입되고 있는 것들도 부인하기 어렵다.

두 눈을 더 치켜뜨고 조사하고, 변호해야 하고, 더 공정하게 재판해야 할 사람일수록 여신 디케가 하듯이 오히려 두 눈이나 감고 평결하는 것이 오히려 공명정대한 법적인 평결과정이 될 수 있다는 역설이 오늘날의 법조계 현실이다. 두 눈 가리기의 상징성은 인간의 눈, 인간의 시각, 인간의 사고, 인간의 판단, 인간에 대한 인간의 단죄를 위해서는 차라리 눈을 믿지 말아야 한다는 시각에 대한 의심이다. 사법부에 대한 불신이 가득한 또 다른 역설이기도 하다. 눈만큼 위태로운 것도 있을 수 없다는 증명이다. 인간의 시각만큼이나 믿기 어려운 것도 없다는 것을 상징적으로 드러내는 사례기도 하다.

66) 88올림픽이 끝난 직후인 1988년 10월 8일, 영등포 교도소에서 공주 교도소로 이송되던 25명 중 12명이 탈출하여 서울 시내로 잠입했다. 그중 한 명이 지강헌이라는 범법자였다. 그는 우리 사회에 유전무죄, 무전유죄라는 말을 하나의 사회적 신드롬처럼 번지게 만든 사람이다. 무리가 되어 탈주한 그는 서울시 북가좌동에서 인질극을 벌였다. 그 장면이 TV를 통해서 전국으로 생생히 중계되었다. 범행의 두 목격인 지강헌이 사법부를 향해 절규한다. '돈이 있으면 무죄, 돈 없으면 유죄'라고 절규한다. '유전무죄(有錢無罪), 무전유죄(無錢有罪)'의 법조계가 공정한 법 집행을 하겠느냐는 비판이었다.

이들은 흉악범이 아니라 잡범이었다. 보호감호제 때문에 징역형을 마치고도 이들은 보호감호처분을 받아야 하는 것에 대해 불만이 강했다. 더군다나 자기들은 500만 원 정도의 절도를 저질렀는데, 어째서 600억 원이나 횡령한 전경환(전두환 전대통령의 동생)의 형기보다 더 길어야 되느냐에 대한 법상식적 불만을 가지고 탈출했다. 탈주범에 대한 경찰 진입과정에서 지강헌은 사살되었다. 이 사건을 계기로 사회 곳곳에, '유전무죄, 무전유죄'라는 유행어가 돌기 시작했다. 뇌물이나 횡령 같은 큰 비리를 저지른 정치인이나 기업인에게 솜방망이 처벌을 하는 법조계를 불신하는 데 결정적인 비유가 되었다.

67) 워싱턴 대학의 로프터스(Geoffrey Russell Loftus) 교수는 시각 시스템의 불완전성 문제를 수학적으로 설명하려고 시도했다. 그가 관심을 가졌던 것은 한 사건을 바라본 목격자가 갖고 있는 기억의 질(quality)과 그가 목격했다는 사건이 발생한 곳까지의 거리 간 관계를 수학적으로 설명하려는 노력이었다. 그가 그런 관심을 갖게 된 것은 한 살인 사건을 목격한 사람의 증언 때문에 두 사람이 유죄를 받게 된 일 때문이었다. 그 사건은 1997년 알래스카의 페어뱅크스(Fairbanks) 거리에서 벌어진 살인 사건이었다. 그 사건 현장으로부터 140미터 정도 떨어진 곳에서 일어난 살인 사건 현장을 목격했다는 한 목격자의 증언으로 인해 2명의 사내가 그 사건과는 아무런 연고 없이 그 목격자의 진술 때문에 유죄를 선고받게 된 딱한 처지가 발생했었다.

목격자는 페어뱅크스가 살인 사건 현장에서 4명의 용의자에 의해 구타를 당하는 것을 몇 블록 떨어진 곳에 서서 목격했다고 진술했다. 그 당시 목격자가 사건을 보았다는 지점과 사건 현장 지점 간의 거리는 약 140미터 정도 떨어져 있었다. 이 재판이 진행되는 동안 배심원들을 상대로 얼굴 인지에 대한 실험이 이루어졌다. 한 명 이상의 배심원들을 얼마간 떨어진 곳에서 지나가게 한 뒤, 다른 배심원들은 그들의 얼굴을 알아볼 수 있는지를 점검해 본 것이었다. 배심원들 중 어떤 이들은 그만한 거리에서 사람의 얼굴을 알아볼 수 없었다고 고백했다. 이 실험으로 목격자의 증언은 설득력을 잃게 되었다. 그렇지만, 그런 결과가 나오기 전까지 목격자의 증언에 의해 두 사람은 피의자로 몰려 괜한 고초를 당할 수밖에 없었다. 배심원들은 이 사건을 이해하기 위해 로프터스 교수의 이론을 받아들였다.

로프터스 교수는 이 사건과 관련되어 사람의 눈, 기억, 그리고 시각 시스템의 불완전성을 밝히기 위해 두 가지 실험, 즉 이미지 크기의 변화와 거리 간의 상관성, 그리고 이미지 선명도의 변화와 거리 간의 상관성을 알아보는 실험에 착수했다. 그 당시 로프터스 교수가 갖고 있던 전제는 누구든 인간이라면 사물을 조금 떨어져서 보면 인간의 시각 시스템의 불완전성 때문에 사물의 세밀한 부분을 놓치기 시작하고, 그 사물에서 거리상 더 멀어지기 시작하면 세밀한 부분을 더욱더 잃게 된다는 전제였다.

로프터스 교수는 기억의 질과 거리 간의 수학적 관계를 증명하기 위해 최소 20/20(1.0)의 시력 소유자들을 골라 대낮 동안에 실험에 착수했다. 먼저 연구원들은 사물이 뿌옇게 보이는 블러 현상과 거리와의 상관관계를 알아내는 연구를 시도했다. 그것을 위해 연구원들은 우선 식별하기 힘들 만큼 작은 크기의 유명인사 사진을 활용하면서 그들이 행하는 실험에 착수했다. 말하자면, 영화배우인 줄리아 로버츠, 운동 선수 마이클 조던과 같은 이 등의 사진을 활용했다. 피실험자들이 사진 속 인물이 누구인지 식별해낼 수 있을 때까지 사진 크기를 점점 확대시켰다. 그렇게 하는 동안 피실험자들이 연구원이 제시한 사진에서 유명 인사들을 인식하기 시작한 그 순간 제시되었던 사진의 크기를 기록했다. 동시에 그에 상응하는 거리를 환산했다. 거리가 어느 정도로 가까워지기 시작했을 때 피실험자들이 사진 속 인물의 얼굴을 제대로 식별할 수 있는지를 수학적으로 환산하였다. 이 실험은 이미지 크기의 변화와 거리 간의 상관성을 파악하기 위한 것이었다.

이어 연구진은 이미지 선명도의 변화와 거리 간의 상관성을 알아보기 위해, 흐릿하게 보이는 유명인사의 사진을 피실험자들에게 하나둘씩 제시하기 시작했다. 마침내 실험 대상자들이 그 사진을 제대로 식별할 때까지 점점 선명한 것으로 바꿔 나갔다. 그러는 동안 연구진은 피실험자들이 식별할 수 없었던 이전의 흐린 얼굴 사진들을 기록해 두었다. 이 두 가지 실험을 통해 로프터스 교수는 블러 현상과 거리는 시각 시스템의 원근법을 따라 변한다는 사실을 확인했다. "어떤 사진이든 사진을 점점 작게 만들면, 사진의 세밀한 부분을 볼 가능성은 매우 낮다. 사진의 크기를 그대로 유지한 상태에서 사진의 내용만을 뿌옇게 만들어도 세밀한 부분은 볼 수 없기에, 목격자들이 한 40미터 떨어진 곳에서 그 무엇을 봤다고 한다면, 나는 40미터 떨어진 거리에서 본 것 정도로 현장에 대한 세밀함이 떨어지는 뿌연 사진을 만들어 낼 수 있다."고 말했다. 이 말은 누구든 사람을 잘못 알아보는 것은 언제든 가능한데, 그것은 목격자의 기억이란 대상을 보는 거리에 따라 제한적이기 때문이라는 것을 드러내는 연구 결과이었다[참고: Loftus, G. R. & Harley, E. M. (2005). Why is it easier to recognize someone close than far away? *Psychonomic Bulletin & Review, 12*, 43-65].

시력의 퇴화가 사람에게 불리한 것만은 아니다. 좋은 점도 있다. 시력이 떨어지면 남의 약점이나 흠을 잘 볼 수 없는 약점이 노출되기 시작한다. 그렇지만 자기의 결점마저도 예전처럼 자각하지 않고 지낼 수 있으며 그로부터 자기 자신에게 대해 필요 이상의 긴장이나 주의를 하지 않고 지낸다는 것을 의미하기도 한다. 이런 것은 시력의 퇴화로 인해 잘 보이지 않는 까닭에 타인이나 자신에 대한 너그러움으로 이어진다.

68) 빙 제독 처형 사건을 취재했던 당시 「뉴게이트 캘린더」지는 "존 빙 제독은 유럽 전체를 경악시키며 처형되었다. 그의 과오와 무분별함이 무엇이었든 영국 정부는 그를 가혹하게 매도했고, 비열하게 포기했으며 정치적 음모에 잔혹하게 희생시켰다."라고 대서특필했다. 변호사인 해리스 교수는 디케의 눈을 의심하며 이런 결론을 내린다. "일부 재판에서는 무슨 수를 써서라도 유죄 판결을 이끌어 내려는 검찰 측의 추악한 결의가 엿보이는데, 이 같은 검사의 위법 행위는 때로 재판관이 유도한 것으로 드러났다. 법을 존중한다고 해서 법정을 무비판적으로 인정해서는 안 된다. …… 반대로 '부당한 재판'으로 비난받는 사건들이 모두 확실한 근거에 따라 그런 비판을 받는다고 추정해서도 안 된다. 나는 부당한 재판으로 알려진 수많은 악명 높은 사건들을 살펴보고 실상은 전혀 그렇지 않다는 사실을 알 수 있었다."[참고: 브라이언 해리스(2009). 인저스티스(역). 서울: 열대림]

69) 로젠버그 부부에 대한 재판은 사랑과 배신에 대한 이야기다. 자신이 옳다고 믿는 대의를 배반하기보다 끔찍한 죽음을 택한 어느 부부에 대한 이야기다. 누이와 아내 중 어느 쪽을 배신할 것인지 선택을 강요받은 남자에 대한 이야기다. 거짓말하는 증인에 대한 이야기며, 법적 절차의 심각한 결함에 대한 이야기다. 그리고 현대사의 가장 냉소적인 정치 철학이 그 자체의 목적을 위해 이 모든 사건을 이용한 것에

대한 이야기다. 다음날 아침, 줄리어스의 아내 에설은 아파트에서 기자회견을 열어 남편에 대한 혐의가 황당하다고 주장했다. 행주를 손에 들고 에설은 이렇게 말했다. "남편도 나도 공산주의자가 아니며 알고 지내는 공산주의자도 없습니다. 모두 말도 안되는 얘기입니다." 그러나 3주 후 에설도 체포되었다. 에설은 남편과 같은 액수의 보석 허가를 받았지만 남편과 마찬가지로 보석금을 내지 못해 수감되었다. 이렇게 해서 미국 첩보 역사상 가장 독특한 사건 하나가 세상에 모습을 드러내게 되었다[참고: 브라이언 해리스(2009). 인저스티스(역). 서울: 열대림].

70) 부인 살해 혐의로 고소된 O. J. 심슨을 변호하던 최고의 변호사들이 보여 준 일그러진 법률적 자문에 절망했던 미국인의 조롱에서 비롯된 하나의 우화가 바로 '로이어 이스 라이어'로 집약되었다. 전직 미식축구 선수로서 수백억대의 재력가인 심슨은 살인 혐의에서 벗어나기 위해 엄청난 돈을 주고 미국 최고의 변호사들을 고용했다. 변호사들의 적극적이며 기발난 변호의 덕으로 그는 명백했던 부인 살해 혐의에서 '법률적'으로 벗어나게 되었다. 그 사건을 기회로 미국에서는 변호사에 대한 극도의 불신이 퍼지기 시작했었다. 우리나라도 이제는 변호사 1만 명 시대를 맞고 있지만, 그들이 법률을 바라보는 시각은 비뚤어지고 일그러졌을 뿐만 아니라, 그들을 바라보는 일반의 시각 역시 일그러져 있기는 마찬가지다. 변호사들이 법률적으로 약자를 보호한다는 소리는 그리 크게 들리지 않고 오히려 저들이 돈에 눈이 멀어 있다는 소리만이 더 크게 들리는 실정이다. 단순한 소송이지만 그 소송 한 건만으로도 힘겨운 의뢰인들을 법전이라는 어려운 이야기들로 죽이고 또 죽이는 그런 법률 활용가들이 바로 변호사들이라는 아우성이 점점 커지고 있다. 불성실 변론이나 과다 수임료 요구와 같은 문제 외에도 의뢰인 상당수가 변호사와 전화 한 통 하기 어렵고 얼굴 한 번 보기가 어려운, 가장 기본적인 서비스조차 받지 못하는 경우가 허다하다.

법학을 전공한 후, 개인 변호사 사무실에서 로펌에 이르기까지 다양한 유형의 법률사무소에서 근무해 온 현직 법률 실장인 한정우 씨는 『변호사가 절대 알려주지 않는 31가지 진실』이라는 책에서, 우리나라 변호사가 의뢰인을 어떻게 속이고 폭리를 취하는지 그 과정을 세세하게 폭로하고 있다. 변호사에게 찾아가기 전에, "내가 고용할 변호사 정말 신뢰할 수 있을까?"라는 것부터 챙기라고 그는 일러 준다. "약자의 편에서 정의를 수호해야 할 변호사가 오히려 범죄 행위를 저지르는 현실이기 때문에 그렇다."는 것이다. 법조계에서는 "수임료를 350만 원이나 받고 재판장 한 번 간 것이 그 변호사가 한 일의 전부였다!" "수임료에 웃돈까지 당당히 요구하는 변호사, 소송으로도 힘겨운 의뢰인을 두 번 죽이는 일이다." "부르는 게 값인 변호사 수임료! 특히 판·검사 출신으로 소위 전관예우를 받는다는 변호사들의 수임료는 상상을 초월한다." "대법관 출신 변호사라고 상고 이유서 한 장 쓰는데 2500만 원, 그러나 결과는 재판 한 번 받지 못하고 기각!" "최선을 다했다는 말이면 모든 게 끝나 버리는 변호사가 야속할 뿐."이라는 말이 관행이라는 것이다. 이런 상황에서 변호사 비리를 막기 위한 제도적 장치가 필요하다고 생각한다는 것은 변호사들과 일을 해 본 사람이면 어김없이 내뱉는 말이라는 것이다.

궁지에 몰린 피고인을 찾아가 으름장을 놓고는 거액의 수임료를 챙기려 한 변호사, 의뢰인의 소송 비용을 부풀리거나 있지도 않은 공탁금을 내야 한다며 이를 가로채려 한 변호사, 수임료를 받고도 불성실한

변론으로 의뢰인에게 정신적 고통을 준 변호사 등 언론에 등장하는 사회적으로 지탄받는 변호사들은
사실 일부에 불과한 것 같지만, 일반에 알려진 것보다 이 문제는 심각하다. 이는 대한변호사협회가 변
호사들의 각성을 촉구하는 담화문을 수차례 발표한 사실로도 어느 정도 그 심각성을 확인할 수 있는 것
처럼, 변호사를 두고 '허가받은 도둑' ' 칼만 안 들었지 날강도'라고 하며 일그러진 인상을 펴지 않는
사람들이 있는 것도, 변호사를 조심해서 상대해야 한다는 말이 나도는 것도 다 이유가 있는 셈이다. 이
점을 간과하고 있다가는 언제 당신이 제2, 제3의 피해자가 될지 모른다고 변호사에 대한 경계와 경계
를 게을리 하지 말라고 그는 이르고 있다. 이런 경계는 법을 지키고, 법률적으로 취약한 소수의 인권을
수호하려고 노력하는 인권 변호사가 한국에는 한 명도 없다는 것을 말하는 것이 아니다. 정반대다. 무
릇, 변호사라면 당연히 그런 인권 보호에 앞장서야 한다는 기대를 변호사에게 전달하기 위해서라도 더
욱더 변호사들로부터 발견되는 그 검은 모습을 경계로 삼은 것일 뿐이다[참고: 한정우(2008). **변호사가
절대 알려 주지 않는 31가지 진실**. 서울: 한국경제신문사].

71) 전치 3주의 상해를 입힌 김 전 교수는 징역 4년형을 받았다. 이런 사건의 줄거리를 알고 있는 출판사,
후마니타스는 석궁 사건을 책으로 만들어 봐야겠다고 판단, 작가를 찾아 나섰다. 적임자가 나타났다.
인터넷 검색어에 '석궁 사건'을 입력한 결과, 사건의 재판 관련한 모든 기록이 서형 씨의 블로그에 있
었기 때문이었다. 그런 경로로 책을 쓰게 된 작가 서형 씨는 교도소에 있는 김명호 교수와 주변 인물들
과 인터뷰 및 재판과정을 지켜보며 사건의 총체적인 내막을 파헤쳤다[참고: 서형(2009). **부러진 화살**.
서울: 후마니타스].

르포작가 서형은 2007년, 김명호 전 성균관대 교수가 대학을 상대로 낸 항소심에서 패소 판결을 받자
담당 판사를 찾아가 석궁으로 위협을 가한 사건을 다룬다. 그것을 다룬 책이 『부러진 화살』이다. 부러
진 화살에서 그는 추한 한국 사법 현장의 한 단면을 드러낸다. 그는 김 교수의 말을 대신 전한다. 김 교
수는 절규한다고 한다. "법치 국가를 원합니다. 즉, 다시 말해서 법만 지키면 엿 같은 윗사람들 눈치 안
봐도 자신의 권리를 박탈당하는 일이 없는 세상에서 살고 싶다는 겁니다. 이 엿 같은 나라는 윗사람에
게 잘 보이지 않으면 법이 철저하게 무시되는 보복을 당하더군요. 저는 단순합니다. 법과 원칙에 따라
사는 겁니다."

사건 발생 당시에는 단지 법관에 대한 테러로만 이슈화되었던 사건이지만, 재판과정에서 보여 준 사법
부의 행동에 대해 국민의 의식을 자아내게 만든 사건이 바로 석궁 사건이었다. 석궁 사건은 전 성균관
대 수학과 교수였던 김명호 교수가 대학을 상대로 낸 교수 지위 확인 소송 항소심에서 패소 판결을 받
자 담당 판사를 찾아가 석궁으로 보복한 사건으로 알려져 있다. 사법부는 "재판 결과에 불만을 품고 재
판장 집에 찾아와 잘못하면 생명의 위험을 초래할 수 있는 흉기를 사용하여 테러를 감행했다."며 흥분
하거나 "재판에 영향을 미칠 목적으로 법원 앞에서 일인 시위를 매일 해 왔던 사람이고 재판 중인 판사
를 전부 고소하는 비정상적인 사람"이라고 몰아붙였다. 그에 대해, 김 교수는 당당했다. "법을 고의로
무시하는 판사들처럼 무서운 범죄자는 없습니다. 그들의 판결문은 다용도용 흉기이며, 본인은 수십만,
수백만의 그 흉기에 당한 피해자들 중 하나일 뿐입니다. 본인은…… 법 무시하고 판결하는 판사들을

용납해서는 안 된다는 사실을 국민에게 알리고자 국민 저항권을 행사한 것입니다."라고 말했다.

석궁 사건은 시간이 지날수록 법조계의 인사들의 가슴을 후벼대는 쪽으로 번졌다. 법조계의 오명이었다. 이미 법이라는 이름 아래 무고한 사람들을 죽이기도 하고, 오판하기도 해 온 그들에게 "법치주의?" "나도 석궁을 쏘고 싶었습니다."라고 네티즌은 야유했다. 법조계가 편할 리가 없었다. 석궁 사건은 점점 '사법 불신'을 상징하는 사건으로 변질되고 말았다. 그 중심에 선 증인이 바로 김명호 교수라는 사람이었다. 김 교수는 자기 주장이 아주 강한 사람이다. 그는 "주변 사람들을 편하게 만들지 않는 불편한 성격을 갖고 있고, 자신과 의견이 다른 사람에 대해 '멍청이' '쓰레기' '개소리' '개판'이라는 말을 서슴지 않는 성질 깐깐한 수학자"다.

김 교수의 그런 면 때문에 석궁 사건이 불거진 것이고, 그 사건으로부터 우리 사회의 법치 수준을 확인할 수 있게 됐다. 그는 법으로 사람을 심판하는 판사에게 석궁을 쏜 사람으로 더 유명해졌다. 법을 공정하게 집행하는 전문가이며 디케 여신의 후예이자, 양심의 상징인 법관의 멱을 향해 화살을 날렸다는 사실 자체가 충격이었기 때문이었다. 이 사건의 피해자격인 한국의 법원은 김명호 교수의 석궁 사건을 법의 심장을 겨눈 테러라고 명명했다. 대법원 공보관은 "재판 결과에 불만을 품고 재판장 집에 찾아와 잘못하면 생명의 위협을 초래할 수 있는 흉기를 사용하여 테러를 감행했다."면서 '법치주의에 대한 중대한 도전'이라고 설명했지만, 그 말에 공감하는 국민은 상대적으로 소수였을 뿐이었다. '교수 신분'의 김명호 씨가 법관을 향해 흉기를 휘둘렀는데, 그것이 상식적으로 말이나 되는 일이냐는 식으로 김명호 교수의 행위에 대한 또 다른 해석들이 사회 이곳 저곳에서 발견되기 시작했기 때문이다.

법치주의, 우리에게 글로만 친숙한 법치주의(法治主義)는 사람이나 폭력이 아닌 법이 지배하는 국가 원리, 헌법 원리를 말한다. 위키백과가 정리해 놓은 법치주의에 대한 견해였다. 모든 국민에게 공포되고 명확하게 규정된 법에 의해 국가 권력을 제한·통제함으로써 자의적인 지배를 배격하는 것이 법치주의의 핵심이기에, 법치주의의 근원적 이상은 통치자의 자의에 의한 지배가 아닌 합리적이고 공공적인 규칙에 의한 지배를 통해 공정한 사회 협동의 체계를 확보하는 데 있다는 것이다. 이것을 확실히 해두기 위해 우리나라도 "우리 헌법은 국가 권력의 남용으로부터 국민의 기본권을 보호하려는 법치국가의 실현을 기본 이념으로 하고 있고[참고: 헌법재판소(1992. 4. 28). 90헌바24, 판례집 4, 225, 230], 민주법치국가에서 모든 행정(과 재판)이 법률에 근거를 두어야 하며[참고: 헌법재판소(1990. 9. 3). 89헌가95, 판례집 2, 245, 267], 우리 헌법은 국가 권력의 남용으로부터 국민의 기본권을 보호하려는 법치 국가의 실현을 기본이념으로 하고 있고 그 법치 국가의 개념에는 헌법이나 법률에 의하여 명시된 죄형법정주의와 소급효의 금지 및 이에 유래하는 유추해석금지의 원칙 등이 적용되는 일반적인 형식적 법치 국가의 이념뿐만 아니라 법정 형벌은 행위의 무거움과 행위자의 부책에 상응하는 정당한 비례성이 지켜져야 하며, 적법 절차를 무시한 가혹한 형벌을 배제하여야 한다는 자의금지 및 과잉금지의 원칙이 도출되는 실질적 법치국가의 실현이라는 이념도 포함되는 것이다[참고: 헌법재판소(2002. 11. 28). 2002헌가5, 판례집 14-2, 600, 606]." "대통령에게 초헌법적인 국가 긴급권을 부여하고 있는 국가보위에관한특별조치법은 헌법을 부정하고 파괴하는 반입헌주의, 반(反)법치주의의 위헌 법률이다[참고: 헌법재판소(1994. 6. 30). 92헌가18, 판례집 6-1, 557, 569]." "법치국가 원리의 한 표현인 명확성의 원칙은 기본적으로 모든 기본권제한입법에 대하여 요구된다. 규범의 의미 내용으로부터 무엇이 금지되는 행위이고 무엇이 허용되는 행위인지를 수범자가 알 수 없다면 법적 안정성과 예측가능성은 확보될 수 없게 될 것이고, 또한 법 집행 당국에 의한 자의적 집행을 가능하게 할 것이기 때문이라고 명시하고 있다[참고: 헌법재판소(2002. 1. 31). 2000헌가8, 판례집 14-1, 1, 8]."

김명호 교수는 법치주의의 수행자라고 국가가 공인해 준 법관의 가슴을 과녁으로 삼았던 것이다. 개인의 가슴을 향한 것이 아니라 한국 법조계의 부패를 겨냥한 것이다. 분노의 화살을 석궁에 날려 보낸 것이다. 법관을 향해 석궁을 날린 것은, 허울 좋은 한국 법조계의 법치주의가 거듭나야 한다는 뜻일 수 있다. 그런 얄팍한 것보다는 법률적으로 보호받아야 하는 약자를 위해 있으나 마나한 법치주의는 죽은 것이라는 것을 상징하는 저항의 표현이었다. 김명호 교수의 양심에는, 사법부가 내세우는 그 법칙주의가 마치 히틀러가 만행을 부리기 위해 독일의 사법부를 농락했던 그 법치주의, 말하자면 형식적인 통치원리였던 형식적 법치주의에 지나지 않았다고 생각했던 모양이었다. 독재자나 권력 유지를 위해 법률을 악용하는 특정 법률적 이해 관계자들의 통치권을 강화하는 수단인 형식적 법칙주의 끄나풀로 이해되었던 것 같다. 김명호 교수는, 마틴 루터 킹(Martin Luther King) 목사가 "히틀러의 만행이 당시 합법이었다는 것을 잊지 말아야 합니다[참고: www. thinkexist.com: Martin Luther King, Jr. told us that "Never forget that everything Hitler did in Germany was legal"]." 라고 절규한 그것을 빗대어, 한국의 사법 현장 역시 개인의 자유와 권리를 탄압하는 법률적 불법의 온상이라고 고발한 것이라고 본 것이다.

72) '석궁 테러 사건'의 피고인 김명호 전 성균관대 교수의 복직 소송 항소심 주심이었던 이정렬 창원지법 부장판사가 2012년 1월 25일 법원 내부 통신망인 코트넷을 통해 '당시 재판부 전원이 김 전 교수에게 승소 판결을 내리려 했다'며 재판부 합의 내용을 공개했다. 이 판사가 이날 재판부 합의 내용을 공개한 것은 법관의 직무와 관련된 실정법을 정면으로 위반한 것이다. 재판 운영에 관한 규정 등을 담고 있는 법원 조직법에는 '논란을 방지하고 공정한 판결을 내리기 위해 재판부 합의 내용은 공개하지 않는다'고 규정돼 있다. 이 판사는 합의 내용 공개에 따른 파장을 예상한 듯 "(합의 내용 공개로 인한) 어떤 불이익도 달게 받겠다."고 밝혔다. 이 판사는 "당시 재판부가 선고를 미룬 것은 원고인 김명호 전 교수를 위한 것"이라며 "판사 3명이 만장일치로 원고인 김 전 교수 승소 의견으로 판결문을 쓰려고 했지만 그 직후 문제를 발견했다."고 말했다. 김 전 교수가 복직 소송을 낸 이유는 대학의 1996년 3월 1일자 재임용 거부 결정이 무효라는 것인데, 학교가 법정 공휴일에 이런 결정을 내렸을 리 없다고 생각한 것이다. 김 전 교수가 공휴일에 결정문을 받았다는 증거도 없었다고 한다. 이렇게 기본적인 사실 관계가 틀리면 법원은 통상 각하(却下) 결정을 내린다. 이 판사가 합의 내용 일부를 공개한 것은 김 전 교수가 언론 인터뷰에서 "이 판사도 위선자입니다. 말도 안 되는 판결을 할 때 '끽' 소리 안 하고, 법원에서는 법원의 잣대로 해야 한다고 말하던 사람입니다."라고 비판하자 이에 대한 해명 차원에서 나온 것이다[참고: 나확진(2012). 이정렬 판사 "석궁 테러 교수 복직시키려 했다." 조선일보. 2012년 1월 25일자].

73) 석궁 사건에서 김명호 교수의 변호를 맡은 박훈 변호사는 후에 이렇게 진술한다[참고: MBC PD 수첩,

'석궁 테러' 미스터리, 2008. 03. 25]. "일반 건전한 상식으로 볼 때 이런 재판은 도저히 용납할 수 없습니다. 검찰 측은 묵묵부답이고, 재판부는 그 옷가지 혈흔이 박홍우 판사의 것이 맞는지 감정하자는 것도 무조건 기각시키고, 부러진 화살이 어디로 갔는지 아무도 모릅니다. 그리고 입었던 옷이 피해자 박홍우의 옷이 아니라는 생각이 확실히 듭니다. 그게 누구 옷인지 증명된 바도 없습니다. 증거 신청하면 전부 다 기각했습니다."

"이 사건의 피해자는 사법부 고위 법관인 서울고등법원 부장판사 박홍우였습니다. 이 분을 불러들여서 1심에서 없던 사안들이 나타났음으로, 그의 진술이 신빙할 수 없기 때문에 (다시 불러들여서) 왜 그랬냐 캐묻고 당신 피가 맞는지, 당신 옷이 맞는지, 당시 상황이 무엇이었는지 다시 물어봐야 합니다. 본 변호인과 피고인 김명호는 사건의 실체를 밝히기 위해 명백히 무단히 노력해왔습니다만 사법부 재판의 횡포에 이렇게 무참히 무너지는 것을 보면서, 우리나라 사법부가 뭘 가지고 어떻게 재판을 풀어가겠다는 걸, 전 재판장님의 지금 의도를 뻔히 알고 있었습니다.

애초부터 기피 신청서를 써 온 것도 재판장님의 의도를 명확히 읽었기 때문입니다. 뭔가를 좀 들어 주는 척하다가 별로 시답지 않은 사람들것만 좀 들어보고 이미 결론을 내놓으셨습니다. 며칠 전 대법원 신임수석부장판사 회의(3월 7일) 때 이미 이 사건에 대해서 여러 가지 이야기를 했고, 엄단을 해야 한다는 것도 신문에 나왔습니다. 어떻게 이렇게 중요한 엄청난 재판을 그렇게 끝내고 유죄 선고하고 감옥에 많이 가둬놓겠다는 것인데, 같은 법조인으로서 부끄럽습니다. 재판장님도 저 같은 변호사가 있는 게 부끄러울지도 모르겠습니다. 무슨 저 같은 놈이 변호사 같은 놈 따위냐고. 그런데 저는 이 재판을 보면서 사법부와 강한 투쟁을 해야 겠다는 걸 한 번 더 느꼈습니다. 사법부가 썩었습니다. 있을 수 없는 재판입니다."

74) 참고: 최재천(2009). 완벽한 진화란 없다. Naver 캐스트, 오늘의 과학, 2009. 5. 28.

75) 몽고인의 평균 시력은 2.9정도다. 사물을 보는 능력이 보통 사람보다 대단히 뛰어나다. 몽골인 가운데도 어떤 이의 시력은 무려 7.0인 사람도 있다. 몽골인은 한 400~500미터 거리에 떨어져 있는 물체까지도 정확하게 알아볼 수 있다. 인간의 시력(視力)은 일반적으로 독수리나 매의 시력에 비해 훨씬 조잡하고 미약하다. 매의 눈으로 사물을 볼 수 있는 매의 시력은 인간의 시력으로 환산하면 약 5.0에 해당된다. 30m의 상공을 날아가면서 땅에 있는 조그만 볍씨까지도 확실하게 확인할 수 있는 정도의 시력을 갖고 있는 것이 바로 독수리나 매의 눈이다. 매의 눈은 인간의 눈과는 다른 구조를 갖고 있다. 인간의 눈은 생리적으로 여러 가지 한계를 갖고 있다. 무엇보다도 망막에 있는 광수용체에 구조적 한계가 있고, 시신경 자체에도 생리적인 한계가 있기 때문에, 그런 인간의 눈으로는 매처럼 먼 거리에 있는 사물을 확실하게 볼 수가 없을 뿐이다.

인간이라면 누구든 시력의 중요성을 알고 있다. 인간의 시각은 빛, 정확하게는 가시광선을 활용하여 사물을 인지한다. 눈은 파장이 4000~7000Å(angstrom; 1Å은=.0000000001미터) 정도의 전자기파를 사용하는데, 그 전자기파는 1mm의 2000분의 1 정도에 지나지 않기에, 인간의 시력이란 굵기가 5000Å 정도 되는 지팡이로 더듬거려서 얻는 관찰 결과를 말하는 것이다. 원자의 크기는 대략 1Å 정도인데, 그것을 인간의 시력, 다시 말해서 5000Å 굵기의 지팡이로 더듬거려서 제대로 관찰한다는 것은 불가능하다. 그래서 원자를 광학적 사진으로 찍어서 보는 것은 불가능한 일이다. 원자 세계와 같은 미시적인 세계는 우리가 사는 거시적인 세계와 근본적으로 차이가 있다.

76) 인간의 눈 하나만으로는 광각의 사이가 8도 이상 떨어진 곳에서 나타나는 기호나 이미지를 정확하게 인식하지 못한다. 인간의 시각이 지니고 있는 생리적 한계이니 어쩔 수 없는 노릇이다. 실제로, 인간의 시각은 문자나 기호에 대한 파싱(parsing)의 여백에 있어서도 상당히 미흡하기만 하다. 인간의 시각적 버퍼, 말하자면 하나의 문자열을 여러 개의 문자열로 나누기 위해 문자열을 받아들일 수 있는 인간의 시각적 허용 범위와 그 여백의 능력인 인간의 시각적 버퍼 능력은 컴퓨터의 그것에 비해 상당히 제한적이다. 인간의 시각적 버퍼는 기껏해야 알파벳과 같은 기호문자의 경우 7자 정도나 수용할 수 있을 정도로 제한적이다.

한자(漢字)와 같은 상형문자의 경우 4자 그 이상은 넘을 수 없는 정도로 인간의 시각적 버퍼의 능력이 미약하다. 시각의 버퍼의 관점에서 본다면, 문자를 빨리 읽어 내기 위한 능력을 키워 낸다는 속독법의 한계도 금방 드러난다. 속독법은 문자를 수용하는 시각적 버퍼의 확장을 촉진할 수 있는 것이 아니라 인간 시력의 속도를 높이기 위한 시력 집중 훈련일 뿐이다. 속독법으로 훈련받은 사람들이 보여 주는 문자에 대한 빠른 인식능력과 정확성은 시각 버퍼의 확장과는 무관하다.

인간의 눈은 서로 다른 두 가지의 이미지가 드러내는 차이점을 통해 3차원의 대상을 인식하지만, 이런 과정에서 인간의 시각은 또 다른 오류를 저지른다. 그런 오류 중의 하나가 바로 모서리의 간섭(interference of edge) 현상이다. 빛이 어느 물건의 모서리에 닿으면 그 모서리에서 빛이 휘거나 번져나가는 현상을 모서리 간섭 현상이라고 부른다. 인간이 삼차원의 물체를 눈으로 볼 적에, 물체의 외각 선은 그 물체의 모형을 인식하는 데 중요한 역할을 한다. 인간의 눈에 의해 관찰되는 대상의 모서리 부분은 두 눈의 시각적 차이로 인해 이상하게 변한다. 모서리들은 실제로 뿌옇게 혹은 다른 면에 비해 겉으로 돌아나오는 효과를 갖게 만든다. 모서리 간섭 현상은 두 개의 이미지가 갖는 이차원적 현상을 삼차원의 모델로 인식하게 만들어 주는 외각선의 폴리곤을 만들어 놓는다. 이런 모서리 간섭 효과는 움직이는 물체에 대한 인간의 인식 효과를 높이기 위한 노력에서 생기는 시각의 오류 현상이다. 다시 말해서, 뚜렷하지 않은 이미지이거나 지각에 즉각적으로 이해되지 않는 그런 이미지인 움직이는 이미지를 인간이 확실하게 인식하기 위한 노력 때문에 모서리 현상이 강하게 생기는 것이다. 그런 모서리 효과는 인간의 눈에 의해 부정되기 쉬운 이미지에 대한 우선순위를 높임으로써 그 이미지를 우선적으로 감지하려고 하는 인간의 생물적 진화와도 깊은 상관성이 있다.

일반적으로 사람이 자기가 처한 공간에 대해 무엇인가 이상한 느낌, 일종의 거리감을 느끼게 만들기 시작하는 거리는 10m 내외다. 사람의 시각이 10m 이상의 거리로 멀어지면, 인간의 눈에는 주위의 물체들이 부정된 이미지로 읽히기 시작한다. 인간이 보려고 하는 물체에 대한 해상력이 떨어지기 때문에 생기는 자연스런 현상이다. 10m 이상의 먼 거리에서 해상력이 떨어지면 인간의 시각이 갖는 공간적 거리감에는 공동화 현상이 생긴다. 사물 하나하나가 포착되기보다는 사물이 하나의 전체, 말하자면 하나의

'스펙타클'인 광경으로 등장해 버린다. 모든 물체는 광경의 커다란 공간 속에서 하나의 풍경화로 인식되기 마련이다. 하나의 풍경화로 펼쳐지면 먼 거리에서의 사물이나 현상에 대한 이해나 '관찰' 혹은 그것에 대한 감지와 설명은 시각에 의존하는 것이 아니라 시각 이외의 감각기관의 입력에 좌우된다.

다시 이야기하지만, 인간이 한 물체에 대해 비교적 완전한 그리고 상세한 정보를 취득하기 위해서는 그 물체를 8도 사이에서 봐야만 한다. 인간의 눈이라는 신체기관이 갖고 있는 구적 때문에 갖게 되는 시각의 한계다. 물론 인위적으로 인간의 눈이라는 기관에서 망막을 조정하여 망점을 흐리거나 관점의 이동을 통해 시각의 능력을 확대할 수는 있음에도 불구하고, 인간의 눈이라는 신체기관이 일정 단위시간에 얻을 수 있는 정보는 눈이라는 신체기관의 구조상 8도 이내에서 관찰되는 정보일 뿐이다. 그런 이유 때문에, 사람들은 한 물체에 대해 비교적 정확한 정보를 얻기 위해서는 그 물체를 자주 봐야만 한다. 예를 들어, 박물관이나 미술관의 관람객들이 특정 그림이나 조각을 보고 자주 멈춰 서서 그것들을 지속적으로 감상하는 것이 바로 그런 이유 때문이다. 관람객은 관찰하고 있는 그림이나 조각에서 그들이 갖고 있는 정보들을 병렬적으로 채집하기 때문에 그들이 관람하고 있는 그림이나 조각을 8도 사이에서 자주 보아야만 한다[참고: Foster, S. & Little, M. (1989). *Book of vision quest*. NY: Fireside].

게다가 움직이는 물체를 지각하는 인간의 능력 역시 상당히 미흡하다. 인간이 갖고 있는 동체에 대한 지각과 인지의 한계, 다시 말해서 동체시력의 능력은 일반적으로 초당 14프레임 정도다. 초당 14프레임 정도밖에는 더 이상 구별할 수 없다. 눈으로 본 움직이는 동체에 대한 정보는 시신경을 거쳐 뇌로 들어가지만, 그것을 받아들인 인간의 뇌는 무의식적으로 영상을 걸러 낸다. 움직이는 영상이 무엇인지를 제대로 인식하기 위해 뇌는 초당 14장의 그림을 만들어 정보를 인식할 뿐이다. 초당 14개 정도로 움직이는 동체를 보고 그것이 움직이는 것이라고 느낀다. 물론 움직이는 동체에 대한 동체시력의 수준은 사람마다 차이가 있을 수 있지만, 전문적으로 그것을 훈련받은 사람이라고 하더라도 결코 20프레임 이상은 구별하지 못한다. 인간의 눈은 영상이 30프레임, 40프레임, 60프레임으로 올라갈수록 그 흐름이 더욱더 부드럽다고 느낄 뿐, 그것들 간의 극적인 변화를 의식적으로 구별해내지는 못한다. 이것 역시 인간의 시력이 갖는 구조적 한계다.

인간의 시력이 만들어 내는 편견은 시력의 불안정성으로 드러난다. 편견이 시력을 압도하기 때문이다. 전문화된 편견일수록 작은 단서를 즉흥적으로 받아들인다. 인터넷에서 읽은 글이지만, 다시 재구성했다. 내용이 재미있기 때문이다. '포레스트 검프'라는 영화에서 주인공인 검프는 지적으로는 조금 모자라지만 성실하기 그지 없는 사람이다. 한 번 가르쳐 준 것은 그대로 믿어 버리는 사람이다. 그에게 엄마의 말은 하느님의 말이나 같다. 그는 말한다. "엄마는 신발을 보면 사람이 어떤 사람인지 알 수 있대요. 어디를 가는지 어디에 갔었는지 말이에요." 그럴 수 있다. 조그만 단서로 사건의 전모를 알 수 있기 때문이다. 그렇지 않은 경우도 허다하다. 세상 일은 조그만 단서 하나로 전체를 그르치는 경우가 더 많다. 의사들은 사람들의 행동을 보면 그가 어떤 상황인지를 이내 파악한다. 그것이 전문가들이 환자의 단서를 읽는 전문적 기술이다. 병원 전문의들이 하루는 벤치에서 쉬고 있었다. 조금 떨어진 거리에서 안절부절하는 여인의 모습이 보였다. 분명 다리를 절고 있었다. 한 전문의가 짐짓 말했다. 부인에게 악성 관절염이 있는 것 같다고 말했다. 다른 전문의는 다리 부상이 심한 것 같다고 다르게 보았다. 모두가 전문의다운 진단이었다. 다리를 저는 모습이 저들의 진단 단서가 되었다. 마침내 고통짓는 여인이 그들에게 다가왔다. 근처에 있는 화장실을 가르쳐 달라고 요청했다. 그 여인은 볼일이 급했던 것이었다.

77) 예를 들어, 개구리는 혀를 먹이 방향으로 일직선으로 내밀어 먹이가 붙으면 혀를 끌어당겨 먹이를 섭취한다. 그런데 올챙이의 한쪽 눈가를 시신경이 다치지 않도록 조심스럽게 절개하여 눈을 180도 돌려놓으면 상황이 달라진다. 그렇게 수술한 올챙이가 발달과 변태를 거쳐 개구리로 자랄 때까지 기다린다. 그 개구리를 가지고 실험을 한다. 먼저 돌려 놓은 눈을 가린 채 개구리에게 파리를 보여 주면 개구리가 정확하게 파리를 겨냥해 혀를 재빨리 내미는 것을 볼 수 있다. 이제 정상 눈을 가리고 같은 실험을 되풀이하면 개구리는 정확히 180도를 빗나가게 혀를 내민다. 먹이가 개구리 정면 아래에 있으면 개구리는 혀를 뒤쪽 위로 내민다. 실험을 되풀이할 때마다 똑같은 잘못을 저지른다. 눈이 돌아간 개구리는 마치 상이 맺히는 망막 부위가 정상이기라도 한 듯이 혀를 내민다……. 이 실험이 보여 주듯이 관찰자가 보는 바깥 세계의 위와 아래, 앞과 뒤는 개구리에게 존재하지 않는다. 있는 것은 오직 특정 섭동 작용을 받는 망막 부위와 혀, 입, 목, 나아가 개구리 몸 전체를 움직이는 근육 수축 사이의 내적 상관 관계뿐이다. 우리는 한쪽 눈이 돌아간 개구리의 정면 아래에 먹이를 놓음으로써 보통 개구리 망막 부위의 정면 아래로 갈 시각적 섭동 작용을 뒤쪽 윗부분에 생기게 한 것이다. 이때 이 섭동 작용은 개구리의 신경계 안에서 망막 상태와 혀 운동 사이에 일정한 감각 운동적 상관 관계를 유발한다. 관찰자는 그것을 외부 세계의 지도에 근거한 계산 활동이라고 기술할지 모르지만, 개구리에게 그런 계산이란 존재하지 않는다[참고: 마뚜라나 바레나(2007). 앎의 나무: 인간 인지능력의 생물학적 뿌리(역). 서울: 갈무리].

78) '사소한 일에 목숨 걸지 마라.' '사소한 일에 초연하라.'고 이르던 리처드 칼슨(Richard Carlson)의 인생철학이다. 그는 46세에 죽었지만 그가 줄기차게 전도해 온 인생철학인 사소한 것으로부터 벗어나라는 이야기는 어찌 보면 현실 도피적인 경구들 같기도 하다. 그것의 속내는 집착에서 벗어나 여유를 가지고 세상을 대할 때, 생산성이 오히려 더 올라갈 수 있음을 강조하는 것이다. 그러니 무엇 때문에 사소한 일에 그렇게 목숨까지 걸어가며 자기를 빡빡하게 졸라매며 살겠는가? 리처드 칼슨이 심리치료 상담자로 일하는 동안 마음 고생이 많은 사람들일수록 사소한 것에 자기의 삶을 걸거나, 그런 것에 집착하고 있음을 발견했었다[참고: 리처드 칼슨(2004). 사소한 것에 목숨 걸지 마라(역). 서울: 도솔]. 그는 자기 편하게 살려면 다른 사람을 바꾸려하지 말라고 당부한다. 제 스스로 바꾸려하지 않는 사람을 억지로 내 의도대로 바꾸려고 할 그때부터 새로운 정신적 고통이 뒤따르게 된다는 것이다.

79) 김중민은 사진작가다. 금융, 통신서비스 기업 CEO를 거친 그는 다큐멘터리 사진가로서 동료들과 인도의 바라나시, 즉 안테바신의 도시를 찾았다. 죽음도 삶 그 이상으로 축복받는 바라나시는 안테바신(Antevasin)의 도시다. 안테바신이라는 말은 산스크리트어로 속세와 구도자의 세계 사이에서 그 어느 곳에도 속하지 않은 경계인을 뜻한다. 안테바신과 같은 인생의 경계 시간을 살고 있는 중년 CEO 작가들은 김중민의 안내로 이 인도 도시를 샅샅이 구경하며 그곳을 사진으로 찍어오기로 했다. 삶과 죽음, 성스러움과 미천함, 관용과 모순이 공존하는 인도의 성지 바라나시에서 그들은 고행자들의 일상을 목도한다. 사실은 그들 모두가 고행자들이었다[참고: 김중민 · 최염규 · 하민희(2009). 안테바신의 도시

바라나시. 서울: 포토넷].

80) "사람마다 각각의 얼굴은 '얼의 꼴'이어서 각자 인생의 이력서와 같아 아름다움의 표준형이 있을 수 없다."면서 "덕스럽게 살면 덕스런 얼굴이 되고 착하게 살면 착한 얼굴이 되는 법인데 사람들은 그런 본질적인 것을 잊고 산다."고 말하며, "생활 도구에 종속돼 본질적 삶을 잃어버리면 내면을 가꾸는 것보다 외양에 치중하거나 남의 삶을 모방하게 된다."고 강조하던 법정 스님(法頂)은 니코스 카잔차키스의 『그리스인 조르바』를 읽기 좋아했고, 사람이면 한 번 읽어봐야 할 책이라고 추천했다.

무소유를 강조하던 법정 스님이었건만, 책에 대한 애착만큼은 끊기 어려워 했었다. 그는 출가 당시를 회고하면서 "단박에 삭발을 결정하고 얻어 입은 승복까지도 그리 편할 수가 없었건만, 집을 떠나오기 전 나를 붙잡은 것이 책이었다. 그것들을 차마 다 버릴 수가 없어서 서너 권만 챙겨 가리라 마음먹고 이 책 저 책을 뽑았다가 다시 꽂아 놓기를 꼬박 사흘밤이 걸렸다. 책은 내게 끊기 힘든 인연이었다."고 했다라고 지인에게 책과 배움에 대한 질긴 인연을 술회했다고 한다. 그는 생과 명을 정리하기 위해 밟아야 하는 삶의 트랩을 내리면서, "번거롭고, 부질없으며, 많은 사람들에게 수고만 끼치는 일체의 장례의식을 행하지 마라. 관과 수의를 마련하지도 말라. 편리하고 이웃에 방해되지 않는 곳에서, 지체 없이, 평소의 승복을 입은 상태로 다비하여 달라. 사리를 찾으려고 하지 말며, 탑도 세우지 말라."라고 당부했다[참고: 문학의 숲 편집부(2010). 법정 스님의 내가 사랑한 책들. 서울: 문학의 숲].

81) 참고: 피에르 쌍소(2003). 게으름의 즐거움(역). 서울: 호미.

82) 다산의 제자 황상(黃裳)이 기억하는 스승이 그에게 가르치신 삼근계다. 다산 정약용(丁若鏞)은 신유박해를 당해 전라남도 강진으로 유배를 간다. 그는 그가 거처하는 동문 밖 주막집에서 서당을 연다. 서당을 열자 어린 아이 황상이 제자로 들어온다. 황상은 당시 강진에서 일하던 아전의 아들이었다. 다산과 운명적인 만남에서 소년 황상은 스승으로부터 삼근계(三勤戒)를 얻는다. '부지런하고 부지런하고 부지런하라'는 말이다. 소년은 스승이 일러준 '삼근계(三勤戒)'를 평생 가슴에 담는다. 공부, 공부, 공부에 전념한다. 다산이 유배에서 풀려 서울로 돌아간다. 황상은 스승을 따라 나서지 않는다. 가르침대로 산 속에 거처를 마련하고 농사를 짓는다. 스승의 가르침대로 글을 놓지 않았다.

다산이 귀양에서 풀리자 제자들이 다시 그의 집을 기웃거린다. 그의 힘을 빌어 출세할 수 있지 않을까 하는 마음에서였다. 다산은 미동도 하지 않은 채 그런 제자들을 내친다. 귀양살이에서 더 올곧아진 다산에게 제자들이 실망한다. 그를 떠나 다른 세도가의 문하로 들어간다. 때가 되어도 인사는커녕 오히려 스승의 흠을 잡는 데 앞장선다. 황상은 저들과는 달랐다. 스승의 뜻에 따라 묵묵히 공부하고 공부하고 공부만 한다. 출세를 위한 공부는 끝내 실패한다는 다산의 가르침을 따랐기 때문이다.

다산이 회혼례(回婚禮)를 갖는다는 소식이 황상에게도 전해진다. 제자 황상은 스승을 기쁘게 하기 위해 상경한다. 18년 만에 만난 스승과 제자의 재회였다. 스승은 이제 기력이 쇠진하다. 눈물을 머금고 다시 헤어진다. 다시는 못볼 마지막 시간이다. 스승은 제자의 귀향길을 위해 꾸러미를 하나 건넨다. 가난하기 그지없는 선생의 제자를 위한 배려였다. "꾸러미 안에는 『규장전운』 작은 책자 한 권과 중국제 먹과 붓 하나, 부채 한 자루와 담뱃대 하나가 들어 있었다. 엽전 두 꿰미는 따로 묶여 있었다. 다산의 꿈

꼼꼼함이 이러했다. 그는 제자가 먼 길을 돌아갈 때 배를 굶을까봐 여비까지 따로 챙겨두었다. 황상은 못난 제자에게 주려고 의식이 혼미한 중에도 힘겹게 글씨를 썼을 스승을 생각하며 울음을 삼켰다."
다산의 사후에도 제자 황상은 변함이 없었다. 스승의 말씀대로 삼근계를 실천한다. 부지런하고 부지런하며 부지런히 공부한다. 스승의 삼근계에 따라 삶을 단 일초라도 허투루 쓰지 않았다. "내 스승이신 다산 선생님께서는 이곳 강진에 귀양 오셔서 스무 해를 계셨네. 그 긴 세월에 날마다 저술에만 몰두하시느라 바닥에 닿은 복사뼈에 세 번이나 구멍이 났다. 열다섯 살 난 내게 '부지런하고 부지런하고 부지런하라'는 삼근(三勤)의 가르침을 내려 주시면서 늘 이렇게 말씀하시곤 했네. "나도 부지런히 노력해서 이를 얻었느니라. 너도 이렇게 하거라." 몸으로 가르치시고 말씀으로 이르시던 그 가르침이 60년이 지난 오늘까지도 어제 일처럼 눈에 또렷하고 귓가에 쟁쟁하다네. 관 뚜껑을 덮기 전에야 어찌 그 지성스럽고 뼈에 사무치는 가르침을 저버릴 수 있겠는가. 공부를 하지 않는다면 그날로 나는 죽은 목숨일세. 자네들 다시는 그런 말 말게[참고: 정민(2011). 삶을 바꾼 만남(스승 정약용과 제자 황상). 서울: 문학동네]."

83) 프랜시스 베이컨(Francis Bacon)은 자연의 해석과 인간의 자연 지배에 관한 잠언으로 쓴 『신기관』에서 인간의 바른 인식을 방해하는 네 가지 우상론을 이야기한 바 있다. 종족(種族)의 우상(idola tribus), 동굴(洞窟)의 우상(idola specus), 시장(市場)의 우상(idola tori), 그리고 극장(劇場)의 우상(idola theatre)이 그것이다. 종족 우상이란 내가 '인간'이기 때문에 갖는 편견과 한계를, 동굴 우상은 나는 나라는 하나의 틀 속에 갇혀 있는 제한된 '나'이기 때문에 갖는 편견과 한계를, 시장 우상은 인간은 끊임없이 다른 사람들과 관계함으로써 그들의 행위나 말에 의해 생기는 한계와 편견, 그리고 극장 우상은 사회적인 규범이나 도그마, 선입관 때문에 생겨나는 편견과 한계를 말하는데, 일상을 살아가는 사람들을 이런 우상에서 벗어나기가 쉽지 않다[참고: 프랜시스 베이컨(2001). 신기관(역). 서울: 한길사].

84) 예를 들어, 중국의 고사를 많이 담고 있는 『전국책(戰國策)』 연책이(燕策二)에 나오는 마케팅 기법, 일종의 '스타효과기법'인 백락의 꾀 같은 것을 보면 베이컨이 말하는 우상의 효과가 어떤 것인지를 단박에 알게 된다. 연책이(燕策二)에는 '백락(伯樂)'이라는 사람이 등장한다. 그는 당시 말을 가리는 일에는 달인이었다. 그가 지목하거나 눈길을 주는 말은 거의 명마이고 준마였기 때문이다. 말을 팔아먹기 위해 안달이 난 한 상인이 있었다. 자기가 갖고 있던 말들을 팔기 위해 말 시장에 나갔는데 사흘이 지나도록 아무도 거들떠보지 않아서 내심 속이 타들어 가던 그 상인은 백락에게 찾아갔다. "준마 한 필을 팔기 위해 장에 내놓았는데, 사흘이 지나도 아무도 사려고 하지 않습니다. 청하건대, 장에 가서 제 말을 둘러보시고 돌아가시다가 한 번 더 보아주십시오. 그렇게만 하면 사례는 톡톡히 하겠습니다." 팔아 달라고 이야기한 것이 아니라, 말 주위를 여러 차례 돌면서 감정해 달라고만 신신당부를 하고 큰돈을 놓고 그냥 가 버렸다. 그 요청을 받은 백락은 상인의 요청대로 그 상인의 말 근처를 여러 차례 돌면서 요모조모 살펴보고는, 돌아가려다가 다시 한 번 몸을 돌려 말을 쳐다보고 돌아가 버렸다. 말가림꾼인 백락이 한 것이라고는 바로 그것뿐이었다. 그렇게 백락이 돌아간 후 사람들이 그 말에 몰려들기 시작했다. 말에 대한 백락의 행동에 대한 소문이 돌기 시작하여 말 값이 열 배로 뛰었다. 마침내 상인은 큰돈

을 벌게 되었다[참고: 임동석(2002). **전국책**(역주). 서울: 전통문화연구회].

백락이 말 주위를 여러 차례 돌면서 유심히 살피고, 돌아가려다가 다시 와서 보았으니, 말을 사려는 사람들은 그 말이 명마라고 생각하게 되었던 것이다. 말 장사는 백락의 전문성을 활용하여, 이른바 '스타 효과'를 교묘하게 이용하여 부를 축적할 수 있었던 것이다. 사람들은 백락의 잔재주와 말상인의 잔꾀, 말하자면 베이컨이 말한 대로 우상과 편견의 덫에 걸려 버린 것이다.

85) 마뚜라나(Humberto Maturana) 교수의 주장은 다윈주의의 영향을 받은 과거 생물학자들의 관점과는 다르다. 모든 생물에게는 삶이 있고, 그 삶이 지속되는 한 앎도 함께 지속되는 것이기 때문이다. 그들의 앎은 자기의 생명을 위해 환경을 자기 생명에 응용하기 마련이다. 이점은 다윈주의적인 관점에서 보면 이해되기 어려운 관점이다. 모든 생물은 생존을 위해 환경에 완벽하게 적응해야 하고, 그렇게 적응해가는 생물만이 살아남을 수 있다는 것이 다윈의 논리였기 때문이다. 생존력이 높은 생물일수록 객관적인 바깥 환경에 철저하게 적응해 온 생물이라는 논리가 바로 다윈의 논리이기에, 생물이 환경을 자기 생명을 위해 조작한다는 논리는 받아들이기 어렵게 만든다. 환경에 제대로, 악착같이 적응하고 있는 생물들은 자기를 감싸고 있는 외부 환경에 노예처럼 철저하게 종속되어있다는 뜻이기도 하기에, 그런 생물에게는 나름대로의 앎이 불필요한 것이기에 생성자와 생성물 간에는 구분이나 차이가 언제나 가능하다는 것이다.

이런 다윈주의자의 논리에 맞서서, 마뚜라나 교수는 정반대의 입장으로 생물의 조건을 설명한다. 모든 생물에게는 조직의 유일한 산물이 바로 자기 자신이기에, 생물에게는 생성자와 생성물 사이에 구분이 있을 수 없다는 것이다. 그는 생명체의 관점에서 생물과 인간 간의 차이를 '객관적' 실재 여부로 가리지 않는다. 생명체는 인간도 마찬가지이지만 그 주위에 있는 것들에게 단순히 반응하기만 하기보다는, 자기 세계를 만들어 내기 위해 자유롭게 반응하는 각각의 존재들이라는 것이다.

우리가 생물과 주위 환경 간의 관계를 관찰한다고 할 적에도, 인간은 스스로 객관적으로 존재하는 생물체의 세계에 대한 영원한 본체를 볼 수 있는 것이 아니라는 것이다. 인간은 단지 그런 사물이나 생물에 대한 인간의 시야를 '체험'하는 것일 뿐이라는 것이다. 인간은 언제나 인간의 시야를 체험하고 있을 뿐이기에, 그들에 대한 인간의 관찰은 객관적이라기보다는 객관적인 것처럼 위장할 뿐이다. 인간의 관찰은 언제나 미흡할 뿐이다. 생물과 환경 간의 관계를 독립적으로 이해한다기보다는, 이미 기존의 여러 권위에 오염된 채, 항상 사물과 사물 간의 관계를 종속적인 관계로 미리 짐작한다는 것이다. 그 결과 사물에 대한 인간의 관찰이 객관적이어야만 한다고 미리 우겨놓은 상태에서 사물과 인간 간의 관계를 정리해 놓고 만다. 그러니까 인간은 객관적으로 실재하는 세계에 대해 주관적으로 집착한 채, 그 집착의 사고로 인간과 생물 간의 관계를 설정할 뿐이다[참고: 움베르토 마뚜라나, 프란시스코 바렐라(2007). **앎의 나무: 인간 인지능력의 생물학적 뿌리**(역). 서울: 갈무리].

86) 아프리카로 건너가 의료 봉사와 사랑을 실천한 슈바이처(Albert Schweitzer) 박사는 루터교 목사의 맏아들로 태어났다. 그는 아프리카로 건너갈 수밖에 없는 이유를 조용히 회고한다. "내 주위에 있는 많은 사람들이 고통과 근심으로 싸우고 있는데 나만 행복한 생활을 보낸다는 것은 나로서는 생각할 수 없는

일이었다. 이미 초등학교 시절에 동급생들의 비참한 가정 형편과 우리 균스바하 목사의 자녀들이 누리고 있는 참으로 이상적인 가정 생활을 비교해 보고 나는 심한 충격을 받곤 하였다. 대학 시절에도 연구 생활을 하면서 학문과 예술에 대하여 무엇인가 공헌할 수 있다는 행복 속에서 나는 물질적 환경과 건강 때문에 이러한 행복이 허용되지 않고 있는 사람들에 대하여 부단히 생각하지 않을 수 없었다. …… 문득 나는 이러한 행복을 어떤 자명한 것으로 받아들일 것이 아니라 이것에 대하여 나도 무엇인가 남에게 베풀어야 한다는 생각에 사로잡혔다. 이 생각을 더듬으면서 고요히 사색에 잠겨 있는 동안 밖에서는 새가 지저귀고 있었다. 나는 자리에서 일어나기 전에 드디어 다음과 같은 결의에 도달하였다. 30세까지는 학문과 예술을 위하여 살아도 좋게끔 되어 있다고 생각하자. 그 후 직접적으로 인간에게 봉사하는 일에 몸을 바치자. "누구든지 제 목숨을 구원하고자 하면 잃을 것이요, 누구든지 나의 복음을 위하여 제 목숨을 잃으면 구원하리라." 하신 예수의 말씀이 나에게 어떠한 의미를 가지는가 하고 나는 참으로 여러 번 생각해 보았다. 이제 나는 그 대답을 발견하였다. 여기에 나는 외적인 행복에다 내적인 행복도 부가하여 차지하게 되었다."

그는 선교 의사가 되겠다는 결심 아래 의학을 공부한다. 의사자격증을 딴 그는 자신을 돕기 위해 간호사 훈련을 받은 아내 헬레네 브레슬라우와 함께 아프리카의 가봉에 있는 랑바레네로 출발했다. 그곳에서 원주민의 도움으로 오고우에 강둑 위에 병원을 세웠다. 그는 아프리카에서 흑인들을 돌보면서, 생명에 대한 경외를 이렇게 경험한다. "한 사내의 머리는 모래에 파묻혀 있고 개미들이 그 위를 기어 다녔다. 수면병 환자다. 운반할 수 없기 때문에 여기에 버려 두고 간 것이다. 아직 숨이 완전히 끊어지지는 않았지만 달리 손을 쓸 방법이 없다. 이 가련한 사내를 분주하게 살피는데 문득 오두막 문으로 푸른 숲에 둘러싸인 신비하고도 아름다운 푸른 바다와 그 위로 빛을 뿌리는 저녁 노을이 보였다. 낙원의 풍경과 가망 없는 비참을 동시에 바라보고 있다는 것이 내 마음에 충격을 주었다." 그렇게 죽어 가는 그를 두고 내가 돌아설 수는 없는 노릇이었기에, 슈바이처가 말하는 생명에 대한 경외는 인간관계에 한정되지 않고 모든 살려고 하는 의지를 가진 생명에의 대한 인간과 그것간의 관계를 말하는 보편적 윤리의 중요성을 강조하는 것이다[참고: 알버트 슈바이처(1965). 나의 생활과 사상에서/예수 소전(역). 서울: 경지사].

슈바이처는 말한다. "나는 나무에서 잎사귀 하나라도 의미 없이는 따지 않는다. 한 포기의 들꽃도 꺾지 않는다. 벌레도 밟지 않도록 조심한다. 여름밤 램프 밑에서 일할 때 많은 벌레가 날개가 타서 책상 위에 떨어지는 것을 보는 것보다는 차라리 창문을 닫고 무더운 공기를 호흡한다. 모든 생물과 마찬가지로 인간도 생에 대한 의지의 자기 분열의 법칙에 얽매여, 인간은 계속해서 다른 생명을 희생함으로써만 자신의 생명이나 생명 일반을 유지할 수 있다는 '딜레마'에 빠지고 만다. 한번 생에 대한 외경에 접하면 생명을 해친다든가 죽인다든가 하는 일은 피할 수 없는 필연성에서 하는 것이지 결코 무사고에서 하는 것이 아니다. 인간은 자유인인 이상 생명을 돕고 생명에서 고난과 파괴를 제거할 수 있는 그지없는 축복의 자리에 나가려고 기회를 찾는다[참고: 알버트 슈바이처(2009). 물과 원시림 사이에서(역). 서울: 21세기북스]."

87) 러시아의 문호 레오 톨스토이(Leo Tolstoy)가 말년에 남긴 어머니에 대한 동화가 있는데, 그것이 바로 어머니의 사랑에 관한 것이었다. 하느님이 천사장 가브리엘에게 세상에 내려가서 가장 아름다운 것 세 가지를 골라 오라고 일렀다. 제일 아름다운 것을 찾기 위해 천사장 가브리엘은 세상 곳곳을 두루 다니며 이것 저것을 관찰했다. 아름다운 것 세 가지를 고르기가 그리 쉽지 않았지만, 마침내 천사는 세 가지를 찾아냈다. 첫 번째로 찾아낸 것이 꽃이었다. 활짝 핀 꽃에서는 아름다운 향기가 진동했다. 보기에 정말로 좋았다. 그 꽃 못지않게 함박 웃는 순진한 어린 아기의 웃음 역시 보기에 너무 아름다웠다. 그 아기의 웃음을 두 번째로 아름다운 것으로 삼았다. 그리고 천사가 마지막 택한 것은 어머니의 사랑이었다. 천사는 이 세 가지를 구해서 기쁨으로 하느님에게 올라가는 길을 재촉하고 있었다. 빨리 올라가고 있었지만, 천사가 올라가는 동안 이미 꽃은 시들어 버렸다. 향기도 슬금슬금 사라져 버렸다. 그렇게 예쁘게 웃던 아기도 커지기 시작하더니, 어느새 청년 어른으로 변해 버렸다. 순진한 웃음 대신 사나운 남자의 성난 얼굴만이 일그러지게 나타났다. 그들의 변하는 모습에 걱정이 태산 같았던 천사에게 위로를 준 것은 어머니의 사랑이었다. 어머니의 사랑은 가져올 때나 올라가는 지금이나 똑같기만 했다. 그제야 천사는 졸이던 마음을 놓고 어머니 마음만은 하느님께로 가져갈 수 있었다. 어머니의 사랑은 늘 그렇게 인자하며 영원한 것이기 때문이다. 신의 사랑은 어머니의 사랑 그것처럼 늘 언제나 변하지 않는 것이다.

88) 프라이멀 테라피(primal therapy)는 정신과 의사들이 즐겨 쓰는 정신치료법이다. 유년기 시절 심하게 겪었던 상처나 욕구 불만들을 근원적인 감정 표출로 풀어내는 치료법이다. 격렬한 정화(catharsis)가 프라이멀 치료법에서 핵심이기에 환자로 하여금 마음껏 울게 하거나, 마음대로 소리 지르도록 하거나, 억눌린 감정을 발산하도록 누군가에게 욕설과 같은 것을 퍼붓게함으로써 그가 유년 시절에 겪었던 원초적인 상처와 감정을 겉으로 드러내도록 만든다. 유년기, 어린 시절의 경험이나 상처에 초점을 맞춤으로써 그가 일상적인 삶으로 복귀시키기거나 회귀(regression)시키는 데 도움을 준다. 걷기, 잠깐의 산보가 아니라, 몇일 걸리는 오랜 시간 걷기, 마치 순례자들의 걷기는 일종의 프라이멀 요법으로 쓰일 수 있다. 오랫동안의 걷기는 사람들에게 자기를 되돌아보게 함으로써 마음 다스리기와 치유를 돕는다.

89) 참고: Bohm, D. (1980). *Wholeness and the implicate order*. London: Routledge & kegan Paul.

90) 몸과 마음의 결합을 통해 인간의 병을 치유하려는 노력으로 나타난 소위 양자의학이 있는데, 이 양자의학은 의학에 양자이론을 접합한 것이다[참고: http://www.dr4mind.net]. 데이비드 봄(David Bohm)이 양자이론을 의학 현장에 과감하게 응용한 것이 양자의학이다. 인간이 미처 모르는 어떤 숨은 변수가 있을 것이라고 생각하였기에 '숨은 변수 가설(hidden variable theory)'을 제안하였다. 이것은 양자의학의 가능성을 타진하고 있는 한국의 강길전 교수 같은 이에게는 인체의 비밀을 푸는 열쇠와 같은 논리로 받아들인다.

강 교수는 봄 교수가 말하는 초양자장의 토대 논리를 중시한다. 봄 교수는 우주에 존재하는 모든 것은 초양자장으로부터 분화되며, 이렇게 하여 생긴 존재는 크게 세 가지 부류, 즉 정신계, 에너지계, 물질계로 나눌 수 있는데, 이때 에너지가 분화하는 과정을 보면 초양자장이 중첩되어 파동이 되고, 파동이 중첩되어 에너지가 되며, 의식의 분화는 초양자장이 중첩되어 파동이 되고, 파동이 중첩되어 에너지가 되며, 에너지가 중첩되어 소립자가 되며 이 소립자가 의식이 된다고 하였다. 물질의 분화는 초양자장이 중첩되어 파동이 되며, 파동이 중첩되어 에너지가 되며, 에너지가 중첩되어 소립자가 되며, 소립자가 중첩되어 원자가 되고, 원자가 중첩되어 분자라는 물질이 된다고 보았다. 결국 에너지, 마음, 물질 등은 동일한 질료, 초양자장으로부터 만들어진다는 논리다.

데이비드 봄은 미국 출신으로 영국 런던 대학의 이론 물리학 교수를 역임했던 물리학자로서 코펜하겐 학파의 불확정성 원리를 정면으로 반대한 물리학자였다. 그 이유는 우주가 그토록 불확정한 것처럼 보이는 것은 인간의 인식의 한계 때문이거나 아니면 측정 기구의 한계 때문이지 우주 자체가 불확정한 것은 아니라고 믿었기 때문이었다. 하이젠베르크(Werner Karl Heisenberg)의 불확정성 원리처럼 "전자가 어디에 있는지 어떻게 움직이는지 모르기 때문에 전자의 위치와 운동량(속도)을 동시에 알 수 없다."라고 말하는 대신에 봄은 정확한 위치와 정확한 운동량을 동시에 가지는 전자가 반드시 있을 것이라고 가정하고 그 답을 구하기 위하여 숨은 변수 가설을 가정하였으며, 이를 위하여 아인슈타인(Albert Einstein)이 질량과 에너지의 이중성(질량 ↔ 에너지)을 상대성 이론에 의해 해결했듯이 봄은 입자와 파동의 이중성(입자 ↔ 파동)을 숨은 변수 가설로 해결하려고 하였다. 봄은 '숨은 변수 가설(hidden variable theory)'을 제안한 이후 이 '숨은 변수'가 무엇인가를 집중적으로 연구하였으며, 일차적으로 파동함수를 존재의 확률로 생각하지 않고 실제의 장(場)으로 생각하였고 이 장(場)의 해(解)를 구하는 연구를 계속하였다. 봄 교수는 아인슈타인, 플랑크(Max Planck) 및 드브로이(Louis de Broglie)가 밝힌 공식들을 종합하여 양자이론의 새로운 수학 공식을 만들어 냈다.

봄은 아인슈타인의 공식(물질 ↔ 에너지), 플랑크의 공식(에너지 ↔ 양자×파동) 그리고 드브로이의 공식(물질 ↔ 파동) 등을 종합함으로써 물질은 원자로, 원자는 소립자로 그리고 소립자는 파동으로 환원될 수 있다고 생각하였다. 소립자란 바로 파동의 다발(wave packet)이라고 생각한 것이며 단지 소립자의 종류에 따라서 진동수만 다른 것이 소립자라고 생각하였다. 봄은 물질은 원자로, 원자는 소립자로, 소립자는 파동으로 그리고 파동은 다시 초양자장으로 환원될 수 있다고 보았다. 봄의 양자이론은 잘 정리된 수학 공식과 이론으로 구성되어 있으나, 코펜하겐 학파의 거물인 보어(Niels Henrik David Bohr)와 원자 물리학의 대부인 오펜하이머(Julius Robert Oppenheimer) 등이 죽기 이전에는 물리학계에서 별로 주목을 받지 못하였고 오히려 이단자로 취급되었다.

그러나 봄의 양자이론이 아스페(Alain Aspect)에 의하여 실험적으로 증명한 이후로 봄의 양자이론은 새로운 주목을 받게 되었다. 블랙홀 이론을 창시한 펜로즈(Roger Penrose), 1973년 노벨 물리학상을 수상자 한 조셉슨(Brian Josephson) 등은 봄의 양자이론을 지지하였다. 사실 봄 교수가 주장하는 양자이론의 요점은 간단하다. 첫째, 우주의 허공은 텅 비어 있는 것이 아니라 초양자장(superquantum field)으로 충만하다는 점이고, 둘째, 초양자장으로 충만한 우주는 모두가 하나(oneness)로 연결되어 있다는 비국소성 원리(non-locality principle)에 수렴된다는 점이다. 비국소성 원리가 무엇인지를 알기 위해서 한 가지 사고 실험을 하면 된다. 먼저 두 개의 원을 그리고 그것을 3차원에서 보면 두 개의 원은 서로가 독립된, 떨어져 있는 두 개의 원일뿐이다. 그렇게 배열된 3차원의 공간에 시간 차원을 더한 4차원에서 독립된 두 개의 원을 보면 두 개의 원은 놀랍게도 하나로 보인다. 서로 분리되어 있던 것이 서로 연결되어 있게 된다. 부분이 전체이고 전체가 부분임을 알게 되는 부분이 모두 하나로 연결되어 있음을 인지하는 논리가 비국소성 원리의 핵심이다. 이런 식으로 우주에 존재하는 모든 것은 하나의 힘, 통일된 세력의 원천인 초양자장으로부터 분화하기 때문에 부분 속에 전체의 정보가 들어 있는 홀로그램(hologram) 모델이라고 불렀다.

봄 교수는 우주를 홀로그램으로 이해함으로써 우주의 모든 현상을 수학적 원리로 서술하거나 설명할 수 있다고 보았다. 우주에 존재하는 물질, 에너지 그리고 마음, 그 모든 것을 하나의 수학공식으로 정리 표현할 수 있다고 보았다. 봄은 현재의 과학 수준 때문에 실험으로 증명할 수 없는 것은 수학적 이해로 설명하려고 했다. 아인슈타인처럼 사고 실험으로 풀어 내려고 했다. 봄의 양자이론을 양자형이상학(quantum metaphysics)이라고도 부른다[참고: www.dr4mind.net].

91) 몸에 대한 이런 양자이론적인 이해는 티베트인에게는 죽음의 원리를 설명해 주는 책인 『사자의 서』의 내용을 과학적으로 보강하기에 충분하다. 즉, 인간의 죽음이란 에너지 해체와 분산, 말하자면 땅, 물, 불, 공기, 의식인 '혼'으로 이루어져 마침내 하늘로 산화한다는 생각에 대한 과학적인 설명이기도 하다. 그렇게 보면, 인간의 마음의 정보가 육체에 전달되고, 육체의 정보가 마음에 전달되어 서로가 영향력을 행사하도록 되어 있음을 알게 된다. 그래서 사람이 따뜻한 온천을 생각하면 몸이 더워지고, 겨울바다를 생각하면 몸에 찬 기운을 느끼게 된다. 이것은 마음과 몸이 서로 정보를 공유하면서 하나로 움직이고 있음을 상징적으로 보여 주는 사례다.

그런 사례를 의생화학자인 캔더스 퍼트(Candace Beebe. Pert) 박사 역시 과학적인 사례로 증거한다. 캔더스 퍼트 박사는 인간의 건강 문제를 논하는 데 있어서 대부분의 과학자나 의학자들이 비과학이거나 비의학적인 개념이라는 전제 아래 의학적인 용어로 활용하기를 꺼리는 '영혼'이라는 단어를 주저 없이 사용하는 생의학자다. 병이라는 현상은 근본적으로 정신 신체적인 성질을 갖고 있다고 보는 그녀는, 의학자들이 인간의 병을 제대로 알기 위해서, 병을 제대로 치료하기 위해서 환자가 인간적으로 지니고 있는 마음과 몸의 연결을 제대로 시도하면서 이해해야 한다고 말한다. 마음과 몸을 이어 주는 것이 바로 감정이기에, 그 감정의 구조를 파악하는 것이 인간의 병에 대한 이해를 돕고, 동시에 치료와 처방을 도와 줄 수 있다는 것이다. 퍼트 박사는 아편제 수용체 발견으로 수용체 기반 약물이라는 새로운 약학 분야를 열어 놓은 바 있으며, 새로운 에이즈 치료제인 펩타이드 T를 개발하였으며, 최신 연구 분야인 정신신경면역학의 새로운 길을 연 사람이지만, 인간의 건강 문제를 제대로 파악하기 위해서는 몸만이 아니라 인간의 감정이나 영혼이 생의학적 물질들의 상호작용의 결과라는 점을 받아들여야 한다고 주장한다.

감정, 영혼이라는 감정이 인간의 건강에서 결정적인 역할을 한다는 것은 추론이 아니라 생의학적으로 관찰되는 객관적인 현상이라고 밝히는 퍼트 박사는 감정의 발화 현상을 의생의학적으로 규명하기 위해 세포의 분자(分子) 수준에서 분석해냈다. '감정의 분자'를 이루고 있는 것은 두 가지인데, 그 첫째가 몸과 뇌의 세포 표면에서 발견되는 아편제 수용체라는 분자다. 이 수용체들은 감각기관과 동일한 기능을 발휘한다. 감정의 분자를 구성하는 두번째 요소는 뇌신경전달물질인 호르몬·펩티드 같은 리간드

(ligand)다. 항체와 결합하는 항원, 수용체에 결합하는 호르몬이나 신경전달물질처럼 다른 분자와 결합하는 분자, 특히 더 큰 분자와 특이하게 결합하는 작은 분자들이 뇌신경전달물질을 구성한다. 작은 분자들은 특정 수용체에 붙는 결합과정을 통해 정보를 전달한다. 매순간마다 우리 몸 전체에서 다량의 정보 교환이 일어나는데, 그것은 감정을 실은 분자들이 각기 증가했다 감소했다 하면서 자신만의 선율을 읊조리고, 그 합은 우리가 감정이라고 부르는 음악을 만들어 낸다.

인간의 감정은 뇌와 몸에서 분비되는 펩티드의 총합이 만들어 내는 느낌들로써 인간의 몸을 구성하는 각각의 장기에서 만들어진다. 인간의 장기들은 서로가 별개적인 기관으로서 독립적으로 작동하는 것이 아니라, 펩티드를 통해 의사소통을 하기 마련이기에 감정이라는 것도 그런 펩티드가 만들어 내는 의사소통의 결과라는 것이다. 펩티드의 의사소통에 의해 인간의 감정이 형성되기에, 감정이란 것은 인간의 신체 작용에 따라 간접적으로 발화되기 마련이다[참고: 캔더스 B. 퍼트(2009). **감정의 분자**(역). 서울: 시스테마].

92) 영국의 런던 유니버시티 칼리지 사회의료사 교수인 로이 포터(Roy Porter) 교수는 현대인일수록 이상한 시대를 살고 있는 셈이라고 진단한다. 선진국일수록 기대수명이 평균 80세를 넘는데, 오히려 옛날에 비해 사람들은 더 건강한 것은 아니라는 것이다. 현대 의학과 약학의 발전에 힘입어 기대수명이 늘어난 것은 사실이지만 그 기대수명의 연장이 건강함의 상징은 아니라는 것이다. 획기적인 수술과 치료법, 약 등으로 환자의 생존율은 더욱더 높아져 가지만, 건강한 것이 아니라 병치레의 기간이 늘어났을 뿐이라는 것이다. 현대인의 건강 상태는 객관적인 지표상으로 보면 과거 어느 시대보다 좋아졌음에도 불구하고 현대인이 되어갈수록 크고 작은 질병에 시달리고 있는 것이 바로 건강하지 못한 몸, 건강하지 못한 사회를 알려 주는 증거일 뿐이다.

사람들이 병원을 찾는 횟수는 50년 전보다 두 배나 증가했으며 의료비 지출은 기하급수적으로 증가하고 있다. 우리나라의 경우, GDP 대비 국민의료비 비중의 평균 증가율이 2000년대 이후 10년 동안 평균 4.7%로 늘어났다. 새로운 질병들이 유행병으로 돌아다니기에 이에 시달리는 사람들이 늘어가고 있다. 의학의 발달에 따라 각종 검사가 남발되고, 이런 저런 의술의 부작용을 동반하는 '약'들의 부작용 역시 늘고 있다. 평상인이 병원에 입원하여 환자가 되는 순간 그들은 그저 검사와 치료를 위한 '질병의 운반자'로 취급당하기 마련이다[참고: 로이 포터(2010). **놀라운 치유의 역사**(역). 서울: 네모북스].

93) 참고: 안셀름 그륀(2006). **삶의 기술**(역). 서울: 분도출판사.

94) 참고: 서영수(2012). 암투병 이해인 수녀, 삶의 희망을 이야기하다. **동아일보**. 2012년 12월 27일자.

95) 동양인 중에서도 인도인은 바로 이런 '몸 부정의 철학'과 '몸 긍정의 철학'적 공존, 말하자면 '몸'을 해탈로 승화시키려고 노력해 온 민족이다. 그들은 몸 긍정과 몸 부정의 공존을 정신과 몸이 조화와 균형을 요구하여 완성하는 것이 바로 해탈이라고 보고 있다[참고: 사르베팔리 라다크리슈난(1996). **인도철학사**(역). 서울: 한길사]. 그들에 비해 중국, 조선의 유가는 일반적으로 몸과 마음을 일원론적으로 해석한다. 자신의 욕망과 관련된 몸을 끊임없이 닦는 욕망을 다스리면 욕망 긍정과 안신(安身)이 가능하다

는 논리로 발전한다.

공자(孔子)는 수신(修身)을 미학의 차원으로 이끌어 갔는데, 그의 수신론 중에서 자신의 마음을 우선 수양한 후에 자신이 아닌 다른 사람에 대한 행동도 예로 행해야 한다는 것을 강조한 '극기복례(克己復禮)'가 그것을 대변한다[참고: 이거용 외(1999). 몸 또는 욕망의 사다리. 서울: 한길사]. 공자의 수신론 은 다시 양명학(陽明學)자들에 의해 '안신'과 '보신(保身)', 그리고 '애신(愛身)'으로 갈라지기도 했다. 그러나 모두가 몸 부정과 몸 긍정의 조화를 염두에 두면서 보신의 가치를 추구하기는 마찬가지다[참고: 우회종 외(2009). 몸, 마음공부의 기반인가 장애인가. 서울: 운주사].

96) 중국 북경 사범대학에서 교육사상 비교를 전공한 박영진 교수는 공자가 72세로 생을 마감하기 전까지 큰 병 없이 강건하게 살았던 것은, 공자가 말 타기, 활 쏘기뿐만 아니라 인간의 수양은 시에서 시작하고, 예를 통해 서며, 그런 연후 악(樂)에서 완성됨을 일상생활에서 실천했기 때문이라고 정리하고 있다. 악(樂)은 시(詩), 무(舞), 곡(曲)이 조화되는 것으로 보아, 공자는 악에 상당한 수준에 이르렀던 것으로 판단된다[참고: 박영진(2012). 교육철학 및 교육사. 서울: 정민사].

97) 허준, 유이태, 양예수, 전순의와 같은 한의사로 알려진 사람들 이외에 정약용, 박제가, 이익, 이황, 최한기, 김시습, 심지어 세조 이유, 정조 이산 등도 의학을 본격적으로 연구하며, 나름대로 자기 치료 의술들을 개발하여 자기 치유에 응용했던 유의(儒醫)들이었다. 유의란 유교적 사상을 바탕으로 의학의 이치를 연구한 사람들을 말한다. 유학에 깊은 지식을 갖고 있는 이들 지식인들, 말하자면 조선 사회의 유학자(儒學者)들은 의학적 이치에 일가견이 있었다. 그들은 가업 계승의 차원에서, 단순한 학문적 탐구심 때문에, 혹은 자기 자신의 질병에 대한 자가 치료를 위해 의술을 연구했으며 민중을 위한 치료를 위해 직접 활용하기도 했다[참고: 김남일(2011). 한의학에 미친 조선의 지식인들. 서울: 들녘].

예를 들어, 김시습(金時習)은 배꼽 밑 일촌 오푼의 단전을 잘 보전하면 자기 몸을 자기 스스로 안정시킬 수 있다는 논리를 전개함으로써 조선 단학의 효시가 되었다. 좌의정을 지낸 안현은 전라 감찰사로 있을 때 고약의 일종인 금손만웅고를 제조해 백성들의 화농 제거제로 처방해 주어 백성들에게 칭송을 받기도 했다. 이황은 자신의 건강과 가족의 질병 치료를 위해 의학에 입문한 뒤 주위에 의술을 전파한 유학자로도 유명하다. 중년 이후 잦은 병치레로 고생을 하던 이황은 경북 영천의 한 의원에서 의학 수업을 받으며 자기 몸을 다스리기도 했다. 그는 쌍화탕과 같은 한약재를 일가 친척에게 처방해 주기도 했으며, 자기 건강을 치유하기 위해 양생법으로 『활인심방』을 펴내기도 했다.

98) 참고: 한준상(1999). 호모 에루디티오. 서울: 학지사; 한준상(2003). 행복한 사람들. 그리고 여가에 관한 그들의 이해. 여가학 연구, 1(1), 13-22; 최항석 · 한준상(2004). 주5일제와 여가교육. 한국여가문화학회. 2004년도 학술대회 논문집, 59-67.

99) 보통 사람들이 즐겨하는 고스톱과 바둑이 치매를 예방한다는 말은 전혀 근거 없는 얘기가 아니다. 종합적인 지적 능력을 요구하는 놀이는 치매 예방을 위해 쓰임새가 높은 방법이기 때문이다. 그것보다 더 효과가 좋은 것이 있다. 연구 결과, 바둑이나 고스톱보다는 독서가 치매 예방에 훨씬 도움이 되기 때문

이다. 하루 1시간 이상 책을 읽는 사람의 경우 치매 발병률이 상대적으로 낮은 것으로 알려졌다. 꾸준히 운동해 온 사람들에게도 상대적으로 치매 발병률이 낮다. 따라서 고스톱이나 바둑 같은 것으로 소일하는 것보다는 독서를 해서 뇌 세포를 강하게 만들고, 운동을 해서 몸 세포를 튼튼하게 만드는 것이 치매를 예방하는 지름길이다. 정신건강과 육체건강이 치매를 예방하는 효과적인 방법이다.

이런 점에서 몸어사이즈는 치매 예방을 위한 방편이기도 하다. 치매가 되면 그것은 구제불능이다. 치매는 건망증과도 성격이 다른 질병이다. 원인부터 다르기 때문이다. 건망증은 기억의 일시적 오작동이다. 기억이 원활하지 못해서 생기는 현상이 건망증이다. 치매는 기억의 문제가 아니라 지적 능력의 오작동문제다. 판단력, 통찰력, 공간, 시간, 대인관계 등에 대한 총체적인 지적능력의 이상 징후가 치매다. 건망증은 뇌의 신경회로에서 일시적인 이상 징후 때문에 나타나지만, 치매는 뇌신경조직이 손상되었기 때문에 야기되는 질환, 다시 말해서 뇌의 구조적 작동 중지에서 야기되는 질환이 치매다. 치매는 뇌신경세포의 파괴가 심해지면서 기억력과 판단력이 중지된 상태를 말한다. 건망증은 일반적으로 정보량이 과다해서 뇌의 기능에 과부하가 걸리거나 특정 주제나 일에 지나치게 신경을 많이 써 뇌의 작동에 이상 징후 때문에 생기는 것이 일반적인 현상이다. 건망증은 뇌 손상 때문에 생기는 질환이 아니라, 해야 할 일과 기억할 일이 너무 많아서, 뇌가 작동을 기피하는 현상, 말하자면 해야 할 일을 잠시 잊어버리고 다른 것과 혼동, 착각한 현상이다. 그에 비해 치매는 뇌 세포가 외부 충격으로 구조적으로 손상을 입거나 혹은 노화로 인해 뇌신경세포에 퇴행성 변화가 생겨 나타나는 질환이다. 건망증은 적절한 휴식과 생각의 여백을 갖게 되면 뇌 기능이 정상으로 회복되어 기억이 되살아나게 되어 건망증 환자의 입가에 약간의 실소가 배지만, 치매는 쉽다고 해결되는 문제가 아니다. 뇌 세포가 구조적으로 파괴되었기 때문에 휴식이나 생각의 여백 그 자체가 무의미하게 된다. 건망증은 기억 회로의 이상에서 생긴 문제이기에 고칠 수 있지만, 치매는 기억 회로를 구성하는 뇌 세포가 손상되고 파괴되었기에 원래대로 뇌의 복구가 불가능하다[참고: 권대익(2007). 고스톱 몇 판보다 책 한 권이 치매 예방 '특효약'. 한국일보. 2007년 9월 28일자].

100) 탈춤은 원초적으로 주술적 신앙에서 비롯된 것이다. 탈춤은 주술적 신앙에서 액막이, 치료의 방편으로서 진화했다. 탈춤은 그 후로 주술적 기능을 뛰어넘어 해학과 웃음을 자아내며 서로 즐기게 만들어주는 카니발적인 놀이로서 발전되었다. 동시에 지배 계층과 피지배 계층 사이의 계급적 갈등을 드러내는 사회적 풍자와 역할놀이로 민속극적인 변모를 갖추기도 했다[참고: 김동일(2005). 한국의 탈춤. 서울: 이화여자대학교 출판부]. 말하자면, 탈이 지니고 있는 은폐성이나 상징성 그리고 표현성을 극도로 활용하면서 서민의 애환을 거리낌 없이 드러낼 수 있는 방편으로 활용되었다. 탈춤이 지닌 액막이 주술적 기능, 사회적 분노의 분출을 위한 풍자적 기능, 카니발적인 유희로써의 탈춤으로만 이해하는 것보다 탈춤은 현실적인 기능이 강하다. 그것은 탈춤의 기본 동작에서 나타난다.

101) 심신이완법의 하나로 몸춤이라는 동작으로 개발한 고유선 교수[참고: 고유선(2006). 새로운 심신이완 기법 개발: 몸춤 (MoM Dance). sookmyung.ac.kr/~yousun/6.html]는 몸춤이 물에 젖은 스펀지의 성질을 갖는 이완의 춤이라고 설명한다. 물을 흡수하면 무거워지며, 그것을 땅에 떨어뜨렸을 때

공과 같이 튀어 오르지 않고 반작용의 힘을 모두 흡수하여 땅과 더욱 밀착되는 그런 스펀지 같은 춤이라고 서술한다. 맘춤은 서양식 일변도의 체력 훈련 혹은 일종의 한의학적인 원리를 반영한 생활체육의 한 방법[참고: 나정선·고유선(2007). **운동하며 배우는 사상체질**. 서울: 숙명여대 출판부]이라고 볼 수 있는데, 맘춤은 마치 술을 마시고 흐느적거리면서 형식을 갖추고 있지도 않으면서 몸의 이완 상태에서는 엄청난 힘을 뿜어내는 중국의 취권과도 원리가 엇비슷하다.

맘춤에서 중요한 것은 움직임을 통하여 이완 상태에서 자신의 움직임에 따른 힘의 분산, 중심의 감각을 터득하는 일이다. 맘춤은 자율신경계의 조화와 이완의 기법이다. 맘춤에 참가했던 500여 명의 경험자 기록에 의하면 심신의 안정, 집중력의 향상, 눈물과 침의 분비, 방귀와 트림, 소화 능력 향상 등의 심리적·생리적 효과를 나타냈다고 이 춤을 만들어 낸 고유선 교수는 말한다. 사람들은 일반적으로 춤을 출 때 의식을 기반으로 하지만, 맘춤은 그와는 반대다. 우리의 움직임에 자신의 의식을 보내는 운동으로써의 춤이다. 맘춤은 의식을 집중시키는 것이 아니라, 자신의 움직임에 의식을 얹어 두는 운동이다. 무의식 속에서 근육의 움직임을 도와주기만 하는 운동이다. 맘춤은 자율신경 활성화에 도움을 주도록 창안된 운동이다. 인체의 신경계는 크게 비자율신경계와 자율신경계로 구분되는데, 비자율신경계는 우리의 의지에 의해서 조절 가능한 운동신경계를 말하며, 자율신경계는 인간의 의지에 의해서 조절할 수 없는 신경계다. 심장의 박동은 인간의 의지로 멈추게 할 수 없기에 자율신경계 중에서도 중요한 신경계다. 자율신경계의 리듬이 깨지면 몸과 마음의 균형이 깨지고, 그것이 바로 병이 된다. 자율신경은 또다시 교감신경과 부교감신경으로 나누어지는데, 교감신경은 심장에 주로 분포되어 있다. 사람이 놀라거나 불안할 때 심장이 뛰는데, 이것은 교감신경이 별안간 활성화된다는 것을 의미한다.

이에 비해 부교감신경은 복부에 많이 분포되어 있다. 교감신경이 활성화되면, 부교감신경은 교감신경의 활성화를 억제한다. 그러니까, 불안한 사람은 소화 기능이 약화된다. 맘춤은 인간의 몸을 최대한 이완시킴으로써 자율신경 활성화에 도움을 주어 몸과 마음, 즉 정신 회복에 도움을 주도록 고안된 것이다. 다시 말해서 맘춤은 몸속의 온도와 혈액순환을 원활하게 도와주기에, 맘춤은 고된 훈련으로 인한 근육 경련과 정신긴장이 심한 사람들에게 자신의 몸과 마음을 하나의 몸으로 다시 만들어 그것이 제대로 작동하도록 이완하게 도와준다.

고유선 씨가 소개하는 맘춤을 추기 위해서는 ① 처음에는 눈을 감는다. ② 자기의 내면에 의식을 둔다. 가능한 아무것도 생각하지 않는다. 처음에 이것이 잘되지 않는 사람은 심장의 소리나 내장기관의 움직임에 귀를 기울인다. ③ 온몸에 힘을 빼고 움직이고 싶은 대로 움직인다. 이때 절대 의식으로 힘을 통제하려고 해서는 안 된다. ④ 몸에 진동이나 움직임에 나의 의식을 둔다. ⑤ 때론 격렬하게 때론 조용하게 움직여지는 움직임에 그대로 따르면 된다. ⑥ 처음에는 5분 이상하고 잘되기 시작하면 적어도 15~20분은 실시하여야 한다. ⑦ 무용을 하는 사람의 경우, 이 맘댄스 훈련이 어느 정도 되었다면, 자기가 잘하는 무용을 순서에 관계없이 맘춤으로 연계하여 실시한다(자신이 하는 장면을 촬영해 두는 것도 좋다). 이 맘 춤을 위해 준비물도 필요 없고(사람에 따라 자기가 좋아하는 음악 가능), 언제, 어디서나 가능하다. 다만 환기가 잘 되는 공간을 택하는 것이 좋다. 자세 역시 누워서 하거나 앉아서 하거나 서서 하거나 상관없다.

102) 행복의 감정은 무의식적인 육체적 느낌을 인지한 후, 의식적으로 발생한다. 육체가 행복한 상태에 도
달했을 때 우리의 뇌가 그것을 감지하고, 이를 통해 우리는 행복함을 느낄 수 있다. 불과 몇 년 전까지
도 많은 사람들은 일정한 시기가 되면 뼈의 성장이 멈추듯, 뇌 역시 어른이 되기 전에 성장이 끝난다고
믿었다. 그것은 편견이며, 뇌 기능에 대한 잘못된 지식이었다. 인간은 나이에 상관 없이 무엇인가를 배
우면 뇌에 있는 회로가 변화하기 시작한다. 뇌 안에서 복잡하게 연결되어 있는 수많은 신경세포들은
인간의 노력에 따라 전혀 새로운 연결고리를 형성한다. 이 외부 시각과 내부 시각의 연접이 새로운 것
을 익숙한 것으로 받아들여 자신을 변화하게 만든다. 그것을 배움소의 작용이라고 말하는데, 그것은
마치 고추 맛에 익숙하지 않은 서양인이 고추장 맛에 길들여지는 것과 같다. 고추장 맛에 길들여지면
매운 맛이 없는 음식을 맛없다고 생각하게 된다. 이처럼 배움의 과정은 맛들이기 과정과 흡사하다.

행복은 몸을 연습한 결과 나타나는 정서적 상태이며 몸에 대한 기분 좋은 느낌이다. 행복, 좋은 느
낌, 여유로움은 몸을 조절하는 배움소의 작동에 의해 습득할 수 있다. 인간은 점차 어느 상황에서 행
복함을 느끼는지, 행복한 감정을 느끼는 순간 우리 몸에서 어떤 현상들이 발생하는지를 알게 된다. 그
러면 그런 행복의 상태를 경험하려는 노력을 반복하게 되며, 이 노력을 통해 저절로 행복을 경험하게
된다. 인간의 삶이란 "비탄과 기쁨으로 직조되기 마련이다. 모나리자의 미소는 80%의 기쁨과 20%의
슬픔의 조화로 만들어 졌다는 그것만 봐도 그렇다[참고: 슈테판 클라인(2007). 행복의 공식(역). 서울:
웅진지식하우스]."

한 삶에서 미소를 어둡게 만들어 놓을 슬픔의 양을 가능하다면 한 20%선으로 줄이는 노력을 하면 할
수록 행복해질 수 있는 가능성은 높아지게 마련이다. 그렇게 하기 위해서는 하버드 대학 의대 조지 베
일런트(George Eman Vailant) 교수의 '하버드 대학 성인발달연구'의 결론을 가슴에 새기며 그것을
나의 일상에서 매일 실천해 볼 필요가 있다. 이 연구는 지난 42년 동안 행복의 조건이 무엇인지를 밝
히는 성인 발달 종단 연구다. 행복한 삶이란 결국 '에이징 웰(aging well)', 즉 '나이를 잘 먹어가기
[참고: 조지 베일런트(2010). 행복의 조건(역). 서울: 프런티어]'인데, 그것을 위해 사람들은 가능한 자
기가 겪는 삶살이의 문제마다 성숙하게 해결하기, 결혼 생활 잘하기, 좋은 인간관계 갖기, 배우려는
자세로 무엇이든 배우기, 담배 피우지 않기, 절제된 음주 즐기기, 그리고 꾸준한 운동으로 자기 체중
부터 잘 조절해내야 한다.

잘사는 것은 오래 사는 게 아니라 잘 늙는 것이기에, 삶이라는 여행을 하다가 정거장에 내려도 좋고,
여행지에서 쉼표를 찍어도 좋지만 달리면서 앞에 비치는 빨간 신호등에는 주의해야 한다. 50세 이후
의 운명은 스스로가 결정하기 때문이다. 체중, 운동, 담배, 알코올을 적당히 조절해야 된다. 그런
여정 중에서 맞이하는 것이 바로 은퇴다. '은퇴'에 대한 자세와 마음가짐은 제대로 늙어가기에서 매
우 중요하다. 은퇴에 대하 자세가 노후의 이정표이기 때문이다. 은퇴를 어떤 시각으로 받아들이냐에
따라 후반부 삶의 질이 크게 달라진다. 은퇴 후에는 자만심을 버리되 자존심을 지키고, 놀이 활동을
즐겨야 한다. 새로운 관계로써 은퇴 후의 삶을 충만케 해야 하며 은퇴를 놀이의 장으로 바꾸어야 한
다. 놀이와 활동을 지속하느냐 하지 않느냐의 차이가 곧 행복과 건강의 차이를 갈라놓기 때문이다. 그
래서 제대로 인생의 여정을 달려 가려면 은퇴 후의 삶, 이 구석구석을 놀이로 변화시키며 열정적 인생

을 사는 일부터 해야 한다고 그는 주장한다. 그런 점에서 '맘춤'은 자기 몸 단련하기와 생활선하기를 합친 놀이로써도 제격일 수 있다[참고: Simon, S.B & Simon, S. (1991). *Forgiveness: How to make peace with your past and get on with your life*. NY: Warner Books].

103)   '하쿠나 마타타.'라는 말을 영화의 한 장면으로 만들어 우리에게 감동을 주고 있는 것이 바로 〈라이온 킹〉이라는 애니메이션이다. 아프리카의 초원을 무대로 펼쳐지는 〈라이온 킹〉은 어린 사자 심바가 점점 성장하면서 어른으로서의 책임감과 아버지의 사랑을 느끼는 이야기를 줄거리로 다루는 애니메이션이다. 어린 심바는 어린 암사자 날라와 놀며 아버지 무파사에게서 자연의 법칙을 배우며 산다. 아버지인 사자왕 '무파사'는 어린 아들 '심바'에게 늘 말한다. "나는 죽어도 네 안에 살아 있단다." 그런 평화로운 왕국에 어두운 그림자가 깔린다. 무파사의 동생 스카가 반역의 음모를 꾸민다. 그는 하이에나들과 결탁한 뒤, 어린 심바를 이용하여 자기의 형인 무파사를 살해한다.
    그리고 그 죄를 어린 심바에게 뒤집어씌우고 어린 사자 심바는 하이에나의 추격을 피해 달아난다. 사막에서 죽을 뻔한 심바(Simba, 사자)를 구해준 티몬(Timon, 미어캣), 품바(Pumbaa, 멧돼지)는 심바에게 버릴 수 없는 동행이 된다. 그들은 심바를 짓누르는 어두운 과거를 벗어나게 노력한다. 아버지를 죽게 했다는 죄책감에 시달리는 심바에게 자신의 과거와 고향을 잊으며 현재에 충실하라고 격려한다. 그것을 이야기하는 노래가 바로, '괜찮아, 좋아질 거야, 정말로……'를 뜻하는 '하쿠나 마타타'다. "하쿠나 마타타! 멋진 말이지. 하쿠나 마타타! 잠깐의 열광이 아니라네. 남은 여생 동안 걱정 없이 살란 말이네. 우리의 인생 철학이지. 하쿠나 마타타! 그가 어렸을 적에. 내가 어렸을 적에. 냄새가 엄청 지독했다네. 식사 후면 그의 곁에 오는 친구가 없었어. 낯은 두꺼워도 여린 마음을 가졌다네. 친구들은 바람 부는 쪽으로는 서질 않았다네. 아, 창피함. 이름을 바꿀까도 생각했지. 너무 낙담했었지. 그럴 때 마다 하쿠나 마타타! 하쿠나 마타타! 잠깐의 열광이 아니라 남은 여생 동안 걱정 없이 살란 말이네. 하쿠나 마타타! 하쿠나 마타타. 남은 여생 동안 걱정 없이 살란 말이네. 우리의 인생 철학이지. 하쿠나 마타타!(반복)." 어린 사자 심바는 그렇게 어른 사자로 성장한다. 그러다가 심바는 옛 친구 날라를 만난다. 날라는 고향의 사정을 심바에게 들려 준다. 평화롭던 고향이 심바의 삼촌인 스카와 그의 악당들인 하이에나의 폭정으로 파괴되고 있다고 전한다. 그런 충격적인 말에 심바도 놀란다. 그토록 왕이 되고 싶었던 심바지만 아버지를 죽게 했다는 죄책감 때문에 고향으로 되돌아가기를 꺼린다. 그때 라피키라는 지혜로운 도사 원숭이가 심바 앞에 나타난다. 심바에게 숨어 있던 잠재력을 일깨운다. 심바는 마침내 자신의 내면 깊숙하게 자리잡고 있던 아버지의 모습을 발견한다. "나는 죽어도 네 안에 살아 있단다."라는 아버지의 가르침도 생각해 낸다. 심바는 마침내 고향에 돌아온다. 심바는 친구들과 함께 스카와 하이에나를 몰아낸다. 최후의 대결에서 심바는 새로운 사실을 알아 낸다. 그 옛날 아버지를 죽인 것은 자기의 잘못이 아니라 삼촌인 스카의 계략이라는 것을 밝혀낸다. 아버지의 복수를 한 심바는 왕의 자리를 되찾는다. 그 옛날 아버지의 왕국처럼 그 땅에 평화를 회복한다.

104)   시애틀에 살면서 작가와 삽화가로 일하고 있는 쿠퍼 에덴스(Cooper Edens)는 어둠이 두렵고, 밤이 무섭거든 어둠 속의 무지개를 생각해 보라고 권한다. 밤의 무지개, 바로 그것은 삶이 어렵더라도 삶에

희망을 주는 깃대이자 자기를 행복하게 만드는 주문이라는 것이다. 그는 권한다. 가슴이 아파 목이 메거든 ……, 열쇠를 잃어버리거든 ……, 시계가 멈춰버리거든 ……, 친구가 당신을 알아보지 못하거든 ……, 줄의 끝에 닿아서 더는 한 걸음도 옮길 수 없게 되었거든 ……, 당신의 인생이 위태롭거든 ……, 내일 새벽에 하늘이 무너지거든 ……, 당신 배 속에서 나비들이 날갯짓을 하는 것처럼 울렁이고 조바심이 나거든 ……, 정원의 꽃들이 더는 피어나지 않거든 ……, 가지고 놀던 구슬을 찾을 수 없거든 ……, 새들이 더는 노래하지 않거든 ……, 너무 커진 날개가 버겁거든 ……, 난폭한 문어가 당신을 태우고 달아나거든 ……, 밤하늘에 있는 모든 것들이 떨어져 내리거든 ……, 신발이 발에 잘 맞지 않거든 ……, 이것이 당신의 마지막 춤이거든 ……, 소중한 추억을 잃어버렸거든 ……, 양말이 옷과 어울리지 않거든 ……, 어둠이 두렵거든 ……, 알 수 없는 곳에서 길을 잃게 되거든 ……, 아무리 기다려도 버스가 오지 않거든 ……, 언젠가 집을 떠나야만 하는 날이 오거든 ……, 태양이 더는 빛나지 않겠다고 하거든 ……, 세상의 모든 빛이 문득 사라져 버리거든 ……, 하늘에서 달이 떨어져 수많은 조각으로 부서져 내리거든 ……, 절대로 태양이 다시 빛나지 않거든 ……, 안경이 너무 낡아 더는 쓸 수 없거든 ……, 따스하게 반짝이던 별들이 모두 사라져버리거든 ……, 하늘이 구름으로 가득하거든 ……, 당신의 말이 신발이 필요하다고 하거든 ……, 달이 나뭇가지에 걸려 꼼짝도 못하거든 ……, 울어도 울어도 눈물이 멈추지 않거든 ……, 아무리 둘러봐도 주변에서 해피엔딩이 일어나지 않거든 ……. 걱정하지 말아요라는 뜻의 '하쿠나 마타타(hakuna matata)'라고 외쳐 보거나, 중얼거려 보라고 권한다. 그러면 이내 마음이 편안하게 누그러질 것이다[참고: 쿠퍼 에덴스(2007). 하쿠나 마타타(역). 서울: 마음의 숲].

105) 삶이 선이며 명상임을 아련하게 보여 준 사람이 서강대학교 장영희 교수다. 젊은 나이에 세상을 떠난 그녀는 자기의 어려웠던 처지를 이렇게 소개하고 저 세상을 향해 눈을 편히 감았다. 그녀는 초등학교 때 서울 제기동의 한옥에 살았던 서울 토박이었다. 그녀는 어릴 때부터 다리를 저는 장애아로 컸다. 모든 생활이 그녀에게는 불편했다. 몸이 불편하니, 마음도 편할 리가 없었다. 그녀는 친구들과의 놀이에는 잘 어울릴 수 없었다. 그저 집에서 책이나 읽었다. 달리 어떤 뾰족한 수도 있을 수 없었다. 그런 그녀에게 친구들은 좋은 동무들이 되어 주었다. 그들과 놀이를 하면 그녀에게 신발주머니와 책가방을 맡기기도 하고, 고무줄 놀이나 달리기 같은 것에서 심판을 시키곤 했다. 놀이에 끼워 주기 위해서였다. 다른 아이들이 노는 것을 구경이라도 하라는 뜻이었다. 친구들에게 소외감을 느낄까 봐 베푼 일종의 배려였었다.
그 어느 날도 그녀에게는 그렇게 어려운 날이었다. 어머니가 그녀를 대문 앞 계단에 앉혔다. 늘 그렇듯이 엿장수 아저씨가 골목길에 들어섰다. 집 앞에 앉아 있던 그녀를 지나치던 엿장수 아저씨는 다시 돌아와 깨엿 두 개를 그녀에게 내밀었다. 아저씨는 미소를 지어 보이며 말했다. '괜찮아.' 알 수 없는 노릇이었다. 돈 없이 깨엿을 공짜로 받아도 괜찮다는 것인지, 아니면 목발을 짚고 살아도 괜찮다는 것인지……. "하지만 그건 중요하지 않았다. 중요한 건 그녀가 그날 마음을 정했다는 것이다. 이 세상은 그런대로 살 만한 곳이라고. 좋은 사람들이 있고, 선의와 사랑이 있고, '괜찮아'라는 말처럼 용서와 너그러움이 있는 곳이라고 믿기 시작했다." 장 교수는 늘 그 말을 들으면 언제나 괜히 가슴이 쩡해진다고 털어놨다. 어릴 적 엿장수에게 들었던 말인, '괜찮아.'라는 그 말 한마디에 장 교수는 이 세상이 살 만한 곳이라고 굳게 믿고 살고 있다가, 어느 날 편안하게 되돌아오지 않을 저 세상으로의 먼 여행길로 홀쩍 올라 버렸다[참고: 장영희(2009). 살아온 기적 살아갈 기적-장영희 에세이. 서울: 샘터].

물론 세상은 장 교수와 그녀를 지나칠 수 없었던 엿 장사 아저씨와 주고받은 의식소통처럼 그렇게 여유롭지는 않다. 세상이 복잡하고 불가불의 혼돈이 휘감는 예측 불허의 사회라고 한다. 그런데도 사람의 행동은 여전하기만 하다. 구걸하는 사람에게는 단 돈 한푼을 아끼면서도 고급 커피 한 잔에 수천 원을 기꺼이 지불하는 사람들이 흔한 세상이다. 제조원가가 5원짜리인 아스피린을 먹으면 아프던 머리는 여전히 아프지만, 1,000원짜리 아스피린을 먹으면 아프던 머리가 씻은 듯이 낫는다. 그 1,000원짜리 아스피리 역시 제조원가가 한 알에 5원이라는 이야기를 다시 들으면 멀쩡하던 머리가 다시 아파 오는 사람들이 부지기수인 사회가 오늘의 삶살이다.

106) 참고: 법정(2010). 말과 침묵. 서울: 샘터사.

107) 미국 MIT 미디어랩과 슬론 경영대학원의 행동경제학 교수인 댄 애리얼리(Dan Ariely)가 바로 그런 사람이다. 그는 인간의 비합리성이 예측 가능하다고 주장한다. 소비 시장에서 인간이 일상적으로 범하는 실수 역시 결코 임의적인 것들이 아니기에, 예측이 가능하다는 것이다. 예를 들어, 학생들이 시험 시간에 커닝을 하지 않겠다고 선언한다면 정말 커닝은 줄어든다는 것이다. 학생들 스스로 정직 선언을 하거나 십계명을 외우는 등 정직에 대한 자기 암시를 딱 한 번 하는 것만으로도 부정직한 행동을 할 가능성이 크게 줄어든다는 사실을 실험을 통해 입증했기 때문이다. 윤리적 사고를 할 수 있는 기준을 제거하면 부정 행위를 저지를 가능성이 높아지지만, 정반대로 유혹의 순간에도 도덕적인 생각을 한 번 떠올리기만 해도 정직함을 유지할 수 있는 가능성이 더 커지기 때문에 그렇다는 것이다.

합리적인 예측을 위해서 비합리적인 일들은 가능한 축소하거나 제거하는 일들이 필요하다. 합리적인 일들을 예측하거나 그것을 실천해야 할 의지나 정력을 비축해 두기 위해서라도 그렇게 해야 한다. 그러니까 시간을 허비하는 모임에는 나갈 필요가 없는 것이며, 자기가 모든 사람에게 친절하다는 의미를 받을 요량으로 더 이상 가깝게 어울리지 않는 사람들에게 연하장을 보내는 일 같은 것을 단박에 중단하는 것이 더 낫다는 것이다. 어차피 모든 사람에 어울리는 사람은 이 세상에는 없기 때문이다.

미국외교정책을 발전시키는 저널리스트로서 「타임」지 부편집장이었던 조슈아 쿠퍼 라모(Joshua Cooper Ramo)에 따르면, 인류 역사에서 늘 그랬듯이 그 어떤 시대에도 돌아가는 사회에 대해 정확한 예측은 불가능했다고 주장한다. 모든 것이 변하고, 시대 상황에 맞도록 적용하기 때문에 모든 것이 당시 상황으로 보면 예측 불가능했다는 것이다. 지금 당면한 심각한 문제에 대해서도 우리 스스로를 기만하지 말아야 한다고 주장하는 라모 박사는 거미줄처럼 얽힌 금융이나 질병, 또는 정보를 통해 인간이 전혀 눈치 채지 못하는 방식으로 서로 연결되어 있음을 잊지 말아야 한다는 것이다. 예를 들어, 미국의 9·11 사태를 주도한 빈 라덴이나 헤즈볼라를 대하는 미국의 정책도 이제는 바뀌어야 하는데 아직도 미국은 그 충격에서 벗어나지 못하고 있다는 것이다. 미국이 저들을 경계하며 성벽을 튼튼히 쌓고 있는 것처럼 저들 역시 한가하게 변기만을 수리하는 집단은 아니기 때문에 그렇다는 것이다. 그런데도 미국의 국토방위부는 성벽을 쌓는 정책을 고수하는데, 이제는 그것에 취해 그 방벽 밑에서 누군가 터널을 파고 있을지도 모른다는 가능성을 아예 잊어먹고 있다는 것이다[참고: 댄 애리얼리(2008). 상식 밖의 경제학(역). 서울: 청림출판].

108) 매시업(mashup)이라는 말은 이제 동영상, 사진, 컴퓨터 프로그램, 애플리케이션 등 어떤 형태의 창조물을 섞어 완전히 새로운 창조물을 만들어 낸다는 뜻으로 쓰이기도 한다. 혹은 연예인과 못생긴 남성 개그맨의 얼굴을 합성해 웃음을 자아내는 새로운 연출 기법으로도 적용되고 있다. 매시업은 양립 불가능한 것으로 여겨왔던 것들을 하나로 만들어 낸다. 마치 권위주의 통치 체제와 자본주의 경제를 매시업해서 새로운 21세기 중국을 만들어 냈듯이, 불가능하고 절망적인 상황까지 포함해서 모든 가능한 돌발사태에 대비하는 노력과 그것을 안전하게 흡수해내는 힘이 바로 탄력성이기 때문이다. 세상이 복잡해질수록, 모두가 서로서로 연결될수록 모두의 탄력성이 더욱 줄어들기 마련이다. 세상살이에서도 빠르게 보이는 먹이 그물이나 무역망, 전기 시스템이나 주식시장의 혼돈을 예측하는 수리 경제학적 연구들에 의하면, 서로 간의 시스템이 서로 밀접하게 연결될수록 탄력성은 더욱 낮아질 뿐인데, 그런 낮아지는 탄력성을 극복할 수 있는 셈법과 추동력이 바로 탄력성이라는 것이다. 네트워크가 이제는 오히려 혼란을 증식시키고 증폭시키기 때문에, 네트워크의 효율성이 갈수록 높아지고 뒤떨어지기에, 기존의 네트워크와 제도에 치명적인 위험을 전파하는 속도는 더 빨라지는 상황 속에서 살아남게 만들어 주는 힘이 탄력성이다[참고: 조슈아 쿠퍼 라모(2010). 언싱커블 에이지-끊임없이 진화하고 복잡해지는 예측 불가능한 불확실성의 시대(역). 서울: 알마].

109) 한때 시중에서는 중광(重光) 스님이 화제가 된 적이 있었다. 인간과 자연, 그리고 동물에 이르기까지 화해와 일여를 강조하는 선지식(禪知識, 혹은 善智識; kalyanamitra)으로 자처했던 그였다. 그는 기존 불교종단(宗團)의 관점으로는 선뜻 받아들일 수 없는 탈윤리적인 파격적 행동을 서슴치 않았다. 자기 나름대로의 불성(佛性)을 드러내 보기 위한 무애(無碍) 활동이라고 일관했었다. 끝내 그가 속했던 종단으로부터 파계승으로 비난받으며 승적을 박탈당했다. 그는 스스로 걸레 스님이라고 했다.

중광은 『괜히 왔다 간다』라는 그 글 모음에서 그가 파계승이어야 하는 이유를 들쭉날쭉하게 보여 준 바 있다. 그는 그저 편하게 자기가 일상적으로 보였던 파격 행동의 사정과 그간의 이야기를 자기 편하게 꺼내가면서, 이 세상에서 제일 아름다운 사람은 마음을 아름답게 잘 쓰는 사람이라고 정리한다[참고: 중광(2003). 괜히 왔다 간다. 서울: 기린원]. 마음을 늘 아름답게 잘 쓰는 사람이 가장 행복한 사람인데, 마음을 잘 쓰는 사람은 도(道)라는 것은 두 번 생각하지 않고 통상적인 방식을 따르지 않는 사람이라고 칭하며 바로 자기가 그런 사람이라고 불렀다. 도(道)튼 도인(道人)이 자신이라고 하여 도가 덜 튼 스님들한테 욕을 꽤나 먹었다.

선(禪)이란 것도 그와 다를 것이 없다는 것이 그의 견해였다. 선이라는 것은, 속된 말로 표현하면, 무엇이든 전공 분야에 있어서 초월(超越)의 경지에 도달한, 최고의 경지에 도달한 예술 철학이라는 것이다. 언어를 초월한 도인(道人)의 행동이 바로 선이며, 진리를 깨달은 사람의 예술 · 철학 · 문학이 선이라고 말한다. 그 선에는 언어를 초월한 뜻과 행동이 있을 뿐이며 그것이 선의 생명이기에, 기교나 교활, 기능적 행동·생각, 지식적 생각·행동은 배제되어야 하고, 지극히 순수하고 소박하고 자연스러워야 한다는 것이다. 먹을 갈며 먹물 속에서 달을 가끔 건져 내는 것처럼 먹을 갈며, 부처·조사도 갈며, 나도 갈아 버리면 끝내 까만 먹물만 남는 것이나 마찬가지라는 것인데, 수긍이 가는 대목이다.

110) 서명원(58, 본명 베르나르 스네칼) 가톨릭 예수회 신부는 생수불이(生修不二), 말하자면 생활과 도(道) 닦기가 서로 다르지 않다고 주장한다. 그는 말한다. "수도생활보다 가정생활이 더 쉽다고 생각하진 않는다. 며칠 전에도 파리에 가서 의대 시절 동창을 만났다. 다들 사춘기 자녀를 두고 있더라. 저마다 고민이 있더라. 현대인의 가정생활은 힘들다. 힘들기 때문에 좋은 수행처가 되는 거다. 의대 동기 중에 가톨릭 수사가 되려다 여자를 만나 결혼한 친구가 있다. 그는 직장에서 일을 할 때도, 가정에서 가족을 대할 때도 수도를 하더라. 그는 재가 수행자였다. 그 친구의 수준이 수도자보다 떨어질까. 그렇지 않다. …… '나는 올해 안식년이다. 파리에 갔다가 지난 주말 귀국했다. 왔더니 교수실의 화분이 말라 있었다. 먼지도 많고, 책이 쌓여 공간도 좁았다. 내게 중요한 건 그런 문제다. 이런 사소한 것이 나를 일깨워준다. 이런 문제를 만나고, 그 문제를 풀면서 나는 깨달음을 얻는다……' 화초를 가꾸는 일과 수행이 통한다는 얘기다. 말라가는 화초, 물을 주고, 다시 생기를 찾는 화초, 그런 걸 보면서 많은 걸 깨친다. 일상이 중요한 거다. 한국 불교는 지나치게 출가자 중심으로 이루어져 있다. 재가자들이 일상에서 불교를 재발견할 수 있도록 해야 한다(참고: 박성호(2011). 부처는 내게 의사. 집착을 없애 주는 의사 중의 의사. 중앙일보. 2011년 5월 5일자)."

그는 가감 없이 말한다. 부처는 내게 의사. 집착을 없애 주는 의사 중의 의사라고 말한다. 서 신부는 캐나다에서 19년, 프랑스에서 17년을 살았고 이제는 한국에서도 20년 넘게 살고 있다. 프랑스 보르도 대학에서 6년간 의학을 전공했다. 350구가 넘는 시신을 해부했지만, 인간이 왜 아픈지, 왜 죽는지에 대한 의문이 풀리지 않자 그것을 알기 위해 신부가 됐던 인물이다. 그는 서강대 종교학 교수로서 학생들에게 기독교만을 가르치는 것이 아니라 종교학을 가르친다. 예수회 소속인 한국에 파견된 후 이곳에서 한국 불교를 깊게 접했다. 한국 문화를 알기 위해 불교 공부를 시작했지만, 불교를 이해하면서 그리스도교를 더 깊이 알게 됐다는 그는 파리 대학에서 받은 석·박사 논문 주제도 성철(性徹) 스님에 관한 것이었다. 그는 한국에 귀화한 후 이래 간화선(看話禪, 화두를 통한 불교식 참선법) 수행을 잊지 않고 자기를 다스리는 중요 방편으로 삼고 있다.

111) 아인슈타인이 지인들에게 끊임없이 되뇌였다는 말은 딱 한 가지였다. 신의 생각을 알고 싶다는 그 말이었다. 신의 생각을 아는 것, 그 이외의 나머지 것들은 모두 사소한 것이라고 주위 사람들에게 말하곤 했다(I want to know how God created this world. I am not interested in this or that phenomenon, in the spectrum of this or that element. I want to know his thoughts. The rest are details.)[참고: Einstein, A. et al. (2000). *The expanded quotable Einstein*. Princeton: Princeton University Press].

112) 아놀드 민델(Arnold Mindell) 박사는 미국 MIT와 스위스 취리히 소재 융 연구소를 졸업한 후, 과정

지향 심리학의 새로운 영역을 개발하고 있다. 심리치료학의 새로운 영역인 프로세스 워크는 의식 개발, 진화, 변화와 성장에 도움이 되는 정신과 마음의 수련기법이다. 자기 성장, 자기 변화, 자기 의식 개발에 대한 앎의 교육과정을 강조한다. 프로세스 워크에서 마음을 수련하기 위해, 그는 꿈, 신체 치료, 융심리 치료, 집단 작업, 의식 연구, 샤머니즘, 양자물리학, 대소 집단 갈등 해소를 혁신적인 방법으로 통합하고 있다[아놀드 민델(2006). 꿈꾸는 영혼(역). 서울: 나노미디어].

그의 심리치료에서는 몽·혼·체(working with the dreaming body)의 통합과 깨달음이 핵심 과제다. 몽혼체(夢魂體)에는 인간관계의 그 모든 것, 말하자면 사람들의 어조, 표정, 말의 속도, 특이한 몸짓들이 하나의 꿈으로 반영되어 나타나며, 그 속에는 질병, 의사소통, 인간관계 문제가 관여하기에 그것을 통해 저들의 현주소를 찾아낼 수 있기 때문이다. 민델 박사가 2000년도에 출간한 『양자 마음(Quantum Mind)』은 과정심리학의 이론화를 위해 크게 공헌했다. 신체에 나타나는 증상이 반드시 치료되거나 억제되어야 할 필요는 없다는 것이 그의 지론이다. 그것은 인간의 몸 상태는 그것이 무엇이든 의미와 목적이 있으며, 그로부터 인생의 새로운 국면이 시작되거나 존재의 의미를 깨닫는 계기가 될 수도 있기 때문이다. 그의 논리는 관계치료의 이론적 근간을 이루고 있다[참고: 아놀드 민델(2011). 관계치료-과정지향적 접근(역). 서울: 학지사].

113) 유가(儒家)의 정신적 지주 중의 하나인 『중용(中庸)』에서, 하늘이 명한 것을 본성이라고 하며, 본성에 따르는 삶을 도라고 한다. 공자의 손자인 자사(子思: 孔伋)에 의하면, 도(道)란 '인간의 본성에 따르는 삶(率性之謂道)'이다. 중국인의 성경은 영어권에서 쓰고 있는 말씀(word)을 도(道)로 번역하고 있다. 예를 들어, 요한복음(The Gospel according to John) 제1장 1절은 "In the beginning was the Word and the Word was with God."으로 되어 있는데, 한국이나 일본의 성경은 'word'를 말씀 혹은 소리로 번역하고 있다. 그에 비해 중국판 성경은 그것을 '도(道)'로 번역하고 있다. 즉, 太初有道, 道與 神同在라고 번역한다.

生의 癒

5. Video et Taceo | 裝聾作啞,
인이불발 | 引而不發

1. "내가 다시 지혜를 알고자 하며 미친 것과 미련한 것을 알고자 하여 마음을 썼으나 이것도 바람을 잡으려는 것인 줄을 깨달았도다. 지혜가 많으면 번뇌도 많으니 지식을 더하는 자는 근심을 더하느니라." – 전도서(1:18-19)

"가르치는 일, 그리고 나는 학생들을 싫어한다. 그들은 다른 사람들과 마찬가지로 대부분 어리석고 따분하기 때문이다." 포스트 모던의 철학자로 유명세를 누리고 있는 슬라보예 지젝(Slavoj Zizek) 교수의 말이었다.[1] 당신이 해 본 일 가운데 최악의 일을 예시해 달라는 기자의 질문에 대한 대답으로 한 말이었다. 문맥으로 보면 대학생에 대한 비판이 아니라, 대학을 경영하는 사람들에 대한 몰(沒)학문적인 경영방식에 대한 고발이나 마찬가지였다. 그의 말은 치기(稚氣)어린 말에 지나지 않을 수도 있다. 관념론과 정신분석으로 이 세상을 조명하는 사상가라는 그가 대학교육의 문제점을 지적하기 위해 한 독설로서는 함량이 부족한 말처럼 들리기 때문이다.

자본주의 사회에서의 대학교육은 소비주의처럼 천박하다는 그의 고발이었다. 가르치는 일이 이제는 마치 상거래와 거의 같은 것으로 전락했음에 대한 그의 분노였다. 정보 판매를 대학교육의 본질로 호도하는 속물근성에[2] 대한 비판이기도 했다. 대학교육 전반에 대한 그 특유의 성찰을 담은 표현이었다.[3] 무의미한 것을 의미 있도록 만들어 가고 있는 대학교육에 대한 비판이었다. 예를 들어, 자본주의의 횡포가 만연해 있는 대학가일수록, 대학은 경영의 효율화라는 이름 아래 수강생 인원을 상향 조정하기도 한다. 일정 명수의 수강생이 차지 않으면 가차없이 폐강을 조치한다. 이런 분위기는 대학의 정신에 부합하는 것도 아니다. 학문 지향적인 대학 문화를 육성하거나 사유하는 학자, 세계적인 과학자들을 길러 낼 수 없는 지적 풍토일 뿐이다.[4] 교수-제자 관계의 느슨함에 대한 그의 강한 조소이기도 했다. 대학 행정에 대한 대학생들의 무기력에 대한 비판이기도 했다. 누구를 위한 강의이며, 누구를 위한 대학교육이어야 하는지에 대한 조소이기도 했다. 대학교육의 모순과 한계에 대한 전반적인 고발이었다. 대학교육의 현실을 바로 알려 주는 그의 진실된 용기, 말하자면 파르헤지아(parrhesia) 그 자체였다.[5]

대학교육은 어쩌면 학문과 무관한지 이미 오래되었는지도 모른다. 대학 정신은 돈으로 계산되고, 돈에 의해 대학의 학문하는 정신 자체가 타락해 가고 있기 때문이다. 대학교육의 문제에 대한 그의 고발 정신만큼은 받아들일 수 있어도, 가르치는 일에 혐오감을 드러낸 그의 비판만큼은 있는 그대로 수용할 수 없을 수도 있다. 그의 의견만이 대학교육의 발전을 위한 참이라고만 말할 수는 없기 때문이다. 지젝 교수가 대학교수로서 가르치는 일에 어느 정도로 열중했는지는 우리로서는 제대로 알 수 없는 일이다. 그의 속 깊은 사연도 모를 뿐만 아니라, 그가 정말로 말하고 싶었던 대학의 정신에 대해서도 분명하게 이해하고 있지 못하기 때문이다. 학생들을 만나는 일을 인간적으로 싫어하는지도 모른다. 가르치는 일을 싫어하면 강단에 서지 말아야 하기 때문이다. 가르치는 일을 잘하지 못하기에 그랬을 수도 있다. 그랬어도 그의 말에는 의심이 가지 않을 수 없다.

가르치는 일에 대한 그의 혐오를 경계하면서도, 그의 언급에서 묘하게 피어나는 진실성을 외면할 수 없는 것도 사실이다. 거부하면서도 그의 말이 끌어당기는 흡인력을 저항하기 어렵다. 학생들에 대한 그의 혐오가 가르치는 사람들의 얼을 나름대로 빨아들인다. 가르치는 일은 쉬운 일이 아니기 때문일 수 있다. 가르치는 일은 실제로 녹록하지도 않다. 가르치는 일에 대한 혐오는 타인을 향한 것이 아닐 수 있다. 자신을 향한 가르침에 대한 절규일 수 있다. 회한일 수도 있기 때문이다. 자신을 가르치는 일은 어렵다. 타인을 가르치는 일은 더 어렵다. 자기가 자신을 제대로 가르치지 못한다면 타인을 가르치는 일이 쉽다고 나설 수 없다. 그것은 위선이며 허위이기 때문이다. 자신을 가르치지 못하면서 타인을 가르치는 일은 즐거운 일이 아니다. 그렇게 한다면 그것은 학문을 파는 호구지책일 뿐이다.

자신을 가르치는 일을 좋아하지 않으면, 가르치는 일을 익힌다는 것이 역설이고 모순이다. 가르침과 익힘의 관계에 있어서도, 손실회피효과(loss aversion effect)가 작동하기 때문이다. 돈이 내 주머니에서 빠져나갈 때 느끼는 고통은 언제나 돈이 들어올 때의 그 기쁨보다 더 크기만 한 법이다. 가르치기 위해 노력하는 고통도 무엇인가 익힐 때 느끼는 희열보다 크게 마련이다. 익힘에 익숙하지 않은 교수라면, 당연히 익힘에 있어서 게으른 자신의 태만부터 먼저 따져 보아야 한다. 자기 태만을 성찰하고, 자백해야 손실회피효과를 상쇄할 수 있다. 가르치는 일이 지옥같은 일이라고 자백하면, 자기 죄는 나름대로 정죄할 수 있을 것이다. 지젝 교수 역시 자기 나름대로 익힘의 어려움을 자백한 것이나 마찬가지다. 대학교수로서의 지켜 내야 할 존격에 대한 자기 폄하를 드러낸 것이다. 가르침에 대한 어려움을 토로한 지젝 교수의 용기는 한 가지를 분명하게 드러낸다. 대학에서의 가르침과 익힘은 결코 학문에서 이중적인 일이 될 수 없다는 점이었다.

익힘과 가르침은 각기 그 층위는 다르지만 서로는 동행하는 한 쌍의 행위들이다. 저들은 종이 위에 놓여 있는 쇳가루와 종이 밑에서 쇳가루를 움직이는 자석 간의 관계다. 서로 흡인하며 조정하는 밀착 관계다. 기능은 다르지만 서로는 하나로 움직인다. 하나가 떨어져 나가면 다른 하나는 무용지물이 되기 때문이다. 자석을 움직이면 종이 위의 쇳가루들도 따라 움직인다. 누워있던 쇳가루들이 벌떡 일어나 하나로 뭉친다. 뭉쳐지면서 솟아오르기도 하고 하나로 붙어 버리기도 한다. 자석이 움직이는 대로 쇳가루들이 움직인다. 그렇게 하나가 되어 움직이는 형상이 익힘과 가르침의 관계다. 익힘이 자석처럼 선행하지 않으면 가르침은 따라 나서지 않는다는 뜻이다. 제대로 익히는 일이 자석이다. 가르침을 즐겁게 받아들일 수 있는 원형이다. 가르침의 동인이라는 뜻이다. 가르침과 익힘을 만들어 내는 힘이 바로 그가 지니고 있는 배움이다.

배움은 수없이 이야기해 왔지만, 자기의 의지에 의해 억지로, 강제로 택할 수 있는 것이 아니다. 배움은 인간에게는 생득적이며, 본성이며, 태뇌(胎腦)에서 하나의 본능으로 작동하기 때문이다. 배움을 작위적인 행위로 간주하는 것은, 배움을 익힘으로써의 학습이라는 개념과 동일한 것으로 혼동했기 때문이다. 배움을 중세기 서양 사회에서는 일반적으로 '에루디션(erudition)'이라고 불렀다. 에루디션은 요즘 서양의 학습심리학에서 말하는 러닝(learning)으로서의 학습과는 그 속성이 질적으로 다르다. 러닝은 학교교실과 같은 곳에서 일어나는 집단적인 훈련을 강조하는 일반 명사로 쓰이지만, 에루디션은 그런 러닝의 원조이며, 토대로서 각자적으로 자신에 대한 함양과 체찰과 같은 '자신 만들기'를 지칭하는 개념이기 때문이다. 배움과 학습을 학문적으로 구별하는 이유는, 배움이 결코 교육심리학에서 말하는 학습과 동일한 수준(order)의 개념이 아니기 때문이다.

배움은 익힘이나 만듦으로서의 러닝 활동을 쌓아 놓을 수 있는 토대 개념이다. 학습을 지도하며 이끌어 내는 유도 개념이 바로 배움이다. 학습과 익힘의 성립 개념이 배움이다. 다시, 종이 위에 쇳가루가 있고 그 종이 밑에서 쇳가루를 조정하는 자석의 관계로 대비하면 배움과 학습 간의 관계를 보다 더 선명하게 이해할 수 있다. 이 경우, 배움의 개념은 자석에 해당되고, 쇳가루는 학습에 해당될 수 있다. 자석이 움직이지 않으면, 쇳가루는 정지된 물체일 뿐이다. 쇳가루들의 연합이나 작동들은 힘을 잃는다. 자석이 움직이는 대로 쇳가루가 움직이며, 쇳가루들이 서로 모이고 흩어지며 모양을 다르게 내보이는 갖가지 운동을 계속하기 마련이다.

학습이나 익힘은 그래서 가르침과 한 쌍이 되는 개념이 된다. 종이 위에서 움직이는 쇳가루처럼, 학습과 가르침 역시 분리될 수 없는 한 쌍의 개념이다. 가르침은 학습을 위해 필요하고, 학습은 가르침을 위해 보조한다. 가르침과 학습 그리고 익힘은 배움이라는 원리 안에서 움직이는 연결 개념일 뿐이다. 교육과정이라는 학문에서 교수-학습을 한 쌍의 짝으로 다루면서 각기 그것의 서로 다른 기능을 분화시키는 이치와 같다. 학습과 가르침의 기능은 배움 안에서만 가능하다. 배움이 없으면 학습과 가르침은 작동하지 않는다. 그런 의미에서는 가르침이 바로 익힘과 대칭적으로 같은 기능을 발휘하는 셈이다. 배움이 사람들에게 본능이라는 말은, 배운다는 것은 바로 자신을 가르치는 일의 시작이며, 용기임을 뜻한다. 가르침 없는 배움은 가능해도, 배움 없는 가르침은 무용하다. 학습없는 배움은 언제든 유효하지만, 인간에게 있어서 배움 없는 학습은 무기력할 뿐이다. 쇳가루와 그것을 움직이는 자석 그 사이에 끼어 있는 종이는 사람, 바로 나와 너, 그리고 저들이다. 가르침이라는 자석과 쇳가루의 작동이라는 학습 활동의 매개체다. 사람이 학습하고, 가르치는 것이지, 학습이 가르치며, '사람'하는 것이 아니라는 뜻이다.

인간의 자유의지에 대한 논쟁은 학문적으로도 난제에 속한다. 인간의 자유의지 문제는 증거의 쟁점이 아니라 선호(選好)의 쟁점이기 때문에 정답이 없다. 어떤 사람은 어떤 경우라도 인간의 자유의지를 믿는다. 어떤 사상가들은 그 어떤 경우에도 인간의 자유의지를 거부한다. 정신공학자인 데닛(Dennett) 교수는 인간의 자유의지를 선호한다. 인간의 자유의지를 생물학적으로 진화된 객관적인 현상으로 수용한다.[6] 자유의지는 자연 선택의 결과라는 것이다. 자유의지는 결코 신비한 것이 아니라는 것이다. 인간은 자기 마음대로 자기를 키워 나간다는 해석까지 가능하다. 자유의지가 있기 때문이다.

데닛 교수는 학문의 본질은 과학 정신을 드러내는 일이라고 정리한다. 과학은 왜, 즉 '와이(why)'에 응대하며, 왜에 대한 대답을 내놓는 일에 전력 질주하는 일이 과학이라고 말한다. 과학을 신봉하는 사람들은 사물의 본질과 현상의 본질을 규명하려고 노력한다. 사물의 현상을 나누고, 떼어 내며, 조각을 분석하고, 각각의 이치들을 설명한다. 사물이나 현상의 원인들을 규명하기 위해서다.

와이에 비해 '와이 낫(why not)'의 질문은 단순한 객관주의나 과학주의를 넘어서는 주제다. 과학주의보다는 통합적 이해를 요구한다. 과학적 분석과 개별화를 넘어서야 답을 찾을 수 있기 때문이다. 사물이나 현상의 본질과 속성을 설명하는 탐구 정신을 요구한다. 예를 들어, 생각이 무엇인지를 논하기 위해 뇌 신경학자들은 인간의 뇌 기능이나 뇌 활동을 거론한다. 생각이 무엇인지를 객관적으로 파악한 끝의 결론은 한 가지다. '생각은 뉴런의 소음이다.'라는 결론에 도달하게 된다. 결론에 이르는 과정은 단순하다. 먼저 생물학적으로 인간의 생각을 뇌라는 것에 한정시킨다. 뇌의 기능들을 뉴런의 활동으로 세분화시키고 쪼갠다. 다시 그 뉴런의 화학적 성질을 나눈다. 나트륨과 칼륨 이온의 전기적 포텐셜 등으로 나눈다. 이제 마지막 정리에 이른다. 에너지의 전도에 의해 작용된 것이거나 그것들이 만들어 놓은 잡음이 생각이라고 정리한다. 과학적 성과에 의해 만들어진 결론은 간단하다. 나트륨과 칼슘 이온이 이동하거나 마찰하면서 서로가 전기적 자극을 주고받고 에이티피(ATP)라는 물질을 소모하는 활동이 바로 인간의 생각이라고 정리할 수 있다. 이것은 생각의 본질에 대한 과학자들의 객관적이고 과학적인, 그리고 환원론적인 소견의 한 단면을 보여 준다.

인간의 뇌는 엄청난 것을 가상하고 만들어 낼 수 있는 힘을 갖고 있다. 생각은 인간이라는 존재에 생(生)과 명(命)이 붙어 있을 때에만 일어난다. 생명체로서 숨을 쉬고 있을 때에만 생각이 가능하다. 자기를 만들어 내며 자기가 성장하고 있는 동안 생각이 가능하다. 생각은 인간의 자기 생성력이 있는 한도에서만 가능하다는 뜻이다. 자기 생성력은 인간의 배움과 직결되어 있다는 식의 논리는 과학주의를 넘어서는 이해 방식이다.

인간의 자기 생성력을 주장하는 논리는 자유의지론과는 그 성격이 다르다. 자기 생성력은 자기 생존력의 다른 표현이다. 생과 명의 존재성을 드러내는 것이 자기 생성력이다. 인간은 자기 생성력을 조절할 줄 안다. 인간의 자기 생성은 배움에 의해 끊임없이 문화적으로 이어진다. 인간은 그렇게 자기 생성력의 오토포이에시스(autopoiesis)적인 존재, 분석을 넘어서는 신성한 존재들이다.[7] 인간은 자기 생성력에 힘입어 생물학적인 존속을 위해 끊임없이 진화해 왔다. 자기 생성력의 원초적 동력이 인간에게는 배움이었다. 그래서 자기 생성력의 존재인 인간을 배움의 동물, 즉 호모 에루디티오(homo eruditio)라고 부른다.[8] 배움은 본능이며 진화의 유전자다. 진화는 인간이 진화하겠다고 해서 저절로 되는 것이 아니다. 인간의 삶에 체화된 생존의 유전자에 의해 자연 선택하는 사회생물학적인 현상이 진화이며, 그 동력이 인간의 배움이다.

지금을 살아가는 나는 그렇게 진화된 생물체의 한 예일 뿐이다. 그 생물체를 조정하는 것이 인간의 몸이 지닌 뇌다. 인간이 살아간다는 것은 자신의 몸이 어떤 일을 하는지에 달려있다. 인간의 뇌는 인간이 살아 있다는 몸과 생명이 무엇을 의미하는지를 보여 주는 단면이기도 하다. 그것을 질 볼트 테일러(Jill Bolt Taylor)라는 과학자의 일상적 삶에서 엿볼 수 있다. 그녀는 하버드 대학교 뇌 연구소에서 일하던 뇌 과학자였다. 테일러 박사는 과학적 탐구의 현실인 '와이'의 탐구와 그것을 뛰어 넘는 '와이 낫'의 탐구 간의 상관성과 그것의 함의를 보여 준다.[9] 테일러 박사는 뇌의 기능을 연구하다가 별안간 자기 뇌에 큰 이상을 겪는다. 그녀는 연구 도중 뇌졸중으로 쓰러진다. 좌뇌의 혈관이 이유 없이 터져 버리자, 큰 핏덩어리가 뇌 안에 고인다. 혈전이 생기고, 그것이 뇌혈관을 막아 버린 것이다. 그녀의 언어 기능을 빼앗아가 버린다. 말을 하지 못하게 만들어 놓았다. 가족도 알아볼 수 없게 된다. 사건 이후 그녀의 삶 전체가 바뀐다.

말을 할 수 없게 되자 놀랍게도 걱정거리도 일순간에 정지된다. 머릿속에서 늘 괴롭히던 일상의 걱정거리들이 모두 소거된 것이다. 그런 것을 무려 8년이나 경험했다. 회복기를 거쳐 거의 완치된 그녀는 뇌졸중에 노출되었던 당시 체험을 '열반'의 경험이라고 정리한다. 과학적 탐구로서는 설명할 수 없는 일이라는 것이다. 과학적 사고의 화두였던 '와이'가 메타과학적인 사고를 요구하는 '와이낫'의 화두로 넘어가버렸기 때문이다. 그녀는 뇌졸중 때문에 '왜'라는 과학적 탐구를 넘어서는 탈(脫)과학적인 경험을 만끽했던 장본인이었다.

테일러 박사는 뇌졸중의 자가 체험담을 근거로 인간의 뇌 기능과 '생각'의 정체가 무엇인지를 설명하려고 했다. 설명했다기 보다는 인간의 몸이 지닌 우주적인 신비함을 보여 줬을 뿐이다. 지금과 같은 과학적 탐구 방법으로도 인간의 뇌 기능을 완전하게 정리할 수 없다는 반증이기도 했다. 신의 존재를 증명해 내기 위해 시도된 수많은 노력처럼 뇌 기능 연구 역시 완결편으로 끝날 수 있는 그런 주제가 아니라는 결론이다. 뇌 기능의 연구는 시지프스 신화처럼 영원히 다시 시작하고, 또 다시 시작하는 반전의 반전을 거친다. 아무리 반전을 거듭해도 뇌 기능은 뇌 기능 자체에 더 이상 설명을 불허하는 신비함이 따라붙기 마련이다.

아직도 시중에서는 사람의 뇌에 대한 일반적인 견해들 만큼은 나름대로 유효하다. 좌뇌는 자의식·분석력·판단력 등을 지배하며, 우뇌는 창의력과 감정 같은 것들을 관장한다는 견해 같은 것들은 일상적으로 유용성 있는 과학적 결과이다. 각각의 기능들은 상대적으로 독립적인 것으로 이해되어 왔지만 뇌경색을 경험했던 테일러 박사는 양(兩) 뇌의 기능이 엄격하게 독립적인 것이 아니라고 정리한다. 양 뇌는 상호 교류한다는 것을 체험으로 증거한다. 테일러 박사가 겪은 것처럼 좌뇌가 마비된 동안 좌뇌의 기능을 우뇌의 기능으로 대체할 수 있다.

뇌는 좌뇌든 혹은 우뇌든 관계없이 자기의 뇌는 개인 자신이 자유롭게 쓸 수 있다. 우뇌세포 회로에 의식적으로 주의를 기울이면 우뇌의 기능을 통제할 수 있고, 좌뇌 신경세포 회로를 통제하면 좌뇌의 기능이 통제된다. 예를 들어, 화는 감정에 관련된 우뇌의 기능이 활성화되는 경우다. 화를 내게 만드는 신경전달물질이 우뇌 신경세포 회로에 분비되면 화가 치민다. 분노 관련 신경전달물질의 분비는 약 2분 이내로 끝난다. 화를 내게 만드는 신경전달물질이 분비되는 동안 당연히 화가 지속된다. 화를 치밀게 만드는 신경전달물질의 분비가 끝난 후에도 계속 화를 내는 사람이 있다. 그것은 신경전달물질의 분비와 무관한 분노 분출이다. 화를 내는 사람이 화를 내기로 작정했기 때문에 화가 나고 있는 것이다. 분노에 사로잡힌 자신이 화를 내야겠다고 작정했기에 화가 나게 된다는 것이다.

반대의 경우가 가능하다. 분노하는 사람이 자기 화를 다스리며, 분노하지 않겠다고 우뇌를 도닥이면 화가 풀린다. 분노의 행동도 자연스럽게 소거된다는 것이 테일러 박사의 뇌졸중 체험담이다. 테일러 박사는 우뇌 기능의 무한한 가능성을 경험했다. 그 경험은 마치 불가에서 말하는 '열반'에 이르는 체험과 흡사했다. 그녀는 자기의 경험에 바탕으로 뇌 기능을 새롭게 정리한다. 인간이 좌뇌에만 지배당하며 살아야 할 이유가 없다는 것이다. 인간은 좌뇌의 영향력에서 벗어나면 오히려 더 평화롭게 살게 된다는 것이다. 영적인 삶을 영위할 수 있다는 것이다. 우뇌를 활용할수록 개인과 세계는 더 평화로워질 것이라는 것이 그녀의 뇌졸중 체험담이다.[10] 뇌졸중 환자였던 그녀는 이제 과학적 탐구에 대한 한 가지 결론에 이르렀다. 과학적 사고를 이끌어 내는 화두인 '와이(Why)'가 과학적 탐구에서 절대적인 것이 아니라는 결론이었다. 와이에 관한 객관적 탐구 질문이 메타과학적인 사고를 요구하는 '와이낫(Why not)'의 화두로 바뀔 수 있다는 점이었다. 와이의 탐구와 와이낫의 탐구는 서로 대립적이거나 대체 불가능한 것이 아니기 때문이었다.

와이든 혹은 와이낫이든 간에 관계없이, 그런 질문이나 탐구를 인간의 뇌 속에서 작동하게 만드는 기능과 힘의 원천을 배움원(源), 말하자면 배움소의 저장고라고 부를 수 있다. 배움을 시작하게 만든다는 뜻에서 배움소들의 활동의 분출고가 배움원이다. 이런 배움원에서 배움을 위해 '근본적이고 간단하며 전혀 혼합되지 않은채 작동하고 있는 배움의 원형요소가 배움소다. 배움은 생각할 수 있는 동물이 바로 인간이라는 것을 보여 주는 인간다움의 시작(始作) 요소다. 배움은 인간이라는 존재가 모체에서 생성될 때부터 뇌에 배선화되어 간다. 배움의 배선화에 따라 인간 뇌의 기능들이 작동된다. 좌뇌 혹은 우뇌의 여러 구성인자들이 서로 작동하면서 만들어 내는 사유의 시너지적인 효과들이 배움활동이 된다. 인간이 원하거나 요구하지 않았더라도 인간의 두뇌에는 배움소들이 각각의 기능에 따라 배선화된다. 배움소(素)의 활동과 그것의 기능적 효과들은 인위적으로 소거될 수 있는 것들이 아니다.

인간이 지능을 포기할 수 없는 것처럼 인간 스스로 자신 안에 배선화된 배움소를 제거할 수 없다. 배움소를 포기하면 생존이 소거되는 것이기 때문이다. 배움소의 확장은 생존을 위한 작동이다. 배움소는 인간의 생물학적 생존을 위해 분화한다. 생물학적 기능들은 진화되나 배움소들은 분화한다. 배움소의 원초적 기능은 우주 만물의 존재와 생존 질서를 알아내며 활용하는 능력이다. 문제에 대한 해답을 위한 논리, 적절한 유비 관계를 떠올리는 연상능력, 사물이나 사태들 사이에 적절한 조화를 부여하는 조화능력, 다음에는 어떤 일이 일어날 것인지, 사태가 어떤 식으로 전개될 것인지를 구상하는 예측능력이 배움소의 기능이다.[11]

인간의 배움소는 인간의 존재와 생존을 위해, 인간의 됨됨이, 인간의 품과 격을 바꾸어 주는 요소다. 배움소는 인간의 생존을 위해 인간의 삶에 개입한 필수적인 요소다. 배움소는 생물들의 진화과정에서 분화된 가장 인간다운 모습을 드러내게 만드는 요소였다. 예를 들어, 인간에게는 사물을 이리저리 살피는 분류의 능력이 있다. 분류능력은 인간 지능의 필연성과 우연성을 동시에 드러내는 기능이다. 분류능력은 인간의 유전자에 각인된 지적 능력으로서 본능 같은 능력이다. 분류능력은 인간의 진화와 더불어 진화되어 왔다. 인간의 분류능력은 어떤 유명한 과학자의 작업도 결코 독창적일 수 없음을 보여 준다. 아리스토텔레스(Aristotle)가 보여 준 탁월한 분류 정신도 독창적인 것은 아니었다. 그의 분류능력은 그의 인간적인 유전자에 각인되어 있는 본능의 발현이었을 뿐이기 때문이다.[12] 인간에게 '분류'는 생존을 위한 본능의 전략이었다. 인간들은 사물의 모든 것을 다른 동물에 비해 더 체계적으로, 먹을 수 있는 것과 먹을 수 없는 것, 맛있는 것과 맛없는 것 등으로 분류하는 능력이 탁월했는데, 그런 정보의 집적과 활용이 다른 동물들을 지배하는 권력으로 연장되었다. 분류능력이 인류문명의 발전을 위한 모태가 되었던 것이다.

현생 인류들이 보여 주는 디지털 기술의 발전 역시 결코 새로운 것이 아니다. 디지털의 기술은 인간의 본능인 분류능력에서 기원되어 분화된 것이기 때문이다. 정보시스템의 시작도 인류의 분류 본능에서 출발한다. 정보 습득에서 시작하여 정보의 새로운 가치를 만들어 내는 인류의 습성은 인간의 유전자 속에 내재된 것이다. 인류의 전통적인 분류 체계는 5~6단계를 넘지 않았지만 역사적 법칙에 의해 지속적으로 다듬어진 것이다. 민속 분류 체계들은 가족 체계를 모방해서 발전되었다. 민속 분류법의 본류는 신화의 이야기 구조와 유사하다. 분류 체계가 가족 체계처럼 단순했기 때문이다. 이런 단순 분류 체계들이 디지털 시대의 인터넷 메뉴 구조를 이룬다. 인간의 미래는 인간의 분류 본능, 말하자면 분류 본능을 이어가는 인간의 마음에 달려 있다.

인간은 존재론적으로는 허름하나 생물학적으로는 '온전'하다. 한 개체는 언젠가는 죽는다. 세상에서 소거될 수밖에 없기에, 그의 분류능력도 한시적이다. 존재론적으로 볼 때, 인간은 불량품적인 요소가 가득한 생물체다. 생과 명을 지켜야 하는 생물로서, 인간은 사는 동안에는 살아가야만 한다. 생존을 위한 기능만큼은 생존을 위해 최적의 기능이어야 하고 생존에 적합해야 한다. 머리에서 발끝까지 생존을 위해 가장 적합한 활동 구조로서의 분류능력을 지녀야만 한다. 생물학적으로 적합한 구조를 지녔다는 점에서 인간의 구조는 생물학적으로 온전하다. 생물학적으로는 온전하나 존재론적으로 불완전하다. 그래서 인간은 생존과 존재 사이의 구조적인 부조화에 놓여 있다. 살아야만 하지만 죽어야 하는 불완전하게 온전한 존재가 인간이다. 모든 생물은 죽기 위해 살아야만 하는 존재들이다. 그것을 알고 있는 존재는 오로지 인간뿐이다. 생존과 존재 사이의 불화 속에서 자신을 처신하도록 도와주는 것이 분류능력과 차별화능력이다. 배우는 동물로서의 호모 에루디티오(Homo eruditio)는 생존과 존재 간의 원초적 불화를 상징적으로 분류해 내는 존재를 말한다. 온전한 것 같으면서 불완전하고, 불완전한 것 같으면서 온전하게 살아가는 진행형 존재로서 세상을 나름대로 분류하는 인간이 배우는 동물이다.

인간이 세상살이를 분류하는 동안 겪어야 하는 불안은 인간에게는 원죄(原罪)와 같을 뿐이다. 인간 각각이 겪는 불안의 크기와 불안의 수준은 다를 수 있지만, 그것을 피할 수는 없다. 원초적으로 겪는 불안으로 인해 인간 각자는 정신 치유의 근거를 갖게 되지만, 그것을 자기것으로 찾는 일은 쉽지 않다. 불안은 일종의 정신병이라고 분류되고 있지만, 병이라기보다는 환경에 대한 남다른 각자적인 적응 방식이라고 봐야 한다. 정신병이라는 말은 메타언어에 속할 뿐이기 때문이다. '몸병'이라고 부르는 것이 어설픈 것처럼 정신병이라는 말도 혼란스럽기는 마찬가지다. 감기 환자를 이상한 사람, 몹쓸 사람이라고 경계하지는 않는다. 성병(性病), 치질(痔疾), 암(癌)이 인간 내면에서 발생하지만, 그것들을 한통속으로 가리켜 몸병이라고 부르지는 않는다. 몸과 마음은 한통속이기에 성병도 정신병이고, 암도 정신병이고, 정신병도 암이라 그렇게 통째로 불러 버린다면, 의학계는 질병에 대한 분류체계를 망실한채 커다란 혼란에 빠질 것이 분명하다.

신경계 질환의 경우는 사정이 전혀 다르다고 보아 의학계에서는 그런 현상들을 흔히 정신병의 범주에 끼어 놓는다. 정신병 환자는 정신 질환자라는 것이다. 정신이 평균을 넘나들기에 정상이 아니라는 뜻이다. 정신 질환자란 집단 규범이나 집단적 심리적 규칙들과 어긋나는 사람들을 분류된다. 정신병(精神病, psychosis)은 정신적인 질환을 총칭하는 정신의학적인 개념으로서, 말하자면 망상, 환각, 판단·통찰력·사고과정의 결함, 치매, 현실에 대한 객관적인 평가능력 부족 등의 질환을 총칭한다. 보수적인 정신의학계에서, 정신병은 기능성 정신병(機能性 精神病)과 기질성 정신병(器質性 精神病) 같은 두 가지 범주로 나뉜다. 기질성 정신병은 명백한 육체적인 이상에서 생기는 질환이다. 뇌의 기질 장애로 일어나는 정신병 같은 것들이다. 노인성 치매, 뇌 매독, 만성 알코올 중독처럼 대부분의 경우 뇌의 기질적 질환을 원인으로 보는 정신 질환이다. 기질성 정신병을 제외한 일반 정신병을 모두 기능성 정신병이라고 한다.

정신 질환을 담당하는 보수적인 정신과 의사들의 직업윤리는 흔히 메타 파톨로지스트들의 직업관 그대로를 닮았다. 외과 수술 집도 후 스스로 수술을 잘못했다고 고백하는 의사는 거의 없듯이 정신 질환을 담당하는 의사 역시 예외가 아니다. 죄수에 대한 판결을 잘못했다고 자신의 실수를 이실직고하는 판사를 발견하기 어려운 것과 마찬가지 이치다. 의사들이 수술에 성공했다는 확신, 판사가 판결을 잘했다는 확신의 표명은 저들의 개인적인 확신과 소망일 뿐이다. 실제 수술이나 선고과정에서 전혀 과오가 없다는 것을 의미하는 것이 아니기 때문이다. 의사들이 활용하는 메타언어는 인문학 교수의 메타언어와는 속성이 다르다. 신령에 관한 목회자들이 사용하는 메타언어와도 성격이 다르다.

푸코(Foucault)가 오래전에 논했던 것처럼 정신병이라는 것도 근원을 따지면 사회적으로 만들어진 낙인의 한 유형이다. 정신병 역시 사회적인 필요에 의해 만들어진 병명(病名)일 뿐이라는 뜻이다. 의학적 소견을 무시하는 것은 아니지만, 정신병이 사회적 산물인 것만은 부인하기 어렵다. 예를 들어, 어느 모임에 나가 어느 누가 이중에서 '정신 질환자 아닌 사람 있는가' 나와 보라고 소리쳤을 때, 대부분의 사람은 자기만큼은 정신 질환자가 아니라고 단언할 것 같지만, 실제로는 그렇지 않다는 연구보고도 있다. 정신 질환의 그 어떤 그늘에서 완전히 벗어나 있는 사람은 한 명도 없기 때문에 모두가 망설일 뿐이라는 것이다. 사람에게는 몸병을 일으킬 어떤 인자들이 붙어 다니기에 몸이 탈 날 가능성은 늘 열려 있다는 것이다. 정신 질환의 요소들 역시 마찬가지다. 분초를 다투며 모든 인간에게 붙어 다닌다. 조건만 되면 정신 질환 요인들이 겉으로 나와 증상을 보이기 마련이다. 방아쇠만 당기면 정신 질환의 탄환이 튀어나가도록 되어 있다. 오늘을 사는 현대인의 삶살이는 그렇게 불안하기에, 모두는 알게, 모르게 정신 질환적이다.

현대인의 불안을 대비해서 사회적으로 만들어진 안전 잠금 장치들은 늘 제한적이다. 각종 구조 활동이나 복지 제도 같은 것들이 사회적으로 활용 가능하지만 사람들이 그것들을 활용하기에는 늘 부족하다. 사회인이 처한 사회적 조건에 따라 그런 안전잠금장치를 활용하거나 접근하는 데 한계가 있기 마련이다. 사회적 구조 연결망이 개인들에게 파상적(波狀的)으로 다가오듯이 구조 활동은 구조 대상자들에게 피상적일 뿐이다. 구조 활동들이 제각각 다양하고 미세하며, 구조를 위한 상황 설정도 다르기 때문이다. 끝내 모든 것은 당사자 개인의 대처방법에 따라 서로 다르게 활용될 수 있을 뿐이다. 언설이나 웅변으로 모든 것이 풀리는 것도 아니다. 자본주의의 한계를 비난한다고 해서 그것이 저절로 해소되지 않는 것과 같은 이치다. 인간으로 태어난 이상 자신의 몸과 마음은 자기 것일 뿐이다. 제 몸은 제가 다스려야 하고, 자기 정신은 자기가 고쳐 먹어야 할 일이다. 그렇게 하기 위해서는 자기 스스로 자기의 정신건강에 대해서 분류는 그만두고 그대신 통채로 무울(無鬱)한 조건을 유지해야 한다.

각각의 생과 명을 빽빽하게 부대끼지 않도록, 자신을 무울하게 가득 담고 가야한다. 자신을 무울하게 하기 위해서는 자기 다스림, 자기 연단, 자기 치유를 위한 조건이 필요하다. 삶을 편안하게 놔둘 수 있는 치유 처방을 활용할 수 있어야 자신의 삶이

상대적으로 빽빽하지 않게 된다. 비우라는 불교적 처방, 채우라는 기독교적 처방 혹은 그냥 비우거나 놔두라는 선교(仙敎)적인 처방들은 각각의 조건에 따라 주효하다. 각기의 처방들은 사람들에게 각각 다르게 살아 줄 것을 요구한다. 자기에 깃든 몸과 마음의 병인 '몸' 병은 양방(洋方), 한방(韓方) 의사들만을 위한 치료용 전유물이 아니다. 삶의 어느 구석에서 사람들의 몸을 어루만지는 잡방(雜方)도 나름대로 유효하기 때문이다.

잡방은 무울의 논리에 의존한다. 사람을 치료하기 위한 수단은 윤리적으로 옳기만 하다면 무엇이라도 가능하기 때문이다. 잡방은 자기 치유의 논리에 의존한다. 의학적 치료와 처치는 과학적 방법을 신봉한다. 나쁠 리 없다. 치료는 이상이 생긴 부분이 원래의 기능을 발휘하도록 취하는 의학적 처치이기 때문이다. 치료에 비해 치유는 몸에 이상이 생기지 않도록 조력하는 안전잠금 장치다. 치유는 인간이 지닌 원초적 불안을 다스리는 방편이다. 일상적이며 삶의 장면에 부합하는 일상적인 무울 행위를 즐기는 일이 바로 치유다. 그에 비해 치료는 의학이라는 과학적 기술을 응용한 처치 활동이다. 과학적 법칙에 근거한 처치법과 해석방법에 기초해야 하는 것이 의학적이며 과학적인 치료다.[13] 의술적인 효과가 다양하더라도 치유에 관한 과학적 해석이 결여되면 치료로 취급되지 않는다.

자연 선택, 진화 같은 단어들은 병약한 사람에게는 우울한 단어나 마찬가지다. 병약한 사람은 일단 질병에 취약하기 때문이다. 약자들은 자연 선택의 장에서 일찍 소거될 가능성이 높다. 면역력이 강한 사람들일수록 자연 선택의 장에서 유리한 것처럼 보인다. 현실은 결코 약자나, 강자를 편가르며 진화된 것이 아니다. 진화는 약자에게만 불리하도록 만들어진 것이 아니기 때문이다. 약자는 약자대로 진화했고, 강자는 강자 나름대로 강자로 생존하기 위해 진화해 왔을 뿐이다. 우리 몸의 유전자는 진화의 유산이다. 부모로부터 시작해 과거 모든 생물체가 진화하면서 남긴 유산이 지금의 우리 몸일 뿐이다. 온갖 질병과 병원균들 역시 마찬가지다. 지구상의 격변을 이겨 낸 병균 조상의 무용담을 실어 나른 유전자들의 진화결과가 현재의 세균들이다. 항생제에 내성을 가진 변종 박테리아의 등장도 병균유전자 진화의 역사를 보여 준다. 슈퍼박테리아의 출현은 박테리아의 무용담이자 박테리아의 승리사를 보여 준다. 약자든 강자든 관계없이 병을 이겨 내기 위해 진화했듯이 병을 일으키는 모든 미생물도 인간과 더불어 진화되어왔다.

세상만사가 그렇듯이 세상은 모순(矛盾) 덩어리이지만, 사람들과 세상은 서로서로 그 모순들을 토대로 진화했다. 모순은 치면 막고, 막으면 치는 역설과 공생의 찰나적 관계인데, 모든 것은 그런 모순의 진화물이다. 말하자면 어떤 것이라도 뚫을 수 있는 창이 새로 발명되면, 그 어떤 새로운 창도 막아 낼 수 있도록 새로운 방패가 나오기 마련이다. 인간이 완벽하게 질병을 제압하고 영원히 살 수는 없는 노릇이다. 치료법이 제아무리 발달해도, 인간이 질병으로부터 완벽하게 독립적일 수 없는 노릇이다. 의학의 발전으로 백세장수는 가능할 수 있어도, 불사(不死)는 불가능하다.[14] 질병은 인간에게 두려움의 대상이 아니라, 축복과 깨달음의 상징인 셈이다. 인간과 질병은 공진화의 주인공들이기 때문이다.

사람이 살아간다는 것은 바로 아픔과 아프지 않음의 경계를 조심스럽게 걸어간다는 뜻이다. 그래서 인간에게 질병은 결코 적이 아니라 동지다.[15] 의술이 발전한다고 해도 의술은 병이나 인간의 몸에 대해 늘 무지할 수밖에 없다. 새로운 치료법의 개발은 또 다른 새로운 병원균의 진화를 부추기기 때문이다. 질병과 공진화하는 과정에서 인간에게 요구되는 것은 완벽한 치료법이 아니다. 삶의 방식을 바꿔 줄 수 있는데 도움이 되는 치유가 필요하다. 인간 존재됨의 온전성을 유지시켜 주는 방편으로서의 치유방편이 필요하다. 새로운 삶은 마음을 추스르기 시작할 때 처음의 모습이 드러나게 된다. 마음의 추스림을 돕는 것이 삶의 치유다. 마음의 상처를 도닥일 수 있는 치유들은 한 가지 전제를 지닌다. 그것은 몸에 생기는 어떤 병도 끝내는 마음의 상처로 끝난다는 점이다. 상처받은 마음은 마음이 부스러졌다는 것의 또 다른 표현이다. 부서진 마음을 고쳐 매고, 싸매며, 추스르면서 살아갈 때 비로소 그 삶에 새로운 삶이 돋아날 수 있다.

　　의학적 치료법만을 고집하는 사람에게 잡방에서 말하는 마음의 치유 방편은 잡학, 잡술에 속한다. 고작해야 대체의학의 아류로 간주된다. 치유를 논하는 교육학자들도 잡학자로 간주되기는 마찬가지다. 교육 현장에도 아니면 시장 거리에도 흔히 활용되고 있는 치유의 방편들이 상당히 침투되어 있다. 음악의 다스림, 시조창의 다스림, 그림의 다스림, 독서의 다스림, 여행의 다스림, 요리의 다스림, 춤의 다스림, 신앙의 다스림, 운동의 다스림 같은 것들 그것이다. 이런 치유 처방들은 자기를 다스리게 해 준다는 점에서 나름대로 유효한 삶의 치유방법으로 활용되고 있다.[16)]

　　잡방적인 치유의 방편들은 주로 다스림과 추스름에 관계된 것들이다. 몸을 다스리고 추스르는 일은 인간에 내장된 생물학적 무기인 운동력을 추스르고 다스리는 일 같은 것이다. 인간의 몸은 생애 발달적인 다스림과 임상적인 다스림으로 서로 다르게 다스릴 수도 있다. 임상적인 다스림은 몸, 육체의 추스름이며, 그것은 운동력의 보강으로 나타난다. 몸을 건강하게 추스르며 건사하려면, 마치 구석기시대 사람처럼 일상적으로 근육을 움직거리는 운동의 삶이 필요하다. 석기시대 때 모든 인간은 생존하기 위해, 날마다 식량을 구하기 위해 야생동물을 쫓아야 했다. 거처를 마련하기 위해 엄청난 근육 활동을 해야만 했기에 삶의 조건과 환경에 적합하지 않은 유전자를 가진 인간은 빨리 도태될 수밖에 없었다. 그래서 살아남은 자들의 살과 피 속에는 운동력이라는 오래된 생물학적 무기가 유전되어 왔던 것이다. 이 운동력이라는 생물학적 유전자를 지속시키는 것이 건강이다. 몸을 움직이면 인간은 그만큼 건강하도록 되어 있다. 인간에게 내장된 운동력이 인간의 원시적인 강인함과 강건함을 지탱시켜 주기 때문이다.[17)]

　　육체의 추스름과는 달리 마음을 다스리는 일은 생애 발달의 다스림에 속한다. 말하자면 마음의 성장 마음 놓기, 마음 읽기, 마음추스르기 같은 것이다. 생애 발달의 추스름은 개인의 정신건강을 보호하는 일에 주력하도록 요구한다. 정신 질환의 예방 같은 것은 생애발달의 추스름으로서의 자기 다스림으로 이해되며, 자기 치유의 핵심이기도 하다. 정신건강을 위한 추스름은 사람들의 정상적인 성장을 돕는 여러 방편의 활용에 주력한다. 예를 들어, 시(詩)를 통한 치유, 시조창의 치유, 그림 치유, 음악 치유, 일기 치유 등 모두가 그에 속한다. 일상적인 삶의 현장에서 늘 친숙하게 접하는 음악, 사진, 춤…… 그 무엇이든 자신의 삶에 제대로 쓰기만 하면, 모두가 치유의 방편이 될 수 있다.

예를 들어, 시는 은유와 직유의 언어로 구성된다. 은유와 직유의 언어적 방법은 자기 자신을 겉으로 표현하도록 도와준다. 사람은 태어날 때부터 시인적 기질을 갖고 있다. 사람은 자기의 삶살이를 자기의 감정으로 표현해 내는 언어를 갖고 있다. 그것을 표현함으로써 자기의 마음을 다스리게 하는 것이 시의 치유법이다.[18] 자기의 감정을 언어로 깔끔하게 드러내는 것이 당장은 쉽지 않다. 자기의 감정이 영상화되지 않는다고 하더라도 은유와 직유의 언어를 구사할 수는 있다. 그런 표현들이 시작되면 자기의 삶을 극적으로 드러내는 감정의 시어가 드러나는 것이다. 감정의 시어를 자기 스스로 영상화 시킴으로써 사람들은 자기의 감정을 어루만진다. 자신의 삶에 얼룩져 있는 상처의 흔적이 이내 메꿔진다. 새 삶에 대한 소망들이 솟아나기 시작한다. 남의 시를 읽어도 내 마음은 이내 그의 마음으로 바뀐다.

예를 들어, 나는 시인 정지용의 「향수(鄕愁)」를 자주 흥얼거린다. 글을 쓰다가도 흥얼거린다. 마음이 산란할 적에도 마음 한구석에서 그의 시가 나풀거린다. 흥얼거리기 시작하면 이내 내 마음은 편해진다. 어릴 적 놀았던 과수원 원두막으로 달려가 버리기 때문이다. 쌓였던 피곤함이 이내 가신다. 편안해진다. 나도 모를 희망으로 내달아 가는 모습에 내 스스로 놀라곤 한다. "넓은 벌 동쪽 끝으로/옛 이야기 지줄대는 실개천이 휘돌아 나가고/얼룩백이 황소가 해설피 금빛 게으른 울음을 우는 곳—//그곳이 차마 꿈엔들 잊힐리야.//질화로에 재가 식어가면/비인 밭에 밤바람 소리 말을 달리고/엷은 조름에 겨운 늙으신 아버지가/짚베게를 돋아 고이시는 곳—//그곳이 차마 꿈엔들 잊힐리야.//흙에서 자란 내 마음/파란 하늘빛이 그리워/함부로 쏜 화살을 찾으려/풀섶 이슬에 함초롬 휘적이던 곳—//그곳이 차마 꿈엔들 잊힐리야.//전설 바다에 춤추는 밤물결 같은/검은 귀밑머리 날리는 어린 누이와/아무렇지도 않고 예쁠 것도 없는/사철 발 벗은 아내가/따가운 햇살을 등에 지고 이삭 줍던 곳—//그곳이 차마 꿈엔들 잊힐리야.//하늘에는 성근 별/알 수도 없는 모래성으로 발을 옮기고/서리 까마귀 우지짖고 지나가는 초라한 지붕/흐릿한 불빛에 돌아 앉아 도란도란 거리는 곳—//그곳이 차마 꿈엔들 잊힐리야."[19]

시에 의한 자기 치유란 자기 다스림의 과정에서 자신을 정화시키는 일이다. 전문적인 용어로 자기 정화라는 말이 무슨 뜻인지를 표현한다면, 그것은 지루하기 마련이다. 타인과 자기 간의 관계를 이해하고 인식하기, 창의성, 자기 표현, 그리고 자존감 높이기, 대인관계 기술과 의사소통 기술 강화하기, 통제하기 힘든 자기 감정을 자유롭게 표현하고 긴장감 해소하기, 새로운 아이디어, 통찰 그리고 정보를 통해 새로운 의미 발견하기, 문제 상황에서의 대처능력과 적응 기능 높이기가 자기 정화의 범주에 들어가야 한다고 서술해야 하기 때문이다.[20]

자기 정화는 자기 치유와 같다. 이 모두는 사람 모두가 각기의 삶에서 각기의 처지를 알아차릴 때 시작된다. 마치 얼음 나라에서 앨리스가 경험했던 붉은 여왕의 신드롬이 자기의 삶에서 일어나고 있음을 알아차릴 때 자기 정화의 열기를 느끼게 된다. 동화 속의 얼음 나라는 붉은 여왕이 지배한다. 붉은 여왕의 통치는 단순하다. 백성들이 제아무리 달려 나가도 제자리에 머물게 만들어 놓는다. 얼음 나라 백성들은 제자리에 서 있기 위해서라도 죽기 살기로 달려야만 한다. 우리 모두가 지금 얼음 나라 여왕의 주술에 홀려 있는 것이다. 달리고는 있지만 밤낮 제자리만큼 더 나간 것이다. 그것을 알아차리는 것이 자기 치유, 자기 정화의 출발이다. 그 알아차림은 마음먹기에 따라 언제든 가능하다. 어느 곳에서라도 가능하다. 어떤 사람은 혼자 있음으로 자기를 치유해낸 경험이 있다. 어떤 사람은 자기 몸에 깃든 병에도 고마움을 표한다. 그런 고마움은 알아차림이 지니는 묘한 기질 때문에 가능한 것이다. 생과 명이 아직도 있기에 병이 깃드는 것이다. 그 병을 고마워할 수 있을 정도의 사람이라면 가히 자기 치유를 할 수 있는 사람이다.

불가에서 치유의 한 방편으로 말하는 그 알아차림이란 것은 알고 보면 별것은 아니다. 쉽고 쉬운 일일 뿐이기 때문이다. 혹여 살다 보면 이런 저런 일 때문에 화가 나기 시작하는 경우가 흔할 것이다. 그럴 때마다 이렇게 해 보라고 삶의 고수들은 일러 줄 것이다. 말하자면, 우선 급한 대로 하나, 둘, 셋 그런 식으로 열까지라도 수를 제대로 세어 보라. 그렇게 시작하면 산란했던 마음이 가라앉기 시작한다. 화병, 마음병의 뇌 관을 분리하기 위해 그렇게 세 보라. 바로 아홉, 열까지 정도 세는 것이 최적의 숫자 이다. 수를 열까지 세기 시작하면 자기도 모르게 숨이 들어오고 나가는 것을 이내 알 아차린다. 그렇게 편안하게 숨을 쉬기 시작하는 사람은 자유로워지는 사람이며, 마 음이, 정신이 건강한 사람이다.

숨이 들어오고 나가는 것은 살아 있기에 가능한 생명 현상이다. 인간의 삶도 들어 오고 나가는 숨에 달려 있다. 숨은 생과 명을 잇기 위해 들어오고 나간다. 삶의 현상 을 그렇게 들락, 날락거린다. 숨이 나가는 순간은 죽음이다. 숨이 들어오는 것은 다시 삶이다. 인간은 삶과 죽음을 반복한다. 그것이 삶이다. 삶 속에 죽음이 있다. 죽음 속 에 삶이 있다. 숨이 들어오고 나감은 삶과 죽음의 교대 작용이다. 삶과 죽음의 교호를 깨닫는 것이 수행이다. 수행이란 그 무엇으로 되어가는 것과 앞으로 나아감에 대한 앎이다. 살아 있음에 대한 앎이 수행이다. 삶에 대한 앎을 제대로 아는 것이 도(道)이 고, 그것을 바르게 깨달으면 도통(道通)이다.

도라는 것은 나의 일상적인 삶에서 그리 멀리 떨어져 있는 것이 아니다. 예를 들어, 자신이 얼마나 행복한 사람인지를 느껴 보려면 주위를 그저 슬쩍 살펴보기만 해도 되 는 일이다. 극한(極限)의 비유이기는 하지만, 자기 자신보다 지체가 높은 사람을 쳐다 보기보다는 나보다 어려운 사람을 쳐다보면 금세 안다. 신체적으로나 정신적 장애자 들에게 내 손 하나 내밀어 주는 배려를 해도, 그들보다 엄청난 부자이며 행복한 사람 임을 절감하게 된다. 일할 직장이 있는 사람 역시 행복한 사람이다. 지금도 구직 전선 에 있는 사람을, 대학에서 공부하는 사람은 가정 형편 때문에 고교만을 졸업하고 취 업 현장에서 일하고 있는 사람을 생각하면 자신이 보다 더 행복에 겨운 사람임을 알 수 있다. 자녀가 있는 부부는 자녀를 그토록 원하고 있는 부부를 보기만 해도 행복에 겨운 사람임을 느끼게 된다. 행복이나 삶의 도(道)는 늘 그렇게 주위를 살피면, 따라 붙는다. 자신이 가진 것에 대해 감사하는 마음의 길이 행복의 도이기 때문이다.

수많은 사람들이 인터넷에서 추천하는 「구월의 감사」라는 어느 분의 시가 있다. 지금 이 순간 내 자신은 말로 다 형언할 수 없도록 행복한 사람임을 실감하도록 만들어 준다. "걸을 수만 있다면 더 큰 복은 바라지 않겠습니다. 누군가는 지금 그렇게 기도를 합니다. 설 수만 있다면, 들을 수만 있다면, 말할 수만 있다면, 볼 수만 있다면, 조금 더 살 수만 있다면, 더 큰 복은 바라지 않겠습니다. 누군가는 지금 그렇게 기도를 합니다. 놀랍게도 누군가의 간절한 소원을 나는 다 이루고 살고 있습니다. 놀랍게도 누군가가 간절히 기다리는 기적이 내게는 날마다 일어나고 있습니다. 부자는 되지 못해도, 빼어난 외모는 아니어도, 지혜롭지는 못해도 내 삶에 날마다 감사하겠습니다. 날마다 누군가의 소원을 이루고 날마다 기적이 일어나는 나의 하루를 나의 삶을 사랑하겠습니다. ……내가 얼마나 행복한 사람인지 날마다 깨닫겠습니다. 나의 하루는 기적입니다. 난 행복한 사람입니다……."

진리 그대로를 따라 살아가겠다고 나서는 사람이 깨달은 사람이다. 붓다가 그것을 보여줬다. '붓다'라는 말은 원래 보통명사로 이해하면, 크게 깨달은 사람을 말할 뿐이다.[21] 고유명사로서의 붓다는 광기를 극복한 유일한 현인(賢人, Andragogues), 큰 지식(大智識)을 말한다. 그렇게 본다면, 원효, 퇴계, 다석, 김수환, 이태석 신부 역시 큰 지식들이다. 니체(Friedrich Wilhelm Nietzsche)나 스피노자(Barch de Spinoza), 푸코(Michel Paul Foucault)와 같은 사상가나 학자들 역시 크게 깨달은 서양한 붓다들이다. 푸코는 자기 마음에 깃드는 광기가 어떤 것인지를 일찍이 몸과 마음으로 체득한 학자였다. 그는 광기에 대해 논쟁적으로 매달렸다. 그는 정신의학자들을 의심한다. 저들은 하찮은 개념에 빠져 광기에 대한 진실을 바라보지 못한다고 잘라 말한다.[22] 의학적 처방으로 광기를 제어하겠다는 자체가 오만이라는 것이다. 광기가 무엇인지 처음부터 다시 시작해야 한다는 조언도 잊지 않는다. 광기만이 광기의 진실을 말하기 때문에 그렇다는 것이다.

푸코는 스스로 광기를 체험했던 사람이다. 광기가 자신을 집어 삼키려고 할 때마다 그는 사회의 추방과 처벌에 몸을 움츠리곤 했었다. 광기 속에서 그는 이렇게 말한다. "인간이 자기 언어 속에서 일어나고 있는 일에 이방인인 채로 남아 있을 때, 자기 활동의 산물에서 인간적이며 살아 있는 의미들을 확인할 수 없을 때, …… 정신분열증과 같은 병리학적 형태를 가능하게 하는 문화 속에서 살고 있을 때, 인간은 현실 세계로부터 소외되어 어떤 객관성도 보장해 줄 수 없는 '사적인 세계'로 내몰린다. 그러나 현실 세계의 구속에 순응하는 인간은 그가 도망치는 이 우주를 운명 같은 것으로 받아들인다. 현대 세계는 정신분열의 직접적인 원인을 제공하고 있다. 이는 지금의 사건들이 인간을 비인간적이며 추상적으로 만들기 때문이 아니다. 우리 문화가 세계를 읽어 내는 방식 속에서 인간이 더 이상 자신을 확인할 수 없기 때문이다."[23]

푸코는 광기를 이겨 낼 치유책을 내놓는다. 자본주의 사회의 병폐에 대항하여 싸우는 것만이 광기를 다스릴 치유책이라고 부른다. 나중에는 공산주의 역시 학문적인 낭만주의의 부산물이라고 실토한다. 이내 그것마저도 폐기한다. 모든 광기의 근원은 사회 구조의 모순에 깃들어 있지만 그 대안이 공산주의일 수는 없다는 것이다. 공산주의에서도 소외는 만들어진다는 것이다. 소외에서 벗어나기 위해서 계급이 없는 공산주의 사회를 지향해야 한다는 생각 자체가 잘못이라는 것이다. 푸코는 맑시즘과 단절하고 새로운 방식으로 자신의 광기를 치유하려고 노력한다. 그것이 바로 자기 치유, 자기 연단, 자기 다스림이었다.

광기를 정신병의 일종으로 친다고 해도 광기와 광기가 아닌 것을 구분하는 것 자체가 정신의학적으로 난감하다. 정신병과 정신병이 아닌 것 사이의 경계를 짓는 그 시작부터가 사회적 편견이기 때문이다. 그 편견은 사회적 기만으로 출발한다. 혼자 있음으로, 자기 연단으로 자신의 광기를 치유해 낸 푸코의 경험이 그것을 지적한다. 광기 서린 사람들을 치유하는 데 도움을 주는 사회적 안전망의 한 사례로 우리에게는 익숙치 않은 '베델의 집'을 들 수 있다. 베델의 집은 정신 장애인들에 대한 사회적 편견을 소거시키는 공동체다. 정신병은 미친병이기에 내버려 두어도 좋은, 사회적 편견을 벗어나는 자기 다스림을 강조한다. 광기 서린 행동 '지금 이대로도 괜찮아'가, 바로 자기 치유의 새로운 길을 보여 준다.[24)]

자기 치유의 달인들은 성직자들이 보여 주는 삶과 저들의 행로에서도 자주 발견되곤 한다. 결혼이 금지된 직업에 오랫동안 종사한 사람들이 그런 대열에 들게 된다. 성적 충동에 대한 자기 다스림은 보통은 넘어서는 다스림이기 때문이다. 결혼이 금지된 수녀나 신부 혹은 구도자나 스님들은 성적으로 대단하다. 자기에게 내재되어 있는 성적 충동을 자기 스스로 다스려야 하기 때문이다. 이들은 성범죄자들과는 달리[25)] 자기 연단, 자기 치유에 성공해야 하는 내면적 성 거세자들이어야 한다. 결혼한 성직자들은 그것을 해낼 수 없다. 붓다와 예수의 삶과는 다르게 딸린 가족이 있기 때문이다. 그 스스로 처자식, 가정, 재산에 초연할 수는 없는 노릇이다.

인간이면 누구나 그렇듯이 저들 역시 원초적으로 불안한 사람 중의 하나일 수밖에 없다. 태초의 광기, 원초적인 성적 충동 욕구를 지니고 있는 사람인 저들은 종교속에서 삶의 신화를 만들어 가는 사람들이다. 나 역시 저들과 전혀 다르지 않은 보통사람임을 2009년 12월 11일 다시 한번 더 확인했다. 바레인에서 열린 세계인적자원개발아카데미(Academy for HRD) 연차 대회에 편집위원 자격으로 참석했다. 회의가 시작되기 전날이었다. 중동 땅을 처음 밟은 참여자들을 위한 시내 견학이 있었다. 세계인적자원개발회의 바레인 지부가 주선하는 단체 견학이었다.

참가자들은 바레인에서는 가장 큰 모스크를 방문했다. 차도르를 한 그곳 담당자는 모스크와 이슬람의 종교적인 성격과 종교의식에 대해 설명했다. 이슬람이 무엇인지를 설명하기 위해 그녀는 가능한 한 단순하게 설명했다. 요지는 간단했지만, 전하려는 내용은 단호했다. 이슬람은 절대자인 하느님 오로지 그 한 분을 믿는다. 그 하느님의 소리를 따르며, 믿고 경배하고, 기도하는 방법은 다양하다. 나라마다, 문화권마다 다양한 형식의 종교가 있다. 각양각색의 종교를 들어보면 그들 모두는 결코 유일신을 말하고 있지 않다. 그에 비해 무슬림은 유일신을 말한다. 그들의 경전인 코란에는 모두 62명의 선지자가 나온다. 그들 가운데 6명의 중요한 선지자가 있다. 즉, 아담, 노아, 아브라함, 모세, 예수 그리고 마호메트만이 절대적인 선지자다. 60여 명의 선지자들은 마지막 선지자인 마호메트 자신을 위하여 예비된 선지자들이다. 그녀는 그것을 강조하기 위해 코란 3장에 나오는 구절을 읽었다. "알라께서 이르되, 너희는 말할지어다. 우리는 알라를 믿고 또한 알라께서 우리와 아브라함, 이스마엘, 이삭, 야곱, 그리고 이스라엘 종족에게 내리신 계시를 믿으며 모세와 예수, 그리고 그 외 모든 예언에게 내리신 알라의 계시를 믿는다고. 그리하여 우리는 모든 예언자들을 동등하게 존경하오며 알라께 엎드려 복종한다고(코란 3:83)." 그녀는 잇대어 선지자의 개념을 확대하면서 설명했다. 그녀의 말에 설득당하지 않는 방문객들에게 조금 답답한 모습이었다. 하느님을 위한 마지막 선지자가 마호메트라는 말을 알아듣지 못하는 우리가 그녀에게는 광인(狂人)처럼 보였을 법했다.

　그래도 그녀는 참아내며, 이야기를 이어 나갔다. 이슬람 문화의 절대적이며 정신적인 지주는 마호메트(Mahomet)라고 강조하고 또 강조했다. 마호메트는 자신을 신의 메신저, 선지자라고만 자처했던 성인이다. 그가 전하고자 하는 것은 단순했다. 각 문화권에서 칭송하는 성인들은 신이 아니라 신의 말씀을 전달하는 전달자일 뿐이라는 것이다. 선지자 혹은 사도 그 이상의 신분이 아니다. 마호메트의 탄생을 둘러싼 일화들은 다른 성인들의 그것에 비해 별로 다르지 않게 신화적이다. 문화인류학에서 흔히 보는 신화가 그의 탄생을 뒤엎고 있기 때문이다. 그가 태어날 때 천사들이 그의 탄생을 염탐하는 나쁜 세력들의 염탐을 막았다든가 하는 것이 그것이다. 하늘의 섭리가 있어 그의 탯줄을 끊을 필요도 없었다는 것도 마찬가지다. 종교가 만들어 내는 신화에는 천사들이 탯줄을 깨끗하게 씻어 놓았다든가 하는 일화들이 즐비하기 때문이다. 마호메트의 발에 새겨진 문양이 아브라함의 족문(足紋)과 일치했다고 한다. 모두가 그의 탄생을 신비롭게 만들기에 충분한 신화적이며, 종교적인 이야기들이다.

生 2. "사람이 만일 온 천하를 얻고도 자기를 잃든지 빼앗기든지 하면 무엇이 유익하리오." - 누가
복음(9:25)

"참나(얼나)는 없이 있는 하나의 긋(點)이요 찰나다." - 류영모

"기도 외에 다른 것으로는 이런 종류가 나갈 수 없느니라." - 마가복음(9:29)

"그러면 다른 사람을 가르치는 네가 네 자신은 가르치지 아니하느냐. 도둑질하지 말라 선포
하는 네가 도둑질하느냐." - 로마서(2:21)

"곧은 나무는 먼저 베어지고, 물이 단 샘은 먼저 바닥이 난다." - 장자

"알아도 모르는 척(Video et taceo)" - 엘리자베스 1세[26]

　마호메트에 관한 신화들은 그의 탄생을 축하하려는 저들의 서사시다. 마호메트를
절대자인 '신'이라고 증거하려는 억지소리들이 아니다. 다만, 그를 선지자로 기리기
위한 사전 답사적인 서두는 잊지 말아야 한다. "라일라하 일랄라 무함마두르 리술룰
라"고 외치곤 하는 저들의 말에서 마호메트의 신성이 드러난다. 알라 외에 다른 신은
없다는 뜻이다. 마호메트만이 하느님의 사도이시다라는 외침이다. 그 외침에서 마호
메트 역시 알라가 아니라는 것을 읽게 된다. 알라를 위한 선지자임을 스스로 승복하
고 있다는 점은 저들의 종교적 양심이다.

　불교권에서는 절대적인 지위를 갖는 붓다에 대해서도, 마호메트 교도들의 입장은
비장하다. 저들은 한결같이 붓다의 신격(神格)을 부정한다. 붓다는 결코 신이 아니라
는 것이다. 단지 인도에 파송된 알라를 위한 선지자였을 뿐이라는 것이다. 붓다는 깨
달은 자, 배운 자로서 알라를 위한 예언자이며 알라의 사도일 뿐이라는 것이다. 붓다
자신이 자신을 가리켜 신이라고 일컬은 적도 없다. 그는 미친이가 아니었기 때문이다.
붓다 스스로 그는 알라의 상징적 존재가 아니고 단지 배우려고 하는 자, 깨우치려고
노력하는 구도자였을 뿐이라는 것이다.

　알라의 말씀을 온 세상에 전파했던 사도는 마호메트나 붓다뿐만이 아니다. 예수도

마찬가지라는 것이다. 인류 역사상 성인이라고 일컬어지는 인물들은 모두 알라의 뜻을 전하는 사도였을 뿐이다. 그들은 알라와 같은 절대자들이 아니다. 단지 알라의 말씀을 문화권에 맞게 전달하는 선지자, 메신저로서의 사도일 뿐이다. 그렇게 해석하면 극기복례(克己復禮)의 주인공인 공자(孔子)도 알라가 자신의 목적을 이루기 위해 중국에 파견한 알라의 사도이며, 사절사가 되는 셈이다. 개신교도에게는 신의 아들로 숭앙되는 예수 역시 저들에게는 알라가 아니다. 그 역시 알라의 말씀을 전달하기 위한 신의 부림으로써의 메신저이며, 사절사이며, 전도사가 될 뿐이다.

이슬람을 세상의 중심축으로 삼고 전개하는 그녀의 해석을 일단 저편에 밀어 놓고 보면, 세상 일은 모두가 크게 다르지 않게 그저 엇비슷해지고 만다. 세상의 문화들은 그녀가 암시한 것과는 크게 다르지 않다. 문화 전파의 역사가 인류의 문명이기 때문이다. 뉴욕 대학교에서 비교역사학을 가르치고 있는 데이비드 리버링 루이스(David Levering Lewis) 교수는 그점을 단호하게 정리한다. 유럽의 문명이 제아무리 부정하려고 해도 유럽문명은 이슬람의 용광로에서 융합된 문화라고 말한다. 그것의 기원을 스페인의 알-안달루스에서 찾는다. 스페인을 여행하는 사람들이 이내 깨닫는 것이 있다. 이슬람 문화와 기독교 문화의 융합과 조화가 스페인 문화를 장식하고 있다는 것을 부정하지 못한다. 각 문화에 대한 적당한 부정과 적절한 조화로 만들어진 것이 바로 유럽 문화라는 것도 이내 알게 된다. 루이스 박사는 그것의 최초 흔적을 유럽 서쪽 끝인 알-안달루스에서 찾아냈던 것이다.[27]

이슬람 세력은 711년경 지브롤터를 침공한다. 침공에 성공한다. 그들은 드디어 스페인에 정착한다. 그들의 세력은 끝없이 확장하여 유럽 이곳저곳에 스며든다. 그렇게 400년간을 유지한다. 1085년경 톨레도에서 유럽연합군에 의해 패퇴할 때까지 스페인에 이슬람 문화를 심어 간다. 무슬림들은 종교적 관용으로 유대교와 기독교 인구를 포용한다. 유럽 문화를 무슬림에 융합한다. 무슬림의 문화와 혼합된 새로운 문화가 만들어진다. 그 문화가 꽃폈던 곳이 바로 알-안달루스였다. 알-안달루스는 이슬람 문명과 유럽 문화를 녹여 낸 용광로였다. 무슬림의 문화는 당시까지 암흑 시대였던 유럽으로 들어가 저들을 개화시킨다. 스페인에서 피레네산맥을 넘어 프랑스를 거치면서 유럽 전역으로 이동했다. 유럽은 무슬림의 새로운 문화와 학문을 경이롭게 받아들인다. 그때부터 유럽에는 유럽역사상 그 어느 때에도 이루지 못했던 새로운 문화가 피어난다.

무슬림은 1085년 유럽연합군에 함락된다. 저들은 무너졌지만, 저들의 정신적 문화마저 소거된 것은 아니었다. 그들이 막아 내려고 했던 최후의 거점인 톨레도가 무너져 버렸어도 무슬림의 정신적 유산들을 그곳에 그대로 뿌리내리고 있었다. 무슬림이 패했지만, 무슬림의 정신적 뿌리마저 파헤쳐 버려진 것이 아니라, 오히려 정반대였다. 유럽인과 무슬림은 문화적으로는 그렇게 서로 교배하고, 교대하면서 오히려 정신적 문화를 풍요롭게 번창시켜 왔다. 일세기에 거쳐 그런 일이 계속된다. 그들은 지배자거나 피지배자거나 그런 교배의 기간을 '콘비벤시아(convivencia)'라고 불렀다.

콘비벤시아에 의해 유럽의 중요 도시에도 무슬림의 문화가 스며들었다. 로마, 파리, 쾰른과 같은 도시에서 무슬림이 전해 준 새로운 학문이 전파된다. 아리스토텔레스와 플라톤, 유클리드와 갈렌, 힌두의 숫자, 아랍의 천문학들이 소개된다. 무슬림의 문명이 13세기 초에 이르기까지 유럽 문화를 만들어 간다. 유럽의 문화에 이슬람의 문화가 전파되는 지역을 톨레도의 컨베이어 벨트라고 불렀다.

세상의 문화와 문명들은 서로에게 물처럼 흐르고 공기처럼 퍼져 나갔다. 이슬람의 문화, 기독교의 문화, 불교의 문화들은 평화로울 때에도 그리고 전쟁을 통해서도 서로 접목되었다. 필요하면 서로의 칼, 대포, 낙타, 말, 코끼리를 타고 삼투되었다. 각종의 '상품'에 묻어서라도 그렇게 전파되었다. 낙타의 등에 실려 서로 다른 문화들은 전 세계로 뻗어 나갔다. 문화의 전염력은 이 세상을 하나로 어울리게 만들었다. 반대로 어떤 것들은 더욱더 고립시켰다. 어떤 문화들은 다른 것에 저항하기 위해 더욱더 파편화되었다.

어려운 조건에서도 살아남는 방법은 한 가지였다. 생존을 위해 필요한 기술을 받아들여 자기 것으로 활용하는 일이었다. 생존을 위해 도움이 되는 것들은 응용하고 실천하는 일이었다. 무슬림은 유럽의 그 누구보다도 생존에 강했다. 사막의 생활이 그들을 그렇게 만들었다. 사막에서는 움직여야만 한다. 움직이는 것만이 살아남는 것이다. 사막에서 움직이는 데 필수적인 수단이 낙타다. 낙타는 사막에서는 배처럼 움직인다. 낙타는 모래 길을 항해한다. 하루에 100km 이상 앞으로 나아간다. 자기 등에 200kg의 짐을 싣고도 사막을 가로 지른다. 대상(隊商)들이 낙타와 걷고 걷는다. 동이 트는 이른 새벽부터 12시간 동안을 걷는다. 앞으로만 나아간다. 그렇게 나아가고, 들어옴으로써 이슬람은 그들의 문명을 다른 곳으로 실어 날랐다. 다른 문명도 그렇게 받아들였다. 낙타의 군단들은 장사꾼의 대열이었다. 이야기꾼들의 대열이기도 했다. 『아라비안 나이트』, 『천일야화』도 그들의 입을 거쳤다. 이 나라 저 나라의 이야기들이 각색되어 멀리 퍼져 나갔다.[28]

이야기들이 각색되는 동안 그 누구는 신이 되었고, 그 누구는 귀신으로 바꿨다. 이야기들이 만들어지고 변형되었다. 발음도 달라졌다. 그런 이야기들이 각색되고 윤색되는 동안 그리스 아테네에서 장터라고 발음되던 아고라(Agora)라는 단어도 변색되었다. 로마의 식민지 시대에는 포르마로, 그리고 인도 땅으로 건너가서는 아그라(Agra)라고 변음되었을지도 모른다.

서로의 물건을 빠르게 팔고, 싼값으로 사기 위해서는 장터에서는 거간꾼이 필요했다. 입담꾼도 필요했다. 서로가 서로에게 감동을 주는 장사꾼들이 필요했다. 이야기들이 퍼지는 곳마다 품목도 다양했다. 인도의 향료와 물감, 중앙아시아의 보석, 북유럽의 모피와 갑옷, 아프리카의 상아와 노예, 이집트의 보리와 옷감, 시리아의 유리와 금속, 이라크의 종이, 아라비아의 진주와 가죽, 페르시아의 비단이 서로 다르게 거래되었다. 물건이 거래되면 서로 다른 생각과 사유도 접목되기 마련이다.

새로운 생각과 새로운 사상들이 배태되고 전파되기 시작했다. 불을 숭배하는 페르시아의 조로아스터 배화(拜火)교도 귀에 익숙하게 되었다. 인도에서는 엄격한 고행과 금욕의 신으로 알려진 시바신 역시 그들에게 귀동냥으로 번졌다. 1분을 60초 단위로 분류할 수 있다는 것도 알게 되었다. 이라크 지역에 웅대한 왕국을 건설했던 바빌로니아 문명이 그런 문명이었다. 바빌로니아 과학자들은 60진법을 사용했었다. 60진법은 시간의 초(秒)단위 단위를 60초, 1분으로 삼게 만든 기원이 되었다.[29] 이집트인들이 믿고 있던 창조의 신에 관한 이야기도 퍼졌다. 창조의 신인 눈(Nun)의 이야기가 동방 여러 곳으로 확산되고, 회자되었다. 그리스인에게 새로운 신들이 또 만들어지는 계기가 되었다. 이미 존재하던 만능의 신인 제우스(Zeus)의 이야기가 동방에서 건너온 신들과 겹쳐지면서 또 다른 신들로 각색되어 이야깃거리로 회자되었다. 그것들이 가락국에도, 신라 석굴암에도 스며들었다. 문화바이러스가 만들어 낸 문화 접변의 결과였다. 한쪽이 문화 전이라면 다른 쪽은 문화 침탈이었다. 과정은 그렇게 갈등하고 긴장하며 복잡해 문화는 그렇게 섞이고 뒤섞여 이종교배의 문화를 생산하기 마련이다.

무슬림들이 낙타로만 사막을 항해했던 것은 아니었다. 사막과 사막을 배로 건너뛰는 사람도 나타났다. 안달루시아의 의사였던 모세스 마이모니데스(Moses Maimonides)가 그런 사람이었다.[30] 유대인이었던 그는 유대교 박해를 피해 세계 각지를 떠돈 사람이었다. 여러 곳을 여행하면서 그는 그곳의 풍물과 문화들을 정리했다. 마르코 폴로(Marco Polo)나 폴로에 버금가는 모로코의 이븐 바투타(Ibn Battuta) 역시 그런 사람들 가운데의 한 명이었다.

이븐 바투타는 현대적인 의미로 최초의 지리학자이자 여행사회학자였다.[31] 1304년 모로코 탕혜르에서 태어난 이븐 바투타는 1325년 21세 때 여행길에 올랐다. 이집트를 거쳐 메카를 순례하는 것을 시작으로 이라크와 페르시아, 홍해 연안, 인도양, 페르시아만, 소아시아, 흑해, 중앙아시아, 인도의 델리, 실론, 자와를 거쳤다. 1345년에는 중국의 천주, 대도에까지 도달했다. 서로 다른 문물에 경탄한 그는 다시 수마트라, 말라바르, 페르시아만, 바그다드, 시리아, 이집트를 둘러봤다. 메카를 마지막으로 순례하고 북아프리카를 거쳐 1349년 수도 페스로 귀환하였다. 그의 여행은 그곳에서 끝나지 않았다. 페스에서 다시 출발하여 지브롤터 해협을 건너 스페인의 그라나다까지 여행했다. 여행과정에서 그는 자기 나라의 문물을 그곳에 전했다. 반대로 그곳의 문물을 자국에 전파했다.

문화 접변으로 만들어진 이야기는 각색되고 윤색되고, 변색된 새로운 이야기들이다. 그 이야기를 제대로 이해하려면 새로운 독해법이 필요하다. 기록된 그대로, 문자 그대로를 읽고 그것을 있는 그대로 풀이하면 이야기들은 뒤틀려져 버리기 때문이다. 독해하면서 도해하고, 해체하며, 해독하는 새로운 독해법이 '지적 우매(知的愚昧)'를 예방할 수 있다. 예를 들어, 성경의 이야기들이 그런 것들이다. 경전상의 이야기들을 이 시점의 현실적인 이야기로 해석해 버리면 어줍지 않은 일들로 비화된다. 마치 생물학적으로 인류의 조상이라고 해석되는 440만 년 이전 인류인 일명 아르디(Ardi)를 창세기의 '아담(Adam)'으로 간주하는 꼴이 되어 버린다. 아르디피테쿠스 라미두스(Ardipithecus ramidus)를[32] 성서상의 '이브(Eve)'라고 우기면 구약은 하찮게 구전(口傳)된 이야깃거리에 지나지 않게 된다. 불경이든 코란이든 그 어떤 경전이든 이런 류의 이야기들은 모두 마찬가지로 뒤섞여 있게 마련이다.

성경의 이야기들은 역사로서의 진리가 아니다. 신화로서의 진리가 갖는 그런 이야기가 듬뿍 들어있는 저들의 책이기 때문이다. 믿는 자들에게는 절대적인 서류이지만, 거들떠 보지 않는 자들에게는 휴지만도 못할 뿐이다. 성서가 신화로서의 진리로 자리를 잡았기 때문에 성서에 대한 진가가 돋보이게 된 것이라는 것이 사회인류학자인 에드먼드 리치(Edmund Leach) 교수의 주장이다. 성서를 구조인류학적으로 분석함으로써[33] 리치 교수는 성경의 이야기들을 어떻게 읽어야 '제대로' 읽는 것인지를 안내한다. 종교에서 흔히 읽히는 주제들이 속죄양과 성찬 의례에 관한 이야기들이다. 성경과 기독교 역시 제물 의례(祭物儀禮)의 이데올로기로 구성되어 있다. 제물 의례는 부정(不淨)을 깨끗하게 정화시키고, 닥쳐올 수 있는 액운(厄運)을 제거하기 위한 액막이 의례나 마찬가지다. 각종 종교들이 건강한 종교로 거듭나기 위해 흔히 활용하는 방법이다. 기독교 역시 바로 이런 제물 의례를 거부하고 있지 않다는 것이다.

기독교는 기독교 나름대로의 논리를 보강하기 위해 의식 제례에 관한 중간 윤리를 구축할 수밖에 없었다. 중간 윤리는 삶과 죽음, 시작과 종말 '사이'에 있는 기다림의 시간을 말한다. 살아 있는 자에게만 허용되는, 존재하는 자에게만 흐르는 그 시간이 중간 윤리의 시간관이다. 중간 윤리는 사람들이 살아 있는 기간 동안 종말을 어떻게 준비하고 살아야하는지에 대한 기독교인의 자세를 알려 준다.[34] 기독교의 중간 윤리는 다른 종교에 비해 믿음에 대한 강한 설득력을 갖도록 만들었다. 중간 윤리의 구축은 기독교를 전파시킬 수 있는 막강한 동력으로 작동했다.[35]

리치 교수는 예수의 죽임을 제물 의례의 강력한 상징이라고 단숨에 해석한다. 예수의 십자가는 기독교가 구축하고 있는 중간 윤리의 극명한 사례라는 것이다. 리치 교수는 예수를 제물 의례의 상징으로 보면서 예수의 실체를 아예 부정한다.[36] 예수의 실화적 존재성을 예수의 역사적 근거로 받아들이는 크로산(Crossan) 교수의 생각과도 크게 다른 해석이다. 예수의 존재는 작은 사실의 파편에 큰 이야기들이 가미되고 채색된 이야기로 정리하고 있기 때문에 누구의 이야기도 옳고, 누구의 이야기도 옳지 않다. 유대인들의 구전을 통해 저들의 문화적 정당성을 돋보이도록 오랜 시간 동안 이렇게 저렇게 변천되어 지금의 문서들로 정리되고, 파생된 것이라는 것이 리치 교수의 주장이다.

리치 교수가 세인의 비난을 감수하면서까지 예수의 실체를 거부하는 데에는 두 가지 이유가 있었다. 첫째, 예수는 기독교의 제물 의례 때문에 만들어진 희생양이라는 생각 때문이다. 둘째, 마치 소포클레스의 비극에 나오는 등장인물인 오이디푸스왕처럼 예수의 실제적 실체를 제대로 확실하게 알 수도, 확인할 수도 없기 때문이라는 것이다. 고대 그리스 비극 작가인 소포클레스는 오이디푸스왕을 신화적으로, 극적으로, 시적인 현실성을 가진 존재로 그려냈다. 그것은 오이디푸스의 비극적인 결말을 인상 깊도록 만들어 놓기 위한 그의 의도적인 이야기 장치였다. 장치를 요란하게 설정했다고, 우긴다고 실체가 실제로 존재하는 것은 아니다. 마찬가지로 오이디푸스왕에 대한 설화들은 다양하지만, 그의 실체는 찾아볼 수 없는 것이 사실이다. 실제로 그의 실체를 찾아낼 수 없기 때문에 그의 실체는 없는 것이다. 예수의 실체를 기다리는 것은 그래서 무의미하다는 것이 그의 일관된 주장이다. 마치 셰익스피어(William

Shakespeare)의 희곡에 등장했던 수많은 인물의 실체에 생명을 불어넣어 봤자, 주인 공들이 살아 나오지 못하는 것이나 마찬가지라는 것이다. 리치 교수의 성서 구조 인 류학을 따라 성경을 읽어 가면 새로운 결론에 이른다. 서양 문명은 기독교라는 종교 에 의해서 지탱되고 있는 것이 아니라는 결론에 이른다. 마침내 기독교 문명은 교회 의 번식에 의해 지탱되어 왔을 뿐이라는 큰 결론에 이르게 된다.

　서양인의 문명적인 뿌리는 그 출발이 유목민, 방랑인이었다. 저들은 생존을 위해 기 원전 1,000년경부터 이미 쇠무기로 전쟁을 치루면서 영토를 늘려 갔던 유목민이었 다. 그들은 선천적으로 노마드였다. 그들 역시 외부 세계와 소통하면서 그들의 힘을 키웠다. 동방에서 향신료를 들여와 음식의 부패 속도를 늦췄다. 인도산 면화를 들여 오면서 속옷을 자주 빨아 입었다. 건강해진 덕분에 그들은 산업혁명을 만들어 낼 수 있었다.[37] 문화 접변을 이해하면 오만할 이유도 편협할 이유도 없다. 지금과 같은 서구의 오만함, 이슬람의 편협함 그리고 중화권의 자존심이 그 언젠가 충돌하면 문 명의 파쇄는 불가피하다. 새뮤얼 헌팅턴(Samuel Huntington) 교수가 설명하는 것처 럼[38] 이 세계는 정신 문명의 접변과 충돌, 그리고 돌변으로 인해 지금이 만들어진 것 이기에 모두가 모두에게 문명의 빚을 진 것이다. 서로 싸워 봤자 별 볼일 없다는 결 론이다.

　인류 문화의 전파 경로와 문화 접변의 미궁 속으로 더 들어가기 시작하면 새로운 세계가 열린다. 고대 바빌론의 문화가 중동 사막 여러 곳으로 흘러들었던 것도 부인 하기 어렵기 때문이다. 그 사유들이 이집트를 거쳐 아테네로 흘러갈 수 있었던 것도 사실이다. 마케도니아의 알렉산더 대왕이 이끌었던 군대와 사상가들의 생각들 역시 인도에 펴졌다. 동방에서 변형된 헬레니즘의 문화가 싹틔웠던 것을 부정할 길이 없 다. 인도의 힌두와 불교의 문화는 중국으로 번졌다. 극동 아시아, 고구려, 백제, 신라 에 알렉산더의 헬레니즘이 변형되어 흘러들어 왔다.[39] 마침내 인자한 웃음을 짓는 석 굴암의 불상에서 예수의 사랑과 소크라테스의 지혜를 모두 읽어 내게 만들 뿐이다.

　기원전 300년, 마케도니아의 알렉산더 대왕의 문물이 동방에 전달되었다. 인도에 그리스의 사상이 전파된 것이다. 기원전 200년경 인도의 아쇼카(Asoka)왕은 서양으로 불교 포교사를 파견한다. 그는 불교 포교사를 사신으로 삼아 남쪽으로는 실론, 서쪽으로는 시리아, 이집트, 마케도니아로 보낸다. 포교와 외교로 자기의 뜻을 각 나라에 전달한다. 정치력에 포교력을 가미시킨 것이다. 인도 불교 문화는 그렇게 물처럼 공기처럼 서역과 동녘 나라들에 전파된다. 아쇼카는 서역 이곳저곳으로 불교 포교사(布敎士)를 대대적으로 파견한다. 인도 문화의 위력을 보여 준 계기였다. 마케도니아 알렉산더 대왕의 인도 원정은 역설적으로 서양으로 불교 포교의 길을 터놓은 역사적 계기를 마련해 준 것이다.

불교를 유럽과 중동에 알린 인물이 법륜성왕(Dhrma Raja)이라고 불리는 아쇼카다. 그는 인도와 불교사에 있어서 중요한 인물이다. 넓은 영토와 찬란한 불교 문화를 만개시킨 이가 아쇼카였다. 그는 마우리아 왕조의 시조 찬드라굽타(Chandragupta)왕의 손자였다. 3대째 왕이 된 그는 왕권을 잡자 그에게 반대했던 500여 명의 대신들을 죽인다. 후궁 500여 명도 화형에 처한다. 나중에는 큰 깨달음을 얻어 붓다의 유골을 팔만사천 불탑에 나누어 보관하도록 명한다. 그로부터 사리 숭배가 불교 전파에서는 결정적인 역할을 한다.[40] 그래도 그는 인도의 역사에서는 위대한 전사, 피도 눈물도 없는 정복자, 참회하는 순례자, 그리고 철인적인 위대한 왕으로 기록될 뿐이다.

불교의 힘이 마침내 중동의 페르시아, 이집트, 그리고 유대교, 기독교 문화와 그들의 삶들이 살아 숨 쉬는 저곳에 스며들었다. 서역으로 전파된 불교의 영향을 문화인류학적으로 고찰했던 독일의 신학자이며 철학자가 있었다. 루돌프 사이델(Rudolf Seydel) 교수였다. 그는 예수와 붓다 간의 종교적 상관성에 주목한다. 그는 독실한 기독교신자로서 『예수의 복음과 석가와의 관계』라는 일련의 책들을 펴낸다. 라이프치히 대학 교수로서 철학을 가르치는 동안 그는 불교와 기독교 문화 간의 접촉과 접속을 부인할 수 없었다. 사이델 교수는 자기의 책에서 가감 없이 '기독교의 불교 원전 차용' 문제를 받아들인다. 기독교에 불교 문화가 침윤되어 있다는 것을 인정한다는 뜻이었다. 사이델 교수는 성서와 불교 경전에서 223개의 비슷한 구절을 찾아낸다. 서로 간의 유사성과 차용 정도를 비교한 후, 기독교는 불교 원전을 차용한 흔적이 있다고 말한다.[41] 세계의 문화와 종교들은 접변되어 생존력을 키워 낸 것이다. 다른 문화소(素)들과의 다양한 연합과 착색, 그리고 접변은 숨긴다고 숨겨질 일이 아니다. 문화 접변의 과정 동안 어떤 것은 소멸되고, 어떤 것은 변질되고, 또 어떤 것은 새로운 문화와 정신적 토대로 거듭났을 뿐이기 때문이다.[42]

　서로 다른 문화들은 문화 접변(文化接變, acculturation)으로 변형되고, 발전한다. 문화 간에 문화 접변이 가능한 것이라면 사상가들 간에 사유 접변(思惟接變)도 가능하다. 고대 철학자들 사이에 있을 수 있는 사유 접변의 시나리오들은 상상을 초월한다. 붓다(Buddha)의 사유가 제논(Zenon), 소크라테스(Socrates)의 사유들과 접변했을 가능성이 충분하다. 이미 논의한 고집멸도(苦集滅道)에 대한 붓다의 생각이 그 옛날 아테네의 사상가들에게 수용되었을 것이다. 그런 조짐들은 저들의 사유의 여러 장면에서 포착되고 있다. 고집은 요즘 말로 말하면 불행의 길이며, 멸도는 참살이의 길이 되는데, 제논이나 소크라테스가 말한 참살이의 방편이 바로 그런 붓다의 사유들이기 때문이다. 물론 정반대의 생각도 가능하다. 저들 고대 그리스 사상가들의 생각이 어떻게든 붓다에게 접속되지 않았다고 부인할 수 없기 때문이다. 견인(堅忍)과 부동심(不動心)을 강조한 제논의 사유들이 붓다의 제자들에게 사상적 영향을 주지 않았다는 법도 없을 성 싶다.

　붓다의 사유와 사상이 대상의 길을 따라 중동을 거쳐 아테네로 흘러갔을 가능성이 크다. 서역과의 교류를 보여 주는 문화 접변의 고리를 찾아내는 것이 그리 어렵지 않다. 간다라 예술의 궤적을 살피면 용이해진다. 문화 접변의 흔적이 여기저기서 발견된다. 그리스 신화에는 무수한 신들이 등장한다. 그들 가운데 상당수의 신들은 그리스라는 지역 안에서 생겨난 토박이 신(神)이 아니다. 아테네의 풍습을 벗어나는 먼 나라에서 들어온 신이다. 이교도(異教徒)적인 신들이 아테네화된 흔적을 지니고 있다. 다른 지방의 속성을 대변하는 신들이 아테네의 신들과 합류했다. 광기의 신인 디오니소스도 마찬가지다. 그는 이교도적인 신 중의 하나다. 디오니소스의 기질은 아테네

적이기보다는 소아시아적인 풍습과 문화를 대변한다.

고집멸도에 관한 붓다의 고집(固執)은 '네 자신을 알라.'는 생각으로 일관했던 소크라테스의 고집(固執)과 무관하지 않다. 그 반대의 논지 역시 마찬가지다. 사유 접변의 가능성이 높다는 뜻이다. 붓다의 사유는 소크라테스의 제자였던 안티스테네스(Antisthenes), 아리스티포스(Aristippos)에게도 영향을 주었다. 소크라테스의 제자들이 서로 다른 학파로 갈라졌어도 저들의 사유는 한결같이 자기 태만에 대한 경계였다. 안티스테네스의 제자인 디오게네스(Diogenes)가 보여 준 '무소유(無所有)'의 행적들도 붓다가 보여 준 고행(苦行)들과 무척 흡사하다. 자기 태만에 대한 일관된 거부와 수행을 강조하기 때문이다. 사유의 접변은 저들 간의 사상적 전이와 흡수, 그리고 동화를 필연적으로 불러올 뿐이다.[43]

자기 태만을 경계하는 일을 자기의 삶에서 실천한 사람이 소크라테스였다. 스승의 이름을 오명하지 않도록, 소크라테스를 조력한 7명의 인물들이 있는데, '소(小) 소크라테스'라 부르기도 한다. 모두 그의 제자들이다. 안티스테네스, 아리스티포스, 에우클레이데스, 파이돈, 플라톤, 아이스키네스, 크세노폰 등이 저들이다. 자기 태만의 문제를 삶의 초점으로 내세우며 자기를 갈고 닦은 사상가들이 견유 학파의 일원들이다. 키니코스 학파를 세운 안티스테네스, 키레네 학파의 창시자 아리스티포스,[44] 그리고 변증론에 몰두한 메가라 학파의 에우클레이데스가 그들이다.

키니코스 학파의 태조인 안티스테네스는 자유란 영혼의 최고 선으로써 자급 자족을 통해서만 얻어질 수 있는 것이라고 말한다. 자유가 이 세상에서 지녀야 할 유일한 가치라는 논리다. 현실은 참을 수 없는 대상일 뿐이기에, 그는 '금기'는 멀리하고 경멸하라고 가르쳤다. 현자(賢者)는 자유로운 인간이기에 그리하라고 일렀다. 그들은 사회의 구속에서 벗어난 사람들이기에 자유롭다. 자유로운 사람만이 권력자들이 권력을 위해 금기시하는 것을 벗길 수 있다고 보았다.[45]

안티스테네스의 제자인 디오게네스는 스승보다 한발 더 나간다. 물질적 허식을 완전히 배제했던 길거리 노숙자 철인이었던, 그에게는 자연 그대로의 상태야말로 인간이 누릴 수 있는 최고의 행복이라는 믿음이 늘 앞섰다. 신발이나 옷가지 하나 걸치지 않았다. 무치(無恥)를 정신적 바탕으로 삼았다. 자족의 생활을 보낸 사람이 그였다. 안티스테네스가 평생 저작에 몰두한 견유 학파의 창시자라면, 디오게네스는 글 한 줄 쓰지 않은 견유 학파의 수행자였다. 안티스테네스의 삶이 경건한 소크라테스의 그것이라면, 디오게네스의 삶은 광적인 소크라테스의 삶이 된다. 좌파적 소크라테스의 모습이 디오게네스라면, 우파적 소크라테스가 바로 안티스테네스다. 안티스테네스가 "질투가 심한 사람은 강철이 녹슬듯 자기 자신의 기질에 의해서 마음이 좀먹는다."는 말로 자신의 자기 태만을 경계했다면, 디오게네스는 느끼고 생각한 것을 그대로 행동함으로써 자기 태만을 혐오했다.[46]

안티스테네스와 그의 견유 일파들이 원했던 삶은 밝고 맑게 사는 삶이었다. 철학하는 삶이었다. 명지(明智)의 삶을 저들은 원했던 것이다. 명지의 삶이 행복을 추구하는 삶이라고 본 것이다. 그들은 소유가 행복을 결정해 주는 것이 아니라고 보았다. 행복은 결코 혼자서는 오지 않는 것임을 2,000년 전에 이미 깨닫고 있었던 사람이다. 행복은 저홀로 오지않는다는 점은 예전이나 지금이나 마찬가지다. 독일의 히르슈하우젠(Eckart von Hirschhausen) 박사는 행복해지기가 어려운 것이 아니라 그것을 단순하게 만들어가기가 어려울 뿐이라고 말한다.[47] 그는 샤리테 대학 병원에서 코미디언, 웃음 트레이너로도 일하고 있다. 의사이지만 그는 사람들이 건강하려면 행복해야 하기 때문에 웃음이 필요하다고 본다. 그는 수없이 우울한 사람들을 만난다. 경험들을 모아 보면 한 가지 공식이 가능하다. 행복해지려면 조건 없이 단순해지라는 공식이다. 행복은 그리 복잡한 것이 아니라는 뜻이다. 사람들이 행복해지지 않는 이유가 있다. 그들 스스로 행복에 대해 단순해지려고 하지도 않고, 배우려고 하지도 않기 때문이다.

벨기에의 교육 잡지인 「클라세」의 레오 보만스(Leo Bormans) 편집장은 세계 각국의 행복 전문가들이 처방한 100가지 행복론을 하나로 종합하려고 노력했다. 각국에서 발견되는 행복의 처방전을 한마디로 집약할 수는 없었다. 그것은 행복에 대한 각국의 문화적 조건들이 서로 달랐기 때문이다. 그럼에도 불구하고, 저들의 행복 처방론을 관통하고 있는 한 가지 점을 알게 되었다. 그것은 행복이란 사람에 대해 끊임없이 배워야 가능하다는 사실이었다. 사람에 대해 배우는 법들이 나라마다 문화권마다, 사람마다 조금씩 달랐기에 저들이 지니는 행복감 역시 조금씩 달랐다. 그래서 그는 결론을 내린다. "행복은 존재에 대하여 배우는 것이다. 다른 사람과 어울리는 법을 배우고 그들을 삶에 초대하는 과정에서 행복이 만들어진다. 특히 아이들은 이러한 과정이 점점 복잡해지고, 자신의 한계를 인식하면서 인간이 사회적 동물임을 알게 된다. 그것이 바로 '성장'이다. 이는 곧 발전이고 관계를 성숙시키는 일이며, 인생에서 자기 자리를 찾는 것이다. 또한 다른 사람의 성장과 발달을 통해 자신도 성장한다. 결국 행복이란 다른 사람과 자신을 잇는 다리를 놓음으로써 세상과 연결되는 것이다." [48]

사람들이 생각하고 있는 행복의 조건들을 이리저리 따져보면 행복은 날아가 버린다. 복잡한 조건들은 대개 자기를 행복하게 만들어 주는 것들이 아니기 때문이다. 돈을 갈망하면서, 돈을 요행으로 더 벌려면 도박 같은 것을 염두에 두고 만다. 도박에 중독되면 이내 파멸로 이어지게 마련이다. 각자는 각자대로 허용되는 만큼 행복해져야만 한다. 자신이 옳은 사람으로 존재하려고 하기보다는 행복한 사람으로 건재해야 한다. 이 세상 어느 누구도 행복을 위해 존재하는 것이 아니라, 사람으로 존재할 뿐이다. 행복은 우연히 오기도 하고, 어떤 것은 오해와 함께 오기도 한다. 여럿이 함께 오기도 하며, 즐거움과 더불어 온다. 어떤 것은 행동으로 오기도 하고, 여유와 함께 오기도 한다. 오는 행복을 복잡하게 생각하지 말아야 한다. 그저 가능한 한 단순하고도 간단하게 받아들이면 행복해진다.

행복을 가져다 주는 것은 물질의 소유가 아니다. 사람들 간의 관계가 행복과 만족을 초대한다. 그 관계 가운데에서도 친구의 우정이 중요하다. 우정은 동행과 배려 속에서 큰다. 행복은 결정적인 한 가지 요인에 의해 결정되는 것이 아니다. 수많은 작은 기쁨에 의해 행복이 다가온다. 작은 기쁨들을 갖기 위해서 일상생활에서의 작은 일들이 필요하다. 타인도 긍정하고, 자기도 긍정하는 그런 것들이 필요하다. 자기를 되돌아보며 명지의 철학하는 삶이 필요하다. 현명하고 명예롭게, 그리고 적당하게 살아야 한다. 즐겁게 살지 않고서는 현명하게 살기도 어렵다. 어려움도 긍정하는 심리적 자세가 필요하다.

행복의 전도사로 자처하는 리하르트 다비트 프레히트(Richard David Precht) 교수는 이렇게 정리한다.[49] "그러니까 뭐 인생의 의미는 별것이 없습니다. 정말로 특별난 것은 전혀 없지만 꼭 말씀드려야만 한다면, 다른 사람들에게 그냥 친절하게 굴고요, 기름진 음식은 피하시고요, 가끔 가다가 좋은 책을 읽고요, 사람들이 한 번씩 찾아오면 더 좋고요, 다른 종족들이나 나라끼리 싸우지 않고 화목하게 살 수 있는 길이 뭔지를 생각해 보는 것, 그런 정도입니다. 독자 여러분께서 같은 질문을 제게 던지신다면, 새로운 것에 대한 관심을 잃지 마시고, 여러분의 좋은 생각을 행동으로 옮기는 기쁨을 누리시고, 여러분의 삶을 채우기에 하루하루가 빠듯하시기를 빕니다."

인생에 대한 프레히트 교수의 정리는 인간의 '자유'에 관한 안티스테네스의 주장과 크게 다르지 않다. 안티스테네스에게 자유는 쾌락의 노예가 되지 않도록 하는 방편을 의미하는 것이었다. 최소한의 생활에 만족하는 상태가 자유의 상태였다. 자유의 상태를 유지하는 한, 죽음은 우리와 상관이 없다. 삶이 존재하는 한 죽음은 없다. 죽음이 왔을 때, 우리는 이미 살아 있는 것이 아니기 때문이라는 에피쿠로스와 크게 다르지 않은 생각에 이르러야 행복해진다. 그들 모두는 '지금—여기'의 행복을 이야기했기 때문이다. 쾌락이나 행복은 인생의 목적이거나 목표가 아니라는 것이다. 행복은 삶의 부산물이며 결과물이어야 한다. 행복하기 위해 책을 읽는 것이 아니다. 행복하기 위해 여행을 떠나는 것이 아니다. 책을 열심히 읽다 보니 행복에 이른 것이다. 여행에 빠지다 보니 자기도 모르게 행복이 자기 마음에 솟구치는 자기를 보게 된 것이다. 행복이 앞에서는 것이 아니라, 행함과 실천이 앞을 서야 한다. 그것이 행복에 이르는 처방이다.

플라톤은 귀족 출신이어서 저들 견유학파들과는 일정한 심리적 거리를 두었던 것 같다. 그는 한 시대를 살아가던 동료들에게 꽤나 까칠했었던 인물이었다. 디오게네스 같은 이는 그에게는 사람 축에 끼지 못했다. 디오게네스는 대낮에 등을 밝히고 다녔다. 정직한 사람을 찾기 위해서였다. 그런 디오게네스를 한마디로 "맛이 간 소크라테스"라고 평한 플라톤은 저들과는 삶의 자세가 달랐다. 삶에 대한 바른 자세를 찾으려던 사람들의 생각과 행동에도 격차가 드러나는 장면이었다.[50]

디오게네스는 플라톤과는 삶을 누려가는 자세가 전혀 달랐다. 그에게 한평생 살아간다는 것은 고난이었다. 수많은 역경을 넘고, 또 뛰어넘을 수 있는 힘을 길러야 삶이 살맛이 있는 것이라 생각했다. 디오게네스는 그런 생각을 버릴 수 없었다. 어둠이 없는 낮이 없듯이, 역경 없이 행복은 존재할 수가 없다고 믿었기 때문이다. 플라톤의 제자였지만, 그에게 끝내 버림받았던 아리스토텔레스 역시 비슷한 생각을 지녔었다. 그 역시 행복은 가만히 있어야 오는 것이 아니라 노력하고 또 노력해야만 가능하다고 보았기 때문이다.[51] 행복은 삶의 탄력성에 따라 달라진다는 생각이 그의 생각이었다.

니콜슨(John Nicholson) 교수는 옛 현자들의 생각을 정리한 후, 오늘날의 용어로 행복은 회복 탄력도인 알큐(Reselience Quotient: RQ)에 비례한다고 주장한다. 행복의 질은 아이큐(IQ)가 아닌 알큐에 따라 달라진다는 것이다.[52] 행복은 삶의 역경을 이겨 내는 회복 탄력도이기 때문이다. '리질리언스(reselience)'가 어느 정도인지에 따라 행복이 달라진다. 회복 탄력성은 능력에 대한 효능감과 자존감을 기반으로 한 세 가지 요소로 구성된다. 세 가지 요소들이란, 첫째, 현실에 대한 인식, 둘째, 창조적 사고, 마지막으로 실천력이다. 자기 문제를 낙관해내는 능력, 위기를 기회로 만드는 역발상, 그리고 해답을 어떻게 추구하는지의 정도에 따라 행복과 삶의 질이 달라진다.

플라톤 역시 소크라테스처럼 덕을 쾌락이나 행복의 원천으로 생각했었다. 덕은 즐거움을 얻을 수 있는 능력이었다. 덕으로 이뤄낸 즐거움은 쾌락의 충족으로 이어진다. 덕은 평정된 마음인 무심(ataraxia)으로 나타난다. 플라톤 역시 무심을 추구하는 정신적 가치가 육체적 만족보다 우월하다는 것에 이의가 없었다. 덕과 평정심을 행복의 원리로 실천하는 것이 쾌락이라고 보았던 플라톤에 관한 우화가 그것을 말해 준다. 아리스티포스가 플라톤과 함께 시라쿠스왕을 방문했었다. 그들을 맞이한 시라쿠스왕은 그들이 지닌 삶의 자세를 떠보려고 했다. 상황에 맞지 않게 왕은 이상한 제안을 한다. 여장(女裝)을 해 보자는 제안이었다. 아리스티포스는 왕의 제안을 순순히 받아들였지만, 플라톤은 단번에 거절하고 그의 제안을 일축했다. 그랬던 플라톤은 왕의 노여움을 사고 만다. 그런 플라톤에게 아리스티포스는 "제 정신만 바르다면 설령 술독에 빠진들 쉽게 타락하겠는가? 그러니 여장을 하지 못할 것도 없지 않은가. 에이, 현명치 못한 사람 같으니." 하고 혀를 차며 플라톤의 앞뒤 막힌 생각을 꼬집어 나무랐다고 한다.

사람들에게는 각각 자기 나름대로의 이야기들이 있게 마련이다. 나름의 자기를 가꾸어 온 내력과 내공이 있게 마련이다. 그 내공과 내력이 삶이고, 그것이 생명이다. 이야기가 없는 사람은 스스로 죽어 가는 사람이다. 사람들은 자기에 관한 한 모두가 동화 작가이다. 삶에 있어서 모두가 작가이고 모두가 연출가다. 자기의 동화에는 자기의 생과 명이 들어가 있다. 자기의 이야기는 자기만을 위한 것이 아니다. 다른 사람들도 그 동화를 즐기고 자기를 반추한다.

길거리에서 노숙하는 사람들에게도 나름대로 자기 삶의 이야기가 있고, 김수환 추기경에게도 그런 이야기가 있다. "내가 잘났으면 뭘 그렇게 크게 잘났겠어요. 다 같은 인간인데. 뭐 한 줄 더 안다고 나대고 어디 가서 대접받길 바라는 게 바보지. 그러니 내가 제일 바보스럽게 살았는지도 몰라요." 김수환 추기경이 자기의 삶을 정리하면서 남긴 말이다. 김 추기경은 더 이상 내려갈 수 없을 만큼 모든 것 아래에 있다고 겸손을 보였던 성직자였다. "세상의 모든 사람은 땅을 딛고 살지만 땅의 고마움을 모릅니다. 뿐만 아니라 땅에다 모든 더러운 것, 썩은 것을 다 버립니다. 그러나 땅은 자신을 열고 모든 것을 받아들입니다. 땅의 이 겸손을 배우세요. 그리하여 여러분이 겪은 모든 것, 병고, 고독, 절망까지 다 받아들이세요."라고 말하며, 겸손을 모른다면 땅을 배우라고 당부했다.[53]

필부의 삶에서도 본 받을 것이 수없이 많다. 배우려 들면 배울 것은 어김없이 눈앞에 나타나기 마련이다. 누구의 삶으로부터도 잠언(箴言)을 얻어 낼 수 있기 때문이다. 어느 인간이든 자기 동화를 갖고 태어나기에 들려 줄 이야기가 있게 마련이다. 이 세상은 몇 사람의 위인전을 위한 것이 아니라, 인간 모두의 이야기를 원한다. 어머니 뱃속에서부터 자기 동화는 그려지며, 써진다. 사람은 배우는 동물이기에 자기 동화를 그렇게 준비한다. 자기 동화를 자기의 삶의 이야기로 만들어 가는 것이 인생이다. 삶이 충만한 사람들은 자기 동화의 스토리들로 가득하다.

자기 동화는 자신에게 살아갈 꿈을 만들어 내고, 꿈을 키워 낸다. 자기 동화는 자기가 만들어 낸다. 자기 동화는 살아가면서 채색된다. 자기 동화의 주인공은 자기다. 자신이 왕자이고 공주다. 왕관을 쓰고 백마를 타고, 꽃수레를 타야 할 사람은 바로 자기다. 태어나기 전부터 누구는 임금이고, 누구는 노예로 정해진 것이 아니다. 모두가 붓다이고 모두가 예수이며, 모두가 소크라테스의 심성으로 잉태된다. 그런 심성들을 자기 동화의 주인공으로 드러내 주기 위해 바로 학교와 같은 교육제도가 생긴 것일 뿐이다.

학교교육이 제도화되면서 아이들의 자기 동화는 오히려 지워지고 있을 뿐이다. 자기 동화에서 자기라는 주인공을 소거하라고 학교는 가르친다. 그것이 행복에 이르는 길이라고 세뇌한다. 조건없이 남보다 앞서 가라고 이른다. 벗어나지 말라고도 이른다. 그런 곳에 배움은 없다. 자기 동화는 짧아야 한다고 다그칠 뿐이다. 자기 동화의 여백을 줄어들게 만든다. 자기 동화의 주인공들에게는 주연해야 할 배역이 없다.[54]

어릴 때는 누구나 천재였고, 위대한 화가였다. 무엇이든 나의 시각으로 바라 봤기에 그것이 가능했다. 그리곤 각자가 그것을 나름대로 그려 냈다. 평가는 불필요했다. 개의치도 않았다. 그저 몰입하고 그렸다. 그린다는 것 그것이 기쁨이었다. 언제부터인지 그리기가 쉽지 않았다. 그리기에 대한 의지를 상실했기 때문이다. 예술가적인 기질을 여러 곳에서 제각기 다르게 손봤기 때문이다. 그때부터 예술가의 기질과 창조성은 박제가 되었다. 그저 마음속에 추억으로 자리를 틀어 잡고 말았다. 예술 정신을 되찾아 오려면 용기가 필요하다. 어렸을 때 있었던 그 예술가 정신대로 그리면 된다. 예술은 자기만의 감성적 표현이기 때문이라고 하지만 이미 때는 지나 버렸다.[55]

존 홀트(Holt) 교수는 일찍이 지금의 청소년들은 아동기를 상실하고 있다고 비판한 바 있다. 자기 동화의 여백이 점점 사라진다는 뜻이다. 자기 동화의 공간이 소거되면 마음병이 자리를 틀기 시작한다. 닐 포스트먼(Postman) 교수도 같은 어조로 학교교육의 현실을 비판한다. 학교는 교육의 본질도 잊은채, 교육을 한다는 것이다. 교육이 상실된 곳에서 일어나는 일상적인 교육은 별것이 아니라는 것이다. 경쟁을 위한 학습, 남을 이기기 위한 훈련, 살아남기 위한 학습, 성적을 위한 훈련이 다람쥐 쳇바퀴 돌듯이 반복된다. 학교는 성공 그리고 실패의 학습과 훈련 반복의 경주장일 뿐이다.[56] 학교는 자기 동화의 주인공을 위한 놀이터가 아니라, 저들 하나하나를 밀어 낼 절벽이라는 것이다.

아이들이 뛰놀아야 할 호밀밭에는 파수꾼이 없다. 위험을 망봐줄 파수꾼은 없고, 절벽으로 내몰기만 한다. 아이들은 자괴한다. 아이들은 절규한다. 저들을 삶의 벼랑으로 몰아가고 있는 어른들의 위선을 아이들은 매일같이 고발한다. "내가 할 일은 아이들이 절벽으로 떨어질 것 같으면, 재빨리 붙잡아 주는 거야. 애들이란 앞뒤 생각없이 마구 달리는 법이니까 말이야. 그럴 때 어딘가에서 내가 나타나서는 꼬마가 떨어지지 않도록 붙잡아 주는 거지. 온종일 그 일만 하는 거야. 말하자면 호밀밭의 파수꾼이 되고 싶다고나 할까. 바보 같은 얘기라는 건 알아. 하지만 정말 내가 되고 싶은 건 그거야. 바보 같겠지만 말이야."[57]

학교는 인간의 삶을 위한 공론의 장(場)인데, 이제 학교의 장에는 배움이 없다. 대신 학습과 훈련, 그리고 교화(indoctrination)만이 난무한다. 학교교육론자들은 성공을 위한 학습, 성공을 위한 훈련을 교육의 본질로 해석하지만, 그것은 교육의 본질을 호도하는 것이다. 저들은 공교육과 사교육을 가르기도 하지만 그것 역시 잘못된 것이다. 공교육은 학교를 말하고, 사교육은 학원을 말한다고도 하지만 그런 구별은 작위적일 뿐이다. 학원교육도 공교육의 변형이다. 공교육과 사교육 간의 차별화는 별

다른 뜻이 있는 것이 아니다. 공교육은 기관의 입장에 섰다는 말에 지나지 않기 때문이다.

공교육 혹은 학교교육의 본질도 파고 들어가면 그것의 원형은 사(私)적일 뿐이다. 반대로 사교육 역시 놀랍게도 지금의 해석과는 달리 온전히 공(公)적이다. 공교육을 기관화시킨 것이 학교교육이다. 학교는 국가적인 목표를 달성하기 위한 학습장이다. 아이들의 자기 동화를 국가적인 틀로 각색하겠다는 곳이 학교다. 국민의 능력을 표준화시키거나 서열화시키기 위한 훈련의 장소와 공간이 학교다. 공적이라는 말은 공정해야 한다는 뜻이다. 숨김없이 모든 것을 드러내 놓고, 모든 이를 위해 하나의 잣대로 고르고 가르는 곳이다. 가르고 고르는 표준과 기준은 점수일 뿐이다.

사교육은 공교육과는 속성이 다르다. 사교육은 부모의 교육열이고, 공교육은 국가의 힘으로 상징되기 때문이다. 사교육은 사람의 입장에 서 있다는 말이기 때문이다. 국가의 공적인 규제나 틀을 벗어나서 아이들의 자기 동화를 키워 주는 것이 학부모의 교육열이다. 자기 다듬기, 자기 치유의 핵심이 사교육에 있다. 대학입시 훈련만을 사교육이라고 말할 수 없는 이치다. 공교육에서는 처음부터 끝까지 등수나 경쟁을 위한 학습과 훈련 활동이 주류를 이룬다. 학원의 입시 훈련이라는 것도 공교육을 보조하는 활동들 중의 한 유형이기에, 그것 역시 공교육의 아류일 뿐이다. 교육행정가들처럼 공교육, 사교육으로 가르거나 차별할 일이 결코 아니다.

여기서 말하는 사교육은 입시 훈련교육을 지칭하는 것이 아니다. 학교교육도 가정에서 일어나는 교육적 행위처럼 각자를 위한 맞춤형 교육이어야 한다. 그런 점에서 모든 교육은 사교육으로 보아야 한다는 뜻이다. 학교교육이든, 입시 훈련이든 모든 교육적 행위는 자기 창생, 자기 창설, 그리고 자기 연단을 위한 울타리에서의 배움에 초점을 맞추어야 한다. 학교교육이 현실적으로 입시 훈련 때문에 배움을 가장한 허위의식의 입시 훈련으로 가득하다면 사교육의 본질은 자기 의식의 품격을 높이는 일일 뿐이다.

존 홀트 교수는 학교는 아이들의 실패에 대해 원천적으로 야비하게 대처하고 있을 뿐이라고, 학교와 교사를 싸잡아 힐난한다. 학교가 아이들의 실패에 대해서 무책임하다는 것이다. 모든 실패의 책임을 스스로에게 돌리기보다는 아이들의 능력에 돌리고 있기 때문이라는 것이다. 학교는 아이들을 실패하게 만든 방법이나 수단을 바꾸지 않는다. 대신 아이들을 비난하고, 학부모들을 비판하기를 좋아한다. 홀트는 학교를 감옥에 비유한다. 감옥을 학교처럼 꾸며도 감옥은 감옥일 뿐이다. 교도소의 주거 환경을 아무리 바꿔도 교도소는 교도소일 뿐이다. 교도관을 교체하고, 침상을 바꾸고, 운동장을 바꾸며, 철장을 바꿔도 감옥은 감옥일 뿐이라고 잘라 말한다.[58]

인류의 교육사로 보면, 사(私)교육의 시작이 교육의 시작이었다. 어머니의 모태로부터 시작하는 것이 사교육의 원초다. 배움 씨앗은 그 시작부터가 사적인 셈이다. 사교육의 힘은 신비하기까지하다. 사람들은 잉태되는 순간부터 배움을 촉진시키는 배움소(素)들이 조밀하게 온몸으로 배선화(配線化)된다. 배움은 그래서 인간에게 본능적이며 생명적이다. 배울 수 없는 인간은 존재할 수 없도록 되어 있을 뿐이다. 배움이라는 말을 들으면 편안해진다. 어머니라는 말을 들을 때처럼 편안해진다. 본능과 연관된 단어들은 사람들에게 친숙하다. 본능은 인간에게 편안함을 주는 힘의 원천이다.[59] 배움이란 말 역시 인간의 본능을 드러내는 말이기 때문에 듣는 이들에게 편안함을 준다.

인간은 배움의 동물이다. 인간의 생존 자체가 그것을 입증한다. 뇌 과학과 의생물학적 과학의 발달 역시 그것을 보조한다. 아기의 언어 생성에 관한 실험이 그것을 예증한다. 아기의 언어 악센트 획득에 관한 비교문화적인 실험에 따르면, 갓 태어난 아기마저도 국적에 따라 우는 소리와 울음의 억양이 달랐다. 어머니가 임신을 하면 아이의 뇌 신경세포가 형성되기 시작한다. 어머니와 아이들이 생물학적으로 소통한다. 그것을 통해 아이들은 어머니의 모국어부터 배운다. 그것이 신생아의 울음에서 드러난다. 신생아의 울음에 어머니가 사용하는 모국어의 억양이 들어 있다는 것이다. 독일 뷔르츠부르크대학의 캐슬린 베름케(Wermke) 교수와 그의 연구 동료들이 밝힌 연구 결과였다.

베름케 교수는 프랑스 부모가 낳은 아기 30명과 독일 부모가 낳은 아기 30명의 울음을 비교 분석했다. 생후 2일째부터 아기 울음에 부모가 말하는 언어의 '운율'이 드러났다. 프랑스 아기의 울음 끝에는 상승조가 분명했다. 독일 아기의 울음에는 하강조가 뚜렷했었다. 아기가 자궁에서 듣고 익힌 부모 발음의 억양을 울음으로 모방해 표현한 것이다. 이 연구 결과는 미국의 ABC방송(2009년 11월 5일)이 보도했다. 격주간 학술지인 『최신 생물학』에도 실렸다. 캐슬린 베름케 교수의 증언도 잇따라 나왔다. "아기들이 운율을 따라 하려면 후두(喉頭) 근육을 조화롭게 움직일 줄 알아야 하고 호흡도 조절할 줄 알아야 하는데, 그런 능력이 신생아에게 이미 내선화되어 있다."는 진술이 보도되었다. 인간에게는 배움의 본능이 내재화되어 있다는 증거이기도 했다.

生 3. "눈멀면 아름답지 않은 것 없고 귀먹으면 황홀치 않은 소리 있으랴 마음 버리면 모든 것이 가득하니 다 주어 버리고 텅 빈 들녘에 서면 눈물겨운 마음자리 스스로 빛이 나네." – 시인 홍해리[60]

"젊었을 때 배움을 소홀히 한 사람은 과거를 상실하고 미래에도 죽는다." – 에우리피데스[61]

"조금을 알기 위해서는 많이 배워야 한다." – 몽테스큐

"뭘 배우느냐고요? 내가 지금 그걸 배우고 있는데 도무지 알 수가 없어서 더 배우고 있는 중입니다." – 쇼펜하우어[62]

"확연무성(廓然無聖), 휑하니 비어 있어 성스럽다고 할 것 조차 없다." – 달마대사(達磨大師)[63]

배움으로 가득찬 삶은 기하학적으로 자신의 삶을 정리해 가는 삶과 비슷하다. 인생이 어떤 것인지를 추측하면서 무엇인가를 그려내는 삶이 바로 배움의 삶이기 때문이다. 도박장에 가면 도박하는 이들의 심성이 드러난다. 그곳에서 돈을 따려고 덤벼든 사람들이 표출하는 묘한 장면들이 도박의 심성을 보여 준다. 사람들은 단 한 번 던

진 주사위의 굴림을 보고 어떤 숫자에 끌려 많은 돈을 건다. 단숨에 횡재를 하고 싶은 충동을 자신의 재수니, 운이니 혹은 끝발에 건다. 그 끝발이 희망대로 되어 주기를 바란다. 횡재하려는 삶은 횡재와는 거리가 멀다. 도박적인 삶일 뿐이기 때문이다. 아무리 영험한 사람이라고 하더라도, 주사위를 한 번 굴리고 난 후, 나올 수 있는 숫자를 단번에 알기는 쉽지 않기에 그것이 예측이나 확률이 아닌 도박인 것이다.

주사위를 여러 번 굴리면서, 그것을 면밀히 살피면 다음 번 주사위 굴림에서 어떤 숫자가 나올지를 대충 짐작해 볼 수는 있다. 여러 번의 시행으로 인해 나올 수 있는 수를 추측해 낼 수 있기 때문이다. 단번에 굴려 어떤 숫자가 나올지를 알 수 없다. 그래도 어떤 숫자가 나올 것이라고 그 숫자를 찍는 것이 바로 도박이다. 반면, 주사위를 여러 번 굴려본 후, 그다음 번의 주사위 놀음에서 어떤 숫자가 나올지를 추측하는 것은 수학이다. 확률은 바로 수학적 추측이기 때문이다. 추측의 원리를 인생살이에 대입하면, 도박적인 삶은 짧게 사는 삶을 말하는 것이다. 수학적인 삶은 길게 사는 삶을 말한다. 인생을 짧게 살려는 사람에게 인생은 도박적인 삶이 될 수밖에 없다. 반대로 인생을 길게 살려는 사람에게 그의 인생은 수학적인 삶이 되는 것이다.[64]

배움의 삶이 어떤 것인지 그것은 말처럼 그렇게 증명해 내기가 쉽지 않다. '뚝' 하고 끊어 내는 일, 그렇게 한마디로는 정리되지 않는 것이 배움의 삶이기 때문이다. 시인 홍해리(洪海里)가 「동백꽃 속에는 적막이 산다」라는 시에서 '뚝!' 그 한마디로 읊조리듯이 그렇게 하면 될 듯한데, 그렇게 쉽지가 않다. 배움의 효능은 그저 신비하기만 하기 때문이다. 배우면 생각이 달라지기 시작한다. 생각이 달라지면 삶이 바뀐다. 생각의 본질을 규명하는 연구들이 많다. 뇌신경세포들의 움직임으로 그것을 설명하기도 한다. 그래도 생각이 무엇인지는 아직도 불완전한 상태다. 증거 불충분의 문제가 아니다. 해명이 가능하지 않다. 미스터리다. 완전한 해명에 대한 기대는 불가능할 수도 있다. 신의 존재를 물리학적으로 입증하는 시도처럼 불가능할 수 있다. 신의 존재를 객관적으로 기술할 수는 있다. 그렇다고 그것이 신의 존재를 객관적으로 증명해 낸 것은 아니다.

생각의 본질과 구조에 대한 수많은 과학적 설명들이 있었다. 앞으로도 그렇게 진행될 것이다. 그런 설명들은 어쩌면 신의 존재에 대한 증명론처럼 산란하다. 생각에 관한 뇌 과학자들의 증거론이 과학적 방법론의 좌측 극단에 있다면, 중세시대 교부철학자들이 그렇게 시도했던 신의 존재에 관한 증명은 과학적 방법론의 우측 극단에 위치하고 있다고 볼 수 있다. 토마스 아퀴나스(Thomas Aquinas)는 중세 천 년을 대표할 수 있는 철학자이면서 동시에 신학자로서 절대적인 추앙을 한 몸에 받는 사람이다. 그가 써 내려간 『신학요강』은 신의 존재를 이렇게 담백하게 증거한다. 우뇌적인 과학적 방법으로서의 신념이었다. "하느님, 바로 그 신은 존재한다. 신은 부동적(不動的)이다. 신은 영원하다. 신 그 자체로 존재함은 필연적이다. 신은 영구히 존재한다. 신에게는 어떤 연속성이란 없다. 신은 자신의 본질일 뿐이다. 신의 본질은 그의 존재와 다른 것이 아니다. 신은 어떤 류에 속하지 않는다. 신은 어떤 류가 아니다. 신은 많은 것에게 서술되는 어떤 종이 아니다. 신이 하나인 것은 필연적이다. 신은 물체일 수 없다. 신은 물체의 형상일 수 없다. 신은 본질적으로 무한하다. 신은 무한한 힘을 가지고 있다. 신 안에 있는 무한함은 불완전성을 포함하지 않는다. 신 안에는 사물들 안에 있는 모든 완전성이 더욱 탁월한 형태로 존재한다. 신 안에서는 모든 완전성이 하나다. 신 안에서는 어떤 오류도 발견되지 않는다. 다수의 명칭은 신 안에 있는 단순성을 없애지 않는다. 신에 대해 사용되는 명칭들이 다양할지라도, 그 명칭들은 동의어가 아니다. 이 명칭들의 정의들을 통해서 신 안에 있는 것이 무엇인지 정의될 수 없다. 명칭들은 신과 다른 것들에 대해서 온전히 일의적으로나 다의적으로 사용되지 않는다. 신은 지성적이다. 신 안에는 지성이 가능적이거나 습성적이 아니라 현실적으로 존재한다. 신은 다른 형상을 통해서가 아니라 자신의 본질을 통해서 이해한다. 신은 자신의 이해 작용이다."[65]

　아퀴나스가 말하고 있는 『신학요강』을 말하는 그대로 받아들이면, 신이라는 존재를 증명하는 그 자체가 이미 무의미하다. 신의 존재 여부에 따라 신앙이 결정될 수 있는 것이 결코 아니기 때문이다. 신의 존재 증명 여부와 관계없이, 그 신의 존재를 위해 순교자들이 생겨나는 이유다. 문학 작품에서도 흔한 이야깃거리인데, 종교에의 맹신을 거부하며, 신을 부정하는 미국의 작가 저널리스트 멩켄(H. L. Mencken)은 이렇게 말한다. "모든 어리석음 중에서 가장 흔한 어리석음은 명백한 거짓말을 열성적으로 믿는 것인데, 그것이 바로 인간이 주로 하는 일이다." 순교자(殉敎者)는 바로 그렇게 어리석은 일에 확신을 갖고 삶과 신앙의 이정표로 받아들여 일을 낸 사람들이다라는 것이 멩켄의 생각이었다.[66]

순교자는 죽음으로 자신의 신앙을 완벽하게 드러내 보이는 사람들이다. 저들의 말은 더디다. 말은 간사하며 교묘하기 때문에 말을 자제한다. 말로는 언제나 늦을 뿐이다. 순교자들에게는 신에 대한 확신이 중요하지 않다. 신을 위해 죽는 것이 아니라 확신을 위해 목숨을 내놓는 것이기 때문이다. 김은국 선생의 소설『순교자』에서도 그것이 어김없이 나타난다. 주인공인 신(申) 목사가 등장한다. 그는 말이 없는 목회자이다. 말을 언젠가부터 잃어버렸다. 그에게서 신의 존재 여부를 확인하는 것은 부차적이었다. 그의 신앙에 있어서 신에 대한 확신은 절대적이기 때문이었다. 신 목사는 절규한다. "신은 없지만 내가 짊어지고 가야 할 십자가는 있다. 나는 바로 그 십자가를 지고 갈 것이다."라는 자기의 신앙을 숨기지 않는다. 순교를 결단했기에 가능한 믿음이었다.

세상의 문제는 신의 존재가 증명되었다고 해도, 끊임없이 발생하기 마련이다.[67] 신앙의 문제도 마찬가지다. 종교가 기관화되고, 제도화되면 신앙도 기관화되어 버린다. 그때부터 그 종교는 어김없이 부패의 길로 들어선다. 무엇이든 제도화되면 부패 문제가 불거지도록 되어 있다. 서양의 르네상스도 종교의 제도화에 대한 반작용이었을 뿐이다. 종교가 제도화되면 신에 대한 존재 증명과는 무관하게 종교 기관의 이해관계를 도모하기 위한 사회적인 장치들이 만들어진다.[68]

신의 존재 여부를 가리는 일도 학문적으로는 언제나 미완이었고, 부패되어 왔다. 진화론자들과 지적설계론자들의 논쟁들이 그 사례다. 진화론자들은 이론물리학적 논리를 세워 신의 존재를 거부한다. 지적설계론자들에게 창조론은 그들의 존립 근거다. 모두가 신의 존재나 거부에 대한 전제들 간의 마찰이다. 신의 존재와 거부에 대한 전제들에 대한 또 다른 전제들 간의 심각한 쟁송들이다.[69] 항상 그렇지만 신의 존재를 객관적으로 증명하겠다는 욕망은 와이(why)에 관계된 것이다. 신의 존재를 받아들이는 일은 와이낫(why not)에 관계된 일이며, 인간의지에 관여하는 일이다. 와이낫은 와이의 설명에 대한 진위를 확인해 내는 일을 그리 중요시 여기지 않는다. 현실적 적합성과 새로운 가능성에 치중할 뿐이다. 와이에 대한 대답을 단숨에 제공한다. 증명에 관계없이 신은 살아 있어야 하는 것이기 때문이다.

와이낫의 사고는 메타언어와 편승하기 마련이다. 이미 이야기했듯이 메타언어는 때때로 쾌도난마(快刀亂麻)의 답을 내놓곤 한다. 얽히고 그리고 설킨 실타래나 삼밭의 삼줄들을 단칼에 베어 내는 해법을 제공하는 것이 메타언어들이 지닌 장점이기 때문이다. 고르디우스의 매듭(Gordian knot)과 같은 수수께끼를 풀어 내는 언어가 메타언어다. 기원전 334년 경의 일이다. 고대 그리스의 고르디우스라는 왕은 신탁(神託)이 내려진 신전에 매듭을 묶어 두었다. 신탁의 매듭을 푸는 사람이 장차 아시아의 왕이 될 것이라는 신성한 약속의 말이었다. 많은 영웅들이 매듭 풀기에 도전했다. 모두 실패했다. 그 대가로 저들은 자신의 목숨을 잃었다.

그로부터 상당한 시간이 흘러 버린 어느 날이었다. 젊디젊은 알렉산더 대왕이 그런 사실을 알고 그곳에 당도했다. 동쪽을 정복하기 위해 원정하던 중이었지만, 그는 자신의 위대함을 보여 줄 욕심도 있었다. 고르디우스의 수수께끼가 그것에 접근하는 이들의 생명을 노리고 있는 그곳에서, 그가 해야 할 일은 신비를 단숨에 풀어 내는 일이었다. 실패하면 그의 생명과 존재감은 그날로 사라져 버리고 마는 일이었다. 그는 고르디우스 매듭을 단숨에 풀어 냈다. 방법은 단순했다. 매듭을 단칼로 단숨에 잘라 버렸다. 매듭은 단숨에 풀렸다. 어느 누구도 생각해 보지 못한 용기와 결단의 결과였다. 그 결단이 바로 그의 힘이었고 그의 배움이었다. 머리는 그렇게 써야 한다는 것을 알렉산더 대왕은 후세에게 영원토록 알려 준 셈이다.

쾌도난마의 행동은 언제나 결과보다 과정을 중시한다. 쾌도난마의 아름다움은 답백함과 경쾌함, 그리고 단순함에 있다. 쾌도난마가 드러나기 위해서는 끊임없는 훈련과 인내가 필요하다. 모든 것은 훈련의 결과다. 훈련으로 내공이 쌓이기 때문이다. 훈련 없이는 쾌락도 행복도 따라나서 주지를 않는다. 훈련의 결과는 쌓아짐으로 나타나게 마련이다. 쌓아짐이 바로 내공이다. 삶에서의 쌓아짐은 그 사람의 품과 격을 드러낸다. 훈련이 그래서 내공의 방편이 되는 것이다. 쾌도난마는 한순간의 재치가 아니다. 쾌도난마하기 위해서는 훈련과 쌓아짐이 필요하다. 쾌도난마의 결단은 일정한 과정을 생략하고서는 결코 드러낼 수 없는 슬기이기도 하다. 지혜가 결여된 쾌도난마는 있을 수 없다.

쾌도난마가 배움의 결과물이라는 점은 화가 마그리트의 화풍에서도 여지없이 드러난다. 마그리트는 상상 속의 그림을 그려 놓곤 했다. 그중 하나가 자신을 매혹시켰다. 그 그림에 대한 적당한 제목은 떠오르지 않았다. 제목을 위해 사색에 빠져든 그는 깊은 사색에서 깨어났다. 그는 마침내 그림의 제목을 '헤겔의 휴일'이라고 붙였다. 엉뚱하고 생뚱맞은 제목이었지만, 회화 역사상 최고의 독창적인 작품명으로 세인의 호평을 받은 이름이었다.

마그리트는 제목에 관한 일련의 과정을 적어 놓았다. "나의 최근 작품은 다음과 같은 의문으로 시작되었습니다. 평범하지 않게 작품 안에서 어떻게 물 컵을 보여 줄까? 별나거나 임의적이거나 서투르지 않도록 말입니다. 그러나 외람되게 볼지도 모르지만 천재적으로 표현하고 싶습니다. 그릇된 겸손 없이 말입니다. 나는 컵 위에 줄을 그어 물 컵을 여러 개 드로잉함으로써 시작하였습니다. 100번째 혹은 105번째 드로잉 후에 이 선이 확장되면서 결국은 우산의 형태가 되었습니다. 그리고 나서 우산은 컵 안에 담겼다가 결국 컵 아래로 가게 되었습니다. 첫 번째 의문, 어떻게 물 컵을 천재적으로 그릴 것인가에 대한 정확한 해답이었습니다. 그러자 나는 헤겔(또 다른 천재)이 두 개의 대비되는 기능을 지닌 이 오브제에 대하여 매우 예민하게 반응하였을 것이라고 생각하였습니다. 두 가지 기능이란 어떠한 물도 인정하지 않는 물을 거부하는 동시에 물을 인정하기도(물을 담는) 하는 것입니다. 내 생각에 헤겔이(휴가를 맞은 것처럼) 매우 기뻐하거나 즐거워하였을 것 같아, 이 작품을 '헤겔의 휴일'이라고 명명했습니다."[70]

예수라는 존재가 바로 신의 배움소(素)라고 가르쳐 준 사람이 성 어거스틴(St, Augustine)이다. 어거스틴은 배움을 플라톤처럼 상기(anamnesis)의 원천으로 이해한다. 플라톤(Platon)의 상기론을 그의 신학에 차용한 것이다. 그는 플라톤의 상기설을 종교적인 언어로 바꿨다. 상기를 이끌어 내는 힘이 예수라고 보았다. 예수가 인간의 영혼이 망각한 것들을 회복시켜 주는 교사라고 보았다. 예수가 영혼 회복의 배움소라고 보았다. 예수를 알면 영혼이 보인다는 것이다. 성 어거스틴은 이렇게 이야기한다. 배운다는 것은 안다는 것이다. "안다는 것은 흩어져 있는 것들을 거두어 모은다는 것입니다. 여기에서 생각한다는 말이 나온 듯합니다. 그것은 라틴어에 아고(Ago, 나는 한다)와 아기토(Agito, 내가 계속한다)가 연관되어 있고, 파키오(Facio, 나는 만든다)와 파키토(Facito, 나는 자주 만든다)가 연관되어 있듯이, 코고(Cogo, 나는 모은다)와 코기토(Cogito, 나는 생각한다)가 연관되어 있기 때문입니다. 그러나 사람들은 코기토(Cogito)란 말을 마음의 기능에만 적용하여 사용했기 때문에 다른 곳에서 모인 것이 아니고 마음 안에서 거두어 모인 것만을 생각한다는 말로 부르게 된 것입니다."[71]

현대판 성자로 불리는 크리슈나무르티(Krishnamurti Jiddu)는 달리 말한다. 모든이들이 바로 예수이며, 붓다라고 말하며, 인간이 지닌 신성(神性)이 바로 행복을 찾아내는 배움소라고 말한다.[72] 배움은 일상적인 삶에서 갖추는 신성한 자세를 말한다. 신과 같은 자세로 삶을 실천해 나갈 때 얻게 되는 기쁨과 자기 연단이 행복이다. 행복은 신성에 대한 배움으로 누려진다. 그가 말하는 배움은 학습심리학자들의 학습론과는 속성이 전혀 다르다. 크리슈나무르티가 말하는 학습은 삶에 대한 지혜를 익히는 일을 말하기 때문이다. 정보 기억의 처리방법과 학습의 기교는 배움을 위한 보조 기술, 한 단계 아래인 하류 기술일 뿐이다. 학습 기교들이 정보 처리와 정보 응용의 속도를 강조한다면, 배움은 연단을 강조한다. 학습 기교들은 반인반마 네소스(Nessus)의 간교함처럼 사태를 뒤엎는 데 활용될 수는 있다. 하지만 연단은 삶에 바른 길을 제시한다.[73] 정보를 주워 모으는 학습의 잡다한 기교를 더 축적한다고 해서 사람이 사람답게 되는 것은 아니기 때문이다.

인간은 지식의 획득이나 능력 발휘만으로 결코 자유로워질 수는 없다. 그것만으로는 신성을 갖출 수 없다. 지성이 쌓이는 것도 아니다. 지성은 사물을 이해하기 위한 바른 자세, 바른 태도를 말한다. 지성은 사물에 대한 관심과 사물에 대한 집중으로 커진다. 관심과 집중은 서로 다른 개념이다. 크리슈나무르티는 『배움과 지식에 대하여』에서 말한다. "만일 새나 나뭇잎, 아니면 복잡한 한 인간을 이해하고자 한다면, 여러분은 모든 관심을 거기에 기울여야 합니다. 그 관심 자체가 바로 알아차림, 인식입니다. 관심을 가질 때, 곧 진정으로 이해하려는 애정을 보일 때, 비로소 모든 관심을 기울일 수 있습니다. 그러한 알아차림은 마치 뱀과 함께 한 방에 들어가 있는 것과 같습니다. 만약 그럴 경우에 뱀의 움직임을 하나하나 주시하게 됩니다. 아무리 무의미한 소리라도 그 녀석이 내는 소리는 대단히 예민하게 들립니다. 그런 관심의 상태는 전체적인 에너지입니다. 그 속에서 여러분 자신의 모든 것이 순간적으로 드러나게 되는 것이지요."

사물에 대한 바른 관심과 자기 이해를 갖지 못하면 영혼마저 시들게 된다. 자기 이해란 지식 획득으로 완성되는 것이 아니기 때문이다. 삶에 대한 자세를 바르게 가다듬는 자기 단련이 자기 이해와 함께해야 한다. 크리슈나무르티는 다시 한번 더 자기 이해의 중요성을 이렇게 정리한다. "자기 자신의 지성과 감정, 존재 전체의 움직임을 관찰하기 위해서는 자유로운 마음을 가져야 합니다. 동의하고 거부하거나 어느 한쪽을 편드는 마음은 안 됩니다. 오직 이해하고자 하는 의도를 가지고 따라가는 마음이어야 합니다. 하지만 이것은 대단히 어렵습니다. 왜냐하면 우리 대부분이 어떻게 보고 어떻게 듣는가를 모르는 것은 마치 아름다운 강물을 보고 나뭇잎 사이를 스치는 산들바람 소리를 듣지 못하는 것과 마찬가지이기 때문입니다. 비난하거나 정당화시킬 때, 우리는 분명하게 볼 수 없습니다. 마음이 끝없이 수다를 떨 때도 역시 불가능합니다. 그러한 경우에 우리가 보는 것은 '있는 그대로'가 아니라, 우리가 스스로 만들어 낸 관념일 따름입니다. 우리 각자는 자기 자신에 대한 생각이나 이상적인 모습을 마음에 그리고 있습니다. 그 이미지야말로 자신의 참모습을 가리고 있는 장벽인 것입니다. 사물을 단순하게 바라본다는 것은 이 세상에서 가장 힘든 일 가운데 하나입니다. 그지없이 복잡한 마음 때문에 우리는 단순함의 참된 가치를 상실해 버린 상태입니다. 이 사람이 지금 말하고 있는 것은 옷이나 음식의 단순함이 아닙니다. 가사를 걸치고 단식에 단식을 거듭하는 행위는 정말로 희극적인 광경입니다. 두려움 없이 사물을 직접 바라보고, 따라서 자기 자신을 왜곡하지 않고 '있는 그대로' 볼 수 있는 단순함이어야 합니다. 말하자면 거짓을 말할 때 거짓이라고 말할 수 있는 단순함입니다. 절대로 덮어 버리거나 회피해서는 안 됩니다. 또한 자기 자신을 이해하기 위해서 우리는 엄청난 겸손함을 가져야 합니다. 만일 "나 자신을 알고 있다."는 말로 시작한다면, 여러분은 이미 스스로에 대한 배움을 그친 것입니다. 혹은 "나는 다만 기억과 관념과 경험과 전통의 다발에 불과하니까 더 이상 나 자신에 대해서 배울 것이 없다."고 말한다면, 그때도 역시 스스로에 대해서 배우기를 중지한 셈입니다. 어떤 것을 성취한 순간, 여러분은 겸손과 순진무구의 가치를 잃게 됩니다. 어떤 결론을 갖거나 지식에서 출발하는 순간, 마찬가지로 그 일은 이미 끝이 납니다. 왜냐하면 살아 움직이는 모든 것을 낡은 틀에 맞춰서 해석하기 때문입니다. 반면에 여러분이 아무런 디딤돌이나 확실한 기반을 갖고 있지 않다면, 그때는 보고 성취할 자유가 생깁니다. 자유롭게 볼 때, 세상은 항상 새롭습니다. 확신에 찬 사람은 사실 죽은 인간입니다."[74]

확신에 찬 사람은 열정 때문에 분노하기 쉬운 사람이다. 단칼에 처리하려는 욕망으로 가득 찬 사람 역시 분노하기 쉬운 사람이다. 현인(賢人)들은 세상을 그렇게 이해하거나, 바라보지 않는다. 지성적인 사람은 결코 그런 사람이 아니라는 것이 그의 인간 경험론이다. 어떤 종교 전문 작가는 종교 현장과 여러 신앙 공동체를 찾아다녔다.[75] 그녀는 끝내 탈종교적인 결론에 이르고 말았다. "이름이 다른 각각의 신을 섬기는 종교는 그 본질에 있어서는 결코 서로 다른 것이 아니었다. 이들이 추구하는 핵심 가르침은 바로 사랑과 평화, 이 한 가지로 통했다. 나는 이 같은 사실을 깨닫고는 모든 종교의 '뿌리는 하나'라는 확신을 얻게 되었다. 하나의 가르침 안에서 다름은 결코 다른 것이 아니다."라는 생각에 도달했기 때문이다.

절대자인 신은 늘 그렇게 늘 그 자리에 위치하고 있다. 저들의 이해 관계를 위해 서로 다른 종교인들이나 목자들이 그 한 분을 서로 다르게 끌어들일 뿐이다. 서로 편하게 언급하고, 서로 엄청나게 잇속을 챙기고 버릴 뿐이다. 그것은 '~중심주의'로 포장되어 겉으로 나타나기 마련인데 바로 저들은 고집하고, 저들은 그것 때문에 죽이며 죽고만다. 서로 다르다는 것에서 아름다움을 찾아내려고만 하면 아름다움은 찾아진다. 제아무리 서로 다른 종교들이라고 하더라도 서로의 아름다움이 보이면 서로가 하나의 신앙으로 거듭날 수 있는 일이다.

어느 장례식장에서 실제로 일어난 일이었다. 아침 일찍 스님이 먼저 도착했다. 그 스님은 목탁을 두드리며 염불을 시작했다. "나무아미타불, 나무아미타불……." 염불이 무르익었다. 그 즈음 고인의 장남이 다니는 교회의 목사와 장로, 집사, 권사 몇 분이 들어오며 웅성거렸다. 그러나 목사는 조용히 한쪽 구석에 앉았다. 눈을 감았다. 기도를 했다. 염불도 끝났다. 목사와 스님은 두 손까지 맞잡으며 인사를 나누었다. 두 분은 마치 오래전부터 알고 지내온 사이처럼 깊은 존경과 사랑으로 서로를 반겼다. 스님이 먼저 자리를 뜨며 "자, 이제 목사님 차례가 왔습니다. 나무아미타불 관세음보살." 목사 역시 "스님에게도 우리 주님의 축복을 빕니다."라며 합장을 해 보였다. 스님은 문까지 배웅하는 목사에게 말했다. "목사님께서 우리 아버님 꼭 천당 가게 해 주셔야 합니다. 아멘." 하고 답례를 주었다.

순간 무거운 분위기의 장례식장 곳곳에서 웃음꽃이 피어났다. 어정쩡했던 상갓집 사람들은 이내 평정을 찾았다. 그때부터는 교회와 절에서 온 조문객들 모두를 맞았다. 너와 내가 따로 없었다. 장례식을 두고 잠시 일어난 형제 간 불협화음이 목사와 스님의 만남으로 말끔히 녹아 없어진 것이다.[76] 이 세상에서 행복하게 살아가려면, 같음보다는 다름에서 아름다움을 찾아내면 되는 일이다. 나 중심, 우리 중심에서 벗어나면 되는 일인데, 그것이 쉽지 않다. 나 아닌 그와 저들에 대해 더 많이 알고 배우면 된다. 나와 이웃의 다른 삶을 진지하게 받아들이기 때문이다.

현자처럼 내가 그대로 살 수가 없는 것은, 내가 현자와 다르기 때문만이 아니다. 다름에서 아름다움을 발견해 내지 못하고 있기에 졸(拙)처럼 살고 있을 뿐이다. 내 영혼이 졸인 탓이다. 편견이 그것을 키울 뿐이다. 학습 우월 효과 같은 것이 우리 마음속에서 작동하고 있기 때문이다. 단어 우월 효과란 처음과 끝의 합일 효과를 말한다. 한 문장에서 단어 철자의 처음과 뒤만 같다면 그 안의 순서가 어찌 되었든 틀린 단어는 기억하지 않고 바른 문장, 옳은 단어로 인지하는 일종의 통 큰 수용을 말한다. 예를 들어, 애국가의 표기가 이상하게 쓰여 있다고 하자. 즉, '동해물과 백산두이 마르고 닳도록 하님느이 보호하사'라고 써 놓았다 하자. 그래도 사람들은 잘못 쓰여진 애국가의 가사를 의심하지 않고 그대로 원래대로 알아서 읽는다. 원래 그대로 쓰여진 것으로 받아들인다. 이런 통 큰 수용 현상은 단어 우월 효과 때문에 생기는 일이다.

단어 우월 효과는 학습하여 인지된 단어는 모양이 달라도, 통 크게 인지하는 심리 현상을 말한다. 어떤 것에 친숙해지면 그것이 다시 반복되더라도 모든 것이 제대로 작동하고 있을 것이라고 지레 짐작한다. 일종의 착시, 착각, 오해하는 편견 현상이기도 하다. 편견을 의심하기보다는 지레짐작을 당연시하는 마음이 우리의 성장을 가로막는다. 우리의 영혼 속에는 학습 우월 효과가 늘 작동한다. 편견은 매일 학습 우월 효과를 먹고 자란다. 학습 우월 효과에는 어림 셈법이 가동한다. 선택이 필요할 때 인간은 필요 이상으로 숙고하지 않는다. 일단 어림법에 의존한다. 어림법은 문제해결을 위해 체계적인 절차를 밟아가는 정보처리 방식과는 거리가 있는 방법이다. 어림법은 순간 포착이 강하지만 그 대가도 있다. 때때로 빠트리고 지나치는 약점도 있다. 숙련된 운동선수들도 어림법에 현혹당한다. 치명적인 실수가 뒤따르게 마련이다.

어림법의 약점은 의심을 과소평가하는 데 있다. 문제를 해결하려면 끊임없이 의심하라고 일러 주는 사람도 있다. 데카르트(René Descartes)가 말한 것처럼 실수하지 말라는 것이다. 그는 의심을 과소평가했기에 자기 자신을 이해하지 못했다. "나는 생각한다. 고로 존재한다."라는 그 명제 자체가 데카르트 자신의 혜안을 방해했기 때문이다.

데카르트는 생각만 했다. 반추하고 성찰하지는 않았다. 자기 존재에 대한 문제는 바로 무반추, 무성찰에서 비롯된 자신의 문제였다. 끝까지 반추하고 성찰했었더라면, 데카르트가 도달할 결론이 "나는 존재한다."는 아니었을 것이다. 오히려, 나는 생각한다였을 것이다. 나는 반추한다. 고로 나는 생각한다라고 그의 명제도 다시 바뀌었을 것이다. 5분 전에 의심했던 나는 5분 뒤의 나와는 다른 나일 수밖에 없기 때문에 성찰이 앞서야 하기 때문이다. 5분 전에 그렇게 생각한 나는 결코 지금의 나는 아니다. 바로 1초 전 내가 의심했던 나는 1초 후의 나와는 다른 존재다. 1초가 지난 후 나는 다른 나로 바뀌어 있기 때문이다. 끝까지 의심하면 매번 새로운 생각, 새로운 결론에 이르게 된다. 모든 것을 비우고 다시 시작하면 매번 새로운 사유가 가능하다.

모든 고뇌들은 의심하지 않기 때문에 생긴 지레짐작의 부산물일 뿐이다.[77] 고뇌가 되풀이되는 것은 의심하지 않았기 때문에 생기는 것이다. 지레짐작을 중단하지 않았기 때문이다. 처음으로 되돌아가 의심하기 시작하면 새 길이 열린다. 현자(賢者)는 의심과 의심을 거쳐 의심을 떨구어 낸 사람들이다. 의심을 극복하면 편견은 사라지고 배움만이 남는다. 배움의 달인이 바로 현인들이다. 모른 것에 대한 의심을 극복한 사람, 마음을 열어 놓고 배우는 사람, 다름에서 아름다움을 예찬하는 마음이 현인의 마음이다.

그러고 보면 인간의 인격이니 현자의 인격이니 하는 것에서 드러나는 인격이라는 것은 믿을 만한 것이 되지 못한다. 사실 인간의 인격이라는 실체 역시 어떤 실체가 있는 것이 아니다. 인간의 인격이라는 것은 모든 인간들이 각기 발휘하는 정신 작용을 동반한 심리적 욕구로 이루어진 빛의 연속체이기 때문이다. 그가 처한 조건이나 환경이나 상황이 조금만 바뀌어도, 한 인간의 모든 것을 보여 주는 것같은 인격은 여지없이 변하도록 되어 있을 뿐이다. 인격은 언제든 가변적이며, 각양각색이다. 인격이라는 관점에서 보면, 현자와 죄인 간의 차이는 없다고 보아야 한다. 현자와 죄인 간의 차이가 있다면, 그 차이에 대한 사회적인 단죄가 엄청나다고 하더라도, 실제로 그

들 간의 인간 존재론적 차이는 종이 한 장처럼 가볍고 경미할 뿐이다.[78]

이 말은 사람이 살아가는 세상에 절대적이며 유일무이한 현자가 있을 수 없고, 성인(聖人)도 있을 수 없다는 말이 결코 아니다. 오히려 정반대다. 세상에는 천하 난봉꾼, 호색가였던 어거스틴(Augustine)이나 루소(Rousseau)처럼 어느 날부터는 성(聖) 어거스틴과 자유계몽사상가 루소의 인격으로 전환되는 일들이 수없이 반복되기 때문이다. 그 누구든 자기를 제대로 다스리기만 하면 그 옛날의 범인(凡人)스러운 인격을 벗어나 현자의 인격으로 거듭날 수 있는 가능성이 훨씬 더 크다는 뜻이다. 현자가 되기 위해서는 범인으로 이끌어가고야 마는 저급한 충동과 욕구를 억제하며 자기를 다스려야 한다. 자신의 상황과 환경을 정확하게 판단하고, 그로부터 야기되는 자신의 이기심과 타인을 향한 이타적인 욕구 충족 사이의 균형을 지키기 위해 요구되는 사람스러운 행동, 말하자면 선(善)을 일상적으로 추구해야 한다. 자신의 이기적인 욕구 충족을 넘어서는 이타적인 선(善)을 일상적으로 추구하는 일은 새사람으로 거듭나려는 자기 다듬기다. 그런 거듭남을 위한 일상적인 일은 바로 배움에 의해 이뤄지기 마련이다.

서양의 지혜는 사방의 벽에 의해 갇힌 지혜의 전형과 다를 것 없이 자기 중심적이다. 마치 감옥에서 악착같이 사면을 요구하는 갇힌 지혜나 다름없다. 사방이 벽인 감옥에 갇힌 죄수는 고독하다. 그가 범한 죄에 대한 사회적 값에 대해 부당함을 악착같이 호소하며 감형을 얻어 내려는 간지(奸智)적인 꾀와 다를 것이 없다는 것이다.[79] 프랑수아 줄리앙(Francois Jullien) 교수는 파리고등사범학교에서 고대 그리스 철학을 공부한 후 베이징 대학교와 상하이 대학교에서 중국학을 연구한, 중국 문화를 내면화하고 있는 철학자 중의 한 사람이다. 그에 따르면 서구 문화에 친숙하기만 한 진리는 서양이라는 감옥에 갇혀 있는 죄수처럼 감옥 안에서 치는 몸부림에 지나지 않다는 것이다. 서양 사회에서 통용되는 진리라는 수인들은 다양한 형색으로 갇혀 고통스러워하고 있는 중이라는 것이다. 물론 감옥에 구금된 죄수들 모두가 하나같이 살인죄로 들어온 흉악범이 아니듯이, 감옥에 갇힌 진리의 양태들도 조건에 따라 다양하기만

하다. 때에 따라 선(善), 경우에 따라 실체(實體), 상황에 따라 존재(存在)와 같은 것들
이다. 그것들은 양태에 관계없이 서양 사상이라는 감옥에 갇혀 있을 뿐이다. 서양철
학은 더욱더 고립된 채 관념화의 길을 걸어 왔기에 저들의 고독감은 더욱더 처절하
기만 하다. 서양철학은 이제 감옥으로부터 풀릴 날만을 기다리지만, 그 날짜를 정확
히 알 수는 없는 노릇이다. 그런 상황 속에서 지성적 조급함과 갑갑함만 키우고 있을
뿐이다.

동양 사회는 서양과는 달리 '조심하는 지혜' '자제하는 슬기'를 존중한다. 무턱대
고 주장하지 않는 지혜가 동양인을 사로잡고 있는 조심하는 지혜다. '아무것이나 먼
저 우기지 않도록 조심하는 것'이 동양의 지혜다. 주장을 억제하는 지혜가 동양인의
일상을 키워 왔다. 동양 사회가 특정한 관념으로 역사를 만들어 내지 않았다는 증거
다. 일방적으로 동양 문화를 고착시키지 않았다는 증거이기도 하다. 동양의 사유는
굳이 사유라는 것, 생각이라는 것, 사상이라는 것이 '역사'를 가져야 할 이유가 없었
다는 것이다.

줄리앙 교수는 동양의 현인들에게서 그런 지혜의 사례들을 끄집어 낸다. 붓다를
필두로 공자, 맹자에 이르기까지 동양의 현인들이 모두 그랬다는 것이 그의 지론이
다. 현자들은 세상에 대해 어떤 유별난 편견에 덮인 시각을 투사하지 않는 사람들이
다. 그들은 자연스럽게 편협되지 않게 세상 자체에 접근하였던 사람, 깨우친 사람들
이었다. 현인들이 진리를 논하기는 했지만, 그 진리에 집착하지는 않았다. 현인들은
고정된 '입장이 있을 리 없는 사람'을 말하는 것이다. 그런 관점에서 보면 서양에는
진정한 의미에서의 현인은 없는 것이나 마찬가지라는 것이다. 동양의 현인들이 보여
주는 것은 한 가지인데, 그것은 한결같이 배움에 대한 타는 목마름이 저들의 내면에
자리잡고 있다는 것이다.

현인으로 나아가는 길은 그리 어려운 일이 아니다. 남에게 윤리의 본이 되기만 하
면, 그때부터 현인이 되는 것이다. 바렐라(Varela Francisco) 교수가 말하는 식으로 정
리하면, 삶에 필요한 윤리를 끊임없이 실천해 가는 본보기가 바로 현인들이다. 윤리

란 사람으로서 지켜야 할 단순한 규칙만을 말하는 것이 아니기 때문이다. 윤리란 사람이 몸으로 겪고, 실수하며, 익히고, 거듭나는 삶살이에 대한 기준 같은 것이다. 윤리는 그래서 지혜를 말하는 것이다. 윤리에서는 그것을 구성하는 내용인 노우 왓(Know-What)보다는 실천방법인 노우 하우(Know-How)가 중요하다. 윤리는 그것이 무엇인지를 아는 것보다는, 그것을 일상적으로 실천하는 것이 더 중요하기 때문이다. 윤리는 '앎과 함'을 실천하는 '앎함'의 학문이어야 한다.[80]

앎과 윤리의 행함을 위해서는 먼저 사람마다 자기가 살아 있음을 확실하게 다지는 일이 중요하다. 일상적 행위를 통해서 자아의 틀 속에 정착된 무의식적 행동 패턴이 드러날 때 윤리가 드러난다. 바렐라 교수는 자기가 살아 있다는 것을 아는 것은 스스로 '비어 있음(空)'을 깨달았다는 것이나 마찬가지라고 이해한다. 바렐라가 말하는 공(空)의 상태는 비어 있음의 상태를 말한다. 나가르주나가 『중론』에서 일컫고 있는 공성의 상태를 말한다. 풀어 쓰자면, 세상은 딱히 실체/현상이나 존재/비존재라는 이분법적 틀에 가두어 둘 수 없는 상태에 놓여 있다는 뜻이다. 이 세상은 팔불중도(八不中道)의 상태일 뿐이다. 다시 말해서, 여덟 가지의 부정(否定) 상태인 불상불단(不常不斷) 불일불이(不一不異) 불거불래(不去不來)의 상태다. 그러니까 세상은 있는 것도 아니고 없는 것도 아니며, 같은 것도 아니며 다른 것도 아니고, 그렇다고 지나간 것도 아니고 오는 것도 아니다. 모든 것이 그런 것일 뿐이니, 굳이 생과 사를 가를 일 역시 아니다. 생(生)도 열반이고, 사(死)도 삼매일 뿐이니 같은 것도 다를 것도 있을 수 없다. 살았다고 펄쩍펄쩍 뛸 일도 아니고, 아프다고 다 죽어 가는 시늉으로 억지를 떨 일도 아니라는 뜻이다. 비어 있는 상태로 움직이는 세상만사를 채울 수 있는 앎과 함의 윤리를 실천할 때다. 그것이 배움의 방편이다. 자기 자신을 둘러싼 세계와의 열린 관계를 통해 윤리적 경험의 실천적 과정에 반복적으로 참여할 때 앎과 함의 윤리가 드러난다.

사람마다 나름의 자신에게는 '자아'라는 것이 있다고 내세우기 마련이다. 각각 자아(自我)라는 것을 내세운다고 해도 그것은 원래부터 가상(假想)일 뿐이다. 가상이기에 아무것도 있을 수 없다. 아무것도 없는 상태의 자아는 자유인 것처럼 보인다. 가상의 자아, 비어 있는 자아를 떠돌게 놔두는 것은 자유가 아니다. 그것은 방종이며, 구속이며, 오염이며, 부패다. 자아의 방종을 예방해 주는 것이 있어야 한다. 그 예방책이 바로 '자비(慈悲)'다.

자비란 불쌍히 여긴다는 뜻의 범어 마이트리(maitri)와 카루나(karuna)에서 나온 말이다. 마이트리라는 말은 '인자하다'는 뜻이다. 카루나는 '함께 슬퍼한다'는 의미다. '자'는 온갖 생명체를 사랑하여 애지중지하며 즐거움을 준다는 뜻이다. 생명에 대한 사랑이 마이트리다. '비'는 모든 생명체에게서 괴로움을 뿌리째 뽑아 준다는 뜻이다. 결국 자비라는 말은 생명에 대한 사랑과 배려를 말한다. 자비의 행동이 앎과 함의 윤리를 채운다.

바렐라 교수는 자비가 무엇인지를 쉽게 보여 준다. 시각장애인이 바라보는 풍경을 예로 든다. 시각장애인에게 잡히는 풍경은 실체적 감각이 아니라 실체적 마음에 담기는 자연이기 때문이다. "시각장애인이 바라보는 풍경, 공중에 피어난 꽃 등처럼 개념적인 마음이 이를 잡으려 하면 그 마음은 아무것도 발견할 수 없고, 그래서 그 마음은 비어 있음을 경험한다. 이것은 직접적으로 알게 될 수 있다. 아니 직접적으로만 알게 될 수 있다. 그것은 불성, 무심, 최상의 마음, 절대적 보리심, 지혜의 마음, 최고의 선, 위대한 완전, 마음으로 지어낼 수 없는 것, 자연스러움 등으로 불린다. ……자비는 무조건적이고 두려움이 없으며 가차 없는 무자비한 자발적 연민이다." 그에게 자비는 똘레랑스이기에 둘은 하나다. 배려, 헌신, 봉사가 바로 자비다. 그 무엇이든 저들이 행복하고 기뻐하는 것을 내가 해 준다는 것이 바로 자비의 윤리이기 때문이다.

내가 갖고 있다는 자아는 언제나 채움을 기다리는 구성적인 상태를 말하는 것이다. 윤리라는 것도 구성적인 것이기에 언제나 만들어지고 다듬어질 뿐이다. 윤리는 우리에게 주어진 그 어떤 것이 아니다라는 뜻이다. 인간들이 매일같이 움직이고 만지며, 숨 쉬고, 먹고, 만들어 가야 가능한 것이 윤리다. 윤리는 언제나 '구성으로서의 인지'

일 뿐이다. 윤리는 사람들의 실제적인 행함으로 만들어질 수 있는 것이다. 윤리는 무엇으로 채워지는 것을 따지는 것이 중요한 것이 아니다. 어떻게 그것을 채우느냐가 중요할 뿐이다.

윤리는 습관이며 훈련의 결과일 뿐이다. 윤리적 습관은 연단으로 길러지고, 또 단련된다. 연단은 자기 치유로 나아가는 방편이기도 하다. 텅 비어 있는 자아를 채워 주는 방편이 연단(鍊鍛)이다. 연단이 윤리적 방편들이며, 윤리적인 기술들이다. 윤리는 지(知), 사(思), 추(推)에 의해 연단되기 마련이다. 연단이 자비로 충만해질 때, 윤리적 방편을 위한 내공들이 쌓인다. 윤리의 내공이 쌓였을 때, 아리스토텔레스가 말했던 그 습관, 말하자면 헥시스(hexis)가 길러진다. 사람됨의 인격은 그런 습관으로 만들어지기 마련이다.

인격으로서의 습관은 인간이 지닐, 나름대로의 품과 격은 주의력(知, intention), 집중력(思, attention), 그리고 적용력(推, extension)의 조합을 거쳐 점차 완성도를 높여 간다. 적용력이란 누구나 손쉽게 다룰 수 있는 상황에서 기술을 익히기 시작해서, 그것을 응용하며 영역을 넓혀가는 힘과 확장의 과정을 말한다. 적용력을 강화하기 위해서는 각자가 생명 존중의 윤리에 귀를 기울여야 한다는 의미에서 지(知)의 행위가 필요하다. 생명 존중의 윤리를 만들어 가기 위해서는 바른 마음가짐, 바른 자세가 필요하고 그것에 집중해야(思) 한다. 이런 생명 존중, 자비의 윤리를 매일같이 실천하는 사람이 덕(德) 있는 사람, 인격자다. 인격자로서 덕의 습관을 지닌 사람이란 수신으로 자기 품격을 높인 사람을 말한다. 말하자면 윤리의 연단을 통해 형성된 품성으로 행동하는 사람을 말한다.

덕의 습관이 몸에 밴 사람들은 인간의 생과 명이라는 것이 '무한한 정신'과 연결되어 있다고 생각한다. 인간의 모습이 감각적으로만 판단된다고 보지 않는다. 인간은 어떤 무한한 정신에 의해 만들어졌다고 생각하는 사람들이다.[81] 20세기에 들어서서 새로운 사상(New Thought)의 개척자라는 찬사를 받았던 랄프 왈도 트라인(Ralph W. Trine)도 그렇게 말한다. 세상에서 숭고하고 충만하며 풍요로운 인생을 찾고 싶다면

'신의 생명'과 자신의 생명이 별개라는 생각부터 버리라고 타이른다. 자신이 신과 하나라는 믿음을 지니라고 말한다. 그 믿음의 강함과 약함에 따라 그 믿음은 현실이 되기도 하고 꿈이 되기도 한다. 그러니 자신을 믿고 신을 기꺼이 믿으라는 것이다.

사람이 '신의 생명'과 하나의 생명으로 살면 그 안에서 모두가 다 자기의 것이 된다. 신이라는 것은 삶의 영감에 대한 또 다른 표현이기 때문이다. 자신을 깨닫게 만드는 위대한 법칙이 영성이며 영감(靈感)이다. 신의 생명인 영감을 찾는 일은 자신을 평온하게 품어 줄 성스러운 흐름을 발견하는 일이다. 그 흐름은 어떤 재수나 운(運)이 아니라 각각의 노력으로 만들어진다. 그 노력의 씨앗은 인간 누구에게나 다 내장되어 있다. 그 노력은 건강, 사랑, 지식, 부(富), 신앙 모두를 이룰 수 있는 원초적인 힘이기도 하다. 노력은 영성이기도 하다. 인간이 그런 영성을 갖기 원하면 늘 젊게 살아가도록 해야 한다. 희망으로 가득 찬 생각을 품어야 삶을 젊게 살아갈 수 있다. '언젠가는 내게도 좋은 일이 생기겠지'라는 막연한 생각을 버리는 것부터가 중요하다. 그런 막연한 생각이 바로 요행에 대한 기대이고 운에 대한 소망을 키우기 때문이다. 습관은 노력이지 도박이 아니다. 습관을 기르기 원한다면 지금 당장 자기의 삶에서 가장 좋은 일부터 하나씩 점검하고, 실천하기 시작할 일이다.

첼로리스트인 요요마(Yoyo Ma)는 첼로를 연주하면서 자신의 영성을 다듬는다고 말한다. 영성을 찾는 일은 자기 삶의 내면부터 들여다보는 일이기에 그는 첼로 연주를 통해 자신의 영성을 키워 낸다고 말한다. 그는 연주에 앞서 첼로에게 이렇게 속삭이곤 한다고 고백한다. "삶의 내면을 들여다보라. 그곳에 음악이 존재한다."고 먼저 속삭인 후 첼로의 현에 손과 손가락을 가져간다.[82] 첼로 연주자로서의 명성이 자자한 요요마도 스스로 음악한다고 나서기 전에 마음속 흐름에 귀부터 기울인다는 고백은 음악이 마음임을 드러내기에 충분하다. 그는 악기를 먼저 만지기 전에 마음의 음악을 듣는 일부터 먼저 한다. 마음을 먼저 듣고 난 후에 비로소 악기를 다루기 시작한다. 세상 사람들도 그처럼 하면, 그렇게 살아갈 수 있게 된다. 바쁠수록 마음속에 흐르는 음악의 선율부터 들어야 한다. 삶의 내면에 어떤 음악도 흐르지 않는다면 그 삶은 피폐해질대로 피폐해진 삶일 수도 있다.

세상의 이치가 그렇고 그런 것이다. 마음에 있지 않으면 보아도 보이지 않는 법이다. 들어도 들리지 않고 먹어도 그 맛을 모르게 된다. 몸을 닦으려면 마음부터 바로 잡으라는 것이 동양의 지혜다. 왕양명(王陽明)도 일찍이 자신을 이겨 내야 사물이 자기 마음에 들어온다고 말했다. 자신을 위하는 마음이 있어야만 비로소 자기 자신을 이겨낼 수 있기 때문이다. 자신을 이겨 내야만 자기를 완성할 수 있다. 발명본심(發明本心)이라는 말이 바로 그것이다. 자기 마음을 먼저 알고 밝히어 내는 일이 중요하다는 것이 발명본심이다.

상산학과는 반대의 입장에 서 있던 주자(朱子)도 마음을 등한시 말라는 것에는 이론이 없었다. 독서를 하겠다고 나선 후학들이 그에게 자주 되묻던 말이 있었다. 읽기가 어렵다는 것과 그것을 쉽게 하는 방법을 알려 달라는 것이었다. 제자들에게 그는 간결하게 답했다. 무작정 읽어 가는 일에 매달리지 말라고 충고했다. 제 몸으로 읽은 일을 먼저 실천하라고 넌지시 일러 주곤 했다. 이 대목을 『심경부주(心經附註)』의 「존덕성제명(尊德性齊銘)」편에서는 이렇게 묘사하고 있다.[83] "(제자들이) …… 평소 독서할 때에는 또한 보이는 것이 있는 듯 하다가도 이미 책을 놓고 나면 책과 별도가 되어 마찬가지이니, 병통의 근원이 어디에 있는지 모르겠습니다." 하고 묻자, 다음과 같이 말씀하였다. "이는 바로 자기 몸에서 찾지 않고 오로지 책에서만 찾기 때문에 진실로 이와 같은 것이다. 옛사람이 말하기를 '인(仁)을 함은 자신에게 말미암으니 남에게 말미암겠는가' 하였다. 무릇 내 몸이 일상생활하는 사이가 모두 도(道)이니, 책은 이 마음을 붙여 모이게 하는 것일 뿐이다. 그러므로 반드시 먼저 자기 몸에서 찾은 뒤에 책에서 찾아야 하니, 이렇게 하면 책을 읽음에 비로소 맛이 있을 것이다."라고 이르곤 했다.

자기 삶에서 버리고 비우는 것부터 시작하면 삶에 도움이 있으리라고 일러 준 법정 스님의 그 말 역시 마찬가지 맥락에 서 있다. 무소유는 재물의 유무에 따라 달라지는 것이 아니기 때문이다. 공자, 맹자와 같은 군자들은 결코 가난하지 않았다. 그렇지만 저들은 재물을 남에게 드러내 보이거나 그것을 자랑하지 않았다.[84] 자신이 누구인지를 알기 위해서는 무소유(無所有)하라는 법정 스님의 말은 여러 가지 의미를 담고 있다. 무소유, 문자 그대로는 아무것도 갖지 않을 때 비로소 온 세상을 갖게 된다는 그런 뜻만이 아니라는 말이다. 사람으로 태어난 이상 아무것도 갖지 않을 수는 없는 노릇이다. 갖지 않는다는 것이 부자연스럽고 불가능할 뿐이다. 사람으로서 생과 명을 갖고 있는 한 무소유는 가당치 않은 헛소리일 뿐이다. 입는 것도 갖고 있는 것이고, 먹는 것도 소유하고 있는 것이며, 다른 이들과 말을 나누고 관계를 맺는 것도 소유하고 있는 증표이기 때문이다. 그것을 모를 리가 없는 법정 스님이다.

　법정 스님이 말했던 무소유란 문자 그대로 아무것도 갖지 않는 것을 말하는 게 아니다. 그런 뜻이라기보다는 세상의 모든 것을 다 가졌다고 해도, 아직도 부족하다는 어리석음에 빠져 있지 않은 것이 무소유다. 가진 채로 버리는 것, 악착같이 덜 가지려는 것, 온몸으로 가지려는 욕망을 내려 놓으려는 것이 바로 무소유의 진정한 뜻이다.[85] 무소유(無所有)하면 무소요(無騷擾)하기 충분해질 것이다. 가능한 한 버리고, 가능한 한 잊고, 가능한 한 자신을 달랠 수 있는 무소유, 그리고 무소요에 이르게 될 것이고, 그것이 바로 자기 다스림이다.

　법정 스님은 그래서 "때가 지나도 떨어질 줄 모르고 매달려 있는 잎들을 보기조차 민망스럽다."고 말하곤 했던 이유가 있었던 것이다. 때가 되면 미련 없이 산뜻하게 질 수 있어야 하고, 그래야 빈 자리에 새봄의 움이 트는데, 바로 그것이 세상 이치인데, 그것을 어기는 잎새를 보면 그것을 보는 자기 자신부터 부끄러웠기 때문이다. 세상을 움직이는 이치를 어기면 어김없이 누구에게든 소유라는 형벌이 따라 나오게 마련이다. 그가 굳이 사람들에게 '무소유하라.'고 말한 것은 무작정 갖지 말라고만 당부한 것이 아니라, 남과 비교하지 말라는 뜻이었다. 욕심은 버리라는 말은 자기 자신을 다스리라는 말이며, 그것의 상징이 바로 무소유였을 뿐이다. 필요 이상의 것은 가능한 한 버리는 일부터 먼저 하라고 일렀던 뜻이었을 뿐이다. 비우며 채워진다는 것을 그렇게 비유한 것이다. 때가 지났는데도 악착같이 조금 더, 조금 더 많이 하는 식으로 욕심을 내면 불행해진다. 더 가지려고 하면 이내 엉성한 죽음으로 내달아 갈 뿐이다. 죽음은 더 소유하겠다는 집착과 욕망이 인간에게 던져 주는 마지막 선물로 이해되어야 하는 이유다.[86]

어떤 정신 치료사들은 오래 살고 싶다면 자신의 감정을 숨기지 말라고 한다. 자기감정을 외부로 드러내야 한다고 조언하기도 한다. 현대 의학의 관점에서도 타당한 것으로 수용된다. 실제로 부정적인 감정일수록 외부로 표출해야 장수한다고 주장하는 의학 연구팀도 있다. 영국 「데일리메일」은 독일 예나대학의 연구 결과를 인용한다. "분노와 증오 등 부정적인 감정을 제대로 표현하기만 하면, 수명을 2년 더 연장할 수 있는 것으로 나타났다."고 보도했다.[87] 독일 예나 연구팀에 의하면 마인드 컨트롤을 하면서 자신의 부정적 감정을 표출하지 않는 사람은 정신적으로 심각한 영향을 미친다고 밝혔지만, 이것은 잘못된 해석일 수밖에 없다. 부정적인 감정을 드러내면 그것이 타인에게도 자신의 부정적인 영향이 전이(轉移)되게 하기 때문이다. 차라리 처음부터 부정적인 감정을 갖지 않게 자신을 다스리는 것이 더 바람직하다. 마음 다스리기는 화(火)나 분노 같은 부정적인 감정을 안으로 삭이는 일이 아니다. 처음부터 그런 분노나 화 같은 부정적인 감정을 갖지 않도록 하는 일이다. 자기를 다스리는 일은 자신을 있는 그대로 받아들이는 일이다. 분노하지 않는 일이다. 분노는 자기가 자신을 죽이는 독극물과 같을 뿐이다.[88]

마음을 다스리는 일은 마음을 비우는 일이다. 마음을 비우는 일은 그리 어렵지 않은 일이다. 아침마다 변을 보는 것과 하나도 다를 것 없이 일상적으로 그렇게 행하면 되는 일이나 마찬가지이기 때문이다. 먹었으면 비워야 하고, 비워 내면 속이 편한 법이다. 먹기만 하고 비우지 못하면, 제 스스로 건강하지 않다는 징후일 수 있다. 많이 먹었으면 많이 비우고, 적게 먹었으면 적게 비우는 것이 몸과 건강을 지키는 이치이다. 비우는 일은 삶에서도 마찬가지다. 삶을 비우는 일의 마지막 결정판이 바로 죽음의 일이다. 사는 것도 일이지만, 죽는 것도 일일 뿐이다. 그렇기는 하지만 죽음은 변보는 일과는 전혀 다른 일이다. 죽음에 쉽게 이르는 일이 자신의 욕망에 있다는 것을 깨닫는 일이 쉬울 리 없다. 나이 탓도 있고, 경험 탓에 서로 다를 뿐이다. 어쨌거나 심적 여백이 작아지면 죽음을 생각하며 받아들이기가 쉽지 않다. 예를 들어, 호스피스로 일하고 있는 사람들은 이런 어려움을 매일같이 경험한다. 호스피스로 일하고 있는 어떤 수녀의 경험담은 우리에게 삶의 여백이 무엇인지를 극적으로 알려 준다. 수많은 사람들의 죽음을 접하면서 그녀는 한 가지를 깨달았다.[89] 죽음을 마주하기 위해서는 죽음을 받아들일 수 있는 훈련이 필요하다는 것이었다. 그것은 아이가 태어남의 과정과 같았기 때문이다. 열 달 동안 엄마 뱃속에서 새로운 세상을 꿈꾸는 것과 다를 것이 없었다. 사람은 누구든 죽어서 가는 그곳이 어디인지 모른다. 그래서 훈련이 필요하다. 죽음을 준비하는 일에 익숙해지면 '생전 유언' 작성이 그리 어렵지 않은 이유이다. 어떤 식의 죽음을 맞고 싶은지에 대한 자신의 확고한 의지를 미리 밝혀 두는 일이 훨씬 쉬워진다.

죽어 가면서도 악착같이 남보다는 한 술이라도 더 먹겠다고 보채는 존재가 바로 인간이다. 이런 짓들이 모두 쓸데없다는 것이라고 수긍하는 일이란 쉽지 않은 일이다. 살아 있는 내가 죽음으로 변하고 싶지 않아서다. 이 세상에서 변치 않은 유일한, 단 한 가지가 있다. 그것은 별것이 아니다. 변한다는 것, 그 사실 만큼은 결코 변하지 않는다. 고대 그리스 철인 헤라클레이토스(Heracleitos)가 말한 것처럼 모든 것은 항상 그리고 끝내 변하고야 만다. 절대로 변하지 않는 것은 변한다는 것 이외에는 없기 마련이다. 헤라클레이토스는 어쩌면 붓다의 생각을 함께 혹은 미리 읽었었는지도 모른다. 붓다가 그토록 일렀듯이, 어느 누구도 같은 강물에 두 번 다시 들어갈 수 없다. 자연이란 것은 애초부터 있어 왔으니 결코 생겨났다가 사라지는 것도 아니다. 자연은 결코 창조와 소멸의 대상이나 존재물이 아니다. 자연은 그대로 자연일 뿐이다. 자연을 거스르려고 하는 욕심은 끝내 소유에 대한 집착 때문에 생겨날 뿐이다.

사람이 살아가면서 뭐 하나 유별나게 남길 것이 있는 것도 아니다. 남기는 일은 있을 수 없기 때문에 지나간 것에 매달릴 일이 아니다. 오지 않는 미래에 연연할 것도 없다는 뜻이다. '이 순간'에 충실하면 지금 좋은 것이다. 이 순간에 충실하려면 먼저 비워야 한다. 버려야 비우게 된다. 내려놔야 버릴 수 있게 된다. 비우고 버리는 일은 저절로 되는 것이 아니다. 비우는 것도 배워야 배워질 뿐이다. 버릇처럼 깃들어야 깃들어지기 때문이다. 살아 있을 때 내려 놓을 줄 알아야 한다. 살아 있는 동안 비워야 하기에 비우는 법을 살아 있는 동안 익혀야 한다. 죽은 다음에는 버릴 것이 없다. 제 몸이 제일 먼저 버려지기 때문이다. 죽은 후 버리겠다는 것도 제 욕심이다. 죽으면 자연의 일부, 흙의 하나가 될 뿐이다.

　죽음은 인생살이에서 막장을 지칭하는 컬드색(Cul-de-sec)이나 마찬가지다. 길로 치자면 막다른 길이다. 더 갈 수 없는 벼랑이 인생의 컬드색이다. 삶에 있어서 화려한 죽음은 없다. 멋있는 죽음도 있을 수 없다. 근사한 죽음 역시 있을 수 없다. 죽은 자를 위한 장례 절차가 호사스럽다고 해서 그 사람의 죽음마저 화려한 것은 아니다. 장례식이 호사스럽다면 그것은 죽은 자보다 산 자의 마음을 위로하기 위한 일이다. 산 자가 자신을 위해 죽은 자의 죽음을 욕망으로 감싼 것이다. 죽음 그 자체는 죽은 자에게는 생과 명의 정리일 뿐이다.

　죽음은 인생의 딥(dip)을 말하는 것이 아니라 삶의 '립'(rip)을 말하는 것이다. 서양인에게는 친숙한 묘비명처럼 평안히 쉬는 일(Rest In Peace), 즉 립이 죽음이다. 죽음은 삶의 장애물이 아니다. 삶이 찢기면 죽음에 이른다. 그것은 삶의 막장이다. 비즈니스 전략가인 세스 고딘(Godin) 박사는 더 살아야겠다면, 시장경제에 임하는 기업처럼 사람 역시 그 인생의 길을 점검하라고 조언한다. 자기에게 매순간 닥쳐오는 상황이 딥의 상황인지를 늘 주의 깊게 점검하라고 이른다. 장애물인 '딥(Dip)'이 무엇인지를 알면 삶의 활로를 찾을 수 있기 때문이라는 것이다.[90] 딥은 시작과 성공 사이에 놓인 좌절과 침체의 시기를 말한다. 일종의 장애물 같은 것이다. 딥은 어떤 일을 새로 시작해서 그것에 숙달되려면 반드시 직면하게 되는 장애물이다. 인생의 모든 일에는 어김없이 딥이 놓여 있기 마련이다.

　딥이라는 장애물은 사람들을 압박한다. 일을 시작해 보기도 전에 지레 포기하라고 압박한다. 딥을 이겨 내면 내면의 기쁨이 터져 나온다. 단군신화가 바로 그것을 보여 준다. 호랑이와 곰의 이야기가 그것이다. 호랑이는 딥을 견디지 못한다. 사람됨을 이내 포기한다. 곰은 달랐다. 곰은 마침내 그 딥을 넘어선다. 사람으로 메타모르포시스(metamorphosis)하는 기회가 찾아왔다. 곰이 마침내 사람으로 변신한다. 개벽이 일어나는 순간이다. 딥이 있기 때문에 희소성도 만들어지는 것이다. 딥은 신화를 만들어 내는 기회다. 딥은 노력하는 그 누구에게든 달인을 만들어 준다. 아웃라이어(outlier), 말하자면 괴짜나 달인은 그렇게 딥을 넘어서는 자들에게 주어지는 명명이다.[91] 딥을 넘어서면 자기 분야에서 최고의 인물이 된다. 말하자면 '원 오브 카인드(One of kind)'가 된다. 딥을 넘으면 새로운 삶이 보인다. 딥을 자기 삶의 마지막으로, 막장으로 받아들이면, 그 삶은 죽음 앞에 무기력해져 이내 찢겨 버린다.

인생의 어려움을 극복한 승자들일수록 한 가지 공통점이 있다. 모두가 막장인 컬드색에서 이겨낸 사람들이다. 포기할 것은 포기한 결단과 용기, 그리고 포기능력을 보여 줬던 사람들이다. 그들은 '막장은 죽음의 늪'이라는 것을 재빨리 알아차린 사람들이다. 늪 안에서 바둥거리고 아등대면서 절망이라는 것이 어떤 것인지를 이내 알아차린 사람들이다. 자기가 추구해 오던 그 분야에서 당대의 최고, 당대의 유일무이한 존재란 어떤 것인지를 보여 준 사람들이다. 포기해야 할 때는 미련없이 포기할 줄 안 사람들이 바로 저들이다. 포기는 절망이 아니라 새로운 기회임을 알아차린 저들이다.

컬드색을 벗어나기 위해 모든 것을 포기하는 것은 고통스럽지만, 그것 없이는 거듭나기가 어렵다. 기업일 경우는 한층 더 어렵다. 기업 운명이 갈리는 막장의 상황에서는 살아남는 것이 우선이다. 시장경제에서 2등은 언제나 무의미하다. 막장만큼은 넘어야 한다. 세계 기업들인 제너럴 일렉트릭(GE)이나 삼성 스스로는 늘 그것을 보여 줬다. 시장경제에서 우위를 점하는 최고가 아닌 것들은 모두 처분했다. 끌고 가는 것이 아니라 모조리 바꿨다. 변신은 컬드색을 벗어나기 위한 노력일 뿐이다.

生 4. "젊거나 늙거나 저기 참나무같이 네 삶을 살아라." – 알프레드 테니슨[92]

"나라는 순간 이미 참나는 아니다. 참나는 없이 있는 얼나다. 그런 얼나만이 참나라고 할 수 있다. 빛보다 빠른 얼나가 참나다. 날마다 새롭고 새로운 나만이 참나다. 참나는 말씀의 나요 성령의 나이며, 얼나다." – 류영모[93]

"나는 우리가 자기 이미지라고 부르는 것을 만들기 위해 덧기운 수많은 기억들일 뿐입니다. 그렇습니다. '나'라는 것이 하나의 이미지일 뿐이라는 것은 정말로 정확한 표현입니다. '이미지'라는 말은, '나'란 '나에 관한 생각들'일 뿐이라는 사실을 잘 나타내 주기 때문입니다." – 나르말라[94]

자기의 마음속에 참나무를 키워 내는 사람들은 존경받을 만한 사람이다. 참나무는 그 어느 나무보다도 자기를 벗어던지는 나력(裸力)이 강렬하기 때문이다. 인간의 힘은 자신을 벗어 던지는 나력이어야 한다는 용접공 출신 유영만 교수의 영성(靈性)적인 호소에서 그 매력을 느낄 수 있다. 자신을 거듭나게 만드는 그 나력이 바로 배움의 핵심이다. 모험이 부족한 사람은 좋은 어른이 될 수 없다는 일본 철도광고를 가슴속에 간직하며, 니체(Nietzsche)처럼 배움줄을 삶의 동아줄로 삼아 자신을 잡아 올려 낸 유영만 교수의 배움력에 그 저력이 숨어 있었다.[95] 눈물과 소망 속에서 그의 마음으로 키워 낸 안식의 참나무, 알프레드 테니슨이 노래한 그 참나무는 어느 누구에게든 자신의 참나무라고 해도 무방하다.

제대로 된 학교교육이라면 사람마다 마음에 참나무 하나쯤은 심어 놓게 만들 수 있는 마음의 여백을 키워 줘야 한다. 해방 이후 한국교육의 초석을 다지는 데 크게 기여한 교육자가 오천석 박사이다. 그는 일찍이 건국 후의 우리나라 민주주의 교육의 건설에 매진했다. 민주주의 사회 건설의 조건이 인재 계발이라고 보았다. 사람을 키우는 일이 국가 발전의 관건이라고 보았다.[96] 글을 읽을 수 있고, 문자를 해독할 수 있는 사람만으로는 국가 발전에 한계가 있다고 보았다. 문자를 해독할 수 있는 사람을 길러 낸다는 것만으로는 부족하다는 뜻이었다.

그는 문해(文解)의 한계를 직시했다. 그의 논지를 분석하면 문해에는 여러 유형이 있게 된다. 첫째, 문자를 해독하지 못하는 사람이 있을 수 있다. 문맹(文盲)으로 부를 수 있다. 낫을 곁에 놓고도 기역이라는 자가 어떤 것인 줄을 알지 못하는 사람이 문맹이다. 문자를 읽지도 쓰지도 못하는 사람이 까막눈이다. 까막눈은 아니지만 그와 비슷한 문맹도 있다. 문자는 익히 읽을 수 있다. 문자도 쓸 줄은 안다. 그런데도 책 하나 제대로 읽지 않는 사람이 있다. 글 하나 제대로 쓰지 못하는 사람이 있다.

둘째, 문자를 제대로 해독하지 못하는 사람을 독맹(讀盲)이라고 부른다. 책을 읽는 일과 담을 쌓고 있는 사람이라는 뜻이다. 독맹은 아닌데도 까막눈이 있다. 문자도 읽고 쓸 수 있고 독서도 한다. 다만 가치 없는 글만 재미있어 한다. 쓸모없는 정보들에 과잉탐닉하고 만다. 오천석 선생은 그런 사람들마저도 까막눈의 한 유형이라고 불렀다. 읽을 줄은 아는 데 쓸모없는 것만 골라 읽는 사람은 용맹(用盲)이라는 것이다. 아무짝에도 쓸데없는 사람이라는 뜻이다. 상징적인 비유다. 쓸모없는 것에 용맹(勇猛), 정진하는 사람도 어김없이 준(準) 까막눈, 기능적 까막눈에 속한다. 다른 사람들과 동행하면서 큰지식, 좋은 지식(智識)이 되기는 힘든 사람들이기 때문이다. 너절한 정보들을 열거하면서 자신의 식견이나 나열하지만, 끝내 삶의 본체에는 접근하지 못하는 사람들이 바로 저들이다.

배움의 근기를 붙잡는 이들이 국가 발전의 초석이라는 것이 오천석 박사의 논지였다. 국가교육은 배움의 끈을 삶의 토대로 삼는 이를 길러 내는 일이다. 지금 말로 말하면 평생학습의 마음가짐을 다지는 이들이 인재라고 본 것이다. 배움의 근기를 삶에서 놓치지 않는 사람이 자기 태만을 경계할 수 있는 사람들이다. 삶의 무지, 삶의 막장을 넘어설 수 있는 사람들이 배움의 끈을 놓치지 않는 사람들이다. 자기 태만의 경계는 문자 해독능력를 기른 것과는 무관하게 진행된다. 줏대 있는 사람으로 살아가는 길이 자기 태만을 경계하는 길이기 때문이다. 오천석 선생은 줏대 있고, 자기 태만을 한평생 경계하며 배움에 정진하는 사람을 길러 내는 일이 국가 발전을 위한 교육의 사명이라고 보았다.

줏대 있는 삶을 사는 사람을 불러 '얼나'를 찾아가는 사람이라고 한다. 다석 류영모 선생의 논지였다. 얼나는 영원한 생명을 상징한다. 얼나는 영혼을 지닌 나를 일컫는다. 얼나는 '제나'에서 피어난다. 제나는 내 몸을 말한다. 얼나를 담고 있는 그릇이 제나다. 얼나 없는 제나는 무용지물이나 마찬가지다. 제나 없는 얼나 역시 허공일 뿐이다. 몸과 마음이 하나다. 혼과 살은 하나다. 맑은 맘이 얼나이고 단단한 몸이 제나이다. 살아 있는 혼과 몸은 배움으로 부지(扶持)된다. 줏대 있는 삶만이 '몸'을 붙들고 갈 수 있기 때문이다.

얼나와 제나의 몸을 키우기 위해서는 태만을 경계해야 한다. 자기 태만은 삶살이에서 막장이며, 삶의 컬드색이나 마찬가지다. 길이 막혀 있는 막다른 골목이나 다를 것이 없기 때문이다. 자기 태만은 자기 연단(自己鍊鍛)의 결여 때문에 생긴 부산물이다. 자기 연단을 하려면 무엇보다도 먼저 자신을 배워 나가야 한다. 자기다움을 유지하는 방편이 자기 연단이다. 자기에게 자신이 친숙해지는 길이다. 자기 태만의 존재는 자기가 자신에게 타인으로 살아가는 사람이다. 자기를 아는 힘이 자기 연단이다. 자기를 냉철하게 관찰하는 일이 자기 연단이다.

배움은 얼나와 제나를 다부지게 만들어 내는 연습이다. 이 연습은 삶에서 늘 과감해야 한다. 마음의 때를 벗기며 자기를 되돌아보는 일이기 때문이다. 마치 교황이 청소부로 거듭나는 일과 같은 것이 배우는 일이다. 배움은 삶을 거듭나게 만든 과감한 일이며 과격한 일에 속한다.[97] 다석 선생이나 오천석 선생은 요즘의 세태를 예견했었던 것이 틀림없다. 사람들을 향해 자기 일깨움의 소리를 던졌기 때문이다. "흔히 몸을 위해서는 다부지게 사는 사람이 많다. 그 대표적인 예는 소매치기, 브로커, 폭력배들일 것이다. 그러나 우리는 '나'를 가지고 다부지게 살아야 한다. 다부지게 살려면 자기 생각을 분명히 가져야 한다. 생각에서 떠나지 말아야 하며, 생각으로써 싸워 나가야 한다. 이 세상에서 다부지게 살려고 하지 않으면 정말 아무것도 못된다. 다부지게 살아 보자는 것이야말로 올바른 실존철학이다."

실존을 철학하는 사람이 바로 상징적인 의미에서 어른이 된다. 어른이 된다는 것은 생각하는 사람이 되는 일이다. 다부지게 사는 사람은 사람 스스로 이 본업을 생각하는 사람이다. 어른이 되려면 얼을 차려야 하기 때문이다. 정신을 단단히 차리고, 얼려야 정말 어른이 된다. 정신을 단단히 얼린 사람이 목숨을 부지할 수 있다. 목숨을 부지하는 사람은 기쁨으로 살 수 있는 사람이다. 목숨은 기쁨이다. 사는 것은 기쁨이다. 생각하는 것이 기쁨이다. 자기 스스로를 바짝 졸라매고 제 얼을 대하는 사람이 어른이다. 자기 정신을 건지는 사람만이 어른이다.

어른은 자기 태만을 경계할 줄 아는 사람이다. 얼빠진 일을 하지 않는 사람이 어른이다. 자기를 졸라매야 자기에게 가까워질 수 있다. 다석 선생은 이렇게 일러 준다. 얼빠진 이들과 더욱더 가까워질수록 더욱더 얼을 졸라매라고 이른다. 말할 것이 있으면 고쳐 말하고, 조심해서 말하라고 이른다. 언제나 됐다는 것은 없다. 이제는 됐다 하면 방자해 지기 마련이다. 자기에게 딱 들어맞는 사람이 되어야 한다. 그것을 보여 주는 한자가 근(近)이다. 가까울 근(近)은 나아가는 사람 앞에 도끼를 들이댄 회의문자다.

사람과 가까이 할 때는 언제나 눈에 보이지 않는 도끼가 있음을 느끼라는 뜻이다. 필요 이상으로 가까이하면 서로가 상처나 입게 된다. 그런 일이 없어야 한다. 가까울 근과는 반대로, 멀 원(遠)은 틈이 있어 여유가 있다는 뜻이다. 사람을 공경하되 멀리 하라는 뜻이다. 사람이 서로 사귄다는 것은 낯바닥을 익히는 일만을 의미하지 않는다. 사람들이 사귀는 것은 낯바닥을 아는 것이 아니라 그들의 얼을 아는 일이다. 그저 얼굴이 훤히 생겼으면 그것으로 좋은 것이 아니다. 얼이 있어야 한다. 얼은 어른이 되라고 넣어준 것이다. 그 얼을 빠트리고 낯바닥만 익히면 사귄 것이 아니다.[98]

낯바닥만을 익히는 식의 사귐은 쓸모없는 만남과 스침이다. 삶이 무엇인지를 알기 위해서는 삶의 상판대기만 익혀서는 소용없는 일이다. 놀고, 먹고, 잠자고, 편안하고, 느긋하고 하는 식의 삶의 겉껍질만 익히면 삶을 익힌 것이 아니다. '삶은 삶'을 견뎌낸 것이다. 죽은 삶, 생명이 데쳐진 삶일 뿐이다. 삶은 살아 있는 동안 삶이다.

'익힌 삶'은 죽은 삶이다. 살아 있는 삶이라면 바짝 졸라매는 삶이어야 한다. 즐기려면 삶의 단짝인 죽음부터 익혀 내야 한다. 퀴블러 로스(Elisabeth kübler-Ross) 박사는 말한다. 죽음을 이해해야 살아 있는 삶을 알게 된다고 말한다. 그녀는 죽음에 이른 환자들을 연구했다. 죽음을 앞둔 어린이, 에이즈 환자, 숨도 넘기기 어려운 말기암 노인 환자들을 위해 일하며, 연구했다. 죽음의 전문의였던 그녀 스스로도 죽음만큼은 피해 갈 수가 없었다. 그녀 역시 몸을 지닌 사람이었기 때문이다. 죽음의 그 시점에서 그녀는 과감하게 자서전을 쓰기 시작했다. 일흔 한 살쯤부터 시작한 일이었다.

자기 삶을 온통 죽음에 대한 것들로 가득 채웠던 그녀였다. 마침내 78세의 나이로 그녀는 자기의 얼나와 제나를 마감한다. 타인의 죽음을 지칠 정도로 지켜본 그녀였지만, 다음 세상으로 나아가는 여행을 눈앞에 두고 그녀는 "다른 삶을 바라지 않을 만큼 정직하고 충만하게 살라."고만 당부했다. 아무리 어렵고 힘든 고난이라고 하더라도 그 고난에는 남이 함부로 이야기할 수 없는 자기만의 가치가 숨겨져 있다는 뜻이었다. 고난이 자신에게는 신이 내린 징벌처럼 보이기도 하겠지만, 그것 역시 마음잡기 나름이다. 시련은 기회였기도 했기 때문이다. 고난은 자기에게는 성장의 기회였을 것이다. 자기를 되돌아보게 만드는 일이었을 것이다. 자기 태만을 경계하고, 또 성찰했더라면……, 좋은 삶을 살아가다 보면 좋은 죽음을 맞이한다. 그런 삶과 죽음을 마중하려면 삶을 충만하게 받아들여야 한다. 얼나와 제나의 몸을 키워 내야 한다고 삶에게 전하는 죽음의 전언(傳言)인 것이다.

그녀는 죽어 가는 환자들의 살아있는 이야기에도, 자신의 내면에도 귀를 기울였다.[99] 떠오른 단어는 반성과 성찰이었다. 살아 있는 동안 해내야 하는 일들을 또 배웠다. 마지막 숨을 곱게 거둘 수는 있지만, 아름다운 죽음은 있을 수 없다. 아름답게 죽어 가는 일은 있을 수 없다. 하루, 오늘 하루를 올곧게 사는 일이 숨을 곱게 쉬는 일이다. 정신을 차리는 일이 숨을 곱게 거두는 일이다. 얼나와 제나를 가꾸면 고운 몸과 고운 숨을 거두게 된다. 삶은 어차피 몸의 소유였으니까, 그 몸을 무소유하겠다고 하면 되는 일일 뿐이다. 하늘을 나는 기러기를 보라. 그들이 돈에 열광하고, 권력에 미쳐 있지는 않다. 저들만큼만 곱게 날다 가면 되는 일이다.

후회하지 않도록 살아가려면 목계(木鷄)처럼 살아가도 되는 일이다. 『장자(莊子)』의 「달생」 편에 나오는 우화다. 나무로 만든 닭, 목계처럼 살아가면 현자(賢者)처럼 살 수 있다는 교훈이 담긴 이야기다. 목계는 나무로 만든 닭의 형상이다. 중국의 주나라에 싸움닭을 훈련시키는 일인자가 살고 있었다. 기성자라는 사람이었다. 닭 싸움을 좋아했던 주나라 선왕은 그를 불렀다. 싸움닭 한 마리를 주면서 목숨을 걸라고 했다. 자기가 준 닭을 10일 안에 싸움닭으로 훈련시키라는 것이었다. 성공하지 못하면 대신 그의 목을 내놓으라고 했다. 명했던 10일이 지났다. 왕이 기성자를 불렀다. 진척 상황을 물었다. 왕에게 답했다. 자기의 목을 줄 수 있지만 닭을 줄 수는 없다고 말했다. 닭이 허장성세가 심하다는 것이었다. 싸움할 준비가 안 되어 있다는 이유였다. 왕은 다시 10일을 연기해 주었다. 10일이 다시 지났다. 닭싸움의 달인인 기성자는 왕에게 단호했다. 닭 대신 목을 달라면 주겠다고 이번에도 응답했다. 이유는 간단했다. 상대 닭을 보기만 하면 싸우려 하는 것을 보아서 싸움닭으로는 아직도 멀었다고 했다. 싸움에 나가면 단박에 물려 죽게 된다는 것이었다. 왕은 분기(憤氣)를 누르고, 그에게 10일을 더 주었다.

마침내 연기하고 연기한 그날이 되었다. 왕이 기성자에게 이번에는 단단히 물었지만 이번에도 자기 목을 내놓겠다는 것이었다. 상대 닭을 보면 살기를 번득이는 것을 보니 아직도 싸움닭으로서는 훈련이 덜 되었다는 대답이었다. 왕은 마지막으로 다시 10일을 더 주었다. 이번에도 거부하면 기성자를 죽일 요량이었다. 싸움닭에는 이미 관심이 없었다. 왕은 기성자의 목을 치려고 작정했다. 마침내 약속한 기일이 되었다. 기성자가 왕에게 답했다. 이제는 닭을 줄 수 있다고 응답했다. "이제 왕이 주신 닭이 비로소 목계(木鷄)처럼 되었기에 싸움닭으로서 손색이 없게 훈련되었습니다. 상대 닭이 살기를 번득이며 싸움을 하려 달려들다가도 목계를 보면 달려들던 닭들이 오히려 겁을 먹고 뒤로 물러서기 때문입니다. 싸움닭으로서의 덕이 충만하기에 상대 닭은 왕이 주신 싸움닭의 모습만 보아도 등을 돌리고 도망을 치기 때문입니다."라고 말했다.

목계가 되려면 '엄청난' 자기 연단이 필요하다. 얼나와 제나를 단단히 연단해야 한다. 마음과 몸을 하나로 만들어 내는 것이 자기 다스림의 길이기 때문이다. 우리의 정신사에는 목계와 같은 현인(賢人)과 지식(智識)이 수없이 등장하고, 또 사라졌다. 퇴계 이황(李滉) 선생이 그런 지식(智識) 가운데의 한 사람이다. 퇴계는 자기 연단의 상징으로 함양(涵養)과 체찰(體察)의 삶을 살다간 현자였다. 함양과 체찰은 얼나와 제나를 지닌 사람이 보여 줄 수 있는 자기 연단의 덕을 말한다. 퇴계의 『자성록(自省錄)』에서 중핵을 이루는 원리가 함양과 체찰이다.

퇴계 선생은 돈오(頓悟)보다는 노력의 중요성, 습관의 중요성과 그 덕을 역설했다. 어쩌면 점오(漸悟)의 강건함을 내세웠다고 볼 수 있다. 점진적 완성이 자기 연단과 자학(自學)의 왕도라고 보았다. 배움의 방편이 '함양(涵養)'과 '체찰(體察)'이라는 뜻인 이유였다.[100] 함양이란 '학식을 넓혀 심성을 닦아 가는 것'을 말한다. 체찰이란 '체험을 통해 몸소 깊이 살펴보는 일'이다. '함양'은 내면을 닦는 것이며, '체찰'은 몸으로 직접 살피는 일이다. 함양과 체찰은 공부하는 사람이 갖춰야 할 핵심적인 덕목이었다.[101] 얼나와 제나를 하나로 융합해 내는 원리가 함양과 체찰이었다.

퇴계 선생은 함양과 체찰로 몸과 맘을 하나로 다스리는 일을 '수기치인(修己治人)'이라고 했다. 배움의 원리였으며 방편인 수기치인은 자신의 몸과 마음을 닦은 후 남을 다스리는 일에 나서야 한다는 뜻이기도 했다. 함양과 체찰을 위해 그는 '활인심방(活人心方)'과 '수신십훈(修身十訓)'을 활용하기도 했다. 맘을 다스리기 위한 그의 방편이었다.

'활인심방(活人心方)'은 건강을 지키기 위한 몸과 마음의 건강 유지에 관한 나름대로의 기술이다. 맘을 다스리는 일종의 건강법인 셈이다.[102] 퇴계는 만병의 근원이 마음에 있다고 보았다. 생과 명을 제대로 간직하기 위해서는, 내 몸에 일어난 병의 증상에 마음을 쓰는 것도 중요하지만, 그것보다 한 수 위는 몸에 일어난 병이 일어나지 않도록 미리미리 준비하는 것이 더 중요하다는 것이다.[103] '수신십훈(修身十訓)'은 공부하는 사람들이 마음을 다스리기 위한 열 가지 준칙을 말한다.[104] 자기의 마음부터 다스릴 수 있는 사람이 남과 같이 할 수 있다고 본 삶의 윤리와 덕목이 수신십훈이었다.

퇴계 선생은 『성학십도(聖學十圖)』에서[105] '사지습지 진천리지 반복종시(思之習之 眞踐履之 反復終始)'라고 가르친다. 그저 '생각하고 익히고, 참되게 실천하며, 반복하여 시종일관하라'고 이르고 이른다. 사람처럼 살려면 늘 자신부터 단속하며 개조하라는 당부였다. 『성학십도』의 핵심 배움에 있다. 왕후장상에게만 허용되는 몸의 길이 아니다. 하루를 사는 보통 사람들도 얼나와 제나를 가꾸며 살 수 있는 방편이다. 퇴계 선생에게 배움의 수기치인은 인간과 우주의 미묘한 관련성을 체인(體認)하는 행위였다.[106]

수기치인에서 요구하는 자기 연단 정신은 우리네 정신사이기도 하다. 배움을 향한 자기 수행, 자기 연단이 바로 한국인의 정신 구조이기 때문이다. 한민족의 창세기 신화로 알려진 부도지(符都誌)에서도 이런 단초들이 추적된다.[107] 부도지는 단군신화의 이야기를 뛰어넘는다. 단군조선 그 이전에 살았다는 우리네 상고 조상들의 이야기가 부도지다.[108] 부도지에서 소리 없이 눈에 들어오는 이야기는 두 가지다. 그 하나는 천지창조의 힘인 율려(律呂)에 관한 것이다. 율려는 맑은 소리라는 뜻이다. 다른 하나는 수증(修證)에 관한 것이다. 수증은 신과 같은 맑은 절대적인 혼을 지니려는 노력을 말한다. 율려는 음악이며 우주 질서를 말한다. 율은 탄생과 소멸을 반복하면서 순환하는 이치를 말한다. 영원히 움직이는 육양(六楊)의 운동 본질을 율(律)이라고 한다. 려(呂)는 육음(六陰)의 운동본체를 말한다. 율(律)과 려(呂)는 그래서 우주적 질서를 칭한다.[109] 복잡하게 이야기할 일이 아니다. 혼과 몸을 제대로 그리고 맑게 가꾸는 원리가 율려라는 뜻이다. 밥 잘 먹고, 사람답게 살아가게 만드는 원리가 율과 려이지만, 사람이 되려면 신성을 지녀야 한다는 뜻이다.

부도지는 율려와 수증 두 가지가 엮이는 우리네 창세기 신화이며, 이야기다.[110] 수증은 인간에게 원초적으로 내재된 신성(神性)을 말한다. 율려와 수증이 하나로 엮이게 만드는 원초적 힘이 배움이다. 건국신화로 오해(誤解)되고 있는 단군신화도 배움이 사람됨의 원초임을 드러낸다. 단군신화는 단군을 기리기보다는 웅녀의 사람됨을 기리는 신화다. 단군신화는 웅녀가 사람이 되어 아들 단군을 낳는 인내와 창생의 배움 신화다. 웅녀 신화라고 읽어야 한다. 단군신화에서는 단군을 잉태하는 과정에서 보여 준 웅녀(熊女)의 창생력과 배움을 향한 원초적 자세가 돋보인다.

배움 열망(erudition complex)을 표출시키는 신화들 중 우리네 정신을 상징하는 신화들이 바로 부도지나 단군신화라고 이해하면 된다.[111] 부도지와 웅녀 신화에서 일치하는 것이 있는데, 두 신화 모두가 한민족의 자기 연단(自己練鍛)을 강조하기 때문이다. 자기 수련, 자기의 품격을 만들어 가는 자기 배움의 민족성이 드러난다. 얼나와 제나를 하나로 만들어 가는 자기 개조의 중요성이 드러난다. 자기 연단에 도달하는 사람을 그린다. 세상을 지어 내는 맑은 소리의 주인공들이 가득할 때 민족이 완성된다는 내용이 주류다. 자기 배움의 열정으로 가득찬 신화들이 우리의 건국신화들이다.

부도지는 율려보다 수증의 중요성을 강조한다. 수증인, 맑은 혼은 별안간 만들어지는 것이 아니다. 서양의 신화에서처럼 힘 있는 자들이 탈취할 수 있는 것이 아니다. 수증은 강제로 만들어지지 않는 것이다. 내공(內功)으로 만들어지고 다듬어지는 것이 수증이다. 함양과 체찰로 다듬어지는 것이 수증이다. 수증은 자기 연단 없이는 불가능하다. 3천 년이 걸렸다는 그 상징성이 수증의 내공을 뒷받침한다. 부도지와는 달리 대개의 서양 신화는 일반적으로 투쟁적이며 쟁취적이다.

프레이저(James George Frazer)가 그의 저술 『황금가지』[112]에서 보여 주는 것처럼 서양 신화는 암투, 살해와 같은 속죄양(scapegoat)의 모티프가 강하다. 모든 것들은 인위적으로 거세시킨다. 새로운 형식을 찾아 나아가는 식의 단절적 이어짐을 드러내는 것이 서양 신화의 중심 모티브이기 때문이다. 우리의 신화는 영속적 이어짐을 강조한다. 한 대에서 다른 대로 자연스럽게 계승되고 연결되는 이야기를 중시한다. 부도지가 그려지는 마고성의 어진 어른인 황궁씨의 3대에 걸친 자기 단련이 그것을 드러낸다. 단군신화에서도 곰이 여인네가 되기 위해 보여 주는 것들은 함양과 체찰의 원형들이다. 함양과 체찰에서는 살인 모티브가 들어갈 틈이 없다. 살인이 아니라 살신성인(殺身成仁)의 힘이 발견된다. 자기 단련이 생명을 위한 창조와 창생(創生)을 위한 동력임을 드러낸다.

　나에게 있어서, 개인적으로 구약성경을 접할 때 빈번하게 손길이 가는 곳이 전도서다. 기원전 300년 경에 쓰였다고 알려진 솔로몬의 전도서(ecclesiastes)다. 나이를 먹은 탓만이 아니다. 세상을 살아가다 보면, 불현듯 울 때가 있으면 웃을 때가 있다는(A time to weep, and a time to laugh; a time to mourn, and a time to dance) 구절이 누구에게나 늘 가슴에 닿는 날이 올 것이기 때문이다. 인과응보, 권선징악, 되로 주고 말로 받기와 같은 고답적인 정의(正義)의 교리들은 전도서에서 반복되지 않는다. 그것이 참 아름답기만 하다. 슬기 있는 자의 훈계들이 가슴을 적신다.

　전도서에는 엉뚱한 설교는 처음부터 삭제되어 있다. 결혼도 해 보지 않은 사람이 이혼에 대해 상담해 주는 그런 간교함과 잔인함은 처음부터 배제되어 있다. 인간사에서 일어나지 않는 황당한 주문(呪文)들을 나열해 놓은 것도 아니다. 술에 취해 본 취객의 술맛이 무엇인지, 그리고 그 술맛 따라 삶의 모든 것을 경험한 주선(酒仙)의 살아 있는 훈계와 지침이 그득하다. 쓰린 속을 달래려는 어린 취객들에게 세상을 관조하는 주모가 권하는 해장국 같기도 하다. 듣기만 해도 저절로 함양과 체찰의 탄성이 흘러 나오게 만드는 자기의 회한 같은 것들이 녹아 있다. 삶의 지혜서이기 때문에 전도서에 눈길이 더 가는 것인가 보다.

　"잘났다고 자랑하는 자들이여. 발이 빠르다고 달음박질에 이기는 것도 아니고, 힘이 세다고 싸움에서 이기는 것도 아니며, 지혜가 있다고 먹을 것이 생기는 것도 아니고, 슬기롭다고 돈을 모으는 것도 아니며, 아는 것이 많다고 총애를 받는 것도 아니더라. 그 누구든 때가 되면 그것들을 다 알게 되는 것인데, 사람은 그때를 알지 못할 뿐이다. 인생이라는 것은 재앙과 불행이 덮쳐 오면 그것에 그냥 걸리고 당하기 마련이다."(전도서 9:11-12) 그것을 모르고 오늘도 그렇게 아등바등거리며 얼마나 자신도 속이고, 남도 속였겠느냐고 되묻고 있는 것 같다.

　늘어지게 표현하자면 전도서는 부부싸움에 이골난 이들에게 더 도움이 될 성싶다. 부인과 대판 싸움을 한 후 집을 나왔지만, 정말로 오갈 데 없는 월급쟁이 가장이 있다치자. 아무리 생각해 봐도 자기에게 밥술이라도 먹이는 이는 마누라였다. 그녀에 대한 이런저런 애틋함, 안쓰러움, 그리고 야속함 같은 것들이 하나의 범벅이 되어 버린다. 그 회한의 감정을 억누르고 억누르며, 그는 그래도 자존심이 허락하지 않아 마누라보다는 친한 것 같은 친구를 한 명 불러 낸다. 소주 한 잔을 기울이며, 삶이란 이런저런 것이라고 일러가며 넋두리 하다보면 집에 있는 마누라가 더 그리워지고, 고마워진다. 그런 풍경들이 전도서에는 한눈 가득하다. 성님의 지혜들 같은 것이 전도서에는 하나 가득하다.

어쨌거나 인간의 운명은 신의 손안에 숨겨져 있는 헤아릴 수 없는 신비다. 그 신비를 알아내어 자신의 운명을 바꾸어 보겠다는 것은 헛꿈이다. 저 혼자 잘 살아 보기위해 그런 지혜를 얻으려고 안간힘을 쓰는 그것 역시 모두가 헛되고 헛된 일이다. 꿈부터 깨고, 사는 한 오늘도 제대로 살아 보라고 전도서가 주문하고 있다. 불확실한 상황 속에서라도 불평하지 말고, 하느님이 준 그 좋은 것들을 누릴 수 있는 한 최대한 누리며 그것을 경외하고 살아가라고 가르치고 있는 중이다.[113]

교수에게 있어서 배움은 업이다. 그 업을 이루기 위해 결단하고 결단해야 한다. 배움으로 삶을 꾸려 나가는 사람들이 교수라는 직업을 가진 사람이기 때문이다. 배우려고 교단에 들어선 사람들이 교수다. 교수는 상대적으로 입직이 쉬운 직업이기는 하지만, 온고이지신(溫故而知新)하는 일을 하지 않으면 천직으로 삼기가 어려울 수 있는 직업이다. 교수라는 직업은 다산(茶山) 정약용 선생이 일러 준 것처럼 본분에 임해야 하는 직업이다. 어떻게든 잘난 박사 학위를 딴 덕분으로 교수가 되었기에, 오히려 그것을 더 부끄러워해야 할 것이다. 정진하기 위해 더 열심히 옛 것을 익히고 새 것을 찾아 내려고 온힘을 쏟는 직업이 교수직이라고 겸양해야 할 성싶다.[114]

어차피 급료로 매달의 생계를 이어 간다고 해도, 통념상 교수직을 노동직이라고 말하기에는 편치 않을 뿐이다. 굳이 노동이라는 말을 붙인다면 그때 그 뜻은 신분의 성격이 아니라 일의 성격을 말하는 것이다. 교수직은 배움의 노동직이다. 배움을 통해 학생들에게 사람이 무엇인지, 사람이 어떻게 살아가야 하는지를 보여 주는 직업이라는 뜻이다. 일종의 윤리 노동자, 혹은 영혼 노동자들이 교수다. 영혼의 노동직인 교수직은 이제 서비스 직종의 노동자들이 요구받고 있는 감정의 연기를 강요받고 있다. 소비자인 수강생들이 그것을 요구하고 있기 때문이다.

　자본주의 사회는 감정 상실의 사회이기도 하다. 소비자의 마음을 사로잡기 위해 모두가 감정의 연기를 강요받기 때문에 오히려 감정이 사라지고 만 사회라는 뜻이다. 감정 노동자는 흔히 서비스 산업에 종사하는 사람들을 일컫는다. 식당종업원에서 장의사, 목사, 간호사, 변호사에 이르기까지 모두가 감정 노동자들이다. 직간접적으로 서비스 산업에서 고객을 상대로 하며 미소를 짓고, 마음을 소모해야만 생존에 필요한 수입을 얻어 낼 수 있는 직종의 사람들이 이들이다. 감정 노동자들은 자신의 마음을 관리해야 성공하는 사람들이다. 나의 느낌, 감정을 제 품으로 내놓아야 자신의 호구가 유지되는 사람들이다. 감정 노동자들은 자신의 진짜 감정에서 소외된다. 끝내 자신은 물론 다른 사람을 속이는 연기자로 전락한다.현대 자본주의는 감정 노동을 경쟁과 연결짓는다. 노동자들에게 미소를 짓도록 강요한다. 그런 미소를 만들도록 훈련시킨다. 그들의 미소를 감독하고 관리한다. 미소짓기 활동과 기업의 이익 사이의 연결 고리를 끊임없이 단속한다. 감정 관리는 더 이상 사적 차원에서만 머물수 있는 일이 아니다. 감정 관리는 공적으로 조직되는데, 그것은 이윤 추구와 직결되기 때문이다. 감정 관리가 이윤 추구와 연결되는 과정에서 감정의 사적 관리와 감정의 공적 관리 간의 신호 기능과 매개 기능은 서서히 손상된다. 그 손상으로 나타나는 부산물은 인간성의 쇠진이다. 감정의 쇠진은 울화로 그리고 화병으로 마음병으로 이어진다. 친절과 미소의 가면 뒤에서 자신은 죽어 간다. 감정을 파는 대가로 죽음을 사고 있기에 감정 노동자들은 웃으면서 죽어 간다.

　고프먼(Eruing Goffman)이 지적했듯이 자본주의 사회는 무대사회, 연극사회다. 연극사회에서는 인상 관리가 중요하다. 사회구조가 하나의 연기(演技) 무대가 되어 사람들에게 배우가 보이는 그런 성격으로서의 가면을 착용하라고 요구한다.[115] 일상생활에서 사람들이 보여 주는 연기는 두 가지 방식으로 일어난다. 하나는 겉모습을 바꾸려는 연기가 그것이다. 일부러 코웃음을 치거나 어깨를 으쓱해 보이거나 한숨을 감추는 등과 같은 신체 표현이 그것이다. 이런 표면 행위와는 다른 내면 행위가 두 번째 연기다. 감정자체의 연기에 빠져 버려 자기도 모르게 감정 조작을 체화시키는 연기다. 일부러 행복하거나 슬퍼 보이려고 노력하는 것이 아니다. 더 이상 슬픈 것을 연기하는 것이 아니다. 행복하거나 슬퍼했기 때문에 실제로 행복한 느낌에 빠지거나 슬픔에 빠져 버리고 만 것이다. 가짜 감정에 진짜로 빠져 버려 자신을 잃어버린 것이다.

그러니까 눈물을 억지로 흘리려고 위장하는 동안 흘려진 눈물 때문에 자기 자신이 정말로 슬퍼진 경우다. 이런 내면적인 연기는 몰입된 완전 연기에 속한다. 러시아의 연출가 스타니슬라프스키(Stanislavskii)가 요구하는 몰입된 연기다. 그는 연극배우에게 늘 몰입된 '완전 행위'를 요구했다.[116] 스스로 만든 가짜 감정으로 인해 진짜 감정에 빠져 버려야 훌륭한 연기라고 강조했다.[117] 가짜진짜 연기가 진짜 연기라는 것인데, 그런 가짜진짜 행동들에게 공감이라는 것은 솟아 나올 리가 없다. 공감은 사람들을 하나로 묶어 내는 의식소통의 언어이기 때문이다.

가짜진짜 연기나 연출에는 그런 공감의 언어가 배제되기 때문이다. 연극장에는 연출의 언어는 있지만 공감의 언어는 있을 수 없다. 위장된 공감은 공감의 언어가 아니라 연출된 언어일 뿐이다. 공감은 연기나 위장 없이 드러날 때 가능하다. 유치원, 초등학교 교실은 아이들의 이해 관계가 적나라하게 드러나는 곳이다. 연극장에서는 이해 관계들이 적절한 선에서 대리만족될 뿐이다. 어린아이들이 모여 생활하는 교실일수록 자기 중심적인 활동이 드러난다. 감정을 숨기지 않고 서로의 마음이 서로에게 교차된다.

그런 아이들을 하나로 묶는 것은 쉽지 않다. 교사들은 서로 다른 감정을 표현하는 아이들을 하나로 묶는 수단을 발견했다. 대학의 교실에서도 마찬가지다. 학생들을 강의로 모으는 요소는 공감이라는 개념이다.[118] 공감은 원래 인류 공통의 언어였다. 공감의 감정을 제대로 표현하지 못하면 사람들은 서로 의미 있는 관계를 나누지 못한다. 공감을 갖지 못하면 모두가 외로운 섬처럼 각각 떠다닌다. 공감하기 위해서는 위장이나 연기는 불필요하다. 공감이 없으면 가르침이 일어나지 않는다. 공감이 없으면 배움 역시 건성으로 지나간다. 공감이 없으면 교실에서의 행동은 어릿광대의 그것이나 다름없다. 마치 서커스 광장의 한복판에 서서 자신의 묘기를 보여 주는 젤소미나(gelsomina)가 된다. 자기의 혼이 빠져 나가는 줄도 모르고 흥얼거리는 어릿광대가 된다.[119]

가짜진짜의 연기들은 돈 앞에서는 보다 더 정교해진다. 돈이 진리의 잣대가 되기 때문이다. 돈에 미치면 끝내 돈 때문에 돌아 버린다. 돌 때 돌더라도, 도는 일에서 어느 정도까지는 떨어지지 않게 해주는 것이 돈의 마력이다. 돈에 집착하기 때문에 돈 되는 일에는 어떻게든 매달린다. 돈보다 중독성이나 전염성이 강한 것도 없다. 돈은 메피스토펠레스의 유혹과 같다. 파우스트 박사를 연구실 밖으로 끌어 냈던 유혹의 힘을 발휘한다. 돈의 위력 앞에서는 모든 것이 무기력해진다. 종교 기관이 돈 앞에서는 그렇게 꼿꼿하게 세웠던 자신의 목 하나도, 광기도 제대로 가누지 못한다. 주술 신앙, 기복 종교가 겨냥하는 것도 돈이다. 신앙의 수익 창출률이 돈의 액수로 계산된다는 저들의 속셈이 드러난 것이지만, 세상에 그런 것은 없다.

기업에서 중요한 것이 돈이다. 사람으로 치면 혈액으로 비유되는 현금, 이 현금이 없이는 기업이 할 수 있는 것은 아무것도 없다.[120] 돈이 없는 기업은 에너지가 고갈되고, 혈액 공급이 중단된 기업이다. 죽은 기업이나 마찬가지다. 공기도 에너지, 물도 에너지, 모든 것이 에너지다. 에너지는 무엇이든 하게 만들어 준다. 에너지는 유동성이다. 에너지는 용도에 따라 창출하는 것이 다르다. 나무가 그저 타 버리면 그 에너지는 화재의 힘이 된다. 음식을 만들기 위해 얼었던 몸을 녹이기 위해 타 버리면 그 에너지는 삶을 위한 연료가 된다.

현금은 기업을 움직이게 만드는 혈액이다. 혈액이라는 유동성이 없으면 아무리 튼튼한 기업이라도 무너진다. 기업은 현금과 함께 비즈니스 모델을 생각한다. 2000년대 미국 자동차 산업과 은행들이 겪은 몰락은 유동성의 위기였다. 미국 자동차 3사가운데 안전한 여유 현금을 확보한 회사는 하나도 없었다. GE도 비슷한 사례였다. GE는 트리플 A 등급을 받는 탄탄한 기반의 회사였다. 유동성 위기를 겪으면서 높은 이자로 외부 자본을 끌어와야 했다. 마침내 저들은 유동성의 위기를 모면하기 위해 거대 은행과 짜고 부정을 저질렀다. 결과는 몰락이었다.

사회는 언제나 '거짓말의 문화'로 가득 차 왔다. 거짓말로 위기를 넘기며 치부에 성공하는 능력을 생존의 능력이라고 가르쳐 왔다. 정보사회가 될수록 거짓말의 내용과 형태는 더욱더 정교해졌다. 신문도 인터넷도, 정치판이나 비즈니스도 거짓말을 일삼는다. 인간은 모두가 마음의 가면을 쓴다. 인격이나 성격이라는 뜻의 페르소나(persona)라는 개념이 그 위장을 보여 준다. 인간은 목적과 상황에 따라 맞춤 변장을 하고 살아간다는 것이 페르소나 개념이다.

인간은 10분 동안에 무려 세 번의 거짓말을 한다고 한다.[121] 인간에게 진실은 모두 거짓말이다. 거짓말에 대해 믿게 만드는 모든 것 역시 거짓이다. 로버트 펠드먼(Robert Feldman) 박사가 30년에 걸친 연구 결과로 얻어 낸 일상 속의 거짓말이 지닌 속성이었다. 처음 만나는 사람들일수록 거짓말에 능숙하다. 저들의 대화에서는 10분당 평균 세 번의 거짓말이 오간다. 그런 거짓말들은 일상적으로 흔한 것들로 시작한다. '기분 괜찮다.'나 '옷이 예쁘네요.' '아주 멋졌어요.'와 같은 것들로 시작한다. 이런 거짓말은 이해타산에 의한 것은 아니다. 일상의 원활한 교류를 위한 착한 거짓말이다. '착한 거짓말'은 심각한 속임수로 이어진다.

펠드먼 교수는 그래서 선의의 거짓말마저도 경계하라고 이른다. 선의의 거짓말도 그것 자체로 관계를 소원하게 만들어 친밀도를 떨어지게 만들 수 있기 때문이다. 선의의 거짓말이 쌓이면 사회가 속임수에 내성을 키운다. 더 큰 거짓말이 일어날 가능성이 커진다. 그는 말한다. "거짓말을 봐 주지 말아야 합니다. 만약 누군가 여러분에게 거짓말한다고 생각되면 그렇다고 솔직히 말해야 합니다. 민망한 일이기도 하고, 원하는 대답을 얻지 못할 경우도 있고, 심지어 그런 말을 꺼냈다가 상대가 또 다른 거짓말을 하도록 만드는 결과가 빚어질 수도 있습니다. 하지만 거짓말과 맞서지 않으면, 즉 거짓말을 감지해도 무시하고 따지지 않고 넘어가면, 어떤 면에서는 당신도 거짓말쟁이가 되는 겁니다."

거짓말이 횡행하면 사회가 불안정해진다. 사회의 와해를 막기 위해 사회는 거짓말의 범주에 들어가는 행동을 억제시켜 왔다. 사회 스스로 이중 역할을 해 온 것이다. 한편으로는 거짓말을 생존의 불가결한 요소로 가르치고, 다른 한편으로는 그것을 단죄하는 식으로 평형을 유지해 왔다. 그것의 전례는 페카토 모르탈레(peccato mortale)에서 발견된다. 페카토 모르탈레에서 말하는 죽을 죄라는 말은 윤리신학에서 인간이 짓는 가장 큰 죄를 지칭한다.

윤리신학에서는 죄를 소죄와 대죄로 가른다. 작은 죄는 용서받을 수 있는 죄이고, 대죄는 죽을 죄에 속한다. 용서받을 수 있는 죄는 악의를 품고 행하는 죄가 아니다. 인간 개개인의 성격이나 습관에서 생겨 범하는 죄들이다. 죽을 죄는 윤리신학에서는 십계명의 규범을 어기는 죄다. 죽여도 마땅한 죄는 우상숭배, 배교, 간음, 살인 같은 것이었다. 우상숭배, 배교, 간음, 살인은 바로 한 운명 공동체를 유지하는 데 있어서 절대적인 규범이다. 누구든 반드시 지켜야만 하는 공동체의 덕목이기 때문이다. 공동체의 윤리규범을 의도적으로 어기는 자는 당연히 공동체의 존속을 위해서 거세하여야 한다. 그것이 용서되면 공동체가 붕괴되기 때문이다. 대죄를 짓는 이들은 신의 이름으로 페카토 모르탈레를, 그리고 제거하였다.

사람들은 무엇을 범하면 죽게 되는지를 안다. 페카토 모르탈레에 해당되는 죄가 무엇인지 분명히 안다. 그래도 사람들이 그런 죽을 죄를 범한다. 페카토 모르탈레를 빈번하게 범하는 것은 삶의 상황성을 극명하게 드러낸다. 삶은 '해결해야 하는 문제가 아니라 겪어야 할 현실'임을 보여 준다. 삶이라는 것은 절대적인 해답을 갖고 있는 것이 아니라는 뜻이다. 몸으로 마음으로 때워야만 되는 것이 삶이라는 말이다. 인간에게 있어서 페카토 모르탈레는 자연적인 것이 아니라 인위적인 것일 뿐이다. 아메리카 인디언에게는 한평생 자신을 달래며 살아가게 만드는 말이 있다. "삶은 앞서 가기 위한 경주가 아니라 나에게 돌아오기 위한 경주다."라는 말이 그것이다.[122]

짐승처럼 사는 것은 그리 문제가 아니다. 바르게 사는 것이 중요하기 때문이다. 소크라테스도 바르게 사는 것이 중요하다고 가르쳐 주었다. 바르게 사는 것이 무엇인지를 딱 부러지게 말하는 것은 쉽지 않다. 일이든 사물이든 그것에는 바른 것(the right thing)이 있게 마련이다. 그것을 지탱하기 위해 바르게 하는 것(do right)이 있게 마련이다. 바른 것과 바르게 하는 것 두 가지는 함께 가는 것처럼 보인다. 경우에 따라서는 서로가 어긋나기도 한다. 바른 것이 언제나 그것을 바르게 하지만은 않는다. 사람 역시 마찬가지다. 바른 사람이 있을 수 있고(the right person), 바르게 살게 만드는 것이(doing person right) 있을 수 있다. 바른 것과 바르게 만들어 주는 행위가 늘 함께 가는 것만도 아니다.

'바르다'라는 것에 대한 개념이나 정의 역시 때때로 혼란스럽다. 그 혼란 때문에 삶에는 오차가 생긴다. 바르다는 것도 종교적인 교리에 따라 서로 다르게 해석된다. 문화권마다 상황마다 조금씩 서로 다르다. 전투원의 경우 살인에 대한 정의는 서로 다르기 마련이다. 적군을 살려 두는 것은 나를 죽이는 일이다. 살인의 정당성이 입증되는 장면이다. 전투에서 타인의 생명을 살리면 전쟁을 그르친다. 전투에 나가는 군인들을 축복해 주는 신부도, 적군을 위무하는 상대방의 성직자도 서로 종교의 거룩한 이름으로 상대방을 죽여야 한다. 두 개의 서로 다른 것들이 대척점에 서 있을 경우, 어떤 것이 옳은지 어떤 것이 일을 옳게 하는 것인지에 대한 판단이 서지 않는다. 옳은 일과 일을 옳게 하는 것을 가르려면 지도와 지형 간의 관계를 생각해 보면 도움이 된다. 지도와 지형에서는 옳은 것과 옳게 하는 것은 분명하게 나타난다. 지도가 지형과 다르다면 일단 지도가 잘못된 것이기 때문이다. 사람들은 한평생 살아가면서 수없이 옳고 그름의 시행착오를 겪는다. 그 후에 그 무엇을 깨닫게 된다. 삶에 대한 이런 작은 깨달음들이 모여 삶의 지도를 만든다. 삶의 지도를 만들어 내기 위해서는 변치 않는 지형이 있다. 태어남과 목숨을 거둘 때까지 거쳐야 할 수많은 여백이라는 이름의 지형이 있다. 지형들은 채워야 할 인생의 공간이며 여백들이다. 인생의 지도는 삶의 지형에 대한 자기의 지점을 끊임없이 수정해 나가는 과정이다. 인생의 지도는 그런 것에 대한 배움으로 그려진다.

그 어떤 것에서든 배움은 인간 존재의 원형, 말하자면 플라톤이 말한 이데아 같은 것이다.[123] 사람이 사람을 만났을 때 가장 먼저 마주치는 것이 사람의 얼굴이다. 얼굴을 먼저 보면 그 무엇이 연상된다. 그 사람의 얼굴이 그 무엇을 말해 주고 있기 때문이다. 다석 류영모 선생은 그래서 얼굴을 각 사람이 갖고 있는 꼴이라고 말했다. 각각의 무의식에 자리 잡고 있는 얼의 꼴이 얼굴이라는 것이다.

얼의 꼴이 얼굴로 나온다. 얼굴을 보면 그 사람이 걸어온 행로를 짐작할 수 있다. 얼의 꼴은 삶에서 나온다. 사람이 '산다는 것은 아끼고 조심하는 것'이다. 얼의 꼴을 가꾸는 일이기 때문이다. 사람이 조심하고 아끼기 위해서는 서로에 대해 배워야 한다. 배운다는 것은 생각을 바로 잡자는 것이다. 가르친다는 것은 말을 바로잡는 일이다. 배우는 것은 나를 바로잡는 것이며 나의 얼굴에 대한 책임이다. 내 얼의 꼴을 가꾸는 일이다. 가르치는 것은 남을 바로잡는 것이며, 남의 얼에 꼴을 만들어 가는 일이다.[124] 남의 얼굴을 가꿔 주기 위해서는 내 얼의 꼴부터 바르게 다듬어야 한다.

얼의 꼴, 내 얼굴은 나의 됨됨이, 나의 품과 격을 드러내기 충분하다. 사람의 품은 사람의 버릇, 사람의 습관, 사람의 행동거지로 나타난다. 사람의 됨됨이를 하나로 포개 놓은 전체적인 양상으로써의 사람의 품이 얼의 꼴에 나타난다. 얼의 꼴은 그 사람이 지닌 배움의 폭과 넓이를 말해 주기 충분하다. 한 사람이 지니고 있는 배움의 넓이와 깊이는 인생의 씨줄과 날줄이기 때문이다. 한 사람의 품, 한 사람이 지닌 얼의 꼴은 자기 삶이 만들어진 과정과 무관할 수 없다. 사람들의 삶은 항상 그 무엇에 의해 만들어지고, 배어들고, 드러난다. 바로 배움의 산물이 삶이기 때문이다. 사람이 무엇인가를 배운다고 할 때, 배운다는 말은 다름 아니라, 앞으로도 반복적으로 이야기되겠지만, 흔히 세 가지의 뜻을 지닌다. 첫째는 무엇을 새롭게 만들어 낸다는 뜻이고, 둘째는 무엇을 새롭게 밝힌다는 의미이며, 셋째는 자기를 단련하고 자신을 개조한다는 뜻을 지닌다.

삶이 제아무리 어려워도 살 만한 이유가 있다. 삶의 모든 것이 나름대로 대칭을 이루기 때문이다. 그 대칭은 삶의 씨줄과 날줄로 구성된다. 인생의 지도 역시 삶의 씨줄과 날줄로 엮어진다. 삶의 수직과 수평으로 엮어지며, 그 공간들은 체험으로 채색된다. 시인 이재무는 수직(垂直)의 의미를 수평에 맞대어 아름답게 노래한다.[125] 수평을 떠올리지 못하는 수직은 있어도 결국은 없는 것이나 마찬가지라는 시인의 애틋한 생각이 담겨 있다. "수평은 수직이 만든 것이다. 산의 수직 하늘의 수평을, 해저의 수직 바다의 수평을, 기둥의 수직 천장의 수평을, 언덕의 수직 강물의 수평을, 꽃대의 수직 꽃의 수평을, 동이에 가득 담긴 물 이고 가는 그대의, 출렁출렁 넘칠 듯 아슬아슬한 사랑의 수평도 마음 속 벼랑이 이룬 것이다. 수직의 고독이 없다면 수평의 고요도 없을 것이다."

배움을 엮어 내는 세 가닥의 원소, 말하자면 배움소는 창생과 창설, 그리고 창인이다. 창인은 바로 연단이다. 창생은 새롭게 만들다, 창조하다, 그리고 생을 예찬하고 감사하며 기린다는 뜻이다. 창생하다, 창조하다, 그리고 생명을 예찬하며 기린다는 것은 삶과 생명 존중 사상을 반영한다. 새로운 생을 만들어 간다는 의미와 새로운 생명을 준다는 뜻도 담고 있다.

창설은 밝힌다는 말이다. 아직 제대로 알지 못하고 있는 것을 새롭게, 분명하게 그리고 확실하게 알려고 한다는 뜻이다. 정보에 대한 수용과 기억, 그리고 활용을 통한 새로운 정보의 활용으로 이어가는 학습활동이 창설(創說)의 행위다. 마지막으로 연단은 삶에 무엇인가 끊임없이 배어들게 한다는 뜻이다. 하나의 행동이 자기의 운명을 이끌어 가는 습관이 되어 자기 삶의 모든 활동에 스며들게 한다는 의미다. 자기를 자기답게 익히며, 단련하며, 자기를 자기 스스로 치유해 간다는 뜻이다. 자기 몸과 마음은 자기가 주인이 되어야 한다는 뜻이다. 창생(創生), 창설(創說), 연단(鍊鍛)이라는 세 가지 의미를 품고 있는 배움은 사람의 품 그리고 사람이 지닌 얼의 꼴을 만들어 놓는다.

배움은 모든 인간에게 태어날 때 지르는 그 울음처럼 원초적이다. 배움은 모태 안에서의 아기 울음처럼 원초적이다. 밀라노 미사에 온 교황을 보기 위해 밀려나온 군중보다 더 많은 수의 군중을 몰려들게 만든 음악인이 밥 말리(Robert Nesta Marly)다. 그는 레게(reggae) 음악의 전설인 자메이카 혼혈 음악인이다. 그에게 기자가[126] 어떻게, 언제 노래를 시작하게 되었냐고 질문했다. "시작이라……, 울음. 그래요, 울음으로 시작되었죠."라고 밥 말리가 응수했다. 자기 삶의 모든 것을 응축한 대답이었다. 그 어떤 철학자보다도, 그 어떤 작곡가보다도, 그 어떤 음악인보다도 노래가 무엇인지, 삶이 무엇인지를 선명하게 드러낸 답이었다.

인간은 태어날 때 누구든 '나 살아야 해요'라는 듯이 울어 재낀다. 그 첫 울음이 바로 인간에게 있어서 노래의 시작이다. 박자, 음정이 규격으로 정해지지 않은 원초적인 생의 노래다. 생과 명의 현실적 출발을 알려 주는 각각의 첫 노래가 바로 그 울음이다. 인간으로 살아가겠다는 언약이다. 울음을 터트리는 그 순간 우리는 원초성으로 전율한다. 인간의 바깥 세상에로의 여행을 알리는 그 울음이 배움의 원시적 표출이다. 울음으로 그의 삶이 시작된다. 인간만이 그렇게 울음으로 시작한다. 울음은 포식자들에 대한 경고이기도 하다. 위험을 감수하겠다는 의지의 표현이기도 하다. 내 삶의 지도는 내가 만들겠다는 약속이기도 하다. 울음은 인간이 보이는 최상의 노래다. 삶이라는 여행의 시작을 알리는 기적이기 때문이다.

아기들은 엄마의 뱃속에서부터 엄마 목소리를 기억한다. 그것을 증명하는 실험결과들이 있다. 태어난 지 12시간밖에 안 된 아기도 낯선 얼굴보다 엄마 얼굴을 더 좋아한다. 아기들이 자궁 안에 있는 동안에도 언어 생활을 하고 있다는 증거다. 모태 안에서도 언어의 배움 활동이 일어난다는 의미다.[127] 이것을 확인하기 위해 실험자들은 엄마 뱃속에 있는 아이 프랑수아(가명)에게 스피커를 통해서 계속 '바비, 바비'라고 들려 주었다. '바비'라는 소리를 들려 주었을 때 태아의 심장 박동 수가 내려갔다. 똑같은 단어를 계속 들려 주었다. 태아의 심장 박동 수가 다시 정상으로 돌아왔다.

실험자들은 태아가 단지 소리만 듣고 반응하는지도 점검했다. '바비'라는 소리의 특정한 패턴에 반응하는 것인지 알아 보았다. 이번에는 '바비'를 '비바'로 살짝 바꾸었다. 프랑수아는 새로운 소리를 알아들었다는 듯이 심장 박동 수가 내려갔다. 태아에게도 음성의 작은 차이를 감지하는 능력이 있다는 것이 밝혀지는 순간이었다.

인간의 욕망은 무한하다. 그 욕망을 채워 줄 자원은 아무래도 유한하다는 것이 경제학자들의 생각이다. 인간은 합리적 존재라는 뜻이기도 하다. 유한한 자원을 이성에 따라 배분하고, 활용하는 존재라는 것이다. 이 논리가 바로 호모 에코노미쿠스에 대한 고전경제학의 전제다. 인간에게 이성적인 면이 전혀 없는 것은 아니다. 그래도 인간은 이성적인 것 이상으로 비이성적이다. 인간의 욕망은 무한정이기 때문이다.[128] 완싱크(Brian Wansink) 교수의 실험이란 것이 있다. 테이블 바닥에 설치된 튜브를 통해 수프가 계속 채워지도록 만든 다음, 그 수프에 대한 사람들의 일상적인 행동을 관찰하는 실험이다. 이 실험에서 사람들이 드러내는 양태는 다양했다. 어떤 사람은 수프가 계속 채워지는 것이 전혀 이상하다는 생각을 하지 못했다. 무료 제공이기에 무려 1리터의 수프를 먹어 치우기까지 했다. 대부분의 사람은 그것이 공짜이기에 많이 먹었다. 인간이 이성적인 판단만을 하는 존재로서는 역부족임을 드러내는 실험이었다. 이성으로 자기의 체중은 조절되기 어렵다는 증거이기도 했다. 체중 조절을 위해 식습관을 이성적으로 제어할 수 있다는 생각조차 어이없는 생각임을 굳힌 실험이었다.[129] 이 실험은 시장옹호론적 경제학자들의 주장이 허구임을 드러내 준다. 개인의 '비만은 생활습관에 의한 선택의 결과이므로, 개인이 스스로 허리 사이즈를 조절하도록 내버려 둬야 한다.'는 주장 같은 것은 원초적으로 비현실적이기 때문이다.

인간의 이성을 신봉하는 사람은 모든 경제 정책적인 문제를 시장에 맡겨야 한다고 주장한다. 이론적으로는 타당성이 있는 것처럼 보인다. 불행하게도 시장에서의 자유는 그들이 주장하는 것만큼 그렇게 돌아가지 않는다. 호모 에코노미쿠스인 사람들은 자신이 원하는 것이 무엇인지 알면서도 종종 그것을 얻기 위한 결단은 미루는 존재들이다.

학습, 말하자면 새로운 정보를 얻는 행위만으로 사람이 이성적인 존재가 되지는 못한다. 그것만으로는 늘 부족하다. 학습은 배움을 위한 기능일 뿐이다. 배움은 사람

을 만드는 일이다. 학습은 그저 정보 획득과 기술 활용의 도구일 뿐이다. 학습은 간헐
적이지만, 배움은 영속적이다. 공자는 『논어(論語)』「태백(泰伯)」편, 고대의 성왕들과
현인들의 이야기를 주로 다루는 장에서, "배움이란 도달할 수 없는 것 같이 하고, 배
운 것은 잃어버릴까 두려운 듯이 해야 하는 것이다(學如不及, 猶恐失之)."라고 일렀던
그것이 바로 배움의 속성이다. 주자는 끊임없이 박학(博學)지, 심문(審問)지, 신사(愼
思)지, 명변(明辯)지, 그리고 독행(篤行)지 하라고 일렀는데, 이 역시 배움의 한 속성
이다.

조선 성리학의 최고봉으로 불리우는 율곡(栗谷) 선생 역시 배운다는 것을 속된 것
으로 바라보지 말라고 경계했다. 배움은 사람 말하기 좋은 말처럼 하면 결코 배움에
이르지 못한다는 것이 율곡의 훈계였다. 배운다, 배우니, 배우라 하는 식으로 한다고
해서 배우는 것이 아니라는 것이다. 그의 삶이 그것을 보여 주고 있다. 율곡은 어린
나이에 배움을 어떻게 해야 할지를 단호하게 결단했다. 19세 때쯤의 일이다. "태어
나 일단 배우기로 작정했다면, 배우는 일을 그치는 것은 죽은 뒤에나 하라."[130]고 단
호하게 자신을 일깨웠다. 율곡의 교훈에 근접하는 사례도 있다. 김영민 교수 같은 사
람이다. 그 역시 세상 사람들에게 일러 주기를 좋아하는 철학 교수 짓을 한참 했던
사람이다. 철학의 본질은 그런 것이 아니라는 생각에 이르렀다. 내친 김에 교수 '질'
을 때려치워 버렸다. 자기가 가야 할 길을 묵묵히 걸어가기로 결정했다.

김 교수는 문사(文士)들에게 배움이 무엇인지, 철학을 한다는 것이 무엇인지 모질게
보여 준다. 그의 외침과 그의 실천이 그리 밉지만은 않다. 그는 퇴계 선생을 따르라고
도 말한다.[131] 문사라고 한다면 허영과 무책임을 경계하며 무사(武士)처럼 실전에 임
하라는 것이다. 무사의 운명은 그야말로 칼 쥔 자세에 달려 있다. 자세가 한번 흐트러
지면 단번에 자기 목이 잘린다. 그렇게 순간순간을 이어가는 것처럼 조심하고 경계해
야 될 짐을 진 사람이 배우는 사람들이다. 올곧은 자세로 칼을 다루는 일이 그들에게
는 생이며 명이다. 그는 무기와 몸의 구별조차 없는 문사들을 향해 말한다. 철학을 합
네, 사상을 가졌네 하고 두루뭉술한 관념적 혼란과 혼동으로 사람을 산란하게 만들지

말라는 것이다. 그런 삿된 자세로는 공부의 기본에도 이르지 못한다는 것이다.

겁나는 충고에 잇대어, 그는 글을 쓰겠다면 사람들이 바라는 대로 쉽게 쓰고, 평이하게 말하지 말라고도 당부한다. '쉬운 글'에 묻혀 자신의 '생각'을 고집하려는 자는 소비자에 지나지 않는다고도 했다. 배우려는 사람은 배움에 대한 예열(豫熱)이 필요하다는 뜻이기도 했다. 모든 현자가 말하는 것처럼 뜸을 들이겠다고 아까운 시간만 끌지 말라는 충고도 잊지 않았다. 지금 당장 자기에게 필요한 지혜 하나라도 자기 몸에, 자기 맘에, 자기 삶에 인이불발(引而不發)하라고 훈계한다. 당기되 쏘지 않는 것처럼 그렇게 수(修)하고 양(養)하라고 이른다. '예열이 없는 공부'는 헛된 공부다. 공부라고 한다면 그것은 "신체와 정신, 무의식과 의식, 육감과 오감, 지혜와 지성, 그리고 의욕과 욕심의 근대적 분화와 물화를 깨고 새로운 몸(삶의 양식과 버릇)을 얻고 길러 인간의 통전적 성숙을 위해 그 몸을 경첩으로 삼아 갖은 이치들을 융통케 하는 데 있다. 학인들이라면 익숙한 경험이겠지만, 공부 길의 난경(難境) 중의 하나는 바로 이 예열의 시간이 한량없이 늘어지면서 자기 소진과 피폐의 형국이 길어진다는 데 있다. 그러므로 일상의 철학화, 공부의 일상화는 결국 이 예열과 가속의 낭비를 최소화하는 생활의 양식과 새로운 몸의 버릇에 터해야 한다."[132)는 것이 김 교수의 고백이었다.

배우는 사람은 인이불발로 자기를 끝까지 다스리는 사람이다. 자기를 낮추면, 긴장할 줄 아는 사람이 배우는 사람이다. "저는 저보다 못한 사람을 만난 적이 없습니다. 저보다 현명하지 못한 사람을 만나면, 저는 심판의 날에 그 사람보다 제가 더 심하게 추궁당할 거라는 생각을 합니다. 제가 율법을 지키지 않은 건 알면서도 그렇게 한 것이지만, 그가 율법을 지키지 않은 건 무지에서 비롯된 것이기 때문입니다. 저보다 나이 많은 사람을 만나면, 저는 그가 오랜 세월 습득한 장점이 틀림없이 저보다 많으리라는 생각을 합니다. 저보다 어린 사람을 만나면, 저는 그가 저지른 죄가 제가 저지른 죄보다 더 적으리라는 생각을 합니다. 저보다 더 부유한 사람을 만나면, 저는 그가 베푼 자선이 제가 베푼 자선보다 더 많으리라는 생각을 합니다. 그리고 저보다 더 가난한 사람을 만나면, 저는 그의 영혼이 제 영혼보다 더 겸손하리라는 생각을 합니다. 그래서 저는 제가 만나는 모든 사람을 존경하고 그들 앞에서 겸손하게 행동할 수 있었습니다."[133]라고 말하는 유대인 랍비처럼 마음이 자기 삶 안에 가득한 사람이 배우는 사람이다.

사람을 가르치되 정보만을 주는 것만으로는 부족하다. 스스로 삶이 무엇인지, 배려가 무엇인지, 역지사지가 무엇인지 생활과 실천으로 터득하게 해야 한다. 그러니 당기되 쏘지 않고, 중심부터 제대로 잡는 일이 중요하다. 과녁을 정조준 해 맞추려고 모든 힘을 집중시키는 작업이 필요하다. 과녁은 그가 맞추는 것이지, 대신 맞추어 주는 것이 아니다. 맞추려면 함부로 당길 수는 없는 노릇이다. 연단 없이 당기면 어김없이 과녁을 빗나가게 마련이다. 큰 스승, 큰지식들은 저들이 그렇게 하기를 바라며, 저들이 보여 주는 무지(無智)함이야말로 바로 인이불발의 슬기를 가르치는 최고의 연출일 뿐이다.

인이불발의 배움은 세 가닥 실로 짜들어 가는 삶의 지도 만들기와 다를 것이 없다. 이 책의 이곳 저곳에서 하나씩 풀어 냈지만, 의식소통하기로서의 식통(識通), 몸 만들기, 그리고 몰입의 조합으로 삶을 만들어 가는 일이 삶을 직조해 가는 일이기 때문이다. 인이불발의 일꾼들이 많은 사회가 살기 좋은 사회다. 배움의 윤리로 서로 통하는 도덕적인 사회다. 좋은 일꾼들이 사회적 인정과 사회적 대접을 받는 사회가 도덕적인 사회라는 뜻이다.[134] 다중이 공생하는 사회가 살아줄 만한 사회다.

그 누구든 그렇겠지만, 나는 나를 읽어 내야 하는 유일한 독자일 뿐이다. 나 역시 예외가 아니다. 지금의 나를 가꾸어 오는 데 65년 이상이 걸렸다. 남들은 내 얼굴을 6.5초만 쳐다봐도 내가 어떤 사람인지를 단박에 알아 버린다. 그가 6.5분 동안만 나와 이야기하면, 나의 말투를 통해 내가 어떤 삶을 살아왔는지를 이내 눈치챈다. 65분만 같이 지내면 내가 앞으로 어떤 방식으로 살아갈 것인지도 즉시 알아 버리게 된다.

그러니 죽는 그 순간까지 생명을 배려하며, 끊임없이 탐구하며, 내 스스로를 연단시키기를 또 배우는 수밖에는 없다. 산다는 것이나 배운다는 것은 마치 물 위에 길을 내는 일이기 때문이다. 배움하려면 배움의 과녁을 향해 인이불발해야 하는 이유다. 내 생명의 시작에는 설령 내가 관여할 수 없었더라고 하더라도, 자신의 운명 그 마지막에는 자신이 관여해야만 하겠기에, 누구든 마지막 순간을 위해서라도 인이불발할 줄 알아야 한다.

미주

1) 참고: 금동근(2008). '괴물 철학자' 지제크의 '일상에 대한 독설적 답변' 화제. 동아일보. 2008년 8월 18일자.

2) 참고: 한준상(2005). 한국대학교육의 희생. 서울: 한국학술정보; 김도연 외(2011). 새로운 대학을 말하다—대학 총장 21인의 혁신 제안. 서울: 매일경제신문사.

3) 참고: 슬라보예 지젝(2011). 폭력이란 무엇인가(역). 서울: 난장이.

4) 사실 여부를 확인할 수는 없지만, 지하철에 내걸린 조그만 액자의 글은 오늘날의 대학 경영의 문제가 무엇인지, 대학의 정신이 어떤 것이어야 하는지를 알려 주기에 충분한 글이었다. 제목은 「참스승의 모델」이란 글이었다. "미국 위스콘신 주의 천체연구소에 근무하던 찬드라세카르 박사에게 시카고 대학교에서 겨울방학 동안 고급물리학에 관한 특강을 해 달라는 전화가 걸려왔습니다. 그는 흔쾌히 승낙했습니다. 그러나 몇 주 후, 학생 수가 너무 적어 강의를 취소해야 한다는 전화가 왔습니다. 박사는 몇 명이 등록했는지를 물었고 학교 측에서는 두 명뿐이라고 대답했습니다. 찬드라세카르 박사는 학생들의 신상을 물은 뒤, 숫자에 상관없이 그 두 학생을 위해 강의를 하겠다고 약속했습니다. 유난히 추운 겨울방학이었지만, 그는 한 주에 두 번씩 두 시간을 달려와 두 학생을 위해 열심히 강의를 했습니다. 그로부터 10년 뒤 이 두 학생은 노벨 물리학상을 받게 됐습니다. 그들은 '첸닝양'과 '충도리'라는 중국계 미국인 과학자였습니다. 수상 소감을 묻는 자리에서 두 사람은 이렇게 대답했습니다. 우리 두 사람을 위해 열정적으로 강의해 주셨던 찬드라세카르 박사님이 저희들을 이 자리에 서게 해 주셨습니다."

5) 파르헤지아(parrhesia), 즉 진실된 용기는 미셸 푸코(Michel Foucault)가 생의 마지막에 도달하면서 보여 준 철학적 주제였다. 파르헤지아라는 말은 진실되게 말하기를 뜻한다. 진실은 감추어진 것이 아니며, 음험한 것도 아니며, 부패되는 것도 아니기에, 진실은 오로지 합당하고 곧으며 용기로 커나가는 것이기에 진실되게 말하는 사람은 그 말로 인해 위험이 초래된다고 하더라도 그로부터 오는 어떤 위험까지도 감수하면서 있는 사실과 가려질 수 없는 진실을 겉으로 드러내는 용기를 뜻한다. 진실하게 말하는 용기는 진실을 진실로 만들어 놓는다.

푸코가 강조한 것처럼, "파르헤지아 속에서 화자는 (궤변으로) 설득하기가 아니라 솔직하게 말하기를 선택하며, 거짓이나 침묵이 아니라 진실을 선택하고, 생명과 안전이 아니라 죽음의 위험을 선택하며, 아첨이 아니라 비판을, 자신의 이익이 아니라 도덕적 의무를 선택한다." 파르헤지아는 자신의 삶을 아름다운 작품으로 만들어 준다. 파르헤지아는 자기 연단으로 자기를 단련시킨다. 파르헤지아는 그 사람의 자기 존격을 보여 주는 극적인 장이기도 하다. '진실되게 말하는 용기는 말하는 사람이 내가 나의 자유와 진실과 하나된 관계를 맺어 간다는 실천적 윤리이기도 하다. 진실을 이야기하는 사람이 파르헤지아스트 인데, 파르헤지아스트는 생각을 말할 때 신실하며, 그의 의견 역시 진실이며, 그가 말하는 것은 참이라고 아는 사람이다. 파르헤지아스트와 협잡꾼 간의 경계는 단 한 가지다. 협잡꾼은 파르헤지아스트와는 달리 매사에 문제를 제기하고, 지연시키는 일에는 용하고도 유연한 능력을 보이지만, 자신의 목적과 이해관계가 손상되거나, 손해가 된다는 계산이 났을 때에는 승냥이로 돌변한다[참고: 프레데릭 그로 외 (2006). 미셸 푸코 진실의 용기(역). 서울: 길].

6) 참고: 대니얼 데닛(2009). 자유는 진화한다(역). 서울: 동녘 사이언스.

7) 마뚜라나(Humberto Maturana)와 바렐라(Francisco J. Varela) 교수는 생명이란 본질적으로 자기 자신을 생산하며, 창조해 내는 하나의 시스템이라는 것을 드러내기 위해 생명의 자기 생성력, 즉 오토포이에시스(autopoiesis)라는 개념을 만들어 낸다. 오토(auto)와 생산을 의미하는 포이에시스(poiesis)라는 두 단어를 결합해서 만든 오토포이에시스라는 개념을 통해 마뚜라나와 바렐라 교수는 어떤 생명이든 생명은 구성 요소들의 상호작용과 변형을 통하여 구성 요소들을 생성하는 과정의 네트워크를 끊임없이 재생산하고 실현하며, 네트워크로써 자신을 지속적으로 구현하는 하나의 통일체로써 자신을 이룬다고 생각한다[참고: 움베르또 마뚜라나·프란시스코 바렐라(2007). 앎의 나무(역). 서울: 갈무리]. 오토포이에시스적 시스템의 전형적인 예가 생물체에서 발견되는 세포다. 어떤 세포든 세포는 상처가 나도 이내 복구된다. 상처난 부위의 세포가 그것을 복구하기 위해 지속적으로 분열하여 상처를 완벽하게 치료하기 때문이다. 그런 자기 치료와 자생적 복구의 과정을 통해 상처난 세포는 자신의 원래 모습을 다시 만들어 낸다. 생식의 결과, 말하자면 자신과 똑같은 자식을 만들어 내는 것도 자기 생성, 말하자면 오토포이에시스적인 현상이다. 죽어 있는 것은 더 이상 생과 명의 물체로서의 기능이 상실되었기에 자신을 스스로 복제하지 못하기에, 자기를 스스로 만들어 내는 능력을 생명의 본질이라고 한정 짓고 있는 것이다.

8) 참고: 한준상(1999). 호모 에루디티오. 서울: 학지사.

9) "저는 정신분열증으로 진단받은 오빠 때문에 뇌를 연구하게 되었습니다. 여동생이자 나중엔 과학자로서 저는 꿈을 현실로 연결시키고 또 그 꿈을 이룰 수 있는 데 반해 오빠는 정신분열증으로 자신의 꿈을 일반적인 현실로 펼쳐 내지 못하고 망상에 빠지는 이유를 이해하고 싶었습니다. 그래서 저는 생애를 극심한 정신질환 연구에 바쳤습니다. 그리고 인디애나에서 보스톤으로 이사를 했습니다. 보스톤은 하버드 대학의 정신과의 프린신 베네스 박사의 연구소가 있는 곳입니다. 연구실에서 우리는 정상적인 뇌와 정신분열증을 가진 사람의 뇌의 생물학적 차이에 대한 탐구를 계속하고 있었습니다. 우리는 뇌 속의 초소

형회로의 지도를 만들고 어느 세포가 어느 세포와 연결되어 있는지 어느 화학물질과 연결되는지 그리고 이러한 화학물질의 양은 얼마인지를 측정했습니다. 하루 종일 이런 종류의 연구하기는 제 삶에 많은 의미가 있었습니다.

어느 주말 저녁 미국 정신질환협회에 참석하고 돌아왔습니다. 그런데 1996년 12월 10일 아침 깨어보니 제 뇌에 이상이 생긴 것을 알았습니다. 왼쪽 뇌의 혈관이 터진 것이었죠. 그 뒤 4시간 동안 저는 뇌를 지켜볼 수 있었습니다. 그날 아침의 뇌출혈로 저는 걷지도, 말하지도, 읽지도, 쓰지도 심지어는 제 삶의 어떤 것도 가질 수 없는 여성의 몸을 가진 아기가 되어 버린 것이죠. 인간의 뇌를 본 적이 있으시다면 뇌가 완전히 분리된 2개의 반구라는 것을 아실 것입니다. 제가 여기 실제 사람의 뇌를 가져왔습니다. 실제 사람의 뇌입니다.여기가 뇌의 앞부분이고 뒤쪽은 척수가 늘어져 있습니다. 제 머리 안에 이런 식으로 뇌가 위치하는 것이죠. 뇌를 살펴보면 두개의 뇌피질은 완전히 분리되어 있습니다. 컴퓨터로 비유하자면 오른쪽 반구는 병렬 처리기입니다. 반면 왼쪽 반구는 직렬 처리기처럼 작동합니다. 이 두 개의 반구는 뇌량을 통해 서로 정보를 교환합니다. 뇌량은 3억 개의 신경돌기섬유로 구성되어 있습니다. 하지만 뇌량을 제외하면 두 개의 반구는 완전히 분리되어 있죠. 각각 정보를 다르게 처리하기 때문에 두 개의 반구는 다르게 사고하고 각각 다른 사물을 처리합니다. 그리고 각기 다른 특징을 가지고 있다고도 말할 수 있습니다.

우리의 오른쪽 반구는 [병렬 처리기=우뇌] 지금 이 순간과 관련되어 있습니다. 지금 여기 이 순간과 관련된 것이죠. 우뇌는 우리 몸의 움직임을 통해 영상들을 운동감각적으로 지각합니다. 에너지의 형태를 가진 정보들은 모든 감각기관을 통해 동시에 흘러 들어 옵니다. 그리고 지금 이 순간 보이는 무한한 정보의 단편들로 변환됩니다. 이 순간 후각과 미각, 촉각, 청각 등으로 느껴지는 것입니다. 나는 우뇌의 의식을 통해 주위의 에너지와 연결되어 있는 에너지의 존재입니다. 우리는 각자 우뇌의 의식을 통해 하나의 인류로 바로 지금, 여기서 우리는 이 지구 위의 형제자매들이고 더 나은 세상을 만들기 위해 이곳에 있습니다. 그리고 이 순간 우리는 완전하며 전체입니다. 우리는 아름답습니다. 그런데 좌뇌[왼쪽=직렬 처리기]는 아주 다른 부분입니다. 좌뇌는 직선적이고 조직적으로 사고합니다. 좌뇌와 관련되는 것은 과거와 미래의 모든 것입니다. 좌뇌는 지금 이 순간의 무한한 단편들을 모으도록 만들어져 있습니다. 그리고 세부정보들과 이 정보들에 대한 더 자세한 정보들을 집어올립니다. 그것들을 분류하고 정보들을 조직화합니다. 또 과거에 우리가 배운 모든 것을 연합하여 미래의 모든 가능성을 그려냅니다. 좌뇌는 언어를 통해 사고합니다.

말조심하라. 듣는 말도 조심하라. 내면에서 울려나오는 말도 조심하라. 좌뇌는 계속해서 나의 내면과 외부 세계를 연결시키고 뇌 속의 목소리들을 만듭니다. 나에게 말을 하는 것이 바로 이 좌뇌의 목소리입니다. "집에 오는 길에 내일 아침에 먹을 바나나를 사야지." 또 세탁할 일들을 알려 주는 계산하는 지성이라고 할 수 있습니다. 하지만 가장 중요한 것은 아마도 '나는…… 나는'이라고 말하는 목소리일 것입니다. 좌뇌가 '나는'이라고 말하면 나는 분리됩니다. 나는 하나의 독립적인 개체가 되고 주위의 에너지와 또 여러분과 분리됩니다. 제가 그날 아침 뇌졸중으로 기능이 마비된 곳이 바로 이 부분입니다. 발작이 일어난 아침 왼쪽 눈에 심한 통증을 느끼며 깨어났습니다. 통증은 아이스크림을 갑자기 먹었을 때처럼 날카로운 느낌이었습니다. 그리고 통증은 꽉 조였다가 풀렸고, 또 꽉 조였다가 풀리기를 반복했습니다.

이런 종류의 통증은 저에겐 매우 생소했지만 저는 일상적인 일을 시작해야겠다고 생각했죠. 그래서 일어나 전신운동용 러닝머신 위로 갔습니다. 손을 끼우고 운동을 하다보니 제 손이 마치 원시인의 발톱처럼 손잡이를 잡고 있었습니다. 참 이상한 일이구나 생각하고 아래를 보니 '와 난 정말 이상하게 생긴 물건이구나.'라는 생각이 들었습니다. 마치 제 의식이 현실을 정상적으로 인식하지 못하는 것처럼 느껴졌고 나아가서 비밀스런 공간 속의 기계 위에서 이런 경험을 하는 사람처럼 느껴졌습니다. 이 이상한 상황에서 두통은 점점 더 심해졌고 저는 러닝머신에서 내려와 거실을 가로질러 걸어갔습니다. 그리고 몸 속의 모든 것들이 천천히 아래로 내려가는 것을 알았습니다.

한 발 한 발은 아주 굳어 있었고 필사적이었습니다. 걸음에 부드러움이 없었습니다. 지각 영역에 수축이 느껴져 저는 내면으로만 집중하고 있었습니다. 샤워하기 위해 욕실 앞에서야 저는 몸 속에서 일어나는 대화를 들을 수 있었습니다. 그 목소리는 다음과 같았죠. "좋아 근육들아. 너희는 수축하고 너희는 느슨해져." 저는 균형을 잃고 벽에 버티고 서있었습니다. 제 팔을 보니 제 몸의 경계를 더이상 규정할 수 없었습니다. 어디서 어딘지가 나인지를 구분할 수가 없었습니다. 왜냐하면 팔의 원자와 분자가 벽의 원자와 분자와 섞여있었기 때문이었죠. 제가 탐지할 수 있는 것은 오직 에너지뿐이었습니다. 제 자신에게 물어보았습니다. "뭐가 잘못된 거지? 무슨 일이 일어난 거지?" 그리고 그 순간 머릿속 좌뇌의 속삭임이 완전히 사라져 고요해졌습니다. 마치 리모컨으로 음소거 버튼을 누른 것 같은 완전한 침묵이었습니다. 처음에는 마음의 고요함이 너무나 충격적이었지만, 동시에 저는 저를 둘러싼 에너지의 장엄함에 사로잡혀 버렸습니다. 내 몸의 경계를 더 이상 구분하지 못했기 때문에 거대하고 확장된 느낌이 들었습니다.

모든 에너지와 하나되는 것을 느꼈고 그 에너지는 아름다웠습니다. 그때 갑자기 좌뇌의 기능이 돌아와 나에게 말했습니다. "문제가 생겼어, 문제가 생겼어, 도움을 청해야 해." 동시에 다시 의식 속으로 떠밀려 갔습니다. 이 공간은 애정스럽게 표현하면 꿈의 세계였습니다. 하지만 너무 아름다웠습니다. 뇌 속에 속삭임과 완전히 단절되어 외부 세계와 연결되었다고 상상해 보세요. 여기 이 공간에 나와 내 일과 관련된 모든 괴로움이 사라진 것입니다. 몸이 더 가벼워진 것을 느낄 수 있었습니다. 모든 외부 세계와 또 그것과 관련된 스트레스 요인이 모두 사라져 버린 것입니다. 저는 평화로움을 느꼈습니다. 37년간 감정적인 점이 사라진다면 어떤 느낌일지 상상해 보세요. 저는 도취감에 사로잡혔고 도취감은 아름다웠습니다. 그때 좌뇌의 기능이 돌아와 다시 말하는 것이 들렸습니다. "이봐, 집중해, 도움을 청해야 해." 그리고 생각했습니다. "도움을 청해야 해, 집중해야 해." 저는 욕실을 떠나 기계적으로 옷을 입고 아파트 안을 걸어 다녔습니다. "일을 하러 가야 해, 운전은 할 수 있을까?"라고 생각하면서 말이죠. 그 순간, 갑자기 제 오른쪽 팔이 완전히 마비되었습니다. "맙소사, 뇌졸중이구나, 뇌졸중이야." 다음에 뇌에서 들려오는 소리는 "와, 멋진데, 너무 멋져. 이런 기회를 가지는 뇌 과학자가 얼마나 될까?" 그리고 "난 바쁜 여자야, 뇌졸중에 시간을 낭비하다니."란 생각이 마음속에 지나갔습니다. "좋아 뇌졸중이 일어나는 것을 막을 수 없어. 일주일 혹은 이 주일이면 일상생활로 돌아갈거야, 좋아." 그리고 저는 일하는 곳에 전화를 걸어 도움을 청하려고 했지만 연구소의 전화번호를 기억할 수 없었습니다.

제 방 명함에 전화번호가 있다는 것을 기억해내고, 방으로 가서 8센티 정도의 명함뭉치를 꺼냈습니다. 맨 위의 명함을 보았지만 명함을 제대로 볼 수가 없었습니다. 그것이 명함인지 아닌지도 구별할 수가 없었습니다. 왜냐하면 글자가 모두 점들로 보였기 때문입니다. 글자의 픽셀과 로고의 픽셀이 합쳐져서 구분을 할 수가 없었죠. 잠시 정신을 차릴 때까지 기다렸다가 다시 현실로 돌아오자 구별할 수가 있었습니다. 이 명함이 아니야. 이 명함도 아니야. 이것도 아니야. 이렇게 1인치의 명함들이 바닥으로 떨어지는데 45분이 걸렸습니다. 한편 그 45분 동안 좌뇌의 출혈은 더욱 심해졌습니다. 저는 숫자를 이해할 수 없었고 전화기도 이해할 수 없었습니다. 하지만 제가 할 수 있는 일은 전화를 거는 일밖에 없었습니다. 그래서 전화기의 숫자판을 한쪽에 놓고 명함을 다른 한쪽에 들고 전화기에 있는 점들과 명함에 있는 점들의 도장을 맞추기 시작했습니다.

하지만 다시 꿈의 나라로 빠져 들어갔고 돌아왔을 때는 제가 이 숫자를 눌렀는지 안 눌렀는지를 기억할 수가 없었습니다. 그래서 마비된 팔을 나무조각처럼 쥐고 누른 숫자 위에 놓았습니다. 그러자 다시 현실로 돌아오자 제가 그 숫자를 눌렀다는 것을 알 수 있었습니다. 결국 숫자를 모두 누르고 수화기에 귀를 기울였습니다. 제 동료가 전화를 받고 말하더군요. "우~우~후~우~~~~." 저는 생각했습니다. "맙소사 골든 리트리버가 짖는 것 같아." 그리고 저는 "질이예요. 도와줘요."라고 분명히 말했습니다. 하지만 제 입에서 나온 말도 "후~우~우~~."였습니다. 저는 생각했습니다. "맙소사. 나도 골든 리트리버처럼 짖고 있잖아." 저는 제가 노력해서 말하기 전까지는 제가 말을 해서 이해하지 못한다는 것을 몰랐습니다. 결국 동료는 제가 도움이 필요하다는 것을 알고 제게로 달려왔습니다. 그리고 잠시 뒤 저는 보스턴에서 매스종합병원으로 가는 구급차 위에 있었습니다. 저는 마치 마지막 공기까지 빠져 버린 풍선처럼 쓰러져 있었습니다. 제 에너지가 위로 올라와 영혼이 빠져 버린 것처럼 느껴졌습니다. 그리고 그 순간 제가 더 이상 제 삶의 안무가가 아니라는 것을 알게 되었습니다. 마치 의사가 제 생명을 구해 새 삶의 기회를 주느냐 아니면 이것이 이동의 순간일까 하는 느낌이었습니다.

그날 오후에 깨어났을때 제가 아직 살아 있다는 것을 알고 충격을 받았습니다. 영혼이 빠져 버린 느낌이 들었을 때 저는 제 삶에 작별인사를 했고, 제 마음은 두개의 완전히 반대되는 현실 상태에 걸려 있었습니다. 감각기관을 통해 전해지는 충격은 순수한 고통처럼 느껴졌습니다. 빛이 번개처럼 제 뇌를 태워 버렸고 소리는 너무 크고 혼란스러워서 저는 주위의 소리를 들을 수가 없었고 그냥 도망치고만 싶었습니다. 왜냐하면 공간 속의 제 상태도 확인할 수 없었고 마치 램프에서 빠져나온 요정 지니처럼 거대하고 확장된 느낌을 느꼈기 때문입니다. 제 영혼은 고요한 행복의 바다를 미끄러지는 거대한 고래처럼 조화롭고 자유로왔습니다. "내 느낌은 해탈이야. 나는 해탈을 발견했어." 이 작은 몸 안에서는 모든 거대한 것이 빠져 나갈 수 없다고 생각했던 것을 기억합니다. 내가 느낀 것은 "하지만 난 아직 살아 있어, 나는 해탈에 이르렀어." 그리고 내가 해탈했다면 모든 사람 역시 해탈할 수 있다고 느꼈습니다. 저는 아름답고 평화롭고 행복하며 사람들이 언제든지 이 공간에 이를 수 있는 세상을 그립니다. 사람들은 의식적으로 이 우뇌의 권리를 찾아 평화에 이를 수 있습니다.

저는 이 경험이 얼마나 놀라운 선물인가를 깨달았습니다. 통찰의 순간은 우리가 삶을 어떻게 살아가느냐 하는 것이 될 수 있습니다. 그것이 저를 회복시켜 준 동기가 되었습니다. 뇌출혈이 일어난지 17일 후, 의사는 제 뇌의 언어중추를 누르고 있던 골프공 크기의 혈액 덩어리를 제거했습니다. 제 삶의 천사인 어머니의 도움으로 완전히 회복하기까지는 8년이 걸렸습니다. 우리는 누구일까요? 우리는 우주의 힘이 삶으로 나타난 존재입니다. 우리에게는 손의 능숙함과 인식하는 두 개의 마음이 있습니다. 우리에게는 매 순간 어떻게 세상에 존재할지를 선택할 수 있는 힘이 있습니다. 지금 여기서 저의 우뇌가 말하는 의식의 '나'로 들어갈 수 있습니다. 우주의 힘은 삶으로 나타나 50조 개의 아름다운 분자로 몸을 구성하고 있습니다. 이것이 모두 하나입니다. 아니면 저는 좌뇌의 의식 속으로 들어가는 것을 선택할 수도 있습니다. 그러면 저는 그 흐름과 여러분과 동떨어진 독립되고 분리된 하나의 개인이 되어 버립니다. 나는 질 볼트 테일러라는 지적인 신경해부학자입니다. 이것들은 내 안에 존재하는 '우리'입니다. 어떤 것을 선택하시겠습니까? 그리고 언제 선택하시겠습니까? 저는 우리가 우뇌의 깊은 내면의 평화를 계속 선택하면 할 수록 세상에는 더 많은 평화가 펼쳐지고 이 생각은 사람들에게 전할 가치가 있는 생각입니다. 고맙습니다. 지구도 더 평화롭게 될 것이라고 믿습니다."

10) 참고: Taylor, J. B. (2006). *My stroke of insight: A brain scientist's personal journey*. NY: Viking.

11) 배움소(素)들은 인간의 몸과 마음에서 일체적, 하나의 정서적 요소로 동시에 작동한다. 그렇게 작동하는 배움소들의 기능과 능력의 정보는 일단 뇌에 모아진다. 뇌의 배움소가 발휘하는 지능은 일단 2밀리미터 정도의 조밀한 대뇌피질에서 발휘된다. 대뇌피질에서 작동하는 지능의 원초적 상태를 내부 시각(內部始覺/視覺)이라고 부를 수 있다. 내부 시각 안에서 분화되기 시작하는 지능은 사물이나 사태를 새로운 방식으로 연관짓는 심적 작용과 가장 밀접하게 관련된다. 2밀리미터 정도의 조밀한 인간의 대뇌피질은 인간의 어떤 신체 부분에 비해서도 가장 주름이 많이 잡혀 있는 곳이다. 그렇게 주름잡혀 있는 대뇌피질을 평평하게 펼치면 보통 타자 용지 네 장 정도의 면적이 되지만, 이것은 침팬지보다는 엄청나게 큰 형태다.

인간을 닮은 침팬지의 대뇌피질은 타자 용지 한 장에 지나지 않고, 원숭이는 엽서 한 장, 쥐는 우표 한 장 정도에 지나지 않는 대뇌피질의 면적을 갖고 있을 뿐이다. 인간의 생존상 가장 활발하게 진화할 수밖에 없었던 분류능력은 인간의 구문능력의 발달과도 밀접하게 관련되어 있다. 인간의 구문능력은 미래의 계획을 세울 수 있는 능력을 발달시켰다. 침팬지들도 생존을 위해 도구를 사용하기도 하지만, "내일의 사냥을 위해서 적당한 나뭇가지를 여러 개 골라 미리 말끔하게 다듬어 놓는 데 시간을 보내는 침팬지들은 단 한 마리도 없다."고 이야기한 제이콥 브로노프스키의 지적처럼 침팬지들이 흰개미를 그집에서 끌어내기 위해 긴 나뭇가지를 사용하기는 하지만, 다음의 먹이를 준비하기 위해 치밀하게 계획하지는 않는다.

미래를 준비하는 능력은 이야기 혹은 줄거리를 구성해 낼 수 있는 능력에서 비롯되었다는 것이 인지생물학, 신경생물학자들의 공통된 의견이다. 인간은 음성상의 최소 단위로서 대략 36가지의 다른 음소를 사용하는데, 음소는 음소 자체로서 의미를 지니지 못한다. 음소들이 서로 결합될 때 비로소 의미를 지닌다. 인간은 의미를 지니지 않는 여러 소리를 결합시켜 의미 있는 단어, 그리고 단어와 단어를 결합하여 문장을 낸다. 이 구문능력이 바로 인간의 준비능력을 키웠다는 것이다. 인간이 음성을 통해 발화하지는 않더라도 속으로 끊임없이 스스로에게 말을 하기도 하는데 그것은 미래 사태에 대한 염려, 준비, 계획을 미리미리 따져보는 것이기도 하다. 이런 능력들은 한마디로 말해 인간에게 감각 지각, 신체 동

작, 손 놀림, 발 놀림, 입 놀림, 눈동작 등 두뇌에서 일어나는 모든 활동과 행위가 생존을 위해 연결되는
것이며, 그런 연결들의 우선순위가 생존을 위해 결정적으로 중요하다. 그런 연결들은 모두가 인간의
생존을 위한 안전성을 극대화하기 위한 것들이기에, 머릿속의 행동과 행동 간의 순서가 조금만 달라져
도 인간은 위험에 처할 수 있기 마련이다.

말하자면, 굶주린 사자가 별안간 자기 앞에 나타났을 때, 그 사자를 본 사람이 '먼저 숨고 도망가자'라
는 순서를 따르지 않고, '사자와 달리기를 해 보고 나서 숨자'라는 행동을 한다면 그가 사자의 먹이가
될 확률은 90%에 이르게 된다. '행동으로 옮긴 다음에 생각하는' 것은 생존을 위해 그리 현명한 결정
이 아닐 수 있기 때문이다. 미래의 행동과정을 미리 설정할 수 있으며, 무의미하고 어리석은 행동을 스
스로 배제시킬 수 있는 지능을 발휘함으로써 인간은 자기 창조의 정점에 도달할 수 있었다[참고: 사이
언티픽 아메리칸(1998). 타고난 지능 만들어지는 지능(역). 서울: 궁리].

12) 참고: 알렉스 라이트(2010). 분류의 역사(역). 서울: 디지털 미디어 리서치.

13) 참고: 파울 U. 운슐트(2010). 의학이란 무엇인가(역). 서울: 궁리.

14) 인간의 몸으로 태어난 이상 불사(不死)에 대한 욕망은 금기이어야 함을 또 한 번 극명하게 보여 주는 사
례가 문선명 통일교 총재의 마지막 순간이다. 그를 이단(異端)의 정점으로 비난하던 기독교계의 어떤
힐난에도 아랑곳 없이 자신의 종교적 관점과 신앙을 완성한 교주로서 크게 성취했다는 세간의 혹평과
호평을 뒤로 하고, 문선명 총재는 현대의학 기술로는 더 이상 그의 이승에서의 삶을 호전시킬 수 없게
되었었다. 각종 언론매체들은(2012. 8. 30), 통일교 간부가 홈페이지를 통해 "문선명 총재는 현재 콩팥
의 기능이 정지됐다."라며 "간 기능도 급속도로 떨어져 가는 상태이며 인공기계에 의한 산소 공급 없이
는 생명을 유지할 수 없는 단계다."라고 전하는 급박한 기사를 다뤘다. 이런 기사들은 그의 몸뿐만 아
니라, 너와 나의 몸도 혹은 제아무리 위대하다고 추켜세워지고 있는 종교인들이 이 세상에서 최고, 최
상의 의학적 처치나 의술로 처치되더라도 끝내 영원하게는 살 수 없는 생명임을 단적으로 드러내고 있
다. 하루를 살면서, 메멘토 모리, 즉 너도 곧 죽고 말 거야를 끊임없이 되뇌이고 살아가야만 그나마, 나
름대로 의미 있는 삶을 살 수 있는 처지가 바로 인간일 뿐이다.

15) 참고: 샤론 모알렘(2010). 아파야 산다(역). 파주: 김영사.

16) 참고: 전도근 · 권명숙(2008). 요리치료의 이론과 실제. 서울: 교육과학사.

17) 움직일수록 건강의 효과가 커지는 것은 인간의 생존조건이며, 운동력의 조건이다. 예를 들어, 1주일에
5회 이상 1시간씩 운동하는 사람이 정신이나 육체에 얻는 효과는 엄청난 것으로 밝혀졌다. 건강에 대
한 연구 결과가 미미하던 시절에는 흔히 의사들이 내린 처방은 몸이 아프면 몸을 잘 보호하고 침대에
누워 편히 쉬라고 조언했다. 최근 들어, 의학계에서는 이런 처방과는 정반대의 처방을 내리고 있다. 중
병이 아니면, 가능한 운동을 병행하라는 운동 처방을 내리고 있다. 그것은 "환자들이 통증을 느끼면 몸
을 아끼게 마련이다. 몸을 사리면 처음에는 통증이 다소 가라앉지만 장기적으로는 기능 조절에 이상이

생겨 다시금 통증은 더 악화된다. 통증이 악화하면 환자는 그만큼 더 몸을 사린다. 즉, 몸을 아끼면 병이 되고 병이 생기면 몸을 아낀다. 이렇게 해서 고통은 악순환되어 버리고, 건강은 그 전에 비해 더 피폐해지고 만다."[참고: 요르크 블레히(2009). 석기시대 인간처럼 건강하게(역). 서울: 열음사]

18) 참고: 김성구(2005). 소리없이 부는 바람-시치료 이미지 명상시집. 서울: 영문.

19) 참고: 정지용(2006). 그곳이 차마 꿈엔들 잊힐리야. 서울: 깊은샘.

20) 참고: 존 폭스(2006). 시 치료(역). 서울: 시그마프레스.

21) 크게 배운, 크게 깨달은 사람의 상징인 붓다는 일찍이 오정심관(五停心觀) 중의 하나로서 흔히 수식관(數息觀)을 가르치면서 호흡에는 여섯 가지 단계가 있음을 알려 준 바 있다. 그 첫째가 들숨과 날숨의 수를 헤아리는 수식(數息), 둘째는 호흡에 의식이 따라가서 하나가 되는 상수(相隨), 셋째는 마음이 호흡을 의식하지 않고 고요히 안정되는 지(止), 즉 삼매의 경지이며, 넷째가 사물을 관찰하는 정신 집중의 상태인 관(觀), 다섯째가 관에서 다시 고요한 자기의 주체로 돌아오는 환(還), 여섯째가 어떤 것에도 집착하지 않는 청정한 세계인 정(淨)의 단계가 있음을 가르쳐 준 바 있다[참고: 정태혁(1991). 붓다의 호흡과 명상(역). 서울: 정신세계사].

22) 참고: 미셸 푸코(2003). 광기의 역사(역). 서울: 나남출판.

23) 참고: 미셸 푸코(2002). 정신병과 심리학(역). 서울: 문학동네.

24) 국제적인 시사 문제를 보도하거나 원폭 투하와 같은 역사 인식의 문제를 다루거나, 첨단 의료와 생명 윤리 문제 등을 다룬 프로그램을 제작해 왔던 원로 기자인 사이토 미치오는[참고: 사이토 미치오(2006). 지금 이대로도 괜찮아(역). 서울: 삼인] 일본 홋카이도 우라카와라는 작은 바닷가 동네에 있는 정신장애인의 공동체인 '베델의 집'을 취재한다. '베델의 집'은 그간의 사회적 편견, 말하자면 장애인들은 보살펴 주고 보호받지 않으면 제대로 살지 못한다는 편견이 잘못된 것임을 일격에 증거한다. 정신장애인에게서 발견된다는 그 '장애성'의 치료에 급급하는 정신의학계의 고정관념과 안일함은 베델의 집에서는 이내 부서진다.

도덕과 정상에 대한 기존의 잣대로 정신장애인을 구별하고 차별하던 관행의 문제점도 이내 드러난다. '베델의 집'은 "병에 걸려서는 안 된다는 사회적 명령을 거부한다. 정신병은 고치지 못한다는 사회적 신화도 벗어난다. 그대신 지금 이대로도 괜찮다, 인간은 나약해도 괜찮다라는 시각에서 타인과의 화해를 우선하는 정신 의료적 관행에서 벗어나 자신과의 화해와 유대가 인간 회복, 자기 치유의 지름길임을 전한다. '베델의 집'은 자기 치유의 가능성을 지금 이대로도 괜찮다라는 가치 아래 회사 창업이라는 모험으로 모든 정신장애인들에게 새로운 삶과 새로운 자기 연단의 가능성을 열어간다. 베델의 집이라고 마을에서 배척을 받지 않은 것은 아니었다. 마을에서 문제를 일으켜 사고뭉치의 기관, 문제인들의 집이라는 지탄을 받았지만, 그들은 장사를 시작했다. 실패를 거듭했다. 대신 생존의 노하우를 쌓았다.

저들은 그런 경험을 바탕으로 삼아 마을 속에서 자리를 잡기 시작했다. '베델의 집' 유한회사 복지숍 베델이라는 회사를 만들었다. 공동 주거와 작업장, 특산품인 다시마를 비롯해 다양한 상품을 만들어서 팔았다. 유한회사 복지숍 베델은 '마음 놓고 땡땡이칠 수 있는' 회사이며, '일할 수 없는 사람은 자도 좋은 회사'였다. '누구도 배제하지 않는 정신' 아래, 그 누구든 무리하지 않아도 된다. 병을 고쳐야만 한다는 초조감으로 시달릴 필요는 없는 회사였다. 누구든 '그대로 있어도 되는 공동체'였다. 정신병이라는 굴레에 매이지 않고 그 대신 정신병으로서 '살아가는 것'의 의미를 찾아가는 공동체였다. 분열병과 함께 살며, 자기 자신과 화해하는 사람들인 주식회사는 놀랍게도 망하지 않았다. 정반대로 기대 이상의 이익을 낳는 훌륭한 회사였다. 모두가 고민하는 힘으로, 자기가 지닌 약함을 서로 간의 유대와 의식소통으로 서로가 인생의 달인이 되게 만든 가장 인간적인 회사였다."

25) 성범죄자들을 어떻게 교정해야 가장 효과적일 수 있는지에 대해 세계 여러 나라에서는 나름대로의 방안을 내놓고 있다. 선진국들은 성범죄자의 성적 욕구를 화학적으로 거세하는 방법을 쓰고 있다. 우리도 화학적 거세방법을 성범죄 예방을 위한 가능한 방법으로 받아들일 태세다. 성범죄자에 대한 징벌 현실과는 달리, 성범죄자 예방 억제책으로 채택하고 있는 화학적 거세 수단과 효과에 대해 전문가들은 서로 다른 입장을 취하고 있는 형편이다. 성범죄자에 대해 상당히 단호한 입장을 취하고 있는 미국은 1996년 캘리포니아 주(州)를 시작으로 성범죄자에 대한 강도 높은 화학적 거세방법을 시행해 왔다.
연구자들은 화학적 거세가 성범죄자에 대해 확실한 '효과'를 보인다는 데 동의하는 그만큼 육체적 · 심리적 부작용에 성범죄자들이 시달리고 있다는 것 역시 같은 농도로 보고하고 있다. 예를 들어, 성범죄자였기에 스스로 화학적 거세를 자청해서 거세를 받았던 찰리 · 대니 · 제시(가명) 등은 한결같이 화학적 거세에 의해 성적 충동을 억제했을 뿐만 아니라 삶에 대한 '긍정적인 변화' '완전히 달라진 새 삶' 같은 것을 이야기하지만, 동시에 그들의 삶은 일상적으로 '벌레로 가득 찬 깡통을 여는 기분'의 삶, 혹은 '엉망진창인 삶' 같은 것으로 뒤범벅되고 있다고 보고하고 있다. 이 점에 대해, 성범죄 전문가인 영국 뉴캐슬 대학 신경과학연구소 돈 그루빈(Grubin) 박사는 성범죄 이후 화학적 거세를 받은 사람들은 약물 효과로 인한 성적 욕구 감소와 함께 엄청난 스트레스와 무기력감을 어떻게 처리할 것인가가 더 문제가 된다고 이야기하고 있다[참고: 김신영(2010). 주사 맞은 후 우울증…… 性충동 사라졌다. 조선일보. 2010년 7월 19일자].
그는 성범죄자들이 그저 테스토스테론 수치가 높아 범죄를 저지르는 것이 아니라, 호르몬이 뇌를 자극하는 방식이 잘못됐기 때문에 범죄를 저지르는 것이라고 단호하게 말한다. 실제로 호르몬 때문에 성범죄 충동에 빠지는 사람들은 인구의 5% 내외로 극소수이지만, 이 '5%'를 정확히 걸러낼 수 있는 의학적 방법은 아직까지 존재하지 않는다. 결국 성범죄자의 경우 상당 부분은 성범죄자의 '성기'가 성범죄를 저지르는 게 아니라 그의 뇌가 성범죄를 저지르는 것인데, 이런 경우를 고려하면 생물학적으로 보아 비인간적인 화학적 거세보다는 장기적인 심리치료와 치밀하고 엄격한 감시가 재범 예방에 훨씬 효과적이라고 생각한다고 말하고 있다.

26) '비디오 에트 타키오(Video et taceo)' '알아도 모르는 척'이라는 뜻인 이 말은 영국 여왕이었던 엘리

자베스 1세가 권력을 쟁취하는 동안 가슴에 새겼던 좌우명으로 전해지고 있다. 매일같이 일어나는 사건, 상황들에 대해 알아도 모르는 척해야 인이불발할 수 있는 여력이 비축된다. 비디오 에트 타키오는 중국에서 예부터 내려오는 고사(古事) '장롱작아(裝聾作啞)'와도 거의 같은 뜻으로 견줄 수 있다. 『자치통감(資治通鑑)』 등에 실려 있는 장롱작아라는 말은 귀머거리인 척 벙어리인 척한다는 뜻이다. 상황이나 사건을 익히 알고 있음에도 불구하고, 일부러 아무것도 모르는 척하며 넘겨 버리는 마음의 여유와 여백 늘리기를 의미한다.

당나라 대종(帶宗) 때 실제로 일어난 일이라고 했다. 대종은 현종(玄宗)의 뒤를 이은 황제이지만, 불우한 임금이었다. 현종이 양귀비(楊貴妃)의 미색에 빠져 나라를 거의 망할 지경에 이르도록 만들어 놓았기 때문이다. 현종 때 일어난 반역이 안록산(安祿山)의 난(亂)이었다. 이런 안록산의 난을 평정하여 나라를 건지게 해 준 충신이 바로 곽자의(郭子儀)였다. 대종(代宗)은 그의 공을 치하고 갚기 위해, 아끼던 딸 공주를 곽자의 집안으로 출가시켰다. 철없는 부부들이 부부 싸움을 하다 급기야, 사위가 황제인 장인에게 입에 담지 말아야 될 이야기를 뱉어 버린 일이 생겼다. "당신은 아버지가 황제라는 것만 믿고 오만방자한데, 우리 아버지가 안록산을 물리쳤기 때문에 황제 자리에 지금 있는 거야. 우리 아버지가 마음만 먹었다면 황제 자리에도 오를 수 있었다는 것을 벌써 잊었어?" 하는 식으로 말했기 때문이다. 이에 발끈한 공주는, 아버지 대종이 남편에게 중벌을 내려 자신의 분을 풀어 줄 것으로 믿고, 아버지에게 남편이 반역을 꾀한다는 식으로 일러 바쳤다. 이 소식에 깜짝 놀란 공주의 시아버지인 곽자의가 급히 황제를 알현, 대죄했다. 대죄하는 그를 본 대종은 웃으며 말했다. "요즘 애들이란 말다툼을 하다 보면 할말, 못할 말 다하는 법인데, 우리 같은 노인들도 덩달아 저들의 싸움판에 북치고, 장구칠 수는 없지 않겠소? 게다가 여자들이 규방에서 속좁게 하는 말을 어떻게 다 믿을 수 있겠소. 우리 같은 노인은 그런 얘길 들어도 성현들이 한 대로, 귀머거리, 벙어리가 되어 못들은 척해야지요." 정감 넘치는 황제 대종의 이야기를 듣고 무거웠던 곽자의 마음뿐만 아니라 꽁할 수 있었던 대종의 마음 역시 일순간에 모두 편안해졌다. 반역으로 삼족의 목숨들이 일순간에 달아날 뻔했던 일이, 대종의 장롱작아로 인해 하나의 작은 해프닝으로 마무리되었기 때문이다.

27) 참고: 데이비드 리버링 루이스(2010). 신의 용광로: 유럽을 만든 이슬람 문명(역). 서울: 책과 함께.

28) 참고: 이희수 외(2001). 이슬람. 서울: 청아출판사; 정수일(2001). 고대문명교류사. 서울: 사계절.

29) 참고: 데이비드 S. 키더 · 노아 D. 오펜하임(2010). 경건한 지성(역). 서울: 하서출판사.

30) 그의 원명은 모세스 벤 마이문(Moses ben Maimum). 아랍명 아부 임란 무사 이븐 마이문 이븐 우바이드 알라(AbūxImran Mūsā ibn Maymūn Ibn ubayd Allāh). 에스파냐 코르도바 출생으로서 이븐 루슈드와 함께 칭송되는 유럽 중세의 학자다. 그가 쓴 철학서 중에서는 『방황하는 자들을 위한 안내서 Dalālat al−Hā'īrin』가 유명하다. 이것은 이슬람 교단의 아리스토텔레스 철학과 유대 신학을 조정하고자 한 것으로써, 유대교의 보수적인 정통파와 신비주의자에게는 배척을 받았으나, 일반인으로부터는 열광적인 찬사를 받았다. 의학 분야에서는 『의학 원리의 서(書) al-Fuūl fi'll-Tibb(1187~1190)』를 썼

는데, 갈레누스의 모든 저작을 인용하여 주석, 비판하였다. 그는 해독약(解毒藥)에 관한 논문을 쓰기도 했다. 천문학에 관한 글이 있는데, 그는 프톨레마이오스의 주전원(周轉圓)과 편심원(偏心圓)의 이론을 아리스토텔레스의 이론에 반(反)하는 것이라 하여 배척하였다. 그가 헤브라이어로 쓴 『율법재설(律法再說)』은 모세와 율법 교사들의 모든 율법을 처음으로 완전 분리하여 성문화한 서적이다. 그의 사상은 알베르투스 마그누스와 토마스 아퀴나스, 그리고 J.에크하르트, 니콜라우스 쿠사누스 등에 영향을 끼쳤다[참고: 네이버 백과사전].

31) 참고: 이븐 바투타(2001). **이븐 바투타 여행기**(역). 서울: 창작과비평사; 마르코 폴로(2004). **동방견문록**(역). 서울: 서해문집.

32) 캘리포니아 대학교 연구팀은 1992년 12월 20일 에티오피아 아와쉬 강에서 440만 년 전 인류의 조상인 아르디피테쿠스 라미두스(Ardipithecus ramidus), 일명 '아르디(Ardi)' 유골들을 발견했다. 아르디피테쿠스 라미두스는 약 440만 년 전부터 420만 년 전에 살았던 인류 초기의 화석이다. 이 화석에 따르면 인간이 초기 두발 걷기로 진화한 것을 보여 주고 있다. 숲에서 살았을 가능성이 높은 인류의 초기 종의 키는 약 120cm정도였다. 몸무게는 약 54kg로써 이들은 이동할 때 팔을 사용했다. 에티오피아의 아와시 지역에서 두 조각의 뼈가 발견된 이후 잇달아 이 부근 지역에서 100여 개의 다른 뼛조각들을 찾아냈다. 그 후 15년 동안 유골에 대한 비교 분석과 해석, 그리고 유골들의 재구성 끝에 현재까지는 '인류의 어머니'라고 볼 수 있는 아르디(여성)의 실상을 알게 되었다.
아르디가 살던 환경은 그동안의 초기 인류의 행동이나 생활 방식에 대한 해석에 의문을 던져주기 충분한 삼림 지대였다. 그동안 학자들은 초기 인류들은 사바나 지역, 말하자면 다른 동물들과의 먹이사슬과 생존 경쟁이 치열한 평원 지대에서 살았다는 견해를 갖고 있었다. 인류가 생존 경쟁에서 이기기 위해 직립할 수밖에 없었고, 그로부터 직립의 자유로움으로 동물들을 지배하기 시작했다고 보았다. 즉, 두 발로 서서 활동하는 것이 먹잇감이나 포획 동물들을 발견하는 데에 유리하기에 그렇게 진화했었다고 보았다.
아르디들은 평원이 아닌 삼림지대에 살았다는 생각을 하게 하는데, 삼림 지대에 살면 다른 동물과는 형태가 다른 방식의 인간적인 사회적 행태를 보였을 가능성도 높아진다. 그 가능성으로 학자들은 사회적 관계성, 연대성을 추측한다. 그것을 추론하게 만들어 주는 것이 아르디의 송곳니다. 먹이나 암컷을 차지하기 위해 치열하게 다투는 다른 동물들은 강한 송곳니를 갖고 있다. 송곳니가 적을 물리치는데 강력한 무기로 쓰여지기 때문이다. 송곳니가 발달한 고릴라나 침팬지와는 달리 아르디 수컷은 송곳니가 상대적으로 납작하여 마치 어금니와 그 기능을 같이하는 것으로 나타났다. 이것은 아르디 같은 호미니드들은 맹수나 고릴라와는 다른 방식으로 그들의 짝도 이루고 가족도 챙기며 나름대로의 군집 생활을 이루어 살았던 것으로 추정된다.

33) 참고: 에드먼드 리치(1996). **성서의 구조인류학**(역). 서울: 한길사.

34) 불교에서는 이런 중간 윤리를 장황하게 찾아내기가 그리 쉽지 않다. 불교는 종말론을 상정하지 않기 때

문이다[참고: 오강남(2009). **또 다른 예수.** 서울: 예담]. 그것에 비해 기독교는 산상수훈이든 그 어떤 것
이든 모두가 종말을 준비하는, 하느님 나라가 도래하기 전까지의 중간 윤리를 위한 것이다. 이 점에서
기독교의 위대성은 중간 윤리(interim ethics)를 만들어 낸 것에서 기인한다고 판단하는 화이트헤드
(Alfred North Whitehead)는 알버트 슈바이처가 예수의 윤리적 가르침을 말하기 위해 만들어 낸 중간
윤리를 그대로 받아들인다.

슈바이처는 '역사적 예수'의 가르침을 종말론적 준비로 받아들인다. 예수의 모든 설교는 도래할 하느
님 왕국에 관한 것으로서 원론적으로 종말론적이며 묵시론적인 것이라고 말한다. 예수의 설교는 어떤
의미에 있어서도 현재적인 입장에서의 영적 실재가 아니라고 주장했다. 이 주장으로 그는 동시대의 독
일 학계에 커다란 파문을 일으키고 비판을 받은 바 있다. 화이트헤드는 기독교 창시자들과 당시 혼란상
을 극도로 경험했던 초기 교인들은 이 세상의 종말이 가까웠다는 것을 굳게 믿었는데, 그런 종말론은
당시 그렇게 부유하지도 반대로 그렇게 가난하지도 않았던 갈릴리 농부들의 단순한 생활에 잘 부합했
다는 것이다. 종교적인 기록도 존중하고, 종교적인 기록을 학습하기 좋아하는 당시 갈릴리 농부들의
지적 분위기에 딱 알맞은 논리가 초기 기독교인들의 중간 윤리였다는 것이다. 화이트헤드는 기독교의
중간 윤리를 점검하면서 이렇게 결론짓는다. "…… 온화하고 단조로운 생활양식이 다행스런 무지와 결
부되어 인류에게 가장 고귀한 진보의 도구——즉, 실행 불가능한 기독교 윤리——를 부여했던 것이다."
[참고: 화이트헤드(1995). **관념의 모험**(역). 서울: 한길사]

국내 유일의 수메르어 전공자, 국내 최초이자 세계 열한 번째 앗시라아학 박사 학위 취득자인 김철수
박사는 예수는 오히려 온화한 성품으로 메시아를 기다리고만 있던 갈릴리 엣세네 공동체에게 그 중간
윤리가 잘못된 것임을 알려 준 사람이라고 해석한다. 그는 말한다. 한때 엣세네 공동체에서 '진리'라는
이름으로 불릴 정도로 유망한 사제가 있었다. 그가 지도자가 되어 활동하다가 돌연 공동체를 배신했다
고 그를 신랄하게 비난하는 성경 해석서가 있다. 그는 산헤드린 재판에서 심문을 받고 고통으로 죽어갔
다고 말한다. 그 '진리'라고 불리던 사악한 사제는 역사적으로 누구를 말하는 것일까? 하는 질문이 생
긴다. "그 당시 엣세네 공동체와 교리가 다르다는 이유로 추방된 어떤 사람일 터인데, 누구였을까?"라
고 묻는 김철수 교수는 그 답을 '예수'라고 말한다.

고대 유대 문헌 속에 등장한 사악한 사제가 예수인가라는 물음에 대한 답을 찾기 위해 김 교수는 유대
교 법전 토라, 사해 두루마리, 랍비 경전(미드라쉬)들을 탐구한다. 후대 사람들에 의해 재해석된 예수
의 말이 아닌 그가 제자들과 직접 나눈 대화들도 탐구한다. 기원전 3세기경부터 예수 당시까지 활동한
현인들과 랍비들이 직접 쓴 법규도 탐구한다. 800여 개가 넘는 사해 문헌들에 대한 해석과 1000여 권
이 넘는 논문과 연구서를 탐구하는 과정에서 그는 한 가지 사실을 발견한다. 성경에서 예수라는 존재는
늘 신화적인 서술로 그려진다. 말하자면, 가브리엘 천사에 의한 구원자 탄생의 선포, 예수의 족보, 요
르단 강에서의 세례, 악마의 유혹, 불구자나 불치병 환자들을 치유한 기적들, 하느님 나라에 대한 가르
침, 제자들 중심의 공동체 형성, 타 지방 전교 사업, 바리새들과의 논쟁과 갈등, 사제장들의 음모, 산헤
드린에서의 심문, 로마 총독 법정에서의 십자가형, 무덤에서의 부활, 올리브 산에서의 승천, 천국으로
부터의 계시 등이 그것이다. 예수의 출생에서 사망 후 일어나는 일련의 부활과 승천 모두가 신화적으로

서술된 것들이다. 예수에 관한 이런 류의 신화소(素)들을 역사적 사실과 거리가 있을 수 있다. 그것을 가려보기 위해 김철수 교수는 다시 히브리어 원전에 집착한다. 예수 당시 활동한 현인들과 랍비들의 어록이나 법규 해석 속에 나오는 예수의 가르침과 일화를 분석한다.

예수는 바로 사해 두루마리에 등장하는 사제들에게 등을 돌릴 수밖에 없었다고 그는 결론을 내린다(참고: 김철수(2010). 예수평전. 파주: 김영사]. 예수 스스로 그렇게 한 일이 끝내 그의 목숨을 위태롭게 만들어 버린다. 원래 엣세네파는 예수에게 호의적이었다. 종말론인 중간 윤리에 입각해서 메시아를 기다리며 얌전하게 공동체 생활에 만족하기만 하던 엣세네파였기 때문이다. 예수는 어떤 사연 때문에 저들과 척을 진 채 그들을 떠난다. 예수는 전도가 유망했던 엣세네파의 지도자가 될 수 있는 길을 버린다. 한때는 엣세네 공동체에서 진리라고 불리우던 유망한 사제가 될 수 있었던 예수였다. 그는 엣세네 공동체를 떠나자 선동자로 몰린다. 엣세네파가 예수에 대한 지지를 철회한 것이다. 산헤드린 재판에 회부된다. 예수는 재판에서 죽음을 선고받는다. 그는 끝내 쓰라린 고통과 함께 그렇게 형장에서 사라진 사람으로만 기록되어 있다. 예수는 로마 정권과 결탁한 채 권력을 향유하던 사두개파를 극도로 혐오했다. 모세의 법규에 따라 율법에 충실하던 바리새파와도 생각을 달리했다. 그는 마침내 메시아의 재림만을 고대하며 얌전하게 종말을 준비하고 있던 엣세네파와도 등을 지고 말았다. 그에게는 엣세네파가 정치적으로나 신앙에 있어서 기댈 만한 피난처가 될 수도 있었다. 그런 피난처를 예수 스스로 버린 것이다. 그가 저들과 생각의 궤적을 같이 할 수 없었던 사연이 있었기 때문이다. 예수는 스스로 새 언약의 공동체를 세우려고 했었기 때문이다. 엣세네파는 그런 예수를 크게 의심했던 것이다. 예수가 자기 생각대로만 새 언약의 공동체를 세우기 위해 사악해질 수밖에 없었다고 본 것이다. 엣세네파를 기만하고, 엣세네파에게 속임수를 써 가며, 예수 자신의 개인적인 잇속을 챙기려했다고 본 것이다. 자기의 이해 관계에 어긋나는 예수를 방치한 엣세네파는 예수가 죽자 오히려 그의 죽음을 반긴다. 예수라는 영적인 지도자가 저들을 위한 희생양이 되었기 때문이다.

35) 참고: 화이트헤드(1995). 관념의 모험(역). 서울: 한길사.

36) 참고: 존 도미닉 크로산(2007). 예수(역). 서울: 한국기독교연구소.

37) 참고: 데이비드 S. 랜즈(2009). 국가의 부와 빈곤(역). 서울: 한국경제신문사.

38) 참고: 새뮤얼 헌팅턴(2000). 문명의 충돌(역). 파주: 김영사.

39) 참고: 우더신(2008). 불교의 역사에서 배우는 세상과 나 사이의 깨달음(역). 서울: 산책자.

40) 참고: 이거룡(2009). 전륜성왕 아쇼카. 서울: 도서출판 도피안사.

41) 사이델 교수는 『붓다의 가르침과 성경 간의 관계(The Gospel of Jesus in Relation to the Buddha Legend and Teachings, 1882)』, 혹은 『붓다와 예수의 생애(The Buddha Legend and the Life of Jesus after the Gospels, 1884)』, 『붓다와 예수(Buddha and Christ, 1884)』와 같은 책을 펴내고, 불교가 기독교에 끼친 문화적 영향과 연결성에 대해 역사적으로나 인류학적으로 서술하는 일에 매진하는

학자다.

42) 참고: 디오게네스 알렌(2003). 신학을 이해하기 위한 철학(역). 서울: 대한기독교서회; 앨런 벌록 외 (2009). 인류 문명의 흐름을 한눈에 보는 세계사의 모든 지식: 파피루스에서 인공위성(역). 서울: 푸른 역사.

43) 참고: 존 도미닉 크로산(1998). 예수는 누구인가(역). 서울: 한국기독교연구소.

44) 키레네 학파의 아리스티포스(Aristippos)는 안티스테네스가 생각한 삶에 대한 자세와 상당히 이질적인 관점인 쾌락의 개념을 내세운 것으로 알려져 왔다. 그는 "쾌락이란 부드러운 미풍과 같고, 고통이 휘몰아치는 강풍과 같은 것이라면 매일의 일상적인 삶은 고요한 바다에 비유할 수 있다."라고 말한 것처럼, 아리스키포스는 일상적인 삶을 항해라고 보았고, 미풍을 쾌락을 위한 하나의 동력, 즉 고통을 헤쳐 나가는 지혜의 원천으로 받아들인 것처럼 이해되고 있다. 아리스티포스는 안티스테네스의 생각과 극과 극을 이루는 것으로 해석되어 왔지만, 그것은 후대학자, 특별히 영국의 공리주의인 존 스튜어트 밀(J. S. Mill)의 오독에 의해 편견 가득하게 만들어진 오해의 극치였다.

그는 아리스티포스보다는 그의 생각을 변형하며 뒤따랐다고 추정되는 에피쿠로스(Epicurus)가 말한 몇몇 구절을 문제 삼으며 그가 자신만의 행복에 몰입된 이기주의자였을 뿐이라고 일방적으로 비난한다. 밀은 에피쿠로스의 일파를 가리켜 한마디로 '돼지들(pigs)'이라고 비난하기에 이른다. 밀은 "나는 배부른 돼지보다 배고픈 소크라테스가 되겠다."라는 말로 에피쿠로스를 일방적으로 비난한다. 에피쿠로스가 정말로 말하고자 했던 그 내용과는 무관하게 그저 '쾌락주의(快樂主義)'라는 문자에서 풍기는 불유쾌함을 거론하며, 에피쿠로스가 말한 서너 가지 무시할 만한 신변잡기, 말하자면 쾌락의 상태를 유지하려면, 번잡한 시민의 삶에서 벗어날 필요가 있다고 주장한 에피쿠로스의 이야기를 불쾌하게 비난하며 그의 쾌락주의를 일방적으로 비난한바 있다[참고: 사이먼 크리칠리(2009). 죽은 철학자들의 서(역). 서울: 이마고].

에피쿠로스의 쾌락주의에 이어 키레네 학파를 대표하는 아리스티포스는 어떠한 것에도 치우치지 않은 채, 인생의 쾌락을 있는 그대로 받아들이는 그 자세를 행복으로 나아가는 삶의 자세로 보았다. 개인의 자유는 평정심을 가질 때 얻을 수 있는 것이라고 본 아리스티포스는 사람들이 제 스스로 평정심만 잃지 않으면, 탐욕, 권력욕, 성욕 혹은 명예욕에 대한 집착이나 유혹이 강하게 밀려오더라도 그것에 빠질 위험은 없다고 보았다. 아리스티포스는 덧없이 항해하는 것이 일상생활이며 삶이라면, 그 항해는 언제나 높은 파도와 바람에 의한 풍랑에 시달리는데, 그런 파도와 풍랑이 바로 쾌락의 유혹이라는 것이다. 그 쾌락의 유혹을 뿌리치고 항해를 그대로 해나가는 것이 바로 평상심이며, 그 평상심을 놓치지 않는 것이 바로 행복의 길이며, 현재적 즐거움과 바람이라는 것이 아리스티포스가 말하는 삶의 자세였다.

아리스티포스의 생각을 이어 쾌락주의를 한층 더 내세운 에피쿠로스는 현재까지도 오독되고 있는 고대 그리스 사상가이지만, 그는 시중의 오해에 관계없이 그의 평정심으로 자기 태만을 경계하기 위해 늘 이런 이야기를 했다고도 한다. "젊었을 때 누구든지 철학 공부를 늦추어서는 안 된다. 그렇다고 늙었다고 해서 학문에 싫증을 내서도 안 된다. 왜냐하면 자신의 영혼의 건강을 찾는 데 빠르고 늦는 것은 있을 수 없기 때문이다." 이런 쾌락주의를 윤리학적으로 당시 사람들의 마음에 맞도록 세련되게 다듬어 놓은 생각이 바로 공리주의였다.

45) 참고: 장 프레포지에(2003). 아나키즘의 역사(역). 서울: 이룸.

46) 참고: 디오게네스 라에르티오스(2008). 그리스 철학자 열전(역). 서울: 동서문화출판주식회사.

47) 참고: 에카르트 폰 히르슈하우젠(2010). 행복은 혼자 오지 않는다(역). 서울: 은행나무.

48) 보만스 편집장이 수집, 분석한 각국의 행복 처방전들 중에서 기억해 둘 인상적인 것 중의 한 가지는 크로아티아의 심리학자들이 제안한 '행복 요리법'이었다. 크로아티아의 두브라브카 밀코빅과 마이다 리아벡 교수들에 따르면, 냉소주의자들은 행복을 맛볼 수 없다고 간주한다. 저들에게는 행복을 만드는 요리법이 없기 때문이다. '행복'을 만들어 낸 사람들에게는 어김없이 행복의 요리법이 있게 마련인데, 저들이 주로 활용하는 행복의 레시피는 다음과 같다. "기본 재료(즉, 믿을 수 있는 친구, 마음을 다해 사랑하는 사람, 자신의 능력을 발휘하는 도전적인 일, 기본 욕구를 채워 줄 만큼의 돈, 매일 세 가지의 좋은 일, 만약 이 모든 것을 갖고 있다면 감사하는 마음)에 필요하다면 선택 재료(즉, 서너 명의 자녀, 신앙, 몇 년 이상의 공부, 몸과 마음의 건강, 가끔 실패와 좌절의 쓴맛)를 넣고, 자신의 생활 철학을 더해 섞어 볶거나, 끓인 다음 제대로 익혔으면, 그것을 접시(즉, 긍정적인 생각, 밝은 얼굴)에 담아 맛있게 너도 먹고, 나도 먹으면 행복을 저절로 먹고 있는 것이 된다."
밀코빅과 리아벡의 행복 요리법과는 달리, 아이슬란드의 심리학자 도라 구드륜 구드문스도티르는 집집마다 냉장고에 붙여놓고 틈날 때마다 쳐다보며 기억해 둘 행복에 대한 열 가지 실용적인 조언을 제안한다. ① 늘 긍정적으로 생각하라. ② 사랑하는 사람을 아끼고 소중히 여겨라. ③ 사는 동안 계속 배워라. ④ 실수에서 배워라. ⑤ 매일 운동하라. ⑥ 쓸데없이 인생을 복잡하게 만들지 마라. ⑦ 주변 사람들을 이해하고 격려하라. ⑧ 포기하지 마라. 성공은 마라톤이지 단거리 경주가 아니기 때문이다. ⑨ 재능을 발견하고 키워라. ⑩ 자신을 위한 목표를 세우고 꿈을 쫓아라[참고: 레오 보만스(2012). 세상 모든 행복(역). 서울: 흐름출판].

49) 참고: 리하르트 다비트 프레히트(2010). 나는 누구인가(역). 서울: 21세기북스.

50) 참고: 아서 골드워그(2009). 이즘과 올로지: 세상에 대한 인간의 모든 생각(역). 서울: 랜덤하우스 코리아.

51) 참고: 아리스토텔레스(2008). 니코마코스 윤리학(역). 서울: 이제이북스.

52) 참고: 존 니콜슨·제인 클라크(2010). 더 높이 튀어오르는 공처럼(역). 서울: 오푸스.

53) 참고: 김수환(2009). 바보가 바보들에게. 서울: 산호와 진주.

54) 경쟁주의와 배제주의가 근간이 된 한국인의 교육 문화를 한마디로 정리하라고 한다면, 그것은 편집증적이라는 것이 강창동 교수의 진단이다[참고: 강창동(2002). 한국의 교육문화사. 서울: 문음사]. 전통적

으로 이어져 내려온 숭문주의, 입신양명주의, 문벌주의, 가족주의 교육 문화에 바탕을 둔 신분 보증, 출세주의의 도구가 바로 교육이라고 간주함으로써, 학교 교육을 출세를 위한 수단으로 가두어 놓고 있는 것이 바로 한국인이 보여 주는 편집증적 교육 문화라는 것이다. 의식에서는 신분 상승에 대한 욕망이 가득하지만, 겉으로는 사람됨이나 인격의 양성이 교육이 추구해야 할 중요한 것으로 내세우는 습관도 동시에 갖고 있는데, 이것은 한국인들이 교육의 기능을 정신분열증적으로 파악하는 습관화된 병질이라는 것이다. 그러니까 자식 앞에서는 교육이 바로 출세, 신분 상승의 절대적인 지름길이라고 강조하고, 바깥 그리고 타인 앞에서는 전인성, 인품을 길러 내는 것이 교육이 해야 할 중요한 일이라고 이야기하는 것은 능히 정신분열증적이라고 진단할 수 있다는 것이다.

신분 보장, 출세에 대한 편집증적 교육관이 더욱더 심한 정신분열증적인 양상으로 악화되는 것은 학교교육이 그들의 속내, 말하자면 신분 보장을 제대로 해내지 못하기 때문이다. 사회 구조가 분화되고, 직종수가 늘어나고, 그 이전에는 꿈도 꿔보지 못하던 사이버 세상이 나타나면서 학교교육은 더 이상 신분 보장의 역할을 해낼 수 없게 되자, 학교교육에 걸었던 편집증적 욕심들은 더욱더 정신분열증적으로 궤도를 벗어나기 시작했다. 사회 출세의 통로가 다양해지자, 즉 오랫동안 한국인이 의지해 왔던 교육을 통한 신분 상승이나 신분 보증의 통로들이 다양해지자 학교교육을 통한 신분 상승이 좌절되기 시작했다는 것이다. 그로 인해 학교교육에 대한 신뢰감은 상실되고, 그런 상실감은 교육 전반에 대한 배신감으로 확산되자, 이제는 그런 기대와 욕망이 자기 자신에 대한 혐오감 같은 것으로 변질되고 있다는 것이다. 자기 자신 안에 자기도 모르게 돋아난 부정적인 분열증을 치유하기 위해 사람들은 교육열의 경주에 다시 참여하기는 하지만, 그가 기대고 몸을 녹여 본 교육열은 언 발에 오줌을 누는 식으로 끝내 임시방편적이며 오히려 자신을 더욱더 허탈하게 만들어 놓기 일쑤다. 노름과 도박으로 탕진해 놓고, 끝내 그것을 왜 했는가 하는 뒤끝 반성과 후회로 자기를 되돌려보려는 그런 허탈 속에서 자기 구실을 만들어 낸다. 부모 스스로 자신의 일을 다한 것처럼, 자기는 자기의 일에 충실했는데, 자신의 자녀가 자기 몫을 제대로 해내지 못한 것이라는 나름대로의 자기 변명 속에 자신을 감추거나 가두어 놓는다.

강창동 교수의 논지는 어쩌면 해묵은 우리 교육의 한 단면을 있는 그대로 보여 준 것일 뿐이다. 교육의 난제를 풀겠다고 수많은 전문가들이 만들어 내는 교육 해법들은 이미 죽어 버린 자들의 심장에게 전기 충격을 주는 것이나 흡사하다. 그것이 아니라면, 오천석 선생의 이야기를 증언하는 것에 지나지 않을 수밖에 없다. 오천석 선생은 이런 이야기를 한 바 있다. 사람들이 문장을 만들어 가면서, 그 어느 문장이든 주어를 결손시킨 채 술어의 종류와 술어의 가지만을 수없이 늘려 놓는 일은, 결국 죽어 있는 사람에게 팔이나 다리를 하나 더 붙여 놓는 것이나 엇비슷할 뿐이라는 것이다. 이것이 오늘날 우리의 학교교육에서 발견되는 것이라는 것을 뼈저리게 찾아내게 만들어 준 분이 바로 오천석 선생이었다. 그는 일찍이 학교교육에는 스승의 도가 사라진 지 이미 오래되었다고 질타한 바 있다. 그는 스승보다는 오로지 교직의 기술 개발에 매달리는 교사들이 이 나라 교육을 해친다고 보았다. 이 나라, 이 교실에는 혼 빠지고 얼빠진 교사만이 가득하다는 천원(天園) 오천석 선생의 고뇌 같은 것은 교사들에게는 한 노인의 한담 같은 것으로 치부될 뿐이었다.

오천석 선생이 보여 준 아이 사랑을 위한 스승의 기도는 천재적인 예술가인 르네 마그리트가 고뇌했던 그런 농도의 깊은 사색이 깃들어 있다. 한국교육이 한참 어려웠던 해방 후 정국에서 오천석 선생의 미군정에서 보여 준 한국교육의 회복에 대한 노력은 눈물겹기까지 하다. 군정기 교육을 연구하면서 본의 아니게 그에 대한 평가를 엿박자감으로 읽어 가기도 했던 나는 천원 선생의 학교 사랑에 대해 내 스스로의 깊은 인간적인 반추가 있었던 적도 사실이다.

오천석 선생은 교사는 있어도 '스승'은 없다는 말을 즐겨 했다. 그런 고뇌 속에서 그는 스승의 기도를 노래했다. 그가 갈구했던 스승의 기도 중에서, 천원 선생 스스로 스승이 먼저 배우게 하소서라는 기원을 늘어 놓지는 않았지만, 그것은 바로 그것을 깊숙이 소망하는 것에 대한 깊은 믿음이었다. 그는 스승의 기도에서 분명히 그렇게 말하고 있을 것이 분명했다. "주여, 저로 하여금 교사의 길을 가게 하여 주심을 감사하옵니다. 저에게 이 세상의 하고 많은 일 가운데서, 교사의 임무를 택하는 지혜를 주심에 대하여 감사하옵니다. 언제나 햇빛 없는 그늘에서 묵묵히 어린이의 존귀한 영을 기르는 역사에 참여할 수 있는 기회를 주신 데 대하여 감사하옵니다. 주여, 저는 이 일이 저에게 찬란한 영예나 높은 권좌나 뭇사람의 찬사나 물질적 풍요를 가져오지 않을 것을 잘 알고 있사옵니다. 이 길이 극히도 험난하고 지루하게도 단조로우며 뼈에 사무치게도 외로운 것임을 잘 알고 있사옵니다. 제가 차지하는 사회적 지위를 천시하면서도 제가 완전하기를 기대하는 지난한 것임도 잘 알고 있사옵니다. 때로는 찢어지게 가난한 낙도에서, 때로는 다 찌그러진 몇 개의 단칸 초가밖에 없는 산촌에서 무지와 싸워야 하는 노역임도 잘 알고 있사옵니다. 그럼에도 불구하고 이 길을 선택한 의지와 용기를 저에게 베풀어 주신 주의 은총을 감사하옵니다. 이 길만이 사람의 올바른 마음을 키우고 우리 사회와 나라를 번영으로 이끌며 인류를 구원할 수 있는 것임을 깨닫게 한 주의 천혜를 감사하옵니다. 주여, 그러나 저는 저에게 맡겨진 이 거룩하고도 어려운 과업을 수행하기에는 너무도 무력하고 부족하며 어리석습니다. 갈 길을 찾지 못하여 어둠 속에서 방황할 때, 저에게 광명을 주시어 바른 행로를 보게 하여 주시고, 폭풍우 속에서 저의 신념이 흔들릴 때, 저에게 광명을 주시어 바른 행로를 보게 하여 주시고, 저에게 저의 사명에 대한 굳은 믿음을 주시어 좌절됨이 없게 하여 주시옵소서. 힘에 지쳐 넘어질 때, 저를 붙들어 일으켜 주시고, 스며드는 외로움에 몸부림칠 때, 저의 따뜻한 벗이 되어 주시며, 휘몰아치는 슬픔에 흐느낄 때, 눈물을 씻어 주시옵소서. 세속의 영화와 물질의 매력이 저를 유혹할 때, 저에게 이를 능히 물리칠 수 있는 용기를 주시고, 제가 하고 있는 일에 의혹을 느낄 때, 이를 극복할 수 있는 총명과 예지를 주시옵소서! 주여, 저로 하여금 어린이에게 군림하는 폭군이 되지 않게 하시고, 자라나는 생명을 돌보아 주는 어진 원정이 되게 인도하여 주시옵소서. 제가 맡고 있는 교실이 사랑과 이해의 향기로 가득 차게 하여 주시고, 이로부터 채찍과 꾸짖음의 공포를 영원히 추방하여 주시옵소서. 모른다고 꾸짖는 대신에 동정으로 일깨워 주고, 뒤떨어진다고 억지로 잡아끄는 대신에 따뜻한 손으로 제 걸음을 걷게 하여 주시옵소서. 길을 잘못 간다고 책벌을 주기에 앞서 관용으로써 바른 길을 가르쳐 주고, 저항한다고 응징하기에 앞서 애정으로써 뉘우칠 기회를 주도록 도와주시옵소서! 주여, 저로 하여금 혹사자가 되지 않게 하여 주시고 언제나 봉사자가 되게 하여 주시옵소서. 저로 하여금 젊은이의 천부적 가능성을 십분 발휘할 수 있는 기회와 풍사를 마련해 주는 협조자가 되게 하여 주시고, 억압이나 위협으로 자라 오르려는 싹을 짓밟는 폭학자가 되지 않게 하여 주시옵소서. 저로 하여금 모든 어린이를 언제나 신성한 인격으로 대하게 하여 주시고,

그들에게도 그들이 살 권리를 가지고 있는 생활과 세계가 있음을 잊지 않게 하여 주시옵소서. 그들은 성인의 축소판도 아니며, 그의 완상물도 아니고, 저의 명령에 맹종하여야 하는 꼭두각시도 아님을 항상 기억하고 있게 하여 주옵소서! 주여, 저로 하여금 교사라 하여 어린이의 인격과 자유와 권리를 유린할 수 있는 특권이 있는 것으로 착각하지 않게 하여 주시고, 교사의 자리를 이용하여 어린이를 저의 목적을 달성하기 위한 수단으로 쓰지 않게 하여 주시며, 저의 의견을 무리하게 부과하는 대상물로 삼지 않게 하여 주시옵소서. 교사의 임무는 어디까지나 어린이의 올바른 성장을 돕는 협력자요, 동반자임을 잊지 않게 하여 주시고, 그의 올바른 성장이 곧 저의 영광임을 기억하게 하여 주시옵소서! 주여, 저로 하여금 현재 제가 지키고 있는 어린들이야말로 장차 우리 나라의 기둥이요, 우리 민족의 계승자임을 거듭 깨닫게 하여 주시고, 그럼으로써 저는 그들을 아끼고 소중히 하며 그들을 도와 올바르게 키워야 할 막중한 책무가 저에게 있음을 의식하게 하여 주시옵소서. 저로 하여금 오늘 제가 하고 있는 일이 장차 어린들의 생활과 행복을 좌우하고, 우리나라와 겨레의 운명을 결정하는 중대한 요인이 될 것임을 마음속에 깊이 깊이 간직하게 하여 주시옵소서! 주여, 저에게 힘과 용기를 주시어 이 십자가를 능히 질 수 있게 하여 주시고, 저를 도우시어 긍지를 느낄 수 있는 스승이 되게 하여 주시옵소서!"

어쨌거나 교직학의 전통은 교육학도의 지력을 지탱하기 위해 잡다한 오만 가지 교직 정보 쪼가리를 모아놓고 있을 뿐이다. 그런 것이 학교교육의 늪이 되었고, 그 늪을 넓혀 놓기만 하는 잡다한 교육 정보나 연구들이 한국 교육학의 완성일 리가 없었다. 그점을 냉철하게 지적하는 정범모 교수의 질타[참고: 정범모(2009). 교육의 향방. 서울: 교육출판사는 우리 교육학도들에게 필요한 한 가지 점을 극명하게 보이고 있다. 한국의 학교교육은 아이들에게 죽음의 늪이고, 그 늪에는 아이들의 영혼을 구해 낼 배움을 찾아볼 수 없다는 지적이다. 그런 교직학에서는 국격을 엿볼 수 있는 교육학의 이론 정립이 가능하지 않다는 것이다.

이 세상의 학교들이 학생들에게 가르치는 것들이 온통 문제 투성이라면, 그리고 이 세상의 교육 문제를 나름대로 조금이라도 해결하려고 한다면, 오천석 선생이나 정범모 선생이 질타했듯이, 이 세상의 교육이 어떻게 짜여져 왔는지부터 심도 있게 논의되었어야 했을 것이다. 왜냐하면 바로 거기서 모든 교육의 문제가 번지기 시작했기 때문이다. 한국의 교육 문제를 이야기하면서 특정 교육 관료나 특정 정치 권력을 골라 비난하는 것이 현명했던 일이 아니라는 것은 이미 잘 알려진 사실이다. 오늘날 이 나라 교육의 문제에 효과적으로 대처할 수 있는 오직 한 사람의 지도자도 있을 수 없고, 그것을 명쾌하게 설명해 줄 단일한 교육사상도 있을 수 없다. 이들 모두는 기존의 교육관, 기존의 교육논리들의 재생산과 깊게 얽매어 있기 때문이다. 지금의 교육연구와 그들이 만들어 내는 교육 해답들은 모두가 지엽적이며 피상적일 뿐이다. 교육 사상가들이나 교육학자들의 탐구정신이 병들어 있기 때문이다.

이런 서술들로 인해 교육학의 본질이 훼손되는 것도 아니고, 그런 비판이 있다고 해서 교직학의 이면들이 별안간 깨끗해질 수 있는 것도 아니다. 그 무슨 용어를 활용한다고 해도 교과교육이니, 교수학이니, 중간 학문이니 하는 것들을 꿰뚫고 있는 공통점이나 공통적인 성질이 찾아지는 것이 아니기 때문이다. 용어 그 자체에서 보이는 것처럼 각기의 활동이나 개념 간에는 아무런 공통성도 없고, 동시에 그것들을 하나로 꿰뚫는 본질도 결여된 것도 사실이다. 그 어떤 공통성도 없고, 본질도 존재하지 않는 상황을 뻔히 알고 있는데도 본질을 찾아낸다는 것 그 자체가 잘못된 것임을 꿰뚫고 있는 미학자인 웨이츠 (Weitz) 교수는, 본질이 존재하지 않음에도 불구하고 본질을 만들어 내려는 노력을 본질적인 오류라고 명명한다[참고: Weitz, M. (1956). The role of theory in aesthetics. *The Journal of Aesthetics and Art Criticism*]. 교육학이 무엇인지를 정리해 보려고 시작했던 교육학들은 그 토대에 있어서 본질주의의 오류를 벗어나지 못한다는 따끔한 질책이라고 보면 된다.

교직학 혹은 학교학을 무기력하게 만들어 준 또 다른 세력은 교육학 구성의 논리와 실천에 깊숙이 자리 잡은 논리 실증주의 영향이다. 모든 지식은 궁극적으로 감각 입력에 상응하는 관찰적인 문장, 글에 따라 연결되는 논리적 이론에 의해 성격을 규정지을 수 있다고 주장하는 논리실증주의자들은 사람들이 주고받는 의미 있는 문장들이란 단어들의 의미를 분석하든가 또는 실험을 수행함으로써 증명되거나 거짓으로 드러날 수 있다는 관점을 지지하고 있다. 논리적으로 자명하고 경험적으로 검증 가능한 명제를 바탕으로 할 때에만, 사실과 이론을 밝혀낼 수 있다고 믿는 논리실증주의자들에게 있어서, 수면제를 먹으면 졸립다라는 말은 의미 있는 문장이다. 명제(命題)의 의미는 그 명제를 검증(檢證, verification)하는 방법과 동일하다는 원리에 따라, 수면제를 먹으면 졸리게 마련이라는 것을 확인할 수 있기 때문이다. 그에 비해 신은 존재한다는 말은 무의미하다. '신은 존재한다.'와 같은 말은 형이상학적인 주장으로서 현실적으로는 검증할 방법이 없기 때문에 무의미하다는 것이 그들의 논리다.

논리실증주의자들에게 의미 있는 명제는 일반적으로 동의 반복적인 명제와 검증 가능한 명제, 말하자면 '삼각형의 내각의 합은 180도다.' 같은 두 가지 명제일 뿐이다. 논리실증주의자들에게 의미 있는 동의 반복적인 명제는 '사각형은 각이 네 개다.'와 같은 명제다. 각이 네 개라는 말은 이미 사각형임을 자명하게 알려 주고 있기 때문이다. 조금 다른 형식으로, "배우는 배우는 배우다."라는 문장 역시 동의 반복적인 명제에 속한다. 어느 단어를 어느 정도로 강조했느냐에 따라 의미는 달라지지만, 결국 배우지 않든, 배우든 간에 배우는 배우일 수밖에 없기 때문이다. 교육학자들이 교육학에 관련된 수없이 많은 연구를 해왔다 하더라도 끝내 그 연구 결과들은 논리실증주의자들의 논리적 틀 속에서 동의 반복적인 명제를 찾아내는 일에 수렴될 수밖에 없다. 예를 들어, 어느 특정 교수법의 효력이 다른 방법에 비해 우수한 효과가 있다는 것을 증명했다고 하더라도, 그 연구 결과는 100명의 학생 모두가 1등을 할 수는 없다는 명제를 극복하게 도와주지는 못하기 때문이다. 기존의 교육학이 본질주의의 오류에 갇혀 있었기에, 동시에 동의반복적인 명제를 확인하는 일에 맴돌고 있었기 때문에, 미래 형태의 교육학이나 새로운 교육학의 양태를 만들어 내는 일에 어려울 수밖에 없다.

배움학은 직접적으로는 교직학자들이 추구하고 있는 '학습방법 구하기'에 대해 감정을 이입하기가 쉽지 않을 수밖에 없다. 배움학은 배움의 아름다움을 이야기하고, 배움으로 자기를 정련하는 사람이 바로 자기를 만들어 가는 사람일 수가 있다고 일러 주고 있기 때문이다. 배움학은 교직학자나 학교학자라고 하더라도 그가 남보다 먼저 배우는 사람이어야 함을 잊어버리지 않게 몇 가지 이야기를 첨언해 주는 일에 익숙하다. 그들에게 어차피 존재하지 않는 교육학의 본질에 연연하게 하기보다는, 동시에 교육학의 핵심적인 활동에 대해 끈을 놓지 않게 만들기 위해, 교육의 핵심은 배움에 있음을 실제 생활, 일상적인 삶에서 느끼도록, 배움의 실제와 쓰임새를 재현하는 일에 게으르지 말라는 이야기 같은 것들이다.

가르치는 자가, 가르칠 수 있는 자격증을 갖고 있는 사람이, 교육학의 본질을 탐구하는 능력을 갖고 있는 것으로 인정한 학위 소지자들이 남보다 더 먼저, 더 새롭게 배워야 한다는 양심 선언은 교직학자에게는 낯선 일일 수도 있다. 가장 빵같이 그리려고 하면 할수록 자꾸 기화가 되고 만다고 실토한 초현실주의 화가인 살바도르 달리(Salvador Domingo Felipe)의 회상처럼 교육학자에 대한 정확한 화상을 머릿속으로는 그려 내면서도, 실제로는 붓끝으로 작부의 나상이나 그려 내는 일에 만족하게 할 수는 없는 노릇이기 때문이다.

교직학자들의 학문적 성향에 대한 전반적인 느낌이 그렇다손 치더라도, 배움학에서 시도하는 배움의 일상화가 낯설다 하더라도, 교직학자들로 하여금 그들 자신도 가르침을 당하는 사람보다 한 발 앞서 배우는 사람으로 거듭나야 한다는 사실마저 잊게 해서는 곤란하다. 배움에 충실하려고 하는 사람들은 자기 스스로 때때로 더불어, 별다른 의도없이 교직학자들에게는 마냥 친숙하던 교육학의 본질적인 개념이나 이론들을 과감하게 폐기 처분하기도 해야 하는 국면을 생각해 보지 않을 수 없다. 평생학습 시대니, 지식경제 사회니, 디지털 사회니 하는 그런 사회적 상황 때문에 하는 말이 아니라, 배움은 인간의 본능이기 때문에 그럴 수밖에 없는 노릇이다. 그렇게 하는 것은 교육이라는 이름으로 전개하거나, 교육이라는 이름으로 밥벌이 하는 교직학자, 학교학자라는 인물들도 그들에게 명명된 교수가 더 이상 가르치는 사람이라는 운명에 내맡겨진 고정 불변의 인간이 아니라는 점을 그들에게서 배우고 있는 사람들이 더 먼저 알기 때문이다. 배우는 이들은 더 이상 그들로부터 일방적으로 전달되는 정보로 저들의 머리를 채워야 하는 피동적인 사람들이 아니라, 저들과 함께 배움에 참여하는 지식들로서 저들과 배움의 길에 동행해야 하는 주체들이기 때문에, 이제는 더 이상 저들을 호도해 가면서 나의 호구지책을 이어갈 수는 없는 노릇이다.

배움은 자기의 모든 것을 남에게 드러내지 않으면서 보여 주게 되는 행위인 것인데 반해, 배움에 반하는 학습이나 훈련은 자기를 슬쩍 보여 주면서 끝내 모든 것을 숨기는 행위들로 일관하게 된다. '보여 주면서 감추는' 것들을 감싸고 있는 모든 것의 배경에는 경쟁, 혹은 이기심 같은 구체적인 목표들이 자리한다. 이런 경우가 시간적으로 가장 돋보이는 영역과 매체가 텔레비전이나 신문사, 학교 입시 훈련의 프로그램이다. 배움은 각자의 특성을 드러내기 위해 배타성, 창조성, 독자성을 추구하기 마련이지만, 그것에 반하는 것들은 획일화와 평범함으로 일관하기 마련이다. 이런 점에서 보면, 입시 훈련을 위한 이러닝(e-learning)도 끝내 입시 훈련을 위한 정보 전달의 보편성이나 일관성을 지닌다는 장점 아래 학생들에게 가해지는 평범하고, 획일화된 입시 훈련 기계일 뿐이다. 예를 들어, 방송사들이 겨냥하는 것은 '시청률'에 있으며, 신문사는 구독률 증가, 고등학교는 대학진학률 증가에 있기에 그것들이 무엇을 다루든 서로는 보여 주면서 감추는 활동들로 일관하면서 서로의 생명을 보존해 간다. 그런 과정에서 그들이 다루고 있는 내용의 질은 끝내 하나의 게임, 말하자면 거울 게임을 닮아가게 마련이다. 마치 텔레비전이라는 매체를 통해 각 방송사들이 경쟁적으로 신종 발굴이나 보도 선점율을 높이기 위해 서로가 서로의 것을 복사하기 같은 거울 게임의 함정에 빠진다[참고: 피에르 부르디외(1998). **텔레비전에 대하여(역)**. 서울: 동문선]. 저들 각각 시청률을 높이기 위해 보여 주면서 감추는 것들의 내용은 대개가 선정적인 것들이며 구경거리 같은 것들이다. 이 방송사에서 보도한 것을 다른 방송사도 재빠르게 복사하거나 유사 프로그램으로 대체해 나가는 것 못지 않게, 학교의 입시 훈련은 대학 진학률을 높이기 위해 입시 훈련의 내용들을 독점적으로 베끼는 일에 선도적이다.

부르디외(Pierre Bourdieu)는 선정적인 것과 구경거리를 추구하기 위해 텔레비전이 추구하는 이런 형태의 '선별'을 '안경'의 은유로 설명한다. 기자들이 자기 나름대로의 '안경'이라는 관찰과 복사의 틀로써 자기들끼리 유통하는 방식대로 제눈의 안경에 들어오는 것들을 본다는 것이다. 그들이 가장 원하는 것이 특종이고, '속보'인데, 그들은 그것을 찾아내기 위해 언제나 중압감에 시달려야 한다. 그런 중압감은 자기들끼리 서로 베끼는 거울 게임에 돌입하게 만든다. 거울 게임이 보장하는 결과는 동일함, 같아짐, 평범함 같은 것이다. 끝내 모두는 똑같아지게 된다는 것이다. 세계에서 내노라하는 뉴스 방송사들이 미국의 이라크 침공을 경쟁적으로 보도한다고 하더라도, 각 방송사들이 텔레비전을 통해 내보내는 뉴스는 서로 엇비슷하기만 하다. 유별나게 새롭거나, 진지하게 참신하고도 독보적인 뉴스거리는 처음부터 불가능하기 마련이다. 다만 각 방송사별로 뉴스거리를 처리하는 방식에 차별성이 돋보일 뿐이다. 뉴스의 가치나 내용들의 사실성이나 실제성은 그렇게 가치로운 것이 아니지만 그것이 마치 속보성이 있는 것처럼, 현장성이 뚝뚝 떨어지는 것처럼 보이게 하는 편집 위력은 방송사별로 뛰어나다는 것이다. 실제로는 별것 아닌 것을 별것처럼 보이기 위해 침소봉대하는 텔레비전의 편집력이 시청자를 압박해 들어오기에, 시청자들은 그것에 여지없이 유인되게 마련이다. 그런 유인방법이 대중을 텔레비전 화면에 성공적으로 동원한다. 부르디외의 주장처럼 방송사들이 서로가 서로를 베끼며 다른 식으로 편집해 보내는 '거울 게임'은 끝내 독자들에게 정신적 유폐를 가져온다.

55) 참고: 캣 베넷(2011). 그림, 어떻게 시작할까(역). 서울: 한스미디어.

56) 참고: 닐 포스트먼(1987). 사라지는 어린이(역). 서울: 분도출판사.

57) 이 독백은 17세의 고등학생인 홀든이 내뱉는 독백이다. 홀든은 국어(영어)를 제외한 모든 과목에서 낙제 점수를 받는다. 낙제생으로서 명문 사립기숙학교인 펜시 고등학교에서 퇴학당한다. 학교가 그의 부모님께 퇴학 통보가 담긴 편지가 전달될 때까지 며칠간의 시간이 있다. 그것을 이용하여 홀든은 자신의 집이 있는 뉴욕 시에서 보낼 계획을 세우고 뉴욕 시로 떠난다. 저자는 낙제생 젊은이 홀든의 시각으로 뉴욕 배회의 경험으로 이 사회의 학교와 교사, 그리고 어른들의 위선을 고발한다. 홀든은 그가 다녔던 고등학교인 후튼의 교장 선생을 비롯하여, 거의 모든 주변 사람들을 '위선'으로 단정한다. 작별인사를 나누기 위해 그는 역사 선생인 스펜서 선생을 찾아간다. 그는 홀든에게 교장 선생님과의 면담 내용을 묻는다. 홀든은 스펜서 선생에게 답한다. "교장 선생님은 인생이란 운동 경기와 같다고 말씀하셨어요. 규칙에 따라 시합을 해야 한다구요. 인생이란 시합과 같다는 말씀만 계속하셨어요." 교장 선생님의 말에 대해 홀든은 "인생이란 경기가 정말 공평한 규칙으로 치루어지고 있는가?"라고 의심한다. 홀든에게 모두가 그저 위선자로 보인다. 그는 정직하지 못한 것과 가식을 경멸한다. 상처받은 십대 소년인 홀든은 행복하거나 성공한 것처럼 보이는 사람들 모두가 거짓말쟁이나 바보라고 믿게 된다. 홀든은 아이들이 노는 호밀 들판에 서 있는 자신을 상상한다. 그 들판 바로 옆에는 떨어지면 죽음이 기다리는 절벽이 있다. 홀든은 그 들판에 서서, 아이들이 절벽에 너무 가까이 가면 붙잡아서 절벽 아래로 떨어지지 않게

지켜 주려는 상상에 젖어 있다[참고: 제롬 데이비드 샐린저(1998). 호밀밭의 파수꾼(역). 서울: 민음사].

58) 참고: 존 홀트(2007). 학교는 왜 실패하는가(역). 서울: 아침이슬.

59) 본능이 학습보다 인간에게 우선한다는 말은 경제학자들 역시 그들의 학문에서 늘 활용하는 경제원리다. 본능의 우선성은 겉으로는 야하고, 천하다고 비판하면서도 소주잔을 건네는 벌거벗은 여인의 술 광고를 자연스럽게 쳐다보는 남성 소비자가 왜 그런 광고에 눈길을 끊임없이 주고 있는지를 꿰뚫어 보는 원리다. 천박하기 그지없는 막장 드라마를 형편없는 눈물극이라고 제 아내에게 몰아붙이면서도, 자기 자신 역시 어쩌지 못하고 그 막장 연속극에 채널을 고정하는 이유는 그 드라마가 남자라는 인간의 본능을 편안하게 해 주기 때문이다. 사람들은 무언가를 논리적으로 꼭 좋아하는 것이 아니다. 사람들은 논리적인 이유나 귀결에 따라 자기가 하고 싶은 것을 선택하는 것이 아니다. 사람들은 그들의 본능이 그들을 원초적으로 편안하게 느끼게 해 주기 때문에 그럴 수밖에 없다는 것이다. 인간들에게는 그들의 본능에게 편안함을 제공해 주는 몇 가지 원칙이 있게 마련이다. 그것들은 대체로 최소 노력의 원칙, 현재에 대한 걱정 원칙, 보살펴 주고 싶은 욕구와 보살핌을 받고 싶은 욕구의 원칙, 동족이라는 유대감의 원칙, 높은 전망과 높은 은신처의 원칙, 마지막으로 반복적인 흔들림의 원칙들이다[참고: 비키 쿤켈(2009). 본능의 경제학(역). 서울: 사이]. 그와 아울러 사람들은 내가 지금 그 현장에 있다고 느끼게끔 만드는 심리적 현장감을 주거나, 본능의 고정관념을 만족시켜 주는 외모를 보여 주거나, 마약과도 같은 격한 쾌감 반응을 일으키는 언어를 사용하거나, 우리 몸을 조율하는 좋은 진동, 달콤한 전율을 내는 소리를 내어도 사람들의 마음은 이내 편안해진다는 것이다. 예를 들어, 음식집에서 사람들이 바깥쪽보다는 '안쪽에 자리 있나요?'를 묻는 것은 인간은 본능적으로 자기를 숨길 수 있거나 덜 드러나 보이는 은신처를 찾는 본능에서 그렇다는 것이다. '사랑해.'라는 말을 속삭여 주어도 사람들은 이내 본능적으로 편안해진다는 것이다.

60) 홍해리는 「동백꽃 속에는 적막이 산다」[참고: 홍해리(2008). 비타민 詩. 서울: 우리글]에서 동백꽃 속의 적막을 극적으로 표현한다. 즉, 단 한마디, '뚝'이라는 단 한마디 아주 짧은 말로 기호화해 버리고 있다.

61) 에우리피데스(Euripides)는 아테네 출생으로서 3대 비극시인 아이스킬로스, 소포클레스보다 뒤에 출생하였다. 에우리피데스는 훗날 멜로드라마와 희비극의 귀감이 된 작가지만, 당시로서는 지나치게 실험적이었다. 비극에 희극을 섞는 것은 상상할 수도 없는 일이었기에 그의 시도만으로도 그는 의도와는 상관없이 사회적 비난거리가 되었다. 그 외에도 그는 파격적인 주제, 여성에 대한 동정적인 시각, 지나치게 사실주의적인 묘사, 코러스의 과감한 축소, 신들을 회의적인 시각으로 다루었고, 신화에 대한 비판적 해석을 가했다. 그의 비극은 소피스트 철학과 수사학의 영향을 받은 것으로 알려지는데, 그는 그의 작품으로 인해 소크라테스처럼 시대적 문제 인물이었다.

62) 배움이 무엇인지에 대해 우리는 여전히 모르는 것이 더 많다. 그것은 마치 신이나 진리의 존재에 대해서 품게 되는 그런 의문들이나 마찬가지다. 그 의문은 마치 독일의 유명한 철학자 쇼펜하우어(Arthur Schopenhauer)가 어떤 공원에서 벤치에 앉아 홀로 깊이 무엇인가 골똘히 사색에 잠겨 있다가 겪었다

는 그 경험과 엇비슷할 수 있다. 물론 정확하지 않은 일화이지만, 쇼펜하우어는 어느 날 공원에서 오랫동안 사색을 하고 있었다. 너무 몰두한 탓에 해가 지는 것도 잊어버렸다. 공원이 문 닫을 시간이 지났다. 그것도 잊은 채 그는 한 자리에 앉아 사색에 빠져 있었다. 공원을 지키는 이가 자기 일을 잊을 리가 없었다. 한 노인이 공원에 앉아 웅크리고 있는 것으로 보아 그는 노숙자임에 틀림 없다는 생각에 이르게 된다. 공원지기는 단단히 별렀다. 번번이 공원에서 몰래 자는 노숙자들을 놓쳤던 그는 이번에는 각오를 단단히 했다. 그를 일격에 쫓아 버려야겠다는 의도로 고막이 터져 찢어질듯이, 벽력같이 쇼펜하우어에게 소리를 내질렀다. "당신이 누구요! 도대체 어디서 왔소!"라고 소리를 질렀다. 그 소리에 눈을 번쩍 뜬 쇼펜하우어는 얼떨결에 대답했다. "어디서 왔느냐고요? 지금 그것을 생각하고 있는데도 도대체 알 수가 없지 뭡니까."라고 응답했다고 한다. 종종 내게도 그런 류의 이야기로 배움이 무엇인지를 질문해내는 동료들이 한둘이 아니다. 아무리 곱씹어 봐도 내 대답은 쇼펜하우어의 대답과 엇비슷하기만 하다. "뭘 배우느냐고요? 내가 지금 그걸 배우고 있는데 도무지 알 수가 없어서, 더 배우고 있는 중입니다."

63) 『벽암록(碧巖錄)』의 제1칙에서 강력하게 빛을 발하는 어귀가 '확연무성(廓然無聖)'이라는 말이다. 확연무성, '휑하니 비어 있어 그 무슨 성스럽다고 할 것 조차 없다.'라는 말로 풀이되는 말이다. 확연무성이라는 말이 나온 유래가 있다. 중국 선종의 시조로 추앙받는 달마대사(達磨大師)가 인도에서 중국으로 건너왔다. 당시 중국에는 불법천자(佛法天子)라고 칭할 만한 무제(武帝)가 양(梁)나라를 통치하고 있었다. 양무제는 자기의 공덕을 알리고 싶어 달마를 불러 그와 대면해서 불법을 논했다. 양무제가 먼저 물었다. "무엇이 불법의 근본이 되는 성스러운 진리입니까?" "만법이란 텅 비어 있어, 성스럽다고 할 것이 없습니다."라고 달마가 공손하게 답했다. 그의 말이 무슨 뜻인지를 깨닫지 못했던 양무제가 다시 질문했다. "지금 나와 마주하고 있는 그대는 누구인가?" 달마가 답했다. "모르겠습니다(不識)." 양무제는 달마대사의 말을 더욱더 이해할 수 없었다. 양무제와 살기등등한 그의 신하들에게 일대 정신적인 분란이 생겨났다. 그 틈에 달마대사는 목숨을 부지한 채 발 빠르게 양자강을 건너 위(魏)나라로 가버렸다. 시간이 꽤나 흐른 후, 양무제는 또 다른 고승인 지공화상을 만났다. 그에게 자기가 겪은 달마와의 이야기를 전했다. 양무제의 말을 듣고 있던 지공화상이 물었다. "달마대사가 어떤 사람인지 아시겠습니까?" "모르겠어(不識)." 양무제의 답이었다[참고: 조오현(2005). 벽암록(역해). 서울: 불교시대사]. 확연무성이라는 말을 사이에 두고, 모르겠다는 말을 달마와 양무제 모두가 똑같이 반복한다. 말은 같은 말이지만, 뜻은 전혀 다른 두 개의 말이다. 달마대사가 먼저 모른다고 한 말은 깨달음 끝에 나올 수 있는 말이다. 양무제가 한 모른다는 말은 무지와 오만함 끝에 튀어나온 말이다. 확연무성, 세상만사가 휑하니 비어 있는데, 그 무슨 잘나고 못나고, 알고 모를 일이 있겠느냐는 것이 달마대사의 답이었다. 세상에 차별이나 한계가 있을 리 없다는 말이었다. 무지한 사람일수록 무엇이든지 비교하고, 차별하고, 평가하며 자신에게 유익하고 불리함을 따진다. 그런 구별과 차별의 논리로는 아직 세상 이치를 알았다고 하기에는 멀었다는 뜻이기도 했다. 불도(佛道)에는 그런 것이 있을 수 없다고 달마대사가 잘라 말한 것이다. 큰지식(智識)인 달마대사가 그에게 전하는 바른 가르침을 전혀 깨닫지 못하는 양무제는

제아무리 불법을 위해 큰 업적을 이뤄냈다고 자랑해도 모두 헛일에 지나지 않았던 것이다. 법이란 원래 거리낄 것 없이 탁 트였기에 성스럽다고 하거나, 그렇지 않다고 하는 식의 시시비비를 가릴 고정될 그런 법은 없다는 뜻을 전하는 선종(禪宗)의 교지다. 선종에서 보면, '확연'은 어떤 것에도 집착하지 않는 확 트인 무심의 경지를, '무성'은 무심(無心)을 상징하기에, 달마대사는 잘난 체하는 양나라 왕에게 요즘 말로, "뭘 안다고 씨브리노." 하고 대꾸한 것이나 마찬가지였다.

『벽암록』은 선수행자들, 길을 찾는 모든 사람들을 위한 필독서로 일컬어지고 있다. 송대 임제종에 속하는 원오 스님이 명주(明州), 즉 지금의 절강성 봉화현(浙江省 奉化縣)에 있는 설두산의 자성사(資聖寺)에 머물면서, 고칙을 100개로 정리한 설두중현(雪竇重顯)의 설두송고를 다시 정리해『벽암록』으로 후세에 전한 것이 벽암록이다. 어떤 이들은『벽암록』을 목숨보다 더 소중한 책이라고 추켜세우기도 한다. 『벽암록』을 읽지 않고서는 도에 대해서, 깨달음에 대해서, 부처에 대해서, 그리고 선(禪)에 대해서 논하지 말라고도 윽박지른다. 『벽암록』에 나오는 법칙들의 중요성을 강조하기 위해서 하는 말이기는 하지만, 끝내 그런 주장은『벽암록』의 제1칙인 '확연무성'에 정면으로 위배되는 기만(欺瞞)의 말일 뿐이다.

64) 평생을 바젤 대학의 수학 교수로 지낸 자코브 베르누이(Bernoulli Jakob) 교수는 추측과 수학에 관한 유명한 말을 남겼다. "최소한 비슷한 상황에서 여러 번 관측하고 난 뒤에는 처음에 알지 못했던 것을 알아 낼 수도 있다. 왜냐하면 과거 비슷한 상황에서 어떤 일이 어느 정도 일어나고 일어나지 않았는지 관측했다면 미래 그 일의 발생 여부도 그 정도라고 추측해야 하기 때문이다."[참고: 자코브 베르누이(2010). **추측술**(역). 서울: 지식을 만드는 지식]

65) 참고: 토마스 아퀴나스(2008). **신학요강**(역). 서울: 나남.

66) 한국계 최초로 노벨문학상 후보에 올랐던 재미 작가 김은국(Richard E. Kim)이 쓴 1964년도 대표작인『순교자』[참고: 김은국(2010). 순교자(역). 서울: 문학동네]는 「뉴욕 타임스」가 도스토옙스키, 알베르 카뮈의 문학 세계가 보여 준 위대한 도덕적, 심리적 전통을 이어받은 훌륭한 작품으로 영원히 남을 것이다라고 논평한 바 있다. 김은국은 1932년 함경남도 함흥에서 태어났다. 평양고등보통학교에 다니던 중 남한으로 내려와 목포에서 고등학교를 마쳤다. 1950년 서울대학교 경제학과에 입학했지만 6·25 전쟁이 터지자 군에 입대했다. 제대 후 미국으로 건너간 그는 미들베리 대학교에서 역사학과 정치학을 공부했고, 하버드 대학교에서 석사 학위를 받았다. 그 후 미국 여러 대학에서 영문학과 창작 강의를 하며 소설을 집필했다. 2009년 6월 23일 77세를 일기로 생을 마감했다. 김은국 선생의 소설『순교자』의 줄거리는 이렇다. 6·25 전쟁 직전 평양에서 열네 명의 목사가 공산비밀경찰에 체포된다. 그중 열두 명의 목사는 총살당한다. 이 과정에서 이상하게도 단 두 명 만이 살해당하지 않은 채 살아남는다. 그 사람들이 바로 신 목사와 한 목사였다. 한 목사는 당시 충격으로 정신 이상 상태에 빠져 버린다. 그는 이제 그 사건에 관해 아무것도 기억하지 못한다. 신 목사만이 오로지 당시 상황의 모든 것을 알고 있는 유일한 목격자다. 그렇다고 신 목사가 참살 현장의 목격자인지 어떤지도 알 수는 없다. 유일하게 당시 상황을 보았을 법한 신 목사는 그 사건에 대해 침묵하고 있기 때문이다. 그 어떤 대답도 회피하고 있는 신목사 때

문에 문제가 더욱더 꼬이자, 육군본부 정보처 평양 파견대의 장 대령은 이 대위와 1950년 11월, 국군의 평양 입성 후 함께 열두 명의 '순교자'들에 관한 사건을 세밀하게 수사하기 시작한다.

장 대령은 이미 목사 총살 사건을 풀어내려는 사전 계획을 갖고 이 사건에 임하고 있었다. 그것은 살해된 열두 명의 목사들을 '순교자'로 규정하고 추도 예배를 통해 목사 살해 사건을 정치 선전으로 활용하려는 계획이 그의 계획이었다. 장 대령의 의중과는 달리 이 대위는 수사관으로서의 객관적인 입장만을 갖고 있다. 그는 맡겨진 임무대로 사건의 진상, 사건의 진실을 밝히려 했다. 이 대위는 신 목사를 찾아가 사건의 진상을 알아내려고 하지만 신 목사의 침묵 때문에 아무것도 알아낼 수가 없었다. 심증은 있었지만 사건을 풀어낼 물증은 없었다. 그런 와중에서 신 목사는 수많은 고뇌와 갈등을 거치게 된다. 마침내 신 목사는 입을 연다. 자신이 열두 목사들의 처형 현장에 있었다고 말한다. 그때부터 모든 사건 관련자, 장 대령, 이 대위, 신 목사를 따르던 신도들은 극심한 혼란에 빠지게 된다. 신 목사에게는 배신자라는 낙인이 붙지만, 신 목사는 그런 것에 아랑곳 하지 않고 자기의 길을 걸어 나간다. 공산군과 밀고 밀리는 전선의 와중에서도 진실에 목말라하는 이 대위에게 어느날 신 목사는 굳게 닫았던 입을 열고 만다. "나는 인간이 희망을 잃을 때 어떻게 동물이 되는지, 약속을 잃었을 때 어떻게 야만이 되는지를 거기서 보았소. …… 희망 없이는, 그리고 정의에 대한 약속 없이는 인간은 고난을 이겨 내지 못합니다. 그 희망과 약속을 이 세상에서 찾을 수 없다면 (하긴 이게 사실이지만) 다른 데서라도 찾아야 합니다. 인간을 사랑하시오, 대위. 그들을 사랑해 주시오. 용기를 갖고 십자가를 지시오. 절망과 싸우고 인간을 사랑하고 이 유한한 인간을 동정해 줄 용기를 가지시오." 신앙인으로서, 그리고 신도들을 이끄는 목자로서 살아왔던 신 목사는 신의 존재와 믿음에 대해 근본적인 회의를 느끼며 깊은 고뇌에 빠지며 하나의 결단에 이른다. 신은 없지만 짊어지고 가야 할 십자가는 있다. 나는 바로 그 십자가를 지고 갈 것이다라고 말하며 순교자로 나아간다. 신 목사는 말이나 행위로 자신의 신앙을 부인하기보다는 죽음으로 자신의 신앙을 완벽하게 드러내 보이는 순교자(殉敎者, martyr)의 길로 나아간다.

67) 토마스 아퀴나스(Thomas Aquinas)는 서구 사상의 두 뿌리인 그리스 철학들과 그리스도교를 성공적으로 종합해 냄으로써 서구 사상 형성에 지대한 영향을 미친 사상가였다. 토마스는 전통적인 그리스도교 사상으로 자리 잡은 플라톤–아우구스티누스 주의의 핵심적인 가르침을 수용하면서도 이를 새롭게 등장한 아리스토텔레스의 개념과 학문방법론을 통해서 표현하기 위해 노력했다. 그는 신의 존재를 증명하기 위해 5가지 방법을 예시했는데, 그중 첫 번째 방법이 원동자(原動子)론이다. 즉, 모든 사물의 운동을 가능하게 만들어 주는 힘이 바로 신이라는 것이다.

신 스스로 자신은 움직이지 않으면서 다른 모든 것들을 움직이게 하는 원동자라는 것이다. 두 번째 방법은 신의 존재를 원인으로부터 증명하는 것인데, 신은 모든 현상을 가능하게 만드는 최초의 원인이기에 바로 신이라는 것이다. 세 번째 방법은 필연성으로부터 신의 존재를 증명하는 방법인데, 그것은 이 세상에 그 무엇이든 자신이 존재하기 위해서는 다른 존재에 의존할 수밖에 없는 우연적인 것들인데, 신은 그렇지 않다는 점에서 우연적인 것이 아니라 필연적인 존재일 수밖에 없다는 것이다. 아퀴나스는 사물의 단계로부터 신의 존재를 증명하는 것을 신의 존재를 증명하는 네 번째 방법으로 제시한다. 신은 모든 사물이나 현상의 발달 단계상 가장 완벽한 단계의 기준이 된다는 점에서 신은 스스로 존재를 증명해내고 있다는 것이다. 마지막 다섯 번째 증명방법은 신의 존재를 자연의 질서와 조화로부터 증명해 내는 것이다. 모든 것은 목적에 맞도록 행동하게 된다는 점에서 그 목적을 있게 만드는 존재가 바로 신이라는 것이다. 화살도 그렇고 골프공도 그렇지만, 그런 것들은 공을 치는 사람, 활의 시위를 당기는 사수에 의해 방향이 결정되며, 그런 것들은 나름대로의 목적에 맞게 그것의 운동이 결정된다는 점에서 신의 존재는 바로 그런 목표를 정하게 해 주는 지성적 존재라는 것이다. 신의 존재를 증명하는 이 다섯 번째의 방법인 신의 존재에 대한 목적론적 증명은 바로 첫 번째 방법에서 네 번째 방법까지의 우주론적 증명에 의해 보강되는 것이다[참고: 한스 요하임 슈퇴리히(2008). 세계철학사(역). 서울: 이룸; 토마스 아퀴나스(2008). 신학요강(역). 서울: 나남].

68) 우주에는 신이 없다고 주장하는 데이비드 밀스(Mills, D.)는 인간의 역사에서 참혹한 사건들은 대부분 종교적인 문제로 발생한 것이라고 잘라 말한다. 지옥은 당연히 존재할 수 없는데 종교인들은 그것을 통제의 목적으로 만들어 놓았기 때문이다. 죽음을 두려워 하는 사람은 바로 그들 종교인들인데, 그것은 천당과 지옥 둘 중 어느 곳으로 가게 될지를 모르고 방황하기 때문이라는 것이다. 무신론자들에게는 그런 선택에 대한 고뇌가 있을 수 없기에, 말하자면 신이라는 존재를 가정하지 않기 때문에 오히려 자신의 행복을 위해 인생을 즐길 수 있다고 이야기한다[참고: 데이비드 밀스(2010). 우주에는 신이 없다(역). 서울: 돌을새김].

그는 잇대어 종교, 특별히 서양의 기독교 제도화와 기관화가 인간의 의식을 어떻게 옥박질러 왔는지를 설명한다. "역사적으로 교회는 새로운 과학적 진보에 맞서 악의에 찬 싸움을 벌여왔습니다. 하지만 일단 새로운 과학적 성과들을 비난한 후 원했던 효과를 얻지 못하면 쉽게 태도를 바꿔 새로운 발견들을 하느님이 인류에게 준 선물로 받아들입니다. 가톨릭 성자들은 인쇄 기계의 발명조차 반대했습니다. 대량 생산된 성서가 '하느님의 말씀'을 잘못 해석하거나 비판할 수 있는 사람들의 손에 들어갈 수 있기 때문이었지요." "교회에 모인 사람들은 병을 앓고 있거나 병원에 입원한 사람의 빠른 회복을 위해 기도한다. 만약 병석에 누워 있던 사람이 건강을 회복하면, 교회는 그것을 과장되게 부풀려 기적을 행하는 그들의 신이 베푼 은혜로 돌린다. 그 사람이 죽으면, 이 슬픈 결과가 신의 존재나 기도에 응답하는 신의 능력을 부정하는 증거로는 받아들여지지 않는다. 기대에 어긋난 것은 냉철하게 '신의 뜻'이라고 받아들이거나, 신학적 논쟁과는 전혀 관계가 없는 순수하게 자연스러운 사건으로 받아들인다. …… 달리 말하면, 신자들은 선택적 관찰이라고 알려져 있는 오류, 즉 명중한 것은 계산하지만 빗맞은 것은 무시해 버리는 지각적 오류를 수용함으로써 응답받은 기도라는 환상을 만들어 낸다."

잇대어 그는 "오늘 날 기독교인은 거의 매주 교회서 기독교인 친구들과 악수를 나누며 '신의 가호'를 기원하고 잔잔한 찬송가와 부드러운 설교를 듣고, '하느님의 평화'를 가슴 가득 안은 채 집으로 돌아옵니다. 현재의 기독교 교회가 비교적 교양 있는 태도로 처신하고 있기 때문에, 이 종교가 언제나 선한 것을 지향하며 온화한 영향력을 발휘해 온 듯한 잘못된 인식이 만들어졌습니다. 하지만 전혀 그렇지 않습니다. 마녀를 근절하기 위한 대대적인 사냥은 제쳐 놓더라도 기독교 교회는 역사적으로 과학의 발달을 방해하기 위해 엄청난 투쟁을 벌여왔으며, 오늘날에도 여전히 그렇게 하고 있습니다. 잘 아시다시피, 갈릴레오는 목성의 위성들을 관측하기 위해 망원경을 개량해 사용했다는 이유로 교회로부터 사형을 받을 뻔 했습니다. 더 나아가, 교회는 성령이 깃든 신전을 모독한다는 이유로 수세기 동안 인체 해부를 금지했습니다. 그로 인해 거의 천 년 동안 의학 연구는 발전을 이루지 못했습니다. 그러므로 역사학자들이 암흑 시대라고 부르는 그 시기에 기독교가 가장 오랫동안 승승장구하며 영향력을 행사한 것은 결코 우연히 아닙니다."

69) 서양의 물리학자들이나 신학자들은 신의 존재 증명을 둘러싼 우주 생성에 대한 끊임없는 논쟁을 벌이고 있다. 그중 한 축이 기독교 창조론, 말하자면 '위대한 설계' 이론, 미국식 명칭인 '지적 설계' 이론이다. '위대한 설계' 이론이란, 우주와 그 물리법칙이 생명을 지탱할 수 있도록 맞춤형으로 '설계' 됐다는 이론이다. 양성자의 질량이 지금보다 0.2% 더 무거웠거나 강한 핵력이 지금보다 0.5%만 세거나 약했다면 생명이 존재할 여지는 전혀 없는데, 이같은 미세 조정은 우연이라기보다는 설계자, 즉 창조주가 존재한다는 증거라고 내세우는 쪽이 바로 지적설계이론이다. 이런 창조론적인 기독교적 지적설계론에 대해 영국 옥스포드 대학의 리처드 도킨스(Clinton Richard Dawkins)는 이미 『만들어진 신』이라는 책을 통해 생물학으로 "종교는 집단적 망상에 불과하다."고 한마디로 잘라 말한바 있다. 잇대어 지금은 물리학자인 호킹은 창조론에서 말하는 식의 "그만 신은 필요없다."고 화답함으로써 무신론의 극치를 보여 주고 있다. 호킹 박사는 그것을 입증하기 위한 이론물리학적 논리를 세운다. 즉, 우주 전체로 보면 양(陽)의 물질에너지는 음(陰)의 중력에너지와 균형을 이룰 수 있고, 이 경우 우주의 에너지 총량은 '0'이 된다. 그렇다면 우주는 별도의 에너지 투입없이 무(無)로부터 양자요동을 통해 저절로 탄생할 수 있게 된다. 양자요동이란 없던 입자가 저절로 생기는 미시 세계의 현상을 말하는데, 바로 이런 방법으로 수많은 아기 우주들이 생성된 것이라는 것이다. 아기 우주들은 곧바로 소멸하지만 일부는 급팽창해서 살아남는데 바로 우리가 살고 있는 이 우주는 이 같은 메가 우주 중의 하나라는 것이 호킹 박사의 견해다[참고: 스티븐 호킹 · 레오나르드 플로디노프(2010). 위대한 설계(역). 서울: 까치].
    호킹 박사는 지적설계론의 전제, 모든 것은 어떻게든 신에 의해 만들어진 것이라는 생각에 대해, "무수히 많은 우주가 존재한다면 그중에는 생명에 걸맞은 물리법칙을 지닌 우주도 있게 마련이고 마침 우리가 사는 우주가 그에 해당할 뿐이다."라고 단호하게 말한다. 호킹 박사는 상대성 이론과 양자역학을 통합하는 새로운 이론인 'M 이론', 즉 '만물의 이론'의 유력 후보인 'M 이론'이 사실로 입증될 날이 멀지 않다고 말한다. 그 'M 이론'이 입증되면 그것은 신과 무관한 '위대한 설계'가 발견되는 날이기도 하다.

70) 참고: 수지 개블릭(2009). 르네 마그리트(역). 서울: 시공사.

71) 성 어거스틴(St. Augustine)은 부유한 가정에서 태어났다. 지금의 북아메리카 알제리 땅에서 태어난 그는 17세에 당시 아프리카 제일의 도시 카르타고(Carthago)로 유학을 갔다. 유학 동안 주색잡기에 빠졌다. 그는 마니교에도 심취했다. 8년간 마니교의 신봉자가 되었던 그는 여자와 관계를 맺어 19세에 아이의 아버지가 되었다. 로마에서는 다른 여자들과 육체적 교섭과 광란의 쾌락에 빠졌다. 어머니의 간곡한 기도와 요청에 회개하고 거듭나게 된 그는 34세 되던 해 사교 암부로스에게 세례를 받는다. 그 후 그

는 "낮에와 같이 단정히 행하고 방탕과 술 취하지 말며 음란과 호색하지 말며 질투와 시기하지 말고 오직 주 예수 그리스도로 옷 입고 정욕을 위하여 육신의 일을 도모하지 말라(로마서 13:13-14)." 는 계율대로 자신을 개조한다. 어거스틴은 회심 후, 부친의 유산을 정리하여 가난한 사람들에게 나누어 주고 어거스틴 수도원을 세웠다. 하느님의 말씀을 묵상하며 단식과 기도, 그리고 선행의 삶을 살았다. 이런 일화가 있다. 어느 날, 회심한 어거스틴에게 옛날의 여자가 말을 걸었다. "나예요······ 이제는 모르는 척 하는 이유가 무엇인지요?" 하며 그를 힐난했다. 어거스틴은 그녀에게 "당신은 아직도 그대로 당신이지만, 지금 나는 내가 아닙니다."라고 답하고 가던 길을 걸어 나갔다[참고: 어거스틴(2003). **고백록**(역). 서울: 대한기독교서회].

72) 참고: 지두 크리슈나무르티(2008). **배움과 지식에 대하여**(역). 서울: 고요아침.

73) 네소스(Nessus)는 그리스 신화에 나오는 반인반마(半人半馬)인 익시온(Ixion)과 네펠레(Nephele)의 아들이다. 이들은 상반신은 사람이고 하반신은 말의 모습을 한 켄타우로스족이다. 네소스는 헤라클레스의 아내를 겁탈하려다 헤라클레스에게 죽임을 당한다. 헤라클레스와 아내 데이아네이라(Deianeira)가 물살이 거센 에우에노스(Euenos) 강을 건너려 할 때, 네소스는 그녀를 도와주겠다고 나선다. 데이아네이라를 데리고 강을 건넌 네소스는 마음이 달라져 그녀를 겁탈하려 했다. 강 건너편에 있던 헤라클레스가 이것을 보고 히드라의 독이 묻은 화살을 쏘아 네소스의 가슴을 관통시킨다. 원한으로 죽어 간 네소스는 죽어 가면서 데이아네이라에게 간절한 속죄의 유언을 건넨다. 남편의 애정이 식었을 때 자신의 피를 남편의 옷에 묻히면 사랑을 되찾을 수 있을 것이라고 말한다. 네소스의 유언을 믿은 데이아네이라는, 훗날 자기 남편이 이올레 공주에게 사랑에 빠졌다고 확신하고 네소스의 피를 셔츠에 뿌려 원정 간 남편에게 보냈다. 사실 네소스의 말은 간교였다. 네소스가 죽을 때 히드라의 독이 묻은 화살을 맞았기 때문에, 네소스의 피는 히드라의 독으로 오염되어 있었다. 그의 피가 살갗에 닿으면 누구든 그처럼 독으로 죽어가게 되어 있었다. 그것을 알고 네소스는 자신을 죽인 헤라클레스를 죽이려고 데이아네이라를 꼬드겼던 것이다. 아내가 보낸 옷을 입은 헤라클레스는 독으로 인해 너무도 고통스러워했다. 그 옷을 벗으려 하지만 옷은 단단히 몸에 붙어 떨어지지 않았다. 자신의 죽음이 찾아왔음을 느낀 헤라클레스는 죽기 위해 스스로 불을 피워 화장할 준비를 했다. 그가 죽자 신들은 그를 올림푸스로 데려와 신으로 만들어 주었다. 죽은 후 그는 청춘의 여신 헤베(Hebe)와 결혼을 한다. 이 신화로 인해 '네서스의 셔츠(shirt of Nessus)'라는 말이 생기게 되었다. 네서스의 셔츠는 셔츠를 받는 사람에게는 고통과 재난을 초래하는 선물이라는 의미로 쓰인다.

74) 크리슈나무르티가 주장하는 배움의 관점과 배움의 방법[참고: 지두 크리슈나무르티(2008). **배움과 지식에 대하여**(역). 서울: 고요아침]은 불가에서 교리적으로 말하는 교육방법과도 상당한 차이를 보이고 있다. 불가에서 일반적으로 통용되는 학습방법의 첫째는 포시(布施)이며, 둘째는 지계(持戒), 셋째는 인욕(忍辱), 넷째는 정진(精進), 다섯째는 선정(禪定), 그리고 마지막 방법이 바로 지혜(智慧)다. 포시(布施)란 널리 베풂으로써 배우는 일이며, 지계(持戒)는 유도(偸盜), 사음(邪淫), 망어(妄語), 살생(殺生), 음주(飲酒) 등의 다섯 가지 계율을 지킴으로써 배우는 일이고, 인욕(忍辱)의 방법이란 마음을 평

정시키기 위해 일종의 수행, 모욕, 박해, 고역을 참아내는 것이다. 아무리 곤욕을 당하여도 마음을 움직이지 않고 참고 견딤으로써 자신을 배우는 일이다. 네 번째 배움의 길은 정진(精進)인데, 정진은 말 그대로 한 마음으로 속된 생각을 버리고 선행을 닦아 오로지 불도에만 열중하는 일이다.

특별히 출가한 사람들이 게을리 하지 않음으로써 일심으로 불도를 깨우치고자 하는 방법을 말한다. 행복에 이르는 자신과 자신의 존재 깨우침을 위해서는 지혜가 필요하다. 원래 지혜란 불교적인 관점에서 보면 자신을 크게 만드는 방법 중의 하나다. 불교는 여섯 가지 공부방법을 가르친다. 선정은 인간이 매 초마다 갖게 되는 상념을 벗어나며, 그것을 끊어 버리기 위해 한 가지 것에 모든 것을 집중시키는 방법이다. 말하자면 수렴적인 사고에 가까운 학습방법이다. 이에 비해 지혜는 확산적인 사고에 버금가는 학습방법으로서 상념의 소멸을 말한다. 즉, 말이 필요 없고, 생각도 필요 없이 모든 것의 본체를 하나같이 꿰뚫어보는 배움의 방법이 바로 지혜다.

75) 참고: 김나미(2007). 결국엔 모두가 사랑, 한 단어. 서울: 고즈윈.

76) 참고: 주경철 외(2010). 다름의 아름다움: 나와 다른 당신이 왜 소중한가. 서울: 고즈윈.

77) 참고: 최훈(2006). 데카르트 & 버클리: 세상에 믿을 놈 하나 없다. 파주: 김영사.

78) 미 노스이스턴 대학 심리학과 데이비드 데스테노(David Desteno) 교수와 클레어몬트 매케나 대학 심리학과 피에르카를로 발데솔로(Piercarlo Valdesolo) 교수는 인간의 이성이나 양심을 조정하는 정신체계는 절대적인 것이 아니라 융통성과 유동성이 큰 것이기에 하나의 기준에 따라 너무 많은 것을 요구하거나 모든 것을 해낼 수 있을 것이라고 믿으면 인간 이해는 어려워진다고 믿는다. 그들은 자기들의 견해를 뒷받침하기 위해 인간 심리와 본성에 관한 통념을 뒤엎는 '도덕적 딜레마' 실험을 한 적이 있다. 그 실험은 한가지 사고 실험, 즉 한 명을 희생시켜 철로를 질주하는 전차를 멈추게 하고 다섯 명의 목숨을 구할 수 있다는 가정 아래, 피험자 당신은 과연 그 한 명을 떠밀 수 있겠느냐는 질문에 예와 아니요라는 두 가지 답 가운데 하나를 선택케 했다. 그 질문에 응답자들은 단호히 '아니요.'라고 답했다. 그들에게 잇대어 다른 질문에 답하게 했다. 즉, 철로 한 쪽에는 보행자 한 명이, 어느 정도 떨어진 거리의 반대쪽에는 다섯 명의 노동자들이 일하는 철로가 있는데, 이 철로를 간단한 스위치 하나를 조작하면 철로로 들어오는 전차의 방향을 바꿀 수 있다. 그럴 경우 피실험자들은 어떻게 할 것인지를 질문했다. 수많은 응답자들은 보행자 한 명을 죽이는 대신, 노동자 다섯을 구하는 쪽을 택했다.

두 개의 실험이 엇비슷한 상황이지만, 피험자들의 선택과 결론은 극적인 차이가 났던 이유는 두 상황이 피실험자들에게 서로 '다르게 느껴졌기 때문'이라는 결론을 내렸다. 즉, 피험자들은 자신이 직접적인 가해자가 되기를 원치 않았기 때문에 서로 다른 선택을 했다는 것이다. 그래서 저자들은 말한다. 믿었던 정치가, 신뢰했던 종교인에 대한, 심지어 자신에 대한 기대가 어긋났을 때는 행위를 의심하지 말고 자신의 이해 방식부터 점검하라고 말한다. "이를 테면 타이거 우즈의 불륜 …… 행동 등을 볼 때 우리는 종종 속았다는 느낌을 받는다. 속은 게 맞다. 그러나 그들의 연기에 속은 게 아니라 우리 뇌가 세상을 인지하는 방식에 속은 것이다. '누구든' 정신은 이와 똑같은 연속선상 위에서 작동한다는 사실을 인정한다면, '누구든' 다양한 '인격 유형'을 드러낼 수 있다는 사실을 인정한다면, 우리는 이 세상을 좀 더 능률적으로 항해할 수 있다. 겁쟁이와 영웅, 편협한 사람과 관대한 사람, 문란한 사람과 순결한 사람, 성인과 죄인은 종이 한 장 차이라는 걸 이해한다면, 우리 스스로 또는 우리에게 중요한 사람이 인격을 벗어난 행동을 할 때 곧잘 벌어지는 여러 상황을 더 정확히 이해하고 그것에 현명하게 대처할 수 있다."[참고: 데이비드 데스테노 · 피에르카를로 발데솔로(2012). 숨겨진 인격(역). 파주: 김영사]

79) 참고: 프랑수아 줄리앙(2009). 현자에게는 고정관념이 없다(역). 서울: 한울.

80) 참고: 프란시스코 J. 바렐라(2009). 윤리적 노하우(역). 서울: 갈무리.

81) 참고: 랄프 왈도 트라인(2006). 인생의 문을 여는 만능열쇠(역). 서울: 지식여행.

82) 파리에서 중국인 부모 아래 태어난 요요마(Yoyo Ma)는 천재적인 재능을 보인 첼로리스트다. 9세 때 그는 뉴욕의 카네기홀에서 데뷔 연주회를 가졌고 이어 줄리아드 학교에서 공부하고 하버드 대학교에서 인문학으로 학위를 받았다. 그는 1991년 모교에서 명예 음악 박사 학위를 수여받기도 했다. 그가 더 유명해진 것은 실내악의 대가로서 격식을 깨고 블루그래스 음악인들과 새로운 형식의 연주를 보여 주었기 때문이다. 말하자면 저들과 함께 〈애팔래치아 왈츠〉를 함께 녹음하거나, 아스토르 피아졸라의 탱고 작품 〈탱고의 영혼〉을 녹음하기도 했다. 요요마는 고전음악의 전통과 청중의 범위를 확대하기 위해 다른 분야의 예술가들과 서슴없이 공동 작업을 함으로써 새로운 형식의 크로스오버를 시도했다. 요요마는 요한 세바스티안 바흐의 〈무반주 첼로 모음곡〉 6곡을 녹음하면서 그의 음악을 재해석하려고 시도했다. 그것을 위해 그는 조경예술가 줄리 메세르비, 영화 감독 프랑수아 지라르, 안무가 마크 모리스, 영화 감독 애텀 에고이언, 가부키 배우 반도 다마사부로, 아이스댄서 제인 토빌과 크리스토퍼 딘 등과 함께 협동 작업을 함으로써 바흐 음악을 새롭게 재해석하기도 했다. 요요마는 1983년부터 2008년까지 50장 이상의 앨범을 녹음했는데, 이 기간 동안 그는 음악가로서는 최고의 영예인 그래미상을 15번이나 받았다.

83) 『심경부주』를 조선시대 유학에서 하나의 새로운 장으로 끌어들인 사람이 퇴계 이황이다. 그는『심경부주』를 접하고 나서 "비로소 심학의 연원과 정미함을 알게 되었다."라고 말했다. 『심경부주』에 빠져드는 그에 대해 다른 유학자들은 비판적이었다. 『심경부주』를 그들이 신봉하는 성리학의 교리를 어지럽히고 성리학의 사상에 어긋나는 것이라고 보았기 때문이다. 『심경부주』를 사문난적(斯文亂賊)시하며 주자성리학만을 유일하게 우선시했던 그들은『심경부주』의 주해를 붙인 정민정을 비판했다.

원래 중국에서 진덕수가 주자학적 입장으로『심경』을 정리했는데, 그 후에 후학인 정민정이 심경에 해제와 주를 덧붙이면서 엉뚱한 일을 했다고 비판한 것이다. 심경에 주자학적 견해를 넘어서는 이단적인 입장을 집어 넣었다는 것이다. 말하자면 자기 자신의 본심을 먼저 알아서 밝혀야 한다는 상산학의 견해, 즉 발명본심(發明本心)을 내세우는 상산학(象山學)의 입장을 가미시켜 정민정이『심경』을 원래와는 다르게 정리했다고 보았다. 이황이 정민정이 쓴 그런『심경부주』를 높이 평가한 것에 대해 도학의 정통성을 내세우는 유학자들이 들고 나선 것이다. 말하자면 송시열을 필두로 한 일단의 율곡학파들이 거세게 『심경부주』를 비판하며 이황을 정치적으로 몰아세운 것이다. 그런 와중에서도 이황의 견해를 지지하는 신(新)유학자들이 늘어난 것도 사실이었다. 그러면서 『심경부주』에 대해 새로운 의견들이 정리되기 시작했다. 『심경부주』에 대한 서로 다른 입장과 수용은 조선 유학의 새로운 발전을 보여 주는 싹이 된 것이다. 말하자면 '이황과 그의 직전제자들' '기호 율곡학파' '영남 퇴계학파' '양명학파 및 실학파' 등은 자신의 학파적 입장에 따라 『심경부주』를 서로 다르게 자기의 삶과 학문에 활용하기 시작했다[참고: 홍원식 외(2007). 조선시대 심경부주 주석서 해제. 서울: 예문서원].

84) 유가의 군자들이 재물을 멀리했다는 것은 편견이라고 말하는 칼럼니스트 리카이저우는 역사적 사실을 뒤적이며, 맹자는 금부자, 포청천도 부자, 이들의 학문적 본보기였던 공자 역사 만만치 않은 재물가였다고 지적하고 있다[참고: 리카이저우(2012). 공자는 가난하지 않았다(역). 서울: 에쎄]. "공자가 위나라의 관학에서 학생들을 가르치는 대가로 90톤의 좁쌀을 연봉으로 받았는데, 이것은 280명이 1년 동안 먹을 수 있는 양이자 한 사람이 280년간 먹을 수 있는 양이기도 하다. 당시 공자의 모친인 과부 안씨는 이미 세상을 떠난 뒤였고, 공자의 손자인 공급(孔伋)은 아직 태어나지 않은 때였다. 따라서 공자의 가솔은 아내 기관씨와 아들 공리, 그리고 공리의 아내뿐이었다. 가족이라고 해 봐야 기껏 네 명으로, 식량으로 계산하면 1년에 많이 먹어야 1000여 킬로그램이었다. 공자의 연봉은 온 가족이 몇십 년 동안 먹을 수 있는 양인 셈이었다."

85) 참고: 허허당(2012). 비고 빈 집. 서울: 고인돌.

86) 참고: 법정(1999). 무소유. 서울: 범우사.

87) 6,000명의 환자를 대상으로 맥박 상승과 분노의 영향 관계를 조사했던 독일 예나 연구팀은 환자들의 맥박 상승은 고혈압 및 관상동맥질환을 야기하고, 잇달아 암과 신장 손상 질환으로 진행된 것을 발견했다. 누구든 분노로 인해 자신의 맥박이 상승했을 때는 그것을 외부로 재빨리 표출해야 자신의 내면적인 안정을 되찾을 수 있다. 마음속으로 분노를 그냥 삭이고 있으면 화가 난 흥분 상태에서 쉽사리 벗어날 수 없기 때문에 모든 부정적인 영향이 몸에 남아 있게 되어 자신의 건강을 해칠 뿐이다. 외부로 자신의 감정을 드러내는 것을 숨기려고 노력하는 사람들은 항상 자신과 주변 환경을 제어하기 위해 노력하기에, 그만큼 정신적인 에너지가 고갈된다는 것이다. 현실적으로 다혈질적이고 정열이며, 감정 표출이 심한 이탈리아인이나 스페인 사람들은 자신의 감정 표현을 억제하거나 제대로 하지 않는 영국인보다 장수하는 것으로 알려져 왔다[참고: 파이낸셜뉴스 편집국(2012). 화내고 짜증 잘 부리는 사람이 더 오래 산다. 파이낸셜뉴스. 2012년 12월 27일자].

88) 참고: 틱낫한(2002). 화(역). 서울: 명진출판사.

89) 김 스텔라 수녀는 이런 사실 하나를 소개하고 있다.
그 할머니를 만난 것은, 통증이 너무 심하자 할머니의 아들이 다급한 마음에 가정 호스피스를 찾아 우리에게 연락했기 때문이다. 통상 서너 달 진단을 받은 말기암 환자들에게 통증을 완화시켜 주는 간호를 하는 게 가정 호스피스 역할이다. 할머니는 머리가 아프다며 하얀 천으로 머리를 꽁꽁 싸매고 발가락

사이사이에도 동여매고 있었다. "할머니, 머리는 왜 그러고 계세요?" "머리를 꽁꽁 묶어 놓으면 머리가 안 아프거든." 할머니는 암 말기로 더 이상 병원에서 해 줄 게 없다고 해 집에서 요양하고 있었다. 중환자실에 가서 치렁치렁 고무호스 줄을 매달고 있으니 집에서 조용히 임종하기를 원했다. 하지만 통증 때문에 너무 고통을 겪어 아프지 않고 죽는 게 소원이라고 하셨다. 할머니께 진통제를 드리자 통증은 조절되기 시작했고, 구역질과 구토 문제도 해결돼 식사도 제대로 하게 됐다. 그렇다고 죽음의 두려움이 해결된 건 아니었다. 집안에 혼자 계셔야 할 때가 많아 오히려 외로움에 대한 두려움이 컸다. 하루는 밤늦게 통증이 심하다고 해 집으로 방문하자, 할머니는 "사람도 아녀."라고 했다. 나는 깜짝 놀라 무슨 뜻이냐고 되물었다. 할머니는 갑자기 목소리가 살아나더니 "당신은 사람이 아니라 천사와 같다."고 했다.

할머니의 이런 말씀을 듣는 순간, '아! 이게 바로 우리 삶이구나.'라는 생각이 번쩍 들었다. 할머니는 아프고 힘들 때 누군가가 늘 함께 있어 주기를 원했던 거였다. 신체적인 통증만 아니라 정신적 통증을 더 두려워했던 것이다. 그러기에 늦은 시간에도 집으로 급하게 달려오는 우리를 보고 할머니는 편안해했다. 환자를 돌보는 것은 우리의 시간에 맞춰야 하는 게 아니라 환자의 시간에 맞추어야 한다는 것을 새삼 깨닫게 됐다. 그렇게 4개월여를 보낸 뒤 할머니가 위독하다는 연락을 받았다. 자녀들뿐만 아니라 손자들도 모여 있었다. "지금 할머니는 여행을 떠나실 준비를 하고 계시니 손자들도 할머니에게 인사를 드리는 게 어떻겠습니까." 나의 권유에 아이들이 한명씩 할머니에게 다가가 "이젠 아프지 마세요. 좋은 곳에 가서 편히 사세요."라고 인사를 하자, 말할 힘조차 없는 할머니는 눈짓으로 고개를 끄덕였다. 할머니 얼굴은 금세 평안해졌고 가족들도 죽음의 두려움에서 벗어나고 있다는 느낌이 들었다.

다시 "할머니에게 새 옷을 입히기 위해선 목욕을 시켜드리시죠."고 하자, 어린 손자들은 할머니의 손과 발을 씻겼고, 어른들은 할머니의 주름진 얼굴과 여윈 몸을 닦았다. 할머니와의 관계를 정리하는 시간이었다. 세상을 떠나려는 사람과 이 같은 사랑의 행위처럼 숭고하고 아름다운 게 또 있을까. 할머니는 비록 한마디도 못하고 숨 쉴 힘조차 없는 상황이 됐지만 얼굴 표정으로, 눈 한 번 맞추는 것으로 가족의 사랑을 확인하였다. 온 가족이 모여서 할머니와 지낸 옛날 이야기를 하기도 하고 할머니의 장례식과 유언에 대해 말했다. 자기의 유언대로 가족들이 해 줄지 염려하는 환자들이 많기 때문에 마지막 순간에 그런 얘기를 하면 환자들은 되레 차분해지면서 위로를 받는다. 할머니는 그날 자신의 소원대로 온 가족이 둘러앉은 가운데 어둠을 잘 헤치고 빛을 향해 웃으며 가시지 않았을까.

나는 이 가정을 보면서 우리는 죽음과 마주하는 법을 배워야 한다고 생각했다. 예전에는 집에서 돌아가시는 게 대부분이었지만 지금은 병원에서 임종해 죽음을 접할 기회가 적다. 아이들에게 부모의 임종을 지키게 할 것이냐를 놓고 물어보면 대부분 가정들은 고개를 돌린다. 하지만 어른들은 자녀들이 받게 될 상실감에 대해선 전혀 생각하지 못하는 경우가 허다하다[참고: 김스텔라(2010). 어린 손자들은 할머니 손과 발을 어른들은 얼굴과 몸을 닦았다. 조선일보. 2010년 8월 4일자].

90) 참고: 세스 고딘(2010). 더딥-포기할 것인가 끝까지 버틸 것인가(역). 서울: 재인.

91) 참고: 말콤 글래드웰(2009). 아웃 라이어(역). 파주: 김영사.

92) 바다의 파도를 보며 "부서져라, 부서져라. 부서져라, 네 벼랑 기슭에, 오 바다여! 하지만 가 버린 날의 다정한 행복은 내게 다시는 돌아오지 않으리."라고 영탄한 영국의 계관시인 알프레드 테니슨(Alfred Tennyson)은 영국의 전성기였던 빅토리아 여왕 시대의 대표 시인이다. 그는 영국 왕권의 애찬을 시로 표현하여 여왕으로부터 직위와 영작을 받았다. 그가 살던 저택 앞에는 큰 오크(Oak), 한국인이 말하는 참나무보다는 조금 다르게 몸집이 큰 나무 한 그루가 서 있었다. 그는 이 거목을 통해 인생을 읊었다. "젊거나 늙거나 저기 저 참나무같이 네 삶을 살아라 봄에는 싱싱한 황금빛으로 빛나며 여름에는 무성하고 그리고, 그리고 나서 가을이 오면 다시 더욱 더 맑은 황금빛이 되고 마침내 나뭇잎 모두 떨어지면 보라, 줄기와 가지로 나목이 되어 선 저 발가벗은 '힘'을."

93) 기독교식으로 기도를 할 적에 '하느님 아버지'라고 말하지, '예수 아버지'라고 말하지 않는 것은 예수가 바로 우리에게 스승이 된다는 것을 의미한다. 이것을 잘 드러낸 사람이 바로 다석 류영모 선생이다. 류영모는 성경 중에서도 요한복음을 진수로 받아들이면서 예수를 평생 스승으로 섬겼던 사람이다. 예수가 그의 평생 스승이기는 했지만, 성경이라는 글에 대해서만 편벽하지는 않았다. 성경의 '글' 생각에서 벗어나 그는 석가, 노자, 장자, 공자, 맹자, 소크라테스 등과 같은 성인들이 이야기한 다양한 사상과 종교를 공부했다.

다석의 일상에서 성인의 삶과 예수의 삶이 하나가 되게 되자 그는 하나의 커다란 깨달음을 얻었는데, 그것이 얼나로 솟나는 일이었다. 얼나로 솟난다는 것은 성경으로 본다면 거듭남이며 부활인 것이었다. 말하자면 "생사(生死)와 애증(愛憎), 욕망의 노예인 '제나(自我, ego)'에서 벗어나 진정한 '나'인 '얼나'로 다시 태어나는 경험이었다. 다석 선생은 예수의 가르침도, 공자, 노자, 붓다의 가르침도 모두가 이 얼나의 솟나기였다고 결론짓는다. 예수가 '자유를 얻는다'라고 한 말이나, 붓다가 '불성을 깨닫는다'고 말한 것은 모두가 얼나의 솟나기였다는 것이다. 예수는 그것을 '성령'이라 했지만, 노자는 그것을 '도'라 일컬었으며, 석가는 그것을 '다르마'라 서로 다르게 불렀을 뿐이라는 것이 다석 선생의 견해였다[참고: 류영모(2010). 다석 마지막 강의. 서울: 교양인].

전체 신약 가운데 25%의 분량을 차지하는 사도 바울의 편지에서, 예수의 가르침은 거의 찾아보기 어렵다. 그것은 예수의 가르침에 대한 바울 개인의 지성적이고도 영성적인 한계다. 다석 류영모 선생의 지적이다.

사도 바울이 예수를 따랐음에도 불구하고, 그는 예수 살아생전 예수를 직접 만나지도 못한 사람이다. 보지도 못한 사람이고, 게다가 예수의 말씀을 있는 그대로 읽지도 않았다. 그는 무지했었던 예수의 초기 제자들을 거의 만나려고 하지 않았다. 바울은 실상 예수의 가르침에는 온전히 무식했다는 것이 다석 선생의 판단이었다. 그보다는 오히려 예수 제자의 탄압을 하느님의 일이라고 믿고 있었던 그였다. 그랬던 바울이 다메섹에서 눈이 멀게 된다. 하느님은 예수 편이고 자기 일이 잘못이라고 결론짓는다. 회개 후에 거듭난 사람이 바울이었다. 바울은 예수의 제자 입장에서는 사랑할 수도 미워할 수도 없는 그런 사람일 뿐이다. 예수의 이름을 세상에 알리는 데 없어서는 안 될 인물이 바로 그였기 때문이다. 동시에 예수 자신의 가르침을 세상에 '바로' 알리는 데에도 방해가 되는 사람이 바로 바울이었기 때문이라는 것이다.

그래서 다석 선생을 따르는 제자들은 말한다. 지금처럼 번진 기복적 기독교는 예수의 이름을 빌린 바울의 교의(敎義)일 뿐이지, 예수의 말씀과 정신을 있는 그대로 보여 주는 정교가 아니라고 말한다. 현재 교회의 근간으로 치부되고 있는 육체 부활 신앙, 대속 신앙, 교회 중심 신앙은 바울의 교의를 따르는 것이라는 지적이다. 예수의 말씀을 따르는 것이 아니라는 것이다. 실제로 예수는 산이나 들에서 자기 주위에 모인 사람들에게 하느님의 말씀을 전했을 뿐이다. 지금과 같은 교회를 세운 바도 없다. 그런 기복의 교회를 세우라고 말하지도 않았다. 예수의 죽음, 그 피흘림으로 우리 죄를 대신했다는 것조차도 바울의 개인적인 해석이었을 뿐이다. 유대인의 전통을 이어받아 자기 생각으로 각색한 바울의 생각이었다. 그것이 기독교 교리가 되었다는 것이다.

유대인은 병들거나 불구로 태어나는 것을 죄의 결과로 생각한다. 그 죄를 씻으려고 할 때 그들은 자기를 대신 해 줄 비둘기, 양, 소 등을 잡아 피 흘리게 하고, 그것을 불에 태워 하느님의 노여움을 풀어내는 제의로 삼는다. 바울은 그 유대인들의 관습을 기독교에 그대로 차용했을 뿐이다. 예수에게 하느님은 피비린내와 살이 타들어 가는 그런 냄새를 맡는 분이 아니다. 화를 그런 제사로 풀어내는 원시적인 두려움의 존재가 아니다. 하느님 사랑의 그 모든 것이었는데 바울은 그것을 모른 체 하고 지나쳐 버렸을 뿐이다[참고: 박영호(2007). 잃어버린 예수. 서울: 교양인].

94) 큰 자유의 길로 나아가고 싶다면, 나를 버리고 다시 나를 얻으라는 것이 마하리쉬의 4세대 영성가(靈性家)이자 명상가인 니르말라(Nirmala)의 시대적인 조언이다. 오랜 명상을 끝낸 그는 말한다. "인간은 만족할 줄 모른다. 그저 원하기만 하는 존재다. 원하는 것을 얻어 내고, 욕망에 탐닉한 채 나 자신을 내세우려고 하면 할수록 그 순간에는 무슨 쾌락을 얻어 내는 것 같아 보이지만 그것은 이내 허상일 뿐이다. 쾌락을 맛보는 순간 이내 만족은 불만족으로 바뀌어 버리기 때문이다. 마치 갈증을 달래려고 바닷물을 마시거나 진한 단물을 마시면 이내 큰 갈증이 생기는 것과 같은 이치다. 욕망하는 인간은 무엇인가 실체가 있는 것 같아 보이지만, 사실은 정반대로 드러나는 모든 특성을 지니고 있을 뿐이다. '나'는 그러니까 나라는 존재는 한마디로 거짓 덩어리다. '나'라는 것이 존재한다는 것은 나에 대한 오해 또는 잘못된 관념 때문이다. '나'라는 것은 '나'에 대한 생각일 뿐이다. '나'는 한마디로 거짓이고 환상에 지나지 않는다. 그러니 이런 '나'를 붙들고 뭔가를 한다거나 더 낫게 만들려 애써 봤자 헛수고일 따름이다. 어떤 것을 강렬하게 느끼거나 생각하거나 욕망하는 것도 사실은 '내'가 아니다. 심지어 고통도 '내 것'이 아니며, 심오한 영적 깨달음조차 '내 것'이 아니다. "인간은 '나'라고 부르는 이 정교한 건축물을 자신이 생각하고 느끼고 욕망하고 지각하는 것으로 정교하게 짓지만, 그것은 모두 나라는 거짓이 만들어 낸 것일 뿐이다."라고 말한다. 그는 역설적으로, '참 나'가 바로 '모든 것의 근원'이기에 어떤 조건에도 얽매이지 않는 대자연이 늘 품어 내는 사랑 안에서 호흡하라고 말한다. 사실 나라는 존재는 제아무리 버둥거려도 100살을 채 살지 못한다. 그것도 긴 세월로 보이지만, 우주의 나이, 자연이 먹은 나이에 비하면, 더군다나 앞으로 더 먹을 나이에 비하면 티끌에도 비교되지 않는 그런 찰나적인 순간일 뿐이다. 그것을 깨닫는 그 순간부터 엄숙한 자유가 엄숙할 것이며, 그런 깨달음이 바로 웰빙의 시작일 뿐

이다[참고: 니르말라(2012). 나는 없다(역). 서울: 아름드리미디어].

95) 참고: 유명만(2012). 니체는 나체다. 서울: 생각 속의 집.

96) 참고: 오천석(2009). 민주주의 교육의 건설. 서울: 정민사.

97) 자기를 다스리는 것은 자기의 일자리에서도 얼마든지 가능하다. 그런 것을 증거해 주는 아름답기 그지 없는 글을 류태영 명예교수가 보내왔다. 이 글은 평화신문의 김원철 기자가 쓴[참고: 김원철(2005). 안 식년에 휴게소 미화원으로 취직한 ㅂ신부. 평화신문. 2005년 12월 25일자] '안식년에 휴게소 미화원으 로 취직한 ㅂ 신부'라는 르포 기사였다. 한 달 동안 고속도로의 미화원으로 취직한 신부가 한 번 더 자 신을 다스려가는 경험을 읽어 가는 동안 흘러내리는 눈물과 부끄러움에 내 스스로를 주체할 수 없었 다. "아저씨!" "……" "아저씨! 잠깐만요." 11월 30일 영동고속도로 ○○휴게소. 한 중년 부인이 승용 차 창문을 반쯤 내리고 부근에서 빗자루질하는 미화원 ㅂ씨를 불렀다. ㅂ씨는 부인이 부르는 '아저씨' 가 자신이란 걸 뒤늦게 알고 고개를 돌렸다. "이거(일회용 종이컵) 어디에 버려요?"(그걸 몰라서 묻나. 쓰레기통까지 가기가 그렇게 귀찮은가?) "이리 주세요." ㅂ씨는 휴게소 미화원으로 일한 지 이날로 꼭 한 달째다. 그런데도 '아저씨'란 호칭이 낯설다. 지난 27년 동안 '신부님'이란 소리만 듣고 살았기 때문 이다.

그는 오전 8시부터 오후 8시까지 12시간 동안 휴게소 광장을 다람쥐 쳇바퀴 돌 듯하며 빗자루질을 한 다. 그의 신분을 아는 사람은 주변에 한 명도 없다. 기자의 '기습'에 깜짝 놀란 그는 "아무도 모르게 하 는 일인데." 하며 사람들 눈을 피해 어렵사리 말문을 열었다. "사람들 사는 게 점점 힘들어 보여서 삶의 현장으로 나와 본 거예요. 난 신학교 출신이라 돈 벌어 본 적도 없고, 세상 물정에도 어두워요. 신자들 이 어떻게 벌어서 자식들 공부시키고 집 장만하고, 교무금을 내는지 알아야 하잖아요." 그는 세상에 나 오자마자 소위 '빽'을 경험했다. 농공단지에 일자리를 알아보려고 갔는데 나이가 많아 받아 주는 데가 없었다. 아는 사람이 힘을 써줘서 겨우 휴게소 미화원 자리를 얻기는 했지만 '사오정'이니 '오륙도'니 하는 말이 우스갯소리가 아니란 걸 피부로 느꼈다.

그는 출근 첫날 빗자루를 내던지고 그만두려고 했다. 화장실 구역을 배정받았는데 허리 펴 볼 틈도 없 이 바쁘고 힘이 들었다. 대소변 묻은 변기 닦아내고, 발자국 난 바닥 걸레질하고, 담배 한 대 피우고 돌 아오면 또 엉망이고……. 그래도 일이 고달픈 건 견딜만 했다. 사람들 멸시는 정말 마음이 아팠다. 어느 날 한 여성이 커피 자판기 앞에서 구시렁거리며 불평을 했다. 무엇을 잘못 눌렀는지 커피가 걸쭉하게 나와 도저히 마실 수 없는 상태였다. ㅂ 신부는 휴게소 직원으로서 자신의 동전을 넣고 제대로 된 커피 를 뽑아주었다. 그랬더니 그 여성이 "고마워요. 저건(걸쭉한 커피) 아저씨 드시면 되겠네."라며 돌아서 는 게 아닌가. "제가 그때 청소복이 아니라 신사복 차림이었다면 그 여성이 어떤 인사를 했을까요? 겉 모습으로 사람을 평가하면 안 되죠." ㅂ 신부는 "그러고 보면 지난 27년 동안 사제복 덕분에 분에 넘치 는 인사와 대접을 받고 살았는지도 모르겠다."고 덧붙였다.

그는 눈물 젖은(?) 호두과자도 먹어 보았다. 아침을 거르고 나왔는데 허기가 져서 도저히 빗자루 질을 할 수가 없었다. 하는 수 없이 호두과자 한 봉지를 사들고 트럭 뒤에 쪼그려 앉아 몰래 먹었다. 손님들 앞에서 음식물 섭취와 흡연을 금지하는 근무 규정 때문이다. 그의 한 달 세전 월급은 120만 원. 그는 "하루 12시간씩 청소하고 한 달에 120만 원 받으면 많이 받는거냐, 적게 받는거냐."고 기자에게 물었다. 또 "언젠가 신자가 사다 준 반팔 티셔츠에 10만 원 넘는 가격표가 붙어 있던데……"라며 120만 원의 가치를 따져보았다.

이번엔 기자가 "신부님이 평범한 50대 중반 가장이라면 그 월급으로 생활할 수 있겠어요?"라고 물었다. "내 씀씀이에 맞추면 도저히 계산을 못하겠네요. 그 수입으로는 평범한 가장이 아니라 쪼들리는 가장밖에 안 될 것 같은데." 그는 "신자들은 그런데도 헌금에 교무금에 건축기금까지 낸다."며 "이제 신자들을 더 깊이 이해할 수 있을 것 같다."고 말했다. 그는 "그동안 강론대에서 '사랑'을 입버릇처럼 얘기했는데 청소부로 일해 보니까 휴지는 휴지통에, 꽁초는 재떨이에 버리는 게 사랑임을 깨달았다."라고 말했다. "쓰레기를 함부로 버리면 누군가가 그걸 줍기 위해 허리를 굽혀야 합니다. 쓰레기를 쓰레기통에 버리는 것은 평범한 일입니다. 또 과시할 것도 없고, 누가 알아주기를 바랄 필요도 없죠. 시기 질투도 없습니다. 그게 참사랑입니다." 그는 "신자들이 허리 굽혀 하는 인사만 받던 신부가 온종일 사람들 앞에서 허리 굽혀 휴지를 주우려니까 여간 힘든 게 아니다."며 웃었다. 그는 "퇴근하면 배고파서 허겁지겁 저녁식사하고 곧바로 곯아 떨어진다."며 "본당에 돌아가면 그처럼 피곤하게 한 주일을 보내고 주일미사에 온 신자들에게 평화와 휴식 같은 강론을 해 주고 싶다."고 말했다. 이 날은 그의 마지막 근무일이다. 애초에 한 달 계획으로 들어왔다. 그는 '낮은 자리'에서의 한 달 체험을 사치라고 말했다. "난 오늘 여기 그만두면 안도의 한숨을 쉬겠죠. 하지만 이곳이 생계 터전인 진짜 미화원이라면 절망의 한숨을 쉴 것입니다. 다시 일자리를 잡으려면 얼마나 힘들겠어요. 나도 '빽' 써서 들어왔는데. 그리고 가족들 생계는 당장 어떡하고. 그래서 사치스러운 체험이라는 거예요." 그는 인터뷰가 끝나자 일터로 뛰어갔다. 한 시간가량 자리를 비운 게 마음에 걸려서 그런 것 같다. 미화반장한테 한소리 들었을지도 모른다. 쓸고 닦고 줍고…… 몸을 깊숙이 숙인 채 고속도로 휴게소를 청소하는 ㅂ 신부. 그에게 빗자루질은 사제 생활 27년 동안 알게 모르게 젖어든 타성에서 벗어나고, 마음의 때를 씻어 내려는 기도인지도 모른다.

98) 참고: 류영모(2004). 얼의 노래. 서울: 두레.

99) 죽어 가는 환자와의 면담을 시작으로 1967년 상반기부터 매주 금요일 '죽음과 죽어 감'이란 주제로 세미나를 열기 시작했던 로스(Elisabeth Kübler-Ross) 박사는 죽어 가는 그들의 모습을 이렇게 회고한다. "면담이 끝날 즈음에는 환자의 표정에 평온함이 보였다. 희망을 버리고 무력감에 사로잡혀 있던 대부분의 환자가 새롭게 주어진 교사의 역할에서 커다란 기쁨을 찾았다. 죽음을 앞두고 있지만, 아직 목적을 가지고 살아가는 것이 가능하고, 마지막까지 훌륭하게 살아갈 이유가 있다는 사실을 깨달은 것이다. 그들은 계속 성장하는 과정에 있었다. 그것은 세미나장을 가득 메운 사람들도 마찬가지였다." 이러한 세미나에서 참석자들이 배운 가르침은 "뒤돌아보고 삶을 헛되이 보냈다고 후회하지 않도록 살아가세요. 정직하고 충만하게 삶을 살아가세요."라는 것이었다[참고: 엘리자베스 퀴블러 로스(2009). 생의 수레바퀴: 죽음을 통해 삶을 배우고자 하는 이에게(역). 서울: 황금부엉이].

100) 참고: 이황(2006). **자성록**(역). 서울: 국학자료원.

101) 참고: 신창호(2010). **함양과 체찰**. 서울: 미다스북스.

102) 연합뉴스의 김용민 기자는 퇴계 후손의 장수 비결인 『활인심방』 건강법을 취재했다. 사람을 살리는 마음의 방책으로 알려진 활인심방법(活人心方法)은 아직도 진성 이씨 퇴계 종중(宗中)에 대대로 전승되고 있다. 도산서원에서는 퇴계의 건강 비법을 그대로 따라하면서 후손들 스스로 자신의 건강을 지키고 있다. 『활인심방』은 퇴계 선생이 중국 명나라를 세운 주원장(朱元璋)의 열여섯째 아들인 주권(朱權)이 지은 책인 『활인심(活人心)』을 우리 사정에 맞도록 번안한 서책이다. 권력에는 별로 관심이 없었기에, '현주 도인(玄洲 道人)'이라 불릴 만큼 도가(道家)에 조예가 깊었던 주권의 활인심술에 관심을 가졌던 퇴계 선생은 바로 그 주권의 『활인심』을 입수, 번역하고 거기에 자신이 생각한 내용을 덧붙여 건강과 장수의 비법이 담긴 『활인심방』으로 만들어 마음을 다스리는 정신건강방법으로 활용했다(참고: 김용민(2007). 퇴계 후손의 장수 비결, 활인심방(活人心方) 건강법. 신동아. 2007년 8월 27일자].

퇴계 선생이 직접 옮겨 새로 만든 『활인심방』에는 서문을 시작으로 중화탕(中和湯) 화기환(和氣丸) 양생지법(養生之法) 치심(治心) 도인법(道引法) 거병연수육자결(去病延壽六字訣) 양오장법(養五臟法) 보양 정신(保養精神) 보양 음식(保養飮食)에 관한 것들로 구성돼 있다. 중화탕이라 함은 30가지 마음의 자세를 잘 섞어 만든 무형의 약재를 뜻하며, 화기환은 참을 인(忍)자로 만든 환약을 뜻한다. 양생지법은 건강하게 오래 사는 법을 말하고, 치심은 마음을 다스리는 법, 도인법은 건강 체조를 뜻한다. 또 거병연수육자결은 병을 없애고 장수하는 여섯 자의 비결을 말하고, 양오장법은 오장을 튼튼하게 하는 법을 뜻하며, 보양 정신은 정신을 보호하고 키우는 법, 보양 음식은 몸을 보하는 건강 음식을 뜻한다.

책의 서문에는 이렇게 적혀 있다. "성인(聖人)은 병들기 전에 다스리고 의원은 병이 난 후에 고치는 것이니, 전자를 치심(治心) 또는 수양(修養)이라 하고 후자를 약이(藥餌)라 한다. 다스리는 법이 이와 같이 두 가지이나 병의 근원은 하나이니 모두가 마음에서 비롯하는 것이다. 노자께서 말씀하시길 "마음은 정신의 주(主)가 되고 고요하거나 바쁜 것이 모두 마음에 따른 것이다." 하였으니 마음은 도(道)의 근본도 되고 화(禍)의 원인이 되는 것이다. 마음이 고요하면 모든 일에 태연하고 맥박이 활발하나 고요치 못하면 기혈의 흐름이 고르지 못하고 탁하여 백병(百病)의 원인이 된다. 그러므로 성품이 고요하면 정(情)은 평안해지고 마음이 산란하면 정신이 피로하나니 참됨을 지키면 뜻이 만족한다. 여러 가지 복잡하게 추구하면 생각이 복잡하여 정신이 산란하고 정신이 산란하면 기가 흩어져 병이 들고 죽게 되는 것이다. 이는 평범한 말인 듯 싶으나 도(道)의 깊은 뜻에 합치되는 일이다. 무릇 사람의 병을 다스려 고쳐 주는 자가 병의 원인을 잘 알아 쓴다면 이 책 한 권만으로도 충분할 것이고 수양을 위해서라면 이 책만으로도 선도(仙道)를 이룰 것이며 오래 살 것이다."

서문 다음부터 기술된 중화탕의 조제법에서는 중화탕을 만들기 위해 다음과 같은 '약재'가 필요하다고 쓰고 있다. "사무사(思無邪, 마음에 거짓을 없앨 것), 행호사(行好事, 좋은 일을 행할 것), 막기심(莫欺心, 마음에 속임이 없을 것), 행방편(行方便, 필요한 방법을 잘 선택할 것), 수본분(守本分, 자신의 직분에 맞게 할 것), 막질투(莫嫉妒, 시기하고 샘내지 말 것), 제교사(除狡詐, 간사하고 교활하지 말 것), 무성실(務誠實, 성실히 행할 것), 순천도(順天道, 하늘의 이치에 따를 것), 지명한(知命限, 타고난 수명의 한계를 알 것), 청심(淸心, 마음을 맑고 깨끗하게 할 것), 과욕(寡慾, 욕심을 줄일 것), 인내(忍耐, 잘 참고 견딜 것), 유순(柔順, 부드럽고 순할 것), 겸화(謙和, 겸손하고 화목할 것), 지족(知足, 만족함을 알 것), 염근(廉謹, 청렴하고 삼갈 것), 존인(存仁, 마음이 항상 어질 것), 절검(節儉, 아끼고 검소할 것), 처중(處中, 한쪽에 치우치지 말고 조화할 것), 계살(戒殺, 살생을 경계할 것), 계로(戒怒, 성냄을 경계할 것), 계포(戒暴, 거칠게 행하지 말 것), 계탐(戒貪, 탐욕을 경계할 것), 신독(愼篤, 신중히 생각하고 독실하게 행할 것), 지기(知機, 사물의 기틀을 알 것), 보애(保愛, 사랑을 견지할 것), 염퇴(恬退, 물러서야 할 때 담담히 물러날 것), 수정(守靜, 고요함을 지킬 것), 음즐(陰櫛, 은연 중에 덕이나 은혜를 쌓을 것). 중화탕은 위에서 처방한 수십 종의 정신적 약재를 잘 달여서 꾸준히 복용해야 한다. 다만, 사람들이 화기환(和氣丸)이 필요할 때는, 한 알씩 복용해 즉효를 보게 된다. 화기환은 곧 '참을 인(忍)'자를 말하기 때문이다. '마음 위에 칼이 놓였으니 군자는 이로써 덕을 이룬다'는 것이 바로 화기환의 약재다. 소인은 분함을 참지 못해 자신을 망친다는 게 그 중심 이론이다. 어른이나 아이 할 것 없이 기가 모자라거나 넘치는 데서 목이 메고, 가슴이 답답하며, 부대껴 헛배가 부르고, 온몸이 뒤틀려 마비가 오고, 괴로워서 입술을 깨물고, 이를 갈며 눈을 부릅뜨고 주먹을 쥐고, 얼굴이 붉어져 귀까지 빨개지고, 온몸이 불같이 달아오른다. 이는 의원들도 고치지 못하는데 그럴 때마다 화기환을 한 알씩 먹이되 말이 필요 없고 입을 꼭 다물고 침으로 녹여 천천히 씹어 삼키게 한다."

화기환 다음으로는 '건강하게 오래 사는 법'인 양생지법이 소개돼 있다. 중화탕이나 화기환과 달리 일상생활에서도 충분히 실천할 수 있는 내용인 양생지법은 10여 가지로 요약된다. ▲소화와 밀접한 관계가 있는 비장(脾臟)은 음악을 좋아하기 때문에 좋은 음악을 들으면서 식사하는 것이 소화에 좋다. 밤이 짧은 여름에는 밤늦게 먹거나 잘 씹어 먹지 않으면 비장에 무리가 생기며 소화가 잘 안 된다. ▲술을 마시면 기분이 좋아지고 혈맥이 잘 통하는 좋은 점이 있으나 지나치면 몸에 풍(風)을 일으키고 신장을 상하게 하고 장의 기능을 나쁘게 한다. 특히 배불리 먹은 뒤의 음주는 아주 나쁘다. 또 술을 급하게 많이 먹으면 폐가 상하게 된다. 술에 취해 깨지 않은 상태에서 목이 마르다고 물이나 차를 많이 마시면 술을 신장으로 끌어들이는 결과가 되어 허리가 아프고 다리가 무거워지며 방광을 상하게 해 다리가 붓고 팔다리가 굽는 병이 생긴다. ▲차(茶)는 언제든지 많이 마시면 하초(下焦, 아랫배)를 허하고 냉하게 한다. 빈속의 차는 아주 좋지 않으며 배부를 때 한두 잔 마시는 것이 좋다. ▲앉은 자리나 누운 자리에 바람이 통할 때 그냥 견디고 있으면 안 된다. 특히 노인들은 몸이 약하고 속이 허해서 풍이 들기 쉽고, 처음에는 못 느끼나 결국 몸을 해치게 되니 덥다 하여 몸을 식히거나 취했을 때 부채질을 하는 것은 좋지 않다. ▲음식을 만들 때 맵고, 짜고, 시고, 달고, 쓴맛을 적게 쓰면 심신이 상쾌하고 많이 쓰면 해가 된다. 신맛이 지나치면 비장을 상하고, 매운맛은 간을 상하고, 짠맛은 심장을 상하고 쓴맛은 폐를 상하고 단맛은 신장을 상한다. ▲어느 한 가지를 오래 쳐다보고 있으면 심(心)을 상하고 혈(血)을 손(損)하며 오래 앉아 있으면 비(脾)를 상하고 기를 손(損)한다. 오래 걸으면 간을 상하고 오래 서 있으면 신장을 상하고 골(骨)을 손(損)한다. 그러므로 어느 한 가지에 정신을 오래 쏟거나 몸을 고정시키지 말고 변화를 줘야 한다. ▲사람이 나태하고 몸이 나른한 것도 오래면 병이 되나니 기력을 쓰지 않아 운동 부족이 되고 배불리 먹고 앉거나 누워 있으면 혈액이 침체된다. 항상 힘을 적당히 써서 생기와 피가 잘 통하게 해야 하는 것이니 이는 흐르는 물은 썩지 않고 문지방에는 좀이 슬지 않는 이치와 같다. ▲잠을 잘 때는 말하지 않는 것이 좋고 불을 켜놓지 않아야 한다. 누워 잘 때의 좋은 자세는 몸을 옆으로 하고 무릎을 굽히는 것인데 그래야만 심기가 평안하기 때문이다. 잠이 깼을 때는 정신이 흩어지지 않도록 몸을 펼쳐야 한다. 몸을 쭉 펴고 자면 악귀를 불러들인다. ▲머리를 자주 빗으면 풍을 예방하고 눈이 밝아진다. 그러므로 도가(道家)에서는 새벽에 일어나 항상 120번씩 빗질을 하는 것이다. 목욕은 자주 하면 심장과 배를 손상해서 권태로움을 느끼게 한다. ▲여름에는 사람들의 정신이 산만해 심장의 기능은 왕성하나 신장이 쇠하니 노소 불문하고 더운 음식을 먹어야 가을에 토사곽란의 염려가 없다. 뱃속은 늘 따뜻해야 좋은데 그러면 배에 병이 생기지 않고 혈기가 장성해진다. ▲한여름 더운 때라 하여 찬물로 세수하면 오장이 메마르고 진액이 적어진다. 찬 것을 많이 먹으면 시력을 상하며 냉한 채소는 기를 다스리기는 하나 눈이나 귀의 기능을 떨어뜨린다. ▲봄과 여름에는 일찍 일어나는 게 좋고, 가을과 겨울에는 늦도록 자되 해뜨기 전에는 일어나야 한다. 그러나 닭 울기 전에는 일어나지 않는 것이 좋다. 길을 가다가 갑자기 도는 바람이나 번개, 천둥을 만나거나 날이 어두워지면 집안으로 피해 들어가야 한다. 그렇지 않으면 심신을 상하는데 당시는 몰라도 오래되면 병을 얻게 된다. ▲혀 밑에는 두 개의 구멍이 있어 신(腎)과 통하였으니 혀를 천장에 대고 잠깐 있으면 진액이 절로 나와 입안에 가득할 것이니 이를 천천히 삼키면 오장으로 들어가고 기(氣)로 변해 단전(丹田)으로 들어간다. ▲두 손바닥을 마찰해 뜨겁게 한 뒤 눈을 닦으면 눈에 끼는 것이 없어지고 밝아지며 풍을 예방하고 신(腎)을 기른다. 이마를 손으로 문지르고 이마와 머리카락이 닿는 부분을 문지르면 얼굴에 광채가 난다. 가운뎃손가락으로 콧대의 양쪽을 문지르면 폐가 좋아지고 손바닥으로 귓바퀴를 문지르면 귀가 머는 것을 예방한다. 옛사람이 말하기를 "머리는 자주 빗어야 하고, 손으로는 얼굴을 문지르고, 이는 자주 마주쳐야 하며, 침은 항상 삼켜야 하고, 기는 마땅히 정련해야 한다." 라고 했다.

103) 한국인은 나이가 먹어 갈수록 그 어떤 것보다도 건강한 삶을 가장 중요한 것으로 꼽는다. 국력이 신장될수록 건강에 대한 국민적 관심은 그 어느 때보다도 강렬하다. 실제로, 2012년 5월 '성공적 노후에 대한 인식'에 관한 주제 아래, 국가 건강보건연구원은 전국 40~64세 남녀 1천 명에 대해 설문조사를 실시했다. 응답자의 58%는 성공적 노후를 위해 가장 중요한 요건으로 '신체적 측면'을 지목함으로써, 중·장년층 10명 중 6명에게 있어서 최대 관심은 경제적 여유로움보다 신체적 건강이었다. 건강을 성공한 노후의 첫째 조건으로 꼽고 있는 한국의 노년들을 노후 생활에서 자녀의 성공이나 자녀와의 교류보다는 부부의 건강과 화목이 더 중요하다고 지적했다. 경제적(17.7%) 측면은 1위와 큰 차이로 2위를, 가족(15.9%), 심리적(5.6%) 측면과 사회적 교류(3.1%) 등은 3, 4위를 기록했다.

104) 퇴계 선생은 사람들이 일상생활을 통해 늘 염두에 두어야 할 열 가지 교육훈요(教育訓要)를 바로 『수

신십훈』에 담고 있다. 열 가지 교육훈요들은 사람이라면 지켜야 할 최선의 행동 준거들이기에 보통 사람으로서는 그것을 실천하기에 엄두가 나지 않을 수 있다. 『수신십훈』은 그런 고답적인 훈요들로 구성되어 있지만, 퇴계 선생은 『수신십훈』을 통해 나타난 것처럼, 그렇게 생각의 융통성이 없었던 분은 아니었다. 그 스스로 『자성록』에서 율곡 선생과 주고받은 서간에서는 차선책이 필요할 때는 그것을 찾아 쓰는 것이 최선의 방법이라고 당부하고 있기 때문이다. "모든 일에 있어서 어찌해야 할 방법과 도리를 찾지 못했을 경우에는 부득이 차선책을 찾아서 이에 따라야 할 것입니다. 이것이 바로 권도 (權道, 목적 달성을 위하여 그때그때의 형편에 따라 임기응변으로 일을 처리하는 방도)로서 이때에 마땅히 해야 할 지선(至善)입니다."라고 율곡 선생에게 이른바 있다. 퇴계 선생이 말한 『수신십훈』은 입지(立志, 성현을 목표로 하고 털끝만큼도 자신이 못났다는 생각을 하지 마십시오.), 경신(敬身, 바른 모습을 지키고 잠깐 동안이라도 방종한 태도를 보이지 마십시오.), 치심(治心, 마음을 깨끗하고 고요하게 유지하고 흐릿하고 어지럽게 놓아두지 마십시오.), 독서(讀書, 책을 읽으면서 뜻을 깨달아야 하며 말과 문자에만 매달리지 마십시오.), 발언(發言, 말을 정확하고 간결하게 하며, 자제하고 이치에 맞게 함으로써 자신과 남에게 도움이 되도록 하십시오.), 제행(制行, 행동을 반드시 바르고 곧게 해야 하고 도리를 잘 지켜서 세속에 물들지 마십시오.), 거가(居家, 집에서는 부모님께 효도하고 형제자매와 우애를 다하며 윤리를 지킴으로써 서로의 은혜와 사랑을 굳게 하십시오.), 접인(接人, 만나는 사람들을 성실과 신의로 대하고 모든 사람을 사랑하고 어진 사람들을 더욱 가까이 하십시오.), 처사(處事, 업무에 임해서는 옳고 그름을 철저히 분석하고 쉽게 분노하지 말며 욕심을 줄이십시오.), 응거(應擧, 시험에 관해서는 득실을 따지지 말고 최선을 다 해서 준비하고 평안하게 치른 다음 천명을 기다리십시오.)였다.

105) 『성학십도』를 위대한 왕, 어진 임금으로서의 성왕(聖王)이 되기 위한 치기의 방책으로 읽기보다는 성인(聖人)이 되기 위한 학문적인 방편으로서 읽고 난 후, 내 머리를 호되게 내친 충격은 율곡 선생이 준 충격 그 이상이었을 따름이었다. 『성학십도』, 그중에서도 잃어버린 본심을 찾도록 도와주기 위한 퇴계 선생의 『심학도(心學圖)』를 읽고 난 후 머리를 호되게 몰아부쳤던 것은 '퇴계 선생이 나이 40에 이미 부동심의 성인군자(聖人君子)의 반열에 올랐었구나' 하는 그 탄식이었다. 이 책 저 책 주섬주섬 베껴대면서 호구지책으로 교수직을 해대던, 내 나이 40도 변변히 셈하지 못하던 그때에, 퇴계 선생은 이미 움직이지 않는 마음(不動心)에 이르렀던 것이다. 퇴계 선생은 부귀를 누린다고 해도 타락하지 않았고, 가난과 천함이 있다 해서 그것 때문에 흔들리지 않았으며, 그 어떤 위협과 무력에도 굽히지 않았기에 그 도가 밝아지고 덕이 확립되었음을 느끼기 충분했던 성인이었음을 『성학십도』의 「심학도」를 접하면서 지울 수 없었던 생각이었다. 그러니, 퇴계 선생은 능히 "마음이 곧 본체이며 욕(欲)이 곧 작용이며, 본체가 곧 도요, 작용이 곧 의로운 것이요, 소리내는 것이 조화롭게 되고 행동함에 법도가 있게 되어, 생각하지 않고도 얻고, 힘쓰지 않아도 들어맞게 됨을 볼 수 있게 된다."고 말할 수 있었을 것이다. 요컨대, 퇴계 선생은 부동심의 마음으로 모든 것을 익히는 데 있어서 경(敬)에서 떠나지 않았던 것이며, 스스로 마음으로 몸을 추수리고, '경'으로 자신의 마음을 주재했음을 알게 만든다.

조선 시대를 살아간 유학자들은 후학을 가르치는 일에 있어서『논어(論語)』「옹야」편(雍也篇) 25장(章)에 나오는 박학어문(博學於文) 약지이례(約之以禮)라는 말로 대신했다. 「옹야」편에는 군자박학어문 약지이례 역가이불반의부(君子博學於文 約之以禮 亦可以弗畔矣夫)라고 한 공자의 말이 나온다. 즉, "군자는 글을 널리 배우고(君子博學於文) 예로써 단속해야(約之以禮) 비로소 어긋나지 않는다(亦可以弗畔矣夫)."는 뜻이다. 공부를 하는 사람이면, 글을 넓게 배우되 그것을 예로 절제하면 정도에 어긋나는 일도 없을 것이다라는 말이다[참고: 이강재(2006). 논어(역). 서울: 살림; 진현종(2009). 논어(역). 서울: 풀빛].

이황 퇴계 선생도 후학의 양성에서 '박학어문 약지이례'의 정신을 그대로 따랐다. 그는 '박학어문 약지이례'하기 위해 도산서원 강의실에 아예 '박약제(博約劑)'란 현판을 걸어 후학에게 배움의 도를 널리 알렸다. 퇴계 선생은 '박학어문 약지이례'에 그치지 않고, 당시 조선 사회를 살아가면서 그가 매일같이 몸으로 체득한 생각들을 한 번 더 반영해서 '박문약례(博文約禮)'하라고 일렀다. 배우기는 넓게 배우지만 불요불급한 예절은 가능한 줄여야 한다는 뜻에서 그는 강의동에 '박약제'라는 현판을 걸었다.

106) 참고: 정순우(2007). 공부의 발견. 서울: 현암사.

107) 「부도지(符都誌)」는 신라 눌지왕 때 박제상(朴堤上)이 저술했다는 사서인『징심록』의 일부다. 1953년에 박제상의 55세손으로서 30년대 동아일보 기자로 일하던 박금(朴錦)이 일반에게 공개해서 알려진『징심록』은 이미 조선 시대에 김시습에 의해 번역된바 있다고 한다. 그 필사본이 그 어딘가에 있다고 하지만 아직까지 확인된바는 없다. 시중에 회자되는 현존의『부도지』는 원본의 내용을 연구했던 사람들의 기억을 이리저리 엮고 묶어 복원한 것이다. '부도'라는 말은 하늘의 뜻에 맞는 나라를 뜻하기도 하고 혹은 그 나라의 서울이라는 뜻이라고도 하는데,『부도지』에 따르면, 우리 민족의 상고 문화는 1만 4천 년 전 파미르고원을 발원지로 해서 전 세계에 펼쳐졌다고 기술하고 있다.

그는 한민족의 시대를 일연 스님과 김부식이 말하는 바의 단군 시대와 단군 그 이전의 시대로 거슬러 올라가 기술하고 있다. 그는 한웅 시대, 그 이전의 한인 시대, 그 이전의 마고성 시대의 역사가 바로 우리 민족을 펼친 시대라고 보고 있다[참고: 박제상(2002). 부도지(역). 서울: 한문화].『부도지』에 기록된 우리 민족의 기원은 1만 1천 년보다 이전이 된다는 점도 눈에 띈다. 박제상은 우리 민족이 웅비하는 시대를 짐세, 선천, 후천의 세 가지로 구분하고 있는데, 짐세(朕世)는 선천(先天)의 시대가 열리기 이전 시대이며 후천의 말기 시대는 임검씨, 즉 단군이 등장하는 시대라고 기록하고 있다. 각 지방마다 하나의 전설로 남아 있는 '마고'가 민족의 시조로서 등장하고 있는 것으로 기술하고 있는『부도지』의 내용은 간단하다.『부도지』는 천지창조의 원초적 힘이 율려(律呂)라고 밝히고 있다.

율려는 맑은 세상 창생의 오로지 맑은 한 소리를 지칭한다. 한민족은 이 율려에 의해 만들어진 민족이라는 것이다. 율려가 몇 번 부활하여 별들이 나타났고, 우주의 어머니인 마고(麻姑), 한민족이 살아갈 사람, 땅, 마을이 잉태되었다. 마고는 홀로 선천(先天)을 남자로 하고 후천(後天)을 여자로 하여 배우자가 없이 궁희(穹姬)와 소희(巢姬)를 낳고, 궁희와 소희도 역시 선천과 후천의 정을 받아 결혼하지 아니하고 네 천인(天人)과 네 천녀(天女)를 낳았다. 율려가 다시 부활하여 지상에 육지와 바다가 생겼다. 기(氣), 화(火), 수(水), 토(土)가 서로 섞여 조화를 이루더니 풀과 나무, 새와 짐승들이 태어났다. 마고는 율려를 타고 지구를 삶의 터전으로 만들었으며, 천인과 천녀들은 하늘의 본음(本音)으로 만물을 다스릴 수 있었다. 마고의 뜻에 따라 천인 넷과 천녀 넷이 서로 혼인을 맺어 각각 3남 3녀를 낳았다. 그들 3남 3녀들이 또 서로 결혼하여 몇 대를 지나는 동안 그들의 씨가 불고 불어나 무려 1만 2천 명의 무리가 되었다. 그들 1만 2천 명은 이 땅에서는 가장 높은 곳에 마을을 두었다. 일러 '마고성(麻姑城)'이라는 공동체(符都)를 만들어 1만 2천 명이 오순도순 서로 아끼고 서로 보살피며 살았다. 마고성은 율려에 의해 지배되는 이상적인 공동체였다.

마고성에 사는 그들은 품성이 조화롭고 깨끗했다. 그들은 땅에서 나오는 지유(地乳)를 먹고 살아 혈기가 맑았고 먹는 것에 시기하지도 않았다. 이런 사람들이 지유를 먹기가 곤란한 어느 날 우연히 포도 맛을 보고 '오미의 화'를 입게 된다. 오미의 화가 마고성에 번지자 사람들이 서로 시기하고 갈라지기 시작했다. 이들은 마침내 12부족으로 갈라지고 만다. 그때부터 그동안 구속과 강제 없이 스스로 알아서 움직이던 마고성의 자재율(自在律)이 사람들 사이에서, 공동체 사이에서 점차 소멸되기 시작했다. 공동체가 붕괴되어 마고성에 살기가 어려워지기 시작하자, 그것에 견디지 못하는 사람들이 생기기 시작하고, 사람들은 마침내 혼란한 마음을 정리하고 마고성을 떠나기 시작했다. 그들을 더 이상 말리지 못하게 되자, 마고성의 제일 어른이었던 황궁씨(黃穹氏)는 떠나가는 그들을 붙잡고 간곡하게 부탁한다. "그대들의 마음이 심하게 흐려져 마음의 본체가 변하니 어쩔 수 없구려. 그러나 스스로 하늘의 이치를 깨달아 마음이 다시 맑아지면 자연히 천성을 되찾게 될 것이니 노력하고 또 노력하시오." 그렇지만 다 소용없는 노릇이었다.

사람들의 민심과 성격이 더욱더 피폐해져 서로 더 불신하고, 서로 부딪쳐 갈등했기 때문이다. 더 견디지 못한 황궁씨는 마침내 마고성에 살던 네 무리 중 한 무리인 3천 명을 이끌고 가장 춥고 위험한 북쪽의 천산주(天山洲)로 향했다. 천산(天山)으로 들어간 황궁씨는 긴 소리를 토하는 돌로 변했다. 돌을 통해 그는 율려의 음을 울려 오감과 욕망에 사로잡힌 사람들의 마음을 다스려서 그들이 율려를 회복하는 일을 도왔다. 돌로 변하기 전에 황궁씨는 큰아들 유인(有因)씨에게 황궁씨에게 물려받은 천부삼인으로 사람들에게 만물의 근본이 하나임을 깨닫게 하였다. 또한 불을 일으켜 어둠을 밝게 비추고, 몸을 따뜻하게 하고 음식을 익히는 법을 가르쳐 주었다.

그런 명을 받고 치세하던 유인씨는 아들 한인(桓因)에게 천부를 정하고 또 다시 산으로 들어간다. 한인은 천부삼인을 이어받아 사람들의 마음을 크게 밝히고, 햇빛을 고르게 비추고, 기후를 순조롭게 만들었더니 마침내 만물이 평정을 되찾고 사람들의 괴상한 모습이 점차 본래의 모습을 되찾게 되었다. 이는 황궁, 유인, 한인 3대에 걸쳐 3천 년 동안이나 수증을 한 정성 덕분이었다.

108) 우리네 민족의 상고 신화인 부도지가 지니고 있는 문화 의식이 드러내 보이려고 하는 것은, 신화로 전승되는 이야기들이 과학성이나 사실성이 있는지 어떤지를 따져, 그것을 객관화시키고자 하는 것이 아니다. 그것은 단지 우리의 심성 속에 자리 잡고 있는 문화 의식, 문화에 대한 무의식의 원형을 더듬어

새롭게 대입하고 해석해 보자는 노력일 뿐이다. 신화에서 기름지게, 기상천외의 이야기로 흐르는 그것들을 객관적으로 증명될 수 있는지 어떤지를 따지려고 하는 것은 마치 서양인의 의식을 지배하고 있는 구약성경, 창세기에 나오는 아담과 이브가 과연 창세기의 기술대로 절대자, 완전자인 신의 입김으로 만들어졌는지를 따지기 위해 아담의 배꼽이나 이브의 배꼽을 찾아내려는 노력이나 마찬가지가 될 것이다. 예를 들어, 인간의 기원을 따지기 위해서 인간의 배꼽은 종교계에서도 결정적인 논란거리가 될 수밖에 없다. 창세기에 쓰인 대로, 이브가 여자에게서 태어나지 않고 아담의 갈비뼈를 근간으로 완전자인 하느님에 의해 만들어진 피조물이라면, 당연히 이브에게는 배꼽이 있을 수가 없다. 어머니의 딸이라는 것을 증명하는 탯줄이 있을 리 없다. 그런데 모든 여자에게는 어김없이 배꼽이 있다. 이브의 배꼽 문제가 중세기, 암흑의 시기 동안 수많은 미술가들에게 고뇌거리였다. 잘못하여 이브의 배꼽을 그리면 그것은 성경을 모독하는 일이다. 하느님의 존재를 부인하는 이교도적인 행위다. 화형감이다. 당시 화가들은 아담이나 이브를 화폭에 그릴 때 책임을 면하려고 노력했다. 그들이 여자의 배꼽을 그려야 하는지 어떤지를 교황이나 추기경들에게 문의했다.

109) 참고: 한동석(2005). 우주변화의 원리. 서울: 대원출판.

110) 우주 창생의 온전한 힘인 율려와 하나가 되는 노력이 수중이다. 수중은 모든 생명과 아우르는 천지의 마음이다. 천지의 기운과 하나가 되는 과정이 수중이다. 수중은 단순하게 일어나지 않는다. 태초에 우리에게는 천지와 인간의 맑은 마음을 지배하는 율려가 있었다. 별안간 율려를 상실하게 된다. 그것을 되찾기 위해 3천 년이 걸린다. 그런 노력의 주인공이 마고성의 현자였던 황궁씨(黃穹氏)였다. 그는 천지창조의 힘을 되찾기 위해 산으로 들어가 돌로 변한다. 황궁씨의 아들인 유인씨도 수중을 한다. 끝내 산으로 들어가 수중에 수중을 한다. 유인씨의 아들인 한인씨도 수중에 들어간다. 수중이 제대로 빛을 보기까지 3천 년이 걸린다.

111) 참고: 한준상(2009). 생의 가: 배움. 서울: 학지사.

112) 『황금가지(The Golden Bough: A Study in Magic and Religion)』는 영국의 인류학자 제임스 조지 프레이저(Sir James George Frazer)가 지은, 신화와 종교에 대해 기술한 저작물이다. 종교를 신학적 관점이 아닌 문화적 관점에서 접근했던 프레이저는 스코틀랜드에서 태어난 고전 인문학자로, 글래스고와 케임브리지 대학 트리니티 칼리지에서 공부하고, 1907~1908년에 리버풀 대학 교수를 역임한 것 외에는 죽을 때까지 줄곧 케임브리지의 연구원으로 재임하고 다른 곳으로 여행을 해 본 적이 없기에 온실의 문화인류학자라는 조롱을 당하기도 한다. 그는 인간의 문명이 미신, 주술에서 종교로 그리고 종교가 과학으로 발전했다는 명제 아래 인간 정신은 본질적으로 유사하기에 여러 문화권의 유사한 사례들을 주술, 종교, 과학의 진화 단계별로 서로 비교할 수 있음을 이야기해 당대의 지식인의 반열에 올랐다. 프레이저는 황금가지에서[참고: 제임스 조지 프레이저(2004). 황금가지(역). 서울: 을유문화사] 그런 희생양, 살해의 모티브를 "네미 숲의 왕이 왜 규칙적으로 살해되어야했는가." 하는 물음으로 찾고 있다.

그의 민족지적 관찰에 의하면, 네미 숲의 왕이 규칙적으로 살해당해야 하는 이유는 왕의 쇠약이 곧 해당 공동체의 쇠약을 초래하기 때문이라는 관념에서 기인한다며, 왕의 죽음을 살해당하는 신의 이미지와 연결하여 고찰하고 있다. 그런 살해 모티브의 관념을 그는 황금가지 첫장과 이어 24장, 노쇠한 왕의 살해 중에서 이렇게 밝히고 있다. "북이탈리아의 네미 호수 옆에 '디아나의 숲'이라 부르는 신성한 숲과 성소가 있었다. 그 숲 속에는 황금색 가지를 지닌 나무 한 그루가 있었는데, 칼을 든 어떤 남자가 밤낮없이 그 나무를 지키고 있었다. 그는 사제이자 동시에 살인자였다. 그는 나무를 지키던 전임자를 살해하고 황금가지를 꺾은 후 비로소 사제가 될 수 있었는데, 그 또한 언젠가는 다른 자의 손에 의해 살해당할 운명이었다. 이 사제는 왕으로 불리기도 했다."

보통 왕에게는 수많은 부인들이 있었고, 파쇼다(Fashoda)의 하렘에는 그녀들을 위한 처소들이 수없이 많이 세워져 있었다. 어쨌든 저 불길한 성적 쇠퇴의 징후가 나타나기 시작하면, 왕의 부인들이 그 사실을 장로들에게 보고한다. 그러면 장로들은 보통 그 운명을 왕에게 알리기 위해, 무더운 오후에 낮잠을 자고 있는 그의 얼굴 위에다 흰 천을 덮어 주고는 그 옆에 무릎을 꿇었다고 한다. 이렇게 왕의 죽음이 선고되면 바로 형 집행이 이어졌다. 이를 위해 특별히 세운 오두막에 왕을 모시고 들어가면, 거기서 왕은 묘령의 한 처녀 무릎을 베고 눕는다. 그런 다음 오두막 문이 굳게 닫히고 왕과 처녀는 완전히 밀폐된 오두막 안에 죽을 때까지 유폐된다. 물론 이들에게는 일체 먹을 것과 마실 것이 제공되지 않으며 불도 때주지 않는다. 이리하여 둘은 굶주림과 추위와 호흡 곤란으로 죽어 간다. 이 오래된 관습은 지금으로부터 약 다섯 세대 전에 폐지되었다. 이유는 이런 식으로 죽어간 왕의 고통이 너무도 극심했기 때문이란다. 그 후에도 장로들은 왕에게 죽음의 운명을 고했으나 왕의 살해 방식은 달라졌다고 한다. 이제 왕은 그를 위해 특별히 지어진 오두막 안에서 교살당하게 된 것이다.

113) 이 책에서 반복적으로 인용하기도 하고, 언급하기도 하는 전도서가 전하고자 하는 줄거리를 내 편한 대로 이곳저곳의 경구를 차용하고 인용하며 그 요지를 미리 정리해 보면 이런 식으로 축약될 법도 하다. "한 세대는 가고 한 세대는 오되 땅은 영원히 있도다. 해는 떴다가 지며 그 떴던 곳으로 빨리 돌아가고…… 이미 있던 것이 후에 다시 있겠고 이미 한 일을 후에 다시 할지라 해 아래는 새것이 없나니 무엇을 가리켜 이르기를 보라 이것이 새것이라 할 것이 있으랴 우리 오래 전 세대에도 이미 있었느니라…… 이전 세대를 기억함이 없으니 장래 세대도 그 후 세대가 기억함이 없으리라 내가 다시 지혜를 알고자 하며 미련한 것을 알고자 하여 마음을 썼으나 이것도 바람을 잡으려는 것인 줄 깨달았도다. 사람이 사는 동안에 기뻐하며 선을 행하는 것보다 나은 것이 없는 줄을 내가 알았고 사람마다 먹고 마시는 것과 수고함으로 낙을 누리는 것이 하느님의 선물인 줄을 또한 알았도다…… 일이 많으며 꿈이 생기고 말이 많으면 우매자의 소리가 나타나느니라…… 내가 해 아래서 큰 폐단되는 것을 보았나니 곧 소유주가 재물을 자기에게 해 되도록 지키는 것이라…… 저가 모태에서 벌거벗고 나왔은즉 그 나온 데로 돌아가고 수고하여 얻은 것을 아무것도 손에 가지고 가지 못하리니…… 헛된 것을 더 하게 하는 많은 일이 있나니 사람에게 무엇이 유익하랴…… 지나치게 의인이 되지 말며 지나치게 지혜자도 되지 말라 어찌하여 스스로 패망케 하겠느뇨 지나치게 의인이 되지 말며 우매자도 되지 말라 어찌하여 기

한 전에 죽으려느냐…… 내가 깨달은즉 마음이 올무와 그물 같고 손이 포승(捕繩) 같은 여인은 사망보다 독한 자라 하느님을 기뻐하는 자는 저를 피하려니와 죄인은 저에게 잡히리로다…… 내가 마음을 다하여 이 모든 일을 궁구하며 살펴본즉 의인과 지혜자나 그들이 행하는 일이나 다 하느님의 손에 있으니 사랑을 받을는지 미움을 받을는지 사람이 알지 못하는 것은 모두 그 미래임이니라 모든 사람에게 임하는 모든 것이 일반이라 의인과 악인이며 선하고 깨끗한지와 깨끗지 않은 자며 제사를 드리는 자와 제사를 드리지 아니하는 자의 결국이 일반이니 선인과 죄인이며 맹세하는 자와 맹세하기를 무서워하는 자가 일반이라…… 무릇 네 손이 일을 당하는 대로 힘을 다하여 할지어다 네가 장차 들어갈 음부(무덤)에는 일도 없고 계획도 없고 지식도 없고 지혜도 없음이니라…… 빛은 실로 아름다운 것이라 눈으로 해를 보는 것이 즐거운 일이로다 사람이 여러 해를 살면 항상 즐거워 할지로다 그러나 캄캄한 날이 많으리니 그날을 생각할지로다 장래 일은 다 헛되도다…… 너는 청년의 때 곧 곤고한 날이 이르기 전, 나는 아무런 낙이 없다고 할 해가 가깝기 전에 너의 창조자를 기억하라…… 내 아들아 또 경계를 받으라 여러 책을 짓는 것은 끝이 없고 많이 공부하는 것은 몸을 피곤케 하느니라. 일의 결국은 다 들었으니 하느님을 경외하고 그 명령을 지킬지어다 이것이 사람의 본분이니라."

114) 참고: 한준상(2009). 생의 가: 배움. 서울: 학지사.

115) 참고: 어빙 고프먼(1992). 자아표현과 인상관리(역). 서울: 경문사.

116) 스타니슬라브스키(Stanislavsky, Konstantin Sergeyevich)는 현대 연극의 아버지이자 최초의 연기 교육 체계를 마련하였다. 모스크바의 유복한 공장주 집안에 태어난 그는 이미 3세 때 가정 연극에 출연하였다. 형제자매를 중심으로 결성한 아마추어 가정극단 '알렉세예프 서클' 무대에서 연출가로서의 경험을 쌓았던 그는 모스크바에 예술문학협회를 설립, 톨스토이의 『문명의 과실』(초연)과 도스토옙스키(Dostoerskill)의 중편 『스테판치코보 마을』의 각색 상연에서 연출가로서 인정을 받았다. 당시 유행하던 판에 박힌 연극을 배격하고, 진정으로 예술적이고 혁신적인 연극을 생산하기 위해 1898년 극작가이며 연출가인 네미로비치단첸코와 공동으로 모스크바 예술극장을 창립, 평생 지도를 맡았다. 『갈매기』(1898)를 시초로, 일련의 체호프극을 연출·출연해서 성공을 거두었던 그는 배우는 직감·상상력·체험 등을 총동원해 배역과의 동일화를 통해 내면적인 연기를 해야 한다고 주장했다. 배우라면 연극의 효과를 극대화하기 위해 무대 위에서 표현되는 배역의 심리와 행동은 희곡에 나타나지 않는 과거나 숨겨진 의도까지 표출해야 한다는 것이다. 스타니슬라브스키는 모스크바 예술극장에서 배우들에게 극중 인물에 100% 몰입하여 내면에 숨어 있는 감정까지 끌어내게 만들라고 강조했다. 그가 주장한 이런 연기법을 매소드 연기법이라고 부른다. 인간에게 심리적인 것과 육체적인 것 사이에 끊을 수 없는 유대 관계가 있다는 것을 알아챈 그는 인간 정신의 원소와 인간 신체의 미립자는 분리시킬 수 없기에 배우는 자기의 감정을 억지로 자아내려고 노력하지 말고 진실되게 연기해야 한다고 충고하였다. 배우가 억지로 감정을 야기시키려고 할수록 그것은 점점 불가능하게 된다는 것이다. 배우가 자기 스스로 정신 신체적으로 극적인 행동을 표출하려고 집중하고, 그것에 몰두할 때 비로소 창조적 상태에 도달할 수 있는데 그런 연기를 '완전한 행위(total act)'라고 부를 수 있다는 것이다.

117) 참고: 앨리 러셀 혹실드(2009). 감정노동(역). 서울: 이매진.

118) 참고: 메리 고든(2010). 공감의 뿌리-아이들 한 명 한 명이 세상을 바꾼다. 서울: 샨티.

119) 젤소미나는 1954년 작품인 영화 〈길(la Strada)〉의 여주인공의 이름이다. 이 영화에는 안소니 퀸
(Anthony Quinn)과 마시나(Giulietta Masina)가 주연한다. 정신병약하며 백치인 젤소미나(마시나
역)가 오토바이로 순회하는 차력사 잠파노(퀸 역)에게 팔려 같이 곡예길에 나선다. 그녀를 단지 조수
겸 성적 노리개로 혹사하는 잠파노는 야수와 같이 폭력적이기만 하다. 순수한 백치 젤소미나는 타인
을 진심으로 배려하며 순진무구하기만 하다. 먹고 살기 위해 두 사람은 얼마 후 곡예단에 입단하지만,
그곳에서 미치광이라 불리는 광대 일마토와 불화를 만든다. 일마토는 젤소미나에게 젤소미나가 지닌
인간미를 깨우쳐 준다. 그녀를 소중히 대하라 충고까지 하는 그는 잠파노와 심하게 다투고, 그 일로
인해 잠파노는 수감된다. 젤소미나는 그런 그를 정처없이 기다린다. 그것이 신의 길이라 생각했기 때
문이다. 잠파노가 출감하자, 두 사람은 정처없는 여행을 계속하게 되지만, 우연히 일마토를 만난 잠
파노는 참지 못하고 그만 그를 살해한다. 충격에서 벗어나지 못한 젤소미나는 그녀의 영혼에 큰 상처
를 입는다. 그런 그녀가 짐스럽기만 한 잠파노는 잠든 그녀를 한 마을의 길 모퉁이에 버려둔 채 떠나
간다. 몇 년이 흐른 후에도 여전히 차력사의 묘기를 보이며 하루를 살아가고 있던 잠파노는 어느 곡
예단을 따라 한 해변 마을에 도착하게 된다. 해변에서 그는 귀에 낯 익은 여자의 콧노래를 듣게 된다.
바로 젤소미나가 늘 흥얼거리던 그 곡이었다. 사람들의 말로는 젤소미나를 발견했을 때, 이미 그녀는
병이 깊이 든 채 그렇게 죽어갔다고 했다. 그 소리를 듣던 그날 밤 잠파노는 술에 만취한 채 술집에서
쫓겨난다. 휘청거리며 바닷가 모래밭의 어둠 속에 털석 주저 앉는 잠파노는 그렇게 아주 길고, 긴 울
음을 끝내 터뜨린다.

120) 참고: 램 차란(2009). 램 차란의 위기경영(역). 서울: 살림Biz.

121) 참고: 로버트 펠드먼(2010). 우리는 10분에 세 번 거짓말한다(역). 서울: 예담.

122) 참고: 켄트 너번(2010). 그래도 삶은 계속된다-아메리카 인디언이 들려주는 지혜의 목소리(역). 서울:
고즈원.

123) 여기서 말하는 배움이 인간존재의 원형이라는 말은 모든 것의 근본이 되는 것을 엘리먼트(element),
혹은 소(素)라는 것과 같은 맥락의 말이다. 이 책에서 찾고자 하는 것이 바로 배움소, 즉 배움의 엘리
먼트, 배움의 원형이다. 그렇게 모든 것의 근본이 되는 것을 찾는다는 것은 말처럼 그리 쉬운 일이 아
니다. 플라톤은 인간의 순수한 이성(理性)에 의하여 얻어지는 최고 개념으로 이데아(idea)를 제시했
다. 이성의 작용으로 얻은 최고의 개념인 이데아는 모든 경험을 통제하는 개념인데, 시간과 공간을 초
월한 것, 정말로 늘 있는 것으로 주장하는 이데아가 있기나 한 것인지에 대해서 주위 사람들은 늘 의
시한 것도 사실이다. 주위 사람들의 그런 의구심을 풀어 주기 위해 플라톤은 수학이나 기하학의 예를
들었다. 직선이 있는 것인지, 삼각형이 있는지와 같은 예를 들어 그가 주장하는 이데아의 실체를 드러

내 보여 주려고 노력했다. 예를 들어, 사람들은 직선이 있다고 믿고 있으며 그것을 확신할 수 있는가?, 과연 점이라는 것이 있는가? 삼각형이라는 것은 있는 것인지, 그것을 확신할 수 있는지에 대해 이야기 했다. 엄밀한 의미에서 그 어떤 직선도 있을 수 없다. 점이라는 것도 마찬가지다. 점이라는 것을 연필로 찍거나 그렇게 그려 내려고 한다고 해도 그것은 결코 점이 아니다. 그저 흑연의 더미이거나 흑연의 찍힘에 지나지 않는 것인데 그것을 사람들은 편하게 점으로, 점인 것처럼 용인해 주고 있을 뿐이다. 점은 결국 사람들의 마음, 사람들의 '척(as if)'하는 순간과 인지 상태를 말하는 것일 뿐이다. 플라톤은 인간이 감각적으로 포착할 수 있는 것은 이데아에 의탁해서 관여한다는 것을 제시함으로써 이데아의 실체를 설명하려고 한 것이다. 삼각형의 예를 들면, 삼각형은 그리면 삼각형으로 그려지나 그것을 지우면 없어진다. 그렇지만 삼각형이란 것은 없어지지는 않는다. 이런 삼각형의 예를 상정하면, 없는 것은 없는 것이 아닌 것이다. 그런 상징이 바로 영(0, zero)이라는 숫자다. 고대 동서양의 학자들은 존재하지 않는 것, 아무것도 없는 것은 이야기하거나, 가르칠 필요가 없다고 간주했다. 숫자에서도 마찬가지였다. 없는 것을 굳이 숫자로 표현할 필요가 없었다. 없는 것인 무(無)는 없는 것이기에 구태여 표현할 이유가 없다고 판단했지만, 저들은 없는 것으로 이해되고 있던 무(無)를 숫자인 영(零)이라는 기호로 표현했다. 이로부터 0이라는 숫자는 존재하지 않는 것이 존재하고 있다는 것을 보여 준 것이다. 영, 0이라는 숫자의 등장을 통해 인간 스스로의 정화가 가능하다고 보았다. 인간 스스로 수학이나 기하학을 통해 자신의 마음을 내려 놓는 일이 가능하다고 보고 수학이나 기하학을 통한 마음정리, 수행이 가능하다고 보았다. 그래서인지 고대로부터 피타고라스 학파에게 0은 만물의 기원이자 만물을 포괄하는 '모나드'를 상징하는 것이었고, 중국의 도교에게 0은 '공(空)'과 무로서의 '무한정한 것' '무한의 빛' '절대무(絕對無)'나 마찬가지였다. 이슬람교도는 지금도 0을 신의 본질, 원초적인 '충만'을 말해 주는 상징으로 쓰고 있다.

124) 참고: 김흥호(2001). 다석 일지 공부 4. 서울: 솔출판사.

125) 참고: 이재무(2009). 수직에 대하여. 내일을 여는 작가. 여름호.

126) 밥(Bob Marley)은 1945년 2월, 영국군 백인 아버지와 자메이카인 어머니 사이에서 로버트 네스타 말리라는 이름으로 출생하여 자메이카 빈민지구인 트렌치타운(Trenchtown)에서 성장했다. '날카로운 눈빛에 세상을 경멸하는 듯한 입술을 지닌 밝은 피부의 비쩍 마른 십대 소년'은 옆집 아이와 어울려 전기선에서 뽑아 낸 구리선 기타줄에 통조림 깡통을 덧댄 기타 반주에 맞춰 노래 연습에 열중했다. 열다섯 살, 다른 자메이카 소년들처럼 학교를 그만둔 밥은 생계를 위해 용접 공장 수습공으로 취직했다. 낮에는 일하고 밤에는 노래 연습을 했다. 쇳조각이 왼쪽 눈에 튄 사고 뒤에는 공장도 그만두고 노래에 전념했다. 그렇게 노래에 열중하는 그들의 통곡과 울부짖음이 지난 세기의 가장 놀랍고 주목할 만한 문화 현상인 자메이카 토속신앙인 라스타파리 운동과 레게의 영혼에 불을 지폈다.

전 세계에 약 1백만 명 정도가 이곳 저곳에 흩어져 살고 있는 라스타파리안교도, 그들의 종교적 목표는 서반구에 사는 모든 흑인들을 연합하여 그들의 본향인 아프리카로 돌아가는 데 있다. 그것을 위해 그들은 절규하고 절규한다. 기존 성경의 일부분을 무작위로 발췌하여 그들의 교리를 펴는가 하면 마리화나를 피면 지혜를 얻는다고 믿는다. 이들 교도는 성경이 백인 위주의 권력 구조에 의해 왜곡되었다고 믿고 있기 때문에 그렇게 하는 것이다. 그들을 위한 흑인성경으로 '성 피비'라고 불리는 성경을 상용하는 이들은 레게 음악을 구원의 반주로 삼는 듯 그들은 저항하고 고뇌한다. 밥 말리는 왕에게 헌정된 찬송가를 뜻하는 스페인어 가스펠 레게의 사례를 들어 레게라는 말이 라틴어 레기스(regis, 왕에게 바치는)에서 나왔기에, 레게는 바로 '왕의 음악'을 뜻한다고 말하였다. 어쨌거나 레게는 당김음이 담뿍 들어가 평화롭게 비틀거리는 듯한 리듬에 진중한 메시지를 실어 내는 고통과 저항의 음악이다. 1962년 자메이카가 영국으로부터 독립했고, 그 다음해 밥은 함께 노래하던 친구들과 3인조 보컬 그룹 '웨일링 웨일러스'를 결성했다. 그들은 '외국의 일자리에 부모님을 빼앗긴 자메이카의 젊은이들, 사랑의 감정을 표현할 여유조차 가지지 못하는' 그들에게 노래로 말을 건넸으며, 그들의 영혼을 살려 내기 시작했다[참고: 스티븐 데이비스(2007). **밥 말리: 노래로 태어나 신으로 죽다**(역). 서울: 여름언덕]. 밥 말리가 보여 주는 레게 음악의 당김음과 땋아 늘인 머리 모양인 드레드락(Dreadlock)은 라스타파리안 문화를 증거하는 대명사와 같다.

127) 참고: 로버타 미치닉 골린코프 · 캐시 허시-파섹(2010). 아이는 어떻게 말을 배울까-아기 안에 잠든 언어 능력 깨우기(역). 서울: 교양인.

128) 참고: 피터 우벨(2009). 욕망의 경제학(역). 파주: 김영사.

129) 참고: 브라이언 완싱크(2008). 나는 왜 과식하는가(역). 서울: 황금가지.

130) 율곡(栗谷) 선생은 배우는 길에 들어서겠다면, 죽은 뒤에야 끝내라(死而後已)고 제자에게 강하게 훈계했다. 배우고 또 배우겠다는 그의 배움론은 후학들에게 소름 끼치도록 무서운 훈계였다. 율곡 선생은 자기를 다스리는 방편을 찾기 위해 금강산을 찾는다. 산사의 대승(大僧)들과의 교류를 통해 자기 다스림의 한계와 가능성 모두를 알게 된다. 산으로 올라간 지 1년 만에 다시 외가인 오죽헌으로 향한다. 그때가 20세가 되던 해인데, 외가로 돌아온 율곡 선생은 인생의 이정표와 그 목표를 11개의 자경문(自警文)으로 적는다. 자경문이 그에게는 삶의 좌우명이 된다. 그중 하나가 '용공불완불급, 사이후이(用功不緩不急, 死而已)'다. 말하자면, 공부를 하겠다고 했으면, 너무 느슨하게도 않고 조급하게도 하지 않아야 하며 죽은 뒤에야 끝내야 한다는 그의 의지가 담긴 말이다. 사이후이는 『논어(論語)』의 태백편(泰伯篇)에도 나온다. 후학 양성에 주력한 증자(曾子)는 선비 본연의 참모습을 일러, "선비는 인(仁)이 자기 본연의 임무인데, 이것이 어찌 무겁지 않겠는가. 죽은 뒤에야 끝나는 일이니(死而後已) 머나먼 길이다."라고 했다.
율곡 선생은 배움에 타는 목마름을 달랠 길 없어 23세가 되던 해 마침내 퇴계 선생을 찾는다. 1558년경의 일이다. 예안(禮安)의 도산(陶山)으로 가서 당시 58세였던 이황(李滉)을 만난다. 안동 자택에서 퇴계는 이십대의 젊은 율곡 선생에게 공부하는 법을 이야기했다. 헤어질 때 그는 율곡을 동구 밖 어귀까지 바래다 준다. 돌아오는 길에 퇴계 선생은 혼잣말로 되뇌인다. 그 말이 그 유명한 "뒤에 오는 사람이 참으로 두렵구나(後人之可畏也)."라는 말이었다. 약관 23세의 율곡이 지닌 큰 그릇됨을 퇴계는 크게 칭찬한 것이다.

율곡 선생은 학문의 목적이 지식의 습득에 있는 것이 아니라 인격의 완성과 그 배운 바를 널리 이웃과 천하에 펼쳐야 한다(明教)고 강조한다. 그것이 바로 율곡 선생의『성학집요(聖學輯要)』에 담겨 있다. 그가 홍문관 부제학으로 있던 당시, 40세가 되던 해에 임금 선조가 성군이 되기를 원하며 올린 책이 『성학집요』다.『성학집요』는 주자학의 공부론에서 핵심이 되는 '지행병진(知行竝進)' '거경궁리(居 敬窮理)' '거경궁리역행(居敬窮理力行)' '경관지행(敬貫知行)'을 나름대로 하나로 묶어 격치성정(格 致誠正), 다시 말해서 격물·치지·성의·정심으로 공부가 무엇인지를 알려 주려고 설명한 것이다 [참고: 한형조(2008). 조선 유학의 거장들. 서울: 문학동네; 이이(2006). 성학집요(역). 서울: 풀빛]. 율 곡 선생 역시 배우려는 사람은 몸과 마음을 단속하고 수렴(收斂)하여 모든 것을 정제순일하여 방종하 지 않는 경(敬)의 마음으로 정성(情性)해야 함을 강조하였다.

경으로 마음을 바르게 할 수 있으면(敬以直內), 의로써 일을 반듯하게 할 수 있기 때문이다(義以方 外). 마음이 곧으면 바른 언행을 행하게 되지만 경에 의가 없으면 일에 착오가 일어나게 마련이고, 경 이 없고 의만 있다면 근본이 없는 것이나 마찬가지이니 그것을 의라 할 수도 없는 것이라는 주자학적 전통을 따르고 있다[참고: 한정주(2008). 율곡 사람의 길을 말하다. 서울: 예담; 김수청(2006). 경을 중심으로 송대신유학의 인격수양론. 서울: 신지서원].

131) 김 교수 스스로 어쩌면 율곡 이이(李珥) 선생이 배우려는 자들이 해야 할 책 읽는 법부터 새로 고쳐하 라고 이 시대 감각으로 요구하고 있는 것일 수도 있다. 율곡 선생 역시 배우는 사람일수록 잡스러움을 경계하라고 이른 바 있다. 배우는 사람으로서 마땅히 책을 읽겠다면 모름지기『소학』『대학』『중용』 『논어』『맹자의 오서(五書)』와『역경』『서경』『시경』『예기』『춘추의 오경(五經)』을 제대로 읽고, 다 시『근사록(近思錄)』『가례(家禮)』『심경(心經)』『이정전서(二程全書)』『주자대전(朱子大全)』『어류 (語類)』를 읽고, 자신의 식견을 길러가야 하지만, 절대로 이단(異端)이 되는 바르지 못하며 잡되기만 한 글은 어느 순간이라도 읽지 않도록 잡스러움에서 벗어나라고『격몽요결(擊蒙要訣)』, 즉 몽매한 자 들에게 지혜를 일깨워 주는 비결을 적은 책[참고: 이이(1989). 격몽요결(역). 서울: 을유문화사]에서 일러준 바 있다. 그런 그의 가르침과 다그침은 나에게는 아직도 공부를 하려고 한다고 나서기보다는 차라리 목을 내놓으라는 말이나 진배없게 들린다.

132) 참고: 김영민(2010). 공부론. 서울: 샘터.

133) 유대인의 윤리 체계를 집대성한 바야 이븐 파쿠다(Bahay ibn Pakuda)는 '초봇 할레바봇(Chovot Halevavot)', 즉『마음의 의무』라는 책에서 한 말로 전해진다. 11세기경에 일어난 일이었다. 그는 율 법이라는 겉모양에만 치중하는 유대인을 향해 자신의 내면을 돌아보기를 강조했던 네오 플라토닉 (neo platonic)의 철학자이기도 했다. 당신은 모든 사람이 존경할 만한 그런 지도자입니까라고 묻는 질문에 대해 그는 그렇게 대답했다[참고: 랍비 조셉 텔루슈킨(2012). 죽기 전에 한번은 유대인을 만나 라(역). 서울: 북스넛].

134) 좋은 일꾼이란 도덕적인 사회를 만들어 가기 위해 노력하는 깨친 사람들이다. 자기 나름대로의 탁월
성(excellence), 헌신(engagement), 그리고 윤리(ethics)를 조합하여 그것을 자기의 삶에서 일상화
하는 사람들이 좋은 일꾼이다. 일을 잘한다는 것은 먼저 그 일을 뛰어나게 하는 것이다. 그 일에 참여
하는 사람들이 헌신적으로 자기 책임 아래 행하는 것도 일을 잘하는 것이다. 일을 잘하는 것의 마지막
조건은 성과를 내게 하는 것이다[참고: 하워드 가드너 · 미하이 칙센트미하이 · 윌리엄 데이먼(2007).
굿 워크(역). 서울: 생각의 나무].

生의 癒

6. 무용의용 | 無用之用,
상식윤리 | 常識倫理

1. 죽은 파리들이 향기름을 악취가 나게 만드는 것같이 적은 우매가 지혜와 존귀를 난처하게 만드느니라……. 지혜자의 입의 말들은 은혜로우나 우매자의 입술들은 자기를 삼키나니 그의 입의 말들의 시작은 우매요 그의 입의 결말들은 심히 미친 것이니라……. 게으른 즉 서까래가 내려앉고 손을 놓은즉 집이 새느니라. – 전도서(10 : 1, 12, 13, 18)

윤리는 사람들이 더불어 사는 것에 대한 잣대다. 동시에 그것의 활용에 대한 인간의 궁리를 말한다. 사람들이 매일 같이 살아가는 일에 대해 의식을 갖고 생각해 보는 일이 윤리다. 서로 더불어 먹는 일을 즐길 수 있는 동물은 인간인데, 먹는 일이 그래서 인간에게 삶이며 윤리가 된다. 더불어 먹으려면 순서도 있고 절차도 있게 마련이다. 일반 동물들에게는 그런 절차나 순서는 필요 없다. 힘으로, 서열로 먹기 때문이다. 야수성이 강한 동물일수록 저 혼자 먹는다. 더불어 먹을 수 있을 때 윤리의 성립이 가능하다. 맹수의 무리에서 윤리 같은 것을 찾아 볼 수 없는 이유다.

사람들을 사람답게 살아가게 만드는 행동거지의 사회적 평가 잣대가 윤리다. 윤리는 사람에 대한 사람의 마음가짐과 행동거지를 말한다. 윤리는 사람들에게 마음가짐을 세워 준다. 영혼이 아름다운 사람들은 저들의 행위도 아름답기 마련이다. 아름다운 마음가짐이기 때문이다. 관계들이 곱기 때문이다. 아름다운 사람들이란 사람됨의 마음가짐을 보여 주는 인간상의 지표들이다. 영혼이 아름다운 사람들은 특별난 존재가 아니다. 보통 사람들 중에서 마음가짐이 바른 사람일 뿐이다.

영혼이 아름다운 사람은 자기 일을 충실하게 지켜가는 사람이다. 양심에 어긋나지 않게 살려고 하는 사람이 영혼이 고운 사람이다. 역사는 그렇게 영혼이 아름다운 수많은 사람들을 기억한다. 일상을 양심에 따라 산다는 것은 위험한 일이다. 용기를 지닌다는 것 역시 위험한 일임을 역사가 증거한다. 저들 용기있는 자들은 반항자로, 일탈자로 사회적인 따돌림을 받았던 일이 비일비재하다. 집단의 요구에 어긋나는 사람이라는 낙인도 따라 붙었다. 저들은 그렇다고 정치인이 아니다. 정치적 신념과 사회

시스템에 대한 격렬한 반항 욕구가 있어서 양심에 따른 것이 아니다. 거창한 이념적 지식이 있어서도 아니다. 저들은 인간에게 대해 옳은 가치를 그저 우직하게 믿고 있었기 때문에 용기를 냈던 것이다. 저들은 결단의 주인공들이었다. 결단은 양심을 주인으로 모실 뿐이다. 자기가 옳다고 익혔던 삶의 가치를 허망하게 만들 수 없는 노릇이기 때문에 저들은 용기를 낸다. 영웅심에 들떠 있던 사람들이 저들은 아니다. 성장 배경 역시 유별나지 않았다.

저들에게는 한 가지 공통점이 있다. 선과 악의 결정적인 선택의 순간에 이르러 단호하게 자기를 결단했다는 공통점이다. 자신을 결단할 적에 내면에서 들려오는 일종의 소리 같은 것을 들었다. 말로 형언할 수 없는 신비한 것이었다. 어떤 사람은 특정한 노래 가사가 뇌리에 박혔다. 어떤 사람은 '그' 어떤 신비한 목소리를 들었다. 들려오거나 보거나 스쳐나가는 형태는 조금씩 달랐지만 자신을 이끌어가는 내면의 소리는 모두 같았다. 저들은 그것을 마음으로 보거나 듣거나 간직했다. 그 소리에 귀 기울였다. 자기 스스로 문득 사람됨을 깨달을 수 있었다. 아름다운 영혼을 지닌 사람들은 자기됨, 인간됨에 충직한 사람이었을 뿐이다. 저들이 바로 타인의 삶에 빛을 던져 준 사람들이었다.[1]

살아가다 보면 쉽게 이해되지 않는 상황들이 매일같이 눈앞에서 벌어지곤 한다. 낙태, 살인, 존엄사 같은 것들은 너무 빈번해 이제 저들의 축에 끼이지도 못한다. 전쟁 같은 것은 식상한 사례이기는 하지만, 이해하기 힘든 상황을 요구하곤 한다. 전쟁은 누가 뭐라고 변명해도 살상을 정당화하는 싸움이다. 전쟁에 참가하면 누구든 적군과 아군으로 어김없이 갈라져 살상한다. 저들이 적이나 아군이니 하는 것으로 갈라지는 것은 오로지 인위적인 갈라짐일 뿐이다. 인간이 태어날 때 모두는 인간으로 태어났을 뿐이지, 적이나 아군으로 태어나지는 않았다. 저들의 갈림은 국가니, 문화니, 종교니 하는 사회적 제도에 의해 만들어진 의도적인 엇갈림일 뿐이다. 어찌 보면 꽤나 악의적인 구분이다. 국적이나 소속이 다르기 때문에 만들어진 일이기 때문이다. 인간적인 구분이면서도 비인간적인 구별이다. 전투가 벌어지면 내가 살기 위해 적을 먼저 죽여야 한다. 다른 사람은 나를 살게하기 위해 죽어 주어야만 한다. 사회생활에서도 어김없다. 양태만 다를 뿐이다. 윤리적인 판단이 요구되는 일일수록 도덕적인 행동을 넘어서도록 강요한다.[2]

우리는 영국풍의 신사도(紳士道)에 꽤나 열망한다. 점잖고 멋있는 남자들의 자격이나 예의라고 부러워한다. 지금으로부터 100년 전, 무려 2천여 명이 숨진 영국 여객선 타이타닉의 침몰 사고가 그 사례다. 이 침몰사고에서 영국인다운 신사도의 극치가 드러났다고 했었다. 영국 국민, 특히 남성들이 보여 주는 고매한 신사도 정신에 세계가 주목하고 감탄했다. 타이타닉에 동선했던 남성들은 죽어가는 그 순간까지 여성과 어린이에게 구명보트를 양보했다고 했다. 그 정신이야말로 남자가 보일 수 있었던 우아한 품격의 최고봉이라고 언론들이 치켜 세웠다. 그러나 목숨이 좌우되는 실제적인 위험 순간에서 요구되는 신사도는 허구였다. 실제로 영국 남성이 보여 준 그 경우는 역사적 사실과 달라도 한참 달랐기 때문이다. 실제로 해난 사고 현장의 영국 여객선들에서 이 같은 신사도는 찾아볼 수 없었다.[3] 실제 재난 현장에서는 '여성과 어린이 먼저(women and children first!)'라는 원칙은 지켜지지 않았다. 난파된 바다에서는 '각자도생(各自圖生, every man for himself!)'의 원칙이 확실한 생존법칙이었다.

사람들은 다른 사람들의 행위에 대해 자기 잣대로 판단하기를 좋아한다. 사람살이를 자기 자신의 기준과 판단에 따라 자신에게 먼저 유리하게 해석하기를 좋아한다. 나름대로의 윤리적인 잣대가 만들어지면, 그 잣대로 자기의 이익에 반하는 사람들을 죽이며, 살린다. 하루를 살아가는 사람들에게 삶이란 보통 그런 삶이고, 그런 생명이다. 비윤리적인 행동은 왕이나 임금이라고 해서 예외적이지 않다. 예를 들어, 사랑하는 여자와 결혼하기 위해 교황청과 맞서 법을 고치고, 국교(國敎)마저 바꿔 버린 16세기의 영국 튜더 왕조의 국왕 헨리 8세(King Henry VIII)가 있다면, 우리의 역사에는 이씨 왕조의 7번째 왕인 세조(世祖) 같은 이도 있다.[4]

영국 일간지인 「데일리 메일」은 최근 우리가 보기에는 아주 곤욕스런 기사를 보도

했다. 네덜란드의 한 남편 A씨가 3년간 아이가 없자 친부(親父)의 정자로 시험관 아기를 가졌다는 기사가 그것이었다.[5] 30대의 A씨는 결혼한 지 3년이 되도록 아이가 없자, 정자 제공자로 아버지를 선택했다는 것이다. 이 경우 태어난 아이는 법적으로는 A씨의 아이지만, 생물학적으로는 자신의 동생이 되는 셈이다. A씨의 아버지 입장에서는 태어날 아이가 손자면서 자식이기도 하다. 기자들이 내린 이런 설명은 윤리적으로 받아들일 만한 해석인지 어떤지가 궁금하다. 답이 쉽지 않은 윤리적인 질문이기 때문이다. 새로운 시대의 과학적 산물인 시험관 아기가 인간에게 마침내 새로운 윤리적 문제를 제기한 것이다.

시험관 아기에 대한 윤리적인 논쟁보다는 살갗의 스토리가 조금은 있을 법한 사고실험(思考實驗)거리도 있다. 만약, 1억 원을 준다면 낯선 이와 육체적 사랑을 나눌 사람이 있을까[6]라는 질문이었다. 영국인에게 공공연하게 던져진 윤리적인 질문이었지만 우리에게도 유효하다. 쉽게 동의하거나 비난하기 만만치 않은 사례에 속한다. 동의나 부정 중 어느 한 가지를 택했다고 해도 그 어느 쪽 답을 택한 이가 다른 이들에 비해 윤리적으로 더 인간스럽다고 단정하기도 어렵다. 어떤 대답을 하든, 이 질문에 대해 대답하기 위해서 사람들은 그저 '상식윤리'의 입장을 취할 수밖에 없다.

사람들은 매일 같이 서로에게 빚을 지고 산다. 그것이 삶이기 때문이다. 사람들은 서로 부대끼며 살아가는 존재들이다. 부대끼며 살아가다 보면 서로가 알든 모르든 간에 관계없이 서로에게 서로 다른 생각이 있음을 알게 된다. 서로 다른 관점들은 서로에게 영향을 주면 작동하기 마련이다. 그렇게 삶의 이것저것 가르침을 받아, 그 가르침을 윤리적으로 판단하는 데 활용되는 윤리적인 관점이 지이용지(知而用之)의 관점이다. 학교교육 현장에서 주로 강조되는 윤리적인 관점인데, 지이용지의 관점은 사람이 무엇을 일단 알면, 그 앎을 현실적으로 활용하게 된다는 논리다. 지이용지의 관점은 사람들이 살아가는 데 필요한 잡다한 정보 조각들을 조합하게 도와준다. 필요 정보를 이렇게 저렇게 조합할 수 있는 기술들도 개발시켜 준다. 그렇기는 하지만 사람답게 살아가는 데 결정적으로 결단의 윤리적 기반까지 마련해 주지는 못한다. 개인의 목숨까지 걸게 만드는 윤리적 기반의 마련에는 지이용지의 관점이 크게 도움이 되지 못한다. 요즘과 같은 금전만능의 현실에서는 더욱더 그렇다.

사람들이 학교교육을 받는 동안 사람이 해야 할 바른 행위들이 무엇인지를 끊임없이 세뇌받는다. 학교에서 강조되는 윤리적인 덕목들은 정보들로, 지식으로 전달된다. 윤리적인 덕목들을 실천할 수 있는 사람이라는 증표로서 저들은 졸업장을 받는다. 사회적인 생활을 할 수 있다는 근거를 갖고 졸업생들은 사회로 배출된다. 저들은 사회에서 곧 깨닫는다. 이 현실 사회에서 보여 주는 것들은 학교에서 가르친 윤리 덕목과는 다르다. 정반대의 행동들을 해야 살아남는다는 것을 이내 알게 된다. 예를 들어, 정직한 사람이 훌륭한 사람이라고 학교에서 익힌다. 현실은 다르다. 장사치들이 들끓고 있는 현실에서 정직하면 자기만 손해라는 것을 체험으로 익힌다. 교과서에서 제아무리 정직의 중요성을 가르쳤다고 해도 소용없는 일이다. 그것은 이내 사회현실 속에서 별다른 효용성을 보여 주지 못하는 정보에 지나지 않기 때문이다. 예를 들어, 〈라이언 일병 구하기〉라는 영화에서도 그것을 보여 준다.

전쟁 중 미군은 독일군 한 명을 포로로 잡는다. 그는 구사일생으로 살아난다. 다른 병사들 모두가 그를 죽여야 한다고 주장한다. 그들을 이끈 미군의 장교에게는 깊은 인류애가 있었다. 전쟁에 대해서도 회의적이었다. 전투에 참여하기 전까지 그는 시골 고등학교에서 학생들을 가르쳤던 아주 모범적인 교사였다. 그는 독일군 포로를 살상하는 일에 마음속으로 동의할 수 없었던 인본주의자이기도 했다. 그의 인류애가 발동했다. 후환을 없애기 위해 당연히 죽어 버려야 했던 적군을 풀어 주고 만다. 극적으로 살아난 독일군 포로병은 독일군에 귀대한다. 독일군의 전투 대열에 앞장선다. 그는 더 맹렬하게 자신의 목숨을 건져준 그 미군 수색대원을 향해 총을 쏜다. 그 독일군 포로를 풀어 주었던 동료들이 이제는 그가 쏜 총에 의해 하나둘씩 죽어 간다. 적군을 살려준 대가로 동료들의 목숨이 희생된 것이다. 이런 전쟁 틈바구니에서 일어나는 이야기는 우리에게 한 가지 사실을 상기시킨다. 어쭙잖은 인류애라는 지식과 윤리적 잣대는 끝내 허망함을 안길 것이라고 경고하기 때문이다.

알아야 써먹을 수 있다는 식의 지이용지(知而用之)적 도덕교육이 강조하는 정보와 윤리로는 사회에 만연하는 비윤리적인 요구에 제대로 대응하지 못한다. 흡연이 모든 병의 근원이라고 가르치며 금연의 정당성을 강조해도 소용없는 일이다. 국가가 보증하는 공기업 담배인삼공사의 기업 마케팅은 그것이 아니라고 세뇌하기 때문이다. 흡연은 금연의 반대일 수가 없음을 아이들에게 치밀하게 설득하면서, 흡연의 쾌락을 주입한다. 냉혹한 현실에게 지이용지적인 윤리에 관한 정보들은 소용없는 정보 쪼가리에 지나지 않는다.

윤리는 삶의 기술에 관한 잣대가 되는 하나의 관점이며 일상생활에서 발생하는 문제들을 풀어보기 위한 기준 같은 것이다. 윤리는 문제해결을 위해 동원하는 사람들의 선택적 관점이다.[7] 일상적 삶에서 일어나는 문제해결의 잣대가 윤리다. 이 말은 사람들이 지닌 상식에 그들이 속했던 문화권의 행위 방식을 가미시킨 하나의 삶살이가 윤리다. 사회 구성원들이 드러내는 의례적인 행동 양태로서의 의식(意式)이 윤리의 근거가 된다는 뜻이다. 사회적으로 통용되는 상식들에 사람들이 무의식적으로 판단하는 행동 방식이 가미된 선택적 활동이 행동 강령이 윤리다. 예를 들어, 동료를 살해한 후 그의 인육으로 살아난 사람들에 관한 이야기가 의식으로써의 윤리가 어떤 것인지를 보여 준다.

실제로 영국에서 있었던 실화다. 1884년 7월 남대서양에서 난파당한 영국 선원들의 생환 기사였다. 남대서양에서 일어난 조난 사건의 경위를 다룬 기사가 영국인들의 윤리의식을 새롭게 점검하기 시작했다. 배가 폭풍에 가라앉게 되자, 생존자 4명만이 구명보트에 올라탔다. 비상식량을 다 먹어 버렸다. 19일이 지나도 구조는 없었다. 구조에 대한 희망만 있었다. 생존자 4명 모두가 극심한 허기로 아사 직전이었다. 먹을 것이라고는 아무것도 없었기 때문이다. 모두가 죽음을 기다리고 있었다. 선장 토머스 더들리가 마침내 결단한다. 동료 선원인 리처드 파커를 살해할 것에 동의하며, 살해명령을 내린다. 4명 가운데 가장 어린 선원이었으며 게다가 살아날 가망이 보이지 않는 중병 환자였던 파커가 더이상 회생의 가능성이 없다는 것을 알자, 생존자 세 사람 모두가 가담한다. 굶어 죽기 직전, 저들은 젊은 선원의 피, 심장, 간을 나눠 먹으며 죽음을 이겨 낸다. 생존의 사투 속에서 표류하다가 끝내 저들은 구조된다. 영국 사회가 발칵 뒤집혔다. 생존한 3명의 선원의 죄를 어떻게 물어야 할 것인가에 대해 서로 다른 의견들을 내놓았다. 이때 솔로몬의 지혜를 찾아내는 논리적인 방편이 바로 윤리일 수 있는데, 영국 사회에서는 그 솔로몬의 윤리를 쉽게 찾아낼 수 없었다.

다시 강조하지만, 인간이 통용하고 있는 상식을 삶에 대한 무의식적 행위 방식을 가미시킨 관점의 총화가 보여 주는 의식(意式)을 우리는 윤리라고 부를 때,[8] 삶에서 살아 움직이는 생명의 의식(意式)으로 대처하라고 요구하고 있는 명령같은 것이 있을 수 있다. 그 명령을 삶과 행동의 지표로 삼는 윤리적 관점이 바로 습이학지(習而學之)적인 윤리관이다. 익힘으로써 배우게 되고 그 배움의 틀로써 타인의 행위를 판단하는 윤리적 관점인 습이학지적 윤리는 단순함과 소박함을 강조한다. 마치, 불교 최초의 경전인 『숫타니파타』에서 말하는 것처럼 사람들에게 서로 '간단하게' 묻고 '단순하게' 가르치며 '단단하게' 살라고 요구하기 때문이다. "어떠한 도덕을 가질까…… 사람들이 바르게 살고 최상의 진리에 도달하기 위해서는 어떠한 도덕을 지키고, 어떠한 행동을 하며, 어떠한 행위를 부지런히 해야 할 것인가…… 웃음, 농담, 울음, 혐오, 거짓말, 사기, 탐욕, 오만, 격분, 난폭, 더러움, 탐닉을 버리고 교만을 떠나 자신을 안정시켜 행동하라."처럼 지극히 평범한 윤리, 도덕 지침의 실천을 요구하는 것이 습이학지적인 윤리관이다.

습이학지적인 윤리는 타인의 행위에 열을 올리며 비판하고, 판단할 준비를 갖춘 사람에게 먼저 말한다. 제 스스로 제 허물부터 먼저 닦아 낸 후, 남의 허물을 요량껏 보라고 요구한다. 사람으로서 해야 할 것을 단련해 감으로써 새로운 지혜를 배우며 자기 다스림을 먼저 하라고 이른다. 자신의 처신을 바로 잡는 덕부터 간직하는 것이 사람의 도리라고 말하는 것이 습이학지적인 '의식적 윤리(意識的 倫理)'다. 습이학지의 윤리는 내가 먼저 타인에게 손을 내미는 배려의 윤리의 근거다. 내가 바라듯이 남이 행복하도록 원하는 호혜의 윤리이기도 하다. 생에 대한 본원적인 예찬의 윤리가

습이학지의 윤리다. 삶의 지혜를 최대한 발휘하라고 요구하는 윤리가 습이학지적인 윤리다.[9]

습이학지적인 윤리를 그래서 '상식 위의 상식 윤리'라고 부르기도 한다. 배움의 윤리는 상식 위에 세워진 상식이란 점에서 의식화된 상식으로 지칭된다. 의식화된 상식으로서의 배움 윤리는 타인의 행위에 대한 역지사지적인 판단을 기초로 한다. 굳이 도덕이라는 말을 써야 한다면, 의식화된 상식의 윤리적 잣대로써의 배움의 윤리는 '공감(共感)의 윤리' 같은 것을 말한다. 마치 뉴욕 주지사를 지냈던 피오렐로 라과디아(Fiorello La Guardia) 판사가 법정에서 보여 주었던 인간 생명에 대한 존중과 수용으로써의 공감적 판결같은 것이 그 예가 된다.[10]

한 사람의 삶과 행위를 이끌어 가는 데 보다 도움을 줄 수 있는 또 다른 윤리적 관점이 곤이지지(困而知之)적 윤리다. 궁핍한 어려움을 통해 익힌 체험들이야말로 자기의 행위를 조절해 주는 지표가 된다는 점에서 타인의 어려움에도 크게 공감할 수 있기 때문이다. 곤이지지의 체험이란 사람들이 스스로 자기 삶을 통해 겪어서 얻게 되는 자기 체험의 총화를 말한다. 예를 들어, 자기가 며칠 굶어 보면, 굶는다는 것과 나누는 것이 무엇인지, 배려에 대한 절실함이 남다를 수밖에 없다. 그런 경험으로 충만한 사람들은 그에게 동냥을 구하는 걸인의 손을 그냥 못본체 하며 지나치는 일에 고뇌할 수 있다. 굶음에 대한 '감(感)'이 남다를 수밖에 없기 때문이다.

자기 스스로 체득한 윤리의 덕목들은 손쉽게 잊혀지지 않는 법이기에, 곤이지지적인 체험은 늘 자신을 추스르는 데 큰 역할을 감당한다. 어려웠던 경험들이 그에게는 또 다른 삶의 나침반으로 작동한다. 낫을 옆에 두고도 기억(ㄱ)이라는 문자를 모를 수는 있지만, 추수기가 오면 어느 누구보다도 계절의 흐름을 확실하게 읽어 내는 지혜 같은 것이 그에게 있기 때문이다. 모든 어머니들이 아이를 낳고 기르는 과정에서 체득한 윤리적인 덕목들은 곤이지지적인 윤리 덕목 같은 것들이다. 어머니로서의 그녀가 설령 태교가 무엇인지, 출산이나 양육의 방법이 어떤지에 대해 이론적으로 설명할 수는 없지만, 그녀들이 붓다나 공자, 예수를 낳아 기를 때 활용했던 삶의 이치가 바로 곤이지지적인 체험들이다.

곤이지지, 그리고 습이지지의 윤리적인 관점들은 무엇이 옳은지 혹은 그른지를 인간관계 속에서 체득하며 조절해낼 수 있는 힘을 갖는다. 곤이지지적인 상식들은 어쩌면 일반적인 상식을 뛰어넘은 윤리 상황을 염두에 둔다. 상황 윤리적인 삶이 일반적으로 인간적인 삶이며 실제적인 생활이기 때문이다. 모든 지식은 사회적으로 만들어질 뿐이다. '절대적'으로 올바른 지식은 있을 수도, 있어야만 될 이유도 없다. 권력이 개입하면 지식의 정당성이 변하게 마련이다. 이해 관계가 개입하면, 윤리의 틀은 바뀌어 버린다. 인간의 운명이나 삶은 바로 그런 사회적으로 만들어지는 사회적 구성물이기도 하다. 그렇기에 삶은 흔히 상황 윤리적일 수밖에 없다고 말하는 것이다.

선(善)이나 덕(德)에 대한 절대적인 기준을 갖고 있다고 자부하는 사람일수록 상황 윤리를 천박한 윤리라고 비난하기에 이른다. 상황 윤리를 되먹지 않은 시류적인 도덕적 기준이자 세태라고 비난하기도 한다. 부도덕한 논리라는 것이다. 설령 부도덕한 윤리라는 말은 가능해도, 부도덕한 논리라는 말은 가능하지 않은데도, 도덕 군자들은 자신의 논리를 그렇게 성립시킨다. 아무리 그렇게 비난해도 현실은 현실이다. 현실은 결코 절대선과 절대악, 그렇게 둘로 정확하게 갈라지지는 않는다. 사람이 어떻게 살아야 하는지를 아무리 논리적으로 설명하는 윤리의 이론들이 있다고 해도, 일상적인 삶에서 겉도는 윤리의 이론들이라면 부질없는 논리일 뿐이기 때문이다.

우리 삶에서 매일같이 볼 수 있는 삶을 도와주는 윤리이어야 그 윤리는 비로소 우리에게 쓰임새가 있게 된다. 낙태 문제, 안락사 문제, 자유죽음에 대한 사회적 쟁론과 같은 것들이 매일 우리 삶을 엄습한다.[11] 상황 윤리만으로는 인간의 모든 행위를 수용할 수 있는 것이 아니다. 우리가 현실적으로 겪고 있는 윤리 문제에 대해 유일한 그리고 만족한 답은 있을 수 없기 때문이다. 상황 윤리의 이론적 틀거리 역시 윤리학의 큰 스펙트럼에서는 하나의 잔가지적인 논리일 뿐이다. 사정이 그렇기는 해도 상황 윤리적 이해는 일상을 살아가는 사람들의 삶과 그들의 행위를 이해하는 데 상당한 설득력을 주곤 한다. 인간들이 매일같이 겪는 일상적인 삶에 대한 윤리적 판단들은 끝내 현실적으로 상황 윤리를 벗어날 수 없기 때문이다.

　상황 윤리가 사람들에게 나름대로의 설득력을 갖는 이유가 있는데, 그것은 인간이란 미리 죽어 볼 수는 없는 존재이기 때문이다. 정말로 옳은 사람, 선인이 어떤 사람인지도 절대적으로 판가름할 수 없기 때문이다. 연습으로 죽어 볼 수는 없다. 죽으면 죽는 것일 뿐이다. 단 한 번뿐이다. 죽음 다음에는 죽었음이 있을 뿐이다. 살아 있음이 유일한 삶이다. 죽음을 곁에 놓고 보면, 인간이 다른 인간들에게 내리는 윤리적 판단은 끝내 상황 중심적일 수밖에 없다. 자기가 죽어서 어떻게 지내는지를 들여다볼 수는 없는 노릇이다. 존재론적 한계 때문에 생기는 어쩔 수 없는 인간적인 조건 때문에, 인간 행동에 대한 윤리적 판단은 언제나 상황에 따른다. 결단의 방법 역시 상황 중심적일 뿐이다. 상황적인 삶을 절대적인 윤리의 잣대로 단죄할 때 일은 뒤틀린다. 그것은 한 상황을 또 다른 상황으로 단죄했다는 것을 의도적으로 숨기고 있기 때문이다.[12]

　성현들은 곤이지지와 습이학지의 삶과 지혜를 추구했던 사람들이다. 저들은 그것으로 자기의 삶과 공동체와 더불어 살아가는 삶을 추구했다. 맹자(孟子)는 습이학지의 슬기와 그 힘으로 인간의 본성을 꿰뚫어 보았다. 인간은 누구나 자신을 경영할 수 있는데, 그것은 각자마다 도덕적이며 윤리적인 선택으로 자신감을 얻기 때문이라고 말했다.[13] 이덕복인(以德服人), 그가 강조한 덕목이다. 덕으로 사람을 복종하게 하는 것이 최상이라는 뜻이다. 그때의 덕에는 곤이지지적이며 동시에 습이학지적인 성격이 강하다. 자기 자신에게 먼저 엄격하지 않으면 타인을 위한 덕은 쌓을 수 없다. 홀씨처럼 그저 흩날려 버릴 뿐이다. 성현들은 사람됨을 밝혀 주는 덕의 윤리를 배움의 윤리, 삶의 철학이라고 불러왔다. 우리가 현실적으로 고뇌하고 있는 윤리 문제는 우리 시대에서만 유별나게 돌출된 것들이 아니다. 별안간 대두된 것이 아니다. 습이학지적인 해답을 필요로 하고 있는 시대적 윤리 문제는 인류 삶의 역사와 궤적을 같이 한 것들이다.

인류 문명의 개화를 보여 주는 절대적인 기준선을 차축(車軸, Axial age)이라고 부른다. 차축 시대(車軸)라는 말은 인류 역사를 통하여 다른 모든 세대에게 아주 결정적인 영향을 끼친 시대를 지칭한다. 말하자면, 세계사적으로 모든 문명의 획기적인 평행을 이루는 유일한 시기는 다른 시기에 큰 영향을 준다. 그렇게 어떤 시기나 다른 시간들에게 결정적인 영향을 주는 기간이 차축의 시대다. 동서양 모두 인류가 정신의 기원으로 인정할 수 있는 시대가 있다. 인류 공통의 기축(基軸)이 되는 문명사적 결정 시대가 있다. 그 시대를 '축의 시대'라고 부른다. 그런 차축의 시대 이래 끊임없이 제기되었던 윤리 문제들은 앞으로도 끊임없이 이어질 것인데, 그것은 어떤 시대, 어떤 세대에게도 같은 값으로 부대낌을 주는 문제들은 대체로 인간의 삶에서 원초적인 것들이기 때문이다.

인간 문명의 한 획을 긋는 '축의 시대'는 대략 기원전 900년부터 200년 사이의 시기를 말한다.[14] 인류의 문명과 정신사에 있어서 인간의 행위에 대한 판단과 해석에 대해 하나의 기축이 세워진 시기다. 보다 나은 인류 문명의 시발점이 만들어졌고, 인류 문명의 토대를 만들어 준 위대한 철학적인 기준 축이 바로 이 시기에 세워졌기 때문이다. 차축의 시대에 들어서면서부터 동서양 곳곳에서 인류 문명의 잣대들이 만들어졌다. 중국의 유교와 도교, 인도의 힌두교와 불교, 이스라엘의 유일신교들의 탄생이 그것이다. 그리스의 철학적 합리주의 같은 것도 인류 문명사에서 한 획을 긋는다. 인류 문명에서는 커다란 사건들이었다.

붓다, 소크라테스, 공자, 예레미야와 같은 성현들이 인류 문명사에 등장한다. 생각하며 사유하는 사람들이 등장함으로써 인류 문명의 창조적 기틀을 마련하기 시작했다. 차축 시대는 철인들의 사유가 펼쳐진 시기였다. 인간의 문제를 정리한 시기였다. 인간이 본원적으로 직면한 문제에 대해 어떻게 사고해야 하는지를 보여 준 시기였다. 인간의 문제를 무슨 수로 풀어가려고 했는지를 보여 준 시기였다. 저들의 생각들과 논점, 그리고 행동들은 지금 우리가 겪고 있는 윤리적인 관점의 원형으로 자리매김하고 있다. 지금 이 시대에서 우리가 겪고 있는 문제들이 제아무리 복잡하고 어렵다손 치더라도 저들의 손 안에 있었던, 그 윤리적인 덕목들이다. 그것에 대한 해답을 찾는 방편들이 제아무리 정교하고 과학화되었다손 치더라도 저들의 틀을 벗어나지 못한다. 인간이 지니고 있는 문제들은 차축의 세대가 논한 윤리적 관점의 범위 안에서 좌우로 움직이고 있을 뿐이다. 윤리적 관점의 이동이 마치 시계추(錘)처럼 한쪽 끝에서 다른 쪽 끝을 향해 이동하고 있을 뿐이다.

차축의 시대의 현자들이 인류에게 남긴 유산은 크게 보면 한 가지로 정리된다. 인간 내면의 발견이 저들의 유산이라는 점이다. 인간들은 차축의 시대에 이르러 비로소 신화의 세계에서 벗어나기 시작했다. 인간 스스로 자신의 문제와 자신의 발견에 집중할 수 있었다. 인간 스스로 인간의 심리와 개인의 자아를 발견한 것은 인간의 새로운 시작이다. 인간들이 자신의 윤리적 관점에 문제를 제기하게 된 시대가 차축의 시대였기 때문이다. 신화의 세상에서 인간의 세상으로 이동한 것은 인류 정신 문명의 대전환이었다. 차축의 시대를 살다 간 성현들은 인류 역사에서 가장 비범한 인물들이었다. '축의 시대'를 열어 놓은 현자와 철학자들에게 중요한 것은 한 가지였다. '무엇을 믿느냐.'의 문제가 아니었다. 사람이 '어떻게 살아가느냐, 어떻게 행동하느냐.'의 문제가 중요했다. 현자들은 고뇌했다. 인간으로서 어떻게 사는 것이 제대로 사는 것인지에 대해 고뇌했다. 그 고뇌가 바로 우리에게 윤리의 틀을 갖게 만들었다. 저들은 인간 본연의 윤리 문제를 다뤘기 때문에 그렇게 축의 시대를 열어 간 것이다.

삶에 대한 저들의 자세가 인류의 모범이었다. 저들의 도덕적 처방이래 인간이 어떻게 살아야 마땅한가를 이야기하며, 그것에 나름대로의 가치를 부여하는 삶의 마음가짐이 크게 변하지 않았기 때문이다.[15] 당시 지상에서 절대 권력을 누렸던 아우구스티누스 황제는 이렇게 말한 적이 있다. "행복한 사람은 마땅히 선한 사람이기도 한데, 이들은 행복하게 살기를 바라기 때문에 행복한 것이 아니라 바르게 살려고 하기 때문에 행복한 것이다."는 말, 역시 붓다나 공자의 덕을 넘어서지 못할 뿐이다. 어떤 삶을 살아야 하는가에 대해 그가 자신 나름대로의 해석과 기준을 제시한 것인데, 그런 해석과 기준이 바로 인간 행위에 대한 윤리적인 관점인 것이다. 바르게 살려고 했기 때문에 행복하다든가 행복하게 살려고 했기에 바르게 산다든가 하는 것이 바로 윤리적 판단이다. 인간의 삶은 윤리적인 판단을 피하고는 유지하기 어렵다. 인간의 삶 살이가 지닌 운명이기도 하다.

조금 더 이해를 돕기 위한 두 사례가 있다. 2010년대에 실제로 우리 나라 병원 현장에서 세간의 이목을 집중시켰던 일이었다. 오랜 병마에 시달리던 고령의 할머니 한 분이 계셨다. 병상에서 오랜 투병으로 인해 환자는 물론 부양 가족, 심지어는 병원 의사들마저도 지쳐 있었던 상황이었다. 모두가 그녀의 다가오는 죽음을 예견했지만, 아무도 먼저 말을 꺼내지 못했다. 할머니의 삶을 그대로 놔두는 것은 오히려 생명에 대한 경시 같은 것으로 받아들여질 지경에 이르렀다. 생명에 대한 일종의 폄하(貶下) 같은 것이었지만, 겉으로 할머니의 죽음을 이렇다, 저렇다하고 다룰 일은 아니었다. 의료, 종교, 법률 관계 기관들이 머리를 맞대고 상의했다. 마침내 결론에 도달했다. 할머니의 생명에 대한 연명치료를 중단하는 것이 오히려 할머니에 대한 존중이라는 결론에 이르렀다. 의사, 법률가, 목회자, 가족 모두가 할머니에 대한 연명치료를 중단하기로 동의, 결정했다. 할머니의 목숨이 타인들에 의해 결정된 것이다. 모두가 동의하자 할머니에 대한 의료적인 조치가 즉각 취해졌다. 할머니의 생명을 지탱하던 모든 의료장비들을 떼어 냈다. 죽음이 그녀에게 이내 평온하게 찾아올 것으로 예측했기 때문이다.

할머니의 생과 명은 보기 좋게 의사들의 예측을 비껴 나갔다. 연명장치를 떼어 내었어도, 할머니는 숨을 그대로 쉬고 있었기 때문이다. 상당히 오랜 시일, 200여 일이 더 지나고서야 할머니 스스로 자기 숨을 거두어 들였다. 이런 사례는 비단 한국에 국한 된 것이 아니다. 영국에서도 비슷한 사례가 있었다. 장기기증을 앞둔 뇌사 상태의 환자가 있었다. 모두가 그의 죽음을 예기했다. 이제 다른 이의 생명을 위해 의료진들이 시술 준비를 끝냈다. 장기 적출을 시행하기 몇 시간 전이었다. 그런데, 그가 갑자기 혼수 상태에서 깨어나 버렸다.[16]

김 할머니 연명치료 중단 사례나 혼수 상태의 환자에게서 장기를 떼어내기 위한 결정과 조치의 행위들에 대해 한마디로 판단하기는 어렵다. 그런 사례들이 존엄사의 결정적인 예에 속하는 것인지 어떤지도 분명하게 걸러 내기 쉽지 않다. 보다 본질적인 질문이 필요할 수도 있다. 인간에게 존엄사가 필요한 것인지 어떤지가 불확실하기만 하기 때문이다. 김 할머니 소생 사례와 같은 일에 대해 어떻게 법의학적으로 대처해야 하는지 등에 대한 논의는 앞으로도 관계 기관들 사이에서 뜨거워질 수밖에 없다. 윤리적인 관점에서 모든 논쟁이 가능할 수 있지만,[17] 한 가지 분명한 사실만은 놓칠 수 없다. 생명은 논리적 관점으로 결정될 수 있는 것이 아니라는 점이다. 인간은 윤리적인 처치 방식대로 그렇게 죽어 주지는 않는다. 인간의 생명을 이승에서 지워 내는 의식으로서의 존엄사가 손쉽게 이해되지 않기 때문에, 생명에 대한 윤리적인 쟁점은 오히려 더 가열될 수 밖에 없다.

　생명 문제는 한 사람의 삶과 목숨을 다루는 온전히 인간적인 문제다. 장난으로 이리 저리 연습해 볼 실험용 대상물이 아니다. 연습 문제일 수가 없기에, 인간의 존재와 그 삶에 대해 서로 다른 윤리적인 견해들이 가능하다. 첫째로 어떤 이들은 윤리란 사람들이 도덕적으로 지켜야 할 원리를 적용하는 문제라고 이해할 수도 있다. 둘째로 의무윤리론자들과는 달리 행위윤리론자들도 이 사회에는 수없이 존재한다. 윤리란 사람들이 행한 행위의 결과가 어떤 것인지에 대한 예측을 전제로 한 선택적 행위라고 믿는 사람들이 저들이다. 윤리적 선택에 따른 결과를 따지는 일이 우선한다. 인간의 윤리적 행동은 아무리 이야기해도 투자−효과 간의 비율 관계일 뿐이다. 집단적 결정이 이득이 가는 일이라면 능히 취할 수 있는 일이라고 믿는다. 이들의 윤리관은 공리주의적 견해를 충실하게 반영하기 마련이다. 셋째로 의무윤리론이나 행위윤리론자들이 취하는 윤리적 관점과 다른 관점을 취하는 사람들도 있다. 이들에게 있어서 윤리는 사람들에게 내재된 덕성의 문제를 말하는 것이다. 인간에게는 인간의 행위에 있어서 옳음이 무엇인지 선이 무엇인지에 비추어 판단할 수 있는 행위 기준이 있다. 사람들은 지켜야 할 윤리적 토대가 내면에 자리잡고 있다고 본다. 이런 윤리관을 갖고 있는 사람들이 덕성윤리론자들이다.

　의무윤리론, 행위윤리론, 덕성윤리론은 나름의 논리적인 틀거리를 만들어 왔다. 나름대로 의미와 차이의 관점도 지니고 있다. 사상적 토대가 서로 다르기 때문이다. 의무윤리론에는 칸트의 윤리론적 틀거리[18]가 뒷받침하고 있다. 제러미 벤담(Jeremy Bentham)의 공리주의는 행위론적 윤리론의 틀거리를 제공하고 있다.[19] 덕성윤리론은 고대로부터 전승되어 온 상식적인 인간 윤리를 시대적 상황에 맞게 개량적으로 고쳐 왔다.

　덕성윤리론은 의무론적 윤리론이나 공리주의적 윤리론이 지니고 있는 약점들을 보완하는 논리를 취한다. 덕성윤리론(virtue ethics)은 상식의 행위와 바람직한 행위로서 기대되는 도덕을 삶의 토대로 받아들인다. 행위하는 사람들은 사람이지 동물이 아니다라는 논리로 시작한다는 점에서 덕성윤리는 배움의 윤리이기도 하다. 행위 그 자체보다는 행위하는 사람이 우선 고려 대상이 되어야 한다는 것이다. 사람이 사람으로서 지켜야 할 것을 벗어나면 그들의 행위는 의무론이나 행위론이나 모두 관계없이 사람들의 삶과는 무관한 것이 되어 버리기 때문이다. 사람을 살리는 것이 윤리다. 윤리를 이론화하기 위해 사람이 살고 있는 것은 아니다. 덕성윤리는 윤리란 인간의 삶에 대한 진지한 고뇌와 배움의 결과 그 이상일 수 없음을 강조한다. 그래서 덕성윤리론은 배움윤리론이라 불리기도 한다.

　사람이란 묘한 존재다. 상황을 먹고 사는 존재이기 때문이다. 덕성윤리로서의 배움윤리는 인간이 먹고 있는 상황을 적절하게 고려하기를 기대한다. 윤리는 죽은 사람의 그것이 아니라, 살아 있는 사람의 먹거리와 더불어 먹기의 문제를 다루기 때문에 그런 것이다. 삶은 사고 실험의 논리가 아니다. 살아 있음의 논리이며, 윤리다.[20] 죽음과 대면할 때 사람들의 입장은 더욱더 그렇게 드러난다. 사람은 살아 있는 동안에는 살아 있기에 죽음과 무관하다. 죽은 다음에는 죽음이란 더 이상 살아 있음과 무관하기에 죽음과는 상관이 없다. 죽은 사람은 자신의 죽음에 대해 신경을 쓸 이유가 없다. 죽음은 인간에게 그런 것이다. 죽음은 인간에게 병이 아니라 현실이다. 치유 불가능한 일이다. 삶이 중요한 이유다. 삶은 윤리적인 과제이며, 배움의 과제인 이유이기 때문이다. 타인의 삶에 대해 가능한 한 침묵해야 하는 이유이기도 하다. 그 누구에게든 타인의 온전한 삶에 대해 절대적인 기준으로 이렇게 혹은 저렇게 마름질할 수 없다. 예수가 서기관들에게 보여 준 것처럼[21] 그런 권세는 그 누구에게도 없다. 삶은 타인에 대한 덕을 베푸는 일이며, 그 덕은 언제나 모든 사람 사이에 개입되는 배움의 윤리만을 요구한다.

　한 번 태어난 사람은 어김없이 한 번은 죽게 마련이다. 몸의 부활은 없다. 죽으면 죽은 것이다. 세포가 부패된 것이다. 세포가 부패하여 자연의 일부가 된다는 엄연한 현실에 대해 호들갑을 떨 그런 일이 아니라는 뜻이다. 어차피 한 번은 저승으로 가야만 하는 것이 삶이다. 사람마다 언제 죽는지는 저 나름대로 시간차의 문제일 뿐이다.[22] 죽음이란 살아 있음과 그렇지 못한 것 간의 시간 차이를 받아들이는 윤리적 과제다. 우리의 장례 문화에 호상(好喪)이라는 개념이 그것을 보여 준다. 죽음을 축하하거나 좋아할 사람은 없다. 다만 사람의 죽음을 자연스럽게 받아들이기 위해 만들어 낸 죽음에 대한 관용을 말하는 것일 뿐이다. 그것의 한 양태를 가리키는 말이 호상이다.

　생활이 넉넉하고 자손이 많으며 복을 많이 누리다가 평균 이상으로 장수하다가 임종을 맞은 사람의 상사(喪事)를 호상이라고 말하는 이유다.[23] 호상이라는 말은 상가에서는 함부로 남발하기 어려운 말로서, 어떤 경우든 조문객이 상주에게 쓰면 예의에 어긋나기 마련이다. 다만, 상주 측에서 조문의 답례로 답할 수 있는 말이다. 천수를 누리고 돌아가셨으니 하며, 슬픔을 억누르며 짐짓 그렇게 말할 수는 있다. 호상이라는 말의 쓰임새는 그런 것이다. 부모의 죽음 그 자체에는 말 못할 슬픔이 있어도 장례 예법으로 어긋나는 것이 아니다. 요즘은 사정이 달라졌다. 오래 살면서도 어떤 큰 병이나 고통 없이 주무시다가 돌아가신 경우를 호상이라고도 말하기 때문이다.

　인간에게 죽음을 알리는 종(鐘)소리는 누구에게든 어김없이 들려온다. 누구에게든 예외가 있을 리 없고, 모두에게 차례차례 들리게 되어 있다. 먼저 태어난 사람이 먼저 그 종소리를 듣는 것만은 아니다. 시간을 관장하는 조물주, 신만이 그 명단을 갖고 있을 뿐이다. 그 종소리를 접하기 전까지 사람들은 서로 다른 생각을 한다. 사람의 마음이며 소망이다. 오래전부터 친숙했던 종소리, 죽음을 알려 주는 그 소리, 누구든 다 알고 있는 종소리이지만, 이번의 종소리는 나에게 닥치는 죽음과는 무관할 것이다라고 바란다. 바라는 소망이다. 회피하고 싶은 종소리다. 마지막 순간까지 그 죽음을 외면하고 싶어 한다. 사람은 그런 존재이다. 그런 삶을 살아가는 존재들이 인간이다. 죽는 그 순간 마지막까지 살아 보겠다고 처절하게 매달리는 존재가 바로 인간이다.[24)]

죽음은 정의(正義) 같은 것과는 무관하다. 정의로운 죽음은 있을 수 없다. 정의롭게 죽었다고 칭송하는 것도 죽은자에게는 어설프다. 저들을 위한 위로일 뿐이기 때문이다. 죽음은 언제나 죽음이다. 한 사람의 세포가 이 땅으로 다시 돌아간 것이다. 죽음 앞에는 어떤 접두어도 불필요하다. 호사스럽기만 할 뿐이다. 죽음을 눈앞에 놓고 모두가 알아듣기 쉽게 정의를 말하기 쉽지 않다. 나는 살 터이니 너는 정의롭게 죽으라고 이야기할 수 없다. 내가 살고 그가 죽는 삶이 정의롭기 위해서는, 내가 사는 것보다 더 수많은 수식어들을 허용해도 부족할 뿐이기 때문이다. 그렇게 정의가 무엇인지 정의(正意)되어야 하는 정의(正義)는 무용지물이라고 몰아붙이며 야유하는 이가 사회주의자의 원류급으로 기록되는 생 시몽(Saint-Simon)이었다.

정의(正義)는 '정의(定義)'를 허용하지 않는다는 것이 생 시몽의 지론(持論)이었다.[25)] 삶의 현장은 정의가 도대체 무엇을 말하고 있는지를 허락하지 않는다는 것이 그의 생각이었다. 삶은 관념이 아니라 '먹'이기 때문이다. 먹을 따면 모든 것은 숨을 멈추고 만다. 그것이 삶임을, 사고 실험으로 다시 생각해 볼 수 있다. 바다 한가운데에서 배가 난파되었다. 한 사람만이 수면 위로 올라온다. 다른 이들은 모두 익사했다. 그는 떠다니는 널빤지 하나에 몸을 의존한다. 표류하고는 있지만 먹은 붙어 있다. 언제 구조될지는 아무도 알 수 없다. 우연히 옆을 쳐다보았다. 조금 떨어진 곳에서 다른 생존자가 그에게 다가오고 있다. 그가 의지하고 있는 널빤지를 향해 다가오는 것 같다. 그의 널빤지는 자기 한 사람 무게 밖에는 버티지 못한다. 그 순간 그의 머리에 오만 가지도 넘는 생존을 향한 생각이 밀려든다.

　정의(正義)를 정의(定義)할 수 있는가라고 물으면, 칸트(Immanuel Kant)의 생각을 따르는 이들은 명쾌하게 대답할 것이다. 내 몸을 의지하고 있는 널빤지에 다가오는 그에게 널빤지를 잡게 하라고 명할 것이다. 타인의 생명을 빼앗지 않는 것이 인간에게는 피하기 어려운 '절대적 의무'이기 때문이다. 다가오는 그에게 널빤지를 잡지 못하도록 하는 것은 정의에 어긋난다. 타인의 생명을 훼손하는 것은 인간에게 죄다. 내자신의 생명을 지키는 것은 '상대적 의무'에 속할 뿐이다. 절대적 의무로써의 정의를 논하는 사람들을 이해하기 위해 한 가지 전제를 받아들여야 한다. 절대적 의무론을 이야기하는 사람들조차도 자기 몫만큼은 선뜻 내놓지 않는다. 저들이 말하는 윤리는 삶의 마지막 장면에 이르르면, 끝내 피상적일 뿐이다. 자기 삶만이 예외가 되는 논리나 윤리는 언제나 피상적일 뿐이다. 실천이나 실행이 뒷받침되지 못하고 있기 때문이다. 의무적으로 지켜야 할 일이 아니기 때문이다. 비트겐슈타인의 말을 맥락적으로 여과시켜 응용한다면 '실행할 수 없는 것에 대해서는 침묵'해야 하는데, 실제의 삶에서 절대적인 것은 자기 목에 현재 붙어 있는 몫일 뿐이기 때문이다.

　정의(正義)란 한 공동체에서 요구되는 도덕성을 이리저리 획득해 가며 부대끼며 반추해 놓은 논리나 이데올로기 덩어리를 말한다. 자신의 이해를 벗어나 타인의 요구에 주목하고 자신의 이해 관계를 절제하게 만들어 주는 것이 정의라는 뜻이다. 정의는 공동체의 도덕적 기반이라는 이런 논리는 아리스토텔레스(Aristotle)의 윤리관에 토대를 두고 있다. 아리스토텔레스의 목적론적 윤리학이 그것을 대변하지만 인간의 정의관은 보편적이고도 절대적인 이성이나 진리 같은 것이 아니다. 특정 시간대와 공간에 의해 제약을 받을 뿐이다. 정의는 한 공동체를 구성하고 있는 사람들의 감수성이며 그것의 집단적 발현일 뿐이다. 그러니 미국에서 통용되는 정의가 한국에서도 정당성이 있어야 한다고 우길 일은 아니다.

　나의 삶을 규제하는 이 공간, 바로 지금이라는 상황 그리고, 지금이 시간이 중요하다. 사람은 서로가 서로에게 부대끼며 살아간다. 부대낌이 영구불변한 것이 아니다.

그런 부대낌의 공동체에서 발현되는 정의 역시 영구불변한 상태의 진리는 아니다. 역사적으로 변하며 시간적으로 변하는 상대적인 것일 뿐이다. 정의의 수준을 알려 주는 가치 평가적인 척도와 의미 역시 시대적으로 변화된다. 덕, 정의, 경건, 의무, 당위적 행동 규범마저도 변한다. 공동체가 처한 상황이나 조건이 그것을 요구한다. '옳은 삶'에 대한 합리적 결정은 합의되고 조건적으로 동의된 것이다. 옳은 삶은 사람들에 의해 요구되는 '좋은 삶'을 말할 뿐이다. 옳은 삶은 절대적으로 한 가지 삶만을 규정하지 않는다.

옳은 삶으로서의 좋은 삶이란 결국은 상식적으로 크게 벗어나지 않는 삶이다. 상식이란 인류의 정신사에서 죽음을 모르고 삶들을 지켜 낸 영혼과 같다. 상식은 사람들로 하여금 건강하게 생각하도록 만들어 준 슬기들이기 때문이다. 상식은 늘 삶의 뿌리였다.[26] 상식이 늘 객관적이라는 말은 아니다. 상식이 실험 결과처럼 엄격하게 '과학적'이라는 뜻도 아니다. 그렇다고 상식은 괴짜나, 유별난 것을 말하는 것이 아니다. 괴짜는 이미 상식을 벗어나고 있기 때문이다.[27] 상식은 토착 이론(vernacular theory)의 근거가 되기에 허무맹랑한 거짓들이 상식이 될 수 있는 것은 아니다. 상식이라고 할 때, 그 상식은 이미 편견과 오해를 걸러 낸 상태의 생활 정보를 말한다. 상식을 구성하는 정보에서 정제되지 않은 편견, 오만, 비과학적인 요소들이 경계되고 걸러진 것이 상식이기에 상식은 사람들이 일상적으로 그들의 행위를 가능하게 만드는 행동 지표들로서 작동한다. 인류의 문명을 지배해 온 것들은 과학자들이 지레짐작하는 것처럼, 그런 절대적인 진리 같은 것이 아니었다. 온전하게 객관화된 지식들은 있을 수 없다. 모두가 신화(神話) 같은 것으로 시작한 것들이었다. 과학이란 것도 알고 보면 객관화된 것들에 대한 신화나 이야기일 뿐이다. 그렇게 과학과 신화 그 사이에 걸쳐 있는 것들이 바로 진리라는 것들이다. 고등 종교의 시작들은 모두 그 경계에서 사람들의 영혼을 걸머쥔 이해관계 덩어리들이다. 그것들에 설명과 해석과 믿음이 첨가되어 세대를 이어가면서 정화되어 하나의 신조로 구축되었을 뿐이다.

객관화된 정보, 과학적 지식들을 이해하기 위해서라도 상식적 지식들이 필요하다.

객관화된 모든 정보, 과학적으로 검증된 모든 정보들이 일상생활 현장에 모두 적용되고, 응용되지는 않기 때문이다. 사람들의 일상적인 삶들은 삶의 문제풀이에 유용한 몇 가지 정보들에 의존한다. 그런 일상생활 응용적인 정보나 지식을 상식이라고 불러지기 때문이다. 상식들에 기초한 논리들이나 이론적 기초들은 사람들의 상호 주관성을 구성한다. 일상생활 속의 상호 주관성으로 만들어지는 이론을 토착 이론(土着理論) 혹은 생활 이론이라고 부른다.[28] 일상적인 삶들은 상호 주관성의 생활 이론 속에서 쟁송되고, 다듬어지며, 만들어지기 때문이다.

사람들은 매일 같이 자기의 영혼을 불러일으키는 삶을 살아야 한다. 그런 삶을 살기 위해 해야 할 일은 명료하다. 자기 안에 존재하는 현자와 걸인을 매일 만나는 일이다. 그에게 상식으로 묻고 상식으로 답하며 살면 사람처럼 살게 된다. 일단 상식에서 벗어나면 사(邪)가 끼게 된다. 사가 끼어들지 않는 삶이 속이 꽉 찬 삶이다. 사람들은 속이 꽉 찬 삶에 오히려 겁내기 마련이다. 속이 꽉 찬 삶은 빈틈이 없는 삶이 아니다. 자신에게, 남에게 삿된 일을 의도적으로 절제하는 삶이기 때문이다.

정의로운 사회를 단숨에, 그리고 영원히 실현하는 것은 어렵다. 정의로운 사회가 원천적으로 불가능하기 때문이다. 정의 그 자체도 피상적일 뿐이기 때문이다. 범죄소설을 쓰는 작가로도 유명한 현직 변호사 스콧 터로(Scott Turow)는 법 제도의 원초적인 문제를 제기한다. 그는 정의로운 사회는 가능한가라는 질문 대신에 완벽하게 정의롭고 공정한 사형이라는 것이 가능한가라고 다시 풀어 질문한다. 답은 역시 그렇지 못하다였다. 정의로운 사회는 한마디로 말해 피상적인 개념이었기 때문이다. 사람들은 오늘도 이 사회가 정의로웠으면 하는 소망으로만 살아가고 있을 뿐이다.[29] 정의, 그런 것은 언제나 상황 중심적이며, 피상적이기 때문이다.

生 **2.** "인간은 연습 없이 태어나서 실습 없이 죽을 뿐이다." – 바슬라바 쉼보르스카[30]

"확실한 건 이런 상황에선 시간이 길다는 거다. 그리고 그 긴 시간 동안 우린 온갖 짓거리를 다해가며 시간을 메울 수밖에 없다는 거다. 뭐랄까 얼핏 보기에는 이치에 닿는 것 같지만 사실은 버릇이 되어버린 거동을 하면서 말이다. 넌 그게 이성이 잠드는 것을 막으려고 하는 지시라고 할 지 모르지. 그 말은 나도 알겠다. 하지만 난 가끔 이런 생각을 해 본다. 이성은 이미 한없이 깊은 영원한 어둠 속을 방황하고 있는 게 아닐까 하고 말야. 너 내 말 알아듣겠냐?" – 사무엘 베케트[31]

"인간은 이성적인 계산기도 아니고 교활한 도박사도 아니라 현실에 적응하는 기회주의자일 뿐이다." – 마크 뷰캐넌

　"세상은 보기보다 단순하다."라고 주장하는 물리학자인 마크 뷰캐넌(Mark Buchaman) 교수는 우리에게 윤리와 도덕 간의 구별이 도대체 가능한 것인지를 묻는다. 가능하다면 그런 것이 지금 이 사회에서 첨예하게 대두되는 존엄사 같은 것의 쟁점에 어떻게 소용이 되는 것인지를 묻는다.

　'무리지어 사는 동안 그 무리 속에서 사람이 지켜야 하는 행위 규범 또는 원칙에 대한 사회적 요구와 지침'이 윤리라고 정의할 때, 이 윤리라는 개념은 도덕이라는 개념과 커다란 차이가 있는 것은 아니다. 두 개념 모두 사람들의 풍습이나 관습을 지칭하고 있기 때문이다. 언어상 '도덕(moral)'이라는 말은 라틴어에서 유래한 개념인데 반해, '윤리(ethics)'는 그리스어에서 유래한 개념이라는 차이가 있을 뿐, 서로가 같은 말, 같은 뜻이다. 그렇기 때문에 박이문 교수는 두 개념의 차이를 잘라 설명하기까지 한다. "윤리가 기존의 사회적 행동 관습과 범례를 지칭하고 그러한 것에 맞는 행동을 '윤리적'이라 할 수 있다면, 도덕은 개인이 실존적 주체자로서 자신이 선택한 행동의 원칙과 자신이 만들어 낸 관례를 지칭하고 그것이 사회적으로 존재하는 행동의 원칙과 관례, 즉 '윤리'에 대립하더라도 자신이 실존적으로 선택한 원칙과 관례에 맞게

행동하고 살아가려고 할 때 우리는 그것을 '도덕적'이라고 부른다. 윤리가 한 추상적 인간 집단이 무의식적으로 규정한 무기명적 행동의 원칙과 규범이라면, 도덕은 한 구체적 개인이 실존적으로 선택한 아주 개인적 행동의 원칙과 규범이다. 이런 점에서 '윤리적' 인간은 기존사회의 질서에 적응적이고 따라서 보수적인, 즉 집단의 일부로써의 사람이라면, '도덕적' 인간은 기존 사회에 비적응적이고, 기존 질서에 개혁적인, 즉 집단에 감성적으로 맞서는 대립적 개인이다."[32]

박이문 교수의 판단에 따르면, 도덕은 무리 속에서 사람이 지켜야 하는 행위 규범 또는 원칙에 대한 사회적 요구를 말한다. 사회적 요구에 응대하기 위해 윤리에 대한 개인적 해석과 결단이 중요하다. 도덕적인 사람이 언제나 무리 규범을 따르는 것은 아니다. 도덕적이기는 하지만 무리 규범 준수라는 윤리적인 행위를 의도적으로 거부할 수도 있다. 무리 규범 준수라는 윤리에 대한 개인의 독단적인 해석과 결단으로서의 '도덕적'인 행위는 칸트가 요구하는 단언명령(categorical imperative)을 단호히 거부할 때 가능하다. 왜냐하면, 칸트가 요구하는 단언명령은 모든 행위자가 무조건 절대적으로 지켜야 하는 도덕률이기 때문이다.

그런 단언명령은 실제로는 인간들의 머릿속에서만 의미 있게 작동하는 개념일 수밖에 없다. 칸트가 말하는 단언명령은 "만약 행복해지려면 …… 하라!"는 식의 수단을 찾거나, 가설적이거나 실험적인 것을 말하는 것이 아니다. 칸트의 입장에서는 수단적인 것들은 임시변통적인 것, 아무리 현실적으로 옳게 보인다고 해도 끝내 그것들은 가언명령(假言命令, hypothetical imperative)적인 것일 뿐이다. 정언명령, 즉 단언명령이 현실적으로 작동하려면, 그렇게 하면 행복한가, 행복해질 것인가 어떤가에 전혀 관계없이 조건 없이 누구나 당연히 그렇게 해야만 하는 명령이어야만 한다. 그런 것이 현실적으로는 가능하지 않다. 칸트가 말하는 식의 도덕이나 도덕 법칙(morality)은 그 자체로써 최고의 가치를 지닌다. 어떤 수단이 되지는 않아야 한다는 점에서 행위의 형식, 목적, 결과에 관계없이 그 자체가 선이다. 무조건 지켜야 할 도덕적 명령이 도덕 법칙이다. 그런 단언명령적인 것은 현실적에 있어서는 그렇게 작동하지 않는다.

칸트가 의미하고 있는 바의 단언명령적인 것들은 유일자, 아니면 신(神)만이 할 수 있는 일이다. 불가사의하거나 절대적으로 도덕적인 것들일 수밖에 없기 때문이다. 그래서 칸트의 정언명령적인 도덕률을 지지하는 마이클 샌델(Michael Sandel) 교수 같은 사람 역시 존엄사 같은 현실적인 문제에 대해서 모호한 답을 내놓을 수밖에 없었다. 그는 존엄사 문제에 개입하면서, 존엄사를 돕는 일이 도덕적이기 위해서는 생명에의 경외라는 엄숙한 정언명령적인 명제도 지키고, 존엄사라는 현실도 존중하면서, 존엄사의 행위가 도덕성을 유지하는 '방법'을 찾아야 한다고 말한다. 모호한 결론일 뿐이다.[33] 그런 신통한 방법은 매 초마다 삶과 죽음, 그리고 고통이 작열하는 엄숙한 현실 속에서는 무기력하기 때문이다. 삶에서 살아 있음과 죽음 간의 논란을 교묘히 피해가면서 꿋꿋하게 존재할 수는 없는 노릇이기 때문이다. 그가 존엄사 문제에 대해 모호한 답을 내놓을 수밖에 없었던 것은 이유가 있을 수 있다. 존엄사를 돕는 것은 개인적으로 윤리적일 수는 있으나, 그것이 도덕적이기 위해서는 또 다른 방법을 찾아야 했었기 때문이다. 샌델 교수의 입장은 박이문 교수의 입장과는 정반대에 서 있다. 박교수의 입장을 확대하면, 존엄사를 바라는 당사자와 그것을 윤리적인 것으로 받아들이며 존엄사를 돕는 사람의 양자적 관계는 실존적인 결단의 관계이어야 한다. 존엄사에 대한 실존적인 양자의 결단을 존중한다는 점에서 그것은 도덕적인 행위가 된다. 무리 규범 준수와 그것에 대한 개인의 결단은 불편하지만 그래도 감내할 수 있다는 점에서 이런 종류의 판단과 결단을 상식윤리라고 부를 수밖에 없다.

존엄사 문제에 개입하는 것이 상식 윤리적일 수 있다는 것은 배움의 입장에서는 더욱더 분명해진다. 논의의 편의를 위해 배움의 공식($E=mc^2$)에 존엄사 문제를 대입하면 누구든 '몸'의 절대성, 생명의 절대성(c^2)을 지니지만, 그 절대성은 삶의 의미, 생명의 의미를 만들어 갈 때(m)만 성립한다. 신체적으로나 정신적으로 당사자가 지닌 '몸'의 절대성이 마지막 목숨을 걸고 있는 순간을 향해 무너지고 있는 상황($c^2 \leq 0$)에서는 그 어떤 생명력도, 삶의 의미도 만들기가 어려워진다($m \leq 0$). 몸이나 삶의 의미 만들기가 거의 불가능할 때, 배움이나 삶으로써의 생명 역시 무참하게 무너진다 (E≦0). 그 무참함이 숨을 몰아쉬고 있는 사람에게 오로지 개인적인 고통의 무한대를 요구한다면, 당사자에게는 생명이 아닌 것을 말하는 것일 뿐이다. 말하자면 참아 내기 어려운 고통을 생명과 삶이라고 강제로 처방해 주는 것이나 다를 것이 없을 뿐이다. 당사자의 삶에 대해 모두가 방관하거나 피상적으로 먼 산 바라보기나 하고 있는 것일 뿐이기에, 그것은 오히려 생명에 대한 모욕에 가깝다.

칸트처럼 사람이 스스로 합리적으로, 이성적으로 행동하려고 노력한다고 생각할 수는 있지만, 모든 사람이 그런 것은 결코 아니다. 다른 사람이 하는 일을 타인이 완벽하게 통제할 수도 없다. 이런 상황에서 칸트가 말하는 정언명령의 깃발 아래 펄럭거리는 도덕의 중요성은 나와 너의 삶과 도덕을 위해 참고는 될 수 있어도, 실제적인 나와 너의 삶살이에는 쓸모가 그리 크지 않다. 그가 우리에게 요구하는 순수한 이성과 절대적인 논리는 더 이상 강력한 효력을 발휘하지 못한다는 뜻이다.

세상은 누가 뭐라고 해도 세 유형의 사람, 세 유형의 생활이 함께 살아가면서 만들어 내는 삶이 있을 뿐이다. 첫째, 사람이 아무리 노력해도 합리적으로 행동할 때가 없을 수 있다. 둘째, 어떤 사람이 합리적으로 행동한다고 해도, 모든 사람이 다 합리적인 것은 아니다. 현실적으로는 합리적인 사람이 오히려 소수에 속하며 예외일 뿐이다. 마지막으로 합리성이 없다고 하더라도 사람들은 자기의 삶만큼은 잘 살아가기 마련이다. 합리성이나 이성 같은 것 이외에도 삶살이를 위한 좋은 방법들을 얼마든지 삶의 주위에서 찾아낼 수 있기 때문이다.[34]

세상에서 자기 자신의 생명을 끝까지 붙잡고 살아남을 사람은 없다. 그것이 가능하지 않기에, '부활'이라는 허구에 사람들이 매달리고 있는 것이다. 다만, 그것을 죽는 순간까지 악착같이 물고 늘어질 사람이 있을 수는 있지만, 그는 끝내 자기 하나로 끝날 뿐이다. 생존능력은 인간이 포기할 수 없는 권능이다. 생존능력이 결여된 사람은 주위의 도움을 받아야 한다. 어린이 보호, 경로 우대, 약자 보호 같은 것은 상호 도움을 위한 사회 관습이다. 인간은 자기 스스로 자기를 가장 잘 알고 있는 존재다. 자기를 철저하게 속일 수 있는 사람 역시 자기뿐이다. 사람들은 속이 찬 그런 자기에 대해 자기도 모르게 겁을 낸다. 자기의 삶을 이끌어 갈 것은 책이 아니다. 교수도, 기업가도, 종교가 떠받들고 있는 경(經)들조차도 자신의 생과 명을 구원해 줄 수 있는 것이 아니다.

자기의 구원은 바로 자기 자신만이 할 수 있을 뿐이다. 구원은 오로지 목숨만 붙어 있는 일로 충족되는 것은 아니다. 자기만이 자신에게 집중할 수 있고, 어느 누구도 대신 죽어줄 수는 없는 것도 사실이다. 마찬가지로 누가 내 대신 내 속에 들어올 수도 없고, 내 목숨 대신 목숨을 붙여 살 수 있는 것도 아니다. 자기 자신만이 자신을 구원할 수 있는 구원자인 셈이다. 자기가 그런 자신의 생과 명을 놓치면 아무도 자신을 돌보지 않는다. 자신 스스로 삶을 놓치는 것이다. 내게 자신의 생명을 꿔 줄 사람은 없다. 그 어떤 것도, 그 어느 누구도 자기를 구원해 줄 수 없기 때문이다. 자신이 자기의 끈을 놓았는데, 그것을 대신 잡아 줄 사람은 없다. 자신보다 자기를 앞으로 이끌어 갈 스승은 없다. 자신이 바로 자신을 깨우치게 만드는 멘토이며 사부(師傅)이기 때문이다.

자기 스스로 내면에는 자신만의 걸인이 들어서 있다. 그 걸인을 발견해내는 사람이 자신을 배려할 줄 아는 사람이다. 각자의 삶에 관한 질문들은 자기 안의 동냥꾼에게 물어봐야 한다. 그가 자신의 허기진 삶이 어느 정도인지를 알려 주기 때문이다. 자기를 게걸스럽게 만들면 행동 역시 게걸스러워지기 마련이다. 행복은 삶을 게걸스럽게 탐닉하지 않는 일이다. 행복은 자기 게걸스러움을 말끔히 소제할 때 깃든다. 스펀지처럼 영혼을 더럽히는 오물을 빨아들여야 한다. 걸레처럼 자신의 영혼을 어지럽히는 삿된 생각들을 닦아 내야 한다. 그렇게 닦아 내고, 빨아들이는 것이 삶을 빨아내는 일이다. 행복한 걸인처럼 살아야 한다. "정원 일에 대해 책을 읽는 걸로 만족하는 사람은 훌륭한 정원사가 될 수 없어. 악천후로부터 자신을 보호할 수는 있겠지만, 영혼을 풍요롭게 하는 꽃과 대면하지는 못할 테니까. 세상을 살면서 인간이라면 누구나 다 이루고 싶은 꿈을 한두 가지쯤은 갖게 되지. 그건 어쩔 수 없는 일이야.

하지만 이루기 힘든 꿈이라고 해서 좌절하지 않기 위해 세상과 단절된 삶을 사는 건 그리 좋은 전략이라고 할 수 없어. 행복은 위험을 감수하고 무언가를 실행에 옮길 때 얻어지는 거니까."[35]

자기 자신 속에서 자기를 찾으라는 말을 작가인 지롱 씨는 그렇게 한다. 수치심은 타인에 대한 것이 아니라 자기 자신에 대한 지적과 반성에 관한 것이어야 한다. 자기가 겪은 실패를 어둡고, 부정적으로만, 몰아칠 이유는 없다. 여유를 갖고 유머러스해야 할 필요가 있다. 자기를 버리고 타인의 눈으로 자신을 바라볼 필요가 있다. 내가 남을 보듯, 내 자신을 타인의 시각으로 관찰해야 한다. 그것이 자신을 탐색해 들어가는 해결책이다. 자기 불안을 근원적으로 극복하기 위한 방편이기도 하다. 정의를 밖에서 찾을 일이 아니다. 자기 안에서 정의를 되살려내야 한다. 바로 그 뜻이다. 정의는 먼저 자기 대화에서 시작되어야 한다. 자기 대화로 자기 먼저 정화(淨化)해야 한다. 끔찍하다고 여기던 일도 자기 대화의 과정에서 녹아 내린다. 목숨을 버리는 일보다 더 끔찍한 일은 결코 일어날 수 없다. 자기 멱 안에서 정의가 꿈틀거리기 때문이다.[36]

덕이란 것도 자기의 꿈틀대는 생명이 만들어 내는 습관의 결과물이다. 그것을 사람들은 사회적 덕목들이라고 부른다. 덕(德)이란 그리스어인 아레테(arete)라는 말 그대로 뜻을 담고 있다. 덕은 기능과 목적 면에서 지닌 탁월성 자체를 가리킨다. 어떤 사물이나 존재의 가치가 드러나도록 만들어 주는 속성이 아레테다. 덕은 타인을 위한 '~다움'의 상태다.[37] '~다움'을 드러내는 징표가 중용이라는 덕이다. 교만과 비굴 사이에서 빠져나오게 만드는 행동 기준이다. 덕은 중용이다. 중용은 긍지를 말한다. 중용은 어느 하나로 쏠리지 않으려는 의지다. 편협과 편파에 거스르려는 의지다. 그 의지를 습관화한 중용의 덕이 바로 선의지(善)다.[38]

면도칼은 남성에게는 얼굴의 털, 말하자면 수염을 잘라 낼 때 쓰는 예리한 도구이다. 사람에게 어떤 고통을 주지 않고 아주 탁월하게 수염을 밀어 낼 때 면도칼은 칼다운 탁월성을 지녔다고 볼 수 있다. 칼다운 속성을 드러 낼 때 면도칼에 덕이 있는 상태다. 면도의 능력이 있는 면도칼만은 면도칼로써의 아레테를 지닌다. 유교식으로 말하면, 교수는 학자다움을, 부모는 어버이다움을, 정치가는 국민의 봉사자다움을 갖고 있을 때 그들에게는 각기의 덕이 있다고 말할 수 있다. 덕을 표현 하는 것이 '~다움'이라면, 그 '~다움'에 대한 평가는 품(品)과 격(格)으로 나타난다.

교수가 학자다움을 지닐 때, 그는 교수로서의 덕을 갖고 있는 것이다. 교수의 탁월성은 그의 품과 격을 말한다. 학자로서의 위신과 학자로서의 됨됨이를 드러내기 때문이다. 아리스토텔레스가 덕을 그렇게 탁월한 성품을 의미했던 이유가 있다. 성품은 한 인간에게 지속적이며 일관된 상태로써 그의 삶살이에서 드러나기 때문이다. 사람들에게 칭찬받을 만한 인격과 품격을 지니고 있을 때를 덕이 있다고 말하는 것은 덕이 결코 상식적 판단과 어긋나지 않기 때문이다. 덕은 상식의 윤리다. 상식적 윤리는 사람으로서 사람다운 행동을 하며 사람답게 사는 것을 요구한다.[39]

덕의 윤리는 사람으로서 어떻게 살아야 하는지에 관한 행동거지를 제시한다. 사람으로서 어떤 사람이 되는 것이 사람답게 사는 것인지를 알려준다. 덕 윤리학에 대한 관심을 현대적으로 되돌리게 만든 여류 사상가가 앤스콤(Anscomb) 교수다. 앤스콤 교수는 『현대도덕철학』에서 덕스러운 성품의 본체에 대해 고뇌한다. 그 답을 그녀는 아리스토텔레스의 생각에서 찾는다. 근대 도덕철학자들이 집중해 왔던 의무, 책임, 옳음 등의 개념들을 벗어나 앤스콤 교수는 아리스토텔레스가 강조했던 습관, 버릇이라는 개념에 자신의 윤리적 관점을 정착시킨다.

아리스토텔레스는 습관을 사람이 지녀야 할 미덕의 성격적 특성으로 보았다. 그것에 착안한 앤스콤 교수는 '습관적'이라는 말이 윤리적으로 어떤 것인지 더 보완한다. 습관을 통해 사람에게는 미덕과 악덕이 길러진다. 사람을 보고, 그가 어떤 사람인지를 판단하려고 할 때에는 그들의 미덕을 찾게 마련이다. 미덕은 좋은 덕목을 말하기 때문이다.[40] 미덕이란 원리가 아니라 하나의 품성이고 기질이며, 버릇이다. 한 사람의 영혼을 대변해 주는 특성이거나 품이다. 윤리가 품격, 버릇 혹은 성품을 반영하지 않으면 무기력할 뿐이다.

모든 인간은 나름대로 자기가 속한 공동체에 빚을 진다. 자기가 속한 공동체에 되갚아야 할 의무가 있게 마련이다.[41] 각국의 젊은이들은 나라를 위한 전쟁에 나가야한다. 병역의 의무가 내게 생기는 것은 나의 조상이 내게 도움을 주었기 때문이다. 지금까지 내가 누려온 것에 대한 빚을 갚는 일이라 생각되기에 전쟁에 기꺼이 나선다. 그 빚과 도움은 다음 세대에게 다시 이어진다. 한 공동체에서 진 각각의 빚을 어떤 객관적인 잣대로 가리기는 쉽지 않다. 각 개인의 삶과 그들이 추구하는 삶의 가치는 나름대로 합리적이기 때문이다. 서로 인격적으로 합당한 대우를 받으면 되는 일이지만 합당한 대우에 대한 기준이 서로 다르기에 서로가 서로의 빚에 대해 갈등한다. 빚짐에 대한 각각의 기준이나 지표들이 서로 다르기 때문이다.[42]

갈등은 쉽사리 해결되기 어렵다. 법률이 개입하기 마련이다. 법치주의가 만병통치적인 것도 아니다. 인간의 모든 행위를 모두 법의 잣대로 가릴 수만은 없기 때문이다. 법의 개입이 어느 정도 필요하지만, 그 법은 상식을 기준으로 만들어지는 것이기에, 상식이 우선한다. 보통의 삶살이에서 생기는 갈등은 서로에게 덕스런 행위를 할 때 자연스럽게 해소될 수 있다. 공동체에서 사람으로서 취해야 할 덕이 사람들의 갈등을 해결해내는 사회가 덕스런 사회이며, 정의로운 사회다. 덕은 공동체에서 만들어지며 대를 이어가며 전승된다. 덕을 지니는 것은 사회적으로 요구되는 어떤 실행 요구를 성취할 수 있도록 해 주는 힘을 지닌다. 그것이 덕이 지니는 선(善)이다. 덕의 결여는 결과적으로 실행 요구를 충족시킬 선들의 성취를 방해한다. 덕과 선을 추구하는 절대적인 성질이기 때문에 정의와 한 쌍을 이룬다.

덕을 논할 때 사람들의 삶에서 그려 낼 수 있는 것은 윤리적인 삶이다. 덕으로 살아가는 삶, 덕스런 삶이 덕의 윤리를 보여 주기 때문이다. 덕(德)은 삶을 통해 쌓인다. 별안간 만들어지는 것이 아니다. 도덕적 삶은 덕의 습관으로 나타난다. 도덕적 삶에서 중요한 것은 사람이 어떤 부류의 사람이 되어야 하는지에 따라 다르다. 어떤 규칙을 준수해야 하는가는 어떤 사람으로 존재하느냐는 그다음 문제다. 도덕적인 존재라는 것은 규칙을 무조건적으로 따르는 사람을 말하지 않는다. 규칙을 따르는 사람보다는 윤리적으로 올바른 사람을 말한다. 덕이 제 스스로 쌓여 있는 사람을 말한다. 보이려고 하지 않아도 저절로 보이는 덕스런 삶을 말한다. 덕스런 사람이 도덕적인 존재일 수밖에 없다.[43] 덕은 윤리의 본질에 비추어 보아 인간의 이기적인 것을 넘어서는 보편적이고도 상식적인 것을 인간 행위의 기준으로 삼기 때문이다.[44]

덕의 윤리학이 칸트가 말하는 바의 의무윤리학과 다르다는 점을 보여 주며 서로 간의 차이를 가르는 대목은 상식의 윤리를 삶에 응용하며 이해하는 장면이다. 의무 윤리학자들은 사람들이 행하는 어떤 행위에 대해 도덕적인 판단을 먼저 한다. 행위 기준이 도덕적으로 옳다거나 혹은 그르다거나 하는 식으로 먼저 판단한다. 그후 행해야 될 사람들의 책임이나 의무를 논하게 마련이다. 어떤 행위를 해야만 한다 혹은 행하지 말아야 한다는 식으로 규정하는 의무윤리는 사람들이 취하는 행동을 정당화하기 위한 논리를 제공한다.

덕의 윤리는 그것이 사람이 현실적으로 할 수 있는 것인지 어떤지를 먼저 고려할 뿐이다. 덕의 윤리학은 상식의 윤리 안에서 작동하기 마련이다. 모든 윤리가 그런 것처럼, 상식의 윤리 역시 이기적일 수밖에 없다. 인간이 인간다움을 유지하게 만들어 주는 기준은 바로 이기주의다. 덕의 윤리는 사람들이 무엇을 해야만 하는지에 대해서 결코 흥분하지 않는다. 덕의 윤리는 사람들이 행한 것이 얼마나 정당했는지를 증거하는 것에도 큰 관심이 없다. 덕의 윤리는 사람들이 어떻게 행동할 수 있는지를 먼저 설명하려고 한다. 인간의 행동들은 이미 인간의 삶과 생활 속에서 일상적으로 만들어지기 때문이다. 그런 일상적인 것들이 삶에 대한 이해가 되며, 행동의 기준이 된다고 본다.[45] 예를 들어, 청소년이 노인에게 욕을 한 경우, 사람들은 그 젊은이의 행동 전반을 '싸가지 없는 행동'이라고 말하기 마련이다. 그렇게 비난받는 것은 그 젊은이가 보여 준 행동이 일반적인 삶의 기준에 크게 어긋났기 때문이다.

덕의 윤리학은 그래서 상식의 윤리학이다. 상식적 삶살이와 상식적 태도가 덕의 윤리를 지탱하게 만들기 때문이다. 덕의 윤리는 배움의 윤리와 한 궤적을 이룬다. 그것은 덕이나 배움에는 상식이 통하기 때문이다. 상식이 통하는 사회, 상식을 벗어나지 않은 인간관계를 요구하는 것이 덕의 윤리다. 덕의 윤리는 배움이 강조하는 기능 중의 하나인 생명에 대한 존중과 경외를 강조한다. 상식(常識)이란 단순히 일반인들의 지식·이해력·판단력 및 사려 분별 같은 것만을 지칭하지도 않고, 실제로 그런 것에만 국한되지도 않는다. 상식은 깊은 고찰을 하지 않아도 자명한 것만은 아니다. 사람들이 그저 적당히 받아들일 수 있는 지식체계가 상식을 대표하지도 않는다. 독일의 대문호 괴테(Johann Wolfgang von Goethe)는 상식을 '인류의 수호신'으로 칭했는데, 그가 말한 수호신과 같은 의미가 바로 삶을 지배하는 상식의 경계다.

상식에 대한 프랑스 계몽가 볼테르(Voltaire)의 생각 역시 덕이 상식과 그리 떨어져 있는 것이 아님을 보여 준다. 그에 따르면, 상식은 누구나 알고 있는 그렇게 흔해 빠진 것을 말하는 것이 아니라, 옳은 행동의 기준을 말하기 때문이다. '법은 도덕의 최소한'이며, 그 도덕 역시 상식의 최소한이라고 정리한 독일의 법철학자 게오르크 옐리네크(Georg Jellinek)의 생각도 받아들일만 하다. 상식이란 하잘것없는 편견이 아니라, 한 사회의 법과 질서의 기초가 되며 그로부터 누구나 공감하는 판단 기준을 말하는 것이기 때문이다. 세계 어느 나라에서든 사람들의 삶살이는 저들의 상식으로 움직이기 마련이다. 우리처럼 일상생활에서 쓰이는 상식들이 하나의 속담이나 격언이 되어, 삶에 깊숙이 삼투되어 있기 때문이다. 예를 들어, 캄보디아, 세네갈, 인도나 우리의 격언처럼, 달걀로 바위를 치지 말라고 말한다. 쳐봤자 깨지는 것은 결코 바위가 아니기 때문이다. 옥수수는 닭과 의논하지 않는다는 코트디부아르 사람들의 상식도 생활의 지혜다. 닭이 화낸다고 주방장이 사정 봐 주랴라는 아프리카인의 기지에 이르면, 우리네 마장동 고깃집을 다녀간 느낌이 든다. 좋은 나무 옆에 있어야 좋은 그늘 만난다고 말하는 코스타리카인의 상식에도 깊은 공감을 느낀다.[46]

상식이란 일상적인 관행을 넘어서는 윤리적 판단이나 평가의 잣대, 사회를 유지시키며 개선하는 데 유용한 기본적인 가치 같은 것이다. 한 사회에서 모든 이에게 사회를 유지하게 만들어 주는 물과 같은 것이다. 상식이란 대부분의 사람이 주사를 팔에 맞을 때, 고통을 의식하지 않으려고 고개를 돌리는 이치를 사실로 받아들이는 일반적

인 태도 같은 것이다. 그런 논리를 사회생활에 응용하는 태도를 상식이라고 지칭할
뿐이다. 주사를 맞을 때 의식적으로 고개를 돌려 그것을 보지 않는다고 덜 아픈 것은
아니다. 고개를 돌리면 경험하게 될 고통을 미리 예측하지 않기에 고통이 덜 할 것 같
은 느낌을 받으려고 할 뿐이다. 객관적으로 증명된 사실이기에 의료계 사람들은 이런
현상을 일명 '노시보 효과(nocebo effect)'라고 부른다.

　노시보 효과란 부정적인 확신이 실제 몸에 영향을 끼치는 효과를 말한다. 노시보
효과란 긍정의 힘을 말하는 플라시보 효과의 정반대 현상으로서 부정의 힘을 말한
다. 환자에게 거짓 약을 진짜 명약으로 가장하여 투여하면 좋은 효과를 얻는 경우를
플라시보 효과(placebo effect)라고 부르지만, 그것과 반대의 효과는 노시보 효과라
고 부른다. 아무리 좋은 약을 주어도 환자가 그 약을 거짓 약, 가짜라고 믿어 버리면
아무런 효과도 얻지 못한다. 긍정의 힘을 믿으면 긍정의 효과가, 반대로 부정의 힘을
믿으면 부정의 효과가 온다는 것을 알려 주는 것이 플라시보 효과와 노시보 효과의
사회적 응용이다. 상식이란, 노시보 효과와 플라시보 효과같은 것을 객관적인 지식
으로 받아들이며 실제의 삶에서 아무런 거리낌 없이 활용하는 논리를 말한다.[47]

　사람들이 살아가는 순리에 따르게 만들어 주는 정신적이며 사회적인 가치가 상식
이라고 본 상식철학의 사상가가 있다. 그가 스코틀랜드의 토머스 리드(Thomas Reid)
였다. 상식을 진리 · 도덕 · 종교의 근원이라고 체계화시켰던 장본인이었다.[48] 상식
의 보편성을 주장하는 그는 상식이 삶에 있어서 최종 근거라고 보았다. '보편 상식'
은 '도덕 의식'과 같이 육체적 의식과 직관의 전달을 입증할 수 있다고 보았다.

　시대에 따라 문화적 조건에 따라 변화하기는 하지만, 그런 변화 속에서도 자신은
변하지 않고 동일한 것으로 계속되는 쓰임새가 있는 기준이나 마음가짐들이 있다. 그
것들이 상식의 토대를 이룬다. 모든 사람에 의해 모순이 없다고 간주되는 상식은 소
박한 보통 사람들의 실제 지각에서 받아들인다. 그것들은 믿음의 근거가 된다. 그런
믿음은 인간의 이성을 지배하기에 상식은 객관화된 정보이며 지식으로 작동한다. 객
관화되지 못하거나 과학적으로 사실이 아닌 것은 결코 상식이 될 수 없다. 상식이라

고 말할 때, 그 상식은 객관적인 타당성을 지녔기에 모든 사람에게 보편적으로 받아들이는 정보와 지식 덩어리이기 때문이다.

상식은 배운 사람이건 못 배운 사람이건, 철학자이건 일용 노동자이건 간에 동일한 수준으로 수용된다. 사람들 모두에게 "같은 수준으로 이해되는 것이 상식이다."라고 주장하는 철학자가 바로 리드였다. 그는 외계의 사물에서 감각적인 자극을 받아들임과 동시에 지각 작용에서 그 사물의 현존을 확신할 수 있다면, 그 확신이 상식이라고 정리하였다. 상식은 엉뚱한 이야기, 편견을 말하는 것이 아니라, 받아들일만한 이야기라는 뜻이었다. 리드는 인간이 경험하는 실재는 늘 그대로 있다고 보았다. 바로 그 신념이 상식의 바탕을 이룬다는 것이었다.

상식의 윤리, 지금은 아무도 쳐다보려고 하지 않지만, 우리 무의식에서는 결코 소거될 수 없는 논리이며 윤리의 덕목이다. 그것은 마치 도교(道敎)식의 윤리관처럼 우리네 삶 속에 깊이 스며들어 있다. 제아무리 모태 신앙을 가진 기독교 신자라고 하더라도, 그가 한국인으로 살아온 이상 그의 무의식에는 길흉화복에 대한 도교식 윤리들이 가득하기 마련이다. 제아무리 우리가 붓다에 의지해도, 결코 우리가 힌두인이 될 수 없는 것과 같다. 제아무리 아브라함을 열거해도 아브라함이라는 철자부터가 유대인과는 다르기 때문에 우리는 유대인의 후예나 종족은 아니다. 한국인이 유대인처럼 자신의 행위를 위장할 수는 있어도, 제 자신의 어머니가 유대인이라고 우길 수는 없는 노릇이기 때문이다. 그래서 상식은 말한다. 자신부터 먼저 고치고 잇대어 남에게도 도움이 되는 도리 같은 것을 구하라고 말한다. 그것이 상식의 윤리가 요구하는 인간 행위에 대한 처방이다.

상식이란 유별난 것이 아니다. 사람으로서 착한 삶을 살기 위해서는 늘 참회하고, 성찰하며 명상하고, 자연의 법칙에 어긋나지 않으려고 노력하는 이치 같은 것이 상식이기 때문이다.[49] 상식의 윤리는 생명 존중의 논리이기도 하다. 동시에 상식의 윤리는 그 출발점에서부터 배움의 윤리이기도 하다. 배운 사람이 어떻게 살아가야 하는지에 대한 사람됨의 논거를 상식은 일상적으로 우리에게 제공하기 때문이다. 배우는 사람으로서 지켜야 할 도리를 지키게 하는 것이 배움의 윤리다. 사람처럼 사람답게 살라고 하는 것이 배움의 윤리다. 배움이 윤리적인 잣대가 되는 것은 인간의 배움에 대한 절대적인 전제가 있기 때문이다. 인간은 죽는 그 순간까지 배운다가 옳은 것처럼 인간은 죽는 그 순간까지 상식안에 살게 된다. 인간이라는 존재는 인간이 배우는 동물이기 때문에 성립된다. 인간으로 태어나는 이상 어느 인간이든 배우지 않을 수 없다. 인간이 배움을 기각한다는 것은 불가능하다. 인간이 배우지 않는다는 것은 이미 인간 스스로 배우는 동물이라는 전제를 거스르고 있다. 그것이야말로 배움의 윤리는 '윤리를 깨트리는 윤리'가 된다. 인간은 배움을 기각하거나 포기할 수 없다. 인간은 동물 중에서는 유일하게 배우는 동물이기 때문이다.

　상식의 논리가 배움의 윤리와 그 궤적을 같이하기 시작한 것은 고대 그리스의 현자들의 사상과 무관하지 않다. 그들과 사상적인 한축을 이뤘던 스토아학파 사상가들의 지혜들이 큰 물꼬를 터 주었다. 저들은 다른 누구보다도 더 저들의 삶살이를 어떻게 해나가야 하는지에 대한 슬기들을 보여 주었다.[50] 저들의 지혜는 단순히 앎으로써의 지식을 말하는 것이 아니었다. 단순한 삶의 기준을 나열하는 것도 아니다. 단순한 논리가 아니라 생명에 대한 애착이 저들의 삶이었으며, 행위였고 습관이었다. 자연스럽게 저들의 삶에서 드러나는 저들의 덕성이었을 뿐이다.

　저들 스토아학파는 있는 삶, 야기되는 사회문제를 순박하게 받아들이며, 해법들을 상식의 테두리 안에서 찾았던 장본인들이었다. 사회는 어떤 사회든 나름의 문제가 생기게 마련이다. 문제가 생겨나면 푸는 해법도 있게 마련이다. 문제를 풀어낼 수 있는 해법은 불가불가(不可不可)의 상황, 그 어딘가의 경계와 영역에서 발견된다. 불가불가에서 쉼표를 어디에 놓는가에 따라 해법의 양상은 돌변한다. 불가(不可)였던 것이 불가불, 가(不可不, 可)로 급변하기도 한다. 불가불가(不可不可)의 사회, 불과 가가 어떤 조합을 이루느냐에 따라 해법이 달라지는 사회에서 통용되는 인간 행동의 보편적인 법칙이 생존의 비밀 코드다. 생존의 비밀 코드를 흔히 내쉬(Nash) 교수의 게임 이론으로부터 얻은 내쉬의 균형 이론(Nash equilibrium)이라고도 부른다. 사회 자체적으로 스스로 문제해결을 위한 해법을 마련한다는 논리다. 사회 스스로 자기를 조직해 나가는 바탕이 바로 거부와 수용을 교묘하게 비율적으로 균형 있게 마련한다는 논리다. 나름대로의 문제해결의 해법이 늘 숨어 작동하기 마련이다. 서로에게 거부와 균형을 적절하게 유지함으로써 문제를 스스로 풀어 가도록 만드는 사회 조직의 이치가 내쉬의 균형 이론에서 중요하다.

사람들은 각자가 최적의 결과를 예상하고, 선택적 행동을 행함으로써 일종의 균형을 이룬다. 그 균형이 반드시 최적의 결과이거나 최적의 효과를 낼 수 있다고 이야기할 수는 없다. 최적의 기대와는 달리 오히려 그것보다 더 우울한 결과가 나올 수도 있다. 나와 의견을 달리하는 상대방 역시 최적 전략을 예상한다. 그런 예상으로 자신의 이익을 위한 최상의 전략을 수립한다. 그것이 그에게는 최적 전략이다. 모두가 팽팽한 긴장 국면이기에, 긴장 상황에서 상대방이 최적 전략을 내놓지 않으면 그것을 예상한 후 만들어 낸 내 자신의 전략은 최적이 될 수 없다. 이런 저런 이유로 인해 모든 선택은 끝내 균형을 이룰 수밖에 없다.

내쉬의 균형 이론이 고대 스토아 학파가 생활하던 그때나 현재에 관계없이 설명력을 갖는 것은, 조직은 늘 배신의 온상처럼 작동하기 때문이다. 사람들은 조직 안에서 늘 배신하기 마련이다. 인간은 이기적이기에 서로가 배신한다. 이기적인 인간들이 정글에서 서로의 먹이를 찾을 뿐이다. 삶이 먹이 사냥이기 때문이다. 이기적인 법칙을 따르는 사회 속에서 나름대로 생존들이 가능하다. 그것은 바로 내쉬가 말하는 바의 상호 견제와 균형을 이룬다. 말하자면 속이고 속아가는 상황과 더불어 늘 부서지는 균형을 이룬다. 부서지는 균형 감각이 새로운 문명을 세우도록 만들어 준 것도 사실이다. 경쟁에서 살아남기 위해 상대방을 배신하고 그렇게 배신하는 결과가 문화와 문명을 만들어 냈다. 그것이 이타적인 행동을 불러일으켰다. 인간 역시 그 길을 따라 진화했다.

사람들이 스스로 생각하는 것을 상대방도 그렇게 생각하며 행동한다고 믿기만 하면 문제는 풀리기 시작한다. 경쟁자가 지금과 같은 양태의 행동을 지속한다면 나 역시 현재의 선택을 바꿀 필요가 없다. 그의 행동이나 나의 행동이 늘 균형을 이루기 때문에 선택을 바꿀 이유가 없다. 그것이 깨지면 나의 선택도, 그의 선택도 바뀐다. 상대방은 언제든 나름대로의 전략 아래 자신의 행동을 선택한다. 그것에 맞추어 내 자신도 나에게 합당한 최적의 전략을 선택하기 때문이다.

내쉬의 균형에서 결정적으로 요구되는 것은 배반이 아니다. 협력의 중요성일 뿐이다. 자기의 이익을 위해 배반하면 다른 이들은 최악의 상태에 빠지게 되기 때문이다. 다음에는 나도 그를 배반해야 한다. 그다음에는 나를 속인 그가 최악의 상황에 빠진다. 끝내 모두에게 불행이다. 남의 눈에 눈물 나게 만들면, 언젠가 자기 눈에는 피눈물이 나게 된다. 검증되지 않는 일상적인 지혜(street smart)이지만, 사실적인 상식이다. 내쉬의 균형 이론을 이용한 피의자 딜레마 실험을 계속하다 보면 실험 참가자들은 한 가지 결론에 도달한다. 처음 배반은 자기 이익을 불러오나, 끝내 자기에게도 손해가 나도록 되어 있다. 서로에게 서로가 협력하는 것이 상생하는 것이며 서로 행복에 이르는 길임을 알게 된다.

내쉬의 균형 이론은 전략적 균형을 요구한다. 전략적 균형은 지구 모든 것의 생존에 작용하는 자기 조직화의 속성이다. 세상은 스스로 움직이는 특성이 있기에 전략적 균형이 작용한다. 소립자의 세계도 자기 조직화되어 있다. 광활한 우주도 그냥 움직이는 것이 아니다. 자기 조직화되어 움직인다. 세상 모든 것은 자기 조직화하는 시스템을 갖고 있다. 자기 조직화의 시스템이 바로 세상을 스스로 움직이는 작동 원리다. 세상의 모든 시스템은 스스로 우아하게 움직이는, 자기 조직화 과정의 산물이다. 그것은 장소와 시간, 높낮이를 가리지 않고 움직이고 있으며 움직이게 만든다.[51]

삶에서 인간이야말로 자기를 존재하게 만드는 하나의 유일한 시스템이다. 자기를 대신 해 주는 것은 자기말고는 없기 때문이다. 자기 조직화가 우선해야 한다는 점이 상식이다. 누구든 예외일 수 없다. 구멍가게부터 재벌 기업도 마찬가지다. 정당도 한 나라 전체가 자기 조직화에 의존한다. 인간 시스템도 자기 조직화로 움직인다. 사람들은 삶 속에서 의미를 찾는다. 그 과정에서 자기와 같은 것을 찾는 다른 사람들을 만난다. 관심의 대상이 같아지면 하나의 힘이 생긴다. 마치 혼돈계 이론에 나오는 낯선 끝개가 자신을 중심으로 이질적인 것들을 모아 '세상'을 구성하듯이 사람들도 그렇게 의미들을 구성한다. 하나의 결과, 하나의 질서, 세상과 시스템을 움직이는 자기 조직화의 힘이 생긴다. 자기 조직화를 지탱하게 만드는 것이 상식이며 덕이다. 자기 조직화는 생존의 힘이지만, 덕은 자기 조직화를 이끌어가는 동력이다.

덕의 윤리는 사소한 것, 일상성의 가치에 대한 지속적인 익힘을 중시한다. 배움의 윤리와 덕의 윤리가 궤적을 같이하는 이유다. 삶은 원래 시시한 것들의 모음이다. 삶은 사소한 것들의 출발로 이뤄진다. 덕의 윤리는 사람들에게 그의 행동을 출발점에 다시 서기를 요구한다. 친숙한 것을 오히려 경계하라고 이른다. 일상적인 것을 주시하라고 말한다. 일상적인 것, 시시한 것, 사소한 것, 친숙한 것을 소중하게 다루라고 요구한다.[52] 사소한 것을 무시할 때 덕을 상실하기 십상이기 때문이다. 일상적인 것들을 사소하게 볼 때 배움 역시 무기력하게 된다. 일상적인 삶에서 일어나는 시시한 것들의 원형이 살아감이다. 살아감에, 충실한 삶에 주목하는 일이 덕성이기 때문이다. 덕이 있는 사람은 법이 없어도 살아갈 수 있는 사람이라는 뜻과 일맥상통한다.

덕을 쌓은 사람은 의미 있는 삶살이, 삶살이의 의미화를 선호한다. 타인의 삶에 대해 존중하며 배려한다. 덕을 결여한 사람은 사회나 사람에 대한 애착 상실증에 시달리곤 한다. 애착 상실의 삶은 생명에 대한 의미 만들기로부터 가능한 멀어지는 삶이다. 생명 포기적인 삶이다. 삶에 대한 애착 상실의 경향은 이 시대의 속성인 과잉 자본주의와 소비적 자본주의와도 무관하지 않다. 소비적 자본주의 사회는 모라토리움적인 증후들로 시달리는 사람들로 가득한 사회다. 성인이 되어 몸집은 커졌지만 정신적인 성숙도는 갓난아이처럼 행동하는 사람들이 모라토리움적인 증후군의 사람이다. 사회에 적응하려고 하나 끝내 적응하지 못하는 사람들이다. 성인기의 모라토리움은 직업 사회화에서 실패로 이어진다. 사회에 적응하지 못하는 개인은 자기 사회화에 병적인 집착을 보이기 때문이다.[53]

자기 사회화는 자아의 욕구 억제 적응 활동을 병적으로 추구하는 노력을 말한다. 개인적인 이해 관계를 자발적으로 제한시킨다. 사회가 요구하고 의무나 책임을 수행하려고 하지 않는다. 그것보다는 특정한 하부 문화의 요구에 집착한다. 집착하는 하부 문화 가치를 내면화시킨다. 자신의 미래나 확신을 그런 하부 문화의 가치에서 찾는다. 사회적인 요구와 관계는 단절한다. 자기 사회화는 사회가 요구하는 사회화에 대해 반동적이다.

사회는 일반적으로 한 개인의 욕구를 사회적 욕구에 대등하게 조응하기를 원한다. 가정이나 학교에서 사회의 가치나 관행을 가르치는 이유다. 개인 스스로 사회적 요구에 합당한 행동을 해 나가는 데 필요한 규범이나 관행, 가치들을 익힌다. 사회의 요구나 흐름에 맞도록 개인 자신의 이해 관계를 조절해 나간다. 사회 구성원으로 편입시키는 사회적 적응과정을 사회화라고 말한다. 이런 유형의 사회화를 전통적으로 시장 지향적인 사회화 혹은 사회적 사회화(social socialization)라고도 부른다.

자기 사회화는 사회적 사회화와는 속성이 다른 개념이다. 사회적 사회화의 퇴행적 모습이 자기 사회화이기 때문이다. 자기 사회화는 개인 스스로 병질적인 사회 적응과정에 속한다. 자기가 속한 사회 구조와 자신의 삶을 느슨하게 연계하기 때문이다. 자기 삶을 개선하려고 하지 않는다. 불편함을 호소하지도 않는다. 저항하지도 않는다. 자기 편하게 살기만 한다. 자기 삶의 경로를 스스로 만들어 그것에 만족해 버린다. 자기 사회화에 빠져 있는 사람들은 사회적인 조건에 아랑곳하지 않는다. 말하자면 노동 시장이나 사회제도가 요구하는 상황에 무관하다.

성숙해서 저들이 사회적인 삶에서 초탈하는 것이 아니다. 철이 들어 그런 것도 아니다. 철이라는 것이 그의 삶에 깃들어 본 적이 없어서 그런 것이다. 자기의 정체성을 스스로 찾아볼 수 없거나 의도적으로 기피하는 것이다. 그것이 그렇게 살아가기가 편하기 때문이다. 저들에게는 자기 연단의 여백이 있을 수 없다. 자신의 삶에 여백을 만들어 가는 것은 큰 용기다. 여백은 삶과 죽음 사이에 끼어 있는 침묵을 음미하는 힘이다. 그 침묵의 몇 초를 기다리는 순간이며 자신을 호흡하려는 마음 졸임과 같은 것이다. 모라토리움에 시달리는 사람들은 자기 배움에 대한 의식적 거부가 강하다. 삶에 대한 의미 만들기는 폐기되었기 때문이다. 자신은 살아남기 위해 사회에 적응하는 것이 아니다. 자기가 선호하는 하부 문화의 가치에 적응하기 위해 살아남으려고 할 뿐이다. 병적인 자기 자족 경향으로 살아갈 뿐이다.

과잉 자본주의 사회는 강박적인 자본주의 사회다. 강박 자본주의 사회에서 의미를 찾으며 살아가려면 한 가지 결단이 필요하다. 삶의 좋은 면을 최대한으로 끌어올리는 법을 삶의 일상으로 삼아야 한다. 점심시간은 누구에게나 돌아오지만, 점심은 그렇지 않다. 모두에게 똑같이 점심을 위한 한 시간이지만 점심을 대하는 마음들은 서로 다르다. 어떤 사람들은 여유를 갖고 점심을 즐긴다. 어떤 사람들은 한 끼를 때우는 것으로 만족한다. 점심에 대한 차이가 삶에 대한 차이를 보이는 것일 수 있다. 일상적인 삶살이에 대한 습관의 차이일 수도 있다.

강박적인 소비자본주의 사회의 예로 꼽히는 대표적인 나라가 미국이나 프랑스 같은 나라다. 미국의 뉴욕 공항에서는 점심을 먹는 사람들의 태도는 식사에 관한 한 티베트 사람들의 그것과는 전혀 다르다. 뉴욕커들은 눈을 뜨면서부터 노트북 컴퓨터나 아이패드를 찾는다. 그리곤 두드린다. 분주하게 통화하면서 햄버거를 동시에 먹는다. 탄산음료나 커피는 물을 대신한다. 저들에게 점심은 치러야 되고 해결해야 할 식사 전투 같은 일이다. 티베트인에게 점심은 일도 아니고 전투도 아니다. 저들에게 점심은 바로 삶, 그 자체다. 저들은 뉴욕 거주민들처럼 점심을 때워야 할 이유를 찾을 수 없다. 점심은 티베트인에게는 생과 명이기 때문이다. 저들은 점심을 먹으며 삶을 음미하며, 생을 노래한다.

미국인은 워커홀릭들이다. 저들은 자신의 나라를 천국이라고 보지만, 저들의 나라는 과잉 자본주의 사회일 뿐이다. 미국에서는 어느 모퉁이에서도 일 중독자들을 흔히 만나게 된다. 나라마다 사정은 조금씩 다르다. 엇비슷한 자본주의 사회지만 프랑스에서는 일을 그렇게 생각하지 않는다. 프랑스에서는 일 중독자들을 만나는 일이 오히려 귀한 일에 속한다. 일에 중독되는 것은 흔하지 않은 일이다. 예외적인 일이며 병적인 일일 뿐이다. 미국의 노동 현장 자체는 일 중독의 현장이다. 사람의 생과 숨을 단축시키는 형장(刑場)이나 마찬가지다. 시간을 보내는 방식이 다른 것이 아니라, 삶을 소비시키는 마음가짐이 다른 것이다.[54]

프랑스 여자들은 서로 다른 초콜릿의 맛을 정교하게 구별해 내곤 한다. 저들의 혀에만 미뢰(味雷)가 발달한 탓이 결코 아니다. 다른 나라 여자들보다 미뢰 수천 개가 혀에 더 있기 때문도 아니다. 좋은 음식을 가까이 하고 그 맛을 느끼는 능력을 유아 시절 부터 키워왔기 때문일 뿐이다. 미국인에게는 그런 여유가 전혀 없다. 맛에 대한 습관을 길러오지 않았기 때문이다. 삶살이는 훈련과 습관으로 만들어지는 것이다. 삶살이에는 내공이 필요하다. 삶은 쌓이는 것이다. 요술이나 기적으로 만들어지는 것이 아니다. 음식 하나를 대하는 마음가짐을 보면 그 사람이 접하는 삶살이를 알게 되는 이치다.

대중에게 인기가 있었던 방송 프로그램이 있었다. 〈소비자 고발〉이나 〈먹거리 X-파일〉 같은 프로그램이었다. 프로그램을 보다 보면 묘한 생각이 든다. 한국이라는 나라는 아무래도 정신이 풀린 나라 같다는 생각이 들기 시작한다. 장사꾼들은 거의 양심을 저당 잡히고 저들의 삶을 살아가는 사람 같아 보이기 때문이다. 모두가 사기꾼, 야바위꾼들 같아 보이기 때문이다. 착각이 아니라 현실이다. 빵 하나를 굽는 데도 양심이 개입하게 마련이다. 빵 한 조각에도 사람의 양심과 윤리가 깃들기 때문이다. 자기의 치부를 위해 다른 이의 생명을 희생시키는 사람도 사회 구성원이다. 그들이 자신의 생존을 위해 어떤 빵을 먹는지 궁금하지 않을 수 없다.[55]

이 세상을 살아간다는 것을 사람들은 이판(理判)과 사판(事版)이 하는 일에 비유한다. 삶에 있어서 이판해야만 하거나 사판해야만 하는 일들은 없다. 예를 들어, 〈빠삐용〉이나 〈쇼생크 탈출〉 같은 영화는 우리 인간 삶들이 벌이는 장면에 궁극적인 것은 처음부터 있을 수 없음을 보여 준다. 〈쇼생크 탈출〉에서 주인공 앤디 듀프레인이 관객에게 말한다. "그래요. 결국 모든 것은 아주 간단한 논리로 귀결되지요. 살려고 발버둥치느냐 아니면 죽으려고 발버둥치느냐이지요." 한평생을 살아가려면 쇼생크 중후군에서 단숨에 벗어나기가 쉽지 않다. 영혼이 있는 사람이면, 어떤 인간으로 살아야 하는지에 대해 매일같이 절규하면서 반응해야 하기 때문이다. 상식의 덕, 덕의 윤리는 말한다. 자신의 삶에 대해 윤리적으로 질문하라고 말한다. 살려고 발버둥치는지, 아니면 죽으려고 발버둥치는지 늘 의시(疑視)하고, 의심(疑心)하며, 성찰하라고 이른다.

살려는 의지와 발버둥치는 의지 사이의 관계는 밝음의 의미와 어둠 간의 보합 관계다. 서로가 서로를 가리거나 혹은 기다리는 행위들과 엇비슷하다. 밝음은 어둠 때문에 겉으로 드러난다. 어둠은 밝음 때문에 그 의미가 새로워진다. 어둠은 결코 밝음의 반대가 아니다. 서로는 하나이며 하나를 지탱하는 양극이다. 어둠이 밝음의 한 단면인 것처럼 밝음도 어둠의 한 단면일 뿐이다. 밝음을 예찬하기 위해서 어둠을 어둡게 만들 수는 없다. 어둠은 밝음의 부정이 아니다. 어둠을 부정적으로 그려낸다고 해서 밝음이 신비로워지는 것도 아니다.[56]

사람들이 살려고 발버둥치는 것인지, 아니면 죽으려고 발버둥치는 것인지를 알아보는 방법이 있다. 그 문장을 도치시켜 보면 모양이 드러나기 때문이다. 먼저, '살려고 발버둥치는 것인지.'라는 문장을, '발버둥치기 위해 사는 것인가.'로 한 번 도치시켜 보면 된다. 문장을 그렇게 도치해 놓아도 문맥은 나름대로 통한다. 이번에는 반대로 문장을 도치시켜 보면, '발버둥치기 위해 죽느냐.'라는 문장이 되어 버린다. 도치된 문장은 무엇인가 감각이 떨어지는 문장으로 남게 된다. 말이 통하지 않는 문장이 되기 때문이다. '발버둥치기 위해 죽느냐.'라는 문장은 처음부터 어색할 뿐이다. 뜻이 서지도 않는다. 의미 없는 문장이 되어 버린다. 그래도 현실은 묘하게 돌아간다. 그 문장, 즉 '발버둥치기 위해 죽느냐.'를 현실적으로 아무런 하자가 없는 듯이 받아들이기 때문이다. 현실에서는 늘 '발버둥치기 위해 죽는' 경우가 심심치 않게 일어나고 있는 것도 사실이다.

〈쇼생크 탈출〉에서 모든 죄수는 감옥 안에서 발버둥치기 위해 죽어 가는 모습을 보여 준다. 저들을 감시하는 간수들도 끝내 발버둥치기 위해 죽는 보조적 존재에 지나지 않는 기계들이다. 모두가 교도소라는 선(線)안에서 발버둥치기 위해 죽어 가고 있을 뿐이다. 〈쇼생크 탈출〉의 주인공이 내뱉는 독백과 조소는 외마디로 정리된다. 죄수와 간수 모두가 살기 위해 발버둥치고 있지만, 모두가 부질없는 짓이라고 알려 준다. 살려고 발버둥쳐서 감옥에서 설령 살아남게 되었다손 치더라도, 그 목숨은 결코 대수로운 목숨들이 아니다. 순간적이며 찰나적으로 소모되고, 감시되는 목숨일 뿐이기 때문이다.

누구나 한 번은 죽게 되어 있는 상황에서 그 어떤 것도 마찬가지일 뿐이다. 살려고 발버둥치는 것이나 죽으려고 발버둥치는 것이나 모두가 죽음에 이르면 결과는 같다. 발버둥을 어떻게 치느냐의 문제는 살아가는 방식에 영향을 준다. 발버둥의 방편들이 어떤 것이냐에 따라 삶에 대한 마음가짐도 달라진다. 죽음에 대한 태도, 사람들에 대한 마음가짐이 달라진다. 사람으로서 살아가는 방식이 달라지면 삶에 대한 부대낌의 양태가 달라진다. 살기 위해 발버둥치는 모습들이 그의 격을 드러낸다. 그의 살아감과 삶을 드러내는 품(品)과 격(格)이 배어 나오기 때문이다. 예를 들어, 인간 예수는 십자가에서 그의 마지막이 어떤 것인지를 처절하게 보여 주었다. 소크라테스는 감옥에서 독배를 마시며 그의 최후를 의연하게 맞이했다. 리비아를 호령하던 독재자 카다피 대통령은 도축장의 냉동실에서 그의 주검을 온 세상에 알려 버리고 말았다. 오래전에 박정희 대통령은 그의 부하가 쏜 총에 의해 모든 것을 분실해 버렸다. 모두에게 귀한 목숨이었고 모두 똑같은 죽음이었지만, 소크라테스의 죽음, 예수의 죽음, 그리고 박정희나 카다피의 죽음이 보여 준 죽음의 품과 격은 현격하게 다를 뿐이다.

生 3. "세상은 생각하는 사람에게는 희극이고, 느끼는 사람에게는 비극이다." - 호레이스 월폴

"그 옛날 마야인은 사물을 기억하기 위해서가 아니라 기억하지 않기 위해서 메모했다." - 매리언 울프[57]

"삶에는 문 하나가 닫히면 다른 문이 열리게 마련이지만, 사람들은 닫힌 문만을 쳐다보느라고 새로 열린 문을 보지 못한다." - 헬렌 켈러

"상대방이 생각하는 것을 나도 생각하고 있다고 그가 생각할 것을 내가 생각한다면……." - 존 내쉬[58]

"윤리적 판단에는 그 어떤 타당성도 있을 수 없다." - 에이어[59]

"익숙한 것은 익숙하다는 바로 그 이유 때문에 잘 모르게 된다." - 헤겔

상식(常識)이라고 말했을 때, 상식은 사람들의 행위에 대한 윤리적 발언이 사람들의 서로 다른 해석에 대한 허용적 태도와 마음 가짐을 지칭한다. 윤리적 덕목이나 가치로 제시된 것에 대해 필요 이상의 쟁송이나 설명, 그리고 긴장과 갈등들이 유발되는 것은 윤리적 덕목으로서의 가치를 상실할 뿐이다. 윤리적 덕목으로서의 가치가 이해관계 당사자들에 의해 무리없이 수용되는 선상의 조건이 바로 상식이다. 언어적 진술이나 요구되는 수준이 심각한 쟁송을 요구하지 않는 정도나 수준을 상식이라고 이해하는 것이다. 그런 점에서 본다면, '상식에 반(反)하는 상식'이라는 역설적인 언어적 진술 역시 상식에 속한다. 예를 들어, 사람들은 흔히 세 끼를 먹어야 삶살이가 건강하다고 말한다. 상식이지만, 어떤 사람들은 그것에 반해 세 끼가 아니라 오히려 하루에 한 끼만 먹는 것이 더 건강한 삶을 살게 만든다고 역설적인 이야기를 한다.[60] 거의 굶는 것이 끼니마다 거르지 않는 것 못지 않게 건강에 유익하다는 기존의 상식에 어긋나는 진술도 상식에 속한다고 볼 수 있다.

사람들에게 윤리적이라고 지칭되는 것들은, 윤리적인 것이라고 규정되어 사람들이 받아들이기 전에 거의 어김없이 언어적 진술로 그 성격을 드러낸다. 예를 들어, 효

(孝)의 당위성을 윤리적인 지침으로 받아들이도록 하기 위해서는 '자식이 부모를 공경하는 일이 효(孝)다.'라는 식의 진술이나 내용이 필요하다. 효에 대한 진술이 윤리적인 덕목이나 규정으로 받아들이기 위해서는, 그 규정을 합리화하는 가치어(價値語)가 나올 수밖에 없다는 뜻이다. 윤리를 지칭하거나 구속하는 가치어는 일단 좋음 혹은 옳음과 같은 것들로 명시되게 마련이고, 그렇게 규정된 것을 사람들은 윤리로서 받아들이거나 거부하게 된다.

윤리적 규정을 위해 활용되는 좋다든가 옳다든가 하는 가치어는 한 가지 뜻만을 지니지 않는다. 윤리적 가치판단을 실어 나르는 가치어(語)에 대한 하나의, 유일한 규정은 가능하지 않기 때문이다. 윤리적인 규정에 대한 당위적인 규정이나 절대적인 단정 역시 가능하지 않다. 그럼에도 불구하고 사람들이 좋다 혹은 옳다라는 가치어를 내세우는 것은 이미 그 어떤 의도를 지닐 수밖에 없다. 윤리적 규정에 대해 합의되어야 혹은 될 수 있을 것 같은 보편적인 정의를 내린 후, 그것이 모두에게 참된 의미를 지닌 덕성이라고 제시하기 위한 것이다. 그런 노력은 이미 설득을 위한 방편이기에, 윤리적 규정에 대한 가치어 제시는 설득을 위한 수단, 그 이상이 될 수 없다.

우리가 말하는 윤리라는 것은 설득하려는 마음가짐, 받아들이려는 태도, 그 이상일 수가 없다. 윤리는 설득일 수밖에 없다. 윤리로서 받아들여져야 윤리적 덕목이 되기 때문이다. 윤리가 설득이며 태도라는 견해는, 의무론적 윤리론이나 윤리를 규제적인 그 무엇으로 판단하는 것과 정면으로 배치되는 관점이다.[61] 윤리를 규제적인 것으로 보는 입장은 한 가지 전제에서 가능하다. 윤리라고 말해진 것은 옳고 그름을 떠나서 일단 가치판단을 위한 어떤 절대적인 것으로 받아들이라는 요구다. 윤리는 태도일 뿐이라고 간주하는 윤리학자들은 강요되는 도덕적 판단은 결코 하늘에서 떨어진 어떤 시혜물일 수 없다고 본다. 윤리적 덕목이라는 것은 인간이 타인의 행위를 규제하거나 명령하겠다는 행동 지침의 나열일 뿐이기 때문이다. 도덕적 판단에 어떤 보편적인 그 무엇이 있다고 아무리 강조해도 그것은 의도를 담은 진술이거나 윤리적 항목의 나열일 뿐이다. 도덕적 판단 그 자체가 이미 사람들의 행위를 규제하겠다는 의도를 지닌 명령과 규제이기 때문이다. 모든 도덕 원리, 윤리 규범들은 그런 속성을 지니기 때문에 그것에 대해 절대적인 도덕적 가치의 판단을 강요할 수 없다.

윤리는 설득이고, 태도이기에 도덕적 판단 역시 태도이고, 태도를 결정하도록 유도하는 설득적 표현일 뿐이다. 도덕적 사실 그 자체에 대한 명증적인 진술은 아니다. 가치판단에 대한 참과 거짓을 단정적으로 판별할 수 없다. 그것들은 사람들에게 단지 태도의 변화를 기대하거나 요구하는 식의 암묵적인 설득 기능을 갖고 있을 뿐이다. 태도가 달라지면 의미가 달라지고, 의미가 달라지면 설득의 양태도 달라진다.

윤리의 규제적인 그 무엇을 받아들이기 위해서는 도덕적 가치판단을 합리적으로 말할 수 있어야 하며, 동시에 도덕적 판단들을 보편화할 수 있어야 한다. 보편화할 수 있는 합당한, 현실적인 근거를 제시해야만 한다. 제시하는 근거들이 절대적인 정당성을 지녀야 하지만, 실제로 도덕적 선택이나 진술의 근거들은 인간의 비이성적 결단에 근거하는 것일 뿐이다. 그것들이 일반적으로 언어적 진술을 벗어날 수 없기 때문에 윤리어라는 것들은 일반적으로 무의미하게 된다. 이성적으로 그것이 무엇을 규정하는지가 모호하며 무의미하게 된다. 예를 들어, 우리가 즐겨 쓰는 '선(善)' 혹은 착함이라는 진술은 자연적인 것도 아니고, 비자연적 성질을 대신하는 것도 아니다. 주관적 감정이기도 하고 객관적 감정일 수도 있다. 의미 혼재적일 뿐이다. 이런 상황에서 사람들이 어떤 입장을 취하면 도덕적으로나 윤리적으로나 의견차가 불가피하다. 도덕적 불일치를 만들어 내는 것은 끝내 '확신 불일치'와 '태도 불일치'의 결과일 뿐이다.[62]

도덕적 발언들은 때로는 사람들에게 태도의 불일치, 신념의 불일치를 야기시킨다. 윤리적 발언이 실어 나르는 의미들은 사람들의 심리적 반응의 결과를 말한다. 사람마다 서로 다른 의미를 지니고 있기에, 도덕적 발언에 대한 심리적 반응들을 윤리의 올바른 지표로 삼기는 어렵다. 사람들은 이 지점에서 윤리적인 것인지, 아닌지에 대한 판단을 내리기 마련인데, 그 경우 사람들은 상식을 따르기 마련이다. 가치판단을 실어 나르는 진술들은 그 자체만으로는 참이나 거짓을 판별해 주지 못한다. 그런 것들

은 사람들이 지니고 있는 태도를 바꾸도록 만드는 설득적인 기능만을 지닐 뿐이다.[63]

윤리는 어떤 경우라도 사람을 위해 만들어지는 사회적 규준(規準) 같은 것일 뿐이다. 도덕을 위해서, 윤리적 덕목 때문에 사람이 이 세상에 태어나는 것은 아니다. 인간은 어떤 인간이든 어머니의 자궁을 빌어 나라는 존재로 태어난다. 한 문화권에 태어난다는 것은 처음부터 끝까지 수동의 존재가 인간이 된다는 뜻이며, 타인들이 만들어 놓은 도덕적 덕목에 영향을 받지 않을 수 없다는 뜻이다. 그렇기는 해도 한 인간으로 태어나면 그는 끝까지 자기와 싸우고 자기와 싸워 이겨야 한다. 자기를 규제하는 그 문화권에서 자기라는 능동적인 존재로 거듭나야 하기 때문이다.[64] 자기 존재를 위한 윤리적 덕목이야말로 자기를 드러내는 궁극적인 윤리적 덕목이다. 어느 누구도 자기와의 싸움을 피할 수 없기 때문에 자기는 자기에 대해 일차적인 책임이 있다. 싸움은 변화에 대한 지향성일 뿐이다. 자신의 싸움과정에서 잊지 말아야 할 질문이 있다. 인간됨을 위해서 자신에게 던지는 질문이어야 한다. 그 질문은 자신을 향한다는 점에서 이기적인 질문이다. 이기적인 질문은 절대적으로 옳은, 자기를 상실하게 만드는 윤리적인 덕목에 대한 수용을 거부하게 만든다.

사람에게 중요한 것은 언제나 자기의 생존을 위한 이기적인 질문을 자기가 속한 그 문화권에서 어느 정도로 순화시키느냐의 문제다. 자신에 대해, 자신의 실제적인 삶을 꾸려가게 만들고 있는 개념을 바꾸는 질문이기 때문이다. 삶에서 중요한 것은 자신 스스로 삶을 보는 관점이다. 관점이 흔들리면 자기 내부에 위기가 생겼다는 말과 같다. 위기는 나의 경험들이 나 자신에게 속하기에 자기에게는 늘 관대하고 모호하다. 모호하고 너그러워지면 위기를 간과하기 마련이다. 자신에 대한 관점을 곧추세우는 일은 자신을 앞세우는 이기심이다. 자기 중심주의의 발로다. 타인에게 비난받을 자기 중심주의는 아니다. 타인은 어차피 자신에게 지옥이다. 자기도 시간적 추이에 따라 변하고, 타인도 그렇게 변한다. 변하는 것들 사이에 자기 중심은 처음부터 가능하지도 않다. 가능하지 않은 것을 가능한 것처럼 착각하기에 비난하고 비판하는 것이다. 게다가 자기의 이익과 소유를 추구하는 것은 자기성의 진정성을 묻게 되는 본질적인 문제이기에 타인의 시선을 응대할 일도 아니다. 자기성의 문제를 심각하게 받아들이고 이것을 해소하는 것이 사람됨의 근거이기 때문이다.

이미 지적했지만, 살아 있는 사람들에게는 늘 '삶의 질'을 지키는 문제가 중요한 질문이다. 그것 이상으로 살아가는 사람들에게 중요한 것이 이제는 '죽음의 질'을 지켜내는 일이다. 죽음의 질은 오로지 각자적인 일이다. 이 세상에서는 유일한 하나의 개체로 태어났다가 그의 역사를 지워 내게 될 한 사람 한 사람에게 사람으로서 자신만의 자신다운 목숨을 거두는 일이기 때문이다. 현재 대부분의 대도시 종합병원 중환자실 병동에서 일어나는 의료진들의 의술적인 처치 행위들이 그것을 보여 준다. 사람들이 갖고 있는 마지막 삶을 이렇게 맞이하게 해도 되는 것인가에 대한 깊은 회의를 품게 만들기 충분하기 때문이다.[65] 의료의 질은 살아 움직이지만, 그것의 대가로 한 인간이 지녀야 할 죽음의 질은 여지없이 폐기되고 있다. 중환자가 맞이해야 할 죽음의 질을 재고하라는 요청은 단순히 자신의 운명과 마지막 숨을 타인들이 대신 동의하는 것에 대한 논리적인 항의의 문제만이 아니다. 마지막 숨을 거두고 있는 환자로서의 인간에 대한 본질적인 문제 제기이기도 하다.

인간이 자기 이익의 존재임을 파핏(Parfit) 교수는 상식의 도덕, 그리고 자아 정체성을 환원주의로 설명해 준다.[66] 그는 인격을 하나의 실체로서 받아들이지도, 그런 것의 선험적 존재를 아예 가정하지도 않는다. 뇌와 신체, 그런 생물학적 부문들이 연결되어 만들어 내는 심리들과 정신들의 연속적 발생으로 이해할 뿐이다. 저들의 연속적 발생이 개인의 정체성을 이룬다는 뜻이다. 인격은 신체의 일부인 뇌와 다른 신체 기관들 간의 연결로 구성되는 신체의 존재다. 인간은 인간을 구성하는 일련의 연관된 물리적 · 심적 사건들의 발생으로 구성되고 또 재구성될 뿐이다. 인격이라는 정체성 기준이 심리의 연속성이며, 심리의 연속성은 뇌의 동일성으로 통일된다.

인간의 존재를, 인간의 몸을 환원론적으로 이해하다 보면, 생물학적으로 몰개성적이며 불편부당한 존재, 화학요소들의 결합체로 정리될 뿐이다. 그 어느 누구도 살과 뼈, 그리고 피라는 물질의 신체로 구성되는 생물체라는 점에서 어떤 인간이 다른 인간보다 더 특별할 수는 없기 때문이다. 더 유별난 존재 역시 있을 수 없게 된다. 인격에 대한 환원주의의 서술 자체가 이미 인간들 사이의 간극이나 차별을 인정해 주지 않기 때문이다. 어떤 사람에게만 적용되어야 하는 원초적인 특수한 대우가 있을 이유가 없다. 인간은 그 모두가 하나같이 자신의 가치관, 자신의 인생관을 드높일 수 있는 기회만을 지닐 뿐이다.

인격이 지닌 자아의 정체는 마치 국가의 의미와 같을 뿐이다. 국가는 존재한다. 국가는 국민과 영토를 초월해서 존재하는 독립적 실체는 아니다. 국가의 존재는 그 영토와 그 속에서 특정한 방식으로 함께 살고 있는 국민의 존재를 포함할 뿐이다. 인격이라는 뜻도 그것과 같다. 인격이 존재한다는 말은 인격이 물리적 심적 사건들의 연관이라는 말과 엇비슷할 뿐이다. 다시 말해서, 인간은 자기를 구성하는 뇌와 신체, 신체의 구성 요소들끼리 다양하게 연관된 물리적이며, 심적 사건들과 동떨어져 존재할 수 없다. 우리의 존재는 신체 각 부분들의 행동함, 사유함 그리고 그것들이 만들어 내는 사건들의 발생과 관계들을 지칭할 뿐이다. 인격이라는 것도, 자아라는 것도, 정체성이라는 것도, 그 어느 것에도 사람 그 자체를 만들어내는 결정적인 것은 없다. 이런 연결들은 삶이라는 통일 안에서 움직인다. 인격적 정체성이 중요한 것이 아니라 인과 관계를 갖는 심리적 연결 관계들이다. 연결 관계는 미래의 내가 현재의 나와 동일 인물인가를 묻는 것이 아니다. 미래의 나와 현재의 내가 심리적 연속성을 갖고 있는지 어떤지가 중요하다. 생존은 심리적 연속성을 말할 뿐이기 때문이다. 나라는 인격적인 정체성이 중요한 것은 나라고 하는 나에 대한 유일성의 조건이 성립되고 있기 때문이 아니다. 심리적 연결 관계들이 유지되고 있기 때문에 나라는 인격이 드러나게 될 뿐이다. 개나 고양이 앞에서 저들을 보고, 나는 인격체적인 존재라고 우기는 사람은 그리 흔하지 않을 것이다.

자아를 상징하는 나는 현재, 과거, 미래의 시간대에 다양하게 나타나는 사실들의 조각 모음일 뿐이다. 시간적 흐름 속에서 변화되는 조각들의 연결 모음이 바로 자아다. 고정 불변의 자아는 없다. 심리적인 기준, 즉 심리적 연속성만이 있을 뿐이다. 인간은 시간의 흐름이라는 관점에서 보면 궁극적이거나 절대적인 자기 이익을 추구하고 있는 존재가 되지 못한다. 그가 세워 놓았다는 이익이라는 목표마저도 시간적 추이에 따라 무기력해지고 말기 때문이다. 세워 놓은 이기적인 목표가 그 무엇이라고 해도 자기가 계속 살아갈 수 있는지에 대한 의문만큼은 끊임없이 이어지기 마련이기 때문이다. 자기 이익을 추구하는 행위자로서의 나라는 존재는 결코 결정적이거나 절대적인 실체일 수도 없다.

파핏 교수는 미래의 나라는 자아에게 중요한 것은 현재 존재하는 나와의 심리적 연속성이라고 단정한다. 그가 나인가라는 문제는 그가 나와 심리적 연속성을 가지는가의 문제일 뿐이라고 요약한다. 고정된 나라는 존재는 있을 수 없다는 것이다. 나라는 자아는 시간에 따라 바뀌는 나일 뿐이다. 언제나 변화하고 바뀌는 나일 뿐이다. 내가 나로 보일 때는 변화된 나를 반추하고, 성찰했을 그때에 드러나는 나일 뿐이다. 성찰과 반추가 없으면 변화가 없는 것이고 그로부터 나도 없는 것이다. 나는 그 어느 한때, 한 공간에 고착된 나로서 고정되는 것이 아니기 때문이다. 나는 유동하는 나이며 흐르는 나이고, 변하는 나일 뿐이다. 성찰과 반추, 그리고 나에 대한 깊은 깨달음이 없으면 나는 나의 존재를 규정할 수 없다. 나를 성찰하면 타인이 나의 눈에 들어오기 시작한다. 변하는 나를 성찰하면 변하는 타인이 배려의 대상으로 들어오기 시작한다.

시시각각 변하는 자아로서의 내가 어떤 삶을 살아가야 하는지를 온몸과 마음으로 던져야 할 질문이다. 그 자세를 역사상의 현자들은 서로 다르게 보여 주었다. 이태석 신부도 그런 위인 가운데 한 사람이다. 그가 우리에게 던진 질문은 자아 성찰적인 질문이었다. 그의 죽음은 우리에게 묻는다. "내 삶의 향기는 어떤 향기일까? 그 향기는 자기장(磁氣場)을 지녔을까?" 줄기차게 의심해야 하기에 이태석 신부같은 이는 죽음을 목도하면서 답했다. "내 스스로가 맡을 수도 없고 그 세기도 알 수 없지만 그 향기에 대해 내 스스로가 책임을 져야 하지 않나 생각하게 된다. 우리의 삶에 향기를 만들어야 한다."[67] 그리고 저 세상으로 먼저 훌쩍 떠나 버렸다. 생명에 대한 경외를 위해 자신의 생명을 내놓았던 사람이다.

생명에 대한 경외는 폭력에 대한 거부까지를 포함한다. 마치 무신론을 도입하려는 중국인들에 대항해 폭력을 행사했던 티베트 승려의 고뇌까지를 있는 그대로 담아 내는 것이 생명에 대한 경외이고 나눔의 정신이다. 삶에는 결코 아웃소싱이 있을 수 없으며, 삶에는 아무것도 들일 일이 아니라는 것을 드러내는 일만이 생명에 대한 경외에 속한다. 중국인에 대항하며, 저들에게 총을 겨눴던 티베트 승려는 마침내 고백하기에 이른다. "라마들은 만일 나의 의도가 순수하고 내가 나 자신의 카르마를 희생시켜 가며 타인을 돕기 위해 폭력에 의지한 것이었다면 나는 아직 구원될 수 있다고 말했습니다. 그러나 각 존재는 생명을 가지고 있으며, 내가 그들을 죽였다는 생각을 하기만 해도 슬퍼집니다. 사실대로 말하면 내가 어느 정도까지 용서받을 수 있을지를 모릅니다. 임종할 때에 내가 과연 만족하며 차분하게 죽음을 맞을 수 있을지, 그것도 아직 모릅니다. 어쩌면 영원히 모를지도 모르겠습니다." [68]

이태석 신부는 젊은 나이에 신(神)의 부름대로 그의 생과 명을 되돌릴 수밖에 없었던 사람이었다. 일본의 건강의학자인 시게오 박사가 『뇌내 혁명』에서 그렇게 뇌이던 이야기를 자신의 삶에서 실천해 보이려고 노력한 사람이 이태석 신부였다. 시게오 박사는 사랑의 주파수는 신의 주파수와 동일하다고 말한다. 사랑의 마음을 내면 신의 마음과 공명한다는 것이다. 이태석 신부는 그 말을 온몸으로 드러낸 신앙인이었다. 내부 분쟁이 끊이지 않는 아프리카 수단, 그곳에서도 오지(奧地)에 사는 불쌍한 사람들, 두 팔 두 발을 제대로 쓰지 못하는 한센씨병 환자들과 자신의 삶을 같이한 의인(義人)이었다. 그 스스로 일을 하든, 남을 돕든, 밥을 먹든 그것은 타인을 자신의 몸으로 사랑하며 실천한 사람이었다. 신(神)을 향한 사랑 때문에 남을 돕기 위해 한없이 발버둥쳤던 의인이었다. 사람은 덕(德)이어야 한다는 것을 몸서리칠 정도로 우리에게 보여 주었던 자비의 발버둥이었다.

그런 점에서 이태석 신부는 나뉘는 사람이 아니라 나누는 사람이었다. 적선을 내세우는 종교인이 아니라, 철저하게 세속 윤리적인 의인이었다. 배운 사람의 본보기였다. 배움의 한 축은 생명 경외를 위한 나눔의 실천에 있기 때문이다. 그의 몸은 종교인 이전에 한 인간으로서 그가 최종적으로 이르러야 할 곳까지를 안내해 준 지도 그리기가 어떤 것인지를 보여 주었다. 그 역시 사람으로 태어났기에, 그의 목표 역시 생과 명을 위한 삶이었다. 그 삶의 목적은 끝내 죽음으로 이어지도록 되어 있다. 삶의 목표에 도달하는 것이 가까워질수록 이내 죽음이 기다리고 있는 것은 생물학적 법칙이다. 그것은 거부한다고 거부되는 것이 아니다. 그 누구든 죽기 위해 산다는 뜻이 아니라, 잘 사는 것이 잘 죽는 일이라는 뜻이다. 이태석 신부가 보여 준 생명 경외의 실천 그 자체 하나만으로도 그는 바로 잘 살았다는 것이 무엇인지를 보여 준 의인이었다.

이태석 신부는 한 인간이 살아가기 위해서 달라이 라마가 강조하듯이 상식적인 윤리의 삶에 대한 정신적 지도를 그려 낸 사람이다. 달라이 라마는 말한다. "우리는 정신의 지도를 그려야 합니다. 그 지도의 도움을 받아야만 이 감정에서 저 감정으로 이행하는 법을 알 수 있고, 이곳에서 시작된 감정이 어떻게 다른 감정을 자아내며 그 감정은 또 어떻게 다른 감정을 만들어 내는지를 알 수 있습니다. 이런 지도가 있다면 마음속에서 일어나는 믿을 수 없을 만큼 정교한 활동들을 인식할 수 있을 것입니다. 이것은 종교적인 일이 아닙니다." 달라이 라마는 잇대어 사람마다 필요한 정신이 있기 마련인데, 그 정신을 차리고 그 정신을 어떻게 그릴 수 있는지를 알려 준다. "정신에 접근하는 두 가지 방법이 있습니다. 하나는 종교적 차원, 즉 믿음의 차원입니다. 그러니까 이는 보편적인 차원이 될 수는 없지요. 또 하나는 좀 더 근본적이고 보편적이고 모든 사람과 맞는 차원으로, 우리 몸에 깃든 그대로의 정신, 사람이라면 누구나 다 지니고 있는 정신, 우리가 '정신의 지도'를 이야기할 때 말하는 그 '정신'의 차원입니다."[69]

정신의 지도를 그린 사람들의 행동은 상식의 윤리에 기초한다. 달라이 라마가 풀어쓰는 식으로 말하면, 세속의 윤리에 기초한다. 이태석 신부 역시 세속의 윤리를 철저하게 보여 준 사람이다. 세속의 윤리는 사람에 대한 사람의 사랑을 요구한다. 기독교식으로 말하면, 예수가 그토록 갈구했던 이웃 사랑을 말하는 것이며, 불교식으로 말하면 붓다가 한없이 추구했던 자비다. 자비나 이웃 사랑은 단순히 종교적 윤리가 아니라 인간의 평화와 행복의 가치를 드러내는 세속의 윤리이고, 상식의 윤리일 뿐이다.

그는 자신의 삶을 위해 발버둥친 것이 아니다. 발버둥을 친다는 말은 듣기에도 처절한 표현이다. 편하게 말한다면, 어떻게든 새로운 방편을 만들어 내려는 노력이라는 말이라고 보면 된다. 발버둥치기 시작하면 인간의 뇌 움직임부터가 달라진다. 늘 하던 문제해결 방식에서 벗어나는 노력이 요구되기 때문이다. 새로운 해법을 찾기 위한 최적화된 방편을 마련해 내려고 한다. 새로운 일이 전개되면 인간의 뇌는 그렇게 움직인다. 새로운 패턴으로 움직이도록 되어 있다.[70) 그것이 삶이기 때문이다.

인간의 뇌는 새로운 문제의 사태에 대응하기 위해 뇌 스스로 재구성하기 시작한다.[71) 뇌의 배선 구조가 바뀌기 시작한다. 뇌의 배선 구조를 바꾸려면 익숙한 것으로부터의 결별이 요구된다. 동일한 과정과 연속적인 반복은 뇌에게 새로운 배선 구조를 만들어 내지 못한다. 반복적인 일들은 이미 연결된 생성과 고착된 배선 구조를 유지시킬 뿐이다. 성격과 속성이 동일한 일을 반복하면 효능감이 솟아난다. 자신감도 함께 늘어난다. 그 일에 관한 한 달인이 되어 간다. 일을 시작하면 스스로 어떤 느낌과 감(感)이 잡히기 때문이다.

익숙해지면 문제가 생기기도 한다. 모두 친숙하며 알고 있는 것이기에 어려움이 없어지기 때문이다. 창의성이 소거된다. 새로운 일, 처음 겪는 일에는 서투르다. 늘 해 오던 것과 달라 쉽게 접근할 엄두가 나지 않는다. 자신감은 수그러든다. 늘 해 오던 일에 뇌의 배선 구조가 고착되어 버렸기 때문이다. 문제 접근에 대한 동일한 해법만이 하나의 배선으로 구조화되어 버렸기 때문이다. 창조적인 뇌의 회로가 열리지 않는다. 새로운 문제해결을 위한 뇌의 구조로 바뀌지 않기 때문이다. 뇌의 회로를 바꾸려면 도전이 필요하다.

기존의 일과 어느 정도 상식에 어긋나지 않게 연결성이 있어야 한다. 맥락은 다르지 않지만 그것을 풀어낼 수 있는 절차나 적응의 과정은 이전에 활용하던 것과는 달라야 한다. 천재라고 일컬었던 사람들은 바로 인위적으로 뇌의 배선화가 고착되는 것을 억제했던 사람들이다. 저들은 뇌의 고착적인 배선화를 예방하기 위해 다양한 취미활동을 즐겼다. 감성이 풍부한 일들을 함께 즐겼다. 예를 들어, 아인슈타인은 상당한 수준의 바이올린 연주자였던 것으로 알려진다. 처칠이나 히틀러 같은 정치인들도 나름의 예술적 감각이 풍부했다. 저들은 틈만 나면 풍경화를 자주 그렸었다.

살기 위해 보통의 인간들이 겪는 몸부림과 발버둥은 아무리 해도 발버둥에 지나지 않는다. 인류에게 보여 준 역사적인 위인들의 고초 그 이상을 넘나들 수 없기 때문이다. 말하자면 예수는 십자가에서 죽음을 맞았다. 그 어느 누구의 발버둥도 인간 예수가 겪었던 고통을 넘어서지는 못한다. 저들의 곁에는 예수가 의지했던 하느님이 동행하지 않았기 때문이다. 저들의 고통은 예수와 함께 십자가형을 당했던 또 다른 불량인들이 보였던 고통의 몸부림과 생리적으로는 동일했을 뿐이다.

예수에게 가해진 인간적인 육신의 괴로움은 결코 생리적인 그런 고통만은 아니었다. 그것은 신으로의 귀향을 위한 예식에 지나지 않았을 뿐이었지만, 육체적 고통은 피할 수 없었다. "고통은 보물과 같아서 어느 인간도 고통을 충분히 겪었다 말할 사람은 없다. 고통으로 성숙되어 하느님께 합당하게 만들어질 만큼 그렇게 많은 고통을 감당할 인간은 없다."는 존 던 목사의 찬미다. 그의 신앙적 찬미를 음미하면,[72] 우리가 역사적으로 읽었던 2천 년 전의 예수는 어김없이 신인(神人), 즉 신으로 추앙받은 인간이라는 해석에 이르게 된다. 그렇게 수긍하는 수밖에는 없다.

그를 인간의 승리자라고 부르는 이유들은 어김없이 유효하다. 무엇보다도 예수 스스로 다시 로마 권력이 그에게 가했던 십자가 징벌을 온전한 그의 '몸'으로 받아들였기 때문이다. 그것은 종교의 역사에 다른 장을 펼치게 만들어 놓은 극적인 사건이었다. 십자가형은 로마인이 죄인에게 내리는 극형 중의 한 가지 징벌이었다. 극형의 고통을 신의 영광으로 바꾸어 놓은 이가 바로 인간이었던 예수였다. 고통을 신의 영광으로 합당하게 만들어 놓은 이가 예수 자신이었다. 권력의 상징인 총독 빌라도와 관습의 상징 유대의 랍비들이 그에게 강제한 고통을 덕의 극치로 드러낸 이가 인간 예수이다. 인간이 겪을 수 있는 최악의 고통을 인간 구원의 길로 인도한 이가 예수였다. 그것이 인간 예수가 우리에게 보여 주었던 덕의 모든 것이었다. 그리고 상식이었다. 당시 권력들에 순응해야 하는 인간의 상식이었다. 인간 예수가 우리에 보여 준 자기 다스림, 자기 치유력의 마지막 완성이었다. 인간 예수는 인간적인 면모에서 그래서 덕의 윤리를 완성한 의인이다. 배움의 윤리가 어떠한 것인지를 보여 준 인간적 삶살이의 상징이다. 예수가 보여 준 삶의 태도가 바로 배움의 윤리를 실천한 전형이다. 고통이 제거된 삶은 누구에게든 불가능하기 때문이다. 삶의 처음과 끝 모두는 고통의 시작과 종결의 삶일 뿐이다.[73]

죽음에 대한 준비가 없는 사람은 삶에서도 결코 행복할 수 없다. '어떻게 죽을 것인가'라는 문제는 결국 '어떻게 살 것인가?'라는 문제와 연결되기 때문이다. 사람이 자신에 대해 생각한다는 것은 무엇을 철학한다는 것이다. 그것은 어떻게 죽는지, 어떻게 죽을 것인지를 결단한다는 뜻이기도 하다. 철학은 삶을 밝게 하는 일이다. 명(明)과 리(理)를 고쳐먹는 일이 삶을 밝게 만드는 일이다. 고상하며 높다란 무엇에 관한 현학적인 논리가 철학이 아니다. 일상적인 일, 우리 스스로 매일같이 살아가게 만드는 생각이 철학하는 일이다. 우리 자신과 다른 이들 간의 관계를 자성하며 반추하는 데 도움을 주는 일을 배우는 일이 철학이다. 모두가 철학자일 수밖에 없다. 살아가는 동안은 자신이 자기의 몸에 대한 의사(醫師)가 되듯이 사람은 살아 있는 동안은 자신에 대해 철학자일 수밖에 없다.

인간은 존재론적으로 유한하도록 허름할 뿐이다.[74] 인간의 생명에게는 태어날 때부터 진지성이나, 절대성은 있을 수 없다. 언젠가는 자연으로 되돌아가야 하기 때문이다. 신이 아니라 신의 형상대로 만들어졌을 뿐이기 때문이다. 절대성이란 있을 수 없다. 그것을 믿어서는 곤란에 처할 운명이 바로 인간됨이다. 진지성뿐만 아니라 진정성이나 완전성 역시 처음부터 결여된 존재다. 인간은 생존에 관한 한 다른 동물처럼 생물학적으로는 온전하다. 인간은 존재론적으로도 허구 투성이다. 인간은 생물적으로는 인간으로 만들어져 세상에 나왔지만, 그것은 불완전한 만들어짐일 뿐이다. 인간은 사회적으로는 더 만들어져야만 할 존재들이기 때문이다. 인간은 결코 자유롭지 못한 존재다. 자율적이지도 못하다. 그것은 인간이 매일같이 겪는 두 가지 경험 때문이다. 그중 하나는 인간 존재의 유한성이다. 다른 하나는 우연성이다. 인간은 유한성을 통해 자기의 삶은 언젠가는 끝나게 된다는 사실을 알게 된다. 그것을 진지하게 체험할 때는 자기에게 고통이 가해질 때다. 무엇인가 고통스러운 것을 체험할 때 스스로의 유한성을 느끼게 된다. 그 유한성에 대한 체험이라는 것도 한계가 가득한 것일 뿐이다. 인간에게 안간힘은 안간힘일 뿐이다. 안간힘을 쓴다는 것은 이미 노력들이 끝내 일순간 헛수고로 끝날 가능성이 늘 있다는 것을 암시한다. 인간은 그래서 자신에게 허탈하게 웃을 수 있는 유일한 존재다.

인간은 이 세상에서 나 홀로, 그리고 저 홀로만도 살아갈 수 없다. 인간은 관계의 동물인 소셜 애니멀(social animal)이기 때문이다.[75] 나라는 존재는 언제든 타인들과의 관계로 살아간다. 관계는 감정과 부대낌의 공간이다. 사람은 그런 공간에 타의적으로 태어난다. 그 공간과 부대낌 속에서 더불어 살아가야 한다. 부대낌은 만남과 우연성의 과정이다. 삶의 과정이 바로 살아감이다. 살아감을 배제해 버리면 나 홀로라는 존재는 지구 밖의 존재일 뿐이다. 그의 존재는 허무맹랑해질 뿐이다.[76] 타인과 더불어 사는 것이 삶이다. 내가 나로 성장하기 위해서는 부모가 개입하고, 가족이 개입한다. 인간 스스로 무슨 완성 그 자체를 따지고 논하고, 강압하는 자체가 미숙할 뿐이다. 관계는 언제나 상대적이다. 관계는 피상적이기도 하다. 관계 정리는 일순간에 종결되지 않는다. 관계는 만족이기도 하지만 갈등과 긴장이기도 하다.

사회적 존재로 살아가야 하는 인간은 존재론적으로 결함 투성이일 뿐이다. 인간이라는 몸은 존재론적으로 불량하다. 관계가 개입되어야 비로소 온전해지기 시작하기 때문이다. 관계는 늘 허름하기 마련이다. 인간은 생물학적으로는 나름대로 '온전'하게 만들어졌다. 그래도 생물학적 온전성만으로 관계 맺기에서 성공하기에는 역부족이다. 관계의 불완전성 때문에 인간은 전전긍긍할 뿐이다. 인간의 삶이 엉성한 이유다. 인간이 허름한 존재임을 니체(Friedrich Wilhelm Nietzsche)만큼 적나라하게 파헤친 사람도 없을 성싶다. 인간이 사회적으로도 허름할 수밖에 없는 이유가 있다. 그것은 인간 스스로 미래에 필요 이상으로 집착하기 때문이라는 것이다. 니체가 일깨운다. "미래를 걱정하는 것은 참으로 인간적이다. 인간의 아둔함이 바로 미래에 대한 걱정이다."

니체는 기존의 모든 진리관이나 가치관의 배후에는 속물적인 타산이 도사리고 있다는 점을 간과하지 않는다. 진리라는 것들에는 늘 과장된 절대성이 숨어 있기 마련이다. 그 가면을 벗기고 해체시키며, 해장되어야 비로소 사람의 모습이 그려진다. 진리라는 것들은 사람을 위한 도구이며 수단일 뿐이다. 진리라는 것들은 특정한 어느 한 사람을 위한 유리한 현실 해석일 뿐이다. 그것을 우리 역시 우리의 생을 위한 도구로 활용해야 한다는 것이다. 잇대어 니체는 말한다.[77] "어느 시대에도 그랬듯이 오늘날에도 모든 인간은 노예와 자유인으로 분할된다. 자신의 삶을 위해 하루의 3분의 2를 자기 것으로 활용하고 있지 못하는 자는 바로 노예의 삶을 살고 있는 것이나 마찬가지다." 사람으로 살려면 하루를 자신 있게 자신을 위한 시간으로 만들라는 그의 주문이다. 자기가 없다면, 미래는 없다는 뜻이다. 오로지 현재의 이어감을 미래라는 진리로 만들어 놓았다는 뜻이다. 오늘 존재하는 사람, 각자가 바로 자기라는 진리일 뿐이다.

인간 스스로 자신이 자유롭다든가 자율적이라든가 하는 생각은 접어야 한다. 사람들은 무의미한 것들을 의미 있는 것으로 만들어 놓으려고 안간힘을 쓰고 살 뿐이다. 사람들이 더욱더 불안해지는 이유다. 인간의 존재적 유한성을 무한성으로 만들어 놓겠다는 그 생각 자체가 무의미한 일이다. 그런데도 사람들은 그것에 집착한다. 그렇게 되면 말 못하는 불안들이 자기 삶에서 기어 나온다. 이내 마음속에서 스물거리기 시작한다.

삶이라는 것은 상식 그 이상이 아니다. 상식은 때로 우리의 삶에서 여유를 준다. 때로는 편견과 오만 덩어리로서 삶의 진행을 방해한다. 편견과 오만, 그리고 진리 사이의 구분이 때때로 혼동되기 때문이다. 인간이 그동안 만들어 낸 대부분의 역사란 것은 그렇게 거창한 것이 아니다. 일상적인 일들을 이렇게, 저렇게 치장하고 비틀어 놓은 것들에 지나지 않기 때문이다. 일상에서 통용되던 것들을 절대적인 진실이라고 믿게 만든 것이 역사다. 인류의 삶이나 문명도 마찬가지다. 진리라고 하는 것들이나 상식이라는 것들이 언제나 절대적이 아니라는 뜻이다.[78]

상식이나 진리가 통하지 않는 삶도 가능하다. 치매 환자의 삶 같은 것이 있다. 그들처럼 사는 것이 편한 삶일 수 있다. 미친척하며 사는 삶이 아니다. 정말로 모든 것을 제쳐 놓고 살아가는 것이다. 완전무결한 자유의 삶이기 때문이다. 삶을 잊고 사는 삶이 치매의 삶이다. 잊은 삶은 자신에게 편안한 삶이다. 어떤 사람들은 1분 전에 인사를 하고 헤어진 사람마저도 기억하지 못한다. 다시 인사를 청한다. 기억상실증 환자의 삶이다.[79] 아무것도 기억하지 않고 사는 삶이다. 정신과 마음을 어디다 저당잡힌 사람처럼 살아가는 삶이다. 그런식의 자유로운 삶도 쉽지 않은 삶이다. 결코 녹록한 삶이 아니다. 저들에게 마음을 다지고, 정신을 다스리며, 맑은 영혼의 끈을 놓지 말라는 그 옛날 현자들의 충고는 가혹한 주문이다.

자기 홀로만 편한 삶은 치매적인 삶이다. 다른 이들을 말 못할 고통에 밀어 놓는 삶이기 때문이다. 치매적인 삶은 고대 아테네 거리를 걸으며 평온의 삶을 노래한 저들의 삶과는 다른 삶이다. 저들은 평온한 삶을 바란다면 그저 무심과 무애, 그리고 대안(大安)하라고 일렀었다. 예를 들어, 견유학파의 디오게네스가 보여 준 무애적인 삶이 그런 삶이었다. 신라의 원효 스님이 보여 준 삶 역시 무애의 삶이었다. 무심, 무애, 그리고 대안의 삶이란 말로는 쉬운 삶이다. 몸은 황제의 신분이지만 마음은 수도승의 자세로 살아가는 삶이기 때문이다. 수도승이지만 교황의 여유로움 그 자세로 살아갈 수만 있다면 상식도 필요 없다. 무심의 삶, 무애의 삶, 대안의 삶을 살라는 저들의 요구는 부당한 것이 아니다. 삶살이에 대해 너무 정당한 주문이다. 다만 감당하기가 쉽지 않은 주문이다. 단단히 결단한 개조된 삶에 대한 주문이다.

저들의 주문은 오늘을 사는 우리에게도 원론적으로 받아들일 만하다. 삶을 최적화하기 위해 조정과 조절이 필요하다고 충고하기 때문이다. 다만, 한 가지 선(先)이해가 필요하다. 지금의 아이브레인 세대(ibrain generation)는 고대 아테네 거리를 걸으며 삶을 노래했던 소요학파와는 세상과 접합하는 방식이 다르다는 점이다.[80] 저들은 삶을 목적으로 보았지만, 지금의 디지털 세대는 삶을 게임으로 본다. 엄청난 차이와 간극이 자리 잡고 있다. 게임은 흥미와 자극으로 발전한다. 게임의 장면에서는 언제나 조작이 가능하다. 처음부터 다시 시작하게 도와주는 리셋도 가능하다. 저들은 목과 숨도 언제든 리셋이 가능하다고 착각한다. 게임의 기질은 저들에게 끝내 주의력 결핍이나 과잉행동장애를 야기시킨다.[81] 목숨에는 리셋은 없다는 사실을 착각하거나 망각하기 때문이다.

　행복해지기는 간단하다. 다만 그 행복을 단순하게 만들어 가기가 어려울 뿐이다.[82] 행복은 때때로 불행과 함께 오기도 한다. 다른 사람들과의 관계 속에서 온다. 우연과 함께 때때로 즐거움을 느끼는 동안 행복은 자리 잡는다. 실제로 해 보는 동안, 나름대로의 정신적 여백과 여유와 함께 행복은 슬그머니 다가온다. 행복은 단순해질 수 없다. 행복이 어떤 한 가지 원리로 다가오는 것이 아니기 때문이다. 자기 자신도 알지 못하는 사이 우연하게 자기에게 다가온다.

　행복해지기를 단순하게 하려면 완벽주의를 버리는 편이 낫다. 그보다는 최적주의로 살아가는 편이 더 편하다. 행복에 대한 최고 전문가인 하버드 대학교의 샤하르(Tal Ben-Shahar) 교수의 처방이다. 완벽주의를 폐기하고 최적주의로 매일을 살아가라고 권한다. 완벽주의자들은 흔히 모든 일에 대해 '모 아니면 도'라고 사고하며 그것에 따라 행동하기를 좋아한다. 완벽주의와 대비되는 사람들은 최적주의자들인데, 이들은 성공의 기준을 도달 불가능한, 성취 불가능한 비현실적인 목표를 세워놓기보다는 현실적 조건이나 현실 가능성에 바탕을 둔다. 목표를 달성할 때 소중한 만족감과 자부심을 느끼면서 더 나은 성취를 이루기 위한 또 다른 기틀을 마련한다. 최적주의란 '완벽해지지 않고 행복해지는' 삶의 방식이다. 완벽해지지 않는다는 것은 대충 산다는 뜻이 아니라 완벽에 대한 비현실적인 기대를 버리고, 그 대신 가능한 범위 내에서 최선을 다하는 삶을 말한다.

최적주의는 적당주의나 타협주의가 아니다. 완벽을 위한 긍정적인 마음가짐으로써 굳이 표현하자면 긍정적인 완벽주의를 말한다.[83) 최적주의는 선택의 여유를 준다. 행복은 선택할 수 있는 여유가 있을 때 가능하다. 강요된 선택은 불행일 뿐이다. 예를 들어, 빚에 쫓기는 채무자의 경우 행복과 선택 간의 관계성을 절감한다. 자신이 해결해야 할 일들이 자기 선택대로 풀리지 않고 꼬여들기 시작하면 선택의 여력은 줄어든다. 피할 수 없는 마지막 지경에 이르면 최악의 선택들이 한꺼번에 몰려온다. 여유 있게 처분했으면 그래도 제값을 받았을 재산들이다. 미리 생각하고 준비했더라면 반값을 받았을 재산들이다. 몰리는 경우 이제는 반값도 받지 못한다. 채권자들의 강압적인 요구 때문이다. 저들이 부당한 것은 아니다. 저들 역시 저들의 행복을 위한 선택이었다. 저들은 요구하지만 채무자에게는 후려침으로 받아들여진다. 알면서도 어쩔 수 없다. 남아 있는 마지막 선택이기 때문이다.

선택의 가짓수와 여백이 줄어들면 삶조차도 헐값으로 넘어가게 된다. 파산의 파도는 삶 전체를 쓸어가 버린다. 모든 것을 헐값으로 처분해야 내 목숨이 부지될 수 있기 때문이다. 선택이 줄어들면 생각대로 살 수 없다. 사는 대로 생각할 수밖에 없다. 강요도 선택이다. 그 선택은 마지막 구원을 위한 굴복이다. 선택은 없었다. 강요만이 있었다. 생각대로 내가 내 쪽에 설 수 없었다. 강요대로 생각해야 했다. 나를 위한 선택이 아니었다. 타인을 위한 받아들임이어야 했다. 선택의 여백이 줄어드는 상황이 바로 불행의 시작이다.

완벽주의나 최적주의 역시 인간의 삶살이 방식과 밀접하다. 그것들이 윤리와 떨어질 수 없는 이유다. 윤리니 혹은 비윤리니 하는 개념 모두가 한통속이다. 마치 암처럼 윤리적이라는 것도 비윤리적이라는 것도 끝내 같은 뿌리에서 나온 것일 뿐이다. 삶을 어떻게 살아야 되는가에 관련된 삶이라는 하나의 뿌리일 뿐이다. 윤리는 인간의 생명을 위한 사람들 사이의 계약 같은 것이다. 계약은 지켜질 동안만 유효하다. 계약이 목숨보다 더 중요한 것은 아니다. 생명은 그 누구도 어찌해 볼 수 없는 자연 질서의 원리를 따른다. 윤리는 사회적 질서를 따를 뿐이다. 계약 때문에 생명이 죽을 수는 없다. 생명을 살리기 위한 계약이기 때문이다. 자연의 질서는 생명을 지키는 경이로움이다. 경탄의 원리다. 세포의 삶과 죽음의 과정 그 자체는 경이롭기만 하다.[84] 인간의 윤리와 비윤리 간의 관계 설정 역시 삶살이를 경이롭게 만든다.

삶에 관한 윤리적 판단은 결코 절대적일 수도 없다. 절대적으로 옳은 삶은 있을 수 없다. 윤리를 생각하기 위해서는 비윤리도 함께 고려해야 하기 때문이다. 교조적인 윤리는 없다. 윤리는 의무적인 것도 아니다. 상황을 배제한 의무나 절대적인 윤리는 삶을 하나의 틀로 규격화시키기 때문이다. 마치 바다에 나가 줄을 쳐놓고 호수라고 우기는 것과 같기 때문이다. 인간의 삶은 상황적으로 해석되어야 한다. 상황을 배려해야 한다는 말이 무엇인지가 이해되어야 한다.

예를 들어, 자전거로 아프리카 모잠비크를 일주한 여행 칼럼니스트가 있었다. 그는 종종 어이없는 상황에 처하곤 했다. 그는 타는 듯한 사막을 자전거로 겨우 건너 어느 마을의 조그만 가게에 도달했다. 주린 배를 채우려고 급한 김에 과자 한 봉지를 사고 큰돈을 내밀었다. 150원짜리 과자 한 봉지를 들고 주인에게 천 원을 내밀었던 것 쯤으로 생각하자. 돈을 냈으니 이제는 거스름돈을 받아야 한다. 이상한 일이 벌어진다. 가게 주인은 당최 잔돈을 줄 생각을 하지 않는다. 기다리는 김에 과자를 꺼내한 두 개 먹고 있는데도, 가게 주인은 거스름돈을 줄 낌새를 보이지 않는다. 불현듯 그는 설마 돈을 뜯기는 건가하고 주인을 의심한다. 그러기엔 그가 처음 시선을 마주했을 때 보였던 곰살맞은 표정이 마음에 걸렸지만, 여행객으로선 어쩔 수 없는 노릇이다. 그는 궁금해서 주인이 있는 안을 들여다본다. 당황스럽다. 주인은 평화를 잃은 모습이다.

저런, 주인은 그가 낸 돈의 거스름돈을 여태 계산할 줄을 몰라 진땀을 흘리고 있었다. 뭐 이런 사람들도 있나라는 생각이 드는 찰나, 그에게 이 마을의 이장격인 카리아테가 전혀 뜻밖의 얘기를 건넸다. "이 문제의 발단이 당신 때문이라는 생각은 해 본 적 없나요? 우린 금전 부분에서 문제없이 아주 잘 지내왔고 지금도 그래요. 그런데 별안간 당신이 나타나서 떡하니 계산이 어려운 큰돈을 주었네요. 보세요. 저 남자는 아까부터 지금까지 고민에 휩싸였군요. 평화를 깨뜨린 원인이 있다면 바로 당신에게서부터 찾아야겠지요……." 그가 내민 큰돈이 큰돈을 필요로 하지 않는 첩첩산중 소박하고 고요한 마을의 평화를 깨뜨린 것이다.[85]

사람들의 관계는 일정하게 정해진 규칙에 의해 규정되는 것은 아니다. 사람들이 처한 상황에 근거해서 관계가 만들어진다. 배려자와 피(彼)배려자가 처한 조건들이 개입한다. 저들의 눈과 상황적 조건들이 그것을 만들어 낸다. 인간들 간의 관계는 나름대로의 윤리적 관계가 된다. 이성이나 원리에 의해 지배되기보다는 감정에 의해 지배된다. 윤리적 조건들은 사람이라는 감정의 지배를 받는다. 그렇다고 무원칙적인 것은 아니다. 자연스러운 삶의 조건이며 그것이 삶의 원칙이다.

조건과 상황이 사람들에게 배려 여부와 그 정도를 결정한다. 배려하는 동안 서로에 대한 인간적 강령들이 생긴다. 배려는 책임이나 의무와 무관할 수가 없다. 배려는 "네가 없으면 나도 없다."라는 기대로 시작하기에 배려의 윤리가 싹튼다. 보살핌이기도 하다. 배려는 책임 윤리의 상황을 만든다. 책임의 윤리는 인류의 생존을 위한 의무를 강조한다. 책임의 윤리는 국소적이다. 사람들의 일상생활은 자신이 일상적인 관계를 맺고 현재의 관계대로 움직임을 강조하기 때문이다. 지금 이 공간을 채우고 있는 사람들에 대한 일차적인 보살핌과 배려를 주시하기 때문이다.[86]

사회정의의 실현도 중요하지만, 그것 못지않게 이 자리에서 숨 쉬고 있는 한 생명의 현존에 일차적인 관심도 중요하다. 상황을 배제한 윤리는 허위일 수 있다. 상황 윤리의 가능성은 늘 일상적이다. 성경은 보다 더 배려와 박애를 삶의 강령으로 내세운다. 박애를 중요시 하는 성경은 계명의 중요성 역시 강조한다. 성경에서 요구하는 율법주의는 절대적이지만 율법주의에 경도되어 있지 않다. 그것 못지않게 박애를 강조한다. 박애를 위한 급박한 상황이 있다면 그것을 결코 저버리지 않는다. 이웃 사랑을 실천하기 위해서 계명을 어길 수 있다는 그 가능성까지 드러낸다. 계명은 사람을 구하기 위한 계명이기 때문이다. 율법주의의 완성을 위해 상황에 대한 고려가 결코 부당한 것일 수 없다. 율법주의를 완성하기 위해 어김이 적극적으로 허용될 수밖에 없다. 법의 절대성과 어김의 상대성을 보완하는 윤리가 상황 윤리이기 때문이다. 상황의 윤리가 배려의 윤리가 되어야 하는 이유이기도 하다.

상황은 덕(德)의 쓰임새를 강조한다. 이때의 상황은 너그러움을 포기하지 않음을 말한다. 관용은 상황을 복원시킨다. 너그럽지 않으면 상황은 물거품이 된다. 너그러움은 배려를 감지한다. 상황을 포착하지 못하면 상황은 더 이상 상황으로 살아 움직이지 못한다. 예를 들어, 신약성경은 말한다. "죄 없는 사람이 저 여자를 돌로 쳐라."라고 말한다. 요한복음(8:2-11)은 당대의 선지자, 도덕가인 것처럼 행세하는 예수를 가늠하는 장면을 소개한다. 나름대로 사회적으로 행세하는 도덕가들이며, 여론가들인 서기관들과 바리새인들이 간음한 여자 하나를 끌고 나온다. 간음은 유대 율법에서 중벌로 다스릴 수 있는 죄목에 해당된다. 죽임을 당할 수밖에 없는 운명에 처한 여자다. 그녀의 운명을 뻔히 알고 있는 저들이, 이제 그녀를 미끼로 예수를 희생양으로 삼아 보자는 속셈이었다. 저들은 예수에게 여유를 부리면서 허세를 떤다. "선생이여, 이 여자가 간음하다가 현장에서 잡혔나이다. 모세는 율법에 이러한 여자를 돌로 치라 명했는데, 선생은 어떻게 처결하시겠는지요." 하고 예수의 태도를 살핀다. 모두의 입가에는 웃음이 가득 번지기 시작한다. 벗어나기 어려운 조건을 예수에게 던졌기 때문이다. 예수는 놀랍게도 깊이 고뇌하지 않는다. 그의 답은 명료했다. "너희 중에 누구든지 죄 없는 사람이 먼저 저 여자를 돌로 쳐라."고 말했기 때문이다. 그의 단 한마디로 모든 상황은 반전된다.

예수는 "저 여자를 돌로 쳐라."고 말했지만, 조건이 있었다. 다만, 누구든지 죄 없는 사람만이 간음한 저 여인을 먼저 치라고 말했다. 그 말에 어느 누구도 감히 나서지를 못한다. 간음한 여인을 돌로 치기 위해서는 자기를 먼저 돌로 쳐야 했기 때문이다. '너희' 자신부터 먼저 돌아보라는 예수의 말에 모두가 자신의 부도덕성을 떠올렸기 때문이다. 예수를 궁지에 몰아 넣으려고 의기양양했던 율법학자도 슬그머니 자리를 피해버린 지 이미 오래되었다. 살기등등했던 바리새인들도 꼬리를 내리고 자취를 감췄다.

놀라운 상황이 새롭게 전개된 것이다. 예수의 덕을 읽게 만드는 장면이다. 예수가 보여 준 상황 윤리의 극치다. 동시에 율법학자, 바리새인들을 포함한 유대인의 덕도 함께 읽게 만든다. 어느 누구 하나 예수의 요구에 나설 수가 없었다. 저들은 뻔뻔하지 않았기 때문이다. 저들은 자신을 속일 수가 없었다. 저들은 저들 자신의 내면까지 잃어버리고 싶지는 않았기 때문이다. 저들이 간음한 여인에 대한 예수의 깊은 배려를 읽었기 때문이 아니다. 저들 마음속에 심한 자괴감이 생겼기 때문이다. 간음한 여인을 통해 자신에 대한 배려와 깊은 성찰을 경험한 것이기 때문이다. 윤리는 그래서 뻔뻔함과 뻔뻔하지 않음을 일깨우는 자기검열의 방편이 된다.

덕은 습관의 결과물이다. 습관은 자신을 길들이는 방편이다. 습관은 하루아침에 만들어지는 것이 아니다. 모든 것은 쌓이고, 모여 일상에서 드러날 뿐이다. 덕은 쌓아진다. 덕은 삶의 습관이다. 정진해야 덕이 쌓아지고 습관이 쌓아진다. 정진한다는 말은 영혼을 지킨다는 말이다. 정진(精進)은 자기를 반추하는 필사적인 노력이다. 목숨을 버릴 정도의 각오로 자신을 반성하는 일이 정진이다. 목숨을 걸 정도로 진지하게 영혼을 지켜내려는 노력이다. 게으르지 않게 자신을 되돌아보는 일이 정진이다. 자기 삶의 품격은 습관의 질에 따라 달라진다. 바위를 깨는 것은 물방울의 힘 때문이 아니다. 물방울의 힘이 강하기 때문에 그런 것이 아니다. 노력하고 노력했기 때문에 그렇게 된 것이다. 결과가 중요한 것이 아니라 과정이 더 중요하다는 뜻이다. 물이 바위의 한 지점을 향해 가압하는 지속적이고 반복적인 노력이 강하기 때문이다. 정진은 고대 그리스 철학자들이 강조한 헥시스(Hexis)의 동력이다. 습관의 습관이 헥시스다. 버릇이 습관화된 것이 정진이다.

덕은 덕스런 습관에서 배어 나온다. 고대 아테네에서 현재에 이르기까지 현인들이 끝까지 놓치지 않은 삶의 양태였다. 덕이란 타인을 위한 배려를 말한다. 덕은 타인을 위해 행위자 스스로 자신이 수행해야 할 행동 목적과 수단을 자각하고 실천하는 자신의 자유의지의 총화를 말한다. 덕에 의해 개인의 품격과 습관의 양태가 드러난다. 고대 아테네 현인들은 그것을 '헥시스'라고 불렀다. 덕 있는 사람을 '프로니모스

(phronimos)'라고 칭했다. 프로니모스는 프로네시스(phrónesis)를 가진 사람이다. 프로네시스는 실천적 사유를 뜻한다. 수단과 목적에 대한 최적의 사유, 훌륭한 실천을 프로네시스라고 말한다. 헥시스는 배움의 윤리다. 습이학지의 덕을 위한 실천적 조건이다. 프로니모스는 어떤 일이 모두에게 이익이 되며 서로의 잘 사는 일에 도움이 되는가에 대해 숙고하며 실천하는 사람을 말한다. 선을 행하는 데 있어서 이익이라는 부분을 생각하지 않고 전체를 고려하는 프로니모스는 실천적 지혜를 가진 사람이다. 프로니모스는 행함과 실천을 삶의 본질로 받아들이는 행복한 사람이다.

자기 실현은 덕으로 가꾸어지는 행복의 관건이다. "행복한 생활은 덕 있는 생활이다. 행복할 줄 아는 사람은 실천적 지혜를 가진 사람으로서 자기 내면에 있는 것 가운데 최적의 그 무엇에 따라 사는 사람이다. 최적의 그 무엇이란 앎의 능력, 관조의 능력 같은 것을 말한다.[87] 관조하는 생활은 정신 활동에서 얻어진다. 관조하는 삶은 배움의 삶으로 이어진다. 배움의 삶은 설령 그것이 크기가 작다 해도 능력과 영예에서는 모든 것을 능가하기 때문에 사람들을 행복에 이르게 만든다. 인간이 지니고 있는 고유 기능인 관조의 능력을 발휘하는 것도 행복이다. 관조하려면 되지 않는 것, 불필요한 것을 뽐내지 말아야 한다. 본질적인 사고 없는 인간의 행복은 존재하지 않기 때문이다. 붓다는 『숫타니파타』에서 아리스토텔레스보다 더 앎과 배움이 행복에 이르는 길이라고 말한다. "많이 배우고 익히며 절제하고 훈련하며 의미 있는 대화를 나누니, 이것이야말로 더없는 행복이다."[88]

실천적 지혜를 가지라는 말은 현대적 의미로 인문학적인 인간상을 추구한다는 말이다. 인문학적 인간상이란 비판적으로 사유하고, 적극적으로 실천할 수 있도록 도와줌으로써 비전을 추구하는 인간상을 지칭한다.[89] 프로니모스가 그들이다. 프로니모스는 사태에 대해 옳게 생각하고, 생각한 대로 실천하는 덕성인 프로네시스를 갖은 사람을 말한다. 옳다고 믿어지는 행위를 자기의 삶에서 실천하지 않는 사람이라면 그는 덕이 있는 사람이라고 말할 수 없다. 모든 이에게 이익이 되는 일을 자기의 삶에서 일상적으로 보여 주지 않는 사람은 덕이 있는 사람이라고 말할 수 없다. 덕은 활동이기 때문이다. 최고의 선을 생각만 하거나 안다는 것만으로는 충분하지 않다. 안다는 것과 행한다는 것은 전혀 별개의 일이다. 안다는 것이 행동으로, 좋은 결과로 나타난다고 말할 수도 없다. 덕이 행동으로 드러내지 않고 행하는 방법은 없다.

덕은 타인에게 도움이 되는 행위로 드러나야 한다. 배려의 실천 같은 것이어야 한다. 말하자면 물에 빠져 허우적거리는 사람을 일단은 건져 내야 한다. 그를 건져 내는 것이 그에 대한 배려다. 겉으로 드러나는 상태는 속에 그대로 남아 있는 것이 아니다. 실천적인 덕은 언변으로 가능한 것이 아니다. 덕이란 드러나는 습관이기 때문이다. 덕은 실행을 통해 쌓인다. 프로니모스는 올바른 행위 목적에 대한 앎과 행동을 하나로 완전하게 결합한 윤리적인, 덕스런 인간이다.

프로니모스는 위인전에 기록될 영웅적인 행위 같은 것을 한 인물을 지칭하는 것이 아니다. 프로니모스, 덕의 인물이 우리 삶에서 만들어 내는 의미는 일상적이다. 프로니모스란 무엇보다도 덕성의 인물, 유덕한 사람을 말하기 때문이다. 개별적으로 보이든 보이지 않든 간에 나름대로의 덕을 수행하는 사람들이다. 유덕함 자체에 주의를 기울이며 유덕한 행위를 실천하는 사람이면 족하다.[90] 프로니모스는 타인의 복리를 위해 노력함으로써 자신을 치유해 내는 사람이다. 프로니모스는 자신의 일상생활에서도 화를 자제할 줄 아는 사람이다. 그는 화가 산(酸)과 같다는 비유의 의미를 잘 알고 있다. 화를 퍼붓는 상대에게 가해하는 것보다 화를 담고 있는 그릇에 더 큰 피해를 남긴다는 것을 직시할 줄 안다. 자신에게 가해하지 않기 위해서라도 화를 다스릴 줄 아는 사람이다. 프로니모스는 자신의 품과 격을 자기 스스로 높이는 사람을 일컫는 이름 같은 것이다.

덕의 윤리는 다수의 의견에 '동의하지 않을 자유'이기도 하다. 마치 민중의 표결에 굽히지 않고 맞서며 자신의 목숨으로 저들의 강압에 대항한 소크라테스의 주검 같은 결단과 행동이다. 덕의 윤리는 자기에게 부과되는 상황이 옳지 않을 때 거부할 수 있는 힘을 준다. 그 누구든 정의롭지 않을 때, 사회적으로 부정의할 때 그런 상황에 대해 동의하지 않을 자유를 지닌다. 거부할 수 있는 의견의 자유가 있지만, 대부분은 자신의 의견을 굽히고 만다. 공동체에게 이익이 되어서가 아니다. 자신에 돌아올 손익 계산이 앞섰기 때문이다.

덕의 윤리는 '의견의 자유' 그중에서도 악을 지명하고 악이 표명된 다수의 억견(臆見, doxa)을 거부하는 의지 표명이기도 하다. 자유의 표명이 의지 표명이기 때문이다. 동의하지 않는 자유는 윤리가 뒷받침되지 않고는 가능하지 않다. 윤리라는 기반 위에서 생기는 거부의 힘이 자유다. 각자의 위치와 상황에서 각자 직면하고 있는 문제의 본질을 제대로 파악하는 힘에 동의하지 않는 자유가 윤리다. 각자의 선택과 결단, 그리고 실천하는 토대가 거부할 수 있는 힘을 길러 주는 것이 윤리적 기반이라는 것이다. "……누군가가 너에 관해서 말하는 것에 마음을 쓰지 말라. 왜냐하면 그것은 더 이상 너의 것이 아니니까."라는 고대 그리스의 현자들의 삶에서 나타난 행위이기도 하다.[91]

진리가 다수이면 그에 대한 거부 역시 다수일 수밖에 없다. 덕의 윤리가 드러나는 양태도 다수일 수밖에 없다. 설령 절대 진리가 하나라고 하더라도 상황은 변하지 않는다. 각자의 처신에 따라 배움의 농도 차이에 따라 다수로 존재한다. 예를 들어, 효에 대한 진리는 하나다. 문화권에 따라 표현이 다를 수 있어도 부모를 모시는 일의 중요성은 하나다. 효가 효답기 위해서는 공경이 중요하다. 절대 진리다. 소거될 수 없는 진리다. 공경이 상실된 효는 효다운 효가 아니다. 덕이 아니다. 공경이 제거되었기 때문이다. 효의 핵심이 공경(恭敬)이라면 공경은 상황에 따라 달라질 수 있다. 다양한 모습의 공경으로 나타난다. 공경의 양태가 다수인 이유다. 예를 들어, 세계 100여 민족이 함께 살아가는 미국 뉴욕에서 연말이나 연초에는 진풍경이 벌어진다. 부모와 자식들이 주고받는 공경의 관계가 서로 다르기 때문이다. 저들은 그렇게 부모와 자식 간에 서로 다른 공경의 사건을 만들어 간다. 동일한 문화권에서도 공경의 양태는 다양하다. 죽어 가는 어버이를 위해 자신의 간(肝)과 신장(腎臟)을 이식해 주는 효(孝)가 있는가 하면, 그와는 다른 양식의 효도 있을 수 있다.[92] 치매가 심한 어버이를 양로원에 모시는 자식도 있는데, 그것 역시 효의 한 양식이며, 공경의 한 양태일 수 있다. 효의 정신은 어버이를 공경한다는 효다움을 잃지 않는 그것에 들어가 있기 때문이다.

존재는 단일자가 아니다. 존재는 이미 다수다. 존재의 다수성을 받아들이는 순간, 진리에 대한 양태와 이해들이 바뀌게 된다. 진리 역시 단일 진리가 아닌 다수의 진리일 수밖에 없기 때문이다. 진리 하나만이 유일하지도, 절대적인 진리이지도 않다. 절대 진리가 없기에 어느 진리도 특권을 누릴 수 없다. 절대적인 진리가 있다는 그 말부터가 폭력일 뿐이다.[93] 폭력이 진리가 되는 셈이다. 예를 들어, 효에 관한 윤리에서 본 것처럼 효는 결코 선험적으로 설정될 수 없다. 부모와 자식이라는 사건을 통해 설정될 뿐이다. 어버이를 공경해야 할 사건을 만나지 못한다면 효는 성립되지 않는다. 자식이라는 사건이 없는 효는 그저 언어적인 진술로 끝난다. 효는 부모와 자식이 만들어 낸 각자적인 진리다. 부모와 자식 간의 사태가 설정되지 않으면 효라는 주체는 처음부터 무의미하다.

주체의 본질은 객관적인 수준에서 포착되지 않는다. 자식은 사람이다. 부모를 만나면 하나의 사건이 된다. 부모가 없는 자식으로서 객관적으로 파악되는 인간은 그저 인간이라는 동물일 뿐이다. 주체라고 말할 때, 그 주체는 인간 동물로 파악된 객관적 수준 그 이상의 것을 말한다. 객관적인 존재인 인간에 그 '무엇'인가가 추가된 상태를 말한다. 효와 공경에서는 그것이 부모와 자식 간의 단순한 스침을 말하는 것만은 아니다. 단순히 인간이 아니라 효라는 사건으로 변화한다.

부모와 자식 간에서 나타나는 그 '무엇'은 사건이다. 부모와 자식 간의 정서적인 부대낌이 사건의 주역이다. 부대낌은 사람살이의 이야기를 만들어 낸다. 부대낌이라는 사건이 효와 공경이라는 진리를 드러낸다. 부모와 자식 간의 부대낌을 처리하는 방식이 인류문명사에서는 다양하게 나타난다. 특히 재산이나 권력을 둘러싸고 일어난 가족 관계에서 '효'의 의미는 언제나 상대적임을 알 수 있다. 자식과 부모 사이에 어떤 사건이 개입됨으로써 효에 대한 진리가 성립된다. 부모와 자식 간의 부대낌이 개입되면서 단순히 부/모/자/식이라는 각자적 동물의 존재는 비로소 공경과 효의 주체들이 된다. 사건은 진리를 생산해 낸다. 각자적 진리는 유일하고 절대적인 것 같았던 절대적 진리의 망을 교란시킨다.

진리의 흔적은 진리에 충실한 주체를 거쳐야 흔적이 남는다. 주체를 통해야만 진리들이 제대로 파악된다. 바디우(Alain Badiou) 교수의 지론이다. 주체가 진리의 담지자다. 주체를 통하지 않으면 어떤 진리도 파악될 수 없다는 뜻이다. 진리가 드러나기 위해서는 '나'라는 주체가 있어야 하기에 진리는 허약하다. 진리가 허약하기에 진리를 허위적으로 기만하는 주체들은 수없이 많다. 주체들이 수없이 개입하고 소거되는 진리는 거짓이며, 허위이며, 폭력일 뿐이다.

다수적인 주체들의 개입은 진리를 늘 허위로 허물어 버린다. 주체가 주체를 배반하는 경우가 바로 그런 경우다. 예를 들어, 4·19 혁명사에는 수많은 주체가 등장하고 개입했다. 그러는 동안 4·19라는 사건이 생산해낸 진리는 사실성을 상실해 갔다. 386세대의 시민혁명 역시 그와 같다. 그들은 진리를 다시 세운다는 명목 아래 허위와 환영(幻影)인 시뮬라크르를 만들어 놓았다. 민주주의를 다시 새긴다는 다수의 개입으로 민주(民主)를 오히려 주의(主意)하게 만들어 놓았다. 데모크라시(democrasy)가 '디모 크레이지(demo-crazy)'한다는 야유와 조소를 받기에 이르렀다.

사람들은 시뮬라크르를 바른 모습, 즉 진상(眞相)인 것으로 착각한다. 환영과 허위를 진리의 사건으로 착각하여 그 허위에 진정성을 기대하는 바람에 주체를 망실한다. 사람들이 박정희식의 군사 독재나 전두환식의 군부 독재에 대한 회귀와 열망감을 갖는다는 것이다. 촛불시위를 빙자한 선동은 선동일 뿐이다. 정치적 선동을 위한 진리들은 모두가 억견일 뿐이다. 민주의 원형일 수가 없다. 시뮬라크르는 기세이며, 허상이지 진리가 아니다. 진리에 의해 호출된 것들만이 진리일 뿐이다. 그것만이 진리에 충실한 주체들이다. 진리에 충실할 때 그들은 비로소 주체일 수 있다. 진리의 담지자들은 바로 각자적인 주체다. 진리의 담지자인 각자가 윤리적인 주체이어야 하는 이유다.

윤리는 포획과 억압의 질서가 아니다. 윤리는 억압된 강요도 아니다. 윤리는 '계속하시오'라는 자신의 준칙에 따라 주체적 일관성을 조절하는 힘이다. 윤리는 자발성을 끌어내는 각자의 힘이며 의지다. 윤리는 그래서 사랑과 배려의 추동력이다.[94] 윤리는 각자에게 이렇게 '계속하시오'라는 명령으로 움직인다. 지상 최대의 명령이다. 윤리는 식별과 용기, 그리고 유보를 결합시킨다. 주체를 더욱더 주체로써 드러나게 만들어 가기 위해서다. 주체들이 서로 주체가 되기 위한 명령이 윤리다. 절대적인 진리라는 기만과 환영(幻影)에 일방적으로 동의하지 않게 만들어 주기 위해서 식별과 용기를 마련해 주는 것이 윤리이기도 하다. 주체를 주체로 세우기 위한 서로의 결합이 어떻해야 하는지를 보여 주는 것이 윤리다. 정치적 권력이나 사회, 경제, 문화적 기업들이 저들의 이윤을 위해 던져 놓은 미끼들을 감지하게 하는 힘이 윤리다. 이 점에서는 정치도, 교회도, 사찰도, 기업도 경계의 대상일 뿐이다. 저들이 만들어 놓는 허상과 기만, 그리고 환영이라는 시뮬라크르에 경도되지 않도록 만드는 유보의 능력이 윤리다.

生 **4.** "포기하지 말아야 하는 때는 바로 포기하고 싶을 때다." - G.S. 레이드

"한 회사가 회계사를 고용하려고 구인 광고를 냈다. 사장은 첫 번째 지원자에게 2+2는 몇이냐고 물었고, 지원자는 당연히 4라고 대답했다…… 마침내 세 번째 지원자가 들어왔다. 그에게도 똑같은 질문이 주어졌다. 그러자 그는 벌떡 일어나 커튼을 꼼꼼하게 치더니 나지막한 목소리로 되물었다. '사장님은 얼마이기를 바라십니까?' 그가 채용됐다." - 노르망 바야르종[95]

"이를테면 딸의 연극을 보러 가기로 약속한 날, 어머니가 병원에 실려 갔다는 소식을 들었다고 치자. 당신은 어떻게 할 것인가? 딸과의 약속을 지킬 것인가, 아니면 어머니에 대한 배려를 보일 것인가? 당신은 자신이 가지 않을 경우 누가 더 상처를 받을 것인지 생각해야 한다. 이것이 공리주의적인 해결법이다." - 리처드 레이어드[96]

인간의 삶에서 모든 이의 행위를 단 하나의 양태로 일관성 있게 규제할 수 있는 절

대윤리는 가능하지 않다. 특정한 종교 윤리는 그것을 강요하지만, 그런 윤리는 일상에서 세속윤리와 어긋나는 것이며, 심지어는 반윤리적이기까지 하다. 윤리로 하나의 표준적인 행위를 모든 이들에게 강제할 수 없다. 삶은 하나의 진리로 만들어지지도 않는다. 그렇게 인간을 움직일 수 있는 진리도 있을 수 없다. 윤리는 다수의 작은 진리들로 만들어진다. 윤리는 각각에게 가능한 길을 보여 주는 행위의 잣대가 될 수는 있다. 단 하나의 진리를 위해 다른 진리들을 강압하지 않는 윤리학이 각자의 윤리학이다. 근본적인 악에 투쟁할 수 있는 절대적인 단 하나의 진리는 존재할 수 없다. 각자 윤리학은 진리들에 대한 자신의 고유한 충실성을 통해 악과 대결한다. 각자 윤리학은 절대 진리들이 꾸려가는 이면을 경계한다. 그 이면에는 어김없이 악이 도사리고 있기 때문이다. 그 이면의 악을 경계한다는 점에서 각자의 윤리적 강령들은 상식적이다. 각자 윤리는 각자의 개별적 행위를 중요시 하기 때문에 상식으로 이해되지 않는 것은 거의 없다. 각자의 윤리는 오로지 사회적 동물로서의 동일성이라는 보편성 아래에서 존중받기 때문이다. 보편성으로 완성된 개별성에 대한 존중은 사회적인 권력이나 음모가 개입된 특수성과는 대립된다. 특수성은 항상 배제와 차별을 그 안에 담고 있기 마련이다.

각자의 윤리가 성립하려면 이데올로기로써 등장하는 진리들에 대한 부정이나 거부만으로는 부족하다. 이데올로기로써의 절대적 진리들은 대체로 지배와 억압의 지니고 있기 마련이다. 그 절대 진리라는 이데올로기에 대한 부정만으로는 각자의 윤리가 살아나기 어렵다. 절대적인 진리와 그것을 보완하는 윤리로부터의 해방과 자유가 필요하다. 해방을 위한 실천과 담론들이 각자의 상식에서 지탱되어야 한다. 존중받아야 할 것은 각자의 개별성이지 문화적 또는 사회적 이데올로기가 아니기 때문이다. 각자의 윤리는 진리가 자신의 삶을 보호하는 그 원천에서 작동되어야 한다. 정치·학문·예술·애정의 영역에서 해방적 실천을 위한 각자적 윤리가 필요한 이유다.

윤리가 성립하기 위해서는 악을 구분할 수 있는 선험적 능력이 우선해야 한다. 악을 구분할 수 있는 선험적 능력은 선의 원리다. 선이 판단의 궁극적 원리일 뿐이다.

선은 정치적 판단의 궁극적 원리가 되기도 한다. 선험적으로 식별 가능한 악에 개입하여 명시적으로 대항할 수 있기 때문이다. 개인적이건 집합적이건 관계없이 한 주체의 실천들에 대한 판단 원리가 각자 윤리다.[97]

　만약 악(惡)이 존재한다면 악은 선(善)을 떠나서 존재할 수 없다. 선을 생각하기 위해 악도 선과 함께 동시에 생각해야 한다. 생각하기 싫더라도, 악은 진리들이 드러나는 가능한 차원 안에 있기 마련이다. 악을 진리의 부재로만 생각할 수 없다. 악을 선에 대한 무지로 격하시킨다고 악이 저절로 소거되는 것도 아니다. 악이 선의 뒷면이라면, 선을 이야기하면 반드시 악도 거론되기 마련이다. 단순성의 문제가 아니다. 윤리가 지닌 구조적 문제다. 무지라는 것도 실제로는 그 정체가 모호하다. 무지의 정체가 깔끔하게 정의되거나 파악될 수 있는 것도 아니다.

　어느 누구에게만 진리가 존재하고, 그 어느 누구에게는 진리가 결핍되어 있을 수는 없다. 그런 구분이나 차별은 폭력이다. 인간이란 생존에 민감한 동물이다. 자신이 찾아먹을 이윤들이나, 먹이를 포기할 수 없는 동물이다. 쾌락이나 행복과 같은 개인적인 이윤 추구를 포기할 수 없는 동물이다. 인간 동물을 완벽하게 구속할 수 있는 절대 진리로서의 이데올로기는 없다. 그런 절대 진리가 있을 수 없기는 마찬가지이기 때문이다. 유일한 진리가 존재할 리도 없다. 진리는 인간이 만들어 낸 사회적 구성물일 뿐이다. 사회는 그런 인간들의 공동체다. 잡다한 이견을 가능한 한 곳으로 모을 수 있는 힘이 각자적 윤리다. 서로 다른 잡견의 진리를 조절해 내는 힘이 각자적 윤리다.

　악의 양태 역시 한 가지일 리가 없다. 다양한 선의 양태의 가짓수만큼 악의 양태 역시 다양할 것이기 때문이다. 악의 양태는 선(善)에 의한 선(善) 때문에 겉으로 드러난다. 선의 결과물로써, 선의 효과로써 출현하는 것이 악이다. 악이 거리에 나타난다면 그곳에는 어김없이 선이 있기 때문이다. 일상적인 삶에서 선이 거리낌 없이 드러나는 것은 진리들이 그렇게 존재하기 때문이다. 선의 출현 없이는 악이 출현할 수 없다. 악의 출현 역시 마찬가지 과정을 거친다.

　진리, 선을 인식할 수 있는 주체들이 존재하기 때문에 악도 함께 존재한다. 악이란 참의 뒤틀린 모습이 아니다. 악은 참 때문에 가려진 모습일 뿐이다. 참과 악은 낮과 밤처럼 교대하는 것이 아니다. 악에게는 선이 가려 있고, 선에게는 악이 가려 있게 마련이다. 참이 뒤틀릴 수 없다면 악은 존재하지 않는다. 악이 끝내 퍼지게 되어 있는 것처럼 참 역시 언젠가 뒤틀리도록 되어 있다. 선과 악의 관계는 절대적인 것이 구별되는 것처럼 서로가 피상적일 뿐이다.

　바디우 교수는 이런 참과 악의 상호 주체성과 연관성을 『사랑 예찬』이라는 글에서 명확하게 설명한다.[98] 그는 "사랑하지 않는 성적 접촉보다는 자위가 차라리 좋다."라는 극언도 마다하지 않는다. 사랑이라는 진리와 사랑이라는 악의 양면성을 드러내기 위해서다. 사랑을 상실한 섹스는 자위만 못하다는 논지 속에서 그가 드러내려는 의도는 단순하다. 사랑에 대한 사람들의 냉소적 시각을 염려한 것이다. 사랑의 행위를 경시하는 사람들에게 경종을 울리기 위한 노력이다. 사람들은 지레 사랑이 기껏해야 종의 번식을 위한 위장술에 지나지 않는다고 생각한다. 그 생각이 천박하다는 것이다. 사랑을 종의 번식 방편으로만 생각하는 것은 사랑을 포기한 것이다. 사랑의 진정성을 더 이상 믿지 않는 것이다. 그것이 사람에게는 재앙이다. 섹스가 결여된 사랑을 삶을 무미건조하다고 보는 생각이 천박한 것이다. 사랑은 남녀 결합의 가능성만을 말하는 것이 아니기 때문이다.

　존재할 이유를 갖지 않았던 무엇, 당신에게 가능성으로 생각되지 않았던 그 무엇을 존재하게 만드는 힘이 바로 사랑이다. 사랑은 우연이지만 늘 가능성을 내포한다. 우연한 만남이 어떻게 하나의 사건으로 변하게 만드는 것이 사랑이기 때문이다. 하나가 만나 필연적으로 둘이 된다. 사랑이 우연적이지만, 그것은 필연으로 거듭난다. 필연으로 드러나는 것은 사랑의 선언에 의해서만 가능하다. 사랑이 필연으로 진전되기 위해서는 사랑은 지속적으로 선언되어야 한다. 선언은 내가 해야 선언이 된다.

　주체는 그래서 '진리의 투사'가 되어, 진리를 자기 것으로 만들어간다. 주체는 각자 윤리에 따라 사랑을 선언한다. 각자는 주체 윤리의 주체가 된다. '진리라고 믿는 것에 대해 충실성을 다하는 상태'가 주체다. 주체 윤리는 고정되어 있는 것이 아니다. '투쟁하는 상황'이 계속되어야 주체가 들어선다. 진리라고 믿는 것을 위해 긴장하며 투쟁하는 것이 주체다. 각자 윤리는 진리가 없다고 주장하지 않는다.

진리는 단 하나로 존재하지 않는다. 진리가 아예 존재하지 않는 것도 아니다. 진리는 항상 다수로 존재한다. 진리의 존재를 인정한다. 진리는 절대적인 도그마가 아니다. 진리가 허위일 수 없는 이유다. 진리는 하늘에서 떨어지는 것이 아니다. 진리에 대한 새로운 '사유'가 진리를 만들어 간다. 새로운 사유가 가능하기 위해서는 동의하지 않는 힘이 필요하다. 동의하지 않는 힘이 각자주의의 윤리를 구성한다.[99] 각자주의의 윤리는 진리 그 자체를 부정하는 상대주의적 윤리와는 진리를 이해하는 관점이 다르다.

동의하지 않는 힘, 동의를 거부하는 힘은 유혹을 거부하며, 나를 부자유 밖으로 내치게 만드는 힘이 각자주의적 윤리의 바탕이다. 유혹은 자기 통제의 결여 상태에서 생기는 '속임 당함'을 말한다.[100] 인간처럼 자신의 허세에 비해 무기력한 존재도 없다. 무기력에서 벗어나라고 일깨웠던 사상가들이 한둘이 아니었다. 데일 카네기(Dale Carnegie)도 그런 사람 중 한 사람이었다. 인간에게는 사회생활 속에서 스스로를 통제할 능력이 있다는 것이 그의 주장이다. 걱정하지 말고 새롭게 살라는 강한 메시지를 던졌다.[101] 그의 메시지는 간단하다. 철학은 삶에 있어서 고상하며 높다란 무엇을 지향하는 현학적인 논리가 아니라는 것이다. 일상적인 일, 매일같이 살아가면서 갖게 되는 우리 자신과 다른 이들 간의 관계를 자성하며 반추하는 데 도움을 주는 일이 철학이라는 것이다.

하루를 살아가는 사람들을 두렵게 만들어 놓는 일들이란 유별난 사건들이 아니다. 그런 일들의 절반 정도는 지나간 과거사다. 지나간 그리고 사소한 사건들이다. 과거사 중에서 자신을 두렵게 만들어 놓는 것들은 아주 소수다. 10%도 되지 않는 것들이다. 그것이 자신을 괴롭히는 현재 진행형인 일이다. 그 일에 미리 신경을 쓰면 된다. 사람들은 그렇게 하지 않는다. 신경을 쓰지 않아도 될 일들에 오히려 몰입한다. 쓸데

없이 근심한다. 사태는 저기에 있는데 여기에서 걱정부터 한다. 불안은 나를 의미 있게 만드는 것이 아니다. 불안에 의지할 일이 아니다. 사람들은 불안에서 벗어나질 못한다. 자신을 갉아먹는 병이 깊어지는 전조다. 근심은 타인 때문에 생기는 것이 아니다. 자기 자신이 만들기 때문에 자기 안에서 생겨 버린다. 무의미한 것을 억지로 의미 있는 것들로 만들어 내기 때문이다. 화장실을 갔다온 후에는 손을 씻어 내듯이 자신의 마음을 씻어 내면 된다. 옛 임금들처럼 제대로 마음가짐하면 되는 일이다. 저들이 흘러가는 개울물을 보고 마음을 씻어 내라고 세심(洗心)의 개울을 걸었던 이치다. 세심의 개울을 걷는 것이 하루 일과의 시작이었다.

　세상을 살아가면서 시험에 드는 것이 사람이다. 시험과 유혹은 성질이 다른 사건을 지칭한다. 프로베이션(probation)은 시험이고, 템프테이션(temptation)이 유혹이기 때문이다. 시험은 선을 이루기 위한 긍정적인 유혹으로써의 고난을 말한다. 유혹은 악을 퍼트리기 위한 부정적인 시험으로서의 고립이라고 가른다. 시험은 사람을 구원하는 기능도 갖고 있다. 유혹은 시험과는 달리 사람을 파멸시킨다. 시험과 유혹의 차이를 엄밀하게 가를 일은 없다. 모두는 자기 삶에서 자유로워지려는 사람들에게 장애가 될 뿐이기 때문이다. 자기를 다스릴 수 있는 자유는 자신에 대한 배려가 있어야 누릴 수 있다. 배려는 자기를 통제할 수 있어야 가능하다. 자신에 대한 배려는 자기 몰입이기도 하다. 배려는 자유로워지고 싶어하는 인간에게 자기 치유의 조건이기도 하다. 자기를 진지하게 배려하는 사람은 매일같이 신처럼 살아가려는 자세를 취하기 마련이다.

　즐겁게 살아야 한다. 즐겁게 살기 위해서는 자기 몸에 스며드는 병마저도 건강하게 맞아야 한다. 역설적이지만 살려면 희망차게 늙어가야 한다. 사는 동안에는 '기쁘게, 바쁘게, 즐겁게' 지칠 수 있어야 한다. 이 세상에서 내가 설 자리, 내가 서 있는 자리에 대한 공간 의식과 배역 의식이 중요하다. 자기가 선 자리에서 연출 의식에 투철한 사람은 자유의지를 지닌 사람이다.[102] 그것은 덕의 윤리로 무장한 배우는 이들이 보여 주는 자기 절제의 '삶살이'이기 때문이다.[103]

경쟁 사회, 소비 사회에서는 속도감만이 생명처럼 여겨진다. 속도감이 모든 것을 쟁취할 수 있는 표준이 된다. 속도감은 침실 안, 사랑의 공간까지 지배한다.[104] 속도는 즐겁고 생산적이고 강력한 힘을 준다. 속도가 없었다면 바라는 성장은 더디게 될 것이라고들 말한다. 차 한 잔을 마시더라도, 음악을 듣더라도, 운동을 하더라도 속도감을 상실하면 그 활동에서 자기의 존재를 찾아볼 수가 없다는 논리다. 속도가 필요하기는 하지만 속도가 숭배되어야 하는 것은 아니다. 속도감의 균형 감각을 회복하자는 것이다. 모든 것을 더 빨리 하는 것이 중요한 것이 아니다. 모든 것을 걸맞은 속도로 하는 것이 필요하다. 때로는 빠르게, 때로는 느리게, 때로는 중간 속도가 있어야 한다. 속도의 조절은 느림으로 대체되는 것이 아니다. 속도의 조절은 의도적인 더딤을 필요로 한다.

모두에게 템포 기우스토(tempo giusto)가 필요하다. 사람처럼 살려면 삶을 위한 속도가 필요하다. 템포 기우스토는 자기 내면의 속도를 되찾아 그 속도 안에서 마음을 살려 내는 일을 요구한다. '바쁘다'라는 의미로 쓰는 한자어가 '망(忙)'이다. 망이라는 글자는 '마음(心)'과 '죽음(亡)'이란 뜻이 합쳐져 있다. 글자의 모양대로 보자면, 마음을 죽여 버리는 일이 바로 바쁨이다. 바쁘려면 마음부터 죽여 버려야 하는 이치를 망(忙)이라는 글자가 보여 주고 있다.

공간 의식, 배역 의식으로 자기의 속도, 삶의 속도를 다스리는 사람들이 보여 주는 것이 덕성의 윤리다. 자기 배역을 충실히 템포 기우스토로 키워 내는 삶의 강령이 덕성의 윤리에서 중요하다. "인간은 배우에 불과하다는 것을 기억하라. 너는 작가의 의지에 의해서 결정된 그러한 인물인 연극에서의 배우라는 것을 기억하라. 만일 그가 짧기를 바란다면 그 연극은 짧고, 만일 길기를 바란다면 그 연극은 길다. 만일 그가 너에게 거지의 구실을 하기를 바란다면, 이 구실조차도 또한 능숙하게 연기해야 한다는 것을 기억하라. 만일 그가 절름발이를, 공직 관리를, 평범한 사람의 구실을 하기를 원한다고 해도, 이것이 해야만 하는 너의 일인지라 너에게 주어진 그 구실을 잘 연기하는 것이기 때문이다……."[105]

인간은 자유롭기를 원한다. 원하는 자유의 목표는 한 가지다. 신처럼 되고 싶은 자유이지만, 그것은 처음부터 불가능하다. 인간은 신의 형상을 닮은 배우이기 때문이다. 인간에게 맡긴 배역은 그 역할일 뿐이다. 그 이상의 배역은 인간에게 맡겨진 적이 없다. 인간이라는 배역을 넘어서고 싶은 것이 인간이다. 신이 맡아야 할 그런 배역을 찾아 나설 수 있는 자유를 욕망한다. 인간은 그래서 불안하다. 불안하기에 원하던 자유를 포기한다. 자기 다스림마저도 함께 포기하기에, 우리에게는 우리가 없다는 것이 장 지글러 교수의 역설이다. "우리 대부분은 자유로워지고 싶다고 말하지만, 진실로 자유를 원하는 사람은 거의 없습니다. '자유는 공포다.'라는 말이 있습니다. 자유로워진다는 것은 스스로 일어선다는 것이며, 스스로 일어선다는 것은 홀로 된다는 것입니다. 홀로 된다는 것은 신과 공존하지 않는다는 것이며, 신과 공존하지 않는다는 것은 고립과 불안의 상황에 놓이는 것을 의미합니다. 자율성과 공포의 관계를 제대로 인식하는 사람은 거의 없습니다. 자유와 독립은 사회적으로 존중받는 덕목이기 때문에 우리는 아이들처럼 의존하는 존재가 아니라 자율적인 존재라고 믿고 싶어 합니다. 우리는 스스로를 기만하는 방법을 학습함으로써 공식적으로나 개별적으로 자율성을 회피하려는 자신을 인정하지 않고 오히려 그것으로부터 도피하는 장치들을 만들었습니다."[106)]

인간이 찾고 있는 자유는 끝내 자유가 아니다. 그 자유란 것도 찾고 나면 결국 구속으로 이어질 뿐이다라는 것이 타자의 철학자인 레비나스(Levinas)의 논지다. 나치에 의해 가족을 잃었던 그였다. 아우슈비츠에서 삶을 연명했었던 철학자였다. 그가 포로수용소에서 겪은 것은 이것이 인간이란 말인가라는 절규가 나올 정도였다. 경비병들에 의한 숱한 구타와 굶주림이 다반사였다. 몸과 마음이 피로해지면 삶의 의욕을 잃게 된다. 그 위에 피로가 더해지면 죽음을 기다린다. 차라리 죽는 게 낫다는 생각에 이르고야 만다. 레비나스에 있어서 죽음과 고통은 관념이 아니었다. 눈앞에 보이는 실재, 바로 현실이었다.

그는 그런 고통의 과정에서 살아움직이는 진리와 윤리를 깨달았다. 인간은 고통

없이는 그의 삶을 살아 낼 수 없는 존재였다는 점이었다. 고통 속에서 고통의 의미를 다르게 확인한 것이었다. 인간은 마지막 순간까지 한시도 쉼 없이 고통을 주고받는다. 마치 유행가 가사처럼 사람들은 타인에게 님도 되고 반대로 남도 되어 버린다. 님이라는 말에 점하나 찍으면 남이 되기 때문이다. 점 하나 빼면 님이 된다. 말은 쉽지만, 사람 사이에 그런 일이 일어나는 과정만큼은 결코 편하지 않다. 타인에게 고통받으면서도 타인에게 고통을 주는 일이기 때문이다. 스스로가 스스로에게 그리고 남에게도 고통을 주고받기 마련이다. 고통 없이는 인간이 되지 못하는 존재가 바로 인간이라는 존재다.[107]

고통으로 인해 사람들은 자기 스스로 어떤 인간으로 살아야 하는지를 알아야 한다. 고통이 삶의 윤리가 되어야 한다. 고통이란 말 자체는 별다른 의미를 실어 나르지 못한다. 고통이 나와 연결되지 않으면 쓸모없는 말이 된다. 고통은 인간의 의지를 약화시킨다. 그에게 미래를 부정함으로써 인간의 의미 그 자체를 상실하라고 강요한다. 고통 속에서 인간의 능동성을 기대하는 것은 힘에 겨운 일이다. 고통은 '수용성보다 더 수동적인 수동성'일 뿐이다. 포로수용소와 같은 곳에서의 고통은 수용해야만 하는 강제다. 당해야 하는 억압적인 체험이다. 억압적 체험과 강제적 체험의 과정에 타인이란 존재하지 않는다. 타인에게 가하는 비인간적인 행동은 내 안에 깃들어 있는 인간성마저 말살시킨다.[108]

배려의 윤리는 일상생활에서 마주치는 고통의 장면에서 시작한다. 타인에 대한 배려는 국면을 바꾸고 상황을 전환시킨다. 배려가 개입하면, 국면이 달라지면 상황이 달라진다. 상황이 달라지면 그곳에서 호흡하는 존재의 양태가 달라지도록 되어 있다. 국면을 새로운 상황으로 도치시킬 수 있는 힘이 바로 배려다.[109] 배려는 타자의 고통을 직시하는 책임 윤리의 동력이다.

배려의 윤리는 사람들이 살아가는 한, 서로는 서로에게 연결되어 있음을 강조한다. 배려가 개입되어야 서로 간의 연결이 가능하기 때문이다.[110] 사람들 간의 연결을 돕는 배려는 추상적이거나 교조적인 도덕적 강령에 의해 일어나는 것이 아니다. 배려는 인간적 조건이기 때문이다. 인간은 서로가 개입해야 하기에 개입하는 한 배려는 어쩔 수 없다. 배려에서 추상적 원리는 불필요하다. 배려를 배제한 초월적인 생활은 신의 생활과 같다. 초월적 생활을 윤리의 대상으로 다루기는 쉬운 일이 아니다. 그리스 신화들은 신들의 세계가 윤리 일탈적임을 보여 준다. 배려는 사람들 사이에서 일어나는 호혜성을 근거로 한다. 자신이 지닌 삶의 양태를 다른 사람이 따라야 할 삶의 지표라고 이야기할 수 없다. 자기의 삶만이 유일한 윤리적 근거가 된다고 주장할 수도 없다. 타자의 배려를 위한 윤리 강령은 아니기 때문이다.[111]

배려의 윤리는 일상적으로 일어나는 사람들 사이의 관계를 중심으로 전개된다. 상식적인 것들 안에서 작동하는 삶의 강령들을 중심으로 배려가 작동한다. 상식을 무시하지 않는 범위 안에서 일어나는, 서로 간의 덕성을 주고받는 일이 주종을 이룬다. 일상적 생활 안에서의 삶의 태도들을 다루는 삶의 강령들은 관계 속에서 서로가 상대방의 입장이 되어 줄 때 의미를 지닌다. 역지사지(易地思之)적으로 상대방의 입장을 가늠할 때 내가 그 안에서 의미를 만들어 낸다. 마찬가지로 상대방이 보여 주는 행동을 통해 내 스스로 상대방의 마음을 헤아릴 수 있게 된다.

서로의 마음을 헤아리는 것이 배려하는 것이다. 역지사지라는 삶의 강령이 작동해야 하기 때문이다. 그것이 바로 배려의 윤리다. 헤아림들이 서로를 연결할 때 서로에게는 삶에 대한 배움이 일어난다. 아무런 이해 관계도 없는 상대방에게 열린 마음으로 그에게 어깨를 내줄 때 나의 삶에도 의미가 만들어진다. 타자에게 귀를 열어 주며 내가 지닌 삶의 강령을 강요하지 않을 때 그의 삶에도 의미가 만들어진다. 배려의 윤리는 대화의 윤리다. 소리와 소리 간의 마찰이 아니다. 소리 사이의 마찰은 헤아림이 아니라 해침으로 이어지기 안성맞춤이다. 가슴과 가슴 사이의 이어짐과 헤아림이 대화 윤리의 핵심이다. 상대방에 대한 수용성과 접근성이 배려 윤리로 움직이는 삶의 양태가 된다.[112] 그에 대한 나의 미소가 그를 넘어 나를 보다 더 행복하게 만들어 주기 때문이다.

타자를 위해 나에게 할당된 시나리오에서 내가 맡은 배역은 동행(同行)인데, 이때 동행은 배려를 품는 윤리에 따라 작동된다. 동행은 하나가 된다는 뜻이 아니다. 서로가 물같이 합치고 갈라질 수 있다는 뜻이다. 때가 되면 같이 흐르고, 곳에 이르면 서로 갈라질 뿐이다. 동행에서 중요한 것은 같이 흐르는 동안 보여 주는 하나됨의 과정이다. 물이 함께 흐르는 동안, 바다도 되고 냇물도 된다. 사막으로 떨어지면 끝내 수증기가 되어 언젠가는 만나 하나가 되는 것이다. 동행은 기회이며 약속이다. 서로 만나고 같이 흐르게 될 것을 기대하는 약속이며 기회다.

동행은 생체적 연령이나 역사도 초월한다. 동행은 서로를 배우는 길이기 때문이다. 동행은 서로를 사모하며, 닮아가는 일이기도 하다. 삶을 배우는 일에서, 동행하는 일에서 나이의 차이는 무의미하기마저 하다. 열 살과 백 살 간의 생물학적 연륜의 차이는 당연하다. 그것을 모를 리 없다. 그 차이는 영혼의 차이가 아니기에 무의미하다는 뜻이다. 어린 열 살의 나이에 백만 살을 붙이면 백만 열 살이 된다. 백 살짜리에 백만 살을 더하면 백만 백 살이 된다. 백만 열 살과 백만 백 살 사이의 아흔 살 차이는 무의미하다. 더 먼 시간의 잣대로 보면, 연령 차이는 하나로 환원된다. 달에서 지구상의 한반도를 보면 하나의 점일 뿐이다. 먼 나이의 길에서는 백 살의 노인이나 한 살의 아기나 모두 한 살배기다. 모두 여리고 얼뜨기일 뿐이다. 신의 눈으로 굽어보면, 인간이 조금 더 오래 산다는 것은 대수일 수가 없다.

삶을 살아가는 여정에서는 누구나 서로가 서로에게 동행자가 될 수 있을 뿐이다. 동행은 행동을 요구하기에, 윤리적이다. 동행(同行)은 같이 가라는 말이고, 행동(行同)은 같이 하라는 명령이다. 동행은 행동해야 의미를 지니기에 상식적이다. 함께 하고 함께 가야 의미를 갖는다. 동행과 행동에는 언제나 배려가 개입된다. 동행과 행동은 서로 배움이다. 배움의 윤리가 개입된다. 동행하며 행동하는 이들은 굳이 추종자를 요구하지 않는다. 슈바이처(Albert Schweizer)와 이태석 신부가 그것을 보여 준 바 있다. 저들에게는 사람에 대한 연민(憐憫), 배려, 그리고 생에 대한 경외(敬畏)가 그 모든 것이었기 때문이다. 아프리카에 자기의 삶을 내준 저들이다. 저들은 제자를 요구하지 않았다. 제자를 두지 않았다. 그들을 기억하려면 저들처럼 동행하고 행동하면 되는 일이다. 저들의 친구가 되라고 말했던 저들이었다. 동행의 기치대로, 행동의 윤리대로, 자기의 배움대로 인간다운 자신의 길을 찾으면 되는 일이다. 슈바이처나 이태석 신부는 타인들에게 감동을 준 것이 아니다. 타인들이 그들로부터 감동을 받았을 뿐이다.

슈바이처나 이태석 신부가 보여 준 인간으로서 행동 강령들은 덕의 윤리에 기초한 것이었다. 배려의 윤리였으며 배움의 윤리의 강령이기도 했다. 결코 상식의 윤리를 벗어난 것이 아니었다. 상식은 하찮은 것이 아니라 절대적인 것임을 보여 줬다. 상식을 지키는 일이 목숨을 거는 일임을 보여 주었다. 인간이 인간에게 동행하고 행동해야 할 기준들에 대한 선택이 저들이 보인 배려와 배움의 윤리였기 때문이다.[113] 윤리는 자기 치유의 길을 알려 주는 표지판이다.

윤리는 일상생활에서 시작한다. 행복은 선택이고 윤리는 방향이기 때문이다. 선택할 그때까지는 행복하지만, 선택한 길은 경우에 따라 벼랑일 수 있다. 윤리가 잘못되었기 때문이다. 윤리는 저들의 문제가 아니라 나의 삶살이다. 내 삶에 대한 강령이다. 윤리적 선택에 따라 나는 어떤 길을 걷게 된다. 모든 이들은 행복한 삶을 원한다. 윤리는 행복에 이르는 길로 안내할 수 있다. 행복의 추구가 하나의 기준으로만 가능해야 하는 것이 아니다. 행복함, 행복하다는 느낌, 행복한 이유, 행복해야만 하는 이유는 지구상의 인구 수만큼 자유롭다. 누구나 원하는 행복이지만 쉽게 잡지 못하는 행복이다. 행복을 바라는 사람들은 행복을 원하기만 한다. 행복에 이를 수 있는 방편들을 제대로 선택하지 못한다.[114]

행복하기 위해서는 행복할 수 있는 용기가 있어야 한다. 먼저 자기 삶에서 계량화가 가능한 실천이 가능한 소망을 지녀야 한다. 그 소망에 이르게 만들어 줄 바른 방편들을 선택해야 한다. 삶의 질을 높이려면 계량화가 가능한 목적함수가 분명하게 설정되어야 한다. 삶의 질을 높이기 위한 올바른 방향으로써의 목적함수는 소망이나 기대치이어야 하며 객관적으로 '계량화' 될 수 있어야 한다. 경제학적으로 말하면 삶살이에서 '코스트 최소화(minimization of cost)'를 위한 올바른 목표 설정이 목적함수다.

자신 스스로 유한한 자원과 시간을 최소화하여 최대의 이익을 얻기 위한 객관화된 지표가 목적함수다. 예를 들어, 지금보다는 조금 더 만족스러운 혹은 좀 더 고급스러운, 조금 더 안락한 것에 대한 지향성 같은 것이 목적함수의 내용이 된다.

　목적함수는 수준별로 계량화가 가능해야 한다. 막연하거나 추상적이거나 황당한 것들은 곤란하다. "나는 앞으로 10년 후에는 신이 될 것이다."와 같은 것은 목적함수로 삼기 어렵다. 인간이 소망하는 것이기는 하지만 현실을 한참 떠나 있기 때문이다. 추상적인 것보다는 보다 구체적이고 실용적인 것으로써 쓰임새가 분명한 것이어야 한다. 현실적으로 확보가 가능한 현물 같은 것이면 더 좋다. 이런 목적함수의 설정이 인생의 성패를 좌우한다. 행복 역시 그런 목적함수들에 의해 결정된다. 목적이 분명한 삶이야말로 자신감과 열정, 행복을 불러오는 시발점이다.

　목적함수가 분명하다고 해도 그 생각만으로는 부족하다. 목적함수를 성취할 수 있는 수단과 매체, 방편들이 필요하다. 설정한 목적에 도달할 수 있으며 생산성을 높일 수 있는 방편들이 올바른 수단 매체가 된다. 현실적으로 행복에 이르게 만들어 주는 가장 강력한 수단 매체가 일, 직업 같은 것이다. 인간의 삶과 일생이 바로 일이기 때문이다. 일은 단순히 생계를 위한 노동만으로 국한되지는 않는다. 자기를 실현하는 데 도움을 주는 방편으로서의 일이며 직업이다. 일을 통해 인간은 정신적이며 물질적 안락을 취하게 된다.

　자신 스스로 삶의 질을 높이기 위해서 자기 삶에 대한 목적함수의 설정이 중요한 이유가 있다. 그것은 내 삶의 질이 먼저 높아져야 남의 삶도 고려할 수 있기 때문이다. 경제학자인 윤석철 교수의 지론이다. 자신의 삶을 가장 먼저 고양하는 일이 더 중요한 이유다.

　행복을 약속하는 물질적인 수단 매체가 작동하는 현실은 치열한 생존경쟁의 장이다. 서로가 서로를 염탐하는 장소이다. 서로가 추격하고 추격당하는 세렝게티다. 사람들이 짐승의 탈을 쓴 채 인간처럼 갈등한다. 지옥이 따로 없다. 경쟁과 갈등의 현장에서는 인간의 윤리가 실종되기 십상이다. 윤석철 교수는 그래서 삶의 정도(正道)에 관해서도 한마디를 잊지 않는다. 생존경쟁에서 남에게 피해를 주지 않는 일이 정도라고 말한다. 자기 삶의 길을 떳떳하게 걸어가는 것이 삶의 정도라고 말한다.[115]

문제는 그래도 여전히 남아 있다. 여럿과 더불은 삶을 살면서 저 홀로만 떳떳하다고 나설 사람은 없기 때문이다. 우리의 고뇌가 사라질 수가 없음을 보이는 대목이다. 남에게 피해를 주지 않으면서 자기 삶에 떳떳한 사람은 없다. 세상에는 그런 기업가도 없고, 그런 정치인도 없다. 그런 종교인도 드물기는 마찬가지다. 서로는 서로에게 나름대로 피해를 준다. 이때 말하는 피해는 가해와 같은 부정적인 해침만을 의미하지 않는다. 그가 있기 때문에 내가 일을 할 수 있다는 관계를 말하는 것이다. 그들이 있기에 나의 축재(蓄財)가 가능했던 것이다. 저들 때문에 나의 행복이 비로소 계량화된 것이다.

목적함수의 설정이 제 결과를 갖게 된 것은 저들의 몫이다. 저들이 있어 내가 행복해진 것이다. 저들이 내 물건, 내 서비스의 대가를 제대로 지불했기 때문이다. 삶의 정도를 살려면 분명한 목적함수를 설정하기 전에 맑은 영혼부터 지녀야 한다. 맑은 영혼이 그의 사람됨을 말한다. 행복을 가능하게 만드는 영혼이 바로 영적 자본(靈的資本, spritual capital)이다. 인간됨이 바로 영적 자본의 지표다. 영적 자본은 자아 실현의 토대다. 영적 자본이란 내가 도대체 누구(who I am)인지를 확인하는 토대다. 자기가 누구인지도 모르는데 사람됨의 의미를 가질 수는 없는 노릇이다. 영적 자본은 인간됨의 의미를 파악하며 인간의 품격을 확인시켜 주는 자본이다. 영적 자본이 충분한 사람이 바로 사람다운 사람이라고 불릴 수 있다.[116]

인간은 자신의 영적 자본을 쌓기 위해 자신에게 끝까지 물어야 한다. "그대는 가장 가치 있는 일을 언제까지 미루기만 하겠습니까?" 하고 매일같이 물어야 한다. "인간은 어떤 경우라도 이성을 거역할 수는 없습니다. 이제 그 원칙에 동의한다면 그것을 받아들이는 것만이 그대가 할 일입니다. 아직도 남이 대신 그대를 깨우쳐 주고 고쳐 주기를 바란단 말입니까? 그대는 이제 더 이상 어린애가 아니라 완전한 어른입니다. 게으르고 나태하여 날마다 공상이나 하며 계속 미루고 늑장만 부린다면 절대로 지혜로운 사람이 될 수 없습니다. 그저 어리석은 자로 살다가 그렇게 미련하게 죽겠지요." …… "경우에 따라 욕망을 완전히 거둘 수 있어야 합니다. 뜻대로 되지 않는 것을 원한다면 불행해질 수밖에 없기 때문이지요. 그러다 보면 그대에게 바람직하면서 그대 뜻대로 할 수 있는 것조차 얻지 못하게 됩니다. 그러므로 사물에 따라 어떤 것은 추구하고 어떤 것은 적절히 물리칠 수 있어야 합니다."[117] 수천 년 전에 회자되었던 에픽테투스의 충고가 오늘을 사는 우리에게 아직도 유효한 이유다.

현자(賢者)들은 덕을 그의 삶의 잣대로 삼아 살아가는 사람이다. 상식의 윤리를 벗어나지 않는 삶을 살아가는 사람들이기도 하다. 저들은 무엇이 자신의 삶과 타인의 삶에 덕이 되는지를 알고 행한 사람들이다. 사회적 편견과 오만함에서 벗어나 자신을 반추하며 성찰하는 인격체이기도 하다. 저들은 타인의 죄를 두 손가락으로 겨냥하는 이들에게, "편협한 머리의 혼란을 한 치의 오차도 없이 구별할 수 있을 만큼 그렇게 깨끗한 손이 어디 있는가? 가여울 만치 위축된 존재에게 주저하지 않고 돌을 던질수 있을 만큼 그렇게 확고한 손은 어디에 있는가?"라고 되물을 수 있는 사람들이다.[118]

현자는 자기 배움, 덕성의 윤리에 따른 행위에 투철한 사람들이다. 물 위에 길을 내듯이 자신을 끊임없이 연단한 사람들이다. 자기 삶이 중요한 것만큼, 남의 생명도 소중함을 실천한 저들이다. 생명 경외로 다른 생명을 귀하게 여겼던 저들이다. 배움의 윤리로 자기 삶의 지도를 만들어 갔던 사람이다. 저들은 남에게 보일 영웅으로 살아가기를 원치 않았다. 자신을 위한 내면의 현인들로 살고 갔을 뿐이다. 자기 안에서 꿈틀거리는 자기 괴물을 이겨낸 사람이었다. 자기 치유의 달인들이 저들 덕성의 윤리자들이었다. 남이 갔던 길을 따라가기만 하는 사람은 번번이 길을 잃기 마련이다. 현자는 낡은 세상과 낡은 길을 버리는 사람이다. 스스로 제 길을 찾아 나서는 사람들이다. 미지의 어둠 속에서 뚫고 나갈 마음의 지도를 만들어 가는 사람들이다. 남이라는 괴물과 싸우는 사람들이 아니라 자기 안의 괴물과 싸우고 자기가 만든 미궁을 벗어나도록 노력한 상식과 덕의 인물들이었다. 시련을 감내해야만 자기 삶에서 결여된 것을 찾아낼 수 있었기 때문이었다.[119]

미주

1) 1938년 히틀러의 나치 제국이 유대인을 목표로 삼아 인종 청소를 강행하기 시작했다. '유대인'이기에 난민이 되어버린 저들이 오스트리아 국경지대로 몰려 들었다. 오스트리아 정부는 나치에게 미움을 살 필요가 없었다. 정부가 저들을 독일로 되돌려 보내라고 명령했다. 국경 지대의 이민관은 정부의 명을 거부했다. 국경으로 밀집한 저들 유대인들을 되돌려 보내는 것은 죽음의 골짜기로 밀어 넣는 것이었기 때문이다. 인간으로서는 할 일이 아니었다. 양심에 어긋나라고 배운 적이 없었다. 그의 양심이 그렇게 가르쳤다. 그 한 사람 때문에 수백 명의 유대인이 목숨을 구했다. 아름다운 영혼을 지닌 이민관이었다.

히틀러의 시대가 가고 상당한 시간이 흐른 2010년대, 그때와 비슷한 일이 미국인에 의해 자행되고 있다. 미국이 중동과 전쟁을 벌였다. 별 볼 일 없는 무기로 대항하던 순혈파 무슬림들이 포로가 되어 수없이 잡혔다. 아부 그라이브 포로수용소가 넘쳐날 지경이었다. 인권의 중요성을 그렇게 교육받았던 미 군인에게 이상한 일이 벌어지기 시작했다. 미 군인들은 그들이 잡은 이라크계 포로를 개처럼 학대했다. 여성 군인들이 더 심했다. 그것을 한 미군이 지켜보고 있었다. 그는 보이는 장면을 무조건 사진기에 담았다. 수많은 사진이 찍혔다. 그 자료를 언론에 보냈다. 미군의 잔혹상이 전 세계에 폭로되는 순간이었다. 추악한 미국, 잔혹한 미군이 세상에 알려졌다. 그것을 고발한 사람 역시 아름다운 영혼을 지닌 사람이다. '폭로자'가 미국으로 돌아왔다. 귀향한 것이다. 동네 주민들은 그를 매국노로 핍박했다. 정부는 그를 보호하지 않았다. 그는 야반도주했다. 다른 주로 도망치듯 달아나 기거할 수밖에 없었다.

고객에게 특정 금융 상품을 팔라는 은행장의 지시가 떨어졌다. 은행에게 막대한 수익이 생기는 상품이었다. 아무리 좋게 생각하려고 해도 그 금융 상품은 고객에게 큰 손해를 끼칠 것이 분명했다. 창구 점원은 그 상품을 고객에게 팔 수 없었다. 양심이 그에게 호소했다. 그는 상품 판매를 거부했다. 결과는 해고였을 뿐이다. 그는 아이들을 기르는 여성 금융인이었다. 그녀가 바로 아름다운 영혼을 지닌 사람이다[참고: Eyal Press(2012). *Beautiful soul: Saying no, breaking ranks, and heeding the voice of conscience in dark times*. NY: Farrar, Straus and Giroux].

2) 정의(正義)를 사람들이 도덕적으로 받아야 할 마땅한 몫으로 정리하려는 사람들이 있다. 도덕적으로 만들어진 공통의 선이 정의라고 믿는 사람들의 논리다. 공동선을 지키는 일이 정의이며, 공동체의 합의를 통해 도출한 공동선이 사회정의라고 믿는 사람들의 논리다[참고: 마이클 샌델(2010). *정의란 무엇인가* (역). 파주: 김영사]. 공동체적 정의론를 펼치는 샌델 교수는 사람들이 자신이 속해 있는 어떤 크고 작은 공동체를 다른 공동체에 비해 우선시하는 것이 도덕적으로 타당하다고 본다. 가족, 지역사회, 국가에 이르기까지 자기가 속한 공동체의 이익을 우선하는 것이 타당하다. 자신이 속한 공동체에 의해 요구되는 도덕적 가치를 우선하는 것이 세계 안에서의 자신의 자리를 찾는 길이다. 이것이 그에게는 '목적'이 된다. 그 목적에 합당한 '미덕(virtue)'을 발견하면 자신의 행동거지를 바르게 할 수 있다는 것이 샌델 교수의 정의론이다. 정의는 공동체의 합의를 통해 이루어져야 한다는 논리다. 샌델 교수가 생각하는 '정의'는 자유주의적인 정의에 대해 비판적이다. 극단적인 이윤 추구는 공동체적 이익에 반하기 때문이다. 공

동체의 이익을 우선해야 한다는 논리는 일견 타당하게 보이지만, 그의 정의론에 대한 문제 제기가 불가피하다. 우선 공동선이 무엇인지, 그 기준이 무엇인지를 설명해 줘야 한다. 장광설이 잇대어 요구되는 대목이다. 샌델 교수의 정의론은 보수적이다. 그가 그렇게 극도로 비판하는 자유주의적 정의론의 테두리에서 크게 벗어나지 않기 때문이다. 미국의 문화적 · 군사적 신식민지주의의 이념적 토대로 쓰이는 사회정의론일 수밖에 없다.

게다가 샌델 교수가 펼치는 식의 정의론은 사회적인 쓰임새가 떨어진다. 정의의 가치가 상황적으로 설정되기 때문이다. 문제의 상황에 따라 정의에 대한 기준 역시 수정될 수밖에 없다[참고: 존 그레이(2010). **하찮은 인간 호모 라피엔스**(역). 서울: 이후]. 인간이란 동물은 우연한 유전적 사고를 거치면서 지구상에 출현하게 된 고도로 약탈적이며 파괴적인 동물이었다. 정의도 그것을 위한 실천도 인간의 유연한 사고에 의존할 수밖에 없다. 성경의 창세기에서 아담과 이브가 에덴동산에서 사과를 몰래 따먹는 행위에서 이미 드러난 그것에 의해서도 명증적으로 읽어 낼 수 있었던 약탈하는 자, '호모 라피엔스(Homo Rapiens)'의 인간적인 약탈성과 야수성은 단순한 싸움에서, 권력의 암투로, 다시 국가 간의 전쟁 같은 것을 반복적으로 거치면서 진화되어 왔다. 인간의 정의는 집단적으로 길들여 만들어지기보다는 개인적으로 순화되었을 뿐이다.

존 그레이 교수는 인간의 약탈성과 야수성을 극단적으로 보여 주는 사례로 열여섯 살짜리 수감자에 대한 나치들의 강간 사건을 예로 들고 있다. "나치 수용소에 수감된 열여섯 살짜리 수감자가 간수에게 강간을 당했다. 아침 점호 때 모자를 쓰지 않고 있는 사람은 즉시 총살당한다는 규칙을 아는 그 간수는 강간당한 수감자의 모자를 훔쳤다. 그가 총살 당해 죽고 나면 강간 사실을 덮어 버릴 수 있을 터였다. 그 수감자도 모자를 찾아야만 살 수 있다는 사실을 알고 있었다. 그래서 자고 있는 동료 수감자의 모자를 훔쳤고, 그는 살아 남아 이 일을 밝힐 수 있었다. 동료 수감자는 총살당했다."

나치 수용소의 강간 사건과 처형 사건의 사례에서 보듯이, 인간의 약탈성은 사회적으로 통제될 수는 있지만, 그런 사회적 통제는 임시 방편적일 뿐이었다. 그런 사건은 정의에 어긋나기만 한 사례들이지만, 그런 유형의 사건들은 다른 형태로 언제든 이곳저곳에서 끊임없이 발생하고 있기 때문이다. 인류 문명이 전개된 이래, 인간에게는 원초적으로 도덕 개념은 존재하지 않았기 때문이다. 설령 그들에게 선과 악에 대한 개념이 있었다손 치더라도 그것은 인간 모두가 따라야 하는 절대 법칙은 아니었기 때문이다. 인간에게 요구되었던 윤리는 원초적으로 어떤, 무슨 행위는 하지 않아야 할 용기나 지혜 같은 미덕에 관한 것들이었을 뿐이다. 인간에게 유일하게 통용되는 윤리, 말하자면 용기나 지혜로써의 윤리는 개인 스스로에 의해 순화되거나 정화되는 유연한 사고의 결과일 뿐이다.

정의는 인간이 설정한 가치일 뿐이다. 설정된 가치에 대한 인간적인 유연성과 책무성에 기대가 너무 크다. 사람들이 다른 사람들의 행위에 대해 이렇게 저렇게 이야기하고는 있지만, 사람들이 그렇게 하는 평가들이 객관적이고도 정확한 측정방법인 것도 아니다. 선하다거나, 혹은 악하다거나 하는 단언적인 단어들은 대개가 인간의 가설적인 감성적인 개념이거나 감성적인 전제이지, 그 무슨 절대적인 기준에 비추어 내려지는 판단일 수는 없다.

현재의 수준으로 이 사회가 머물고 있는 것은, 한국인을 구성하는 인간이 각자 그 정도로 여러 가지 사회적 부정의 사태에 유연하게 대처해 왔거나, 아니면 책임을 다해 자기 일들을 성심껏 수행해 온 결과이기 때문일 것이다. 우리의 윤리 의식이 이 정도 수준이기 때문에, 무엇이 옳은 것인지를 제아무리 명확하게 알고 있다고 하더라도 혹은 옳은 것이 무엇인지를 분명하게 알고 있더라도, 이 정도의 사회로 꾸려 나아가고 있을 뿐이다. 진리나 참을 받아들이는 방식이 서로 다를 수 있기 때문이다.

내가 믿는다고 믿는 그 모든 것이 진리가 아니다. 반대로 진리라고 모든 것이 믿어지는 것도 아니다. 이렇게 진리니 참이니 하는 것들에 대한 이해 방식이 달라지는 것은 세상의 서로 다른 문화와 그 문화에서 서로 다르게 이해되고 통용되는 서로 다른 윤리적 코드를 보면 이내 이해된다. 예를 들어, 에스키모족은 겨울 이동 시 늙은 부모를 동행하지 않음으로써 죽게 한다고 한다. 뉴기니아의 도부족은 남의 물건을 훔치는 행동을 허용한다고 한다. 아프리카의 누엘족은 기형아를 출산하면 하마가 살고 있는 강물에 던진다고 한다. 멜라네시아의 어느 부족은 친절과 정직함을 악덕으로 본다. 아프리카의 호텐톳족은 아예 늙고 병든 부모를 죽이는 행동을 옳은 행동이라고 예찬한다. 병들어 신음하는 부모의 고통을 덜어 주려는 동정심, 효, 자선의 마음에서 유래한 것이라고 한다[참고: 김창호(1995). 내가 아는 것이 진리인가. 서울: 웅진씽크빅].

이런 명제나 사실 혹은 생각이 진리인지 어떤지를 확증 짓는 데에도 서로 다른 관점들이 양립하고 있다. 왜냐하면 사실이나 대상에 들어맞을 때 그것을 진리라고 주장하는 대응설이 있고, 다른 한편에는 어떤 명제나 생각이 기존의 지식 체계에 모순됨이 없이 들어 맞으면 그것을 진리라고 받아들이는 정합설이 있지만, 이들과 전혀 다른 논리 체계도 함께 공존하기 때문이다. 그것이 실용주의적 관점인데, 실용주의자들은 어떤 명제나 사실이 실제 생활에 있어서 유용한 결과를 낳거나 효과가 있을 때 그것을 '참'이라고 평가한다. 관념과 생각 그 자체는 참일 수도 있고 아닐 수도 있을 뿐이다. 진리는 언제나 행동을 통해 생활에 적용되어 유용의 가치가 확인되어야만 진리로 받아 들일 수 있다.

3) 타이타닉호(號)를 포함해 지난 1852년부터 2011년까지 100명 이상이 숨진 대형 해난 사고 18건의 생존율 특성을 분석해 최근 미국 국립과학원회보(PNAS)에 발표한 스웨덴 웁살라 대학 연구진에 따르면, 생존율이 가장 높았던 집단은 여성이나 어린이가 아니었다. 승무원이었다. 승무원의 생존율이 61.1%로 가장 높았다. 선장(43.8%)이 그다음, 그리고 남성 승객은 세 번째(37.4%)였다. 그다음이 여성 승객(26.7%)이었고, 어린 승객들의 생존율은 15.3%로 맨 마지막이었다.

1912년 4월 14일 유람선 타이타닉호의 침몰 사고는 아주 예외적인 경우였다. 이때 여성 승객 생존율은 75%, 어린이 승객 생존율도 50%에 육박했다. 20%도 안 되는 남성 승객 생존율의 3배가 넘었다. 여성과 어린이 생존율이 높았던 것은 신사도 때문이 아니었다. 선장의 강력한 영향력 때문이었다. 선장은 구명보트에 먼저 타려는 남성을 총으로 위협해 물러서게 했다. 먼저 타려던 남성들은 어린아이와 여성에게 구명보트를 양보할 수밖에 없었다[참고: 이길성(2012). 해난사고 생존율, 승무원 > 남성 > 여성 順…… 신사도는 '희망사항.' 조선일보. 2012년 8월 6일자].

4) 이씨 조선의 7대 왕인 세조는 왕위 계승법에 따라 임금이 된 자신의 조카인 단종을 몰아내고 자신 스스로 임금에 오른다. 단종의 복위를 둘러싼 조짐이 보이자 세조는 1357년 6월 22일 단종을 사지(死地)로

유배 보낸다. 강원도 영월 청령포로 유배 보낸 나흘 후가 되어도 심리적인 불안감을 이기지 못한 세조는 이번에는 단종의 어머니인 현덕왕후 권씨 무덤까지 파헤쳐 바다에 던져 버리라고 명한다. 자신의 아들 의경세자가 병으로 시름시름 앓다가 죽자, 모든 화근이 단종에게 있다고 판단하고 세조는 아들을 안장하기 며칠 전에 단종에게 사약을 내려 죽여 버린다. 세조는 왕조의 가족사로 보면 비윤리적이며 몰윤리적의 전형적인 사례로 간주될 수 있다. 그런 세조가 자신에 대한 역모나 비방뿐만 아니라 세간에서 남녀 간의 성문란이 빈번해지자, 자신이 '제갈량'으로 총애했던 인물인 양성지(梁誠之)를 시켜 백성의 윤리를 바로 잡기 위한 윤리 교과서인 『오륜록(五倫錄)』을 편찬케 한다. 인간에 대한 비(非)윤리, 반(反)윤리의 정수(精髓)를 보여 주었던 그가 스스로 백성들에게 바른 윤리를 가르치겠다고 나섰던 것이다[참고: 박영규(2004). 한 권으로 읽는 조선왕조실록. 서울: 웅진닷컴].

5) 참고: 조선일보 편집국(2012). 불임인 아들을 위해 정자를 제공한 아버지. 조선일보. 2012년 4월 7일자.

6) 영화 〈은밀한 유혹〉에서는 명백한 답, 말하자면 개인적인 사정에 따른 답이 나왔다. 돈에 쪼들려, 궁핍할 대로 궁핍해진 여자 주인공은 1백만 달러를 대가로 어느 부자와 하룻밤을 보낸다. 이런 장면은 영화에서만 볼 수 있는 일이 아니다. 영국인 가운데 50% 이상이 모르는 사람과도 돈만 있으면 함께 잘 수 있다고 답하고 있기 때문이다. 영국인 2명 가운데 1명은 금품을 준다면 모르는 사람과도 섹스할 수 있다고 한다. 영국 콘돔 제조사 듀렉스의 조사 결과다. 영국인 3명 중 1명은 100만 파운드, 즉 우리 돈으로 17억 원을 받는다면 낯선 이와 섹스할 수 있다고 했다. 다른 15%는 10만 파운드, 즉 1억 7천만 원만 줘도 섹스할 수 있다고 했다. 심지어 응답자 중 5%는 월드컵 관전 티켓을 준다고 해도, 기꺼이 외도할 수 있다고 했다.
물론 이와는 다른 조사 결과도 있다. 영국 축구 대표팀의 수비수 존 테리(30)가 불륜을 저질러 주장 자격이 박탈된 뒤였다. 영국인 1만 2,000명을 대상으로 외도의 찬반과 가능성에 대해 물었다. 이 조사에서 영국인 3명중 2명은 강경했다. 어떠한 조건을 내민다 해도 배우자에 대해 배신을 않겠다고 답했었다[참고: 중앙일보 편집국(2010). 영국인 조사 2명중 1명 '금품' 주면 OK. 중앙일보. 2010년 3월 27일자].

7) 참고: 도성달(2011). 윤리학, 그 주제와 논점. 경기: 한국학중앙연구원.

8) 이 사건을 다루게 된 영국 법정은 진지한 심리를 거쳐 마침내 선장 더들리와 나머지 선원들에게 사형을 선고했다. 법원이 사형을 선고한 이유는 리처드 파커에 대한 살인죄를 물은 것이 아니었다. 법원은 살인을 했거나 동료 선원의 살과 피를 먹고 생존한 그 사실을 보여 주는 식인(食人)의 죄를 묻지 않았다. 재판부는 세 사람의 생존자가 행한 자의적 희생자 선택을 문제 삼아 살인을 선고했다. 세 사람이 자기의 생존을 위해 작위적으로 한 사람을 뽑아 결정했기에 그들에게 살인죄를 물을 수밖에 없었다는 것이다[참고: 마이클 샌델(2011). 정의란 무엇인가(역). 파주: 김영사].
극한 상황에서 만약 그들이 어느 사람을 희생양으로 삼을 것인가를 제비뽑기로 결정했거나 죽어갈 어린 파커가 자발적으로 죽겠다고 결단했으면 무죄일 수 있다는 여운을 남겨 준 이 영국식 판결은, 결국 윤리란 사람들이 지닌 상식에 그들이 속했던 문화권의 무의식적 행위 양식이 가미되어 하나의 선택지로 나타나는 의식(意式)임을 보여 준다. 즉, 난파 선원 인육 생존 사건은 사람은 먹어야 산다라는 상식에 영국문화권이 허용하고 있는 종교적인 인내심과 법률적 허용 범위가 가미된 문화적 덕성이나 행위 양식들의 혼합이 바로 윤리가 된다는 것이다. 사람은 언젠가는 죽게 되어 있으니 죽음에 대한 초월적인 관습이 의식화되어 있는 티베트 불교권에 속한 사람들은 서양권에 속한 사람과는 생명에 대해 다른 의식(意式)이 있기에, 더들리 토마스 선장과는 다른 결정을 내렸을 것이다. 그런 점에서 그가 속한 의식(意式), 한 개인의 뜻으로써의 의식(意識)이나 선원으로서 극한 상황에서 취해야 할 의식(儀式)과는 별개의 문화적 조건화다. 어쨌거나 영국 법정이 이들에게 사형을 선고했지만, 끝내 이들에 대한 사형은 집행되지 않았다.

9) 타인의 삶을 존중하는 결단의 윤리는 퇴계 선생의 삶에서도 발견된다. 바로 자신의 며느리 재가 문제에 퇴계 자신의 결단을 보인다. 며느리의 삶을 존중한 그의 처세가 돋보인다. 퇴계 선생의 큰 아들은 21세에 병으로 죽게 되었다. 과부가 된 며느리는 퇴계와 더불어 일가를 이루고 있었다. 며느리에 대해 퇴계 선생은 각별한 관심을 가질 수밖에 없었다. 그녀의 주위를 늘 유심하게 관찰할 수밖에 없었다. 그는 어느 날 밤 우연찮게 며느리의 거처를 지나다가 듣지 말아야 할 것을 듣게 되었다.

독수공방의 며느리가 어떤 외간 남자와 속삭이고 있었기 때문이었다. 방문을 열어젖히고 며느리에게 불호령이라도 내려야 할 판이었다. 며느리의 체면도 있다는 생각에 그는 슬그머니 며느리의 방을 엿보게 되었다. 선비 모양으로 된 짚 인형 앞에서 며느리가 술상을 차려놓고 그 짚 인형에게 술을 권하는 장면이 들어왔다. 그녀는 인형과 말을 주고받는 중이었다. 마치 살아 있는 아들처럼 며느리가 잔에 술을 가득 채운 채 속삭이고 있었다. "여보, 한 잔 잡수세요." 하며 권하는 며느리의 모습은 죽은 아들을 사모하는 정을 생각하는 것 그 이상으로 애처로운 모습이었다. 그렇게 짚 인형과 한참 동안이나 두런두런, 이런저런 이야기를 나누며 소리없이 눈물을 흘리는 장면을 퇴계 선생은 차마 두 눈으로 볼 수가 없었다.

그다음 날 퇴계는 친구이자 동학인 사돈을 불렀다. 염치불구하고 며느리를 친정집으로 데려가라고 강하게 청했다. 얼떨결에 당하는 사돈은 그 연유를 퇴계에게 캐물었다. 퇴계는 아무 말도 하지 않았다. 그렇게 해 달라고만 당부했다. 그 일로 퇴계와 사돈은 의절하는 지경에 이르게 되었다. 퇴계는 그것마저 있는 그대로 감내하였다. 그가 그렇게 할 수밖에 없었던 것은 퇴계 스스로 자기 욕심이나 당시의 관례를 지키기 위해 젊은 며느리를 한평생 독수공방하며 수절시킬 수 없었기 때문이었다. 먼 훗날 다른 곳으로 개가한 퇴계의 며느리가 행복하게 살고 있다는 소식이 퇴계에게도 전해졌으며 그 소식에 퇴계는 흐뭇해했다고 한다.

10) 사회 변혁은 공동체의 어울림으로 이뤄진다고 보는 진(Howard Zinn) 교수는 피오렐로 라과디아 (Fiorello La Guardia) 뉴욕 시장을, 소리 내지 못하는 사람들 편에 서서 경제적 정의를 치열하게 실천해낸 분별 있는 정치인으로 평가하고 있다[참고: 하워드 진(2011). 라과디아: 1920년대 한 진보적 정치인의 행적(역). 서울: 인간사랑]. 라과디아는 뉴욕 시장을 세 번씩이나 역임했던 미국인들에게는 절대적인 신임과 존경을 받는 인물이었다. 뉴욕시는 그를 기리기 위해 공항을 라과디아 공항으로 명명하고 있다.

뉴욕 시장이 되기 전 판사로 재직했던 그가 법정에서 절도 혐의자를 재판하며 내린 선고의 일화는 상식
위의 상식, 의식화된 상식, 공감의 윤리가 어떤 것인지를 잘 드러내고 있다. 1930년 어느 날 그는 상점
에서 빵 한덩어리를 훔치다 절도 혐의로 기소된 노파를 재판한다. 판사는 절도 피의자인 노파에게 묻는
다. "전에도 빵을 훔친 적이 있습니까?" "아닙니다. 처음 훔쳤습니다……." "왜 훔쳤습니까?" "예, 저
는 선량한 시민으로 열심히 살았지만, 나이가 많다는 이유로 일자리를 얻을 수 없어 사흘을 굶었습니
다. 배는 고프고 수중에 돈도 없었기에 눈에는 모든 것이 빵으로만 보였습니다. 저도 모르게 가게에서
그만 빵 한 덩어리를 집었습니다." 심문을 끝낸 라과디아 판사는 판결을 내렸습니다. "아무리 사정이
딱하다 할지라도 남의 것을 훔친 것은 잘못입니다. 법은 만인에게 평등하고 예외가 없습니다. 법대로
당신에게 10달러의 벌금형을 선고합니다……." 뜻밖이었다. 단호한 판결에 방청석이 술렁거렸다. 판
사가 노인의 딱한 사정을 참작해 줄 것이라고 짐작했기 때문이다.
　방청객의 술렁거림에 아랑곳하지 않고, 라과디아 판사는 논고를 계속했다. "이 노인이 빵 한 덩어리를 훔
친 것은 오로지 이 노인의 책임만은 아닙니다. 이 도시에 살고 있는 우리 모두에게도 책임이 있습니다. 이
노인이 살기 위해 빵을 훔쳐야만 할 정도로 어려운 상황이었지만, 배부른 우리는 아무런 도움을 주지 않
았습니다. 우리에게도 당연히 책임이 있는 것입니다. 나는 나에게도 10달러의 벌금형을 선고합니다. 동
시에 이 법정에 앉아 있는 모든 방청객, 시민 모두에게도 각각 50센트 벌금형을 선고합니다……."
　판사는 자기 지갑에서 10달러를 꺼내어 모자에 담았다. 당시 10달러는 큰 돈이었다. 그는 경무관에게
도 명했다. "경무관, 방청객에게도 벌금을 거두시오." 아무도 판사의 선고에 이의를 제기하지 않았다.
거두어진 돈이 무려 57달러 50센트가 되었다. 라과디아 판사는 그 돈을 노파에게 주도록 했다. 돈을 받
은 노인은 10달러를 벌금으로 냈다. 나머지 47달러 50센트를 손에 쥐고 감격의 눈물을 글썽거리며 법
정을 떠났다[참고: 김태광(2003). 꿈이 있는 다락방. 서울: 바움].

11) 인간에게 자살은 있을 수 없다고 주장하는 장 아메리(Jean Amery)는 보통 자살이라고 부르는 죽음은
　진정한 의미에서 자유 죽음이라고 불러야 한다고 말한다. 자유 죽음에 이르는 사람은 있어도 자살을 택
하는 사람은 거의 없다는 장 아메리 박사는 나치에 저항하다가 수용소에 갇히기를 수없이 반복하던 레
지스탕스 출신 작가다. 반유대주의가 있기에 유대인으로 태어날 수밖에 없었다고 이야기하는 아메리
박사는 포로수용소에서 수많은 자살자를 목도한다. 자살은 '모든 삶의 충동, 살아 있는 존재의 끈질긴
자기 보존 충동에 맞서' 인간 실존이 인간에게 보장하는 '자유를 가장 급진적으로, 어떤 점에서는 가장
생생하게' 실행하는 행위다. 자살하는 사람만이 자신이 자기에게 속한다는 것을 알고 있다고 주장하는
아메리는 '자기 자신을 살해'한다는 의미의 '자살'이란 단어를 '자유롭게 죽음을 선택한다.'는 '자유
죽음'으로 대체할 것을 제안한다.
　삶의 존엄성에 대한 깊은 경외와 자기 삶에 대한 자기 결정 권리, 그리고 자유에의 갈망이 인간에게 우
선하기에 자신의 인생을 살지 못하게 강요하는 현실의 부조리에 맞서게 해 주는 것이 자유이고, 그것을
죽음으로 연결할 그때의 '자유 죽음'은 "제 인생을 온전하게 살아내자."는 다짐일 수밖에 없다. 인간적
존엄과 삶의 가치를 앗아가는 '강제 상황'에서도 '그래도 끝까지 살아야만 한다'는 논리가 부자유와 비

인간적 속박일 때 그가 택하는 자유 죽음은 언제나 정당하다는 것이다. 그런 삶의 상황은 당연한 듯 외면하면서 자살자를 윤리적으로 낙인찍는 맹목적 삶의 논리를 펴나가는 종교적 처방이 오히려 폭력적이며 비인간적이라고 간주하는 아메리는 신과 사회라는 거대한 표상으로 환원될 수 없는 인간 자신의 온전한 생과 명에 대한 권리를 갖고 있는 인간이 선택하는 인간의 존엄과 자유를 인정해야 한다는 것이다. 그는 말한다. "죽음을 기다린다는 것은 일종의 수동태다. 없는 무엇인가를 우리는 기다린다. ……하지만 자유 죽음은 '스스로 목숨을 끊음'은 의심의 여지가 없이 문법적으로나 실제로나 적극적인 행위다.[참고: 장 아메리(2010). **자유죽음**(역). 서울: 산책자] 뛰어내리는 사람은 말로 설명할 수 없는, 논리적으로 말이 되지 않는 일을 저지른 것이다. 뛰어내리는 사람은 생명의 논리와 죽음의 논리 사이에서 찢겨 있다. 존재적으로 독특한 이런 상황은 바로 이 찢겨 있음으로 빚어진 것이다. 그래서 뛰어내리는 사람은 죽음의 논리 혹은 죽음이라는 안티 논리가 무엇인지를 그만이 알고 있을 뿐이다."

12) 도종환 시인이 노래하는 「흔들리며 피는 꽃」이라는 시는 인간의 삶이 직선일 수가 있는지를 슬그머니 들추어 낸다. 원초적으로 직선적이지도 않는 삶을 곡선적인 잣대로 판단하면서 그 곡선의 잣대를 직선으로 우기면 이미 직선과 곡선 간의 경계는 무너진 것이나 마찬가지라는 뜻에서 그는 "흔들리지 않고 피는 꽃이 어디 있으랴/이 세상 그 어떤 아름다운 꽃들도 다 흔들리면서 피었나니/흔들리면서 줄기를 곧게 세웠나니/흔들리지 않고 가는 사랑이 어디 있으랴//젖지 않고 피는 꽃이 어디 있으랴/이 세상 그 어떤 빛나는 꽃들도/다 젖으며 피었나니/바람에 비에 젖으며 꽃잎 따뜻하게 피었나니/젖지 않고 가는 삶이 어디 있으랴."라고 노래한다.

13) 맹자(孟子)는 큰 일을 맡을 사람은 하늘이 먼저 내린다고 말한다. 하늘이 내리는 것은 세 가지다. 땀과 피, 그리고 눈물이다. 하늘은 그것을 먼저 맛보게 한 후, 큰 일을 맡긴다. 땀은 노력이며, 피는 실패이며, 눈물은 치유다. 성공과 아픔, 그것을 다스리는 치유의 시련 속에서 한 사람에게 덕이 쌓인다는 것이다.[참고: 중국문화경영연구소(2011). **인간경영 맹자 오디세이: 전국 시대 하늘과 사람 도덕과 원칙을 추구한 맹자의 철학**(역). 서울: 아이템북스].

14) 칼 야스퍼스가 『역사의 기원과 목표』라는 저서에서 제시한 개념이다. 세계 문명의 흐름을 개괄하면 같은 세대이면서도 그 어떤 세대는 다른 세대에 문명사적으로 결정적인 영향을 주는 세대가 있었다는 것이다[참고: 카렌 암스트롱(2010). **축의 시대**(역). 서울: 교양인].

15) 참고: 피터 싱어(1991). **실천윤리학**(역). 서울: 철학과 현실사.

16) 영국 일간 「데일리 메일」 등은 2011년 12월 22일 뇌사 상태에 빠져 장기기증을 앞두고 있었던 대학생 샘 슈미드(21세)가 생명유지장치 제거 몇 시간을 앞두고 기적적으로 의식을 회복했다고 보도했다. 슈미드는 "나는 기분이 좋다. 휠체어를 타고 있지만 많은 도움을 받고 있다."고 밝혔다. 미국 애리조나 대학 경영학과 학생인 슈미드는 지난 10월 애리조나 주 투산에서 교통사고로 뇌 손상과 함께 왼손, 양쪽 골절상을 입었다. 지역병원에서는 치료할 수 없을 정도로 상태가 심각했던 그는 비행기로 피닉스에 있는 세인트 조지프 병원의 배로우 신경연구소로 옮겨져 수술을 받았다. 하지만 뇌사 상태로 의심돼 사실

상 가족도 그의 회복 가능성을 포기하고 장기 기증 수술을 할 예정이었다. 슈미드의 담당 의사인 로버트 스페츨러 박사는 마지막으로 자기공명영상(MRI) 촬영을 시도했고, 그 결과 뇌에 혈전이 없어 약간의 희망이 보이던 차에 슈미드가 의사의 지시에 손가락 2개를 들어 올리며 살아 있다는 '신호'를 보낸 것이다. 슈미드는 1주일 동안 재활 훈련을 받은 후 주변의 도움으로 걸을 수 있는 상태가 되었다.

17) 법의학적인 견지에서 법원은 의료계의 판단보다 환자의 자기 결정권이 중요하다고 판결한 바 있다. 이런 판결에 대해 종교계나 법조계나 의료계에서는 서로 다른 현실적인 이견을 내놓고 있다. 현실적으로 전국 250개 병원에 1,500명쯤이 의학적으로는 회생 가능성이 전혀 없는 상황에서 중환자실에서 겨우 목숨을 이어가고 있는데 이들에게 환자 본인의 '서면 선택'으로 자기의 생과 명을 결정하게 하는 것은 실효성이 없다는 것이다. 죽음을 미리 인정하고 통보하는 것 자체를 꺼리는 한국 문화에서는 현실적으로 불가능한 일이라는 것이다.

의료계는 연명치료 중단 방식과 대상 등을 어떻게 법으로 규정할 것인가에 대해 정부가 최소한의 지침만 만들어 두고, 의료 현장에서 의학적으로 전문적으로 그리고 자율적으로 연명치료에 임하게 해 달라는 입장이다. 동시에, 환자가 미리 연명치료 거부에 대한 의사를 밝혀 놓지 않았을 경우 환자 가족에게 결정권을 줘야 한다고도 요청하고 있다. 환자에게 정확한 병세를 알리지 않는 우리 의료계 문화에서, 죽음에 대해 환자 스스로 자기의 운명을 미리 결정하기 어렵기 때문에 가족에게 대리 결정권을 줘야 한다는 의견이다. 이에 대해 반대하는 법조인도 있지만, 의료계는 단호한 입장이다.

의료계와는 달리, 종교계는 연명치료에 대해 상당히 엄격한 입장을 취하는 형편이다. 종교계는 연명치료에 대한 엄격한 지침을 통해 2007년부터 연명치료 중단 시행 여부를 결정하고 있는 일본 후생성의 지침처럼, 입법을 통한 엄격한 시행을 주장하고 있다. 이런 일에 대처하기 위해 일단 한국보건의료연구원은 의료계와 종교계, 법조계 사회단체 등 각계 인사들이 참석하는 연속 토론회를 거쳐 '무의미한 연명치료 중단'에 대한 기본 원칙을 도출하기에 이르렀다. 그들이 만든 기본 원칙에서는 존엄사나 약물 투여 등으로 조기에 생명을 단축시키는 행위를 말하는 안락사와 같은 용어는 삭제되고 그 대신 연명치료의 중단이라는 용어를 쓰기로 합의했다. 연명치료란 의학적으로 소생이 불가능한 말기 환자들이 임종 과정 등에서 인공호흡기, 심폐소생술 등 생명 연장 치료를 중단하는 것을 말한다.

18) 김 할머니의 생명을 존엄사라는 이름으로 의료진이 결정하는 것은 비윤리적이라는 견해가 바로 의무윤리론자들에게서 나올 수 있는 견해다. 의무윤리학, 그리고 그에 기초한 의무론적 윤리론은 도덕적으로 선한 행위는 가치에서도 그렇고, 보여 주는 행위와 결과에서도 그렇듯이 항상 행위의 결과에서 찾기 때문에 그런 견해가 가능하다. 행위의 동기와는 무관하기에, 의무론적 윤리론은 행위의 목표에 초점을 두고 행위의 목표를 선의 극대화라고 간주한다. 의무론적 윤리론은 인간이 원하는 행복의 증진, 감소 여부에 따라 인간의 행위를 승인하거나 거부하는 원리를 갖고 있다.

도덕적으로 옳은 것은 조건없이 실천하는 것이 윤리적으로 옳은 일이라고 주장하는 의무론적 윤리론은 어떤 행위나 규칙이 옳기 위해서는 그 행위의 성격 자체에 보편적인 가치가 있어야 한다는 전제를 벗어나는 일이 없다. 그런 의무를 지킨 결과가 어떤 쪽으로 가든 도덕적으로 옳은 것은 무조건 따라야 하는 것이다. 마치 살인하지 말라와 같은 도덕률은 행위의 결과가 선이냐 악이냐를 따질 이유 없이 도덕적으로 옳기 때문이다. 모든 인간은 보편적 도덕 규칙들에 속박되어 있다. 살인 금지는 도덕적으로 옳은 것이기에 그것을 실제의 삶에서 실천해야 한다. 의무론적 윤리론은 의무라는 말이 희랍어 디온(deon)에서 보듯이 도덕적 필연성을 뜻한다. 인간의 선험적 능력, 특히 가치 판단과 관련된 선험적 능력인 실천 이성에 의해 이러한 도덕률의 인식이 가능하다고 본 사람이 칸트였다. 윤리적 가치와 명제는 항상 비윤리적인 것보다 우선하기에, 칸트의 의무론으로 보면 의사가 환자를 수단으로 사용하거나 대하는 것은 비윤리적이다. 타인을 단지 수단으로 사용하는 것은 도덕적으로 그르기 때문이다. 윤리적이기 위해서는 남을 먼저 존경하고, 남이 너에게 해 주기를 원하는 것을 네가 남에게 해 주어야 한다.

칸트가 말하는 식의 의무론적 윤리를 지지하는 리코나(Lickona) 교수는 의무론적 윤리 강령들은 어릴 적부터 학교에서 교화시켜야만 한다고 주장한다. 학교에서 가르쳐야만 하는 윤리는 의무론적으로 옳기에 가르쳐야만 한다는 것이다. 삶살이에서 사람들이 올바르다고 말하는 윤리들, 말하자면 정직해야 한다, 약자를 보살펴야 한다와 같은 윤리들은 조건없이 가르쳐지고 교화되어야 한다는 것이다. 그런 윤리들은 마치 학교에서 전인격적인 인간을 길러내기 위해 읽기, 쓰기, 셈하기와 같은 3R을 교화하듯이 학생들에게 교화되어야 한다. 리코나 교수는 그래서 기본적으로 학생들에게 필요한 학교교육은 읽기, 쓰기, 셈하기로서의 3R뿐만이 아니라, 존경하기(respect), 그리고 책임지기(responsibility)로서의 5R이어야 한다고 강조한다.

문학을 가르치든, 혹은 수학을 가르치든 간에 관계없이 모든 과목을 통해 통합적으로 학생들은 쓰기, 셈하기, 읽기, 존경하기, 책임지기와 같은 인지적이거나 윤리적인 덕목을 체득하도록 만드는 일이 학교교육의 과제라고 보고 있다[참고: 토머스 리코나(1998). **인격교육론**(역). 서울: 백의]. 아이들이 이 사회에서 살아가는 데 필요한 윤리 함양에 기여할 수 있는 통합적인 도덕교육의 방법 모색으로써 리코나 교수가 학교교육에게 제시하는 3가지 도덕교육 실천 목표는, 첫째, 아동들의 윤리적 성향이 자기 중심성으로부터 벗어나 협동과 상호 존중의 관계를 지향하도록 도와주는 일이다. 둘째, 그가 학교에서 익히는 모든 정보와 감정들이 효과적인 도덕적 행동으로 옮길 수 있도록 도덕적 판단, 도덕적 감정, 도덕적 행동의 능력을 갖추도록 촉진해 주어야 한다. 마지막으로 아동들의 생활터인 교실과 학교의 환경 그 자체가 공정성, 따뜻한 배려와 보살핌, 그리고 참여 중심의 도덕적 공동체가 되도록 해야 한다. 리코나 교수는 이런 윤리교육이 가능하기 위해서는 교사와 같은 성인의 권위를 학생들이 받아들이도록 복종하게 해야 한다고 주장한다. 그것을 위해 그가 말하는 윤리교육은 마치 수학이나 국어교육 현장처럼 통제와 사회화의 틀 속에서 교화되어야 한다고 본다.

성공적인 교화로 인해 5R이 형성된다는 것이 리코나 교수가 말하는 의무윤리 교육이다. 이런 교화와 사회화에 의해 만들어지는 도덕교육의 실체를 인격(charater)이라고 간주하는 라코나 교수가 끝내 윤리의 핵심으로 보는 것은 존중(respect)과 책임감(responsibility)이라는 두 가지 가치다. 이미 지적했듯이, 존경과 의무를 마치 읽기, 쓰기, 셈하기처럼 학교에서 아이들에게 교화시켜야 한다는 것이다. 설령 학생들이 학교에서 읽기, 쓰기, 셈하기를 완벽하게 익히고 사회에 나갔지만, 그렇게 제대로 읽고 쓰고 셈하는 것이 사회정의에 어긋나는 횡령이나 사기에 악용된다고 해서 그것을 포기할 수 없는 것이나 마찬가지라는 논리다. 리코나 교수는 학생들이 지녀야 할 인격은 인지적 · 정의적 · 행동적 요소로 이루어진 하나의 통합적인 개념이기에, 학교에서는 도덕적으로 옳다고 간주되는 것은 하나의 의무로써 가르쳐야만 한다는 것이다. 도덕적 문제해결을 위한 리코나 교수의 입장은 지극히 원리주의적이며 규칙적인 나머지, 의무론에 집착하는 집단주의적 윤리관과도 무관하지 않다.

19) 공리주의적 윤리론자들은 김 할머니의 연명치료 중단에 대한 결정은 죽음에 대한 가치를 결정하는 선의 문제가 아니라, 한 인간이 받는 고통으로부터의 해방에 관한 문제라고 간주할 것이다. 그녀에 대한 존엄사를 윤리적으로 허용될 수 있는 일로 받아들일 것이다. 죽음, 그 이상의 참담한 고통 속에서 의공학적인 기계 장치에 의존하면서 생명만을 어쩔 수 없이 연장하고 있는 사람들을 죽음의 고통으로부터 해방시켜 주는 일은 개인의 인격을 보호해 주는 인류애적인 결단이기 때문이다.

안락사(euthanasia)란 희랍어로 행복하게(eu)와 죽음(thanatos)에서 유래된 '존엄하고도 행복한 죽음'이라는 뜻을 내포한다. 더 이상 생명을 회복하기 어렵다고 이성적으로 판단된 사람에게 자기 존엄을 허락하는 죽음에 대한 사회적 동의다. 물론 이 경우 생명을 원상처럼 회복시킬 수 없다는, 의료적인 치료의 가능성이 거의 없다는 전문적인 판단과 극심한 육체적 고통에서 벗어나는 길이 오직 죽음밖에 없다는 자신의 의지와 확고한 신념, 그리고 가족의 이성적인 동의 아래 안락사를 원해야 한다는 단서가 필요하다. 그런 조건 아래 남은 그의 생의 존엄성을 인정해 주는 일이 오히려 더 윤리적이라는 논점은 공리주의적 윤리주의자들이 택할 법하다. 이런 견해는 사람들의 행위에서 좋은 결과만으로는 결코 충분하지 않다고 주장하는 칸트나 리코나 교수의 의무론적 윤리관과는 다른 공리주의적 윤리관에서 나온다. 인간의 윤리를 판단하는 데에 있어서 좋은 결과만으로 충분하다고 본다. 사람들이 행하는 행위의 옳고 그름에 대한 판단이나 규제하는 기준은 최대 다수에게 최대의 행복이 보장되는지 어떤지에 따라 판단되어야 한다는 것이 공리주의적 윤리론의 입장이다.

인간 행위에 대한 판단은 그런 행위를 하게 만든 동기보다는, 오로지 그 행위에 의해 나타나는 결과에 비추어 판단하고, 그 결과에 의해 윤리적인지 어떤지를 논해야 한다는 행위 결과론적인 입장이 바로 공리주의적 윤리론이다. 사람들이 본능적으로 추구하는 것이 수없이 많지만 그것들을 관통하는 것이 바로 행복이라는 감정인데, 그런 행복은 사람 스스로 고통을 피하며 반대로 쾌락은 극대화시키는 행위에서 얻어질 뿐이다. 이렇게 사람들이 쾌락은 추구하고 고통은 피함으로써 행복을 추구하는 것이 인간의 본성이기에 사회는 그런 인간의 욕구를 추구하도록 도와주어야 한다고 주장한 사람이 바로 제러미 벤담(Jeremy Bentham)이었다. 인간이란 누구든 자기에게 다가오는 고통은 피하고 그 반대로 쾌락은 더욱더 받아들이며 그렇게 받아들인 쾌락에 따라 살고 싶어하는 사회적 동물이다. 인간은 쾌락을 추구하고 고통을 피하기 위해 사는 존재이기에 쾌락과 고통이 바로 인간 행위를 판단하는 선악 판단, 윤리적 판단 기준이 되어야 한다는 것이 벤담과 같은 공리주의적 윤리관의 핵심 사상이다. 자기 스스로 행복한지 어떤지를 판단하는 주체는 바로 사회라는 공동체에 속해 있는 각각의 개인이다. 사회가 행복한지 어떤지를 따지는 것은 끝내 개인 스스로 자기의 행복을 따지는 것이나 마찬가지다. 사회의 행복은 궁극적으로 개인 각자의 행복을 합친 총합이기 때문이다.

사회 구성원 각자가 불행하다고 느끼고 있는데, 사회만이 행복하다는 것은 말도 되지 않는 논리라고 간주한다. 사회의 기본 원리는 결국 '최대 다수의 최대 행복'이다라고 주장한 벤담은 법이나 정치, 종교, 도덕, 행정과 같은 것들의 존재 여부와 정당성은 최대 다수의 최대 행복에 기여 여부와 수준에 달려 있다고 본다. 국가 구성은 사회 구성원들 간의 계약으로 가능한 것이 아니라, 사회 구성원인 인간의 필요성, 바로 그 필요성의 총합으로 가능하기 때문이다. 최대 다수의 최대 행복이 어느 정도인지는 그것에 대한 개인의 판단에 의해 가능하기에, 벤담은 최대 다수의 최대 행복은 산술적 양화가 가능하다고 판단할 수 있었던 것이다[참고: 제러미 벤담(2003). **도덕 및 입법의 제원리 서설**(역). 서울: 도그마]. 인간에게 쾌락은 오직 한 종류이기에 쾌락 간에는 질적 차이가 없으며, 오로지 양적인 차이만 있다는 전제에서 가능했다.

예를 들어, 한 개인이 송곳으로 자기의 살을 찔러가며 얻어낸 쾌감이 그가 마약을 먹어 얻어 내는 쾌감과 같다면 두 개의 쾌감은 모두 양적으로 동일하다는 것이다. 두 개의 쾌감은 모두 행복의 절정에 이르게 만들어 준다는 것이다. 결국, 수도승의 자기 신체적 학대와 훈련에서 얻는 쾌감과 마약 중독자의 약물 중독에 의한 쾌감이 양적으로 같으면 그들이 느끼는 행복의 양도 같다고 보는 것이다. 두 개의 쾌락이 주는 쾌락의 강도, 쾌락의 지속성, 쾌락의 확실성, 그리고 쾌락의 근접성과 생산성·순수성, 그리고 연장성이 엇비슷하다면, 그 쾌락은 수량적으로 같은 것이며, 수량적으로 같다는 그것은 쾌감과 행복을 수량적으로 계산할 수 있거나 지표화시킬 수 있게 된다는 근거를 얻게 된다. 아무리 쾌감의 양이 같고, 그 쾌감이 인간에게 주는 행복의 감정이 같다고 하더라도, 인간이 느끼는 쾌감 간에는 질적인 차이가 있다.

저급스런 쾌감과 고급스런 쾌감이 있을 수 있고, 그것 간의 차이를 구별할 수가 있다. 예를 들어, 고전을 읽음으로써 쾌감을 얻는 것과 마약을 먹으면서 얻는 쾌감 간에는 쾌감의 양이 동일하여 별 차이가 없다고 하더라도, 그 두 쾌감 간에는 질적인 차이가 있을 수 있다고 주장하는 존 스튜어트 밀(J. S. Mills)은 인간은 동물적인 본성 이상의 능력을 가지고 있으므로 질적으로 높고 고상한 쾌락을 추구하기에 그럴 수밖에 없다고 보았다[참고: 존 스튜어트 밀(2007). **공리주의**(역). 서울: 책세상]. 인간은 만족한 돼지가 되는 것보다는 불만족한 인간임이 좋고, 만족한 바보보다는 불만족한 소크라테스(Socrates)가 더 좋기 때문이다. 인간이 고급스런 쾌감과 저급스런 쾌감 간의 차이를 구별해 낼 수 있는 것은 인간의 본성이기 때문이기도 하지만, 그것은 훈련과 학습된 결과이기도 하다.

밀은 배운 사람일수록, 약자를 착취함으로써 얻는 쾌감보다는 약자를 도와줌으로써 얻는 쾌감을 선호하는 것처럼, 고급스런 쾌감을 저급스런 쾌감으로부터 갈라낼 수 있다고 보았다. 최대 다수의 최대 행복에 대한 요구는 구체적인 행위와 그것을 통해 얻어지는 결과만으로 판단해야 한다는 것이 공리주의 윤리다. 사람들에게 윤리적인 도덕감을 촉진시키는 행위가 바로 도덕적 행위인데, 그것은 최대 다수에게 최대 행복의 가치를 제시하고 있기 때문이다. 많은 사람이 행복을 누릴 수 있게 하지 못하는 윤리적 지침이나 행위는 끝내 도덕적 행위일 수 없다는 공리주의적 윤리론은 처음부터 끝까지 도덕성의 판단에 있어 행위의 결과를 중시한다. 유용성의 여부를 행위에 대한 도덕적 판단 기준으로 삼기 때문에 개인의 최대 다수에게 최대의 행복을 보장하는 한 개인의 자유는 유보될 수 있다는 것이 공리주의 윤리관의 핵심 사상이다. 최대 다수의 최대 행복이라는 관점은 인간에게만 적용되는 것이 아니라는 관점을 내세우는 극단적인 공리주의 윤리관도 있다.

극단적인 공리주의 윤리관을 내세우는 사람이 피터 싱어(Singer) 교수다. 최대 다수의 최대 행복이라는 윤리적 관점 역시 종교적 틀을 벗어나지 못한다는 생각 아래 종교, 특히 기독교 같은 종교는 공평성(impartiality)을 결여하고 있기에 윤리적인 문제해결에 크게 도움이 되지 못한다고 주장하는 싱어 교수는 공리주의적 윤리를 동물 해방론에까지 응용한다. 싱어 교수는 성차별, 인종차별을 악이라고 받아들이고 있는 이상 인간을 동물과 구별하는 종차별주의도 악이 아니라고 우기는 것이 더 야만적이라고 고발하며 동물 해방론을 내세운다. 실제로 유아는 발달 단계상 저등 의식을 갖고 있는데, 인간은 그들이 인간이라는 종의 편견 아래 유아보다 더 월등한 의식을 갖고 있는 동물들을 인간 마음대로 죽이고 실험을 하면서 인간의 노리개로 삼고 있다고 비판한다.

이런 고등 의식을 지닌 동물들을 마음대로 실험하며 죽이면서도 인간 스스로 감내하기 어려운 고통 속에서 신음하는 사람이나 생명이 없는 사람들의 안락사 문제에는 인도주의라는 잣대를 들이대며 인간의 존엄성을 운운하는 것은 한마디로 말해 위선 중에서도 위선이라고 비판한다. 실제로 네덜란드와 벨기에에서는 안락사가 시행되고 있는데 실제로 사람들이 문제삼는 것처럼 그렇게 큰 사회적 부작용이 없는 실정이다. 사람들이 종교적 이유를 들어 안락사에 부정적인 입장을 표시하는 것은 인도주의에 관한 편향된 생각 때문에 그렇다는 것이다. 인도주의에 대한 편향은 기독교적 신념에 기초한 것 같은데, 실제로 예수가 말했던 '이웃'도 기껏해야 인간이라는 종의 범위 안에 갇힌 생각일 뿐이라는 것이다.

이웃에 대한 사랑을 강조하는 유대인적 윤리적 관습이 보기에는 절대적인 것 같은 윤리적 직관에 기초한 것 같아도 실제로 그런 윤리관들은 편견 투성이일 수밖에 없다고 보는 싱어 교수는 윤리적 직관은 모든 지각 존재, 의식 있는 모든 존재의 고통을 경감시키는 이해와 관심에 관한 동등한 배려가 보다 더 중요하다고 본다. 윤리적 직관 자체가 변화해야 공리주의적 윤리가 완성될 기미가 있다는 싱어 교수는 인간의 문제를 신과 같은 절대자에게 맡길 것이 아니라 인간 스스로 가치를 선택해야 한다고 주장한다. 그것을 위해서, 첫째, 이 세계의 불필요한 고통을 줄이는 방향으로 행동해야 한다. 둘째, 이 세계는 이미 이 세계의 사람들이 충분히 먹고 살 수 있는 부를 축적해 놓았으나 분배는 잘못되고 있다. 분배의 공정을 위해 가난한 사람들, 못사는 나라의 음식·의료·교육을 위해 힘써야 한다. 셋째, 환경을 파괴시키지 않는 방향에서 우리의 문명 생활을 영위해야 한다. 환경 파괴 가스와 연료의 사용을 억제해야 한다고 주장한 바 있다[참고: 중앙일보 편집국(2010). '실천윤리학'의 거장 피터 싱어 교수를 만나다. 중앙일보. 2010년 9월 14일자].

인간의 행복은 인간이 느끼게 되는 쾌락의 정도나 수준, 그 기준에 따라 결정된다는 식으로 인간의 쾌, 불쾌의 수준에 국한하는 공리주의를 넘어서는 생각을 하는 싱어 교수는 지각을 갖는 모든 존재, 혹은 의식 있는 모든 존재의 선호를 만족시키는 공리주의를 주장한다. 말하자면 인간만이 아니라 그동안 윤리의 잣대에서 비켜 서 있던 동물에 이르기까지 그들의 선호와 만족을 최대화시키거나, 저들의 선호를 저해하거나 방해하는 불만을 최소화시키는 공리주의, 말하자면 모든 존재를 위한 공리주의를 내세운다.

싱어교수는 도덕의 기준을 결과에 두는 전형적인 공리주의자다. 그는 '최대 다수의 최대 행복'보다는 모든 사람의 이익을 동등하게 고려하여 행동하여야 한다고 주장한다. 평등 고려의 원리가 공리주의의 기준이라는 것이다. 평등 고려란, 사람들이 윤리적인 사고를 하는 데 있어서 우리가 행하는 것들에 의해 어떤 식으로든 영향을 받을 가능성이 있는 모든 사람들의 이익에 대하여 서로 같은 비중을 두고 행동하거나 사고해야 한다는 논리다. 문제는 어느 쾌락이 최대 다수의 최대 행복을 위한 덕목이거나 윤리인지를 제대로 갈라내는 일이다. 최대 다수의 최대 행복을 보장해 주는 쾌락의 덕목을 적절히 선택하는 것이 공리주의적 윤리를 현장에 실천하는 일이 무엇보다도 중요한 일이 된다.

우리가 민주주의 사회에 살고 있다는 것은 개인의 선택 기회가 최대한 보장됨을 의미한다. 선택 기회의 보장 역시 공리주의적 윤리관에서는 절대적인 덕목으로써, 선택의 행위는 개인의 가치를 반영하며 동시에 가치의 결정을 도와준다. 공리주의적 윤리관에서는 사람들이 자기가 선택해야 할 가치를 명료화시키는 일이 중요하다. 자신의 불분명한 가치를 스스로 명료화하고 그에 따라 살아가도록 돕는 가치 명료화(values clarification)는 각 개인의 가치 선택을 도와주는 일이지만, 그것의 성취라는 것이 그리 쉬운 일이 아니다. 가치 명료화는 정치, 종교, 우정, 사랑, 성(性), 인종, 돈과 같은 '가치 풍부(value-rich)'의 영역 안에서 가치를 찾아내려 시도하며 결정을 내리는 일이 여러 영향을 미치는 요인들에 종속됨을 지적해 준다.

모든 것이 빠르게 변화하는 현대 사회에서 사람들은 고정된 가치들이 무엇인지를 아는 것이 아니라 그것에 대한 가치화가 필요하다. 사실에 가치를 부여할 수 있는 능력이 필요하다. 정직해야 한다라는 가치를 있는 그대로 놔두는 것이 아니라, 그것을 당연히 있어야 할 상태로 바꾸는 능력이 필요하다. 가치는 그냥 전수되거나, 가르쳐져야 하는 것이 아니라 사람들 제 스스로 진지하게 생각함으로써 구체적인 상황으로 학습되고, 의식화되어야 쓰임새가 있기 때문이다. 예를 들어, 대피소에 대피해야 할 사람을 선택하는 극단적인 윤리 상황에서 요구되는 것은 모든 학생들이 동일한 것을 선택하도록 하는 데 있는 것이 아니다. 그것보다는 요구되는 문제에 대하여 깊은 생각과 사고를 통해 자기 자신이 택하는 가치가 무엇이며 왜 그렇게 선택해야 하는 것인지, 무엇을 해야 하는지를 분명하게 인지하게 하는 것이 중요하다. 특정 해법이나 정답을 만들어 내는 일은 그다지 중요하지 않을 수도 있다. 학생일 경우, 그들은 성인과는 달리 성장 단계에 있는 사람으로서 발달 단계에 따라 자신의 생각과 선택에 변화가 불가피하기 때문에 더욱더 그렇다. 그들에게 필요한 것은 '가치'에 대해 특별한 의미 규정이 아니라, 우리의 행동이나 삶의 방향을 안내하는 것들이어야 한다.

그런 가치들은 살아가면서, 사회생활의 반경이 넓어지면서 더욱더 자기의 경험을 통해 학습되고, 다시 학습되어 가기 때문에 고정화된 가치를 상정하여 가르치는 것이 옳은 것은 아니다. 결국, 정직한 것은 옳은 것이다와 같은 정직에 대한 특정 가치를 강조하여 가르치기보다는 정직함이 어떤 경우에 어떻게 쓰임새를 갖는지 그 정직의 가치를 획득하는 과정, 다시 말해서 학생이라는 어린 나이에 그가 개인적으로 정직을 가치화하는 과정을 중시해야 한다는 것이다. 정직이라는 가치에 대한 가치화 과정에서 얻어지는 능력과 태도를 바르게 갖게 함으로써 학생들에게 오히려 가치 혼란을 감소시키고 정직에 대한 일관된 가치 체제를 형성하도록 도와 줄 수 있다는 것이다. 래스(Louis Raths) 교수는 가치 명료화 수업

모형이 학생들에게 자기의 가치에 대한 명료한 인식, 이성적이고도 합리적인 의사 결정, 그것에 대한 정서적 애착과 존중, 그리고 이를 바탕으로 자기주도적인 삶을 영위해 나갈 수 있는 개인의 능력을 길러 준다고 강조한다[참고: 래쓰, L. E. (1994). **가치를 어떻게 가르칠 것인가**(역). 서울: 철학과 현실사]. 가치화 과정에서 중요 요소가 되는 '선택' '존중(자랑)' '행위(행동)' 등은 학생들에게 가치의 혼돈에 빠지는 것을 줄여 주고 가치화 과정을 통하여 지속적인 가치를 갖게 도와준다. 공리주의적 윤리관은 상황윤리적이기도 하다. 상황윤리는 선이라든가 덕성이라든가 하는 것이 사물이나 사건 안에 내재한다고 생각하지 않는다. 모든 것은 이성적으로, 조건에 따라 판가름되어야 하는데, 그 이성적 조건이 바로 사랑이다. 이때 말하는 사랑(love)은 좋아한다는 식의 느낌과 같은 감정적 편린을 말하는 것이 아니라 삶에 대한 태도의 문제이며 삶에 대한 의지를 말한다. 사랑이 필요할 경우에는 절대적이라고 여겨왔던 도덕 법칙도 수정될 수 있다는 상황윤리주의자들은 사랑 중심의 공리주의자들이기도 하다. 상황윤리주의자들은 공리주의자들에게는 절대적인 공리, 말하자면 최대 다수의 최대 행복을 최대 다수의 최대 사랑, 즉 '사랑 중심의 공리주의(agape-utilitarianism)'로 바꾸어 인간의 행위를 판단한다고 볼 수 있다.

인류, 인간에 대한 무조건적인 사랑으로서의 아가페적인 사랑의 절대성을 강조하는 상황윤리주의자들에게는 바울의 아가페적인 사랑 이야기, 즉 "피차 사랑의 빚 이외에는 아무에게든지 아무 빚도 지지 말라. 남을 사랑하는 자는 율법을 다 이루었느니라[참고: **로마서 13:8**]."가 상황윤리의 완결편으로 받아들여진다. 상황윤리자들에게 있어서 윤리의 기준은 아가페적인 사랑이다[참고: 조셉 플레처(1996). **상황윤리**(역). 서울: 종로서적]. 본질적으로 선한 것은 사랑뿐이기에 사랑 이외의 다른 모든 도덕적 덕성이나 규범들은 비본질적인 것이다. 사랑만이 인간 행위를 판단할 수 있는 유일한 규범이기 때문에 사랑과 법이 서로 갈등 상황에 있거나 모순 상황에 있게 될 때에는 법이라는 명목론을 버리고 사랑이라는 실재를 따라야 한다.

사랑과 정의는 같은 것이기에 사랑과 정의를 서로 떼어 놓거나 구별하는 것은 모순일 뿐이다. 정의에서 사랑을 분리하면 사랑은 아무런 의미나 쓰임새도 없는 그런 하나의 감정으로 추락하게 되고 그 결과 정의는 인간의 행복과는 무관하게 야비하게 되거나 비인간화되어 버린다. 그런 인류애적인 사랑은 수단을 정당화한다. 목적과 수단은 서로가 관여적이기에 사랑이라는 목적이 확정되면 그 목적의 실현을 위한 수단은 목적 실현을 위한 하나의 방편이기에, 그 방편은 어떤 것이라도 상관없다고 본다. 상황윤리자들은 이 지점에서 루터가 말한 인류애적인 사랑의 표현이며 신에 대한 사랑을 위해서라면 "죄인이 되고 또 큰 죄를 지어라(Esto pecaator of pecca fortiter)."라는 명령어를 방편과 실행의 근거로 받아들인다. 사랑의 결단은 결코 의례적이거나 관례적인 것이 아니라, 상호 배려적이기 때문이다.

20) 플라톤에서 몽테뉴에 이르기까지 모든 철학이 죽음과의 올바른 관계를 세우기 위해서는 죽음의 명상을 꾸준하게 실천하는 데 있다는 식으로 가르치고 있다. 죽음을 '길들이기' 위해 사람들이 제시한 모든 전략들, 심지어는 연명치료라는 의술적 처치를 포함한 모든 조치들은 끝내 죽음을 피하기 위한 수단들에 지나지 않는다. 죽음 앞에는 어떠한 자만도 불가능할 뿐이다[참고: 프랑수아즈 다스튀르(2003). **죽음:**

유한성에 대하여(역). 서울: 동문선]. 연명치료의 명암을 보여 준 김 할머니 사례는 결코 사고 실험이나 전제에 대한 검토 문제가 아님을 증거할 뿐이다. 타인의 문제가 아니라 바로 내게도 해당되는 나의 문제로 치부해야 할 사안일 뿐이다. 김 할머니 스스로 자기에게 회한이 없을 정도로 자기 삶에 만족한 삶을 살았다면 그녀의 몫이었던 삶은 의미 있는 삶이다. 그녀의 마지막 삶에 대해 누구든 왈가불가할 논리가 있을 수 없다. 법률적으로나 종교적으로 입장이 다른 사람들이 왈가불가하는 그 자체가 비윤리적이며 동시에 탈윤리적이다. 김 할머니가 살아야 하는 이유를 타인들이 결정하는 것이기 때문이다. 김 할머니의 인격적인 삶을 타의적으로 마름질하는 것일 뿐이다. 김 할머니가 그녀 스스로 인간으로서 만족할 만한 나름대로의 삶을 살았다면 족하다. 자기의 마지막 삶에 대한 그 어떤 유언이나 그에 준하는 언급이 있었다면 그녀의 마지막 유언은 끝까지 존중되어야 한다. 자기의 삶에 대한 그녀의 마지막 의지가 죽음이라면 그것으로 족하다. 죽음은 어떤 인간에게든 딱 한 번 있는 위대한, 그리고 절대적인 일이기 때문이다. 그녀의 마지막 유언을 위해 그것이 안락사가 될 수도 있다. 혹은 존엄사, 혹은 연명치료 중단 또는 자연사 어떤 것이든 성실하게 지켜질 수 있다.

죽음은 사람다움을 지워 내는 기상천외의 사건이다. 사람답게 사람으로서 이 세상을 떠나가는 일일 수도 있고, 그렇지 않을 수도 있기 때문이다. 사람다움이 상실되면 더 이상 사람으로서의 존엄스런 가치는 찾아볼 수 없다. 죽음의 시작은 의술적인 입장에서는 생명 연장에 대한 치료의 중단으로 시작된다. 자연사마저도 마찬가지다. 살리기를 중단했기에 일어나는 (난) 상태가 자연사, 그 이상은 아니기 때문이다. 의술이 죽음에 개입하면 어떤 경우도 죽음에 대한 고의성을 피하기 어렵다. 죽음에서 죽음을 벗어나 영원한 새생명으로·되살려 내는 치료나 의술은 있을 수 없다. 의술이 죽음에 개입하는 한 그 어떤 의료적 처치도 죽음에 개입한 것일 뿐이다[참고: 서원, B. 뉴랜드(2003). 사람은 어떻게 죽음을 맞이하는가(역). 서울: 세종서적].

21) 신약성경 누가복음에는 [참고: 누가복음 20:27-40], 부활이 없다고 주장하는 사두개인 중 어떤 이들이 나와 예수에게 하나의 사고 실험을 제시하며 두 가지 점을 논쟁한다. 그 첫째는 부활의 문제이고 다른 하나는 윤리 문제다. 부활의 문제를 논쟁하는 척하면서 저들은 실제로 예수가 어떤 윤리관을 지녔는지를 내심 떠보는 것이다.

예수는 그들에게 잘라 말한다. 너희에게는 살아 있는 사람, 살아가는 사람들의 삶에 대해 보다 더 진지해야 한다고 둘러 말한다. "선생님이여 모세가 우리에게 써 주기를 만일 어떤 사람의 형이 아내를 두고 자식이 없이 죽으면 동생이 그 아내를 취하여 형을 위하여 상속자를 세울지니라 하였나이다. 그런데 칠 형제가 있었는데 맏이가 아내를 취하였다가 자식이 없이 죽고 그 둘째와 셋째가 그를 취하고 일곱이 다 그와 같이 자식이 없이 죽고 그 후에 여자도 죽었나이다. 일곱이 다 그를 아내로 취하였으니 부활 때에 그중에 누구의 아내가 되리이까." 예수께서 이르시되 "이 세상의 자녀들은 장가도 가고 시집도 가되 저 세상 및 죽은 자 가운데서 부활함을 얻기에 합당히 여김을 받은 자들은 장가 가고 시집 가는 일이 없으며 그들은 다시 죽을 수도 없나니 이는 천사와 동등이요 부활의 자녀로서 하느님의 자녀임이라. 죽은 자가 살아난다는 것은 모세도 가시나무 떨기에 관한 글에서 주를 아브라함의 하느님이요 이삭의 하느

님이요 야곱의 하느님이시라 칭하였나니 하느님은 죽은 자의 하느님이 아니요 살아 있는 자의 하느님
이시라 하느님에게는 모든 사람이 살았느니라." 하시니 서기관 중 어떤 이들이 말하되 "선생님 잘 말씀
하셨나이다 하니 그들은 아무것도 감히 더 물을 수 없음이더라."

22) 무신론자일수록 죽음의 공포로부터 종교가 비롯되었다는 죽음과 종교 간의 협착성, 즉 죽음에 대한 종
교의 대가로서 치루는 보상설을 주장하지만, 이런 견해는 허위이며 확인되지 않는 죽음에 대한 또다른
공포일 뿐이다. 세계 어떤 종교적 교의를 훑어 봐도 종교가 죽음을 담보하지는 않는다는 것이다. 죽음
은 어느 종교에서든 인간에게 친숙한 생활 조건이자 근본적인 조건임을 인정한다는 것이다. 죽음은 인
간적인 조건으로써 자연스럽게 받아들여지는 행위일 뿐이라는 것이다[참고: 존 바우커(2005). **세계 종
교로 보는 죽음의 의미**(역). 서울: 청년사].

유일신의 유대교 문화와 정치적 상황 때문에 미국과 같은 나라의 권력자들에 의해 테러의 화신처럼 비
방되고 있는 이슬람 문화 역시 저들의 비방과는 달리 죽음에 대해 그렇게 호들갑을 떨지 않는다. 예언
자 무하마드의 언행록인『하디스』는 이렇게 말한다. "죽음을 항상 기억하라. 이는 너의 죄를 면하게 할
뿐만 아니라 이 생에서의 참다운 삶을 인식하는 데 도움을 줄 것이다. 풍요로울 때 죽음을 생각함으로
써 부질없는 탐욕으로부터 자신을 제어할 수 있고, 가난한 상태에서의 죽음의 기억은 고통스런 삶으로
부터 위안을 얻을 수 있을 것이다."[참고: 이희수(2009). 죽음. 고차원적인 삶의 양태. 한국종교학회
(편). **죽음이란 무엇인가**. 서울: 창] 이슬람 문화권의 사람들은 죽음을 현세적 행실의 종결이며 보다 고
차원적인 삶을 향하는 새로운 단계로 파악한다. 그러니까 영혼의 정화를 위한 과정이 죽음이기에 죽음
에 대해 두려워하거나 기피해야 할 것이 아니라는 생각이다.

23) 우리네 지역 문화에서 호상 놀이를 찾아 볼 수 있다. 부여 용정리 마을의 호상 놀이가 그것이다. 용정리
마을은 오래전부터 유복하고 천수를 다한 어르신이 돌아가시면 동네 사람들이 모여 호상을 결정하고
이에 따른 장례 절차를 밟는다. 출상 전날의 상여 흐르기와 출상일의 행차를 짜임새 있게 민속놀이로
엮은 것이 '부여 용정리 호상 놀이'다. 부여 용정리 호상 놀이에는 상여를 메고 갈 때 부르는 독특한 상
여소리가 전승되고 있으며 상여 소리를 중심으로 놀이적 요소가 가미된 일종의 전통 놀이다. 용정리에
는 예전부터 두레 형식의 상두계가 있어 동네에 상이 나면 상여소리를 비롯한 모든 장례 일을 도맡아
처리해 왔다. 용정리의 상여소리와 상두계는 인근에 소문이 나서 다른 마을의 장례에도 초빙되어 가곤
하였다. 용정리의 독특한 짝(수)소리가 잘 전승되어 온 까닭은 우수한 선소리꾼이 생존할 뿐더러 상두
계가 아직 건재했기 때문이다.

24) 서구 사회에서는 흔히 마을마다 세워진 교회를 볼 수 있다. 우리와 거의 유사하지만, 성격은 상당히 다
르다. 서구 사회에서 교회는 공동체에서 중요한 역할을 담당하고 있는데, 그것이 바로 관혼상제에 관한
것이었다. 교구민 중에 누가 죽으면 교회는 그것을 공동체에게 알리기 위해 조종을 울리는 것이 상례이
었다. 어느 날 갑자기 조종이 울리기 시작한다면, 그 종은 다른 어떤 사람을 위해서 울리는 소리가 틀림
없다. 끝내 언젠가 그 종은 누구든지 자기를 위해서 울리고 있는 것이나 마찬가지이기에 모두가 그 종
소리에 엄숙해질 수밖에 없었다. 사람들은 그 사실을 받아들이고 싶지 않지만, 어쩔 수 없이 받아들여

야만 하는 일이다.

모두가 죽음을 두려워해야 하며 죽음을 받아들여야 하지만, 사람들은 죽음에서 자기만은 비껴나 있기를 바라는 자기 기만을 존 던 목사는 직시하라고 이르고 있다. 그는 어느 날 교회의 종이 울린다면, 종소리를 듣는 자는 하느님과 하나가 된다고 노래했다. "때를 따라 울리는 종소리에 그 누가 귀를 기울이지 않겠는가? 이 세상에서 자신의 일부가 사라짐을 알리는 종소리에 그 누가 그의 귀를 뗄 수 있겠는가? 어떤 인간도 그 자체로 완전한 하나의 섬일 수는 없다. 모든 사람은 바다에 떠 있는 대륙의 일부다. 하나의 흙덩이가 바닷물에 씻겨 사라지면 유럽은 그만큼 작아진다. 육지 끄트머리가 사라지고 당신 친구들의 소유지들이 사라지고 당신 자신의 소유지가 사라지는 것과 같다. 그렇게 한 인간의 죽음은 나를 작게 만드는 것이니, 나는 인류 안에 속해 있기 때문이다. 그러니 그 종이 누구를 위해 울리는지 알려고 하지 마라. 그 종은 당신을 위해 울리는 것이다."[참고: 존 던(2004). 인간은 섬이 아니다: 병의 단계마다 드리는 기도(역). 서울: 나남]

인간은 외로운 섬이 아니다. 죽음을 알리는 종소리는 나 혼자만의 외로움을 알리는 소리가 아니다. 그 종은 자신을 위하여 울린다고 생각하는 사람을 위하여 울릴 뿐이다. 아침에 울리든, 아니면 저녁에 울리든 마찬가지다. 종이 울리는 순간 그 종소리를 듣는 자는 자연과 하나가 되는 것이다. 절대자가 그대를 그렇게 기다리고 있다.

25) 생 시몽은 정의가 무엇인지를 이해하기 위해 한 가지 상황을 상정한다. 프랑스가 지도급 시민 3만 명을 한순간에 잃어버리는 최악의 경우를 상정한다. 3만 명에는 왕의 가족, 귀족, 고위 관리들이 들어간다. 모두가 희생자들이다. 한순간에 관리, 귀족을 모두 잃는 것은 큰 손실이다. 국가에는 그래도 정치적인 손실이 되지 않는다. 이번에는 3,000명의 시민을 잃는 불상사가 생긴다 하자. 과학자, 예술가, 시인과 화가, 음악가, 섬유제조업자와 같은 기술자들이 이들 희생자들에 포함된다. 이들이 프랑스에서 없어진다면 큰 재앙이다. 프랑스는 당장 '생명 없는 시신'이나 마찬가지가 될 것이기 때문이다. 3만 명의 특권층은 가치 없는 식충이다. 그에 비해 3,000명의 기술자들은 국가적으로 가치로운 자원이다. 누구를 죽이고 누구를 살려야 하는지에 대한 기준을 상징적으로 드러낸 야유다. 정의는 하나의 뜻으로만 규정될 수 없다. 그것이 생 시몽이 보여 주려고 했던 심중이었다[참고: 데이비드 존스턴(2011). 정의의 역사(역). 서울: 부글북스].

26) 참고: 소피아 로젠펠드(2011). 상식의 역사(역). 서울: 부글북스.

27) 삶의 일상 속에서 발견되는 이상한(quirk) 것들을 연구하는 학문과 그런 것을 탐닉하는 사람이라는 뜻의 퀴콜로지스트(Quirkologist)인 리처드 와이즈먼(Richard Wiseman) 교수는 인간은 스스로를 객관적으로 판단하는, 정직하고 이타적인 사람이라고 생각하지만, 실제로는 그렇지 않다고 잘라 말한다. 인간의 일상생활은 놀랍게도 얇은 믿음 위에서 간신히 지탱되고 있을 뿐이다. 인간은 과학적이며 객관적인 안목으로 자기의 삶을 관리하는 것 같지만, 실제로 수많은 허울 속에서 살아가고 있을 뿐이라고 말한다. 객관이니 과학이니 하는 그런 허울 속에 갇혀 지내기보다는 오히려 사람들이 받아들이고 있는 상식의 틀 안에서 삶의 이것저것을 진지하게 돌아볼 필요가 있다. 자신을 둘러싼 것들에 대한 상식의

의시와 의심을 갖고 가짜들을 꿰뚫어 보며, 그것들의 실체를 드러내도록 만드는 앎의 힘이 필요하다[참고: 리처드 와이즈먼(2008). 괴짜 심리학(역). 서울: 웅진지식하우스].

28) 참고: 강수택(1998). 일상생활의 패러다임. 서울: 민음사.

29) 살인 범죄가 발생하면, 누구든 법에 호소한다. 살인자에게는 사형이라는 징벌이 허락되기 때문이다. 법은 사형 제도를 지킨다. 수호신이다. 사형 제도는 어느 상황, 누구든 간에 관련자에 대해 공정한 판결을 내릴 수 있다는 합법적인 근거에 의해 유지된다. 법 제도에 의해 '정의'가 실현될 수 있다고 믿기 때문에 유지된다. 법 제도가 작동하기에 범죄 억제 효과나 비용 절감의 효과가 크다는 사회학적인 논리도 뒷받침 되고 있다. 그는 사형 제도에 관한 찬반양론은 유족이나 당사자에게는 무의미한 논거일 뿐이라고 말한다. 당사자와 유족을 절망하게 하는 것은 법만이 아니기 때문이다.

학교, 교회, 도시, 경찰, 병원 등 모든 사회 제도 모두에게 폭넓은 책임이 있기 때문이다. 폭넓은 공동의 책임에서 벗어난 채, 특정인에 대한 징벌로 정의 실현을 운운하는 것은 끝내 피상적일 뿐이다. "우리 유가족들, 우리의 가장 큰 두려움은 우리의 자식이나 우리가 사랑하는 사람을 죽인 살인범이 언젠가 석방될 것이라는 점입니다. 우리는 우리가 사랑한 사람을 결코 돌려받지 못한다는 것을 압니다. 그러나 우리는 다른 사람들의 안전을 위해 살인범이 거리에 나다니지 않기를 바랍니다. 우리에게 정의란 우리에게 피해를 준 살인범이 다시 살인을 할지도 모른다는 걱정을 할 필요 없이 살아가는 것입니다."[참고: 스콧 터로(2004). 극단의 형벌(역). 서울: 교양인]

30) 1996년 노벨문학상을 수상한 바 있는 폴란드 여류시인 비슬라바 쉼보르스카(Wislawa Szymborska)는 삶이란 어떻게 일어나고 어떻게 스러지는지를 이렇게 노래했다. "두 번 일어나는 것은 하나도 없고 일어나지도 않는다. 그런 까닭으로 우리는 연습 없이 태어나서 실습 없이 죽는다. 인생의 학교에서는 꼴찌라 하더라도 여름에도 겨울에도 같은 공부는 할 수 없다. 어떤 하루도 되풀이되지 않고 서로 닮은 두 밤(夜)도 없다. 같은 두 번의 입맞춤도 없고 하나 같은 두 눈 맞춤도 없다. 어제 누군가가 내 곁에서 네 이름을 불렀을 때, 내겐 열린 창으로 던져진 장미처럼 느껴졌지만 오늘, 우리가 함께 있을 때 난 얼굴을 벽 쪽으로 돌렸네. 장미? 장미는 어떻게 보이지? 꽃인가? 혹 돌은 아닐까? 악의에 찬 시간, 너는 왜 쓸데없는 불안에 휩싸이니? 그래서 넌—흘러가야만 해 흘러간 것은—아름다우니까 미소하며, 포옹하며 일치점을 찾아보자. 비록 우리가 두 방울의 영롱한 물처럼 서로 다르더라도."[참고: 비슬라바 쉼보르스카(2007). 끝과 시작(역). 서울: 문학과 지성사]

31) 에스트라공: (다시 단념하면서) 아무리 애써도 안되는군……. 에스트라공: 자, 그만 떠나자. 블라디미르: 안 돼. 에스트라공: 왜? 블라디미르: 고도를 기다리고 있으니까. 에스트라공: 참, 그렇군. (……) 에스트라공: 자, 그럼 가 볼까? 블라디미르: 응, 가세나. (그들은 꼼짝 않는다.)

사무엘 베케트(Samuel Beckett)의 『고도를 기다리며』[참고: 사무엘 베케트(1994). 고도를 기다리며(역). 서울: 하서출판사]에서 무대의 앞장면과, 중간쯤 그리고 마지막 장면에서 주인공이 나눈 이야기만을 잇댄 대사다. 중간에 바로 에스트라공이 블라디미르에게 하는 말이 바로 "너 내 말 알아듣겠냐?"

이다. 『고도를 기다리며』라는 희곡에서는 평범한 두 늙은이, 에스트라공과 블라디미르가 잎사귀 하나 붙어 있지 않은 나무 하나가 덩그러니 서 있는 적적한 시골길, 어느 날 저녁에 등장한다. 어수룩해 보이는 보통 사람들이다.

에스트라공과 블라디미르라는 주인공들은 오기로, 그리고 만나기로 약속한 '고도(Godot)'라는 인물을 철석같이 기다린다. 아무리 기다려도 고도는 오지 않는다. 고도는 오고야 말 것이기에 저들은 기다린다. 고도가 오면 모든 것이 해결될 것이기 때문이다. 그를 기다리는 것이 저들을 지탱하는 희망이다. 그 희망 때문에 매일을 살아간다. 매일을 살기 위해 열심히 이야기를 나눈다. 내용은 중요하지 않다. 그러니 무엇을 이야기했는지 기억해야 할 이유도 없다. 이야기했다는 것이 중요할 뿐이다. 그것이 기다리는 삶이기 때문이다. 두 늙은이는 그저 어디로든 갈 곳 없는 중간에서 갈 곳 없는 곳을 찾아 나서는 중일 뿐이다(Two men in the middle of nowhere begin a journey that takes them nowhere).

고도란 말은 외로운 섬이라는 뜻이 아니다. 고도(孤島)를 말하는 것이 아니다. 어떤 이는 신(God)이라고 말한다. 어떤 이는 죽음을 말하기도 한다. 고도(Godot)는 영어에서 말하는 God과 프랑스어의 Dieu의 합성어이며, 약자라고 설명하는 평론가들도 있다. 어떤 사람은 부조리의 고발이라고 말한다. 고도를 기다리는 것을 '철학적 허무주의'라고 부른다. 좌절된 기다림이기 때문이다. 기다림의 무용성, 무의미가 바로 좌절된 기다림이다. 기다림은 기다리는 것이 이루어진다. 기다림이 원초적으로 좌절된다면 아무 뜻을 가질 수 없게 되기 때문이다. 인생을 뜻 있는 인생과 뜻 없는 인생으로 구별하고 뜻 없는 인생을 가리켜 '어리석은 잠담의 인생'이라고 해석한 실존주의자 하이데거의 말이 맞다는 것이다 [참고: 박이문(2011). 문학 속의 철학. 서울: 일조각].

베케트는 이미 그런 철학적 해석의 부당성을 단칼에 지적한 바 있다. 자기 작품에서 신을 찾지 말라고 말한다. 철학이나 사상 같은 것도 찾지 말라고 말한다. 어떤 평론가는 베케트에게 불만을 토로한다. 모든 것이 너무 명료하지 않다고 말한 바 있다. 베케트는 독하게 대답한다. "불명료함(ambiguous)이 있다고? 빌어먹을…… 나를 이해했다고 하기에는 아직도 멀었어."라고 쏘아붙인다. 해석은 그만하고, 연극이 진행되는 동안 그저 웃고, 울고 하면서 재미있게 보면 될 일이라고 말한다.

사람은 살아가면서 가슴 속에 저마다 고도를 기다리기 마련이다. 누구에게든 고도가 있다. 고도를 기다리는 것은 기다림이다. 고도가 있기에 기다림이 있는 것이 아니라 기다림이 있기에 고도가 생겨난 것이다. 삶을 가만히 들여다보면, 답은 한 가지이다. 모든 것은 기다림이기 때문이다. 기다림이 없으면 삶은 가능하지 않다. 예를 들어, 오르가슴도 기다림이며, 죽음도 기다림일 뿐이다. 죽음이 있기 때문에 기다리는 것이 아니다. 기다리고 있기 때문에 죽음이 있게 된다. 섹스가 있기 때문에 오르가슴이 있는 것이 아니라, 오르가슴이 있기 때문에 섹스가 있는 것이다. 기다린다는 것은 동사가 아니라 목적어다. 그러니까 '우리는 죽음을 기다린다'라는 말은 더 이상 유효하지 않다. 굳이 쓰려면 우리는 기다림을 죽는다고 표현해야 한다. 삶은 화법을 늘 무시하는 과정이다. 삶에서는 목적어가 동사가 되고 말기에 비로소 삶이 가능해지는 것이다. 태어나는 것이 곧 죽음이라면, 사람으로 태어남이 죽음을 기다리는 일이라면 굳이 아웅다웅하고 살아갈 이유가 없게 된다. 어차피 죽을 것인데……, 기다리면서 생각하는 것이다. 기다림이 바로 배움이기 때문이다. 배우기 때문에 기다릴 수 있기 때문이다. 기다림은 생명에 대한 존중이며 생명에 대한 경외일 뿐이다.

아일랜드 출신인 베케트는 1939년 제2차 세계대전이 일어나자 중립국 국민이라는 안전한 신분을 이용해 프랑스 친구들의 레지스탕스 운동을 도왔던 인물이다. 한때 그는 제임스 조이스(James Joyce)의 비서로도 일했고, 프랑스 파리에서 오랫동안 살았다. 그는 노벨문학상을 수상하기도 했다. 수상 당일에는 작품에 몰입해야 한다는 이유로 참석하지 않았다.

32) 참고: 박이문(2004). 윤리의 사회성과 도덕의 실존성. 철학과 현실. 62, 194-202.

33) 참고: 마이클 샌델(2012). 왜 도덕인가(역). 서울: 한국경제신문.

34) 참고: 마크 뷰캐넌(2010). 사회적 원자(역). 서울: 사이언스북스.

35) 참고: 브누와 쎙 지롱(2009). 행복한 걸인 사무엘(역). 서울: 은행나무.

36) 참고: 앨버트 엘리스(2009). 불안과의 싸움(역). 서울: 북섬.

37) '~다움'이라는 말은 단순히 공자가 말한 부부자자군군신신(父父子子君君臣臣)식의 도식적이거나 규제적인의 삶을 지칭하는 것이 아니다. 말하자면 아비는 아비답고 아들은 아들답고 군주는 군주답고 신하는 신하다운 신분이나 지위 그 자체를 말하는 것이 아니다(齊景公 問政於孔子 孔子對曰 君君臣臣 父父子子). 제나라 경공이 공자에게 정치에 대해 물었을 때, 임금은 임금다워야 하고 아버지는 아버지 다워야 하고 자식은 자식다워야 한다고 대답한 공자는 부부자자군군신신을 사회적 관계 속에서 자신의 본분에 충실한 삶을 요구하는 것으로 말한 것으로 단순하게 해석되고 있다. 그러나 덕의 윤리학에서 보면, 그가 말한 ~다움은 덕으로서 아레테를 말한 것일 수 있다. 즉, ~다움은 해당 사물이나 인물이 본래 지니고 있는, 혹은 지녀야 할 탁월성 그 자체를 말하기 때문이다.

부부자자군군신신의 덕을 말하자면, 아버지처럼, 아들처럼, 신하처럼, 임금처럼에서의 '처럼'은 단순히 임금이라는 지위, 신하라는 지위, 아들이라는 신분, 아버지라는 신분 그 자체를 말하는 것이 아니라, 임금, 신하, 아들, 어버이로서 각각 지녀야 할 탁월성과 품성 그 속성을 말하는 것이고, 그것이 드러날 때 각각은 덕이 있는 것이라고 말하게 된다. 예를 들어, 국회의원은 국민에게 표를 얻기 위해 늘 자기는 국민을 위한 머슴처럼 국민에게 봉사하겠다고 약속한다. 그렇게 말한 사람이 국회위원으로 당선되면 그는 정치가로서 국민을 위한 머슴처럼 국민에게 봉사하는 것이 바로 국회의원의 탁월성이며 덕을 갖게 되는 것이다. 국민을 위한 머슴답게 생활하지 못하면 그에게는 덕이란 이미 없는 것이다. 이점을 분명하게 보여 주는 사례가 2011년 벽두에 미국이 연방의원에게 취한 조치다.

언론 보도에 의하면 미국의 연방의원들이 해외 출장 경비로 아들의 티셔츠를 사는 등 개인 용도로 썼다가 곤욕을 치렀다. 「워싱턴 포스트」를 비롯한 미 언론은 지난 2011년 1월 3일(현지 시각) 미 의회 윤리 사무국이 출장 경비를 부당하게 사용한 6명의 연방 하원들을 고발했다고 일제히 보도했다. 미 의회 규정에 따르면, 의원은 해외 출장에 나설 때 최대 250달러(약 28만 원)의 경비를 받는다. 이 경비에는 숙박료, 하루 세 끼의 식사비, 교통비와 종업원에게 건네는 팁까지 모두 포함된다. 또 경비를 사용하지 않았을 경우에는 모두 반납해야 한다. 그런데 미 의회 윤리사무국은 연방 하원의원 6명이 이 해외 출장 경비 중 일부를 개인적인 용도로 사용하거나, 미 사용한 잔액을 반납하지 않았다고 적발했다. 「워싱턴 포스트」 웹사이트 캡처 미 의회윤리사무국(The office of congressional ethics)이 하원 윤리위원회에 보고한 내용에 따르면, 공화당의 로버트 아더홀트(Robert Aderholt) 의원은 "(출장 경비로) 아들을 위한 티셔츠와 엽서, 인형, 지갑과 가죽 제품을 샀다."고 밝혔다. 이에 대해 아더홀트 측은 "조사를 한다면 협력하겠지만, 지출 내용을 제공할 수는 없다."면서 "지출 내용을 따로 보관해야 하는지 몰랐다."고 해명했다.

같은 당의 조 윌슨(Joe Wilson) 의원도 "터키에서 산 작은 조각상 등 깃발과 장신구 등을 사는 데 출장 경비를 사용했다."고 밝혔다. 민주당의 앨시 해스팅스(Alcee Hastings) 의원 등도 사적으로 출장 경비를 사용한 것으로 드러났다. 의회윤리사무국의 조사는 철저했다. 윤리사무국은 국회의원들의 30회에 걸친 출장 내용과 들어간 경비를 샅샅이 살폈다. 이들의 출장 일정표를 보고 이들이 외국 정부로부터 음식 대접을 받았거나, 출장 경비로 식사비를 냈는지도 따져볼 정도였다. 윤리사무국은 의원들이 출장 경비로 식사비를 얼마만큼 냈는지도 조사했다. 아더홀트 의원은 "거의 낸 적이 없다."고 말한 반면, 해스팅스 의원은 "종종 내가 냈다."고 말했다.

윤리사무국은 '문제의 의원들'이 총 7,575달러(약 850만 원)어치의 출장 경비를 부당하게 사용한 것으로 나타났다며 미 하원 윤리위원회에서 이들을 조사할 것을 권고했다. 그러나 하원 윤리위원회는 윤리사무국의 권고에도 출장 경비에 대해 조사를 하지 않기로 결정했다. 윤리위원회의 한 관계자는 "해당 의원들이 심각하게 규칙을 어겼다는 것을 (윤리사무국이) 입증하지 못했다."고 밝혔다. 출장 경비로 식사 비용을 냈는지에 대해서도 "의원들이 식사 자리에 참석했는지, 다른 사람이 비용을 대신 내 주었는지에 대한 증거가 없다."고 덧붙였다. 해스팅스 의원은 "출장 경비는 관행적으로 사적인 여행과 마찬가지로 사용할 수 있는 것으로 알았을 뿐"이라며 "잘못된 행동을 한 게 아니다."고 해명했다. 이에 대해 윤리사무국은 "전체 의원의 35~40%만이 해외 출장 중 남은 돈을 반환하고 있다."며 "출장 경비 문제가 확산되고 있다."고 밝혔다.

38) 참고: 로버트 엘링턴(2003). 서양 윤리학사(역). 서울: 서광사.

39) 덕(德) 윤리학이 나름대로의 합당한 논리를 만들어 온 역사는 동양, 서양 모두 오래되었다. 덕의 윤리가 보편화되는 과정에서 고대 그리스 철학자들의 영향이 상당히 크게 나타난 것은 부정할 수 없다. 동양에서도 저들과 비길 수 있는 성현들이 한둘이 아니다. 말하자면 붓다가 말하는 자비(慈悲), 공자의 인(仁), 묵자(墨子)의 겸애(兼愛) 등과 관련된 덕윤리의 관점이나 그 영향을 한마디로 정리하기는 어렵지만, 유가(儒家), 불가(佛家), 묵가(墨家)가 말하는 덕을 개괄적으로 포용할 수 있는 윤리의 핵심 개념을 말해야 한다면, 그것은 인간과 자연, 인간과 인간 사이에 요구되는 조화와 상생의 윤리라고 부를 수 있다.

유가(儒家)에서 말하는 인(仁)을 단순히 어질다고 풀이하기보다는 사람답다라는 말로 바꾸어야 한다고 주장하는 신정근 교수는 휴머니티(humanity)가 바로 인의 개념이라고 설명한다. 사람다움이 '사람'에다 성질이나 특성이 있음을 나타내는 접미사 '~답다'의 명사형 '~다움'이 결합한 것이듯, 휴머니티(humanity)도 사람을 가리키는 휴먼(human)에다 추상적 성질을 나타내는 접미사 티(-ty)가 합쳐진 꼴로써 인간성, 인류애, 자비로써의 휴머니티는 사람으로서 요구되는 자격, 사람다움이라고 풀이된다고 정리하는 신 교수는 역사적으로 사회적 상황에 따라 인의 개념이 달라져 왔지만, 인이 지금 이 사회에 이르기까지 일관되게 드러내고 있는 의미는 한마디로 말하면 상생 정신이라는 것이다. 인간다운 사람을 위한 인권의 보장과 복지의 증대, 탐욕스런 경쟁을 지양하고 인을 통한 상생(相生) 윤리를 회복하는 것이 인의 핵심이라는 것이다. 말하자면 맹자(孟子)가 가르친 불인인지심(不忍人之心)의 마음가짐과 태도, '차마 타자에게 함부로 하지 못하는 마음의 실천'이라는 것이다[참고: 신정근(2011). 사람다움이란 무엇인가: 인의 3천년 역사에 깃든 상생의 힘. 서울: 글항아리].

공자(孔子)가 내세운 인(仁)은 편협하고 추상적이며, 언설적일 뿐 사회적으로 소용이 닿지 않는 사색이나 견해에 지나지 않는다고 몰아붙였던 사람도 있다. 묵자(墨子)가 바로 그런 대표적인 인물이다. 겸애, 즉 보편적인 이웃 사랑이 사회 불평등을 해소할 수 있다고 믿었던 묵자는, 공자가 말한 인의 개념이 잘못되었다고 강하게 비판했었다. 그것은 공자 스스로 인의 개념을 권력을 갖고 있는 자, 백성을 다스리는 자의 덕목이라고 편협하게 개인주의적으로 정리하고 있었기 때문이었다. 공자가 말하는 인으로서의 사랑은 범인애(凡仁愛)적인 사랑이 아니라, 편애적인 사랑의 개념으로 치우쳐 있었기 때문이었다. 공자가 말하는 인의 개념이 다스리는 자를 위한 덕목, 가족 간의 사랑에 초점이 맞추어질 수밖에 없었던 것은 공자가 살던 시대가 바로 탁류가 천하에 넘쳐흐르던 시대, 말하자면 춘추(魯隱公 원년인 B.C. 722~14년인 B.C. 482) 240년 동안 왕들이 신하에게 죽임을 당하는 시군(弑君)사건이 36차례나 있었고, 자식이 부모를 죽이는 시부(弑父) 사건들도 비일비재하였던 혼돈의 시대였다. 이런 도덕의 해체를 정리하는 데 도움을 줄 수 있는 개념으로 공자는 인(仁)을 내세웠지만, 공자를 비판하는 묵자는 유가(儒家)가 내세우는 그 인이야말로 끝내 사회 문제를 끊임없이 키우는 불행의 씨앗이 될 것이라고 보았다.

공자가 말하는 인으로서의 사랑은 우선 가족에서 출발하는데, 가족 제한적인 사랑은 현실적으로나 자연적으로나 사회적인 문제를 야기시키기 알맞은 원인이 된다는 것이 묵자의 생각이었다[참고: 묵적(1999). 묵자(역). 서울: 홍익출판사]. 누구든 제 가족부터 먼저 챙기고, 사랑하고 난 연후에 다른 사람, 다른 곳으로 사랑을 넓혀가야 하기에 그런 가족 사랑이라는 별애(別愛)는 이미 편애에 속하는 것이며, 이편과 저편을 가르는 기준과 축이 되기에 문제의 해결이 아니라 문제의 출발이 된다는 것이다. 내 가족, 그리고 남의 가족이라는 식으로 편을 먼저 가르려면 사랑의 차별화가 일어난다. 말하자면 별애가 생기고 별애는 편애의 출발이라는 것이다. 사회 문제는 별애 때문에 생기기에 사람에게 필요한 것은 별애가 아니라 편을 나누지 않는 사랑으로서의 겸애(兼愛), 말하자면 서로가 서로를 아끼는 평등한 사랑을 의미해야 하는 인(仁)의 정신이 유가에는 근본적으로 결여되어 있다는 것이다. 공자가 말하는 인은 다스리는 자의 덕으로만 설정되어 있다고 본 묵가(墨家)는 개 한 마리를 훔치면 불인(不仁)이라 하고 한 나라를 훔치는 데 성공하면 그것을 의(義)라고 하는데, 그것이 말이 되는 소리냐고 유가(儒家)를 단숨에 비웃듯이 되묻고 있는 것이다.

겸애는 자기 아닌 타인을 위해 손을 내미는 일반적인 의미에서 모든 이를 위한 박애(博愛)이어야 하고, 그들을 실제로 받아들이는 실행과 실천이 박애이며 겸애라는 것이다. 사람을 인(人)과 민(民)으로 가르고, 나와 남을 나누는 것이 아니라 남도 내 몸처럼, 남의 가족도 내 가족같이, 남의 나라도 내 나라같이 모두를 사랑하는 것이 겸애의 핵심인데, 겸애와 박애는 말로는 하기 쉬워도 실천하기에는 어렵기 그지 없는 좁은 문이나 마찬가지라는 것이다. 말로는 하기 쉬워도 지켜지지 않아도 되는 식의 일반론인 별애가 아닌 겸애는 사람이 지키기 어려운 좁은 문과 같아 그 누구도 그것을 실천하려면 결단과 실천이 요구된다는 것이다. "좁은 문으로 들어가라 멸망으로 인도하는 문은 크고 그 길이 넓어 그리로 들어가는 자가 많고 생명으로 인도하는 문은 좁고 길이 협착하여 찾는 자가 적음이라(마가복음: 7:13-14)."라고 예수가 말한 것처럼 내 자식과 내 가족부터 먼저 사랑한 연후에 그다음 타인을 고려할 수도 있는 별애로서의 사랑이 인이라면, 그 인은 타인에 대한 사랑이니 인이니 하는 것은 실천이 결여된 말로만 하는 위선이라는 것이다. 실제로 공자는 인이 무엇이냐고 묻는 제자 자공에게 인이란 자신이 지위와 자리를 바란다면 남이 먼저 지위와 자리를 얻도록 돕는 일과 같은 것으로 자신의 감정을 자신이 무엇을 해야 하는지의 안내자로 삼는 일이라고 가르치고 있지만, 그것은 묵자가 말하는 실천적인 의미에서의 겸애를 말했다기 보다는 원론적인 사색이나 견해 정도를 표명한 것에 지나지 않을 뿐이다.

묵자는 그렇게 정리되는 유가적인 인은 별애의 하나일 수밖에 없으며, 그런 별애는 결코 진정한 의미에서의 박애와 자비에 기초한 배려일 수도 없고, 공감일 수도 없다고 본다. 묵자는 인이란 인간관계에서 사람으로서 사람처럼 다른 사람을 위해 지금 공간에서 이 순간 행위해야만 하는 절대적이며 모든 이를 위한 평등한 사랑이어야 한다고 주장한다. 평등한 사랑, 모든 이를 아우르는 겸애가 가능하기 위해서는 실천성과 행동하는 사랑이 우선해야 한다고 주장한 묵자는 마치 "너희 중에 누가 염려함으로써 그 키 한 자를 더할 수 있느냐?"는 예수의 말(마가복음 6:28)처럼 견해보다는 행위와 실천이 우선해야 한다고 주장했다.

동양권에서는 인간과 우주의 본성을 깨닫는 일을 역설한다. 자기 다스림으로써의 수양론을 으뜸으로 친다. 유가에서는 그것을 수기치인(修己治人)이라고 부르고 도가에서는 무위자연(無爲自然), 불가에서는 탐진치(貪瞋痴)의 극복, 묵가에서는 겸애절용(兼愛節用)이라고 본다. 인간의 본성을 대체로 선하다고 보는 동양의 윤리관은 생명을 존중하고 사람과 사람 간의 친화를 촉진하는 요소가 어짐이나 자비, 혹은 박애라고 보았다. 어짐은 다른 사람을 사랑하는 마음을 말하는 것으로서, 일상적 생활을 위한 윤리의 척도로 간주하였다.

동양권의 덕 중에서도 동양권에서 보여 주는 효(孝)의 윤리는 서양에서는 그리 쉽게 따라오지 못하는 상식 중에서도 최고의 윤리이며, 그것이 상식이고 그것이 삶이다. 그저 쉽게 이야기해서, 효란 자식이 부모를 아끼는 마음과 영혼을 말하는 것으로 이해하면 된다. 지금의 내가 젖먹이 시절, 내 몸이 괴로워 뒤척거릴 때, 한숨 잠도 이루지 못하는 어머니 심정, 똥 기저귀를 더듬어 가며 어디 불편한 구석은 없는지, 내 몸 아플세라 감싸 주고 보듬어 주던 어버이의 그것을 되돌리며 되갚는 심정을 그대로 읽어 내기만 해도 효의 의미를 되살리기에 충분하다. 역사학자 김기협은 『아흔 개의 봄』이라는 저서에서[참고: 김기협(2011). 아흔 개의 봄. 서울: 서해문집] 어머니라는 존재는 영원히 화해해야 할 그리고 언제나 내가 찾아가고 싶은 곳에 머물러 있는 존재로 그린다. 이렇게 어버이의 은혜를 기억하게 만드는 말들이 많지만, 그중에서도 우리 옛 선조들은 '회귤'이라는 단어와 '춘초춘휘'라는 말로 어버이의 은혜를 그려 내고 있다[참고: 이병태(2003). **동산선생주의**(역). 서울: 국학자료원]. 회귤(懷橘)은 품 속의 귤이란 뜻인데, 지극한 효성을 비유하는 말이다. 대학자인 육적이 여섯 살의 어린 나이에 원술을 찾아뵙고져 했다. 원술은 자기를 찾아온 어린 손님을 맞이하여 귤 한 쟁반을 내어와 먹으라고 권유했다. 육적은 그 귤을 먹는 둥 마는 둥 하면서 원술이 잠깐 한눈을 파는 동안 눈치채지 못하게 귤 세 개를 슬며시 품속에 감췄다. 시간이 지나 육적이 원술에게 작별인사를 하려고 일어서다가 어린 품속에 감춘 귤 세 개를 떨어뜨렸다. 이것을 기이하게 여긴 원술이 육적에게 연유를 묻자, 육적은 겸연쩍은 표정으로 "어머님이 귤을 너무 좋아하시기에 갖다드리려고 그랬으니 부디 용서하십시오" 하고 말하였다. 어머님 은혜에 대한 육적의 마음을 읽은 원술은 육적의 머리를 쓰다듬으며 귤 한 상자를 선물로 보내 주었다. 후에 육적은 이십사효(二十四孝)로 추앙받았다. 중국 당나라 시인 맹교(盟郊)는 「풀 한 포기와 봄날의 햇볕」이란 노래로써 자식은 어버이의 은혜를 보답하기 어려움을 비유했다. 맹교는 어려서부터 총명하기로 소문났지만 과거시험에는 번번이 낙방했다. 46세가 되어 과거에 급제한 그는 50세에 이르자 겨우 9품의 작은 벼슬을 받았다. 그렇게 고생, 고생했던 그가 어머님이 그에게 했던 것을 회상하며 노래한 것이 바로 「춘초춘휘」였다. "자애로운 어머니 손 안의 실은 길 떠날 아들에게 입힐 옷이라네 이제 떠날 시간인데 아직도 촘촘히 바느질 행여나 더디 돌아올까 염려한 탓이라 한마디 풀 같은 이 마음으로 봄날의 햇살 같은 그 사랑 어찌 보답하랴." 서양에서도 어머니의 은혜를 기리는 노래들이 있다. 그중 하나가 어린 지미 오스몬드가 불러 감탄을 자아냈던 노래인 〈나의 어머니(Mother of mine)〉다. "나의 어머니! 나를 즐겁게 하려고 당신의 모든 삶을 주셨습니다. 나의 모든 것은 당신에게 진 빚입니다. 어머니, 사랑스런 나의 어머니! 나의 어머니! 내가 어렸을 때 내가 바르게 살아갈 길을 보여 주셨습니다. 당신의 사랑이 아니면 내가 지금 어디에 있겠습니까? 어머니 사랑스런 나의 어머니! 어머니, 당신은 내게 말로 표현할 수 없는 큰 행복을 주셨습니다. 주님이 당신의 낮과 밤을 축복해 주시기를 기도드립니다. 나의 어머니! 이제 난 어른이 되었고 혼자서 바로 걸을 수 있게 되었습니다. 이젠 당신이 내게 준 것을 당신에게 돌려 드리고 싶습니다. 어머니, 사랑스런 나의 어머니!" 우리의 정서를 더 뒤흔드는 가요들도 있다. 그중 하나가 윤춘병 선생이 작사하고 박재훈 선생이 작곡한 〈어머님 은혜〉라는 노래다. 노래를 음미하면, 어버이가 어떤 사람인지를 이내 알고도 남는다. "높고 높은 하늘이라 말들 하지만 나는 나는 높은 게 또 하나 있지 낳으시고 기르시는 어머님 은혜 푸른 하늘 그보다도 높은 것 같애. 넓고 넓은 바다라고 말들 하지만 나는 나는 넓은 게 또 하나 있지 사람되라 이르시는 어머님 은혜 푸른 바다 그보다도 넓은 것 같애." 이 노래가 마음에 깊이 들어오지 않는다면, 양주동 교수가 작사하고, 이흥렬 선생이 작곡한 〈어머니 마음〉은 사람이라면 어버이에게 어찌해야 할 지를 단박에 알려 주기에 충분하다. "나실 제 괴로움 다 잊으시고 기를 제 밤낮으로 애쓰는 마음 진자리 마른자리 갈아 뉘시며 손발이 다 닳도록 고생하시네 하늘 아래 그 무엇이 넓다 하리오 어머님의 희생은 가이 없어라. 어려선 안고 업고 얼려주시고 자라선 문 기대어 기다리는 맘 잃을 사 그릇될 사 자식 생각에 고우시던 이마 위에 주름이 가득. 땅 위에 그 무엇이 높다 하리오 어머님의 정성은 지극하여라. 사람의 마음속엔 온 가지 소원 어머님의 마음

속엔 오직 한 가지 아낌없이 일생을 자식 위하여 살과 뼈를 깎아서 바치는 마음 인간의 그 무엇이 거룩하리오." 성경에서는 효의 중요성을 각인시키기 위해 이렇게 말하고 있다. "아비를 조롱하며 어미 순종하기를 싫어하는 자의 눈은 골짜기의 까마귀에게 쪼이고 독수리 새끼에게 먹히리라(잠언 30:17)." 출처를 정확히 확인할 길은 없지만, 소크라테스 역시 "자기 부모를 섬길 줄 모르는 사람과는 벗하지 말라. 그는 인간으로서의 첫걸음을 벗어났기 때문이다."라고 말한 것을 보면, 동서양은 물론 어느 종교라도 효(孝)는 인간됨의 첫걸음임을 알 수 있다.

자식에게 어머니는 부처님과 나란한 존재라는 불가적인 표현도 있지만 [참고: 법전(2010). 스님들의 어머니. 서울: 도피안사] 부모에 대한 효는 그 어떤 종교인에게도 마찬가지로 중요하다. 신이 세상일을 다 할 수 없어 어머니를 만들었다는 말이 설득력을 갖는 것도 바로 그런 뜻이다.

효 문제와는 관계없이, 서양의 윤리관을 개관하는 과정에서 소크라테스의 영향을 무시할 수 없다. 플라톤, 아리스토텔레스, 그리고 그의 제자로서 견유학파이자 자유의지론자에 속하는 안티스테네스, 디오게네스에게 도덕적 영향을 크게 준 소크라테스는 도덕적인 의무감에 따라 덕을 추구했던 덕스런 철인이었다. 행복과 덕은 동전의 양면처럼 삶에 연결되어 있기에 도덕적으로 사는 것이 자신의 행복을 보장한다고 믿는 소크라테스는 지혜가 덕을 가져오고 덕이 행복을 가져온다고 보았다. 소크라테스는 부도덕한 행동이란 무지로부터 생기는 것이기에 바른 행동에 대해 알고 있는데도 악하게 행동하는 것은 가당치 않다고 생각한다. 덕이란 지혜로써 불필요한 욕망을 다스릴 수 있기에 생겨나는 것임에 반해 덕이 되지 못한 것들은 지혜를 상실하기 때문에 비롯되는 것이다.

40) 참고: 제임스 레이첼즈(2006). 도덕철학의 기초(역). 서울: 나눔의 집.

41) 매킨타이어(Alasdair Macintyre) 교수는 그의 저서 『덕의 상실』에서 자유주의 사회가 지니고 있는 문제를 혹독하게 비판한다. 아리스토텔레스가 내세우는 공동체 윤리의식을 강조한다. 공동체 성원들 사이의 유대를 형성, 유지시켜 주었던 공통의 가치관이 무너짐으로써 삶의 의미를 상실하게 만든 사회가 바로 자유주의 사회라고 비판하는 그는 자유주의 사회에 대한 대안으로 아리스토텔레스적인 미덕 중심의 공동선 정치 중심의 공동체의 복구를 제안한다. 사회 구성원은 개인마다 서로 다른 삶의 목표와 계획을 갖고 있다[참고: 알래스데어 매킨타이어(1997). 덕의 상실(역). 서울: 문예출판사].

42) 참고: 알래스데어 매킨타이어(2004). 윤리의 역사 도덕의 이론(역). 서울: 철학과 현실사.

43) 덕스런 삶은 급조될 수 있는 것이 아니라 일상적인 삶에서 쌓이는 것이다[참고: 마이클 슬롯(2002). 덕의 부활(역). 서울: 철학과 현실사]. 이런 삶을 살다간 임재순(50세) 씨가 있다. 그녀는 자기 혼자 살기도 버거운 삶을 살아가는 보통 어머니이자 부인이었다. 뇌출혈로 쓰러져 뇌사 판정을 받은 그녀는 평소 남을 돕던 그대로 장기 기증을 했다. 가족들이 그녀의 뜻을 헤아려 내린 결정이었다. 그녀의 몸에서 기증한 간과 신장 2개, 각막 2개는 5명에게 새 삶을 열어 줬다.

그녀가 세상에 남긴 것은 그것이 전부가 아니었다. 그녀의 가족이 전하는 말에 따르면, 그녀의 삶은 늘 봉사의 삶이었다. 익명으로 독거 노인들에게 수시로 옷과 돈을 갖다 주는 일은 물론 이웃이나 친척에

계도 기부하는 인물의 상징이었다. 그녀가 재직했던 마지막 회사인 의류공장 사장 박종우(62) 씨도 빈소에서 눈물을 쏟았다. 박 사장은 그녀의 아들에게 "어머님이 이전에 다니던 공장이 97년 부도에 몰려 직원들이 월급을 받지 못하게 되자 어디서 1,500만 원을 구해 직원들 월급을 주셨다."며 "정작 자신은 50만 원만 받고 일하셨는데, 결국 그 공장이 부도가 나는 바람에 사장은 도망쳐 버렸다."고 말했다. 가족도 모르는 이야기였다. 함께 공장에 다녔던 조희숙(32) 씨는 "우리 공장에서 임씨는 모든 사람이 의지하고 따르는 '엄마' 같은 분이셨다."며 "가방엔 항상 길거리에 버려진 동물을 위한 빵이 들어 있었다."고 말했다.

그녀의 아들은 어머니의 선행에 대해 처음 듣는 이야기에 목이 메었다. 그는 30년째 버스 운전을 하는 아버지, 그리고 20년 동안 끊임없이 공장 일을 하는 어머니와 그렇게 일하면서도 하나도 나아지지 않는 형편에 부모를 원망했던 마음이 부끄러웠기 때문이다. 3년 전 어머니 통장에서 한 구호단체 앞으로 2만 원이 찍혀 나가는 것을 발견하고는 "왜 돈도 없는데 이런 일을 하느냐."며 화를 냈던 기억이 아파서 그녀의 아들은 어머니 영정 앞에서 울어 버릴 수밖에 없었다……. 청계천에서 털실 가게를 운영하는 그녀의 친구인 최귀란(57) 씨는 "지하철이나 버스를 함께 타면 어르신과 장애인에게 늘 자리를 양보했고, 젊은 사람들을 일으켜서라도 자리를 만들어 줬기 때문에 같이 다니기 불편할 정도였다."고 했다. 그는 "임씨는 항상 주변 사람들을 위해 뜨개질을 했다."고도 말했다. 임씨가 다니던 공장 사람들도 모두 임씨가 짠 장갑과 목도리를 선물로 받았다. 최씨는 "돌아가시던 날도 독거 노인들을 위해 뜨개질을 하셨다."고 했다. 빈소를 찾은 사람은 모두 울음을 참느라 눈을 감았다(참고: 이미지·남정미(2011). 엄마가 무덤까지 갖고 간 비밀…… 아들은 빈소에서 알고 울었다. 조선일보. 2011년 12월 23일자). 그녀가 보여 준 삶살이는 바로 성인(聖人)의 삶살이다. 그녀의 삶이 보여 준 덕이 바로 현자(賢者)의 덕이며 현인의 길이었다.

44) 미시간 대학의 프랑케나(William K. Frankena) 교수는 아리스토텔레스가 말하는 덕의 중요성을 강조한다. 다만 그는 필요 이상으로 칸트가 피력하는 바와 같은 원리의 도덕, 의무론적 도덕론을 일방적으로 경시하지는 않는다. 그런 도덕의 원리나 원리적 윤리를 지지하기는 하지만, 그런 원리적인 윤리를 원리 그 자체, 규칙 그 자체, 의무 그 자체로 봐둬서는 아무런 소용도 없다고 본다. 원리, 의무윤리가 현실적으로 가능하기 위해서는 그런 행위가 실제로 실천되게 만들어 주는 성향이 개발되어야 한다. 윤리의 원리, 의무 원리 그 자체는 알고 있다는 식으로 행위할 경우 쓸모가 없게 된다는 것이 프랑케나 교수의 지론이다. 그는 도덕교육이나 윤리 발달이 가능하기 위해서는 의무나 규칙, 원리 윤리가 무엇인지를 단순하게 가르치는 것보다는 그것이 일상생활에서 실천되도록 덕성의 개발이 우선해야 한다고 주장한다. 프랑케나 교수는 도덕이 완성되기 위해서는 무엇보다도 행위나 동기의 결과가 자기와 자기 이외의 대상에 구체적으로 어떤 영향을 미치게 하는 덕이 필요하다고 본 것이다(참고: 윌리엄 K. 프랑케나(2003). 윤리학(역). 서울: 철학과 현실사).

45) 참고: 추병환(1999). 도덕 교육의 이해. 서울: 백의.

46) 힘 센 주인이 키우는 소가 살찐다(남미 수리남), 큰 돌에는 그늘이 생기지만 전혀 무겁지 않다(브라질),

불 곁에 있으면 추운 줄 모른다(칠레)와 같은 속담을 채집하여 속담이 지니고 있는 인류학적 공통점을 논하는 요네하라 마리(Mari Yonehara) 교수는 어릴 적부터 외교관인 아버지 때문에 외국 학교에서 교육을 받았다. 러시아어 동시통역사이며, 작가로 활동했던 그녀는 프라하의 소비에트 초등학교에서 수학하고, 도쿄외국어 대학 러시아어학과를 졸업했다. 다양한 외국 경험 때문에 그녀는 세계 각국의 속담에 친숙해졌고, 그런 속담들이 지니는 공통점에 놀란다. 그녀는 세계 각국의 속담이 지니는 상식적 공통성에 대해 "역사도, 지리적·기후적 조건도, 문화도 전혀 다른데 같은 문구가 같은 의미로 사용되고 있다는 건 바로 기적"이라고 말한다[참고: 요네하라 마리(2012). 속담인류학(역). 서울: 마음산책].

47) 독일의 베를린 의대와 함부르크 대학 의료센터의 공동 연구팀의 실험에서도 사실로 확인된 바 있다. 공동 연구팀은 실험 참가자들 팔에 전기 자극을 흘려보내는 장치를 먼저 장착했다. 그후 그들에게 3개의 서로 다른 그림을 보여 줬다. 팔에 주사를 놓는 장면, 면봉을 팔에 대는 장면, 그리고 마지막으로 그냥 팔만 나오는 장면을 화면으로 보여 줬다. 면봉을 대거나 팔만 나오는 장면을 봤을 때보다 주사를 놓는 장면을 봤을 때 실험 참가자들은 더 강한 통증을 느꼈다고 반응했다. 동시에 연구팀은 주사를 놓는 장면과 참가자들의 눈동자 변화를 관찰했다. 주사를 놓는 장면에서 실험 참가자들은 눈동자를 가장 크게 만들었다. 연구팀은 이런 연구 결과를 통해 한 가지 사실을 확인할 수 있었다. 먼저, 주사를 맞기 전에 바늘을 보면 그것을 보는 사람들은 이미 그 전에 주삿바늘이 살을 찌르고 들어왔던 경험과 그로 인한 고통 때문에, 실제로 고통을 떠올리며 그것을 의식적으로 피하려고 한다는 점이었다. 사람들이 고통을 미리 예측하는 것은 실제 주사 맞을 때 느끼는 고통의 강도에 영향을 주기 때문이었다[참고: 박노훈(2012). 주사 맞을 때 바늘 안 봐야 고통 덜해. 조선일보. 2012년 5월 25일자].

48) 참고: 김영환(2009). 포스트모던 시대의 세계관. 서울: 숭실대학교 출판부.

49) 참고: 잔스촹(2006). 도교문화(역). 서울: 알마.

50) 스토아학파는 이 학파를 이끌던 제논(Zenon)이 고대 그리스의 '스토아 포이킬레(stoa poikile)'에서 강론을 펼쳤다. 그 때문에 스토아학파라는 이름으로 불리기 시작했다. '스토아 포이킬레'란 '울긋불긋한 강당'을 말한다. 스토아학파의 창시자가 제논이라고는 하지만 스토아학파의 사상은 어느 특정의 한 사상가에 의해 완성된 것이 아니라, 오랜 기간 동안 스토아학파와 비슷한 생각을 갖고 있는 여러 사상가들이 사상적으로 부대끼며, 융합하고, 또 분파되면서 형성된 것이다.
기원전 300년경부터 그리스 사회에서 회자되기 시작하는 스토아 사상들은 로마 말기에 이르러 현대에 이르기까지 다양한 경로와 다채로운 사상들로 융합되고 있다. 스토아주의는 제논에 이어 견유학파의 창시자인 안티스테네스(Antisthenes), 그의 제자인 디오게네스(Diogenes)에 이어 고대 로마를 거쳐 더욱더 정교하게 완성되었다. 견유학파의 극단적인 모습을 보여 주는 디오게네스는 스토아 사상을 여러 곳으로 전파시킨 전도사이자 설교자이기도 했다. 디오게네스는 그리스 여러 도시로 주유하면서 그들의 야망과 쾌락이 어리석고 비참한 것임을 역설했다. 그런 쾌락에서 벗어나기 위해 지금까지의 사악한 삶을 버리고 덕을 따르는 절제된 생활을 하라고 역설하기도 하였다[참고: 한스 요하임 슈퇴릭히

(2006). 세계철학사(역). 서울: 분도출판사].

디오게네스에 이어 고대 로마에서는 정치가인 세네카, 무소니우스 루푸스(Musonius Rufus), 에픽테
투스, 황제였던 마르쿠스 아우렐리우스에 이어지면서 스토아학파는 사상적 정교함을 더했다. 이들의
영향은 중세기의 신정 시대에도 계속되었고, 근대 사회가 시작되고서는 스피노자나 칸트, 그리고 현대
에 이르러서도 여러 갈래의 사상가들이 스토아학파의 사상과 정서를 새로운 시각으로 활용하고 있다.
특별히 제정 로마 시대의 정치가로서 네로 황제의 참모였지만, 그의 폭정에 염증을 낸다는 이유로 죽음
을 명령받아 자살한 세네카[참고: 세네카(2001). **영혼의 치료자**(역). 서울: 동녘]는 당대의 시인이기도
했지만, 동시에 스토아 철학을 생활화하는 데 크게 기여한 정치적 인물이기도 했다.

그가 그의 온전한 삶을 통해 보여 주었던 것은, "아무도 너의 의지를 깨지 못하도록 해라!"라는 것을
실천하는 일이었다. 인간은 자신을 정복함으로써 마침내 세상을 정복할 수 있다고 본 세네카는 대부분
의 사람들이 왜 분주해야 하는지도 모르는 채 바쁘게 살고 있지만, 자기 자신을 돌아보는 일에는 정말
로 태만하다고 이야기한다. 그것이 사람으로서 저지를 수 있는 최고의 악이라는 것이다. "당신은 마치
영원히 살 수 있는 것처럼 살고 있습니다. 당신은 얼마나 많은 시간이 스쳐갔는지 신경 쓰지 않고 있습
니다. 그러나 당신 자신이 아닌 다른 데에 신경을 쓰는 날이 당신의 마지막 날일 수 있습니다."

세네카는 이 세상에서 삶보다 배우기 어려운 것은 없다고 본다. 그것을 다 배우기에는 인간의 삶이 너
무 짧기 때문에, 내일에 대한 기대와 희망으로 오늘을 잃어버리는 것은 어리석은 일이다. 바로 그 오늘
을 매일같이 살펴보는 일이 사람으로서 당연히 해야 되는 일인데, 천연(天然), 그러니까 하늘이 부르고
자연이 내 목숨을 요구한다면 기꺼이 응하는 것이 바로 오늘을 살피는 일과 중의 하나라고 본다. "자연
이 저의 생명을 내놓으라고 요구하거나 저의 이성이 저의 생명을 끊어 버릴 때, 저는 바른 양심과 노력
을 사랑했었노라고, 다른 사람의 자유를 해치거나 제 자신의 자유를 해친 적이 전혀 없었노라고 증언하
면서 이 세상을 떠날 것입니다." 삶을 다스리는 자세로 살아갔기 때문에 그의 주군이었던 네로가 그에
게 죽음을 명하자 그는 너그럽게 자기의 목숨을 내놓았다. 죽기 전에 세네카는 이런 말도 했다고 전해
진다. "죽음은 노예를 자유롭게 만들고, 국외 추방자를 조국의 품으로 돌아오게 하며, 모든 계급을 평
등하게 만든다. 만일 죽음이 없다면 삶은 고통뿐이다."

51) 해리스 오웬(Harrison Owen)은 이 세상 모든 것이 모두 다 셀프 오거나이징의 시스템을 갖고 있기에,
무엇을 억지로, 강제로, 크게, 단숨에 만들어 내려는 큰 파도타기를 겨냥하지 말라고 충고한다. 시작할
때는 처음부터 거대한 파도를 타려고 하지 말고, 작은 파도부터 시작하라는 것이다. 직원회의를 할 때
에도 거창하게 엄숙하게 크게 무엇을 노리려고 하기보다는 그냥 원으로 둘러앉아 해 보라고 이야기한
다. 직원들에게 일을 할당하는 방식이 아니라 스스로 자원해 맡도록 초대하는 방식으로 해 보라. 시간
이 가면서 자신의 방식을 알게 되고 거대한 파도도 여유 있게 맞이할 수 있을 때가 올 것이다라는 것이
다. 조바심내지 말고, 회의든 모임이든 그 어떤 것에든, 누가 오든 ① 오는 사람이 (내게, 모임에) 맞는
사람이며, ② 무슨 일이 일어나든, 일어날 수 있는 것은 유일한 것이며, ③ 언제 시작하든, 시작하는 그
시간이 (내게, 모임에) 맞는 시간이며, ④ 그 무엇이든 끝나면 끝난 것이다라고 종결하는 생각과 행동을

하라고 일러 준다[참고: 해리슨 오웬(2010). 셀프 오거나이징–세상을 움직이는 제1의 힘(역). 서울: 용오름].

52) 참고: 톰 모너헌(2010). **다르게 생각하라**(역). 서울: 마젤란.

53) 모라토리움(moratorium)이라는 라틴어는 '채무의 지불 정지' '유예 기간'을 뜻하는 말로써, 어느 누가 남에게 빚을 진 후, 이런 저런 합리적이거나 비합리적인 이유를 들어가며 도저히 채무를 갚을 능력이 없기 때문에 지불을 할 수 없으니 일정 기간 동안 지불의 유예 기간을 말한다. 그 지불 유예 기간을 갖게 해달라는 것이 바로 모라토리움의 핵심이다. 이런 말이 이제는 인간의 발달과 성장에 응용되기 시작했다.

에릭슨 같은 이가 청소년의 심리적 발달 단계를 논하면서 청소년의 심리적 모라토리움이라는 개념을 만들어 낸 적이 있다. 이때 심리적인 모라토리움은 청소년이 성인의 시기로 진입하면서, 그들 스스로 몸의 성장이나 그들의 지적 성장이나 성적인 성장으로 보아 성인의 한 사람으로서 거뜬히 한몫을 감당할 수 있음에도 불구하고 실제의 사회생활에서는 그가 걸머져야 할 책임과 의무를 제대로 수행할 수 없는 미성숙, 미발달의 인간으로 행동할 수밖에 없을 때, 그런 유형의 사람에게 정신적이고도 심리적인 정체성이 확립될 때까지 사회에 대한 그들의 의무와 책임을 일정 기간 유예하거나 보류해 줄 수 있는 사회심리학적 아량을 일컫는 말이다.

심리적인 모라토리움은 이제 성인기로 진입하는 청소년 후기의 성인에게만 해당하는 개념이 아니다. 이제는 성인기를 거쳐 성인 후기 혹은 노년기로 진입하는 성인에게도 적용되고 있다[참고: Heinz, W. (2002). Self-socialization and post-traditional society. *Advances in Life Course Research*, 7, 41-64].

54) 참고: 미레유 길리아노(2010). **프랑스 스타일**(역). 서울: 마음산책.

55) 문화방송에서 2008년부터 방영중인 〈불만 제로〉와 한국방송공사에서 2007년부터 방영중인 〈소비자 고발〉, 두 프로그램 모두 소비자들을 보호하고, 잘못된 상품과 서비스를 고발하는 프로그램으로 시청자들로부터 좋은 프로그램으로 평가받은 바 있다. 소비자들에게 상품과 서비스에 대한 정확하고 실용적인 정보를 제공하고 동시에 소비자의 권리를 존중하는 합리적인 사회를 만들어 나가는 것을 희망하면서 방영되는 이 프로그램들에서 그동안 다룬 것들은 다양하기도 하고 심각하기도 한 소비자 고발 내용들이었다[참고: 이영돈(2008). **소비자 고발 그리고 불편한 진실**. 서울: 위즈덤하우스].

소비자를 보호하기 위해, 그리고 진실을 밝히기 위해 '생활 밀착형 고발 코너'라는 큰 개념 아래, 필요하다면 실험과 검증을 통해 정확한 정보, 안전한 대안을 제시하는 이들 프로그램은 그동안 식혜의 비밀, 허울뿐인 브랜드 달걀의 허구, 효심을 울리는 상조회사, 치아 성형에 이르기까지 소비자들이 어떻게 농락당하며, 피해를 입는지를 다룬 바 있다. 방영되지 않은 내용이지만, 그렇게 소비자를 우롱하는 일들로 고발된 업주들의 상당수가 나름의 종교와 신앙 생활을 하는 것으로 나타났다. 그들은 주일마다 혹은 매일같이 자기가 행한 것들에 대한 자괴감을 갖는 것이 분명하지만, 그것을 확인할 길은 없다. 다시 월요일이 되면 면죄부를 살 수 있는 이유를 추구하기에 번다해야 하기 때문이다.

56) 시인 김지녀는 「밤과 나의 리토르넬로」라는 제목의 시에서 어둠의 신비로움을 한폭의 그림처럼 형상화 하고 있다. 리토르넬로(ritornello)는 음악적 기법으로 '돌아오다'라는 뜻이다. 대조되는 성격의 삽입 악구들 사이사이에서 반복되는 부분을 리토르넬로, 즉 A-b, A-c, A-d 하는 식으로 A라는 주제가 반 복적으로 되돌아 좌정하는 상태를 말하는데 문학적으로는 반복구 정도로 이해하면 된다. 큰 주제가 늘 전체를 리드하기 위해 반복적으로 되돌아오게 만들어 놓은 것을 말한다. 우리네 삶의 노래는 끝내 눈을 떴다 감는 그 사이의 어둠에 관한 음조일 뿐이다라는 것이 그녀의 시상(詩想)이었다[참고: 김지녀 (2009). 시소의 감정. 서울: 문음사]. "어젯밤은 8월이었어요. 날마다 문을 열고 집을 나서는 사람들의 등 뒤로 여름이 가고 있지만 가을은 오고 있지만 나는 아직 한 장의 얼굴을 갖지 못한 흉상 여름과 가 을 사이에 놓인 의자랍니다. 나는 체스의 규칙을 모르지만 우리를 움직이는 밤과 낮의 형식을 좋아해 요. 눈을 감았다 뜨면 감쪽같이 비가 오거나 목소리가 변하거나 나무들이 푸르러졌어요. 누군가 피를 토하면서도 다리를 꼬고 있다면 그건 죽음에 대한 예의일 것이고 누군가 문을 두드린다면 그건 나에 대한 의심일 테지만 나는 너무 조금밖에 죽지 못했다고 말할 거예요. 사소한 바람에도 땅을 움켜잡는 나무가 의자에 붉은 잎사귀 몇, 뱉어 놓는 밤에 나의 입안에선 썩은 모과 향이 꽃처럼 확~ 피었다 지고 있어요."

57) 난독증 연구자인 매리언 울프(Maryanne Wolf) 교수는 소크라테스가 단 한 줄의 글이나 저서도 남기 지 않았던 이유가 충분하게 있었다고 몰아 붙인다. 소크라테스 스스로 독서의 폐단에 대한 편견 때문에 글을 한 줄도 남기지 않았다는 것이 그녀의 지적이다[참고: 매리언 울프(2010). 책 읽는 뇌-독서와 뇌 난독증과 창조성의 은밀한 동거에 관한 이야기. 서울: 살림]. 플라톤이 『파이드로스』에서 밝혔듯이, 소 크라테스는 책이라는 매체가 사람들에게 적극적이고 비판적인 이해과정을 단락(短絡)시켜 '지혜에 대 한 거짓 자만심'을 가진 제자를 만들어 낼 것이라고 생각했었다. 소크라테스에 따르면, 첫째, 글은 살 아 있는 말과 달리 '죽은 담론'일 뿐이다. 말로 진행되는 대화는 늘 열려 있기 때문에 말을 주고받는 스 승과 제자 사이에서 스승이 제자를 유도하기에 대화는 진리에 이르는 효과적인 방법으로 쓰일 수 있 다. 말에 비해 글은 사람들에게 지혜를 줄 것처럼 보이지만 실제로 글은 제아무리 질문을 던져도 그 냥 침묵만 지키고 있을 뿐만 아니라, '똑같은 이야기만 끝없이 반복할 뿐'이다. 둘째, 글에 의한 기록 은 늘 기억을 파괴한다. 사람들이 새로운 것을 창조하기 위해서는 생각을 쉼 없이 떠올려야 한다. 그것 이 가능하기 위해서는 기억이 뒷받침되어야 한다. 문자로 그런 기억들을 기록하면, 기록되는 순간부터 기억의 필요성을 덜 느낄 뿐이다. 마지막으로, 글은 문자에 대한 통제력을 상실하게 만든다. 대화는 사 람들 사이에서 늘 양방향적이지만, 문자는 일방적일 뿐이다. 문자를 읽는 사람들이 선악을 판단할 지혜 를 갖추지 못한 상황에서는 그렇게 기록의 매개인 문자가 주는 것을 기록 그대로 마치 그것이 진리 그 자체, 사실 그 자체인 양 받아들이게 된다. 반성과 점검, 의심과 논의를 가능하게 해 주는 안내자 없는 독서는 개인적이며 폐쇄된 행위에 가까운데, 그것은 진리로 안내해 주는 스승이 결여되어 있기 때문 이다.

58) 그렇게 되면 사람들은 서로의 행동에 의존할 수밖에 없다. 서로가 살기 위해서는 서로가 협조해야 한다. 서로가 협조하면 서로가 상생한다. 천재 수학자이자 정신분열증 수학자, 노벨경제학상 수상자 존 내쉬(John Nash) 교수의 논리를 설명하기 위해 부르는 내쉬 평형(Nash equilibrium)의 핵심이다. 내쉬 평형에 의한 게임 이론(game theory)에서의 우리가 매일같이 응용해야 할 핵심 개념은 협조(cooperative)와 상생이다. 함께 살려면 협조하는 것이 인간사에서 요구되는 상식의 윤리라는 점이다. 자신만의 이익을 위해 배반하거나 비협조적으로 자기만의 이익을 취하면 끝내 그에게는 더 많은 손실이 돌아가게 되어 있다. 그 상식의 삶과 행동을 내쉬는 수학적으로 증명해 냈다[참고: 실비아 네이사(2002). 뷰티풀 마인드(역). 서울: 승산].

내쉬의 평형 이론의 핵심을 보여 주는 좋은 예가 2인 비협조 비영합 게임이다. 이 게임에는 '피의자 딜레마'가 핵심이다. 경찰이 범죄를 저질렀다고 의심되는 두 명의 공범자를 검거했다. 심증만 있는 상태다. 피의자들의 자백을 받지 않고서는 기소가 불가능하다. 형사는 각각의 피의자를 독방에 격리시켜 놓고 자백을 유도한다. "만약 당신 중 한 명이 자백을 하면, 자백한 사람은 특전으로 풀려나겠지만, 자백하지 않은 사람은 10년의 징역을 살게 된다. 당신만이 자백하면, 당신은 오늘 당장 풀려나지만 모두 자백하는 경우에는 각각 5년형을 언도 받는다. 모두 자백하지 않으면 각각 1년형을 언도 받는다." 이제 어떻게 할 것인가를 요구한다.

이 상황 조건에서 피의자인 A와 B는 현실적으로 선택해야 한다. 각각 먼저 자백하는 것이 현재로서는 최선의 전략이 된다. 각 피의자는 이렇게 생각한다. 상대방은 나를 믿기에 자백하지 않을 것이다. 이 경우 내가 먼저 자백하면 된다. 그러면 나는 풀려난다. 그렇게 현실적으로 생각했을 것이기에, 그는 자백한다. 상대방을 믿고 있기에 상대방을 결국 배신한다. 내가 자백하면 나는 풀려날 수 있고, 자백하지 않은 그는 10년을 갇히지만, 그것은 나중에 생각해도 된다. 그 역시 나와 똑같은 생각으로 나를 배신한다. 먼저 자백하면 각자에게는 최선이 될 것이라는 각각의 현실적인 선택이 자신에게는 결코 최선이 될 수 없는 상황에 이르게 된 것이다. 기대와는 달리 각자의 선택은 각자에게 불만족스럽다. 자기 혼자만 자백했으면 자기만 즉시 풀려나는데, 상대방도 자백했기에 끝내 두 사람은 5년씩 감옥에 갇히는 선택을 한 것이기 때문이다. 두 죄수는 각자에게 서로 좋은 결과를 안겨 줄 선택을 한다. 즉, 자백하지 않은 것을 포기하고 자백함으로써, 상대방을 배신함으로써 각기 스스로에게 만족되지 않는 5년 징역을 살게 된다. 죄수의 딜레마는 균형을 이루지만 결과는 배신에 이르게 된다. 이 선택은 나름대로 최선의 대응의 결과다. 결코 최악이 되는 것도 아니다. 이런 전략의 결과가 최선의 전략적 균형이 된다[참고: 톰 지그프리드(2010). 호모 루두스: 게임하는 인간-존 내시의 게임이론으로 살펴본 인간본성의 비밀(역). 서울: 자음과 모음].

59) 에이어(Ayer) 교수는 일상생활에서 즉답적으로 활용하거나 규제할 수 있는 윤리론을 제시하지 않는다. 그것보다는 규정적 윤리론자들이 내세우는 도덕적이거나 윤리적인 개념들에 대한 구조 분석에 집중한다. 윤리 이론은 사람들에게 어떤 도덕적 판단을 해야 한다고 암시하는 것이 아니라 그것은 오히려 사람들이 도덕적 판단을 할 때 무엇을 하고 있는가를 보여 주려는 시도라는 것이 에이어 교수의 입장이

다. 규범 윤리학은 옳은 것, 좋은 것이란 무엇을 의미하는가라고 물을 수 있지만, 이런 질문은 옳고 그름을 판단하는 것과는 속성이 다르다. 무엇이 좋고 나쁘며, 무엇이 옳은 것이고 그른 것인가를 묻는 것과는 다르다는 뜻이다. 옳은 것이 정말로 무엇을 지칭하는지에 대한 물음은 이미 규범적인 판단에 대한 질문이기 때문이다. 다시 말해서 그것들은 윤리학이 가능한지 어떤지를 알려 주는 근거를 제시하기 위한 메타 윤리학적 질문이기 때문이다.

에이어 교수는 그래서 윤리적 가치판단에 대한 타당성은 언제든지 의심스럽다(Ethical judgements have no validity)고 말한 것이다[참고: Ayer, A. J. (1946). *Language, truth and logic*. London: Victor Gollanncz].

하나의 행동에 대한 절대적으로 옳은 도덕적 판단을 가하기는 쉽지 않다는 것을 드러낸다. 윤리적인 행동을 원한다면, 윤리적인 강령들을 일방적으로 주입하기보다는 어떤 것이 윤리적인 것인지를 따지고, 논의하고 토론하는 것이 더 윤리적일 수 있다. 윤리적 판단에 대해 논의하고, 고뇌하고 토론하는 동안 사람들은 비윤리적인 것에 대해 성찰하고, 윤리적인 것에 대해 공감할 수 있기 때문이다[참고: 알레스데어 매킨타이어(2004). 윤리의 역사 도덕의 이론(역). 서울: 철학과 현실사].

60) 참고: 나구모 요시노리(2012). 1일 1식(역). 서울: 위즈덤하우스.

61) 의무론적 윤리학의 관점에서 복원하기 위해 카울바하(Friedrich Kaulbach)는 보편적 기준을 형이상학적인 것으로 간주하여 그것의 실제적 의미를 인정하지 않고 윤리적 판단 자체를 거부하는 메타윤리학을 거부한다. 카울바하는 메타 윤리적 입장이 이미 가치를 결정하는 규범적 영역 안에 들어 와 있는 것이며 윤리적 진술이 실천이성이라는 도덕의 선험적인 보편적 기반이 전제되어야만 한다고 주장한다[참고: 카울바하 F. (1995). 윤리학과 메타윤리학(역). 서울: 서광사].

62) 참고: Stevenson, C. L. (1938). Persuasive definitions. *Mind, 47*(187), 331-350.

63) 참고: Stevenson, C. L. (1944). *Ethics and Language*. New Haven: Yale University Press.

64) 참고: 한준상(2009). 생의 가. 서울: 학지사.

65) 대도시 종합병원 중환자실에서는 매일같이 이런 의술적인 조치가 사람의 죽음에 정리하는 온당한 처치인가에 대한 의문이 끝없이 이어진다고 말하는 김형숙 간호사는 거의 절망적인 환자들이 무방비 상태로 맞아야 하는 의술적 처치에 대해 고개를 흔든다. 환자가 스스로 치료 여부를 결정하지 못하는 상황에서 모든 것은 가족과 의사들의 결정에 맡겨진다. 전혀 의식이 없는 환자를 대신해서 의사들이 요구하는 대로 가족들은 '사전 동의서'에 서명하게 된다. 자식의 가슴속에 담긴 한줄기 미련, 그 알량한 미련 때문에 '심폐 소생술'이라는 이름 아래 갈비뼈가 부러지며, 기도(氣道)가 파열되기도 하고, 그렇게 온몸이 퍼렇게 멍들어 가면서, 만신창이 상태에서 끝내 죽음에 이르도록 혹사당하는 고령의 환자를 보고 있노라면 가족과 의료진 모두에게 깊은 후회와 죄의식만이 남겨질 뿐이다[참고: 김형숙(2012). 도시에서 죽는다는 것. 서울: 뜨인돌].

66) 파핏(Parfit. D.) 교수에게 있어서, 자아나 자아의 정체성은 자기성이 거세된 자아일 뿐이다. 파핏 교수는 자신이라는 신체의 시간적 추이에 따른 정체성을 설명하기 위한 사고 실험을 상정한다. 한 사람이 치명상을 당했다. 그가 죽기 직전에 뇌 이식을 기다리는 두 형에게 자신의 뇌를 각각 반씩 이식한다. 살아난 형제들은 뇌를 기증한 동생의 삶을 기억하고 있다. 자신 스스로 뇌를 기증한 동생의 성격을 소유하고 있다. 모든 면에서 뇌를 기증한 동생과 심리적 연속성을 지닌다. 신체적으로도 살아난 두 형은 뇌를 기증한 동생과 닮았다. 파핏은 이 경우 세 가지 가능성을 상정한다. 첫째, 뇌를 기증한 '나'는 살아남을 수 없다. 둘째, '나'는 그 둘 중 한 사람으로만 살아남는다. 셋째, '나'는 두 사람으로 살아남게 된다. 첫 번째 가능성은 불가능하다. 뇌를 기증한 동생의 뇌가 성공적으로 이식되었기에 동생은 살아남을 것이다. 뇌의 반을 상실해도 생존하는 경우가 허다하기에 첫 번째 가능성은 처음부터 배제될 수밖에 없다. 두 번째 가설 역시 기각된다. 기증된 뇌의 각각은 유사하기 때문에 두 형 중 한 사람으로만 살아남는 것은 불가능하기 때문이다. 세 번째 가능성만이 현실적으로 옳다. 그렇기는 해도 뇌를 기증한 사람은 동생 한 사람이고 받은 두 형은 두 사람이다. 결과적으로 동생은 두 신체와 분할된 두 마음을 갖게 된 것이다는 것이 파핏의 논리이다[참고: Parfit, D.(1984). *Reasons and persons*. Oxford: Clarendon Press].

파핏 교수는 이제 우선주의, 즉 프라이오리타리안니즘(prioritarianism)을 내세운다. 개인의 이익을, 개인의 이기주의를 촉진하는 윤리와 가치가 크면 클수록, 참살이가 더욱 더 늘어날 것이라는 논리를 전개한다. 사람들이 서로 살아간다는 것은 마치 고속도로를 함께 달리는 삶과 같다는 것이다. 교통사고를 내지 않기 위해 서로가 자신의 운전을 조심하는 일이 상생을 위한 일이며 자기 복지를 위한 이기주의의 발로이며 그 이기주의가 바로 참살이를 위한 원초적 협동의 근거가 된다.

67) 이태석 신부는 살레시오회 수도 사제이자 의사로 아프리카 남수단의 작은 마을 톤즈에 부임한다. 그는 그곳 아프리카 주민 그리고 아무도 돌보지 않는 한센씨병 환자들과 함께 울며, 웃으며, 살아가면서 사지 멀쩡한 사람들이 저들에게 두팔을 내민 것에 대해, 봉사가 무엇이며 사랑이 무엇이고, 하느님을 믿고 따른다는 것이 무엇인지를 온몸으로 보여 주다가 젊은 나이에 세상을 떠났다. 그를 잊지 못하는 아프리카 수단의 톤즈 마을 사람들은 이태석(요한) 신부를 '쫄리(John Lee)' '바지 입은 천사'라고 부른다. 그가 천사가 아니면 누가 천사일 수 있겠는가 하고 그를 기억한다. 이태석 신부는 아프리카인들에게 산과 같고, 땅과 같은 동행이었으며 저들의 친구였다. 그는 가까이 가거나 멀리 가 있어도 누구에게나 자기 몸을 내맡길 수 있는 안식처였다. 그는 산과 같은 친구로서 누구에게나 생명의 싹을 틔워 주며 생명을 솟아나게 만들어 주는 흙이었다[참고: 이태석(2010). **친구가 되어 주실래요**(증보판). 서울: 생활성서사].

68) 라마(lama)는 라마교에서 말하는 정신적 스승을 일컫는 말이다. 인도를 방문한 영국의 여행 작가인 윌리엄 달림플(William Dalrymple)은 희열과 기쁨과 마찬가지로 고통이나 고독 역시 삶이 받아들여야 할 엄중한 삶의 한 장면임을 겸허하게 받아들이며 그 모든 것을 자기의 신념으로 만들어 가는 성자들의 태도를 담백하게 전한다. 그가 만난, 자이나교 고행자인 마타지(여승, 女僧)는 말한다. "아무것도 소유

하지 않고 떠돌아다니는 이 삶은 우리의 영혼을 해방시킵니다. 우리는 놀라울 정도로 경쾌하게 매일매일을 새로운 기분으로 살아간답니다. 사고와 행동도 하나가 되고 여행과 목적지도 하나가 되어 결국 우리는 마치 강물처럼 완전한 초월을 향해 앞으로 나간답니다." 마타지는 자신의 분신과도 같은 평생지기가 종교적 신념을 실천하기 위해 굶어 죽어가는 모습을 지켜보면서도 초연함을 지키는 그 모습에 성자들의 내면에 흐르는 삶의 엄중함에 달림플은 그만 고개를 떨군다[참고: 윌리엄 달림플(2012). 삶에 아무것도 들이지 마라(역). 서울: 21세기북스].

69) 속세의 윤리라는 관점에서 보면, 불교마저도 결코 최상의 종교일 수가 없다고 잘라 말하는 달라이 라마는 "세상의 모든 주요 종교들은 사랑, 동정, 인내, 관용, 그리고 용서를 강조하며 내적 가치를 추구합니다. 하지만 오늘날 세계의 현실을 보면 도덕 원리(윤리)를 종교로부터 끌어내는 것이 더 이상 적절치 않다고 보입니다. 이것은 시간이 갈수록 제가 모든 종교를 넘어서 영성과 도덕에 대해 생각하는 방식을 찾아야 한다고 확신하는 이유입니다. 따라서 종교를 믿든 안 믿든 관계없이 세속의 윤리는 인간성을 높이기 위해서도, 성공의 길을 걷기 위해서도 필요한 것이고, 그중에서도 특히 궁극적인 정신적 요소인 자비심이 가장 중요하다고 생각합니다."[참고: 달라이 라마(2008). 자비의 힘(역). 서울: 열린책들]라고 말하고 있다. 달라이 라마는 결코 종교를 폄하하려고 했던 것이 아니다. 그는 세속이 윤리 문제를 종교와 연관시키면서, 종교가 누구를 위한 종교인지에 대한 본질적인 문제 제기를 하려고 했던 것이다. "모든 종교에는 그 종교만의 아름다움이 있고, 우리는 여러 종교를 존중해야 합니다. 하지만 보편적 수준에 이르고자 한다면 다른 차원, 즉 세속 윤리의 차원에서 생각해야 합니다. 여기서 '세속'이라는 말을 썼다고 해서 종교를 존중하지 않는다는 뜻은 아닙니다. 세속의 윤리는 모든 종교를 존중하며, 종교를 믿지 않을 권리를 지닌 비종교인도 똑같이 존중합니다."[참고: 달라이 라마, 스테판 에셀(2012). 정신의 진보를 위하여: 달라이 라마와 스테판 에셀이 나눈 세기의 대화(역). 서울: 돌베개]

70) 참고: 존 레이티(2010). 뇌 1.4킬로그램의 사용법(역). 서울: 21세기북스.

71) 이런 일을 뇌신경학자들은 두뇌의 가소성(可塑性)이라는 개념으로 설명해 왔다. 레이티(John Ratey) 교수는 두뇌의 가소성이 두뇌 회복을 도울 뿐만 아니라 두뇌 질환을 막는 역할도 한다는 것을 미네소타주 시골인 만카토의 노트르담 수녀 학교에서 찾고 있다. (이곳)…… 수녀들의 상당수가 아흔 살이 넘었다. 놀랍게도 많은 이가 백 살까지 살았다. 평균적으로 볼 때, 일반 대중보다 장수하는 편이다. 또 치매나 알츠하이머병, 두뇌 질환 등으로 고생하는 경우가 적었다. 설사 있다 해도 중세가 경미한 편이다. 수년간 그녀들을 연구한 켄터키 대학교의 교수 데이비드 스노든(David Snowdon)은 그 이유를 알아냈다.

'게으른 마음은 악마의 장난감'이라는 믿음에 투철한 수녀들은 단어 시험, 퍼즐, 간호 토론으로 부지런히 스스로를 단련한다. 매주 시사 문제 세미나를 열고, 가끔 잡지에 글을 쓰기도 한다. 1994년 잡지 「라이프」는 수녀 마르셀라 자크만을 다루었는데, 그녀는 아흔일곱 살까지 수녀원에서 가르치는 일을 멈추지 않았다. 역시 「라이프」에 실린 수녀 메리 에스더 부어도 아흔아홉 살까지 안내 데스크에서 일했다. 스노든은 만카토와 전국에 있는 수녀원의 수녀들이 사망하면서 기증한 두뇌를 100구 이상 검사했다.

그 결과에 따르면, 보통 사람이라면 나이가 들면서 감소했을 축색돌기와 수상돌기들은 지적인 자극이 충분하다면 확장되고 새로운 연결을 이룸으로써 일부 통로가 끊어진다 해도 대신할 수 있는 더 큰 보완 시스템을 제공한다는 것이다[참고: 존 레이티(2010). 뇌 1.4킬로그램의 사용법(역). 서울: 21세기북스].

72) 참고: 존 던(2004). 인간은 섬이 아니다: 병의 단계마다 드리는 기도(역). 서울: 나남.

73) 마가복음의 저자는 예수가 십자가에서 숨을 거두기 바로 전에, "엘리 엘리 라마 사박다니"라고 울부짖었다고 기술하고 있다(마태복음 15: 34). "제 구시에 예수께서 크게 소리 지르시되 엘리 엘리 라마 사박다니 하시니 이를 번역하면 나의 하느님 나의 하느님 어찌하여 나를 버리셨나이까 하는 뜻이라." 십자가형의 집행 상황을 미루어 짐작하면, 예수의 마지막 이야기를 들은 사람은 아주 제한적이었을 것이다. 로마 경비병이 지키고 있는 상황에서 예수가 피를 흘리고 있는 근처로 그 누구든 접근하기가 용이하지 않았을 것이다.

출혈로 쇠진할 대로 쇠진한 예수가 주위 사람들이 모두 들을 수 있게 야수처럼 울부짖었다는 것 역시 의학 상식에 어긋나기만 하다. 물론, 예수가 기진맥진해서 신음했다는 것은 누구나 다 짐작하기 어렵지 않다. 예수의 신음을 구전으로 혹은 와전(訛傳)에 의해 작의적(作意的)으로 해석하며, 그것의 의미를 색다르게 바꿀 수는 있다. 예수가 죽음의 직전, 하느님에게 크게 의지하는 신음 소리를 낼 수 있다고 해도, 예수가 보인 그간의 행적으로 보아 그것이 하느님을 원망하는 소리는 아니었을 것이다. 기꺼이 하느님에게 돌아가겠다는 받아들임으로써 일종의 자기 긍정, 자기 승복의 신음이었을 것이다.

74) 뉴욕 뉴스쿨 대학교 철학과 교수로서 '해체의 윤리학'을 주장하는 크리칠리(Critchley) 교수는 사람이 사람처럼 살기 위해서는 죽음에 대한 올바른 태도를 지녀야 한다고 강조한다. 그는 죽음에 대한 자신의 입장을 키케로의 말을 인용함으로써 정리한다. '철학한다는 것은 곧 죽는 법을 배우는 것이다.'라는 것이 키케로의 명언이었다. "사람들은 죽음을 두려워합니다. 그래서 일시적인 망각이나 내세에서의 구원을 추구하며 죽음으로부터 달아날 궁리만 하지요. 오직 철학자들만이 죽음을 마주 대하고서도 용감합니다. 그들은 죽음이 아무것도 아니라고 말하며, 죽음에 직면해서도 평정심을 잃지 않습니다. 이것이 소위 '철학적 죽음'이라는 이상입니다. 물론 모든 철학자가 이런 철학적 죽음을 맞은 것은 아니지만, 우리가 두려움에 떨지 않고 죽음과 대면하는 데 필요한 지혜를 주는 것이 바로 철학입니다. 철학은 죽음을 준비하는 법을 가르쳐 주고, 죽음에 대한 준비 없이 우리는 결코 행복하게 살 수 없습니다. '어떻게 죽을 것인가?'라는 문제는 곧 '어떻게 살 것인가?'라는 문제와도 연결되니까요."[참고: 사이먼 크리칠리(2009). 죽은 철학자들의 서(역). 서울: 이마고]

75) 삶살이에서는 그동안 늘 강조되어 오던 지력이니, 지능검사결과(IQ) 같은 것보다 더 중요한 것이 있다. 그것은 감정·직관·정서 같은 것이다. 감정이나 직관은 사람을 사람답게 만드는 지혜를 키운다. 다른 이들과 창의적인 관계를 맺게 만들기도 한다. 관계나 지혜로 살아가는 것이 인간인 것은 인간이 바로 이성적 동물을 넘어서는 넓은 뜻의 사회적 동물, 즉 소셜 애니멀이기 때문이다. 소셜 애니멀에 관심이 있는 학자들은 한 가지 예로써 소위 똑똑한 사람, 말하자면 지능지수가 135 이상 되는 두뇌 그룹을 오

랜 기간 동안 관찰했다.

놀랍게도 그런 이들 중에는 퓰리처상 · 맥아더상을 수상한 사람이 없었다. 지능지수가 높다고 사람들과의 관계력이 더 뛰어난 것은 아니었다는 증거다. 사회적으로 성공하게 만드는 것도 아니었다. 실제로 저들이 노벨 화학상 · 의학상을 받았거나, 슈바이처나 이태석 신부처럼 타인을 위한 봉사의 전선에서 활약하는 것도 아니었다. 그런 인물들은 연세대학교, 고려대학교, 서울대학교, 혹은 하버드 대학교, 스탠포드 대학교, MIT 출신과는 거의 무관했다[참고: 데이비드 브룩스(2012). 소셜 애니멀(역). 서울: 흐름출판].

76) 중앙일보의 김호정 기자는 「신동이 거장이 되려면?」이라는 아주 짧은 글에서 제아무리 신동이라고 하더라도 사람이 먼저 되지 않으면 신동은 신동으로 끝난다는 것을 피아니스트 신동으로 세계적인 관심을 받았던 피아니스트 에르빈 니레지하지(Ervin Nyiregyhazi)의 경우를 들어 이야기한 적이 있다. 마치 리스트가 다시 살아 나타난 것 같다는 평을 들었던 영재 피아니스트 에르빈 니레지하지의 삶을 그는 이렇게 묘사한다. "한 살도 안 된 아이가 노래를 합니다. 몇 달 뒤엔 장난감 피아노를 제법 두드리고요. 당신의 아이라면 어떻게 할 건가요? 아마 영재 교육원에 데려가야겠다는 마음이 들지 않나요."

에르빈 니레지하지의 부모도 그랬습니다. 1903년 헝가리에서 태어난 아이는 6세에 네덜란드 암스테르담 정신분석연구소의 '연구 대상'이 됐습니다. 본격적으로 피아노를 배웠고, 15세에 베를린 필하모닉과 데뷔했습니다. 연주곡은 프란츠 리스트의 협주곡 2번. 리스트는 피아노 테크닉의 역사를 다시 썼던 천재죠. 니레지하지는 살아 돌아온 리스트 같았다고 합니다. 신동이 성공하는 속도는 어지러울 정도였죠. 유럽을 평정한 니레지하지는 신대륙으로 건너갔습니다. 17세에 뉴욕 카네기홀에서 데뷔했고, 역사상 가장 논쟁적인 연주 중 하나를 기록합니다. 당시 음악계의 권력을 쥐고 있던 작곡가 아널드 쇤베르크는 지휘자 오토 클렘페러에게 '이런 피아니스트는 처음'이라는 편지를 썼습니다.

화려한 무대와 찬사를 다 가졌습니다. 그리고 이때부터 망가지기 시작했습니다. 니레지하지는 자신의 매니저를 고소했습니다. '내 실력을 알아보지도 못하고 성악 · 바이올린 반주를 시킨다'는 거였죠. 재판에서 졌습니다. 재산이고 집이고 다 빼앗기고 거리로 나왔죠. 뉴욕의 그랜드 센트럴 역에서 노숙했습니다. 끝이 아닙니다. 아홉 번 결혼했고, 여덟 번째 부인과는 '베토벤 연주할 때 하품했다.'는 이유로 헤어졌습니다. 평생 지나치게 많은 술을 마셨습니다. 1930년대부터 아예 종적을 감췄고요. 사람들은 그를 잊었고, 잊혀진 천재는 희망도 야망도 없이 하루하루를 살아갔습니다. 돈이 떨어지면 할리우드 영화에 들어갈 곡을 연주했을 뿐입니다. 연습할 피아노도 없었습니다. "나는 연습이 필요 없다. 머릿속에 다 있다."고 했고요……. '신동'의 동의어인 모차르트는 서른다섯 살에 세상을 떠났죠. 여든 살까지 살았으면 두 배로 대단했을까요? 니레지하지는 여든넷까지 살았습니다. 하지만 아무도 기억하지 못합니다. 평전 · 다큐멘터리 등을 보면 지독히 불행했던 인생이란 걸 알 수 있습니다. 열두 살에 아버지를 여의었는데, 혼자된 어머니는 아들을 돈벌이 수단으로 여겼던 듯합니다.

집안의 희망이던 천재 아들은 장성한 뒤 "어머니가 나치 수용소에서 숨을 거둔 건 정말 잘된 일"이라고 일갈합니다. 손열음, 김선욱 등 피아니스트를 잇따라 길러낸 '명 조련사' 김대진은 이렇게 말한 적이 있습니다. "지나치게 많이 가진 아이들이 있다. 그걸 제어하도록 돕는 일이 정말 어렵다."고요. 니레지하지의 연주를 들어 보면 이런 제동 장치가 없습니다. 나이가 들어서도 빠르고 화려하기만 합니다. 과도한 천재성이 연주를 망칠 때까지 그를 도와준 사람이 없었다는 걸 알 수 있습니다. 신동을 거장으로 성장시키는 건 뭘까요. 연습? 행운? 사회성? 니레지하지에겐 '행복'이 필요했습니다. 도와주고 사랑해줄 사람이 없었습니다. 어쩌면 한 살배기 아이에게 영재 교육원 대신 따뜻한 사람들을 마련해 주는 편이 좋았을지도 모르겠습니다[참고: 김호정(2011). 신동이 거장 되려면. 중앙일보 Sunday Magazine. 2011년 1월 8일자].

77) 참고: 프리드리히 니체(2002). 인간적인 너무나 인간적인(역). 서울: 책세상.

78) 목욕 문화와 전염병, 그리고 종교 간의 상관성만 해도 지금의 기준으로 보면 상당히 편견의 결과임을 알 수 있다. 중세시대에 유럽인은 씻는 행위 자체를 좋아하지 않았다. 그것은 전염병을 예방하기 위한 일상의 조처였다. 목욕을 하면 병이 들어 있는 수증기가 몸 속으로 침입해서 병에 전염된다고 생각했기 때문이다. 결론은 간단했다. 전염병을 예방하는 가장 '현명한 방법'은 수도원에서는 씻지 않는 일이었다. 그것을 생활화하면 전염병이 차단될 것이라는 생각이었다. 전염병은 이제 사람들에게 목욕을 더 기피하게 만들었다. 전염병은 더 창궐했을 뿐이다. 게다가 목욕 거부의 인습과 편견은 중세시대의 기독교인들로 하여금 더러움을 거룩함의 상징으로 바라보는 기묘한 전통을 보편화시켰다. 로마의 목욕 문화를 방탕하고 지저분하다고 생각했던 한 수도사는 자신의 속옷에 이가 끓어오른다는 것을 자랑까지 했었다[참고: 빌 브라이슨(2011). 거의 모든 사생활의 역사(역). 서울: 까치].

79) 뇌신경의학계의 역사에는 H.M.이라는 익명의 신화적인 존재가 늘 언급된다. H.M.은 완전기억상실증 환자의 대명사 같은 존재다. H.M.으로 알려진 헨리 구스타프 몰레이슨 씨는 9세 때 자전거에 머리를 부딪친 후 심한 간질 증세에 시달렸다. 수술 후유증으로 증세가 더 심해져 하루에 한 번 이상 의식을 잃을 정도의 발작을 일으키자 27세에 이르러 뇌수술을 받았다. 뇌수술은 성공적이었지만, 이 수술로 그의 삶에는 엄청난 변화가 들이닥친다. 몰레이슨 씨는 더 이상 정상적인 삶을 누릴 수 없었다. 감각, 운동, 언어, 지능 등은 정상이었지만, 자신의 새로운 경험에 대한 기억능력은 완전히 소멸되었기 때문이다. 과거의 오래된 기억들은 그런대로 유지가 되었으나 새로운 경험을 기억하는 능력은 완전히 제거되었다.

예를 들어, 그는 어머니가 조금 전에 병실에 왔다가 귀가한 뒤 어머니를 만난 사실을 기억할 수가 없었다. 몰레이슨 씨는 새로운 경험을 장기기억으로 저장하거나 그것을 하나의 사실로 응고시킬 수 없게 된 것이다. 그러니까 금방 사람과 인사를 하고도 그와 인사를 한 사실을 기억하지 못하기에 그 사람과의 인사라든가 친분 같은 관계의 개념과 관계의 지식을 쌓을 수가 없게 된 것이다. 그에게는 경험지를 축적할 수가 없었다. 경험지를 쌓을 수 없는 상황에서 그는 인격과 인간으로서의 정상적인 아이덴티티를 형성할 수가 없었다. 몰레이슨 씨는 결국 기억을 잃어버린 것이 아니라 자신의 아이덴티티, 인격을 상실한 것이다. 그는 2008년 12월 2일, 미국 동부 코네티컷 주의 한 요양소에서 82세의 일기로 세상을 떠났다. 하지만 실질적으로 그는 뇌수술을 받고 기억능력을 소거당한 27세, 바로 그 27세로 그의 삶을 마감한 것이나 마찬가지였다[참고: Carey, Benedict(2008). H. M., an unforgettable amnesiac, dies at 82. *The New York Times*. December 4, 2008; Corkin, S. (2002). Whats new with amnesic patient H.M.?. *Nature reviews Neuroscience, 3*, 153-160].

80) 소요학파들에게는 삶을 위한 걷기가 중요했다. 삶은 흥미와 재미로 만들어지는 게임과는 거리가 멀다고 생각했기 때문이다. 그런 생각에 몰두한 사람 중의 한 사람인 아리스토텔레스는 기원전 334년에 아테네로 돌아와 '리케이온'이라는 학교를 세웠다. 그 학교에는 나무가 뒤덮인 울창한 산책로가 있는데 그 이름은 '페리파토스'였다. 아리스토텔레스는 이 산책로를 거닐며 뒤따라오는 학생들을 가르쳤다. 소요학파라고도 불리는 이유는 바로 이 때문이다. 소요학파(逍遙學派)는 아리스토텔레스가 페리파토스라는 산책로를 소요하면서 제자들을 가르쳤다는 데서 유래된 말이다.
페리파테토스(Peripatetics)란 단어는 '습관적으로 먼 길을 떠나는 사람'을 뜻한다. 소요(逍遙)학파는 주변의 거리를 걷는 사람들의 모임을 말한다. 고대 아테네 여기저기에 세워진 신전들에 연결된 지붕 덮인 주랑(柱廊)은 일종의 산책로였다. 이 통로를 거닐면서 저들은 삶과 공동체가 나아가야 할 바를 이야기했다. 이들은 이곳에서 왔다 갔다 했다. 낮에는 날이 더워 그럴 수밖에는 없다. 후대에 이르러 아리스토텔레스가 걸으면서 강의하고 가르쳤다는 말이 나온 것은 모두가 이 때문이다.

81) 신경과학자인 개리 스몰(Gary Small) 교수와 드라마 작가인 지지 보건(Gigi Vorgan)은 디지털 기술에 익숙한 세대를 '아이브레인 세대'라고 부른다. 이들은 아날로그에 친숙한 기존 세대가 생각하는 방식뿐만 아니라 그들의 행동 방식을 변화시키고 있다. 이들 아이브레인 세대의 뇌는 인류의 뇌가 향하고 있는 진화의 방향을 보여 준다는 점에서 중요하다는 것이다. 뇌신경망을 통해 일어나는 변화를 의식하지 못한다고 하더라도, 변화는 보이게, 보이지 않게 지속적으로 이루어지기 때문이다.
새로운 환경이 주는 뇌 자극은 건강에 유익하지만, 디지털 기술의 등장은 조금 성격이 다르다. 많은 사람들이 최신 디지털 기술이 요구하는 멀티태스킹을 제대로 처리할 수가 없어서 사회적으로 낙오되고 있기 때문이다. 특별히 디지털 기술이 요구하는 멀티태스킹에 적응하지 못함으로써 주의력결핍장애(ADD)나 주의력결핍 과잉행동장애(ADHD)의 희생양이 되고 있다. 일부 전문가들은 아날로그 세대가 신음하는 주의력결핍장애가 어떤 의미에서는 의학적인 장애라기보다는 오히려 급속도로 발달하는 기술이 전달하는 수많은 파편적 정보들에 대해 지속적으로 노출된 뇌가 그 스스로 적응하는 현상이라고 해석하기도 한다. 다시 말해서 주의력결핍장애는 의학적으로 주장되는 정신적 장애라기보다는 현대인의 뇌가 새로운 디지털 테크놀로지에 적응하여 뇌 신경망을 새롭게 연결하며 작동하는 결과이기에, 이런 증상은 기존의 아날로그에 의해 정의된 주류 문화를 다시 새롭게 정의하게 만들어 줄 것이라는 것이다.
디지털 기술에 적응한 아이브레인 세대는 디지털 자극의 영향으로 좀 더 빠르게 반응하며, 집중 시간도 상대적으로 짧다. 그들은 즉각적 만족을 추구하기 때문에 장기적인 계획을 짜거나 삶에 대한 큰 그림을 그리는 것이 어려운 과제로 다가오기도 한다. 멀티태스킹 능력과 즉흥성, 테크놀로지 의존성은 높지만 상대적으로 타인에의 공감 능력이 떨어지는 것들은 디지털 기술에 적응한 아이브레인 세대의 특징이다. 이들이 갖고 있는 장단점을 바탕으로 인류는 지금보다는 더 나은 진화의 방향을 선택할 수 있다[참고: 개리 스몰·지지 보건(2010). 아이브레인-디지털 테크놀로지 시대에 진화하는 현대인의 뇌(역). 서울: 지와 사랑].

82) 참고: 에카르트 폰 히르슈하우젠(2010). 행복은 혼자 오지 않는다(역). 서울: 은행나무.

83) 다이어트를 한다고 할 때, 완벽주의자들은 목표에 도달하지 못하면 실패한 것으로 여기고 그렇게 하지 못한 것에 대한 자괴감으로 괴로워한다. 실패를 부정하기 때문에 자신에게 찾아오는 고통스러운 감정 그 자체에 견디지를 못한다. 실패에 대한 불안감에서 쉽게 벗어나지 못하기에, 성공을 이루어도 그 성공을 제대로 즐길 줄을 모른다.

완벽주의자들은 보통 사람들에 비해 사망 위험률이 높다. 51퍼센트나 더 높다. 게다가 저들은 우울하거나 불안 증세를 보인다. 최적주의자들은 저들과 다르다. 저들은 현재의 자신을 있는 그대로 인정하고 사랑한다. 불안감과 불행에서 벗어나려고 노력한다. 최적주의자들은 그들이 겪고 있는 컨테이너만한 고뇌를 콩알만하게 줄여 놓는다. 완벽주의자들은 그 반대의 삶을 산다. 콩알 만한 어려움을 컨테이너 만하게 부풀려 놓는다. 자기 홀로 지구를 짊어진듯이 고뇌한다. 행복한 삶은 결과가 아닌 '과정'이다. 목적지가 아닌 '방향'에 있다. 최적주의자들은 그것을 최대한 포용하고 살아간다. 살아가는 동안에는 실패를 경험할 수도 있다.

그것이 삶이다. 실패라는 것은 성공으로 가기 위한 과정이다. 삶살이에서 불가피하게 일어날 수 있는 또 다른 경험일 뿐이다. 작은 실패들이 있기에 성공이 가능한 것이다. 실패를 새로운 성공을 위한 지렛대로 활용한다. 마치 어린아이가 넘어지면서 걸음마를 배우듯이 조금씩 망가지면서 새로 익힌다. 조금씩 실패하면서 성공에로의 발길을 배운다. 그것이 행복에 이르는 길이다[참고: 탈 벤 샤하르(2010). 완벽의 추구(역). 서울: 위즈덤하우스].

84) 인체는 '세포(cell)'라는 기본 단위로 이루어져 있다. 각각의 세포들은 성장과 분열의 방식, 그리고 다른 세포들과 어떠한 방식으로 조화되어 조직과 장기를 만들어야 하는지에 대한 고유한 규칙을 갖고 있다. 유전자 속에 그 모든 규칙을 담고 있다. 인체는 나름대로 자치적인 세포들로 구성된 대단히 복잡한 사회와 같다. 각각의 세포는 완전히 독립적인 생명체의 속성을 상당 부분 지니고 있다. 각각의 세포가 규칙적이며 독립적으로 성장하고 분열한다는 점에서 인체는 숨이 멎을 듯한 경이로움과 영원한 위험을 동시에 맞이한다.

인간의 DNA는 유전자 복제 규칙이 있으며, 불량 복제를 복구하는 유전자도 있지만, 세포는 독립적으로 성장하고 분열하는 경이로움을 갖고 있기에, 세포는 때때로 인체의 공익과 조화를 무시하고 자기만의 조직이나 장기를 만들려고 할 때가 있다. 이때가 바로 세포분열의 혼돈 상태다. 이 혼돈 상태에서 나타나는 것이 암이며, 암의 돌출은 세포가 혼돈 상태에 돌입했다는 것을 증거하는 것이다. '암(cancer)'은 일반적인 생각과 달리 외부에서 침입해 들어오는 바이러스나 세균이 아니라 모든 인체 조직을 구성하는 똑같은 재료로 만들어진 인체 '내부의 반란자', 즉 변종일 뿐이다[참고: 로버트 와인버그(2005). 암의 탄생과 성장-세포의 반란(역). 서울: 사이언스북스].

암은 외부를 조심하기보다는 내부를 조심해야 할 내부 변절자일 뿐이다. 암은 정상 조직과 똑같은 구성 요소, 즉 인체의 세포를 이용해서 생물학적 질서와 기능을 제멋대로 파괴하는 해로운 세포 덩어리를 만들고, 이 세포 덩어리를 막지 못하면 인체라는 복잡한 구조물은 무너져 내린다. 이 세포들은 주위의 조직이나 생명체의 안녕에는 관심이 없으며, 암의 시작이라고 하는 조상과 마찬가지로 후손들도 한 가지 프로그램만을 염두에 두고 있다. 그것은 바로 성장, 복제 그리고 끝없는 확장이다. 암 역시 성장, 복제 그리고 확장으로써 암의 왕국을 만들어 간다. 암이 일으키는 혼돈은 사람들이 그토록 질리는 현대판 특유의 질병이 아니다. 고대부터 지금까지 모든 다세포 생명체들이 감수해 온 위험이었고 위험의 과정에 지나지 않는 것이다. 인체를 구성하는 세포가 수십조 개라는 사실만 보더라도 길고 긴 인생을 살면서 암에 걸리지 않는 사람이 있다는 것이 오히려 놀라운 일일 뿐이다. 가장 중요한 것은 '예방'과 '조기 발견'일 뿐이다.

85) 참고: 문종성(2011). 산속 평화를 깨는 철없는 여행자. 가이드 포스트, 2월호.

86) 참고: 진교훈 외(2010). 인격. 서울: 서울대학교 출판부.

87) 참고: 아리스토텔레스(2011). 니코마코스 윤리학(역). 서울: 길.

88) 참고: 법정(2005). 숫타니파타. 서울: 이레.

89) 참고: 월터 카우프만(2011). 인문학의 미래(역). 서울: 동녘.

90) 참고: 박성호(1994). 프로네시스의 실천적 조건으로서 헥시스. 철학논총, 제10집, 1-8.

91) 참고: 에픽테투스(2008). 엥케이리디온(역). 서울: 까치.

92) 문화방송은 〈수홍 씨, 아버지 두 번 살린 그날(2011. 11. 4. 아침 8시 45분)〉이라는 휴먼 다큐 프로그램을 방영했다. 스물다섯 살의 조수홍 씨는 6년 전 자신의 간 절반을 떼어 아버지를 살렸던 젊은 청년이었다. 다시 병세가 나빠진 아버지를 살리기 위해 이번에는 신장도 아버지와 나눴다. 한 공여자가 한 수혜자에게 두 번 연속으로 장기를 이식한 사례는 국내외를 통틀어 처음 있는 일이다. 그런 아들을 바라보는 아버지는, 남들이 자기를 보면 어떤 사람이라고 하겠느냐고 한탄을 하고, 이것을 보고 있는 수홍 씨의 어머니는 남편을 살리기 위해 두 번이나 아들을 희생해야 하기에 억장이 무너져 눈물이 마를 날이 없다. 어버이를 위한 효도 중에서도 이렇게 감동적인 장면이 흔치 않았기에, 시청자들에게 한 번 더 효(孝)의 본질이 무엇인지를 깨닫게 만들기 충분했다.

93) 프랑스 8 대학과 파리 고등사범학교의 철학과 교수인 알랭 바디우(Alain Badiou) 교수는 1937년 모로코에서 태어났다. 노장 철학자로 불리우기도 하는 그는 젊어서 장 폴 사르트르를 추종했었다. 파리 고등사범학교에 다니는 동안 바디우는 알튀세르의 영향을 크게 받게 된다. 1968년 혁명에도 열정적으로 참여했으며, 1970년대 마오주의 운동 중심에 있다가 1980년대에 그는 과감하게 맑스주의를 벗어난다. 철학의 특권화와 진리의 봉합에 혐오감이 생겼기 때문이다. 그 후 독자적인 이론을 만들어 나간다.

그는 옛 학문의 동지들을 모아 '당 없는 정치'를 만들어 활동하기도 했다참고: 알랭 바디우(2010). 철학을 위한 선언(역). 서울: 길].

진리가 여럿이라면 그 진리가 생산되는 장소도 여럿일 수밖에 없다. 바디우 교수는 그 영역을 '진리의 생산 절차'라고 부르며 그 절차와 영역을 네 영역으로 가른다. 혁명적 정치, 사랑, 과학, 예술이 바로 그런 네 영역이자 절차인데, 진리는 그런 영역에서 서로 부대끼고 관계하면서 생산된다는 것이다. 그렇게 네 영역 안에서의 부대낌과 관계를 봉합이라고 부르는 바디우 교수는 전통 철학일수록 진리를 생산하는 절차들을 전체적으로 봉합했거나 부분적으로 위임함으로써 그들의 진리를 특정 영역에 구속시키며 진리를 절대화시켰다고 본다. 예를 들어, 영미권의 아카데미 철학이 아직도 과학적 실증주의에서 벗어나지 못하는 것은 19세기가 되자 철학이 과학적 실증주의에 봉합되었기 때문이며, 마르크스 주의의 출현은 철학이 정치와 과학에 동시에 봉합되었기 때문에 가능했었다고 본다. 이런 봉합을 정치적으로 활용한 스탈린은 이런 봉합을 변증법적 유물론으로 불렀다. 봉합은 임시 방편이었을 뿐이라는 자성이 일기 시작했다.

철학이 제자리를 찾아야 한다는 자성론이었다. 철학이 제자리로 되돌아오기 위해서는 탈봉합이 필요하다. 탈봉합된 철학은 특정 진리의 폭압적 전제에서 벗어나서 네 가지 진리 생산 절차인 혁명적 정치, 사랑, 과학, 그리고 예술을 동시에 사유하는 철학으로 되돌아와야 한다는 것이다. 전통적인 철학의 조류들은 진리를 특권화하기 시작하면서 곤경에 빠졌고 사람들로부터 버림을 받기 시작했다. 진리들이 봉합되면서부터 야기된 철학에 대한 경시 풍조를 회복하고 정화하기 위해서는 가능성의 철학 정신이 필요하다고 주장하는 바디우 교수는 그렇게 하기 위해서는 각자의 영역에서 모두가 나름대로 각각의 진리를 생산하는 가능성의 철학이 필요하다고 주장한다.

94) 바디우 교수는 해체의 시대로 특징지어진 이 시대에서 새로운 윤리적 관계를 사랑의 예로 설명한다. 해체의 시대란 별것이 아니다. 그동안 교조주의적 진리들은 늘 동일성을 강조했다. 동일성이 드러나기 위해서는 차이(差異, difference)를 은폐 해야 했다. 차이는 억압되고 무시되어 나타나지 않는 상태를 동일성이라고 말해 왔다. 그것은 허위였고 기만이었다. 그 동일성이라는 기만과 허위가 폭로되어야 차이라는 것들이 복원될 수 있다. 동일성을 해체하면 차이가 발견된다. 차이가 발견된다는 것은 차이를 가능하게 것이다. 차이를 가능하게 하려면 타자의 존재가 발견되어야 한다. 차이는 단순하게 발견되는 것이 아니다. 차이는 동일성이라는 허위와 기만을 끊임없이 해체하는 과정에 발견되는 것이기 때문이다. 해체의 끝에서 타자와의 차이의 관계가 드디어 발견되는 것이다. 차이의 발견은 차이와의 관계를 말한다. 발견된 타자와 내가 무슨, 어떤 윤리적 관계를 맺느냐에 따라 윤리적 관계가 비로소 성립된다. 바디우 교수는 바로 이 지점에서 '충실성'이라는 명제를 내세운다. 충실성은 사랑의 윤리를 드러내는 명제다. 새로운 타자와의 만남이 부대낌의 수준으로 변화될 때에만 충실성이 드러난다. 충실하기 위해서는 자신을 타인이라는 차이에 걸맞게 변화시켜야 한다. 그렇게 변화시켰을 때 우리는 서로 주체로 만나게 되고 서로 부대낌이 된다. "사랑의 만남의 영향 아래 내가 그 만남에 실제로 충실하고자 한다면, 내 상황에 '거주하는' 나 자신의 방식을 머리에서 발끝까지 바꾸어야 한다는 것이 바디우의 지론인 이유다.

주체는 미리 나서 있는 존재가 아니다. 타자와의 관계가 진정성으로 충실할 때에 서로 주체가 나타난다. 진정성의 윤리는 단순히 '타자에 대한 배려'만을 의미하지 않는다. 배려를 넘어선다. 단순히 '타자와의 공존'이라는 논리로 국한되는 것도 아니다. 부대낌이 결여된 타자에 대한 배려나 공존은 끝까지 서로 객체로 남기 때문이다. 내가 변하지 않는 주체는 상대방을 객체로 만들 뿐이다. 서로 주체는 너도 변하고 나도 변하는 부대낌의 어울림이기 때문이다[참고: 알랭 바디우(2001). 윤리학(역). 서울: 동문선].

95) 퀘벡 대학교 교육학과 교수인 노르망 바야르종(Normand Baillargeon)은 이 시대 마지막 지성인으로 추앙되는 촘스키처럼 사유하기 위해서는[참고: 노르망 바야르종(2011). **촘스키처럼 생각하는 법-말과 글을 단련하고 숫자 언어 미디어의 거짓으로부터 나를 지키는 기술**. 서울: 갈라파고스], 끝까지 주목해야 할 것이 있다고 말한다. 사람들이 주고받는 말에 숨겨진 진짜 뜻을 생각해야 하며, 숫자로 생각하되 함정을 조심해야 하며, 기억은 사실과 다를 수 있음을 기억하면서 과학을 과학적으로 의심하고 성찰해야 하며, 매스컴이 쏟아내는 보도들이 정말로 누구를 위한 보도인지 꼼꼼하게 따지라고 조언한다. 우리로부터 깊이 생각할 기회를 빼앗아 가는 모든 것에 대해 조심하라고 충고하는 그는 모든 것을 의심하는 태도나 모든 것을 쉽게 믿는 태도 모두는 편리한 해결책이기는 하지만 그것에도 위험이 뒤따른다는 것이다. 그리고 우리가 그렇게 신봉하는 과학적 보편성과 절대성이라는 것도 존재할 수 없다는 것이다. 과학적 보편성이라는 것은 인과적 지식의 나열에 지나지 않기 때문에 과학이라는 말에 주눅들 이유가 없다고 가르친다.

96) 리처드 레이어드(Lord Richard Layard)는 런던 정경대(LSE) 교수였다. 2000년부터는 상원의원을 역임하고 있다. 그는 일생을 행복 연구에 바쳤다. 좋은 국가는 국민이 행복한 국가이며, 개인의 행복에 대해 정부가 철저히 책임지도록 할 필요가 있다고 주장하는 그는 '행복 운동(Action for Happiness)'을 창설해 전 세계에 전개해 나가고 있다[참고: 리처드 레이어드(2011). 행복의 함정: 가질수록 행복은 왜 줄어드는가(역). 서울: 북하이브].

97) 참고: 알랭 바디우(2001). 윤리학(역). 서울: 동문선.

98) 참고: 알랭 바디우(2009). 사랑예찬(역). 서울: 길.

99) 참고: 제이슨 바커(2009). 알랭 바디우 비판적 입문(역). 서울: 이후.

100) 인간에게 유혹의 출발을 성경은 창세기에서 그린다. 창세기 저자는 하느님이 에덴동산에 선악과(善惡果)를 심었다고 기술한다. 선과 악을 가리는 지혜의 나무와 과일이 선악과다. 신은 자신의 피조물에게 에덴동산에서 자유롭게 놀이하며 살아가라고 말한다. 에덴동산에서 유일한 인간들인 아담과 이브는 과수원 청지기가 되는 셈이다. 신은 저들에게 같이 살게 만든다. 저들은 아직 사랑이 무엇인지도 모른다. 부끄러움이 무엇인지도 모른다. 저들에게는 하느님이 지니고 있는 예지력(叡智力)이 없었기 때문이다.

신은 아담과 이브에게 명한다. 선과 악을 알게 만드는 과실을 먹지 말라고 명한다. 그것은 "너희가 그것을 먹는 날에는 너희 눈이 밝아 하느님과 같이 되어 선악을 알 줄을 하느님이 아심이니라. 여자가 그 나무를 본즉 먹음 지도하고 지혜롭게 할 만큼 탐스럽기도 한 나무인지라 여자가 그 실과를 따먹고 자기와 함께한 이에게도 주매 그도 먹은지라. 이에 그들의 눈이 밝아 자기들의 몸이 벗은 줄을 알고 무화과나무 잎을 엮어 치마를 하였더라.”고 기술하고 있다(참고: 창세기 3: 5-7].

아담의 여인이 먼저 선악과를 따 먹는다. 뱀에게 유혹당했기 때문이다. 그것은 기실 핑계다. 자기 이해, 이기주의가 발동했기 때문이다. 신의 명령을 거부할 정도로 인간에게 고유한 것은 삶에 대한 이기주의다. 뱀은 이기주의의 표징이다. 이기주의가 그녀에게 말했다. 생명의 나무, 과실나무가 특별한 과실이 아니라고 말했다. 인간이 취할 수 있는 과실 중의 하나라고 말했다. 먹는다고 죽는 것도 아니라고 말했다. 유혹인 뱀이라는 이기주의, 그 ‘타자(他者)’의 설득에 따라 여인은 선악과를 따먹는다. 그것을 남편에게도 건넨다. 그도 그녀의 건넴에 그 어떤 거부를 하지 않는다. 주는 대로 선악과를 먹어 버린다. 그들은 이내 발각된다. 에덴동산의 주인이 저들을 꾸짖는다. 죽이지는 않는다. 대신 에덴 공동체에서 추방한다. 에덴동산에서 떨어진 동쪽일 뿐이었다. 다시는 과실을 따먹을 수 없도록, 다시는 들어올 수 없는 장벽들이 쳐진 에덴의 동쪽이었다.

성경에 서술된 내용을 신화적으로 읽어 가면, 여인은 에덴 공동체에 거주하는 타자에 의해 먼저 속는다. 그 타자는 자기의 이기주의다. 이기주의의 유혹에 넘어간다. 여인은 다시 남편을 꾄다. 둘은 선악과를 맛있게 먹는다. 하루를 살기 위한 식량이었을 뿐이었다. 아담과 이브는 부부다. 신이 창조한 사랑의 관계다. 부부는 서로 유혹하고 유혹당하는 관계가 아니다. 여인은 먼저 원했다. 여인이 먼저 자신을 유혹했다. 뱀이 그녀의 마음을 놓치지 않았다. 여인은 멍청이가 아니었다. 뱀의 말을 이해할 수 있었다. 그녀는 예지(叡智)하기를 원했다. 그녀는 신에게 거부하는 힘을 보여 줬다. 예지일탈(叡智逸脫)의 위력이 드러난 것이다. 이기주의는 그녀의 희생양이었을 뿐이다.

여인이 남편에게 자기의 죄와 상쇄하도록 그를 유혹한 것이 아니다. 아담과 이브, 두 사람의 관계는 유혹의 관계가 아니기 때문이다. 부부라는 윤리의 관계이기에 자발적이다. 서로 주체가 되는 서로 배움의 관계다. 부부는 논리적인 관계가 아니다. 살을 맞대고 부대끼며 하루를 살아가야 하는 공생과 애정의 관계다. 부대낌이 선행하는 애정 윤리의 관계다. 아담과 이브의 부부 사이에는 부부로서 지켜야 할 사랑의 윤리가 개입한다. 부부는 서로 살아가야 한다. 에덴동산에서 하느님과 자연(自然) 간에 설정된 경계를 자신의 생존을 위해 활용하면서 살아가야 한다.

성경에 나오는 하느님이라는 이름은 결국 자연이라는 말을 지칭하는 것이라고 해석하는 김용규 교수는 그것의 근거로 구약 출애굽기(3: 13-14)에 등장하는 히브리인들의 하느님을 예로 든다. 출애굽기를 읽어 가면, “모세가 하느님께 고하되 내가 이스라엘 자손에게 가서 이르기를 너희 조상의 하느님이 나를 너희에게 보내셨다 하면 그들이 내게 묻기를 그의 이름이 무엇이냐 하리니 내가 무엇이라고 그들에게 말하리이까 하느님이 모세에게 이르시되 나는 스스로 있는 자니라 또 이르시되 너는 이스라엘 자손에게 이같이 이르기를 스스로 있는 자가 너를 너희에게 보내셨다 하라.”라는 구절과 마주친다. 이 구절에서 “나는 스스로 있는 자”라고 지칭하는 ‘에흐예 아세르 에흐예’가 바로 하느님의 이름에 대한 어원을 제공하는 단서다. 에흐예 아세르 에흐예, 즉 ‘나는 있는 자’라는 말은 생성 또는 소멸되지 않기 때문에 이름을 붙일 수는 없지만 그 스스로 모든 탄생과 변화의 원인인 '있음(존재)' 그 자체를 말하는, 스스로 그렇게 되는 것을 대신하는 것이며 그것이 자연(自然) 혹은 하늘 그대로의 천연(天然)을 지칭하는 것이다[참고: 김용규(2010). 서양문명을 읽는 신. 서울: 휴머니스트].

부부의 관계는 서로가 서로를 속이는 기만의 관계가 아니다. 사랑과 애정의 관계일 뿐이다. 애정의 관계인 부부라고 해도 타인과의 관계를 무시할 수는 없다. 그들에게 어떤 의무와 정보를 주는 타인들을 무시할 수 없다. 저들과의 관계는 이해 관계의 윤리 관계다. 피상적인 윤리 관계다. 서로가 서로에게 속을 드러내지 않는 위장의 관계일 수 있다. 한쪽이 다른쪽의 희생물이 되는 쾌락의 관계일 수도 있다. 서로가 경계를 늦추지 않은 의시와 점검의 논리적 관계일 수 있다.

아담 부부와 선과 악의 정보나무(the tree of the knowledge of good and evil) 간의 관계는 인간과 자연 사이의 생존 관계다. 하느님의 명령에 의해 저들의 관계는 금기의 관계로 설정된다. 생존의 관계가 사회적 관계로 틀이 바뀐 것이다. 금기의 논리가 설정되면서 공생의 관계가 금기의 관계로 굳어져 버렸다. 금기의 관계가 되면서 서로는 금기의 틀거리 만들기와 논리 설정의 관계로 변해 버린 것이다. 에덴동산이라는 공동체는 아담과 이브, 자연, 선악과 유혹자, 주인으로서 하느님 간의 상호작용이 일어나고 있는 하나의 무대다. 그곳에서 일어난 일들에 대한 틀 분석(frame analysis)에 따르면 아담, 이브, 사과, 유혹자, 주인들은 서로의 배역을 통해 자기의 행동을 의미화시키고 있음을 알 수 있다. 이런 틀 분석을 위해서 어빙 고프먼(Goffman) 교수의 연구를 차용할 수 있다. 틀, 즉 프레임은 개인이 사건들을 파악하고 명명할 수 있도록 해 주는 해석의 방법을 말한다[참고: Goffman, E. (1974). *Frame analysis: An essay on the organization of experience.* London: Harper and Row].

고프먼 교수는 그 어디든 사건과 그 사건에 대한 우리의 주관적 관여, 즉 사회적 사건을 지배하는 조직의 원칙인 프레임이 있게 된다고 본다. 그때 말하는 프레임이란, 상황을 정의하는 데 활용하는 규범이나 상호작용의 규칙, 사건을 인지하고 해석하며 문제해결의 가능성을 찾는 데 활용되는 성향이나 인식을 말한다. 그 어떤 사건이든 그 사건을 지배하는 규칙, 해석의 단서, 의미화를 위한 단서와 인식들이 없다면 현실은 감각적 사실들의 단순한 집합에 불과하여 어떤 해석이나 의미화가 불가능하다. 모든 사건에는 일련의 인식, 해석, 제시 그리고 선택과 강조와 배제의 지속적 패턴으로써의 틀거리가 있기에 사건을 둘러싸고 있는 현실은 일정한 질서를 부여받고 일정한 의미를 갖게 된다.

사건은 사건의 해석과 인지 틀인 프레임이 있기에 분석이 가능하다. 어떤 사건이든 선택과 현저성에 의해 해석된다. 말하자면 사건에 대한 프레이밍 과정을 통해 사건에서 어떤 특정 측면은 부각시킨다. 반대로 다른 측면은 삭제, 배제, 폐기시킴으로써 그것을 바라보고, 읽고, 해석하는 사건 관람자들의 인식에 영향을 끼친다. 프레임 분석을 통한 연구들은 일반적으로 에피소드식 프레임 분석과 주제식 프레임 분석이 있게 마련인데, 에피소드식은 사회 문제를 개인이나 사건 중심으로 본 결과 사회 문제 책임 소재를 특정 개인에 귀속시키는 방식의 틀 분석이고, 주제식 프레임 분석은 사건을 역사적인 맥락에서 접근해 사건의 인과 관계를 규명함으로써 그것에 대한 인과 관계와 해석을 사회 구조적 차원으로 이해하는 방식이다.

틀 분석에서는 사건의 현장을 마치 하나의 연극 무대와 그 속에서의 연극으로 이해하며 분석하면 틀 거리의 적용이 보다 용이해진다. 일상생활에서의 자아 표현[참고: Goffman, E. (1959). *The presentation of self in everyday life*. London: Anchor Books]에서 인간이 살아가는 매일의 사회생활을 일종의 연극이라고 본 그의 관점처럼, 인간은 하나의 연극을 함으로써 자기를 남에게 보여 주고 드러 내는 인상 관리의 존재이기 때문이다. 인간이라는 주인공이나 배역은 나름대로 무대 위에서 배역에 따라 배우들이 관객을 향해 자기의 인상을 관리하면서 배우로서의 자아 표현을 극대화하느냐를 놓고 극중 상황을 정의하며 그것을 자신에게 최대한 유리하게 의미화시키는 사람들이다.

인상 관리는 매일 자기 삶, 대인관계에서도 요구된다. 행위자로서 내가 한 상황에 놓이면, 말하자면 다른 이들과 커피를 마시든 회의를 하든 간에 그 어떤 상황에 들어서면, 상황을 정의하고 상황에 맞는 인상을 만들어 내고 이를 관리할 때 나의 생존감, 생존 가능성이 점쳐지게 된다. 그렇게 내가 타인 앞에서 해내는 인상 관리는 마치 하나의 공연(performance)과 같다. 이 공연을 위해 인상 관리자로서의 배우인 나라는 배역은 팀(team: 인상 관리에 있어서 상호 협력과 상호 지지를 위한 집단), 전면 영역(front region: 공연이 이루어지는 장소), 후면 영역(back region: 공연을 준비하는 장소, 외부 영역)들을 최대한 활용해야 한다.

자연스런 관계가 부자연스런 관계로 변질된 것이다. 부부라는 애정의 윤리 관계가 서로 의시하고 의심해야 하는 논리의 관계로 변해 버린 것이다. 에덴동산이라는 공동체에서 아담과 이브를 둘러싼 인간적인 사건의 첫 번째 시작은 쾌락 문제였다. 취하지 말라는 것을 취한 것이다. 타자의 것을 먹음으로써 욕망을 해소한 것이다. 욕망 해소로부터 얻어낸 쾌락은 공동체의 윤리를 거부한 결과였다. 공동체의 와해가 가능한 사건의 시발점이었다. 창세기의 저자로 알려진 모세가 그토록 원했던 공동체의 윤리가 무너지는 것이다. 십계명의 윤리가 무너지면 공동체를 하나의 대오로 이끌어 갈 수 없다는 모세의 절박한 심정을 읽을 수 있는 장면이었다.

구약의 창세기는 공동체 윤리의 완성을 고뇌한 흔적이 강하다. 저들 공동체 일원들이 쾌락의 문제를 공동체 윤리의 관점에서 처리해야 한다는 것을 강조하고 또 강조한 것이다. 아담은 에덴동산의 청지기였다. 주인은 선악과를 귀하게 여겼다. 무엇이 선한 것이고 무엇이 악한 것인지를 알려 주는 기준이 훼손당하지 않기를 바랐다. 후대에 알려진 바에 의하면, 에덴동산의 주인이 아담에게 경고했던 선악 과일은 사과가 아니라, 바나나였다. 사람들은 구약 창세기에 등장하는 선악과(善惡果) 나무를 흔히 사과나무라고 믿고 있다. 서구의 성당에서는 창세기 에덴동산에 관한 그림에는 어김없이 사과나무가 등장하고 있다. 화가들의 그림에서 보는 것처럼 에덴동산에 사과나무가 있었다는 식으로 그려 내며 사과가 바로 선악과라고 설명해 오고 있다. 사실이 아니다. 창세기 이외의 다른 글 어디에도 에덴동산에 있었던 선악과가 바로 사과나무라는 서술이나 지적은 없기 때문이다.

고고학자들이나 성경 연구가들은 창세기 이외의 성서에서 사과나무를 선악과의 나무로 묘사하고 있지 않은 이유를 밝히고 있다. 연구들에 의하면 에덴동산의 위치상, 동시에 지리적으로 사과나무가 있을 수 없다고 보고 있다. 성경에서 묘사되고 있는 에덴동산에서는 토양으로 보아 사과나무가 자랄 수 없었기 때문이다. 지금의 페르시아만 앞 바다쯤의 지역인 에덴동산은 중동 지역이다. 중동 지역은 사과가 재배될 수 있는 지역이 아니다. 이 지역은 사과나무가 아니라 바나나가 흔하게 재배되는 지역이다. 그 옛날부터 바나나가 자라나기에 적합한 지역이다. 바나나를 선악과의 나무라고 해석해야 한다는 것이 창세기 에덴동산을 연구하는 학자들의 일관된 주장이다. 창세기가 쓰인 이래 지금까지도 이 지역 사람들에게는 선악과는 사과가 아니라 바나나로 이해되고 있다는 것이다. 중동 지역은 고대 이래 바나나의 주산지였다. 바나나 주산지의 대표적인 지역이 바로 요르단, 이집트, 오만, 이스라엘 등지다. 에덴동산에 기록되어 있는 선악과의 실체는 사과나무일 수 없다는 것이다[참고: 댄 쾨펠(2010). 바나나(역). 서울: 이마고].

에덴동산이라고 추정되는 지역적 특성이나 선악과에 대한 언어적 오독의 과정을 미루어 보면, 선악과는 바나나였다는 것이 고고학자들과 성서인류학자들의 공통된 견해다. 에덴동산 이야기를 다루고 있는 이슬람의 경전인 코란은 보다 더 사실에 가깝게 선악과가 바나나였음을 암시한다. 분류학의 후조인 린네는 자신의 주저 『자연의 체계』에서 두 종류의 바나나, 즉 노란 바나나와 녹색 플랜테인을 소개한 바 있다. 우리에게 친숙한 노란 바나나는 무사 사펜티움(musa sapentium)으로써 앎의 나무에서 열리는 '지혜의 바나나'를 의미하고, 녹색 플랜테인은 무사 파라디시아카(musa paradisiaca)로써 '천국의 바나나'라고 명명했다. 이런 생물학적이고도 고고학적인 설명 이외의 해석, 말하자면 바나나를 비유적으로 설명해도 바나나가 단순한 사과를 지칭하기보다는 기피의 과일, 상징의 과일로서의 선악과를 상징하기에 꼭 알맞다. 바나나는 그 옛날부터 남성의 성기를 상징하는 성적인 암시, 쾌락의 암시, 여성이 기피해야 될 상징으로 사용되어 왔다. 게다가 선악과를 아담에게 먹게 한 이브는 바나나처럼 무성생식으로 태어난 존재다. 바나나가 나무가 아니라 커다란 풀에서, 씨앗이 아니라 성장한 나무 일부에서 무성생식으로 만들어지듯이, 성경은 이브 역시 아담의 갈비뼈에서 만들어진 것임을 보여 주는 것도 상징성이 크다.

바나나가 사과로 둔갑한 것은 중세, 르네상스 시대 화가들의 성경 오독과 무지에 의해 그렇게 되었을 것이라는 것이 성경을 고고학적으로 다루는 연구가들의 일반적인 견해다. 오독의 시작은 쿠텐베르크 판 성경에 있었다. 쿠텐베르크가 성경의 대량 보급을 위해 인쇄용 판본의 모범으로 삼은 성경은 불가타(vulgata) 성경이었다. 불가타 또는 새 라틴어 성경은 5세기 초에 라틴어로 번역된 성경이다. 교황 다마소 1세는 382년, 옛 라틴어 번역을 개선하기 위해 히에로니무스에게 성경을 번역할 것을 명령해서 만들어진 성경이 불가타 성경이다. 불가타 성경에서는 선악과를 라틴어로 마룸(malum)이라고 기록했었다. 마룸이라는 단어는 그 당시 사과를 뜻하는 메론(melon)의 파생어와 우연히도 철자가 똑같았다. 이런 것에 깊은 식견이 없었던 화가들은 대량 보급되기 시작한 구텐베르크판 성경을 읽기 시작했다. 새로 출판된 성경을 읽으면서 화가들은 마룸이라는 단어를 구체적인 실물로 그려 내야 했는데, 그것을 철자가 엇비슷한 사과를 가리키는 것으로 해석하고 에덴동산을 묘사하는 그림을 그릴 때마다 그 장면에 사과를 그려 넣기 시작했다. 그 사과나무 그림들이 이 성당에서 저 교회로 전래되고, 보급되었다. 그 후부터 에덴동산의 선악과는 바나나가 아니라 사과나무로 그려졌다. 그후부터 그것이 하나의 진실로 자리를 틀어잡게 되었다.

바나나는 인류문명사적으로 쾌락으로 비유되는 상징적인 과일이다. 바나나는 중동권에서는 오래전부터 남성의 성기를 상징한다. 쾌락의 상징성을 갖는 것으로써 여성에게는 금기시 되는 것이었다. 고고학자들의 견해를 참고하면, 에덴동산에서 가장 급하게 금기시된 것은 성적 쾌락에 대한 금기였었다.

에덴동산의 청지기 부인이었던 여인이 가장 먼저 알게 된 것이 바로 성적 쾌락이었다. 쾌락은 별다른 저항없이 취할 수 있는 것이다. 그녀는 에덴동산을 얼씬거리던 한 유혹자의 유혹에 넘어간다. 그녀는 무너진다. 자발적인 무너짐이다. 여인은 금기시된 쾌락을 취한다. 금기는 더 이상 금기로 남아 있지 못할 것이었다. 주인과의 관계에 요구된 신의(信義)가 깨지는 순간이었다. 절대적인 신의가 개인적인 수준에서의 거래 문제로 바뀌어 버렸다. 금기된 쾌락을 위반한 대가로 얻어 낸 것이 추방이었다. 모든 비난은 여인 한 몸에 집중한다. 그녀에게는 에쩨브(etzev)가 쏟아진다. 히브리어로 상처, 통증, 고뇌, 슬픔을 상징하는 저주들이 쏟아진다. 남자에게는 노동의 수고와 고통인 이짜본(itstsabown)이 내려진다. 부부 사이의 애정 관계는 감정의 관계다. 여인이 있어 남자의 죄가 대신 구제된 셈이다. 공동체 사이에서 벌어지는 일들은 금기 논리의 틀 속에서 만들어진 것이다. 금기 논리의 관계는 설명과 지킴, 멈춤, 그리고 순종을 요구한다. 지킴과 준수의 규칙을 요구하기 때문이다. 규칙은 금기의 관계다. 지킴의 논리를 부각시키는 관계다. 지킴은 자기 다스림의 논리가 세워져야 가능하다. 환경과 자기 간의 관계가 유지되려면 자기 설명의 논리가 세워져야 한다. 자기 논리가 세워질 수 없으면 멈추어야 한다. 공동체에서 경계해야 할 지킴의 논리가 무너지면 일탈과 이탈이 시작된다. 일탈과 이탈의 대가는 자유와 수고였다. 자유와 수고는 자기 배움으로 실현된다.

아담과 이브는 자유를 쟁취했다. 인간이 지혜를 훔쳐낸 후 얻어 낸 의식이었다. 인간이 의식을 얻어 온전한 인간이 된 것이다. 온전한 인간이 된 것은 통증의 대가였으며, 수고와 고통의 기원이 된 것이다[참고: 맬러니 선스트럼(2012). **통증연대기**(역). 서울: 에이도스].

신의 형상대로 만들어진 인간이 에덴 공동체의 규범에서 일탈했기에 얻어낸 것이다. 금지된 공간을 이탈함으로써 얻어 낸 인간 자의식이다. 저들은 추방되었다. 돌아온 것은 자유 의식이었다. 노동이 따르는 자기 수고는 필연적이다. 자기 배움으로 그것들을 실현해야만 한다. 창세기는 기술하고 있다. 아담과 이브는 쾌락과 자유를 얻은 대신 놀고, 먹을 수 있는 낙원을 잃었다고 기술하고 있다. 수치의 자각, 임신 출산의 고통, 땀과 노동, 그리고 윤리적인 삶을 대신 얻었다. 부단한 자기 배움에 충실해야 살아갈 수 있음을 알게 되었다.

에덴 동쪽의 공동체에서 아담 부부에게 던져진 자유는 타율적인 자유였다. 공동체 속에서 살아가야 할 논리와 윤리의 자유였다. 감시 속의 자유, 구속받는 자유, 추방된 자의 허락받은 자유였다. 에덴 공동체의 청지기의 자유가 아니었다. 신과의 관계를 이어 놓는 윤리로써는 살아갈 수 없는 자유였다. 자기 나름대로의 자기 삶을 일구어가며 살아가야만 하는 이단자의 자유였다. 생존하기 위해 수고하는 일, 노력하는 일, 땀을 흘리는 것이 사람살이의 모범이 됨을 보여 주는 덕의 윤리가 지배하는 자유였다. 더불어 조심스럽게 타인과 함께 사는 것이 덕이며 그것이 쾌락임을 받아들여야 하는 이방인의 자유였다. 자기 통제를 무너트린 대가로 얻은 자유가 영원한 이방인으로서의 자유였다[참고: 맬러니 선스트럼(2012). **통증연대기**(역). 서울: 에이도스].

유혹은 타인으로부터 발생되는 것이 아니다. 유혹의 주체도 자기다. 유혹의 대상 역시 자기 자신이다. 유혹은 철저하게 자기 통제의 붕괴다. 자기 다스림의 논리가 서지 못한 것이다. 자신으로부터 소외당하는 일이 유혹에게 무너짐이다. 자기 스스로 자기 자신을 떠나야 하는 자기 이단의 삶이 유혹이다. 유혹은 삶살이에서는 잡음이다. 인간은 신이 자기 형상대로 만들어 놓은 피조물이지만 모든 유혹을 이겨내게 만들어지지는 않았다. 인간은 환경에 대한 좋고 나쁨이라든가 그것을 이해할 만한 잡음의 지혜가 태초부터 없었다. 신은 인간을 욕망 덩어리, 비논리적인 존재로 설정해 놓았을 뿐이다. 창세기에 그려진 인간상이다. 인간은 삶의 잡음에서 초연할 수 있는 존재가 아니다. 신의 명을 거부할 수 있는 인간이지만, 그 자유는 인간에게 수고와 땀을 요구한다. 자유는 짐이 된다. 짐을 지고 가야만 생존하는 존재가 인간이다.

101) 카네기(Andrew Carnegie)는 성경 다음으로 많이 팔렸다는 『인간관계론』 『자기관리론』 『행복론』 같은 책을 써냈다. 이 책들은 지금도 여전히 일상을 바쁘게 살아가는 사람들에게 심리적으로 위안을 준다. 그중 하나의 책이, 카네기의 생각을 체계적으로 정리한 『걱정하지 말고 새롭게 살아라(How to stop worrying and start living)』라는 책이다. 카네기 인생론으로 칭해지는 이 책에서 카네기는 삶에서 근심을 떨쳐내는 법이나 행복을 얻는 법들을 나열함으로써 일상에 지친 사람들에게 자기계발의 삶에 관한 철학을 제시했었다.
카네기식의 인생론은 결코 삶의 철학이 아니라는 비판을 가한 사람이 있었다. 미국 뉴욕의 신사회과학연구 대학(New School for Social Research)에서 철학을 가르치고 있는 클리츨리(Critchley, S.) 교수였다. 철학은 그렇게 하찮은 식의 자기계발에 집중하는 것이 아니라는 것을 보여 주기 위한 반론이었다. 그는 카네기의 책 제목과는 정반대의 제목을 달았다. 『삶을 어떻게 조명하며 어떻게 걱정부터 해야 하는가(How to stop living and start to worrying)』였다. 그의 논지는 고대 로마에서 일어난 한 장면을 다시 연상케 한다. 그는 정권을 장악하기 위해 안토니우스가 보낸 자객의 칼을 저항하지 않는 로마공화정의 사상가 키케로(Cicero)의 의연함을 묘사한다. 키케로는 철학한다는 것은 '사람이 어떻게 죽는지, 어떻게 죽을 것인지를 배운다는 것일세'라고 절규한다. 철학은 사람에게 제대로 죽는 법을 배우게 해 주는 일이라고 정리하는 클리츨리 교수는 인간에게 죽음은 현실이기에 철학은 인간의 일상적인 일을 다뤄야 함에도 불구하고, 카네기식으로 삶에 대해 헤픈 웃음을 파는 것과는 다른 것이어야 한다는 것이다[참고: Critchley, S. & Cederstrom, C. (2010). *How to stop living and start to worrying*. NY: Wiley]. 요즘 서점가에서 유명세를 타는 흥미 위주의 자기계발서와는 정반대의 입장에서 자기계발의 가능성을 역설한 것이다.

102) 인간의 자유의지에 관한 생각은 중세 인문학의 대부인 에라스무스(Erasmus)나 종교개혁의 주동 인물인 루터(Luter)의 인문주의 없이는 종교개혁도 없다는 생각을 더듬어 보면 확실하게 정리된다. 인문학자인 에라스무스와 루터는 인문주의의 정신에 동의했었지만, 그것의 권력을 움켜잡기 위해 활용하는 방식은 서로가 확실하게 달랐다. 종교개혁의 불길이 당겨지는 초기에 인문주의자는 루터를 지지하면서 종교개혁에 공동전선을 폈었지만, 교황이 루터의 파문을 확정하는 지경에 이르자 갈라지기 시작

했다. 루터 지지파와 에라스무스 지지파, 즉 가톨릭에 머무르는 자와 혁신주의자들로 나뉘고 말았다. 교황의 요청 아래 에라스무스가 1524년『자유의지론』을 발표하자, 이에 질세라, 루터는 1525년『노예의지론』을 발표함으로써 에라스무스에게 응대한다. 이 글로 인해 에라스무스와 루터는 인문학적 전통 속에서 종교적으로 완전히 갈라선다. 사상적으로 영원한 적이 된다.

에라스무스는 그의『자유의지론』에서 인간의 자유의지를 존중하며 그것을 내세운다. 인간에게 자유의지가 약화되어 있다 하더라도, 인간은 남아 있는 그 자유의지로 신의 능력, 말하자면 신의 창조적 역사에 협동하거나 반대할 수 있는 의지적 능력을 갖고 있다고 주장했다. 인간은 신이 부여한 의지의 힘을 현세에서 이성적으로 인식하고 그것을 최대한 활용해야 한다는 논리가 에라스무스의『자유의지론』의 핵심이다[참고: 패트릭 콜린슨(2005). 종교개혁(역). 서울: 을유문화사].

인간의 의지는 자유롭다는 에라스무스의 주장에 대해, 루터는 정반대의 견해를 표명한다. 루터는『노예의지론』에서 인간이 신을 버려 타락한 이후부터 인간의 의지는 있을 수가 없다. 인간은 오로지 신의 의지대로 움직일 뿐이다. 그런 상태를 노예 의지라고 부르는데, 이런 인간에게 자유의지가 있다고 말하는 것은 신을 부정하는 것이나 다름없는 신성 모독적인 발상이라고 에라스무스를 몰아붙인다. 루터는 인간에게 설령 자유의지가 있다 하더라도 그것은 일상적이며 세속적인 삶에서 어느 정도 자유로울 뿐이며, 모든 것은 하느님에 의해 예정되어 있다고 주장한다. 어거스틴이 내세운 예정설에 동조하는 루터는 인간의 의지는 자유롭지 못하기에 인간의 구원은 인간의 행위로 이뤄질 수 있는 것이 아니라, 하느님에 의해서만 가능한데, 그것은 하느님이 스스로 구원할 능력이 없는 인간을 선택함으로써 구원을 이뤄 준다고 강조했다[참고: 알리스터 맥그라스(2006). 종교개혁사상(역)(증보판). 서울: 기독교문서선교회].

교황청의 힘에 의지한 에라스무스가 예지의 힘을 믿었다면, 그런 교황의 힘을 의도적으로 부정하고 부인하는 루터는 예정의 힘에 의지했다고 볼 수 있다. 예정은 그렇게 될 수밖에 없도록 강제로 만들어 놓은 것을 말하지만, 예지는 미리 아는 것을 말한다. 예정은 간섭하는 것이지만 예지는 간섭하지 않는 것이다. 예를 들어, 폭력을 일삼는 깡패는 사람들에게 폭력을 일삼을 것이다. 이것은 여러 정황으로 보아 충분히 예상되는 일이기에, 사람들은 그를 피할 것이다. 그 깡패를 피하도록 만들어 주는 힘이 예지다. 예정은 그렇게 깡패를 만나야 하는 상황을 미리 피하는 계획적 선택을 할 수밖에 없도록 개입하는 힘이다. 예지 상황에서의 구원은 자유의지로도 가능하지만, 예정 상황에서 구원은 신이 개입된 그의 의지로 가능할 뿐이다.

103) 지롱은 배낭 여행으로 아시아 여러 곳을 다니며 때로는 걸인의 행각에 버금가는 삶의 지혜를 경험했다. 그는 세상을 바라보는 눈과 지혜를 가지려면 자기 자신에 충실해야 한다고 이른다. 그 이야기를 강조하기 위해 그는 사무엘이라고 부르는 걸인을 현자에 대비시켜 삶을 어떻게 살아가야 하는지 설명한다. 사무엘은 아무것도 소유하지 못한 걸인이었다. 그는 어찌 보면 세계를 품에 안은 대부호 그 자체이기도 했다. 그의 나이를 알려면 인류의 문명을 거슬러 올라가야만 했다. 그것은 수억 년 전부터 홀로 세상을 떠돌며 생을 보낸 그가 바로 눈 속의 눈을 지닌 현자였기 때문이다. 걸인은 저자에게

있어 하나의 상징이다. 이 시대에 스승으로 일컬어지는 영적 스승들, 그리고 생을 살아나가며 마주치게 되는 많은 이들에 대한 상징일 뿐이다. 걸인이기도 하고 현자이기도 한 그는 인류가 시작한 그때부터 자기의 삶을 지배해 온 당신의 혼이다. 앞으로 만나게 될 또 다른 나의 모습이다. 나라는 존재는 그렇게 보잘것없어 보이기도 하지만, 반대로 높이 우러러 봐야만 보일 수 있는 그런 귀한 존재다[참고: 브누와 쌩 지롱(2009). 행복한 걸인 사무엘(역). 서울: 은행나무].

104) 빠르고 사나이다운 미국식 침실 문화를 비판하는 보르샤이트(Peter Borscheid) 교수는 미국인이 부부 간 육체적인 사랑을 위해 헌신하는 시간은 1주일에 30분에 불과하다고 보고한다. 미국인은 속전속결의 침실 문화로 그들의 사랑을 표현한다는 것이다. 부부 간의 육체적 사랑이든 뭐든 간에 관계없이 모든 것들이 속도바이러스에 감염되었다는 것이다. 그런 침실 문화에서는 사람들이 얻을 수 있는 깊은 정서적 유대가 있을 수 없다는 것이다. 두 사람의 유대를 강화하기 위해선, 쾌락의 정점을 향해 급발진하는 대신 느리고 완만한 문화가 제격이라는 것이다. 그는 명상, 요가, 호흡 조절, 느긋한 전희를 결합한 영성 수련법인 탄트라를 침대 위에서 필요한 속도 줄이기 방편으로 인용한다. 고속으로 돌아가는 하이테크 세계에서 감속에 도움이 되는 로테크(low-tech) 취미, 즉 정원 가꾸기나 책 읽기 등을 여가 향유의 길잡이로 삼을 것을 권고한다. 100km의 속도로 질주하는 고속도로에서 그 속도에 익숙해지면 운전자는 고속주행을 전혀 의식할 수 없다. 삶의 속도를 점검해야 한다는 것이다[참고: 페터 보르샤이트(2008). 템포 바이러스—인간을 지배한 속도의 문화사(역). 서울: 들녘].

105) 참고: 에픽테투스(2008). 엥케이리디온(역). 서울: 까치.

106) 참고: 퍼트리샤 브로진스키·제임스 깁슨(2004). 위선과 착각: 인간은 정말 동물보다 우월한가(역). 서울: 시아출판사.

107) 레비나스(Emmanuel Levinas)는 독일에 유학하여 하이데거의 존재론을 탐구했던 사람이지만, 서구식 존재론의 허구를 목도한 사람이다. 레비나스는 서구 철학의 해체를 눈여겨본 사람이었다. 인간은 앎에서 시작된 존재일 수가 없었다. 절대 권력들 앞에서 인간존재는 부정되기 시작했다. 인간의 존재가 부정되기 시작하는 순간 인간에게는 본원적으로 생의 허무가 시작되었다고 보는 레비나스에게 중요한 주제는 나라는 존재가 아니었다. 나에 대한 집착보다는 타인에 대한 관심이 우선이었다[참고: 임마누엘 레비나스(1999). 시간과 타자(역). 서울: 문예출판사].
레비나스는 자신이 근거하는 초월성과 자신으로 환원되지 않는 타자성을 보아야 한다고 주장한다. 타인의 목소리에 귀를 내줄 때 비로소 나라는 존재는 윤리적 주제로 거듭날 수 있다는 것이다. 타인의 목소리에 귀를 기울이는 것이 구원의 시작이라는 것이다[참고: 채희철(2005). 눈 밖에 난 철학 귀 속에 든 철학. 서울: 랜덤하우스 코리아]. 타인과의 만남은 나를 나의 유한성 바깥의 무한함을 초월하게 해준다는 의미에서 구원이다. 나라고 하는 인간적인 욕망과 그 의미는 남이라고 하는 타자와의 열린 관계를 통해 드러난다는 점에서 타인의 존재를 자기 안으로 받아들이고 타인과 윤리적 관계를 형성할 때 비로소 나의 존재됨이 가능하다고 보는 레비나스는 구원은 타자로부터 시작하는데 그것은 타자가 환원 불가능이란 절대적 존재이기 때문이다[참고: 강영안(2005). 타인의 얼굴. 서울: 문학과 지성사].
레비나스는 인식론이나 존재론보다는 절대적 타자를 향한 윤리학에 일차적 관심을 두고 있다는 점에
서, 타자의 철학에 기초를 둔 책임 윤리학의 단초를 제공한다.

레비나스에게 책임성이란 다른 사람에 대한 책임성이다. 나와 무관한 것을 유관하게 만들어 가는 절
대 타자에 대한 책임성이다. 인간의 자유의지는 타자에 대한 나의 자발적 구속을 의미한다. 나라는 존
재의 배역은 타자를 위한 책임의 배역이기에, 나라는 인간의 존재는 그 배역을 벗어날 수 없다고 보는
레비나스는 절대적 타자를 향한 책임 윤리의 시작이 그렇게 엄청난 것으로 시작하지 않는다고 본다.
그저 일상적으로 단순한 시시한 일에서부터 책임의 윤리는 발동된다. "정문 앞에서 한 성인 남자가 유
모차에 길을 비켜 주는 사소한 장면이야말로 한 사람이 다른 사람 앞에서 양보하고, 따라서 한 사람이
다른 사람을 '위해' 존재하는 것을 보여 주는—다시 말해 '우연히' 발생한—사건이다[참고: 마리 안
느 레스쿠레(2006). 레비나스 평전(역). 서울: 살림]."

108) 유엔 인권위원회 자문인 지글러(Jean Ziegler) 교수는 신식민주의적 폭력을 복음주의적인 서양 문화
에서 찾아낸다. 그는 코트디부아르의 외무장관 울레 시엔의 말을 기억함으로써 아직도 일렁거리고 있
는 저들의 신식민주의적 야욕을 지적해낸다[참고: 장 지글러(2010). 빼앗긴 대지의 꿈(역). 서울: 갈라
파고스]. "만일 여러분이 노예 제도가 자취를 감추었다고 생각하고 있다면 다시 한 번 생각해 봐주십
시오. 내리쬐는 뙤약볕 밑에서 혹은 빗줄기 속에서 수백만 명의 농부들이 여러 달 동안 힘들게 노동한
대가로 얻는 상품의 가격이, 에어컨이 돌아가는 사무실에서 농부의 고통에 대해서는 단 한 번도 생각
해 볼 필요 없이 컴퓨터만 들여다보는 사람들에 의해 결정되는 상황을 어떻게 이해하면 좋을까요? (노
예 제도 폐지 이후) 방법만 바뀌었을 뿐입니다. 흑인들은 이제 앤틸리스 제도나 아메리카 대륙으로 가
는 배에 강제로 실리는 일은 없어졌으니까요. 그들은 자기 땅에 머물러 살 수 있죠. 하지만 그들이 자
기 땅에서 흘린 피와 땀에 대해서 런던이나 파리, 뉴욕에서 값을 매깁니다. 노예 상인들은 죽지 않았
습니다. 노예 상인들은 주식 투기꾼으로 모습만 바꾸었을 뿐입니다."

지글러 교수는 그래서 "식민주의는 복음화도, 자선 사업도, 신의 확산도, 권리의 확대도 아니다. ……
결정적으로 그것은 규모가 조금 큰 모험가, 해적, 잡화상 또는 선주, 금 노다지를 찾는 사람, 장사꾼의
몸짓이었으며, 탐욕과 무력의 몸짓이었음을 인정해야 한다. 그러한 몸짓 뒤에는 역사의 한순간에 내
부적인 어떤 동기에 의해서, 반목하는 경제 간의 경쟁을 세계적인 차원으로 확산시키겠다는 문명의
저주스러운 그림자가 드리워져 있었다. …… 유럽은 도덕적으로나 영적으로 변호의 여지가 없다."고
잘라 말한다.

109) 2005년 이라크 저항 단체에 납치됐다 157일 만에 극적으로 풀려났던 프랑스의 분쟁 지역 전문 기자
인 플로랑스 오브나(Florence Aubenas)는 신문사에 1년간 무급 휴직을 내고 신분을 속인 채 시급 8유
로(1만2천480원)의 비정규직 환경미화원이 된다. 그녀는 경제 위기라는 총탄이 빗발치는 프랑스 빈
곤층의 삶의 현장을 새로운 취재의 전쟁터로 삼았던 것이다. 그곳이 바로 프랑스 서부 바스-노르망
디 지역의 작은 항구도시 위스트르앙이었다. 오브나 기자는 2009년 2월부터 7월까지 180일간 가상

실업자 신세에서 연락선 환경미화원으로 일하면서 경제 위기로 벼랑 끝에 내몰린 비정규직 노동자들의 현실을 직접 체감하게 된다[참고: 플로랑스 오브나(2010). **위스트르앙 부두**(역). 서울: 현실문학]. 저임금과 고강도의 노동에 시달리면서 그녀는 비정규직 여성 노동자를 비롯해 환경미화원 외에는 미래를 꿈꾸지 못하는 20대, 언제 자기 차례가 될지 알 수 없는 일상화된 해고 속에서 숨죽이며 살아가는 노동자들의 삶을 담아낸다. 그렇게 일하던 중 오브나 기자는 한평생 환경미화원으로 일하고 있는 한 할머니가 던진 "이제 알게 될 거야. 환경미화원이 되면 넌 보이지 않는 존재가 되는 거야."라는 말이 가슴에서 지워지지 않는다. 어느 누구도 자신이라는 존재에 반응하지 않는 세상이 있다는 사실에 소름이 돋아난다. "나는 사람이 있다는 기적을 내려고 일부러 가구들에 부딪히고 쓰레기통도 흔들어대면서 소음을 더 크게 내보려고 안간힘을 썼다. 하지만 그들은 그 소리를 들으려 하지 않고 나를 보지도 않았다. 그들에게 나 같은 존재는 그저 진공청소기의 연장일 뿐이다. 고무장갑에 청소 작업복을 걸친 그저 진공청소기 같은 기계에 지나지 않았다."

110) 문화권에 따라 배려의 태도가 다르지만, 배려를 문화화시킨 사회도 있다. 그런 사회로 언론인들은 태국 사람을 꼽는다. 태국인은 타인과의 관계에서 늘 웃음을 버리지 않는다고 한다. 화가 날 때도, 난처할 때도 그들은 그저 편한 자세로 남을 대한다. 그 말이 바로 '사바이 사바이'라는 말이다. 저들은 곤경에 처해도 괜찮다는 말로 '마이펜라이'라고 반응하며 입가에 웃음을 머금는다. 모욕을 당하는 상황에서도 웃음을 간직하는 것은 상대방에게 오해받기 십상인 행동이지만, 그런 태국인의 행동이 결코 가식적인 것이 아니라는 데 저들의 진정성을 읽게 된다. 마음에서 솟아나오는 온정의 감정이며 태국의 문화가 지니고 있는 배려의 감정이기도 하다. 태국인은 상대방의 감정을 배려하고 체면도 중시해 실망스럽게 만들거나 상처가 되는 말과 행동은 직접 하길 꺼린다.

태국에서 일해 본 사람들은 한결같이 태국인의 배려 감정과 배려의 진정성을 읽는다. 예를 들어, 방콕 소재 삼성전자 판매 법인에서 있었던 일인데, 한국인 직원이 하급 태국인 직원이 일을 잘못 처리해서 크게 꾸짖었다. 그 꾸중과 핀잔에 대해 해당 직원은 미안해하는 표정은커녕 오히려 얼굴에 미소를 띠웠다. 이런 표정을 보고 한국인 상사는 외국인인 자기를 무시하는 것이라고 생각하고 더욱 심하게 호통을 쳤다. 그런 일로 인해 한국인은 태국인 사이에 가혹한 상사로 낙인찍혔다. 태국 주재 한국인 직원들은 태국인의 일상적인 삶살이와 태도, 말하자면 미안하고 불편할 때도 그들은 미소를 짓는다는 사실을 몰랐기에 그렇게 되었던 것이다. 태국인 캐디들은 골프장에서 공이 물에 빠졌을 확률이 거의 90%인 경우에도, 공이 물에 빠졌다고 직설적으로 이야기하기 보다는 가 봐야 알 수 있다는 식의 긍정적인 대답을 한다[참고: 김현지(2011). 태국인들은 왜 꾸중 들어도 미소 지을까. 동아일보. 2011년 1월 5일자].

111) 참고: 마이클 카츠 · 넬 나딩스 외(2007). **정의와 배려**(역). 서울: 인간사랑.

112) 학교는 사람 만들기에 실패하고 있기 때문에 학교는 행복이 무엇인지를 모른다고 나딩스(Nel Noddings) 교수는 비판한다. "과거의 위대한 교육학자들은 목적 문제에 대해서 많은 생각을 쏟아냈다. 오늘날에는 이런 논의가 별로 보이지 않는다. 우리 사회는 학교교육을 그저 경제적인 것으로만 바라본다. 개인의 주머니 사정을 향상시키고 국가의 번영을 증진하는 것으로 단정해 버리는 것 같다. 여기서 학생들

은 표준화된 시험을 잘 보고 좋은 대학에 입학하고 보수가 좋은 직업을 얻고 많은 것을 살 수가 있어야 된다. 그러나 교육은 그것을 뛰어넘어야 한다[참고: 넬 나딩스(2008). **행복과 교육**(역). 서울: 학이당]. 학교에서는 그런 행복이 요원하기만 하다는 것이 그의 논지다.

배려는 공간에서부터 시작하는데, 그 배려의 공간인 학교교육이 전인교육이나 사람을 만드는 교육에 실패하고 있다고 지적하는 넬 나딩스 교수의 한탄은 그 옛날 인문교육, 말하자면 영국의 아핑검 고교가 보여 주었던 행복교육, 인간교육, 사람 만들기 교육에 대한 하나의 동경이기도 하다. 영국의 시골마을 아핑검(Uppingham)에는 1584년에 세워진 아핑검 스쿨이란 유명한 공립 기숙사학교가 있다. 영국인들이 명문학교로 인정하는 남녀 공학의 기숙학교다. 한동안 30~60여 명의 학생들로 운영되었지만, 이제는 1,000여 명의 학생들이 다니는 학교로 커졌다. 이 학교는 학생들에게 고전, 음악, 생활체육을 통해 전인교육, 사람으로서 살아가는 교육을 강조하는 살아 있는 인문학교다.

정확한 출처를 확인할 길은 없지만, 아핑검 스쿨은 졸업식이 기다려지는 학교이기도 하다. 그것은 목사이자 교장이었던 에드와드 드링(Edward Thring) 선생님의 졸업 축사를 아핑검인들이 가슴에 담아야 할 전통(The legend of Uppingham)으로 되새기는 날이기도 하기 때문이다. 그는 학생들과 졸업식에 참석한 청중들에게 이렇게 이야기했다. "여러분이 대영제국의 명문 고등학교 아핑검을 무사히 졸업하고 새로운 미래로 한 발짝 전진하게 된 것을 진심으로 축하합니다. 2백 년 동안 우리 학교는 영국의 젊은이들을 훌륭하게 키워냈습니다. 아직까지 우리 학교 출신 가운데 장관이 된 사람이 한 사람도 없고 백만 달러 이상 돈을 번 사람은 단 한 사람도 없습니다. 이제 사회에 나가는 여러분도 이러한 아핑검의 자랑스러운 전통을 잊지 않기를 바랍니다. 남보다 더 높은 곳에 오르고자 하면 다른 사람을 딛고 일어설 생각을 먼저 하게 됩니다. 더 많은 돈을 벌기 위해 욕심을 부릴수록 행복과 참사람의 마음으로부터 멀어지기 쉽습니다. '고자질하지 않는 사람, 자신에 대해 약하거나 비굴하지 않은 사람, 남의 이목을 받으려 하지 않는 사람, 배신하지 않는 사람, 남의 말을 끝까지 들어 주는 사람, 공적인 일에 용기를 내는 사람' 등 아핑검의 교훈에 따라 평범한 영국 시민이 되어 주십시오. 평범하지만 예절바른 사람……, 평범하지만 위대한 사람이 되어 주기를 바랍니다. 그러한 여러분이 바로 명문 아핑검 스쿨의 전통이자 자랑입니다."

113) 두 딸을 키우는 가정주부이자 변호사인 그레첸 루빈(Gretchen Rubin) 역시 불행했던 사람이다. 그녀는 자주 행복하다는 생각을 잊거나 부정적인 편견에 사로잡혀 행복을 느끼지 못했다[참고: 루빈 그레첸(2011). **무조건 행복할 것**(역). 서울: 21세기북스]. 그녀는 어느 날 두 가지를 불현듯 깨닫는다. 여지껏 잘 살아온 자기가 아무리 돌이켜봐도, '내가 마땅히 행복해야 할 만큼 행복하지 않다는 것'과 '스스로 바꾸려고 시도하지 않는 한 내 삶은 절대 바뀌지 않는다는 것'을 깨닫는다.

너무 늦게 얻은 깨달음이었지만, 실천하기에는 결코 늦지 않은 깨달음이었다. 그녀는 그것을 실행하기 위해 '행복 프로젝트'를 만든다. 자신의 삶에서 가능한 비껴설 수 없는 12계명, 월별로 실천할 12가지 프로젝트를 만들었다. 그 계명은 그야말로 자기다워지기, 즉 '그레첸 다워지기'였는데, 그것을 실현하기 위해 '연연하지 않기' '느낀 대로 행동하기' '미루지 말고 실행에 옮기기' '겸손하고 공평해지기' '과정을 즐기기' '소비하기' '문제가 무엇인지 확실히 파악하기' '가벼워지기' '반드시 해야 할 일이라면 피하지 않기' '계산하지 않기' '열심히 사랑하기' 등을 실천하기 위한 규칙을 세웠다. 매월 한 가지씩 하기 위한 것이었다. 첫달인 1월은 신체 리듬 회복과 신체 단련이었다. 그녀는 처음으로 규칙적인 운동을 시작해나가기 시작했다. 이제 마지막 12월 해낼 실천은 '더할 수 없이 행복해지기'이다. 더할 수 없이 행복해지려면, 나 자신부터 행복해지기 위해 다른 사람부터 행복하게 만드는 일이 필요했다.

다른 사람을 행복하게 만드는 최고의 방법은 바로 나 자신이 행복해진다는 것을 이제 겨우 알게 된 것이다. "나는 무엇이 나를 행복하게 만들어 주기를 바라는가가 아닌, 나를 정말 행복하게 만드는 것이 무엇인가를 알아 내어야만 했다."고 말하는 루빈은 그것이 바로 선택이라는 원칙이었다. "행복은 선택, 바로 그 선택이다."라는 것을 온몸과 마음으로 알게 되었다. 무조건 행복해지면 행복을 선택하는 수밖에 없다는 것이다. 그러면 지금 당장 행복해진다는 것이다.

114) 풍수지리의 대가인 최창조 교수는 기존의 풍수지리에서 유혹하고 있는 특별히 좋은 땅이란 없다고 잘라 말한다. 좋은 땅에 과도하게 집착하는 대신 땅과 사람 사이의 상생과 조화가 중요하다고 말한다. 죽은 이들을 위한다는 미명 아래 좋은 묏자리 찾기로 전락한 음택 풍수(陰宅風水)는 풍수지리의 핵심이 아니라고 말한다. 발복(發福)을 바라는 이기적인 묘지 풍수는 후대 사람들의 욕심이 만들어 놓은 잡술(雜術)이라고 비판한다. 조상 숭배관과 결합되어 속신화된 음택 풍수는 개인이 지닌 부의 과시와 상술이 결합한 괴상한 논리라는 것이다. 최 교수는 완벽한 명당은 있을 수 없고 그 대신 내가 맞추어 살아가는 땅이 있을 뿐이라고 말한다. 내가 맞춰 살아가는 땅을 위한 풍수지리가 자생 풍수이고, 그 '자생 풍수(自生風水)'가 명당의 조건이라고 말한다[참고: 최창조(2011). 사람의 지리학. 서울: 서해문집].

자생 풍수는 좋은 땅, 나쁜 땅을 가리는 것이 아니라 어떤 사람에게 맞는 땅, 맞지 않는 땅을 가렸던 우리 선조들의 지혜를 따른다. 풍수에서 중시하는 것은 땅이 아니라 오히려 사람이라는 것이다. 땅은 사람을 위한 무대이기에, 완전한 무대가 없듯이 완벽한 땅도 있을 수 없다는 것이다. 명당이라는 것은 그 어떤 땅이든 땅을 잡은 사람들의 삶과 조화되는 사람들의 마음가짐에서 나온다. 명당은 따로 그 어딘가에 별도로 있는 것이 아니라 만들어질 뿐이라는 것이다. 닭처럼 별 볼 일 없고 하찮은 땅이라고 버림받던 땅도 그곳을 택한 사람의 마음먹기에 따라 봉황과 같은 명당이 될 수 있는 것은 비보책(裨補策)이 있기 때문이라는 것이다.

행복은 풍수지리에서 말하는 명당처럼 어딘가에 숨어 나를 기다리지는 않는다. 옛사람들은 홍수가 나면 침수 위험이 늘 있는 곳이라든가 낭떠러지 밑처럼 산사태가 날 위험이 있는 땅을 골라 그곳에 건물을 짓거나 절을 세워 늘 경계하고 대책을 세워 그 건물을 자연과 조화롭게 만들어 갔다. 그렇게 고치고 개선하고, 만들어 가면서 대비하는 일이 비보책이다. 우리나라의 마을마다 조산(造山), 조탑(造塔)이라 불리는 돌무더기를 흔히 볼 수 있는데, 이런 조산이나 조탑들이 바로 비보책의 살아 있는 사례들이다. 비보란 결국, 사람들이 "일부러 결함(이 있는 곳)을 취하여 그것을 끊임없이 경계하며, 고치면서 명당을 만들어 가는 대비책이며 이런 비보책이 풍수의 근본"이라고 말하는 최창조 교수는 우리에게 자리 잡고 있는 그런 자생 풍수를 고침의 지리학, 치유의 지리학, 사람의 지리학이라고 고쳐 부르고 있다. 나의 행복은 내가 가꾸어 가는 것이 바로 치유의 지리학에서도 어김없이 적용되는 논리임을 풍수지리에서도 어김없이 드러내고 있다.

115) 인간의 윤리는 경영학적으로 논해도, 인간의 행복은 바른 삶과 동떨어질 수 없다고 설명하는 윤석철 교수는 바른 삶, 그리고 행복한 삶이란 인간이 살아야 하는 목적과 그것을 추구하는 방법 사이의 조화 문제라고 설명하고 있다. 그 역시 인간이 사람처럼 살기 위해서는 인간성과 도덕성을 가진 종(種)으로서의 인간 윤리를 지녀야 한다는 점에서는 다른 윤리학자들과도 다르지 않다. 인간성과 도덕성을 아우르는 인간 윤리의 공식은 '너 살고 나 살기'식 생존이라는 것이다. 너 살고 나 살기 위해서는 우선 나의 삶의 질부터 올려 놓고 보아야 한다는 것이 그의 지론이다.

윤석철 교수는 인간의 윤리가 '수단 매체'와 '목적함수'라는 2개의 개념 연결에 따라 달라진다고 본다. 목적함수와 수단 매체의 전개에 따른 의사결정도 달라지기 때문이다. 일의 세계, 생산성의 세계는 수단 매체와 목적함수가 마치 '0'과 '1'처럼 반복하기에, 목적함수와 수단 매체가 벌이는 향연이 인간의 윤리를 여러 가지 색으로 표현하게 된다. 수단 매체와 목적함수의 관계는 마치 디지털적으로 연결되기에, 이론적으로 0(목적함수) 1(수단 매체) 0(목적함수) 1(수단 매체)의 삶, 그리고 그것이 요구하는 인간의 윤리와 삶, 0(목적함수) 1(수단 매체) 0(목적함수) 1(수단 매체) 0(목적함수) 1(수단 매체) 0(목적함수) 1(수단 매체)의 삶이 요구하는 인간의 윤리는 서로 다를 수밖에 없다[참고: 윤석철 (2011). 삶의 정도. 서울: 위즈덤하우스].

116) 라틴어 '스피리투스(spiritus)'가 '영적'이란 단어로 번역된 것이다. 사람이라는 존재에게 생명과 생동감, 활력을 불어 넣는 일이 스피리투스다. 매슬로(Maslow)는 인간의 욕구 체계를 이론화한 심리학자다. 인간이 인간되기 위해서는 생리적 욕구부터 충족시키고 나중에는 자아 실현의 욕구를 충족시킬 수 있다는 것이 매슬로의 견해였다. 인간은 여러가지 욕구를 지니고 있는데, 그중에서도 자아 실현의 욕구가 인간에게는 최상의 욕구라는 것이다. 생존에 대한 여러 욕구들을 하나둘씩 충족시키고 그 연후에 마지막으로 자아실현의 욕구를 실현시켜야 사람으로서 최고의 경지에 이른다는 뜻이었다. 그런 매슬로의 욕구 체계 논리가 잘못되었다는 것이 조하(Zohar) 교수의 진단이다[참고: Zohar, D. (2004). *Spiritual capital: Wealth we can live by*. San Francisco: Berrett-Koehler Publishers]. 사실 여부 확인에 관계없이 매슬로 역시 조하 교수의 지적에 동의하며, 피라미드식 인간의 욕구 체계를 뒤집어 놓지 못한 아쉬움을 토로했다고 전해진다.

매슬로 역시 자기가 주장한 욕구 체계의 피라미드가 역삼각형으로 이뤄져야 사람으로서 생존에 대한 제대로 된 의미를 갖게 된다고 본 것이다. 인간에게 자아 실현 욕구는 인간의 욕구 가운데 최상의 욕구가 아니라 가장 원초적인 욕구일 뿐이다. 인간의 자아 실현의 욕구가 먼저 충족되어야 사람으로서 존재감이 생긴다. 그 후부터 자존의 욕구들을 하나씩 충족시켜 나가야 한다. 사람됨으로서의 인간적 품격을 유지하는 일이 우선해야 한다는 뜻이다. 사람이 되어야 사람처럼 살 수 있다는 논리를 말한 것이다.

117) 에픽테투스(Epictetus)는 노예로서 누구보다 불행한 삶을 살았던 사람이다. 에픽테투스는 자기를 방어하고 지키는 방법에 누구보다 민감했었다. 소아시아에서 노예로 출생한 후 어린 시절부터 로마에서 매우 부유한 자유민이었던 에파프로디토스를 주인으로 모시고 노예로 일했다. 에픽테투스의 주인이었던 에파프로디토스는 그 어떤 이유에서든지 구실을 달아 에픽테투스의 다리를 부러뜨렸다. 그때부터 평생 절름발이가 된 에픽테투스는 훗날 자유의 몸이 되었다. 자유의 몸이 된 그는 역대 어떤 스토아학파 일원보다도 더 치열하게 자기 내면 세계에 대한 치유에 몰입했었다. 에픽테투스는 자기 치유의 방편으로 자기 배움에 보다 더 철저했다.

그는 말한다. 일을 미루지 않으려면 사람들 간에 소통이 필요한데, 소통은 그리 쉽지 않다는 것이다. 소통이 되지 않으면 타협하라고 이른다. 타협도 되지 않으면 조건 없이 용서하고 참아 주라고 타이른다. 에픽테투스에 따르면, "자기 자신에게 상처를 주는 사람은 자기 이외에는 아무도 없기에, 아직도 남이 대신 그대를 깨우쳐 주고 고쳐 주기를 바란단 말입니까? 그대는 이제 더 이상 어린애가 아니라 완전한 어른입니다. 게으르고 나태하여 날마다 공상이나 하며 계속 미루고 늑장만 부린다면 절대로 지혜로운 사람이 될 수 없습니다. 그저 어리석은 자로 살다가 그렇게 미련하게 죽겠지요."라고 우리에게 이르고 또 일러 주었던 것이다[참고: 에픽테투스(2001). 신의 친구 에픽테투스와의 대화(역). 서울: 사람과 책].

118) 독일 뮌스터 근교의 수성(水城) 휠스호프에서 남작의 딸로 태어난 그녀는 살아생전에 이미 '독일의 가장 위대한 여성 작가'라는 평가를 받은 바 있다. 그녀는 한 공동체에서 일어난 살인 사건을 통해 당시 독일인이 프리드리히라는 사람을 편협과 편견으로 완전무결한 범죄자로 낙인해 가는 과정을 다뤘다[참고: 아네테 폰 드로스테휠스호프(2012). 유대인의 너도밤나무(역). 서울: 지만지]. 그녀는 기독교 정신을 토대로 편협한 독일인을 향해 절규한다. "밝은 공간에서 태어나 자라고, 경건한 손에 의해 양육된 행복한 자 그대는 저울질하지 말라. 결코 네게 허락되지 않았느니! 돌을 내려 놓아라. 그것이 네 머리를 칠 것이다!"

119) 참고: 카렌 암스트롱(2006). 마음의 진보(역). 서울: 교양인.

生의 癒

7. 독사작문 | 讀思作問,
수불석권 | 手不釋卷

生 1. 너는 아침에 씨를 뿌리고 저녁에도 손을 놓지 말라. 이것이 잘 될는지 저것이 잘 될는지, 혹 둘이 다 잘 될는지 알지 못 함이니라. 빛은 실로 아름다운 것이라 눈으로 해를 보는 것이 즐거운 일이로다. 사람이 여러 해를 살면 항상 즐거워할 지로다. 그러나 캄캄한 날들이 많으리니 그 날들을 생각할지로다. 다가올 일은 다 헛되도다. – 전도서(11: 6–8)

　　교수 생활을 하는 동안 지켜온 생활의 원칙 같은 것이 내게 있었다. 그것은 '살면서, 굳이 알아야 할 이유가 없는 것들에 대해서는 모른 척 지나가라.'는 말이었다. 대학생 시절의 일이었다. 교육학과에 입학한 후 한 3년차쯤 될 때 묘한 생각이 들어 사법 고시공부를 해 보려고 마음을 다진 적이 있었다. 마음 먹고 절에 들어가 공부하기 위해 전남 구례 화엄사로 내려가려고 했다. 기차표를 사려고 서울역에서 긴 줄을 기다리다가 어느 몹쓸 인간의 거짓 친절에 속았다. 짐을 든 나에게 자기도 구례에 가는 길이라고 하며, 기차표를 사 주겠다는 친절에 속아 몽땅 책을 도둑맞았다. 교수님이 빌려 주셨던 영어 원서도 그 틈새에 도난당했다. 고시공부 계획은 그날로 끝났는데, 내 말을 들으시고 당시 홍웅선 교수님이 내게 해 주셨던 훈계이셨다. 잡을 수 있는 도둑은 따로 있다는 말씀도 곁들이셨다. 그랬던 나에게 모른 척 지나가라는 원칙이 심하게 흔들렸던 곳은 바로 교수들이 연구한다고 마구 덤비는 학문의 영역이었다. 지금 이 순간에도 그렇지만 융(Jung)이 보여 준 학문에 대한 갈망이 내게도 영원하게 식지 않기를 바라고 있다. 스피노자(Spinoza)처럼 자신의 일에 확신이 들어설 정도로 강직했으면 한다. 이런 생각들 때문에 잠을 설친 적이 한두 번이 아니었다. 대학 교수로서 지금까지 재직하면서 가슴에서 놓치지 않았던 선망(羨望)들이었다.

　　나는 대학원 시절 사회심리학자인 고프먼(Goffman)의 대인관계 논리에 매료된 적이 있었다. 사회와 삶살이에 대한 열린 그의 생각이 사회심리학적으로 명쾌했기 때문이다. 그는 인간의 삶살이란 제아무리 잘난 척해도, 한 편의 연극에서 연기를 하는 것과 다를 것이 없다고 주장했다. 이 세상이 바로 연극의 세상, 연기(演技)력을 중시하는 연극판이라는 것이다. 연극판의 세상에서 결정적인 힘을 발휘하는 것은 도덕이나 개인에 대한 인간적인 존경 같은 것이 아니다. 상황을 타개하는 데 도움이 되는 임기응변적인 연기, 전술적인 인간관계, 적절한 대화술 같은 기교와 사교술이 더 쓰임새가 있을 뿐이기 때문이다. 계산된 사교성이 삶살이에서 유용하다는 뜻이다. 연기(演技)의 세상은 인상 관리로 채색되는 세상이나 마찬가지다. 남에게 어떻게 보이는가에 따라 성공과 실패가 판가름나기 때문이다.

　인상 관리의 세계에서 성공적으로 살아 내려면 '쇼'가 필요하다. 어떤 사람으로서 무슨 삶을 살아가려고 하는 그 사람의 됨됨이나 인격, 혹은 의지 같은 것은 그리 중요하지 않은 것처럼 느껴지곤 하기 때문이다. '인격(人格, identity)'의 사람보다는 타인에게 어떻게 보여 지는가에 보다 더 신경을 쓰며 자신을 그것에 잘 적용하며 맞추어 살아가는 '성격(性格, personality)'의 사람이 보다 더 호감을 얻기 때문이다. 어떤 인간으로 남에게 보이도록 자신을 꾸며 내는 사람이 남에게 더 높은 인정을 받게 되는 사회에서 사람 됨됨이나 인격같은 것은 그리 중요하지 않게 치부된다.[1]

　인간에게 있어서 성격이 무엇을 말하는지 설명해 주는 옛말이 있다. 그것은 "양이 호랑이 가죽을 뒤집어썼다 하더라도, 풀을 보면 좋아라 뜯어 먹을 것이고 표범을 보면 부들부들 떨면서 자기 껍질이 호랑이라는 사실을 잊어버릴 것이다."라는 말이다. 이 말에서 겉으로 꾸민 '호랑이 가죽 모양'이 바로 성격에 해당되며, 꾸민 그 안에 있는 본래적인 '양'의 모습이 바로 인간이 지닌 자연스런 정체성에 해당된다. 성격과 정체성을 벗어나 한 단계 더 연단시킨 것이 바로 인격의 진면목이다.

　그 인격이 어떤 모양인지를 한비자(韓非子)의 또 다른 고사(古事)인 자한(子罕), 즉 중국 춘추시대 송나라의 대부(大夫)로서 청렴결백하기로 이름이 났던 인물의 됨됨이에서 드러난다.[2] 송나라의 시골 사람이 옥 덩어리를 얻어 그것을 자한에게 바쳤다. 자한이 받지 않자, 시골 사람이 "이것은 보배이므로 군자의 그릇이 되어야 마땅하지, 신분이 낮은 사람이 쓰는 것은 마땅하지 않습니다."라고 말했다. 이에 대해 자한이 대답했다. "그대는 옥을 보배로 여기지만, 나는 그대의 옥을 받지 않는 것을 보배로 여긴다." 이 고사에서 자한이 말한 태도와 인간 됨됨이가 바로 인격의 양태가 무엇인지를 보여 주는 대목이다.

타인에게 자신의 위장된 성격됨을 들키지 않으려면 해야 할 일이 있다. 자기됨을 벗어나는 연기를 잘해야 한다. '배우됨'의 연기가 중요하다. 사교술로 무장된 언변이나 표정 관리로 바로 자기의 인간 됨됨이로 보이도록 위장해야 한다. 고프먼은 연기 중심의 사회에는 사람마다 다른 사람들에게 자신의 정체성이 노출되는 것을 두려워한다는 점을 지적한다. 자기됨이 노출될까 봐 불안해하기 때문에 사회의 곳곳에는 타인 지향적인 인간들로 가득차 있게 된다는 점을 예리하게 지적한다. 인상 관리의 사회에서는 '나'라는 주체적인 존재는 늘 다른 인간들이 기대하는 모습으로 드러내며 살아가도록 애를 써야 하는 상황에 직면하게 된다. 그러니까 학교에서도, 직장에서도, 회의 중에도, 심지어 먼 친척들 간의 관계에서도 인간됨의 진정성을 소거시킨 채, 연기됨의 노련함을 보여 줘야 한다. 이렇게 되면, 세상살이 모두, 관계 모두가 한마디로 말해 피상의 나락으로 떨어질 뿐이다. 너의 관계, 나의 관계, 그들과 저들의 관계 모두의 내면은 그야말로 난장(亂場)판이며, 제 살길 먼저 찾아가야 하는 각자도생(各自圖生) 판이 되고 만다. 모든 관계는 어차피 피상적일 뿐이라는 현실의 한 중간에 서 있기 때문이다.

교육학도로서 삶이 연극무대라는 고프먼의 생각에 수긍하게 되자, 학교교육의 역할에 대해 깊은 의구심이 생길 수밖에 없었다. 학교의 공간이라고 해서 예외일 리가 없기 때문이었다. 오히려 학교에서 그런 연기술을 철저하게 연마하고 사회에 나가야 하기 때문이다. 연기술을 제대로 익히고 사회에 나가야 실패하지 않는 삶이 가능하겠기 때문이다. 그 연기술을 반복적으로 사회화(socialization)시키는 곳이 바로 학교가 되는 셈이다. 저들이 강조하는 연기술 가운데에서 고수에 속하는 것은, 내가 생각하는 것을 남이 알지 못하게 만드는 것 같은 것이다. 생존을 위한 연기를 제대로 해내기 위해서는 어떤 경우든 남에게 내가 읽히지 않게 해야 한다는 것이 세계 최고의 몸짓 언어 전문가이자 인간 행동 연구가로 알려진 앨런 피즈(Allan Pease) 박사의 조언이

다.[3] 그런 연기술들을 사회 현장에서 즉각적으로 응용할 수 있도록 가르쳐 주는 곳이
야말로 일류 학교, 명품교육이 되는 셈이다.

학교에서 중요하게 여기는 과학적이고도 객관적인 평가 같은 것에 깊은 회의감도
일어났다. 평가의 학문적인 성격을 둘러싸고, 객관적이니, 과학적이니 하는 것은 개
념으로는 논할 수 있는 그런 것일 뿐이었다. 실제로 학교교육 현장에서 일어나는 모
든 것은 어차피 인간의 삶살이에서는 피상적일 수밖에 없는 것이기 때문이다. 제아무
리 학생들의 능력에 대한 평가를 객관적이라고 부른다고 해도, 겉만 그런 것이지 속
은 그럴 수가 없었기 때문이다. 세상에 객관적인 것이 없는데, 학교라는 사회 기관 안
에 객관성이나 과학성이니 하는 그런 것이 복원되어 있을 리가 없는 노릇이다. 시험
이니 평가 같은 것들의 사회적 본질은 지식사회학적인 큰 틀에서 보면 허구에 지나지
않는다. 그 어떤 사회적인 목적을 위해 용의주도하게 만들어진 사회적 구성물로 작동
하고 있기 때문이다. 자연인으로 살고 있는 학생들을 교육법이라는 구속 아래 학교라
는 곳에 인위적으로 모아 놓고, 저들을 하나의 잣대로 평가하여 아이들에게 석차를
정하는 그 일 자체가 객관적일 수 없는 노릇이다. 한 줄 세우기를 위해 만들어지는 교
육과정이나, 윤리교육 같은 것은 이미 인간에 대한 바른 이해와 인간의 본질에 대한
객관성을 상실한 또 하나의 인위적인 가공물일 뿐이다.

시끄러운 세상에서 조용히 세상을 움직이는 힘이 바로 '콰이어트(quiet)'다. 그 콰
이어트가 내면을 바라보는 힘이라고 보는 수잔 케인(Susan Cain)이 지적하는 것처럼[4]
수많은 신화와 동화를 접하면서 이 세상에 태어나는 아이들은 나름대로 다양한 능력
과 힘을 갖는다. 어떤 아이는 징기스칸의 정복력을, 어떤 아이는 베토벤이 지녔던 그
런 음악성을 갖는다. 각자가 지닌 능력을 발휘할 수 있는 한 사람으로서 살아가기 위
해서는 각기 다른 신들이 지닌 온갖 힘을 모두 수집하려고 하는 대신, 자신이 받은 힘
과 능력을 제대로 활용하는 것이 중요하다. 학교에서 강조하고 있는 교육과정은 그것
과는 다르다. 아이들 각자가 지닌 서로 다른 능력들을 길러 준다기보다는 이 사회가
겉치레로 요구하는 똑똑한 아이, 일등할 수 있는 아이, 출세할 수 있는 아이 배우로서

살아가게 만드는 연기력을 주입시키고 있기 때문이다.[5] 그래서 오늘날의 학교에는 모두가 열심히들 가르치기는 하지만, 그들의 가르침이라는 입시 훈련에는 끝내 '배움'은 없고 '배우' 됨만 있게 되는 것이다. '인격'보다는 사회가 요구하는 조건들에 제대로 적응하는 '성격'을 길러 내면서, 그 연기력을 객관적으로 혹은 과학적으로 평가한다고 말하고 있을 뿐이다.

　개인적으로는 사람의 겉모습인 성격보다는 사람다움을 드러내는 인격이 어떤 것이며, 인격이 얼마나 한 인간의 삶에서 결정적인 것인가를 보여 주는 삶은 스피노자의 삶에서 잘 드러난 바 있다. 그는 보여 주기 위한 '성격'의 삶을 거부하고, 인간됨의 인격(人格)의 삶이 어떤 것인지를 보여 주었다. 스피노자의 글들은 내게 줏대 있는 학자가 되라고 강하게 요구했다. 인격의 삶을 살아가려면 그리고 이황 퇴계 선생처럼 학문을 하겠다면, 배우고 또 배우라고만 일렀다. 자기 연단을 퇴계 선생이나 스피노자만큼 자기 삶에서 강렬하고도 치열하게 드러낸 영글찬 학자도 흔하지 않을 성싶다. 스피노자는 "알고 이해하기 위해 노력하는 것은 미덕의 근본이자 최고의 미덕이다. 울지 마라, 화도 내지 마라, 오로지 알고 이해하라. 이성에 의해 인도되는 사람을 자유인이라고 부르고 싶다."라고 말했다. "반갑고, 고맙고, 기쁘다. 앉은 자리가 꽃자리니라. 네가 시방 가시방석처럼 여기는 너의 앉은 그 자리가 바로 꽃자리니라." 라고 노래한 구상(具象) 시인의 노래를 생각나게 만드는 대목이었다.[6]

　스피노자의 콧대를 꺾어 놓기 위해 유대인 중에서도 골수 보수파 랍비들이 모여 들었다. 스피노자의 패기에 쐐기를 박아 놓기 위해서였다. 저들은 마침내 피 끓는 젊은 스피노자를 파문하기로 작정했다. 그렇게 되면 스피노자가 단박에 저들에게 굴복할 줄 알았다. 참회하고 복종할 수 있는 기회를 주었는데도 말을 듣지 않자, 유대의 랍비들은 마침내 스피노자의 영혼을 난도질하기로 작정했다. "천사들의 결의와 성인의 판결에 따라 바뤼흐 스피노자를 저주하고 추방한다. ……스피노자여, 밤낮으로 저주받고, 잠 잘 때도 일어날 때도 저주받아라. ……신께서는 그를 결코 용서하지 마시고, 노여움과 분노가 이 사람을 향해 불타게 하소서 ……신께서는 이스라엘의 모든 부족에서 그의 이름을 지우고 파멸을 내리소서 …… 어느 누구도 말이나 글로 그와 교제하지 말 것이며, 그에게 호의를 보여서도 안 되며, 그와 한 지붕 아래 머물러서도 안 되며, 그에게 4에르렌(2m)보다 가까이 다가가서도 안 되며, 그가 쓴 책을 읽어서도 안 되느니라." 1656년 7월, 스피노자의 영혼을 옭아매려고 내린 유대 교회의 파문 판결문이었다.

스피노자는 저들이 내린 파문에 대해 한마디의 대꾸도 하지 않았다. 저들의 파문이 정당해서가 아니었다. 자신만이 지닌 영혼의 자유를 저들 때문에 방해받고 싶지 않아서였을 뿐이었다. 그의 침묵은 오히려 저들을 더 분노케 했다. 저들은 진리가 너를 자유케 할 것이라고 스피노자에게 선언했다. 스피노자는 그것은 반대이어야 할 것이라는듯이 역설적으로 침묵했다. 저들에게 자신의 맑은 영혼을 보여 주었다. 자유가 당신네들을 진리케 할 것이라는 식으로 묵언으로 일관했다. 그때 스피노자의 나이는 겨우 스물네 살의 앳된 청년이었다.

스피노자는 젊은 시절 배워 두었던 기술이 있었다. 안경에 끼우는 렌즈를 갈아 보는 일이었다. 당시의 과학에 대한 새로운 호기심 때문에 실습해 보았던 렌즈 갈기가 이제는 그의 호구지책이 되었다. 안경을 발명했기 때문에 사람들이 세상을 제대로 볼 수 있게 된 것처럼 스피노자 때문에 사람들은 종교의 저주가 어떤 악마로 변신하는지를 알게 되었다. 당시 렌즈를 가는 일은 새로운 과학적 기술을 연마하는 것이나 마찬가지였기에, 스피노자는 렌즈를 다시 갈았다. 자신의 고뇌도 함께 갈았다. 인내하고 단련하는 그 모습이 바로 자신의 렌즈를 갈아 내는 일이었다. 렌즈를 곱게 갈 때 마다 자신의 영혼도 곱게 갈아 낸 것이었다. 영혼은 더욱더 맑고 밝아졌다. 신의 사랑에 더 깊게 파고들었다. 그는 신(神)을 갈았다. 신의 영성이 더 맑게 드러나도록 자신을 연마했다.

스피노자가 보여 준 신에 대한 사랑은 그가 지닌 사유의 원초였다. 그에게 있어서 삶이란 지혜와 명철, 그리고 자유였을 뿐이다.[7] 그의 삶에는 손자(孫子)가 가르쳐 주었던 자기 이익을 위한 셈법인 '지자지려 필잡어이해(智者之慮, 必雜於利害)', 즉 이익과 손해를 면밀히 따지며 준비하는 그런 치밀한 계산이 없었다.[8] 그의 삶은 그저 하느님이 만물을 사랑한다는 그것을 믿는 그런 삶이었다. 모든 것을 '생산하는 자연'으로서의 신이 만들어 놓은 '생산된 자연'으로서의 삶이었다. 생산하는 자연은 모든 삶에게 희망을 품게 만드는 삶이다. 저들은 성경에 의지하며 스피노자를 단죄했지만, 스피노자는 하나님에 의지하며 성경을 고발했던 셈이다. 성경도 말하자면 생산된 자연, 쓰인 기록일 뿐이었기 때문이었다. 성경에 천부적인 권위를 주려면, 인간 스스로 유치한 미신과 선입견에서 일단 벗어나야 한다. 그래야 삶이 제대로 보이게 된다는 것이다. 그것이 삶의 비전이기도 하다는 것이 스피노자의 생각이었다.

비전이란 마음에 품게 되는 큰 뜻을 말한다. 비전이 생겨나려면 자기 삶에 대해 처음으로 마음먹은 초심이 분명해야 한다. 꺼지지 않은 초발심이 있어야 한다. 마음을 먹었으면 마음먹은 대로 일을 만들어 가야 한다. 마음이 소화가 되어 자신의 근력을 키워 내야 한다. 심근(心筋)도 키우고 몸의 근력도 키워 내야 한다. 삶의 에너지로 써야 한다. 스피노자는 자신의 삶에 비전을 보여 주기 위해 심근을 튼튼하게 키워냈던 사상가였다.

스피노자는 『탈무드』를 거부하지 않았다. 『탈무드』는 유대인에게는 영원한 경전이다. 유대교의 율법, 전통, 문화를 집약한 윤리서다. 유대인이 살아야 하는 삶의 근거를 집대성해 놓은 것이 『탈무드』다. 스피노자는 그 『탈무드』를 부인하지 않았고 『탈무드』의 마지막 페이지는 항상 비어 있다는 점도 잊어 먹지 않았다. 유대인의 편견과 자신감을 함께 간직한 『탈무드』에 따르면, 그들의 지혜와 명철들은 단 하룻밤 안에 읽어 낼 수 없다. 유대인의 가슴에 평생 담고 살아야 하는 책, 『탈무드』의 마지막 페이지가 비어 있는 것은 여백과 공백을 그대로 두지 말라는 뜻이다. 『탈무드』를 읽는 이 스스로 마지막 페이지에 자기의 이야기를 쓰라는 뜻이기도 하다.[9] 스피노자는 그 마지막 페이지에 자신의 소신을 담았지만, 유대인 랍비들은 스피노자에 대한 치졸한 저주나 담고 말았다.

비어 있는 탈무드의 마지막 페이지를 채우기 위해서는 신(神)을 담고 있어야 한다.

맑은 영혼의 신이 깃들어있어야 한다는 뜻이다. 저들 랍비들은 신 대신 걸신(乞神)을 그곳에 담았다. 걸신이란 말 그대로 구걸하여(乞) 얻어먹는 귀신(神)을 말한다. 걸신은 먹는 것에만 집중하는 귀신이다. 귀신 중에는 꽤나 불쌍한 귀신이다. 배를 채우기 위해 떠돌아다니며 음식을 빌어먹고 있음에도 불구하고, 주린 배를 채울 수 없는 귀신이다. 저들은 스피노자를 죽이기 위한 걸신에 지나지 않았다.

미국인의 삶을 주도하는 철학인 실용주의를 이끌어 냈던 윌리엄 제임스(William James)에게는 존경하는 스승이 한 분 있었다. 힌튼 교수였다. 제임스가 스승의 글을 즐겨 읽으며 마침내 생각해낸 것이 실용주의였다. 실용주의의 가능성을 일깨워 준 스승 가운데의 한 사람이 바로 제임스 힌튼(James Hinton) 교수였다. 당대의 사상가였던 힌튼 교수는 마음의 근력, 사유의 근력이 단단했던 인물이었다. 힌튼은 언젠가 제임스에게 말했다. 이 세계는 우리 인간이 만드는 것이며, 선하게 만들면 선해지는 것이다. 선하게 만드는 것은 모두가 선(善)할 수밖에 없다고 말했다.

세상을 살아가는 과정에서 인간이 겪어야 하는 것들은 선한 것들만은 아니다. 그것은 인간으로서는 어쩔 수 없는 일이라는 은사 힌튼의 심정을 제임스는 다시 인용한다. "사소한 불편, 노력, 고통은 우리가 삶을 제대로 느끼게 하는 유일한 것들이다. 이것들이 없다면 실존은 무가치해지거나 더 나빠진다. 이것들을 모두 치워 버리는 데 성공하는 것은 치명적이다. 그러므로 운동 경기를 하고 휴일에 등산을 하는 사람들은 그들의 인내심과 에너지를 혹사하는 만큼 즐거운 것은 아무것도 발견하지 못한다. 이것이 우리가 만든 방식이라고 한다. 그것은 역설일 수도 아닐 수도 있다. 그것은 사실이다. 인내하는 즐거움은 삶의 강도에 따른다. 육체적인 힘과 균형이 필요할수록 인내는 더욱더 만족의 요소가 될 수 있다. 병든 사람은 그것을 견딜 수 없다. 즐길 수 있는 고통의 길이 고정되어 있지는 않다. 그것은 삶의 완전함에 따라 오르내린다. 있는 그대로의 고통은 참을 수 없고, 혐오스럽고, 저항할 수 없으며, 궤멸적이고, 비참함과 바보 같은 조급함에 있을 때를 제외하고는 생기지 않아야 한다. 극단적인 기진맥진만이 인내를 만드는 것이어서 우리의 고통이 참을 수 없다는 것은 그것이 너무 크다는 것이 아니라 우리가 병들어 있다는 것을 의미한다. 우리는 아직 적절한 삶을 갖고 있지 않다. 그러므로 당신은 고통을 필연적인 악이 아니라 가장 높은 선의 본질적 요소로 지각한다."[10)

파블로 피카소(Pablo R. Picasso)는 살아생전 예술가 중에서는 작품을 많이 만들었던 예술가였지만, 자기 작품에 대해 한 번도 만족하지 않았다. 그는 아름다움에 걸신이 들어 있었기 때문에, 자기가 만든 작품에 만족할 수 없었다. 그가 한때 자기의 작품을 돌아보면서 결코 잊을 수 없는 말을 남긴 적이 있었다. "필생의 역작이야말로 궁극적인 유혹이다." 유혹이 있는 한 만족은 있을 수 없다는 뜻이다. 역작을 만들어 내려는 유혹 때문에 평생을 작품에 몰두했던 그에게 위대한 작품은 없었다. 모든 작품들이 자기 자신보다는 타인들이나 감동시켰을 뿐이다.

피카소는 80세를 넘어 죽음에 이를 때까지 작품활동에 주저하지 않았다. 끊임없이 만들어 냈지만 작품에 몰두한 것이 아니다. 삶에 몰두했던 예술가였다. 인간관계는 엉망이었다. 수많은 시행착오가 있었다. 그것마저 예술이었다. 남들의 눈에 그렇게 보였다. 시행착오적인 관계마저도 타인들에게는 예술이었다. 작품이었다. 삶에서 시행착오는 없는 것처럼 남들은 생각했지만 피카소에게는 시행착오가 바로 삶의 과정이었다.

예술하기가 바로 그의 삶, 그 자체였던 피카소는 타인의 눈에 비친 불행만큼 '행복'했던 사람이었다.[11)] 그는 악착같이 자기를 만족시킬 수 있는 작품 한 점을 남기려고 노력했다. 끝내 이뤄 낼 수 없었지만 그가 '크고 위대하며 담대한 목표'를 지녔던 비전의 예술가였던 것만큼은 부인할 수 없었다. 초심을 끝까지 지닌 예술가였기 때문이다. 경영의 용어로 말하면 크고 담대한 목표를 실현한 '비핵(BHAG, Big Hairy Audacious Goal)'의 예술가였다.[12)]

크고 위대하며 담대한 목표를 갖고 있는 사람은 그가 보낼 삶의 마지막까지 최선을 다 할 뿐이다. 인생의 막판, 골인 지점을 향해 더 힘을 낸다. 우리는 경주 막판에 이르면 최선을 다해 뛴다. 우리는 가장 중요한 때인 시즌 막판에 최선을 다해 뛴다. 내가 이렇게 고통스럽다면 내 경쟁자들은 훨씬 더 고통스러울 게 틀림없다. 그래서 막판에 최선을 다해 더 열심히 뛴다는 것이다.

막판의 최선이 삶에게 의미를 준다. 사람은 의미 있는 일 없이 의미 있는 삶을 살아가기는 어렵다. 의미 있는 삶을 살아가려는 사람은 의미 있는 일을 찾게 마련이다. 의미 있는 일을 찾는 사람은 의미 있는 일에 접근성이 높은 사람을 말하는 것이 아니라, 일을 자기의 삶에 의미 있게 만들어 가는 사람이다. 일을 의미 있게 만들어 가는 사람들은 세상에 기여할 수 있는 평정심을 갖는다. 평정심이란 자기 자신을 다스리는 힘이다. 자기 만족에 대한 또 다른 비유적 표현이다. 자기 만족이 함께하는 일을 해내야 "당신이 이 지구상에 짧은 시간이라도 제대로 보냈고, 그런 시간들이 쓸모가 있었다는 것을 깨달을 수 있다." 콜린스 교수가 기업가들에게 보낸 메시지였다. 돈을 벌기보다 사람이 먼저 되어야 한다는 강력한 요청이었다.

인생살이에서 크고 위대하며 담대하기마저 한 목표는 어느 한 순간에 완벽하게 이뤄질 수 있는 것이 아니다. 단 한 번으로 가능한, 계량화가 가능한 그런 목표가 아니다. 겉보기에는 불가능한 목표들이다. 너무 담대하기 때문이다. 이상향이라고 해도 좋다. 때로는 비상향(非想鄕)인 헤테로토피아로 끝나는 한이 있더라도 담대해야 한다. 그런 목표일수록 사람들에게 도전과 도약의 용기를 불러낸다. 예술가들에게는 필생의 역작이 될 수 있다. 학자에게는 불후의 명작일 수 있다.

위대하고 거대한 목표를 지닌 사람들은 삶에서 고슴도치의 생존 전략을 활용한다. 고슴도치는 그 모습으로만 본다면 촌스런 동물에 속한다. 생존하는 방식도 그리 세련되지 못한 동물이다. 그저 '한 가지 큰 것'만 알고 그것에 집착하는 동물이기 때문이다. 고슴도치는 단순하고 우직하기만 할 뿐이다. 그의 잠재력과 가능성은 위기가 왔을 때 어김없이 드러난다. 자기 몸을 최대한 원형으로 웅크린다. 움직일 때의 모습과는 전혀 다르다. 변신한 모습은 흉측하다. 생존하는 데 폼은 그리 중요하지 않다. 오장육부를 드러내 놓고 생존할 수는 없기 때문이다. 고슴도치의 생존 전략은 언제나 한결같다. 일순간에 모든 것을 한데 모은다. 단 하나의 목표를 위해서다. 그것은 수비다. 방어 체계를 만들어야 한다. 위험이 감지되면 순식간에 제 모습을 변환시킨다. 그 어느 동물보다 잽싸게 변환시킨다.

거듭나는 사람으로 나아가자면 고슴도치처럼 단순해야 한다. 자신이 지닌 역량이라는 것은 처음부터 믿을 것이 되지 못한다. 역량이 재주에 속하기는 하지만, 그런 재주는 오래갈 수 없다. 단순한 재주에 지나지 않기 때문이다. 한 장면에만 쓰임새가 있는 재주는 역량이 아니기 때문이다. 역량이라는 단순한 능력에 모든 것을 의지해야 한다. 재주가 실수하면, 그 재주는 저주가 되기 십상이다. 담대한 목표, 위대한 목표를 가진 사람들은 자기의 재주를 믿지 않는다. 재주에 얽매이지 않는다. 재주로부터 초연할 뿐이다. 몇 년간, 몇십 년간 하나의 일에 몰두했다고 일이 완성되는 것이 아니기 때문이다. 완성되었다는 것은 이내 물거품이 되어 버리는 경우가 허다하기 때문이다. 기업의 생존은 거품과 같다. 수백 년을 이어가는 기업이 흔치 않은 이유다.

배웠다고, 깨달았다고 남보다 밥을 더 먹거나 배설을 더 많이 하는 것도 아니다. 남 앞에 서서 허세를 더 부릴 수 있게 해주는 것이 아니다. 잘난 체하며 거드름을 부릴 수 있는 그런 것은 배움이 아니다. 배울수록 고슴도치처럼 자기 삶에 더 묵직해야 한다는 것이 조계종 종정인 진제(眞際) 스님의 일갈이다.[13] 배움이 무엇인지를 설명하기 위해 어떤 유별난 논리나 이론이 요구되는 것도 아니다. 게다가 논리를 세우기 위해 선이론(先理論) 같은 것을 배움에 활용해야 할 것도 아니다. 배움에 대한 선이해(先理解) 같은 것은 필요하지 않다는 뜻이다. 배움에 관한 선이론이나 선이해가 가능하다면 선이론을 생각해 내는 일이 바로 배움이기 때문이다. 배움에 관한 선이론에 대한 탐색이 시작되는 지점이 이미 배움의 한 국면이다. 배움에 대한 선이론의 가능성을 논하는 자체가 배움이 무엇인지를 보여 주는 것이다. 그 논의가 이미 배움 속에서 자연스럽게 녹아 내렸기 때문이다. 배움에 대한 선이론은 이미 배움이 진행되었다는 것을 증거할 뿐이다.

인간은 여러 가지 화학적 물질들이 결합해서 만들어진 생물체다. 인간의 몸을 구성하는 것 중에서 쓸모없는 것은 없다. 하나의 세포와 기관들은 몸과 마음을 위해 소중하다. 하나는 전체를 위해 소중한 것같이 몸이라는 전체는 하나의 세포를 위해 귀중하다. 인간이라는 신체는 생물학적으로 복잡하고 신비한 객체다. 인간의 게놈(genom)이 그것을 보여 준다. 인간이 생물체로서 생존하게 만드는 최소한의 염색체가 게놈이다. 인간의 게놈은 대략 2만여 개의 유전자로 구성된다.

인간의 유전자 가운데 61퍼센트는 파리의 그것과 일치한다. 이상하고도, 놀라운 일이다. 게다가 인간의 유전자 중 99퍼센트는 쥐의 그것과 일치한다. 파리나 쥐의 유전자와 인간의 유전자가 서로 다른 정도의 차이는 절대로 크지 않다. 그렇게 크지 않은 차이가 인간과 다른 생물들을 갈라 놓고 말았다. 인간은 파리와 똑같은 생물체이지만, 인간은 파리가 아니고 사람일 뿐이다. 파리와 다른 39%, 쥐와 다른 1%가 인간을 파리나 쥐와 다르게 만들어 놓은 것이다. 파리나 쥐의 유전자와 다른 39%가 인간에게 무엇을 의미하는지는 아무도 모른다. 쥐와 다른 1%의 인간의 유전자가 인간에게 무엇을 상징하고 있는지도 불명료하다. 다만, 알 수 있는 것은 인간은 파리나 쥐와는 살아가는 방식이 서로 다르다는 것, 그것뿐이다. 자연의 입장에서는 쥐나 인간이나 파리, 그 모두는 자연을 위한 하나의 미물일 뿐이다.[14]

그 어떤 생물도 죽지 않는 것은 불가능하다. 영원히 산다는 것 역시 불가능하다. 죽음에 이르는 일에는 쥐나, 인간이나, 그 어떤 성별 차이도 없다. 큰소리치는 남성들이라고 해도 여성에 비해 더 오래 살 수는 없다.[15] 생물학적으로 모든 생물은 그렇게 각각의 삶을 마감하도록 짜여 있기 때문이다. 인간에게 끝까지 남아 있는 과제는 오래 사는 것보다는 행복하게 사는 것뿐이다. 행복의 질을 높이는 일이 인간에게 최대의 인생 과제인 이유다.

인간을 인간답게, 그리고 행복한 감을 만들어 주는 것은 수없이 반복하지만 인간의 배움만한 것이 없다. 배움은 인간에게는 떼어 낼 수 없는 본능이며 본성이다. 동물들에게는 일관되게 자기 생명을 위한 생존의 본능이 있다. 인간 역시 이 생존의 본능을 거부할 수 없다. 인간은 생존의 본능만으로는 인간다울 수 없다. 생존 본능만으로 만족하면, 쥐나 인간이나 모두 같은 수준의 생물체일 뿐이다. 인간에겐 쥐에 없는 그 무엇이 있다. 그 무엇이 바로 배움의 본능이요, 인간을 인간스럽게 만들어 주는 것이 배움의 본능이다. 배움은 생명의 출발에서부터 작동한다. 인간에게 배움은 생(生)의 시작이다. 배움은 인간에게 처음부터 끝까지 낱낱의 각자적인 명(命)과 공존한다. 배움이 인간의 생명과 동떨어져 있지 않은 이유다. 사람에게 있어서 삶은 살아갈 때 생기는 것이다. 살아서 가야 한다는 그 생각이 현실로 작동될 때 배움도 함께 가동된다.

인간의 생명이 작동하는 방식은 칸트(Kant)가 말하는 인간의 원초적이며 선험적인 것으로서 그것이 바로 배움이다. 인간은 몸과 마음에 배움의 능력이 선천적으로 구비되어 있다. 선천적으로 구비되어 있는 배움의 체계에 의해 지식을 경험하게 된다. 인간은 자신의 생과 명을 칸트가 논했던 것 같은 오성(悟性)으로 배운다. 다시 말해서 무엇을 안다고 할 때 그 이해력이 인간에게 선험적으로 작용한다. 칸트는 이 세상에 대한 인간의 인식을 규정해 줄 수 있는 어떤 조건과 힘을 상정했는데, 그 조건과 힘이 인간의 내면에 내재한다. 그것을 지성적 능력이라고 불렀는데 그것이 바로 배움력이다. 인간에게는 스스로 깨달아 알게 되는 지성적인 능력이 그것이다. 그런 능력과 힘을 인간의 원초적 그리고 내면적 인식력, 칸트 식으로 말하면, '오성(悟性)'이다.[16] 깨달아 알게 만드는 힘이 오성이다. 오성, 말하자면 인간 본연의 원초적인 인식의 힘과 인식의 동력이 바로 배움력이다. 칸트가 지칭했던 오성의 질료는 바로 내부 시각이나 마찬가지다. 오성의 발현이 바로 배움력이다. 인간이 생각만으로도 자기 생존을 위한 지식을 나름대로 얻을 수 있는 것은 바로 인간에게 배움력이 있기 때문이다.

인간에게 무엇인가 이해할 수 있는 힘이 있다는 말은 인간이 이성의 존재임을 말한다. 동시에 인간은 감성적인 존재이기도 하다. 인간에게 이해는 이성 작용만의 일도 아니고 감성만의 일도 아니다. 그것은 이성과 감성의 통합적 작용일 뿐인데 인간은 그것으로 자연을 경험한다. 자연을 오성한다. 자연에 대한 통합적 지적능력을 오성이기에, 인간은 오성에 따라 자연을 변화시키려고 한다. 자연의 모든 것을 알아 내려고 한다. 이렇게 자연에 대해 의시하며, 탐색하고, 변화를 가하는 지적 작업(知的作業)이 바로 계몽(啓蒙)이다.[17)

인간의 지적능력을 분석하는 일을 칸트는 이성 비판이라고 말했다. 이성 비판은 인간이 자기 자신에 대한 자기 분석을 하겠다는 뜻이다. 이성 비판은 자기 비판을 말하는 것이다. 인간의 지적 능력을 분석할 수 있는 주체도 인간이다. 그것을 해석하는 주체 역시 인간인데, 그런 분석과 해석은 인간에게 오성이 가능하기 때문이다. 이성 비판은 이성에 대한 자기 해석, 자기 분석, 자기 해부 작업이다. 이성 비판은 다른 말로 말하면 인간 스스로 자신의 배움력을 해명하는 노력을 말한다.

인간에게 있어서 삶은 언제나 현재적 활동일 뿐이다. 그것을 사람들은 그저 생존이라고 부를 뿐이다. 생존이 드러나는 장면이 삶살이다. 각각의 삶에는 특수 문법이 작동한다. 낱낱의 생과 명(命)에는 삶살이에 반드시 생명을 유지해야 한다는 한 개의 보편 문법과 그것을 가능하게 만드는 여러 개의 특수 문법이 있다. 낱낱의 삶은 여러 개의 특수 문법에 따라 삶살이를 만들어 낸다. 삶살이에 대한 여러 개의 문법이 있다는 말은 배움의 방편도 여럿이 있다는 말이나 마찬가지다.

배움은 선이론, 선이해의 유무와 관계없이 현재 진행형일 뿐이다. 살아 있는 한 배움이 작동하고 있다는 뜻이다. 배움은 삶과 함께 비롯되기 때문이다. 배움을 실현하는 방편은 다양하다. 삶은 살아가는 각자에게 철두철미하게 행위적이어야만 한다. 그 누구든 살아가지 않으면 살 수 없다. 살아 보지 않으면 살 수 없다는 이치다. 낱낱스런 삶은 그렇게 자신에게 절대적이다. 섣불리 살 수 없는 노릇이다. 예를 들어, 아마존 밀림에서는 졸면 누구든 죽음에 직면한다. 밀림의 종족들은 한순간도 섣불리 살아 갈 수 없다. 그들은 늘 자신에게 경계한다. 그 경계어가 바로 '졸면 안돼'라는 말이다. 부족 구성원들은 졸면 큰일 난다는 것을 설명하지 않아도 모두 알고 있다. 생존을 위한 가장 초보적인 기술이기 때문이다. 졸면 뱀이 물어버린다는 것을 모두가 목도했기에 다들 너무 잘 알고 있다. 생과 명은 한시라도 죽음에 대한 경계를 늦출 수 없는 것이다. 절대적이며 즉시적인 행위이기 때문이다. 삶은 철두철미한 행

위를 요구하는 배움일 뿐이다.[18)]

　행위는 관념을 지배한다. 행위로 끝까지 나아가면 관념은 이내 무너진다. 끝까지, 마지막 장면까지 행위로 밀고 나가면 관념은 슬그머니 사라지도록 되어 있다. 아니면 아주 작아지거나 생기지 않는다. 숨이 넘어가는 순간까지 생각하면 죽음이라는 관념은 없어진다. 생각 자체는 행위다. 생각이라는 행위가 일관성을 잃으면 관념으로 전이된다. 그 옛날 선사들의 '생각하고 또 생각하라.'는 말의 진실이 바로 그것이었다. 생각하고 또 생각하라는 말, 생각이라는 행위에의 몰입은 생각에 절대적인 우선권을 주라는 말이 아니다. 생각이라는 것을 절대 행위로 활용하라는 뜻이다. 생각의 생각으로 몰입되면 생각이 비워지게 마련이다.

　삶은 생각이라는 관념으로 유지되는 것이 아니다. 삶은 만들어 냄으로써의 생각이라는 행위 그 자체로 이뤄진다. 관념이 행위를 처음부터 끝까지 유도하는 것이 아니다. 행위가 관념을 유인하게 마련이다. 생명이 그 누구에게든 그토록 악착같이 유지되는 이유다. 생명을 갖고 있는 존재만이 누릴 수 있는 생각의 즐거움이다. 삶은 행위다. 죽음은 관념이다. 행위가 관념보다 우선한다. 사람은 죽기 위해 사는 존재가 아니다. 인간은 살아가다가 죽어 버리는 존재다. 삶이란 생명이며, 행위다. 그것을 상징적으로 드러내는 표현이, 소똥 밭에서 굴러도 이승이 더 좋다는 우리네 속담이다.

　'자연과 싸우려 들면 결코 이길 수 없다.' 일상적인 생활에서 어김없이 적용되는 원리다. 자연을 이긴 사람도 없다. 인디언 후예인 브라운 부부에게 '뒤를 밟는 늑대'라는 이름의 인디언 할아버지가 그 비법을 알려 준다. 저들은 어릴 적부터 아파치족 고유의 추적 기술을 배웠다. 할아버지는 늘 말했다. 지금과 같이 문명화된 사회일수록 아이들에게 빨리 걷고, 빨리 생각하도록 강요하는데, 저다운 삶을 살려면 그런 속도 감각은 깨트려야 할 나쁜 버릇이라고 비판했다. 삶을 즐기려면 늘 보던 것도 처음 보는 것처럼 여행자의 눈으로 천천히 보며, 찬찬히 살라고 충고한다.[19)]

　사람은 배우는 동물이다. 배움이 인간에게는 본능이며 본성이다. 동물로서의 유인

원이 지닌 충동인 동시에 초인들의 깨달음이기도 하다. 충동과 깨달음 사이의 차이는 백지장의 차이다. 니체(Friedrich Wilhelm Nietzsche)는 본능을 인간의 마음속의 늑대라고 표현한다. 야수적인 동물성처럼 마음속에서 꿈틀거리는 것이 본능이라는 것이다. 본능은 늑대 같은 욕망으로 상징된다. 배움은 늑대의 그 야수성을 닮았다. 단순한 욕망이 아니라 생명에의 의지를 품고 있는 욕망이다. 삶에의 힘이 본능이다. 본능이 고개를 쳐들고 나와야 삶의 모습도 약동의 모습을 보여 주게 마련이다. 설령 세련되지 않더라도 있는 그대로의 힘이기에 인간의 야수성을 보여 주게 된다. 고대의 신화들은 인간이 지닌 야수적인 욕망과 본능을 있는 그대로 그려낸다.

본능은 생물적인 충동이나 힘으로만 이해할 것이 아니다. 본능은 삶을 이끌어 가게 만드는 총체적인 힘이기 때문이다. 본능은 모든 생물이 스스로를 지키기 위해 신으로부터 부여받은 생존능력이다. 신은 인간에게 신성을 주는 대신 본능을 주었다. 신에게는 본능이 있을 수 없다. 신 그 자체가 힘이기 때문이다. 본능은 신이 되려는 짝퉁의 신성이다. 본능은 인간의 의지를 포괄하는 본래적인 힘이다.[20] 삶을 드러내는 역동적인 의지가 본능이며, 힘에의 의지가 본능이다. 니체의 용어로 말하면, 본능은 인간의 운명애(運命愛)다.[21]

운명애는 에로스의 덩어리다. 에로스가 배움과 관련될 때 자기 다스림의 재활과 자기 치유의 생성도 가능해진다. 자기 다스림으로서의 에로스는 바타이유(Bataille) 교수가 말하는 쾌락이다. 성행위 같은 것을 상징한다. 에로스는 '쾌감'이라는 '목적 의식'을 실현하기 위한 것이다. 에로스, 이때 말하는 쾌락은 단순히 즐기기로써의 허접함을 말하는 것이 아니라 치유의 목적을 지닌다. 치유의 목적을 실현하는 실제적인 행위가 바로 오르가슴이다.

오르가슴을 '작은 죽음(petite mort)'이라고 부른다. 그것은 예비 죽음을 지칭하는 것이 아니라 새로운 깨달음을 말하는 것이기 때문이다. 인간이 에로스적인 행위를 통해 언젠가 죽게 될 죽음의 미래를 미리 경험하거나 죽음을 관조한다. 그런 의미에서 오르가슴은 예비 죽음을 말하는 것이 아니다. 그것은 작은 죽음을 통한 새로운 거듭남과 생명에 대한 예찬을 확인하는 삶에 대한 새로운 깨달음을 의미한다. 그것은 마치 사람들이 사념을 없애려고 노력하는 한, 그런 사념은 절대로 없어지지 않는 이치와 비슷하다. 사념한다는 자체가 사념으로 진입하고 있기에 사념으로서는 사념을 소거할 수 없다. 사념은 행동으로 소거되어야 하는데, 사념을 순간적으로 소거하고 제거하며 소멸시켜 주는 집합적인 행동을 에로티즘이라고 부른다.

오르가슴은 죽음에 대해 '아니요'를 강력하게 드러내는 극적인 순간을 말하기도 한다. 삶에서 죽음이 아니요라는 거부에 직면할 적에, 삶에 대한 부정어가 사라질 적에, 그 자리에는 오직 긍정만이 자리를 잡는다. 오르가슴의 순간적 형태가 설령 동물적인 그것과 같으며 짐승적일 수 있지만, 그 짐승적인 경험을 통해 사람들은 항상 새롭게 거듭난다. 일순간의 평화가 지속되는 숭고한 경험이 개입되기 때문이다. 그 순간을 쇼펜하우어(Arthur Schopenhauer)가 극적으로 묘사했다. 인간과 비교해 볼 때, 짐승은 한 가지 참된 지혜를 가지고 있다. 지혜야말로 현재라는 순간을 늘 차분하고 조용한 기분으로 맞이할 줄 안다고 말했다. 그 차분한 감정의 억제된 고양(高揚)이 바로 오르가슴이라는 것이다. 쇼펜하우어는 인간이야말로 제 스스로 짐승의 본능을 배움이라는 양태를 거침으로써 비로소 사람으로 거듭날 뿐이라고 가르쳐 준 것이다.

오르가슴은 그것이 육체적이든 아니면 정신적이든 관계없이 일종의 깨달음이기에, 탄트라(tantra) 요가에서는 그것을 각성에 이르는 바른 길이라고 가르치고 있다. 일반 종교에서는 인간의 육체를 추악한 것, 고통의 원인으로 간주하곤 한다. 탄트라에서는 입장이 다르다. 인간의 몸을 각성의 주체라고 보기에 육체가 결코 추악할 수 없다. 그런 생각 자체가 무의미하다. 몸은 추한 것도 아름다운 것도 아닌 인간을 위한 각성의 도구일 뿐이기 때문이다. 탄트리즘에서는 육체를 신이 거주하는 사원 또는 해탈을 위한 도구로 간주할 뿐이다. 인도인은 탄트라 요가를 통한 해탈은 오히려 심리적이나 관념적인 명상을 통해 도달한 경지보다 더 완전한 경지라고 간주한다. 탄트라적인 해탈은 육체까지 포함되기 때문에 이 경지에서는 신성한 육체의 자각과 함께 현생의 향수를 경험함을 의미한다.

　탄트라라는 말은 정신적인 지식을 의미하는 산스크리트어의 타트리(tatri/tantri)에서 나온 말인데, 탄(tan)은 넓힌다라는 뜻을 갖고 있다. 탄트라는 지식을 넓힌다는 의미에서 인간 스스로 지식을 전부 몸으로 익힌다는 것을 말한다. 탄트라는 성 에너지의 낭비를 말하는 것이 아니라, 성 에너지의 응축과 증폭을 통하여 생명 에너지를 상승시키고 승화시키는 방법을 말한다.

　탄트라 요가는 성 에너지로서의 음양적인 통합의 방편으로 쓰이고 있다. 인간의 완성을 알리는 방편으로 쓰이고 있다. 깨달음으로 안내하는 길이 탄트라다. 음식을 먹으면 몸이 크듯이, 성을 취하면 마음이 큰다. 성을 통해 깨달음과 신을 체험하는 일이 탄트라의 핵심이다. 진정한 사랑 안에서는 타인과 내가 구별되지 않는다. 둘이라는 각각은 이내 사라지고 하나가 될 뿐이다. 악마는 없다. 사악한 것은 아무것도 없다. 그 무엇도 오르가슴의 순간에는 하나일 뿐이다. 모든 것이 신성하다. 올바른 관점이며 건강한 시각만이 남는다. 오르가슴에는 오로지 삶에 대한 긍정만이 있을 뿐이다. 그것 외에 어떤 다른 방편도 존재하지 않는다.[22]

　오르가슴의 상황 속에서는 존재만이 훤하게 드러나 보일 뿐이다. '아니요'라는 상태는 제거된다. 오르가슴 상황에서는 어떤 호불호의 느낌 모두가 원천적으로 사라져 버리기 때문이다. 아니요라는 것은 부정과 거부를 말하는데, 아니요라는 거부와 부정이 사라지면 어떤 싸움도 불가능해지게 마련이다. 아니요가 소거되면 전쟁도, 갈등도 제거된다. 오르가슴 상황 속에서는 모든 분쟁이 소거된다. "부정이 없을 때 그대는 삶과 더불어 흘러간다. 삶의 흐름 속으로 녹아들어 우주 전체와 하나가 된다. 경계선이 더 이상 존재하지 않는다. 아름다운 나신의 여성으로 보고 앞으로 나아가라. 그때 신은 그러한 여자를 통해 다가와 당신으로 하여금 사랑으로 돌아갈 수 있도록 해 줄 것이기 때문이다. 잘 관찰해 보라. '아니요'라고 말할 때마다 즉시 무언가 닫힌다. '예'라고 할 때마다 그대의 존재가 열린다. 오직 전체적인 긍정만이 진짜 신을 드러내 준다. 존재계를 완전히 긍정할 때 이 존재계가 변형된다. 더 이상 바위, 나무, 인간, 강, 산이 존재하지 않는다. 갑자기 모든 것이 하나가 된다. 이 하나됨이 신이다. 탄트라에서는 말한다. "그대 자신이 되어라." 이것이야말로 그대가 성취할 수 있는 유일한 것이다. 모든 것을 받아들일 때 욕망이 떨어져 나간다. 수용성과 더불어 무욕이 들어 온다. 그대 자신을 강요하지 마라. 욕망을 떨쳐 버리려고 애쓰지 마라. 무조건 받아들이면 저절로 욕망이 사라진다. 전체적으로 받아들일 때 모든 욕망이 사라진다. 이때 문득 깨달음이 온다. 그대 쪽에서는 아무것도 하지 않았는데 갑자기 깨달음이 찾아온다. 이것이 존재계가 그대에게 주는 가장 큰 선물이다."

인간의 문명은 오르가슴이 만들어 낸 욕망의 또 다른 성 에너지적인 표현이다. 인간은 이성의 감옥에서 언젠가는 풀려날 것을 기대하지만,[23] 그런 일은 결코 인간의 삶에서 일어날 수 없다. 인간은 논리와 이성으로 무장된 신으로 태어나지 않았기 때문이다. 인간은 신성으로만 거듭날 수 있을 뿐이다. 그것을 가능하게 해 주는 것이 오르가슴이다. 오르가슴이 인간을 신으로 바꿔 놓으며, 인간에게 신성을 되찾아 준다. 물론, 그 신성의 시간이 찰나적이며, 순간적일 뿐이다. 인간에게 신성은 그렇게 찾아왔다가 이내 소거된다. 마치 물 위에 길을 낸 것처럼 신성도, 하나됨도, 임사 체험도, 오르가슴도 이내 사라진다. 인간은 그렇게 사라진 신성을 회복하기 위해 오르가슴을 염원한다.

신(神)의 형상대로 거듭나려면 인간 스스로 내면의 소리를 들을 수 있어야 한다. 신의 소리를 듣게 만드는 것이 오르가슴이 지니는 배움의 힘이다. 배움은 오르가슴이다. 배움은 인간이 인간을 넘어설 수 있게 만들어 주는 원초적인 힘이다. 배움은 인간을 무아지경으로 빠지게 만든다. 우주 삼라만상에 연결시킨다. 내면의 소리를 듣는 사람만이 자기됨을 지닌다. 조아(Zohar) 교수는 오르가슴을 통한 자기 내면의 소리 같은 것을 영적 자본(spiritual capital)의 원형이라고 부른다. 영적 자본이 넉넉하면 정신적 여백도 넉넉해지기 마련이다. 인간에게 있어서 가장 깊은 의미, 가장 깊은 가치, 가장 근본적인 목적, 가장 높은 동기를 이끌어내 삶을 풍요롭게 만들어 내는 부(富)로써의 영적 자본이 정신의 오르가슴이다.

자기됨이란 자기의 의미를 만들어 내는 힘이다. 자기됨은 말로 설명될 수 있는 열망 그 이상의 것이다. 스티븐 코비(Covey) 박사는 자기됨의 내면적인 소리를 인간이 지니는 천부적 권리라고 부른다. "우리의 내면 깊은 곳에는 정말로 소중한 사람이 되어 세상을 변화시키며 공헌하는 위대한 삶을 살고자 하는 열망이 있다. 자신의 능력에 대해 의심을 품는 사람도 있겠지만, 그것은 인간의 타고난 권리다."[24]

자기됨은 배움의 본능을 틔워 내는 자양분이다. 인간을 만들어 내는 배(胚)로써의 씨눈이 아니라 자기됨을 만들어 내는 자양분이다. 자기라는 몸을 만들어 내는 티눈은 어머니와 아버지이지만, 자기됨을 만들어 내는 티눈은 자기 자신일 뿐이다. 내면의 소리가 자기 배움의 자양분이다. 배선화된 배움소가 그것을 틔워 내도록 조력하는 자양분의 역할만을 감당한다. 배움의 본능은 세 가지 서로 다른 배움소에 작동한다. 다시 요약해서 말하면, 배움소의 첫 번째 분화가 바로 창생력(創生力)이다. 생명에 대한 예찬과 생명을 경외하는 힘으로의 가지치기를 일어나게 만드는 힘이다. 창생은 육체적이며 정신적인인 힘을 말한다. 생명에 대한 예찬력이다. 바로 지금을 숨 쉬게 하는 생명의 동력이다.

창생력은 오늘을 마지막 날처럼 살아가게 만들어 주는 삶의 동력이다. 창생력은 어제라는 과거는 생과 명에 있어서 '부도수표'에 지나지 않는다. 목숨에 과거는 소용없는 짓이다. 이미 어제를 살아 버렸기 때문이다. 내일 역시 그때 가봐야 알 수 있는 어음일 뿐이다. 아직은 아무것도 보장해 주지 못하기 때문이다. 그때 가봐야 소용이 있는지 없는지를 알게 될 일이다. 약속 '어음'은 약속을 지켜야 약속이 지켜지는 것일 뿐이다. 내일의 목숨을 약속하는 것은 아무것도 없다.

오늘, 지금 바로 이 시간이 현금력을 보증한다. 지금만이 구매력을 갖고 있는 현금과 같다. 쓰든, 쓰지 않든 간에 관계없이 현금만이 확실한 구매력을 갖고 있다. 목과 숨을 구매하려면 지금을 살아야 한다. 바로 지금을 호흡해야 산 것이다. 오늘을 의미 있게 살아가야 한다. 모레를 살아갈 수 있으려면 오늘, 지금을 바로 호흡해야 한다. 지금을 살 수 있어야 미래를 이야기할 수 있다. 지금이 있어야 나를 위한 내일의 관점들이 만들어진다. 창생력은 바로 오늘과 모레를 살아가게 만드는 삶과 명을 부추기는 동력이다.

　창생력은 타인에 대한 손가락질을 거부하게 만드는 힘이다. 창생은 생명에 대한 경외이며 존경이며, 자기됨의 근거다. 마치 예수가 간음한 여인을 벌하려는 음흉한 유대 랍비에게 일갈한 그 명령이 창생력의 본보기다. 누가 이 여인에게만 죄 있다 손가락질을 할 수 있겠는가를 극명하게 깨닫게 만들어 내는 자성과 반추의 열쇠 개념이다. 창생력은 삶에 대한 경외, 그 자체다. 생명에 대한 예찬이다. 나의 삶이 소중한 것처럼, 타인의 삶이 소중함을 알려 주는 개념이다. 생명에 대한 갈망, 생명에 대한 예찬은 공감능력을 요구한다. 그 누구에게 적개심이 없는 상태를 요구한다. 극적으로 말하면, 삶에서 견딜 수 없다고 생각하는 모든 것을 없앤 상태를 요구한다. 자신의 구원에 매달리는 삶이 아니라 타인의 고통에 공감하는 삶을 말한다. 생명에 대한 깨달음으로 생명 예찬에 대한 싹을 틔우는 삶을 말한다.[25]

　내 삶이 귀하고 아름답게 존중받아야 하는 것처럼 타인의 삶 역시 귀하고 아름답다. 세상에 태어난 사람치고 잡초는 없다. 서로는 서로에게 다를 뿐이다. 다른 것은 차이가 아니다. 다른 것은 차별이 아니다. 다른 것은 아름다운 것이다. 모든 색은 서로에게 보완적이며 보색일 뿐이다. 검은색에는 그 어떤 색이 어울려도 아름다운 것처럼 흰색에도 그 어떤 색이 가미되어도 아름다운 것이다. 색은 모두가 모두에게 아름다울 뿐이다. 배움은 보듬는 힘이다. 창생력은 내가 나로서 거듭나게 만드는 힘이다. 동시에 창생력은 타인에 대한 배려와 공감의 포용의 능력이다. 서로가 서로에게 주체가 되도록 만드는 능력이 창생력이다. 창생의 핵심은 생명에 대한 경외다.[26]

生 **2.** "나는 과학적 문제를 선택할 때 두 가지 조건을 고려한다. 첫째, 그 문제가 오랫동안 나를
사로잡을 새 영역을 열어 주어야 한다는 것이다. 나는 장기적인 헌신을 좋아한다. 덧없는 로
맨스를 좋아하지 않는다. 둘째, 나는 두 분야 또는 더 많은 분야들의 경계에 있는 문제들을
좋아한다." – 에릭 켄달[27]

"사람들은 대개 논리적으로 추론하지 못하며, 당구공이 부딪치듯이 서로 충격을 주며 부대
낀다. 사람의 행동을 일으키는 것은 관습이다. 관습은 행위자들 속에 숨어 있는 때가 많고,
이 관습은 사람들로 하여금 자기도 왜 하는지 모르는 일을 하게 만든다." – 데이비드 흄[28]

"(생명체는) …… 굉장히 간단한 것에서 시작해 가장 아름답고 가장 멋진 끝없는 형태가 진
화해 왔으며, 또 진화하고 있다." – 다윈[29]

나는 우연히 서울 근교의 대형마트에 들른 적이 있었다. 손님용 자유 독서대에서
손때 묻은 책을 한 권 접하게 되었다. 『인생의 절반쯤 왔을 때 깨닫게 되는 것』이라는
책이었는데,[30] 누군가가 손님을 위해 기증한 책이었다. 첫 페이지에 매료된 탓에 가
던 길을 멈추고 그냥 두세 시간 동안 읽어 내려 갔다. 저자들은 인간의 삶을 여행이라
고 비유한다. 사람들은 삶이라는 여행을 떠나면서 세 종류의 가방을 챙기기 마련이
다. 하나의 가방은 서류 보관용 책가방이고, 다른 하나는 여행 가방인 배낭 같은 것이
며, 마지막 가방은 짐 가방 같은 트렁크다. 저자들은 책가방은 직업을 상징하고, 배낭
은 사랑, 그리고 트렁크는 살 곳으로 비유한다. 말하자면, 각각은 직업, 아내 그리고
집을 상징하는 것이었다.

저자들은 그 책에서 말한다. 앞으로의 삶을 위한다는 강박감으로 가방에 무엇을
자꾸 채워나갈 것이 아니라, 남은 삶을 위해 가방에서 무엇을 버릴 것인가를 묻고, 또
물으라고 말한다. 언젠가는 쓸모 있을 것이라는 불안 때문에 가방에 짐을 늘리기만
하면, 짐 때문에 여행은 더욱더 버거워진다. 나 역시 내 삶에서 이제 책가방을 비우게
되었다. 33년 동안 봉직한 대학을 일단 떠나야만 하기 때문이었다. 앞으로 서류들이

필요하지 않아서가 아니라, 필요 이상의 유별난 서류들 때문에 책가방을 더 이상 무겁게 하지 않아도 될 때가 된 것이다.

이제 짊어지고 나서야 할 배낭은 이미 한두 번 정리한 후 정성들여 다시 꾸린 여행가방이다. 부족하기는 하지만 내 딴에는 그래도 상당히 정리정돈된 배낭이다. 가슴을 눈물로 닦아 가면서 다시 꾸린 배낭이었다. 앞으로 더 이상 무엇을 넣어야 할지 고뇌하지 않기로 작정했던 배낭이었다. 마치 전설의 가시나무새처럼[31] 고통스러웠던 모든 아픔을 토해 내며 여행을 계속한다고 해도 그리 잃을 것은 없었다. 그렇다고 더 크게 얻어 낼 것도 없기 때문이다. 내게 남은 마지막 가방은 짐이 담긴 트렁크다. 몇 번씩 줄이고 줄여도 책가방이나 배낭처럼 부쩍 줄지 않는 것 같아 늘 마음에 걸리던 때였다. 바로 그런 때에 『인생의 절반쯤 왔을 때 깨닫게 되는 것들』의 저자들이 나에게 귀가 번쩍 뜨이는 질문을 했던 것이다. 만약에 집에 불이 난다면, 그리고 무엇을 구체적으로 생각할 경황이 없다면 어떻게 할 것인가를 묻고 있었던 것이다. 무슨 짐, 어떤 것을 들고 불길 속에서 나올 것인지 내게 묻고 있었다. 책가방도 아닐 것 같았다. 트렁크는 더욱더 아닐 것 같았다. 명(命)과 생(生)이 우선 해야 될 것이기에 갖고 나올 배낭은, 그저 속내의 한 벌 들어 있는 배낭이면 충분할 것 같았다.

인간은 그 옛날부터 봇짐 하나 들고 저들의 삶을 진화시켜 왔다. 인간은 앞으로도 영원히 그렇게 진화할 것이다. 인간의 영원한 진화를 신앙으로 혹은 말로 거부한다고 거부될 그런 것이 결코 아니기 때문이다. 어떤 생물이든 그것이 진화하는 동안은 모든 진화의 과정은 시행착오를 거치게 마련이다. 그래도 지금 현재 인간의 모습은 가장 아름다운 것의 마지막 경계에 있는 아름다운 마지막 모습이다. 인간이라는 생명은 그 존재부터 예찬받아야 한다. 그렇게 하기 위해서는 생명에 대한 경외감부터 지녀야 한다. 생명에 대한 경외는 창생에 대한 되돌아봄으로 시작된다. 생명에 대한 경외는 삶에 대해 초월적 회심(conversion)을 이끌어 낸다. 인간 스스로 창조하고 자기에 대해 책임을 지겠다고 결단하면 회심하게 된다. 인간은 각자 자기에게 책임지는 결단의 존재다. 각자의 삶에 대한 결단력이 있기에 인간은 일상적인 삶 속에서 회심할 수 있다. 회심이 신의 은총에 의해서만 가능한 것이 아니다. 회심은 종교의 전유물이 아니다.[32] 회심은 사람만이 하는 일이다. 자신의 거듭남을 위해 필요한 자기 결단에 의해 가능한 일이다.

회심을 찾아내도록 만드는 배움소의 두 번째 분화가 바로 창설력(創設力)이다. 창설력이란 모르던 것을 알아내고 새로운 것을 찾아내는 힘이다. 습작과 학습의 힘, 탐색과 탐구의 힘을 말한다. 찾아낸 새로운 것을 현장에 쓰임새 있게 적용하는 앎의 능력이 창설력이다. 구상(構想)능력, 학습능력, 상상능력을 융합한 것이 창설력 같은 것이다.[33] 창설력은 사람의 인지능력을 밝게 만들어 주는 힘이다. 무지에서 벗어나게 만들어 주는 힘이 창설력이다. 창설력은 분별을 위한 지혜의 힘이다. 창설력은 끊임없는 재구성과 훈련이 요구되는 능력이다. 인간에게는 용불용(用不用)의 힘도 있기에 지속적인 훈련이 필요하다. 인간의 지력은 쓰지 않으면 녹이 슬게 되어 있다. 반대로 인간의 지력은 수확 체증(收穫遞增)적이다. 쓰면 쓸수록 부가가치가 늘어나는 힘을 지닌 것이 인간의 지력이며, 배움력이다. 창설력은 인간의 지력이 지닌 수확 체증의 법칙을 따른다.

인간의 행동에는 착시 경향이 짙게 깔려 있게 마련이다. 인간의 행동 중에 일상의 착각과 무관한 행동은 거의 없기 때문이다. 게다가 인간은 선택적 주의집중 경향도 강하다. 인간의 인지능력은 모순 덩어리다. 주의력 착각, 기억력 착각, 자신감 착각, 지식 착각, 원인 착각, 잠재력 착각으로 인한 착각의 존재다.[34] 인간이 믿고 있던 상식도 그렇지만, 과학적으로 검증받았다는 정보나 지식들마저도 정교한 것은 아니다. 허구일 가능성이 높다. 객관적인 사실로부터 편차가 그리 심하지 않기에 적당한 선에서 얼버무리며 받아들이고 있을 뿐이다.

사람들은 제가 보고 싶은 것, 제가 원하는 것만은 먼저 보려고 한다. 알고 싶은 것만 알려고 한다. 자기에게 편한 것만 보기 때문에 착각은 불가피하다. '일상의 착각'으로 인해 겪는 어려움도 많다. '주의력 착각'이 심하면 교통사고가 빈번해진다. '기억력 착각'으로 무고한 사람을 범인으로 지목하기도 한다. 금융시장에서도 이런 일이

비일비재하다. '정보 착각'은 재산을 송두리째 날려 버리게 만든다. 안다고 우기며 주식에 투자하여 파산에 이르는 경우가 그것이다. 자기 능력을 필요 이상으로 과신하는 '자신감 착각'도 큰 피해를 불러일으킨다. 원인과 결과 간의 우연의 일치를 사실로 우긴다. 기상천외의 이론을 만들어 내는 '원인 착각'이 그것이다. '잠재력 착각'은 사람들을 혼란에 빠트린다. 훈련을 통해 인간의 지력이나 창의력을 몇 곱절 증대시킬 수 있다는 논리가 그것이다. 인간은 할 수 있을 만큼만 할 수 있을 뿐이다. '잠재력 착각' 같은 착각과 착시 때문에 사람들은 무지 속에 살게 된다. 불필요한 정보의 폭주 속에서 신음하게 된다. 의미 없는 것들을 의미 있게 만들려고 하는 인간의 우매함과 착각 때문이다.[35] 창설력은 인간의 착각과 착시를 교정시켜 주는 힘이다.

인간이 지니는 착각과 착시를 교정해 주는 힘의 마지막은 배움소의 가치뻠음인 연단력(鍊鍛力)이다. 자기 스스로를 돌아보게 만드는 힘이 연단력이다. 자기를 달구며 자기를 조련해 내는 힘을 말한다. 새로운 사람으로 거듭나게 만드는 힘이 연단력이다. 연단은 타성을 이겨 내려는 강력한 자기 노력이다. 연단은 번뇌에서 벗어나게 도와준다. 연단은 한 사람을 만들어 내는 개조력의 동력이기도 하다.[36] 삶을 닦아 내고, 치유하며, 끊임없이 다시 쓰도록 만들어 가는 개조의 능력이 연단력이다. 영성의 신부로 알려진 안셀름 그륀(Grun) 신부가 보여 준 삶의 행적이 연단의 상징을 드러내 준다.[37]

그는 삶을 어떻게 치유하며 살아가야 되는지를 일러 준 적이 있다. 답은 단순했다. 결단하라는 처방이 그것이었기 때문이다. 어떤 신분이든 제 삶은 자기 삶이라는 것이었다. 어떤 삶이었든 제 삶은 제가 사는 것이지 타인이 사는 것이 아니라는 뜻이다. 어려운 삶이라고 느껴지는 삶을 살더라도, 자기 삶에서 떠나지 말라는 것이었다. 죽음은 결코 삶의 몰락이 아니기에 더욱더 악착같이 살아가라는 것이었다.

한 제자가 그륀 신부에게 죽음에 대해 집요하게 묻는다. "죽고 나면 어떤 일이 벌어집니까?" 그 질문에 대해 스승이 대답했다. "시간 낭비하지 마라. 네가 숨이 멎어 무덤 속에 들어가거든 그때 가서 죽음에 대해서 생각해 보아도 절대로 늦지 않다. 왜 지금 삶을 제쳐 두고 죽음에 신경을 쓰는가? 일어날 것은 어차피 일어나게 마련이다." 하루를 살아도 악착같이 살라고 주문한 훈계였다. 행복은 우리 발 밑에서 자라는 꽃과 같다. 그것을 이렇게 저렇게 짓밟지 말라는 것이었다.[38] 온전한 삶을 원하면 자기 연단에 더 힘쓰라는 것이었다.

행복하려면 행복한 느낌으로 살아가야 한다는 당부였다.[39] 행복하려면 행복하게 살겠다고 결단하라는 것이다. '그대 지금은 내 앞에 있으나, 내일은 내 옆에 있으리'라는 어느 사람의 묘비명을 읽고 나면 정신이 번쩍 들 것이라는 그의 당부였다. 삶을 경계하라는 묘비들은 고대 네크로폴리스에서 늘 발견된다. 폴리스에서는 거의 발견하기 어렵다. 폴리스는 살아 움직이는 사람들의 시장거리이기 때문이다. 네크로폴리스는 정반대의 상태를 말한다. '죽은 자의 도시(nekropolis)'이기 때문이다. 어느 무덤에서도 그들이 하는 이야기는 죽음보다는 삶에 대한 이야기다. 삶에 대해 강력하게 경고하는 것들이다. 죽어서 경고하기보다는 살아서 이야기하라는 그의 당부였다. 죽어 자신이 묻혀 있는 땅덩어리가 대궐처럼 커봤자 그 모두가 부질없는 짓일 뿐이다. 그것은 살아 있는 다락방 신세만도 못한 것이기 때문이다.

살아 있을 때 하나라도 더 자신을 위해 치유해야 한다. 그것이 살아 있을 때 살아 있는 사람만이 해내야 될 일이다. 자신을 개조하며 자신을 연단하는 법을 배워야 한다. 그것을 삶에 보탬이 되도록 해야 한다. 저들이 아직도 땅 속에서 울부짖는 유언들이다. 죽은 자들은 모두가 살아 있는 우리에게 현인들 같다. 죽음만큼 철학적인 것은 없기 때문이다. 저들의 죽음이 삶에 대한 잠언이다. 죽은 자 앞에서 죽음에 대해 측은하다고 할 이유가 없다. 자기 자신도 영원히 살 것은 아니기 때문이다. 우쭐댈 일이 아니라 자신을 되돌아볼 일이다. 그 누구든 내일이면 바로 그 옆에 자리를 잡을 것이다.

저들의 죽음을 앞에 두고 자기 삶을 담는 그릇의 위대함을 논하는 것은 위험하다. 자기의 삶을 담았던 그릇, 자기 삶을 담고 있는 지금의 그릇이 금인지 은인지를 고집하는 것은 어리석기만 한 일이다. 금으로 만든 그릇이라도 그것은 더 이상 금 그릇이 아닐 수 있기 때문이다. 금으로 만든 그릇에 변(便)을 담았다면 그것은 변기에 지나지 않기 때문이다. 흙으로 빚은 그릇이라도 금을 담고 있으면 그 그릇이 금 그릇이다. 도금했다고 해서 금 그릇은 아니다. 금으로 만든 그릇, 그 자체가 중요한 것이 아니다. 금을 담는 그릇이어야 한다. 금을 담을 수 있는 금 그릇으로 거듭나는 일이 중요하다.

그렇게 하려면 무엇보다도 먼저 사람으로서 "존재하라. 단순히 '거기 머무르는' 것이 아니라 강렬하게 살아가는 것을 배우라. 산책하면서 내딛는 발걸음 하나하나를 의식해 보라. 발이 땅과 맞닿았다가 다시 그 땅을 놓아 주는 느낌에 정신을 집중하라. 천천히 그리고 의식적으로 발을 떼고 다시 내딛는 것이다. 삶의 기술이란 이렇듯 매우 일상적인 것일 뿐이다." 삶을 살아가야 하는 이유가 무엇인지를 전하는 그륀 신부의 메시지다. 목숨을 갖고 있는 사람은 숨이 있는 동안만 산다. 영원히 살 수는 없는 노릇이다. 영원히 사는 생물도 없다. 인간은 불완전하고 엉성하다. 한평생 사는 동안 영원히 사는 것처럼 살아가야 한다. 자기의 생과 명이 붙어 있는 동안이라도 사람이 살아 가는 것처럼 자기의 품과 격을 살려야 한다.

배움의 본능도 그것이 발현되기 위해서는 영양분이 필요하다. 마치 달걀의 노른자가 흰자를 필요로 하는 것과 같다. 병아리를 틔워 내는 데 필요한 것은 단백질, 지방과 같은 영양분, 보호막을 제공하는 자양적인 요소들이 필요하다. 흰자에는 그런 것들이 녹아 있다.[40] 배움의 본능을 틔워 내려면 인간의 자유의지, 생존 법칙으로 작용하는 윤리, 그리고 인간적 재능의 요소 같은 것들이 필요하다.

자유의지 같은 자양분은 배움의 본능을 틔워 주는 단백질 같은 기능을 발휘한다. 인간만이 실천의 의지를 갖는 존재다. 유전, 타인의 압력 등 어떤 외부 환경 조건에도 불구하고 사람답게 자신의 반응을 선택하고 결단하며 실천할 의지를 갖는다. 인간이 하나의 인간으로 성장하는 데에는 외부 환경 조건만이 중요한 것이 아니다. 그것 못지않게 자기 자신의 의지적 선택과 반응이 중요하다. 자기는 자기의 행위에 달려 있다. 자기의 행위는 사회적 조건에 의해 제약을 받기 마련이다.

인간은 자연과 사회를 거부할 수 없다. 인간의 생존 조건은 모든 생물체를 지배하는 자연 법칙을 따른다. 적응 행동이 중요하다. 인간은 사회 공동체를 떠날 수 없다. 공동체에서 요구하는 삶의 강령들을 거스를 수도 없다. 자연과 사회에서의 생존 법칙을 거스르고는 어떤 긍정적인 결과를 얻어 내기 어렵다. 인간답게 살라는 사회적 요구에도 순응해야 한다. 그에게 요구되는 사랑, 공정함, 친절, 존경, 정직, 성실, 봉사 같은 윤리적 행동을 거스를 수 없다. 인간의 행동은 사회의 가치를 벗어나기 어렵다.[41]

배움 본능이 밀도 있게 한 사람의 삶에서 작동하기 위해서는 그것을 틔워 주는 자양분이 필요하다. 인간의 예지력이 바로 그런 자양분의 역할을 한다. 예지력은 인간의 습작(習作)능력이나 상상력 같은 것을 키워 내는 힘이다. 말하자면, 요즘 말로, 지적 지능(IQ), 신체 지능(PQ), 감성 지능(EQ), 영적 지능(SQ) 같은 원초적 요소들이 그것이다. 예지력을 드러내는 요소들은 몸이라고 하는 인간의 원초적 요소에 의해 뿌리를 내린다. 예지력은 몸을 떠나서는 존재할 수 없다. 인간은 몸으로 생각하는 존재다. 인간은 자신이 지니고 있는 감각 기능 중 그 어느 한 가지에만 의존할 수 없다. 모든 감각기관을 통합적으로 동원해야 생존이 가능하다. 감각기관을 활용하는 방식이 삶의 양태를 결정한다. 인간은 다중의 감각으로 살아가는 존재다. 여러 감각으로 사물을 익히며 자기를 연단하며 삶을 만들어 간다. 신체 지능이든 영적 지능이든, 감성 지능 같은 것을 키워 간다. 그것이 바로 자기 자신이 된다.

인간은 통합적 감각의 존재다. 인간은 오감 중 어느 한 부분에 의지하며 생존할 수 없다. 여러 감각을 함께 동원해야 한다. 인간은 다중 감각으로 자기 삶을 꾸려 가는 존재다. 인간의 오감 중에서도 언어 지각은 다중 감각에서도 위치가 우월적이다. 대화를 할 때도 인간은 다(多)감각적이다. 들려오는 소리를 그냥 하나의 소리로만 듣기만 하는 것이 아니다. 말하는 사람의 입 모양을 보면서도 인간은 그의 말을 '본다' 듣기만으로는 음절 구분이 어려운 소리는 보는 것을 보조로써 알아 낸다. 보기만으로 구분이 어려운 소리는 듣기로도 구분해 낸다. 인간은 다감각적 존재라는 의미에서 인간은 직관적인 존재이기도 하다. 봄으로써, 들음으로써, 만짐으로써 그 어떤 것을 사유해낼 수 있기 때문이다.[42]

　인간은 색채와 소리마저도 눈으로 지각한다. 색채와 소리를 대응할 눈으로 지각할 수 있다. 공감각 기능 때문이다. 피아노, 바이올린, 백파이프 등의 소리를 듣고 그 소리에 대응되는 색채를 선택한다. 공감각이 인간에게 발달되어 있기 때문이다. 높은 음정에는 밝은 색깔을, 낮은 음정에는 어두운 색깔을 대응시키기도 한다. 일반적으로 피아노 소리에는 선명한 색깔로 대응하고, 바이올린 소리에는 엷은 색깔로 대응한다. 큰소리에 더 밝은 색깔로, 낮은 소리에는 둥근 형태로, 높은 소리에는 보다 각이 많은 형태로 묘사하기도 한다. 이런 일이 가능한 것은 인간에게 공감각 능력이 있기 때문이다.

　다중 감각의 발달은 인간의 뇌에 내장된 생존의 전략이다. 다중 감각은 뇌에 입력된 정보의 활용 방식이기도 하다. 다중 감각적인 지각은 세상을 다양한 색깔과 다성적인 느낌으로 사유하게 한다. 여러 가지 생각을 펼치도록 다사(多思)의 장을 만들어 주기도 한다. 다중 감각적인 경험들이 사람들을 창의적으로 만들어 놓는다. 사람들의 행동은 타인에게 다중 행위적으로 드러난다. 다중 감각의 영향 때문이다. 몸과 마음은 분리되어 있는 것이 아니다. 인간의 '몸'은 항상 다중 감각적이다. 다중 행위적이다. 인간의 몸을 총체적으로 이해하려면 다중 감각이 보이는 수단들이 필요하다.[43]

　배우는 일은 다중 감각, 다중 행위적으로 생과 명을 키워 내는 일이다. 배움은 생명을 위한 경외(敬畏), 습작(習作), 그리고 치유(治癒)의 실천 행위를 말하기 때문이다. 모든 것은 삶이 계속되는 한 다중 감각, 다중 행동적으로 처리될 일들이다. 습작은 다른 말로 말하면 창설을, 경외는 창생을, 치유는 연단을 말한다. 이들의 총체적 융합이 배움이며, 이들을 구성하는 것이 배움소들이다. 배움이 무엇인지를 그저 편하게 화학적으로 표현할 수도 있다. 배움의 원소(元素)들을 화학 방정식처럼 비유하면서 다시 정리해 볼 수도 있다.[44] 배움의 원소를 밝히려는 것은 배움의 근원이 되는 것을 알아 보려는 노력이나 마찬가지이기에 익혀 둘만 하다. 배움의 원소가 무엇인지를 알려면, 배움을 구성하는 기본 요소들을 밝히면 된다. 배움에서 변하지 않는 구성 요소들이 바로 배움소이기 때문이다.

배움의 원소기호는, 이미 이야기한 대로 화학기호식으로 엘에스디(LSD)라고 명기해 볼 수 있다. 이 배움의 기호식에서 첫 번째 엘(L)은 생명에 대한 경외였다. 말하자면 생명에 대한 러빙(loving)으로서의 엘이었다. 자기와 타인에 대한 사랑과 그 누구의 삶이라도 예찬해야 하는 원초적인 인간 사랑을 말한다. 두 번째 에스(S)는 창설, 즉 탐구해 내는 능력(searching), 익히며 만들어 가는 힘을 상징한다. 새로운 것을 밝히고 앞으로 더 나은 삶을 살아 나아가기 위한 향상과 지속적인 습학(習學)을 말한다. 마지막으로 디(D)는 연단(discipline)으로써 살아가는 과정에서 제대로 살아가기 위한 털어내기를 상징한다. 털어내기, 비우기, 내려놓기로써의 삶을 말한다. 털어내지 않으면 쌓이고 만다. 쌓이면 부패하기 마련이다. 필요한 것이 쌓이면 그것은 내공이 되지만, 불필요한 것이 쌓이면 쓰레기가 될 뿐이다. 필요를 넘쳐 쌓여 가고 있는 것은 비워내고 부족한 것은 채우며, 불필요한 것은 다시 비우며, 오염된 것은 지워 내기로써의 자기 다스림이 연단이었다.

배움의 원소기호로 표지한 'LSD'는 한마디로, 창생(創生), 창설(創說), 연단(鍊鍛)을 말한다.[45] 각기의 배움소들은 서로 주체가 되어 때에 따라 분리되어 작동하고, 필요에 따라 융합되어 삶을 위해 마치 환각제처럼 생과 명을 위해 작동한다. 삶에서는 각가지 배움의 양태가 다양하게 드러난다. 배움을 이론물리학의 논리대로 기술하면, 배움의 공식은, 의미와 몸을 위한 쓰임새 자승의 합($E=mc^2$)이라고 정리된다.[46] E는 배움, 즉 에루디션(erudition)을 말한다. 엠(m)은 의미(만들기)로서의 미닝(meaning)을 말한다. 씨(c)는 마음과 몸의 총합인 삶의 의의를 말한다. 세상을 살아가야 하는 주체인 몸(corporal)을 위한 쓰임새를 말한다. 배움은 삶과 생명을 지속하기 위한 의미 만들기이며, 자기와의 내면적 대화이기도 하다.

자기와의 내면적인 대화를 할 줄 아는 사람은 자기 배움에 게으르지 않은 사람이다. 자기 자신에게 집중할 줄 아는 사람이기 때문이다. 배움은 삶의 밧줄을 꼬아 주는 생명력과 같다. 그것이 없으면 삶이라는 피륙을 직조해 낼 수 없다. 생과 명이 끊어지지 않도록 삶에게 필요한 인생의 밧줄들을[47] 하나로 꼬아 주는 힘이 배움이다. 인생을 만들어 가는 밧줄은 세 가지, 세 가닥이다. 생명에 대한 예찬으로써의 창생의 밧줄이 첫 가닥이다. 끊임없이 무지를 털어내기 위한 익히고 만들기로써의 창설이 두 번째 가닥이다. 그리고 자기 자신의 몸과 영혼을 어루만지며 그 꼴을 지어내는 연단이라는 마지막 가닥이 세 번째 가닥이다. 배움은 삶을 위한 세 가닥 인생줄 꼬기를 도와주는 일이다. 삶을 직조해 낼 세 가닥 배움소를 어떻게 꼬아 가느냐에 따라 각자적인 삶의 양태들이 강도(强度)가 달라진다.

삶에 있어서 쓰임새의 절대값은 자기의 생과 명을 위한 것이다. 생과 명은 몸이 되어 유지된다. 모든 것들의 쓰임새는 몸을 위한 것일 뿐이다. 배움은 의미 만들기와 생명부지(生命扶持)를 위한 생존력으로써의 몸이 곱해진 결과다. 배움의 공식은 사건과 관계가 지니고 있는 고유 의미를 상대적으로 해석할 수 있게 해 준다.[48] 상황이나 조건에 따라 관계나 사건의 의미를 변화하도록 만들기 때문이다. 변하지 않는다고 믿어왔던 사건이나 관계의 의미는 절대적인 고유값이 아니라는 점을 알려 준다. 모든 것은 상대적이다. 조건이 바뀌면 의미가 바뀌어지도록 되어 있다. 인간은 매일같이 사건과 관계 속에 살아간다. 인간은 삶에 있어서 관여(關與)적인 존재다. 사건과 관계를 맺는 사람들이 사람들이다. 그것의 체험이 일상생활이다. 사람들은 변한다. 상황에 따라 변하고 생존을 위해 변한다. 사건이나 관계는 사람들에게 태도를 변하게 만든다. 관련 행동을 어떤 식으로든지 발생시킨다. 관계와 사건들은 사람들에게 의미를 만들어 내기 때문에 사람들은 그렇게 관여한다. 관여하면 어떻게든 변하게 되어 있다.

삶에서 겪는 사건과 관계는 나름대로의 절대값을 갖는다. 절대값은 자신이 삶살이에서 겪는 고유한 가치를 말한다. 한결 같은 값으로써, 삶에서는 절대적인 영향을 주는 상태를 말한다. 어느 것에도 양보할 수 없는 독보적인 값과 같은 것을 말한다. 예를 들어, 빛의 속도와 같은 것이 물리계에서는 절대적인 값을 가진다. 빛의 속도는 우리의 삶에서 거부할 수 없는 속도다. 어느 물체의 속도도 빛의 속도를 따라잡을 수 없다. 그런 뜻에서 빛의 속도는 절대적이다. 우리 곁에 늘 존재하기에 그것의 존재는 일상적으로 제 대접을 받지 못한다. 없는 것이나 마찬가지로 치부하며 살지만 빛이 없다면 우리의 삶은 지금과 같은 삶이 될 수 없다. 빛과 빛의 속도는 우리 삶에서 절대적이다.

의미를 만들어 내면 사람이 움직인다. 사람에게 동기를 부여하는 것이 의미 만들기이기 때문이다. 의미가 있는 삶은 살아갈 만한 삶이다. 예를 들어, 부부의 의미는 사랑이다라고 표현된다. 사랑이라는 의미를 만들어 내기 때문에 부부로 살아갈 수 있기 때문이다. 친구 관계는 우정이다. 입시생에게 대학 시험은 실력이라는 의미를 만들어 낸다. 의미는 사람에게 행동하게 만드는 내면적인 가치 같은 것이다. 삶을 보다 삶으로 받아들이게 만든다. 살아가야 하는 이유를 제공한다. 의미는 사람들이 만들어 내는 사건의 가치다. 사람들이 만들어 가고 있는 관계들의 고유한 가치다. 의미는 삶의 장면에서 변하지 않는 절대값이다. 그렇다고 의미가 곧바로 사건이 끼치는 영향을 말하는 것은 아니다. 영향이란 사건이나 관계 맺음이 지니고 있는 의미를 이해 당사자가 어떻게 받아들이는가에 따라 달라진다. 의미의 수용 정도와 그것의 파급 효과가 영향이다.

의미 만들기에 따라 파장이나 파급 효과는 달라진다. 연인에 대한 사랑의 의미가 만들어지면, 물불을 가리지 않고 상대방에게 구애를 하게 된다. 부부가 서로에게 의미를 만들어 내지 못하면 끝내 별리가 눈앞에 아른거리게 마련이다. 각각의 사건이나 관계는 서로 다른 의미를 가질 수 있다. 만들어지는 의미는 다르지만, 파급 효과는 동일할 수도 있다. 예를 들어, 부부 싸움과 살인죄를 저지른 범죄인에 대한 재판은 서로 다른 의미를 지닌다. 부부 싸움에서는 정신적 갈등과 구속이라는 현실적인 의미가 드러난다. 죄수 재판에서도 마찬가지로 신체적 구속과 갈등의 의미가 드러난다. 각각의 사건과 관계가 당사자들은 괴롭게 만든다. 저들에게 다가오는 삶들이 각자에게는 지옥과 같은 의미를 지니지만, 각각의 파장은 같을 수 없다. 다르기 마련이다. 부부 갈등은 이혼으로 이어질 수 있다. 죄인의 재판은 구금으로 이어질 수 있다. 최악의 경우 사형에 처해질 수도 있다. 부부가 갈등하는 동안 그들의 삶은 지옥 같은 것을 연상하게 할 것이다. 감옥에 수감되는 죄수에게 역시 재판은 지옥의 삶 그 이상은 아닐 것이다. 각각의 사건들은 구속과 갈등이라는 점에서 불행한 삶이라는 의미는 같지만 부부 싸움과 죄수 재판의 파장은 같지 않다.

인간의 삶에서 의미 만들기는 자신의 배움과 멱함수(冪函數)의 관계로 변화하기 마련이다.[49] 의미 만들기가 배움과 멱함수 관계에 있기에 사람마다 각각의 의미 만들기가 가능하다. 그렇게 만들어진 의미에 따라 나타나는 배움의 효과도 각각 다르다. 사람들의 의미와 그것의 파급 효과를 서로 동일한 잣대로 비교하기 어렵다. 일정하게 표준화된 수단으로 파급 효과를 평가하는 것, 그 자체가 무의미하다. 의미 만들기의 차이에 따라 배움의 효과도 낱낱이 다르다. 그 어떤 사람은 작심만 한다. 3일을 넘기지 못할 것이 뻔하기 때문이다. 어떤 사람은 다르다. 붓다가 보여 주었던 엇비슷한 행위로 자기 삶을 거듭 틔우기 때문이다.

인간에게 배움을 틔어 내는 기제들이 내선화된다. 자궁에서 잉태되는 순간부터 배움을 위한 각각의 신체기관들이 생명의 의도대로 배선화된다. 생명이 조물주인 셈이다. 신경조직 배선화가 그 상징이다. 신체기관의 배선화로 배움의 본능이 작동한다. 배움의 본능은 후천적인 교육이나 훈련과는 무관하다. 신체기관의 조직은 생명의 배아와 더불어 시작된다. 배움의 본능은 인위적인 교육적 기제들보다 우선한다는 뜻이다.

배움은 생존에 대한 열망이며, 생명에 대한 안내서이기도 하다. 배움은 생존이라는 삶의 쓰임새를 극대화시키는 욕망을 실현하는 매개이기도 하다. 원초적인 욕망을 위해 배움은 언제나 의미 만들기에 천착(穿鑿)한다. 생명을 위한 의미 만들기이기 때문이다. 의미(만들기)가 배움이기에 의미 없는 생명은 있을 수 없다. 생명의 의미만들기는 원초적이다. 학교교육이나 경력이나 이력의 높낮이에 따라 다른 의미도 만들어진다. 이런 의미들은 부차적인 의미 만들기다. 예를 들어, 박사 학위 소지자 여성 학자도 어머니가 된다. 문자 하나를 익히지 않은 브라질 원시림 속의 여성도 어머니가 된다. 어머니인 그들은 모두 자식을 사랑한다. 해충과 싸워 가는 원시림의 어머니나 여성학자가 보여 주는 모성애, 모두가 본능이고, 본성이기 때문이다.

의미 만들기는 그렇게 삶살이를 추동하는 힘이다. 삶살이에서의 의미 만들기가 배움살이이기 때문이다. 배움이 있는 한 삶은 이어지기 마련이다. 의미 만들기는 생과 명에 대한 의의와 같이 간다. 삶의 쓰임새와 의미 만들기가 결합하면 배움은 힘을 발사한다.[50) 삶이란 배움이기에 용기(勇氣)일 뿐이다. 배우면 삶에 용기가 솟는다. 삶이 죽으면 용기도 죽는다. 용기가 사라지면 삶살이도 소거된다. 삶은 바로 배움에 대한 용기다. 자기 삶을 바꾸려는 용기가 삶의 쓰임새와 강력하게 결합되면 새사람으로 거듭날 수 있다. 자기 치유가 강력하게 작동했기 때문이다.

자기 치유는 생과 명에 대한 지혜다. 지혜는 자아를 초월하는 태도나 마음가짐이다. 삶에 대한 지혜는 자기 다스림이나 자기 치유의 힘이 된다. 현자들이 한결같은 품었던 소망이 삶에 대한 지혜였다. 그 지혜가 영혼 구제의 수단이었기 때문이다. 그 옛날, 스토아학파가 보여 주었던 삶의 지혜는 놀랍기만 하다. 저들은 삶의 지혜로 무심(無心, 아파테이아, apatheia), 무애(無碍, 엘레우테리아, eleutheria) 그리고 대안(大安, 아타락시아, ataraxia)의 행위들을 강조했기 때문이다. 저들은 삶을 살아가는 데 그 어느 것에도 걸림이 없게 하라고 강조한다. 무심/무애/대안이 행위의 실천이며, 삶의 강령이다. 무심, 무애, 그리고 대안에 대한 저들의 실천들은 신라시대 원효(元曉)의 큰 깨달음과도 통한다. 큰 삶을 살아가려면 어느 것에도 걸림이 없어야 한다는 실천적 행위의 윤리 기준이 같았기 때문이다.[51)

무심, 무애, 그리고 대안의 개념은 인간이 어떤 삶을 살아야 되는지를 이끌어 내는 덕과, 덕의 윤리를 구성하는 개념이다. 사람이 어떻게 처신해야 스스로를 행복한 인간으로서 살아갈 수 있는지를 알려 주는 핵심 개념들이다. 현자로의 도(道)에 이르는 길이기도 하다. 현자에게 삶의 목표는 덕을 쌓는 일이다. 덕은 그 자체로 가치로운 것이다. 존재에 대한 지혜로운 통찰이 덕이다. 행복이 목표가 아니다. 덕을 목표로 삼고 그것을 쌓아갈 때 행복에 도달한다. 덕을 쌓는 사람들은 애지(愛知)한다. 슬기를 사랑하는 마음은 '삶의 기술'이다. 삶의 기술로써 슬기를 사랑하며 덕을 쌓는 사람이 현자(賢者)다.

현자는 '자연에 따라 사는 슬기를 지닌 사람'을 말한다. 인간은 자연에 의하여 존재할 수밖에 없다. 자기의 존재를 유지하기 위한 '자연의 충동'을 거부할 수 없다. 자연의 충동이라고 하더라도, 정도가 넘칠 때는 정념(情念)으로 변해 버린다. 정념에 혼들리지 않고 자연 그대로 살아가라는 윤리적 강령이 스토아학파의 강령이다. 스토아적인 현자가 추구하는 마음됨이다. 금욕주의적 심정은 그 결과물일 뿐이다. 현자가 쌓아가는 덕의 삶이란 그렇게 어려운 것이 아니다. 유한한 자연물로써의 인간이라는 존재가 자연에 의하여 부여된 자기의 '운명'을 알고, 운명대로 살아감으로써 자연의 본원(本源)과 일치하는 '동의(同意)'의 삶이 덕을 쌓는 삶이다. 자연이 이성적 존재인 인간을 통해 이뤄 내는 자기 귀환(自己歸還)의 역사이기도 하다. 현자는 모든 자연물의 근원인 자연 그 자체로써의 신(神)과 일치하려는 사람이다. 신과 같은 자, 바로 신 그것의 속성이 현자(賢者)로 현현(顯顯)한 것이다.[52]

무심, 무애, 대안은 마치 선(善)과 행복이라는 솟을 바르게 서게 만들어 주는 세 개의 다리와 같다. 현대적으로 달리 표현한다면, 'Y' 형의 인간으로 살아가게 만들어 주는 개념들이다. 무심과 무애, 대안의 삶은 희노애락적인 감정에 크게 휘둘리지 않는 삶을 살게 만든다. 쾌(快), 불쾌(不快), 호(好), 불호(不好), 비(非), 무비(無非)의 그 어떤 것에도 '가능한' 흔들림 없는 삶을 지향한다. 평온이 삶 깊숙이 침윤된 사람의 자세이기도 하다.

행복하기 원하는 사람들에게 욕망을 다스릴 처방전이다. 사람들에게 매초마다 생겨나 그들을 갉아먹고 있는 욕망을 걷어 내고 끊어 버리게 만들어 주기 때문이다. 무심 혹은 대안의 삶이 부동심의 삶이다. 그 어떤 것에 의해서도 움직이지 않는 마음인 대안을 향한 행동은 쉽지 않다. 무애의 경지로 들어서는 삶은 결단의 삶이어야 한다. 행복한 삶은 부동심을 결단하는 삶을 말한다.[53] 무심과 큰 평온, 그리고 자유로운 행동거지로 부동심의 실존적인 삶을 살아가는 사람은 현자적인 삶을 살고 있는 것이다.

마치 물처럼 물 흘러가듯 처신하며 사는 사람이다.

'삶에는 무심이 약'이다. 이 말은 현자들의 삶에 대한 지향점이며 처방이었다. 동서양의 현자들이 모두 한결같다. 노자(老子), 장자(莊子)의 글에서도 어김없이 나타난 바 있다. 힌두교도들도 한결같이 의지하고 있는 삶의 태도가 무심(無心)이다. 어느 곳으로 멀리 여행한다고 해도 끝내 귀향하게 되어 있다. 그가 되돌아갈 귀향지는 자연이다. 자연에 대한 신뢰가 삶에 대한 믿음이다. 인간의 힘이란 그곳에 이르기까지, 그때일 뿐이다. 자연의 품을 벗어날 길은 없다. 제아무리 노력해도 결과는 마찬가지다. 자연을 거부하면 삶은 이내 끝나 버린다.

변하는 것은 말려도 변한다. 머무를 것은 떠밀어도 머문다. 갈 것은 가고, 올 것은 올 뿐이다. 번다해야 할 이유가 없다. 징징거릴 까닭도 있을 리 없다. 자연이 기다리고 있기 때문이다. 사랑할 땐 사랑해야 한다. 종착점에 제대로 이르려면 무심해야 한다. 무심만이 삶의 지혜다.[54] 등산하는 여유로움이 필요하다. 산에 올라도 모든 것은 다 보이지 않는다. 모두 볼 수도 없다. 무심, 무애, 대안의 삶은 용류(庸流)한 삶을 넘어선다. 용류들은 행동거지가 다르다. 나선다. 번다하다. 그것이 삶이라고 자랑한다. 용류란 범속한 무리를 말한다. 배움이 덜 된 사람을 지칭한다. 의젓한 삶을 거슬러 사는 삶이다.[55]

무심을 삶의 전형으로 삼기 쉽지 않다. 현자라고 그것을 온전히 초탈하는 것도 아니다. 소크라테스마저도 끝내 무심에 견디지 못했다. '네 자신을 알라'고 가르쳤던 그였지만, 그랬었다. 그도 아파테이아에서 자유롭지 못했다. 그 역시 타의에 의해 죽음에 다가갔다. 소크라테스는 자신의 뜻대로 죽었다. 그 단초는 그의 욕망이었다. 아테네 시민들을 일깨우기 위한 명철이 저들을 적으로 만들었다. 저들은 네 자신을 알라는 그 말 자체가 듣기 싫었던 것이다. 당시 고대 아테네의 사회정치적 상황은 그의 말에 귀를 내주지 않았다. 아테네는 그가 귀찮았다. 민중은 그에게 죽음을 요구했다. 그는 저들에게 용기를 냈다. 그가 죽음을 거부하며 삶을 구걸할 줄 알았던 저들이었다. 소크라테스는 저들의 욕망을 거부했다. 네 자신을 알라고 이르는 죽음도 마다하지 않았기 때문이다.

저들은 설마 했었을지도 모른다. 소크라테스가 자기 목숨까지 결단할 줄은 미처 몰랐었기 때문이다. 키토 교수의 증언이다.[56] "재건된 민주정이 기원전 399년에 소크라테스를 처형한 것은 사실이다. 그러나 이것은 잔혹하고 어리석은 행위가 결코 아니었다. 이 사건을 맡았던 배심원들이 무엇을 보아야 했고 견뎌야 했는지를 기억해 보라. 그들의 도시는 패배했고, 스파르타에 의해 굶주리고 발가벗김을 당했고, 민주정은 전복되었고, 사람들은 야만적 참주정(僭主政)에 의해 정치적으로 핍박을 받았으며 정신적으로 큰 고통을 당했다. 아테네에 가장 큰 해악을 끼쳤고 스파르타에 가장 두드러진 기여를 한 사람이 아테네 귀족인 알키비아데스였음을, 그리고 이 알키비아데스가 소크라테스의 절친한 친구였음을 기억해 보라. 게다가 그 끔찍한 크리티아스 역시 소크라테스의 친구였다. 또 한 가지, 비록 소크라테스가 누구보다도 아테네를 위한 충성스러운 시민이기는 했으나, 동시에 민주적 원칙에 대한 노골적인 비판자였음을 생각해 보라. 많은 소박한 아테네인들이 알키비아데스의 반역과 크리티아스와 동료들이 보여 준 과두정치의 광폭함이 소크라테스의 가르침을 받고 저들이 보여 주는 정치적 결과라고 생각했다 해도 놀랄 일이 아니다. 또 많은 아테네인이 도시가 겪는 고통의 원인이 행위와 도덕에 대한 전통적인 기준을 뒤집은 데 있다고 보았던 것도 그리 잘못된 일이 아니며, 이에 대한 책임의 일부가 끈질기게 그리고 공개적으로 모든 일에 의문을 제기한 소크라테스에게 있다고 본 것도 놀랄 일이 아니다. …… 그의 죽음은 거의 헤겔식의 비극이다. 양편이 모두 옳았던 분쟁이었다."

소크라테스가 죽음 앞에 자기를 두려움 없이 저들에게 헌납했던 이유가 있다. 삶도 그랬지만, 죽음이란 것도 그에게는 더 이상 의미 없는 일이었기 때문이었다. 살아 있는 동안은 살아 있기에 죽음은 그에게 별다른 의미가 없었다. 죽게 되면 죽었기 때문에 죽음은 더 이상 문제가 될 이유조차 없었다. 그에게 죽음은 삶이었기 때문이다. 죽음은 인간에게 하나의 덕임을 보였다. 죽음이란 이런 것이라고 삶의 여백을 저들에게 역설적으로 가르쳐 준 것이다.[57]

철학하는 사람은 영혼을 치유하는 사람의 본이 되어야 한다. 그것이 소크라테스가 마음속 깊이 지녔던 자신의 의지였다. 소크라테스의 자발적 죽음은 사람이 자신의 영혼을 치유하는 삶이 어떤 삶인지를 목도하게 만든다. 자신에게 죽음을 명하는 법정에서 그는 저들이 말하는 자신의 죄명에 대해 조목조목 반박한다. 살기 위한 변론이 아니라 죽기 위한 변론이었다. 저들의 무지를 일깨우기 위한 변론이었다. 그가 저들에게 일깨운 것은 세 가지 점이었다. 첫째로, 사람은 모름지기 죽음을 두려워 말고 자신의 행동이 과연 옳은지 그른지에만 신경을 써야 한다는 점이었다. 둘째로, 사람이라면 부나 명예보다 자신의 영혼을 올바로 하는 데 관심을 기울여야 한다는 점이었다. 마지막으로 사람이라면 오로지 덕의 삶을 살아야 한다는 점이었다.

치유는 남의 억압으로 구속당하지도 않을 뿐만 아니라, 동의하지 않을 자유를 말한다. 나는 당신에게 동의하지 않는다는 힘, 바로 그것이 자신을 치유해 낼 수 있는 힘이다. 그것이 배운 자들이 내면화시킨 상식적 윤리이기도 하다. 거부의 힘, 동의하지 않을 자유, 그리고 끊임없이 생명을 배워 나가는 힘을 기르라는 것이 옛날 현자들이 일깨운 치유의 삶이었다. 예를 들어, 고대 스토아학파는 인간들은 이 세상 삶살이에서 자유로울 수 있으며, 실제로 자유롭다고 상정했다. 스토아학파에게 있어서 개인의 자유를 말할 때 그 자유는 있는 세상, 삶을 있는 그대로의 상태로 받아들이는 것, 그것만을 의미하지 않는다. 관용이나 절제, 인내 같은 것을 포함하는 무심, 무애 그리고 대안이 필요하다는 것이다.

저들은 세상과 인간의 일상적인 삶을 있는 그대로의 상태로 받아들이라고 말한다. 인간이 지니고 있는 육체적 오감과 정신으로 접촉하며 그것을 수용하라고 말한다. 다만 그런 수용에 그치지 않고, 그것을 넘어서는 방식을 취하라고 말한다. 세상과 생활과 자기 자신 간의 관계를 정리하는 방식이 있다는 것이다. 그것을 추구하는 인간의 윤리를 가지라고 말한다. 세상과 자기 간의 관계 설정이 되어야 하겠기 때문이다. 어떻게 살아야 하며 어떤 인간으로 살아야 하는지에 대한 자기만의 이해 방식을 갖기 위해서다. "네가 아직은 소크라테스가 아니라고 할지라도, 소크라테스가 되고자 바라는 듯이 살아야만 한다."[58] …… "대부분의 경우에 침묵하거나 혹은 꼭 필요한 것만 몇 마디로 말하라. 드물게는 그 상황이 무언가를 말하도록 요구할 때 우리는 그렇게 해야 할 것이지만 일상적인 어떤 것에 관해서는 말하지 마라. 특히 사람들에 관해서 그들을 비난하거나 칭찬하는 혹은 비교하는 말을 하지 마라. 만일 그렇게 할 수만 있다면 그렇게 하라."고 강조했던 이유다.[59]

　일상생활과 하루의 삶을 싸워 내는 사람들에게 소크라테스가 보여 주었던 영혼의 치유스러운 지혜를 요구하는 것이 무리일 수 있다. 무심, 무애, 그리고 대안으로 자신의 삶을 쾌적하게 만들어 가라는 요구가 지나친 주문일 수 있다. 무심, 무애, 대안을 실천하기에는 일상적인 삶이 만만하지 않기 때문이다. 무심, 무애 그리고 대안을 통한 삶의 쾌차(快差)함을 추구하려면 무엇보다 마음을 제대로 다스려야 하기 때문이다. 삶에 대한 체념이 아니라 자신에 대한 당당함이다. 마르쿠스 아우렐리우스(Marcus Aurelius)와 같은 황제가 보여 주었던 영혼의 여유로움과 당당함이었다. 인간은 당당한 존재가 되어야 한다는 것이 쉽게 이해되지 않는다. 철학자들이 무심, 무애, 대안을 현란한 사변(思辨)으로 풀어 놨기 때문이다. 소크라테스의 죽음은 우리에게 그렇게 어려운 철학적 과제를 안겨 준 것이 아니었다.

　그의 죽음이 우리에게 남겨 준 것은 자기처럼 시류에 맞서라는 주문이 결코 아니었다. 무심, 무애, 대안하기 위해 자기처럼 죽으라는 주문도 아니었다. 그가 바랐던 것은 무지에 맞서라는 주문이었을 뿐이다. 생각하며 살아가라는 처방이었다. 삶에서 의미를 만들어 가라는 주문이었다. 삶다운 삶을 살아가라는 충고였다. 생각하면 생각하는 대로의 삶을 그래도 살아갈 수 있다는 주문이었다. 생각하지 않으면 사는 대로 살아갈 뿐이라는 역설을 우리에게 보여 준 것이다. 소크라테스의 죽음은 우리에게 사유의 명상을 실천해 보인 것이었다.[60] 그는 인간이었지만 신처럼 죽었다.

　자기가 신(神)이 되지 못하면, 아무도 자기만의 신을 숭배할 수 없다. 사유와 결단, 그리고 실천만이 인간을 신으로 만들어 갈 수 있다. 나가르주나(龍樹, Nagarjuna)가 제시한 일체공(一切空)의 논지였다. 사유로 자신을 신으로 만들어 내라는 주문이었다. 사유의 명상 실천은 인간이 신이 될 수 있는 깊은 근거이기도 하다.[61] 나가르주나는 말하고, 또 말했다. 세상은 행동으로만 파악할 수 있는 것이 아니라고 말했다. 사유(思惟), 그러니까 생각이 바로 행위를 대신한다고 말한다. 사유가 완전무결한 행동과 실천의 토대가 된다. 사유로 인간 스스로 자유로워질 수 있음을 논리적으로 체계화시켜 준 사람이 그였다.[62] 사유의 실천을 통해 무심, 무애, 그리고 대안의 일상을 경험할 수 있다는 것이다. 세상에 존재하는 것은 끝내 존재하는 것이 아니라고 나가르주나는 이른다. 존재라는 고유 성질은 태초부터 없었기 때문이다. 궁극의 진리가 존재한다고 말할 수는 있다. 진리가 있을 수 있다고 말하는 것은, 그것이 일상적인 언어의 그물을 벗어날 수 없기 때문이다. 진리가 어떤 것인지는 일차적으로 그것에 대한 언어적 진술이나 표현으로서 가능해지기는 하지만, 그렇다고 언어로 진술된 그것이 진리 그 자체일 수도 없다. 궁극적인 진리라는 실체는 끝내 존재하지도, 그리고 존재할 수도 없기 때문이다.

　　진리가 너희를 자유롭게 하리라는 것도 일종의 기망, 속임수라는 것이다. 진리가 무엇인지 드러나지 않는데, 무엇이 너희를 풀어 놓겠느냐는 반문이 나가르주나의 깊은 의구심이었다. 진리는 어떤 구도자에게도 진리, 그 자체에 대한 자기 과시, 자기 현시를 허용하지 않는다. 깨달았다는 것은 처음부터 없는 것이기 때문이다. 깨달았다고 그저 이야기할 수는 있어도, 끝내 깨달음은 허용하지 않을 뿐이다. 해탈, 구원에 대해 어떤 이론적인 구축도 허용하지 않기 때문이다. 중요한 일은 한 가지일 뿐이다. 어떤 일이 나타나더라도 잊지 말아야 할 것은 한 가지다. 절대로 동요하지 않는 일이다. 평정과 자유, 그리고 대안하는 일만이 유일하다. 그것이 자기 자신이며, 그것은 자기만의 내언(內言)으로 다져진다. 무심, 무애, 대안마저도 끝내 불안정할 뿐이다. 그런 것이 태초에 존재하지 않기 때문이다. 그러니 남 앞에서 깨달은 사람이라고 내세울 수 있는 사람은 있을 수 없다. 평정과 자유, 그리고 커다란 평안으로서의 대안을 하려면 사유와 명상이 필요하다. 그것이 자기 다스림의 실천 근거다. 사유적인 명상의 삶을 담지하는 일체공의 논리는 윤증적(輪證的)인 사유에 터한다.[63] 모든 것은 모든 것의 원인이자 되먹임이 된다는 사유가 바로 윤증적인 사유다.

　명상 실천을 하는 사람은 자기를 반추하는 사람이다. 자신을 개조해 나가는 사람이다. 자기가 자기 자신을 목적으로 관찰해 가며 삶을 사는 사람이다. 자기에 대한 관점을 가진 사람이다. 행복은 매일같이 좌절하게 만드는 생각을 긍정적으로 바꿀 때 가능하다. 긍정적인 사유를 즐길 때 가능하다. 자신을 개조해 나갈 때, 제 자신을 관찰할 수 있는 자기 현미경을 지니게 된다.[64)]

　실수를 자주 범하는 사람들에게는 한 가지 공통적인 속성이 있다. 자신 스스로 자신에 대해 부정적인 생각을 먼저 한다는 점이다. 자신이 자신을 해치는 방식의 생각에 잡혀 있다. 예를 들어, 영국 사람들은 흔히 치킨 리틀 신드롬에 시달린다. 영국인의 마음 속에는 꼬마 닭 리틀의 우화가 자리 잡고 있기 때문이다. 꼬마 닭 리틀은 실수를 연발하는 사례를 보여 준다. 꼬마 닭은 어느 날 하늘에서 떨어진 도토리에 머리를 맞는다. 하늘이 무너져 내리는 것으로 착각한다. 치킨 리틀은 걱정에 사로잡힌다. 큰 재앙이 닥칠 것처럼 조바심한다. 어디를 가도 걱정뿐이다. 하늘이 언제 무너질지 모르기 때문이다. 자기 스스로 자신을 괴롭혀 점점 불안에 쌓인다. 치킨 리틀 신드롬은 사람들을 무기력하게 만들어 놓는다.

　생각을 바꾸라는 말은 생각을 바르게 하라는 뜻이기도 하다. 바른 생각도 중요하다. 더 중요한 것은 바르게 생각하는 것이다. 생각을 바르게 선택하는 일이 중요하다. 생각하는 법을 바꾸면 실수가 줄어든다. 자기 자신에 대한 이해가 달라지기 때문이다. 세상을 이해하는 방식 자체도 바뀐다. 생각을 바르게 하면 바른 생각이 따라붙는다. 생각을 바르게 하면 실수 자체에 연연할 이유가 제거된다. 사유를 올바르게 한다는 것은 자기 자신을 확고하게 서도록 한다.[65)]

　철저한 사유 명상에 이르면, 무심, 무애, 대안을 실천적인 삶의 방법들이 하나둘씩 그 모습을 드러내 보일 수 있다. 삶을 더 단순하게 자르고, 줄이고, 집약할 수 있도록 도와주기 때문이다. 안쓰럽게 만들고 있는 그것에 대해 생각하고, 또 생각하고, 더 생각하고, 그리고 다시 생각하면 길이 보이기 때문이다. 그 길을 따라가려면 내려 놓아야 한다. 내려 놓을 수 있게 된다. 내려 놓으면 무심해질 줄 알게 된다. 무심하기 시작하면, 무애도 따라온다. 무애하면 대안이 삶에 따라 붙는다.

행복하게 생각하는 사람은 가슴의 사고, 마음의 생각을 즐기는 사람이다. 가슴의 소리를 들을 수 있는 사람이다. 나가르주나가 일러준 대로 생각하면 정말로 마음이라는 것은 없기 때문이다. 말로는 있고 실제는 있을 수 없는데도,[66] 삶은 그것이 있다손 치고 살아가는 일이다. 마음의 소리를 듣기 위해서는 자기 자신의 귀를 먼저 깨끗하게 소제해야 한다. 귀를 먼저 열어야 자신의 마음 소리를 들을 수 있다.[67] 자신의 마음을 듣지 못하는 이유들이 있다. 그것은 어려움에 부딪치거나 억울하다는 감정이 들 때, 우리는 자기도 모르게 스스로를 소외시키곤 하기 때문이다. 고통스럽고 화가 날 때면 우리를 구해 줄 누군가를 기다리게 된다. 기꺼이 도와줄 수 있는 누군가를 간절히 바라는 법이다. 그런 사람들 가운데 바로 자기 자신이 놓여 있다. 자기 자신은 그 상황에서 언제나 소외된다. 자기를 빼놓고 타인만을 기다린다. 타인은 하늘에서 떨어지는 것이 아니다. 자신으로부터 타인이 온다. 자기를 소외하면 자신을 치유할 수도 없다. 자신을 본래대로 온전하게 되돌리기도 어렵다. 남을 사랑하려면 자신을 사랑해야 한다. 자신을 사랑한다는 것은 자기 일부만 아끼는 일이 아니다. 자기를 전부, 통째로 받아들이는 일이 자신을 사랑하는 일이다.[68]

행복은 저절로 찾아오는 것이 아니다. 행복을 자신이 선택한 결과가 바로 행복이기 때문이다. 행복을 선택하는 능력이 행복이라는 뜻이다. 선택해야 할 것 중 가장 중요한 것은 자신의 마음이다. 자신의 마음을 선택하면 마음과 더불어 간다. 마음과 더불어 가는 사람은 욕망을 어루만지게 된다. 자신의 욕망을 어루만지는 사람이 남을 바꾸려는 재간은 없다. 그런 엄두도 내지 않는다. 남의 욕망을 어루만져 준다는 것은 객기일 뿐이다. 자기 먼저 바꾸는 일이 다급하기 때문이다. 자기 집에 난 불부터 끄지 않고, 남의 집 불을 보고 불이야 하며 소리칠 여유가 생길 리 없기 때문이다.

3. "나는 아직도 꽃을 노래하는 마음으로 찬란한 노래를 하고 싶습니다만 저 새처럼은 구슬을 굴릴 수가 없습니다. 나는 아직도 놀빛 물드는 마음으로 빛나는 사랑을 하고 싶습니다만 저 단풍잎처럼은 아리아리 고울 수가 없습니다. 나는 아직도 빈 손을 드는 마음으로 부신 햇빛을 가리고 싶습니다만 저 나무처럼은 마른 채로 섰을 수가 없습니다. 아, 나는 아직도 무언가를 자꾸 하고 싶을 따름 무엇이 될 수는 없습니다." — 박재삼[69]

"좋은 것도 나쁜 것도 다 삶의 조각들이고 그 조각들이 맞춰져 온전한 삶이 만들어지는 거야. 그 삶은 그 무엇과도 바꿀 수 없지. 자네도 알겠지만, 희망은 지금 이곳에서 자네가 만드는 거야. 불행할 게 뭐 있어? 오늘, 이곳에서, 가능한 행복해지는 것, 그것이 내가 해야 할 일이라네." — 필레머[70]

　　자신부터 사랑할 줄 아는 사람이 남도 사랑할 수 있다. 사랑이 완전하기 때문에 할 수 있는 그런 것은 아니다. 행복한 생각을 할 줄 아는 사람이 행복에 이른다고 강조하는 헤이(Louise Hay) 교수는 자신부터 지금 당장 사랑하기 시작하라고 이른다. "완전한 존재가 되기를 기다렸다가 자신을 사랑하려 한다면 그것은 인생을 낭비하는 것일 뿐이다. 바로 지금 이 순간, 여기에서 우리는 이미 완전한 존재다. …… 지금 해야 할 일은 어제의 나보다는 오늘의 나를 더 사랑하는 것뿐이다. …… 생각이 물방울이라면, 같은 생각을 반복할 때마다 한 방울, 두 방울 물이 고일 것이다. 처음에는 물이 한 움큼 모이고, 그다음에는 작은 웅덩이만큼 되고, 그다음에는 연못만 한 크기로 불어난다. 그러고도 같은 생각을 반복한다면 연못은 호수만 하게 불어나고, 마침내 바다만큼이나 커질 것이다. 만약 그 생각이 부정적인 종류라면, 내가 만든 부정적인 생각의 바다에 빠져 익사하고 말 것이다. 하지만 반대로 그 생각이 긍정적인 종류라면, 나는 삶이라는 바다 위를 유유히 떠다니며 즐길 수 있을 것이다."[71]

　　치유는 자기 스스로 자기를 사랑하며, 자기 마음을 달래는 일이다. 타인이 내 대신 치유해 주는 것이 아니다. 치료를 해 줄 수는 있지만, 치유할 수는 없다. 치유는 지금이 순간부터 하는 것이다. 내일로 미루거나 나중에 하는 것이 아니다. '지금'이라는 이 특별한 시간은 결코 다시 오지 않는다. 자기 치유는 그렇게 절박하다. 자신을 치유하며, 개조하려면 내 스스로 결단해야 한다. '오래된 나'를 떠나는 긴 그리고 고독한 여행에 올라야 한다. 오래된 내 속에 갇혀 있는 나부터 구제해야 하기 때문이다. 오래된 내 안에서 생각을 묶어 놓고만 있으면 자기 치유는 더디게 마련이다. 마음에 들지 않았던 자신의 과거를 던져 버려야 한다. 과거에서 벗어나면 새 길이 보인다. 두렵지만 그 길이 행복감에 빠져들기 위한 바른 길이다. 늪에서는 제아무리 오래 있더라도 더 깊은 곳으로 빠져들 뿐이다. 자신의 마음에 일단 입력된 프로그램은 언제나 옳다. 친숙하면 옳게 여겨진다. 옳게 여겨지면 바꾸기 쉽지 않다. 바꾸지 않는 것이 바로 자신에 대한 학대다. 자기를 무시하는 일이다. 자기 태만일 뿐이다. 오래된 자기를 떠나겠다는 단호한 선언이 자기 사랑이며, 자기 치유이며, 자기 개조의 시작이다.[72]

자기에 몰입하는 사람은 자기를 달랠 줄 안다. 자기 스스로에 흥얼거릴 줄 안다. 자신의 내언을 들을 수 있고, 해석할 수 있다. 한평생 살아간다는 것은 역경을 넘는다는 말이다. 뛰어넘을 수 있는 힘이 있다는 말이다. 어둠이 없는 대낮은 없다. 역경 없이 이뤄지는 행복도 흔치 않다. 역경 없이 행복을 얻었다면 불행한 행복일 가능성이 높다. 그 옛날 아리스토텔레스도 행복을 얻기 위해 구차한 삶을 살았었다. 삶을 연명하기 위해 도망가기도 했고, 은신하기도 했으며, 가르치기도 했다. 행복은 결코 가만히 있어야 오는 것이 아니었기 때문이다.[73] 요즘 말로 말하면, 행복은 회복 탄력도에 비례한다는 뜻이다. 그것을 알큐(Resilience Quotient: RQ)라고 부른다.[74]

"행복이란 자신의 몸에 몇 방울 떨어뜨려 주면 다른 사람들이 기분 좋게 느낄 수 있는 향수와 같다." 자연을 벗 삼아 살고자 했던 랄프 왈도 에머슨(Ralph Waldo Emerson)의 이야기다. 목숨이 무엇인지를 알려고 하기보다는, 목숨같이 살라는 것이 다석 류영모 선생의 가르침이었다. 삶이 덧없는 것 같아도 결코 그렇지 않다는 뜻이다. 제대로 살려면, 제 목숨 같이만 하면 제 삶이 보이기 시작한다. 목숨은 지성불식(至誠不息)이기 때문이다. 인간은 자면서도 숨을 쉬고, 깨면서도 숨을 쉴 수밖에 없는 그런 숨 쉬기 존재이기에 그렇다는 뜻이다. 사람은 백 년을 산다고 해도, 그것은 고작 3만 6천 일 정도를 숨 쉬는 것에 지나지 않는다. 그러니까 9억 번 정도 숨을 들이쉬고 내쉬면, 더 이상 숨 쉬지 못하고 생과 명을 끝내게 된다. 숨을 잘 쉬어야 한다. 호흡을 잘하는 것이 생명이다. 호흡이 끝나면 죽는 것이다. 호흡은 문처럼 열렸다 닫혔다 하는 것이다. 문은 잘 맞아야 소리가 나지 않는다. 돌쩌귀는 잘 돌아야 한다. 생명도 마찬가지다. 잘 도는 것을 옛사람들은 중(中)이라 불렀다. 잘 맞는 것을 정(正)이라 했다. 제대로 생명을 갖고 있는 사람은 중하고 정한 사람이다.[75]

　생명의 특징은 항상성(恒常性)에 있다. 항상성은 중(中)과 정(正)의 묘(妙)를 지킨다. 생명을 아름답고 경이롭고, 감동적이게 만드는 요소가 항상성이다. "생명이란 동적 평형상에 있는 흐름 그 이상도, 그 이하도 아니다."[76] 그 평형이 생명을 아름답게 만들 뿐이다. 평형은 흐름이다. 흐름 자체가 살아 있음이다. 그 살아 있음이 생명이다. 생명은 늘 동적 평형(動的平衡, dynamic equilibrium)이다. 움직이는 평형 상태를 유지하고 있는 생물학적 현상이 동적 평형이기에 그 흐름이 깨지면 끝내 죽음에 이른다.

　인간의 몸은 한순간도 쉬지 않는다. 쉴 수가 없다. 쉬면 생과 명은 끝이 난 것이다. 끊임없이 변화를 거듭한다. 몸 전체에서 일어난다. 생성과 파괴가 발생한다. 전체적으로는 그래도 한결같다. 몸이 극적으로 변형되는 일은 없다. 몸 안에서 일어나는 생성과 파괴는 매우 미미한 부분일 뿐이다. 생명은 매 순간마다 균형을 맞춘다. 위태로울 정도의 균형을 맞춘다. 균형이라고 해 봐야 시간 축을 일방적으로 통행하는 일방향의 활동으로써의 균형이다. 일방향의 균형이지만, 생명 유지를 위한 '동적 평형'이다. 동적 평행은 시간은 일방통행이다. 일방통행의 시간은 바뀌지 않는다. 신(神)도 되돌려 볼 수 없는 생명의 법칙이다. 생명에 역주행은 있을 수 없다.

　생명은 각 부분이 그 자체로 완성된 시스템들로 구축된다. 기계와는 다르다. 기계는 부품의 조합이다. 연결의 조합이다. 전원을 끄면 기계는 작동을 멈춘다. 코드를 하나 뽑으면 기계는 이내 오작동한다. 기계에게는 균형은 없다. 작동 아니면 오작동이 있을 뿐이다. 인간의 생명은 기계의 작동과는 그 원리가 다르다. 몸의 어느 한 부분을 잘라내도 전체가 일순간에 멈추지는 않는다. 최악의 경우 몸이 불구가 될 수는 있다. 그래도 몸은 움직인다. 불구의 기계는 있을 수 없다. 인간 생명에 놀라운 유연성이 있기 때문이다. 생명에는 동시에 유연성 못지않게 절대성도 숨어 있다. 생명은 인위적인 조작과 개입에 의해 전체의 균형이 일순간에 깨진다. 균형이 깨지는 것은 생명의 절대성이다. 인간은 언제나 동적 평형의 존재이기 때문이다.

인간의 생명은 동적 평형의 원리에서 조금도 벗어나 있을 수 없다. 생과 명의 인간에게 '일상(日常)과 일용(日用)'은 절대적인 삶이기 때문이다. 매일이 있고, 할 일이 있어야 생명에게 동적 평형이 가능하기 때문이다. 매일같이 일어나는 삶은 일상적이다. 신기루처럼 기기묘묘하지 않다. 삶은 일용적이다. 요상한 어떤 주술자들의 미혹(迷惑)한 행위일 수가 없다. 살아 있다는 것 그 자체가 영묘(靈妙)한 일일 뿐이다.

매일같이 인간이 겪는 나날의 삶은 삶이다. 결코 환상이나 환각이 아니다. 그런 것들이 개입되어야 할 이유가 없다. 일상의 생(生)과 일용의 명(命) 때문에 유별나게 종교가 개입할 이유도 없다. 그것 없이도 생과 명은 자연의 이치대로 살아가기 때문이다. 자연이 바로 생과 명에게는 종교일 뿐이다. 돌아갈 곳은 끝내 자연이기 때문이다. 자연을 믿는 것이 신앙이다. 하루의 기쁜 일, 하루의 의미 있는 이야기, 좋은 관계들이 일상이며 일용이다.

몸은 끝내 고기와 기름 덩어리이니, 육신에 대해 필요 이상으로 집착해야 할 이유가 없다. 법정(法頂) 스님이 살아 생전 즐겨 하던 말이 있었다. "내 소원이 뭔지 알아? 빨리 몸 벗어나서 하루빨리 다비장 장작불에 들어가는 거야." 바로 그 말이었다.[77] 몸에 기름이라도 더 붙어 있어야 잘 탈 수 있다고 말하곤 했던 그였다. 때가 이르면 모두가 제 세상으로 간다. 억지로 끌려가지 말아야 할 일이다. 마치 예수의 몸처럼, 유대 첩자, 랍비 그리고 로마 병졸, 관료들에게 끌려가듯이 그렇게 억지 죽음으로 내몰릴 일이 아니다라는 뜻일 수도 있다. 자연이 요구하면 자기 몸을 자연에게 자연스럽게 맡겨 버리면 되는 일이다. 육신이 떠난 그 후의 일을 염려하는 것이 욕심이다.

그것에 필요 이상으로 연연하는 것은 소유에 너무 찌들었기 때문이다.

도살당한 동물들은 더 이상 그의 몸에 연연하지 않는다. 자신의 몸이 이곳 저곳에서 먹이됨에 연연하지 않는다. 도살당한 돼지의 몸은 곳곳에서 소용됨에 한마디 불평도 하지 않는다. 저들처럼 인간 역시 자기 몸에서 자기 육신이 떠나는 일에 연연할 이유가 없어야 한다. 법정 스님이 마지막으로 가르쳐 준 삶의 훈계였다. 티베트인은 아버지든, 아내든, 아들이든 죽으면 천장(天葬)을 하곤 했다. 뼈 하나까지 곱게 빻아 하늘 높이 나는 새들의 밥이 되게 한다. 자연으로 붙인 살과 기름을 자연에 온전히 되돌리는 일이다. 슬픈 일도, 애처로운 일도, 보기 흉한 일도 아니다. 자연이 원하는 일이며, 자연으로 되돌아 가는 일이다. 자연이 반길 수 있도록 단순하고, 더 단순해야 하는 일이다.

죽음에 자신이 구차하리만큼 연연하지 않는 사람들이 바로 현자의 마음을 지닌 사람이다. 현자는 어떤 행동을 해도 막힘과 굽어짐이 없는 사람이기에, 저들은 자신이 하는 일에 무애(無碍)로운 사람이다. 거침이나 거리낌이 없는 사람이라는 뜻이다. 현자는 자연의 뜻에 순응하는 사람이다. 그러함이라는 뜻의 자연(自然)에 자신을 맡기는 사람이다. 천연(天然)을 따르는 사람이기에 현자는 자유자재한 사람이다. 도(道)튼 사람이다. 동양권에서는 지혜의 핵심을 도(道)라고 부른다. 도를 따르는 사람이 현자다. 현자는 '그러함(自然)'을 따르는 자를 말한다. 물처럼 자연을 벗해 사는 사람들이다. 현자들은 편파를 벗어난다. 편파를 벗어나기에 역설적으로 저들은 편파적이다. 저들은 '조화'롭게 살아간다. 현자는 그러함의 원리를 따르는 사람들이다. 그러함을 스스로 그러함 속에서 자각하는 이들이 현자들이다. 저들에게는 고정관념이 없다.[78] 처세에 걸릴 것이 없다. 무애스러울 뿐이다.

살고기로 된 몸이지만, 신(神)처럼 살아가는 사람들이 무애의 사람이다. 자기뿐만 아니라 주위의 이것저것에 일체 무심하다. 모든 것에 유심하기에 무심이 유일하게 된다. 유심(有心)의 핵심은 무심에 있다. 무심이란 애착과 집착과 거리 두기다. 절연이면 최상이나 삶에서 그럴 수는 없다. 가까운 것 친근한 것을 떨어져 보기가 무심이다.

감정과 생각 내려놓기가 무심이다. 생각 버리기처럼 작심(作心)하지 않는 마음일 뿐
이다.

현자라고 하더라도 사람으로 살아가는 이상 어쩔 수 없이 자신을 지탱하는 몸을 지
니고 있다. 몸이 있는 한 어떤 마음도 있게 마련이다. 자기를 둘러싼 것들에 영향을
받는 샷된 마음 앞에 '일 없음'이라고 족쇄를 채워 놓는 일을 가르켜 무심이라고 부
른다. 자기를 괴롭히며 마음을 심란하게 만드는 것은 결코 타인이 아니다. 사건도 아
니다. 그것들에 대한 자신의 집착이 자신을 샷되게 만들 뿐이다. 집착이 마음을 혼란
되게 만든다. 마치 사람들이 죽음을 두려워하는 것은 죽음 그 자체가 아니다. 그것보
다는 죽음에 대한 공포일 뿐이다. 두렵다는 생각 그 자체가 사람을 경악하게 만든다.
그것이 집착과 두려움을 만들어 낸다. 두렵다는 생각 때문에 더 두려워질 뿐이다. 일
체유심조(一切唯心造). 하기야 세상 모든 일 자기 마음먹기에 달려 있을 뿐이다.

집착을 내려 놓거나 끊어 내면 집착에서 자유로워진다. 집착을 끊어 내도록 도와
주는 것이 무심이다. 무심은 작심과 별리(別離)하게 만든다. 별리는 삶을 초연하게
만든다. 그 옛날 노예의 신분에서 자신을 일으켜 세운 스토아 현인인 에픽테투스
(Epictetus)는 우리에게 지독하게 충고했다. 설사 어머니가 죽었을 때라도 어머니의
죽음에 연연하면서 슬픔의 고뇌에 묶이지 말라고도 말했다. 분연히 일어나 나가라고
일렀다. 한 생명이 원래의 고향이었던 자연으로 되돌아간 것인데, 슬퍼할 일이 아니
라는 것이다. 죽었다, 없어졌다, 떠났다와 같은 그런 것은 없으니 그런 생각에 무심
하라고 이른다. 툭 털어 내는 것이 올곧은 생각이며. 자신을 지켜 내는 올곧은 행동이
라는 것이다.

한 생명이 고향으로 되돌아 갔는데, 무슨 긴 이유나 슬플 이유가 있을 수 없다. 죽
음에는 까닭이 없어야 하며, 조건도 없어야 한다. 죽은 것은 죽은 것이니, 죽음은 그
저 흘러가는 물과 같을 뿐이다. 원망하지 말 일이며, 절망할 일도 아니다. 열망할 것
도 없다. 무심하기 시작하면 해가 될 리가 없다. 손해날 것도 없다. "네가 사실상 너
의 것만을 너 자신의 것으로 생각하고, 또 다른 사람에게 속하는 것을 다른 사람에게

속하는 것으로 생각한다면, 그 누구도 어떤 때고 너에게 강요하지 않을 것이고, 그 누구도 너를 방해하지 않을 것이고, 너는 그 누구도 비난하지 않을 것이고, 그 어떤 사람을 힐난하지 않을 것이고, 자의에 의해서 결코 한 가지라도 행하지 않을 것이고, 그 누구도 너에게 해를 끼치지 않을 것이고, 어떤 적도 없을 것이라는 것을 기억하라." 못된 주인에 의해 다리뼈가 두 동강이가 났지만, 그것마저도 불평없이 견뎌내, 그 인간됨에 감탄받아 마침내 자유인이 된 노예 철인 에픽테투스가 가르쳐 준 삶에 대한 예지였다. 그는 잇대어 말한다. 만약 올리브유를 쏟거나 포도주를 잃어버렸다면, 그런 일은 당연히 무심하기 위해서 치러야 할 그만한 값이었다고 되뇌임으로써 우선 자기 마음부터 다스리라고 가르친다. 있는 사실 그대로를 받아들여야만 비로소 타인에 묶이지 않는 절대자유를 얻을 수 있다는 것이다. 무심의 본질이 무엇인지를 가르쳐 준 삶의 처방이다.

현자들은 대안(大安) 속에 사는 사람이며 또한 대안하는 사람들이다. 절대적인 평화로움이나 평안함은 즐김의 쾌락이 아니다. 즐김의 도구나 방편을 통해 얻는 순간적 쾌락이 아니다. 대안은 큰 평안을 얻어가는 삶의 양태일 뿐이다. 대안은 행복이라는 여백이 만들어 낸 감정이다. 대안의 평온 상태는 지하 감옥에 들이치는 빛과 같다. 어딘가에서 날아드는 하나의 빛줄기가 마음에 자리 잡는 순간이 대안이다. 구도자 마우니 사두(Mouni Sadhu) 선생은 대안이 바로 삼매(三昧), 몰입의 경지라고 말한다. "빛은 이제 너무나 풍성하게 쏟아져서 일체가 그것으로 충만하다. 이 빛 속에서 '과거'와 '미래'의 경계선들이 사라지고 있다. 그렇다. 나는 이제 참된 생명은 시간과 무관하다는 것, 만일 우리가 시간 속에서 아직 살아 있다면 그것은 진정한 삶이 아니라는 것을 깨닫는다. 저 측량할 수 없는 불가사의인 부활은 여기 이 보이지 않는 빛 속에서 하나의 실현된 진리가 된다."라고 표현한다. 그런 깨달음 속에서 그는 참된 자아가 무엇인지를 이렇게 표현해 내고 있다. "나는 내 신체적 자아가 외부 세계와 접촉하고 있다는 것을 알지만, 내면에서는 참된 '나'가 고요함 속에 지배하고 있다. 나는 우주의 부(富)를 다 준다 해도 이 고요함과 바꾸지 않을 것이다. 나는 그것이 감각 기관들의 세계가 무너질 때에도 상실되지 않을 토대라는 것을 안다. 이 고요함에는 어떤 욕망도 없다."[79]

평화의 본질이며 절대적인 평정이다. 그것이 바로 '클 대', '편안할 안'이라는 대안(大安)의 속성이다. 자기 안에 싸움이 없기 때문에 대안이 가능한 것이 아니라, 마음의 큰 힘으로 잡다한 욕심들을 다스릴 수 있기에 대안이 가능하다. 젊은 나이에 노회한 랍비들의 탄핵과 파문에도 굳건히 견디며 평온했던 스피노자가 보여 준 현자의 모습이 바로 대안의 모습이다. 모든 욕망을 끊어 버리고 어떤 것에 의해서도 마음이 움직이지 않는 무심과 부동심이었기에 대안이 가능했다. 속세와 절연한다고 무심해지는 것은 아니다. 산 속으로, 굴 속에서 명상한다고 무심에 이를 수 있는 것 역시 아니다. 무심은 일상생활에서 가능한 구도이어야 하며, 삶살이에서 적절한 무심이어야 한다. 부자로서 무심하고, 권력자로서 무애해야 하며, 학자로서 대안할 수 있어야 한다.

소비중심 사회에서 무심은 돈으로부터의 자기 지킴을 말하는 것이기도 하다. 자본주의 시대에서 신(神)으로 등극한 돈을 주인으로 섬기지 않는 여백과 여유가 필요하다. 돈을 벌지 말라는 말도 아니고, 직장을 갖지 말라는 말도 아니다. 일을 하지 말라는 말이 아니라, 필요한 만큼 돈도 벌라는 말이다. 다만, 돈을 자기의 하인으로 부리고 살라는 말이다. 돈을 하인으로 부리고 사는 마음의 여백이 무심이며 대안이다. 그런 여유와 여백을 지닌 사람이 대안의 여백을 갖는 사람이다. 자본주의 사회란 자기 속에 지닌 신의 영혼을 돈의 악령과 맞바꾼 사회를 말한다. 영혼은 죽고, 돈은 대신 살았다. 영혼이 환생해 돈으로 변했다. 돈은 어떤 불가능도 가능하게 만들어 줄 수 있는 것 같아 보이기 시작했다. 돈이 이웃을 사랑하는 수단처럼 등장했다. 마치 영생을 보장하며 행복을 약속하는 수단처럼 군림하기 시작했다. 자본주의 종교는 돈을 신앙해야 한다. 돈을 섬기지 않는 이들이야말로 이단아다. 돈을 경배하지 않는 이단아들은 '돈 신'에게 박해나 받을 뿐이다.[80] 돈의 신, 돈의 황제에게 면박을 줄 수 있는 것이 바로 나의 마음이다. 무심, 무애, 대안이 바로 돈을 노예로 만들 수 있는 무기다.

돈을 박대하기 시작하면, 돈은 저절로 나를 위한 하인으로 굽실대기 시작한다. 돈이 나를 섬기게 만드는 것이 무심, 무애, 그리고 대안이다. 무심, 무애, 대안이 소비주의에게 굽실대면, 돈이 마침내 자신의 모든 것을 지배하는 황제로 등극하게 된다.

대안을 실천하는 현자들은 저들의 삶에서는 역설적이기까지 하다. 쾌락을 갈구하면서도 쾌락 그 자체에 몰입하지 않기 때문이다. 명예를 필요로 하면서 그 명예에 추하게 매달리지 않기 때문이다. 황제였지만 황제처럼 군림하지 않은 마르쿠스 아우렐리우스 황제처럼, 저들의 삶이 대안의 삶이다. 백만장자이면서 수도승처럼 살아가는 일이 결코 쉽지 않다. 그렇다고 돈으로 대안을 살 수 있는 것은 아니다. 명품, 명차, 큰 저택을 돈을 주고 살 수는 있지만, 무심이나 무애나 대안은 결코 돈으로 살 수 없다. 대안은 자신에게 저축해 놓은 덕(德)의 총아이기 때문이다.

어떤 사람도 대안, 무심, 무애하면 현자의 경지로 들어갈 수 있다. 다만 현자의 길로 들어가기 위해서는 우선 할 일이 있을 뿐이다. "세상에서 일어나는 일들이 네가 바라는 대로 일어나기를 추구하지 말고, 오히려 일어나는 일들이 실제로 일어나는 대로 일어나기를 바라라. 그러면 모든 것이 잘 되어 갈 것이다."[81]라는 에픽테투스의 고언(苦言)부터 상기해 둬야 한다. 세상 모든 일에는 양면성이 있게 마련이다. 되는 일이 있으면, 언젠가는 되지 않는 일도 생기게 마련이다. 할 수 있는 일이 있으면, 할 수 없는 일도 생기게 마련이다. 잘 풀리는 일이 있으면, 그렇게 풀리지 않는 일도 어김없이 있게 마련이다. 그런 것들에 연연하거나 구차하지 말아야 한다. 일이 풀리면 풀리는 대로, 풀리지 않으면 풀리지 않는 대로 그것이 나름대로의 의미가 깃들어 있기 때문이다. 끝내 모든 것은 전도서가 일깨워 주는 대로, 헛되고 헛될 뿐이기 때문이다. 세상의 일은 사는 동안 값을 치뤄야 할 뿐이다. 저절로 얻는 것은 아무것도 없다. 아무것도 없는 것을 아는 데에 공짜는 없다.[82]

무심, 대안, 그리고 무애의 길을 걷다 보면 삶의 바보가 되기 십상이다. 바보의 길이 현자의 길이기 때문이다.[83] 그 길을 걷다 보면 영혼의 길로 한 걸음, 한 걸음 더 나가고 있는 것이고, 조금씩 현자의 모습을 닮아간 것이니, 우려할 일은 아니다. 현자로 나아가는 길은 영웅의 길이 아니라 신의 형상대로 신이 되려고 걸어 가는 길이다. 신의 신비로움에 안기려는 길을 걷는 것이다. 신이 인간에게 원하는 것은 사람답게 살아가는 것이다. 자기에게 충직하게 귀의하는 인간이 신의 길로 들어선 사람일 뿐이다. 인간은 더욱더 인간이 되어야 하기에 윤리적으로 살아가야 한다.

사람은 사람처럼 살아가야 한다. 사람의 길을 따라 살라는 그 명령이 바로 신이 인간에게 요구하는 자신의 의지다. "…… 나는 구도라는 것은 '진리'라든가 '삶의 의미'를 발견하는 것이 아니라 지금 여기에서 얼마나 알차게 사는가의 문제라는 사실을 깨달았다. 초인간적 인격체나 천국에 매달릴 것이 아니라 어떻게 하면 온전히 사람답게 살 것인가를 고민해야 한다. 깨달음을 얻은 완전한 사람의 모습을 신격화하는 것은 그래서다. 마호메트, 붓다, 예수의 원형은 모두 충만한 인간성의 상징이다. 신이나 열반은 우리의 본성에 덤으로 갖다 붙인 것이 아니다. 사람은 누구나 거룩해질 수 있다. 자기 안에서 그걸 깨달아야만 완전해질 수 있다. 옛날에 내가 한 수도 생활은 나를 오그라뜨렸지만 참다운 신앙은 사람을 더욱 사람답게 만든다는 사실을 나는 이제 믿는다. 왜냐하면 어떤 신을 따르던 그를 따르는 신앙은 결국 인생이 아무리 비극적으로 보여도 거기에는 궁극적으로 의미와 가치가 있다는 신념을 키워 나가는 것이었기 때문이다."[84] 가톨릭교회의 수녀원에 들어가 7년 동안 수녀 생활을 한 후 환속한 여학자 카렌 암스트롱 교수의 고백이었다.

새로운 사람으로 거듭나게 하려면 스스로를 개조해야 한다. 지금까지의 행동을 새로운 습관으로 가꾸는 일이 개조다. 자신의 품(品)과 격(格)을 높이는 일이 개조다. 자기의 행동을 매일 개조하는 사람은 어떤 절대자에게 일방적으로 귀의하지 않는다. 기원한다고 문제가 자동적으로 풀리지는 않는다. 참된 자아가 튀는 것은 자동사가 아니라 타동사다. 사람다움의 품은 자기가 자기를 길러 내는 일이기 때문이다.

품과 격은 자기를 조형하는 습관에 의해 만들어지는 인간됨의 산물이다. 품과 격은 배움의 산물이다. 동시에 품위의 경제학적(economics of diqnity) 산물이기도 하다. 습관은 개조에 저항한다. 개조의 목표는 인간성의 회복을 말하는 것이기에 상황

윤리학자인 죠셉 플레처(Joseph Fletcher)는 인간 스스로 자기의 품과 격을 높인다는 것은 스스로 인간성의 지표를 높이는 일이라고 정리한다. 인간성을 드러내는 지표는 여러 가지가 있다. 말하자면 자의식, 자기 통제, 미래감, 과거감, 관계능력, 배려와 관심, 소통, 호기심 등과 같은 것이다. 인간성의 지표에 충실하려는 사람이 참된 인간에 다가가려는 인격체다. 인간이라는 말은 바로 인격체를 말하는 것이며, 인격체는 자기를 조직화할 수 있는 존재를 말한다.

자기 조직화로 자신을 거듭나게 만드는 일이 개조다. 거듭남은 마치 돈오(頓悟), 돈수(頓修), 돈행(頓行)과 같은 뜻으로도 쓰인다. 즉결(卽決)이 답이라는 뜻이다. 단박에 깨닫고, 단박에 닦으며, 단박에 실천함으로써 단숨에 새로운 사람으로서의 인격적 회심과 전환을 가져오는 일이기 때문이다.[85] 옛사람으로 되돌아 가지 않는 일이다. 예를 들어, 기독교 성경은 이런 거듭남의 중요성을 자주 반복한다. 예를 들어 "사울아, 사울아, 네가 어찌하여 나를 핍박하느냐?"라는 음성을 듣고 사울은 크게 깨닫는다. 다메섹 길 위에서 회심한다. 그 길로 속된 인간이었던 사울은 사도 바울로서 거듭남의 삶을 살아간다.[86] 돈오, 돈수 그리고 돈행으로 변하는 인간의 개조는 물리학적으로 임계치(臨界値) 상태에서 일어나는 급작스런 이머전스(emergence)와 비슷하다. 창발적인 전환으로써의 상전이(相轉移) 현상에 버금가는 행위가 인간의 개조다.[87]

거듭난다는 것은 개조된다는 것을 말한다. 개조되면 인간으로서의 자유로움을 맛본다. 마치 인류 최초의 달 탐사자인 암스트롱이 직접 달에서 체험한 것 같은 완벽한 자유에 대한 체험이다. 우주선이 일단 지구에서 벗어나면 놀라운 자유를 얻게 된다. 자유 유영이 가능하기 때문이다. 억압하는 것들이 단박에 제거되었기 때문이다. 개조도 마찬가지다. 구습을 벗어나면 그전까지 자신을 사로잡던 제약에서 벗어난다. 자신에 대한 장대한, 그리고 절대적인 자유가 전개된다. 절대적인 자유를 경험하려면 내면의 소리를 다스려야 한다. 결단해야 한다. 코비 박사는 그 점을 권고한다. "알고도 행하지 않는 것은 모르는 것이다. 일시적으로 새로운 지식과 기술에 고무될 수 있지만, 현실에 적용하지 않는다면 모르는 것과 마찬가지다."[88]

　습관을 올곧게 만든다는 것은 자신의 인생을 의미 있게 살기 위한 노력에 속한다. 의미 있는 삶을 사는 사람들은 자기 자신에게 아주 성실한 사람들이다. 그들은 요즘 사회에서 흔히 거론되고 있는 운동 요법, 영양 요법 등과 같은 기법이나 방편, 그 이상의 것들을 활용한다. 식습관, 운동량, 스트레스 같은 시류적인 요인도 중요하다. 건강과 수명에 어느 정도의 영향을 미치기 때문이다. 그것만으로는 부족하다. 건강이나 수명과 직접적인 연관성이 높은 요인들이 수없이 많기 때문이다. 개인의 성격, 타인과의 인간관계, 가족 생활, 직업, 사회적 성공, 종교 활동과 같은 사회심리적인 요인들이 더 중요하다. 사회심리적인 요인들은 낙천적인 성격을 갖게 도와준다. 낙천적인 성격의 소유자들은 상대적으로 더 건강하다. 건강하기 위해서는 마라톤을 완주하는 일도 필요하겠지만, 성실한 삶을 사는 것이 더 중요하다.[89]

　성실한 사람은 건강하며, 강건한 일상의 습관을 갖게 마련이다. 친구 관계도 나쁠리 없다. 가족 관계, 직장 관계에서도 자신을 위한 건강한 근무 환경을 즐긴다. 건강하게 사는 인생의 경로를 스스로 만들어 낼 줄 안다. 자신의 건강을 지키기 위한 행동에 더 주력한다. 위험한 활동은 생각하지 않는다. 하지도 않는다. 습관 때문에 생기는 성인병 질병에서도 자유롭다. 자기 관리에 철저하기 때문이다. 자기의 일을 우선 열심히 할 줄 아는 사람들이기 때문이다. 삶에 대해 바르게 사유하는 사람들이다. 행동이나 활동에 올곧게 일하는 사람들이다. 자신의 영혼을 맑게 가꾸는 사람이다. 자신의 인생 경로를 스스로 만들어 내는 사람이다.

　자기 치유 방편이 있는 사람들이 성실한 사람이며, 자기 개조적인 사람이다. 치유 방편들은 개인들에게 표준화되어 있지는 않다. 만병통치적인 효력을 갖고 있는 것도 아니다. 사람들은 모두가 낱낱이다. 자기 자신을 치유하는 방편 역시 낱낱이다. 각자의 조건과 상황에 합당한 자기 치유 방편이 가능할 뿐이다. 자기를 치유하는 방편은 상동구이(尙同求異)이어야 한다.[90] 같음을 존중하지만 다름으로 그것을 완성해야 한다는 뜻이다. 동일한 결과를 갖는다 해도 그 과정은 낱낱의 형편과 조건에 따라 다를 수밖에 없다는 뜻이다. 서로가 좋은 결과를 얻으려면 서로가 달라야 한다. 같되 달라야 한다. 상동구이로 자신을 치유하라는 말은 자신의 치유를 상황에 맞추라는 뜻이다. 자기 치유 방편이 표준화될 수 없다는 뜻이다. 1그램의 아편이 어떤 사람에게는 약이 되지만, 어떤 사람에게는 독이 된다는 뜻이다. 치유 방편에 부화뇌동은 곤란하다는 뜻이기도 하다.

새로운 습관에 의해 개조가 되면 사람들은 이내 자기 효능감, 자기 주도성, 그리고 자기 치유력을 감지한다. 이내 안목을 갖춘 사람이 무슨 말인지를 알게 된다.[91] 제대로 안목을 갖춘 이는 유별난 사람이 아니다. 낱낱의 사물마다 존재하는 이유와 갖가지 현상도 하나의 이치로 귀착됨을 아는 이가 바로 안목을 갖춘 사람이며, 배운 이를 상징하는 말이기도 하다. 배운 이의 특징은 자기 효능감이 높은 사람이다. 자기 효능감은 반두라 교수가 말한 것처럼,[92] 성취, 성공을 위한 목표 설정과 그 목표를 추구하기 위한 자기 능력에 대한 믿음과 신념이다. 자기 효능감이 높은 사람은 자기 주도성을 발휘하는 사람이다. 자기의 삶은 자기가 하기 나름이라는 생각 아래 자기 스스로 자신의 힘으로 자기 삶을 주체적으로 이끌어 나가는 사람이다.

죽는 날이 바로 그의 배움 줄, 배움 끈을 내려 놓는 날이다. 배움이 끝나면 삶은 끝난 것이기에 죽음에 대해 그렇게 구차할 일이 아니다. 죽음에 연연할 일도 아니다. 그렇다고 죽음을 마냥 무시할 일도 아니다. 죽음이 있기에 삶을 생각해야 한다. 죽음이 오는 그 순간까지 더욱더 자기를 배워야 한다. 배우는 동안은 틀림없이 살아 있는 것이다. 죽은 다음에는 배움이 있을 수 없기에 죽음에 대해 심각해질 이유가 없다. 배움의 즐거움을 통해 더욱 사랑할 일만 남았다. 삶을 향해 더욱더 퍼 올릴 것만 남았다. 열심히 비워 두면 누구든 배움이 자기 것이 된다. 애플(apple)의 신화로 남아 있는 고(故) 스티브 잡스(Steve Jobs)는 삶에 관해 매혹적인 메시지를 남긴 바 있다.

잡스 회장은 칠전팔기가 무엇인지를 보여 준 기업가이기도 했다. 그는 자신이 세웠던 회사에서 쫓겨났다가 다시 복귀해 애플을 세계적인 회사로 성장시킨 주역이기도 했다. 스마트폰이라는 새로운 디지털 세상을 열어젖힌 기업인이었다. 자기의 과거에 대한 진솔한 고백으로도 유명하다. 그는 스탠포드 대학교 졸업식에서 자신의 출생 이야기를 담백하게 털어놨다. 그의 어머니는 스탠포드 대학교에서 공부하던 대학원생이었다. 미혼모의 몸으로 자기를 낳았다. 형편상 기를 수 없어, 양부모에게 그를 넘겨 줬다는 눈물겨운 자기 삶을 고백했다. 잡스 회장은 자기 삶을 반전시킨 대단한 자기 각오(覺悟)의 인물이기도 했다.

삶에 대해 그는 죽기 직전에 구술했던 자서전을 통해 이렇게 말했다. "천국에 가고 싶어 하는 사람들도 죽어서 가는 건 원하지 않지요. 하지만 죽음은 우리 모두가 공유하는 삶의 도착지라고 할 수 있으며 아무도 죽음을 피해간 사람은 없습니다. 그리고 그래야만 합니다. 죽음은 삶에 있어서 가장 훌륭한 발명품이라고 할 수 있기 때문입니다. 죽음은 삶을 새로이 충전합니다. 낡고 오래된 것을 치워 버리며 새로운 것을 받아들이기 위해 길을 열어 줍니다. 지금 그 새로운 것은 바로 여러분입니다. 하지만 오늘부터 얼마 되지 않아 여러분도 낡을 것이며 새로운 삶을 위해 채워질 것입니다. 너무 극적으로 얘기해서 미안합니다만 완연한 사실입니다. 여러분의 시간은 정해져 있으니 다른 사람의 삶을 살고자 그 시간을 낭비하지 마세요. 독단적인 교리의 함정에도 빠져들지 마세요. 그건 곧 몇 사람들의 독단적인 생각으로 인한 결과를 자신의 삶으로 여기는 것과 같습니다. 다른 사람들의 소리가 여러분의 가슴 속에서 우러나오는 마음의 소리를 억누르지 못하게 하세요."

세상에는 삶을 위한 여러 가지 슬기가 있다. 단순한 지혜와 복잡한 지혜가 있기 마련이다. 단순한 지혜는 삶을 가르치지만, 복잡한 지혜는 '놂'을 가르친다. 사람은 살기 위해 노는 것이지, 놀기 위해 사는 존재는 아니다라는 뜻이다. 인간에게 배움은 그런 단순한 지혜에 속한다. 교육은 복잡한 지혜에 속한다. 배움은 자신을 알아 주는 주인을 모신다. 교육은 다른 사람들에게 추켜세워지는 주인만을 섬긴다. 배움은 인생을 만들어 주지만 교육은 머리를 만들어 줄 뿐이다.

인생은 스페인의 철학자 발타자르 그라시안(Baltasar Graciány Morales) 신부[93]가 말한 것처럼 계산을 해서 답을 찾을 수 있는 그런 산술 문제가 아니다. 삶은 그림을 그려 내는 예술이다. 세상은 아름다운 연극 대본이다. 아무리 그렇다고 해도 그것을 읽지 못하는 사람에게는 쓸모없는 종이 한 장에 지나지 않을 뿐이다. 그대는 세상의 무대에서 주연도 될 수 있다. 조연도, 그리고 단역 배우도 될 수 있다. 그대의 인생은 그대가 직접 감독하는 것이기에, 무슨 역을 맡아도 자기의 배역일 뿐이다.

그라시안 신부는 다시 일깨운다. 자기 인생이 제대로 가고 있는지 어떤지를 알기 위해서는 항상 관객의 눈이 필요하다고 일깨운다. 나그네의 눈으로 그대의 모습을 돌아볼 때 자기의 모습이 드러난다는 것이다. 자기의 역할이, 배역이 시시하더라도 절대로 실망하지 말라고도 말한다. 생명이 있는 한 희망이 있기 때문이다. 생명은 나의 것이지 그의 것이 아니기에, 내 운명은 내가 붙들어야 한다. 내가 내 운명을 다스리지 못하면 타인이 내 운명을 쥐락펴락하게 된다. 그렇게 되면 내 운명은 타인을 모시고 살아야만 하는 팔자로 추락한다.

생명은 자연이 빚어 만들어 낸 것이다. 천부적으로 만들어진 것이다. 천부적으로 받아낸 생명은 배움으로 가꾸고 다듬어야 한다는 것을 내 스스로 오래 전에 깨달았어야 할 일이었다. 대학 교수생활 30년에 얻은 지혜였다. 그래도 무엇을 배울 수 있게 무엇인가 발견하게 된 것이다. 발견하기 시작하면 그만큼 자유로워질 수 있다. 자유로워진다는 말은 무슨 정치적 쟁취감 같은 것이 아니다. 여유로움, 여백의 충만함, 바보스러움 같은 것이 자유로움이다. 배움의 달인이란 있을 수 없다. 배움 그 자체가 배움으로 배워지는 것이기 때문이다. 역설이다.

역설의 삶은 배움의 삶이기도 하다. 늘 자신의 마음을 울리는 사람이 배움의 인간이기에, 두려워해야 할 것은 늙어가는 삶이 아니다. 삶을 녹슬게 만드는 것을 두려워해야 한다. 녹슬지 않는 삶은 없다. 녹은 끼게 되어 있다. 자기 모르게 낀 녹을 닦아내는 일이 필요하다. 기름치며, 도포제를 입혀야 한다. 녹이 빨리 슬지 않게 하는 것이 필요하다. 삶에 녹이 덜 끼게 만드는 도포제가 배움이다.

배움의 삶, 배움의 길을 찾아 들어가려면 두 가지 서로 다른 여행을 해야 한다. 그 하나는 가득 채우며, 가득 싣고 떠나는 여행이며, 다른 여행은 완전히 비우는 여행이다. 채우는 여행에서는 자신을 잃지 않도록 정진하는 일이 필요하다. 꽉 찬 여행에서는 여유를 만들어야 한다. 많은 것을 생산해 내야 한다. 비우는 여행에서도 자신을 잃어버리지 않도록 해야 한다. 더욱더 자신에게 몰입해야 한다. 자신에 몰입해야 자신의 됨됨이를 잃지 않기 때문이다. 비우는 여행에서 자존감을 극대화해야 한다. 텅 빈 여행은 허전한 여행이 아니다. 자신으로 가득 차 있기에 여유가 충만할 뿐이다. 마치 노자(老子)가 말하듯이 영필일야(盈必溢也)할 수 있는 삶이다. 그릇에 물이 가득차면 넘치는 것이 물리적 법칙이다. 아무리 더 부어도 넘치고 흘러내릴 뿐이다. 더 부어야 할 그 무엇이 있을 수 없다. 넘치기 시작하면 더 채우겠다는 것은 욕심이다. 그릇에 가득 차면 그 그릇은 족한 그릇이 되었을 뿐이다.[94)]

그릇이 지니고 있는 쓰임새는 용량이 결정한다. 큰 간장독, 물을 담는 큰 항아리에는 무엇이든 집어 넣을 수 있다. 간장 종지의 쓰임새는 오로지 종지일 뿐이다. 그곳에 들어갈 것은 간장 서너 숟갈이면 족하다. 덜 채워야 채울 공간이 생긴다. 비워야 공간이 남겨진다. 더 채우려면 제대로 비워야 한다. 학문의 길로 나선 이들이 채우기 위해서, 그리고 비우기 위해서는 읽어야만 한다. 우직하게 읽고, 허기롭게 읽어야 한다. 허전하게 읽어서는 곤란하다. 야물게 자신에게 묻고, 또 되물어야 한다. 책도 읽고, 사람도 읽고, 마음도 그렇게 읽어 내야 한다.

읽는다는 것은 눈이 할 수 있는 절대적인 기능은 아니다. 시력과 심력, 그리고 지력을 확장해야 제대로 읽게 된다. 읽기는 오감의 통합 작용이다. 오감의 읽기는 세상만사를 사유하는 일이다. 읽는 것은 눈으로만 하는 것이 아니다. 코로도 읽어 낸다. 혀로도 읽어 낸다. 궁둥이로, 뒤통수로도 읽어 낼 수 있다. 누가 나의 이야기를 할 때, 뒤통수가 가려운 이유가 바로 그것 때문이다. 눈으로는 보는 것이다. 눈의 일차적 기능은 보는 일이다. 읽는 것은 보는 것을 넘어서는 오감의 융합적인 일이다.

읽는 것은 몸의 통합적인 기능이다. 몸의 온전한 움직임이 있어야 읽게 된다. 오감을 일사분란하게 하나의 일에 모아 두는 일이다. 오감을 모두 긴장시키는 작업이다. 기능이 다른 감각기관으로도 읽을 수 있다. 모든 감각기관이 눈의 기능을 해낸다. 후각 기능을 감당하는 코로도 글을 읽을 수 있다. 기관의 일차적 기능만을 거론하면 부질없는 소리일 뿐이다. 읽는 것은 오감의 연합이며 총합이기에 기관의 일차적 기능은 결정적인 것이 아니다. 촉각 기능을 감당하는 손가락으로도 세상과 그대를 읽어 낼 수 있다.[95] 의학적으로도 증명된 이야기다. 인간의 감각을 감지하는 영역들의 기능이 서로가 서로를 보정하며 대체하기 때문이다.

감각기관들은 각각의 기능들을 대체하기도 하고, 보정해 주기도 한다는 점은 그동안 우리가 상상하기 어려웠던 일들이 이제는 현실적으로 가능함을 암시한다. 심하게 상상하면, 성적 기능을 앞으로는 부분적이나마 귀로도 대신할 수 있고, 손끝의 촉각으로도 대체할 수도 있을 가능성마저 커지고 있다. 출산이라는 일차적이고도 근원적인 생식 기능은 소거시킨 채 손가락만으로도 성적 기능을 발휘할 수 있게 될 수 있는 날도 가능하겠기에 삶은 읽기일 뿐이다. 삶은 오감의 총합이기에 오감으로 읽어 가지 못하는 삶은 불구의 삶이나 마찬가지다. 삶에 있어서 장애우(障碍友)의 처지와 다를 것이 없다.

자기 마음대로 그들의 일상적인 상황에서 감각기관의 기능들을 바꾸지는 못한다. 손끝의 촉각이 혀끝의 미각을 자기 마음대로 대체하지는 못한다. 감각기관의 유전자 발현 상태를 마음대로 바꿀 수 없기 때문이다. 자연은 그것을 인간에게 허락하지 않았다. 그것들을 연합하고, 총합해야 서로의 기능이 보정되도록 해 놓았을 뿐이다. 자신의 의지나 사유 기능을 극도로 집중시키는 훈련을 할 경우 감각기관의 기능적 전환과 보정이 가능하다. 뇌신경학자들이 흔히 하는 말이 있다. 뇌 회로를 바꿀 수 있다. 그것은 의지이다. 의지는 마음의 특별한 상태나 주의 집중능력 같은 정교한 차원에서 나온다는 말이다. 특별한 주의 집중능력의 고양이 바로 감각기관의 보정 기능을 감당한다. 예를 들어, 명상과 같은 활동에서는 그런 기능적 보정성이 잘 드러난다.

명상을 하는 사람들이라고 유별난 것은 아니다. 다른 사람들과 뇌 기능이 결코 다를 리 없다. 다만 신경전달물질의 방출에 서로 차이가 있을 뿐이다. 명상 활동에 오래 노출된 사람들의 뇌에서는 세로토닌(Serotonin)이 다른 사람에 비해 더 많이 분비되기 때문이다. 세로토닌은 뇌간에서 발생한다. 뇌 전체의 기능을 조율하는 신경물질이다. 자율신경 조절에 관여하는 신경전달물질이 세로토닌이다. 세로토닌의 부족은 주로 우울증, 불안증 같은 일, 말하자면 과도한 긴장과 대인공포, 감정의 기복을 야기한다. 감정은 자율신경의 지배를 받는다. 신경이 자율적으로 움직이기에, 자기 생각대로 감정을 조절하기가 어렵다. 자율신경에 영향을 미치기만 하면 감정을 자기 의지대로 제어할 수 있다. 명상이 그것을 촉진하기에 명상이 세로토닌 분비를 조절한다고 믿어지는 것이다.

자율신경을 조절할 수 있다는 것은 인간만이 누릴 수 있는 특권이다. 신의 명령도 거부할 수 있기 때문이다. 세상 어느 곳에서도 명상하는 강아지나 신(神)이 있다는 말은 아직 들리지 않는다. 명상이라는 인위적인 활동은 인간적인 활동이다. 명상 같은 활동이 몸의 생물학적 기능을 조절하기에, 내 몸의 쓰임새는 내가 결정할 수 있다는 뜻이기도 하다. 마음을 잘 쓰는 사람은 몸의 쓰임새도 제대로 쓸 수 있다는 뜻이기도 하다.

눈의 일차적 기능은 보기에 있기에 보는 일을 잘 해야 한다. 보기로서의 눈이 해낼 수 있는 읽기는 다른 감각기관에 비해 월등하다. 편의상 눈의 읽기를 문자와 책으로 비유 계량한다면 한 사람이 연간 해낼 수 있는 양은 무진장이다. 밥 먹고 오로지 눈으로 읽기만 한다면 그렇게 된다. 아무리 그래도, 하루 8시간 동안 내리 읽을 수는 없다. 일상적인 삶을 고려하면, 읽는 일에 열성적인 사람이 경우 일년 동안 약 3만여 페이지 정도를 읽어 낼 수 있다. 그렇게 읽어 내는 사람도 흔하지 않다. 눈으로 보기가 아니라 눈으로 읽기를 했을 때를 말한다.

살아가면서 보통 사람이 연간 읽어 내야 될 분량이 있다. 능히 3,000쪽 이상은 되어야 한다고들 한다. 부질없는 쪽수 세기이지만, 그것이 최소량이라는 것이다. 어쩌면 혁명가 마오쩌둥처럼 쉼 없이 읽어야 하는 것이 더 올곧은 말일 수 있다.[96] 마오는 평생을 사다(四多)로 살았던 사람이다. 정치사상적으로 옳고 그름을 떠나, 그는 많이 읽고, 많이 생각하고, 많이 쓰고, 그리고 많이 물었던 사람이었다. 다시 말해서 독사

작문(讀思作問)의 삶을 즐겼던 장본인이다. 개조와 치유를 위한 사람이었던 셈이다. 그보다 더 독한 사람도 있다. 그보다는 몇 세대 위에 있던 다산 정약용 선생은 우리에게 책은 긴박하게 읽으라고 일러 준 삶의 큰지식(智識)이다. 읽기에 대한 다산의 자세는 지혜, 바로 그것이었다. 다산 선생은 기회가 있을 때마다 읽기의 중요성과 긴박성을 강조했다. 표현을 할 때마다 달리했을 뿐이다. "책을 읽는다는 것은 그 책에 담긴 뜻과 의미를 찾아내는 일일 뿐이다. 만약 의미를 찾아내는 것이 없다면 비록 하루에 천 권의 책을 읽는다 하더라도 담에 얼굴을 맞댄 것처럼, 결국은 아는 것이 없게 된다." [97]

인생을 살아가는 것도 알고 보면 읽기를 해 나가는 일에 지나지 않는다. 타인과 교류하는 것도 읽기이기 때문이다. 교류는 삶의 독서이기 때문이다. 생과 명을 읽어 내는 것 역시 읽기의 진면목이다. 조선시대 최고의 독서지사(讀書之士)라고 일컬어지는 사람이 항해(沆瀣) 홍길주(洪吉周) 선생이 그것을 보여 준다. 그는 생(生)의 내밀한 정서들, 명(命)의 오밀조밀한 느낌을 읽어 내는 것이 읽기의 진면목이라고 말했다. 독서의 속내는 생명을 읽어 내는 일이라는 것이었다. 그는 말했다. "문장은 다만 독서에 있지 않고 독서는 다만 책에 있지 않으며 산천운물조수초목(山川雲物鳥獸艸木)의 사이와 일용의 자질구레한 사물에 이르기까지 모두 독서다. 책을 펼쳐 몇 줄의 글자를 옹알옹알 소리 내어 읽은 연후에 독서했다고 여기는 자가 어찌 이것을 말할 수 있겠는가." [98]

그가 지금 살아 있다면 사회평론가로서 꽤나 명성을 날렸을 것이다. 돈이 되는 일이라면 영혼도 팔아먹고, 신앙도 되팔아 먹는 세상과 잡인을 향해 꽤나 명철하게 비판했을 것이기 때문이다. 요즘처럼 인터넷과 컴퓨터가 주는 속도감 있는 정보 제공에도 화깨나 냈을 것이다. 정보 찾기와 정보 보기를 잘한다고 지성인처럼 행세하는 이들을 향해 스왈로, 즉 '얄팍한 사람들(the shallows)'이라고 단박에 잘라 말했을 것이다.

스왈로란 세상 물정에 젖어 있는 사람, 세태에 얄팍해진 사람들을 일컫는 말이다.

배움이 투철하지 않은 사람들이라는 뜻이다. 머리와 눈을 쓰지 않는 사람들이라는 말이 아니다. 깊이가 없는 사람이라는 뜻이다. 디지털식 보기가 잘못된 것은 아니다. 디지털식 보기가 읽기, 바로 그것의 정형이 될 수 없다는 말이다. 정보 보기, 정보 찾기에서 요구되는 기능은 재빠름이다. 시각, 시력의 탁월한 기능을 요구한다. 눈에 포착되는 핵심어가 관건이기 때문이다. 생각하는 힘은 상대적으로 약화된다. 생각하기를 폐기하는 사람은 사람도 아니다. 생각하지 않아도 되는 사람들의 눈요기는 읽기를 말하는 것이 아니다.

生 4. "한 사람이 완벽한 스승을 찾아서 돌아다녔다. 여러 해 동안 티벳, 인도, 일본 등지를 여행했지만 완벽한 스승을 찾기는 어려웠다. 어느 날 히말라야 산 속을 헤매다가 바위 위에 도인처럼 앉아 있는 라마승을 만났다. 몇 가지 질문을 던졌더니 그야말로 완벽한 스승의 표본이었다. 그래서 그 사람은 넙죽 엎드려 절을 하면서 '당신이야말로 제가 십 년에 걸쳐서 찾아 헤매던 완벽한 스승입니다. 저를 제자로 받아들여 주십시오.'라고 간청했다. 그러자 라마승은 그를 굽어보면서 말했다. "네가 가장 완벽한 스승을 찾고 있듯이 나 역시 가장 완벽한 제자를 찾고 있노라. 너는 내가 바라는 완벽한 제자가 아니다. 어서 썩 꺼져라!" – 류시화[99]

"왜 하필이면 불필입니까? …… 하필(何必)을 알면 불필(不必)의 뜻을 알게 된다." – 불필[100]

온라인은 우리에게 보기를 강요한다. 불특정 다수를 향해 어떤 정보든 제공할 터이니, 조건 없이 수용하라고 말한다. 보기를 강박한다. 강박한 정서에 익숙한 사람들은 정보의 키워드에 익숙해야 한다. 정보의 핵심만 읽어도 무엇인가를 얻어 낼 수 있기 때문이다. 훑어보게 만든다. '스타카토(staccato)식 보기'에 친숙해진다. 스타카토식 읽기의 습관을 만들어 낸다. 스타카토는 음악가들이 작곡이나 연주에서 필요로 하는 기교이다. 짧게 끊어서 연주하는 방식을 말한다. 인터넷의 정보 역시 그렇게 빠르게 끊어 훑어보게 만드는 일을 강조한다. 정보 훑어가기가 읽기로 대체된다. 뇌 활동 역시 스타카토식 읽기에 친숙해진다. 망각에 익숙해지며 기억에 미숙해지게 된다. 온라인의 웹을 읽고 있다고 하지만 실제로는 읽지 않는다. 웹의 글을 읽지 않는 것이나 마찬가지다. 디지털 읽기로 웹페이지를 볼 때 사람들은 기능적으로 다양한 일을 동시에 해야 한다. 읽기를 읽을 수 없다는 뜻이다.

중년기 뇌의 처리 속도는 청년기의 그것에 비해 속도감이 더디다. 부인하기 어렵다. 이름 기억하기, 계산능력에서 확연히 드러난다. 삶은 속도가 아니다. 삶은 정보를 요구하기보다는 정확한 판단력을 요구한다. 일상적인 삶에서는 정보처리의 속도가 결정적인 것이 아니다.[101] 생활의 현장에서는 사태를 전체적으로 바라보는 직관이 요구된다. 관계를 다루는 지혜가 필요하다. 직관이나 지혜를 신경과학자들은 요점(要點)이라고 부른다. 요점은 인간의 능력을 포괄적으로 고양시켜 준다. 삶의 지렛대이기 때문이다.

삶의 현장은 요점을 요구한다. 기억하려면 요점에 대한 기억능력이 필요하다. 기억보다 먼저 앞서는 것이 요점을 갖는 일이다. 잡다한 정보에 대한 기억은 무의미하다. 청년기가 지나면서 쇠퇴하기 시작한다. 요점 기억은 정반대로 자란다. 노년에 이를 때까지 요점 기억은 늘어난다. 요점의 질이 더 좋아진다. 중년기의 뇌는 청년기의 뇌와 한 가지 점에서 차이가 극명해진다. 문제를 풀어 내는 데 요구되는 지혜의 뇌가 중년기 이후의 뇌다. 그러니 몸 가꾸기, 살 빼기는 청년기처럼 원만하게 해야 하고, 마음챙기기, 생각하기, 추론하기 같은 것은 노년기처럼 원숙하게 해야 할 일이다. 몸을 온전하게 가꾸라는 뜻이다. '몸'을 가꾸는 데 남의 눈을 의식할 이유가 없다. 내 삶은 남에게 보이기 위한 것이 아니다. 나를 위한 나의 몸일 뿐이다. 165cm의 키에 73kg의 몸무게를 지닌 지금의 노년기 사람도 과거에는 날씬한 몸매로 살았었다. 30대 때에는 55kg의 몸매로 모든 것을 즐기며 살았었다. 아무리 생각해도 늦은 법은 없다. 지금이 바로 되돌리기에 충분한 과거일 뿐이기 때문이다.

좋은 경험이 많으면 추론도 다양하게 많아진다. 추론의 질도 향상된다. 추론하는 것도 손쉬워진다. 추론을 하려면 요점 기억을 사용한다. 문제해결에 대한 핵심적인 해답을 내기가 더 용이하기 때문이다. 문제 사태를 전체적으로 이해해야 문제를 풀어 낼 수 있다. 추론을 위해서는 의미 없는 다양한 정보를 기억하는 세부 기억능력에 의 존할 필요가 없다. 뇌는 나이를 먹으면서 철학적으로 변한다. 문제를 둘러싸고 있는 밑그림을 순식간에 알아채는 힘이 길러졌기 때문이다. 사유의 내공이 쌓였다는 뜻이 다. 큰 그림을 손쉽게 이해하는 사람들의 뇌는 노숙하기 마련이다. 삶은 직관이기 때 문이다. 직관의 능력이 성숙해야 문제를 쉽게 풀어갈 수 있다. 직관능력의 성숙을 전 문 지식이라고 부르는 이유다.[102]

정보 검색 방식이 변하는 것은 뇌신경 통로의 가소성 때문이다. 인터넷을 많이 사 용할수록 뇌는 더 산만해지도록 구조화된다. 인터넷 서핑을 한다. 정보를 서치하고, 스킵하고, 스캐닝한다. 이를 관장하는 신경회로는 강화된다. 깊이 사고하고, 분석하 고, 통찰하는 능력은 감소한다. 신경회로의 변형은 온라인의 장점인 스마트와는 무 관하다. 많은 정보로 무장하고 있으면 스마트해진 것 같아 보인다. 착각이다. 저들은 정해진 선로 위로만 다녀야 하는 전차와 같은 생각을 하기 때문이다. 모두가 한 줄로 이탈 없이 하나의 방식으로만 생각하기 때문이다. 스마트는 끝내 트램(trams)식 사고 를 길러 낼 뿐이다. 궤도를 이탈하면 사고(事故)로 이어질 뿐이다. 인류사는 생각의 사고(事故)가 만들어 낸 것들로 얼룩져 있다. 전쟁, 학살, 살인 사건 …… 모두가 트램 식 사유의 전복이 만들어 낸 불행들이다.

인터넷 정보 찾기에 익숙해진 청소년기의 뇌는 트램식 사고에 조건화된다. 제공되 는 정보 이외의 다른 것을 생각할 겨를이 없다. 인터넷이 요구하는 하나의 방식으로 만 정보를 찾는다. 그 정보가 옳은 정보로 선택한다. 요점능력이 떨어진다. 직관이나 지혜가 빈약해지기 마련이다. 정보 선택을 쉽게 도와준 도구들이 그에 대한 대가를 요구하고 있다. 인간의 가장 자연스러운 능력인 생각의 포기를 요구하고 있다. 이성, 인식, 기억, 감성의 능력이 마비되고 있다. 스마트는 이런 요구에 '아니요'를 말한다. 스마트하려면 자기 자신에게 엄격해야 한다. 군더더기가 없어야 한다. 불에 몸을 덴 것 같은 고통을 참아내야 스마트해지기 때문이다.

바빠 살아야 하는 것도 알고 보면 자신을 속이는 환상일 뿐이다. 디지털이라는 소통 수단이 만들어 놓은 부산물일 뿐이다. 디지털 소통으로 연결되기 시작하면서 삶살이가 번다해지고 있다. 이유 없이 분주하고, 빈번해지고 있다. 사람들은 착각한다. 자기가 중심이 되어 세상이 가능하다고 말한다. 모든 것이 자기와 연결될 수 있다고 생각한다. 모든 것은 끝내 피상적이다. 세상은 나와 연결되는 것이 아니고 내가 그것을 구걸하고 있기 때문이다. 세상이 나와 연결될 수 있다는 것은 착각이다. 착각으로 위안을 받을 뿐이다. 디지털 네트워크의 이점이 없다는 말이 아니다. 디지털의 혜택을 누리기 위해서는 누릴 만한 방편을 가져야 한다. 관리하고 유지하는 능력이 더 단련되어야 한다는 뜻이다. 시간과 노력이 들어가야만 하는 인위적인 일들이다. 디지털 도구와 수단에 문제가 있는 것이 아니다. 관리능력에 문제가 있을 뿐이다. 마음과 정신, 그리고 시간을 빼앗긴다는 것을 자각하지 못하고 있다.[103]

온라인 저작물들은 세상 어디에서도 손쉽게 검색된다. 링크 덕분이다. 어느 때보다도 정보 검색이 쉽고 빨라졌다. 사람들은 디지털 문서 사이를 건너뛰어 다닌다. 정보 사냥이다. 문서에 대한 집중력은 약해졌다. 심도 깊은 사색도 불필요하게 되었다. 정보 조합은 즉각적이다. 정보 사냥은 일시적인 동작이 되었다. 더 이상 읽을 이유가 없다. 사람들은 이제 읽는 이보다는 보는 이가 되었다. 뒤적거리는 사람이 되었다. 검색 엔진이 그것을 도와준다. 필요한 정보와 연관 있는 문서의 일부분이나 문장의 몇몇 단어를 보면 이내 그것을 안다.

그렇지만 그것을 읽어 내질 못한다. 외국어 실력의 문제가 아니다. 독해력이 더 어려워졌기 때문이다. 온라인의 도움으로 독해력이 쉬워졌다는 것은 가증스런 말이다. 정반대이다. 독해력은 오히려 떨어졌다. 저작물의 깊은 의도나 숨겨진 혹은 드러내지 않은 저자의 의도를 파악할 이유가 없어졌기 때문이다. 이해가 되지 않으면 버리면 되기 때문이다. 정보 검색이 주는 보는 즐거움을 방해했기 때문이다. 온라인 문자를 뒤지는 일은 마치 숲과 나무의 비유와 같다. 숲은 제대로 보지 못하고 잡초만을 보고도 숲이라고 믿어 버리면 되기 때문이다. 나무조차도 제대로 보지 못한다. 그냥 나무에서 흔들리는 잔가지와 나뭇잎만 보면 된다. 그것을 보고 나무와 숲을 전체로 이해한다. 지레 짐작하면 모든 것이 짐작된다. 보지 않으면 저것과 나의 눈은 더 이상 연결되지 않는다.[104]

　이 시대를 살아가면서 디지털 문명과 그 기술들을 피해 살 수는 없다. 온라인 시대에서도 '똑똑'한 삶을 살아야 하기 때문이다. 똑똑한 삶을 살기 위해서는 '독서'의 장과 '대화'의 끈을 놓지 말아야 한다. 온라인 멘탈리티(online mentality)가 지니고 있는 생태적인 약점은 보강해야 한다. 온라인에 떠돌아 다니는 정보들이 모두 우리 삶에 유용한 것들은 아니기 때문이다. 제대로 읽어 내기와 깊게 생각하기 그리고 삶을 위한 의미를 만들어 내기가 그것을 보완해 준다. 배움의 삶이란, 끝없이 언급해 왔지만, 생명을 위한 나누기, 자기를 다스리기, 그리고 삶을 위한 제대로 읽어 내기이며 그 무엇이든 제대로 읽어가기 시작하면 삶에 대한 의미를 만들어 낼 수 있기 때문이다.[105]

　국어의 지문을 읽든, 산수의 셈본 문제를 읽어 나가든, 더 나아가 어떤 이들의 삶을 읽어 나가든 관계없이, 읽기에서 중요한 것은 자신의 마음을 추스르며 다스리는 문제다. 『명심보감』 정기편(正己篇)에는 '정심응물 수불독서 가이위유덕군자(定心應物 雖不讀書 可以爲有德君子)'라는 구절이 있다. 말하자면, 마음을 바르게 하고 안정하여 자기가 하는 일에 임하기만 하면, 설령 글 읽기가 부족하거나 독서량이 충분하지 않다고 하더라도 기꺼이 덕이 가득한 제대로 된 사람이라는 뜻이다. 사람의 품과 격은 독서량이나 학식의 높낮이로 판단되는 것이 아니라는 뜻이기도 하다. 올곧은 마음, 바른 행실이 중요하다. 자기를 다스릴 수 있는 자기 제어력을 보여 주는 것의 시작이 읽기이기 때문이다. 도구와 수단을 부릴 줄 아는 것은 그다음 일이다.

　읽기에서 또 다르게 중요한 것은 바로 대화로 사람을 읽어 내는 일이다. 엷어지는 인간관계를 두텁게 만들어 내려면 대화를 읽어 내는 힘이 필요하다. 사람들 사이에 대화가 없어지면 서로 간의 관계는 점점 엷어지고, 멀어지기 마련이다. 대화의 문제는 관계의 문제라는 말이다. 별(別)의 조짐이 보이기 시작하면 결국은 이(離)하고야 만다. 별의 조짐은 대화의 부재에서 시작한다. 배려의 사상가인 레비나스(Emmanuel

Levinas)가 말한다. 인간은 모두 각자의 고유한 욕망을 지닌다. 그래서 타자와 나의 관계는 결코 조화로운 관계일 수가 없다. 남과 타인 간의 관계는 어차피 긴장과 갈등의 관계다. 부조화가 역겨워 짐짓 조화로운 체하며 살아갈 뿐이다. 사람에게는 서로의 느낌이 중요하다. 감동적의 느낌이라면 더욱 좋을 것이다. 매일같이 정찬을 먹을 수 없듯이 매일같이 감동적일 수는 없는 노릇이다. 감격이 아니어도 좋다. 서로가 그리워할 수 있는 느낌이면 족하다. 그런 사람들마저도 손가락을 꼽을 정도로 제한되어 있다.

자기 편하기 위해 타인의 마음에 상처를 주지는 말아야 한다. 서로가 서로에게 결코 다가설 수 없기 때문이다. 타인을 옭아매는 사람은 이미 사람됨을 벗어난 사람이다. 죽음의 사자일 수도 있다. 죽음에의 초대장을 전달하는 신의 전령(傳令)이나 마찬가지이기 때문이다. 죽음의 사자가 되지 않으려면 다른 이에게 삶의 의욕을 잃지 않도록 해줘야 한다. 저들에게 필요한 것은 격려다. 인간적인 피곤함을 더해 줄 수는 없는 노릇이다. 인간이 인간에게 할 일은 아니다. 차라리 죽는 게 낫다고 생각하게 만드는 이가 바로 나라면 나는 더 이상 사람은 아니다. '나'는 그에게 그럴 만한 존재가 아니다. 그를 위해 타다 남은 연탄재가 지닌 그 정도의 온기마저도 사라져 버렸기 때문이다.[106)]

인간은 누군가를 잘 알기 때문에 서로 사랑하게 되는 것이 아니다. 누군가가 먼저 그를 사랑해야만 비로소 그를 알아가려고 노력하는 존재일 뿐이다. 서로에 대한 묘한 느낌들을 잘 잊어버리는 것만이 필요하다. 서로를 제대로 알아가게 만드는 옳은 길이다. 느낌이 오고 느낌이 가게 하면 될 일이다. 다른 사람들이 던지는 말들의 미묘한 의미를 섬세하게 읽어 낼 수 있어야 한다. 긍정적인 느낌만을 찾으려고 노력해야 한다. 그 마음이 깃들어 갈 때, 그의 마음도 움직이기 때문이다.

관계는 '공동의 노력'이다. 공동의 마음, 그것이 공감각이며 의식의 소통이며 신의 마음가짐이다. 사람들 사이에 벌어진 별(別)과 이(離)를 메워 줄 수 있는 시멘팅이 의식소통이다. 시멘팅은 이해 관계를 비유하는 말이다. 이해 관계를 별과 이가 하나가 되도록 다리를 놓아야 한다. 갈라지고 흠이 난 부위를 메워줄 수 있는 시멘팅의 질료가 대화다. 대화는 비난이 아니라 틈을 메우는 시작이다. 비판의 빌미를 찾는 일이 아니다. 상대의 잘못을 서로 들추기 위한 고발이나 지적을 위한 공건이 아니다. 대화하기 위해서는 송곳을 지니고 갈 일이 아니다. 스펀지와 걸레를 갖고 대화에 나서야 한다. 관계를 이어나가는 대화의 연속이 바로 삶이다. 각자가 서로 자신을 곧추세우면, 지니고 간 송곳도 함께 날을 세우게 된다.

대화하는 사람이 되려면 생각하는 사람, 의식으로 소통하는 사람이 되어야 한다. 생각하는 사람이 되려면, 인류가 그래왔듯이, 아직도 멀기만 한 의식소통의 길로 나서야 한다. 먼 길이다. 미래의 추억(memories of the future)을 회상하기 위한 길이다. 미래의 추억은 있는 것이 아니다. 내가 만들어야 하는 이야기이며, 소통의 시작이다. 미래의 추억을 만들기 위한 사람읽기와 평생 독서 계획을 세워야 한다. 제아무리 읽기를 한다고 하더라도, 배울 것은 여전하다. 페디먼 교수와 메이저 교수는 우리에게 죽는 그 순간까지 배울 것이 많이 남아 있게 마련이라고 말한다. 인간이란 결국 이 세상의 모든 읽기를 끝내지 못한 채 이 세상을 떠날 존재라는 것이다.[107]

저들은 우선 책부터 읽으라고 말한다. 130여 권에 이르는 위대한 작가들의 위대한 생각을 익히라고 말한다. 그것을 잘 알고 있다면 길을 잃었다는 느낌을 갖지 않을 것이라고 말한다. 당황한 삶을 살지도 않을 것이라고 말한다. 세상에 집착하는 예속에서 벗어날 수 있을 것이라고도 말한다.[108] 저들 역시 아직 객기를 벗어나지 못하기는 마찬가지다. 읽기는 읽기로써 끝나 버리는 것이 아니기 때문이다. 독서는 사람을 읽기 위한 한 가지 낮은 수준의 방편일 뿐이다.

자기의 마음을 추스르는 방법에는 여러 가지가 있다. 이론적으로 말하면, 독서의 방법론으로서 인상적 방법(impression)과 표현적 방법(expression)이 있다. 인상적인 방법에 읽기, 독서 같은 것이 내포된다. 자기의 몸을 연단시키는 표현적 방법(expression)들로는 운동 같은 것이 포함된다. 두 개의 방편들이 상호작용함으로써 몸이 만들어 지는데, '몸'은 삶의 관섭적(interpression, 關攝的) 결과물이다. 배움의 방법론 가운데 하나가 바로 관섭적이라는 뜻이다. 관섭의 방편은 몸과 마음 사이를 이어 주기도 하고, 개입하기도 함으로써 긴장과 깨달음 그리고 자신을 개조하게 만들어 주는 방편이다.[109]

　사람 읽기나 대화는 요령을 부리면서 글을 읽어대는 일과는 다르다. 기술적으로 글자를 따라 읽는 일과도 다르다. 농축적인 읽기 같은 것도 아니다. 온라인에 익숙한 사람들은 꽤나 농축적인 보기를 즐겨하는데, 그것이 바로 일본인식으로 말하면, '엑기스(extract)'적인 대화다. 스타카토적인 대화가 엑기스적인 소통이 된다. 짧게, 짧게 끊어 이을 수 있는 '즙'스런 대화다. 제대로 읽기는 농축적인 생략을 거부한다. 책을 한 권 읽는다는 것은 말 그대로 책을 한 권 읽어야 한다는 것이다. 삶의 한 장을 읽어 내는 일이다. 읽기에 대한 기술로 보면, 서론의 첫 문장으로부터 마지막 페이지의 마지막 문장까지 읽는 것을 말한다. 제대로 책을 읽는다는 행위는 보수적인 의미에서의 책 읽기다. 스타카토적인 읽기일뿐, '즙'스런 보기는 아니다. 과일을 먹는다고 할 때, 사람은 비타민만을 삼키는 것이 아니다. 과일의 '즙'일 정제시킨 비타민 C 몇 알만을 삼키는 일이 아니다. 씹고, 맛보고, 음미하며 먹는 것이 아니기 때문이다. 과일을 통째로 먹지만, 원하지 않아도 그중 일부는 배설물이 된다. 몸이 자율적으로 하는 일이다. 어떤 것이 어느 정도로 변으로 나가는지 알든 모르든 관계없이 우리는 과일을 먹는다. 온전한 사과 하나를 먹어도 일부는 변이 될 뿐이다. 과일을 먹는다는 것은 그런 것이다.[110]

　"나는 30년이라는 긴 세월을 두고 단 한 권의 책도 읽지 않았소. 그동안에 나는 책을 전혀 읽을 수 없었으며, 지금도 마찬가지요. 나는 그 이상의 추상적인 개념에 대하여 할 말이 없었소. 나는 확신—무수한, 그리고 대개는 이미 잊어버린 허다한 직관에서 비롯된 확신—위에 서서 살아 왔소."[111] 페스탈로치(Johann Heinrich Pestalozzi)가 자기 확신을 드러낸 잊지 못할 자기 고백이었다. 페스탈로치는 행동하는 배움의 양심이었지 글자나 책장을 탐닉하는 독자는 아니었다. 행동하는 그의 배움에 대한 양심은 나에게는 사표(師表)였다.

페스탈로치처럼 세상을 쉽게 이해했으면 좋겠다. 진리는 평범한 일상생활 속에 있다는 것이 그의 지론이었기 때문이다. 현자들은 늘 그런 삶을 살았다. 퇴계 선생도 마찬가지였다. 그는 지(知)와 행(行)의 일치를 주장했다. 지행병진(知行竝進)론이 그의 지론이었다. 지행병진의 기본을 이루는 것이 성(誠)이다. 그것을 이뤄 내려는 노력이 바로 경(敬)이다. 율곡 선생은 그래서 사무사무불경(思無邪毋不敬), 말하자면 간사한 것을 마음에 품지 않으면 그 어떤 것도 공경할 수 있다고 자신을 곧추세우곤 했다. 참되고 바르면 이루지 못할 일이 없다는 뜻이다.

나는 내 스스로 학생들 앞에서 스승이라고 뻐겨 본 적이 없었다. 내 한 몸 건사하기도 벅찼던 것도 사실이다. 수많은 학생들을 졸업시키기는 했었다. 박사 학위자도 꽤나 배출했지만 그래도 허전하다. 동행(同行)으로서의 제자들과 함께 삶을 추스르는 데에는 충실하지 못했다. 스승이라고 내세우는 일이 동행인 제자들에게 욕이 되는 것 같아서라기보다는 다른 이유에서였다. 스승과 제자를 딱히 그렇게 갈라 놓을 수는 없는 노릇이었기 때문이다. 스승과 제자 사이는 스승스런 일과 제자스런 일로 갈라질 뿐이다.

스승스런 일을 하는 사람은 유별난 사람이어야 한다. 그것은 먼저 배우는 일에서 시작한다. 이때 말하는 배움은 생각 버리기의 연습 같은 일이다. 생각을 버리는 일은 생각을 다스리는 일이다. 사람은 '앗' 하고 알아차리고 인지함으로써 강인하게 성장한다.[112] 배움은 숨 쉬기나 마찬가지다. 여러 번 쉰다고, 단숨에 쉰다고 숨 쉬기가 그칠 수 있는 것은 아니다. 스승은 숨 쉬기처럼 제자에게는 하찮은 것으로 여겨지는 그런 일까지도 스승스럽게 행하는 사람이다. 스승은 스스로 스승이라는 말을 단 한 마디도 내뱉음이 없어야 한다. 그의 행동, 그의 몸짓, 그의 일컬음에서 그의 스승이어야 한다. 스승스러운 배움이 몸에 가득 깃들어 있어야 한다. 남보다, 제자보다 먼저, 그리고 함께 배워야 한다. 동행은 서로에게 배움의 사표가 되어야 하기 때문이다.

동시지식(同時知識)의 시대에서는 더욱더 배움의 사표가 필요하다. 스승과 제자가 동시대를 위해 서로 지식을 주고받으며 서로가 창조하는 시대가 바로 온라인 배움의 시대이기 때문이다. 동시 지식 시대는 한 스승이 키운 제자가, 또 다른 자기 제자를 키워 감으로써 그 스승에게서 익힌 지식을 대물림하는 순차적 지식 이동의 시대는 이미 가 버렸다. 모든 지식은 디지털을 기반으로 순식간에 세계로 번진다. 지식 생산과 지식 전달, 지식 창조가 같은 시간대에 가능하다. 동시 지식 시대에서 지식을 먼저 가진다는 것은 더 이상 특권이 아니다. 권위일 수도 없다. 스승이 제자에게 막연하게 연륜을 앞세우며 자신의 지식 우위를 고집할 수 없게 되었다. 모두가 지식 생성과 창조를 위한 동행일 뿐이다.

동시지식의 시대에서는 서로에게 '무지한' 스승만이 요구된다. 먼저 배우고, 먼저 치유해 가는 스승만이 필요하다. 무지한 스승이란 학생에게 강요하지 않는 사람을 칭하는 역설적인 뜻을 담고 있다. 무지한 스승의 본심은 그렇게 시시한 말로 끝낼 수 있는 개념이 아니다. 스스로 터득하게 인내하는 사람이 무지한 스승이다. 남보다 먼저 배우는 사람이 무지한 스승이 걷는 길이기에, 무지하다는 말 그 자체가 역설적인 표현일 뿐이다. 무지한 스승은 아무 일도 하지 않기에, 밥만 축내는 식충(食蟲)이처럼 보이게 되는 셈이다. 무지한 스승은 식충이가 되어야 한다. 밥만 축내는 그런 식충이가 아니라, 말을 고르고, 소리를 분간해 내며, 치열하게 삶을 살아가는 사람이라는 의미로써의 식충(識蟲)이가 되어야 한다. 어떤 앎도 전달하지 못하면서 다른 이의 앎의 원인이 되려는 욕심이 가득한 사람이 바로 무식한 사람이기 때문이다.

스승이 될 수 없는 사람이 스승이 되려고 한다는 것이 이 시대가 갖는 고뇌다. 랑시에르(Jacques Ranciere) 교수가 내린 무식한 스승에 대한 역설적인 개념 파악이다. 무식한 스승은 무지한 스승과는 성격이 다르다. 무지한 스승은 무엇을 가르친다는 미명 아래 그저 제자에게 설명만 하는 그런 사람을 훨씬 뛰어넘은 그런 현자이기 때문이다. 현자는 침묵으로 가르친다. 랑시에르가 보여 준 예에서도 그렇듯이 외국어마저도 침묵의 방법으로 효율적으로 익혀진다. 그것을 보여 준 사람이 수학자였던 가테그노(Gattegno)였다. 가테그노 교수는 외국어 훈련에서 침묵의 방법(the silent way)이 가장 효과적인 훈련방법이라고 추천한다. 그는 이집트 출신 이민자 학자였기에 그 누구보다도 영어와 같은 외국어를 익히는 데 어려움을 겪었다. 그 어려움을 스스로 침묵의 방법으로 이겨 냈던 사람이다. 침묵으로 가르치기, 침묵 교수법에서는 학습의 주체가 교사가 아니라 학생이다. 학생 스스로 언어 규칙을 발견하면서 외국어를 터득하게 될 때 외국어 훈련의 속도와 효과가 기대 이상으로 높아지기 때문이다.[113]

외국어 훈련 이외의 일반 교실에서의 습작 활동에서도 침묵으로 가르치기가 훌륭한 방편이 된다. 침묵으로 가르치기의 효과를 강조하는 핀켈 교수는 위대한 스승이란 '좋은 교육을 실천하려는 교사나 사람인데, 이들은 바로 침묵으로 가르치기의 대가들'이었다고 말한다. 좋은 교육이란 배우는 사람들 스스로 '생각을 불러일으키게 만드는 조건을 만들어 주는 일'이기에, 장 자크 루소(Jean-Jacques Rousseau) 역시 '학생에게 교훈을 말해 주지 말라. 오직 경험을 통해 배워야 한다.'고 일러 주었다는 것이다. 좋은 교육에는 '성찰'과 '경험'이란 말이 키워드이다. 학생이 성찰하고 경험하려면 침묵을 통해 배우게 해야 한다.[114]

스승이란 흔히 제자에게 무엇인가 설명하는 것을 업(業)으로 삼는 사람쯤으로 치부된다. 그렇게 믿도록 만드는 것이 우리의 관행이다. 그때 저들이 숨기고 있는 꿍꿍이가 있기 마련인데, 그것은 바로 '바보 만들기'의 속내다. 제자들의 발달 단계는 각자가 다르다. 인지 발달도 각각 다르다. 학습 그 자체가 각자적이다. 표준화는 거짓이다. 어떤 경우는 자신의 길을 계속 걸어갈 수 있을 만큼 의지가 충분하지 않은 제자도 있다. 그래도 각자 나름대로 현자도, 성인도, 학자도 될 수 있는 씨앗을 품고 있다. 그런 제자들에게는 가르쳐 줄 수 있는 멘토로서의 스승은 필요하다. 가르침이 계속되면 스승과 제자의 관계가 틀지어진다. 강요된 틀 속에서 예속의 시작이 만들어진다. 제자의 의지가 스승의 의지에 복속되어야만 비로소 스승과 제자 간의 관계가 성립된다고 강요하고 있기 때문이다.

지적인 복속과 예속에서 말하는 스승과 제자 관계는 스승과 학생 간의 정보 교환과 습작 관계를 말할 뿐이다. 스승과 제자 간의 관계는 말만의 관계일 수가 없다. 정보 교환 관계가 스승과 제자 간의 관계는 아니기 때문이다. 스승과 제자 간의 관계는 행동과 실천의 관계다. 서로 관섭적인 관계다. 배움과 깨우침을 위한 행동과 해냄의 관계다. 스승과 제자의 관계는 스승의 앎이나 학식을 전달하고 설명하는 강요의 관계로 맺어지는 것이 아니기 때문이다.[115]

스승은 제자의 사유가 쉼 없이 실행되도록 의지를 보여 주는 지식(智識)이며, 소위 '안드라고구스(angragogues)'다. 스승의 의지가 제자의 의지를 강제할 수는 있지만, 결코 제자의 의지를 무기력하게 만드는 일이 아니다. 스승은 늘 제자에게 읽기의 본(本)이어야 한다. 읽기의 징검다리가 될 수 있어야 한다. 랑시에르 교수는 그래서 스승이라고 나서는 사람들에게 다시 고언(苦言)을 아끼지 않는다. 당신부터 먼저 "무언가를 배우라. 그리고 그것을, 인간은 평등한 지능을 갖는다는 원리에 따라 나머지 모든 것과 연결하라."[116]라고 충고한다. 스승이 하는 일에 대한 랑시에르의 제언은, 스승이란 침묵할 줄 아는 사람이라고 말하는 노자의 혜안(feedforward)에 비하면, 아직도 어린 아이의 지적인 수준에 지나지 않는 것도 사실이다.[117]

스승이나 교사라는 말은 가르칠 수 있는 자격이나 기능 혹은 어떤 특권을 말하는 것이 아니다. 스승은 신분이 아니기 때문이다. 스승은 버릇의 품과 격의 드러냄을 말할 뿐이다. 스승은 연단의 표지이기에, 자라나는 이들에게 스승이 보여 주어야 하는 것은 스승됨의 자기 연단일 뿐이다.[118] 마치 붓다가 수도승들에게 말한 것과 '몸'으로 보여 준 그것처럼 이어야 한다. "내 가르침은 강을 건너기 위해 필요한 뗏목과 같으니, 강을 건널 때만 쓰면 되지, 그 뗏목에 매달릴 필요가 없다."라고 말한 그것이어야 한다. 스승이란 제자들이 강을 건너기 위해 필요한 다리일 뿐이다. 그 기능이라도 제대로 하고 있다면 족한 것이다. 제자 역시 언젠가 다른 이들의 스승이 된다. 따르는 제자들을 위한 나룻배가 되어 주면 족할 뿐이다. 스승의 마음을 파악하게 해야지, 스승의 흔적을 쫓게 해서는 곤란하다. 그것은 스승의 길이 아니다.

스승은 제자들이 제대로 된 우직스런 바보들로 바뀌기 시작하면, 저들을 과감하게 풀어 놔야 한다. 그때부터 스승과 제자들은 서로가 배움 관계로 더욱더 앞을 향해 동행할 수 있기 때문이다. 성숙한 동행은 스승이 뒤따르는 제자를 감히 두려워하는 후생가외(後生可畏)의 동행 관계를 말한다.[119] 스승에게 있어서 제자는 기독교적으로 말하면 사도(apostle) 같은 것일 수 있다.[120] 제자들이 무더기로 모여야 할 필요가 없다. 바퀴벌레들처럼 모였다가는 이내 흩어져 버리는 일을 반복하는 것이 스승과 제자 간의 관계가 아니기 때문이다. 하나의 무리나 떼를 끌고 다닐 일도 아니다. 스승은 교주(敎主)가 아니기 때문이다. 교주는 착취자이지만, 스승은 해방자이기 때문이다. 각자가 지니고 있는 자기 마음의 식민지를 벗어나게 도와주는 사람이 스승이다. 사람들은 자기 안을 지배하는 식민지, 말하자면 탐진치(貪瞋癡), 삼독(三毒)의 내면의 식민지 안에서 자족하며 자신을 뽐내려고 할 뿐이다. 탐내고(貪慾), 성내고(塵埃), 어리석음(愚癡)에서 벗어날 줄을 모를 뿐이다. 교주는 삼독으로 저들을 식민하며 착취하는 지배자로 군림하기 위해 지배의 기회를 노린다.[121]

　착취는 사람들을 무기력하게 만든다. 자기 안에 지적인 악(惡)들을 피워 내며, 그것을 당연히 여기게 만든다. 교주로부터 끊임없이 학습된 무기력이나 주입받게 된다. 학습된 무기력은 자기 무시와 자기 무지로 일관한다. 자기 무시에 조건화된 사람들은 학위를 받았든 받지 않았든 간에 관계없이 한 가지를 입에 달고 다니게 마련이다. 자기의 지력을 도전하는 글들에 대해 그저 손쉽게 '나는 잘 모르겠다' '이해하기 어렵다'와 같은 말들을 습관적으로 달고 다닌다. 자기 학대를 부지불식간에 드러내는 자기 무시의 궁시렁거림일 뿐이다. 교주가 풀어 주는 대로 교주가 그저 시키는 대로 외우며 따르겠다와 같은 나약함이며 습관화된 맹종일 뿐이다. 끝내 '나에겐 그런 지력은 필요 없습니다'라는 것에 대한 독백이며, 자백일 뿐이다.

　스승은 제자에게 흔쾌히 연단으로서 훈계해야 한다. 그러기 전에 자기 자신부터 성찰하며 훈계해야 한다. 스스로 찾던 것을 계속 구하라고 말해야 한다. 각자 배우던 것을 진정으로 배우라고 말해야 한다. 제자 스스로가 자기 앎의 원인이 되어 자기를 터득하도록 도와주어야 한다. 스승은 앎 덩어리가 아니다. 가르치는 기계가 아니다. 슬기를 터득케 도와주는 큰지식(大智識)이며 동행일 뿐이다. 문자 그대로, 지식에서 식(識)은 삼라만상, 소리 내고 말하고, 이해 관계 때문에 갈등하는 이치를 말한다. 그 이치를 꿰뚫어 앞을 밝혀 주는 지혜로운 사람이 스승이다. 그러니 무지해야 한다고 고뇌하는 것이다. 무지하지 않으면 배움줄을 놓고 있는 것이기 때문이다.

제자 스스로 자기 앎의 원인이 되었을 때 스승은 기쁘게 될 뿐이다. 스승의 의지와 제자의 의지가 앎과 이어짐의 관계를 맺게 되었기 때문이다. 스승의 의지와 끈을 연결하는 제자는 자기 책을 스스로 읽을 수 있는 사람이다. 제자는 스승 안에 갇혀 사는 사람이 아니다. 스승의 지력을 뛰어넘어야 하는 사람이다. 불가에서 말하는 깨달음의 과정이 그것을 극적으로 보여 준다. 오도(悟道), 깨달음은 수행자들의 목표다. 오도에 대한 옳고 그름, 있고 없음, 불가불가(不可不可)의 잣대가 바로 스승이 갖고 있는 기준이다. 제자들에게 어떤 깨달음이 있었다고 할 때 스승의 인증이 깨달음의 기준이 된다는 뜻이다. 깨달음에 대한 스승의 자각과 예지가 선행해야 한다. 스승이 오도했다는 것에 대한 엄한 인증이야말로 비로소 제자들의 오도를 위해 필수적이라는 뜻이다. 깨달은 스승이 없다면 제자의 깨달음을 판가름할 수 없기 때문이다. 강아지가 개를 오도시키겠다고 나서는 격이 되기 때문이다.[122] 스승에게 깨달음이 없으면 제자의 깨달음을 읽어 낼 수 없다. 서로가 무명(無明)으로 되돌아가기 때문이다. 자신을 뛰어넘는 제자에게 경(敬)하며, 탄(歎)하는 사람이 바로 스승일 수밖에 없다.[123] 배우는 일만큼은 제자라고 하더라도 결코 스승에게 양보할 일이 아니기 때문이다. 스승과 제자는 연단의 관계로 익히며 공조학습(共助學習)의 동행이기에, 서로 배움에는 오로지 당학불양어사(當學不讓於師)가 있을 뿐이다.[124]

스승은 지상 최고급 향수(香水)를 만들어 내는 장인(匠人)들의 정신을 닮은 사람들이어야 한다. 향수를 만드는 장인들은 최고급 향수를 만들기 위해 먼저 최고급 원료인 인동화(忍冬花)를 따려는 마음 자세를 갖춘다. 저들은 일 년 가운데 가장 추운 겨울 중 가장 추운 날이 오기를 기다린다. 그날 꼭두새벽인 한두 시가 되었을 때 그들은 꽃잎을 따러 나선다. 그때가 되어서야 비로소 예쁜 꽃잎들을 따서 향수를 위한 원료로 삼을 수 있기 때문이다. 혹독한 추위를 이겨 낸 인동화만이 최고의 향을 지니고 있다. 저들의 경험측에서 나온 향수 제조기술이다. 제자가 되려는 저들에게 '멍 때리는' 일은 인동화를 따내려는 그런 일이다. 제자에게는 그렇게 기다리는 기간이 혹독한 시련이며, 수치가 될 수도 있다.

제자라면 마치 플라톤을 대한 아리스토텔레스처럼[125] 스승을 그렇게 받아들여야 한다. 멍 때리기는 서로가 배우면서 침묵하고, 침묵하면서 서로 배우는 일이기 때문이다. 침묵의 달인들로서의 스승은 그를 따르는 사람들에게 자기 치유부터 하라고 자신을 보여 주는 사람들이다. 세상의 그 어떤 곡선(曲線)도, 잡선(雜線)도, 혼선(混線)마저도 하나로 압축시키면 직선(直線)이 될 수 있음을 보여 주는 사람이다. 로댕의 조각, 생각하는 사람도 압축시켜 놓으면, 몬드리안의 직선으로 통할 뿐임을 보여 주는 사람이 스승이다. 배움은 모든 것을 하나로 압축해 내는 힘임을 보여 주는 사람이다. 자신의 생각을 끊어 내고 또 씻어 내도록 먼저 보여 주는 사람이 멘토이며, 큰지혜(大智識)로서의 스승이다. 스승은 한 명의 제자를 위해 수불석권(手不釋卷)의 담금질로 자신의 삶을 압축시키는 멍 때리기를 드러내 보이는 사람이다.[126]

미주

1) 참고: Brissett, D. & Edgley, C. (1990). *Life as theater*. NY: Aldine Book.

2) 참고: 김원중(2012). 한비자의 관계술. 서울: 위즈덤하우스.

3) 앨런 피즈(Allan Pease) 박사는 말한다. 일상적인 대화 장면에서 사람들은 말 이외에도 손짓, 얼굴 표정과 같은 비구두 언어를 쓰곤 하는데, 그의 보디랭귀지는 인간의 감정을 밖으로 드러내는 결정적인 단서이며 타인에게 이내 자신의 감정을 읽히게 만들어 버리는 일이라고 말한다. 예를 들어, 허벅지나 속살에 신경이 쓰이는 여자는 치맛자락을 아래로 잡아당기거나 다리를 꼬거나, 동시에 두 가지 행동을 취할 것이다. 육체가 풍만한 여성과 이야기를 나눌때 남자는 어김없이 의식적으로 그 여성의 몸매에서 시선을 피하려고 애쓰기는 하지만, 무의식적으로는 손으로 무언가를 더듬는 동작을 하게 되는데, 이런 모든 것들은 저들이 피하려는 것의 정반대 행동임을 드러내 보이는 증거들이며, 자신의 생각을 타인에게 있는 그대로 읽히는 순간이 된다[참고: 앨런 피즈 · 바바라 피즈(2012). 당신은 이미 읽혔다(역). 서울: 흐름출판].

4) 참고: 수잔 케인(2012). 콰이어트(역). 서울: 알에이치코리아.

5) 참고: 한준상(2005). 국가과외. 서울: 학지사.

6) 2011년을 떠나 보내기 몇 달 전에 있었던 일이었다. 다른 대학에서 봉직하는 몇몇 다른 교육학자들과 함께 저녁을 즐기는 자리였다. 술잔이 몇 순배 돌았다. 취기가 거나하게 올랐다. 밤늦게 학교일 때문에 전화를 받게 되었다. 정년을 코 앞에 놔두고 맡게 된 학장(學長) 자리가 솔직하게 말해 탐탁하지 않았었다. 행정상의 요식적인 처리인 결재 행위를 늘 해야 하는 일이 책 읽기에 방해가 되곤 했었기 때문이다. 남의 이해 관계에 개입하기도 싫었다. 이런 일 저런 일들 때문에 머리가 아프던 때라 학장 자리가 하기 싫은 자리라고 옆의 동행들에게 몇 마디 건넸다.

앞에 있던 젊은, 오랜지기인 동행이 보란 듯이 날을 세우며 내 말에 개입했다. 젊은 사람으로서 대학 행정의 최고직인 자리에 있는 권 교수였다. "선생님, 그 자리가 꽃자리예요. 그 자리 나오시면, 그땐 정말 아무것도 아니예요."라고 거들었다. 아하~ 그렇던가? 삶이 그런 거였던가! 별안간 시신경(視神經)이 빈 잔에 꽂혀 버렸다. 꽃자리라? 그것이 꽃자리란 말이지! 그것을 모르고 설쳤단 말이지! 동행은 잠깐 동안 멍청해진 나를 다시 일깨워 주려는 듯이 자기 휴대폰에 입력된 시를 읊어 줬다. 시인 구상이 노래한 「꽃자리」라는 시였다.

구상(具常) 시인이 공초(空超) 오상순 시인을 기리기 위해 쓴 시가 바로 「꽃자리」란 시였다[참고: 구상 (2004). 개똥밭. 서울: 홍성사. 오상순 시인은 사람을 만날 때마다 건네는 말이 더도 말고, 딱 세 마디였다고 한다. '반갑고, 고맙고, 기쁘다' 바로 그 세 마디였다. 하기야 사람을 만나는 일은 반갑고, 고맙고, 기쁜 일일 뿐이다. 그런데도 우리는 그 세 마디를 하지도 못하고, 그네들 마음부터 요리조리 염탐할 뿐이다. 꽃자리는 그 옛날 우리 선조들이 즐겨 쓰던 깔개였다. 왕골을 이용하여 꽃무늬 등을 수놓은 화문석(花紋席) 돗자리가 꽃자리다. 꽃자리는 신라 시대 때부터 사용되기 시작했다. 문양에는 용, 호랑이, 원앙, 봉황, 학, 매화, 모란과 같은 부귀영화, 공명, 장수(長壽) 등을 기원하거나 바라는 것들을 표현했다. "반갑고 고맙고 기쁘다. 앉은 자리가 꽃자리니라! 네가 시방 가시방석처럼 여기는 너의 앉은 그 자리가 바로 꽃자리니라. 반갑고 고맙고 기쁘다. 앉은 자리가 꽃자리니라 앉은 자리가 꽃자리니라! 네가 시방 가시방석처럼 여기는 너의 앉은 그 자리가 바로 꽃자리니라. 나는 내가 지은 감옥 속에 갇혀 있다. 너는 네가 만든 쇠사슬에 매여 있다. 그는 그가 엮은 동아줄에 묶여 있다. 우리는 저마다 스스로의 굴레에서 벗어났을 때 그제사 세상이 바로 보이고 삶의 보람과 기쁨도 맛본다. 앉은 자리가 꽃자리니라! 네가 시방 가시방석처럼 여기는 너의 앉은 그 자리가 바로 꽃자리니라."

7) 스피노자에게 바른 인식, 바른 이해를 지칭하는 명철(understanding)과 지혜가 바로 자유인의 방식이었다라고 해석하는 프랑스 파리고등사범의 교수이며 스피노자에 관한 한 서구 최고의 해석가로 알려진 피에르-프랑수와 모로 교수는 "철학자가 되기 위해서는 먼저 스피노자를 배워야 한다."고 강조했던 헤겔의 말은 아무리 생각해 봐도 옳다고 강조한다. 삶에 대한 명철함을 얻기 원하는 학자가 있다면 당연히 그들은 스피노자를 배워야 한다는 말을 제대로 되새길 수 있어야 한다고 주장한다.

스피노자의 삶은 아무리 분석해 봐도 그리 특출하지 않았고 모험다운 모험 또한 없었으며, 게다가 그의 작품은 언제나 미완성인 채로 남아 있다고 강조하는 모로 교수는, "왜 그리스도를 믿지 않으십니까? 당신의 불경과 신성 모독은 우리 주 예수 그리스도 위에 당신을 두고 있습니까? 이 혐오스럽고 무모하고 정신 나간 오만은 어떤 사실에 토대를 두고 있습니까? 손을 벌려 당신의 오류와 잘못을 회개하십시오." [참고: 피에르 프랑수아 모로(2006). 스피노자(역). 서울: 다른세상]라고 몰아붙이는 제자에게, 스피노자는 스스로 신을 믿지 않는 무신론자라고 말한 적이 없다고 분명히 못 박는다.

오히려 스피노자는 자유롭다고 생각하면서 자기 스스로 매우 자주 규칙적으로 스스로 속고 있는 자들이 바로 인간이라고 이해한다. 그런 인간일수록 신에 대한 사랑을 바르게 이해하지 못한 채 단지 미신에 빠져 있게 된다. 경계해야 될 일인데 경계하지를 않는다. 신의 사랑을 바르게 이해하고 인식하기 위해서는 자기 스스로 주의 종이라는 말로 자신을 기만하지 말아야 한다. 오히려 신의 사랑에 대해 바르게 이해하라고 충고하라고 이르고 있는 스피노자는 신의 질서를 바르게 그리고 제대로 이해하는 사람들에게는 신에 대한 정서가 있게 마련이라고 잘라 말한다. '신에 대한 사랑'을 모르는 사람은 결코 사람을 사랑할 줄 모른다는 것이라고 보았다. 신의 질서, 그리고 그 질서의 필연성을 바르게 받아들이는 사람만이 신을 사랑하는 사람이다. 신을 사랑하는 사람은 미신에 대한 복종을 거부하는 사람이다. 사람들이 그 무엇인가에 복종한다는 것은 그 복종을 요구하는 것의 절대적인 의지와 욕망을 받아들이고 그것에 따르는 것이다. 그런 복종이나 예속은 그것을 명령하고 그 명령을 욕망하는 것들의 의지를 내 삶에 받아들여 그것을 고려하는 일인데, 신에게는 그런 '의지'가 있을 수 없으며, 그런 신이 있다면 그것은 인간의 머릿속에서 만들어지는 상상물이지, 결코 인식과 이해의 소산이 아니라는 것이다. 신(神)의 존재 양태에 대한 스피노자의 집약된 관점이었다[참고: 스티븐 내들러(1999). 스피노자(역). 서울: 텍스트].

신은 만물의 일시적인 원인이 아니라 만물에 내재하는 바로 그것이다. 신에 대한 예속이라는 그 자체가 구차한 미신적인 생각일 뿐이다. 자연의 만물은 신의 형태를 빌린 것일 뿐이다. 이 세상의 모든 것은 신이 그렇게 움직이도록 그 스스로 된 것이다. 이 세상 속에 존재하며 움직이는 모든 것은 신에 의해서 만들어진 하나의 원인과 결과라는 사슬에 의해 좌우되는 필연적인 것들일 뿐이다. 인간의 삶을 지배하는 신의 존재를 새롭게 인식하는 스피노자는, 사랑은 태양에서 빛이 나오는 것처럼, 그와 똑같은 필연성을 통해 참된 인식에서 나온다고 강조한다. 태양의 은혜 속에서 모든 만물이 크고, 자라며, 자듯이, 인간 역시 신의 사랑과 정서 속에서 자유로워질 뿐이기에, 자연이 요구하는 절대적인 질서를 제대로 이해하는 사람들은 그 자연 질서의 필연성으로 인해 자연의 일부일 수밖에 없는 자신의 삶을 긍정할 수 있을 뿐이다. 결코 자연의 절대적인 질서를 역행함으로써 그 질서 이외의 다른 질서에 예속당하거나 그로부터 자유를 상실할 수는 없다는 것이 스피노자의 생각이었다. 스피노자에게 신은 어떤 미신적인 대상물이 아니라, 삶을 위한 생명의 원리를 말하는 것이기 때문에, 스피노자는 자연스럽게 우리가 흔히 자유로운 인격이라고 불러왔던 식의 크리스트교의 신을 배격할 수밖에 없었던 것이다[참고: 피에르 프랑수아 모로(2006). 스피노자(역). 서울: 다른세상].

삶은 살기 위해 만들어진 것이며 이 삶을 긍정하는 이성의 방식이 바로 스피노자의 철학이다. 삶을 살아가는 동안 인간은 끊임없이 욕망하고 갈구한다. 그 욕망은 신의 방식을 따르는 이성적인 방식이 아니라, 인간의 방식을 따르는 일상적이며 낮은 수준의 인식에 따르는 것이다. 자기 이해 관계를 따르며 그것에 좌우되는 삶의 욕망 때문에 인간의 삶은 미신을 만들어 내고 그 미신에 의지하며 그것의 축복을 착각하게 된다. 그런 착각과 오인의 삶을 살아가는 동안 인간의 욕망은 신에 대한 착각, 신을 대신한다고 자처하는 자들의 허세에 눌려 그들에 대한 미신과 예속, 그리고 복종의 나락 속으로 빠져 들어감으로써 신의 사랑을 바르게 인식하지 못한다. 그러니 '기존의 종교를 건드리지 않고 철학을 가르칠 수 없다(I do not know how to teach philosophy without becoming a disturber of established religion)'는 표현이 바로 스피노자의 깊은 고뇌의 결과였다.

그는 다시 말한다. "알고 이해하기 위해 노력하는 것은 미덕의 근본이자 최고의 미덕이다. 울지 마라, 화도 내지 마라, 오로지 알고 이해하라. 이성에 의해 인도되는 사람을 자유인이라고 부르고 싶다."라고 말한다. 자신을 제대로 이해하는 자만이 신을 더 사랑하는 사람이라고[참고: 빅토르 델보스 외(2003). 스피노자와 도덕의 문제(역). 서울: 선학사] 말하는 스피노자는 삶은 무엇보다도 살기 위해 만들어진 것이며, 그 삶을 긍정하는 이성(理性)의 방식이 바로 자유인이 지녀야 할 중심 가치라고 말하고 있다.

스피노자가 말하는 자유인, 그리고 자유인에게서 발현되는 이성의 핵심은 바로 지혜와 명철을 말하고 있는 것이다. 마치 성경의 한 책인 잠언에서 말하는 그 지혜와 명철을 말하는 것이다. 잠언에서는 지혜를 위즈덤(wisdom), 명철을 언더스탠딩(understanding)으로 번역하고 있다. 잠언의 저자는 생명나무의 핵심이 지혜와 명철이라고 정리해 주고 있다. "지혜를 얻은 자와 명철을 얻은 자는 복이 있나니 이는 지혜를 얻는 것이 은을 얻는 것보다 낫고 그 이익이 정금보다 나음이니라. 지혜는 진주보다 귀하니 너의 사모하는 모든 것으로 이에 비교할 수 없도다. 그 우편 손에는 장수가 있고 그 좌편 손에는 부귀가 있나니 그 길은 즐거운 길이요. 그 첩경은 다 평강이니라. 지혜는 그 얻은 자에게 생명나무라 지혜를 가진 자는 복되도다(잠언 3:13-18)."

스피노자는 유대인들이 그를 단죄하는 것처럼 신을 부정한 적이 없었다. 그는 신의 사랑 속에서 신을 수용하고 받아들였을 뿐이다. 그는 유대인들이 고집하던 그 신만이 그가 받아들이고 예속해야 할 신임을 받아들이지 않았을 뿐이었다. 스피노자를 부정한 것은 오히려 예수를 십자가에 못 박았던 바로 그 유대인들이었으며 틀에 박힌 그들만의 관습이며 교리였을 뿐이었다.

8) 『손자병법(孫子兵法)』 구변편(九變篇)에는 시고지자지려, 필잡어리해. 잡어리, 이무가신야 잡어해, 이환가해야(是故智者之慮, 必雜於利害. 雜於利, 而務可信也 雜於害, 而患可解也)란 구절이 나온다. 지혜로운 사람은 어떤 사람인지를 밝혀 주는 대목이다. 지자지려로 시작되는 이 말은, "지혜로운 사람은 계획을 세우거나 생각을 할 때, 반드시 이익과 손실을 함께 고려한다. 이익을 계산해 두면 하는 일에 확신을 가질 수 있기 때문이고, 손실을 미리 계산해 두면 환란을 당했을 때도 능히 해결할 수 있기 때문이다."라는 뜻이다. 지자는 늘 이익과 손해를 치밀하게 염두에 두며 생각하며, 행동해야 함을 손자가 강조한 것이다. 지금 말로 말하면, 치밀하게 전략적인 삶을 사는 것이 승리하는 삶이라는 가르침쯤 될 것이다.

9) 나는 늘 책의 마지막 구절은 물음표로 종결해야 한다고 생각했었다. 그래서 책의 마지막 문장이 설령 서술문으로 끝났어도, 내 마음속으로는 그 마지막 문장은 언제나 물음표로 끝난 것이나 마찬가지였다. 그 다음 이어질 새 책에는 아마 새로운 사유가 이어져야 한다는 강박감 같은 것이 마음에 있었기에 그랬던 것 같다. 지금 이 책 역시, 마지막 문장은 설령 그것이 긍정문으로 종결되었다 하더라도 마음에는 여전

히 의문문으로 남아 있을 뿐이다.

10) 참고: 윌리엄 제임스(2008). 실용주의(역). 서울: 아카넷.

11) 피카소는 그의 예술 활동에서 결코 자신을 지치도록 내버려 둘 수가 없었던 사람이었다. 생전에 남긴 작품 수는 무려 5만 점 정도인데, 그중 유화가 1,885점, 복제가 가능한 판화, 조각, 도자기의 작품 수가 압도적이다. 도자기 그림, 말하자면 도자 그림 역시 약 2,280점에 이른다[참고: 인고 발터(2005). **파블로 피카소**(역). 서울: 마로니에 북스].

피카소는 '행복(happiness)'이라는 말이 '일어나다(happen)'라는 말에 유래했다는 것을 구구절절하게 증거해 주고 있는 예술가였다. 행복하기 위해서는 무엇인가가 일어나야만 비로소 가능한 것인데, 피카소만큼 자신의 삶에서 무엇인가를 일어나게 한 사람도 없을 성싶다. 예를 들어, 행복은 자기가 일을 좋아하도록, 좋아함이 일어날 때, 좋아하는 일을 선택할 수 있을 때 가능하다는 것을 보여 주는 사람이 조셉 데스 씨였다. 그는 세계의 부자들이 살고 있는 미국 뉴욕 부자 동네에 살고 있다. 조셉 데스(Joshep Ades) 씨는 몇조 원에 달하는 재산을 자랑하는 부자다. 그는 식도락가였다. 일주일에 5번 정도는 고급 레스토랑에서 와인을 즐기며 친구들과 식사하며 자기의 삶을 만끽하기를 좋아했다.

부자로서의 여유로운 삶을 즐기는 사람이었지만, 그는 노동하는 사람이었다. 그는 아침이면 어김없이 뉴욕 번화가 길거리에서 5달러짜리 감자 껍질 깎이를 파는 노점상이기도 했다. 그는 다른 노점상과는 달리 100만 원대의 고급 양복을 입고 물건을 판다. 수십만 원대의 명품 넥타이를 맨 단정한 신사로서 물건을 팔았다. 그런 것을 그는 여유라고 말했다. 타인들에는 혐오감 같은 것이었다. 노점상이라고 구질스러운 복장으로 물건을 팔아야 하는 것은 아니라는 것이 그의 지론이었다. 가식이 아니라 장사꾼으로서의 진심 어린 그의 이야기였다. 그는 5달러짜리 물건을 팔면서 결코 거만을 떨지 않았다. 소비자들에게 최선의 서비스를 보여 주었다. 일과가 끝나면 그는 노점상을 떠나 자기의 삶대로 저녁을 보냈다. 그는 스스로 자기가 좋아하는 방식대로 자기가 좋아하는 일을 매일같이 그렇게 했다. 그 일이 그에게 늘 행복을 준다. 그래서 그는 자기 일을 그렇게 선택했을 뿐이라고 말했다.

행복은 자기가 좋아하는 일을 선택하는 일이다. 그 일을 하면서 나는 행복하다는 말을 자신 있게 선언할 수 있을 때 행복하다. 그 행복은 그래야 자기를 위한 행복, 자신의 행복으로 남게 된다. 피카소도 예외가 아니었다. 그는 늘 행복하다는 말을 입에 달고 살았던 예술가였다. 많은 여성과의 만남과 헤어짐으로 생겨날 수밖에 없었던 갈등이 있었다. 긴장이 없을 수 없었다. 그는 그것을 불행의 씨앗으로 간주하지 않았다. 자신이 선택했던 일이었기 때문이다. 그 선택은 행복이어야만 했다. 그는 작품을 위한 행복의 은사로 받아들였다[참고: 브로샤이(2003). **피카소와의 대화**(역). 서울: 에코리브르; 하워드 가드너(2004). **열정과 기질**(역). 서울: 북스넛]. 작품이 그에게는 자신을 개조하며 치유해 내는 일이었다. 피카소는 마치 뉴질랜드의 어느 농부처럼, 삶에서 일어나는 작은 불평들을 큰 행복으로 선언하며 살았다.

뉴질랜드에서 큰 땅을 갖고 있던 어떤 농부가 농장을 팔려고 내놨다. 이유는 간단했다. 농장이 자기 혼자 경작하기에 너무 크다고 느껴졌기 때문이다. 농장이 크니 일거리가 많아졌다. 자기 혼자만이 일에 치인다는 생각을 버릴 수가 없었다. 가축도 돌봐야 하고, 목초지도 제대로 가꿔야 하고, 호수도 관리해야 하고 …… 그 어디를 둘러봐도 다 자신이 해야만 할 일거리들이었다. 자기 혼자만의 고생이었다고 생각한 그는 이 농장을 산 것이 문제의 시작이었다는 생각에 이르렀다. 이런 고생과 비참함에서 벗어나는 길은 한 가지였다. "일거리 많은 이 농장을 팔아치우면 된다."는 결론에 이르렀다.

복덕방에 농장을 싼값에 팔기로 하고 내놨다. 중개업자가 며칠 후에 농장 주인에게 전화를 했다. 광고 문구를 만들었는데 동의를 해 주서야 광고를 할 수 있다는 것이었다. "그 광고 문안을 불러 드릴테니 마음에 드시는지 들어 보세요."라고 말했다. "조용하고 평화로운 곳! 굽이 굽이 이어진 언덕, 보드라운 목초가 사방 천지에 깔린 곳! 깨끗한 호수, 가축이 뛰놀고 무럭무럭 자라는 축복과 행복을 약속하는 땅 ……."이라는 대목이 들어왔다. 이 대목에서 갑자기 농장 주인의 심장이 두근거리기 시작했다. '행복을 만들어 주는 아름다운 이 농장을 팔겠다니, 말도 안 돼. 이 농장을 팔 수 없어. 나를 행복하게 만들어 주던 이 농장을 팔 수 없어.'라는 생각에 몸을 떨었다. "아 나는 행복한 농부야! 이 땅 안 팔아요! 팔겠다는 것, 취소하겠습니다." 농장 주인은 그렇게 중개업자에게 소리치고 말았다. 그 후부터 농부는 더욱더 초원에 감사하는 삶을 살았다.

12) 참고: 짐 콜린스(2009). **좋은 기업을 넘어 위대한 기업으로**(역). 파주: 김영사.

13) 조계종 종정(宗正)으로 추대된 진제(眞際) 대선사는 기자와 대담하는 자리에서, "종정이라고 밥을 더 먹는 것도, 아만(我慢)이 탱천하는 것도, '나'라는 허세가 높아지는 것도 아니고, 전이나 후나 항시 일여(一如)하지요."라고 말한다. 불교의 수장으로 뽑혔다고 해서 필부나 다른 스님들과 유별나게 달라질 것이 조금도 없다고 일갈한 것이다. 자신이 잘나서 종정이 된 것도 아니고, 어찌하다가 종정이 되었다고 자신을 뽐내며 남을 업신여기는 교만한 마음이 생길 리도 없기에, 여러 말 하지 말고 참나(true self)나 찾으라는 소리이다[참고: 최보식(2012). 宗正이라 밥을 더 먹지도, 我慢이 탱천하지도, 허세가 높아지지도 않아. **조선일보**. 2012년 10월 29일자].

14) 사회생물학자인 리처드 도킨스 교수는 인간을 인간이게 만드는 원칙이 있다고 본다. 그 원칙을 인간성의 원칙이라고 한다. 인간성의 원칙은 기계적 적응과 투쟁능력으로 집약된다. 인간이란 동물은 이기적이라는 것이다. 인간은 자기에게 유용할 때만 서로에게 기계적으로 협력한다. 서로 뒤틀리면 서로에게 투쟁하는 긴장의 존재다. 생존에 관한 한 인간과 인간들의 관계는 영원히 피상적이라는 것이다. 도킨스 교수와 다른 견해를 피력하는 학자들도 있다.

독일의 프라이부르크 대학병원의 요하임 바우어(Joachim Bauer) 박사는 인간이 본능적으로 협력하는 존재라고 해석한다. 신경생물학적 연구 결과가 그것을 뒷받침해 준다는 것이다. 인간의 유전자는 유전자들끼리 서로 소통하고 협력한다는 것이다. 그것이 인간을 호혜적인 존재로 만들었다는 것이다. 인간은 호혜적인 본능으로 긴장과 갈등 관계에 창의적으로 대처하는 능력을 키워 왔다는 것이다[참고: 요아힘 바우어(2011). **인간을 인간이게 하는 원칙-인간의 본성은 협력 메커니즘을 따른다**(역). 서울: 에코리브르].

사람들이 타인에게 인정을 받고 소속감과 친밀감을 느낄 때 행복감과 안정감을 느끼게 만드는 신경전달물질이 활발히 분비되는 것도 유전자의 소통능력의 진화에서 비롯된 것이라는 것이다. 도킨스 교수의 주장이 옳은지, 아니면 바우어 교수의 견해가 옳은지는 분명하지 않다. 그들의 견해들은 인간이 인간되게 하는 요소를 일반 생물들과 다른 인간의 유전자가 지닐 수 있다는 가능성에 대한 추론적 해석이었기 때문이다.

15) 사회생물학적으로, 세상에 현존하는 100세 이상의 성비를 보면 여자가 남자보다 9대 1 가량 앞서고 있다. 출생 기록이 확증된 최고령 순위 10명까지 모두가 여성이다. 이런 것을 종합해 보면, 남자가 아무리 여자보다 더 오래 살고 싶어도 그것은 생물학적으로 가당치 않다는 것을 보여 준다. 평균적으로, 여자가 생물학적으로 남성보다 더 오래 살도록 DNA가 구조화되어 있기 때문이다. 영국의 일간신문인 「인디펜던트」에 따르면, 여성보다는 남성이 더 오래 살아남지 못하게 작용하는 돌연변이들이 남성들의 미토콘드리아에 모이기 때문에 남성은 여성보다 오래 살지 못하게 되어있다. 세포 내 미토콘드리아는 음식물을 에너지로 변환하는 책임을 맡아 모체로부터만 유전되는 고유의 DNA를 가지고 있다. 생명 현상에 필수적인 미토콘드리아의 돌연변이는, 그것이 여성에게 해로우면 잡초처럼 제거되지만 남성에게 그 반대로 나타난다. 남성에게는 해롭더라도 미토콘드리아의 돌연변이는 그대로 유지되는 경향이 있다. 멜버른 모나쉬 대학의 다미언 도울링(Damian Dowling) 박사에 따르면, 미토콘드리아의 모계 유전에서 여성에게 해로운 돌연변이가 유전자에 발생하면 그것은 자연 도태 과정에서 확인 제거된다. 남성에게 해롭지만, 여성에겐 해가 없는 돌연변이는 자연 도태의 감시망을 빠져나와 후세에 전이되기 때문에, 여성은 남성보다 오래 살도록 되어 있다[참고: 동아일보 편집국(2012). 왜 여자가 오래 사나 드디어 밝혀져. 동아일보. 2012년 8월 3일자].

16) 독일의 철학자 칸트(Kant)는 인간의 오성을 이야기하면서도, 교육의 본질에 관한 한 기계론적 교육론의 논리를 펼치고 있다. 칸트는 교육의 본질을 보육학의 전형인 페다고지스트(pedagogist)들의 논리로 풀어가고 있다. 그는 1803년 쓴 『교육학 강의』에서[참고: 김영래(2003). 칸트의 교육이론. 서울: 학지사] 인간은 길들여야 하는 존재로 규정하고 있다. 인간은 소나 말처럼 조련되고 길들여지고, 기계적으로 교수된 후, 그 위에서 계몽되어야 한다고 주장한다. 인간이 지니고 있는 자연적 소질은 있는 그대로 저절로 나타나는 것이 아니기에, 그것을 드러나게 하려면 인위적인 일이 필요한데 그것이 바로 교육이라는 것이다. 그때 그가 말하는 교육은 학교 같은 것을 말하는 것으로써, 교육은 인간의 자연 소질을 드러내게 만드는 수행 도구라는 것이다. 교육은 기술(kunst) 그 이상이 아닌데, 그것은 자연이 인간에게 이 교육이라는 기술을 위해 어떠한 본능도 주지 않았기에, 그것을 드러나게 만들 기계가 필요하다는 것이다. 칸트는 학교에 의해서만 자연이 인간에게 준 능력을 개발시킬 수 있다는 논리를 피력하고 있다는 점에서 칸트의 교육론은 페다고지의 전형을 초월하고 있지 못하다.

17) 칸트가 말하는 이성 비판은 계몽되기 위해 이성에 대해 적극적으로 따져보겠다는 것을 의미한다. 이성 비판이라는 것은 인간이 지니고 있는 지적능력이 어떻게 구성되고 조직되어 있는가를 따지는 작업이다. 인간은 누구나 그가 지니고 있는 지적능력과 인식능력이 있다. 그 인식능력을 이성이라고 부른다. 인간이 지니고 있는 이성적 능력, 즉 지적능력이 실제로 어떻게 인간의 삶에서 작동하는지를 판단하고 논하는 작업이 이성 비판이기에, 이성 비판은 이성이 무엇인지를 드러내는 일에 주력하기보다는 인간

의 지적능력의 한계, 인식의 한계를 명료하게 드러내려는 노력에 주력한다.

칸트는 지식의 구성을 시간성, 즉 선천적(a priori)인지 혹은 후천적(a posteriori)인지의 기준으로 판단한다. 선천성과 후천성을 체험 여부와 연관시켜 선험적(先驗的), 그리고 후험적(後驗的) 인식이라는 말로 다르게 쓸 수도 있다. 칸트는 인식에 있어서 경험의 중요성을 배제하고 있지는 않지만, 그렇다고 해서 인간의 인식이 꼭 경험으로만 나오는 것이라고 보지는 않는다. 경험만으로 인식할 수 있거나 얻어질 수 있는 인식, 말하자면 선천적인 인식인 선험적 인식이 존재하기 때문이다.

'선험적 인식'은 인간의 직접적 경험보다 앞서 일어나는 인식이라는 뜻, 말하자면 시간적 기준으로 보아 경험에 앞선 인식이라는 것을 의미하는 것이 아니다. 선험적 인식이라는 말은 인간의 직접 경험이나 체험만을 갖고는 얻어 낼 수 없는 새로운 인식을 말한다. 직접적 경험을 넘어서서 알고, 혹은 알게 되는 새로운 인식을 보편적 인식이라고 부를 수 있다는 점에서 선험적 인식이라는 말은 인간존재의 필연적 인식을 말한다. 인간의 경험은 늘 현실적이며 사실적이기에 피하기 어려운 인식의 한계를 지니게 된다. 그런 인간적인 경험만으로는 보편적인 인식이나 필연적인 지식에 이를 수 없을 뿐이다. 이런 인식의 한계를 뛰어넘게 만들어 주는 것이 바로 선험적 인식이다.

18) '잠들면 안 돼, 거기 뱀이 있어'라는 밤 인사는 아마존에서 생존하기 위한 철저하게 행위적인 삶의 인사말이다. 피다한족은 밤이든 낮이든 관계없이 토막잠을 잔다. 15분에서 2시간 정도면 족하다. 정글에서는 모든 것이 위험천만이다. 모든 곳에 위험이 널려 있기 때문에 넋을 놓고 쉴 수도, 잘 수도 없다. 그렇게 방심했다가는 포식자들의 먹이가 되기 십상이기 때문이다. 그래서 피다한족은 조금 먹고, 적게 자고, 오래 깨어 있어야 한다. 그것이 생을 지키기 위한 삶의 경험칙이다.

브라질의 아마존 밀림에서 살고 있는 피다한 사람들을 연구한 학자가 에버렛(Everett, D. L.) 교수다. 그는 다르다는 것이 얼마나 아름다운 것인지를 알려 준다. 다니엘 에버렛 교수는 1951년 미국 캘리포니아에서 가난한 노동자 계층의 집안에서 태어났다[참고: 다니엘 에버렛(2009). **잠들면 안 돼, 거기 뱀이 있어**(역). 서울: 꾸리에]. 18세에 기독교 선교사의 딸과 결혼하여 평생 선교사로 살기로 약속한 후 그는 1976년 시카고 신학교에서 해외선교 학위를 받는다. 아내와 함께 성경을 문맹 사회의 언어로 번역하는 국제적인 복음주의 단체 회원이 된 그는 선교사 훈련을 받기 위해 멕시코 치아파스 주의 정글로 파견된다. 그의 가족은 선교를 위한 혹독한 현장 훈련에 들어간다. 81킬로미터에 걸친 하이킹을 견뎌 내기도 하고, 깊은 밀림 속에서 오직 성냥과 물, 로프, 칼, 손전등만으로 살아남는 극기훈련에서도 견뎌 낸다. 마침내 에버렛 가족은 1977년 브라질로 이주, 1년 뒤 아마존의 오지인 피다한족의 마을로 들어갔다. 스물여섯 살부터 시작한 피다한 마을 생활은 30년을 넘겨버렸다. 피다한족과 함께 젊음을 보내면서 그는 죽음의 고비를 여러번 넘겼다. 몇 번씩이나 말라리아에 걸리기도 했다. 피다한족에게 생명의 위협을 받기도 했지만, 이제 그들 역시 에버렛 교수만큼의 중년이 되었다. 이제 그들은 자기를 위해서라면 목숨도 아끼지 않을 만큼 가장 친한 친구가 되었다. 에버렛은 "잠들면 안돼, 거기 뱀이 있어."라는 피다한들이 나누는 밤 인사에 늘 감사한다.

잠들기 전에는 어김없이 서로에게 "잠들면 안 돼, 거기 뱀이 있어."라고 당부해야 한다. 그래야 그다음

날 안녕하십니까를 확인하지 않아도 되는 사람들이 피다한족이다. 그들의 의사소통 도구인 피다한어를 쓰는 사람은 지구상에서 현재 400명도 되지 않는다. 약 29개의 음소를 갖고 있는 한국어 40개 음소를 지니고 있는 영어에 비해 피다한의 언어에는 11개의 음소만이 있다. 11개의 음소로 그들은 그들의 삶을 영위한다. 음소가 제한되어 있기에 피다한어에는 독특하고 복잡한 음조, 단수/복수나 접두사/접미사 따위가 있을 수 없다. 그저 단순한 명사들이 주종을 이룬다. 명사에 비해 그들의 행위를 묘사하는 데 도움을 주는 동사는 무려 6만 가지에 이르는 다양, 복잡한 변이를 거친다. 피다한 말은 다른 언어에 비해 발음도 문법도 색다르다. 숫자나 색깔을 나타내는 말도 없다. '고마워' '미안해' 같은 친교를 위한 말도 없다. 신이니, 하느님이니, 부처님이니, 미래니, 걱정이니 하는 말들도 아예 없다. 그래서 그들에게 하나 더하기 하나라는 셈법을 가르치는 일은 거의 불가능하다. 더하기라는 개념이 존재하지 않기 때문이다. 더하기 위해서는 복잡한 추상화의 과정을 거쳐야 되는데 저들은 추상화하기보다는 가능하면 그것을 행위화하기 때문이다. 피다한의 언어는 피다한족의 행동, 행위를 수반하기에 마치 동물처럼 즉각적으로 해 보이는 즉시적이며 긴박하며, 행위적인 것을 드러낼 뿐이다.

극소수 부족으로서, 철저하게 실천하며 해 보이며 그것이 살아 있다는 것임을 삶의 철칙으로 삼고 있는 피다한들은 그렇게 살아간다. 제한적인 음소를 갖고 있기에 어려운 삶을 살아갈 것 같아도, 그들은 나름대로의 피다한족의 고유한 지식과 문화, 그리고 의식을 하나도 빠지지 않고 담아낸다. 그들의 언어에서 보여 주는 것처럼, 피다한은 먹을 음식을 저장하지 않으며, 오늘 하루 이상의 시간에 대해서 그 어떤 계획도 세우지 않으며, 먼 미래나 먼 과거에 대해서도 이야기하지 않는다. 그래야 할 필요성을 느끼지 않기 때문이다. 그들은 철두철미하게 행위적이며 경험적이며 체험적이다.

그렇게 매일을 살아가는 피다한족의 행위 지침과 의식을 '경험의 직접성' 원칙이라는 개념으로 정리하는 에버렛 교수는 피다한족의 특징을 '절대적 경험주의(the ultimate empiricists)'라고 결론내린다. 내가 그들에게 말하는 것이 그들에게 필요한 것이라거나 그것이 사실이라면 자기들에게 당장, 직접 보여 주는 것을 행위의 원칙으로 삼고 있는 피다한족은 자신이 직접 보지 않았거나, 직접 목격한 사람에게 직접 들은 이야기가 아닌 것은 절대로 믿지도, 그리고 따르지도 않는다. 직접적인 경험을 넘어서는 것에 대해서는 이야기하지 않는다. 그렇게 하지를 못한다. 언어적 제약 때문에 그러는 것이 아니라 그들의 궁극적 경험에 어긋나기 때문이다. 그런 그들에게 절대자나 창조주, 신이라는 개념을 불어 넣는 일은 도대체 불가능한 일이다.

피다한족에게는 그래서 창조 신화나 역사가 없다. 직접적인 경험을 넘어서는 것에 대해서는 이야기할 수 없는 그들 특유의 의식 제약, 그리고 언어적 제약은 종교와 신화에도 그대로 반영된다. 그들에게 있어서 신화란 죽은 재규어 이야기, 출산하다가 죽은 여자의 이야기와 같은 경험적 사실로 국한될 뿐이다. 절대자나 창조주라는 개념 대신 자신의 신령이 정글 주변에서 흔히 볼 수 있는 재규어나 나무와 같은 대상에 제각기 존재한다고 생각한다. 숱한 선교사들이 200여 년간 피다한 사람들을 개종시키기 위해 노력했지만, 단 한 명도 성공하지 못한 이유가 바로 그런 이유 때문이다.

개신교 전도와 예수 선교에 나선 에버렛은 피다한 말을 익힌다. 피다한을 선교하기 위해서였다. 그가 피다한어로 선교하지만 결과는 번번이 실패한다. 예수 이야기를 하면 그들은 한마디로 코웃음친다.

"네가 예수를 본 적도, 들은 적도 없는데 그가 한 말은 어떻게 알아?" 하며 고개를 젓는다. 그의 말이 황당한 것이 아니라 완전히 거짓말로 이해되기 때문이다. 에버렛이 예수에 대한 운을 뗀 적이 있다. 그것을 듣자 피다한족은 에버렛에게 이렇게 대꾸했다. "이것이 예수? 예수는 우리처럼 황인이야 아니면 당신처럼 백인이야?" "나는 예수를 도대체 모르겠네. 내 눈으로 봤어야 말이지." "그래. 그러면 네 아버지는 예수를 뭐라고 했어. 예수를 봤대?" 에버렛이 대꾸했다. "아니. 내 아버지는 예수를 본 적이 없지." 그의 말에 피다한이 응대한다. "그러면 네 친구는 누가 예수를 봤대?" 다시 에버렛이 응대했다. "예수를 본 사람은 아직 없어." 다시 피다한이 말한다. "그러면 왜 자꾸 예수에 대해 이야기하는데?" 피다한족이 이런 식으로 예수의 존재를 확인하는 이야기를 하기 때문에 에버렛은 진도가 나가지 않는다. 예수가 그들에게 구원자라고 가르치는 일부터가 가당치 않았다. 그래도 노력했다. 피다한은 벽창호가 아니었다. 한치의 동요도 보이지 않았을 뿐이다. 밀림에서 오늘을 살아가야 하는 하나의 바위였다. 움직이는 바위였을 뿐이다.

예수 전도, 불신 지옥, 예수 천당이라는 구원의 전도와 선교의 벽에 부딪친다. 에버렛은 마침내 자신에게 선교의 길을 가르친 그 옛날 신학 교수를 찾아가서 전도의 어려움을 호소한다. 그의 이야기를 경청한 신학 교수는 한 가지 전도의 처방을 내린다. "사람들을 구원하려면 그들의 삶에 무엇인가 부족하다는 인식을 심어줘라."라는 처방을 내린다. 그 순간 에버렛 교수에게 멍 때리기와 같은 생각 끊어 내기가 일어난다.

피다한 사람에게 그들의 현재가 불행하다는 걸 일깨워야만 했었기 때문이다. 청년 에버렛은 그 후부터 피다한 사람에게 그들이 현재 불행하며, 부족하며, 하느님이 결여되어 있다는 관념이 자리를 잡도록 애를 써본다. 그 모두가 다시 원점으로 돌아와 버리는 허사였을 뿐이다. 피다한 사람에게는 부족함이라는 단어도, 결여라는 단어도 없었기 때문이다. 구원이라는 의식이나 관념이 처음부터 없었기 때문에 에버렛의 말을 알아들을 수가 없었다. 피다한족에게는 자신에게 부족하다는 느낌, 타락했다는 느낌, 구원받아야 한다는 의식이 없었다. 그런 언어도 없었다. 그들은 그런 관념이 필요하지 않았다. 졸면 뱀이 물어 버리는 순간만이 있었을 뿐이다. 관념으로부터의 자유, 관념으로부터의 해방이 저들의 삶이었다. 말귀가 어둡거나 무지한 것이 아니었다. 관념 그 너머에서의 삶을 살기 때문이다.

피다한 사람에게는 소유 개념도 없었다. 미래에 대한 계획이 있어야 할 이유도 없었다. 하루하루를 열심히, 행복하게 살아가는 데 최선을 다했을 뿐이다. 그 자체가 저들에게 행복이었다. 그들에게는 지금의 삶, 현재의 삶이라는 행위만이 있었을 뿐이었다. 피다한족의 언어에는 상대방의 감정이나 반응을 알려 주는 커뮤니케이션 요소도 없다.

에버렛은 피다한 사람에 대해 아무것도 알고 있지 않았던 것이다. 개종시킬 수 있다고 자신했던 자신의 오만에 대한 부끄러움이 엄습했다. 자괴감도 함께 따랐다. 실제로 피다한족에 대한 MIT 연구원들의 검사 결과, 피다한족 사람만큼 유쾌하고 명랑한 사람들은 어디서도 볼 수 없었다. 피다한족에게는 '걱정'이라는 단어가 아예 없어 근심이니 걱정이라는 것이 무엇인지 알 수가 없다.

피다한과 생활하는 동안 에버렛 교수는 자연스럽게 한 가지 사실을 체득했다. 개종할 사람은 그들이 아니라 자기 자신이었다. 걱정 많고, 근심 많으며 욕심과 죄의식으로 가득 찬 마음을 매초마다 관념해 내는 자신이 바로 개종의 대상이었다. 자기 자신을 자기가 믿지 못한 채 매초마다 자신을 채찍하며 자신의 심기를 어지럽히며 미래를 걱정하는 자신이었다. 그는 그래서 말한다. "실제로 내가 좇던 진리는 망상이었을 뿐이다. 나는 망상 속에 살아 왔던 것이다. 신과 진리는 동전의 양면일 뿐이다. 피다한 사람을 보면 이 두 가지 망상이 우리 삶과 정신을 얼마나 망가뜨리고 있는지 알 수 있다. 그들은 내가 본 어떤 사람들보다도 가장 풍요로운 내면을 지니고 있으며, 가장 행복하고, 가장 만족스러운 삶을 누리며 산다. 누가 누구에게 일방적으로 진리를 설파하고 삶을 바꾸도록 강제할 수 있단 말인가."

19) 참고: 톰 브라운 · 주디 브라운(2006). **여우처럼 걸어라**(역). 서울: 보리.

20) 참고: 강영계(2000). **니체, 해체의 모험**. 서울: 고려원.

21) 인간의 본능, 인간의 운명애로서의 생존능력은 정신분석학적으로 볼 때 인간의 에로스와 밀접한 관여성을 갖는다. 인간의 운명애와 충동이 삶의 동력임을 강조하는 니체를 계승하는 바타이유(Georges Bataille)는 그런 충동과 에로스를 경제와 관련하여 '비생산적 소비'라고 규정한다[참고: 조르주 바타이유(2006). **저주의 몫 · 에로티시즘**(역). 서울: 살림]. 비생산적 소비인 에로스 때문에 인류의 생존이 가능하며, 인류가 대대로 이어질 수 있다. 인류 생존의 조건으로써의 에로스를 지칭했을 때 그렇게 지칭된 에로스는 단순한 성적인 쾌락만을 의미하는 것이 아니다. 그 에로스는 생존과 존속으로서의 사랑, 충동, 성애 같은 것이다.

22) 참고: 오쇼 라즈니쉬(1999). **탄트라 더없는 깨달음**(역). 서울: 태일출판사.

23) 참고: 프리드리히 니체(2004). **니체의 숲으로 가다**(역). 서울: 지훈.

24) 참고: 스티븐 코비(2005). **성공하는 사람들의 8번째 습관**(역). 파주: 김영사.

25) 박정희 군사정권이 인민혁명, 공산혁명을 시도하기 위해 학생들의 반정부 시위를 조직했다는 죄목을 씌워 반정부 인사들과 학생들을 탄압한 사건이 민청학련 사건이다. 이렇게 조작된 민청학련의 주모자로 몰려 투옥된 사람들이 박재순 목사나, 김지하 시인 같은 사람들이다[참고: 문화방송 시사교양국(2001). **이제는 말할 수 있다**. 서울: 문화방송 시사교양국]. 이들은 어쩔 수 없이 권력의 힘에 의해 1974년부터 몇 년간을 감옥에서 살게 된다. 죽음이 드리운 삶이었지만, 그들의 마음과 영혼만은 맑고 맑았다. 투옥된 그들에게는 가족이나 변호인의 면회가 허락되지 않았다. 편지도 보낼 수 없었다. 그 어떤 글도, 책도 읽을 수 없는 상황에서 끼니만을 기다려야만 하는 처지에서 그들이 할 수 있는 일이라고는 단 한 가지였다. 그저 감옥의 철창 위로 보이는 하늘을 쳐다보며 감방을 서성거리는 일 이외에는 할 일이 없었다.

그렇게 하루하루를 죽여 가던 그들은 그 어느 날 쇠창살 밖으로 종종걸음 치는 참새를 만난다. 여유가 생긴 것이 아니다. 영혼이 맑아진 탓이었다. 이제는 철창가 벽돌 위에 간당거리며 붙어 있는 풀잎과도 눈을 마주친다. 저들의 가슴 밑바닥에서 형언하기 어려운 기쁨 같은 것이 차오르기 시작했다. 시인은 쇠창살 사이를 비집고 솟아 올라오는 민들레 꽃씨에 환성이 터져 나왔다고도 했다. 햇살에 눈부시게 반짝이며 춤추는 민들레 꽃씨에서 생명의 새로움이 보였다. '생명은 기쁜 것' '생명은 영원해야 하는 것' 이었다. 생명은 언제, 어느 곳에서나 한결 같은 것이었다. 그 어떤 것도 생명을 제어할 수 있는 것이 아니었다. 마치 붓다가 제자들에게 설했던 그 깨달음, 말하자면 탐욕이 희미해지고, 갈망이 사라지고, 마음의 해방, 끝 없는 감사의 마음이 솟구쳤다고 술회한다.

26) 생명의 경외를 삶의 지표로 삼은 슈바이처는 자신이 아프리카 선교로 떠나게 된 경위를 간단히 밝히고 있다. "1898년의 어느 청명한 여름날 아침, 나는 귄스바흐에서 눈을 떴다. 그날은 성령 강림절이었다. 이때 문득 이러한 행복을 당연한 것으로 받아들일 것이 아니라, 여기에 대해 나도 무엇인가 베풀어야만 되겠다는 생각이 들었다. 내가 이러한 생각과 씨름을 하는 동안 바깥에서는 새들이 지저귀고 있었는데, 나는 자리에서 일어나기 전에 조용히 생각해 본 끝에 서른 살까지는 학문과 예술을 위해 살고, 그 이후 부터는 인류에 직접 봉사하기로 마음을 정했다." 그로부터 15년 뒤, 38세의 슈바이처는 의료 선교사가 되어 아프리카행 배에 올랐다. 슈바이처는 조만간 대학 교수직을 포기한다고 했다. 아프리카에 선교사로 가겠다고 했다. 가족과 친구들이 반대했다. 그럴수록 그는 아프리카로 가야만 했다. 그것이 그가 살아가야 하는 이유였다(참고: 알버트 슈바이처(1975). 나의 생애와 사상(역). 서울: 현암사].

삶에 대한 경외를 보여 주는 창생력에 대한 현대적 사례도 있다. 배우 윤인자의 삶이 그것을 보여 준다. 타인에 대한 깊은 배려를 하게 만드는 힘이 배움이라는 것에 대한 하나의 사례가 될 수 있다. 배우라는 직업인으로서의 윤인자의 삶을 보려는 것이 아니라 인간으로서의 윤인자라는 삶을 보아야 한다는 뜻이다. 인간 윤인자의 삶에 손가락질 할 수 있는 사람은 있을 수 없다. 그런 사람이 있다면 누구일 수가 있는지 그저 궁금하기만 하다.

윤인자는 이 나라에서 마지막 관기(官妓)나 마찬가지였다. 이 시대 최고의 비극의 한 장은 한국 전쟁이다. 남의 정권과 북의 정권이 서로 적이 되어 전쟁을 했다. 당시 동란의 위기 속에 있었던 사람이 해군 손원일 제독이었다. 그는 전쟁에서 이기기 위해 미군과의 긴밀한 관계를 유지하기를 원했다. 마땅한 방편이 없었다. 그는 미인계를 생각해냈다. 윤인자 씨를 일종의 미인계의 희생물로 쓰려고 했다. 그는 그녀에게 청한다. 나라를 위해 그녀의 몸을 원했다. 당시 맥아더 사령관의 오른팔로서 우리나라 해군과 해병대를 실질적으로 지휘했던 이가 코맨더 마이클 루시였다. 그의 지원이 절실했다. 제독은 미모의 윤인자에게 접근했다. 그녀의 모든 것을 나라를 위해 헌신하라고 강청한다. 그녀는 그의 말을 따를 수밖에 없었다. 당시의 상황이 그것을 요구했다.

배우 윤인자 씨는 이북 사리원 읍에서 태어났다. 태어나자마자 부모 손에서 떼어졌다. 가난이 원수였다. 떡장수 집으로 팔려간다. 원래 본명이 인순이었다. 윤인자가 열두 살이 되었다. 사리원 기생 학교, 권번(券番)에 들어간다. 그녀의 기구한 인생이 시작되는 첫 번째 사건이었다. 졸업하자 평양바의 여급으로 그녀의 사회생활이 시작된다. 만주국 수도 신경 바 여급, 다시 서울 국일관 기생으로 그녀의 기구한 삶이 이어진다. 1942년부터 그녀는 중국 하얼빈 '태양악극단'에 입단한다. 그것을 계기로 연기 생활을 시작한다.

유치진의 〈소〉에서 주연을 맡기 시작 한 그녀는 1946년 해방이 되자 평양의 공산 정권은 정치 선전극인 〈묘향산맥〉 〈불국사의 종소리〉 등에 순회 공연을 명한다. 따를 수밖에 없었다. 때를 보다가 월남한 그녀는 1947년, 백민악극단의 연극인 〈홍도야 우지마라〉에서 기생 홍도 역을 맡는다. 당시 그녀는 테너 가수 민영찬을 알게 되고 그녀의 삶에서 첫 애인으로 그와 애틋한 사랑을 경험한다. 부산에서 예술극회 〈황진이와 지족선사〉의 기생 황진이 역을 공연하는 도중 한국전쟁을 맞으면서 그녀의 삶은 일시에 허물어진다.

민영찬과의 첫사랑도 오래 가지 못한다. 서울 명동에서 〈신라의 달밤〉을 노래해 인기 절정에 있었던 가수 현인과도 소꿉장난 같은 동거 생활을 한다. 그것 역시 오래 갈 수 없었다. 그녀는 그렇게 인생을 유랑한다. 전쟁 도중 맥아더 사령관의 오른팔 격인 미국인 마이클 루시 대령과도 만나고, 그리고 헤어질 수밖에 없었다.

루시 사령관을 몸으로 '모시며' 나라를 위해 자기 몸을 불사른 일을 윤인자 씨는 자랑한다. '대한민국 최후의 관기(官妓)'로 나라에 봉사했기 때문이란다. 그녀는 이 일로 인해 당시 이승만 대통령으로부터 '애국 충정의 상징인 대한의 꽃'으로 불렸다. 알려지지 않은 한국전쟁의 비사의 꽃이며 주인공이었던 그녀였다. 사령관 루시의 출국으로 그와의 삶도 그렇게 정리된 채 그녀는 극단 신협에서 일하던 민구 씨와 결합한다. 이번에는 정식 결혼식을 올린다. 민구와의 결혼 생활도 오래 가지 못하고 끝이 난다. 다시 30대 중반에 가수 고운봉과 애틋한 살림도 해본다. 그것 역시 그리 오래갈 일은 처음부터 아니었다. 몸도 마음도 이미 지칠대로 지쳤다. 더 버틸 것도 없었다. 어차피 죽으면 썩을 몸이다. 그녀는 마침내 자기의 모든 것을 태워 버리기 위해 결단한다. 배우로서 성공하기 위해 모든 것을 건다. 마음도 몸도 걸어 버린다. 1952년 우리나라 최초의 음악무용극 〈처용의 노래〉에서 열연한다. 성공한다. 1953년 서울로 올라가 영화배우로서 활동하는 계기가 마련된 것이다. 영화 데뷔 3~4년만에 우리나라 10대 유명 배우 반열에 오른다. 그녀는 〈빨간 마후라〉에서 조종사들을 두루 사랑해 주는 마담 역을 해낸다. 여우 조연상을 수상한다.

그렇지만 모든 것이 고(苦)였다. 모든 것이 번뇌, 바로 그것이었다. 속절없는 삶이었을 뿐이다. 그녀는 마침내 출가한다. 법명 법현 스님이 된다. 처음 자리 잡은 곳이 속리산 수정암이다. 출가한 절이었다. 여승 노릇도 오래가지 못했다. 1978년 환속한다. 다시 그녀는 욕심을 낸다. 66세가 넘은 나이에 영화에 출연한다. 〈아제아제 바라아제〉에 노스님 역을 연기한다. 왕년의 스타로서의 진면목을 드러낸다. 그 연기로 대종상 심사위원 특별상을 받는다. 영화 감독들이 뽑은 연기자상도 받는다. 마지막 출연작은 1999년 양병간 감독의 〈무엇에 쓰는 물건인고〉였다. 공로를 인정받아 2005년 여성영화인 축제 공로상을 받았다.

한때 그녀는 꽤나 돈이 많았던 부자였었다. 루시 사령관이 베풀어 준 특혜로 번 돈이었다. 한국전쟁 직후 웬만한 재벌 부럽지 않은 벼락부자가 될 수 있었다. 윤씨는 캡틴 루시와 1년 반 동안 살면서 40달러를 밑천삼아 장사를 했다. 그가 미군 PX 물품을 대줬다. 그녀는 그것을 팔기만 하면 되었다. 거금을 모았다. 부동산을 제외한 현금만 2억 8000만원을 갖고 있었다. 그녀가 갖고 있던 돈은 당시 삼성물산과 견줄 만한 거금이었다. 1951년 출발한 삼성물산의 출자금이 3억 원이었기 때문이다. 대기업 하나를 살 만한 어마어마한 액수였다.

거액의 현금을 갖고 있었던 그녀였지만 모두 소용없는 일이다. 쉽게 들어온 돈은 쉽게 나가는 법이다. 지금은 무일푼이다. 90세를 바라보는 노구의 몸이다. 상한 몸이고 마음이다. 그녀는 지하 사글셋방에서 산다. 정부가 지원하는 도우미의 손에 의지한 채 노년을 보내고 있다. 그녀는 아직도 루시 사령관이 떠나면서 당부한 그 말을 잊지 못한다. 그 말을 가슴에서 지워내지 못하고 있다. "'결혼하지 말고 연기에만 전념하시오. 그 많은 돈을 한국 남자에게 맡기는 순간 그 돈은 날아가 버리고 말 것이오'라고 했는데 …… 제가 귀담아 듣지 않았어요." [참고: 윤인자(2011). 나는 대한의 꽃이었다. 서울: 해맞이] 윤인자 씨는 이 나라를 위해 육보시(肉普施)를 한 셈이다.

27) 기억이 뇌세포의 생물학적 작용임을 증명한 미 컬럼비아 대학교 에릭 캔들(Eric Kandel) 교수는 인간의 의식은 상호 작용하는 신경세포 집단들이 신호 전달을 하는 과정으로, 그리고 인간의 자아(自我)란 200~300만 개에 이르는 뇌 속의 감각신경섬유 다발의 흥분이 지속적으로 퍼져 나가는 현상이라고 설명한다[참고: 에릭 캔들(2008). 기억을 찾아서(역). 서울: 랜덤하우스 코리아]. 우리가 우리인 것은 우리가 기억하는 것들 때문인데, 그 기억의 결합력이 없다면 경험은 살아가는 동안 만나는 무수한 순간만큼 많은 조각으로 산산이 부서질 것이라고 단언하며 학습은 바로 이런 신경세포 간의 연결, 즉 시냅스의 습관화에 지나지 않는다고 주장하는 에릭 캔들은 2000년 노벨생리의학상을 수상한 세계적인 석학이자 위대한 생물학자다. 나는 인간의 기억이나 학습을 단순하게 뇌세포 간의 연결 작용이라는 식으로 정리하는 그의 환원론적인 입장에는 동의하지 않지만, 학문에 대한 그의 열정만큼은 한 치의 양보도 없이 따르려고 노력한다.

28) 스코트랜드 출신의 철학자 흄(Thomas Ernest Hulme)은 『인간 본성에 관한 논고(A treatise on human nature)』[참고: Hume, D.(1910). *An inquiry concerning human understanding*. Boston: P. F. Collier & Son]에서 사람은 때때로 이성적이기도 하지만 때때로 이성과는 거리가 먼 행위로 살아간다고 말하고 있는데, 이성과 거리가 멀게 만드는 동인이 바로 관행, 관습, 습관 같은 것이라고 정리하고 있다[참고: 이준호(2005). 데이비드 흄: e시대의 절대사상. 서울: 살림].

29) 기독교와 백인남성 우월주의에 일대 타격을 준 책이 다윈이 쓴 『종의 기원』이다. 당시 다윈이 활동하던 사회는 인간 우월론, 그리고 그것의 상징은 개화된 백인 남성이라는 편견의 사회였다. 다윈은 인간은 수많은 생물들 중의 하나로서, 생물계에서는 마치 나뭇가지처럼 뻗어나간 생물의 가지임을 알려 주었다. 생물의 자연 선택은 자연 조건에 의해 걸러진다는 것을 관찰한 다윈은 어떤 종이든 환경과의 상호 작용에서 유리하게 변이하는 개체들은 생존하지만, 그렇지 못한 개체들은 도태된다고 주장한다. 결국 살아 남는 생물은 힘이 센 것도 아니고, 지성이 높은 것도 아니고, 오로지 변화에 제대로 적응하는 생물만이 살아 남아, 종의 진화를 거듭한다는 것이 다윈의 중심 생각이다. 그는 신학자가 되고 싶었으나, 곤충이나 생물 채집에 더 끌려 있던 중, 22세의 젊은 나이에 우연하게 1831년 영국 해군선 측량선인 비글호에서 자연사학자로 승선하여 갈라파고스 제도를 관찰할 기회를 얻는다. 5년 후에 귀국한 그는 갈라파고스 제도의 관찰 결과를 토대로 『종의 기원』의 예고판인 『비글호 항해기』를 1839년경 출판한다. 그리고 20년 후에는 마침내 『종의 기원』을 출판하였다[참고: 찰스 다윈(2009). 종의 기원(역). 서울: 동서

문화사].

30) 참고: 리처드 J. 라이더 · 데이비드 A. 샤피로(2011). 인생의 절반쯤 왔을 때 깨닫게 되는 것들(역). 서울: 위즈덤하우스.

31) 하덕규가 작사하고 조성모가 노래하는 〈가시나무 새〉는 아무리 되들어도 가슴을 뭉클하게 만든다. "내 속엔 내가 너무도 많아 당신의 쉴 곳 없네. 내 속엔 헛된 바람들로 당신의 편할 곳 없네. 내 속엔 내가 어쩔 수 없는 어둠 당신의 쉴 자리를 뺏고 내 속엔 내가 이길 수 없는 슬픔 무성한 가시나무숲 같네. 바람만 불면 그 메마른 가지 서로 부대끼며 울어대고 쉴 곳을 찾아 지쳐 날아온 어린 새들도 가시에 찔려 날아가고 바람만 불면 외롭고도 괴로워 슬픈 노래를 부르던 날이 많았는데 내 속엔 내가 너무도 많아서 당신의 쉴 곳 없네. 바람만 불면 그 메마른 가지 서로 부대끼며 울어대고 쉴 곳을 찾아 지쳐 날아온 어린 새들도 가시에 찔려 날아가고 바람만 불면 외롭고도 괴로워 슬픈 노래를 부르던 날이 많았는데 내 속엔 내가 너무도 많아서 당신의 쉴 곳 없네……."

먼 옛날 켈트족 사이에서 내려오는 전설처럼 나 역시 가시나무 새가 겪어야 했던 아름다운 아픔 같은 것이 가슴 가득하다. 서로가 그토록 사랑하면서도 사랑할 줄 모르는 이들이 겪어 내야 하는 고통을 알려 주는 호주의 여류 기자 맥컬로우가 쓴 장편소설 『가시나무 새(The Thorn Birds)』에 따르면, 켈트족들은 오래전부터 가시나무 새의 전설로, 아름답기 위해서는 아픔이 깊어야 한다고 노래했다[참고: 콜린 맥컬로우(2000). 가시나무 새(역). 서울: 육문사]. 지구상에 그 어떤 새보다도 더 아름답게 일생에 단 한 번만 운다는 전설로 가득한 가시나무 새는 둥지를 떠나는 순간부터 죽는 그 순간까지 가시나무를 찾아 헤멘다. 그 어디선가 가시나무를 찾아내면, 가시나무 새는 어쩔 수 없이 온몸을 날카롭고 기다란 가시에 처절하게 찔러야 한다. 죽어 가는 고통으로 하늘 높이 날아오르며 나이팅게일보다 더 아름다운 생명의 노래를 부른다. 그가 부르는 노래는 최상의 노래이기에, 그가 울 때면 세상의 피조물들은 노래를 듣기 위해 모조리 숨을 죽인다. 하느님도 그의 노래를 들으며 그저 말없이 웃는다. 최상이 되려면 커다란 고통을 치뤄 내야 하는 것이기에…….

32) 인간은 늘 초월적인 존재를 향해 회심(回心)하려고 한다. 인간은 창생의 힘으로 그 회심을 결단한다. 회심이란 인간이 자신의 한계를 넘어 신을 향한 인격적 변화, 자기 초월적 변화를 말한다. 생명체로서의 인간이 존재한다는 그 자체는 그 자신이 바로 회심의 중심에 선다는 것이다. 회심은 종교적으로 체험될 수 있는 것만도 아니다. 회심은 일상적이며 절대적인 자기 열림, 절대자를 향한 자기 초월적 열림이기 때문이다[참고: Lonergan, B. et al.(1990). *Methods in theology.* Toronto: University of Toronto Press].

인간은 삶살이 여러 지평에서 근본적인 변환을 경험하게 된다. 그런 극적인 변환이 일어날 그때가 바로 회심의 계기다. 그런 계기는 꼭 종교적이어야만 하는 것이 아니다.

인간 스스로 자기 생명에 대해 경외감이 있는 한 회심은 가능하다. 다른 생명에 대해 예찬할 수 있는 한 인간의 회심이란 언제든지 가능하다. 인간은 자기 의식의 영역에서 신앙적인 지향성의 지평을 형성하는 결단적인 행위를 할 수 있기 때문이다. 자아를 더 큰 자아로 터 나가는 자기 초월의 결정 행위가 회심이다. 신의 은총을 통해서 일어나는 경험을 종교적 회심이라고 한다. 비종교적 회심은 신의 은총에 대한 직접적 의식 없이 이루어지는 열린 경험을 말한다. 이런 경험을 통해 '나'라고 하는 작은 자아가 터지고 열리기 시작한다. 더 큰 자아와 만나게 된다. 그것이 회심이기에 회심에는 종교, 비종교적 차이가 있을 수 없다. 한마디로 인간은 정서(감정)적, 지적, 윤리적, 사회적, 종교적인 차원에서 언제든 회심할 수 있는 존재다. 그것을 가능하게 해 주는 것이 배움의 창생력이다.

서강대 김용해 교수는 회심이 인간에게 새로운 배움으로 나아가게 만드는 촉매라고 주장한다. 그는 배움을 "지성과 감성, 도덕성, 사회 정치 그리고 종교의 영역에 이르기까지 기존의 방식과 습관에 함몰되지 않고 끊임없이 더 큰 세계로, 더 큰 자아로 개방하는 자기 초월적 태도"라고 정리한다[참고: 김용해 (2011). 배움과 초월 체험. 배움학 연구, 4, 14-16; Gelpi, D. L. (1993). *Committed worship: A sacramental theology for converting christians*. NY: Michael Glazier Books; Gelpi, D. L. (2000). *Varieties of transcendental experience-A study in constructive postmodernism*. NY: Liturgical Press].

33) 창설(創說)을 파자(跛字)하면, 즉 한자를 조각내어 이해하면 재밌거리가 생기기도 한다. 설(說)은 태(兌)와 말(言)로 나타내는 뜻들이 합한 것이다. 태(兌)는 원래 바꾼다는 뜻이다. 이제, 설이라는 말을 파자하면 말을 바꾼다는 뜻임을 알 수 있다. 정보나 앎이 가능해져 기존과는 다른 상태로 바뀌는 것을 의미한다. 사람들이 기뻐하는 경우에도 한자로 설(說)을 쓴다. 그때 사람들은 그것을 설(說)이라고 읽지 않고 열(悅=說)이라고 읽는다. 하나의 현상에 여러 가지가 복잡하게 혼합되어 있는 경우 서로 간의 구별이 필요할 때도 설을 쓴다. 이것은 무엇, 저것은 무엇이라고 말로써 그것들 간의 차이를 구별할 때도 설이라는 한자를 쓴다. 설은 달래다는 의미로 쓰일 때도 있다. 그럴 경우, 설이라고 읽지 않고 세(說)로 읽는다. 유세(誘說)가 그렇게 쓰인 단어이다. 창설은 무지한 것에서 지식으로의 나아감을 말한다. 모르던 것을 알게 함으로써 새롭게 밝혀 주기 위한 활동이 창설의 활동이다. 인간의 지능(知能)의 본질을 큰 윤곽 안에서 포섭하고 있는 개념이 창설이다. 인간의 지능을 심리학자들이 그것을 여러 가지 요인과 요소로 갈랐다. 지각 속도, 공간 지각, 추리력, 수리력, 기억력, 언어 개념 같은 것들을 열거했지만 그 모두는 지능의 기능을 서술한 것이었다. 창설력은 인간의 지능으로 모름에서 앎(knowledge)을 가능하게 만들어 주는 힘이다.

34) 크리스토퍼 차브리스(Christopher Chabris) 교수와 대니얼 사이먼스(Daniel Simons) 교수는 심리학 독창적인 투명 고릴라 실험으로 이그(Ig) 노벨상(괴짜 노벨상)을 수상했다. 그들은 지난 1999년 하버드 대학교 심리학과 건물에서 특이한 실험을 진행했다. 6명의 학생들을 두 팀으로 나눴다. 한 팀은 검은색 셔츠를, 다른 한 팀은 흰색 셔츠를 입게 한 뒤 농구공을 패스하게 했다. 농구를 하지 않는 한 무리의 학생들에게는 흰색 셔츠 팀의 패스 횟수만을 말없이 세어달라고 부탁했다. 검은색 셔츠 팀의 패스는 무시하고 흰색 셔츠팀의 패스 횟수만을 세는 실험에 몰입 중일 때 여학생 한 명을 등장시켰다. 그 여학생은 고릴라 의상을 입고 있었다. 이 여학생은 농구공을 주고받는 학생들이 있는 곳으로 걸어와 약 9초 동안 고릴라처럼 가슴을 두드리고는 제자리로 돌아갔다. 실험이 끝났다. 실험자는 실험에 참가한 학생

들에게 "고릴라를 봤느냐."고 질문했다. 놀랍게도 실험에 참가한 학생 중 절반이나 되는 학생들이 고릴라를 보지 못했다고 보고 했다[참고: 크리스토퍼 차브리스 · 대니얼 사이먼스(2011). 보이지 않는 고릴라─우리의 일상과 인생을 바꾸는 비밀의 실체(역). 파주: 김영사].

그로부터 4년이 지난 후, 차브리스 교수와 사이먼스가 해 봤던 보이지 않는 고릴라 실험이 한국에서도 재연된 적이 있다. 조선일보가 그 일을 했다[참고: 김수혜(2011). 실험해 보니…… 삼산월드체육관 관중 54%가 "고릴라? 못 봤는데!" 조선일보. 2011년 3월 2일자]. 기자들은 2011년 3월 2일 오후 7시 인천 삼산 월드체육관에서 1997년 미국 하버드 대학교에서 진행된 심리실험을 그대로 재현했다. "……이날 경기는 프로농구 인천 전자랜드와 서울 SK전. 하프 타임 때 이벤트 사회자 한세이(26) 씨가 관중에게 문제를 냈다. 지능 측정 이벤트입니다! 전광판 동영상을 보세요. 흰 옷 입은 사람 3명과 검은 옷 입은 사람 3명이 뒤섞여 각자 자기네끼리 패스를 주고받습니다. 흰 옷 입은 사람들끼리 몇 번 패스하는지 세어 보세요." 교정기 긴 초등학생부터 백발 할아버지까지 관중 2,280명이 열심히 패스 횟수를 셌다.

그러나 진짜 문제는 패스 횟수가 아니었다. "방금 본 동영상에 사람 말고 다른 것도 나왔나, 사람만 나왔나."가 문제였다. 동영상 길이는 36초로, 하버드 대학교 실험을 설계한 대니얼 사이먼스와 대학원생 크리스토퍼 차브리스가 직접 만든 것이다. 학생 6명이 패스를 주고받는 동안, 온몸에 검은 털이 숭숭 난 고릴라가 9초에 걸쳐 어슬렁어슬렁 지나간다. 학생들 복판에서 두 차례 가슴도 두들긴다. 이날 삼산 체육관 관중 가운데 주최측에 문자를 보낸 사람은 총 580명이다. '고릴라를 못 봤다'는 사람이 315명 (54.3%)에 달했다. '사람 말고 뭔가를 봤다'는 사람들(265명 · 45.7%) 중에서 고릴라라고 정확히 맞춘 사람은 205명, 개와 곰을 봤노라 주장한 사람은 60명이었다. 패스를 세는 데 주의가 쏠려 코앞에 있는 고릴라를 놓친 것이다."

35) 인간의 착각에 의해 인간은 되돌릴 수 없는 재앙이나 사고를 내는 것이 다반사다. 예를 들어, 2001년 2월 하와이 근해에서 일어난 일이 바로 그 본보기다. 미군 핵잠수함 그린빌호가 군사 훈련의 일환으로 심해에서 수면으로 급부상하는 바람에 바로 위에서 조업 중이었던 일본 어선을 두 동강 내버린 사건이다. 북극해 유빙을 뚫을 수 있게 설계된 핵잠수함 그린빌호는 최첨단 음파 탐지기를 갖춘 현대 과학의 상징이었지만, 그 역시 어이없는 사고를 냈다. 게다가 사고 직전 그린빌호 사령관은 규정대로 잠망경으로 해표면을 관찰했기에 조업 중인 어선을 관찰했었어야만 했다. 군법회의에 선 사령관이 한 말이 더 가관이었다. 그는 어이없게도 "그 방향에 배가 있을 거라 생각하지 않았다."고 진술했다. 인간은 자기가 보려고 하는 사물에 주의를 집중한 나머지 다른 중요한 정보를 놓치고 만다는 '주의력 착각'의 전형을 보여 주는 사례이다[참고: 크리스토퍼 차브리스 · 대니얼 사이먼스(2011). 보이지 않는 고릴라(역). 파주: 김영사].

주의력 착각은 인간의 진화에서 기인한 것이라 어쩔 수 없다. 인간은 삼라만상을 모조리 관찰하기보다는 생존을 위해 자기 눈에 들어오는, 자기가 관심을 두는 그런 사물이나 패턴에 대해 한정된 주의력을 재빨리 쏟아 붓는 방향으로 진화했기 때문이라는 것이다. 그것이 생존의 조건이기에, 인간에게는 그의 기대나 관찰을 뛰어넘는 그런 '돌발상황'이 있을 수밖에 없기에, 인간의 행동 중에 일상의 착각에 영향을 미치지 않는 분야는 하나도 없으며 이러한 착각을 하지 않는 사람 또한 한 명도 없다. "세상에는 무한한 게 두 가지 있는데 하나는 우주, 다른 하나는 인간의 무지"라고 본 아인슈타인의 관찰처럼 인간은 지혜 속에서 무지로 살아가는, 즉 새롭게 밝혀 내는 지식 그 이상의 무식으로 살아가는 착각의 동물이기도 하다.

36) 참고: 달라이 라마(2006). 달라이 라마 하버드대 강의(역). 서울: 작가정신.

37) 1945년 독일 융커하우젠에서 태어난 안셀름 그륀 신부는 1964년 독일의 성 베네딕도회에 입회했다. 1965년부터 1974년까지 성 오틸리엔과 로마 성 안셀모 대학에서 철학과 신학을 전공하고 신학 박사 학위를 받았다. 그는 성경과 사막 교부들의 가르침과 융의 분석심리학 등을 연구한 신학 박사로서 세계적으로 알려진 영성 지도자이기도 하다. 그는 20년 넘도록 수도원 피정의 집에서 수많은 피정 및 영적 지도를 통해 사람들에게 평안을 주었다. 그는 저술 활동도 열심히 했다. 1976년 첫번째 영성의 책으로 『깨끗한 마음』을 출판한 이래 지금까지 200여 권을 출판했다. 그륀 신부는 동양의 명상법에도 깊은 관심을 가지면서 지역과 종교를 뛰어넘어 많은 독자들의 영혼에 깊은 울림을 전해 주는 '우리 시대 최고의 영성 작가'로 추앙받고 있다.

38) 참고: 안셀름 그륀(2009). 죽음 후에 무엇이 오는가(역). 서울: 바오로 딸.

39) 참고: 안셀름 그륀(2007). 하루를 살아도 행복하게(역). 서울: 위즈덤 하우스.

40) 내면의 소리가 인간됨의 배(胚)라고 말하는 것은 마치 병아리의 부화를 비유로 든다면 난황 속의 배자, 즉 노른자 위에 하얗게 덮여 있는 씨앗 눈과 같다는 뜻이다. 난황 속에는 노른자와 배자가 있는데, 배는 '병아리의 싹'이라는 의미다. 이 배는 암탉의 몸 속에 있는 난소에서 난황을 만들 때 먼저 만들어진다. 난황 속에서 배와 노른자가 만들어진 이후에 흰자와 껍데기가 만들어진다. 난황 속의 노른자는 배자가 성숙하도록 만들어 주는 양분 보급원이다. 노른자에는 단백질이나 지방 등과 같은 양분이 모여 있어 배자의 양분을 댄다. 흰자는 외부 온도나 충격을 완화시켜 주며 영양분과 배자가 자라는 데 필요한 양수 역할을 한다. 수정란이 아닌 무정란에는 노른자가 두 개가 있는 경우도 있는데, 이것은 배아를 결정하는 수정 가능성과는 관계없이 씨눈인 배가 두 개가 아니라, 양분이 상황적으로 두 개임을 말하는 것일 뿐이다.

41) 참고: 스티븐 코비(2005). 성공하는 사람들의 8번째 습관(역). 파주: 김영사.

42) 참고: 로렌스 D. 로젠 블룸(2011). 오감 프레임(역). 서울: 21세기북스.

43) 지금 당신 앞에 있는 사람의 진심이 의심될 때는, 그의 눈을 쳐다보기보다는 그의 다리와 팔, 손의 움직임에 더 집중하라. 미국 연방수사국 수사관들이 던지는 조언이다. 인간의 몸에서 다리와 팔이 자신의 의도와 행동을 다중 행위적으로 드러내기 때문이다. 얼굴은 감정을 가장 자주 숨기고 속이는 신체의 한 부분이기에, 신체 언어를 읽을 때 얼굴부터 시작해 아래로 내려오며 관찰하면 그 사람의 진심을 읽어낼 수 없다는 것이다. 앞에 있는 사람이 거짓말을 하는지, 진심을 말하는지를 알려면 얼굴이나 눈보다

는 그의 발과 다리를 집중해서 관찰하라고 이른다. 아래에서 위쪽으로 올라갈수록, 즉 발에서 머리로 이동할수록 진실성이 감소하기 때문에, 주위 사람의 행동을 정확하게 관찰하고 싶다면 발과 다리를 관찰하라. 발과 다리는 정직하게 비언어 정보를 제공하기에, 그것부터 용의주도하게 관찰하는 것이 FBI가 강조하고 있는 수사방법이다.

사람의 몸 가운데 가장 정직한 부분이 발과 다리다. 몸의 아래로 내려갈수록, 즉 머리에서 발로 내려갈수록 진실이 증가하기 때문이다. 다리를 X자형으로 교차하는 행동은 편안함을 느끼고 있다는 표시다. 다리를 교차하면 균형을 잃게 되는데 진짜 위험이 발생할 때 도망갈 수 없는 행동이기 때문이다. 불안하고, 불편하고 무엇인가 위협을 느끼는 상황에서는 인간의 뇌 속 변연계가 그렇게 편안한 자세를 갖도록 놔두지를 않는다. 변연계는 3F, 즉 정지(Freeze), 도망(Flight), 투쟁(Fight)이라는 기초적인 반응으로 자신의 생존을 확보하고 위협에 대응하도록 되어 있다. 변연계는 우리 몸에게 생존을 위한 다른 생체 반응을 지시하는 책임을 맡고 있기 때문에, 변연계는 거짓말을 할 수 없다. 변연계는 위험한 상황에 처하면 도망칠 준비를 하기 위해 팔과 다리의 근육 쪽으로 몸의 피를 보내라고 긴박한 명령을 보낸다. 얼굴은 능숙하게 거짓말을 하고 있어도 곤란하거나 위급한 상황에서 얼굴이 창백해지는 이유는 변연계의 반응 때문이다. 그 명령대로 몸이 반응하면 사람의 얼굴이 창백해지게 되어 있다. 인체를 따뜻하게 해 주는 피가 피부에서 더 깊은 근육 쪽으로 가면 몸이 차가워지기에, 사람들은 자신에게 익숙하지 않은 자리에서는 몸이 자기도 모르는 사이에 떨리거나 추운 한기를 느끼게 된다. 발을 갑자기 아래위로 차기 시작하는 행동은 무엇인가 불편하다는 즉각적인 표시다. 그래서 진실은 얼굴이 아닌 다리에서 드러난다.

전문 도박사가 제아무리 완벽한 포커 페이스를 보여도 테이블 아래 발까지 진심을 숨기기는 어렵다. 미 연방 수사국의 최고 수사관인 내버로(Navarro Joe) 교수는 하나의 예를 들어 이것을 설명한다. "얼마 전 텔레비전에서 포커선수권 대회를 보던 나는 한 선수의 다리가 테이블 아래에서 제멋대로 움직이는 것을 보았다. 그의 다리는 마치 디즈니랜드에 놀러가는 어린이의 기쁨에 들뜬 다리처럼 상하좌우로 움직이고 있었다. 테이블 위의 태도는 침착하고 냉정했지만 아래에서는 난리가 났던 것이다. 나는 마음속으로 다른 선수들에게 어서 손을 털고 게임을 포기하라고 재촉했지만 두 선수가 판돈을 불렸고 그들은 모두 돈을 잃었다. 냉정한 표정으로 돈을 쓸어 담은 그 선수는 최고의 포커 페이스를 보여 줬다. 하지만 분명 최고의 포커피트(poker feet)는 아니었다[참고: 조 내버로 · 마빈 칼린스(2010). FBI 행동의 심리학-말보다 정직한 7가지 몸의 단서(역). 서울: 리더스북].

44) 배움의 원소가 무엇인지를 알아 보기 위해서는 초, 중등학교 시절 동안 배운 과학탐구 이야기가 더 쉬울 수 있다. 원소가 무엇을 의미하는지를 편하게 이야기한다면, 귤 2개가 있을 때 우리는 그것을 두 개의 귤이라고 부른다. 이때 말하는 두 개의 귤, 즉 귤 두 개는 원자를 지칭하는 것이며, 과일의 종류를 일컫는 귤이라는 것은 원소를 말한다. 원자는 셀 수 있는 귤 그 자체를 말하는데 반해 원소는 귤이라는 그 종류를 지칭함으로써 화학적으로 원자는 분자를 이루는 입자, 분자는 물질의 성질을 갖는 입자, 원소는 원자의 종류를 지칭하게 된다.

산소 분자 O_2는 산소 원자 2개가 합쳐져 분자 1개를 이룬 것을 말한다. O_2에서 원소는 O 단 하나다. O_2에 비해 CO_2는 이산화탄소 분자 1개로 이뤄진 물질이지만, 그것은 탄소 원소와 산소 원소로 이루어진 2원소 물질이다. 즉, 탄소 원자 1개와 산소 원자 2개가 모여 CO_2라는 물질을 이루고 있다. H_2O는 물이라고 부른다. 물이라는 분자는 수소 2개와 산소 1개가 모여 하나의 물질인 물을 이루고 있다. 물이라는 H_2O는 수소와 산소로 구성된 2원소 물질이다. H_2O라는 분자에서 보이는 H와 O와 같은 화학 원소는 화학적 방법을 통해 더 간단한 물질로 분해할 수 없는 물질을 말한다. 이 화학 원소들이 모든 물질을 구성하는 기본 물질이다[참고: 피터 앳킨스(2005). **원소의 왕국**(역). 서울: 사이언스북스].

45) 이 책에서 말하는 배움소에 대한 논의에서, 그 배움소는 엄밀한 의미에서 화학자들이 활용하는 화학물질의 조성과 같은 것일 수는 없다. 여기서 말하는 배움소에 대한 논의는 화학자의 그것이라기보다는 인문학자의 사고 실험을 통한 배움소이기 때문이다. 현 단계에서 배움의 구성 요소를 화학자들이 분석해 내는 식으로 공통의 화학 언어처럼 만들어 내 활용할 수는 없다고 하더라도, 인문학적 사고 안에서 그 가능성을 열어 두기 위한 노력으로서의 배움 원소에 대한 논의는 가능하기 때문이다. 화학의 발전은 화학 원소의 분류와 원소기호의 창안에 의해 비롯되었다고도 볼 수 있는데, 화학자들은 공통의 화학 언어를 만들어 내, 원소기호를 알파벳으로, 분자식을 단어로, 구조식은 단어 풀이로, 그리고 화학 반응식은 화학 반응식으로 표현해 내고 있다. 이런 화학 언어 때문에 화학적 지식이 있는 사람들은 화학 물질의 조성, 물질의 성질, 화학 반응을 쉽게 이해할 수 있다. 마찬가지의 의도에서, 배움소, 말하자면 배움의 원소들에 대한 분류와 기호화가 가능해지면 배움학에 깊은 상식이 없는 사람도 배움의 구조나 배움의 원리를 보다 쉽게 이해할 수 있는 날이 올 것이다.

원소기호가 세상에 알려지기 시작한 것은 1800년대였다. 모든 것을 금으로 만들어 내려는 야심찬 계획을 갖고 있던 고대 연금술사들은 그들의 욕망의 일환으로 화학 물질을 기호로, 말하자면 금은 원으로, 은은 초승달로, 그리고 유리는 두 개의 원을 직선으로 연결하는 식으로 표시하였는데, 그것이 원소기호 발명의 초기 단계였다. 연금술사들이 서로 물질의 속성을 이해하기 위한 약속의 표지로 그런 것들을 고안했지만, 그런 표지들은 활용하기에 불편했다. 1814년, 스웨덴의 화학자 베르셀리우스(Jöns Jakob Berzelius)는 '화학 기호는 쓰기에 편리한 것이어야 한다.'는 전제 아래 연금술사들의 표기와는 다른 원소기호를 만들었다. 각 원소의 라틴명 또는 관용명의 첫 글자를 원소기호로 채택한 것이 화학 원소기호의 시작이었다. 이런 화학 원소 표기법으로 베르셀리우스는 각종 화합물을 기호화하기 시작하였다. 그후 보다 복잡한 구조의 화합물이 발견되고 새롭게 합성됨에 따라 1892년 유럽 9개국 화학자들이 모여 복잡한 화합물들을 보다 체계적으로 기호로 표시하기 위해 '제네바 규약'을 만들었다. 이 제네바 규약에 의해 유기 화합물의 체계적 명명법이 마련되었다. 잇대어 1919년에 설립된 '국제 순수 및 응용 화학기구(IUPAC)'는 원소 및 화합물의 명명법의 보완과 개정을 추진하고 있다[참고: 존 허드슨(2005). **화학의 역사**(역). 서울: 북스힐].

46) 이런 배움의 공식(The law of Erudition)은 아인슈타인(Einstein)이 만들어 낸 특수상대성이론의 공식인 $E=mc^2$/(Energy=mass×c^2)을 차용해서 만들어 낸 것이다[참고: 한준상 외(2007). **배움학 연구**.

서울: 학지사; 한준상(2009). **생의 가.** 서울: 학지사; 한준상·최항석·김성길(2012). **배움의 쟁점과 경향.** 경기: 공동체; 한준상(2001). **학습학.** 서울: 학지사.

아인슈타인이 말하는 특수상대성이론의 속성을 몇 마디로 정리한다면, 그것은 모든 운동은 상대적이며, 모든 등속 운동계는 같은 조건에서 물리 법칙을 적용할 수 있다는 점이다. 빠른 속도로 달리는 운동계에서는 외부에 비해 시간이 느리게 흐르며, 빠른 속도로 달리는 물체는 진행 방향으로 길이가 줄어든다. 빠른 속도로 달리는 물체는 질량이 늘어난다. 어떠한 질량을 가진 물질도 빛의 속도에 도달할 수 없다. 그리고 질량과 에너지는 등가라는 것이 특수상대성이론이다.

이 공식에서 질량이란 물질이 가지고 있는 고유한 양, 즉 각 물질이 지니고 있는 자체의 양을 말한다. 물리학에서 모든 물질의 기본 특성인 관성, 즉 현재의 운동 상태를 지속하게 하는 물체의 성질에 대한 정량적인 측정치를 말한다. 질량은 물체가 지닌 고유의 양으로, 질량은 물체의 묵직한 정도를 나타내는 물질의 양이며 무게를 정하는 기본 물리량을 말한다. 질량은 장소나 상황에 따라 달라지지 않는 물질의 고유한 양이기에 질량은 어디에서도 같은 값을 갖지만, 그것은 무게를 말하는 것은 아니다. 물질이 가지고 있는 질량에 지구의 중력의 힘을 적용한 것이 무게이기 때문이다.

질량의 단위는 지(G)로 표시되지만, 무게는 킬로그램(kg) 혹은 그램(g)으로 표시된다. 물질의 질량은 일정하다. 질량은 물질이 지니고 있는 양 그 자체이기 때문에 질량에는 변동이 없지만 무게에는 변화가 나타날 수 있다. 각각의 물질들은 서로 다른 질량을 갖는다. 무게로서 1kg의 물과 1kg의 금은 무게 값에서는 서로 같지만, 금과 물은 결코 같은 물질은 아니다. 물과 금은 질량이 다르기 때문에 서로 같은 물질이 되지 못한다.

마찬가지로 금 1G(질량)과 물 1G(질량)은 같은 질량이지만 서로가 같은 물질은 아니다. 질량이 같다고 같은 물질이 아니기 때문이다. 질량이 없다면 모든 입자는 광자처럼 날아다닐 것이다. 중력이 다르면 무게도 달라진다. 예를 들어, 지구에 비해 달은 중력이 작기에 같은 질량이라도 달에서 그것의 무게는 지구에 비해 가벼워지게 된다. 지구라는 하나의 공간에서도 나라마다 중력이 다르다. 그래서 무게도 서로 다르게 된다.

이렇게 장소나 상태에 따라 달라지지 않는다고 믿었던 물질의 질량, 어디에서도 같은 값을 갖는다고 믿었던 고유의 질량을 상대적인 양으로 해석할 수 있다는 논리가 아인슈타인에 의해 만들어졌다. 그는 시간과 공간이 상대적일 뿐 아니라 공간이나 시간이 관측자에 따라 상대적인 것은 똑같은 나무라고 하더라도 보는 위치에 따라 관측자에게 달라 보이며, 같은 시간이라고 하더라도 이해 당사자의 느끼는 상태에 따라 달라지기 때문이다. 이것을 이해하기 위해 흔하게 등장하는 사고 실험의 예를 들 수 있다. 쌍둥이 형제의 예다. 형은 우주선을 타고 우주 여행을 떠나고 동생이 지구에 남아 있다고 하자. 형이 탄 우주선은 빛의 속도로 움직이고 있다. 쌍둥이 형제는 서로 1분에 한 번씩 교신하기로 했다. 우주선에 있는 형은 분명히 1분마다 동생에게 신호를 보냈다. 그러나 동생은 1분마다 형이 보낸 신호를 받지 못하고 1시간에 한 번씩 신호를 받았다. 형이 1분에 한 번씩 신호를 보내기로 약속하고 그것을 지킨다는 것을 알고 있는 지구에 있는 동생은 1시간에 한 번씩 형으로부터 받은 신호를 보고, 당연히 형의 시계가 천천히 가고 있다고 생각하게 된다. 1분이 아니라 1시간마다 형의 신호를 받았기 때문에 그럴 수밖에 없다. 지구에 남아 있는 동생과는 달리 형은 그의 시계를 보고 있기에 자기의 입장에서는 1분마다 신호를 동생에게 보냈기에 자기가 타고 있는 우주선이나 지구에서나 시계는 모두가 정상적으로 가고 있다고 믿게 된다. 결국 형은 형대로, 동생은 동생대로 같은 시간대이지만 각기의 시간에 대해 서로 다른 생각을 하고 만다. 그런 차이는 관측자의 속도에 따라 시간이 달라지고 있기 때문에 생긴 일이다. 이것이 바로 아인슈타인이 특수상대성이론에서 말하고 있는 상대론적 시간관과 공간론의 핵심이다. 지구상에 있는 인간으로서는 빛의 속도로 움직일 수는 없고 오로지 인간이 느끼고 감지하는 보통 일상 속도로 움직이고 있기 때문에 사람들은 우주에 있는 형과 지구에 있는 동생이 느낀 것 같은 시간차를 절대적으로 느끼지 못할 뿐이다.

질량도 상대적인 양으로 해석할 수 있음으로 보여 주는 패러다임으로 $E=mc^2$라는 공식을 만들어 냈다. 시간과 공간이 관측자들의 관계에 따라 상대적으로 달라질 수 있는 것처럼, 질량마저 상대적이라는 주장은 아인슈타인의 상대론이 나오기 이전에는 생각할 수 없었다. 질량이란 변할 수 없는 물리량으로만 이해되었기 때문이다.

아인슈타인의 상대론에서는 에너지와 질량은 불가분의 관계를 갖고 있음을 알 수 있다. 그 어떤 것이든 물질이 되려면 질량이 필요하기에 정지 물체에도 '정지 질량'의 에너지가 있게 된다. 운동을 하던 정지하고 있던 간에 관계없이 모든 물질에서 질량과 에너지는 서로 바뀔 수 있다는 것이 $E=mc^2$의 공식이다. 이 공식에서는 에너지는 곧 질량($E=m$)이라는 말인데, 이때 c 값은 빛의 속도로서 불변값이다. 말하자면 이 세상에서는 이 빛의 속도를 능가할 수 있는 것이 없기 때문에 빛의 속도는 변하지 않는 절대값으로서의 상수(常數)처럼 작용한다.

질량은 물체의 고유한 양이 아니라 물체의 속도에 따라 변하는 양을 말한다. 질량이 속도의 증가에 따라 늘어나는 양이기는 하지만 그 증가되는 양에는 한계가 있게 된다. 물체의 속도는 한없이 증가할 수 있는 것이 아니라, 빛의 속도에 이르면 증가는 더 이상 발생할 수 없기 때문이다. 질량의 증가는 빛의 속도라는 한계까지 증가한다는 조건이 있기에, 물체에 계속적으로 가해지는 속도의 증가에 의해 생긴 힘은 질량을 증가시키는 데 활용된다. 예를 들어, 운전자가 자동차의 가속기 페달을 계속 밟고 있으면 차의 속도는 한없이 증가할 것이라고 생각하기 쉽다. 그것은 이론적으로 불가능하다. 자동차의 속도가 증가할수록 오히려 자동차는 무거워지기 때문이다. 실제로 가속기를 아무리 세게, 그리고 오래 밟아도 자동차의 속도는 빛의 속도 그 이상을 낼 수 없기 때문이다. 휘발유가 자동차 엔진 속에서 발화될 때 생기는 에너지는 자동차의 속도를 증가시키기도 하지만 속도 증가와 동시에 자동차의 질량도 함께 증가시키기 때문이다. 상대성이론은 이렇게 질량과 에너지가 상호 변환 가능한 동등한 양임을 보여 준다. 질량이란 물체에 힘을 가했을 때 그 물체에 가한 힘과 동시에 그 힘으로 인해 물체에 생긴 가속도의 비에 의해 결정된다. 결국 속도가 증가할수록 같은 가속도를 내기 위한 더 큰 힘이 필요하기에 결국 질량이 증가하게 된다.

질량 역시 에너지이기에 움직이는 상태에서 물체를 관측하면 그때의 물질이 지니는 질량은 원래의 질량보다는 더 늘어난다. 정지해 있는 물체라 할지라도 그 질량 속에 에너지가 담겨 있기에, 아무리 작은 질량(m)이라고 하더라도 빛의 속도(c)의 제곱에 곱해지면, 그 작은 질량은 어마어마한 에너지(E)로 전환된다. 물론 모든 물질이 단번에 에너지로 바뀌는 것이 아니다. 핵반응이나 핵융합 같은 조건이 주어지고 그런 핵반응들이 가능할 때 에너지가 발생한다. 예를 들어, 우라늄처럼 무거운 원소의 핵이 쪼개지는 핵분열의 핵반응, 그리고 수소처럼 가벼운 원소들의 핵이 합쳐져 무거운 핵이 되는 핵융합과 같은 핵반응에서는 질량의 작은 변화가 일어난다. 이런 질량의 작은 변화가 일어날 때 작은 변화 과정에서 사라진 질량은 그냥 사라지고 없어지는 것이 아니다. 그 작은 변화는 엄청난 '핵 에너지'로 바뀌어 나타난다. 즉, 고유질량(M)을 가진 그 어떤 물질이 핵융합 또는 핵분열을 하면서 질량이 엠(m)만큼 감소할 때, 그렇게 감소된 질량(m)에 빛의 속도의 제곱(c^2)이 곱해진 상태의 엄청난 에너지(E)가 발생한다는 뜻이다.

47) 밧줄은 그 옛날부터 볏짚이나 삼으로 세 가닥을 꼬아 굵다랗게 드린 참바인데, 그것을 줄여서 바라고 하고, 바로된 줄을 바로 밧줄이라고 한다[참고: 장승욱(2004). 재미나는 우리말 도사리. 서울: 하늘 연못]. 밧줄이 주로 3가닥으로 꼬여지는 것은 3가닥 줄 가운데 어느 하나라도 닳는 것에 대비하기 위한 안전장금장치를 마련해 놓기 위해서다. 동시에 가닥을 서로 엇갈려 꼬일 수록 어느 한 부분의 닳음을 다른 가닥이 보완해 주어 3가닥이 한꺼번에, 일순간에 닳는 것을 예방하기 위해서다.

48) 배움학의 공식은 물리학자들의 공식과는 양태가 다를 수밖에 없다. 배움학의 공식들은 해석하려고 하고, 물리학은 기술하려고 하기 때문이다. 수학의 공식과 마찬가지다. 예를 들어, 물리학은 기본적으로 입자들의 상호작용을 관찰함으로써 그것에 의해 나타나는 모든 현상을 설명한다. 전자는 속성이 동일한 전자다. 전자 A와 전자 B가 서로 다름없이 동일한 물리 법칙을 따르게 된다. 전자 A와 전자 B가 각자의 욕망이나 취향에 따라 서로 다른 물리 법칙을 따르지 않고 언제나 전자의 운동 법칙을 따르는 것처럼, 배움의 공식 역시 그렇게 배움에 관한 사람들의 행동을 인과적으로 설명할 수 있는지를 질문한다.

사회학자들도 물리학자의 관점을 취하면서 사회 물리학을 태동시키고 있다. 뷰캐넌(Mark Buchanan) 교수가 바로 그런 사회 물리학자다. 사회의 구조 파악을 위해 사회 현상을 물리학적 패러다임으로 설명할 수 있는 하이브리드 과학을 사회 물리학(social physics)이라고 부르고 있다[참고: 마크 뷰캐넌 (2010). 사회적 원자(역). 서울: 사이언스북스]. 그는 사회 현상을 물리학처럼 설명해 낼 수 있다고 본다. 사람들은 사회에서 더 이상 쪼개질 수 없는 사회적 단위로 살아가기에 일정한 패턴을 보이기 마련이다. 일정한 패턴을 보이는 한 그런 패턴을 보여 주는 사회 구성원들은 사회적 원자가 되기 때문이다. 다시 말해서, 물리학에서는 물질의 특성을 나타내는 기본 단위를 원자라고 부른다. 사회학에서는 사회의 기본 단위를 사람으로 간주한다.

사회적 원자인 사람과 물리적 원자가 같을 리가 없다. 뷰캐넌 교수 역시 이런 차이를 인정한다. "수소 원자는 탁자에 있든, 별 속에 있든, 물 속에 있든 언제나 똑같은 수소 원자다. 물리적 원자는 언제 어디서나 똑같다. 그러나 사회적 원자는 그렇지 않다. 사람들은 변하고 적응하며 사회 조직을 알아채고 거기에 반응한다." 그는 사회학과 물리학 간의 그런 차이를 극복하게 해 주는 요인으로 고정된 패턴화를 내세운다. 사람들이 모여 집단을 구성하였을 때 드러내 보이는 사회 구성원들의 사회적 행동들을 물리학적 원리로 분석하면, 그 일정한 패턴으로 형식화시킬 수 있다는 논리다.

뷰캐넌은 사회 구성원들이 보여 주고 있는 패턴은 인간의 적응능력과 모방능력의 총화라고 기술한다. 이 패턴을 연구하는 것이 사회 물리학의 과제다. 뷰캐넌 교수는 사람을 원자로 본다. 전체의 사회적 패턴에 결정적으로 기여하는 핵심 요소만을 중심으로 잡다한 사회적 현상들은 가능한 소거시킨다. 단순화 속에서 사회 현상을 이론 물리학의 관점으로 응용하고 연구한다. 사회 현상의 원리를 추출하기 위해서다. 사회적 원자로 구성된 사회는 자연계와 마찬가지로 거시적으로 일정한 패턴을 드러낸다. 그런 패턴이 가능한 것은 사회적 원자인 사람이 물리적인 원자나 분자처럼 단순한 하나의 법칙을 따르기 때문이다.

인간이 한 사회에서 일정한 법칙에 의해 일정한 패턴을 따르는 한 원리 추출이 가능하다. 수수께끼 같았던 집단 행동들의 구조와 비밀, 그리고 역사 변동에 이르기까지 인간이 벌이는 사회적 문제를 과학적으로 설명할 수 있게 된다.

사회 물리적 관점 아래 뷰캐넌 교수는 형이상학자들을 비판한다. "사람들이 철학자들을 반쯤 수상하게 여기고 반쯤 비웃는 이유는 철학자들이 순진해 보이기 때문만이 아니라 너무 쉽게 실수를 저지르고 엉뚱한 길로 가기 때문이다. 그들은 어쩌다 문제에서 어렴풋한 진실의 꼬투리를 잡고서 떠들썩한 소음을 내기도 하지만, 자신의 작업에 충분히 정직하지 않다. 그들은 모두 차갑고 순수하고 성스럽고 공정한 담론을 스스로 개발해서 진정한 견해에 도달했다고 여긴다. ……그러나 철학자들은 결국 가정(假定), 육감, 진정한 '영감' 따위(여과되고 추상화된 마음의 욕망일 때가 많다.)에서 나온 견해를 이성으로 방어한다. 그들은 편견을 싫어하는 척 하지만, 사실은 자신의 편견을 '진실'이라고 부르면서 그것을 대변하는 교활한 대변인들이다." 잇대어 그는 '철학자들 못지않게 기존의' 사회과학자들 역시 마찬가지라고 꼬집는다. 기존의 사회과학자들 역시 사람을 복잡한 존재로 생각하기는 마찬가지였다는 것이다. 그들 역시 인간을 욕망이나 자유의지를 가진 존재로 받아들이고 개인에 대한 모형을 먼저 구축하여 그로부터 집단의 행동을 이해하려고 시도했기 때문이다. 사회과학자들은 서로 다른 현상들 사이의 상관 관계를 밝히려고 노력하고 그것을 인과 관계로 설명하려는 일에 만족해 버리는 함정에 빠져 버렸을 뿐이라는 것이다. 상관 관계는 아무리 현상 간에 높은 상관성을 보여 준다고 해도 그것은 인과의 메커니즘이 결여된 서술일 뿐이기에, 객관적인 과학일 수가 없으며 그런 상관성만으로는 사회 현상 간의 정확한 예측을 할 수가 없다는 것이 그의 논지다.

철학자들이나 사회과학자들이 자신의 비합리적인 생각을 합리적이라고 보이기 위해 안간힘을 쓰는 동안 사회 문제는 저들이 원하는 사변처럼 풀리기보다는 오히려 호도된다. 뷰캐넌 교수의 생각이다. 그렇게 하는 한, 부의 불평등 문제, 교육의 불평등 문제 혹은 인종 간의 갈등 문제, 테러 문제 같은 것들은 그 전처럼 그저 신비한 사회 문제, 답이 없는 어려운 사회 문제로만 남아 있게 된다는 것이다. 해답을 찾아내기 어렵다는 것이다. 그렇게 비판하는 사회물리학자 뷰캐넌 교수 역시 그 비합리적인 틀에서 벗어나지 못하고 있기는 마찬가지다. 자기 스스로를 객관적인 과학자라고 여기는 물리학자이지만, 그 역시 비합리적이기는 어쩔 수 없다.

무엇보다도 뷰캐넌 교수 역시 물리학자 이전에 매일같이 사람들과 부대끼며 살아가고 있는 상황과 감정이 실리는 사람이라는 존재이기 때문에 그렇다. 동시에 과학이라는 것은 절대적이거나 완전히 객관적인 진리가 아니라 하나의 가설이나 전제의 집대성에 지나지 않기 때문이다. 이 말은 과학적 업적이나 과학에 기초한 과학 기술이 진보하지 않았다거나, 인류 문명에 공헌하지 않았다는 것을 의미하지 않는다. 단지, 과학은 '객관적인 진리'라고 이야기하는 것은 객관적인 견해일 수 없다는 것을 의미할 뿐이다. "과학은 한 시기의 자연 현상에 대한 가장 그럴듯한, 설득력 있는 설명"일 뿐이라고 과학철학자들 스스로 자인하고 있다는 사실을 받아들이면, 과학에 대한 맹신을 삼가할 수 있다.

과학에 대한 맹신, 과학자에 대해 필요 이상의 믿음 같은 것이 불필요하다는 영국 케임브리지 대학교 퍼트리샤 파라 교수의 말도 설득력을 지닌다. 사실 어찌 보면, 과학 정보만을 취재하는 셰리 시세일러 기자가 이야기하는 것처럼, 과학은 과학이라는 이름 아래 자행되는 거짓말[참고: 셰리 시세일러 (2010). 거짓말 새빨간 거짓말 그리고 과학: 잘못된 과학 정보를 바로 가려내는 20가지 방법(역). 서울: 부키]이라는 오해와 이해의 중간쯤에 위치하기 때문이다. 저들이 논점으로 삼고 있는 것처럼, 과학은 어디서부터 과학인가에 대해 속시원하게 이야기하지 못하고 있다. 저들은 지금으로부터 200년 전까지만 해도 이 세상에는 과학이나 과학자란 말이 없었음을 상기하라고 타이른다. 과학이란 용어가 처음 등장한 때가 1833년이었는데, 그때부터도 과학은 원래 뿌리부터 융합된 학문으로서 과학인지 아닌지를 가르는 잣대는 시대마다 사람마다 달랐다는 것이다. 지금 우리가 알고 있는 과학은 역사와 사람에 의해 편집된 모습일 뿐이라고 과학을 맹신하는 과학자들을 혹평하면서, 그런 인물 중의 한 사람으로 갈릴레오를 꼽는다.

갈릴레오는 과학자라기보다는 돈에 무척 민감했던 인맥 중심의 뚜쟁이었다는 지적이 그것이다. "그는 귀족 후원자들의 환심을 사기 위해 목성의 위성들이 가문의 융성을 예언한다고 주장하며 '메디치 가의 별들'이라는 이름을 선사했다. 자기의 이론을 더 널리 알리기 위해 갈릴레오는 만찬에서 이색적인 연설을 하기도 했고, 반론을 설득력 있게 기술한 책을 쓰기도 했다. 코페르니쿠스는 교황 앞에서 복잡한 수학 논문을 발표하면서 허둥댔던 반면, 갈릴레오는 형식을 집어던지고 마술사들에게나 어울릴 듯한 기백을 담아 '본인은 이제껏 아무도 밝혀내지 못한 위대하고도 오묘한 장면들을 펼쳐 보이고자……'라는 짤막한 홍보성 인사말로 엄청난 군중을 끌어 모았다. 심지어 교황으로부터 침묵하라는 경고를 받은 후에도 『프톨레마이오스와 코페르니쿠스, 두 개의 주요 우주 체계에 관한 대화』를 출판함으로써 더 많은 후원자를 끌어 모으려 했던[참고: 퍼트리샤 파라(2011). 편집된 과학의 역사(역). 서울: 21세기북스] 약삭 빠른 선동가"였다는 것이다.

그러니까 인간은 합리적인 존재가 아니라 합리적인 존재인 것처럼 하고 살아가는 존재, 과학자는 절대적인 진리 위에 기초한 탐구자가 아니라 한 시기의 자연 현상에 대해 상당히 설득력 있는 관찰이나 설명을 가하는 사람일 뿐이다. 푸코(Foucault)는 이런 비합리적이고 몰합리적이며 때때로 합리적이기도 한 인간을 다루는 과학을 사회과학이나 자연과학이라는 이름이라고 명명하지 않고 인간과학(human sciences)이라고 불렀다. 그가 이야기하는 것처럼, 인간과학은 진리라는 것이 인간이라는 존재에 의해 어떻게 만들어지는지, 그렇게 만들어진 진리가 어떻게 사람에게 작용하는지 등을 탐구한다. 진리 생성의 상대성, 인간의 정상성이 어떻게 사람을 만들어 가는지 등을 탐구하는 인간과학은 과학적 탐구 활동에 일정 기간 동안 훈련받지 않은 보통 사람들은 일상적으로 오류 투성이며 비합리적인 생각으로 합리적인 삶을 살아가고 있다는 그 생각부터 편견이라고 간주한다. 사실 인간은 처음부터 합리적인 것 같지만 비합리적인 셈본의 방법을 갖고 있는 동물이다.

예를 들어, 다음과 같은 셈본 문제가 있다고 치자. 즉, 볼펜과 연필 각각 한 자루씩 합친 값이 모두 1.1달러다. 볼펜 값은 연필 값보다 1달러 더 비싼 가격에 판다. 그러면 연필의 값은 얼마인가를 묻는 초등학교 셈본 문제가 있다고 치자. 너무 쉬운 문제이기에 사람들은 금새 볼펜은 1달러, 그리고 연필은 0.1달러고 답하지만, 그 대답은 틀린 답이다. 볼펜의 값은 1.05달러이고 연필 값은 0.5달러이기 때문이다. 만약 볼펜 값이 1달러이고 연필 값이 0.1달러라고 하면, 볼펜과 연필 값의 차이는 1달러가 나는 것이 아니라 0.9달러가 나기 때문이다. 볼펜과 연필 값의 차이가 1달러이기 위해서는 볼펜의 값은 1.05달러, 연필의 값은 0.05달러이어야만 한다. 다시 말해서 이런 문제를 푸는 경우, 사람들을 수학적 방정식을 만들어 해답을 구하기보다는 그냥 직관적인 방법으로 처리한다. 말하자면 X(연필)+Y(볼펜)=1.1, Y=X+1, X+X+2=1.1, 2X=1.1, X=0.05, 즉 연필 값은 0.05달러이고, 연필(X)과 볼펜(Y)을 합한 가격은 1.1 달러이니, 볼펜 가격은(1.1-0.05) 1.05달러가 되는 것을 꼼꼼하게 확인하기보다는 그냥 손쉽게 생각하게 된다. 즉, 연필과 볼펜의 가격이 X(연필)+Y(볼펜)=1.1인데, 볼펜이 연필보다 1달러 비싸다고 하니, 결국 1.1-1=0.1이 되어, 연필은 0.1달러이고 볼펜은 1달러라고 쉽게 생각하게 된다. 이런 오답이 정답인 것처럼 받아들여지는 것은 연필과 볼펜의 전체 가격인 1.1달러가 손쉽게 시각적으로 1달러와 0.1달러로 나눠지기 때문에 그런 잘못된 답에 이르게 된다. 보통 인간인 우리는 그런 오차와 셈법으로 오늘을 살아간다. 사회는 그런 사람들이 뷰캐논 교수가 말하는 사회적 원자로 살아가고 있는 장(場)인 것이다.

이런 인간의 불합리성을 최대한 활용하는 학문이 행동경제학인데, 행동경제학자들은 인간이 본질적으로 작심삼일하기 때문에 세상이 돌아간다고 본다. 행동보다는 계획에 그치는 인간의 속성을 일컫는 말이다. 예일대학교 법대 에어즈(Ian Ayres) 교수는 인간은 밤낮 '계획'만 하는가에 대한 설명으로 '인간이란 현재의 가치를 과대평가하고 미래의 가치를 과소평가하기 때문'에 그런 일이 일어난다고 말한다 [참고: 이언 에어즈(2011). 당근과 채찍(역). 서울: 리더스북].

에어즈 교수는 '탈러의 사과'의 예를 들어, 인간이 근본적으로 현재의 가치를 과대평가하는 존재임을 구체적으로 드러낸다. 1981년 리처드 탈러 교수는 사과 선택이라는 실험을 통해 행동주의 혁명을 일으킨다. 그는 피험자들에게 "1년 후에 사과 1개를 받을 것인지, 아니면 1년이 지난 바로 다음 날에 사과 2개를 받을 것인지를 묻는 질문을 던졌을 때 대부분의 사람이 후자를 택했다. 1년도 기다리는데 하루를 더 기다리지 못할 이유가 없다는 생각에서다. 그렇지만 비슷하게 "오늘 사과 1개를 받을래, 아니면 내일 사과 2개를 받을래?"라고 물으면 윗 질문에서 1년 그리고 하루 더 기다렸다가 사과를 2개 받겠다고 응답했던 사람마저도 내일보다는 오늘 주는 사과 1개를 택하고 만다. 역설처럼 들리는 경우이다. 하루만 더 기다리면 사과를 한 개 더 받는데 그것을 포기하고 오늘의 사과 한 개로 만족하겠다고 한다. 365일에서 1일이 더 늘어난 '하루'와 1일에서 하루가 더 늘어난 하루라는 기간에 대해 사람들의 평가는 불일치한다.

그것은 사람들이 '1년 기다린 후의 하루 더' 보다는 '오늘 말고 하루 더' 기다려야 하는 하루의 가치를 더 높이 평가하기 때문에 그렇다는 것이다. 인간이 합리적이라면 그런 비일관적인 행동을 하지 않겠지만, 인간은 비합리적이기에 그렇게 한다는 것이다. 그런 비합리적인 인간이 바로 '행동경제학'의 관점을 돋보이게 만들어 준다.

인간의 습관적인 작심삼일과 같은 비합리적인 행동을 교정해 주는 방법으로 에어즈 교수는 '약속 실천 계약'이란 해법을 제시한다. 인간은 보상보다는 손실에 더 민감하기에, 가능한 손실을 회피하려는 경향이 강하기에, 손실을 피할 수 있는 약속을 하면 실천을 하려고 들기에, 약속 실천 계약이 효과적이라는 것이다. 고객 감동 서비스로 잘 알려진 미국 최대 온라인 신발업체인 자포스의 사례가 그것을 입증한다. 자포스는 신입사원 교육을 마친 직원들에게 기대 밖의 제안을 했다. 교육이 끝난 지금 자진 퇴사할 경우 누구에게든 2천 달러의 보상금을 주겠다고 제안했다. 기대와는 달리 신입사원의 98%가 회사에 남기를 선택했다.

자포스는 매몰 비용의 덫에 빠지는 인간 심리를 최대한 이용한 당근책을 활용했기에 신입사원을 묶어둘 수 있었다. 자포스의 달콤한 제안을 거절한 직원들은 그럴 만한 이유가 있었다. 2천 달러를 거절하고 남은 직장이기 때문에 회사에 대한 기대가 더 커졌기 때문이고 그로부터 비전을 갖게 되었기 때문이다. 그런 동기로 무장된 사원들은 높은 성과를 창출했다. 자포스는 대부분의 직원이 회사의 제안을 거절했기 때문에 실제로는 별다른 비용도 들이지 않고 엄청난 효과를 거두었다. 이 경우에서 본 것처럼, 사람은 보상을 줘야 당근 효과가 나타난다는 것이 경영이나 행정에서는 상식이었는데, 인간은 그런 상식을 초월하는 비합리적인 행동을 하는 존재다.

49) 자연 현상들 간의 상관 관계들은 지수 법칙에 따라 급격히 감소하지만, 모양의 전이를 겪고 있는 체제, 말하자면 물이 얼음이 되는 것 같은 상전이(相轉移, phase transition) 현상 같은 것은 어김없이 멱함수 법칙을 따른다. 무질서가 질서로 전이되는 그 순간에는 어김없이 멱함수의 관계를 따른다. 이렇게 하나의 상(相)으로 전이되는 것은 질서 있는 상태와 무질서한 상태가 서로 대응하는 상태가 상전이 상태다. 말하자면 열역학적으로 물질의 서로 다른 상(phase)에 대응되는 상태가 상전이 상태다. 전이점에 정확하게 이를 때, 그런 상태에 있게 될 때, 시스템은 이 두 개의 상 중 어떤 쪽을 취해야 할지를 선택하기 위해 균형을 잡아가기 시작한다. 어떤 쪽으로 갈지, 즉 무질서 상태로 남아 있을 것인지 아니면 질서 상태로 넘어갈지 결정되지 않은 상태에서는 시스템 스스로 빈번하게 요동을 친다. 이런 동요현상은 임계점 근처에서 더욱 증가한다. 한마디로 말해, 물리 현상 중의 하나인 임계치와 상전이(相轉移, phase transition) 간의 관계는 멱함수의 관계로 설명된다[참고: 스티븐 존슨(2004). 이머전스(역). 파주: 김영사].

말하자면 물이 −0℃에서 얼음으로 바뀌는 상전이도 멱함수 관계다. 물이 일정한 온도, 즉 −0℃에 이르면 얼음이 되는 상전이(相轉移)는 물의 원자와 분자들이 무질서한 상태에서 질서 있는 상태로 대응한 결과다. 모든 물질의 원자들은, 강한 자성체 안에 있는 원자들은 자기 모멘트나 스핀, 말하자면 입자의 고유한 성질로써 각 운동량인 스핀을 갖는다. 온도가 높을 때 원자들은 자신의 스핀을 일정한 방향없이 각각의 방향으로 향한다. 원자들의 스핀들은 자연스런 상태에서 무작위적으로 향한다. 그러다가 일정 임계온도에 이르기 시작하면 원자들은 스핀을 같은 방향으로 향하게 한다. 이때 하나의 강한 자성으로 보이며 하나의 자석이 된다. 예를 들어, 비행기의 항공 루트를 그려내는 항공망 같은 분포도도 멱함수 관계인데, 이런 항공망에서도 멀리 가면 결국에는 분포가 0으로 변하지만, 즉각적으로 빠르게 0이 되지는 않는다. 즉, 단절점이 없이 계속 뻗어나간다. 지수함수관계에서 '지수함수적으로 감소한다'라는 말은 분포값이 끝내 조건 없이 즉각적으로 0이 되지만, 멱함수에서는 서서히 0으로 변해도 결코 단절되지 않는다는 것을 의미한다. 예를 들어, 사람들의 소득 분포는 지수함수의 꼴을 따르는 반면 사람들의 키는 멱함수 꼴의 분포를 갖는 것도 이런 멱함수와 지수함수 간의 차이를 보여 주는 사회 현상이다. 그래서 소득이 보통 사람의 몇천 배가 되는 사람은 있어도 키가 보통 사람의 두 배인 사람은 없는 이치와 같다.

일반적으로 $Y=aX^n$과 같은 식으로 나타내는 멱함수(冪函數, power function)는 변량 X의 증가의 초기에는 변화(Y)가 둔감하나, 멱인 계수(n)가 커질수록 Y값은 누승적(累乘的)으로 커지는 함수 관계를 말한다. 어떤 양이 '서서히' 줄어들거나 반대로 급작스럽게 팽창하는 분포인 멱함수는 변하는 모습이나 양태가 비슷하다는 점에서 지수함수와 같은 속성을 보여 주지만, 지수함수와 멱함수는 성질이 기본적으로 다르다. 지수함수의 형태로 감소하는 분포의 경우, 순위가 낮아짐에 따라 낮은 순위의 수가 급격하게 줄지만, 멱함수의 형태로 감소하는 분포의 경우에는 순위가 낮은 것도 상당히 많다. 우리가 매일 경험하는 자연 현상은 일반적으로 멱함수 법칙을 따르기보다는 종형 곡선을 따른다.

정규분포는 표본을 이루는 개별 사건이 독립적이고 서로 동일해야만 성립되지만, 멱함수 분포에서는 대표치나 평균치와 같은 것을 찾는 것이 무의미하다. 큰 사건이든 작은 사건이든 간에 관계없이 동일한 원인에 의해 발생하기 때문에 예측하려는 시도를 포기하는 것이 좋다. 멱함수 분포는 정규분포의 종형 곡선과 매우 다르기 때문이다. 우선 정점이 없다. 멱함수의 그래프는 감소 커브로, 다수의 작은 사건들이 소수의 큰 사건들과 함께 발생한다는 것을 보여 준다. 만약 인류의 키가 멱함수 분포에 따른다면, 우리 대부분은 극히 작을 것이다. 하지만 그와 함께 100m도 넘는 거인이 거리를 활보하고 다녀도 놀랄 일은 아니다. 60억 인구 중 적어도 한 명은 키가 2km나 될 것이다. 멱함수 분포의 특징은 작은 사건이 많이 있다는 것뿐 아니라 그것이 소수의 매우 큰 사건들과 공존하는 데 있다. 종형 곡선에서라면 이처럼 극히 큰 사건은 있을 수 없다.

50) 의미 만들기 같은 것은 삶의 달인, 생활의 달인처럼 살아가는 것을 말한다. 예를 들어, SBS 〈생활의 달인〉이라는 프로그램은 2005년부터 매주 수십 년간 한 분야에 종사하며 열정과 노력으로 달인(達人)의 경지에 이른 사람들을 소개하고 있다. 2010년 7월에 소개됐던 20년 경력 '세차의 달인' 김문길(40세) 씨도 그런 생활의 달인 중의 한 사람이었다. 그는 고압 호스를 사용해 현란한 몸놀림으로 빠르고 꼼꼼하게 세차를 마쳤다. 자동차 문을 열고 물을 뿜지만 차 안에는 물 한 방울 튀기지 않게 세차하는 방법도 자기 스스로 터득한 그는 "호스의 물줄기가 항상 부채꼴 모양으로 나오는 것을 세차에 응용한 것이다. 몸을 잽싸게 움직여 호스의 방향과 각도를 제때 바꿔주기만 하면 원하는 곳에만 물을 뿌릴 수 있다."라

고 설명한다. 그는 세심한 관찰력과 남다른 노력 덕분에 손이 닿기 어려운 차 구석구석까지 꼼꼼히 청소하는 방법을 터득한 것이다.

김문길 씨는 몇 년 전 불의의 교통사고 때문에 척추에 철심을 박아 놓은 상태에서도 세차장 사장으로 되돌아가기 위해 열심히 일했다. 달인이 된 비법을 묻자 그는 담담하게 말했다. "나는 차를 닦을 때 내 차를 닦는다는 심정으로 일한다. 어떤 일이건 힘 안 들이고 일하는 사람은 없다. 결국 자기 자신과의 싸움이다." 일에 대한 성실함은 자신에 대한 성실함이었다. 달인들은 단순히 돈을 더 많이 벌기 위해 일하지 않는다.

달인은 일반적으로 한번 시작한 일은 끝을 보는 끈기, 꾸밀 줄 모르는 순수함, 계산하거나 욕심내지 않지만 자기 일에서만은 최고를 꿈꾸는 고집, 자기가 하는 일이 자신을 행복하게 만들어 주기에, 단순 반복적인 일도 자기의 일을 어떤 전문가보다 더 자신 있게 즐기는 사람들이었다. "인생 최대의 정신적 범죄는 자신에 대한 불성실이다."라고 말한 선각자들에게 그것의 증거를 제시하듯이, 달인들은 남이 알아 주지 않아도 자신의 일에 만족하며 하루를 열심히 살아가며, 일을 즐긴다. 그들은 일반적인 재산, 성공에 대한 집착을 넘어서는 정신적인 건강, 마음의 여백, 그리고 자기 존재감의 의미를 매일같이 만들어 가는 사람들이다.

51) 신라시대의 원효(元曉)에 못지 않게 큰 삶의 궤적을 보여 준 사람이 바로 고대 로마 시대의 에픽테투스(Epictetus)였다. 개인적인 삶에서는 영원한 굴레였으며 예속과 굴종의 삶이었던 노예 신분의 현자였다. 그는 주인의 핍박으로 다리마저 부러진 채 절뚝거리면서 하루를 살아가야만 생과 명을 부지할 수 있던 노예였지만, 그의 영혼이 보여 주는 인간적인 품과 격은 감탄을 주기에 충분했다. 그는 어느 날 노예의 신분에서 자유인으로 대사면을 받는다. 인간에게 자유가 무엇인지를 절감한 그는 자기를 다스렸던 로마의 권력자들이나 식자들에게 스토아 정신의 한 획을 그어 준다. 그가 보여 준 지혜로운 삶의 모습은 세계를 호령하던 아우렐리우스 황제에게도 그를 사숙하게 만들어 놓는다.

에픽테투스, 그는 무심과 무애, 그리고 대안이라는 개념들 사이의 차이와 유사성에 대해 이렇게 이야기했다. "너는 이런 것들 대신에 무심(apatheia)과 무애(eleutheria), 그리고 무통(無痛)으로서의 대안(大安, ataraxia)을 얻기 원하는지, 이런 것들을 잘 살펴보라. 만일 그렇지 않다면 그것에 대해서조차 생각하지도 말라. 마치 어린아이처럼 지금은 철학자가 되고, 나중에는 세금 수납원이 되고, 다음에는 수사학가가 웅변가가 되고, 그다음에는 황제의 보좌관이 되듯이 행동하지 마라. 이런 것들은 함께 어울릴 수 없다. 너는 선하든 악하든 한 인간이어야만 한다. 너 자신의 능력을 가지고 자신을 지배하는 원리에 매달리거나 혹은 외적인 것에 매달려 일해 나가야만 한다. 너는 내적인 것에 집중하거나 혹은 외적인 것에 집중해서 열심히 해나가야만 한다. 즉, 철학자의 구실이든 혹은 평범한 사람의 구실이든 그 길을 수행해 나가야만 한다[참고: 에픽테투스(2008). 엥케이리디온(역). 서울: 까치]."

스토아학파의 사상을 연구하는 우리 철학자들은 아파테이아를 일반적으로 무감동이라고 번역하고 있나. 나는 무감동이라는 말이 적절하지 않다고 생각해 왔다. 나는 이 책에서 무감동이라는 단어 대신 무심(無心)이라는 단어로 다시 풀어 쓴다. 동시에 자유라고 번역한 엘레우테리아를 무애(無碍)라고 다르게 썼다. 고대 그리스인은 자유를 뜻하는 3개의 서로 다른 개념을 서로 다른 상황에서 활용했었기 때문이다. 그 3개의 단어는 파레시아, 아우타르키아, 그리고 엘레우테리아라는 말이었다. 파레시아(parrhesia)는 언론의 자유를 말한다. 진실을 다른 사람 앞에서 표현하고 그것을 보여 줄 때 쓰는 말이며, 아우타르키아(autarkia)는 자치와 자율 같은 정치적 자유를 의미한다. 내면적 자유의 느낌, 말하자면 내 스스로 나를 위해 무엇을 선택하고, 결정하고, 결단해야 하는 지와 관련된 인간적인 품위 유지 같은 것을 말한다. 이들에 비해 무애와 대적되는 엘레우테리아(eleutheria)는 행위의 자유를 말한다. 내가 옳다고 여기는 것을 내 스스로 행할 수 있기에, 다른 사람이 만들어 놓은 규정과 기대에 강요당하지 않는 내 책임 아래 행해지는 나의 자유로운, 걸치거나 걸릴 것이 없는 자유로서의 프리덤(freedom)을 말한다. 무애는 노예와는 다른 자유의지와 자기 의지로써의 절대 자유를 의미한다[참고: 키토(2008). 고대 그리스, 그리스인들(역). 서울: 갈라파고스]. 종교개혁의 주인공인 마틴 루터 그 스스로 인문주의자는 아니었지만, 당시 그들의 영향 아래 종교개혁의 초창기 시절 다른 젊은 인문주의자를 따라 자기 자신의 아호, 혹은 익명으로 희랍어 이름인 엘로이테리우스(Eleutherius)라 부르기까지 했다. 이때 이미 루터는 종교개혁의 절대 의지와 절대 자유를 가슴에 담았던 것으로 나타난다.

52) 무심(無心), 무애(無碍), 그리고 대안(大安)을 삶의 실천과 강령으로 삼고 살아가라고 일렀던 스토아학파의 윤리는 윤리학적 자기주의(ethical egoism)로 분류되기도 한다. 사람이라면 어떠한 행위를 해야 하는가에 관한 논리를 제시하기 때문이다. 스토아학파에게 무심, 무애, 그리고 대안은 정념에 포로가 되지 않는 일을 말한다. 욕망에 사로잡히거나 항복하지 말라는 말에 현혹되지 말라는 그 정도를 말하는 것이 아니다. 어떤 독하고 야비한 운명이 자기의 삶에 개입하더라도 굴복하지 말아야 한다는 윤리다. 어떤 시련과 유혹이 오더라도 그 시련에 굽히거나 좌우되지 않고, 운명의 장난을 이겨내 자기를 바로 세우는 논리다. 사람으로서 의지의 강건함을 지켜내라는 뜻이다. 잡다한 욕망과 욕구 때문에 삶을 휘둘리지 않으며, 인간의 독특한 속성인 유아독존(唯我獨尊)의 사람됨을 간직하게 만드는 윤리다[참고: 존 호스퍼스(2003). 인간행위론(역). 서울: 간디서원]. 삶은 자기를 위한 자기 것이다. 누구나 자기 삶을 위해 윤리적인 각자주의로 자기의 행복을 완성할 수 있다.

스토아학파는 사람이 태어날 때 영혼을 이미 갖게 된다고 이해한다. 영혼 안에는 어떤 것이든 기록될 수 있다. 종잇장 같은 중추부가 기록할 수 있게 해놓았기 때문이다. 인간은 그곳에 자신의 관념을 새겨 넣는다. 기록 수단은 감각이다. 예를 들어, 하얀 것을 지각했을 때 하얀 것을 기록한다. 하얀 것이 사라진 뒤에는 그것은 그대로 남는다. 바로 기억이다. 많은 기억이 생겼을 때 그 기억은 하나가 된다. 경험이다. 유사한 다수의 인상들이 모여 경험을 이룬다. 관념들은 의도하지 않은 가운데 기록된 것이다. 자연적인 현상이다. 다른 것들은 가르침 같은 것을 통해 기록된다. 자연적으로 기록되는 것을 '프롤렙시스(prolêpsis)'라고 부른다. 가르침에 의해 기록되는 것을 '엔노이아(ennoïai)'라고 부른다. 프롤렙시스와 엔노이아를 스피노자(Spinoza)는 노티오 커뮤니스(notio communis), 즉 공통 통념의 구성 인자로 간주했다[참고: Long, A. A. & Sedley, D. N. (1987). *The hellenistic philosophers*(vol.1): *Translations of the principle sources with philosophical commentary*. Cambridge: Cambridge

University Press]. 프롤렙시스와 엔노이아를 처음부터 무심, 무애, 대안으로 남겨 놓는 사람은 관념 그 대로 가르침 그대로 자연스럽게 무심, 무애, 대안의 현자로 살아갈 수 있다는 것을 보여 준다.

53) 에피쿠로스 학파 역시 삶의 목적을 '쾌락'과 행복에 두었다. 이때의 쾌락은 도박의 즐거움이나 섹스의 즐거움 같은 그런 것을 말하지 않는다. 그들은 몸과 마음의 행복찾기에서 그것의 원천을 시시비비하며 가리는 것을 불필요하다고 본다. 말하자면, 술을 먹든, 운동을 하든 사랑을 하든, 그 쾌락은 같다는 입장이다. 쾌락의 양이 같으면 모든 쾌락은 그 어떤 것이나 같은 값어치를 갖는다. 그렇게 얻어진 쾌락을 통해 마음의 평안한 상태가 유지되면 그것이 바로 대안의 큰 평온 상태가 되는 것이다. 후대에 공리주의 학파의 지존으로 인용되는 제레미 벤담(Jeremy Bentham)이 차용했을 법한 쾌락은 수량화가 가능하며, 그것은 그 어떻게든 양적인 비교가 가능하다는 것이 에피쿠로스 학파가 내비쳤던 쾌락 추구의 지론이었다고 볼 수 있다. 그렇다고 에피쿠로스 학파가 고통을 피하고 육체적 쾌락에 전적으로 의지하며 경도된 채 쾌락만을 추구했다고 생각하는 것은 큰 오해일 뿐이다. 그들은 육체적 쾌락보다는 정신적 쾌락을 추구하였기 때문이다. 이 점은 제레미 벤담을 이어받는 공리주의 학파 밀스에게도 있는 그대로 전달된다. 밀스는 인간은 미천한 쾌락보다는 고상한 쾌락을 추구하는 것이 배운 자들의 도덕이라고 보았었다.

54) '무심이 약(藥)이다'라는 것을 보여 주는 유명한 소설 하나가 있다. 영국 소설의 위대한 전통을 이었다고 평가받고 있는 포스터의 소설인 『인도로 가는 길(A Passage To India)』이라는 소설이 바로 그런 작품이다. 소설가 포스터는 헨리 제임스, 조지프 콘래드, D. H. 로렌스로 이어지는 영국 소설의 한 축을 매김하고 있다. 그러나 저들과는 달리 포스터 자신은 페이비언 사회주의자로서 중년 이후부터는 소설 집필을 중단하고 사회 활동에 전념했다. 그를 유명하게 만들어 준 소설이 『인도로 가는 길』이다. 1924년 발표된 포스터의 마지막 장편 소설이다.

이 소설에서 그는 대영국제국의 치하에 있던 인도의 도시 찬드라포아에서 일어난 힌두교인 인도인 의사와 영국인 간의 갈등을 둘러싼 인간미의 한계와 새로운 가능성 모두를 그려내고 있다. 어느 날 영국에서 두 여인이 영국의 식민지인 인도의 찬드라포아를 방문한다. 그곳에서 치안 판사로 봉직하고 있는 젊은 영국인 로니를 만나기 위해서다. 그의 어머니 무어 부인과 로니의 약혼녀인 아델라 퀘스티드가 그를 만나러 본국에서 찾아오지만, 그는 꽤나 분주하고 일에 치여 있다. 무어 부인과 아델라는 인도를 이해하려고 노력하지만 그것이 심리적으로 쉽지 않다. 어느덧 판에 박힌 인도 생활에 염증을 느낀 무어 부인은 우연히 인도인 청년 의사 아지즈를 만나게 되고, 아델라는 인종차별주의자로서 일에 몰두하는 로니에게서 실망감을 느끼고 결혼까지 망설이게 된다. 이런 저런 일이 겹치면서 아델라와 무어 부인은 힌두교도인 의사 아지즈와 힌두교도 교수인 고드볼리, 그리고 인도인들과 가깝게 지내는 영국인 학장 필딩 교수를 만나게 된다. 그런 어느 날, 아지즈는 유적 마라바 동굴의 여행을 제의하고, 필딩 교수와 무어 부인, 아델라, 그리고 인도인 고드볼리 교수가 함께 떠나기로 하지만, 고드볼리 교수와 학장인 피딩 교수는 여행 당일 제시간에 닿지 못해 기차 여행에 동행하지 못하게 된다. 동굴 관광을 안내하던 중, 아델라는 동굴 속에서 일어나는 겹겹이 쌓여 들려오는 신비스런 메아리 때문에 정신 착란을 일으킨다.

그런 착란 속에서 그녀는 아지즈에게 능욕당할 뻔하였다고 생각한 나머지 동굴을 빠져 나가려고 안간 힘을 쓰게 된다. 그 와중에 선인장 가시와 풀에 찔려 상처를 입고 피를 흘리게 된다. 그런 그녀를 구출한 영국인들은 한 가지 결론에 도달한다. 이 모두를 아델라를 유인하여 범하려는 인도인 의사 아지즈의 고의적인 행동으로 몰아붙인다. 아무런 힘도, 논리도 준비되어 있지 않던 아지즈는 꼼짝없이 강간 미수범으로 고발당한다.

재판정에 서게 된 아지즈의 강간 미수 사건을 중심으로 인도인과 영국인은 민족적 대립과 심리적 갈등으로 내닫는다. 시간이 흐르자 환청에서 깨어난 아델라는 아지즈에 대한 자기의 잘못을 끝내 진술한다. 덕분에 아지즈는 자유의 몸이 된다. 작가 포스터는 영국인과 인도인의 심리적 갈등과정을 그려 내면서, 무한한 우주와 영원한 시간 속에 위치하고 있는 인간 존재는 영원히 유한한 존재임을 상기시킨다. 유한한 인간 사이의 만남과, 헤어짐, 그리고 친교는 어떻게든 무한한 한계와 유한한 가능성들이 있는 관계임을 잊지 말라고 당부한다.

일련의 모든 사태를 지켜보고 있던 인도 철학의 대가인 고드볼리 교수는 힌두인의 삶과 지혜를 일련의 사태에 있는 그대로 표출시킨다. 그는 제아무리 급한 일이 있다고 하더라도 서두르지 않는다. 그렇게 바쁘거나 서둘러야 할 필요가 없기 때문이다. 올 것은 오고, 갈 것은 가도록 되어 있기 때문이다. 재판정에 서게 된 아들과 같은 아지즈의 운명에 대해서도 그는 무덤덤하기만 하다. 그 어떤 사건에도 그의 태도는 달관한 무심, 바로 그 자세다. 인간의 삶살이, 그의 운명은 결정되어 있기 때문에 아무리 좋은 일이 생긴다고 해도, 설사 제아무리 억울한 일이 있다고 하더라도 풀릴 것은 풀리게 되어 있고, 풀리지 않을 것은 풀리지 않도록 되어 있다고 믿고 있기 때문이다[참고: 에드워드 모건 포스터(2006). **인도로 가는 길**(역). 서울: 열린책들].

55) 조선의 역대 임금 가운데에서 용류한 사람에 대한 언급이 많았던 임금 세종은 국정을 하면서 용류한 신하들을 꽤나 경계한 통치자다. 그는 "스스로 알지 못하는 것이 없다고 하는 자들은 용류한 사람(自謂無所不知者 斯其所謂庸流)이니 그들의 말에 개의치 마라."고 신하들에게 당부하곤 했다[참고: 박현모(2010). **세종처럼**. 서울: 미다스북스].

56) 소크라테스를 죽음으로 몰아가는 데 결정적으로 기여한 인물들로 지목되는 사람들이 서너 명 있다. 저들은 당시 아테네에서는 포악한 인물로 묘사되었던 인물이었다. 크리티아스와 알키비아데스가 바로 그들이다. 이들은 소크라테스가 아끼던 친구이자 제자이기도 했다. 소크라테스 스스로 잘못 사귄 동행들이라고 볼 수도 있지만, 스크라테스에게는 그런 감정이 처음부터 있을 수 없었다. 소크라테스는 저들을 한번도 원망한 적이 없다. 모두 사연이 있었기 때문이다.

기원전 431년에 일어난 일이었다. 아테네와 스파르타가 한바탕 전쟁을 벌였다. 패권을 위한 전쟁이었다. 스파르타가 이 전쟁에서 대승했다. 패전국인 아테네는 스파르타의 요구에 따를 수밖에 없었다. 시민의 생존 때문에 아테네는 해외 영유지와 성벽, 12척을 보장받고 나머지 모든 함대를 상실한다. 아테네는 2등 국가가 되었다. 스파르타를 상전으로 모셔야 했다. 아테네에 새로운 정권이 들어선다. 그동안 해외로 몸을 피했던 과두파 인사들이 복귀한다. 저들의 정치적 야망대로 과두정을 실시한다. 스파르타를 등에 업고 등장한 '30인 참주정'이 바로 그것이다. 아테네 정치는 이제부터 민주파와 과두파로 갈라졌다.

소크라테스의 친구였던 크리티아스는 과두파였다. 그는 '30인 참주정'의 우두머리가 된다. 그는 과두파에 반대하는 1,500여 명의 민주파 시민을 살해한다. 잇달아 아테네에서는 추방자와 재산 몰수가 빈번해진다. 공포 정치. 이런 공포 정치가 전개되자, 아테네 시민들은 아테네에게 국치의 모욕감을 준 알키비아데스를 더욱더 원망하게 된다. 알키비아데스라는 인물은 아테네에서는 알아주는 명문가 귀족이었다. 미남이었으며 소크라테스를 따랐던 귀족이자 장군이었다. 그는 전쟁 도중 배반한다. 펠로폰네소스 전쟁 도중 목숨을 부지하기 위한 비열한 짓이었다. 그는 군함을 버리고 스파르타로 망명한다. 아테네에게는 패배를 안겨 준 비열한 인간이었다.

아테네 민중들은 나라를 잃은 패배감 속에서 두 사람의 얼굴을 번갈아 그린다. 크리티아스와 알키비아데스를 '반역자', 그 이상 그 이하도 아닌 인물로 각인한다. 시민들은 저들을 증오한다. 저들에 대한 복수의 분노심을 키우고 있었다. 그런 사회 정치적 분위기 속에서 그들의 스승이자 멘토였던 소크라테스가 무사할 수 없었다. 소크라테스 자신은 저들과 정치적으로나 정신적으로 무관했다. 그런 소크라테스의 진정성을 쉽게 받아들일 리가 없었다. 소크라테스에 대한 아테네 시민들의 연민이 없을 리 없었다. 그래도 저들의 분노가 가라앉지 않았다. 소크라테스에게는 정치적 약점이 아니라 삶의 약점이었다.

아테네인에게는 소크라테스가 공포 정치를 펼친 과두파의 근원으로 지목되기 시작했다. 성난 시민들에게는 소크라테스를 그냥 놔둘 수 있는 정신적 여백이 없었다. 아테네 민중들은 마침내 소크라테스를 정치적 보복을 줄 심사로 그를 재판에 올린다. 그 방법이 바로 소크라테스에 대한 면박이었다. 목숨 대신 체면을 구기는 일로 소크라테스를 살리려는 민중의 바람이었다. 문제는 소크라테스가 그토록 증오하던 소피스트라는 이름을 소크라테스가 받아들이길 바랬던 것이다. 사악한 소피스트의 전형으로 소크라테스를 법정에 세워 버린다. 소크라테스에게 그것은 죽음보다 더 심한 것이었다. 그는 젊은이들을 오도하고 타락시킴으로써 아테네의 존립을 어렵게 만든 소피스트였다는 죄목을 써야 할 판국이었다. 게다가 아테네가 신봉하는 신들을 믿지 않고 자기 나름대로의 새로운 신 따위를 믿고 있다는 식으로 소크라테스를 새로운 유형의 사악한 소피스트임을 받아들이라는 요구였다.

소크라테스에 대한 재판은 500인의 배심원들의 다수결에 의한 판결로 진행되었다. 하루 사이에 진행되는 재판이었기에, 배심원들은 형편없는 인물들로 모여졌다. 그래도 직접 민주주의의 상징이었다. 이 재판에서 배심원들은 소크라테스의 행위가 유죄인지 무죄인지 판결한다. 유죄로 판결되면 원고와 피고가 각자 형을 선고받는다. 재판은 공개로 진행되었다. 소크라테스를 고발한 주동자들은 작가의 대표 자격인 멜레토스, 기능공과 정치가의 대표 자격인 아뉘토스, 변론가의 대표격인 뤼콘 세 사람이었다. 이 모든 재판과정을 관찰하며, 하나하나를 지켜보고 있던 사람이 플라톤이었다. 플라톤은 당시 어렸지만, 소크라테스에게는 제자이었으며 동행이었다. 플라톤은 저들 사이에서 일어난 모든 것을 기록했다. 플라톤의 증언에 따르면[참고: 플라톤(1999). 소크라테스의 변명(역). 서울: 문예출판사], 원고 측의 고소 이유서가 낭독된 직후, 소크라테스는 재판관들을 향해 그에 대한 고소가 부당함을 장황하게 연설함으로써 배심원들을 설득하려고 한다. 소크라테스는 배심원들을 향해 조롱까지도 서슴지 않았다. 민주파 인사들이 한심하기 이를 데 없었기에, 심하게 경멸하기도 한다. 소크라테스 스스로가 직접 민주주의 정치에 대한 강력한 비판자였기 때문이다. 소크라테스는 아테네의 유력자들을 향해 저들이 무지함을 일깨우기 위해 질문을 해낸다. 마치 너희 스스로 무지함을 깨달으라고 하는 조롱 같은 언사를 구사하기도 했다. 민주파들에게는 없어서는 안 될 전통적인 덕목들까지 조롱한다는 인상마저 풍겼다. 소크라테스는 자기가 무죄임을 드러내기 위해 자기 변호에 열심이었다. 비타협적인 자세를 더욱 드러내면서 자기 변론을 강행한다.

500명으로 구성된 배심원 중 280명이 소크라테스에게 마침내 유죄 결정을 내린다. 배심원으로 참석한 500명의 아테네인은 지금말로 말하면 수준 미달의 사람들이었다. 무엇 하나 제대로 가늠할 수 있는 인물들은 아니었다. 실제로, 배심원 중에는 예순셋이 넘은 노인과, 집에서 무료한 시간을 견디기 싫증 난 사람들이 일당을 받고 배심원으로 참여하고 있었다. 배심원들에게는 배심원 수당인 3오블을 주었다. 당시 일당으로는 후한 대접이었다. 그렇다고 수당을 받은 저들의 배심 판결이 하자를 지녔다고 볼 수도 없었다.

어쨌거나 첫 번째 재판에서는 소크라테스에게 유죄가 내려진다. 280 : 220이었다. 다수결의 장점과 단점 모두가 드러나는 순간이었다. 절차에 따라 1차 투표에서 유, 무죄가 다수결로 결정되면, 다시 2차 재판이 이어진다. 2차 재판에서는 피고와 원고는 각각 제안한 형량을 놓고, 피고에게 유리한 형량을 고르게 하는 방식이었다. 소크라테스를 아끼는 사람들이 그에게 강경 노선을 거두고 짐짓 얌전한 모습을 보이라고 충고하기도 했다. 만약을 대비해, 그를 아끼는 사람들은 소크라테스에게 망명을 제안한다. 소크라테스는 그 제안을 강경하게 거부한다. 이미 70세의 노구의 몸이라는 이유를 들어 거부한다. 게다가 소크라테스는 그에게 부과된 약간의 벌금형도 부당하기에 아주 몇 푼만 내는 벌금형을 하라면 저들의 제안을 한번 고려해 보겠다는 식으로 배심원을 심하게 조롱하기까지 한다. 배심원의 화를 오히려 부추기는 제안이었다. 죽음에 대비한 소크라테스의 결단을 표현한 순간이었다. 저들에게 몸을 주면 주었지, 양심과 정신을 줄 수는 없다는 그의 단호한 의지 표명이었다.

소크라테스에게 첫 재판에서 유죄, 두 번째 재판에서는 사형이 확정된다. 기원전 399년 5월 7일, 70세의 소크라테스는 독배를 마신다. 자연으로 돌아간다. 소크라테스의 죽음은 그리스 도시 국가 간의 기나긴 전쟁, 아테네의 몰락, 공포 정치와 수많은 정치 인사들의 죽음, 정권의 몰락과 정치적 보복이 만들어 낸 복합적인 정치적 부산물이었다. 키토 교수의 결론이었다. 그는 소크라테스와 그를 고발, 죽음으로 몰고간 민주파 모두가 옳은 처사였다고 정리한다. "양자 모두 정당한 것들의 충돌이었다." 는 것이다[참고: 키토(2008). 고대 그리스, 그리스인들(역). 서울: 갈라파고스]. 소크라테스는 마음먹은 그대로, 민주파는 민주파의 결정대로 자신의 입장에서 최선을 다했다는 것이다. 당시의 민주파 기소자들과 500명의 배심원들이 서로 간의 정당한 판단을 하지 않았다면 '소크라테스의 변명'은 빛을 잃었을 것이라는 것이다.

역사학자인 휴즈(Battany Hughes) 교수는 소크라테스는 아테네가 지닌 직접 민주주의의 성취이자 절망의 본보기라고까지 정리한다. 아테네는 그들의 사회적 전성기에는 어떤 시민의 비판이라도 수용할

만한 정신적인 여유가 있었지만, 스파르타에게 패전한 후에는 정신적으로 피폐해진 탓에 작은 비판에
도 신경질적으로 반응하는 정신적인 공황 상태였다는 것이었다. 그런 분위기 속에서 아테네의 직접 민
주정을 혹독하게 비판하는 소크라테스는 어쩔 수 없이 저들의 정치적 희생양이 될 수밖에 없었다는 것
이 휴즈 교수의 진단이었다. 그의 분석에 따르면, 소크라테스는 아테네 민주주의의 빛과 그림자였었
다. 말하자면 아테네 폴리스가 야심만만하게 채택했던 직접 민주주의의 정치적 성과가 어떤 것이었는
지를 드러내 보여 주는 상징적인 인물이기도 했지만, 동시에 아테네의 직접 민주주의의 몰락과 실패가
어떤 것인지를 보여 주는 상징적인 희생물이기도 했었다[참고: 베터니 휴즈(2012). **아테네의 변명**(역).
서울: 옥당].

57) 삶을 이야기하는 사람은 삶의 명철함을 이야기해 줄 수 있는 사람이어야 한다. 그런 사람을 철학가라고
부를 수 있다. 철학을 공부하는 철학자가 아니라 삶의 예지를 말해 주는 사람이어야 하기 때문이다. 철
학을 한다는 사람은 그가 어떤 철학적 신조를 믿던 간에 관계없이 그는 '영혼의 치유사'이어야 한다.
소크라테스가 바로 그런 철학가였다. 그는 영혼을 치유하는 일은 냉철한 이성의 힘을 보이는 길이라고
가르쳐 준다. "이처럼 무슨 짓이건 하고 무슨 말이건 할 각오만 되어 있다면 어떤 위험 앞에서도 죽음을
피할 방법은 많습니다. 이렇듯 여러분! 죽음을 피하기란 어렵지 않습니다. 하지만 사악함을 피하기는
훨씬 더 어렵습니다. ……이제 저는 그대들에게 사형을 선고 받고 떠나야 합니다. 그러나 저들은 진리
에 따라 야비하고 정의롭지 못하다는 판결을 받았습니다. ……아마 일은 이렇게 되도록 되어 있었겠지
요. 저는 받아들일 만하다고 생각합니다." "제가 살아 있고 계속할 수 있을 때까지 저는 지혜를 사랑하
는 일과 그대들에게 충고 하는 일, 그대들 중 누구와 마주치건 이 점을 일깨우는 일을 절대로 그만두지
않을 겁니다. …… 아테네 사람들이여! 저를 무죄방면하건 하지 않건 간에 이 점만은 꼭 알아주십시오.
몇 번을 거듭 죽는다 해도 절대로 제 행동을 바꾸지 않을 것이라는 점을 말입니다."
소크라테스는 그를 고소했던 민주파 기소자와 500명의 배심원들을 향해 끊임없이 저항한다. 그들의
무지와 구태의연한 관습이 아테네 시민을 어느 정도로 타락시키며 오염시켰는지를 지적한다. 일종의
비판이며 야유였다. 아테네 시민은 그렇게 자기를 꾸짖는 소크라테스가 밉기도 했고, 다른 한편으로는
존경스럽기도 했었을 것이다. 설령 소크라테스에게 사형을 선고했지만, 저들은 소크라테스에게 관용
을 베풀어 줄 마음속 준비가 되어 있었기 때문이다. 저들의 체면을 소크라테스가 조금이라도 지켜 주는
식으로 양보하기만 한다면, 저들의 무지에 대해 앞으로 침묵만 하겠다면, 저들은 그를 기꺼이 풀어 주
겠다는 것이었다. 그런 민주파 인사들의 마지막 제안마저도 소크라테스는 단호하게 거부한다.
침묵하라는 것은 공인으로서 살아 온 그의 일관된 마음가짐과 태도를 기만하라는 주문과 같았기 때문
이다. 말하자면 캐묻고, 질문하고 답함으로써 무지를 일깨워야 한다는 자신의 임무가 그동안 자기 기
만이었음을 죽음과 바꾸라는 강요였기 때문이다. 그것은 그의 영혼을 죽이겠다는 더 잔인한 사형선고
나 마찬가지였다. 몸을 사형으로부터 구하는 대신, 영혼을 사형시킬 수는 없는 노릇이었기 때문이었
다. 그런 소크라테스는 저들에게 말한다. "더 나아가 제가 날마다 덕 또는 저 스스로에게나 다른 사람
들에게 캐묻는 것들에 관해서 말하는 것이 사람에게는 가장 좋은 것이며 캐묻지 않는 삶은 살 만한 가

치가 없다고 말한다면, 그대들은 더욱 제 말을 믿지 않으시겠지요."라고 반문하고 만다. 죽음을 받아들이는 의연한 소크라테스의 모습이었다.

58) 참고: 에픽테투스(2008). 엥케이리디온(역). 서울: 까치.

59) 영혼의 치유를 위해서 죽음까지도 거부하지 않았던 소크라테스의 의연한 모습에서 침묵의 힘을 읽어 내는 에픽테투스는 소크라테스처럼 죽음마저도 순수하게 받아들이지 못하겠다면 부동심이니 평온이니 하는 것은 아예 입에도 꺼내지 말라고 주문한다. 영혼의 치유를 명분으로 잡다한 이야기를 하기보다는 차라리 입을 다물고 있는 편이 더 옳은 일이라고 은유하면서 그는 침묵이 바로 무관심과 평온에 이르게 만드는 일이며 영혼의 치유를 위한 방법이자 지혜임을 강조한다.

소크라테스야말로 자기 치유를 위한 침묵의 완성자이기도 했다고 이해한 에픽테투스는 소크라테스를 영혼의 치유자라고 치켜세운다. 삶을 제대로 살기 위해서 사람들에게 필요한 것은 부동심과 평온이라고 말한다. 자유로워지기 위해서는 소크라테스처럼 영혼의 치유자가 되라고 주문하고 있다[참고: 에픽테투스(2008). 엥케이리디온(역). 서울: 까치].

60) 사유의 명상 실천이란 요즘말로 말하면 인간되게 만드는 가장 상징적인 신체 중의 한 부분인 두뇌의 기능을 최대한 활용하는 방법이다. 일상적으로 우리가 늘 하는 일, 즉 머리로서 생각하고 사유하는 그것을 명상방법으로 실천하는 일을 극대화시키는 방법이 사유의 명상 실천방법이다. 세상이 복잡해지면서부터 심리치료를 위한 명상법들이 수없이 출현하고 있다. 모두가 깨달음에 이르는 방법론으로 소개되고 있다. 예를 들어, 지금 여기에서의 깨달음의 방법이나 혹은 좀 더 깊은 깨달음에 이르는 방법 같은 것으로 분류되기도 하나[참고: 아놀드 민델(2011). **명상과 심리치료의 만남**(역). 서울: 학지사], 이런 사유방법들은 사유 그 자체를 명상으로 만들어 버리는 나가르주나의 일체공의 논리에 비하면 상당히 초보적일 뿐이다.

61) 무심, 무애, 대안과 엇비슷한 개념은 붓다가 초기에 가르쳤다는 무상(無常)관, 부정(不淨)관, 무아(無我)관과 일상에서 모두 궤적을 같이 한다. 나가르주나가 말하는 일체공의 개념이 이 모두를 하나로 관통하게 만든다. 무상, 부정, 무아에 관한 삼관은 소승불교의 근원이라고 알려지는데, 불교의 흐름이 붓다 때부터 그렇게 갈라 있던 것이 아니다. 대승, 혹은 선불교 등은 붓다가 처음부터 그렇게 갈라 주고, 나눠 줬던 것은 아니다. 붓다의 행적과 말씀을 충직하게 따른다는 후세의 사람들이 자기의 '욕심'으로 붓다의 가르침을 그렇게 갈라 생각하고, 그렇게 나눠 갈라졌던 것일 뿐이다. 소승불교는 붓다 초기의 가르침이고 대승은 소승을 받아들일 상황이 되었을 때 받아들여질 법한 가르침이라고 말하기도 하지만, 이 역시 인위적이며 인습적인 공론이기는 마찬가지다.

소승이고 대승이고를 따질 일 없이, 붓다 스스로 6여 년이 넘도록 고행했다. 그가 수행하다가 마침내, 그리고 처음으로 깨달은 것은 세 가지였다. 이 세상에 영원한 것은 없다는 생각, 이 세상에 깨끗한 것은 없다는 생각, 그리고 이 세상에 나라는 것은 없다는 생각에 이르렀다는 것이다[참고: 현각(2010). 선의 나침반. 파주: 김영사]. 흔히 무상관, 부정관, 무아관으로 일컬어지는 붓다의 생각은 붓다가 깨달았던 처음 순간부터 지금에 이르기까지 언제나 그대로일 뿐이다.

자신 안의 괴물인 마음과 매일 싸움을 포기하지 않는 현자들은 스스로 자기 철학, 말하자면 자기에 대한 지혜로 자기를 밝게 만들어 가는 사람들이다. 현자는 일체유심조의 조화 속과 그것의 요지경을 꿰뚫어 보는 혜안이 뛰어난 사람들이다. 중국의 전통 선(禪)문주에서도 가장 심오한 사상을 담고 있는 책으로 알려진 불립 문자의 세계관을 제시한 책인 벽암록[참고: 조오현(2005). 벽암록(역해). 서울: 불교시대사]에는 원효 대사의 스승으로 알려진 대안 대사(大安大師)와 원효 스님과의 조우에서 얻어지는 대오의 사례를 소개한다. 원효 대사는 원래 의상 대사와 어린 나이에 당나라로 유학을 떠났다가 산중의 한 움막에서 하룻밤 동안 겪은 일로 인해 크게 깨닫고는 유학을 그만두고 귀경한 당대의 스님이다. 의상 대사와 함께 유학길을 걷고 걷다가 밤이 되자 그들은 산속 움막으로 들어가 하룻밤을 청한다. 원효는 곤하게 잠이 들었다가 목이 말라 옆에 있는 질그릇의 물을 달게 마셨다. 그야말로 갈증을 달래 준 꿀맛 같은 물맛이었다. 그는 눈을 뜬 그다음날 자기가 마신 물그릇이 해골이었으며 마신 물도 그 해골에 고였던 썩은 물임을 알고 크게 놀랐지만, 그로부터 얻는 바는 엄청났다. 좋고, 그르고, 맛있고, 맛없음 모두가 마음이 부리는 조화 속이었다. 모두가 다 자기가 만들어 낸 마음의 조화인 줄을 깨닫고 원효는 가던 길을 중단하고 만다.

"삼계(三界)가 오직 마음이요, 만법(萬法)은 오직 인식일 뿐이다. 마음밖에 법이 없는데 어찌 따로 구할 것이 있으랴. 나는 당나라에 가지 않겠다!"하고 다시 작정하고 신라로 되돌아 왔다. 일체유심조, 즉 모든 것은 마음이 만드는 것임을 깨달은 원효가 산속 깊이 숨어 사는 대안(大安) 대사를 찾아간다. 마침, 어미 잃은 너구리 몇 마리를 들고 있던 대안 대사는 원효에게 마을에 들어가 젖을 얻어 올테니 너구리 새끼들을 보살펴 달라고 부탁을 하고 집을 나섰다. 대안 대사가 돌아오지 않는 동안 어미가 죽어 버린다. 그것에 너무 상심한 원효가 죽은 어미와 어미를 찾고 있는 나머지 새끼들을 위해 슬피 울며 목탁을 치며 염불을 해 주고 있었다. 시간이 지나 대안 대사가 돌아올 때까지 원효는 아직도 목탁을 치고 있었다. 무엇을 하고 있는지를 묻는 대안 대사에게 원효는 어미가 죽어 울고 있기에 염불을 한다고 했다. 그런 원효를 보고 대안 대사는 배고플 때는 밥을 주는 것이 염불이라고 하며 마을에서 동냥해 온 젖을 새끼에게 물렸다. 보채지도 않은 채, 먹이에 흡족해하는 새끼들을 보면서 원효는 또 한 번 더 큰 삶의 지혜를 얻는다.

이 점은 이미 논한바 있지만, 공자가 살아가면서 네 가지를 끊었다는 절사(絶四)의 대목에서도 마찬가지로 나타난 바 있다. 공자는 무엇보다도 첫째로 사사롭게 생각하지 않았고, 둘째로 무엇인가 반드시 하겠다고 기약하지 않았으며, 셋째로 집착하여 얽매이지 않았다. 마지막으로 자기를 앞세우지 않았다. 무의(毋意), 무필(毋必), 무고(毋固), 무아(毋我)가 공자의 절사였다. 스토아학파가 이야기했거나 원효가 노래했던 무심, 무애, 대안에 이르게 하는 방편이 될 수 있을 성싶다.

제아무리 능력이 뛰어나더라도 자기 다스림과 자기 치유는 자신의 삶을 살아가는 데 절대적이다. 자기 다스림이 결여되면 그 어떤 재능도 죽어 버린다. 자기 다스림은 자기 치유의 여백을 단단하게 정지(整地)하는 작업이다. 자기를 치유해 가는 사람이기에 자유로운 사람이며 무애로운 사람들이 현자들이다. 자유는 자기의 몸과 마음을 그 누군가에 의해 어떻게든 구속당하고, 의시당하며, 조정당할 수밖에 없는 노예 상태를 벗어난 상태다. 허물이 있어도 고치지 않는 것이 정말로 그것은 자기 삶에서 걸림돌이 되는 것이다. 그런 허물을 지니고 사는 사람들은 말로만 하겠다고 되뇌이면서 실제로는 실천하지 않는, 자기 스스로 자기를 배반하는 사람들이다. 율곡(栗谷) 선생은 고대 중국의 현자들이 일러 준 말들을 『사서육경』에서 가려 뽑아 임금다운 임금을 만드는 데 도움이 될 책으로 엮은 『성학집요(聖學輯要)』 보덕장(輔德章)에서 누군가 말하는 것이 네 마음에 거슬리면 반드시 도(道)에서 그 거슬리는 이유를 찾아보고, 말하는 것이 네 뜻에 공손하면 반드시 도가 아닌 것에서 그 공손한 이유를 찾아야 한다고 했다. 다시 말해 누군가가 하는 어느 말이 혹여 내 귀에 거슬리는 것이 있다면 그것에 화를 내기보다는 오호라 그것이 정말로 내게 약이 되는 바른 길은 아닌가 하고 다시 찬찬히 살펴 듣고, 반대로 저들의 말이 무엇인가 내 귀에 솔깃하게 들어오는 달콤한 말이라면, 그 말을 들은 후 이내 아차하고 다시 살펴보고, 또 살펴보면서 그것이 내 갈 일이 아님을 의심해 보며, 과감하게 고쳐먹는 것이야말로 현자가 갖추어야 할 자세라는 것이다[참고: 이이(2007). 성학집요(역). 서울: 청어람미디어; 정방영(1997). 성학집요에 나타난 이상적 인간상. 청람어문학, 19권]. 그가 말하는 자기 치유의 처방은 겸허, 그리고 마음을 내려놓는 수기치인이었다.

지혜를 사랑하는 것을 일상적으로 만들어 가는 철학자들은 철학은 무명(無明)을 명(明)으로 바꿔내는 일, 그러니까 모든 것을 맑고 밝게 만들어 놓는 일이기에, 그것은 자기 내면을 위한 치유의 선택이며 과정이라고 받아들인다. 붓다를 따르는 일군의 현자들, 공자를 따르는 일군의 위인들, 그리고 아테네 거리를 소요했던 스토아학파 모두 자기 치유, 자기 다스리기로서 삶을 밝게 비추려고 정진했던 배움꾼들이었다.

62) 붓다가 가르친 중도의 교리를 일체공의 논리로 다시 풀어 중관(中觀)의 입장으로 새롭게 펼친 이가 그였다. 일체공의 논리는 이 세상, 그러니까 사람들이 일상적인 삶 속에 매몰된 채 의지하고 있는 그런 일상적인 진리를 이용하여 궁극적인 진리를 완벽하게 드러내려고 하는 논리다[참고: 마르치아 엘리아데(2008). 세계종교사(역). 서울: 이학사].

63) 일체공(一切空)의 논리는 나가르주나 스스로 자기 결단의 절대성을 보여 준다. 완벽한 사유의 실천적 명상의 종착점은 명상이 아니라 실천일 뿐이기 때문이다. 깨달음을 위해 정진하는 자들이나 심지어 깨달았다고 하는 사람들 모두는 인간의 모습을 벗어날 수 없다. 거짓말투성이의 존재다. 그러니 더욱더 사유의 명상 실천으로 무심하고 무애하며, 대안하라는 뜻이다. 자신을 개조해 나가기 위한 절대적인 실천 덕목이다. 그는 오도(悟道)했다는 사람들이나 오도(誤導)했을 것이라고 판단되는 사람들의 허위를 꿰뚫어본다. 그런 것은 말로는 있을 수 있지만, 있어본 적이 없기 때문이다.

인간인 이상 인간의 틀과 탈을 벗어날 수 없지만, 틀을 벗어나야 한다는 것을 간파한 나가르주나가 말하는 일체공의 논리는 세 가지 생각을 분명히 드러낸다. 무엇보다도, 첫째, 이 세상에 존재하는 것은 존재라는 고유 성질이 없는 것이기에 존재하지도, 그리고 존재할 수도 없는 것이라고 가르치고 있다. 흔히 우리가 사물의 생성 단계라고 말하는 그것들, 말하자면 발생, 지속, 정지라는 것도 존재하는 것이라고들 하지만 그것들이 고유 성질을 갖고 있지 않기에 존재하지 않는다는 것이다. 일상을 살아가는 사람에게는 늘 괴롭힘의 대명사 같은 업이라는 것도 그저 그의 마음이 만들어 낸, 그리고 만들어 내는 것인데, 그 업을 만들어 내는 그 마음의 행위자마저도 존재한다고 할 수 없기에 업이라는 것도 존재하지 않는다는 것이다. 모든 것은 말로 표현된 관습의 일반적인 현상들이다. 인간이 의지하고 있는 말이라는 것은 궁극적인 진리를 드러내지 못한다. 궁극적인 진리, 말하자면 모두가 원하는 그 해탈로 자신을 이끌어 준다는 궁극적인 진리라는 것도 따지고 보면 현실적인 유용성을 지닌 일상적인 관습의 언어로 그렇게 무수하게 진술되며 나열될 뿐이다. 그러니 그 해탈이라는 것도 존재한다고 볼 수 없는 것이다. 진리라고 말들은 하지만, 그것들은 실제에 있어서 인간이 의지하고 있는 일상적인 관행과 관습에 근거된 정보나 지식을 이야기하는 것에 지나지 않을 뿐이다. 궁국적 진리라는 것은 그런 일상적인 언어의 그물을 벗어날 수 없는 것이기에, 끝내 그 어떤 궁극적인 진리가 존재한다고 말할 수는 있지만, 그렇다고 궁극적인 진리가 존재하는 것은 아니다.

둘째, 나가르주나는 세속과 해탈은 구별되지 않는다고 가르친다. 깨달음이나 세속들은 서로가 엄격하게 구별되지 않으니 서로 간에 차별이 있을 수 없다는 것이다. 해탈한 사람이나 그렇지 못한 채 세속에 젖어 있는 사람, 말하자면 속물 근성의 사람과, 그렇지 않고 크게 깨달았다는 사람 간에도 구별이 있을 수 없다. 한때 언론에서 놀잇갯감으로 회자되었던 르윈스키와 신정아 양이 서로 구별되지 않듯, 신정아의 짓거리와 늘 역사적으로는 대통령의 그늘에 가려있는 그 영부인의 자태와도 현격하게 구별이 되지 않는다는 것이다. 구천을 떠도는 구차한 윤회적인 삶과 크게 깨달음의 열반마저도 엄히 구별되지 않는다는 것이다. 이것은 신정아와 영부인, 좀도둑과 붓다, 붓다와 예수, 예수와 공자가 서로 동일하거나 같다는 뜻이 결코 아니다. 사람들이 그렇게 구별하고 차별해내는 것처럼 그들이 밤낮으로 벌이는 일들의 높고 낮음이 사람들이 평하는 그런 것처럼 그렇게 엄히 구별되지 않는다는 것일 뿐이다. 열반이라는 것도 따지고 보면, 마음의 구성물에 지나지 않는 것이며, 깨달은 자라는 것도 그 스스로 자율적으로 그렇게 되어 있다는 절대적인 존재론적 상태나 지위를 지니고 있는 것이 아니라는 뜻이다. 이것은 마치 바다의 표면에 일렁거리는 파도와 조용하기만 한 바다 밑의 해류가 서로 동일한 것은 아니지만, 그 파도와 해저가 서로 구별되지 않는다는 논리와 같은 이치다.

셋째, 일체공의 논리에 따르면 모든 것에는 본디 그 자체의 고유 성질을 지니고 있지 않으니 이 세상 우주 만물 모두가 비어 있다는 것이다. 공하다는 것은 겉으로든 안으로든 그것이 표현될 수도 없고, 파악될 수도 없고, 식별될 수도 없는 상태를 말한다. 그래서 공은 마치 초월적이며 절대적인 것같이 간주될 가능성이 높다. 공이라고 이야기하면 그것에는 끝내 무엇인가가 있다는 생각을 품게 만들법 하지만, 결국 그것은 그것이 결코 아니라고 나가르주나는 가르치고 있다. 모든 것은 본디 변하지 그 자리는 없는 법이다. 초월적인 실재일 것이라는 추측이나 초월적인 것마저 허용하지 않는 것이 바로 공이기 때문이다. 공의 근거가 되는 절대적 진리, 그 절대 진리의 본질이 어떻든 간에 존재할 것이라는 어떤 추론마저도 성립하지 않기 때문에, 절대적인 진리니 궁극적인 진리 같은 것들은 원론적으로 비어 있다. 절대적 진리, 궁극적 진리라고 말하는 것은 그 존재를 확인할 수 있다거나 그 존재됨을 지적하고 있는 것이 아니라, 그저 그것들의 양태를 서술하고 있는 것에 지나지 않을 뿐이다.

궁극적인 진리의 양태에 접근하려고 하거나 그것을 추구하려고 수행하는 사람이 사물이나 사건의 시작과 정지에 대해 일체의 관심을 없애 버리는 그 순간, 그때에만 비로소 공의 실체가 그 수행자에게 잠깐, 아니 순간적으로 드러날 수는 있다. 그렇게 된다면, 그것은 사유의 철저한 명상 실천으로 공을 실현할 수 있는 것이 되며, 그것은 궁극적인 진리, 그 언저리에 이르게 되는 것이라고 볼 수도 있다. 급하게 이야기해서 그런 상태, 그런 순간, 그런 상황이 해탈이나 깨달음과 같은 것이거나 동일한 것으로 볼 수도 있지만, 해탈에 도달한 사람은 당연히 그 공(空)의 실체를 아는 것도, 그것을 붙잡는 것도 가능하지 않기에 공은 원래 존재와 비존재를 늘 넘게 된다. 공, 그것을 아는 것은 원천적으로 불능하다는 것이 적합하고 곧은 생각이다.

나가르주나가 말하는 것처럼 일상을 살아가는 사람들이 일체공의 논리에 기초해서 완벽한 사유의 명상을 실천하는 삶을 살아간다는 것은 말처럼 쉽지는 않다. 사유의 명상 실천, 일체공의 논리에 터한 완벽한 사유의 명상 실천은, 설사 그것이 가능하다고 하더라도 어느 순간에는 자기도 모르는 사이에 그 원래의 양태 가까이로 되돌아오곤 하기 때문에 끊임없는 개조의 삶과 또 다른 형식의 사유의 철저한 명상 실천만이 필요하다. 그러니 깨달은 자라고 크게 나서거나, 오도(悟道)했다고 현자(賢者)스레 오만하거나 대통했다고 연기하는 식의 방외지사(方外之士)들의 호언들은 모두가 대중을 오도(誤導)하기 십상이다[참고: 조용헌(2005). 방외지사. 서울: 정신세계원]. 그저 무심, 무애, 대안하려면 바른 생각, 올곧은 사유, 덕스런 언사로 생각하고, 또 생각하면서 남도 행복하고 자기도 편해지게 만드는 멸도(滅道)의 길로 자신을 끊임없이 개조해 나가는 사람이 바로 크게 깨달은 사람의 범주에 있을 법한 사람이다.

64) 참고: 아서 프리먼(2011). 그동안 당신만 몰랐던 스마트한 실수들-실수를 반복하는 사람은 절대 모르는 10가지 심리법칙(역). 서울: 애플북스.

65) 자기 자신에 대한 바른 관점을 지닐 수 있는 현실적인 방편 중의 하나는 자신에 대한 자기의 믿음이다. 자기가 행하는 일들이 윤리적으로나 도덕적으로 하자가 없이 자신에 대한 관점을 세우는 데 필요한 것이라면, 그런 관점을 세우기 위해 어느 가수가 60년대 불러 인기를 얻었던 대중가요인 〈나는 곰이다〉의 가사처럼 해 볼 수도 있을 것이다. "와하하하 나는 곰이다. 미련하다 못났다 놀려도 좋다. 재주는 없다마는 할 짓은 다한다. 태산이 높다 해도 못 오를 게 무어냐 험한 길 자빠져도 웃으면서 일어나 자빠져도 코를 다쳐도 울지 않겠다. 산만 보고 올라가는 나는 곰이다. 와하하하 나는 곰이다. 사람마다 못났다 웃어도 좋다. 재주는 없다만은 할 짓은 다한다. 하늘이 넓다마는 내 마음에 비할까 가는 길이 험해도 뛰어라 뛰어라. 자빠져서 코를 다쳐도 울지 않겠다. 산만 보고 올라가는 나는 곰이다."

자기 자신의 관점을 바르게 세우기는 자기가 접하는 사물이나 다른 사람과의 관계를 '도구적'으로 간주하는 그런 도구적 이성을 버리도록 만들어 준다. 행복을 원하는 사람들은 사람을 사람으로, 사람 그 자체를 온전한 목적으로 받아들이며 그 사람을 존엄한 존재로 받아들이게 된다. 도구적 이성은 사람을, 하나의 인격체로 간주하지 않고 자신의 목적이나 이익을 위한 하나의 도구나 수단으로 받아들이는 논리나 생각이다. 인간을 사사로운 도구로 간주해 버리면 그 사람이 하나의 인격체로서 지니는 인간의 존엄성은 그 순간 제거된다.

사람을 사람으로, 즉 사람을 하나의 목적으로, 절대적인 목적으로 대하는 것은 남에 대한 나의 입장만이 아니다. 나에 대한 나의 입장도 마찬가지여야 한다. 내가 나를 수단이 아니라 절대적인 목적으로 대할 때 나의 존엄성도 확보된다. 이쯤되면, 고대 그리스의 철인 디오게네스처럼 몸에는 아무것도 걸친 것이 없는 모양이지만, 정신만큼은 황제처럼 온 세상을 거침없이 내닫는 삶이다. 동시에 몸은 절대 권력의 황제였지만, 정신만큼은 현자의 맑은 영혼을 갖고 살아간 로마의 마르쿠스 아우렐리우스처럼 살아갈 수 있다.

66) 당초부터 사람에게는 마음이라는 것은 없다. 그런 없는 마음을 붙들고 씨름하는 것이 가엾다고 생각하는 사람이 스와미 선사다. 그는 우리에게 이른다. "앉아서 명상하지 말게. 자네가 진아라는 사실을 잊어버리지만 않으면 충분하네. 일을 하는 동안에도 항상 이것을 마음속에 간직하게. 자네에게는 이 수행으로 충분하네. 진정한 수행은 진아를 잊지 않는 것이지. 그것은 눈을 감고 조용히 앉아 있는 것이 아니네. 자네는 항상 진아이네. 그저 그것을 잊지만 말게." ……그리고, "일과 명상을 구분하지 마십시오. 구분하지 않으면 그대가 하는 모든 일이 명상이 됩니다. 종류가 다른 일도 분별을 하지 마십시오. '이것은 좋은 일이고, 저것은 나쁜 일이다'라고 생각하지 마십시오. 만약 모든 일을 동등하게 취급하면, 그대가 하는 어떤 일도 그대의 수행에 이익이 될 것입니다."[참고: 데이비드 가드먼(2002). 마음은 없다-슈리 안나말라이 스와미의 마지막 가르침(역). 서울: 탐구사].

설령 어떤 것에 혹은 어떤 사람에게 화가 나서 화를 낸다고 하더라도, 화를 내는 역만을 해내라는 것이 마하리쉬의 또 다른 직계 제자인 스와미의 주문이다. 그 자체 때문에 지치지 말고, 배우처럼 그 역만을 해내고 다른 역을 맡을 준비를 하라는 요청이다. 그는 한때 건축의 설계자이고 감독이었지만, 마라리쉬에게 감화되어 그를 한평생 스승으로 모셨다. 그는 살다보면 자기에게나 남에게나 화를 낼 때가 있지만, 그때에 내가 단지 지금 필요한 어떤 역할을 하고 있을 뿐이라는 것을 잘, 그리고 제대로 알고 있기만 하면 모든 것이 평안해진다는 것이다. 화를 내면서도 내가 지금 화를 내고 있구나 하는 역할에 충실하며 깨닫고 있으면 자기 스스로 내면에서는 어떤 말로도 설명할 수 없는 평화로움이 깃들게 된다는 것이다.

『채근담』에서 말하듯이 바람처럼 살면 마음에 담아둘 것도 없게 된다. 『채근담』은 말한다. "바람이 성긴 대숲에 불어 와도 바람이 지나가면 그 소리를 남기지 않는다. 기러기가 차가운 연못을 지나가고 나면 그림자를 남기지 않는다. 사람들은 무엇이든 소유하기를 원한다. 눈을 즐겁게 해 주는 것, 귀를 즐겁게 해 주는 것 그리고 마음을 즐겁게 해 주는 것이면 가리지 않고 자기 것으로 하기를 주저하지 않는다. 모든 자연을 보라. 바람이 성긴 대숲에 불어와도 바람이 가고 나면 그 소리를 남기지 않듯이 모든 자연은 그렇게 떠나 보내며 산다. 하찮은 일에 집착하지 말라. 지나간 일에 가혹한 미련을 두지 말라. 그대를 스치고 떠나는 것들을 반기고 그대를 찾아와 잠시 머무는 시간을 환영하라. 그리고 비워 두라. 언제 다시 그대 가슴에 새로운 손님이 찾아들지 모르기 때문이다."

67) 행복이라는 것은 마음의 생각인데, 행복한 마음은 자기 자신을 치열하게 관찰하기 시작하면서 가능하다. 그런 생각을 보여 준 사람이 여럿 있다. 그중 한 사람은 모든 재산을 사회에 기부한 부자 라베더 씨 같은 사람이다. 라베더 씨가 재산 전부를 사회에 기부한 것에 대한 필요 이상의 추측이나 억측은 불필

요하다. 그가 왜 그렇게 할 수밖에 없었는지는 자신만이 가장 잘 알뿐만 아니라, 그 결정은 자기에게 가장 옳기 때문이다[참고: 연합뉴스 편집국(2010). "富가 불행의 근원" 백만장자 전재산 기부. 연합뉴스. 2010년 2월 9일자]. 오스트리아의 한 백만장자가 부(富) 때문에 자신이 불행해졌다는 것을 깨닫고 자기의 모든 재산 한화로 약 54억 6천 400만 원을 모두 기부하기로 약속했다. 영국 일간지 「텔레그래프」 인터넷판 2010년 2월 8일자에 따르면 사업가 카를 라베더(47) 씨는 알프스산이 보이는 고급 빌라와 프랑스 프로방스에 위치한 농장을 매물로 내놨다. 그는 글라이더 6대와 고급차 아우디 A8을 이미 팔았으며, 자신에게 부를 가져다 준 가구 및 인테리어 용품 사업도 매각했다. 재산을 팔면서 한없는 자유를 느꼈다는 그는 "완전히 아무것도 남기지 말자는 것이 자기 생각"이라며 "돈은 역효과를 낳는다. 행복이 오는 것을 막는다."고 말했다. 알프스의 고급 빌라에 살았던 그는 작은 오두막집이나 인스브루크의 단칸 셋방으로 이사할 예정이다. 재산을 매각해 벌어들인 모든 수익은 자신이 중남미에 세운 자선 단체에 기부할 예정이며, 자신은 이 단체로부터 어떤 급여도 받지 않을 예정이다. 기금 모금을 위해 알프스 집을 당첨금으로 내걸고 장당 87파운드의 복권 2만 1천 999장을 팔기로 했다. 가난한 집에서 태어난 그였기에, "더 많은 부와 사치가 곧 더 많은 행복을 의미한다고 오랫동안 믿어왔지만 시간이 지나면서 '사치와 소비를 멈추고 진짜 삶을 시작해야 한다.'는 생각이 들었다."고 한다. 그는 "내가 원하지도 필요하지도 않은 것을 위해 노예처럼 일하고 있다는 느낌이 들었다."고 말했다. 그는 수년간 자신의 편안한 삶에 따르는 모든 과시적 요소를 포기할 만큼 용감하지 못했지만, 그에게 전환점이 된 것은 하와이에서 3주간 휴가를 보내면서였다. 그는 3주간 쓸 수 있는 돈은 다 썼지만, 친한 척하는 직원들도, 중요한 사람인 척 하는 손님들도 모두 배우 같았고, 진짜 사람 같은 사람은 한 명도 만나지 못했다는 생각이 들었다. 그때 그는 "영혼도 없고 감정도 없는 5성급 삶이 얼마나 끔찍한지 깨달았다." 남미와 아프리카를 여행할 때에도 비슷한 느낌이 들었다는 그는 자신의 부와 현지인들의 가난이 연결돼 있다는 생각이 점점 더 들었다며 "내가 지금 이것을 하지 않으면 평생 못할 것"이라는 것을 깨달았다.

68) 쇼터(Laurence Shorter)라는 젊은이는 참 엉뚱한 사람이다. 그는 세상에서 내노라 하는 사람들과 가차 없이 면담을 했었기 때문이다. 말하자면 찰스 왕세자, 노벨상 수상 남아공 성공회 주교인 데즈먼드 투투, 미국 유엔 대사였던 존 볼튼, 영화배우 애슐리 주드, 세상에서 가장 행복한 불교 승려라는 평을 받는 마티유 리카르, 학습된 낙관주의자로 통하는 마틴 셀리그먼 교수, 섹스 스캔들로 시달렸던 빌 클린턴 전 대통령, 르완다 학살에서 어떻게든 살아남은 생존자 등 세계적으로 알려진 인물들을 이메일이든 직접이든 필요한 수단을 동원하여 면담했다. 그는 30대 후반의 백수였다. 이 백수 건달이 그의 면담을 토대로 낙관주의자가 누구인지를 밝혀낸 적이 있었다.

그는 30여 명에 이르는 유명한 인사들에게 한 가지 관점을 집요하게 묻곤 또 물었다. 말하자면 "당신은 낙관주의자인가요? 왜 낙관적으로 세상을 바라보나요?"라는 질문에 대한 답을 놓치지 않으려고 최선을 다했다. 그는 영국 케임브리지 대학에서 역사를 공부하고 프랑스 인시아드(INSEAD) 경영대학원에서 MBA를 취득한 뒤 경영 자문, 뉴미디어 사업 개발, 벤처 캐피털 등의 분야에서 십여 년간 일하다 일을 접고 글쓰기로 돌아선 백수였다. 그 스스로 백수이기에, 쇼터는 '낙관적으로 살아갈수록 삶은 더 나아진다'는 '낙관주의 제1법칙'의 가설을 증명해 볼 요량으로 세상의 낙관주의자들을 찾아다녔다.

이 30대의 백수 작가가 처음 면담한 사람은 팀 스미트라는 사람이었다. 그는 세계에서 가장 큰 온실을 지은 사람이다. 낙관주의를 질문당한 팀은 잠시 생각에 잠기는 듯하더니 쇼터 앞에서 시가를 잘근잘근 씹어대며 말했다. "낙관주의를 찾는다는 것은…… 쓸데없는 짓 같군요. 사실 사람들은 그다지 비관적이지 않아요. 대부분의 사람들은 지구 온난화에 대해 쥐뿔도 관심이 없거든요. 사람들이 진짜로 걱정하는 건 데이비드 베컴의 헤어스타일이나…… 음, 누가 누구랑 잤느냐죠." 세상이 낙관적인 이유를 찾아 아프리카, 아시아, 아메리카 대륙에 퍼져 있는 저명 인사들을 만나고자 헤맨 후 얻은 쇼터의 결론은 소박하기만 하다. 사람이 자신의 자리에서 열심히 살아가면 낙관적인 세상이 열린다는 것, 그 이외에 다른 결론은 있을 수 없다는 것이 그의 결론이었다[참고: 로렌스 쇼터(2010). **옵티미스트-인생의 되도록 밝은 면 탐구 보고서(역)**. 서울: 부키].

낙관이고 뭐고, 행복이고 뭐고, 천당이고 뭐고, 철학이고 뭐고 하는 식으로 인생에 대해 해탈의 경지에 이른 것처럼 이야기하는 것이 다 촌스러운 일이라고 정리해 버렸기 때문이다. 인간이 살고 있는 이 세상, 이 사회에는 언제나 어둠과 빛이 함께 교차하면서 존재한다. 그 속에서 인간들은 언제나 실수를 저지른다. 나쁜 소식은 언제든 들려오기 마련이다. 살다 보면 좋아지는 것도 있고, 나빠지는 것도 있게 마련이니 이제 그런 거 신경 쓰지 말고, 원하는 것을 그려 보라는 것이다. 그것을 위해 어느 정도 돈도 벌어 보라는 것이다. 가장 중요한 것은 어떤 것도 가장 중요한 것이 없다는 그것을 아는 일이다. 그러니까 인생의 별것이 아니니, 각각 잘살면 되는 것이니, 각각 알아서 잘살면 되는 일일 뿐이다. 어차피 하늘은 스스로 돕는 자를 돕게 되어 있기 때문에 각각 스스로를 돕도록 하면 되는 일이다.

오늘이라는 말이 철 늦기 전에 일해야 한다는 말을 써서 자조론(self help)의 중요성을 강조했으며, 동시에 영국을 신사의 나라라는 평을 듣게 만든 장본인이었던 새뮤얼 스마일스(Samuel Smiles) 역시 같은 생각을 이미 오래 전에 이야기한 바 있다. 행복한 사람, 긍정적인 사람은 '자기실현이 인생 최고의 목표'로 삼은 사람이라고 말한 사람이 바로 스마일스 당사자였기 때문이다[참고: 새뮤얼 스마일스(2007). **자조론 인격론(역)**. 서울: 동서문화사]. '자기 실현'은 '자기가 좋아하는 일을 하며, 사람들에게 항상 긍정적인 영향을 주어 높은 평가를 받는 일'이기에, 알고 보면 그렇게 어려운 일이 아닐 수도 있다. 사람마다 자기 실현을 위해 어떤 재능이 필요한 것은 사실이지만, 재능이 있다고 해서 자기가 바라는 인생을 살았다고 이야기할 수는 없는 노릇이다. 재능보다는 '인격' 그리고 '인망(人望)'이 우선해야 한다.

69) 「나는 아직도」라는 시를 노래한 박재삼(朴在森) 시인은 사천 앞바다의 품팔이꾼 아버지와 생선 장수 어머니 사이에서 태어나 절대 궁핍이 무엇인지를 뼛속으로 감내한 사람이다. 삼천포 고등학교를 졸업하고 고려대학교 국어국문학과에서 수학하다가 끝내 중퇴하게 되었던 그는 타는 목마름으로 시작을 이어나갔다. 그의 시는 당시 서정주와 유치환이 추천을 다툴 만큼 뛰어났다. 그의 시 작품은 전통적 가락에 향토적 서정과 서민 생활의 고단함을 실어 나르는 슬픔의 연금술, 바로 그것이었다.

박재삼 시인은 유행이니 사조니 하는 것을 초월하는 사람이었다. 민중주의니 하는 그런 시작의 경향이

유행처럼 번지던 때에도 그는 그 혼자만의 길을 걸었다. '생활과 직결된 눈물을 재료로 한 아름다움의 극치를 보여 주는 그의 시는 그를 잉태한 고향 바다, 그리고 그곳의 비린내가 묻어나는 서정과 삶, 그리고 사라져가는 것들에 대한 그리움 등을 되새김질한다. 현대문학상·한국시인협회상·노산문학상·인촌상·한국문학작가상 등을 수상하기도 했던 그였건만, 그는 「시인 가장(家長)」이라는 시에서 시인의 고단함을 피로 토해 낸다. "막내가 장난감 권총을 쏘면 몇 번이나 넘어지는 시늉을 해야 하고 학교 것들 둘에게는 아빠가 돈을 많이 많이 벌 거야 하는 거짓말을 예사로 해야 하고! 철없는 것들보다 더 철없는 짓을 하고 그리고는 술을 마시는 시인 가장(詩人家長) 이런 가장(家長)이 우리나라의 그럴 수 없이 좋은 햇빛과 바람에 더러는 눈물도 흘리고 더러는 부끄러워도 하느니……." 하고 노래한다.

누구에게든 올곧고 정직한 삶은 빛나는 삶일 것이지만, 때로는 그리고 가끔은 아무것도 정직하지 않은 자기 자신의 모습에 몸서리칠 정도로 놀랄 때가 있다. 아버지는 그런 자기 자신으로 아이들에게 해 줄 것이 없다고 절망하는 순간 가장 정직한 순간이 된다. 박재삼 시인은 1968년 고혈압으로 쓰러져 반신마비가 된 이후 일정한 직업이 있을 리 없었다. 위장병과 당뇨병 속에서도 그는 시작(詩作)을 중단한 적이 없었다. 그리고 마지막 순간까지 '요석자(樂石子)'라는 필명으로 25년 동안 바둑 관전평을 집필해 생계를 이어갔던, 그러나 영혼만은 언제나 부자였던 시인이었다[참고: 박재삼기념사업회(2009). 박재삼 시연구. 서울: 박재삼기념사업회; 박재삼(1989). 박재삼 시집. 서울: 범우사].

70) 미국 코넬 대학 칼 필레머(Karl Pillemer) 교수는 사랑에 빠져 결혼을 서두르는 젊은 제자들에게 한마디 조언을 던진다. "확신이 들지 않으면 하지 마! 그 사람을 바꾸지는 못해. 그 사람이 사는 방식이 마음에 들지 않는다면 결혼은 꿈도 꾸지 말아야 해. 그 사람은 바뀌지 않을 테니까. 그 사람은 최소한 20년 이상 그렇게 살아왔어. 결혼하고 나서 사람이 바뀌는 경우는 아주 드물어." 그러니까, 그녀를, 그를 바꾸려고 하지 말고, "내가 상대의 신발을 신었다고 생각해 보는 거야. 그러면 평화로운 가정을 꾸릴 수 있어. '좋아. 됐어. 베푸는 거야. 그리고 베풀었으면 됐어.' 하고 생각해야 해."라고 조언한다[참고: 칼 필레머(2012). 내가 알고 있는 걸 당신도 알게 된다면(역). 서울: 토네이도].

71) 행복한 생각을 할 줄 알아야 행복에 이른다고 강조하는 헤이 교수는 자기의 인격, 자신의 인망은 자기 단련, 인내하고 노력하기, 성실한 마음을 가지고 일하는 그것에서 나온다고 강조한다[참고: 루이스 L. 헤이(2009). 행복한 생각(역). 서울: 한문화].

돈이 없어서, 병에 걸려서, 아무리 노력해도 살이 빠지지 않아서, 취직이 안 돼서 행복이라는 말과는 점점 더 멀어져만 갈 때, 새롭게 변해 보려고 발버둥치지만 상황은 더 나빠지기만 할 때, 더 이상 주변 사람들 때문에 상처받고 싶지 않을 때, 이유 없이 마냥 행복해지고 싶을 때…… 우리는 어떻게 해야 할까? 내 삶에 닥친 이런 문제들에 대한 답을 어디서 어떻게 구해야 할까? 이럴 때 다른 누구에게도 의지할 필요가 없다. 자신에게서 먼저 답을 구해야 하기 때문이다. 자기를 수렁에서 건져 줄 누군가를 찾거나 초월적인 존재에게 매달리는 일은 어리석을 뿐이다. 그것도 습관이고 미신이다. 그런 미신과 습관을 버리고 내면의 지혜에 귀를 기울여야 한다. 행복은 있는 그대로의 나 자신을 사랑하는 것에서부터 시작되기 때문이다. 그러니 지금 이 순간, 있는 그대로의 자신을 먼저 사랑하라.

72) 참고: 웨인 다이어(2009). 오래된 나를 떠나라(역). 서울: 21세기북스.

73) 참고: 아리스토텔레스(2008). 니코마코스 윤리학(역). 서울: 이제이북스.

74) 행복은 회복 탄력도에 비례한다고 주장하는 니콜슨(John Nicholson) 교수는 삶의 질, 행복의 질은 아이큐(IQ)가 아닌 알큐(RQ, resilience quotient)가 결정한다고 주장한다. 역경을 극복해내 더 높이 튀어 오르는 '리질리언스(resilience)', 말하자면, 회복 탄력성의 정도와 수준에 따라 개인의 행복과 성공이 달라진다. 회복 탄력성은 자기 능력에 대한 자기 효능감과 자존감을 기반으로 세 가지 요소들에 의해 결정된다. 첫째로 현실에 대한 인식, 둘째로 창조적 사고, 마지막으로 실천력에 의해 결정된다고 본다. 즉, 자기의 문제를 현실적인 감각으로 어느 정도로 낙관해 내느냐와, 위기를 기회로 여기는 역발상의 생각이 어느 정도인지, 그리고 자기의 문제 점검과 해답으로 제시된 것들을 어느 정도로 자기 스스로를 향해 신뢰롭게 행동하느냐에 따라 개인의 삶에서 행복의 질과 삶의 질이 달라진다[참고: 존 니콜슨·제인 클라크(2010). 더 높이 튀어오르는 공처럼(역). 서울: 오푸스].

75) 참고: 류영모(2010). 다석 마지막 강의. 서울: 교양인.

76) 생화학적으로 말하면, 생명을 구성하는 단백질은 만들어지는 순간부터 파괴된다. 생성과 파괴의 평형 상태를 유지하는 것, 그것이 생명의 전부다. 생명이 삶의 질서를 유지하기 위해 택하는 유일한 방법이 바로 생성과 파괴다. 생명은 그 내부에 얽히고설킨 형태의 상보성에 의해 지탱되기 마련이며, 그런 상보성으로 인해 나타나는 끊임없는 흐름 속에서 동적인 평형 상태를 유지한다. 동적인 평형 상태가 불균형에 이르면 생명에 이상 신호가 나타나게 된다[참고: 후쿠오카 신이치(2010). 동적 평형(역). 서울: 은행나무].

77) 숨을 거두기 이틀 전, 그는 현장 스님을 만났다. 그에게 이 같은 말을 남겼던 그는 '다른 사람에게 폐를 끼치지 않고 싶어서' 늘 그랬다는 것이다. 생전에 법정 스님과 알고 지내던 사람들은 "이 말에 스님의 철학이 들어 있다."며 고개를 끄덕였다. "관을 짜지 말고, 사리를 수습하지 말고, 만장(挽章)을 하지 말라."고 유언한 것도 같은 맥락이라고 한다. 법정 스님은 평소 자신을 만나러 온 사람 중에 연로한 분을 보면 늘 나이를 물었단다. 이 중에 80세가 넘는 이를 만나면, "어이구, 부처님보다 오래 사셨네요. 미안한 마음 가지고 살아야지."라고 말했다고 한다. 석가모니는 80세에 열반(涅槃)한 것으로 알려져 있다. "법정 스님이 부처님보다 오래 사는 걸 바라지 않았을 것"이기에 그랬을 것이라는 것이 법정을 지켜본 스님들의 이야기다. 법정 스님은 죽음에 대한 두려움도 없었다. 법련사 주지인 보경 스님에 따르면, "종교인이라도 죽음을 앞두면 동요가 이는 것이 현실일 것"이지만, "법정 스님은 죽음에 대해 전혀 두려워하는 기색이 없었다. 담담했다. 오히려 웃으면서 '사는 날까지 사는 거지'라며 여유롭게 말했다."고 전했다[참고: 조선일보 편집국(2010). 입적 이틀 전 법정 스님, "내 소원이 뭔지 알아?" 조선일보. 2010년 3월 20일자].

78) 참고: 프랑수아 줄리앙(2009). 현자에게는 고정관념이 없다(역). 서울: 한울.

79) 아타락시아(ataraxia), 즉 커다란 평온을 말하는 대안(大安)의 개념은 절대적인 평화로움이라는 그 자체도 알 필요도 없이 살아가는 사람들의 지혜다. 그라마나 마하르쉬(Ramana Maharshi)의 서양인 제자로서 독실한 천주교 신자이기도 한 마우니 사두(mauni sadhu)는 4년 동안 나름대로 마하르쉬의 '자기탐구법'을 수행한 뒤에 1949년 5월 마하르쉬를 방문하여 5개월 가량 그 곁에 머무른다. 그는 마하르쉬의 침묵의 감화력에 의해 마음이 가라앉게 되었다. 말 그대로 일체의 말을 하지 않는 수행에서 시작되는 삼매의 체험들을 통해 기독교에서 말하는 '구원'의 참된 의미를 확인한다. 그 깨달음을 통해 그는 특정한 종교의 틀을 넘어서 모든 종교에 열려 있다는 것과 예전에 자기가 해봤던 수행법들이 모두 '막다른 골목'이었음을 철저히 자각하고 삼매에 들 수 있는 요건, 삼매의 모든 것을 대안(大安)이라는 큰 평안에서 설명한다[참고: 마우니 사두(2006). 큰 평안의 시절(역). 서울: 탐구사].

80) 참고: 이근영(2006). 막시무스의 지구에서 인간으로 유쾌하게 사는 법. 서울: 갤리온.

81) 참고: 에픽테투스(2008). 엥케이리디온(역). 서울: 까치.

82) 참고: 에픽테투스(2008). 엥케이리디온(역). 서울: 까치.

83) '밥보'라는 말에서 나온 바보라는 말은 밥만 축내는 '밥통', 식충이라는 듣기에 거북하고 민망한 말이다. 흔히 욕으로 쓰는 단어인 바보라는 말을 귀스타브 플로베르의 『통상 관념 사전』은 조금 다르게 정의하고 있다. 바보는 당신처럼 '생각하지 않는 모든 사람'을 가리키는 말이라고 기존의 정의를 뒤엎는다. 상식을 벗어나 새로운 발상을 지닌 사람이 바보라는 뜻으로, 바보는 부정적인 뜻을 넘어 긍정적 의미를 갖고 있다는 것이다. 우리 말로는 쌩바보, 전문적인 바보를 가르키는 '센몬빠가'라는 일본말은 플로베르가 정의한 그것처럼 한 분야에 바보스럽게 몰입하는 사람, 하나의 일에 집중하고 몰입하면 전쟁이 나도, 나라가 망해도 그 일에 몰두하는 사람을 일컫는 말이다. 예를 들어, 2002년 노벨상 수상자 다나카 고이치가 바로 센몬빠가의 한 사람이었는데, 그는 단백질 등의 생체 고분자를 간단하게 분석할 수 있는 새로운 방법을 발견함으로 노벨상을 받았다. 그는 대학 시절엔 낙제를 했을 만큼 공부와도 거리가 있는 사람이었고, 노벨상을 받을 당시에도 회사의 말단 직원 그리고 창의성은 도저히 없을 것 같았던 평범한 사원으로, 자기가 하고 싶은 일에 생명을 다바쳐 몰두한 '잇쇼겐메이'의 센몬빠가였다.
세상은 이런 센몬빠가들이 있어서 행복하고 기쁘게 된다. 신부이자 인천 가톨릭대학교 교수로 일하고 있는 차동엽 신부는 『바보 ZONE』이라는 자신의 책에서 바보 정신, 바보다움을 이렇게 예찬한다. "지식을 많이 알기만 하는 것은 위험하다. 어차피 부분적일 수밖에 없는 자신의 지식을 과신하는 오류를 범할 수 있기 때문이다. 하지만 스스로 '모른다'는 것을 인정하는 바보는 모르기 때문에 새로운 가르침을 열린 마음으로 들을 수 있고 새로운 세계에 눈뜰 수 있다. 이런 의미에서 바보의 태도를 취하는 것은 더 큰 지혜를 얻는 시작이라 할 수 있다[참고: 차동엽(2010). 바보 ZONE: 행복과 성공을 부르는 무한 성장동력. 서울: 여백]고 강조하며 지금을 살아가는 영악한 현대인에게 바보스러움, 바보다움의 윤리를 소개하며 바보를 본받으라고 말한다. "바보가 되지 않고는 결코 거장이 될 수 없다." 세상에 변화를 가져옴으로써 역사에 이름을 남긴 인물들은 하나같이 '바보'였다는 것이 그의 증언이다. 그들은 특유의 우직함으로 한 가지에 몰두했다. 상식의 틀을 깸으로써 아무도 바라보지 않는 지점을 발견해냈다. 버나드 쇼가 말한 "천치가 되지 않고는 전문가가 될 수 없다."는 말은 옳은 소리라는 것이다. 셰익스피어는 "바보는 종종 예언자로 드러난다."고 했다. 상식과 보편을 넘어서는 바보들을 예찬하기 위해 하는 소리가 아니다. 보통 사람인 우리 안에도 이런 혜안과 창조적인 발상이 가능한 바보다움의 영역이 있는데 그것을 방치하고 있는 것에 대한 경종이라는 것이다. 산업화 시대를 거치는 동안 훼손되고 도태된, 우리 안에 이미 존재하는 '무한한 가능성'이자 '무한 성장 동력'인 바보스러움을 다시 일깨워야 되는데, 그것을 위해 어느 하나에 몰입하는 그런 바보 정신을 다듬어야 한다는 것이다.

84) 카렌 암스트롱(Karen Armstrong) 교수는 기독교와 유대교, 이슬람의 기원을 탐구한 비교종교학적 연구를 통해, 1천 년 넘게 갈등을 겪어 온 세 종교 사이에 다리를 놓았다는 평가를 받는 비교종교학자다. 암스트롱 교수는 일곱 살 때 로마 중세적 분위기의 수녀원에서 겪은 절제와 순종만으로는 그녀가 찾았던 신이라 부르는 무한한 신비의 품을 찾을 수 없었기에, 환속한 후 옥스퍼드 대학교에서 수학하고 우등생이 되었다. 이내 간질병·자폐증에 시달렸던 그녀는 자살을 시도하기도 한다.

교수직을 얻는 일에도 실패했고, 생계를 위해 얻었던 교사직도 간질 발작으로 인해 그만두게 되는 그녀는 어떤 어려움에도 굴복하지 않고 종교학자로 삶의 방향을 바꿔 『신의 역사』, 『마호메트』, 『붓다』와 같은 논쟁적인 저작을 출판하기 시작했다. 어떤 종교든 모든 종교의 윗자리에는 '아픔'이 있으며, 이 아픔을 '공감'하는 것이 종교의 가장 근본적인 가르침이라고 강조하며 그동안 등졌던 종교로 다시 귀환하는 그녀는 이제 전형적인 종교적 인간(homo religiosus)의 모습을 보여 준다. 옛날과 같은 종교의 도그마와 갑옷(제도)으로부터 자연스러워진 그녀는 유대교·이슬람·불교를 두루 공부하는 동안 이슬람에 대한 서구의 편견이 무지의 극치임을 발견하고 그것을 바로잡으려는 일환으로 미국과 유럽을 오가며 수많은 회의, 강연, 대담 활동을 전개하고 있다.

그녀는 말한다. "어느 종교든지 아픔을 맨 위에 놓는다. 아픔은 피할 수 없는 인생의 현실이기 때문이다. 현실을 있는 그대로 보지 못하면 올바르게 살아갈 수 없기 때문이다. 하지만 더 중요한 까닭은 스스로의 아픔을 부정하는 사람일수록 남의 아픔을 대수롭지 않게 여기기 쉽기 때문이다. 모든 종교는 공감의 중요성을 역설한다. 공감을 통해서 남의 아픔과 만날 수 있기 때문이다. 내 마음을 들여다보고 나를 괴롭히는 것이 무엇인지 알아낸 다음 남들한테도 비슷한 괴로움을 안기지 않도록 애써야 한다[참고: 카렌 암스트롱(2006). 마음의 진보(역). 서울: 교양인]."

85) 참고: 원택(2001). 성철 스님 시봉 이야기. 파주: 김영사.

86) 참고: 문상희(1999). 사도행전 주석. 서울: 연세대학교 출판부.

87) 임계점 근처에 이르면 핵심적인 몇 개의 양(量)들이 멱함수 법칙을 따르기 시작한다. 임계점에 가까워질수록 원자들의 상관길이가 고유한 임계지수 값을 가진 멱함수 법칙에 따라 증가한다는 뜻이다. 원자들의 상관길이(correlation length)란 원자들이 서로 신호를 주고받는 거리를 말한다. 임계점 근처의 온도에서 자력의 크기는 같은 방향을 향하고 있는 스핀의 비율에 의해 결정되는데, 이것은 자력의 크기

가 고유의 임계지수를 갖는 멱함수 법칙에 따르기 때문에 그렇게 되는 것이다.

격변은 임계 상태에 이르렀을 때 일어나는데, 그렇게 어떤 계(界)에 축적된 스트레스가 더 이상 참아내지 못하는 상태, 그 변화의 문턱을 넘기 시작하면 어김없이 격변이 온다는 관점이 바로 임계치 이론이다[참고: 진 랜드럼(2006). 위대함에 이르는 8가지 열쇠(역). 서울: 들녘]. 임계 상태(臨界狀態, critical state)란 어떤 물질 또는 현상의 성질에 변화가 생기거나, 그 성질을 지속시킬 수 있는 경계가 되는 상태를 말하는 임계 이론의 시발은 1987년 벡 퍼, 차오 탕, 커트 위젠필드 등 세 명의 물리학자가 뉴욕의 브룩헤이븐 국립연구소에서 언뜻 싱거워 보이는 실험에서 그 가능성을 보였다. 이 물리학자들은 탁자 위에 모래알을 하나씩 떨어뜨리며 모래알의 변화를 관찰하다가 재미있는 현상이 발견되자 그것을 곧 컴퓨터로 재연했다.

사이버 모래더미 사면의 경사를 기준으로 완만한 곳은 초록, 급한 곳은 빨간색을 칠했다. 실험 도중 초록이 적색이 되면 더미가 무너지곤 했지만 빨간색 더미의 높이가 같다고 똑같이 무너지지 않았다. 이들은 실험을 거듭한 끝에 과도하게 민감한 상태, 즉 '임계 상태'가 된 더미만 무너진다는 결론에 이르렀다. 그들은 그것이 임계점에 도달할 때, 기존과는 전혀 새로운 현상으로 전이되는 새로운 현상이 발생하는데, 이때 각각의 존재와 이들이 공유하는 현실 공간은 시간과 공간의 제약을 받으며, 일정한 여건에 도달할 때는 그 상태가 변화하는 임계량의 법칙 속에서만 움직이는데 그 변화는 멱함수적으로 설명된다. 임계량이란 상태의 변화를 가져오기 위해서 필요한 최소한 물리적 요구량을 의미한다.

88) 참고: 스티븐 코비(2005). 성공하는 사람들의 8번째 습관(역). 파주: 김영사.

89) 미국 하버드 대학교의 프리드먼(Howard Friedman) 교수는 성인의 종단 연구의 대가인 루이스 터먼 박사가 완성하지 못한 연구를 집대성했다. 인간의 장수 조건에 관한 연구 결과였다. 1921년경이었다. 스탠퍼드 대학의 심리학 교수 루이스 터먼 박사는 1910년 전후에 태어난 소년 소녀 1,500명을 선발해서 저들의 발달과정을 연구했다. 무려 80년 동안 이들이 어떤 삶을 살았고, 어떤 성격과 직업, 인생관을 가졌으며 결혼이나 이혼은 했는지, 얼마나 건강했는지, 어떻게 생을 마감했는지 등 인생 전체를 총체적으로 추적하고 분석했다.

프리드먼 교수와 그의 동료들은 터먼 박사의 연구를 이어받아 저들을 종단적으로 조사한 연구 결과들을 종합한 결과 놀라운 사실을 발견했다. 터먼 교수의 종단 연구에 참여했던 참가자의 수명 연구에서 발견된 장수 요인은 성실성이었다. 즉, 유년기와 성년기 양쪽 모두 장수 여부를 예측해 주는 요인은 성실성이었다. 성년이 된 참가자들을 분석한 결과 자기 삶에서 세세한 부분까지 신경을 쓰며 근검절약하며, 끈기 있는 사람, 책임감 있는 사람들이 장수했다[참고: 하워드 S. 프리드먼 · 레슬리 R. 마틴(2011). 나는 몇 살까지 살까(역). 서울: 쌤앤파커스].

90) 상동구이(尙同求異), 이 말은 같되 달라야 한다는 뜻이다. 아무리 같은 것이라도 때와 조건에 따라 달라야 뜻을 이룬다는 뜻이다. 상동구이(尙同求異)의 중국 고사[참고: 중국고전연구회(1994). 손빈병법(역). 서울: 서해문집]에 따르면, 방연(龐涓)과 손빈(孫賓)은 스승 귀곡자 밑에서 동문수학한 친구였다. 모두 똑똑하고 재주가 많았다. 방연이 손빈보다 먼저 출세를 한다. 그러나 늘 손빈의 재주가 두려웠다.

출세한 방연은 손빈을 제거하기로 한다. 친구로서 친구를 제거할 계략을 쓴다. 손빈의 발뒤꿈치를 벤다. 손빈은 장애자가 되어 제나라로 달아난다. 제나라를 위해 조정에 복무한다. 위나라가 방연의 지휘 아래 한(韓)나라를 공격한다. 합종의 약속에 따라 한나라는 손빈이 머무는 제나라에 구원을 청했다. 손빈은 제나라 군사를 이끌고 위나라를 쳤다. 방연이 기절초풍을 한다. 이 소식을 들은 방연은 군대를 돌려 위나라에 되돌아온다. 제나라 군사를 뒤쫓기 시작한다.

손빈은 방연이 자기를 쫓는다는 것을 알아차리자 후퇴하기 시작한다. 후퇴하면서 그는 방연이 보낸 첩자들 모르게 군사를 위한 취사용 부뚜막을 만든다. 첫날에는 10만개 정도로 만들었다. 첫날에 이어 후퇴한 2일째에는 취사용 부뚜막을 5만 개, 3일째에는 2만 개로 줄인다. 군사를 천천히 뒤로 물린다. 이것을 본 방연은 크게 웃는다. 확신이 섰다. 기병만으로도 손빈의 군대를 쓸어 버릴 수 있다는 확신이었다. 기병 추격을 명령한다. 방심하고 손빈에게 달려든다. 방연의 군사들은 손빈의 매복에 걸린다. 모조리 괴멸한다.

방연 역시 손빈의 활에 맞아 죽는다. 이 전법이 바로 부뚜막 줄이기 작전이었다. 손빈은 바로 그에게 굴욕을 주었던 방연의 군사적 전법을 역이용한 것이었다. 방연은 손빈이 후퇴하면서 부뚜막을 자꾸 줄이는 것을 보고 지레짐작한다. 손빈의 군대가 전열이 흐트러진 패잔병이라는 생각에 이른다. 부뚜막 수를 보고 그렇게 짐작한 것이다. 후퇴하는 사흘 만에 부뚜막 수가 이미 5분의 4로 줄었기 때문이다. 방연은 바로 그 부뚜막 감소를 보고 손빈 군의 전력이 약화되고 있다고 판단했다. 자기 목숨까지 잃게 만든 얕은 억측과 오만이었다.

손빈의 부뚜막 작전에 대한 고사를 잘 알고 있던 우후 장군은 그것을 다시 응용했다. 그는 후한 때의 장수였다. 그는 후한을 침입한 강족(羌族)의 반란을 진압하러 갔다. 강족의 군병 수에 기세가 눌려 일단 후퇴하기 시작한다. 우후군의 후퇴 기미를 알아차린 강족은 이것을 놓칠세라 우후를 추격했다. 추격이 거셌다. 상황이 급반전하자 우후는 후퇴하면서 손빈의 부뚜막 작전을 역이용했다. 손빈이 부뚜막을 줄인 것과는 반대로 그는 이번에는 후퇴시 야영할 때마다 부뚜막 숫자를 늘려간다. 후퇴하면서 부뚜막의 숫자를 매일 배로 늘렸다. 강족은 의아하게 생각한다. 부뚜막 수를 늘리면서 후퇴하는 우후에 대해 일종의 이상한 느낌을 감지한다. 일종의 위험이기도 했다. 후방에서 우후의 지원군이 불어난다는 상황 같은 것이었다. 지레 걱정되기 시작했다. 함정을 염려하기에 이른다. 강족은 추격보다는 걱정이 더 앞섰다. 강족의 움츠리는 기세를 안 우후는 반격에 나선다. 강족의 허를 찌른다. 강족을 궤멸시켰다. 같은 부뚜막이었다. 손빈은 부뚜막을 줄였고, 우후는 반대로 늘렸다. 서로가 같은 병법을 반대로 응용한 것이다. 상황과 조건이 달랐기 때문에 상황과 조건에 맞게 그렇게 응용한 것이다. 반대로 응용했지만 동일한 결과를 얻었다. 상동구이(尙同求異) 전략은 바로 상황과 조건을 최대한 활용하여 동일한 효과와 결과를 얻는 방편과 그 전략을 말한다.

91) 참선에 들면 미동도 하지 않아 '절구통수좌'라는 별명이 붙을 만큼 한생을 참선 수행으로 일관한 사람이 선승 법전 스님이다. 1949년 성철, 청담, 향곡, 자운 스님과 함께 봉암사 결사에 동참했던 그였지만 성철 스님에게 혼나기를 밥 먹듯 했던 장본인이기도 했다. 그는 조계종 종정으로 2002년에 이어

2007년에는 제12대 종정으로까지 추대된 불교계의 크고 큰 어른이다. 하는 수없이 종정이 되어 종정이라고는 하지만 그는 '어느 자리에 있어도 나는 여전히 수행자'라는 마음으로 해인사 퇴설당에 머물며 후학들의 수행을 지도하고 있다. "바보 소리, 등신 소리 들어야 비로소 공부할 수 있다."라고 일갈하는 그는 『채근담』의 한 구절을 좋아한다.

말하자면, "책을 읽어도 성현을 보지 못한다면 글이나 베껴대는 사람이 될 것이고, 벼슬자리에 있으면서도 백성을 사랑하지 않는다면 관을 쓴 도둑이 될 것이다. 학문을 가르치되 몸소 실천하지 않는다면 구두선(口頭禪)이 될 것이고, 사업을 세우고도 덕을 심으려 하지 않는다면 눈앞의 한때 꽃이 되고 말리라."라는 구절이 그의 뼛골에 사무쳐, 스스로 그렇게 어중간하게 산 적이 없었다고 고백한다. 깊은 산골에서, 대중 한 사람 없이 홀로 정진하면 대개 게을러지게 마련이지만 죽음의 관문 앞에 선 내게 게으름이란 있을 수 없어, 홀로 있어도 한점 흐트러짐 없이 생활하면서 화두 하나에 몰입해 많은 시간을 보내며 화두에 사무쳐 정진하고 또 정진했으나 마음은 여전히 시원해지지 않았다. 자기와 같은 수행자에게 가장 괴로운 것은 지옥의 고통이 아니라 가사 옷 밑에서 대사(大事)를 밝히지 못하는 일이기에, 다시 말해 마음을 밝혀 도를 이루지 못하는 것이 지옥의 고통보다 더 괴롭다는 것이기에, 하루에도 몇번씩 '만약 이 한 물건을 깨치기 전에 죽는다면 들짐승이 될 것인지 날짐승이 될 것인지 모르는 일이다. 지옥으로 떨어질 것인지 다시 사람 몸을 받을지도 모르는 일이다. 요행히 사람 몸을 받아도 불법을 만날 수 있을지 모르는 일이다. 불법을 만난다고 해도 최고의 길인 참선 공부를 하게 될지 알 수 없는 노릇이다'라는 생각이 일어나 묘적암에서 참 많이 울었다고 고백하고 있다[참고: 법전(2009). 누구 없는가. 파주: 김영사].

92) 참고: 알버트 반두라(1997). 자기효능감과 인간행동(역). 서울: 교육과학사.

93) 참고: 발타자르 그라시안(2010). 살아갈 날들의 지혜(역). 서울: 끌레마.

94) 노자(老子)의 도덕경 15장, 왕필 하상공[참고: 왕필(2005). **왕필의 노자주**(역). 서울: 한길사].

95) 뇌에서 시각피질, 청각피질 혹은 미각피질과 같이 고정된 그들의 이름처럼 그렇게 굳어져 있는 것이 아니다. 시각피질, 미각피질들이 유전자(DNA)가 의도하는 방향으로만 뻗어나가는 것이 아니라는 것이다. 시각피질, 미각피질이라고 하더라도, 필요에 따라 조건에 따라 다른 감각 기능을 대신하고 보정하고 대체한다는 것이다. 예를 들어, 귀를 쓰지 않으면, 귀의 청각 기능을 담당하는 기관에 어떤 신호도 보내지 않으면 청각피질은 소멸되어 그 기능과 작용이 정상적으로 불가능해야 하지만 사실은 달랐다. 선천적 청각장애인 경우, 그들이 잘 사용하지 않는 다른 청각피질의 다른 기능을 발달시켰다. 주위 환경에 민감하게 반응하거나 포착할 수 있는 주변부 시각 기능을 발달시켜 원래의 청각피질의 기능을 보정하였다.

이런 사실을 확인시켜 주고 더 구체화시켜 주는 연구들이 진행되었는데, 그중 유명한 연구는 눈으로 사물을 지각하지 못하는 선천적 시각장애우들의 시각 기능을 미각 기능으로 보정, 대체하는 실험이었다. 감각 영역들이 서로의 기능을 대체, 보정할 수 있기에, 미각 기관인 혀가 시각 기능을 대신할 수도 있다는 가설을 검증하기 위해 미 위스콘신 대학의 폴 바치리타 박사는 안경 속에 감춘 카메라와 연결된 컴퓨터를 통해 혀로 사물을 볼 수 있는 소형 장치를 개발하였다. 이 장치를 시각장애우들에게 부착했다. 시각장애우들에게 나타난 결과는 놀라웠다. 미각 기능 기관인 혀가 시각 기능을 훌륭하게 성공적으로 대신했기 때문이다. 연구자들은 태어날 때부터 앞을 보지 못했던 시각장애우가 합창단 지휘자의 동작을 혀로 하나하나 감지하면서 합창을 하고 있음을 확인했기 때문이다. 인간의 감각기관이 필요에 따라 그들의 기능을 서로 보정하고 대체해 준다는 것이 발견됨에 따라, 글을 읽거나 그림을 보는 것은 시각만의 독점적인 기능이라기보다는 감각기관의 일반적인 기능임을 알게 된 것이다[참고: 전채연 (2011). 유전자를 조율하다. 브레인. Vol 27].

96) 참고: 꿍위즈 · 펑셴즈 · 스중취안(2011). 마오의 독서 생활(역). 서울: 글항아리.

97) 이것을 讀書者 唯義理是求 若義理無所得 雖日破千卷 猶之爲面墙也라고 쓴다.

98) 선비라면 당연히 벼슬길에 오르기 위해 과거를 봐야 하는데, 그것을 단칼에 거절하며 벼슬에 오를 것을 포기하고 일생을 독서지사로 자처하며 읽고 쓰는 일에 매진했던 선비가 바로 홍길주다. 외척이 국정을 좌지우지하는 현실에 염증을 느껴 벼슬길로 나아가는 것을 포기한 그였지만, 그의 형 홍석주는 병조판서, 이조판서를 거쳐 좌의정까지 올랐으며, 동생 홍현주는 정조의 둘째 딸 숙선옹주와 혼인했던 당대의 선비다. 당대 최고의 가문에 속했던 홍길주였지만, 그는 삶에서 필요한 것은 권력이 아니라, '진짜 앎(眞知, 진지)'과 '진짜 깨달음(眞覺)'이라고 말하며 평생 읽기에 몰두한 선비였다.
"사람 중에 전에 알지 못한 것을 알고서 성급하게 스스로 안다고 여기는 자가 있다. 그러나 아는 것은 그침이 없다. 스스로 내가 아는 것이 이미 지극하다 여기는 자는 알지 못하는 자이다."라고 강조하는 그는 당시 선비들의 읽기 풍조, 말하자면 경전을 읽지 않으면 어떤 유익함도 없다는 당시의 편협한 독서관을 비판했다. 사람이 배우지 않으면 무생물만도 못하다고 생각할 정도로 배움과 독서를 중요시했다[참고: 최식(2009). 조선의 기이한 문장-항해 홍길주 산문 연구. 서울: 글항아리].

99) 고요하면 맑아지고, 맑아지면 밝아지고, 밝아지면 보인다고 일갈한 성철 스님의 이야기에 크게 이끌려진 시인 류시화였다. 그는 인도의 어느 사원에 기도의 규칙으로 말을 해서는 안 된다는 것을 알려 주기 위해, 침묵에 보탬이 되는 말 이외에는 말을 하지 말라는 경귀들을 가슴에 담고 있다. 그는 어린 시절에는 아버지로부터, 젊어서는 여행으로부터 물, 바람, 돌, 모래와 같은 무정물(無情物)로부터 삶이 무엇인지를 배우고 그것이 바로 삶의 스승이었음을 깨우쳤다고 고백한다[참고: 류시화(1991). 삶이 나에게 가르쳐 준 것들. 서울: 푸른숲].

100) 붓다의 아들 '라훌라', 범어로 '장애'라는 뜻을 본받아, 성철은 자신이 낳은 딸을 '필요 없는 자'라고 불렀다. 그런 상징성은 불필(不必)이라고 성철 스님이 딸에게 법명으로 내린 정황에서 드러난다. 아버지로부터 불필이라는 법명을 받은 그의 딸, 불필은 달리하거나 달리 되지 않고 어찌하여 꼭 그렇게 해야 되었는지라는 말인 하필(何必)의 정반대 뜻을 깨우치면서, 자연스레 그렇게 꼭 되어야 할 이유가 없음을 알게된 스님이 바로 불필 스님이다. 큰 화두(話頭)를 어렸던 자신에게 던진 아버지, 아니 큰 스

님 성철 스님의 뜻을 알기 위해 여든을 바라보는 노구의 몸이 되어 버린 불필, 그녀는 아직도 아버지 말씀대로 그렇게 정진한다. 그녀는 "세상에 아주 쓸모없는 사람이 돼야 비로소 도(道)에 이를 수 있다는 의미로 자신에게 불필이라는 이름을 내려 주었을 것"이라고 생각한다. "이름에 포함된 더 깊은 선지(禪旨)는 공부를 다해 마쳐야 알 수 있을 것"이라는 불필 스님은 "내가 이 공부를 다 마칠 때 이 이름을 지어 주신 뜻을 깨닫는 것이 큰스님께 보답하는 길일 겁니다."라고 아버지 성철 스님을 그저 기릴 뿐이다(참고: 불필(2012). **영원에서 영원으로.** 파주: 김영사; 이태훈(2012). 아버지 성철 스님 다비식 때 먼발치서 절만 아홉 번. 조선일보. 2012년 9월 19일자).

101) 웹페이지에 나열된 각양각색 정보들에 대한 즉각적인, 어쩌면 감정적인 판단, 그리고 그것에 대한 다른 정보와의 연결 가능성에 대한 호기심들을 점검하고 순간적인 의사결정, 말하자면 읽을 것인가, 읽지 말고, 언제 건너뛸 것인가에 대한 결정을 순간적으로 내려야 하기 때문이다. 연구 결과에 따르면, 사람의 눈은 웹페이지의 한 기사에 10초 이상을 고정하지 않는다. 기사를 본다고 해도 그 기사를 훑어보는 시간은 2분 이내이며, 그런 기사가 있다고 해도 10개 중 1개 정도일 뿐이다. 결국, 온라인을 활용하는 사람은 일반적으로 인터넷의 기사들을 훑어보고, 건너뛰고, 멀티 태스킹하는 식으로 그들을 보고 있다. 사람은 거의 의식 없이 세상에 떠돌아다니는 갖가지 정보들을 그냥 사냥하는, '전자 데이터 사냥꾼'으로 변질되고 있는 중이다.

인간의 삶살이에서 이런 진화는 끝이 없을 것이지만, 사람이 나이를 먹어감에 따라, 성숙해짐에 따라 무분별한 정보 사냥은 불필요할 수도 있다. 이것은 중년의 뇌가 청년기의 뇌와는 달리 의도적으로 기피하는 현상이기 때문이다. 이런 정보 사냥 기피 증후군을 보고 사람들은 '중년의 뇌'는 '퇴행하는 뇌' '이미 다 자란 뇌'로 인식하며 중년의 뇌를 폄하하기도 했다. 중년 뇌에 대한 폄하 경향은 지난 20세기 뇌과학의 편견이었다. 이런 편견을 사실로 드러내는 중년기 뇌과학 연구 가운데의 하나가 미국 펜실베이니아 주에서 실시된 '뇌 종단 연구'다. 펜실베이니아 연구팀은 1956년부터 40년 넘게 '시애틀 종단 연구, 말하자면 20~90세의 남녀를 대상으로 어휘, 언어 기억, 지각 속도, 계산 능력, 공간 정향, 귀납적 추리 등 6개 범주에 걸쳐 똑같은 조사를 7년 간격으로 실시했다. 연구 결과에 따르면, 어떤 나이대보다도 40~60대, 이른바 중년기의 피실험자들이 최고의 수행력을 보여 준 것으로 나타났다. 20대 피실험자가 보여 준 성적표보다 중년기의 피실험자들의 성적이 훨씬 좋았다. 특히 어휘, 언어 기억, 공간 정향, 귀납적 추리 등 네 범주에서는 성적이 월등했다.

21세기에 들어 새롭게 보고되는 중년기의 두뇌 활동이나 능력에 대한 연구 결과들은, 그동안 보고된 지능에 관한 순진한 이론, 즉 청년기가 고차원적 인지능력의 절정이라는 가설을 기각하고 있다. 고차적인 인지능력 발달에 관한 종단적인 연구 결과 역시 본인이 청년이었던 스물다섯 살 때보다 중년기에 이를수록 더 뛰어난 수행력을 보여 준다. 이런 연구 결과들은 뇌가 십대 내내 대혁신을 겪고 스물다섯 살까지 향상되지만 그 후로는 퇴행과 내리막길을 걷는다고 보는 견해가 잘못된 견해임을 입증한다. 뇌 스캐너를 이용해 늙어가는 인간들을 관찰했을 때 정상적인 노화과정에서 뇌세포는 그 옛날 뇌과학자들이 주장한 것처럼 다량으로 사라지지도 않으며 오히려 중년기에도 지속적으로 성장한다는 사실을 보여 주고 있다.

102) 참고: 바버라 스트로치(2011). 가장 뛰어난 중년의 뇌(역). 서울: 해나무.

103) 참고: 윌리엄 파워스(2011). 속도에서 깊이로(역). 서울: 21세기북스.

104) 카(Nicholas Carr) 교수가 강조하는, 읽기의 원래적 의미를 다시 되새기는 일은 아무리 강조해도 지나치지 않다. 책을 읽고, 글을 읽는다는 것은 깊이 생각하는 진지한 삶살이의 행위이지 결코 마음을 공허하게 내버려두는 놀이나 시간 때우기가 아니기 때문이다. 책을 읽는다는 것은 마음을 채우고 보충하는 반추적인 행위인데, 그 반추적인 행위로 인해 글을 읽는 사람들은 깊은 생각, 맑은 정신적 흐름에 더 깊이 빠져들어 감으로써 잡다한 주변적 환경의 자극으로부터 자연스럽게 거리를 두게 된다. 읽기가 갖고 있는 이런 정신적 과정과 효과는 온라인 시대에도 변함이 있을 수 없다. 읽기는 인간의 정신에 늘 이렇게 불가사의하면서도 이례적인 일을 이뤄 내기 때문에, 제대로 읽기는 온라인의 중독에서 벗어나기 원하는 사람들에게 생각과 반추의 거울이 된다는 것이다[참고: 니콜라스 카(2011). 생각하지 않는 사람들(역). 서울: 청림출판].

105) 나는 그들의 책부터 이해가 되든, 이해가 되지 않든 간에 무관하게 읽었다. 대학 시절에 접했던 형편없는 종이로 인쇄된 해설서적인 책들이었지만, 나는 그들의 책이라면 조건 없이 좋아하며 읽어 냈다. 나는 지난 30년이라는 긴 세월을 두고 정말 많은 책을 읽어 왔다. 마치 우주에 없는 색깔을 보고 싶어 자신의 열정을 소진시키며 뮤지컬에 매달린다는 젊은 패기의 뮤지컬 감독 박칼린 씨의 절규처럼 사실 나도 교육학계에는 없는 그런 이야기를 경청해내려고 온몸으로 부딪쳤던 것을 부인하기 어렵다.

미국인 어머니와 한국인 아버지 사이에서 태어나 다문화적인 배경에서 성장한 43세의 뮤지컬 감독 박칼린 교수[참고: 박칼린(2010). 그냥. 서울: 달]는 당차게 말한다. "우리 모든 삶의 일 속에 최고와 최선이 분명히 있고 열정을 쏟을 수 있는 시간과 상대가 있다. 나의 삶을 표현하기 위해 음악과 무대를 선택한 것뿐이다. 그리고 내가 선택한 이상 나는 전부를 넣어 그것을 표현하고 싶다. 몸속의 세포 하나하나가 하고 있는 일에 감동받기를 바란다. 그 세포들을 지지고 볶으면서 거대한 에너지가 발산되기를 바란다. 내가 선택한 일과 그것을 위해 최고와 최선이기를, 그것들을 위해 불타오르기를 바란다. 그러기 위해서는 내 노력과 에너지의 중심에 있어야 한다. 가장 뜨거운 곳에 있어야 한다……. 다양성이라는 가치가 모든 것이 가능하다고 가르쳐 줬다면, 그래서 균형을 이루게 했다면, 그것을 알고 행한 다음에는 온 열정을 쏟아 달려야 한다. 그러면 비로소 생명력을 가진 높은 질을 얻게 될 것이다." 그렇게 읽고 부대낀 책 중에서 아직도 가슴에 간직하는 책이 한 권 있었다. 그 책은 나를 빤히 내려다보고 있는 당신의 얼굴이었다. 당신의 얼굴이 바로 나를 지치지 않게 만들어 준 책이었다. 당신의 얼굴은 나에게 바로 잠언이었으며, 한편의 서정시였다.

106) Levinas, E. (1969). *Totality and infinity: An essay on exteriority*(tr.). Pittsburgh: Duquesne University Press.

107) 참고: 클리프턴 패디먼 · 존 S. 메이저(2010). **평생독서계획**(역). 서울: 연암서가.

108) 이들이 제시하고 있는 평생 독서 계획은 마치 항존주의자인 허친스 교수가 제시한 100권의 세계유산과 같은 냄새가 짙게 풍긴다. 인간의 지혜가 100권에 의해 완성되는지 어떤지에 대한 논쟁은 뒤로 하더라도, 이들 교수들이 제시한 평생 독서 계획에 따라 읽어야 할 책들을 읽기만 한다면 우리의 정신 건강에 피해가 될 것은 없다고 확신한다. 저들의 주장처럼 독서를 통해 우리가 저 오랜 인류의 역사로부터 어떻게 하여 이 세상에 오게 되었는지 알 수 있으며, 우리의 삶을 지탱하는 위대한 사상들을 무의식적으로 깨달을 수 있으며, 저들이 이야기하는 고매한 사상과 느낌의 원형을 발견할 수 있기 때문이다.

109) 인간의 배움을 가능하게 만들어 주는 수단이나 방편들은 수없이 많다. 그래도 세 가지 정도로 정리해볼 수 있다. 배움의 방법 중 첫 번째 경우는 인상적(印象的, impression)인 방편이다. 인상적인 배움의 방편이란 사람마다 스스로 보고 겪은 외부에 대한 자극이나 환경을 중시한다. 그런 경험을 자신 안으로 끌어당김으로써 사물의 외면을 묘사하는 데 치중하는 활동이 인상주의적인 배움방법이기 때문이다. 인상주의파 예술가들의 착상과 엇비슷하다. 빛을 통해 시시각각 다채로운 모습으로 들어나는 환경의 다양한 모습과 양태를 순간 포착적 느낌으로 그려 내기 때문이다. 인상주의적 배움은 자기를 둘러싼 환경에 대한 느낌과 양태를 자기의 주관적 양태로 받아들이는 것을 강조한다. 환경에 대한 양태를 자기의 내면으로 끌어당기는 감정들로 환경과 자신을 이해하며 자신을 드러내기 때문이다. 인상주의적 배움의 방법을 이해하는 데 도움이 되는 사례로 끄적이기, 쓰기, 적기, 기록하기와 같은 것을 들 수 있다.

인상적 방법과는 다른 배움의 두 번째 방법은 표현적(表現的, expressionism) 방편이다. 인상적인 배움이 자신의 내적 느낌이나 감정을 중시한다면 표현적 배움은 자신의 몸과 행동을 중시한다. 시시각각으로 자기 몸으로 전달되는 자극을 외부로 발산하며 이해를 돕는 방법이 표현적 방법이다. 외부 환경의 자극에 대한 자신의 반응을 몸이라는 신체를 통해 통렬하게 발산한다는 점에서 표현적 배움은 표출적이다. 몸의 단련과 밀접한 관계를 갖는다. 표현적 배움의 방편으로 들 수 있는 것이 움직거리기이다. 말하자면 체조, 운동, 놀이와 같은 것들이 주요 표현적 배움의 방편이다.

배움의 마지막 세 번째 방법편은 관섭적(關攝的, interpressionism) 방법이다. 관섭적 방법이란 말은 배움의 방법으로 만들어 낸 신조어(新造語)다. 표현적 배움의 방법과 인상적 배움의 방법을 가르는 경계에 위치하고 있는 배움의 방법이 관섭적 방법이다. 관섭적 방법이라는 말은 사전에 있지는 않지만, 그 뜻은 press 사이를 매개하거나 촉매한다는 뜻으로 능히 쓸 수 있는 단어다. Interpress는 일반적으로 표현(expression)이라는 단어와 인상(impression)이라는 단어의 중간 위치를 차지하는 단어로 만들어진 것이다. 관섭(interpress)이라는 단어는 마치 상호작용(interaction), 혹은 상호관계(interrelation), 국제적(international)이라는 단어의 쓰임새에 비추어 볼 때 능히 표현 가능한 단어일 수 있다. 여기에서는 사회과학적 상상력으로 이것과 저것 사이의 다리 역할도 하지만, 그것으로 서로에게 통하며, 서로에게 개입할 수 있다는 뜻의 개념으로 관섭적(關攝的, interpress)이라는 단어를 만들어 쓴 것이다.

관섭적이라는 말은 관여(關與), 즉 어떤 일에 '관계'를 가지고 참여하고 경우에 따라서는 남의 일에 끼어들어 간섭하고 간여(干與)도 하지만, 필요에 따라 강하게 끌어당기며 그것을 고수한다는 다중적이며 복합적인 의미를 드러내기에 족하다. 관섭적인 배움의 대표적인 방편이 바로 읽기다. 읽기는 오감을 통한 보기 그 이상의 행위를 말한다. 그래도 관섭적 배움의 기초를 다지는 것은 읽기다. 독서(讀書)가 대표적인 사례다. 책 읽기, 문자 읽기 등은 사람들의 직접적인 체험이나 직접적인 사유를 간접적으로 체험, 체득, 내면화시키는 손쉬운 방편이다. 인간의 마음과 육체, 말하자면 몸과 맘을 하나로 이어주는 방편이다. 읽기는 몸과 마음 사이에 때때로 개입한다. 그때는 갈등과 긴장이 야기되기도 한다. 그런 긴장을 통해 새로운 조화로서의 깨달음이 일어나기도 한다. 그렇게 되면 몸과 마음이 하나가 되어 '뫔'으로 새로 다듬어진다. 뫔을 만들어 주는 힘이 깨우침이다. 읽기가 관섭적인 것은 그것이 인상적 방법과 표현적 방법 간의 경계에 위치하기 때문이다. 읽기는 뇌 기능을 활성화시켜 새로운 것들을 상상하게 만들기 때문이다. 읽기는 인상적 방법과 표현적 방법의 토대로써 배움의 씨앗, 배움의 재(才)가 된다. 재주 재, 혹은 바탕 재(才)라는 한자는 일반적으로 사람들이 물길을 막거나 모아서 그 물을 돌려쓸 수 있는 바탕을 마련하는 것을 지칭한다. 이런 일반적인 뜻 이외에, 재(才)자에 숨어 있는 뜻은 풀, 나무와 같은 초목의 줄기들 가운데 때가 되면 어떤 것은 땅(−)을 뚫고 올라와 있고 어떤 것은 땅 아래 묻혀 있으면서 위로 나오려고 함을 그린 문자로 만들어 진 것이다. 땅 아래 사선에서 뻗어서 위로 뚫고 나오려는 획에서 볼 수 있듯이 하늘에서 받은 선물로서의 재능만이 아니라 '더 많은 것을 감추고' 나타내려고 준비하고 있다는 토대, 바탕, 씨앗으로서의 재능이라는 점에서 모든 것의 바탕이라는 의미를 담고 있다[참고: 우석영(2011). 낱말의 우주. 서울: 궁리].

110) 이것은 마치 사람이 김치를 먹는다고 할 때 김치의 농축액을 먹는 것이 아니라는 뜻이다. 김치를 만들기 위해 들어가는 재료의 전체, 말하자면 배추, 무, 각종 젓갈, 파, 마늘…… 등 그 모든 것을 함께 먹는다. 사람이 제아무리 지혜로워도, 농축된 영양분만을 먹고 살아갈 수는 없다. 음식을 먹으면, 먹은 음식물 중에서 소화될 수 있는 것은 소화되어 몸에 영양분이 되고, 그렇지 않은 것들은 변(便)으로 배설된다. 그래서 사람은 신선함과 부패함 두 가지를 동시에 지니고 있는 존재다. 말하자면 위(胃)에는 방금 맛있었다고 삼킨 음식물과 아직도 배설되지 않고 있는 변을 지니고 있는 대장(大腸)을 함께 갖고 있는 존재다. 인간은 영양분의 농축액, 혹은 진액만을 먹고 살 수만은 없다. 인간에게는 생리상 어쩔 수 없이 '똥 건더기'를 필요로 하기 때문이다. 음식물을 먹으면 자연히 똥 건더기가 생기는데, 똥 건더기는 그 자체로는 영양도 없고 소화기관에서 소화가 되지 않는 물질이기는 하지만, 인체의 생리 작용을 위해 필수적인 물질이며, 일종의 약과 같은 역할을 감당하기에 결코 그것을 무시할 수 없다. 똥 건더기는 인간에게 그의 소화 흡수 속도를 조절해 주기 때문이다.

똥뿐만 아니라 똥 건더기는 처음부터 똥 건더기로 위장에 들어온 것이 아니다. 똥 건더기는 소화 과정에서 자연스럽게 만들어 진 음식의 잉여물이며 부산물일 뿐이다. 인간이 먹는 음식은 100% 소화되어 100% 있는 그대로 영양분으로 전환되는 것은 아니다. 그중 일부만 영양분으로 변하고 나머지는 변으로 양태를 바꿀 뿐이다. 일반적으로, 변이라고 하더라도 변은 100%가 영양가가 없는 것은 아니다. 원래의 40~50퍼센트 정도에 이르는 영양분이 변에 그대로 남아 있다. 변은 생태계에 존재하는 다른 생물들에게는 소중한 영양분이 있으며 그들의 에너지로 활용된다는 것을 뜻한다[참고: 김형자(2007). **똥으로 해결한 과학**. 서울: 갤리온].

111) 참고: 페스탈로치 · 러셀(1994). **은자의 황혼/교육론**(역). 서울: 민성사.

112) 참고: 코이케 류노스케(2012). **생각 버리기 연습**(역). 서울: 21세기북스.

113) 참고: Gattegno, C.(1972). *Teaching foreign languages in schools: The silent way*. N.Y.: Educational Solution Worldwide.

114) 핀켈 교수는 침묵으로 가르치는 일련의 일곱 가지 방법을 제시한다. 그는 침묵으로 가르치기 위해 우선 첫째로 생각할 수 있는 내용이 풍부한 좋은 책을 활용하라, 둘째는 교실 현장에서 학생들이 이야기하게 하라, 셋째는 교사와 학생이 함께 연구자가 되어 탐구하라, 넷째는 성찰한 것을 편지로 전하게 하라, 다섯째는 여러 사람들과 함께 의논하고 그 어떤 토론이든 토론은 그 시간 안에 종결하라, 여섯째는 정치적인 쟁점을 다루면서 민주적인 선생이 되라, 마지막 일곱 번째는 동료 교사와 함께 참여하여 권위에 대해 학생들이 다시 생각하게 하라 등이다[참고: 도널드 L. 핀켈(2010). **침묵으로 가르치기**(역). 서울: 다산초당].

115) 이런 생각은 랑시에르(Jacques Ranciere) 교수가 논했던 스승과 제자 간의 관계를 떠올릴 때에 더욱더 그렇다. 랑시에르는 당대의 맑시스트 이론가였던 루이 알튀세르(Louis Althusser)의 제자였다. 랑시에르는 『무지한 스승』이라는 글에서 누구를 가르친다는 우리를 향해 거친 질문을 던진 적이 있다. "해방하는 스승이냐 아니면 바보로 만드는 스승이냐, 유식한 스승이냐 아니면 무지한 스승이냐.", 이런 질문에 대답할 수 있어야 스승의 자격을 갖추었다고 말할 수 있다고 했다[참고: 자크 랑시에르(2008). **무지한 스승**(역). 서울: 궁리].
랑시에르가 쓴 『무지한 스승』이라는 책을 읽으면서, 나는 소크라테스에 대해 그가 지닌 정치적 편견과 함께 인간의 의지가 배움의 동력임을 한 번 더 새롭게 깨달았다. 그의 글을 읽어 내려 가면서, 자기가 자기를 스승으로 만들어 주는 동력이 바로 자기의 의지임을 다시 확인하였기 때문이다. 스승은 내 스스로 나의 의지로 깨어나도록 만들어 주는 지식(智識, the wise)이다. 이때의 지식(智識)은 그냥 정보 쪼가리를 지칭하는 지식(知識, information)과는 동일한 뜻이 아니다. 지식(智識), 슬기와 지혜를 갖춘다는 지혜는 단순히 정보를 가를 줄 안다는 뜻의 지식(知識)과는 다르다. 지식(智識)은 유식함이나 무식함 중 어느 하나를 가리거나 대표하지 않는다. 유식한 지식도 없고, 무식한 지식도 없다는 뜻이다. 지식(智識)의 쓰임새는 늘 양립적이며 병립적이다. 지식(智識)하기 위해서 늘 역설적으로 무지해야 할 뿐이다. 지식(智識)이 내게 어떤 쓰임새를 지니게 되느냐에 따라 그의 스승됨이 결정된다. 한 인간의 배움력이 그로부터 튀어나오기 전까지 스승은 배우는 자들에게는 늘 무지해야 한다. 스승이 무지를 깨어 나올 때 익히는 학생인 그들 역시 무지에서 깨어 나온다. 내가 앎과 삶을 터득하기 전까지 그 어떤 스승도 무지하다. 무지해야만 한다. 스승은 저들이 깨어 나오도록 돕는 사람, 저들의 지적 평등과 배움력이 깨어나오게 만드는 지식(智識)으로서의 큰슬기이다. 지식으로서의 스승은 나의 의지가 드러나는 동안에는 무지 그 자체로 존재한다.

랑시에르의 무지한 스승을 읽으면서 느낀 것을 집약한다면, 그것은 무엇보다도 첫째로 인간의 지능은 평등하다는 점이었다. 인간은 배우는 동물로 태어났기에 모든 이들의 지능은 평등할 수밖에 없다. 그렇다고 지능의 평등이 지력(知力)의 평등을 지칭하지는 않는다. 지능의 평등은 모든 인간에게는 지력이 있다는 전제에서 가능하다. 지능의 평등은 학교교육의 목표가 아니다. 학교교육을 통해 얻는 정보의 획득은 지능의 평등 작업과는 무관하다. 정보를 많이 받았다고 인간의 지력이 뛰어난 것이 아니다. 정보 획득은 지능의 평등하기에 가능한 것이다. 그것이 교육의 목표일 수 없다. 지능의 평등은 모두가 달성해야 할 목표가 아니다. 모든 인간에게 지능은 태어날 때부터 평등하기 때문이다. 지능의 평등함 때문에 배움이 발화되는 것이다. 지능의 평등은 지력의 발화를 위한 출발점일 뿐이다.

둘째로 정보 때로는 지식(知識)과 동일시되는 갖가지 정보(information) 획득에 있어서 유일하게 단하나의 방법, 혹은 '올바른 방법'은 있을 수 없다. 각자에게 최적화되는 익힘의 방편만이 있을 뿐이다. 터득하는데 가장 큰 도움을 주는 방편들은 각자적으로 최적화되어야 한다. 익힘의 절차 역시 마찬가지다. 다양한 방편들과 절차들의 조합에 따라 각자적 익힘이 최적화된다. 최적화된 익힘의 방법은 '우연의 익힘법'이다. 우연한 익힘이 열린 학습방법이다. 삶의 현장이 바로 우연의 익힘터다. 누구든 스승 없이도 익힐 수 있다. 익힘은 인간에게 일상적인 일이기 때문이다. 익힘은 실천적이다. 익힘이 삶이다. 익힘이 앎이다. 삶이 바로 '보편적 가르침'이다.

마지막으로 지식(智識)으로서의 스승은 정보 전달자라는 단순한 가르침에 만족하는 일을 하는 사람이 아니다. 스승은 앎과 삶의 예시자일 뿐이다. 앎은 정보 전달이 아니다. 앎은 전수되는 것이 아니다. 정보를 가졌다고 앎이 전수되는 것은 아니다. 앎은 오로지 터득해야 되는 것이다. 삶은 터득이듯이 앎은 터득이다. 앎은 삶이다. 앎은 깨우침이다. 터득은 나아감으로써 체득된다. 서로 나아가기 위해 스승이 필요하다. 스승은 동행이며 선(善)지식이다. 스승의 덕목은 유식함이 아니다. 유식함이 스승의 좌표가 아니다. 유식하지 말아야만 한다는 것이 아니다. 유식함의 현학적 표출은 스승이 해야 하는 일과는 무관하다. 스승일수록 오만(傲慢)을 경계해야 한다. 스승의 덕목은 무지(無智)하다는 겸양에 있을 뿐이다. 동행이 깨달음을 터득하며 무지(無知)함에서 깨쳐 나오도록 무지(無智)함으로 겸양해야 하기 때문이다. 스승이나 학생이나 모두에게는 서로 깨달음이 바로 앎의 근원이다. 삶에서의 진솔함과 진정성이 앎의 시작이다. 스승은 동행에게 스스로 터득하도록, 그리고 각각의 지력을 발화(發火)하도록 생각해 주어야 한다. 마치 붓다가 보여 준 무지의 발화를 보여 줄 수 있어야 한다. 지력은 모든 인간이 각자 지니고 있는 깨달음, 터득함에로의 의지(意志, will)를 말할 뿐이다.

116) 다시 말하지만, 교사의 스승됨을 가르는 기준은 무식(無識)이나 무지(無知) 같은 것이 될 수 없다. 무식과 무지 간의 개념적 차이 그 이상을 드러내는 것이 스승의 품과 격이기 때문이다. 무식(無識)은 익히고, 만들기가 제대로 되어 있지 않아 사리에 대한 분별을 제대로 하지 못하는 상태를 말한다. 적절

한 정보 부재, 제대로 된 언어 구사, 합리적인 토론이나 논쟁의 논리 등이 개발되어 있지 않은 상태이기에 사리 판단이 약한 상태가 무식의 상태다. 무식에 비해 무지(無知)는 원초적으로는 앎이 없다는 말이기는 하지만, 그 앎은 지혜와 슬기, 깨우침이 없다는 것을 뜻한다. 무지는 배움의 총체적 결여를 말한다. 배움의 총체적 결여가 무지의 상태이기에, 무지는 어린아이처럼 앎이 없어서 단순히 티 없이 깨끗하다는 뜻에서의 무구(無垢, innocence)의 상태를 넘어서서 슬기와 지혜가 없다는 뜻의 무지(無智, ignorance)라고 다시 고쳐 표현해야 한다. 키르케고르의 논변대로 말하면, 무지 혹은 무구(無垢)로 번역되는 이노센스(innocence)는, 선악의 구별에 대한 인식조차 없는 원죄 이전의 상태 같은 것일 뿐이다. 무구로서의 이노센스에 대해 시시비비를 가릴 수는 없다. 이노센스에 비해, 이그노런스(ignorance)로서의 무지(無智)는 부지(不知), 즉 알려고 하지도 않는 상태를 넘어 부학지(不學知), 즉 배움마저 거부하기에 생긴 슬기의 결여를 뜻한다. 무식은 무지의 한 작은 영역을 말할 뿐이다. 무식은 전반적인 배움은 없지만, 어느 정도의 학습은 되어 있는 상태를 말하기 때문에, 유식하다고 뻐기는 사람이라고 하더라도 얼마든지 무지한 사람일 수밖에 없다.

무지와 무식 간의 관점적인 차이를 교직과 교수라는 직업에 대입해 보면, 제아무리 유식한 교사라고 하더라도 실제에서는 얼마든지 무지한 사람일 수 있음을 상정할 수 있다. 유식한 교사일수록 그에게 정보 취득 같은 학습 경험은 다양하게 있어도, 삶에 대한 배움이 전반적으로 결여되어 있는 경우를 흔히 발견할 수 있기 때문이다. 요즘의 대학 강의 현장에서 흔히 발견할 수 있는 현상이기도 하다. 교사, 교수라는 자격을 갖게 되면, 국가로부터 자동적으로 얻어지는 스승이라는 신분은 알튀세르(Louis Althusser)가 말하는 바의 국가 이데올로기(ideological state apparatuses) 장치 신분에[참고: 루이 알튀세르(1991). **아미엥에서의 주장**(역). 서울: 솔], 요즘과 같이 기술 사회가 요구하는 지식 이데올로기의 신분을 가미한 '유식 이데올로기의 첨병'이라고 정리할 수 있다.

유식 이데올로기는 학위와 교사 자격증 취득, 각종 교사 연수에의 참가를 통해 더욱더 기관화(institutionalization)된다. 기관화되면 교직의 국가 이데올로기 장치의 성격은 더욱더 공공하게 강화된다. 교사 자격증이 유식 이데올로기의 확고한 증명으로 인지되면, 유식하다는 것은 오히려 유지(有智)의 허위의식이며 슬기가 있다는 것을 더욱더 확실하게 가려주게 된다. 유식 이데올로기로 무장된 사람일수록, 유식함이라는 허위의식 때문에 스스로 사유할 수 있는 능력, 스스로 배울 수 있는 의지마저도 점차로 망실해 가게 된다. 유식하기에 무지해지고 있는 역설의 주인공이 유식 이데올로기로 중무장한 교사들인데, 그들이 바로 유식하기는 해도 슬기가 결여된 무지한 사람이다. 랑시에르는 이들의 문제를 '무지한 스승'이라는 역설적인 비유를 통해 설명한다. 유식의 이데올로기에 사로잡힌 교사들은 결코 학생들에게 지적 평등을 해 줄 수 없다는 것이 그의 논지다.

지적 평등이라는 것은 각각의 학생들에게 스스로 사유할 수 있는 능력을 되찾아 주는 일인데, 교사가 유식하다고 자신을 내세우면 내세울수록 그는 유식 이데올로기의 장치에 사로잡혀 있다는 것을 드러내는 것이다. 유식 이데올로기의 장치에 갇히면, 그로부터 그는 스스로 배우는 일을 폐기하게 되고 자기 자신의 사유능력마저도 망실하게 된다. 랑시에르는 많은 것을 학습한 것 같은 유식한 교사보다는, 차라리 알고 있는 것조차도 모르고 있다는 것을 알게 해 주는 배움력의 중요성을 일깨우고 있다. 이런 교사가 역설적으로 바로 무지(無智)한 교사이기에, 그는 끊임없이 자기 비판과 성찰 그리고 배움에서의 인간적 평등을 추구하게 된다. 랑시에르는 무지하기 때문에 무지한 자는 모든 것을 더 배울 수 있다는 역설을 끊임없이 강조한다. 그런 무지한 교사의 무지만이 학생을 지적 불평등으로부터 해방시켜 줄 수 있다. 지적 평등이란 학생들에게 내재된 그의 고유한 지능, 말하자면 배움력을 기르며, 쓰도록 할 때 가능한 것이다. 학생 스스로 배움력을 발현하면 자기가 모르는 것, 자신도 모르던 것을 가르칠 수 있고, 익히게도 할 수 있게 된다. 스승은 학생들에게 유식, 무식의 자의적인 지적 불평등의 고리 안에 저들의 지력과 배움력을 가두어 두고 있는 사람이 아니다. 스승은 자기는 물론 인간 정신의 진정한 힘, 말하자면 배움력을 드러내고, 드러내 주는 사람이어야 한다고 '무지한 스승론'에서 강론하고 있다[참고: 자크 랑시에르(2008). **무지한 스승**(역). 서울: 궁리].

117) 가르치는 일을 노자의 『도덕경』을 비유하면서 풀어내는 파멜라 메츠는 「아무것도 바라지 않고서」라는 글에서 스승이 하는 일을 이렇게 말한다[참고: 파멜라 메츠(2004). **배움의 도**(역). 서울: 민들레].
"그대가 누구를 가르칠 때, 그 일을 왜 시작했는지 기억할 수 있는가? 장애물들 앞에서 부드러울 수 있는가? 영문 모를 어둠 속에서 마음의 눈으로 밝게 볼 수 있는가? 남을 잡아끌지 않으면서 친절하게 이끌어 줄 수 있는가? 길을 뻔히 보면서도 남이 스스로 찾도록 기다려줄 수 있는가? 낳아서 기르는 방식으로 가르치기를 배워라. 손에 넣어 잡지 않고 가르치기를 배워라. 아무것도 바라지 않고 도와주기를 배워라."
「아무것도 바라지 않고서」를 읽고도 스승이 해야 되는 일이 무엇인지 제대로 감이 오지 않으면, 다시 한번 더 '단순한 진리'로 되돌아 가라고 말한다. "단순한 진리, 그것으로 충분하다. 복잡하게 꾸며 낸 말들은 필요 없다. 슬기로운 교사는 자신의 요점을 구차하게 설명할 필요가 없다. 자신의 요점을 굳이 설명해야 하는 사람이라면 그는 슬기로운 사람이 아니다. 슬기로운 교사는 재산이 따로 없다. 학생들을 많이 도와주면 도와주는 만큼 부자다. 자기가 아는 것을 나눠 주면 나눠 주는 만큼 받는 것이 많다. 학생들 스스로 길을 찾게 하는 가운데 그들을 길러내는 것이 곧 배움의 도(道)다. 배우기를 강요하지 않을 때 학생들은 스스로 배움의 길을 간다."
단순한 진리, 그것으로도 스승이 하는 일에 대해 감(感)이 오지 않으면, 마지막으로 침묵하라고 파멜라 메츠는 다시 노래한다. "꼭 해야 할 말을 하여라. 그러고는 침묵하여라. 자연 세계처럼 되어라. 바람이 불 때는 그냥 바람이다. 비가 올 때는 그냥 비다. 구름이 걷히면 해가 빛난다. 침묵하여라. 그리고 배움의 도에 자신을 열어 놓아라. 그대의 자연스런 발전을 신뢰하여라. 수수께끼는 풀릴 것이다."

118) 지셴린(季羨林) 선생 같은 분은 현대적인 의미에서 중국인에게는 스승의 반열에 드는 사람이다. 그는 98세로 생을 마감했다. 목숨을 거두기 얼마 전 그는 자신의 좌우명을 소개했다. 평소 자기 스스로를 달래기 위해 읊었던 도연명(陶淵明)의 『신석(神釋)』 중 한 구절이었다. 후학들에게도 자기 치유를 위해 그렇게 살아가도 좋지 않겠는지를 넌지시 물어 본다. "늙으나 젊으나 죽기는 매 한가지 어짊과 어리석음을 가늠할 수 없네. 취하면 잊을 수 있다 하나 오히려 늙음을 재촉하는 것! 선한 일을 이루면 기쁘다 하나 누가 있어 그대를 알 것인가. 너무 깊게 생각하면 도리어 삶이 다치게 되니 마땅히 대자연

의 운에 맡겨두어야지 커다란 조화의 물결 속에서 기뻐하지도 두려워하지도 말게나 끝내야 할 곳에서 끝내 버리고 다시는 혼자 깊이 생각 마시게."

지셴린 선생을 그렇게 아프게 만든 것도 결국은 그의 마음이었다. 그 역시 없는 마음으로 마음을 끓이지 말라는 도연명의 타이름이 가슴에서 떠날 수 없었던 것이다. 우리보다 훨씬 이전의 삶을 살아갔던 위대한 선사(禪師)들도 마찬가지였다. 그들 역시 없는 마음 때문에 있는 마음의 애간장이 타들어 갔던 적이 부지기수였다. 예를 들어, 혜가 선사는 달마를 스승으로 모시고 달마 동굴 가까이 토굴을 짓고 수행하면서 많은 선문답을 통해 달마의 도를 얻으려고 노력했던 선승으로 유명하다. 혜가는 달마의 도를 깨치기 위해 토굴에서 무려 3년이 지나도록 노력했으나 결국은 아무것도 얻지 못했다. 마음은 마음먹기 전보다 더 불안해지기만 했다. 그 마음을 참을 길 없었던 그는 마침내 달마 선사에게 고백한다. "스승이시여 마음이 불안합니다. 부디 마음을 편안하게 해 주십시오." 라고 자기 마음을 토해낸다. 돌아온 답은 간단명료했다. "오 그러신가? 그렇다면, 그대의 마음을 가지고 오라. 편안하게 해주리라." 마음을 찾을 길 없었던 혜가 스님은 다시 청한다. "아무리 해도 마음을 찾아도 찾을 수 없습니다." "아, 그러셨든가? 이미 나는 그대의 마음을 편안케 하였다."

펄펄 뛰고, 이리저리 흥분하던 혜가 선사의 마음이 족적도 없이 사라져 버린 순간이었다. 이렇게 혜가 선사와 그의 스승인 달마 대사 사이에 일어난 소통이 바로 의식소통이었다. 의식소통은 안심법문(安心法問)의 시작이 된 것이다. 혜가는 처음으로 무심(無心)을 얻었다. 스승이 되는 사람은 스승이 되는 이유를 지니고 있다. 중국 당나라의 문장가 · 정치가 · 사상가로 이름을 떨친 한유(韓愈)의 말대로, 스승은 배우는 이에게 은혜를 베푸는 사람으로서 선생(先生)을 말하는 것이 아니다. 그 당시 저들에게 있어서 스승의 날은 책벌레로서의 서생(書生)의 징표를 기억하는 것을 의미했다[참고: 지셴린(2009). 다 지나간다(역). 서울: 추수밭]. 한유는 스승을 일컬어, 진리를 전해 주는 사람, 학업을 전수해 주는 사람, 의혹을 풀어 주는 사람이라고 말했다. 배우는 사람에게는 반드시 그런 스승이 옆에 있어 저들의 자만을 경계했었다. 혜가에게 무심을 갖게 해 준 달마는 바로 그런 스승이었다.

119) 스승을 뛰어 넘을 수 없을 때, 그들은 제자라는 이름의 학생으로만 남아 있게 된다. 스승을 뛰어넘는 제자들이 하나둘 나타나 스승과 동행이 될 때 비로소 후생가외의 기운이 솟구치게 된다. 공자(孔子)도 일찍이 후생가외(後生可畏), 즉 뒤에 태어난 사람을 두려워 할 만하다라는 말로 제자를 권면하며 격려했다. 『논어(論語)』 자한(子罕)편에는 후생가외(後生可畏)라는 말이 나온다. 뒤에 난 사람은 여러 면에서 가히 두려워할 만하다는 뜻이다. 공자 스스로 어찌 나중에 올 사람이 지금의 사람만 못하다 할수 있겠는가라고 되묻고 있다. 후생가외를 후배, 후학, 제자가 곧게 뻗어나감을 두려워하며 더욱더 열심히 배움에 정진하라는 뜻으로 읽어도 무방하다. 다만, 공자는 그런 후배, 후학이지만 저들이 나이 40이나 50이 지나도 어떤 명성이 들리지 않는다면 두려워하기에는 부족하다(後生可畏, 焉知來者之不如今也. 四十五十而無聞焉, 斯亦不足畏也已)고 이르고 있지만, 그것은 후학들이 명성을 얻지 못했기에 저들을 홀대하거나 업신여겨도 좋다는 것이 아니라, 오히려 서로가 더욱더 정진하고 격려하며 자극하여 언제든 후생가외의 본을 보이라는 뜻으로 읽어야 할 것이다. 스승의 의지와 제자 간에 서로 다

른 읽기능력들이 분리되고 고양될 때, 제자에게 그리고 스승에게도 '지적 해방'이 일어난다. 스승은 제자에게 구하던 것을 계속 구하는 본을 보여 줌으로써 제자 스스로가 자기 앎의 원인이 되도록 도와주는 사람 그 이상은 될 수 없기에, 스승은 제자에게 그의 동행으로서 늘 읽어야 할 영원한 책으로 남아 있어야 될 뿐이다. 그런 스승이야말로 배움의 천재들이다.

120) 신약성서에서 264회 정도에 걸쳐 반복적으로 쓰이고 있는 중요한 단어가 바로 마데테스(mathetes)이다. 흔히 '제자'로 번역된다. 여기에서 말하는 제자는 꼼꼼이 되새기며 따르는 자, 자신의 마음을 쏟는 자들을 지칭한다. 마데테스는 고대 그리스 사회에서는 자신을 어떤 것에 익숙하게 하는 사람을 말했다. 경험하는 사람, 이해하는 사람, 누구의 지도 아래서 익히는 사람, 신탁에 따라 신으로부터 지시함을 받는 자로 지칭되었다. 지금 말로 말하면 '학생'을 의미하는 단어였다. 마데테스라는 개념이 기독교 교리에 접목되어, 어느 한 곳에 자기의 마음을 쏟는 이들을 지칭하게 되었다. 후대에서는 어떤 사람, 어떤 교리를 온전하게 따르는 자들을 나타내는 단어로 사용되었다[참고: Kittel, G. (1952). *Theological dictionary of the new testament*. London: A & C Black].

마태오는 마데테스를 '사도'로 번역하는 아포스톨로스, 즉 파견된 사람과 구별하기도 하였으나, 다른 사람들은 '제자'로서의 마데테스와 사도로서의 아포스톨로스를 번갈아 사용하곤 했다. 마태오는 아포스톨로스와 마데테스를 구별하였다. 예수를 곁에서 가장 가깝게 따르던 12명을 사도라고 불렀고, 그 후 예수의 말을 따르는 보통 신자들을 그냥 제자, 마데테스라고 불렀다. 이럴 경우, 마데테스는 고대 아테네인에게는 친숙한 뜻으로서의 마데테스, 즉 '자신의 마음을 어느 것에 쏟는 자들을 가리키는 사람(those who have mental efforts needed to think something through)'이라는 뜻으로 사용된 것이라고 볼 수 있다.

121) 참고: 운월야인 진각(2010). 탐진치. 서울: 참글세상.

122) 「법보신문」은 중국과 한국의 대표 선승(禪僧) 43명(중국 16명, 한국 27명)을 중심으로 그들의 오도(悟道)의 연령을 조사했다. 깨달음에 이른 평균 나이를 조사했었는데 놀랍게도 그 평균 나이가 바로 32.4세였다. 추정 연대가 다르거나 여러 번에 걸쳐 깨달음을 이룬 선사들의 경우엔 가장 나중 것을 오도의 나이로 간주했다. 중국 선승들은 평균 32.6세, 한국은 32.3세로 오도에 이른 평균 연령이 엇비슷했다. 이들 중 가장 어린 나이에 오도한 스님이 해안 스님이었는데 만 17세였다. 그는 1918년 성도절 7일 용맹정진으로 오도해 학명 스님으로부터 인가를 받았다.

가장 늙은 나이로 깨달은 선사는 불국사 조실 월산 스님으로 56세 때 금오 스님으로부터 인가를 받았다. 선사들에게 오도하게 만든 상황이나 순간, 조건들도 다양했다. 고봉 스님은 잠자던 도반이 목침을 떨어뜨리는 소리에 깨달았고, 경허 스님은 화두를 참구하던 중 밖에서 얘기하는 소리를 듣고 깨우쳤다. 빗속에 울려 퍼지는 종소리를 듣고 개오한 스님은 만공 스님이었고 좌선 중 바람이 불어 물건이 떨어지는 소리에 오도한 스님은 만해 스님이었다. 선방에서의 정진을 끝내고 대문 밖을 나서는 순간 운봉 스님은 섬뜩하게 무명(無明)을 밝히게 되었다. 오도의 전반적인 기준을 높이는 데 크게 일조했다고 평가받는 퇴옹 성철 스님은 33세 때 비로소 무명에서 명의 길을 걷게 되었다[참고: 이재형, 송지희(2011). 역대 선사들 평균 깨달음 나이는 32.4세. 법보신문. 2011년 3월 21일자].

123) 배움의 천재란 그동안 선구자들이라고 필요 이상으로 포장된 사람들의 허세에 종지부를 찍는 존재들이다. 천재란, 류비셰프가 말한 것처럼 사진을 찍을 때 얼굴보다는 엉덩이를 찍어줘야 더 만족하는 배움의 동물들이다. 천재는 배움으로 사유하며 배움으로 생활하는 사람을 일컫는다. "제대로 된 학문의 면모를 갖추고 있지 못할수록 움직일 수 없는 진리가 받아들여지는 법이야. 반면 제대로 된 학문이라면 늘 거대한 변화를 겪게 마련이네…… 생각할 시간을 갖지 못하는 학자, 그것도 짧은 시간동안 그러한 것이 아니라 장기적으로 생각을 하지 않는 학자는 학자로서 아무런 가망도 없습니다. 자신의 생활방식을 바꾸어 생각할 시간을 충분히 확보할 수 없다면 학문의 길을 아예 포기하는 편이 나을 것입니다[참고: 다닐 알렉산드로비치 그라닌(2004). 시간을 정복한 남자 류비셰프(역). 서울: 황소자리]."라고 말하는 알렉산드로 알렉산드로비치 류비셰프 박사, 그는 옛 소련의 과학자였다.

천재란 어디에서든지, 앞서 간 사람들의 길을 따라가려고 노력하는 사람들이다. 이런 일을 본 사람은 류비셰프가 했다는 얼굴보다는 엉덩이를 찍어 줘야 할 사람이라는 말의 뜻을 이내 알게 된다. 역사상 한 장으로 남을 만한 사건들이나 신화들을 읽어 내려 가다 보면 한 가지 점을 분명하게 짚어낼 수 있다. 그것은 남이 갔던 길을 그냥 뒤좇아 가기만 한 사람은 번번이 길을 잃고 말았다는 점이다. 고난의 비교종교학자인 암스트롱 교수가 반복적으로 지적했듯이[참고: 카렌 암스트롱(2006). 마음의 진보(역). 서울: 교양인], 신화 속에서 또 다른 새로운 신화를 만들어 낸 주역인 영웅들은 낡은 세상과 낡은 길을 버리고 스스로 길을 찾아 나섰던 인물들이었다. 지도도 없고 뚜렷한 발자취도 없는 미지의 어둠으로 뛰어들어 갔던 사람들이다. 타인, 즉 남이라고 하는 눈앞의 경쟁자들과 싸우며 피를 흘린 사람들이 아니라, 자기가 자기 속에 만들어 낸 괴물과 맞서서 싸우며, 자기의 미궁을 탐색하고 자기의 시련을 감내했으며, 자기 삶에서 빠져 있었던 자기를 찾아, 자기를 구출해 낸 인물들이었다.

류비셰프 박사는 생전에 70권의 학술 서적을 발표했고 총 1만 2,500여 장에 달하는 논문과 연구 자료를 남겼던 과학자였다. 그렇다고 그는 소련에서 유별나게 유명한 사람도 아니었고 권력을 한 손에 쥐어 본 사람도 아니었다. 그는 '세상 속에 묻혀 눈에 뜨이지 않게 살아가는 편이 훨씬 좋다는 것'을 다른 사람들보다 훨씬 먼저 깨닫고 자신을 위해 시간을 철저하게 관리했던 사람이었을 뿐이었다. 그는 자기 실현이 어떤 것인지를 다른 이들에게 배우도록 보여 준 위대한 보통사람이다. 류비셰프 박사는 자신이 얼마나 읽고 쓸 수 있는지, 연구할 수 있는지 자신을 시험하며 살았던 사람으로 평생에 걸친 시간 통계가 몸에 배어 자신의 능력의 한계를 정확히 인식하고, 시간을 스스로 주관한 배움의 인물이었다. 류비셰프가 사망한 후 그의 유고 속에서 나온 '시간 통계' 노트의 단서에 따르면, 당시 26세의 과학도였던 류비셰프는 1916년 1월 1일, 앞으로 자신이 사용하는 모든 시간을 기록하는 '시간 통계' 노트를 작성하기로 결심한다. 계획이란 시간을 분배하고 그 과정에서 생활의 질서와 조화를 만들어 내는 작업이라고 생각한 그는, 그의 삶에서 가장 중요한 것은 모든 시간을 제대로 사용하는 것이라고 보았다. 매 시간이 자기 삶의 일부분이고 따라서 모든 시간이 다 똑같이 중요했기 때문이다. 한 시간, 단 일 초도 빠뜨리지 말고 시간 통계를 내야 한다고 결단했다. 그는 하루 동안 한 일을 간단하게 나열하고 시간과 분을 계산한 결과를 적었다. 말하자면 1964년 4월 7일, 울리야노프스크 – 곤충분류학: 알 수 없는 곤충 그림을 두 점 그림(3시간 15분) – 어떤 곤충인지 조사함(20분) – 추가 업무: 슬라바에 게 편지(2시간 45분) – 사교 업무: 식물보호단체 회의(2시간 25분) – 휴식: 이고르에게 편지(10분) – 울리야노프스카야 프라우다지(10분) – 톨스토이의 『세바스토폴 이야기』(1시간 25분) – 기본 업무 (6시간 20분) 류비셰프는 날짜와 기간, 그리고 집필에 소요된 총 시간까지도 적어 놓았다. 그가 매일 같이 작성한 시간 통계 작성의 시작은 평범했지만 고된 작업이었다.

당시 류비셰프 박사 또래의 야심찬 젊은이들이 그랬듯이, 류비셰프 역시 커다란 공을 세우고 초인(超人)이 되고자 했다. 초인이 되는 일이 쉬울 리가 없었다. 좌절과 번뇌가 더 많았다. 초인의 꿈보다 평범한 인간으로의 추락이 더 쉽게 다가왔다. 기대하지 않았던 역겨운 일들이 자기의 삶을 갉아먹기 시작하자, 그는 결단을 내린다. 기이한 존재가 되어 세상을 놀라게 하기보다는, 자기 삶에 더 충실한 인간이 되기로 한다. 이를 위해 그의 연구와 시간 통계 노트가 큰 역할을 했다. 과학 연구는 애초부터 다른 무엇과도 비할 수 없을 정도의 노력과 시간을 요구한다는 사실을 시간 통계 노트를 통해 그는 일찌감치 알아챈 것이다. 그렇다고 류비셰프가 자나 깨나 연구실에 틀어박혀 연구나 한 것은 아니다. 사람들은 보통 하루에 14~15시간을 일한다고 말하곤 한다. 어쩌면 진짜로 그런 사람이 있을지 모르겠지만 나는 솔직히 그렇게 많은 시간을 일한 적이 하루도 없다. 보통 나는 하루에 7~8시간만 연구해도 큰 만족을 느낀다. 가장 높은 기록을 냈던 달은 1937년 7월인데 평균 잡아 하루에 7시간씩 연구했다. 그에게는 시간의 양이 아니라 질이었다. 충분히 먹고 자는 데 소용되는 시간(하루 12시간 가량)을 제외한 모든 시간은 류비셰프에게 똑같이 귀중한 것이었기 때문이다. 사람에게는 나쁜 시간이나 빈 시간, 필요 없는 시간이 있어서는 절대 안 된다는 게 류비셰프의 지론이었기에, 그는 손을 놓고 마냥 푹쉬는 시간을 허용하지 않았다. 연구를 하다가 지치면 산책을 하고, 돌아와 논문을 쓴 뒤 플라톤과 칸트를 읽고, 다시 동료들에게 편지를 쓰는 식으로 모든 시간을 활용했다. 자신 앞에 주어진 모든 시간을 단 1분도 빠뜨리지 않고 시간 통계를 냈던 류비셰프에게 시간은 손에 잡히고, 눈에 보이는 물질이나 마찬가지였다. 시간을 물로 인식하게 되자 그가 활용할 수 있는 시간은 도처에 널려 있었기에, 단 1초도 그에게 흔적 없이 사라지거나 부질없이 흘러가는 일이 없었다.

류비셰프 자신이 매초 만들어 낸 시간 통계는 자기 모습을 비추는 거울이 되었다. 자신의 방종과 실책을 남김없이 기록하는 측정기를 코앞에 설치해 놓은 것이나 마찬가지인 시간 통계표를 보다 못한 동료 한 명이 그토록 끔찍한 작업을 계속하는 이유가 대체 뭐냐고 물었다. 류비셰프는 웃으며 "이 작업이 내게는 너무도 편안하고 자연스러워서 이제 이 시간 통계표 없이는 살 수가 없게 되었다네."라고 대답했다. 여러 해에 걸친 시간 통계표의 작성과 그것에 따른 행동 실험을 통해 그는 일에 대한 자신의 열정을 안정적으로 유지하고 관리하는 방법을 터득하였다. 그것은 이제 류비셰프의 몸과 마음을 지탱시켜주는 방편이 되었다. 류비셰프는 정신과 육체의 조화로운 건강을 유지하며 인생의 후반기에도 청년 시절 못지않은 열정으로 이미 오래전에 자기의 삶에서 사라져 버렸던 것 같았던 '지식인의 자세'를 구현해 나가기 시작했다. 이제 그와 함께하던 동료들의 문화적 깊이는 르네상스 시대의 이탈리아인 혹은 프랑스의 백과전서파와 비견될 만한 학자의 삶 바로 그것이었다. 르네상스 당시 학자는 곧 사상가였다. 자기 학문과 전체 문화 사이의 조화를 노력에 의해 얻어진 시간 모두를 자신을 위해 사용했던 사람들이 바로 학자들이었다[참고: 다닐 알렉산드로비치 그라닌(2004). **시간을 정복한 남자 류비셰프**(역). 서울: 황소자리].

124) 『논어(論語)』 위령공편 34장에 나오는 말이 '당인불양어사(當仁不讓於師)' 이다. 인(仁)을 실천하는 일은 스승에게도 양보하지 말아야 한다는 말을 본따 만든 말이 당학불양어사다. 배우는 일을 실천하는 데 있어서는 제자라고 하더라도 스승에게 결코 양보하지 말아야 한다고 생각해 낸 글이다.

125) 아리스토텔레스는 17세부터 플라톤이 운영하는 아카데미아(Academia)에서 공부했다. 그는 당시 60세였던 플라톤이 주장하는 핵심 이론인 이데아론을 있는 그대로 받아들이며 그의 말에 경청했다. 물론 아리스토텔레스는 스승인 플라톤과는 다른 생각을 가졌을 뿐만 아니라, 플라톤이 강조하는 수학과 같은 추리적인 것보다는 경험적인 자료나 실제에 보다 많은 관심을 가지고 있었다. 기질적으로 아리스토텔레스는 플라톤과 달랐다. 아리스토텔레스는 스승이 강조했던 이데아론에 대한 심각한 문제 제기를 하기도 하였지만 제자로서의 그는 스승 플라톤을 개인적으로 비난하지 않았다. 플라톤 역시 아리스토텔레스가 어린 제자였지만 그에게서 배워야 할 것이 있을 때에는 주저 없이 익히고 배웠다. 학문적 차원에서는 서로 피차가 스승이 되고 또한 제자가 되는 형이상학적 동행 관계였다. 아리스토텔레스는 플라톤이 죽을 때까지 20년간 아카데미아에 남아서 연구했지만, 플라톤이 만든 아카데미아의 경영권은 그의 기대와는 달리 플라톤의 조카 시퓨시포스에게 넘겨졌다. 그것에 대해 그는 아무런 불만을 갖지 않았다. 오히려 그 틈새를 파고들어 플라톤과 아카데미아 신임 원장인 시퓨시포스와 아리스토텔레스 사이를 이간질하려는 이들을 향해, 이렇게 말했던 것으로 전해진다. "사악한 사람들이여, 유일무이한 존재인 그의 이름(플라톤)을 입에 올리지 마라. 그대들은 그를 칭송할 자격조차 없도다. 덕이 있는 자는 행복하다. 이 진리를 처음으로 말과 행동으로 세상에 보여 준 이가 바로 그로다. 슬프도다. 이 세상 어디에도 그와 같은 사람은 없도다."

126) 여기서 말하는 생각 끊기 혹은 생각 끊어내기로서의 멍 때리기는 그냥 생각 끊기를 말하는 것이 아니다. 스승이란 긍정적인 멍 때리기를 도와주는 사람이다. 뇌의 기능을 회복시킴으로써 부정적인 혹은 난삽한 상태를 벗어나게 함으로써 우울한 기분, 불안한 기분을 전환하는 데 도움을 주는 사람이다. 스승을 만나는 그 순간부터 설명을 할 수는 없지만, 그저 기분이 좋아지는 이유다. 스승, 그 존재의 출현 자체가 멍 때리기의 상징이다.
간질병 환자들도 이런 멍 때리기를 자주 경험한다. 병질적인 멍 때리기를 경험하는 셈이다. 이들에게는 아주 짧게 경련이 오거나 의식이 짧게 나갔다 들어오는 경우가 흔하다. '주의력결핍 과잉행동장애(ADHD)'를 앓고 있는 청소년들도 이런 경험을 하기는 마찬가지다. 수업 시간에 집중을 잘 못하고 허공을 바라보는 일 같은 백일몽(day dreaming) 징후가 자주 일어나기 때문이다. 이런 징후 모두가 정신의학적으로는 멍 때리기 현상이다. 생각 끊기가 반복되어 자신을 긍정적으로 전환시키지 못하기에 부정적이며 병질적인 상황에 머물러 버린다.
스승은 생각 끊기, 생각 끊어내기를 도와주어야 하는 사람이다. 스승이 제자들에게 멍 때리기를 하는 것은 잡생각에서 벗어나 배움의 제 길을 걷게 도와주어야 하기 때문이다. 삶을 살다 보면 생각 끊기와 생각 끊어내기를 자주, 잘하는 사람이 감성이 풍부한 사람임을 목도하게 된다. 편한 사람이며 행복한 사람이다. 멍 때리기 현상은 삶의 이곳 저곳에서 사람들에게 긍정적으로 작동한다. 예를 들어, 커피숍에서 혼자 커피를 마시면서 자기도 모르게 멍 때리기가 찾아올 수도 있다. 실타래처럼 얽혀있던 생각들이 단숨에 정리되는 경험이 흔하다. 나홀로 여행을 하기 위해 오른 장거리 기차 여행에서도 그런 일이 일어난다. 생각 끊기의 상태에 돌입하면 잡다한 생각에서 일순간에 벗어나게 된다. 새로운 기분으로 전환되거나 잡생각들이 단숨에 정리되곤 한다.

생각 끊기, 멍 때리기는 의학적으로 사람들의 마음을 다스리는 데 도움을 주는 한 방편으로 쓰인다. 인간이 느끼는 쓸데없이 집착하는 불안 가운데 80%는 과거에 대한 것이다. 20%는 주로 자기의 장래에는 결코 일어나지 않을 그런 일이다. 그중에서도 80%는 무의미한 것들이다. 결코 불안할 일이 없는데 불안해하는 것이다. 사람들은 그런 일에 매달려 자기를 괴롭히는 자기 학대의 존재다. 불가사의한 것, 오지 않을 불가능한 미래에 대한 일에 대해 지레 걱정함으로써 불안을 증폭시키는 경우 끊어 내기가 필요하다. 불안에 대한 과잉 잡생각에 시달리는 경우 일순간의 멍 때리기가 필요하다. 불안을 단숨에 제거하는 데 도움을 주기 위해서는 강력한 멍 때리기가 필요하다. 걱정이 많고 생각이 복잡하면 할수록 그런 잡생각을 단숨에 끊어 버리기가 쉽기 때문이다.

생각 끊기와 생각 끊어내기로서의 멍 때리기 같은 것이 일어나면, 인간의 뇌에는 뇌의 휴식과 이완을 촉진하는 세타파가 증가되기 시작한다. 참선을 하는 사람들의 경우 그들의 뇌파는 주로 알파파, 그리고 경우에 따라 세타파다. 세타파가 바로 멍 때리기로 상징되는 뇌파다. 생각 끊기, 멍 때리기에 의해 세타파가 뇌에 흐를 경우 사람의 몸에는 코르티솔(cortisol) 호르몬이 줄어들게 된다. 코르티솔은 혈압과 맥박, 혈중 콜레스테롤 수치를 떨어뜨리는 데 도움을 준다. 베타 엔도르핀을 몸 안에 생성해 면역 기능을 촉진시킨다. 그러나 코르티솔이 필요 이상으로 분비되면 만성피로가 겹치게 만들어 놓는다. 스승은 기분 좋은 피로에 젖어들게 만들어 주는 사람이다. 그것을 상징하는 서로 배움의 행위가 멍 때리기와 생각 끊기, 그리고 생각 끊어내기다.

生의 癒
生의
癒

8. SBNR | Spiritual but not religous,

생명순례 | 生命巡禮

生 1. 범사에 기한이 있고 천하 만사가 다 때가 있나니 날 때가 있고 죽을 때가 있으며 심을 때가 있고 심은 것을 뽑을 때가 있으며 죽일 때가 있고 치료시킬 때가 있으며 헐 때가 있고 세울 때가 있으며 울 때가 있고 웃을 때가 있으며 슬퍼할 때가 있고 춤출 때가 있으며 돌을 던져 버릴 때가 있고 돌을 거둘 때가 있으며 안을 때가 있고 안는 일을 멀리 할 때가 있으며 찾을 때가 있고 잃을 때가 있으며 지킬 때가 있고 버릴 때가 있으며 찢을 때가 있고 꿰맬 때가 있으며 잠잠할 때가 있고 말할 때가 있으며 사랑할 때가 있고 미워할 때가 있으며 전쟁할 때가 있고 평화할 때가 있느니라. 일하는 자가 그 수고로 말미암아 무슨 이익이 있으랴.
  - 전도서(3:1-9)

"커다란 조화의 물결 속에서 기뻐하지도 두려워하지도 말게나. 끝내야 할 곳에서 끝내 버리고 다시는 혼자 깊이 생각하지 마시게. 다시는 혼자 깊이 생각 마시게. 나는 이 말을 되뇌인다." 아흔을 훌쩍 넘겼어도 삶에서 초연해지려면 아직도 멀었다고 자탄했던 지셴린(季羨林) 교수의 한탄이었다. 삶은 '살아지는' 것이 아니라, '살아 내는' 일이다. 어제도 내일도 아닌 바로 오늘을 살아 내는 일이다. 그것이 바로 삶이다. 누구든 자신에게 충실하려면 매일을 성실하게 매만져야 한다. 하루를 진지하게 살아가다 보면 고통스러워하던 오늘은 바로 어제가 된다. 어느새 등 뒤에 서 있어 나와는 저만큼의 거리를 두게 된다.

삶에서 피할 수 없는 것을 마주하는 현명한 방법이 있다면, 그것은 어려움에 대해 있는 그대로 먼저 손을 내미는 방법이어야 한다. 그것은 삶에 대한 용기일 뿐이다. 삶은 연역적(演繹的)이거나 귀납적(歸納的)으로 찾아진다기 보다는 오히려 귀추적(歸推的)으로 만들어가는 것이기 때문이다. 삶에, 한 발 먼저 손을 내밀면 위험이 그만큼 줄어들 수 밖에 없는 이유다. 그래서 "가고 싶지 않은 길이지만 가야만 한다면 울어 봐야 무슨 소용이겠는가. 오히려 웃으며 가는 것이 자신에게 더 좋지 않겠는가." 하고 지셴린 선생은 반문한다. "인생 백 년 사는 동안 하루하루가 작은 문제들의 연속이었네. 제일 좋은 방법은 내버려두는 것. 그저 가을바람 불어 귓가를 스칠 때까지 기다리세." ……자신이 늙었음을 차츰차츰 인식해간다면 인생이 쓰고 또 써도 마르지 않는 샘물이 아님을 깨닫는 동시에, 시간을 허비해서는 안 된다는 경각심을 느끼게 된다. 그러면 자연히 후회하지 않는 삶을 살기 위해 게으름을 피우지 않고, 하고 싶은 일을 서둘러 끝마치게 될 것이다.[1]

　인간이라면 자기 자신에게 먼저 정직해야 한다. 자신에 대한 정직은 무조건적이어야 한다. 타인에게 정직하기 위해서, 자신에게 먼저 정직해야 한다. 삶을 지치게하기 위해 인간이 만든 단어 중에서도 가장 대표적인 단어가 '이윽고'라는 단어이며, '해볼걸(it might have been)'이라는 문장이다. 이윽고라는 말은 시간이 얼마만큼 지난 후에라는 뜻이다. 예를 들어, 내가 내 자신에게 이윽고 정직한다면 그것은 이미 사건이 터진 한참 후일 것이다. 마음이 녹아 버린 후일 것이다.

　하고 싶은 것을 할 적에는 이윽고해서는 아무것도 할 수 없다. 어느 시인의 탄식대로 가장 슬픈 말을 그대로 곱씹을 수는 없다. 나 역시 안 되겠다 싶어 결단하는 수밖에는 없었다. 800km에 달하는 스페인 북단의 순례의 길, 산티아고의 길을 향해 떠나기로 작정했다. 2009년 8월 3일 일어난 일이었다. 유별난 곳에서만 이야기가 나올 것은 아니겠지만, 나도 모르게 수행자들처럼 저들을 따라 이미 스페인의 산티아고를 향해 걷고 있었다. 걷고 또 걸어 나간 지 한 보름쯤 되는 날이었다. 몹시 고단했다. 엄지발가락과 다리가 유난하게 아파왔다. 침으로 찌르는 듯한 고통이 뒤따랐다. 중추신경을 타고 고통 한 마리가 스멀거리며 엄지 발가락 위로 기어 올라왔다. 통증이 온몸을 살살 건드렸다. 이내 또 다른 통증들이 떼거지로 다리 힘을 빼내가기 시작했다. 그럴 때마다 무엇인가를 바라고 또 바랐다. 그렇게 내언하며, 기도했다. 산티아고 데 콤포스텔라(Santiago de Compostela) 대성당을 향한 순례의 길에서 일어난 모든 고통과 소망, 그리고 연단의 시발이었다.

　프랑스 국경, 기차에서 내려, 겁 없이 피레네 산맥을 넘기 시작했었다. 그저 보기 좋은 민둥산 같았다. 피레네라 얕잡아 본 것이 큰 화근이었다. 스페인 서북부 언덕 위에 위치한 산티아고 대성당을 향해 걸었다. 800km의 순례의 길이라고 했다. 순례를 향한 길은 외길이었다. 그 외길로 한 번 들어서기만 하면 걷기만 할 뿐이다. 누구라도 뒤로는 되돌아갈 수는 없었다. 뒤로 가는 것은 순례길이 아니다. 앞으로만 내딛어야 하는 외길이었다. 순례길은 그렇게 내게 처음을 열었다. 그 길을 혼자 걸어 보고 싶었다. 혼자 걸어야 어디든 자유롭게 갈 수 있고, 생각도 자유로워질 수 있기 때문이었다.[2]

산티아고 데 콤포스텔라! 별이 수없이 반짝거리며 떨어지는 언덕이라고 그렇게들 불렀다. 그 위에 대성당이 세워져 있다. 성자(聖者)로 숭상받는 산티아고가 안장되어 있다고 했다. 야고보(Jacob), 제임스(James), 혹은 산티아고(Santiago)의 무덤이라고도 했다.[3] 천주교 교도들에게 산티아고는 순례받아야 되는 상징적인 존재였다. 오늘도 수많은 순례자가 그를 찾아 그 길을 걷는다. 종교적인 목적 때문만은 아니다. 어차피 그들이 내달아야 할 곳은 야고보 대성당이다. 안장된 야고보의 석관을 보기 위해서였다. 순례의 여정은 그에게서 끝난다.

이 순례의 길을 처음에는 예수의 처방대로 걸었다. 예수는 제자들에게 디오게네스처럼 순례와 동행의 요령을 이야기해 준 적이 있었다. "내일 일을 위하여 염려하지 마라. 내일 일은 내일이 염려할 것이오 한날의 괴로움은 그날로 족하리라."(마 6:25-34)가 처방이었다. 여행을 위하여 배낭이나 옷 두 벌이나 신이나 지팡이를 가지지 말라고도 일렀다. 그가 일러 준 그 준칙만큼은 지키지 못했다. 처음부터 그럴 수가 없었던 순례길이었기 때문이다.

순례의 길에 나서는 사람이라면 아무리 줄여도 필수품은 준비해야 했다. 배낭도 준비했다. 책 한 권, 필기구 하나, 칫솔, 면도기, 속옷 두 벌, 양말 두 켤레, 겉옷 두 벌, 짧은 바지 하나도 배낭에 집어 넣었다. 몇 가지 상비약도 넣었다. 해열진통제 같은 것이었다. 타박상을 대비해 파스 한두 조각도 준비했다. 엽록차 서너 쪽도 가방 안에 넣었다. 순례길은 그렇게 준비되었다.

나보다 먼저 걸었던 순례자들이 말했다. "고통이 의식을 가눈다."고 말했다. 인류 역사상 세계 4대 여행기로 꼽히는 작품의 저자들도 그렇게 말했다. 저들 모두가 그렇게 그들의 고통을 의식으로 만들어 낸 사람들이다.[4] 그 어딘가의 숙소에서 읽었던 구절이었다. 고통이 의식을 가눈다는 말이 가슴 가득 들어왔다. 관념이 아니라 체험이었으며, 감각이었다. 몸으로 들어온 체험이었다. 프랑스와 스페인 국경인 피레네 산맥을 넘어오다 발목을 다친 한 50대 여인이 있었다. 그녀는 양팔로 목발을 한 채 걸었다. 순례의 길을 포기하지 않는다고 했다. 그렇게 시골길을 먼지 내며 걷고 있었다. 그 여인을 스치는 순간 이내 또 배웠다. 고통이 의식을 관장하는 것이 아니었다는 것을 배웠다. 의식이 고통을 거느리고 있다는 것을 이내 깨달았다.

목발을 짚고 걷는 그녀는 열아홉 살배기 외동딸의 말을 듣고 순례길에 올랐다고 했다. 그녀의 딸은 이미 오래전에 순례의 길을 걸었다. 많은 내적인 변화를 경험했다고 했다. 딸의 권유로 어머니도 용감하게 나섰다. 자기 홀로 기차를 타고 프랑스 국경까지 왔다. 피레네 산맥을 넘다가 발목을 접질렀다. 피레네 산맥은 정말로 걷기에 지루했던 민둥산 그 길이었다. 내리막길에서 발목을 삐었다. 20km도 채 걸어보지 못한 그녀였다. 병원에 갔더니 목발을 해 줬다는 것이다. 그래도 목발에 온몸을 의지한 채 엘 카미노 데 산티아고의 길을 걷기 시작했다. 내가 다섯 걸음 내디딜 때 그녀는 한 걸음을 떼어 놓았다. 순례 중이었다. 내 몸의 형편으로 그녀를 도와줄 수도 없었다. 간단하게 아스피린 하나 주고 파스 하나 주어서 해결될 일이 아니었다. 그녀에게 필요한 것은 약이 아니었다. 격려였다. 그것뿐이었다. 온몸이 그렇게 아파지더라도 걷겠다고 말했다. 갈 길은 멀었다. 마음만은 가까웠다. 걷는다는 것이 축복이었고, 감사였기 때문이다.

그녀를 할 수 없이 스치며 제치고 앞으로 나아갔다. 감사의 내언이 뒤따랐다. 신앙의 표식이라고 말하기는 어려웠다. 그녀가 더 무사하기를 바랐다. 내 발목도 붓기 시작했다. 남들은 발가락에 물집부터 생겼다. 나는 발목에서 고장의 경고음이 들렸다. 왼쪽 엄지발가락의 관절에서 생긴 통증이 화근이었다. 이내 발목으로 번져 나갔다. 한 일곱 시간쯤을 걸었다. 발목과 다리는 무다리처럼 퉁퉁 부어 올랐다. 부어오른 장

단지에 고무줄 자국이 깊게 패어 있었다. 다리 근육은 벌겋게 부었다. 찐빵처럼 부풀어 있었다.

괴롭히는 것은 통증만이 아니었다. 태양도 나를 괴롭혔다. 신발 속으로 기어들어간 모래 하나마저도 괴롭히기는 마찬가지였다.[5] 한낮인 11시를 넘어서부터 걷는 길은 고난의 길이었다. 마치 사막의 길을 걷는 것이나 마찬가지였다. 땡볕 순례의 길이었다. 이글거리는 적도의 햇볕은 오후 내내 영상 35도를 넘실댔다. 쉬고 갈 큰 나무 하나가 있지 않았다. 구름 한 점 없는 길고 긴 밀밭길을 질러 나가야 했다. 자갈길이었다. 저주스런 길이었다. 한 발, 한 발 내디딜 때 마주치는 돌과의 마찰은 있는 그대로 엄지발가락에 통증으로 이어졌다. 누구든 피하고 싶은 땡볕길이었다.

걷기에는 새벽녘이 꽤나 좋았다. 잃어 버렸던 별자리를 보는 것도 편했다. 어두컴컴한 길은 시원했다. 별 따라 제 길을 찾아가는 것도 나름대로 재미였다. 길을 잘못 들어도 좋았다. 산티아고 표지를 잘못 읽어 헤맬 때도 좋았다. 나 때문에 생고생을 하고 있는 동행자 태홍과 동춘에게 괜히 미안했다.

새벽녘 별자리들이 그저 좋았다. 이 별 저 별 사이로 별똥별이 떨어졌다. 순식간에 사라졌다. 그런 순간이면 이상한 희열이 지나갔다. 감탄사가 튀어나왔다. 나도 어차피 저 별똥별이었다. 한순간 스러질 별똥별 같은 인간이었다. 일순간의 슈팅 스타나 별 차이가 없었다. '그 어딘가로 사라지겠지' 숨이 막히는 생각이었다. 별똥별들이 새벽하늘을 그어 내려가자 하나의 단상이 뇌리를 스쳤다.

그 옛날 읽어 두었던 코엘료(Paulo Coelho)의 글귀였다. "은하수는 콤포스텔라까지 이르는 길을 안내해 주죠. 어떤 종교도 모든 별을 한데 모을 수는 없습니다. 만약 그럴 수 있다면, 우주는 거대한 빈 공간으로 변해 버려 존재 이유를 잃고 말 겁니다. 각각의 별, 그리고 각각의 인간은 자신만의 공간과 고유한 특성을 지니고 있지요. 초록색, 노란색, 파란색, 하얀색, 혜성, 유성, 운석, 성운, 고리 모양의 각기 다른 별들이 존재하는 것처럼. 여기 아래에서 올려다보면 똑같이 작은 점처럼 보이는 것들도, 실상은 인간의 이해를 넘어서는 공간에 흩어져 있는 수없이 많은 각기 다른 존재들이죠."[6]

산티아고는 별들의 벌판이라고 불린다. 양치기들이 빛나는 별을 보았다는 뜻에서 '콤포스텔라'라고 부른다. 반짝이는 별들을 보면 이내 아는 일이었다. 코엘료는 이 길을 나보다 10년 먼저 걸었다. 1986년도라고 했다. 코엘료가 이 길을 걸을 때만 해도 순례자는 소수였다. 1년에 400명도 안되었다. 순례자의 수는 이제 하루에 천 명도 넘는다. 순례의 이 길은 한 달 이상을 걸어야 하는 길이다.

이 순례에서는 잘 곳을 잡은 것만으로도 감사해야 한다. 열악한 길이었다. 내 동갑내기가 그때 벌써 이 길로 걸었다. '코엘료, 대단한 친구야' 하는 생각이 얼핏 스쳤다. 피식하는 웃음도 저절로 흘러나왔다. 새벽녘 별 사이를 헤매가며 이 생각 저 생각에 홀리다 보면 통증은 슬그머니 사라졌다. 그렇다고 통증이 가신 것은 아니었다. 통증은 어제 내내 나를 따라다녔다. 간밤에 뒤척일 때도 통증은 어김없었다.

새벽길에도 슬그머니 소리를 내며 발목에 달라붙기 시작했다. 통증이 내 의식과 한판 해보려고 날과 각을 세웠다. 산티아고의 순례길을 그렇게 걷고 또 걸어 나갔다. 통증도 순례길을 따라 내 의식을 갉아먹고 있었다. 통증이 이제는 나에게 백기를 받아낼 요량이었다. 통증은 나를 무시하지 않았다. 끈질기게 물고 늘어졌다. 고통이 쌓여갔다. 발이 부어오르기 시작했다. 고통은 더욱더 야물게 물고 늘어졌다. 한쪽 발을 떼어놓을 때마다 통증이 치솟았다. 발바닥이 돌조각에 닿는 순간 오금이 저렸다. 고통이 뇌신경을 때렸다. 견딜 수 없는 통증이었다. 얼마나 걸어야 하나. 도착할 수 있는 가능한 날짜를 세기 시작했다. 아직도 한참이나 남았다. 뒤로 되돌릴 수는 없었다. 통증을 달래는 수밖에 없었다. 그것과 동행하는 수밖에는 없었다.

통증에게 협상을 걸어봤다. 웬만한 산을 타잔처럼 휘젓던 나였기에 능히 그럴만 했다. 그런 나에게 통증이 간단하게 대답했다. 무시하지 말라는 경고도 잊지 않았다. 웃긴다고 피식거렸다. 통증을 윽박질러서 될 일이 아니었다. 통증과 타협해야 할 일이었다. 설령 다리를 자르는 한이 있어도, 순례만큼은 끝내놓고 자르게 해달라고 호소했다. 내게는 마지막 타협안이었다. 통증은 웃긴다고 했다. 악어처럼 무지막지했다. 나약한 나그네의 하소연을 단칼에 잘라 버렸다. 항복, 그만 정지하는 것만이 구원의 길이라고 나를 옥죄었다.

그쯤해서 항복하면 되는 일이었다. 걷던 길을 중단하면 되는 일이었다. 통증에게 승리를 안기면 되는 일이었다. 순례를 그저 여행으로 바꾸면 되는 일이었다. 순례는 순례다워야하기에 그럴 수 없다고 내가 말했다. 그럴수록 통증은 두 다리를 물고 늘어졌다. 이제는 내 스스로 읍소했다. 용서해 달라고 통증에게 매달렸다. 이내 그 무엇인가의 힘에 의지하는 나 자신이 보였다.

나도 모르는 기도가 흘러나왔다. 자성과 반추로 이어지는 간절함이었다. 지나간 일들이 주마등처럼 엄습해 왔다. 모두 나로부터 시작된 잘못이었다. 자복했다. 용서해 달라고 했다. 나 때문에 고통 있었던 사람들에 대한 깊은 사죄였다. 고의적이었던 아니었던 간에, 그런 것은 이미 관계없었다. 나로 인한 모든 고통이었기 때문이었다. 마음 아파했을 그 이름들이, 저 얼굴들이 떠올랐다가는 이내 사라졌다. 저들에게 생겼던 상처들은 지금의 내 고통보다 더 아팠을 것이다. 동체대비(同體大悲) 같은 느낌이 엄습했다. 그것은 다른 사람의 고통을 자신의 고통으로 여기는 자비심을 말한다. 결단했다. 내가 먼저 해야 될 삶에 대한 경외였다. 내 삶을 이어가게 만드는 장기(臟器)들을 기부하겠다는 결단이었다.[7]

별들이 더 영롱해지기 시작했다. 내 마음에 그렇게 비추고 있었다. 별들이 나를 한 발자국 더 앞으로 인도했다. 편안해졌다. 무심(無心)하고 무애(無碍)하며 대안(大安)할 수 있을 것 같았다. 길이 무척이나 밝았다. 나에게 보란 듯이 안내했다. 들으란 듯이 속삭였다. 별똥별이 쏟아 내릴 때면 황홀했다. 전율했다. 소스라치도록 내가 좋았다. 내 자신을 내가 좋아하기는 난생 처음이었다. 새벽은 그렇게 나를 감싸 안았다. 새벽별이 삶의 구원이었다. 삶의 약속을 받아들인 별들이었다. 걸어야 한다는 삶의 메타포였다.[8] 별빛을 그렇게 내리받았다. 시원했다. 통증이 축복이었다. 감사였다. 그저 받아들이면 되는 일이었다. 전율했다. 몸이 부르르 떨렸다. 모르겠다 그것이 무엇인지. 눈물이 흘렀다. 나를 용서하되 가볍게 용서하지 말아 달라고 애원했다. 거듭나라고 그가 말했다.

눈물이 그렁거렸다. 두 눈으로 흘러내렸다. 길은 외길이었다. 동행은 내 눈물까지 훔쳐보지는 못했다. 감사함이 온몸으로 스며들었다. 대안(大安)이었고, 묘감(妙感)이었다. 요한계시록의 저자 요한이 느꼈을 법했던[9] 그런 전율이었다. 감사함으로 인도했다. 한 걸음을 또 떼어 놓았다. 어떤 통증도 이보다 잔인할 수는 없었다. 고통이 가신 것이 아니었다. 감사함이 통증을 안아 버린 것이었다. 천사 가브리엘 마르셀(Gabriel Marcel)이 말했던 그런 축복이었다.[10] 처절하게 징벌한 후에 자기를 감싸달라고 신앙하며 기도했던 마르셀에게 내려 준 응답이었다. 걷고, 또 걷는 이유였다.

회심(回心)이라고 말해야 할 것 같았다. 신비함, 그 자체였다. 삶을 채우는 미스테리우스(mysterious)한 기분, 바로 그런 기분이었다. 신은 우리에게 결단코 기적을 보여 주지 않는다. 다만 네가 기적이 되기를 바란다. 바로 그것이었을 뿐이다. 내가 먼저 기적이 되어야 했다. 기적이란 그렇게 오는 것이라고 루이스 교수가 일러준 적이 있었다. "기적은 (지극히 드물게 일어나는 일이긴 하지만) 무슨 예외적인 사건도 아니고 아무 의미 없는 사건도 아닙니다. 기적은 바로 이 우주적 이야기에서 플롯이 반전되는 장(章)입니다. 죽음과 부활은 다름 아니라 바로 이 우주적 이야기의 주제 자체이며, 따라서 만일 우리에게 안목이 있었다면, 이야기의 각 페이지에서 기적에 대한 암시를 발견할 수 있었을 것입니다. 그 주제는 이야기의 반전 때마다 변장한 모습으로 우리를 만났을 것이며, 식물 같은 그런 (말하자면) 사소한 등장인물들의 대화 중에서도 속삭였을 것입니다. 여러분이 지금껏 기적을 믿지 않았다면, 그 주된 이유가 어쩌면 이 우주적 이야기의 중심 주제가 무엇인지 알고 있다고— 원자, 시간과 공간, 경제와 정체 등이 주요 플롯이라고—스스로 생각했기 때문은 아닌지 한 번 되짚어 볼 필요가 있습니다. 그런데 여러분의 그런 생각이 과연 옳을까요?"[11]

주기도문 어쩌면, 옴마니반메훔, 나도 모르게 그렇게 웅얼거렸다. 예수는 모든 이들에게 가르쳤다. 아주 단순하게, 그리고 그렇게 기도하고 주문(呪文)하라고 가르쳤다. 교황에게도, 황제에게도, 목사에게도 기도할 적에는 제발 제 욕심을 위해 중언부언하지 말라고 가르쳤다. 네 욕심을 구하지 말라고 가르쳤다. 접혔던 마음의 한가닥이 풀리기 시작했다. 그렇게 또 되뇌였다. 나도 모르는 기도, 바로 그것이었다. 침묵이 흘렀다. 또 걷기 시작했다. 개밥바라기 샛별이 머리 앞에서 반짝거렸다. 그의 밝힘을 따라 걸었다. 언제나 비스듬히 옆으로 쫓아오던 샛별이 사라지려고 서서히 자태를 바꾸었다. 동이 터 오는 중이었다. 얼마나 걸었는지 알 수 없는 노릇이었다. 새벽 내내 20km는 족히 걸었을 것이다. 통증도 설정거리며 내 몸에 따라오고 있었다.

명품 짝퉁 손목시계가 배낭에서 덜렁거렸다. 며칠 전 가죽 끈부터 떨어져 나간 손목시계였다. 중국 여행 중 싼값에 산 짝퉁 시계였다. 내친 김에 집어 던질까 몇 번씩 망설이다가도 끝내 갖고 다니던 시계였다. 임시변통으로 배낭 앞 끈에 매달아 놓았다. 오랜만의 일이었지만, 제 시간을 가리키고 있었다. 시계에는 짝퉁이 있었지만, 시간에는 짝퉁이 없었다. 몇 시쯤 되었는지 내 시계로는 알 수 없었다. 그냥 걷는 수밖에는 없었다. 주막 같은 커피를 파는 집에나 가 봐야 현지 시간을 알 수 있었다. 허리춤에서 물통을 꺼냈다. 물 한 모금을 마셨다. 남은 길은 500km, 앞에 우뚝 선 표지석이 그렇게 알려 주고 있었다. 뒤로 갈 수는 없었다. 처음부터 멈출 수도 없었다. 그럴 순례길은 아니었다.

피곤이 파도처럼 밀려왔다. 늘 그랬었지만 이번부터는 달랐다. 한 발자국을 떼어 놓을 때마다 모든 것이 통증이었기 때문이다. 이내 고문으로 변했다. 통증의 에너지는 참으로 집요했다. 통증 이외에는 아무것도 생각할 수 없게 만들기 때문이다. 퉁퉁 부어오른 왼쪽 다리가 더 부어올랐다. 통증이 극한대로 솟구치면 이내 온몸에서 소름이 끼친다. 자갈을 밟을 때면 '아!' 하는 외마디 소리가 어김없이 흘러나왔다. 여지없이 모든 신경을 낚아채고 할퀴어 버렸다. 오른쪽 새끼발가락도 마침내 고통에 가세하기 시작했다. 내가 오로지 믿고 있는 정신에게 결코 양보하지도, 지지도 않겠다는 듯이 날카로운 통증을 마구 데려오기 시작했다. 어제의 40km 강행군이 불씨가 된 것이 틀림없었다. 땡볕길에서 걷다 생긴 물집이었다. 그 물집을 어제 알았다해도 어쩔 수 없는 노릇이었다.

신발 끈을 풀었다. 편한 대로 발가락을 붕대와 거즈로 싸맸지만, 새끼발가락 커다란

물집까지 싸맬 수는 없었다. 터트릴 것도 아니었다. 숙소까지는 데리고 가야 할 물집
이었다. 늘 그랬다. 그런 저런 생각 속에 모든 별을 거두니, 샛별이 슬그머니 자취를
감췄다. 물 한 모금으로 목을 추스렸다. 이제는 대낮의 햇빛이 따가워지기 시작했다.
종아리를 달구기 시작했다. 종아리가 구리빛처럼 변했다. 길가에서 남 볼세라 급할 때
는 후다닥 소피해 버렸다. 자연만이 나를 물끄러미 모든 것을 받아 줬다. 대지를 적시
는 일이었기 때문이었을 것이다. 나를 점지한 그 자연에 내 마지막 야성의 모습을 제
대로 보여 줬을 뿐이다. 언제인지 등 뒤를 찍어 대는 이가 있었다. 태양이었다. 지중해
의 솔라(sola)였다. 다섯 시간 이상을 족히 걸었나 보다. 새벽길을 나설 때 마지막으로
먹었던 바나나 한 조각이 그리워졌다.

　도저히 의심할 수가 없었다. 길을 걷고 있는 것은 나였기 때문이었다. 걸음마다 따
라붙어 다니는 통증이 바로 그것을 증명했다. 몸뚱이가 있으니 통증의 스멀거림도 어
쩔 수 없었다. 고통스럽다. 그래서 나는 존재한다. 그것 하나뿐이 내 머리를 맴돌았
다. 고통이 거세된 생각, 그것은 정말로 사치스런 일일 뿐이었다. 나는 이 길을 먼저
걸었던 사람들을 의심했었다. 아더 폴 보어스(Arthur Paul Boers) 교수도 그중 한 사람
이었다.[12] 교수이자 목사인 그 역시 산티아고 여정으로 2천리를 걷고 걸었다. 2천리
를 걷는 머나먼 여정이 그에게 말했다. 두 발로 걸어온 길 그 자체가 예배라고 말했
다. 걸어가는 것이 바로 기도였다고 했다.

　순례자들은 말했다. 카미노 여정은 내면의 음성을 만든다고 했다. 내면의 소리가
말한다고도 했다. '소박한 삶을 살아라.' '소유욕을 버려라.' '모든 이들에게 친절을
베풀어라.' '믿음과 여유를 찾아라.' '인생의 속도로 걸어라.'라고 말한다고도 했다.
모두가 모를 일이었지만, 그것은 어김없이 사실이었다. 목회자 보어스 교수는 마을
마다 고색이 창연한 성당을 모두 들렀다. 미사에 참석했다. 우리 같으면 목사가 미사
라니 하며, 경칠 노릇이었다. 그는 말했다. '성당의 미사보다는 카미노의 여정이 더
예배였다.'고 고백했다. 카미노의 여정에서 생기는 마음의 여백이 더 신앙이었다고
말했다. 만나고 헤어지는 동행자들이 더 간곡한 기도였다. 그는 깨달았다. 하늘의 은

총은 건물을 통해 책을 거쳐, 내려오는 것이 아니었다. 만남과 감사, 그리고 헤어짐이 바로 신의 은총이었다. 만남이 은혜였고, 감사였으며, 목회였다. 걷는 것은 믿음의 행위였다. 필요한 건 정밀한 과학이 아니라 엄밀한 믿음이었다.

건강을 챙길 요량이었다면, 굳이 걷기를 택할 일은 아니었다. 엘 카미노 데 산티아고 콤포스텔라의 여정은 건강한 여정이 아니었다. 개종을 위한 방편일리도 없었다. 동행자 중에는 천주교인도 있었다. 개신교도도 있었으며, 무신론자도 있었다. 만신 (萬神)론자도 끼어 있었다. 개신교니, 불교니, 잡신교니, 뭐니 하고 굳이 이리 재끼고, 저리 따져 놓을 일이 아니었다. 그들과 저들을 가를 것 없었기 때문이다. 바보들만이 저들끼리 갈랐다. 모든 것이 아름다웠다. 모든 것이 찬양이었으며, 모든 사람이 조화였다. 나를 맞이하는 신비함 바로 그것이었다. 내 마음이 녹슬고 잠겨 있으면, 아무것도, 아무소리도 들리지 않는 법이다. 길옆의 작은 꽃 하나도 그렇게 순수하고, 아름다웠다. 내가 말없이 지나치고 마는 성당 역시 그랬다. 중세기식 성당이었다. 3~5백 년 이상씩은 거뜬히 늙었지만, 그래도 용태만큼은 20대처럼 꿋꿋했다. 종교의 역사였고, 정신사였으며, 저들의 문명사였다. 거치는 마을마다 문화였다. 역사의 향기였다. 내 눈이 그것을 이겨내지 못했다. 내 후각이 그 냄새를 맡아 낼 줄 몰랐다.

문화의 냄새를, 역사의 그을림을 알아 볼 줄 모르는 내가 바보였다. 초라해질 뿐이었다. 조물주에 대한 신앙은 그렇게 생겨났다. 믿음도 그렇게 배어 나왔다. 월급쟁이 교수를 뽐냈던 내가 초라했다. 성당 안으로 들어갈 때마다 소스라쳤다. 저들이 지닌 신앙의 냄새 때문에 여지없이 깨지고, 좌절했다. 종교를 벗어나는 문화의 향기라는 것이 그런 것이었다. 고개를 떨궜다. 깊은 묵언에 빠져 버렸다.

먼 길 한 번 걷는 것이 대수일 수 없었다. 새로워질 것도 아니었다. 산티아고만이 능사일 리도 없었다. 예수교도, 천주교도, 불교도, 잡교도 모두 마찬가지였다. 도법 스님도 마찬가지였다.[13] 5년 동안 1만 2천km를 걸었던 그였다. 걸으면서 8만여 명을 만났다. 그가 얻어낸 것은 한 가지였다. 구체적인 삶으로 이어지지 않은 진리와 종교는 허구라는 것이었다. 부질없는 관념의 유희일 뿐이라는 사실이었다. 진리란 지금 여기를 떠날 수 없었다. 진리는 특별한 곳에 있는 것이 아니다. 진리는 삶의 현장에 함께 있다. 도마복음 67절이라고 했다. 예수께서 말씀하셨다. "(세상의) 모든 것을 알더라도 자기를 모르는 사람은 아무것도 모르는 것이다."[14] 나에 대해 아무것도 모를 수밖에 없었던 나였다. 교육에 관한 오만 가지 쪼가리 정보들로 채워온 나였다. 예수는 왜 그렇게 깨달았던 것일까 하는 것에 대한 타는 목마름이 엄습해 왔다.

걸어나가면 몸이 신기하게 작동한다. 내 '몸'을 챙겨 주는 천연 마약도 생긴다. 마음과 몸의 통증을 완화시켜 주는 마약이 몸에서 저절로 생긴다. 엔도르핀, 다이도르핀 같은 생체 마약이 저절로 생긴다.[15] 의학적 소견으로 그렇다고 일본인 의학자가 밝혔다. "나는 40대부터 벌서 30년 동안 동트기 전에 일어나 운동하는 습관을 유지하고 있다. 처음 시작하였을 때는 가볍게 뛰기도 하였지만, 지금은 걷기 운동으로 바꾸었다. 걷기만 하여도 충분한 운동이 된다. 1시간이 이상적이다. 걷기 운동이 즐거워지는 이유는 세 종류의 호르몬 때문이다. 우선 걷기 시작하면 뇌에서 '베타 엔도르핀(beta andorphin)'이란 호르몬이 분비되어 기분이 고조된다. 어떤 일이라도 긍정적으로 생각할 수 있는 뇌가 만들어진다. ……계속해서 20분쯤 경과했을 때 '도파민(dopamine)'이란 호르몬이 분비된다. 도파민은 '희망의 호르몬'이라 불리는데 점점 더 큰 행복감이 느껴지며 아이디어와 꿈이 자꾸 생겨난다. 35분이 지났을 때 '세로토닌(serotonin)'이란 호르몬이 분비된다. 세로토닌은 흥분을 억제하여 편안함을 느끼게 하는 호르몬이다. 이미 떠오른 아이디어를 정리하며 실현성 있는 계획으로 구체화할 수 있도록 돕는 호르몬이다. 걷기 운동은 단순히 건강하게 유지하는 것뿐만 아니라 공부 욕구를 가속하는 효과도 있다. 한 가지 더 놀라운 점은 '나는 건강하다.'는 믿음이 '나는 뭐든지 할 수 있다.'는 자신감으로 연결된다는 점이다. 걷는 도중에 생성되는 호르몬의 힘으로 자신감이 강해진다."[16]

트리벨리언(G. M. Trevelyan)도 말했다. "나에겐 두 명의 주치의가 있다. 왼쪽 다리와 오른쪽 다리다." 바로 그것이 인간에게는 살아 있는 의사다. 걷는다는 것은 원초적 생명을 확인하고 확인하는 절차였다. 원초적 생명력을 확인하는 길이다. 삶을 배워 나가는 일이다. 산티아고 순례의 길, 어차피 걸어야 할 이 길은 삶의 길이다. 이 길로 접어들면 누구에게나 나름대로의 생각이 저절로 자란다. 차력사 안소니 퀸과 순박하기만 한 줄리에타 마시노가 열연했던 영화에서 보는 길과 같은 길에서 생각이 자란다. 길은 어차피 삶에 대한 한편의 순애보(純愛普)에 대한 이야기일 뿐이다.[17] 길 위에 나뒹구는 돌멩이에도 역사가 있다. 수백 년을 인내해 온 단련의 역사가 있다. 나뒹구는 눈물의 애환도 있기 마련이다. 모든 것은 아름답다. 모든 것에는 존재 이유가 있다.

순례길에서 많은 한국인을 만났다. 자기의 장딴지를 강하고 건장한 근육으로 채워 보겠다는 사람도 있었다. 산을 타는 일에 나름의 기술 때문에 이 길을 택한 사람도 있다. 자신을 반추해 보기 위해 이 길을 택한 경우도 흔했다. 배움에 대한 믿음으로 이 길을 걸었던 사람은 흔치 않았다. 그들 모두는 이 길을 걸어야만 했다. 나름의 절박한 종교성도 있었다. 자신보다는 더 위대하고 온전하며, 완전한 어떤 것에 대한 바람이 있었다. 한국의 교회에 대해 불만도 있었다고 했다. 개탄도 있었으며 경탄도 있었다. 한국의 목회자들에 대한 기대와 욕설마저 있었다. 모두에게 신에 대한 타는 목마름이 있었다.[18]

길은 삶에 대한 이야기를 실어 날랐다. 길을 연구하는 학자도 있다. 프랑스의 구넬(Laurent Gounelle) 박사다. 신경언어프로그래밍과 코칭 전문가로서 정신적 자기계발을 연구하는 사람이었다. 행복한 삶이 무엇인지를 나름대로 정리해 보려고 했다. 14년 동안 온 세계를 누볐지만, 끝내 한 가지에 이른다. 누구나 행복을 원한다지만 사실과는 다르다. 행복해지려고 노력하기보다는 불행해지지 않기 위해 애쓸 뿐이기 때문이다. 불행해지지 않기 위해 서로 간의 눈치에 매달릴 뿐이다. 불행하지 않기 위해 조금이라도 앞서 기웃거린다. 꿈과 희망이라는 말로 그것을 위장한다. 그렇게 매일 전전긍긍하면서 그것을 행복한 삶의 속내로 위장한다.[19]

사람들은 자신의 오감을 신뢰한다. 그 감각으로 자신 있게 무엇인가를 안다고 이야기하곤 한다. 보는 것을 도와주는 기계 장치는 보는 것을 더 잘 보게 도와준다. 현미경이 그것이고, 망원경이 그것이다. 각각에 한계가 없는 것은 아니다. 현미경으로 미세한 것을 관찰한다고 하더라도 관찰에는 결정적인 한계가 따른다. 최신의 광학현미경을 활용하면 대략 6,000배로 크게 볼 수 있다. 무한정의 확대가 가능한 것은 아니다. 모든 것을 다 볼 수 있는 것도 아니다. 현재의 광학술로는 그 이상을 보기는 어렵다.[20]

　망원경도 예외가 아니다. 하늘의 별자리를 관측하는 천체망원경은 현미경과는 다른 구조를 갖고 있다. 망원경에 있어서 배율은 큰 의미를 주지 못한다. 배율이 높아져도 망원경으로 볼 수 없었던 것이 별안간 보이지는 않는다. 천체망원경을 결정하는 것은 배율이 아니라 빛이다. 천체망원경은 대물렌즈나 반사경으로 굴절이나 반사를 이용한다. 그 크기만큼의 빛을 집중시키는 원리에 따라 망원경이 작동한다. 렌즈에 모인 빛이 초점이다. 모아진 빛을 접안렌즈로 확대해서 전체를 보는 것이 망원경이다. 빛만 제공된다면 망원경으로는 모든 것을 볼 수 있다. 망원경의 한계는 바로 그 빛에 있다. 망원경에 비치는 빛은 전기 불빛 같은 것이 아니다. 망원경에 들어오는 빛은 천체의 거리에서 온다. 인위적으로 그 빛을 조작할 수 없다. 빛이 먼 거리에서 오면 빛의 세기와 강도는 약해진다. 망원경에 도달하기도 전에 빛은 사라진다. 전달되는 빛은 없다. 망원경으로는 그 빛을 보지 못한다. 망원경으로는 아무것도 보지 못하게 된다. 현재의 망원경으로 관측할 수 있는 빛은 매우 가까운 거리에 있는 것들이다. 은하 내에 속한 천체들의 빛이다. 모든 빛을 관측할 수 있는 망원경은 없다. 지구 크기만큼 큰 망원경을 만들 수도 없는 노릇이다. 천체망원경으로 모든 빛을 본다는 것은 처음부터 불가능하다.

　인간의 눈으로 보는 것은 언제나 불완전하며, 불온전하다. 육신의 양안으로는 자연 속의 그 무엇 하나조차 제대로 구분해 낼 수 없다. 시력의 문제가 아니다. 양안이 지니고 있는 원천적인 한계다. 눈으로 보는 것은 편견일 뿐이다. 보았다는 사실에 근거한 하나의 편견이다. 보기 위해서는 눈만 필요한 것이 아니다. 질문이 필요하다. 보기 위해 물어야 하고, 묻기 위해서 봐야 한다.

순례의 길에서는 질문이 없었다. 그렇지만 내 안에서 질문이 터져 나오는 그것을 막을 수는 없었다. 답을 구할 수가 없었기에 만나는 사람에게 내 질문을 역으로 질문하기 시작했다. 보이지는 않지만 실제로 있다는 위대하고도 절대적인 존재라는 것이 도대체 무엇인지를 물어봤다. 보이기는 하지만 실제로는 없는 것은 무엇인지도 함께 물었다. 확실한 답을 듣기 위해 살아 있는 사례를 들어달라고도 했다. 저들에게는 귀찮은 질문이었다. 서양 사람들은 이런 질문에 신기한 듯 대답했다. 나는 오늘도 순례 길에서 어김없이 동행자가 건넨 복숭아 하나를 먹었다. 복숭아는 내 눈으로 볼 수 있었다. 내 손에 있으니 문제가 될 것이 없었다. 길가에 피어 있는 해바라기는 내 눈에 보였다. 전기나 공기는 보이지 않았다. 시원한 것으로 보아 바람이 있었다. 보이지는 않지만, 분명이 있었다.

완전자는 어떤 모습으로 있는 것인가? '완전자'로서의 '신'은 어떤 양태로 존재하는가? 대답은 서로 달랐다. 대답답지 않기는 마찬가지였다. 대답을 듣는 동안 통증은 소리 없이 사라졌다. 어떤 이는 말했다. 신은 보이지는 않지만 존재한다고 대답하기도 했다. 아예 없다고도 했다. 보이지도 존재하지도 않는다고도 반응하기도 했다. 보이면서도 존재한다는 양태적인 모습의 신을 내세우는 사람은 적었다. 신은 보이지만 존재하지 않는다는 사람도 적었다. 신은 보이지는 않지만 존재한다는 대답이 주류였다. 순례길에 나선 이들의 종교적 성향을 말해 주는 지표였다.

벼락은 존재하지만, 신은 존재하지 않는다는 대답들이 주류를 이루었다. 물리학자인 스티븐 호킹(Stephen William Hawking) 교수가 주장하는 그런 논리로 자신의 답을 무장한 것이었다. 스티븐 호킹, 그는 통일장이론을 만들어 내기 위한 초끈이론에 매달렸다. 그는 신의 존재를 믿는 창조론자에게는 벼락 맞을 법한 이야기를 한 적이 있다. 그는 1980년대 이래 헨리 루카스 석좌교수의 신분을 지켜오고 있었는데 그 직은 1663년 이래 기초과학분야에서 영국 최고 과학자에게만 주는 교수직이다. 고전물리학의 창시자라고 할 수 있는 뉴턴이 2대 교수로 봉직했었던 대학의 석좌교수인 그의 발언이었기에 파장이 컸다.

호킹 교수는 서양 문명의 토대인 하느님의 존재를 한마디로 부인해 버렸다. 과학적 근거를 대며 신의 존재를 부정했다. "내가 연구한 것을 보면 과학의 법칙에 의해 어떻게 (처음부터) 우주가 만들어졌는지를 아는 것이 가능하다. 그런 차원에서 신에게 우주가 어떻게 시작됐는지 알려 달라고 애걸할 필요가 없다. 그렇다고 (그 연구가) 신이 존재하지 않는다는 것을 입증하지는 않는다. 다만 신이 필요하지 않다는 것이다."[21]

신의 권능을 부정하는 저들의 질문과 비판들은 우리에게 생소하지 않다. 신에 대한 존재 증명은 끝내 신의 부재 증명에 지나지 않는다고 말한 칼 마르크스(Karl Heinrich Marx)의 논지를 익히 기억하기 때문이다. 마르크스에 따르면, 신의 존재에 대한 증명은 인간의 존재에 대한 증명일 뿐이다. 사람의 본질인 자아의식의 존재에 대한 증명, 그러니까 자아의식의 존재에 대한 논리적 증거에 지나지 않을 뿐이기 때문이다.[22]

수긍되지 않는 것은 아니나, 고통으로 걷는 순례 속에서는 저들의 말은 크게 와닿지 않았다. 인간은 작은 구원의 손길에도 무한한 감사를 느끼는 존재이기 때문이다. 신은 그렇게 보이려고 하지도, 또한 그렇게 자신의 존재를 드러내 보이지도 않기 때문이다. 순례길에서는 그 누구든 나그네일 뿐이다. 나그네는 이런저런 도움을 받는다. 한국에서부터 순례길에 동행했던 막지(莫知), 태홍 군의 도움도 내게는 애틋하기만 했다. 영상 40도를 웃도는 더운 날씨에 물을 찾아 헤매는 나그네들이었기 때문이다.

스페인의 순례길에서도 그런 사람을 만났다. 생수 한 병을 거침없이 건넨 이를 잊을 수 없었다. 이름은 미구엘이라고 했다. 인공 목소리 부착기로 자신의 의사를 전달해야만 했던 성대장애우였다. 52세의 미구엘 씨는 목이 타들어 가던 나에게 물 한 병을 건넸다. 퉁퉁 부은 다리를 두 손으로 만져 주던 23세의 이탈리아 대학생 알렉산드라 양도 마찬가지였다. 내게 그렇게 따뜻한 손을 내밀어 준 여학생은 없었기 때문이다. 걱정 가득한 표정으로 목수건을 풀어 찬물로 적신 후 내 다리 위에 올려 주던 딸 같았던 대학생이었다. 만약의 경우가 생기면 자신을 위해 고이 아끼며 쓰려고 했었던 아스피린 한 알마저도 남김없이 주던 그녀였다. 그녀의 손길은 내겐 천사의 숨결, 바로 그런 것과 다름없었다. 통증으로 신음하던 나에게 자기의 마지막 강력 진통제

를 건네던 이탈리아의 청년도 그랬다. 그의 이름을 알지 못한다. 알려고도 하지 않았
고, 알려 주려고도 하지 않았다. 소염제 한 곽 모두를 건네준 부부도 있었다. 퉁퉁 부
어오른 다리를 더 곪게 하지 말아 달라고 당부했던 그들이었다. 걷다가 이내 소리 없
이 길 어딘가에서 헤어졌던 50세 중년의 명퇴 교사였다. 해맑은 얼굴이 지금도 떠오
른다. 그렇게 헤어졌다가는 며칠 후면 어김없이 산티아고 성당 아니면 시내에서 조
우하며 서로 모르게 포옹했었던 그녀였다. 산티아고는 성당으로 둘러싸여 있는 조그
만 읍내였다. 감사의 눈물을 흘리며 격하게 포옹해 주던 독일인 아주머니는 내게 어
머니, 누이 같았다. 그 온기 속에서 완전자의 온기가 전달되고 있었다. 완전자는 그
렇게 멀리 떨어져 있는 것이 아니다. 내 곁에, 내 맘에, 그 손길에 온기가 있었기 때문
이다.

완전자는 이 세상 누구에게나 존재한다. 사과, 풀, 물, 공기처럼 그렇게 임재한다.
기독교인이 그것을 호흡한다. 불교인도 그것을 마신다. 천주교인도 그것으로 살아간
다. 무속인, 점쟁이들도 그것으로 오늘을 산다. 완전자는 어느 한 종족만을 위해 존재
하는 것이 아니다. 그렇게 우긴다면 그 완전자는 그 종족들 스스로 생존을 위해 만들
어 낸 신화일 뿐이며, 짝퉁 완전자일 수밖에 없을 터이다. 완전자는 어느 종족이나,
변색적인 종교집단에게만 자신을 독점하게 해 주는 존재로서 군림하는 것이 아니기
때문이다.

태양은 어느 종족이든, 그 누구에게든 예외 없이 떠 보인다. 교황이라고, 사제라고
저들을 위해서만 유별난 태양이 떠오르는 것은 아니다. 저들이 보는 것처럼 거리의
상인도 보고, 창녀도 잡놈들도 어김없이 보는 태양일 뿐이다. 태양에 대해 서로 다른
해석은 가능해도, 교황이 본 태양은 스님이 본 그것이고, 무당이나 점쟁이 그리고 목
사가 본 그 태양일 뿐이다. 두 눈을 가진 이상 저들이 본 것은 둥그런 태양일 뿐이다.
태양이 점쟁이만을 위한 것이라고 우기는 교만은 종교적으로 보면 이단이고, 거짓이
며, 이단을 뛰어넘는 상단의 사기일 뿐이다. 태양은 어느 누구든 거부하지 않는다. 황
제, 거지, 사기꾼, 조폭, 목회자라고 저들을 갈라 가며, 유별난 빛을 쏘여 주지 않는다.

마음이 저만의 태양을 만들어 내며, 거짓의 살을 붙일 뿐이다. 저들의 허황함이 저 혼자만의 태양을 고집할 뿐이다. 세상도, 사기도, 거짓도 모두 그런 것일 뿐이다. 서로 다른 언어로서 태양의 존재함을 고백한다. 사실은 한 가지이기에 태양이 지구 주위를 돌아야 한다고 우길 수는 없다. 그 옛날 그때는 우겼다. 권력으로 진리를 짓밟았다. 지금도 그렇게 하고 싶은 사람이 있지만 저들은 정신병동의 입원자나 별 차이가 없다. 정신병동에는 원맨쇼의 주인공이 즐비하다. 모두 각자 나름대로 자기 색깔의 쇼를 하지만, 지구가 태양 주위를 돈다. 이것이 진리다. 우긴다고 우주의 진리마저 뜻대로 구겨지는 것이 아니다.

태양을 잠시 쳐다보고 그것의 양태를 알아봤다고 태양의 전체를 안다고 주장할 수는 없다. 태양의 겉모습이 그것이 지닌 본질은 아니기 때문이다. 겉 양태가 본체일 리가 없다. 태양의 존재를 믿는다고 소리쳐도 태양은 그대로 그곳에 위치한다. 태양의 본체가 자신을 드러내지는 않는다. 태양을 알기 위해 접근하면 죽음이 먼저 온다. 태양의 은사는 인간에겐 죽음이다. 타서 죽게 만드는 것도 은사다. 그 은사 이외에 태양은 아무것도 더 알려 주지 않는다. 사람이 지구상에 등장한 이상, 해와 햇빛은 사람을 위한 것이다. 해를 위해 사람이 존재하는 것이 아니다. 서로가 유기적이며 연기적(緣起的)이기는 하지만, 나라는 생명이 존재하지 않으면 제아무리 찬란한 태양이라고도 해도 소용없는 일이다. 소용없는 인간들, 부질없는 태양이 될 뿐이다.

신(神)이란 존재 역시 마찬가지다. 신은 사람을 위한 것이지, 사람이 신을 위해 존재하는 것이 아니다. 그러니 내 옆에서 나를 행복하게 해 주는 부인이, 가족이 바로 나에게는 신이나 마찬가지다. 친구와 동행이 바로 신이 하는 일을 대신하고 있는 것이었다. 나를 위해 기도하는 목회자가, 스님이 있다면 저들이 바로 친구가 되는 것이다. 신이 사람들에게 어떤 모습으로 발현되든 그것은 누구에게든 관계없는 일이다. 저들은 서로 관계(interrelation)일 뿐이기 때문이다. 그래서 사람이란 존재는 자연 속에서는 외롭지도, 외계인처럼 낯설지도 않은 것이다. 서로 관계 속에서 한동안 잘살다 되돌아가면 되기 때문이다.[23]

생애 처음으로 나섰던 산티아고를 향한 순례의 길은 바로 그 신을 만나는 길이었다. 새벽녘의 별들에 취해 있으면서도 신(神), 그러니까 완전자에 대한 나의 기대는 마찬가지였다. 별을 보았기에, 그 별이 있다고 말할 수 있었지만, 내가 본 그 별은 내게 아무것도 말하지도, 알려 주지도 않았다. 새벽 하늘에 환한 빛을 발하고 있는 별무리들이었을 뿐이다. 완전자는 자기의 양태를 드러내야만 하는 그런 존재물일 수가 없었다. 내가 아무리 나의 지력을 동원해서 그에 대한 사고 실험(思考實驗)을 해 봐도 그가 내게 준 답은 크게 변하지 않았다.

걸어가면서 이 궁리 저 생각으로 별들을 헤고, 완전자를 헤맸을 뿐이다. 별안간 머릿속이 환해지기 시작했다. 우리 앞에 아주 커다란 투명한 플라스틱 천이 있다는 생각이 머리를 스쳤다. 산과 바다, 건물, 사람과 동물 그 모든 것을 덮을 만한 그렇게 길고 큰 보자기였다. 지구를 덮고도 남을 덮개, 우주 보자기, 우주 덮개가 지금 지구를 덮고 있는 보자기이기에 그 안에서 인간은 아무런 불편없이 모든 것을 볼 수 있고 경험할 수 있다고 치자. 우리의 눈으로 덮개의 마지막 끝자락을 본다고 하자. 볼 수 있는 것은 보자기 색일 뿐이다. 우주 덮개의 색을 편하게 흰색의 천이라고 하자. 우리가 볼 수 있는 것은 산과 바다, 건물과 인간을 덮고 있는 흰색 천일 뿐이다. 흰색 천이 펄렁이면 우리는 펄렁거리는 흰색의 천을 보는 것이다. 다른 어떤 것도 아니다. 우리 눈으로 우주 덮개의 끝과 처음이 어딘지를 알 수 없다. 보이지 않기 때문이다. 우주 덮개의 전체 양태는 보이지도 눈에 들어오지도 않을 뿐이다.

지구를 감싸고도 넉넉하기만 한 여백의 우주 덮개가 어떤 것인지 우리는 알지 못한다. 우주 덮개 안에서 세상 모든 것들은 지금처럼 있는 그대로 자연스럽게 움직이고 있기 때문이다. 불편이 있을 수 없다. 모든 것은 가동하며, 순서에 따라 소멸할 뿐이다. 우주 덮개라는 우주를 덮는 완전체다. 그 완전체 안에서 우리 눈에 비치는 것은 불완전하거나 파편적인 것일 뿐이다. 어제 본 풀, 물, 불, 입술, 엉덩이, 오늘 먹을 술, 과일, 타고 다닐 자동차, 교회, 절, 성당, 점집, 그 여자, 그 남자, 그 애인, 그 친구 같은 것일 뿐이다. 잡스럽고 좀스런 일상적인 것 모두가 신의 보자기 속에 싸이고,

싸여질 뿐이다. 인간이라는 동물은 완전체라는 우주 덮개 안에서 자연스럽게 살아가고 있는 미물일 뿐이다. 우주 덮개를 쳐다보는 교황도, 대종사도, 종정도, 무속인도, 목사도 예외가 아니다. 저들 모두가 우주 덮개 안에서 존재하는 불완전한 먼지일 뿐이기 때문이다. 그런 미물을 일러 생명체라고 서로 뻐기고 있는 중이다. 서로 따지고, 우기고, 비난하며, 옳다고 뻐길 일이 아니다. 그럴수록 불완전한 것들은 더욱더 처참하게 불완전해질 뿐이기 때문이다.

우리는 그 보자기 안에서 아무런 부자유 없이 서로 부대낄 뿐이다. 보자기와 서로 관계하고 있을 뿐이다. 신은 특정의 색깔을 요구하지 않는 유신론적 관계를 우리에게 요구하기에 인간은 누구든 그 유신론적 신앙에 대한 강박감에서 벗어나기 쉽지 않을 것이다. 파스칼(Pascal)이 보인 위기관리적인 유신론의 처세술 같은 것은 결코 신앙의 본질이 아니다.[24] 그것은 단순한 신앙심이라기보다는 종교심의 발로이기 때문이다. 완전자를 영원토록 탐구하고 싶은 깊은 종교심의 발현은 종교적 처세술과는 다른 것이다.

걷고 있는 이 길이 완전자와 동행하고 있는 것이라는 깊은 생각이 들었다. 그 어떤 의심이 들었더라도, 그 무슨 새로운 증거를 알았다고 하더라도 괜찮았다. 무수한 의심, 무수한 증거들이 있다고 해서 내가 완전자와 결별할 수는 없기 때문이다. 이미 오래전에 누가 말한 대로, 나는 특정 교리에 매달려야 하는 식으로 그렇게 종교적일 수는 없더라도, 영성(靈性)을 벗어날 수는 없었기 때문이다. 종교적이지는 않지만 영성적일 수 밖에 없는 인간은 에스비엔알(spiritual but not religious: SBNR)적이다. 종교 없이도 얼마든지 영적인 삶과 영적인 안녕감을 누릴 수 있기 때문이다.[25] 그 점을 새벽녘을 가르는 별똥별로부터 수없이 확인하고, 확신을 해 준 것처럼 완전자는 말없이, 말이 필요 없이 나의 영성을 받아들이며 내 옆에서 함께 가고 있었다. 그는 결코 나에게 아무것도 닦달하지 않았다. 영성은 닦달한다고 불어나는 것이 아니라는 것을 신은 너무 익히 알고 있었기 때문이다. "당신은 신이 존재한다는 것을 어떻게 아십니까?" "내 옆의 친구가 존재한다는 것을 확신한다면, 신의 존재 역시 확신해야 합니다."

라고 절규한 분석적 유신론자인 알빈 플란팅가(Plantinga)의 대답을 다시 한 번 더 인증하는 순간이었다.[26] 이 길은 앞에서, 뒤에서, 옆에서 완전자와 함께 걸어야 하는 순례자의 길이었을 뿐이다.

신성(神性)을 찾는 길이 단 한 가지일 수는 없었다. 옛날부터 그 길은 여러 갈래로 나누어지고, 또 나누어져 왔다. 그것은 마치 유대교가 있다면 그 옆에 천주교가 있고, 또 그 옆에 개신교가 있는 것 같은 그런 갈래들이다. 말하자면, 천문학, 물리학, 생물학, 초심리학과 같은 현대과학처럼 분화되어 왔다. 그 옛날에 티베트는 파드마삼바바의 밀교, 유대인의 신비주의인 카발라(kabala)와 엇비슷한 종교로부터 저들이 분화되어 왔다. 말하자면 인간은 신의 계시에 따라 자신 안에 깃들어 있는 신성(神性)을 깨달아야 한다고 본 영지주의(gnosticism) 같은 것들에서 새로운 종교들이 분화되고, 또 세분화되어 왔다.

종교들의 유형이 어떻게 갈라져 분화됐던 관계없이, 자신 안에 내재한 신성을 경험하는 첫 번째 길은 자신을 긍정하는 길이다. 흐르는 구름 한 점에도 완전자의 사랑이 있다. 구르는 돌에도 신성에 대한 단순성이 자리 잡는다. 긍정하면 긍정이 보이고 긍정하는 자신의 본성이 드러나게 마련이다. 긍정하면 완전자가 드러나 보인다. 긍정과는 달리 신성을 인지하는 두 번째의 길은 부정의 길도 있을 수 있다. 부정하는 것도 긍정에 이르는 길이기 때문이다. 다만, 그 부정은 임시변통의 부정이 아니라, 철저한 부정이어야 한다. 살면서 겪는 공허함도 부정이다. 가라앉음의 좌절 역시 긍정을 위한 부정이다. 제대로 좌절하면 침묵하게 된다. 침묵이 여과되면 침묵이 드러내 보이는 완전자의 어루만짐을 느끼게 된다.

완전자에 근접하는 데 도움을 주는 세 번째 방법은 거듭남의 길인데, 정말로 고난과 감동을 통해 거듭나면 완전자의 신성에 접하게 된다. 자신이 맺는 모든 것을 감사와 은혜로 깨달으면 그로부터 신성을 체감하게 된다. 완전자가 자연스럽게 그와 동행한다. 깨달음이 바로 거듭남의 길이기에 신성을 경험한다는 것은 내가 신성을 받아들일 준비가 되었다는 뜻이다. 신성함이란 형체가 없기에 어디에서든 존재한다.[27] 신성은 형체가 없기에 어떤 양태로든 존재한다. 거듭나면 완전자의 신성(神聖)과 광채가 그의 마음에 깃들게 되어 있다.

인류사에 등장했던 모든 신비한 가르침은 인간 하나하나가 초개인적인 자기로서 초개인적인 시각, 말하자면 서로 다른 다양한 시각인 메타시각으로 자연과 타인을 배우게 된다는 교훈이었다. 살아가는 일은 인간 스스로 무엇을 해나가야 할 것인가를 배우는 일이다. 그런 배움에서 불현듯 깨닫게 되는 것이 있다. 살다 보면 인간 스스로 무엇을 해야할 것인지를 절대적으로 가르쳐 줄 스승이 있을 수 없다는 것을 깨닫는다. 동시에 그런 가르침에 나를 의존할 수 없을 때가 오고 만다. 그때에 비로소 사람들은 자신이 바로 트랜스퍼스널 에고(transpersonal ego)가 됨을 알게 된다. 초개인적 자기로서 또 다른 트랜스퍼스널 에고인 타인과의 네트워킹으로 살아가야만 한다는 것을 알게 된다. 그런 관계와 관여(關與) 속에 바로 신의 광채가 깃들어 있기 마련이다.[28]

신의 광채, 신성(神聖)을 경험하려거든 트랜스퍼스널 에고인 자신 안에 스며 있는 신의 기질, 그 신성(神性)부터 확신하고, 확인할 수 있어야 한다. 미국 아가페교회 창립자인 마이클 벡위드(Michael Beckwith) 목사의 체험담이다.[29] 인간인 우리가 우리 우주의 창조자이기에 우리 안의 창조주를 영접해야 한다는 것이다. 자기 안의 신성을 확인하라는 뜻이다. 자기 안의 완전자와 대화하는 것이 자신을 창조주로 거듭나게 하는 일이다. 그는 한 시간 이상 그가 믿는 하느님과 대화를 나누고 난 후 비로소 하루를 시작한다. 신의 사랑이란 머리로 알 수 있는 것이 아니기 때문이라는 것이다. 신의 사랑은 오로지 가슴으로 오르가슴할 수 있을 뿐이다. 가슴속에 내재한 신성부터 먼저 친해져야 한다. 남의 가슴속에 있는 신성은 내 가슴속의 하느님을 통해 만날 수 있다.

성경책 밖의 성경책으로 알려진 도마복음은 겨자씨의 비유로 완전자를 찬양한다. 예수는 사람들에게 이렇게 말했다고 전한다. "하늘나라는 한 알의 겨자씨와 같다. 모든 씨앗 중에서 가장 작은 것이지만 그것이 밭에 떨어지면 한 그루의 큰 나무가 되어 하늘을 나는 새들의 보금자리가 된다." 도마복음 20절의 이야기다. 이 구절을 힌두교도인 오쇼 라즈니쉬는 더 쉽게 풀이해 준다. 겨자씨는 땅에서 볼 수 있는 가장 작은 식물이다. 당시 이스라엘의 땅에서 흔히 발견할 수 있는 가장 작은 것이었다. 작은 겨자씨를 눈으로 쉽게 볼 수 없다. 신의 존재를 눈으로 보겠다는 것 역시 그런 것이다. 나무를 보기 위해 겨자씨를 쪼개 보아도 소용없다. 그 안에서 겨자 나무를 발견할 수 없는 노릇이다. 씨앗을 더 미세하게 나눠 봐도 그 속에 숨어 있는 겨자씨의 잠재소를 발견할 수는 없다. 나무의 형상은 하나의 양태로 존재하는 것이 아니다. 나무는 씨앗으로부터 나온다. 나무는 씨앗에서 성장한다. 성장하면서 씨앗은 나무 속으로 스며들어 간다. 그것은 씨앗이면서 나무다.

2. "삶에서 가장 중요한 것은 인간 관계이며, 행복은 결국 사랑인데, 삶이란 어떠한 데이터로도 밝혀낼 수 없는 극적인 주파수를 발산하며, 과학으로 판단하기에는 너무나도 인간적이고, 숫자로 말하기엔 너무나도 아름답고, 진단을 내리기에는 너무나 애잔하고, 학술지에만 실리기에는 영구불멸의 존재다." – 조지 베일런트[30]

"그냥 대지 위를 천천히 걸어라. 차가운 아스팔트가 아니라 아름다운 지구별 위를 걷는다고 생각하라. 다음 생각을 놓아 버리고 그냥 존재하라. 숨을 들이쉬면서, 마음에는 평화, 숨을 내쉬면서, 얼굴에는 미소. 그대 발걸음마다 바람이 일고, 그대 발걸음마다 한 송이 꽃이 핀다. 나는 느낀다. 살아 있는 지금 이 순간이 가장 경이로운 순간임을. 이미 도착하지 않았는가." – 틱닛한[31]

완전자는 모든 것에 스며들어 있다. 완전자 역시, 스피노자가 말한 것처럼, 자연법을 따르기 때문이다. 완전자는 온전자이고, 온전자는 자연으로서 바로 그것이 혼으로, 그리고 영(靈)을 이룬다. 신성은 그 모든 것에서 발산된다. 우주는 그것의 덮개다. 덮개는 그 모든 것을 덮어 버린다. 덮개 안에서는 모든 것이 초라하다. 선도 덮고 악도 덮어지기에 초라할 뿐이다. 완벽한 덮개일수록 덮었다는 표식이 드러나지 않는다. 신은 목수가 아니라, 모든 것의 목재다. 나무에 신이라는 완전자가 녹아 있듯이,

당신에게 신성이 녹아 있다. 당신을 쪼갠다고 그 신성이 드러나지 않는다. 당신의 신성이 커져야 신의 모습도 따라 커진다.[32]

신의 존재를 논증하는 모든 사고 실험들은 그 옛날 쿠자누스(Cusanus) 추기경이 보여 주려고 했었던 일의 또다른 재현일 수 있다. 그는 신의 존재를 알기 위해서는 신에 대해 먼저 배워야 한다고 말한다. "배우고자 하는 열망에 가득 찬 사람도 과학을 통해서는 자신의 존재방식에 적합한 무지 이상의 더 완전한 것에 결코 도달하지 못한다. 자신의 무지를 알면 알수록 그는 그만큼 더 학식을 갖는 것이다."고도 말했다.

계몽된 무지가 깨져야 새로운 가능성이 보인다는 것이 쿠자누스 추기경의 소신이다. 그는 계몽된 무지가 무엇인지를 수학적인 명상으로 설명한다. 무한의 차원에서 수학적 직관으로 서로 어긋나는 대립자들을 살펴보면 대립자들은 끝내 서로 일치한다. 기하학적으로 원의 지름이 무한히 크다면 그 원의 곡률은 무한히 작아질 수밖에 없다. 무한한 원은 결국 무한한 직선으로 나타난다. 무한한 직선으로 곧아지면, 이제까지의 곡선이나 직선이라는 말은 본래의 의미를 상실한다. 곡선이 직선이고, 직선이 곡선의 또다른 모습이기 때문이다. 모두가 하나의 선일 뿐이다. 굽음과 곧음 간의 대립이 있을 수 없다. 둘은 욕심이고, 욕망이었을 뿐이다. 둘은 처음부터 하나였기 때문이다.

이쯤 이르면, 성경에 나와 있는 수많은 구절에 대한 세세한 독해나 사실 여부를 객관적으로 밝히려는 일은 끝내 무의미할 뿐이다. 구절 하나에 대한 사실적 확인도 무의미하기는 마찬가지다. 존 드레인(Drane) 교수 같은 신학자는 성서와 신화와의 유사성을 부인하지도 않는다. 성서와 신화의 유사함을 오히려 찬양한다. "고대 히브리 민족이 인근 국가들과 차별화한 그들만의 고유한 신관을 널리 이해시키기 위해 고대 근동의 신화와 공통분모가 될 만한 것을 적절히 활용했다는 증거"였기 때문이다. 그런 고대 중동의 다신교 문화 속에서 유대교는 오히려 저들에게 동화되지 않고 유대민족만의 독특한 유일신 사상을 세웠다. 그것을 합리적으로 설명하기 위해 논리 체계로 성경을 만들었다는 것이 그의 주장이다.[33]

성경에 기술되어 있는 여러 가지 이야기에 대한 객관적인 논증이나 주관적인 재해석 모두가 역사와 신화 속에서 합치되어 버리기 때문에, 그 무엇을 그 어떻게 하더라도 결론은 같을 뿐이다. 모든 것은 우주를 덮고 있는 우주 덮개로서의 신의 은총을 위해 행하는 것에 지나지 않기 때문이다. 그 어떤 것도 완전자의 의지에 어긋나지 않는다. 거지가 부자이고, 무당이 교황이며, 히틀러의 폭력이 바로 솔로몬의 지혜와 크게 다르지 않기 때문이다. 완전자인 신은 교황 한 사람의 영광을 위해 존재하는 것이 아니다. 어느 목사 한 사람의 개인적 이익을 위해 신이 존재하는 것이 아니다. 신은 모든 이, 모든 것을 위해 존재할 뿐이다.

세상 모두는 신의 보자기에 싸여 있는 개별자다. 세상의 모든 것에는 신의 지문이 묻어 있다는 랍비 해롤드 쿠시너의 생각이 깊기만 하다.[34] 세상 모든 것은 신의 인증을 받은 것이며, 완전자의 '질 관리'로 보증된 것들이다. 모든 것은 신의 보증 아래 개별적으로 만들어진 것이다. 각각의 양태는 다르지만 모든 것은 완전자에 의해 인증된 것이다. 각각의 피조물들은 각각을 배태시키는 각각의 씨앗대로 피어나고 진다. 그 모든 과정을 인증하고 보증하는 것은 오로지 완전자인데, 그것이 신이며, 그것이 자연이다.

신은 모든 것을 각자적으로 만들어 낸 창조자가 아니다. 신은 모든 것을 인증하고 관리하는 책임자다. 세상 모든 것은 신의 인증과 관리를 벗어날 수 없다. 이사야(44:6)에서 말하는 "나는 처음이요 나는 마지막이라 나 외에 다른 신을 두지 마라."는 말이 그것이다. 요한계시록(1:8), "나는 알파와 오메가라 이제도 있고 전에도 있었고 장차 올 자요 전능한 자라."라는 말도 그것을 재연할 뿐이다.

우주 덮개에 관한 사고 실험이나 쿠자누스의 수학적 명상은 예수가 가르쳐 준 기도문의 마력을 결코 넘어서지 못한다. 예수는 기도의 원형을 보여 준다. 예수는 이렇게 가르치고 있다(6:9). "하늘에 계신 우리 아버지여, 이름이 거룩히 여김을 받으시오며, 나라가 임하옵시며, 뜻이 하늘에서 이룬 것 같이 땅에서도 이루어지리다. 오늘날 우리에게 일용할 양식을 주옵시고, 우리가 우리에게 죄 지은 자를 사하여 준 것 같이 우리 죄를 사하여 주옵시고 우리를 시험에 들게 하지 마옵시고, 다만 악에서 구하옵소서. 대개 나라와 권세와 영광이 아버지께 영원히 있사옵나이다."

기도가 무엇인지, 기도를 어떻게 해야 하는지에 대한 하나의 교범(敎範)을 그가 보여 준 것이다. 하느님은 각각의 어려운 형편을 이미 다 알고 있으니, 기도하는 이마다 제 욕심을 채우기 위해 중언부언하지 말라는 가르침이었다. 신에게 마치 이방인처럼 구걸하지 말라고 일러 준 것이었다. 제아무리 엄청난 것을 구한다고 해도, 그것은 하느님 앞에서는 모두가 삿된 것에 지나지 않기 때문이다. 모든 사정을 알고 있는 하느님을 더 이상 시험하지 말라는 뜻이기도 하다.

당시 유대의 랍비들은 인간 예수를 믿을 수가 없었다. 그가 가르친 기도문은 건방진 것이었다. 예수는 목수 출신의 보잘것없는 청년이었다. 당시 유대 사회의 신분으로 보면, 예수는 아무리 봐도 제대로 익힌 것이라고는 하나도 없는 촌뜨기 청년이었다. 연배로 보아도 그랬다. 자신의 목에 신의 증표 띠를 두르고 거들먹대고 있던 당시 랍비들보다도 모든 것이 여리고, 어렸다. 예수 자신도 이상주의에 불타있던 청년이었을 뿐이었다. 저들의 현학적인 눈으로 보면 예수는 그야말로 일자 무식꾼이었다. 저들 앞에서 감히 하느님을 들먹이며, 저들에게 욕보이고 있는 앳되고, 못된애였다. 언젠가는 손을 봐 줘야만 할 철부지 청년이었을 뿐이다. 그 자가 하느님일 수는 없는 노릇이었다. 귀신 들린 미치광이나 정신 나간 병자 아니면, 강남스타일의 일탈 청년쯤으로 보였을 뿐이었다. 하느님은 저들에게 당신과 자신의 아들을 멋있게 보여 줄 것인데, 그와는 거리가 먼 인간 예수를 랍비들이 인정할 리가 없었다.[35] 그들에게 신의 존재는 예수같은 철부지가 아니었다. 누구도 예수의 존재를 신의 존재로 받아들이지 않았다. 신의 모습은 결코 하나의 현실로 나타난 것이 아니었다. 하나의 양태로만 드러난 것이 아니었다. 받아들일 여백이 없으면 아무것도 들어갈 수 없다. 신의 마음을 갖지 않으면 신은 영원히 떠돌아다니는 귀신일 뿐이다. 저들 랍비들이 바로 귀신이었다.

신의 마음을 가진 자만이 신을 받아들일 수 있다. 중세기 교부철학자나 스콜라학자들은 신의 존재 증명에 대해 누구보다도 열정적이었다. 그중 한 사람이 안셀무스

(Anselmus)였다. 그의 기도에서 구도자의 절박함을 읽으면 신의 마음을 알 수 있다.[36] "주여, 내 당신 얼굴을 찾사오며 당신 얼굴을 뵙고 싶나이다. 주 내 하느님이시여, 내 마음이 어디에서 어떻게 당신을 찾고, 또 어디에서 어떻게 당신을 찾아낼 수 있는지 가르쳐 주소서. 주여, 당신이 여기에 안 계신다면 부재하시는 당신을 내가 어디서 찾겠습니까? 그러나 당신이 어디서나 계신다면 왜 내가 현존하시는 당신을 뵙지 못합니까? 당신은 진정, 진정으로 다다를 수 없는 빛 가운데 거처하십니다. 그런데 다다를 수 없는 이 빛은 어디에 있고 또 내가 어떻게 그 빛에 접근할 수 있겠습니까? 내가 그 안에서 당신을 뵐 수 있도록 누가 그 안으로 나를 이끌고 또 인도하겠습니까? 어떤 표시로, 어떤 모습 아래 내가 당신을 찾겠습니까? 주 내 하느님이시여, 내 당신을 뵌 적이 없사옵고 당신 얼굴을 알지 못했습니다. 지극히 높으신 주여, 당신의 것이지만 당신에게서 멀리 떨어져 있는 유배지의 나는 무엇을 하리이까? 당신께 대한 사랑에 애타고 있지만 당신 얼굴에서 멀리 내던져진 당신의 이 종은 무엇을 하리이까? 나는 당신을 간절히 뵙고자 하지만 당신의 얼굴은 내게서 너무 멀리 떨어져 있습니다. 나는 당신께 가까이 다가가려는 열망을 지니고 있으나 당신의 거처에 다다를 수 없습니다. 나는 당신을 찾아내려 하지만 당신이 거처하시는 곳을 알지 못합니다. 나는 열렬히 당신을 찾으려 하지만 당신의 얼굴을 알지 못합니다. 주여, 당신은 내 하느님 내 주님이시고, 나는 당신을 뵌 적이 없습니다. 신은 나를 창조하시고 재창조하셨으며 내가 지니고 있는 모든 좋은 것들은 당신이 나에게 주신 것이지만 아직 나는 당신을 알지 못했습니다. 당신을 뵙도록 나는 지음받았으나 나는 지음받은 그 목적을 아직 이루지 못했습니다. 오, 주여, 언제까지, 우리를 언제까지 잊어버리시고, 언제까지 우리에게서 당신 얼굴을 외면하시리이까? 언제 우리를 내려다보시고 언제 우리 말을 들으시리이까? 언제 우리 눈에 빛을 비추시고 언제 당신 얼굴을 우리에게 보여 주시리이까? 언제 다시 우리에게 되돌아오시리이까? 주여, 우리를 바라보소서. 우리 말을 들으시고 우리에게 빛을 주시며 당신 자신을 우리에게 보여 주소서. 우리 일이 잘 되도록 우리에게 되돌아오소서. 당신 없이 잘될 일이 하나도 없습니다. 당신께 향

하려하는 우리의 노력과 수고를 불쌍히 여기소서. 당신 없이 우리는 아무 쓸모가 없습니다. 주여, 당신을 찾는 방법을 가르쳐 주시어 찾는 이에게 당신을 보여 주소서. 당신이 가르쳐 주지 않으신다면 당신을 찾을 수 없고 당신이 당신 자신을 보여 주지 않으신다면 내가 당신을 찾아낼 수 없습니다. 내 당신을 갈망할 때 찾고, 찾을 때 갈망하며, 사랑할 때 찾아내고, 찾아낼 때 사랑하게 하소서.ʺ [37]

교부철학자(敎父哲學者)들이 보여 주는 신의 존재에 대한 존재론적 증명은 신은 조건 없이 존재한다는 견해에서 출발한다. 이단을 설득하기 위해 저들은 어떻게든 신의 존재를 증명해 보여야 했다. 존재하는 신을 겉으로 드러내 보이려는 우매함이었지만, 어쩔 수 없는 노릇이었다. 신의 존재를 이성적인 논리로 증명해 내려는 이들 중에서도 안셀무스[38]가 으뜸이었다. 그는 말한다. 하느님은 신이다. 신의 존재는 이 세상에서 가장 완전한 존재다. 신 그 이상의 어떤 것도 그려 낼 수 없는 존재다. 신이 어떤 속성을 지니지 않았다면 그는 신이 아니다. 가장 완전한 것이 아니기 때문이다. 신의 존재는 그런 존재다. 신이 반드시 존재할 수밖에 없는 것은 그 이유 때문이다. 인간은 불완전하다. 인간은 상호 간의 관련성 속에서만 존재한다. 관련성에서만 존재하는 인간을 초월하는 상태의 존재가 필요하다. 완전무결한 존재가 있어야만 한다. 그것이 신이다. 신이 존재할 수밖에 없는 것은 그것이 바로 신의 존재이기 때문이다.[39] 마치 성경의 시편이나 솔로몬의 기도에서, ʺ하늘 위의 하늘에서 하느님께서 들으시고……ʺ 하는 구절에서 느끼게 되는 그런 것처럼 신은 하늘(sky) 위에 있는 하늘(heaven)의 존재로 설정된다.

안셀무스는 신의 존재 증명을 계속한다. 세상에는 여러 종류의 존재들이 있다. 여러 종류의 존재를 뛰어넘는 존재를 생각할 수 있다. 그런 존재는 인간보다 더 위대하고, 절대적인, 가장 완전한 존재다. 절대적인 존재는 반드시 있어야만 한다. 반드시 있는 것이며, 그렇게 있을 수밖에 없다. 그것은 절대자적인 존재 양태가 아니고서는 불가능하다. 무엇인가가 ʻ있다ʼ라는 상태는 가장 완전한 존재 안에 내포된다. 있다는 생각 그 자체가 가장 완전한 존재라는 생각 안에 포함된다. 무엇이든 그것이 절대적으로 완전하기 위해서는 한 가지 조건이 충족되어야 한다. 절대적으로 완전한 것은 '있어야 한다.' 는 것이다.

존재하는 것은 그곳에 있다는 속성을 드러내기 마련이다. 있지 않은 것과 존재하지 않는 것은 그곳에 '있다' 는 속성이 없다. 있지 않은 것은 완전성을 상실한 것이기에 없는 것이다. 그래서 있지 않은 것은 있지 않게 되는 것이다. 완전한 존재에 대해서 생각할 수 있는 것은 그 존재가 있다는 것을 인정하는 것이다. 존재한다는 것을 상정할 수 있다는 사실은 그런 존재가 있다는 것을 증거한다. 절대적인 존재를 받아들이지 않고서는 존재한다는 것 자체를 단정할 수 없다.[40]

신의 존재를 인식하지 못하는 사람은 우둔한 사람이라는 것이 안셀무스의 인간관이었다. '우둔한 자' 는 자기 자신에 머무르고 있는 사람이다. 필연적인 지식을 올바로 깨닫지 못한 사람이다. 깨닫지 못하는 사람에게는 믿음이나 기도, 이해 같은 것은 처음부터 가능하지 않다. 깨닫는 사람만이 구도하며 기도한다. 안셀무스는 깬 자로서 구도한다. "주여! 저는 당신의 깊은 곳까지 파고들지 않습니다. 저의 정신은 어떤 방식으로든 당신의 깊이를 감당할 수 없기 때문입니다. 제 마음이 믿고 사랑하는 당신의 진리를 조금이나마 이해합니다. 믿기 위해 이해하고자 하는 것이 아니라, 이해하기 위해 믿습니다. 믿지 않는다면 결코 이해할 수도 없다는 사실을 믿습니다." 라고 기도하기에 이른다.

믿지 않기 위해 신을 이해하는 사람들이 무신론자들이다. 그들의 신앙은 무지함 때문에 생긴 것이 아니다. 이성이 결핍되었기 때문에 그러는 것 역시 아니다. 이성으로 철저하게 무장하고 있는 현자들이 오히려 그들이다. 신의 존재를 거부하는 사람들은 비평적 이성에 눈이 밝은 사람이다. 사물이 돌아가는 이치에 밝은 사람이다. 논리에서 비논리적인 것을 조목조목 분별 있게 갈라 낼 수 있는 사람이다. 그들은 어찌 보면 보통사람들보다도 사물 그 자체에 더 공감할 수 있는 사람들이다. 그 어느 것의 가치도 끝내 인정할 수 없는 길로 굳건하게 나아가며, 다시 무지의 길로 들어서게 되는 사람이다.

무신론자들은 마치 우물 안의 개구리 처지를 벗어나기 위해 우물을 탈출하는 개구리들과 흡사하다고 볼 수도 있다. 우물 밖으로 탈주한 개구리들은 우물 밖의 신비함에 놀란다. 기겁한다. 다시 우물 안으로 되돌아 뛰어든다. 지각하는 것이 두렵기 때문이다. 경험이 위험하기 때문이다. 우물 안에 사는 편안함을 잊지 못했기 때문이다. 비평적 이성이란 늘 그럴듯하다. 남다른 영특함이 돋보이기 마련이다. 그것이 그것을 해친다. 끝내 자기 자신의 존재감마저도 부인한다. 맑은 영혼이 자라나도록 만들어 주었던 영성적인 가치를 송두리째 부인한다. 자기 자신의 영성감에 대한 이성적 비판에는 눈을 감는다.[41]

남을 인정해야 나의 존재감이 확인될 수 있다. 남의 존재는 무시한 채 자기의 존재만 확인할 수는 없다. 비평적 이성의 눈으로 이것도 의시(疑視)하고 저것의 존재도 의심(疑心)하면 모든 신들은 우화 덩어리일 뿐이다. 신화를 있는 그대로 신으로 받아들이라는 뜻이 아니다. 미신을 받아들이고 기복신앙을 신의 소명이라고 둘러대는 사기를 받아들이라는 뜻이 아니다. 자신을 키워 냈던 수많은 문화적 유산들을 한 줌의 쓰레기더미로 폐기하는 잘못을 경계하라는 뜻이다. 막스 베버는 『프로테스탄트 윤리와 자본주의 정신』에서 말한다. 무신론자들이 새겨들어야 할 만한 결론이다. "완성물(한 사람의 작품)이 최고의 정신적·문화적 가치와 직접적으로 연결되지 않는다면…… 그 사람은 대체로 그것을 정당화하려는 시도를 아예 단념해 버린다. ……이 과정의 최종 단계에 머물고 있는 사람들에 대해서는 참으로 '영혼이 없는 전문가, 심장이 없는 감각론자'라고 말할 수 있겠다."라고 말했다.[42]

우주 덮개로서 존재하는 완전자의 입장에서 보면 유신론자나 무신론자 모두가 똑같을 뿐이다. 그들이나 저들이나 하나의 티끌에 지나지 않을 뿐이기 때문이다. 저들의 논쟁에 따라 우주가 존재하는 것이 아니다. 우주가 존재하기에 저들의 논쟁이 가능하지만, 저들의 논쟁은 언제나 유한할 뿐이다. 우주가 존재해야 그들의 논쟁도 제대로 드러나 보이게 된다. 서로는 서로를 위한 짝이며 보완자에 지나지 않을 뿐이다. 서로가 다른 것 같지만, 다를 것이 하나도 없다. 가장 현명한 비평적 이성의 소유자라고 하더라도 마찬가지다. 그들이 인간의 모습으로 살아야 하는 한 그는 그저 한 마리의 벌레다. 사람 모습을 한 인충(人蟲)일 뿐이다. 나무 잎사귀에 알을 낳지 않을 뿐이다. 태양은 곤충이나 인충이나 모두에게 자비롭다. 태양은 인충이라고 더 많은 빛을 쏘여 주지 않는다. 해충이라고 해서 빛을 거두지도 않는다. 태양은 이 세상 모두에게도 삶과 번식 그리고 생명을 약속할 뿐이다. 모두가 그 은혜 안에서만 목과 숨을 다할 수 있을 뿐이다.

그렇다고 18세기를 풍미했던 자연신학의 관점을 있는 그대로 받아들여야만 하는 것은 아니다.[43] 자연신학의 논점에 따르면, 인간이 자랑하는 이성은 한계를 지닐 수밖에 없다. 자연 곳곳에서 발견되는 오묘함의 질서를 신의 조화와 신의 질서로 받아들이면, 그런 자연의 질서에 대해 왈가불가하는 인간의 이성은 하찮은 논쟁에 지나지 않기 때문이다. 인간의 이성이 구조적으로 한계가 있음을 자백하도록 강요하는 자연신학의 관점이 옳을 수 없는 이유가 있다. 그것은 무엇보다도 먼저 신의 계시가 이성적이라는 논거가 자연에서 저절로 보여지는 것이 아니기 때문이다. 자연이라는 물리세계는 자연을 지배하는 자연법칙과 우연적 사건이 매일같이 상호작용하면서 신도, 인간도 기대하지 못하던 세상을 만들어 놓고 있기 때문이다. 세상살이에 대한 인간의 이성적 예측이 피상적인 것처럼 신의 질서 역시 일탈적이기는 마찬가지다. 예를 들어, 인간이 자연의 질서를 거스르는 전쟁과 살상은 결코 자연법칙도 아니다. 신의 섭리도 아니다. 저들은 저들의 이해 관계를 위해 신의 이름을 팔고 있는 것이다. 인간의 권력이 마찰함으로써 우연적으로 만들어지는 인간의 욕심일 뿐이다.

완전자는 언제나 인간에게 수많은 질문을 허락한다. 완전자의 입장에서 티끌과 같은 하나의 점에 지나지 않는 인간존재의 특성을 부정해야 할 이유가 없기 때문이다. 무엇을 꺼리고 무엇을 삼가야 할 필요성이 있을 수 없다. 우주 덮개라면 우주의 모든 것을 덮을 뿐이기 때문이다. 나무라고 덮지 않고, 물이라고 덮어 버리지 않는다. 모든 것을 덮을 뿐이다. 완전자는 자신을 해체하는 질문도 허락한다. 그 질문이 과학의 이름으로 시도되든 무신론의 이름으로 거론되든 관계없다. 모든 질문이 허용된다. 불경스러운 문제 제기에도 아랑곳하지 않는다. 불안한 쪽은 우주 덮개인 완전자가 아니라, 그 우주 덮개로 이익을 취하고 있는 자들이다. 절대자를 부르는 자들은 그런 질문에 늘 불안하다. 질문 그 자체를 봉쇄하려고 한다. 우매한 일이다. 절대자가 원하지 않는 일이다. 절대자를 해체하기 위해 제기된 모든 질문은 끝내 해체당하고 말기 때문이다.

우주 덮개를 팔아 이익을 취한 장사꾼들일수록 신의 이름을 들먹인다. 저들의 신경질적인 반응들은 완전자에 대한 경외감과는 거리가 멀다. 권력이나 권위 유지에 해가 될 것이라는 개별적 불안에서 비롯되기 때문이다. 인충들의 생존 원리는 한 가지다. 인충끼리의 만남과 헤어짐, 갈라짐을 통해 이해관계를 충족시키기 때문이다. 물리학자 스티븐 호킹의 개인담이 그것을 반증한다. 그는 바티칸 교황청에서 교황과 장시간의 이야기를 나눈다. 그때 그가 보았던 것들을 진솔하게 기록한 것이 있다. "……회의가 끝나갈 무렵, 참석자들은 교황을 알현할 기회가 왔다. 교황은 우리에게 빅뱅 이후의 우주의 진화과정을 연구하는 것은 정당하지만, 빅뱅 그 자체에 대해서 물음을 제기해서는 안 된다고 말했다. 그 이유는 빅뱅이 창조의 순간이고 따라서 신의 작품이기 때문이라는 것이었다. 나는 그때 교황이 방금 내가 회의에서 했던 강연의 내용을 모르고 있다는 사실에 안도했다. 그때 내 강연의 요지는 시공이 유한하지만, 경계가 없다는 가능성에 대한 것이었다. 그 말은 시공이 출발점, 즉 어떠한 창조의 순간도 가지지 않음을 뜻한다. 나는 갈릴레오와 같은 신세가 되고 싶은 생각은 추호도 없었다. 사실 나는 갈릴레오에 대해서 강한 일체감을 느끼고 있었는데, 그 부분적인 이유는 우연의 일치로 그가 죽은 지 정확하게 300년이 지난 후에 내가 태어났기 때문이다! 나를 비롯하여 여러 사람들이 어떻게 양자역학이 우주의 기원과 운명에 영향을 미칠 것인가에 대해서 품고 있는 생각을 설명하기 위해서는, 우선 이른바 '뜨거운 빅뱅 모형'이라고 알려진 것에 의해서 일반적으로 받아들여지는 우주의 역사를 이해할 필요가 있다."[44)]

이성과 논리는 완전자에게 한 걸음 더 다가가기 위한 도구에 지나지 않는다. 신앙성을 확인하기 위한 강력한 표현 도구일 뿐이다. 기존의 종교들은 그런 강렬함을 두려워한다. 저들에게 절망을 주면 되돌아오는 것은 강한 의시일 뿐이다. 화이트헤드(Alfred N. Whitehead)가 보여 준 의시(疑視) 같은 것이 그런 것이다. 그는 버트런드 러셀(Bertrand Russell)의 스승이다.[45] 학계에서는 추앙받는 무신론자인 러셀은 화이트헤드의 사상을 받아들였으며, 스승과 같은 학문의 길을 걸었던 동행이었다.

화이트헤드가 교회에 다니던 어느 날이었다. 그가 다니던 교회에 젊은 목회자가 부임했다. 그는 그의 설교를 좋아했다. 목사는 늘 철학적인 이론으로 무장하고 강론했다. 화이트헤드는 어느 날 마침내 젊은 목회자에게 다가갔다. 정중하게 요청했다. "목사님, 철학에 대해서는 아무래도 제가 목사님보다는 더 많이 알겠지요. 내가 교회에 와서 듣고자 하는 바는 철학 이야기가 아닙니다. 눈구덩이에서도 흔들림 없었던 그 노파의 신앙에 관한 이야기입니다. 예수에 대한 확신입니다. 예수 이야기를 말해 주십시오. 나 자신을 기꺼이 던질 수 있는 예수의 진리에 대한 확신을 강론해 주십시오."[46]

종교를 거부하는 사람들은 신에 대한 이해 방식이 다르다고는 하지만, 신에 대한 인식으로 나아가는 과정에 있기는 유신론자들과 하나도 다를 것이 없다. 안셀무스도 그렇게 생각했다. 무신론자든, 유신론자든 모든 신자를 그는 그렇게 이해했다. 무신론적 거부감이란 다른 말로 말하면, '신앙적 이성을 구하는 신앙'의 과정이라고 해석했다. 무신론자들을 유신론으로 품어내려는 멋진 이해방식이었다. 무신론자에게도 자기 인식이 있게 마련이다. 자기 인식이란 본질적으로 자신 안에 머물고 있는 신을 스스로 발견해낼 수 있는 능력이다. 그것이 바로 신이 무신론자에게 바라고 있는 것이다라는 생각이었다.

무신론자도 그들 안에 진리가 존재하고 있다. 진리에 대한 인식에 방해를 받고 있기 때문에 그것을 거부할 수밖에 없다. 그들이 '우둔한' 것이 아니라, 저들의 이해 방식이 우둔한 것이다. 저들의 우둔함이 신에 대한 그들의 경외와 믿음을 방해하고 있다. 안셀무스는 말한다. 신앙을 찾아볼 수 없는 과학정신으로 무장한 '바보들'을 포기하지 말라고 말한다. 무신론적 존재 증명을 할 정도로 저들 무신론자들은 영특함이 가득하기 때문이다. 저들에게 필요한 것은 신성의 존재에 대한 합리적 논증력이다.

종교는 부질없는 일이라고 고개를 흔들어 대는 사람이 있다. 무신론자들이 그런데, 그들에게 다가설 수 있는 방식이 달라야 한다. 사유의 변증법이 바로 그 방편이라고 안셀무스는 가르쳐준다. "더 위대한 것이 생각될 수 없는 것은 사유 속에서만 존재하지 않는다. 설령 사유 속에만 존재하는 것일지라도, 사람들은 실제로 그것이 존재한다고도 상상할 수는 있다. 더 위대한 것을 생각할 수 없는 그 어떤 것은 단순히 생각 속에서 실재하는 것 그 이상인 것이 틀림없다. 더 위대한 것을 생각할 수 없는 그 어떤 것은 그것이 사유 속에서만 존재한다 할지라도 결국 더 위대한 것이 생각될 수 있는 어떤 것이다. '더 위대한 것이 생각될 수 없는 그 어떤 것'은 의심의 여지없이 사유에서뿐만 아니라 현실적으로도 존재한다고 볼 수밖에 없다." 안셀무스가 보여주는 신의 존재 증명에 대한 격조 높은 사유이며 변증법이다.

안셀무스는 과학의 정신이 통용되지 않았던 그 시절 과학과 종교의 공진성을 미리 예견했었던 것 같다. 그는 이미 그때 '정밀한' 과학으로서의 신앙이 아니라 '엄밀한' 과학으로서의 종교를 상정했던 것이다. 현대과학의 첨단에 선 과학자들은 과학과 종교의 공진과 화합의 가능성이 충분하다고 이야기한다. 신에 대한 유신론적 진화론의 이해, 말하자면 바이오로고스(biologos)적인 이해가 가능하기에, 과학과 종교의 화합적 이해도 가능하다는 것이다.[47] 신에 대한 바이오로고스를 내세우는 콜린스 교수는 유전학자로서 인류 최초로 31억 개의 유전자 서열을 해독하여 몸의 지도를 완성했다. 인간의 게놈(genom) 서열을 밝히는 일을 통해 그는 한 가지 사실을 깨달았다. 그의 과학적인 연구는 경이로운 과학적 성취였지만, 그 과정은 하느님을 향한 영적인 숭배의 시간이나 마찬가지였다. 그는 과학적 탐구과정 속에서 간증했다. 마침내 과학적 세계관과 종교적 믿음이 공존할 수 있음을 보여 주는 과학적 종교주의자로 회심했다.

완전자 같은 신은 그것을 생각하는 사람의 지성에만 존재하는 것이 아니다. 신은 실제로 누구에게나 존재하기 때문이다. 그렇지 않다면, 더 위대한 것이 생각될 수 없는 그 어떤 것이 신이라는 생각에 이르지 못하기 때문이다. 한 가지 결론이 가능하다. 신은 존재할 뿐만 아니라, 신이 존재하지 않는다는 결론만이 가능하다. 신앙과 지성은 모순 없이 서로 일치한다는 논리다. 신앙은 이성 앞에서 정당화된다는 것도 확인하는 논리다. 신앙이 가능해지기 시작하면 사람들은 곧바로 기도하며 감사한다. "감사합니다. 하나님, 제가 전에 당신의 은총으로 이미 믿게 된 것을 이제 당신을 통해 인식하게 된 것을 감사드립니다. 제가 당신의 존재를 믿고자 하지 않았다면 당신의 존재를 인식할 수도 없었을 것입니다."라는 기도가 가능하다.

믿음을 전제로 하지 않는 신에 대한 존재론적 증명은 오만이다. 안셀무스가 갖고 있는 신앙에 대한 결론이었다. 이성을 사용하지 않는 존재론적 증명은 태만일 뿐이다라는 생각에 이르자 안셀무스는 신의 존재론적 증명을 "믿기 위해서 알려고 하는 것이 아니라, 알기 위하여 믿는 노력이라고 보았다. 신앙이 앎의 전제라는 것은 분명하다. 신앙자가 그들의 이성으로 신의 존재를 이해하려는 노력도 필요하다. 신의 존재를 각각의 '마음 속에서 터득하는 일'이 신에 대한 존재론적 논증을 위해 결정적이다.[48] 이 당위성은 안셀무스의 유명한 명제 '신앙은 지성을 바란다.'로 이어진다. 신앙은 지성을 바라지만 그 지성은 오만한 것을 말하는 것이 아니다. 절대자에 대한 기다림이 내재된 지성이 신앙의 바탕이 되어야 한다.

인간의 지성은 제아무리 냉철해도 본원적으로 무엇인가가 결핍된 것일 뿐이다. 그렇기에 보다 더 냉철하게 신의 존재를 찾아 나가는 노력이 필요하다고 본 것이다. 마이스터 에크하르트(Meister Eckhart)가 취했던 신의 존재에 대한 논증력이다. 인간에게 내재된 지력의 결핍은 인간이 배우는 동물이라는 것을 거부하는 것이 아니다. 인간이 지닌 단지 지력의 내재적 결핍성을 말하는 것이었다. 인간에게는 피할 수 없는 지력의 결핍이 있기에 인간은 오히려 청빈한 지성의 존재로 거듭나야만 한다는 뜻이다.

에크하르트는 일상적인 삶에 충실했던 수도승이었다. 신을 찾고 신이 기뻐하는 일을 찾는 것을 즐기는 사람이었다. 고독하지도 않았으며 망상에 빠지지도 않았던 신비주의적인 신학도였다. 그는 17세에 도미니칸 수도회에 들어갔다. 수사로 일을 시작하여 쾰른의 수도원 대학에서 신학을 가르치는 교수가 되었다. 중세의 암흑기가 걷히려고 하는 끝자락 무렵, 단테와 같은 시기에 활동했던 수도승으로서 그는 그 누구에든 신을 향한 청빈, 초탈 그리고 돌파가 필요하다고 역설했다. 교황도 예외일 수 없다고 말했던 그는 끝내 교황에게 밉보인다. 종교재판에 회부당하여 그는 신의 은총보다는 교황의 권력을 실감한다. 교황이든 거지이든 왕이든 그 누구라도 신을 인식하는 일에 활동적이어야 한다는 신을 향한 그의 청빈함이 교황에게는 짐이 되었던 것이다.[49]

에크하르트가 인간 모두가 신을 인식하는 일에 열성적이어야 한다고 강조한 이유가 있다. 신의 초월성과 명명 불가능성이 불가피했기 때문이다. 신은 존재하기 때문에 인식하는 것이 아니다. 신을 인식하기 때문에 신은 존재한다. 신에 대한 존재론적 논증의 핵심을 그는 요한복음 1장 1절에서 간추린다. 요한복음은 말한다. "태초에 말씀이 계시니라. 이 말씀이 하느님과 함께 계셨으니 이 말씀은 곧 하느님이시니라." 이 구절은 신에게는 존재라는 표현이 불가능하다는 것을 알려 준다. 존재라는 말은 신의 말씀으로 창조된 피조물에게만 가능하다는 논리다. 신은 존재가 아니다. 오로지 인간만이 '존재'다. 인간에게만 존재라는 표현이 가능하다는 뜻이었다.

신(神)은 창조되지 않았다. 신은 창조될 수가 없다. 인간이라는 피조물을 창조했기 때문에 신은 모든 존재 위에 위치한다. 신은 인간에 의해 부정되기도 한다. 그렇다고 신은 인간에 대해 '순수한 인식 행위'를 그친 적이 없다. 신은 인간에 대한 창조 행위를 폐기한 적이 없다. 그런 일을 그칠 수 없는 절대적 힘이 바로 신이기 때문이다.

신은 근원에 있어서만 존재한다. 존재라는 것을 통해 신이라는 자신의 특성을 표상하지 않는다. 인간이 자신만의 모델에 따라서 또 다른 신을 추구할 수 있다. 그렇게 되면 그들은 무신론자나 불가지론자가 된다. 신을 회의하거나 부정하는 사람들로 변하고 만다. 그 순간부터 신을 놓칠 수밖에 없다. 그로부터 인간은 자기 자신마저도 놓쳐 버리게 된다. 에크하르트는 신에 대한 인간의 존재론적 증명에 대한 헛된 욕망을 이렇게 우회적으로 비판했다.

독일의 퀼른 대주교는 마침내 에크하르트를 혐오했다. 그의 권위에 도전한 그 자체를 혐오했고, 교황에 대한 충성도 필요했다. 그는 에크하르트를 이교도로 몰아간다. 고발한다. 종교재판이 채 끝나기도 전에 에크하르트는 감옥에서 목숨을 끊는다. 종교재판은 그래도 계속된다. 종교가 죽음 위에 선다. 재판은 죽은 이에게 선고한다. 역사적인 종교재판이다. 교황 요한 2세라는 종교 권력은 인류 역사에 남는 선고를 내린다. 에크하르트의 글에 제시된 28개의 명제들이 모두 유죄라고 평결한다. 역사에 남았던 것은 요한 2세의 권위가 아니라 에크하르트의 명제였다.

유죄 선고를 받았던 에크하르트가 가졌던 명제 중에서도 우리에게 길이 기억될 만한 3개의 명제가 있다. 첫째, "나는 내가 신으로부터 무엇인가를 얻고자 갈구했는지를 새롭게 곰곰이 생각했다. 나는 이 문제를 심사숙고할 것이다. 왜냐하면 나는 신에 의해 받아들여진 곳에서 그분 아래 있는 시종이나 노예와 같은 존재이지만, 그분 스스로는 베풂에 있어서 군주와 같은 존재이기 때문이다. 영원한 삶에서는 그러한 관계가 되지 않을 것이다."

둘째, "하느님은 인간의 본성을 지닌 자기 아들에게 부여한 모든 것을 나에게도 부여하셨다. 이것들 중 어떤 것도 예외가 없다. 신과 일체가 되는 것이나 신성함도 예외가 될 수 없다. 그분은 아들에게 준 것과 똑같은 것을 나에게도 주셨다." 마지막으로 요한 2세가 결정적인 단죄를 내리게 만든 에크하르트의 명제는 이렇게 시작한다. "신적인 본성에 속하는 모든 것은 정의롭고 신적인 인간도 지닐 수 있다. 따라서 그러한 인간은 신이 행하는 모든 것을 행한다. 그는 신과 함께 하늘과 땅을 창조했으며, 영원한 말씀을 만든다. 신은 그런 인간 없이는 어떤 것도 할 수 없다." 지금으로 보면 유별난 명제는 아니었지만, 당시의 교황은 에크하르트의 명제가 교황에 대한 도전이었다. 마침내 요한 2세는 신성모독이라는 이름 아래 에크하르트를 단죄했다. 그래도 에크하르트는 교황 요한 2세를 용서했을 것이 분명하다.

베이컨은 말했다. "용서해야 자유로워진다. 복수를 꿈꾸는 자는 그 상처가 아물지 않는다."라고 말했다. 시간이 흘렀다. 그도, 저도 모두 용서받을 일로 기억될 뿐이지만, 지워지는 것은 요한 2세의 권위였다. 용서하는 것은 상대방의 존재를 인정하기에 가능하다. 상대방에 대한 깊은 배려의 표현이다. 감사할 수 있기에 용서할 수 있다. 용서는 감사에 대한 적극적인 표현이다. 용서는 타인에 대한 배려 이전의 문제다. 자기 자신에 대한 배려이기 때문이다. 자신을 용서하지 않고서는 타인을 용서할 수 없다. 용서는 자기를 반대로 향하고 있는 타인에 대한 감사다. 자신에 대한 깊은 반추이기도 하다.

타인을 인정하는 것은 그를 행복하게 만드는 것이다. 타인에 대한 용서는 자기에 대한 인정이다. 타인의 인정은 자신감을 솟아나게 한다. 용기를 불러낸다. 인정은 관계를 새로 설정하는 일이다. 사회적 인정이 관계의 새로운 가능성을 열어 놓는다. 이런 현상을 '호빙 이펙트(hoving effect)'라고 한다. 의미 있는 사회적 타자로부터의 인정은 사람들의 삶을 새롭게 바꾸어 놓는다는 관점이다.

호빙 이펙트는 세계적인 큐레이터 토마스 호빙(Hoving) 때문에 붙은 개념이다. 호빙은 고교 시절부터 수재였다. 프린스턴대 물리학과에 입학하였다. 물리학에 싫증을 느꼈다. 학점이 좋을 리가 없었다. 전공 학점을 제대로 이수하지도 못했다. 제적당할 처지가 되었다. 그는 머리를 굴렸다. 부족한 학점을 채우기만 하면 되는 일이었다. 학점을 따기 쉬운 일반 교양 강좌를 택한다. 그 강좌가 조각 과목이었다. 조각보다는 졸업할 수 있는 학점 이수가 필요했다. 마지막 기회였다.

강의 첫 시간이었다. 담당 교수가 조각 작품을 들고 교실에 들어왔다. 학생들에게 질문했다. 가지고 들어온 작품이 무슨 작품인지와 예술적 가치에 대해 질문했다. 수강생들은 진지했다. 미술 전공생들이었기 때문이다. 나름대로 예술적 상상력을 짜내 대답했다. 역시 달랐다. 예술적인 대답들이었다. 어떤 학생은 '자유의 새'라고 설명했다. 어떤 학생은 작품의 핵심이 '조화'라고 평했다. 나름대로 예술적인 감각이 돋보이는 대답들이었다.

호빙이 대답할 차례가 되었다. 그는 어쩔 수 없는 과학도이자 공돌이였다. 머뭇거릴 수밖에 없었다. 예술 작품에 대해서는 무지 그 자체라고 운을 뗐다. 잇대어 부리나케 물리학도의 감각으로 대답했다. "이 작품이라고 하는 것에는 예술적 가치가 있는 것 같지 않습니다. 그저 무슨 기계 같습니다. 용도가 있는 기계 같아 보일 뿐입니다." 라고 대답했다. 미련 곰퉁이 같은 대답이었다. 좋은 학점을 받기 어려운 대답이었다. 강사는 호빙을 향해 엄청난 소리로 말했다. "당신 천재야, 정말로 천재구먼." 하고 화답했다.

처음에는 교수가 호빙을 놀리는 줄 알았다. 그것이 아니었다. 당장 전공을 바꿔도 좋다고도 했다. 호빙을 정말로 칭찬하고 찬탄하는 응답이었다. 강사가 학생들에게 보여 주었던 물건은 아무것도 아니었다. 예술적 가치라고는 하나도 없는 단순한 기계였을 뿐이었다. 보통 산부인과에서 사용하는 의료기계 중의 하나였다. 미술 전공생들을 그것에 대해 호들갑을 떨었다. 기계에 대한 호들갑이 아니었다. 강사를 향한, 학점을 향한 호들갑이었다. 조각 과목을 가르치는 강사에 대한 편견이었다. 편견이 학생들의 눈과 마음을 흐려 놓은 것이었다.

호빙은 자신이 본대로 이야기했다. 그 물건에 대해 느낀 대로 표현했을 뿐이다. 예술을 이해하는 첫걸음은 바로 진솔함이다. 조각 강사의 칭찬은 호빙에게 새로운 안목을 키웠다. 예술을 이해하는 힘은 진솔함이었다. 물리학이나 예술이나 다 마찬가지로 진솔함이 우선한다. 그것이 호빙에게 새로운 전기를 마련했다. 호빙은 전공을 바꿨다. 물리학과에서 미술로 방향을 바꿨다. 졸업 후 큐레이터로 일자리를 잡았다. 뉴욕 메트로폴리탄 미술 박물관의 관장이 되었다. 세계적인 큐레이터로 명성이 자자했다. 좌절과 낙담에서 가능성이 솟아난 것이었다. 칭찬과 인정이 그것을 만들어 냈다.

신은 단순하고 정직하고, 진솔하다. 임금님은 벌거벗었다는 어린아이의 정직함을 바란다. 어린아이를 생명으로 받아들여 어린아이로 살아가라는 것이 신의 당부다. 인간의 신성을 닮아야 하는 이유다. 어린아이로서 보여 줄 솔직함을 신은 원한다. 신이 거부하는 것은 위선이며 허세다. 신성은 진솔함이다. 호빙 이펙트는 옛날에도 있었을 것이다. 안셀무스, 쿠자누스, 에크하르트 같은 신학자에게도 신의 호빙 이펙트가 드러났었다.

무신론자, 유신론자 이렇게 그렇게 서로 가를 일이 아니다. 모두는 신학 교실에서 신이 지정한 죽음을 청강하는 수강생일 뿐이기 때문이다. 신학 강사로 등단한 신은 무신론자의 진술한 대답을 크게 칭찬했을 것이다. 유신론자들의 호들갑에는 안색을 바꿨을 법하다. 무신론의 과목에서 유신론의 과목으로 수강을 바꿀 정도의 격려가 있어만 준다면, 그 어떤 무신론자도 신의 기적에 감탄할 것이다.

신은 인간의 기적을 보고 싶어 할 뿐이다. 저들은 신이 기적을 드러내 보이기만 기다린다. 신을 팔아 넘긴 저들은 영원히 이뤄지지 않을 허위를 기대로 위장할 뿐이다. 수강생 호빙도 마찬가지였다. 미술에 무지하지만 이런 저런 경우를 모면하기 위해 미술 과목을 수강한 호빙이었다. 인간이라면 누구든 어려운 처지가 있게 마련이기에 자기 처지만이 최악은 아니다. 자기 삶만이 허술한 것도 아니다. 그럴수록 진솔하게 자신부터 용서해야 한다. 무지를 있는 그대로 드러내는 용기가 있어야 한다. 신은 그런 용기를 있는 그대로 받아들인다. 그에게 삶의 방향을 전환하도록 큰 인정이 허락된다는 점은 인간의 삶살이에서 어김없이 드러난다.

시몬드 보부아르에게도 예외는 아니었다. 그녀는 사르트르와 평생 반려자였던 것에 아무런 회한도 없었다. 여성 실존주의자인 그녀에게 사르트르는 무심한 남자였다. 자신의 몸과 영혼에 탐닉하기만 하는 남자였다. 그녀는 사르트르를 한 번도 자신의 남편으로 생각해 보지 않았다. 남편으로 받아들여 본 적도 없었다. 그래도 그녀는 사르트르가 내세운 실존의 명제를 한 번도 벗어난 적이 없었다. 실존이 본질에 우선한다는 명제를 굳게 믿었던 그녀였다. 그 믿음이 그녀에게는 삶의 지표였다. 그녀는 여성은 태어나는 것이 아니라 만들어진다고 말한다. 우리네 말로 '여자 팔자 뒤웅박'이라는 이야기를 난해하게 뒤집어 놓은 것이다.

여성의 본질은 자식 생산에 있지 않다. 가사가 여성의 임무도 아니다. 여성의 본질은 사람일 뿐이다. 여성을 자식 생산이나 가사 전담으로 몰아가는 것은 신의 뜻에 어굿난다. 그것은 여성에 의해서 함부로 결정된 것이 아니기 때문이다. 여성의 역할을 그렇게 규정한 것은 여성의 선택에 의한 것이 아니라 사회적으로 부여된 것이다. 여성이라는 인간존재는 태어나는 것이 아니다. 여성은 여성이라는 사회적 부산물로 만들어진 것일 뿐이다.

生 3. "생물이 살아 있는 한 영양학적 요구와는 무관하게 생체 고분자든 저분자든 대사물질이든 모두 변화하지 않을 수 없다. 생명이란 계속적인 변화이며, 그 변화야말로 생명의 진정한 모습이다." – 쇤하이머[50]

"생명은 모든 곳에 있다. 나무에도, 꽃에도, 무지개에도, 바위에도. 그렇게 모든 존재는 태초에 신이 나눠 준 생명의 숨결을 나누며 살고 있다." – 릴리우오칼라니[51]

"맨 나중에 멸망을 받을 원수(怨讐)는 사망이니라." – 고린도전서(15 : 26)

"나는 모든 것 위에 비치는 빛이다. 나는 모든 것이다. 나로부터 모든 것이 나왔고 모든 것이 나에게로 돌아온다. 나무 토막을 쪼개 보라. 내가 그곳에 있다. 돌을 들추어 보라. 그러면 그곳에서 너희는 나를 발견할 것이다." – 도마복음(77절)

"신을 느끼는 것은 가슴이지 이성이 아니다. 가슴이 신을 느낄 수 있는 것은 신앙 때문이지 이성 때문이 아니다." – 블레즈 파스칼[52]

세상을 살면서 헤어지지 않고, 포기할 수 없는 것은 하나도 없다. 그 어떤 것이든 헤어져야 하고 포기해야만 한다. 그것이 삶이 해내야 하는 일이다. 그 언제든 포기할 것은 포기하고, 떠나야 할 것은 떠나는 것이 생의 본질이다. 본질이라는 것은 한 사물이 과정이 지니고 있는 원초적인 속성을 지칭한다. 사물이 본디부터 가진 스스로의 성질이지만, 본질은 언어적인 서술에 의해 양태를 드러낼 뿐이다. 실체 혹은 본체라는 말과도 같은 뜻으로 쓰인다. 어떤 존재에 관해 '그 무엇'이라고 정의될 수 있는 성질이 본질이다. 본질은 사물을 사물답게 만들어 준다. 사물은 감각적으로 체험할 수 있다. 그 체험은 언어로 서술할 수 있다. 사물의 본질도 마찬가지다. 사물의 본질 역시 언어로 서술할 수 있다. 사물은 존재한다. 사물은 실존한다. 사물이 실존하는 것은 그 사물에 본질이 있기 때문이다. 사물의 본질은 사물의 실체를 말할 뿐이다. 사물의 본질은 보편적이기 때문이다. 고대의 사상가들은 이 점을 놓치지 않았다. 사물의 실체인 본질 이외의 다른 것은 부차적이라고 보았다. 사물의 본질은 언제나 사물의 실존에 우선한다는 생각을 버리지 못했다.

예를 들어, 토마스 아퀴나스(Thomas Aquinas)는 사물에 어떤 고정된 고유의 본질과 실체가 있다고 보았다. 인간의 감각으로 느끼고, 만지고, 파악하게 되는 다양한 사물이나 세계의 밑바탕에는 변하지 않는 어떤 본질이 있다는 것이다. 일상적으로 우리를 지배해 온 생각이다. 물에는 물을 구성하는 본질이나 실체가 있다. 변하지 않는 물의 본체다. 물을 화학적으로 분해하면, 물에 대한 화학적인 본질이 드러난다. 물은 화학적으로는 수소분자 2개와 산소분자 1개의 결합물(H_2O)이다. 물의 화학적 본질을 표현하는 분자식은 H_2O이다.

물의 실체는 어떤 물이든 화학적으로 H_2O의 속성을 지닌다. 사람의 실체도 마찬가지인데, 그것은 분해될 수 없는 결정적인 요소가 있기 때문이라는 것이 본질론자들의 생각이다. 고대의 형이상학자들도 그런 생각을 해 왔다. 사람들의 본질만 이해한다면 자연의 모든 것이 파악된다고 가르쳤다. 그런 믿음은 본질이 실재한다는 믿음으로 굳어져 왔다. 본질주의자들은 사물의 본질은 일상생활 같은 평범한 영역에서는 찾기 어렵다고 했다. 본질은 어딘가에 깊숙이 혹은 높다랗게 숨어 있다고 보았다. 본질을 찾으려면 평범한 영역을 넘어서야 한다. 초월적인 높은 차원으로 올라가야 본질이 밝혀진다. 본질은 추상적인 양태로 나타나기 때문이다. 추상적인 형태로 나타나는 본질이야말로 논할 가치가 있다는 것이다.

사물의 본질이 사물의 존재보다 우선한다는 고대 사상가들의 생각은 현대에 이르자 서서히 전복되기 시작했다. 사르트르(Jean Paul Sartre)가 그 선봉에 섰다. 사물의 '본질'보다는 사물의 '실존'이 우선한다고 본 것이다. 본질 우선론을 완전하게 전복시켜버린 것이다. 예를 들어, 연주의 본질은 음악의 예술적 아름다움이다. 누가 무엇을 연주하던 연주는 음악적 아름다움을 준다. 음악적 아름다움이 연주의 본체이기 때문이다. 사람들은 기꺼이 연주회에 참석한다. 연주의 본질인 음악적 아름다움을 체험하기 위해서다. 음악적 예술성은 그 어떤 연주에서든 마찬가지다.

이 말이 옳은 것은 아니다. 이것을 증명하는 하나의 실험이 있다. 2007년 1월 미국 워싱턴의 한 지하철 역에서 일어난 일이다. 세계적 바이올리니스트인 조슈아 벨(Joshua Bell)이 지하철에서 아무도 모르게 길거리 모금 연주에 나섰다. 세계적인 바이올리스트가 연주하는 연주라면 그가 어디에서 연주하든 사람들은 그의 연주에 열광할 것이 분명했다. 바이올린 연주의 본질은 음악적 아름다움의 표현에 있기 때문이다. 연주자 벨은 청바지에 티셔츠 차림으로 길거리 연주에 나섰다. 그는 350만 달러짜리 스트라디바리우스로 길거리에서 연주를 하기 시작했다.

놀라운 일이 그 앞에서 벌어졌다. 수천 명의 이용객들이 지하철 연주 현장을 지나쳤지만, 그를 알아 보는 사람은 단 한 사람도 없었다. 하루 종일 그가 모은 돈은 겨우 32달러였다. 명연주자가 벌이는 지하철 모금 연주임을 사전에 알리지 않았기 때문이었다. 사람들은 연주를 듣는 것이 아니었다. 저들은 광고와 선전을 듣는 것이었다. 그가 길거리 모금 연주회가 아니라, 카네기 홀에서 모금 연주회를 열었더라면 수백만 달러가 모금되었을 것이다. 이 실험은 명연주자를 사전에 알리지 않았을 때 사람들의 일반적 반응을 알아 보기 위한 사회적 실험이었다. 결론은 간단했다. 사람들은 음악 자체를 즐기는 것이 아니었다. 사람들은 음악에 대한 편견과 광고의 선전을 즐기는 것이다. 음악의 본질이 문전박대되는 순간이었다.[53]

조슈아 벨의 길거리 연주 실험은 한 가지 놀라운 사실을 알려 주기에 충분하다. 형식이 본질에 선행한다는 점을 보여 준다. 사물의 존재양식이 사물의 본질보다 우선한다는 것을 알려 준 것이다. '실존은 본질에 앞선다.'는 뜻이다. 실존은 존재에 대한 확인을 의미한다. 삶은 바로, 여기라는 공간과 시간에 일어난다. 사람들에게 중요한 것은 바로 여기 지금이라는 시간과 공간이다. 지금 여기가 일상적인 삶인 실존의 세계다. 이 공간과 시간을 엇나가는 삶은 살아 있는 삶이 아니다. 실존이 지금 이곳에서 살아 움직이는 삶을 말한다. 사람이 여기에 있어 자기를 살리고 있다는 말이다. 사람이라는 존재가 여기라는 공간에서 지금이라는 시간을 호흡하고 있다는 말이다. 본질을 겉으로 드러내어 존재하게 만드는 것이 '실존'이다.

본질은 뒷전이니, 사람으로 태어나서 한평생 살아가는 데 굳이 호들갑을 떨 이유가 없을 것이다. 예술가가 되기 위해 필요한 것은 그저 예술을 시작하는 것으로 시작되는 것처럼, 배우는 사람이 되기 위해서는 그저 배우기 시작하면 되는 것이다.[54] 떠벌리고, 자시며, 위선할 일이 아닐 성싶다. 살아가면서 행복하려면 자기 스스로 행복해지면 충분한 일이다. 행복해지기 위해서는 특별한 수단이나, 어떤 묘약이 필요한 것이 아니다. 우선 급한 대로 자기 스스로 우울하지 않으면 되는 일이다. 그것부터가 행복해지기 시작하는 일이기 때문이다. 정신건강학자인 로젠탈(Rosenthal) 교수는 약으로 자신의 우울증을 고치려고 덤비거나, 마약이나 음주 같은 것을 통해 행복에 이르려는 사람에게 값싼 처방을 내린다. 약 없이 이겨낼 수 있는, 돈이 들지 않는 방법이기 때문이다. 무엇보다도 약 없이 자신의 고질병인 우울증과 싸우려면, 자신 안에 자리 잡고 있는 열정부터 곧추세워야 한다. 그 열정을 다시 발견하라고 처방한다.[55]

"정신과적 질환으로 간주되는 우울증이란 의료계와 의료산업 종사자들이 경제적 이득 등의 필요에 의해 만들어 낸 질병일 뿐이다."라는 것이 에릭 메이젤(Eric Maisel) 교수의 진단이다. 우울증은 가짜라는 것이다. 우울증에 시달린다는 사람들이 항우울제를 먹으면 증세가 호전되는 것은 사실이다. 그것이 그렇다고 우울증을 치료했다는 것을 보여 주는 것은 아니다. 약물을 통해 마음의 작동을 좌우할 수 있다는 사례일 뿐이지, 우울한 증상이 곧 정신적 질병이라는 것을 증거하는 것은 아니다.

우울증 같은 불행한 감정을 이겨 내려면 삶에서는 필연적으로 체험하게 되는 불행한 감정을 기꺼이 그대로 받아들여야 한다. 불행의 힘이 커지지 않도록 노력해야 한다. 단순한 처방이다.[56] 예를 들어, 세상을 살다 보면 언제나 기분이 꼭 좋거나 나쁜 상태만 있는 것이 아니다. 자신에게만 지극히 만족스러운 마음의 중립 상태란 것이 있는 것도 아니다. 만원 버스를 타기 위해, 줄을 서서 오래 기다리는 동안에 어쩔 수 없다. 그때 스멀스멀거리며 피어나는 짜증이나 우울한 느낌의 감정을 더 만들어 내지 않는 일이 필요하다. 짜증을 내면 스스로를 더 괴롭히기만 하기 때문이다. 교통 체증 때문에 혹은 만원 전철에서 꼼짝할 수 없게 된 상황에서도 마찬가지다. 흔들리지 않는 중립적인 기분이 최선의 방편임을 스스로에게 상기시켜야 한다. 불행한 감정이나 우울한 쪽으로 쏠리거나 이를 선택하려는 자신을 달래야 한다. 자신 안에서 한없이 솟구치는 변덕스러운 기분부터 완화시켜야 한다. 오히려 그 짜증나는 상황이 나에게 줄 수 있는 새로운 의미를 만들어 내야 한다. 그것이 자신에게는 '그 어떤' 기회라고 새롭게 해석해야 한다. 자신에게 집중함으로써 지금 그 순간을 온전하게 살아 내고 있음을 절절하게 느끼면서 현재와 그곳, 그리고 자신에게 오히려 더 충실하도록 해야 한다. 그렇게 하는 길은 일상적인 자신의 삶에 행복한 의미를 부여하는 일이다. 행복해야 하는 의미를 만들어 가면서 자신의 선택을 존중하는 일이다. 자신의 뜻대로 살려는 뜻이기도 하다. 설령 그렇게 하는 것이 이상적인 것처럼 보일 수는 있더라도, 현재와 즉시적 삶을 의미화하면서 자기 삶에 의미를 주어야 한다. 자기 존재가 지금, 그곳에 엄연하게 살아 있다는 사실을 직시해야 한다. 그렇게 살아 있는 존재는 인류 문명사적으로 유일하고도 절대적으로 귀하다는 것을 받아들이며 살아가야 한다. 내가 바로 알렉산더 대왕이자 붓다로서, 히틀러이자 예수로서, 레닌이며 간디로서, 진시황이자 공자로서 살아간다는 생각이 필요하다. 그런 삶의 의미화가 삶의 본실주의(本實主義)를 보여 줄 핵심요소다.

사람은 자신의 행복을 위해 바로, 이 지구상 여기에 있는 것이다. 그 행복을 위해서 선택하고 결단해야 한다. 지금 여기에 있는 것은 자기 자신이다. 누구를 대신하기 위해 바로, 여기에 있는 것이 아니다. 내가 지금 여기에 살고 있는 것은 타인을 대신해서 그러고 있는 것이 아니다. 여기에 바로 있으려면 결정해야 한다. 개똥밭에 굴러도 저승보다 이승이 좋다는 것은 모든 인간에게 같다. 대통령이나 노숙인에게나 모두 똑같을 뿐이다. 살아 있음의 절대성은 현실, 바로 그 자체이기 때문이다. 숨이 끊기면 세상도 끝나 버린다. 세상의 부귀영화 모두가 일순간에 소거된다. 실존은 그래서 본질에서 벗어날 길이 없다.

자기 자신이 존재이며 실존이다. 목과 숨은 실존이지 허구가 아니다. 실존이 있어야 자기라는 본질이 구현된다. 자기 목숨이 소거된 타인의 목숨은 자기의 목숨이 아니다. 자기 삶이 없는데 남의 이야기로 자신을 대신할 수 없다. 내 목숨이 거세된 삶은 내겐 무의미하다. 우리는 위대한 사람들의 삶을 기록하고, 찬하며, 전송한다. 내 삶이 아닌 남의 삶을 내 삶의 전형으로 삼아 왔다는 이야기나 마찬가지다.

실존이 본질에 우선한다는 것은 인간이 만든 사물과 그것을 잘라 낼 수 있는 종이칼의 관계에서 잘 드러난다. 종이칼은 종이칼의 용도에 따라 기능과 목적이 정해져 있다. 종이칼은 칼의 본질에 합당하게 생산된 것이다. 인간의 탄생은 종이칼의 생산과는 다르다. 인간은 종이칼처럼 쓰일 용도에 따라 태어나지 않는다. 대통령이나 교황의 씨가 용도별로 따로 있는 것이 아니다. 인간은 노예의 목적을 위해 노예로 태어나지 않는다. 인간은 자연인으로 태어나지만 노예로 길들 뿐이다. 전쟁이 노예로 만들어 버리고, 권력이 그렇게 만들어 버리지만, 그중에서도 가장 무서운 것은 자기 자신이다. 자기 자신이 자신을 노예로 만들어 버리면 영원히 노예가 된다. 청소 기계는 처음부터 청소를 위한 기계로 만들어진다.

인간의 사회적 용도를 선험적으로 규정해 놓은 것은 없다. 인간의 가치가 인간의 본질이다. 인간의 본질은 선택에 있다. 자신이 자신을 만들어 갈 자유와 선택이 인간의 본질이다. 인간은 자기 자신만의 호흡이 있다. 자기 나름의 선택과 결단에 따라 자신을 매일 만들어 간다. 선택과 결단으로 만들어진다. 인간이라는 존재는 일반명사가 아니라 고유명사다. 인간은 종이칼 같은 일반명사로 표기될 수 없다.

인간은 자유를 선택하며, 결단하는 자유인일 수밖에 없다. 자유를 누리기 위해서 책임을 져야 하는 존재다. 인간에게 자유가 있기에 인간의 가능성은 무한하다. 인간의 삶은 자신의 주체성 아래 자신의 주체적 선택에서 시작한다. 인간을 위한 것은 인간이다. 그 인간은 타인이 아니라 자신이다. 타인은 자신에게 어김없이 지옥으로 다가온다. 자신의 선택과 결단을 위해 모든 것은 다시 검토되어야 한다. 반성과 반추의 체로 자신을 여과해야 한다. 나를 위해 존재한다는 것들에 대해서도 마찬가지의 여과가 필요하다. 말하자면, 신, 관습, 운명 같은 것에 대한 반추가 필요하다. 이런 것들은 인간의 자유와 선택을 억압적으로 구성하고 있기 때문이다.

사르트르가 말하는 실존주의는 극명하게 "모든 것이 허위다."라고 절규한다. 인간의 본질로 해석된 것들은 재해석된 되기에 그렇다는 것이다. 나 자신이라는 실존보다 결코 선행할 수 없는 것들이다. 신이나 종교 같은 것, 나보다 선행될 수 없는 것이다. 인간의 자유와 선택을 억압하기 위해 만들어진 사회적 구성물이기 때문이다. 사르트르는 신이나 종교에 대해 거칠게 도전한다. "만약 신이 존재하지 않는다면 모든 것이 허용되리라. 이것이야말로 실존주의의 출발점이다."라고 말한다.

'인간이 신의 척도'이다. 인간이 신의 척도라는 기대는 프로타고라스(Protagoras)가 말한 '인간이 만물의 척도'라는 말과는 이질적이다. 표현은 엇비슷하지만 의미하는 내용은 서로 다르다. 프로타고라스는 "인간이 만물의 척도"라고 말했다. 당대의 식자들 간에도 논쟁은 치열했다. 플라톤이 나섰다. 프로타고라스를 한편으로 몰아세웠다. 논쟁은 정치적이었다. 만물의 척도는 신이라는 것이 플라톤의 논조였다. 당시의 일반적인 정신적 분위기였다. 아리스토텔레스도 스승인 플라톤을 지원했다. '신이 만물의 척도'라는 생각을 벗어난 적이 없었던 그였기 때문이다. 프로타고라스의 말은 아테네 공동체를 위해 위험천만한 허언이라고 몰아붙였다.

당시 아테네 사람들은 프로타고라스의 말을 믿을 수가 없었다. 식자들 역시 마찬가지였다. 프로타고라스의 생각이 너무 참신했었을 것이다. 당시 관습을 깨는 것이었고, 금기였던 신을 건드렸던 것이다. 불경한 일이기도 했다. 신 하나로 모든 것을 풀이하던 생각을 단칼에 잘라 버렸기 때문이다. 당대의 정신적 풍토에 대한 엄청난 정신적 도전이었다. 저들의 정신적 지주를 송두리째 뿌리 뽑아 버리는 선언이었기 때문이다. 프로타고라스는 신의 위치를 인간으로 도치시키려고 했다. 신(神)의 존재를 인간으로 재해석 했던 것이다. 신(神)이란, 인간이 만들어 낸 신에 대한 '사고(思考)의

사고(思考)'라고 간주했다는 뜻이기도 했다.

프로타고라스는 저들의 비판에 밀렸다. 더 강력하게 나설 수 없었다. 주춤거리며 그의 생각을 반추했다. 그는 신이 아니라 인간이었기 때문이었다. 프로타고라스는 신에 대한 자기 경험이 없었다. 체험으로 뒷받침되지 않는 그의 이야기는 공허했고, 무의미한 말로 치부되었다. 당대 그리스 사회의 정신문화의 사정은 인간을 만물의 척도로 받아들일 수 없었다.

지금이라면 프로타고라스의 입장은 달랐을 것이다. 당대의 사르트르였던 프로타고라스는 시대를 너무 앞서 태어난 것이었다. 프로타고라스의 언명이 플라톤의 언명과도 그리 다르지 않다. '신이 만물의 척도'라는 말과 '인간이 만물의 척도'라는 언명은 서로 이입이 가능하기 때문이다. 인간이 만물의 척도라는 명제에 신이라는 말을 대입해 보면, 인간은 신의 척도라는 말과 신은 인간의 척도라는 말은 서로 바꿔 쓸 수 있기 때문이다.[57)]

인간은 만물의 척도다. 그렇다고 인간이 신의 척도가 될 수 있는 것은 아니다. 신이 만물 속에 속하지 않기 때문이다. 신은 만물을 감싸는 우주 덮개다. 인간은 우주 덮개 아래에서 숨 쉬는 피조물들의 척도다. 인간이 모든 것의 척도라는 말은 그래서 유효하다. 인간이 신의 척도라고 말할 때 그 의미는, 인간이 신 위에 선다는 뜻이 아니라, 신에 대해 인간의 정신적인 자각이 있다는 뜻이어야 한다. 인간이 신의 척도라는 말은 인간이 신을 마음대로 조정한다는 뜻이 아니다. 신이라는 존재가 단순한 모사(模寫)의 '대상'이 아니라는 뜻이다.

신은 인간의 공허한 사고에서 나온 것이 아니다. 인간적인 경험을 하나로 결집한 절대적인 존재가 신이기 때문이다. 신의 존재에 대해 어떠하다고 말하는 그 자체가 인간이 맺고 있는 신과의 관계를 말한다. 신에 대한 직접적인 모사가 아니기에 인간은 신에 관하여 서로 모순되는 진술로 신의 모습을 그려 낼 수 있다. 그래도 그런 모순된 진술들은 틀릴 수 없는 것은, 모든 진술이 끝내 신에 관한 상대적인 진술에 머무르기 때문이다. 신에 관한 이야기들이 상대적일 수 있다. 그래도 신의 절대성은 상실되지 않는다. 오히려 신의 존재가 확인될 뿐이다.

신(神)에 대한 다양한 이해들은 신에 대한 상대적인 이해를 극복해 준다. 신에 대한 상대적 이해가 없다면 인간은 신의 척도가 될 수도 있다. 신은 인간존재의 다양한 근거가 된다. 인간존재의 근거들이 되기에 신은 모든 존재의 척도다. '신이 만물의 척도'이기에 인간이 신의 척도가 된다.

니콜라스 쿠자누스(Nicholas Cuzanus) 추기경은 그 점에서 명확했다. 신은 세계의 창조자로서, 신은 창조와 피조를 합치시킨 존재다. 인간이 신의 형상대로 만들어진 이유다. 신은 창조와 피조의 총합이기에, 인간은 신과 늘 새로운 관계를 맺는다. 늘 새로운 관계를 맺을 수 있기에 '신은 인간의 척도'다. 인간 역시 신을 가늠할 수 있는데 그것은 신은 언제나 창조하는 것과 창조되는 것의 통일이기 때문이다. 창조와 피조를 들어 신의 존재 증명에 활용할 수 없다. 창조와 피조의 전체를 포기하고 한 부분만으로는 신의 존재를 증명할 수 없다.

쿠자누스 추기경은 15세기 화가들이 활용하던 화법(畵法)을 예로 들어 신과 인간 간의 관계를 설명한다.[58] 그림을 보는 사람이 어디에 있든 화폭에 그려진 그림이 그 사람을 주시하게 하는 화법을 예로 든다. 그 화법은 관객이 움직이면, 그림 속의 천사나 신의 눈 역시 관람자의 운동 방향으로 움직여 보이도록 그리는 방법이다. 관람자가 멈춰 서면 놀랍게도 그 눈은 관람자 쪽을 응시한다. 두 사람의 관찰자가 서로 반대 방향으로 움직여도 마찬가지다. 그림 속의 눈은 각자의 방향으로 함께 움직인다. 관람자가 빨리 움직이면 그림의 눈 역시 빨리 쫓아간다. 천천히 움직이면 그림의 눈 역시 천천히 사람의 눈을 따라 움직인다. 관람자의 움직임이 언제나 그림 속 인물의 시선을 움직이게 만든다. 관객과 그림 속 인물의 시선이 함께 움직이기 때문에 관객의 독자성으로 그림 속 시선을 파악한다.

관객이 인간이고 그림 속 주인공이 신이라면, 신과 인간의 관계는 영원히 함께 움직이는 관계일 뿐이다. 인간 스스로 신을 상정할 수 있다. 인간이 움직이는 동안, 신의 시선도 인간을 따라 움직이기 때문이다. 인간의 마음만큼 신도 움직인다. 인간의 시선에 신이 들어오지 않는다면, 신 역시 그의 눈에 들어가지 않는다. 인간이 보는 신은 어린이에게는 어린이로 움직인다. 남자에게는 남자로, 여자에게는 여자로 변한다. 냉정한 인간에게는 냉정한 존재로, 사랑의 감정이 풍부한 사람에게는 사랑의 존재로 움직인다. 유신론자의 눈에는 신의 눈이 보이지만, 무신론자의 눈에는 신의 눈이 보이지 않는 이유다. 없는 것이 아니라 단지 그렇게 보이지, 나타나지 않을 뿐이다.

신의 양태는 빛의 모습이다. 시력이 좋은 무신론자도 빛을 온전히 보지 못한다. 빛이 보이는 것은 사실이지만, 빛 자체를 볼 수는 없다. 다만, 빛이 충돌하는 대상만이 보인다. 무신론자에게 유신론자가 보이는 것은 빛이 유신론자에게 충돌했기 때문이다. 유신론자들을 보았다고 무신론자들이 빛을 본 것은 아니다. 유신론자에게 쏘여진 빛을 보았을 뿐이다. 빛을 보지 못했다고 빛의 존재를 부정할 수는 없다. 빛의 존재를 증명하려는 노력은 우매한 일일 뿐이다.

빛은 진공 상태에서 초당 30만km의 속도로 내달린다. 물리학적 사실이다. 아무리 부정해도 빛의 속도는 절대적이다. 무신론자에게도 절대적이다. 빛의 본체를 보지는 못한다. 보지 못한다고 없는 것은 아니다. 빛은 늘 그렇게 있을 뿐이다. 빛이 있다는 것을 보인다고 생각할 뿐이다. 어둠 역시 마찬가지다. 어둠 속에서도 빛은 보이지 않는다. 그래도 빛은 비치고 있다. 초당 30만km로 달리고 있다. "진리는 언제나 인간의 무지를 통해 겉으로 드러날 뿐이다."[59]

무지 때문에 오히려 인간에게는 대화가 가능하다. 무지는 관계에 대한 앎을 요구한다. 무지는 인간만이 누릴 수 있는 특권이다. 무지한 기계는 없다. 무지한 곤충도 없다. 인간만이 무지하다. 기계들은 서로 부속품으로 연결된다. 부품끼리는 정밀해야 한다. 인간은 대화의 관계로 연결된다. 대화끼리는 엄밀해야 한다. 무지가 인간을 연결시킨다. 무지하기에 내 생각들이 다른 사람들의 생각과 분리될 이유가 없다. 하루를 살아도 마찬가지다. 인간의 뇌는 부품들의 회로판이 아니다. 인식의 능력이 선천적으로 짜인 계기판이 아니다. 객관적 인식은 불가능하다. 사람들은 객관적 인식으로 살아가는 것이 아니다. 삶은 대화로 이어진다. 객관적인 대화라는 것도 있을 수 없다. 솔직한 대화도 끝내 언어의 그럭저럭한 교환일 뿐이다. 제대로 교환하려는 노력이 필요하다. 진솔함이 요구된다.

사람은 말로서 서로의 관계를 튼다. 말로서 서로를 연결한다. 연결이 되지 않으면 대화는 끝이다. 대화에도 대화를 실어 나르는 화파(話波)가 있다. 화파는 전파(電波)와 같은 기능을 한다. 화파가 끊기면 소리가 끊기는 것이다. 대화의 핵심은 말이지만, 말의 핵심은 의미다. 의미의 핵심은 관계다. 말이 사건의 발화인 이유다. 서로가 주고받는 말에 의미가 실리면 마음의 여백을 만든다. 생활의 지혜가 만들어진다. 진리라는 것은 엄청난 것이 아니다. 숨어 있거나 홀로 서 있는 것도 아니다. 고고한 것도 아니다. 찾아오기를 기다리지도 않는다. 진리는 만들어 내는 것이다. 내가 진리를 만들어 내면 그도 진리를 만들어 낸다. 서로가 만들어 낸 참이 신뢰다.

나와 타자 사이에 놓여 있는 다리가 대화다. 나와 타자 사이에는 간극의 강이 흐른다. 간극을 넘으려면 다리를 건너야 한다. 대화를 건너야 한다. 그 대화를 통해 양심이 건너간다. 신뢰가 건너다니며, 거짓도 기어 다닌다. 미움과 사랑도 다리를 건너면서 생긴다. 다리는 말로 만들어진다. 말은 언어적인 것도 있지만, 비언어적인 것도 있다. 모든 말은 의미를 실어 나른다. 의미는 경우에 따라 달라진다. 말은 요사하다. 말은 충직하다. 말은 정보를 실어 나른다. 의미 없는 정보로 만들어지는 다리는 끝내 무너진다. 말은 어느 한 사람만이 독점할 수 없다. 다리가 튼실하려면 의미 있는 말로 대화를 구축해야 한다. 말은 무궁하지만 대화마저 무궁한 것은 아니다.

대화는 나와 타인 사이에 일어나는 유일한 사건은 아니다. 대화는 나 안에서도 일어난다. 나와 내가 말을 주고받는 것이다. 내가 내 안에서 나와 소통하는 대화를 바흐친(Mikhail Bakhtin)은 '내언(內言)'이라고 불렀다. 내언은 내 안에서 나를 드러내는 나의 의식이다. 나의 내부로 스며들어 간 나의 언어가 내언이다. 내가 나를 향해 건너는 다리가 내언이다. 내언에서 나는 주격이고, 나라는 타인은 늘 목적격이다. 내가 나를 향해 건너게 만들어 주는 다리가 내언이다. 내언의 양태가 나의 의식을 결정한다. 예를 들어, 사기꾼은 사기꾼의 내언으로 만들어진다. 학자에게 학문에 대한 내언이 부족하면, 대학은 그에게 월급을 주는 회사로 보이게 된다. 내언은 사람의 품과 격을 만들어 낸다. 그것이 사람의 의식이기 때문이다.

대화는 텍스트 사이에서도 일어난다. 모든 텍스트에는 타인이 스며 있다. 텍스트는 타인 덩어리다. 텍스트는 모든 타인과 연결된다. 사람들은 책과도 대화한다. 텍스트의 상호 연관성(inter textuality)이 있기 때문이다. 대화는 텍스트끼리 트고, 서로 연결시킨다. 연결되면 소통하고, 소통하면 대화가 성립한다. 소통의 방법은 다양하다. 화법이 다양하기 때문이다. 소통은 패러디, 논쟁, 인용, 기도라는 형태로도 가능하다. 기도도 대화이며 소통이다. 기도가 내언이기 때문이다. 의식이 언어화되어 있기 때문이다. 자기 안의 소리를 통해 자신을 들여다보는 사건이 내언이다. 대화에서 내가 타인의 목소리를 대신한 것이다.[60] 대화에서 '말'은 사건이다. 말은 발화됨으로 사건이 된다. 한 맥락을 차지함으로써 말은 하나의 사건으로 등장한다. 내언은 자기 품격을 위한 자신의 사투(死鬪)다.

겟세마네에서 보여 준 예수의 기도[61]는 예수가 신을 향해 보여 준 그의 품과 격이 어떠한 것이었는지를 보여준다. 하느님을 향한 자신의 내언이었다. 야곱의 처절한 기도[62]에서도 내언은 마찬가지로 자기와의 처절한 싸움이었을 뿐이다. 그들의 기도는 신에 대한 존재 증명이었다. 기도를 통해 그들은 자기의 마음을 구했다. 신의 음성을 들었다. 자신에 대한 내언을 구했다. 자기 안의 소리를 회복하는 방편이 내언이었다. 내언과 기도는 수행이었으며 품격이었다. 기도를 통해 구도자들은 신 앞에서 자신에 관한 내언을 회복한다.[63]

기도하는 한, 신의 존재 증명은 무의미하다. 기도하는 한 신이 다가오지 않을 이유가 없기 때문이다. 기도는 나와 완전자 사이의 소통이다. 기도는 독백이 아니다. 자기 위선의 미봉책도 아니다. 기도는 나와 신 사이의 하나됨이다. 약속이다. 사건이며 자기의 회복이다. 기도는 신의 현전을 드러내는 자성적 증명이다. 기도는 사랑이다. "지금까지 하느님을 본 사람은 없습니다. 그러나 우리가 서로 사랑하면, 하느님이 우리 가운데 계시고, 또 하느님의 사랑이 우리 가운데서 완성된 것입니다."[64]

사람이 산다는 것은 관계한다는 것이다. 대화로서 살아 있음을 관계한다는 뜻이다. 대화는 사건의 시작이다. 사건은 존재다. '존재는 사건'이다. 사건은 발화의 지점이다. 인간은 '존재'라기보다는 사건이다. 바흐친의 생각이다. 사람이 사건의 생성이기 때문이다. 그는 말한다. "늘 경계를 이월해 타자로 넘어가고 타자의 사건에 참여함으로써 하나의 사건을 또 다시 만들어 내는 생성"이 바로 인간이라고 말한다. 사건은 현상이다. 사건에는 대화가 개입된다.

사람이 사건과 함께한다. 살아가고 있다는 뜻이다. 사람들에게 사건은 언제나 새롭다. 사건 속에서 인간은 행동하기 때문이다. 사건은 사람에게 적극적으로 행위 하게 한다. 사건을 뚫고 나아가게 만든다. 사건과 더불어 살아가게 만든다. 사건은 대화다. 대화이기에 사건은 존재 그 자체다. 사건과 대화, 그리고 소통이 함께 어울리게 만드는 방편이 축제다. 카니발과 시장, 축연, 향연, 모임이 바로 소통의 방편이다. 축연과 카니발은 의미의 생성이다. 의미는 언제나 상호 간의 텍스트 안에서 만들어진다.

기도는 신앙이며, 신과의 컨텍스트(context)다. 신앙은 종교의 기관화와 무관하다. 기도는 하루를 기쁘게 살아가게 만든다. 신앙은 삶을 예찬하도록 도와준다. 종교가 기관화(institutionalization)된다고, 신앙마저 저들의 기반처럼 그렇게 다져지는 것이 아니다. 교회가 커진다고 기도가 생성되는 것이 아니다. 절이 커진다고 수행이 단단해지는 것은 아니다. 필요하기는 하지만 절대적인 것은 아니다. 종교기관의 기업화와 신앙은 무관하다. 논쟁은 가능하지만[65] 교회와 사찰이 신의 존재를 증명해 주는 증표일 수는 없다. 신앙이 종교개혁을 불러일으켰지 교회가 종교개혁을 점화시킨 것은 아니다. 루터에 의한 종교개혁이 그것을 보여 준다.

교회가 성경의 역사성을 완성할 수는 없다. 신앙만이 그것을 완성할 뿐이다. 목사나 스님이 기도를 완성할 수 없는 노릇이다. 신앙은 목회자의 강론과는 무관할 수도 있다. 마치 배움의 완성이 학교와 무관한 것과 같은 이치다. 박사 학위를 얻었다고 사람의 됨됨이마저 '박사'해지는 것은 아니다. 신앙은 바이블이 아니다. 경전의 내용 증명[66]과는 무관한 것이 신앙이기 때문이다. 교리는 억압이며 구속일 뿐이다. 스피노자(Baruch de Spinoza)는 그 교리에 저항하다 종교의 힘에 희생당한 역사적 사례에 지나지 않는다.

맹신을 높이 받들 이유가 없다. 신앙은 기도로 시작하고 기도로 끝날 뿐이다. 종교는 돈과 관련을 맺지만, 신앙은 재물과는 무관하다. 신앙은 종교의 상품이나 종교의 크기와는 무관할 뿐이다. 이반 일리치(Ivan Illich)는 그래서 절규한다. 종교가 기관화되면 종교부터 타락한다고 절규한다. 세계 어디를 가도 1%의 목회자는 재산으로 자신을 치부하지만, 그를 따라가는 99%는 신앙에 허덕인다고 꼬집는다. 교회들이 신앙기업으로 전락하는 것을 경계한 것이었다. 타인의 정화를 요구하면서 자기 위선의 나락으로 떨어진다는 것에 대한 경계이기도 했다.

신의 존재 증명은 늘 미니멀리즘의 음악처럼 미완의 완성품일 뿐이다. 위대할수록 모든 것은 완성적 미완이며, 미완 속에서 완성적이다. 마치 미니멀리즘의 음악기법을 닮았다. 어떻게든 앞으로 나아가려고 한다. 나갈 수가 없다. 끝내 주춤거린다. 그래도 나아가려고 한다. 이내 끌어당기며 주춤한다. 한없이 정조적(情調的)으로 흐르기만 한다. 미니멀리즘의 대가인 필립 글래스(Philip Glass)의 음악이 그렇다.[67] 묘하고도 야릇한 느낌의 선율로 가득하다. 무엇이 충만하기도 하다. 무엇이 늘 부족하기만 하다. 작고 단순한 리듬은 반복된다. 무엇인가의 변화를 기대하지만 기대는 여지없이 무너진다. 반복만이 거듭한다. 급기야는 시작과 끝이 불확실해진다. 새로운 반전이 예고된다. 숨이 부친다. 선율의 흐름이 수학적이며 철학적이다.

크리스토퍼 히친스(Christopher Eric Hitchens)는 『신은 위대하지 않다』라는 저서에서 말한다. 기독교, 그러니까 "종교가 없어져야 세상이 좋아질 것"이라고 말한다. 『종교의 종말』의 저자 샘 해리스(Sam Harris)는 한술 더 뜬다. "종교와 과학은 피할 수 없는 제로섬 게임일 수밖에 없다."라고 단언한다. 종교가 타락하면, 과학이 승리하고, 과학이 쇠락하면 종교가 기승을 부리게 된다는 뜻이다. 진화생물학자 리처드 도킨스(Clinton Richard Dawkins)는 아예 창조론자, 유신론자들의 심장을 겨눈다. "신은 망상이며 종교는 말살해야 할 정신의 바이러스"라고 말한다. 생물학자 도킨스 교수의 주장을 철학적으로 대변하는 사람이 터프츠 대학교 인지과학연구소의 대니얼 데닛(Daniel C. Dennett) 교수다. 종교를 초자연적 현상으로 이해하는 방식부터가 잘못된 시작이라는 것이다. 종교는 그저 평범한 자연현상 중의 하나라고 잘라 말한다. 홍수를 대비해 공룡까지 실었다는 창세기에 나오는 노아의 방주(Noah's Ark)의 이야기는 꾸며낸 신화일 뿐이다. 내용의 깊이는 전혀 없는 쓰잘 것 없는 이야기를 아이들에게 사실인 것처럼 가르치는 것은 아동 학대와 다를 바 없다는 것이 도킨스의 설명이다.

도킨스 교수, 그 역시도 한때, 병 때문에 죽을 고비를 넘긴 적이 있었다. 질병을 통해 깨달은 것이 있었다. 회복된 후 그는 병중에서 자기가 고마워해야 했던 것은 "신(神)이 아닌 선(善)함이었다."라고 말했다. 신의 가호 때문에 살아난 것이 결코 아니라는 말이었다. 믿기만 하는 것이 중요한 것이 아니라 사람처럼 사는 것이 더 중요하다는 뜻이었다. 매일같이 일어나는 세상 일을 눈뜨고 보라는 주문이었다. 전쟁과 갈등, 사기 사건들을 면밀히 관찰하라는 주문이었다. 그것은 신의 부재에서 일어나는 일이 아니라, 선(善)의 부재에서 야기되는 일이라는 것이다. 저만의 복을 위한 기복(祈福)의 편협함을 내려놓고 세상을 사랑하는 일만이 신을 대신할 뿐이라고 못을 박아 버린다. "Not Thanks God, but Thank Goodness." 이 말은 반(反)종교의 가치를 내건 슬로건이었다. 기독교 신자들에게는 영원한 단죄의 언설이었다.

무신론자들의 반종교적 진술 위에서 로버트 라이트(Wright, R.) 교수는 탈(脫)신론의 사회적 구성론을 전개한 이단아였다.[68] 그는 인간이 진화해 왔듯이 신 역시 인간의 진화에 따라 더불어 진화해 왔다는 논리로 나선다. 신도 사회적으로 구성되어 왔다는 뜻이었다. '신'이란 유별난 개념이 아니라 만들어지고 다듬어져 왔을 뿐이다. 하느님이라는 말은 알라, 예수, 붓다 같은 특정한 인물을 특정적으로 지칭하는 단어가 아니라는 뜻이다. 믿는 자들이 믿고 따라 다니며 인식하는 대상물이 바로 신이 될 뿐이다. 인간의 필요를 충족시키기 위한 것이 신이다. 인간이 사회적으로 만들어 놓은 진화물이 신이다.[69]

그는 인류학의 시선으로 종교의 진화를 파악한다. 인류사적으로 만들어져 온 구성물로서의 신을 찾아낸다. 군집 사회, 족장 사회에서 생존을 위해 종교가 만들어졌기에, 고대국가에서는 다신 종교가 기본이다. 발전하고, 발달해서 그것은 서양에서는 유대교, 기독교, 이슬람교에서처럼 일신 신앙으로 진화되어 갔다. 종교는 기본적으로 선도, 악도 아니다. 종교는 인간의 진화처럼 자연 선택적으로 진화된 사회적 구성물일 뿐이다. 이쯤되면, 종교는 그것이 그들의 교리를 위해 어떤 신을 내세우며 믿든 관계없이, 사람들에게는 문화적인 일상사이며, 사회 현상의 하나일 뿐이다. 종교는 오로지 신 하나만을 섬기는 일에 국한된 것일 수 없다는 뜻이다. "나는 영성은 풍부하지만, 종교는 없다."라고 선언하는 사람이 더욱더 늘어가는 이유이기도 하다.[70] 종교는 사람들이 그들의 사회적 필요성 때문에 집단적으로 만들어 내는 '상품'에 지나지 않을 뿐이다.[71]

신을 바라보는 인간의 시각의 변화에 따라 종교 역시 다양하게 분화되어 왔다. 다신 신앙은 편협하다. 복수와 응징을 상징하는 다신의 신앙은 신을 편협한 존재로 만들어 놓았다. 일신 신앙으로 바뀌어 가면서 편협한 신의 양태는 종교라는 제도안에서 점차로 순화된다. 유일신으로서의 신의 양태는 점차 사랑, 관용, 이해의 신으로 성숙한다. 신의 모습이 성숙하는 것이 아니었다. 사람의 정서가 성장한 것이다. 신의 성격이 순화되는 과정이 종교의 자연 선택 과정이다. 종교는 전쟁과 같은 갈등의 상황에서 편협함의 극치를 드러낸다. 싸움이 많은 부족국가의 신은 편협한 응징자로 등장한다. 평화 시에는 신의 성질도 온화하게 바뀐다. 종교의 순화 과정, 신의 여과과정을 통해 신화가 만들어진다. 만들어진 신화는 각색된다. 시대의 요구에 따라 재편집된다. 신의 재편집 과정이 종교의 자연 선택적 진화의 과정이다.

라이트 교수는 성경에 등장하는 신의 양상들을 다채롭게 분석한다. 고대 이스라엘은 바빌론 유수기 이후까지 다신 신앙 부족 국가였다. 응징하는 신, 보복하는 신이 성서에 등장했다. 그 이후 분위기가 바뀌었다. 모세가 중동 지역에 일신 신앙을 정착시킨 후부터 사정이 달라졌다. 모세에 대한 신격화 작업이 뒤따랐다. 응징하는 신의 모습은 성서에서 점점 자취를 감춘다. 고뇌하며 질문하는 신앙이 자리를 잡는다. 예수의 등장은 고뇌하는 신앙의 절정을 보여 준다. 예수가 고발한 신은, 유대인의 자기 기만을 위장했던 신이었다. 장삿속이 되어 있는 저들의 성전을 정화하기 위한 저항이었다. 신을 빙자하는 제사장들에 대한 모욕이었다. 예수는 랍비들을 위한 신이 아니라, 일상생활에 화답하는 하느님, 살아 움직이는 절대자를 그렸다. 모든 이를 위한 성전이어야 한다는 것이 예수의 주장이었다. 성전에 대한 파괴적 혁신을 내세웠던 이가 예수였다.[72]

성경에는 예수가 설교했다는 말이 수없이 나온다. 그것은 사실과 다르다고도 사실 그 이상으로 미화되기 마련이다. 예수는 스스로 "네 원수를 사랑하라."라고 말한 적이 없었다. 예수는 선한 사마리아인을 극찬하지도 않았다. 다만, 그의 말을 들은 사람들은 자기를 들어내기 위해 예수를 각색하고 윤색했을 뿐이다라는 것이다. 예수가 "네 원수를 사랑하라고 말했다."고 다시 쓰인 것은 종교적 필요성에서 그렇게 기록된 것이라는 뜻이다. 성경은 사람들이 만들고 다시 풀어 쓴 이야기 꾸러미라는 것이다. 십자가의 수난 이후부터 성서의 내용은 그렇게 사회적 필요성 때문에 급격하게 바뀌었다. 수난 사건을 최대로 극화시키면서 기독교의 정통성을 다시 세웠다는 것이 라이트 교수의 분석이다.

이슬람교에서 무함마드의 존재감 역시 역시 필요 이상으로 극화되었다. 그는 결코 종교적으로는 열성 당원이 아니었다. 그는 사람들이 믿는 것처럼 그렇게 인자한 영적 지도자도 아니었던 것으로 알려지고 있다. 사회 정치적 이유들 때문에 그는 인자한 영적 지도자로 각색되었을 뿐이다. 무함마드는 사막 생활에서 살아남는 기술을 익힌 유능한 대상(大商)이었다. 그가 아랍 공동체를 건립하려고 시도했고, 그것을 위해 다신 신앙에 눈을 돌렸었다. 무함마드는 계산력이 빠른 정치적 인물이었다. 실용주의로 무장된 장사꾼이었다. 가족 정신, 친족 정신을 활용하여 아랍의 집단의식과 집단 연대를 다질 수밖에 없었던 족장의 리더였을 뿐이다.[73]

종교는 집단의식을 고양하는 데 결정적인 수단이다. 종교는 '도덕적 상상력'을 북돌아 주기 때문이다. 도덕적 상상력이란 타인의 입장에서 타인의 마음을 들여다보려는 노력을 말한다. 라이트 교수는 도덕적 상상력을 게임이론으로 설명한다. 수렵채집 사회의 규모가 커지기 시작한다. 복잡한 사회로 발전한다. 사람들은 이제 수렵채집의 어려움은 그리 느끼지 않는다. 아직까지 다른 사람과 논제로섬(non-zero sum) 게임 상황이다. 너도 살고 나도 사는 것의 중요성이 남아 있다. 타인의 이익이나 행동이 자신의 이익이나 행복과 정비례 관계에 있다. 타인과 타인의 종교에 대해 관용적이다.

너도 살고 나도 사는 식의 논 제로섬 상황에서의 삶들은 서로가 유연하다. 서로에게 해되는 일이 없기 때문이다. 제국은 다양한 종족들을 조화롭게 다스려야만 했기에 종교를 논 제로섬의 수단으로 활용했다. 억압적 다스림에는 한계가 있기 때문이다. 교역 국가들과의 무역 관계도 제대로 지속해야 했다. 부를 창출하는 조처였다. 이방인들을 하나로 묶는 조치도 필요했다. 종교를 활용하는 방법이 최선이었다. 제국의 신만을 강요하는 것은 득보다는 실이 많았다. 이방 종교도 포용하여 복속시킨 종족들을 하나로 묶어야 했다. 바울 같은 사람이 필요했다. 제국의 기본과 권력을 방해하지 않는다면 무엇이든지 포용했다. 예수교는 그래서 교단을 확장할 수 있었다. 종교적으로 이방인에게 관용과 사랑을 표방하는 조치가 이방 종교의 허용이었다. 성서의 해석이 시대와 상황에 맞게 달라진 것도 종교가 제국의 조치에 부합하려는 유연한 태도에서 기인한다. 유연한 성서의 적응성이 기독교의 진화에 긍정적인 효과를 발휘했다는 것이 라이트 교수의 결론이었다.

포이어바흐(Feuerbach, L. A.)는 종교를 한 번 더 비틀어 이해한다. 참새의 하느님은 참새이듯이 "인간의 하느님은 바로 인간이다."라고 말하는 대목이 바로 그것이다. 신의 세계라는 것은 처음부터 '환상적인 허깨비'의 세계라고 몰아붙인다. 신의 세계를 해석하는 철학이 있다면, 그것은 '술 취한 사변' '철학'일 뿐이라고 말한다. 철학은 신이 아니라 인간에게서 출발해야 한다는 것이 그의 논지였고 그런 철학만이 제대로 된 철학이라는 것이다. 인간은 추상화될 수 없는 실존적인 존재이기에, 인간을 인간답게 받아들이기 위해서는 현실을 호도하는 종교는 폐기해야 한다고도 말한다. 인간의 현실을 제대로 감정할 때 인간이 제대로 보인다. 인간을 호도하는 철학이 바로 종교라는 것이다.[74] 신이란 아무것도 아니다. 신이라는 것은 인간의 내적 본성의 외적 투사에 지나지 않는다. 신의 면모라고 일컬어지는 것도 실제로는 특별하지 않다. '지성적 존재' '도덕적 존재 또는 율법' '사랑' 등과 같은 것들로 신의 속성을 표현해도 마찬가지다. 그런 면모들은 끝내 인간 본성에 내재한 여러 가지 욕구에 대응하는 것일 뿐이기 때문이다.

스피노자는 포이어바흐보다 훨씬 이전에 신의 존재를 달리 생각했던 사람이다. 그는 매우 창의적인 사고를 지녔던 신자이자 학자였다. 그는 스콜라철학의 영향 아래의 정통적 교리와 성서 해석에서 벗어난다. 유대인의 종교적 전통과 권위에 대항한다. 논리 개발에 따른 자연적인 대응이었지만, 그는 결코 무신론자가 아니었다. 유대교는 그래도 그를 핍박한다. 스피노자는 성서를 읽으며 마침내 한 가지 사실을 발견한다. 신이 육체가 없다는 사실, 천사가 존재한다는 사실, 영혼이 불멸한다는 사실을 뒷받침할 근거가 성서에는 없다는 것을 확인한다. 사실이 아닌 것을 사실이라고 저들이 우겨 신을 신화로 만들면 그것은 신화이지 종교가 아니라는 비판에 이른다.

살아 있는 것은 자신의 안에 한 가지 동일한 속성이 있다. 그것은 사물의 영원한 양태다. 동일한 양태의 영원성이 바로 신성이다. 모든 것에 신의 속성이 스며들어 있다. 삶이란 그런 것이다. 삶은 하나의 존재방식이다. 인간의 삶은 신의 삶이나 마찬가지다. 삶에는 신성이 깃들어 있게 마련이다. 모든 사물은 신의 변용이며 변형일 뿐이다. 신의 변형이 사물의 내재적 원인이다라는 것이 스피노자의 생각이었다.

인간의 삶은 신(神)이 지닌 삶의 흔적을 따른다. 그 이상도 이하일 수도 없다. 사물은 신의 필연성에 따라 결정된다. 신이 곧 자연이다. 자연이 신이다. 그것의 한 영역을 맡고 있는 존재가 인간이고, 인간의 몸과 마음으로 구성된다. 몸과 마음은 평행한다. 인간은 자기와 신과의 연관을 필연적으로 인식한다. 유한한 인간이 신의 무한성에 관여하게 되는 이유다. 인간의 정신은 신의 완전한 능동성에 닿는다. 인간은 신처럼 자유를 실현한다. 인간 역시 신처럼 최고 선(善)으로 그의 존재감을 성립시킨다.

스피노자는 신에 관한 특정 종교가 강요하는 교조적인 해석이나 고집을 거부한다. 유대인은 신에 관한 그들만의 머릿속 개념을 고집해 온 이들이다. 저들만이 선민이라고 했다. 신격(神格)의 신만이 신이라고 했다. 신격은 만들어지는 것이 아니라 자연에 편재하는 것이기에 스피노자는 자연격(自然格)으로서의 신을 그려낸다. 신격이나 자연격이라는 단어에서 보는 것처럼 격(格)이라는 말은 최종의 상태를 보인다. 신은 자연의 정수다. 자연을 구성하고 있는 만물 안에 신의 정수가 있다. 자연은 신의 형태를 빌려 그렇게 존재한다.

자연은 모든 신격의 신을 상징한다. 신격을 지닌 신 역시 자연 안에 자리 잡는다. 초월은 상상일 뿐이다. 신의 양태는 상상일 수 없다. 신들은 삶을 떠난 별도의 삶에 초연하지 않다. 각자적인 개물(個物)과 개체(個體)들은 신의 내적 필연에 의해 존재한다고 본 그는 에티카에서 말한다.[75] "자연 가운데는 동일 본성, 혹은 동일 속성을 가진 두 가지 혹은 다수의 실체는 존재할 수 없다."고 말한다.

인간은 동물의 속성을 벗어나지 못한다. 존재는 존재할 때까지만 존재하는 것인 인간의 본체이며 개성이기 때문이다. 동물인 인간에게 신의 내적 개체들이 들어 있다. 동물처럼 인간도 자기 먹이에 민감하다. 생존을 먼저 추구하는 동물이기 때문이다. 먹이를 찾는 것은 행복하기 위해서다. 행복은 현실 밖에서 추구될 수 없다. 현실 안에서 행복을 추구해야 한다. 그것을 위해 인간에게 신성이 내재하고 있다. 욕심을 동물처럼 추구하면 그는 드디어 자기 안의 신성을 포기하는 것이다. 스피노자는 인간의 행복과 동물적인 신성 간의 관계를 정리한다. "어느 누구도 생존하고, 행동하며 또한 생활한다는 것, 환언하면 현실에 존재한다는 것을 바라지 않고서는 행복하게 생존하고 착하게 행동하며 착하게 생활한다는 것을 바랄 수 없다."(정리 21)

행복 추구는 착하게 사는 것과 무관하다는 주장도 있다. 행복의 에티카는 인간 속에 내재된 신성의 출현과 무관하다는 것이다. 인간에게는 '불평등성'이라는 심리인자가 자리 잡고 있다. 남이 자기보다 잘되는 것을 심리적으로 견디지 못한다. 인간의 뇌신경회로에 그런 것이 있다. 인간의 뇌에는 사촌이 땅을 사면 배가 아파지는 속성이 있다. 갑부가 돈을 더 벌면 그를 얄미워 할 수밖에 없게 만드는 원인이 뇌 속에 들어 있다. 배가 아프게 만드는 뇌의 부위를 '보상회로'라고 부른다. 남이 잘되는 것을 보면 타인의 뇌 속에서 보상회로가 갑자기 활성화된다. 뇌 속에 불평등성의 인자가 각인되어 있다는 증거다.[76] 논쟁의 여지는 크다. 보상회로의 활성화는 불평등의 심리적 원인이 아니라 결과일 수도 있기 때문이다. 예를 들어, 다리가 지속적으로 아파왔던 폐암 환자가 아픈 다리를 폐암의 원인으로 볼 수는 없기 때문이다.

한 가지는 분명하다. 세상에 존재하지 않고서는 행복을 기대할 수 없다. 살아야 행복해질 수 있다. 그것이 인간 안에 있는 신성의 핵심이다. 삶에 대한 의지가 신성이다. 생명에 대한 의지는 인간의 신성을 반영한다. 인간의 신성은 인간의 이성을 반영하다. 인간의 이성과 신성은 공존, 공생 그리고 긴장 관계의 줄다리기를 지속한다. 그런 긴장의 줄다리기 관계를 인지하는 것이 인간의 지성이다.

인간의 인텔렉투스(Intellectus), 즉 지성만이 인간의 이성과 신성을 매개한다. 지성은 인간의 판단력, 인지력, 추론력 등과 같은 모든 이지적인 활동을 총칭한다. 스피노자는 인간의 인텔렉투스가 인간에게 신성을 발현하게 만든다고 주장한다.[77] 인간의 지성작용이 사물과 자신에 대한 지각과 이해를 도와주기 때문이다. 인간의 사유(思惟)는 능동적 지성의 결과다. 능동적인 지성이 자기 안의 신성이다. 신의 존재는 자신의 몸과 더불어 확인된다. 인간의 신성이 몸에서 지각될 뿐이다. 신성이라고 해서 고고한 것으로 볼 이유가 없다.

삶을 살아가는 수많은 사례들에서 신성의 보편성과 신성의 편재함이 드러난다. 무신론자 혹은 불가지론자라고 자부해 왔던 이어령 교수의 회심도 그런 경우에 속한다. 그는 무신론자에서 기독교신자로 거듭났다고 말한다. 대중에게 수많은 글로써 증명한다. 『지성에서 영성으로』라는 글에서 자기의 회심을 토로한다. 기독교적인 신앙으로 회심하게 된 이유는 단순했다. 병듦에 대해 깊은 탄식과 사유가 있어서였다. 병이 몸에 깃드는 일이야말로 신의 축복이라고 확인한다. 육신에 깃드는 병이 바로 신앙의 씨앗이고 종교의 뿌리라고 간증한다.[78]

육신에 깃드는 병을 통해 감사를 깨쳤기에 무신론자가 유신론자로 거듭났다는 것이다. 감격의 기도와 소원을 끊임없이 확인해 주는 것이 병이다. 병으로부터 하느님에 귀의했다는 것이 그의 회심의 논리였다. 육신의 병듦에서 영성의 길이 나왔고, 육신의 병듦에서 감사의 기도가 터져 나왔다는 것이다. 붓다가 그토록 이르고 달랬던 생로병사의 이치를 몰랐을 리 없는 그였지만, 그는 붓다 대신 예수를 택한 것이다. 종교는 선택인 셈이었다. 무신론에서 유신론으로 넘어가기 위해 기독교로 회심한 것뿐이다.

기도는 지성에서 영성을 변명하기 위한 수단이 아니다. 기도는 기만(欺滿)이 아니다. 기도는 회심의 원인이 아니다. 기도는 자정(自淨)이다. 기도는 오만도 아니다. 마치 류태영 교수(2010. 03. 30)가 보내 준 감사의 기도에서 보는 것처럼 기도는 착각도 아니고, 기복일 수도 없다. 기도는 면죄부의 표지가 아니다. 기도는 감사이며, 내언이다. 기도는 속죄다. "때때로 병들게 하심을 감사합니다. 인간의 약함을 깨닫게 해 주시기 때문입니다. 가끔 고독의 수렁에 내던져 주심도 감사합니다. 그것은 주님과 가까워지는 기회입니다. 일이 계획대로 안 되게 틀어 주심도 감사합니다. 그래서 나의 교만을 반성할 수 있습니다. 아들딸이 걱정거리가 되게 하시고 부모와 동기가 짐으로 느껴질 때도 있게 하심을 감사합니다. 그래서 인간된 보람을 깨닫기 때문입니다. 먹고 사는 데 힘겹게 하심을 감사합니다. 눈물로써 빵을 먹는 심정을 이해할 수 있기 때문입니다. 불의와 허위가 득세하는 시대에 태어난 것도 감사합니다. 하느님의 의가 분명히 드러나기 때문입니다. 땀과 고생의 잔을 맛보게 하심을 감사합니다. 그래서 주님의 사랑을 깨닫기 때문입니다. 주님! 감사할 수 있는 마음 주심을 감사합니다. 우리는 가능성이 있습니다. 우리에게 있는 과거도, 현재도, 그리고 미래도 다 아름다운 것입니다. 우리에게 감사만 있다면 말입니다."[79]

🌱 **4.** "이 세상을 다녀가는 것 가운데 바람 아닌 것이 있으랴." – 한승원[80]

"가장 완전한 사람은 가장 완전한 존재인 신과 하나가 되는 자, 그러므로 신을 즐기는 자다."
– 스피노자

"신이 주는 그 어떤 선물도 받지 말라." – 프로메테우스[81]

"신은 인간에게 어떤 확실한 정착지도, 어떤 개별적인 태도도 혹은 어떤 특별한 역할도 부여하지 않았다. 따라서 당신은 자신의 욕구와 판단에 따라 얼마든지 원하는 장소, 태도, 역할을 선택할 수 있다. 다른 생명체들은 신이 정한 테두리 안에서만 살아갈 수 있지만, 아무런 제한도 받지 않는 당신은 신이 부여한 자유의지에 따라 혼자 힘으로 자신의 특질을 결정하게 될 것이다. 결론적으로, 당신은 영혼에 대한 성찰을 통해 신처럼 보다 고등한 존재로 다시 태어날 수 있다." – 피코 델라 미란돌라[82]

산티아고를 향해 내가 가고 있던 길은 어김없는 나그네의 길, 바로 그 길이었다. 구도자들은 그렇게 걸었다고 했다. 곳곳마다 그렇게들 낙서로 써 놓았다. 옆에서 같이 걷는 동행조차도 나의 몸으로 끼어드는 신체적인 고통에는 동참하지 못했다. 그 고통 속에서 나를 찾아내야 하는 멀고 긴 수행의 길이 산티아고로 가는 길이었다. 동행마저도 나름대로 그 안에는 그의 아픔만이 가득했다. 서로가 서로를 보며 그저 안타까워하기만 해야 하는 길이었다. 사자(獅子)의 공격에 죽어 가는 제 새끼를 물끄러미 쳐다보는 들소의 어미들이 보여 주는 그 모습, 그 이상도 그리고 그 이하도 아니었다. 저들은 아는 듯 모르는 듯, 나의 고통을 쳐다볼 뿐이다. 조금이라도 도와줄 수는 있다는 표정을 짓지만, 그뿐이다. 나의 육체적 고통을 대신할 수 없기 때문이다. 고통, 그것에 참여할 수는 없다.

고통은 어쨌든 나의 고통이다. 내 몸에서 나온 내 것이다. 내가 짊어질 고통이다. 내가 결단해야 할 고통이다. 고통과 더불어 가는 수밖에는 없다. 그것이 동행에게도 위안이 된다. 모두가 편해진다. 나를 엮어 가고 있는 정신을 바로 잡아야 한다. 고통을 이길 수 없다. 고통을 박멸하는 승리자가 될 수 없다. 어차피 고통은 삶의 다른 표현이기 때문이다. 고통은 몸이 아프다는 신호다. 고통은 몸과 마음의 소통거리다. 퓨즈 하나가 부실해도 자동차 앞 전등에는 불이 들어오지 않는다. 밤길이라고 해도 가야 할 길은 가야 한다. 조심스레 나아가야 한다. 발가락 하나 때문에 나는 몸살한다. 그 몸살을 나만이 실감한다. 그 고통은 내 생명을 확인해 준다. 살아 있기 때문에 아픈 것이다. 살아 있다는 아름다움이 고통으로 전달된다. 고통과 더불어 가야 한다. 최상 최고의 결단이다. 내가 있음에 대한 확인이다. 실존은 그런 것이다.

　고통과 더불어 이 길을 간다. 참는 것이 아니라 더불어 소통하고 있다. 고통은 치열하지만, 아직 사망은 아니다. 죽음이 아직 아니니 맨 나중도 아니다. 살아 있다는 증표일 뿐이다. 어차피 고통이나 죽음은 각자적이며 분리적이다. 소통, 말 그대로 트일 소, 트일 통이지만 언제나 반쪽짜리 트임일 뿐이다. 두 개가 완전히 하나가 될 때에만 비로소 나라는 존재가 확 트인다. 그때가 완전한 소통이며, 그때가 고통이 제거된 죽음이다. 소는 되었어도 통이 뒤따르지 않으면 그것은 언제나 살아 있음에 대한 확인일 뿐이다. 소통에 대한 기대는 끝내 고통에 이를 뿐이다. 삶 자체가 고통임을 이내 알아차린 것이다. 고통과 한패가 되어 주는 것이다. 죽음을 저만큼 일찍 체감한 것이다. 고통을 느끼지 못하면 단 한순간도 내가 아니다. 1초의 생명이 있다는 것을 바로 고통으로 느낀다. 삶의 아름다움이다. 고통과 더불어 가는 생명체만이 아름답다. 누구의 생명과도 바꿀 수 없는 절대적인 생명체가 바로 '나'라는 존재다. 나는 수많은 사람으로 살지 않고 '나'로만 살아야 한다. 나처럼 나로서, 살아가야 한다. 나의 선택대로, 나의 결단대로 이 길을 걷고 있는 이유였다. 나라는 사람이 산티아고 길을 걷는 중이다. 수많은 사람 중의 하나로 태어났지만, 나는 유일하게도 나일 뿐이다. 사람들은 태어나고 스러진다. 나와 똑같은 사람은 단 한 사람이다. 그 사람이 태어났고, 그 사람이 사라질 뿐이다. 다른 사람이 아닌 나만이 그렇게 된다. 그는 지구상에서 과거에도, 지금도, 앞으로도 유일한 존재이며 실존이다.

　나는 본실(本實)적인 존재이기만 하다. 내가 있으니까 내가 존재하고, 내가 존재하기에 내가 생각할 수 있기 때문이다. 생명체라는 인간적인 본질이 선택과 결단으로 실존한다. 그 실존의 본질로서 유일한 존재인 내가 '나'로서 산티아고의 순례길을 걷고 있는 중이다. 그 누구든 인간이라면 본질적이다. 그들은 각각의 순례의 길을 걷고 있는 중이다. 인간은 자신의 가치를 만들어 낸다. 가치적인 존재 그 자체다. 고유한 존재다. 자신의 선택과 결단, 그리고 책임으로 자신의 가치를 표현한다. 인간만이 주체적이다. 주체성만이 사람을 사람답게 만든다. "인간은 다만 그가 자신을 생각하는 그대로일 뿐 아니라, 그가 원하는 그대로다. 인간은 존재 이후에 자신을 원하는 것이기 때문에, 자신이 만들어 가는 것 이외엔 아무것도 아니다. 이것을 실존주의의 제1원칙인 '주체성'이라고 부르는 것이다."[83] 사르트르의 결론이었다.

본실적인 존재만이 주체적이다. 주체성은 스피노자가 절규한 것처럼, 삶의 에티카다. 주체성이 결여되면, 삶을 윤리적으로 세우기 어렵다. 인간은 인간으로 태어난다. 사람으로 살아간다. 늑대로 태어난 것이 아니다. 늑대로 사는 것도 아니다. 바퀴벌레로 기어 다니는 것도 아니다. 사람으로서 걸어 다닌다. 사람됨의 조건이다. 인간이라는 존재는 인간의 본질을 충족해야 한다. 인간만이 인간의 본질을 갖는다. 인간만이 인간일 뿐이다. 관습, 편견, 운명 같은 것은 인간의 주체가 아니다. 인간됨을 오염시키는 상황이다.

내 삶은 어차피 나의 삶일 뿐이다. 어느 누구의 삶이 아니다. 타인에게 단 1초도 빌려줄 수 없는 생명이다. 생명을 희생할 수는 있지만, 빌려 줄 수는 없다. 양보는 해 줄 수 있어도, 꿔 줄 수 있는 것이 아니다. 걷는 것은 살아 있다는 증표다. 인간의 선택과 결단의 결과이다. 진화는 인간의 선택과 결단의 역사다. 인간 스스로 자기 책임의 무한성을 알리는 실존적인 행위의 역사다.

본실적인 사람은 나를 가진 사람이다. 삶을 다부지게 살아가는 사람이다. 다부지게 살려면 자기 선택과 결단이 분명해야 한다. 생각에서 떠날 수 없는 삶이어야 한다. 생각으로써 선택하고 생각으로서 결단해야 하는 삶이다. 사는 대로 생각하는 것이 아니다. 생각한 대로 선택해야 한다. 생각한 대로 결단해야 한다. 생각한 대로 살아가지 않으면, 살아가는 대로 생각하게 마련이다. 도둑처럼 살다보면 도둑처럼 선택하고 행동하고야 만다. 현자처럼 생각하면 현자처럼 거듭난다. 그것이 다부지게 살려는 선택이며, 결단이다. 다부지게 살아가는 것이 본실철학의 핵심이다.[84]

인간에게 있어서 절대적인 것은 목숨이 전개해 주는 자신의 생명이다. 목숨이 붙어 있는 한 삶이 따라붙게 마련이다. 삶이 있는 한 목과 숨의 궤적도 살아 있다는 뜻이다. 생명이 허락되는 한 선택과 결단, 책임도 따라다닌다. 삶은 목숨에 의해 좌우된다. 인간의 목숨은 고귀하다. 인간의 생명은 질기다. 인간의 목숨에는 미스터리만이 가득하다.[85] 인간만이 목숨을 연장하기 위한 방편을 만들어 내는데, 그 방편 가운데 하나가 바로 죽음이다. 죽음을 한시라도 무의식 속에 내장하지 않고서는, 결코 생명에 연연할 수 없기 때문이다. 생명철학적으로 말해도, 죽음은 생명 창조의 필수불가결한 조건일 뿐이다. 이것은 생(生)과 사(死) 사이의 관계를 단단하게 묶어 놓는 패러독스이기도 하다.

'죽어야 산다.'는 역설은 수십억 년 전부터 생명이 처음 창조된 이래 계속돼 온 강력하고도 유일한 원리다. 인간이 죽지 않는다면 지구상의 인종 모두가 멸망했을 것이기 때문이다. 생과 사의 역설을 피하지 않는 것이 삶이라고 보는 안드레아스 바그너(Andreas Wagner) 교수는 생명을 위해 죽음이 있는 것이고, 죽어야 새로운 생명이 가능해질 수 있다고 주장한다.[86]

인간은 저 홀로 생명을 이어가려고 노력하는 동물이다. 인간은 제 생명을 이어가기 위해서라도 사회 공동체 속에서 전개되는 여러 관계를 벗어날 수 없다. 삶을 유지하는 한 누군가와 관계해야 한다. 관계가 삶의 질을 결정한다. 관계는 미리 계획된 것이 아니다. 자연스러운 것이다. 내가 살아가기 위해서 타인의 도움이 필요하다. 나도 그들에게 그렇게 해 줘야 한다. 타인이 내게 배려인 이유다. 내게 똘레랑스이기도 하다. 나도 그들에게 배려이며, 똘레랑스이어야 한다. 타인은 나의 선택과 결단, 그리고 책임에 방해가 될 수 없다. 나도 타인의 선택과 결단에 방해가 될 수 없다. 나와 타인은 서로의 사회생활을 위해 상호 관여적일 뿐이다.

사회 공동체에는 나의 선택과 결단을 위한 장치들이 준비된다. 어떤 장치는 내게 강압적이다. 어떤 것은 나를 기만한다. 어떤 것은 내 삶을 위해 기능적이다. 선택이 쉽지 않다. 혼란과 혼동이 엇갈린다. 효과적인 선택을 도와주는 요령이 필요하다. 그것이 요즘 말로, '넛지(nudge)'의 요령이다. 부드럽게, 여유 있게 선택과 결단을 도와주기 위한 요령이 넛지다. 넛지란 원래 '팔꿈치로 쿡쿡 찌르다'라는 뜻이다. 선택과 주의집중을 요구하는 개입이나 간섭을 넛지라고 부른다. 사람들을 부드럽게 그리고 넌지시 유도하되, 강요하지 않는 지혜가 넛지다. 넛지는 개인적인 선택과 자유를 억압하지 않는다.[87]

넛지를 최대한 활용할 줄 아는 것이 삶의 지혜다. 예를 들어, 험준한 산길을 가다 보면 여러 가지 주의 경보가 나온다. 어김없이 '낙석주의'와 같은 주의경계들이 나온다. 위험을 알려주는 고마운 표지다. 그 밑에는 한 가지 가정이 숨어 있게 마련이다. 인간은 언제든 실수할 수 있는 불완전한 존재라는 전제가 있다. 인간은 놀랍게도 구조적으로 불완전한 대로 잘못을 저지르는 존재라는 심리적 가정이 깔려 있다.

과학적 기술은 모든 것을 프로그램화시켜 관리한다. 사전 시뮬레이션에 따라 인간은 로켓을 타고 달나라도 탐사한다. 완벽하지 않으면 불가능한 일이다. 인간의 의식은 늘 그런 과학적 시뮬레이션과 어긋난다. 무당에게 점을 보며 길흉을 빌고 나와야 비로소 마음을 놓는 존재가 바로 인간이다. 절에서도 매일같이 그런 일이 일어나고, 교회에서도 그런 일은 비일비재하다. 무엇인가 2%는 부족한 채로 살고 있어야 하는데, 그것마저 채워 넣어야 마음이 편해진다고 애태우는 존재가 바로 인간이기 때문이다. 제 목숨은 제가 다스려야 제 삶이 관리되는 세상이다. 세상은 성글지 않게 짜여 있다. 사람 역시 성글지 않은 인간관계로 살아간다.

생명의 여정에서 가장 중요한 넛지는 바로 '나'다. 나를 믿지 못하면 세상은 존재하지 않는다. 내가 나를 제대로 인도해야 내가 산다. 제대로 인도해야 안도의 숨을 내쉬게 된다. 내가 내게 주의 깊게 나에 대한 위험을 피하도록 해야 한다. 내가 내 옆구리를 꾹꾹 찌르며 앞길을 바르게 인도해야 한다. 타인은 끝내 타인일 뿐이다. 내 삶의 넋지가 되지는 못한다. 나의 목은 내가 만져야 한다. 목숨에 민감해야 할 인물은 바로 나다. 나의 주체성을 드러내는 것도 나다. 나의 가치를 실현하는 것도 나다. 선택하고, 결단하고, 책임지는 인물도 바로 나다. 새롭게 반추하고 결단하고, 책임져야 할 인물도 결국은 나다. 인간인 나는 생물학적 인간적 본질을 한시라도 무시할 수 없다. 생명의 끈을 놓아 버릴 수 없다. 살아 있는 한 서로에게 말을 걸 수 있다. 인사를 건넬 수 있다. 그것이 사람이라는 존재다. 사람으로 대접받는 존재다.

생명과 목숨을 갖고 있어야 모든 것이 가능한 범위 안에 놓인다. 생물학적으로 숨이 멎으면 그만이다. 호흡을 놓아 버리면 그 순간 세상은 나와 멀어진다. 존재 바깥으로 나가 버리면 나는 생명체가 아니다. 아침 인사 그대로, "간밤에 안녕하셨습니까?"에 대한 화답이 중요하다. 안녕하지 못하면 어떤 인사도 불가능하다. 본실(本實)적인 아침 인사다. 목숨을 부지해야 인사를 주고받는다. 목숨을 잃으면, 태어남의 반대 정점인 죽음이 오면, 생명이 붙어 있지 않으면 그는 결국 탈격 존재(奪格存在)일 뿐이다. 숨이 안녕하지 않은 존재라는 뜻이다. 스스로 기억해 내며, 선택하고, 결단하며, 책임질 수 없는 존재가 탈격 존재다. 의미를 제거당한 존재다.

탈격 존재는 자신을 재구성할 수 없는 귀신에 속한다. 선승(禪僧) 파드마삼바바[88]가 그 옛날에 이미 넌지시 일러 주었듯, 탈격 존재는 귀신이다. 인간의 능력을 벗어나는 것이기에 믿지 않아도 좋을 귀신일 뿐이다. 굳이 영혼이라고 부른다고 해도 그것은 살아 있는 생과 명은 아니다. 도저히 붙잡을 수 없는 귀신일 뿐이다. 존재라기보다는 존재했던 자의 영상이나 기억의 흔적 같은 것일 뿐이다.

사람만이 사람에게 고마울 뿐이다. 인간은 생물학적으로 존재할 그동안만, 유효하다. 우연히 결합된 유전자 덩어리라고 하더라도 인간은 창조되어진 생명체다. 생명은 유한하기에 의미가 있다. 의미를 만들어 갈 수 있기에 인간의 생명이 의미를 지닐 뿐이다. 한스 요나스(Hans Jonas)[89]의 말처럼 사람은 생명으로 태어나 생명을 벗어나는 동안 나름대로의 의미를 만들어 가는 존재다. 생명의 반대 개념은 죽음이 아니다. 생명의 반대 개념은 무의미일 뿐이다. 의미를 만들어 내지 못하는 그것은 생명 없는 일이다. 생명은 삶인데, 의미를 만들어 내지 못하는 생명은 삶이 없는 것이나 다를 것이기 때문이다. 함석헌 선생은 『인간 혁명』에서 생명의 뜻을 맞춤, 대듦, 그리고 지어냄으로 정리하고 있다.[90] 삶을 위한 적응, 거부 그리고 창조가 바로 생명의 핵심이라는 것인데, 그가 말하는 적응과 거부 그리고 창조는 사람으로 하여금 살아가야 할, 살아내야 할 의미를 만들어 내는 그 일을 말하는 것이다.

의미는 자신의 선택과 결단에 의해 살아가는 동안 만들어진다. 불가(佛家)에서 말하는 고/집/멸/도(苦/集/滅/道)의 뜻을 따르지 않는다 해도, 삶은 의미를 만들어 내는 과정이라는 뜻일 뿐이다. 고라는 것도, 집이라는 것도, 멸이라는 것도, 그리고 마지막으로 도라는 것도 끝내 인간은 의미를 만들어 낼 때에만 인간스럽다. 삶에서의 이런저런 선택과 결단의 연속적 과정이 고집멸도의 과정이다. 나쁜 생각, 언짢은 논리, 그른 관점에 자기를 가두는 것이 고집의 과정이다. 좋은 생각, 바른 논리, 옳은 관점으로 깨달아가는 과정이 멸도의 과정이다. 멸도가 참살이를 향한 웰빙(well being)이다. 고뇌와 고통을 쌓아가는 과정은 반대로 고집(ill-being)의 과정에 속한다. 고집하면 마음이 닫히고, 멸도하면 마음이 열린다.

인간의 삶은 느슨하기는 하지만 서로가 원인과 결과로서 묶여 있다. 묶여 있는 것을 자르면 될 일이지만, 그것이 결코 쉬운 일이 아니다. 논(論)하고 설(說)하며 강(講)한다고 그대로 실행되는 것이 아니기 때문이다. 내가 행해야 비로소 실천이 되는 것이다. 탄복은 실행이 아니라 느낌이며 말일 뿐이다. 앎은 정보 획득일 뿐이다. 앎의 핵심은 실천에 있다. 앎의 에티카는 제대로 실천하기를 말한다. 앎의 윤리는 실천윤리적이다. 실천하지 않으면 아무것도 아니다. 종교도 아니고 사람도 아닐 뿐이다. 실천이 결여된 앎의 윤리는 동물적인 충동의 다스림일 뿐이다.[91] 야성적 충동의 다스림은 억제해야 한다. 억제의 윤리가 성립되는 순간이다. 억제의 윤리는 비움의 윤리이기도 하다. 재산을 비우기는 쉽다. 목숨을 비우기는 쉽지 않다. 생명을 얻기 위해 생명을 버리지는 않는다. 명예를 위해 생명을 버릴 수는 있다. 타인을 위해 생명을 버릴 수도 있다. 타인을 위해 자신의 생명을 버리는 일만을 우리가 희생, 헌신 혹은 순교라고 높여 부르는 이유다.

재산, 정치적 이해관계 때문에 목숨 버린 사람을 순교자라고는 하지 않는다. 희생이라고 간주하지도 않는다. 희생하고 순교하는 사람들은 저들과 살아가는 방식이 달랐던 사람이다. 생명은 돈과 바꿀 수 없기 때문이다. 재산을 위해 목숨을 버린 사람과 타인을 위해 목숨을 헌신한 사람은 삶의 가치가 다른 사람이다. 이완용에 대한 기억과 이태석 신부에 대한 추억이 전혀 다른 이유다. 버려야 할 만한 대의가 생긴다고 하더라도 목숨을 던지는 일은 쉬운 일이 아니기 때문이다.

누구든 자기의 목숨만큼은 살아 줄 수 있는 만큼 살기를 바란다. 목숨 버리기를 초개처럼 한 사람이 비겁하게 목숨을 부지했더라도, 세간은 그것을 그리 잘못되었다고 욕하지 않는다. 목숨을 버리는 일이기 때문이다. 생명 부지에 관해서는 서로가 그쯤에서 타협하기를 바라기 마련이다. 생명을 버리는 것은 실천의 몫이 아니라 관념의 몫이기 때문이다. 버릴 수가 없어서 버리는 것이 더 돋보이는 것이다.

인간은 목숨을 부지해야 하는 목과 숨의 동물이다. 먹고살다 보면 탐진치(貪瞋痴)의 사슬에 묶인다. 욕심 덩어리, 분노 덩어리, 우매 덩어리의 족쇄에 걸린다. 인간 본연의 모습이다. 화내면 그와의 관계는 절연된다. 화를 참으면 내가 불편한 것은 탐진치로 아웅거리고 다웅대는 화상(畵像)이 바로 인간이기 때문이다. '비우기'는 그런 저들에게 오로지 언설일 뿐이다. 저들과의 무관심을 적절하게 유지하라는 말로 끝난다.

하루를 살려면 그저 충동적이면 되는 일이다. 동물적 근성을 벗어나지 않으면 하루는 살 수 있다. '야성적 충동(animal spirit)'이 인간의 원초적 근성이기 때문이다.[92] 동물적인 인간의 욕망이 동물적 야성으로 표출된다. 야성적 충동은 경제의 원동력이다. 이제는 그 야성적 충동이 과소비를 부추긴다. 과소비는 무절제한 소비를 더욱더 충동질한다. 먹이를 찾는 늑대 무리처럼 내 안의 소비욕구를 가만두지를 않는다. 무절제한 과소비가 어쩔 수 없이 발생한다. 파산 심리 역시 야성적 충동에 속한다. 절제할 수 없는 과소비는 끝내 파산 심리의 뇌관을 건드린다는 것이다. 「뉴욕 타임스」가 말한다. "미국인이 보유한 신용카드의 수는 13억 장이 넘는다. 이는 단지 많은 정도가 아니라 미국의 모든 남성과 여성 그리고 아이들까지 포함하여 평균 4장 이상의 신용카드를 갖고 있다는 뜻이다. 반면 12억 인구를 가진 중국의 신용카드 수는 5백만 장에 불과하다."

신용카드를 이용한 소비가 미국의 저축률 감소에 중요한 역할을 했다. 퍼듀 대학에서 소비자과학과 소매를 가르치는 리처드 파인버그는 조사 대상자들에게 신용카드의 존재 때문에 소비를 할 것인지 물었다. 그들은 신용카드의 자극을 받으면 훨씬 더 많이 그리고 더 빨리 소비할 것이라고 대답했다. 파인버그는 '신용카드의 자극이 소비와 연계되는' 성향을 보인다고 결론지었다. 또 다른 실험이 있었다. 드라젠 프렐렉과 던컨 시메스터는 미국 보스턴에서 열리는 스포츠 경기의 입장권을 MBA 과정 학생들에게 경매로 팔았다. 한 가지 실험 조건에서는 지불 수단이 신용카드였고, 다른 실험 조건에서는 현금이었다. 이 실험은 두 지불 수단의 편의성이 무시할 수 있을 정도의 차이만 가지도록 설계되었지만, 학생들은 신용카드로 지불할 때 60퍼센트에서 110퍼센트까지 더 높은 금액을 썼다.

사람들은 사는 것과 소비를 혼동한다. 소비하는 것을 사는 것이라고 오해한다. 소비를 위해 일해야 한다고 생각한다. 과소비의 충동에 빠지면 스스로 쉴 줄을 모르게 된다. 소비하기 위해 쉬어야 하기 때문이다. 사람들은 흔히 일과 생활의 균형이 중요하다고 이야기한다. 일과 생활의 균형을 맞추는 삶이나 논리를 수없이 내세운다. 일과 생활의 균형을 위한 전략을 이야기한다. 말로 세우는 전략은 환상일 뿐이다. 실천이 따라오지 않으면, 그것은 허위가 된다.

일과 생활의 균형을 맞추는 삶이 필요하다. 전략으로 만들어지는 일이 아니다. 의식이 선행되어야 하는 일이다. 소비는 의식이 아니다. 소비는 충동이다. 일과 생활의 균형은 실천일 뿐이다. 소비를 다스리려면 충동을 늦추어야 한다. 걷는 속도로 늦추어야 한다. 속도가 소비를 부추기기 때문이다. 소비하기 위해 속도가 빨라진다. 과소비는 과속도다. 과소비를 즐기는 나라에는 휴식이 없다. 휴식할 틈이 없어야 한다. 소비하고 또 소비하기 위해서다. 이런 경험이 산티아고의 여정에서도 발견된다.

산티아고를 향한 순례길은 씨에스타, 말하자면 낮잠자기와 싸우는 길이기도 하다. 저들 스페인의 문화에서는 어김없이 낮잠과 휴식의 방편이 씨에스타다. 스페인 사람들은 어김없이 낮잠을 잔다. 오후 1시부터 서너 시간씩 낮잠을 즐긴다. 그것이 저들의 삶이며 저들의 영성이 된다. 관공서나 상점들도 예외가 없다. 낮잠 즐기기를 위해 문을 닫는다. 업무가 일시 중지된다. 소비가 정지된다. 전형적인 비능률로 보이는 행위로 보인다. 일로 무장되어 있는 우리들에게 저들의 씨에스타는 비능률적으로 보인다.

모두가 생각하기 나름이라고 넌지시 태양도 이르고 바람도 이르고 있다. 그것을 어기는 것은 낯선 나그네들이다. 낮잠도 저들에게는 일이기 때문이다. 씨에스타도 저들에게는 업무이고 삶일 뿐이다. 휴식도 소비인 것처럼 낮잠도 저들에게는 직무였다. 노동하는 것도 사람처럼 살아보려고 하는 일이다. 오랜 시간 노동한다고 삶의 질이 더 나아지는 것도 아니다.

미국 「포브스(Fobse)」는 근로자에게 경종을 울리는 기사를 다룬 적이 있다. 「미국 역학저널(American Journal Epidemiology)」의 연구 보고서 인용이 그것이었다. 「포브스」 2012년도 9월 12일자에서는 사람은 '왜 8시간 이상 일을 하면 죽을 수 있을까'라는 기사를 다뤘다. 이 연구는 세계 각지의 직장인 2만 2,000명을 대상으로 조사한 결과였다. 연구 결과에 따르면, 초과 근무는 혈압이나 스트레스를 증가시켜 소화성 장애 같은 건강에 치명적일 수 있는 질병을 유발할 수 있다. 게다가 8시간 이상 근무한 직장인들의 40~80%가 8시간 미만의 근로자에 비해 심장마비에 걸릴 수 있는 비율이 더 높았다. 이런 보고는 핀란드직장인건강협회(Finnish Institute of Occupation)에서 발표한 2011년 보고서와도 같은 맥락에 서 있다. 핀란드직장인건강협회의 연구에 따르면, 하루 11시간 이상 근무한 직장인의 경우 그렇지 않은 직장인에 비해 심장마비 발병률이 67% 이상 높았었다. 다만 이 보고서는 "심장마비 발병률은 물론 다른 요소도 작용할 수 있지만, 근무시간과의 연계성이 다른 그 어떤 것보다도 크다는 것을 부정할 수 없다."는 단서를 달았었다.

몸은 스스로 치유되는 것이다. 몸에는 나름대로의 복잡한 마술 체계가 있기 때문이다. 몸은 의사가 구해 주는 것이 아니라, 내가 구하는 것이다. "치유는 의술이 아니라 예술이다."라는 것이 질병의 종말을 주장해 온 의사 데이비드 아구스(David B. Agus) 박사의 일관된 주장이다.[93] 몸이 지닌 시스템이 깨지면 그때부터 질병이 시작한다. 몸의 시스템이 깨지지 않도록 몸을 혹사하지 않는 일이 자신의 생명을 돌보는 일이다.

자연을 보고 배우고, 자신을 보고 실천하는 일이 바로 치유다. 치유의 예술이 바로 배움이다. 몸의 치유는 몸이 지닌 마술 체계가 작동하도록 쉴 때 일어나기 시작한다, 쉼이 바로 치유이며 생명이다. 스페인 사람들은 휴식의 삶을 '마냐나(Mañana)'라고 불러왔다. 마냐나라는 말은 스페인어로 '내일'이라는 뜻이다. 아스따 마냐나(Hasta manana), '내일 보자'는 희망의 말이다. 일을 제대로 하려거든 마냐나할 줄 알아야 한다. 멈추고 싶을 때 멈추고, 쉬고 싶을 때 쉬어야 한다. 그것이 바로 마냐다. 삶을 제대로 소비하려거든 마냐나할 줄 알아야 한다. 마냐나는 '휴식할 줄 아는' 능력, 치유할 줄 아는 능력을 말한다. 내일 다시 볼 수 있는 능력인 마냐나는 자기 삶에 맞게 자신을 느긋하게, 자유롭게 전환하는 능력이다. '내일' 일을 왜 미리부터 걱정하며 야단인가 하는 뜻이 마냐나에 스며 있다. 내일에는 내일만의 해가 뜰 뿐이다. 어제의 해도 아니고, 모레의 해도 아닌 내일의 해가 뜬다. 그러니 내일 일은 내일 걱정해도 결코 늦지 않는다는 것이다. 스페인 특유의 더딘 삶, 느린 삶의 문화를 반영하고 있는 것이 마냐나 정신이다.

마냐나는 과소비로 중독된 우리 생각과는 정반대다. 저들에게는 일의 성과를 올려 주는 순간이 바로 마냐나이기 때문이다. 여가를 위한, 소비를 위한 삶의 방편이 마냐나다. 마냐나 의식으로 자신을 단련하면 삶의 추락을 막을 수 있다. 삶의 질도 높아진다. 멈추고 싶을 때 멈추고, 쉬고 싶을 때 쉬는 능력이 마냐나이기 때문이다. 쉬울 것 같아도 행하기는 어렵다. 마냐나는 정보나 앎이 아니라 실천이며 의식이다. 마냐나를 습관으로 만들어 가지 않으면, 몸과 마음이 괜히 분주해질 뿐이다.

분주해야 하는 이유를 모르는 채 그냥 분주하게 사는 것이 입과 항문만을 연결하는 삶이다. 제아무리 열심히 일하더라도 마냐나 능력이 없으면 자신의 마음을 피폐케 만들 뿐이다. 자신을 볶는 것은 타인이나 업무가 아니라 바로 자기 자신일 뿐이다. 아무리 많은 돈과 시간이 있어도 자신을 위해 쓸 줄을 모르는 것과 같다. 명품을 사고, 비싼 자동차를 사고 타고 다니는 것은 자신을 자기 스스로 마냐나한 것이 아니다. 돈의 노예가 된 것일 뿐이다. 시간은 내가 쓰기 나름이다. 비싼 사치품이나 자동차처럼, 명품 시간이나 고급 시간은 없다. 내가 나 자신을 위해 시간을 명품으로 만들 수 있을 뿐이다. 명품 시간으로 만들어 쓰거나 고급 시간으로 만들어 쓸 수 있는 사람은 바로 나다. 마냐나가 내 마음에 하나의 의식과 습관으로 자리잡지 않으면 많은 재산도 삶을 의미 있게 만들거나 행복하게 만들지는 못한다.[94]

마냐나하려면 자기의 생명인 숨부터 제대로 골라야 한다. 숨을 제거한 초인은 없었다. 숨이 소거된 철인은 결코 부활되지 못한다. 인간됨의 조건이다. 인간이라면 숨 쉬는 것을 그렇게 한다. 부모 사랑이나 자식 사랑만큼 애틋한 것은 없을 듯싶다. 새끼 사랑은 모든 동물에게 공통적이다. 인간은 더하다. 어미는 자식을 위해 자기를 희생할 수 있다. 사랑의 극적인 표현이다. 자식을 사랑한다고 해도 자신의 생명을 자식에게 빌려 줄 수는 없다. 단 1초도 불가능하다. 숨이 끊어지면 생명이 소거된 것이다. 희생할 수는 있어도, 꿔 줄 수는 없는 것이 생명이기에, 스스로 마냐나 해야 한다.

생명은 솔직하다. 자연적이며 꾸밈도 없다. 죽은 것은 죽은 것이고, 산 것은 살아 있는 것일 뿐이라고 가르칠 뿐이다. 목숨에는 성형이 불가능하다. 목숨을 다양한 색으로 치장할 수도 없다. 숨을 쉬어야 생명이다. 숨을 쉴 때 숨 쉼이라고 한다. '숨 쉼'이 가능하려면 숨이 먼저 나와야 한다. 숨만 있고 쉼이 결여되면 멎은 숨이 된다. 멎은 숨은 끊긴 숨이다. 숨은 끊어질 때까지 쉬어야 한다. 숨과 쉼이 반복적으로 교대해야 한다. 엘 카미노를 예찬하며 코엘료(Paulo Coelho) 역시 그렇게 숨과 쉼을 반복했다. 그는 『베로니카 죽기로 결심하다』라는 소설에서 숨 쉼의 아름다움을 이야기한다.

소설의 주인공인 베로니카는 스물네 살의 젊은이다. 원하는 것은 모두 가지고 있는 그녀에게는 아직도 젊음이 가득하다. 아름다움도 있다. 남자 친구, 직업, 가족 모두를 가지고 있다. 그럴듯하게 살아가고 있는 중이다. 베로니카, 그런데 무엇인가가 허전하기만 하다. 마음이 공허하다. 그 무엇으로 채우기도 쉽지 않다. 1997년 11월 21일이었다. 베로니카는 죽기로 결심한다. 평범한 하루하루가 지겨웠다. 더 나을 것도 없는 삶이었다. 더 나쁠 것도 없는 미래였다. 꿈은 이미 좌절되었다.

그녀는 수면제를 선택했다. 한 움큼을 삼키면 죽을 줄 알았다. 이상하게도 죽지 않고 살아났다. 깨어났다. 아직도 목에 먹이 붙어 있었다. 의식도 분명했다. 그래도 무엇인가 편하지 않았다. 마음이 이상해진 것이었다. 이내 그녀는 정신병원에 간힌다. 생의 마지막 10일을 더 보내기 위해서다. 그곳에 간힌 이들은 그녀가 정상이라고 했다. 그녀는 이제 정신병자들 틈 사이에 끼여 있다. 묘한 존재감이 일어났다. '정상적인' 사람다운 비정상적인 사람이었다. 이내 그녀는 깨닫는다. 저들이 더 정상적이라는 것을 알아차린다.

저들보다는 오히려 바깥 세상 사람들이 더 문제다. 저들 세상사는 이들이 바로 이상한 부류의 인간이었다. 그것을 알았지만 그녀는 뒤로 되돌아갈 수 없다. 그녀의 목과 숨은 더 이상 그 옛날의 목과 숨이 아니기 때문이다. 숨과 쉼이 정상적으로 이어질 수 없기 때문이다. 귓가를 울리는 것은 그 옛날 그녀의 독백, 그것뿐이었다. "난 삶을 다시 시작하고 싶어. 에뒤아르. 항상 저지르고 싶었지만 차마 그럴 용기가 없어 포기했던 실수를 저질러가며 공포가 다시 엄습해 올 수도 있겠지만, 그걸로는 죽지도 기절하지도 않을 거라는 걸 잘 알고 있으니 기껏해야 날 지치게 하는 게 고작일 공포와 맞서 싸워 가며. 난 새로운 친구들을 만나 현자가 되기 위해 미치광이가 되는 법을 가르쳐 줄 수도 있을 거야. 난 그들에게 모범적인 삶의 교본들을 따르지 말고 자신의 삶을, 자신의 욕망을, 자신의 모험을 발견하라고, 살라고 충고할 거야! 가톨릭 신자에게는 구약성서를, 회교도에게는 코란을, 유대인에게는 토라를, 무신론자에게는 아리스토텔레스의 텍스트들을 인용해 줄 거야. 앞으로 두 번 다시 변호사 일은 하지 않을 거야. 하지만 삶의 진실을 깨달았던 존재들에 대한 강연을 하면서 내 경험을 활용할 수는 있겠지. 그들이 남긴 글들은 모두 '살아라!' 이 한마디로 요약할 수 있어. 네가 산다면 신께서도 너와 함께 살리라. 네가 위험을 무릅쓰길 거부한다면, 신께서도 하늘로 물러나 철학적 공론(空論)의 한 주제로 남으리라." [95]

그렇게 베로니카처럼 억지로 죽으려고 할 이유도 없다. "죽는 데는 여러 방법이 있다. 우리는 진정한 자아에 가까이 다가서지 못할 때마다 조금씩 죽는다. 우리는 진실을 거부할 때마다 조금씩 죽는다. 우리는 꿈을 포기하라고 자신에게 속삭일 때마다 조금씩 죽는다. 우리는 사랑과 친밀함과 기쁨 가득한 열정을 갈구하는 마음의 소리에 귀 기울이지 않을 때마다 조금씩 죽는다. 우리는 두려워서 활력 넘치게 살지 못할 때마다 조금씩 죽는다." 이렇게 매일 죽어 가는 것도 죽는 것이기 때문이다. [96]

숨을 내쉴 때마다 쉼에 대해 감사하는 존재가 인간이다. 신에게 매일 문안하며 감사해야 하는 본실적인 존재가 인간이기 때문이다. 원로 교수 류태영 박사는 「좋은 글」이라는 편지글을 인용하면서, 누구에게든 문안을 드릴 수 있는 사람은 어떻든 간에 행복할 수밖에 없는 사람이라고 강조한다. "때로는 안부를 묻고 산다는 것이 얼마나 다행스러운 일인지, 안부를 물어 오는 사람이 어딘가 있다는 게 얼마나 다행스러운 일인지. 그럴 사람이 있다는 게 얼마나 다행스러운 일인지. 사람 속에 묻혀 살면서 사람이 목마른 이 팍팍한 세상에 누군가 나의 안부를 물어 준다는 게 얼마나 다행스럽고 가슴 떨리는 일인지. 사람에게는 사람만이 유일한 희망이라는 걸 깨우치며 산다는 건 또 얼마나 어려운 일인지. 나는 오늘도 내가 아는 사람들의 안부를 일일이 묻고 싶다. 이 땅의 모든 사람과 사람들이여, 오늘 하루도 열심히 잘 살고 있는지를." [97]

본실적인 존재임을 알았기에, 나는 행복한 사람이다. 매일 안부를 물을 수 있는 신이 바로 옆에 있기 때문에, 나는 은혜입은 사람이다. 생명과학의 발전으로 삶의 질이 향상된다고 해도, 생명의 질까지 향상되기는 어렵다. 숨을 쉬고, 쉰 후에 숨을 다시 쉬는 일을 과학적으로 통제할 수 없기 때문이다. 고급 숨 쉼이나 저급 숨 쉼이 갈라지는 것도 아니기 때문이다. 인간이 숨을 쉬는 일은 추론의 문제가 아니다. 살아 있음의 순간적 포착이다. 생명을 직시하는 일이 숨과 쉼의 교류다.

생명은 신비할 뿐이다. 생명은 현재 진행형이다. 생명과학은 세상에 관한 일을 미래 진행형으로 추론한다. 과학이 생명의 신비함을 모두 설명해 주지는 못한다. 과학적인 설명은 가설 수준의 예측이다. 전제들을 확인해 나가는 과정일 뿐이다. 우주의 모든 것이 과학에 의해 밝혀진다는 것도 사기가 가득한 주장일 뿐이다. 과학적 확인 과정에서 여러 가지 예기치 않던 일들이 일어난다. 얼마 전까지만 해도 사실이었던 것들이 거짓으로 드러난다. 사실로 받아들여지지 않던 것이 사실로 확인되기도 한다. 과학이 정밀하다는 것은 매일같이 새로운 것이 발견된다는 뜻이다.

예를 들어, 그 옛날 달과 지구 간의 거리는 상당히 가까울 것으로 추정했었다. 달이 지구를 돌고 있기 때문이었다. 온도 역시 마찬가지였다. 달과 지구 사이의 온도 차이가 크지 않을 것으로 추정했다. 온도 차가 나 봐야 그리 크지 않으리라 추정했다. 달에도 남극이 있다. 남극의 분화구 안쪽은 태양계에서 가장 멀리 떨어져 있다. 온도가 가장 낮은 지점으로 추정되는 지점이다. 지형상 햇빛이 들어갈 수 없기 때문이다. 미항공우주국(NASA) 연구진은 새로운 연구결과를 통해 과거의 주장을 뒤집곤 했다. 미항공우주국 연구진은 달 궤도 탐사선(LRO)이 보내 온 자료를 분석했다. 놀라운 사실이 밝혀졌다. 달의 남극에 있는 분화구 속의 온도는 영하 238도 정도를 기록했다.[98] 태양과의 거리가 달보다 40배나 먼 곳에 위치한 명왕성의 평균 기온은 영하 230도 정도였다. 이보다도 낮았던 온도가 달의 남극 온도다. 달과 지구 간의 온도 차이는 상상을 넘어서는 차이였다.

삶이라는 것은 혼자 걷는 여정이며, 상상을 초월하는 '엄밀한 과학'이기도 하다. 동행들과 같이 간다고 해도 삶은 각자가 걸어가야 할 순례다. 길은 걸어야만 길이 된다. 삶도 살아야만 삶이 된다. 사람이 만들어가는 삶이 삶이다. 걸어 나가다 보면 길이 보인다. 당장은 아니더라도 길은 만들어 진다. 다른 사람들이 동행이 되어 주는 길이 만들어진다. 한 퇴직 기자의 걷기는 바로 그것을 보여 준다. 그는 터키의 수도 이스탄불에서 중국 시안까지 걸었다. 실크로드를 걸어서 여행했다. 길은 없었다. 길을 새로 만들기로 했다. 길이 만들어졌다. 동행이 따라왔기 때문이다. 동행이 만들어지면 길도 열린다.

신문사를 그만두고 그는 꼬박 4년을 걸었다. 은퇴 후 만들어진 자신에 대한 비하같은 것을 떨쳐내기 위해서였다. 나쁜 습관을 벗어 버리기 위해서였다. 습관은 자신의 성공과 실패, 삶과 죽음의 열쇠를 쥐고 있는 중요한 요소였다. 잘못 길든 습관을 바로잡지 못하면 자신이 자신을 파멸시키는 것이나 마찬가지다.[99] 사실 습관이란 어떤 것의 강요되는 신호, 그 신호에 대한 행동의 반복, 그리고 행동의 반복에 대한 보상 간의 굳어진 연계 활동을 말한다. 습관은 신호에서 행동 그리고 보상으로 이어지는 고정된 틀을 말한다. 습관화의 과정에서 가장 결정적인 것은 반복되는 행동이다. 어떤 습관이든 건강한 습관으로 바꾸기 위해서는 행동의 반복을 의미 있는 다른 것으로 바꾸면 된다. 건강한 습관만이 삶을 위한 핵심 습관이 될 수 있다.

핵심 습관을 기르기 위해 그는 걷기를 택했다. 1,099일 동안 걸었다. 걸을 수 있을 때까지 걷고 또 걸었다. 정치부에서 뼈를 키웠던 은퇴 기자 베르나르 올리비에(Bernard Olivier)는 그렇게 자신의 길을 만들어 나갔다.[100] 매년 봄부터 가을까지 기간을 정해 걸었다. 단 1킬로미터도 빼먹지 않고 매일 걸었다. 실크로드를 걸어 나갔다. 긴 여정이라 서두르지 않았다. 말은 통하지 않아도, 같이 걷는 이들도 만났다. 서로 동행이 되었다. 우정이 생겼다. 우정을 나눴다. 우정을 나누면서 자신이 비워지기 시작했다. 비우며 걷는 길이 여정이었다. 삶의 순례는 걷기였다. 길은 그렇게 만들어진다. 삶의 여정도 그렇게 왔다가는 사라진다.

그도 이미 1997년, 산티아고 데 콤포스텔라를 순례한 적이 있었다. 총 2,325킬로미터를 걸었다. 그는 원래 불가지론자였다. 신의 존재를 확인할 수 없었던 그는 당연히 그 어떤 신령을 믿을 수 없었다. 걷고 걷는 동안 자기도 모르게 바뀌었다. 어떤 순례자보다도 더 절실하게 그 무엇을 갈구했었다. 불가지론자였던 그의 갈구는 유신론자 그 이상이 되어 버렸다. 이제 그에게 순례는 구도의 길이었다. "어떤 종교든 신도들이 순례에 오르는 것은 우연이 아니다. 홀로 걸으며 생각을 하면서 근본적인 것에 도달할 수 있기 때문이다."라고 뇌이며 자신을 순례자의 구도에 비기게 되었다. 불현듯 고개를 치미는 산티아고의 순례길이 그에게 그렇게 되묻고 있었다. 산티아고 데 콤포스텔라로 떠나기 전에 생각해 보았던 여러 가지 질문이 불현듯 떠올랐다. "'오늘 나는 누구인가? 지금의 이 모습인 나는 어떻게 해서 이루어졌나? 그것이 내가 바라던 모습인가? 나는 내 노선을 고수했는가? 반대로 꿈을 저 버렸는가? 길을 가는 동안 어떤 타협을 했으며, 어떤 의무를 포기했는가? 퇴장하기 전에 어떤 돌을 어떤 벽 위에 올려놓을 것인가?' 조금은 우스꽝스럽지만 존재론적인 질문에도 적용되는, 이러한 난해하고도 수학적인 프로그램—고통은 빼고, 얻는 것은 곱하고, 기쁨은 나누는, 내가 존재한다는 생생한 증거가 되는—은 어쨌거나 모든 걸 방정식으로 만들어 놓는 것을 좋아하는 고약한 습관의 흔적이다. 하지만 콤포스텔라로의 여행은 이미 나를 바꾸어 놓았다. 지혜로움에 이르기까지 아직 갈 길이 멀긴 하지만, 나는 지금 더 가볍고 더 비워지고 더 풀어진 상태로 떠나는 것이다."

오늘도 산티아고의 순례길을 모두가 걷는다. 나도 그중의 하나다. 기독교 신자도 걷고, 불교 신자도 걷고, 천주교 신자도 걷고, 무속인도 걷고, 무신론자도 걷고, 강아지도 뛰며 걷는다. 어떤 이는 집에서부터 걸어 온다. 때때로 서로 같게, 때때로 서로 다르게 이 길을 걷는다. 어느 누구도 경쟁하지 않는다. 경쟁자가 아니다. 일등도, 꼴등도 없다. 모두가 나그네다. 모두가 순례자일 뿐이다. 문화, 나이, 국가, 계층, 언어, 민족성의 경계선을 넘어섰다. 모두가 두 발로 걷는 나그네들이다. 고단하고 소박할 뿐이다. 서로에게 이방인이 아니다. 동행이다. 누구와도 동무가 된다. 누구와도 동행이 된다. 걷기의 중심엔 여정이 자리 잡고 있다. 동행이 된다는 것은 함께 걷는다는 것 그 이상이다. 서로 깨달으며 서로 배운다는 것이 동행이기 때문이다.

나는 비행기를 타기 전부터 산티아고 순례를 위해 준비한 것이 별로 없었다. 동행이 지닌 지도를 흘겨 스쳐보는 마음이 순례의 마음이었을 뿐이다. 산티아고를 향한 순례의 길은 그렇게 시작했다. 이 길을 먼저 다녀간 사람들의 기행문을 읽기도 했다. 그것을 가져오기도 했다. 참고가 되지 않았다. 프랑스와 스페인을 가로막고 있는 피레네 산맥을 넘은 지 하루 만에 던져 버렸다. 이런 저런 문맥이 달랐고, 서로 다른 시기의 순례들이었기 때문이다. 상황도 달랐다. 참고가 되지는 않았고, 오히려 짐이 될 뿐이었다. 실질적인 도움은 없었다. 다음 순례자를 위해 독서대에 놓고 나왔다. 순례자들에게 침식을 제공하는 알베르게(albergue), 말하자면 나그네 여인숙에는 어김없이 자료 전시함 같은 것이 있었기 때문이다. 숙식객에게 이런저런 정보를 나누게 해 주는 자료 비치대였다. 그 위에 책을 놓고 나왔다. 잘한 일이었다. 짐을 줄이는 일이기도 했었다.

산티아고를 향한 순례의 길은 불통의 길이기도 했다. 모든 것이 그저 낯설었기 때문일 수 있지만 꼭 그런 것만은 아니었다. 고통이 끊임없이 따라다녔기 때문만도 아니었다. 동행은 소중한 사람들이다. 소용이 닿지 않는 사람일 수도 있다. 모두가 나그네이기 때문이다. 나그네에게 나그네는 원래 나그네일 뿐이다. 만나면 즐겁고, 이야기하면 즐거운 사람들이었다. 걷는다는 동질감 때문에 하나가 되는 사이였다. 새벽에는 어김없이 헤어질 사람들이다. 서로 다른 일정 때문이다. 헤어지면 아무런 약속도 할 수 없다. 언제 만날지 모르는 이방인들이기 때문이다.

순례길을 걸으면 오해도 생기고, 말할 이유 없는 곡해도 생긴다. 순례자들끼리의 종교적인 감각이 서로 달라서 생기는 것들이다. 문화적 감각도 차이가 난다. 삶들이 서로 다를 뿐이다. 알베르게에서 서로 웃고 포옹하며 저녁을 나눈다. 서로 옆자리에 곤히 잠을 청한다. 저들 남녀가 살아온 방식이다. 내 식대로 생각해 버리면 되는 일이다. '몹쓸 것들', 레즈비언, 그것도 아니면 속된 작자라고 비난하면 되는 일이었지만 나의 착각이었고 우매함이었다. 순례길의 동행에 대한 곡해들이었다. 나눔이 뭔지를 알지 못한 채 나뉘려는 우매함의 소치였다. 나의 무식함과 무지함이었다. 저들에게 불경스러운 일은 없었다. 저들은 처음 만나더라도 소통하면 동행이 되었다. 자기네 말로 트고 연결되어야만 되는 것도 아니었다. 저들의 문제가 아니라 나의 문제였다. 저들은 나그네에 투철한 순례자들이었다.

동행은 함께 따라가 주는 사람만을 가리키지 않는다. 방법과 경로가 다르더라도 목적이 같고 배려가 깊으면 동행이 된다. 순례길은 모든 이들에게 동행의 길이다. 바보를 위한 길이다. 서양에서는 바보들이 순례에 나선다고 한다. 고난의 길을 걸으니 바보였을 것이다. 순례를 끝낸 바보들은 숭앙의 대상이었다. 그렇게 추앙하는 것이 서양인의 관례였다. 바보의 길은 독점의 길이기도 했다. 나홀로만이 내 길을 작정하는 길이 바보의 길이었다. 독선적이며 독단적인 길이 바보를 위한 길이었다.

순례의 길은 내가 결단하고 내가 걸어야 하는 길이다. 나를 위한 길이다. 끝내야 하는 길이 순례의 길이다. 순례에 나서는 이들은 독점적이며 독단적이다. 독선적이다. 순례는 시작부터 독선이기 때문이다. 순례하는 이들에게는 동행이 생긴다. 동행들은 나름대로 자기 삶의 지도를 만들어 간다. 순례자들은 숨겨야 할 것도 없다. 숨기고 더 많이 가져갈 수도 없다. 많은 것을 가지고 가면 고통의 길이 된다. 더 많이 숨기고 가면 고뇌의 길이 된다. 나그네에게는 봇짐 하나면 충분하다. 나그네에게 필요한 것은 감사와 은혜일 뿐이다.[101]

동행은 짐을 덜어 줄 수 있는 사람이다. 동행은 자기를 통해 타인을 배우는 사람이다. 타인을 통해 자기를 배우게 도와주는 사람이 동행이다. 동행은 바울이 이야기했듯이 "너희 믿음에 덕을, 덕에 지식을, 지식에 절제를, 절제에 인내를, 인내에 경건을, 경건에 형제 우애를, 형제 우애에 사랑을 공급(베드로후서 1:5-7)"해 주는 사람이었다. 동행은 목적지가 같은, 한 만나고 그리고 헤어진다. 그렇게 또 만나게 될 것이며 저렇게 어차피 헤어질 것이다. 오래된 새 친구가 동행이다. 같이 가는 일이 서로의 기쁨이며 서로의 웃음이 된다. 소통이 되는 한 행복을 주는 이들이 동행이다. 동행(同行)은 또 다른 '동행(同幸)'이기도 하다.

동행하려면 소통할 수 있어야 한다. 때때로 침묵할 줄도 알아야 한다. 동행 중 알베르게에서 만난 한 노신사의 말이다. 에르하르트라고 했다. 그는 나와 하루 동행했던 오스트리아 사람이었다. 59세였다. 나보다는 어렸지만 꽤 늙어 보였다. 기업의 사장이라고 했다. 건장한 체격이었다. 그는 동양인을 제법 알았다. 한국인을 일본인과 비교하기도 했다. 흔치 않은 외국인이었다. 사업상 그럴 기회가 자주 있었다고 했다.

알베르게에서 맥주를 한 잔 나누던 그는 나를 한참 아래로 취급했다. 대수도 아니었다. 한국에서도 늘 경험했었던 일이었기 때문이었다. 이런 저런 것을 이야기했다. 나중에는 나에게 깍듯하게 예를 차렸다. 한참 나보다 나이가 어린 동생이라는 것을 알았기 때문이다. 그는 나를 설득하기로 작정하고 나섰다. 일본인은 순례를 참선의 하나로 간주한다고 했다. 순례에서 의미를 찾으려면 고독하라고 일러 줬다. 동행들과 때때로 떨어져 홀로 걸으라고 했다. 이 길 저 길을 사유하며 걸으라고 일러 줬다. 이번 길이 두 번째 순례길이라고 했다. 이번에는 아들과 함께 걷는다고 했다.

그는 아들과 동행하면서도 말을 아낀다고 했다. 묵언으로 소통한다고 했다. 아들과 대화하고 소통하기 위해 걷는 길이라고 했다. 소통하려면 가능한 침묵하라고 했다. 묵언이 순례자의 도리라고 했다. 동행의 의미를 꿰뚫는 진언(眞言)이었다. 역설이 아니라 수행의 방편이었다. 깨달음, 바로 그것이었다.

침묵하는 것이 배움의 길에 들어서는 것이다. 묵언하는 것이 배움의 길이다. 자연을 배우며 신에게 다가가는 길이다. 침묵해야 타인이 눈에 들어온다. 묵언해야 타인을 껴안을 수 있다. 침묵은 펄럭임이다. 묵언은 소리 없는 외침이다. 침묵해야 영혼이 맑아진다. 묵언해야 나를 되돌아볼 수 있다. 동행은 바로 침묵 그리고 묵언의 비밀이 순례의 길이었다.

막스 피카르트(Max Picard)는 침묵의 작가였다.[102] 그는 의사이기도 했다. 침묵과 묵언이 인간의 영혼이 할 수 있는 최고의 경지라고 했다. 시인 릴케도 『두이노의 비가』[103]에서 침묵의 아름다움을 노래한다. 릴케는 피카르트를 입에 침이 마르도록 칭송한다. 침묵으로 "무서울 정도로 그리고 엄밀하게 고뇌하는" 사람이 피카르트라고 칭송한다. 침묵으로 절제의 아름다움을 보였기 때문일 것이다. 침묵은 그에게 '일체의 인간적인 오성(悟性)을 초월하는 평화'였다.

피카르트는 침묵이 신과 가장 가까운 형상이라고 말한다. 묵상은 침묵의 실천 행위다. 묵상은 침묵을 침묵의 밑바닥까지 건드리는 철저한 실천이라는 것이다.[104] 자연 그 자체가 하나의 침묵이다. 침묵이 진리 생성의 모태이며, 신성의 본체다. 그는 침묵을 노래한다. "자연의 사물들은 침묵으로 가득 차 있다. 침묵을 담는 그릇처럼 침묵으로 가득 찬 채 자연의 사물들은 거기 존재하는 것이다. 산, 호수, 들판, 하늘은 인간의 도시에 있는 소음의 사물들에게 자신이 가지고 있는 침묵을 다 비워 내 주려고 어떤 신호를 기다리고 있는 것처럼 보인다."

침묵은 결코 수동적인 것이 아니다. 침묵은 오히려 능동적이다. 침묵은 침묵 나름의 완전한 세계를 이루고 있다. 침묵은 침묵행위 그 사실 때문에 빛이 난다. 침묵에는 시작도 없고 끝도 없다. 태초에 침묵이 있었다. 침묵은 흐르는 법이다. 침묵은 모든 것을 영속하게 만든다. 침묵할 때는 침묵말고 어떤 것도 존재하지 않는다. 침묵은 모든 것을 삼킨다. 침묵은 사람을 관찰한다. 침묵은 인간을 시험한다. 침묵은 자기 자신 안에 모든 것을 가지고 있다. 침묵은 더 이상 욕망하지 않는다. 침묵은 완전하다. 침묵은 언제나 공간을 가득채운다.

침묵은 반전한다. 침묵은 성장한다. 시간은 침묵을 견디지 못한다. 침묵 속에서 시간이 성숙한다. 침묵을 견디면 인내가 성장한다. 침묵은 보이지 않는다. 침묵은 뻗어나간다. 침묵은 잡을 수가 없다. 침묵은 감지할 수 있을 뿐이다. 침묵은 언어를 벗어난다. 언어로 침묵을 규정할 수는 없다. 침묵은 포용적이다. 멂과 가까움, 멀리 있음과 지금, 여기 있음, 특수와 보편 그 모든 것을 내포한다.

침묵을 잃은 후부터 사람들은 영혼을 망실했다. 침묵은 없다. 침묵이 들어설 공간도 없다. 현대 생활은 침묵 상실의 생활이다. 사람들은 침묵하는 법을 상실했다. 사랑이 망실되기 시작했다. 우리 안에서 폭력이 자라난 것은 침묵의 부재 때문이다.

침묵이 사라지면서 인간에겐 영혼 역시 사라진다. 침묵이 거세되면 폭력이 난무하게 된다. 인간의 본질에 대한 반성같은 것은 불필요하다. 일순간의 쾌락이 더 중요해질 뿐이다. 속도감 있는 쾌락이라면 무엇이든 서슴지 않는다. 맥락 없는 세상에서 강요되는 것은 병든 교육일 뿐이다. 지금의 교육처럼 우리 안에 히틀러의 광폭함이나 키운다.[105]

맥락 없는 사회에는 어김없이 침묵이 생략되고 거세되기 마련이다. 사람마다 침묵하는 법이 없다. 개처럼 벌어 정승처럼 살라는 욕심만이 가득하다. 개처럼 번 사람이 정승처럼 살아가기는 쉬운 일이 아니다. 정승처럼 쓰는 법을 익혀 본 적이 없기 때문이다. 정승처럼 자기 재물을 쓸 줄을 모른다. 개처럼 번 사람은 개처럼 쓸 뿐이다. 개에게 짖는 법을 그만두라는 요구는 원천적으로 부당한 것이다. 맥락 없이 살아가는 사람에게 자신을 침잠시키라는 요구 역시 부당하기는 마찬가지다. 피카르트는 현대를 살아가는 사람들에게 그래서 반문한다. "개처럼 살아온 사람이 개 버릇을 버릴 수 있겠냐."고 되묻는 것이다.[106]

맥락이 결핍되고 맥락이 상실된 일상에서는 사람들 사이에 대화가 있을 리 없다. 그들은 그저 독백한다. 그들은 저를 향해 혹은 타인을 향해 중얼거릴 뿐이다. 다른 사람이 있을 리 없다. 타인을 향한 배려가 있을 리 없다. 독백에 버릇처럼 길들어 있을 뿐이다. 독백, 그것은 사랑의 결핍이다. 고함을 질러댄다고 대화하는 것은 아니다. 독백을 위한 위장술이며, 자기 기만이다. 허튼 짓일 뿐이다. 저마다의 주장일 뿐이다. 상대에게 경청하는 것이 아니다. 히틀러처럼, 모든 독재자는 그렇게 독백한다. 권력을 원하는 독백이다. 독재자들의 연설은 혼잣말일 뿐이지만, 추종자들은 열광했다. 저들은 그에게 열광한 것이 아니라, 자기 기만에 열광했던 것이다.

모두가 소음이었다. 그 옛날 이탈리아의 철학자 비코가 옳았다. 모두가 상황 결핍자들의 소음이었기 때문이다. 비코는 일찍이 말했다. "이는 백성이 소시민의 일상을 살아가며 썩어가는 가장 고결한 방식이다. 인간은 동물처럼 자신의 욕구 이외에는 아무 생각도 하지 않는다. 야생동물처럼 지극히 예민한가 하면, 터무니없이 우쭐대기 일쑤다. 머리만 만져 주면 미친 듯 뛰어올라 야단법석을 떤다. 다수가 모이면 끔찍한 야수로 돌변한다. 이 동물은 저마다 처절하게 외롭다. 오로지 관심을 두는 것이라고는 자신의 욕심뿐이다. 뜻이 맞는 짝도 도저히 찾을 수 없다. 저마다 내키는 대로 자신의 기분에만 충실하게 살아가기 때문이다."

피카르트는 독재자들의 광폭함을 포기한 것이지, 인간을 포기한 것은 아니었다. '상황 결핍' 된 저들이 살아날 수 있는 처방을 내놓으면서, 피카르트는 말한다. "먼저 인간은 확실한 내면의 일관성을 회복해야 한다. 그래야만 정직한 경제와 사회라는 참된 외적 조건을 창출할 수 있다. 이렇게 내면의 성숙과 외적 조건이 조화를 이룰 때, 인간의 건강한 삶은 든든한 뿌리를 내릴 것이다."라고 말했다. 삶의 뿌리는 신의 사랑을 떠나서는 자랄 수 없다. 내릴 수도 없다. 사랑하고 사랑받는 일 외에는 없다. 신의 사랑 안에서 침묵하는 것이 사랑을 익히는 지름길이다라는 것이 그의 생각이었다.

침묵은 '자기 엿듣기'다. 자기 엿듣기는 반추의 집이며, 자기 변화의 통로이다. 셰익스피어는 『햄릿』에서 주인공 햄릿은 자기 스스로 하는 말을 엿들을 때마다 자기가 변화함을 알았음을 보여 준다. 자기 엿듣기에 몰두할 때마다 스스로 변했기에, 햄릿은 더욱더 침묵하는 수밖에 없었다. 성장하기 위해서였다. 죽느냐 사느냐(To be or not to be)의 갈림길에서 그 무엇인가를 결단하기 위해 햄릿은 고뇌해야 했다. 다시 침묵했다. 자기 엿듣기에 열중했다. 자기 완성의 길로 들어선 것이다.

영성을 위해서는 침묵이 필요하다. 긴 묵언, 긴 침묵이 필요하다. 긴 호흡 없이는 침묵할 수 없다. 침묵하지 않으면 누구든 자기만의 군주가 된다. 자기 안에 히틀러를 키우게 된다. 예수를 징벌한 빌라도 같은 이들이 자기 안에 광폭함을 배태시킨 장본인이었다. 진리인 예수를 앞에 두고 그에게 진리를 대라고 물었다. 진리가 무엇이냐고 되묻고 또 되물었다. 답이 있을 리 없었다. 자기 엿듣기가 결여된 총독이었던 빌라도는 침묵을 모르는 정치권력이었다.

침묵의 위력은 성경에서 극적인 장면으로 묘사된다. 마태복음(27:11-14)이 그 장면을 묘사한다. 신(神)이 되기 위해 먼저 인간이 되어야만 했던[107] 예수가 빌라도 앞에 끌려 나온다. 한 사람은 심판관으로, 다른 사람은 흉악범의 신분으로 대면한다. 빌라도가 예수에게 거침없이 묻는다. 빌라도는 고뇌할 이유가 없다. 오만이 가득했기에 침묵하지 않는다. 죄인인 예수가 더 고뇌한다. 고뇌의 장면이 극적으로 묘사되고 있다. 예수는 답한다. 한마디뿐이었다. "네가 옳도다." 그 말 한마디였다. "예수께서 총독 앞에 섰으매 총독이 물어 이르되 네가 유대인의 왕이냐 예수께서 대답하시되 네 말이 옳도다 하시고, 대제사장들과 장로들에게 고발을 당하되 아무 대답도 아니 하시는지라 이에 빌라도가 이르되 그들이 너를 쳐서 얼마나 많은 것으로 증언하는지 듣지 못하느냐 하되 한마디도 대답하지 아니하시니 총독이 크게 놀라워하더라."

　예수는 침묵한다. 자기를 고발한 자에 대한 사랑의 표시였다. 대제사장과 장로들의 생명을 예찬하기 위해서다. 그들 모두가 그가 보호해야 할 양들이다. 저들 착한 양들을 이방인 빌라도에게 희생양으로 건네줄 수 없다. 그는 침묵한다. 말 한마디 하지 않았다. 인간됨을 먼저 보여 준 예수가 다시 드러낸 신(神)다운 묵언이었다. 인류를 구원하는 메시지를 담은 침묵이었다.

　인간의 존재 양태는 본실적이기에 그것을 확인하기 위해서는 자기 삶과 신과의 관계를 새롭게 결단해야 한다. 어디에 나서서 소리칠 일이 아니다. 남보고 믿으라고, 믿어달라고 할 일도 아니다. 인정받고 자시고 할, 그런 것이 아니기 때문이다. 결단은 자기의 거듭남을 위한 사건일 뿐이다. 예수쟁이를 박해했던 사도 바울에게 일어났던 격렬한 '사건' 같은 것이어야 한다. 신의 어루만짐이면 이뤄지는 사건이어야 한다.

　사도 바울은 예수와 거의 같은 시대를 살았다. 예수를 한 번도 만나지 못했던 비주류 사도였다. 그는 예수를 직접 체험한 적도 없었다. 만난 적도, 들은 적도, 같이 빵을 뗀 적도 없었다. 그저 귀 동냥으로 예수를 읽었을 뿐이다. 그는 예수쟁이를 박해하던 지식인이었다. 유대와 헬라 문화를 꿰뚫고 있었던 다문화적인 지식인이었다. 그러던 그가 걷기 시작했다. 어느 날 길 위였다. 신의 목소리가 들렸다. 벼락은 아니었다. 모세가 저들에게 내밀었던 10계명의 석판(石版)도 아니었다. 내면의 소리였다. 침묵하던 소리가 울려 터졌던 것이다.

　자기 안의 내언(內言)이었다. 삶을 거듭나게 만든 내언이었다. 거듭난 삶은 고난의 삶이었다. 순례자의 삶이었다. 바울은 걷고 걷는다. 그는 가는 곳마다 주저 없이 말한다. 예수라는 진리에 참여할 때, 믿는 자마다 신의 아이들이 된다고 말한다. 새 생명으로 거듭날 것이라고 말한다. 신의 아이들이 되는 데에는 어떤 가식도 불필요하다. 믿기 시작하면 되는 일일 뿐이다.

　그 옛날 그는 이미 우리에게 보여 줬다. 크고 작은 교회, 이 목사 저 목사든 고르고 가릴 일이 아니라고 일렀다. 교회다운 교회, 사람다운 목사라면 그 누구도 좋다고 일러 주었다. 따르는 자들의 선택과 결단, 그리고 믿음만이 중요하다고 일렀다. 사막에 서 40여 일을 걷고 또 걸었던 예수처럼 내언을 찾아 나서는 이라면 누구도 가릴 일이 아니라는 뜻이었다. 예수가 걸었던 2천년 전의 그 사막에 벤츠는 없었다. 그의 옆에 는 랍비도, 장로도 없었다. 젖과 꿀도 있을 리 없었다. 설교가 있을 리 없었다. 오로지 완전자에게 의지하는 길이 있었을 뿐이다. 기도와 단식 그리고 회한(悔恨)의 회심, 그 리고 눈물로 매달리는 수밖에 없었다. 내언을 찾기 위해서였다. '존재하지 않는 것은 존재하는 것보다 강하다는 것을 체득하기 위한 내언이어야만 했다. 바울이 그 내언으 로 은혜받은 것이었다. 생명의 존귀함을 온몸으로 증명하며 자신의 작은 생명을 헌신 할 순간을 포착했던 내언이었다. 거듭난 생명의 순례길에서 얻은 침묵, 그리고 자기 안의 내언이었다.[108] 모르고 떠났으나, 길을 걸으며 결단했던 새 길이었다.[109]

　인간에게는 늘 자신을 발견해낼 새 길을 만들어 낼 지혜가 있다. 그것을 알려 주는 배움은 인간과 절대자 사이를 매개하는 촉매다. 인간의 지혜는 원래 얄팍하기 마련이 다. 신의 절대성과는 처음부터 화해할 수 없도록 되어 있다. 인간은 자유를 원하지만, 신은 독재를 구가하기 때문이다. 인간과 신이 화해하는 방법이 있다면 그것은 간접적 인 방법이다. 그때 제삼자가 개입한다. 제삼자는 신의 절대성과 인간의 자유성을 함 께 지닌 존재이어야 한다. 하지만 그런 존재의 출현은 신화(神話)에서만 가능하다.

　신과 인간을 화해시킬 수 있는 새로운 방법을 모색해야 한다. 말하자면 인간 스스 로 그리고 신 스스로 그 어느 날, 그 어느 순간, 자연스럽게 서로 화해할 수 있는 방법 을 찾아야 한다. 그런 화해의 방법이 바로 배움 안에 있다. 배움은 인간됨의 모든 것을 드러내는 처절하게 인간적인 행위이기 때문이다. 생명에 대한 경외, 무지를 벗어나려 는 탐구와 학습, 그리고 자기 다스림을 통한 영성(靈性)의 회복을 총체적으로 드러내 는 것이 배움이기 때문이다. 배움은, 러시아 사상가인 베르댜예프(Nikolai Berdyaev) 가 말했듯이, 인간됨의 현상을 있는 그대로 발현시키는 방법이다. 인간이 신의 형상 으로 만들어진 것처럼, 인격은 신의 형상 그 자체이면서도 동시에 인간 특유의 자유 를 드러내는 지표다. 인간에게 있어서 자유는 정치적 권력 투쟁의 수단이 아니라 사람됨의, 인간 정신의 근거가 될 뿐이다. 그래서 베르댜에프는 말한다. "현대의 집단적인 광기, 잡신 들림과 우상숭배에 대항할 수 있는 유일한 방법은 영적인 힘을 동원하는 것뿐이다. 사회조직만으로는 세계와 인간의 혼란스런 몰락을 막을 수 없다. 세계는 조직적이고도 기계화된 혼돈으로 변화할 수 있는데, 이런 혼돈 속에서는 아주 끔찍한 형태의 우상숭배와 악마숭배가 자행될 것이다."[110]

영적인 힘을 동원하는 일, 신에 대한 인간의 배움과 인간에 대한 신의 너그러움, 그것들간의 조화가 인간과 신의 화해를 촉진할 수 있다는 것이 인류 비극의 3대 시인 중 한 명으로 추앙되는 아이스킬로스(Aeschylos)가 우리에게 전하는 메시지다.[111] 그는 지혜와 슬기의 상징인 프로메테우스의 비극을 통해 한 가지 점을 극명하게 보여 준다. 인간은 자신이 지닌 성찰과 슬기 바로 그것 때문에 고난을 겪어야 할 운명을 지닌다. 동시에 그것을 어떻게든 극복해야 하는 존재라는 것도 잊을 수 없는 존재다. 먼저 생각한다는 뜻을 지닌 프로메테우스(Prometheus)는 흙으로 인간을 만들어 낸 장본인이다. 흙 속에 인류의 씨가 숨어 있다는 것을 알았던 것이다. 그는, 내친 김에 절대 권력자인 제우스가 감추어 둔 불을 훔쳐 인간에게 전한다. 인류에게 빛을 준 장본인이었다. 그래서 그는 '미리 생각하는 자' 프로메테우스, 지혜의 일꾼으로 추앙되는 것이다. 인류가 문명 세계로 나아갈 수 있게 만들어 준 장본인이 바로 그였다.

인간에게는 '미리 생각하는 자'인 프로메테우스의 영성이 깃들어 있다. 먼저 생각하는 일은 슬기다. 그 슬기의 혼이 인간에게 깃들어 있다. 슬기는 기술이 아니라 지혜다. 인간이 신에게 기술로만 대척하려고만 한다면, 인간은 끝내 그의 영성을 이겨낼 수 없다. 슬기로 이겨 내야 한다. 그의 내면에서 꿈틀거리는 배움력으로 극복해야 한다. 미리 생각하는 힘(feedforward)이 있어야 한다. 배움에서 사출되는 힘이 배움력이다. 인간의 배움력이 신이 지닌 절대적 영원성과 융합하면 인간은 신과 자연스럽게 하나가 된다. 내가 시간이 되고, 공간이 되며, 신이 되는 길이기 때문이다.

미주

1) 중국인들로부터 '나라의 스승'이란 칭호를 받을 정도로 존경과 사랑을 받았던 학자가 지셴린이다. 그는 도연명의 시(詩), 신석(神釋)의 마지막 구절을 좋아한다. 마치 자신의 삶을 이끌어 왔던 표석 같았기 때문이다. "끝내야 할 곳에서 끝내 버리고, 다시는 생각하지 말게."라는 말을 되뇌면 마음이 편해지기 때문이라는 것이다. "커다란 조화의 물결 속에서 기뻐하지도 두려워하지도 말게나. 끝내야 할 곳에서 끝내버리고 다시는 혼자 깊이 생각하지 마시게."라는 삶에 대한 도연명의 좌우명을 전한다. 삶 그 자체는 늘 불안정한 것이라는 것이 그의 인생철학이다[참고: 지셴린(2009). 다 지나간다-13억 중국인의 정신적 스승 지셴린의 인생에세이(역). 서울: 추수밭]. 천수를 다한 99세까지 장수했던 그의 흔들리지 않는 삶에서 필요한 것은 오로지 한 가지였다고 술회한다. 그것이 바로 평상심이었다는 것이다. 어차피, 그 누구는 겪어야 할 고통, 느껴야 할 슬픔, 모든 것은 다 지나가고야 말기에 평상심을 갖는 일이 자신을 건사하는 길이었다는 것이다.

2) 참고: 베르나르 올리비에(2011). 나는 걷는다(역). 서울: 효형출판.

3) 콤포스텔라 성당에 안장된 성인(聖人) 야고보(Jacob)는 기존의 순례자들이나 관광객에 알려진 것처럼 예수의 12제자 중 한 명인 큰 야고보가 아닌 것이 틀림없다[참고: 한준상(2009). 생의 가: 배움. 서울: 학지사]. 그는 예수의 혈육으로서 바로 밑동생인 야고보라는 것이 이곳 스페인 사람들의 심정이다. 이곳 스페인 사람들은 그가 어떤 사람인지에 대해서는 별로 큰 관심이 없는 것 같았다. 저들은 그를 스페인을 위한 수호성인으로 받아들이는 일에 더 치중할 뿐이었다. 사정이 그렇기는 하지만, 산티아고 데 콤포스텔라 성당에 안장되어 있다는(?) 성인 산티아고, 즉 야고보가 실제로 누구인지를 가리는 것은 신화 해석의 한 가닥을 잡아채는 것이나 마찬가지이기에 이곳 스페인 사람들에게는 석관의 주인공이 누구인지를 밝히는 일은 오히려 성가신 일이다. 스페인 사람들에게는 그가 수호성인으로서 스페인을 이슬람의 침공에서 구한 구국의 영웅이면 되었지, 그 이상은 굳이 알아야 할 필요가 없다고까지 느끼고 있기 때문이다[참고: 앙헬 가니베트 이 가르시아(2004). 에스파냐 이상(역). 서울: 한길사]. 야고보(Jacob)라는 말은 '발꿈치를 잡음' 또는 '추종자'라는 뜻의 이름이다. 구약에 등장하는 야곱의 이름과 그 유래에서 비롯된 것이다. 야고보라는 이름은 유대인의 이름에는 흔하다. 야고보라는 이름은 나라마다 다르게 쓰인다. 영어로는 제임스, 불어로는 쟈끄, 이탈리어로는 지아코모, 이태리어로는 야콥, 스페인어로는 산티아고(Santiago)로 불린다.

신약에는 4명의 야고보가 등장한다. 예수의 12제자 중 야고보 이름을 가진 사도는 세 사람이다. 12사도 중 큰 야고보의 부친은 세베대 모친은 살로매다. 큰 야고보는 어부다. 작은 야고보의 아버지는 알페오 모친은 마리아, 형제는 요셉이다. 사도 중 또 한 사람이었던 유다의 아버지 역시 이름이 야고보(눅6장)였다. 마지막으로 예수의 육신을 같이했던 이복형제가 바로 야고보다. 산티아고는 흔히 큰 야고보인 세베대의 아들을 지칭하는 것으로 알려져 왔지만, 실제로 산티아고는 바로 이 예수의 친동생을 상징하는 것으로 알려지고 있다. 신약성경에 빈번하게 등장하는 야고보라는 인물 중의 한 사람은 세베대의 아들이자 요한의 형인 야고보다. 다른 한 사람은 알패오의 아들 야고보다. 일반적으로 요한의 형 야고보를 큰(大) 야고보, 다른 야고보를 작은(小) 야고보라고 부르는데, 야고보의 형제는 어부로서 시몬 베드로의 동업자(루카 5, 10)였다. 이들도 복음을 전파하다가 순교한 것은 사실이지만, 이들이 신약에 등장하는 야고보서(스페인어로는 산티아고서)를 각 교회에 보낼 정도의 역량을 갖고 있었던 사람들이 아니다.

큰 야고보는 야고보서가 쓰일 당시 이전에 이미 순교했었기 때문이다. 예수가 부활한 후 티베리아스 호숫가에서 일곱 제자들에게 나타났을 때 있었던 인물이 큰 야고보다. 큰 야고보는 예수가 승천하시자 예루살렘의 이층 다락방에서 사도들과 함께 기도하며 지내다가 오순절에 성령을 가득 받은 후 복음을 선포하기 시작한다. 예루살렘 교회가 박해를 받기 시작하자, 큰 야고보는 다른 사도들과 함께 예루살렘을 떠나지 않은 인물이다. 결코 그가 이베리아 반도로 순례했을 가능성이 희박하다. 그는 44년경 헤롯 아그립바 1세에게 잡혀 참수형을 당한다[참고: 내셔널 지오그래픽(2012). 사도들의 발자취를 따라서. 내셔널 지오그래픽. 3월호]. 그렇게 순교한 것으로 보아[참고: 사도행전 12:2], 큰 야고보가 산티아고서, 즉 야고보서(영어로는 제임스서)를 쓸 수 있는 처지가 아니었다. 큰 야고보와 다른 알패오의 아들 야고보나 유다의 아버지인 야고보 역시 당시의 문화적 형편상 교회에 편지를 쓸 정도의 인물은 아닌 것으로 알려졌다.

유다의 아버지인 야고보에 대해서는 별로 알려진 것이 없으나, 당시 연령으로나 그가 갖고 있었던 문화적 감각으로 보아 야고보서를 쓸 수 있는 능력을 갖고 있지는 않았다. 유다의 아버지 야고보와는 달리 작은 야고보는 남서 팔레스티나와 이집트 지역에서 선교하다가 이집트의 오스트라키네, 혹은 시리아에서 순교당한 인물로 전해질 뿐이다. 그 역시 야고보서를 쓸 수 있는 역량이 부족한 사도로 알려지고 있다. 작은 야고보는 당시 그가 거주했던 지역에서 복음을 전파하기 시작하자마자 죽임을 당한 인물이다. 그의 이야기에 격노한 군중들이 들고 일어나 그를 지붕으로 내던졌고, 이어 다른 군중은 그를 몽둥이로 때려죽였다고 전해진다.

신약에 등장하는 야고보서의 저자는 결국 큰 야고보, 작은 야고보, 유다의 아버지인 야고보와 동명이인인 예수의 친동생인 야고보로 보는 것이 정설이다. 예수의 친형제 중의 한 사람인 그는, 처음에는 육신의 형인 예수에게 초막절에 하느님의 일인 기적을 보이라고 하며 예수를 불신했었다. 예수가 부활할 그때까지 그는 예수의 제자에 속하지 않았다[참고: 고린도전서 15:7]. 예수의 부활을 보고, 그는 예수가 구주임을 인정하며, 어머니인 마리아의 말에 따라 초대교회에서 활동을 한다. 그는 그 후 베드로와 바울의 친구가 되었을 뿐만 아니라, 교회의 기둥으로 활약한다. 예루살렘 교회의 감독이 된 그는 예수를 구주로 받아들인 후부터 예수와의 혈육 관계보다는 예수의 종으로서의 영적 관계를 선포한다. 그는 그리스도 운동을 전개하다가 신성 모독죄라는 이름으로 AD 62년경 순교자가 된다. 그는 돌에 맞아 순교한다. 복음전도의 대가였다[참고: 허셀 생크스 · 벤 위더링턴 3세(2003). 예수의 동생 야고보 유골함의 비밀(역). 서울: 찬우물].

예수의 동생인 야고보가 AD 50년경에 쓴 서신인 야고보서, 스페인어로는 산티아고서로 명명된 야고보서는 신약에서는 잠언이라고 불리기까지 할 정도로 살아가는 데 필요한 삶의 철학을 말하고 있다. 실천적인 면을 강한 어투와 교훈으로 기록하고 있는 성인 야고보는 '믿음'을 강조했지만, 그 믿음은 행함에 있어야 한다고 강조하고 또 강조한다. 행함이 뒤따르지 않는 믿음은 위험하다고까지 역설하고 있다.

기원전 19년 카르타고와의 전쟁에서 승리한 로마인이 이베리아 반도를 점령한 이래, 7명의 사도가 이베리아 반도에서 포교를 시작한 후 이 지역이 본격적으로 복음 전파의 관심 지역으로서 순례의 길로 주목을 받게 된 것은, 예수의 동생이며 예수를 구주로 받아들인 제자로서, 그리고 후에 스페인의 수호성자로 추앙되는 사도 산티아고(Santiago, 야고보) 때문이었다. 서기 64~66년 사이에 바울 사도가 전도여행을 했던 것으로도 알려지고 있는 이베리아 반도에 야고보가 복음을 전파하는 순례의 길에 오른 것은 야고보의 어머니인 마리아 때문이었다고 전해진다. 사도들이 복음을 전하러 사방으로 흩어졌을 때에, 야고보는 어머니인 마리아의 권유로 유다와 사마리아에서 활동을 거두고 스페인으로 건너갔다. 그가 스페인 이베리아 반도를 순례했을 때, 거쳐 나아간 길이 바로 산티아고 길이었다. 산티아고로 가는 길이 일방통행으로 표시된 이유는 야고보가 복음을 전파할 때 산티아고를 향한 한 방향으로 걸어갔기 때문이다.

야고보는 복음을 전파하기 위해 예루살렘에서 스페인 북부 산티아고까지 걸어왔다. 이 복음 전파에서 큰 성과를 거두지는 못한 채 그는 다시 유다 지방으로 돌아오게 된다. 그는 다시 예루살렘으로 돌아왔지만 순교를 자처한다. 순교 후 그의 시신은 제자들에 의해 돌로 만든 배에 옮긴다. 바다에 띄워진 그 배는 표류와 풍랑에 의해 스페인 이베리아 반도의 산티아고 부근에 당도한다. 그 배를 발견한 당시 여왕은 그 배를 야고보의 시신을 담은 배로 추정하고 그의 시신이 든 관을 산티아고 언덕에 묻었다. 800년 뒤에는 그 자리에 대성당이 세워졌다. 당시 발견된 그의 시신이 안치된 석관에는 조개껍질이 무수히 깔려 있었다. 그래서 산티아고를 순례하는 순례자들의 상징으로 사람들은 조개껍질을 들고 있다.

이런 전승을 한편의 신화와 소설의 내용처럼 담고 있는 곳이 바로 스페인 서북부 지방에 펼쳐 있는 '산티아고 데 콤포스텔라(Santiago de Compostella)'라는 도시다. 이어지는 또 다른 전승에 따르면, 야고보 사도의 유해는 이슬람교도들의 침입을 받은 후 행방이 묘연해졌다가, 우연하게 별빛이 쏟아지는 들판의 한 동굴에서 발견된다. 사람들은 그 무덤 위에 교회를 세우고 그 도시 이름을 '별의 들판', 말하자면 '콤포스텔라'라고 부르기 시작했다. 이 일이 생긴 해가 9세기쯤이었다고 한다. 야고보에 대한 이런 신화의 이야기와 함께 스페인들은 야고보를 심지어 수호성인, 구국의 영웅으로까지 받아들인다. 이슬람교도들이 스페인 중북부 지역을 침공했을 때 사도 산티아고가 백마를 탄 투사로 앞장서서 스페인군을 이끌어 이슬람교도를 무찔렀다는 전설을 스페인들은 굳게 믿고 있다. 사도 성인 야고보는 스페인의 예술 작품에서 종종 말을 탄 기사의 모습인 수호성인의 상징으로 묘사되기도 한다.

4) 세계 4대 여행기는 13세기 마르코 폴로의 『동방견문록』, 14세기 초반의 오도록이 쓴 『동유기』, 14세기 중반의 『이븐바투타 여행기』, 그리고 이들보다 훨씬 앞서 8세기 혜초(慧超)가 쓴 『왕오천축국전(往五天竺國傳)』이다. 모두 도보가들의 땀으로 기록한 체험담이다. 『왕오천축국전』은 4대 여행기 중에서도 세계 최고의 여행기로 꼽는다. 719년, 즉 신라 성덕왕 18년 당시 16세 소년 스님 혜초는 붓다의 혼을 찾아 당나라로 유학을 간다. 이어 그는 인도를 동·서·남·북·중 다섯 개 지역으로 나눈 오천축국(五天竺國)과 대식국, 말하자면 지금의 이슬람 지역들인 파키스탄, 아프가니스탄, 이란, 터키, 러시아 등 6개국

을 걸으면서 기록한 여행기다[참고: 혜초(2010). **왕오천축국전(역)**. 서울: 불광출판사]. 이들에게 여행은 결코 휴식일 리가 없었다. 여행은 걷기였으며, 자신과의 대화이었으며, 자기의 발견이었으며, 자기의 완성과 치유이었다.

5) 류태영 박사는 『나를 가장 힘들게 하는 문제』라는 좋은 글을 한편 보내 주었는데, 그가 보내 준 글은 바로 내가 순례길에서 체험했던 그런 것이었다[참고: 2009. 9. 21]. 순례의 자갈길을 걷다 보면, 아주 작은 모래들이 신발 속으로 들어가곤 했는데 바로 그것이 나에게는 이내 커다란 고통을 자극하는 무기나 다름없었다. 류 박사의 글은 이랬다. 아주 먼 거리의 사막을 여행한 사람에게 신문기자들은 가장 고통스러웠던 것은 무엇이었느냐고 물었다. "뜨거운 태양과 함께 물 없는 광야를 외롭게 혼자서 걷는 것이었습니까?" 그의 대답은 단연코 "아닙니다."였다. "그러면 가장 가파르고 험한 길을 고생하며 올라가던 길이었습니까?" "그것도 아닙니다." "그렇다면 발을 헛디뎌 진흙길로 빠졌을 때였습니까?" "아닙니다." "그것도 아니라면 추운 밤이었나요?" 그러자 그 여행자는 "그런 것은 전혀 문제가 되지 않았습니다." "사실 저를 가장 괴롭히고 고통스럽게 만들었던 것은 내 신발 속에 들어 있는 조그마한 모래였습니다."라고 대답했다. 아주 작은 것, 바로 그것이 고통의 원인이었다는 것을 잊어 버리고 사는 것이 바로 인간이라는 것을 일러 주는 대목이었다.

6) 참고: 파울로 코엘료(2006). **순례자(역)**. 서울: 문학동네.

7) 생명 예찬, 생명 경외의 생각은 '동체대비(同體大悲)'의 사상과도 맥이 닿는 생각이다. 불교적 가르침이 짙은 개념이기는 하지만, 이제 생명 경외는 천주교나 개신교도에게도 친숙하다. 저들이 이야기하는 생명 경외를 위한 동체대비의 상징적 활동으로 기독교인은 장기기증운동을 전개하고 있다. 예를 들어, 김수환 추기경이나 옥한흠 목사 같은 분들이 생전에 장기 기증 서약을 했었다. 천주교의 경우, 사후 장기 기증 신청자 수가 10만 명을 넘어섰다. 1989년 천주교 차원 캠페인이 시작된 뒤 22년 만의 일이다. 개신교의 경우 사랑의 교회 교인 1만 6,083명이 한꺼번에 장기 기증을 등록하기도 했다. 불교계에서는 전체 스님 중 약 14.3%(총스님 수는 1만 4,000여 명)가 장기 기증에 동참했다. 이들은 장기 기증은 인간이 할 수 있는 가장 고귀하고 숭고한 사랑의 실천 행위로 인간세계를 맑게 정화하는 큰 역할을 하기 때문에 그렇게 한다. 장기 기증에 동참한 스님들은 평소 주변에 장기 기증 의사를 명확히 밝히고, 장기 기증 등록증을 항상 휴대토록 하는 등의 구체적인 실천 지침을 지키고 있다. 몸에 대한 집착에서 벗어나야 하는 것이 큰 깨달음이라고 말하는 어느 방장 스님은 "나는 상좌들을 모아 놓고 가사·장삼만 태우고 몸은 기증하라고 분명히 얘기했다."고 말했다[참고: 조선일보 편집국(2012). 同體大悲(중생의 고통을 내 것처럼 여기는 자비심)······ 조계종 스님 장기기증 서약 2000명 넘어. 조선일보. 2012년 1월 20일자].

8) 종교적 경험을 이야기할 때 흔히 등장하는 단어가 빛이라는 단어다. 그 빛이 해이든 별이든 달에서 오는 것이든 관계없다. 그 어떤 빛도 그 자체로는 아무 특징도 없지만, 그 속에서 다른 모든 것의 특징을 볼 수 있게 해 준다는 점에서 빛은 소중하다. 종교와 신앙의 체험에서는 '뿌리 메타포'가 되는 것이 빛이다. 기독교인은 흔하게 빛의 경험을 '인격화된 신'과의 어떤 만남이나 연결의 형식으로 받아들이곤 한다. 예를

들어, 『그 빛에 감싸여(Embraced by the Light)』라는 책을 써서[참고: Eadie, B. J.(1994). *Embraced by the light.* NY: Bantam] 베스트셀러 작가가 된 베티 이디는 평범한 주부였었다. 스스로 죽어가는 임사의 체험 속에서 한줄기 빛을 체험한 것을 적어 냈다. 그녀는 산후 출혈로 심장 박동이 멈춘 바람에 병원 침대에 혼자 누워 있게 되었을 때 체험했던 빛과의 만남을 신과의 만남이라고 받아들였다. 그녀는 기독교 신자가 아니었다. 그녀는 어떤 신앙이나 종교를 가진 사람이 아니었다. 그녀는 불신자, 무신자였다. 그런 그녀가 고통 속에서 그녀로 향한 완전자, 신의 모습을 빛을 통해 체험했던 것이다. "나는 멀리서 빛 한 점을 보았다. 주위의 암흑이 터널의 모습으로 변하기 시작했고, 나는 그 터널을 통과해 점점 속도를 내며 빛을 향해 달려갔다. ……좀 더 가까이 다가가자 그 빛은 더욱 찬란해졌고, 그 찬란함은 이루 말할 수 없을 정도였는데, 태양보다 더욱 찬란했다."

그녀는 잇대어 빛의 중심에서 예수의 모습을 보았다고 적어 내고 있다. "그분의 빛이 몸 안으로 들어오는 것이 느껴졌다. 그것은 내가 지금껏 느껴본 중에 가장 무조건적인 사랑이었다. 그분이 나를 받아 주려 팔을 벌렸고, 나는 그분에게 다가가 그분의 완전한 포옹을 받으며 이렇게 반복했다. 집에 돌아왔어요. 집에 돌아왔어요." 어떤 의미에서 보자면 이디가 보았다는 그 빛이나 계시에는 새로운 것은 어떤 것도 없다. 어쩌면 그녀의 체험은 수백만의 미국인도 느꼈을 법한 하나의 임사 체험일 뿐이었다. 여기서 중요한 것은, 고의적 인간은 경험적 인간에 비해 믿음에 있어서 승산이 없다는 것에 대한 또 다른 확인이다. 이런 체험이 바로 그 누구에게든 신성한 일상으로 나타날 수 있지만 그것을 체험으로 녹여 내는 사람은 그리 많지 않다. 마치 매일같이 나를 지키고 있는 햇볕에 대해 별다른 생각도 없이, 그것을 고마워하지 않는 것과 다름없이 살아가고 있을 뿐이다.

9) 요한은 계시록에서 자기가 당시 느꼈던 그런 감정을 성령을 받은 감정으로 표현하며, 이렇게 적은 바 있다. "또 내가 들으니 허다한 무리의 음성도 같고 많은 물소리도 같고 큰 우렛소리와도 같은 큰소리로 이르되 할렐루야 주 우리 하느님 곧 전능하신 이가 통치하시도다(요한계시록 19:6)." 성령이 사람들에게 드러나는 모습은 요한계시록이 보여 주는 것처럼 여러 가지 형태일 수 있다. 그중 환영(幻影)으로 성령(聖靈)이 드러나는 모습을 극적으로 그려낸 소설이 바로 폴란드의 헨리크 시엔키에비치(Henryk Sienkiewicz)의 『쿼바디스(Quo Vadis)』다. 그의 나이 50세, 즉 1896년 발표한 소설 『쿼바디스』는 17세에 황제가 된 네로(Nero)와 그에 의해 멸망의 길을 들어선 로마의 나날을 배경으로, 사랑과 용기, 헌신의 행적을 통해 기독교의 고난과 영광을 그려낸 소설이다. 『쿼바디스』는 1905년 노벨 문학상을 수상한다.

로마 도시에 대한 방화를 기독교인에게 뒤집어씌운 네로 황제는 기독교인들을 핍박하기 시작한다. 모조리 처형하기 시작하자, 그곳에서 선교하던 페트로니우스(Petronius)는 몸을 피하려고 한다. 예수의 열두 제자 중의 한 사람인 베드로의 로마식 이름이 페트로니우스다. 황망해진 베드로는 주위의 권유를 이기지 못한 채, 네로의 박해를 피하려고 한다. 자기 목숨 하나를 건지기 위해서다. 그는 마침내 로마를 빠져나온다. 로마 병사가 찾지 못할 시골길을 택해 도망치고 있었다.

도망의 걸음을 재촉하던 그는 길 위에서 예수를 만난다. 십자가를 진 채 로마로 들어오고 있는 예수를 만난다. 베드로는 떨리는 음성으로 읊조린다. "주여, 어디로 가시나이까(quo vadis, Domine)?" 그가 말한다. "네가 떠나고 있는 로마로, 네 대신 죽으러 가는 중이다."라는 예수의 환영과 음성이 들린다. 그 말에 베드로는 형제자매를 멀리한 채 도망치던 자기 모습에 처절한 자괴감으로 머리를 들지 못한다. 베드로는 예수 앞에 무릎을 꿇고 통곡하며 회개한다. "내가 가겠나이다."라고 말하며 베드로는 도망치던 그 길머리를 돌린다. 수많은 기독교도들이 억울하게 처형 당하고 있는 그 로마로 걸어 나간다.

베드로의 순교는 그렇게 시작된다. 십자가에 매달리게 되는 그 순간 그는 외친다. "나를 거꾸로 매달아 주십시오. 나는 예수님을 부인했던 사람, 나는 예수님을 바르게 섬기지 못했던 제자이니 예수님처럼 십자가에 매달릴 자격이 없습니다. 나를 거꾸로 매달아 주십시오." 십자가에 거꾸로 매달려 순교하는 베드로의 모습을 감동 깊게 그려낸 소설이 바로 헨리크 시엔키에비치의 소설 『쿼바디스』다. 사족이기는 하지만, 지금의 로마 시내에 있는 바티칸 성당, 즉 세계 최대의 성베드로 성당(Saint Peter's Basilica)은 바로 베드로의 무덤으로 추정되는 그 곳에 세워진 성당이다. 로마를 도망치던 베드로가 길 위에서 예수의 환영을 만났다는 곳에는 그를 기념하는 작은 교회인, 도미네 쿼 바디스(Domine Quo Vadis)가 세워져 있는데, 사람들은 그의 음성을 듣기 위해 그곳으로 줄을 잇고 있다.

10) 용서에는 용서하는 사람의 고뇌가 담겨 있어야 한다는 것이 실존주의 철학자 가브리엘 마르셀(Gabriel Marcel)이었다. 그는 고뇌와 용서가 무엇인지를 설명하기 위해 늘 한 가지 예화를 들기 좋아했다. 한 부부가 행복하게 살고 있었다. 그러던 중, 부인이 말 못하는 어떤 이유 때문에 다른 남자와 눈 깜짝할 사이에 그만 사랑을 해 버렸다. 말도 못하는 후회가 밀려왔다. 정말로 남편에게 미안해 죽을 것처럼 괴로웠다. 세월이 지나면 모든 것이 잊힐 줄 알았다. 그런데 정반대였다. 더욱이 그 옛날 일이 가슴을 짓눌렀다. 남편에게 정말로 미안했다. 남편에게 지극정성으로 더 잘했다. 그렇다고 죄책감이 줄어드는 것은 아니었다. 오히려 죄책감에 더 시달리기 시작했다. 견딜 수 없는 고통이 뒤따랐다. 부인은 남편에게 속내를 털어놓는 것이 고통을 없애는 길이라고 생각하게 된다. 10년이 지난 어느 날 그녀는 남편에게 다른 남자와의 사랑 사실을 눈물로 고백한다. 그녀의 고백을 다 들은 남편은 그녀의 고백을 기꺼이 받아들인다. 그리고 대수롭지 않다는 듯이 응대한다. "그랬는가? 알았어. 내 용서하지."라고 말해 버린다. 그렇게 인자하기만 한 남편에게 아내는 얼굴을 붉히며 남편을 밀친 채 문 밖으로 뛰쳐나간다. 그리고 "나는 이제는 당신과 더 이상 같이 살 수 없어요!"라고 흐느끼며 절규한다. 남편은 당황한 채 부인의 뒤를 따라 가며 다시 말한다. "여보! 내가 용서한다고 그랬는데, 도대체 왜 그래요?" 그때 아내가 담담하게 말한다. "당신이 하겠다는 용서에는 구토가 나요."라고 응답한다. 그 한마디 말을 남긴 채, 그녀는 영원히 남편을 떠나 버렸다. 고통이 개입되지 않은 용서는 결코 용서일 수가 없다는 그녀의 응답이었을 것이다. 이 예화를 통해 마르셀은 용서하기 위해서는 고통이 따르고, 번뇌가 따르고, 죽음이 깃들어 있어야 한다고 말하고 있는 것이다. 아내 스스로 고통 속에서 10년간을 숨겨온 비밀을 털어내기 위한 그 죽음의 고백에 대해 남편이 보여 준 단 1초만의 용서는 결코 용서일 수가 없다는 것이다. 타인에 대한 용서가 단 1초 만에 정리될 수는 없다는 것이다. 자기 몸부림과 번뇌, 그리고 용서하기 위한 자신의 정화, 사랑할 수밖에 없으므로 결국은 용서해야만 하는 그런 진술함이 개입된 용서가 용서일 수 있다는

것이 마르셀이 말하는 용서다.

11) 영국 옥스퍼드 대학에서 무신론자 교수로 이름을 날렸던 C. S. 루이스 교수는 1929년 마침내 회심을 하게 된다. 크게 회심한 그는 마침내 무신론자들을 위해 기적이라는 글을 써 낸다. 그는 "예수님의 가르침이나 그 준비 단계로서의 유대교 사상에 자연 종교의 요소들이 놀라울 정도로 결여된 것은 그 자체가 명백히 자연의 원본(Nature's Original)이기 때문입니다. 그 안에서 여러분은 처음부터 바로 자연 종교의 배후를, 자연의 배후를 경험합니다. 참 하느님이 현존하는 곳에는 하느님의 그림자는 나타나지 않습니다. 그 그림자의 원본 자신이 나타나고 있기 때문입니다."라고 말한다[참고: 루이스 C. S. (2008). 기적-예비적 연구(역). 서울: 홍성사].

12) 그는 인디애나 주 엘카트에 위치한 메노파 비블리컬 신학교에서 목회 신학을 가르치고 있는 신학자였으며 메노파 목사였다. 세인트 그레고리 수도원에서 베네딕트회 평회원 자격을 획득해 청빈과 섬기는 삶을 실천하며 사는 보어스 교수는 나처럼 한여름에 800km를 걸었다. 산티아고 순례길에서의 기도는 걷기였다. 수백 년 동안 수백만 명의 사람들이 행해온 것이었다[참고: 아더 폴 보오스(2008). 걸어서 길이 되는 곳, 산티아고(역). 서울: 살림].

13) 그렇게 나선 순례길에서 스님은 과연 무엇을 깨달았을까요? 이렇게 묻는 신도들에게 도법 스님은 관촉사 은진미륵 이야기를 던진다. "생쥐 부부가 딸의 배우자를 얻기 위해 길을 나섭니다. 태양을 찾아나섰더니, 태양은 자기가 세상의 모든 것보다 낫긴 하지만 오직 하나 먹구름에게는 자신이 없다고 합니다. 먹구름을 만났더니, 먹구름은 자기가 태양도 가로막고 다른 어떤 것들보다 힘이 세지만 오직 하나 바람에게는 자신이 없다고 합니다. 바람을 만났더니 바람도 또 약한 소리를 합니다. 바람은 자기가 세상의 모든 것을 날려 버릴 정도로 힘이 있으나 관촉사 은진미륵은 끄떡도 하지 않는다고 합니다. 관촉사 은진미륵은 과연 어떤 대답을 했을까요? 은진미륵은 태양도 먹구름도 바람도 다 이길 수 있지만 바로 발밑 생쥐에게는 꼼짝도 못하겠다고 고백합니다. 결국 생쥐 부부는 딸의 배우자로 관촉사 은진미륵 발 아래 사는 또 다른 생쥐를 골랐다는 이야기입니다. 신랑감을 얻기 위해 멀리 나설 일도 아니었다는 것입니다." 아니, 어쩌면 멀리 나섰기에 신랑감을 멀리서 찾을 필요가 없음을 깨달았다는 것이다.

이 이야기를 들려 주면서 그는 "5년 순례를 했더니 별 거 없었고 별 세상도 없더라."고 정리했다. "지금 여기, 지금 그대, 발 딛고 선 내 지역 내 동네가 특별한 것이고 진리"라는 것이었다. 순례길의 처음엔 당당하고, 순례길의 끝은 평화로웠다고 회고하는 도법 스님은 2004년 3월 1일 새벽, 10년 동안 몸담고 있던 실상사의 주지 자리를 내던지고 지리산을 내려왔다. 그리고 스스로 이름 없는 순례자가 되어 길을 나섰다. 그 길은 스스로 구도의 깨우침을 위한 걸음이 아니었다. 오직 이 세상 사람들에게 생명과 평화의 마음이 되돌아오기를 간절히 바라는 기도의 길이었다. 그날부터 5년을 걸었지만, 지금까지도 걷고 있는 형세인 그는 길에서 길을 묻곤 했었다[참고: 김택근ㆍ도법(2008). **사람의 길-도법 스님 생명평화 순례기**. 서울: 들녘]. 물음이 답이 되어 다가왔다. 희망은 본래 존재하는 것이 아니라 만들어가는 것이라는 대답을 들었고 보았다. 함께 꿈꾸면 그 꿈은 현실이 된다는 것도 알았다. 우리 유전자 속에는 '사랑'이 들어 있음도 확인했다. 도법은 순례길에서 자신을 낮추고 남을 섬기는 많은 사람을 만났다. 작고 조용한 것들이 세상을 바꾸어 놓고 있는 것을 만났었다.

14) 이런 번역 이외에 다른 번역도 있다. 예수께서 말씀하셨다. "모든 것을 알되 자신을 아는 데 실패한 사람은 완전히 결핍된 사람이다."(Jesus said, "Whoever knows the all but fails to know himself lacks everything.")라는 번역이 그것이다[참고: 오쇼라즈니쉬(2008). **도마복음 강의-예수의 잃어버린 가르침을 찾아서.** 서울: 청아출판사; 오강남(2009). **또 다른 예수.** 서울: 예담]. 도마복음(67절)에 나오는 이야기다. 도마복음은 1945년 이집트 북부 나그함마디(Nag Hammadi)에서 한 농부에 의해 우연하게 발견된 예수에 관한 또 다른 경전이다. 도마복음이 그동안 발견되지 않았던 사단은 따로 있었다. 4세기 초 로마 제국을 통일한 이가 콘스탄티누스 황제다. 그는 기독교를 국교로 공인한 주인공이다.

그는 기독교를 국교로 공인하면서, 기독교 지도자들에게 '하나의 하느님, 하나의 종교, 하나의 신조, 하나의 성서'로 통일할 것을 요청했다. 이에 니케아 공의회에서 알렉산드리아 추기경인 아타나시우스(Athanasius)가 큰 활동을 한다. 그는 367년 개별적으로 떠돌아다니던 그리스도교 문헌 중 27권을 선별했다. 기독교의 경전으로 정경화한 것이다. 이때 그는 자신의 판단 기준에 따라 그가 채택한 27권 이외의 나머지는 '이단적'이라고 여겨지는 책들로 분류했다. 동시에 모든 것들을 파기 처분하라고 명령했다. 모든 사람이 그의 명령에 일사불란하게 따라야 하는 것도 아니었다. 나름대로의 신앙이 있기 때문이다. 그렇게 되자, 이단으로 처리된 수많은 복음서가 비밀리에 구전되거나 숨겨지기 시작했다. 도마복음의 운명도 그렇게 된 것이다.

도마복음은 영지주의의 영향을 받았다는 죄목으로 이단시되어 파기 처분의 명령을 받았던 경전이었다. 위경(僞經) 혹은 이단경(異端經)으로 처분되었던 도마복음은, 다른 책들이 폐기 당하던 당시 이집트에 있던 그리스도교 최초의 수도원 파코미우스의 수도승들에 의해 비밀리에 보관되었다. 검열과 감시, 그리고 파쇄의 강도가 높아지자, 수사들은 각기 소중했던 책들을 수도원 도서관에서 몰래 빼냈다. 오랫동안 보존할 목적과 찾아내기 쉽게 할 요량으로 그들은 빼낸 외경들을 항아리에 넣어 밀봉했다. 산기슭 큰 바위 밑에 있는 땅 속에 깊숙하게 숨겨 놓았다. 오랜 세월이 지난 후에야 비로소 농부들에 의해 우연하게 발견되어 세상에 빛을 보게 되었다.

도마복음의 발굴 경우에서 보았듯이, 성경에는 다른 종교의 경전들과 엇비슷하게 이본(異本)이 많다. 그 이유를 전문가들은 무엇보다 경전의 성립 기간이 대단히 길었다는 점, 성서에는 원본이 없다는 점을 우선 꼽는다[참고: 조선일보 편집국(2009). 왜 성경만 이본이 많을까. **조선일보.** 2009년 9월 12일자]. 동시에 그 어떤 자료든 자료를 오래 보관할 수 있는 지중해성의 기후와 환경 조건을 꼽고 있다. 구약성서의 원본은 기원전 1400~430까지 1000년 동안에 걸쳐 선지자(先知者)들에 의해 전승·기록된 것으로 여겨지고 있다. 신약성서는 예수의 활동기부터 요한계시록이 완성된 서기 1세기 말까지 약 100년 동안이다. 여기에 신·구약의 중간기까지 합하면 1500년이라는 계산이 나온다. 현재의 구약성서가 다 들어 있는 1008년의 '상트페테르부르크 사본'이 나온 것은 이보다 900년이 더 지나서였다.

성서의 '원본'은 현재 없다. 필사본들만이 남아 있다. 오랜 세월 동안 수많은 종류의 필사본들만 남아 있는 형편이다. 필사본은 필사과정에서 생기는 착오 때문에 조금씩 달라질 수밖에 없었다. 필사자의 의도에 따라 고쳐지는 경우도 있었다. 한 예로 마가복음 13장 32절의 '그날과 그때는 아무도 모르나니 하늘에 있는 천사들도, 아들도 모르고 아버지만 아시느니라'라는 예수의 말에서 당혹감을 느낀 일부 필사자들은 '아들도 모르고'라는 부분을 삭제하기도 했다. 그런 결과 신약성서의 경우 헬라어 사본만 5,000여 개에 이르지만 완전히 일치하는 문서가 거의 없다. 여기에 수많은 외경(外經)과 위경까지 더해져 더 복잡해진다. 기독교 성립 초기에는 이 자료들이 정경과 뚜렷이 구별되지 않았다. 성경과는 달리, 불경(佛經)의 경우에는 이설(異說)의 등장 자체가 어려웠다. 부처 사후 불경을 확립하기 위해 네 차례의 회의가 열린 것이 바로 그런 불교 성립을 보여 준다. 기원전 5세기 석가모니가 열반에 든 직후 왕사성(王舍城) 밖 칠엽굴(七葉窟)에서 가섭존자(迦葉尊者)의 주재로 제자들이 모였다. 이들은 합송(合誦)을 통해 부처의 가르침을 정리하고 확인했는데 이것이 '제1결집'이었다. '나는 이와 같이 들었노라(如是我聞)'라는 말로 시작되는 불경의 형식은 여기에서 유래됐다. 100년 뒤에 제2결집이 이뤄졌다. 기원전 3세기 아소카왕 때 1,000명의 승려가 모인 제3결집에서는 경전이 처음으로 문자화됐다. 이때 경(經)·율(律)·논(論)의 삼장(三藏)이 결집됐다고 전해지는데 결국 '문자화'와 '공식화'가 동시에 진행됐던 것이다. 서기 2세기 쿠산왕조 카니슈카왕 때의 제4결집은 주석(註釋)을 결집했다. 이슬람교의 코란은 창시자인 무함마드에게 전해진 알라(신, 神)의 계시 내용을 7세기 중반에 집대성해 114장으로 편집한 것이다. 이것이 곧 정본(正本)으로 인정돼 이후 수정 없이 전승됐다. 코란의 경우, 기독교에 비해 경전이 성립된 시간이 매우 짧았고 이본이 등장할 가능성이 사라진 상황이었던 것이다.

옛 성서 사본이 계속 발견되는 이유로서 환경적 요인을 빼놓을 수 없다. 바로 이스라엘이나 이집트 지역의 '지중해성 기후'의 속성이다. 이 기후는 자료들을 오래 보관할 수 있는 최적의 조건을 갖고 있다. 지중해 연안인 그 지역들은 한낮에 그늘 안팎의 온도 차이가 10도가 넘을 정도로 건조하다. 이런 기후에선 옛 자료를 훼손하는 세균들이 좀처럼 서식할 수 없어서 고대의 문헌 유물들이 잘 보존될 수 있다는 것이다. 그리스 같은 곳에서는 기원전 4~5세기의 양피지나 파피루스가 아직도 발굴돼 나온다는 것을 보면 시나이 사본 일부가 출현하는 것에 놀랄 일이 아니다.

예를 들어, 4세기에 만들어진 그리스어 성서 사본 '코덱스 시나이티쿠스(codex sinaiticus)'의 새로운 부분이 이집트의 한 수도원에서 우연히 발견됐다. '코덱스 시나이티쿠스', 즉 '시나이 성서 사본(聖書寫本)'이라는 뜻을 담고 있는 이 사본은 1844년 독일학자 티셴도르프에 의해 시나이산 성(聖) 카타리나 수도원에서 처음 발견되었다. 1975년에도 나머지 원고가 이집트에서 또 발견되었다. 이 원고는 4세기 로마의 콘스탄티누스 황제 때 필사됐다. 지금은 성서 정경(正經)의 바탕 중 하나로 꼽는다. 성서 사본 발견 중 대표적인 것이 1947년 사해(死海) 주변 쿰란 동굴에서 발견된 '사해 사본'이다. '쿰란 사본'이라고도 불리는 약 900편의 문헌들은 기원전 250년에서 서기 68년 사이에 작성됐다. 1945년에는 이집트 중부 지역에서 파피루스 묶음이 나온 적이 있다. 이미 말했듯이 '나지함마디 문서'로 알려진 이 묶음에는 놀랍게도 도마복음처럼 위경(僞經)으로 분류되는 자료들이 상당수 포함돼 있었다.

15) 이 점은 알렉상드르 푸생, 소냐 푸생 부부에게도 마찬가지였다. 이들 부부는 걷기의 삶을 살고 있다. 이들 부부는 누가 무슨 이야기를 하든, 저 스스로 길을 걸어야만 직성이 풀리는 모양이다. 아들 부부는 희

망봉에서 킬리만자로 정상에 이르는 7,000km의 여정을 나보다 먼저 걷고 또 걸었던 사람들이다. 살인의 위협, 섭씨 40, 50도로 대기를 달구는 뜨거운 태양과 목이 타들어 가는 갈증 속에서도 그들은 '걷기'를 포기할 수 없었다. 푸생 부부는 아프리카인들과의 진솔한 만남을 위해 도보 여행을 떠났지만, 그것은 아프리카의 심장부를 걷는 것이나 마찬가지였다. 사실 그들이 아프리카에서 길을 찾는 방법은 매우 간단했었다.

가장 쉽고 가장 자연스러운 경사면을 따라가기만 하면 분명히 찾던 길을 만나게 될 것이었기 때문이었다. 그것이 그들이 길을 찾는 일반 원칙이었다. 그런 것을 깨닫게 된 것은 2001년 1월 1일 첫 발걸음을 뗀 이후 몇 년이 지나서였다. 그들은 남아프리카공화국, 레소토, 다시 남아프리카공화국, 짐바브웨, 모잠비크, 말라위, 탄자니아로 이어지면서, 그런 것들을 하나둘씩 알아챘다. 두 사람은 정해진 시간과 장소에 얽매이지 않고 우연한 만남이 이어지는 그대로 걸었다. 텐트 하나 없이 여행을 시작하면서 여행 내내 글을 쓰고 사진을 찍어 여비를 충당했다. 이들 부부를 후원한 것은 오로지 길에서 만난 아프리카 사람들뿐이었다. 이들은 아프리카를 걸으면서 걷는 것은 자기들이 아니라는 생각에 빠지곤 했다. 그들은 그저 끈질길 뿐이었기 때문이었다. 그들이 걷는 것이 아니라, 걸음이 그들 안에서 걷는 것을 깨달았기 때문이다.

걷는다는 것은 하나의 명제이며 설명할 수 없는 정리와 같았다. 걷는다는 것이 그들에게는 선택이며 결단이었고, 그 결단에 따라 삶을 배우는 일이나 마찬가지였을 뿐이었다. "우리의 행동 하나하나가 영구적인 결과를 낳는다. 오른쪽으로 갈까, 아니면 왼쪽으로 갈까? 이 집의 문을 두드릴까, 아니면 저 집의 문을 두드릴까? 이에 따라 우리 여행의 운명이 달라진다는 걸 알았다. 그것은 인생과 과감하게 맞서는 일과도 같았다. 우연한 만남들을 수집하고, 천사들과 노니는 것이다. 우리가 걷는 건 이런 흥분을 느끼기 위해서이기도 했다."[참고: 알렉상드르 푸생·소냐 푸생(2009). 아프리카 트랙(역). 서울: 푸르메]

어쩌면 이들 부부를 걷고 또 걷게 만든 것은 마약의 기운 때문일 수 있었다. 마약에 취한 사람들이었기에 그렇게 걷고 또 걸을 수 있었을 것이다. 아프리카인들이 소지했던 마약을 저들에게 건넸기 때문이라고 해석하면 오해일 뿐이다. 그들 몸에서 생리적으로 분비되고 있는 엔도르핀 같은 신경전달물질이 그들의 도보 여행을 도와주었기 때문이다. 걷는다는 것은 몸으로부터 자생적으로 희열과 고통 제거를 위한 마약을 제공받는 것이나 마찬가지였다.

16) 참고: 사토 도미오(2009). 배우고 익히면 즐겁지 아니한가(역). 서울: 위즈덤하우스.

17) 1954년에 제작된 이탈리아 영화. 당시 서른네 살이었던 F. 펠리니(Federico Fellini) 감독을 이탈리아 영화의 새로운 천재로 세계에 부각시킨 명작이 바로 〈길〉이라는 영화였다. 이 영화는 인간의 구원을 주제로 한 펠리니의 자기 고백적 작품이다. 주인공은 난폭하지만 단순한 성격을 가진 유랑 연예인(안소니 퀸) 잠파노다. 잠파노는 가난한 농가에서 앳된 여인 한 명을 1만 리라에 산다. 그 여인은 백치 여인 젤소미나(줄리에타 마시나)다. 잠파노는 그녀를 단순히 노동력과 성적 착취의 노리개로 삼는다. 동물적 야성, 본능, 폭력으로 가득 찬 차력사 잠파노는 삼륜차를 타고 떠돌아다니는 유랑 인생이다. 그녀는 차력사 침파노 옆에서 트럼펫을 불며 호객하는 일에 행복을 느낀다.

그런 잠파노에게 연적(戀敵)이 나타난다. 곡예사 마토다. 마토는 잠파노를 늘 골탕을 먹이고, 도망가곤 하는 유랑극단의 곡예사다. 그 마토가 젤소미나를 사랑한다. 그는 젤소미나를 꼬드긴다. "나는 제대로 할 줄 아는 것도 없고, 이쁘지도 않다."고 절망하던 젤소미나에게 사랑을 드러낸다. 마토는 젤소미나에게 세상에 가치 없는 존재는 없다는 것도 알려 준다. 마토는 젤소미나에게 유랑극단에서 도망가자고 꼬드긴다. 젤소미나는 마토의 제의를 거절한다. 짐승 같은 사내지만, 자신을 필요로 하는 잠파노 곁에 있겠다고 마음을 고쳐먹곤 한다.

야수 같은 잠파노이지만, 그에게 벗이 되는 일이 젤소미나에게는 더없는 행복이었다. 잠파노를 돌보아 주는 것이 자신이 할 수 있는 유일한 일이라고 믿는다. 그 일이 자신이 할 수 있는 존재 가치라고 말하는 젤소미나와 그녀를 차지하려고 하는 마토는 어느 날 가랑잎 휘날리는 거리를 걸으며 여기저기 굴러다니는 돌멩이를 보며 말한다. "우리 신세는 마치 길거리에 무심히 굴러다니는 돌멩이 같군요. 대체 우리와 같은 이런 인생에는 무슨 의미가 있나요?" 젤소미나가 신세를 한탄하며 말하였을 때 마토가 말한다. "하지만 돌멩이도 돌멩이로서의 한 가지 의미가 있답니다. 어떤 것도 이 돌멩이를 대신할 수 없습니다."

잠파노는 젤소미나를 꼬드기는 마토와 다툼을 벌인다. 그런 과정에서 우연하게 잠파노는 마토를 죽인다. 이 광경을 지켜 본 젤소미나는 미쳐 버린다. 큰 충격을 받은 젤소미나는 잠파노의 삼륜차 천막에서 아무것도 하지 못한다. 열흘이 지나자 겨우 밖으로 나와 햇볕을 쬐지만 젤소미나는 이미 정신착란에 빠진 후였다. 정신이 이상해진 젤소미나를 버리고 잠파노는 몰래 떠난다. 그 후 5년 이상의 시간이 지난다. 유랑 단원으로 생활하던 잠파노는 우연히 예전에 젤소미나가 연주하곤 했던 트럼펫 가락을 흥얼거리는 어떤 여인을 발견한다. 그는 그 여인에게 그 가락을 어디에서 들었냐고 묻는다. 떠돌던 미치광이 여인이 트럼펫으로 불던 노래라고 말한다. 젤소미나를 불현듯 그려낸 잠파노에게 그녀는 비참하게 객사했다고 전한다. 그 소리에 잠파노는 절규한다. 영화의 끝은 바닷가에 누워 절규하며 후회에 몸부림치는 잠파노의 모습을 멀리서 보여 준다.

18) 김진홍 목사는 2009년 9월 2일 「아침 묵상」의 글을 빌려 목사가 있어야 할 이유에 대해 이렇게 적고 있다. "한국에는 7만에 가까운 목사들이 있다. 나도 목사의 한 사람으로서 가끔 생각해 본다. 한국 땅에 왜 그렇게 많은 목사가 있어야 할까? 목사가 세금 내는 것도 아니요, 무슨 생산에 종사하는 것도 아니다. 농사짓는 것도 아니요, 물건을 만들어 수출하는 것도 아니다. 그래서 생각한다. 목사가 존재하여야 할 이유가 무엇일까? 목사가 감당하여야 할 역할의 첫 번째가 무엇일까? 목사에게는 설교하는 역할이 중요하다. 교회 행정도 중요하다. 교인 심방도 중요하다. 그러나 돌이켜 생각해 본다. 설교가 중요하긴 하지만 비록 말을 더듬을지라도 성경 본문 말씀이 좋으니까 때로는 말씀을 읽는 것으로도 만족할 수 있다. 행정은 교인 중에 행정 전문가들이 있고 사회 경험이 많은 분이 많다. 그런 분들이 감당하여도 될 것이다. 목사가 있어야 할 최고의 이유는 진실 되게 사는 삶의 모습을 보여 주는 것이란 생각이다. 교인들이 목사의 살아가는 모습을 보고 크리스천은 저렇게 사는 것이로구나 하고 느끼고 깨닫게 하여 주는 것이다. 목사가 사는 마을의 사람들도 목사가 지나가면 아들이나 손자에게 "너도 나중에 어른이 되면

저 목사님처럼 살아라."라고 일러 줄 수 있도록 사는 것이다. 그것이 목사가 이 땅에 존재하여야 할 첫 번째 존재 이유라 생각된다.

19) 구넬(Laurent Gounelle) 박사는 자기가 걷던 여정에서 만난 사람은 신경과학자, 샤먼, 현자 등과 같은 수많은 사람들이다. 모두가 삶을 노래하고, 삶의 달인으로 살아가는 사람들이기에 모두가 '인간의 진정한 행복'에 대해 한마디씩 이야기했다. 그 이야기들을 중심으로 구넬 박사는 가고 싶은 길을 갈 수 있는 삶의 지도를 각각 만들어 보라고 일러 준다. 구넬 박사는 줄리앙이라는 인물을 내세워 행복한 삶이 무엇인지에 관한 지도를 만드는 법을 말한다. 줄리앙은 교사다. 그는 아무리 열심히 일하고 있어도 자신의 일과 삶에 만족하지 못한다. 그렇지만, 그의 말을 듣는 사람은 대개가 그 정도의 삶이면 괜찮다고 말한다. 그런 삶을 살다가 그는 여행을 떠난다. 여름 휴가지인 발리에서 그는 발리의 현자인 삼탕을 만난다. 줄리앙의 이야기를 듣던 그는 줄리앙에게 "당신은 불행한 사람입니다."라고 이야기한다. 그 순간 억눌려 있던 호기심, 삶에 대한 열망이 그에게서 되살아난다. 그는 현자와의 이야기를 통해 자신의 삶에 대해서 성찰해 들어가기 시작한다. 줄리앙은 그동안 자기가 원하던 삶이 무엇이었는지 되돌아본다.

그는 현자의 말에서 깨닫기 시작한다. "좋아하는 일을 하고, 원하는 길을 가다 보니 저절로 행복해졌다."라는 사람들의 말이 어떤 경영자나, 철학서의 교훈보다 가슴을 치는 이유가 있었다. 그것은 경쟁을 뒤쫓거나 남에게 눈물을 흘리게 해서는 행복보다는 자기 눈에 피눈물부터 고인다는 것을 알았기 때문이다. 나에 대해 가장 무지한 것은 나 자신이었다는 것도 이내 알게 된다. "당신은 불행한 사람입니다."라는 현자의 말을 듣는 순간 그랬다. 그 순간에 그는 정말로 그랬다. 그것도 아주 불행했다. 그는 처한 상황에서 울어야 할지 웃어야 할지 판단이 서지 않았다. 아마도 두 가지를 동시에 했던 것 같다. 자신에 대해서만큼은 누구보다 잘 알고 있다고 생각하며 "나는 원래 이런 걸 좋아해." "저건 나에게 안 맞는 일이야."라고 말하곤 한다. 그런데 자신에 대한 이런 긍정적인 혹은 부정적인 생각이 어떻게 생기게 되었는지 생각해 본 적은 없었다.

현자 삼탕은 그런 생각은 사실 다른 사람들의 얘기나 자신의 체험을 통해 만들어진 믿음이라고 말한다. 그래서 자신이 불행하다고 생각하며 남들처럼 행복해지길 원한다는 줄리앙에게 "자신이 믿는 것이 곧 자신의 현실이 된다."라는 짧은 가르침을 준다. 그러니까 자기가 원하는 길이 바로 이 길이라면, 그 길로 가라는 것이었다. 힘들면 쉬었다 가고, 벽차면 돌아서 가면 되는 일이었다. 자신이 원하는 길이라면 자기 자신과 마주하고, 두려움과 마주하고, 꿈과 마주하고, 선택과 마주하고, 행복과 마주하라고 일러 주는 현자의 말은 자기에게 들어오고 있는 행복의 운을 눈뜬 장님처럼 그렇게 지나치지 말라는 것이었다. "최근 유럽에서 아주 재미있는 실험을 하나 했는데, 그 얘기가 생각나네요. 스스로 운이 좋다고 생각하는 사람들과 그렇지 않은 사람들을 두 그룹으로 나누어 실험을 했습니다. 두 그룹에 신문을 한 뭉치씩 주고 그 안에 실린 사진이 몇 개인지 제한 시간 내에 세어 보라는 과제를 주었지요. 그런데 신문 몇 페이지를 넘기면, '더 이상 셀 필요가 없습니다. 이 신문에는 마흔여섯 장의 사진이 실려 있습니다.'라는 큰 문구가 적혀 있었습니다. 운이 좋다고 생각하는 사람들은 모두 그 메시지를 발견하고 더 이상 사진을 세지 않았어요. 그리고 연구자들에게 "사진은 모두 마흔여섯 개입니다."라고 얘기했어요. 그렇다면 운이 나쁘다고 생각한 사람들은 어떻게 했을까요?" "글쎄요, 어딘가에 함정이 있을 거라고 생각하고 개수를 확인하기 위해 끝까지 세어 보지 않았을까요?" "그렇지 않아요. 그들이 끝까지 숫자를 세어 본 건 맞지만, 왜 문구를 참고하지 않았냐는 물음에 '문구라뇨? 무슨 문구요?'라고 했답니다. 그들 중 아무도 미리 알려 준 답을 못 봤던 겁니다!" "정말 재미있군요." "그렇죠. 선생 역시 다른 이들과 똑같이 운이 있을 겁니다. 하지만 주어진 기회에 관심을 기울이지 않았던 건지도 모르지요."[참고: 로랑 구넬(2009). 가고 싶은 길을 가라(역). 서울: 조화로운 삶]

20) 광학현미경은 볼록렌즈로 빛을 굴절시켜서 확대시키는 방식이기에 무한정의 확대하는 데 한계가 있다. 그 이상으로 확대하려면 현미경의 색수차 현상 때문에, 파장이 긴 붉은색과 짧은 보라색의 굴절 정도가 달라지기 때문에 화상이 흐려지기 시작하며 화상도 서로 겹쳐보이게 되어 식별이 불가능해진다. 어쨌거나, 이 정도로 최대한 확대하였을 때도 인간이 눈으로 볼 수 있는 가장 작은 크기는 0.1마이크로미터 정도다. 이것은 바이러스 만한 크기를 관찰할 수 있는 정도일 뿐이다. 인간의 육안으로 관찰 가능한 가장 작은 크기가 바로 여기까지다. 이보다 작은 물체를 보려고 할 때는 전자현미경을 사용하게 된다. 이는 전자의 파장 범위까지도 관찰이 가능하다. 대략 50만 배 정도까지 확대가 가능하고 분자량이 수백 대인 분자와 원자 단위까지도 관찰이 가능하지만, 이것은 사람의 육안으로 직접 보는 것이 아니다. 사진을 찍어서 그걸 간접적으로 판독하는 것일 뿐이다.

21) 참고: 슈피겔(1998). 1988년 10월 7일자.

22) 참고: 박종철 출판사 편집부(2003). 마르크스 엥겔스 전집(편역). 서울: 박종철출판사; 러시아과학아카데미연구소(1988). 마르크스와 엥겔스의 철학적 제문제와 유럽철학(편역). 서울: 중원문화.

23) 참고: Davies, P. (1992). *The mind of God*. NY: Touchstone Book.

24) 실험심리학의 시조로 일컬어지는 파스칼(Pascal)은 『팡세』에서 "신은 존재하는가 혹은 존재하지 않는가."의 문제는 이성으로 답을 얻을 수 있는 질문이 아니라고 본다. 파스칼은 신의 존재를 구태여 증명할 이유가 없다고 본다. 파스칼은 몽테뉴와는 달리 유신론적 입장을 취한다[참고: 이환(2007). **몽테뉴와 파스칼**. 서울: 민음사]. 유신론자적 입장을 취하는 그는 신앙생활이 자신의 삶에 해가 될 것이 없다고 본다. 한평생 살아가는 데 무신론보다는 유신론의 입장이 유리할 것이기 때문이다. 말하자면 신을 믿다가 죽은 다음에 보니 아무것도 없다고 하더라도 밑질 것은 없다는 견해다. 사람이 죽으면 무(無)로 돌아가 아무것도 인식할 수 없을 것이기에 죽은 후 후회할 것이 있을 수 없다는 것이다. 억울해할 것도 없고, 그렇다고 살아서 신을 믿는 동안 손해날 것 역시 없다는 것이다. 사람들이 죽은 다음에 그동안 밥 먹은 것에 후회하지 않듯이 그렇다는 것이 파스칼이 보인 신에 대한 이해였다. 파스칼은 신의 존재 증명을 위기관리의 입장에서 그렇게 한 것이었다.

25) 종교인이면서도 영성을 추구하는 사람들이 점점 더 SBNR로 바뀌어 가고 있다는 증거는 여러 방면에서 드러나고 있다. 예를 들어, 미국의 「뉴스위크」지와 종교전문지인 「빌리프넷(Beliefnet)」이 공동으로 천여 명을 대상으로 조사한 바로는 미국인의 79%는 '자신의 종교에 속하지 않았어도 착한 사람은 구

원을 얻을 수 있다'고 생각하는 것으로 나타났다[참고: 가톨릭신문편집국(2005). 미국인 79% 나와 종교 달라도 착하게 살면 구원받아. 가톨릭신문. 2005년 9월 4일자]. 전체 응답자의 22%에 해당하는 가톨릭 신자들 가운데에서는 무려 91%의 응답자가, 비기독교인 중에서는 73%가 이처럼 생각하고 있었다. 자기 종교 외에 다른 종교의 영성적인 사상이나 관습에 관심을 가졌었는가 하는 물음에는 가톨릭 신자의 36%가 '전혀 관심이 없었다.'고 말했고, 28%는 '거의', 그리고 27%는 '약간', 그리고 8%는 '종종' 관심을 가졌다고 응답했다. 또한 세상이 하느님에 의해 창조되었다고 생각하느냐 하는 질문에 대해서는 80%가 '그렇다'고 대답했고, 10%는 '그렇지 않다'고 응답했다. 자기 자신에 대해서 '영성적이고 종교적'이라고 대답한 응답자는 55%였고, '영성적이지만 종교적이지는 않다.'고 27%가 응답했다. 9%는 '종교적이지만, 영성적이 아니다', 8%는 '종교적이지도 영성적이지도 않다.'고 말했다.

26) 참고: 알빈 플란팅가(2004). 신과 타자의 정신들(역). 서울: 살림.

27) 참고: 리차드 칼슨(2010). 세계의 명강의들(역). 서울: 마음의 숲.

28) 참고: 스타니슬라프 그로프(2012). 고대의 지혜와 현대과학의 융합(역). 서울: 학지사.

29) 참고: 말라 매터슨(2008). 기다려요 소울메이트(역). 서울: 비지니스맵.

30) 조지 베일런트(George E. Vaillant, M. D.) 교수는 미국 하버드 대학교 의대 정신과 전문의사로서 세계에서 가장 오래 진행된 성인 발달 연구를 맡아왔다. '하버드 대학교 성인 발달 연구'의 총책임자로서 그는 한평생이라고 할 수 있는 42년의 세월을 보냈다. 그는 하버드 대학교 졸업생뿐만 아니라 평범한 남성 456명과 천재 여성 90명 등 총 814명의 졸업생들이 대학교 졸업 후 살아가는 삶, 말하자면 저들의 어린 시절부터 죽을 때까지 모든 과정을 지켜보며 그들에게 있어서 만족스러운 삶 또는 그렇지 못한 삶에 이르는 원인을 여러 시각으로 연구했다.

그가 밝혀낸 행복의 조건은 시중에서 흔히 말하는 것 같은 것이 아니었다. 돈이나 재산, 타고난 부, 명예, 학벌 등 그런 것들이 아니었다. 그들의 행복을 결정했던 행복의 조건은 일곱 가지였다. 말하자면, 첫째로, 삶에서 겪는 여러 가지 문제에 대해 대처하는 성숙한 자세, 둘째로 그런 성숙한 자세를 뒷받침해 줄 수 있는 인간관계, 특별히 47세 무렵까지 그에게 형성돼 있는 나름대로의 인간관계, 셋째 요인은 배우려는 자세로서 그의 교육 년수와 평생교육 마음가짐, 넷째 요인은 안정적인 결혼 생활, 다섯째 요인은 최소한 45세 이전까지 금연한 상태로서 비흡연 상태, 여섯째 요인은 알코올 중독 경험이 없는 적당한 음주, 마지막 일곱째 요인은 규칙적인 운동과 적당한 체중유지 등이었다. 한 사람의 경우 50세를 기준으로 이 일곱 가지 가운데 다섯~여섯 가지를 갖춘 106명 중 50%는 80세에 이르기까지 '행복하고 건강하게' 살고 있었다. 그들 가운데 '불행하고 병약한' 이들은 7.5%에 지나지 않았다. 반면 50세까지 행복의 조건 중 세 가지 이하를 갖춘 이들 중 80세에 이르기까지 행복하고 건강한 사람은 아무도 없었다. 게다가 행복의 조건 중 네 가지 이상의 조건을 갖춘 사람보다 그들이 80세 이전에 사망할 확률은 무려 3배나 높았다.

31) 틱낫한(Thich Nhat Hanh), 베트남어로 스승이라는 뜻인 '태이(thay)'라고 칭송받는 그는 고통받는 사람이 있는 곳이라면 어디든지 찾아가 자비를 실천하고 있다. 한자로는 석일행(釋一行)이라고 불리우는 틱낫한은 붓다의 직계손이기도 하다. 베트남 중부의 행정관료 집안에서 태어나 열여섯 살 때인 1942년 선불교에 입문해 승려가 되었다. 이후 그는 '모든 불교는 삶에 참여한다.'는 기치를 내걸고 참여 불교(engaged Buddihsm) 운동에 나선다. 민중의 고통을 덜어 주는 실천적 사회운동으로서의 불교 운동을 펼친다. 그는 미 프린스턴 대학교에서 비교종교학도 강의하였지만, 그 스스로는 유학 시절 늘 설거지를 도맡아 했다. 설거지가 그에게 즐겁기만 했던 것은 이유가 있었다. 설거지가 '깨어 있는 마음의 기적'을 불러일으키는 일이었기 때문이다.

그는 "무슨 일을 하든지 당신의 온 마음과 몸을 다하면 그것이 바로 깨어 있음을 알려 주는 기적의 시작"이라고 말한다. 설거지에서도 접시와 물, 손의 어울림 하나하나를 읽을 수 있고, 그것을 완전히 자각하면 접시와 보내는 시간이 즐거워지기 때문이라는 것이다. 그러니까 말을 할 때도 그렇고, 변을 볼 때도 그렇고, 버스 안에서 졸 때도, 운동을 할 때도 모두가 다 같은 이치라는 것이다. 운동을 하면서도 휴대폰으로 끊임없이 일을 걱정한다면, 그는 운동도 일도 아무것도 하지 않는 것이나 마찬가지다. 사랑은 하면서 다른 이를 생각하면 사랑은 이미 사라진 것이며 끝난 것이나 마찬가지 이치다. 나에게 남아 있는 시간도 마찬가지다. 과거에 사로잡혀도 그렇고 미래에 집착해도 마찬가지다. 지금 바로 이 순간 움직이는 것, 짧게 그리고 느리게 호흡하고 있는 것, 생명을 느끼는 것이 바로 지금 이 순간에 살아 있는 것이다. 매 순간, 매번 온전하게 살아 있다는 것을 깨닫는 것이 '마인드풀니스', 한마음 가득이다.

틱낫한 스님은, 마인드풀니스하려면 "불안한 마음에 힘을 뺏기지 마라."고 당부한다. 마음을 다하는 것이 사랑이라는 것이다. 누군가에게 힘이 되고 싶다면 지금 이 순간 깨어 있어야 한다는 것이다. 감정은 감정일 뿐, 일시적인 감정에 힘을 낭비하지 말라는 당부이기도 하다. 그는 다시 당부한다. 계단에서 다섯 번째 계단을 오르기 위해서는 꼭, 반드시 네 번째 계단에서 힘을 빼라고 말한다. 작은 힘이 모여 큰 힘이 되기 때문이다. 의도하지 말고 그냥 함께 하라고 당부한다. 힘은 저절로 흐른다. 집착하면 할수록 힘과 자유로부터 멀어지기에 집착하지 말고 그냥 바라보기만 하라고도 말한다. 행복은 결코 멀리 있지 않다. 문제는 자신의 한계와 만족을 모를 뿐이기에 없는 불행을 만들어 놓을 뿐이다. 일을 하고 싶다면, '일 아닌 것'을 먼저 보살펴라. 삶을 바꿀 수 있는 힘이 바로 내 안에 있음을 확신하라고 당부하고, 또 당부한다[참고: 틱낫한(2003). 힘(역). 서울: 명진출판].

32) 참고: 오쇼 라즈니쉬(2008). 도마복음 강의: 예수의 잃어버린 가르침을 찾아서(역). 서울: 청아출판사.

33) 미국 풀러 신학교에서 신약학을 가르치고 있는 존 드레인 교수는 예수와 십자가의 관계에 대해서도 의미 있는 분석을 시도한다. 신약성서에는 예수의 십자가 처형을 비중 있게 다루는데, 그것은 예수 시신의 처리에 관한 논쟁에 대해 모두가 민감할 수밖에 없기 때문이다. 로마 제국이 유대인을 통치할 당시뿐만 아니라, 로마 제국 전역에 걸쳐 십자가 처형이 흔히 이뤄졌다는 기록은 많이 남아 있지만 이상하게도 어떻게 집행되었는지는 구체적으로 알려지지 않았는데, 이는 아마도 십자가에 매달린 사형수의 시신을 땅에 묻지 않고 그대로 버려두어 짐승의 먹이가 되거나 부패하였기 때문으로 보인다. 팔레스타

인에서 유일하게 발견된 십자가 사형수의 유골은 예호하난(Yehohanan)이라는 사람의 것으로, 유골함에 담긴 그의 발목뼈는 당시 십자가 처형 방법을 짐작하게 하는 유일한 단서다. 뼈에 남은 못 자국을 보면 일반적으로 영화나 성화에서 묘사한 것처럼 십자가 앞쪽에서 양발이 포개졌다기보다 십자가 앞뒤로 한 발씩 못이 박힌 것으로 보인다. 못에 묻은 나무 파편을 보면 십자가가 올리브 재목으로 만들어졌거나 올리브 나무 자체에 사람이 매달렸을 것으로 생각된다[참고: 존 드레인(2009). 성경의 탄생(역). 서울: 옥당].

34) 참고: 해롤드 쿠시너(2006). 당신은 어떤 사람으로 살고 싶은가(역). 서울: 한국심리상담연구소.

35) 하늘에 계신 아버지를 찾는 예수는 육신을 갖고 있었던 건장한 남자로서 그 시대를 살아가던 청년이었다. 그 자신은 사회적 신분으로 보면 천하며, 그 당시 사회적 기준으로 판단하면 무식하기 그지없는 그런 사람이었다. 예수가 보여 주었을 법한 문자 해독이나, 문화적 감각은 당시 유대 지식인들의 그것에 견주면 수준 이하였을 것이 뻔하다. 예수에 관한 그런 사회적 사실들을 낱낱이 파고들었던 도미니크 크로산 교수의 논증에 기대지 않더라도[참고: 존 도미니크 크로산(2000). 역사적 예수(역). 서울: 한국기독교연구소], 요한복음은 이미 예수의 사회적 신분이 어떠했으며, 당시 유대 식자나 랍비, 혹은 제사장들이 예수의 신분을 어느 정도로 비하하고 있는지를 총체적으로 증명하고 있다. 요한복음은 현대를 살아가는 불가지론자들이 예수에 대해 물고 늘어지는 그것을 2천 년 전에도 있는 그대로 재연해 보인다. 차라리 공개하고 싶지 않은 내용일 수도 있다.

사회적으로 별 볼 일 없었던 신분의 소유자인 예수, 그가 영원히 묵어야 할 무덤 하나 제대로 마련할 수 없었으며, 예수의 무덤이라는 표지 하나를 번듯하게 갖고 있을 수 없었던 사람을 하느님의 아들로 받아들이는 것, 그런 예수를 믿는 것은 어떤 사람들에게는 공포이거나, 놀람의 연속일 수밖에 없었을 것이다. 그런 놀람은 믿는 사람들에게는 늘 경이로움이지만, 야수성으로 가득 찬 동물적인 인간들에게는 공포, 어쩌면 두려움 바로 그것으로 나타날 것이 뻔하다. 믿음은 불완전한 것을 완전한 것으로 이끌어 낼 것을 기대하는 힘이다. 그에 대한 믿음의 놀람은 기쁨으로 가득 채워지겠지만, 반대로 그것이 결여된 사람들에게 있어서 놀람은 짐승의 놀람을 넘어서지 못하게 될 것이다.

36) 철학자들이나 과학자들은 대체로 자연신학적 증명, 우주론적 증명, 목적론적 증명, 도덕적 증명 같은 것들로 신의 존재를 증명해 보려고 노력했다. 그들이 제시한 신의 존재 증명 논리들이 신의 존재 그 자체를 완전무결하게 증명해 낼 수 있는 것은 아니었다. 신의 존재를 설명하거나 서술해 온 노력 중에서 돋보이는 논리 중의 하나로써 도덕적 증명론을 들 수 있다. 도덕적 증명론자들(moral argument)은 인간에게 도덕 법칙의 원천으로서 작동하는 힘을 신의 존재로 생각한다. 이들은 칸트처럼 신의 존재를 도덕 법칙으로 인정하려고 했기 때문에, 신의 존재를 이론으로 증명하는 것을 부인하는 대신 인간의 도덕적 의식으로 신의 존재를 인정하고 있다. 데카르트는 신의 존재를 인간이 지니고 있으며 희구하고 있는 완전한 존재로서 받아들이기 때문에 그는 완전자의 원인이 바로 신의 존재라고 보았다.

둘째로, 목적론적 증명(teleological argument)을 통해 신의 존재를 증명하려고 하는 철학자들도 있었다. 이들은 물리 신학적 증명으로 신의 존재를 증명하려고 시도했다. 그들은 자연 질서를 만들어 낸 설계자가 바로 신이라고 간주한다. 자연이 자연의 목적에 부응하는 질서를 갖고 있기 때문에, 그 질서를 유지하게 만든, 말하자면 자연의 설계자와 같은 절대적인 존재가 있어야 하는데, 그것이 바로 신이라고 보는 입장이다. 셋째로, 우주론적 증명(cosmological)론자들은 신의 존재를 증명하기 위해 아리스토텔레스가 이야기한 운동의 원인에 관한 설명을 활용한다. 이 세계에는 운동의 원인으로서 '움직이지 않으면서 움직이게 하는 것'이 있는데, 자연계에서는 이와 같은 인과관계를 만들어 내는 제1원인으로서의 움직이지 않으면서 움직이는 힘이 있다는 것이다. 그 힘이 바로 인과관계의 자기 원인이며, 자기 원인이 바로 신의 존재라고 간주한다.

마지막으로, 신의 존재를 자연신학적으로 증명하려고 하는 사람들은 이 세계가 합리적인 동시에 세계를 구성하는 질서를 신의 존재라고 설명한다. 그런 질서 있는 창조를 하기 위해서는 그것을 가능하게 한 절대자가 있어야 하기 때문이다. 그들은 그 절대자가 바로 신이라고 간주한다.

신학자들과는 달리 정신분석학자들이 제시하는 신의 존재에 대한 설명방법은 더 유별나다. 신이니 귀신이니 할 것 없이 모두가 '뻥'하기는 마찬가지라는 입장이다. 신의 존재나 귀신의 존재를 기본적으로 무의식의 상흔으로 간주한다. 귀신이라는 것은 끝내 무의식의 콤플렉스를 지칭하는 것이라는 것이다. 귀신을 믿으면 귀신이라는 존재는 그것을 믿는 인간의 의식이나 무의식에 존재하는 것이고, 믿지 않으면 귀신이라는 존재는 그의 의식 속에 존재할 수가 없다는 것이다. 귀신의 존재를 믿는 사람들의 태도를 탐구하는 것은 결국 그의 무의식에 자리 잡고 있는 콤플렉스의 양태가 어떤 종류인지를 분석해 내면 된다는 것이 정신분석자들이 보여 주는 신에 대한 입장이다[참고: 이부영(2012). **한국의 샤머니즘과 분석심리학(고통과 치유의 상징을 찾아서)**. 서울: 한길사].

37) 안셀무스(Anselm of Centerbury)는 존재론적 신에 대한 증명을 기도로서 드러내려고 시도한다. "신앙에 통찰을 부여하시는 주님, 당신께서 유익하다고 판단하시는 한, 당신은 우리가 믿는 것처럼 존재하시며, 우리가 믿는 그대로의 분이라는 것을 제가 통찰할 수 있게 해 주십시오. 우리가 믿기에는 당신은 그보다 더 큰 어떤 것을 생각할 수 없는 그런 분입니다. 혹은 어리석은 자가 마음속으로 하느님은 없다고 말하기 때문에, 그 같은 분이 존재하지 않는 것입니까? 그럼에도 이 어리석은 자가 내가 말하는 것, 곧 '그보다 더 큰 어떤 것을 생각할 수 없는 그 무엇'이라는 말을 듣는다면, 그는 그가 듣는 것이 무엇인지를 이해할 것입니다. 그리고 그가 이해하는 것은 비록 그것이 존재한다는 것을 그가 통찰하지 못한다고 하더라도, 그 자신의 지성 안에 있습니다. 왜냐하면 무엇인가가 지성 안에 있다는 것과 그것이 존재한다는 것을 통찰하는 것은 서로 다른 것이기 때문입니다. 만일 어떤 화가가 자신이 창작하게 될 것을 미리 고안해낸다면, 그것을 그는 자신의 지성 속에 가지기는 하지만, 그가 아직 만들어 내지 않은 것이 존재한다는 것을 아직은 인식하지 못합니다. 그러나 그가 이미 만들어 냈다면, 그는 그것을 지성 안에서 가질 뿐만 아니라, 그가 이미 만든 것이 존재한다는 것을 또한 통찰합니다. 그와 같이 어리석은 자에게도, 적어도 지성 안에 '그보다 더 큰 것을 생각할 수 없는 그 무엇'이 있음이 확인됩니다. 왜냐하면 그가 그 말을 들을 때, 그는 그것을 이해하며 언제든 이해되는 것은 지성 안에 있기 때문입니다. 이제 그것이 적어도 지성 안에만 있다면, 그것이 실제로 존재한다고 생각될 수 있고, 이때 이것이 더 큰 것이

되겠기 때문입니다. 따라서 그보다 더 큰 것을 생각할 수 없는 그 무엇이 지성 안에만 있다면, 그보다 더 큰 것을 생각할 수 없는 그 무엇은 바로 그보다 더 큰 것을 생각할 수 있는 어떤 것인 셈입니다. 하지만 이것은 불가능합니다. 따라서 의심할 바 없이 그보다 더 큰 것을 생각할 수 없는 그 무엇은 지성 안에서는 물론이요, 실제적으로도 존재합니다[참고: 켄터베리의 안셀무스(2002). 모놀로기온 & 프로슬로기온(역). 서울: 아카넷]."

38) 안셀무스는 고대 그리스의 사상과 그리스도교 교부철학 그리고 중세 스콜라철학을 이어주는 대표적인 사상가다. 교황과의 정치적 타협에도 두각을 나타냈던 안셀무스는 신앙적인 요소들을 이성적으로 사용하여 신의 존재를 해명하려고 노력했다. 그는 당시의 그리스도교라는 신앙 체계를 신학이라는 학문으로 바꾸어 놓으려고 했다. 안셀무스의 노력으로 신학은 더 이상 도그마나 성서에만 의존하지 않게 되었다. 이성적인 합리성을 기반으로 하는 학문의 초석을 다지게 되었다. 이성의 합리성에 기반을 두는 안셀무스 철학의 특징이 바로 13세기를 풍미했던 스콜라철학에서 두드러지게 드러난다. 안셀무스가 '스콜라철학의 아버지'라고 불리는 이유다.

39) 안셀무스는 존재론적 논증을 주도했다. 신의 존재를 오로지 선험적인 직관과 이성을 통해 증명하려고 노력했다. 그런 안셀무스의 논증을 비판하는 사람들도 수없이 나타났다. 말하자면, 데이비드 흄, 임마누엘 칸트, 마르무티에의 가우닐로 같은 이들이 대표적이다. 안셀무스와 동시대 사람인 프랑스의 수도승 가우닐로(Gaunilo)는 안셀무스를 비판하기 위해 상상의 '가우닐로의 섬'을 그려보라고 권하기까지 했다. 가우닐로의 섬은 상상할 수 있는 가장 완벽한 섬이다. 그 상상 속의 섬은 실제로는 존재하지 않을 것이다. 그러나 안셀무스의 논법을 적용하면 그런 섬이 실제로 존재하는 것으로 증명된다. 존재하지 않는 섬이 존재하는 것처럼 보이게 만들어 놓았기 때문에 안셀무스의 논법은 문제가 있다는 것이 가우닐로의 주장이다. 가우닐로가 안셀무스를 비판하기 위해 전개했던 반증의 논리는 이랬다. 가우닐로의 섬은 가우닐로 섬보다 더 완벽한 섬은 상상할 수 없는 그런 섬이다. 그 섬은 상상 속에서만 존재한다. 가우닐로가 실재가 아닌 상상 속에만 존재한다고 가정한다면, 가우닐로의 섬과 같은 조건을 만족하게 하며, 동시에 실제로 존재한다는 조건까지 만족시키는 또 다른 커다란 섬도 상상할 수도 있다.

결국, 수도승 가우닐로가 안셀무스에게 묻고자 하는 것은 한 가지였다. 완전한 섬에 대한 관념이 있다면, 정말로 그런 섬이 실제로 존재할 수 있느냐고 다시 반문한 것이다. 완전한 섬이란 섬에 대한 상상 그 자체가 논리적 모순이라는 뜻이었다. 섬이란 어떤 섬이든 이미 불완전한 것이기 때문이다. 수도승 가우닐로의 반증에 안셀무스는 대답한다. 그는 신과 같은 완전한 자에 대해서 논한 것이지, 완전한 섬 같은 그런 것을 말한 것이 아니라고 대답한다. 그것이 유명한 안셀무스의 재반증이었다.

칸트 역시 존재는 성질이 아니라는 주장으로서 안셀무스의 논증을 비판하였다. 칸트는 '신의 존재는 증명될 수 있는 그런 것이 아니라 요청되는 것이다'라는 입장을 견지했다. 신의 존재를 가치론적인 입장으로 파악한 칸트는 신을 '가장 많은 존재자를 가지고 있는 존재' '가능한 모든 서술어의 총체'라고 이해했다. 칸트는 '존재한다'라는 것은 결코 어떠한 존재의 '속성'을 말하는 것이 아니라고 본 것이다. 신의 존재는 속성이 아니기에 신의 존재가 감각적으로 경험될 수 없다. 신의 존재에 대해서는 증명할 길이 있을 수 없다는 논리로 칸트는 안셀무스를 비판했다. 존재하지 않는 것은 그 어떤 다른 성질을 갖고 있을 수 없기 때문에 그것의 존재성을 다른 속성들과 함께 같은 것으로 다룰 수 없다는 논리였다.

존재론적 논증이 원칙적으로 불가능하다고 생각한 데이비드 흄 역시 어떤 것도 '선험적으로' 존재를 증명할 수 없다고 주장했다. 그것은 선험적으로 판단될 수 있는 주장은 마치 '나는 결혼한 총각이다'처럼 정의상 모순된 결론이 나오는 명제들 뿐이기 때문이다. 흄의 '회의론'에 따르면, 세계의 모든 사물들이 실재한다고 말할 수 있는 명확한 근거가 없다. 우리는 그런 근거를 도대체 가질 수 없을 뿐이다.

비판자들 못지않게, 안셀무스의 논리를 지지하는 논증도 나왔다. 극적인 사실 하나가 바로 수학자인 괴델(Kurt Gödel)의 존재론적 논증이었다. 괴델의 존재론적 논증이 신의 존재론적 증명의 한 사례로 활용될 수 있다는 논리였다. 예를 들어, 현우식 교수[참고: 현우식(2006). 과학으로 기독교 새로 보기. 서울: 연세대학교 출판부]는 수학자 괴델의 존재론적 증명이 신의 존재를 증명하고자 시도한 노력이라고 해석한다. 그가 보여 준 논리대로 현우식 교수는 신의 존재론적 증명을 논증해 보이려고 했다.

존재론적 증명에서 괴델은 단지 3개의 정의와 5개의 공리를 사용했다. 쿠르트 괴델이 존재론적 논증을 형식화한 시기는 1941년 무렵이었다. 괴델은 자신이 시도하는 논리학적 탐구를 하고 있을 뿐이었다. 그런데도 그가 실제로 신을 믿고 있거나 신의 존재를 증명하고 있다는 오해를 받을까 봐 걱정했었다. 괴델의 증명은 다음 다섯 개의 공리인 가정에 의존한다. 그는 존재론적 논증을 위해 3개의 정의와 5개의 공리를 사용했다. 말하자면, 공리 1: 모든 성질을 (명확한 기준에 따라) 긍정적인 성질과 부정적(긍정적인 성질의 부정)인 성질로 나눌 수 있다. (여기에서 '명확한 기준'이 모든 이에게 보편적이어야 할 필요는 없으며, 존재할 수 있는 모든 성질을 빠짐없이 긍정적인 것과 부정적인 것으로 나눌 수 있는, 공리 2-5와 모순되지 않는 기준이 존재하면 충분하다.) 공리 2: φ가 Ψ를 내포하고 있고, φ가 긍정적이면(필연적이면) Ψ도 긍정적이다. 예: 만약 '착하다'가 긍정적이고, '착한 자는 행복하다'가 언제나 사실이라면, '행복하다'도 긍정적이다. 정의 1: '모든 긍정적인 성질을 전부 만족한다'는 성질을 신성이라 하며, 이를 만족시키는 대상을 신이라 한다. 공리 3: 신성은 긍정적이다. (긍정적인 성질들의 논리곱이 긍정적임을 가정한 뒤 신성의 긍정성을 증명할 수도 있으나, 현재의 목적을 위해서는 이를 생략하고 간단히 신성이 긍정적임을 가정하는 쪽이 빠르다.) 정의 2: x가 φ를 만족하며, 또한 φ가 x가 만족하는 모든 성질을 내포하면(필연적이면) φ를 x의 본질이라 부를 수 있다. 공리 4: φ가 긍정적이면, φ는 필연적으로 긍정적이다. 정의 3: '자신의 임의의 본질을 만족시키는 대상이 필연적으로 존재한다'는 성질을 필연적 존재성이라 한다. 주의: 여기에서 '필연적 존재성'은 단순히 하나의 성질에 붙여진 이름이므로, 양상 논리적(참과 거짓의 구별에 의존하는 논리와는 달리 양상—명제의 필연성·우연성·가능성·불가능성 등의 속성—을 다루는 논리학의 한 분야로서, '어떤 사람은 죽지 않을 수 있다' '인간은 필연적으로 사회적 동물이다' 등의 명제) 의미의 '필연적으로 존재한다'는 개념과 구분하라. 공리 5: 필연적 존재성은 긍정적이다. 괴델의 논리에 따라 현우식 교수는 신의 존재 증명을 위해 괴델의 정의를 따른다. 즉, (신의 정의) x가 신의 속성을 가진다는 것의 필요충분조건은 x가 모든 긍정 속성들을 가지는 것이다. 괴델은 먼저 x가 신의 속성을 가진다면(즉, x가 신과 같은 존재라면), 신의 속성은 x의 본질임을 증명하였다. 다음으로, x가 신의 속성을 가진다면, 신의 속성을 가지는 x가 필연적으로 존재함을 증명하였다. 이러한 증명에는 2차원 양상 논리가 사용되었고, 마지막 단계에서 다음이 유도되었다. ① 신의 속성을 가진 x가 존재하는 것이 가능하면, 신의 속성을 가진 x가 필연적으로 존재한다. ② 신의 속성을 가진 x가 존재하는 것이 가능하다. 따라서 ①과 ②의 전건 긍정법(modus ponens)에 의해 신이 존재하는 것은 필연적임이 증명되었다고 주장한다.

괴델의 존재론적 증명이 수학적으로나 논리적으로 탁월한 것은 사실이지만, 수학적 논리로 존재에 대한 그 무엇을 증명했거나, 한다고 해도 그것이 나에게 확신을 주기 위해서는 나의 믿음에 불꽃을 튀겨야 한다는 점만큼은 부인하기 어렵다. 증명에 관한 어떤 수학적 논리도, 그것이 증명이던 증명에 대한 반증이든 간에 관계없이, 수학적 논리 그 자체에만 호소한다면 그것은 괴변으로 치부당하기 십상이다. 예를 들어, 확인되는 것은 아니지만 오일러(Leonhard Euler)와 프랑스의 무신론적 철학자인 디드로(Diderot) 사이에서 일어났다는 일화는 바로 그런 것을 잘 보여 주고 있다.

스위스에서 태어난 오일러는 러시아와 독일에서 대부분의 생애를 보냈다. 그가 러시아에 있을 때의 일이었다고 한다. 여제 에카테리나의 궁정에 초대된 프랑스의 철학자 디드로는 당대의 무신론자였다. 그는 무신론적 시각으로 여제를 설득하려고 노력했다. 짧은 시간에 그렇게 해야만 했다. 신이 존재하지 않는다는 것을 논리정연하게 증명해야만 설득될 판이었다. 그의 이야기가 길어지기 시작했다. 에카테리나 여제는 싫증을 냈다. 그는 귓속말로 옆에 있던 오일러에게 속삭였다. 당대의 무신론자의 입을 막아버리라고 명했다.

디드로의 말이 다 끝났다. 오일러는 디드로에게 가까이 다가섰다. 엄숙하고 확신에 찬 태도로 반문했다. "각하, 신이 존재하지 않는다는 각하의 논증은 정말로 논리 정연합니다. 이론의 여지가 없습니다. 그런데 제가 연구해 온 바로는 (a+bn)/n=X입니다. 그렇기에 신은 존재합니다. 변할 수 없는 불변의 법칙입니다. 확신합니다. 제 반증에 이론이 있으시다면 고쳐 주실 수 있는지요?" 디드로가 오일러의 반론에 대답을 하지 못했다. 시간만이 흘렀다. 무신론자인 디드로가 한마디 반론도 하지 못했다. 그저 무신론의 공식을 되뇌일 수밖에 없었다. 물론 에피소드다. 수학에 대한 철학자의 무지를 조롱하기 위한 것이라고도 이해될 수 있다. 여기서 말하고자 하는 의도는 조롱이 아니다. 수학은 과학과는 달리 어떤 존재에 대한 확고한 증명을 해 주는 명증적인 언어로서는 부적합하다는 뜻이다. 그런 것을 위해서는 수학적 공식을 사용하지 않는 것이 현명하다는 역설도 함께 담겨 있다.

무신론자 디드로와 수학자 오일러 간의 갑론을박은 마치 플라톤이 『티마이오스(Timaeus)』에서 말하는 데미우르고스(Demiurge)의 존재를 검증해 내는 일이나 다름없다. 플라톤은 데미우르고스를 우주의 장인, 우주의 제작자로 상상했다. 그는 이데아의 세계를 본떠서 우주를 제작하는 신적인 장인(匠人)을 '데미우르고스'라고 불렀다. '데미우르고스'는 우주의 형이상학적 원리로 이해되기도 한다. 혹은 악하고 어리석은 조물주로 변형되어 이해되기도 한다. 유대교, 기독교, 이슬람교를 이루는 창조주와 그 반대의 힘인 저주의 절대적인 힘으로 이해되기도 한다. 그것의 존재를 증명해 낼 수는 없는 노릇이기 때문이다.

40) 안셀무스에 잇대어 데카르트 역시 신에 대한 존재론적 논증을 한 바 있다. 데카르트는 안셀무스처럼 존

재하는 모든 것들은 신에 의해서 만들어진 것이며 그래서 모두가 존재한다는 식의 입장을 취하면서 신의 존재를 논증한다. 신의 존재를 증명하기 위해 데카르트는 생각하고, 의심하고, 생각하는 자아로부터 시작한다. 인간인 나는 신을 생각한다. 신이 나의 생각 속에서 지워지지 않고 영원히 남아 있다. 신을 생각하는 인간인 나는 신과 같은 완전한 존재가 아니다. 영원한 불완전의 존재일 뿐이다. 삶과 목숨을 걸어놓고 살아가는 유한하며 가변적이며, 일회적인 존재다. 이런 유한한 존재가 신과 같은 완전자를 생각한다는 것은 신이 존재하지 않으면 가능하지 않은 일이다. 완전한 존재로서의 신이 존재하지 않는다면 불완전한 나라는 존재가 그것을 생각해 낼 수 없게 된다. 그래서 신이 존재할 수밖에 없는 것이다. 다시 말해서 인간은 완전한 자에 대한 관념을 갖고 있는데, 그 완전자에 대한 생각이나 관념은 불완전하고 유한한 나라는 인간 자신의 생각이나 의심으로부터는 나올 수 없다는 것이다. 나는 불완전한 존재이며 불완전한 존재의 생각 역시 불완전할 수밖에 없기 때문이다.

그런 불완전한 존재의 생각으로부터 완전한 자에 대한 관념이 나올 수는 없으며, 그런 생각은 세상의 일반 경험으로부터도 나올 수 없을 뿐만 아니라, 그것은 원초적으로 불가능한 일일 뿐이다. 세상 그 자체가 불완전 덩어리이기 때문이다. 결국 불완전한 세상과 그런 것에 경험으로 완전한 자에 대한 관념이나 생각이 생겨날 수는 없는 노릇이기에 한 가지 점이 분명해 질 수밖에 없다. 그것은 완전한 자에 대한 관념이나 생각은 결국 완전한 자 자신으로부터 올 수밖에 없는 노릇이다. 따라서 완전한 자는 존재하는 것이며, 존재할 수밖에 없다고 신이라고 하는 완전자의 존재에 대한 증명을 논증했다.

41) 조지 버클리(George Berkeley)는 성공회 주교였다. 그는 극단적인 경험론을 피력한다. 그것을 보여주는 언명이 바로 에세 에스트 페르키피(Esse est percipi)다. '있다는 것은 지각되는 것이다.'라는 말이다. 지각되는 것만이 존재하는 것이다라는 뜻이다. 우리가 지각하는 것만이 실체이며, 지각하지 못하는 것의 실체는 없다는 뜻이다. 그의 지적 전통은 F. H. 브래들리에게로 이어진다. 그는 『현상과 실재(Appearance and Reality)』에서 극단적 경험론을 더 발전시킨다. 지각되는 것은 관찰자를 통해서 가능하다. 존재하는 모든 것은 관찰자에게 지각된다. 관찰자는 지각되지 않는다. 관찰자는 정신이나 영혼이기 때문이다. 그의 극단적 경험론은 "다른 사람들에 대해 내가 알고 있는 지식은 오로지 나의 경험을 통해서만 만들어진다."는 유아론적 결론에 도달한다.

유아론(唯我論, solipsism)은 사람이란 그의 경험을 넘어설 수 없다는 논리를 뒷받침한다. 경험은 '나의' 경험이기 때문에 나의 경험을 넘어설 수 없다는 것이다. 자신의 경험을 넘어서는 어떤 것도 존재하지 않는 이유는 경험은 바로 자아의 상태를 말하는 것이기 때문이다. 이런 유아론적 함정에서 쉽게 헤어 나오지 못하는 존재가 바로 인간이다. 삶과 생활이 사람을 그렇게 만들어 가기 때문이다. 유아론에 대한 반박은 의외로 단순하다. 관념이 만들어지기 전에 사물이 먼저 존재한다는 것을 밝히면 되기 때문이다.

신(神)의 존재를 이야기할 때 이런 논리는 쉽게 받아들이지 않는다. 신의 존재와 새의 존재는 동일한 물질이 이미 아니기 때문이다. 새는 운다. 운다는 것은 사람이 만들어 낸 관념이다. 운다는 것은 지각이다. 새가 운다는 지각을 갖고 있지는 않다. 새는 노래할 수도 있다. 새 나름대로 우리 눈에 보기에 울거나, 노래하거나 하는 행동을 하고 있을 뿐이다. 새는 울거나 노래한다는 사람의 지각이나 관찰, 경험보다 그 이전에 먼저 존재한다. 새는 인간의 지각처럼 울거나 노래하는 것이 아니다. 새가 운다는 오로지 나의 경험에 의한 것이다. 잘못된 것일 수 있다. 새는 새일 뿐이다. 신도 그렇게 생각되어야 한다. 새는 내 눈에 관찰되고 경험된다. 새가 우는지, 웃는지에 대한 관찰에 대한 판단은 내 문제로 생긴 것이다. 신은 새처럼 하나의 물질로 내 앞에서 시각에 의해 경험되지 않는다. 시각에 의해 포착되지 않는다고 존재하지 않는다고 이야기하지는 못한다. 그래도 새처럼 시원하게 존재한다고 이야기하기는 꺼리게 된다. 그래서 사람은 신(神)에 관한 한 유아론적 생각의 함정에서 쉽게 빠져나오지 못했던 것이다.

존재는 지각할 수 있지 않은 가상계의 산물이다. 인간은 스스로를 지각의 중심으로 정립해 놓고 살아간다. 현실계와 사회계의 주체로서 살아간다. 그런 확실한 믿음이 없으면 살아가기 어렵다. 그것을 확인하기 위해 인간은 더욱더 세상에 대해 윤곽선을 긋는다. 뚜렷하게 그을수록 단단한 믿음이 생긴다. 그 윤곽선을 따라 사람들은 사물들을 결정한다. 사람들, 이미지들을 지각하며 결정한다. 이들을 주관성에 대한 객체로서 추상화한다. 추상화가 정교해질수록 더욱더 "지각 가능한 것만이 존재한다."는 확고부동한 질서가 만들어진다. 현실적인 질서로 자리 잡는다. 움직이지 않는 질서로 작동한다. 모든 것은 우리의 지각과 행위 내에서 현실적 대상과 사물들로 운영된다. 그러나 이것은 피상적이다. 지각과 사유가 불가능한 것이 가능하기 때문이다. 세상은 혼돈의 질서를 갖고 있기 때문이다. 카오스적인 것이 바로 그것이다. 궁극적이고도 실질적인 것은 지각되는 것 그것만이 아니다. 가상의 지대는 너무 넓어 지각 밖에 존재할 뿐이기 때문이다[참고: 브라이언 마수미(2011). **가상계**(역). 서울: 갈무리].

42) 참고: 커트 스펠마이어(2008). **인문학의 즐거움**(역). 서울: 휴먼앤북스.

43) 자연신학은 신의 존재 근거를 자연에서 인간의 이성으로 인식하고 확인할 수 있다는 신관이다. 자연신학자들은 신의 계시, 신의 존재가 인간의 이성에 어긋나는 반이성적(反理性的)인 것이 아니라고 보고 있다[참고: Wojcik, Jan W. (1997). *Robert Boyle and the limits of reason*. London: Cambridge University Press]. 서양에서 18세기를 넘어가면서 현대과학의 기치를 들고 나선 과학자들은 자연의 법칙을 연구하면서도, 자연의 미묘함에 매료되곤 했다. 예를 들어, 부피와 압력이 반비례 관계를 이룬다는 것을 정식화한 '보일의 법칙'을 만들어 낸 로버트 보일(Robett Boyle) 물리학자는 생물 유기체에서 발견되는 오묘한 설계와 조화에서 신의 존재, 신의 속성을 추출해 낼 수 있다고 생각했다[참고: 래리 위덤(2008). **생명과 우주에 대한 과학과 종교 논쟁 최근 50년**(역). 서울: 헤문서관]. 자연의 모든 것이 조화롭게 배치된 것 같고, 그런 모습들이 인간의 상상을 넘어서는 아름다운 질서 그 자체로 보였기 때문이다. 자연의 조화를 신이 만든 질서라고 볼 수밖에 없었다. 자연의 질서를 과학의 눈으로 설명하려고 노력했다. 그들은 조화로운 자연의 질서와 현상을 정교한 기구가 만들어 놓은 것이라고 보았다. 마치 시계의 태엽 장치에 의해 시침과 분침들이 정확하게 교대하며, 돌아가는 것으로 파악했다. 신이 바로 그 시계를 설계하고, 만들어 낸 시계공이라고 해석했다.

44) 스티븐 호킹은 잇대어 말한다. "아인슈타인의 일반상대성이론은 그 이론 자체에 의하면 시공이 빅뱅 특이점에서 시작되어서 빅 크런치 특이점이나 블랙홀 속에 들어 있는 특이점에서 종말을 맞이할 것이

라고 예견한 바 있다. 블랙홀 속으로 떨어져 들어가는 모든 물질은 이 특이점에서 파괴될 것이고 블랙홀 바깥에서는 그 질량에 의한 중력 효과만이 계속 느껴질 것이다. 반면에 양자 효과를 고려한다면, 그 물질의 질량이나 에너지는 결국 우주의 나머지 부분으로 환원될 것이며, 블랙홀은 그 내부의 특이점과 함께 증발해서 완전히 사라질 것으로 보인다. 과연 양자역학은 빅뱅과 빅 크런치 사이의 특이점에 대해서도 그와 똑같은 극적인 효과를 발휘할 것인가? 중력장이 워낙 강해서 양자 효과를 무시할 수 없는 우주의 극히 초기 단계나 후기 단계에서는 정말로 어떠한 일이 일어나는 것인가? 실제로 우주에는 시작이나 끝이 있는가? 만약 그렇다면 그것은 어떠한 모습들이란 말인가? 1970년대 내내 나는 주로 블랙홀의 연구에 매달려 있었다. 그러나 1981년에 바티칸의 예수회에서 주최한 우주론에 대한 회의에 참석한 이후, 우주의 기원과 그 미래의 운명에 대한 문제에 관심이 되살아났다. 가톨릭교회는 예전에 과학 문제에 대한 원칙을 세우려는 과정에서 태양이 지구의 주위를 돈다고 선언함으로써 갈릴레오에게 큰 잘못을 저질렀다. 그로부터 수세기가 지난 오늘날, 가톨릭교회는 우주론에 대해서 자문을 구하기 위하여 많은 전문가들을 초빙하기로 결정했던 것이다[참고: Hawking, S. (1996). *A brief history of time*. NY: Bantam Press]."

45) 버트런드 러셀은 『나는 왜 기독교인이 아닌가』에서 이렇게 썼다. 모든 생명은 한 번 태어나서 죽을 수밖에 없고 그 이후에는 아무것도 없다. 그렇게 생각했을 때 느끼게 되는 허무함을 생각하면 오히려 그것이 인생의 진실임을 직시하게 만든다. 동시에 현재의 삶을 보다 충실하게 살 수 있다고 격려한다. 그러니 종교에 매달릴 필요 없이 오늘 하루라도 더 열심히, 그리고 충실히 사는 것이 인간에게 더 옳은 일이라고 간주하는 러셀은 종교는 모두 거짓이며 해롭다고 생각한다고 독설을 퍼붓는다. 러셀은 수많은 신학자들이 신의 존재론적 증명을 위해 제시했던 논리들을 어김없이 논리적으로 격파한 바 있다[참고: 버트런드 러셀(2005). 나는 왜 기독교인이 아닌가(역). 서울: 사회평론].

말하자면, 원인론적 증명(우리가 이 세상에서 볼 수 있는 만물은 다 원인이 있으며, 이 원인의 연쇄를 더듬어 올라가면 마침내 제 1원인에 도달하는데 이 원인을 하느님이라 이름한다.)에 대한 반박, 즉 만약 모든 것이 원인이 있어야 한다고 하면 하느님도 원인이 있어야 할 것이다. 원인이 없이 어떤 것이 있을 수 있다면 하느님이라고 하더라도 아무 원인 없이 있을 수 있다. 둘째로, 자연법칙적 증명(사람들은 유성이 인력의 법칙에 의해 움직이는 것을 관찰하고, 하느님이 유성들에게 특정한 양식으로 운행하도록 명령하였고 그 명령에 의해 유성들이 그렇게 운행하게 되었다.)에 대한 반박, 즉 원자들은 사람들이 생각하던 것보다 법칙에 좌우되는 일이 적은 것이 사실이며 인간이 찾을 수 있는 법칙은 끝내 우연히 생길 수 있는 그런 종류의 통계학적 평균치에 지나지 않는다. 그리고 목적론적 증명(인간은 세상을 살아 나가기에 알맞도록 만들어졌기 때문에 조금이라도 다르면 인간은 이 세계에서 살아갈 수 없다.)에 대한 반박, 즉 생물이 환경에 적응하는 것은 환경이 생물에 적합하게 되었기 때문이 아니다. 생물이 환경에 적응해 온 것이며 이런 적응이 바로 삶의 기본 원리인데, 그런 적응에는 아무런 목적이나 증거가 있을 수 없다.)것이 논리적으로 타당하지 않음을 반박한 바 있다.

러셀과는 달리 하버드 대학교 천문학자였던 칼 에드워드 세이건(Carl Edward Sagan) 교수는 신은 존재하느냐는 질문을 과학적인 시각으로 파헤치기 위해 힌두교에서 기독교까지 수많은 신학자들이 제출해 온 신에 대한 가설들과 논증들을 검토하고 논박한다. 그런 논박과 비판의 과정에서 그는 기존의 종교에 대한 사람들의 이해가 서구 사회를 지배해 온 유대교-기독교-이슬람교의 인격신적 일신교의 신학 담론을 중심으로 지구라고 하는 극도로 좁은 공간과 시간에 묶여 있는 신을 중심으로 이루어져 왔다는 점과 둘째로 신의 존재에 대한 과학적 증거대기는 현 단계에는 가능하지 않다고 주장한다. 신의 존재를 서로 내세우는 그런 정도로 객관적으로 그리고 과학적으로 증거하기 어렵다는 것이다.

증명하기가 어렵다고 해서 신의 존재에 대한 '증거의 부재가 곧 부재의 증거'는 아니라고 못박고 있다. 신의 존재에 대한 증거, 그것에 대한 결론은 아직도 열려 있으며, 신에 대한 정의 역시 기존의 종교에 의해 닫혀 있지도 않다고 정리한다. 아직도 신의 존재에 대한 증명에는 과학과 종교의 공감과 그 공감을 나누면서 신의 존재 증명에 대한 지적 수렴점에 도달하려는 태도가 필요하다고 주장한다[참고: 칼 에드워드 세이건(2010). 과학적 경험의 다양성–신의 존재에 관한 한 과학자의 견해(역) 서울: 사이언스북스].

46) 김진홍 목사는 아침 묵상인 「자신을 던질 수 있는 진리」라는 글에서 영국의 대석학이며 무신론의 대석학인 화이트헤드의 교회관을 예로 들고 있다. 화이트헤드의 행적에 관한 그의 글이 어느 정도로 사실과 부합하는지를 확인하기는 어렵지만, 그는 화이트헤드의 행적에 이렇게 쓰고 있다. 그가 어느 폭설이 쏟아지는 날 길을 가다가 눈구덩이에 빠져 있는 한 노파를 구하였다. 눈구덩이에서 구함을 받은 노파는 화이트헤드에게 "참으로 고마워요, 예수를 믿는가 봐요?" 하고 물었다. 그가 답하기를 "아니에요, 나는 예수를 모릅니다."라고 답하였다. 이에 노파가 말하기를 "그러면 안 되지요. 나이도 든 분이 예수를 모르면 되나요. 나는 눈구덩이에서 죽게 되었어도 찬송을 부르며 죽음을 맞을 준비를 하고 있었는데 예수를 모르면 되나요."라고 확신을 품고 말하였다.

화이트헤드는 그 노파의 이야기 때문에 큰 도전을 받았다. 그 노파는 죽을 자리에서도 그렇게 확신 있는 신앙으로 임할 수 있었는데 자신은 겉으로는 대석학이지만 그런 확신이 도무지 없는 사람이란 생각에 숙연해졌다. 자신에게도 진리에 대한 그런 확신이 필요하다는 사실을 깨닫게 되었다. 얼마 후 그는 가까운 교회에 등록을 하고 교회에 다니기 시작하였다. 그런데 문제는 그 교회의 젊은 목사였다. 철학계의 대석학이 자신의 교회에 등록하여 교회에 나오게 되니까 설교할 때에 '철학과 신학의 대화'란 제목으로 철학 이야기를 거듭하였다. 참다 못한 화이트헤드는 목사를 찾아가 말하였다. "목사님 철학에 대하여는 아무래도 제가 목사님보다는 더 많이 알겠지요. 내가 교회에 와서 듣고자 하는 바는 철학 이야기가 아니라 눈구덩이에서도 흔들림 없었던 그 노파의 신앙입니다. 예수에 대한 확신입니다. 예수 이야기를 해 주시지요. 나 자신을 기꺼이 던질 수 있는 진리에 대한 확신을 말해 주십시오."

화이트헤드는 그 젊은 목사에게 자기 삶을 통째로 던질 수 있는 진리와 깨우침을 요구했던 것이다. 화이트헤드는 신앙인의 가정에서 자랐다. 할아버지인 토머스 화이트헤드는 지금의 채텀 하우스 아카데미로 알려진 남학교를 설립하고 자수성가한 사람이었고, 아버지인 앨프레드 화이트헤드는 영국 국교회 목사로서 할아버지와 교대로 이 학교를 이끌어 나갔다. 그는 후에 새닛의 성베드로 대성당 신부가 되었다. 그렇지만 그의 아들 화이트헤드는 결혼 직전, 오랫동안 간직했던 종교에 대한 관심이 새로운 전환을 맞았는데, 그의 종교적 배경이 영국 국교회와 단단히 묶여 있었기 때문이었다. 아버지와 삼촌은 사제였고 형 헨리도 사제로서 마드라스의 주교가 되었음에도 화이트헤드 자신은 오히려 추기경 뉴먼의 영향을 받아 로마 가톨릭 교회의 교리에 관심을 기울이기 시작했다. 그는 수많은 신학서적을 읽고 나서는 신학 장서를 처분하고 종교를 포기했다. 종교에 대한 그의 회의와 의심은 제1차 세계대전 뒤에는 사라졌지만, 그렇다고 어느 교회를 선택해서 나간 것은 아니었다. 그는 어느 교회에도 나가지 않은 채 종교에 관한 글을 썼었다. 1926년 그의 저서, 『발달 중인 종교(Religion in the Making)』가 출판되었다. 이 책에서 화이트헤드는 종교를 인간의 고독에서 가장 깊은 단계에 이르는 것으로 받아들이고 있다. 그는 삶을 마감하는 끝까지 종교를 사회 현상으로서가 아닌 우주를 향한 개인의 마음가짐으로서 받아들이고 그것을 설명했었다. 그에게 필요했던 것은 자신을 불사를 수 있는, 말하자면 통째로 자신을 던져 버릴 수 있는 그런 절대적인 신에 대한 진리를 원했었다.

47) 신앙의 원칙과 과학의 원칙이 상호 보완 관계에 있다고 간증하는 콜린스 교수의 주장은 창조론자들로부터 상당한 비판을 받게 만들지만, 과학자로서 무신론자였던 그가 신앙인이 되기까지의 여정을 말하는 것이어서 시사하는 바가 크다. 그는 현대 과학을 돌아보며 그가 연구하던 물리, 화학, 생물학의 주제들이 신과 성경에 대한 믿음과 어긋나지 않고 서로 잘 들어맞는다는 사실을 보여 주고 있다. 그는 과학이 자연계를 이해하는 믿을 만한 수단이며, 과학이라는 도구를 적절하게 이용한다면 물질적 존재를 들여다보는 심오한 종교적인 통찰력을 키울 수 있다고 주장한다[참고: 프랜시스 S. 콜린스(2009). 신의 언어(역). 파주: 김영사]. 물론 과학이 모든 것에 대답할 수 있는 유일한 척도일 수는 없다는 주장도 수용한다.

과학으로서도 대답할 수 없는 질문이 있는데, 말하자면 우주는 왜 생성되었는가, 도대체 인간 존재의 의미는 무엇인지, 인간이 죽으면 그 후에 어떤 일이 일어나는지 등과 같은 질문에 대한 대답은 과학으로서는 접근하기 어려운 것들이다. 그런 질문들은 물질적인 것에 관한 질문이 아니라 눈에 보이지 않는 것에 대한 답을 해야 하는 것이기 때문이다. 그런 질문에 대한 답을 이해하려면 과학적 관점만을 고집하는 태도를 벗어나서 영적 관점으로 접근해야 하기 때문이다. 예를 들어, 인간은 탁월한 지적 능력으로 우주의 대폭발을 알아냈지만, 그 우주의 대폭발을 '거듭된 우연'으로만 해석하기에는 우리의 이성적 추리를 넘어서는 그 무엇이 있음을 알게 된다. 그것은 우주의 대폭발에서 '종교적 암시'를 읽고 '초자연적 존재'를 상상했던 호킹 박사의 증언에서도 드러난다. 생명체의 미세한 유전자를 연구하여 인간의 유전자 지도를 구성하는 작업에서도 마찬가지다. 31억 개의 글자 중 한 글자의 위치가 바뀌거나 한 글자만 틀려도, 치명적인 불치병에 걸릴 수 있다는 사실이 우리에게 알려 주는 것은 단 한 가지다.

그는 말한다. "염기서열을 밝히던 나는 태아 헤모글로빈을 생성하는 여러 유전자 중 어느 한 유전자의 바로 '위쪽' 지점에서 C 대신 G가 놓인 사실을 발견한 날을 결코 잊을 수가 없다. 태아 프로그램이 성인 프로그램으로 바뀌는 까닭은 바로 이 글자 하나의 변이에 있었다. 나는 짜릿하면서도 동시에 몹시 지쳐 버렸다. 인간 DNA 암호에서 바뀐 글자 하나를 찾는 데 무려 18개월이 걸리다니!"

결국 우리가 말하는 정상인, 말하자면 병에 걸리지 않는 정상인의 유전자 지도는 너무나도 완벽하고 정교하게 움직이는 하나의 신비한 체계임을 알려 준다. 이 모든 것을 고려하면, 인간의 유전자 지도라는 것은 '하느님이 생명을 창조할 때 사용한 DNA 언어'를 해독하는 일을 의미하며, 생물학자들이 의지하는 자연선택이나 적자생존으로 설명되는 다윈의 진화론은 신만의 경이로운 설계 능력을 보여 주는 증거라고 볼 수밖에 없다는 것이 콜린스 교수의 증언이다.

48) 참고: 캔터베리의 안셀무스(2002). 모놀로기온 프로슬로기온(역). 서울: 아카넷.

49) 영성을 '공부하려는' 사람에게 신에 대한 존재 증명은 언제나 어렵지만, 그 길을 '걷고 있는' 사람에게 신은 언제나 쉽기 마련이라고 생각하는 에크하르트는 '영혼에서 신의 탄생'이 신에 대한 존재 증명이라고 생각한다. 에크하르트는 그 점을 요한복음 1장 14절에 근거하여 설명한다. 그의 해석에 따르면, 영혼이 바로 신의 출생 장소라는 것이다. 신은 영혼 안에서 완전성, 빛 그리고 은총으로 변하는데, 성부가 나를 영혼 안에서 자기의 아들로 낳아 주셨기 때문이다. 성부인 "그는 나를 자신으로서 자신을 나로서, 나를 자기의 것으로 낳아 주신다."는 것이 그의 절대적인 입장이다.

에크하르트는 신이 활동하는 영혼의 근거를 작은 불꽃이라고 했다. 이 불꽃은 두 개의 기능을 가지는데 선한 것을 받아들이고 악한 것에 저항한다[참고: 우술라 플레밍(2002). 그에게는 아무것도 감추지 않았다(역). 서울: 바오로 딸]. 에크하르트는 인간의 지력을 인정하면서도 인간이라는 존재는 근원적으로 신에 대해 결핍하고 있는 존재라고 본다. 인간은 신에 의해 창조된 존재이지만, 그에게는 근원적인 결핍이 내재되어 있다는 것이다. 그것이 존재에 대한 결핍인데, 인간은 무엇인가를 가진 것 같지만 아무것도 지니거나 가진 것이 없는 존재일 뿐이라는 것이다. 에크하르트는 마태복음의 산상수훈에 나오는 구절(마태복음 5:3), 즉 "마음이 가난한 사람은 복이 있다."를 바로 인간의 존재 결핍의 극적인 상태로 지적하고 있다. 그는 "가난한 사람은 아무것도 욕망하지 않고 아무것도 모르고 아무것도 소유하지 않는 사람이다. 신의 뜻을 성취하기를 욕망하는 자들, 또 영원과 신에 대해 동경하는 사람들 역시 마음이 가난한 자가 아니다. 그들 역시 무엇을 욕망하고 갈망하기 때문이다."라고 풀이하고 있다.

존재이면서도 존재 결핍의 존재인 인간에게는 의지 역시 결핍되어 있게 마련이라고 보는 그는 그 스스로 자기의 의지를 신의 뜻으로 해석한다. 그에 따르면 인간은 신의 절대적 의지에 기댄 채, 신을 위해 늘 무엇을 준비하며 노력하는 그런 신의 의지 표현을 절대적으로 받드는 동시에 의지 결핍을 영원한 굴레로 받아들이는 존재일 뿐이라는 것이다. 마지막으로 존재 결핍의 존재로서 신의 피조물인 인간에게는 의지도 결핍되어 있을 뿐만 아니라, 지성(知性)마저도 근원적으로 결핍되어 있게 마련이다. 인간 스스로 신에 대해 알고 있다고 자만하면 자만할수록 인간은 그만큼 신의 위치에 다가갈 수 있다는 허위감으로 가득하게 된다.

그렇게 되면 더욱더 신에 대한 경건이나 경외가 생길 수가 없게 되지만, 인간에게는 지력이 근원적으로 결핍되어 있기에 끝내 신에 대하여 모든 것을 알고 있다는 자만의 오만함을 알게 되고 그로부터 자기가 신의 존재와 세상에 대해 더욱더 모른다는 그런 무지(無知)에 대한 새로운 앎이 시작된다는 것이다[참고: 레이몬드 B. 블레크니(1988). 마이스터 에크하르트 1, 2(역). 서울: 다산글방; 이부현(1999).

마이스터 에크하르트의 독일어 설교들에 나타난 주요 주제. **중세 철학**, (5), 24-35; 김영수(1999). 마이스터 에크하르트의 근본 가르침. 부산가톨릭대학원 석사논문. 이런 마이스터 에크하르트를 다이세쯔 스즈끼 같은 일본의 불교학자들은 서양으로 선불교를 매개한 신학자로 평가하고 있다. 그와 생각을 같이하는 일본의 종교학자 우에다 교수는 에크하르트가 그리스도교가 지니고 있는 지성력의 한계를 선불교의 지력으로 극복하고 있다고 평가하고 있다[참고: 길희성(2003). **마이스터 에크하르트의 영성 사상**. 서울: 분도].

50) 생명이란 자신을 복제하는 시스템을 말한다. DNA라는 자기 복제 분자의 발견을 계기로 우리는 생명을 그렇게 정의했다. 나선형으로 꼬여 있는 두 가닥의 DNA 사슬은 서로 상대방을 상보적으로 복제함으로써 자신을 복제하는 생명 시스템은 가변적이고 지속할 수 있는 시스템이다. 생명 시스템은 그 물질적인 구조 기반, 즉 구성분자 자체에 의존하는 게 아니라 그 흐름이 유발하는 '효과'다. 생명 현상은 구조가 아니라 효과다. 그래서 내 몸을 생화적으로 말하면 한 달 전의 내 몸은 오늘의 내 몸이 결코 아니다. 분자 차원에서 나는 한 달 전과는 완전히 다른 사람으로 변해 있기 때문이다. 한 달 동안 내 온몸에서 분해와 합성이 끊임없이 일어났기에, 지금의 나는 한 달 전의 내가 아니라는 뜻이다. 내 몸 안에서는 피부, 손톱, 모발, 장기 등 모든 것이 끊임없이 생성되면서 옛것을 밀어내고 새것으로 변화하기 때문이다.

이것을 분명하게 보여 준 생의학자가 루돌프 쉰하이머 교수다. 독일 태생이지만 나치 정권을 피해 미국으로 이주, 컬럼비아 대학교에서 연구했던 생리화학자 루돌프 쉰하이머(Rudolf Schoenheimer) 교수는 중질소(15N, 重窒素: 질소로서 화학적 성질에는 이상이 없지만, 약간 무거운 질소)를 '추적자'로 활용하여 쥐 실험에 이용했다. 그것은 단백질을 구성하는 아미노산에는 모두 질소가 함유되어 있는데, 생물이 이 단백질을 먹어 버리면 보통 그 아미노산은 체내의 아미노산과 혼동되어 파악할 수 없지만 중질소를 아미노산의 질소 원자로 삽입하면 그 아미노산은 식별할 수 있게 되기 때문이었다. 쉰하이머는 일반 사료를 먹여 키운 실험용 성인 쥐에 아주 짧은 일정 기간 중질소로 표시된 로이신이라는 아미노산을 함유한 사료를 먹인 다음, 쥐의 모든 장기와 조직을 대상으로 중질소의 행방을 찾았다. 동시에 쥐의 배설물까지 모두 회수하여 추적자의 수치를 산출했다. 실험용으로 성인 쥐를 활용한 것은, 성숙한 쥐의 체중은 거의 변화가 없기 때문이었다.

어린 쥐의 경우, 섭취한 아미노산이 신체의 일부로 편입되고, 이를 사전에 차단하기 위해서였다. 쥐가 먹은 먹이는 생명의 유지를 위한 에너지원으로 연소될 것이기에 섭취한 중질소 아미노산도 금방 연소될 것이라는 것이 당초에 갖고 있던 쉰하이머의 전제였다. 당시의 생물학계의 생각도 마찬가지로 아미노산이 연소되고 남은 찌꺼기에 함유된 중질소는 모두 소변으로 배출될 것이라고 예측하고 있었다. 그러나 실험 결과는 그의 예상을 완전히 빗나갔다.

중질소로 표시된 아미노산이 쥐에게 사흘 동안 투여되었는데, 그동안 소변으로 배설된 것은 투여량의 27.4퍼센트였을 뿐이었다. 변으로 배출된 것도 겨우 2.2퍼센트였기에, 대부분의 아미노산이 쥐 체내의 어딘가에 머물러 있다는 결론이 나온다. 남은 중질소의 행방을 추적한 결과, 답은 단백질이었다. 투여된 중질소 중 56.6퍼센트가 몸을 구성하는 단백질 속에 흡수되어 있었다. 흡수된 곳도 쥐의 온몸에 분비되어 있었다. 흡수율이 높은 장벽, 신장, 비장 등 장기와 혈청(혈액 중의 단백질) 등이었다. 가장 많이 소모될 것으로 생각되었던 근육 단백질은 아주 미량의 중질소만을 흡수했다. 실험 기간 중 쥐의 체중은 거의 변하지 않았다. 쥐의 몸무게가 증가하지 않았다는 것은 새로 만들어진 단백질과 같은 양의 단백질이 빠른 속도로 낱개의 아미노산으로 분해되어 체외로 빠져나갔음을 분명하게 보여 주는 것이었다. 결국 쥐를 구성하고 있던 몸의 단백질은 겨우 사흘 만에 쥐가 섭취한 아미노산의 약 50퍼센트에 의해 완전히 바뀌었던 것이다.

쇤하이머는 자신의 실험 결과를 근거로 이를 '신체 구성 성분의 동적인 상태', 즉 동형 평형이라고 불렀다[참고: 후쿠오카 신이치(2008). 생물과 무생물 사이(역). 서울: 은행나무]. '생명이란 동적인 평형 상태에 있는 시스템'이기에, 외발자전거를 타고 균형을 잡을 때처럼 오히려 바쁘게 움직여야만 평형을 유지할 수 있다. 신체는 질서를 유지하기 위해 끊임없이 파괴되고 있다. 질서가 유지되기 위해서는 끊임없이 파괴되어야 한다. 인간의 몸은 기계처럼 단순한 부품과 부품의 결합이 아니라 끊임없이 성분의 변화를 일으키며 평형을 이루고 있다.

51) 릴리우오칼라니(Liliuokalani)는 1898년 미국에 합병된 하와이 제도(諸島)를 통치한 하와이 왕국의 유일한 여왕이었다. 그녀는 미국에 의한 강제합병 그리고 1895년 선교당(Missionary Party)의 샌퍼드 B. 돌에 세운 미국인의 임시 공화국에 대해 '오니 파(Oni pa'a)', 즉 '굳게 맞서라'라는 하와이인의 불복종 운동을 앞장서 옹호하면서 격렬하게 싸웠던 하와이 마지막 통치자이기도 했다. 그녀는 어릴 적부터 음악에 재능이 있어 작곡한 노래인 〈알로하 오에(Aloha Oe)〉로 더 유명하다. '알로하'라는 말은 안녕이라는 말이고, '오에'는 당신이라는 뜻이다. 알로하 오에는 하와이 사람들의 인사로서 안녕 정도를 말한다.

알로하 오에는 모든 생명에 대한 애틋한 경외와 더불어 신이 우리와 함께한다는 간절한 뜻이 담겨 있는 인사다. "검은 구름 하늘을 가리고 이별의 날은 왔도다. 다시 만날 날 기대하고 서로 작별하고 떠나가리. 알로하 오에 알로하 오에 꽃피는 시절에 다시 만나리. 알로하 오에 알로하 오에 다시 만날 날까지. 들려오는 저 물새 소리도 이별을 서러워하고 날마다 가는 갈매기떼들 우리의 작별을 슬퍼하니 알로하 오에 알로하 오에 꽃피는 시절에 다시 만나리. 알로하 오에 알로하 오에 다시 만날 날까지."

52) 확률 이론을 창시했고, 압력에 관한 원리를 체계화하며 신의 존재는 이성이 아니라 심성을 통해 체험할 수 있다는 종교적 독단론을 설파한 파스칼(Blaise Pascal)은 가톨릭 교리를 엄격하게 지키는 독실한 신자였었다. 파스칼은 아버지의 병환이 계기가 되어, 얀센주의의 엄격한 도덕과 신앙을 받아들이게 된다. 로마 가톨릭 교회에서 17세기 형태의 성 아우구스티누스주의를 고수하는 얀센주의는 인간의 자유의지를 거부하고 신의 예정설을 믿는다. 구원의 열쇠는 인간의 선행이 아니라 신의 은총이라는 가르침은 파스칼을 얀센주의적 신앙 생활로 돌아서게 만들었다.

그는 말한다. "인간은 엄청나게 위대한 존재다. 인간은 자기 자신이 비참한 존재라는 사실을 알고 있기 때문이다. 나무는 자신의 비참함을 전혀 모른다. 요컨대, 자신이 비참한 존재라는 것은 알고 있는 자만이 비참한 것이다. 그러나 자신이 비참한 존재라는 사실을 알고 있는 것만이 위대한 일이다. 감각이 없다면 인간은 비참하지 않다. 파괴된 건물도 비참하지 않다. 오직 인간만이 비참하다. 나는 그것을 깨달은 남자다(Ego vir videns)." 그가 깨달은 것은 '신은 아브라함의 신, 이삭의 신, 야곱의 신이지 철학자의 신이 아니다. 아브라함과 만나 주신 신, 이삭과 함께하신 신, 야곱이 현실적으로 구체적으로 체험한 신이지 이론적으로 학문적으로 설명되는 신이 아니라는 깨달음이었다.

53) 참고: 폴 블룸(2011). 우리는 왜 빠져드는가?(역). 서울: 살림.

54) 참고: 엘렌 랭거(2008). 예술가가 되려면(역). 서울: 학지사.

55) 그녀는 자신의 열정을 재발견하기 위해서 몇 가지 삶의 처방전을 쓴다. 그것은 정말로 약이 필요 없는 일상적인 처방이다. 말하자면, ① 열정의 참뜻을 알라, ② 삶의 유한성을 느껴라, ③ 아름다운 것을 아름답게 받아들이도록 하라, ④ 자신이 다른 사람과 연결되어 있음을 느낄 수 있는 방법을 찾아라, ⑤ 자신의 화를 건강한 방식으로 표현하라, ⑥ 창의성을 표현하라, ⑦ 무엇이든 먹을 때에는 맛있게 먹어라, ⑧ 큰일을 위해 봉사하라, ⑨ 자신이 아이였을 때 좋아했던 일을 계속 하라. 그리고 ⑩ 열정적인 사람과 대화하라와 같은 일상적으로 해낼 수 있는 일들이기 때문이다[참고: 사라 로젠탈(2007). 약 없이 우울증과 싸우는 50가지 방법(역). 서울: 학지사].

56) 에릭 메이젤(Eric Maisel) 교수는 진정한 삶을 살아가기 위해 자신에게 세 가지 질문을 늘 던지라고 충고한다. 첫째, "내게 중요한 것은 무엇인가?" 둘째, "나의 생각은 내가 늘 중요하다고 생각하는 것에 정조준하고 있는가?" 셋째, "나의 행동은 내가 이뤄야 중요한 그것을 과녁으로 삼고 있는가?" 이 질문들을 바탕으로 매일을 자신의 것으로 삼아 살아간다면 완벽하게 행복하지는 않다고 하더라도, 진정하지 못한 삶을 사는 데서 오거나 선택한 불행한 감정을 없앨 수 있다. 그렇게 하기 위해서는 자신이 가장 먼저 할 일은 자신의 삶을 있는 그대로 직시하는 일이다. 그렇게 하면서 이 세상은 나에게 처음부터 그렇게 커다란 관심이 없다는 사실을 인정하게 되고, 그로부터 자신 스스로에게 관심을 두고 자신이 중요한 존재가 되겠다고 결심해야 한다. 어차피 세상은 나에게 피상적일 뿐이기에 자신을 자신의 중심에 두고 자신의 욕구와 필요, 가치를 통째로 살피면서 살아가야 하는 삶의 의미를 만들어야 한다. 그렇게 할 때 반드시 주의할 것은 자기 기분이 어떤지에 늘 신경을 쓰면서, 그것을 점검하기보다는 내가 나일 수밖에 없고, 삶은 내가 살아가는 일이라는 것의 의미를 만들고, 그 의미에 집중해야 한다. 사람들은 일이 잘 풀릴 때 무엇인가 잘 되고 있다는 감정이 솟구치면 자기 기분을 돌아보지 않다가도, 일이 뜻한 대로 의도한 대로 겨냥한 것처럼 잘 풀리지 않을 때는 어김없이 자신의 기분을 살피고, 자기가 처한 현실에 무기력하게 좌절한다. 그것이 바로 우울한 감정을 만들어 내고, 자신을 초초하게 만들며 자신을 무용한, 무의한 존재로 몰아간다. 그래서 자신이 자신의 진정한 삶을 살아가기 위해서는, 무엇보다도 자질구레하게 나의 곁에 떠도는 그런 기분보다는 내가 살아가야 하는 나의 존재와 귀함, 그리고 그런 일을 만들어 내는 의미에 집중해야 한다[참고: 에릭 메이젤(2012). 가짜 우울(역). 서울: 마음산책].

57) 참고: 쿠치키. N(1987). 현대의 신(역). 서울: 범우사.

58) 니콜라우스 쿠자누스(Nikolaus von Kues) 교회법 박사로서 1450년 브릭센의 주교가 된 후 독일 수도원을 개혁한 사람이다. 그는 자기의 주저인 『계몽된 무지』라는 저서에서, 신은 가능성과 현실을 통일하고 있는 존재라고 보았다. 가능성이라는 말은 신에게서는 존재의 무한성을 의미하기에, 신은 모든 것을 존재하게 할 수 있는 존재자일 뿐이다. 신이 무한성을 지닌 존재임을 쿠자누스는 '포세스트(Posseat)'라는 새로운 단어로 설명한다. 포세스트라는 말은 '가능-존재(can-is)' 또는 '존재 가능(be-can)'을 표시하는 합성어다. 포세스트라는 말은 신이 절대적인 통일로서 그 어떤 현실도 그 신이라는 외부에 있을 수 없다는 것이다. 신과 맞서거나 맞설 수 있는 그 어떤 타자적인 존재도 있을 수 없다는 것이다. 설령 그에게 대립하는 것이 있다 하더라도 그것은 불가능한 상상일 수밖에 없는데, 그것은 모든 대립조차도 그 안에 있기 때문이다.

신은 가장 크면서도 가장 작고, 모든 것을 포괄하면서도 각각의 개별적 사물에 영향을 미치고 있는 절대적이며 유일할 뿐이다. 신이 대립들을 자신 속에 지니고 있는 것도 사실이기는 하지만, 그 대립성은 자체 속에서 유지하는 것이 아니다. 그것은 '코인키덴티아 오포시토리움(coincidentia oppositorium)', 즉 대립자들의 일치일 뿐이다[참고: 폴커 슈피어링(2007). 세계사를 바꾼 철학의 구라들(역). 서울: 이룸]. 인간이라는 존재가 갖고 있는 한계는 그가 지니고 있는 라티오(ratio), 즉 지력의 한계 그것을 넘어서지 못한다. 인간은 사물들을 서로 구별·비교·측정·긍정·부정하기는 하지만, 그것으로는 이 세상사에 나타나는 대립들을 결코 넘어서지 못할 뿐이다. 더군다나 신에게는 아예 다가가지도 못한다.

인간의 지력은 기껏해야 대립자들을 고정시키고 그것 간의 비교를 견줄 수 있을 뿐이다. 인간의 지력은 아리스토텔레스가 이미 말한 양자택일적 사유에 의해 산출된 논리적인 원칙을 벗어날 수 없기 때문이다. 신에 도달하기 위해서는 오성에 의해 길들여진 대상 연관적인 지식이 아니라, 무지에 대한 지성적 이해가 필요하다. 고차원적인 의미에서의 앎이라고 하는 것은, 알고 있지 않음과 못함을 잘 알고 있는 무지, 말하자면 자신의 무지를 아는 무지로서의 계몽된 무지다. 신의 존재에 대한 계몽된 무지만이 신을 알아 가기 위해 필요한 배움의 토대다.

59) 영국 BBC 퀴즈 프로그램 QI 프로듀서인 존 로이드(John Lloyd)와 존 미친슨(John Mitchinson)은 "진리는 무지를 통해 드러난다."라는 역설은 결코 역설이 아니라고 말한다[참고: 존 로이드·존 미친슨(2009). 지식의 반전(역). 서울: 해나무]. 사람들은 학교에서 배운 내용이나 책에서 읽은 지식의 권위에 의심하거나 도전하지 않는 채 그들이 이야기하는 것을 일단은 사실 혹은 진리라고 받아들인다. 그런 것들 가운데 상당수는 잘못된 출처에서 인용된 것이거나 혹은 거짓말투성이기 때문이다. 진리는 무지를 통해 드러난다는 전제 아래 이들은 그동안 사람들이 진리라고 믿은 채 한 번도 물어볼 생각도 하지 않았던 혹은 답을 알고 있어서 물어볼 필요조차 느끼지 않았던 것들에 대해 질문하며, 그런 위장된 진리들의 거짓을 폭로한다.

예를 들어, 백과사전에서는 '월터 롤리 경'이라는 사람을 칭찬하고 있다. 영국의 정치가이자 탐험가로, 아메리카를 여행하고 버지니아를 최초로 발견했으며 담배와 감자를 영국에 처음으로 들여온 인물로 묘사하고 있다. 인터넷이나 집단지능의 답을 모아 봐도 결론은 마찬가지다. 책이든 방송이든 그의 이름이 등장하면, 인용자들은 롤리 경을 동일한 내용으로 설명하거나, 주를 달아 그의 공적을 더 각색해 놓는다. 그러나 롤리 경은 조작된 이야기다. 존 로이드가 방송 프로그램을 위해 구성하고 운영하는 QI 조사단의 조사에 따르면, 롤리 경이라는 매력적인 인물에게 대중적인 속설을 덧붙여 위작하고 그가 해보지 않은 일들을 거짓으로 조작해 놓은 것이었기 때문이다. 월터 롤리 경은 무엇보다도 먼저 아메리카 대륙에는 가본 적이 없는 인물이다. 게다가 담배와 감자는 롤리 경이 태어나기도 전에 영국에 들어와 있었기 때문에 그가 아메리카에서 가져왔다는 그 자체가 완전 거짓이다. 그런 황당한 '거짓말'이 모든 세계의 사람을 수백 년 동안 속여 왔던 것이다.

60) 참고: 최건영(1996). 미하일 바흐친의 초기 저작과 폴리포니 소설론의 기원─바흐친 소설론의 성격 규명을 위한 서설. 슬라브학보, 11(2), 87-106; 미하일 바흐친(2000). 장편소설과 민중언어(역). 서울: 창작과 비평사; 이득재(2003). 바흐친 읽기. 서울: 문화과학사.

61) 마태복음(26:36-46)은 예수가 겟세마네에서 보여 준 기도를 이렇게 기록하고 있다. "이에 예수께서 제자들과 함께 겟세마네라 하는 곳에 이르러 제자들에게 이르시되 내가 저기 가서 기도할 동안에 너희는 여기 앉아 있으라 하시고, 베드로와 세베대의 두 아들을 데리고 가실 새 고민하고 슬퍼하사, 이에 말씀하시되 내 마음이 심히 고민하여 죽게 되었으니 너희는 여기 머물러 나와 함께 깨어 있으라 하시고, 조금 나아가사 얼굴을 땅에 대시고 엎드려 기도하여 가라사대 내 아버지여 만일 할 만하시거든 이 잔을 내게서 지나가게 하옵소서 그러나 나의 원대로 마옵시고 아버지의 원대로 하옵소서 하시고, 제자들에게 오사 그 자는 것을 보시고 베드로에게 말씀하시되 너희가 나와 함께한 시 동안도 이렇게 깨어 있을 수 없더냐. 시험에 들지 않게 깨어 있어 기도하라 마음에는 원이로되 육신이 약하도다 하시고, 다시 두 번째 나아가 기도하여 가라사대 내 아버지여 만일 내가 마시지 않고는 이 잔이 내게서 지나갈 수 없거든 아버지의 원대로 되기를 원하나이다 하시고, 다시 오사 보신즉 저희가 자니 이는 저희 눈이 피곤함일러라. 또 저희를 두시고 나아가 세 번째 동일한 말씀으로 기도하신 후, 이에 제자들에게 오사 이르시되 이제는 자고 쉬라 보라 때가 가까왔으니 인자가 죄인의 손에 팔리우느니라. 일어나라 함께 가자 보라 나를 파는 자가 가까이 왔느니라."

62) 구약성경 창세기(32:24-26)에 따르면, "야곱은 홀로 남았더니 어떤 사람이 날이 새도록 야곱과 씨름하다가 그 사람이 자기가 야곱을 이기지 못함을 보고 야곱의 환도뼈를 치매 야곱의 환도뼈가 그 사람과 씨름할 때에 위골되었더라 그 사람이 가로되 날이 새려 하니 나로 가게 하라 야곱이 가로되 당신이 내게 축복하지 아니하면 가게 하지 아니하겠나이다."라고 처절하게 기도하는 야곱의 모습을 담고 있다.

63) '불교에서 기도를 금기시하고 있는 것처럼 말하는 것은 불교에 대한 오해'라고 말하는 혜담 스님은 오히려 기도야말로 불가에서 말하는 수행의 정수라고 말하고 있다. 흔히 사람들은 기도를 신(神)이나 신에 버금가는 신적인 대상에게 자기가 원하는 무엇인가를 간청하는 일종의 신과의 대화라고 부른다. 동시에 기도는 종교 중에는 기독교와 관련된 종교의 특성으로 여겨지기도 한다. 불교에서는 기도라는 말 자체가 성립되지 않는 것으로 여겨져 왔지만, 이것은 불교에서 사실이 아니라는 것을 주장하는 사람이

바로 광덕 스님이다.

광덕 스님은 동산 선사의 맥을 이은 율사요, 선사요, 대포교사로서 한국 불교의 새로운 역사를 쓴 우리 시대의 보현보살로 추앙받고 있는 스님이기에, 그가 기도를 불교의 정수라고 말하는 것은 있을 수 없다고 보는 사람도 있다. 그러나 광덕 스님의 상좌였고 도반이었던 수제자 혜담 스님은 분연히 기도가 불교에서도 아주 소중한 방법이라고 주장한다. 그 스스로 큰 병을 앓으면서 "마하반야바라밀을 염송하는 기도 수행을 통해 기도가 불가에서도 가장 확실한 수행방법"이라는 광덕 스님의 말씀을 확인할 수 있었기 때문이다. 그에 따르면, 기도는 내 생명에 넘쳐흐르는 진리가 드러날 수 있도록 하는 수단이며 방편이라고 본다. 기도는 단순하게 복을 빌거나 재앙을 벗어나거나 병이 낫는다든가 불행한 사태가 호전될 것을 기대하는 식의 현세적인 이익을 얻기 위하여 간청하는 방편이라기보다는 인간이라는 존재가 부처와 같은 진리이며 생명임을 확실히 믿으면서 마하반야바라밀 염송을 통해 진리를 생활 속에 구현하는 방편이라는 것이다. 불가에서 말하는 기도는 법성 진리의 힘을 활용하여 본래 완전한 진리의 공덕이 자신과 환경에 드러나게 하는 방편이자 수행을 말한다. 인간이 본래 갖추고 있는 진리를 겉으로 회복함으로써 생활 속에 진리를 구현해가는 행복을 창조하는 수행의 방편이다[참고: 광덕(2009). 행복을 창조하는 기도(역). 서울: 불광출판사].

64) 사도 요한(요한1서 4:12)은 신의 실체가 믿는 이들의 마음과 마음으로 이어지는 관계이며, 그 관계 속에서 꽃피는 사랑 그 자체임을 강조하고 있다. 사랑은 말로 하는 것이 아니라 행위로써 하며 믿음과 진실로 한다는 것이 그의 생각이었다. 신의 실체를 볼 수는 없지만, 믿으면 신의 실체가 사랑으로 드러난다는 것이다. "사랑하는 여러분, 서로 사랑합시다. 사랑은 하느님에게서 난 것입니다. 사랑하는 사람은 다 하느님에게서 났고, 하나임을 압니다. 사랑하지 않는 사람은 하느님을 알지 못합니다. 하느님은 사랑이시기 때문입니다(요한 1서 4:7-8)." …… "하느님이 우리에게 자기 영을 나누어 주셨습니다. …… 이것으로 우리가 하느님 안에 있고, 또 하느님이 우리 안에 계시다는 것을 우리는 압니다. 우리는 아버지께서 아들을 세상의 구주로 보내신 것을 보았고, 또 그것을 증언합니다. 누구든지 예수를 하느님의 아들로 시인하면, 하느님이 그 사람 안에 계시고, 그 사람은 하느님 안에 있습니다. 우리는 하느님이 우리에게 베푸시는 사랑을 알았고, 또 믿었습니다. 하느님은 사랑이십니다. 사랑 안에 있는 사람은 하느님 안에 있고, 하느님도 그 사람 안에 계십니다. 사랑이 우리에게서 완성되었다는 사실은 이 점에 있으니, 곧 우리로 하여금 심판날에 담대하게 하려는 것입니다. 우리가 이렇게 담대해지는 것은 그리스도께서 사신 대로 또한 우리도 이 세상에서 그렇게 살기 때문입니다. 사랑에는 두려움이 없습니다. 완전한 사랑은 두려움을 내쫓습니다. 두려움은 징벌과 관련이 있습니다. 두려워하는 사람은 아직 사랑을 완성하지 못한 사람입니다. 우리가 사랑하는 것은 하느님이 우리를 먼저 사랑하셨기 때문입니다(요한1서 4:13-19)."

65) 우주에는 신이 없다고 주장하는 데이비드 밀스(Mills, D.)는 인간의 역사에서 참혹한 사건들은 대부분 종교적인 문제로 발생한 것이라고 잘라 말한다. 지옥은 당연히 존재할 수 없는데 종교인들은 그것을 통제의 목적으로 만들어 내놓았기 때문에 죽음을 두려워 하는 사람은 바로 그들 종교인들이고, 그것은 천

당과 지옥 둘 중 어느 곳으로 가게 될지를 모르고 방황하기 때문이라는 것이다. 무신론자들에게는 그런 선택에 대한 고뇌가 있을 수 없기에, 말하자면 신이라는 존재를 가정하지 않기 때문에 오히려 자신의 행복을 위해 인생을 즐길 수 있다고 이야기한다[참고: 데이비드 밀스(2010). 우주에는 신이 없다(역). 서울: 돌을새김].

그는 잇대어 종교, 특별히 서양의 기독교의 제도화와 기관화가 인간의 의식을 어떻게 옥박질러 왔는지를 설명한다. "역사적으로 교회는 새로운 과학적 진보에 맞서 악의에 찬 싸움을 벌여 왔습니다. 하지만 일단 새로운 과학적 성과들을 비난한 후 원했던 효과를 얻지 못하면 쉽게 태도를 바꿔 새로운 발견들을 하느님이 인류에게 준 선물로 받아들입니다. 가톨릭 성자들은 인쇄 기계의 발명조차 반대했습니다. 대량 생산된 성서가 '하느님의 말씀'을 잘못 해석하거나 비판할 수 있는 사람들의 손에 들어갈 수 있기 때문이었지요." "……교회에 모인 사람들은 병을 앓고 있거나 병원에 입원한 사람의 빠른 회복을 위해 기도한다. 만약 병석에 누워 있던 사람이 건강을 회복하면, 교회는 그것을 과장되게 부풀려 기적을 행하는 그들의 신이 베푼 은혜로 돌린다. 그 사람이 죽으면, 이 슬픈 결과가 신의 존재나 기도에 응답하는 신의 능력을 부정하는 증거로는 받아들이지 않는다. 기대에 어긋난 것은 냉철하게 '신의 뜻'이라고 받아들이거나 신학적 논쟁과는 전혀 관계가 없는 순수하게 자연스러운 사건으로 받아들인다. ……달리 말하면, 신자들은 선택적 관찰이라고 알려져 있는 오류, 즉 명중한 것은 계산하지만 빗맞은 것은 무시해 버리는 지각적 오류를 수용함으로써 응답받은 기도라는 환상을 만들어 낸다."

잇대어 그는 "오늘날 기독교인은 거의 매주 교회에서 기독교인 친구들과 악수를 나누며 '신의 가호'를 기원하고 잔잔한 찬송가와 부드러운 설교를 듣고 '하느님의 평화'를 가슴 가득 안은 채 집으로 돌아옵니다. 현재의 기독교 교회가 비교적 교양 있는 태도로 처신하고 있기 때문에, 이 종교가 언제나 선한 것을 지향하며 온화한 영향력을 발휘해 온 듯한 잘못된 인식이 만들어졌습니다. 하지만 전혀 그렇지 않습니다. 마녀를 근절하기 위한 대대적인 사냥은 제쳐 놓더라도 기독교 교회는 역사적으로 과학의 발달을 방해하기 위해 엄청난 투쟁을 벌여왔으며, 오늘날에도 여전히 그렇게 하고 있습니다. 잘 아시다시피, 갈릴레오는 목성의 위성들을 관측하기 위해 망원경을 개량해 사용했다는 이유로 교회로부터 사형을 받을 뻔했습니다. 더 나아가 교회는 성령이 깃든 신전을 모독한다는 이유로 수 세기 동안 인체 해부를 금지했습니다. 그로 인해 거의 천 년 동안 의학 연구는 발전을 이루지 못했습니다. 그러므로 역사학자들이 암흑시대라고 부르는 그 시기에 기독교가 가장 오랫동안 승승장구하며 영향력을 행사한 것은 결코 우연이 아닙니다."

66) 성경에는 객관적인 사실도 있고 주관적인 과장도 함께 녹아 있다는 것을 보여 주는 베르너 켈러(Kelle, W) 교수는 성서에 관한 오랜 이해를 다시 바로잡아야 한다고 주장한다. 성서란 인간의 구원에 관한 이야기이며 기독교인을 하나로 묶어 주는 징표 그 이상도 이하도 아니라는 견해가 잘못되어 있다는 것이다. 고고학자이며 인류학자, 그리고 기자로서 세계 베스트셀러의 저자가 된 켈러는 성서는 죄의식과 속죄의 관계에 대한 주석서라고 말한다. 그는 『역사로 읽는 성서』라는 베스트셀러에서, 성서의 고고학적 기록을 추적하는 과정을 보여 준다. 그는 성서가 유대인과 야훼와의 관계라는 틀 속에서 일어나는 죄의

식과 속죄라는 관점에서 기록된 일종의 이야기들이라고 못박고 있다. 성경에 나와 있는, 성서에 기록되고 있는 것들은 상당할 정도로 역사성을 지닌 객관적인 사건이라는 점, 정확한 기록의 사실이라는 점 같은 것에는 이의를 제기 하지 않는다. 다만, 그는 성경이 과학적인 설명을 넘어서는 기적의 신비함은 거부한다. 성경이 기적 그 자체라고 믿고 있는 일부 신앙인의 의지와 기대감, 그리고 성경에 대한 과도한 영성성을 있는 그대로 받아들일 수 없다는 것이다[참고: 베르너 켈러(2009). 역사로 읽는 성서(역). 서울: 중앙북스].

그런 점에서 켈러는 기독교인에게도 통합신학적 논리 전개가 필요하다고 역설한다. 기독교적인 진리에 대한 통합 기준(논리적 비모순성, 경험적 적합성, 실존적 실행 가능성)을 갖고 작업하면서, 검증을 통해 모순이 없고, 적절한 증거에 의해 지지를 받고, 위선 없이 확증되는 것으로 확인된 가설만 받아들이는 것이 통합신학의 입장이기 때문이다[참고: 고든 루이스 · 브루스 데머리스트(2009). 통합신학(역). 서울: 부흥과 개혁사]. 통합신학자들은 주요 주제를 정의할 때 명확한 검증적 결정방법을 사용하고, 교회 안에 존재하는 의미 있는 견해들을 조사한다. 그런 견해들을 연대순에 따라 정리하면서 성경의 관련 자료들과 대비시킨다. 그에 따라 포괄적인 결론을 구성하고, 반대되는 견해에는 객관적으로 대응하여 모순이나 결론을 대비 · 변증하며, 이 결론을 삶과 사역에 적용한다.

67) 미니멀리즘의 작곡가인 필립 글래스(Philip Glass)는 로버트 윌슨(Robert Wilson)과 함께 오페라 〈해변의 아인슈타인(Einstein on the Beach)〉을 작곡했다. 고전적인 서양음악의 화성적 요소에 대한 새로운 관심을 드러낸 이 작품은 음악계에서는 일대의 성공 작품으로 호평을 받았다. 이어 그가 작곡한 〈사티아그라하(Satyagraha)〉, 즉 인도의 성인으로 추앙되는 모한다스 간디(Mohandās Gāndhi)의 인생 초기에 일어난 사건을 묘사한 오페라에서도 그는 대칭적인 코드의 시퀀스로 이루어지는 단조로운 저음의 반복을 구사했었다.

힌두교 경전인 바가바드기타(Bhagavadgita)에서 풍기는 종교적이고도 영적인 주제를 중심으로 최면술과 같은 위력을 발휘한 이 작품에서 필립 글래스는 안정적인 온음계 구조 내에서 수축되거나 확장되는 일련의 싱커페이션, 즉 한마디 안에서 강세의 규칙성이 뒤바뀌어진 현상인 싱커페이션(syncopation)이 이루어진 리듬을 강조한다. 전자 키보드와 관악기를 사용하는 소규모 합주단이 연주하는 이러한 미니멀리즘적인 음악을 통해 그는 리듬에 대한 청자(聽者)의 기대감을 혼돈시킴으로써 정상적인 박자로 되돌아가려는 충동을 불러일으킨다. 고도의 당김음 기법을 과장스럽게 사용함으로써 그의 음악은 늘 '앞으로 나아가려는 힘'을 갖는다.

68) 라이트(Wright, R.) 교수는 1957년 미국 오클라호마에서 태어났다. 프린스턴 대학교에서 국제관계를 공부했고 프린스턴 대학교에서 철학을, 펜실베이니아 대학교에서 종교학을 가르친다. 자신을 '급진적 문화 진화론자'라 부르는 데 주저하지 않는 로버트 라이트는 다원주의의 틀로 인간과 도덕과 사회의 문제를 바라보는 철저한 과학주의자다.

69) 참고: 로버트 라이트(2010). 신의 진화(역). 서울: 동녘사이언스.

70) 참고: Wood, R. et al. (2009). *The psychology of religion.* NY: Guilford Pub; Laderman, G. (2009). *Sacred matters: Celebrity worships, sexual ecstasies, the living dead and other signs of religious life in the U. S.* NY: The New Press.

71) 참고: Iannaccone, L. R. (1994). Why strict churches are strong. *American Journal of Sociology, 99*(5), 1180-1184.

72) 당시 유대의 보수 정치인인 랍비가 장악한 성전(聖殿)에 대한 예수의 도전과 비판은 도발적이었으며 직설적이었다. 예수는 교회와 목회자들의 부패에 대해 온몸으로 저항했다. 그동안 어느 누구도 해내지 못한 처절한 저항이었기에 지배 집단의 충격은 더 크고, 명백했었다. 예수는 개방된 상태에서 가난한 자들과 더불어 음식을 나눴다. 그것 역시 저들에게는 충격이었다. 무상으로 사람들을 치유하는 예수의 행위 역시 지배자들에게 충격을 주었다. 크로산 교수는 그런 예수의 행동이 한편으로는 충격적이었으며 다른 한편으로는 신선하기도 했다. 예수가 보여 준 저들에 대한 저항은 바로 은폐된 저항과 공개된 저항, 비밀스러운 저항과 개방적인 저항, 개인적인 저항과 공동체적인 저항 사이의 한가운데에 위치했었다.

예수의 저항은 바로 예수의 선교 방식을 보여 준 것이다. 예수의 선교는 민중적이었으며 체험적이었고, 저항적이었다. 크로산 교수가 예수의 활동을 선교 형식으로 간주하는 것은 예수의 활동이 단순한 개인적 생활 방식 그 이상이었기 때문이다. 예수는 다른 사람들에게 힘을 불어넣어서 자신과 더불어 이 선교에 적극적으로 개입할 수 있도록 독려했다. 예수는 이스라엘 전역에 흩어져서 하느님의 행동을 기다리고 있던 사람들을 세례 공동체로 조직하려고 했던 세례 요한과는 달랐다. 예수는 하나의 공동체 운동 (a companionship of empowerment)을 전개했다는 것이다. 그 공동체 운동이 바로 개방된 밥상과 무상 치유의 실천 운동이라는 것이었다.

크로산 교수는 그런 예수의 공동체 운동을 당시의 선교 운동으로 간주한다. 예수는 기본적으로 자기 스스로 기존의 억압된 질서에 도전하고 독려하는 삶의 양식으로 다른 사람들을 초대하여 개방된 밥상을 함께 나누고, 무상의 치유를 제공했다는 것이다. 물질적 자원을 나누는 일이 먹는 일이었으며, 영적 자원을 나누는 일은 고치는 일이었다는 것이다. 이런 활동들을 하나로 결합하는 것이 바로 예수 스스로 보여 준 선교의 실질적인 핵심이며, 진수라고 간주하는 크로산 교수는 예수의 그런 전도과정이 근본적으로 다른 영성을 보여 주는 사회 개혁의 운동이라고 간주한다. 핍박받는 개인들을 모아서 서로 간의 교제를 촉진하고, 그 교제와 동행이 바로 하느님을 경험하는 공동체로 이어지게 만들며 흩어진 저들의 힘을 하나로 결속시키는 전도 운동이었다는 것이다.

예수 스스로 당시 지중해 연안의 사회와 종교를 틀어잡고, 스스로 보호자 연하는 종교 권력자, 종교 중개인, 종교 중재인과 같은 권력 집단에 대한 비판이었다. 동시에 주장할 것이라고는 아무것도 없이 오로지 복종만을 부여받았던 민중을 위한 대변이었다. 예수의 선교는 사회 계급 제도를 넘어서는 신앙 공동체를 겨냥했다. 예수의 삶 그 자체가 하느님과의 개방적이고도 직접적인 관계였고, 그의 생활 자체가 다른 사람들을 그런 공동체에 초대하고 그들과의 동행 그 자체였다. 예수가 보았던 하느님의 나라는 소외된 개인들을 위한 단순한 하나의 프로그램이 아니라, 동행자 모두가 하느님과의 직접적인 접촉을 갖도록 하는 공동체적 삶이었다. 지금으로 말하면, 예수는 치유를 함께 나누는 네트워크를 형성했다는 것이다.

예수에 대한 크로산 교수의 생각은 톨스토이의 생각을 통해서도 다시 읽혀진다. 톨스토이는 인간을 허무의 존재라고 읽어 버린다[참고: 톨스토이(2007). 나의 참회/인생의 길(역). 서울: 동서문화사]. 허무를 숙명으로 여기는 생각은 톨스토이 자신이 경험한 일인데, 그는 그것을 '인간의 죽음'에서 찾아낸다. 인간은 행복하기 위해 재산도 모으고, 지식도 쌓고, 명예를 얻고, 쾌락도 추구하지만, 끝내 인간은 허무하게 된다. 구약의 전도서를 달리 해석한 톨스토이는 죽음이 그를 맞이할 뿐이라는 시각으로 인간의 허무를 말한다. 그 어떤 노력도 죽음 앞에서는 한순간으로 끝난다. 아무것도 아닌 것으로 드러날 뿐이다. 죽음이라는 사실 앞에서는 어떤 인간이라도 절망한다. 이 절망을 벗어나기 위해 스스로 목숨을 끊을 용기가 없는 자는 절망을 받아들이는 수밖에 없다. 이것을 벗어나기 위해 사람들은 흔히 종교나 과학에 의지하지만 그렇게 믿었던 종교와 과학이 실제로는 인간의 허무에 결정적인 해결책을 제시해 주지는 못한다. 종교가, 과학이, 그것에 기초한 정치 논리가, 경제적 부가 인간의 허무를 해결해 주지 못한다면, 인간은 허무를 숙명으로 받아들이며 사는 수밖에 없을 성싶다.

톨스토이는 일반적으로 인간들이 느끼는 허무주의적 시각을 거부할 수 있는 길을 발견한다. 그것은 인간의 이성이었다. 인간은 이성을 가지고 있기 때문에 스스로 허무에서 벗어날 수 있다는 것이다. 톨스토이는 이성을 의식된 인간의 법칙으로 받아들이며, 인생이라는 것은 이 의식된 이성의 법칙에 따라 완성되어 왔다고 믿는다. 이성을 소유하고 있는 인간은 동물과는 달리 자신의 삶과 경험을 반추할 수 있고, 종교와 과학의 허상도 파악할 수 있다는 것이다. 인간은 자신의 참된 삶이 무엇인지를 조망할 수 있는 이성이 있다는 것이다. 인간 스스로 동물적인 특성을 버릴 수는 없지만, 그와 함께 이성으로 그것을 다듬을 수 있는 능력을 확인할 때 인간은 하나의 존재, 온전한 존재(全存在)가 된다는 것이다. 인간 스스로 전 존재로서의 인간 이해가 있어야 진정한 인간 행복을 논할 수 있는데, 그것이 바로 거듭남의 시작이라는 것이다. 이 지점에서 톨스토이는 "사람이 거듭나지 않으면 하느님의 나라를 볼 수 없다(요한복음 3:3)."는 예수의 관점을 강력하게 받아들인다. 다만 톨스토이에게 거듭난다는 것은 일차적으로 이성적 의식의 각성을 의미한다. 인간이 거듭난다는 것은 그동안 자기가 동물적 자아에 머물렀던 허무한 존재라는 것을 깨닫고 앞으로 이성적 의식에 의해서 살아가겠다고 다짐하는 삶을 시작하는 것을 말한다. 동물적 수준에서 이성적 수준으로의 전환이 톨스토이가 말하고자 하는 인간의 거듭남이다. 거듭남을 통해 인간은 동물에게서는 확인할 수 없는 영혼의 한 측면을 확인하게 도와준다. 톨스토이는 거듭남의 수준과 거듭남의 농도가 믿음의 척도라고 생각했다. 인간으로 하여금 스스로 어느 정도로 신(神)의 아들인 예수와 상응할 수 있는지를 가늠하게 도와준다고 생각했다. 그는 성경에서 말하는 '사람의 아들(the Son of Man)'인 예수와 보통 인간 모두를 하나로 간주한다. 톨스토이는 이렇게 말한다. "예수의 교의는 만인에게 보편적 '사람의 아들'에 관한 교의, 즉 만인에게 공통된 행복의 추구에 관한 교의, 이 전진의 과정을 비쳐 주는 만인에게 공통된 이성에 관한 교의다. '사람의 아들'이 '사람의 아들'을 의미하는 것을 증명한다는 것은 전혀 무의미한 일이다." ······ 그러나 교회가 그것을 바라고 있는 것처럼 가령 사람의 아들이 신의 아들을 의미하는 것이라고 하더라도, 여전히 사람의 아들은 그 본질로 보아서 인간을 의미한다. 예수는 모든 인간을 신의 아들이라고 부르고 있기 때문이다. 그런 생각이 있었기에, 그는 자기가 소유했던 농노들의 해방에 적극적으로 참여했다. 농노 해방과 예수에 대한 톨스토이의 순진무구한 생각이 기존의 교회에서 있는 그대로 받아들일 리가 없었다.

톨스토이와 당시 러시아 정교회와의 긴장은 불가피했다. 긴장을 뚫고 나아가기 위해 톨스토이는, 마치 루터가 그랬듯이, 교회지도자들을 통하지 않고 직접 성서를 읽으며 기독교에 접근하는 방식을 택한다. 성경을 읽어나가던 톨스토이는 마태복음 5장 38절을 접하게 된다. 마태복음에서 그는 새로운 세계를 만난다. 그를 사로잡은 열쇠는 마태복음 5장 38절이었다. "눈은 눈으로, 이는 이로 갚으라 하였다는 것을 너희가 들었으나, 나는 너희에게 이르노니 악한 자를 대적치 마라."라고 하는 그 구절이었다. 그 구절을 비로소 이해한 톨스토이는 예수가 글자 그대로 말하고 있는 바를 명확하게 이해한 것이었다. 동시에 갑자기 그 무엇인지 모를 새로운 힘이 그에게 솟아나기 시작했다. 진리를 어둡게 덮고 있던 모든 것이 일소되면서 그는 교회를 용서하기 시작했다.

인간은 하느님 없이 존재할 수 없다는 생각을 한 번도 버린 적이 없었던 톨스토이가 생각하는 이성은 인간 본성으로서의 이성이었다. 그의 이성론은 기득권층 곁에 머물던 교회와의 긴장이 영원할 수밖에 없었다. 이성에 눈뜬 사람은 종교 없이는 살아갈 수 없다. 왜냐하면 종교만이 이성에 눈뜬 인간에게 무엇을 할 것인가, 무엇을 먼저 하고 무엇을 다음에 할 것인가 하는 문제에 대한 필요 불가결한 지도를 하기 때문이다.

종교의 가르침이 교회가 이야기하는 것처럼 그렇게 난해하거나 어려울 리는 없다는 것이 톨스토이의 생각이다. 종교의 핵심은 "만물의 본원으로서 신의 존재는 절대적이며 유일하다. 인간에게는 이 본원으로서의 신의 일부가 이미 내재되어 있다는 것이 그의 생각이었다. 이 목적을 달성하는 유일한 실제적 방법은, 자기가 남에게서 도움 받기 원하듯 남에게 먼저 그것을 행해야 한다는 데 있다고 본 톨스토이는 각자 지금 하고 있는 것을 그만두고 '나는 누구인가? 나는 어디서 왔으며 나의 사명은 무엇인가를 생각하라고 당부한다. 그리고 그 물음에 답하고, 그 대답에 따라서 자기가 하고 있는 것이 자신의 사명에 적합한지 여부를 결정하라'라고 다시 당부한다. 인간에게는 신의 일부가 내재되어 있고, 그래서 인간에 대해 아는 것은 곧 신에 대한 깨달음을 얻는 길이라고 톨스토이는 고백한다. "스스로 노력은 하지 않고, 구원과 행복을 찾고자 다른 무엇인가에 희망을 두는 것만큼 우리를 약하게 하는 것은 없다고 믿게 되었기 때문이다(참고: 톨스토이(2007). 나의 참회/인생의 길(역). 서울: 동서문화사].

73) 참고: 로버트 W. 메리(2006). 모래의 제국(역). 파주: 김영사.

74) 참고: 프리드리히 엥겔스(2009). 루트비히 포이어바흐와 독일 고전철학의 종말(역). 서울: 이론과실천.

75) 에티카(Ethica), 정리 5에서 이렇게 말하는 스피노자가 쓴 에티카는 기하학적 순서로 증명된 윤리학이라고도 불린다. 스피노자 스스로도 에티카를 '기하학적 질서에 따라 증명된 윤리학'이라고 명명한 바 있다. 그는 에티카에서 엄격한 기하학적 방식을 통해 철학의 가장 중요한 분야인, 신, 정신, 정서, 지성들을 총괄적으로 논의한다. 1675년경 완성된 작품이다. 스피노자는 인간의 행복에 더욱더 많은 관심을

됐었다. 진(眞)보다도 선(善)에 애착 때문에 그가 쓴 에티카, 즉 '윤리학'이라는 제목을 붙인 것이다. 그는 인간의 도덕을 해명하려고 노력했다. 인간은 어떤 본성을 가진 동물로서 이 세계에 생활하는 존재다. 생활을 목적으로 삼는 인간과 인간 도덕에 대한 해명은 불가피하다. 인간의 본성을 밝히기 위해서는 인간의 삶과 관련된 여러 가지 부문들을 함께 고려해야 한다. 에티카는 그런 문제의식에서 가장 먼저 '신과 인간 간의 관계에 대해서' 논의한다.

스피노자가 신이라고 하는 것은 인격도 의지도 갖지 않고, 자기 본성의 내적 필연성에 따라서 작용하는 유일한 실체(實體)로 간주한다. 신의 변양(變樣)이 인간을 포함한 유한한 개물(個物)의 세계다. '신은 곧 자연'이라는 귀결에 이른다[참고: 스피노자(2006). 에티카(역). 서울: 혜원출판사].

76) 불평등한 상황을 맞으면 뇌의 중심 부위에 있는 보상 회로가 활발하게 활동하기 시작하면서 사람들은 어떻게 해서든지 그런 상황을 벗어나려 한다는 것을 기능성자기공명영상촬영(fMRI) 장치에 의한 뇌영상으로 밝혀낸 미국 럿거스 대학교 엘리자베스 트라이코미 박사팀은 하나의 실험을 했다. 일단 두 통을 만들었다. 이런 실험에 참여해 본 경험이 없고, 서로 모르는 40명을 뽑아 두 그룹으로 나눴다. 그런 뒤 두 사람을 한 조로 짝을 만든 뒤 통 속에 들어 있는 공을 제비뽑기했다. 공에는 '부자' 또는 '가난'이 쓰여 있는데 '부자'가 쓰인 공을 뽑으면 50달러를 보너스로 줬다. '가난'이 적힌 공을 뽑는 사람에게는 한 푼도 주지 않았다. 한 조의 둘 중 어느 한 사람은 50달러를 가지게 했다. 그런 뒤 보너스로 현금을 더 주기로 하고, 그 금액 역시 제비뽑기로 결정하기로 했다. 제비뽑기에서 나올 수 있는 금액은 10달러 또는 15달러 등 아무리 많아도 50달러를 넘지 못하도록 했다. 처음에 둘 중 한 사람이 받은 50달러를 넘지 못하게 해 역전되지 않도록 한 것이다. 불평등 상황을 만들어 뇌의 반응을 보기 위한 것이다. 금액이 적힌 공을 뽑을 때마다 뇌 영상을 찍고, 설문으로 그 기분을 표시하도록 했다.

결과는 흥미로웠다. 제비뽑기에서 돈이 빈부격차가 벌어지는 쪽으로 가면 처음 50달러를 받지 못한 그룹은 무척 싫어하고, 그 격차가 좁혀지는 쪽으로 돈이 가면 좋아했다. 그러나 처음 50달러를 받은 사람들은 빈부격차가 벌어져도 좋아했고, 좁혀져도 싫어하지는 않았다. 이때 뇌를 찍은 fMRI 영상을 살펴보니, 각각의 불평등한 상황에서는 뇌 보상회로가 관여했다. 불평등한 상황을 접했을 때 피험자들은 중뇌의 깊은 곳과 이마쪽 뇌의 아랫부분의 보상회로가 유달리 활발하게 반응했다. 연구팀은 보상에 관계하는 것으로 알려진 중뇌의 가운데 부분(뇌 심부)과 이마 부분 아래쪽 뇌(전전두엽 아랫부분)가 활발하게 반응했음을 확인했다.

77) 인텔렉투스, 인간의 사유(思惟)방식은 능동적 지성(intellectus actu)과 수동적 지성(intellectus potentia)으로 갈라진다. 능동적 지성은 사유하는 것(intelligens)처럼 살아 움직이는 인간의 사유 활동 그 자체를 말하는 것이며, 수동적 지성은 사유되는 것(intelligible)으로써 사유능력 그 자체를 말하는 것인데, 능동적 지성과 수동적 지성의 분류는 아리스토텔레스의 구분을 따른 것이다. 아리스토텔레스의 능동과 수동의 지성은 다시 아퀴나스(Aquinas)에 의해 가능적 지성(intellectus possibilis)과 실질적 지성(intellectus agens)으로 수용된다. 능동적 지성은 인간의 마음과 관계없이 사물을 있는 그대로, 직접적으로, 즉각적으로 보고 판단하고 생각하는 사유 활동이다. 능동적 지성은 사물을 있는 그대

로 생각해 보는 힘이라는 점에서 수동적 지성과는 그 성격이 다르다. 수동적 지성은 능동적 지성, 즉 마음으로 받아들인 것들에 한 번 더 주의를 기울이며 그 사유 활동에 관심을 갖는 능력으로써의 이해능력을 말한다.

스피노자는 지성의 특성을 그의 저서, 『지성개선론(知性改善論, Tractatus de Intellectus Emendatione)』에서 분명하게 정리해 주고 있다. ① 지성은 사물이 지성 속에 객관적으로 포함되어 있는 것으로서 형상적으로 존재하는 것을 아는 확실성이다. ② 지성은 어떤 것을 절대적으로 지각하며, 어떤 종류의 관념을 절대적으로 형성한다. ③ 지성이 절대적으로 형성하는 관념은 한정된 관념이 아니라 무한성을 드러낸다. ④ 지성은 부정적 관념보다는 먼저 적극적 관념을 형성한다. ⑤ 지성은 사물을 지속의 형태보다도 어떤 영원한 관점을 지각한다. ⑥ 관념은 인간의 능력에 의존한다. ⑦ 사물의 관념은 정신에 의해 여러 가지 방식으로 한정될 수 있다. ⑧ 관념은 완전성을 표현하는 관념일수록 완전하다 (참고: Benedict de Spinoza & Elwes R. H. M. (2010). *Works of Benedict de Spinoza: Ethics, improvement of the understanding and a theologico-political treatise.* NY: Mobile Reference).

78) 참고: 이어령(2010). 지성에서 영성으로. 서울: 열림원.

79) 카렌 암스트롱(Karen Amstrong)이라는 사람의 이야기로 기도하는 사람의 사명을 설명할 수 있다. 그녀는 17세에 수녀가 됐지만, 7년 후 환속해 옥스퍼드 대학교에서 영문학을 전공하고, BBC의 종교다큐멘터리를 만들면서 이슬람을 비롯한 세계의 종교를 만난 후 본격적으로 종교비평가의 길을 걷고 있는 영국인이다[참고: 카렌 암스트롱(2010). 신을 위한 변론(역). 서울: 웅진지식하우스]. 암스트롱 수녀는 인간이란 존재는 본질적으로 지적인 존재이기보다 '종교적인' 존재였음을 고대문헌을 치밀하게 분석해 가며 증언한다. 인류가 지난 수천 년간 신, 브라흐만, 열반, 도(道)라는 이름으로 신성한 어떤 것을 만나 왔는데, 그것 모두가 인간의 신성을 보여 주는 증거들이라는 것이다. 인간 경험의 절반을 차지하던 뮈토스(신비)의 영역은 근대 이후 '말씀' '믿음' '교리' 등이 종교 생활의 중심을 차지하면서 자신의 언어와 한계를 넘어서기 시작하면서 초월적인 영성과 자연스럽게 만나는 법도 잃어버리고, 자신의 영혼을 가꾸는 법도 잃어버리게 되었다. 근본주의 종교인에 의해 각인되는 일방적인 교리와 광신적이고도 미신적인 믿음에 기초한 위장된 로고스(이성)에 의해 인간의 신성인 뮈토스가 철저하게 파괴되어 왔다는 것이다. 그러는 과정에서 저들이 떠받드는 신이나, 반대로 저들이 우상화하는 신화든 간에 관계없이 그 모든 주장은 인간을 위한 변론으로 악용됐을 뿐이라는 것이다.

모든 종교에는 엇비슷한 교리들이 흔한 것을 봐도 그렇기만 하다. 6세기의 그레고리 1세(Pope Gregory the Great)는 '죽음에 이르는 죄', 모든 죄의 근원이라는 뜻에서 칠죄종(七罪宗, The Seven Deadly Sins)을 내세웠다. 인간이 일상생활에서 자신도 모르게 쉽게 저지를 수 있는 교만(Superbia, 과대평가/자만), 인색(Avaritia, 탐욕/부정축재), 음욕(Luxuria, 음란/방종), 질투(Invidia, 증오/비방), 식탐(Gula, 건강상실/비만), 분노(Ira, 싸움/분쟁), 나태(Acedia, 무기력/시간낭비)로, 그 첫 글자만 따서 'SALIGIA'라고 부르기도 한다. 칠죄종은 단테(Dante Alighieri)의 『신곡』에서 마찬가지로 묘사되고 있다. 칠죄종에 대한 이해는 시대가 바뀜에 따라 다소 유연하게 변해 왔다. 동시에 칠죄종이 실제의 삶

속에서 구체적으로 무엇을 포함하는지도 변하였는데, 그것은 칠죄종이 성경에 나오는 규범을 대표하여 나타내는 것이 아니라는 사실 때문이었다.

후대에 이르러서는 이런 칠죄종, 즉 살리지아(Saligia)에서 벗어나는 방법으로 순결, 절제, 박애, 근면, 인내, 친절, 겸손이 하나의 덕목으로 제시되어 왔다. 수녀로서 한동안 영성에 몸을 맡겼다가 다시 환속해서 새로운 영성의 가능성을 체득한 카렌은 신의 신비한 존재를 체득한 사람이 어떤 사람인지를 말한다. 자아(ego)의 틀 '밖에 서서' 신을 체험하는 비결을 터득한 사람들은 '저 너머 어딘가'의 외적 진실뿐 아니라 자기 존재의 가장 심오한 차원과도 일치하는 삶의 초월적 측면을 발견한 사람이라는 것이다. 그런 그들은 자기 스스로 종교와 신의 본질을 체득한 사람들인데, 그렇게 신의 본질을 체득하기 위해서는 한 가지 해야 할 일이 있다고 말한다. "오늘날 목소리 큰 종교적 · 세속적 교조주의들이 넘쳐나고 있기는 하지만 모름(unknowing)의 가치를 인식하는 사람도 점점 늘고 있다. (중략) 우리에게는 지식의 한계를 인정하고 침묵하고 말을 아끼고 외경심을 갖는 것이 중요하다고 강조했던 오랜 종교적 전통이 있는데, 그 깨우침은 다른 것이 아니라 진실을 인식하기 위해서는 '예수천국 불신지옥'을 외치는 왜곡된 근본주의자이든, 그런 광신자들의 쌍생아인 무신론자들이든 관계없이 그동안 자기가 안다고 생각하는 것을 기꺼이 놓아 버려야만 신의 본질을 제대로 알 수 있다."고 경고한다[참고: 카렌 암스트롱(2010). 신을 위한 변론(역). 서울: 웅진지식하우스].

그렇지 않으면 인간은 영원히 양복과 스카프 맨 원시인 신세를 면하기 어렵다는 것이다. 캐나다 온타리오 구엘프 대학교의 심리학 교수인 행크 데이비스(Hank Davis)는 인간 종의 기술적인 결함때문에, 현대는 여전히 '겁 많은 원시인들의 세상'일 수밖에 없다고 말하는데, 바로 그가 말하는 원시인적인 기질이 신의 본질과 종교의 본질을 망각하게 한다는 것이다. 뇌과학자이며 동물심리학자이기도 한 데이비스 교수의 연구 결과에 의하면, 인간이 지니고 있는 기술적인 결함 중의 하나는 인간 스스로 어떻게든, 언제든 하나의 패턴을 찾아내는 능력이라는 것이다.

인간은 자기들이 만들어 낸 패턴을 즐기며 발견해 내는 존재인데, 그것을 통해 인간은 무슨 일에서든 인과 관계를 찾아내 이렇게 저렇게 연결지어 자기 편한 대로 한다는 뜻이다. 그런 생각은 성모 마리아의 모습으로 구워져 나온 샌드위치를 보고 그것을 신비한 조물주의 은사라고 받아들이며 그 과자를 이베이에서 수만 달러를 주며 은사의 증표로 사들인다는 것이다. 반대로 자연의 변화, 말하자면 허리케인 카트리나로 인한 수해를 신의 벌로 여기며 엉뚱한 생각을 한다는 것이다. 이런 생각은 모두가 다 인간의 진화론적 결함으로 생기는 것인데, 그 탓에 인간은 양복을 입었지만 속내는 여전히 원시인이라고 꼬집는다. "우리는 아이팟으로 노래를 들으면서 그것을 평가할 때는 네안데르탈인의 교양 수준을 보여 준다!" 자기 편한 식대로 '남의 믿음'에 우리가 신경을 써야 하는 이유는 그들이 투표권을 갖고 있기 때문이라고 저자는 설명한다. 그들이 전쟁에 나가고, 그들이 하는 파괴적인 일들을 신의 이름을 들먹이며 정당화하기 때문이라고 말한다. 전쟁처럼 생존 본능과는 반대되는 일을 할 수 있는 유일한 종이 바로 인간이라고 하면서, 그런 비이성에서 벗어날 방법을 제시한다[참고: 행크 데이비스(2010). 양복을 입은 원시인(역). 서울: 지와 사랑].

인간의 마음을 조정해 온 수많은 자동 설정 세팅은 아주 낡았기에 이제는 그 '오토파일럿 모드'를 끄고 수천 년의 인간 지식과 문명을 반영하는 개선된 세팅으로 바꿔야 한다는 것이다. 그것을 당장 하기 위해서는 아담과 이브는 공룡의 등에 올라타고 주일학교에 가지 않았다는 사실부터 주일 아침에 깨달아야 한다고 충고한다.

80) 원시적이고 신화적인 작품들을 통해 인간 삶의 한과 존재의 근원을 그려온 작가 한승원은 한(恨)의 작가라고도 불린다. 이런 세간의 이야기에 대해 그는 "제 소설에서 가장 큰 비중을 차지하는 것은 '한'이 아니라 '생명력'입니다. 제가 좋아하는 프랑스 작가 로맹 가리는 독자들이 만들어 놓은 '가면'을 거부한 것으로 유명합니다."라고 돌려 말하고 있다. 도시의 삶이 역겨워 고향으로 내려가 굴 따고, 조개 줍는 마누라의 뒤태를 물끄러미 쳐다보며 토굴살이에 만족하는 한승원은 어느 날인가부터 까칠까칠한 속내의가 거추장스러워 속옷을 뒤집어 입기 시작해 지금까지 그 버릇을 이어오고 있다. 이러한 속옷 뒤집어 입기는 그가 살아가는 삶의 방식이기도 하다. "내 삶에서 나는 늘 은밀하게 속옷 뒤집어 입기를 해오고 있었다."라고 고백하는 그는 서울을 버리고 장흥 바닷가 마을로 옮겼다.

그는 멀리 바다 한가운데 외로이 떠 있는 섬을 보면, 세상에는 그 섬만이 섬이 아님을 직감한다. 가두어 놓을 수 있는 시공이면 어디든지 섬이고 그곳에 갇히는 일 또한 섬이라고 잘라 말한다. 그 섬에서 나오게 해 줄 수 있는 것은 오로지 자기 자신이다. 그렇게 방점을 찍는 그는 "이 사람아, 웃기지 마라. 세상의 어떠한 길도 막히는 법은 없다. 어느 누구도 길을 막을 수는 없다. 만약 길이 막힐 경우, 그 막힌 길은 스스로 막힌 그 지점에서 다시 새로운 길을 만든다. 만일 당연히 뚫려야 하는 길이 막히면 하느님이 뚫어 준다. 부처님이 뚫어 준다. 세상이 뚫어 준다. 자유자재로의 길은 물처럼 흘러가게 마련이다."라고 말한다[참고: 한승원(2005). 이 세상을 다녀가는 것 가운데 바람 아닌 것 있으랴. 서울: 황금나침판].

81) 그리스 신화에 따르면, 프로메테우스(Prometheus)는 신의 왕인 제우스의 명을 어기고 인간에게 불을 몰래 선물했다. 괘씸하게 생각한 제우스는 프로메테우스를 징벌하기 위해 최초의 여자를 만들어 선물하려고 했다. 판도라라고 불리는 이 최초의 여자는 모든 불행의 화근이며 재앙 덩어리를 만들어 내는 요물이었다. 제우스는 판도라를 프로메테우스 대신 교묘하게 그의 동생인 에피메테우스(Epimetheus)에게 신의 선물로 전했다. 프로메테우스는 제우스의 선물이 인간에게는 모든 불행의 근원이 된다는 것을 미리 알았기에, 동생에게는 제우스가 건네는 그 어떤 선물도, 어떤 핑계를 대면서라도 집에 들이지 말라고 이르고 또 일렀다. 형의 말뜻을 제대로 새기지 못하는 에피메테우스, 지력마저 굼뜬 채 욕심만이 가득한 에피메테우스는 형의 말을 잊어 버리고, 게다가 무시하기까지 한다. 제우스의 선물, 아름다운 여인이 선물이라는 말에 솔깃해진 그는 판도라를 받아들인다. 게다가 판도라의 미모에 취해 부인으로 삼아 버렸다. 당시 에피메테우스의 집에는 만물에게 각각의 재능을 부여하고 남은 필요 없는 것, 온갖 나쁜 것들을 모두 담아 놓은 상자가 있었는데 하루는 판도라가 남편인 에피메테우스의 말을 어기고 그 상자를 열어 버리고 말았다. 상자 안에서는 밖으로 튀어나오기를 고대하던 모든 악행과 불행의 화근들, 인간에게 모든 불행을 가져올 나쁜 모든 것들이 기다렸다는 듯이 모조리 밖으로 튀어나오기 시작했다. 그때부터 인간에게는 모든 질병, 모든 불행이 연이어 일어나기 시작했다. 깜짝 놀라 상자를 닫았다. 상자에서 미처 튀어나가지 못한 단 하나 굼뜬 것은 '희망'이라는 것이었을 뿐이었다. 희망은 안

에 갇히고 나머지 불행들만이 세상에 흩어져 매일같이 불행이 인간 사이에서 벌어지자, 형인 프로메테우스는 가슴을 쓸어 내리며 그 후부터는 상자 속에 갇힌 '희망'을 더욱더 엄중하게 지키고 있다고 한다 [참고: 미하엘 쾰마이어(2002). 그리스 신화(역). 서울: 현암사].

82) 르네상스기로 들어서면서 신플라토니즘(Neo-Platonism)의 관점으로 인간의 큰 가치를 되돌아 보게 만든 사람이 피코 델라 미란돌라(Giovanni Pico della Mirandola)다. 플라톤이 일러 준 것처럼 그 역시 인간의 자아에는 상기력(想起力, anamnesis)이 내재되어 있다고 생각한다. 인간이 무엇인가를 이해하고 알게 되는 것은 우리 영혼에 이미 주어져 있던 것을 상기, 즉 되 떠올리기 때문에 가능하다고 이해한다. 진리라는 것은 선천적으로 이미 주어져 있는데, 그것을 상기해 냄으로써 그 진리를 바로 알게 되는 것이라는 것이다. 그런 상기력을 지닌 인간은 신에 의해 다른 동물과는 달리 만들어졌다고 피코는 과감하게 말한다. 다른 피조물들의 본성은 결정되고 제한되었지만, 인간은 자신의 자유의지로써 자신의 본성의 특성들을 만들어 가도록 되어 있다는 것이다. 신은 인간을 천상의 피조물로도 혹은 지상의 피조물로도 만들지 않았기에, 인간 스스로 자신의 자기 존재가 되어야 한다는 것이다. 말하자면 당당한 자기 형성자로서, 자기 자유자로서 자기 자신을 자신이 원하는 형태로 만들어갈 수 있도록 신이 그렇게 만들었기에, 그것을 만들어 나가야 하는 것이 바로 인간의 운명이라고 말한다[참고: 피코 델라 미란돌라(2009). 인간 존엄성에 관한 연설(역). 서울: 경세원].

피코는 당시 교부철학자들이 갖고 있는 인간관과는 상당히 다른 인간의 존엄성에 대한 실존적인 이해를 보이고 있다. 그는 인간 존엄성에 대해 '최초로 선언'한 인문학자이기도 하다. 그는 인간의 정신세계를 인간 스스로의 실존적 결단이 만든 것으로 이해하고 있다. 자신에 대한 성찰을 바탕으로 삼으면서 우주를 구성하는 실체를 점검하고 새롭게 만들어 가야 하는 것이 인간이 지닌 인간적인 고뇌라는 것이다. 그로부터 인간의 실존적 고뇌를 신의 영혼에 대한 상기의 관점에서 읽어 내야 하기에 그가 말하는 인간의 존엄성에 대한 테제는 지금 이 시대에서도 새로울 수 밖에 없다[참고: 성염(1996). 피코 델라 미란돌라. 서울: 철학과현실사].

당대의 이탈리아 백작 가문에서 태어난 피코는 볼로냐 대학교에서 법학을 공부하고 파도바 대학교에서 아리스토텔레스 철학을 익혔다. 잇대어 파리 대학교에서 히브리어를 익히면서 신비철학인 카빌라에 심취했다. 신비철학을 그리스도교 신학에 보강하려고도 했다. 그는 피렌체에 나가 마르실리오 피치노가 창시한 아카데미아의 일원이 되었지만, 2년 후에는 24세의 나이로 『900 명제집(Conclusiones Nongentae)』을 간행하여 학계로부터 비판과 비난을 받자, 그 비난에 대한 학문적인 대응으로 『인간 존엄성에 관한 연설(Oratio de Hominis Dignitate)』을 집필했다. 그를 비난했던 사람들에게 그 책을 제시하면서 공개 토론을 요청하기도 했었다. 그가 제안했던 몇몇 명제들이 다시 교황청으로부터 이단으로 판정받자, 그는 이탈리아 학문계에 연연하지 않고 즉시 프랑스로 망명하였다. 파리에서 당대의 철학자들과 교류하면서 신플라톤주의자로서 학문에 정진하다가 32세로 요절했다.

83) 사르트르는 '실존주의는 휴머니즘'이라고 말한다. 인간이 변하지 않는 어떤 본질이나 가치로 고정된 존재가 아니라는 뜻이다. 인간은 스스로 선택하고 만들어가야 하며, 결단하며 책임져야 할 존재일 뿐이

다. 이것이 사르트르가 실존주의를 휴머니즘이라고 본 이유다. 인간은 자기 자신의 가치, 존재 이유를 만들어 낸다[참고: 장 폴 사르트르(2008). 실존주의는 휴머니즘이다(역). 서울: 이학사].

84) 참고: 류영모(2004). 얼의 노래. 서울: 두레.

85) 의사들이 인간의 생명을 사람들의 의학적인 판단과 법률적인 판단의 합의에 따라 단축할 수 있다는 확신이 있었던 때가 있었다. 이 확신이 김 할머니의 존엄사 결정 사건에서 상당히 위험한 확신임이 드러났다. 존엄사를 결정했던 의료진과는 달리 김 할머니는 한 달여 간 더 생존하여 의료 관련자나 목회자, 상담가들을 황망하게 만들었기 때문이다. 의료계뿐만 아니라 죽음학 연구자들은 김 할머니의 경우를 포괄하여 그동안 무분별하게 사용됐던 '존엄사' 용어 대신 '연명치료 중단'이라는 용어로 대체하여 쓰기로 하였다[참고: 조선일보 편집국(2010). '연명치료 중단' 김 할머니 별세. 조선일보. 2010년 1월 11일자].
뇌사 판정을 받고 23년간 침대에 누워 있었던 벨기에 남성의 경우 역시 의식을 잃지 않고 있었던 것으로 밝혀져 안락사에 대한 또 한 번의 새로운 시빗거리로 불거진 바 있다. AP통신 등 외신들은 2009년 11월 23일, 1983년 교통사고를 당한 뒤 뇌사 판정을 받았던 롬 하우번 씨(46)가 23년간 참아왔던 공포를 이야기했다고 전했다[참고: 최현정(2009). '뇌사' 23년 남성 "아무리 비명을 질러도……." 동아일보. 2009년 11월 24일자]. 사고 이후 긴 시간이 흘렀지만 가족들은 하우번 씨의 상태가 호전될 수 있는 희망을 갖고 각방으로 의료진을 수소문했다. 그러던 중 벨기에 리에주 대학병원 뇌사과학그룹의 권위자 스테번 라우레이스 교수를 소개받게 된다. 우레이스 교수는 3년 전 개발된 새로운 기술인 'PET 스캔'으로 하우번 씨의 뇌를 검사했다. 그 결과 그가 의식을 잃은 적이 없다는 놀라운 사실을 밝혀냈다. 주변 사람들이 하는 말을 다 듣긴 했지만 몸이 마비돼 응답할 수 없었을 뿐이라는 것이다. 라우레이스 교수는 특별 제작한 키보드와 터치스크린을 이용해서 의사소통하는 방법을 하우번 씨에게 가르쳤고, 하우번 씨는 이제는 휠체어에 앉아 잡지 기자와 문자 인터뷰를 할 수 있을 정도로 상태가 좋아졌다. 하우번 씨는 컴퓨터의 도움으로 "나는 움직일 수 없는 몸에 갇힌 채로 계속 비명을 지르고 소리쳤지만 아무도 내 말을 듣지 못했다."며 "내 몸에서 멀리 떠나는 꿈을 꾸곤 했다."고 악몽 같은 당시 상황을 전했다. 하우번 씨는 "의료진이 내가 의식을 잃지 않았다는 사실을 안 날이 내가 두 번째로 태어난 날"이라고 말했다. 그는 "항상 더 나은 내일이 올 것이라고 꿈꿨다."며 "좌절이라는 말로는 그동안 내가 느낀 감정을 표현할 수 없을 것이다."라고 전했다. 그는 "앞으로 인생을 즐기고 싶다."고 말했다. 라우레이스 교수는 애초 의료진의 뇌사 판정이 오진일 가능성을 제기했다. 뇌사는 의식이 없고 눈이 닫혀 있는 상태지만, 식물인간 상태는 의식은 없으나 눈을 떠서 움직일 수 있다. 뇌사자는 안락사 대상이지만 식물인간 상태의 환자는 때때로 의식을 되찾기도 한다. 하우번 씨는 매번 눈 상태로 판정하는 뇌사 등급이 잘못 매겨졌고 오직 리에주 대학 의료진만이 그가 신체의 통제권을 상실했지만 주변에서 무슨 일이 일어났는지 알고 있다고 판단했다. 하지만 처음에 하우번 씨를 뇌사라고 판정한 의료진은 뇌사에서 식물인간 상태로 호전됐을 가능성이 있다고 주장하고 있다.
라우레이스 교수는 뇌사도 식물인간 상태도 아닌 이들도 있을 수 있다고 말했다. 그는 많은 사람이 잘못된 뇌사 판정을 받고 안락사되거나 의료 지원의 기회를 놓치고 있다고 주장했다. 그는 "독일에서만 매년 10만 명이 심각한 뇌손상을 입고, 그중 2만 명이 3주가량 뇌사 상태를 겪는다."며 "그중 일부는 죽고, 일부는 다시 건강을 되찾지만 연간 3,000~5,000명은 그 중간 상태로 남아있다. 그들은 의식을 되찾지 못한 채 살아간다."고 말했다.

86) 생명과 죽음 간의 연계는 개인적으로, 동시에 사회적으로 모두 작동하고 있다고 보는 취리히 대학교의 진화생물학 교수는 생명의 세계는 원래가 역설적일 수밖에 없다고 말한다. 개인적으로 내 몸이 태어나는 과정을 보면, 어김없이 내 어머니의 자궁에서 만들어진 태아로서의 나의 손가락은 오리발처럼 만들어진다. 세포층이 빽빽하게 밀집돼 있기에 오리발 손가락이 된다. 시간이 흐르면, 태아로서의 나의 손가락을 붙여 놓았던 세포들이 스스로 '자살'을 하고 만다. 그렇게 되면 오리발가락 손가락은 날렵한 손가락으로 변한다. 자살 세포의 희생 덕택이다. 세포의 자살은 유기체 형성에서 필수적인 과정이기에, 100만여 개 이상의 세포가 매일 우리 몸속에서 자살한다. 한 해 동안 자살하는 세포의 총량은 그 개체의 몸무게에 해당한다. 세포의 죽음이 있기에 생명이 유지된다는 점에서 삶과 죽음은 늘 패러독스(paradox), 역설의 관계를 유지한다. 살아가기 위해서는 하등 죽음을 두려워해야 할 이유가 없다는 뜻이다. 사회적으로 보면, 나의 생명이라는 것은 타인의 죽음에 잇대어진 것이고, 타인의 죽음 역시 나의 생명에 잇대어져 있을 뿐이다. 그런 점에서 '죽음'은 너와 나를 창조해 내는 필수불가결한 조건이다. 나라는 자아와 너라는 타자는 완전히 다르다. 엄연히 분리된 것도 사실이지만, 한쪽의 행동인 나의 행동은 다른 쪽의 운명인 그의 삶에 영향을 미친다. 자아와 타자는 불가분의 관계일 수밖에 없다. 자아와 타자는 동전의 양면처럼 분리되어 있지만 동시에 분리될 수 없는 관계이기 때문이다[참고: 안드레아스 바그너(2012). 생명을 읽는 코드, 패러독스(역). 서울: 와이즈북].

87) 물론 이 사회가 늘 긍정적인 넛지를 기대할 만큼 사회 구성원들에게 너그럽거나 공정한 것만은 아니다. 2008년 세계적으로 경험했던 금융 위기의 내용을 읽어 봐도 그렇기만 한다. 저금리가 곧 사라진다는 점을 알려 주지 않은 서브프라임 모기지 중개인은 고객이 파산할 때 이미 거액의 이익을 취한 후 금융계에서 사라지고 없었다. 복잡한 수리 재정과 금융학적 공식을 최대한 논리적으로 활용하여 회사를 엄청난 위기에 빠뜨려 놓았던 AIG의 파생상품 담당자 역시 마찬가지다. 인재 잔류의 명목으로 회사가 지급해야만 했던 거액의 보너스만 챙긴 채, 고객들이 흘리는 피눈물을 먼발치에서 남의 일로 바라보면서 유유히 퇴사해 버렸던 것도 부인하기 어렵다. 사정이 그렇기는 하지만, 우리가 넛지를 현명하게 선택하고 이용을 결단해야만 하는 것은, 우리가 취하는 선택과 우리가 내리는 결단은 선택하고 결단하는 이들을 위해 최대한으로 적절한 설계이어야 하기 때문이다.

사소해 보이는 사회적 상황들과 인간이 매일 취하는 선택과 결단이 우리의 일상행동에 생명을 좌우할 정도의 영향을 미칠 수 있다. 인간이 자기를 위해 합리적으로 선택하는 능력을 지닌 경제적 인간, 호모 에코노미쿠스라고는 하지만, 현실에서는 타성에 빠지거나 디폴트 옵션(default option), 즉 따로 지정하지 않으면 자동으로 선택되는 옵션을 따르는 식으로 그들의 선택을 최선으로 여기고 그 이상으로 최선의 선택을 폐기하는 경우가 흔하기 때문이다. 게다가 인간은 호모 에코노미쿠스 못지않게 야성적 충동으로 그들의 선택과 결정을 미화하기도 하기 때문이다. 이럴 경우, 인간에게 최선의 선택과 현명한 결단을 유도해 주는 부드러운 자극은 금지나 인센티브 이상의 성과를 보장할 수 있다. 실제로, 사회 곳곳에 넛지는 보이지 않는 듯해도 어디에서나 존재한다[참고: 리처드 탈러·캐스 선스타인(2009). **넛지: 똑똑한 선택을 이끄는 힘**(역). 서울: 리더스북].

순례의 길인 산티아고로 가는 아름다운 시골길을 걸어갈 때 보면, 순례자의 길들은 지방의 2차선 도로와 빈번하게 같이 가기도 하고 나란히 가기도 한다. 그들의 2차선 차도에는 우리네 도로 표지와는 다른 것이 하나 있었다. 커브 길을 들어서면 어김없이 서로 마주보고 오는 차들을 위해 도로 위에 흰 색깔의 표지가 그려져 있었다. 오른쪽으로 휘어진 차도에서는 왼쪽에서 오는 차들에게 한 50m 전방부터 2차선의 반대편 도로에 오른쪽으로 휘어지는 길이가 짧은 흰색 표시를 30cm 간격으로 표시해 주고 있었다. 왼쪽으로 휘어지는 도로에는 그 도로 위에 어김없이 오른쪽으로 휘어지는 표시를 해 놓고 있었다. 운전자들에게 멀리서부터 운전자의 착시를 경계하라는 일종의 넛지용 표지였다는 것을 안 것은 시간이 한참 지난 후였다. 미국에도 이런 경고들이 새롭게 등장했다고 한다.

예를 들어, 미국 시카고시의 레이크 쇼어 도로(Lake Shore Drive)는 경치 좋은 도심 도로 가운데 하나다. 시카고의 동쪽 경계선인 미시간 호수를 끼고 펼쳐진 이 도로를 달리면 시카고의 장엄한 스카이 라인을 만끽할 수 있지만, 이 도로는 운전자들에게 위험천만한 도로이기도 하다. S자 커브가 연달아 이어져 매우 위험하기 때문이다. 이 구간에도 40킬로미터로 주행하라는 감속 표지가 있지만, 운전에 열중하거나 이 도로를 처음 달리는 운전자들은 그 표지를 제대로 보고 못해서 사고가 흔하다. 이 도로에 바로 스페인의 순례길에서 보았던 그런 감속 유도 표지가 등장했다. 위험한 커브가 시작되는 지점에 이를 때는 바로 도로 위에 그려진 그런 감속 유도 표지를 운전자들이 읽게 된다.

우선 도로에 그려진 감속 경고 표시를 보게 되고 곧이어 도로 위에 그려진 하얀 표지선을 마주하게 된다. 도로 위에 그려진 선들은 과속 방지턱이나 고정된 경계물도 아니기 때문에 운전자들이 그 선을 벗어나거나 닿는 순간에도 어떤 불편감을 주지 않는다. 그렇지만 그것을 보거나 넘는 순간마다 운전자들은 그 표지에서 시각적인 신호를 전달받고 감속과 더불어 왼쪽 혹은 오른편 도로로의 착시 현상을 경계하게 된다. 앞쪽의 선들은 간격이 고르지만, 가장 위험한 커브 구간부터는 표지 간격이 더 좁아져서 속도가 증가하는 느낌을 주는데, 그때마다 운전자들은 즉시 속도를 늦추며 자기가 가고 있던 차선을 벗어나지 않게 된다. 그런 도로를 달릴 때마다 하얀 표지선들이 운전자들에게 아무런 강압도 하지 않은 채 아주 조용히 그리고 너그럽게, 커브의 정점에 도달하기 전에 브레이크를 밟으라고 말하는 것이다. 이것이 바로 그 흰색의 표지가 운전자들에게 넛지를 하고 있는 것이라고 보면 된다. 이런 경우, 그 흰색 표지를 무시하고 혹은 그것을 의도적인 골탕먹이기나 속임수로 생각하고 무시하면 그 운전자의 선택과 결단은 죽음으로의 선택이나 결단에 다르지 않게 된다. 그래서 적절한 선택 설계를 위해서는 넛지가 더욱 중요한 것이며, 이제는 인간 사회에 널려 있는 이런 안전하고도 분명하게 나의 삶에 도움이 되는 넛지를 분명하게 선택하고 그것을 취하는 결단이 더 필요하게 되었다.

---

88) 참고: 파드마삼바바(1995). **티벳사자의 서**(역). 서울: 정신세계사.

89) 참고: 한스 요나스(2001). **생명의 원리: 철학적 생물학을 위한 접근**(역). 서울: 아카넷.

90) 함석헌 선생에게 있어서 생명은 삶을 바로 말하는 것이다. 그는 삶이 무엇인지를 시적으로 풀어낸다. "삶이란 무엇인가? …… 먼저, 삶은 맞춤(적응)이다. 살았다 할 때 우리는 어쩔 수 없이 터전을 보게 된다. 어디를 향하거나 언제나 그 터는 있다…… 둘째, 생명은 대듦(거부)이다. 맞춰감으로만 보면 생명은 순전히 수동적이다. 그러나 생명은 결코 수동이 아니다. 맞추어 가려는 성질 밑에는 힘 있는 능동적인 것이 늘 움직이고 있음을 알 수 있다. 그러므로 삶은 스스로 따로 함(自別)이다. 셋째, 생명은 지어냄(창조)이다. 맞춤 뒤에 대듦이 있듯이 대드는 바탕(性) 뒤에는 끊임없이 새 것을 지으려는 줄기 만듦이요, 지어냄이요, 바로 그 이루잠이다."[참고: 함석헌(1983). **인간혁명**. 서울: 한길사]

91) 참고: 칼루파하나 D. J. (2009). **불교철학의 역사**(역). 서울: 운주사.

92) 인간의 야성적 충동(animal spirit)은 경제학자인 조지 애커로프(George Akerlof)와 그의 동료들[참고: 조지 애커로프 · 로버트 쉴러(2009). **야성적 충동-인간의 비이성적 심리가 경제에 미치는 영향**(역). 서울: 랜덤하우스 코리아]이 경제적 난파와 인간의 이기적 속성을 드러내기 위해 존 메이너드 케인스가 『고용, 이자 및 화폐에 관한 일반 이론』에서 언급했던 개념을 다시 풀어 쓴 것이다.
케인스는 이렇게 말한 바 있다. "인간의 적극적인 활동 대부분은 도덕적이거나 쾌락적이거나 또는 경제적이건 간에 수학적 기대치에 의존하기보다는 오히려 스스로 만들어 낸 낙관주의에 의존하려 한다. 이러한 인간의 불안정성이 판단과 결정에 중요한 요인이 된다. 인간의 의지는 추측건대, 오직 '야성적 충동'의 결과로 이루어질 수 있을 뿐이며, 계산적인 이해 관계로 이루어지는 것이 아니다."

93) 참고: 데이비드 아구스(2012). **질병의 종말**(역). 서울: 청림출판사.

94) 참고: 마야 슈토르히 · 군터 프랑크(2011). **휴식능력 마냐나**(역). 서울: 동아일보사.

95) 참고: 파울로 코엘료(2008). **베로니카 죽기로 결심하다**(역). 서울: 문학동네.

96) 참고: 바바라 디 앤젤리스(2012). **지금의 고난은 내게 어떤 의미인가**(역). 서울: 고즈원.

97) 류태영 박사가 보내온 글. 〈좋을 글〉 중에서. 2009년 8월 29일자.

98) 미 항공우주국 연구진은 특히 이 같은 초저온 지점들이 인간의 달 탐사에 의외의 행운을 줄 수도 있다고 기대한다. 달이 혜성 등과 충돌할 때 생긴 물과 수소가 '초저온의 덫'에 갇혀 수십억 년 동안 얼어 있는 채로 쌓여 있을 수 있기 때문이다[참고: AP통신. 2009년 9월 18일자].

99) 참고: 찰스 두히그(2012). **습관의 힘**(역). 서울: 갤리온.

100) 참고: 베르나르 올리비에(2003). **나는 걷는다**(역). 서울: 효형출판.

101) 동행은 동행하는 사람들을 위해서라도 더욱더 자기를 지켜내야 하는 자기 연단의 길이기도 하다. 동행하는 동안 내가 쓰러지면, 그때부터 나는 동행하는 그에게 영원한 짐이 되는 것이기도 하고 그와의

동행을 포기해야 하는 순간이 되기도 한다. 동행은 서로에게 독단의 길이며, 서로에게 믿음의 길이며, 서로에게 존경의 길이고, 서로에게 격려의 길이다. 그냥 더불어 가는 것만으로 동행은 아무것도 서로를 트게 하지도 못하며, 서로를 연결해 주지도 못한다. 동행이 소통의 길이라고 한다면, 동행은 서로에게 의식의 공분모를 요구할 뿐이다. 내가 산티아고 순례길에서 돌아온 지, 채 일주일이 지나지 않았던 2009년 08월 29일 오전, 그러니까 토요일 오전쯤이었다. 컴퓨터에 전원을 넣으니 이메일 편지 하나가 날아들었음을 알게 되었다. 대학에서 동료 교수 생활을 하고 있는 제자 교수의 편지였다. 아마 산티아고로 순례길을 다녀왔다는 소식을 듣고 불현듯 내게 보낸 편지였던 것 같다. 뜻밖의 편지였다. 나를 놀라게 만들기 충분한 그런 내용이었다.

그 제자의 이름이나 구체적인 상황을 예시하는 것은 필요상 삭제하고 편지 내용을 있는 그대로 인용하면, 편지는 이렇게 시작한다. "선생님께. 고행을 위해 일부러 떠나시는 선생님이 한편으로는 부럽기도 하고 또 한편으로는 이해가 되지 않기도 했습니다. 걱정했는데, 무사히 돌아오셔서 이제 마음이 놓입니다. 제가 선생님을 처음 뵙고 따른 지가 벌써 25년이 되어갑니다. 그 오랜 기간 동안 선생님은 제 삶에서 가장 특별한 분이셨습니다. 저는 선생님으로부터 모든 것을 배웠고 닮아갔습니다. 그런 제 모습에 스스로 깜짝 놀랄 때가 수없이 많았고, 그럴 때마다 저는 선생님과 달라야 한다고 채찍질하기도 했습니다. 그것이 제자로서의 도리이고 학자로서의 자세라고 생각했습니다. 사실 이런 생각마저도 선생님으로부터 배운 것이지요. 하지만 그런 생각을 하게 된 또 다른 이면에서는 선생님의 이해할 수 없는 모습들 때문이기도 했습니다. 선생님을 존경하지만, 아주 가끔씩은 가까이에서 보는 선생님의 행동을 납득하기 어렵기도 했고 나는 그러지 말아야지라고 생각할 때도 있었음을 고백합니다. 부디 너그러이 용서해 주십시오. 제가 교수가 된 지 9년차가 되었습니다. 이제는 선생님의 모든 것을 이해할 수 있을 것도 같습니다. 지난 30여 년간의 교수 생활을 거치면서 얼마나 많은 아픔을 겪으셨을지 알 것 같습니다. 학문적으로 앞서 가셨기에 그리고 그것을 실천하려고 하셨기에, 그러나 현실은 그런 선생님의 뜻과는 다르기에 겪을 수밖에 없는 고뇌와 고통이 얼마나 컸을지 알 것 같습니다. 그러기에 한 달여의 육체적 고행은 선생님께는 별것 아닐 수도 있을 것이라고 생각됩니다. 저는 앞으로 21년의 교수 생활을 남겨 두었습니다. 지금 저는 자신에게 한없는 부끄러움을 느낍니다. 선생님이 열어 놓으신 길을 이으려고 애를 썼고 앞으로도 그럴 수밖에는 없을 것입니다. 그러나 과연 제가 그렇게 할 수 있을지는 아직도 의문일 뿐입니다. 저는 선생님이 원망스럽기도 합니다. 길을 여셨으면 걸어갈 수 있게 하셨어야 합니다. 그런데 그 길은 여전히 가시밭길입니다. 그럼에도 불구하고 그런 길을 걸어갈 수밖에 없도록 하셨습니다. 현실은 너무나 강퍅합니다. 오히려 그 힘이 더 커지고 있습니다. 저는 학자로서의 가시밭길을 걸을 용의와 자신감은 늘 충만합니다. 그러나 교수로서의 가시밭길을 걷다가 상처투성이가 될 것은 두렵습니다. 이것이 선생님께 느끼는 부끄러움과 원망감입니다. 동시에 선생님이 30여 년간의 교수 생활을 통해 겪으셨을 고통에 대한 저의 이해입니다. 못난 제자 ○○○ 올림."

기대하지 않았던 제자의 솔직 담백한 편지였다. 그에게 나로 인한 그런 아픔, 아니면 거북살스러운 것이 있었다는 것을 조금도 생각해 본 적이 없었던 차였기 때문이었다. 내 스스로 의도적으로 냉랭하고, 매몰차게 그를 한편으로 몰아붙인 일이 있었기는 해도, 그때마다 내 심정을 이해하려니 했었기 때문이었다. 그에게 답을 금방 하기보다는 깊은 반추가 필요한 것 같아, 몇 시간을 조용히 생각한 후에 그에게 나의 있는 심정 그대로를 적어 보냈다. "사랑하고 아끼는 ○○○에게. 네놈에게 그런 일이 있었구나. 미안하기만 하다. 그저 월급이나 받아먹는 교수로 봉직하기보다는 학자로서 내 삶을 정리해야 하겠다고 다지고 또 다지다 보니, 나에게만 내 스스로 눈을 돌렸나 보다. 미안하다. 용서해라. 산티아고의 순례길을 매일같이 8시간 이상을 걷다 보니 고통도 고통이었지만, 그래도 생각하고 또 생각하는 일 이외에는 할 것이 없어서 좋았다. 고통이 조여 올수록, 고통이 한 걸음을 떼어놓기 어렵게 할 때마다 나도 모르게 용서를 바랐다. 컴컴한 3~4시 새벽길을 나설 때는 어김없이 어제 순례길 때문에 그런 고통이 따라왔다. 그럴 때마다 '나 때문에, 내가 알게 모르게, 혹여 그 어떤 것이든 나로 인해 그 누군가가 고통을 받았다거나 고통스러운 적이 있었던 사람이 있다면, 그저 내게 용서를 해 주십시오' 하고 기도한 적이 한두 번이 아니었다. 신앙으로 눈물을 흘렸다고 말해야 옳을 것이다. 그리고 그 용서는 그저 단순하게 '한준상 그래, 내 너를 용서하마.' 하는 식의 그런 용서가 아니라 더 이상 미워하고 증오할 수 없어 끝내 나를 받아들여 줄 수 있는 넓은 아량의 용서이기를 바란 적이 한두 번이 아니었다. 그렇게 흘러내리는 눈물을 손으로 닦아내며 그냥 걸었다. 그래, 내가 너에게 뭐하나 변변하게 가르쳐 준 적은 없지만, 조교 시절부터 다른 것은 몰라도 학자란 의자와 엉덩이의 상관관계를 +1로 하라고 은연 보여 준 것을 네놈이 그렇게 따라 한다니 정말로 고맙고 장하다. 그래도 네 한 놈만큼은 제대로 건진 것 같아 내 스스로 흐뭇하다. 그렇게 앞으로도 하거라. 나도 네가 월급쟁이 교수로서 정년을 맞이하기보다는 너의 맑음과 밝은 지혜를 드러낼 수 있는 학자로 마감하기를 바란다. 다른 것은 몰라도 그런 일에서 네 놈이 행여 멀어진다면 내 가만 있지 않을 것이라는 것만큼은 이번에도 가슴에 새겨두마. 그러나 만에 하나라도 그동안 내가 교수로서 혹은 한 인간으로서 네 앞에서 보여 주었던 헐렁헐렁한 태도, 사람 같지 않은 태도, 절제되지 않은 태도 같은 것은, 네가 직접 보았든 혹은 남에게 들었든 간에 모두가 사실일 테니, 절대로 그런 것이 나의 사욕을 위한 것들이었다면 아예 그것을 곁눈질하거나 회상하지도 입에 올리지도 말거라. 더러운 일을 보여 준 내 큰 잘못일 뿐이다. 영혼이 맑은 사람은 더러운 것, 잡스런 것, 옳음에 어긋나는 것에 근접하지도 않는 법이다. 그저 큰길, 옳은 길로만 나가거라. 다만, 학문만큼은 배우는 일만큼은 성경에서 가르쳐 주지 않더라도 좁은 길, 좁은 문으로 향해 가거라. 그곳으로 가야지 맑음도 있고, 밝음도 있을 것이다. 네가 그렇게 할 것이라고 확신한다. 그리고 나에게도 힘을 다오. 그저 더 열심히 배우고 또 배울터니, 내가 행여 게으른 모습으로 보이거든 서슴없이 내게 이야기하거라. 같이 차라도 한잔 하자면서 한두 마디 내게 건네면, 나도 눈치로 교수 생활 30년에 들어서는 사람이니, 척 알아들을 것이다. 잘 모르면 다시 물을 것이고……. 그래, 이제는 더 버려야 한다고 생각하고 순례길을 걸었고, 그 길을 가는 동안 생각과 생각을 해서인지 모르지만 마음이 많이 편해지기도 하고 조금은 가벼워졌다만, 언제 또 잡음으로 욕심으로 상처를 받거나 더러워질지 나도 잘 모르는 일이니, 네가 곁에서 눈길을 보내다오. 더욱더 나부터 조신하고, 조심해야 하겠다는 생각만큼은 버리지 않을 것이다. 곁에 좋은 제자 하나 둔 것 정말 자랑스럽다. he.

추신: 네가 더 잘 알겠지만, 나 스스로 대학 행정은 친숙하지 못해 그리고 내 자신의 머리구조가 조금 복잡해 논리와 이론으로 그 무엇을 열심히 이야기하는 것 이외의 일, 말하자면 여기 콩 2개 놓고 저기

끝 3개 놓고, 서로 바꾸고 빼고 하는 식의 일은 별로 내키지 않는 것이 사실이다. 앞으로도 그런 일이 많을 것이라고 생각되지만 네가 옆에서 잘 정리해 주길 바란다. 내 스스로가 겪었던 많은 어려운 일로 인해 너에게도 큰 신경을 쓰지 못한 것도 사실이다. 오히려 네게 더 차가웠는지도 모른다. 그것은 네가 미워서가 아니라 네 스스로 더 홀로 설수 있게 그리고 네 나름대로의 지혜를 터득하여 더 큰 학자가 되었으면 하는 내 나름대로의 깊은 생각으로 그랬던 것일 것이다. 그동안 의사소통이 빈번하면 좋았겠지만, 그런 모습이 오해는 물론 네 성장에 결코 도움이 되지 않는다는 것을 내 익히 경험했기에 아마 무의식적으로도 더 그랬을 것이다. 네놈을 내가 얼마나 장하게 여기고, 사랑하는 줄을 잘 모를 것이다. 네놈이 내게 더 접근하지 않아서 그럴 것이지만, 태양의 빛이나 열기가 조건에 따라 달라지는 것은 사실이지만 내리쬐지 않는 법은 없듯이 나 역시 그런 마음을 한 번도 버린 적이 없다. 다 추억거리이지만 취직 때문에 이 사람 저 사람 만나던 그때를 한번 생각해 보거라. 그때 그 어려움을 절대로 잊지 말고, 그들에게 너의 학자의 모습을 보여 주거라. 믿는다. 내 어려움 네가 다 알고 있을 것이라고 미리 짐작하고, 내 스스로 마구 했는지도 모른다만, 다 잊거라. 아니, 앞으로는 속에도 넣고 있지 말고 차라도 한잔 하면서, 아니면 저녁이라도 시간을 내서 이야기하자. 네가 하는 학문이 행여 내가 나가는 것과 개념으로나 이론적으로 달라서 나로부터 조금 떨어져야 한다든가 혹은 내가 그 무엇을 네게 강요할까봐 네 스스로 몸을 추스르는 것이 아닌가 하는 생각이 들 때가 있은 적도 있었기에, 그냥 너를 편하게 두는 것이 좋을 것이라 짐작한 끝에 네놈에게 이야기를 건네지 않았던 적도 있다만, 너도 알지만 내 학자적인 스타일이 그냥 독립적인 것이 좋아 늘 그렇게 나만 생각하고 나대로 행동하기에 많은 인간적인 오해도 생길 수 있었을 것이다. 앞으로는 연구도 공동으로 하고, 나도 프로젝트에 끼워다오. 그래야 밥값이라도 얻지 않겠니? 이제부터는 뭐든지 속에도 두지 말고 이야기하거라. 네놈 이야기를 흥볼 나이는 이미 한참 지났으니 뭐든지 이야기하라. 그래, 말로만 소통의 중요성을 이야기하지 말고 정말로 트고 서로를 맺어가는 이야기에 충실해 보자. 그래, 언제 네놈 시간 나면 단둘이 식사하면서 포도주나 한 병 하자. 열심히 배우거라. 나도 열심히 읽고, 생각하고, 쓰고, 또 읽고 또 생각하고, 또 고쳐 쓰는 일에 힘을 내마. 그리고 건강하라. 고맙다. he."

있는 그대로의 나의 소회에 그는 하루가 지난 후 또 다시 답을 해 왔다. "선생님, 놀아 주실 수 있는 분이 계셔서 저는 얼마나 행복한지 모릅니다. 선생님, 오래오래 건강하게 제 곁에 계셔 주세요. 저도 이제 이런 투정은 그만 하고, 앞으로는 더욱더 성숙한 학자의 모습을 보여 드리겠습니다. 제가 ○○○ 박사에게 선생님 모시고 ○○○에 가자고 했습니다. 조만간 시간을 내주십시오. 다시 한 번 고맙습니다. 못난 ○○○ 드림."

나는 제자의 글이 비로소 나와의 의식을 트게 만들어 주고, 서로를 연결하게 만들어 준 의식소통의 시작임을 깨닫게 되었다. 부디 그가 학자로서 강건한 모습을 보여 주기만을 기대한다.

102) 막스 피카르트(Max Picard)는 의사로서 뮌헨에서 개업한 적이 있었지만, 말년에는 스위스에서 문필 활동을 하다가 1965년에 타계한 문필가다. 피카르트는 1888년 독일 바덴 주의 쇼프하임에서 나서 1965년 스위스 테신 칸톤의 시골 마을에서 삶을 마쳤다. 그는 환자를 치료하다가도 틈만 나면 인간 의

식의 심연을 감당하고 있는 침묵에 관한 나름대로의 단상을 적어 놓았다. 본업은 의사였으며, 문화 비판적 시각의 글을 많이 쓴 작가였다. 대중의 시대에서 인간으로 살아가는 일을 언제나 신과의 연관 관계 속에서 생각하고 이해하려 했다. 치열하면서도 진지한 그의 글은 언제나 온 가슴으로 인간을 끌어안으려는 깊은 울림을 준다. 대표적인 저서로는 『인간의 얼굴』 『침묵의 세계』 『신으로부터의 도피』 등을 꼽을 수 있다. 『우리 안의 히틀러』는 제2차 세계대전이 끝나고 한 해 뒤에 나온 작품으로, 심리학과 철학의 관점에서 나치스라는 현상을 통해 나타난 인간의 본성을 날카롭게 분석한 명저다.

103) 독일 시인 R. M. 릴케(Rainer Maria Rilke)가 말년에 쓴 걸작인 10편으로 된 장시(長詩)의 비가집(悲歌集)이다. 제1편과 제2편 등은 1912년에 쓰였으나 제1차 세계대전으로 중단되었다가 전쟁이 끝난 후인 1922년 뮈조트의 저택에서 완성되었다. 생존하는 동안 인간이라는 존재는 무엇인가에 대한 나름대로의 깊은 고뇌를 해 온 릴케가 이 시에서는 무상한 존재로서 항상 죽음의 공포에 떨고 있는 인간이 끝내 해야 할 사명을 아름답게 그려내고 있다. 삶과 죽음과 시간과 공간을 초월한 세계야말로 인간 존재의 의의가 있다는 생각에 이르자, 그는 마침내 인간이 해야 할 일은 지상의 사물을 영원화 하는 것 그것은 신의 길, 신앙의 길로 들어서는 것이라고 노래하고 있다.
릴케는 1911년에서 1912년 사이의 겨울에 체류했던 이탈리아 아드리아 해안의 두이노 성의 성주이며 후작의 부인인 마리 폰 투른 운트 탁시스 호엔로에(Marie von Thurn und Taxis-Hohenlohe)에게 이 『두이노의 비가(Duineser Elegien)』를 헌정한다. 릴케는 두이노 성에서 바람이 몹시 불던 어느 날 산책길에서 들려오는 첫 몇 마디를 환청처럼 듣고서 『두이노의 비가』 작업을 시작했다. 1922년 2월에 10년에 걸친 고뇌와 방황 끝에 『두이노의 비가』가 완성되었을 때, 릴케는 가장 먼저 그녀에게 소식을 전했다. 마리 폰 투른 운트 탁시스 호엔로에 후작 부인은 원래 오스트리아의 명문 가문 출신인데, 예술적 감성이 풍부하여 당시 수많은 예술가들을 자신의 성에 초대하고 그들과 예술 작품을 이야기하면서 그들의 후견인 역할을 했었다. 이런 그녀의 후원에 감사하는 릴케는 『두이노의 비가』의 처음을 그녀의 성에서 완성한다. 그는 제2비가에서 삶이 무엇이어야 하는지를 노래했다[참고: 라이너 마리아 릴케(2006). 두이노의 비가(역). 서울: 현암사].

104) 참고: 막스 피카르트(1999). 침묵의 세계(역). 서울: 까치글방.

105) 피카르트는 우리에게 다시 질문한다. "오늘날의 교육 전반은 인간에게 맥락이 사라진 세상을 살아가라고 준비를 시키는 것에 불과하다. 그래서 사람들은 온갖 잡동사니나 지식을 머릿속에 쑤셔 넣느라 바쁘다. …… 모든 것이 일목요연한 맥락 속에 살아 있는 세상에서는 서로 다른 다양한 지식들이 인간을 조화롭게 만든다. 하나가 다른 것의 부족함을 채워 주고 혼연일체를 이루면서 다른 것, 전체, 그리고 자기 자신에게 적절한 척도를 정해 준다. 그러나 불연속성의 세상에서는 다른 것은 그저 다른 것이다. 이런 세상의 학생은 그 서로 다른 지식들이 하나라는 전체의 세상을 이루는 부분인 줄을 모른다. 정신의 가치에는 무감각한 채 순간의 이해에만 집착하는 우리. 행복과 성공의 기준은 저마다 다르지만, 올바른 삶의 기준은 그렇지 않다. 그런데 이 '올바름'이 무엇인지를 까맣게 잊고서 행복과 성공에 대해 말할 수 있을까."[참고: 막스 피카르트(2005). 우리 안의 히틀러(역). 서울: 우물이 있는 집]

106) 사형 제도를 반대하는 한 지식인이 언젠가 피카르트를 만난 자리에서 그를 몰아붙이기 위해 운을 뗐다. 그에게 인간을 고문하고 가스로 죽인 나치스를 어떻게 하면 정상적인 생활인으로 되돌릴 수 있고, 그들을 어떻게 하나가 되어 이 사회를 더불어 살아가야하는 사람들로 인정할 수 있겠느냐고 강하게 항변한 적이 있었다.

피카르트는 그 질문에 한동안 고뇌하더니, 어렵사리 단호한 입장을 정리한 듯 입을 열었다. "인간을 죽이는 백정들도 정상적인 생활로 쉽게 돌아옵니다. 뮌헨의 우체국에 가보시지요. 살인자들이 창구에 태연하게 앉아 있을 겁니다. 살인자들. 선생님께 시가를 팔던 담배 가게 주인은 어떤가요. 당신께 그리도 친절하게 허리를 숙여 인사하던 호텔 지배인을 예로 들어볼까요. 만일 계산을 치르면서 실수로 50페니히를 덜 주기라도 하면, 난리가 나겠지요. 모자라는 돈을 받기 위해 최소한 15분은 선생님께 매달릴 걸요. 하지만 그러다가도 다른 고객의 우는 아이를 보면 얼른 초콜릿을 한 조각 꺼내 줄 겁니다. 자기 자식에게 주려고 호주머니에 감추어 두었던 바로 그 초콜릿을!" 그렇게 말한 피카르트의 눈에는 자기가 모르는 사이 자기를 고난의 길로 내몰았던 그들에 대한 연민 때문에 눈물이 고였다고 회고했다.

107) 이 지점에서 슬라보예 지젝(Slavoj Zizek)을 다시 언급할 수밖에 없다. 그는 포스트 모던 사상가로서한 축을 감당하고 있는 사상가로서, 자본주의에 대해 끊임없이 의시(疑視)하고 의심(疑心)의 눈을 거두지 않고 있다. 지젝은 이제 사람들은 '신이 인간이 되었다'는 말을 듣고는 놀라는 척한다는 것이다. 인간 스스로 신이 인간이 된 후 나타날 수 있는 온갖 종류의 심층적 의미를 상상하면 일종의 두려움이 생기기 때문에 그렇다는 것이다. 인간이 그렇게 놀라는 척하는 것은 인간들이 저들끼리 위안하기 위한 쇼에 지나지 않는다는 것이다. 인간이 정말로 두려워하는 것은 다른 것에 있다는 것이다. 그것은 인간들이 정말로 신을 잃게 될 것 같아서, 인간은 마음속 깊이 그것을 두려워한다는 것이다[참고: 슬라보예 지젝(2011). 폭력이란 무엇인가(역). 서울:난장이].

108) 참고: 알랭 바디우(2008). 사도 바울(역). 서울: 새물결.

109) 갑상선(甲狀腺) 이상 진단을 받고 죽음의 문턱까지 갔었던 그녀는 걷기로 자신을 회복한 후 말한다. "이제 나는 결코, 이전처럼 살지 않을 것이다. 이제야 정신과 몸을 건강하게 유지하면서 살아가는 방법을 터득하게 되었다. 어떤 날은 꼼짝도 하기 싫지만, 그럴 때마다 나는 병마에 시달리던 과거의 끔찍한 기억을 떠올리며 주저 없이 산책길에 나선다."[참고: 세실 가테프(2006). 걷기의 기적(역). 서울: 기파랑]

110) 한때는 열렬한 마르크스주의자였다가 유물론적인 마르크스주의를 비판하면서 독창적인 러시아 종교 철학자로 변신한 러시아식 기독교주의적 문명 비판가 니콜라이 베르댜예프(Nikolai Berdyaev)는 1920년에는 모스크바 대학의 교수가 되기도 한다. 그는 이내 기독교가 물질주의, 초월적인 이기주의 등에 과도하게 물들어 있음을 간과하지 않고 비판하기 시작한다. 기독교가 편협성을 버리고 사랑과 자유에 대한 원래의 관점을 회복하는 길만이 기독교가 인간 구원의 종교가 될 수 있음을 알린다. 그는

마치 기독교의 문제를 채근담이 전하는 것처럼, 욕심을 부리는 병은 고칠 수 있지만 이론을 고집하는 병은 고치기 어렵다는 식으로 기독교의 편협함을 지적하고 있다[참고: 니콜라이 베르댜예프(2009). 현대세계의 인간운명(역). 서울: 지만지고전천줄].

111) 고대 그리스 아테네 3대 비극작가 중의 한 명인 아이스킬로스(Aeschylos)는 『사슬에 묶인 프로메테우스』라는 비극을 통해 자유와 반추, 그리고 성찰이 절대자인 신과 인간의 매개임을 드러내 주고 있다. 귀족 가문 출신이 아이스킬로스는 고대 그리스에서는 소포클레스, 에우리피데스와 함께 3대 그리스 비극 작가 중 한 사람으로 추앙되는 인물이다. 그는 기원전 484년에 개최된 드라마 경연 대회에서 최초로 우승한 이후 28년 동안 열두 번이나 우승하면서 그리스 연극의 원조로 군림했다. 그를 통해 그리스 고대극 전통은 확립되었고, 그로부터 서구 연극의 원류가 되었다고 볼 수 있다.

아이스킬로스는 비극의 상징으로 먼저 생각하는 지혜의 인물을 내세운다. 그 인물이 바로 프로메테우스다. 프로메테우스라는 말 그 자체가 '미리 생각하는 자.'라는 뜻이다. 프로메테우스는 자기가 인간을 위해 하는 일이 얼마나 위험한지를 잘 알고 있었다. 제우스는 인간에게 불을 주거나 지혜를 주거나 자유를 주는 일에 반대했고, 그것을 어기면 형벌을 주기로 했었기 때문이다. 제우스의 명을 거역하면 고통당하리라는 것을 알면서도 인간을 위해 불을 훔친 프로메테우스의 용기와 인간애, 그리고 고통의 운명까지도 미리 알고 있다는 것을 이렇게 노래한다. "얼마나 가야 이 고통 멈출 것인가? 하지만 묻는 게 무슨 소용이 있을까? 앞으로 일어날 모든 일을 내가 정확히 다 알고 있는데. 예상치 않았던 그 어떤 고통도 없어. 거역할 수 없는 운명의 힘을 깨달았으니 기꺼이 그 운명의 짐을 짊어질 수밖에 …….. 나는 불의 원천을 찾아냈고, 회향풀 가지에 숨겨진 불을 훔쳐, 불쌍한 인간들에게 주었다. 불은 그 자체로 모든 기술을 가르쳐 주는 선생이고 그것을 가능하게 한 훌륭한 수단이지. 그게 바로 내 죄이고 보복을 당한 이유야."

프로메테우스에게 불을 도둑맞은 제우스는 마침내 인간에게는 교묘한 방법으로 재앙을 내리고, 프로메테우스에게는 상상하기 어려운 혹독한 형벌을 주기로 작정한다. 제우스는 프로메테우스의 지혜를 지닌 인간에게 끝내 재앙이 될 아름다운 여인, 판도라를 만들어 보낸다. 판도라라는 말은 '모든 선물을 받은 여인'이지만, 모든 재앙을 지닌 신의 선물 상자라는 뜻이기도 하다. 제우스는 먼저 생각하는 자(feedforward)의 상징인 프로메테우스의 동생인 에피메테우스를 유혹하여 그에게 판도라가 담긴 상자를 선물로 받게 한다. '나중에서야 생각한다(feedback).'는 뜻을 지닌 에피메테우스는 판도라를 그의 아내로 삼아 버린다. 그녀가 위험한 존재라는 걸 이미 안 형인 프로메테우스의 경고를 무시하고 판도라를 받아들인 동생은 판도라의 재앙에서 영원히 벗어날 수가 없게 되었다. 그런 것까지 알게 된 제우스는 마침내 프로메테우스를 잡아 벌을 내린다. 그를 카프카스의 바위에 사슬로 묶고 평생 독수리에게 간을 쪼아 먹히는 벌을 내린다. 독수리에게 잔인하게 쪼아 먹히는 간이 다시 되살아나기는 하지만, 그 형벌은 이루 말할 수 없는 고통을 안기는 형벌이다. 고통으로 신음하는 프로메테우스는 별안간 자유의 몸이 된다. 어느 날 신의 절대성과 인간적인 용기 모두를 지닌 전사(戰士) 헤라클레스가 나타나 간을 쪼아 먹는 독수리를 활로 쏴 죽여 버리고 그를 해방시켰기 때문이다. 프로메테우스는 이런 일이 일어날 것을 미리 알고 그것을 기다렸던 것이다. 헤라클레스가 한 짓은 제우스에게는 큰 도전이었지만 제우스는 프로메테우스가 그렇게 자유의 몸이 된다는 것을 알고도 모른 체하고 눈감아 버린다. 프로메테우스를 해방한 장본인인 헤라클레스가 바로 자기가 사랑했던 강의 신 이나코스의 딸 이오 사이에서 난 친아들이었기 때문이었다. 제우스는 자기의 절대성에 도전한 슬기와 지혜, 그리고 성찰(feedforward)의 존재인 프로메테우스를 풀어 준 전사 헤라클레스의 용기를 오히려 높이 칭찬하면서 프로메테우스의 해방을 용인해 버린다. 제우스는 자기의 자식인 헤라클레스의 손을 빌려 프로메테우스를 해방시킨 것을 눈감아 버리며 먼저 생각하는 자인 프로메테우스와 굳이 옳고 그름의 시비를 따지지 않고 슬며시 그리고 자연스럽게 화해해 버린 것이다. 어쩌면 서로가 의식소통하고 있었기 때문일 수 있다[참고: 아이스킬로스(2012). **사슬에 묶인 프로메테우스**(역). 서울: 지식을 만드는 지식].

참│고│문│헌

가라타니 고진(1998). 은유로서의 건축(역). 서울: 한나래출판사.

가모리 우라코(2002). 참으로 마음이 따뜻해지는 책(역). 서울: 주변인의 길.

가사나(2009). 백유경(역). 서울: 지만지.

가스똥 바슐라르(1980). 물과 꿈(역). 서울: 문예출판사.

간디(2001). 바가바드기타(역). 서울: 당대.

강상원(2002). 한글 고어사전 실담어 주석. 서울: 한국세종한림원출판부.

강수택(1998). 일상생활의 패러다임. 서울: 민음사.

강영계(2000). 니체, 해체의 모험. 서울: 고려원.

강영계(2000). 니체와 예술. 서울: 한길사.

강영안(2005). 타인의 얼굴. 서울: 문학과 지성사.

강창동(2002). 한국의 교육문화사. 서울: 문음사.

개리 스몰, 지지 보건(2010). 아이브레인-디지털 테크놀로지 시대에 진화하는 현대인의 뇌(역). 서울: 지와 사랑.

게리 주커브(2000). 영혼의 의자(역). 서울: 나라원.

게리 주커브(2007). 춤추는 물리(역). 서울: 범양사.

경전연구모임(1991). 법구경/사십이장경(역). 서울: 불교시대사.

고든 루이스, 브루스 데머리스트(2009). 통합신학(역). 서울: 부흥과 개혁사.

고목(1997). 조주록 탐구. 서울: 삼양.

고미숙(2009). 임꺽정. 길위에서 펼쳐지는 마이너리그의 향연. 서울: 사계절.

고미숙(2011). 동의보감, 몸과 우주 그리고 삶의 비전을 찾아서. 서울: 그린비.

고은(2001). 순간의 꽃. 서울: 문학동네.

고트홀트 에프라임 레싱(2009). 에밀리아 갈로티(역). 서울: 지만지.

광덕(2009). 행복을 창조하는 기도(역). 서울: 불광출판사.

구본일(2008). 나를 깨우는 108배. 파주: 김영사.

구상(2004). 개똥밭. 서울: 홍성사.

구트룬 슈리(2008). 세계사를 뒤흔든 16가지 발견(역). 서울: 다산초당.

권명대(2010). 수행. 서울: 동문선.

권수미(2003). 사이버 섹스. 서울: 과학기술.

권영한(2000). 방랑시인 김삿갓 시집. 서울: 전원문화사.

글로리아 에반즈(2008). 담: 나와 당신을 위한 이야기(역). 서울: 해피니언.

금태섭(2008). 디케의 눈. 서울: 궁리.

김기협(2011). 아흔 개의 봄. 서울: 서해문집.

김나미(2007). 결국엔 모두가 사랑, 한 단어. 서울: 고즈윈.

김남일(2011). 한의학에 미친 조선의 지식인들. 서울: 들녘.

김도연 외(2011). 새로운 대학을 말하다-대학 총장 21인의 혁신 제안. 서울: 매일경제신문사.

김도영(2006). 내가 만난 인도인. 서울: 산지니.

김동일(2005). 한국의 탈춤. 서울: 이화여자대학교 출판부.

김동화(1980). 불교학개론. 서울: 보련각.

김범(2008). 섬세. 서울: 갤리온.

김성구(2005). 소리없이 부는 바람-시치료 이미지 명상시집. 서울: 영문.

김수청(2006). 경을 중심으로 송대신유학의 인격수양론. 서울: 신지서원.

김수환(2009). 바보가 바보들에게. 서울: 산호와 진주.

김아타(2008). 김아타, 인디아 스케치. 서울: 위즈덤하우스.

김연숙(2001). 타자 윤리학. 서울: 인간사랑.

김영두(2003). 퇴계와 고봉, 편지를 쓰다. 서울: 소나무.

김영래(2003). 칸트의 교육이론. 서울: 학지사.

김영민(2008). 동무와 연인. 서울: 한겨레출판.

김영민(2010). 공부론. 서울: 샘터.

김영환(2009). 포스트모던 시대의 세계관. 서울: 숭실대학교 출판부.

김용규(2010). 서양문명을 읽는 신. 서울: 휴머니스트.

김용해(2011). 배움과 초월체험. 배움학 연구, 4, 14-16.

김원명(2008). 원효: 한국불교철학의 선구적 사상가. 서울: 살림.

김원중(2012). 한비자의 관계술. 서울: 위즈덤 하우스.

김은국(2010). 순교자(역). 서울: 문학동네.

김종철(2009). 못과 삶과 꿈. 서울: 시월.

김중민, 최염규, 하민희(2009). 안테바신의 도시 바라나시. 서울: 포토넷.

김지녀(2009). 시소의 감정. 서울: 문음사.

김창호(1995). 내가 아는 것이 진리인가. 서울: 웅진씽크빅.

김철수(2010). 예수평전. 파주: 김영사.

김태광(2003). 꿈이 있는 다락방. 서울: 바움.

김태길(1998). 윤리학. 서울: 박영사.

김태진(2012). 명랑인생 건강교본. 서울: 북드라망.

김택근, 도법(2008). 사람의 길-도법스님 생명평화 순례기. 서울: 들녘.

김형경(2006). 사람풍경. 서울: 예담.

김형경(2006). 천개의 공감. 서울: 한겨레출판.

김형숙(2012). 도시에서 죽는다는 것. 서울: 뜨인돌.

김형자(2007). 똥으로 해결한 과학. 서울: 갤리온.

김홍경(2003). 노자(역). 서울: 들녘.

김홍오(1982). 사랑보다 아름다운 것. 서울: 까치.

김홍호(2001). 다석일지 공부 4. 서울: 솔출판사.

꿍위즈, 펑셴즈, 스중취안(2011). 마오의 독서생활(역). 서울: 글항아리.

나구모 요시노리(2012). 1일 1식(역). 서울: 위즈덤하우스.

나쓰메 소세키(2001). 행인(역). 서울: 문학과 지성사.

나정선, 고유선(2007). 운동하며 배우는 사상체질. 서울: 숙명여대 출판부.

남악혜사(2006). 대승지관법문(大乘止觀法門). 서울: 불광출판사.

남정숙(2008). 문화기업의 비밀: 컬처노믹스 시대의 문화마케팅. 서울: 한국메세나협의회.

넬 나딩스(2008). 행복과 교육(역). 서울: 학이당.

노르망 바야르종(2011). 촘스키처럼 생각하는 법-말과 글을 단련하고 숫자 언어 미디어의 거짓으로
    부터 나를 지키는 기술. 서울: 갈라파고스.

노먼 빈센트 필(2006). 믿는 만큼 이루어진다(역). 서울: 21세기북스.

니르말라(2012). 나는 없다(역). 서울: 아름드리미디어.

니체(2002). 선악의 저편. 도덕의 계보(역). 서울: 책세상.

니코스 카잔차키스(2003). 예수 다시 십자가에 못 박히다(역). 서울: 고려원.

니코스 카잔차키스(2006). 영혼의 일기(역). 서울: 거송미디어.

니코스 카잔차키스(2008). 영혼의 자서전(역). 서울: 열린 책들.

니콜라스 카(2011). 생각하지 않는 사람들(역). 서울: 청림출판.

니콜라스 쿠자누스(2011). 박학한 무지(역). 서울: 지식을 만드는 지식.

니콜라이, 베르탸예프(2009). 현대세계의 인간운명(역). 서울: 지만지고전천줄.

닐 도날드 월쉬(2000). 신과 나눈 이야기(역). 서울: 아름드리미디어.

닐 레비(2011). 신경윤리학이란 무엇인가(역). 서울: 바다출판사.

닐 포스트먼(1987). 사라지는 어린이(역). 서울: 분도출판사.

다니엘 골먼(2006). SQ 사회적 지능(역). 서울: 웅진지식하우스.

다니엘 에버렛(2009). 잠들면 안 돼, 거기 뱀이 있어(역). 서울: 꾸리에.

다닐 알렉산드로비치 그라닌(2004). 시간을 정복한 남자 류비셰프(역). 서울: 황소자리.

다이언 애커먼(2004). 감각의 박물학(역). 서울: 작가정신.

달라이 라마(2005). 깨달음에 이르는 길(역). 서울: 하얀연꽃.

달라이 라마(2006a). 마음이란 무엇인가(편역). 서울: 씨앗을 뿌리는 사람.

달라이 라마(2006b). 달라이 라마 하버드대 강의(역). 서울: 작가정신.

달라이 라마(2008). 자비의 힘(역). 서울: 열린책들.

달라이 라마, 스테판 에셀(2012). 정신의 진보를 위하여(역). 서울: 돌베개.

대니얼 데닛(2009). 자유는 진화한다(역). 서울: 동녘 사이언스.

대니얼 J. 레비틴(2009). 호모 무지쿠스: 문명의 사운드트랙을 찾아서. 서울: 사마티.

대비드 브래지어(2007). 선치료(역). 서울: 학지사.

대프니 로즈 킹마(2010). 인생이 우리를 위해 준비해 놓은 것들─죽고 싶도록 힘들 때 반드시 해야 할 10가지(역). 서울: 비지니스북스.

댄 애리얼리(2008). 상식밖의 경제학(역). 서울: 청림출판.

댄 애리얼리(2012). 거짓말하는 착한 사람들(역). 서울: 청림출판.

댄 쾨펠(2010). 바나나(역). 서울: 이마고.

데이비드 가드먼(2002). 마음은 없다─슈리 안나말라이 스와미의 마지막 가르침(역). 서울: 탐구사.

데이비드 데스테노, 피에르카를로 발데솔로(2012). 숨겨진 인격(역). 파주: 김영사.

데이비드 로빈슨(2006). 채플린-거장의 생애와 예술(역). 서울: 한길아트.

데이비드 리버링 루이스(2010). 신의 용광로: 유럽을 만든 이슬람 문명(역). 서울: 책과 함께.

데이비드 밀스(2010). 우주에는 신이 없다(역). 서울: 돋을새김.

데이비드 브룩스(2012). 소셜 애니멀(역). 서울: 흐름출판.

데이비드 아구스(2012). 질병의 종말(역). 서울: 청림출판사.

데이비드 존스턴(2011). 정의의 역사(역). 서울: 부글북스.

데이비드 S. 랜즈(2009). 국가의 부와 빈곤(역). 서울: 한국경제신문사.

데이비드 S. 키더, 노아 D. 오펜하임(2010). 경건한 지성(역). 서울: 하서출판사.

도널드 L. 핀켈(2010). 침묵으로 가르치기(역). 서울: 다산초당.

도몬 후유지(2000). 도쿠가와 이에야스 인간경영(역). 서울: 경영정신.

도성달(2011). 윤리학, 그 주제와 논점. 성남: 한국학중앙연구원.

동군(2010). 조사선(역). 서울: 운주사.

동췬(2000). 祖師禪(역). 서울: 운주사.

드니스 글렌(2006). 지혜(역). 서울: 디모데.

디오게네스 라에르티오스(2008). 그리스 철학자 열전(역). 서울: 동서문화출판주식회사.

디오게네스 알렌(2003). 신학을 이해하기 위한 철학(역). 서울: 대한기독교서회.

딘 오니시(2000). 약 안 쓰고 수술 않고 심장병 고치는 법(역). 서울: 석필.

딘 오니시(2003). 요가와 명상건강법(역). 서울: 석필.

딘 오니시(2004). 관계의 연금술(역). 서울: 북하우스.

라이너 마리아 릴케(2006). 두이노의 비가(역). 서울: 현암사.

라이너 췌흐네(2005). 행복 앞에 선 자의 불안(역). 서울: 매일경제신문사.

라이너 풍크(2008). 내가 에리히 프롬에게 배운 것들(역). 서울: 갤리온.

랄프 왈도 트라인(2006). 인생의 문을 여는 만능열쇠(역). 서울: 지식여행.

랍비 조셉 텔루슈킨(2012). 죽기전에 한번은 유대인을 만나라(역). 서울: 북스넛.

래리 위덤(2008). 생명과 우주에 대한 과학과 종교논쟁 최근 50년(역). 서울: 혜문서관.

래쓰, L. E. (1994). 가치를 어떻게 가르칠 것인가(역). 서울: 철학과 현실사.

램 차란(2009). 램 차란의 위기경영(역). 서울: 살림Biz.

러시아과학아카데미연구소(1988). 마르크스와 엥겔스의 철학적 제문제와 유럽철학(역). 서울: 중원문화.

레오 보만스(2012). 세상 모든 행복(역). 서울: 흐름출판.

로랑 구넬(2009). 가고싶은 길을 가라(역). 서울: 조화로운 삶.

로렌 슬레이터(2006). 루비레드(역). 서울: 에코의 서재.

로렌스 쇼터(2010). 옵티미스트-인생의 되도록 밝은 면 탐구 보고서(역). 서울: 부키.

로렌스 D. 로젠블룸(2011). 오감 프레임(역). 서울: 21세기북스.

로버타 미치닉 골린코프, 캐시 허시-파섹(2010). 아이는 어떻게 말을 배울까-아기 안에 잠든 언
    어 능력 깨우기(역). 서울: 교양.

로버트 W. 메리(2006). 모래의 제국(역). 서울: 김영사.

로버트 버튼(2010). 생각의 한계-당신이 뭘 아는지 당신은 어떻게 아는가(역). 서울: 북스토리.

로버트 라이트(2010). 신의 진화(역). 서울: 동녘사이언스.

로버트 엘링턴(2003). 서양 윤리학사(역). 서울: 서광사.

로버트 영(2003). 하버마스의 비판이론과 담론 교실(역). 서울: 우리교육.

로버트 와인버그(2005). 암의 탄생과 성장-세포의 반란(역). 서울: 사이언스북스.

로버트 펠드먼(2010). 우리는 10분에 세 번 거짓말한다(역). 서울: 예담.

로이 포터(2010). 놀라운 치유의 역사(역). 서울: 네모북스.

롤프 옌센(2005). 드림 소사이어티(역). 서울: 리드출판.

루 매리노프(2006). 철학 상담소(역). 서울: 북로드.

루빈 그레첸(2011). 무조건 행복할 것(역). 서울: 21세기북스.

루소, J. J. (2007). 참회록(역). 서울: 동서문화사.

루이 알튀세르(1991). 아미엥에서의 주장(역). 서울: 솔.

루이스 C. S. (2008). 기적-예비적 연구(역). 서울: 홍성사.

루이스 L. 헤이(2009). 행복한 생각(역). 서울: 한문화.

루츠 폰 베르더 외(2004). 즐거운 글쓰기(역). 서울: 들녘.

루치아노 데 크레센초(1998). 그리스철학사 1(역). 서울: 리브로.

루트비히 비트겐슈타인(2008). 논리철학논고/철학탐구/반철학적 단장(역). 서울: 동서문화동판주
    식회사.

류시화(1991). 삶이 나에게 가르쳐 준 것들. 서울: 푸른숲.

류시화(2006)(편). 살아있는 것은 다 행복하라. 서울: 조화로운 삶.

류영모(2001). 다석일지. 서울: 솔.

류영모(2004). 얼의 노래. 서울: 두레.

류영모(2010). 다석 마지막 강의. 서울: 교양인.

르네 보르보누스(2011). 존중력 연습(역). 서울: 더난출판.

리처드 도킨스(2004). 눈먼 시계공(역). 서울: 사이언스북스.

리처드 레이어드(2011). 행복의 함정: 가질수록 행복은 왜 줄어드는가(역). 서울: 북하이브.

리처드 세넷(2013). 투게더(역). 서울: 현암사.

리처드 와이즈먼(2008). 괴짜 심리학(역). 서울: 웅진지식하우스.

리처드 칼슨(2004). 사소한 것에 목숨 걸지 마라(역). 서울: 도솔.

리처드 칼슨(2010). 세계의 명강의들(역). 서울: 마음의숲.

리처드 J. 라이더, 데이비스 A. 샤피로(2011). 인생의 절반쯤 왔을 때 깨닫게 되는 것들(역). 서울:
    위즈덤 하우스.

리카이저우(2012). 공자는 가난하지 않았다(역). 서울: 에쎄.

리하르트 다비트 프레히트(2010). 나는 누구인가(역). 서울: 21세기북스.

마뚜라나 바레나(2007). 앎의 나무: 인간 인지능력의 생물학적 뿌리(역). 서울: 갈무리.

마르시아 뮐더 이턴(1998). 미학의 핵심(역). 서울: 동문선.

마르치아 엘리아데(2008). 세계종교사(역). 서울: 이학사.

마르코 폴로(2004). 동방견문록(역). 서울: 서해문집.

마르코스(2008). 딱정벌레 기사 돈 두리토(역). 서울: 현실문화.

마르쿠스 아우렐리우스(2007). 인생의 법칙(역). 서울: 원앤원북스.

마리 안느 레스쿠레(2006). 레비나스 평전(역). 서울: 살림.

마야 슈토르히, 군터 프랑크(2011). 휴식능력 마나나(역). 서울: 동아일보사.

마우니 사두(2006). 큰 평안의 시절(역). 서울: 탐구사.

마이클 샌델(2010). 정의란 무엇인가(역). 파주: 김영사.

마이클 샌델(2012). 왜 도덕인가(역). 서울: 한국경제신문.

마이클 슬롯(2002). 덕의 부활(역). 서울: 철학과 현실사.

마이클 카츠(2008). 모세오경(역). 서울: 한국기독교연구소.

마이클 카츠, 넬 나딩스 외(2007). 정의와 배려(역). 서울: 인간사랑.

마츠오 바쇼(2008). 바쇼의 하이쿠 기행(역). 서울: 바다출판사.

마크 뷰캐넌(2010). 사회적 원자(역). 서울: 사이언스북스.

마크 스미스(2010). 감각의 역사(역). 서울: SUBOOK.

마크 앱스틴(2006). 붓다의 심리학(역). 서울: 학지사.

막스 피카르트(2005). 우리 안의 히틀러(역). 서울: 우물이있는집.

막스 피카르트(2006). 침묵의 세계(역). 서울: 까치글방.

말라 매터슨(2008). 기다려요 소울메이트(역). 서울: 비지니스맵.

말콤 글래드웰(2009). 아웃 라이어(역). 파주: 김영사.

매리언 울프(2010). 책 읽는 뇌-독서와 뇌 난독증과 창조성의 은밀한 동거에 관한 이야기. 서울: 살림.

맬러니 선스트럼(2012). 통증연대기(역). 서울: 에이도스.

맹자(1994). 맹자(역). 서울: 범우사.

메리 고든(2010). 공감의 뿌리-아이들 한 명 한 명이 세상을 바꾼다. 서울: 샨티.

명진(2011). 스님은 사춘기. 서울: 이솔.

모기 겐이치로(2009). 욕망의 연금술사 뇌(역). 서울: 사계절.

모리오카 마사히로(2006). 무통문명(역). 서울: 모멘토.

모리타 쇼마(2002). 신경질의 본태와 요법(역). 서울: 하나의학사.

몽테뉴(2005). 나는 무엇을 아는가(역). 서울: 동서문화사.

묵적(1999). 묵자(역). 서울: 홍익출판사.

문광훈(2007). 교감-천천히 사유하는 즐거움. 서울: 생각의 나무.

문상희(1999). 사도행전 주석. 서울: 연세대학교 출판부.

문일석(1994). 성철스님 세상살이. 서울: 신라원.

문종성(2011). 산속 평화를 깨는 철없는 여행자. 가이드 포스트, 2월호.

문학의숲 편집부(2010). 법정 스님의 내가 사랑한 책들. 서울: 문학의숲.

문화방송 시사교양국(2001). 이제는 말할 수 있다. 서울: 문화방송 시사교양국.

미레유 길리아노(2010). 프랑스 스타일(역). 서울: 마음산책.

미셸 푸코(2002). 정신병과 심리학(역). 서울: 문학동네.

미셸 푸코(2003). 광기의 역사(역). 서울: 나남출판.

미하일 바흐친(2000). 장편소설과 민중언어(역). 서울: 창작과 비평사.

미하엘 쾰마이어(2002). 그리스 신화(역). 서울: 현암사.

민성길(2009). 화병연구. 서울: 엠엠커뮤니케이션.

바바 하리 다스(1999). 성자가 된 청소부(역). 서울: 정신세계사.

바바 하리 다스(2002). 지혜의 칠판(역). 서울: 아름다운 날.

바바라 디 앤젤리스(2012). 지금의 고난은 내게 어떤 의미인가(역). 서울: 고조원.

바버라 스트로치(2011). 가장 뛰어난 중년의 뇌(역). 서울: 해나무.

바이런 케이티(2003). 사랑에 대한 네 가지 질문(역). 서울: 침묵의 향기.

박경리(2008). 버리고 갈 것만 남아서 참 홀가분하다. 서울: 마로니에북.

박경수(2001). 노빈손 에버랜드에 가다. 서울: 뜨인돌.

박목월(1946). 청록집. 서울: 을유문화사.

박문호(2008). 뇌 생각의 출현. 서울: 휴머니스트.

박상우(2008). 혼자일 때 그곳에 간다. 서울: 시작.

박성호(1994). 프로네시스의 실천적 조건으로서 헥시스. 철학논총, 제10집. 1-8.

박영규(2004). 한권으로 읽는 조선왕조실록. 서울: 웅진닷컴.

박영진(2012). 교육철학 및 교육사. 서울: 정민사.

박영호(2001). 다석 류영모. 서울: 두레.

박영호(2007). 잃어버린 예수. 서울: 교양인.

박완호(2012). 물의 낯에 지문을 새기다. 서울: 서정시학.

박이문(2004). 윤리의 사회성과 도덕의 실존성. 철학과 현실. 62, 194-202.

박이문(2011). 문학 속의 철학. 서울: 일조각.

박재삼(1989). 박재삼 시집. 서울: 범우사.

박재삼기념사업회(2009). 박재삼 시연구. 서울: 박재삼기념사업회.

박제상(2002). 부도지(역). 서울: 한문화.

박종철 출판사 편집부(2003). 마르크스 엥겔스 전집(편역). 서울: 박종철출판사.

박칼린(2010). 그냥. 서울: 달.

박현모(2010). 세종처럼. 서울: 미다스북스.

발타자르 그라시안(2010). 살아갈 날들의 지혜(역). 서울: 끌레마.

밥 딜런(2005). 자서전(역). 서울: 문학세계사.

백금남(2007). 소설 탄허. 서울: 동쪽나라.

버트런드 러셀(2005). 나는 왜 기독교인이 아닌가. 서울: 사회평론.

법륜(2010). 스님의 주례사. 서울: 휴.

법전(2009). 누구 없는가. 파주: 김영사.

법전(2010). 스님들의 어머니. 서울: 도피안사.

법정(1999). 무소유. 서울: 범우사.

법정(2005). 숫타니파타. 서울: 이레.

법정(2006). 오두막 편지. 서울: 이레.

법정(2010). 말과 침묵. 서울: 샘터사.

베르나르 올리비에(2011). 나는 걷는다(역). 서울: 효형출판.

베르너 켈러(2009). 역사로 읽는 성서(역). 서울: 중앙북스.

베른하르트 슐링크(2009). 더 리더: 책 읽어주는 남자(역). 서울: 이레.

베버리 플랙싱턴(2012). 이봐요, 내 말 듣고 있어요?(역). 서울: 다른세상.

베터니 휴즈(2012). 아테네의 변명(역). 서울: 옥당.

볼프강 벨슈(2005). 미학의 경계를 넘어(역). 서울: 향연.

불교신문사(2007). 쥐가 고양이 밥을 먹다. 서울: 불교신문사.

불필(2012). 영원에서 영원으로. 파주: 김영사.

브누와 쌩 지롱(2009). 행복한 걸인 사무엘(역). 서울: 은행나무.

브라이언 마수미(2011). 가상계(역). 서울: 갈무리.

브라이언 완싱크(2008). 나는 왜 과식하는가(역). 서울: 황금가지.

브라이언 해리스(2009). 인저스티스(역). 서울: 열대림.

브렌다 쇼샤나(2006). 마음의 불을 꺼라(역). 서울: 정신세계사.

브로샤이(2003). 피카소와의 대화(역). 서울: 에코리브르.

브리지트 라베, 미셸 퀴에크(2008). 찰리 채프린(역). 서울: 다섯수레.

비벌리 엔젤(2006). 화의 심리학(역). 서울: 용오름.

비슬라바 쉼보르스카(2007). 끝과 시작(역). 서울: 문학과 지성사.

비키 쿤켈(2009). 본능의 경제학(역). 서울: 사이.

빅터 프랭클(2005). 삶의 의미를 찾아서(역). 서울: 청아출판사.

빅터 프랭클(2005). 의미를 향한 소리없는 절규. 서울: 청아출판사.

빅터 E. 프랭클(1979). 심리요법과 현대인(역). 서울: 분도출판사.

빅토르 델보스 외(2003). 스피노자와 도덕의 문제(역). 서울: 선학사.

빅토르 E. 프랭클(2002). 프랭클 실존분석과 로고데라피(역). 서울: 한글.

빌 맥파런(2012). 굿바이, 분홍코끼리(역). 서울: 이마고.

빌 브라이슨(2011). 거의 모든 사생활의 역사(역). 서울: 까치.

빌헬름 라이히(2005). 오르가즘의 기능(역). 서울: 그린비.

빌헬름 라이히(2010). 성혁명(역). 서울: 중원문화.

사르베팔리 라다크리슈난(1996). 인도철학사(역). 서울: 한길사.

사무엘 베케트(1994). 고도를 기다리며(역). 서울: 하서출판사.

사무엘 울만(2000). 청춘(역). 서울: 오늘.

사이먼 크리칠리(2009). 죽은 철학자들의 서(역). 서울: 이마고.

사이언티픽 아메리칸(1998). 타고난 지능 만들어지는 지능(역). 서울: 궁리.

사이토 미치오(2006). 지금 이대로도 괜찮아(역). 서울: 삼인.

사토 도미오(2009). 배우고 익히면 즐겁지 아니한가(역). 서울: 위즈덤 하우스.

새뮤얼 스마일스(2007). 자조론 인격론(역). 서울: 동서문화사.

새뮤얼 헌팅턴(2000). 문명의 충돌(역). 파주: 김영사.

샘널(2006). 세상에서 가장 아름다운 동행(역). 서울: 코리아 무비 테크.

샤론 모알렘(2010). 아파야 산다(역). 파주: 김영사.

샨티테바(2011). 입보리행론(역). 서울: 하얀연꽃.

서갑숙(2003). 서갑숙의 추파. 서울: 디어북.

서울불교대학원대학교 불교와 심리연구원(2011). 불교수행과 뇌, 그 치료적 의미. 제2회 불교
    와 심리 심포지움.

서형(2009). 부러진 화살. 서울: 후마니타스.

서화동(2006). 선방에서 길을 물었더니. 서울: 고즈윈.

성염(1996). 피코 델라 미란돌라. 서울: 철학과 현실사.

성 어거스틴(2003). 고백록(역). 서울: 대한 기독교서회.

성백효(2002). 심경부주(心經附註)(역). 서울: 전통문화연구회.

성법(2004). 이판사판 화엄경. 서울: 정신세계원출판국.

세네카(2001). 영혼의 치료자(역). 서울: 동녘.

세스 고딘(2010). 더딥—포기할 것인가 끝까지 버틸 것인가(역). 서울: 재인.

세실 가테프(2006). 걷기의 기적(역). 서울: 기파랑.

세종 외(1447)(1973인쇄). 訓民正音: 解例諺解. 서울: 大提閣.

세종 외(1447)(1985인쇄). 釋譜詳節. 서울: 大提閣.

세친 · 현장 · 원조각성(2009). 유식론 강의(역). 서울: 현음사.

서원, B. 뉴랜드(2003). 사람은 어떻게 죽음을 맞이하는가(역). 서울: 세종서적.

셰리 시세일러(2010). 거짓말 새빨간 거짓말 그리고 과학: 잘못된 과학 정보를 바로 가려내는 20가지 방법(역). 서울: 부키.

소걀 린포체(1993). 티베트의 지혜(역). 서울: 민음사.

소냐 류보머스키(2007). how to be happy(역). 서울: 지식 노마드.

소피아 로젠필드(2011). 상식의 역사(역). 서울: 부글북스.

쇠얀 키에르케고어(2005). 이방인의 염려(역). 서울: 프리칭 아카데미.

숀 아처(2012). 행복의 특권(역). 서울: 청림출판.

수잔 케인(2012). 콰이어트(역). 서울: 알에이치코리아.

수지 개블릭(2009). 르네 마그리트(역). 서울: 시공사.

수지 오바크(2011). 몸에 갇힌 사람들(역). 서울: 창비.

수지 웰치(2009). 10 10 10: 인생이 달라지는 선택의 법칙(역). 서울: 북하우스.

슈테판 클라인(2007). 시간의 놀라운 발견(역). 서울: 웅진지식하우스.

슈테판 클라인(2007). 행복의 공식(역). 서울: 웅진지식하우스.

스콧 터로(2004). 극단의 형별(역). 서울: 교양인.

스타니슬라프 그로프(2012). 고대의 지혜와 현대과학의 융합(역). 서울: 학지사.

스테파노 추피(2005). 천년의 그림여행(역). 서울: 예경.

스티브 도나휴(2005). 사막을 건너는 6가지 방법(역). 서울: 김영사.

스티브 테일러(2011). 자아폭발: 타락(역). 서울: 다른 세상.

스티븐 내들러(1999). 스피노자(역). 서울: 텍스트.

스티븐 데이비스(2007). 밥 말리 : 노래로 태어나 신으로 죽다(역). 서울: 여름언덕.

스티븐 존슨(2004). 이머전스(역). 파주: 김영사.

스티븐 캘러핸(2008). 표류: 바다가 내게 가르쳐 준 것들(역). 서울: 황금부엉이.

스티븐 코비(2005). 성공하는 사람들의 8번째 습관(역). 파주: 김영사.

스티븐 호킹, 레오나르드 플로디노프(2010). 위대한 설계(역). 서울: 까치.

스피노자(2006). 에티카(역). 서울: 혜원출판사.

슬라예보 지젝(2011). 폭력이란 무엇인가(역). 서울: 난장이.

시뷰야 쇼조(2006). 눈치코치 심리학(역). 서울: 바이북스.

신정근(2011). 사람다움이란 무엇인가. 서울: 글항아리.

신창호(2010). 함양과 체찰. 서울: 미다스북스.

실비아 네이사(2002). 뷰티풀 마인드(역). 서울: 승산.

아네테 폰 드로스테 휠스호프(2012). 유대인의 너도 밤나무(역). 서울: 지만지.

아놀드 민델(2006). 꿈꾸는 영혼(역). 서울: 나노미디어.

아놀드 민델(2011). 관계치료-과정지향적 접근(역). 서울: 학지사.

아놀드 민델(2011). 명상과 심리치료의 만남(역). 서울: 학지사.

아놀드 스테판 제이콥스(2011). 나는 궁금해 미치겠다(역). 서울: 살림.

아더 폴 보오스(2008). 걸어서 길이 되는 곳, 산티아고(역). 서울: 살림.

아르토 파실린나(2011). 저승에서 살아남기(역). 서울: 소담출판사.

아리스토텔레스(2002). 시학(역). 서울: 문예출판사.

아리스토텔레스(2007). 형이상학(역). 서울: 이제이북스.

아리스토텔레스(2008). 니코마코스 윤리학(역). 서울: 이제이북스.

아리스토텔레스(2011). 니코마코스 윤리학(역). 서울: 길.

아멘(2006). 영혼의 하드웨어인 뇌 치유하기(역). 서울: 학지사.

아서 골드워그(2009). 이즘과 올로지: 세상에 대한 인간의 모든 생각(역). 서울: 랜덤하우스 코리아.

아서 프리먼(2011). 그 동안 당신만 몰랐던 스마트한 실수들-실수를 반복하는 사람은 절대 모르는 10가지 심리법칙(역). 서울: 애플북스.

아이스킬로스(2012). 사슬에 묶인 프로메테우스(역). 서울: 지식을만드는지식.

안드레아스 바그너(2012). 생명을 읽는 코드, 패러독스(역). 서울: 와이즈북.

안셀름 그륀(2006). 삶의 기술(역). 서울: 분도출판사.

안셀름 그륀(2007). 하루를 살아도 행복하게(역). 서울: 위즈덤 하우스.

안셀름 그륀(2009). 죽음 후에 무엇이 오는가?(역). 서울: 바오로 딸

안인기(2006). 내 몸은 내가 고친다. 서울: 북인.

안토니오 네그리(1997). 야만적 별종-스피노자에 있어서 권력과 역능에 관한 연구(역). 서울: 푸른숲.

알래스데어 매킨타이어(1997). 덕의 상실(역). 서울: 문예출판사.

알래스데어 매킨타이어(2004). 윤리의 역사 도덕의 이론(역). 서울: 철학과현실사.

알랭 바디우(2001). 윤리학(역). 서울: 동문선.

알랭 바디우(2008). 사도 바울(역). 서울: 새물결.

알랭 바디우(2009). 사랑예찬(역). 서울: 길.

알랭 바디우(2010). 철학을 위한 선언(역). 서울: 길.

알렉상드르 푸생, 소냐 푸생(2009). 아프리카 트랙(역). 서울: 푸르메.

알렉스 라이트(2010). 분류의 역사(역). 서울: 디지털 미디어 리서치.

알렉스 펜트랜드(2009). 어니스트 시그널(역). 서울: 비즈니스맵.

알리스터 맥그라스(2006). 종교개혁사상(역)(증보판). 서울: 기독교문서선교회.

알바 노에(2009). 뇌 과학의 함정: 인간에 관한 가장 위험한 착각에 대하여(역). 서울: 갤리온.

알버트 반두라(1997). 자기효능감과 인간행동(역). 서울: 교육과학사.

알버트 슈바이처(1965). 나의 생활과 사상에서/예수 소전(역). 서울: 경지사.

알버트 슈바이처(1975). 나의 생애와 사상(역). 서울: 현암사.

알버트 슈바이처(2009). 물과 원시림 사이에서(역). 서울: 21세기북스.

알빈 플란팅가(2004). 신과 타자의 정신들(역). 서울: 살림.

앙헬 가니베트 이 가르시아(2004). 에스파냐 이상(역). 서울: 한길사.

앨런 밀러, 가나자와 사토시(2008). 처음 읽는 진화심리학(역). 서울: 웅진지식하우스.

앨런 벌록, 제럴드 배리, 제이콥 브로노프키, 제임스 피셔, 줄리언 헉슬리(2009). 인류 문명의 흐
름을 한눈에 보는 세계사의 모든 지식: 파피루스에서 인공위성(역). 서울: 푸른역사.

앨런 월리스(2007). 아티샤의 명상요결(역). 서울: 청년사.

앨런 피즈, 바바라 피즈(2012). 당신은 이미 읽혔다(역). 서울: 흐름출판.

앨리 러셀 혹실드(2009). 감정노동(역). 서울: 이매진.

앨버트 엘리스(2009). 불안과의 싸움(역). 서울: 북섬.

야나기다 세이잔(1991). 달마(역). 서울: 민족사.

야마시타 히데코(2010). **斷捨離**. 동경: 매거진 하우스.

어거스틴(2003). 고백론(역). 서울: 대한기독교서회.

어빙 고프먼(1992). 자아표현과 인상관리(역). 서울: 경문사.

엄광용(2002). 샛길은 호젓하나 구렁텅이로 빠져드는 길이다. 서울: 다리미디어.

에드먼드 리치(1996). 성서의 구조인류학(역). 서울: 한길사.

에드워드 모건 포스터(2006). 인도로 가는 길(역). 서울: 열린 책들.

에디스 해밀톤(2010). 그리스 로마 신화(역). 서울: 문예출판사.

에릭 캔들(2008). 기억을 찾아서(역). 서울: 랜덤하우스 코리아.

에카르트 폰 히르슈하우젠(2010). 행복은 혼자 오지 않는다(역). 서울: 은행나무.

에픽테투스(2001). 신의 친구 에픽테투스와의 대화(역). 서울: 사람과 책.

에픽테투스(2008). 엥케이리디온(역). 서울: 까치.

엘리엇 D. 코헨(2007). 미친 시대를 이성적으로 사는 법(역). 서울: 21세기북스.

엘리자베스 퀴블러 로스(2009). 생의 수레바퀴: 죽음을 통해 삶을 배우고자 하는 이에게(역). 서울:
    황금부엉이.

엠마누엘 레비나스(1999). 시간과 타자(역). 서울: 문예출판사.

옌스 푀르스터(2008). 바보들의 심리학(역). 서울: 웅진지식하우스.

오강남(2009). 또 다른 예수. 서울: 예담.

오리슨 스웨트 마든(2010). 강철의지-강철 같은 의지의 힘이 이루어낸 성공의 법칙(역). 서울: 오
    늘의 책.

오리슨 스웨트 마든(2010). 내 인생에 꼭 필요한 2%(역). 서울: 홍익출판사.

오세관(2005). 신경전달물질과 뇌 질환. 서울: 일신상사.

오쇼 라즈니쉬(1999). 탄트라 더없는 깨달음(역). 서울: 태일출판사.

오쇼 라즈니쉬(2000). 탄트라 비전(역). 서울: 태일출판사.

오쇼 라즈니쉬(2002). 틈(역). 서울: 큰나무.

오쇼 라즈니쉬(2008). 도마복음 강의-예수의 잃어버린 가르침을 찾아서(역). 서울: 청아출판사.

오스틴, J. L. (1992). 말과 행위(역). 서울: 서광사.

오천석(2009). 민주주의 교육의 건설. 서울: 정민사.

올리버 색스(2010). 뮤지코필리아(역). 서울: 알마.

왕멍(2004). 나는 학생이다(역). 서울: 들녘.

왕필(2005). 왕필의 노자주(역). 서울: 한길사.

요네하라 마리(2011). 차이와 사이(역). 서울: 마음산책.

요네하라 마리(2012). 속담인류학(역). 서울: 마음산책.

요르크 블레히(2009). 석기시대 인간처럼 건강하게(역). 서울: 열음사.

요아힘 바우어(2011). 인간을 인간이게 하는 원칙-인간의 본성은 협력 메커니즘을 따른다(역). 서

울: 에코리브르.

용수(1999). 회쟁론(역). 서울: 경서원.

우더신(2008). 불교의 역사에서 배우는 세상과 나 사이의 깨달음(역). 서울: 산책자.

우명(2006). 살아서 하늘나라 가는 길. 서울: 참출판사.

우석영(2011). 낱말의 우주. 서울: 궁리.

우술라 플레밍(2002). 그에게는 아무것도 감추지 않았다(역). 서울: 바오로딸.

우회종 외(2009). 몸, 마음공부의 기반인가 장애인가. 서울: 운주사.

운월야인 진각(2010). 탐진치. 서울: 참글세상.

움베르또 마뚜라나, 프란시스코 바렐라(2007). 앎의 나무: 인간 인지능력의 생물학적 뿌리(역). 서울: 갈무리.

원철(2008). 아름다운 인생은 얼굴에 남는다. 서울: 뜰.

원택(2001). 성철 스님 시봉 이야기. 파주: 김영사.

월서(2009). 행복하려면 놓아라(역). 서울: Human & Books.

월터 카우프만(2011). 인문학의 미래(역). 서울: 동녘.

월호(2008). 당신이 주인공입니다. 서울: 불광출판사.

웨인 다이어(2009). 오래된 나를 떠나라(역).서울: 21세기북스.

위르겐 하버마스(2006). 의사소통행위이론(역). 서울: 나남.

위르겐 하버마스(2006). 의사소통행위이론1(역). 서울: 나남.

위르겐 하버마스(2006). 의사소통행위이론2(역). 서울: 나남.

윌리엄 달림플(2012). 삶에 아무것도 들이지 마라(역). 서울: 21세기북스.

윌리엄 이케스(2008). 마음읽기(역). 서울: 푸른숲.

윌리엄 제임스(2008). 실용주의(역). 서울: 아카넷.

윌리엄 파워스(2011). 속도에서 깊이로(역). 서울: 21세기북스.

윌리엄 K. 프랑케나(2003). 윤리학(역). 서울: 철학과 현실사.

유명만(2012). 니체는 나체다. 서울: 생각 속의 집.

윤석철(2011). 삶의 정도. 서울: 위즈덤 하우스.

윤인자(2011). 나는 대한의 꽃이었다. 서울: 해맞이.

윤종모(2009). 치유명상. 서울: 정신세계사.

이강재(2006). 논어(역). 서울: 살림.

이거룡 외(1999). 몸 또는 욕망의 사다리. 서울: 한길사.

이거룡(2009). 전륜성왕 아쇼카. 서울: 도서출판 도피안사.

이규만(2006). 잃어버린 천도문명. 서울: 청어.

이근영(2006). 막시무스의 지구에서 인간으로 유쾌하게 사는 법. 서울: 갤리온.

이동현(2012). 어머니 공부. 서울: 필로소픽.

이득재(2003). 바흐찐 읽기. 서울: 문화과학사.

이명옥(2011). 크로싱. 서울: 21세기북스.

이명준(2012). 배움을 통한 의식소통과 자아의 확장: 플라톤의 심포지움을 중심으로. 2012년도 배움
학회 8월 향연.

이병태(2003). 동산선생주의. 서울: 국학자료원.

이부영(2002). 자기와 자기실현. 서울: 한길사.

이부영(2012). 한국의 샤머니즘과 분석심리학(고통과 치유의 상징을 찾아서). 서울: 한길사.

이븐 바투타(2001). 이븐 바투타 여행기(역). 서울: 창작과비평사.

이상곤(2011). 낮은 한의학. 서울: 사이언스북스.

이상호(2011). 사단칠정 자세히 읽기. 서울: 글항아리.

이승하(2006). 세계를 매혹시킨 불멸의 시인들(역). 서울: 문학사상사.

이승헌(2008). 힐링 소사이어티. 서울: 한문화.

이시형(2010). 세로토닌하라. 서울: 중앙 Books.

이시형(2012). 이시형처럼 살아라. 서울: 비타북스.

이어령(2010). 지성에서 영성으로. 서울: 열림원.

이언 에어즈(2011). 당근과 채찍(역). 서울: 리더스북.

이영돈(2008). 소비자 고발 그리고 불편한 진실. 서울: 위즈덤하우스.

이이(1989). 격몽요결(역). 서울: 을유문화사.

이이(2006). 성학집요(역). 서울: 풀빛.

이이(2007). 성학집요(역). 서울: 청어람미디어.

이재무(2009). 수직에 대하여. 내일을 여는 작가. 여름호.

이정옥(2009). 반만 버려도 행복하다-아름다운 노년 품위 있는 죽음을 위하여. 서울: 동아일보사.

이종익(1986). 수행과 고행. 서울: 보림사.

이준호(2005). 데이비드 흄: e시대의 절대사상. 서울: 살림.

이지훈(2008). 존재의 미학. 서울: 이학사.

이철우(2007). 인간관계가 행복해지는 나를 위한 심리학. 서울: 더난출판사.

이태석(2010). 친구가 되어 주실래요(증보판). 서울: 생활성서사.

이하레아카라 휴 렌, 사쿠라바 마사후미(2009). 호오포노포노의 지혜(역). 서울: 눈과 마음.

이한우(2012). 왕의 하루(실록과 사관이 미처 쓰지 못한 비밀의 역사). 파주: 김영사.

이형득(2003). 본성실현상담. 서울: 학지사.

이환(2007). 몽테뉴와 파스칼. 서울: 민음사.

이황(2006). 자성록(역). 서울: 국학자료원.

이홍구, 손경순(2009). 한국궁중무용총서 3(무애무 아박무 무고). 서울: 보고사.

이희수 외(2001). 이슬람. 서울: 청아출판사.

인고 발터(2005). 파블로 피카소(역). 서울: 마로니에 북스.

임동석(2002). 전국책(역주). 서울: 전통문화연구회.

임마누엘 레비나스(1999). 시간과 타자(역). 서울: 문예출판사.

임붕영(2007). 사람의 기를 살리는 고품격 유머스트레칭. 서울: 다산북스.

자코브 베르누이(2010). 추측술(역). 서울: 지식을 만드는 지식.

자크 랑시에르(2008). 무지한 스승(역). 서울: 궁리.

잔스촹(2006). 도교문화(역). 서울: 알마.

장 아메리(2010). 자유죽음(역). 서울: 산책자.

장 지글러(2010). 빼앗긴 대지의 꿈(역). 서울: 갈라파고스.

장 지오노(2005). 나무를 심은 사람(역). 서울: 두레.

장 폴 사르트르(1964). 말(역). 서울: 민음사.

장 폴 사르트르(2008). 실존주의는 휴머니즘이다(역). 서울: 이학사.

장 폴 사르트르(2009). 존재와 무(역). 서울: 동서문화사.

장 프레포지에(2003). 아나키즘의 역사(역). 서울: 이룸.

장승욱(2004). 재미나는 우리말 도사리. 서울: 하늘 연못.

장쓰안(2008). 평상심(역). 서울: 샘터사.

장영희(2009). 살아온 기적 살아갈 기적. 서울: 샘터.

장현갑 외(2008). 마음챙김 명상 108가지 물음. 서울: 학지사.

잭 콘필드(2006). 마음의 숲을 거닐다(역). 서울: 한언.

전도근, 권명숙(2008). 요리치료의 이론과 실제. 서울: 교육과학사.

전영갑(2004). 흄의 도덕 인식론: 이성과 감정의 도덕적 역할과 관계. 대동철학, 제24집, 411-437

전우익(2005). 혼자만 잘 살면 무슨 재민겨. 서울: 현암사.

전채연(2011). 유전자를 조율하다. 브레인. Vol 27, 6-9.

정민(2007). 스승의 옥편. 서울: 마음산책.

정민(2011). 삶을 바꾼 만남(스승 정약용과 제자 황상). 서울: 문학동네.

정방영(1997). 성학집요에 나타난 이상적 인간상. 청람어문학, 19권. 194-223.

정범모(2009). 교육의 향방. 서울: 교육출판사.

정수일(2001). 고대문명교류사. 서울: 사계절.

정순우(2007). 공부의 발견. 서울: 현암사.

정영도(2001). 인생, 예술, 그리고 철학. 서울: 동문사.

정지용(2006). 그곳이 차마 꿈엔들 잊힐리야. 서울: 깊은샘.

정태혁(1991). 붓다의 호흡과 명상(역). 서울: 정신세계사.

정혜진(2007). 호모 크레아토. 서울: 학지사.

정호승(2011). 외로우니까 사람이다. 서울: 열림원.

제러드 다이아몬드(2005). 섹스의 진화(역). 서울: 사이언스북스.

제러미 벤담(2003). 도덕 및 입법의 제원리 서설(역). 서울: 도그마.

제롬 데이비드 샐린저(1998). 호밀밭의 파수꾼(역). 서울: 민음사.

제이슨 바커(2009). 알랭 바디우 비판적 입문(역). 서울: 이후.

제이콥스 A. J. (2011). 나는 궁금해 미치겠다(역). 서울: 살림.

제인 호프(2002). 영혼의 비밀(역). 서울: 문학동네.

제임스 라고넷(2008). 당신은 행복한 골퍼입니까?: 골프 코스에서 나를 이기는 법(역). 서울: 가람북.

제임스 레이첼즈(2006). 도덕철학의 기초(역). 서울: 나눔의 집.

제임스 조지 프레이저(2004). 황금가지(역). 서울: 을유문화사.

제임스 E. 로어(2007). 유쾌한 스트레스 활용법 7(역). 서울: 21세기북스.

제임스 W. 페니베이커(2007). 글쓰기 치료(역). 서울: 학지사.

조 내버로, 마빈 칼린스(2010). FBI 행동의 심리학-말보다 정직한 7가지 몸의 단서(역). 서울: 리더스북.

조 바이텔(2008). 호오포노포노의 비밀(역). 서울: 눈과 마음.

조르주 바타이유(2006). 저주의 몫·에로티시즘(역). 서울: 살림.

조성기(2012). 미움 극복. 서울: 중앙북스.

조셉 캠벨, 빌 모이어스(1992). 신화의 힘(역). 서울: 고려원.

조셉 플레처(1996). 상황윤리(역). 서울: 종로서적.

조슈아 쿠퍼 라모(2010). 언싱커블 에이지-끊임없이 진화하고 복잡해지는 예측 불가능한 불확실성의
　　　시대(역). 서울: 알마.

조엘 오스틴(2012). 행복의 힘(역). 서울: 생각연구소.

조오현(2005). 벽암록(역해). 서울: 불교시대사.

조용헌(2005). 방외지사. 서울: 정신세계원출판국.

조지 레이코프, M. 존슨(2006). 삶으로서의 은유(수정판)(역). 서울: 박이정.

조지 베일런트(2010). 행복의 조건(역). 서울: 프런티어.

조지 베일런트(2011). 행복의 완성(역). 서울: 흐름출판.

조지 애커로프·로버트 쉴러(2009). 야성적 충동-인간의 비이성적 심리가 경제에 미치는 영향(역).
　　　서울: 랜덤하우스코리아.

조지프 그레니 외(2008). 결정적 순간의 대면(역). 파주: 김영사.

조한서(2007). 채규철. 서울: 작은 씨앗.

조현주(2008). 기적의 108배 건강법. 서울: 사람과 책.

존 그레이(2010). 하찮은 인간 호모 라피엔스(역). 서울: 이후.

존 니콜슨, 제인 클라크(2010). 더 높이 튀어오르는 공처럼(역). 서울: 오푸스.

존 던(2004). 인간은 섬이 아니다: 병의 단계마다 드리는 기도(역). 서울: 나남.

존 도미닉 크로산(1998). 예수는 누구인가(역). 서울: 한국기독교연구소.

존 도미닉 크로산(2007). 역사적 예수(역). 서울: 한국기독교연구소.

존 드레인(2009). 성경의 탄생(역). 서울: 옥당.

존 레이티(2010). 뇌 1.4킬로그램의 사용법(역). 서울: 21세기북스.

존 로빈스(2011). 100세 혁명(역). 서울: 시공사.

존 로이드, 존 미친슨(2009). 지식의 반전(역). 서울: 해나무.

존 바우커(2005). 세계 종교로 보는 죽음의 의미(역). 서울: 청년사.

존 버거(2000). 이미지: 시각과 미디어(역). 서울: 동문선.

존 스튜어트 밀(2007). 공리주의(역). 서울: 책세상.

존 웰우드(2008). 깨달음의 심리학(역). 서울: 학지사.

존 카밧진(2005). 마음챙김 명상과 자기치유(역). 서울: 학지사.

존 카밧진(2012). 처음 만나는 마음챙김 명상(역). 서울: 불광출판사.

존 폭스(2006). 시 치료(역). 서울: 시그마프레스.

존 허드슨(2005). 화학의 역사(역). 서울: 북스힐.

존 호스퍼스(2003). 인간행위론(역). 서울: 간디서원.

존 홀트(2007). 학교는 왜 실패하는가(역). 서울: 아침이슬.

존 L. 캐스티(2012). 대중의 직관(역). 서울: 반비.

주경철 외(2010). 다름의 아름다움: 나와 다른 당신이 왜 소중한가. 서울: 고즈윈.

주얼 D. 테일러(2001). 나를 바꾸는 데는 단 하루도 걸리지 않는다(역). 서울: 도솔.

줄리아 카메론(2007). 스트웨이(역). 서울: 경당.

줄리언 스팰딩(2007). 미술, 세상에 홀리다(역). 서울: 세미콜론.

줄리언 제인스(2005). 의식의 기원(역). 서울: 한길사.

중광(2003). 괜히 왔다 간다. 서울: 기린원.

중국고전연구회(1994). 손빈병법(역). 서울: 서해문집.

중국문화경영연구소(2011). 인간경영 맹자 오디세이: 전국 시대 하늘과 사람 도덕과 원칙을 추구한
    맹자의 철학(역). 서울: 아이템북스.

지그문트 프로이트(1996). 새로운 정신분석 강의(역). 서울: 열린책들.

지두 크리슈나무르티(1996). 아는 것으로부터의 자유(역). 서울: 한국 크리슈나무르티센터.

지두 크리슈나무르티(2008). 배움과 지식에 대하여(역). 서울: 고요아침.

지셴린(2009). 다 지나간다(역). 서울: 추수밭.

진 랜드럼(2006). 위대함에 이르는 8가지 열쇠(역). 서울: 들녘.

진교훈 외(2010). 인격. 서울: 서울대학교 출판부.

진동선(2008). 한 장의 사진미학. 서울: 예담.

진수정원(2011). 유교경 연구: 불유교경론소절요에 나타난 부처님의 마지막 가르침(역). 서울: 불광
    출판사.

진제(2010). 석인은 물을 긷고 목녀는 꽃을 따네. 서울: 매일경제신문사.

진중권(2005). 놀이와 예술 그리고 상상력. 서울: 휴머니스트.

진중권(2007). 인과를 파괴하는 시공간의 모험, Cine21.

진현종(2009). 논어(역). 서울: 풀빛.

질 들뢰즈(1999). 스피노자의 철학(역). 서울: 민음사.

질 들뢰즈(2001). 천개의 고원(역). 서울: 새물결.

짐 콜린스(2002). 좋은 기업을 넘어 위대한 기업으로(역). 파주: 김영사.

차동엽(2010). 바보 ZONE: 행복과 성공을 부르는 무한 성장동력. 서울: 여백.

찰스 다윈(2009). 종의 기원(역). 서울: 동서문화사.

찰스 두히그(2012). 습관의 힘(역). 서울: 갤리온.

채희철(2005). 눈 밖에 난 철학 귀 속에 든 철학. 서울: 랜덤하우스 코리아.

처드 와이즈먼(2008). 괴짜심리학(역). 서울: 웅진지식하우스.

천승걸(1987). 프로스트의 명시. 서울: 한림출판사.

청안(2006). 꽃과 벌. 파주: 김영사.

최건영(1996). 미하일 바흐찐의 초기 저작과 폴리포니 소설론의 기원－바흐찐 소설론의 성격 규
    명을 위한 서설. 슬라브학보, 11(2), 87-106.

최식(2009). 조선의 기이한 문장－항해 홍길주 산문 연구. 서울: 글항아리.

최창조(2011). 사람의 지리학. 서울: 서해문집.

최항석, 한준상(2004). 주5일제와 여가교육. 한국여가문화학회. 2004년도 학술대회 논문집, 59-
    67.

최훈(2006). 데카르트 & 버클리: 세상에 믿을 놈 하나 없다. 파주: 김영사.

쵸감 트룽파(2007). 행복해지는 연습(티베트불교의 영적 스승 나로파의 삶과 깨달음)(역). 서울: 솔
    바람.

추병환(1999). 도덕 교육의 이해. 서울: 백의.

칩 히스, 댄 히스(2009). 스틱－1초 만에 착 달라붙는 메시지 그 안에 숨은 6가지 법칙(역). 서울:
    웅진윙스.

카렌 암스트롱(2006). 마음의 진보(역). 서울: 교양인.

카렌 암스트롱(2010). 신을 위한 변론. 서울: 웅진지식하우스.

카렌 암스트롱(2010). 축의 시대(역). 서울: 교양인.

카렌 암스트롱(2012). 자비를 말하다(역). 서울: 돋을새김.

카를 로젠크란츠(2008). 추의 미학(역). 서울: 나남.

카를 융(2008). 기억 꿈 사상(역). 파주: 김영사.

카올바하 F. (1995). 윤리학과 메타윤리학(역). 서울: 서광사.

칼 에드워드 세이건(2010). 과학적 경험의 다양성-신의 존재에 관한 한 과학자의 견해(역). 서울: 사이언스북.

칼 필레머(2012). 내가 알고 있는 걸 당신도 알게 된다면(역). 서울: 토네이도.

칼루파하나 D. J. (2009). 불교철학의 역사(역). 서울: 운주사.

캐롤 하트(2010). 세로토닌의 비밀(역). 서울: 미다스북스.

캐빈 호건 · 윌리엄 호튼(2004). 왜 그에게 고객이 몰릴까(역). 서울: 북스넷.

캔더스 B. 퍼트(2009). 감정의 분자(역). 서울: 시스테마.

캣 베넷(2011). 그림, 어떻게 시작할까(역). 서울: 한스 미디어.

커트 스펠마이어(2008). 인문학의 즐거움(역). 서울: 휴먼앤북스.

켄 키지(2009). 뻐꾸기 둥지 위로 날아간 새(역). 서울: 민음사.

켄터베리의 안셀무스(2002). 모놀로기온 & 프로슬로기온(역). 서울: 아카넷.

켄트 너번(2010). 그래도 삶은 계속된다-아메리카 인디언이 들려주는 지혜의 목소리(역). 서울: 고즈원.

코이케 류노스케(2012). 생각 버리기 연습(역). 서울: 21세기북스.

콘스탄틴 J. 밤바카스(2008). 철학의 탄생(역). 서울: 알마.

콜린 맥컬로우(2000). 가시나무 새(역). 서울: 육문사.

쿠르트 잘라문(2011). 카를 야스퍼스(역). 서울: 지식을 만드는 지식.

쿠보 노리타다(2007). 도교와 신선의 세계(역). 서울: 법인문화사.

쿠치키. N(1987). 현대의 신(역). 서울: 범우사.

쿠퍼 에덴스(2007). 하쿠나 마타타(역). 서울: 마음의 숲.

크리슈나무르티(2007). 교육에 대하여(역). 서울: 고요아침.

크리스토퍼 차브리스 · 대니얼 사이먼스(2011). 보이지 않는 고릴라-우리의 일상과 인생을 바꾸는 비밀의 실체(역). 파주: 김영사.

크리스토프 앙드레(2005). 행복의 단상(역). 서울: 동문선.

크리스토프 앙드레(2011). 화내도 괜찮아 울어도 괜찮아 모두 다 괜찮아(역). 서울: 다른세상.

클리포드 나스, 코리나 옌(2012). 관계의 본심(역). 서울: 푸른숲.

클리프턴 패디먼, 존 S. 메이저(2010). 평생독서계획(역). 서울: 연암서가.

키머러 라모스(2009). 몸 욕망을 말하다(역). 서울: 생각의 날개.

키토(2008). 고대 그리스, 그리스인들(역). 서울: 갈라파고스.

탈 벤 샤하르(2010). 완벽의 추구(역). 서울: 위즈덤하우스.

탕윈(2009). 한의학을 말하다(역). 서울: 청홍.

테리 L. 쇼딘(2012). 스몰 메세지 빅 임팩트(역). 서울: Seedpaper.

토니 험프리스(2006). 가족의 심리학(역). 서울: 다산초당.

토마스 아퀴나스(2008). 신학요강(역). 서울: 나남.

토머스 리코나(1998). 인격교육론(역). 서울: 백의.

톨스토이(2007). 나의 참회/인생의 길(역). 서울: 동서문화사.

톰 모너헌(2010). 다르게 생각하라(역). 서울: 마젤란.

톰 브라운, 주디 브라운(2006). 여우처럼 걸어라(역). 서울: 보리.

톰 지그프리드(2010). 호모 루두스: 게임하는 인간-존 내시의 게임이론으로 살펴본 인간본성의 비밀
    (역). 서울: 자음과 모음.

틱낫한(2002). 화(역). 서울: 명진출판사.

틱낫한(2003). 힘(역). 서울: 명진출판.

틱낫한(2005). 미소짓는 발걸음(역). 서울: 열림원.

파드마 삼바바(1995). 티벳사자의 서(역). 서울: 정신세계사.

파멜라 메츠(2004). 배움의 도(역). 서울: 민들레.

파스칼 피크 · 장 디디에 뱅상 · 미셸 세르(2010). 인간이란 무엇인가(역). 서울: 알마.

파울 U. 운슐트(2010). 의학이란 무엇인가(역). 서울: 궁리.

파울로 코엘료(2006). 순례자(역). 서울: 문학동네.

파울로 코엘료(2008). 베로니카 죽기로 결심하다(역). 서울: 문학동네.

패트릭 콜린슨(2005). 종교개혁(역). 서울: 을유문화사.

패트릭 헨리 휴스(2009). 나는 가능성이다(역). 서울: 문학동네.

퍼트리샤 브로진스키, 제임스 깁슨(2004). 위선과 착각: 인간은 정말 동물보다 우월한가(역). 서울:
    시아출판사.

퍼트리샤 파라(2011). 편집된 과학의 역사(역). 서울: 21세기북스.

페스탈로치, 러셀(1994). 은자의 황혼/교육론(역). 서울: 민성사.

페터 보르샤이트(2008). 템포 바이러스-인간을 지배한 속도의 문화사(역). 서울: 들녘.

폴 비릴리오 (2004). 소멸의 미학(역). 서울: 연세대학교 출판부.

폴커 슈피어링(2007). 세계사를 바꾼 철학의 구라들(역). 서울: 이룸.

폴커 초츠(2009). 카마수트라 인생에 답하다(역). 서울: 라이프 맵.

프란시스코 J. 바렐라(2009). 윤리적 노하우(역). 서울: 갈무리.

프랑수아 줄리앙(2009). 현자에게는 고정관념이 없다(역). 서울: 한울.

프랑수아즈 다스튀르(2003). 유한성에 대하여(역). 서울: 동문선.

프랜시스 베이컨(2001). 신기관(역). 서울: 한길사.

프랜시스 S. 콜린스(2009). 신의 언어(역). 파주: 김영사.

프레데리크 그로 외(2006). 미셸 푸코 진실의 용기(역). 서울: 길.

프리드리히 니체(2002). 인간적인 너무나 인간적인(역). 서울: 책세상.

프리드리히 니체(2004). 니체의 숲으로 가다(역). 서울: 지훈.

프리드리히 엥겔스(2009). 루트비히 포이어바흐와 독일 고전철학의 종말(역). 서울: 이론과 실천.

플라톤(1999). 소크라테스의 변명(역). 서울: 문예출판사.

플로랑스 오브나(2010). 위스트르앙 부두(역). 서울: 현실문학.

피에르 부르디외(1998). 텔레비전에 대하여(역). 서울: 동문선.

피에르 쌍소(2003). 게으름의 즐거움(역). 서울: 호미.

피에르 프랑수아 모로(2006). 스피노자(역). 서울: 다른세상.

피코 델라 미란돌라(2009). 인간 존엄성에 관한 연설(역). 서울: 경세원.

피터 센게 외(1996). 학습조직의 5가지 수련(역). 서울: 21세기북스.

피터 센게(1996). 제5의 수련(역). 서울: 21세기북스.

피터 센게, 베티 수 플라워 · 조셉 자보르스키(2006). 미래, 살아있는 시스템(역). 서울: 지식노마드.

피터 싱어(1991). 실천윤리학(역). 서울: 철학과 현실사.

피터 앳킨스(2005). 원소의 왕국(역). 서울: 사이언스북스.

피터 우벨(2009). 욕망의 경제학(역). 파주: 김영사.

피터 피츠사이몬스(2009). 인생의 작은 법칙들(역). 서울: 프리윌.

피하드 만주(2012). 이기적 진실(객관성이 춤추는 시대의 보고서)(역). 서울: 비즈앤비즈.

필립 토시오 수도(2008). 내 영혼의 멘토 젠(역). 서울: 대경북스.

하워드 가드너(2004). 열정과 기질(역). 서울: 북스넛.

하워드 가드너, 미하이 칙센트미하이 · 윌리엄 데이먼(2007). 굿 워크(역). 서울: 생각의 나무.

하워드 진(2011). 라과디아: 1920년대 한 진보적 정치인의 행적(역). 서울: 인간사랑.

하워드 프리드먼 · 레슬리 마틴(2011). 나는 몇 살까지 살까(역). 서울: 쌤앤파커스.

하인리히 하러(1997). 티베트에서의 7년(역). 서울: 황금가지.

한국야스퍼스학회(2008). 칼 야스퍼스: 비극적 실존의 치유자. 서울: 철학과 현실.

한국종교학회(2009). 죽음이란 무엇인가. 서울: 창.

한기철(2008). 하버마스와 교육. 서울: 학지사.

한나 홈스(2010). 인간생태보고서(역). 서울: 웅진지식하우스.

한동석(2005). 우주변화의 원리. 서울: 대원출판.

한스 요나스(2001). 생명의 원리: 철학적 생물학을 위한 접근(역). 서울: 아카넷.

한스 요하임 슈퇴리히(2006). 세계철학사 하(역). 서울: 분도출판사.

한스 요하임 슈퇴리히(2008). 세계철학사(역). 서울: 이룸.

한승원(2005). 이 세상을 다녀가는 것 가운데 바람 아닌 것 있으랴. 서울: 황금나침판.

한자경(2009). 한국철학의 맥. 서울: 이화여자대학교 출판부.

한정섭(2007). 원각경 강의. 서울: 불교통신교육원.

한정우(2008). 변호사가 절대 알려주지 않는 31가지 진실. 서울: 한국경제신문사.

한정주(2008). 율곡 사람의 길을 말하다. 서울: 예담.

한준상 외(2007). 배움학, 그 시작된 미래. 서울: 학지사.

한준상 외(2009). 배움학, 각취의 향연. 서울: 학지사.

한준상(1999). 호모 에루디티오. 서울: 학지사.

한준상(2001). 학습학. 서울: 학지사.

한준상(2003). 행복한 사람들. 그리고 여가에 관한 그들의 이해. 여가학연구, 1(1), 2-10.

한준상(2005). 국가과외. 서울: 학지사.

한준상(2005). 한국대학교육의 희생. 서울: 한국학술정보.

한준상(2009). 생의 가. 서울: 학지사.

한준상(2010). 다문화시대의 배움. 한국성인교육학회 기조 강연. 한국체육대학교. 2010. 5. 29.

한준상, 최항석, 김성길(2012). 배움의 쟁점과 경향. 경기: 공동체.

한형조(2008). 조선 유학의 거장들. 서울: 문학동네.

함석헌(1983). 인간혁명. 서울: 한길사.

해롤드 쿠시너(2006). 당신은 어떤 사람으로 살고 싶은가(역). 서울: 한국심리상담연구소.

해리슨 오웬(2010). 셀프 오거나이징-세상을 움직이는 제1의 힘(역). 서울: 용오름.

행크 데이비스(2010). 양복을 입은 원시인(역). 서울: 지와 사랑.

허셀 생크스, 벤 위더림턴 3세(2003). 예수의 동생 야고보: 유골함의 비밀(역). 서울: 찬우물.

허어벗 허브 클락(2009). 언어사용 밑바닥에 깔린 원리(역). 서울: 경진.

허은순(2008). 6학년 1반 구덕천. 서울: 현암사.

허허당(2012). 비고 빈 집. 서울: 고인돌.

헌법재판소(1990. 9. 3). 89헌가95, 판례집 제2권, 245, 267.

헌법재판소(1992. 4. 28). 90헌바24, 판례집 제4권, 225, 230.

헌법재판소(1994. 6. 30). 92헌가18, 판례집 제6권 1집, 557, 569.

헌법재판소(2002. 1. 31). 2000헌가8, 판례집 제14권 1집, 1, 8.

헌법재판소(2002. 11. 28). 2002헌가5, 판례집 제14권 2집, 600, 606.

헤네폴라 구나라타나(2007). 위빠사나 명상(역). 서울: 아름드리미디어.

현각(2010). 선의 나침반. 파주: 김영사.

현몽(2008). 한 나무 아래 사흘을 머물지 않는다. 서울: 이가서.

현우식(2006). 과학으로 기독교 새로 보기. 서울: 연세대학교 출판부.

혜거(2007). 15분 집중 공부법: 전국 성적 1%로 만드는 공부습관. 서울: 파라주니어.

혜능(2009). 육조단경(역). 서울: 일빛.

혜초(2010). 왕오천축국전(역). 서울: 불광출판사.

홍성욱(2008). 과학에세이 과학, 인간과 사회를 말하다. 서울: 동아시아.

홍승식(2002). Gabriel Marcel의 희망의 철학-"Homo Viator"를 중심으로. 서울: 가톨릭 출판사.

홍원식 외(2007). 조선시대 심경부주 주석서 해제. 서울: 예문서원.

홍해리(2008). 비타민 詩. 서울: 우리글.

화이트헤드(1995). 관념의 모험(역). 서울: 한길사.

후쿠오카 신이치(2010). 동적 평형(역). 서울: 은행나무.

奈良康明(2008). 禪の 世界. 東京: 東京書籍.

田上太秀 外(2008). 禪の 思想 辭典. 東京: 東京書籍.

Allison, A. W. (1983). *The norton anthology of poetry*. NY: W.W.Norton Company.

Argyris, C., & Schön, D. (1978). *Organizational learning: A theory of action perspective.*

Reading, Mass: Addison Wesley.

Ayer, A. J. (1946). *Language, truth and logic*. London: Victor Gollanncz.

Barash, S. S. (2009). *Toxic friends*. NY: Barnes & Nobles.

Benedict de Spinoza., & Elwes R. H. M. (2010). Work of Benedict de Spinoza: *Ethics, improvement of the understanding and a theologico-political treatise*. NY: Mobile Reference.

Berlin, I. (1969). *Four essays on liberty*. London: Oxford University Press.

Block. N. (2011). The higher order approach to consciousness is defunct. *Analysis, 71*(3), 419-431.

Bohm, D. (1980). *Wholeness and the implicate order*. London: Routledge & kegan Paul.

Brickner, R. (1976). *My second twenty years: An unexpected life*. NY: Basic Books.

Brissett, D., & Edgley, C. (1990). *Life as theater*. NY: Aldine Book.

Colarusso, C. A. (2011). 정신분석적 발달이론(역). 서울: 학지사.

Conley, D. (2010). *Elsewhere, USA*. NY: Vintage Books.

Corkin, S. (2002). Whats new with amnesic H.M?. *Nature reviews Neuroscience, 3*, 153-160.

Critchley, S., & Cederstrom, C. (2010). *How to stop living and start to worrying*. NY: Wiley.

David A. G. (2003). Learning in action: A guide to putting the learning organization to work. MA: Harvard Business School Press.

Davies, P. (1992). *The mind of God*. N.Y.: Touchstone Book.

DeSalvo, L. (1999). *Writing as a way of healing: How telling our stories transforms our lives*. Boston: Beacon Press.

Eadie, B. J. (1994). *Embraced by thelight*. NY: Bantam.

Einstein, A. et al. (2000). *The expanded quotable Einstein*. Princeton: Princeton University Press.

Eyal Press (2012). *Beautiful soul: Saying no, breaking ranks, and heeding the voice of conscience in dark times*. NY: Farrar, Straus and Giroux.

Foster, S., & Little, M. (1989). *Book of vision quest*. NY: Fireside.

Foucault, M. (1986). Of other spaces. *Diacritics 16*, Spring, 22-27.

Garvin, D. A. (2000). *Learning in action: A guide to putting the learning organization to work*. Ma: Harvard Business School Press.

Gattegno, C. (1972). *Teaching foreign languages in schools: The silent way*. N.Y.: Educational solution Worldwide.

Gelpi, D. L. (1993). *Committed worship: A sacramental theology for converting christians*. NY: Michael Glazier Books.

Gelpi, D. L. (2000). *Varieties of transcendental experience-A study in constructive post-modernism*. NY: Liturgical Press.

Ghazi, P., & Jones, J. (1977). *Downshifting: The guide to happier, simple living*. NY: Coronet Books.

Goffman, E. (1959). The presentation of self in everyday life. London: Anchor Books.

Goffman, E. (1974). *Frame analysis: An essay on the organization of experience*. London: Harper and Row.

Greene, M. (1973). *Teacher as stranger*. Belmont, CA: Wadsworth.

Hall, S. (1979). 'Encoding/Decoding', in S. Hall et al. (Eds.), *Culture, media, language: Working paper in cultural studies*, 1972-1979. London: Hutchinson/CCCS.

Hawking, S. (1996). A brief history of time. NY: Bantam press.

Heinz, W. (2002). Self-socialization and post-traditional society. *Advances in Life Course Research, 7*, 41-64.

Hume D. (1910). *An inquiry concerning human understanding*. Boston: P. F. Collier & Son.

Iannaccone, L. R. (1994). Why strict churches are strong. *American Journal of Sociology, 99*(5), 1180-1184.

Inglehart, R. (1990). *Cultural shift in advanced industrial society*. NJ: Princeton University Press.

Janov, A. (1991). New primal scream: primal therapy 20 years later. NY: Trafalgar Square

Kao, J. (1996). *Jamming: The art and discipline of business creativity*. NY: Harper Collins.

Kittel, G. (1952). *Theological dictionary of the new testament.* London: A & C Black.

Laertius, D. (1925). *Lives of eminent philosophers*, Volume II(No.185). Books 6-10(Trans). NY: Loeb Classical Library.

Leifer, R. (1997). *The happiness project.* NY: Snow Lion.

Levinas, E. (1969). *Totality and infinity: An essay on exteriority(tr.).* Pittsburgh: Duquesne University Press.

Loftus, G. R. & Harley, E. M. (2005). Why is it easier to recognize someone close than far away? *Psychonomic Bulletin & Review, 12,* 43-65.

Lonergan, B. et al. (1990). *Methods in theology.* Toronto: University of Toronto Press.

Long, A. A., & Sedley, D. N. (1987). *The hellenistic philosophers(vol.1): Translations of the principle sources with philosophical commentary.* Cambridge: Cambridge University Press.

Luce, E. (2007). *In spite of the gods: The strange rise of modern india.* NY: Random House.

Mullan, B. (1995). *Mad to be normal: Conversations with R.D. Laing.* London: Free Association Books.

Parfit, D. (1984). *Reasons and persons.* Oxford: Clarendon Press.

Parsons, T. (2007). *Nothing being everything: Dialogues from meetings in Europe.* London: Open Secret Publishing.

Pedler, M., Burgoyne, J., & Boydell, T. (1991). *The learning company: A strategy for sustainable development.* NY: McGraw-Hill Book Company.

Peterson, C., Maier, S. F., & Seligman, M. E. P. (1993). *Learned helplessness: A theory for the age of personal control.* NY: Oxford University Press.

Pramack, D. (2002). Does the chimpanzee have a theory of mind?. *The Behavioral and Brain Sciences, 3,* 615-636.

Raing, R. D. (1967). *The politics of experience.* London: Routledge & Kegan Paul.

Reynolds, D. (1989). *Flowing bridges, quiet water: Japanese psychotherapies, morita and naikan.* NY: Mcmillan.

Schwartz, B. (2005). 선택의 심리학(역). 서울: 웅진지식하우스.

Seligman, M. E. P. (1975). *Helplessness: On deression, development, and death.* San

Francisco: W. H. Freeman.

Simeonov, S. (2006). Long tail, metcalfe's law, polaris venture partners, The long tail, web 2.0, network effect, social networking trackback. *High Contrast*, July 26. 2006.

Simon, S. B., & Simon, S. (1991). *Forgiveness: How to make peace with your past and get on with your life*. NY: Warner Books.

Spinoza, B. D. (1993). *Ethics and treatise on the correction of intellect*(trans). London: Everyman.

Stevenson, C. L. (1938). Persuasive definitions. *Mind, 47*(187), 331-350.

Stevenson, C. L. (1944). *Ethics and language*. New Haven: Yale University Press.

Stuart Hall (1980). 'Encoding/lecoding', in S. Hall et al. (Eds.), *culture, media, language: Working paper in cultural studies*, 1972-1979. London: Hutchinson/CCCS.

Sunyata, S. et al. (1995). *Jewels in the lotus*. NM: Sunstar.

Taylor, J. B. (2006). *My stroke of insight: A brain scientist's personal journey*. NY: Viking.

Weitz, M. (1956). The role of theory in aesthetics. *The Journal of Aesthetics and Art Criticism*, 27-35.

Wojcik, Jan W. (1997) *Robert Boyle and the limits of reason*. London: Cambridge University Press.

Zientek, L. R. (2007). Preparing high-quality teachers: Views from the classroom. *American Educational Research Journal, 44*, 959-1001.

Zimmerman, B. J. (2008). Investigating self-regulation and motivation: Historical background, methodological developments, and future prospects. *American Educational Research Journal, 45*, 166-183.

Zohar, D. (2004). *Spiritual capital: Wealth we can live by*. San Francisco: Berrett-Koehler Publishers.

가톨릭신문 편집국(2005). 미국인 79% 나와 종교 달라도 착하게 살면 구원받아. 가톨릭신문. 2005년 9월 4일자.

권대익(2007). 고스톱 몇 판보다 책 한 권이 치매예방 '특효약'. 한국일보. 2007년 9월 28일자.

권명숙(2008). 권명숙의 요리 테라피, 자연과 더불어 살아가는 법을 배우는 게 치료. 매일신문.

2008년 4월 4일자.

금동근(2008). '괴물 철학자' 지제크의 '일상에 대한 독설적 답변' 화제. 동아일보. 2008년 8월 18일자.

김길원(2006). 스님도 직업병. 관절질환, 소화불량 많아. 연합뉴스. 2006년 4월 25일자.

김상진(2007). 날씨 좋은 한국, 걸으면서 요가하기 최고. 중앙일보. 2007년 8월 10일자.

김수혜(2011). 실험해보니 …… 삼산월드체육관 관중 54%가 "고릴라? 못 봤는데!". 조선일보. 2011년 3월 2일자.

김스텔라(2010). 어린 손자들은 할머니 손과 발을 어른들은 얼굴과 몸을 닦았다. 조선일보. 2010년 8월 4일자.

김신영(2010). 주사 맞은 후 우울증 …… 性충동 사라졌다. 조선일보. 2010년 7월 19일자.

김용민(2007). 퇴계 후손의 장수 비결, 활인심방(活人心方) 건강법. 신동아. 2007년 8월 27일자.

김원철(2005). 안식년에 휴게소 미화원으로 취직한 ㅂ신부. 평화신문. 2005년 12월 25일자.

김지형(2009). 회장님들이 섹스 스캔들에 빠지는 이유는. 매일경제. 2009년 7월 3일자.

김한수(2008). 마음이 바로 서면 좁은 아파트도 불국정토. 조선일보. 2008년 5월 12일자.

김현지(2011). 태국인들은 왜 꾸중 들어도 미소 지을까. 동아일보. 2011년 1월 5일자.

김현진(2007). IQ 130 사람들이 모였는데 조직 전체수준이 60이라면 ……. 조선일보. 2007년 8월 24일자.

김호정(2011). 신동이 거장 되려면. 중앙일보 Sunday Magazine. 2011년 1월 8일자.

나확진(2012). 이정렬 판사 "석궁 테러 교수 복직시키려 했다." 조선일보. 2012년 1월 25일자.

남정호(2007). "걷기=삶의 질 향상" 미국도 '워크홀릭'. 중앙일보. 2007년 5월 25일자.

내셔널지오그래픽(2012). 사람들의 발자취를 따라서. 내셔널지오그래픽. 3월호

동아일보 편집국(2012). 왜 여자가 오래사나 드디어 밝혀져. 동아일보. 2012년 8월 3일자.

매일경제신문 편집국(2009). 박연차가 좋아한 로열 살루트 38년산. 매일경제신문. 2009년 7월 9일자.

박노훈(2012). 주사 맞을 때 바늘 안 봐야 고통 덜해. 조선일보. 2012월 5월 25일자.

백성호(2007). 칼로 생각 처버리는 한국 선불교에 쇼크 받았죠. 중앙일보. 2007년 12월 6일자.

백성호(2011). 간화선과 위파사나. 중앙일보. 2011년 4월 21일자.

백성호(2011). 부처는 내게 의사다. 집착을 없애주는 의사중의 의사. 중앙일보. 2011년 5월 5일자.

서영수(2012). 암투병 이해인 수녀, 삶의 희망을 이야기하다. 동아일보. 2012년 12월 27일자.

신재우(2009). 엽기적 행각 수련원 회원 무더기 입건. 연합뉴스. 2009년 12월 17일자.

심재우(2007). 뇌를 속이는 약물들. 중앙일보. 2007년 7월 18일자.

연합뉴스 편집국(2010). "富가 불행의 근원" 백만장자 전재산 기부. 연합뉴스. 2010년 2월 9일자.

오윤정(2007). 남극−북극에 오래 있으면 정신병 생긴다?. 메디컬투데이. 2007년 7월 27일자.

윤완준(2008). 삶 자체가 깨달음 …… 즐기고 비우면 돼. 동아일보. 2008년 5월 9일자.

윤용인(2009). 나의 지갑 속에는 사진이 없다, …… 누구를 기릴 것인가?. 조선일보. 2009년 9월 9일자.

음성원 · 박정경(2011). '아는 사람' 많지만 '말할 사람'이 없다. 문화일보. 2011년 10월 17일자.

이길성(2012). 해난사고 생존율, 승무원 > 남성 > 여성 順 …… 신사도는 '희망사항'. 조선일보. 2012년 8월 6일자.

이미지 · 남정미(2011). 엄마가 무덤까지 갖고 간 비밀 …… 아들은 빈소에서 알고 울었다. 조선일보. 2011년 12월 23일자.

이은정(2008). 김장훈, 기부천사보다 공연 과학자가 좋다. 연합뉴스. 2008년 3월 14일자.

이재형 · 송지희(2011). 역대 선사들 평균 깨달음 나이는 32.4세. 법보신문. 2011년 3월 21일자.

이지선 · 최희진(2009). 선입견 버리고 이웃 종교에 귀 기울일 때 화해는 싹틉니다. 경향신문. 2009년 3월 12일자.

이태훈(2012). 아버지 성철 스님 다비식 때 먼발치서 절만 아홉 번. 조선일보. 2012년 9월 19일자.

장영섭(2007). 마조도일 상당법어. 불교신문. 2007년 2월 17일자.

조계종 포교연구실(2007). 선의 의미와 목적. 불교신문. 2007년 1월 17일자.

조선일보 편집국(2009). 왜 성경만 이본이 많을까. 조선일보. 2009년 9월 12일자.

조선일보 편집국(2010). '연명치료 중단' 김 할머니 별세. 조선일보. 2010년 1월 11일자.

조선일보 편집국(2010). 입적 이틀 전 법정 스님, "내 소원이 뭔지 알아?". 조선일보. 2010년 3월 20일자.

조선일보 편집국(2010). 재산이 불행의 근원. 조선일보. 2010년 2월 9일자.

조선일보 편집국(2012). '행복감 지수' 우리나라 97위 ……1위는 파나마 · 파라과이. 조선일보. 2012년 12월 24일자.

조선일보 편집국(2012). 同體大悲(중생의 고통을 내 것처럼 여기는 자비심) ……조계종 스님 장기기증 서약 2,000명 넘어. 조선일보. 2012년 1월 20일자.

조선일보 편집국(2012). 불임인 아들을 위해 정자를 제공한 아버지. 조선일보. 2012년 4월 7일자.

조선일보 편집국(2012). 조선일보. 2012년 5월 25일자.

조정호(2008). 동해서 참돌고래 장례의식 장면 발견. 동아일보. 2008년 9월 10일자.

조채희(2005). 마음을 다스려야 심장이 건강하다. 연합뉴스. 2005년 10월 13일자.

중앙일보 편집국(2010). '실천윤리학'의 거장 피터 싱어 교수를 만나다. 중앙일보. 2010년 9월 14일자.

중앙일보 편집국(2010). 영국인 조사 2명중 1명 '금품' 주면 OK. 중앙일보. 2010년 3월 27일자.

지관 스님(2005). 나는 왜 공부를 하는가. 한국일보. 2005년 7월 11일자.

최보식(2012). 宗正이라 밥을 더 먹지도, 我慢이 탱천하지도, 허세가 높아지지도 않아. 조선일보. 2012년 10월 29일자.

최재천(2009). 완벽한 진화란 없다. Naver 캐스트, 오늘의 과학, 2009. 5. 28

최현정(2009). '뇌사' 23년 남성 "아무리 비명을 질러도 …". 동아일보. 2009년 11월 24일자.

파이낸셜뉴스 편집국(2012). 화내고 짜증 잘 부리는 사람이 더 오래 산다. 파이낸셜뉴스. 2012년 12월 27일자.

한국교원단체총연합회(2008). 교총, '안티교사카페' 논란 관련 교원 설문결과 발표. 한교총보도 자료. 2008년 10월 10일자.

한상진(2010). 대해부 단월드. 신동아. 2010년 1월 1일자.

한지엽(2005). '마법의 지팡이' 수리 뚝딱. 주간동아. 2005년 3월 22일자.

허성도(2006). 한자이야기. 동아일보. 2006년 4월 14일자.

황인찬(2009). 당신의 삶이 일주일만 남았다면. 동아일보. 2009년 12월 10일자.

Carey, B. (2008). H. M., an unforgettable amnesiac, dies at 82. *The New York Times* December 4, 2008.

Sharon Begley(2010). 신통방통 '자위의 힘'. 뉴스위크 한국어 판. 2010년 11월 23일자.

Shepard Maggie(2006). Dahn Yoga stretches into controversy. Tribune Reporter. March 15, 2006.

www. thinkexist.com: Martin Luther King, Jr. told us that "Never forget that everything Hitler did in Germany was legal"

www.cafe.naver.com/oxylife.cafe.

www.dr4mind.net.

www.thinkexist.com.

찾 | 아 | 보 | 기

인명

내 용

저자 소개

■ 한준상(韓駿相)

학력 및 경력
연세대학교 문과대학 교육학과 졸업
University of Southern California 교육과학 석사 및 철학박사
연세대학교 교육학부 교수
연세대학교 학생처장
연세대학교 교육대학원 원장
연세대학교 교육과학대학 학장

대표저서
새로운 교육학(1981, 한길사)
평생교육론(1982, 문음사)
한국대학교육의 희생(1982, 문음사)
교육사회학 이론과 연구방법론(1985, 문음사)
학교교육과 사회개혁(1986, 을류문화사)
한인교포사회와 교육문제(1986, 삼성출판사)
교육과 정치의식(1986, 학민사)
사회교육론(1987, 청아출판사)
사회교육과 사회문제(1988, 청아출판사)
신교육사회학론(1989, 민음사)
교육과정 논쟁론(1989, 문음사)
청소년문제와 학교교육(1989, 연세대학교출판부,
　　교육학회 학술상, 문화공보부 선정 '올해의 책' 수상)
교육의 가막소(1989, 청아출판사)
교육학적 상상력(1991, 양서원)

한국교육의 갈등구조(1991, 연세대학교출판부)

한국교육의 민주화(1992, 연세대학교출판부, 문화공보부 선정 '올해의 책' 수상)

산업인력자원 개발-외국기업은 이렇게 교육한다(1993, 양서원)

한국고등교육개혁의 과제와 전망(1993, 양서원)

한국교육개혁론(1994, 학지사)

한국산업자원 인력개발(1994, 양서원)

생각연습(1994, 한울)

평생교육의 이론과 실제(1995, 서울특별시 교육연구원)

학교스트레스(1995, 연세대학교출판부)

꿈꾸는 학교, 자라나는 아이들(1997, 학지사)

동숭동의 아이들(1997, 연세대학교출판부)

앤드라고지-현실과 가능성(1998, 학지사)

호모에루디티오(1999, 학지사, 대한민국 학술원 선정 '우수학술도서' 수상)

청소년학 연구(1999, 연세대학교출판부)

Lifelong Education: 모든 이를 위한 안드라고지(2000, 학지사)

學習學(2001, 학지사, 문화관광부 선정 '우수학술도서' 수상)

집단따돌림과 교육해체(2002, 집문당)

이 교육(2003, 아침이슬)

산업인력자원개발(2003, 한국학술정보)

國家課外(2005, 학지사, 연세대학교 학술상, 문화관광부 선정 '우수학술도서' 수상)

教育資本論(2007, 학지사)

生의 痂: 배움(2009, 학지사, 연세대학교 학술상)

教育改論(2012, 학지사)

生의 過(2013, 학지사, 문화관광부 선정 '우수학술도서' 수상)

平生敎育의 哲學

生의 癒

2014년 9월 20일 1판 1쇄 인쇄
2014년 9월 25일 1판 1쇄 발행

지은이 • 한준상

펴낸이 • 김진환

펴낸곳 • (주) **학지사**

　　　　　121-838 서울특별시 마포구 양화로 15길 20 마인드월드빌딩

대표전화 • 02-330-5114　　팩스 • 02-324-2345

등록번호 • 제313-2006-000265호

홈페이지 • http://www.hakjisa.co.kr

커뮤니티 • http://cafe.naver.com/hakjisa

ISBN 978-89-997-0466-6 93370

정가 33,000원

인터넷 학술논문 원문 서비스 뉴논문 www.newnonmun.com

이 도서의 국립중앙도서관 출판시도서목록(CIP)은 서지정보유통지원
시스템 홈페이지(http://seoji.nl.go.kr)와 국가자료공동목록시스템
(http://www.nl.go.kr/kolisnet)에서 이용하실 수 있습니다.
(CIP 제어번호: CIP2014023641)